PONS

Standardwörterbuch

Portugiesisch - Deutsch
Deutsch - Portugiesisch

Neubearbeitung 2007

Ernst Klett Sprachen
Stuttgart

PONS Standardwörterbuch Portugiesisch

Bearbeitet von:
Salomé Farinha Lopes, Dr. Rolf Kemmler, Maria do Carmo Massoni,
Joana Mafalda Pimentel Seixas und Antje Weber

Portugiesische Grammatik bearbeitet von:
Dr. José A. Palma Caetano, Lutz Hoepner, Johannes J. Mayr,
Dr. Renate Plachy und Franz Ptacek;
für Brasilianisch adaptiert von Gerd Ackermann

Entstanden in Zusammenarbeit von:
Ernst Klett Sprachen GmbH und Porto Editora

1. Auflage 2007 (1,02 – 2008)

Internet: www.pons.de
E-Mail: info@pons.de

Projektleitung: Dr. Meg Cop
Sprachdatenverarbeitung: Andreas Lang, conTEXT AG
für Informatik und Kommunikation, Zürich
Einbandgestaltung: Schmidt & Dupont, Stuttgart
Logoentwurf: Erwin Poell, Heidelberg
Logoüberarbeitung: Sabine Redlin, Ludwigsburg
Satz: Dörr und Schiller GmbH, Stuttgart
Druck: Clausen und Bosse, Leck
Printed in Germany
ISBN 978-3-12-517317-0

Inhaltsverzeichnis

Índice

Liste der im Wörterbuch verwendeten phonetischen Zeichen
Lista dos símbolos fonéticos usados no dicionário

Die deutsche Phonetik
Símbolos fonéticos da língua alemã

[ː]	lange Vokale wie A... in **A**bend	['aːbənd]
[ʔ]	wie in Ei**n**öde	['aɪnʔøː:də]
[ø]	wie in eint**ö**nig	['aɪntøːnɪç]
[ɑ]	wie in digit**a**l	[digi'tɑːl]
[ɛ]	wie in Asp**e**kt	[as'pɛkt]
[ã]	wie in **en**gagieren	[ãga'ʒiːrən]
[ɑ̃]	wie in Engagem**ent**	[ãgaʒə'mɑ̃ː]
[ç]	wie in Mäd**ch**en	['mɛːtçən]
[ə]	wie in Mad**e**	['maːdə]
[ɛ̃]	wie in Cous**in**	[ku'zɛ̃ː]
[ɪ]	wie in D**i**ktat	[dɪk'taːt]
[ʒ]	wie in Mane**g**e	[ma'neːʒə]
[ŋ]	wie in ma**ng**els	['maŋəls]
[ɔ]	wie in Mailb**o**x	['mɛɪlbɔks]
[o̯]	wie in F**o**yer	[fo̯a'jeː]
[œ]	wie in er**ö**rtern	[ɛɐ'œrtɐn]
[õ]	wie in B**on**	[bõː]
[ɔ̃]	wie in Ann**on**ce	[a'nɔ̃sə]
[œ̃]	wie in Parf**üm**	[par'fœ̃ː]
[ɐ]	Partit**ur**	[parti'tuːɐ]
[ʃ]	wie in **Sch**nee	[ʃneː]
[θ]	wie in **Th**riller	['θrɪlɐ]
[u̯]	wie in Ec**u**ador	[eku̯'doːɐ]
[ʊ]	wie in Ba**u**	[baʊ]
[x]	wie in Jo**ch**	[jɔx]
[ʏ]	wie in Ol**y**mpiade	[olʏm'pjaːdə]
[dʒ]	wie in **J**et	['dʒɛt]

Die portugiesische Phonetik
Símbolos fonéticos da língua portuguesa

'	vor einer Silbe bedeutet, dass die nachfolgende Silbe betont ist; z. B. [pə'kenu].	
[a]	offenes a wie in **a**lle	cá [ka] lado ['ladu] sala ['salɐ]
[ɐ]	geschlossenes a	casa ['kazɐ] cama ['kɐmɐ]

[ɐ̃]	nasaliertes [ɐ]	manhã [mɐ'ɲɐ̃]
[ɛ]	offenes e wie in h**e**ll	café [kɐ'fɛ] leve ['lɛvə]
[e]	geschlossenes e wie in g**e**ben	ele ['elə] ver [ver] medo ['medu] cena ['senɐ]
[ẽ]	nasaliertes [e]	quente ['kẽntə] lenço ['lẽsu]
[ə]	wie in bitt**e**, meist kaum hörbar	dever [də'ver] tarde ['tardə]
[i]	wie in M**i**nute	fila ['filɐ] livro ['livru]
[ĩ]	nasaliertes [i]	fim [fĩ] ginja ['ʒĩʒɐ]
[ɔ]	offenes o wie in **o**ffen	logo ['lɔgu] porta ['pɔrtɐ] avó [ɐ'vɔ]
[o]	geschlossenes o wie in R**o**se	avô [ɐ'vo] bolo ['bolu]
[õ]	nasaliertes [o]	com [kõ] pronto ['prõntu]
[u]	wie in **U**fer	tudo ['tudu] lugar [lu'gar]
[ũ]	nasaliertes [u]	um [ũ] comum [ku'mũ]
[j]	wie in Mar**i**on	rádio ['ʀadju] passear [pɐ'sjar]
[w]	nicht wie dt. w, sondern mit vorgestülpten Lippen ein kurzes [u] bilden, dann schnell zum nachfolgenden Vokal übergehen	quarto ['kwartu] voar [vwar]
[f]	wie in **f**allen, **V**ater	fado ['fadu] falar [fɐ'lar]
[v]	wie in **W**asser, **V**ioline	ver [ver] lavar [lɐ'var]
[s]	wie in rei**ß**en, la**ss**en	saber [sɐ'ber] passar [pɐ'sar] lenço ['lẽsu]
[z]	wie in le**s**en, rei**s**en	casa ['kazɐ] fazer [fɐ'zer]
[ʃ]	wie in **sch**ön, Ti**sch**	chave ['ʃavə] fechar [fə'ʃar] peixe ['peiʃə]
[ʒ]	wie in Gara**g**e, Lo**g**e	jornal [ʒur'nal] gente ['ʒẽntə]
[r]	leichtes, geschlagenes Zungen-**r**	caro ['karu] pagar [pɐ'gar]

[ʀ]	stark gerolltes Zungen- oder Zäpfchen-**r**	rua ['ʀuɐ] carro ['kaʀu]
[ʎ]	etwa wie in Famil**i**e, wie das ital. gl in fi**gl**io	filho ['fiʎu] olho ['oʎu] mulher [mu'ʎɛr]
[ɲ]	etwa wie in Ko**gn**ak, wie das span. ñ in se**ñ**or	minha ['miɲɐ] ganhar [ga'ɲar]
[ŋ]	wie in la**ng**, bri**ng**en, in portugiesischen Vokabeln nur zwischen Nasal und [g] bzw. [k]	enganar [ẽŋgɐ'nar] banco ['bɐ̃ŋku]

In den portugiesischen **Diphtongen** behält jeder Vokal seinen eigenen Wert.

Bei den **Oraldiphthongen** ist auf den Unterschied zwischen [e] und [ɛ] sowie zwischen [o] und [ɔ] zu achten:
peixe ['peiʃə] – papéis [pɐ'pɛiʃ]
museu [mu'zeu] – céu ['sɛu]
coisa ['koizɐ] – herói [i'rɔi]

Bei den **Nasaldiphthongen** wird der erste Bestandteil nasal ausgesprochen:
mão [mɐ̃u] – mãe [mɐ̃i] – peões [pjõiʃ]
falam ['falɐ̃u] – bem [bɐ̃i]

Die nicht erwähnten **Konsonanten** werden ähnlich den deutschen ausgesprochen.

Liste der im Wörterbuch verwendeten Abkürzungen
Lista das abreviaturas usadas no dicionário

deutsch-portugiesisch alemão-português		portugiesisch-deutsch português-alemão	
ALT	alte Schreibung	ortografia antiga	
|	zusammengesetztes, trennbares Verb	verbo com partícula separável	
=	Kontraktion	contracção	=
*	Partizip ohne ge-	particípio sem ge-	*
≈	entspricht etwa	equivalência aproximada	≈
–	Sprecherwechsel	câmbio de interlocutores	–
a.	auch	tambem	
Abk.	Abkürzung	abreviatura	*abr*
	etwas	alguma coisa	*a. c.*
		académico	*acad*
abw	abwertend	pejorativo	
adj	Adjektiv	adjectivo	*adj*
ADMIN	Verwaltung	administração	ADMIN
adv	Adverb	advérbio, adverbial	*adv*
AERO	Luftfahrt	aeronáutica	AERO
AGR	Landwirtschaft	agricultura	AGR
akk	Akkusativ	acusativo	*akk*
ANAT	Anatomie	anatomía	ANAT
	Angola	Angola	*angola*
ARCHIT	Architektur	arquitectura	
	Architektur	arquitectura	ARQUIT
art	Artikel	artigo	*art*
	Kunst	arte	ARTE
ASTR	Astrologie, Astronomie	astrología, astronomía	ASTR
	Österreich	Áustria	*Austr*
AUTO	Auto und Verkehr	automobilismo e tráfico	AUTO
aux	Hilfsverb	verbo auxiliar	*aux*
BERGB	Bergbau	mineração	
BIOL	Biologie	biologia	BIOL
BOT	Botanik	botânica	BOT
brasil	brasilianisch	brasileiro	*brasil*
cabo verde	kapverdische Inseln	Cabo Verde	*cabo verde*
	Slang	calão	*cal*
CHEM	Chemie	química	
	Film	cinema	CINE
COM	Handel	comércio	COM
	Komparativ	comparativo	*compar*
	Konjunktion	conjunção	*conj*

deutsch-portugiesisch alemão-português		português-alemão portugiesisch-deutsch	
dat	Dativ	dativo	*dat*
	Sport	deporte	DEP
	Ökologie	ecologia	ECOL
	Wirtschaft	economia	ECON
EISENB	Eisenbahn	caminho-de-ferro	
ELEK	Elektrotechnik	electrotecnia	ELEC
	gehoben, literarisch	elevado, literário	*elev*
	Schulwesen	ensino	ENS
EU	Europäische Union	União Europeia	
euph	euphemistisch/verhüllend	eufemismo	*euf*
f	Femininum	feminino	*f*
FBALL	Fußball	futebol	
	Eisenbahn	caminho-de-ferro	FERRO
fig	übertragen, figurativ	figurativo	*fig*
FILM	Film	cinema	
	Philosophie	filosofia	FILOS
FIN	Finanzen, Börse	finanças, bolsa	FIN
	Physik	física	FÍS
FOTO	Fotografie	fotografia	FOTO
	Fußball	futebol	FUT
geh	gehoben, literarisch	elevado, literário	
gen	Genitiv	genitivo	*gen*
GEOG	Geographie, Geologie	geografia, geologia	GEO
guiné bissau	Guiné Bissau	Guiné Bissau	*guiné bissau*
GRAM	Grammatik	gramática	GRAM
HIST	Geschichte, historisch	história, histórico	HIST
hum	humoristisch/scherzhaft	humorístico	*hum*
imp	Imperfekt	imperfeito	*imp*
	Indikativ	indicativo	*ind*
inf	Infinitiv	infinitivo	*inf*
INFOR	Informatik	informática	INFOR
interj	Interjektion	interjeição	*interj*
inv	invariabel, unveränderlich	invariável	*inv*
iron	ironisch	irónico	*irón*
irreg	unregelmäßig	irregular	*irr*
jd	jemand	alguem (nominativo)	*jd*
jdm	jemandem	alguem (dativo)	*jdm*
jdn	jemanden	alguem (acusativo)	*jdn*
jds	jemandes	alguem (genitivo)	*jds*
JUR	Jura/Recht	jurisprudência, direito	JUR
kinderspr	Kindersprache	linguagem infantil	
KOCHK	Kochkunst	culinária	

deutsch-portugiesisch alemão-português		portugiesisch-deutsch português-alemão	
komp	Komparativ	comparativo	
konj	Konjunktion	conjunção	
KUNST	Kunst	arte	
LING	Linguistik	linguística	LING
LIT	Literatur	literatura	LIT
m	Maskulinum	masculino	*m*
MATH	Mathematik	matemática	MAT
MED	Medizin	medicina	MED
METEO	Meteorologie	meteorologia	METEO
mf	Maskulinum und Femininum	masculino e feminino	*mf*
MIL	Militär	exército	MIL
	Bergbau	mineração	MIN
moçambique	Mozambik	Moçambique	*moçambique*
MUS	Musik	música	MÚS
NAUT	Nautik, Seefahrt	náutica, navegação	NÁUT
nom	Nominativ	nominativo	*nom*
nt	Neutrum	neutro	*nt*
num card	Kardinalzahl	número cardinal	
num ord	Ordinalzahl	número ordinal	
o	oder	o	
ÖKOL	Ökologie	ecologia	
Österr	Österreich	Áustria	
	abwertend	pejorativo	*pej*
PHARM			
PHILOS	Philosophie	filosofia	
PHYS	Physik	física	
pl	Plural	plural	*pl*
POL	Politik	política	POL
portugal	Portugal	Portugal	*portugal*
pp	Partizip Perfekt	participio perfeito	*pp*
	Publizistik, Presse	prensa, periodismo	PREN
präp	Präposition	preposição	*prep*
	Präsens	presente	*pres*
		pretérito perfeito	*pret*
pron dem	Demonstrativpronomen	pronome demonstrativo	*pron dem*
pron indef	Indefinitpronomen	pronome indefinido	*pron indef*
pron interr	Interrogativpronomen	pronome interrogativo	*pron inter*
pron pers	Personalpronomen	pronome pessoal	*pron pess*
pron poss	Possessivpronomen	pronome possessivo	*pron poss*
pron refl	Reflexivpronomen	pronome reflexivo	*pron refl*
pron rel	Relativpronomen	pronome relativo	*pron rel*
PSYCH	Psychologie	psicologia	PSICO

deutsch-portugiesisch alemão-português		portugiesisch-deutsch português-alemão	
PUBL	Publizistik, Presse	prensa, periodismo	
	Chemie	química	QUÍM
®	eingetragenes Warenzeichen	marca registrada	®
RADIO	Rundfunk	rádio	RADIO
reg	regional	regional	*reg*
REL	Religion	religião	REL
RR	reformierte Schreibung	ortografia reformada	
s.	siehe	ver	
SCH	Schulwesen	ensino	
sing	Singular	singular	*sg*
schweiz	schweizerisch	suíço	
sl	Slang	calão	
SOZIOL	Soziologie	sociologia	SOCIOL
SPORT	Sport	deporte	
SP	São Paulo	São Paulo	*SP*
s. tomé e príncipe	São Tomé e Príncipe	São Tomé e Príncipe	*s. tomé e príncipe*
subj	‹Subjuntivo›	subjuntivo	*subj*
superl	Superlativ	superlativo	*superl*
	auch	tambem	*t.*
	Theater	teatro	TEAT
TECH	Technik	tecnologia	TEC
TEL	Telekommunikation	telecomunicação	TEL
THEAT	Theater	teatro	
	Typografie	tipografia	TIPO
TV	Fernsehen	televisão	TV
TYPO	Typografie	tipografia	
	Europäische Union	União Europeia	UE
umg	umgangssprachlich	coloquial	
UNIV	Universität	universidade	UNIV
s.	siehe	ver	*v.*
vi	intransitives Verb	verbo intransitivo	*vi*
	unpersönliches Verb	verbo impessoal	*vimpess*
vr	reflexives Verb	verbo reflexivo	*vr*
vt	transitives Verb	verbo transitivo	*vt*
vulg	vulgär	vulgar	*vulg*
WIRTSCH	Wirtschaft	economia	
ZOOL	Zoologie	zoología	ZOOL

Aa

a **I.** *art f* die, der, das; ~ **mesa/pessoa/menina** der Tisch/die Person/das Mädchen **II.** *pron pess* (*ela*) sie, ihn, es; (*você*) Sie; **eu vi-~** ich habe sie/Sie gesehen; **ele visitou-~?** hat er sie/Sie besucht? **III.** *pron dem* ~ **que** die(jenige), der(jenige), das(jenige) **IV.** *prep* ① (*direcção*) in, zu; (*país, cidade*) nach; **ir à escola** in die/zur Schule gehen; **ir à igreja** in die Kirche gehen; **ir ~ casa de alguém** zu jdm gehen; ~ **Lisboa** nach Lissabon ② (*posição*) an; **à janela/mesa** am Fenster/Tisch ③ (*distância*) ~ **uns metros** einige Meter entfernt ④ (*tempo*) um; **à uma hora** um ein Uhr; **daqui ~ uma semana** heute in einer Woche ⑤ (*modo*) **à mão** mit der Hand; ~ **pé** zu Fuß; **à jardineira** nach Gärtnerinnenart ⑥ (*preço*) zu, für; ~ **100 euros** zu 100 Euro ⑦ (*consecutividade*) **dia ~ dia** Tag für Tag; **passo ~ passo** Schritt für Schritt ⑧ (*complemento indirecto*) **dar a. c. ~ alguém** jdm etw geben

A, a [ɐ] *m* A, a *nt*

à [a] *Zusammensetzung: präp a + art a*

aba *f* ① (*do chapéu*) Krempe *f;* (*do prato*) Rand *m;* (*da saia*) Saum *m* ② (*da mesa*) Klappe *f* ③ (*margem*) Ufer *nt*

abacate [ɐbɐ'katə] *m* Avocado *f*

abacateiro *m* Avocadobaum *m*

abacaxi [abakaʃi] *m* ① (*brasil: fruta*) Ananas *f* ② (*brasil: problema*) Ärger *m*

abade, abadessa *m, f* Abt *m,* Äbtissin *f*

abadia [ɐbɐ'diɐ] *f* Abtei *f*

abafado [ɐbɐ'fadu] *adj* ① (*som*) dumpf ② (*atmosfera*) schwül, drückend ③ (*num quarto*) stickig

abafar **I.** *vt* (*som*) dämpfen; (*fogo, pessoa*) ersticken; (*informação, notícia*) unterdrücken **II.** *vi* (*pessoa*) ersticken

abaixar **I.** *vt* ① (*objecto*) herunterlassen ② (*reduzir*) senken, verringern ③ (*humilhar*) demütigen, erniedrigen **II.** *vr* ① (*curvar-se*) sich (nieder)beugen ② (*humilhar-se*) sich erniedrigen (*a* zu)

abaixo **I.** *adv* unten; **pelas escadas ~** die Treppe hinunter, die Treppe herunter; **vir ~** herunterkommen; ~ **de** unter **II.** *interj* ~**!** nieder!

abaixo-assinado *m* ① (*documento*) Unterschriftensammlung *f* ② (*pessoa*) Unterzeichner(in) *m(f),* Unterzeichnete

abajur *m* ① Lampenschirm *m* ② (*brasil*) Lampe *f*

abalar **I.** *vt* (*pessoa*) erschüttern **II.** *vi* ① (*terra*) beben ② (*coloq: pessoa*) sich davonmachen, abhauen

abalo *m* ① (*comoção*) Erschütterung *f* ② (*tremor de terra*) Erdbeben *nt*

abanador <-es> *m* Fächer *m*

abananar *vt* verwirren, verblüffen

abanão *m* (*portugal*) Ruck *m,* Stoß *m*

abanar **I.** *vt* (*cabeça, árvore*) schütteln; (*cauda*) wedeln mit **II.** *vi* wackeln

abancar *vi* (*coloq*) sich setzen, sich niederlassen

abandonado *adj* verlassen

abandonar *vt* ① (*pessoa, local*) verlassen ② (*desamparar*) im Stich lassen ③ (*plano, ideia*) aufgeben

abandono *m* ① (*de pessoa, local*) Verlassen *nt* ② (*desistência*) Aufgabe *f;* ~ **da energia nuclear** Ausstieg aus der Atomenergie ③ (*desleixo*) Verwahrlosung *f*

abarcar <c→qu> *vt* ① (*abranger, compreender*) einschließen, umfassen ② (*açambarcar*) horten, hamstern

abarrotado *adj* überfüllt

abarrotar *vt* überladen, vollstopfen

abastado [ɐbɐʃ'tadu] *adj* wohlhabend, vermögend

abastança *f* Überfluss *m,* Wohlstand *m*

abastardar **I.** *vt* verderben **II.** *vr* entarten

abasteça *1./3. pres subj de* **abastecer**

abastecedor <-es> *m* Lieferant *m*

abastecer <c→ç> **I.** *vt* versorgen (*de* mit); (*loja*) beliefern (*de* mit) **II.** *vr* sich versorgen (*de* mit)

abastecimento *m* Versorgung *f* (*de* mit); ~ **de energia** Energieversorgung *f*

abasteço *1. pres de* **abastecer**

abatatado *adj* kartoffelförmig; **nariz ~** Knollennase *f*

abate *m* ① (*de árvores*) Fällen *nt* ② (*do gado*) Schlachten *nt*

abater **I.** *vt* (*preço*) senken, verringern; (*árvore*) fällen; (*gado*) schlachten **II.** *vi* mager werden, abmagern

abatido *adj* ① (*cansado*) abgespannt ② (*deprimido*) niedergeschlagen

abatimento *m* (*do preço*) Ermäßigung *f,* Rabatt *m*

abatis *m inv* ❶ (MIL) Schanze *f* ❷ (*brasil:* CULIN) Geflügelklein *nt*

abaulamento *m* Wölbung *f*

abaular *vt conj como saudar* wölben

abcesso [ɐb'sɜsu] *m* (MED) Abszess *m*

abdicação <-ões> *f* Abdankung *f*

abdicar *vi* <c→qu> (*de cargo*) sein Amt niederlegen; ~ **de a. c.** auf etw verzichten

abdómen (*portugal*), **abdômen** *m* (*brasil*) Unterleib *m*

abdominal <-ais> **I.** *m* Bauchmuskel *m* **II.** *adj* Unterleibs ...

abecedário *m* ❶ (*alfabeto*) Alphabet *nt* ❷ (*livro*) Fibel *f*

abeirar **I.** *vt* heranrücken **II.** *vr* sich nähern (*de*), näher kommen (*de*)

abelha [ɐ'beʎɐ] *f* Biene *f*

abelha-mestra <abelhas-mestras> *f* Bienenkönigin *f*

abelhão <-ões> *m* Hummel *f*

abelheira *f* Bienennest *nt*

abelhões *m pl de* **abelhão**

abelhudo *adj* ❶ (*coloq: curioso*) indiskret, vorlaut ❷ (*coloq: teimoso*) hartnäckig

abemolado *adj* ❶ (MÚS) in b-Moll ❷ (*suave*) weich

abençoado *adj* gesegnet

abençoar *vt* <*brasil, 1. pess pres:* abençôo> segnen

aberração <-ões> *f* (*tb. óptica*) Abweichung *f*

aberta **I.** *adj f de* **aberto** **II.** *pp irr de* **abrir** **III.** *f* ❶ (*abertura*) Öffnung *f* ❷ (*na floresta*) Lichtung *f* ❸ (METEO) Aufheiterung *f* ❹ (*oportunidade*) Chance *f*, Möglichkeit *f*; **tive uma** ~ es ergab sich eine Möglichkeit für mich

abertamente *adv* offen; (*sinceramente*) aufrichtig

aberto [ɐ'bɜrtu] **I.** *pp de* **abrir** **II.** *adj* ❶ (*porta, loja*) geöffnet, offen ❷ (*mentalidade*) offen, offenherzig ❸ (*sincero*) aufrichtig, redlich

abertura [ɐbər'turɐ] *f* ❶ (*de porta*) Öffnung *f*; (*de loja*) Eröffnung *f* ❷ (*início*) Anfang *m*, Beginn *m* ❸ (*orifício*) Öffnung *f* ❹ (MÚS) Ouvertüre *f*

abeto *m* Tanne *f*

abismado *adj* erstaunt (*com* über); (*espantado*) bestürzt (*com* über); **ficar** ~ erstaunt sein

abismal <-ais> *adj* abgrundtief, kolossal

abismar *vt* ❶ (*espantar*) bestürzen ❷ (*precipitar*) hinabstürzen, hinabstoßen

abismo *m* Abgrund *m*; (*fig*) Kluft *f*

abissal <-ais> *adj* ❶ (*do mar*) Tiefsee ... ❷ (*abismal*) abgrundtief

abjeção <-ões> *f* (*brasil*) *v.* **abjecção**

abjecção *f* (*portugal*) Gemeinheit *f*, Abscheulichkeit *f*

abjecto *adj* gemein, abscheulich

abjeto *adj* (*brasil*) *v.* **abjecto**

abjudicação <-ões> *f* (DIR) Aberkennung *f*

abjudicar *vt* <c→qu> (DIR) aberkennen; ~ **um direito a alguém** jdm ein Recht aberkennen

abjurar *vt* widerrufen

ablação <-ões> *f* ❶ (MED) Entfernung *f*, Ablation *f* ❷ (GEOL) Ablation *f*

ablegar *vt* verbannen

ablução *f* (REL) Reinigung *f*, Waschung *f*

abluir *vt* (REL) reinigen, waschen

abnegação <-ões> *f* Selbstverleugnung *f*

abnegado *adj* selbstlos

abnegar *vt* <g→gu> entsagen

abóbada [ɐ'bɔbɐdɐ] *f* Gewölbe *nt*

abobalhado *adj* (*brasil*) dumm, blöd

abóbora [ɐ'bɔburɐ] *f* ❶ (BOT) Kürbis *m*; **semente** *f* **de** ~ Kürbiskern *m* ❷ (*coloq: pessoa*) Schwächling *m*

abobrinha *f* ❶ (BOT) Zucchini *m* ❷ (*brasil: coloq: conversa*) Smalltalk *m o nt*

abocanhar *vt* ❶ (*cão*) beißen ❷ (*difamar*) verleumden; (*coloq*) durchhecheln

abocar *vt* ❶ (*apanhar*) schnappen ❷ (*meter na boca*) in den Mund stecken

aboletamento *m* ❶ (MIL: *lugar*) Quartier *nt* ❷ (*acção*) Einquartierung *f*

aboletar *vt* (MIL) einquartieren

abolição <-ões> *f* Abschaffung *f*; (*de lei*) Aufhebung *f*, Annullierung *f*; ~ **da escravatura** Abschaffung der Sklaverei

abolir *vt* abschaffen; (*lei*) aufheben, annullieren

abominação <-ões> *f* ❶ (*sentimento*) Widerwille *m*, Abscheu *m* ❷ (*coisa*) Abscheulichkeit *f*

abominar *vt* (*detestar*) verabscheuen; (*odiar*) hassen

abominável <-eis> *adj* abscheulich, grässlich

abonar **I.** *vt* bürgen für, garantieren **II.** *vr* sich rühmen (*de*)

abono *m* ❶ (*subsídio*) Beihilfe *f;* ~ **de família** Kindergeld *nt* ❷ (*fiança*) Bürgschaft *f* ❸ (*adiantamento*) Vorschuss *m*

abordagem <-ens> *f* ❶ (*a assunto, problema*) Ansprechen *nt* ❷ (NÁUT) Anlegen *nt*

abordar **I.** *vt* (*pessoa, problema*) ansprechen; (NÁUT) entern **II.** *vi* (NÁUT) anlegen

aborígene **I.** *mf* Ureinwohner(in) *m(f)* **II.** *adj* eingeboren

aborígine *mf o adj v.* **aborígene**

aborrecer <c→ç> **I.** *vt* ❶ (*irritar*) verärgern ❷ (*maçar*) langweilen **II.** *vr* ❶ (*irritar-se*) sich ärgern (*com* über) ❷ (*maçar-se*) sich langweilen (*de* über)

aborrecido [ɐbuʀə'sidu] *adj* ❶ (*livro, filme*) langweilig ❷ (*pessoa*) missmutig, verärgert; **estar ~ com a. c.** etw nicht mehr sehen können; **estar ~ com alguém** auf jdn böse sein ❸ (*situação*) unangenehm

aborrecimento *m* ❶ (*irritação*) Ärger *m,* Missmut *m* ❷ (*tédio*) Langeweile *f* ❸ (*fastio*) Überdruss *m*

abortar *vi* ❶ (*aborto provocado*) abtreiben; (*aborto espontâneo*) eine Fehlgeburt haben ❷ (*plano*) fehlschlagen

aborto [ɐ'bortu] *m* (*provocado*) Abtreibung *f;* (*espontâneo*) Abort *m,* Fehlgeburt *f*

abotoar *vt* <*1. pess pres:* abotôo> zuknöpfen

abraçar [ɐbrɐ'sar] <ç→c> *vt* ❶ (*uma pessoa*) umarmen ❷ (*uma ideia*) annehmen, übernehmen; ~ **uma profissão** einen Beruf ergreifen

abraço *m* Umarmung *f;* **dar um ~ a alguém** jdn umarmen

abrandar **I.** *vt* ❶ (*a velocidade*) verlangsamen, verringern ❷ (*sofrimento*) lindern, mildern; (*ira*) besänftigen ❸ (*amaciar*) erweichen **II.** *vi* ❶ (*pessoa*) langsamer werden; (*automóvel*) abbremsen ❷ (*chuva*) nachlassen; (*vento*) abflauen

abranger <g→j> *vt* ❶ (*conter*) umfassen, enthalten ❷ (*compreender*) einbeziehen, erfassen

abrasivo **I.** *m* Schleifmittel *nt* **II.** *adj* **pó ~** Scheuerpulver *nt*

abre-cápsulas *m* (*portugal*) Flaschenöffner *m*

abre-cartas *m inv* Brieföffner *m*

abre-latas *m inv* (*portugal*) Büchsenöffner *m,* Dosenöffner *m*

abrenúncio *interj* ~! Gott bewahre!

abreviação <-ões> *f* Abkürzung *f*

abreviado *adj* ❶ (*palavra*) abgekürzt ❷ (*texto*) gekürzt, zusammengefasst

abreviar *vt* ❶ (*palavra*) abkürzen ❷ (*texto*) kürzen, zusammenfassen; ~ **razões** sich kurz fassen

abreviatura [ɐbrəvjɐ'turɐ] *f* Abkürzung *f*

abridor <-es> *m* ❶ (*instrumento*) Öffner *m;* (*brasil*); ~ **de garrafas** Flaschenöffner *m;* ~ **de latas** Dosenöffner *m* ❷ (*gravador*) Graveur *m*

abrigar <g→gu> **I.** *vt* Zuflucht gewähren, aufnehmen; (*proteger*) schützen **II.** *vr* ❶ (*da chuva*) sich unterstellen ❷ (*refugiados*) Zuflucht suchen

abrigo *m* Zufluchtsort *m;* ~ **antiaéreo** Luftschutzkeller *m;* ~ **nuclear** Atombunker *m;* **ao ~ de** geschützt vor; **procurar ~** Zuflucht suchen (*em* in/bei)

Abril *m* April *m; v. tb.* **Março**

abrir [ɐ'brir] <*pp* aberto> **I.** *vt* ❶ (*porta, janela*) öffnen, aufmachen; (*com chave*) aufschließen; (*livro*) aufschlagen; ~ **uma excepção** [*o brasil* **exceção**] eine Ausnahme machen ❷ (*conta bancária, loja*) eröffnen ❸ (*torneira*) aufdrehen; (*aquecimento*) anstellen; (*luz*) anmachen ❹ (*apetite*) anregen ❺ (*braços, asas*) ausbreiten **II.** *vi* ❶ (*porta, janela, loja*) öffnen ❷ (*dia*) anbrechen ❸ (*flor*) aufbrechen ❹ (*madeira*) sich spalten **III.** *vr* ❶ (*porta, janela*) sich öffnen ❷ (*pessoa*) **~-se com alguém** sich jdm anvertrauen

abrupto *adj* ❶ (*repentino*) plötzlich ❷ (*grosseiro*) schroff, rau ❸ (*íngreme*) steil, abschüssig ❹ (*pessoa*) unfreundlich

abrutalhado *adj* unhöflich, grob

abscesso *m* Abszess *m*

absinto *m* Absinth *m*

absoluta *adj f de* **absoluto**

absolutamente [ɐbsulutɐ'mɛ̃ntə] *adv* unbedingt, durchaus; ~ **nada** gar nichts

absolutismo *m* (HIST) Absolutismus *m*

absoluto *adj* ❶ (*não relativo*) absolut ❷ (*poder*) unumschränkt ❸ (*sem restrições*) unbeschränkt; **concordas com isso? – Em ~** bist du damit einverstanden?; (*negativa*) – ganz und gar nicht; (*afirmativa*) – völlig

absolutório *adj* freisprechend; (DIR); **sentença absolutória** Freispruch *m*

absolver *vt* ❶ (DIR) freisprechen (*de* von) ❷ (REL) die Absolution erteilen ❸ (*desobri-

gar) entbinden (*de* von)

absolvição <-ões> *f* ❶ (DIR) Freispruch *m* ❷ (REL) Absolution *f*

absolvido *adj* (DIR) **ficar ~** freigesprochen werden; (REL) die Absolution erhalten

absorção <-ões> *f* Absorbieren *nt;* (TEC) Absorption *f*

absorto *adj* ❶ (*pensando*) in Gedanken versunken ❷ (*extasiado*) erstaunt, entzückt

absorvente I. *adj* (*papel*) saugfähig; (*leitura, trabalho*) fesselnd II. *m* (*brasil*) **~ higiênico** (Damen)binde *f*

absorver I. *vt* (*líquido*) absorbieren, aufsaugen; (*fig: pessoa*) in Anspruch nehmen II. *vr* sich vertiefen (*em* in)

abstenção <-ões> *f* (POL) Stimmenthaltung *f*

abstencionista *mf* Nichtwähler(in) *m(f)*

abster *irr como ter* I. *vt* abhalten (*de* von) II. *vr* verzichten (*de* auf); (*em votação*) sich enthalten (*de*)

abstinência *f* Enthaltsamkeit *f,* Abstinenz *f*

abstração *f* (*brasil*) *v.* **abstracção**

abstracção <-ões> *f* (*portugal*) ❶ (FILOS) Abstraktion *f* ❷ (*distracção*) Zerstreutheit *f,* Geistesabwesenheit *f*

abstracto *adj* abstrakt

abstraído *adj* zerstreut, geistesabwesend; **~ nos pensamentos** in Gedanken versunken

abstrair-se *vr conj como sair* abstrahieren (*de* von)

abstrato *adj* (*brasil*) *v.* **abstracto**

absurdo I. *m* Unsinn *m,* Sinnlosigkeit *f* II. *adj* absurd, unsinnig

abundância *f* ❶ (*grande quantidade*) Fülle *f* (*de/em* an) ❷ (*opulência*) Überfluss *m,* Reichtum *m* (*de/em* an)

abundante *adj* reichhaltig; (*colheita*) reich, ergiebig; **~ em** reich an

abundar *vi* reichlich vorhanden sein, überquellen (*de* von)

abusado *adj* (*brasil*) frech, unverschämt

abusador <-es> *adj* frech, unverschämt

abusar *vi* übertreiben; **~ de** missbrauchen; **~ da comida/bebida** übermäßig essen/trinken

abuso *m* Missbrauch *m;* **~ de autoridade** Amtsmissbrauch *m;* **~ de confiança** Vertrauensbruch *m*

abutre *m* Geier *m*

acabado *adj* ❶ (*feito*) vollendet, fertig ❷ (*pessoa*) erledigt

acabamento *m* (*de produto*) Fertigstellung *f;* (*de têxteis*) Appretur *f*

acabamentos *mpl* (*da casa*) Ausstattung *f;* (*de automóvel, móveis*) Ausführung *f*

acabar [ɐkɐ'bar] I. *vt* (*concluir*) beenden, abschließen; (*coloq*) fertig machen; (*aperfeiçoar*) bearbeiten II. *vi* aufhören, enden; **~ bem** gut ausgehen; **~ com a. c.** mit etw Schluss machen; **acabei de falar com ele** ich habe eben/gerade mit ihm gesprochen; **~ por fazer a. c.** schließlich etw tun; (*namoro*); **~ com alguém** mit jdm Schluss machen; (*aniquilar*) jdn fertigmachen III. *vr* ausgehen; **acabou-se!** Schluss jetzt!

acácia *f* Akazie *f*

academia *f* ❶ Akademie *f* ❷ (*brasil*) **~ [de ginástica]** Fitnessstudio *nt*

académico, -a I. *m, f* (*estudante*) Student(in) *m(f);* (*membro da academia*) Akademiemitglied *nt* II. *adj* akademisch

acadêmico, -a *m, f* (*brasil*) *v.* **académico**

açafrão [ɐsɐ'frɐ̃u] *m* ❶ (*planta*) Krokus *m* ❷ (*especiaria*) Safran *m*

açaí *m* (*palmeira*) Kohlpalme *f,* Açaípalme, f (*liefert essbare Palmherzen*); (*fruto*) Açaí-Frucht, f

açaimar *vt* ❶ (*animal*) den Maulkorb anlegen ❷ (*fig: pessoa*) zügeln

açaime (*portugal*), **açaimo** *m* (*brasil*) Maulkorb *m*

acalmar I. *vt* ❶ (*pessoa*) besänftigen, beruhigen ❷ (*dor*) lindern, stillen II. *vi* ❶ (*pessoa*) ruhig werden, sich beruhigen ❷ (*tempestade, vento*) sich legen

acalmia *f* Ruhepause *f*

acalorado *adj* (*pessoa*) leidenschaftlich; (*discussão*) hitzig

acalorar *vt* ❶ (*aquecer*) erhitzen ❷ (*discussão*) aufheizen ❸ (*entusiasmar*) erregen, begeistern

acamado *adj* **estar ~** das Bett hüten, (krank) im Bett liegen

açambarcador(a) *m(f)* Hamsterer, Hamsterin *m, f*

açambarcamento *m* Aufkauf *m;* (*coloq*) Hamstern *nt*

açambarcar *vt* <c→qu> aufkaufen; (*coloq*) hamstern

acampamento *m* (MIL) Lager *nt;* **~ de refugiados** Flüchtlingslager *nt*

acampar [ɐkɐ̃m'par] *vi* lagern, ein Lager aufschlagen; (*nas férias*) campen, zelten

acanaladura *f* Rinne *f*, Furche *f*

acanalhado *adj* gemein, gewissenlos

acanhado *adj* ❶ (*tímido*) schüchtern ❷ (*em tamanho*) beengt, eng

acanhamento *m* ❶ (*timidez*) Schüchternheit *f*; (*embaraço*) Verlegenheit *f* ❷ (*em tamanho*) Enge *f*

acanhar **I.** *vt* ❶ (*pessoa*) einschüchtern ❷ (*em tamanho*) verengen, verkleinern **II.** *vr* ❶ (*envergonhar-se*) verlegen werden, sich schämen ❷ (*acobardar-se*) Angst bekommen

acantonamento *m* (MIL) Einquartierung *f*; (*lugar*) Quartier *nt*, Standort *m*

acantonar **I.** *vt* (MIL) einquartieren **II.** *vi* (MIL) Quartier beziehen

ação *f* (*brasil*) *v.* **acção**

acarajé *m* (*brasil:* CULIN) Bohnenbällchen *nt* (*Bällchen aus schwarzen Bohnen, die in Palmöl frittiert und mit Pfeffersauce gegessen werden*)

acareação <-ões> *f* (DIR) Gegenüberstellung *f*

acarear *vt conj como passear* (DIR) gegenüberstellen

acariciar *vt* liebkosen, streicheln

acarinhar *vt* ❶ (*mimar*) umhegen; (*acariciar*) streicheln ❷ (*lisonjear*) schmeicheln

ácaro *m* Milbe *f*

acarretar *vt* ❶ (*transportar*) transportieren; (*trazer*) anfahren, herbeischaffen; (*reunir*) zusammentragen ❷ (*consequências*) mit sich bringen

acasalar **I.** *vt* paaren **II.** *vi* sich paaren

acaso [ɐ'kazu] *m* Zufall *m*; **ao ~** aufs Geratewohl; **por ~** zufällig, durch Zufall

acastanhado *adj* bräunlich

acatamento *m* Respekt *m*, Ehrerbietung *f*

acatar *vt* ❶ (*respeitar*) respektieren, ehren ❷ (*cumprir*) beachten, befolgen

acautelado *adj* vorsichtig, umsichtig

acautelar **I.** *vt* (*prevenir*) warnen (*contra* vor); (*precaver*) vorbeugen **II.** *vr* sich in Acht nehmen (*contra* vor), sich vorsehen (*contra* vor)

acavalar *vr* sich setzen (*em* auf)

acção [asãu] <-ões> *f* (*portugal*) ❶ (*acto de agir*) Aktion *f*, Tat *f*; **fazer uma boa ~** eine gute Tat vollbringen ❷ (*efeito*) Wirkung *f* (*em/sobre* auf) ❸ (ECON) Aktie *f* ❹ (MIL) Unternehmen *nt* ❺ (DIR) Klage *f* (*contra* gegen), Gerichtsverfahren *nt* (*contra* gegen); **pôr uma ~ em tribunal** ein Gerichtsverfahren anstrengen ❻ (LIT) Handlung *f*

accionador *m* (*do motor*) Anlasser *m*

accionamento *m* (TEC) Antrieb *m*

accionar *vt* (*máquina*) in Gang setzen; (*motor*) anlassen

accionista *mf* Aktionär(in) *m(f)*

acearia *f* Stahlwerk *nt*

acedares *mpl* Sardinennetz *nt*

acedência *f* ❶ (*concordância*) Zustimmung *f*, Einverständnis *nt* ❷ (*conciliação*) Entgegenkommen *nt*

aceder *vi* ❶ (*concordar*) zustimmen (*a*), bewilligen (*a*); **~ a um pedido** einem Antrag stattgeben ❷ (*entrar*) beitreten (*a*), eintreten (*a* in) ❸ (INFOR: *dados*) zugreifen auf

acédia *f* *v.* **acídia**

acéfalo *adj* kopflos

aceita *adj* *v.* **aceito**

aceitação <-ões> *f* ❶ (*de proposta, presente*) Annahme *f* ❷ (*reconhecimento*) Anerkennung *f* ❸ (*consentimento*) Zustimmung *f*; **ter muita ~** viel Zustimmung finden

aceitar [ɐsei'tar] <*pp* aceite *o* aceito *o* aceitado> *vt* ❶ (*proposta, presente*) annehmen, akzeptieren; **~ de volta** zurücknehmen ❷ (*consentir*) zustimmen

aceitável <-eis> *adj* annehmbar, akzeptabel

aceite **I.** (*portugal*) *pp de* **aceitar** **II.** *adj* (*visita*) willkommen, angenehm

aceito **I.** *pp irr de* **aceitar** **II.** *adj* (*brasil*) *v.* **aceite**

aceleração <-ões> *f* Beschleunigung *f*

acelerado *adj* rasch, schnell

acelerador <-es> *m* (*automóvel*) Gaspedal *nt*; **carregar no ~** Gas geben

acelerar **I.** *vt* (*um processo*) beschleunigen **II.** *vi* (*no automóvel*) Gas geben; (*a pé*) schneller gehen; **~ a fundo** Vollgas geben

acelga *f* Mangold *m*

acém *m* Kammstück *nt*

acenar *vi* ❶ (*com a mão*) winken (*a*) ❷ (*com a cabeça*) zunicken, (mit dem Kopf) nicken

acendedor <-es> *m* (*para gás*) Anzünder *m*

acender [ɐsẽn'der] <*pp* aceso *o* acendido> **I.** *vt* (*cigarro, lume*) anzünden; (*luz, forno, fogão*) anschalten, einschalten; (*sentimento*) erregen **II.** *vr* (*discussão*) entbrennen; (*desejo*) erwachen

acendrar *vt* reinigen; (*alma*) läutern

aceno *m* ❶ (*com a mão*) Wink *m* ❷ (*com a cabeça*) Nicken *nt*

acento *m* ❶ (*sinal gráfico*) Akzent *m*; **~ agu-**

do Akut *m;* ~ **circunflexo** Zirkumflex *m;* ~ **grave** Gravis *m* ② (*de palavra*) Betonung *f;* ~ **tónico** [*o brasil* **tônico**] Hauptton *m*

acentuação <-ões> *f* Betonung *f*

acentuado *adj* ① (*sílaba*) betont; (*graficamente*) mit Akzent ② (*marcado*) markant, ausgeprägt

acentuar *vt* ① (*sílaba*) betonen; (*graficamente*) einen Akzent setzen auf ② (*sublinhar*) betonen, hervorheben

acepção <-ões> *f* Bedeutung *f;* **na verdadeira ~ da palavra** im wahrsten Sinne des Wortes

acepipe *m* (*portugal*) Leckerbissen *m*

acepipes *mpl* Vorspeise *f*

ácer *m* Ahorn *m*

acerca *prep* ~ **de** hinsichtlich, bezüglich

acercar <c→qu> **I.** *vt* annähern; (*objecto*) heranrücken **II.** *vr* sich nähern (*de*)

acerola *f* (BOT) Acerolakirsche, f, Acerolafrucht *f* (*kirschähnliche tropische Frucht reich an Vitamin c*)

acérrimo *superl de* **acre**

acertar **I.** *vt* (*atinar com*) treffen; (*caminho*) finden; (*ajustar*) berichtigen; ~ **o relógio** die Uhr stellen **II.** *vi* treffen; **acertaste!** getroffen!; ~ **no alvo** das Ziel treffen; ~ **em cheio** ins Schwarze treffen; ~ **com a. c.** etw herausfinden

acerto *m* Abrechnung *f;* ~ **de contas** Rechnungsausgleich *m*

acervo *m* ① (DIR) Besitztum *nt,* Vermögen *nt* ② (*montão*) Haufen *m*

aceso **I.** *adj* ① (*vela, luz*) brennend ② (*excitado*) aufgeregt; (*discussão*) hitzig **II.** *pp irr de* **acender**

acessar *vt* (*brasil:* INFOR) zugreifen auf

acessível <-eis> *adj* ① (*pessoa, lugar*) erreichbar ② (*preço*) erschwinglich

acesso [ɐ'sɜsu] *m* ① (*entrada*) Zutritt *m,* Zugang *m;* (*para carros*) Zufahrt *f;* (*na autoestrada*) Auffahrt *f;* ~ **à Internet** Zugang zum Internet; **ter ~ a a. c.** Zugang zu etw haben ② (MED) Anfall *m;* ~ **de fúria** Wutanfall *m*

acessório **I.** *m* (*de máquina*) Zubehör *nt;* (*peça sobresselente*) Ersatzteil *nt* **II.** *adj* zusätzlich

acessórios *mpl* (*de moda*) Accessoires *pl*

acetato *m* Acetat *nt*

acético *adj* Essig ...; **ácido ~** Essigsäure *f*

acetileno *m* Acetylen *nt*

acetinado *adj* satiniert; (*lustroso*) glänzend

acetona [ɐsə'tonɐ] *f* Aceton *nt*

acha *f* Holzscheit *nt*

achacadiço *adj* anfällig, kränklich

achacado *adj* kränklich, schwach

achado *m* Fund *m*

achaque *m* ① (*doença*) Leiden *nt* ② (*vício*) schlechte Angewohnheit *f*

achaques *mpl* Unannehmlichkeiten *pl;* (MED) Beschwerden *pl*

achar [ɐ'ʃar] **I.** *vt* (*encontrar*) finden; (*descobrir*) entdecken; (*pensar, julgar*) finden, glauben; ~ **bom/bem** gut finden, für gut halten; **acho que ...** ich finde, dass ... **II.** *vr* sich befinden

achatado *adj* platt

achatar *vt* abflachen, platt drücken

achega *f* ① (*aditamento*) Beitrag *m* ② (*auxílio*) Unterstützung *f*

achincalhar *vt* verspotten, verhöhnen

achocolatado *adj* ① (*sabor*) Schokoladen ... ② (*cor*) schokoladenbraun

acicatar *vt* anspornen, anstacheln

acicate *m* Ansporn *m*

ácida *adj v.* **ácido**

acidar *vt* (*carne*) sauer einlegen

acidentado *adj* ① (*terreno*) uneben, hügelig; (*rua*) holperig ② (*vida*) bewegt

acidental <-ais> *adj* ① (*casual*) zufällig ② (*inesperado*) unerwartet, unvorhergesehen

acidente [ɐsi'dɛ̃ntə] *m* ① (*desastre*) Unfall *m,* Unglück *nt;* ~ **de viação** Verkehrsunfall *m* ② (*acaso*) Zufall *m;* **por ~** durch Zufall ③ (GEOG) Unebenheit *f*

acidez *f* Säure *f,* Säuregehalt *m*

acídia *f* Faulheit *f,* Trägheit *f*

acidificar *vt v.* **acidar**

ácido ['asidu] **I.** *m* Säure *f;* ~ **carbónico** [*o brasil* **carbônico**] Kohlensäure *f;* ~ **clorídico** Salzsäure *f;* ~ **sulfúrico** Schwefelsäure *f* **II.** *adj* sauer

acima **I.** *adv* (*em cima*) oben; **os nomes ~** die obigen Namen; ~ **de** über, oberhalb; **estar ~ de qualquer suspeita** über jeden Verdacht erhaben sein; (*para cima*) aufwärts, nach oben; **pelas escadas ~** die Treppe hinauf/herauf **II.** *interj* ~**!** rauf!, hinauf!

acinzentado *adj* gräulich

acionador <-es> *m* (*brasil: do motor*) Anlasser *m;* (INFOR); ~ **de disquetes** Diskettenlaufwerk *nt*

acionamento *m* (TEC: *brasil*) Antrieb *m*
acionar *vt* (*brasil*) *v.* **accionar**
acionista *mf* (*brasil*) Aktionär(in) *m(f)*
acirrado *adj* halsstarrig
acirrar *vt* ❶ (*irritar*) reizen, ärgern ❷ (*estimular*) anstacheln; (*cão*) hetzen
aclamação <-ões> *f* ❶ (*aplauso*) Applaus *m* ❷ (POL) Akklamation *f*; **eleito por ~** per Akklamation gewählt
aclamar *vt* ❶ (*bradar*) zujubeln ❷ (POL) durch Zuruf wählen, per Akklamation wählen
aclarar *vt* ❶ (*esclarecer*) erhellen ❷ (*crime*) aufklären; (*a verdade*) ans Licht bringen ❸ (*explicar*) erklären; **~ uma questão** eine Frage klären
aclimatação *f* Gewöhnung *f*, Eingewöhnung *f*
aclimatar **I.** *vt* gewöhnen an, akklimatisieren **II.** *vr* sich gewöhnen (*a* an); (*a cidade*) sich eingewöhnen (*a* in)
aclive **I.** *m* Hang *m*, Abhang *m*; **em ~** ansteigend **II.** *adj* steil
acne *f* (MED) Akne *f*
aço *m* Stahl *m*; **~ inox**(**idável**) rostfreier Stahl; **de ~** stählern
acobardado *adj* feige, mutlos
acobardar **I.** *vt* Angst einjagen, einschüchtern **II.** *vr* verzagen, einen Rückzieher machen
acobertar **I.** *vt* (*tapar*) zudecken; (*dissimular*) verstecken, verschleiern **II.** *vr* (*fig*) sich verstecken (*com* hinter)
acochar-se *vr* sich kauern
acocorar **I.** *vt* hinhocken **II.** *vr* sich hinkauern, sich hinhocken
açodado *adj* eilig, hastig
açodar *vt* antreiben, hetzen
acode *3. pess pres de* **acudir**
acoimar *vt* bestrafen
acoitamento *m* (*de refugiados*) Aufnahme *f*
acoitar **I.** *vt* beherbergen, aufnehmen; (*esconder*) verstecken **II.** *vr* Zuflucht suchen
açoitar *vt* auspeitschen
açoite *m* ❶ (*chicotada*) Peitschenhieb *m* ❷ (*chicote*) Peitsche *f* ❸ (*coloq: palmada*) Klaps *m*
acolá *adv* dort, da; **para ~** dorthin, dahin
acolchoado **I.** *m* (*objecto estofado*) Polster *nt*; (*coberta*) Steppdecke *f* **II.** *adj* gepolstert
acolchoar <*1. pess pres:* acolchôo> *vt* ❶ (*estofar*) polstern ❷ (*roupa*) wattieren (und (ab)steppen)
acolhedor <-es> *adj* ❶ (*ambiente, local*) gemütlich, gastlich ❷ (*pessoa*) gastfreundlich
acolher **I.** *vt* (*uma visita*) empfangen; (*uma ideia*) aufnehmen; (*abrigar*) Zuflucht gewähren; (*hospedar*) beherbergen **II.** *vr* Schutz suchen
acolhida [ako'ʎida] *f v.* **acolhimento**
acolhimento *m* ❶ (*de uma visita*) Empfang *m*; (*de uma ideia*) Aufnahme *f* ❷ (*refúgio*) Zuflucht *f*
acolitar *vt* ❶ (*acompanhar*) begleiten ❷ (*ajudar*) assistieren
acólito *m* (REL) Messdiener *m*
acometer *vt* ❶ (*atacar*) anfallen, angreifen ❷ (*doença*) befallen; **uma doença acomete alguém** jd bekommt eine Krankheit; **ele foi acometido de/por uma vertigem** ihm wurde schwindelig
acomodação <-ões> *f* ❶ (*adaptação*) Anpassung *f* ❷ (*conforto*) Bequemlichkeit *f* ❸ (*alojamento*) Unterkunft *f*
acomodar **I.** *vt* (*hospedar*) unterbringen, beherbergen; (*adaptar*) gewöhnen (*a* an); (*arrumar*) aufräumen **II.** *vr* sich anpassen (*a* an), sich fügen (*a* in)
acompanhamento *m* ❶ (*de pessoa*) Begleitung *f*; (*séquito*) Geleit *nt*; **~ fúnebre** Leichenzug *m* ❷ (MÚS) Begleitung *f* ❸ (CULIN) Beilage *f* ❹ (MED) Betreuung *f*; **~ médico** ärztliche Betreuung
acompanhante *mf* Begleiter(in) *m(f)*
acompanhar [ɐkõmpɐ'ɲar] *vt* ❶ (*pessoa*) begleiten; **~ alguém a casa** jdn nach Hause begleiten; **~ alguém ao piano** jdn auf dem Klavier begleiten ❷ (*um acontecimento*) verfolgen ❸ (*grupo de turistas, doente*) betreuen
aconchegado *adj* behaglich, gemütlich
aconchegar <g→gu> **I.** *vt* **~ alguém** (**com a. c.**) es jdm gemütlich machen **II.** *vr* sich schmiegen (*em* an)
aconchego *m* Gemütlichkeit *f*
acondicionamento *m* Herrichtung *f* (für den Versand)
acondicionar *vt* herrichten; (*embalar*) verpacken; (*para transporte*) versandfertig machen
aconselhar [ɐkõsə'ʎar] **I.** *vt* raten, empfehlen; **~ alguém** jdn beraten; **~ a. c. a alguém** jdm etw empfehlen **II.** *vr* sich beraten; **~-se com alguém** jdn zu Rate ziehen

aconselhável <-eis> *adj* ratsam, empfehlenswert
acontecer [ɐkõntə'ser] *vi* <c→ç> geschehen, sich ereignen
acontecimento [ɐkõntəsi'mẽntu] *m* Ereignis *nt*
aconteço *1. pess pres de* **acontecer**
acoplamento *m* ① (ELECTR) Schaltung *f* ② (*de veículos, máquinas*) Kopplung *f*
acoplar *vt* ① (ELECTR) schalten ② (*veículos, máquinas*) koppeln
açor *m* Habicht *m*
açorda [ɐ'sordɐ] *f* (*portugal:* CULIN) Brotbrei *m*
acordado [ɐkur'dadu] *adj* ① (*desperto*) wach ② (*combinado*) vereinbart
acordante *adj* übereinstimmend
acórdão <-ãos> *m* (DIR) Urteil *nt*
acordar [ɐkur'dar] **I.** *vt* ① (*despertar*) wecken, aufwecken ② (*combinar*) vereinbaren ③ (*pôr em harmonia*) in Einklang bringen; (*adversários*) versöhnen **II.** *vi* ① (*despertar*) aufwachen, erwachen; **não ~ a horas** verschlafen ② (*concordar*) sich einigen
acorde *m* (MÚS) Akkord *m*
acordeão <-ões> *m* Ziehharmonika *f*, Akkordeon *nt*
acordo [ɐ'kordu] *m* ① (*concordância*) Übereinstimmung *f*, Einverständnis *nt;* (*convenção*) Vereinbarung *f*, Übereinkommen *nt;* **de ~!** einverstanden!; **de ~ com** gemäß; **chegar a um ~** eine Vereinbarung treffen; **estar de ~ com alguém** mit jdm einer Meinung sein; **de comum ~** einmütig ② (POL) Abkommen *nt;* **assinar um ~** ein Abkommen unterzeichnen ③ (DIR) Vertrag *m*, Vergleich *m;* **~ amigável** gütlicher Vergleich; **~ pré-nupcial** vorehelicher Vertrag
Açores *mpl* Azoren *pl*
açoriano, -a **I.** *m, f* Azorer(in) *m(f)* **II.** *adj* von den Azoren
acorrentar *vt* anketten, fesseln
acorrer *vi* herbeieilen; **~ a alguém** jdm zu Hilfe kommen
acossar *vt* ① (*perseguir*) verfolgen ② (*atormentar*) beunruhigen, quälen ③ (*molestar*) belästigen
acostamento *m* (*brasil*) Randstreifen *m*, Seitenstreifen *m*
acostar **I.** *vt* anlehnen **II.** *vi* (NÁUT) anlegen; (*naufragar*) stranden; (*atracar*) entern **III.** *vr* (*recostar-se*) sich anlehnen (*a* an)
acostumado *adj* gewohnt (*a* an); **mal ~** verwöhnt
acostumar **I.** *vt* gewöhnen (*a* an) **II.** *vr* sich gewöhnen (*a* an)
acotovelamento *m* ① (*na multidão*) Gedränge *nt* ② (*com cotovelo*) Ellbogenstoß *m*
acotovelar **I.** *vt* (mit dem Ellbogen) anstoßen **II.** *vr* sich drängen
açougue [a'sɔgi] *m* ① (*matadouro*) Schlachthaus *nt* ② (*brasil: talho*) Metzgerei *f*
acovardado *adj v.* **acobardado**
acovardar *vt, vr v.* **acobardar**
Acre *m* (*brasil*) Acre (*bras. Bundesstaat*)
acre **I.** *m* (AGR) Morgen *m* **II.** *adj* (*sabor*) bitter, herb
acreditar [ɐkrədi'tar] **I.** *vt* (POL) akkreditieren **II.** *vi* glauben (*em* an); **~ em alguém** jdm glauben
acrescentar *vt* ① (*anexar*) hinzufügen, anfügen ② (*ao cozinhar*) hinzufügen, zugeben ③ (*aumentar*) vermehren
acrescer <c→ç> **I.** *vt* hinzufügen **II.** *vi* hinzukommen
acréscimo *m* Zuwachs *m*, Zunahme *f*
acriançado *adj* kindisch
acriano, -a **I.** *m, f* (*brasil*) Einwohner(in) *m(f)* des Bundesstaates Acre **II.** *adj* (*brasil: especialidade*) aus Acre; (*instituto*) in Acre
acrílico *m* Acryl *nt*
acrobacia *f* Akrobatik *f*
acrobata *mf* Akrobat(in) *m(f);* **~ aéreo** Kunstflieger(in) *m(f)*
acrobático *adj* akrobatisch
acromático *adj* ① (*óptica*) achromatisch ② (MÚS) eintönig, monoton
acta *f* ① (*relatório*) Bericht *m;* (*de reunião*) Protokoll *nt* ② (*documento*) Urkunde *f*
activa *adj* (*portugal*) *f de* **activo**
activação *f* (*portugal*) Aktivierung *f*
activar *vt* (*portugal*) aktivieren, in Gang setzen; (*estimular*) beleben; **~ o fogo** das Feuer schüren
actividade *f* (*portugal*) Tätigkeit *f*, Aktivität *f;* **~ profissional** berufliche Tätigkeit, Beruf *m;* **~es culturais** Kulturveranstaltungen *pl;* **~s de lazer** Freizeitaktivitäten; **cheio de ~** voller Tatendrang
activista *mf* Aktivist(in) *m(f)*
activo (*portugal*) **I.** *m* (ECON) Aktiva *pl* **II.** *adj* ① (*pessoa*) aktiv, rührig; (*profissionalmente*) erwerbstätig ② (*eficaz*) wirksam
acto ['atu] *m* (*portugal*) ① (*acção*) Tat *f*,

Handlung *f;* ~ **jurídico** Rechtshandlung *f* ❷ (LIT) Akt *m*

actor, actriz [a'tor] <-es, -es> *m, f* (*portugal*) Schauspieler(in) *m(f)*

actuação <-ões> *f* (*portugal: em palco*) Auftritt *m;* ~ **em directo** Liveauftritt *m*

actual <-ais> *adj* (*portugal*) aktuell, gegenwärtig

actualidade *f* (*portugal*) ❶ (*de notícia, documento*) Aktualität *f;* **de grande** ~ hochaktuell ❷ (*presente*) Gegenwart *f;* **viver na** ~ in der Gegenwart leben

actualização <-ões> *f* (*portugal*) Aktualisierung *f;* ~ **de conhecimentos** Fortbildung *f*

actualizar *vt* (*portugal*) aktualisieren, auf den neuesten Stand bringen

actualmente *adv* (*portugal*) heutzutage, zurzeit

actuar *vi* (*portugal*) ❶ (*influir*) wirken (*sobre* auf) ❷ (*em palco*) auftreten; ~ **em directo** [*o brasil* **direto**] live auftreten

açúcar [ɐ'sukar] *m* Zucker *m;* ~ **em cubos** Würfelzucker *m;* ~ **em pó** Puderzucker *m;* **sem** ~ ungesüßt

açucarar *vt* süßen, zuckern; (*fig*) versüßen

açucareiro **I.** *m* Zuckerdose *f* **II.** *adj* Zucker …

açucena *f* weiße Lilie *f*

açude *m* (*represa*) Stauwehr *nt;* (*comporta*) Schleuse *f*

acudir *vi irr como subir* ❶ (*em socorro*) zu Hilfe kommen, zu Hilfe eilen; **acudam!** (zu) Hilfe! ❷ (*vir*) herbeikommen; (*multidão*) zusammenlaufen

acuidade *f* ❶ (*agudeza*) Schärfe *f* ❷ (*sensibilidade*) Empfindlichkeit *f*

acumulação <-ões> *f* Anhäufung *f,* Ansammlung *f*

acumulador *m* (ELECTR) Akkumulator *m*

acumular **I.** *vt* (*amontoar*) anhäufen; (*perguntas*) ansammeln; (*energia*) speichern **II.** *vr* sich ansammeln

acupunctura (*portugal*), **acupuntura** *f* (*brasil*) Akupunktur *f*

acusação <-ões> *f* ❶ (DIR) Anklage *f* ❷ (*censura*) Vorwurf *m* ❸ (*culpabilização*) Anschuldigung *f,* Beschuldigung *f;* ~ **caluniosa** Verleumdung *f*

acusado, -a *m, f* (DIR) Angeklagte

acusar *vt* ❶ (*culpar*) beschuldigen; ~ **alguém de a. c.** jdm etw zum Vorwurf machen; ~ **alguém de um crime** jdn eines Verbrechens beschuldigen ❷ (DIR) anklagen ❸ (ECON) ~ **a recepção** den Empfang bestätigen

acusativo *m* (LING) Akkusativ *m*

acústica *f* Akustik *f*

acústico *adj* akustisch

acutângulo *adj* spitzwinklig

acutilar *vt* erstechen

adaga *f* Dolch *m*

adágio *m* ❶ (*provérbio*) Sprichwort *nt* ❷ (MÚS) Adagio *nt*

adaptação <-ões> *f* ❶ (*acomodação*) Anpassung *f* (*a* an); (*modificação*) Umstellung *f* ❷ (*de filme*) Bearbeitung *f*

adaptador [ɐdɐptɐ'dor] *m* (ELECTR) Adapter *m*

adaptar **I.** *vt* (*adequar*) anpassen (*a* an); (*modificar*) umarbeiten, umstellen; (*filme*) bearbeiten **II.** *vr* sich umstellen (*a* auf), sich anpassen (*a* an); ~ **às suas possibilidades** im Rahmen des Möglichen bleiben

adega *f* Weinkeller *m*

adeleiro, -a *m, f* Trödler(in) *m(f)*

adelgaçar <ç→c> *vt* ❶ (*tornar delgado*) verdünnen ❷ (*diminuir*) verkleinern ❸ (*desbastar*) abnutzen

adenção *f* (DIR) Widerruf *m*

adenda, adendo *f* ❶ (*aditamento*) Nachtrag *m* ❷ (*apêndice*) Anhang *m*

adenite *f* (MED) Lymphknotenentzündung *f*

adentro *adv* hinein; **terra** ~ landeinwärts

adepto, -a *m, f* (POL) Anhänger(in) *m(f);* (DESP) Fan *mf*

adequado *adj* angemessen (*a*), geeignet (*a* für); ~ **às necessidades** den Bedürfnissen angemessen

adequar *vt* angleichen (*a* an), anpassen (*a* an)

adereçar *vt* ❶ (*enfeitar*) schmücken, ausschmücken ❷ (*portugal: dirigir*) richten (*a* an)

adereço *m* Schmuck *m,* Schmuckstück *nt*

adereços *mpl* (*teatro*) Ausstattung *f*

aderência *f* ❶ (TEC: *de objecto*) Haftfähigkeit *f,* Haftung *f;* (*de automóvel*) Bodenhaftung *f* ❷ (*a tradição*) Verbundenheit *f* (*a* mit); (*a pessoa*) Anhänglichkeit *f* (*a* an)

aderente **I.** *mf* Anhänger(in) *m(f)* **II.** *adj* Klebe …

aderir *vi irr como preferir* ❶ (*colar*) haften (*a* an), kleben (*a* an) ❷ (*a organização*) sich anschließen (*a*), beitreten (*a*); (*a campanha*) teilnehmen (*a* an); ~ **a um partido** sich einer

Partei anschließen

adernar *vi* (NÁUT) Schlagseite haben

adesão <-ões> *f* ❶ (*a organização*) Beitritt *m* (*a* zu) ❷ (*aprovação*) Zustimmung *f* (*a* zu), Billigung *f* ❸ (FÍS) Adhäsion *f*

adesivo [ɐdə'zivu] **I.** *m* (MED) Heftpflaster *nt* **II.** *adj* klebend

adesões *f pl de* **adesão**

adestrar *vt* ❶ (*pessoa*) schulen ❷ (*animal*) abrichten

adeus [ɐ'deuʃ] **I.** *m* Abschied, Verabschiedung *f;* (*despedir-se*); **dizer ~ a alguém** sich von jdm verabschieden; (*acenar*) jdm winken; (*coloq*); **dizer ~ a a. c.** etw in den Mond schreiben **II.** *interj* **~!** auf Wiedersehen!, tschüss!

adiamento *m* ❶ (*de reunião*) Vertagung *f,* Verschiebung *f* ❷ (*de prazo*) Aufschub *m*

adiantadamente *adv* im Voraus

adiantado *adj* fortgeschritten; (*pessoa*); **estar ~** zu früh kommen; (*relógio*) vorgehen

adiantamento *m* ❶ (*progresso*) Fortschritt *m* ❷ (*dinheiro*) Vorschuss *m*

adiantar **I.** *vt* (*mover por diante*) vorwärtstreiben, vorantreiben; (*fazer progredir*) vorwärtsbringen, voranbringen; **~ trabalho** einen Teil der Arbeit bereits erledigen; (*coloq*); **não adianta nada** das bringt nichts; (*dinheiro*) vorschießen; (*o relógio*) vorstellen **II.** *vi* Fortschritte machen **III.** *vr* zuvorkommen (*a*)

adiante *adv* ❶ (*direcção*) vorwärts; **~!** weiter! ❷ (*em primeiro lugar*) vorne

adiar [ɐ'djar] *vt* verschieben (*para* auf); (*sem data concreta*) aufschieben; **~ o pagamento** die Bezahlung aufschieben

adiável <-eis> *adj* aufschiebbar, verschiebbar

adição <-ões> *f* (MAT) Addition *f*

adicional [ɐdəsju'nal] <-ais> **I.** *m* Zusatz *m;* (*dinheiro*) Zuschlag *m* **II.** *adj* zusätzlich, ergänzend; **rendimento ~** Nebeneinkommen *nt*

adicionar *vt* ❶ (MAT) addieren, zusammenzählen ❷ (*acrescentar*) zufügen, dazutun; (*comentário*) hinzufügen ❸ (*anexar*) beifügen

adido *m* Attaché *m;* **~ militar** Militärattaché *m*

adipose *f* (MED) Fettleibigkeit *f*

aditamento *m* ❶ (*acrescento*) Ergänzung *f,* Zusatz *m;* **em ~** außerdem ❷ (POL) Zusatzantrag *m*

aditar *vt* ❶ (*complementar*) ergänzen ❷ (*juntar*) zufügen, hinzusetzen

aditivo **I.** *m* (QUÍM) Zusatz *m;* (*em alimentos*) Zusatzstoff *m* **II.** *adj* zusätzlich; (MAT); **sinal ~** Pluszeichen *nt*

adivinha *f* ❶ (*enigma*) Rätsel *nt* ❷ *f de* **adivinho**

adivinhar [ɐdəvi'ɲar] *vt* ❶ (*os pensamentos*) erraten; **adivinhou!** erraten! ❷ (*um segredo, enigma*) raten ❸ (*prognosticar*) voraussagen, vorhersagen; **~ o futuro** die Zukunft vorhersagen ❹ (*pressentir*) ahnen

adivinho, -a *m, f* Wahrsager(in) *m(f)*

adjacência *f* ❶ (*proximidade*) Nähe *f* ❷ (*vizinhança*) Nachbarschaft *f*

adjacências *fpl* Umgebung *f*

adjacente *adj* angrenzend

adjectivar *vt* beschreiben, charakterisieren

adjectivo *m* Adjektiv *nt*

adjetivar *vt* (*brasil*) *v.* **adjectivar**

adjetivo *m* (*brasil*) *v.* **adjectivo**

adjudicação <-ões> *f* ❶ (DIR) Zuerkennung *f* ❷ (*leilão*) Zuschlag *m;* (*trabalho*) Vergabe *f*

adjudicar <c→qu> *vt* ❶ (DIR) zuerkennen, zusprechen ❷ (*leilão*) zuschlagen, den Zuschlag geben; (*trabalho*) vergeben; **~ um contrato para ...** einen Auftrag erteilen für ...

adjudicatário, -a *m, f* ❶ (*leilão*) Ersteigerer, Ersteigerin *m, f* ❷ (*trabalho*) Auftragsempfänger(in) *m(f)*

adjunto, -a *m, f* Gehilfe *m,* Assistent(in) *m(f);* **médico ~** Assistenzarzt *m*

administração [admәniʃtrɐ'sãu] <-ões> *f* Verwaltung *f;* **~ pública** öffentliche Verwaltung

administrador(a) <-es> *m(f)* Verwalter(in) *m(f)*

administrar *vt* ❶ (*uma empresa*) verwalten ❷ (*um cargo*) bekleiden ❸ (*um medicamento*) verabreichen ❹ (REL: *sacramentos*) spenden

administrativo *adj* Verwaltungs ...

admiração *f* ❶ (*adoração*) Bewunderung *f* (*por* für) ❷ (*surpresa*) Erstaunen *nt,* Verwunderung *f*

admirado *adj* erstaunt (*com* über)

admirador(a) <-es> *m(f)* Bewunderer, Bewunderin *m, f;* (*adorador*) Verehrer(in) *m(f);* **~ secreto** heimlicher Verehrer

admirar [ɐdmi'rar] **I.** *vt* (*adorar*) bewundern; (*surpreender*) erstaunen, verwundern; **isso**

admira-me das erstaunt mich; **não admira!** kein Wunder! **II.** *vr* sich wundern (*com* über)

admirável <-eis> *adj* bewundernswert

admissão <-ões> *f* ❶ (*para exame*) Zulassung *f* (*a/em* zu) ❷ (*em associação*) Aufnahme *f* (*a/em* in) ❸ (*em empresa*) Einstellung *f* ❹ (*aceitação*) Annahme *f* ❺ (TEC) Zuführung *f*; ~ **de ar** Luftzufuhr *f*

admissível <-eis> *adj* zulässig, statthaft

admissões *f pl de* **admissão**

admitir *vt* ❶ (*um erro*) zugeben ❷ (*uma possibilidade*) akzeptieren, annehmen ❸ (*contratar*) einstellen; ~ **um aprendiz** einen Lehrling einstellen ❹ (*permitir*) zulassen

admoestação <-ões> *f* ❶ (*advertência*) Ermahnung *f* ❷ (*repreensão*) Rüge *f*, Verweis *m*

admoestar *vt* ❶ (*advertir*) ermahnen ❷ (*repreender*) rügen, zurechtweisen

adoçante [ɐdu'sãntə] *m* Süßstoff *m*

adoção *f* (*brasil*) *v.* **adopção**

adoçar <ç→c> *vt* ❶ (*chá*) süßen ❷ (*suavizar*) versüßen

adocicado *adj* süßlich; (*vinho*) lieblich

adocicar *vt* <c→qu> leicht süßen

adoções *f pl de* **adoção**

adoecer *vi* <c→ç> krank werden, erkranken (*com* an)

adolescência *f* Jugend *f*

adolescente **I.** *mf* Jugendliche, Teenager *m* **II.** *adj* jugendlich

adopção <-ões> *f* (*portugal*) ❶ (*de crianças*) Adoption *f* ❷ (*aplicação*) Anwendung *f* ❸ (*de uma ideia*) Annahme *f*, Übernahme *f*

adoptar *vt* (*portugal*) ❶ (*crianças*) adoptieren ❷ (*um método*) anwenden ❸ (*uma ideia*) annehmen, übernehmen ❹ (*uma medida*) ergreifen

adoptivo *adj* (*portugal*) Adoptiv ...

adoração *f* (REL) Anbetung *f*, Verehrung *f*

adorar *vt* ❶ (REL) anbeten, verehren ❷ (*coloq: gostar*) lieben; **gostaste do filme? – Adorei!** hat dir der Film gefallen? – ich fand ihn klasse!

adormecer <c→ç> **I.** *vt* ❶ (*criança*) zum Schlafen bringen ❷ (*animal*) einschläfern **II.** *vi* ❶ (*começar o sono*) einschlafen ❷ (*dormir depois da hora*) verschlafen

adormecido *adj* schlafend

adornar *vt* schmücken, verzieren

adorno *m* Schmuck *m*, Verzierung *f*; (*fig*) Zierde *f*

adotar *vt* (*brasil*) *v.* **adoptar**

adotivo *adj* (*brasil*) *v.* **adoptivo**

adquirir *vt* ❶ (*comprar*) erwerben, kaufen; ~ **por leasing** leasen ❷ (*conseguir, obter*) erlangen

adrenalina *f* Adrenalin *nt*

adriático *adj* adriatisch; **mar Adriático** Adria *f*

adro *m* Kirchhof *m*, Kirchplatz *m*

adstringente *adj* (MED) adstringierend

adstringir *vt* (MED) adstringieren, zusammenziehen

adstrito *adj* abhängig (*a* von), gebunden (*a* an)

aduaneiro, -a **I.** *m, f* Zollbeamte, Zollbeamtin *m, f* **II.** *adj* Zoll ...

adubar *vt* düngen

adubo *m* Dünger *m*; ~ **químico** Kunstdünger *m*

aduela *f* Daube *f*; (*coloq*); **ter uma ~ a menos** nicht alle Tassen im Schrank haben

adulação <-ões> *f* Schmeichelei *f*, Lobhudelei *f*

adular *vt* schmeicheln

adúltera *f v.* **adúltero**

adulteração <-ões> *f* Verfälschung *f*; (*de bebidas*) Panschen *nt*

adulterar **I.** *vt* (*falsificar*) fälschen; ~ **a verdade** die Wahrheit verfälschen; (*leite, vinho*) panschen **II.** *vr* verderben, schlecht werden

adultério *m* ❶ (*casamento*) Ehebruch *m*; **cometer ~** Ehebruch begehen ❷ (*falsificação*) Verfälschung *f*

adúltero, -a *m, f* Ehebrecher(in) *m(f)*

adulto, -a [ɐ'dultu] **I.** *m, f* Erwachsene **II.** *adj* erwachsen

adurente **I.** *m* (MED) Ätzmittel *nt* **II.** *adj* ätzend

adventício **I.** *m* Fremde *m*, Auswärtige *m* **II.** *adj* ❶ (*estrangeiro*) fremd, zugewandert ❷ (*casual*) zufällig

Advento *m* (REL) Advent *m*

adverbial <-ais> *adj* adverbial

advérbio *m* Adverb *nt*

adversa *adj f de* **adverso**

adversário, -a **I.** *m, f* Gegner(in) *m(f)*, Widersacher(in) *m(f)* **II.** *adj* gegnerisch

adversativo *adj* gegensätzlich, entgegengesetzt; (LING) adversativ

adversidade *f* ❶ (*contrariedade*) Widrigkeit *f* ❷ (*infortúnio*) Missgeschick *nt*

adverso *adj* ① (*oposto*) widrig; **ser ~ a a. c.** etw abgeneigt sein ② (*inimigo*) gegnerisch, feindlich
advertência *f* ① (*aviso*) Warnung *f* ② (*repreensão*) Vorwurf *m*, Verweis *m* ③ (*informação*) Hinweis *m*, Benachrichtigung *f*
advertido *adj* ① (*avisado*) gewarnt ② (*acautelado*) vorsichtig, klug
advertir *vt irr como vestir* ① (*avisar*) warnen (*de* vor) ② (*chamar a atenção*) aufmerksam machen (*sobre* auf), hinweisen (*sobre* auf); (*informar*) benachrichtigen (*sobre* von), in Kenntnis setzen (*sobre* von) ③ (*repreender*) verweisen
advir *vi irr como vir* ① (*suceder*) geschehen ② (*acrescer*) hinzukommen ③ (*como consequência*) sich ergeben (*de* aus)
advocacia *f* (DIR) Anwaltsberuf *m*; **exercer ~** als Anwalt tätig sein
advogado, -a [advu'gadɐ] *m, f* (DIR) Rechtsanwalt, Rechtsanwältin *m, f*; **~ de acusação** Anwalt des Klägers; **~ de defesa** Verteidiger *m*
advogar *vt* <g→gu> verteidigen, eintreten für +*ac*
aéreo *adj* ① (*do ar*) Luft ... ② (*pessoa*) verträumt
aeróbata *mf* Luftikus *m*
aeróbica [ɐɜ'rɔbikɐ] *f* Aerobic *nt*
aerodeslizador *m* Luftkissenfahrzeug *nt*
aerodinâmica *f* Aerodynamik *f*
aerodinâmico *adj* aerodynamisch
aeródromo *m* Flugplatz *m*
aerofoto, aerofotografia *f* Luftaufnahme *f*
aerogare *f* (*portugal*) Abfertigungshalle *f*
aerólito *m* Meteorstein *m*
aerómetro (*portugal*), **aerômetro** *m* (*brasil*: FÍS) Aerometer *nt*
aeromoça *m* (*brasil*) Stewardess *f*
aeromotor *m* Windrad *nt*, Windmotor *m*
aeronauta *mf* Flugzeugführer(in) *m(f)*, Pilot(in) *m(f)*
aeronáutica *f* Luftfahrt *f*
aeronáutico *adj* Luftfahrt ...
aeronave *f* Luftschiff *nt*; **~ espacial** Raumschiff *nt*
aeroplano *m* Flugzeug *nt*; **~ de combate** Jagdflieger *m*, Jäger *m*
aeroporto [ɐɜro'portu] *m* Flughafen *m*
aerossol <-óis> *m* Spray *m, nt*
aerostática *f* (FÍS) Aerostatik *f*
aeróstato *m* Ballon *m*
aerotecnia *f* Flugtechnik *f*
aeroveleiro *m* Segelflugzeug *nt*
aerovia *f* Luftkorridor *m*
afã *m* Anstrengung *f*, Mühe *f*
afabilidade *f* Freundlichkeit *f*
afadigar **I.** *vt* ermüden, anstrengen **II.** *vr* sich *dat* Mühe geben, sich bemühen
afagar <g→gu> *vt* ① (*acariciar*) liebkosen ② (*lisonjear*) schmeicheln
afago *m* Liebkosung *f*
afamado *adj* berühmt
afamar **I.** *vt* berühmt machen **II.** *vr* berühmt werden
afanado *adj* in Anspruch genommen; (*coloq*) müde, erschöpft
afanar **I.** *vt* anstreben **II.** *vr* ① (*trabalhar*) sich abmühen (*em* mit) ② (*cansar-se*) ermüden
afasia *f* (MED) Aphasie *f*
afastado *adj* abgelegen (*de* von), entfernt (*de* von)
afastamento *m* ① (*de um partido*) Entfernung *f* ② (*distância*) Abstand *m*
afastar **I.** *vt* entfernen (*de* von); (*empurrando*) wegschieben **II.** *vr* ① (*distanciar-se*) sich entfernen (*de* von) ② (*desviar-se*) Abstand nehmen (*de* von); (*do caminho*) abweichen (*de* von) ③ (*retirar-se*) sich zurückziehen (*de* aus)
afável <-eis> *adj* freundlich (*com* zu), nett (*com* zu)
afazeres *mpl* ① (*negócios*) Geschäfte *pl* ② (*obrigações*) Pflichten *pl*, Verpflichtungen *pl*; **~ domésticos** Hausarbeiten *pl*
afeção *f* (*brasil*) *v.* **afecção**
afecção <-ões> *f* (*portugal*) ① (MED) Erkrankung *f* ② (*estado*) Affekt *m*
afectação <-ões> *f* (*portugal*) ① (*falta de naturalidade*) Geziertheit *f*, Affektiertheit *f* ② (*vaidade*) Eitelkeit *f*
afectado *adj* (*portugal*) ① (*pouco natural*) gekünstelt, affektiert ② (*vaidoso*) eitel
afectar *vt* (*portugal*) ① (*influenciar*) beeinflussen; (*dizer respeito a*) betreffen, angehen ② (*prejudicar*) beeinträchtigen ③ (*simular*) heucheln, vorgeben
afectivo *adj* (*portugal*) Gefühls ...; **vida afectiva** Gefühlsleben *nt*
afecto *m* (*portugal*: *afeição*) Zuneigung *f*; (*carinho*) Zärtlichkeit *f*
afectuoso *adj* (*portugal*) zärtlich, liebevoll
Afeganistão *m* Afghanistan *nt*
afeição <-ões> *f* ① (*afecto*) Zuneigung *f* (*a/*

por zu); **tomar ~ a alguém** jdn lieb gewinnen ❷ (*inclinação*) Neigung *f* (*a/por* zu)

afeiçoar <*brasil, 1. pess pres:* afeiçôo> **I.** *vt* (*formar*) formen; (*adaptar*) anpassen (*a* an) **II.** *vr* lieb gewinnen (*a*)

afeições *f pl de* **afeição**

afeito *adj* gewohnt (*a* an)

aferição <-ões> *f* Eichung *f*

aferido *adj* geeicht, geprüft

aferidor <-es> *m* ❶ (*instrumento*) Eichmaß *nt* ❷ (*critério*) Maßstab *m*

aferir *vt irr como preferir* ❶ (*pesos, medidas*) eichen ❷ (*medir*) messen (*por* an)

aferrar **I.** *vt* festhalten, packen **II.** *vr* sich klammern (*a* an)

aferro *m* Hartnäckigkeit *f,* Eigensinn *m*

aferroar *vt* <*brasil, 1. pess pres:* aferrôo> anstacheln

aferrolhar *vt* ❶ (*porta*) verriegeln ❷ (*criminosos*) einsperren, einkerkern ❸ (*dinheiro*) wegschließen

afetação <-ões> *f* (*brasil*) *v.* **afectação**

afetado *adj* (*brasil*) *v.* **afectado**

afetar *vt* (*brasil*) *v.* **afectar**

afetivo *adj* (*brasil*) *v.* **afectivo**

afeto *m* (*brasil*) *v.* **afecto**

afetuoso *adj* (*brasil*) *v.* **afectivo**

afiado *adj* (*faca, lâmina*) scharf, geschliffen; (*lápis, língua*) spitz

afiançar <ç→c> *vt* ❶ (*ficar por fiador*) bürgen für, eine Bürgschaft leisten für ❷ (*garantir*) verbürgen

afiançável <-eis> *adj* kautionsfähig

afiar *vt* (*faca, lâmina*) schärfen, schleifen; (*lápis*) anspitzen

aficionado, -a *m, f* Liebhaber(in) *m(f)*

afigurar-se *vr* scheinen

afilhado, -a *m, f* ❶ (REL) Patensohn, Patentochter *m, f,* Patenkind *nt* ❷ (*protegido*) Schützling *m*

afiliação <-ões> *f* Eintritt *m,* Beitritt *m*

afiliado, -a *m, f* Mitglied *nt*

afiliar **I.** *vt* (*um membro*) aufnehmen **II.** *vr* Mitglied werden (*em* bei)

afim <afins> **I.** *m* Verwandte *m* **II.** *adj* verwandt; **afins** dergleichen; **eles vendem frigoríficos e afins** sie verkaufen Kühlschränke und dergleichen

afinação <-ões> *f* ❶ (TEC) Einstellung *f,* Regulierung *f* ❷ (MÚS) Stimmen *nt*

afinal *adv* ❶ (*por fim*) schließlich, endlich; **~ de contas** letzten Endes, letztendlich ❷ (*ênfase*) also, nun; **que queres ~?** was willst du eigentlich?

afinar **I.** *vt* ❶ (TEC) regulieren, einstellen ❷ (MÚS) stimmen **II.** *vi* (*brasil:* FUT, *coloq: time*) sich vor dem Gegner fürchten

afinco *m* ❶ (*pertinácia*) Hartnäckigkeit *f;* (*perseverança*) Beharrlichkeit *f* ❷ (*empenho*) Eifer *m,* Fleiß *m*

afinfar *vt* (*portugal*) ❶ (*coloq: bater*) verprügeln ❷ (*coloq: comida*) fressen; (*bebida*) saufen

afinidade *f* ❶ (*por casamento*) Verschwägerung *f* ❷ (*semelhança*) Ähnlichkeit *f* (*entre* zwischen) ❸ (QUÍM) Affinität *f*

afins *pl de* **afim**

afirmação <-ões> *f* ❶ (*asseveração*) Behauptung *f* ❷ (*de pergunta*) Bejahung *f* ❸ (*confirmação*) Bestätigung *f*

afirmar **I.** *vt* (*asseverar*) behaupten; (*dar por certo*) bestätigen; (*dizer sim*) bejahen **II.** *vr* (*pessoa*) sich behaupten

afirmativa *f* Zusage *f;* (*confirmação*) Bestätigung *f*

afirmativamente *adv* bejahend; **responder ~** zustimmen, zusagen

afirmativo *adj* bejahend; **resposta afirmativa** positive Antwort

afixação <-ões> *f* Anschlag *m;* **~ proibida** Plakatieren verboten

afixar *vt* (*cartaz*) anschlagen, anbringen

aflição <-ões> *f* ❶ (*sofrimento*) Kummer *m;* (*dor*) Schmerz *m* ❷ (*agitação*) Aufregung *f*

afligir <g→j> *vt* ❶ (*preocupar*) bekümmern, bedrücken; (*atormentar*) quälen ❷ (*agitar*) aufregen

aflito *adj* ❶ (*desesperado*) verzweifelt (*com* über); (*agitado*) aufgeregt (*com* über) ❷ (*triste*) betrübt (*com* über)

aflorar **I.** *vt* (*um assunto*) berühren; (*nivelar*) einebnen **II.** *vi* auftauchen

afluência *f* ❶ (*de pessoas*) Zustrom *m,* Andrang *m;* **~ às urnas** Wahlbeteiligung *f* ❷ (*de água, dinheiro*) Zufluss *m* ❸ (*abundância*) Fülle *f;* **~ de palavras** Wortschwall *m*

afluente **I.** *m* (GEOG) Nebenfluss *m* **II.** *adj* reichlich

afluir *vi conj como incluir* ❶ (*rio*) fließen (*a* in), münden (*a* in) ❷ (*pessoas*) herbeiströmen

afluxo *m* ❶ (*de pessoas*) Zustrom *m,* Herbeiströmen *nt* ❷ (*de sangue*) Blutandrang *m*

afogada *adj f de* **afogado**

afogadilho *m* Eile *f,* Hetze *f;* **de** ~ hastig

afogado *adj* ❶ (*pessoa*) ertrunken; **morrer** ~ ertrinken ❷ (*vestido*) hochgeschlossen

afogamento *m* (*morrer*) Ertrinken *nt;* (*ser morto*) Ertränken *nt*

afogar <g→gu> **I.** *vt* ertränken **II.** *vr* (*morrer*) ertrinken; (*matar-se*) sich ertränken

afogueado *adj* (*pessoa*) atemlos, erhitzt

afoitar **I.** *vt* ermutigen, anspornen **II.** *vr* sich trauen, wagen

afoito *adj* kühn, energisch

afonia *f* Heiserkeit *f*

afónico *adj* heiser

afonsino *adj* uralt; **dos tempos** ~**s** vorsintflutlich

afora *adv* ❶ (*local*) hinaus; **rua** ~ die Straße hinaus ❷ (*temporal*) hindurch; **pela vida** ~ das ganze Leben hindurch

aforamento *m* Verpachtung *f*

aforismo *m* Aphorismus *m*

aforro *m* (*portugal*) ❶ (*liberdade*) Freiheit *f* ❷ (*poupança*) Ersparnisse *pl*

afortunado *adj* glücklich

afortunar **I.** *vt* (*tornar feliz*) glücklich machen; (*dar fortuna*) bereichern **II.** *vr* glücklich werden

África *f* Afrika *nt;* ~ **do Sul** Südafrika *nt*

africano, -a **I.** *m, f* Afrikaner(in) *m(f)* **II.** *adj* afrikanisch

afro-brasileiro, -a *adj* afro-brasilianisch

afronta *f* Beleidigung *f*

afrontado *adj* ❶ (MED) erhitzt ❷ (*coloq: com comida*) pappsatt

afrontar *vt* beleidigen, beschimpfen

afrouxamento *f* ❶ (*de cinto, corda*) Lockerung *f;* (*dos músculos*) Erschlaffen *nt* ❷ (*da velocidade*) Verringerung *f*

afrouxar **I.** *vt* (*cinto, regras*) lockern; (*músculos*) erschlaffen lassen; (*velocidade*) verlangsamen, verringern; (*dor*) lindern, mildern **II.** *vi* nachlassen

afta *f* Aphthe *f*

afugentar *vt* in die Flucht schlagen, verjagen

afundar **I.** *vt* (*um barco*) versenken **II.** *vr* versinken, untergehen

afunilado *adj* trichterförmig

agachar **I.** *vt* verstecken **II.** *vr* sich ducken

agár-ágar *m* Agar-Agar *m*

agarrado, -a **I.** *m, f* Geizhals *m* **II.** *adj* (*ao dinheiro*) geizig

agarrar **I.** *vt* greifen, ergreifen; (*com força*) packen, fassen; ~ **uma oportunidade** eine Gelegenheit ergreifen **II.** *vr* sich klammern (*a* an); ~ **com unhas e dentes a a. c.** sich mit Händen und Füßen an etw klammern

agasalhar **I.** *vt* ❶ (*com roupa*) warm anziehen ❷ (*receber*) freundlich aufnehmen, unterbringen **II.** *vr* ❶ (*com roupa*) sich warm anziehen ❷ (*abrigar-se*) absteigen

agasalho *m* ❶ (*roupa*) warme Kleidung *f* ❷ (*resguardo*) Schutz *m* (vor Kälte)

ágata *f* Achat *m*

ágeis *adj pl de* **ágil**

agência [ɐ'ʒẽsjɐ] *f* Agentur *f,* Vertretung *f;* ~ **funerária** Beerdigungsinstitut *nt;* ~ **de informações** Informationsbüro *nt;* ~ **noticiosa** Presseagentur *f;* ~ **de publicidade** Werbeagentur *f;* ~ **de seguros** Versicherungsagentur *f;* ~ **de transportes** Spedition *f;* ~ **de turismo** Fremdenverkehrsbüro *nt,* Touristeninformation *f;* ~ **de viagens** Reisebüro *nt*

agenda *f* ❶ (*livro*) Notizbuch *nt,* Taschenkalender *m* ❷ (*ordem de trabalhos*) Tagesordnung *f*

In der **Agenda Cultural**, die man in den portugiesischen Großstädten, vor allem Lissabon und Porto, beim Verkehrsamt bekommen kann, ist das aktuelle Angebot an Theater – Konzert – Kino zu finden. Die Tageszeitung informiert ebenfalls ausführlich über die Programme. In Portugal werden die Kinofilme in der Originalfassung mit portugiesischen Untertiteln gezeigt. Wenn gerade ein deutscher Film läuft, können Sie ihn also „pur“ genießen.

agente **I.** *m* (QUÍM) Wirkstoff *m;* (MED) Krankheitserreger *m;* (LING) Agens *nt* **II.** *mf* Agent(in) *m(f),* Vertreter(in) *m(f);* ~ **da polícia** Polizist(in) *m(f);* ~ **secreto** Geheimagent(in) *m(f);* ~ **de seguros** Versicherungsagent(in) *m(f);* ~ **de vendas** Vertreter(in) *m(f)* **III.** *adj* (*pessoa*) handelnd; (*substância*) wirkend

agigantar **I.** *vt* (*aumentar*) vergrößern; (*exagerar*) übertreiben **II.** *vr* über sich hinauswachsen

ágil <ágeis> *adj* ❶ (*nos movimentos*) flink, gewandt ❷ (*hábil*) geschickt

agilidade *f* ❶ (*nos movimentos*) Gewandtheit *f* ❷ (*habilidade*) Geschicklichkeit *f*

ágio *m* (ECON) Agio *nt,* Aufgeld *nt*

agiota *mf* ❶ (*usurário*) Wucherer, Wucherin *m, f* ❷ (*na Bolsa*) Börsenspekulant(in) *m(f)*

agiotagem <-ens> *f* ❶ (*usura*) Wucher *m* ❷ (*na Bolsa*) Börsenspekulation *f*

agiotar *vi* ❶ (*usurar*) Wucher treiben, wuchern ❷ (*na Bolsa*) spekulieren

agir <g→gu> *vi* ❶ (*proceder*) vorgehen, handeln ❷ (*actuar*) wirken (*sobre* auf)

agitação <-ões> *f* ❶ (*movimento*) heftige Bewegung *f* ❷ (*de líquido*) Schütteln *nt;* (*do mar*) Wellengang *m* ❸ (*fig: de pessoa*) Unruhe *f,* Aufregung *f* ❹ (POL) Agitation *f,* Aufruhr *m*

agitado *adj* ❶ (*mar*) unruhig, aufgewühlt ❷ (*pessoa*) unruhig, aufgeregt

agitar **I.** *vt* (*uma coisa*) schütteln; ~ **bem antes de usar** vor Gebrauch gut schütteln; (*fig: uma pessoa*) aufregen, erregen; (POL) aufwiegeln **II.** *vr* sich heftig bewegen

aglomeração <-ões> *f* ❶ (*de material*) Anhäufung *f;* (*de pessoas*) Auflauf *m* ❷ (GEOL) Ablagerung *f*

aglomerado **I.** *m* (GEOL) Agglomerat *nt;* ~ **de carvão** Presskohle *f,* Brikett *nt;* ~ **de cortiça** Presskork *m;* ~ **de madeira** Pressholz *nt;* ~ **urbano** Ballungsgebiet *nt* **II.** *adj* gehäuft, geballt

aglomerar **I.** *vt* anhäufen, zusammenballen **II.** *vr* sich ansammeln

aglutinação <-ões> *f* (MED, LING) Agglutination *f*

aglutinar *vt* ❶ (LING) agglutinieren ❷ (*colar*) zusammenkleben; (*ligar*) verbinden

agnição *f* (DIR) Anerkennung *f*

agogô *m* (*brasil:* MÚS) (*glockenartiges brasilianisches Schlaginstrument*)

agoirado *adj* **bem** ~ Glück verheißend; **mal** ~ unheilvoll

agoirar **I.** *vt* verkünden, verheißen **II.** *vi* Unheil verkünden; (*coloq*) unken

agoiro *m* Vorzeichen *nt*

agonia *f* ❶ (*morte*) Agonie *f,* Todeskampf *m;* **estar nas vascas da** ~ in den letzten Zügen liegen ❷ (*coloq: náusea*) Übelkeit *f*

agoniado *adj* niedergeschlagen; **estou** ~ mir ist übel

agoniar **I.** *vt* (*afligir*) quälen; (*causar náuseas*) Übelkeit verursachen **II.** *vr* sich ängstigen

agonizante **I.** *mf* Sterbende **II.** *adj* sterbend

agonizar **I.** *vt* peinigen **II.** *vi* mit dem Tode ringen

agora [ɐ'gɔrɐ] **I.** *adv* jetzt, nun; **de ~ em diante** von nun an; ~ **mesmo** soeben, gerade eben; (**essa**) **~!** nein, so was!; **por** ~ fürs Erste, bis auf weiteres **II.** *konj* (*mas*) aber; ~ **que** jetzt da

Agosto [ɐ'goʃtu] *m* August *m; v.* **Março**

agourado *adj v.* **agoirado**

agourar *vi v.* **agoirar**

agouro *m* Vorzeichen *nt*

agradar [ɐ'gradɐ] **I.** *vi* gefallen (*a*), zusagen (*a*) **II.** *vr* Gefallen finden (*com* an), Freude finden (*com* an)

agradável [ɐgrɐ'davɜl] <-eis> *adj* ❶ (*clima, situação*) angenehm; (*lugar*) behaglich, gemütlich; (*acontecimento*) erfreulich ❷ (*pessoa*) freundlich, nett

agradeça *1./3. pres subj de* **agradecer**

agradecer [ɐgrɐdə'ser] *vt* <c→ç> danken für; ~ **a. c. a alguém** jdm für etw danken, sich bei jdm für etw bedanken; ~ **antecipadamente** im Voraus danken

agradecido *adj* dankbar; **mal** ~ undankbar; **muito ~!** herzlichen Dank!

agradecimento *m* Dank *m* (*por* für), Dankbarkeit *f* (*por* für)

agradeço *1. pres de* **agradecer**

agrado *m* Wohlgefallen *nt;* (*satisfação*) Zufriedenheit *f;* **ser do ~ de alguém** jdm gefallen; **não é do meu** ~ das gefällt mir nicht

agrafador *m* Hefter *m,* Heftapparat *m*

agrafar *vt* (*portugal*) heften

agrafe, agrafo *m* ❶ (*para agrafador*) Heftklammer *f* ❷ (MED) Wundklammer *f*

agrário *adj* landwirtschaftlich, Agrar ...

agravamento *m* Verschlechterung *f,* Verschlimmerung *f;* (DIR); ~ **da pena** Strafverschärfung *f*

agravante **I.** *f* (DIR) belastende(r) Umstand *m* **II.** *adj* erschwerend; (DIR) strafverschärfend

agravar **I.** *vt* (*o estado*) verschlimmern, verschlechtern; (DIR) belasten; (*a pena*) verschärfen **II.** *vr* (*situação, doença*) sich zuspitzen, sich verschlimmern

agravo *m* ❶ (*ofensa*) Beleidigung *f* ❷ (DIR) Berufung *f*

agredir *vt irr como prevenir* ❶ (*atacar*) angreifen, überfallen ❷ (*bater*) schlagen ❸ (*insultar*) beleidigen

agregação <-ões> *f* ❶ (FÍS) Aggregat *nt* ❷ (*ajuntamento*) Hinzufügen *nt;* (*união*)

Vereinigung *f*

agregado *m* ❶ (*conjunto*) Mischung *f;* ~ **familiar** Familienangehörige *m* ❷ (*material*) Pressstoff *m*

agregar <g→gu> *vt* ❶ (*acrescentar*) hinzufügen ❷ (*reunir*) anhäufen ❸ (*um adjunto*) zuteilen

agressão [agrə'sãu] <-ões> *f* Aggression *f;* (*ataque*) Angriff *m* (*a/contra* auf); (*insulto*) Beleidigung *f*

agressiva *adj f de* **agressivo**

agressividade *m* Aggressivität *f,* Angriffslust *f*

agressivo *adj* aggressiv, angriffslustig

agressões *f pl de* **agressão**

agressor(a) <-es> *m(f)* Angreifer(in) *m(f)*

agreste *adj* ❶ (*selvagem*) wild; (*clima*) rau ❷ (*rústico*) ländlich ❸ (*grosseiro*) grob

agrião <-ões> *m* Brunnenkresse *f*

agrícola **I.** *mf* Landwirt(in) *m(f)* **II.** *adj* landwirtschaftlich, Agrar ...; **cooperativa agrícola** Agrargenossenschaft *f*

agricultor(a) <-es> *m(f)* Landwirt(in) *m(f)*

agricultura *f* Landwirtschaft *f,* Ackerbau *m;* ~ **orgânica** [*o* **biológica**] biologischer Anbau *m,* ökologische Landwirtschaft *f*

agrida *1./3. pres subj de* **agredir**

agride *3. pres de* **agredir**

agrido *1. pres de* **agredir**

agridoce *adj* süßsauer

agrimensar *vt* vermessen

agriões *m pl de* **agrião**

agrônoma *f v.* **agrônomo**

agronomia [agrono'mia] *f* Landwirtschaftswissenschaft *f*

agrónomo, -a *m, f* (*portugal*), **agrônomo, -a** *m, f* (*brasil*) Agronom(in) *m(f),* Diplomlandwirt(in) *m(f)*

agropecuária *f* Land- und Viehwirtschaft *f*

agrupamento *m* ❶ (*acção de agrupar*) Zusammenstellung *f* ❷ (*grupo*) Gruppe *f,* Gruppierung *f*

agrupar *vt* gruppieren, zusammenstellen

água ['agwɐ] *f* Wasser *nt;* ~ **benta** Weihwasser *nt;* ~ **destilada** destilliertes Wasser; ~ **doce** Süßwasser *nt;* ~ **dura/macia** hartes/weiches Wasser; ~ **gasosa** Sprudel *m;* ~ **mineral com/sem gás** Mineralwasser mit/ohne Kohlensäure; ~ **de nascente** Quellwasser *nt;* ~ **oxigenada** Wasserstoffsuperoxid *nt;* ~ **potável** Trinkwasser *nt;* ~ **salgada** Salzwasser *nt;* (*brasil*); ~ **sanitária** Waschlauge *f;* ~ **da torneira** Leitungswasser *nt;* **à prova de** ~ wasserdicht, wasserfest; ~ **o deu,** ~ **o levou** wie gewonnen, so zerronnen; **cresce-lhe** ~ **na boca** ihm läuft das Wasser im Mund zusammen; (*fig*); **ir por** ~ **abaixo** ins Wasser fallen, den Bach hinuntergehen; (*coloq*); **isso traz** ~ **no bico** da steckt etwas dahinter; (*fig*); **até lá ainda vai correr muita** ~ **debaixo da ponte** bis dahin fließt noch viel Wasser den Berg hinunter; (*fig*); **deitar** ~ **na fervura** die Wogen glätten; ~ **mole em pedra dura tanto bate até que fura** steter Tropfen höhlt den Stein

aguaceiro [agwɐ'seiru] *m* Schauer *m,* Regenguss *m*

água-de-coco <águas-de-coco> *f* (*brasil*) *Saft der grünen Kokosnuss als Erfrischungsgetränk*

água-de-colónia <águas-de-colónia> *f* Kölnischwasser *nt*

água-de-colônia *f* (*brasil*) Kölnischwasser *nt*

aguado *adj* wässrig

água-forte <águas-fortes> *f* ❶ (QUÍM) Scheidewasser *nt* ❷ (*desenho*) Radierung *f*

água-marinha <águas-marinhas> *f* Aquamarin *nt*

água-pé <águas-pé(s)> *f* (*portugal*) Tresterwein *m;* (*brasil*) Zuckerrohrschnaps *m*

aguar **I.** *vt* (*dissolver*) (in Wasser) auflösen; (*regar*) gießen; (*campo*) bewässern; (*leite, vinho*) verwässern; (*estragar*) vereiteln, verderben **II.** *vi* (*coloq: ougar*) sich verzehren (*por* nach)

aguardar **I.** *vt* abwarten **II.** *vi* abwarten, warten (*por* auf)

aguardente *f* Branntwein *m*

aguarela [agwɐ'rɜlɐ] *f* ❶ (*técnica, quadro*) Aquarell *nt* ❷ (*tinta*) Wasserfarbe *f*

aguarrás *f* Terpentin *nt*

águas *fpl* Gewässer *pl;* (*mar*) Meer *nt;* (*urina*) Wasser *nt;* ~ **medicinais** Heilquellen *pl;* ~ **residuais** Abwässer *pl;* ~ **territoriais** Hoheitsgewässer *pl;* (*coloq*); **verter** ~ Wasser lassen; (*fig*); ~ **passadas** Schnee von gestern; (*coloq*); **ficar em** ~ **de bacalhau** ins Wasser fallen, in die Hose gehen; (*fig*); **navegar em duas** ~ zwei Herren dienen, auf zwei Hochzeiten tanzen

águas-furtadas *fpl* Dachgeschoss *nt*

água-tinta <águas-tinta(s)> *f* Aquatinta *f*

água-viva <águas-vivas> *f* Qualle *f*

aguça *m* (*portugal: reg*) Bleistiftspitzer *m*

aguçado *adj* (*lápis, língua*) spitz

aguçar <ç→c> *vt* ❶ (*lápis*) spitzen ❷ (*incitar*) anstacheln, anregen; **~ o apetite** den Appetit anregen

aguda *adj f de* **agudo**

agudo *adj* ❶ (*objecto*) spitz ❷ (*som*) hoch, schrill ❸ (MED) akut

aguentar (*portugal*) **I.** *vt* (*apoiar*) stützen, tragen; (*aturar*) aushalten **II.** *vi* halten **III.** *vr* durchhalten

agüentar *vt, vi, vr* (*brasil*) *v.* **aguentar**

águia *f* Adler *m*

agulha *f* ❶ (*para coser, injecções*) Nadel *f;* (*de tricôt*) Stricknadel *f;* **é como procurar uma ~ num palheiro** das ist, als ob man eine Stecknadel im Heuhaufen sucht ❷ (*caminhos-de-ferro*) Weiche *f* ❸ (ARQUIT) Turmspitze *f* ❹ (NÁUT) **~ magnética** Kompass *m*

agulhão <-ões> *m* ❶ (NÁUT) Steuerkompass *m* ❷ (ZOOL) Schwertfisch *m*

ah *interj* ah!, ach!

ai [ai] **I.** *m* Ach *nt* **II.** *interj* **~!** au!; **~ de mim!** wehe mir!; **~ de quem/daquele que** +*conj* wehe dem, der ...

aí [ɐ'i] **I.** *m* (ZOOL: *brasil*) Faultier *nt* **II.** *adv* ❶ (*lá*) dort, da; **~ vem ele** da kommt er; **espera ~!** Moment mal!; (*caminho*); **por ~** dadurch; (*lugar indeterminado*) da irgendwo ❷ (*aproximadamente*) ungefähr; **~ por 10 dias** ungefähr 10 Tage; **~ pelas quatro horas** gegen vier Uhr

aidético, -a *m, f* (MED: *brasil*) Aidskranke

aids (MED: *brasil*) *abr de* **síndrome de imunodeficiência adquirida** Aids

ai-jesus **I.** *m* Liebling *m* **II.** *interj* **~!** ach herrje!, du meine Güte!

ainda [ɐ'ĩndɐ] *adv* noch, immer noch; **~ assim** immerhin; **~ bem que ...** ein Glück, dass ...; **~ não** noch nicht; **~ que** +*conj* wenn ... auch, wenngleich; **~ agora** gerade (eben)

aipim <-ins> *m* (*brasil*) Maniok *m*

aipo ['aipu] *m* Sellerie *m*

airbag *m* Airbag *m*

airosidade *f* Anmut *f,* Grazie *f*

airoso *adj* ❶ (*pessoa*) anmutig, elegant ❷ (*local*) luftig, hell

aja *1./3. pres subj de* **agir**

ajardinado *adj* Grün ...; **zona ajardinada** Grünanlage *f*

ajardinar *vt* (*terreno*) bepflanzen; (*bairro*) mit Grünanlagen versehen

ajeitar **I.** *vt* zurechtmachen, in Ordnung bringen **II.** *vr* zurechtkommen (*com* mit)

ajo *1. pres de* **agir**

ajoelhado *adj* kniend, auf den Knien

ajoelhar-se *vr* sich niederknien

ajuda [ɐ'ʒudɐ] *f* ❶ (*auxílio*) Hilfe *f,* Unterstützung *f;* **dar uma ~ a alguém** jdm helfen (*com/em* bei); **pedir ~ a alguém** jdn um Hilfe bitten; **com a ~ de** mit Hilfe von ❷ (*dinheiro*) Unterstützung *f;* **~s de custo** Spesen *pl,* Aufwandsentschädigung *f*

ajudante *mf* ❶ (*que ajuda*) Gehilfe, Gehilfin *m, f,* Helfer(in) *m(f);* (*numa empresa*) Handlanger(in) *m(f)* ❷ (*assistente*) Assistent(in) *m(f)* ❸ (MIL) Adjutant *m*

ajudar [ɐʒu'dar] *vt* helfen, unterstützen; **~ alguém em a. c.** jdm bei etw helfen; **~ alguém a fazer a. c.** jdm helfen, etw zu tun

ajuizado *adj* vernünftig, einsichtig

ajuntamento *m* (*de pessoas*) Auflauf *m*

ajustagem <-ens> *f* (*brasil*) Einstellung *f*

ajustar **I.** *vt* (*adaptar*) anpassen (*a* an); (TEC) einstellen (*a* auf); (*combinar*) vereinbaren; (*liquidar*) begleichen; (*fig*); **~ contas com alguém** mit jdm abrechnen **II.** *vr* passen (*a* zu)

ajuste *m* ❶ (*combinação*) Vereinbarung *f* ❷ (*máquina*) Einstellung *f* ❸ (*liquidação*) **~ de contas** Abrechnung *f*

ala ['alɐ] **I.** *f* (*fila*) Reihe *f;* **formar ~s** Spalier bilden; (*na igreja*) Seitenschiff *nt;* (*de um partido, edifício, tropa*) Flügel *m* **II.** *interj* (*coloq*) **~!** weg!, geh!

alabastro *m* Alabaster *m*

alado *adj* ❶ (*com asas*) geflügelt, mit Flügeln ❷ (*leve*) beschwingt, leicht

alagado *adj* ❶ (*encharcado*) überschwemmt; (*molhado*) triefend ❷ (*desmoronado*) eingestürzt

alagar <g→gu> **I.** *vt* ❶ (*encharcar*) überschwemmen ❷ (*derribar*) einstürzen **II.** *vr* ❶ (*molhar-se*) nass werden ❷ (*inundar-se*) überschwemmt werden ❸ (*afundar-se, desmoronar-se*) untergehen

alagoano, -a **I.** *m, f* (*brasil*) Einwohner(in) *m(f)* des Bundesstaates Alagoas **II.** *adj* (*especialidade*) aus Alagoas; (*instituto*) in Alagoas

Alagoas [ala'goas] Alagoas (*bras. Bundesstaat*)

alagoense (*brasil*) *v.* **alagoano, -a**

alamar *m* Litze *f*
alambique *m* Destillierapparat *m,* Retorte *f*
alameda *f* ① (*avenida*) Allee *f;* (*com álamos*) Pappelallee *f* ② (*parque*) Park *m*
álamo *m* Pappel *f*
alandro *m* Oleander *m*
alapar I. *vt* verstecken II. *vi* hocken, kauern III. *vr* ① (*esconder-se*) sich verstecken ② (*coloq: sentar-se*) sich setzen
alar I. *vt* erheben; (*bandeira*) hissen II. *vr* aufsteigen
alaranjado *adj* orange, orangefarben
alarde *m* Prahlerei *f;* (*vaidade*) Eitelkeit *f*
alargamento *m* Erweiterung *f,* Ausdehnung *f*
alargar <g→gu> I. *vt* (*tornar largo*) vergrößern, erweitern; (*rua*) verbreitern; (*borracha*) dehnen; (*calças*) verlängern; ~ **os horizontes** seinen Horizont erweitern; (*o poder*) ausdehnen; (*um prazo*) verlängern; (*afrouxar*) lockern II. *vi* (*tecido*) sich dehnen III. *vr* (*orador, discurso*) sich ausbreiten (*a* über)
alarido *m* Geschrei *nt,* Geheul *nt*
alarmante *adj* beunruhigend, alarmierend
alarmar I. *vt* alarmieren II. *vr* in Aufregung geraten
alarme *m* ① (*para avisar*) Alarm *m;* **falso** ~ falscher Alarm ② (*sobressalto*) Aufregung *f,* Tumult *m*
Alasca *m* Alaska *nt*
alastramento *m* Ausbreitung *f,* Ausdehnung *f*
alastrar I. *vt* verbreiten II. *vi* (*fogo*) sich ausbreiten III. *vr* (*doença*) sich verbreiten, sich ausbreiten
alaúde *m* Laute *f*
alavanca *f* Hebel *m;* (AERO); ~ **de comando** Steuerknüppel *m;* (*automóvel*); ~ **de velocidades** Schalthebel *m,* Schaltknüppel *m*
alazão *m* (*cavalo*) Fuchs *m*
alba *f* Tagesanbruch *m*
albafar *m* (*perfume*) Parfüm *nt;* (*incenso*) Weihrauch *m*
albanês, -esa I. *m, f* Albaner(in) *m(f)* II. *adj* albanisch
Albânia *f* Albanien *nt*
albarda *f* Packsattel *m*
albardar *vt* ① (*animal*) satteln ② (*oprimir*) unterkriegen
albarrã *f* ① (ARQUIT) Mauerturm *m* ② (BOT) **cebola** ~ wilde Zwiebel *f*
albatroz <-es> *m* Albatros *m*
albergar <g→gu> I. *vt* (*hospedar*) beherbergen, aufnehmen; (*conter*) enthalten, umfassen II. *vr* absteigen, unterkommen
albergaria *f* Herberge *f;* (*com restaurante*) Gasthaus *nt*
albergue *m* Herberge *f;* (*para sem-abrigo*) Obdachlosenunterkunft *f;* ~ **da juventude** (*esp brasil*) Jugendherberge *f*
albicastrense (*portugal*) I. *mf* *Einwohner(in) der Stadt oder des Distrikts Castelo Branco* II. *adj* (*produto*) aus Castelo Branco; (*instituto*) in Castelo Branco
albino *m* Albino *m*
albufeira *f* (*portugal*) ① (*lagoa*) Lagune *f* ② (*represa*) Stausee *m*
álbum <-uns> *m* Album *nt*
albumina *f* (BIOL) Eiweiß *nt*
álbuns *m pl de* **álbum**
Alca ['awka] *f* (*brasil*) *abr de* **Área de Livre Comércio das Américas** Amerikanische Freihandelszone *f*
alça *f* (*de roupa*) Träger *m*
alcacel (*portugal*), **alcacer** *m* (*brasil*) Grünfutter *nt*
alcachofra *f* Artischocke *f*
alçada *f* Zuständigkeit *f;* **isso não é da minha** ~ dafür bin ich nicht zuständig; **estar sob a** ~ **de alguém** in jds Zuständigkeitsbereich fallen
alçado *m* (ARQUIT) Aufriss *m*
alcagüete *m* (*cal brasil*) Spitzel *m*
alcali, álcali *m* (QUÍM) Alkali *nt*
alcalino *adj* (QUÍM) alkalisch
alcalóide *m* (QUÍM) Alkaloid *nt*
alcançado *adj* ① (*atingido*) erreicht ② (*contas*) im Rückstand
alcançar <ç→c> *vt* ① (*objectivo, pessoa*) erreichen ② (*conseguir*) erlangen, erzielen
alcançável <-eis> *adj* erreichbar
alcance *m* ① (*da ciência*) Errungenschaft *f* ② (*de tiro, visão*) Reichweite *f;* **fora do** ~ außer Reichweite; **estar ao** ~ **da vista** in Sichtweite sein ③ (*âmbito*) Bereich *m;* (*compreensível*); **ao** ~ **de todos** leicht verständlich; (*para compra*) für jeden bezahlbar
alcandor (*portugal*), **alcândor** *m* (*brasil*) Gipfel *m*
alcântara *f* Steinbrücke *f*
alçapão <-ões> *m* ① (ARQUIT) Falltür *f,* Bodenklappe *f* ② (*armadilha*) Falle *f*
alcaparra *f* ① (BOT) Kaper *f* ② (*reg: azeitona*) Konservenolive *f* (ohne Stein)
alçar <ç→c> I. *vt* (*elevar*) hochheben; (*ban-*

deira) hissen; (*edificar*) errichten; (*aclamar*) loben **II.** *vr* aufsteigen

alcaravia *f* (BOT) Kreuzkümmel *m*

alcateia (*portugal*), **alcatéia** *f* (*brasil: lobos, cães*) Rudel *nt*

alcatifa *f* (*portugal*) Teppich *m*

alcatifar *vt* mit Teppichboden auslegen

alcatrão *m* Teer *m*

alcatroado *adj* asphaltiert

alcatroar *vt* (*portugal*) teeren, asphaltieren

alcatruz *m* (*portugal*) Schöpfeimer *m*

alce *m* Elch *m*

alcofa *f* (*portugal*) Henkelkorb *m;* (*de bebé*) Tragekorb *m*

álcool <alcoóis> *m* Alkohol *m;* **sem ~** alkoholfrei

alcoólatra *mf* Trinker(in) *m(f)*

alcoolémia *f* Blutalkohol *m;* **teste de ~** Alkoholtest *m*

alcoólico, -a **I.** *m, f* Alkoholiker(in) *m(f);* **~ crónico** [*o brasil* **crônico**] Gewohnheitstrinker *m* **II.** *adj* alkoholisch

alcoolismo *m* Alkoholismus *m,* Trunksucht *f*

alcoolizado *adj* betrunken

alcoolizar **I.** *vt* alkoholisieren **II.** *vr* sich betrinken

Alcorão *m* (REL) Koran *m*

alcova *f* Schlafzimmer *nt*

alcovitar **I.** *vt* verkuppeln **II.** *vi* ❶ (*casais*) Kuppelei treiben ❷ (*mexericar*) klatschen

alcoviteiro, -a *m, f* ❶ (*casamenteiro*) Kuppler(in) *m(f)* ❷ (*mexeriqueiro*) Klatschbase *f*

alcunha *f* Spitzname *m*

aldeão, aldeã <-ãos *o* -ões , aldeães> **I.** *m, f* Dorfbewohner(in) *m(f);* (*camponês*) Bauer *m,* Bäuerin *f* **II.** *adj* dörflich, ländlich; (*camponês*) bäurisch

aldeia [al'deiɐ] *f* Dorf *nt*

aldeões *pl de* **aldeão**

aldraba *f* ❶ (*tranca*) Türklinke *f* ❷ (*batente*) Türklopfer *m*

aldrabão, -ona *m, f* (*portugal*) Schwindler(in) *m(f);* (*mentiroso*) Lügner(in) *m(f)*

aldrabar **I.** *vt* betrügen **II.** *vi* ❶ (*enganar*) schwindeln; (*mentir*) lügen ❷ (*no trabalho*) schludern, pfuschen

aldrabice *f* Schwindel *m*

aleatório *adj* zufällig

alecrim <-ins> *m* Rosmarin *m*

alegação <-ões> *f* (DIR) Plädoyer *nt*

alegar <g→gu> **I.** *vt* (*razão*) angeben, geltend machen; (*prova*) vorbringen; (*como desculpa*) vorgeben, vorschützen; **~ doença** Krankheit vorgeben **II.** *vi* sich berufen auf, geltend machen

alegoria *f* Allegorie *f*

alegórico *adj* allegorisch

alegrar **I.** *vt* (*causar alegria a*) erfreuen; **alegra-me que ...** es freut mich, dass ...; (*animar*) aufmuntern, aufheitern **II.** *vr* sich freuen (*com* über)

alegre [ɐ'lɜgrə] *adj* ❶ (*contente*) froh, fröhlich ❷ (*divertido*) lustig ❸ (*animado*) heiter, lebhaft ❹ (*com álcool*) angeheitert ❺ (*cor*) leuchtend

alegria [ɐlə'griɐ] *f* Freude *f,* Fröhlichkeit *f,* Heiterkeit *f*

alegro *m* (MÚS) Allegro *nt*

aleijado, -a **I.** *m, f* Krüppel *m* **II.** *adj* verkrüppelt

aleijar **I.** *vt* verletzen **II.** *vr* sich verletzen

aleitamento *m* Stillen *nt*

aleluia **I.** *f* Halleluja *nt,* Lobgesang *m* **II.** *interj* **~!** Halleluja!

além [a'lãi] **I.** *m* Jenseits *nt* **II.** *adv* dort, da drüben; (*longe*) dahinten; **mais ~** weiter hinten; **não é/tem nada por aí ~** das ist nichts Besonderes; (*para lá de*); **~ de** jenseits; (*excepto*) außer, abgesehen von; **~ disso** außerdem

Alemanha [ɐlə'mɐɲɐ] *f* Deutschland *nt;* **~ Ocidental/Oriental** West-/Ostdeutschland

alemão, alemã [ɐlə'mãu] <-ães, -ãs> **I.** *m, f* Deutsche; **~ do leste/ocidente** Ost-/Westdeutsche; (*coloq*) Ossi/Wessi *m* **II.** *m* (*língua*) Deutsch *nt;* **não falo ~** ich spreche kein Deutsch; **aprender ~** Deutsch lernen **III.** *adj* deutsch

além-fronteiras *adv* im Ausland

além-mar <-es> **I.** *m* Übersee *f* **II.** *adv* in Übersee

além-mundo *m* Jenseits *nt*

alentado *adj* ❶ (*forte*) stark, kräftig ❷ (*encorajado*) mutig

alentar **I.** *vt* stärken, ermutigen; (*esperanças*) hegen **II.** *vr* Mut fassen

alentejano, -a **I.** *m, f* Alentejaner(in) *m(f)* **II.** *adj* alentejanisch, aus dem Alentejo

Alentejo Alentejo *m*

alento *m* ❶ (*coragem*) Mut *m;* **dar ~** ermutigen; **cobrar ~** Mut fassen ❷ (*fôlego*) Atem *m;* **tomar ~** Atem holen

alergia [ɐlər'ʒiɐ] *f* (MED) Allergie *f* (*a* gegen)

alérgico *adj* allergisch (*a* auf/gegen)

alerta **I.** *m* (*sinal*) Alarm *m;* **dar o ~** Alarm schlagen **II.** *adj* wachsam; **estar ~** aufpassen **III.** *interj* **~!** Achtung!, Alarm!

alertar *vt* aufmerksam machen

aletria *f* (CULIN) Fadennudeln *pl*

Die Haupteisenbahnstrecke Portugals liegt zwischen Porto – Coimbra – Lissabon (ca. 320 km). Hier empfiehlt es sich, mit der Bahn zu fahren. **Alfas** sind schnelle und bequeme Züge, die einen für wenig Geld problemlos ans Ziel bringen. Seit neuestem gibt es sogar einen **Alfa Pendular**, in dem man in der 1. Klasse mit allen möglichen Luxusangeboten verwöhnt wird. Außerdem verkehren Regionais (Regionalzüge) sowie Intercitys und Interregiões (Schnellzüge) in den verschiedenen Landesteilen. Das Lösen einer Fahrkarte für einen Schnellzug – expresso, Alfa etc – ist in Portugal immer mit einer Platzreservierung gekoppelt. Das heißt, dass man ohne Platzkarte in diesen Zügen keinen oder nur schwer einen Sitzplatz bekommt. In Brasilien spielt die Bahn kaum eine Rolle.

alfabético *adj* alphabetisch; **por ordem alfabética** alphabetisch geordnet

alfabetização <-ões> *f* (*taxa*) Lese- und Schreibfähigkeit; (*proceso*) Alphabetisierung *f*

alfabetizar **I.** *vt* alphabetisieren; (*crianças*) einschulen **II.** *vr* lesen und schreiben lernen

alfabeto *m* Alphabet *nt,* ABC *nt*

alface *f* Kopfsalat *m*

alfacinha **I.** *mf* (*portugal: coloq*) Lissabonner(in) *m(f)* **II.** *adj* (*portugal: coloq*) aus Lissabon, typisch für Lissabon

alfafa *f* Luzerne *f*

alfaia *f* ❶ (*utensílio*) Gerät *nt;* **~s agrícolas** landwirtschaftliche Geräte ❷ (*adorno*) Schmuck *m*

alfaiataria *f* Herrenschneiderei *f*

alfaiate [alfɐ'jatə] *m* Herrenschneider *m*

alfândega *f* Zoll *m;* (*edifício*) Zollbehörde *f,* Zollamt *nt*

alfandegagem *f* Zollabfertigung *f*

alfandegar *vt* ❶ (*pagar*) verzollen ❷ (*despachar*) zollamtlich abfertigen

alfandegário *adj* Zoll ...

alfarrabista *mf* Antiquar(in) *m(f)*

alfarroba *f* Johannisbrot *nt,* Carob *m;* **farinha** *f* **de ~** Johannisbrotkernmehl *nt*

alfazema *f* Lavendel *m*

alfena *f* Liguster *m*

alfinetar *vt* ❶ (*pregar*) feststecken ❷ (*uma bolha*) aufstechen

alfinete *m* ❶ (*para pregar*) Stecknadel *f;* **~ de segurança** Sicherheitsnadel *f* ❷ (*jóia*) Anstecknadel *f;* (*de gravata*) Krawattennadel *f*

alfineteira *f* (*almofada*) Nadelkissen *nt*

alfombra *f* ❶ (*tapete*) Teppich *m* ❷ (*relva*) Rasenfläche *f*

alforra *f* Mehltau *m*

alforreca *f* (*portugal*) Qualle *f*

alforriar *vt* freilassen; (*contra dinheiro*) loskaufen

alga *f* Alge *f*

algáceo *adj* algenartig

algália *f* (MED) Katheter *m*

algaliar **I.** *vt* (MED) katheterisieren **II.** *vr* (*reg*) feiern

algarismo *m* Ziffer *f*

Algarve *m* Algarve *m, f*

algarviense, algarvio *adj* aus dem/der Algarve

algas *fpl* Tang *m*

algazarra *f* Lärm *m,* Geschrei *nt*

álgebra *f* Algebra *f*

algema *f* Handschelle *f*

algemar *vt* Handschellen anlegen

algeroz *m* Dachtraufe *f*

algibeira *f* Tasche *f,* Kleidertasche *f*

algo ['algu] **I.** *pron indef* etwas, irgendetwas; **gostaria de comer ~** ich würde gerne etwas essen **II.** *adv* etwas, ein bisschen; **ela é ~ arrogante** sie ist ein bisschen arrogant

algodão <-ões> *m* ❶ (BOT) Baumwolle *f;* **~ em rama** Rohbaumwolle *f;* **de ~** baumwollen, aus Baumwolle ❷ (MED) **~ hidrófilo** Watte *f*

algodoeiro **I.** *m* (BOT) Baumwollstaude *f* **II.** *adj* Baumwoll ...

algodões *m pl de* **algodão**

alguém [al'gãi] *pron indef* jemand

alguidar *m* (große) Schüssel *f*

algum(a) *pron indef* ❶ *sing* (irgend)ein; **~a coisa** etwas; **~ dia** eines Tages ❷ *pl* einige, manche; **algumas vezes** manchmal; **alguns anos** einige Jahre

algures *adv* irgendwo; **para ~** irgendwohin; **de ~** irgendwoher

alhada *f* (*coloq*) Durcheinander *nt;* **estar metido numa ~** in der Patsche sitzen

alheio **I.** *m* fremdes Eigentum *nt* **II.** *adj* ❶ (*estranho*) fremd (*a*) ❷ (*afastado*) (weit) entfernt (*a* von)

alheira *f* (*portugal:* CULIN) Knoblauchwurst *f*

alheta *f* (*coloq*) **pôr-se na ~** sich aus dem Staub machen, abhauen

alho ['aʎu] *m* Knoblauch *m;* **eu pergunto ~s e ele responde bugalhos** er antwortet nicht auf meine Frage; **misturar ~s com bugalhos** alles durcheinanderwerfen

alho-porro <alhos-porros> *m* Lauch *m,* Porree *m*

ali [ɐ'li] *adv* dort, da; (*para ~*) dorthin, dahin

aliado, -a **I.** *m, f* Verbündete **II.** *adj* verbunden (*a* mit)

aliança *f* ❶ (*união*) Bund *m,* Bündnis *nt* ❷ (*anel*) Ring *m;* **~ de casamento** Trauring *m;* **~ de noivado** Verlobungsring *m*

aliar **I.** *vt* verbinden (*a* mit) **II.** *vr* sich verbünden (*a* mit)

aliás *adv* ❶ (*diga-se de passagem*) übrigens ❷ (*correcção*) beziehungsweise ❸ (*de outra forma*) sonst ❹ (*mesmo assim*) ohnehin

álibi *m* Alibi *nt*

alicantina *f* Schwindel *m,* Betrug *m*

alicate *m* Zange *f;* **~ de corte** Kneifzange *f*

alicerçar *vt* die Grundlage schaffen für

alicerce *m* ❶ (ARQUIT) Unterbau *m,* Fundament *nt* ❷ (*base*) Fundament *nt,* Grundlage *f;* **lançar os ~s para a. c.** den Grundstein zu etw legen

aliciação *f* Verführung *f*

aliciante *adj* verlockend, verführerisch

aliciar *vt* ❶ (*seduzir*) verführen (*para* zu), verlocken (*para* zu) ❷ (*atrair*) anlocken

alienação <-ões> *f* ❶ (*afastamento*) Entfremdung *f* ❷ (PSIC) Geistesgestörtheit *f;* **~ mental** geistige Verwirrung *f* ❸ (ECON: *transferência*) Veräußerung *f*

alienado, -a **I.** *m, f* (PSIC) Geisteskranke **II.** *adj* (PSIC) geisteskrank

alienar **I.** *vt* (*afastar*) entfremden; (*desvairar*) verrückt machen; (ECON: *transferir*) veräußern **II.** *vr* (PSIC) geisteskrank werden; (*coloq*) verrückt werden

alienatário, -a *m, f* (ECON) Empfänger(in) *m(f),* Erwerber(in) *m(f)* (von Eigentum)

alienável <-eis> *adj* (ECON) veräußerlich

alienismo *m* (PSIC) Wahnsinn *m,* Geistesgestörtheit *f*

aligeirar *vt* ❶ (*aliviar*) erleichtern ❷ (*apressar*) beschleunigen

alimentação <-ões> *f* ❶ (*sustento*) Nahrung *f,* Ernährung *f;* (*de animais*) Fütterung *f;* **~ forçada** Zwangsernährung *f;* **~ integral** Vollwertkost *f* ❷ (TEC, ELEC) Zufuhr *f;* (INFOR); **~ de papel** Papierzuführung *f*

alimentar **I.** *vt* ernähren; (*um animal*) füttern **II.** *vr* sich ernähren (*de* von) **III.** *adj* Nahrungs ...

alimentício *adj* Nahrungs ..., Nähr ...; **indústria alimentícia** Nahrungsmittelindustrie *f*

alimento *m* Nahrung *f,* Nahrungsmittel *nt;* (*de animais*) Futter *nt;* **~ naturais** [*o* **orgânicos**] Naturkost *f*

alimentos *mpl* Alimente *pl*

alínea *f* ❶ (*nova linha*) Absatz *m* ❷ (DIR) Paragraph *m*

alinhamento *m* ❶ (*direcção*) Ausrichtung *f;* (ARQUIT) Fluchtlinie *f* ❷ (*nivelamento*) Angleichung *f* ❸ (DESP) Aufstellung *f*

alinhar **I.** *vt* ❶ (*em linha recta*) richten, ausrichten; (*automóvel*); **~ a direcção** [*o brasil* **direção**] die Spur einstellen ❷ (*nivelar*) angleichen ❸ (*estrada*) begradigen **II.** *vi* ❶ (*em fila*) sich aufstellen ❷ (*num projecto, equipa*) mitmachen (*em* bei), teilnehmen (*em* an) ❸ (*entrar no bom caminho*) einfädeln

alinhavar *vt* ❶ (*costura*) heften ❷ (*delinear*) entwerfen

alisar *vt* glätten; (*aplanar*) abschleifen

alistamento *m* (MIL) Anwerbung *f*

alistar **I.** *vt* (MIL) anwerben **II.** *vr* (MIL) eintreten

aliteração <-ões> *f* (LIT) Alliteration *f,* Stabreim *m*

aliviado *adj* erleichtert

aliviar **I.** *vt* (*de preocupação*) erleichtern, entlasten; (*a dor*) lindern, mildern; (*suavizar*) besänftigen **II.** *vi* (*tempo*) aufklären

alívio *m* ❶ (*de preocupação*) Erleichterung *f* ❷ (*da dor*) Milderung *f,* Linderung *f*

alma *f* Seele *f;* (*espírito, fantasma*) Geist *m;* **~ penada** Gespenst *nt;* **de ~ e coração** von ganzem Herzen; **de corpo e ~** mit Leib und Seele; **dar a ~ ao Criador** seinen Geist aufgeben; **vender a ~ ao diabo** sich dem Teufel verschreiben

almaço *adj* **papel ~** Kanzleipapier *nt*

alma-do-padeiro *f* (CULIN) Luftloch *nt* im Brot

almanaque *m* Almanach *m,* Jahrbuch *nt*
almejar *vt* ersehnen, sich sehnlich wünschen
almejo *m* Sehnsucht *f*
almirante *m* Admiral *m*
almoçar ['almusar] <ç→c> *vi* zu Mittag essen
almoço [al'mosu] *m* Mittagessen *nt*
almofada [almu'fadɐ] *f* ① (*esp portugal: para cabeça*) Kopfkissen *nt,* Kissen *nt* ② (*estofo*) Polster *nt* ③ (*de porta*) Türfüllung *f*
almofadar *vt* polstern
almofariz *m* Mörser *m*
almôndega *f* (CULIN) Fleischklößchen *nt,* Klops *m*
aló **I.** *adv* (NÁUT) luvwärts **II.** *interj* (*timor leste: olá*) hallo
alô *interj* (*brasil: ao telefone*) hallo
alocução *f* kurze Rede *f,* Ansprache *f*
alogia *f* Unsinn *m,* Quatsch *m*
aloirado *adj* ① (*cabelo*) leicht blond ② (CULIN) knusprig
aloirar **I.** *vt* ① (*cabelo*) aufhellen ② (CULIN) anbräunen, braun braten **II.** *vi* ① (*cabelo*) blond werden ② (CULIN) braun werden
alojamento [ɐluʒɐ'mẽntu] *m* ① (*geral*) Unterkunft *f* ② (MIL) Quartier *nt*
alojar **I.** *vt* ① (*hospedar*) unterbringen, beherbergen ② (MIL) einquartieren ③ (*brasil: vomitar*) brechen **II.** *vr* ① (*pessoa*) absteigen, unterkommen ② (*bactéria*) sich einnisten
alomorfia *m* (BIOL) Umwandlung *f*
alongado *adj* länglich
alongamento *m* Ausdehnung *f;* (*em comprimento*) Verlängerung *f*
alongar <g→gu> **I.** *vt* ① (*tornar longo*) verlängern ② (*alargar*) ausdehnen ③ (*prolongar, atrasar*) hinauszögern, verzögern **II.** *vr* ① (*prolongar-se*) sich verzögern ② (*orador*) sich verlieren (*em* in)
aloquete *m* Vorhängeschloss *nt*
alourado *adj v.* **aloirado**
alourar *vi v.* **aloirar**
alpaca *f* ① (ZOOL) Alpaka *nt* ② (*tecido*) Alpakawolle *f,* Alpaka *nt*
alpendre *m* Schutzdach *nt*
alperce *m* Aprikose *f*
Alpes *mpl* Alpen *pl*
alpestre *adj* Alpen ...; (*montanhoso*) bergig, gebirgig
alpinismo *m* Bergsport *m,* Bergsteigen *nt*
alpinista *mf* Bergsteiger(in) *m(f)*
alpino *adj* alpin
alporca *f* ① (MED) Skrofel *f* ② (BOT) Ableger *m*
alqueive *m* (AGR) Brachfeld *nt*
alquimia *f* Alchimie *f*
alquimista *mf* Alchimist(in) *m(f)*
Alsácia *f* Elsass *nt*
alsaciano, -a **I.** *m, f* Elsässer(in) *m(f)* **II.** *adj* elsässisch
alta *f* ① (*de preços*) Teuerung *f;* (*de cotação*) Hausse *f* ② (*conjuntura favorável*) Aufschwung *m* ③ (*da cidade*) Oberstadt *f* ④ (MED) Entlassung *f;* **dar ~** entlassen; **ter ~** entlassen werden
Alta-Áustria *f* Oberösterreich *nt*
altamente **I.** *adj* (*coloq*) **é ~!** es ist geil! **II.** *adv* höchst, in hohem Maß
altaneiro *adj* ① (*ave*) hoch fliegend ② (*árvore, torre*) hoch aufragend ③ (*pessoa*) anmaßend, arrogant
altar [al'tar] <-es> *m* Altar *m*
altar-mor <altares-mores> *m* Hochaltar *m*
alta-roda <altas-rodas> *f* vornehme Gesellschaft *f*
alteração <-ões> *f* ① (*modificação*) Veränderung *f,* Änderung *f* ② (*transformação*) Umwandlung *f;* **~ química** chemische Umwandlung
alterar **I.** *vt* ① (*modificar*) verändern, ändern ② (*adulterar*) fälschen; **~ a verdade** die Wahrheit verfälschen ③ (*a voz*) erheben **II.** *vr* ① (*modificar-se*) sich ändern, sich verändern ② (*zangar-se*) sich aufregen, sich empören
alternada *adj f de* **alternado**
alternadamente *adv* wechselweise
alternado *adj* abwechselnd
alternador [altərnɐ'dor] *m* (ELECTR) Wechselstromgenerator *m*
alternância *f* Abwechslung *f,* Wechsel *m*
alternar *vt* abwechseln, wechseln
alternativa *f* Alternative *f* (*a* zu)
alternativo *adj* alternativ
alterno *adj* abwechselnd
alteza *f* Hoheit *f;* **sua Alteza** Ihre Hoheit
altifalante [altifɐ'lãntə] *m* (*portugal*) Lautsprecher *m*
altímetro *m* Altimeter *nt,* Höhenmesser *m*
Altíssimo *m* (REL) **o ~** der Allmächtige
altista *mf* (ECON) Hausse-Spekulant(in) *m(f)*
altitude *f* Höhe *f* (über dem Meeresspiegel)
altiva *adj f de* **altivo**
altivez *f* Hochmut *m,* Arroganz *f;* (*orgulho*)

Stolz *m*

altivo *adj* hochmütig, arrogant; (*orgulhoso*) stolz

alto ['altu] **I.** *m* (*cimo*) Gipfel *m;* **do ~** von oben; **os ~s e baixos** das Auf und Ab; (*em terreno*) Anhöhe *f;* (*altura*) Höhe *f;* **isto tem três metros de ~** das ist drei Meter hoch **II.** *adj* (*casa, montanha*) hoch; (*pessoa*) groß; (*som*) laut; (*elevado*) vornehm; **alta sociedade** High Society *f;* (GEOG) obere(r, s); **o Alto Douro** der obere Douro **III.** *adv* hoch; (*som*) laut; **falar ~** laut sprechen **IV.** *interj* ~ (**lá**)! halt!

alto-alemão *m* Hochdeutsch *nt*

alto-astral <altos-astrais> **I.** *m* (*brasil: boa disposição*) gute Laune *f;* (*brasil: sorte*) Glückssträhne *f* **II.** *adj* (*brasil*) gut gelaunt

alto-falante *m* (*brasil*) Lautsprecher *m*

alto-forno <altos-fornos> *m* Hochofen *m*

alto-relevo <altos-relevos> *m* Hochrelief *nt*

altruísmo *m* Selbstlosigkeit *f,* Uneigennützigkeit *f*

altruísta **I.** *mf* selbstlose(r) Mensch *m* **II.** *adj* selbstlos

altura [al'turɐ] *f* ① (*de edifício, montanha*) Höhe *f;* **ter 100 metros de ~** 100 Meter hoch sein ② (*de pessoa*) Größe *f;* **ter um metro de ~** einen Meter groß sein ③ (*ocasião*) Zeitpunkt *m;* **a certa ~** auf einmal; **em qualquer ~** (*portugal*) bei Gelegenheit; (*passado*); **nessa ~** zu jener Zeit, damals; (*futuro*) dann; **nesta ~** jetzt, zurzeit ④ (*nível*) Niveau *nt;* **estar à ~ de alguém/a. c.** jdm/etw gewachsen sein

alucinação <-ões> *f* Halluzination *f,* Wahnvorstellung *f*

alucinado *adj* verblendet, wahnsinnig

alucinante *adj* betörend

alucinar *vt* betören

alude *m* Schneelawine *f*

aludir *vt* andeuten, anspielen (*a* auf); (*mencionar*) erwähnen

alugar [ɐlu'gar] <g→gu> *vt* ① (*dar de aluguer*) vermieten; (*bicicleta, filme*) verleihen; (*terreno*) verpachten; **aluga-se** zu vermieten ② (*casa, tomar de aluguer*) mieten; (*bicicleta*) leihen, mieten; (*terreno*) pachten

aluguel <-éis> *m* (*brasil*) *v.* **aluguer**

aluguer <-es> *m* (*portugal*) ① (*de casa ; arrendamento*) Vermietung *f;* (*de objecto*) Verleih *m,* Verleihung *f;* **~ de automóveis** Autoverleih *m* ② (*de casa; renda*) Miete *f;* (*de objecto*) Leihgebühr *f*

aluir **I.** *vt* (*fazer desabar*) zum Einsturz bringen; (*sacudir*) schütteln, rütteln **II.** *vi* einstürzen

alumiar **I.** *vt* (*iluminar*) beleuchten; (*esclarecer*) aufklären **II.** *vi* leuchten

alumínio *m* Aluminium *nt;* **folha de ~** Aluminiumfolie *f*

aluminita, aluminite *f* Alaunstein *m*

alunagem *f* Mondlandung *f*

alunar *vi* auf dem Mond landen

alunissagem *f* (*brasil*) *v.* **alunagem**

alunissar *vi* (*brasil*) *v.* **alunar**

aluno, -a *m, f* (*da escola*) Schüler(in) *m(f);* (*da universidade*) Student(in) *m(f),* Studierende

alusão <-ões> *f* Andeutung *f,* Anspielung *f* (*a* auf)

alusivo *adj* anspielend (*a* auf)

alusões *f pl de* **alusão**

aluvião <-ões> *m* ① (*cheia*) Überschwemmung *f;* (GEOL); **terra de ~** Schwemmland *nt* ② (*depósito*) Ablagerung *f*

alva **I.** *adj f de* **alvo** **II.** *f* ① (*alvorada*) Morgengrauen *nt,* Tagesanbruch *m* ② (*do olho*) Weiße *nt* (im Auge)

alvado *m* ① (*de instrumento*) Öhr *nt* ② (*da colmeia*) Flugloch *nt*

alvará *m* (*para negócio*) Konzession *f;* (*de construção*) Baugenehmigung *f*

alvejar *vt* (*com arma*) schießen auf

alvéloa *f* (*portugal*) Bachstelze *f*

alveolar *adj* (LING) alveolar

alvéolo *m* ① (ANAT) Zahnhöhle *f* ② (*de abelhas*) Bienenzelle *f*

alverca *f* (*portugal*) ① (*terreno*) Sumpf *m* ② (*tanque*) Teich *m*

alvião *m* (AGR) Kreuzhacke *f*

alvíssaras *fpl* Finderlohn *m*

alvitrar *vt* vorschlagen, empfehlen

alvitre *m* Vorschlag *m,* Anregung *f*

alvo **I.** *m* Zielscheibe *f;* (*fig*) Ziel *nt;* **acertar no ~** das Ziel treffen; **errar o ~** das Ziel verfehlen **II.** *adj* ① (*branco*) weiß ② (*puro*) rein

alvor *m* ① (*alvorada*) Morgendämmerung *f* ② (*brancura*) Weiße *f*

alvorada *f* ① (*manhã*) Morgendämmerung *f* ② (MIL) Reveille *f;* **toque de ~** Wecksignal *nt*

alvoroçar <ç→c> *vt* ① (*inquietar, agitar*) beunruhigen, aufregen ② (*amotinar*) aufwiegeln ③ (*entusiasmar*) freudig erregen

alvoroço *m* ① (*inquietação, agitação*) Aufregung *f* ❷ (*motim*) Aufruhr *m* ❸ (*entusiasmo*) Begeisterung *f*

alvura *f* ❶ (*brancura*) Weiße *f* ❷ (*pureza*) Reinheit *f*

ama *f* ❶ (*ama-de-leite*) Amme *f* ❷ (*ama-seca*) Kindermädchen *nt,* Kinderfrau *f* ❸ (*dona da casa*) Hausherrin *f* ❹ (*governanta*) Haushälterin *f*

amabilidade *f* Liebenswürdigkeit *f,* Freundlichkeit *f;* **falta de ~** Unfreundlichkeit *f*

amabilíssimo *adj superl de* **amável**

amachucar *vt* (*papel*) zerknüllen; (*tecido*) verknittern

amaciador *m* ❶ (*da roupa*) Weichspüler *m* ❷ (*do cabelo*) Pflegespülung *f*

amaciar **I.** *vt* (*suavizar*) besänftigen; (*alisar*) glätten **II.** *vi* sanft werden

ama-de-leite *f* Amme *f*

amadia *f* (*portugal: reg*) Korken *m*

amado, -a *m, f* Geliebte

amador(a) <-es> *m(f)* Liebhaber(in) *m(f),* Amateur(in) *m(f)*

amadurecer <c→ç> **I.** *vt* zur Reife bringen **II.** *vi* (*fig*) reifen

âmago *m* ❶ (BOT: *medula*) Mark *nt* ❷ (*interior*) Innere *nt,* Wesen *nt* ❸ (*núcleo, essência*) Kern *m,* Hauptsache *f;* **o ~ da questão** der Kern der Frage

amainar **I.** *vt* (*as velas*) einziehen **II.** *vi* (*tempestade, ira*) nachlassen

amaldiçoar <*brasil, 1. pess pres:* amaldiçôo> **I.** *vt* verfluchen **II.** *vi* fluchen

amálgama *f* ❶ (QUÍM) Amalgam *nt* ❷ (*mistura*) Gemisch *nt*

amalgamar *vt* ❶ (QUÍM) amalgamieren ❷ (*misturar*) vermengen, vermischen

amamentar *vt* säugen

amanhã [ame'ɲã] **I.** *m* Morgen *nt* **II.** *adv* morgen; **~ de manhã** morgen Früh; **depois de ~** übermorgen

amanhecer **I.** *m* Tagesanbruch *m;* **ao ~** bei Tagesanbruch **II.** *vi impess* <c→ç> dämmern, Tag werden

amansar **I.** *vt* (*domar*) zähmen, bändigen; (*serenar*) beruhigen, besänftigen **II.** *vi* sich beruhigen; (*tempestade*) sich legen

amante *mf* Geliebte, Liebhaber(in) *m(f)*

Amapá *m* (*brasil*) Amapá (*bras. Bundesstaat*)

amapense **I.** *mf* (*brasil*) Einwohner(in) *m(f)* des Bundesstaates Amapá **II.** *adj* (*produto*) aus Amapá; (*instituto*) in Amapá

amar [e'mar] *vt* lieben

amaragem *f* Wasserlandung *f*

amaranto *m* Amarant *m*

amarelado *adj* gelblich

amarelão *m* (*coloq: infecção: ancilostomíase*) Hakenwürmer *fpl*

amarelo [eme'rɜlu] **I.** *m* Gelb *nt* **II.** *adj* ❶ (*cor*) gelb ❷ (*pálido*) blass; **sorriso ~** gezwungenes Lächeln

amarfanhar *vt* ❶ (*amachucar*) zerknittern ❷ (*humilhar*) demütigen

amarga *adj f de* **amargo**

amargar <g→gu> *vt* ❶ (*tornar amargo*) verbittern ❷ (*sofrer*) leiden

amargo [e'margu] *adj* (*fig*) bitter

amargor *m* ❶ (*sabor*) bittere(r) Geschmack *m* ❷ (*dissabor*) Bitterkeit *f;* (*sofrimento*) Qual *f*

amaríssimo *adj superl de* **amargo**

amarra *f* (NÁUT) Ankertau *nt,* Haltetau *nt;* **soltar as ~s** die Leinen lösen

amarração <-ões> *f* (*coloq brasil*) Beziehungskiste *f*

amarrado *adj* (*coloq brasil*) verknallt (*em* in)

amarrar **I.** *vt* ❶ (*atar*) festbinden; (*acorrentar*) anketten; (NÁUT) vertäuen ❷ (*brasil: sapatos*) binden; (*coloq*); **~ o bode** sich ärgern **II.** *vi* (NÁUT) ankern **III.** *vr* ❶ (*com corda*) sich binden (*a* an) ❷ (*a ideia*) sich versteifen (*a* auf) ❸ (*brasil: a pessoa*) sich verknallen (*a* in)

amarrotar *vt* (*tecido*) zerknittern, zerdrücken

ama-seca <amas-secas> *f* Kindermädchen *nt,* Kinderfrau *f*

amassado *adj* ❶ (*chapa*) verbeult ❷ (*brasil: tecido*) zerknittert, verknittert

amassar *vt* ❶ (*a massa*) kneten ❷ (*chapa*) zerquetschen

amável [e'mavɜl] <-eis> *adj* liebenswürdig, freundlich; **pouco ~** unfreundlich

Amazonas *m* (*brasil*) Amazonas *m* (*bras. Bundesstaat*)

amazonense (*brasil*) **I.** *mf* Einwohner(in) *m(f)* des Bundesstaates Amazonas **II.** *adj* (*especialidade*) aus Amazonas; (*instituto*) in Amazonas

Amazónia (*portugal*), **Amazônia** *f* (*brasil*) Amazonien *nt,* Amazonastiefland *nt*

âmbar <-es> *m* Bernstein *m*

ambição <-ões> *f* Ehrgeiz *m*

ambicionar **I.** *vt* anstreben **II.** *vi* streben (*a* nach)

ambicioso *adj* ehrgeizig

ambidestro *adj* beidhändig
ambiental <-ais> *adj* Umwelt ...; **política ~** Umweltpolitik *f*
ambientar I. *vt* eine Atmosphäre schaffen für +*ac* **II.** *vr* sich eingewöhnen; (*no emprego*) sich einarbeiten
ambiente [ɐ̃m'bjɛ̃ntə] **I.** *m* (*geral*) Atmosphäre *f;* **~ pesado/de cortar à faca** dicke Luft; (*ecológico*) Umwelt *f;* (*que nos rodeia*) Umgebung *f;* (*meio social*) Milieu *nt;* **meio ~** Umwelt *f* **II.** *adj* umgebend
ambígua *adj f de* **ambíguo**
ambiguidade (*portugal*), **ambigüidade** *f* (*brasil*) Zweideutigkeit *f,* Doppeldeutigkeit *f;* (*dúvida*) Zweifel *m*
ambíguo *adj* zweideutig, doppeldeutig; (*duvidoso*) zweifelhaft
âmbito *m* (*campo*) Bereich *m;* (*contorno*) Umkreis *m;* **~ de aplicação** Anwendungsbereich *m;* **no ~ do projecto** [*o brasil* **projeto**] im Rahmen des Projektes
ambos ['ɐ̃mbuʃ] *pron indef* beide
ambrosia *f* (*alimento dos deuses*) Ambrosia, f; (*brasil:* CULIN) *Pudding aus Eiern, Milch, Zucker und Vanille*
ambulância [ɐ̃mbu'lɐ̃sjɐ] *f* Krankenwagen *m*
ambulante *adj* ambulant, Wander ...; **vendedor ~** Straßenverkäufer *m;* **teatro ~** Wandertheater *nt*
ambulatório I. *m* (MED: *brasil*) Ambulanz *f,* Poliklinik *f* **II.** *adj* ❶ (*variável*) unstet ❷ (MED: *tratamento*) ambulant
ameaça *f* Drohung *f,* Bedrohung *f;* **~ de bomba** Bombendrohung *f;* **~ de morte** Morddrohung *f*
ameaçador <-es> *adj* drohend, bedrohlich
ameaçar *vt* <ç→c> drohen (*de* mit); (*com objecto*) bedrohen (*com* mit); **~ alguém de morte** jdm mit dem Tod drohen; **~ com uma pistola** jdn mit einer Pistole bedrohen
ameaço *m* ❶ (MED: *sintoma*) Symptom *nt* ❷ (*prenúncio*) Anzeichen *nt*
amealhar *vi* sparen
ameba *f* (BIOL) Amöbe *f*
amedrontar *vt* erschrecken
amêijoa *f* (ZOOL) Herzmuschel *f;* **~ boa** Teppichmuschel *f*
ameixa *f* Pflaume *f;* **~ seca** Backpflaume *f*
ameixa-preta <ameixas-pretas> *f* (*brasil*) Dörrpflaume *f*
ameixoeira *f* Pflaumenbaum *m*
Ámen *interj* **~!** Amen!; **dizer ~ a tudo** zu allem ja und Amen sagen
amena *adj f de* **ameno**
amêndoa *f* Mandel *f;* **~ confeitada** Zuckermandel *f;* **~ torrada** gebrannte Mandel
amendoada *f* (CULIN) Mandelkuchen *m*
amendoeira *f* Mandelbaum *m*
amendoim <-ins> *m* Erdnuss *f*
ameninado *adj* kindlich, kindisch
amenizar *vt* besänftigen, beruhigen
ameno *adj* angenehm, freundlich; (*clima*) mild; (*paisagem*) lieblich
amenorreia (*portugal*), **amenorréia** *f* (*brasil:* MED) Amenorrhöe *f*
América *f* Amerika *nt;* **~ Central** Mittelamerika *nt;* **~ Latina** Lateinamerika *nt;* **~ do Norte** Nordamerika *nt;* **~ do Sul** Südamerika *nt*
americanice *f* (*pej*) Überspanntheit *f;* **isso é uma ~** das ist typisch amerikanisch
americano, -a I. *m, f* Amerikaner(in) *m(f)* **II.** *adj* amerikanisch
amestrar *vt* ❶ (*domar*) dressieren, abrichten ❷ (*ensinar*) schulen
ametista *f* Amethyst *m*
amial *m* Erlenwald *m*
amianto *m* Asbest *m*
amicíssimo *adj superl de* **amigo**
amido *m* (CULIN) Stärke *f,* Stärkemehl *nt*
amieiro *m* (BOT) Erle *f*
amigalhaço, -a *m, f* Busenfreund(in) *m(f)*
amigão <-ões> *m* enger Freund, Kumpel *m*
amigável <-eis> *adj* (*relação*) freundschaftlich; (*pessoa*) liebenswürdig
amígdala *f* Mandel *f*
amigdalite [amigdɐ'litə] *f* (MED) Mandelentzündung *f*
amigo, -a [ɐ'migu] **I.** *m, f* Freund(in) *m(f);* **~ da onça** treuloser Freund; **~ do peito** Busenfreund *m;* **cara de poucos ~s** mürrisches Gesicht **II.** *adj* **ser ~ de alguém** mit jdm befreundet sein; **ser ~ de a. c.** etw mögen
amigo-da-onça <amigos-da-onça> *m* (*esp brasil: coloq*) falscher Freund
amigões *m pl de* **amigão**
amigo-oculto <amigos-ocultos> *m* (*brasil: coloq*) Weihnachtswichtel, m
amimalhar *vt* verziehen
amissão *f* (DIR) Verlust *m*
amistoso, -a *adj* ❶ (*relações*) freundlich; (*acordo*) freundschaftlich ❷ (FUT: *jogo*) Freundschafts-

amiúde *adv* oft, häufig

amizade *f* Freundschaft *f;* **travar ~** Freundschaft schließen (*com* mit)

amnésia *f* Gedächtnisschwund *m*

amnésico *adj* gedächtnisschwach

amnistia *f* Amnestie *f*

amnistiar *vt* amnestieren, begnadigen

amo *m* Hausherr *m*

amolação *f* (*coloq brasil*) Schererei *f,* Ärger *m*

amolar *vt* ① (*afiar*) schärfen, wetzen ② (*brasil: molestar*) belästigen

amolecar *vt* (*brasil*) schlecht behandeln, lächerlich machen

amolecer <c→ç> **I.** *vt* (*uma substância*) aufweichen; (*fig: uma pessoa*) erweichen **II.** *vi* weich werden

amolgado *adj* verbeult

amolgadura *f* Beule *f*

amolgar *vt* zerdrücken, zerquetschen

amónia (*portugal*), **amônia** *f* (*brasil*) Salmiakgeist *m*

amoníaco *m* Ammoniak *nt*

amónio (*portugal*), **amônio** *m* (*brasil*) Ammonium *nt*

amontoado **I.** *m* Haufen *m* **II.** *adj* angehäuft

amontoamento *m* Haufen *m,* Anhäufung *f*

amontoar *vt* <*brasil, 1. pess pres:* amontôo> anhäufen, stapeln; (AGR) häufeln; **~ riquezas** Reichtümer ansammeln

amor [ɐ'mor] *m* ① (*sentimento*) Liebe *f;* **ter ~ a a alguém/a. c.** jdn/etw lieben; **por ~ a alguém** aus Liebe zu jdm; **fazer ~ (com alguém)** (jdn.) lieben; **por ~ de Deus!** um Gottes willen!; **o ~ é cego** Liebe macht blind ② (*pessoa*) Liebling *m;* **meu ~** mein Liebling; **ela é um ~** sie ist ein Schatz

amora *f* Brombeere *f;* (*da amoreira*) Maulbeere *f*

amordaçar <ç→c> *vt* ① (*com mordaça*) knebeln ② (*calar*) mundtot machen; (*coloq*) den Mund stopfen, einen Maulkorb anlegen

amoreira *f* Maulbeerbaum *m*

amorfo *adj* formlos, amorph

amornar *vt* aufwärmen, anwärmen

amoroso *adj* ① (*pessoa*) liebevoll ② (*relativo a amor*) Liebes ... ③ (*reg: suave*) weich, sanft

amor-perfeito <amores-perfeitos> *m* (BOT) Stiefmütterchen *nt*

amor-próprio *m* Selbstachtung *f,* Ehrgefühl *nt*

amortalhar *vt* in ein Leichentuch hüllen

amortecedor **I.** *m* (*do automóvel*) Stoßdämpfer *m;* (AERO) Federbein *nt* **II.** *adj* dämpfend

amortecer *vt* <c→ç> (*ruído, choque, queda*) dämpfen; (*luz*) abschwächen, dämpfen; (*golpe*) abschwächen; (*dor*) mildern

amortização <-ões> *f* (ECON) Tilgung *f,* Rückzahlung *f;* **~ de capital** Kapitalrückfluss *m;* **~ de dívidas** Schuldabzahlung *f;* **~ de empréstimo** Anleihetilgung *f*

amortizar *vt* (ECON) abschreiben, tilgen

amostra *f* ① (*de mercadoria*) Muster *nt;* **~ de compra** Warenprobe *f* ② (*estatística*) Probe *f;* (*tomada ao acaso*) Stichprobe *f;* **de ~** zur Probe ③ (*prova*) Beweis *m*

amostragem <-ens> *f* (*estatística*) Probenentnahme *f*

amotinação *f* Aufstand *m,* Aufruhr *m;* (MIL) Meuterei *f*

amotinar **I.** *vt* aufwiegeln, aufhetzen **II.** *vr* sich auflehnen

amover *vt* ① (*expropiar*) enteignen ② (*afastar*) entfernen

amovível *adj* entfernbar

amparar **I.** *vt* (*apoiar*) stützen; (*sustentar, patrocinar*) unterstützen; (*proteger*) schützen **II.** *vr* sich stützen (*a* auf)

amparo *m* ① (*apoio*) Unterstützung *f;* (*ajuda*) Hilfe *f* ② (*protecção*) Schutz *m*

ampere *m* (FÍS) Ampere *nt*

ampere-hora <amperes-hora(s)> *m* (FÍS) Amperestunde *f*

amperímetro *m* (FÍS) Amperemeter *nt*

ampla *adj f de* **amplo**

ampliação <-ões> *f* ① (*alargamento*) Erweiterung *f* ② (FOTO) Vergrößerung *f*

ampliar *vt* ① (*alargar*) erweitern; (*casa*) anbauen; (*prazo*) verlängern ② (FOTO) vergrößern

ampliável <-eis> *adj* erweiterbar

amplificação <-ões> *f* ① (*de som*) Verstärkung *f* ② (*ampliação*) Erweiterung *f*

amplificador <-es> *m* (ELECTR) Verstärker *m*

amplificar <c→qu> *vt* ① (*som*) verstärken ② (*ampliar*) erweitern

amplitude *f* Weite *f,* Ausdehnung *f;* (FÍS) Amplitude *f*

amplo *adj* ① (*largo*) weit, breit ② (*vasto*) umfassend ③ (*espaçoso*) geräumig ④ (*abundante, rico*) reichlich

ampola *f* (FARM) Ampulle *f*

ampulheta *f* Sanduhr *f,* Eieruhr *f*
amputação <-ões> *f* (MED) Amputation *f*
amputar *vt* (MED) amputieren
amuado *adj* (*coloq*) mürrisch, eingeschnappt
amuar *vi* (*coloq*) maulen, einschnappen
amuleto *m* Talisman *m*
amurada *f* (NÁUT) Reling *f*
anacrónico (*portugal*), **anacrônico** *adj* (*brasil*) anachronistisch
anacruse *f* (MÚS) Auftakt *m*
anafado *adj* klein und dick
anafar *vt* mästen
anáfora *f* (LING) Anapher *f*
anagrama *m* Anagramm *nt*
anais *mpl* Jahrbuch *nt;* (HIST) Annalen *pl*
anal <anais> *adj* anal
analepse *f* ① (LIT) Rückblende *f* ② (MED) Genesung *f,* Rekonvaleszenz *f*
analfabetismo *m* Analphabetismus *m,* Analphabetentum *nt*
analfabeto, -a **I.** *m, f* Analphabet(in) *m(f)* **II.** *adj* analphabetisch
analgésico **I.** *m* (FARM) Schmerzmittel *nt* **II.** *adj* (FARM) schmerzstillend
analisador <-es> *m* (FÍS) Analysator *m,* Prüfgerät *nt*
analisar *vt* analysieren; (*resultado*) auswerten
analisável <-eis> *adj* analysierbar
análise *f* Analyse *f* (*de* von); (MED); ~ **ao sangue** Blutuntersuchung *f;* (ECON); ~ **de mercado** Marktanalyse *f;* ~ **laboratorial** Laboruntersuchung *f;* **em última** ~ letzten Endes, schließlich
analista *mf* ① (POL) Beobachter(in) *m(f)* ② (MED) Laborant(in) *m(f)* ③ (MAT) Analytiker(in) *m(f)*
analítico *adj* analytisch
análoga *adj f de* **análogo**
analogia *f* Analogie *f*
analógico *adj* analog; **relógio** ~ Analoguhr *f*
analogismo *m* Analogieschluss *m;* (LING) Analogiebildung *f*
análogo *adj* analog (*a* zu), entsprechend (*a*)
anamnese *f* (MED) Krankengeschichte *f,* Anamnese *f*
ananás [ɐnɐ'naʃ] *m* (*portugal*) Ananas *f*
anão, anã <anões, anãs> **I.** *m, f* Zwerg(in) *m(f)* **II.** *adj* zwergenhaft, winzig
anarquia *f* Anarchie *f*
anárquico *adj* anarchisch
anarquista **I.** *mf* Anarchist(in) *m(f)* **II.** *adj* anarchistisch
anatocismo *m* (ECON) Zinseszins *m*
anatomia *f* Anatomie *f*
anatómico (*portugal*), **anatômico** *adj* (*brasil*) anatomisch
anca [ãŋkɐ] *f* Hüfte *f*
ancestrais *mpl* Vorfahren *pl*
ancestral <-ais> *adj* alt, uralt
anchova *f* ① (ZOOL) Sardelle *f* ② (CULIN) Anchovis *f*
ancião, anciã <-ãos *o* -ões*o* -ães, -ãs> **I.** *m, f* Greis(in) *m(f)* **II.** *adj* sehr alt, hochbetagt
ancilose *f* (MED) Gelenksteife *f*
ancilóstomo *m* Hakenwurmkrankheit *fpl,* Ankylostomiase *f*
ancinho *m* Harke *f,* Rechen *m*
anciões *m pl de* **ancião**
âncora *f* (NÁUT) Anker *m;* **levantar** ~ den Anker lichten
ancorado *adj* (NÁUT) verankert; **estar** ~ vor Anker liegen
ancoradouro *m* (NÁUT) Ankerplatz *m*
ancoragem <-ens> *f* ① (NÁUT: *lançamento de âncora*) Ankern *nt* ② (NÁUT: *taxa*) Liegegebühr *f,* Hafengebühr *f*
ancorar **I.** *vt* (NÁUT) verankern **II.** *vi* (NÁUT) vor Anker gehen, ankern
andaimar *vt* mit einem Gerüst versehen
andaime *m* Baugerüst *nt;* ~ **suspenso** Hängegerüst *nt*
andamento *m* ① (*progresso*) Gang *m,* Fortgang *m;* (*curso*) Verlauf *m;* **estar em** ~ in Gang sein; **pôr a. c. em** ~ etw in Gang bringen, etw in Gang setzen; **dar** ~ **a a. c.** etw vorantreiben ② (MÚS) Satz *m*
andança *f* ① (*lida*) Arbeit *f* ② (*aventura*) Abenteuer *nt*
andante **I.** *m* (MÚS) Andante *nt* **II.** *mf* (*brasil*) Passant(in) *m(f)* **III.** *adj* wandernd, Wander …
andar [a˜n'dar] **I.** *m* ① (*de edifício*) Etage *f,* Stockwerk *nt;* (*brasil*); ~ **térreo** Erdgeschoss *nt* ② (*portugal: habitação*) Wohnung *f* ③ (*movimento*) Gehen *nt,* Laufen *nt;* **por este** ~ wenn es so weitergeht **II.** *vi* ① (*movimentar-se*) gehen; (*com transporte*) fahren; ~ **a cavalo** reiten; ~ **a pé** gehen; ~ **de carro** (mit dem Auto) fahren; ~ **de avião** fliegen; ~ **de barco** mit dem Schiff fahren; ~ **de bicicleta** Fahrrad fahren; ~ **de rojo** kriechen; **anda cá!** komm her!; ~ **atrás de**

alguém hinter jdm herlaufen; (*fig*) hinter jdm her sein; **pôr-se a ~** abhauen ② (*frequentar*) besuchen; **~ na escola** zur Schule gehen ③ (*exercer uma actividade*) **~ a ler um livro** dabei sein, ein Buch zu lesen ④ (*funcionar*) gehen; **isto não anda** das geht nicht ⑤ (*decorrer*) laufen; **deixar ~** laufen lassen ⑥ (*progredir*) vorangehen ⑦ (*estar*) sich fühlen; **~ triste** traurig sein; **eu ando bem** es geht mir gut; **~ mal de finanças** schlecht bei Kasse sein ⑧ (*coloq: namorar*) **~ com alguém** mit jdm gehen

Bei portugiesischen Anschriften (in Wohnblöcken) sollte man nie vergessen, **andar** – das Stockwerk – anzugeben und ob die Wohnung rechts oder links liegt, da an den Briefkästen keine Namen stehen. Also: Senhora D. ..., Rua ..., 3o-Dto. (3. Etage rechts) P-1250-187 Lisboa. Aus demselben Grund brauchen Sie auch unbedingt die Stockwerkangabe, wenn Sie jemanden besuchen und dazu klingeln müssen.

andas *fpl* Stelzen *pl*
andebol [ãndə'bɔl] *m* (*portugal*) Handball *m*
Andes *mpl* Anden *pl*
andor **I.** *m* Traggestell *nt* **II.** *interj* **~!** weg!
andorinha *f* Schwalbe *f*
andorinha-do-mar *f* Seeschwalbe *f*
andorinhão *m* Turmschwalbe *f*
Andorra *f* Andorra *nt*
andorrano, -a **I.** *m, f* Andorraner(in) *m(f)* **II.** *adj* andorranisch
andrajo *m* Lumpen *m,* Fetzen *m*
andrajoso *adj* zerlumpt
androgínico *adj* (BIOL) zwittrig
andu *m* (BOT) Andubohne *f*
anedota [ɐnə'dɔtɐ] *f* Anekdote *f*
anedótico *adj* anekdotenhaft, anekdotisch
aneiro *adj* (BOT) zweijährig; **árvore aneira** zweijähriger Baum
anel [ɐ'nɛl] <anéis> *m* Ring *m;* **~ de cabelo** Locke *f*
anelação *f* (MED) Atemnot *f*
anemia *f* (MED) Anämie *f,* Blutarmut *f*
anémico (*portugal*), **anêmico** *adj* (*brasil*) ① (MED) anämisch, blutarm ② (*pálido*) farblos, blass
anemómetro (*portugal*), **anemômetro** *m* (*brasil:* METEO) Windgeschwindigkeitsmesser *m,* Windmesser *m*
anémona (*portugal*), **anêmona** *f* (*brasil*) Anemone *f*
aneróide *m* (FÍS) Luftdruckmesser *m*
anervia *f* (MED) Lähmung *f*
anestesia [ɐnəʃtə'ziɐ] *f* (MED) Anästhesie *f;* (*fig*) Betäubung *f;* **~ geral** Vollnarkose *f;* **~ local** Lokalanästhesie *f*
anestesiar *vt* (MED) anästhesieren; (*fig*) betäuben
anestésico **I.** *m* (FARM) Betäubungsmittel *nt* **II.** *adj* (FARM) Betäubungs ...
aneto *m* Dill *m*
anexa *adj f de* **anexo**
anexação <-ões> *f* (POL) Annexion *f*
anexar **I.** *vt* (POL) annektieren; (*um documento*) beilegen **II.** *vr* sich anschließen (*a*)
anexo **I.** *m* (ARQUIT) Anbau *m;* (*documento*) Anhang *m;* (*em carta*) Anlage *m;* **em ~** beiliegend; (*acessório*) Zubehör *nt* **II.** *adj* (*junto*) angeschlossen; (*perto*) anliegend
anfíbio **I.** *m* Amphibie *f* **II.** *adj* amphibisch
anfiteatro [ãfi'tjatru] *m* Amphitheater *nt*
anfitrião, anfitriã <-ões, -ãs> *m, f* Gastgeber(in) *m(f)*
ânfora *f* Amphore *f*
angariação <-ões> *f* Beschaffung *f;* (*de pessoas*) Anwerbung *f;* **~ de fundos** Geldbeschaffung *f,* Sponsorensuche *f*
angariador(a) *m(f)* (*de fundos*) Finanzakquisiteur(in) *m(f),* Fundraiser(in) *m(f)*
angariar *vt* ① (*obter, conseguir*) beschaffen; **~ simpatias** sich beliebt machen ② (*pessoa*) anwerben, einstellen ③ (*dinheiro*) einziehen
angarilha *f* Flechtwerk *nt* (um Flaschen)
angelical <-ais> *adj* engelhaft
angina [ã'ʒinɐ] *f* (MED) Angina *f,* Mandelentzündung *f;* **~ de peito** Angina pectoris *f;* **~ membranosa** Diphtherie *f*
anglicano, -a **I.** *m, f* Anglikaner(in) *m(f)* **II.** *adj* anglikanisch
anglicismo *m* (LING) Anglizismus *m*
anglo-saxão, anglo-saxã <-ões, -ãs> *m, f* Angelsachse *m,* Angelsächsin *f*
anglo-saxónico (*portugal*), **anglo-saxônico** *adj* (*brasil*) angelsächsisch
Angola *f* Angola *nt*
angolano, -a **I.** *m, f* Angolaner(in) *m(f)* **II.** *adj* angolanisch
angra *f* (kleine) Bucht *f*
angu *m* (*brasil*) ① *Brei aus gemahlenem Mais, Maniok oder Reis* ② **estar num ~**

(*coloq*) in Schwierigkeiten sein
angu-de-caroço <angus-de-caroço> *m* (*coloq brasil*) heikle Situation *f;* **estar num ~** in der Klemme stecken
angular <-es> *adj* Winkel ...
ângulo *m* ① (MAT) Winkel *m;* **~ agudo** spitzer Winkel; **~ obtuso** stumpfer Winkel; **~ re(c)to** rechter Winkel ② (*esquina, canto*) Ecke *f,* Kante *f* ③ (*ponto de vista*) Gesichtspunkt *m*
angústia *f* Beklemmung *f,* Angstgefühl *nt*
angustiado *adj* beklommen, angsterfüllt
angustiante *adj* beängstigend, qualvoll
angustiar **I.** *vt* ängstigen, beängstigen **II.** *vr* sich ängstigen
anho *m* Lamm *nt*
anídrico *adj* (QUÍM) wasserfrei
anil **I.** *m* Indigoblau *nt* **II.** *adj* ① (*cor*) blau ② (*senil*) altersschwach
anilha *f* (MEC) Unterlegscheibe *f*
animação <-ões> *f* ① (*acção de animar*) Belebung *f* ② (*vivacidade, alegria*) Lebhaftigkeit *f,* (angeregte) Stimmung *f* ③ (*movimento, pessoas*) Betrieb *m;* (*coloq*) Rummel *m*
animado *adj* (*pessoa*) munter; (*ambiente*) lebhaft, angeregt; (*rua, praça*) belebt
animador(a) <-es> **I.** *m(f)* Animateur(in) *m(f);* (*em programa*) Talkmaster(in) *m(f),* Moderator(in) *m(f)* **II.** *adj* aufmunternd, ermutigend
animal [ɐni'mal] <-ais> **I.** *m* Tier *nt;* **~ doméstico/de estimação** Haustier *nt* **II.** *adj* tierisch, Tier ...
animalesco *adj* tierisch, Tier ...
animar **I.** *vt* ① (*dar vida*) animieren, beleben ② (*entusiasmar*) anregen, ermuntern; (*encorajar*) ermutigen **II.** *vr* ① (*tomar vida*) lebhaft werden ② (*encorajar-se*) Mut fassen
animato *adv* (MÚS) lebhaft
anímico *adj* seelisch
ânimo **I.** *m* (*alento, coragem*) Mut *m;* **recobrar ~** wieder Mut fassen; (*força de vontade*) Lust *f* **II.** *interj* **~!** nur Mut!
animosidade *f* Abneigung *f,* Unwille *m*
animoso *adj* ① (*corajoso*) tatkräftig, beherzt ② (*resoluto*) entschlossen
aninhar **I.** *vt* (*esconder*) verbergen; (*acolher*) aufnehmen **II.** *vr* sich ducken
aniquilação *f* Vernichtung *f,* Auslöschung *f*
aniquilar **I.** *vt* (*o inimigo*) vernichten, ausrotten; (*moralmente*) zugrunde richten **II.** *vr* zugrunde gehen
anis *m* Anis *m*
anistia *f* (*brasil*) Amnestie *f*
anistiar *vt* (*brasil*) amnestieren, begnadigen
aniversariante *mf* Geburtstagskind *nt*
aniversário [ɐnivər'sarju] *m* (*de nascimento*) Geburtstag *m;* (*de um evento*) Jahrestag *m,* Jubiläum *nt;* **~ de casamento** Hochzeitstag *m;* **quando é o teu ~?** wann hast du Geburtstag?; **o meu ~ é a 12 de Junho** ich habe am 12. Juni Geburtstag
anjinho *m* (*irón*) Naivling *m*
anjo *m* Engel *m;* **Anjo Custódio/da Guarda** Schutzengel *m*
ano ['ɐnu] *m* Jahr *nt;* **~ bissexto** Schaltjahr *nt;* **~ civil** Kalenderjahr *nt;* **~ comercial/económico** Geschäftsjahr *nt;* **~ comum**, **~ de nascimento** Geburtsjahr *nt;* (*escola*); **~ le(c)tivo** Schuljahr *nt;* (*universidade*) Studienjahr *nt;* **Ano Novo** Neujahr *nt;* **dia de ~s** Geburtstag *m;* **por ~** pro Jahr; **os ~s cinquenta** [*o brasil* **cinqüenta**] die fünfziger Jahre, die Fünfzigerjahre; **no ~ de 1980** im Jahr 1980; **no próximo ~** nächstes Jahr; **no ~ passado** letztes Jahr; **quantos ~s tem?** wie alt sind Sie?; **ela tem 18 ~s** sie ist 18 (Jahre alt); **fazer ~s** Geburtstag haben; **fazer 20 ~** 20 (Jahre alt) werden, *Jahr, das kein Schaltjahr ist*
anões *m pl de* **anão**
anoitecer **I.** *m* Dämmerung *f,* Abenddämmerung *f;* **ao ~** beim Einbruch der Dunkelheit **II.** *vi impess* <c→ç> dunkel werden
anómala (*portugal*), **anômala** *adj* (*brasil*) *f de anómalo, anômalo* **anómalo**
anomalia *f* Anomalie *f*
anómalo (*portugal*), **anômalo** *adj* (*brasil*) abnorm, anormal
anónima (*portugal*), **anônima** *adj* (*brasil*) *f de* **anónimo, anônimo**
anonimato *m* Anonymität *f*
anónimo (*portugal*), **anônimo** *adj* (*brasil*) anonym
anoraque *m* Anorak *m*
anorexia *f* (MED) Anorexie *f,* Appetitlosigkeit *f*
anormal <-ais> *adj* anormal; (*mental*) geistig zurückgeblieben
anormalidade *f* Anormalität *f*
anotação <-ões> *f* ① (*num texto*) Anmerkung *f* ② (*comentário*) Bemerkung *f*
anotar [ɐnu'tar] *vt* ① (*escrever*) notieren, aufschreiben ② (*observar*) anmerken

anseio *m* ❶ (*aflição*) Sorge *f*, Kummer *m* ❷ (*desejo*) Verlangen *nt*

ânsia *f* ❶ (*desejo*) Streben *nt* (*de* nach), Verlangen *nt* (*de* nach); ~ **de aprender** Wissensdurst *m;* ~ **de poder** Machthunger *m* ❷ (*aflição*) Beklemmung *f;* (*por incerteza*) Bangen *nt*

ansiar *irr como odiar* **I.** *vt* ❶ (*desejar*) sich sehnen nach, herbeisehnen ❷ (*afligir*) ängstigen, quälen **II.** *vi* ❶ (*desejar*) begehren, streben (*por* nach) ❷ (*angústia*) sich ängstigen (*por* um)

ansiedade *f* ❶ (*desejo*) Begierde *f*, Sehnsucht *f* (*por* nach) ❷ (*impaciência*) Ungeduld *f*, innere Unruhe *f* ❸ (*angústia, aflição*) Angst *f*, Beklemmung *f*

ansioso *adj* ❶ (*desejoso*) sehnsüchtig; **estar ~ por** brennen auf ❷ (*inquieto*) unruhig

anta **I.** *f* ❶ (HIST) Hünengrab *nt* ❷ (ZOOL) Tapir *m* **II.** *mf* (*brasil: pessoa tola*) Dummkopf *m*

antagónico (*portugal*), **antagônico** *adj* (*brasil*) gegensätzlich

antagonismo *m* Gegensatz *m*, Antagonismus *m*

antagonista *mf* Gegner(in) *m(f)*, Antagonist(in) *m(f)*

antárctico *adj* antarktisch

Antárctida *f* Antarktis *f*

antártico *adj* (*brasil*) *v.* **antárctico**

Antártida *f* (*brasil*) *v.* **Antárctida**

ante *prep* ❶ (*local*) vor ❷ (*em vista de*) angesichts

anteacto *m* (*portugal: teatro*) Vorspiel *nt*

anteato *m* (*brasil*) *v.* **anteacto**

antebraço *m* Unterarm *m*

antecâmara *f* Vorzimmer *nt*

antecedência *f* Vorrang *m;* **com ~** im Voraus

antecedente *adj* vorhergehend, vorig

antecedentes *mpl* Vorgeschichte *f*, Hintergrund *m;* (*de pessoa*) Vorleben *nt;* **ter ~ penais** Vorstrafen haben; **sem ~** beispiellos

anteceder **I.** *vt* vorhergehen, vorangehen **II.** *vr* zuvorkommen

antecessor(a) <-es> *m(f)* Vorgänger(in) *m(f)*

antecipação <-ões> *f* Zuvorkommen *nt*, Vorgreifen *nt*

antecipada *adj f de* **antecipado**

antecipadamente *adv* im Voraus

antecipado *adj* (*eleições*) vorgezogen

antecipar **I.** *vt* vorwegnehmen, vorausnehmen; (*data, viagem*) vorverlegen; (*dinheiro*) vorstrecken **II.** *vr* zuvorkommen (*a*)

antemão *adv* **de ~** im Voraus

antena *f* ❶ (*de rádio, televisão*) Antenne *f;* ~ **exterior** Dachantenne *f;* ~ **interior** Zimmerantenne *f;* ~ **parabólica** Parabolantenne *f;* ~ **rotativa** Drehantenne *f* ❷ (ZOOL) Fühler *m*

anteontem [ãn'tjɔ̃ntãi] *adv* vorgestern

antepassado, -a **I.** *m, f* Vorfahr(in) *m(f)* **II.** *adj* vergangen

antepenúltimo *adj* vorvorletzt, drittletzt

anteprojecto *m* (*portugal*), **anteprojeto** *m* (*brasil*) Vorentwurf *m*

antera *f* (BOT) Staubbeutel *m*

anterior <-es> *adj* vorangehend, vorig

anteriormente *adv* vorher, früher

antes ['ãntəʃ] **I.** *adv* (*temporal*) vorher, zuvor; (*antigamente*) früher; (*primeiro*) zuerst; **ele vai chegar ~** er wird zuerst ankommen; **alguns dias ~** einige Tage zuvor; (*de preferência*) lieber; **~ quero ler** lieber lese ich; (*pelo contrário*) vielmehr, im Gegenteil **II.** *prep* **~ de** vor; **~ de comer** vor dem Essen; **~ de tudo/de mais nada** vor allem, zuallererst; **~ do tempo** zu früh **III.** *konj* **~ que** bevor, ehe; **~ que comece** bevor es anfängt

antever *vt irr como ver* vorhersehen, voraussehen

antevéspera *f* vorvorige(r) Tag *m;* **na ~ de** zwei Tage vor

antiácido *adj* säurebeständig

antiaéreo *adj* Flugabwehr ...; **defesa antiaérea** Luftabwehr *f*

antialcoólico *adj* antialkoholisch

antibiótico [ãnti'bjɔtiku] **I.** *m* (FARM) Antibiotikum *nt* **II.** *adj* (FARM) antibiotisch

anticefalálgico *adj* (FARM) gegen Kopfschmerzen

anticiclone *m* (METEO) Hoch *nt*

anticientífico *adj* unwissenschaftlich

anticlerical <-ais> *adj* kirchenfeindlich, antiklerikal

anticoncepcional <-ais> *adj* empfängnisverhütend

anticongelante **I.** *m* Frostschutzmittel *nt* **II.** *adj* Frostschutz ..., Gefrierschutz ...

anticonstitucional <-ais> *adj* verfassungswidrig

anticorpo *m* (BIOL) Antikörper *m*

anticorrosivo *adj* Rostschutz ..., Korrosions-

schutz ...
antidemocrata *mf* Demokratiegegner(in) *m(f)*
antidemocrático *adj* undemokratisch, demokratiefeindlich
antiderrapante *adj* (TEC) rutschfest
antidesportivo *adj* unsportlich, unfair
antidetonante *adj* (TEC) klopffest
antídoto *m* (FARM) Gegenmittel *nt;* (*contraveneno*) Gegengift *nt*
antiespasmódico *adj* (FARM) krampflösend, antispasmodisch
antiesportivo *adj* (*brasil*) unsportlich, unfair
antiestático *adj* (FÍS) antistatisch
antiestético *adj* unästhetisch
antifascismo *m* Antifaschismus *m*
antifascista **I.** *mf* Antifaschist(in) *m(f)* **II.** *adj* antifaschistisch *f*
antifebril *adj* (FARM) fiebersenkend
antiflogístico *adj* (FARM) entzündungshemmend
antiga *adj f de* **antigo**
antigamente [ãntigɐ'mɛ̃ntə] *adv* früher
antigo [ãn'tigu] *adj* ❶ (*velho*) alt; **o Antigo Testamento** das Alte Testament ❷ (*desactualizado*) altertümlich, veraltet ❸ (*da antiguidade*) antik ❹ (*anterior*) ehemalig; **os ~s alunos** die ehemaligen Schüler
antiguidade *f* ❶ (HIST) Altertum *nt,* Antike *f* ❷ (*tempo de serviço*) Dienstalter *nt*
antiguidades *fpl* Antiquitäten *pl*
anti-higiénico (*portugal*), **anti-higiênico** *adj* (*brasil*) unhygienisch
antiinflamatório *adj* (FARM) entzündungshemmend
antílope *m* Antilope *f*
antimilitarismo *m* Antimilitarismus *m*
antimonárquico *adj* antimonarchisch
antimónio (*portugal*), **antimônio** *m* (*brasil:* QUÍM) Antimon *nt*
antinatural <-ais> *adj* unnatürlich
antinomia *f* (DIR) Gegensatz *m,* Widerspruch *m*
antipatia *f* Abneigung *f* (*por* gegen), Antipathie *f* (*por* gegen)
antipático *adj* unsympathisch
antipatizar *vi* nicht mögen (*com*)
antipatriótico *adj* unpatriotisch
antipirético *adj* (FARM) fiebersenkend
antiquado *adj* veraltet, altmodisch
antiquário, -a [ãnti'kwarju] *m, f* Antiquitätenhändler(in) *m(f)*
antiquíssimo *adj* uralt
anti-racismo *m* Antirassismus *m*
anti-racista *adj* antirassistisch
anti-religioso *adj* unreligiös
anti-roubo *m* Diebstahlschutz *m,* Diebstahlsicherung *f*
anti-rugas *adj inv* Antifalten ...; **creme ~** Antifaltencreme *f*
anti-semita **I.** *mf* Antisemit(in) *m(f)* **II.** *adj* antisemitisch
anti-semitismo *m* Antisemitismus *m*
anti-séptico *adj* (MED) antiseptisch
anti-sísmico *adj* erdbebensicher
anti-social <-ais> *adj* asozial, unsozial
antítese *f* Gegensatz *m;* (FILOS) Antithese *f*
antitóxico **I.** *m* (FARM) Gegengift *nt* **II.** *adj* (FARM) entgiftend
antojar *vt* ❶ (*apetecer*) Lust haben auf; (*desejar*) sich wünschen, begehren ❷ (*imaginar*) sich vorstellen +*dat*
antojo *m* ❶ (*desejo*) Wunsch *m* ❷ (*apetite*) Gelüst *nt*
antologia *f* ❶ (LIT) Anthologie *f* ❷ (BOT) Blumensammlung *f*
antónimo **I.** *m* Gegenteil *nt* **II.** *adj* entgegengesetzt
antônimo *adj o m* (*brasil*) *v.* **antónimo**
antracito *m* Anthrazit *m*
antro *m* Höhle *f*
antropófago, -a *m, f* Menschenfresser(in) *m(f)*
antropóide **I.** *m* Menschenaffe *m* **II.** *adj* menschenähnlich
antropóloga *f v.* **antropólogo**
antropologia *f* Anthropologie *f*
antropólogo, -a *m, f* Anthropologe, Anthropologin *m, f*
antropomorfismo *m* (FILOS) Anthropomorphismus *m*
anual [ɐ'nwal] <anuais> *adj* ❶ (*todos os anos*) jährlich, Jahres ...; **encontro ~** jährliches Treffen ❷ (*de um ano*) Jahres ...; **relatório ~** Jahresbericht *m*
anuário *m* Jahrbuch *nt;* **~ comercial** Firmenverzeichnis *nt,* Adressbuch *nt*
anuência *f* Zustimmung *f;* (*autorização*) Genehmigung *f*
anuidade *f* (ECON) Jahresrate *f*
anuir *vi conj como incluir* zustimmen (*a*), einwilligen (*a* in)
anulação <-ões> *f* (*de lei*) Aufhebung *f;* (*de contrato*) Auflösung *f;* (*de decisão*) Wider-

ruf *m;* (*de pedido*) Stornierung *f*

anular [ɐnu'lar] **I.** *vt* (*lei*) aufheben, annullieren; (*contrato*) auflösen; (*decisão*) rückgängig machen; (*pedido*) stornieren **II.** *adj* ringförmig, Ring ...

ânulo *m* (ARQUIT) Ringverzierung *f*

anunciação <-ões> *f* (REL) Verkündigung *f*

anunciante *mf* Inserent(in) *m(f)*

anunciar *vt* ① (*dar a conhecer*) ankündigen, bekannt geben ② (*no jornal*) inserieren, annoncieren ③ (*na rádio, televisão*) ansagen

anúncio *m* ① (*informação*) Ankündigung *f,* Bekanntmachung *f* ② (*de jornal*) Anzeige *f,* Inserat *nt;* ~ **de casamento** Heiratsanzeige *f* ③ (*de publicidade*) Reklame *f;* (*na televisão*) Werbespot *m;* ~ **luminoso** Leuchtreklame *f*

anúria *f* (MED) Harnverhaltung *f*

ânus *m* After *m*

anuviar I. *vt* (*nublar*) bewölken; (*escurecer*) verdunkeln, verdüstern **II.** *vr* (*céu*) sich beziehen, sich bewölken

anzol <-óis> *m* ① (*pesca*) Angelhaken *m* ② (*fig: engodo*) Fallstrick *m*

ao [ɐu] *Zusammensetzung: präp a + art o*

aonde [ɐ'ɔ̃ndə] *adv* wohin

aorta *f* (ANAT) Aorta *f,* Hauptschlagader *f*

apadrinhar *vt* ① (*criança*) die Patenschaft übernehmen für ② (*proteger*) begünstigen, schützen

apagado *adj* ① (*luz, aparelho*) ausgeschaltet; (*coloq*) aus ② (*som*) dumpf ③ (*sem brilho*) stumpf

apagar <g→gu> **I.** *vt* ① (*fogo*) löschen; (*cigarro*) ausdrücken, ausmachen ② (*rádio, televisor*) ausstellen, ausschalten; (*luz*) ausknipsen, ausmachen ③ (*escrita*) ausradieren ④ (INFOR) löschen **II.** *vr* ① (*fogo, luz*) erlöschen, ausgehen ② (*som*) verklingen

apaixonado, -a I. *m, f* Liebhaber(in) *m(f)* **II.** *adj* ① (*pessoa*) verliebt ② (*discurso*) leidenschaftlich

apaixonar-se *vr* (*por pessoa*) sich verlieben (*por* in); (*por ideia, cidade*) sich begeistern (*por* für)

apalavrado *adj* (mündlich) vereinbart, besprochen

apalavrar *vt* (mündlich) vereinbaren, absprechen

apalermado *adj* albern

apalpadela *f* Tasten *nt,* Fühlen *nt;* **às ~s** tastend; (*fig*) aufs Geratewohl

apalpão *m* Betasten *nt*

apalpar *vt* betasten, abtasten; (*fig*); ~ **terreno** die Lage sondieren

apanágio *m* Kennzeichen *nt,* Merkmal *nt*

apanha *f* (AGR) Ernte; ~ **da azeitona** Olivenernte *f*

apanhado I. *m* (*resumo*) Zusammenfassung *f;* (*sinopse*) Übersicht *f;* **fazer um ~ da história** die Geschichte zusammenfassen **II.** *adj* ① (*coloq: maluco*) verrückt ② (*coloq: apaixonado*) verknallt

apanhador(a)[1] *m(f)* Pflücker(in) *m(f)*

apanhador[2] *m* (*pá do lixo*) Kehrblech *nt*

apanha-moscas *m* Fliegenfänger *m*

apanhar [ɐpɐ'ɲar] **I.** *vt* (*colher*) ernten; (*fruta*) pflücken; (*do chão*) aufsammeln, auflesen; (*um objecto*) aufheben; (*agarrar*) fassen, packen; (*uma bola*) auffangen; (*uma pessoa*) einholen; (*um transporte*) nehmen; (*uma doença, multa*) bekommen; (*coloq*) kriegen; ~ **ar** Luft schöpfen, Luft schnappen; ~ **chuva** in den Regen kommen; ~ **sol** sich sonnen; (*surpreender*) erwischen, ertappen; ~ **alguém em flagrante** jdn auf frischer Tat ertappen; (*uma surra*) abbekommen; (*um peixe*) fangen; (*a roupa*) abnehmen, von der Leine nehmen; (*uma malha*) aufheben, aufnehmen **II.** *vi* Prügel bekommen

apaparicar *vt* liebkosen

apaparicos *mpl* ① (*mimos*) Liebkosung *f* ② (*guloseimas*) Leckerbissen *m*

apara *f* (*de madeira*) Span *m;* (*de papel*) Schnipsel *m*

aparador <-es> *m* Anrichte *f,* Büfett *nt*

aparafusar *vt* schrauben (*a* auf); (*fixar*) festschrauben

apara-lápis *m* (*portugal*) Bleistiftspitzer *m*

aparar *vt* ① (*cabelo*) schneiden ② (*lápis*) spitzen, anspitzen; (*madeira*) abschleifen ③ (*segurar*) auffangen

aparas *fpl* (*de comida*) Abfall *m*

aparato *m* Prunk *m,* Pracht *f*

aparatoso *adj* prunkvoll, prachtvoll

aparecer <c→ç> *vi* ① (*mostrar-se*) erscheinen, zum Vorschein kommen; (*inesperadamente*) auftauchen; ~ **numa festa** auf einer Party erscheinen ② (*doença*) auftreten ③ (*livro*) erscheinen

aparecimento *m* Erscheinen *nt*

aparelhado *adj* bereit (*para* zu); (*cavalo*) angeschirrt

aparelhagem <-ens> *f* ① (*portugal: de som*) Stereoanlage *f* ② (*ferramenta*) Werkzeuge pl; (*equipamento*) Ausrüstung *f*

aparelhar *vt* ① (*preparar*) vorbereiten; (*equipar*) ausrüsten (*com* mit); (*cavalo*) anschirren ② (*pedra*) behauen, bearbeiten; (*madeira*) hobeln

aparelho [ɐpɐ'reʎu] *m* ① (ELECTR) Apparat *m*, Gerät *nt*; ~ **doméstico** Haushaltsgerät *nt*; ~ **de escuta** Abhörgerät *nt*; ~ **de som** (*brasil*) Stereoanlage *f* ② (POL) Apparat *m*; ~ **administrativo** Verwaltungsapparat *m*; ~ **do Estado** Staatsapparat *m* ③ (ANAT) Apparat *m*; ~ **digestivo** Verdauungsapparat *m*; ~ **respiratório** Atemwege *pl*, Atmungsorgane *pl* ④ (TEL) Apparat *m* ⑤ (NÁUT) Takelage *f*, Takelung *f*

aparência *f* Aussehen *nt*; **ter boa ~** gut aussehen

aparências *fpl* Schein *m*; **as ~ iludem** der Schein trügt; **manter as ~** den Schein wahren

aparentado *adj* verwandt

aparentar *vt* ① (*parecer*) scheinen, aussehen; **ele aparenta ser mais velho** er scheint älter zu sein, er sieht älter aus ② (*simular*) vorspiegeln, vortäuschen

aparente *adj* scheinbar

aparição <-ões> *f* ① (*fantasma*) Gespenst *nt* ② (*aparecimento*) Erscheinen *nt*, Auftreten *nt*

apartado **I.** *m* (*portugal*) Postfach *nt* **II.** *adj* ① (*separado*) entfernt (*de* von) ② (*afastado*) abgelegen (*de* von)

apartamento [ɐpɐrtɐ'mẽntu] *m* ① (*casa*) Appartement *nt*, Wohnung *f* ② (*separação*) Trennung *f*, Abtrennen *nt*

apartar **I.** *vt* ① (*pôr de parte*) beiseitelegen ② (*separar*) trennen, absondern **II.** *vr* ① (*separar-se*) sich trennen (*de* von) ② (*retirar-se*) sich zurückziehen

aparte *m* Zwischenbemerkung *f*, Zwischenruf *m*

Apartheid *m* Apartheid *f*

apart-hotel <-éis> *m*, **apartotel** *m* Appartementhotel *n*

aparvalhado *adj* ① (*confuso*) ratlos, bestürzt ② (*apalermado*) albern

aparvalhar *vt* verdutzen, verwirren

apatia *f* Apathie *f*, Gleichgültigkeit *f*

apático *adj* apathisch, teilnahmslos

apátrida *adj* staatenlos

apavorado *adj* erschrocken, entsetzt

apavorar *vt* (*amedrontar*) Angst einjagen, ängstigen; (*espantar*) erschrecken

apaziguador(a) **I.** *m(f)* Friedenstifter(in) *m(f)* **II.** *adj* beschwichtigend, besänftigend

apaziguamento *m* Besänftigung *f*, Beruhigung *f*

apaziguar *vt conj como averiguar* ① (*pôr em paz*) Frieden stiften in ② (*serenar*) besänftigen, beruhigen ③ (*abrandar*) mildern

apeadeiro *m* (*portugal*) Haltestelle *f*

apear *conj como passear* **I.** *vt* (*fazer descer*) herunterholen; (*de cargo*) entheben (*de*); (*de emprego*) entlassen **II.** *vr* (*de automóvel, comboio*) aussteigen; (*de bicicleta*) absteigen; (*de cavalo*) absitzen

apedrejar *vt* steinigen

apegado *adj* (*dedicado*) zugetan (*a*)

apegar-se *vr* <g→gu> sich klammern (*a* an)

apego *m* ① (*afeição*) Zuneigung *f* ② (*aferro*) Anhänglichkeit *f*; **ter ~ ao poder** die Macht nicht aus der Hand geben wollen

apelação <-ões> *f* ① (DIR) Berufung *f*; **sem ~ nem agravo** ohne Revisionsmöglichkeit ② (*apelo*) Appell *m*

apelante *mf* (DIR) Berufungskläger(in) *m(f)*

apelar *vi* ① (DIR) Berufung einlegen (*de* gegen) ② (*invocar*) anflehen (*para*); (*recorrer*) appellieren (*para* an)

apelidar *vt* nennen; ~ **alguém de a. c.** jdn etw nennen; (*alcunhar*) jdm einen Spitznamen geben

apelido [ɐpə'lidu] *m* ① (*portugal: sobrenome*) Familienname *m*, Nachname *m*; ~ **de solteira** Mädchenname *m* ② (*brasil: alcunha*) Spitzname *m*

apelo *m* ① (*chamada*) Aufruf *m*, Appell *m* ② (DIR) Berufung *f*; **sem ~** unwiderruflich

apenas *adv* ① (*somente*) nur, bloß; **tenho ~ 200 euros** ich habe nur 200 Euro ② (*temporal*) erst; **ela tem ~ 6 anos** sie ist erst 6 Jahre alt

apêndice [ɐ'pẽndisə] *m* ① (*documento*) Anhang *m*, Ergänzung *f* ② (ANAT) Blinddarm *m*

apendicite [apẽndə'sitə] *f* (MED) Blinddarmentzündung *f*

apenso **I.** *m* Anhang *m*, Anlage *f* **II.** *adj* beigefügt

apepsia *m* (MED) Verdauungsstörung *f*, Magenverstimmung *f*

aperaltado *adj* geckenhaft

aperceber-se *vr* ~ **de** bemerken, wahrnehmen

aperfeiçoamento *m* ① (*acabamento*) Vollendung *f;* (*melhoramento*) Verbesserung *f,* Vervollkommnung *f* ② (*estudos, profissão*) Weiterbildung *f*

aperfeiçoar <*brasil, 1. pess pres:* aperfeiçôo> **I.** *vt* vervollkommnen; (*melhorar*) verbessern **II.** *vr* sich verbessern

aperitivo I. *m* Aperitif *m* **II.** *adj* appetitanregend

aperreado *adj* (*coloq brasil*) verärgert, genervt

aperrear *vt conj como passear* (*coloq brasil*) quälen; (*oprimir*) unterdrücken

apertado *adj* ① (*rua, roupa*) eng ② (*tempo*) knapp ③ (*numa multidão*) gedrängt ④ (*sem tempo*) (zeitlich) eingespannt ⑤ (*avarento*) knauserig ⑥ (*severo, rigoroso*) streng

apertão <-ões> *m* ① (*aperto*) Quetschung *f* ② (*multidão*) Gedränge *nt*

apertar I. *vt* ① (*pessoa*) drängen; (*abraçar*) drücken; **~ a mão a alguém** jdm die Hand drücken ② (*atar*) schnüren; (*abotoar*) zuknöpfen; **~ o cinto de segurança** sich anschnallen, den Sicherheitsgurt anlegen; (*fig*); **~ o cinto/os cordões à bolsa** den Gürtel enger schnallen ③ (*comprimir*) festklemmen, pressen ④ (*parafuso*) anziehen ⑤ (*brasil*) **~ o botão** den Kopf drücken ⑥ (*roupa*) enger machen ⑦ (*disciplina, vigilância*) verschärfen ⑧ (*coração*) bedrücken **II.** *vi* ① (*sapatos*) drücken; (*vestido*) zu eng sein ② (*frio, calor*) drücken, stärker werden ③ (*tempo*) drängen ④ (*pressionar*) **~ com alguém** jdm zusetzen, jdn bedrängen

aperto *m* ① (*pressão*) Druck *m;* **~ de mão** Händedruck *m* ② (*situação difícil*) Verlegenheit *f;* (*coloq*) Klemme *f,* Patsche *f;* **estar num ~** in der Klemme sitzen ③ (*de pessoas*) Andrang *m,* Gedränge *nt* ④ (*espaço*) Enge *f*

apertões *m pl de* **apertão**

apesar [ɐpə'zar] **I.** *prep* **~ de** trotz; **~ da chuva** trotz des Regens **II.** *prep* **~ de** *+inf* obwohl, obgleich; **~ de eu ir, não gosto disso** obwohl ich gehe, gefällt mir das nicht **III.** *adv* **~ disso/de tudo** trotzdem

apetecer [ɐpətə'ser] *vt* <c→ç> gerne wollen, Lust haben auf; **apetece-me um gelado** ich habe Lust auf ein Eis; **não me apetece sair** ich habe keine Lust, wegzugehen

apetecível *adj* begehrenswert

apetência *f* ① (*desejo*) Verlangen *nt* ② (*de comer*) Appetit *m*

apetite [ɐpə'titə] *m* Appetit *m;* **bom ~!** guten Appetit!; **abrir o ~** den Appetit anregen

apetitoso *adj* appetitlich; (*gostoso*) schmackhaft

apetrechar *vt* ausrüsten, ausstatten

apetrecho *m* Werkzeug *nt*

ápice *m* ① (*cume*) Gipfel *m,* Spitze *f* ② (*grau mais alto*) Höhepunkt *m*

apicultor(a) <-es> *m(f)* Imker(in) *m(f)*

apicultura *f* Bienenzucht *f*

apimentar *vt* würzen; (*com pimenta*) pfeffern

apinhado *adj* überfüllt

apinhar I. *vt* (*encher*) füllen; (*amontoar*) anhäufen **II.** *vr* sich häufen; (*pessoas*) sich drängen

ápiro *adj* feuerfest

apitar *vi* pfeifen; (*sirene*) heulen

apito *m* ① (*instrumento*) Pfeife *f* ② (*som*) Pfiff *m;* (*futebol*); **~ inicial** Anpfiff *m;* **~ final** Abpfiff *m*

aplainar *vt* ① (*madeira*) hobeln ② (*caminho*) ebnen

aplanado *adj* flach, eben

aplanar *vt* ① (*nivelar*) ebnen; (*alisar*) glätten ② (*dificuldades*) beheben

aplaudir I. *vt* (*com aplausos*) applaudieren; (*louvar*) loben **II.** *vi* applaudieren, Beifall klatschen

aplauso *m* Beifall *m,* Applaus *m*

aplestia *f* (MED) Gefräßigkeit *f,* Fresssucht *f*

aplicação <-ões> *f* ① (INFOR: *de lei, programa, método*) Anwendung *f;* **~ multimédia** Multimediaanwendung *f* ② (*uso*) Gebrauch *m,* Verwendung *f* ③ (*dedicação*) Fleiß *m* ④ (*de capitais*) Anlage *f*

aplicado *adj* ① (*pessoa*) fleißig ② (*ciência*) angewandt

aplicar <c→qu> **I.** *vt* ① (*lei, programa, método*) anwenden ② (*utilizar*) gebrauchen, verwenden ③ (*etiqueta*) befestigen, anbringen; (*tinta*) auftragen ④ (*medicamento*) verabreichen; (*pomada*) auftragen ⑤ (*golpe*) versetzen ⑥ (*dinheiro*) anlegen, investieren **II.** *vr* ① (*pessoa*) sich widmen (*a/em*) ② (*situação, caso*) angewendet werden (*a* auf)

aplicável <-eis> *adj* anwendbar (*a* auf)

Apocalipse *m* Apokalypse *f*

apoderar-se *vr* sich bemächtigen (*de*)

apodrecer <c→ç> *vi* ① (*alimento, material*) faulen, verfaulen ② (*moralmente*) verderben

apodrecimento *m* ❶ (*de alimento, material*) Fäulnis *f*, Fäule *f* ❷ (*moral*) Verdorbenheit *f*
apogeu [ɐpu'ʒeu] *m* ❶ (*auge*) Höhepunkt *m* ❷ (ASTR) Apogäum *nt*
apoiado *interj* bravo
apoiar **I.** *vt* (*muro, casa*) abstützen, stützen; (*braço*) aufstützen (*em* auf); (*moralmente*) unterstützen; (*com dinheiro*) unterstützen, sponsern **II.** *vr* sich stützen (*em* auf)
apoio *m* ❶ (*suporte*) Halt *m*, Stütze *f* ❷ (*moral*) Unterstützung *f*, Hilfe *f* ❸ (*financeiro*) Unterstützung *f*, Sponsoring *nt*
apólice *f* Police *f*; ~ **de seguro** Versicherungspolice *f*
apologia *f* ❶ (*defesa*) Verteidigungsrede *f* ❷ (*elogio*) Lobrede *f* (*de* auf)
apologista *mf* (*de uma ideia*) Verfechter(in) *m(f)*, Verteidiger(in) *m(f)*
apologizar *vt* ❶ (*justificar*) rechtfertigen ❷ (*defender*) verteidigen, verfechten ❸ (*elogiar*) loben
apontador <-es> *m* (*brasil: de lápis*) Bleistiftspitzer *m*
apontamento *m* Notiz *f*, Aufzeichnung *f*; **tomar/tirar ~s** sich Notizen machen +*dat*
apontar **I.** *vt* ❶ (*arma*) zielen (*a/para* auf); ~ **a pistola ao peito** die Pistole auf die Brust setzen ❷ (*tomar nota*) notieren, aufschreiben **II.** *vi* ❶ (*com o dedo*) zeigen (*para* auf) ❷ (*indicar*) hinweisen (*para* auf)
apoplético, -a **I.** *m, f* (MED) Apoplektiker(in) *m(f)* **II.** *adj* (MED) apoplektisch; **ataque ~** Hirnschlag *m*
apoplexia [ɐpopl3'ksiɐ] *f* (MED) Schlaganfall *m*, Apoplexie *f*
apoquentação <-ões> *f* Kummer *m*, Qual *f*
apoquentar **I.** *vt* (*molestar*) belästigen; (*afligir*) quälen, bedrücken **II.** *vr* sich ärgern
aportar *vi* (NÁUT: *cidade*) anlaufen (*a*); (*porto*) einlaufen (*a* in); **o navio aporta a Hamburgo** das Schiff läuft Hamburg an
após *prep* nach; ~ **uma semana** nach einer Woche; **ano ~ ano** Jahr für Jahr
aposentação *f* (*portugal*) Rente *f*; (*de funcionário público*) Pension *f*
aposentado, -a **I.** *m, f* Rentner(in) *m(f)*; (*funcionário público*) Pensionär(in) *m(f)* **II.** *adj* in Rente; (*funcionário público*) im Ruhestand, pensioniert; (MIL) außer Dienst
aposentadoria *f* (*brasil*) *v.* **aposentação**
aposentar **I.** *vt* in Rente schicken; (*funcionário público*) pensionieren **II.** *vr* in Rente gehen; (*funcionário público*) in Pension gehen, in den Ruhestand gehen
aposento *m* ❶ (*brasil: quarto*) Zimmer *nt* ❷ (*albergue*) Herberge *f*
aposição <-ões> *f* ❶ (*justaposição*) Nebeneinanderstellung *f* ❷ (LING) Apposition *f*
apossar-se *vr* Besitz ergreifen (*de* von), sich aneignen (*de*)
aposta *f* Wette *f*; **fazer uma ~** eine Wette abschließen
apostar *vi* wetten (*a* um), eine Wette abschließen (*em* auf); **aposto 5000 euros** ich wette (um) 5000 Euro; **aposto que ele não vem** ich wette, er kommt nicht
apostasia *f* Glaubensabfall *m*, Abtrünnigkeit *f*
apóstata *mf* Apostat *m*, Abtrünnige
aposto *m* (LING) Apposition *f*
apostolar *vi* (REL) predigen, das Evangelium verkündigen
apostólico *adj* (REL) apostolisch
apóstolo *m* (REL) Apostel *m*, Jünger *m*
apóstrofe *f* Zwischenruf *m*
apóstrofo *m* Apostroph *m*
apoteose *f* Apotheose *f*, Vergötterung *f*
aprazar *vt* befristen
aprazer *vi irr* gefallen; **apraz-me saber que ...** ich freue mich zu hören, dass ...
aprazível <-eis> *adj* gefällig, angenehm
apre *interj* **~!** pfui!
apreçar *vt* ❶ (*perguntar o preço de*) nach dem Preis fragen von +*dat* ❷ (*fixar o preço de*) den Preis festsetzen von +*dat* ❸ (*estimar o preço de*) den Preis schätzen von +*dat*
apreciação <-ões> *f* ❶ (*estimação*) Schätzung *f* ❷ (*avaliação*) Bewertung *f*; (*crítica, juízo*) Beurteilung *f* ❸ (*estima*) Würdigung *f*
apreciador(a) *m(f)* <-es> Liebhaber(in) *m(f)*
apreciar *vt* ❶ (*estimar, calcular*) schätzen ❷ (*avaliar*) bewerten, beurteilen ❸ (*dar valor a*) würdigen, schätzen ❹ (*deleitar-se com*) genießen ❺ (*analisar, examinar*) prüfen
apreço *m* ❶ (*estima*) Achtung *f*, Anerkennung *f* ❷ (*valor*) Wertschätzung *f*; **dar muito ~ a a. c.** großen Wert auf etw legen
apreender *vt* ❶ (*pessoa*) ergreifen, fassen ❷ (*mercadoria*) beschlagnahmen, konfiszieren; (*carta de condução*) einziehen ❸ (*uma ideia*) erfassen, begreifen
apreensão <-ões> *m* ❶ (*de uma pessoa*) Ergreifung *f* ❷ (*preocupação*) Besorgnis *f* ❸ (*de mercadoria*) Beschlagnahmung *f*; (*de

carta de condução) Einziehung *f* ④ (*compreensão*) **de fácil ~** leicht verständlich

apreensível *adj* begreiflich

apreensivo *adj* besorgt

apreensões *f pl de* **apreensão**

apregoador(a) <-es> *m(f)* Ausrufer(in) *m(f)*; (*no mercado*) Marktschreier(in) *m(f)*

apregoar *vt* <*brasil, 1. pess pres:* apregôo> ausrufen; (*mercadoria*) anpreisen

aprendente *mf* Lerner *m*; **cursos para ~s adultos** Erwachsenenbildungskurse *mpl*

aprender [ɐprẽn'der] *vi* lernen, erlernen; **~ de cor** auswendig lernen; **~ uma língua** eine Sprache lernen

aprendiz, -a <-es> *m, f* Lehrling *m*

aprendizado *m* ① (*brasil: de aprendiz*) Lehrzeit *f* ② (*na matéria*) Einarbeitung *f*

aprendizagem <-ens> *f* Lehre *f*

aprendizes *m pl de* **aprendiz**

apresentação [aprəzẽntɐ'sãu] <-ões> *f* ① (*de pessoas*) Vorstellung *f* ② (*introdução*) Einführung *f* ③ (*de filme, peça de teatro*) Vorführung *f* ④ (*de documentos*) Vorlage *f*; **contra ~** bei Vorlage ⑤ (*aparência*) Äußere *nt*; **ter boa ~** gut aussehen ⑥ (*configuração*) Aufmachung *f*, Darstellung *f*

apresentador(a) <-es> *m(f)* (*na televisão*) Ansager(in) *m(f)*; (*em programa*) Moderator(in) *m(f)*

apresentar [ɐprəzẽn'tar] **I.** *vt* ① (*pessoa*) vorstellen (*a*) ② (*introduzir*) einführen in ③ (*documento*) vorlegen ④ (*álibi*) beibringen; (*desculpa*) vorbringen ⑤ (*programa*) präsentieren, moderieren ⑥ (*candidato*) aufstellen **II.** *vr* ① (*a uma pessoa*) sich vorstellen ② (*num local*) erscheinen

apresentável <-eis> *adj* ansehnlich; (*pessoa*) gut aussehend

apressado [ɐprə'sadu] *adj* eilig, hastig

apressar **I.** *vt* beschleunigen **II.** *vr* sich beeilen

apresto *m* ① (*preparativo*) Vorbereitung *f* ② (*equipamento*) Ausrüstung *f*

aprimorar **I.** *vt* sorgfältig machen; (*aperfeiçoar*) vervollkommnen **II.** *vr* sich Mühe geben

aprisionado *adj* gefangen

aprisionamento *m* Gefangennahme *f*, Festnahme *f*

aprisionar *vt* gefangen nehmen, festnehmen

aproar **I.** *vt* (NÁUT: *virar*) drehen; (NÁUT: *dirigir*) zusteuern (*para* auf) **II.** *vi* (NÁUT) einlaufen

aprofundamento *m* Vertiefung *f*

aprofundar *vt* vertiefen

aprontar *vt* fertig machen; (*preparar*) herrichten

apropriação <-ões> *f* ① (*de bens*) Aneignung *f* ② (*adaptação*) Anpassung *f*

apropriado *adj* geeignet, passend

apropriar **I.** *vt* (*adaptar*) anpassen; (*aplicar*) anwenden **II.** *vr* **~-se de a. c.** sich etw aneignen +*dat*

aprouve *3. pret de* **aprazer**

aprovação <-ões> *f* ① (*de uma proposta*) Zustimmung *f*, Billigung *f* ② (*num exame*) Bestehen *nt* ③ (*autorização*) Zulassung *f* (*para* zu)

aprovado *adj* ① (*método*) bewährt ② (*autorizado*) genehmigt ③ (*em exame*) bestanden; **ficar ~ no exame** die Prüfung bestehen

aprovar *vt* ① (*uma proposta*) zustimmen +*dat*, billigen ② (*concordar*) gutheißen, zustimmen +*dat* ③ (*autorizar*) genehmigen, zulassen ④ (*um aluno*) bestehen lassen

aproveitamento *m* ① (*de tempo, objecto*) Nutzung *f*; (*de restos*) Verwertung *f*; **~ do solo** Bodennutzung *f* ② (*escolar*) (schulische) Leistung *f*; **com ~** bestanden

aproveitar **I.** *vt* (*tempo, espaço, oportunidade*) nutzen, ausnutzen; **aproveita!** nutz es!, genieß es!; (*objecto*) benutzen (*para* für), gebrauchen (*para* für); (*conhecimentos*) verwerten (*para* für), nutzbar machen (*para* für) **II.** *vr* ausnutzen (*de*)

aproveitável <-eis> *adj* nutzbar

aprovisionamento *m* ① (*abastecimento*) Versorgung *f* ② (*provisões*) Proviant *m*

aprovisionar *vt* versorgen

aproximação <-ões> *f* ① (*geral*) Annäherung *f* (*a* an) ② (AERO) Anflug *m* ③ (MAT) Approximation *f* ④ (*lotaria*) Trostpreis *m*

aproximadamente [ɐprɔsimadɐ'mẽntə] *adv* ungefähr, etwa

aproximar **I.** *vt* näher bringen; (*objecto*) heranrücken **II.** *vr* näher kommen (*de*), sich nähern (*de*); (AERO) anfliegen

aprumado *adj* ① (*na vertical*) senkrecht ② (*correcto*) korrekt

aprumar **I.** *vt* senkrecht stellen, gerade aufrichten; (NÁUT) loten **II.** *vr* Haltung annehmen

aprumo *m* ① (*posição vertical*) senkrechte

Stellung *f* ❷ (*compostura*) Korrektheit *f*

apside *f* (ASTR) Apside *f*

apta *adj f de* **apto**

aptidão <-ões> *f* Eignung *f* (*para* für), Befähigung *f* (*para* für); ~ **para línguas** Sprachbegabung *f*

apto *adj* geeignet (*para* für)

apunhalar *vt* ❶ (*com punhal*) erstechen; ~ **pelas costas** hinterrücks erstechen ❷ (*trair*) verraten

apuração *f* (*brasil*) *v.* **apuramento**

apurado *adj* ❶ (*problema*) klar, geklärt ❷ (*olfacto, humor*) fein ❸ (*pessoa*) fein, elegant ❹ (DESP) qualifiziert; **ficar ~ para a. c.** sich für etw qualifizieren

apuramento *m* (*portugal*) ❶ (*de um problema*) Klarstellung *f*, Klärung *f* ❷ (*da verdade*) Ermittlung *f* ❸ (*aperfeiçoamento*) Verfeinerung *f*, Verbesserung *f* ❹ (*contagem*) Zählung *f*; ~ **dos votos** Stimmenauszählung *f*; (ECON); ~ **dos custos** Kostenabrechnung *f* ❺ (DESP) Qualifikation *f*

apurar *vt* ❶ (*verdade*) ermitteln ❷ (*problema*) klarstellen ❸ (*aperfeiçoar*) verfeinern, verbessern ❹ (*sentidos*) schärfen ❺ (*comida*) abschmecken ❻ (*escolher*) wählen, auswählen

apuro *m* ❶ (ECON) Einnahme *f* ❷ (*requinte*) Verfeinerung *f* ❸ (*esmero*) Sorgfalt *f*

apuros *mpl* schwierige Lage *f*; **estar em ~s** in Schwierigkeiten stecken, in der Patsche sitzen

aquarela *f v.* **aguarela**

aquário *m* Aquarium *nt*

Aquário *m* (*zodíaco*) Wassermann *m*

aquartelamento *m* (MIL) Einquartierung *f*; (*quartel*) Kaserne *f*

aquartelar *vt* (MIL) einquartieren

aquático *adj* Wasser ...; **parque ~** Freizeitbad *nt*

aquatinta *f* Aquatinta *f*

aquecedor <-es> *m* ❶ (*para quarto*) Heizlüfter *m*, Heizgerät *nt* ❷ (*para água*) Boiler *m*, Warmwasserbereiter *m* ❸ (ELECTR) ~ **de imersão** Tauchsieder *m*

aquecer [ɐkɜ'ser] <c→ç> **I.** *vt* (*a casa*) heizen; (*água*) erwärmen, erhitzen; (*leite, comida*) aufwärmen; (*excitar*) erregen; **isso não me aquece nem me arrefece** das lässt mich kalt, das ist mir egal **II.** *vi* (*comida*) warm werden; (*água*) sich erwärmen; (DESP: *pessoa*) sich warm machen; (METEO) warm werden **III.** *vr* sich aufwärmen

aquecimento [ɐkɜsi'mẽntu] *m* Heizung *f*; ~ **a gás** Gasheizung *f*; ~ **a óleo** Ölheizung *f*; ~ **central** Zentralheizung *f*

aqueduto *m* Aquädukt *nt*

aquela [ɐ'kɜlɐ] **I.** *f* **sem mais ~s** mir nichts, dir nichts **II.** *pron dem* jene (dort), jener (dort), jenes (dort); ~ **mesa/rapariga/mulher** jener Tisch/jenes Mädchen/jene Frau; ~ **que ...** diejenige, die ..., derjenige, der ..., dasjenige, das ...

àquela *Zusammensetzung: präp a + pron aquila*

aquele [ɐ'kelə] *pron dem* jener (dort), jene (dort), jenes (dort); ~ **homem/carro/cigarro** jener Mann/jenes Auto/jene Zigarette; ~ **que ...** derjenige, der ..., dasjenige, das ..., diejenige, die ...

àquele *Zusammensetzung: präp a + pron aquila*

aqueloutro *Zusammensetzung: pron aquele + pron outro*

aquém *adv* diesseits (*de*)

aquém-fronteiras *adv* diesseits der Grenze

aqui [ɐ'ki] *adv* hier; (*para ~*) hierher; (*agora*) jetzt; **até ~** bisher; **d~ a pouco/nada** demnächst/bald; **d~ a dois meses** in zwei Monaten

aquietação *f* (*de criança*) Beruhigung *f*; (*dos ânimos*) Besänftigung *f*

aquietar *vt* (*criança*) beruhigen; (*ânimo*) besänftigen

aquilo *pron dem* das, dasjenige; ~ **que ...** das, was ...

àquilo *Zusammensetzung: präp a + pron aquilo*

aquisição <-ões> *f* ❶ (*obtenção*) Erwerb *m*; ~ **de conhecimentos** Erwerb von Kenntnissen ❷ (*compra*) Kauf *m*, Erwerb *m*

aquisitivo *adj* Erwerbs ..., Kauf ...; (ECON); **poder ~** Kaufkraft *f*

aquista (*portugal*), **aqüista** *mf* (*brasil*) Kurgast *m*

aquoso *adj* Wasser ...; (*com água*) wässerig, wasserhaltig

ar [ar] *m* ❶ (*atmosfera*) Luft *f*; ~ **condicionado** Klimaanlage *f*; ~ **comprimido** Druckluft *f*; (*fig*); ~ **pesado** dicke Luft; **ao ~ livre** im Freien, an der frischen Luft; **apanhar/tomar ~ fresco** frische Luft schnappen; **ir pelos ~es** in die Luft fliegen; (*rádio*); **estar no ~** auf Sendung sein ❷ (*brisa*) Brise *f*; (*cor-*

rente de ~) Luftzug *m* ❸ (*aparência*) Aussehen *nt*, Gestalt *f*; **ter um ~ cansado** müde aussehen

árabe **I.** *mf* Araber(in) *m(f)* **II.** *adj* arabisch

Arábia *f* Arabien *nt*; ~ **Saudita** Saudi-Arabien *nt*

Aracajú (*brasil*) Aracajú (*Hauptstadt des Bundesstaates Sergipe*)

aracajuano, -a **I.** *m, f* (*brasil*) Einwohner(in) *m(f)* der Stadt Aracajú **II.** *adj* (*especialidade*) aus Aracajú; (*instituto*) in Aracajú

aracajuense *mf v.* **aracajuano, -a**

arado *m* Pflug *m*

aragem <-ens> *f* Brise *f*, leichte(r) Wind *m*

aramagem *f* Maschendraht *m*

arame *m* Draht *m*; ~ **farpado** Stacheldraht *m*

arando *m* Blaubeere *f*

aranha *f* ❶ (ZOOL) Spinne *f* ❷ (*lustre*) Kronleuchter *m*

aranha-do-mar *f* Spinnenkrebs *m*

aranhento *adj* Spinnen ...

aranhiço *m* ❶ (ZOOL) Feldspinne *f* ❷ (*coloq: pessoa*) spindeldürre Person *f*

arão *m* (BOT) Aronstab *m*

arapaçu *m* (ZOOL) Baumsteiger *m* (*zu den Sperlingsvögeln gehörende südamerikanische Vogelart*)

araponga **I.** *f* (ZOOL) Nacktkehl-Glockenvogel *m* (*bekannt für seinen außerordentlich lauten, metallisch klingenden, glockenähnlichen Gesang*) **II.** *mf* (*coloq*) Spitzel *m*

arapuca *f* ❶ (*brasil: para pássaros*) Vogelschlinge *f* ❷ (*coloq: armadilha*) Falle *f*

arar *vt* pflügen

arara *f* Ara *m* (*Papagei*); (*brasil: coloq*); **ficar uma ~** ausrasten

árbitra *f v.* **árbitro**

arbitragem <-ens> *f* ❶ (*mediação*) Schlichtung *f* ❷ (*sentença*) Schiedsspruch *m* ❸ (*instituição*) Schiedsgericht *nt*

arbitral <-ais> *adj* schiedsrichterlich

arbitrar *vt* ❶ (*mediar*) schlichten; (*decidir*) schiedsrichterlich entscheiden ❷ (DESP: *um jogo*) pfeifen

arbitrária *adj f de* **arbitrário**

arbitrariamente *adv* willkürlich

arbitrariedade *f* Willkür *f*

arbitrário *adj* willkürlich

arbítrio *m* ❶ (*sentença*) Schiedsrichterspruch *m* ❷ (*vontade*) Gutdünken *nt*; **de livre ~** nach Gutdünken, nach freiem Willen

árbitro, -a ['arbitru] *m, f* Schiedsrichter(in) *m(f)*

arboricultura *f* Baumzucht *f*

arborização <-ões> *f* Aufforstung *f*

arborizar *vt* aufforsten

arbusto *m* Strauch *m*, Busch *m*

arca *f* ❶ (*caixa*) Truhe *f*; (REL); ~ **da aliança** Bundeslade *f*; (*portugal*); ~ **congeladora** Gefriertruhe *f*; ~ **frigorífica** Kühltruhe *f*; ~ **de Noé** Arche Noah *f* ❷ (*cofre*) Tresor *m*, Safe *m*

arcaboiço *m* ❶ (ANAT) Brustkorb *m* ❷ (*esqueleto de construção*) Gerüst *nt*

arcabouço *m v.* **arcaboiço**

arcada *f* (ARQUIT) Bogengang *m*, Arkade *f*

arcaico *adj* altertümlich

arcaísmo *m* (LING) Archaismus *m*

arcanjo *m* Erzengel *m*

arcano **I.** *m* Geheimnis *nt*, Mysterium *nt* **II.** *adj* mysteriös

arcar <c→qu> *vi* ❶ (*suportar*) ertragen; ~ **com as consequências** die Folgen tragen müssen; ~ **com a responsabilidade** die Verantwortung auf sich nehmen ❷ (*lutar*) ringen, kämpfen

arcatura *f* (ARQUIT) Blendbogen *m*

arcebispado *m* Erzbistum *nt*

arcebispo *m* Erzbischof *m*

arcete *m* Steinsäge *f*

archote *m* Fackel *f*, Pechfackel *f*

arco ['arku] *m* ❶ (MAT) Bogen *m*; ~ **do triunfo** Triumphbogen *m* ❷ (*aro*) Reifen *m*

arco-da-velha <arcos-da-velha> *m* Regenbogen *m*; **fazer coisas do ~** tolle Dinge treiben

arco-íris *m inv* Regenbogen *m*

ar-condicionado <ares-condicionados> *m* Klimaanlage *f*

ardência *f* (MED) Brennen *nt*

ardente *adj* brennend, glühend; (*sol*) stechend

arder *vi* ❶ (*fogo, madeira, olhos, pele*) brennen ❷ (*sem chama*) glühen ❸ (*pimenta*) beißen ❹ (*fig: pessoa*) ~ **de raiva/paixão** in Wut/Liebe entbrennen

ardil <ardis> *m* List *f*

ardiloso *adj* hinterlistig

ardina *m* (*portugal: reg*) Zeitungsjunge *m*

ardis *m pl de* **ardil**

ardor <-es> *m* ❶ (*paixão*) Leidenschaft *f*, Inbrunst *f* ❷ (*calor*) Hitze *f*, Glut *f*

ardósia *f* Schiefer *m*

árduo *adj* ❶ (*trabalho*) schwierig, mühsam;

trabalho ~ harte Arbeit ② (*caminho*) beschwerlich ③ (*escarpado*) steil
are *m* Ar *nt*
área *f* ① (*superfície*) Fläche *f;* (ARQUIT); ~ **coberta** bebaute Fläche *f;* (AGR); ~ **cultivada** Anbaufläche *f;* (ARQUIT); ~ **descoberta** Freifläche *f* ② (*zona*) Gebiet *nt,* Bezirk *m;* ~ **residencial** Wohngebiet *nt,* Wohnbezirk *m;* ~ **de serviço** (*portugal*) Raststätte *f,* Rasthof *m;* (*brasil*) ≈ Waschküche *f;* (*futebol*); **grande** ~ Strafraum *m;* **pequena** ~ Torraum *m* ③ (*de actividade*) Bereich *m,* Gebiet *nt;* ~ **de competência** Kompetenzbereich *m;* ~ **de investigação** Forschungsgebiet *ntpl;* ~ **de trabalho** Arbeitsbereich *m, f*
areal <-ais> *m* Sandgrube *f;* (*praia*) Strand *m*
areia [ɐrejɐ] *f* Sand *m;* ~ **fina** feiner Sand; ~ **movediça** Treibsand *m,* Flugsand *m;* (*pej*); **ter** ~ **na cabeça** Stroh im Kopf haben
arejado *adj* luftig, belüftet
arejamento *m* Lüftung *f*
arejar **I.** *vt* lüften, durchlüften **II.** *vi* (frische) Luft schöpfen
arejo *m* Lüftung *f,* Lüften *nt;* (*corrente*) Luftzug *m*
arena [ɐ'renɐ] *f* Arena *f*
arenífero *adj* sandhaltig
arenito *m* Sandstein *m*
arenoso *adj* sandig, Sand ...
arenque [ɐ'rẽŋkə] *m* Hering *m;* ~ **defumado** Bückling *m*
areómetro (*portugal*), **areômetro** *m* (*brasil:* FÍS) Senkwaage *f,* Aräometer *nt*
aresta *f* Kante *f;* ~ **viva** scharfe Kante
aresto *m* (DIR) Urteil *nt*
arfar *vi* ① (*ofegar*) keuchen ② (*coração*) klopfen ③ (NÁUT) stampfen
argamassa *f* Mörtel *m*
Argélia *f* Algerien *nt*
argentífero *adj* silberhaltig
Argentina *f* Argentinien *nt*
argentita, argentite *f* Argentit *m,* Silberglanz *m*
argila *f* Ton *m,* Lehm *m;* ~ **branca** Porzellanton *m*
argiloso *adj* tonhaltig, lehmig
argola *f* ① (*aro*) Ring *m,* Metallring *m;* (DESP); ~**s** Ringe *pl* ② (*brinco*) Ohrring *m* ③ (*de porta*) Türklopfer *m*
argúcia *f* Scharfsinn *f*
arguente (*portugal*), **argüente** *mf* (*brasil*) Redner(in) *m(f)*
arguição <-ões> *f* (*portugal*), **argüição** (*brasil*) ① (DIR: *argumentação*) Beweisführung *f* ② (DIR: *impugnação*) Verweis *m*
arguido, -a *m, f* (*portugal*), **argüido, -a** *m, f* (*brasil:* DIR) Beschuldigte
arguir (*portugal*) **I.** *vt* (DIR: *acusar*) anklagen; (DIR: *impugnar*) beschuldigen **II.** *vi* argumentieren
argüir *vt, vi* (*brasil*) *v.* **arguir**
argumentação <-ões> *f* Beweisführung *f,* Argumentation *f*
argumentador(a) *m(f)* Disputant(in) *m(f)*
argumentar **I.** *vt* (*debater*) diskutieren, erörtern; (*sustentar*) begründen **II.** *vi* argumentieren
argumento *m* ① (*para convencer*) Argument *nt* ② (*prova*) Beweis *m* ③ (*de filme, peça de teatro*) Handlung *f*
arguto *adj* (*astucioso*) scharfsinnig, verschlagen; (*engenhoso*) spitzfindig
árida *adj f de* **árido**
aridez *f* Dürre *f,* Trockenheit *f*
árido *adj* dürr, trocken
arinca *f* (ZOOL) Schellfisch *m*
arisco *adj* ① (*pessoa*) scheu ② (*arenoso*) sandig ③ (*bravio*) rau
aristocracia *f* Aristokratie *f*
aristocrata *mf* Aristokrat(in) *m(f)*
aristocrático *adj* aristokratisch
aritmética *f* Arithmetik *f*
aritmético, -a **I.** *m, f* Arithmetiker(in) *m(f)* **II.** *adj* arithmetisch, Rechen ...
arlequim <-ins> *m* Harlekin *m*
arma *f* ① (MIL) Waffe *f;* ~ **branca** Stichwaffe *f;* ~ **de fogo** Feuerwaffe *f,* Schusswaffe *f;* ~**s ABQ** ABC-Waffen *pl;* ~**s biológicas** biologische Waffen; ~**s nucleares** Kernwaffen *pl,* Atomwaffen *pl;* ~**s pesadas** schwere Waffen; **às** ~**s!** an die Waffen! ② (*recurso*) Mittel *nt,* Hilfsmittel *nt*
armação <-ões> *f* ① (*equipamento*) Ausrüstung *f* ② (*estrutura*) Gestell *nt,* Gerüst *nt* ③ (*de óculos*) Gestell *nt*
armada **I.** *f* (NÁUT) Flotte *f* **II.** *adj f de* **armado**
armadilha *f* (*fig*) Falle *f;* (*fig*); **cair na** ~ in die Falle gehen; **pôr uma** ~ eine Falle stellen
armado *adj* bewaffnet
armador <-es> *m* ① (NÁUT) Reeder *m* ② (*funerário*) Leichenbestatter *m*
armadura *f* ① (*do guerreiro*) Rüstung *f* ② (*de edifício*) Balkenwerk *nt;* (*do betão armado*) Drahtgeflecht *nt*

armamento *m* (MIL) Bewaffnung *f;* (*de país*) Aufrüstung *f;* **corrida ao ~** Wettrüsten *nt;* **indústria de ~** Rüstungsindustrie *f*

armar **I.** *vt* ① (*com armas*) bewaffnen ② (*equipar*) ausrüsten ③ (*loja*) einrichten, ausstatten ④ (*cama*) aufstellen; (*tenda*) aufschlagen ⑤ (*armadilha*) stellen; **~ intrigas** Ränke schmieden; **~ barraca/sarilhos** Streit anfangen **II.** *vr* ① (*com armas*) sich bewaffnen ② (*prevenir-se*) sich wappnen (*de* mit) ③ (*coloq: adular-se*) sich aufspielen (*em* als)

armário [ɐr'marju] *m* Schrank *m;* (*de parede*) Wandschrank *m*

armas *fpl* ① (*brasão*) Wappen *nt* ② (*do touro*) Stierhörner *pl*

armazém <-éns> *m* (*depósito*) Lager *nt,* Lagerraum *m;* (*edifício*) Lagerhaus *nt;* **~ frigorífico** Kühlhaus *nt;* **~ intermédio** Zwischenlager *nt;* (*portugal*); **grande ~** Kaufhaus *nt*

armazenagem *f* ① (*depósito*) Lagerung *f,* Einlagerung *f;* (*duração*) Lagerzeit *f;* (*lixo atómico*); **~ definitiva** Endlagerung *f* ② (*taxa*) Lagergebühr *f*

armazenar *vt* ① (*mercadoria*) lagern, einlagern ② (*brasil*) INFORM. speichern

armazenista *mf* (*portugal*) Großhändler(in) *m(f)*

armazéns **I.** *mpl* (*portugal: de comércio*) Kaufhaus *nt,* Warenhaus *nt* **II.** *m pl de* **armazém**

Arménia (*portugal*), **Armênia** *f* (*brasil*) Armenien *nt*

arminho *m* ① (ZOOL) Hermelin *nt* ② (*pele*) Hermelin *m*

armistício *m* Waffenstillstand *m*

arnela *m* Zahnstumpf *m*

aro *m* ① (*arco*) Reifen *m* ② (*anel*) Ring *m* ③ (*da roda*) Radkranz *m,* Felge *f* ④ (*de janela, porta*) Rahmen *m*

aroma *m* Aroma *nt,* Duft *m*

aromático *adj* wohlriechend, aromatisch

aromatizar *vt* (CULIN) würzen

arpão [ɐr'pãu] <-ões> *m* Harpune *f*

arqueação *f* ① (*curvatura*) Krümmung *f,* Biegung *f* ② (*medição*) Messung *f* ③ (NÁUT) Tonnage *f*

arqueado *adj* bogenförmig

arquear *vt conj como passear* ① (*curvar*) biegen, krümmen ② (*medir*) messen, bestimmen

arqueiro *m* (DESP: *brasil*) Torwart *m*

arquejar *vi* ① (*respirar*) keuchen ② (*ansiar*) lechzen (*por* nach)

arquejo *m* Keuchen *nt*

arqueóloga *f v.* **arqueólogo**

arqueologia [ɐrkjulu'ʒiɐ] *f* Archäologie *f*

arqueólogo, -a *m, f* Archäologe, Archäologin *m, f*

arquétipo *m* Urbild *nt,* Archetypus *m*

arquiducado *m* Erzherzogtum *nt*

arquiducal *adj* erzherzoglich

arquiduque, arquiduquesa *m, f* Erzherzog(in) *m(f)*

arquipélago *m* Archipel *m,* Inselgruppe *f*

arquitecta *f* (*portugal*) *v.* **arquitecto**

arquitectar *vt* (*portugal*) ① (*edificar*) errichten, erbauen ② (*um plano*) entwerfen

arquitecto, -a *m, f* (*portugal*) Architekt(in) *m(f)*

arquitectónico (*portugal*) architektonisch

arquitectura *f* (*portugal*) Architektur *f,* Baukunst *f*

arquiteta *v.* **f de arquiteto** *v.* **arquitecto**

arquitetar *vt* (*brasil*) *v.* **arquitectar**

arquiteto, -a *m, f* (*brasil*) *v.* **arquitecto**

arquitetônico *adj* (*brasil*) *v.* **arquitectónico**

arquitetura *f* (*brasil*) *v.* **arquitectura**

arquitrave *f* (ARQUIT) Architrav *m*

arquivar *vt* ① (*documentos*) archivieren, aufbewahren; (*numa pasta*) ablegen, abheften ② (DIR: *processo*) zu den Akten legen, einstellen; (*fig*); **~ um assunto** eine Angelegenheit zu den Akten legen ③ (INFOR) speichern

arquivo *m* ① (*de documentos*) Archiv *nt;* (*pasta*) Ordner *m* ② (INFOR) Speicher *m;* (*brasil*) Datei *f;* **~ de dados** Datenarchiv *nt;* **~ mestre** Stammdatei *f*

arrabalde *m* ① (*da cidade*) Vorort *m,* Randgebiet *nt* ② (*arredores*) Umgebung *f*

arraial <-ais> *m* ① (*romaria*) Volksfest *nt* ② (MIL) Lager *nt*

arraia-miúda *f* (*pej*) Pöbel *m*

arraigado *adj* eingefleischt

arraigar <g→gu> *vi* ① (*planta*) Wurzeln schlagen ② (*pessoa*) sich einleben, Wurzeln schlagen

arrais *m* (NÁUT) Schiffer *m,* Bootsführer *m*

arrancar [ɐʀɐ̃ŋ'kar] <c→qu> **I.** *vt* (*folha de papel*) herausreißen, abreißen; (*planta*) ausreißen; (*tirar*) abreißen, wegziehen; (*com força*) entreißen; (*árvore*) entwurzeln **II.** *vi* (*partir*) losgehen; (*processo, máquina*) anlaufen; (*carro*) starten, anfahren; (AERO) starten, abheben

arranca-rabo *m* (*coloq brasil*) Durcheinander *nt,* Chaos *nt*

arranha-céus *m inv* Wolkenkratzer *m*

arranhão <-ões> *m* Kratzer *m,* Schramme *f*

arranhar *vt* ❶ (*a pele*) kratzen ❷ (*uma língua*) radebrechen; **eu arranho o alemão** ich radebreche das Deutsche nur

arranhões *m pl de* **arranhão**

arranjadela *f* Ausbesserung *f*

arranjado *adj* ordentlich, in Ordnung

arranjar [ɐʀɐ̃'ʒar] **I.** *vt* ❶ (*ordenar, compor*) in Ordnung bringen ❷ (*arrumar*) aufräumen ❸ (*conseguir*) besorgen, beschaffen ❹ (*consertar*) ausbessern ❺ (*casaco, gravata*) zurechtzupfen ❻ (*almoço*) vorbereiten ❼ (*malas*) packen ❽ (*emprego*) finden **II.** *vr* ❶ (*na vida*) zurechtkommen ❷ (*para sair*) sich fertig machen

arranjinho *m* (*portugal*) ❶ (*coloq: combinação*) Absprache *f* ❷ (*coloq: namoro*) Liebschaft *f*

arranjo *m* ❶ (*arrumação*) Anordnung *f,* Ordnung *f;* ~ **de flores** Blumenstrauß *m* ❷ (*acordo*) Abmachung *f,* Vereinbarung *f* ❸ (MÚS) Arrangement *nt*

arranque *m* ❶ (*de máquina*) Anlaufen *nt;* (*de motor*) Anspringen *nt* ❷ (*de projecto*) Start *m* ❸ (DESP) Anlauf *m*

arrasado *adj* (*pessoa*) erledigt, erschöpft

arrasar *vt* ❶ (*aplanar*) einebnen, dem Erdboden gleichmachen; (*casa*) abtragen; (*fortaleza*) schleifen ❷ (*fig: pessoa*) niederschmettern, zugrunde richten

arrastadeira *f* (*portugal*) Bettpfanne *f*

arrastado *adj* (*passos*) schleppend, langsam; (*vida*) armselig

arrastão <-ões> *m* ❶ (*puxão*) Ruck *m* ❷ (*barco*) Motorboot *nt* (mit Schleppnetz)

arrasta-pé *m* (*coloq brasil*) Schieber *m*

arrastar **I.** *vt* schleppen; (*levar*) wegschleppen; (*com força*) mitreißen; ~ **a voz** schleppend sprechen; ~ **os pés** schleppend gehen, schlurfen; **o rio arrastou uma árvore** der Fluss hat einen Baum mitgerissen; ~ **para a praia** auf den Strand werfen **II.** *vr* kriechen, sich schleppen

arrastões *m pl de* **arrastão**

arre *interj* ❶ (*irritação*) verflucht, verdammt (noch mal) ❷ (*para animais*) hü

arreado *adj* angeschirrt

arrear *vt* ❶ (*animais*) einspannen ❷ (*casa*) einrichten ❸ (*abandonar*) verlassen ❹ (*vela, bandeira*) einholen

arrebatado *adj* ❶ (*violento*) heftig, ungestüm ❷ (*colérico*) jähzornig ❸ (*precipitado*) voreilig

arrebatador <-es> *adj* entzückend, hinreißend

arrebatar *vt* entreißen

arrebique *m* (*enfeite*) kitschige(r) Schmuck *m,* Kitsch *m*

arrebitado *adj* hoch stehend; **com o nariz ~** hochnäsig

arrebitar *vt* hochbiegen, hochklappen; ~ **o nariz** die Nase hoch tragen

arrebol *m* (*da tarde*) Abendrot *nt;* (*da manhã*) Morgenröte *f*

arre-burrinho *m* Wippe *f*

arrecadação <-ões> *f* Abstellraum *m*

arrecadar *vt* ❶ (*guardar*) aufbewahren ❷ (*poupar*) sparen ❸ (*cobrar*) eintreiben, einziehen ❹ (*prémios*) erhalten, bekommen

arrecuas *adv* **às ~** rückwärts; **andar às ~** rückwärtsgehen

arredado *adj* abgelegen

arredar **I.** *vt* (*objecto*) beiseitestellen; ~ **pé** weggehen **II.** *vr* ❶ (*afastar-se*) sich entfernen ❷ (*retirar-se*) zurückweichen

arredondado *adj* ❶ (*forma*) rundlich ❷ (MAT) gerundet

arredondar **I.** *vt* (*forma*) runden, rund machen; (*trabalho*) abrunden; (MAT: *por defeito*) abrunden; (*por excesso*) aufrunden **II.** *vi* dick werden

arredor *adv* umher

arredores [ɐʀə'dɔrəʃ] *mpl* Umgebung *f;* **ficar nos ~** in der Umgebung liegen

arrefecer <c→ç> **I.** *vt* kühlen, abkühlen **II.** *vi* ❶ (*comida, bebida*) kalt werden ❷ (METEO) kalt werden, sich abkühlen

arrefecido *adj* abgekühlt

arrefecimento *m* Kühlung *f,* Abkühlung *f*

arregaçar *vt* <ç→c> (*calças*) aufkrempeln; (*mangas*) aufkrempeln, zurückstreifen

arregalar *vt* aufreißen; ~ **os olhos** große Augen machen

arreganhar *vt* ~ **a tacha** lachen; ~ **os dentes** grinsen

arrelia *f* Ärger *m,* Verdruss *m*

arreliado *adj* ärgerlich, böse

arreliar *vt* ärgern, plagen

arrematação *f* Auktion *f,* Versteigerung *f*

arrematador(a) *m(f)* ❶ (*leiloeiro*) Versteige-

rer, Versteigerin *m, f* ② (*que faz o lanço mais alto*) Meistbietende
arrematar *vt* (*leiloar*) versteigern; (*comprar*) ersteigern
arremedar *vt* nachahmen; (*pej*) nachäffen
arremedo *m* ① (*imitação*) Nachahmung *f;* (*pej*) Nachäfferei *f* ② (*aparência*) Anschein *m*
arremessar *vt* schleudern; (*para fora*) hinauswerfen
arremesso *m* ① (*de objecto*) Wurfgeschoss *nt* ② (*ameaça*) Drohung *f;* (*ataque*) Angriff *m* ③ (*precipitação*) Ungestüm *nt* ④ (*portugal: futebol*) Abschlag; ~ **lateral** (*brasil*) Einwurf, m
arremeter **I.** *vt* überfallen, angreifen **II.** *vi* stürmen (*contra* gegen)
arremetida *f* Überfall *m* (*a/contra* auf), Angriff *m* (*a/contra* auf)
arrendamento *f* ① (*acção: de casa*) Vermietung *f;* (*de terreno*) Verpachtung *f* ② (*preço: de casa*) Miete *f;* (*de terreno*) Pacht *f*
arrendar *vt* ① (*tomar de arrendamento*) mieten; (*terreno*) pachten ② (*dar de arrendamento*) vermieten; (*terreno*) verpachten; **arrenda-se** zu vermieten
arrendatário, -a *m, f* (*de casa*) Mieter(in) *m(f);* (*de terreno*) Pächter(in) *m(f)*
arrepanhar *vt* ① (*cabelo*) raufen; (*tecido*) zerknittern ② (*dinheiro*) zusammenkratzen
arrepelar **I.** *vt* (*cabelos*) an den Haaren zerren/ziehen; (*beliscar*) kneifen **II.** *vr* sich die Haare raufen +*dat*
arrepender-se *vr* bereuen (*de*)
arrependido *adj* zerknirscht; (*criminoso*) reuig; **estar ~ de a. c.** etw bereuen
arrependimento *f* Reue *f*
arrepiado *adj* (*cabelo*) hoch stehend; **pele arrepiada** Gänsehaut *f;* **estou ~** mich schaudert
arrepiante *adj* haarsträubend
arrepiar **I.** *vt* (*cabelos*) zerzausen; (*penas*) aufplustern; (*pessoa*) schaudern **II.** *vr* eine Gänsehaut bekommen
arrepio *m* Schauder *m,* Schauer *m;* **estar com ~s** frösteln
arretado *adj* (*coloq brasil*) korrekt
arrevesar *vt* umdrehen, umkehren
arriar **I.** *vt* ① (*deitar abaixo*) umwerfen, umstoßen; (*coloq*); **~ o calhau** zum Klo müssen ② (*vela, bandeira*) einholen **II.** *vi* ① (*ceder*) nachgeben ② (*render-se*) sich ergeben
arriba *interj* hoch
arribação *f* (ZOOL) **ave de ~** Zugvogel *m*
arriscado *adj* gefährlich, riskant
arriscar <c→qu> **I.** *vt* riskieren, wagen; **~ tudo numa jogada** alles auf eine Karte setzen **II.** *vi* ein Wagnis eingehen; **quem não arrisca não petisca** wer nicht wagt, gewinnt nicht **III.** *vr* sich einer Gefahr aussetzen
arritmia *f* (MED) Arrhythmie *f*
arrogância *f* Arroganz *f,* Überheblichkeit *f*
arrogante *adj* arrogant, überheblich
arrojado *adj* kühn, verwegen
arrojar **I.** *vt* (*arremessar*) werfen, fortwerfen; (*com força*) schleudern; (*o mar*) anschwemmen **II.** *vr* sich stürzen (*a* auf)
arrojo *m* Verwegenheit *f;* **ter o ~ de fazer a. c.** die Stirn haben, etw zu tun
arrolamento *m* ① (*inventário*) Bestandsaufnahme *f* ② (*numa lista*) Eintragung *f*
arrolar *vt* ① (*numa lista*) eintragen, aufnehmen ② (*bens*) eine Aufstellung machen von
arrolhar *vt* verkorken
arromba *f* **de ~** großartig, fabelhaft
arrombamento *m* (*de casa*) Einbruch *m*
arrombar [ɐʀɔ̃m'bar] *vt* (*porta, janela, fechadura*) aufbrechen; (*casa*) einbrechen in +*ac*
arrotar *vi* aufstoßen, rülpsen; (*fig*); **~ postas de pescada** prahlen, angeben
arroteamento *m* Urbarmachen *nt,* Urbarmachung *f*
arrotear *vt* urbar machen
arroto *m* Rülpser *m*
arroz [ɐ'ʀoʃ] <-es> *m* Reis *m;* **~ de frango** Reis mit Hühnerfleisch; **~ à grega** *Reis mit Schinken, Rosinen und Gemüsewürfeln;* **~ integral** brauner Reis *m;* **~ de marisco** Reis mit Meeresfrüchten; **~ tufado** Puffreis *m*
arrozal <-ais> *m* Reisfeld *nt*
arroz-de-festa <arrozes-de-festa> *m* (*brasil: coloq*) Partylöwe *m*
arroz-doce <arrozes-doces> *m* (CULIN) Milchreis *m*
arrozes *m pl de* **arroz**
arruaça *f* Tumult *m,* Aufruhr *m*
arruaceiro, -a *m, f* Raufbold *m,* Unruhestifter(in) *m(f)*
arruamento *m* Straßenzug *m*
arrufar **I.** *vt* verstimmen, ärgern **II.** *vr* ① (*ave*) sich aufplustern ② (*pessoa*) sich ärgern
arrufo *m* Verstimmung *f*
arruinado *adj* ruiniert

arruinar **I.** *vt* (*pessoa*) ruinieren, zugrunde richten **II.** *vr* sich ruinieren, zugrunde gehen
arruivado *adj* rötlich
arrumação <-ões> *f* ❶ (*acção de arrumar*) Aufräumen *nt* ❷ (*ordem*) Ordnung *f* ❸ (*lugar*) Abstellkammer *f*
arrumada *adj f de* **arrumado**
arrumadela *f* (schnelles) Aufräumen *nt;* **dar uma ~ a a. c.** etw (schnell) aufräumen
arrumado *adj* ❶ (*casa*) aufgeräumt ❷ (*pessoa*) ordentlich, ordnungsliebend
arrumador(a) *m(f)* (*de automóveis*) Parkeinweiser(in) *m(f),* (illegaler) Parkwächter *m,* (illegale) Parkwächterin *f;* (*no cinema*) Platzanweiser(in) *m(f)*
arrumar **I.** *vt* ❶ (*casa, quarto*) aufräumen, in Ordnung bringen ❷ (*guardar*) abstellen ❸ (*voltar a guardar*) zurücklegen, aufräumen ❹ (*problema, assunto*) beseitigen, bereinigen ❺ (*carro*) abstellen ❻ (*brasil: emprego*) finden ❼ (NÁUT) verstauen **II.** *vr* ❶ (*cal: casar-se*) heiraten ❷ (*empregar-se*) eine Stelle finden ❸ (*brasil: para sair*) sich fertig machen
arrumos *mpl* Abstellraum *m*
arsenal <-ais> *m* Arsenal *nt*
arsénico (*portugal*), **arsênico** *m* (*brasil*) Arsenik *nt*
arsénio (*portugal*), **arsênio** *m* (*brasil*) Arsen *nt*
arte ['artə] *f* ❶ (*actividade*) Kunst *f;* **~ abstra(c)ta** abstrakte Kunst; **~s plásticas** bildende Künste; **sétima ~** Filmkunst *f* ❷ (*manha*) List *f;* **com más ~s** mit List und Tücke
artefacto (*portugal*), **artefacto** *m* (*brasil*) (handgefertigtes) Erzeugnis *nt*
artelho *m* (ANAT) Fußknöchel *m*
artéria *f* ❶ (ANAT) Schlagader *f,* Arterie *f* ❷ (*via*) Verkehrsader *f,* Hauptverkehrsstraße *f*
arterial <-ais> *adj* Arterien ...
arteriosclerose *f* (MED) Arterienverkalkung *f*
artesanato [ɐrtəzɐ'natu] *m* Handwerk *nt,* Kunsthandwerk *nt*
artesão, artesã <-s, -s> *m, f* Handwerker(in) *m(f)*
articulação [artikulɐ'sãu] <-ões> *f* ❶ (MEC) Gelenk *nt* ❷ (*de pensamentos, palavras*) Artikulation *f*
articulado **I.** *m* (DIR) Darlegung *f* **II.** *adj* ❶ (MEC) Gelenk ... ❷ (*pensamento, palavra*) artikuliert
articular **I.** *vt* (*pensamentos, palavras*) artikulieren; (*peças*) ineinanderfügen **II.** *adj* Gelenk ...
artífice *mf* (*artesão*) Handwerker(in) *m(f);* (*artista*) Künstler(in) *m(f)*
artificial <-ais> *adj* künstlich, Kunst ...; **flor ~** Kunstblume *f*
artificialidade *f* (*de pessoa*) Geziertheit *f*
artifício *m* ❶ (*perfeição*) Kunstfertigkeit *f* ❷ (*habilidade*) Geschick *nt* ❸ (*manha*) Trick *m,* Kniff *m*
artificioso *adj* listig, verschlagen
artigo *m* ❶ (JORN) Artikel *m;* **~ de fundo** Leitartikel *m* ❷ (ECON) Artikel *m;* **~s** Ware *f;* **~ de luxo** Luxusartikel *m;* **~ de marca** Markenartikel *m;* **~s congelados** Tiefkühlwaren *pl;* **~ de primeira necessidade** Bedarfsartikel *m;* **~s de moda** Modewaren *pl;* **~s de papelaria** Schreibwaren *pl* ❸ (LING) Artikel *m;* **~ definido/indefinido** bestimmter/unbestimmter Artikel
artilharia *f* (MIL) Artillerie *f*
artimanha *f* ❶ (*manha*) Kniff *m,* Trick *m* ❷ (*astúcia*) Arglist *f,* Verschlagenheit *f*
artista *mf* Künstler(in) *m(f)*
artístico *adj* künstlerisch, Kunst ...
artrose *f* (MED) Arthritis *f,* Gelenkentzündung *f*
arvorar *vt* ❶ (*mastro*) aufrichten ❷ (*bandeira*) hissen ❸ (*pessoa*) befördern (*em* zu)
árvore ['arvurə] *f* ❶ (BOT) Baum *m;* **~ de fruto** Obstbaum *m;* **~ de Natal** Weihnachtsbaum *m;* **~ genealógica** Stammbaum *m* ❷ (NÁUT) Mast *m* ❸ (MEC) Achse *f,* Welle *f;* **~ roscada** Spindel *f*
arvoredo *m* Wäldchen *nt*
ás *m* Ass *nt*
asa ['azɐ] *f* ❶ (*de ave, avião*) Flügel *m;* (*fig*); **bater a ~** sich davonmachen; **dar ~s à imaginação** der Fantasie freien Lauf lassen ❷ (*de saco, chávena, tacho*) Henkel *m,* Griff *m* ❸ (DESP) **~ delta** Drachen *m*
asa-delta <asas-delta(s)> *f* Hängegleiter *m,* Drachen *m*
asbesto *m* Asbest *m*
ascendência *f* ❶ (*antepassados*) Vorfahren *pl,* Ahnen *pl* ❷ (*origem*) Herkunft *f* ❸ (*subida*) Aufstieg *m* ❹ (*influência*) Einfluss *m* ❺ (*superioridade*) Überlegenheit *f*
ascendente **I.** *mf* Vorfahr(in) *m(f),* Ahn(in) *m(f)* **II.** *m* (*influência*) Einfluss *m* (*sobre* auf); (*superioridade*) Überlegenheit *f*

III. *adj* steigend, wachsend
ascender *vi* ❶ (*pessoa*) befördert werden (*a* zu), aufsteigen (*a* zu); ~ **ao poder** an die Macht kommen ❷ (*preço*) ansteigen (*a* auf) ❸ (*conta*) sich belaufen (*a* auf)
ascensão [ɐʃsɛ̃'sɐ̃u] <-ões> *f* ❶ (*subida*) Aufstieg *m;* (FÍS); ~ **do ar** Luftauftrieb *m* ❷ (REL) (Christi) Himmelfahrt *f*
ascensor *m* Aufzug *m,* Fahrstuhl *m*
asco *m* Ekel *m;* **isso dá-me** ~ das ekelt mich (an); **ter** ~ **a alguém/a. c.** sich vor jdm/etw ekeln; **que** ~**!** pfui!
ascoroso *adj* ekelhaft, widerlich
aselha *mf* (*portugal: coloq*) Tollpatsch *m*
asfaltar *vt* asphaltieren
asfalto *m* Asphalt *m*
asfixia *f* Ersticken *nt*
asfixiante *adj* (*fig*) erdrückend
asfixiar *vi* ersticken
Ásia *f* Asien *nt;* ~ **Menor** Kleinasien *nt*
asiático, -a I. *m, f* Asiat(in) *m(f)* II. *adj* asiatisch
asilar I. *vt* aufnehmen, Asyl gewähren II. *vr* Zuflucht suchen
asilo *m* ❶ (POL) Asyl *nt* ❷ (*de idosos*) Altenheim *nt;* (*para alcoólatras*) Entziehungsanstalt *f*
asma ['aʒmɐ] *f* (MED) Asthma *nt*
asmático *adj* asthmatisch
asna *f v.* **asno**
asneira *f* ❶ (*disparate*) Dummheit *f,* Blödsinn *m;* **dizer/fazer** ~**s** Blödsinn reden/machen ❷ (*palavrão*) Schimpfwort *nt*
asno, -a *m, f* ❶ (ZOOL) Esel(in) *m(f)* ❷ (*pej: pessoa*) Esel *m,* Dummkopf *m*
aspargo *m* (*brasil*) Spargel *m*
aspas *fpl* Anführungszeichen *pl;* (*coloq*) Gänsefüßchen *pl;* **abrir** ~ Anführungszeichen oben; **fechar** ~ Anführungszeichen unten; **entre** ~ in Anführungszeichen
aspecto *m* ❶ (*aparência*) Aussehen *nt;* **ter** ~ **de doente** krank aussehen; **ter bom/mau** ~ gut/schlecht aussehen ❷ (*ponto de vista*) Aspekt *m;* **em todos os** ~ in jeder Hinsicht; **nesse** ~ in dieser Hinsicht
áspera *adj f de* **áspero**
aspereza *f* ❶ (*rudeza*) Rauheit *f* ❷ (*falando*) barsche(r) Ton *m* ❸ (MÚS) Missklang *m*
aspergir *vt irr como convergir* sprenkeln
áspero *adj* ❶ (*superfície*) rau ❷ (*severo*) streng ❸ (*acre*) herb ❹ (*terreno*) schroff
aspérrimo *adj superl de* **áspero**
aspeto *m* (*brasil*) *v.* **aspecto**
aspiração <-ões> *f* ❶ (*de ar*) Einatmen *nt,* Atemzug *m* ❷ (*ambição*) Streben *nt* ❸ (TEC: *sucção*) Aufsaugen *nt;* (*por bomba*) Ansaugen *nt* ❹ (LING) Aspiration *f*
aspirador *m* (*doméstico*) Staubsauger *m*
aspirante I. *mf* (*a um título, cargo*) Anwärter(in) *m(f)* II. *adj* saugend, Saug ...
aspirar I. *vt* (*inspirar*) einatmen; (*sugar*) saugen; (*chão*) saugen, staubsaugen; (TEC: *ar*) ansaugen; (LING) aspirieren II. *vi* streben (*a* nach), anstreben
aspirina [ɐʃpi'rinɐ] *f* (FARM) Aspirin ® *nt*
asqueroso *adj* ekelhaft, widerlich
assada *adj f de* **assado**
assadeira *f* Tonform *f,* Auflaufform *f*
assado [ɐ'sadu] I. *m* (CULIN) Braten *m* II. *adj* gebraten, Brat ...
assalariado, -a *m, f* Lohnempfänger(in) *m(f),* Arbeitnehmer(in) *m(f)*
assalariar *vt* ❶ (*pagar*) entlohnen ❷ (*empregar*) (gegen Lohn) beschäftigen
assaltante *mf* ❶ (*de banco*) Bankräuber(in) *m(f);* (*de casa*) Einbrecher(in) *m(f)* ❷ (*na rua*) Angreifer(in) *m(f)*
assaltar *vt* ❶ (*pessoa, banco*) überfallen; (*casa*) einbrechen in ❷ (*atacar*) angreifen ❸ (*doença*) befallen
assalto [ɐ'saltu] *m* ❶ (*a pessoa, banco*) Überfall *m;* (*a casa*) Einbruch *m;* ~ **a um banco** Banküberfall *m;* ~ **à mão armada** bewaffneter Überfall ❷ (*ataque*) Angriff *m* (*a* auf) ❸ (DESP: *boxe*) Runde *f;* (*esgrima*) Ausfall *m*
assanhado *adj* wütend, zornig
assanhar *vt* erzürnen
assar *vt* braten, rösten
assarapantado *adj* verwirrt, erschrocken
assarapantar *vt* verwirren, erschrecken
assassina *f de* **assassino**
assassinar *vt* ermorden
assassinato *m* Mord *m;* ~ **e roubo** Raubmord *m*
assassínio *m v.* **assassinato**
assassino, -a I. *m, f* Mörder(in) *m(f)* II. *adj* mörderisch
assaz *adv* ❶ (*elev: bastante*) ziemlich; **é** ~ **grave** es ist ziemlich schlimm ❷ (*elev: suficientemente*) genug
asseado *adj* sauber, reinlich
assear *conj como passear* I. *vt* säubern II. *vr* sich gepflegt kleiden

assediar *vt* ① (*importunar*) belästigen; ~ **com perguntas** mit Fragen bestürmen ② (*cercar*) belagern, umzingeln
assédio [ɐ'sɜdju] *m* ① (*impertinência*) Belästigung *f;* ~ **sexual** sexuelle Belästigung ② (*cerco*) Belagerung *f*
assegurado *adj* sicher
assegurar **I.** *vt* (*afirmar*) versichern, zusichern; (*garantir*) sicherstellen **II.** *vr* sich vergewissern
asseio *m* Reinlichkeit *f*
assembleia (*portugal*), **assembléia** *f* (*brasil*) Versammlung *f;* ~ **distrital** Kreistag *m;* ~ **geral** Generalversammlung *f*
assemelhar **I.** *vt* (*tornar semelhante*) angleichen; (*comparar*) vergleichen **II.** *vr* ähneln (*a*), ähnlich sehen (*a*)
assentada *f* **de uma** ~ auf einmal, in einem Zug
assentar <*pp* assente *o* assentado> **I.** *vt* ① (*registar*) eintragen; (ECON) buchen ② (*cabos*) verlegen ③ (*golpe*) versetzen, verpassen; ~ **a mão em alguém** jdm einen Schlag versetzen ④ (*determinar*) festlegen, festsetzen ⑤ (*tijolos*) legen **II.** *vi* ① (*roupa*) sitzen, passen ② (*na vida*) gesetzt werden, Vernunft annehmen ③ (*basear-se*) beruhen (*em* auf), sich gründen (*em* auf) ④ (*pó*) sich legen
assente **I.** *pp irr de* **assentar** **II.** *adj* fest, sicher
assentimento *m* Zustimmung *f,* Genehmigung *f*
assentir *vt irr como sentir* zustimmen, genehmigen
assento [ɐ'sɛ̃ntu] *m* ① (*banco*) Sitz *m,* Sitzplatz *m* ② (*base*) Boden *m*
assepsia *f* (MED) Keimfreiheit *f,* Asepsis *f*
asséptico *adj* (*portugal:* MED) keimfrei, aseptisch
asserção <-ões> *f* Behauptung *f*
assertar *vt* behaupten
assessor(a) <-es> *m(f)* Berater(in) *m(f)*
assessoria *f* Beratung *f*
asseveração <-ões> *f* Behauptung *f*
asseverar *vt* behaupten; (*assegurar*) versichern
assexuado *adj* (BIOL) geschlechtslos
assídua *adj f de* **assíduo**
assiduidade *f* ① (*pontualidade*) Pünktlichkeit *f* ② (*empenho*) Fleiß *m,* Eifer *m* ③ (*constância*) Beharrlichkeit *f*
assíduo *adj* ① (*pontual*) pünktlich ② (*empenhado*) fleißig, eifrig
assim [a'sĩ] **I.** *adv* so, auf diese Art (und Weise); ~ **como** sowie; ~ **como** ~ wie dem auch sei; ~ **que** +*conj* sobald; ~ **ou assado** so oder so; ~ **seja!** so sei es!; **ainda/mesmo** ~ immerhin, trotzdem; (*brasil*); **como ~?** wieso?; **e ~ por diante** und so weiter; **por ~ dizer** sozusagen **II.** *adv* daher, also
assim-assim *adv* soso lala
assimetria *f* Asymmetrie *f*
assimétrico *adj* asymmetrisch
assimilação <-ões> *f* ① (BIOL, LING) Assimilation *f* ② (*de uma ideia*) Aufnahme *f*
assimilar *vt* ① (BIOL, LING) assimilieren ② (*ideia*) aufnehmen
assimilável *adj* (MED) verträglich
assinalar *vt* ① (*marcar*) kennzeichnen, markieren; ~ **com uma cruz** ankreuzen ② (*designar*) bezeichnen
assinalável *adj* (*notável*) bedeutend, herausragend
assinante *mf* ① (*de uma revista*) Abonnent(in) *m(f)* ② (*de um documento*) Unterzeichner(in) *m(f)* ③ (*do telefone*) Kunde, Kundin *m, f*
assinar [ɐsi'nar] *vt* ① (*documento*) unterschreiben ② (*revista*) abonnieren
assinatura [ɐsinɐ'turɐ] *f* ① (*em documento*) Unterschrift *f* ② (*de uma revista*) Abonnement *nt* ③ (TEL: *taxa*) Grundgebühr *f*
assistência *f* ① (*presença*) Anwesenheit *f* ② (*público*) Zuschauer *pl,* Publikum *nt* ③ (*auxílio*) Hilfe *f,* Beistand *m;* **prestar ~ a alguém** jdm Hilfe leisten; ~ **médica** ärztliche Hilfe; ~ **religiosa** Seelsorge *f;* ~ **social** Sozialarbeit *f;* ~ **técnica** Kundendienst *m,* Wartung *f*
assistente **I.** *mf* (*ajudante*) Assistent(in) *m(f);* ~ **de bordo** Steward, ess *m, f;* ~ **de laboratório** Laborant(in) *m(f);* ~ **social** Sozialarbeiter(in) *m(f)* **II.** *f* (*brasil: parteira*) Hebamme *f* **III.** *adj* anwesend
assistir **I.** *vt* helfen, unterstützen **II.** *vi* zugegen sein (*a* bei), anwesend sein (*a* bei); (*a um espectáculo*) zuschauen; (*a uma aula*) besuchen
assoalhada *f* (*portugal*) Zimmer *nt*
assoar **I.** *vt* <*brasil, 1. pess pres:* assôo> (*nariz*) putzen **II.** *vr* sich die Nase putzen +*dat*
assobiar **I.** *vt* (*actor*) auspfeifen **II.** *vi* pfeifen
assobio *m* ① (*som*) Pfiff *m;* (*coloq*); **de três**

~**s** fabelhaft, toll ② (*instrumento*) Pfeife *f*

associação <-ões> *f* Verein *m*, Verband *m*; ~ **comercial** Handelsverein *m*; ~ **criminosa** kriminelle Vereinigung; ~ **de empresários** Unternehmerverband *m*; ~ **patronal** Arbeitgeberverband *m*

associado, -a **I.** *m, f* Mitglied *nt* **II.** *adj* verbunden (*a* mit)

associar **I.** *vt* verbinden (*a* mit) **II.** *vr* ① (*juntar-se*) sich verbünden (*a* mit), sich zusammenschließen (*a* mit) ② (*tomar parte*) Anteil nehmen (*a* an) ③ (*como associado*) Mitglied werden (*a* bei)

assolação *f* Verwüstung *f*

assolar *vt* (*cidade*) verwüsten, zerstören; (*pessoa*) heimsuchen

assomar *vi* erscheinen, auftauchen

assombração <-ões> *f* Spuk *m*; (*fantasma*) Gespenst *nt*

assombrado *adj* ① (*casa*) gespenstig; **esta casa está assombrada** in diesem Haus spukt es ② (*assustado*) bestürzt, erschrocken ③ (*pasmado*) erstaunt, verblüfft

assombrar **I.** *vt* (*pasmar*) erstaunen, verblüffen; (*assustar*) erschrecken, bestürzen **II.** *vr* erstaunt sein (*com* über)

assombro *m* (*espanto*) Verblüffung *f*, Erstaunen *nt*

assombroso *adj* (*espantoso*) erstaunlich, verblüffend

assomo *m* ① (*aparecimento, manifestação*) Erscheinen *nt*; ~ **de raiva** Wutanfall *m* ② (*indício*) Anzeichen *nt*

assonância *f* Anklang *m*

assumir *vt* ① (*culpa, responsabilidade, cargo*) übernehmen ② (*um erro*) eingestehen

assunção *f* (REL) ~ **de Maria** Mariä Himmelfahrt *f*

assunto [ɐ'sũntu] *m* Angelegenheit *f*, Sache *f*; (*de um livro*) Thema *nt*; **cingir-se ao** ~ bei der Sache bleiben; **mudar de** ~ das Thema wechseln

assustadiço *adj* schreckhaft

assustado *adj* erschrocken (*com* über)

assustador <-es> *adj* erschreckend, beängstigend

assustar **I.** *vt* erschrecken **II.** *vr* sich erschrecken (*com* über); (*cavalo*) scheuen

astenia *f* (MED) Schwäche *f*

astenopia *f* (MED) Augenschwäche *f*

áster *m* (BOT) Aster *f*

asterisco *m* Sternchen *nt*

asteróide **I.** *m* (ASTR) Asteroid *m* **II.** *adj* (ASTR) sternförmig

astigmatismo *m* (MED) Astigmatismus *m*

astral <-ais> *adj* Sternen …

astro *m* Gestirn *nt*

astrolábio *m* Astrolabium *nt*

astróloga *f v.* **astrólogo**

astrologia *f* Astrologie *f*

astrólogo, -a *m, f* Astrologe, Astrologin *m, f*

astronauta *mf* Astronaut(in) *m(f)*, Raumfahrer(in) *m(f)*

astronáutica *f* Raumfahrt *f*

astrónoma (*portugal*), **astrônoma** *f* (*brasil*) *f de astrónomo, astrônomo* **v. astrónomo**

astronomia *f* Astronomie *f*

astronómico (*portugal*), **astronômico** *adj* (*brasil*) astronomisch

astrónomo, -a *m, f* (*portugal*), **astrônomo, -a** *m, f* (*brasil*) Astronom(in) *m(f)*

astúcia *f* (*manha*) Verschlagenheit *f*, List *f*; (*perspicácia*) Scharfsinn *m*

astuciar *vt* ausdenken

astuto *adj* scharfsinnig, pfiffig

ata *f* (*brasil*) *v.* **acta**

atabalhoado *adj* (*pessoa*) unbeholfen

atabalhoar *vt* pfuschen, verpfuschen

atacadista *mf* (*brasil*) Grossist(in) *m(f)*

atacado *m* (ECON) **por** ~ en gros

atacador *m* (*portugal: de sapato*) Schnürsenkel *m*

atacante *mf* (*brasil: futebol*) Stürmer(in) *m(f)*

atacar <c→qu> *vt* ① (*agredir*) angreifen ② (*doença*) befallen ③ (*sapato*) schnüren

atadinho *adj* (*pej*) ungeschickt, unbeholfen

atado **I.** *m* Bündel *nt* **II.** *adj* (*pessoa*) scheu, verlegen

atadura *f* (*brasil:* MED) Verband *m*

atafona *f* Mühle *f*; **andar numa** ~ keine Ruhe haben

atalaia *f* Wachturm *m*, Ausguck *m*; **estar de** ~ auf der Hut sein

atalhar **I.** *vt* (*abreviar*) abkürzen, verkürzen; (*interromper*) unterbrechen; (*argumentar*) entgegensetzen; (*impedir*) aufhalten **II.** *vi* (*falando*) ins Wort fallen; (*caminho*) einen Seitenweg einschlagen **III.** *vr* verlegen werden

atalho [ɐ'taʎu] *m* ① (*caminho*) Seitenweg *m*, Pfad *m*; **não há ~ sem trabalho** ohne Fleiß kein Preis ② (*estorvo*) Hindernis *nt*

atamancar *vi* schludern, pfuschen

atapetar *vt* mit Teppich auslegen

ataque [ɐ'takə] *m* 1 (*agressão*) Angriff *m* 2 (MED) Anfall *m;* ~ **de fúria** Wutanfall *m;* **ter um ~ cardíaco** einen Herzanfall bekommen

atar *vt* 1 (*com fio, corda*) schnüren, binden; (*os sapatos*) binden 2 (*segurar*) festbinden, anbinden; (*com nó*) anknüpfen

atarantado *adj* verwirrt; **ficar ~** die Besinnung verlieren

atarantar *vt* verwirren, durcheinanderbringen

atarefado *adj* geschäftig; **andar ~** viel zu tun haben

atarefar-se *vr* viel arbeiten

ataroucado *adj* albern

atarracado *adj* untersetzt

atarraxar *vt* anschrauben

ataúde *m* 1 (*caixão*) Sarg *m* 2 (*sepultura*) Grab *nt*

ataviar *vt* schmücken, ausschmücken

atavio *m* Schmuck *m*

atavismo *m* Atavismus *m*

ataxia *f* (MED) Ataxie *f,* Bewegungsstörung *f*

até [a'tɜ] **I.** *prep* (*temporal*) bis; ~ **às 15 horas** bis 15 Uhr; ~ **agora** bisher; ~ **já** bis gleich; ~ **logo** bis später; ~ **que** *+conj* bis; ~ **que enfim!** endlich!; (*local*) bis, bis nach/zu; ~ **Berlim** bis nach Berlin; ~ **ao joelho** bis zu den Knien; ~ **à estação** bis zum Bahnhof; ~ **certo ponto** in gewissem Maße; ~ **(em) cima** bis obenhin **II.** *adv* sogar, selbst; ~ **mesmo** sogar, selbst

atear *vt conj como passear* 1 (*fogo*) anzünden 2 (*ódio*) schüren

ateia (*portugal*), **atéia** *f* (*brasil*) *f de* **ateu** Atheistin *f*

ateísmo *m* Atheismus *m*

ateísta *mf* Atheist(in) *m(f)*

atemorizar *vt* 1 (*assustar*) erschrecken 2 (*intimidar*) einschüchtern

atempadamente *adj* rechtzeitig

atenção [atɛ̃'sãu] <-ões> **I.** *f* (*concentração*) Aufmerksamkeit *f;* **chamar a ~ de alguém** jdn aufmerksam machen (*para* auf); **prestar ~** aufpassen; (*cortesia*) Höflichkeit *f;* (*consideração*) Rücksicht *f;* **ter a. c. em ~** etw berücksichtigen **II.** *interj* ~**!** Achtung!

atenciosa *adj f de* **atencioso**

atenciosamente *adv* (*em carta*) hochachtungsvoll

atencioso *adj* 1 (*cortês*) höflich, zuvorkommend 2 (*atento*) aufmerksam 3 (*respeitoso*) rücksichtsvoll

atendedor *m* (TEL: *portugal*) ~ **(automático) de chamadas** Anrufbeantworter *m*

atender **I.** *vt* (*cliente; servir*) bedienen; (*aviar*) abfertigen; **já está atendido?** werden Sie schon bedient?; (TEL) entgegennehmen; ~ **uma chamada** einen Anruf annehmen; ~ **o telefone** ans Telefon gehen; **eu atendo!** ich gehe dran! **II.** *vi* ~ **a** beachten, berücksichtigen; ~ **a um conselho** einen Rat beherzigen; ~ **a um pedido** eine Anfrage erledigen

atendimento *m* 1 (*num restaurante*) Bedienung *f* 2 (*despacho*) Abfertigung *f*

atenta *adj f de* **atento**

atentado *m* Attentat *nt;* ~ **bombista** Bombenattentat *nt;* ~ **à moral** Attentat auf die guten Sitten; **cometer um ~ contra alguém** ein Attentat auf jdn verüben

atentamente *adv* sorgfältig

atentar **I.** *vt* 1 (*observar*) beachten 2 (*considerar*) in Betracht ziehen **II.** *vi* 1 (*cometer atentado*) ein Attentat verüben (*contra* auf); ~ **contra a vida de alguém** einen Mordanschlag auf jdn verüben 2 (*ponderar*) ~ **em** bedenken

atento *adj* aufmerksam; **estar ~ a a. c.** auf etw aufpassen, auf etw achten

atenuação <-ões> *f* 1 (*dos efeitos*) Abschwächung *f;* (*da dor*) Linderung *f* 2 (QUÍM) Schwächung *f* 3 (ELECTR) Dämpfen *nt,* Dämpfung *f* 4 (ECON: *da inflação*) Abschwächung *f,* Dämpfung *f*

atenuante **I.** *f* (DIR) mildernde(r) Umstand *m* **II.** *adj* mildernd; (DIR) strafmildernd

atenuar *vt* 1 (*efeitos*) vermindern, abschwächen; (*dor*) mildern, lindern; (*cor*) abschwächen 2 (ELECTR) dämpfen 3 (DIR: *pena*) mildern

atérmico *adj* (FÍS) wärmeundurchlässig

aterrador *adj* entsetzlich, schrecklich

aterragem [atə'ʀaʒãi] *f* (*portugal:* AERO) Landung *f;* ~ **forçada/de emergência** Notlandung *f*

aterrar (*portugal*) **I.** *vt* (AERO) landen; (*assustar*) erschrecken **II.** *vi* (AERO) landen

aterrissagem [ateʀi'saʒãi] <-ens> *f* (*brasil*) *v.* **aterragem**

aterrissar *vi* (*brasil*) *v.* **aterrar**

aterro *m* (ebenes) Gelände *nt;* (*para lixo*) Mülldeponie *f*

aterrorizar *vt* terrorisieren

ater-se *irr como ter vr* **~-se a a. c./alguém** sich an etwas halten

atestado [ɐtəʃ'tadu] **I.** *m* Bescheinigung *f;* (*do médico*) Attest *nt;* (*da escola*) Zeugnis *nt;* **~ médico** ärztliches Attest; **~ de residência** Aufenthaltsbescheinigung *f* **II.** *adj* randvoll

atestar *vt* ❶ (*passar atestado*) bescheinigen, bestätigen ❷ (*encher*) (bis zum Rand) füllen; **~ o depósito** den Tank auffüllen

ateu **I.** *m* Atheist *m* **II.** *adj* gottlos, atheistisch

atiçamento *m* (*do fogo, ódio*) Schüren *nt*

atiçar <ç→c> *vt* ❶ (*fogo*) schüren ❷ (*pessoa, animal*) aufstacheln, aufhetzen

atilar *vt* verbessern, verfeinern

atilho *m* Schnur *f,* Band *nt*

atimia *f* Schwermut *f,* Trübsinn *m*

atinado *adj* ❶ (*com tino*) verständig, vernünftig ❷ (*adequado*) treffend

atinar *vi* treffen; (*com solução*) finden; **~ com a. c.** etw herausfinden; (*coloq*); **~ com alguém** jdn mögen

atingir <g→j> *vt* ❶ (*objectivos*) erreichen, erlangen ❷ (*compreender*) verstehen ❸ (*a tiro*) treffen ❹ (*dizer respeito a*) betreffen, angehen

atiradeira *f* (*brasil*) Schleuder *f,* Zwille *f*

atirar **I.** *vt* werfen, schleudern **II.** *vi* (*com arma*) schießen (*sobre* auf) **III.** *vr* sich stürzen (*a/para* auf); (*coloq*); **~-se a alguém** sich jdm an den Hals werfen; (*para a água*); **~-se de cabeça** einen Kopfsprung machen; (*para uma coisa*) sich kopfüber hineinstürzen

atitude *f* Einstellung *f,* Haltung *f;* **marcar/tomar uma ~** Stellung nehmen

ativa *adj* (*brasil*) *f de ativo* **v. activo**

ativação <-ões> *f* (*brasil*) Aktivierung *f*

ativar *vt* (*brasil*) *v.* **activar**

atividade *f* (*brasil*) *v.* **actividade**

ativista *mf* (*brasil*) Aktivist(in) *m(f)*

ativo *adj* (*brasil*) *v.* **activo**

atlântico *adj* atlantisch; **oceano ~** Atlantik *m*

Atlântico [ɐ'tlɐ̃ntiku] *m* Atlantik *m*

atlas *m* Atlas *m*

atleta *mf* Athlet(in) *m(f),* Leichtathlet(in) *m(f)*

atlético *adj* athletisch

atletismo [ɐtlɜ'tiʒmu] *m* Leichtathletik *f*

atmosfera *f* ❶ (METEO) Atmosphäre *f* ❷ (*ambiente*) Atmosphäre *f,* Stimmung *f*

atmosférico *adj* atmosphärisch; **pressão atmosférica** Luftdruck *m*

ato *m* (*brasil*) *v.* **acto**

atoalhado *m* (*de mesa*) Tischdecke *f,* Tischtuch *nt;* (*de casa-de-banho*) Handtuch *nt*

atol <-óis> *m* (GEOG) Atoll *nt,* Koralleninsel *f*

atolar **I.** *vt* im Schlamm versenken **II.** *vr* im Schlamm versinken

atoleiro *m* Morast *m,* Sumpf *m*

atómico (*portugal*), **atômico** *adj* (*brasil:* QUÍM) atomar, Atom ...; **bomba atómica** [*o brasil* **atômica**] Atombombe *f;* **energia atómica** [*o brasil* **atômica**] Atomenergie *f*

atomizador *m* Zerstäuber *m*

atomizar *vt* ❶ (*material*) zertrümmern ❷ (*líquido*) versprühen, zerstäuben

átomo *m* Atom *nt*

atonia *f* ❶ (MED) Atonie *f* ❷ (*inércia*) Trägheit *f*

atónito (*portugal*), **atônito** *adj* (*brasil*) verblüfft, perplex

átono *adj* (LING) unbetont, tonlos

ator, atriz <-es, -es> *m, f* (*brasil*) Schauspieler *m*

atordoado *adj* ❶ (*por um golpe*) betäubt, bewusstlos ❷ (*atónito*) verblüfft

atordoar <*brasil, 1. pess pres:* atordôo> *vt* ❶ (*estontear*) betäuben ❷ (*admirar*) verwirren, verblüffen

atormentado *adj* qualvoll

atormentar *vt* quälen, peinigen; (*torturar*) foltern

atóxico *adj* ungiftig

atracador *m* (NÁUT) Trosse *f*

atração <-ões> *f* (*brasil*) *v.* **atracção**

atracar [ɐtrɐ'kar] *vi* <c→qu> (NÁUT) anlegen (*em* an)

atracção <-ões> *f* (*portugal*) ❶ (*acção de atrair*) Anziehung *f;* (*força*) Anziehungskraft *f* ❷ (*coisa interessante*) Attraktion *f;* **~ sexual** Sexappeal *m;* **~ turística** Sehenswürdigkeit *f*

atractivo (*portugal*) **I.** *m* Reiz *m,* Verlockung *f* **II.** *adj* anziehend, verlockend

atraente *adj* (*pessoa*) anziehend, charmant; (*coisa*) verlockend, anziehend

atraiçoar *vt* <*brasil, 1. pess pres:* atraiçôo> verraten

atrair *vt conj como sair* ❶ (FÍS) anziehen ❷ (*ser interessante para*) anziehen, anlocken

atrapalhação <-ões> *f* ❶ (*confusão*) Durcheinander *nt,* Verwirrung *f* ❷ (*acanhamento*) Ratlosigkeit *f*

atrapalhado *adj* ❶ (*confundido*) verwirrt, durcheinander ❷ (*acanhado*) ratlos, verlegen; **ficar ~** verlegen werden

atrapalhar **I.** *vt* ❶ (*confundir*) verwirren, durcheinanderbringen ❷ (*estorvar*) stören ❸ (*embaraçar*) verlegen machen, in Verlegenheit bringen **II.** *vr* ❶ (*confundir-se*) durcheinandergeraten ❷ (*embaraçar-se*) in Verlegenheit geraten ❸ (*falando*) sich verhaspeln

atrás [ɐ'traʃ/ɐ'traʒ] *adv* ❶ (*local*) hinten; (*direcção*) zurück; **~ de** hinter; **andar/ir ~ de alguém** hinter jdm her sein; **voltar ~** zurückgehen ❷ (*temporal*) nach; **uns ~ dos outros** einer nach dem anderen; (*brasil*); **dois meses ~** vor zwei Monaten

atrasado *adj* ❶ (*país*) rückständig; (*pej*); **~ mental** minderbemittelt, zurückgeblieben ❷ (*pessoa, transporte*) verspätet, überfällig; **chegar ~** zu spät kommen; **estou ~** ich bin spät dran; **estar ~ em/com a. c.** mit etw im Rückstand sein; **o meu relógio está ~** meine Uhr geht nach

atrasar **I.** *vt* ❶ (*relógio*) zurückstellen ❷ (*pagamento*) verzögern, hinauszögern **II.** *vr* ❶ (*pessoa, transporte*) sich verspäten, zu spät kommen ❷ (*num trabalho*) zurückbleiben, in Rückstand geraten ❸ (*relógio*) nachgehen

atraso [ɐ'trazu] *m* ❶ (*de um país*) Rückstand *m,* Rückständigkeit *f* ❷ (*de pessoa, transporte*) Verspätung *f;* **estar/vir com uma hora de ~** eine Stunde Verspätung haben ❸ (*no pagamento*) Rückstand *m;* **estar em ~** überfällig sein, im Rückstand sein

atrativo **I.** *adj* (*brasil*) *v.* **atractivo** **II.** *m* (*brasil*) Reiz *m,* Verlockung *f*

atravancar *vt* <c→qu> versperren

atravanco *m* Hindernis *nt*

através [ɐtrɐ'vɛʒ] *adv* hindurch; (*por meio de*); **~ de** durch; (*com base em*) anhand; **~ dos séculos** durch die Jahrhunderte; **aprender ~ de um livro** anhand eines Buches lernen; **conheci-a ~ da Maria** ich habe sie über Maria kennengelernt

atravessado *adj* quer; (*em pé*); **estar ~** quer stehen; (*deitado*) quer liegen; (*fig*); **isso está-me ~** (**na garganta**) das liegt mir quer im Magen

atravessar [ɐtrɐvə'sar] **I.** *vt* ❶ (*rua, rio, mar*) überqueren; **~ a. c. a nado** etw durchschwimmen ❷ (*cruzar*) kreuzen ❸ (*cidade*) gehen durch +*ac,* fahren durch +*ac* ❹ (*crise*) durchmachen ❺ (*ponte*) überqueren, gehen/fahren über **II.** *vr* ❶ (*pessoa, automóvel*) quer stehen; (*deitando-se*) sich quer legen; (*fig*); **~-se no caminho de alguém** jdm in die Quere kommen ❷ (*na garganta*) steckenbleiben

atreito *adj* empfänglich (*a* für)

atrelado *m* Anhänger *m*

atrelar **I.** *vt* (*automóvel*) anhängen (*a* an), ankoppeln (*a* an); (*cavalo*) anspannen **II.** *vr* (*pej*) **~-se a alguém** jdm hinterherlaufen

atrever-se *vr* wagen (*a*), sich trauen (*a* zu)

atrevido *adj* unverschämt, dreist

atrevimento *m* Unverschämtheit *f,* Dreistigkeit *f*

atribuição <-ões> *f* ❶ (*de tarefa*) Zuteilung *f* ❷ (*de prémio*) Verleihung *f;* (*de bolsa*) Vergabe *f*

atribuições *fpl* Befugnisse *pl*

atribuir *vt conj como incluir* ❶ (*culpa*) zuschieben ❷ (*competências*) erteilen; (*tarefa*) zuteilen ❸ (*significado*) beimessen; (*características*) zuschreiben ❹ (*direitos*) zuerkennen; (*título, prémio*) verleihen; (*bolsa*) vergeben

atribulação <-ões> *f* Kummer *m,* Sorge *f*

atribulado *adj* ❶ (*vida, dia*) bewegt, ereignisreich ❷ (*preocupado*) bekümmert, besorgt

atribular *vt* bekümmern; (*maltratar*) peinigen, quälen

atributivo *adj* (LING) attributiv

atributo *m* ❶ (*característica, qualidade*) Kennzeichen *nt,* Eigenschaft *f* ❷ (LING) Attribut *nt*

atrição *f* (REL) Reue *f*

átrio *m* Vorhalle *f,* Eingangshalle *f*

atrito *m* (FÍS) Reibung *f*

atritos *mpl* Schwierigkeiten *pl;* **sem ~** reibungslos

atriz *f* (*brasil*) Schauspielerin *f*

atrocidade *f* Gräueltat *f*

atrofia *f* (MED) Atrophie *f*

atrofiado *adj* ❶ (*órgão, membro*) verkümmert ❷ (*coloq: pessoa*) verrückt

atrofiar *vi* ❶ (*órgão, membro*) verkümmern ❷ (*coloq: pessoa*) verrückt werden

atropelamento *m* Überfahren *nt*

atropelar *vt* ❶ (*na estrada*) überfahren ❷ (*lei*) übertreten, missachten; **~ a verdade** es mit der Wahrheit nicht so genau nehmen

atropelo *m* ❶ (*da lei*) Übertretung *f,* Missachtung *f* ② (*de palavras*) Verhaspeln *nt;* **de ~** hastig

atropina *f* (MED) Atropin *nt*

atroz <-es> *adj* grässlich, grausam

atuação <-ões> *f* (*brasil*) *v.* **actuação**

atual <-ais> *adj* (*brasil*) aktuell, gegenwärtig

atualidade *f* (*brasil*) *v.* **actualidade**

atualização <-ões> *f* (*brasil*) *v.* **actualização**

atualizar *vt* (*brasil*) *v.* **actualizar**

atualmente *adv* (*brasil*) heutzutage, zurzeit

atuar *vt* (*brasil*) *v.* **actuar**

atufar I. *vt* füllen **II.** *vr* tauchen

atulhar *vt* ① (*encher*) auffüllen ② (*obstruir*) versperren

atum [ɐ'tũ] <atuns> *m* Thunfisch *m*

aturar *vt* aushalten, ertragen

aturável <-eis> *adj* erträglich

aturdido *adj* kopflos, benommen; (*assombrado*) verblüfft

aturdimento *m* ① (*dos sentidos*) Kopflosigkeit *f,* Benommenheit *f* ② (*assombro*) Verblüffung *f*

aturdir *vt* ① (*atordoar*) betäuben ② (*pasmar*) in Erstaunen versetzen, verblüffen

audácia *f* Kühnheit *f,* Verwegenheit *f*

audaz <-es> *adj* kühn, verwegen

audição <-ões> *f* ① (*sentido*) Hören *nt* ② (MÚS) Konzert *nt;* **primeira ~** Erstaufführung *f* ③ (*para teatro*) Casting *nt* ④ (*de testemunhas*) Anhörung *f*

audiência *f* ① (DIR) Gerichtsverhandlung *f* ② (*ouvintes*) Zuhörer *pl,* Zuhörerschaft *f* ③ (*recepção*) Audienz *f;* **conceder uma ~ a alguém** jdm Audienz gewähren

audiências *fpl* (*televisão*) Einschaltquote *f*

audiocassete *f* Audiokassette *f*

audiovisual <-ais> *adj* audiovisuell

auditivo *adj* Gehör ..., Hör ...

auditor(a) <-es> *m(f)* Auditor(in) *m(f)*

auditoria *f* (*cargo*) Richteramt *nt*

auditório *m* ① (*salão*) Hörsaal *m* ② (*ouvintes*) Zuhörer *pl,* Zuhörerschaft *f*

auê *m* (*coloq brasil*) Durcheinander *nt,* Schlamassel *m*

auge *m* (*fig*) Gipfel *m,* Höhepunkt *m*

augúrio *m* ① (*sinal*) Vorzeichen *nt;* (*pressentimento*) Vorahnung *f* ② (*prognóstico*) Vorhersage *f*

augusto *adj* (*elev*) erhaben

aula *f* ① (*lição*) Unterrichtsstunde *f;* **dar ~s a alguém** jdm Unterricht geben/erteilen; **ter ~s com alguém** Unterricht bei jdm haben ② (*sala*) Klassenzimmer *nt*

aumentar [aumẽn'tar] **I.** *vt* ① (*em tamanho*) vergrößern; (*em quantidade*) vermehren ② (*salário, preço*) erhöhen ③ (*rendimento*) steigern ④ (*alargar*) erweitern, ausbauen **II.** *vi* ① (*crescer*) zunehmen, wachsen ② (*preço, temperatura*) (an)steigen ③ (*rendimento, valor*) sich steigern, steigen

aumento *m* ① (*em tamanho*) Vergrößerung *f,* Zunahme *f;* (*em quantidade*) Vermehrung *f* ② (*do salário*) Erhöhung *f;* (*do preço*) Anstieg *m,* Erhöhung *f* ③ (*do rendimento, valor*) Steigerung *f* ④ (*da temperatura*) Anstieg *m*

áureo *adj* golden

auréola *f* ① (*dos santos*) Heiligenschein *m* ② (*prestígio*) Ruhm *m*

aurícula *f* ① (ANAT) Vorkammer *f,* Vorhof *m* ② (BOT) Aurikel *f*

auricular I. *m* Kopfhörer *m* **II.** *adj* Ohren ..., Ohr ...; **testemunha ~** Ohrenzeuge *m*

aurora *f* Morgenröte *f;* **~ boreal** Nordlicht *nt*

auscultação *f* (MED) Auskultation *f,* Abhorchen *nt*

auscultador [auʃkultɐ'dor] *m* ① (TEL) Hörer *m* ② (*portugal:* MÚS) Kopfhörer *m* ③ (MED) Stethoskop *nt*

auscultar *vt* (MED) abhorchen

ausência *f* ① (*não-presença*) Abwesenheit *f* ② (*carência*) Mangel *m* (*de* an)

ausentar-se *vr* ① (*partir*) verreisen ② (*afastar-se*) sich entfernen

ausente *adj* ① (*localmente*) abwesend ② (*mentalmente*) geistesabwesend, zerstreut

auspício *m* ① (*prenúncio*) Vorzeichen *nt* ② (*apoio, protecção*) Schirmherrschaft *f;* **sob os ~s de** unter der Schirmherrschaft von +*dat*

auspicioso *adj* aussichtsreich, viel versprechend

austera *adj f de* **austero**

austeridade *f* ① (*severidade*) Strenge *f,* Härte *f* ② (ECON) Sparsamkeit *f;* **política de ~** Sparpolitik *f*

austero *adj* streng, hart

austral <-ais> *adj* südlich, Süd ...

austrália *f* (BOT) Akazie *f* (aus Australien)

Austrália *f* Australien *nt*

australiano, -a I. *m, f* Australier(in) *m(f)* **II.** *adj* australisch

Áustria ['auʃtrjɐ] *f* Österreich *nt*
austríaco, -a [auʃ'triɐku] **I.** *m, f* Österreicher(in) *m(f)* **II.** *adj* österreichisch
autarquia *f* ① (POL) Autarkie *f* ② (*comunidade*) Gemeinde *f*
autárquico *adj* autark
autêntica *adj f de* **autêntico**
autenticação <-ões> *f* (DIR) Beglaubigung *f*
autenticar *vt* <c→qu> (DIR) beglaubigen
autenticidade *f* Echtheit *f*
autêntico [au'tẽntiku] *adj* echt, authentisch
autista *mf* Autist(in) *m(f)*
auto *m* ① (DIR) Akte *f* ② (*de reunião*) Protokoll *nt;* **lavrar um ~** ein Protokoll abfassen
auto-avaliação <-ões> *f* Selbstbeurteilung *f,* Selbstbewertung *f*
autobiografia *f* Autobiografie *f*
autobiográfico *adj* autobiografisch
autocaravana [autɔkɐrɐ'vɐnɐ] *f* Wohnmobil *nt*
autocarro [auto'kaʀu] *m* (*portugal*) Bus *m,* Autobus *m;* **~ articulado** Gelenkbus *m;* **~ de dois andares** Doppelbus *m*
autoclismo *m* (*portugal*) (WC-)Spülung *f,* Wasserspülung *f;* **puxar o ~** spülen
autocolante *m* Aufkleber *m,* Sticker *m*
autoconfiança *f* Selbstvertrauen *nt*
autocracia *f* Autokratie *f*
autocrata *mf* Autokrat(in) *m(f)*
autocrático *adj* autokratisch
autocrítica *f* Selbstkritik *f*
autocromia *f* (FOTO) Farbrastverfahren *nt*
autóctone **I.** *mf* Ureinwohner(in) *m(f)* **II.** *adj* Ur ...
auto-de-fé <autos-de-fé> *m* (HIST) Ketzergericht *nt*
autodefesa *f* Selbstverteidigung *f*
autodeterminação <-ões> *f* (POL) Selbstbestimmung *f*
autodidacta *mf* (*portugal*) Autodidakt(in) *m(f)*
autodidáctico *adj* (*portugal*) autodidaktisch
autodidata *mf* (*brasil*) *v.* **autodidacta**
autodidático *adj* (*brasil*) *v.* **autodidáctico**
autodisciplina *f* Selbstdisziplin *f*
autodomínio *m* Selbstbeherrschung *f*
autódromo *m* Motodrom *nt,* Autodrom *nt*
auto-escola *f* (*brasil*) Fahrschule *f*
auto-estrada *f* Autobahn *f*

Das Straßennetz in Portugal ist mittlerweile gut ausgebaut. Es gibt nicht nur **auto-estradas** (Autobahnen), die Mautgebühren kosten, sondern auch die neuen **itinerários principais** (IPs) und **itinerários complementares** (ICs). Diese sind meistens sehr gut, aber für das steigende Verkehrsaufkommen in den letzten Jahren nicht ausreichend. Sie müssen damit rechnen, dass Sie unterwegs viel Geduld und Vorsicht brauchen. Um die Zahl der Verkehrsunfälle einzudämmen, wurde seit kurzem auf vielen Strecken die sogenannte „Nulltoleranz" (Tolerância Zero) eingeführt. Lassen Sie sich nicht von der Raserei der anderen anstecken. Das kann ganz schön teuer werden, auch für mitteleuropäische Verhältnisse! Die Höchstgeschwindigkeit beträgt in Portugal 120 km/h auf Autobahnen, 90 km/h bzw. 100 km/h auf Landstraßen und 50 km/h innerorts. Die Promillegrenze ist 0,5.

autogestão <-ões> *f* Selbstverwaltung *f*
autogolo *m* (*portugal:* FUT) Eigentor *m*
autógrafo **I.** *m* Autogramm *nt* **II.** *adj* eigenhändig
automática *adj f de* **automático**
automaticamente *adv* automatisch; (*coloq*) von selbst
automático [autu'matiku] *adj* automatisch
automatismo *m* Automatismus *m*
autómato (*portugal*), **autômato** *m* (*brasil*) ① (*máquina*) Automat *m* ② (*pessoa*) willenlose(s) Werkzeug *nt*
automobilismo *m* (DESP) Autosport *m*
automobilista *mf* Kraftfahrer(in) *m(f)*
automobilístico *adj* Auto ...
automotora (*portugal*), **automotriz** *f* (*brasil*) Triebwagen *m*
automóvel [autu'mɔvɜl] <-eis> **I.** *m* Auto *nt,* Kraftfahrzeug *nt;* **~ ligeiro de passageiros** Personenkraftwagen *m,* Pkw *m* **II.** *adj* selbstfahrend
autónoma (*portugal*), **autônoma** *adj* (*brasil*) *f de autónomo, autônomo* **v. autónomo**
autonomia *f* ① (POL) Autonomie *f* ② (*na administração*) Selbstverwaltung *f* ③ (*moral, financeira*) Selbstständigkeit *f* ④ (AERO) **~ de voo** Reichweite *f* ⑤ (ELECTR) Netzunabhängigkeit *f*
autónomo *adj* (*portugal*) ① (POL) autonom

② (*independente*) selbstständig, unabhängig
autônomo I. *adj* (*brasil*) *v.* **autónomo I** II. *m* (*brasil*) Selbstständige(r)
autópsia *f* (MED) Autopsie *f*, Obduktion *f*
autopsiar *vt* (MED) eine Autopsie/Obduktion vornehmen bei
autor(a) <-es, -s> *m(f)* ① (*de uma obra*) Autor(in) *m(f)*; (*de um texto*) Verfasser(in) *m(f)* ② (*de um crime*) Täter(in) *m(f)* ③ (DIR) Kläger(in) *m(f)*
auto-rádio *m* Autoradio *nt*
autores *m pl de* **autor**
autoria *f* Urheberschaft *f*
autoridade *f* ① (*poder*) Autorität *f*, Amtsgewalt *f* ② (*competência*) Befugnis *f*
autoridades [auturi'dadəʃ] *fpl* Behörde *f*; ~ **locais/municipais** Kommunalverwaltung *f*
autoritário *adj* autoritär
autoritarismo *m* Autoritarismus *m*
autorização <-ões> *f* Erlaubnis *f* (*para* für), Genehmigung *f* (*para* für); ~ **de residência** Aufenthaltsgenehmigung *f*; ~ **de trabalho** Arbeitserlaubnis *f*
autorizado *adj* (*pessoa*) berechtigt
autorizar [auturi'zar] *vt* bevollmächtigen, autorisieren; (*permitir*) erlauben, genehmigen
auto-serviço *m* (*brasil*) Selbstbedienung *f*
auto-silo *m* (*portugal*) Parkhaus *nt*
auto-suficiente *adj* selbstgenügsam; **ser** ~ Selbstversorger sein
autuar *vt* ① (*multar*) mit einer Geldstrafe belegen ② (DIR: *processar*) eine schriftliche Erklärung abgeben
auxiliar I. <-es> *mf* Helfer(in) *m(f)* II. *vt* (*ajudar, socorrer*) helfen; (*apoiar*) unterstützen III. *adj* Hilfs ...
auxílio *m* ① (*ajuda*) Hilfe *f* ② (*apoio*) Unterstützung *f*, Beistand *m* ③ (*subsídio*) Unterstützung *f*; (*brasil*); ~ **de desemprego** Arbeitslosenhilfe *f*
avacalhado *adj* (*brasil*) schlampig (angezogen)
aval <-ais> *m* (ECON) Wechselbürgschaft *f*, Aval *m*
avalancha *f* Lawine *f*
avaliação <-ões> *f* ① (*de valor*) Schätzung *f*; (*escolar*) Bewertung *f* ② (*de rendimento*) Beurteilung *f*; ~ **pericial** Expertise *f*
avaliar *vt* ① (*valor*) schätzen, bewerten ② (*rendimento*) beurteilen, bewerten ③ (*calcular*) einschätzen, schätzen ④ (*estimar*) schätzen
avalista *mf* (ECON) Avalist(in) *m(f)*
avançado, -a[1] I. *m, f* (DESP) Stürmer(in) *m(f)* II. *adj* (*idade, nível*) fortgeschritten; (*tecnologia*) fortschrittlich
avançado[2] *m* (ARQUIT) Vorsprung *m*
avançamento *m* (ARQUIT) Vorsprung *m*
avançar <ç→c> I. *vt* ① (*dinheiro*) vorstrecken ② (*processo*) voranbringen, vorwärtsbringen ③ (*notícia*) vorbringen II. *vi* ① (*tropas*) vordringen, vorrücken; ~ **contra alguém** auf jdn losgehen ② (*progredir*) vorankommen, vorwärtskommen; ~ **com a. c.** etw voranbringen
avanço *m* ① (*progresso*) Fortschritt *m* ② (*das tropas*) Vorrücken *nt*, Vormarsch *m* ③ (MEC) Vorschub *m* ④ (*distância*) Vorsprung *m*
avantajado *adj* vorteilhaft
avantajar I. *vt* übertreffen II. *vr* sich hervortun (*a* vor)
avante I. *adv* vorne; **de ora** ~ von nun an, von jetzt ab II. *interj* ~**!** vorwärts!
avarento, -a I. *m, f* Geizhals *m* II. *adj* geizig
avaria [ɐvɐ'riɐ] *f* (*de máquina*) Schaden *m*, Störung *f*; (*portugal: de automóvel*) Panne *f*
avariado *adj* beschädigt, defekt; (*portugal: coloq*) kaputt; **estar** ~ nicht funktionieren; (*coloq*) nicht gehen
avariar I. *vt* beschädigen; (*coloq*) kaputtmachen II. *vi* ① (*máquina*) kaputtgehen; (*automóvel*) eine Panne haben; (*coloq*) liegen bleiben ② (*enlouquecer*) verrückt werden
avassalador <-es> *adj* überwältigend
avati *m* (*brasil*) Mais *m*
ave *f* Vogel *m*; ~ **de arribação** Zugvogel *m*; ~ **de rapina** Raubvogel *m*; ~**s** Geflügel *nt*
ave-do-paraíso <aves-do-paraíso> *f* Paradiesvogel *m*
ave-fria <aves-frias> *f* Kiebitz *m*
aveia *f* Hafer *m*
aveirense I. *mf Einwohner(in) der Stadt oder des Distrikts Aveiro* II. *adj* (*especialidade*) aus Aveiro; (*instituto*) in Aveiro
Aveiro (*portugal*) Aveiro (*Hauptstadt des Distrikts Aveiro*); **Distrito de** ~ Distrikt Aveiro
avelã *f* Haselnuss *f*
avelaneira, aveleira *f* Haselnussstrauch *m*
aveludado *adj* samtartig
ave-maria *f* (REL) Ave-Maria *nt*
avença *f* ① (*quantia*) Pauschalsumme *f*; **por** ~ pauschal ② (*acordo*) Vergleich *m*

avenida *f* Allee *f*
avental <-ais> *m* Schürze *f*
aventura *f* Abenteuer *nt*
aventurar **I.** *vt* wagen; (*pensamentos*) vorbringen **II.** *vr* sich wagen (*a* an)
aventureiro, -a **I.** *m, f* Abenteurer(in) *m(f)* **II.** *adj* abenteuerlich, gefährlich
averiguação <-ões> *f* Untersuchung *f,* Ermittlung *f*
averiguado *adj* erwiesen, ermittelt
averiguar *vt irr* ❶ (*investigar*) untersuchen; (*apurar*) ermitteln ❷ (*verificar*) überprüfen, nachprüfen
avermelhado *adj* rötlich
aversão <-ões> *f* Widerwille *m,* Abneigung *f;* **ter ~ a alguém/a. c.** eine Abneigung gegen jdn/etw haben
avessa *adj f de* **avesso**
avessas *adv* **às ~** verkehrt, verdreht; **sair às ~** schiefgehen
avesso **I.** *m* Kehrseite *f,* Rückseite *f;* **estar do ~** verkehrt herum sein; **virar do ~** umdrehen, umstülpen **II.** *adj* umgekehrt, verkehrt herum
avestruz <-es> *f* Strauß *m,* Vogelstrauß *m*
aviação *f* Luftfahrt *f,* Flugwesen *nt;* **~ militar** Luftwaffe *f*
aviado *adj* fertig, erledigt; (*irón*); **estar bem ~** in der Patsche sitzen
aviador(a) <-es, -as> *m(f)* Flieger(in) *m(f)*
avião <-ões> *m* Flugzeug *nt;* **~ a ja(c)to** Düsenflugzeug *nt;* **~ de caça** Jagdflugzeug *nt,* Jäger *m;* **~ de carga** Frachtflugzeug *nt;* **~ de longo alcance** Langstreckenflugzeug *nt;* **~ de passageiros** Passagiermaschine *f;* **~ de treino** Schulflugzeug *nt;* **~ supersónico** [*o brasil* **supersônico**] Überschallflugzeug *nt*
aviar **I.** *vt* (*cliente*) abfertigen; (*tarefa*) ausführen, erledigen; (*expedir*) absenden, versenden; (*aprontar*) vorbereiten **II.** *vr* sich beeilen, sich sputen
aviário *m* Vogelhaus *nt*
avicultor(a) <-es> *m(f)* Geflügelzüchter(in) *m(f)*
avicultura *f* Geflügelzucht *f*
ávida *adj f de* **ávido**
avidez *f* Gier *f*
ávido *adj* gierig (*de* nach)
aviltamento *m* Verkommenheit *f*
aviltar **I.** *vt* entwürdigen, herabwürdigen; (ECON); **~ os preços** die Preise drücken **II.** *vr* verkommen; (*humilhar-se*) sich erniedrigen
avinagrado *adj* sauer
avinagrar *vt* (CULIN) säuern, sauer einlegen
avindo **I.** *m* (*reg*) Kunde *m* **II.** *adj* einig
aviões *m pl de* **avião**
avioneta *f* Sportflugzeug *nt*
avisador [ɐvizɐ'dor] **I.** *m* Warnanlage *f,* Warnsystem *nt* **II.** *adj* Warn ..., Signal ...
avisar [ɐvi'zar] *vt* ❶ (*prevenir*) warnen (*de* vor) ❷ (*informar*) benachrichtigen ❸ (*aconselhar*) beraten
aviso *m* ❶ (*advertência*) Warnung *f* ❷ (*comunicação*) Mitteilung *f,* Benachrichtigung *f;* (*de evento*) Ankündigung *f;* **~ de cobrança** Zahlungsanweisung *f;* **~ prévio** Vorankündigung *f;* **~ de recepção** Empfangsbestätigung *f;* **sem ~** fristlos
avistar **I.** *vt* erblicken **II.** *vr* sich treffen (*com* mit)
avitaminose *f* (MED) Vitaminmangel *m*
avivar **I.** *vt* (*animar*) beleben; (*realçar*) deutlich machen **II.** *vr* munter werden
avo *m* ❶ (MAT) Bruchteil *m* ❷ (*insignificância*) Kleinkram *m*
avô, avó [ɐ'vo] *m, f* Großvater, Großmutter *m, f;* **~ materno** Großvater mütterlicherseits; **~ paterno** Großvater väterlicherseits; **os avós** die Großeltern
avolumar **I.** *vt* vergrößern; (*em número*) vermehren **II.** *vr* zunehmen, sich vergrößern
à-vontade *m* Ungezwungenheit *f,* Unbefangenheit *f;* **com ~** ungezwungen, unbefangen; **ter ~ com alguém** ein lockeres Verhältnis zu jdm haben
avulso *adj* ❶ (*solto*) einzeln; **comprar a. c. ~** etw lose kaufen ❷ (*arrancado*) herausgerissen
avultado *adj* groß, umfangreich; (*volumoso*) voluminös; (*quantia*) beträchtlich
avultar **I.** *vt* vergrößern **II.** *vi* anwachsen
axadrezado *adj* kariert
axé **I.** *m* (*brasil*) ❶ (REL) positive Energie ❷ (MÚS) *Musikrichtung afro-amerikanischen Ursprungs, ursprünglich aus Salvador da Bahia und heute in ganz Brasilien verbreitet* **II.** *interj* **~!** Glück und Frieden!
axial <-ais> *adj* Achsen ..., axial
axila *f* ❶ (ANAT) Achsel *f;* (*cavidade*) Achselhöhle *f* ❷ (BOT) Astwinkel *m*
axioma *m* (FILOS) Axiom *nt*
axiomático *adj* axiomatisch
áxis *m* Achse *f*
azáfama *f* Hektik *f,* Hetze *f*

azálea *f* (BOT) Azalee *f*
azar *m* Unglück *nt;* (*coloq*) Pech *nt;* **ter ~** Pech haben
azebre *m* (QUÍM) Grünspan *m*
azeda *adj f de* **azedo**
azedar I. *vt* säuern **II.** *vi* sauer werden
azedeira *f* (BOT) Sauerampfer *m,* Sauerklee *m*
azedo *adj* ❶ (*comida*) sauer ❷ (*pessoa*) sauer, bissig
azedume *m* ❶ (*sabor*) Säure *f* ❷ (*mau humor*) Verbitterung *f,* Missmut *m*
azeite [ɐ'zeitə] *m* Olivenöl *nt*
azeite-de-dendê <azeites-de-dendê> *m* Palmöl *nt*
azeiteiro *adj* (*coloq*) prolo, prollig
azeitona *f* Olive *f*
azenha *f* Wassermühle *f*
Azerbeijão *m* Aserbaidschan *nt*
azeviche *m* Pechkohle *f;* **de ~** kohlrabenschwarz
azevinho *m* Stechpalme *f*
azia [ɐ'ziɐ] *f* (MED) Sodbrennen *nt*
azinhaga *f* (*portugal*) Fußweg *m*
azinheira *f* Steineiche *f*
azo *m* ❶ (*ocasião*) Gelegenheit *f;* **dar ~ a a. c.** etw ermöglichen ❷ (*causa*) Grund *m;* **dar ~ a a. c.** etw verursachen
azotato *m* (QUÍM) Salpeter *m*
azoto *m* (QUÍM) Stickstoff *m*
azougue *m* Quecksilber *nt*
azucrinar *vt* (*coloq*) nerven, auf die Nerven gehen
azul <azuis> **I.** *m* Blau *nt* **II.** *adj* blau
azuladinha *f* (*coloq brasil*) Zuckerrohrschnaps *m*
azulado *adj* bläulich
azulão *m* ❶ (*cor*) ultramarin ❷ (ZOOL) Ultramarinbischof *m*
azular *vi* (*coloq brasil*) abhauen, sich davonmachen
azul-celeste *adj inv* himmelblau
azulejo *m* Kachel *f,* Fliese *f*

Azulejos sind bemalte und glasierte Wandkacheln und sind in ganz Portugal sehr beliebt. Die Tradition der Fliesenmalerei wurde im 15. Jahrhundert von den Mauren eingeführt. Ursprünglich waren sie blau-weiß. Die Portugiesen brachten es in der Herstellung der gemusterten Fliesen zur Meisterschaft. Diese sehr dekorativen Fliesenbilder findet man an vielen Gebäuden, nicht nur Kirchen, Klöstern und Palästen, sondern auch an Bahnhöfen, Bars, Häusern und in Lissabons U-Bahnstationen. Die **azulejos** machten im Laufe der Zeit eine Entwicklung durch. Sie wurden von verschiedenen Stilen, von der Manuelinik bis zum Jugendstil und im 20. Jahrhundert von den neuen Schulen beeinflusst. Maler wie Jorge Barradas, Maria Keil, Júlio Resende, etc. werden seit Mitte des 20. Jahrhunderts mit der Azulejos-Kunst in Verbindung gebracht.

azul-marinho *adj inv* marineblau
azulões *m pl de* **azulão**
azul-turquesa *adj inv* türkisblau

Bb

B, b *m* B, b *nt*
baba *f* ❶ (*saliva*) Sabber *m* ❷ (*babeiro*) Lätzchen *nt*
babá *f* (*brasil*) Kindermädchen *nt,* Kinderfrau *f*
babaca *adj* (*brasil*) schwachsinnig, dumm
babaçu *m* (*brasil:* BOT) Babassupalme (*Palme, aus deren Nüsse Öl gewonnen wird*)
baba-de-moça <babas-de-moça> *f* (*brasil:* CULIN) *cremiger Nachtisch aus Eiern, Kokosmilch und Zuckersirup*
babado *adj* ❶ (*com baba*) besabbert ❷ (*desejoso*) erpicht (*por* auf) ❸ (*orgulhoso*) stolz; **papá ~** stolzer Vater
babador *m* (*brasil*) Lätzchen *nt*
babar-se *vr* sabbern; **~ por alguém** in jdn verknallt sein
babau *interj* (*coloq*) aus!, vorbei!
babeiro *m* Lätzchen *nt*
babete *f* (*portugal*) Lätzchen *nt*
baboseira *f* Unsinn *m*
babuíno *m* (ZOOL) Pavian *m*
bacalhau [bɐkɐ'ʎau] *m* (*seco*) Stockfisch *m;* **~ fresco** Dorsch *m,* Kabeljau *m;* **para quem é, ~ basta!** das ist gerade gut genug für ihn/sie!

Portugals Nationalgericht ist der **bacalhau** (der Stockfisch). Er wird zwar nicht an portugiesischen Küsten gefangen, ist aber tief verwurzelt in der gastronomischen Tradition von Norden bis Süden, von Westen bis Osten. Es gibt sehr viele gute Stockfischgerichte. Probieren Sie in Lissabon **Bacalhau à Brás**, in Porto **Bacalhau à Zé do Pipo** und überall **Bacalhau Assado na Brasa**. Am Heiligen Abend ist es Brauch, Stockfisch zu essen. Dann gibt es (meistens) **Bacalhau da Consoada**, der mit Kohl und Kartoffeln gekocht wird.

bacalhoada *f* (CULIN) Kabeljaugericht *n,* (*in Olivenöl gekochter Kabeljau mit Kartoffeln und Gemüse*)

bacana *adj inv* (*brasil*) cool, prima

bacanal <-ais> *m* Orgie *f*

bacará *m* ① (*jogo*) Bakkarat *nt* ② (*cristal*) Kristallglas *nt*

bacharel <-eis> *m* (*grau de formatura*) *akademischer Titel nach dreijährigem Studium*

bacharelado, bacharelato *m Studienabschluss nach dreijährigem Universitätsstudium*

bacia *f* ① (ANAT) Becken *nt* ② (*recipiente*) Schüssel *f* ③ (GEOG) ~ **hidrográfica** Becken *nt*

bacilo *m* (BIOL) Bazillus *m*

bacio *m* Nachttopf *m*

backup *m* (INFOR) Back-up *nt;* **fazer um** ~ ein Back-up erstellen (*de* von)

baço I. *m* (ANAT) Milz *f* **II.** *adj* trübe, matt

bacoco *adj* (*coloq*) blöd, albern

bacorada *f* (*na linguagem*) Zote *f*

bactéria *f* (BIOL) Bakterie *f*

bactericida I. *m* ① (BIOL) keimtötende(s) Mittel *nt* ② (MED) Bakterizid *nt* **II.** *adj* ① (BIOL) keimtötend ② (MED) bakterizid

bacteriologia *f* (BIOL) Bakteriologie *f*

bacuri *m* (*brasil*) ① (*árvore*) Bacuri-Baum *m* ② (*fruta*) Bacurifrucht (*gelbe, papayaähnliche Frucht mit weißem, aromatisch-süßem Fruchtfleisch*) ③ (*menino pequeno*) Knirps *m*

badalada *f* Glockenschlag *m*

badalado *adj* stadtbekannt

badalar I. *vt* (*contar*) ausplaudern **II.** *vi* ① (*relógio*) schlagen; (*sino*) läuten ② (*falar*) schwätzen

badalhoco, -a I. *m, f* (*portugal: coloq pej: homem*) Schwein *nt;* (*mulher*) Schlampe *f* **II.** *adj* (*portugal: coloq pej*) schweinisch, schmutzig

badalo *m* Klöppel *m,* Glockenschwengel *m;* **dar ao** ~ schwatzen

badameco *m* (*portugal: pej*) Niemand *m;* **é um** ~ er hat nichts zu sagen

badejo *m* (ZOOL) Dorsch *m*

Baden-Vurtemberga (*portugal*), **Baden-Wurttemberg** *f* (*brasil*) Baden-Württemberg *nt*

badminton [bɜd'mĩnton] *m* (DESP) Badminton *nt*

bafejar I. *vt* (*com o bafo*) anhauchen; (*sorte, destino*) begünstigen **II.** *vi* hauchen

bafejo *m* ① (*bafo*) Hauch *m* ② (*da sorte, do destino*) Gunst *f*

bafo *m* Hauch *m*

baforada *f* ① (*de vento*) Windstoß *m* ② (*de fumo*) Rauchwolke *f*

baga *f* (BOT) Beere *f*

bagaceira *f* ① (*portugal*) Schnaps *m,* Branntwein *m* ② (*brasil*) Zuckerrohrschnaps *m,* Cachaça

bagaço *m* ① (*portugal: bagaceira*) Tresterschnaps *m,* Tresterbranntwein *m* ② (*brasil: de cana*) Zuckerrohrtrester *m* ③ (*coloq: dinheiro*) Moos *nt*

bagageira *f* Kofferraum *m*

bagageiro *m* Gepäckträger *m*

bagagem [bɐ'gaʒãi] *f* <-ens> ① (*malas*) Gepäck *nt;* **despachar a** ~ das Gepäck aufgeben ② (*conhecimentos*) Kenntnisse *pl,* Allgemeinbildung *f*

bagatela *f* Bagatelle *f,* Kleinigkeit *f*

bago *m* ① (BOT: *uva*) Weinbeere *f;* (*pequeno fruto*) Beere *f;* (*de trigo*) Korn *nt* ② (*coloq: dinheiro*) Moneten *pl*

baguete *f* Baguette *nt*

bagulho *m* ① (BOT) Traubenkern *m* ② (*brasil: coisa sem valor*) Trödel *m,* Kram *m*

bagunça *f* (*brasil: coloq*) Durcheinander *nt;* **fazer** ~ laut werden, Radau machen; **o quarto está uma** ~ der Raum ist ein Saustall

Bahia (*brasil*) Bahia (*Bundesstaat im Nordosten Brasiliens*)

baía [bɐ'iɐ] *f* (GEOG) Bai *f,* Bucht *f*

baiana (*brasil*) **I.** *f* ① (*de Bahia*) *f de* **baiano** ② (*vendedora de pratos*) *bahianische Imbiss-Straßenverkäuferin in ortstypischer Klei-*

dung ③ (*no carnaval*) **ala das ~s** *Gruppe von in bahianischer Tracht gekleideten Frauen auf dem Karnevalsumzug* ④ (*coloq*) **rodar a ~** ausrasten **II.** *adj f de* **baiano**

baianada *f* (*brasil: pej coloq*) Gruppe von Bahianern; **fazer uma ~** einen Fehler machen, Mist bauen *coloq*

baiano, -a (*brasil*) **I.** *m, f* Bahianer(in) *m(f)* **II.** *adj* ① (*produto*) aus Bahia; (*instituto*) in Bahia ② (*pej: nortista*) Nordbrasilianer(in) *m(f)*

baião <-ões> *m* (*brasil*) *volkstümlicher Tanz aus dem brasilianischen Nordosten*

baila *f* (*coloq*) **vir à ~** aufs Tapet kommen; **trazer à ~** aufs Tapet bringen

bailado [bai'ladu] *m* Ballett *nt*

bailar *vi* tanzen

bailarico *m* Tanz *m,* Tanzabend *m*

bailarino, -a [bailɐ'rinu] *m, f* Tänzer(in) *m(f)*

baile ['bailə] *m* Ball *m,* Tanz *m;* **~ de máscaras** Maskenball *m*

bainha *f* ① (*da roupa*) Saum *m* ② (*da espada*) Scheide *f*

baioneta *f* Bajonett *nt*

bairrismo *m* Lokalpatriotismus *m*

bairrista *mf* Lokalpatriot(in) *m(f)*

bairro ['baiʀu] *m* Stadtviertel *nt*

bairro-de-lata <bairros-de-lata> *m* (*portugal, Cabo Verde*) Wellblechviertel *nt*

baite *m* (INFOR) Byte *nt*

baixa ['baiʃɐ] **I.** *adj f de* **baixo II.** *f* ① (*da cidade*) Stadtzentrum *nt* ② (*dos preços, da produção*) Rückgang *m,* Sinken *nt;* (*na Bolsa*) Baisse *f;* **a ~ dos salários** der Lohnrückgang ③ (*por doença*) Krankschreibung *f;* **meter ~** sich krankmelden; **estar de ~** krankgeschrieben sein ④ (*hospital*) Einlieferung *f;* **dar ~ num hospital** in ein Krankenhaus eingeliefert werden ⑤ (MIL: *licença*) Entlassung *f;* (*em combate*) Verlust *m;* **dar ~ de** entlassen werden aus ⑥ (*numa lista*) Streichung *f;* **dar ~ de a. c.** etw streichen

Baixa-Áustria *f* Niederösterreich *nt*

baixar I. *vt* ① (*os preços, a produção*) senken, herabsetzen ② (*a voz*) senken; (*o som*) herabsetzen; **~ o rádio** das Radio leiser stellen ③ (*diminuir*) verringern **II.** *vi* ① (*os preços*) sinken, fallen ② (*temperatura*) sinken ③ (*avião*) niedergehen **III.** *vr* ① (*curvar-se*) sich bücken ② (*humilhar-se*) sich erniedrigen

baixel *m* (NÁUT) Boot *nt*

baixo ['baiʃu] **I.** *m* (MÚS) Bass *m* **II.** *adj* ① (*pessoa*) klein; (*monte*) niedrig ② (*preço*) niedrig ③ (*cabeça*) gesenkt ④ (*voz*) leise; **falar em voz baixa** leise sprechen; **pôr o som mais ~** etw leiser stellen ⑤ (*som*) tief ⑥ (*rio*) seicht ⑦ (*desprezível*) platt, gemein **III.** *adv* ① (*voz*) leise; **falar ~** leise sprechen ② (*lugar*) **em ~** unten; **por/em/de ~ de** unter *+ac/dat;* **para ~** hinunter, herunter ③ (*abatido*) niedergeschlagen; **estar em ~** niedergeschlagen sein

baixo-alemão *m* (LING) Niederdeutsch *nt,* Plattdeutsch *nt*

baixo-astral <baixo(s)-astrais> **I.** *m* (*brasil*) Niedergeschlagenheit *f* **II.** *adj* niedergeschlagen, deprimiert

baixo-relevo *m* <baixos-relevos> (*arte*) Basrelief *nt*

bajulação *f* <-ões> Schmeichelei *f,* Lobhudelei *f*

bajular *vt* umschmeicheln, lobhudeln

bala *f* ① (*de arma*) Kugel *f* ② (*brasil: rebuçado*) Bonbon *nt*

balada *f* (MÚS, LIT) Ballade *f*

balança *f* ① (*instrumento*) Waage *f* ② (ECON) Bilanz *f;* **~ comercial** Handelsbilanz *f* ③ (*Zodíaco*) Waage *f*

balançar <ç→c> *vi* ① (*oscilar*) schwanken, schaukeln ② (*hesitar*) schwanken, zögern

balancé *m* Schaukel *f*

balancete *m* (ECON) Zwischenbilanz *f*

balanço *m* ① (ECON) Bilanz *f;* **fazer o ~** die Bilanz aufstellen ② (*exame*) Auswertung *f,* Überprüfung *f* ③ (*movimento*) Schaukeln *nt,* Schlingern *nt* ④ (*brinquedo*) Schaukel *f*

balão *m* <-ões> ① (*de ar*) Ballon *m,* Luftballon *m* ② (QUÍM) **~ de ensaio** Kolben *m* ③ (*roupa*) **saia de ~** Reifrock *m*

balastro *m* (*portugal*) Schotter *m*

balaústre *m* (ARQUIT) Geländersäule *f,* Baluster *m*

balbuciar *vi* stammeln, stottern

balbúrdia *f* (*coloq*) Zoff *m*

balcão *m* <-ões> ① (*de loja, café*) Theke *f* ② (*no teatro*) Rang *m* ③ (*do banco*) Bankfiliale *f* ④ (ARQUIT) Balkon *m*

balda *f* ① (*defeito*) Fehler *m* ② (*coloq: desordem, confusão*) Chaos *nt,* Durcheinander *nt;* **à ~** nachlässig

baldar I. *vt* vereiteln, zunichtemachen **II.** *vr* ① (*jogo de cartas*) abwerfen ② (*ficar frustrado*) scheitern ③ (*portugal: coloq: escapar* *a*) sich drücken; ~ **às aulas** blaumachen

balde *m* Eimer *m;* ~ **do lixo** Mülleimer *m;* ~ **de água fria** kalte Dusche *f*

baldroca *f* Schwindel *m;* **fazer trocas e ~s** schwindeln

balé *m* (*brasil*) Ballet *nt*

baleia *f* (ZOOL) Wal *m,* Walfisch *m;* ~ **azul** Blauwal *m*

balir *vi* blöken

balística *f* Ballistik *f*

baliza [bɐ'lizɐ] *f* ① (DESP) Tor *nt* ② (NÁUT) Boje *f*

ballet [ba'lɜ] *m* Ballet *nt*

balnear *adj* Bade ...; **época** ~ Badesaison *f;* **estância** ~ Kurort *m*

balneário *m* ① (*estância balnear*) Badeort *m,* Kurort *m* ② (*em piscina*) Umkleidekabine *f*

balões *m pl de* **balão**

balofo *adj* ① (*pessoa*) aufgeblasen ② (*pão*) locker ③ (*vazio*) leer

baloiçar *vi* schaukeln

baloiço *m* Schaukel *f*

bálsamo *m* Balsam *m*

báltico *adj* baltisch; **Mar Báltico** Ostsee *f*

baluarte *m* Bollwerk *nt*

bamboleamento *m v.* **bamboleio**

bambolear *conj como passear vi* schaukeln; (*ao andar*) schwanken, wanken

bamboleio *m* Schaukeln *nt;* (*ao andar*) Schwanken *nt,* Wanken *nt*

bambu *m* (BOT) Bambus *m*

bambuzal <-ais> *m* (BOT) Bambushain *m*

banal <-ais> *adj* banal, alltäglich

banalidade *f* Banalität *f*

banalizar *vt* banalisieren

banana **I.** *f* ① (BOT) Banane *f;* **a preço de** ~ (*brasil*) spottbillig ② (*brasil: manguito*) Stinkefinger *m* **II.** *m* (*pessoa*) Schwächling *m*

bananada *f* (*brasil:* CULIN) *Süßigkeit aus Bananen und Zucker*

banana-nanica <bananas-nanicas> *f* Zwergbanane *f*

bananeira *f* (BOT) Bananenstaude *f;* (*brasil*); **plantar** ~ (*fig*) einen Handstand machen

banca *f* ① (ECON) Bankwesen *nt* ② (*jogo*) Bank *f* ③ (*de jornais*) Stand *m,* Kiosk *m* ④ (*de advogado*) Büro *nt;* **abrir** ~ sich als Rechtanwalt niederlassen ⑤ (*de cozinha*) Spülbecken *nt*

bancada *f* ① (*no estádio*) Tribüne *f* ② (POL) Fraktion *f*

bancar <c→qu> *vt* (*brasil*) ① (*financiar*) finanzieren ② (*fingir*) ~ **o conquistador** den Eroberer vortäuschen; ~ **que ...** vormachen, dass ...

bancário *adj* Bank ...; **crédito** ~ Bankkredit *m*

bancarrota *f* Bankrott *m*

banco ['bɐ̃ŋku] *m* ① (ECON) Bank *f;* ~ **mundial** Weltbank *f* ② (*assento*) Bank *f;* ~ **dos réus** Anklagebank *f* ③ (*automóvel*) Sitz *m;* ~ **da frente** Vordersitz *m;* ~ **de trás** Rücksitz *m;* ~ **reclinável** Liegesitz *m* ④ (MEC) Werkbank *f;* ~ **de carpinteiro** Hobelbank *f* ⑤ (MED) Notaufnahme *f;* ~ **de esperma** Samenbank *f;* ~ **de sangue** Blutbank *f* ⑥ (GEOL) Schicht *f;* ~ **de areia** Sandbank *f* ⑦ (INFOR) ~ **de dados** Datenbank *f*

banda *f* ① (MÚS) Kapelle *f,* Blaskapelle *f;* ~ **sonora** Filmmusik *f* ② (*lado*) Seite *f;* (*margem*) Ufer *nt;* **mandar alguém à outra** ~ jdn wegschicken; **não ser destas ~s** nicht von hier sein; **andar por estas ~s** in der Gegend sein ③ (*faixa*) Band *nt,* Schärpe *f;* ~ **magnética** Magnetband *nt;* (*portugal*); ~ **desenhada** Comics *pl*

band aid *m* (*brasil*) Pflaster *m*

bandalheira *f* Lumperei *f*

bandeira *f* ① (*distintivo*) Fahne *f* ② (*nacional*) Flagge *f,* Fahne *f* ③ (*janela*) Oberlicht *nt*

bandeirada *f* (*táxi*) Grundgebühr *f*

bandeirinha *mf* (*brasil: futebol: juíz de linha*) Linienrichter *m*

bandeja *f* (*esp brasil*) Tablett *nt*

bandejão <-ões> *m* (*brasil: restaurante*) Kantine *f;* (*na universidade*) Mensa *f*

bandido *m* Bandit *m*

bando *m* ① (*de aves*) Schwarm *m* ② (*de pessoas*) Schar *f,* Trupp *m*

bandolim *m* (MÚS) Mandoline *f*

bandulho *m* (*coloq*) Wanst *m;* **encher o** ~ sich den Bauch vollschlagen +*dat*

bangalô [bɐ̃ŋgɐ'lɔ] *m* Bungalow *m*

banha *f* Schmalz *nt;* **~s** Fettpolster *pl*

banhar **I.** *vt* (*dar banho*) baden; **banhado em lágrimas** in Tränen aufgelöst; (*rio*) vorbeifließen an **II.** *vr* baden (*em* in)

banheira [bɐ'ɲeirɐ] *f* ① Badewanne *f* ② (*coloq: automóvel*) großes Auto ③ (FUT) **jogar na** ~ *etwas aussitzen*

banheiro [bɐ'ɲeiru] *m* ① (*portugal: pessoa*) Bademeister *m* ② (*brasil: quarto de banho*) Badezimmer *nt;* ~ **público** öffentliche Toilette

banhista *mf* Badegast *m*

banho ['bɐɲu] *m* Bad *nt;* **tomar ~** baden, ein Bad nehmen; **~ de sangue** Blutbad *nt;* **~ de vapor** Dampfbad *nt*

banho-maria <banhos-maria(s)> *m* Wasserbad *nt;* **cozinhar em ~** im Wasserbad garen

banhos *mpl* ① (*termas*) Thermalbad *nt,* Heilbad *nt;* **ir a ~** eine Badekur machen ② (*de sol*) **apanhar ~ de sol** sonnenbaden ③ (*casamento*) Aufgebot *nt;* **publicar os ~** das Aufgebot bestellen

banir *vt* verbannen

banjo *m* (MÚS) Banjo *nt*

banqueiro *m* Bankier *m*

banquete *m* Bankett *nt,* Festessen *nt*

banzado *adj* (*portugal*) verblüfft, erstaunt

banzé *m* (*coloq*) Lärm *m,* Radau *m*

banzo *adj* (*brasil*) traurig, niedergeschlagen

baptismo [ba'tiʒmu] *m* (REL) Taufe *f*

baptizado *m* Taufe *f,* Kindstaufe *f*

baptizar *vt* taufen; **foi baptizado de Niklas** er wurde Niklas getauft

baque *m* ① (*ruído*) Rumsen *nt* ② (*queda*) Fall *m*

bar <-es> *m* ① (*de diversão*) Bar *f* ② (*de uma escola*) Cafeteria *f*

barafunda *f* ① (*ajuntamento*) Gedränge *nt* ② (*confusão*) Wirrwarr *m,* Durcheinander *nt* ③ (*barulho*) Lärm *m*

barafustar *vi* zappeln (*com* mit)

baralhar *vt* ① (*confundir*) verwirren, durcheinanderbringen ② (*cartas*) mischen

baralho *m* Kartenspiel *nt*

barão <-ões> *m* Baron *m*

barata *f* (ZOOL) Küchenschabe *f;* **como uma ~ tonta** verwirrt, ratlos

barato [bɐ'ratu] *adj* billig, preiswert

barba ['barbɐ] *f* Bart *m;* **~ cerrada** Vollbart *m;* **fazer a ~** sich rasieren; **fazer a ~ a alguém** jdn rasieren

barba-azul <barbas-azuis> *m* Blaubart *m*

barbante *m* (*brasil*) Bindfaden *m*

bárbara *adj f de* **bárbaro**

barbaridade *f* ① (*crueldade*) Grausamkeit *f* ② (*disparate*) Unsinn *m,* Quatsch *m;* **que ~!** so ein Unsinn!

barbárie *f* Barbarei *f*

bárbaro **I.** *m* Barbar *m* **II.** *adj* ① (*dos bárbaros*) barbarisch ② (*selvagem*) wild ③ (*desumano*) unmenschlich ④ (*rude*) roh

barbatana *f* Flosse *f*

barbear *conj como passear* **I.** *vt* rasieren; **máquina de ~** Rasierapparat *m* **II.** *vr* sich rasieren

barbearia [bɐrbjɐ'riɐ] *f* Herrensalon *m*

barbeiro *m* (*pessoa, estabelecimento*) Herrenfrisör *m;* **ir ao ~** zum Frisör gehen

barbo *m* (ZOOL) Barbe *f*

barbudo *adj* bärtig

barca ['barkɐ] *f* Barke *f,* Kahn *m*

barcaça *f* große Barke *f,* große(r) Kahn *m*

barco ['barku] *m* Boot *nt;* (*navio*) Schiff *nt;* **~ a motor** Motorboot *nt;* **~ a remos** Ruderboot *nt;* **~ à vela** Segelboot *nt;* **~ insuflável** Schlauchboot *nt;* **~ pesqueiro/de pesca** Fischerboot *nt;* **~ salva-vidas** Rettungsboot *nt;* **estar no mesmo ~** in einem Boot sitzen

bares *m pl de* **bar**

baril *adj o interj* (*portugal: coloq*) cool, geil

bário *m* (QUÍM) Barium *nt*

barítono *m* (MÚS) Bariton *m*

barman *m* Barkeeper *m*

barões *m pl de* **barão**

barómetro *m* Barometer *nt*

baronesa *f* Baronin *f*

barqueiro, -a *m, f* Ruderer, Ruderin *m, f*

barquilho *m* (*portugal*) Waffel *f,* Biskuitrolle *f*

barra *f* ① (*de aço, ferro*) Stab *m,* Stange *f* ② (*de ouro*) Barren *m* ③ (*do porto*) Hafeneinfahrt *f,* Mole *f* ④ (DESP) **~ fixa** Reck *nt;* **~s paralelas** Barren *m* ⑤ (*salto em altura*) Latte *f* ⑥ (*da saia*) Besatz *m* ⑦ (MÚS) Taktstrich *m* ⑧ (DIR) **~ do tribunal** Zeugenstand *m* ⑨ (*tipografia*) Schrägstrich *m*

barraca *f* ① (*de madeira, chapa*) Baracke *f* ② (*de feira*) Bude *f* ③ (*esp brasil: tenda*) Zelt *nt* ④ (*de praia*) (Art) Strandkorb *m*

barracão <-ões> *m* Schuppen *m*

barraco *m* Schuppen; (*brasil*); **armar o maior ~** ausrasten

barracões *m pl de* **barracão**

barragem <-ens> *f* Staudamm *m*

barra-limpa <barras-limpas> *adj* ① (*coloq brasil: pessoa*) vorbildlich ② (*situação*) günstig

barranco *m* ① (*quebrada*) Schlucht *f* ② (*precipício*) Abgrund *m*

barra-pesada <barras-pesadas> **I.** *f* (*situação*) schwierige Lage *f* **II.** *mf* ① (*pessoa de má índole*) hinterhältige(r) Mensch *m,* Fiesling *m* ② (*pessoa competente*) Tausendsassa *m,* Alleskönner *m*

barrar *vt* ① (*a passagem*) versperren ② (*o*

pão) schmieren, bestreichen

barreira *f* ❶ (*cancela*) Barriere *f*, Sperre *f*, Schranke *f* ❷ (DESP) Hürde *f;* **corrida de ~s** Hürdenlauf *m* ❸ (*obstáculo*) Hindernis *nt;* **~ do som** Schallmauer *f;* **ultrapassar as ~s** Hindernisse überwinden

barrela *f* Lauge *f*

barrete *m* Mütze *f;* **enfiar o ~** sich den Schuh anziehen

barricada *f* Barrikade *f*

barriga [bɐ'ʀigɐ] *f* (ANAT) Bauch *m;* **estar de ~** schwanger sein; **~ da perna** Wade *f*

barrigudo, -a **I.** *m, f* Fettwanst *m* **II.** *adj* dickbäuchig, fett

barril <-is> *m* Fass *nt*

barrinha *f* **~ de cereais** Müsliriegel *m*

barro *m* Lehm *m;* (*de oleiro*) Ton *m*, Tonerde *f;* **~ vidrado** Steingut *nt*

barroco [bɐ'ʀoku] **I.** *m* Barock *nt* **II.** *adj* barock

barrote *m* Sparren *m*, Querholz *nt*

barulheira *f* Radau *m*, Krach *m*

barulhento *adj* laut, lärmend

barulho [bɐ'ruʎu] *m* ❶ (*constante*) Geräusch *nt;* (*momentâneo*) Krach *m*, Lärm *m;* **fazer ~** lärmen, Lärm machen; **ouvir um ~** einen Krach hören; **pouco ~!** (*portugal*) Ruhe! ❷ (*briga*) Streit *m;* **armar ~** Streit anfangen; **andar ao ~** streiten

basalto *m* Basalt *m*

basculante *adj* kippbar

base *f* ❶ (*suporte*) Basis *f*, Fundament *nt* ❷ (*princípio*) Grundlage *f;* **com ~ em** anhand +*gen*, aufgrund +*gen;* **na ~ de** auf der Grundlage von; **não ter ~** unbegründet sein; **não tem ~s** ihm/ihr fehlen die Grundlagen ❸ (INFOR) **~ de dados** Datenbank *f* ❹ (ARQUIT: *de uma coluna*) Fuß *m* ❺ (QUÍM) Base *f* ❻ (*de cerveja*) Bierdeckel *m* ❼ (*cosmético*) Make-up *nt*, Unterlage *f*

baseado *adj* wohl begründet

basear *conj como passear* **I.** *vt* gründen (*em* auf), basieren (*em* auf) **II.** *vr* basieren (*em* auf), beruhen (*em* auf)

basebol *m* (DESP) Baseball *nt*

básico *adj* ❶ (*fundamental*) grundlegend, Grund ...; **conhecimentos ~s** Grundkenntnisse *pl* ❷ (QUÍM) basisch

Basileia *f* Basel *nt*

basílica *f* Basilika *f*

basquete, basquetebol *m* (DESP) Basketball *nt*

basta ['baʃtɐ] *interj* Schluss jetzt!, basta!

bastante [bɐʃ'tãntə] **I.** *adj* genügend **II.** *adv* ❶ (*suficientemente*) genug ❷ (*muito*) ziemlich (viel)

bastão <-ões> *m* Stab *m*

bastar [bɐʃ'tar] *vi* genügen, ausreichen

bastardo *adj* (*filho*) unehelich

bastidores *mpl* Kulissen *pl;* **nos ~** hinter den Kulissen

bastões *m pl de* **bastão**

bata *f* Kittel *m*

batalha *f* Schlacht *f;* **travar uma ~ com alguém** sich eine Schlacht mit jdm liefern +*dat;* (*jogo*); **~ naval** Schiffe versenken

batalhão <-ões> *m* (MIL) Bataillon *nt*

batalhar *vi* kämpfen, sich eine Schlacht liefern

batalhões *m pl de* **batalhão**

batata *f* ❶ (BOT) Kartoffel *f;* **~s fritas** Pommes frites *pl;* **vai plantar ~s!** geh' hin, wo der Pfeffer wächst! ❷ (*coloq: nariz*) Knollennase *f*

batata-doce <batatas-doces> *f* (BOT) Batate *f*, Süßkartoffel *f*

bate-boca *m* (*brasil: coloq*) Wortwechsel *m*

bate-chapa *m* (*portugal, angola, moçambique*) *derjenige, der in einer Autowerkstatt das Ausbeulen übernimmt*

batedeira *f* ❶ (*instrumento*) Schneebesen *m;* **~ eléctrica** Rührgerät *nt* ❷ (*recipiente*) Rührschüssel *f*

batedor(a) <-es> *m(f)* **~ de carteiras** (*brasil*) Taschendieb(in) *m(f)*

batel *m* Kahn *m*, Boot *nt;* (*canoa*) Kanu *nt*

batente *m* ❶ (*aldraba*) Türklopfer *m* ❷ (*da porta*) Türpfosten *m*

bate-papo *m* (*coloq brasil*) Schwätzchen *nt*

bater **I.** *vt* ❶ (*golpear*) schlagen; **~ o pé** mit dem Fuß stampfen; **~ palmas** Beifall klatschen; **~ os dentes** mit den Zähnen klappern; **~ as asas** mit den Flügeln schlagen ❷ (*a massa*) rühren; (*as claras*) schlagen ❸ (*ferro*) hämmern ❹ (*vencer*) schlagen ❺ (*um recorde*) brechen ❻ (*um caminho*) absuchen; **já batemos tudo** wir haben schon alles abgesucht **II.** *vi* ❶ (*à porta*) klopfen; **~ à porta** an die Tür klopfen; (**ir**) **~ à porta de alguém** bei jdm anklopfen; **estão a ~** (**à porta**) es klopft; **~ à máquina** tippen ❷ (*dar pancada*) schlagen, prügeln; **~ em alguém** jdn schlagen ❸ (*ir de encontro a*) stoßen (*contra* gegen), prallen (*em* an, *em*

B

auf); (*automóvel*) zusammenstoßen (*em* mit); ~ **com a cabeça na parede** mit dem Kopf gegen die Wand stoßen/schlagen; ~ **com a perna na cadeira** sich das Bein am Stuhl stoßen +*dat;* ~ **com o nariz na porta** vor verschlossenen Türen stehen; **eles bateram** sie sind zusammengestoßen; **eu bati com o carro** ich hatte einen Unfall ④ (*coração*) schlagen (*por* für) ⑤ (*sol*) scheinen (*em* auf) ⑥ (*chuva, ondas*) schlagen, peitschen (*em* an, *contra* gegen) ⑦ (*porta*) klappern, schlagen; ~ **com a porta** mit der Tür schlagen ⑧ (*coloq: vinho*) in den Kopf steigen ⑨ ~ **certo** passen, übereinstimmen; **há qualquer coisa que não bate certo** irgendwas stimmt (hier) nicht ⑩ **não ~ bem da cabeça/mona** nicht ganz bei Trost sein

bateria *f* ① (*do automóvel*) Batterie *f* ② (MÚS) Schlagzeug *nt*

batida *f* ① (*portugal: bebida*) Mixgetränk *nt* (*nicht alkoholisch*); (*brasil*) Mixgetränk *nt* (*mit Zuckerrohrschnaps*) ② (*brasil: rusga*) Durchsuchung *f;* ~ **policial** Polizeirazzia *f* ③ (*ritmo*) Beat *m*

batido **I.** *m* Mixgetränk *nt* **II.** *adj* ① (*pessoa*) **ser ~ em a. c.** sich mit/in etw gut auskennen ② (*rua*) ausgefahren; (*caminho*) ausgetreten ③ (*roupa*) abgetragen ④ (*expressão*) abgedroschen ⑤ (*assunto*) altbekannt

batina *f* Sutane *f*

batismo [ba'tiʒmu] *m* (*brasil*) *v.* **baptismo**

batizado *m* (*brasil*) *v.* **baptizado**

batizar *vt* (*brasil*) *v.* **baptizar**

batom, bâton *m* (*portugal*) Lippenstift *m*

batoque *m* Zapfen *m,* Spund *m*

batota *f* Falschspiel *nt,* Mogelei *f;* **fazer ~** mogeln

batoteiro, -a *m, f* Falschspieler(in) *m(f),* Mogler(in) *m(f)*

batráquio *m* (ZOOL) Lurch *m*

batucada *f* (*brasil*) afro-brasilianischer Rhythmus

batucar <c→qu> *vi* den Rhythmus schlagen

batuque *m* ① (MÚS: *tambor*) Trommel *f* ② (*brasil: dança*) *afrikanischer Tanz mit Gesang und Rhythmus*

batuta *f* (MÚS) Taktstock *m*

baú *m* Truhe *f*

baunilha *f* Vanille *f*

bauru *m* (*brasil: reg: SP*) *Brötchen mit Rindfleisch, Mozzarellakäse und saure Gurken*

bávaro, -a **I.** *m, f* Bayer(in) *m(f)* **II.** *adj* bayrisch

Baviera *f* Bayern *nt*

bazar *m* Basar *m*

bazófia *f* (*coloq*) Angeberei *f*

bazuca *f* (MIL) Bazooka *f*

beata *f* ① (*mulher*) Betschwester *f* ② (*portugal: coloq: ponta de cigarro*) Kippe *f*

bêbado *m v.* **bêbedo**

bebé (*portugal*), **bebê** *m* (*brasil*) Baby *nt,* Säugling *m;* ~ **proveta** Retortenbaby *nt*

bebedeira *f* Rausch *m;* **apanhar uma ~** sich einen Rausch antrinken; **cozer a ~** seinen Rausch ausschlafen

bêbedo, -a **I.** *m, f* (*alcoólatra*) Trinker(in) *m(f),* Säufer(in) *m(f);* (*borracho*) Betrunkene; (*coloq*) Besoffene **II.** *adj* betrunken; (*coloq*) besoffen; (*coloq*); ~ **como um cacho** sternhagelvoll

beber [bə'ber] *vt* ① (*pessoas*) trinken; ~ **à saúde de alguém** auf jds Gesundheit trinken; **desta água não ~ei** das werde ich nie machen, das kann mir nicht passieren ② (*animais*) saufen

bebericar <c→qu> *vt* nippen an

bebes *mpl* **comes e ~** Essen und Trinken

bebida [bə'bidɐ] *f* Getränk *nt;* **~s alcoólicas** Spirituosen *pl;* ~ **branca** Hochprozentige *nt;* ~ **de cápsula** *Getränke, die in Flaschen ausgegeben werden* (*Bier, Erfrischungsgetränke*)

bebível <-eis> *adj* trinkbar

bechamel <-eis> *m* (CULIN) Béchamelsoße *f*

beco *m* Gasse *f;* ~ **sem saída** Sackgasse *f;* **estar num ~ sem saída** in einer Sackgasse stecken

bedelho *m* (*de porta*) Riegel *m;* **meter o ~** seinen Senf dazugeben

bege ['bɜʒə] **I.** *m* Beige *nt* **II.** *adj* beige

begónia (*portugal*), **begônia** *f* (*brasil:* BOT) Begonie *f*

beicinho *m* Schnute *f,* Schnütchen *nt;* **fazer ~** eine Schnute machen/ziehen; **andar/estar pelo ~** verknallt sein; **trazer alguém pelo ~** jdn um den Finger wickeln

beiço *m* (*de pessoa*) Lippe *f;* (*de animal*) Lefze *f*

beiçudo *adj* dicklippig

beijada *adv* **de mão ~** umsonst; **dar a. c. de mão ~** etw gratis abgeben; **receber a. c. de mão ~** etw in den Schoß gelegt bekommen

beija-flor *m* (ZOOL) Kolibri *m*

beijar [bei'ʒar] *vt* küssen

beijinho *m* (*brasil*) *Konfekt aus Kokosraspeln, Kondensmilch und Butter*

beijinhos *mpl* (*cumprimentos*) Küsschen *pl;* (*em carta*) herzliche Grüße

beijo ['beiʒu] *m* Kuss *m;* **dar um ~ a alguém** jdm einen Kuss geben; **~ de Judas** Judaskuss *m*

beijoca *f* (*coloq*) Schmatz *m*

beira *f* ① (*do copo, da mesa, do chapéu*) Rand *m;* **~ do passeio** Bordstein *m;* **à ~ de** (nahe) bei +*dat;* **estar à ~ de um ataque de nervos** am Rande eines Nervenzusammenbruchs stehen ② (*de rio, mar*) Ufer *nt*

beiral *m* Dachrinne *f*

beira-mar *f* Küste *f;* **à ~** am Strand, an der Küste

beisebol *m* (*brasil:* DESP) Baseball *nt*

Beja (*portugal*) Beja (*Hauptstadt des Distrikts Beja*)*;* **Distrito de ~** Distrikt Beja

bejense (*portugal*) **I.** *mf Einwohner(in) der Stadt oder des Distrikts Beja* **II.** *adj* (*especialidade*) aus Beja; (*instituto*) in Beja

bela *f de* **belo**

belas-artes *fpl* bildende Kunst *f*

belas-letras *f* Belletristik *f*

beldade *f* Schönheit *f*

Belém (*brasil*) Belém (*Hauptstadt des Bundesstaates Pará*)

belenense (*brasil*) **I.** *mf* Einwohner(in) *m(f)* der Stadt Belém **II.** *adj* (*especialidade*) aus Belém; (*instituto*) in Belém

beleza *f* Schönheit *f;* **é uma ~!** herrlich!

belga I. *mf* Belgier(in) *m(f)* **II.** *adj* belgisch

Bélgica *f* Belgien *nt*

bélica *adj f de* **bélico**

beliche *m* ① (*camas*) Doppelbett *nt,* Stockbett *nt* ② (NÁUT) Koje *f*

bélico *adj* (MIL) kriegerisch, Kriegs ...

beligerância *f* (MIL) Kriegszustand *m*

beligerante *adj* kriegführend

belindre *m* (*brasil*) ① (*esfera*) Murmel *f* ② (*jogo*) Murmelspiel *nt*

beliscar <c→qu> **I.** *vt* kneifen, zwicken **II.** *vr* sich kneifen

belo ['bɜlu] *adj* schön, wunderschön

Belo Horizonte *m* (*brasil*) Belo Horizonte (*Hauptstadt des Bundesstaates Minas Gerais*)

belo-horizontino, -a I. *m, f* (*brasil*) Einwohner(in) *m(f)* der Stadt Belo Horizonte **II.** *adj* (*especialidade*) aus Belo Horizonte; (*instituto*) in Belo Horizonte

bel-prazer *m* **a seu ~** nach Belieben

beltrano *m* Herr Soundso *m*

bem [bɐ̃i] **I.** *m* (ECON) Gut *nt;* **~ de primeira necessidade** Bedarfsartikel *m;* **bens de consumo** Konsumgüter *pl;* **bens de raízes** Liegenschaften *pl;* (*moral*) Gute *nt;* **o ~ e o mal** das Gute und das Böse; **praticar/fazer o ~** Gutes tun; **homem de ~** Ehrenmann *m;* (*bem-estar*) Wohl *nt;* **querer ~ a alguém** jdm Gutes wollen/wünschen; **é para teu ~!** es ist zu deinem Besten!; **fazer ~ à saúde** gut für die Gesundheit sein; **isto vai fazer-te ~** das wird dir gut tun; (*benefício*) Nutzen *m,* Vorteil *m;* (*pessoa*); **meu ~** mein Schatz **II.** *adv* (*de modo agradável*) gut; **sentir-se ~** sich wohlfühlen; **cheirar/saber ~** gut riechen/schmecken; **sabe tão ~!** das tut gut!; (*correctamente*) gut, richtig; **estar/responder ~** richtig sein/antworten; **muito ~!** sehr gut!; (**é**) **~ feito!** das geschieht ihm/ihr recht!; (*com saúde*) gut; (**está**) **tudo bem?** wie geht's?; **tudo ~!** es geht (gut); **~ haja!** danke!; **~ haja quem ...** wohl dem, der..; **passe ~!** alles Gute!; (*muito*) sehr, recht; **~ grande/fundo/caro/frio** recht groß/tief/teuer/kalt; (*exactamente*) genau; **~ no meio** genau in der Mitte; **não é ~ assim** das stimmt nicht ganz; **eu ~ te disse/avisei** ich hab's dir doch gesagt/dich doch gewarnt; (*de bom grado*) gern(e); **eu ~** (**que**) **queria ir, mas não posso** ich würde zwar gerne gehen, aber ich kann nicht; **está ~!** (na) gut!; **ainda ~!** glücklicherweise, Gott sei Dank!; **ainda ~ que ...** gut, dass ... **III.** *adj* fein, besser; **gente ~** feine Leute **IV.** *konj* **~ como** sowie; **se ~ que** obgleich, obwohl **V.** *interj* **~!** also!

bem-aventurado *adj* glücklich, glückselig

bem-comportado *adj* artig, brav

bem-dizer *vt* loben

bem-educado *adj* gut erzogen

bem-encarado *adj* nett, sympathisch

bem-estar *m* Wohlbefinden *nt*

bem-falante *adj* beredt, eloquent

bem-humorado *adj* gut gelaunt

bem-intencionado *adj* wohlmeinend, gut gemeint

bem-mandado *adj* gehorsam

bem-me-quer <-es> *m* (BOT) Vergissmeinnicht *nt*

bemol *m* (MÚS) Erniedrigungszeichen *nt*

bem-parecido *adj* gut aussehend, hübsch

bem-posto *adj* gut gekleidet
bem-querer **I.** *m* Zuneigung *f* **II.** *vt* mögen, schätzen
bem-te-vi *m* (ZOOL: *ave*) Schwefeltyrann *m* (*brasilianischer Sperlingsvogel der Gattung Pitangus*)
bem-vindo *adj o interj* willkommen; **~!** (herzlich) willkommen!
bem-visto *adj* beliebt; (*estimado*) geschätzt
bênção <-s> *f* Segen *m;* **dar a ~ a alguém** jdm den Segen geben
bendito *adj* gesegnet
beneditino *m* Benediktiner *m*
beneficência *f* Wohltätigkeit *f*
beneficiar *conj como enviar* **I.** *vt* (*favorecer*) begünstigen; (*melhorar*) veredeln **II.** *vi* begünstigt werden (*de* von), Nutzen ziehen (*de* aus)
beneficiário, -a *m, f* Nutznießer(in) *m(f);* **~ do seguro** Krankenversicherte *m*
benefício *m* ❶ (*acto de beneficiar*) Wohltat *f* ❷ (*lucro*) Nutzen *m,* Vorteil *m;* **em ~ de** zum Vorteil von ❸ (*espectáculo*) Benefizveranstaltung *f*
benéfico *adj* ❶ (*que faz bem*) wohltätig ❷ (*com vantagens*) vorteilhaft
Benelux *m* Benelux *m*
benemérito **I.** *m* Wohltäter *m* **II.** *adj* verdienstvoll
benevolência *f* Wohlwollen *nt*
benevolente *adj* gütig, wohlwollend
benfeitor(a) *m(f)* Wohltäter(in) *m(f)*
bengala *f* Spazierstock *m*
bengaleiro *m* ❶ (*para roupa*) Garderobe *f* ❷ (*para guarda-chuvas*) Schirmständer *m*
benigno *adj* (MED) gutartig
benjamim [bẽʒa'mĩ] *m* ❶ (*o mais novo*) Nesthäkchen *nt* ❷ (*queridinho*) Liebling *m* ❸ (*brasil:* ELECTR) Mehrfachstecker *m,* Adapter *m*
bens *mpl* Besitz *m,* Vermögen *nt;* **~ de raiz** Grundbesitz *m*
benzer **I.** *vt* segnen, weihen **II.** *vr* sich bekreuzigen
benzina *f* Waschbenzin *nt*
benzol *m* (QUÍM) Benzol *nt*
berbequim *m* (*portugal*) Bohrer *m,* Bohrmaschine *f;* **~ aparafusador** Schraubbohrer *m;* **~ de percussão** Schlagbohrer *m*
berbigão *m* (ZOOL) Herzmuschel *f*
berço *m* Wiege *f*
berimbau *m* (*brasil*) Musikbogen *m* (*afrobrasilianischer Musikbogen mit ausgehöhltem Kürbis als Klangkörper*)

Der **Berimbau** ist ein Perkussionsinstrument mit Ursprung in den afrikanischen Kulturen der Bantu oder Kimbundu. Ein Stahldraht wird an einem Bogen befestigt, der unten einen Kürbis als Klangkörper hat. Das Instrument wird mit einem Holzstöckchen zum traditionellen **capoeira**-Tanz gespielt.

beringela *f* Aubergine *f*
Berlim *f* Berlin *nt;* **bola de ~** Berliner *m*
berlinda *f* **estar na ~** im Kreuzfeuer der Kritik stehen
berlinde *m* (*portugal*) ❶ (*esfera*) Murmel *f* ❷ (*jogo*) Murmelspiel *nt*
berlinense **I.** *mf* Berliner(in) *m(f)* **II.** *adj* Berliner
berliques *mpl* **artes de ~ e berloques** Taschenspielerkünste *pl;* **por artes de ~ e berloques** auf geheimnisvolle Weise
berloque *m* ❶ (*bagatela*) Kleinigkeit *f* ❷ (*da pulseira*) Anhänger *m*
berma *f* (*portugal*) Seitenstreifen *m,* Randstreifen *m*
bermudas *fpl* Bermudashorts *pl*
Berna *f* Bern *nt*
berra *f* Brunst *f;* (*portugal*); **estar na ~** in Mode sein
berrante *adj* (*cor*) grell, schreiend
berrar *vi* schreien, brüllen; **~ com alguém** jdn anschreien
berregar *vi* ❶ (*pessoa*) brüllen ❷ (*ovelha*) blöken
berreiro *m* Gebrüll *nt,* Geschrei *nt*
berro *m* Schrei *m*
besouro *m* (ZOOL) Käfer *m*
besta **I.** *f* (*animal, pessoa*) Biest *nt;* **~ de carga** Lasttier **II.** *adj* dumm
besteira *f* (*coloq brasil*) Dummheit *f;* **dizer ~s** dummes Zeug reden; **fazer uma ~** Dummheiten machen
bestial <-ais> *adj* (*coloq*) toll, prima
best-seller <-s> *m* Bestseller *m*
besugo *m* (*portugal:* ZOOL) Brasse *f*
besuntado *adj* schmierig; (*de óleo*) ölig
besuntar *vt* einschmieren, beschmieren
betão *m* (*portugal*) Beton *m;* **~ armado** Stahlbeton *m*
beterraba *f* (BOT) Rote Beete *f*
betonar *vt* betonieren

betoneira *f* Betonmischmaschine *f*
betonilha *f* Feinbeton *m*
bétula *f* (BOT) Birke *f*
betumar *vt* ① (*vidro*) kitten ② (TEC) bituminieren
betume *m* ① (*para vidro*) Kitt *m* ② (QUÍM) Bitumen *nt*
betuminoso *adj* teerhaltig
bexiga [bəˈʃigɐ] *f* (ANAT) Blase *f*, Harnblase *f*
bexigas *fpl* (MED) Pocken *pl*; ~ **loucas** Windpocken *pl*
bezerra *f* (ZOOL) Kuhkalb *nt*; (**estar a**) **pensar na morte da** ~ seinen Gedanken nachhängen
bezerro *m* ① (ZOOL) Bullenkalb *nt* ② (*pele*) Kalbsleder *nt*
biatlo *m* (DESP) Biathlon *nt*
bibe *m* (*portugal*) Spielkittel *m*, Spielschürze *f*
bibelô *m* Nippes *pl*
biberão [bibəˈrɐ̃u] *m* (*portugal*) Saugflasche *f*, Fläschchen *nt*
Bíblia *f* Bibel *f*
bíblico *adj* biblisch
bibliografia *f* Bibliografie *f*
bibliográfico *adj* bibliografisch
bibliomania *f* Bücherfimmel *m*
bibliómano (*portugal*), **bibliômano** *m* (*brasil*) Büchernarr *m*
biblioteca *f* Bibliothek *f*, Bücherei *f*
bibliotecário, -a *m, f* Bibliothekar(in) *m(f)*
bica *f* ① (*tubo*) Wasserrohr *nt* ② (*portugal*) Espresso *m*
bicada *f* Schnabelhieb *m*; **dar uma ~ em a. c.** an etw picken
bicão <-ões> *m* (*brasil*) aufdringliche(r) Mann *m*
bicarbonato *m* (QUÍM) Bikarbonat *nt*; ~ **de sódio** Natron *nt*
bicéfalo *adj* doppelköpfig
bíceps *m* (ANAT) Bizeps *m*
bicha [ˈbiʃɐ] **I.** *f* ① (ZOOL) Kriechtier *nt*; (*serpente*) Schlange *f*; ~ **solitária** Bandwurm *m*; **estar como uma** ~ wütend sein ② (*portugal: fila*) Schlange *f*; **fazer** ~ Schlange stehen; **meter-se na** ~ sich anstellen **II.** *m* (*brasil: pej coloq*) Schwule *m*
bicha-cadela <bichas-cadelas> *f* (*portugal:* ZOOL) Ohrwurm *m*
bichanar *vi* flüstern
bichano *m* Kätzchen *nt*
bicharada *f* Getier *nt*, Ungeziefer *nt*
bicharoco *m* Biest *nt*
bicho *m* ① (ZOOL) (kleines) Tier *nt* ② (*verme*) Wurm *m*
bicho-carpinteiro <bichos-carpinteiros> *m* (ZOOL) Holzwurm *m*; **ter bichos-carpinteiros** kribbelig sein
bicho-da-seda <bichos-da-seda> *m* (ZOOL) Seidenraupe *f*
bicho-de-conta <bichos-de-conta> *m* (ZOOL) Kellerassel *f*
bicho-do-mato <bichos-do-mato> *m* (*fig*) Einzelgänger *m*
bicho-preguiça <bichos-preguiça> *m* (ZOOL) Faultier *nt*
bicicleta [bəsiˈklɜtɐ] *f* ① Fahrrad *nt*; ~ **de montanha** Mountainbike *nt*; ~ **motorizada** Mofa *nt*; **andar de** ~ Rad fahren ② (*futebol*) **pontapé** *m* **de bicicleta** (*brasil*) **bicicleta** Fallrückzieher *m*
bico *m* ① (*de pássaro*) Schnabel *m* ② (*ponta*) Spitze *f* ③ (*de pena*) Schreibfeder *f* ④ (*de chaleira*) Ausguss *m*, Tülle *f*; (*de gás*) Gasbrenner *m* ⑤ (*coloq: boca*) Schnabel *m*, Schnauze *f*; **calar o** ~ den Schnabel halten; **molhar o** ~ trinken
bico-de-obra <bicos-de-obra> *m* (*portugal*) knifflige Sache *f*
bicões *m pl de* **bicão**
bicolor *adj* zweifarbig
bicona *f v.* **bicão**
bicudo *adj* ① (*ponteagudo*) spitz; **caso** ~ knifflige/heikle Lage *f* ② (*brasil: pessoa*) mürrisch
bidão *m* Kanister *m*
bidé *m* Bidet *nt*
Bielo-Rússia *f* Weißrussland *nt*
bienal <-ais> **I.** *f* Biennale *f* **II.** *adj* zweijährig
bifana *f* (CULIN) Schweinesteaksandwich *m o nt*
bife *m* (CULIN) Beefsteak *nt*
bifurcação <-ões> *f* Gabelung *f*, Abzweigung *f*
bifurcar <c→qu> *vi* abzweigen
bígama *f v.* **bígamo**
bigamia *f* Bigamie *f*
bígamo, -a *m, f* Bigamist(in) *m(f)*
bigode [biˈgɔdə] *m* Schnurrbart *m*
bigodes *mpl* (ZOOL) Schnurrhaare *pl*
bigodi *m* Lockenwickler *m*
bigorna *f* (ANAT) Amboss *m*
bijutaria, bijuteria *f* Schmuck *m*, Modeschmuck *m*

bilateral <-ais> *adj* bilateral
bilha *f* Tonkrug *m*
bilhão <-ões> *m* (*brasil: 10^9: mil milhões*) Milliarde *f*
bilhar *m* Billard *nt*
bilhete [bə'ʎetə] *m* ❶ (*teatro, cinema*) Karte *f* (*para* für); (*espectáculo, festa*) Eintrittskarte *f* (*para* für); (*schweiz*) Billet *nt;* (*de lotaria*) Los; (*portugal*); ~ **de identidade** Personalausweis *m* ❷ (*de autocarro, comboio*) Fahrkarte *f;* (*schweiz*) Billet *nt;* (*de avião*) Ticket *nt;* ~ **de gare** Bahnsteigkarte *f;* ~ **de ida e volta** Rückfahrkarte *f* ❸ (*recado*) Zettel *m;* **deixar/escrever um** ~ eine Nachricht *f* hinterlassen/schreiben
bilheteira [bəʎə'teirɐ/biʎete'riɐ] *f* (*portugal*) ❶ (*teatro, cinema*) Kasse *f* ❷ (*caminhos de ferro*) Schalter *m,* Fahrkartenschalter *m*
bilheteiro, -a *m, f* (*brasil*) Losverkäufer(in) *m(f)*
bilhete-postal <bilhetes-postais> *m* (*portugal*) Postkarte *f*
bilheteria [biʎete'riɐ] *f* (*brasil*) *v.* **bilheteira**
bilhões *m pl de* **bilhão**
bilião *m* (*portugal: 10^{12}*) Billion *f;* (*brasil: 10^9*) Milliarde *f*
biliar [bi'ljar] *adj* (MED) Gallen ...; **cálculos ~es** Gallensteine *pl*
bilingue (*portugal*), **bilingüe** *adj* (*brasil*) zweisprachig
bílis *f* (MED) Galle *f*
bilro *m* Klöppel *m*
bimbo, -a *m, f* (*portugal: coloq*) Trottel *m,* Depp *m*
bimotor **I.** *m* (AERO) zweimotorige(s) Flugzeug *nt* **II.** *adj* zweimotorig
binário *adj* ❶ (MAT, INFOR) binär ❷ (MÚS) **compasso** ~ Zweivierteltakt *m*
bingo *m* Bingo *nt*
binóculo *m* Fernglas *nt,* Feldstecher *m;* (*de teatro, ópera*) Opernglas *nt*
binómio *m* (MAT) Binom *nt*
biodegradável <-eis> *adj* biologisch abbaubar
biógrafa *f v.* **biógrafo**
biografia *f* Biografie *f*
biográfico *adj* biografisch
biógrafo, -a *m, f* Biograf(in) *m(f)*
bióloga *f v.* **biólogo**
biologia *f* Biologie *f*
biológico *adj* biologisch; ~ **certificado** kontrolliert biologisch; **produtos** *mpl* **biológicos** biologische Erzeugnisse *ntpl*
biólogo, -a *m, f* Biologe, Biologin *m, f*
biombo *m* spanische Wand *f*
biópsia *f* (MED) Biopsie *f*
bioquímica *f* Biochemie *f*
bioquímico, -a *m, f* Biochemiker(in) *m(f)*
biosfera *f* Biosphäre *f*
biotecnologia *f* Biotechnik *f*
biótopo *m* (BIOL) Biotop *nt*
bípede **I.** *m* Zweibeiner *m,* Zweifüßler *m* **II.** *adj* zweibeinig
biqueira *f* (*do sapato*) Spitze *f*
biqueirão *m* (*portugal*) Sardelle *f*
biqueiro *m* (*coloq*) Fußtritt *m;* **dar um ~ a alguém** jdm einen Fußtritt geben/verpassen
biquini *m* Bikini *m*
birra *f* Starrsinn *m,* Eigensinn *m;* **fazer** ~ vor Wut toben
biruta **I.** *f* Windhose *f* **II.** *adj* (*brasil*) närrisch
bis **I.** *adv* zweimal **II.** *interj* ~**!** Zugabe!
bisavô, -ó *m, f* Urgroßvater, Urgroßmutter *m, f;* **os bisavós** die Urgroßeltern
bisbilhotar *vi* ❶ (*falar*) klatschen, tratschen ❷ (*intrigar*) intrigieren ❸ (*observar*) herumschnüffeln
bisbilhoteiro, -a *m, f* ❶ (*que fala*) Klatschbase *f* ❷ (*que intriga*) Intrigant(in) *m(f)* ❸ (*que observa*) Schnüffler(in) *m(f)*
bisbilhotice *f* ❶ (*falatório*) Klatsch *m,* Tratsch *m* ❷ (*observação*) Schnüffelei *f*
biscate *m* Gelegenheitsarbeit *f;* **fazer uns ~s** Gelegenheitsarbeiten verrichten
biscoito *m* Keks *m*
bisnaga *f* ❶ (*de pomada*) Tube *f* ❷ (*brasil: pão*) lange(s) Weißbrot *nt*
bisneto, -a *m, f* Urenkel(in) *m(f)*
bisonte *m* (ZOOL) Bison *m*
bispado *m* Bistum *nt*
bispo *m* ❶ (REL) Bischof *m;* **trabalhar para o** ~ für die Katz arbeiten ❷ (*xadrez*) Läufer *m*
bissectar *vt* halbieren
bissexto **I.** *m* Schalttag *m* **II.** *adj* Schalt ...; **ano** ~ Schaltjahr *nt*
bissexual <-ais> *adj* bisexuell
bisteca *f* (*brasil*) Schnitzel *nt;* ~ **de porco** Schweineschnitzel *nt*
bisturi *m* Seziermesser *nt,* Skalpell *nt*
bit *m* (INFOR) Bit *nt*
bitola *f* ❶ (*medida-padrão*) Maßstab *m;* **medir tudo pela mesma** ~ alles über einen Kamm scheren ❷ (*norma*) Norm *f* ❸ (*caminhos de ferro*) Spurweite *f*

B

bituca *f* (*brasil*) Zigarettenstummel *m*
bívio *m* (*estrada*) Abzweigung *f*
bizarro *adj* bizarr
blasfemar *vi* lästern
blasfémia *f* ① (REL) Blasphemie *f*, Gotteslästerung *f* ② (*maldição*) Fluch *m*
blazer ['bleizɐ] *m* Blazer *m*, Jacke *f*
blefe *m* (*brasil*) Bluff *m*
blenorragia *f* (MED) Tripper *m*, Gonorrhö *f*
blindado **I.** *m* (MIL) Panzer *m* **II.** *adj* Panzer ..., gepanzert
blindagem *f* Panzerung *f*, Panzer *m*
blindar *vt* panzern
bloco ['blɔku] *m* Block *m*; **em ~** alle zusammen
bloquear *conj como passear vt* absperren, blockieren
bloqueio *m* ① (*obstrução*) Sperrung *f* (*a*), Blockade *f* (*a*); **levantar o ~** die Sperrung aufheben ② (MIL) Blockade *f* (*a*)
blues [blus] *mpl* (MÚS) Blues *m*
bluff *m* Bluff *m*
blusa ['bluzɐ] *f* Bluse *f*; **~ de lã** Pullover *m*
blusão <-ões> *m* Blouson *m*, Jacke *f*
boa¹ ['boɐ] *f* (ZOOL) Boa *f*
boa² **I.** *adj* ① *f de* **bom** ② **essa é ~!** das ist doch allerhand! **II.** *f* (*coloq*) **estar numa ~** gut drauf sein; **meter-se numa ~** sich eine unangenehme Lage bringen; **tenho uma ~ para te contar** ich hab dir was Interessantes zu erzählen; **dizer poucas e ~s** Bescheid wissen; **qual é a ~?** (*coloq*) was liegt an?
boa-pinta <boas-pintas> *adj* (*brasil*) elegant, schick
boa-praça <boas-praças> *adj* (*coloq brasil: pessoa*) nett
boas-entradas *interj* guten Rutsch (ins neue Jahr)!
boas-festas **I.** *fpl* (*Natal*) Festwünsche *pl*, Weihnachtswünsche *pl*; (*Ano Novo*) Neujahrswünsche *pl*; **postal de ~** Weihnachtskarte *f*; **desejar (as) ~ a alguém** jdm ein frohes Fest wünschen **II.** *interj* **~!** Frohes Fest!
boas-vindas **I.** *fpl* Willkommen *nt*; **(ir) dar (as) ~ a alguém** jdn willkommen heißen **II.** *interj* **~!** (herzlich) willkommen!
boato *m* Gerücht *nt*
boa-vida *f* ruhige(s)/(lockere(s) Leben) *nt*; **andar na ~** es sich gut gehen lassen
Boa Vista (*brasil*) Boa Vista (*Hauptstadt des Bundesstaates Roraima*)
boa-vistense (*brasil*) **I.** *mf* Einwohner, f *m*, *f* der Stadt Boa Vista **II.** *adj* (*especialidade*) aus Boa Vista; (*instituto*) in Boa Vista
boazuda *adj* (*coloq*) *v.* **boazona**
boba *f de* **bobo**
bobagem <-ens> *f* (*brasil*) Dummheit *f*, Albernheit *f*
bobalhão, -ona <-ões, -s> *m*, *f* (*brasil*) Dussel *m*
bobear *conj como passear vi* (*brasil*) Dummheiten machen, herumalbern
bobina *f* ① (ELECTR) Spule *f* ② (*de filme*) Rolle *f*
bobo, -a **I.** *m*, *f* (*brasil*) Narr, Närrin *m*, *f*, Dummkopf *m* **II.** *adj* (*brasil*) dumm, albern
bobó *m* (*brasil:* CULIN) *scharfe afro-brasilianische Speise aus Hummerkrabben, Tomaten und Palmöl*
boca ['bokɐ] *f* ① (ANAT) Mund *m*; (*do leão*) Rachen *m*; **ter má ~** wählerisch sein; **abrir a ~** gähnen; **não abrir a ~** kein Wort sagen; **cala a ~!** halt den Mund!; **ficar/estar de ~ aberta** sprachlos sein; **tapar a ~ a alguém** jdm den Mund stopfen; **ter seis ~s para sustentar** sechs Esser im Hause haben; **cair na ~ do povo** ins Gerede kommen; **mandar uma ~ a alguém** jdm die Meinung sagen ② (*de túnel*) Öffnung *f* ③ (*entrada*) Eingang *m* ④ (*foz*) Mündung *f*
boca-aberta <bocas-abertas> *mf* Hans Guckindieluft *m*
boca-de-incêndio <bocas-de-incêndio> *f* (*portugal*) Hydrant *m*
boca-de-siri *f* (*coloq brasil*) Ruhe *f*; **fazer ~** still sein
bocadinho **I.** *m* **espere um ~** einen kleinen Moment, bitte **II.** *adv* etwas; **um ~ difícil** etwas schwierig
bocado [bu'kadu] *m* ① (*pedaço*) Bissen *m*, Happen *m*; **um ~** ein bisschen ② (*temporal*) Weile *f*; **há ~** vor kurzem, vor einer Weile; **podes esperar um ~?** kannst du eine Weile warten?; **estive lá um ~** ich war eine Weile dort; **passado um ~** nach einer Weile; **passar um mau ~** eine schwere Zeit durchmachen
boca-do-lixo <bocas-do-lixo> *f* (*brasil: São Paulo*) Rotlichtviertel *n*
boçais *adj pl de* **boçal**
bocal <-ais> *m* ① (*de frasco*) Öffnung *f* ② (MEC) Düse *f* ③ (MÚS) Mundstück *nt*
boçal <-ais> *adj* ① (*estúpido*) dumm ② (*ingénuo*) naiv ③ (*grosseiro*) grob
boca-livre <bocas-livres> *f* (*brasil: coloq:*

cerveja) Freibier *nt, Speisen und Getränke, die umsonst angeboten werden*

boca-mole <bocas-moles> *adj* (*coloq brasil*) schwatzhaft

bocejar *vi* gähnen

bocejo *m* Gähnen *nt*

boceta *f* (*vulg brasil*) Möse *f*

bochecha *f* Wange *f*, Backe *f*

bochechar *vi* den Mund ausspülen (*com* mit)

bochechudo *adj* pausbackig

bócio *m* (MED) Kropf *m*

bocó *adj* (*coloq brasil*) schwachsinnig

boda *f* Hochzeit *f*, Hochzeitsfest *nt*; **~s de prata/de ouro** silberne/goldene Hochzeit *f*

bode *m* ① (ZOOL) Ziegenbock *m*; **~ expiatório** Sündenbock *m* ② (*coloq brasil: problema*) Patsche *f*

bodega *f* ① (*taberna*) (schlechtes) Wirtshaus *nt*, (schlechte) Wirtschaft *f* ② (*porcaria*) Schmutz *m*, Dreck *m*

body ['bɔdi] *m* Body *m*

boémia (*portugal*), **boêmia** *f* (*brasil*) Boheme *f*

bofar *vt* auswerfen

bofes *mpl* (*coloq*) Lunge *f*; **deitar os ~ pela boca** völlig außer Atem sein

bofetada *f* Ohrfeige *f*; **apanhar/levar uma ~** eine Ohrfeige bekommen; **dar uma ~ a alguém** jdm eine Ohrfeige geben

boi *m* (ZOOL) Ochse *m*, Rind *nt*

bóia *f* ① (NÁUT) Boje *f* ② (*brasil: comida*) Essen *nt*

bóia-fria <bóias-frias> *mf* (*brasil*) Tagelöhner(in) *m(f)*

boião *m* Einmachtopf *m*

boiar *vi* (*pessoa, barco*) treiben

boicotar *vt* boykottieren

boicote *m* Boykott *m*

boina *f* Baskenmütze *f*

bojo *m* ① (*saliência*) Ausbuchtung *f* ② (*de garrafa*) Bauch *m* ③ (*resistência*) Widerstandskraft *f*

bola[1] ['bɔlɐ] *f* ① (*para brincar*) Ball *m*; (*esfera*) Kugel *f*; **~ de berlim** Berliner *m*; **~ de futebol** Fußball *m*; **~ de neve** Schneeball *m*; **~ de sabão** Seifenblase *f*; **não dar ~ para a. c./alguém** jdn/etw links liegen lassen ② (*coloq: cabeça*) Rübe *f*; **não bater bem/ser certo da ~** nicht ganz richtig im Kopf sein

bola[2] *f* (CULIN) **~ de carne** *Art Brot mit eingebackenem gekochtem Schinken oder Schinkenspeck*

bolacha *f* ① (CULIN) Keks *m*; **~ de arroz tufado** Reiswaffel *f* ② (*coloq: bofetada*) Backpfeife *f*

bolandas *fpl* **andar em ~s** keine Ruhe haben, sich abhetzen

bolar *vt* (*coloq brasil: um plano*) entwerfen

bolas **I.** *mf* (*coloq: pessoa*) Nichtsnutz *m* **II.** *fpl* (*coloq: testículos*) Eier *pl* **III.** *interj* (**ora**) **~!** verflixt (nochmal)!

bolbo *m* (BOT) Knolle *f*, Blumenzwiebel *f*

bolchevismo *m* Bolschewismus *m*

bolchevista **I.** *mf* Bolschewist(in) *m(f)* **II.** *adj* bolschewistisch

boleia *f* (*portugal*) Mitfahrgelegenheit *f*; **ir/viajar à/de ~** per Anhalter fahren; **dar ~ a alguém** jdn mitnehmen; **pedir ~** Autostopp machen; **porque não pedes ~ a um amigo?** warum fragst du nicht einen Freund, ob er dich mitnimmt?

bolero *m* ① (MÚS) Bolero *m* ② (*casaco*) Bolerojäckchen *nt*

boletim [bulə'tĩ] *m* ① (*do totoloto*) Schein *m* ② (*comunicado*) Mitteilung *f*; **~ oficial** Gesetzesblatt *nt* ③ (*relatório*) Bulletin *nt*, Bericht *m*; **~ financeiro** Börsenbericht *m*; **~ meteorológico** Wetterbericht *m* ④ (*impresso*) Vordruck *m*, Formular *nt*; **~ de inscrição** Einschreibeformular *nt*; **~ de vacinas** Impfausweis *m*; **~ de voto** Stimmzettel *m*

bolha *f* ① (MED: *de ar*) Blase *f* ② (*coloq: mania*) Verdrehtheit *f*; **estar com a ~** einen Rappel haben

boliche *m* (*brasil*) *v.* **bowling**

bolinha *f* (*brasil*) **~ de gude** Murmel *f*

Bolívia *f* Bolivien *nt*

boliviano, -a **I.** *m, f* Bolivianer(in) *m(f)* **II.** *adj* bolivianisch

bolo ['bolu] *m* ① (CULIN) Kuchen *m* ② (*coloq: palmada*) Schlag *m* auf die Hand

bolor *m* Schimmel *m*; **criar ~** verschimmeln; **ter ~** schimmelig sein

bolo-rei <bolos-rei(s)> *m* (*portugal:* CULIN) *Weihnachtsgebäck aus Hefeteig mit Rosinen, Nüssen und kandierten Früchten*

bolorento *adj* schimmelig

bolota *f* (BOT) Eichel *f*; **quem quer ~ trepa** ohne Fleiß kein Preis

bolsa ['bolsɐ] *f* ① (ECON) Börse *f*; **~ de valores** Wertpapierbörse *f* ② (*brasil: carteira*)

Handtasche *f* ③ (ZOOL) ~ **marsupial** Beutel *m* ④ ~ (**de estudos**) Stipendium *nt;* ~ **anual** Jahresstipendium *nt;* **candidatar-se a uma** ~ sich um ein Stipendium bewerben

bolseiro, -a *m, f* (*portugal*) Stipendiat(in) *m(f)*

bolsista *mf* ① (ECON) Börsenspekulant(in) *m(f),* Börsianer(in) *m(f)* ② (*brasil: bolseiro*) Stipendiat(in) *m(f)*

bolso ['bolsu] *m* Tasche *f;* **meter a mão no** ~ in die Tasche greifen

bom [bõ] *adj* ① (*agradável, bondoso, competente*) gut; **o tempo está** ~ das Wetter ist schön; **que** ~! herrlich!; ~ **dia!** guten Morgen!; **boa tarde!** guten Tag!; **boa noite!** guten Abend!; (*ao deitar-se*) gute Nacht!; **ele é muito** ~ **com toda a gente** er ist sehr gut zu allen Leuten ② (*tempo*) schön ③ (*qualidade*) gut; **é um** ~ **livro** es ist ein gutes Buch; **a comida está muito boa** das Essen schmeckt sehr gut; **um** ~ **médico** ein guter Arzt; **uma boa professora** eine gute Lehrerin ④ (*com saúde*) gesund; **está** ~**?** wie geht's Ihnen?; **ele está** ~ es geht ihm gut; **eu já estou** ~/**boa** es geht mir wieder gut; **não estar** ~ **da cabeça** nicht ganz richtig im Kopf sein ⑤ (*não exactamente, muito*) gut; **um** ~ **quarto de hora** eine gute Viertelstunde; **ele recebeu um** ~ **dinheiro** er hat gutes Geld dafür bekommen; **já não a vejo há uns bons anos** ich habe sie schon seit ein paar Jahren nicht mehr gesehen ⑥ (*coloq: fisicamente*) gut aussehend, attraktiv; **homem** ~ schöner Mann; **mulher boa** schöne Frau

bomba ['bõmbɐ] *f* ① (*máquina*) Pumpe *f;* ~ **aspirante/de sucção** Saugpumpe *f;* ~ **de água** Wasserpumpe *f;* ~ **de ar** Luftpumpe *f;* ~ **de gasolina** Tankstelle *f;* ~ **de incêndio** Feuerspritze *f* ② (*explosivo*) Bombe *f;* ~ **atómica** Atombombe *f;* ~ **de hidrogénio** Wasserstoffbombe *f;* **cair como uma** ~ wie eine Bombe einschlagen

bombardeamento *m* Bombardement *nt,* Bombardierung *f;* ~ **aéreo** Luftangriff *m*

bombardear *conj como passear vt* bombardieren

bombardeiro *m* Bombenflugzeug *nt,* Bomber *m*

bomba-relógio <bombas-relógio(s)> *f* Zeitbombe *f*

bombástico *adj* bombastisch

bombazina *f* (*portugal*) Kord *m*

bombear *conj como passear vt* (*líquido*) auspumpen

bombeiro *m* Feuerwehrmann *m;* ~**s** Feuerwehr *f*

bombista (*portugal*) **I.** *mf* Bombenwerfer(in) *m(f),* Bombenleger(in) *m(f)* **II.** *adj* Bomben ...; **atentado** ~ Bombenattentat *nt*

bombo *m* (MÚS) (große) Trommel *f*

bom-bocado <bons-bocados> *m* (CULIN: *portugal*) *Süßspeise aus Eigelb, Mehl und Zucker, mit Mandeln oder Kürbis;* (*brasil*) *Süßspeise aus Eigelb, Mehl und Zucker, mit Kokos oder Käse*

bombom *m* Praline *f*

bombordo *m* (NÁUT) Backbord *nt*

bom-de-bico *adj* (*brasil*) redegewandt, wortgewandt

bom-tom *m* gute(r) Ton *m;* (**não**) **é de** ~ das schickt/gehört sich (nicht)

Bona *f* Bonn *nt*

bonacheirão, -ona <-ões, -s> *adj* gutmütig

bonança *f* ① (NÁUT) günstige(r) Wind *m* ② (*sossego*) Ruhe *f*

bondade *f* Güte *f;* **tenha a** ~ **de entrar** bitte kommen Sie herein!

bonde ['bõndi] *m* (*brasil*) Straßenbahn *f*

bondoso *adj* gütig, gutmütig

boné [bɔ'nɜ] *m* Mütze *f,* Schirmmütze *f*

boneca *f* Puppe *f*

boneco *m* ① (*brinquedo*) Puppe *f;* ~ **de peluche** Plüschtier *nt* ② (*pej: pessoa*) Hampelmann *m*

bonecos *mpl* (*coloq: desenhos animados*) Trickfilm *m*

bonificação <-ões> *f* ① (*gratificação*) Vergünstigung *f,* Prämie *f* ② (*dos preços*) Preisnachlass *m*

bonifrate *m* (*fig*) Hampelmann *m*

bonina *f* (BOT) Gänseblümchen *nt*

bonito [bu'nitu] *adj* (*pessoa*) schön, hübsch; (*paisagem, objecto, música*) schön; ~! das ist ja heiter!; ~ **serviço!** gut gemacht!, ja klasse!

bonsai *f* (BOT) Bonsai *m*

bons-bocados *m pl de* **bom-bocado**

bons-dias *mpl* **dar os** ~ **a alguém** jdm guten Morgen sagen

bónus (*portugal*), **bônus** *m* (*brasil*) ① (*prémio*) Bonus *m,* Prämie *f* ② (*desconto*) Ermäßigung *f*

bonzo *m* Bonze *m*

boom *m* (ECON) Boom *m*
boquiaberto *adj* verdutzt, baff; **ficar/estar ~** baff sein, Mund und Nase aufreißen
boquilha *f* ① (*de cigarro*) Zigarettenspitze *f*; (*de charuto*) Zigarrenspitze *f* ② (MÚS) Mundstück *nt*
borboleta *f* (ZOOL) Schmetterling *m*
borbotão <-ões> *m* Strahl *m*
borbotar *vi* sprudeln, herausspritzen
borbulha *f* ① (MED) Pickel *m*; (*com alergia*) Hautausschlag *m* ② (*por mosquito*) Mückenstich *m* ③ (*em líquidos*) Blase *f*
borbulhar *vi* sprudeln, brodeln
borda *f* ① (*beira*) Rand *m*, Kante *f* ② (*baínha*) Saum *m* ③ (*margem*) Ufer *nt*
bordadeira *f* ① (*pessoa*) Stickerin *f* ② (*máquina*) Stickmaschine *f*
bordado *m* Stickerei *f*, Stickarbeit *f*
bordão <-ões> *m* Wanderstab *m*
bordar *vt* sticken
bordéis *m pl de* **bordel**
bordejar *vi* (NÁUT) lavieren
bordel <-éis> *m* Bordell *nt*
bordo *m* (NÁUT, AERO) Bord *m*; **a ~** an Bord
bordoada *f* Schlägerei *f*
bordões *m pl de* **bordão**
borla *f* ① (*tufo*) Quaste *f*, Troddel *f* ② (*barrete*) Doktorhut *m* ③ (*coloq: grátis*) **de ~** umsonst
borne *m* (TEC) Klemme *f*, Klemmschraube *f*; **~ de ligação** Lüsterklemme *f*
boro *m* (QUÍM) Bor *nt*
borra *f* Satz *m*, Bodensatz *m*
borra-botas *mf inv* Taugenichts *m*
borracha *f* Gummi *m*; (*para apagar*) Radiergummi *m*
borrachão, -ona <-ões, -s> *m, f* (*coloq*) Säufer(in) *m(f)*
borracheira *f* (*coloq*) Rausch *m*; **apanhar uma ~** sich einen Rausch antrinken; **estar com uma ~** besoffen sein
borracho I. *m* (*pombo*) Täubchen *nt*; (*coloq: bêbedo*) Besoffene *m*; (*portugal: pessoa atraente*) gut aussehende(r) Mann *m*, gut aussehende Frau *f* **II.** *adj* (*coloq*) besoffen
borrada *f* (*coloq*) Mist *m*; **fazer ~** Mist bauen
borralheira *f* Aschkasten *m*; **gata ~** Aschenputtel *nt*
borralho *m* heiße Asche *f*, Glut *f*
borrão <-ões> *m* ① (*de tinta*) Klecks *m* ② (*rascunho*) Konzept *nt*, Kladde *f* ③ (*esboço*) Entwurf *m* ④ (*desdouro*) Schandfleck *m*
borrar I. *vt* (*manchar*) beklecksen **II.** *vr* ① (*coloq: sujar-se*) sich schmutzig/dreckig machen ② (*coloq: defecar*) sich in die Hosen machen +*dat*
borrasca *f* ① (METEO) Schlechtwetterfront *f* ② (*tempestade*) Unwetter *nt*
borrego *m* (ZOOL) Lamm *nt*
borrifador *m* (*da roupa*) Wäschesprenger *m*
borrifar I. *vt* (be)sprengen **II.** *vr* abschalten; (*coloq*); **estar a ~-se para alguém/a. c.** jdm die kalte Schulter zeigen/bei etw abschalten
borrões *m pl de* **borrão**
Bósnia *f* Bosnien *nt*
Bósnia-Erzegovina *f* Bosnien-Herzegowina *nt*
bósnio, -a I. *m, f* Bosnier(in) *m(f)* **II.** *adj* bosnisch
bosque *m* Wald *m*, Gehölz *nt*; **Robin dos Bosques** Robin Hood
bossa *f* ① (*do camelo*) Höcker *m* ② (MED) Beule *f*, Schwellung *f* ③ (*talento*) Eignung *f* (*para* für), Talent *nt* (*para* für)

Bossa Nova ist ein brasilianischer Musikstil, der Ende der fünfziger bis Mitte der sechziger Jahre in Amerika und Europa sehr populär wurde. Es gab auch einen gleichnamigen Tanz. Der Bossa Nova gilt als Meilenstein der brasilianischen Popmusik (Música Popular Brasileira) und beeinflusste nachhaltig die Entwicklung der brasilianischen Musik. Weltberühmt ist die Komposition Garota de Ipanema, einer der bekanntesten Sänger ist João Gilberto.

bosta *f* Kuhfladen *m*, Kuhmist *m*; **é uma ~!/que ~!** verfluchter Mist!
bota *f* Stiefel *m*; **~s de montar** Reitstiefel *pl*; **~s de borracha** Gummistiefel *pl*; **~s altas** Schaftstiefel *pl*; **descalçar a ~** sich aus der Affäre ziehen; (*coloq*); **bater a ~** abkratzen
bota-de-elástico <botas-de-elástico> *mf* (*pej*) Ewiggestrige
bota-fora *m* (NÁUT) Stapellauf *m*
botânica *f* Botanik *f*
botânico, -a I. *m, f* Botaniker(in) *m(f)* **II.** *adj* botanisch; **jardim ~** botanischer Garten *m*
botão <-ões> *m* ① (*da roupa*) Knopf *m*; **falar com os seus botões** Selbstgespräche

führen ② (*de máquina*) Knopf *m,* Schaltknopf *m;* (*da campainha*) Klingelknopf *m;* (*portugal*); **carregar no ~** den Knopf drücken; (*brasil*); **apertar o ~** den Knopf drücken ③ (BOT) Knospe *f*

botar *vt* ① (*brasil: pôr*) legen, setzen, stellen; (*ovos*) legen; (*a mesa*) decken; **~ fora** wegwerfen, wegschmeißen ② (*roupa, sapatos*) anziehen ③ (*defeito*) beanstanden, kritisieren; **~ defeito em a. c.** an etw herummäkeln

bote *m* (NÁUT) Boot *nt*

In Brasilien trifft man Freunde und Kollegen nicht Zuhause, sondern eher in einer Bar oder einem Restaurant. Besonderer Beliebtheit erfreuen sich die **Boteco**, einfache Bars, wo man köstliche Häppchen wie Muscheln, Krebse, gegrilltes Fisch, etc. bekommt. Man kennt auch in den gehobenen Restaurants fast keine Kleidungsvorschriften. Abends ist es allerdings etwas komisch, wenn ein Mann Bermudas trägt. Keiner sagt was, aber man fällt unangenehm auf. Manche Türsteher achten auf geschlossene Schuhe! Die gehobenen Restaurants am Strand darf man nur betreten, wenn man über der Badebekleidung ein Kleid oder T-Shirt trägt.

botequim *m* Wirtschaft *f,* Wirtshaus *nt*

boticário, -a *m, f* Apotheker(in) *m(f)*

botifarra *f* (*portugal*) Arbeitsstiefel *m,* klobige(r) Stiefel *m*

botija *f* ① (*de gás*) Gasflasche *f* ② (*de água*) Wärmflasche *f*

botim *m* Stiefelette *f*

boto *m* (ZOOL) Amazonasdelfin *m,* Boto *m*

botões *m pl de* **botão**

bouça *f* (*portugal*) Gestrüpp *nt*

bouquet *m* Bukett *nt*

boutique [bu'tikə] *f* Boutique *f*

bovino *adj* Ochsen ..., Rind(er) ...; **gado ~** Rinder *pl*

bowling ['bɔliŋ] *m* Bowling *nt,* Kegeln *nt;* **jogar ~** kegeln

boxe *m* Boxen *nt*

boxeador <-es> *m* (*brasil*) Boxer *m*

boxear *conj como passear vi* (*brasil*) boxen

boxer *m* (ZOOL) Boxer *m*

braçada *f* ① (*quantidade*) Armvoll *m* ② (DESP) Zug *m;* **dar uma ~** einen Zug schwimmen

braçadeira *f* ① (*no braço*) Armbinde *f* ② (MEC) Schelle *f*

braçal <-ais> *adj* **trabalho ~** körperliche Arbeit *f*

bracarense (*portugal*) **I.** *mf Einwohner(in) der Stadt oder des Distrikts Braga* **II.** *adj* (*especialidade*) aus Braga; (*instituto*) in Braga

brácaro, -a *m, f o adj* (*portugal*) *v.* **bracarense**

bracejar *vi* die Arme schlenkern, mit den Armen fuchteln

bracelete *f* Armband *nt,* Armreifen *m*

braço ['brasu] *m* ① (ANAT) Arm *m;* **de ~ dado** Arm in Arm; **de ~s cruzados** mit verschränkten Armen; **não dar o ~ a torcer** nicht nachgeben; **ser o ~ direito de alguém** jds rechte Hand sein; **ver-se/estar a ~s com a. c.** etw auf dem Hals haben ② (*da cadeira*) Armlehne *f* ③ (*ramo*) Ast *m* ④ (MEC, GEOG) Arm *m;* **~ articulado** Gelenkarm *m;* **~ de mar** Meeresarm *m;* **~ de rio** Flussarm *m* ⑤ (*do violino*) Hals *m* ⑥ (*mão-de-obra*) Arbeitskraft *f*

bradar *vi* schreien, brüllen; **isso é de ~ aos céus!** schreit zum Himmel!

Braga (*portugal*) Braga (*Hauptstadt des Distrikts Braga*); **Distrito de ~** Distrikt Braga

bragal <-ais> *m* Wäscheausstattung *f*

Bragança (*portugal*) Bragança (*Hauptstadt des Distrikts Bragança*); **Distrito de Bragança** Distrikt Bragança

bragançano, -a *m, f o adj* (*portugal*) *v.* **bragantino**

bragantino, -a (*portugal*) **I.** *m, f Einwohner(in) der Stadt oder des Distrikts Bragança* **II.** *adj* (*produto*) aus Bragança; (*instituto*) in Bragança

bragas *fpl* kurze Hose *f*

braguilha *f* Hosenschlitz *m*

bramido *m* Gebrüll *nt*

bramir *vi* brüllen

branca *f* (*cabelo*) weiße(s) Haar *nt;* **ter ~s** grau werden; **Branca de Neve** Schneewittchen *nt*

branco ['brãŋku] **I.** *m* Weiß *nt* **II.** *adj* ① (*cor*) weiß ② (*página; vazio*) **em ~** leer; (*cheque*) blanko; (*pessoa*); **estar em ~** blank sein ③ (*pálido*) blass

brancura *f* Weiße *f*

branda *adj f de* **brando**

brande *m* Weinbrand *m,* Branntwein *m*
Brandemburgo *m* Brandenburg *nt*
brandir **I.** *vt* schwingen, schwenken **II.** *vi* schwanken
brando *adj* ① (*mole*) sanft, weich ② (*fraco*) schwach ③ (*tempo*) mild
brandura *f* ① (*doçura*) Sanftheit *f* ② (*suavidade*) Weichheit *f* ③ (*tempo*) Milde *f*
branquear *conj como passear vt* ① (*tornar branco*) weißen ② (*caiar*) tünchen
brânquia *f* (ZOOL) Kieme *f*
brasa *f* ① (*de carvão*) Glut *f,* glühende Asche *f;* **em ~** glühend; (*coloq: puxar a ~ à sua sardinha*) seine Schäfchen ins Trockene bringen ② (*coloq: mulher*) geile Frau *f*
brasão <-ões> *m* (HIST) Wappen *nt*
braseiro *m* Kohlenbecken *nt*
brasil <-is> *m* (BOT) Brasilholz *nt* (*rötlich gefärbtes Holz, das zur Herstellung von Violinbögen und zum Färben verwendet wird*)
Brasil *m* Brasilien *nt*
brasileira *f de* **brasileiro**
brasileirismo *m* (LING) brasilianische(r) Ausdruck *m,* Brasilianismus *m*
brasileiro, -a **I.** *m, f* Brasilianer(in) *m(f)* **II.** *adj* brasilianisch
Brasília *f* (*brasil*) Brasília (*Hauptstadt Brasiliens*)
brasilianista *mf* Brasilianist, mf
brasilidade *f sem pl* ① (*qualidade*) Art oder Eigenschaft, Brasilianisch zu sein ② (*sentimento*) Liebe zu Brasilien
brasiliense (*brasil*) **I.** *mf* Einwohner(in) *m(f)* der Stadt Brasília **II.** *adj* (*especialidade*) aus Brasília; (*instituto*) in Brasília
brasis *m pl de* **brasil**
brasões *m pl de* **brasão**
brava *adj f de* **bravo**
bravata *f* Prahlerei *f*
bravatear *conj como passear vi* prahlen, aufschneiden
bravio **I.** *m* Ödland *nt* **II.** *adj* ① (*terreno*) unbebaut ② (*animal*) wild ③ (*clima*) rau, unwirtlich
bravo ['bravu] **I.** *adj* (*pessoa*) tapfer; (*intrépido*) ungestüm; (*animal*) wild **II.** *interj* **~!** bravo!
bravura *f* Tapferkeit *f,* Mut *m*
breca *f* (MED) Muskelkrampf *m;* **com a ~!** (zum) Donnerwetter nochmal!; **ser levado da ~** verteufelt sein
brecar <c→qu> *vi* (*brasil*) bremsen
brecha *f* Bresche *f,* Lücke *f*
brega *adj* (*brasil*) ordinär
brejeiro *adj* flegelhaft
brejo *m* ① (*bravio*) Ödland *nt* ② (*pântano*) Sumpfland *nt*
Bremen *f* Bremen *nt*
breque *m* (*brasil*) ① Bremse *f;* **~ de mão** Handbremse *f* ② (MÚS) break *nt o m* (*bei Jazz und Rock, kurzes Zwischensolo*); **samba de ~** *Samba, bei dem der Sänger unverhofft innehält, um zu sprechen*
breu *m* Teer *m,* Pech *nt;* **escuro como ~** pechschwarz
breve ['brɜvə] **I.** *f* (GRAM) kurze Silbe *f* **II.** *adj* kurz; **até ~** bis bald; (**dentro**) **em ~** demnächst
brevê *m* (*brasil:* AERO) Flugschein *m*
brevemente *adv* bald, demnächst
brevete *m* (AERO) Flugschein *m*
brevidade *f* ① Kürze *f* ② (*brasil:* CULIN) *kleiner Kuchen, aus Tapiokamehl, Zucker und Eiern gebacken*
bricabraque *m* Antiquitäten *pl*
bricolage, bricolagem *m* Heimwerken *nt,* Basteln *nt*
brida *f* Zaum *m,* Zügel *m;* **a toda a ~** blitzschnell
briga *f* Streit *m*
brigada *f* ① (*polícia*) Streife *f;* **~ de trânsito** Verkehrspolizei *f* ② (MIL) Brigade *f*
brigadeiro *m* ① (MIL) Brigadegeneral *m* 2 ② (*brazil:* CULIN) *Milchkaramellbällchen mit Schokoladenraspeln*
brigão, -ona <-ões> *m, f* Raufbold *m*
brigar <g→gu> *vi* ① (*ter brigas*) streiten (*por* um) ② (*lutar*) raufen
brigões *m pl de* **brigão**
brigona *f de* **brigão**
brigue *m* (NÁUT) Brigg *f*
brilhante *adj* ① (*cintilante*) glänzend ② (*muito bom*) brillant
brilhantina *f* Haarpomade *f*
brilhar *vi* ① (*metais*) glänzen ② (*luz*) schimmern ③ (*olhos*) funkeln ④ (*sol*) scheinen
brilho *m* ① (*dos metais, olhos*) Glanz *m* ② (*da luz*) Schimmer *m* ③ (*do sol*) Scheinen *nt*
brim *m* Segeltuch *nt*
brincadeira [brĩŋkɐ'deirɐ] *f* ① (*gracejo*) Spaß *m,* Scherz *m;* **~ de mau gosto** übler Scherz; **ai a ~!** da hört der Spaß auf!; **deixa-te de ~s** lass den Quatsch; **estar na ~**

com alguém seinen Spaß mit jdm treiben; **fora de ~s** Spaß beiseite; **não estar para ~s** nicht zum Scherzen aufgelegt sein; **não gostar de ~s** keinen Spaß verstehen; **por ~** aus/zum Spaß ② (*crianças*) Spiel *nt;* **estar na ~** spielen

brincalhão, -ona <-ões, -s> **I.** *m, f* Spaßvogel *m* **II.** *adj* lustig

brincar [brĩŋ'kar] <c→qu> *vi* ① (*crianças*) spielen; **~ aos professores/médicos** Lehrer/Arzt spielen; **~ às casinhas** Eltern und Kind spielen ② (*gracejar*) scherzen, (einen) Spaß machen; **dizer a. c. a ~** etw im Spaß sagen; **estava a ~ contigo!** es war doch nur ein Spaß/Scherz!; **com isso não se brinca!** darüber macht man keine Witze!

brinco *m* Ohrring *m*

brinco-de-princesa <brincos-de-princesa> *mpl* (BOT) Fuchsie *f*

brindar **I.** *vt* beschenken (*com* mit) **II.** *vi* (*com os copos*) anstoßen; **~ a alguém/a. c.** auf jdn/etw trinken; **~ à saúde de alguém** auf jds Wohl trinken

brinde *m* ① (*com copos*) Trinkspruch *m,* Toast *m;* **fazer um ~ a alguém** auf jdn trinken ② (*oferta*) Geschenk *nt*

brinquedo *m* Spielzeug *nt*

brio *m* Ehrgefühl *nt,* Stolz *m;* (*coloq*) Schneid *m;* **ter ~ em a. c.** etw sorgfältig machen

briol *m* ① (*portugal: coloq: vinho*) Wein *m* ② (*coloq: frio*) Eiseskälte *f;* **está um ~!** es ist eiskalt!

briquete *m* Brikett *nt*

brisa *f* Brise *f*

Brisa *f* (*portugal*) *Betreibergesellschaft der portugiesischen Autobahnen*

brita *f* Kies *m,* Schotter *m*

britânico, -a **I.** *m, f* Brite, Britin *m, f* **II.** *adj* britisch

broa *f* Maisbrot *nt*

broca *f* Bohrer *m*

brocado *m* Brokat *m*

brocar <c→qu> *vt* bohren

broche ['brɔʃə] *m* Brosche *f*

brochura *f* ① (*folheto*) Broschüre *f* ② (*de livros*) Broschur *f*

brócolis (*brasil*), **brócolos** *mpl* (*portugal:* BOT) Brokkoli *pl*

bronca *f* (*coloq*) Ärger *m,* Stunk *m;* **dar ~** Stunk machen

bronco *adj* ① (*pessoa*) grob, ungebildet ② (*trabalho*) stumpfsinnig

broncopneumonia *f* (MED) Lungenentzündung *f*

bronquial *adj* bronchial

brônquio *m* (ANAT) Bronchie *f*

bronquite [brɔ̃ŋkitə] *f* (MED) Bronchitis *f*

bronze ['brɔ̃zə] *m* ① (*metal*) Bronze *f;* **de ~** bronzen; **medalha de ~** Bronzemedaille *f* ② (*insensibilidade*) Hartherzigkeit *f;* **ter coração de ~** hartherzig sein ③ (*do sol*) Sonnenbräune *f*

bronzeado [brɔ̃'zjadu] *adj* braun gebrannt, sonnengebräunt

bronzear-se *conj como passear vr* sich sonnen

brotar **I.** *vt* hervorbringen **II.** *vi* ① (*planta*) Knospen treiben, knospen; (*árvore*) ausschlagen ② (*água*) (hervor)quellen (*de* aus)

broxa *f* (dicker) Pinsel *m,* Anstreicherpinsel *m*

bruaca *f* (*coloq brasil*) Hexe *f*

bruços **I.** *adv* **de ~** auf dem Bauch, bäuchlings **II.** *mpl* (DESP) Brustschwimmen *nt*

bruma *f* Nebel *m*

brunideira *f* Büglerin *f*

brunir *vt* ① (*polir*) polieren ② (*a roupa*) bügeln

brusco *adj* ① (*movimento*) brüsk ② (*pessoa*) barsch, schroff ③ (*súbito*) plötzlich, jäh

bruta **I.** *adj f de* **bruto** **II.** *f* Gewalt *f;* **à ~** rücksichtslos

brutal <-ais> *adj* ① (*grosseiro*) brutal, roh ② (*violento*) gewalttätig

brutalidade *f* Brutalität *f,* Gewalttätigkeit *f*

brutalizar *vt* verrohen

brutalmente *adv* brutal; **ser ~ assassinado** brutal ermordet werden

brutamontes *m* Flegel *m,* Rohling *m*

bruto *adj* ① (*pessoa*) ungeschliffen, rücksichtslos ② (*material*) roh; (*por trabalhar*) unbearbeitet; (*por polir*) ungeschliffen; **em ~** im Rohzustand ③ (ECON) brutto; **salário ~** Bruttogehalt *nt;* **rendimento ~** Bruttoeinkommen *nt;* **peso ~** Bruttogewicht *nt*

bruxa *f* Hexe *f;* **noite das ~s** Halloween *nt*

bruxaria *f* Hexerei *f;* **fazer ~** hexen

Bruxelas *f* Brüssel *nt*

bruxo *m* Hexenmeister *m,* Zauberer *m*

bucha *f* ① (*coloq: comida*) Happen *m* ② (*de fixação*) Dübel *m* ③ (*brasil*) **~ vegetal** Badeschwamm *m*

bucho *m* (*coloq*) Bauch *m;* (*pej*) Wanst *m*

buço *m* Flaum *m*

bucólico *adj* ländlich; (LIT) bukolisch
budismo *m* Buddhismus *m*
budista **I.** *mf* Buddhist(in) *m(f)* **II.** *adj* buddhistisch
bueiro *m* ❶ (*cano*) Abflussrohr *m* ❷ (*na rua*) Gully *m*
bufa *f* (*vulg*) Furz *m*
búfalo *m* (ZOOL) Büffel *m*
bufar *vi* ❶ (*soprar*) pusten ❷ (*de raiva*) schnauben ❸ (*gabar-se*) aufschneiden, angeben ❹ (*coloq: denunciar*) petzen ❺ (*vulg: expelir bufas*) furzen
bufê *m* (*brasil*) *v.* **bufete**
bufete *m* Büfett *nt*
bufo *m* ❶ (*sopro*) Blasen *nt* ❷ (*ave*) Uhu *m* ❸ (*portugal: coloq: da polícia*) Spitzel *m*
bugalho *m* (BOT) Gallapfel *m*
bugiar *vi* (*coloq*) spazieren gehen, eine Runde drehen; **mandar ~** zum Teufel schicken
bugiganga *f* Krimskrams *m,* Plunder *m;* **loja de ~s** Kramladen *m*
bugio *m* (ZOOL) Brüllaffe *m*
bulbo *m* (BOT) Blumenzwiebel *f*
buldogue *m* (ZOOL) Bulldogge *f*
bule *m* Teekanne *f*
búlgara *f de* **búlgaro**
Bulgária *f* Bulgarien *nt*
búlgaro, -a **I.** *m, f* Bulgare, Bulgarin *m, f* **II.** *adj* bulgarisch
bulgur *m* (**trigo**) *m* ~ Bulgur *m*
bulha *f* ❶ (*gritaria*) Geschrei *nt,* Lärm *m* ❷ (*portugal: briga*) Streit *m;* **andar à ~ com alguém** mit jdm Streit haben
bulhufas *pron indef* (*brasil: coloq: nada*) nichts; **não entendo ~** ich verstehe kein Wort
bulício *m* ❶ (*murmúrio*) Gemurmel *nt* ❷ (*aperto*) Gedränge *nt,* Gewühl *nt* ❸ (*desassossego*) Unruhe *f*
buliçoso *adj* unruhig, laut
bulimia *f* (MED) Bulimie *f,* Magersucht *f*
bulir *irr como subir* **I.** *vt* berühren **II.** *vi* sich rühren, sich regen
bulufas *pron indef* (*brasil: coloq*) *v.* **bulhufas**
bum *interj* boing!, bums!
bumba-meu-boi *m* (*brasil*) *nordbrasilianischer Tanz, der sich um Tod und Wiederauferstehung eines Ochsens dreht*
bumbum *m* (*brasil: infantil*) Popo *nt*
bumerangue *m* Bumerang *m*
bunda *f* (*coloq brasil*) Hintern *m,* Hinterteil *nt*
bunda-mole <bundas-moles> *mf* (*brasil: coloq*) Weichei *nt,* Waschlappen *m*
bundear *conj como passear vi* (*brasil: coloq*) faulenzen
buquê *m* (*brasil*) Bukett *nt*
buraco [bu'raku] *m* Loch *nt;* **~ da fechadura** Schlüsselloch *nt;* **~ do ozono** Ozonloch *nt*
burburinho *m* Gemurmel *nt*
bureta *f* (QUÍM) Bürette *f*
Burgenland *m* Burgenland *nt*
burguês, -esa **I.** *m, f* Bürger(in) *m(f);* (*pej*) Spießer(in) *m(f)* **II.** *adj* bürgerlich; (*pej*) spießig
burguesia *f* Bürgertum *nt*
buril *m* ❶ (*para gravar*) Radiernadel *f,* Grabstichel *m* ❷ (*para pedra*) Meißel *m*
buriti *m* ❶ (BOT) Buriti-Palme *f* (*hochwachsende brasilianische Palme*) ❷ (*fruta*) Frucht der Buriti-Palme (*süß und sehr reich an Vitamin A*)
burla *f* Betrug *m;* **~ fiscal** Steuerhinterziehung *f*
burlão *m* Betrüger *m*
burlar *vt* betrügen, prellen
burocracia *f* Bürokratie *f*
burocrata *mf* Bürokrat(in) *m(f)*
burocrático *adj* bürokratisch
burótica *f* (*portugal*) Büroautomation *f,* Bürokommunikation *f*
burrice *f* Dummheit *f*
burro, -a ['buʀu] **I.** *m, f* (ZOOL) Esel(in) *m(f);* **~ de carga** Packesel *m;* (*pej: pessoa*) Idiot *m* **II.** *adj* dumm, doof; **pra ~** schrecklich viel
busardo *m* (ZOOL) Bussard *m*
busca *f* ❶ (*de uma coisa*) Suche *f* ❷ (*num quarto, numa casa*) Durchsuchung *f*
busca-pé *m* (*fogo de artifício*) Schwärmer *m*
busca-pólos *m inv* (*portugal:* ELECTR) Phasenprüfer *m*
buscar [buʃ'kar] <c→qu> *vt* ❶ (*coisa*) suchen; **ir ~ a. c./alguém** etw/jdn abholen ❷ (*espaço, quarto*) durchsuchen
busílis *m* (*fig*) Haken *m;* **aí é que está o ~** da liegt der Hund begraben
bússola ['busulɐ] *f* Kompass *m;* **~ marítima** Seekompass *m*
busto *m* ❶ (*escultura, peito*) Büste *f* ❷ (*pintura*) Brustbild *nt*
bute *m* (*coloq*) Stiefel *m;* **ir a ~s** zu Fuß gehen

butique *f* Boutique *f*
buziano, -a (*brasil*) **I.** *m, f* Einwohner(in) *m(f)* der Stadt Búzios **II.** *adj* (*especialidade*) aus Búzios; (*instituto*) in búzios
buzina *f* Hupe *f;* **tocar a ~** hupen
buzinar *vi* hupen
Búzios (*brasil*) Búzios (*Ferienort im Bundesstaat Rio de Janeiro*)
byte *m* (INFOR) Byte *nt*

Cc

C, c [se] *m* C, c *nt*
cá [ka] *adv* hier; (*para ~*) hierher; **de ~** hiesig, von hier; **anda/vem ~!** komm (hier)her!
caatinga *f* (*brasil:* GEOG) Buschlandschaft *f, trockene Buschlandschaft im Nordosten Brasiliens*
cabaça *f* ① (BOT) Flaschenkürbis *m* ② (MÚS) Flaschenkürbis *m* (*Musikinstrument, das im Candomblé verwendet wird*)
cabal <-ais> *adj* ① (*completo*) vollständig ② (*certo*) richtig
cabana *f* Hütte *f*
cabaré *m* Nachtclub *m*
cabaz *m* (*portugal*) Henkelkorb *m*
cabeça [kɐ'besɐ] *f* ① (ANAT, TEC) Kopf *m;* (INFOR); **~ de escritura/de leitura** Schreib-/Lesekopf *m;* **meter a. c. na ~** sich etw in den Kopf setzen *+dat;* (*coloq*); **não estar bom da ~** einen Vogel haben; **perder a ~** den Kopf verlieren; **subir à ~** zu Kopf steigen; **ter ~** klug sein ② (*numericamente*) Stück *nt;* **~ de gado** Stück Vieh ③ (*de um objecto*) obere(r) Teil *m;* (*de um prego*) Kopf *m* ④ (*de um partido*) Spitze *f;* **estar à ~** an der Spitze stehen
cabeçada *f* ① (*pancada*) Kopfstoß *m;* **~s** Kopfnicken *nt* ② (DESP) Kopfball *m*
cabeça-de-alho-chocho *mf* Dummkopf *m*
cabeça-de-bagre <cabeças-de-bagre> *mf* Idiot(in) *m(f);* (FUT) *mittelmäßiger Spieler*
cabeça-de-casal <cabeças-de-casal> *mf* Familienoberhaupt *nt*
cabeça-de-vento <cabeças-de-vento> *mf* zerstreute Person *f*
cabeçalho *m* Überschrift *f;* (*do jornal*) Titelzeile *f,* Zeitungskopf *m*
cabeça-no-ar *mf* Luftikus *m*
cabeça-rapada *mf* Skinhead *m*
cabecear *conj como passear vi* ① (*com sono*) einnicken ② (*barco*) stampfen
cabeceira *f* ① (*da cama*) Kopfende *nt;* (*da mesa*) Stirnseite *f* ② (*almofada*) Kopfkissen *nt*
cabecilha *mf* (*portugal: de um partido*) Parteiführer(in) *m(f);* (*de um bando*) Anführer(in) *m(f)*
cabeço *m* Hügel *m*
cabeçudo *adj* dickköpfig, eigensinnig
cabedal *m* ① (*portugal: couro*) (feines) Leder *nt;* **casaco de ~** Lederjacke ② (*portugal: coloq: de pessoa*) Körperbau *m*
cabeleira *f* ① (*cabelo*) Haare *pl* ② (*artificial*) Perücke *f,* Toupet *nt*
cabeleireiro, -a *m, f* Friseur(in) *m(f)*
cabelo [kɐ'bel] *m* ① (ANAT) Haar *nt* ② (*de relógio*) Spiralfeder *f*
cabeludo *adj* behaart
caber *irr vi* ① (*objecto, pessoa*) (hinein)passen (*em* in), Platz haben (*em* in) ② (*título*) zustehen; (*tarefa*); **~ a alguém** jds Aufgabe sein; **cabe à Sandra resolver o problema** es ist Sandras Aufgabe, das Problem zu lösen
cabide *m* ① (*bengaleiro*) Garderobe *f,* Kleiderhaken *m* ② (*esp brasil: cruzeta*) Kleiderbügel *m*
cabidela *f* (CULIN) Geflügelklein *nt*
cabimento *m* Angemessenheit *f;* **ter ~** möglich/denkbar sein; **não ter ~** unsinnig sein
cabine *f* Kabine *f;* **~ telefónica** [*o brasil* **telefônica**] Telefonzelle *f*

In Portugal gibt es viele Telefonzellen – **cabine telefónica**. Im Zeitalter der Handys sind sie auch meistens frei, denn die Portugiesen haben eine besondere Vorliebe für diese mobile Helfer... Es gibt drei Arten von Telefonzellen: Sie funktionieren entweder mit einer **cartão telefónico** (Telefonkarte), mit Ihrer eigenen Kreditkarte oder mit Münzen. Es gibt allerdings regionalbedingt verschiedene Telefonkarten. In vielen Restaurants stehen öffentliche Münzapparate. Telefonieren kann man auch in jeder Post.

cabisbaixo *adj* niedergeschlagen, geknickt
cablagem *f* Kabel *pl*

cabo ['kabu] *m* ❶ (*extremidade*) Ende *nt;* (*de vassoura*) Stiel *m;* (*de faca*) Griff *m;* ~ **do mundo** Ende der Welt; **de ~ a rabo** von hinten bis vorne ❷ (MIL) Gefreite *m;* ~ **do mar** Polizeiinspektor der Wasserpolizei *m;* ~ **da polícia** Polizeiwachtmeister *m* ❸ (GEOG) Kap *nt* ❹ (ELECTR) Kabel *nt* ❺ (*cabo, fio*) Seil *nt,* Tau *nt;* ~ **de aço** Drahtseil *nt;* ~ **de reboque** Abschleppseil *nt*
caboclo, -a *m, f* (*brasil: mestiço*) Mestize *m;* (*caipira*) Hinterwäldler *m*
cabograma *m* Telegramm *nt*
cabotagem *f* Küstenschifffahrt *f*
cabouco *m* Ausschachtung *f*
Cabo Verde *m* Kapverdische Inseln *pl*
cabo-verdiano, -a **I.** *m, f* Kapverdier(in) *m(f)* **II.** *adj* kapverdisch
cabra *f* (*fig*) Ziege *f*
cabra-cega *f* (*jogo*) Blindekuh *f*
cabresto *m* Halfter *nt*
cabriolé *m* Kabriolett *nt*
cabrito *m* Zicklein *nt*
cabrocha *f* (*brasil: coloq*) *junge Sambatänzerin, die gerne am Karnevalsumzug teilnimmt*
cábula **I.** *f* (*portugal: nota*) Spickzettel *m* **II.** *mf* Schwänzer(in) *m(f);* (*preguiçoso*) Faulpelz *m* **III.** *adj* faul, nachlässig
caça **I.** *f* (*actividade*) Jagd *f;* ~ **submarina** Unterwasserjagd *f;* **andar à ~ de a. c./alguém** auf der Suche nach etw/jdm sein; **ir à ~** auf die Jagd gehen; (*animais*) Wild *nt;* ~ **grossa** Hochwild *nt* **II.** *m* (AERO) Jagdflugzeug *nt,* Jäger *m*
caçadeira *f* (*portugal*) Jagdflinte *f*
caçador(a) *m(f)* Jäger(in) *m(f);* ~ **furtivo** Wilderer *m*
caça-minas *m* Minensuchboot *nt*
caçar <ç→c> *vt* ❶ (*em terra*) jagen; (*baleia*) fangen ❷ (*apanhar*) erwischen
cacaracá *m* Kikeriki *nt;* **de ~** läppisch, unbedeutend; (*pergunta*) kinderleicht
cacarejar *vi* gackern
cacarejo *m* Gackern *nt,* Gegacker *nt*
caçarola *f* Kasserolle *f*
cacatua *f* (ZOOL) Kakadu *m*
cacau *m* Kakao *m*
cacaueiro *m* (BOT) Kakaobaum *m*
cacetada *f* Schlag *m*
cacete **I.** *m* (*pau*) Knüppel *m;* (*da polícia*) Gummiknüppel *m;* (*pão*) Stangenweißbrot *nt* **II.** *adj* (*brasil*) lästig, unangenehm
cachaça *f* (*brasil*) Zuckerrohrschnaps *m*
cachaço *m* ❶ (ANAT) Nacken *m* ❷ (*pancada*) Schlag *m* in den Nacken
cachalote *m* (ZOOL) Pottwal *m*
cachamorra *f* (*portugal*) Knüppel *m*
cachecol [kaʃə'kɔl] <-óis> *m* Schal *m*
cachimbo *m* Pfeife *f;* **fumar ~** Pfeife rauchen
cachimónia (*portugal*), **cachimônia** *f* (*brasil*) ❶ (*coloq: cabeça*) Schädel *m* ❷ (*coloq: juízo*) Grips *m*
cacho *m* ❶ (*de uvas*) Traube *f;* (*de bananas*) Bund *nt* ❷ (*de cabelo*) Locke *f* ❸ (*coloq brasil*) Flirt *m*
cachoeira *f* Wasserfall *m*
cachola *f* (*coloq*) Schädel *m,* Rübe *f*
cachopo, -a[1] *m, f* (*portugal*) Bursche *m,* Mädchen *nt*
cachopo[2] *m* Klippe *f*
cachorro[1] [kɐ'ʃoʀu] *m* (ARQUIT) Kragstein *m,* Tragstein *m*
cachorro, -a[2] *m, f* Welpe *m;* (*brasil*) Hund *m*
cachorro-quente <cachorros-quentes> *m* (CULIN) Hot Dog *m*
cacifo [kɐ'sifu] *m* (*para correio*) Postfach *nt;* (*na estação*) Schließfach *nt;* (*para roupa*) Spind *m*
cacimba *f* ❶ (*nevoeiro*) dichte(r) Nebel *m* ❷ (*chuva*) Sprühregen *m*
cacique *m* ❶ (*entre indígenas*) Kazike *m* ❷ (*na política*) Dorftyrann *m*
caco *m* ❶ (*de louça*) Scherbe *f;* **fazer em ~s** zerschlagen, zerbrechen ❷ (*coloq: cabeça*) Birne *f*
caçoada *f* Spöttelei *f*
caçoar <*brasil, 1. pess pres:* caçôo> *vi* spotten; ~ **de** verspotten
cacofonia *f* Missklang *m*
caçoila, caçoula *f* (flacher) Kochtopf *m*
cacto *m* (BOT) Kaktus *m*
caçula *mf* (*brasil*) Nesthäkchen *nt*
cada ['kɐdɐ] *pron indef* jede(r, s); ~ **um/qual** (ein) jeder; ~ **vez** jedes Mal; **100 euros ~ (um)** 100 Euro das Stück; ~ **dois dias** alle zwei Tage, jeden zweiten Tag; ~ **vez mais** immer mehr; **um de ~ vez** einer nach dem anderen, jeweils einer; **tens ~ uma!** was für ein Quatsch!
cadafalso *m* Schafott *nt*
cadastrado *adj* vorbestraft
cadastrar *vt* ins Grundbuch eintragen
cadastro *m* ❶ (*de prédios*) Kataster *m,* Grundbuch *nt* ❷ (*policial*) Strafregister *nt;*

ter ~ vorbestraft sein

cadáver *m* (*de pessoa*) Leiche *f;* (*de animal*) Kadaver *m*

cadavérico *adj* leichenblass, totenblass

cadê *adv* (*brasil: coloq: que é de; onde está*) wo ist; **~ a chave/a Maria?** wo ist der Schlüssel/Maria?

cadeado *m* Vorhängeschloss *nt*

cadeia *f* ❶ (*corrente*) Kette *f;* **reacção** [*o brasil* **reação**] **em ~** Kettenreaktion *f* ❷ (*prisão*) Gefängnis *nt*

cadeira [kɐ'deirɐ] *f* ❶ (*móvel*) Stuhl *m;* **~ de baloiço** Schaukelstuhl *m;* **~ de braços** Armstuhl *m,* Sessel *m;* **~ de rodas** Rollstuhl *m;* **~ de verga** Korbstuhl *m;* **~ teleférica** Sessellift *m* ❷ (*da universidade*) Fach *nt*

cadeirão <-ões> *m* Sessel *m,* Armsessel *m*

cadeirinha *f* Sänfte *f*

cadela *f* Hündin *f*

cadência *f* ❶ (*ritmo*) Rhythmus *m* ❷ (*movimento compassado*) Takt *m,* Tempo *nt* ❸ (MÚS) Kadenz *f*

cadenciado *adj* rhythmisch

cadente *adj* fallend

caderneta *f* ❶ (*bloco, caderno*) Notizbuch *nt,* Heft *nt* ❷ (*registo bancário*) **~ de poupança** Sparbuch *nt, Heft, in dem die Kontobewegungen registriert werden*

caderno *m* Heft *nt;* **~ de apontamentos** Notizbuch *nt;* **~ de argolas** Ringbuch *nt;* (ECON); **~ de encargos** Lastenheft *nt*

cadete *m* (MIL) Kadett *m*

cadilhos *mpl* ❶ (*franja*) Fransen *pl* ❷ (*cuidados*) Sorgen *pl*

cádmio *m* (QUÍM) Kadmium *nt*

caduca *adj f de* **caduco**

caducar <c→qu> *vi* ❶ (*documento*) ablaufen, ungültig werden; (*prazo*) ablaufen ❷ (*império*) verfallen

caducidade *f* ❶ (*documento*) Gültigkeit *f* ❷ (*decadência*) Verfall *m* ❸ (*senilidade*) Altersschwäche *f,* Gebrechlichkeit *f*

caduco *adj* ❶ (DIR: *passaporte*) ungültig, abgelaufen ❷ (*senil*) gebrechlich, altersschwach ❸ (BOT: *árvore*) Laub abwerfend; (*folha*) abfallend

cães *m pl de* **cão**

café [kɐ'fɜ] *m* ❶ (*produto, bebida*) Kaffee *m;* (*brasil*); **~ da manhã** Frühstück *nt;* **~ em grão** Bohnenkaffee *m;* **~ instantâneo** löslicher Kaffee; **~ simples** schwarzer Kaffee; **~ com leite** Milchkaffee *m* ❷ (*local*) Café *nt,* Kaffeehaus *nt*

Ein portugiesisches **Café** bietet vorwiegend warme und kalte Getränke, aber auch kleine Imbisse und einfache kleine Kuchen an und hat einen eigenen Charakter: Das Café ist sozusagen die verlängerte Wohnung der Portugiesen. Das Frühstück schmeckt dort am allerbesten. Für wiederholte Kaffeepausen findet man immer einen Vorwand. Ein Kleinimbiss ist auch schnell auf dem Tisch. Nach Feierabend müsste man eigentlich noch auf einen Sprung vorbei, und natürlich nach dem Abendessen für den kleinen „Verdauungskaffee". Man trifft sich dort mit Freunden, geht mit der ganzen Familie hin, liest in Ruhe die (mitgebrachte) Zeitung, lässt die Schuhe nebenbei auf Hochglanz bringen oder beobachtet einfach das Geschehen.
Café com leite (heißer Kaffee mit Milch) ist in ganz Brasilien das traditionelle Getränk zum Frühstück. Nicht ohne Grund nennt man das Frühstück café da manhã (Kaffee am Morgen). Der **cafézinho** (kleiner, starker Mokka) wird überall in kleinen Plastikbechern angeboten. Man trinkt ihn meistens mit viel Zucker. Brasilien ist heute noch der größte Kaffeeproduzent der Erde.

café-concerto <cafés-concerto(s)> *m* Musikcafé *nt*

café-restaurante heißt in Portugal ein Café, in dem man auch zu Mittag und zu Abend essen kann. Wenn man à la carte isst, wird das **Couvert** – bestehend aus Brot und Butter – berechnet.

cafeeiro *m* (BOT) Kaffeepflanze *f*

cafeicultor, -a *m, f* Kaffeebauer(in) *m(f)*

cafeína *f* Koffein *nt;* **sem ~** koffeinfrei

cafeteira *f* Kaffeekanne *f*

cafezal <-ais> *m* Kaffeeplantage *f*

cafezinho [kafɛ'zĩɲu] *m* (*brasil*) ≈ Mokka *m*

In Brasilien ist nach einem Essen ein kleiner schwarzer starker Mokka, der **cafézinho**, obligatorisch und in Restaurants kostenlos. Der starke koffeinhalti-

C

ge Mate-Tee sollte in seiner Wirkung auch nicht unterschätzt werden.

cafona *adj* (*coloq brasil*) geschmacklos
cafua *f* ① (*cova*) Höhle *f* ② (*habitação*) Hütte *f*, Baracke *f*
cafundó *m* (*brasil: lugar muito afastado*) weit entfernter Ort; **nos ~s** in der tiefsten Provinz
cafuné *m* (*brasil*) Liebkosung *f*
cagaçal *m* ① (*coloq: monturo*) Misthaufen *m* ② (*barulho*) Krach *m*, Lärm *m*
cagaço *m* (*cal*) Schiss *m*, Angst *f*
cagada *f* (*vulg*) Scheiße *f*
cágado *m* (ZOOL) Wasserschildkröte *f*
caganita *f* (*portugal: cal*) **~ de rato** Mäusedreck *m*
cagão *m* (*cal*) Schisser *m*, Angsthase *m*
cagar <g→gu> **I.** *vt* (*vulg*) bescheißen **II.** *vi* (*vulg*) scheißen
caguincha *mf* (*portugal*) Feigling *m*, Angsthase *m*
caiadela *f* Kalkanstrich *m*
caiaque *m* kleine(s) Segelboot *nt;* (*a remos*) Ruderboot *nt*
caiar *vt* kalken, weißen
cãibra ['kãibrɐ] *f* (MED) Krampf *m*, Muskelkrampf *m*
caída *f* Fall *m; v.* **queda**
caído *adj* ① (*pendurado*) hängend ② (*abatido*) niedergeschlagen ③ (*coloq: apaixonado*) verknallt (*por* in), verliebt (*por* in)
caipira *mf* (*brasil*) Bauer *m*, Bäuerin *f;* (*fig*) Hinterwäldler(in) *m(f)*

Caipirinha, ein Cocktail aus **cachaça** (Zuckerrohrschnaps), Limonen, viel zerstoßenem Eis und Zucker, gilt als typisch brasilianisches Getränk. Cachaça kann man auch **pinga**, **aguardente** oder **cana** nennen. Die traditionellen Cachaça-Brennereien liegen in Minas Gerais, Rio de Janeiro, São Paulo und im Nordosten. In Brasilien wird cachaça oft auch pur getrunken.

cair [kɐ'ir] *vi conj como sair* ① (*pessoa*) fallen, hinfallen, stürzen; **~ morto** tot umfallen; **~ em cima de a. c.** über etw herfallen; **~ na miséria** in Not geraten; **~ num erro** sich irren, einen Fehler begehen; (*fig*); **~ na armadilha** in die Falle gehen; **~ no esquecimento** in Vergessenheit geraten ② (*avião*) abstürzen ③ (*cabelo*) ausfallen; (*folhas*) abfallen; (*botão*) abgehen ④ (*nível, preços*) sinken, fallen ⑤ (*telhado*) herunterkommen, einfallen ⑥ (*raio*) einschlagen; **ao ~ da noite** bei Einbruch der Nacht
cais *m* ① (NÁUT) Kai *m;* **~ acostável** Anlegebrücke *f* ② (*caminhos-de-ferro*) Bahnsteig *m*
caixa ['kaiʃɐ] **I.** *f* (*pequena*) Schachtel *f;* (*redonda*) Büchse *f*, Dose *f;* (*grande*) Kasten *m*, Kiste *f;* **~ acústica** Lautsprecherbox *f;* **~ automático** Geldautomat *m;* **~ eletrônica** (*brasil: multibanco*) Geldautomat *m;* **~ de música** Spieldose *f;* (*brasil*); **~ de som** Lautsprecher *m;* **~ do correio** Briefkasten *m;* (*brasil*); **~ postal** Postfach *nt;* **não dar uma para a ~** nichts Vernünftiges von sich geben; (*numa loja*) Kasse *f;* **~ registadora** Registrierkasse *f;* (*estabelecimento*) Kasse *f;* (*portugal*); **~ de previdência** Krankenkasse *f;* (TEC); **~ de velocidades** Schaltgetriebe *nt* **II.** *mf* Kassierer(in) *m(f)* **III.** *m* Kassenbuch *nt;* **~ automático** Geldautomat *m*
caixa-económica <caixas-económicas> *f* (*portugal*) Sparkasse *f*
caixa-econômica <caixas-econômicas> *f* (*brasil*) Sparkasse *f*
caixa-forte <caixas-fortes> *f* Tresor *m*, Safe *m*
caixão <-ões> *m* Sarg *m*
caixeiro *m* Verkäufer *m*
caixeiro-viajante <caixeiros-viajantes> *m* Vertreter *m*, Handelsreisende *m*
caixilho *m* (*quadro, porta, janela*) Rahmen *m*
caixões *m pl de* **caixão**
caixote *m* Kiste *f;* (*para transporte*) Versandkiste *f;* (*portugal*); **~ do lixo** Mülleimer *m*
cajá *m* (*brasil*) Mombinpflaume *f* (*süß-säuerliche aromatische gelbe Frucht, dient auch zu medizinischen Zwecken*)
cajadada *f* Stockschlag *m*
cajado *m* ① (*de pastor*) Hirtenstab *m* ② (*amparo*) Stütze *f*
cajú *m* (BOT) ① (*árvore*) Cashewbaum *m*, Acajoubaum *m* ② (*pedúnculo*) Kaschuapfel *f* (*wird in Brasilien zu Süßigkeiten und Getränken verarbeitet*) ③ (*castanha*) Cashewnuss *f*
cajueiro *m* Cashewbaum *m*, Acajoubaum *m*
cajuína *f* (*brasil*) Cashew-Wein *m*
cal *f* Kalk *m*
calaboiço *m* Kerker *m*
calada *adv* **pela ~** heimlich

calado **I.** *m* (NÁUT) Tiefgang *m* **II.** *adj* still, schweigsam; (*discreto*) verschwiegen; **estar ~** schweigen
calafetar *vt* abdichten, kalfatern
calafrio *m* ❶ (MED) Schüttelfrost *m;* **tenho ~s** mich fröstelt ❷ (*por susto*) Schauder *m*
calamidade *f* Not *f;* (*desastre*) Katastrophe *f;* (*desgraça*) Unheil *nt*
calamina *f* Zinkspat *m*
calamitoso *adj* katastrophal, entsetzlich; (*desgraçado*) unheilvoll
cálamo *m* (BOT) Getreidehalm *m*
calão *m* Slang *m;* (*portugal: pej*) Jargon *m*
calar **I.** *vt* (*facto*) verschweigen; (*pessoa*) zum Schweigen bringen; (*coloq*); **cala a boca/o bico!** halt's Maul!, halt die Klappe! **II.** *vi* schweigen, verstummen; **quem cala consente** wer schweigt, stimmt zu **III.** *vr* schweigen, verstummen; **cala-te!** halt den Mund!
calça *f* (*brasil*) *v.* **calças**
calçada *f* ❶ (*rua*) steile Gasse *f* ❷ (*brasil: passeio*) Bürgersteig *m*
calçadão <-ões> *m* (*brasil*) Fußgängerzone *f;* **~ da praia** Strandpromenade *f*
calçadeira *f* Schuhanzieher *m,* Schuhlöffel *m*
calçado *m* Schuhwerk *nt*
calçadões *m pl de* **calçadão**
calcanhar *m* Ferse *f;* **~ de Aquiles** Achillesferse *f;* **não chegar aos ~es de alguém** jdm nicht das Wasser reichen können
calção <-ões> *m v.* **calções**
calcar <c→qu> *vt* treten auf
calçar <ç→c> *vt* ❶ (*luvas, meias, sapatos*) anziehen ❷ (*rua*) pflastern ❸ (*carro*) die Bremsbeläge erneuern an
calcário **I.** *m* Kalkstein *m* **II.** *adj* kalkhaltig, Kalk ...
calças ['kalsɐʃ] *fpl* Hose *f;* **~ à jardineira** Latzhose *f;* (*portugal*); **~ de ganga** Jeans *fpl;* (*brasil*); **~ jeans** Jeans *fpl*
calcetar *vt* pflastern
calcificação <-ões> *f* (MED) Verkalkung *f*
calcificar <c→qu> *vi* verkalken
calcinação <-ões> *f* (QUÍM) Kalzination *f*
calcinar *vt* ❶ (*queimar*) verbrennen ❷ (QUÍM) kalzinieren
calcinha (*brasil, cabo verde, s. tomé e príncipe, moçambique, guiné-bissau*) Damenslip *m*
cálcio *m* (QUÍM) Kalzium *nt*
calcite *f* Kalkspat *m,* Kalzit *m*
calço *m* Keil *m;* (*caminhos-de-ferro*) Bremsklotz *m;* **~ do travão** Bremsbelag *m*
calções *mpl* Shorts *pl,* kurze Hose *f;* **~ de banho** Badehose *f*
calcografia *f* Kupferstechkunst *f*
calcorrear *vi* (*coloq*) zu Fuß gehen; (*caminhar muito*) wandern
calculadamente *adv* absichtlich
calculadora *f* Rechner *m,* Rechenmaschine *f;* **~ de bolso** Taschenrechner *m*
calcular [kalku'lar] **I.** *vt* (MAT) berechnen; (*aproximadamente*) schätzen; (*imaginar*) schätzen, glauben; **calculo!** kann ich mir vorstellen!; **calculo que sim** ich glaube schon **II.** *vi* rechnen
calculável <-eis> *adj* berechenbar
calculista *adj* (*pej*) berechnend
cálculo *m* ❶ (MAT) Berechnung *f;* (*aproximado*) Schätzung *f;* **~ diferencial** Differenzialrechnung *f;* **~ integral** Integralrechnung *f;* **~ mental** Kopfrechnen *nt* ❷ (MED) Stein *m;* **~s renais** Nierensteine *pl*
calda *f* ❶ (*xarope*) Sirup *m,* Fruchtsaft *m* ❷ (*do ferro*) Erhitzen *nt*
caldas *fpl* Thermalbad *nt*
caldear *vt conj como passear* ❶ (*ligar metais*) schweißen, zusammenschweißen ❷ (*cal*) löschen ❸ (*tornar rubro*) erhitzen, zum Glühen bringen
caldeira *f* ❶ (*recipiente*) Kessel *m* ❷ (*de máquina a vapor*) Dampfkessel *m*
caldeirada [kaldei'radɐ] *f* (*portugal:* CULIN) *Eintopf aus verschiedenen Fischen*
caldeirão <-ões> *m* große(r) Kessel *m*
caldeirinha *f* Weihwasserkessel *m*
caldo *m* ❶ (CULIN) Brühe *f;* (CULIN); **~ verde** Kohlsuppe *f* ❷ (*fig*) **entornar o ~** die Sache verderben
calefação *f* (*brasil*) *v.* **calefacção**
calefacção <-ões> *f* Erhitzung *f,* Erwärmung *f*
caleira *f* Dachrinne *f*
calejado *adj* ❶ (*caloso*) schwielig ❷ (*endurecido*) abgehärtet ❸ (*experimentado*) erfahren
calendário *m* Kalender *m*
calha *f* ❶ (*para líquidos*) Rinne *f* ❷ (*caminhos-de-ferro*) Schiene *f*
calhamaço *m* Schwarte *f*
calhambeque *m* alte Karre *f*
calhar *vi impess* passen; (*projecto*) klappen; **vir mesmo a ~** gelegen kommen, wie geru-

fen kommen; ~ **bem** sich gut treffen; **como** ~ wie es gerade kommt; **quando** ~ bei Gelegenheit; **se** ~ vielleicht

calhau *m* Felsen *m,* Felsbrocken *m;* **burro como um** ~ dumm wie Bohnenstroh

calibração *f v.* **calibragem**

calibragem <-ens> *f* Kalibrieren *nt*

calibrar *vt* ① (*balança*) kalibrieren ② (*medir*) ausmessen ③ (*rodas*) auswuchten

calibre *m* ① (*arma, tubo*) Kaliber *nt* ② (*padrão*) Eichmaß *nt* ③ (*qualidade*) Kaliber *nt,* Art *f*

cálice *m* ① (*copo*) Stielglas *nt* ② (REL, BOT) Kelch *m*

cálida *adj f de* **cálido**

calidez *f* Hitze *f*

cálido *adj* ① (*quente*) heiß; (*fogoso*) feurig ② (*astuto*) schlau, scharfsinnig

caligrafia *f* ① (*letra bonita*) Schönschrift *f,* Kalligraphie *f* ② (*forma de letra*) Handschrift *f*

calinada *f* Unsinn *m,* Blödsinn *m*

calista *mf* Fußpfleger(in) *m(f)*

calma ['kalmɐ] **I.** *adj f de* **calmo II.** *f* ① (*sossego*) Ruhe *f,* Stille *f* ② (*de espírito*) Gelassenheit *f;* ~**!** beruhige dich!; **com** ~**!** sachte, sachte!, immer mit der Ruhe!; **manter a** ~ sich beherrschen; **perder a** ~ die Fassung verlieren ③ (NÁUT) Windstille *f*

calmante [kal'mãntə] **I.** *m* (FARM) Beruhigungsmittel *nt* **II.** *adj* beruhigend

calmaria *f* ① (*no mar*) Windstille *f,* Flaute *f* ② (*calor*) Schwüle *f*

calmo ['kalmu] *adj* (*sossegado*) ruhig, still; (*descontraído*) gelassen

calo *m* ① (*na pele*) Schwiele *f,* Hornhaut *f;* (*fig*); **criar** ~ abstumpfen ② (MED) Hühnerauge *nt*

caloiro, -a *m, f* Neuling *m;* (*universidade*) Erstsemester *nt,* Studienanfänger(in) *m(f)*

calor [kɐ'lor] *m* ① (*de um corpo*) Wärme *f* ② (*clima*) Hitze *f;* **está** ~ es ist heiß; **tenho** ~ mir ist warm/heiß ③ (*ardor*) Eifer *m;* **com** ~ eifrig

caloria *f* Kalorie *f;* **pobre em** ~**s** kalorienarm

caloroso *adj* ① (*recepção*) warm, herzlich ② (*enérgico*) lebhaft

calosidade *f v.* **calo**

caloso *adj* schwielig

caloteiro, -a *m, f* Betrüger(in) *m(f),* Zechpreller(in) *m(f)*

calouro, -a *m, f v.* **caloiro, -a**

caluda *interj* Ruhe!

calúnia *f* Verleumdung *f*

caluniar *vt* verleumden

calunioso *adj* verleumderisch

calva *adj f de* **calvo**

calvário *m* Qual *f,* Leid *nt*

calvície *f* Kahlköpfigkeit *f*

calvo *adj* kahl, kahlköpfig; **ser** ~ eine Glatze haben

cama ['kɐmɐ] *f* Bett *nt;* ~ **de casal** Doppelbett *nt,* Ehebett *nt;* ~ **de solteiro** Einzelbett *nt;* **estar de** ~ das Bett hüten

camada *f* Schicht *f;* ~ **de ozono** Ozonschicht *f;* ~**s sociais** soziale Schichten

camaleão, -oa <-ões> *m, f* (ZOOL) Chamäleon *nt*

câmara ['kɐmɐrɐ] *f* ① (*quarto, instituição*) Kammer *f;* ~ **ardente** Sterbezimmer *nt;* **Câmara de Comércio** Handelskammer *f;* ~ **de gás** Gaskammer *f;* ~ **escura** Dunkelkammer *f;* (*portugal*); ~ **municipal** Rathaus *nt* ② (*aparelho*) Kamera *f;* ~ **lenta** Zeitlupe *f;* ~ **de vídeo** Videokamera *f*

câmara-ardente <câmaras-ardentes> *f* Totenkammer *f,* Sterbezimmer *nt*

camarada *mf* Kamerad(in) *m(f);* (*coloq*) Kumpel *m;* (*de partido*) Genosse, Genossin *m, f*

camaradagem <-ens> *f* Kameradschaft *f*

câmara-de-ar <câmaras-de-ar> *f* Schlauch *m*

camarão <-ões> *m* (ZOOL) Krabbe *f;* (*brasil: coloq*) sonnengebrannt

camarário *adj* städtisch, kommunal

camarim <-ins> *m* Ankleidezimmer *nt;* (*teatro*) Garderobe *f*

camarões *m pl de* **camarão**

camarote [kɐmɐ'rɔtə] *m* ① (*teatro*) Loge *f* ② (NÁUT) Kajüte *f,* Kabine *f*

cambada *f* ① (*quantidade*) Haufen *m,* Menge *f* ② (*pessoas*) Gesindel *nt*

cambalacho *m* Betrug *m*

cambalear *vi conj como passear* schwanken, taumeln

cambalhota *f* Purzelbaum *m;* **dar uma** ~ einen Purzelbaum schlagen

cambial <-ais> *adj* (ECON) Wechsel ..., Devisen ...

cambiar *vt* (*dinheiro*) wechseln

câmbio ['kãmbju] *m* ① (*de dinheiro*) Geldwechsel *m* ② (ECON: *cotação*) Wechselkurs *m*

cambraia *f* Batist *m*

camélia *f* (BOT) Kamelie *f*

camelo *m* (*fig*) Kamel *nt*
camelô *mf* (*brasil*) Straßenverkäufer(in) *m(f)*

Ein **camelô** ist in Brasilien ein Straßenverkäufer von verschiedenen Waren wie Kleidung, Schmuck, CDs, Parfüms und Uhren. Der Verkaufsstand wird normalerweise meist ohne Verkaufsgenehmigung vorübergehend am Straßenrand oder auf Bürgersteigen aufgebaut.

camião *m* Lastwagen *m*, Lkw *m*; ~ **basculante** Kipper *m*
camião-cisterna *m* (*portugal*) Tankwagen *m*
camicase *m* (*brasil:* MIL) Kamikaze *m*
caminhada *f* lange(r) Fußmarsch *m*
caminhão <-ões> *m* (*brasil*) *v.* **camião**
caminhão-tanque *m* (*brasil*) Tankwagen *m*
caminhar [kɐmi'ɲar] *vi* (*pessoa*) laufen, (zu Fuß) gehen; (*animal*) laufen, gehen
caminho [kɐ'miɲu] *m* ❶ (*via*) Weg *m*; ~ **aéreo** Seilbahn *f*; **ir a** ~ unterwegs sein; **pelo/no** ~ unterwegs; **pôr-se a** ~ sich auf den Weg machen; **ficar pelo** ~ auf der Strecke bleiben; **andar por maus** ~**s** auf Abwege geraten sein; **estar no bom** ~ auf dem richtigen Weg sein; **(já) é meio** ~ **andado** die Hälfte ist schon geschafft ❷ (*distância*) Strecke *f*
caminho-de-ferro *m* (*portugal*) Eisenbahn *f*
caminhões *m pl de* **caminhão**
caminhoneiro, -a *m, f* (*brasil*) Lastwagenfahrer(in) *m(f)*, Lkw-Fahrer(in) *m(f)*
caminhoneta, caminhonete *f* (*brasil*) *v.* **camioneta**
camioneta, camionete *f* ❶ (*de passageiros*) Überlandbus *m*, Bus *m* ❷ (*de carga*) Lastwagen *m*, Lkw *m*
camionista *mf* (*portugal*) Lastwagenfahrer(in) *m(f)*, Lkw-Fahrer(in) *m(f)*
camisa [kɐ'mizɐ] *f* Hemd *nt*, Oberhemd *nt*; (*portugal*); ~ **de dormir** Nachthemd *nt*
camisa-de-forças <camisas-de-forças> *f* Zwangsjacke *f*
camisa-de-vénus <camisas-de-vénus> *f* (*portugal: coloq*) Pariser *m*
camisa-de-vênus <camisas-de-vênus> *f* (*brasil: coloq*) *v.* **camisa-de-vénus**
camiseta [kami'zetɐ] *f* (*brasil*) T-Shirt *nt*
camisinha *f* (*coloq brasil, s. tomé e príncipe, guiné bissau, angola, moçambique: preservativo*) Pariser *m*
camisola [kɐmi'zɔlɐ] *f* ❶ (*portugal: de lã, algodão*) Pullover *m*; ~ **interior** Unterhemd *nt*; ~ **de gola alta** Rollkragenpullover *m* ❷ (*brasil: para dormir*) Nachthemd *nt*
camomila [kɐmu'milɐ] *f* (BOT) Kamille *f*
campa *f* ❶ (*sepultura*) Grab *nt* ❷ (*pedra*) Grabstein *m*
campainha *f* ❶ (*de casa*) Klingel *f*; **tocar à** ~ klingeln ❷ (*sino*) Glocke *f* ❸ (BOT) Glockenblume *f*
campal <-ais> *adj* Feld ...
campana *f* kleine Glocke *f*
campanário [kãmpɐ'narju] *m* Glockenturm *m*
campanha *f* Kampagne *f*; ~ **eleitoral** Wahlkampf *m*
campânula *f* (*cobertura*) Glocke *f*
campeão, campeã <-ões, -s> *m, f* (DESP) Meister(in) *m(f)*; ~ **mundial** Weltmeister *m*
campeonato [kãmpju'natu] *m* Meisterschaft *f*; ~ **mundial** Weltmeisterschaft *f*
campestre *adj* ländlich, Land ...
campi *m pl de* **campus**
campina *f* Ebene *f*
Campinas Campinas (*wichtiges Industrie- und Handelszentrum im Bundesstaat São Paulo*)
campineiro, -a (*brasil*) **I.** *m, f* Einwohner(in) *m(f)* der Stadt Campinas **II.** *adj* (*especialidade*) aus Campinas; (*instituto*) in Campinas
camping *m* (*brasil*) *v.* **campismo**
campino *m* (*portugal*) Stierhirte *m*
campismo *m* (*portugal*) Camping *nt*; **fazer** ~ campen
campista *mf* Camper(in) *m(f)*
campo ['kãmpu] *m* ❶ (*terreno*) Feld *ntpl*; (*de cultivo*) Acker *m*; ~ **de batalha** Schlachtfeld *nt* ❷ (*de trabalho*) Gebiet *nt* ❸ (*aldeia*) Land *nt*; **no** ~ auf dem Land; **para o** ~ aufs Land ❹ (DESP) Platz *m*; ~ **de golfe** Golfplatz *m*; ~ **de jogos** Sportplatz *m*; ~ **de futebol** Fußballplatz *m* ❺ (*acampamento*) Lager *nt*; ~ **de concentração** Konzentrationslager *nt*; ~ **de refugiados** Flüchtlingslager *nt*
Campo Grande *m* (*brasil*) Campo Grande (*Hauptstadt des Bundesstaates Mato Grosso do Sul*)
campo-grandense (*brasil*) **I.** *mf* Einwohner(in) *m(f)* der Stadt Campo-Grande **II.** *adj* (*especialidade*) aus Campo Grande; (*instituto*) in Campo Grande

camponês, -esa <-eses, -esas> *m, f* Bauer *m,* Bäuerin *f*

campónio (*portugal*), **campônio** *m* (*brasil: pej*) Bäuerlein *nt*

campus <campi> *m* Campus *m,* Universitätsgelände *nt*

camuflagem <-ens> *f* Tarnung *f*

camuflar *vt* tarnen

camundongo *m* (*brasil:* ZOOL) *kleine, brasilianische Mausart*

camurça *f* ❶ (ZOOL) Gämse *f* ❷ (*pele*) Wildleder *nt*

cana *f* ❶ (BOT) Schilf *nt,* Rohr *nt;* (*de açúcar*) Zuckerrohr *nt* ❷ (*brasil: coloq: cachaça*) Zuckerrohrschnaps *m* ❸ (*brasil: coloq*) Polizei *f*

Canadá *m* Kanada *nt*

cana-da-índia <canas-da-índia> *f* Bambusrohr *nt*

cana-de-açúcar <canas-de-açúcar> *f* Zuckerrohr *nt*

canadense *mf* (*brasil*) *v.* **canadiano**

canadiano, -a **I.** *m, f* (*portugal*) Kanadier(in) *m(f)* **II.** *adj* kanadisch

canal <-ais> *m* ❶ (ANAT: *via artificial*) Kanal *m* ❷ (*do mar*) Meerenge *f* ❸ (*de televisão*) Sender *m,* Kanal *m*

canalha **I.** *m* (*patife*) Lump *m,* Aas *nt* **II.** *f* ❶ (*crianças*) Rasselbande *f* ❷ (*pej: gente*) Gesindel *nt,* Pack *nt*

canalização <-ões> *f* Kanalisation *f;* (*de água*) Wasserleitung *f;* (*de gás*) Gasleitung *f*

canalizador(a) *m(f)* (*portugal*) Klempner(in) *m(f)*

canalizar *vt* ❶ (*abrir canais*) kanalisieren ❷ (*encaminhar*) gezielt lenken, kanalisieren

canapé *m* Sofa *nt*

canário *m* (ZOOL) Kanarienvogel *m*

canasta *f* Canasta *nt*

canastra *f* (großer) Tragkorb *m*

canavial *m* Ried *nt,* Röhricht *nt*

canção [kɐ̃'sɐ̃u] <-ões> *f* Lied *nt;* ~ **de embalar** Wiegenlied *nt,* Schlaflied *nt;* ~ **popular** Volkslied *nt*

cancela *f* ❶ (*de jardim*) Gartentür *f* ❷ (*caminhos-de-ferro*) Schranke *f*

cancelamento *f* (*encomenda, matrícula*) Annullierung *f;* (*conta*) Sperrung *f*

cancelar [kɐ̃sə'lar] *vt* (*encomenda*) rückgängig machen, für ungültig erklären; (*matrícula*) annullieren; (*conta*) sperren

câncer ['kɐ̃sɜr] *m* ❶ (MED: *brasil: cancro*) Krebs *m; v. tb.* **cancro** ❷ (*brasil: zodíaco*) Krebs *m*

canceroso *adj* krebsartig, Krebs ...; (MED) kanzerös

cancro ['kɐ̃ŋkru] *m* (*portugal:* MED) Krebs *m;* ~ **da mama** Brustkrebs *m;* ~ **de próstata** Prostatakrebs *m;* ~ **do pulmão** Lungenkrebs *m*

candeeiro [kɐ̃n'djeiru] *m* (*portugal*) Lampe *f;* (*da rua*) Straßenlaterne *f;* ~ **de pé** Stehlampe *f*

candeia *f* Öllampe *f*

candelabro *m* (*na mesa*) Kandelaber *m,* Armleuchter *m;* (*no tecto*) Kronleuchter *m*

candelária *m* ❶ (REL) Lichtmess *f* ❷ (BOT) Königskerze *f*

candente *adj* weiß glühend

cândida *adj f de* **cândido**

candidata *f v.* **candidato**

candidatar-se *vr* (*a um cargo*) kandidieren (*a* für); (*a um emprego, uma bolsa*) sich bewerben (*a* um)

candidato, -a *m, f* (*a um cargo*) Kandidat(in) *m(f);* (*a um emprego, uma bolsa*) Bewerber(in) *m(f)*

candidato-laranja <candidatos-laranja> *m* (*brasil:* POL) Strohmann *m*

candidatura *f* (*a um cargo*) Kandidatur *f;* (*a um emprego, uma bolsa*) Bewerbung *f*

cândido *adj* ❶ (*alvo*) weiß ❷ (*puro*) rein ❸ (*ingénuo*) naiv, arglos

candomblé *m* (*brasil*) Candomblé (*animistische Religion afrikanischen Ursprungs*)

Candomblé ist eine animistische Religion aus Teilen von Nigeria und Benin, die durch versklavte Afrikaner wahrscheinlich im frühen 19. Jahrhundert nach Brasilien gebracht wurde. In öffentlichen und privaten Ritualen handeln die Gläubigen aufgrund einer Nähe zu den Mächten der Natur und der Vorfahren. Im orthodoxen candomblé, ist **Iemanjá** die **orixá** (Gottheit) des Meereswassers und wird als Mutter der anderen **orixás** angesehen.

candonga *f* ❶ (*portugal, angola: coloq: contrabando*) Schmuggel *m* ❷ (*portugal: coloq: mercado negro*) Schwarzmarkt *m*

candura *f* ❶ (*alvura*) Weiße *f* ❷ (*pureza*) Reinheit *f* ❸ (*ingenuidade*) Naivität *f,* Arglosigkeit *f* ❹ (*inocência*) Unschuld *f*

caneca [kɐ'nɜkɐ] *f* (*de cerveja*) Krug *m;* (*de leite*) Kännchen *nt; v.* **cervejaria**

canela *f* ① (CULIN) Zimt *m* ② (ANAT) Schienbein *nt*

canelado *adj* gerippt

caneleira *f* (DESP) Schienbeinschützer *m*

caneta *f* Stift *m;* (*esferográfica*) Kugelschreiber *m,* Kuli *m;* ~ **de feltro** Filzstift *m;* ~ **de tinta permanente** Füllfederhalter *m,* Füller *m*

caneta-tinteiro <canetas-tinteiro(s)> *f* Füllfederhalter *m,* Füller *m*

cânfora *f* Kampfer *m*

cangaceiro *m* (*brasil*) Bandit *m*

cangalhas *fpl* ① (*dos animais*) Packsattel *m* ② (*coloq: óculos*) Brille *f*

cangalheiro *m* (*portugal*) Beerdigungsunternehmer *m*

cangambá *m* (*brasil*) Amazonas-Skunk *nt* (*brasilianisches Stinktier*)

canguru *m* (ZOOL) Känguruh *nt*

canhão <-ões> *m* ① (MIL) Kanone *f,* Geschütz *nt* ② (*da fechadura*) Zylinder *m* ③ (*da manga*) Ärmelaufschlag *m* ④ (*da bota*) Schaft *m*

canhões *m pl de* **canhão**

canhoto, -a **I.** *m, f* Linkshänder(in) *m(f)* **II.** *adj* linkshändig

canibal <-ais> *mf* Menschenfresser(in) *m(f),* Kannibale, Kannibalin *m, f*

canibalismo *m* Kannibalismus *m*

caniche *m* Pudel *m*

canil <-is> *m* ① (*alojamento*) Hundezwinger *m* ② (*para matar*) *Einrichtung, in der streunende Hunde und Katzen getötet werden*

canino **I.** *m* (*dente*) Eckzahn *m* **II.** *adj* Hunde ...; **fome canina** Wolfshunger *m*

canis *m pl de* **canil**

canivete [kɐni'vɜtə] *m* Taschenmesser *nt*

canja ['kɐ̃ʒɐ] *f* (CULIN) Hühnersuppe *f* (mit Reis); **isto é ~!** das ist kinderleicht!

canjica *f* (*brasil*) ≈ Maisgrütze *f* (*Süßspeise aus geraspeltem Mais, Zucker und Milch bzw. Kokosmilch*)

cano *m* ① (*tubo*) Rohr *nt,* Röhre *f;* ~ **de esgoto** Abflussrohr *nt* ② (*de arma*) Lauf *m* ③ (*de bota*) Schaft *m*

canoa [kɐ'noɐ] *f* Kanu *nt*

canoagem *m* (DESP) Rafting *f;* (*brasil*) Rafting *nt*

cânone *m* Kanon *m*

canónico (*portugal*), **canônico** *adj* (*brasil*) kanonisch

canonização <-ões> *f* (REL) Heiligsprechung *f,* Kanonisierung *f*

canonizar *vt* (REL) heiligsprechen, kanonisieren

canoro *adj* harmonisch, wohlklingend; **ave canora** Singvogel *m*

cansaço *m* Müdigkeit *f,* Erschöpfung *f*

cansado [kɐ̃'sadu] *adj* müde, erschöpft

cansar **I.** *vt* (*fatigar*) ermüden, anstrengen; (*enfastiar*) langweilen **II.** *vr* müde werden, ermüden; **não me canso de o ouvir** ich werde nicht müde, ihm zuzuhören

cansativo *adj* ermüdend, anstrengend

canseira *f* Anstrengung *f,* Stress *m*

cantão *m* Kanton *m*

cantar [kɐ̃n'tar] *vi* (*pessoa, pássaro*) singen; (*galo*) krähen

cântaro *m* Tonkrug *m;* **chove a ~s** es regnet in Strömen

cantarolar *vi* trällern

canteiro *m* (*de flores*) Beet *nt*

cântico *m* (REL) Lobgesang *m*

cantiga *f höfisches oder religiöses Lied im Mittelalter*

cantil <-is> *m* Feldflasche *f*

cantina *f* Kantine *f;* (*na universidade*) Mensa *f*

cantis *m pl de* **cantil**

canto ['kɐ̃ntu] *m* ① (*da sala*) Ecke *f;* **dos quatro ~s do mundo** aus allen Ecken der Welt ② (*da mesa*) Kante *f;* ~ **arredondado** abgerundete Kante ③ (*ângulo*) Winkel *m;* ~ **da boca** Mundwinkel *m* ④ (*vocal*) Gesang *m;* (*do galo*) Krähen *nt;* ~ **da sereia** verführerische Worte *pl* ⑤ (DESP) Eckball *m*

cantoneira *m* ① (*armário*) Eckschrank *m;* (*prateleira*) Eckbord *nt* ② (*protecção*) Winkeleisen *nt*

cantor(a) [kɐ̃n'tor] *m(f)* Sänger(in) *m(f)*

canudinho *m* (*brasil*) Strohhalm *m*

canudo *m* (kurzes) Rohr *nt;* **ver** (**Braga**) **por um** ~ in die Röhre gucken

cão, cadela <cães, -s> *m, f* Hund *m;* **cem cães a um osso** viele Bewerber auf eine Stelle

cão-polícia <cães-polícia(s)> *m* (*portugal*) Polizeihund *m*

caos *m* Chaos *nt*

caótico *adj* chaotisch

capa *f* ① (*vestuário*) Umhang *m,* Cape *nt;*

~ **de chuva** Regenmantel *m* ❷ (*de livro*) Buchdeckel *m;* (*de revista*) Titelblatt *nt* ❸ (*cobertura*) Schicht *f,* Überzug *m* ❹ (*pasta*) Mappe *f*

capacete [kɐpɐ'setə] *m* Helm *m;* (*para motociclistas*) Sturzhelm *m;* (MIL); ~ **azul** Blauhelm *m*

capachinho *m* Perücke *f*

capacho *m* Fußmatte *f*

capacidade *f* ❶ (*de uma pessoa*) Fähigkeit *f* (*para* zu) ❷ (*de um recipiente*) Fassungsvermögen *nt* ❸ (*de uma máquina*) Leistung *f,* Leistungsfähigkeit *f* ❹ (MAT) Rauminhalt *m* ❺ (INFOR) Kapazität *f*

capacitar **I.** *vt* (*tornar capaz*) befähigen (*para* zu); (*persuadir*) überzeugen **II.** *vr* sich überzeugen (*de* von)

capanga *m* (*brasil*) Leibwächter *m*

capar *vt* (*animal*) kastrieren

capataz *m* Vorarbeiter *m*

capaz *adj* fähig (*de* zu); **ela é ~ de tudo** sie ist zu allem fähig

capela [kɐ'pɜlɐ] *f* ❶ (*igreja*) Kapelle *f* ❷ (*loja*) Kurzwarengeschäft *nt* ❸ (*de flores*) Blumengewinde *nt*

capela-mor *f* Kapelle *f* mit Hochaltar

capelão <-ães> *m* Kaplan *m*

capeta *m* (*brasil*) Teufel *m*

capicua *f* symmetrische Zahl *f*

capilar *adj* ❶ (*do cabelo*) Haar ... ❷ (*fino*) haarfein

capim <-ins> *m* (*brasil*) Rasen *m;* (*coloq*); **vá comer ~!** hau ab!

capim-limão *m* (BOT) Zitronengras *nt,* Lemongras *nt*

capitã *f v.* **capitão**

capitães *m pl de* **capitão**

capital [kɐpi'tal] <-ais> **I.** *f* (*de um país*) Hauptstadt *f* **II.** *m* (ECON) Kapital *nt;* ~ **social** Stammkapital *nt* **III.** *adj* wesentlich, Haupt ...; **pena ~** Todesstrafe *f*

capitalismo *m* Kapitalismus *m*

capitalista *mf* Kapitalist(in) *m(f)*

capitalizar *vt* (ECON) kapitalisieren

capitania *f* (NÁUT) Hafenbehörde *f*

capitão, -ã <-ães, ãs> *m, f* ❶ (MIL) Hauptmann *m* ❷ (DESP) Mannschaftskapitän *m,* Mannschaftskapitänin *f* ❸ (NÁUT) Kapitän, -in *m, f;* ~ **do porto** Hafenmeister *m*

capitão-de-mar-e-guerra <capitães-de-mar-e-guerra> *m* Kapitän *m* zur See

capitel <-éis> *m* (ARQUIT) Kapitell *nt*

capitulação <-ões> *f* (MIL) Kapitulation *f*

capitular *vi* (MIL) kapitulieren, sich ergeben

capítulo *m* ❶ (*de um livro*) Kapitel *nt;* (*de um contrato*) Abschnitt *m* ❷ (REL) Kapitel *nt*

capivara *f* (*brasil:* ZOOL) Wasserschwein *nt,* Capybara *f* (*großes brasilianisches Nagetier*)

capô *m* Motorhaube *f*

capoeira *f* ❶ (*de galinhas*) Hühnerkäfig *m* ❷ (*brasil*) Capoeira *f, Tanz, der einen Kampf simuliert*

capota *f* (*do carro*) Verdeck *nt*

capotar *vi* sich überschlagen, umkippen

capote *m* (bodenlanger) Regenmantel *m;* (MIL) Militärmantel *m*

caprichar *vi* ❶ (*ter capricho*) launisch sein ❷ (*esmerar-se*) sich Mühe geben (*em* zu)

capricho *m* ❶ (*vontade súbita*) Laune *f* ❷ (*obstinação*) Eigensinn *m*

caprichoso *adj* ❶ (*inconstante*) launisch ❷ (*obstinado*) eigensinnig

capricorniano, -a **I.** *m, f* Steinbock *m* **II.** *adj* Steinbock ...

capricórnio *m* (*zodíaco*) Steinbock *m*

cápsula *f* ❶ (FARM) Kapsel *f* ❷ (*de garrafa*) Kronkorken *m*

captar *vt* ❶ (*programa*) bekommen, empfangen ❷ (*água da nascente*) entnehmen ❸ (*alguma coisa*) erschleichen; (*alguém*) (für sich) gewinnen

captura *f* Fang *m,* Festnahme *f*

capturar *vt* festnehmen

capuchinho *m* Kapuzenumhang *m;* **Capuchinho vermelho** Rotkäppchen *nt*

capuz *m* Kapuze *f*

caqui *m* ❶ (*tecido*) Khaki *m* ❷ (BOT: *brasil*) Khakifrucht *f*

cara ['karɐ] **I.** *adj f de* **caro** **II.** *f* (ANAT) Gesicht *nt;* **~ a ~** von Angesicht zu Angesicht; (*fig*); **atirar a. c. à ~ de alguém** jdm etw ins Gesicht werfen; (*coloq*) jdm (eine) ins Gesicht schlagen; **dar de ~s com a. c.** auf etw stoßen; **dizer a. c. na ~ de alguém** jdm etw ins Gesicht sagen; **é a tua ~** (**chapada**) er/sie ist dein Ebenbild; **quem vê ~s não vê corações** stille Wasser sind tief; **ser muito ~ de pau** frech/unverschämt sein; (*expressão*) Miene *f;* **estar com/ter ~ de poucos amigos** ein mürrisches Gesicht machen; **ficar de ~ à banda** verblüfft sein; **estar com/fazer ~ de caso** bedenklich schauen/ein bedenkliches Gesicht machen; (*aspecto*) Aussehen *nt;* **estar com má ~** schlecht aussehen; **ter ~ de** aussehen wie; (*da moeda*) Kopf *m* **III.** *m* (*brasil*) Kerl *m*

carabina *f* Karabiner *m*

caraças *interj* verdammt!

caracol <-óis> *m* ① (ZOOL) Schnecke *f;* **a passo de ~** im Schneckentempo ② (*de cabelo*) Locke *f*

carácter *m* ① (PSIC) Charakter *m* ② (*tipografia*) Buchstabe *m* ③ (*índole*) Art *f;* **um texto de ~ religioso** ein religiöser Text

caracteres *mpl* (*tipografia*) Schrift *f;* **~ de imprensa** Druckschrift *f*

característica *f* Kennzeichen *nt,* Charakteristik *f*

característico *adj* charakteristisch, kennzeichnend

caracterização <-ões> *f* Charakterisierung *f*

caracterizar *vt* ① (*descrever*) charakterisieren ② (*teatro*) schminken

cara-de-pau <caras-de-pau> *mf* (*brasil: coloq: sem-vergonha*) schamlose Person *f;* **que ~!** welch eine Frechheit!

caraíba [kara'iba] *f* (BOT) Johannisbrot

Caraíbas *fpl* Karibik *f*

caralho *m* (*vulg*) Schwanz *m*

caramba *interj* (*espanto*) Donnerwetter!; (*desagrado*) verdammt!

carambola *f* Sternfrucht *f,* Karambole *f*

caramelo *m* ① (*açúcar*) Karamell *m* ② (*rebuçado*) Karamellbonbon *nt*

cara-metade *f* (*coloq*) **a minha ~** meine bessere Hälfte

caramujo *m* (ZOOL) Seeschnecke *f*

caranguejo *m* ① (ZOOL) Krebs *m,* Strandkrabbe *f* ② (*Zodíaco*) Krebs *m*

caraoquê *m* (*brasil*) Karaoke *nt*

carapaça *f* Panzer *m*

carapau [kɐrɐ'pau] *m* (ZOOL) Stichling *m*

carapinha *f* krause(s) Haar *nt*

cara-pintada <caras-pintadas> *mf* (*brasil:* POL) *Junger Demonstrant mit bemaltem Gesicht – ursprünglich anlässlich des Amtsenthebungsprozesses gegen den ehemaligen Präsidenten Fernando Collor de Mello*

carapuça *f* Zipfelmütze *f;* **enfiar a ~** die Kritik schlucken; **não me serve a ~** das trifft mich nicht; **qual ~!** so ein Quatsch!

caratê *m* (*brasil*) Karate *nt*

caráter *m* (*brasil*) *v.* **carácter**

caravana [kɐrɐ'vɐnɐ] *f* ① (*campismo*) Wohnwagen *m* ② (*pessoas*) Karawane *f*

caravela *f* Karavelle *f*

carbonato *m* (QUÍM) Karbonat *nt*

carboneto *m* (QUÍM) Karbid *nt*

carbonizado *adj* verkohlt

carbonizar *vt* verkohlen

carbono *m* (QUÍM) Kohlenstoff *m*

carburador [kɐrburɐ'dor] *m* Vergaser *m*

carcaça *f* ① (*armação*) Gestänge *nt,* Gerippe *nt* ② (*portugal: pão*) Brötchen *nt*

carcela *f* Hosenschlitz *m*

cárcere *m* Kerker *m,* Gefängnis *nt*

carcereiro, -a *m, f* Gefängniswärter(in) *m(f)*

carcinoma *m* (MED) Karzinom *nt*

carcoma *m* (ZOOL) Holzwurm *m*

carcomer *vt* zernagen, zerfressen

carcomido *adj* wurmstichig

cardápio *m* ① (*brasil: ementa*) Speisekarte *f* ② (*brasil: pratos*) Menü *nt*

cardar *vt* ① (*lã*) kämmen ② (*coloq: uma pessoa*) schröpfen

cardeal <-ais> **I.** *m* (REL) Kardinal *m* **II.** *adj* Haupt ...; **pontos cardeais** Himmelsrichtungen *pl*

cárdia *f* (ANAT) Mageneingang *m*

cardíaco, -a [kɐr'diɐku] **I.** *m, f* (MED) Herzkranke **II.** *adj* (MED) Herz ...

cardinal <-ais> *adj* wesentlich, Haupt ...; (MAT); **numeral ~** Grundzahl *f,* Kardinalzahl *f*

cardiologista [kɐrdjulu'ʒiʃtɐ] *mf* Herzspezialist(in) *m(f),* Kardiologe, Kardiologin *m, f*

cardite *f* (MED) Karditis *f*

cardo *m* (BOT) Distel *f*

cardume *m* Schwarm *m*

careca **I.** *f* Glatze *f;* **descobrir a ~ a alguém** jdm die Maske vom Gesicht reißen **II.** *m* (*pessoa*) Glatzkopf *m* **III.** *adj* kahlköpfig

carecer <c→ç> *vi* nicht haben (*de*); **carecemos de ...** es fehlt uns an ...; **carecem de ajuda** sie bekommen keine Hilfe

careiro *adj* teuer

carência *f* Fehlen *nt* (*de*); (*alimentos*) Mangel *m* (*de* an)

careta **I.** *f* Grimasse *f;* **fazer ~s** Grimassen schneiden **II.** *adj* (*brasil: coloq*) überholt, altbacken

carga *f* ① (*carregamento*) Last *f;* **~ de água** Regenguss *m;* **~ explosiva** Sprengladung *f;* **porque ~ d'água ...?** aus welchem unerfindlichen Grund ...? ② (*fardo*) Last *f,* Belastung *f* ③ (ECON) Fracht *f,* Frachtgut *nt* ④ (ELECTR) Ladung *f* ⑤ (MIL) Angriff *m*

cargo *m* ① (*função*) Amt *nt;* (*emprego*) Stellung *f* ② (*obrigação*) Verpflichtung *f,* Pflicht *f*

❸ (*responsabilidade*) Verantwortung *f;* **isso está a ~ dele** er ist dafür zuständig; **deixar a. c. a ~ de alguém** jdm etw überlassen; **isso fica a meu ~** das übernehme ich

cargueiro **I.** *m* (NÁUT) Frachtdampfer *m,* Frachter *m* **II.** *adj* Fracht ..., Last ...

cariado *adj* (*dente*) kariös

cariar *vi* (*dente*) von Karies befallen werden

caricato *adj* lächerlich, grotesk

caricatura *f* Karikatur *f*

caricaturar *vt* karikieren

carícia *f* Liebkosung *f*

caridade *f* ❶ (*amor ao próximo*) Nächstenliebe *f* ❷ (*generosidade*) Barmherzigkeit *f,* Wohltätigkeit *f*

caridoso *adj* wohltätig, barmherzig

cárie *f* (MED) Karies *f*

caril *m* (CULIN) Curry *nt*

carimbar *vt* stempeln, abstempeln

carimbo *m* Stempel *m*

carinho *m* ❶ (*sentimento*) Zuneigung *f* (*por* für) ❷ (*acto*) Liebkosung *f*

carinhoso [kɐri'ɲozu] *adj* liebevoll (*com* zu), zärtlich (*com* zu)

Caríntia *f* Kärnten *nt*

carioca [kɐrj'ɔkɐ] **I.** *mf* (*pessoa*) Einwohner(in) *m(f)* von Rio de Janeiro **II.** *m* (*bebida*) **~ de café** schwache(r) Kaffee *m* **III.** *adj* (*especialidade*) aus Rio de Janeiro; (*instituto*) in Rio de Janeiro

carisma *m* Charisma *nt*

cariz *m* ❶ (*de pessoa*) Aussehen *nt* ❷ (*de situação*) Entwicklung *f* ❸ (METEO) Wetterlage *f*

carmesim *m* Karmesin *nt,* Karmin *nt*

carmim *m v.* **carmesim**

carnal <-ais> *adj* fleischlich, sinnlich

carnaval [kɐrnɐ'val] <-ais> *m* Karneval *m,* Fasching *m*

Der **carnaval** in Rio, das alljährlich vier Tage vor Aschermittwoch gefeierte größte Spektakel Brasiliens, findet zur gleichen Zeit wie unser Fasching statt und dauert fünf Tage lang. Über 250.000 Leute sind an diesem Fest, das noch wichtiger als Weihnachten und Ostern ist, direkt oder indirekt beteiligt. Sämtliche Sambaschulen haben sich fast ein Jahr lang mit kunstvoll gefertigten Kostümen und perfekt einstudierten Tänzen auf ihren Auftritt vorbereitet. Fast alle Mitglieder kommen aus den favelas (Slums). Durch den recht hochdotierten Hauptgewinn hoffen sie, zu etwas Wohlstand zu gelangen. Die meisten Läden und Ämter sind während der gesamten Zeit der kollektiven Tanzorgien geschlossen.

carnavalesco (*brasil*) **I.** *m* Karnevalsliebhaber *m* **II.** *adj* Karnevals ...; **baile ~** Karnevalsball *m*

carne ['karnə] *f* Fleisch *nt;* **~ assada** Braten *m;* **~ defumada** Rauchfleisch *nt;* **~ de porco** Schweinefleisch *nt;* **~ de vaca** Rindfleisch *nt;* **~ picada** [*o brasil* **moída**] Hackfleisch *nt;* **~s frias** Aufschnitt *m;* **em ~ e osso** leibhaftig

carnê *m* (*brasil*) Notizbuch; (*de pagamento*) Haushaltsbuch

Carneiro *m* (*zodíaco*) Widder *m*

carneiro *m* Hammel *m;* **~ assado** Hammelbraten *m*

carne-seca <carnes-secas> *f* (*brasil:* CULIN) *gesalzene und luftgetrocknete Rindfleischstreifen;* **ele está por cima da ~** ihm geht es gut

carniceiro, -a *m, f* ❶ (*de animais*) Schlachter(in) *m(f),* Metzger(in) *m(f)* ❷ (*pej: sanguinário*) Schlächter(in) *m(f)*

carnificina *f* Gemetzel *nt,* Blutbad *nt*

carnívoro *adj* Fleisch fressend

carnudo *adj* fleischig

caro ['karu] *adj* ❶ (*no preço*) teuer ❷ (*querido*) lieb; (*em carta*); **~ /cara colega** lieber Kollege/liebe Kollegin

carocha **I.** *m* (*portugal: automóvel*) Käfer *m* **II.** *f* (ZOOL) Hirschkäfer *m*

carochinha *f* **história da ~** Märchen *nt*

caroço *m* Kern *m,* Stein *m*

carola **I.** *mf* (*pessoa*) Fanatiker(in) *m(f)* **II.** *f* (*coloq: cabeça*) Birne *f* **III.** *adj* fanatisch

carolice *f* Frömmelei *f*

carona **I.** *f* (*brasil*) Mitfahrgelegenheit *f;* **andar/viajar de ~** per Anhalter fahren, trampen **II.** *mf* (*brasil*) Schwarzfahrer(in) *m(f)*

carótida *f* (ANAT) Halsschlagader *f*

carpa *f* (ZOOL) Karpfen *m*

carpete *f* Teppich *m*

carpintaria [kɐrpĩntɐ'riɐ] *f* Tischlerei *f,* Schreinerei *f*

carpinteiro, -a *m, f* Tischler(in) *m(f),* Schreiner(in) *m(f)*

carpo *m* ❶ (ANAT) Handwurzel *f* ❷ (BOT) Frucht *f*

carqueja *f* (*brasil:* BOT) *bitter schmeckende Pflanze, deren Tee gegen Verdauungsprobleme und Erkältungen angewandt wird*

carquilha *f* Falte *f*

carraça *f* (ZOOL) Zecke *f*

carrada *f* Fuhre *f*; **~s de** Mengen (von); **ter ~s de razão** hundertprozentig Recht haben

carrancudo *adj* (*pessoa*) mürrisch, verdrießlich; (*dia*) trist

carrapato *m* ❶ (BOT) Rizinus *m* ❷ (ZOOL) Zecke *f*

carrapicho *m* (*no cabelo*) Haarknoten *m*, Dutt *m*

carrapito *m* (*no cabelo*) Pferdeschwanz *m*

carrascão **I.** *m* (*vinho*) Rachenputzer *m* **II.** *adj* (*vinho*) herb, sauer

carrasco *m* ❶ (*verdugo*) Henker *m* ❷ (*pessoa cruel*) Unmensch *m* ❸ (BOT) Steineiche *f*

carraspana *f* (*coloq*) Rausch *m*, Schwips *m*

carregado *adj* ❶ (*automóvel, pessoa*) beladen; (*muito ~*) überladen ❷ (ELECTR) geladen ❸ (*céu*) bewölkt ❹ (*cor*) kräftig ❺ (*sotaque*) stark

carregador[1] *m* (ELECTR) Ladegerät *nt*

carregador(a)[2] *m(f)* (*na estação*) Gepäckträger(in) *m(f)*

carregamento *m* ❶ (*carga*) Ladung *f* ❷ (*embarque*) Einladen *nt*, Verladen *nt* ❸ (*de arma*) Laden *nt*

carregar <g→gu> **I.** *vt* ❶ (*navio, camião*) beladen; (*mercadoria*) verladen, einladen; **~ demais o carro** das Auto überladen ❷ (ELECTR, INFOR) laden ❸ (*arma*) laden **II.** *vi* ❶ (*malas; transportar*) **~ com a. c.** etw tragen; (*deveres*) etw übernehmen ❷ (*portugal: no botão*) drücken (*em* auf)

carreira *f* ❶ (*profissão*) Laufbahn *f*; (*com êxito*) Karriere *f* ❷ (DESP) Lauf *m*, Rennen *nt* ❸ (*fila*) Reihe *f*; **em ~** in einer Reihe ❹ (*transportes*) Linie *f*; (*percurso*) Strecke *f*

carreiro *m* Fußweg *m*; (*de formigas*) Ameisenstraße *f*

carriça *f* (*portugal:* ZOOL) Zaunkönig *m*

carril *m* Schiene *f*

carrinha *f* (*portugal*) Kombi *m*, Kombiwagen *m*; (*para transportes*) Lieferwagen *m*; **~ de caixa aberta** Pritschenwagen *m*

carrinho *m* kleine(r) Wagen *m*, Wägelchen *nt*; **~ de bebé** [*o brasil* **bebê**] Kinderwagen *m*; **~ de compras** Einkaufswagen *m*; **~ de mão** Schubkarre *f*

carripana *f* (*portugal: coloq: veículo velho*) (alte) Kiste *f*

carro ['kaʀu] *m* ❶ Wagen *m*, Auto *nt*; **~ de aluguer** Mietwagen *m*; **~ de combate** Panzer *m*; **~ usado/em segunda mão** Gebrauchtwagen *m*; (*fig*); **pôr o ~ à frente dos bois** das Pferd am Schwanz aufzäumen ❷ (*carruagem*) Waggon *m*

carro-bomba <carros-bomba(s)> *m* Autobombe *f*

carroça *f* Leiterwagen *m*

carroçaria, carroceria *f* Karosserie *f*

carro-patrulha *m* Streifenwagen *m*

carrossel <-éis> *m* Karussell *nt*

carruagem <-ens> *f* (*portugal*) Wagen *m*, Waggon *m*

carruagem-cama *f* (*portugal*) Schlafwagen *m*

carruagem-restaurante *f* (*portugal*) Speisewagen *m*

carta ['kartɐ] *f* ❶ (*correspondência*) Brief *m*; **~ de apresentação** Anschreiben *nt*; **~ de recomendação** Empfehlungsschreiben *nt*; **~ registada** Einschreiben *nt*; **~ de demissão** Kündigungsschreiben *nt* ❷ **~ de vinhos** Weinkarte *f* ❸ (*mapa*) Landkarte *f* ❹ (*do baralho*) Karte *f*, Spielkarte *f* ❺ (*documento oficial*) Urkunde *f*, Bescheinigung *f*; **~ constitucional** Verfassungsurkunde *f*; (*portugal*); **~ de condução** Führerschein *m*; (*brasil*); **~ de motorista** Führerschein *m*; **tirar a ~** den Führerschein machen

> Sagen Sie nicht **carta**, wenn Sie eine Karte wollen, sonst bekommen Sie einen Brief. Das Wort „Karte" heißt auf portugiesisch **postal**.

carta-branca *f* Blankovollmacht *f*; **dar ~ a alguém** jdm völlig freie Hand lassen

cartão [kɐr'tãu] <-ões> *m* ❶ (*papelão*) Pappe *f*, Karton *m*; **~ canelado** Wellpappe *f* ❷ (*de instituição*) Karte *f*; **~ de banco** Scheckkarte *f*; **~ de beneficiário** Krankenversichertenkarte *f*; **~ de contribuinte** Steuerzahlerausweis *m*; **~ de crédito** Kreditkarte *f*; (*portugal*); **~ de estudante** Studentenausweis *m*; **~ de telefone** Telefonkarte *f*; (*caminhos-de-ferro*); **~ dourado** Seniorenpass *m* ❸ (*brasil*) **~ (postal)** Postkarte *f*, Ansichtskarte *f*

cartão-de-visita *m* Visitenkarte *f*
cartão-postal <cartões-postais> *m* (*brasil*) Postkarte *f*
cartaz [kɐr'taʃ] <-es> *m* Plakat *nt;* **afixar um ~** ein Plakat aufhängen
carte *m* (*brasil*) Gokart *m*
carteira [kɐr'teirɐ] *f* ① (*para dinheiro*) Brieftasche *f;* (*de senhora*) Handtasche *f* ② (*escrivaninha*) Schulbank *f* ③ (ECON) Wertpapierbestand *m* ④ (*brasil: documento*) Ausweis *m;* **~ de estudante** Studentenausweis *m;* **~ de identidade** Personalausweis *m;* **~ de motorista** Führerschein *m*
carteirista [kɐrtei'riʃtɐ] *mf* (*portugal*) Taschendieb(in) *m(f)*
carteiro *m* Briefträger *m*
cartel <-éis> *m* (ECON) Kartell *nt*
cartilagem <-ens> *f* (ANAT) Knorpel *m*
cartilha *f* Fibel *f*
cartódromo *m* (*brasil*) Gokart-Rennbahn *f*
cartões *m pl de* **cartão**
cartografia *f* Kartographie *f*
cartola *f* ① (*chapéu*) Zylinder *m* ② (*reg: bebedeira*) Rausch *m*
cartolina *f* feine(r) Karton *m,* Zeichenkarton *m*
cartomante *mf* Kartenleger(in) *m(f)*
cartório *m* ① (*de notário*) Notariat *nt* ② (*arquivo*) Archiv *nt*
cartucho [kɐr'tuʃu] *m* ① (*saco de papel*) Tüte *f* ② (*de arma*) Patrone *f*
cartum <-uns> *m* (*brasil*) Cartoon *m*
caruma *f* (trockene) Nadeln *pl,* (trockene) Piniennadeln *pl*
caruncho *f* Holzwurm *m*
carvalho *m* (BOT) Eiche *f*
carvão [kɐr'vãu] <-ões> *m* Kohle *f;* **~ mineral** Steinkohle *f;* **~ vegetal** Holzkohle *f*
casa ['kazɐ] *f* ① (ARQUIT) Haus *nt;* (*andar*) Wohnung *f;* **~ alugada/arrendada** Mietwohnung *f;* **~ de banho** (*portugal*) Badezimmer, nt, Toilette, f; **~ de pasto** einfache Gaststätte *f;* **~ própria** Eigenheim *nt;* **~ das máquinas** Maschinenhaus *nt;* **~ de saúde** Krankenhaus *nt;* **em ~** zu Hause; **estar em ~ de alguém** bei jdm sein; **está em casa da Cristina** er/sie ist bei Cristina; **ir a ~ de alguém** zu jdm gehen; **para ~** nach Hause ② (*estabelecimento*) Firma *f;* **Casa da Moeda** Münze *f;* **~ de penhores** Leihhaus *nt* ③ (*do botão*) Knopfloch *nt* ④ (*xadrez*) Feld *nt*
casa-alugada *f* (*portugal:* ZOOL) Einsiedlerkrebs *m*
casaca *f* Frack *m;* (*fig*); **cortar na ~** lästern; (*fig*); **cortar na ~ de alguém** über jdn herziehen; (*fig*); **virar a ~** das Lager wechseln
casacão <-ões> *m* (dicke) Jacke *f,* Mantel *m*
casaco [kɐ'zaku] *m* Jacke *f;* (*para homem*) Jackett *nt;* **~ de malha** Strickjacke *f*
casacões *m pl de* **casacão**
casa-de-banho <casas-de-banho> *f* (*portugal: na casa*) Badezimmer *nt;* (*em lugar público*) Toiletten *pl*
casado [kɐ'zadu] *adj* verheiratet
casadoiro, casadouro *adj* heiratsfähig
casal <-ais> *m* ① (*de pessoas*) Paar *nt;* (*casado*) Ehepaar *nt;* (*de animais*) Pärchen *nt* ② (*povoado*) Weiler *m*
casamata *f* Kasematte *f*
casamenteiro, -a *m, f* Heiratsvermittler(in) *m(f),* Kuppler(in) *m(f)*
casamento [kɐzɐ'mẽntu] *m* ① (*união*) Ehe *f* ② (*cerimónia*) Trauung *f;* **~ civil/religioso** standesamtliche/kirchliche Trauung ③ (*boda*) Hochzeit *f*
casar I. *vt* trauen **II.** *vi* heiraten; **~ com alguém** jdn heiraten; **~ pela Igreja** kirchlich heiraten **III.** *vr* sich verheiraten (*com* mit)
casarão <-ões> *m* große(s) Haus *nt*
casca *f* (*de árvore, queijo*) Rinde *f;* (*de ovo, fruta, batata*) Schale *f*
casca-grossa <cascas-grossas> *mf* (*coloq*) Grobian *m*
cascalho *m* ① (*pedras*) Schotter *m,* Kies *m* ② (*coloq: moedas*) Kies *m*
cascar <c→qu> *vt* (*coloq: bater*) durchprügeln
cascata *f* Wasserfall *m*
cascavel <-éis> **I.** *f* (ZOOL) Klapperschlange *f* **II.** *m* (*chocalho*) Rassel *f*
casco *m* ① (*crânio*) Schädel *m* ② (*de navio*) Rumpf *m* ③ (*de cavalo*) Huf *m* ④ (*de vinho*) Weinfaß *nt*
casebre *m* elende Hütte *f*
caseiro I. *m* Pächter *m* **II.** *adj* ① (*pessoa*) häuslich ② (*objecto, alimento*) hausgemacht
caserna *f* Kaserne *f*
casimira *f* Kaschmir *m*
casino [kɐ'zinu] *m* (*portugal*) Kasino *nt*
casmurro *adj* ① (*teimoso*) dickköpfig, eigensinnig ② (*triste*) mürrisch, verdrießlich
caso ['kazu] **I.** *m* (*acontecimento*) Fall *m,*

Angelegenheit *f;* ~ **bicudo** knifflige/heikle Angelegenheit; ~ **de consciência** Gewissensfrage *f;* ~ **contrário** sonst, anderenfalls; **em ~ de dúvida** im Zweifelsfall; **em ~ de necessidade** falls es nötig ist; **em todo o ~** jedenfalls, auf jeden Fall; **o ~ está mal parado** die Sache sieht schlecht aus; **em último ~** notfalls; **nesse/neste ~** in diesem Fall; **no ~ de** falls; **isso não vem ao ~** das gehört nicht zur Sache; **não fazer ~ de ...** kein Aufhebens machen von ..., ... nicht beachten; (GRAM) Fall *m,* Kasus *m* **II.** *konj+conj* falls

casota *f* (*de cão*) Hundehütte *f*

caspa [ˈkaʃpɐ] *f* Schuppe *f*

casquilho *m* ❶ (*portugal: de lâmpada*) Gewinde *f* ❷ (*pessoa*) Geck *m*

cassa *f* Gaze *f*

cassar *vt* aufheben

cassete [kaˈsɜtə] *f* Kassette *f;* (*portugal*); ~ **áudio** Audiokassette *f;* ~ **vídeo** Videokassette *f*

cassetete *m* Schlagstock *m*

cassino *m* (*brasil*) Kasino *nt*

casta **I.** *adj f de* **casto** **II.** *f* ❶ (*raça*) Rasse *f* ❷ (*classe social, religiosa*) Kaste *f;* **toda a ~ de** allerlei

castanha *f* ❶ (BOT) Esskastanie *f* ❷ (*assada*) Marone *f*

castanha-de-caju <castanhas-de-caju> *f* Cashewkern *m*

castanha-do-pará <castanhas-do-pará> *f* Paranuss(kern) *m*

castanho [kɐʃˈteɲu] **I.** *m* (*madeira*) Kastanienholz *nt;* (*portugal: cor*) Braun *nt* **II.** *adj* braun

castanholas *fpl* Kastagnetten *fpl*

castelhano, -a **I.** *m, f* Kastilier(in) *m(f)* **II.** *adj* kastilisch

castelo [kɐʃˈtɜlu] *m* Schloss *nt;* (*fortaleza*) Burg *f,* Kastell *nt;* ~ **s no ar** Luftschlösser

Castelo Branco (*portugal*) Castelo Branco (*Hauptstadt des Distrikts Castelo Branco*); **Distrito de ~** Distrikt Castelo Branco

castiçal <-ais> *m* Kerzenleuchter *m*

castiço *adj* ❶ (*animal*) reinrassig ❷ (*puro*) authentisch, ursprünglich ❸ (*engraçado*) niedlich

castidade *f* Keuschheit *f*

castigar <g→gu> *vt* bestrafen (*por* für)

castigo [kɐʃˈtigu] *m* ❶ (*pena*) Strafe *f* (*por* für) ❷ (*acto*) Bestrafung *f*

casto *adj* keusch

castor *m* (ZOOL) Biber *m*

castração <-ões> *f* Kastration *f*

castrar *vt* kastrieren

castro *m* (HIST) vorrömische Siedlung *f*

casual <-ais> *adj* zufällig, Zufalls ...

casualidade *f* Zufall *m*

casulo *m* ❶ (*insectos*) Kokon *m* ❷ (BOT) Samenkapsel *f*

cata *f* Suche *f;* **andar à ~ de a. c.** auf der Suche nach etw sein

cataclismo *m* ❶ (GEOL) Kataklysmus *m* ❷ (*inundação*) Überschwemmung *f* ❸ (*social*) Umsturz *m*

catacumba *f* Katakombe *f*

catalepsia *f* (MED) Katalepsie *f,* Muskelverkrampfung *f*

catalisador *m* Katalysator *m*

catalisar *vt* (QUÍM) katalysieren

catálise *f* (QUÍM) Katalyse *f*

catalogar <g→gu> *vt* katalogisieren

catálogo *m* Katalog *m*

cataplasma *f* (MED) Kataplasma *nt,* Breiumschlag *m*

catapulta *f* Katapult *nt*

catar *vt* (*pulgas, piolhos*) suchen; (*coloq*) knacken; ~ **as pulgas ao cão/os piolhos à criança** den Hund flöhen/das Kind lausen

catarata *f* ❶ (*queda d'água*) Wasserfall *m* ❷ (MED) graue(r) Star *m*

catarinense (*brasil*) **I.** *mf* Einwohner(in) *m(f)* des Bundesstaates Santa Catarina **II.** *adj* (*especialidade*) aus Santa Catarina; (*instituto*) in Santa Catarina

catarro *m* (MED) Katarrh *m*

catástrofe *f* Katastrophe *f*

catastrófico *adj* katastrophal

cata-vento *m* Wetterfahne *f*

catecismo *m* (REL) Katechismus *m*

cátedra *f* Lehrstuhl *m,* Professur *f*

catedral [kɐtəˈdral] <-ais> *f* Dom *m,* Kathedrale *f*

categoria *f* ❶ (*grupo, qualidade*) Kategorie *f;* ~ **profissional** Beruf *m;* **de ~** erstklassig ❷ (*social*) Rang *m,* Stellung *f;* **de ~** hochgestellt

categórico *adj* kategorisch

catequese *f* (REL) Katechese *f*

catequista *mf* (REL) Katechet(in) *m(f)*

cateto *m* (MAT) Kathete *f*

catita *adj* fein, elegant

cativa *f de* **cativo**

C

cativante *adj* fesselnd; (*sorriso*) bezaubernd
cativar *vt* ❶(*prender*) gefangen nehmen, festnehmen ❷(*facto, acontecimento*) fesseln; (*com simpatia*) bezaubern
cativeiro *m* Gefangenschaft *f*
cativo, -a **I.** *m, f* Gefangene *m* **II.** *adj* gefangen
cato *m* (*brasil*) Kaktus *m*
católica *f de* **católico**
catolicismo *m* Katholizismus *m*
católico, -a **I.** *m, f* Katholik(in) *m(f)* **II.** *adj* katholisch
catorze [kɐ'torzə] *num card* vierzehn; *v. tb.* **dois**
catraia *f* ❶(*barco*) Einer *m* ❷(*portugal: coloq: rapariga*) kleine(s) Mädchen *nt*
catraio *m* (*portugal*) Knirps *m*
catrapus *interj* boing!, plumps!
caubói *m* Cowboy *m*
caução [kau'sãu] <-ões> *f* ❶(*valor*) Kaution *f* ❷(*garantia*) Bürgschaft *f*
caucho *m* (BOT: *árvore*) Kautschukbaum *m;* (*borracha*) Kautschuk *m*
cauda *f* ❶(*animais*) Schwanz *m* ❷(*vestido*) Schleppe *f* ❸(*cometa*) Schweif *m* ❹(*avião*) Heck *nt* ❺(*retaguarda*) Ende *nt*
caudal <-ais> **I.** *m* (*torrente*) Wasserflut *f;* (*volume*) Wassermenge *f* **II.** *adj* Schwanz ...
caule *m* (BOT) Stängel *m*
causa ['kauzɐ] *f* ❶(*motivo*) Grund *m* (*de* für), Ursache *f* (*de* für); **por ~ de** wegen ❷(DIR) Rechtssache *f;* (*processo*) Prozess *m*
causador(a) **I.** *m(f)* Urheber(in) *m(f);* (*de danos*) Verursacher(in) *m(f)* **II.** *adj* verursachend
causal <-ais> *adj* ursächlich; (GRAM) kausal
causar [kau'zar] *vt* verursachen; **~ admiração** Bewunderung hervorrufen; **~ danos** Schaden anrichten; **~ a morte de alguém** jds Tod herbeiführen; **o sismo causou muitos mortos** das Erdbeben forderte viele Todesopfer
cáustico **I.** *m* Ätzmittel *nt* **II.** *adj* ätzend
cauta *adj f de* **cauto**
cautela *f* ❶(*precaução*) Vorsicht *f;* **~!** Vorsicht!; **à ~** zur Vorsicht ❷(*lotaria*) Los *nt* ❸(*de penhor*) Pfandschein *m*
cauteleiro, -a *m, f* (*portugal*) Losverkäufer(in) *m(f)*
cauteloso *adj* vorsichtig
cauto *adj* vorsichtig
cava *f* ❶(*vinha*) Weinkeller *m* ❷(*para mangas*) Armausschnitt *m;* (*pescoço*) Halsausschnitt *m*
cavaca *f* ❶(CULIN) Plätzchen *nt* ❷(*de madeira*) Scheit *nt*
cavaco *m* ❶(*de madeira*) Splitter *m,* Holzspan *m* ❷(*coloq: conversação*) Schwatz *m;* **não dar ~** keinen Laut von sich geben, nichts von sich hören lassen +*dat*
cavado *adj* hohl
cavala *f* (ZOOL) Makrele *f*
cavalariça *f* Pferdestall *m*
cavaleiras *fpl* **às ~** huckepack
cavaleiro[1] *m* (HIST) Ritter *m*
cavaleiro, -a[2] *m, f* Reiter(in) *m(f)*
cavalete *m* ❶(*armação*) Gestell *nt* ❷(*do pintor*) Staffelei *f*
cavalgada *f* ❶(*pessoas*) Reitertrupp *m* ❷(*passeio*) Ausritt *m*
cavalgar <g→gu> *vi* reiten
cavalheiresco *adj* galant; (*nobre*) vornehm
cavalheirismo *f* Galanterie *f*
cavalheiro *m* Kavalier *m*
cavalitas *adv* (*esp portugal*) **às ~** huckepack
cavalo [kɐ'valu] *m* ❶(ZOOL) Pferd *nt;* **~ de montar** Reitpferd *nt;* **~ de tiro** Zugpferd *nt;* **a ~** zu Pferd; (*geral*) rittlings; **andar a ~** reiten; **passar/ir de ~ para burro** eine Etage tiefer sinken ❷(*xadrez*) Springer *m* ❸(FÍS) Pferdestärke *f*
cavalo-marinho <cavalos-marinhos> *m* ❶(*peixe*) Seepferdchen *nt* ❷(*portugal: hipopótamo*) Flusspferd *nt,* Nilpferd *nt*
cavalo-vapor <cavalos-vapor> *m* (FÍS) Pferdestärke *f*
cavanhaque *m* (*brasil*) Spitzbart *m*
cavaqueira *f* Schwatz *m,* Plauderei *nt*
cavaquinho *m kleine viersaitige Gitarre*
cavar *vt* ❶(*abrir a terra*) graben; (*revolver*) hacken ❷(*tirar da terra*) ausgraben
cave *f* ❶(*portugal: da casa*) Keller *m,* Kellergeschoss *nt* ❷(*adega*) Weinkeller *m,* Kellerei *f*
caveira *m* Totenkopf *m*
caverna [kɐ'vɜrnɐ] *f* (*gruta*) Höhle *f*
caviar *m* (CULIN) Kaviar *m*
cavidade *f* Hohlraum *m;* (ANAT); **~ torácica** Brusthöhle *f*
cavilha *f* Bolzen *m,* Zapfen *m*
cavo *adj* ❶(*oco*) hohl ❷(*fundo*) tief
cavouco *m* Ausschachtung *f*
caxemira *f* Kaschmir *m*
caxinguelê *m* (*brasil*) Brasilianisches Eich-

hörnchen *nt*

Cazaquistão *m* Kasachstan *nt*

CBF [sebe'ɛfi] *f* (*brasil*) *abr de* **Confederação Brasileira de Futebol** Brasilianischer Fußballverband *m*

CD [se'de] *abr de* **compact disc** CD (= *compact disc*)

CD-ROM *m* (INFOR) CD-ROM *f*

CE ❶ *abr de* **Comunidade Europeia** EG (= *Europäische Gemeinschaft*) ❷ *abr de* **Ceará** Ceará (*Bundesstaat im Nordosten Brasiliens*)

cear *vi conj como passear* zu Abend essen

Ceará *m* (*brasil*) Ceará (*Bundesstaat im Nordosten Brasiliens*)

cearense **I.** *mf* Einwohner(in) *m(f)* des Bundesstaates Ceará **II.** *adj* (*especialidade*) aus Ceará; (*instituto*) in Ceará

cebola *f* ❶ (BOT) Zwiebel *f* ❷ (*coloq: relógio*) große dicke Taschenuhr *f*

cebolada *f* (CULIN) Zwiebelsoße *f*

cebolinha *f* Silberzwiebel *f*

cecear *vi conj como passear* lispeln

ceco *m* (ANAT) Blinddarm *m*

ceder **I.** *vt* überlassen; (*direitos*) abtreten, übertragen **II.** *vi* ❶ (*dobrar-se, transigir*) nachgeben ❷ (*diminuir*) nachlassen

cedilha *f* Cedille *f*

cedinho *adv* sehr früh; (*coloq*) recht früh

cedo ['sedu] *adv* früh; (*antes do tempo*) zu früh; **mais ~ ou mais tarde** früher oder später

cedro *m* (BOT) Zeder *f*

cédula *f* Schein *m*, Bescheinigung *f*; **~ de nascimento** Geburtsurkunde *f*; **~ pessoal** Ausweis *m*

cefaleia (*portugal*), **cefaléia** *f* (*brasil:* MED) Kopfschmerzen *pl*

cefálico *adj* (MED) Kopf ...

cega *f de* **cego**

cegar <g→gu> **I.** *vt* blenden **II.** *vi* erblinden

cegas *adv* **às ~** blindlings

cego, -a[1] ['sɜgu] **I.** *m, f* Blinde **II.** *adj* ❶ (*que não vê*) blind ❷ (*deslumbrado*) verblendet

cego[2] *m* (ANAT) Blinddarm *m*

cegonha *f* (ZOOL) Storch *m*

cegueira *f* (*fig*) Blindheit *f*

ceia *f* Abendessen *nt*; (*mais tarde*) nächtliche(r) Imbiss *m*; (REL); **última ~** Abendmahl *nt*

ceifa *f* (AGR) Getreideernte *f*

ceifar *vi* (AGR) ernten

ceifeira *f* (*máquina*) Mähmaschine *f*

cela *f* Zelle *f*

celebérrimo *superl de* **célebre**

celebração <-ões> *f* Feier *f*, Fest *nt*

celebrar **I.** *vt* (*festejar*) feiern; (*realizar*) abhalten, veranstalten; **~ a missa** die Messe lesen **II.** *vr* stattfinden

célebre *adj* berühmt (*por* für)

celebridade *f* ❶ (*fama*) Ruhm *m* ❷ (*pessoa*) Berühmtheit *f*

celeiro *m* Getreidespeicher *m*

celeste *adj* himmlisch, Himmels ...

celestial <-ais> *adj v.* **celeste**

celeuma *f* Lärm *m*, Krach *m*

celíaco *adj* **doença celíaca** Zöliakie *f*

celibatário, -a **I.** *m, f* Junggeselle, Junggesellin *m, f* **II.** *adj* ledig, unverheiratet

celibato *f* Zölibat *nt*

celofane *m* Zellophan *nt*, Cellophan *nt*

célula *f* (BIOL, POL) Zelle *f*

celular [selu'lar] **I.** *m* (*brasil*) Handy *nt* **II.** *adj* zellular, Zell ...

celulite *f* (MED) Zellulitis *f*

celulóide *f* (QUÍM) Zelluloid *nt*

celulose *f* (BIOL) Zellulose *f*

cem [sãi] *num card* hundert

cementar *vt* (*metal*) härten

cemitério [səmi'tɜrju] *m* Friedhof *m*; **~ nuclear** atomares Endlager *nt*

cena ['senɐ] *f* ❶ (*situação, parte de uma peça*) Szene *f* ❷ (*palco*) Bühne *f*; **entrar em ~** auftreten

cenário *m* ❶ (*no teatro*) Bühnenbild *nt* ❷ (*panorama*) Szenerie *f*

cénico (*portugal*), **cênico** *adj* (*brasil*) szenisch

cenografia *f* Bühnenbildgestaltung *f*

cenoura *f* Karotte *f*, Möhre *f*

censo *m* Zensus *m*, Volkszählung *f*; **~ eleitoral** Wählerliste *f*

censura *f* ❶ (*de textos*) Zensur *f* ❷ (*repreensão*) Tadel *m*

censurar *vt* ❶ (*textos*) zensieren ❷ (*repreender*) tadeln

censurável <-eis> *adj* tadelnswert

centavo *m* (*moeda*) Centavo *m*

centeio [sẽn'teju] *m* Roggen *m*

centena *f* Hundert *nt*; **às ~s** zu Hunderten

centenário **I.** *m* Hundertjahrfeier *f*; **~ da morte** hundertster Todestag *m* **II.** *adj* hundertjährig

centésima *f de* **centésimo**

centesimal <-ais> *adj* zentesimal

centésimo **I.** *m* Hundertstel *nt* **II.** *num ord* hundertste(r, s)

centígrado *adj* **grau ~** Celsiusgrad *nt;* **dez graus ~s** zehn Grad Celsius

centímetro [sẽn'timətru] *m* Zentimeter *m*

cento ['sẽntu] *m* Hundert *nt;* **cinco por ~** fünf Prozent

centopeia (*portugal*), **centopéia** *f* (*brasil:* ZOOL) Tausendfüßler *m*

central [sẽn'tral] <-ais> **I.** *f* Zentrale *f;* (TEL) Amt *nt;* **~ eléctrica** [*o brasil* **elétrica**] Kraftwerk *nt;* **~ nuclear** Atomkraftwerk *nt* **II.** *adj* zentral; (*importante*) wesentlich; **rua ~** Hauptstraße *f*

centralização <-ões> *f* Zentralisierung *f*

centralizar *vt* zentralisieren

centrar *vt* zentrieren

centrífuga *adj f de* **centrífugo**

centrifugador <-es> *m* Zentrifuge *f*

centrifugadora *f* **~ de roupa** Wäscheschleuder *f*

centrifugar <g→gu> *vt* zentrifugieren; (*roupa*) schleudern

centrífugo *adj* zentrifugal; **força centrífuga** Zentrifugalkraft *f*

centro ['sẽntru] *m* ① (*ponto no meio*) Zentrum *nt,* Mittelpunkt *m,* Mitte *f;* **~ da cidade** Stadtmitte *f,* Stadtzentrum *nt;* **~ comercial** Einkaufszentrum *nt;* (*portugal*); **Centro de Emprego** Arbeitsagentur *f;* (FÍS); **~ de gravidade** Schwerpunkt *m;* **~ histórico** historisches Stadtzentrum; **ser o ~ das atenções** im Mittelpunkt stehen ② (*instituição*) Zentrum *nt;* **~ cívico** Bürgerzentrum *nt;* **~ comercial** Einkaufszentrum *nt* ③ (POL) Zentrum *nt,* Mitte *f*

CEP ['sɛpi] *m* (*brasil*) *abr de* **código de endereçamento postal** Postleitzahl *f*

cepa *f* Rebstock *m;* **não passar/sair da ~ torta** nicht vorwärtskommen, auf der Stelle treten

cepo *m* ① (*pedaço de madeira*) Holzklotz *m* ② (*de árvore*) Baumstumpf *m*

céptica (*portugal*) *f de* **céptico**

cepticismo *m* (*portugal*) Skepsis *f*

céptico, -a **I.** *m, f* (*portugal*) Skeptiker(in) *m(f)* **II.** *adj* skeptisch

ceptro *m* Zepter *nt*

cera *f* ① (*velas, depilação*) Wachs *nt;* **~ de soalho** Bohnerwachs *nt* ② (*do ouvido*) Ohrenschmalz *nt*

cerâmica [sə'rɐmikɐ] *f* Keramik *f*

cerâmico *adj* keramisch

cerca ['serkɐ] **I.** *m* ① (*construção*) Zaun *m* ② (*terreno*) eingezäunte(s) Grundstück *nt;* (*para animais*) Gehege *nt* **II.** *adv* ① (*aproximadamente*) **~ de** etwa, zirka; **são ~ de 500 km** es sind etwa 500 km ② (*perto de*) nahe bei, in der Nähe von; **fica ~ de Coimbra** es liegt in der Nähe von Coimbra

cercanias *fpl* Umgebung *f*

cercar <c→qu> *vt* ① (*com cerca*) einzäunen ② (*uma cidade*) einschließen, einkreisen; (*polícia*) absperren, abriegeln ③ (*rodear*) umgeben (*com* mit)

cerco *m* ① (*acto*) Umzingelung *m* ② (MIL) Belagerung *f,* Einkesselung *f* ③ (*bloqueio*) Absperrung *m*

cerda *f* Borste *f*

cerdo *m* Schwein *nt*

cereais *mpl* Getreide *nt*

cereal <-ais> *m* Getreideart *f*

cerealífero *adj* Getreide ...; (*que produz cereais*) Getreide produzierend

cerebelo *m* (ANAT) Kleinhirn *nt*

cerebral [sərə'bral] <-ais> *adj* Gehirn ...

cérebro ['sɜrəbru] *m* ① (ANAT) Gehirn *nt* ② (*inteligência*) Verstand *m* ③ (*centro intelectual*) Kopf *m*

cereja *f* Kirsche *f*

cerejeira *f* Kirschbaum *m*

cerimónia (*portugal*), **cerimônia** *f* (*brasil*) ① (*celebração*) Zeremonie *f,* Feier *f* ② (*etiqueta*) Förmlichkeit *f;* **sem ~s** ungezwungen

cerimonial <-ais> **I.** *m* (*ritual*) Zeremoniell *nt;* (*regras*) Etikette *f* **II.** *adj* feierlich, förmlich

cerimonioso *adj* förmlich; (*pessoa*) steif

cerne *m* ① (*árvore*) Kernholz *nt* ② (*parte central*) Kern *m;* **o ~ da questão** der Kern der Frage

ceroulas *fpl* lange Unterhose *f*

cerrado *adj* ① (*nevoeiro*) dicht ② (*noite*) dunkel, tief ③ (*olhos*) geschlossen ④ (*pronúncia*) schwer verständlich, undeutlich

cerrar *vt* ① (*fechar*) schließen ② (*cercar*) einschließen; (*com cerca*) einzäunen

certa *f de* **certo**

certame *m* Wettbewerb *m*

certeiro *adj* ① (*pessoa*) sicher, treffsicher ② (*exacto*) zutreffend

certeza [sər'tezɐ] *f* Gewissheit *f,* Sicherheit *f;*

com/de ~ sicher; **ter a** ~ (**de que ...**) sicher sein (, dass ...)

certidão <-ões> *f* (amtliche) Bescheinigung *f;* (*escola, universidade*) Zeugnis *nt;* ~ **de nascimento** Geburtsurkunde *f;* ~ [*o brasil* **batismo**] **de baptismo** Taufschein *m;* ~ **de óbito** Totenschein *m*

certificação <-ões> *f* Beglaubigung *f*

certificado [sərtəfi'kadu] *m* Bescheinigung *f;* (*comprovativo*) Nachweis *m;* (*atestado*) Attest *nt;* ~ **de habilitações** Zeugnis *nt;* ~ **de aforro** Sparbrief *m;* ~ **de aprendizagem** Lehrbrief *m;* ~ **de qualidade** Qualitätszertifikat *nt*

certificar [sərtəfi'kar] <c→qu> **I.** *vt* (*curso*) bescheinigen; (*cópia*) beglaubigen **II.** *vr* sich vergewissern (*de*)

certo ['sɜrtu] *adj* ① (*sem dúvida*) sicher; **ao** ~ genau; **de** ~ sicher; **estou** ~ **de que ...** ich bin sicher, dass ...; **bater** ~ stimmen; **dar** ~ klappen ② (*determinado*) bestimmt, gewiss; ~ **dia** eines Tages; **de** ~ **modo/certa forma** in gewissem Maße; (**uma**) **certa pessoa** ein gewisser Jemand ③ (*exacto*) richtig; **resposta certa** richtige Antwort; **o relógio está** ~ die Uhr geht richtig; **está** ~**!** in Ordnung!

cerveja [sər'veʒɐ] *f* Bier *nt;* ~ **branca** helle(s) Bier *nt;* ~ **preta** dunkle(s) Bier *nt;* ~ **de pressão** Bier vom Fass

> Das brasilianische Bier – **cerveja** – ist bei den Einheimischen so beliebt wie caipirinha. Man trinkt allmählich nicht mehr so viel cachaça pur (Zuckerrohrschnaps). Die bekanntesten Biermarken sind Antarctica, Brahma, Bavaria und Skol.

cervejaria *f* ① (*fábrica*) Brauerei *f* ② (*bar*) Bierlokal *nt;* (*coloq*) Kneipe *f;* (*ao ar livre*) Biergarten *m*

> Eine **Cervejaria** ist in Portugal ein Bierlokal, in dem man meistens auch mariscos (Meeresfrüchte) essen kann. Probieren Sie hier eine caneca – ein großes, frisches Bier vom Fass!

cervical <-ais> *adj* Nacken ...

cerzideira *f* Kunststopferin *f*

cerzir *vt irr como prevenir* kunststopfen

cesariana *f* (MED) Kaiserschnitt *m*

césio *m* (QUÍM) Zäsium *nt*

cessante *adj* scheidend

cessar I. *vt* ① (*parar*) stoppen; (*suspender*) unterbrechen ② (*deixar de fazer*) aufgeben **II.** *vi* ① (*acabar, desistir*) aufhören; **sem** ~ unaufhörlich ② (*parar*) unterbrochen werden

cessar-fogo *m* (MIL) Waffenstillstand *m*

cesta *f,* **cesto** *m* Korb *m;* (*com asas*) Henkelkorb *m*

cetáceo *m* (ZOOL) Meeressäugetier *nt*

ceticismo *m* (*brasil*) *v.* **cepticismo**

cético, -a (*brasil*) *v.* **céptico**

cetim <-ins> *m* Satin *m*

céu [sɜu] *m* Himmel *m;* **cair do** ~ vom Himmel fallen; **estar no sétimo** ~ im siebten Himmel schweben

céu-da-boca *m* (ANAT) Gaumen *m*

cevada *f* Gerste *f*

CFC *abr de* **clorofluorocarboneto** FCKW (= *Fluorchlorkohlenwasserstoff*)

chá [ʃa] *m* ① (*planta, bebida*) Tee *m;* ~ **dançante** Tanztee *m;* ~ **preto** schwarzer Tee; **não ter tomado** ~ **em criança** keine Manieren haben ② (*reprimenda*) Verweis *m,* Ermahnung *f;* **dar um** ~ **a alguém** jdn ermahnen

chã *adj f de* **chão II**

chacal <-ais> *m* (ZOOL) Schakal *m*

chácara *f* (*brasil*) Landhaus *nt*

chacareiro, -a [ʃaka'rejru, -a] *m, f* (*brasil*) *Eigentümer oder Verwalter eines Landhauses*

chacina *f* Gemetzel *nt,* Blutbad *nt*

chacinar *vt* ① (*animais*) schlachten ② (*pessoas*) niedermetzeln

chacota *f* Spott *m,* Hohn *m;* **fazer** ~ **de** verspotten

chafariz *m* Brunnen *m*

chafurdar *vi* sich im Schlamm wälzen

chaga *f* (*ferida*) (offene) Wunde *f*

chagas *fpl* (BOT) Kapuzinerkresse *f*

chalaça *f* Scherz *m,* Witz *m*

chalado *adj* (*portugal*) ① (*amalucado*) leicht verrückt, nicht ganz bei Trost ② (*pouco interessante*) langweilig

chalé *m* Landhaus *nt,* Chalet *nt*

chaleira *f* Wasserkessel *m,* Wasserkocher *m*

chalota *f* (BOT) Schalotte *f*

chalupa I. *f* (NÁUT) Schaluppe *f* **II.** *adj* (*portugal*) verrückt, durchgedreht

chama ['ʃɐmɐ] *f* Flamme *f;* **estar em** ~**s** brennen

chamada [ʃɐ'mada] *f* ❶ (*telefónica*) Anruf *m;* ~ **a pagar no destino** R-Gespräch *nt;* ~ **interurbana** Ferngespräch *nt;* ~ **local** Ortsgespräch *nt;* **fazer uma ~ para alguém** jdn anrufen ❷ (*na escola*) Aufruf *m* ❸ (*apelo*) Appell *m;* ~ **de atenção** Verweis *m* ❹ (*num texto*) Randzeichen *nt* ❺ (MIL) Einberufung *f*

chamamento *m* Ruf *m*

chamar [ʃɐ'mar] **I.** *vt* rufen; ~ **alguém** jdn rufen; (MIL) jdn einberufen; ~ **ladrão a alguém** jdn einen Dieb nennen; ~ **nomes a alguém** jdn beschimpfen **II.** *vr* heißen; **chamo-me Mónica/Miguel** ich heiße Mónica/Miguel

chamariz *m* ❶ (*coisa, ave*) Lockvogel *m* ❷ (*instrumento*) Lockpfeife *f*

chá-mate *m* (*brasil*) maté tea, Mate Tee *m* (*sehr beliebter Tee in Brasilien, wird normalerweise kalt getrunken*)

chamego *m* (*brasil*) Liebkosung *f*

chaminé *f* ❶ (*conduta*) Schornstein *m;* (*de fábrica*) Schlot *m* ❷ (*na sala*) Kamin *m*

champanhe [ʃãm'pɐɲə] *m* Champagner *m;* (*espumante*) Sekt *m*

champô [ʃãm'po] *m* (*portugal*) Shampoo *nt,* Haarwaschmittel *nt;* ~ **anti-caspa** Schuppenshampoo *nt*

chamuscado *adj* versengt

chamuscar <c→qu> *vt* ansengen, versengen

chanca *f* (*portugal*) Holzschuh *m*

chanceler *mf* (POL) Kanzler(in) *m(f)*

chantagem <-ens> *f* Erpressung *f;* **fazer ~ com alguém** jdn erpressen

chantilly *m* Schlagsahne *f*

chão [ʃãu] <-s> **I.** *m* Boden *m;* (*na casa*) Fußboden *m;* (*solo*) Erdboden *m;* **cair no ~** auf den Boden fallen **II.** *adj* eben, flach

chapa *f* ❶ Platte *f;* ~ **ondulada** Wellblech *nt;* ~ **de matrícula** Nummernschild *nt;* **de ~** direkt (ins Gesicht) ❷ (*brasil: matrícula*) Autokennzeichen *nt*

chapa-branca <chapas-brancas> *m* (*brasil*) Dienstfahrzeug *nt* (*im öffentlichen Dienst*)

chapada *f* (*bofetada*) Ohrfeige *f;* (*pancada*) Schlag *m*

chapado *adj* ❶ (*coloq: perfeito*) perfekt ❷ (*coloq: exacto*) ganz genau; **cara ~** Ebenbild *nt*

chape-chape *m* Plätschern *nt*

chapelaria *f* Hutgeschäft *nt*

chapeleira *f* Hutschachtel *f*

chapéu [ʃɐ'pɜu] *m* Hut *m;* ~ **de coco** Melone *f;* (*portugal*); ~ **de chuva** Regenschirm *m;* (*portugal*); ~ **de sol** Sonnenschirm *m;* **pôr/tirar o ~** den Hut aufsetzen/abnehmen; **é de se lhe tirar o ~!** Hut ab!

chapéu-de-chuva *m* (*esp portugal*) Regenschirm *m*

chapinhar [ʃɐpi'ɲar] *vi* ❶ (*água*) plätschern ❷ (*pessoa*) planschen

charada *f* Silbenrätsel *nt*

charco *m* Tümpel *m;* (*lodaçal*) Sumpf *m*

charlatão, -ã <-ãos *o* -ões, -s> *m, f* Scharlatan *m,* Quacksalber *m*

charme *m* Charme *m*

charmoso *adj* charmant

charneca *f* (*portugal*) Heide *f*

charneira *f* Scharnier *nt*

charque *m* (*brasil:* CULIN) *gesalzene und luftgetrocknete Rindfleischstreifen*

charro I. *m* (*coloq*) Joint *m* **II.** *adj* ordinär, grob

charrua *f* (AGR) Pflug *m*

charter *m* Charterflugzeug *nt*

charuto *m* ❶ (*tabaco*) Zigarre *f* ❷ (NÁUT) Paddelboot *nt*

chassi *m* (*automóvel*) Fahrgestell *nt*

chata *adj f de* **chato II**

chateação *f v.* **chatice**

chateado *adj* (*coloq*) sauer (*com* auf)

chatear *vt conj como passear* ❶ (*coloq: irritar*) verärgern ❷ (*coloq: maçar*) langweilen ❸ (*coloq: importunar*) nerven

chatice [ʃɐ'tisə] *f* (*coloq*) Ärger *m;* **que ~!** so ein Mist!, was für ein Ärger!

chato I. *m* (*coloq*) Filzlaus *f* **II.** *adj* ❶ (*plano*) flach, platt ❷ (*maçador*) langweilig, öde ❸ (*sem originalidade*) fad

chauvinismo *m* Chauvinismus *m*

chavão <-ões> *m* ❶ (*estribilho*) Klischee *nt* ❷ (*pessoa*) Kapazität *f* ❸ (*para bolos*) Kuchenform *f*

chave ['ʃavə] *f* ❶ (*instrumento*) Schlüssel *m;* ~ **de fendas** Schraubenzieher *m;* ~ **de ignição** Zündschlüssel *m;* ~ **falsa** Nachschlüssel *m;* **fechar à ~** abschließen, zuschließen ❷ (*solução*) Schlüssel *m*

chave-inglesa *f* Engländer *m*

chaveiro *m* Schlüsselring *m,* Schlüsselanhänger *m*

chávena ['ʃavənɐ/'ʃikarɐ] *f* (*portugal*) Tasse *f*

chaveta *f* ❶ (*sinal ortográfico*) geschweifte Klammer *f* ❷ (*peça*) Sicherungsstift *m*
chavo *m* (*coloq*) Heller *m;* **não ter um ~** keinen Cent haben; **não valer um ~** keinen Heller wert sein
checo, -a **I.** *m, f* Tscheche, Tschechin *m, f* **II.** *adj* tschechisch; **República** *f* **checa** tschechische Republik *f*
Checoslováquia *f* (HIST) Tschechoslowakei *f*
chefe ['ʃɜfə] *mf* Chef(in) *m(f),* Vorgesetzte
chefia *f* Führung *f*
chefiar *vt* (*grupo, departamento*) führen, leiten; (*comissão*) vorstehen
chega ['ʃegɐ] *interj* genug!, das reicht!
chegada [ʃə'gadɐ] *f* Ankunft *f* (*a* in)
chegado *adj* nahe (*a* an/bei)
chegar [ʃə'gar] <g→gu> **I.** *vt* herbringen, hergeben **II.** *vi* (*vir*) ❶ ankommen; (*portugal*); **~ a Lisboa** in Lissabon ankommen; (*brasil*); **~ em São Paulo** in São Paulo ankommen; **o avião chega às 20 horas** das Flugzeug kommt um 20 Uhr an ❷ (*ser suficiente*) ausreichen (*para* für); **chega e sobra!** mehr als genug!; **até dizer chega** sehr viel ❸ (*bater*) **chega-lhe!** gib's ihm! ❹ (*atingir*) reichen; **a água chega (até) ao joelho** das Wasser geht bis zum Knie; **~ a fazer a. c.** dazu kommen, etw zu tun; **~ a velho** alt werden; **não sei onde queres ~** ich weiß nicht, worauf du hinauswillst **III.** *vr* sich nähern (*a*)
cheia ['ʃejɐ] *f* Hochwasser *nt*
cheio *adj* ❶ (*recipiente*) voll; **~ de água** voller Wasser; **mal ~** nicht ganz voll ❷ (*pessoa*) **estar ~ de a. c./alguém** etw/jdn satthaben; (*portugal*); **estar ~ de fome/sono** einen Riesenhunger haben/hundemüde sein; **estar ~ de dores** überall Schmerzen haben; **~ de si** von sich eingenommen ❸ (*com comida*) satt ❹ (*dia*) ausgefüllt; **um dia em ~!** ein gelungener Tag
cheirar [ʃei'rar] **I.** *vt* riechen; (*animais*) wittern; (*fig*) hineinriechen in **II.** *vi* riechen (*a* nach); (*agradável*) duften (*a* nach); **~ mal** stinken
cheiro ['ʃeiru] *m* Geruch *m* (*a* nach); (*agradável*) Duft *m* (*a* nach)
cheiroso *adj* wohlriechend, duftend
cheque ['ʃɜkə] *m* Scheck *m;* **~ à ordem** Orderscheck *m;* **~ ao portador** Überbringerscheck *m;* **~ cruzado** Verrechnungsscheck *m;* **~ de viagem** Reisescheck *m;* **~ em branco** Blankoscheck *m;* **~ sem cobertura** ungedeckter Scheck; **cobrar/trocar um ~** einen Scheck einlösen; **passar um ~** einen Scheck ausstellen
cheque-mate *m* Schachmatt *nt*
cheta *f* (*coloq*) *v.* **chavo**
chiar *vi* (*porta, pneus*) quietschen
chicana *f* Kniff *m;* **fazer ~** Kniffe anwenden
chicha *f* ❶ (*coloq: carne*) Fleisch *nt* ❷ (*coloq: apontamento*) Spickzettel *m*
chicharro *m* (ZOOL) (großer) Stichling *m*
chichi *m* (*coloq*) Pipi *nt;* **fazer ~** Pipi machen
chiclete *f* (*reg brasil*) Kaugummi *m*
chicória *f* ❶ (*de café*) Zichorie *f* ❷ (*brava*) Endivie *f*
chicotada *f* Peitschenhieb *m*
chicote *m* Peitsche *f*
chifre *m* Horn *nt;* **~s** Geweih *nt*
Chile *m* Chile *nt*
chilique *m* (*coloq*) Ohnmacht *f;* **ter um ~** in Ohnmacht fallen
chilrear *vi conj como passear* zwitschern
chimarrão *m* (*brasil*) *heißer Mate-Tee, der gerne in Südbrasilien getrunken wird*

> **Chimarrão** ist ein bitterer heißer Mate-Tee (**erva-mate**), der ohne Zucker aus einer **cuia**, (gebogener Kürbis oder Horn) durch einen Halm aus Metall oder Bambus getrunken wird, der **bomba** genannt wird. Er ist allgegenwärtig im Staat Rio Grande do Sul und häufig in vielen der anderen südlichen und westlichen Staaten.

chimpanzé *m* (ZOOL) Schimpanse *m*
China *f* China *nt*
chinela *f* Hausschuh *m,* Pantoffel *m*
chinelo *m* Hausschuh *m;* **meter alguém num ~** jdn übertrumpfen
chinês, -esa **I.** *m, f* Chinese, Chinesin *m, f* **II.** *adj* chinesisch
chinesice *f* ❶ (*objecto*) Plunder *m* ❷ (*ideia*) ausgefallene Idee *f*
chinfrim <-ins> *m* (*coloq*) Krach *m,* Radau *m*
chinó *m* Perücke *f*
chip *m* (INFOR) Chip *m*
Chipre *m* Zypern *nt*
chique *adj* schick
chiqueiro *m* Schweinestall *m*
chispa *f* Funke *m*
chispar *vi* ❶ (*cintilar*) funkeln, blitzen ❷ (*coloq: ir embora*) sich davonmachen

chispe *m* Schweinefuß *m*
chita *f* (*tecido*) (bedruckter) Kattun *m*
choca *adj f de* **choco II**
choça *f* ❶ (*casa*) Hütte *f* ❷ (*coloq: prisão*) Knast *m*
chocalhar I. *vt* schütteln **II.** *vi* ❶ (*chocalho*) läuten ❷ (*divulgar*) ausplaudern
chocalho *m* ❶ (*badalo*) Kuhglocke *f* ❷ (*pessoa*) Klatschbase *f*
chocante *adj* schockierend
chocar <c→qu> **I.** *vt* (*ovos*) ausbrüten; (*uma pessoa*) schockieren **II.** *vi* zusammenprallen (*com* mit), zusammenstoßen (*com* mit)
chocho I. *m* (*coloq*) Schmatz *m* **II.** *adj* ❶ (*seco*) trocken ❷ (*sem miolo*) leer, hohl ❸ (*chato*) fad
choco I. *m* (ZOOL) Tintenfisch *m*, Zwergsepia *f* **II.** *adj* ❶ (*ovo*) bebrütet; **galinha choca** Glucke *f* ❷ (*estragado*) verdorben; (*podre*) faul; (*cerveja, água*) abgestanden; **água choca** Jauche *f* ❸ (*coloq: pessoa*) langweilig
chocolate [ʃuku'latə] *m* Schokolade *f*; (*bebida quente*) heiße Schokolade *f*
chofre *m* unerwartete(r) Stoß *m*; **de ~** plötzlich, unerwartet
choldra *f* ❶ (*coloq: canalha*) Gesindel *nt*, Pack *nt* ❷ (*coloq: mixórdia*) Mischmasch *m*
chope ['ʃopi] *m* (*brasil*) Fassbier *nt*, Bier *nt* vom Fass
choque ['ʃɔkə] *m* ❶ (*colisão*) Zusammenstoß *m*, Zusammenprall *m*; **~ frontal** Frontalzusammenstoß *m* ❷ (*comoção*) Schock *m*; **estar em estado de ~** unter Schock stehen ❸ (ELECTR) Schlag *m*
choradeira *f* Geweine *nt*, Gejammer *nt*
choramingar <g→gu> *vi* quengeln
chorão[1] <-ões> *m* (BOT) Trauerweide *f*
chorão[2] <-ões> *m* (*brasil:* MÚS) *Komponist von Choro-Musik; v. tb.* **choro**
chorão, -ona <-ões *o* -ãos, -s> *m, f* Jammerlappen *m*, Heulsuse *f*
chorar I. *vt* (*lágrimas*) beweinen; (*arrepender-se de*) bereuen **II.** *vi* weinen (*por* wegen)
chorinho *m* (*brasil*) *Eine Art der Choro-Musik mit einem schnellen und lebhaften Rhythmus*
choro *m* ❶ (*de lágrimas*) Weinen *nt* ❷ (*lamento, som*) Jammern *nt* ❸ (*brasil:* MÚS) *Sentimentale Tanz- und Festmusik aus Rio de Janeiro*
chorões *adj o m pl de* **chorão**
chorona *adj o f v.* **chorão**
chorrilho *m* Reihe *f*, Serie *f*
chorudo *adj* ❶ (*coloq: gordo*) dick ❷ (*coloq: rendoso*) einträglich
choupal *m* Pappelhain *m*
choupana *f* Hütte *f*, Strohhütte *f*
choupo *m* (BOT) Pappel *f*
chouriço [ʃo'risu] *m* ❶ (CULIN) geräucherte Wurst *f* ❷ (*para portas, janelas*) Zugluftstopper *m*
chover [ʃu'ver] *vi impess* regnen; **está a ~** es regnet; **~ a cântaros** in Strömen regnen; **nem que chova** da kann kommen, was will
chucha *f* ❶ (*coloq: chupeta*) Lutscher *m* ❷ (*coloq: peito*) Brust *f*
chuchar *vi* ❶ (*chupar*) lutschen; **ficar a ~ no dedo** das Nachsehen haben ❷ (*coloq: brincar*) faule Witze machen; **~ com** verspotten
chuço *m* ❶ (*pau*) Spieß *m* ❷ (*portugal: coloq: chapéu-de-sol*) Sonnenschirm *m*
chucrute *m* (CULIN) Sauerkraut *nt*
chui *m* (*portugal, angola, moçambique: coloq: polícia*) Bulle *m*
chula *adj f de* **chulo**
chulipa *f* Eisenbahnschwelle *f*
chulo I. *adj* (*grosseiro*) ordinär; (*linguagem*) vulgär **II.** *m* (*cal*) Zuhälter *m*
chumaceira *f* (TEC) Lager *nt*
chumbar I. *vt* (*um dente*) plombieren; (*metal*) löten; (*coloq: um aluno*) durchfallen lassen **II.** *vi* (*coloq: na escola*) sitzen bleiben; (*na universidade*) durchfallen
chumbo ['ʃũmbu] *m* ❶ (*metal*) Blei *nt*; **com ~** verbleit; **sem ~** bleifrei ❷ (*de dente*) Plombe *f* ❸ (*para caça*) Schrot *m* ❹ (*coloq: escola, universidade*) Durchfallen *nt*; **apanhar um ~** durchfallen
chupa-chupa *m* (*portugal*) Lutscher *m*, Lolli *m*
chupar *vt* ❶ (*esponja*) aufsaugen ❷ (*um rebuçado*) lutschen
chupeta [ʃu'petɐ] *f* Schnuller *m*
churrascaria *f* (*brasil*) Grillrestaurant *nt*

In Brasilien heißen die typischen Grillrestaurants **churrascarias**. Für eine relativ geringe Pauschale (zwischen 10 und 20 Dollar) kann man ein **rodízio** bestellen: An einer Kühltheke wählt man selbst aus Dutzenden von schmackhaften Beilagen aus. Anschließend erscheint der erste Ober mit einem großen Spieß gegrillten Fleisch am Tisch und schneidet eine Portion auf den Teller. Bis zu 20 verschiedene Ober erscheinen nach und nach mit ebenso vielen Fleischsorten. Das Fleisch ist vom Feinsten und Edelsten. Hat man genug, winkt man den Obern einfach ab.

churrasco *m* gegrillte(s) Fleisch *nt;* (*em espeto*) Spießbraten *m*
churrasqueira *f* Grillrestaurant *nt;* (*brasil*) Grill *m*
churro ['ʃuxu] *m* (CULIN) *frittiertes Spritzgebäck, oftmals mit einer süßen Füllung, das mit Zucker und Zimt bestreut gegessen wird*
chus *adv* **sem dizer ~ nem bus** ohne ein einziges Wort zu sagen
chutar *vt* (*bola*) schießen, kicken
chuva ['ʃuvɐ] *f* Regen *m;* **~s ácidas** saurer Regen; **~ miudinha** Sprühregen *m;* **~ radioactiva** [*o brasil* **radioativa**] Fall-out *m*
chuveiro *m* (*esp brasil*) Dusche *f*
chuviscar <c→qu> *vi impess* nieseln; **está a ~** es nieselt
chuvisco *m* Nieselregen *m*
chuvoso [ʃu'vozu] *adj* regnerisch
cianeto *m* (QUÍM) Zyanid *nt*
cianogénio (*portugal*), **cianogênio** *m* (*brasil:* QUÍM) Zyan *nt*
ciática ['sjatikɐ] *f* (MED) Ischias *f*
ciático *adj* **dor ciática** Ischias *m, nt;* **nervo ~** Ischiasnerv *m*
cibercafé [siberka'fɛ] *m* Internetcafé *nt*
ciberespaço *m* Cyberspace *m*
cicatriz [sikɐ'triʃ] *f* Narbe *f*
cicatrizar *vi* vernarben
cicerone *mf* Fremdenführer(in) *m(f)*
cíclico *adj* zyklisch
ciclismo [si'kliʒmu] *m* Radsport *m*
ciclista *mf* Radfahrer(in) *m(f);* (DESP) Radsportler(in) *m(f)*
ciclo *m* (*sucessão*) Zyklus *m,* Kreislauf *m;* **~ económico** [*o brasil* **econômico**] Wirtschaftszyklus *m*
ciclomotor *m* Mofa *nt*
ciclone *m* (METEO) Zyklon *m,* Wirbelsturm *m*
ciclovia [siklo'via] *f* Radweg *m*
cidadã *f v.* **cidadão**
cidadania *f* Staatsbürgerschaft *f*
cidadão, cidadã <-s, -s> *m, f* (*no Estado*) Staatsbürger(in) *m(f);* (*na cidade*) Bürger(in) *m(f)*
cidade [si'dadə] *f* Stadt *f;* **~ geminada** Partnerstadt *f*
cidadela *f* Zitadelle *f*
cidade-satélite <cidades-satélite(s)> *f* Trabantenstadt *f*
cidrão *m* (BOT) Zitronatzitrone *f*
cidreira *f* Melisse *f*
cieiro *m* aufgesprungene Haut *f,* Riss *m;* **~ nos lábios** aufgesprungene Lippen *pl*
ciência *f* Wissenschaft *f;* **~s** (**naturais/da natureza**) Naturwissenschaften *pl;* **~s socias** Sozialwissenschaften *pl*
ciente *adj* gelehrt; **estar ~ de** wissen
científico *adj* wissenschaftlich
cientista *mf* Wissenschaftler(in) *m(f)*
cifra *f* ❶ (*algarismo*) Ziffer *f* ❷ (*código*) Chiffre *f*
cifrão <-ões> *m* (HIST) Escudozeichen *nt*
cigano, -a *m, f* Zigeuner(in) *m(f)*
cigarra *f* (ZOOL) Zikade *f*
cigarreira *f* Zigarettenetui *nt*
cigarrilha *f* Zigarillo *m*
cigarro *m* Zigarette *f*
cilada *f* Hinterhalt *m,* Falle *f;* **armar uma ~ a alguém** jdn in eine Falle locken
cilindrada *f* Hubraum *m*
cilíndrico *adj* zylindrisch
cilindro *m* ❶ (*corpo, do motor*) Zylinder *m* ❷ (*para laminar*) Walze *f;* **~ das estradas** Straßenwalze *f*
cima ['simɐ] *f* Gipfel *m;* **em ~** oben; **de ~** von oben; **de cima para/a baixo** von oben nach/bis unten; **para ~** nach oben, hinauf; **na parte de ~** am/im oberen Teil; **em ~ de** auf; **lá em ~** da oben; **por ~ de** über, oberhalb; **ainda por ~** außerdem
cimbalino *m* (*portugal*) Espresso *m*
cimeira *f* (*portugal:* POL) Gipfeltreffen *nt,* Gipfelkonferenz *f*
cimentar *vt* zementieren
cimento *m* Zement *m*
cimo *m* (*monte*) Gipfel *m;* (*torre*) Spitze *f*
cinco [sĩŋku] *num card* fünf; *v.* **dois**
cinema [si'nemɐ] *m* ❶ (*sala*) Kino *nt;* **ir ao ~** ins Kino gehen ❷ (*arte*) Film *m*
cinematografia *f* ❶ (*arte*) Filmkunst *f* ❷ (*indústria*) Filmindustrie *f*
cinematográfico *adj* kinematographisch, filmisch
cinética *f* (FÍS) Kinetik *f*
cingir <g→gu> **I.** *vt* (*cercar*) umgeben (*de*

mit); (*assunto*) beschränken (*a* auf) **II.** *vr* sich beschränken (*a* auf)

cínico *adj* zynisch

cinismo *m* Zynismus *m*

cinquenta (*portugal*), **cinqüenta** *num card* (*brasil*) fünfzig

cinquentenário (*portugal*), **cinqüentenário** *m* (*brasil*) fünfzigste(r) Jahrestag *m;* ~ **da morte** fünfzigster Todestag *m*

cinta *f* ❶(*de pano*) Band *nt;* (*de couro*) Gurt *m;* ~ **de aço** Stahlgürtel *m* ❷(*cintura*) Bund *m*

cintado *adj* (*vestido*) tailliert

cintilar *vi* funkeln, glitzern

cinto ['sĩntu] *m* ❶(*das calças*) Gürtel *m;* (*fig*); **apertar o** ~ den Gürtel enger schnallen ❷(*cinta*) Gurt *m;* ~ **de segurança** Sicherheitsgurt *m;* **apertar/pôr o** ~ (sich) anschnallen

cintura *f* Taille *f;* ~ **industrial** Industriegebiet *nt*

cinturão <-ões> *m* ❶(*portugal: karaté*) Gürtel *m* ❷(*cinta*) Gürtel *m;* (*brasil*); ~ **industrial** Industriegebiet *nt*

cinza I. *f* Asche *f* **II.** *adj* (*cinzento*) grau, aschgrau

cinzeiro [sĩ'zeiru] *m* Aschenbecher *m*

cinzel <-éis> *m* Meißel *m*

cinzento [sĩ'zẽntu] *adj* grau

cio *m* (*animais de caça*) Brunst *f;* (*cadelas*) Läufigkeit *f;* (*aves*) Balz *f;* (*cadela*); **andar/estar com o** ~ läufig sein; (*gata*) rollig sein

cipó *m* (BOT) Liane *f*

cipreste *m* (BOT) Zypresse *f*

circo ['sirku] *m* Zirkus *m*

circuito *m* ❶(*linha*) Grenzlinie *f,* Begrenzung *f* ❷(*volta*) Rundfahrt *f* ❸(DESP) Strecke *f;* (*automóveis*) Rennstrecke *f* ❹(ELECTR) Stromkreis *m*

circulação <-ões> *f* ❶(*ciclo*) Kreislauf *m;* ~ **do sangue** Blutkreislauf *m* ❷(*trânsito*) Verkehr *m* ❸(*de produtos, moeda*) Umlauf *m;* ~ **monetária** Geldumlauf *m;* **em** ~ im Umlauf; **fora de** ~ nicht mehr im Umlauf

circular I. *f* ❶(*carta*) Rundschreiben *nt* ❷(*brasil: rotunda*) Kreisverkehr *m* **II.** *adj* kreisförmig; **movimento** ~ Kreisbewegung *f* **III.** *vi* ❶(*sangue, ar*) zirkulieren; (*dinheiro*) in Umlauf sein ❷(*pessoas*) hin- und hergehen; (*carros*) hin- und herfahren; **circulam pelas/nas ruas de Faro** sie gehen/fahren durch die Straßen von Faro ❸(*transportes*) verkehren (*entre* zwischen)

circulatório *adj* (ANAT) Kreislauf ...

círculo *m* Kreis *m;* ~ **de amigos** Freundeskreis *m;* ~ **polar** Polarkreis *m;* ~ **vicioso** Teufelskreis *m*

circum-navegação (*portugal*), **circunavegação** <-ões> *f* (*brasil*) Umschiffung *f*

circuncisão <-ões> *f* Beschneidung *f*

circundante *adj* umgebend

circunferência *f* ❶(*periferia*) Umkreis *m* ❷(MAT) Kreisumfang *m*

circunflexo *adj* bogenförmig; **acento** ~ Zirkumflex *m*

circunscrever <*pp* circunscrito> **I.** *vt* begrenzen **II.** *vr* sich beschränken (*a* auf)

circunscrição <-ões> *f* Begrenzung *f;* ~ **eleitoral** Wahlkreis *m*

circunspecção <-ões> *f* Umsicht *f*

circunstância *f* Umstand *m;* **nestas** ~**s** unter diesen Umständen

circunvalação *f* (*portugal: estrada*) Umgehungsstraße *f*

círio *m* große Wachskerze *f*

cirrose *f* (MED) Zirrhose *f*

cirurgia *f* (MED) Chirurgie *f;* ~ **plástica** plastische Chirurgie

cirurgião, cirurgiã [sirur'ʒjãu] <-ões, -s> *m, f* Chirurg(in) *m(f)*

cirúrgico *adj* chirurgisch

cirurgiões *m pl de* **cirurgião**

cisão <-ões> *f* Spaltung *f;* ~ **nuclear** Kernspaltung *f*

cisma I. *f* (*preocupação*) Sorge *f;* (*ideia fixa*) Grübelei *f;* **andar com** ~ grübeln **II.** *m* Spaltung *f*

cismar *vi* grübeln (*com* über)

cisne *m* (ZOOL) Schwan *m*

cisões *f pl de* **cisão**

cisterna *f* Zisterne *f,* Wassertank *m*

cistite *f* (MED) Blasenentzündung *f*

citação <-ões> *f* ❶(*de um texto*) Zitat *nt* ❷(DIR) Vorladung *f*

citadino *adj* städtisch

citar *vt* ❶(*de um texto*) zitieren ❷(DIR) vorladen

cítara *f* (MÚS) Zither *f*

citrato *m* (QUÍM) Zitrat *nt*

citrino *m* Zitrusfrucht *m*

citronela *f* (BOT) Verveine *f,* Zitronenverbene *f*

ciúme *m* Eifersucht *f;* **ter** ~**s** eifersüchtig sein (*de* auf)

ciumento *adj* eifersüchtig

cívico *adj* bürgerlich, Bürger ...
civil [sə'vil] <-is> **I.** *mf* Zivilist(in) *m(f)* **II.** *adj* ❶ (*dos cidadãos*) bürgerlich ❷ (*não militar*) zivil
civilização <-ões> *f* Zivilisation *f*
civilizado *adj* zivilisiert; (*cortês*) höflich
civis *pl de* **civil**
civismo *m* Bürgersinn *m*
clã *m* Clan *m*
clamar *vi* ❶ (*gritar*) schreien ❷ (*queixar-se*) (laut) klagen
clamor *m* ❶ (*gritos*) Geschrei *nt* ❷ (*queixa*) Klage *f*
clandestina *adj f de* **clandestino**
clandestinidade *f* ❶ (*secretismo*) Heimlichkeit *f* ❷ (POL) Untergrund *m*
clandestino *adj* ❶ (*secreto*) heimlich ❷ (*ilegal*) illegal; **passageiro ~** blinder Passagier *m*
claque *f* Anhänger *pl;* (DESP) Fans *pl*
clara I. *adj f de* **claro II.** *f* Eiweiß *nt;* **bater as ~s em castelo** das Eiweiß steif schlagen
clarabóia *f* Oberlicht *nt,* Dachfenster *nt*
clarão <-ões> *m* Leuchten *nt*
clarear *vi conj como passear* ❶ (*céu*) aufklaren ❷ (*enigma*) sich aufklären
clareira *f* Lichtung *f*
clareza *f* Klarheit *f;* (*da linguagem*) Deutlichkeit *f;* **com ~** klar, deutlich
claridade *f* Helligkeit *f*
clarim <-ins> *m* (MÚS) Bügelhorn *nt*
clarinete *m* (MÚS) Klarinette *f*
clarins *m v.* **clarim**
clarividência *f* Hellsichtigkeit *f,* Weitsicht *f*
claro ['klaru] **I.** *adj* klar; (*luz, cor*) hell; (*nítido*) deutlich; **é/está ~!** selbstverständlich!; **~ como água** glasklar; **passar a noite em ~** kein Auge zutun **II.** *interj* natürlich!, klar!; **~ que sim/não!** klar doch!/natürlich nicht!
clarões *m pl de* **clarão**
classe *f* ❶ (*grupo*) Klasse *f;* **~ média** Mittelschicht *f;* **~ social** Gesellschaftsschicht *f* ❷ (*aula*) Unterricht *m;* **~ de história** Geschichtsunterricht *m;* (*portugal*); **ela anda na segunda ~** sie unterrichtet in der zweiten Klasse ❸ (*categoria*) Klasse *f;* **de primeira ~** erstklassig; **viajar em primeira ~** erster Klasse reisen
clássica *adj f de* **clássico**
classicismo *m* ❶ (*arte, literatura*) Klassik *f* ❷ (ARQUIT) Klassizismus *m*
clássico ['klasiku] *adj* klassisch
classificação <-ões> *f* ❶ (*ordenação*) Klassifizierung *f,* Einordnung *f;* (*a nível*) Einstufung *f;* (QUÍM); **~ periódica** Periodensystem *nt* ❷ (DESP) Punktzahl *f* ❸ (*universidade*) Bewertung *f*
classificado *adj* klassifiziert; **ficar ~ no segundo lugar** den zweiten Platz erreichen
classificados *mpl* Kleinanzeigen *pl*
classificar <c→qu> **I.** *vt* klassifizieren, einteilen **II.** *vr* sich auszeichnen (*como* als); (DESP) sich klassifizieren (*para* für)
cláusula *f* Klausel *f*
clausura *f* Klausur *f*
clave *f* (MÚS) Schlüssel *m;* **~ de sol** Violinschlüssel *m*
clavícula [klɐ'vikulɐ] *f* (ANAT) Schlüsselbein *nt*
cláxon *m* Hupe *f;* **tocar ~** hupen
clemência *f* Milde *f,* Nachsicht *f*
clemente *adj* mild, nachsichtig
cleptomania *f* Kleptomanie *f*
cleptomaníaco, -a *m, f* Kleptomane, Kleptomanin *m, f*
clerical <-ais> *adj* klerikal
clero *m* Klerus *m*
clicar *vt* klicken; **~ com o botão direito do rato** [*o brasil* **do mouse**] mit der rechten Maustaste klicken
clichê *m* Klischee *nt*
cliente *mf* ❶ (*loja*) Kunde, Kundin *m, f;* **~ habitual** Stammkunde *m* ❷ (*médico*) Patient(in) *m(f)* ❸ (*advogado*) Klient(in) *m(f)*
clientela *f* Kundschaft *f*
clima ['klimɐ] *m* Klima *nt*
climatérico *adj* klimatisch
clímax *m* Höhepunkt *m*
clínica ['klinikɐ] *f* ❶ (*local*) Klinik *f;* **~ dentária** Zahnklinik *f;* **~ particular/privada** Privatklinik *f* ❷ (*prática*) Klinik *f;* **~ geral** Allgemeinmedizin *f*
clínico-geral, clínica-geral <clínicos-gerais> *m, f* (MED) Arzt , Ärztin *m, f* für Allgemeinmedizin
clipe *m* ❶ (*para papel*) Büroklammer *f* ❷ (*de música*) Videoclip *m*
clister *m* (MED) Klistier *nt,* Einlauf *m*
clítoris *m inv* (ANAT) Klitoris *f,* Kitzler *m*
clonagem *f* (BIOL) Klonen *nt*
clonar *vt* (BIOL) klonen
cloreto *m* (QUÍM) Chlorkalk *m*
cloro *m* (QUÍM) Chlor *nt*
clorofila *f* (BOT) Chlorophyll *nt*
clorofórmio *m* (QUÍM) Chloroform *nt*

C

clube ['klubə] *m* Klub *m,* Verein *m;* ~ **de ténis** [*o brasil* **tênis**] Tennisklub *m;* ~ **de vídeo** Videothek *f*

coabitar *vi* zusammenleben, zusammenwohnen

coação *f* (*brasil*) *v.* **coacção**

coacção <-ões> *f* Zwang *m;* (DIR) Nötigung *f*

coadjuvar *vt* unterstützen, helfen

coador *m* Sieb *nt*

coagir <g→j> *vt* zwingen; (DIR) nötigen

coagulação <-ões> *f* ❶ (*leite, sangue*) Gerinnung *f* ❷ (QUÍM) Koagulation *f*

coagular *vi* ❶ (*leite, sangue*) gerinnen ❷ (QUÍM) koagulieren

coágulo *m* Gerinnsel *nt*

coalhada *f* (CULIN) *Art Dickmilch*

coar <*brasil, 1. pess pres:* côo> *vt* (*líquido*) filtern, durchseihen

co-arrendar *vt* gemeinsam mieten

co-autor(a) *m(f)* (*livro*) Mitverfasser(in) *m(f)*

co-autoria *f* Miturheberschaft *f*

coaxar *vi* quaken

coaxo *m* Quaken *nt*

cobaia *f* ❶ (ZOOL) Meerschweinchen *nt* ❷ (*para experiências*) Versuchstier *nt;* **fazer/servir de** ~ als Versuchskaninchen dienen

cobalto *m* (QUÍM) Kobalt *nt*

cobarde **I.** *mf* Feigling *m* **II.** *adj* feige

cobardia *f* Feigheit *f*

coberta *f* ❶ (*de cama*) Decke *f,* Steppdecke *f* ❷ (NÁUT) Deck *nt*

coberto **I.** *pp de* **cobrir** **II.** *m* ❶ (*alpendre*) Schutzdach *nt* ❷ (MIL) Deckung *f*

cobertor [kubər'tor] *m* Bettdecke *f*

cobertura *f* ❶ (*cobertor*) Decke *f;* (*de protecção*) Abdeckung *f* ❷ (*tecto*) Dach *nt* ❸ (ECON, MIL) Deckung *f* ❹ (CULIN) Glasur *f*

cobiça *f* Begierde *f;* (*avidez*) Gier *f*

cobiçar <ç→c> *vt* begehren

cobra ['kɔbrɐ] *f* (ZOOL) Kobra *f*

cobra-coral <cobras-coral> *f* (*brasil*) Korallenschlange *f* (*bunte Giftschlange aus Brasilien*)

cobrador(a) *m(f)* Kassierer(in) *m(f);* (*do comboio*) Schaffner(in) *m(f)*

cobrança *f* ❶ (*acto*) Kassieren *nt;* **à** ~ per Nachnahme ❷ (*quantia*) Einnahmen *pl*

cobrar *vt* ❶ (*força*) wiedererlangen; ~ **ânimo** Mut fassen ❷ (*dinheiro*) kassieren, einnehmen; (*impostos*) erheben; (*uma dívida*) eintreiben

cobre *m* Kupfer *nt;* **de** ~ kupfern

cobres *mpl* Kupfergeld *nt*

cobrir <*pp* coberto> *irr como dormir* **I.** *vt* (*objecto*) bedecken (*com* mit); (*pessoa*) zudecken (*com* mit); (*os custos*) decken; (*uma casa*) bedachen; (*animais*) decken; (MIL) decken; (*ocultar*) decken; (*proteger*) schützen; (*abranger*) umfassen **II.** *vr* sich zudecken

cobro *m* Ende *nt;* **pôr** ~ **a a. c.** etw ein Ende machen/setzen

coca *f* (BOT) Kokastrauch *m,* Koka *f;* **estar à** ~ auf der Lauer liegen

coça *f* (*coloq*) Prügelei *f;* **apanhar/levar uma** ~ Prügel bekommen; **dar uma** ~ **a alguém** jdn verprügeln

coçado *adj* abgetragen, verschlissen

cocaína *f* Kokain *nt*

cocar *vi* lauern

coçar <ç→c> **I.** *vt* kratzen **II.** *vr* ~**-se** sich kratzen

cóccix *m* (ANAT) Steißbein *nt,* Steiß *m*

cócegas *fpl* Kitzel *m;* **fazer** ~ kitzeln; **ter** ~ kitzlig sein

coche *m* Kutsche *f*

cocheiro *m* Kutscher *m*

cochichar *vi* flüstern, tuscheln

cochicho *m* Geflüster *nt,* Getuschel *nt*

cochilar *vi* schlummern

cockpit *m* (AERO) Cockpit *nt*

cocktail *m* Cocktail *m*

coco *m* ❶ (BOT: *palmeira*) Kokospalme *f;* (*fruto*) Kokosnuss *f* ❷ (*brasil: cabeça*) Kopf *m*

cocó (*portugal*), **cocô** *m* (*brasil: infantil*) Kaka; **fazer** ~ Kaka machen; **o trabalho ficou um** ~ (*pej*) die Arbeit war Schrott

cócoras *adv* **estar de** ~ hocken, kauern; **pôr-se de** ~ sich niederhocken

cocorocó *m* Kikeriki *nt*

côdea *f* Kruste *f,* Rinde *f*

codificar <c→qu> *vt* kodieren

código ['kɔdigu] *m* ❶ (*para identificar*) Code *m;* (*brasil:* TEL) Vorwahl *f;* ~ **de barras** Strichcode *m;* ~ **postal** Postleitzahl *f;* ~ **secreto** Geheimcode *m* ❷ (*regulamento*) Regelwerk *nt;* ~ **da estrada** Straßenverkehrsordnung *f;* (DIR); ~ **penal** Strafgesetzbuch *nt*

codorniz *f* (ZOOL) Wachtel *f*

coeducação *f* Unterricht in gemischten Klassen *m,* Koedukation *f*

coeficiente *m* ❶ (MAT) Koeffizient *m* ❷ (*factor*) Faktor *m*

coelheira *f* Kaninchenstall *m*
coelho, -a *m, f* (ZOOL) Kaninchen *nt;* (*fig*); **matar dois ~s de uma cajadada só** zwei Fliegen mit einer Klappe schlagen
coentro [ku'ɛ̃ntru] *m* (BOT) Koriander *m*
coerção <-ões> *f* Zwang *m,* Druck *m;* (DIR) Nötigung *f*
coercivo *adj* Zwangs ...
coerência *f* Kohärenz *f,* Zusammenhang *m*
coerente *adj* kohärent, zusammenhängend
coesão <-ões> *f* (FÍS) Zusammenhalt *m,* Kohäsion *f*
coexistência *f* Koexistenz *f*
coexistir *vi* gleichzeitig existieren, koexistieren
cofre ['kɔfrə] *m* Safe *m,* Geldschrank *m;* ~ **de aluguer** Schließfach *nt*
cogitação <-ões> *f* Nachdenken *nt;* **estar fora de** ~ nicht in Betracht kommen
cogitar *vi* nachdenken (*sobre* über)
cognição *f* Wahrnehmung *f,* Erkenntnis *f*
cognitivo *adj* kognitiv
cognome *m* Beiname *m*
cogumelo *m* (BOT) Pilz *m*
coice *m* Fußtritt *m;* **dar um ~ a alguém** jdm einen Tritt versetzen; **levar um** ~ einen Tritt kriegen
Coimbra (*portugal*) Coimbra (*Hauptstadt des Distrikts Coimbra*); **Distrito de** ~ Distrikt Coimbra
coimbrão, -rã <-s, -s> (*portugal*) **I.** *m, f Einwohner(in) der Stadt oder des Distrikts Coimbra* **II.** *adj* (*especialidade*) aus Coimbra; (*instituto*) in Coimbra
coincidência *f* ❶ (*de acontecimentos*) Zusammenfallen *nt,* Überschneidung *f* ❷ (*acaso*) Zufall *m*
coincidir *vi* (*acontecimentos*) zusammenfallen, gleichzeitig stattfinden
coisa ['koiza] *f* Ding *nt,* Sache *f;* **alguma** ~ etwas; ~ **nenhuma** nichts; **outra** ~ etwas anderes; **a mesma** ~ dasselbe; **não ser grande** ~ nichts Besonderes sein; **há ~ de cinco minutos** vor etwa fünf Minuten; **não dizer ~ com** ~ nichts Vernünftiges von sich geben; **como quem não quer a** ~ wie zufällig
coiso *m* (*coloq*) Dingsda *nt*
coitada *f de* **coitado**
coitadinho *adj* (*coloq*) arm; **~!** ach Gott!, der Ärmste!
coitado, -a **I.** *m, f* (*coloq*) Ärmste; **~!** der Ärmste! **II.** *adj* arm, unglücklich; ~ **de mim!** ich Ärmster
coito *m* Beischlaf *m,* Koitus *m*
cola ['kɔlɐ] **I.** *f* (*de papel*) Klebstoff *m;* (*de madeira*) Leim *m;* ~ **branca** Leim *m;* (*rasto*) Spur *f;* **ir na ~ de alguém** hinter jdm hergehen; (*brasil: cópia*) Kopie *f;* **fazer** ~ abschreiben **II.** *mf* (*coloq*) Klette *f,* (lästiges) Anhängsel *nt;* **o Pedro é um** ~ Pedro folgt einem auf Schritt und Tritt
colaboração <-ões> *f* Zusammenarbeit *f* (*com* mit), Mitwirkung *f* (*em* an); **com a ~ de** unter Mitwirkung von
colaborador(a) *m(f)* Mitarbeiter(in) *m(f)*
colaborar *vi* ❶ (*pessoas*) zusammenarbeiten (*com* mit) ❷ (*trabalho*) mitarbeiten (*em* an)
colagem *f* ❶ (*acção de colar*) Leimen *nt,* Kleben *nt* ❷ <-ens> (*pintura, teatro*) Collage *f*
colapso *m* ❶ (MED) Kollaps *m,* Schwächeanfall *m* ❷ (*queda repentina*) Zusammenbruch *m*
colar [ku'lar] **I.** *m* Halskette *f* **II.** *vt* kleben, leimen
colarinho *m* Hemdkragen *m*
cola-tudo *f* Alleskleber *m*
colcha ['kolʃɐ] *f* Tagesdecke *f*
colchão [kol'ʃãu] <-ões> *m* Matratze *f;* ~ **de ar** Luftmatratze *f;* ~ **de molas** Federkernmatratze *f;* ~ **de água** Wasserbett *nt*
colcheia *f* (MÚS) Achtel *nt,* Achtelnote *f*
colchete *m* ❶ (*da roupa*) Haken *m;* **~s** Haken und Ösen ❷ (*tipografia*) eckige Klammer *f*
colchões *m pl de* **colchão**
coldre *m* Pistolenhalfter *m*
coleção *f* (*brasil*) *v.* **colecção**
colecção <-ões> *f* (*portugal*) ❶ (*arte*) Sammlung *f* ❷ (*moda*) Kollektion *f*
coleccionador(a) *m(f)* (*portugal*) Sammler(in) *m(f)*
coleccionar *vt* (*portugal*) sammeln; ~ **selos** Briefmarken sammeln
colecionador(a) *m(f)* (*brasil*) *v.* **coleccionador**
colecionar *vt* (*brasil*) *v.* **coleccionar**
colecta *f* (*portugal*) ❶ (*peditório*) Sammlung *f* ❷ (*imposto*) Abgabe *f*
colectânea *f* (*portugal*) Anthologie *f,* Sammelband *m*
colectar (*portugal*) **I.** *vt* (*tributar*) besteuern; (*reunir*) einsammeln **II.** *vr* sich beim Finanzamt registrieren lassen

C

colectiva *adj* (*portugal*) *f de* **colectivo**
colectividade *f* (*portugal*) Gemeinschaft *f*
colectivismo *m* (*portugal:* POL) Kollektivismus *m*
colectivo (*portugal*) **I.** *m* Kollektiv *nt* **II.** *adj* gemeinsam, kollektiv; (GRAM); **nome ~** Sammelbegriff *m*
colector *m* (*portugal:* ELECTR) Kollektor *m*
colega [ku'lɜgɐ] *mf* (*de trabalho*) Kollege, Kollegin *m, f;* (*de curso*) Kommilitone, Kommilitonin *m, f*
colegial *mf* (*brasil*) Oberschüler(in) *m(f)*
colégio *m* Privatschule *f;* **~ interno** Internat *nt*
coleira *f* Halsband *nt*
cólera ['kɔlərɐ] *f* ① (*raiva*) Wut *f,* Zorn *m* ② (MED) Cholera *f*
colesterol *m* (BIOL) Cholesterin *nt*
coleta *f* (*brasil*) *v.* **colecta**
coletânia *f* (*brasil*) *v.* **colectânea**
colete [ku'letə] *m* Weste *f;* **~ de salvação** Schwimmweste *f*
colete-de-forças *m* Zwangsjacke *f*
coletiva *adj* (*brasil*) *f de coletivo* **v. colectivo**
coletividade *f* (*brasil*) *v.* **colectividade**
coletivismo *m* (*brasil*) *v.* **colectivismo**
coletivo *m* (*brasil*) *v.* **colectivo**
coletor *m* (*brasil:* ELECTR) *v.* **colector**
colheita [ku'ʎeitɐ] *f* (AGR) Ernte *f*
colher[1] [ku'ʎɜr] *vt* ① (*fruta*) ernten ② (*flores*) pflücken ③ (*informações*) einziehen, sammeln ④ (*atropelar*) anfahren
colher[2] *f* Löffel *m;* **~ de café** Kaffeelöffel *m;* **~ de chá** Teelöffel *m;* **~ de sobremesa** Dessertlöffel *m;* **~ de sopa** Esslöffel *m*
colherada *f* Löffel *m* voll; **meter a sua ~** seinen Senf dazutun
colibri *m* (ZOOL) Kolibri *m*
cólica ['kɔlikɐ] *f* (MED) Kolik *f*
colidir *vi* zusammenstoßen (*com* mit), stoßen (*com* gegen)
coligação <-ões> *f* Zusammenschluss *m;* (POL) Koalition *f*
colina [ku'linɐ] *f* Hügel *m*
colisão <-ões> *f* Kollision *f,* Zusammenstoß *m*
coliseu *m* Stadthalle *f,* Konzerthalle *f*
colisões *f pl de* **colisão**
collant (*brasil*), **collants** *mpl* (*portugal: meia-calça*) Strumpfhose *f*
colmeia *f* Bienenkorb *m*
colo *m* ① (*regaço*) Schoß *m;* **ao ~** auf dem Schoß/Arm ② (*pescoço*) Hals *m*
colocação <-ões> *f* ① (*emprego*) Stelle *f,* Anstellung *f* ② (*acto de colocar*) Aufstellung *f*
colocar [kulu'kar] <c→qu> *vt* ① (*pôr*) setzen, stellen, legen; (*afixar*) anbringen; **~ uma questão a alguém** jdm eine Frage stellen ② (*num emprego*) anstellen; (*trabalhadores*) einstellen ③ (ECON: *dinheiro*) anlegen ④ (*produtos*) auslegen
Colômbia *f* Kolumbien
colombiano, -a I. *m, f* Kolumbianer(in) *m(f)* **II.** *adj* kolumbianisch
cólon *m* (ANAT) Dickdarm *m*
colona *f v.* **colono**
colónia (*portugal*), **colônia** *f* (*brasil*) Kolonie *f;* **as antigas ~s** die früheren Kolonien; **~ de férias** Ferienlager *nt*
colonial <-ais> *adj* kolonial, Kolonial ...; **época ~** Kolonialzeit *f*
colonização <-ões> *f* Kolonisierung *f*
colonizar *vt* kolonisieren
colono, -a *m, f* Siedler(in) *m(f)*
coloquial <-ais> *adj* umgangssprachlich
colóquio *m* ① Gespräch *nt* ② Kolloquium *nt*
coloração <-ões> *f* Färbung *f*
colorau [kulu'rau] *m* Paprikapulver *nt*
colorido *adj* farbig, bunt
colorir *vt* färben; (*pintar*) bemalen, anmalen; **~ de vermelho** rot färben
colossal <-ais> *adj* riesig, kolossal
colosso *m* Koloss *m*
coluna [ku'lunɐ] *f* ① (ARQUIT) Säule *f,* Pfeiler *m* ② (ANAT) Säule *f;* **~ vertebral** Wirbelsäule *f* ③ (*tipografia*) Spalte *f* ④ (MIL) Kolonne *f* ⑤ (*de som*) Box *f,* Lautsprecherbox *f*
colunável <-eis> *mf* (*coloq*) Prominente
colza *f* (BOT) Raps *m*
com *prep* ① (*acompanhamento*) mit; **estar ~ os amigos** mit seinen Freunden zusammen sein; **falar ~ alguém** mit jdm sprechen; **estou ~ frio/calor** mir ist kalt/warm; **estar ~ fome/sono** hungrig/müde sein; **estar ~ medo** Angst haben ② (*circunstância*) bei; **~ mau tempo** bei schlechtem Wetter; **isso é ~ ela** das ist ihre Sache ③ (*meio*) durch; **~ a reforma** durch die Reform
coma I. *m* (MED) Koma *nt* **II.** *f* (*juba*) Mähne *f*
comadre *f* Taufpatin *f* des Sohnes/der Tochter
comandante [kumɐ̃n'dɐ̃ntə] *m* ① (MIL) Kommandant *m,* Oberst *m* ② (AERO) Flugkapitän *m;* (NÁUT) Kapitän *m*

comandar *vt* ① (MIL) kommandieren ② (*ordenar*) befehlen ③ (*uma máquina, um navio*) steuern
comandita *f* (ECON) Kommanditgesellschaft *f*
comando *m* ① (MIL) Kommando *nt* ② (INFOR) Befehl *m* ③ (TEC) Steuerung *f*; **~ à distância** Fernbedienung *f*; **~ automático** Selbststeuerung *f*
comarca *f* Verwaltungsbezirk *m*
comas *fpl* Anführungszeichen *pl*; (*coloq*) Gänsefüßchen *pl*
combate *m* Kampf *m* (*a* gegen); (MIL) Gefecht *nt*; **~ ao fogo** Brandbekämpfung *f*
combatente *mf* (MIL) Kämpfer(in) *m(f)*
combater **I.** *vt* bekämpfen **II.** *vi* kämpfen
combi *f* (*brasil*) Kombiwagen *m*; (*para transportes*) Lieferwagen *m*
combinação <-ões> *f* ① (*ligação*) Kombination *f*, Verbindung *f* ② (*acordo*) Vereinbarung *f*, Abmachung *f* ③ (*roupa*) Unterrock *m*
combinar [kɔ̃mbi'nar] **I.** *vt* ① (*ligar*) kombinieren, verbinden ② (*acordar*) vereinbaren, abmachen; (*um encontro*) verabreden; (*condições*) absprechen, abstimmen; **combinado!** abgemacht! **II.** *vi* ① (*cores*) passen ② (*ideias*) übereinstimmen
comboio [kɔ̃m'bɔju] *m* ① (*portugal: caminhos-de-ferro*) Zug *m*, Bahn *f*; **~ correio** Postzug *m*; **~ de passageiros** Personenzug *m*; **~ de mercadorias** Güterzug *m*; **~ inter-regional** Regionalbahn *f*; **~ misto** Personen- und Güterzug *m*; **~ rápido** Eilzug *m*, Schnellzug *m*; **~ suburbano** Nahverkehrszug *m*; **ir de ~** mit dem Zug fahren ② (*de navios, carros*) Konvoi *m*
combustão *f* Verbrennung *f*
combustível <-eis> **I.** *m* Brennstoff *m* **II.** *adj* brennbar
começar [kumə'sar] <ç→c> **I.** *vt* anfangen, beginnen; **~ um trabalho** eine Arbeit/mit einer Arbeit beginnen **II.** *vi* anfangen (*a* zu), beginnen (*a* zu); **começa às 20 horas** es beginnt um 20 Uhr; **começa a chover** es fängt an zu regnen
começo [ku'mesu] *m* Anfang *m* (*de*), Beginn *m* (*de*); **no ~** am Anfang
comédia [ku'mɜdjɐ] *f* Komödie *f*
comediante *mf* Komödiant(in) *m(f)*
comedido *adj* ① (*moderado*) gemäßigt ② (*modesto*) bescheiden, zurückhaltend
comedir *irr como pedir* **I.** *vt* kontrollieren **II.** *vr* Maß halten, sich mäßigen
comedoiro *m v.* **comedouro**
comedouro *m* (*lugar*) Futterplatz *m*; (*vaso*) Fresstrog *m*
comemoração <-ões> *f* Gedenken *nt*; (*cerimónia*) Gedächtnisfeier *f*; **em ~ de** zum Gedenken an
comemorar *vt* gedenken; (*festejar*) feiern; (*elev*) feierlich begehen
comemorativo *adj* Gedenk ...; **placa comemorativa** Gedenktafel *f*
comemorável *adj* denkwürdig
comendador *m* (HIST) Komtur *m*
comentar *vt* ① (*criticar*) kommentieren ② (*explicar*) erklären, erläutern
comentário *m* ① (*crítica*) Kommentar *m*; (*oral*) Bemerkung *f*; **fazer ~s sobre alguém/a.c.** einen Kommentar zu jdm/etw abgeben ② (*explicação*) Erklärung *f*, Erläuterung *f*
comer [ku'mer] **I.** *vt* ① (*pessoa*) essen; (*animal*) fressen ② (*palavras*) verschlucken ③ (*xadrez, damas*) schlagen ④ (*ferrugem*) zerfressen ⑤ (*coloq: enganar*) hereinlegen ⑥ (*de raiva*) fressen ⑦ (*coloq: sexualmente*) vernaschen **II.** *vi* ① (*pessoa*) essen; (*elev*) speisen; (*animal*) fressen; **dar de ~** füttern ② (*coloq: tareia*) abbekommen
comercial <-ais> **I.** *adj* Handels ..., Geschäfts ...; **centro ~** Einkaufszentrum *nt* **II.** *m* (*brasil*) Werbespot *m*
comercializar *vt* vermarkten, kommerzialisieren
comerciante *mf* Kaufmann, Kauffrau *m, f*, Händler(in) *m(f)*
comércio *m* ① (*actividade*) Handel *m*; **~ clandestino** Schwarzhandel *m*; **~ externo** Außenhandel *m*; **~ interno** Binnenhandel *m*; **~ justo** Fairtrade *m*, fairer Handel; **~ por atacado/grosso** Großhandel *m*; **pequeno ~** Einzelhandel *m* ② (*lojas*) Geschäfte *pl*
comes *mpl* **~ e bebes** Essen und Trinken *nt*
comestíveis *mpl* Esswaren *pl*, Lebensmittel *pl*
comestível [kuməʃ'tivɜl] <-eis> *adj* essbar
cometa *m* (ASTR) Komet *m*
cometer *vt* ① (*um crime, um erro*) begehen ② (MIL) angreifen
cometida *f* (MIL) Angriff *m*
comezaina *f* (*coloq*) Gelage *nt*
cómica (*portugal*), **cômica** (*brasil*) *v.* **cómico**
comichão <-ões> *f* ① (MED) Jucken *nt*, Juck-

reiz *m;* **estou com/tenho ~** es juckt mich; **fazer ~** jucken ❷ (*desejo*) Gelüst *nt*

comício *m* Versammlung *f*

cómico, -a (*portugal*) **I.** *m, f* Komiker(in) *m(f)* **II.** *adj* komisch, witzig

cômico, -a (*brasil*) *v.* **cómico**

comida [ku'midɐ] *f* Essen *nt,* Nahrung *f;* **~ biológica** Biokost *f;* **~ caseira** Hausmannskost *f*

comida-de-urso *f* (*coloq*) Prügel *pl*

comigo *Zusammensetzung: präp* com + *pron mim*

comilão, -ona **I.** *m, f* (*coloq*) Vielfraß *m* **II.** *adj* gefräßig; (*fig*) gierig

cominho *m* (BOT) Kreuzkümmel *m*

comiseração <-ões> *f* Mitleid *nt,* Erbarmen *nt*

comiserar **I.** *vt* Mitleid erregen bei, erbarmen **II.** *vr* sich erbarmen; **~-se de alguém** jdn bemitleiden

comissão [kumi'sãu] <-ões> *f* ❶ (*comité*) Ausschuss *m,* Kommission *f;* **Comissão Europeia** Europäische Kommission ❷ (ECON) Provision *f;* **trabalhar à ~** auf Provisionsbasis arbeiten; **ter ~ nas vendas** am Umsatz beteiligt sein

comissária *f v.* **comissário**

comissariado *m* Kommissariat *nt*

comissário, -a [kumi'sarju] *m, f* Kommissar(in) *m(f),* Beauftragte; (AERO); **~ de bordo** Steward, ess *m, f,* Flugbegleiter(in) *m(f)*

comissões *f pl de* **comissão**

comité (*portugal*), **comitê** *m* (*brasil*) Ausschuss *m,* Komitee *nt;* **~ empresarial** Betriebsrat *m*

comitente *m* (ECON) Auftraggeber(in) *m(f)*

comitiva *f* Gefolge *nt*

como ['komu] **I.** *konj* (*comparação*) wie; **ele é ~ o pai** er ist wie sein Vater; **tão ... ~** so ... wie; **tanto ... ~** sowohl ... als (auch); **assim ~** sowie; (*causal*) da, weil; **~ era tarde, ele dormiu aqui** da es spät war, hat er hier geschlafen; (*na qualidade de*) als; **ele trabalha ~ gerente de loja** er arbeitet als Geschäftsführer **II.** *adv* (*modo*) wie; **~ ele gosta dela!** wie (sehr) er sie liebt!; **~ é que funciona?** wie geht das?; **~ que/quem diz** sozusagen; **~ não!** natürlich!; **~ se** +*conj* als ob **III.** *pron interr* wie; **~?** wie (bitte)?; **~ assim?** wieso?; **~ não?** warum nicht?; **a ~ é?** was kostet es?

comoção <-ões> *f* ❶ (*sentimental*) Rührung *f;* **com grande ~** sehr gerührt ❷ (*abalo*) Erschütterung *f*

cómoda **I.** *adj f de* **cómodo** **II.** *f* Kommode *f*

cômoda (*brasil*) **I.** *adj f de* **cômodo** *v.* **cómodo I** **II.** *v.* **cómoda II**

comodidade *f* ❶ (*de móveis*) Bequemlichkeit *f* ❷ (*na vida*) Annehmlichkeit *f;* **com todas as ~s** mit allem Komfort

comodismo *m* Bequemlichkeit *f;* (*pej*) Behäbigkeit *f*

comodista *adj* (*pej*) bequem, behäbig

cómodo (*portugal*), **cômodo** *adj* (*brasil*) bequem

cômodo *m* (*brasil*) Zimmer *nt*

comovente *adj* rührend, ergreifend

comover **I.** *vt* rühren, ergreifen **II.** *vr* gerührt sein

compacta *adj f de* **compacto**

compactar *vt* (INFOR) komprimieren

compacto [kɔ̃m'paktu] *adj* ❶ (*maciço*) kompakt ❷ (*denso*) dicht

compadecer <c→ç> **I.** *vt* (*ter compaixão*) bemitleiden; (*suportar*) ertragen **II.** *vr* **~-se de** Mitleid haben mit

compadre *m* Taufpate *m* des Sohnes/der Tochter

compadrio *m* Vetternwirtschaft *f*

compaixão <-ões> *f* Mitleid *nt* (*por* mit), Erbarmen *nt;* **ter ~ por** sich erbarmen

companheira *f de* **companheiro**

companheirismo *m* Kameradschaftlichkeit *f*

companheiro, -a *m, f* ❶ (*camarada*) Kamerad(in) *m(f);* (*amigo*) Freund(in) *m(f);* (*da escola*) Mitschüler(in) *m(f)* ❷ (*relação amorosa*) Partner(in) *m(f),* Lebensgefährte, Lebensgefährtin *m, f*

companhia *f* ❶ (*acompanhamento*) Gesellschaft *f;* **fazer ~ a alguém** jdm Gesellschaft leisten ❷ (*de teatro*) Truppe *f* ❸ (ECON) Gesellschaft *f;* **~ aérea** Fluggesellschaft *f;* **~ de seguros** Versicherungsgesellschaft *f;* **~ limitada** Gesellschaft mit beschränkter Haftung ❹ (MIL) Kompanie *f*

comparação <-ões> *f* ❶ (*confronto*) Vergleich *m;* **em ~ com** im Vergleich zu ❷ (GRAM) Steigerung *f;* **~ dos adjectivos** [*o brasil* **adjetivos**] Steigerung der Adjektive; **graus de ~** Steigerungsstufen *pl*

comparar [kɔ̃mpɐ'rar] *vt* vergleichen (*com* mit)

comparativo **I.** *m* (GRAM) Komparativ *m;* **~ de igualdade** Positiv *m* **II.** *adj* ❶ (*em compara-*

ção) vergleichend ❷ (GRAM) komparativ; **linguística comparativa** Komparatistik *f*

comparável <-eis> *adj* vergleichbar (*a* mit)

comparecer <c→ç> *vi* erscheinen (*a* bei/zu); ~ **no tribunal** vor Gericht erscheinen

comparecimento, comparência *f* Erscheinen *nt*

comparsa *mf* ❶ (*cúmplice*) Komplize, Komplizin *m, f* ❷ (*teatro*) Statist(in) *m(f)* ❸ (*filme*) Komparse, Komparsin *m, f*

comparticipação *f* (*do Estado*) Zuschuss *m*

comparticipar *vi* (*Estado*) unterstützen

compartilhar I. *vt* teilen **II.** *vi* teilnehmen (*de* an + dat)

compartimento [kɔ̃mpɐrti'mɛ̃ntu] *m* ❶ (*de casa*) Raum *m* ❷ (*do comboio*) Abteil *nt*

compassado *adj* (MÚS) taktmäßig, im Takt

compasso *m* ❶ (*instrumento*) Zirkel *m* ❷ (MÚS) Takt *m;* **a** ~ im Takt; **marcar o** ~ den Takt schlagen ❸ (REL) Osterbesuch *m*

compatibilidade *f* Vereinbarkeit *f;* (INFOR) Kompatibilität *f*

compatível <-eis> *adj* vereinbar (*com* mit); (INFOR) kompatibel

compatriota *mf* Landsmann, Landsmännin *m, f*

compelir *vt irr como preferir* zwingen, nötigen

compêndio *m* Kompendium *nt,* Abriss *m*

compenetrado *adj* ❶ (*convicto*) überzeugt ❷ (*concentrado*) vertieft (*em* in)

compensação <-ões> *f* ❶ (*indemnização*) Entschädigung *f* ❷ (*substituto*) Ersatz *m* ❸ (*equilíbrio*) Ausgleich *m,* Kompensation *f;* **em ~ recebe ...** dafür erhalten Sie ...

compensado *m* (*brasil*) Sperrholz *nt;* (*para móveis*) Furnier *nt*

compensar *vt* ❶ (*indemnizar*) entschädigen; ~ **alguém de a. c.** jdn für etw entschädigen ❷ (*equilibrar*) ausgleichen, kompensieren

competência *f* ❶ (*de um funcionário*) Zuständigkeit *f* (*para* für), Befugnis *f* (*para* zu); **isso não é da minha** ~ dafür bin ich nicht zuständig ❷ (*capacidade*) Fähigkeit *f* (*para* zu), Kompetenz *f* (*para* zu) ❸ (*aptidão*) Tauglichkeit *f* (*para* für); **não ter ~ para nada** zu nichts taugen

competente *adj* ❶ (*funcionário*) zuständig (*para* für), befugt ❷ (*capaz*) fähig (*para* zu), kompetent ❸ (*apto*) maßgebend, maßgeblich

competição [kɔ̃mpəti'sãu] <-ões> *f* ❶ (*concurso*) Wettbewerb *m* ❷ (DESP) Wettkampf *m*

competir *vi irr como preferir* ❶ (*concorrer*) in Wettbewerb stehen (*com* mit), wetteifern (*com* mit); (ECON) konkurrieren (*com* mit) ❷ (*competência*) ~ **a alguém** in jds Zuständigkeitsbereich fallen; (*elev*) jdm obliegen; **isso não me compete** dafür bin ich nicht zuständig; **compete-lhe cumprir a cláusula** Sie sind verpflichtet, die Klausel einzuhalten; **compete-nos a nós atender o telefone** wir sind dafür zuständig, ans Telefon zu gehen

competitiva *adj f de* **competitivo**

competitividade *f* Konkurrenzfähigkeit *f*

competitivo *adj* konkurrenzfähig

compilação <-ões> *f* Zusammenstellung *f,* Kompilation *f*

compilar *vt* zusammenstellen, kompilieren

complacente *adj* zuvorkommend

compleição <-ões> *f* ❶ (*física*) Körperbeschaffenheit *f,* Konstitution *f* ❷ (*psicológica*) Naturell *nt,* Gemüt *nt* ❸ (*temperamento*) Temperament *nt*

complementar *adj* ergänzend, Ergänzungs ...

complemento *m* ❶ (*remate*) Ergänzung *f* ❷ (LING) Objekt *nt;* ~ **directo** [*o brasil* **direto**]/**indirecto** [*o brasil* **indireto**] direktes/präpositionales Objekt ❸ (MAT) Komplement *nt*

completa *adj f de* **completo**

completamente [kɔ̃mplɜtɐ'mɛ̃ntə] *adv* völlig, ganz; **estar ~ exausto** völlig erschöpft sein; **estar ~ cheio** randvoll sein

completar *vt* ❶ (*um exercício*) ergänzen ❷ (*um trabalho*) vervollständigen, vollenden; **ela completou 20 anos** sie hat ihr zwanzigstes Lebensjahr vollendet ❸ (*os estudos*) abschließen

completo [kɔ̃m'plɜtu] *adj* ❶ (*trabalho, colecção*) vollständig; **obras completas** gesammelte Werke ❷ (*comboio, hotel*) besetzt, ausgebucht; (*coloq*) voll

complexa *adj f de* **complexo II**

complexado *adj* voller Komplexe, komplexbeladen

complexidade *f* Komplexität *f*

complexo I. *m* (PSIC) Komplex *m;* ~ **de inferioridade** Minderwertigkeitskomplex *m;* ~ **industrial** Industriekomplex *m;* **ter ~s** Komplexe haben **II.** *adj* ❶ (*complicado*) kompliziert ❷ (*confuso*) komplex, verwickelt

complicação <-ões> *f* ❶(*dificuldade*) Schwierigkeit *f*, Komplikation *f* ❷(MED) Komplikation *f* ❸(*enredo*) Verwicklung *f*
complicado *adj* kompliziert
complicar <c→qu> *vt* komplizieren, erschweren; ~ **a vida a alguém** jdm das Leben schwer machen
complô *m* Komplott *nt;* **armar um ~ contra alguém** ein Komplott gegen jdn schmieden
componente **I.** *mf* (*geral*) Bestandteil *m*, Glied *nt;* (ELECTR) Bauteil *nt*, Element *nt;* (QUÍM) Bestandteil *m*, Komponente *f* **II.** *adj* Teil ...
compor *irr como pôr* **I.** *vt* ❶(*juntar*) zusammensetzen, zusammenstellen ❷(*formar*) bilden ❸(MÚS) komponieren ❹(*um texto*) verfassen ❺(*tipografia*) setzen ❻(*arranjar*) ordnen, in Ordnung bringen ❼(*apaziguar*) versöhnen **II.** *vi* ❶(LIT) dichten ❷(MÚS) komponieren **III.** *vr* ❶(*postura*) sich fassen ❷(*arranjar-se*) sich zurechtmachen ❸(*ser composto*) **~-se de** bestehen aus (dat)
comporta *f* Schleuse *f*
comportado *adj* **bem ~** artig, gut erzogen; **mal ~** unartig, schlecht erzogen
comportamento *m* Benehmen *nt*, Verhalten *nt;* **~ do automóvel na estrada** Straßenlage *f*
comportar **I.** *vt* fassen; **o estádio comporta 40000 pessoas** das Stadion fasst 40000 Menschen; **o contentor comporta 50 kg** der Container fasst 50 kg **II.** *vr* sich verhalten (*como* wie), sich benehmen (*como* wie); **~-se bem/mal** sich gut/schlecht benehmen
composição <-ões> *f* ❶(*acto de compor*) Zusammensetzung *f*, Zusammenstellung *f* ❷(*redacção*) Aufsatz *m* ❸(*estrutura*) Aufbau *m*, Struktur *f* ❹(MÚS) Komposition *f* ❺(QUÍM) Verbindung *f*
compositor(a) [kɔ̃mpuzi'tor] *m(f)* ❶(MÚS) Komponist(in) *m(f)* ❷(*tipografia*) Setzer(in) *m(f)*
composto **I.** *pp de* **compor** **II.** *m* (QUÍM) Verbindung *f* **III.** *adj* ❶(*ordenado*) ordentlich ❷(GRAM) zusammengesetzt; **palavra composta** Kompositum *nt*
compostura *f* Haltung *f*, Betragen *nt*
compota *f* Marmelade *f*
compra *f* Kauf *m*, Einkauf *m;* **~ e venda** An- und Verkauf; **~s de Natal** Weihnachtseinkäufe; **fazer ~s** einkaufen; **ir às ~s** einkaufen gehen
comprador(a) *m(f)* Käufer(in) *m(f)*
comprar [kɔ̃m'prar] *vt* kaufen; **~ a prestações** auf Raten kaufen; **~ a pronto** bar kaufen
comprazer *irr como aprazer* **I.** *vi* (*consentir*) einwilligen; (*transigir*) nachgeben **II.** *vr* Vergnügen finden (*com* an), sich gefallen (*de* in)
compreender [kɔ̃mprjɛ̃n'der] *vt* ❶(*entender*) verstehen, begreifen ❷(*incluir*) einschließen ❸(*conter*) enthalten ❹(*abranger*) umfassen
compreensão *f* Verständnis *nt;* **de fácil ~** leicht verständlich; **de ~ lenta** schwer von Begriff
compreensiva *adj f de* **compreensivo**
compreensível <-eis> *adj* verständlich
compreensivo *adj* verständnisvoll
compressa *f* (MED) Umschlag *m*, Kompresse *f*
compressão <-ões> *f* ❶(*redução*) Zusammenpressen *nt* ❷(TEC) Kompression *f* ❸(*de gases*) Verdichtung *f* ❹(*opressão*) Druck *m*
compressor *m* Kompressor *m*
comprido [kɔ̃m'pridu] *adj* lang; **ao ~** der Länge nach
comprimento [kɔ̃mpri'mɛ̃ntu] *m* Länge *f;* **ter 5 metros de ~** 5 Meter lang sein
comprimido [kɔ̃mpri'midu] **I.** *m* (FARM) Tablette *f* **II.** *adj* zusammengepresst; **ar ~** Druckluft *f*
comprimir *vt* zusammenpressen, zusammendrücken
comprometedor *adj* verdächtig, kompromittierend
comprometer **I.** *vt* (*expor a vergonha*) kompromittieren, bloßstellen; (*coloq*) blamieren; (*expor a perigo*) gefährden, in Gefahr bringen **II.** *vr* sich verpflichten (*a* zu)
comprometido *adj* ❶(*com namorado, -a, noivo, -a*) verlobt ❷(*para um encontro*) verabredet (*com* mit) ❸(*embaraçado*) verlegen, beschämt
compromisso [kɔ̃mpru'misu] *m* ❶(*acordo*) Kompromiss *m;* (DIR) Vergleich *m;* **chegar a um ~** einen Kompromiss schließen ❷(*encontro*) Verabredung *f;* **ter um ~** verabredet sein ❸(*obrigação*) Verpflichtung *f;* **assumir um ~** eine Aufgabe übernehmen; **ter um ~ com alguém** eine feste Beziehung mit jdm haben; **sem ~** unverbindlich
comprovação <-ões> *f* ❶(*prova*) Nachweis *m* ❷(*confirmação*) Bestätigung *f*
comprovar *vt* ❶(*provar*) nachweisen, bele-

gen ❷(*confirmar*) bestätigen

comprovativo *adj* belegend, beweisend; (DIR) beweiskräftig

compulsão <-ões> *f* Zwang *m,* Nötigung *f*

compulsivo *adj* zwingend

compulsões *f pl de* **compulsão**

compulsório *adj* Zwangs ...

computação *f* Informatik *f*

computador *m* Computer *m,* Rechner *m;* ~ **pessoal** Personal Computer *m;* ~ **portátil** Laptop *m*

comum [ku'mũ] *adj* ❶(*conjunto*) gemeinsam; **de ~ acordo** in gegenseitigem Einverständnis; **fazer a. c. em ~** etw gemeinsam machen; **isso é ~ a essas pessoas** das haben diese Personen gemeinsam; **ter a. c. em ~ com alguém** etw mit jdm gemeinsam haben ❷(*geral*) allgemein; **senso ~** gesunder Menschenverstand ❸(*usual*) gewöhnlich

comuna **I.** *f* Kommune *f,* Gemeinde *f* **II.** *mf* (*pej*) Kommunist(in) *m(f)*

comungar <g→gu> *vi* (REL) das Abendmahl empfangen, die Kommunion empfangen

comunhão <-ões> *f* ❶(REL) Kommunion *f,* Abendmahl *nt;* ~ **solene** Firmung *f;* **fazer a ~** gefirmt werden ❷(DIR) ~ **de bens** Gütergemeinschaft *f*

comunicação <-ões> *f* ❶(*acto de comunicar*) Kommunikation *f;* **estabelecer ~ com alguém** sich mit jdm in Verbindung setzen; **órgão de ~ social** Massenmedium *nt* ❷(*participação*) Mitteilung *f;* ~ **interna** interne Mitteilung ❸(*ligação*) Verbindung *f*

comunicado *m* Bekanntmachung *f,* Kommuniqué *nt*

comunicar <c→qu> **I.** *vt* mitteilen, verkünden **II.** *vi* kommunizieren (*com* mit), in Verbindung stehen (*com* mit)

comunicativo *adj* kommunikativ; (*afável*) gesellig

comunidade *f* Gemeinschaft *f;* (REL) Gemeinde *f;* **Comunidade Europeia** Europäische Gemeinschaft

comunismo *m* Kommunismus *m*

comunista **I.** *mf* Kommunist(in) *m(f)* **II.** *adj* kommunistisch

comunitário *adj* gemeinschaftlich; **centro ~** Gemeindezentrum *nt*

comutador *m* (ELECTR) Schalter *m,* Umschalter *m*

comutar *vt* ❶(*permutar*) umtauschen ❷(DIR: *a pena*) mildern

conca *f* (ANAT) Ohrmuschel *f*

côncavo *adj* konkav, hohl

conceber *vt* ❶(BIOL) empfangen ❷(*entender*) begreifen, erfassen ❸(*imaginar*) sich vorstellen ❹(*um plano*) entwerfen

concebível <-eis> *adj* denkbar, vorstellbar

conceder *vt* ❶(*uma autorização*) erteilen ❷(*um favor*) gewähren ❸(*um direito*) zugestehen ❹(*bens*) abtreten ❺(*autorizar*) erlauben, bewilligen ❻(*admitir*) zugeben

conceição [kɔ̃sei'sãu] *f* (REL) Empfängnis *f;* **a Imaculada Conceição** die unbefleckte Empfängnis

conceito *m* ❶(*ideia*) Begriff *m* ❷(*opinião*) Meinung *f*

conceituado *adj* angesehen; **ser muito ~** hoch angesehen sein

concelho *m* (*portugal*) Landkreis *m;* **Paços do ~** Rathaus *nt*

concentração <-ões> *f* ❶(*mental*) Konzentration *f,* Anspannung *f* ❷(*de pessoas*) Ansammlung *f* ❸(QUÍM) Konzentration *f*

concentrado **I.** *m* Konzentrat *nt* **II.** *adj* ❶(*num local*) konzentriert ❷(*mentalmente*) vertieft (*em* in)

concentrar **I.** *vt* ❶(*reunir*) konzentrieren ❷(*esforços*) sammeln ❸(QUÍM: *um líquido*) konzentrieren ❹(*tornar mais denso*) verdichten ❺(*tornar mais forte*) verstärken ❻(*as tropas*) zusammenziehen **II.** *vr* ❶(*pessoas*) sich sammeln, zusammenkommen ❷(*mentalmente*) sich konzentrieren (*em* auf), sich vertiefen (*em* in)

concepção <-ões> *f* ❶(BIOL) Empfängnis *f* ❷(*percepção*) Anschauung *f,* Auffassung *f* ❸(*compreensão*) Begreifen *nt,* Verständnis *nt* ❹(*de um plano*) Entwurf *m*

conceptual <-ais> *adj* begrifflich, konzeptuell

concertar *vt* ❶(*combinar*) vereinbaren ❷(*um plano*) ausarbeiten, erstellen

concertina *f* (MÚS) Ziehharmonika *f*

concerto [kɔ̃'sertu] *m* Konzert *nt*

concessão <-ões> *f* ❶(ECON) Konzession *f* ❷(*de uma hipótese*) Zugeständnis *nt* ❸(*de um pedido*) Gewährung *f* ❹(*de uma licença*) Erteilung *f* ❺(*permissão*) Erlaubnis *f*

concessionário *m* (ECON) Vertragshändler *m,* Fachhändler *m*

concessivo *adj* (GRAM) konzessiv

concessões *f pl de* **concessão**

C

concha ['kɔ̃ʃɐ] *f* ❶ (ZOOL) Muschel *f;* ~ **fina** braune Venusmuschel *f* ❷ (*do caracol*) Schneckenhaus *nt* ❸ (*da sopa*) Kelle *f*
conchavo *m* Verschwörung *f*
conciliar *vt* ❶ (*inimigos*) versöhnen ❷ (*interesses*) in Einklang bringen
conciliável <-eis> *adj* vereinbar
concílio *m* (REL) Konzil *nt*
conciso *adj* kurz, knapp
concludente *adj* ❶ (*decisivo*) entscheidend ❷ (*final*) endgültig ❸ (*convincente*) überzeugend
concluir *conj como incluir vt* ❶ (*acabar*) beenden, vollenden ❷ (*um contrato*) abschließen ❸ (*deduzir*) folgern (*de* aus); **daí podemos ~ que ...** wir können daraus folgern, dass ...
conclusão <-ões> *f* ❶ (*de um trabalho*) Vollendung *f,* Fertigstellung *f* ❷ (*de um contrato*) Abschluss *m* ❸ (*dedução*) Schlussfolgerung *f;* **tirar uma ~ de a. c.** eine Schlussfolgerung aus etw ziehen
concomitante *adj* ❶ (*que acompanha*) begleitend; **circunstâncias ~s** Begleitumstände *pl* ❷ (*que age em conjunto*) mitwirkend ❸ (*simultâneo*) gleichzeitig
concordância *f* ❶ (*harmonia*) Übereinstimmung *f* ❷ (GRAM) Kongruenz *f*
concordar [kɔ̃ŋkur'dar] **I.** *vt* in Einklang bringen **II.** *vi* zustimmen, übereinstimmen; **~ com alguém/a. c.** jdm zustimmen/mit etw einverstanden sein
concorrência *f* ❶ (ECON) Konkurrenz *f;* **~ desleal** unlauterer Wettbewerb *m;* **fora de ~** nicht konkurrenzfähig ❷ (*afluência*) Zulauf *m*
concorrente *mf* ❶ (ECON) Konkurrent(in) *m(f)* ❷ (*num concurso*) Bewerber(in) *m(f)* ❸ (*num concurso televisivo*) Kandidat(in) *m(f),* Teilnehmer(in) *m(f)*
concorrer *vi* ❶ (ECON) konkurrieren (*com* mit) ❷ (*afluir*) zusammenkommen, zusammenlaufen ❸ (*candidatar-se*) sich bewerben (*a* um + ac.) ❹ (*contribuir*) beitragen (*para* zu)
concorrido *adj* stark besucht
concreta *adj f de* **concreto**
concretização *f* Verwirklichung *f*
concretizar *vt* verwirklichen
concreto **I.** *m* (*brasil: betão*) Beton *m* **II.** *adj* konkret; **nada de ~** nichts Bestimmtes
concubina *f* Konkubine *f*
concurso *m* ❶ (*competição*) Wettbewerb *m;* (*hipismo, dança*) Turnier *nt* ❷ (ECON) Ausschreibung *f;* **abrir ~** ausschreiben ❸ (*jogo*) Quiz *nt*
condado *m* (*território*) Grafschaft *f*
condão *m* Gabe *f,* Vorrecht *nt*
conde, condessa *m, f* Graf *m,* Gräfin *f*
condecoração <-ões> *f* Orden *m,* Auszeichnung *f*
condecorar *vt* einen Orden verleihen (dat)
condenação <-ões> *f* Verurteilung *f*
condenado, -a **I.** *m, f* Verurteilte **II.** *adj* (DIR) verurteilt (*a* zu); **estar ~** verloren sein
condenar *vt* ❶ (*censurar*) verurteilen ❷ (DIR) schuldigsprechen, verurteilen (*a* zu); **~ à morte** zum Tode verurteilen ❸ (REL) verdammen
condenável <-eis> *adj* verwerflich
condensação *f* Kondensation *f,* Verdichtung *f*
condensado *adj* ❶ (*ideias, texto*) zusammengefasst ❷ (*amontoado*) zusammengedrängt
condensador *m* ❶ (ELECTR, FÍS) Kondensator *m* ❷ (*óptica*) Kondensor *m*
condensar *vt* ❶ (FÍS: *gás, vapor*) kondensieren ❷ (*resumir, sintetizar*) zusammenfassen
condescendência *f* ❶ (*transigência*) Nachgiebigkeit *f* ❷ (*complacência*) Zustimmung *f*
condescendente *adj* nachgiebig
condescender *vi* ❶ (*transigir*) nachgeben (*a*), entgegenkommen (*a*); (*pej*) sich herablassen (*a* zu) ❷ (*consentir*) einwilligen (*a* in)
condessa *f v.* **conde**
condição [kɔ̃ndi'sãu] <-ões> *f* ❶ (*circunstância*) Bedingung *f;* **nestas condições** unter diesen Bedingungen/Umständen; **na/com a ~ de ...** +*inf* unter der Bedingung, dass ... ❷ (*estado*) Zustand *m;* **estar em condições** in Ordnung sein; **o edifício não está em condições** das Gebäude ist in einem schlechten baulichen Zustand; **estar em condições de fazer a. c.** in der Lage sein, etw zu tun; **o edifício não tem condições** in dem Gebäude fehlt es an allen Ecken und Enden ❸ (*social*) Stand *m,* Rang *m;* **de baixa ~** aus der Unterschicht ❹ (*qualidade*) Beschaffenheit *f*
condicional <-ais> **I.** *m* (GRAM) Konditional *m* **II.** *adj* konditional; (GRAM); **oração ~** Bedingungssatz *m*
condicionar *vt* bedingen

condimentar *vt* (*fig*) würzen
condimento [kõndiˈmẽntu] *m* Gewürz *nt*
condizer *vi irr como dizer* ❶ (*roupa*) passen (*com* zu) ❷ (*concordar*) übereinstimmen (*com* mit)
condoer-se *vr conj como roer* ~ **de** Mitleid haben mit
condolência *f* Beileid *nt;* **apresentar as ~s a alguém** jdm sein Beileid aussprechen
condomínio *m* ❶ (*moradores*) Hausgemeinschaft *f;* ~ **fechado** abgeschlossene, bewachte Wohnanlage *f* ❷ (*quantia*) *monatliche Kosten zur Instandhaltung der Wohnanlage*
condor *m* (ZOOL) Kondor *m*
condução [kõnduˈsãu] <-ões> *f* ❶ (*direcção*) Führung *f,* Leitung *f;* **perder a ~** den Anschluss verpassen ❷ (*de um automóvel*) Steuern *nt,* Lenken *nt* ❸ (*brasil: transporte*) Verkehrsmittel *nt*
conduta *f* ❶ (*cano*) Leitung *f;* ~ **de gás** Gasleitung *f;* ~ **de lixo** Müllschlucker *m* ❷ (*moral*) Führung *f,* Betragen *nt*
conduto *m* ❶ (*cano*) Röhre *f,* Leitung *f* ❷ (*canal*) Kanal *m* ❸ (*coloq: alimento*) Brotbeilage *f,* Aufschnitt *m*
condutor(a)[1] [kõnduˈtor] **I.** *m(f)* (*de automóvel*) Fahrer(in) *m(f);* (*de comboio*) Zugführer(in) *m(f)* **II.** *adj* leitend; **fio ~** Leitungsdraht *m*
condutor[2] *m* (ELECTR) Leiter *m*
conduzir [kõnduˈzir] *vt* ❶ (*encaminhar*) leiten, führen ❷ (*um automóvel*) fahren ❸ (*uma máquina*) lenken ❹ (*um barco*) steuern
cone *m* ❶ (*geometria*) Kegel *m* ❷ (*de gelado*) Tüte *f*
cónego (*portugal*), **cônego** *m* (*brasil:* REL) Domherr *m*
confecção <-ões> *f* ❶ (*vestuário*) Konfektion *f* ❷ (*fabrico*) Anfertigung *f,* Herstellung *f*
confeccionar *vt* anfertigen, herstellen
confederação <-ões> *f* (POL) Bund *m,* Staatenbund *m;* ~ **helvética** Schweizerische Eidgenossenschaft *f*
confeitaria [kõfeitɐˈriɐ] *f* (*brasil*) Konditorei *f; v. tb.* **pastelaria**
confeito *m* Konfekt *nt*
conferência *f* ❶ (POL) Konferenz *f,* Besprechung *f;* **realizar uma ~** eine Konferenz abhalten ❷ (*discurso*) Vortrag *m,* Vorlesung *f;* **fazer uma ~** einen Vortrag halten
conferenciar *vi* sich besprechen (*com* mit), beratschlagen (*com* mit)
conferencista *mf* Vortragende, Referent(in) *m(f)*
conferir *irr como preferir* **I.** *vt* (*controlar*) prüfen, kontrollieren; (*direitos*) verleihen; (*a palavra*) erteilen **II.** *vi* stimmen
confessar **I.** *vt* (*a culpa, um erro*) gestehen, bekennen; **confesso que sim/não** ich gestehe es war/war nicht so; (REL: *os pecados*) beichten **II.** *vr* beichten
confessionário *m* Beichtstuhl *m*
confete, confetti *m* Konfetti *nt*
confiança [kõˈfjãsɐ] *f* Vertrauen *nt;* **de ~** zuverlässig, vertrauenswürdig; **não ser de ~** unzuverlässig sein; **ter ~ em alguém/a. c.** Vertrauen zu jdm/etw haben; **ter ~ com alguém** ein vertrautes Verhältnis zu jdm haben
confiante *adj* voller Vertrauen; **estar ~ em** Vertrauen haben zu
confiar **I.** *vt* anvertrauen; ~ **a. c. a alguém** jdm etw anvertrauen **II.** *vi* vertrauen; ~ **em alguém** jdm/auf jdn vertrauen
confidência *f* vertrauliche Mitteilung *f*
confidencial <-ais> *adj* vertraulich
confidente *mf* Vertraute
configuração <-ões> *f* Form *f,* Gestalt *f*
configurar *vt* formen, gestalten; (INFOR) konfigurieren
confinante *adj* angrenzend
confinar **I.** *vt* begrenzen **II.** *vi* angrenzen, grenzen (*com* an)
confins *mpl* (*fronteiras, limites*) Grenzen *pl;* (*sítio longínquo*); **nos ~ do mundo** am Ende der Welt
confirmação <-ões> *f* ❶ (*certificação*) Bestätigung *f* ❷ (REL: *católica*) Firmung *f;* (*protestante*) Konfirmation *f*
confirmar [kõfirˈmar] *vt* ❶ (*certificar*) bestätigen, bekräftigen ❷ (REL: *católica*) firmen; (*protestante*) konfirmieren
confiscar <c→qu> *vt* beschlagnahmen, konfiszieren
confissão <-ões> *f* ❶ (*de culpa*) Geständnis *nt* ❷ (REL) Beichte *f*
conflito *m* Konflikt *m,* Auseinandersetzung *f;* ~ **de interesses** Interessenkonflikt *m*
conflituoso *adj* konfliktgeladen, brisant
conformar-se *vr* sich abfinden (*com* mit)
conforme **I.** *adj* (*idêntico*) übereinstimmend, identisch (*a* mit); **estar ~** übereinstimmen;

(*correspondente*) angemessen; (*portugal*); (**é**) **~!** je nachdem! **II.** *prep* gemäß, entsprechend **III.** *prep* wie, je nachdem
conformidade *f* Übereinstimmung *f;* **em ~ com** gemäß (dat)
confortar *vt* ① (*consolar*) trösten ② (*animar*) aufmuntern
confortável [kõfur'tavɜl] <-eis> *adj* bequem, gemütlich
conforto *m* ① (*de uma casa*) Komfort *m,* Bequemlichkeit *f* ② (*consolo*) Trost *m*
confraria *f* Bruderschaft *f*
confraternização <-ões> *f* Verbrüderung *f*
confraternizar *vi* ein brüderliches Verhältnis haben (*com* zu)
confrontação <-ões> *f* ① (*conflito, choque*) Konfrontation *f* ② (*acareação*) Gegenüberstellung *f*
confrontar **I.** *vt* konfrontieren, gegenüberstellen **II.** *vr* gegenüberstehen (*com*)
confronto *f* Gegenüberstellung *f*
confundir [kõfũn'dir] *vt* ① (*coisas*) verwechseln (*com* mit) ② (*tornar confuso*) durcheinanderbringen ③ (*uma pessoa*) verwirren
confusa *adj f de* **confuso**
confusão <-ões> *f* Verwirrung *f,* Durcheinander *nt*
confuso *adj* verwirrt, konfus
confusões *f pl de* **confusão**
congelado *adj* ① (*comida*) tiefgekühlt, gefroren ② (*muito frio*) eisig, eiskalt
congelador *m* Gefrierfach *nt*
congelar **I.** *vt* (*comida*) tiefkühlen, einfrieren; (*o crédito*) sperren, einfrieren; (*uma nota*) einfrieren **II.** *vi* einfrieren
congénere (*portugal*), **congênere** *adj* (*brasil*) artverwandt
congénito (*portugal*), **congênito** *adj* (*brasil*) angeboren
congestão <-ões> *f* (MED) Blutandrang *m*
congestionado *adj* ① (*trânsito*) stockend ② (*de raiva*) hochrot
congestionamento *m* (*do trânsito*) Verkehrsstockung *f,* Stau *m*
congestionar **I.** *vt* ① (MED) Blutandrang verursachen in ② (*trânsito*) behindern **II.** *vr* ① (*sangue*) sich stauen ② (*trânsito*) stocken ③ (*de raiva*) rot anlaufen
congestões *f pl de* **congestão**
congratulação *f* Glückwunsch *m*
congratular **I.** *vt* beglückwünschen; **~ alguém por a. c.** jdn zu etw beglückwünschen **II.** *vr* sich freuen (*com* über)
congregação <-ões> *f* ① (REL) Kongregation *f* ② (*ajuntamento*) Versammlung *f*
congresso *m* Kongress *m*
congro *m* (ZOOL) Meeraal *m*
congruência *f* Kongruenz *f*
congruente *adj* kongruent
conhaque *m* Cognac ® *m,* Kognak *m*
conhecer [kuɲə'ser] <c→ç> *vt* ① (*ter conhecimento*) kennen; **dar a ~** bekannt machen; **vir/chegar a ~** kennen lernen ② (*travar conhecimento*) kennen lernen ③ (*reconhecer*) erkennen (*por* an + dat) ④ (*orientar-se em*) sich auskennen in
conhecido, -a [kuɲə'sidu] **I.** *m, f* Bekannte **II.** *adj* bekannt; **ser muito ~** überall bekannt sein
conhecimento *m* ① (*saber*) Kenntnis *f;* **~ de causa** Sachkenntnis *f;* **ter/tomar ~ de a. c.** etw wissen/zur Kenntnis nehmen; **dar ~ de a. c. a alguém** jdn von etw in Kenntnis setzen ② (*pessoa*) Bekanntschaft *f;* **ter ~s** Beziehungen haben ③ (*consciência*) Bewusstsein *nt;* **perder o ~** das Bewusstsein verlieren
conimbricense *mf o adj,* **conimbrigense** *mf o adj* (*portugal*) *v.* **coimbrão**
conivência *f* Mitschuld *f*
conivente *adj* mitschuldig (*em* an)
conjectura *f* Mutmaßung *f;* **fazer ~s** Vermutungen anstellen
conjecturar *vt* mutmaßen, vermuten
conjugação <-ões> *f* ① (GRAM) Konjugation *f* ② (*ligação*) Verbindung *f*
conjugado *adj* verbunden; **eixo ~** Kuppelachse *f*
conjugal <-ais> *adj* ehelich, Ehe ...
conjugar <g→gu> *vt* ① (GRAM) konjugieren ② (*ligar*) verbinden ③ (*unir*) vereinigen
cônjuge *m* (*marido*) Gatte *m;* (*mulher*) Gattin *f;* **os ~s** die Eheleute
conjunção <-ões> *f* ① (GRAM) Konjunktion *f* ② (*ligação*) Verbindung *f* ③ (*união*) Vereinigung *f*
conjunta *adj f de* **conjunto II**
conjuntamente *adv* zusammen, gemeinsam
conjuntivite *f* (MED) Bindehautentzündung *f*
conjuntivo *m* (GRAM) Konjunktiv *m*
conjunto [kõ'ʒũntu] **I.** *m* (*totalidade*) Ganze *nt,* Gesamtheit *f;* (*de roupa, toalhas*) Garnitur *f;* (*de ferramentas*) Satz *m;* (MÚS) Band *f* **II.** *adj* gemeinsam

conjuntura *f* (ECON) Konjunktur *f;* ~ **favorável** günstige Konjunktur

connosco (*portugal*), **conosco** (*brasil*) *Zusammensetzung: präp com + pron nós*

conquanto *konj* ① (*ainda que*) obgleich ② (*embora*) obwohl

conquista *f* ① (*acção*) Eroberung *f* ② (*objecto*) Errungenschaft *f*

conquistador *m* ① (*de terras, corações*) Eroberer *m* ② (*coloq: de mulheres*) Don Juan *m*

conquistar *vt* ① (*terras, corações, mulheres*) erobern ② (*alcançar*) erringen; **ele conquistou o primeiro lugar** er hat den ersten Platz errungen

consagração <-ões> *f* ① (*glorificação*) Weihe *f* ② (*dedicação*) Aufopferung *f* ③ (REL: *na missa*) Wandlung *f*

consagrado *adj* anerkannt

consagrar *vt* ① (REL) weihen, heiligen ② (*dedicar*) widmen

consciência *f* ① (*moral*) Gewissen *nt;* **com ~** gewissenhaft; **ter a ~ limpa/pesada** ein reines/schlechtes Gewissen haben ② (*conhecimento*) Bewusstsein *nt*

consciencializar-se *vr* (*esp portugal*) sich bewusst werden

consciencioso *adj* gewissenhaft

consciente **I.** *m* (PSIC) Bewusstsein *nt* **II.** *adj* bewusst; **estar (bem) ~ de** sich (völlig) im Klaren sein über

conscientizar *vt* (*esp brasil*) sich bewusst werden; **eles não estão conscientizados para o problema** sie sind sich der Schwierigkeit nicht bewusst

consecutiva *adj f de* **consecutivo**

consecutivamente *adv* nacheinander, unaufhörlich; **e assim ~** und so weiter

consecutivo *adj* aufeinanderfolgend; **dois dias ~s** zwei Tage hintereinander; **duas horas consecutivas** zwei Stunden lang

conseguinte *adj* folgend; **por ~** folglich

conseguir *irr como seguir* **I.** *vt* (*obter*) erlangen, erreichen; (*alcançar*) können, gelingen (zu); **eu (não) consigo perceber o texto** ich kann den Text (nicht) verstehen; **não consigo dormir** ich kann nicht schlafen; **conseguiste falar com ele?** ist es dir gelungen, mit ihm zu sprechen?; **não consigo ouvir/ver nada** ich kann nichts hören/sehen; **ela consegue estudar com barulho** sie kann auch lernen, wenn es laut ist; (*coloq: arranjar*) beschaffen; **onde é que conseguiste o dinheiro?** wie bist du an das Geld gekommen? **II.** *vi* (*coloq: alcançar os objectivos*) schaffen; **eu consigo!** ich werde es schaffen!; **consegui!** ich habe es geschafft!

conselheiro, -a *m, f* Ratgeber(in) *m(f),* Berater(in) *m(f)*

conselho *m* ① (*recomendação*) Rat *m,* Ratschlag *m;* **dar um ~ a alguém** jdm einen Rat geben; **pedir um ~ a alguém** jdn um Rat fragen; **seguir o ~ de alguém** jds Rat befolgen ② (*assembleia*) Rat *m;* **Conselho de Administração** Verwaltungsrat *m;* **Conselho de Ministros** Ministerrat *m;* **Conselho Europeu** Europarat *m*

consenso *m* ① (*consentimento*) Einwilligung *f,* Zustimmung *f* ② (*acordo*) Konsens *m;* **chegar a um ~** Übereinstimmung erzielen

consentimento *m* Zustimmung *f,* Einwilligung *f;* **dar o ~** zustimmen, einwilligen

consentir *vt irr como sentir* ① (*permitir*) gestatten, zulassen ② (*tolerar*) dulden

consequência (*portugal*), **conseqüência** *f* (*brasil*) Folge *f,* Konsequenz *f;* **em ~ de** infolge; **por ~** folglich; **arcar com as ~s** die Folgen tragen; **ter a. c. como ~** etw zur Folge haben; **ter ~s** Folgen haben

consequente (*portugal*), **conseqüente** *adj* (*brasil*) folgerichtig, konsequent

consequentemente (*portugal*), **conseqüentemente** *adv* (*brasil*) folglich, infolgedessen

consertar *vt* reparieren, ausbessern; (*remendar*) flicken

conserto *m* Reparatur *f,* Ausbesserung *f;* (*remendo*) Flicken *nt;* **isto não tem ~** das kann nicht repariert werden

conserva *f* Konserve *f;* **de/em ~** aus der Konserve; **carne de ~** Büchsenfleisch *nt*

conservação <-ões> *f* (*de documentos, alimentos*) Konservierung *f*

conservador(a) **I.** *m(f)* (*de museu, biblioteca*) Konservator(in) *m(f);* (*do registo predial*) Beamte, in *m, f* im Katasteramt; (*do registo civil*) Standesbeamte, Standesbeamtin *m, f;* (POL) Konservative **II.** *adj* konservativ

conservadorismo *m* Konservatismus *m,* Konservativismus *m*

conservante *m* Konservierungsmittel *nt;* **sem ~s** ohne Konservierungsmittel

conservantismo *m v.* **conservadorismo**
conservar [kõsər'var] **I.** *vt* ❶ (*alimentos, documentos*) konservieren ❷ (*frutos*) einmachen ❸ (*manter*) erhalten ❹ (*guardar*) aufbewahren **II.** *vr* ❶ (*alimento*) sich halten ❷ (*cultura*) erhalten bleiben, weiter bestehen
Conservatória *f* (*portugal*) ~ **do Registo Civil** Standesamt *nt;* ~ **do Registo Predial** Katasteramt *nt*
conservatório *m* Konservatorium *nt*
consideração <-ões> *f* ❶ (*ponderação*) Überlegung *f,* Erwägung *f;* **levar/ter/tomar a. c. em** ~ etw berücksichtigen ❷ (*respeito*) Rücksicht *f,* Achtung *f;* **com toda a** ~ hochachtungsvoll; **falta de** ~ Rücksichtslosigkeit *f;* **ter** ~ **por alguém** jdn achten
considerado *adj* hoch geschätzt, angesehen
considerar [kõsidə'rar] **I.** *vt* (*ter em consideração*) in Betracht ziehen, berücksichtigen; (*tomar como*) betrachten als, halten für; (*ponderar*) überlegen, erwägen; (*ter consideração por*) achten, respektieren **II.** *vr* sich halten für
considerável <-eis> *adj* beträchtlich, ansehnlich
consignação *f* ❶ (*entrega*) Hinterlegung *f* ❷ (ECON) Konsignation *f*
consignar *vt* ❶ (*entregar*) übergeben ❷ (ECON) konsignieren ❸ (*dinheiro*) anweisen ❹ (*por escrito*) festlegen
consignatário, -a *m, f* ❶ (*destinatário*) Empfänger(in) *m(f)* ❷ (*credor*) Verwahrer(in) *m(f)*
consigo *Zusammensetzung: präp* com + *pron* si
consistência *f* ❶ (*firmeza*) Konsistenz *f* ❷ (*duração*) Beständigkeit *f* ❸ (*espessura*) Dichte *f*
consistente *adj* ❶ (*firme*) fest, konsistent ❷ (*constante*) dauerhaft, beständig ❸ (*espesso*) dicht
consistir *vi* ❶ (*compor-se de*) bestehen (*em* aus) ❷ (*fundar-se em*) bestehen (*em* in)
consoada [kõŋ'swadа] *f* ❶ (*ceia*) Festessen an Heiligabend *nt* ❷ (*portugal: presente*) Weihnachtsgeschenk *nt*
consoante I. *f* (GRAM) Konsonant *m* **II.** *adj* (sich) reimend **III.** *prep* ❶ (*segundo*) gemäß ❷ (*conforme*) je nach
consola *f* (*portugal*) Konsole *f*
consolação <-ões> *f* Trost *m;* **servir de** ~ ein Trost sein
consolado *adj* zufrieden gestellt
consolador *adj* tröstlich
consolar I. *vt* trösten **II.** *vr* sich trösten (*com* mit)
consolidação <-ões> *f* ❶ (*fortificação*) Festigung *f* ❷ (*de uma amizade*) Stärkung *f* ❸ (ECON) Konsolidierung *f*
consolidar I. *vt* (*fortificar*) festigen; (*uma amizade*) stärken; (ECON) konsolidieren **II.** *vr* sich festigen
consolo[1] *m* (*consolação*) Trost *m*
consolo[2] *m* (*brasil: consola*) Konsole *f*
consonância *f* ❶ (*harmonia*) Einklang *m,* Harmonie *f* ❷ (*rima*) Endreim *m*
consonante *adj* konsonant, gleichklingend
consórcio *m* (ECON) Konsortium *nt*
consorte *mf* Gatte, Gattin *m, f*
conspícuo *adj* ❶ (*notável*) bemerkenswert ❷ (*sério*) ernsthaft
conspiração <-ões> *f* Verschwörung *f,* Konspiration *f*
conspirador(a) *m(f)* Verschwörer(in) *m(f)*
conspirar *vi* sich verschwören (*contra* gegen)
conspurcação <-ões> *f* (*fig*) Beschmutzung *f*
conspurcar <c→qu> *vt* ❶ (*roupa*) fleckig/schmutzig machen ❷ (*reputação*) beschmutzen
constância *f* Beständigkeit *f,* Beharrlichkeit *f*
constante I. *f* (MAT) Konstante *f* **II.** *adj* beständig, konstant
constar *vi* ❶ (*dizer-se*) verlauten; **consta-me que ...** ich habe gehört, dass ... ❷ (*consistir*) bestehen (*de* aus) ❸ (*estar escrito*) geschrieben stehen; **isso não consta dos registos** das steht nirgends geschrieben
constatar *vt* feststellen
constelação <-ões> *f* (ASTR) Konstellation *f,* Sternbild *nt*
consternado *adj* bestürzt
consternar *vt* bestürzen, tief betrüben
constipação [kõʃtipa'sãu] <-ões> *f* (*esp portugal:* MED) Erkältung *f,* Schnupfen *m*
constipado *adj* erkältet
constipar-se *vr* sich erkälten
constitucional <-ais> *adj* verfassungsgemäß, Verfassungs ...
constitucionalidade *f* Verfassungsmäßigkeit *f*
constitucionalismo *m* verfassungsgemäße

Regierungsform *f*

constituição <-ões> *f* ❶ (*fundação*) Gründung *f* ❷ (*de uma comissão*) Einrichtung *f* ❸ (*formação*) Aufbau *m* ❹ (POL) Verfassung *f* ❺ (MED) Konstitution *f* ❻ (QUÍM) Beschaffenheit *f*

constituinte *adj* (POL) konstituierend

constituir *vt conj como incluir* ❶ (*estabelecer*) konstituieren, gründen; ~ **família** eine Familie gründen ❷ (*formar*) bilden ❸ (*ser*) darstellen

constitutivo *adj* konstitutiv, grundlegend

constranger <g→j> *vt* ❶ (*obrigar*) zwingen (*a* zu), nötigen (*a* zu) ❷ (*acanhar*) verlegen machen, in Verlegenheit bringen

constrangido *adj* verlegen

constrangimento *m* ❶ (*obrigação*) Zwang *m;* **sem** ~ ungezwungen ❷ (*acanhamento*) Verlegenheit *f*

construção [kɔ̃ʃtru'sɐ̃u] <-ões> *f* ❶ (*prédio*) Bau *m* ❷ (*sector*) Bauwesen *nt,* Bausektor *m* ❸ (GRAM) Satzbau *m* ❹ (MAT) Konstruktion *f* ❺ (*estrutura*) Aufbau *m*

construir *vt irr* ❶ (*casa*) bauen; (*edificar*) errichten ❷ (*frases*) bilden ❸ (MAT) konstruieren ❹ (*formar, organizar*) aufbauen

construtivo *adj* konstruktiv

construtor(a) *m(f)* Bauunternehmer(in) *m(f)*

construtora *f* (*empresa*) Bauunternehmen *nt*

cônsul *m* Konsul *m;* ~ **geral** Generalkonsul *m*

consulado [kɔ̃su'ladu] *m* Konsulat *nt;* ~ **geral** Generalkonsulat *m*

consulesa *f* Konsulin *f*

consulta *f* ❶ (*inquérito*) Anfrage *f* (*a* bei) ❷ (*no médico*) Arztbesuch *m;* **tenho uma consulta no médico/dentista amanhã** morgen habe ich einen Arzttermin/Zahnarzttermin ❸ (*a um livro*) **fazer uma ~ a um livro/dicionário** etw in einem Buch/Wörterbuch nachschlagen

consultar *vt* ❶ (*inquirir*) befragen ❷ (*pedir conselho*) um Rat fragen; ~ **alguém** jdn um Rat fragen; ~ **um médico** sich untersuchen lassen, zum Arzt gehen ❸ (*um livro, dicionário*) nachschlagen in

consultor(a) *m(f)* Berater(in) *m(f)*

consultório *m* Praxis *f*

consumação *f* Vollendung *f*

consumado *adj* vollendet, vollkommen; **facto** [*o brasil* **fato**] ~ vollendete Tatsache

consumar *vt* ❶ (*completar*) vollenden ❷ (*um acto*) vollbringen ❸ (*um crime*) begehen ❹ (*um casamento*) vollziehen

consumição <-ões> *f* Verdruss *m,* Besorgnis *f*

consumido *adj* ❶ (*aflito*) besorgt ❷ (*pelo fogo*) vernichtet

consumidor(a) *m(f)* Verbraucher(in) *m(f)*

consumir *vt* ❶ (*um bem*) verbrauchen; (*comer, beber*) verzehren; (*drogas*) konsumieren; (*coloq*) nehmen ❷ (*afligir*) ärgern ❸ (*fogo*) vernichten

consumismo *m* Konsumhaltung *f,* (übertriebenes) Konsumverhalten *nt*

consumo [kɔ̃'sumu] *m* ❶ (ECON) Konsum *m,* Verbrauch *m;* ~ **de drogas** Drogenkonsum *m;* ~ **de energia** Energieverbrauch *m* ❷ (*de comida, bebida*) Verzehr *m;* ~ **obrigatório** Mindestverzehr *m*

conta ['kɔ̃ntɐ] *f* ❶ (*bancária*) Konto *nt;* ~ **corrente** Girokonto *nt;* **abrir/fechar uma** ~ ein Konto eröffnen/auflösen; **depositar dinheiro na** ~ Geld auf das Konto einzahlen ❷ (*cálculo, factura*) Rechnung *f;* **errar a** ~ sich verrechnen; **fazer uma** ~ rechnen; **pedir a** ~ die Rechnung bestellen; **a ~, se faz favor** (ich möchte) zahlen, bitte; **pôr na** ~ auf die Rechnung setzen; **prestar ~s a alguém** jdm Rechenschaft ablegen; **ajustar ~s com alguém** mit jdm abrechnen; **afinal de ~s** letzten Endes ❸ (*encargo*) **à ~ de** wegen; **por ~ de** auf Kosten von; **por ~ própria** auf eigene Rechnung; **tomar ~ de alguém** sich um jdn kümmern ❹ (*de rosário*) Perle *f*

contabilidade *f* Buchhaltung *f,* Buchführung *f*

contabilista *mf* Buchhalter(in) *m(f)*

contactar *vt* (*portugal*) Kontakt aufnehmen mit, sich in Verbindung setzen mit

contacto [kɔ̃n'taktu] *m* (*portugal*) ❶ (*ligação*) Verbindung *f,* Kontakt *m;* **entrar em ~ com alguém** sich mit jdm in Verbindung setzen; **estar em ~ com alguém** mit jdm in Verbindung stehen ❷ (*com a pele*) Berührung *f* ❸ (ELECTR) Kontakt *m;* **fazer** ~ Kontakt haben

contador(a)[1] *m(f)* ❶ (*funcionário*) Rechnungsprüfer(in) *m(f)* ❷ (*brasil: contabilista*) Buchhalter(in) *m(f)* ❸ (*de histórias*) Erzähler(in) *m(f)*

contador[2] *m* (*da água*) Wasseruhr *f;* (*da luz*) Stromzähler *m;* (*do gás*) Gaszähler *m,* Gasuhr *f*

contagem <-ens> *f* Zählung *f,* Zählen *nt;* ~ **decrescente** Countdown *m;* (*brasil*); ~ **regressiva** Countdown *m*

contagiar *vt conj como enviar* anstecken (*com* mit)

contágio *m* Ansteckung *f*

contagioso [kɔ̃ntɐ'ʒjozu] *adj* ansteckend; **doença contagiosa** ansteckende Krankheit

conta-gotas *m* Tropfenzähler *m*

contaminação <-ões> *f* ① (*contágio*) Ansteckung *f* ② (*poluição*) Verschmutzung *f,* Verseuchung *f*

contaminar *vt* ① (*contagiar*) anstecken ② (*poluir*) verschmutzen, verseuchen

contanto *konj* ~ **que** sofern, wenn ... nur; **ele pode ir ~ que tome as devidas precauções** er kann gehen, sofern er die entsprechenden Vorsichtsmaßnahmen trifft

conta-quilómetros *m* (*portugal*) Kilometerzähler *m*

contar [kɔ̃n'tar] **I.** *vt* ① (*uma história*) erzählen; ~ **a. c. a alguém** jdm etw erzählen ② (*números*) zählen; ~ (**a. c.**) **pelos dedos** (etw) an den Fingern abzählen **II.** *vi* ① (*números*) zählen ② (*calcular*) rechnen; ~ **com alguém/a. c.** mit jdm/etw rechnen ③ (*tencionar*) ~ **fazer a. c.** beabsichtigen, etw zu tun

conta-rotações *m* Drehzahlmesser *m*

contatar *vt* (*brasil*) *v.* **contactar**

contato *m* (*brasil*) *v.* **contacto**

contemplação *f* ① (*observação*) Betrachtung *f* ② (REL) Kontemplation *f*

contemplar *vi* ① (*observar*) betrachten, anschauen ② (*um pedido*) berücksichtigen

contemporâneo, -a **I.** *m, f* Zeitgenosse, Zeitgenossin *m, f* **II.** *adj* zeitgenössisch; ~ **de** Zeitgenosse von

contenção *f* (*de despesas*) Mäßigung *f*

contencioso **I.** *m* (DIR) Strafgericht *nt,* Strafkammer *f* **II.** *adj* (DIR) Streit ...

contenda *f* Streit *m,* Zank *m*

contentamento *m* Zufriedenheit *f,* Freude *f*

contentar **I.** *vt* befriedigen, zufriedenstellen **II.** *vr* sich zufrieden geben (*com* mit); ~ **com pouco** leicht zufrieden zu stellen sein

contente [kɔ̃n'tɛ̃ntə] *adj* zufrieden (*com* mit), froh (*com* über)

contentor [kɔ̃ntɛ̃n'tor] *m* Container *m*

conter *irr como ter* **I.** *vt* (*abranger*) enthalten; (*o riso*) unterdrücken; (*coloq*) verkneifen **II.** *vr* an sich halten, sich beherrschen

conterrâneo, -a *m, f* Landsmann *m,* Landsmännin *f*

contestação <-ões> *f* Widerspruch *m;* **sem ~** widerspruchslos

contestar **I.** *vt* bestreiten, in Abrede stellen; (*sentença*) anfechten **II.** *vi* widersprechen, Einspruch erheben

contestável *adj* fragwürdig, strittig; (*sentença*) anfechtbar

conteúdo *m* Inhalt *m;* (*teor*) Gehalt *m*

contexto *m* Zusammenhang *m,* Kontext *m;* (*pessoa*); (**não**) **estar dentro do ~** den Stand der Dinge (nicht) kennen

contigo [kɔ̃n'tigu] *Zusammensetzung: präp com + pron ti*

contígua *adj f de* **contíguo**

contiguidade (*portugal*), **contigüidade** *f* (*brasil*) Angrenzen *nt*

contíguo *adj* angrenzend, benachbart

continência *f* ① (*sexual*) Enthaltsamkeit *f* ② (*moderação*) Mäßigung *f* ③ (MIL) Ehrenbezeigung *f,* Gruß *m;* **fazer ~ a** grüßen

continental <-ais> *adj* kontinental

continente **I.** *m* Kontinent *m,* Festland *nt* **II.** *adj* (*sexual*) enthaltsam

contingência *f* Möglichkeit *f*

contingente **I.** *m* (MIL) Kontingent *nt;* (*quota*) Quote *f* **II.** *adj* möglich, eventuell

contínua *adj f de* **contínuo**

continuação <-ões> *f* Fortsetzung *f,* Weiterführung *f*

continuar **I.** *vt* fortsetzen, weiterführen **II.** *vi* ① (*não parar*) fortfahren (*a* zu), weitermachen (*a* mit); ~ **doente/aqui** (immer) noch krank/hier sein; **ela continua a estudar** sie lernt noch ② (*seguir*) weitergehen; **continua** Fortsetzung folgt

continuidade *f* Kontinuität *f,* Fortdauer *f;* **ter ~** Bestand haben

contínuo **I.** *m* ① (*de escritório*) Bürogehilfe *m* ② (*de escola, universidade*) *Angestellter, der für Hilfsarbeiten* (*z. B. Materialausgabe*) *eingesetzt wird* **II.** *adj* ① (*seguido*) ununterbrochen; **acto** [*o brasil* **ato**] ~ unverzüglich ② (*repetido*) fortgesetzt

conto *m* ① (*história*) Erzählung *f;* (*de fadas*) Märchen *nt* ② (*portugal:* HIST) *eintausend Escudos*

contorção <-ões> *f* Verrenkung *f*

contorcer <c→ç> **I.** *vt* verrenken; (*cara*) verzerren **II.** *vr* sich winden

contorcionista *mf* Schlangenmensch *m*
contornar *vt* ❶ (*uma rotunda*) herumgehen um, herumfahren um ❷ (*um assunto, uma situação*) umgehen ❸ (*no papel*) umreißen
contorno *m* ❶ (*de um objecto*) Kontur *f*, Umriss *m* ❷ (*desvio*) Umweg *m* ❸ (*da frase*) Eleganz *f*
contornos *mpl* Umgebung *f*
contra ['kɔ̃ntrɐ] **I.** *m* Nachteil *m;* **os prós e os ~s** das Für und Wider **II.** *prep* (*em oposição*) gegen; **ele está ~ mim** er ist gegen mich; **não tenho nada ~ ti** ich habe nichts gegen dich; **bater/ir ~ a. c.** gegen etw schlagen/laufen; **isso vai ~ os meus princípios** das geht gegen meine Prinzipien; (*face a*) gegenüber **III.** *adv* dagegen
contra-almirante *m* (MIL) Konteradmiral *m*
contra-atacar <c→qu> *vi* einen Gegenangriff starten
contra-ataque *m* Gegenangriff *m*
contrabaixo *m* ❶ (*instrumento*) Kontrabass *m* ❷ (*pessoa*) Kontrabassist *m*
contrabalançar <ç→c> *vt* aufwiegen, ausgleichen
contrabandista *mf* Schmuggler(in) *m(f)*
contrabando [kɔ̃ntrɐ'bãndu] *m* ❶ (*actividade*) Schmuggel *m;* **tabaco de ~** geschmuggelter Tabak; **fazer ~ (de a. c.)** (etw) schmuggeln ❷ (*mercadoria*) Schmuggelware *f*
contração <-ões> (*brasil*), **contracção** *f* (*portugal*) ❶ (*união*) Zusammenziehung *f* ❷ (GRAM, MED) Kontraktion *f*
contracenar *vi* ❶ (*teatro*) gemeinsam auf der Bühne stehen (*com* mit) ❷ (*filme*) gemeinsam vor der Kamera stehen (*com* mit)
contracepção <-ões> *f* (MED) Empfängnisverhütung *f*
contraceptivo *m* Verhütungsmittel *nt*
contradança *f* ❶ (*dança*) Kontertanz *m* ❷ (*vaivém*) Hin und Her *nt*
contradição <-ões> *f* Widerspruch *m*
contradique *m* Vordamm *m*
contraditório *adj* widersprüchlich
contradizer *irr como dizer* **I.** *vt* (*uma pessoa*) widersprechen; (*um facto*) bestreiten **II.** *vr* sich widersprechen
contraente **I.** *mf* Vertragspartner(in) *m(f)* **II.** *adj* vertragsschließend
contra-espionagem <-ens> *f* Spionageabwehr *f*, Gegenspionage *f*
contrafação *f* (*brasil*) *v.* **contrafacção**
contrafacção <-ões> *f* ❶ (*de dinheiro*) Fälschung *f* ❷ (*imitação*) Nachahmung *f*
contrafé *f* (DIR) Vorladung *f*
contrafeito *adj* ❶ (*forçado*) gezwungen ❷ (*constrangido*) beengt
contraforte *m* ❶ (ARQUIT) Strebepfeiler *m* ❷ (GEOG) **~s** Vorgebirge *nt*
contraído *adj* zusammengezogen; (*músculos*) kontrahiert
contra-indicação *f* (MED) Gegenanzeige *f*, Kontraindikation *f*
contrair *conj como sair* **I.** *vt* (*unir*) zusammenziehen; (GRAM, MED) kontrahieren; (*uma dívida*) machen; (*matrimónio*) schließen (*com* mit); (*obrigações*) eingehen, übernehmen; (*uma doença*) bekommen; (*um empréstimo*) aufnehmen; (*um hábito*) annehmen **II.** *vr* sich zusammenziehen
contralto *m* (MÚS) Altstimme *f*, Alt *m*
contramão *f* **ir na ~** entgegen der Fahrtrichtung fahren
contramarcha *f* Rückmarsch *m*
contramedida *f* Gegenmaßnahme *f*
contramestre *m* (NÁUT) Obermaat *m*
contra-ofensiva *f* (MIL) Gegenoffensive *f*, Gegenangriff *m*
contra-ordem *f* Gegenbefehl *m*
contrapartida *f* ❶ (*peça*) Gegenstück *nt* ❷ (*compensação*) Ausgleich *m;* **em ~** dafür
contrapeso *m* Gegengewicht *nt*
contraplacado *m* Sperrholz *nt;* (*para móveis*) Furnier *nt*
contraponto *m* (MÚS) Kontrapunkt *m*
contrapor *vt irr como pôr* gegenüberstellen, entgegenstellen
contraproducente *adj* kontraproduktiv, unangebracht
contraproposta *f* Gegenvorschlag *m*
contraprova *f* ❶ (DIR) Gegenbeweis *m* ❷ (*verificação*) Gegenprobe *f* ❸ (*de um texto*) zweite Korrektur *f*
contra-regra *mf* Inspizient(in) *m(f)*
contrária *adj f de* **contrário II**
contrariado *adj* widerstrebend, widerwillig
contrariamente *adv* im Gegensatz (*a* zu)
contrariar *vt conj como enviar* ❶ (*ir contra*) sich entgegenstellen ❷ (*um plano*) durchkreuzen ❸ (*arreliar*) verdrießen
contrariedade *f* Widrigkeit *f*, Unannehmlichkeit *f*
contrário [kɔ̃n'trarju] **I.** *m* Gegenteil *nt;* **ao ~** umgekehrt; **ao ~ de** im Gegensatz zu;

(**muito**) **pelo** ~ (ganz) im Gegenteil **II.** *adj* gegensätzlich, entgegensetzt; **de/caso** ~ andernfalls; **em sentido** ~ in der Gegenrichtung

contra-rubricar *vi* gegenzeichnen

contra-senha *f* (MIL) Losungswort *nt*

contra-senso *m* ❶ (*contradição*) Widersinn *m* ❷ (*disparate*) Unsinn *m*

contrastar **I.** *vt* (*ouro, prata*) den Feingehalt bestimmen von **II.** *vi* abstechen (*com* von), sich abheben (*com* von)

contraste *m* ❶ (*oposição*) Gegensatz *m*, Kontrast *m*; **estabelecer/fazer o ~ entre** den Unterschied aufzeigen zwischen ❷ (*de metais*) Bestimmung des Feingehalts *f* ❸ (*marca nos metais*) Stempel *m*

contratação <-ões> *f* Einstellung *f*

contratar *vt* (*pessoal*) einstellen; (*músicos, grupo de teatro*) engagieren

contratempo *m* ❶ (*impedimento*) Zwischenfall *m* ❷ (MÚS) Taktverschiebung *f*

contrato [kɔ̃n'tratu] *m* Vertrag *m*; ~ **de arrendamento** Mietvertrag *m*; ~ **a prazo** Zeitvertrag *m*; ~ **de trabalho** Arbeitsvertrag *m*; **conforme o/de acordo com o/nos termos do** ~ vertragsgemäß

contratual <-ais> *adj* vertraglich

contravenção <-ões> *f* (*elev*) Zuwiderhandlung *f*, Verstoß *m*

contraveneno *m* (FARM) Gegengift *nt*

contraventor(a) **I.** *m(f)* Zuwiderhandelnde **II.** *adj* straffällig

contravir *vt irr como vir* (*elev*) verstoßen gegen, übertreten

contribuição <-ões> *f* ❶ (*para uma obra comum*) Beitrag *m* (*para* zu) ❷ (*imposto*) Abgabe *f*, Steuer *f*; ~ **autárquica** Gemeindesteuer *f*; ~ **predial** Grund- und Gebäudesteuer *f*

contribuinte *mf* Steuerzahler(in) *m(f)*

contribuir *vi conj como incluir* beitragen (*para* zu)

contributo *m* Beitrag *m*; **dar o seu ~ para a. c.** seinen Beitrag zu etw leisten

contrição *f* (REL) Reue *f*

controlador(a) *m(f)* Kontrolleur(in) *m(f)*; ~ **de voo** [*o brasil* **vôo**] Fluglotse *m*

controlar **I.** *vt* (*fiscalizar*) kontrollieren, überprüfen; (*a situação, os sentimentos*) beherrschen; (TEC) bedienen **II.** *vr* sich beherrschen

controle *m* (*brasil*) *v.* **controlo**

controlo *m* ❶ (*fiscalização*) Kontrolle *f*, Überprüfung *f*; **ter alguém/a. c. sob** ~ jdn/etw unter Kontrolle haben; ~ **de doping** Dopingkontrolle *f*; ~ **de qualidade** Qualitätskontrolle *f*; ~ **por radar** Radarkontrolle *f* ❷ (*da situação, dos sentimentos*) Kontrolle *f* (*de* über); **está tudo sob** ~ es ist alles unter Kontrolle ❸ (ELECTR) Steuerung *f*; ~ **à distância** Fernbedienung *f*

controversa *adj f de* **controverso**

controvérsia *f* Kontroverse *f*, Auseinandersetzung *f*

controverso *adj* strittig, Streit ...

contudo *konj* jedoch, dennoch; **ela não gosta de viajar; ~ foi de férias** sie reist nicht gerne, dennoch ist sie in Urlaub gefahren

contumácia *f* ❶ (*teimosia*) Eigensinn *m* ❷ (DIR) Nichterscheinen (vor Gericht) *nt*, Kontumaz *f*

contumaz <-es> *adj* eigensinnig, halsstarrig

contundente *adj* ❶ (*coisa*) Schlag ... ❷ (*prova*) schlagkräftig

contundir *vt* quetschen

conturbado *adj* aufgeregt, verwirrt

conturbar *vt* ❶ (*perturbar*) beunruhigen ❷ (*amotinar*) aufwiegeln

contusão [kɔ̃ntu'zãu] <-ões> *f* (MED) Quetschung *f*, Prellung *f*

convalescença *f* (MED) Genesung *f*; **estar em** ~ auf dem Wege der Besserung sein

convalescente *mf* Genesende

convalescer <c→ç> *vi* genesen

convecção <-ões> *f* (FÍS) Konvektion *f*

convenção <-ões> *f* ❶ (*acordo*) Konvention *f*, Abkommen *nt* ❷ (*formalidades*) Konvention *f*

convencer [kɔ̃vɛ̃'ser] <c→ç> **I.** *vt* (*fazer crer*) überzeugen (*de* von); (*persuadir*) überreden (*de* zu); (*provar*) überführen; ~ **alguém de um crime** jdn eines Verbrechens überführen **II.** *vr* sich überzeugen (*de* von)

convencido *adj* ❶ (*convicto*) überzeugt (*de* von); **estou ~ que sim** ich bin davon überzeugt ❷ (*coloq: imodesto*) überzeugt

convencional <-ais> *adj* ❶ (*de convenção*) konventionell ❷ (*admitido geralmente*) üblich

convencionalismo *m* Konventionen *pl*

convencionar *vt* festsetzen, vereinbaren

conveniência *f* ❶ (*de palavras*) Angemessenheit *f* ❷ (*vantagem*) Vorteil *m* ❸ (*utili-*

dade) Zweckmäßigkeit *f;* **casamento de ~** Vernunftehe *f* ❹ (*decência*) Schicklichkeit *f*

conveniente *adj* ❶ (*preciso, decente*) angemessen, schicklich ❷ (*vantajoso*) vorteilhaft ❸ (*útil*) nützlich, zweckmäßig

convénio (*portugal*), **convênio** *m* (*brasil*) Abkommen *nt*

convento [kõ'vẽntu] *m* Kloster *nt*

conventual *adj* klösterlich, Kloster ...

convergência *f* ❶ (MAT) Konvergenz *f* ❷ (*semelhança*) Übereinstimmung *f*

convergente *adj* ❶ (*linhas*) zusammenlaufend ❷ (*igual*) übereinstimmend ❸ (MAT) konvergent

convergir *vi irr* ❶ (*raios, pessoas*) zusammenlaufen ❷ (MAT) konvergieren ❸ (*para um fim*) abzielen auf

conversa [kõ'vɜrsɐ] *f* Unterhaltung *f;* (*diálogo*) Gespräch *nt;* **~ fiada** Geschwätz *nt;* **~ telefónica** [*o brasil* **telefônica**] Telefongespräch *nt;* **ter uma ~ com alguém** ein Gespräch mit jdm führen; **estar na ~ com alguém** eine Unterhaltung mit jdm führen; **meter ~ com alguém** ein Gespräch mit jdm beginnen; **ouvir a ~ dos outros** einem fremden Gespräch zuhören; **isso é ~!** das ist Gerede!

conversação <-ões> *f* Konversation *f,* Gespräch *nt;* (POL); **estar em conversações** Gespräche führen

conversador *adj* geschwätzig

conversão <-ões> *f* ❶ (*transformação*) Umwandlung *f,* Verwandlung *f* ❷ (*de moeda*) Umtausch *m,* Konvertierung *f* ❸ (REL) Bekehrung *f,* Konversion *f* ❹ (INFOR) Konvertierung *f*

conversar [kõvər'sar] *vi* sich unterhalten; **~ com alguém sobre a. c.** sich mit jdm über etw unterhalten

conversível <-eis> **I.** *adj* ❶ (*moeda*) konvertibel ❷ (INFOR) konvertierbar ❸ (*brasil:* AUTO) (**automóvel**) ~ Kabriolett *nt* **II.** *m o f* (*brasil:* AUTO) Kabrio *nt*

conversões *f pl de* **conversão**

converter I. *vt* (*transformar*) umwandeln (*em* in), verwandeln (*em* in); (*moeda*) konvertieren; (INFOR) konvertieren; (REL) bekehren, konvertieren **II.** *vr* (REL) sich bekehren

convés [kõ'vɜʃ] *m* (NÁUT) Deck *nt*

convexo *adj* konvex, gewölbt

convicção <-ões> *f* Überzeugung *f*

convicto *adj* überzeugt (*de* von)

convidado, -a [kõvi'dadu] **I.** *m, f* Gast *m* **II.** *adj* geladen (*para* zu)

convidar [kõvi'dar] *vt* ❶ (*para uma festa*) einladen (*para* zu) ❷ (*solicitar*) auffordern; **~ a sair** zum Gehen auffordern

convidativo *adj* einladend

convincente *adj* ❶ (*pessoa*) überzeugend ❷ (*prova, argumento*) triftig

convir *vi irr como vir* ❶ (*ser vantajoso, ficar bem*) angebracht sein; **convém notar que ...** man sollte beachten, dass ...; (**não**) **convém** es empfiehlt sich (nicht) ❷ (*servir*) passen, zusagen; **não me convém** das passt mir nicht ❸ (*concordar*) einwilligen (*em* in); **convenhamos que ...** wir müssen zugeben, dass ...

convite *m* ❶ (*para uma festa*) Einladung *f* (*para* zu); **aceitar um ~** eine Einladung annehmen ❷ (*solicitação*) Aufforderung *f* (*para* zu)

convivência *f* Zusammenleben *nt*

conviver *vi* zusammenleben (*com* mit)

convívio *m* ❶ (*convivência*) Zusammenleben *nt* (*com* mit) ❷ (*reunião*) geselliges Beisammensein *nt,* kleines Fest *nt*

convocação <-ões> *f* ❶ (*convite*) Aufforderung *f* ❷ (MIL) Einberufung *f*

convocar <c→qu> *vt* ❶ (*uma reunião*) einberufen ❷ (*uma greve*) aufrufen zu ❸ (*pessoas*) zusammenrufen ❹ (DIR) laden, vorladen

convocatória *f* ❶ (MIL) Einberufungsschreiben *nt* ❷ (*para greve*) Aufruf *m*

convosco *Zusammensetzung: präp* com *+ pron* vós

convulsão <-ões> *f* ❶ (MED) Zuckung *f,* Krampf *m* ❷ (POL) Unruhe *f*

convulsionar *vt* ❶ (MED) Krämpfe verursachen ❷ (*agitar*) aufwiegeln

convulso *adj* ❶ (MED) zuckend; **tosse convulsa** Keuchhusten *m* ❷ (*agitado*) aufgewühlt

convulsões *f pl de* **convulsão**

cooperação <-ões> *f* ❶ (*trabalho conjunto*) Zusammenarbeit *f;* (POL, ECON) Kooperation *f* ❷ (*colaboração*) Mitarbeit *f* (*em* an)

cooperar *vi* ❶ (*trabalhar em conjunto*) zusammenarbeiten; (POL, ECON) kooperieren ❷ (*colaborar*) mitarbeiten (*em* an)

cooperativa *f* Genossenschaft *f,* Kooperative *f*

cooperativo *adj* ❶ (*pessoa*) kooperativ ❷ (*que colabora*) mitwirkend ❸ (*instituição*) genossenschaftlich

C

coordenação <-ões> *f* Koordinierung *f*
coordenadas *fpl* (MAT, GEOG) Koordinaten *pl*
coordenar *vt* anordnen, koordinieren
copa *f* ❶ (*de árvore*) Krone *f* ❷ (*da casa*) Anrichte *f*, Geschirrschrank *m* ❸ (DESP: *brasil*) Pokal *m*
copas *fpl* (*cartas*) Herz *nt*
cópia ['kɔpjɐ] *f* ❶ (*de texto*) Kopie *f*, Abschrift *f*; (*de fotografia*) Kopie *f*, Abzug *m*; (*de cassete, disquete*) Kopie *f*; **fazer uma ~ de a. c.** etw abschreiben; **tirar uma ~ de a. c.** eine Kopie/Fotokopie von etw machen; **~ pirata** Raubkopie *f* ❷ (*imitação*) Nachahmung *f*
copiar *vt* ❶ (*um documento, uma disquete*) kopieren; (*um texto*) abschreiben; (*uma cassete*) überspielen ❷ (*imitar*) nachahmen
copioso *adj* ❶ (*abundante*) reichlich ❷ (*extenso*) umfangreich
copo ['kɔpu] *m* (*de vidro*) Glas *nt*; (*de plástico*) Becher *m*; **um ~ de água/vinho** ein Glas Wasser/Wein; **vamos beber um ~!** lasst uns was trinken!; (*portugal*); **estar com os ~s** besoffen sein
copo-d'água *m* kalte(s) Büfett *nt*; (*de casamento*) Hochzeitsempfang *m*
co-proprietário, -a *m, f* Miteigentümer(in) *m(f)*
cópula *f* ❶ (*ligação*) Verbindung *f* ❷ (*acasalamento*) Begattung *f* ❸ (GRAM) Kopula *f*
copulação <-ões> *f* Begattung *f*, Paarung *f*
copular *vi* sich begatten, sich paaren
copulativo *adj* (GRAM) kopulativ
coque *m* ❶ (QUÍM) Koks *m* ❷ (*na cabeça*) Klaps *m*
coqueiro *m* (BOT) Kokospalme *f*
coqueluche *f* (MED) Keuchhusten *m*; (*coloq*) blauer Husten; **ser a ~ de** einen Krampfhusten kriegen
coquetel <-éis> *m* Cocktail *m*
cor[1] [kor] *f* Farbe *f*; (*brasil*); **~ de cinza** grau; **~ de laranja** orange; **~ de rosa** rosa; **~ de tijolo** ziegelrot; **~ de vinho** weinrot; **de que ~ é?** welche Farbe hat es?; **dar ~ a a. c.** Farbe in etw bringen; (*objeto, pessoa*); **de ~** farbig
cor[2] *adv* **de ~** (**e salteado**) (in- und) auswendig
coração [kurɐ'sãu] <-ões> *m* ❶ (ANAT: *fig*) Herz *nt*; **do fundo do ~** aus tiefstem Herzen; **não ter ~** herzlos sein; **no ~ da Europa** im Herzen Europas; **pessoa de bom ~** gutherziger Mensch ❷ (BOT) Kerngehäuse *nt*
corado *adj* ❶ (*vermelho*) rot ❷ (*de vergonha*) schamrot
coradoiro (*portugal*), **coradouro** *m* (*brasil*) Bleiche *f*
coragem *f* Mut *m*
corais *m pl de* **coral**
corajoso *adj* mutig
coral <-ais> **I.** *m* (ZOOL) Koralle *f*; (MÚS) Choral *m* **II.** *adj* Chor ...; **canto ~** Chorgesang *m*; **grupo ~** Chor *m*
corante *m* Farbstoff *m*
corar I. *vt* (*roupa*) bleichen **II.** *vi* erröten, rot werden
corço, -a *m, f* Reh *nt*, Ricke *f*
corcova *f* Buckel *m*
corcovar *vt* krümmen, beugen
corcunda I. *f* (ANAT) Buckel *m* **II.** *mf* Bucklige **III.** *adj* bucklig
corda ['kɔrdɐ] *f* ❶ (*para prender*) Seil *nt*, Schnur *f*; (*fig*); **estar com a ~ na garganta** das Wasser bis zum Hals stehen haben ❷ (MÚS) Saite *f*; **instrumento de ~s** Streichinstrument *nt* ❸ (*do relógio*) Feder *f*; **dar ~ ao relógio** die Uhr aufziehen; **dar ~ a alguém** jdm die entsprechenden Stichwörter geben ❹ (*da roupa*) Leine *f* ❺ (ANAT, MAT) Sehne *f*; **~s vocais** Stimmbänder *pl*
cordame *m* (NÁUT) Takelwerk *nt*
cordão <-ões> *m* ❶ (*fio*) Schnur *f*, Faden *m*; **~ do sapato** Schnürsenkel *m*; **~ umbilical** Nabelschnur *f*; (*fig*); **abrir/puxar os cordões à bolsa** den Geldbeutel zücken ❷ (*de polícias*) Absperrung *f* ❸ (*jóia*) Goldkette *f* ❹ (ELECTR) Litze *f*
cordeiro *m* Lamm *nt*
cordel <-éis> *m* Kordel *f*, Schnur *f*
cor-de-laranja *adj inv* orange, orangefarben
cordelinhos *mpl* dünne Schnüre *pl*; **mexer os ~** die Fäden in der Hand haben
cor-de-rosa *adj inv* rosa
cordial <-ais> *adj* herzlich
cordialidade *f* Herzlichkeit *f*
cordilheira *f* Gebirgskette *f*
cordões *m pl de* **cordão**
cordoveias *fpl* (*coloq*) (hervorstehende) Halsadern *pl*
coreia (*portugal*), **coréia** *f* (*brasil*: MED) Veitstanz *m*
Coreia (*portugal*), **Coréia** *f* (*brasil*) Korea *nt*
coreógrafa *f v.* **coreógrafo**
coreografia *f* Choreografie *f*

coreógrafo, -a *m, f* Choreograf(in) *m(f)*
coreto *m* Musikpavillon *m*
coríntia *f* (CULIN) Korinthe *f*
coriscar <c→qu> *vi* wetterleuchten
corista *mf* Chorsänger(in) *m(f)*
coriza *f* (MED) Nasenschleimhautentzündung *f*
corja *f* (*pej*) Pack *nt*, Gesindel *nt*
córnea *f* (ANAT) Hornhaut *f*
corneta *f* (MÚS) Horn *nt;* ~ **acústica** Hörrohr *nt*
cornetim *m* (MÚS) Kornett *nt*
cornija *f* (ARQUIT) Mauervorsprung *m*
corno *m* (ZOOL) Horn *nt;* ~**s** Geweih *nt;* **pôr os ~s a alguém** jdm Hörner aufsetzen
cornucópia *f* Füllhorn *nt*
cornudo *adj* gehörnt
coro ['koru] *m* ① (MÚS) Chor *m;* **em** ~ im Chor ② (ARQUIT) Chor *m* ③ (*coloq: mentira*) Lügenmärchen *nt;* **bater um** ~ Märchen erzählen
coroa [ku'roɐ] **I.** *f* (*jóia, de dente*) Krone *f;* (*de flores*) Kranz *m;* ~ **de louros** Lorbeerkranz *m;* (ASTR) Korona *f;* (*de moeda*) Zahl *f;* **cara ou ~?** Kopf oder Zahl? **II.** *mf* (*brasil: coloq*) Oldie *m*, Grufti *m*
coroação <-ões> *f* Krönung *f*
coroado *adj* gekrönt; ~ **de êxito** erfolggekrönt
coroar <*brasil, 1. pess pres:* corôo> *vt* (*fig*) krönen; ~ **rei** zum König krönen
corografia *f* Länderkunde *f*
corolário *m* Folgesatz *m*
coronel <-éis> *m* (MIL) Oberst *m*
coronha *f* Gewehrkolben *m*
corpanzil <-is> *m* Hüne *m*
corpo ['korpu] *m* ① (*geral, administrativo, do homem*) Körper *m;* ~ **de Deus** Fronleichnam *m;* ~ **docente** Lehrkörper *m;* ~ **a** ~ Mann gegen Mann; **de** ~ **e alma** mit Leib und Seele; **ganhar/tomar** ~ Gestalt annehmen ② (*cadáver*) Leiche *f* ③ (MIL) Korps *nt* ④ (*parte principal*) Hauptbestandteil *m;* (DIR); ~ **de delito** Corpus delicti *nt*
corporação <-ões> *f* Körperschaft *f*, Verband *m;* ~ **de bombeiros** Feuerwehr *f*
corporal <-ais> **I.** *m* (REL) Kelchtuch *nt* **II.** *adj* körperlich
corporativa *adj f de* **corporativo**
corporativismo *m* Körperschaftswesen *nt*, Korporativismus *m*
corporativo *adj* korporativ; **Estado** ~ Ständestaat *m*
corpóreo *adj* körperlich
corpulência *f* Beleibtheit *f*, Korpulenz *f*
corpulento *adj* beleibt, korpulent
corpúsculo *m* (FÍS) Kleinteil *nt*, Korpuskel *nt*
correção <-ões> (*brasil*), **correcção** <-ões> *f* (*portugal*) ① (*de um teste, erro*) Korrektur *f* ② (*de uma pessoa*) Zurechtweisung *f* ③ (*no comportamento*) Anstand *m*, korrekte(s) Benehmen *nt;* **casa de** ~ Erziehungsheim *nt*
correccional <-ais> (*portugal*), **correcional** <-ais> *adj* (*brasil:* DIR) polizeilich; **tribunal** ~ Polizeigericht *nt*
corre-corre <corre(s)-corres> *m* (*coloq: correria*) Rennerei *f*
correcta *adj* (*portugal*) *v.* **correcto**
correctivo (*portugal*) **I.** *m* (FARM) Gegenmittel *nt;* (*castigo*) Strafe *f* **II.** *adj* richtigstellend
correcto [ku'ʀɜtu] *adj* (*portugal*) ① (*certo*) richtig, korrekt ② (*exacto*) genau
corrector *m* (*portugal*) Korrekturflüssigkeit *f;* (INFOR); ~ **ortográfico** Rechtschreibprüfung *f*
corrediça *f* Gleitschiene *f*
corrediço *adj* glatt; **nó** ~ Schlinge *f*
corredor(a)[1] [kuʀə'dor] *m(f)* ① Läufer(in) *m(f)*, Jogger(in) *m(f)* ② (*de automóveis*) Rennfahrer(in) *m(f)*
corredor[2] *m* Korridor *m*, Flur *m*
corregedor(a) *m(f)* (DIR) Gerichtspräsident(in) *m(f)*
córrego *m* Hohlweg *m*
correia [ku'ʀejɐ] *f* Riemen *m;* ~ **do ventilador** Keilriemen *m*
correio [ku'ʀeju] *m* ① (*correspondência, edifício*) Post *f;* (**estação dos**) ~**s** Postamt *nt;* ~ **aéreo** Luftpost *f;* ~ **azul** Eilbrief *m;* ~ **electrónico** [*o brasil* **eletrônico**] E-Mail *f;* **pôr uma carta no** ~ einen Brief einwerfen ② (*carteiro*) Briefträger *m*
correlação <-ões> *f* Korrelation *f*
correligionário, -a *m, f* ① (REL) Glaubensgenosse, Glaubensgenossin *m, f* ② (*partido*) Parteigenosse, Parteigenossin *m, f*
corrente [ku'ʀẽntə] **I.** *f* ① (ELECTR) Strom *m;* ~ **alterna** Wechselstrom *m;* ~ **contínua** Gleichstrom *m* ② (*metálica*) Kette *f* ③ (*da água*) Strömung *f;* ~ **de ar** Durchzug *m* **II.** *adj* ① (*mês, ano*) laufend; **estar ao** ~ **de a. c.** auf dem Laufenden sein; **pôr alguém ao** ~ **de a. c.** jdm den Stand der Dinge mitteilen ② (*água*) fließend ③ (*estilo*) flüssig ④ (*usual*) üblich, gebräuchlich; **linguagem** ~

C

Umgangsprache *f* ⑤ (*moeda*) gültig

correntemente *adv* üblicherweise

correnteza *f* ① (*de casas*) Reihe *f* ② (*brasil: de ar*) Luftzug *m* ③ (*de rio*) Strömung *f*

correr [ku'ʀer] **I.** *vt* ① (*um percurso*) laufen ② (*o risco*) eingehen ③ (*as persianas*) herunterlassen; (*as cortinas*) zuziehen **II.** *vi* ① (*pessoa*) rennen, laufen; ~ **atrás de alguém/a. c.** jdm/etw nachlaufen ② (*processo*) verlaufen, ablaufen ③ (*exame*) laufen; **como é que correu?** wie ist es gelaufen? ④ (*água*) fließen, strömen ⑤ (*boato*) gehen

correria *f* Gerenne *nt*

correspondência *f* ① (*troca de cartas*) Korrespondenz *f,* Briefwechsel *m* ② (*correio*) Post *f;* **receber** ~ Post bekommen ③ (*caminhos-de-ferro*) Anschluss *m* ④ (*correlação*) Entsprechung *f* ⑤ (*de sentimentos*) Erwiderung *f*

correspondente **I.** *mf* Korrespondent(in) *m(f),* Berichterstatter(in) *m(f)* **II.** *adj* entsprechend

corresponder **I.** *vi* (*estar de acordo*) entsprechen (*a*); ~ **à verdade** der Wahrheit entsprechen; ~ **às expectativas** die Erwartungen erfüllen; (*sentimentos*) erwidern **II.** *vr* im Briefwechsel stehen (*com* mit)

correta *adj* (*brasil*) *f de correto* **v. correcto**

corretivo *m o adj* (*brasil*) *v.* **correctivo**

correto [ku'ʀɜtu] *adj* (*brasil*) *v.* **correcto**

corretor(a) *m(f)* ① (ECON) Makler(in) *m(f)* ② (*brasil*) *v.* **corrector**

corrida [ku'ʀidɐ] *f* ① (DESP) Rennen *nt,* Lauf *m;* ~ **de automóveis** Autorennen *nt;* ~ **de cavalos** Pferderennen *nt;* ~ **de touros** Stierkampf *m;* **dar uma** ~ einen Sprint einlegen ② (*competição*) Wettlauf *m* (*a* um); ~ **ao armamento** Wettrüsten *nt*

corrido *adj* (*expulso*) hinausgeworfen

corrigir [kuʀi'ʒir] <g→j> **I.** *vt* (*um teste*) korrigieren; (*um erro*) berichtigen **II.** *vr* sich bessern

corrigível <-eis> *adj* verbesserungsfähig

corrimão [kuʀi'mãu] <-ões> *m* Geländer *nt*

corrimento *m* (MED) Ausfluss *m,* Absonderung *f*

corrimões *m pl de* **corrimão**

corriqueiro *adj* alltäglich, unbedeutend

corroboração <-ões> *f* Bekräftigung *f,* Bestärkung *f*

corroborar *vt* bekräftigen, bestärken

corroer *vt conj como roer* zerfressen, zernagen

corromper **I.** *vt* (*carne, sociedade*) verderben; (*peitar*) bestechen **II.** *vr* verkommen, verderben

corrompível <-eis> *adj* (*pessoa*) bestechlich

corrosão <-ões> *f* Korrosion *f*

corrosivo *adj* korrosiv; **agente** ~ Ätzmittel *nt*

corrosões *f pl de* **corrosão**

corrupção <-ões> *f* Korruption *f,* Bestechung *f*

corrupta *adj v.* **corrupto**

corruptível *adj* ① (*alimento*) verderblich ② (*pessoa*) bestechlich

corrupto *adj* korrupt, bestechlich

corsário *m* Seeräuber *m*

cortadela *f* Schnitt *m*

cortador *m* Schneidemaschine *f;* ~ **de relva** Grasmähmaschine *f*

corta-mato *m* Querfeldeinrennen *nt*

cortante *adj* ① (*objecto*) scharf ② (*frio*) bitter, schneidend

corta-palha *m* Häckselmaschine *f*

corta-papel <-éis> *m* Papiermesser *nt*

cortar [kur'tar] **I.** *vt* (*tecido, papel, cabelo, carne*) schneiden; (*de um pedaço*) abschneiden; (*uma árvore*) fällen; ~ **ao meio** durchschneiden; (*gás, água*) absperren; (*telefone*) abstellen; (*de uma lista*) streichen; (*virar*) abbiegen, einbiegen; ~ **à esquerda/direita** links/rechts einbiegen; (*encurtar*) abkürzen; ~ **caminho** den Weg abkürzen; (*cartas*) stechen; (*interromper*) unterbrechen; ~ **a palavra a alguém** jdm ins Wort fallen; ~ **relações com alguém** die Beziehungen zu jdm abbrechen; **é de ~ a respiração!** es ist atemberaubend! **II.** *vr* sich schneiden

corte[1] *m* ① (*num dedo*) Schnitt *m;* ~ **de árvores** Fällen *nt;* **fazer um** ~ sich schneiden ② (*de cabelo*) Schnitt *m;* **ter um novo ~ de cabelo** einen neuen Haarschnitt haben ③ (*de relações*) Abbruch *m* ④ (*cartas*) Abheben *nt* ⑤ (*da roupa*) Zuschnitt *m*

corte[2] *f* Hof *m*

cortejar *vt* den Hof machen

cortejo [kur'teʒu] *m* Festzug *m,* Umzug *m;* ~ **fúnebre** Leichenzug *m;* ~ **nupcial** Hochzeitszug *m*

cortês <-eses> *adj* höflich

cortesia *f* Höflichkeit *f*

córtex <córtices> *m* ① (BOT) Rinde *f* ② (ANAT) Kortex *m*

cortiça *f* Kork *m*
corticite *f* Presskork *m*
cortiço *m* ① (*de abelhas*) Bienenkorb *m* ② (*brasil: bloco de habitação*) Kasten *m*
cortilha *f* Teigrädchen *nt*
cortina *f* Gardine *f,* Vorhang *m;* ~ **de ferro** eiserner Vorhang
cortinado *m* Gardinen *pl*
cortisona *f* (FARM) Kortison *nt*
coruja *f* Eule *f*
corujão <-ões> *m* Uhu *m*
coruscar *vi* blitzen
corveta *f* (NÁUT) Korvette *f*
corvo *m* Rabe *m*
cós *m* Bund *m*
coscos *mpl* (*coloq*) Kleingeld *nt*
coscuvilhar *vi* (*coloq*) klatschen
coscuvilheiro, -a *m, f* (*coloq*) Klatschbase *f*
coscuvilhice *f* (*coloq*) Klatsch *m*
co-secante *f* (MAT) Kossekans *m*
co-seno *m* (MAT) Kosinus *m*
coser [ku'zer] *vi* nähen (*a* an)
cosmética *f* Kosmetik *f*
cosmético **I.** *m* Schönheitspflegemittel *nt,* Kosmetikum *nt* **II.** *adj* kosmetisch
cósmico *adj* kosmisch
cosmologia *f* (ASTR) Kosmologie *f*
cosmonauta *mf* Kosmonaut(in) *m(f)*
cosmonáutica *f* Raumfahrt *f*
cosmopolita *adj* weltbürgerlich, kosmopolitisch
cosmorama *m* Guckkasten *m*
cosmos *m* Weltall *nt,* Kosmos *m*
costa ['kɔʃtɐ] *f* (GEOG) Küste *f;* **dar à** ~ stranden; **morar na** ~ an der Küste wohnen
Costa Rica *f* Costa Rica
costa-riquenho, -a **I.** *m, f* Costa Ricaner(in) *m(f)* **II.** *adj* costa-ricanisch
costas ['kɔʃtɐʃ] *fpl* ① (ANAT) Rücken *m;* **às** ~ auf dem Rücken; **pelas** ~ von hinten; **estar de** ~ **para alguém/a. c.** mit dem Rücken zu jdm/etw stehen; **virar as** ~ **a alguém** jdm den Rücken kehren ② (*da cadeira*) Lehne *f*
costear *vi conj como passear* die Küste entlangfahren
costeiro *adj* Küsten ...
costela [kuʃ'tɜlɐ] *f* (ANAT) Rippe *f*
costeleta *f* Kotelett *nt*
costumar *vi* ~ **fazer a. c.** pflegen etw zu tun; **ele costuma ser simpático** er ist immer freundlich
costume *m* Sitte *f,* Brauch *m;* (*hábito*) Angewohnheit *f;* ~**s** Sitten und Bräuche; **os bons** ~**s** die guten Sitten; **ter o** ~ **de fazer a. c.** die Angewohnheit haben etw zu tun; **como de** ~ wie gewöhnlich; **do** ~ üblich; **é** ~ es ist üblich
costumeiro *adj* üblich
costura *f* ① (*actividade*) Nähen *nt* ② (*de roupa, soldadura*) Naht *f;* **estar a rebentar pelas** ~**s** aus den Nähten platzen ③ (*cicatriz*) Narbe *f*
costurar *vi* nähen
costureiro, -a *m, f* Schneider(in) *m(f),* Näherin *f*
cota *f* ① (*porção*) Quote *f,* Anteil *m;* ~ **parte** Anteil *m* ② (*quantia*) Beitrag *m;* ~ **anual** Jahresbeitrag *m* ③ (GEOL) Höhe *f* ④ (*de faca*) Rücken *m*
cotação <-ões> *f* (ECON) Kurs *m*
cotado *adj* geschätzt
co-tangente *f* (MAT) Kotangens *m*
cotão *m* Staubflocke *f*
cota-parte *f* Anteil *m*
cotar *vt* (ECON) notieren (*em* mit)
cotejar *vt* vergleichen
cotejo *m* Vergleich *m*
cotidiano **I.** *m* Alltag *m* **II.** *adj* alltäglich
cotovelada *f* Stoß (mit dem Ellbogen) *m;* **dar uma** ~ **em a. c.** etw einen Stoß versetzen; **andar às** ~**s** herumstoßen
cotovelo *m* ① (ANAT) Ellbogen *m;* **falar pelos** ~**s** unaufhörlich quasseln ② (*cano*) Knie *nt,* Kniestück *nt*
cotovia *f* (ZOOL) Lerche *f*
coturno *m* **de alto** ~ edler Abstammung
coube ['kowbi] *3. pret de* **caber**
couraça *f* Panzer *m*
couraçado **I.** *m* (NÁUT) Panzerkreuzer *m* **II.** *adj* gepanzert
couro *m* ① (*de animal*) Tierhaut *f* ② (*trabalhado*) Leder *nt* ③ (*de pessoa*) Haut *f;* ~ **cabeludo** Kopfhaut *f;* **em** ~ nackt
coutada *f* Gehege *nt*
couve ['kovə] *f* Kohl *m;* ~ **galega** Grünkohl *m;* ~ **lombarda** Weißkohl *m;* ~ **roxa** Rotkohl *m;* (*österr*) Blaukraut *nt*
couve-de-bruxelas <couves-de-bruxelas> *f* Rosenkohl *m*
couve-flor <couves-flor(es)> *f* Blumenkohl *m*
cova *f* ① (*na terra*) Grube *f* ② (*sepultura*) Grab *nt* ③ (*caverna*) Höhle *f*
covarde *mf* Feigling *m*

covardia *f* Feigheit *f*
coveiro *m* Totengräber *m*
covil <-is> *m* (*de animais*) Bau *m*
covinha *f* Grübchen *nt*
covis *m pl de* **covil**
cowboy *m* Cowboy *m*
coxa I. *adj f de* **coxo** II. *f* ① (ANAT) Oberschenkel *m* ② (CULIN) Keule *f*
coxear *vi conj como passear* hinken
coxia *f* ① (*passagem*) Durchgang *m* ② (NÁUT) Laufsteg *m*
coxo *adj* lahm
cozedura *f* ① (*de batatas*) Kochen *nt* ② (*de pão*) Backen *nt* ③ (*de cerâmica*) Brennen *nt*
cozer *vt* ① (*batatas*) kochen ② (*pão*) backen ③ (*cerâmica*) brennen
cozido [ku'zidu] **I.** *m gekochtes Rind-, Schweine- und Hühnerfleisch mit Wurst, Kartoffeln, Kohl und Reis* **II.** *adj* ① (*batatas*) gekocht; **batatas cozidas** Salzkartoffeln *pl* ② (*pão*) gebacken
cozinha [ku'ziɲɐ] *f* Küche *f*; ~ **encastrada** Einbauküche *f*; ~ **francesa** französische Küche
cozinhado *m* Gericht *nt*
cozinhar [kuzə'ɲar] *vi* kochen
cozinheiro, -a [kuzə'ɲeiru] *m, f* Koch *m*, Köchin *f*
CP (*portugal*) *abr de* **Caminhos-de-ferro Portugueses** Portugiesische Eisenbahngesellschaft
CPF [sepe'ɛfi] *m* (*brasil*) *abr de* **Cadastro de Pessoa Física** Steuernummer *f*
crachá *m* Button *m*
crânio *m* (ANAT) Schädel *m*
crápula *m* Lump *m*
craque *m* Crack *m*
crasso *adj* ① (*grande*) krass ② (*grosso*) dick; **erro** ~ Klops *m* ③ (*grosseiro*) grob ④ (*denso*) dicht
cratera *f* Krater *m*
crava *mf* (*portugal, angola, moçambique: coloq*) Schnorrer(in) *m(f)*
cravar *vt* ① (*pregar*) nageln; ~ **as unhas em a. c.** sich an etw festkrallen; ~ **os olhos em a. c.** die Augen auf etw heften ② (*pedras preciosas*) einfassen ③ (*coloq: pedir*) schnorren
cravinho *m* (BOT) Gewürznelke *f*
cravo *m* ① (BOT) Nelke *f* ② (MED) Warze *f* ③ (MÚS) Cembalo *nt*
cravo-da-índia <cravos-da-índia> *m* (BOT) Gewürznelke *f*
creche *f* Kinderkrippe *f*
credenciais *fpl* Ernennungsurkunde *f*
credibilidade *f* Glaubwürdigkeit *f*
creditar *vt* gutschreiben
crédito *m* ① (ECON) Guthaben *nt* ② (*de conta*) Haben *nt*; **débito e** ~ das Soll und das Haben ③ (*empréstimo*) Kredit *m* ④ (*credibilidade*) Glaubwürdigkeit *f* ⑤ (*confiança*) Vertrauen *nt*
credível *adj* glaubwürdig, glaubhaft
credo **I.** *m* (REL) Glaubensbekenntnis *nt*, Kredo *nt* **II.** *interj* ~! schrecklich!, pfui!
credor(a) *m(f)* Gläubige
crédula *adj f de* **crédulo**
credulidade *f* Leichtgläubigkeit *f*
crédulo *adj* leichtgläubig
cremação <-ões> *f* Einäscherung *f*
cremalheira *f* (MEC) Zahnstange *f*
cremar *vt* einäschern
crematório *m* Krematorium *nt*
creme ['krɜmə] *m* ① (*cosmética*) Creme *f*; ~ **hidratante** Feuchtigkeitscreme *f* ② (CULIN: *sopa*) Cremesuppe *f*; (*sobremesa*) Creme *f*; ~ **de legumes** Gemüsecremesuppe *f*; ~ **de leite** (*brasil*) Sahne *f*; ~ **de leite batido** Schlagsahne *f*
cremoso *adj* cremig
crença *f* Glaube *m* (*em* an)
crendice *f* (*pej*) Aberglaube *m*
crente **I.** *mf* Gläubige **II.** *adj* gläubig
crepe *m* ① (CULIN) Krepp *f* ② (*tecido*) Krepp *m* ③ (*de luto*) Trauerflor *m*
crepitação <-ões> *f* Knistern *nt*
crepitar *vi* knistern
crepuscular *adj* dämmerig, Dämmer ...
crepúsculo *m* Dämmerung *f*
crer *irr* **I.** *vi* glauben (*em* an); **creio que sim/não** ich glaube ja/nein **II.** *vr* sich halten für
crescente **I.** *m* (ASTR) zunehmende(r) Mond *m* **II.** *adj* wachsend, zunehmend; **quarto** ~ Halbmond *m*
crescer <c→ç> *vt* ① (*em tamanho*) wachsen ② (*pessoa*) aufwachsen ③ (*em quantidade*) zunehmen
crescido *adj* (*pessoa*) groß, erwachsen
crescimento *m* ① (*em tamanho*) Wachstum *nt* ② (*em quantidade*) Zunahme *f*
crespo *adj* ① (*cabelo*) kraus ② (*mar*) bewegt ③ (*superfície*) rau
cretino *m* Kretin *m*, Schwachkopf *m*
cria *f* Junge *nt*; ~**s** Wurf *m*

criação <-ões> *f* ① (*invenção*) Schaffung *f*, Einrichtung *f* ② (*do mundo*) Schöpfung *f* ③ (*de crianças*) Erziehung *f* ④ (*de animais*) Zucht *f*
criada *f de* **criado**
criadagem <-ens> *f* Dienerschaft *f*
criado, -a I. *m, f* Diener(in) *m(f)* II. *adj* erzogen
criado-mudo <criados-mudos> *m* (*brasil*) Nachttisch *m*
criador(a)[1] I. *m(f)* (*de animais*) Züchter(in) *m(f)* II. *adj* schöpferisch
criador[2] *m* (*do mundo*) Schöpfer *m*
criança [krj'ãsɐ] *f* Kind *nt*; ~ **de colo** Säugling *m*
criançada *f* Kinderschar *f*
criancice *f* (*pej*) Kinderei *f*
criar *vt conj como enviar* ① (*produzir*) erzeugen ② (*inventar*) schaffen ③ (*fundar*) gründen ④ (INFOR) anlegen ⑤ (*crianças*) erziehen ⑥ (*animais*) züchten ⑦ (*pó, ferrugem*) ansetzen
criativo [krjɐ'tivu] *adj* kreativ
criatura *f* Geschöpf *nt*, Kreatur *f*
crime ['krimə] *m* Verbrechen *nt*; **cometer um** ~ ein Verbrechen begehen
criminal <-ais> *adj* kriminell
criminalidade *f* Kriminalität *f*
criminologia *f* (DIR) Kriminologie *f*
criminoso, -a I. *m, f* Verbrecher(in) *m(f)* II. *adj* strafbar
crina *f* Mähne *f*
crioulo, -a I. *m, f* Kreole, Kreolin *m, f* II. *adj* kreolisch
cripta *f* Krypta *f*
críquete *m* (DESP) Kricket *nt*
crisálida *f* (ZOOL) Puppe *f*
crisântemo *m* (BOT) Chrysantheme *f*
crise *f* Krise *f*; ~ **de nervos** Nervenzusammenbruch *m*; ~ **económica** [*o brasil* **econômica**] Wirtschaftskrise *f*; **entrar em** ~ in eine Krise geraten
crisma *m* (REL) Firmung *f*
crismar *vt* ① (REL) firmen ② (*mudar o nome*) umbenennen
crispar I. *vt* kräuseln II. *vr* zusammenzucken
crista *f* ① (*do galo, da onda*) Kamm *m* ② (*cabelo*) Irokesenschnitt *m*
cristã *adj o f v.* **cristão**
cristal [kriʃ'tal] <-ais> *m* Kristall *m*; **de** ~ kristallen; **os cristais** Kristall *nt*
cristaleira *f* Gläserschrank *m*
cristalino I. *m* (ANAT) Linse *f* II. *adj* kristallklar; **voz cristalina** kristallklare Stimme
cristalizado *adj* (*fruta*) kandiert
cristandade *f* Christenheit *f*
cristão, cristã <-s, -s> I. *m, f* Christ(in) *m(f)* II. *adj* christlich
cristianismo [kriʃtjɐ'niʒmu] *m* Christentum *nt*
cristianização *f* Christianisierung *f*
Cristo *m* Christus *m*
critério *m* Kriterium *nt*; **deixar a. c. ao ~ de alguém** jdm die Entscheidung über etw überlassen
criterioso *adj* vernünftig, verständnisvoll
crítica I. *adj f de* **crítico** II. *f* Kritik *f*; **fazer uma ~ a alguém/a. c.** Kritik an jdm/etw üben
criticar [kriti'kar] <c→qu> *vt* kritisieren
criticável <-eis> *adj* kritisierbar
crítico, -a I. *m, f* Kritiker(in) *m(f)* II. *adj* kritisch; **estado** ~ kritischer Zustand
crivar *vt* durchlöchern
crível <-eis> *adj* glaubhaft
Croácia *f* Kroatien *nt*
croata I. *mf* Kroate, Kroatin *m, f* II. *adj* kroatisch
croché (*portugal*), **crochê** *m* (*brasil*) Häkelarbeit *f*; **fazer** ~ häkeln
crocodilo *m* Krokodil *nt*
croissant [krwa'sã] *m* Croissant *nt*
cromado *adj* verchromt
cromática *f* Farbenlehre *f*
crómio (*portugal*), **crômio** *m* (*brasil:* QUÍM) Chrom *nt*
cromossoma *m* (BIOL) Chromosom *nt*
crónica (*portugal*), **crônica** I. *adj f de crónico, crônico* v. **crónico** II. *f* (*brasil*) Chronik *f*
crónico (*portugal*), **crônico** *adj* chronisch
cronista *mf* Chronist(in) *m(f)*
cronologia *f* Chronologie *f*
cronológico *adj* chronologisch
cronometrar *vt* stoppen, die Zeit nehmen
cronómetro (*portugal*), **cronômetro** *m* (*brasil*) Stoppuhr *f*
croquete *m* (CULIN) Krokette *f*
crosta *f* Kruste *f*; (*de ferida*) Schorf *m*; ~ **terrestre** Erdkruste *f*
cru [kru] *adj* ① (*material*) naturbelassen, roh; (*alimento*) ungekocht, roh ② (*rude*) rau
crucial <-ais> *adj* ① (*cruciforme*) kreuzförmig ② (*decisivo*) entscheidend

crucificação <-ões> *f* Kreuzigung *f*
crucificar <c→qu> *vt* kreuzigen
crucifixo [krusi'fiksu] *m* Kruzifix *nt*
cruciforme *adj* kreuzförmig
crudismo *m* (*sistema alimentar*) Rohkost *nt*
cruel <-éis> *adj* grausam, unmenschlich
crueldade *f* Grausamkeit *f*
crusta *f v.* **crosta**
crustáceo *m* (ZOOL) Schalentier *nt*
cruz [kruʃ] *f* (*fig*) Kreuz *nt;* **Cruz Vermelha** Rotes Kreuz; **~ gamada** Hakenkreuz *nt;* **em ~** gekreuzt; **carregar a ~** sein Kreuz tragen; **levar a ~ ao calvário** sein Kreuz auf sich nehmen, sein Los tragen
cruzada *f* Kreuzzug *m*
cruzado **I.** *m* (*pessoa*) Kreuzfahrer *m* **II.** *adj* (*braços*) verschränkt; (*pernas*) übereinandergeschlagen; **fogo ~** Kreuzfeuer *nt;* **palavras cruzadas** Kreuzworträtsel *nt;* **ficar de braços ~s** die Hände in den Schoß legen
cruzamento [kruzɐ'mẽntu] *m* Kreuzung *f*
cruzar **I.** *vt* (*rua*) überkreuzen; **~ os braços** die Arme verschränken; (*fig*) die Hände in den Schoß legen; **~ as pernas** die Beine übereinanderschlagen **II.** *vr* begegnen (*com*)
cruzeiro [kru'zeirɔ] *m* Kreuzfahrt *f*
cruzes **I.** *fpl* (ANAT) Kreuz *nt* **II.** *interj* **~!** Gott bewahre!
cruzeta [kru'zetɐ] *f* (*esp portugal*) Kleiderbügel *m*
cu *m* (*vulg*) Arsch *m*
cuatá *m* (ZOOL) Klammeraffe *m*
Cuba *f* Cuba
cubano, -a **I.** *m, f* Kubaner(in) *m(f)* **II.** *adj* kubanisch
cúbico *adj* kubisch, würfelförmig; **metro ~** Kubikmeter *m;* **raiz cúbica** Kubikwurzel *f*
cubículo *m* Kämmerchen *nt*
cúbito *m* (ANAT) Elle *f*
cubo *m* (MAT) Würfel *m*
cuco *m* Kuckuck *m*
cueca *f* (*brasil*) Herrenslip *m, v. tb.* **calcinha**
cuecas *fpl* (*portugal: mulheres*) Damenslip *m,* (*homens*) Herrenslip *m*
cueiro *m* Windel *f*
Cuiabá (*brasil*) Cuiabá (*Hauptstadt des Bundesstaates Mato Grosso*)
cuiabano (*brasil*) **I.** *mf* Einwohner(in) *m(f)* der Stadt Cuiabá **II.** *adj* (*especialidade*) aus Cuiabá; (*instituto*) in Cuiabá
cuíca *f* (*brasil:* ZOOL) Opossum *nt* (*brasilianische Beutetelratte*)
cuidado [kui'dadu] **I.** *m* (*preocupação*) Sorge *f;* **estar em ~s** besorgt sein; (*precaução*) Sorgfalt *f;* (*cautela*) Vorsicht *f;* **com ~** sorgfältig; **ter/tomar ~ com a. c.** vorsichtig mit etw sein; (*responsabilidade*); **ao ~ de** bei; (*em carta*) zu Händen von; **deixar a. c. ao ~ de alguém** jdm etw überlassen **II.** *interj* **~!** Vorsicht!
cuidadoso *adj* ❶ (*precavido*) vorsichtig (*com* mit) ❷ (*aplicado*) sorgfältig (*com* bei)
cuidar **I.** *vi* ❶ (*tratar*) sorgen (*de* für), sich kümmern (*de* um) ❷ (*pensar*) denken, glauben **II.** *vr* ❶ (*fisicamente*) sich pflegen ❷ (*zelar-se*) auf sich aufpassen; **cuida-te!** pass auf dich auf!
cujo, -a **I.** *pron rel* dessen, deren; **a mulher, ~ cão/cuja casa ...** die Frau, deren Hund/Haus ...; **o homem, ~ cão/cuja casa ...** der Mann, dessen Hund/Haus ... **II.** *m, f* (*coloq*) **o dito ~** eben jener
culatra *f* Gewehrkolben *nt*
culinária *f* Kochkunst *f*
culinário *adj* kulinarisch
culminação <-ões> *f* (ASTR) Höhepunkt *m,* Kulmination *f*
culminância *f* Höhepunkt *m*
culminante *adj* überragend; **ponto ~** Gipfel *m;* **momento ~** entscheidender Augenblick
culminar *vi* gipfeln (*em* in), den Höhepunkt erreichen
culpa ['kulpɐ] *f* Schuld *f;* **ter (a) ~ de** schuld sein an; **ter ~ em** mitschuldig sein an; **por ~ de** wegen; **ter ~s no cartório** mitschuldig sein; **a ~ não é minha/não tenho ~** es ist nicht meine Schuld; **deitar/lançar as ~s para cima de alguém** jdm die Schuld zuschieben
culpado, -a **I.** *m, f* Schuldige **II.** *adj* schuldig (*de* an)
culpar **I.** *vt* beschuldigen (*de/por*) **II.** *vr* die Schuld auf sich nehmen (*por* für)
culpável <-eis> *adj* (*acto*) strafbar
culta *adj f de* **culto**
cultivar **I.** *vt* (*a terra*) bestellen, bebauen; (*legumes*) anbauen, anpflanzen; (*uma amizade*) pflegen **II.** *vr* sich bilden
cultivável <-eis> *adj* (AGR) anbaufähig
cultivo *m* ❶ (AGR: *da terra*) Bestellen *nt* ❷ (*de legumes*) Anbau *m* ❸ (*de uma amizade*) Pflege *f*
culto **I.** *m* Kult *m;* **praticar um ~** eine Religi-

on ausüben **II.** *adj* gebildet

cultura [kul'turɐ] *f* ❶ (*de um povo*) Kultur *f* ❷ (*de uma pessoa*) Bildung *f;* ~ **geral** Allgemeinbildung *f* ❸ (*da terra*) Bestellen *nt*

cultural <-ais> *adj* kulturell, Kultur ...

culturismo *m* Bodybuilding *nt*

cume *m* ❶ (*de um monte*) Gipfel *m,* Spitze *f* ❷ (*auge*) Gipfel *m,* Höhepunkt *m*

cumeeira *f* First *m*

cúmplice **I.** *mf* Komplize, Komplizin *m, f* **II.** *adj* mitschuldig (*em* an)

cumplicidade *f* Komplizenschaft *f,* Mitschuld *f*

cumpridor *adj* zuverlässig

cumprimentar [kũmprimẽn'tar] **I.** *vt* (*saudar*) grüßen, begrüßen; (*felicitar*) beglückwünschen **II.** *vi* grüßen

cumprimento *m* ❶ (*de uma ordem, lei*) Befolgung *f* ❷ (*de uma tarefa*) Ausführung *f* ❸ (*dos requisitos*) Erfüllung *f* ❹ (*saudação*) Gruß *m,* Begrüßung *f;* **mandar ~s a alguém** jdn grüßen (lassen) ❺ (*em cartas*) **Com os meus melhores ~s** Mit freundlichen Grüßen ❻ (*felicitação*) Glückwunsch *m*

cumprir [kũm'prir] **I.** *vt* (*uma ordem, lei*) befolgen; (*uma tarefa*) ausführen, erledigen; (*uma promessa*) einlösen, erfüllen; (*a palavra*) halten; (*um prazo*) einhalten; (*os requisitos*) erfüllen **II.** *vi* pflichtbewusst sein; ~ **com as suas obrigações** seiner Pflicht nachkommen

cúmulo *m* Gipfel *m;* **isso é o ~!** das ist die Höhe!; **isso é o ~ da estupidez!** das ist der Gipfel der Dummheit!; **isso é o ~ dos ~s!** das ist das Allerletzte!

cunha *f* ❶ (*objecto*) Keil *m* ❷ (*relações*) Beziehungen *pl,* Vitamin B *nt;* **meter uma ~** seine Beziehungen spielen lassen

cunhado, -a [ku'ɲadu] *m, f* Schwager *m,* Schwägerin *f*

cunhagem <-ens> *f* Prägung *f*

cunhar *vt* prägen

cunho *m* ❶ (*carimbo*) Prägestempel *m* ❷ (*marca*) Prägung *f* ❸ (*carácter*) Gepräge *nt*

cupão *m* (*portugal*) Kupon *m*

cupé (*portugal*), **cupê** *m* (*brasil*) Coupé *nt*

cupim <-ins> *m* (ZOOL) Termite *f*

cupom <-ons> *m* (*esp brasil*) Kupon *m*

cupuaçu *m* (BOT) Cupuaçu-Frucht *f* (*kakaoähnliche Frucht aus dem brasilianischen Amazonasgebiet*)

cúpula ['kupulɐ] *f* ❶ (ARQUIT) Kuppel *f* ❷ (*de partido*) Spitze *f;* **reunião** [*o* **conferência**] **de ~** (*brasil*) Gipfeltreffen *nt,* Gipfelkonferenz *f*

cura *f* Kur *f;* (**não**) **ter ~** (nicht) heilbar sein; ~ **de desintoxicação** Entziehungskur *f*

curado *adj* ❶ (*pessoa, doença*) geheilt ❷ (*queijo*) abgelagert ❸ (*carne*) gedörrt

curandeiro, -a *m, f* Kurpfuscher(in) *m(f),* Wunderheiler(in) *m(f)*

curar **I.** *vt* (MED: *pessoa*) heilen; (*ferida*) behandeln; (*queijo*) ablagern; (*carne*) dörren **II.** *vr* gesund werden; (*elev*) genesen

curativo *m* Pflaster *nt;* **fazer o ~** die Wunde frisch verbinden

curável <-eis> *adj* heilbar

cúria *f* Kurie *f*

curiosa *adj f de* **curioso**

curiosidade *f* ❶ (*sentimento*) Neugierde *f;* **estar com ~** neugierig sein ❷ (*raridade*) Kuriosität *f* ❸ (*turismo*) Sehenswürdigkeit *f*

curioso [ku'rjozu] *adj* ❶ (*indiscreto*) neugierig ❷ (*estranho*) kurios, merkwürdig

Curitiba (*brasil*) Curitiba (*Hauptstadt des Bundesstaates Paraná*)

curitibano, -a **I.** *m, f* Einwohner(in) *m(f)* der Stadt Curitiba **II.** *adj* (*especialidade*) aus Curitiba; (*instituto*) in Curitiba

curral <-ais> *m* Pferch *m*

currículo *m v.* **curriculum**

curriculum *m* ~ **vitae** Lebenslauf *m*

cursado *adj* geübt (*em* in)

cursar *vt* (*brasil: disciplina*) studieren; (*universidade*) besuchen; (*curso*) absolvieren; **ele cursa medicina** er studiert Medizin

cursivo *adj* kursiv

curso ['kursu] *m* ❶ (*direcção*) Lauf *m,* Gang *m* ❷ (*aulas*) Kurs *m,* Lehrgang *m;* **fazer um ~** einen Kurs machen; ~ **de formação** Fortbildungskurs *m* ❸ (*universidade*) Studium *nt;* **acabar o ~** das Studium beenden; **tirar o ~ de Medicina** Medizin studieren

cursor *m* (INFOR) Cursor *m*

curta *adj f de* **curto**

curtição <-ões> *f* (*coloq*) Spaß *m*

curtir **I.** *vt* ❶ (*couro*) gerben ❷ (*azeitonas*) einlegen ❸ (*coloq: férias*) geil finden; (*música, pessoa*) abfahren auf, stehen auf **II.** *vi* ❶ (*coloq: divertir-se*) sich bombig/tierisch amüsieren ❷ (*coloq: com alguém*) anbändeln (*com* mit)

curto ['kurtu] *adj* ❶ (*tamanho*) kurz, knapp

❷ (*duração*) kurz; ~ **de vistas** kurzsichtig ❸ (*inteligência*) beschränkt

curto-circuito <curtos-circuitos> *m* (ELECTR) Kurzschluss *m*

curtume *m* Gerbstoff *m;* **fábrica de ~s** Gerberei *f*

curva ['kurvɐ] **I.** *adj f de* **curvo II.** *f* Kurve *f;* **dar/fazer a ~** um die Kurve fahren; **vou dar uma ~** ich werde eine Runde drehen; **~ apertada** Knick *m*

curvado *adj* krumm

curvar I. *vt* krümmen, biegen **II.** *vr* ❶ (*inclinar-se*) sich bücken ❷ (*submeter-se*) sich beugen (*a*)

curvatura *f* Krümmung *f*

curvo *adj* krumm, gebogen

cuscuz *m inv* (CULIN) Couscous *m o nt*

cuspe *m* Spucke *f*

cuspido *adj* (*expelido*) **ser ~** hinausgeschleudert werden; **ele foi ~ do cavalo** er wurde vom Pferd geworfen

cuspir *irr como subir* **I.** *vt* (*arrojar*) hinausschleudern, hinauswerfen; (*expelir*) spucken; **~ sangue** Blut spucken **II.** *vi* (aus)spucken

cuspo *m* Spucke *f*

custar [kuʃ'tar] **I.** *vt* kosten; **quanto custa?** was kostet es?; **~ os olhos da cara** unbezahlbar sein; **~ a vida** das Leben kosten **II.** *vi* schwerfallen; **isso não custa (nada)** das ist (ganz) leicht; **custe o que ~** koste es, was es wolle; **~ a fazer** schwer sein; **custa a crer** das ist kaum zu glauben

custas *fpl* (DIR) Kosten *pl;* **à(s) ~(s) de** zu Lasten von; (*financeiramente*) auf Kosten von

custear *vt conj como passear* die Kosten tragen von, finanzieren

custo *m* ❶ (*preço*) Preis *m;* **~s** Kosten *pl;* **~s de viagem/deslocação** Fahrtkosten *pl;* **ajudas de ~** Aufwandsentschädigung *f* ❷ (*esforço*) Mühe *f;* **a muito ~** mit Müh' und Not; **a todo o ~** unbedingt

custo-benefício *sem pl m* Kosteneffektivität *f;* **relação ~** Kosten-Nutzen-Verhältnis *nt*

custódia *f* ❶ (*de prisioneiros*) Aufsicht *f,* Bewachung *f* ❷ (*de crianças*) Sorgerecht *nt;* **o pai/a mãe tem a ~ dos filhos** der Vater/die Mutter hat das Sorgerecht für die Kinder ❸ (REL) Monstranz *f*

custódio *adj* Schutz ...; **anjo ~** Schutzengel *m*

custoso *adj* ❶ (*caro*) kostspielig ❷ (*difícil*) mühsam, schwierig

cutâneo *adj* (ANAT) Haut ...; **erupção cutânea** Hautausschlag *m*

cutelo *m* Hackmesser *nt*

cutia *f* (*brasil:* ZOOL) Aguti (*Brasilianisches Nagetier*)

cutícula *f* Oberhaut *f*

cútis *f* (ANAT) Haut *f*

cutucar [kutu'kar] *vt* <c→qu> (*brasil: coloq*) leicht anstoßen; (*nariz, ouvidos*) picken; (*incentivar*) herausfordern

CV *abr de* **cavalo-vapor** PS (= *Pferdestärke*)

czar *m* Zar *m*

D d

D, d *m* D, d *nt*

D. *abr de* **Dona** Fr. (= *Frau*)

da [dɐ] *Zusammensetzung: präp de + art a*

dacolá *adv* dorther, von dort

dactilógrafa *f* (*portugal*) *v.* **dactilógrafo**

dactilografar *vt* (*portugal*) mit der Maschine schreiben; (*coloq*) tippen

dactilografia *f* (*portugal*) Maschinenschreiben *nt*

dactilógrafo, -a *m, f* (*portugal*) Maschinenschreiber(in) *m(f)*

dada *adj f de* **dado II**

dádiva *f* (*dom*) Gabe *f;* **isto é uma ~ de Deus!** das ist eine Gabe Gottes!

dado I. *m* (*de jogo*) Würfel *m;* **lançar os ~s** würfeln; (*facto*) Tatsache *f;* (*base*) Tatbestand *m,* Sachverhalt *m;* (MAT) messbare Größe *f* **II.** *adj* (*concedido*) gegeben; **dada a gravidade da situação, tomaremos medidas drásticas** angesichts der ernsten Lage werden wir drastische Maßnahmen ergreifen; **em ~ momento** zum gegebenen Zeitpunkt; (*dedicado*) ergeben (*a*); (*sociável*) freundlich; (*propenso*); **ser ~ a a. c.** zu etw neigen **III.** *konj* **~ que ...** da ...

dador(a) *m(f)* (*portugal*) Spender(in) *m(f);* **~ de sangue** Blutspender *m*

dados ['daduʃ] *mpl* (INFOR) Daten *pl*

daí *adv* ❶ (*desse lugar*) von da, von dort; **anda ~!** komm her! ❷ (*por isso*) daher, daraus; **~ resulta que ...** daraus folgt, dass ...; **e**

~? und?

dalém *adv* von dort, von da

dali *adv* von da, von dort

dália *f* (BOT) Dahlie *f*

dálmata *m* (ZOOL) Dalmatiner *m*

daltónico (*portugal*), **daltônico** *adj* (*brasil*) farbenblind

daltonismo *m* Farbenblindheit *f*

dama *f* ① (*senhora*) Dame *f;* ~ **de companhia** Gesellschafterin *f;* ~ **de honor** Brautjungfer *f;* ~ **de honra** Brautjungfer *f* ② (*jogos*) Dame *f*

damas *fpl* (*jogo*) Damespiel *nt;* **jogar** ~ Dame spielen

damasco *m* ① (*tecido*) Damast *m* ② (BOT) Aprikose *f*

danação *f* (*condenação*) Verdammung *f*

danado *adj* ① (*condenado*) verdammt ② (*furioso*) wütend ③ (*malandro*) verrufen

dança [dãsɐ] *f* Tanz *m;* ~ **de salão** Gesellschaftstanz *m*

dançar [dã'sar] <c→ç> *vt* tanzen; ~ **uma música com alguém** mit jdm zu einem Stück tanzen

dançarino, -a *m, f* Tänzer(in) *m(f)*

danceteria *f* (*brasil*) Diskothek *n,* Club *m*

danificação *f* ① (*acção de danificar*) Beschädigung *f* ② (*estrago*) Schaden *m*

danificar [dɐnəfi'kar] <c→qu> *vt* beschädigen

daninho *adj* (BOT, ZOOL) schädlich; **ervas daninhas** Unkraut *nt*

dano ['dɐnu] *m* ① (*prejuízo*) Schaden *m;* ~ **material** Sachschaden *m;* ~ **moral** ideeller Schaden ② (*perda*) Verlust *m*

dantes *adv* früher

Danúbio *m* Donau *f*

daquele, -a *Zusammensetzung: präp de + pron aquele, -a*

daquém *adv* von dieser Seite, von hier

daqui [dɐ'ki] *adv* von hier; ~ **a pouco/nada** gleich/sofort; ~ **a uma semana/um mês** in einer Woche/einem Monat; ~ **em diante** von jetzt an; ~ **até lá** (von jetzt) bis dahin; **sai ~!** raus hier!

daquilo *Zusammensetzung: präp de + pron aquilo*

dar *irr* **I.** *vt* ① (*ceder*) geben; (*oferecer*) schenken; (*entregar*) überreichen; ~ **uma explicação a alguém** jdm eine Erklärung geben; ~ **aulas** unterrichten; **dá cá!** gib her!; **dei 50 euros pelos sapatos** ich habe 50 Euro für die Schuhe bezahlt; **quanto é que deste por isso?** was hast du dafür gezahlt? ② (*conceder*) erteilen, gewähren ③ (*comunicar*) überbringen; ~ **os cumprimentos a alguém** jdm Grüße ausrichten; ~ **os parabéns a alguém** jdm seine Glückwünsche aussprechen; ~ **um recado a alguém** jdm etwas ausrichten ④ (*fazer*) machen; (*uma matéria*) durchnehmen; ~ **um passeio** einen Spaziergang machen; ~ **uma festa** eine Fete geben ⑤ (*soma*) ergeben ⑥ (*causar*) hervorrufen; ~ **problemas** Probleme geben; ~ **trabalho a alguém** jdm Arbeit machen; ~ **medo/pena** Angst machen/Mitleid erregen ⑦ (*produzir*) geben, erzeugen; ~ **fruto** Früchte tragen ⑧ (*as cartas*) austeilen **II.** *vi* ① (*ser possível*) möglich sein; (*coloq*) klappen; **não dá!** es geht nicht!; **tentámos chegar a horas mas não deu** wir haben versucht pünktlich zu sein, doch haben es nicht geschafft; (*coloq*); **dá para ver/ouvir a. c.?** kann man etw sehen/hören? ② (*ser suficiente*) reichen; **isto não dá para todos** das reicht nicht für alle; **isto não dá para nada** das reicht hinten und vorne nicht; **esse dinheiro dá para (comprar) um vestido** das ist genug Geld für ein Kleid/um ein Kleid zu kaufen ③ (*reparar em*) bemerken; **não ~ por nada** nichts merken; ~ **pela presença de alguém** jds Anwesenheit wahrnehmen ④ (*portugal: encontrar*) finden; ~ **com uma casa/rua** ein Haus/eine Straße finden ⑤ (*ir ter*) führen (*para* zu); **este caminho dá para o rio** dieser Weg führt zum Fluss ⑥ (*estar voltado*) gehen (*para* auf, zu); **esta janela dá para o jardim** dieses Fenster geht auf den Garten ⑦ (*na televisão*) kommen; **o que é que dá hoje na televisão?** was kommt heute im Fernsehen?; **ontem deu um filme muito bom** gestern kam ein sehr guter Film **III.** *vr* ① (*plantas*) wachsen, gedeihen; **esta planta não se dá dentro de casa** diese Pflanze gedeiht im Zimmer nicht ② (*acontecer*) sich ereignen, geschehen; **este ano deu-se uma subida nos preços** dieses Jahr sind die Preise gestiegen ③ (*com alguém*) verkehren; **eu dou-me com ele** ich stehe mit ihm in Kontakt; **eles dão-se bem/mal** sie verstehen sich gut/schlecht

dardo *m* ① (DESP) Speer *m* ② (*jogo*) Wurfpfeil *m;* **jogar ~s** Darts spielen ③ (*de insecto*) Stachel *m*

darwinismo *m* Darwinismus *m*
data ['datɐ] *f* ① (*tempo*) Datum *nt;* ~ **de emissão** Ausstellungsdatum *nt;* ~ **de nascimento** Geburtsdatum *nt;* **de fresca** ~ neu; **de longa** ~ alt; **pôr a** ~ **em a. c.** etw datieren ② (*grande quantidade*) **uma** ~ **de** eine große Menge
datar I. *vt* datieren II. *vi* datieren (*de* aus/von)
datilógrafa (*brasil*) *f de datilógrafo* v. **dactilógrafo**
datilografar *vt* (*brasil*) *v.* **dactilografar**
datilografia *f* (*brasil*) *v.* **dactilografia**
datilógrafo, -a *m, f* (*brasil*) *v.* **dactilógrafo**
dativo *m* (GRAM) Dativ *m*
d.C. *abr de* **depois de Cristo** n. Chr. (= *nach Christus*)
DDD *m* (*brasil:* TEL) *abr de* **discagem direta a distância** Vorwahl *f*
DDI *m* (*brasil:* TEL) *abr de* **discagem direta internacional** Ländervorwahl *f*
de [də] *prep* ① (*proveniência, origem*) aus, von; **ela é** ~ **Portugal** sie kommt aus Portugal; **ele saiu** ~ **casa** er ist aus dem Haus gegangen; **recebi uma carta do João** ich habe einen Brief von João bekommen ② (*material*) aus; **uma mesa** ~ **madeira/vidro** ein Tisch aus Holz/Glas; **chapéu** ~ **palha** Strohhut *m;* **bolo** ~ **chocolate** Schokoladenkuchen *m* ③ (*posse*) von; **a casa/o carro do Manuel** Manuels Haus/Auto, das Haus/Auto von Manuel ④ (*temporal*) von; ~ **...** **a ...** von ... bis ...; ~ **dia** tagsüber; ~ **manhã** vormittags; ~ **tarde** nachmittags; ~ **hoje em diante** von heute an; ~ **hoje a oito** (**dias**) heute in einer Woche ⑤ (*modo*) mit; **estar** ~ **pé** stehen; **estar** ~ **chapéu/óculos** einen Hut/eine Brille tragen; ~ **carro/comboio** [*o brasil* **trem**] mit dem Auto/Zug; **estar** ~ **lado** auf der Seite liegen; **ver a. c.** ~ **lado/frente/costas** etw von der Seite/von vorne/von hinten sehen; **começar** ~ **novo** von Neuem anfangen, noch einmal anfangen; **nada** ~ **novo** nichts Neues ⑥ (*descritivo*) **sala** ~ **jantar** Esszimmer *nt;* **um copo** ~ **vinho/água** ein Glas Wein/Wasser; **a cidade** ~ **Colónia** die Stadt Köln; **isto é difícil/fácil** ~ **entender** das ist schwer/leicht zu verstehen; **é** ~ **comer/beber** es ist zum Essen/Trinken ⑦ (*causa*) vor ⑧ (*distância, com números*) von; **da minha casa à esquina** von meiner Wohnung bis zur Ecke; ~ **zero a vinte** von null bis zwanzig; ~ **cá para lá e** ~ **lá para cá** hin und her ⑨ (*comparação*) **mais** ~ **vinte** mehr als zwanzig; **é o vestido mais caro da loja** das teuerste Kleid des Geschäftes
deambular *vi* herumstreifen
debaixo [də'baiʃu] *adv* unten; ~ **de** unter
debalde *adv* vergeblich, umsonst
debandada *f* Flucht *f;* **em** ~ auf der Flucht; **pôr em** ~ in die Flucht schlagen
debate *m* Debatte *f;* **estar em** ~ zur Debatte stehen
debater I. *vt* debattieren, erörtern II. *vr* sich sträuben (*com* gegen)
débeis *pl de* **débil**
debelar *vt* (*uma crise*) überwinden
debicar *vi* ① (*pássaro*) picken (*em* an) ② (*comer*) naschen (*em* von)
débil <-eis> I. *mf* ~ **mental** geistig Behinderte II. *adj* ① (*corpo*) schwach, schwächlich ② (*mente*) schwachsinnig, geistesschwach
debilidade *f* Schwäche *f;* ~ **mental** Schwachsinnigkeit *f,* Geistesschwäche *f*
debilitar I. *vt* schwächen II. *vr* schwach werden
debitar *vt* im Soll buchen
débito *m* Soll *nt;* (*dívida*) Schuld *f;* ~ **e crédito** Soll und Haben
debochar I. *vt* verderben II. *vi* (*brasil*) ~ **de** spotten über
deboche *m* ① (*devassidão*) Zügellosigkeit *f,* Ausschweifung *f* ② (*brasil: troça*) Spott *m*
debruar *vt* einfassen
debruçar <c→ç> I. *vt* beugen II. *vr* ① (*na janela*) sich hinauslehnen (*em* aus) ② (*sobre um assunto*) sich befassen (*sobre* mit)
debrum *m* Borte *f*
debulhadora *f* (AGR) Mähdrescher *m*
debulhar *vt* dreschen
debuxar *vt* entwerfen; (*quadro*) skizzieren
debuxo *m* Entwurf *m;* (*quadro*) Skizze *f*
década *f* Jahrzehnt *nt*
decadência *f* Dekadenz *f;* (*de época*) Niedergang *m;* (*de costumes*) Verfall *m;* **entrar/estar em** ~ verfallen
decadente *adj* dekadent
decágono *m* Zehneck *nt*
decair *conj como sair vi* (*qualidade, nível*) nachlassen
decalcar <c→qu> *vt* durchpausen, abpausen

decalque *m* Pausen *nt,* Durchpausen *nt*
decano *m* Dekan *m*
decantar *vt* klären
decapagem *f* Beize *f*
decapar *vt* dekapieren, abbeizen
decapitação <-ões> *f* Enthauptung *f*
decapitar *vt* enthaupten
decatlo *m* (DESP) Zehnkampf *m*
decenal *adj* zehnjährig
decência *f* ❶ (*decoro*) Anstand *m* ❷ (*asseio*) Sauberkeit *f,* Reinlichkeit *f*
decénio (*portugal*), **decênio** *m* (*brasil*) Jahrzehnt *nt*
decente *adj* ❶ (*decoroso*) anständig ❷ (*asseado*) sauber, reinlich
decepado *adj* verstümmelt
decepar *vt* verstümmeln
decepção <-ões> *f* Enttäuschung *f*
decepcionado *adj* enttäuscht (*com* von)
decepcionar *vt* enttäuschen
decerto *adv* gewiss, sicherlich; ~ **ele ainda não sabe o que aconteceu** er weiß gewiss noch nicht, was passiert ist
decidida *adj f de* **decidido**
decididamente *adv* entschieden; (*em todo o caso*) auf jeden Fall
decidido *adj* ❶ (*resolvido*) entschlossen (*a* zu); **estar ~ a fazer a. c.** entschlossen sein, etw zu tun ❷ (*resoluto*) entschieden, energisch; **ela é muito decidida** sie ist sehr energisch
decidir [dəsi'dir] **I.** *vt* beschließen **II.** *vi* entscheiden (*entre* zwischen) **III.** *vr* sich entschließen (*a* zu), sich entscheiden (*a* zu, *contra* gegen, *entre* zwischen, *por* für)
decifrar *vt* (*letra*) entziffern; (*código*) dechiffrieren
decilitro *m* Deziliter *m*
décima *f* (MAT) Zehntel *nt*
decimal <-ais> *adj* (MAT) dezimal
decímetro *m* Dezimeter *m*
décimo ['dɜsimu] **I.** *m* Zehntel *nt* **II.** *num ord* zehnte(r, s); *v.* **segundo**
decisão <-ões> *f* ❶ (*escolha*) Entscheidung *f* (*entre* zwischen); **tomar uma ~** eine Entscheidung treffen ❷ (*resolução*) Entschluss *m;* (*do tribunal*) Beschluss *m;* **tomar uma ~** einen Entschluss fassen
decisivo *adj* entscheidend, ausschlaggebend
decisões *f pl de* **decisão**
declamação <-ões> *f* Deklamation *f*
declamar *vi* deklamieren
declaração <-ões> *f* ❶ (*acção, documento*) Erklärung *f;* (*alfândega*) Zollerklärung *f;* ~ **de rendimentos** Einkommenssteuererklärung *f;* **fazer uma ~ de amor** eine Liebeserklärung machen ❷ (*afirmação, depoimento*) Aussage *f;* **prestar declarações** eine Aussage machen
declarada *adj f de* **declarado**
declaradamente *adv* offensichtlich
declarado *adj* offenkundig, deutlich
declarar [dəklɐ'rar] **I.** *vt* ❶ (*anunciar*) erklären; **eu declaro que ...** ich erkläre, dass ...; ~ **guerra** den Krieg erklären ❷ (*rendimentos*) angeben; (*na alfândega*) verzollen; **nada a ~** nichts zu verzollen **II.** *vr* ❶ (*manifestar-se*) sich aussprechen (*contra* gegen, *a favor de* für); ~**-se culpado** sich schuldig bekennen ❷ (*a alguém*) eine Liebeserklärung machen (*a*)
declinação <-ões> *f* ❶ (*inclinação*) Neigung *f* ❷ (GRAM, ASTR) Deklination *f* ❸ (GEOG) Gefälle *nt*
declinar **I.** *vt* (*elev: recusar*) zurückweisen; (GRAM) deklinieren **II.** *vi* (*decair*) sinken, nachlassen
declínio *m* Niedergang *m,* Verfall *m*
declivar *vi* (*terreno*) abfallen
declive *m* Gefälle *nt;* **em ~** abschüssig
decodificador *m v.* **descodificador**
decodificar *vt v.* **descodificar**
DECOL *abr de* **Defesa do Consumidor** Verbraucherschutz *m*
decolagem <-ens> *f* (AERO: *brasil*) Abheben *nt,* Start *m*
decolar *vi* (AERO: *brasil*) abheben, starten
decompor *irr como pôr* **I.** *vt* (QUÍM) zerlegen **II.** *vr* zerfallen; (*cadáver*) verwesen
decomposição <-ões> *f* Zerfall *m;* (*cadáver*) Verwesung *f;* (QUÍM) Zerlegung *m;* (*alimentos*); **em estado de ~** verdorben; **entrar em ~** zerfallen; (*cadáver*) verwesen
decoração <-ões> *f* ❶ (*actividade*) Dekoration *f;* ~ **de interiores** Raumausstattung *f* ❷ (*de um quarto*) Einrichtung *f*
decorador(a) <-es> *m(f)* Dekorateur(in) *m(f);* ~ **de interiores** Raumausstatter(in) *m(f)*
decorar *vt* ❶ (*ornamentar*) dekorieren, schmücken ❷ (*uma casa*) einrichten; (*equipar*) ausstatten ❸ (*uma matéria*) auswendig lernen
decorativo *adj* dekorativ

D

decoro *m* Anstand *m,* Schicklichkeit *f*
decoroso *adj* anständig, schicklich
decorrer *vi* ❶ (*realizar-se*) stattfinden; **a exposição decorre de 10 a 20 de Maio** die Ausstellung ist vom 10. bis 20. Mai geöffnet ❷ (*acontecimentos*) ablaufen, verlaufen ❸ (*tempo*) vergehen
decotado *adj* ausgeschnitten, dekolletiert
decote *m* Ausschnitt *m,* Dekolletee *nt,* Dekolleté *nt*
decrépito *adj* gebrechlich, altersschwach
decrepitude *f* Gebrechlichkeit *f,* Altersschwäche *f*
decrescendo *m* (MÚS) Decrescendo *nt*
decrescente *adj* abnehmend, fallend
decrescer <c→ç> *vi* abnehmen, fallen
decréscimo *m* Abnahme *f,* Rückgang *m*
decretar *vt* anordnen, verfügen
decreto *m* Verordnung *f,* Erlass *m*
decreto-lei <decretos-lei(s)> *m* Gesetzesverordnung *f*
decurso *m* ❶ (*dos acontecimentos*) Ablauf *m,* Verlauf *m* ❷ (*do tempo*) Lauf *m;* **no ~ do mês** im Lauf des Monats
dedada *f* ❶ (*marca*) Fingerabdruck *m* ❷ (*de sal*) Prise *f*
dedal <-ais> *m* Fingerhut *m*
dedaleira *f* (BOT) Fingerhut *m*
dedéu (*brasil: cal*) **pra ~** sehr; **este carro é lento pra ~** dieses Auto ist wahnsinnig langsam
dedicação *f* ❶ (*devoção*) Hingabe *f* ❷ (*nos estudos, no trabalho*) Fleiß *m*
dedicado *adj* (*nos estudos, no trabalho*) fleißig
dedicar I. *vt* widmen (*a*); **~ o seu tempo/a sua vida a alguém/a. c.** jdm/etw seine Zeit/sein Leben widmen; **~ uma música a alguém** jdm ein Lied widmen **II.** *vr* sich widmen (*a*)
dedicatória *f* Widmung *f* (*a* für)
dedo ['dedu] *m* (ANAT) Finger *m;* **~ anular** Ringfinger *m;* **~ indicador** Zeigefinger *m;* **~ médio** Mittelfinger *m;* **~ mínimo/mindinho** kleiner Finger; **~ polegar** Daumen *m;* **~ do pé** Zehe *f,* Zeh *m;* **contar a. c. pelos ~s** etw an den Fingern abzählen (können)
dedução <-ões> *f* ❶ (*de uma quantia*) Abzug *m* ❷ (*ilação*) Folgerung *f,* Schlussfolgerung *f;* (FILOS) Deduktion *f*
dedutivo *adj* deduktiv
deduzir *vt* ❶ (*de uma quantia*) abziehen (*de* von), abrechnen (*de* von) ❷ (*inferir*) folgern (*de* aus), ableiten (*de* aus); **daí deduz-se que ...** daraus lässt sich ableiten, dass ...
defecação *f* Stuhlgang *m*
defecar <c→qu> *vi* Stuhlgang haben
defeito [də'feitu] *m* ❶ (*moral*) Fehler *m;* (*físico*) Gebrechen *nt* ❷ (*num produto*) Fehler *m,* Defekt *m;* **~ de fabrico** Fabrikationsfehler *m*
defeituoso *adj* (*produto*) fehlerhaft, mangelhaft
defender I. *vt* (DIR) verteidigen (*de/contra* gegen); (*uma ideia, tese*) vertreten, verfechten; (*proteger*) schützen (*contra* vor) **II.** *vr* sich verteidigen (*de* gegen)
defensável <-eis> *adj* (*ideia*) vertretbar
defensiva *f* Defensive *f;* **estar na ~** in der Defensive sein
defensor(a) <-es> *m(f)* Verteidiger(in) *m(f);* (*de uma ideia*) Verfechter(in) *m(f)*
deferência *f* (*elev*) Ehrerbietung *f*
deferido *adj* (*elev*) bewilligt
deferimento *m* (*elev*) Bewilligung *f*
deferir *vt irr como preferir* (*elev*) bewilligen
defesa I. *f* (MIL, DIR) Verteidigung *f* (*contra* gegen); **~ antiaérea** Flugabwehr *f;* **legítima ~** Notwehr *f;* (*protecção*) Schutz *m* (*contra* vor); **~ do ambiente** Umweltschutz *m;* **~ do consumidor** Verbraucherschutz *m;* **~ do património** [*o brasil* **patrimônio**] Denkmalschutz *m;* (DESP) Abwehr *f;* **jogar à ~** in der Abwehr spielen, sich defensiv verhalten **II.** *m* (DESP) Verteidiger *m*
défice *m* (*portugal*) Defizit *nt*
deficiência [dəfi'sjɛ̃sjɐ] *f* (MED) Behinderung *f*
deficiente [dəfəsi'ɛ̃ntə] **I.** *mf* (MED) Behinderte; **~ mental** geistig Behinderte **II.** *adj* behindert
deficit *m* (*brasil*) Defizit *nt*
deficitário *adj* defizitär
definhado *adj* (*pessoa*) abgezehrt, mager; (*pele*) schlaff, welk
definhar *vi* (*pessoa*) abmagern; (*pele*) schlaff werden, welken
definição <-ões> *f* Definition *f;* (FOTO); **~ de imagem** Bildfeinheit *f*
definido *adj* (GRAM) bestimmt
definir I. *vt* (*uma palavra*) definieren; (*delimitar*) abgrenzen; (*determinar*) bestimmen, festlegen **II.** *vr* sich entscheiden
definitiva *adj f de* **definitivo**
definitivamente [dəfənitivɐ'mɛ̃ntə] *adv*

endgültig
definitivo [dəfəni'tivu] *adj* endgültig, definitiv
deflação <-ões> *f* (ECON) Deflation *f*
deflagração <-ões> *f* ① (*de um incêndio*) Ausbreitung *f,* Auflodern *nt* ② (*de bomba*) Explosion *f* ③ (*de uma guerra*) Ausbruch *m*
deflagrar *vi* ① (*incêndio*) sich ausbreiten, auflodern ② (*bomba*) explodieren ③ (*guerra*) ausbrechen
deformação <-ões> *f* ① (*deturpação da forma*) Verformung *f;* (*desfiguração*) Entstellung *f* ② (MED) Missbildung *f;* ~ **congénita** [*o brasil* **congênita**] angeborene Missbildung
deformar *vt* verformen; (*imagem*) verzerren; (*desfigurar*) entstellen
defraudação <-ões> *f* Betrug *m;* (*dinheiro*) Unterschlagung *f*
defraudar *vt* ① (*uma pessoa*) betrügen ② (*bens*) unterschlagen
defrontar-se *vr* ~ **com** gegenübertreten
defronte [də'frɔ̃ntə] *adv* ① (*em frente*) gegenüber; ~ **de** gegenüber von ② (*diante*) davor; ~ **de** vor
defumado [dəfu'madu] *adj* geräuchert; **carne defumada** Rauchfleisch *nt*
defumar *vt* räuchern
defunto, -a **I.** *m, f* Verstorbene **II.** *adj* verstorben
degelar *vi* auftauen
degelo *m* Tauwetter *nt*
degeneração <-ões> *f* Degeneration *f,* Verfall *m*
degenerar *vi* degenerieren; ~ **em** ausarten in, sich entwickeln zu
deglutir *vt* schlucken, verschlucken
degolar *vt* köpfen, die Kehle durchschneiden
degradação <-ões> *f* ① (*moral*) Demütigung *f,* Erniedrigung *f;* (*de um local*) Verfall *m* ② (*do cargo*) Degradierung *f* ③ (GEOL) Verwitterung *f* ④ (*de cores*) Abstufung *f*
degradado *adj* ① (*do cargo*) degradiert ② (*local*) heruntergekommen, verkommen
degradante *adj* erniedrigend, demütigend
degradar *vt* ① (*moralmente*) erniedrigen, demütigen; (*um local*) verkommen lassen ② (*do cargo*) degradieren (*a* zu) ③ (*cores*) abstufen
degrau [də'grau] *m* (*fig*) Stufe *f*
degredar *vt* verbannen
degredo *m* Verbannung *f,* Exil *nt;* **condenado ao** ~ ausgewiesen
degustar *vt* (*comida*) abschmecken; (*vinho*) probieren
dei *1. pret perf de* **dar**
deidade *f* Gottheit *f*
deificação *f* Vergöttlichung *f*
deificar <c→qu> *vt* vergöttlichen
deísmo *m* Deismus *m*
deitado [dei'tadu] *adj* liegend; **estar** ~ liegen; (*à noite*) im Bett liegen
deitar **I.** *vt* (*atirar*) werfen; (*portugal*); ~ **fora** wegwerfen; (*um objecto*); ~ **abaixo** hinunterwerfen; (*um edifício*) abreißen; (*colocar na horizontal*) legen, hinlegen; (*na cama*) ins Bett bringen; (*um líquido*) gießen (*em/para* in); (*expelir*) ausstoßen; (*cheiro*) ausströmen; ~ **fumo** Rauch ausstoßen, rauchen; ~ **sangue** bluten **II.** *vr* sich hinlegen; (*à noite*) ins Bett gehen
deixa *f* (*teatro*) Stichwort *nt*
deixar [dei'ʃar] **I.** *vt* (*permitir*) lassen, zulassen; **os meus pais ~am-me sair** meine Eltern haben mich ausgehen lassen; (*abandonar*) verlassen; **ele deixou a sala** er hat den Raum verlassen; **ela deixou o marido** sie hat ihren Mann verlassen; (*um objecto*) (liegen) lassen; (*uma pessoa*) absetzen; **ele deixou (ficar) os livros em casa** er hat seine Bücher zu Hause gelassen; **podes ~-me aqui/em casa** du kannst mich hier/zu Hause absetzen; ~ **a. c. com alguém** jdm etw überlassen; (*desistir de*) aufgeben, aufhören mit; **deixamos isso para depois** verschieben wir das auf später; (*causar*) machen, bewirken; ~ **alguém triste/sem fala** jdn traurig/sprachlos machen; (*soltar*) loslassen; ~ **cair a. c.** etw fallen lassen; ~ **andar alguém/a. c.** jdn gehen lassen/etw laufen lassen; (*um recado, uma herança*) hinterlassen; ~ **(ficar) recado** eine Nachricht hinterlassen; ~ **a. c. a alguém** jdm etw hinterlassen **II.** *vi* (*desistir*) ~ **de** aufhören zu; ~ **de fumar** aufhören zu rauchen, nicht mehr rauchen; **não posso ~ de ir** ich muss gehen; **deixa lá isso!** lass das!, vergiss es! **III.** *vr* **~-se de a. c.** etw lassen, mit etw aufhören; **deixa-te de brincadeiras/mentiras** hör auf Witze zu machen/zu lügen; **~-se andar** sich gehen lassen; **~-se cativar por alguém** sich von jdm beeindrucken lassen; **~-se convencer por alguém** sich von jdm überzeugen lassen; **~-se estar** dableiben; **~-se ficar** nichts sagen/tun

dela ['dɜlɐ] *Zusammensetzung: präp de + pron ela*

delação <-ões> *f* Anzeige *f;* (*denúncia*) Denunziation *f*

delatar *vt* anzeigen; (*denunciar*) denunzieren

delator(a) <-es> *m(f)* Denunziant(in) *m(f)*

dele *Zusammensetzung: präp de + pron ele*

delegação <-ões> *f* Abordnung *f,* Delegation *f*

delegacia *f* ❶ (*cargo*) Amt *nt* ❷ (*brasil: da polícia*) Polizeiwache *f,* Polizeirevier *nt*

delegado, -a *m, f* ❶ (*representante*) Beauftragte, Delegierte; ~ **de informação médica** Arzneimittelvertreter *m* ❷ (*brasil: da polícia*) Polizeikommissar(in) *m(f)*

delegar <g→gu> *vt* delegieren (*em* an); ~ **a. c. em alguém** jdn mit etw beauftragen

deleitar **I.** *vt* ergötzen **II.** *vr* sich ergötzen (*com* an)

deleite *m* Wonne *f,* Vergnügen *nt*

delfim <-ins> *m* Delfin *m*

delgado [dɜl'gadu] *adj* schlank, dünn

deliberação <-ões> *f* (*decisão*) Entscheidung *f;* (*resolução*) Beschluss *m*

deliberadamente *adv* absichtlich

deliberar **I.** *vt* beschließen **II.** *vi* beratschlagen (*sobre* über); (*reflectir*) nachdenken (*sobre* über)

delicada *adj f de* **delicado**

delicadeza *f* Zartheit *f;* (*pessoa*) Feinfühligkeit *f,* Fingerspitzengefühl *nt*

delicado [dəli'kadu] *adj* ❶ (*suave*) zart, fein ❷ (*pessoa*) feinfühlig, rücksichtsvoll ❸ (*situação*) heikel ❹ (*roupa*) empfindlich ❺ (MED: *operação*) schwierig

delícia *f* Wonne *f,* Entzücken *nt;* (*comida*); **ser uma** ~ köstlich sein; **é uma** ~ **ver as crianças brincar** es ist eine Wonne, die Kinder spielen zu sehen

deliciar **I.** *vt* entzücken (*com* mit), eine Freude bereiten (*com* mit) **II.** *vr* sich ergötzen (*com* an)

delicioso [dəli'sjozu] *adj* entzückend; (*comida*) köstlich

delimitação <-ões> *f* Abgrenzung *f,* Begrenzung *f*

delimitar *vt* abgrenzen, begrenzen

delineador *m* (*brasil*) Eyeliner *m*

delinear *vt conj como passear* ❶ (*um desenho*) entwerfen, skizzieren ❷ (*uma ideia*) umreißen, in groben Zügen darstellen

delinquência (*portugal*), **delinqüência** *f* (*brasil*) ❶ (*na sociedade*) Kriminalität *f* ❷ (*delito*) Verbrechen *nt*

delinquente (*portugal*), **delinqüente** *mf* (*brasil*) Verbrecher(in) *m(f)*

delirante *adj* wahnsinnig

delirar *vi* ❶ (*falando*) Unsinn reden ❷ (*imaginando*) fantasieren ❸ (*de dores*) toben

delírio *m* ❶ (MED) Delirium *nt;* ~ **alcoólico** Delirium tremens *nt;* ~ **febril** Fieberwahn *m* ❷ (*entusiasmo*) Begeisterung *f*

delito *m* (DIR) Straftat *f,* Delikt *nt;* **cometer um** ~ eine Straftat begehen; **em flagrante** ~ auf frischer Tat

delituoso *adj* (DIR) verbrecherisch, strafbar

delonga *f* ❶ (*demora*) Verzögerung *f* ❷ (*adiamento*) Aufschub *m*

delta ['dɜltɐ] *m* Delta *nt*

demagoga *f v.* **demagogo**

demagogia *f* Demagogie *f*

demagógico *adj* demagogisch

demagogo, -a *m, f* Demagoge, Demagogin *m, f*

demais [də'maiʃ] **I.** *adv* zu viel; **por** ~ unerträglich; **é bom** ~ **para ser verdade!** das ist zu schön, um wahr zu sein!; (*coloq*); **isto/ele é** ~**!** das/er ist spitze! **II.** *pron indef* **os** ~ die übrigen, die anderen

demanda *f* ❶ (DIR) Klage *f* ❷ (ECON) Nachfrage (nach) *f +dat*

demandante *mf* (DIR) Kläger(in) *m(f)*

demandar *vt* ❶ (DIR) verklagen ❷ (*exigir*) fordern, verlangen

demão *f* Anstrich *m;* **dar uma** ~ einmal überstreichen

demarcação <-ões> *f* Abgrenzung *f*

demarcado *adj* abgegrenzt; **região demarcada** kontrollierte(s) Anbaugebiet *nt,* festgelegte(s) Ursprungsgebiet *nt*

demarcar <c→qu> *vt* abgrenzen

demasia *f* Übermaß *nt;* **em** ~ übermäßig

demasiada *adj f de* **demasiado**

demasiadamente *adv* zu; **ele é** ~ **egoísta** er ist zu egoistisch

demasiado [dəmɐ'zjadu] **I.** *adj* zu viel, übermäßig **II.** *adv* zu viel

demência *f* Wahnsinn *m;* (MED) Schwachsinn *m*

demente *adj* verrückt; (MED) schwachsinnig, geistesgestört

demissão <-ões> *f* ❶ (*do próprio*) Kündigung *f;* (*político*) Rücktritt *m;* **pedir a** ~ kündigen; (*político*) zurücktreten ❷ (*do patrão*) Entlassung *f*, Kündigung *f*

demitir **I.** *vt* (*empregados*) entlassen, kündigen; (*governo*) absetzen **II.** *vr* (*empregado*) kündigen; (*político*) zurücktreten

demo *m* Dämon *m*, Teufel *m*

democracia *f* Demokratie *f*

democrata *mf* Demokrat(in) *m(f)*

democrático *adj* demokratisch

democratização *f* Demokratisierung *f*

demografia *f* Demographie *f*

demográfico *adj* demographisch

demolhar *vt* (CULIN) wässern

demolição <-ões> *f* (*construção*) Abbruch *m*, Abriss *m*

demolir *vt* (*construção*) abreißen

demoníaco *adj* dämonisch, teuflisch

demónio (*portugal*), **demônio** *m* (*brasil*) Teufel *m*

demonstração <-ões> *f* ❶ (*comprovação*) Beweis *m*; ~ **de afecto** [*o brasil* **afeto**] Liebesbeweis *m* ❷ (*exposição*) Darlegung *f*

demonstrar *vt* ❶ (*comprovar*) beweisen, nachweisen ❷ (*um facto*) darlegen ❸ (*sentimentos*) zeigen, zum Ausdruck bringen

demonstrativo *adj* (GRAM) demonstrativ

demora *f* (*atraso*) Verzögerung *f*, Verspätung *f*; **sem** ~ unverzüglich

demorado *adj* zeitraubend

demorar [dəmu'rar] **I.** *vi* ❶ (*acontecimento*) lange dauern; **(ainda) demora muito?** dauert es (noch) lange? ❷ (*pessoa*) sich aufhalten; **eu não demoro** ich halte mich nicht lange auf, ich komme gleich; ~ **a chegar** sich verspäten; ~ **a fazer a. c.** etw hinauszögern **II.** *vr* ❶ (*permanecer*) aufgehalten werden (*em* an/in); (*actividade*) sich länger aufhalten (*com* bei/mit) ❷ (*atrasar-se*) sich verspäten

demover *vt* abbringen, abraten; ~ **alguém de a. c.** jdn von etw abbringen/jdm von etw abraten

dendê *m* (*brasil:* BOT) Ölpalme *f*; **azeite** *m* **de** ~ (CULIN) Palmöl *n*

denegar <g→gu> *vt* verweigern; ~ **um depoimento** die Aussage verweigern

denegrir *vt* (*reputação*) beschmutzen

dengue *f* (MED) Dengue-Fieber *nt*; ~ **hemorrágica** hämorrhagisches Dengue-Fieber *nt*

denominação <-ões> *f* Bezeichnung *f*

denominado *adj* so genannt

denominador *m* (MAT) Nenner *m*; ~ **comum** gemeinsamer Nenner; **reduzir ao mesmo** ~ auf einen gemeinsamen Nenner bringen

denominar **I.** *vt* nennen, benennen **II.** *vr* heißen

denotação <-ões> *f* Bezeichnung *f*; (LING) Denotation *f*

denotar *vt* zeigen

densa *adj f de* **denso**

densidade *f* Dichte *f*; ~ **de tráfego** Verkehrsdichte *f*; ~ **populacional** Bevölkerungsdichte *f*

densímetro *m* (FÍS) Densimeter *nt*

denso *adj* ❶ (*compacto*) dicht; **nevoeiro** ~ dichter Nebel ❷ (*espesso*) dick; **nuvens densas** dicke Wolken

dentada *f* Biss *m*; **dar uma** ~ **em a. c.** in etw hineinbeißen

dentado *adj* gezähnt; **roda dentada** Zahnrad *nt*

dentadura *f* Gebiss *nt*

dental <-ais> **I.** *f* (GRAM) Dental *m*, Dentallaut *m* **II.** *adj* Zahn ..., dental; **fio** ~ Zahnseide *f*

dentão *m* (ZOOL) Zahnbrasse *f*

dentar *vi* zahnen

dentário *adj* Zahn ...; **clínica dentária** Zahnklinik *f*

dente ['dɛ̃ntə] *m* ❶ (ANAT) Zahn *m*; ~ **canino** Eckzahn *m*; ~ **de leite** Milchzahn *m*; ~ **do siso** Weisheitszahn *m*; **lavar os** ~**s** die Zähne putzen; **ranger os** ~**s** mit den Zähnen knirschen; **dizer a. c. entre** ~**s** sich etw in den Bart murmeln +*dat* ❷ (*de garfo, pente*) Zacke *f* ❸ (*de alho*) Zehe *f*

dente-de-leão <dentes-de-leão> *m* (BOT) Löwenzahn *m*

dente-de-leite <dentes-de-leite> *m* (*brasil:* FUT) Kinderfußballer *m* (*bis 15 Jahre*)

dentição <-ões> *f* Zahnen *nt*

dentifrício *m* (*brasil*) *v.* **dentífrico**

dentífrico (*portugal*) **I.** *m* Zahnpasta *f*, Zahncreme *f* **II.** *adj* Zahn ...

dentista [dɛ̃'tiʃtɐ] *mf* Zahnarzt, Zahnärztin *m, f*

dentre *Zusammensetzung: präp de + präp entre*

dentro ['dɛ̃ntru] *adv* ❶ (*local*) innen, drinnen; **aí** ~ dort drinnen; **de** ~ von innen; **para** ~ nach innen, hinein; **vai lá para** ~ geh hinein; **eles estão lá** ~ sie sind dort drinnen; **por** ~ innen; ~ **de casa** im Haus ❷ (*temporal*) in; ~ **de cinco dias** in fünf Tagen; ~ **em**

pouco/de pouco tempo in Kürze, bald
denúncia *f* Anzeige *f;* (*secreta*) Denunziation *f*
denunciante *mf* Denunziant(in) *m(f)*
denunciar *vt* anzeigen; (*em secreto*) denunzieren; ~ **alguém à polícia** jdn bei der Polizei anzeigen
deparar *vi* ~ **com** stoßen auf
departamento *m* (*de empresa*) Abteilung *f;* (*de universidade*) Fachbereich *m*
depenado *adj* (*fig*) gerupft
depenar *vt* (*fig*) rupfen
dependência *f* ① (*de droga, pessoa*) Abhängigkeit *f* (*de* von) ② (ARQUIT) Nebengebäude *nt* ③ (ECON) Zweigstelle *f*
dependente *adj* abhängig (*de* von)
depender *vi* abhängen (*de* von); (**isso**) **depende!** das kommt darauf an!
depenicar *vt* naschen
depilação <-ões> *f* Enthaarung *f;* **fazer** (**a**) ~ sich enthaaren
depilar *vt* enthaaren
depilatório [dəpilɐ'tɔrju] **I.** *m* Enthaarungsmittel *nt* **II.** *adj* Enthaarungs ...
deplorar *vt* beklagen, (zutiefst) bedauern
deplorável <-eis> *adj* beklagenswert, bedauernswert; **estar num estado** ~ in einem erbärmlichen Zustand sein
depoimento *m* Aussage *f;* **fazer um** ~ eine Aussage machen
depois [də'poiʃ/də'poiʒ] *adv* (~ *disso*) danach; (*em seguida*) dann; (*mais tarde*) später, nachher; **dois dias** ~ zwei Tage später; ~ **de** nach; ~ **de almoçar/do almoço, vou sair** nach dem Essen gehe ich weg; ~ **de amanhã** übermorgen; **e** ~**?** und?
depor *irr como pôr* **I.** *vt* (*armas*) niederlegen; (*uma pessoa, o governo*) absetzen **II.** *vi* (DIR) aussagen
deportação <-ões> *f* Deportation *f*
deportar *vt* deportieren
depositar [dəpuzi'tar] *vt* ① (*dinheiro*) einzahlen (*em* auf) ② (*bagagem*) abgeben; (*mercadoria*) einlagern
depósito [də'pɔzitu] *m* ① (*de dinheiro*) Einlage *f;* (*para uma casa*) Kaution *f;* **fazer um** ~ Geld einzahlen ② (*de água*) Speicher *m* ③ (*portugal: de gasolina*) Tank *m;* **encher o** ~ tanken ④ (*de garrafa*) Pfand *nt;* (*schweiz*) Depot *nt* ⑤ (*armazém*) Lager *nt* ⑥ (QUÍM) Bodensatz *m,* Ablagerung *f*
depravação *f* Verdorbenheit *f*
depravado *adj* (moralisch) verdorben
depravar *vt* (moralisch) verderben
depreciação <-ões> *f* ① (*desvalorização*) Abwertung *f* ② (*menosprezo*) Verachtung *f,* Geringschätzung *f*
depreciar *vt* ① (*desvalorizar*) abwerten ② (*menosprezar*) verachten, gering schätzen
depreciativo *adj* geringschätzig, verächtlich
depreender *vt* folgern (*de* aus), entnehmen (*de*); **daí depreende-se que ...** daraus geht hervor, dass ...
depressa [də'prɜsɐ] *adv* schnell, rasch
depressão <-ões> *f* ① (ECON, PSIC) Depression *f* ② (METEO) Tief *nt* ③ (GEOG) Senke *f*
depressivo *adj* depressiv
depressões *f pl de* **depressão**
deprimente *adj* deprimierend
deprimido *adj* deprimiert
deprimir *vt* deprimieren
depuração *f* Klärung *f,* Aufbereitung *f*
depurar *vt* klären, aufbereiten
deputação *f* Abordnung *f*
deputado, -a *m, f* Abgeordnete; ~ **europeu** Europaabgeordnete
deputar *vt* abordnen
deriva *mf* **à** ~ richtungslos; **andar à** ~ treiben
derivação <-ões> *f* ① (GRAM, MAT) Ableitung *f* ② (*proveniência*) Abstammung *f*
derivada *f* (MAT) Differenzialquotient *m*
derivado *m* ① (*produto*) Nebenprodukt *nt* ② (QUÍM, LING) Derivat *nt*
derivar **I.** *vt* (*um rio*) umleiten; (ELECTR) abzweigen; (LING) ableiten **II.** *vi* seinen Ursprung haben (*de* in), hervorgehen (*de* aus)
dermatologia *f* (MED) Dermatologie *f*
dermatologista [dɜrmɐtulu'ʒiʃtɐ] *mf* (MED) Hautarzt, Hautärztin *m, f,* Dermatologe, Dermatologin *m, f*
dermatose *f* (MED) Hautkrankheit *f*
derradeiro *adj* letzte(r, s)
derramamento *m* Vergießen *nt,* Verschütten *nt;* ~ **de sangue** Blutvergießen *nt*
derramar *vt* ① (*sangue, lágrimas*) vergießen ② (*entornar*) verschütten
derrame *m* (MED) Erguss *m;* ~ **cerebral** Gehirnschlag *m*
derrapagem <-ens> *f* Schleudern *nt;* **fazer uma** ~ ins Schleudern geraten
derrapar *vi* schleudern
derreado *adj* erschöpft
derreter **I.** *vt* (*gelo, manteiga*) schmelzen; (*gordura*) auslassen **II.** *vi* (*neve, gelo, cora-*

ção) schmelzen **III.** *vr* zerschmelzen

derribar *vt* niederreißen; (*casa*) abreißen

derrocada *f* ① (*casa*) Einsturz *m* ② (*ruína*) Zusammenbruch *m*

derrogação <-ões> *f* (DIR) Teilaufhebung *f*

derrogar <g→gu> *vt* (DIR) teilweise aufheben

derrogatório *adj* (DIR) aufhebend

derrota [də'ʀɔtɐ] *f* (*em luta, jogo, discussão*) Niederlage *f;* **sofrer uma ~** eine Niederlage erleiden

derrotado *adj* geschlagen

derrotar *vt* ① (*em luta, discussão*) besiegen ② (DESP) schlagen

derrubar *vt* ① (*um objecto*) umstoßen, umwerfen ② (*o governo*) stürzen

desabafar *vi* sich aussprechen (*com* bei), sich anvertrauen (*com*)

desabafo *m* vertrauensvolle(s) Gespräch *nt;* **foi um ~!** jetzt bin ich erleichtert!

desabamento *m* Einsturz *m;* **~ de terras** Erdrutsch *m*

desabar *vi* ① (*terra*) abrutschen ② (*telhado, muro*) einstürzen, einfallen ③ (*projecto*) scheitern

desabitado *adj* unbewohnt

desabituado *adj* entwöhnt; **já estou ~** ich bin nicht mehr daran gewöhnt

desabituar I. *vt* entwöhnen; **~ alguém de a. c.** jdm etw abgewöhnen **II.** *vr* sich abgewöhnen +*dat* (*de*)

desabotoar <*brasil, 1. pess pres:* desabotôo> *vt* aufknöpfen

desabrido *adj* ① (*rude, áspero*) grob, barsch ② (*tempestuoso*) rau

desabrigado *adj* (*local*) offen, ungeschützt

desabrochar *vi* (*flor, pessoa*) aufblühen

desacatar *vt* missachten

desacato *m* Missachtung *f* (*a*); **~ à autoridade** Beamtenbeleidigung *f*

desacompanhado *adj* allein, ohne Begleitung

desaconchegado *adj* ungemütlich

desaconchego *m* Ungemütlichkeit *f*

desaconselhar *vt* abraten; **~ alguém de a. c.** jdm von etw abraten

desaconselhável <-eis> *adj* nicht ratsam, nicht empfehlenswert

desacordo *m* ① (*falta de acordo*) Uneinigkeit *f;* **estar em ~ com alguém** mit jdm nicht übereinstimmen ② (*divergência*) Unstimmigkeit *f*

desacreditar *vt* in Verruf bringen, diskreditieren

desactivado *adj* ① (*central nuclear*) stillgelegt ② (*bomba*) entschärft

desactivar *vt* ① (*uma central nuclear*) stilllegen ② (*uma bomba*) entschärfen

desactualizado *adj* ① (*pessoa*) nicht auf dem Laufenden ② (*documento*) abgelaufen ③ (*conhecimentos*) überholt

desadaptado *adj* nicht gewöhnt (*de* an)

desadaptar-se *vr* nicht (mehr) gewöhnt sein (*de* an)

desafectação *f* (*portugal*) Ungezwungenheit *f*

desafectado *adj* (*portugal*) ungezwungen

desafeiçoado *adj* abgeneigt (*de*)

desafeiçoar-se <*brasil, 1. pess pres:* desafeiçôo> *vr* Abstand nehmen (*de* von)

desafetação *f* (*brasil*) *v.* **desafectação**

desafetado *adj* (*brasil*) *v.* **desafectado**

desafiar *vt* herausfordern (*para* zu)

desafinado *adj* (*instrumento*) verstimmt

desafinar *vi* ① (*cantando*) falsch singen; (*tocando*) falsch spielen ② (*instrumento*) verstimmt sein

desafio *m* ① (*provocação*) Herausforderung *f;* **aceitar um ~** eine Herausforderung annehmen ② (DESP) Wettkampf *m*

desafogado *adj* ① (*abastado*) (finanziell) abgesichert ② (*despreocupado*) sorglos ③ (*aliviado*) erleichtert

desaforado *adj* unverschämt, frech

desaforo *m* Unverschämtheit *f,* Frechheit *f*

desafortunado *adj* unglücklich

desagasalhado *adj* leicht bekleidet

desagradar *vi* missfallen; **esta situação desagrada-me** diese Situation missfällt mir

desagradável [dəzɐgrɐ'davɜl] <-eis> *adj* ① (*situação*) unangenehm, peinlich ② (*pessoa*) unfreundlich ③ (*vento*) unangenehm

desagrado *m* Missfallen *nt;* **cair no ~** Missfallen erregen

desagravar *vt* ① (*atenuar*) entschärfen, mildern ② (DIR) aufheben; **~ uma sentença** ein Urteil aufheben

desagravo *m* ① (*de situação*) Entschärfung *f* ② (DIR: *de sentença*) Aufhebung *f*

desagregação <-ões> *f* Zerfall *m,* Auflösung *f*

desagregar <g→gu> **I.** *vt* auflösen; (*substância*) zersetzen **II.** *vr* zerfallen

desaguar I. *vt* entwässern, trockenlegen

II. *vi* münden (*em* in); **o Douro desagua no Atlântico** der Douro mündet in den Atlantik

desaire *m* Schicksalsschlag *m,* Unglück *nt*

desajeitado *adj* ungeschickt, unbeholfen

desajuizado *adj* unvernünftig

desajustado *adj* verwirrt, durcheinander; **estar ~ da realidade** realitätsfremd sein

desajuste *m* ① (*relação*) Missverhältnis *nt* (*entre* zwischen), Diskrepanz *f* (*entre* zwischen) ② (*máquina*) Verstellung *f,* Fehleinstellung *f*

desalento *m* Mutlosigkeit *f*

desalfandegar *vt* (*portugal:* ECON) aus dem Zollverschluss nehmen

desalgemar *vt* die Fesseln lösen, befreien

desalinhado *adj* unordentlich; (*carro*); **a direcção** [*o brasil* **direção**] **está desalinhada** die Spur muss eingestellt werden

desalinhar *vt* durcheinanderbringen

desalmado *adj* herzlos, unmenschlich

desalojado *adj* obdachlos

desalojar *vt* kündigen, vertreiben

desamarrar **I.** *vt* losmachen, losbinden **II.** *vi* (NÁUT) die Anker lichten

desamolgar *vt* ausbeulen

desamor <-es> *m* Lieblosigkeit *f*

desamparado *adj* ① (*indefeso*) hilflos; (*desprotegido*) schutzlos ② (*abandonado*) verlassen

desamparar *vt* verlassen, im Stich lassen

desamparo *m* ① (*falta de defesas*) Hilflosigkeit *f;* (*falta de protecção*) Schutzlosigkeit *f* ② (*abandono*) Verlassenheit *f*

desancar <c→qu> *vt* (*coloq*) verdreschen

desancorar *vi* (NÁUT) die Anker lichten

desanexar *vt* abtrennen

desanimado *adj* mutlos, niedergeschlagen

desanimar **I.** *vt* entmutigen **II.** *vi* den Mut verlieren; **não desanimes!** Kopf hoch!

desânimo *m* Mutlosigkeit *f,* Niedergeschlagenheit *f*

desanuviado *adj* ① (*céu*) wolkenlos ② (*pessoa*) sorglos, erleichtert

desanuviar *vi* ① (*céu*) sich aufklären, aufklaren ② (*pessoa*) entspannen, abschalten

desaparafusar *vt* aufschrauben, losschrauben

desaparecer [dəzɐpɐrə'ser] <c→ç> *vi* verschwinden (*de* aus/von); **fazer ~** verschwinden lassen; (*dinheiro*) verschwenden

desaparecido, -a **I.** *m, f* Vermisste; (POL) Verschwundene **II.** *adj* vermisst; **andar ~** als vermisst gelten; **dado como ~** als vermisst gemeldet

desaparecimento *m* Verschwinden *nt*

desapegado *adj* gleichgültig

desapegar-se <g→gu> *vr* das Interesse verlieren (*de* an)

desapego *m* Gleichgültigkeit *f*

desapercebido *adj* unvorbereitet

desapertar *vt* ① (*o cinto*) lockern; (*o casaco, as calças*) aufknöpfen; (*os sapatos, as calças*) aufmachen ② (*um parafuso*) aufschrauben, lösen ③ (*soltar, alargar*) lockern ④ (*desprender*) losmachen

desapoiado *adj* (*pessoa*) ohne Unterstützung, auf sich selbst gestellt; (*objecto*); **estar ~** keinen Halt haben

desapontado *adj* enttäuscht (*com* von)

desapontar *vt* enttäuschen

desapossar *vt v.* **desempossar**

desaprender *vt* verlernen

desapropriação <-ões> *f* Enteignung *f*

desapropriar *vt* enteignen; **~ alguém de a. c.** jdm etw wegnehmen

desaprovar *vt* ① (*não aprovar*) missbilligen ② (*censurar*) kritisieren

desaproveitado *adj* (*terreno, oportunidade*) ungenutzt

desaproveitamento *m* (*recursos*) Vergeudung *f*

desaproveitar *vt* ① (*oportunidade*) nicht nutzen, ungenutzt lassen ② (*desperdiçar*) vergeuden

desarborizado *adj* baumlos

desarborizar *vt* abholzen

desarmado *adj* unbewaffnet; **à vista desarmada** mit bloßem Auge

desarmamento *m* (MIL) Abrüstung *f;* **~ nuclear** nukleare Abrüstung

desarmar **I.** *vt* (*tropas, pessoas*) entwaffnen; (*uma bomba*) entschärfen; (*uma máquina*) auseinandernehmen, zerlegen; (*uma tenda*) abbauen; (*aplacar*) entwaffnen **II.** *vi* (MIL) abrüsten

desarranjado *adj* unordentlich

desarranjar *vt* in Unordnung bringen

desarranjo *m* Unordnung *f,* Durcheinander *nt*

desarregaçar <ç→c> *vt* (*mangas, calças*) herunterkrempeln

desarrolhar *vt* entkorken

desarrumação <-ões> *f* Chaos *nt,* Unordnung *f*

desarrumado *adj* (*quarto*) unaufgeräumt; (*pessoa*) unorganisiert, unordentlich

desarrumar *vt* in Unordnung bringen

desarticular *vt* ① (*desmontar*) auseinandernehmen ② (*um membro*) ausrenken

desassossegado *adj* unruhig

desassossegar <g→gu> *vt* beunruhigen

desassossego *m* Unruhe *f*

desastrado *adj* (*pessoa*) ungeschickt, tollpatschig

desastre [dəˈzaʃtrə] *m* Unglück *nt,* Katastrophe *f;* ~ **ambiental** Umweltkatastrophe *f;* ~ **de automóvel** Autounfall *m;* ~ **de avião** Flugzeugunglück *nt*

desastroso *adj* katastrophal; (*funesto*) unheilvoll, verhängnisvoll

desatacar *vt* (*desatar*) aufschnüren, aufbinden

desatar I. *vt* (*um molho*) aufbinden; (*um nó*) aufknoten II. *vi* ~ **a fazer a. c.** plötzlich anfangen, etw zu tun; **ela desatou a correr** sie fing an zu laufen; **ele desatou a chorar/rir** er brach in Tränen/Gelächter aus

desatarraxar *vt* abschrauben, herausschrauben

desatento *adj* unaufmerksam

desatinado *adj* ① (*sem tino*) unbesonnen ② (*coloq: zangado*) sauer

desatinar *vi* ① (*dizer desatinos*) Unsinn reden ② (*perder o tino*) den Verstand verlieren ③ (*coloq: descontrolar-se*) die Geduld verlieren; (*coloq*) zu viel kriegen; ~ **com alguém** sich mit jdm in die Haare kriegen

desatino *m* ① (*falta de tino*) Unverstand *m* ② (*disparate*) Unsinn *m*

desativado *adj* (*brasil*) *v.* **desactivado**

desativar *vt* (*brasil*) *v.* **desactivar**

desatolar *vt* aus dem Schlamm ziehen

desatracar <c→qu> I. *vt* losmachen II. *vi* die Taue lösen

desatravancar <c→qu> *vt* freimachen

desatrelar *vt* ① (*atrelado*) loskoppeln ② (*cavalo*) ausspannen

desatualizado *adj* (*brasil*) *v.* **desactualizado**

desavença *f* Zwist *m,* Streit *m*

desavergonhado *adj* unverschämt, schamlos

desavindo *adj* zerstritten; **andar ~ com alguém** mit jdm zerstritten sein

desbancar <c→qu> *vt* ① (*vencer*) besiegen ② (*exceder*) übertreffen

desbaratamento *m v.* **desbarato**

desbaratar *vt* ① (*os bens*) verschleudern, vergeuden ② (*o inimigo*) schlagen

desbarato *m* Vergeudung *f,* Misswirtschaft *f;* **ao** ~ zu Schleuderpreisen

desbastar *vt* ① (*madeira*) abhobeln ② (*mato*) lichten; (*o cabelo*) ausdünnen

desbaste *m* ① (*de madeira*) Abhobeln *nt* ② (*do mato*) Ausholzung *f;* (*do cabelo*) Ausdünnen *nt*

desbloquear *vt conj como passear* die Blockade aufheben

desbotado *adj* (*cor*) matt, blass; (*roupa*) ausgeblichen

desbotar *vi* (*cor*) verblassen; (*roupa*) ausbleichen

desbravar *vt* ① (*terras*) urbar machen ② (*animais*) zähmen; (*cavalo*) bändigen

descabido *adj* unpassend, unangebracht

descafeinado [dəʃkɐfɐiˈnadu] I. *m* koffeinfreie(r)/entkoffeinierte(r) Kaffee *m* II. *adj* entkoffeiniert, koffeinfrei

descaída *f* ① (*lapso*) Lapsus *m* ② (CULIN) Geflügelklein *nt*

descair I. *vi* (*superfície*) abfallen; (*vento*) abnehmen, nachlassen II. *vr* (*coloq*) sich verplappern

descalabro *m* ① (*ruína*) Zusammenbruch *m* ② (*prejuízo*) Schaden *m*

descalçar <*pp* descalço; ç→c> I. *vt* (*sapatos, luvas, meias*) ausziehen; (*rua*) aufreißen II. *vr* sich die Schuhe ausziehen +*dat*

descalcificação *f* (MED) Kalkmangel *m*

descalço *adj* ① (*sem calçado*) barfuß; **andar** ~ barfuß laufen ② (*desprevenido*) unvorbereitet

descambar *vi* schief stehen, zur Seite kippen; ~ **em** ausarten in

descampado *m* offene(s) Feld *nt*

descansado *adj* (*vida*) geruhsam; (*pessoa*) beruhigt; **fique ~!** seien Sie unbesorgt!; **dormir** ~ ruhig schlafen

descansar [dəʃkɐ̃ˈsar] I. *vt* (*tranquilizar*) beruhigen; (*as pernas*) ausruhen; (MIL); ~ **armas!** Gewehr ab! II. *vi* sich ausruhen; (*nas férias*) sich erholen, ausspannen

descanso [dəʃˈkɐ̃su] *m* ① (*sossego*) Ruhe *f* ② (*repouso*) Ausruhen *nt;* (*nas férias*) Erholung *f* ③ (*apoio*) Stütze *f;* (*do telefone*) Gabel *f;* (*da bicicleta*) Ständer *m;* (*para os pés*) Fußstütze *f* ④ (*folga*) Pause *f;* ~ **semanal** Ruhetag *m;* **sem** ~ unaufhörlich

descapotável *adj* (*portugal*) aufklappbar, zurückklappbar; **carro ~** Kabrio *nt,* Kabriolett *nt*

descaracterizar *vt* seiner Charakteristiken berauben; (*pej*) verschandeln

descaradamente *adv* unverschämt; **mente ~** er/sie lügt wie gedruckt

descarado *adj* ① (*pessoa*) unverschämt, frech ② (*mentira*) offenkundig

descaramento *m* Unverschämtheit *f,* Frechheit *f;* **ter o ~ de fazer a. c.** die Frechheit haben, etw zu tun

descarga *f* ① (ELECTR) Entladung *f;* **~ eléctrica** [*o brasil* **elétrica**] elektrische Entladung ② (NÁUT) Löschen *nt* ③ (*de camião*) Entladen *nt;* **fazer a ~** ausladen, entladen; **cargas e ~s** Be- und Entladen *nt* ④ (*de água*) Ablassen *nt* ⑤ (*tiros*) Salve *f* ⑥ (*brasil: de vaso sanitário*) (WC-)Spülung *f,* Wasserspülung *f;* **puxar o ~** spülen

descargo *m* Entlastung *f;* **para ~ de consciência** zur Entlastung des Gewissens

descaroçar <ç→c> *vt* entkernen

descarregamento *m* Entladen *nt;* (*navio*) Löschen *nt*

descarregar <g→gu> *vt* ① (*mercadoria, camião*) ausladen, entladen; (*mercadoria de navio*) löschen ② (*uma arma, pilha*) entladen ③ (*sentimentos*) abreagieren, ablassen; **o professor estava aborrecido e descarregou nos/em cima dos alunos** der Lehrer war unzufrieden und ließ seine Wut an den Schülern aus

descarrilamento *m* Entgleisung *f*

descarrilar *vi* (*fig*) entgleisen

descartar-se *vr* sich entledigen (*de*), loswerden (*de*)

descartável <-eis> *adj* (*fraldas, seringa*) Wegwerf ...; (*embalagem*) Einweg ...; **fraldas descartáveis** Wegwerfwindeln *pl*

descasar *vi* (*brasil*) sich scheiden lassen

descascador *m* Schälmesser *nt*

descascar <c→qu> **I.** *vt* (*fruta, batatas*) schälen; (*ervilhas*) enthülsen, palen *norddt;* (*uma árvore*) entrinden **II.** *vi* ① (*pele*) sich schälen; (*tinta*) abblättern ② (*pessoa*) schimpfen (*em* über)

descendência *f* ① (*filhos*) Nachkommenschaft *f* ② (*filiação*) Abstammung *f*

descendente **I.** *mf* Nachkomme *m;* **~s** Nachwuchs *m* **II.** *adj* ① (*decrescente*) fallend ② (*proveniente*) abstammend (*de* von)

descender *vi* abstammen (*de* von)

descentralização <-ões> *f* Dezentralisierung *f*

descentralizar *vt* dezentralisieren

descer [dəʃ'ser] <c→ç> **I.** *vt* ① (*as escadas*) hinuntergehen; (*um monte*) hinuntersteigen ② (*a pé*) hinuntergehen; (*de carro*) hinunterfahren ③ (*a persiana*) herunterlassen ④ (*o preço*) senken (*em* um, *para* auf), herabsetzen (*em* um, *para* auf) **II.** *vi* ① (*preço, temperatura, pressão*) sinken (*em* um, *para* auf), fallen (*em* um, *para* auf) ② (*rua, terreno*) abfallen ③ (*avião*) niedergehen, an Höhe verlieren ④ (*da bicicleta, do cavalo*) absteigen (*de* von); (*do autocarro*) aussteigen (*de* aus) ⑤ (*qualidade*) nachlassen; (*nível*) sinken; (*notas*) schlechter werden ⑥ (*de pára-quedas*) herunterspringen, abspringen

descida *f* ① (*acto*) Abstieg *m* ② (*na rua*) Gefälle *nt* ③ (*chão inclinado*) Rampe *f* ④ (DESP: *de divisão*) Abstieg *m;* (*de um monte*) Abfahrt *f* ⑤ (*dos preços, da temperatura*) Sinken *nt,* Rückgang *m* ⑥ (*do avião*) Landeanflug *m* ⑦ (*de pára-quedas*) Absprung *m*

desclassificado *adj* ① (DESP) (von der Teilnahme) ausgeschlossen; **ficar ~** ausscheiden ② (*desacreditado*) diskreditiert

desclassificar <c→qu> *vt* ① (DESP) (von der Teilnahme) ausschließen; (*coloq*) ausschalten ② (*desacreditar*) diskreditieren

descoberta *f* Entdeckung *f;* **fazer uma ~** eine Entdeckung machen

descoberto **I.** *pp de* **descobrir** **II.** *adj* (*destapado*) unbedeckt; (*conta*); **a ~** nicht gedeckt

descobridor(a) <-es> *m(f)* Entdecker(in) *m(f)*

Descobrimentos *mpl* (HIST) Epoche *f* der Entdeckungen

descobrir [dəʃku'brir] *irr como cobrir* **I.** *vt* (*encontrar*) entdecken; (*achar*) finden; (*destapar, denunciar*) aufdecken **II.** *vr* sich aufdecken

descodificador *m* (INFOR) Decoder *m*

descodificar *vt* (INFOR) decodieren

descolagem *f* (*portugal:* AERO) Abheben *nt,* Start *m*

descolar **I.** *vt* ablösen (*de* von) **II.** *vi* ① (*autocolante*) sich ablösen, abgehen ② (AERO: *portugal*) abheben, starten

descoloração <-ões> *f* Bleichen *nt*

descolorar *vt* bleichen

descomedido *adj* maßlos

descompactar *vt* (INFOR) dekomprimieren; (*coloq*) entpacken
descompassado *adj* aus dem Takt geraten, unregelmäßig
descompor *vt irr como pôr* ❶ (*desarranjar*) durcheinanderbringen ❷ (*censurar*) ausschimpfen
descomposto **I.** *pp de* **descompor** **II.** *adj* ❶ (*desarranjado*) unordentlich ❷ (*sem compostura*) unanständig
descompostura *f* Zurechtweisung *f;* **dar uma ~ a alguém** jdn zurechtweisen
descompressão <-ões> *f* (FÍS) Dekompression *f,* Druckabfall *m*
descomprimir *vi* entspannen
descomprometido *adj* (*pessoa*) ungebunden
descomunal <-ais> *adj* ❶ (*extraordinário*) außergewöhnlich ❷ (*colossal*) kolossal, ungeheuerlich
desconceituado *adj* verrufen
desconcentrar **I.** *vt* ablenken, aus dem Konzept bringen **II.** *vr* sich ablenken lassen, aus dem Konzept kommen
desconcertado *adj* ❶ (*embaraçado*) verlegen ❷ (*perturbado*) verwirrt
desconcertante *adj* verwirrend
desconcertar *vt* ❶ (*confundir*) verwirren, durcheinanderbringen ❷ (*transtornar*) verblüffen
desconchegado *adj* ungemütlich
desconexa *adj f de* **desconexo**
desconexão <-ões> *f* ❶ (*incoerência*) Zusammenhanglosigkeit *f* ❷ (ELECTR) Abschalten *nt*
desconexo *adj* zusammenhanglos
desconexões *f pl de* **desconexão**
desconfiado *adj* misstrauisch, argwöhnisch
desconfiança *f* Misstrauen *nt,* Argwohn *m*
desconfiar *vi* ❶ (*duvidar*) zweifeln (*de* an); (*suspeitar*) misstrauen (*de*); **~ de alguém** jdm misstrauen ❷ (*supor*) vermuten, ahnen; **desconfio que ...** ich ahne, dass ...
desconforme *adj* ❶ (*desproporcional*) unverhältnismäßig ❷ (*desigual*) ungleich ❸ (*monstruoso*) ungeheuer
desconfortável <-eis> *adj* unbequem
desconforto *m* ❶ (*de uma casa*) mangelnde(r) Komfort *m* ❷ (*desconsolo*) Trostlosigkeit *f*
descongelação *f* (*comida*) Auftauen *nt;* (*glaciar*) Abtauen *nt*
descongelante *m* Entfroster *m*
descongelar *vi* auftauen; **~ uma conta bancária** ein Sperrkonto freigeben
descongestionamento *m* ❶ (*do trânsito*) Entlastung *f* ❷ (MED) Entstauung *f*
descongestionar *vt* ❶ (*o trânsito*) entlasten ❷ (*uma rua*) frei machen ❸ (MED) entstauen
desconhecer <c→ç> *vt* (*não saber*) nicht wissen; (*não conhecer*) nicht kennen; **~ a língua francesa** kein Französisch sprechen
desconhecido, -a [dəʃkuɲə'sidu] **I.** *m, f* Unbekannte **II.** *adj* unbekannt
desconhecimento *m* Unkenntnis *f;* (*ignorância*) Unwissenheit *f*
desconjuntar **I.** *vt* (*uma articulação*) verrenken; (*desmanchar*) auseinandernehmen, zerlegen **II.** *vr* aus den Fugen gehen, auseinandergehen
desconsagrar *vt* entweihen
desconsertado *adj* entzwei, kaputt
desconsertar *vt* kaputtmachen
desconsideração *f* Rücksichtslosigkeit *f;* (*desprezo*) Missachtung *f*
desconsiderado *adj* ❶ (*não ponderado*) unbedacht ❷ (*desrespeitado*) missachtet ❸ (*não estimado*) wenig angesehen
desconsiderar *vt* ❶ (*não considerar*) missachten ❷ (*tratar sem respeito*) unhöflich behandeln
desconsolado *adj* ❶ (*triste*) trostlos ❷ (*desgostoso*) betrübt ❸ (*sem consolação*) untröstlich
desconsolo *m* Trostlosigkeit *f;* (*desgosto*) Betrübnis *f*
descontar *vt* abziehen (*de* von), abrechnen (*de* von); (ECON) diskontieren
descontentamento *m* Unzufriedenheit *f*
descontente *adj* unzufrieden (*com* mit)
descontínua *adj f de* **descontínuo**
descontinuidade *f* Zusammenhanglosigkeit *f*
descontínuo *adj* unterbrochen
desconto [dəʃ'kɔ̃ntu] *m* ❶ (*dedução*) Ermäßigung *f,* Rabatt *m;* **fazer um ~ a alguém** jdm einen Rabatt gewähren; **dar um ~ a alguém** ein Auge zudrücken ❷ (ECON) Diskont *m*
descontração (*brasil*), **descontracção** *f* (*portugal*) Entspannung *f*
descontraído *adj* locker, entspannt
descontrair *conj como sair* **I.** *vt* entspannen **II.** *vr* sich entspannen
descontrolado *adj* unbeherrscht; (*senti-*

mento) zügellos

descontrolar I. *vt* die Kontrolle verlieren über II. *vr* die Fassung verlieren, außer sich geraten

descontrole (*brasil*), **descontrolo** *m* (*portugal*) Mangel *m* an Kontrolle

desconversar *vi* das Thema wechseln

desconvidar *vt* ausladen

descoordenação *f* Mangel *m* an Koordinierung/Koordination

descoordenar *vt* die Koordination durcheinanderbringen von

descoroar *vt* absetzen

descortês <-eses> *adj* unhöflich

descortesia *f* Unhöflichkeit *f*

descortinar *vt* (*fig*) entdecken

descoser I. *vt* auftrennen II. *vr* ① (*costura*) aufgehen ② (*revelar um segredo*) sich verplappern

descosido *adj* aufgetrennt

descrédito *m* Misskredit *m*

descrença *f* Ungläubigkeit *f*

descrente I. *mf* Ungläubige II. *adj* ungläubig

descrever [dəʃkrə'ver] *vt* ① (*objecto, pessoa*) beschreiben; (*acontecimento*) schildern ② (*narrar*) darstellen

descrição <-ões> *f* ① (*de objecto, pessoa*) Beschreibung *f;* (*de acontecimento*) Schilderung *f;* **fazer a ~ de alguém/a. c.** jdn/etw beschreiben ② (*narração*) Darstellung *f*

descritivo *adj* beschreibend, deskriptiv

descrito *pp de* **descrever**

descuidado *adj* ① (*acto, pessoa*) fahrlässig ② (*aspecto*) nachlässig

descuidar I. *vt* vernachlässigen II. *vr* ① (*das tarefas*) vernachlässigen (*de*) ② (*ser desleixado*) nachlässig sein (*de* in); (*coloq*); **~-se com as horas** die Zeit verschwitzen; **não te descuides!** pass auf!

descuido *m* ① (*desleixo*) Nachlässigkeit *f* ② (*lapso*) Versehen *nt;* **por ~** versehentlich, aus Versehen

desculpa [dəʃ'kulpɐ] *f* ① (*perdão*) Entschuldigung *f;* **pedir ~(s) a alguém por a. c.** sich bei jdm für etw entschuldigen, jdn um Entschuldigung für etw bitten ② (*pretexto*) Ausrede *f,* Vorwand *m;* **dar uma ~ a alguém** jdm eine Ausrede liefern; **~ esfarrapada** faule Ausrede

desculpar I. *vt* entschuldigen; **desculpe!** Entschuldigung! II. *vr* sich entschuldigen (*por* für)

desculpável <-eis> *adj* entschuldbar

descurar *vt* vernachlässigen

desde ['deʒdə] I. *prep* ① (*temporal*) seit; **~ o dia 12 de Fevereiro** seit dem 12. Februar; **~ então** seitdem; **~ há muito** seit langem; **~ logo** sogleich ② (*local*) von; **percorremos tudo, ~ o Algarve até ao Minho** wir sind überall gewesen, von der Algarve bis zum Minho II. *konj* ① (*temporal*) **~ que** seitdem; **ainda não disse nada ~ que chegou** seitdem er/sie angekommen ist, hat er/sie noch nichts gesagt ② (*se*) **~ que** sofern, wenn; **eu vou, ~ que me convidem** ich gehe mit, sofern sie mich einladen

desdém *m* Verachtung *f;* **com ~** verächtlich

desdenhar *vt* verachten

desdenhoso *adj* verächtlich

desdentado *adj* zahnlos

desdita *f* Missgeschick *nt;* (*desgraça*) Unglück *nt*

desdito *pp de* **desdizer**

desdizer *vt irr como dizer* abstreiten, bestreiten

desdobrar I. *vt* (*lenço*) entfalten, auseinanderfalten; (*separar*) teilen II. *vr* (*fig*) abspalten, spalten (*em* in)

desdobrável <-eis> I. *m* Faltblatt *m* II. *adj* aufklappbar, Klapp ...

deseducar <c→qu> *vt* verziehen

desejado *adj* gewünscht, erwünscht

desejar [dəzə'ʒar] *vt* wünschen; (*ardentemente*) begehren; **que deseja?** was wünschen Sie?; **isto deixa muito a ~** das lässt viel zu wünschen übrig

desejável <-eis> *adj* wünschenswert

desejo *m* Wunsch *m* (*de* nach); (*ardente*) Begehren *nt* (*de* nach); **podes pedir um ~** du hast einen Wunsch frei; **satisfazer um ~** einen Wunsch erfüllen; **o teu ~ é uma ordem** dein Wunsch ist mir Befehl

desejoso *adj* begierig (*de* nach)

deselegância *f* Plumpheit *f*

deselegante *adj* nicht elegant, plump

desemaranhar *vt* ① (*desenredar*) entwirren ② (*esclarecer*) klären

desembaciador *m* (*automóvel*) Heckscheibenheizung *f*

desembaciar *vt* (*vidro, espelho*) abwischen, frei wischen

desembalar *vt* auspacken

desembaraçado *adj* ungezwungen; (*ágil*) flink

desembaraçar <ç→c> **I.** *vt* (*cabelo*) entwirren; (*caminho*) frei machen; (*livrar*) befreien (*de* von) **II.** *vr* sich entledigen (*de*), sich befreien (*de* von)

desembaraço *m* ① (*desenvoltura*) Ungezwungenheit *f* ② (*facilidade, agilidade*) Geschick *nt;* **fazer a. c. com ~** etw mit Geschick machen

desembarcar <c→qu> **I.** *vt* ausladen; (*do navio*) löschen **II.** *vi* (*do comboio, avião*) aussteigen; (*do navio*) an Land gehen

desembargador <-es> *m* Richter *m* am Landgericht

desembargar <g→gu> *vt* freigeben, das Embargo aufheben für

desembargo *m* Freigabe *f*

desembarque *m* ① (*de passageiros*) Aussteigen *nt;* (*do navio*) Ausschiffung *f* ② (*de mercadoria*) Löschung *f*

desembocadura *f* Mündung *f*

desembocar <c→qu> *vi* (*rio, rua*) münden (*em* in)

desembolsar *vt* ausgeben

desembraiar *vt* (*carro*) auskuppeln

desembrear *vt* (*brasil*) *v.* **desembraiar**

desembrulhar *vt* ① (*uma prenda*) auswickeln ② (*desdobrar*) entfalten, auseinanderfalten ③ (*questão*) entwirren, aufklären

desembuchar *vi* sich aussprechen; **desembucha!** nun sag's schon!

desempacotar *vt* auspacken

desempatar **I.** *vt* entscheiden; (*votação*) durch Stichwahl entscheiden **II.** *vi* (DESP) den entscheidenden Treffer erzielen, in Führung gehen; **as duas equipas ~am quase no fim do jogo** der entscheidende Treffer fiel gegen Ende des Spieles

desempate *m* ① (*decisão*) Entscheidung *f* ② (DESP) entscheidende(r) Treffer *m*

desempenar *vt* gerade biegen

desempenhar *vt* ① (*uma tarefa*) ausführen ② (*uma função*) ausüben ③ (*um papel*) spielen; **os computadores desempenham um papel importante na nossa sociedade** Computer spielen in unserer Gesellschaft eine wichtige Rolle ④ (*as obrigações*) erfüllen ⑤ (*um penhor*) einlösen

desempenho *m* ① (*de uma tarefa*) Ausführung *f* ② (*de uma função*) Ausübung *f* ③ (*das obrigações*) Erfüllung *f* ④ (*de uma máquina*) Leistung *f* ⑤ (*de um penhor*) Einlösung *f*

desemperrar *vt* lockern

desempestar *vt* (gründlich) desinfizieren

desempossar *vt* enteignen; **~ alguém de a. c.** jdm etw wegnehmen

desempregado, -a **I.** *m, f* Arbeitslose **II.** *adj* arbeitslos

desempregar <g→gu> **I.** *vt* entlassen **II.** *vr* seine Stelle aufgeben, kündigen

desemprego *m* Arbeitslosigkeit *f*

desencadear *conj como passear* **I.** *vt* (*provocar*) entfesseln, auslösen; (*desacorrentar*) losketten **II.** *vr* ausbrechen

desencadernado *adj* ungebunden

desencadernar *vt* den Einband entfernen von

desencaixar *vt* ① (*tirar*) herausnehmen ② (*desmanchar*) auseinandernehmen

desencaixilhar *vt* aus dem Rahmen nehmen

desencaixotar *vt* auspacken

desencalhar **I.** *vt* (NÁUT) flottmachen **II.** *vi* (NÁUT) wieder flott werden

desencaminhador(a) *m(f)* schlechte(r) Ratgeber, schlechte Ratgeberin *m, f*

desencaminhar *vt* irreführen, vom Weg abbringen; (*fig*) verleiten; **ele desencaminhou-me para sair** er hat mich zum Ausgehen verleitet

desencantamento *m* Ernüchterung *f;* (*desilusão*) Enttäuschung *f*

desencantar *vt* ① (*desenfeitiçar*) entzaubern ② (*desiludir*) ernüchtern ③ (*a verdade*) aufdecken; (*pessoa*) ausfindig machen; (*objecto*) auftreiben; **onde é que foste ~ isso?** wo hast du das aufgetrieben?

desencaracolar *vi* glätten

desencargo *m v.* **descargo**

desencontrar-se *vr* sich verfehlen

desencontro *m* nicht zustande gekommene(s) Treffen *nt*

desencorajar *vt* entmutigen

desencostar **I.** *vt* abrücken (*de* von), wegstellen (*de* von); **~ a. c. da parede** etw von der Wand wegstellen **II.** *vr* sich aufrichten

desencravar *vt* ① (*uma máquina*) wieder in Gang bringen ② (*uma pessoa*) aus der Klemme helfen

desenfeitar *vt* den Schmuck abnehmen, abschmücken

desenfeitiçar <ç→c> *vt* entzaubern

desenferrujar *vt* ① (*um metal*) entrosten, den Rost entfernen von ② (*as pernas*) lockern; **~ a língua** der Zunge freien Lauf lassen

desenfreado *adj* ① (*pessoa*) ungestüm; (*descomedido*) maßlos ② (*sentimentos*) stürmisch

desenganado *adj* nüchtern, ohne Illusionen

desenganar *vt* ① (*tirar do engano*) ernüchtern; (*desiludir*) enttäuschen ② (*desmascarar*) entlarven

desengano *m* Ernüchterung *f;* (*desilusão*) Enttäuschung *f*

desengatar *vt* (*vagão*) abkoppeln

desengate *m* (*vagão*) Abkuppelung *f*

desengonçado *adj* ① (*objecto*) wackelig, locker ② (*pessoa*) ungelenk

desengonçar <ç→c> *vt* (*uma porta*) aushängen; (*um membro*) ausrenken

desengordurar *vt* entfetten, von Fettflecken säubern

desenhador(a) *m(f)* Zeichner(in) *m(f);* (*de móveis*) Designer(in) *m(f)*

desenhar [dəzə'ɲar] **I.** *vt* zeichnen **II.** *vr* sich abzeichnen

desenhista *mf v.* **desenhador(a)**

desenho [də'zeɲu] *m* Zeichnung *f;* ~ **geométrico** Planzeichnen *nt;* ~**s animados** Zeichentrickfilm *m*

desenjoar *vi* die Übelkeit vertreiben

desenlace *m* Ausgang *m*

desenquadrado *adj* rahmenlos

desenrascado *adj* findig, geschickt

desenrascar <c→qu> **I.** *vt* zur Seite stehen; (*coloq*) aus der Patsche helfen **II.** *vr* ① (*ser desenrascado*) gewandt sein (*em* in) ② (*sair de apuros*) Schwierigkeiten überwinden; **desenrasca-te!** lass dich nicht unterkriegen!

desenrolar **I.** *vt* aufrollen **II.** *vr* (*acontecimento*) ablaufen

desenrugar *vt* glätten, glatt machen

desentalar *vt* ① (*desprender*) losmachen ② (*pessoa*) aus einer Zwangslage befreien

desentender-se *vr* sich streiten (*com* mit)

desentendido *adj* **fazer-se** ~ sich dumm stellen

desentendimento *m* ① (*mal-entendido*) Missverständnis *nt* ② (*discussão*) Auseinandersetzung *f;* **ter um ~ com alguém** eine Auseinandersetzung mit jdm haben

desenterrado *adj* ausgegraben

desenterrar *vt* (*fig*) ausgraben

desentorpecer <c→ç> *vt* lockern

desentortar *vt* gerade biegen

desentranhar *vt* ausnehmen

desentupir *vt* (*o nariz*) frei machen; (*um cano*) reinigen

desenvencilhar **I.** *vt* (*fig: desemaranhar*) entwirren; (*desprender*) lösen **II.** *vr* sich losmachen (*de* von)

desenvolto *adj* ① (*desembaraçado*) ungezwungen, locker ② (*ágil, ligeiro*) gewandt, flink

desenvoltura *f* ① (*desembaraço*) Ungezwungenheit *f,* Zwanglosigkeit *f* ② (*agilidade, ligeireza*) Gewandtheit *f*

desenvolver **I.** *vt* (*fazer progredir*) entwickeln; (*as capacidades*) ausbilden; (*uma actividade*) entfalten; (*expor*) darlegen, entwickeln **II.** *vr* sich entwickeln

desenvolvido *adj* entwickelt

desenvolvimento *m* Entwicklung *f;* (*progresso*) Fortschritt *m;* (*aumento*) Wachstum *nt*

desenxabido *adj* (*comida, pessoa*) fad(e)

desequilibrado *adj* unausgeglichen

desequilibrar **I.** *vt* aus dem Gleichgewicht bringen **II.** *vr* das Gleichgewicht verlieren, aus dem Gleichgewicht geraten

desequilíbrio *m* Ungleichgewicht *nt;* (*entre diferentes coisas*) Unausgeglichenheit *f*

deserção <-ões> *f* Fahnenflucht *f,* Desertion *f*

deserdar *vt* enterben

deserta *adj f de* **deserto II**

desertar *vi* desertieren, zum Feind überlaufen

deserto **I.** *m* Wüste *f* **II.** *adj* ① (*desabitado*) unbewohnt; (*zona*) unbesiedelt ② (*abandonado*) verlassen; (*rua*) menschenleer

desertor(a) <-es> *m(f)* Fahnenflüchtige, Deserteur(in) *m(f)*

desesperado *adj* verzweifelt

desesperante *adj* hoffnungslos, aussichtslos

desesperar **I.** *vt* zur Verzweiflung bringen **II.** *vi* verzweifeln

desespero *m* Verzweiflung *f*

desfalcar <c→qu> *vt* ① (*defraudar*) unterschlagen ② (*diminuir*) vermindern

desfalecer <c→ç> *vi* ① (*perder as forças*) schwach werden ② (*desmaiar*) in Ohnmacht fallen

desfalque *m* Unterschlagung *f;* **fazer um ~** unterschlagen

desfavorável <-eis> *adj* (*situação, vento*) ungünstig (*a/para* für)

desfavorecer <c→ç> *vt* ① (*prejudicar*) benachteiligen; **esta fotografia desfavo-**

rece-te auf diesem Bild bist du nicht gut getroffen; **esse vestido desfavorece-te** dieses Kleid steht dir nicht ② (*desajudar*) schaden

desfavorecido *adj* (*na sociedade*) benachteiligt; **foi criada uma associação para ajudar os mais ~s** es wurde eine Vereinigung zur Unterstützung der sozial Schwachen gegründet

desfazer *irr como fazer* **I.** *vt* ① (*desmanchar*) zerlegen; (*um nó*) lösen, aufmachen; (*uma costura*) auftrennen; (*um acordo*) lösen; **~ as malas** auspacken ② (*destruir*) kaputtmachen, zerstören; (*em pedaços*) zerbrechen; **ela desfez o livro** sie hat das Buch kaputtgemacht ③ (*dissolver*) auflösen (*em* in) **II.** *vr* ① (*casa*) einfallen, verfallen; (*costura, nó*) aufgehen; (*grupo*) sich auflösen; (*tecido, penteado*) auseinandergehen; **~-se em pó** zu Staub zerfallen; **~-se em lágrimas** in Tränen aufgelöst sein; **~-se em desculpas** sich tausendmal entschuldigen ② (*dissolver-se*) sich auflösen; (*gelo*) schmelzen; **o chocolate desfaz-se na boca** die Schokolade zergeht im Mund ③ (*vender*) **~-se de a. c.** etw verkaufen

desfechar **I.** *vt* (*um tiro*) abgeben; (*um olhar*) werfen **II.** *vi* (*arma*) losgehen

desfecho *m* Ausgang *m,* Ende *nt*

desfeita **I.** *f* Beleidigung *f;* **fazer uma ~ a alguém** jdn beleidigen **II.** *adj f de* **desfeito II**

desfeito **I.** *pp de* **desfazer** **II.** *adj* ① (*destruído*) zerstört; **o carro ficou completamente ~** der Wagen war völlig zerstört ② (*dissolvido*) aufgelöst

desfiar **I.** *vt* (*tecido*) auftrennen; (*bacalhau, frango*) zerlegen **II.** *vr* ausfransen

desfiguração *f* ① (*da forma*) Verformung *f;* (*das feições*) Entstellung *f* ② (*tornar feio*) Verunstaltung *f* ③ (*de factos*) Verfälschung *f*

desfigurado *adj* ① (*verdade, feições*) entstellt ② (*feio*) verunstaltet

desfigurar *vt* ① (*forma*) verformen; (*feições*) entstellen ② (*tornar feio*) verunstalten ③ (*factos*) verfälschen

desfilada *f* Folge *f,* Serie *f;* **à ~** im Galopp, stürmisch

desfiladeiro [dəʃfilɐ'deiru] *m* Pass *m;* (*fig*) Engpass *m*

desfilar *vi* vorbeiziehen; (MIL) vorbeimarschieren

desfile *m* (*numa festa*) Umzug *m;* (*de tropas*) Vorbeimarschieren *nt*

desflorar *vt* entjungfern

desflorestamento *m* Kahlschlag *m,* Abholzung *f*

desflorestar *vt* kahl schlagen

desfocado *adj* unscharf

desfocar <c→qu> *vt* (*televisão, máquina fotográfica*) unscharf einstellen; (*fotografia*) verwackeln

desfolhar *vt* (*o milho*) die Blätter entfernen von; (*uma flor*) die Blütenblätter abzupfen von

desforra *f* Rache *f;* **tirar a ~** sich rächen; **dar a ~** Revanche geben

desforrar-se *vr* sich rächen (*de* für)

desfraldar *vt* (*bandeira, vela*) hissen

desfrutar *vt* Nutzen ziehen aus; **~ de** genießen

desfrute *m* ① (*gozo*) Genuss *m* ② (*usufruto*) Nutznießung *f*

desgarrada *f* (*portugal*) Wettgesang *m;* **cantar à ~** um die Wette singen

desgarrar **I.** *vt* vom Weg abbringen, irreleiten; (NÁUT) vom Kurs abbringen **II.** *vr* sich verirren; **~-se de** abweichen von

desgastado *adj* ① (*material*) abgenutzt; (*roupa*) abgetragen ② (*pessoa*) ausgelaugt; (*imagem*) angeschlagen

desgastar **I.** *vt* ① (*material*) abnutzen, verschleißen; (*roupa*) abtragen; (*sapatos*) ablaufen ② (*pessoa*) auslaugen, stark beanspruchen **II.** *vr* ① (*material*) sich abnutzen ② (*pessoa*) sich aufreiben, sich abarbeiten

desgaste *m* Verschleiß *m,* Abnutzung *f*

desgostar **I.** *vt* (*causar desgosto*) missfallen; (*arreliar*) verärgern **II.** *vi* **~ de** nicht mögen; **eu não desgosto desta comida/deste livro** dieses Essen schmeckt recht gut/Buch ist nicht schlecht

desgosto *m* ① (*desagrado*) Missfallen *nt* ② (*aborrecimento*) Unannehmlichkeit *f,* Ärger *m* ③ (*pesar*) Kummer *m;* **~ de amor** Liebeskummer *m;* **ter/sofrer um ~** Kummer haben

desgovernado *adj* ① (*pessoa*) verschwenderisch ② (*automóvel*) außer Kontrolle geraten

desgoverno *m* Misswirtschaft *f,* Verschwendung *f*

desgraça *f* ① (*infortúnio*) Unglück, Pech *nt;* **por ~** unglücklicherweise, leider ② (*miséria*) Elend *nt* ③ (*descrédito*) Ungnade *f;* **cair**

D

em ~ in Ungnade fallen

desgraçado, -a I. *m, f* Pechvogel *m* II. *adj* ① (*infeliz*) unglücklich ② (*mal sucedido*) vom Pech verfolgt

desgraçar <ç→c> I. *vt* (*causar desgraça*) ins Unglück stürzen; (*arruinar*) ruinieren, zunichtemachen II. *vr* sich ins Unglück stürzen

desgravar *vt* (*uma cassete*) löschen

desiderato *m* ① (*desejo*) Wunsch *m* ② (*objectivo*) Ziel *nt*

desidratação *f* Wasserentzug *m;* (MED) Dehydration *f*

desidratado *adj* trocken; (MED) dehydriert

desidratar *vt* Wasser entziehen; (*campo*) entwässern

design *m* Design *nt*

designação [dəzignɐ'sãu] <-ões> *f* ① (*indicação*) Bezeichnung *f* ② (*nomeação*) Ernennung *f* ③ (*denominação*) Benennung *f*

designadamente *adv* insbesondere

designar *vt* ① (*indicar*) bezeichnen ② (*nomear*) ernennen ③ (*determinar*) bestimmen ④ (*significar*) bedeuten

designativo *adj* bezeichnend (*de* für)

desígnio *m* ① (*propósito*) Zweck *m,* Ziel *nt;* (*intenção*) Absicht *f* ② (*plano*) Plan *m*

desigual <-ais> *adj* ① (*não igual*) ungleich; (*injusto*) ungerecht ② (*superfície*) uneben ③ (*variável*) unbeständig

desigualdade *f* ① (*falta de igualdade*) Ungleichheit *f;* (*diferença*) Verschiedenheit *f* ② (*desproporção*) Missverhältnis *nt* ③ (*de superfície*) Unebenheit *f*

desiludido [dəzilu'didu] *adj* enttäuscht (*com* von); **ficar ~ com alguém/a. c.** von jdm/etw enttäuscht sein

desiludir I. *vt* (*decepcionar*) enttäuschen; (*desenganar*) ernüchtern II. *vr* enttäuscht sein (*com* von)

desilusão <-ões> *f* ① (*decepção*) Enttäuschung *f;* **ter uma ~** eine Enttäuschung erleben ② (*desengano*) Ernüchterung *f*

desimpedido *adj* frei

desimpedir *vt irr como pedir* frei machen

desinchar *vi* ① (MED) abschwellen ② (*desensoberbecer-se*) bescheiden werden

desinência *f* (GRAM) Endung *f*

desinfeção *f* (*brasil*) *v.* **desinfecção**

desinfecção <-ões> *f* Desinfektion *f*

desinfectante [dəzĩfɜ'tãntə] I. *m* (*portugal*) Desinfektionsmittel *nt* II. *adj* desinfizierend

desinfectar [dəzĩfɜ'tar] *vt* (*portugal*) desinfizieren

desinfestação <-ões> *f* Ungeziefervernichtung *f*

desinfestar *vt* von Ungeziefer befreien, ausräuchern

desinfetante *m* (*brasil*) *v.* **desinfectante**

desinfetar *vt* (*brasil*) *v.* **desinfectar**

desinibido *adj* leidenschaftlich, enthemmt

desinibir *vt* die Hemmungen nehmen, aus der Reserve holen

desinquietação *f* Unruhe *f;* (*excitação*) Aufregung *f*

desinquietar *vt* beunruhigen

desinquieto *adj* unruhig

desintegração <-ões> *f* (FÍS) Zerfall *m*

desintegrar I. *vt* auflösen; (*pedra*) zertrümmern; (*átomo*) spalten II. *vr* (FÍS) zerfallen

desinteressado *adj* ① (*que não é interesseiro*) uneigennützig, selbstlos ② (*que não é interessado*) uninteressiert

desinteressante *adj* uninteressant

desinteressar-se *vr* das Interesse verlieren (*de* an)

desinteresse *m* ① (*indiferença*) Gleichgültigkeit *f* (*por* gegenüber) ② (*altruísmo*) Uneigennützigkeit *f,* Selbstlosigkeit *f*

desintoxicação <-ões> *f* Entgiftung *f;* (*de toxicodependentes*) Entzug *m;* **fazer uma cura de ~** eine Entziehungskur machen

desintoxicar <c→qu> *vt* entgiften; (*toxicodependentes*) entwöhnen

desistência *f* ① (*de um cargo*) Rücktritt *m* ② (*de um curso*) Aufgabe *f,* Beendigung *f* ③ (*renúncia*) Verzicht *m*

desistir *vi* ① (*de um cargo*) zurücktreten (*de* von) ② (*não continuar*) aufgeben (*de*), nicht weitermachen (*de*) ③ (*renunciar*) verzichten (*de* auf)

deslavado *adj* ① (*desbotado*) ausgewaschen, verwaschen ② (*descarado*) unverschämt

desleal <-ais> *adj* ① (*infiel*) untreu ② (*falso*) unredlich, unfair

deslealdade *f* ① (*infidelidade*) Treulosigkeit *f,* Untreue *f* ② (*acto*) unfaire(s) Verhalten *nt*

desleixado *adj* nachlässig, fahrlässig

desleixar-se *vr* ① (*ser desleixado*) sich nicht kümmern (*com* um) ② (*tornar-se desleixado*) nachlässig werden

desleixo *m* Nachlässigkeit *f,* Fahrlässigkeit *f*

desligado *adj* ❶ (*aparelho*) ausgeschaltet, abgeschaltet ❷ (*pessoa*) nicht interessiert (*de* an); **ele é ~** ihm ist alles egal

desligar <g→gu> *vt* ❶ (*um aparelho*) ausschalten, abschalten; (*a luz*) ausschalten; **~ a ficha** den Stecker herausziehen ❷ (TEL) auflegen; **não desligue!** bleiben Sie dran!

deslindar *vt* klarstellen, klären

deslizar *vi* ❶ (*mover-se*) gleiten (*por* über) ❷ (*escorregar*) rutschen, ausrutschen

deslize *m* (*lapso*) Lapsus *m,* Versehen *nt*

deslocação *f* ❶ (*viagem*) Fahrt *f,* Reise *f* ❷ (*do ar, da água*) Verdrängung *f* ❸ (MED) Verrenkung *f*

deslocado *adj* ❶ (*sítio*) weit entfernt ❷ (*pessoa, crítica*) deplatziert ❸ (*membro*) verrenkt

deslocar <c→qu> **I.** *vt* ❶ (*um objecto*) an einen anderen Platz stellen, verstellen ❷ (*água, ar*) verdrängen ❸ (*um osso*) ausrenken; (*um membro*) verrenken **II.** *vr* ❶ (*movimentar-se*) sich bewegen ❷ (*viajar*) fahren; **como é que te deslocas para o trabalho?** wie kommst du zur Arbeit?

deslumbrado *adj* hingerissen (*com* von), begeistert (*com* von)

deslumbramento *m* ❶ (*ofuscação*) Blendung *f* ❷ (*fascinação*) Begeisterung *f*

deslumbrante *adj* ❶ (*luz*) grell; (*sol*) blendend ❷ (*fascinante*) fantastisch, atemberaubend

deslumbrar *vt* ❶ (*ofuscar*) blenden ❷ (*fascinar*) begeistern

desmagnetizar *vt* entmagnetisieren

desmaiado *adj* ❶ (*sem sentidos*) ohnmächtig ❷ (*cor*) matt, blass ❸ (*desbotado*) farblos

desmaiar *vi* ohnmächtig werden, in Ohnmacht fallen

desmaio [dəʒ'maju] *m* Ohnmacht *f*

desmamar *vt* abstillen

desmancha-prazeres *mf inv* Spielverderber(in) *m(f)*

desmanchar I. *vt* ❶ (*nó*) aufmachen; (*cama*) zerwühlen; (*penteado*) durcheinanderbringen ❷ (*plano*) zunichtemachen; (*namoro, noivado*) beenden ❸ (*máquina*) auseinandernehmen **II.** *vr* ❶ (*máquina*) kaputtgehen ❷ (*penteado*) aufgehen

desmantelamento *m* ❶ (TEC) Abbau *m,* Demontage *f* ❷ (NÁUT) Abtakelung *f* ❸ (*de um grupo*) Aufdeckung *f*

desmantelar *vt* ❶ (TEC) abbauen, demontieren ❷ (NÁUT) abtakeln ❸ (*grupo*) aufdecken

desmarcar <c→qu> *vt* (*encontro, consulta*) absagen

desmascarar *vt* entlarven

desmatamento *m* (*brasil*) Kahlschlag *m,* Abholzung *f*

desmazelado *adj* nachlässig; (*coloq*) schludrig

desmazelar-se *vr* nachlässig werden; (*coloq*) schludern

desmazelo *m* Nachlässigkeit *f;* (*coloq*) Schludrigkeit *f*

desmedido *adj* (*excessivo*) übermäßig; (*imenso*) ungeheuer

desmembramento *m* ❶ (*desagregação*) Zergliederung *f* (*em* in) ❷ (*separação*) Abspaltung *f;* (*divisão*) Teilung *f*

desmembrar I. *vt* (*corpo*) zerstückeln; (*separar*) abtrennen, abspalten; (*dividir*) teilen **II.** *vr* sich auflösen; (*dividir-se*) sich teilen (*em* in)

desmentir *vt irr como sentir* abstreiten; (POL) dementieren

desmerecedor *adj* unwürdig (*de*)

desmerecimento *m* Unwürdigkeit *f*

desmesurado *adj* ❶ (*enorme*) unmäßig, riesig ❷ (*excessivo*) exzessiv, maßlos

desmilitarização *f* Entmilitarisierung *f*

desmilitarizar *vt* entmilitarisieren

desmiolado *adj* (*coloq*) hirnverbrannt

desmobilização *f* (MIL) Demobilisierung *f*

desmobilizar *vt* (MIL) demobilisieren

desmontagem <-ens> *f* ❶ (*de máquina*) Auseinanderbauen *nt,* Demontage *f;* (*de peça*) Ausbau *m* ❷ (*de tenda*) Abbau *m*

desmontar I. *vt* (*uma máquina*) auseinanderbauen, demontieren; (*uma peça*) ausbauen, abmontieren; (*uma tenda*) abbauen **II.** *vi* absteigen (*de* von)

desmontável <-eis> *adj* (*máquina*) zerlegbar; (*peça*) abnehmbar

desmoralização *f* Demoralisierung *f*

desmoralizado *adj* mutlos, niedergeschlagen

desmoralizar *vt* entmutigen, demoralisieren

desmoronamento *m* ❶ (*de casa*) Zusammenbruch *m,* Einsturz *m;* (*de ruínas*) Verfall *m* ❷ (*de terra*) Erdrutsch *m*

desmoronar-se *vr* ❶ (*casa*) einfallen, einstürzen; (*ruínas*) verfallen ❷ (*terra*) abrutschen ❸ (*sistema*) zusammenbrechen

desnatado *adj* entrahmt

desnatar *vt* entrahmen
desnaturado *adj* unmenschlich
desnecessária *adj f de* **desnecessário**
desnecessariamente *adv* unnötigerweise
desnecessário *adj* unnötig; (*supérfluo*) überflüssig
desnível <-eis> *m* ❶ (*de estrada*) Unebenheit *f;* (*de terreno*) Höhenunterschied *m* ❷ (*social*) Gefälle *nt*
desnivelado *adj* ❶ (*terreno*) uneben ❷ (*inclinado*) schräg
desnivelar *vt* ❶ (*terreno*) uneben machen ❷ (*distinguir*) unterscheiden
desnorteado *adj* ❶ (*sem rumo*) ziellos ❷ (*maluco*) verrückt
desnuclearizado *adj* atomwaffenfrei
desnutrição *f* Unterernährung *f*
desnutrido *adj* unterernährt
desobedecer <c→ç> *vi* nicht gehorchen (*a*), sich widersetzen (*a*)
desobediência *f* Ungehorsam *m* (*a* gegenüber)
desobediente *adj* ❶ (*que desobedece*) ungehorsam; (*coloq*) frech ❷ (*insubmisso*) rebellisch
desobrigação <-ões> *f* Entbindung *f,* Befreiung *f*
desobrigar <g→gu> *vt* entbinden (*de* von), befreien (*de* von)
desobstrução <-ões> *f* ❶ (MED) Abschwellen *nt* der Schleimhäute ❷ (*de uma estrada*) Räumung *f*
desobstruir *vt* ❶ (MED: *vias respiratórias*) frei machen ❷ (*uma estrada*) räumen
desocupação <-ões> *f* ❶ (MIL) Abzug *m* ❷ (*de uma casa*) Räumung *f*
desocupado *adj* ❶ (*desempregado*) arbeitslos, erwerbslos ❷ (*casa*) unbewohnt; (*casa--de-banho*) frei
desocupar *vt* (*casa*) räumen; (*casa-de-banho*) frei machen
desodorante *m* (*brasil*) *v.* **desodorizante**
desodorizante *m* Deodorant *nt;* ~ **roll-on** Deoroller *m*
desolação *f* ❶ (*tristeza*) Untröstlichkeit *f;* (*aflição*) Verzweiflung *f* ❷ (*devastação*) Verwüstung *f*
desolado *adj* ❶ (*pessoa*) untröstlich, verzweifelt ❷ (*lugar*) verwüstet; (*solitário*) trostlos
desolar *vt* ❶ (*uma pessoa*) erschüttern ❷ (*uma terra*) verwüsten
desolhado *adj* mit Ringen unter den Augen
desonesta *adj f de* **desonesto**
desonestidade *f* Unehrlichkeit *f*
desonesto *adj* unehrlich
desonra *f* ❶ (*perda da honra*) Ehrverlust *m,* Schmach *f* ❷ (*vergonha*) Schande *f*
desonrado *adj* (*comportamento*) unehrenhaft; (*pessoa*) ehrlos
desonrar *vt* ❶ (*tirar a honra*) entehren ❷ (*desacreditar*) degradieren
desopilação *f* Erleichterung *f;* (*de dores*) Linderung *f*
desopilante *adj* (*riso*) befreiend
desopilar **I.** *vt* (*dor*) lindern **II.** *vi* Erleichterung verschaffen; (*dores*) Linderung verschaffen
desoras *adv* **a** ~ zur Unzeit
desordeiro, -a **I.** *m, f* Unruhestifter(in) *m(f)* **II.** *adj* aufrührerisch
desordem <-ens> *f* ❶ (*na casa*) Unordnung *f;* (*confusão*) Durcheinander *nt* ❷ (POL) Unruhe *f,* Tumult *m*
desordenado *adj* unordentlich; (*coisas*) durcheinander, ungeordnet
desordenar *vt* in Unordnung bringen
desordens *f pl de* **desordem**
desorganização *f* Desorganisation *f,* Chaos *nt*
desorganizado *adj* ❶ (*pessoa*) unorganisiert, chaotisch ❷ (*trabalho*) unübersichtlich, verworren
desorganizar *vt* in Unordnung bringen, durcheinanderbringen
desorientação *f* Orientierungslosigkeit *f*
desorientado *adj* orientierungslos
desorientar **I.** *vt* (*desnortear*) irreführen; (*desconcertar*) verwirren **II.** *vr* die Richtung verlieren
desova *f* (*acto*) Laichen *nt;* (*época*) Laichzeit *f*
desovar *vi* (ZOOL) laichen
despachado *adj* flink, fix; **estar** ~ fertig sein
despachante *m* Zollagent *m*
despachar **I.** *vt* (*pej: uma pessoa, uma encomenda*) abfertigen; (*um trabalho*) erledigen **II.** *vr* sich sputen, sich beeilen; **despacha-te!** nun mach schon!
despacho *m* ❶ (*de encomendas, mercadoria*) Abfertigung *f;* **dar** ~ **a a. c.** etw abfertigen ❷ (*do governo*) Resolution *f*
despassarado *adj* (*portugal: coloq*) verträumt

despautério *m* (*elev*) Unsinn *m*
despedaçar <ç→c> *vt* ❶ (*um objecto*) zerbrechen, zertrümmern ❷ (*fig: o coração*) zerreißen
despedida *f* Abschied *m;* (*acto oficial*) Verabschiedung *f*
despedidas-do-verão *fpl* (*portugal:* BOT) Winterastern *pl*
despedimento *m* (*portugal: de pessoal*) Entlassung *f*
despedir *irr como pedir* **I.** *vt* entlassen **II.** *vr* ❶ (*de uma pessoa*) sich verabschieden (*de* von), Abschied nehmen (*de* von) ❷ (*de um emprego*) kündigen
despeitado *adj* empört, verärgert
despeitar *vt* empören, verärgern
despeito *m* Empörung *f,* Verärgerung *f;* **a ~ de** trotz
despejar *vt* ❶ (*um líquido*) gießen (*em/para* in), ausschütten ❷ (*um recipiente*) ausschütten; (*garrafa*) leeren ❸ (*os inquilinos*) zur Räumung zwingen, hinaussetzen
despejo *m* (*desocupação*) Räumung *f*
despencar *vi* stürzen (*de* von)
despender *vt* (*dinheiro*) ausgeben; (*tempo, energia*) aufwenden, verwenden; (*esforços*) einsetzen
despenhadeiro *m* Abhang *m,* Steilhang *m*
despenhar-se *vr* abstürzen
despensa *f* Speisekammer *f*
despenteado *adj* ungekämmt, zerzaust
despentear *vt conj como passear* (*o cabelo*) zerzausen; **~ uma pessoa** jdm die Haare zerzausen
despercebido *adj* unbeachtet; **passar ~** unbemerkt bleiben; **fazer-se ~** so tun, als ob man nichts bemerkt hätte
desperdiçar <ç→c> *vt* ❶ (*dinheiro, tempo, energia*) verschwenden, vergeuden ❷ (*uma oportunidade*) verpassen, ungenutzt verstreichen lassen
desperdício *m* (*de dinheiro, tempo, energia*) Verschwendung *f,* Vergeudung *f*
desperdícios *mpl* Abfall *m*
desperta *adj f de* **desperto**
despertador [dəʃpərtɐ'dor] <-es> *m* Wecker *m;* **pôr o ~ para as 8 horas** den Wecker auf 8 Uhr stellen
despertar <*pp* desperto *o* despertado> **I.** *vt* ❶ (*uma pessoa*) wecken ❷ (*sentimentos*) erwecken; **~ interesse/curiosidade** Interesse/Neugier wecken **II.** *vi* ❶ (*acordar*) aufwachen ❷ (*animar*) munter werden
desperto **I.** *pp irr de* **despertar** **II.** *adj* ❶ (*acordado*) wach ❷ (*animado*) munter
despesa *f* Ausgabe *f;* **~s** Kosten *pl,* Unkosten *pl;* **~s de deslocação** Reisekosten *pl;* **dar ~ a alguém** jdm Kosten verursachen; **meter-se em ~s** sich in Unkosten stürzen; **arcar com as ~s de** die Kosten tragen für
despido *adj* ❶ (*pessoa*) nackt; **~ de preconceitos** vorurteilslos ❷ (*árvore, sala*) kahl
despir **I.** *vt* (*roupa, pessoa*) ausziehen **II.** *vr* sich ausziehen
despistado *adj* (*pessoa*) zerstreut
despistagem *f* (*portugal:* MED) Diagnose *f;* **teste** *m* **de ~** medizinischer Test *m*
despistar **I.** *vt* (*do caminho*) irreführen, vom Weg abbringen; (*desorientar*) ablenken, irreführen **II.** *vr* von der Fahrbahn abkommen
despiste *m* (*de automóvel*) Abkommen *nt* von der Fahrbahn
desplante *m* Kühnheit *f,* Dreistigkeit *f;* **ter o ~ de fazer a. c.** die Dreistigkeit besitzen, etw zu tun
despojado *adj* (*fig*) beraubt (*de*)
despojar *vt* ❶ (*pessoa*) ausrauben; (*privar*) berauben (*de*) ❷ (*objecto*) rauben
despojo *m* ❶ (*expoliação*) Ausrauben *nt,* Plünderung *f* ❷ (*presa de guerra*) Kriegsbeute *f*
despojos *mpl* Überbleibsel *pl;* **~ mortais** sterbliche Überreste *pl*
despontar *vi* zum Vorschein kommen; (*dia*) anbrechen; (BOT) keimen
desportista *mf* (*portugal*) Sportler(in) *m(f)*
desportivismo *m* Fairness *f*
desportivo *adj* (*esp portugal*) sportlich; **clube ~** Sport-Club *m*
desporto [dəʃ'portu] *m* (*esp portugal*) Sport *m;* **fazer/praticar ~** Sport treiben; **~ de alta competição** Hochleistungssport *m;* **~s radicais** Extremsportarten *pl*
desposar *vt* heiraten
déspota *mf* Despot(in) *m(f)*
despótico *adj* despotisch
despotismo *m* Despotismus *m*
despovoado *adj* menschenleer, unbewohnt
despovoamento *m* Entvölkerung *f*
despovoar <*brasil, 1. pess pres:* despovôo> *vt* entvölkern
desprazer <-es> *m* Ärger *m,* Unzufriedenheit *f*
desprender *vt* lösen, losmachen; (*desatar*)

D

losbinden

despreocupação *f* Sorglosigkeit *f,* Unbekümmertheit *f*

despreocupado *adj* sorglos, unbekümmert

desprestigiar *vt* (*uma pessoa*) um sein Ansehen bringen, herabwürdigen; (*um trabalho*) nicht würdigen, schlechtmachen

despretensioso *adj* anspruchslos, bescheiden

desprevenido *adj* unvorbereitet; **apanhar alguém ~** für jdn aus heiterem Himmel kommen, jdn kalt erwischen

desprezado *adj* verachtet

desprezar *vt* verachten, gering schätzen

desprezível <-eis> *adj* verwerflich, schändlich

desprezo *m* Verachtung *f,* Geringschätzung *f*

desprivilegiado *adj* benachteiligt

desprivilegiar *vt* benachteiligen

despromoção *f* Herabstufung *f*

despromover *vt* (*portugal*) herabstufen (*a* auf)

despronunciar *vt* (DIR) die Anklage zurückziehen gegen

desproporção <-ões> *f* Missverhältnis *nt*

desproporcional <-ais> *adj* unverhältnismäßig (*a* zu)

despropositadamente *adv* grundlos, zu Unrecht

despropositado *adj* ungelegen

despropósito *m* Unsinn *m*

desprotegido *adj* schutzlos; (*abandonado*) verlassen

desprover *vt* nicht versorgen (*de* mit)

desprovido *adj* frei (*de* von); (*pessoa*) unversorgt; **~ de recursos** mittellos

desqualificação *f* (DESP) Disqualifikation *f*

desqualificado *adj* (DESP) disqualifiziert

desqualificar <c→qu> *vt* (DESP) disqualifizieren

desquite *m* ❶ (DIR: *separação*) Trennung *f* ❷ (*desforra*) Revanche *f*

desratizar *vt* die Mäuse und Ratten ausrotten in

desregrado *adj* (*pessoa*) chaotisch, planlos; (*vida*) ungeregelt

desrespeitar *vt* ❶ (*uma lei*) missachten ❷ (*uma pessoa*) unhöflich behandeln

desrespeito *m* ❶ (*desacato*) Missachtung *f* ❷ (*falta de respeito*) Rücksichtslosigkeit *f* (*por* gegenüber), Unhöflichkeit *f* (*por* gegenüber)

dessa *Zusammensetzung: präp de + pron esa*

desse *Zusammensetzung: präp de + pron ese*

dessincronizado *adj* nicht synchron

desta *Zusammensetzung: präp de + pron esta*

destacado **I.** *m* (MÚS) Stakkato *nt* **II.** *adj* ❶ (*evidente*) deutlich ❷ (*saliente*) herausragend ❸ (*solto*) einzeln, zusammenhanglos

destacamento *m* (MIL) Sondereinheit *f*

destacar <c→qu> **I.** *vt* (*fazer sobressair*) hervorheben; (*sublinhar*) unterstreichen; (*papel*) abtrennen (*de* von); **~ pelo picotado** an der Perforation entlang abtrennen; (MIL) abkommandieren **II.** *vr* hervortreten (*por* durch), sich auszeichnen (*por* durch)

destacável <-eis> *adj* (*papel*) abtrennbar; (*rádio*) herausnehmbar

destapado *adj* (*recipiente*) offen; (*pessoa*) nicht zugedeckt

destapar *vt* ❶ (*um tacho*) öffnen, den Deckel abnehmen von ❷ (*uma pessoa*) abdecken

destaque *m* **de ~** hochgestellt; **em ~** sichtbar; **pôr em ~** hervorheben; (*sublinhar*) unterstreichen

deste *Zusammensetzung: präp de + pron este*

destemido *adj* furchtlos, kühn

desterrar *vt* verbannen (*de* aus)

desterro *m* Verbannung *f*

destilação *f* ❶ (QUÍM) Destillation *f* ❷ (*gotejamento*) Träufeln *nt*

destilado *adj* destilliert

destilar *vt* ❶ (QUÍM) destillieren ❷ (*gota a gota*) träufeln

destilaria *f* Spiritusbrennerei *f,* Destillieranlage *f*

destinar **I.** *vt* bestimmen; (*fixar*) festlegen **II.** *vr* bestimmt sein (*a* für)

destinatário, -a [dəʃtinɐ'tarju] *m, f* (LING) Empfänger(in) *m(f)*

destino [dəʃ'tinu] *m* ❶ (*sina*) Schicksal *nt,* Los *nt* ❷ (*local*) Bestimmungsort *m;* (*de uma viagem*) Ziel *nt;* **sem ~** ziellos; **o comboio com ~ a Braga** der Zug nach Braga ❸ (*finalidade*) Bestimmung *f*

destituição <-ões> *f* Absetzung *f;* (*demissão*) Entlassung *f*

destituir *vt conj como incluir* absetzen; **~ alguém de um cargo** jdn seines Amtes entheben

destoar <*brasil, 1.pess pres:* destôo> *vi* ① (MÚS) falsch klingen ② (*não condizer*) nicht passen (*de* zu)

destra *adj f de* **destro**

destrambelhado *adj* wirr, verrückt

destrancar <c→qu> *vt* entriegeln

destravado *adj* ① (*automóvel*) mit gelöster Bremse; (*porta*) offen ② (*pessoa*) zügellos

destravar *vt* (*carro*) die Bremse lösen/loslassen; (*porta*) entriegeln; **destravaste o carro?** ist die Bremse auch nicht angezogen?

destreinado *adj* aus der Übung; (DESP) untrainiert

destreza *f* Geschicklichkeit *f*

destro *adj* ① (*ágil*) gewandt, geschickt ② (*não canhoto*) rechtshändig

destroçar <ç→c> *vt* ① (*em troços*) zertrümmern; (*o coração*) zerreißen ② (*destruir*) zerstören ③ (*derrotar*) (vernichtend) schlagen

destroço *m* ① (*destruição*) Zerstörung *f* ② (*derrota*) Vernichtung *f* ③ (*estrago*) Schaden *m*

destroços *mpl* Trümmer *pl*

destronar *vt* absetzen, entthronen

destroncar <c→qu> *vt v.* **estroncar**

destruição <-ões> *f* ① (*de objecto, cidade, edifício*) Zerstörung *f* ② (*aniquilação*) Vernichtung *f* ③ (*devastação*) Verwüstung *f*

destruído *adj* ① (*objecto, cidade, edifício*) zerstört ② (*aniquilado*) vernichtet ③ (*devastado*) verwüstet

destruidor(a) <-es> **I.** *m(f)* Zerstörer(in) *m(f)* **II.** *adj* zerstörend

destruir *vt conj como incluir* ① (*objecto, cidade, edifício*) zerstören ② (*aniquilar*) vernichten ③ (*devastar*) verwüsten

destrutivo *adj* zerstörerisch, destruktiv

desumano *adj* unmenschlich, grausam

desumidificador *m* Luftentfeuchter *m*

desunião <-ões> *f* ① (*desacordo*) Uneinigkeit *f* ② (*separação*) Trennung *f*

desunir *vt* ① (*separar*) trennen ② (*causar discórdia*) entzweien

desuso *m* **cair em ~** aus dem Gebrauch/der Mode kommen; **estar em ~** nicht mehr gebraucht werden, nicht mehr üblich sein

desvairado *adj* verrückt; (*olhar*) wirr

desvalorização <-ões> *f* (*tb. da moeda*) Abwertung *f*

desvalorizar I. *vt* (*tb. moeda*) abwerten **II.** *vi* an Wert verlieren

desvanecer <c→ç> *vi* nachlassen, erlöschen

desvantagem <-ens> *f* Nachteil *m;* **estar em ~** im Nachteil sein

desvantajoso *adj* nachteilig (*para* für)

desvão <-s> *m* ① (*recanto*) Schlupfwinkel *m* ② (*sótão*) Dachboden *m*

desvario *m* Wahnsinn *m*

desvelo *m* Sorgfalt *f*

desvencilhar *vt, vr v.* **desenvencilhar**

desvendar *vt* (*um mistério*) aufdecken

desventura *f* Missgeschick *nt,* Unglück *nt*

desviado *adj* (*afastado*) abgelegen

desviar I. *vt* ① (*do assunto, do caminho*) abbringen (*de* von); (*dos pensamentos*) ablenken (*de* von); **~ o olhar/a cabeça** die Augen/den Kopf abwenden ② (*um avião*) entführen ③ (*dinheiro*) unterschlagen; (*uma carta*) abfangen ④ (*trânsito*) umleiten **II.** *vr* ① (*do caminho*) abweichen (*de* von); (*do assunto*) abschweifen (*de* von) ② (*de um objecto, de uma pessoa*) Abstand nehmen (*de* von)

desvio [dəʒ'viu] *m* ① (*de direcção*) Ablenkung *f;* (*mudança*) Richtungsänderung *f* ② (*do caminho*) Abweichen *nt;* (*do assunto*) Abschweifen *nt* ③ (*na estrada*) Umweg *m;* (*por motivo de obras*) Umleitung *f;* **fazer um ~** einen Umweg machen ④ (*de dinheiro*) Unterschlagung *f*

detalhada *adj f de* **detalhado**

detalhadamente *adv* im Detail, detailliert

detalhado *adj* detailliert, genau; **fazer uma descrição detalhada** eine genaue Beschreibung geben

detalhe *m* Detail *nt,* Einzelheit *f*

detectar *vt* feststellen, erkennen; **nós detectámos uma avaria no sistema** wir haben einen Fehler im System festgestellt

detective *mf* (*portugal*) Detektiv(in) *m(f);* **~ particular/privado** Privatdetektiv *m*

detector <-es> *m* Detektor *m;* **~ de incêndios** Feuermelder *m;* **~ de metais** Metallsuchgerät *nt;* **~ de mentiras** Lügendetektor *m*

detenção <-ões> *f* (DIR) Festnahme *f,* Verhaftung *f*

detentor(a) <-es> *m(f)* Inhaber(in) *m(f)* (*de* von)

deter *vt irr como ter* ① (*fazer parar*) anhalten ② (*prender*) festnehmen, verhaften ③ (*o poder*) besitzen ④ (*suspender*) unterbrechen

detergente *m* (*para limpezas*) Putzmittel *nt;* (*da louça*) Spülmittel *nt;* (*da roupa*) Waschmittel *nt;* ~ **em pó** Waschpulver *nt;* ~ **líquido** Flüssigwaschmittel *nt*

deterioração *f* ① (*de um produto*) Verderben *nt* ② (*de uma situação*) Verschlechterung *f*

deteriorado *adj* verdorben

deteriorar I. *vt* (*alimento, mercadoria*) verderben; (*madeira*) beschädigen; (*uma situação*) verschlimmern, verschlechtern **II.** *vr* (*produto*) verderben; (*situação, saúde*) sich verschlechtern; (*doença*) sich verschlimmern

deteriorável <-eis> *adj* verderblich

determinação <-ões> *f* ① (*resolução, firmeza*) Entschlossenheit *f,* Bestimmtheit *f* ② (*acção de determinar*) Bestimmung *f*

determinado [dətərmi'nadu] *adj* ① (*decidido*) entschlossen (*a* zu) ② (*certo*) bestimmt, gewiss; **a determinada altura** zu einem bestimmten Zeitpunkt

determinante *adj* entscheidend

determinar *vt* ① (*fixar*) bestimmen, festsetzen ② (*um valor*) ermitteln

detestar *vt* verabscheuen; (*odiar*) hassen

detestável <-eis> *adj* abscheulich, ekelhaft

detetive *mf* (*brasil*) *v.* **detective**

detido I. *pp de* **deter II.** *adj* ① (*no trânsito*) steckengeblieben ② (DIR) verhaftet, festgenommen

detonação <-ões> *f* Detonation *f,* Knall *m*

detonador <-es> *m* Sprengstoffzünder *m,* Zündkapsel *f*

detonar *vi* detonieren, explodieren

Detran *m* (*brasil*) *abr de* **Departamento Estadual de Trânsito** Staatliches Verkehrsamt *nt*

detrás I. *adv* hinten; **por** ~ dahinter; (*na ausência*) hintenherum **II.** *prep* ~ **de** hinter

detrimento *m* Nachteil *m,* Schaden *m;* **em** ~ **de** zum Nachteil von

detritos *mpl* (GEOL) Gesteinsschutt *m,* Detritus *m*

deturpação *f* Entstellung *f,* Verfälschung *f*

deturpar *vt* (*uma história, a verdade*) entstellen, verfälschen

deu *1. pret de* **dar**

deus, -a [deuʃ] *m, f* Gott, Göttin *m, f;* **meu Deus!** mein Gott!; **pelo/por amor de Deus!** um Gottes willen!; **valha-me Deus!** Gott steh bei mir!; **Deus me livre!** Gott bewahre!; **graças a Deus** Gott sei dank; **Deus queira!** hoffentlich!; **se Deus quiser** so Gott will

deus-dará *adv* **ao** ~ auf gut Glück

devagar [dəvɐ'gar] *adv* langsam; ~ **se vai ao longe** Eile mit Weile

devaneio *m* ① (*quimera*) Hirngespinst *nt* ② (*sonho*) Traum *m,* Wunschtraum *m*

devassa I. *adj f de* **devasso II.** *f* (DIR) Untersuchung *f*

devassidão *f* Zügellosigkeit *f,* Ausschweifung *f*

devasso *adj* zügellos, ausschweifend

devastação <-ões> *f* Verwüstung *f*

devastado *adj* verwüstet

devastar *vt* verwüsten

devedor(a) <-es> *m(f)* Schuldner(in) *m(f)*

dever [də'ver] **I.** *m* Pflicht *f,* Verpflichtung *f;* **fazer os** ~**es** (**de casa**) die Hausaufgaben machen **II.** *vt* ① (*dinheiro, respeito*) schulden; ~ **dinheiro a alguém** jdm Geld schulden; **ficar a** ~ **1000 euros** 1000 Euro schuldig bleiben ② (*um favor*) verdanken; **eu devo-lhe a vida** ich verdanke ihm/ihr das Leben **III.** *vi* ① (*obrigação moral*) sollen; **ele devia ir ao médico** er sollte zum Arzt gehen ② (*probabilidade*) müssen, können; **ela deve estar em casa** sie muss/müsste zu Hause sein; **ele ainda não deve ter chegado** er wird noch nicht angekommen sein

deveras *adv* wirklich

devida *adj f de* **devido**

devidamente *adv* ① (*convenientemente*) richtig, angemessen; **isso já foi** ~ **explicado** das wurde schon ausführlich erklärt ② (*conforme o dever*) vorschriftsmäßig; **preencha** ~ **o formulário** füllen Sie das Formular vorschriftsmäßig aus

devido *adj* ① (*adequado*) angemessen, richtig; **com o** ~ **respeito** mit dem nötigen Respekt; **na devida altura** zum richtigen Zeitpunkt ② (*quantia*) ausstehend

devoção <-ões> *f* ① (REL) Frömmigkeit *f* ② (*dedicação*) Ergebenheit *f,* Hingabe *f*

devolução <-ões> *f* Rückgabe *f;* (*restituição*) Rückerstattung *f*

devolver [dəvol'ver] *vt* ① (*entregar*) zurückgeben; (*enviar*) zurückschicken, zurücksenden; (*atirar*) zurückwerfen ② (*restituir*) rückerstatten

devolvido *adj* (*correio*) Annahme verweigert

devorador(a) <-es> **I.** *m(f)* Fresser(in) *m(f)* **II.** *adj* (*olhar*) gierig
devorar *vt* (*fig*) verschlingen
devota *f de* **devoto**
devotado *adj* ergeben (*a*)
devotar *vt* widmen (*a*)
devoto, -a **I.** *m, f* Gläubige **II.** *adj* (REL) fromm, gläubig
dextrina *f* (QUÍM) Dextrin *nt*
dez [dɜʃ] *num card* zehn; *v.* **dois**
dezanove [dəzɐ'nɔvə] *num card* (*portugal*) neunzehn
dezasseis [dəzɐ'seiʃ] *num card* (*portugal*) sechzehn
dezassete [dəzɐ'sɜtə] *num card* (*portugal*) siebzehn
Dezembro [də'zẽmbru] *m* Dezember *m; v.* **Março**
dezena *f* (MAT) Zehner *m;* **uma ~** (**de**) zehn
dezenove *num card* (*brasil*) neunzehn
dezesseis *num card* (*brasil*) sechzehn
dezessete *num card* (*brasil*) siebzehn
dezoito [də'zɔitu] *num card* achtzehn
dia ['diɐ] *m* Tag *m;* **de/durante o ~** tagsüber; **bom ~!** guten Tag!; (*de manhã*) guten Morgen!; **no ~ 2 de Março** am 2. März; **~ de abstinência/jejum** Fastentag *m;* **~ de anos/aniversário** Geburtstag *m;* **~ de folga** Ruhetag *m;* **~ dos namorados** Valentinstag *m;* **Dia de Reis** Dreikönigstag *m;* **~ santo** kirchliche(r) Feiertag *m;* **~ útil** Werktag *m;* **~ a/após ~** Tag für Tag, tagtäglich; **um ~** eines Tages; **~ sim, ~ não** alle zwei Tage; **mais ~, menos ~** früher oder später; **de um ~ para o outro** von heute auf morgen, über Nacht; **hoje em ~** heutzutage; **há ~s** kürzlich; (**no**) **outro ~** neulich, kürzlich; **dentro de ~s** in wenigen Tagen, bald; **até ao fim dos meus ~s** bis an das Ende meiner Tage; **trabalhar aos ~s** für einen Tagelohn arbeiten, tageweise bezahlt werden; (*documento*); **estar em ~** gültig sein; **ter as contas em ~** schuldenfrei sein, keine Außenstände haben; **pôr a conversa em ~** sich die letzten Neuigkeiten erzählen
dia-a-dia <dia(s)-a-dias> *m* Alltag *m*
diabetes [djɐ'bɜtəʃ] *mf* (MED) Diabetes *m,* Zuckerkrankheit *f*
diabético, -a [djɐ'bɜtiku] **I.** *m, f* Diabetiker(in) *m(f),* Zuckerkranke **II.** *adj* diabetisch, zuckerkrank
diabo *m* Teufel *m;* **que ~!** zum Teufel!; **por que/(o) que ~ ...?** warum/was zum Teufel ...?; **o ~ que te carregue!** hol dich der Teufel!; **um pobre ~** ein armer Teufel; **anda o ~ à solta!** hier ist der Teufel los!
diabólico *adj* teuflisch, diabolisch
diabrete *m* ① (*criança*) Teufelchen *nt* ② (*cartas*) schwarze(r) Peter *m*
diabrura *f* böse(r) Streich *m;* **fazer ~s** böse Streiche aushecken
diacho *m* (*coloq*) *v.* **diabo**
diáfano *adj* (*elev*) durchsichtig
diafragma *m* ① (ANAT) Zwerchfell *nt* ② (MED) Diaphragma *nt* ③ (FOTO) Blende *f*
diagnosticar <c→qu> *vt* (MED) diagnostizieren
diagnóstico [djɐg'nɔʃtiku] *m* (MED) Diagnose *f;* **fazer um ~** eine Diagnose stellen
diagonal <-ais> **I.** *f* Diagonale *f* **II.** *adj* diagonal
diagrama *m* Diagramm *nt,* Schaubild *nt*
dialéctica *f* (*portugal:* FILOS) Dialektik *f*
dialecto *m* (*portugal*) Dialekt *m*
dialética *f* (*brasil*) *v.* **dialéctica**
dialeto *m* (*brasil*) *v.* **dialecto**
diálise *f* (QUÍM, MED) Dialyse *f*
dialogado *adj* in Gesprächsform
dialogar <g→gu> *vi* ein Gespräch führen (*com* mit, *sobre* über), miteinander sprechen (*sobre* über)
diálogo *m* Dialog *m,* Gespräch *nt;* **ter um ~ com alguém sobre a. c.** mit jdm ein Gespräch über etw führen
diamante *m* Diamant *m;* **de ~** diamanten
diametral <-ais> *adj* diametral
diametralmente *adv* diametral; **~ oposto** diametral entgegengesetzt
diâmetro *m* (MAT) Durchmesser *m*
diante ['djãntə] **I.** *adv* vorne; **para ~** nach vorne, vorwärts; **de hoje em ~** von heute an; **ir por ~** weitergehen; **e assim por ~** und so weiter **II.** *prep* ① (*local*) **~ de** vor ② (*perante*) **~ de** angesichts
dianteira *f* ① (*de objecto*) Vorderseite *f* ② (*vanguarda*) Spitze *f;* **tomar a ~** die Führung übernehmen
dianteiro *adj* Vorder ..., vordere(r, s); **rodas dianteiras** Vorderräder *pl*
diapasão <-ões> *m* ① (MÚS: *instrumento*) Stimmgabel *f* ② (*som*) Kammerton *m*
diapositivo *m* (FOTO) Dia *nt*
diária *f* (*de hotel*) Tagespreis *m*
diário **I.** *m* (*livro*) Tagebuch *nt;* **~ de bordo**

Logbuch *nt;* (*jornal*) Tageszeitung *f;* **Diário da República** Amtsblatt *nt* **II.** *adj* täglich

diarreia (*portugal*), **diarréia** *f* (*brasil:* MED) Durchfall *m,* Diarrhö *f*

dica *f* (*coloq*) Tipp *m;* **dar uma ~ a alguém** jdm einen Tipp geben

dicção <-ões> *f* Ausdrucksweise *f,* Sprechweise *f*

dicionário *m* Wörterbuch *nt;* **~ bilingue** [*o brasil* **bilíngüe**]/**monolingue** [*o brasil* **monolíngüe**] zweisprachiges/einsprachiges Wörterbuch; **~ de imagens** Bildwörterbuch *nt;* **~ de verbos** Verbwörterbuch *nt*

dictafone *m* (*portugal*) Diktiergerät *nt*

didáctica *f* (*portugal*) Didaktik *f*

didáctico *adj* (*portugal*) didaktisch

didática *f* (*brasil*) *v.* **didáctica**

didático *adj* (*brasil*) *v.* **didáctico**

diesel *m inv* ❶ Diesel *m* ❷ (*portugal: bebida*) *Bier mit Cola*

dieta ['djɜtɐ] *f* Ernährung *f,* Ernährungsweise *f;* (MED) Diät *f;* **estar de/fazer ~** Diät leben; (*para perder peso*) eine Diät machen; **~ rigorosa** strenge Diät

dietética *f* Diätetik *f,* Ernährungswissenschaft *f*

dietético *adj* diätetisch

difamação *f* Verleumdung *f*

difamador(a) <-es> *m(f)* Verleumder(in) *m(f)*

difamar *vt* diffamieren, in Verruf bringen

difamatório *adj* verleumderisch

diferença [difə'rɛ̃sɐ] *f* ❶ (*divergência*) Unterschied *m* (*entre* zwischen); **não faz ~** das macht nichts; **não me faz ~** (**nenhuma**) das macht mir nichts aus, das stört mich nicht ❷ (*excesso*) Differenz *f*

diferencial <-ais> **I.** *m* (MAT, MEC) Differenzial *nt* **II.** *adj* Differenzial ...; **engrenagem ~** Differenzialgetriebe *nt*

diferenciar **I.** *vt* unterscheiden (*entre* zwischen), differenzieren (*entre* zwischen) **II.** *vr* sich unterscheiden (*por* durch)

diferente [difə'rɛ̃ntə] **I.** *adj* verschieden; (*distinto*) unterschiedlich; **eles são muito ~s** (**um do outro**) sie sind sehr verschieden; **ele está muito ~** er hat sich sehr verändert **II.** *adv* anders (*de* als); **ele é ~** er ist anders

diferir *irr como preferir* **I.** *vt* aufschieben, verschieben **II.** *vi* sich unterscheiden (*de* von); (*opiniões*) auseinandergehen

difícil [di'fisil] <-eis> *adj* ❶ (*trabalho, situação*) schwierig, schwer ❷ (*improvável*) schwerlich, kaum; **é ~ que isso aconteça** das wird kaum passieren

dificílimo *superl de* **difícil**

dificilmente *adv* ❶ (*com dificuldade*) mit Mühe, kaum ❷ (*improbabilidade*) selten, kaum; **isso ~ acontece** das tritt selten ein

dificuldade [dəfikul'dadə] *f* Schwierigkeit *f;* **com ~** mühsam, mit Mühe; **sem ~** leicht, mühelos; **levantar ~s** Schwierigkeiten bereiten; **ter ~s** Schwierigkeiten haben

dificultar **I.** *vt* erschweren; **~ as coisas a alguém** es jdm schwer machen **II.** *vr* schwierig werden, schwer werden

difteria [diftə'riɐ] *f* (MED) Diphtherie *f*

difundir *vt* ❶ (*notícias*) verbreiten ❷ (*rádio*) senden

difusa *adj f de* **difuso**

difusão *f* ❶ (*rádio*) Sendung *f* ❷ (*divulgação, propagação*) Verbreitung *f* ❸ (FÍS) Diffusion *f*

difuso *adj* diffus

difusor *m* (FÍS) Diffusor *m*

digerir *vt irr como preferir* (*fig*) verdauen

digerível <-eis> *adj* verdaulich

digestão [diʒəʃ'tãu] *f* Verdauung *f;* (**não**) **fazer a ~** (nicht) verdauen

digestivo **I.** *m* (*vinho*) Digestif *m;* (MED) verdauungsförderndes(s) Mittel *nt* **II.** *adj* Verdauungs ...; (MED) verdauungsfördernd

digital [diʒi'tal] <-ais> **I.** *f* (BOT) Fingerhut *m* **II.** *adj* ❶ (ANAT) Finger ...; **impressão ~** Fingerabdruck *m* ❷ (INFOR) digital, Digital ...

digitar *vt* (*telefone*) wählen; (*computador*) tippen

dígito *m* Ziffer *f*

digna *adj f de* **digno**

dignar-se *vr* geruhen (*a* zu), sich herablassen (*a* zu); **ele não se dignou a aparecer** er hat sich nicht dazu herabgelassen zu erscheinen

dignidade *f* Würde *f;* **~ humana** Menschenwürde *f*

dignificar <c→qu> *vt* mit Würden ausstatten; **~ alguém** jdm Würde verleihen

digno *adj* ❶ (*merecedor*) würdig (*de*); **~ de confiança** vertrauenswürdig; **~ de protecção** [*o brasil* **proteção**] schützenswert ❷ (*apropriado*) passend, angemessen

digressão <-ões> *f* ❶ (*de grupo musical*) Tournee *f;* **~ mundial** Welttournee *f* ❷ (*de um tema*) Abschweifung *f*

dilação *f* Verzögerung *f,* Aufschub *m;* **sem ~** unverzüglich

dilacerante *adj* ❶ (*espectáculo*) herzzerreißend ❷ (*pungente*) stechend
dilacerar *vt* zerreißen, zerfetzen
dilatação <-ões> *f* Dehnung *f*, Ausdehnung *f*
dilatado *adj* ausgedehnt
dilatar *vi* ❶ (*aumentar o volume*) ausdehnen, dehnen ❷ (*prolongar*) verlängern
dilema *m* Dilemma *nt*
diletante I. *mf* Amateur(in) *m(f)* II. *adj* Amateur ...
diletantismo *m* Amateurhaftigkeit *f*
diligência *f* ❶ (*no trabalho*) Eifer *m*; (*esmero*) Sorgfalt *f* ❷ (*carruagem*) Postkutsche *f*
diligências *fpl* ❶ (*medidas*) Maßnahmen *pl*; **fazer** ~ Maßnahmen ergreifen ❷ (*da polícia*) Ermittlungen *pl*; **fazer** ~ ermitteln ❸ (*do tribunal*) Prozesshandlung *f*
diligente *adj* fleißig, eifrig
diluente *m* Lösungsmittel *nt*
diluir *vt conj como incluir* ❶ (*substância*) auflösen (*em* in) ❷ (*líquido*) verdünnen, verwässern
dilúvio *m* (*fig*) Sintflut *f*
dimensão <-ões> *f* ❶ (*extensão*) Ausdehnung *f*, Dimension *f*; **de três dimensões** dreidimensional ❷ (*tamanho*) Ausmaß *nt*, Größe *f*; **quais são as dimensões do quarto?** welche Größe hat das Zimmer?; **ainda se desconhece a ~ da catástrofe** das Ausmaß der Katastrophe ist noch nicht bekannt
dimensional <-ais> *adj* dimensional
dimensões *f pl de* **dimensão**
diminuição <-ões> *f* (*da quantidade, da qualidade, do nível*) Verringerung *f*, Abnahme *f*; (*em tamanho*) Verkleinerung *f*
diminuidor *m* (MAT) Subtrahend *m*
diminuir *conj como incluir* I. *vt* (*a quantidade, a qualidade*) vermindern (*em* um, *para* auf), verringern (*em* um, *para* auf); (*em tamanho*) verkleinern (*em* um, *para* auf); (*subtrair*) abziehen, subtrahieren; (*despesas*) beschränken, kürzen; (*preços*) herabsetzen (*em* um, *para* auf), senken (*em* um, *para* auf) II. *vi* (*a quantidade, a qualidade, o interesse*) abnehmen (*em* um), sich verringern (*em* um)
diminuta *adj f de* **diminuto**
diminutivo I. *m* (GRAM) Diminutiv *nt* II. *adj* verkleinernd
diminuto *adj* winzig
Dinamarca *f* Dänemark *nt*
dinamarquês, -esa I. *m, f* Däne, Dänin *m, f* II. *adj* dänisch
dinâmica *f* (FÍS) Dynamik *f*
dinâmico *adj* dynamisch
dinamismo *m* Elan *m*, Schwung *m*
dinamite *m* Dynamit *nt*
dinamizar *vt* in Schwung bringen, vorantreiben
dínamo ['dinɐmu] *m* (FÍS) Dynamo *m*
dinastia [dinɐʃ'tiɐ] *f* Dynastie *f*
dinheirama *f* Vermögen *nt*
dinheirão *m* (*coloq*) Unsumme *f*, Heidengeld *nt*
dinheiro [də'ɲeiru] *m* Geld *nt*; **pagar a** ~ bar bezahlen; **depositar/levantar** ~ Geld einzahlen/abheben; ~ **apurado** Geldeinnahme *f*
dinossauro *m* Dinosaurier *m*
diocese *f* (REL) Diözese *f*
diodo *m* (ELECTR) Diode *f*
dioptria *f* (FÍS) Dioptrie *f*
dióspiro *m* (BOT) Khakifrucht *f*
dióxido *m* (QUÍM) Dioxid *nt*; ~ **de carbono** Kohlendioxid *nt*
dioxina *f* (QUÍM) Dioxin *nt*
diploma *m* Diplom *nt*
diplomacia *f* Diplomatie *f*
diplomado *adj* mit akademischem Grad, diplomiert
diplomata *mf* Diplomat(in) *m(f)*
diplomático *adj* diplomatisch
dique *m* Deich *m*
direção [dirɜ'sɐ̃u] <-ões> *f* (*brasil:* CINE) Regie *f*; *v. tb.* **direcção**
direcção [dirɜ'sɐ̃u] *f* (*portugal*) ❶ (*administração, directores*) Leitung *f*, Direktion *f*; (POL) Führung *f*; ~ **artística** künstlerische Leitung ❷ (*sentido*) Richtung *f*; **em ~ a** in Richtung auf; **ir na ~ do mercado** Richtung Markt gehen/fahren ❸ (*endereço*) Anschrift *f*, Adresse *f* ❹ (TEC) Lenkung *f*, Steuerung *f*; ~ **assistida** Servolenkung *f*; **alinhar a** ~ die Lenkung einstellen
directa (*portugal*) I. *adj f de* **directo** II. *f* (*coloq*) **fazer uma** ~ (die Nacht) durchmachen
directamente *adv* (*portugal*) direkt; **ele descende ~ dessa família** er stammt direkt von dieser Familie ab; **fale ~ com o gerente!** sprechen Sie direkt mit dem Geschäftsführer!
directiva *f* (*portugal*) Richtlinie *f*

D

directivo *adj* (*portugal*) leitend; **Conselho Directivo** Vorstand *m*

directo [di'rɜtu] (*portugal*) **I.** *adj* (*eleição, caminho*) direkt; (*contacto*) unmittelbar; **comboio ~** durchgehender Zug; (*televisão*); **transmitir em ~** direkt/live übertragen; (*pessoa, comentário*) direkt, offen **II.** *adv* direkt; **ir ~ ao assunto** gleich zur Sache kommen; *v.* **directamente**

director(a) [dirɜ'tor] <-es> *m(f)* (*portugal*) Direktor(in) *m(f)*

directoria *f* (*portugal*) Vorstand *m,* Präsidium *nt*

directório *m* (*portugal*) Direktorium *nt*

directriz *f* (*portugal*) ① (MAT) Leitlinie *f* ② (*directiva*) Richtlinie *f*

direita [di'reitɐ] *f* ① (POL) Rechte *f* ② (*lado direito*) rechte Seite *f;* **à ~** rechts; **seguir pela ~** rechts fahren/gehen

direito [di'reitu] **I.** *m* ① (*regalia*) Recht *nt* (*a* auf), Anspruch *m* (*a* auf); **~s de autor** Urheberrecht *nt,* Copyright *nt;* **~s humanos** Menschenrechte *pl;* **ter ~ a a. c.** Anspruch auf etw haben; **ter o ~ de fazer a. c.** das Recht haben, etw zu tun; **dar o ~ de** berechtigen zu; **não há ~!** das gibt es nicht!; **dar ~ a** führen zu ② (*ciência*) Rechtswissenschaft *f,* Jura; **~ civil** Zivilrecht *nt;* **~ consuetudinário** Gewohnheitsrecht *nt;* **~ internacional** Internationales Recht; **~ penal** Strafrecht *nt;* **ela estuda Direito** sie studiert Jura ③ (*de um tecido*) rechte Seite *f* **II.** *adj* ① (*mão, lado*) rechte(r, s) ② (*em linha recta*) gerade; (*na vertical*) senkrecht, aufrecht; **senta-te ~!** setz dich gerade hin!; (*portugal*); **ir (sempre) a ~** (immer) geradeaus gehen/fahren; (*portugal*); **ele mora na segunda ~** sie wohnt (in der Wohnung) im 2. Stock rechts ③ (*fato*) einreihig ④ (*pessoa*) rechtschaffen, ehrlich ⑤ (*justo*) gerecht

direitos *mpl* Abgaben *pl,* Gebühren *pl;* **~ alfandegários** Zollgebühren *pl*

direta *adj* (*brasil*) *f de direto* **v. directo II**

diretamente *adv* (*brasil*) *v.* **directamente**

diretiva *f* (*brasil*) *v.* **directiva**

diretivo *adj* (*brasil*) *v.* **directivo**

direto [di'rɜtu] *adj* (*brasil*) *v.* **directo II**

diretor(a) [dirɜ'tor] *m(f)* ① (CINE: *brasil*) Regisseur(in) *m(f)* ② (*brasil*) *v.* **director**

diretoria *f* (*brasil*) *v.* **directoria**

diretório *m* (*brasil*) *v.* **directório**

diretriz *f* (*brasil*) *v.* **directriz**

dirigente *mf* Leiter(in) *m(f);* (*de um partido, sindicato*) Führer(in) *m(f)*

dirigir **I.** *vt* ① (*um negócio*) leiten; (*um partido, sindicato*) führen ② (*o olhar, a atenção*) richten (*para* auf); (*uma pergunta, um pedido*) richten (*a* an); **~ a palavra a alguém** das Wort an jdn richten ③ (*um veículo*) lenken, steuern **II.** *vi* (*brasil*) Auto fahren **III.** *vr* ① (*a alguém*) sich wenden (*a* an); **para mais informações, por favor, dirija-se à recepção** für nähere Auskünfte wenden Sie sich bitte an die Rezeption ② (*ir em direcção*) sich begeben (*para* nach, *a* zu); **a chuva dirige-se para norte** der Regen zieht nach Norden; **o carro dirige-se para aqui** das Auto kommt hierher ③ (*virar-se*) sich richten (*para* nach)

dirigível <-eis> **I.** *m* (AERO) Luftschiff *nt,* Zeppelin *m* **II.** *adj* lenkbar

discagem <-ens> *f* (*brasil:* TEL) Wahl *f;* **~ direta** Direktwahl *f*

discar [dis'kar] <c→qu> *vt* (TEL: *brasil*) wählen

discernimento *m* ① (*faculdade*) Unterscheidungsvermögen *nt* ② (*juízo*) Überlegung *f*

discernir *vt* unterscheiden (*entre* zwischen)

disciplina *f* ① (*ordem*) Disziplin *f* ② (*área do saber*) Fachgebiet *nt;* (*na escola, universidade*) Fach *nt;* **~ obrigatória** Pflichtfach *nt*

disciplinado *adj* diszipliniert

disciplinar *adj* disziplinarisch

discípulo *m* ① (*aluno*) Schüler *m* ② (REL) Jünger *m*

disc jockey (*brasil*) *v.* **disco jockey**

disco ['diʃku] *m* ① (*geral*) Scheibe *f;* **~ voador** fliegende Untertasse *f* ② (MÚS) Schallplatte *f;* **~ laser** Compact Disk *f,* CD *f* ③ (DESP) Diskus *m* ④ (INFOR) Platte *f;* **~ duro/rígido** Festplatte *f*

disco jockey *mf* Diskjockey *m*

discordar *vi* anderer Meinung sein (*de* als), nicht übereinstimmen (*de* mit)

discórdia *f* Zwietracht *f,* Streit *m;* **pomo de ~** Zankapfel *m*

discorrer *vi* (*fig*) nachdenken (*sobre* über)

discoteca [dəʃku'tɜkɐ] *f* ① (*para divertimento*) Diskothek *f;* (*coloq*) Disko *f;* **ir à ~** in die Disko gehen ② (*loja de discos*) Plattengeschäft *nt* ③ (*colecção de discos*) Schallplattensammlung *f*

discrepância *f* Diskrepanz *f* (*entre* zwischen)

discreta *adj f de* **discreto**

discretamente *adv* diskret; **fazer/dizer a. c.** ~ etw diskret machen/sagen

discreto *adj* ① (*pessoa, comportamento*) diskret; (*reservado*) zurückhaltend, verschwiegen ② (*vestido*) unauffällig

discrição *f* Diskretion *f;* (*reserva*) Verschwiegenheit *f,* Zurückhaltung *f;* **fazer a. c. com ~** etw diskret machen

discricionário *adj* beliebig; (*ilimitado*) unbeschränkt

discriminação <-ões> *f* ① (*de sexo, raça*) Diskriminierung *f* (*contra*) ② (*distinção*) Unterscheidung *f* (*entre* zwischen)

discriminado *adj* (*produtos, chamadas telefónicas*) einzeln aufgeführt; **factura** [*o brasil* **fatura**] **discriminada** Einzelaufstellung *f*

discriminar *vt* ① (*pelo sexo, pela raça*) diskriminieren (*por* wegen) ② (*distinguir*) unterscheiden (*entre* zwischen) ③ (*produtos*) einzeln aufführen

discursar *vi* eine Rede halten (*sobre* über)

discurso *m* Rede *f;* **fazer um** ~ eine Rede halten; (GRAM); ~ **directo** [*o brasil* **direto**]/**indirecto** [*o brasil* **indireto**] direkte/indirekte Rede

discussão <-ões> *f* ① (*amigável*) Diskussion *f* (*sobre* über) ② (*conflito*) Auseinandersetzung *f;* **ter uma ~ com alguém** eine Auseinandersetzung mit jdm haben

discutido *adj* umstritten

discutir **I.** *vt* (*falar sobre*) diskutieren, erörtern; (*um problema*) besprechen, durchsprechen; (*contestar*) bestreiten **II.** *vi* sich streiten (*por causa de* wegen); **nós discutimos** wir haben uns gestritten

discutível <-eis> *adj* diskutabel, fraglich

disenteria *f* (MED) Ruhr *f*

disfarçado *adj* ① (*mascarado*) verkleidet (*de* als) ② (*oculto*) verborgen

disfarçar <ç→c> **I.** *vt* (*a verdade, um acto*) verbergen, verschleiern; (*a voz*) verstellen **II.** *vi* sich verstellen **III.** *vr* sich verkleiden (*de* als)

disfarce *m* ① (*de carnaval*) Verkleidung *f* ② (*dissimulação*) Verstellung *f*

disforme *adj* plump, unförmig

disjuntor *m* (ELECTR) (automatischer) Schaltmechanismus *m*

dislexia *f* Legasthenie *f*

disléxico *adj* legasthenisch

díspar <-es> *adj* ungleich

disparado *adj* (*fig*) **sair de casa** ~ aus dem Haus stürzen, sich blitzschnell davonmachen

disparador [dəʃpɐɾɐˈdoɾ] *m* (FOTO) Auslöser *m;* ~ **automático** Selbstauslöser *m*

disparar **I.** *vt* ① (*uma arma*) abdrücken; (*um tiro*) abgeben ② (FOTO) den Auslöser betätigen **II.** *vi* ① (*pessoa, arma*) schießen (*contra/sobre* auf) ② (FOTO: *flash*) blitzen

disparatado *adj* (*pessoa, comentário*) sinnlos, absurd

disparatar *vi* ① (*falando*) Unsinn reden, albernes Zeug sagen ② (*agindo*) unüberlegt handeln

disparate *m* Blödsinn *m,* Quatsch *m;* **dizer ~s** Quatsch reden; **fazer ~s** Quatsch machen; **que ~!** (so ein) Quatsch!

disparidade *f* Ungleichheit *f*

disparo *m* Schuss *m*

dispendioso *adj* kostspielig

dispensa *f* Freistellung *f* (*de* von), Befreiung *f* (*de* von)

dispensado *adj* freigestellt (*de* von); **está** ~ Sie können gehen

dispensar *vt* ① (*de um dever*) befreien (*de* von), entbinden (*de* von) ② (*prescindir*) verzichten auf; **eu dispenso a tua ajuda** ich verzichte auf deine Hilfe ③ (*ajuda*) leisten

dispersa *adj f de* **disperso**

dispersão <-ões> *f* Zerstreuung *f*

dispersar **I.** *vt* zerstreuen; (*as tropas*) versprengen **II.** *vi* sich zerstreuen

disperso *adj* zerstreut; (*tropas*) versprengt

dispersões *f pl de* **dispersão**

displicência *f* (*elev*) Missvergnügen *nt*

displicente *adj* (*elev*) unangenehm

disponibilidade *f* Verfügbarkeit *f;* **~s** Vorräte *pl;* **ter ~ para fazer a. c.** (zeitlich/finanziell) in der Lage sein, etw zu tun; **~s financeiras** verfügbare Geldmittel *pl*

disponível <-eis> *adj* ① (*produto*) erhältlich; (*dinheiro*) verfügbar, disponibel ② (*pessoa*) frei; (*coloq*); **ele ainda está** ~ er ist noch zu haben

dispor **I.** *m* (*disposição*) Verfügung *f;* **estar ao ~ de alguém** jdm zur Verfügung stehen **II.** *vt* ① (*arranjar*) aufstellen, anordnen; (*ordenar*) ordnen ② (AGR, BOT) aussäen ③ (*regras*) aufstellen, festsetzen **III.** *vi* (*ter à disposição*) ~ **de** verfügen über; **disponha!** es steht alles zu Ihrer Verfügung! **IV.** *vr* ① (*estar pronto a*) sich bereit machen (*a* zu), sich anschicken (*a* zu); **ele dispôs-se logo a aju-**

D

dar er schickte sich sofort an zu helfen ❷ (*decidir-se a*) sich entschließen (*a* zu)

disposição *f* ❶ (*estado de espírito*) Verfassung *f*, Stimmung *f*; **estar com boa/má ~** in guter/schlechter Verfassung sein ❷ (*dispor*) Verfügung *f*; **estar à ~ de alguém** jdm zur Verfügung stehen; **pôr a. c. à ~ de alguém** jdm etw zur Verfügung stellen ❸ <-ões> (*prescrição*) Vorschrift *f*, Bestimmung *f*; **~ legal** gesetzliche Vorschrift ❹ (*de objectos, móveis*) Anordnung *f*, Aufstellung *f*

dispositivo *m* Vorrichtung *f*; **~ de segurança** Sicherheitsvorrichtung *f*

disposto [dəʃ'poʃtu] **I.** *pp de* **dispor II.** *adj* ❶ (*pronto*) bereit (*a* zu); **ela está disposta a ajudar** sie ist bereit zu helfen ❷ (*estado de espírito*) gelaunt, aufgelegt; **estar bem/mal ~** gut/schlecht gelaunt sein

disputa *f* ❶ (*contenda*) Disput *m*, Auseinandersetzung *f* ❷ (DESP) Wettkampf *m*

disputar *vt* ❶ (*lutar por*) kämpfen um; **~ o primeiro lugar** um den ersten Platz kämpfen ❷ (DESP) austragen; **~ uma corrida** ein Rennen austragen

disque-denúncia *m* (*brasil*) Verbrechens-Hotline *f*

disquete *f*, *brasil: m* (INFOR) Diskette *f*; **~ original** Originaldiskette *f*

dissabor <-es> *m* Verdruss *m*, Unannehmlichkeit *f*

disse *1./3. pret perf de* **dizer**

dissecação <-ões> *f* ❶ (ANAT) Sektion *f*, Sezieren *nt* ❷ (*análise*) eingehende Analyse *f*

dissecar <c→qu> *vt* ❶ (ANAT) sezieren ❷ (*analisar*) eingehend analysieren

disseminação <-ões> *f* Ausbreitung *f*, Verbreitung *f*

disseminar *vt* ausbreiten, verbreiten

dissertação <-ões> *f* ❶ (*trabalho*) wissenschaftliche Abhandlung *f*; (*para obtenção de grau académico*) Dissertation *f* ❷ (*discurso*) Vortrag *m*

dissertar *vi* (*falando*) sprechen (*sobre* über); (*escrevendo*) schreiben (*sobre* über)

dissidência *f* (*cisão*) Spaltung *f*, Abspaltung *f*

dissidente I. *mf* Dissident(in) *m(f)* **II.** *adj* anders denkend (*de* als); (REL) andersgläubig (*de* als)

dissílabo *m* (GRAM) zweisilbige(s) Wort *nt*

dissimulado *adj* (*acto*) hinterhältig

dissimular I. *vt* (*ocultar*) verheimlichen; (*fingir*) vortäuschen **II.** *vi* sich verstellen

dissipação *f* ❶ (*dispersão*) Zerstreuung *f* ❷ (*desvanecimento*) Auflösung *f* ❸ (*desperdício*) Verschwendung *f*

dissipar I. *vt* (*dispersar*) zerstreuen; (*desvanecer*) auflösen; (*desperdiçar*) verschwenden **II.** *vr* (*nevoeiro*) sich auflösen

disso ['disu] *Zusammensetzung: präp de + pron isso*

dissociação <-ões> *f* Trennung *f*; (QUÍM) Aufspaltung *f*

dissociar *vt* trennen (*de* von); (QUÍM) aufspalten

dissociável <-eis> *adj* trennbar, abtrennbar (*de* von)

dissolução *f* (QUÍM: *de casamento, parlamento*) Auflösung *f*

dissolúvel *adj* (QUÍM) löslich (*em* in)

dissolvente *m* (QUÍM) Lösemittel *nt*

dissolver I. *vt* (QUÍM: *casamento, parlamento*) auflösen (*em* in) **II.** *vr* sich auflösen (*em* in)

dissonância *f* (MÚS) Missklang *m*, Dissonanz *f*

dissonante *adj* (MÚS) dissonant, missklingend

dissuadir *vt* umstimmen; (*desaconselhar*) abraten (*de* von); **~ alguém de a. c.** jdn von etw abbringen

dissuasão *f* Abraten *nt*

dissuasivo *adj* Überredungs ...

distância [dəʃ'tɐ̃sjɐ] *f* ❶ (*local*) Distanz *f* (*de* von, *entre* zwischen), Entfernung *f* (*de* von, *entre* zwischen); **a 10 quilómetros** [*o brasil* **quilômetros**] **de ~** 10 Kilometer entfernt; **à ~** in der Ferne; **manter a. c. à ~** etw fernhalten; **manter a ~** Distanz bewahren ❷ (*espaço, intervalo*) Abstand *m* (*de* von/zu, *entre* zwischen); **guardar ~** Abstand halten

distanciar I. *vt* entfernen (*de* von) **II.** *vr* ❶ (*local*) sich entfernen (*de* von) ❷ (*de ideia, pessoa*) abrücken (*de* von), sich distanzieren (*de* von)

distante [dəʃ'tɐ̃ntə] *adj* ❶ (*local*) entfernt (*de* von), abgelegen ❷ (*temporal*) weit zurückliegend ❸ (*fig: pessoa*) in Gedanken, abwesend

distar *vi* (*elev*) entfernt sein (*de* von)

distender *vt* ❶ (*dilatar*) dehnen, ausdehnen ❷ (*estirar*) spannen ❸ (MED) zerren

distensão [dəʃtɛ̃'sɐ̃u] *f* ❶ (*dilatação*) Dehnung *f*, Ausdehnung *f* ❷ (*estiramento*) Spannen *nt* 3 (MED) Zerrung *f;* ~ **muscular** Muskelzerrung *f*

distensível <-eis> *adj* dehnbar

distensões *f pl de* **distensão**

distinção <-ões> *f* 1 (*diferenciação*) Unterscheidung *f* (*entre* zwischen); **fazer** ~ unterscheiden 2 (*classificação*) Auszeichnung *f;* **com** ~ mit Auszeichnung

distinguir I. *vt* (*diferenciar*) unterscheiden (*entre* zwischen); (*um objecto*) wahrnehmen, erkennen; (*um som*) hören; (*pelo mérito*) auszeichnen II. *vr* herausragen (*de* aus)

distinguível <-eis> *adj* 1 (*diferenciável*) unterscheidbar 2 (*perceptível*) wahrnehmbar

distinta *adj f de* **distinto**

distintivo *m* (*da polícia*) Dienstmarke *f*

distinto [dəʃ'tĩntu] *adj* 1 (*diferente*) verschieden, unterschiedlich 2 (*nítido*) deutlich, klar 3 (*educado*) distinguiert

disto *Zusammensetzung: präp de + pron isto*

distorção <-ões> *f* (*imagem, som*) Verzerrung *f*

distorcer <c→ç> *vt* 1 (*o som, a imagem*) verzerren 2 (*uma história*) verfälschen

distorcido *adj* (*som, imagem*) verzerrt

distração <-ões> *f* (*brasil*) *v.* **distracção**

distracção *f* Zerstreuung *f,* Ablenkung *f;* **por** ~ aus Versehen

distraída *adj f de* **distraído**

distraidamente *adv* aus Versehen

distraído *adj* zerstreut; **apanhar alguém** ~ jdn überraschen

distrair *conj como sair* I. *vt* 1 (*desconcentrar*) ablenken 2 (*entreter*) zerstreuen, unterhalten II. *vr* 1 (*desconcentrar-se*) sich ablenken (*com* mit); **~-se com as horas** die Zeit vergessen 2 (*entreter-se*) sich die Zeit vertreiben (*com* mit), sich unterhalten (*com* mit)

distribuição <-ões> *f* 1 (*de panfletos, prendas*) Verteilung *f* (*por* in); (*de jornais, correio*) Zustellung *f;* ~ **dos prémios** [*o brasil* **prêmios**] Preisverleihung *f* 2 (*do tempo*) Einteilung *f;* (*dos móveis*) Aufstellung *f,* Anordnung *f* 3 (ECON: *de produtos*) Vertrieb *m* 4 (*abastecimento de água, gás*) Versorgung *f;* (*canalização*) Anschluss *m*

distribuidor(a)[1] [dəʃtribwi'dor] *m(f)* 1 (ECON) Vertreter(in) *m(f);* ~ **autorizado** Vertragshändler *m* 2 (CINE) Filmverleiher(in) *m(f)*

distribuidor[2] *m* (MEC) Verteiler *m*

distribuidora *f* ~ **automática** Automat *m*

distribuir *conj como incluir vt* 1 (*panfletos, prendas*) verteilen (*por* in), austeilen (*por* in); (*jornais, correio*) austragen, zustellen; (*alimentos*) zuteilen (*por*) 2 (*o tempo*) einteilen; (*os móveis*) aufstellen, anordnen 3 (ECON: *produtos*) vertreiben

distrital <-ais> *adj* Bezirks ...

distrito *m* Bezirk *m*

distúrbio *m* 1 (*motim*) Unruhe *f* 2 (MED) Störung *f;* ~ **mental** geistige Verwirrung *f*

dita *adj f de* **dito III**

ditado *m* 1 (*na escola*) Diktat *nt* 2 (*provérbio*) Sprichwort *nt;* ~ **popular** Volksweisheit *f*

ditador <-es> *m* Diktator *m*

ditadura *f* Diktatur *f*

ditafone *f* (*brasil*) *v.* **dictafone**

ditame *f* Regel *f,* Gebot *nt;* **os ~s da moda** das Gebot der Mode

ditar *vt* (*um texto, regras*) diktieren; ~ **a. c. a alguém** jdm etw diktieren

ditatorial <-ais> *adj* diktatorisch

dito I. *m* Ausspruch *m* II. *pp de* **dizer** III. *adj* besagt, genannt; **o** ~ **documento** das besagte Dokument; (*coloq*); **o** ~ **cujo** eben jener; ~ **e feito** gesagt, getan; **dar o** ~ **por não** ~ seine Behauptungen zurücknehmen; **tenho ~!** ich habe gesprochen!

dito-cujo, dita-cuja <ditos-cujos> *m, f* (*brasil: coloq*) **o** ~ der gewisse jemand

ditongo *m* (GRAM) Diphthong *m*

diurno *adj* Tages ...

diva *f* Diva *f*

divã *m* Diwan *m*

divagação <-ões> *f* Umherstreifen *nt*

divagar <g→gu> *vi* 1 (*falando, pensando*) abschweifen 2 (*andando*) umherwandern, umherstreifen

divergência *f* 1 (*desvio*) Abweichung *f* (*de* von) 2 (*de opinião*) Meinungsverschiedenheit *f* 3 (MAT) Divergenz *f*

divergente *adj* 1 (*de um rumo*) abweichend (*de* von) 2 (*opiniões*) auseinandergehend, abweichend 3 (MAT) divergent

divergir *vi* 1 (*desviar-se*) abweichen (*de* von) 2 (*opiniões*) auseinandergehen 3 (MAT) divergieren

diversa *adj f de* **diverso**

diversão <-ões> *f* 1 (*entretenimento*) Unterhaltung *f,* Zeitvertreib *m* 2 (*desvio*) Ablenkung *f* ③ (MIL) Ablenkungsmanöver *m*

diversidade *f* Vielfalt *f;* **neste jardim zoológico há uma grande ~ de espécies** in diesem Zoo gibt es viele verschiedene Tierarten

diversificar <c→qu> **I.** *vt* verschiedenartig gestalten; (ECON) diversifizieren **II.** *vi* anders sein, sich unterscheiden

diverso *adj* unterschiedlich, verschieden

diversões *f pl de* **diversão**

divertido [divər'tidu] *adj* (*pessoa, festa, filme*) lustig

divertimento [divərti'mẽntu] *m* Unterhaltung *f,* Vergnügen *nt*

divertir **I.** *vt* amüsieren, unterhalten **II.** *vr* sich amüsieren (*com* über), sich vergnügen (*com* mit)

dívida ['dividɐ] *f* Schuld *f;* **~ externa** Auslandsschuld *f;* **contrair uma ~** Schulden machen; **pagar uma ~** eine Schuld begleichen; **estar em ~ para com alguém** in jds Schuld stehen

dividendo *m* ① (ECON) Dividende *f* ② (MAT) Dividend *m*

dividido *adj* (*fig*) gespalten, hin- und hergerissen (*entre* zwischen)

dividir *vt* ① (*um bolo*) teilen (*em* in); (*tarefas, despesas*) einteilen (*em* in), aufteilen (*em* in, *por* auf); **~ a meias** halbe-halbe machen ② (MAT) dividieren (*por* durch)

divina *adj f de* **divino**

divinal *adj* (*fig*) göttlich, himmlisch

divindade *f* ① (*entidade*) Gottheit *f* ② (*característica*) Göttlichkeit *f*

divino *adj* göttlich

divisa *f* ① (*lema*) Devise *f;* (*num brasão*) Wappenspruch *m* ② (MIL) Abzeichen *nt* ③ (ECON) **~s** Devisen *pl*

divisão <-ões> *f* ① (*de um bolo*) Teilung *f* (*em* in); (*de tarefas, despesas*) Einteilung *f* (*em* in), Aufteilung *f* (*em* in, *por* auf) ② (*linha*) Trennungslinie *f;* (*parede*) Trennwand *m* ③ (*portugal: da casa*) Zimmer *nt,* Raum *m* ④ (MAT, MIL) Division *f*

divisibilidade *f* Teilbarkeit *f*

divisível <-eis> *adj* teilbar (*por* durch)

divisões *f pl de* **divisão**

divisor <-es> *m* (MAT) Divisor *m*

divisória *f* ① (*linha*) Trennungslinie *f,* Grenzlinie *f* ② (*parede*) Trennwand *f,* Zwischenwand *f*

divorciado *adj* geschieden

divorciar-se *vr* sich scheiden lassen (*de* von)

divórcio *m* Scheidung *f;* **pedir o ~** die Scheidung einreichen

divulgação <-ões> *f* (*de uma notícia, um boato*) Verbreitung *f*

divulgar <g→gu> *vt* (*uma notícia, um boato*) verbreiten

dizer [di'zer] *irr* **I.** *vt* sagen; **~ a. c. a alguém** jdm etw sagen; **como é que se diz isso em alemão?** wie heißt das auf Deutsch?; **~ uma oração** ein Gebet sprechen; **a quem o dizes!** wem sagst du das!; (*despedir-se*); **~ adeus** sich verabschieden (*a* von); (*acenar*) winken (*a*) **II.** *vi* (*falar*) sagen, sprechen; **~ (a alguém) que sim/não** (zu jdm) ja/nein sagen; **~ bem/mal de alguém** gut/schlecht über jdn sprechen; **o que é que dizes do meu carro novo?** was sagst du zu meinem neuen Auto?; **dizem que ...** es heißt, dass ...; **não me diga!** was Sie nicht sagen!, sagen Sie bloß!; **por assim ~** sozusagen; **quer ~** das heißt; **o que é que isso quer dizer?** was heißt das?; **o que é que queres ~ (com isso)?** was willst du damit sagen?; (*condizer*) passen (*com* zu) **III.** *vr* sich darstellen als; **ele diz-se o melhor da equipa** er sagt (von sich), er sei der Mannschaftsbeste

dizimar *vt* (*fig*) dezimieren

DNER *m* (*brasil*) *abr de* **Departamento Nacional de Estradas de Rodagem** Nationale Straßenverkehrsbehörde *f*

do [du] *Zusammensetzung: präp de + art o*

dó *m* ① (*compaixão*) Mitleid *nt,* Erbarmen *nt;* **dar ~** Mitleid erregen; **sem ~ nem piedade** erbarmungslos, mitleidslos ② (MÚS) C *nt*

doação <-ões> *f* Spende *f* (*a* an); **~ de sangue** Blutspende *f;* **~ de órgãos** Organspende *f;* **fazer uma ~** eine Spende machen

doador(a) <-es> *m(f)* Spender(in) *m(f);* (*schweiz*) Donator(in) *m(f);* **~ de sangue** Blutspender *m;* **~ de órgãos** Organspender *m*

doar <*brasil, 1. pess pres:* dôo> *vt* (*bens, sangue, órgãos*) spenden (*a* an)

dobra *f* ① (*em papel*) Knick *m,* Kniff *m;* (*em tecido*) Falte *f* ② (*das calças*) Bügelfalte *f*

dobrada **I.** *adj f de* **dobrado** **II.** *f* (CULIN) Rindergekröse *nt*

dobradiça *f* ① (*de porta*) Scharnier *nt* ② (*assento*) Klappsitz *m*

dobrado *adj* ① (*duplicado*) doppelt ② (*papel, tecido*) gefaltet ③ (*filme*) synchronisiert

dobragem *f* (*portugal: de um filme*) Synchronisation *f*
dobrar **I.** *vt* (*papel, tecido*) falten; (*duplicar*) verdoppeln; **fazer/ter a. c. a ~** etw doppelt machen/haben; (*curvar*) biegen, krümmen; (*contornar*) umfahren; **~ a esquina** um die Ecke biegen; (NÁUT); **~ o cabo** das Kap umschiffen; (CINE: *um filme*) synchronisieren; (*o sino*) läuten; (*fig: uma pessoa*) umstimmen **II.** *vi* sich verdoppeln **III.** *vr* sich beugen
dobro *m* Doppelte *nt*
doca *f* (NÁUT) Dock *nt;* **~ seca** Trockendock *nt*
doçaria *f* Süßwaren *pl*
doce ['dosə] **I.** *m* Süßigkeit *f;* (*sobremesa*) Süßspeise *f;* (*de fruta*) Marmelade *f;* **~ de morango** Erdbeermarmelade *f* **II.** *adj* (*fig*) süß
doce-de-coco <doces-de-coco> *m* ❶ (*brasil:* CULIN) *Süßigkeit aus Kokosraspeln, Zucker und Wasser* ❷ (*fig coloq: pessoa*) Schatz *m*
dóceis *adj pl de* **dócil**
docência *f* Dozentur *f*
docente **I.** *mf* Dozent(in) *m(f)* **II.** *adj* Lehr ...; **corpo ~** Lehrkörper *m*
dócil <-eis> *adj* ❶ (*submisso*) fügsam ❷ (*flexível*) geschmeidig

> Verschiedene kleine Süßigkeiten (**docinhos**) werden typischerweise auf brasilianischen Geburtstagsfesten in Paperförmchen serviert. Gerollt oder in kleinen Stücken geschnitten enthalten sie in der brasilianischen Küche verbreitete Zutaten, wie etwa Kokosraspeln (in **beijinhos** und **maria-mole**) und Erdnüsse (in **cajuzinhos**). Weitere typische **docinhos** sind **brigadeiros** (Milchkaramellbällchen mit Schokoladeraspeln), **queijadinhas** (mit Käseraspeln und Kokosnuss) und **quindins** (aus Eigelb und Kokosrapeln).

documentação <-ões> *f* ❶ (*acção*) Dokumentation *f* ❷ (*documentos*) Papiere *pl;* (*de trabalho*) Unterlagen *pl*
documental *adj* dokumentarisch
documentar *vt* dokumentieren, urkundlich belegen
documentário *m* Dokumentarfilm *m*
documentável *adj* belegbar
documento [duku'mẽntu] *m* Dokument *nt,* Urkunde *f;* **~s** Ausweispapiere *pl*
doçura *f* ❶ (*característica do doçe*) Süße *f* ❷ (*ternura*) Sanftmut *f*
dodói *m* (*coloq*) Wehwehchen *nt*
doença ['dwẽsɐ] *f* (MED) Krankheit *f;* (*coloq*); **~ das vacas loucas** Rinderwahnsinn *m;* **~ grave** schwere Krankheit; **~ prolongada** lang anhaltende Krankheit; **~ venérea** Geschlechtskrankheit *f*
doente ['dwẽntə] **I.** *mf* Kranke **II.** *adj* ❶ (MED) krank; **ser ~ do coração** herzkrank sein ❷ (*obcecado*) vernarrt (*por* in)
doentio *adj* (*pej*) krankhaft
doer [dwer] *vi* schmerzen, wehtun; **dói-me a cabeça/o braço** mir tut der Kopf/Arm weh
dogma *m* Dogma *nt*
dogmático *adj* dogmatisch
dogue *m* Dogge *f*
dogueiro, -a [do'gejru, -a] *m, f* (*brasil*) Hotdogverkäufer(in) *m(f)*
doido, -a ['doidu] **I.** *m, f* Verrückte **II.** *adj* (*fig*) verrückt (*por* nach); **dar em ~** verrückt werden (*com* vor)
dói-dói *m* (*coloq*) Wehwehchen *nt*
dois, dua [doiʃ] *num card* zwei; **a ~** zu zweit; **ter uma conversa a ~** ein Gespräch unter vier Augen führen; **~ a ~** paarweise; **os ~** die beiden, beide; **são duas** (**horas**) es ist zwei (Uhr); **às duas horas** um zwei Uhr; **às duas e meia** um halb drei; **às duas e/menos um quarto** um Viertel nach/vor zwei; **de duas em duas horas** alle zwei Stunden; **o autocarro saiu há ~ minutos** der Bus ist vor zwei Minuten abgefahren; **o dia ~ de Maio** der zweite Mai; **isso custa ~ euros** das kostet zwei Euro; **ela tem/faz ~ anos** sie ist/wird zwei Jahre alt; **das duas uma** entweder oder
dólar *m* Dollar *m*
dolência *f* Schmerz *m*
dolente *adj* schmerzerfüllt
dólmen *m* (HIST) Dolmen *m*
dolo *m* ❶ (DIR: *fraude*) Betrug *m,* Täuschung *f* ❷ (DIR: *atitude*) Vorsatz *m*
doloroso *adj* schmerzhaft
dom <dons> *m* ❶ (*dádiva*) Gabe *f* ❷ (*talento*) Talent *nt* ❸ (*título*) *Ehrentitel vor dem Vornamen eines Adligen*
domador(a) <-es> *m(f)* Dompteur(in) *m(f)*
domar *vt* (*fig*) zähmen, bändigen
doméstica *f de* **doméstico**
domesticar <c→qu> *vt* (*fig*) zähmen

doméstico, -a I. *m, f* (*na própria casa*) Hausmann, Hausfrau *m, f;* (*na casa de outrém*) Hausangestellte II. *adj* häuslich, Haus ...
domicílio [dumi'silju] *m* (*morada*) Wohnsitz *m;* (*sede*) Hauptsitz *m;* **entrega ao ~** Lieferung frei Haus
dominante *adj* herrschend, dominant
dominar I. *vt* (*uma língua, uma pessoa*) beherrschen; (*um país*) herrschen über II. *vi* ❶ (*rei, povo*) herrschen ❷ (*preponderar*) dominieren, vorherrschen
domingo [du'mĩŋgu] *m* Sonntag *m;* **~ gordo** Sonntag vor Fastnacht; **Domingo de Ramos** Palmsonntag *m; v. tb.* **segunda-feira**
domingueiro *adj* sonntäglich, Sonntags ...
dominical <-ais> *adj* sonntäglich, Sonntags ...; **missa ~** sonntägliche Messe
domínio *m* ❶ (*poder*) Herrschaft *f;* **exercer ~ sobre alguém/a. c.** jdn/etw unter seine Herrschaft stellen; **estar sob o ~ de alguém** von jdm beherrscht werden ❷ (*âmbito*) Bereich *m;* **isto é do ~ público** das ist überall bekannt ❸ (*território*) Gebiet *nt*
dominó *m* ❶ (*jogo*) Domino *nt* ❷ (*traje*) Domino *m*
dona ['donɐ] *f* Frau *f;* **~ de casa** Hausfrau *f;* **a ~ Maria** (Frau) Maria
donatário, -a *m, f* Empfänger(in) *m(f)*
donativo *m* Schenkung *f;* **fazer um ~** eine Schenkung machen
donde ['dõndə] *Zusammensetzung: präp de + pron onde*
doninha *f* (ZOOL) Wiesel *nt*
dono, -a ['donu] *m, f* Besitzer(in) *m(f);* (*de uma casa*) Eigentümer(in) *m(f)*
dons *m pl de* **dom**
donzela *f* ❶ (*mulher solteira*) ledige Frau *f* ❷ (*virgem*) Jungfrau *f* ❸ (ZOOL) Lengfisch *m*
dopado *adj* (DESP) gedopt
dopar I. *vt* (DESP) dopen II. *vr* (DESP) sich dopen
doping *m* (DESP) Doping *nt*
dor [dor] *f* Schmerz *m;* (*fig*) Leid *nt;* **~(es) de cabeça** Kopfweh *nt,* Kopfschmerzen *pl;* **~(es) de dentes** Zahnschmerzen *pl;* (*coloq*); **~ de cotovelo** Eifersucht *f*
doravante *adv* von jetzt an, von nun an
dorido *adj* schmerzend
dormente *adj* ❶ (*perna*) eingeschlafen ❷ (*água*) stehend
dormida [dur'midɐ] *f* (*num hotel*) Übernachtung *f;* **dar ~ a alguém** jdn bei sich übernachten lassen, jdm eine Unterkunft bieten
dorminhoco, -a *m, f* Schlafmütze *f*
dormir [dur'mir] *vi irr* schlafen; **~ fora** auswärts übernachten; **pôr alguém a ~** jdn schlafen legen; **~ com alguém** mit jdm schlafen; **~ sobre a. c.** etw überschlafen
dormitar *vi* dösen
dormitório *m* Schlafsaal *m;* (*brasil*) Schlafzimmer *nt*
dorna *f* Bottich *m*
dorsal [dor'sal] <-ais> *adj* Rücken ...
dorso *m* ❶ (ANAT) Rücken *m* ❷ (*de objecto*) Rückseite *f*
dosagem <-ens> *f* Dosierung *f*
dosar *vt* dosieren
dose ['dɔzə] *f* ❶ (MED, FARM) Dosis *f;* **uma boa ~ de** eine ordentliche Menge ❷ (*portugal:* CULIN) Portion *f*
dosear *vt* dosieren
dossiê *m* (*brasil*) *v.* **dossier**
dossier *m* Dossier *nt*
dotado *adj* ❶ (*talentoso*) begabt ❷ (*equipado*) ausgestattet (*de* mit)
dotar *vt* ausstatten (*de* mit)
dote *m* ❶ (*de casamento*) Mitgift *f* ❷ (*talento*) Begabung *f,* Gabe *f;* **~s culinários** Kochtalent *nt;* **~s musicais** musikalische Begabung
dou *1. pres de* **dar**
dourado [do'radu] *adj* ❶ (*cor*) golden ❷ (*coberto com ouro*) vergoldet
dourar *vt* vergolden
Douro *m* Douro *m*
douto *adj* (*elev*) gelehrt
doutor(a) <-es> *m(f)* Doktor(in) *m(f);* **~ honoris causa** Ehrendoktor *m*
doutorado I. *adj* promoviert II. *m* (*brasil*) *v.* **doutoramento**
doutoramento *m* Doktorarbeit *f,* Promotion *f;* **~ honoris causa** Ehrendoktorwürde *f*
doutorar-se *vr* seinen Doktor machen, promovieren
doutores *m pl de* **doutor**
doutrina *f* Doktrin *f*
doutrinal *adj* doktrinär
doze [dozə] *num card* zwölf; *v.* **dois**
Dr. *abr de* **Doutor** Dr. (= *Doktor*)
Dr.ª *abr de* **Doutora** Dr. (= *Frau Doktor*)
draconiano *adj* drakonisch
draga *f* Nassbagger *m*
dragão <-ões> *m* Drachen *m*

dragar <g→gu> *vt* ausbaggern

drágea (*brasil*), **drageia** *f* (*portugal:* FARM) Dragee *nt*

dragões *m pl de* **dragão**

drama ['drɐmɐ] *m* (*fig*) Drama *nt*

dramático *adj* dramatisch

dramatizar *vt* dramatisieren

dramaturgo, -a *m, f* Dramatiker(in) *m(f)*

drástica *adj f de* **drástico**

drasticamente *adv* drastisch; **os preços subiram/desceram ~** die Preise sind drastisch gestiegen/gefallen

drástico *adj* drastisch; **tomar medidas drásticas** zu drastischen Maßnahmen greifen

drenagem <-ens> *f* ① (*de terreno*) Entwässerung *f* ② (MED) Drainage *f*

drenar *vt* ① (*um terreno*) entwässern ② (MED) drainieren

Dresda *f* Dresden *nt*

driblar *vt* ① (DESP) dribbeln ② (*enganar*) hintergehen, täuschen

drinque *m* (*brasil*) Drink *m*

drive *f* (INFOR) Laufwerk *nt*

droga ['drɔgɐ] *f* ① (*substância*) Droge *f;* **~s leves/pesadas** weiche/harte Drogen ② (*pej: coisa que não presta*) Mist *m;* **que ~!** so ein Mist!

drogado, -a I. *m, f* (*pej*) Drogenabhängige, Junkie *m* II. *adj* unter Drogen stehend; (*coloq*) high

drogar <g→gu> I. *vt* Drogen verabreichen II. *vr* Drogen nehmen

drogaria [drugɐ'riɐ] *f* Drogerie *f*

droguista *mf* Drogist(in) *m(f)*

dromedário *m* (ZOOL) Dromedar *nt*

duas *num card v.* **dois**

dúbio *adj* unsicher, zweifelhaft

dublagem *f* (*brasil: de um filme*) Synchronisation *f*

dublar *vt* (CINE: *brasil*) *v.* **dobrar**

dublê *mf* (CINE: *brasil*) *v.* **duplo**

ducado *m* Herzogtum *m*

ducha *f* (*brasil*), **duche** *m* (*portugal*) Dusche *f;* **tomar um ~** duschen

dúctil *adj* (*elev*) dehnbar

duelo *m* Duell *nt;* **travar um ~ com alguém** sich mit jdm duellieren

duende *m* Kobold *m*

dueto *m* (MÚS) Duett *nt*

dulcíssimo *superl de* **doce**

dum [dũ] *Zusammensetzung: präp de + art um*

duma *Zusammensetzung: präp de + art uma*

dumping *m* (ECON) Dumping *nt*

duna *f* Düne *f*

duo *m* (MÚS) Duo *nt*

duodeno *m* (ANAT) Zwölffingerdarm *m*

dupla I. *f* (MÚS) Duo *nt* II. *adj f de* **duplo II**

dúplex *m* Maisonette *f*

duplicação <-ões> *f* Verdoppelung *f*

duplicado I. *m* Duplikat *nt* II. *adj* doppelt, zweifach; **em ~** in doppelter Ausfertigung

duplicar <c→qu> I. *vt* verdoppeln II. *vi* sich verdoppeln

duplicata *f* (ECON) Duplikat *nt*

duplo, -a ['duplu] I. *m, f* (CINE) Stuntman, Stuntgirl *m, f* II. *adj* doppelt, zweifach

duque, duquesa *m, f* Herzog(in) *m(f)*

dura I. *adj f de* **duro** II. *f* Dauer *f;* **de pouca ~** von kurzer Dauer; **de muita ~** dauerhaft

durabilidade *f* Haltbarkeit *f*

duração [durɐ'sɐ̃u] *f* Dauer *f*

duradouro *adj* dauerhaft, haltbar

durante [du'rɐ̃ntə] *mf* während; **~ uma hora/semana** eine Stunde/Woche lang

durar [du'rar] *vi* ① (*prolongar-se*) dauern, andauern; **o filme dura 3 horas** der Film dauert 3 Stunden ② (*conservar-se*) sich halten; **as rosas estão a ~** die Rosen halten sich lange; **a amizade deles já dura há 10 anos** ihre Freundschaft hält schon 10 Jahre

durex *adj* (*brasil*) **fita ~** Klebestreifen *m,* Tesafilm ® *m*

dureza *f* (*fig*) Härte *f*

duriense *adj* aus dem Dourogebiet

duro ['duru] *adj* ① (*material, pessoa, trabalho*) hart; (*severo*) streng; **ser ~ com alguém** streng zu jdm sein; **~ de roer** schwer zu ertragen ② (*coloq brasil: sem dinheiro*) blank

dúvida *f* Zweifel *m;* **estar na ~** zweifeln, unsicher sein; **pôr em ~** bezweifeln, in Zweifel ziehen; **sem ~** zweifellos, ohne Zweifel; **em caso de ~** im Zweifelsfall; **tirar uma ~ com alguém** sich etw von jdm erklären lassen *+dat;* **tirar uma ~ a alguém** jdm Gewissheit verschaffen; **por via das ~s** vorsichtshalber

duvidar *vi* zweifeln (*de* an), bezweifeln (*de*); **duvido que ele venha!** ich bezweifle, dass er kommt!

duvidoso *adj* zweifelhaft, fraglich; (*suspeito*) verdächtig

duzentos [du'zẽntuʃ] *num card* zweihundert

dúzia *f* Dutzend *nt;* **meia ~ (de)** ein halbes Dutzend

Ee

E, e *m* E, e *nt*

e [i] *konj* und

é *3. pres de* **ser**

ébano *m* Ebenholz *nt*

ebonite *f* Ebonit *nt,* Hartgummi *m*

eborense *mf o adj v.* **evorense**

ébrio *adj* ❶ (*de álcool*) betrunken (*de* von) ❷ (*perturbado*) trunken (*de* vor)

ebulição <-ões> *f* (FÍS) Kochen *nt,* Sieden *nt;* **estar em ~** kochen, sieden

ECG (MED) *abr de* **ele(c)trocardiograma** EKG (= *Elektrokardiogramm*)

eclesiástico *adj* kirchlich, Kirchen ...

eclipsar I. *vt* ❶ (ASTR) verfinstern ❷ (*encobrir*) verbergen; (*esconder*) verstecken **II.** *vr* ❶ (ASTR) sich verfinstern ❷ (*desaparecer*) verschwinden

eclipse *m* (ASTR) Finsternis *f,* Verfinsterung *f;* **~ da lua** Mondfinsternis *f;* **~ do sol** Sonnenfinsternis *f*

eclíptica *f* (ASTR) Sonnenbahn *f*

eclodir *vi* ausbrechen

eclosão <-ões> *f* Ausbruch *m*

eclusa *f* Schleuse *f*

eco *m* ❶ (*repetição*) Echo *nt,* Widerhall *m;* **fazer ~** widerhallen ❷ (*ressonância*) Anklang *m*

ecoar <*brasil, 1. pess pres:* ecôo> *vi* hallen, widerhallen

ecocentro *m* (*portugal*) Wertstoffsammelstelle *f*

ecografia *f* (MED) Ultraschallbild *nt;* **fazer uma ~** ein Ultraschallbild machen

ecologia *f* Ökologie *f,* Umweltschutz *m*

ecológico *adj* ökologisch

economia *f* ❶ (*ciência*) Wirtschaft *f,* Ökonomie *f;* **~ de mercado** Marktwirtschaft *f* ❷ (*poupança*) Sparsamkeit *f*

economias *fpl* Ersparnisse *pl*

econômica *adj f de* **econômico**

economicamente *adv* wirtschaftlich

económico (*portugal*), **econômico** *adj* (*brasil*) ❶ (*de economia*) ökonomisch, wirtschaftlich ❷ (*automóvel, aparelho, pessoa*) sparsam ❸ (*barato*) billig, preiswert

economista *mf* Volkswirtschaftler(in) *m(f),* Wirtschaftswissenschaftler(in) *m(f),* Ökonom(in) *m(f)*

economizar I. *vt* sparen, einsparen **II.** *vi* sparen

ecossistema *m* Ökosystem *nt*

ecrã *m* (*de televisão, computador*) Bildschirm *m;* (CINE) Leinwand *f;* **~ gigante** Großbildleinwand *f,* Breitwand *f*

écran *m v.* **ecrã**

ecstasy *m* Ecstasy *f*

eczema [ek'zemɐ] *m* (MED) Ekzem *nt,* Hautausschlag *m*

éden *m* Eden *nt,* Paradies *nt*

edição <-ões> *f* ❶ (*acção de editar*) Herausgabe *f;* (INFOR) Edition *f* ❷ (*impressão*) Ausgabe *f* ❸ (*conjunto de exemplares*) Auflage *f*

edicto *m* (*portugal*) Erlass *m*

edificação <-ões> *f* Erbauung *f,* Errichtung *f*

edificante *adj* erbaulich

edificar <c→qu> *vt* ❶ (*um edifício*) errichten, erbauen ❷ (*elevar*) erbauen

edifício [idə'fisju] *m* Gebäude *nt,* Bau *m*

edifício-garagem <edifícios-garagens *o* edifícios-garagem> *m* (*brasil*) Parkhaus *nt*

édipo *m* (PSIC) **complexo de ~** Ödipuskomplex *m*

edital <-ais> *m* öffentliche Bekanntmachung *f,* Anschlag *m*

editar *vt* ❶ (*um livro*) herausgeben, verlegen ❷ (INFOR) editieren

edito *m* (*brasil*) Erlass *m*

editor *m* ❶ (*de um livro*) Verleger *m,* Herausgeber *m* ❷ (INFOR) Editor *m*

editora *f* (*empresa*) Verlag *m;* **~ discográfica** Schallplattenfirma *f,* Label *nt*

editorial <-ais> **I.** *m* (JORN) Leitartikel *m* **II.** *f* Verlag *m* **III.** *adj* Verlags ...

edredão *m* Federbett *nt,* Steppdecke *f*

edredom <-ns> *m* (*brasil*) *v.* **edredão**

educação *f* ❶ (*dos filhos*) Erziehung *f* ❷ (*boas maneiras*) Benehmen *nt;* **falta de ~** schlechtes Benehmen, Ungezogenheit *f* ❸ (*instrução*) Ausbildung *f;* (*formação*) Bildung *f;* **~ física** Sportunterricht *m,* Turnen *nt;* **~ sexual** Sexualerziehung *f*

educacional <-ais> *adj* Erziehungs ..., Bildungs ...

educado *adj* höflich; **ser bem/mal ~** gut/schlecht erzogen sein
educador(a) <-es> *m(f)* Erzieher(in) *m(f)*; **~a de infância** Kindergärtnerin *f*
educando, -a *m, f* Zögling *m;* (*aluno*) Schüler(in) *m(f)*
educar <c→qu> *vt* (*pessoa*) erziehen; (*animal*) dressieren
educativo *adj* ❶ (*relativo à educação*) erzieherisch ❷ (*formação*) Bildungs ...; (*instrutivo*) Lehr ...; **série educativa** Vorschulserie *f;* **sistema ~** Bildungssystem *nt*
EEG (MED) *abr de* **ele(c)troencefalograma** EEG (= *Elektroenzephalogramm*)
efectiva *adj* (*portugal*) *f de* **efectivo**
efectivação <-ões> *f* (*portugal*) Durchführung *f*
efectivamente *adv* (*portugal*) tatsächlich, in der Tat
efectivo (*portugal*) **I.** *m* (MIL) Truppenstärke *f* **II.** *adj* ❶ (*real*) wirklich, tatsächlich ❷ (*funcionário*) fest angestellt; **passar a ~** fest angestellt werden
efectuar *vt* (*portugal*) ausführen, durchführen
efeito *m* ❶ (*consequência, influência*) Wirkung *f* (*em/sobre* auf), Effekt *m* (*em/sobre* auf); **~ de estufa** Treibhauseffekt *m;* (FARM); **~ secundário** Nebenwirkung *f;* (CINE); **~s especiais** Trickaufnahmen *pl,* Trick *m;* **fazer ~** wirken; **estar sob o ~ do álcool** unter Alkoholeinfluss stehen; **para todos os ~s** für alle Fälle ❷ (*realização*) Durchführung *f;* **levar a. c. a ~** etw durchführen; (*plano*); **ficar sem ~** hinfällig werden; (*festa*) nicht stattfinden ❸ (DESP: *na bola*) Antippen *nt*
efémera (*portugal*), **efêmera** *adj* (*brasil*) *f de efémero, efêmero* **v. efémero**
efeméride *f* ❶ (*relação*) Tagebuch *nt* ❷ (ASTR) astronomische(s) Jahrbuch *nt,* Ephemeride *f*
efémero (*portugal*), **efêmero** *adj* (*brasil*) kurzlebig, vorübergehend
efeminado *adj* feminin; (*pej*) weibisch
efervescência *f* Aufwallen *nt,* Brodeln *nt;* **estar em ~** sprudeln
efervescente *adj* brodelnd, schäumend
efervescer <c→ç> *vi* brodeln, aufwallen
efetiva *adj* (*brasil*) *f de efetivo* **v. efectivo**
efetivação *f* (*brasil*) *v.* **efectivação**
efetivamente *adv* (*brasil*) *v.* **efectivamente**
efetivar *vt* (*brasil*) *v.* **efectivar**
efetivo *adj* (*brasil*) *v.* **efectivo**
efetuar *vt* (*brasil*) *v.* **efectuar**
eficácia *f* Wirksamkeit *f,* Wirkung *f*
eficaz *adj* wirksam, wirkungsvoll
eficiência *f* (*pessoa*) Tüchtigkeit *f;* (*máquina*) Leistungsfähigkeit *f*
eficiente *adj* (*pessoa*) tüchtig; (*máquina*) leistungsfähig, leistungsstark
efígie *f* Bildnis *nt*
egípcio, -a **I.** *m, f* Ägypter(in) *m(f)* **II.** *adj* ägyptisch
Egipto *m* Ägypten *nt*
Egito *m* (*brasil*) *v.* **Egipto**
ego *m* Ich *nt;* **isso faz bem ao ~** das tut gut
egocêntrico *adj* egozentrisch
egoísmo *m* Egoismus *m*
egoísta **I.** *mf* Egoist(in) *m(f)* **II.** *adj* egoistisch
égua *f* Stute *f*
eh *interj* **~!** he!, hei!
ei *interj* **~!** hei!
eia *interj* **~!** los!, auf!
ei-lo, -a *Zusammensetzung: adv eis + art o/a*
eira *f* Tenne *f;* **sem ~ nem beira** arm wie eine Kirchenmaus
eiró *m* (ZOOL) Flußaal *m*
eis *adv* (*singular*) hier ist; (*plural*) hier sind; **~-me (aqui)** da bin ich; **~ senão quando** plötzlich, auf einmal
eito *adv* **a ~** nacheinander, hintereinander
eixo *m* Achse *f;* (MEC) Welle *f;* **entrar nos ~s** Vernunft annehmen; **sair dos ~s** auf die schiefe Bahn geraten
ejaculação <-ões> *f* ❶ (*de líquido*) Strahl *m* ❷ (*de sémen*) Ejakulation *f,* Samenerguss *m*
ejacular **I.** *vt* (*líquido*) ausspritzen, spritzen **II.** *vi* (*sémen*) ejakulieren
ejectar-se *vr* (*portugal:* AERO) sich mit dem Schleudersitz retten
ejetar-se *vr* (*brasil*) *v.* **ejectar-se**
ela ['ɜlɐ] *pron pess* sie; **com ~** mit ihr; **estar/ficar ~ por ~** quitt sein; **agora é que são ~s!** jetzt gibt's was!
elã *m* Elan *m*
elaboração <-ões> *f* Ausarbeitung *f,* Erstellung *f*
elaborar *vt* ausarbeiten, erstellen
élan *m* Elan *m*
elas ['ɜlɐʃ] *pron pess pl* sie; **com ~** mit ihnen
elástica *adj f de* **elástico**
elasticidade *f* Elastizität *f,* Dehnbarkeit *f*
elástico **I.** *m* Gummiband *nt* **II.** *adj* elastisch, dehnbar; **mesa elástica** Ausziehtisch *m*
Elba *m* Elbe *f*

ele ['elə] *pron pess* er; **com ~** mit ihm; **para ~** für ihn
electrão *m* (*portugal:* FÍS) Elektron *nt*
eléctrica *adj* (*portugal*) *f de* **eléctrico**
electricidade [ilɜtrəsi'dadə] *f* (*portugal*) Elektrizität *f;* **~ estática** statische Elektrizität
electricista *mf* (*portugal*) Elektriker(in) *m(f)*
eléctrico [i'lɜtriku] **I.** *m* (*portugal*) Straßenbahn *f* **II.** *adj* ① (ELECTR) elektrisch, Elektro ...; **fio ~** Leitungsdraht *m* ② (*coloq: pessoa*) aufgeregt; **ele está ~** er steht unter Strom
electrificar <c→qu> *vt* (*portugal*) elektrifizieren
electrocardiograma *m* (*portugal:* MED) Elektrokardiogramm *nt*
electrochoque *m* (*portugal*) Elektroschock *m*
electrocussão <-ões> *f* (*portugal: pena*) Tötung *f* durch den elektrischen Stuhl; (*acidente*) tödliche(r) Stromschlag *m*
electrocutado *adj* (*portugal*) durch einen Stromschlag getötet; **ele morreu ~** er starb durch einen Stromschlag; (*na cadeira eléctrica*) er wurde auf dem elektrischen Stuhl hingerichtet
electrocutar *vt* (*portugal*) durch Stromschlag töten; (*na cadeira eléctrica*) auf dem elektrischen Stuhl hinrichten
eléctrodo *m* (*portugal:* FÍS) Elektrode *f*
electrodoméstico *m* (*portugal*) Haushaltsgerät *nt,* Elektrogerät *nt*
electroencefalograma *m* (*portugal:* MED*: portugal*) Elektroenzephalogramm *nt*
electroíman *m* (*portugal:* FÍS) Elektromagnet *m*
electrólise *f* (*portugal:* QUÍM) Elektrolyse *f*
electrólito *m* (*portugal*) Elektrolyt *m*
electromagnético *adj* (*portugal*) elektromagnetisch
electrómetro *m* (*portugal*) Elektrometer *nt*
electromotor <-es> *m* (*portugal*) Elektromotor *m*
electrónica *f* (*portugal*) Elektronik *f*
electrónico *adj* (*portugal*) elektronisch
electroscópio *m* (*portugal:* FÍS) Elektroskop *nt*
electrotecnia *f* (*portugal*) Elektrotechnik *f*
electrotécnico *adj* (*portugal*) elektrotechnisch; **engenheiro ~** Elektroingenieur *m*
electroterapia *f* (*portugal:* MED) Elektrotherapie *f*
elefante *m* Elefant *m*
elegância *f* ① (*de movimentos, modos*) Eleganz *f* ② (*magreza*) Schlankheit *f*
elegante [ilə'gãntə] *adj* ① (*nos movimentos, modos*) elegant ② (*magro*) schlank
eleger <*pp* eleito *o* elegido; g→j> *vt* wählen
eleição <-ões> *f* Wahl *f;* **~ preliminar** Vorwahl *f*
eleições *fpl* (POL) Wahlen *pl;* **~ legislativas** Parlamentswahlen *pl*
eleito **I.** *pp irr de* **eleger** **II.** *adj* auserwählt (*para* für); (POL) gewählt (*para* zu)
eleitor(a) *m(f)* (POL) Wähler(in) *m(f),* Wahlberechtigte
eleitorado *m* (POL) Wählerschaft *f*
eleitoral <-ais> *adj* (POL) Wahl ...; **campanha ~** Wahlkampf *m*
elementar <-es> *adj* elementar, grundlegend
elemento *m* ① (*parte*) Element *nt,* Bestandteil *m;* (*de um grupo*) Mitglied *nt* ② (QUÍM) Element *nt*
elenco *m* (*teatro*) Besetzung *f*
eles ['eləʃ] *pron pess pl* sie; **com ~** mit ihnen
eletrã ... (*brasil*) *v.* **electrã ...**
eletrencefalograma *m* (*brasil*) *v.* **electroencefalograma**
eletri ... (*brasil*) *v.* **electri ...**
eletro ... (*brasil*) *v.* **electro ...**
eletroímã *m* (*brasil*) Elektromagnet *m*
eletromecânico *adj* (*brasil*) *v.* **electromecánico**
eletrômetro *m* (*brasil*) *v.* **electrómetro**
elétron *m* (*brasil*) Elektron *nt*
eletrônico *adj* (*brasil*) *v.* **electrónico**
elevado *adj* ① (*preço, salário*) hoch ② (*sublime*) gehoben
elevador [iləve'dor] <-es> *m* Aufzug *m,* Fahrstuhl *m*
elevar *vt* erheben (*a* zu)
eliminação <-ões> *f* Beseitigung *f,* Entfernung *f;* (MAT) Eliminierung *f*
eliminar *vt* ① (*excluir*) beseitigen, entfernen; (*a concorrência*) ausschalten; (*uma possibilidade*) ausschließen; (MAT) eliminieren ② (DESP) besiegen
eliminatória *f* (DESP) Ausscheidungskampf *m*
eliminatório *adj* Ausscheidungs ...
elipse *f* Ellipse *f*
elite *f* Elite *f*
elitista *adj* elitär
elixir <-es> *m* ① (FARM) Elixier *nt,* Heiltrank *m* ② (*mágico*) Zaubertrank *m;* **o ~ da**

juventude das Wasser des Jungbrunnens

elmo *m* Helm *m*

elo *m* ① (*de corrente*) Kettenglied *nt* ② (*de ligação*) Bindeglied *nt* (*entre* zwischen)

elocução <-ões> *f* Ausdrucksweise *f*, Sprechweise *f*

elogiar *vt* loben, rühmen

elogio *m* Lob *nt;* **fazer um ~ a alguém** jdn loben

eloquência (*portugal*), **eloqüência** *f* (*brasil*) Beredsamkeit *f*

eloquente (*portugal*), **eloqüente** *adj* (*brasil*) beredt, redegewandt

elóquio *m* (*elev*) Rede *f*

el-rei *m* (HIST) König *m*

elucidar *vt* ① (*pessoa*) aufklären (*sobre* über) ② (*questão*) erklären, erläutern

elucidativo *adj* erläuternd, erklärend

em [ãi] *prep* ① (*local; dentro de*) in; (*sobre*) auf; (*perto de*) an; **estar na gaveta/no bolso** in der Schublade/Tasche liegen; **estar no avião/autocarro** im Flugzeug/Bus sitzen; **estar na mesa/no chão** auf dem Tisch/Boden liegen; **~ casa** zu Hause; **~ casa de alguém** bei jdm; **~ Portugal** in Portugal; **no litoral** an der Küste; **trabalhar numa empresa** bei/in einer Firma arbeiten; **~ baixo** unten; **~ cima** oben ② (*movimento; para dentro*) in; (*sobre*) auf; **pôr na gaveta/no bolso** in die Schublade/Tasche legen; **entrar no avião/autocarro** in das Flugzeug/den Bus einsteigen; **pôr na mesa/no chão** auf den Tisch/Boden legen ③ (*temporal*) in; **~ dois dias** in zwei Tagen; **~ 1999** 1999, im Jahr 1999; **~ Março** im März; **no Domingo/fim-de-semana** am Sonntag/Wochenende ④ (*modo*) **~ alemão** auf Deutsch; **estar ~ pé** stehen; **~ silêncio** schweigend ⑤ (*diferença*) um; **aumentar/diminuir ~ 5%** sich um 5% erhöhen/verringern

ema *f* Pampastrauß *m*

emagrecer <c→ç> **I.** *vt* abnehmen; **ele emagreceu três quilos** er hat drei Kilo abgenommen **II.** *vi* abmagern, abnehmen

emagrecimento *m* Abmagern *nt*, Abnehmen *nt*

e-mail *m* E-Mail *f*

emanar *vi* (*luz, calor*) ausstrahlen (*de* von); (*odor*) ausströmen (*de* aus)

emancipação <-ões> *f* Emanzipation *f*

emancipado *adj* emanzipiert

emancipar **I.** *vt* emanzipieren; (*libertar*) befreien **II.** *vr* sich emanzipieren (*de* von)

emaranhado **I.** *m* Verwicklung *f* **II.** *adj* verwickelt, verwirrt

emaranhar **I.** *vt* verwickeln, verwirren **II.** *vr* sich verwickeln, sich verwirren

embaciado *adj* beschlagen; **ficar ~** anlaufen, beschlagen

embaciar **I.** *vt* trüben; (*com o bafo*) anhauchen **II.** *vi* beschlagen, anlaufen

embainhar *vt* ① (*uma saia*) umsäumen, säumen ② (*uma espada*) in die Scheide stecken

embaixada [ɐ̃mbaiˈʃadɐ] *f* Botschaft *f*

embaixador *m* Botschafter *m*

embaixatriz *f* Botschafterin *f*

embalado *adj* **ir ~** Schwung haben

embalagem [ɐ̃mbɐˈlaʒãi] <-ens> *f* Verpackung *f*

embalar **I.** *vt* (*empacotar*) verpacken, einpacken; (*uma criança*) wiegen **II.** *vi* (*ganhar velocidade*) schneller werden, beschleunigen

embalo *m* Wiegen *nt*

embalsamado *adj* einbalsamiert

embalsamar *vt* einbalsamieren

embaraçado *adj* ① (*constrangido*) verlegen, gehemmt ② (*emaranhado*) verwirrt

embaraçar <c→ç> **I.** *vt* (*constranger*) in Verlegenheit bringen, verlegen machen; (*emaranhar*) verwirren; (*obstruir*) behindern, hemmen **II.** *vr* verlegen sein

embaraço *m* ① (*constrangimento*) Verlegenheit *f* ② (*obstáculo*) Hindernis *nt*, Hemmnis *nt*

embaraçoso *adj* peinlich, unangenehm

embarcação <-ões> *f* (*barco*) Boot *nt;* (*navio*) Schiff *nt*

embarcar <c→qu> **I.** *vt* (AERO, NÁUT) verladen, einladen **II.** *vi* (AERO, NÁUT) an Bord gehen; (*no comboio*) einsteigen

embargar <g→gu> *vt* ein Embargo verhängen gegen; **~ uma obra** einen Baustopp erlassen, den Bau stoppen

embargo *m* Embargo *nt;* **levantar o ~** das Embargo aufheben

embarque *m* (NÁUT) Einschiffung *f;* (AERO) Einchecken *nt;* **sala de ~** Abflughalle *f*

embarrar *vi* stoßen (*em* an)

embasbacado *adj* erstaunt, verblüfft; **ficar ~** staunen

embasbacar <c→qu> *vt* verblüffen

embate *m* Aufprall *m*, Zusammenstoß *m*

embater *vi* prallen (*em* gegen), stoßen (*em* gegen)

embebedar **I.** *vt* betrunken machen **II.** *vi* berauschen, betrunken machen; **o vinho embebeda** der Wein macht betrunken **III.** *vr* sich betrinken; **ela embebedou-se com cerveja** sie hat sich mit Bier betrunken

embeber **I.** *vt* (*um pano, uma esponja, madeira*) tränken (*em* mit), tauchen (*em* in) **II.** *vr* (*fig*) sich vertiefen (*em* in)

embelezar *vt* verschönern

embevecer <c→ç> **I.** *vt* entzücken, begeistern **II.** *vr* in Verzückung geraten

embevecido *adj* entzückt, begeistert

embirrar *vi* ① (*teimar*) halsstarrig sein; (*coloq*) bocken ② (*coloq: implicar*) auf dem Kieker haben (*com*)

emblema *m* Emblem *nt,* Wahrzeichen *nt*

emblemático *adj* sinnbildlich

embocadura *f* ① (*de instrumento*) Mundstück *nt* ② (*de rio*) Mündung *f*

embolia *f* (MED) Embolie *f*

êmbolo *m* (MEC) Kolben *m*

embolsar *vt* verdienen

embora [ɐ̃m'bɔrɐ] **I.** *adv* weg, fort; **ir**(**-se**) ~ weggehen, fortgehen; **vai**(**-te**) **~!** geh weg!, verschwinde!; **mandar alguém ~** jdn wegschicken; **~ para a escola!** marsch in die Schule! **II.** *konj +conj* obwohl, zwar; **vamos passear, ~ esteja a chover** wir gehen spazieren, obwohl es regnet; **~ eu não goste de festas, esta foi muito divertida** ich mag zwar keine Partys, aber diese war ganz lustig **III.** *interj* **~!** immerhin!

emboscada *f* Hinterhalt *m;* **cair numa ~** in einen Hinterhalt geraten

embotado *adj* stumpf

embraiagem [ɐ̃mbrɐ'jaʒãi] <-ns> *f* (*portugal:* MEC) Kupplung *f*

embraiar *vi* (MEC) kuppeln

embrandecer <c→ç> *vt* besänftigen

embreagem <-ns> *f* (*brasil*) *v.* **embraiagem**

embrear *vi conj como passear* (*brasil*) *v.* **embraiar**

embrenhado *adj* vertieft (*em* in)

embrenhar-se *vr* sich vertiefen (*em* in); **~ pelo mato** sich ins Dickicht schlagen

embriagado [ɐ̃mbrjɐ'gadu] *adj* ① (*bêbedo*) betrunken ② (*extasiado*) berauscht (*com* von), begeistert (*com* von)

embriagar <g→gu> **I.** *vt* (*com álcool*) betrunken machen; (*extasiar*) begeistern **II.** *vr* sich betrinken

embriaguez *f* ① (*com álcool*) Betrunkenheit *f,* Rausch *m* ② (*êxtase*) Rausch *m*

embrião <-ões> *m* (BIOL) Embryo *m*

embrionário *adj* (BIOL) embryonisch, embryonal

embromar **I.** *vt* (*brasil: adiar*) aufschieben, verschieben; (*enganar*) betrügen **II.** *vi* Umschweife machen

embrulhada *f* Durcheinander *nt;* **estar metido numa ~** sich in einer dummen Lage befinden

embrulhado *adj* eingewickelt (*em* in), eingepackt (*em* in)

embrulhar *vt* ① (*um objecto*) einwickeln (*em* in), einpacken (*em* in) ② (*coloq: uma pessoa*) einwickeln; **deixar-se ~** sich einwickeln lassen

embrulho *m* Päckchen *nt;* (*pacote*) Paket *nt*

embruxar *vt* verhexen

embuchar **I.** *vt* (*coloq: comida*) hinunterschlingen; (*brasil: engravidar*) schwängern **II.** *vi* (*brasil*) schwanger werden

embuste *m* ① (*ardil*) Trick *m* ② (*mentira*) Schwindelei *f,* Lüge *f*

embusteiro, -a *m, f* Schwindler(in) *m(f),* Lügner(in) *m(f)*

embutido **I.** *adj* eingebaut (*em* in); **armário ~** Einbauschrank *m* **II.** *m* (*brasil: enchido*) Wurst *f;* **~s** Aufschnitt *m*

embutir *vt* ① (*madeira*) einlegen ② (*um armário*) einbauen

emenda *f* ① (*correcção*) Abänderung *f;* (*melhoramento*) Verbesserung *f,* Besserung *f;* **ela não tem ~** bei ihr ist Hopfen und Malz verloren; **servir de ~ a alguém** jdm eine Lehre sein; **é pior a ~ que o soneto** das eine ist noch schlimmer als das andere ② (*de lei*) Nachtragsgesetz *nt* ③ (*remendo*) Flicken *m*

emendar **I.** *vt* (*um erro*) korrigieren, verbessern; (*melhorar*) verbessern; (*uma lei*) abändern **II.** *vr* sich verbessern

ementa [i'mɐ̃ntɐ] *f* (*portugal*) Speisekarte *f*

emergência [imər'ʒɐ̃sjɐ] *f* ① (*incidente*) Notfall *m;* **em caso de ~** im Notfall ② (*surgimento*) Auftauchen *nt*

emergir <*pp* pp emerso *o* emergido; g→j> *vi* ① (*surgir*) hervortreten, in Erscheinung treten ② (*da água*) auftauchen (*de* aus)

emérito *adj* (*elev*) emeritiert

emersa *adj f de* **emerso**

emersão <-ões> *f* Auftauchen *nt*

emerso *adj* schwimmend, treibend

emersões *f pl de* **emersão**

emigração <-ões> *f* Auswanderung *f* (*de* aus, *para* nach), Emigration *f* (*de* aus, *para* nach)

emigrante *mf* Auswanderer(in) *m(f)*, Emigrant(in) *m(f)*

emigrar *vi* auswandern (*de* aus, *para* nach), emigrieren (*de* aus, *para* nach)

eminência *f* ① (*título*) Eminenz *f* ② (*saliência*) Vorsprung *m*; (*de terreno*) Anhöhe *f*

eminente *adj* ① (*elevado*) hoch gelegen ② (*superior*) herausragend, hervorragend

emissão <-ões> *f* ① (*de gases*) Emission *f*, Ausstoß *m*; ~ **de gases de escape** Abgasemission *f* ② (*de cheque, documento*) Ausstellung *f* ③ (*de notas, selos*) Ausgabe *f* ④ (*de rádio, televisão*) Sendung *f*

emissora *f* Sender *m*; ~ **de rádio** Rundfunkstation *f*; ~ **de televisão** Fernsehstation *f*

emitir *vt* ① (*gases*) ausstoßen ② (*um cheque, documento*) ausstellen ③ (*notas, selos*) ausgeben ④ (*rádio*) senden, übertragen ⑤ (*som*) ausstoßen, von sich geben; (*luz*) ausstrahlen

emoção <-ões> *f* Emotion *f*

emocional <-ais> *adj* emotional, Gefühls …

emocionante *adj* ① (*excitante*) aufregend ② (*comovente*) ergreifend, rührend

emocionar **I.** *vt* ergreifen, rühren **II.** *vr* gerührt sein (*com* über)

emoldurar *vt* einrahmen

emolumento *m* ① (*taxa*) Gebühr *f* ② (*lucro*) Gewinn *m*; ~**s** Nebeneinkünfte *pl*

emotiva *f de* **emotivo**

emotividade *f* Emotivität *f*, Erregbarkeit *f*

emotivo *adj* (*pessoa*) gefühlvoll, gefühlsbetont

empacotado *adj* verpackt

empacotar *vt* verpacken, einpacken

empada *f* (CULIN) gefüllte Teigpastete *f*

empadão <-ões> *m* (CULIN: *portugal: de carne*) Kartoffel-Hackfleisch-Auflauf *m*; (*de peixe*) Kartoffel-Fisch-Auflauf *m*; (*brasil*) gefüllte Teigpastete

empáfia *f* Hochmut *m*, Dünkel *m*

empalhar *vt* (*animal*) ausstopfen

empalidecer <c→ç> *vi* erblassen, erbleichen

empanar *vi* (*carro*) eine Panne haben, liegen bleiben

empancar *vi* ① (*trânsito*) stocken; (*carro*) stecken bleiben ② (*ao ler, falar*) stocken

empanque *m* (TEC) Dichtungsmasse *f*

empanturrar **I.** *vt* vollstopfen **II.** *vr* sich vollstopfen (*com* mit), sich überfressen (*com* mit)

emparelhado *adj* **rima emparelhada** Paarreim *m*

empastado *adj* (*tinta*) eingetrocknet

empatado [ẽmpɐ'tadu] *adj* (DESP, POL) unentschieden; **o jogo está** ~ das Spiel steht unentschieden; **as equipas estão empatadas** die Mannschaften spielten unentschieden

empatar **I.** *vt* (*uma pessoa*) hinhalten; (*tempo*) verlieren (*em* mit); (*dinheiro*) hineinstecken (*em* in) **II.** *vi* (DESP: *jogo*) unentschieden enden; (*equipas*) unentschieden spielen

empate *m* ① (*obstáculo*) Hindernis *nt* ② (DESP) Unentschieden *nt*; (POL) Stimmengleichheit *f*

empecilho *m* Hindernis *nt*

empedrado *m* Pflaster *nt*, Straßenpflaster *nt*

empedrar *vt* pflastern

empenagem <-ns> *f* (AERO) Leitwerk *nt*

empenar *vi* sich verziehen

empenhado *adj* ① (*penhorado*) verpfändet ② (*endividado*) verschuldet ③ (*esforçado*) bemüht; **estar** ~ **em a. c.** sich um etw bemühen, sich für etw einsetzen

empenhamento *m v.* **empenho**

empenhar **I.** *vt* (*penhorar*) verpfänden; ~ **a palavra** sein Wort geben, sich verpflichten **II.** *vr* ① (*endividar-se*) sich verschulden, sich in Schulden stürzen ② (*esforçar-se*) sich einsetzen, sich bemühen; ~**-se em fazer a. c.** sich große Mühe geben, etw zu tun, alles daransetzen, etw zu tun

empenho *m* (*esforço*) Einsatz *m*; (*afinco*) Eifer *m*, Streben *nt*

emperrar *vi* stocken

empestar *vt* verpesten

empilhador *m* Gabelstapler *m*

empilhar *vt* aufhäufen, stapeln

empinado *adj* aufgerichtet, (aufrecht) stehend; **com o nariz** ~ hochnäsig

empinar **I.** *vt* (*coloq*) pauken, büffeln **II.** *vr* (*cavalo*) sich aufbäumen

empírica *f de* **empírico**

empiricamente *adv* empirisch

empírico *adj* empirisch

empirismo *m* ① (*prática*) Empirie *f* ② (FILOS) Empirismus *m*

emplastro *m* (MED) Pflaster *nt*
empobrecer <c→ç> **I.** *vt* verarmen lassen, arm machen **II.** *vi* verarmen, arm werden
empobrecimento *m* Verarmung *f*
empolado *adj* ① (*pele*) geschwollen ② (*discurso*) schwülstig
empolar *vi* (*pele*) Blasen bilden
empoleirado *adj* (oben) auf (*em*); **estar ~ no muro** auf der Mauer stehen
empoleirar-se *vr* sich stellen (*em* auf)
empolgado *adj* begeistert
empolgante *adj* spannend, packend
empolgar <g→gu> **I.** *vt* packen, an sich reißen **II.** *vr* sich begeistern
empório *m* (*comercial*) Handelsplatz *m;* (*cultural*) kulturelle(s) Zentrum *nt,* Hochburg *f*
empreendedor(a) **I.** *m(f)* Unternehmer(in) *m(f)* **II.** *adj* unternehmerisch
empreender *vt* in Angriff nehmen, beginnen
empreendimento *m* (ECON) Unternehmen *nt*
empregado, -a **I.** *m, f* (*de empresa*) Angestellte; (*do Estado*) Beamte, Beamtin *m, f;* (*de loja*) Verkäufer(in) *m(f);* (*de café, restaurante*) Kellner(in) *m(f);* **~ de escritório** Büroangestellte *m;* **empregada doméstica** Hausangestellte *f;* (*portugal*); **~ de mesa** Kellner(in) *m(f)* **II.** *adj* angestellt (*em* bei)
empregar <g→gu> **I.** *vt* (*pessoal*) einstellen, beschäftigen; (*utilizar*) gebrauchen, verwenden; (*a força*) aufwenden; (*uma técnica, um método*) anwenden; (*dinheiro*) anlegen (*em* in), ausgeben (*em* für) **II.** *vr* eine Stelle finden
emprego [ẽm'pregu] *m* ① (*trabalho*) Stelle *f,* Anstellung *f;* (*coloq*) Job *m;* **~ em «part-time»** Teilzeitbeschäftigung *f;* **~ a tempo inteiro** Vollzeitbeschäftigung *f,* Ganztagsstelle *f;* **arranjar ~** eine Stelle finden ② (*utilização*) Verwendung *f;* (*uso*) Gebrauch *m,* Benutzung *f;* (*da força*) Aufwendung *f;* (*de técnica, método*) Anwendung *f,* Einsatz *m* ③ (*de dinheiro*) Anlage *f,* Verwendung *f*
empregue **I.** *pp de* **empregar** **II.** *adj* (*conhecimentos*) **ser ~** zum Einsatz kommen; (*dinheiro*) Verwendung finden, verwendet werden; (*técnica, método*) Anwendung finden, angewendet werden; **ser bem/mal ~** gut/schlecht eingesetzt werden
empreitada *f* Akkordarbeit *f;* **dar de ~** einen Subunternehmer beauftragen mit
empreiteiro *m* (*de construção*) Bauunternehmer *m;* (*subcontratado*) Subunternehmer *m*
empresa [ẽm'prezɐ] *f* (ECON) Unternehmen *nt,* Betrieb *m;* **~ pública** Staatsunternehmen *nt*
empresário, -a *m, f* ① (ECON) Unternehmer(in) *m(f)* ② (*de espectáculos*) Intendant(in) *m(f)*
emprestado [ẽmprəʃ'tadu] *adj* geliehen, geborgt; **pedir a. c. emprestada a alguém** etw von jdm leihen, bei jdm etw ausleihen
emprestar [ẽmprəʃ'tar] *vt* verleihen; **~ a. c. a alguém** jdm etw leihen
empréstimo *m* ① (*financeiro*) Darlehen *nt;* **contrair um ~** ein Darlehen aufnehmen; **pedir um ~ ao banco** ein Darlehen bei der Bank beantragen ② (*de coisa*) Verleihung *f,* Verleihen *nt*
emproado *adj* (*pessoa*) hochmütig; (*discurso*) hochtrabend
emproar-se <*brasil, 1. pess pres:* emprôo> *vr* hochmütig werden
empunhar *vt* ergreifen
empurrão <-ões> *m* Stoß *m;* (*coloq*) Schubs *m;* **dar um ~ a alguém/a. c.** jdm/etw einen Stoß geben; **aos empurrões** drängelnd, schubsend
empurrar *vt* ① (*uma pessoa, um objecto*) stoßen; (*coloq*) schubsen; (*uma porta*) drücken ② (*a responsabilidade*) zuschieben
empurrões *m pl de* **empurrão**
emudecer <c→ç> **I.** *vt* zum Schweigen bringen, verstummen lassen **II.** *vi* verstummen
emulação <-ões> *f* Wetteifer *m*
emulsão <-ões> *f* Emulsion *f*
EN *abr de* **estrada nacional** Bundesstraße
ena *interj* (*portugal*) **~!** hei!
enaltecedor *adj* lobend, preisend
enaltecer <c→ç> *vt* loben, preisen
enamorado *adj* verliebt (*de* in)
enamorar-se *vr* sich verlieben (*de* in)
encabeçar <ç→c> *vt* ① (*um grupo*) anführen ② (*uma folha*) oben stehen auf; **o título encabeça a folha** der Titel steht oben auf der Seite
encabulado *adj* verlegen
encabular *vt conj como passear* in Verlegenheit bringen
encadeamento *m* Verknüpfung *f,* Verkettung *f*
encadear *vt conj como passear* (miteinander) verknüpfen, verketten

encadernação <-ões> *f* ❶ (*acção de encadernar*) Binden *nt*, Buchbinden *nt* ❷ (*capa*) Einband *m*
encadernado *adj* gebunden
encadernar *vt* binden, einbinden
encafifado *adj* (*brasil*) in Gedanken vertieft, nachdenklich
encafuar *vt* einsperren
encaixar **I.** *vt* (*uma peça*) einfügen, einpassen; (*coloq: na cabeça*) einpauken, pauken **II.** *vi* passen
encaixe *m* ❶ (*acção de encaixar*) Einfügen *nt*, Einpassung *f* ❷ (*ranhura*) Falz *m*, Nut *f* ❸ (*peça de encaixe*) Einsatz *m*
encaixilhar *vt* (*um quadro*) einrahmen; (*uma janela, porta*) mit Rahmen versehen
encaixotado *adj* (in Kisten) verpackt
encaixotar *vt* (in Kisten) verpacken
encalço *m* Verfolgung *f*; **ir no ~ de alguém** jdm auf den Fersen sein
encalhado *adj* ❶ (NÁUT) gestrandet, aufgelaufen ❷ (*pej: solteiro*) solo; **estar ~** keine abgekriegt haben
encalhar *vi* ❶ (NÁUT) auflaufen, stranden ❷ (*processo*) ins Stocken geraten, stocken; (*negociações*) sich festfahren
encaminhado *adj* **bem/mal ~** gut/schlecht geplant
encaminhar **I.** *vt* (*um processo*) leiten, lenken; (*uma pessoa*) führen, anleiten; (*no bom caminho*) auf den richtigen Weg bringen, den richtigen Weg zeigen **II.** *vr* sich auf den Weg machen (*para* nach), sich begeben (*para* nach)
encanado *adj* (*água*) in Leitungen, Leitungs ...
encanador(a) *m(f)* (*brasil*) Klempner(in) *m(f)*, Installateur(in) *m(f)*
encanamento *m* (*brasil*) Rohr *nt*, Leitung *f*; **~ de água** Wasserleitung *f*
encandear *vt conj como passear* blenden
encantado *adj* ❶ (*por artes mágicas*) verzaubert ❷ (*entusiasmado*) entzückt, begeistert; **estar ~ com alguém/a. c.** von jdm/etw angetan sein
encantador [ɛ̃ŋkãtɐ'dor] *adj* bezaubernd, entzückend
encantamento *m* Verzauberung *f*
encantar *vt* ❶ (*por meio de magia*) verzaubern ❷ (*entusiasmar*) begeistern, entzücken
encanto *m* ❶ (*feitiço*) Zauber *m* ❷ (*pessoa*) liebenswürdige(r) Mensch *m*; (*coloq*) Schatz *m*; (*coisa*) Schmuckstück *nt*; **ele/ela é um ~** er/sie ist die Liebenswürdigkeit in Person
encapar *vt* (*um livro*) einschlagen
encapelado *adj* aufgewühlt, wild
encaracolado *adj* lockig, gelockt
encaracolar-se *vr* (*cabelo*) sich locken
encarapitar-se *vr v.* **encarrapitar-se**
encarar *vt* ❶ (*uma pessoa*) ins Gesicht sehen, ansehen ❷ (*um problema*) ins Auge sehen
encarcerar *vt* inhaftieren, einsperren
encardido *adj* schmutzig
encarecer <c→ç> **I.** *vt* verteuern **II.** *vi* teurer werden
encarecidamente *adj* eindringlich, mit Nachdruck; **pedir a. c. ~** inständig um etw bitten
encarecimento *m* Verteuerung *f*
encargo *m* ❶ (*incumbência*) Auftrag *m*; (*obrigação*) Verpflichtung *f*, Pflicht *f* ❷ (*financeiro*) Belastung *f*; **~s judiciais** Gerichtskosten *pl*
encarnado [ɛ̃ŋkɐr'nadu] *adj* (*esp portugal*) rot
encarnar *vt* verkörpern
encarquilhado *adj* (*pele, cara*) runzlig; (*fruta*) verschrumpelt, schrumplig
encarquilhar *vi* (*pele, cara*) runzlig werden; (*fruta*) verschrumpeln
encarrapitar-se *vr* sich stellen (*em* auf)
encarregado, -a **I.** *m, f* Beauftragte; **~ de educação** Erziehungsberechtigte *m* **II.** *adj* (*com encargo*) beauftragt (*de* mit); (*incumbido*) zuständig (*de* für)
encarregar <g→gu> **I.** *vt* beauftragen; **~ alguém de a. c.** jdn mit etw beauftragen **II.** *vr* **~-se de** übernehmen; **~-se de fazer a. c.** sich zu etw verpflichten
encarreirado *adj* **estar ~** einen guten Weg nehmen, gut verlaufen
encarreirar **I.** *vt* (*encaminhar*) in die Wege leiten; (*no bom caminho*) auf den richtigen Weg bringen **II.** *vi* den richtigen Weg nehmen, gut verlaufen
encarrilar *vi v.* **encarreirar**
encasquetar *vt* (*coloq*) eintrichtern
encastelar *vt* (*fig*) aufeinandertürmen, aufeinanderstapeln
encastrado *adj* eingebaut, Einbau ...; **cozinha encastrada** Einbauküche *f*; **móveis ~s** Einbaumöbel *pl*

encastrar *vt* einbauen
encavacado *adj* gehemmt, befangen
encavalitar-se *vr* sich stellen (*em* auf)
encefálico *adj* (MED) Gehirn ...
encefalite *f* (MED) Gehirnentzündung *f*
encefalograma *m* (MED) Enzephalogramm *nt*
encenação [ẽsənɐ'sãu] <-ões> *f* (*fig*) Inszenierung *f*
encenador(a) *m(f)* Regisseur(in) *m(f)*
encenar *vt* (*fig*) inszenieren
encerado *adj* gebohnert, gewachst
enceradora *f* Bohnermaschine *f*
encerar *vt* wachsen, bohnern
encerrado *adj* ❶ (*audiência, assunto*) abgeschlossen; (*reunião*) beendet; **assunto ~!** Schluss damit! ❷ (*fechado*) geschlossen
encerramento *m* ❶ (*de uma reunião, audiência*) Abschluss *m*, Ende *nt* ❷ (*fecho*) Schließen *nt*; (*de estabelecimento*) Ladenschluss *m*
encerrar *vt* ❶ (*uma reunião, audiência*) abschließen, beenden ❷ (*fechar*) schließen; (*à chave*) abschließen ❸ (*conter*) einschließen, enthalten
encestar *vi* (DESP) einen Korb werfen
encetar *vt* ❶ (*o pão*) anschneiden; (*um pacote*) anbrechen ❷ (*iniciar*) beginnen, anfangen
encharcado [ẽʃɐr'kadu] *adj* durchnässt; (*coloq*) patschnass, klitschnass
encharcar <c→qu> **I.** *vt* durchnässen **II.** *vr* durchnässt werden; (*coloq*) patschnass werden
enchente *f* Flut *f* (*de* von)
encher [ẽ'ʃer] **I.** *vt* (*um recipiente, uma sala*) füllen (*de* mit); (*um pneu*) aufpumpen; (*um balão*) aufblasen; **~ o depósito** tanken **II.** *vi* ❶ (*maré*) steigen ❷ (*comida*) sättigen, satt machen **III.** *vr* ❶ (*de comida*) satt werden ❷ (*cansar-se*) genug bekommen (*de* von), müde werden; **ele não se enche de ouvir aquela música** er wird nicht müde, dieses Lied zu hören ❸ (*recipiente, sala*) sich füllen (*de* mit)
enchido *m* (*portugal:* CULIN) Wurst *f*

Es gibt in Portugal eine große Auswahl an **enchidos** (Dauer-)Wurstwaren. Die meisten Namen davon kann man einfach nicht übersetzen, weil es sie bei uns nicht gibt. Am besten ist es, Sie schauen sich in einem portugiesischen Feinkostladen oder hipermercado die Wurstabteilung an. Achten Sie dann auf Namen wie paio, salpicão, linguiça, chourição, alheiras, farinheiras.

enchimento *m* Füllung *f*
enchumaço *m* Futter *nt*; (*nos ombros*) Schulterpolster *nt*
enciclopédia *f* Enzyklopädie *f*
enclausurado *adj* eingesperrt
enclausurar *vt* einsperren
encoberto **I.** *pp de* **encobrir** **II.** *adj* ❶ (*céu*) bedeckt, bewölkt ❷ (*oculto*) verborgen
encobrir *vt irr como dormir* ❶ (*ocultar*) verbergen, verstecken ❷ (*uma pessoa*) decken
encolher **I.** *vt* (*as pernas*) einziehen; **~ os ombros** mit den Achseln zucken **II.** *vi* schrumpfen; (*roupa*) einlaufen **III.** *vr* verzagen
encolhido *adj* zusammengekauert
encomenda *f* (ECON) Auftrag *m*; (*pedido*) Bestellung *f*; **~ postal** Postpaket *nt*; **de/por ~** auf Bestellung; (*por medida*) nach Maß
encomendar *vt* bestellen
encontrão <-ões> *m* Stoß *m*, Zusammenstoß *m*; **dar um ~ a alguém/a. c.** jdn stoßen/gegen etw stoßen; **aos encontrões** (um sich) stoßend
encontrar [ẽŋkɔ̃n'trar] **I.** *vt* ❶ (*achar*) finden ❷ (*uma pessoa*) treffen; (*inesperadamente*) begegnen **II.** *vr* ❶ (*achar-se*) sich befinden ❷ (*ter encontro*) sich treffen (*com* mit)
encontro [ẽŋ'kɔ̃ntru] *m* ❶ (*entre conhecidos*) Treffen *nt*, Verabredung *f*; (*casual*) Begegnung *f*; **ter um ~ (marcado) com alguém** eine Verabredung mit jdm haben, mit jdm verabredet sein; **marcar um ~ com alguém** sich mit jdm verabreden; **ir ao ~ de alguém/a. c.** jdm/etw entgegengehen; **ir de ~ a alguém/a. c.** jdn anrempeln/gegen etw stoßen ❷ (*reunião*) Treffen *nt*; (*congresso*) Tagung *f*
encontrões *m pl de* **encontrão**
encorajar *vt* ermutigen (*a* zu), ermuntern (*a* zu)
encornar *vt* (*coloq*) pauken, büffeln
encorpado *adj* ❶ (*vinho*) stark ❷ (*pessoa*) beleibt
encorrilhado *adj* knitterig, verknittert
encorrilhar *vi* verknittern
encosta *f* Abhang *m*, Hang *m*
encostado *adj* ❶ (*pessoa, objecto*) **estar ~ a**

alguém sich an jdn anlehnen; **estar ~ a a. c.** an etw lehnen ❷ (*porta, janela*) angelehnt
encostar **I.** *vt* ❶ (*um objecto*) lehnen (*a* an); (*fig*); **~ alguém à parede** jdn in die Enge treiben ❷ (*a cabeça*) lehnen (*a* an), legen (*a* auf) ❸ (*o carro*) zur Seite fahren ❹ (*a porta, a janela*) anlehnen **II.** *vi* (*automóvel*) an die Seite fahren **III.** *vr* ❶ (*apoiar-se*) sich anlehnen (*a* an), sich lehnen (*a* an); (*reclinar-se*) sich zurücklehnen ❷ (*deitar-se*) sich hinlegen
encosto *m* (*da cadeira*) Lehne *f;* **~ de braços** Armlehne *f;* **~ de cabeça** Kopfstütze *f*
encovado *adj* (*olhos*) tief liegend; (*face*) eingefallen
encravado *adj* ❶ (*pelo, unha*) eingewachsen ❷ (*máquina*) verklemmt ❸ (*em apuros*) in Schwierigkeiten; **estar ~** in Schwierigkeiten stecken
encravar *vi* ❶ (*pelo, unha*) einwachsen ❷ (*máquina*) klemmen
encrenca *f* Unannehmlichkeit *f,* Schwierigkeit *f;* **meter-se numa ~** in eine unangenehme Lage geraten
encrencado *adj* ❶ (*situação*) verfahren ❷ (*pessoa*) in Schwierigkeiten; **estar ~** Schwierigkeiten haben
encrencar <c→qu> **I.** *vt* (*uma pessoa*) in Schwierigkeiten bringen; (*uma situação*) verkomplizieren **II.** *vi* (*situação*) unüberschaubar werden, kompliziert werden
encrespado *adj* ❶ (*cabelo*) kraus, gekräuselt ❷ (*mar*) schäumend, aufgewühlt
encrespar-se *vr* ❶ (*cabelo*) sich kräuseln ❷ (*mar*) schäumen, aufgewühlt sein
encruado *adj* nicht gar, halb gar
encruzilhada *f* Kreuzweg *m*
encurralado *adj* umzingelt
encurralar *vt* (*o gado*) einpferchen; (*uma pessoa*) umzingeln
encurtar *vt* verkürzen, kürzen
endémico (*portugal*), **endêmico** *adj* (*brasil:* MED) endemisch
endereçar <ç→c> *vt* adressieren (*a* an)
endereço [ɛ̃ndə'resu] *m* (*brasil*) Anschrift *f,* Adresse *f;* **~ de e-mail** E-Mail-Adresse *f*
endeusar *vt* vergöttern
endiabrado *adj* (*travesso*) ausgelassen
endinheirado *adj* begütert, reich
endireita *mf* Quacksalber(in) *m(f)*
endireitar **I.** *vt* (*um objecto*) aufrichten, aufrecht (hin)stellen; (*dobrando*) gerade biegen; (*uma situação*) in Ordnung bringen, einrenken **II.** *vr* sich aufrichten
endívia *f* (BOT) Chicorée *m,* Schikoree *m*
endividado *adj* verschuldet
endividar-se *vr* sich verschulden
endocarpo *m* (BOT) Endokarp *nt*
endoidecer <c→ç> **I.** *vt* in den Wahnsinn treiben, verrückt machen **II.** *vi* verrückt werden
endossado *adj* (*cheque*) indossiert
endossante *mf* (ECON) Indossant(in) *m(f),* Indossent(in) *m(f)*
endossar *vt* (ECON) indossieren
endosso *m* (ECON) Indossament *nt,* Indosso *nt*
endurecer <c→ç> **I.** *vt* verhärten, hart machen **II.** *vi* hart werden
endurecimento *m* Verhärtung *f*
energia *f* ❶ (FÍS) Energie *f;* **~ elé(c)trica** elektrische Energie *f;* **~ atómica** [*o brasil* **atômica**]**/nuclear** Kernenergie *f;* **~ solar** Sonnenenergie *f;* **~s renováveis** erneuerbare Energien; **acumular/poupar/gastar ~** Energie speichern/sparen/verbrauchen ❷ (*força, vigor*) Energie *f,* Tatkraft *f*
enérgico *adj* energisch, tatkräftig
enervante *adj* nervtötend, nervig
enervar **I.** *vt* auf die Nerven fallen, nerven **II.** *vr* nervös werden
enevoado *adj* (METEO) nebelig; (*em altitude*) diesig
enfado *m* Langeweile *f*
enfadonho *adj* langweilig
enfardar *vi* (*coloq*) Prügel kriegen
enfarinhado *adj* bemehlt, mit Mehl bestäubt
enfartado *adj* satt; (*coloq*) voll
enfartar **I.** *vt* satt machen, sättigen (*com* mit) **II.** *vr* sich satt essen (*com* an)
enfarte [ɛ̃'fartə] *m* (MED) Infarkt *m*
ênfase *m* Emphase *f;* (*realce*) Nachdruck *m;* **com ~** nachdrücklich; **dar ~ a a. c.** Nachdruck auf etw legen
enfastiado *adj* überdrüssig
enfático *adj* emphatisch, nachdrücklich
enfatizar *vt* (*brasil*) betonen
enfeitar **I.** *vt* schmücken, verzieren **II.** *vr* sich schmücken
enfeite *m* Schmuck *m,* Verzierung *f*
enfeitiçado *adj* ❶ (*com feitiço*) verzaubert, verhext ❷ (*fig: encantado*) verzaubert, entzückt
enfeitiçar <ç→c> *vt* ❶ (*com feitiço*) verzaubern, verhexen ❷ (*fig: encantar*) bezaubern,

entzücken

enferma *adj f de* **enfermo**

enfermagem *f* Krankenpflege *f;* **pessoal de ~** Pflegepersonal *nt*

enfermaria *f* Krankenstation *f*

enfermeiro, -a *m, f* Krankenpfleger, Krankenschwester *m, f*

enfermidade *f* Krankheit *f*

enfermo *adj* krank

enferrujado *adj* ❶ (*ferro*) verrostet, rostig ❷ (*sem exercício*) eingerostet

enferrujar *vi* ❶ (*ferro*) rosten, verrosten ❷ (*fig: pessoa*) rosten, einrosten

enfiada *f* Reihe *f;* **de ~** hintereinander

enfiado *adj* (*coloq*) **estar ~ em** stecken in; **estar sempre ~ em casa** immer zu Hause sitzen

enfiar **I.** *vt* (*meter*) hineinstecken, hineinschieben; (*um fio*) einfädeln; (*um anel*) anstecken; **~ a. c. na cabeça de alguém** jdm etw eintrichtern; (*coloq: pôr*) stecken (*em* in); (*coloq: vestir, calçar*) überstreifen, überziehen **II.** *vr* hineingehen (*por* in); **onde é que ele se enfiou?** wo steckt er?

enfim *adv* endlich, schließlich; **até que ~!** endlich!; **~!** na ja!

enforcado, -a **I.** *m, f* Gehängte, Gehenkte **II.** *adj* gehängt, gehenkt; **morrer ~** gehängt/gehenkt werden

enforcar <c→qu> **I.** *vt* hängen **II.** *vr* sich erhängen

enfraquecer <c→ç> **I.** *vt* schwächen **II.** *vi* ❶ (*pessoa*) schwach werden ❷ (*diminuir*) sich abschwächen

enfraquecimento *m* Schwächung *f*

enfrascar <c→qu> *vi* (*coloq*) saufen

enfrentar *vt* (*uma situação*) sich stellen, angehen; (*uma pessoa*) gegenübertreten

enfurecer <c→ç> **I.** *vt* wütend machen; (*coloq*) auf die Palme bringen **II.** *vr* ❶ (*pessoa*) wütend werden, in Rage kommen ❷ (*mar, vento*) tosen

enfurecido *adj* ❶ (*pessoa*) wütend ❷ (*mar, vento*) tosend

engalfinhar-se *vr* sich raufen (*com* mit)

enganado *adj* **estar ~** sich irren, sich täuschen; **estar redondamente ~** sich gründlich irren

enganador *adj* ❶ (*traiçoeiro*) betrügerisch ❷ (*ilusório*) täuschend, irreführend

enganar [ɛ̃ŋge'nar] **I.** *vt* (*iludir*) täuschen; (*induzir em erro*) irreführen; (*trair*) betrügen **II.** *vr* sich irren, sich täuschen; (*no caminho*) sich verlaufen; (*de carro*) sich verfahren; (*nas contas*) sich verrechnen; (*a escrever*) sich verschreiben; (*a falar*) sich versprechen; **~-se a respeito de alguém** sich in jdm täuschen; **se não me engano** wenn ich mich nicht irre

enganchar *vt* einhaken

engano *m* ❶ (*erro*) Irrtum *m;* (TEL); **é ~** Sie sind falsch verbunden; **por ~** irrtümlich, aus Versehen; **cometer um ~** einen Irrtum begehen ❷ (*traição*) Betrug *m* ❸ (*ilusão*) Täuschung *f*

enganoso *adj* irreführend, trügerisch

engarrafado *adj* ❶ (*vinho*) (in Flaschen) abgefüllt ❷ (*trânsito*) lahmgelegt

engarrafamento [ɛ̃ŋgeʀefe'mɛ̃ntu] *m* ❶ (*de bebidas*) Abfüllung *f* ❷ (*do trânsito*) Verkehrsstau *m*

engarrafar *vt* ❶ (*bebidas*) abfüllen, in Flaschen füllen ❷ (*o trânsito*) lahmlegen, zum Erliegen bringen

engasgado *adj* (*com comida, bebida*) **estar ~** sich verschluckt haben; (*sem fala*) sprachlos sein

engasgar-se <g→gu> *vr* sich verschlucken

engastar *vt* (*pedra preciosa*) einfassen

engatar *vt* ❶ (*uma peça*) einrasten lassen; (*enganchar*) einhaken; (*carruagem*) ankuppeln ❷ (*velocidade*) einlegen; **~ o carro** den Gang eingelegt lassen ❸ (*coloq: uma pessoa*) anmachen

engate *m* ❶ (*do carro, de carruagem*) Kupplung *f* ❷ (*coloq: de pessoa*) **ir ao ~ de alguém** jdn anmachen; **andar no ~** jdn aufreißen wollen, auf Männerfang/Brautschau sein

engelhado *adj* (*tecido, papel*) zerknittert; (*pele*) runzlig

engelhar *vt* (*papel, tecido*) zerknittern; (*pele*) runzlig machen

engendrar *vt* überlegen; (*coloq*) aushecken; **~ a. c.** sich *dat* etw ausdenken

engenharia *f* Ingenieurwissenschaft *f,* Ingenieurwesen *nt;* **~ de ambiente** Umwelttechnik *f;* **~ genética** Gentechnologie *f*

engenheiro, -a *m, f* Ingenieur(in) *m(f);* **~ agrónomo** [*o brasil* **agrônomo**] Agraringenieur *m;* **~ ele(c)trotécnico** Elektrotechniker *m;* **~ mecânico** Maschinenbauingenieur *m;* **~ de minas** Bergbauingenieur *m*

engenho *m* ① (*aptidão*) Ideenreichtum *m*, Talent *nt* ② (*máquina*) Maschine *f*; ~ **explosivo** Sprengsatz *m* ③ (*brasil: moinho*) Mühle *f*

engenhoca *f* (*coloq*) Apparat *m*, Maschinchen *nt*

engenhocas *mf inv* (*coloq*) Tüftler(in) *m(f)*

engenhoso *adj* erfinderisch

engessado *adj* eingegipst; **ter um braço ~** einen Gipsarm haben

engessar *vt* eingipsen

englobar *vt* ① (*abranger*) umfassen ② (*incluir*) einbeziehen (*em* in), einschließen (*em*)

Eng.º, Eng.ª *abr de* **engenheiro, -a** Ing. (= *Ingenieur*(*in*))

engodo *m* (*fig*) Köder *m*

engolir *vt irr como dormir* ① (*comida, bebida*) schlucken; (*as palavras*) verschlucken; ~ **em seco** etw hinterschlucken ② (*coloq: uma história*) schlucken

engomar *vt* ① (*passar a ferro*) bügeln; (*schweiz*) glätten ② (*com goma*) stärken

engonço *m* Scharnier *nt*

engonhar *vi* (*reg*) auf der Stelle treten, nicht vorankommen

engordar **I.** *vt* (*pessoa*) dick machen; (*animal*) mästen **II.** *vi* zunehmen, dick werden

engordurar *vt* fettig machen

engraçado *adj* ① (*divertido*) drollig, lustig ② (*com piada*) witzig ③ (*coloq: giro*) niedlich, süß

engraçar <ç→c> *vi* ~ **com alguém** jdn nett finden; ~ **com a. c.** etw gut finden

engrandecer <c→ç> *vt* (*enobrecer*) adeln

engravatado *adj* Schlips tragend

engravidar **I.** *vt* schwängern **II.** *vi* schwanger werden

engraxadela *f* ① (*com graxa*) Einfetten *nt*, Eincremen *nt*; **dar uma ~ aos sapatos** die Schuhe putzen ② (*coloq: bajulação*) Schmeichelei *f*, Schöntuerei *f*; **dar uma ~ a alguém** jdm schmeicheln, sich bei jdm einschmeicheln

engraxador(a) *m(f)* ① (*de sapatos*) Schuhputzer(in) *m(f)* ② (*portugal: coloq: bajulador*) Schmeichler(in) *m(f)*

engraxar *vt* ① (*sapatos*) putzen; (*couro*) eincremen, einfetten ② (*coloq: uma pessoa*) schmeicheln, schöntun

engraxate *mf* (*brasil*) *v.* **engraxador**

engrenagem <-ns> *f* ① (MEC) Getriebe *nt*; ~ **diferencial** Differenzialgetriebe *nt* ② (*fig: de instituição*) Herz *nt*

engrenar *vt* ① (MEC) verzahnen ② (*em assunto, conversa*) einhaken (*em* in)

engrossar *vi* ① (*líquido*) eindicken ② (*coloq brasil: conversa*) hitzig werden; (*pessoa*) böse werden, sich ärgern

enguia [ẽŋ'giɐ] *f* Aal *m*

enguia-elétrica <enguias-elétricas> *m* (*brasil:* ZOOL) Zitteraal *m*

enguiçar <ç→c> **I.** *vt* (*brasil*) kaputtmachen, zerstören **II.** *vi* (*brasil*) kaputtgehen

enguiço *m* ① (*mau agouro*) schlechte(s) Zeichen *nt* ② (*brasil: carro; avaria*) Panne *f*; (*máquina*) Schaden *m*

enigma *m* Rätsel *nt*

enigmático *adj* rätselhaft

enjaulado *adj* in einen Käfig gesperrt

enjaular *vt* in einen Käfig sperren

enjeitar *vt* ① (*rejeitar*) zurückweisen, ablehnen ② (*uma criança*) aussetzen

enjoado [ẽ'ʒwadu] *adj* ① (*geral, em viagem*) **estou ~** mir ist übel/schlecht; (*no mar*) ich bin seekrank ② (*enfastiado*) angeödet; (*coloq*); **estou ~ disso** ich habe die Nase voll davon

enjoar <*brasil, 1. pess pres:* enjôo> **I.** *vt* ① (*remédio, comida, cheiro*) Übelkeit verursachen; **isso enjoa-me** davon wird mir übel/schlecht ② (*enfastiar*) abstoßen, anekeln **II.** *vi* ① (*em viagem*) übel/schlecht werden; (*no mar*) seekrank werden; **ele enjoa** ihm wird (beim Auto fahren) schlecht ② (*enfastiar-se*) ~ **de** sich langweilen

enjoativo *adj* widerwärtig, ekelhaft

enjoo (*portugal*), **enjôo** *m* (*brasil: geral, em viagem*) Übelkeit *f*, Brechreiz *m*; (*no mar*) Seekrankheit *f*

enlaçar <ç→c> *vt* (*atar*) binden, festbinden; (*unir*) verbinden, verknüpfen

enlace *m* Verbindung *f*

enlameado *adj* schlammig

enlatado *adj* (*comida*) Konserven ...

enlatados *mpl* Konserven *pl*

enlatar *vt* (*comida*) eindosen

enlevar **I.** *vt* entzücken, hinreißen **II.** *vr* in Verzückung geraten

enlevo *m* Verzückung *f*, Entzücken *nt*

enlouquecer <c→ç> **I.** *vt* verrückt machen, um den Verstand bringen **II.** *vi* verrückt werden, den Verstand verlieren

enobrecer <c→ç> *vt* (*pessoa*) adeln; (*dis-*

E

curso) bereichern, verschönern

enojado *adj* angeekelt (*com* von), angewidert (*com* von)

enojar *vt* ekeln, anwidern

enologia *f* Weinkunde *f*, Önologie *f*

enorme *adj* riesig, enorm

enormidade *f* ❶ (*tamanho*) (enorme) Größe *f*; **uma ~ de** eine Unmenge ❷ (*disparate*) Ungeheuerlichkeit *f*

enquadramento *m* (*fig*) Anpassung *f* (*em* an), Einfügen *nt* (*em* in)

enquadrar **I.** *vt* (*fig*) einfügen (*em* in); **~ a. c. num contexto** etw in einen Kontext stellen **II.** *vi* passen (*com* zu) **III.** *vr* (*em situação*) sich anpassen (*em* an); (*em grupo*) sich einfügen (*em* in)

enquanto [ɛ̃ŋ'kwɐ̃ntu] *mf* ❶ (*temporal*) während; **~ isso** währenddessen, inzwischen; **por ~** fürs Erste, vorläufig ❷ (*ao passo que*) **~ (que)** wohingegen ❸ (*na qualidade de*) als; **~ professor** als Lehrer

enraivecer <c→ç> **I.** *vt* wütend machen **II.** *vr* wütend werden

enraizado *adj* verwurzelt

enraizar *vi* (*fig*) Wurzeln schlagen

enrascada *f* Unannehmlichkeit *f*; **estar/meter-se numa ~** in einer unangenehmen Lage sein/in Schwierigkeiten kommen

enrascado *adj* betrogen; (*coloq*) reingelegt

enrascar <c→qu> **I.** *vt* (*coloq*) reinlegen **II.** *vr* reinfallen

enredo *m* ❶ (*de um livro*) Handlung *f* ❷ (*intriga*) Intrige *f*

enregelar *vi* gefrieren

enriçado *adj* wirr, durcheinander

enriçar <ç→c> **I.** *vt* zerzausen, durcheinanderbringen **II.** *vr* sich verwirren

enrijecer <c→ç> **I.** *vt* härten **II.** *vi* hart werden

enriquecer <c→ç> **I.** *vt* (*com dinheiro*) reich machen; (*fig: enobrecer*) bereichern **II.** *vi* reich werden

enriquecimento *m* ❶ (*material*) Reichtum *m* ❷ (*fig: enobrecimento*) Bereicherung *f*

enrodilhar *vt* verwickeln, verwirren

enrolamento *m* (TEC) Wickelung *f*

enrolar **I.** *vt* (*um tapete, papel*) aufrollen, zusammenrollen; (*um fio, uma corda*) wickeln, aufwickeln; (*um cigarro*) drehen; (*fig: uma pessoa*) einwickeln **II.** *vr* sich aufrollen, sich zusammenrollen

enroscar <c→qu> **I.** *vt* wickeln, zusammenrollen **II.** *vr* sich winden

enrouquecer <c→ç> *vi* heiser werden

enrubescer <c→ç> *vi* (*elev*) erröten

enrugado *adj* kraus

enrugar <g→gu> **I.** *vt* kräuseln **II.** *vr* runzlig werden

ensaboadela *f* ❶ (*com sabão*) Einseifen *nt*; **dar uma ~ a a. c.** etw einseifen ❷ (*coloq: reprimenda*) Abreibung *f*; **dar uma ~ a alguém** jdm eine Abreibung verpassen

ensaiar *vt* ❶ (*uma peça, uma música*) proben; (*preparar*) einstudieren ❷ (*examinar*) testen, prüfen

ensaio *m* ❶ (*de teatro*) Probe *f*; **~ final** Generalprobe *f* ❷ (*automóvel*) Test *m* ❸ (LIT) Essay *m*

ensaísta *mf* Essayist(in) *m(f)*

ensamblar *vt* (*madeira*) verzapfen

ensanduichado *adj* (*coloq*) eingequetscht

ensanduichar *vt* (*coloq*) quetschen, einquetschen

ensanguentado (*portugal*), **ensangüentado** *adj* (*brasil: pessoa, ferida*) blutend; (*chão, roupa*) blutig, blutbefleckt

ensanguentar (*portugal*), **ensanüentar** *vt* (*brasil*) mit Blut beflecken

enseada *f* (GEOG) (kleine) Bucht *f*

ensejo *m* (günstige) Gelegenheit *f*

ensinadela *f* Lehre *f*

ensinado *adj* ❶ (*animal*) dressiert ❷ (*pessoa*) gebildet; **ninguém nasce ~** es ist noch kein Meister vom Himmel gefallen

ensinamento *m* Lehre *f*

ensinar [ɛ̃si'nar] *vt* ❶ (*uma pessoa*) unterrichten; (*uma disciplina*) unterrichten, lehren; **~ alguém a fazer a. c./a. c. a alguém** jdm etw beibringen ❷ (*um animal*) abrichten, dressieren

ensino *m* ❶ (*instrução*) Unterricht *m*; **o ~ das línguas/da matemática** der Sprach-/Mathematikunterricht ❷ (*sistema*) Bildungswesen *nt*, Bildungssystem *nt*; **~ preparatório** Unterstufe *f*; **~ secundário** Sekundarschulwesen *nt*; **~ secundário complementar** Oberstufe *f*; **~ superior** Hochschulwesen *nt*

ensopado **I.** *m* (CULIN) Eintopf *m* **II.** *adj* durchnässt

ensopar *vt* ❶ (*embeber*) eintunken ❷ (*encharcar*) durchnässen

ensurdecedor *adj* betäubend, ohrenbetäubend

ensurdecer <c→ç> **I.** *vt* taub machen **II.** *vi* taub werden

entaipar *vt* mit Mauern umgeben

entalado *adj* ① (*preso*) eingeklemmt ② (*engasgado*) **estar ~** sich verschluckt haben; **ficar ~** sich verschlucken

entalar **I.** *vt* einklemmen **II.** *vr* sich verschlucken

entalhar *vt* schnitzen

entalhe *m* Kerbe *f*

entanto **I.** *adv* in der Zwischenzeit **II.** *konj* **no ~** jedoch

então [ɛ̃n'tãu] **I.** *adv* (*nessa altura*) dann, da; (*naquele tempo*) damals; **até ~** bis dahin; **desde ~** seitdem; (*nesse caso*) dann **II.** *interj* also; (*coloq*); **~, tudo bem?** na, wie geht's?

entardecer **I.** <-es> *m* Abend *m*, Spätnachmittag *m*; **ao ~** in der Abenddämmerung **II.** <c→ç> *vi* Abend werden

ente *m* Wesen *nt*

enteado, -a *m, f* Stiefsohn, Stieftochter *m, f*

entediar *vt* langweilen, anöden

entendedor(a) *m(f)* Kenner(in) *m(f)*; **para bom ~, meia palavra basta** Sie wissen schon, was ich meine

entender [ɛ̃ntɛ̃n'der] **I.** *m* Meinung *f*; **no meu ~** meiner Meinung nach, meines Erachtens **II.** *vt* (*compreender*) verstehen, begreifen; (*uma língua*) verstehen; (*achar*) denken, meinen **III.** *vi* (*perceber*) verstehen; **dar a ~ a. c. a alguém** jdm etw zu verstehen geben, jdm etw nahelegen; **fazer-se ~** sich verständlich machen; (*conhecer*) sich auskennen (*de* mit), verstehen (*de* von); **ele não entende nada de música** er versteht nichts von Musik **IV.** *vr* sich verstehen (*com* mit)

entendido, -a **I.** *m, f* Sachverständige, Fachmann, Fachfrau *m, f* **II.** *adj* verstanden

entendimento *m* ① (*inteligência*) Verstand *m*, Auffassungsgabe *f* ② (*compreensão*) Verständnis *nt*

enternecer <c→ç> *vt* rühren

enternecimento *m* Rührung *f*

enterrado *adj* begraben

enterrar **I.** *vt* begraben; (*sepultar*) beerdigen **II.** *vr* sich vergraben (*em* in)

enterro *m* ① (*acto*) Vergraben *nt* ② (*funeral*) Begräbnis *nt*, Beerdigung *f*

entidade *f* ① (*ser*) Wesen *nt* ② (*corporação*) Körperschaft *f*

entoação <-ões> *f* ① (*sonora*) Tonfall *m*, Intonation *f* ② (*ênfase*) Betonung *f*; **dar ~ a a. c.** etw betonen

entoar <*brasil, 1. pess pres:* entôo> *vt* anstimmen

entomologia *f* (ZOOL) Insektenkunde *f*, Entomologie *f*

entomológico *adj* (ZOOL) entomologisch, Insekten …

entomologista *mf* (ZOOL) Insektenforscher(in) *m(f)*, Entomologe, Entomologin *m, f*

entonação <-ões> *f* (*brasil*) *v.* **entoação**

entontecer <c→ç> *vt* schwindlig machen

entornar *vt* ① (*vazar*) ausgießen, ausschütten; (*por descuido*) vergießen, verschütten ② (*um recipiente*) umstoßen

entorpecente *m* (*brasil*) Rauschgift *nt*

entorpecer <c→ç> **I.** *vt* lähmen **II.** *vi* lahm werden

entorpecido *adj* gelähmt

entorpecimento *m* ① (*acção de entorpecer*) Lähmung *f* ② (*falta de sensibilidade*) Unempfindlichkeit *f*

entorse *f* (MED) Sehnenzerrung *f*

entortar **I.** *vt* (*dobrando*) verbiegen, biegen; (*torcendo*) verdrehen **II.** *vr* sich krümmen

entozoário *m* Darmparasit *m*

entrada [ɛ̃n'tradɐ] *f* ① (*acção de entrar*) Eintritt *m*; (*num país*) Einreise *f*; (DESP: *em campo*) Einlauf *m*; (*teatro*); **~ em cena** Auftritt *m*; **~ em vigor** In-Kraft-Treten *nt*; **dar ~ no hospital** ins Krankenhaus eingeliefert werden ② (*local*) Eingang *m*; (*para carros*) Zufahrt *f*; (*de auto-estrada*) Auffahrt *f*; **na ~** am Eingang ③ (*em sítio público*) Zutritt *m*; (*preço*) Eintritt *m*; **a ~ é às 20 horas** um 20 Uhr ist Einlass; **~ proibida** Zutritt verboten; **~ gratuita** Eintritt frei ④ (*de dinheiro, mercadoria, correio*) Eingang *m*; **dar ~** eingehen ⑤ (*pagamento inicial*) Anzahlung *f*; **dar uma ~** eine Anzahlung leisten ⑥ (CULIN) Vorspeise *f* ⑦ (MÚS) Einsatz *m* ⑧ (*do Inverno*) Beginn *m*

entradas *fpl* ① (*no cabelo*) Geheimratsecken *pl* ② (*ano novo*) Rutsch *m*; **boas ~!** guten Rutsch!

entrançado **I.** *m* Geflecht *nt* **II.** *adj* geflochten

entrançar <ç→c> *vt* flechten

entranhado *adj* (*sujidade*) festsitzend; (*cheiro*) penetrant; (*sentimento*) innig

entranhar-se *vr* eindringen (*em* in), sich festsetzen (*em* in)

entranhas *fpl* ① (*vísceras*) Eingeweide *pl*, Innereien *pl* ❷ (*interior*) Innerste *nt*

entrar [ɛ̃n'trar] *vi* ❶ (*ir para dentro*) hineingehen, eintreten; (*vir para dentro*) hereinkommen; (*num país*) einreisen; (*automóvel*) hineinfahren; (*navio*) einlaufen; **mandar ~** hereinbitten; **entre/entra!** herein!; **~ ao serviço** Dienst haben; **~ em pormenores** ins Detail gehen; (*teatro*); **~ em cena** auftreten; **~ em vigor** in Kraft treten ❷ (*numa associação*) eintreten ❸ (*mercadoria, correio, dinheiro*) eingehen ❹ (*líquido*) eindringen; **deixar ~ água** durchlässig sein, undicht sein ❺ (*num jogo, num filme*) mitspielen; (*numa brincadeira*) mitmachen; (*numa discussão*) sich einmischen

entravar *vt* hemmen

entrave *m* Hemmnis *nt,* Hindernis *nt*

entre ['ɛ̃ntrɐ] *prep* (*dois*) zwischen; (*vários*) unter, bei; **~ parêntesis/aspas** in Klammern/Anführungsstrichen; **~ outras coisas** unter anderem; **~ si** unter sich

entreaberto **I.** *pp de* **entreabrir** **II.** *adj* halb geöffnet; (*porta, janela*) angelehnt

entreabrir <*pp* entreaberto> *vt* halb öffnen

entreacto *m* (*portugal*) ❶ (*teatro*) Zwischenakt *m* ❷ (MÚS) Intermezzo *nt*

entreato *m* (*brasil*) *v.* **entreacto**

entrecortado *adj* unregelmäßig

entrecortar **I.** *vt* unterbrechen **II.** *vr* (MAT) sich schneiden

entrecosto *m* Rippchen *nt*

entrecruzar-se *vr* sich kreuzen

entrega *f* ❶ (*de um objecto*) Übergabe *f;* (*de mercadoria*) Lieferung *f;* (*de bagagem*) Ausgabe *f;* (*de prémio*) Verleihung *f;* **fazer a ~ de a. c.** etw liefern ❷ (*dedicação*) Engagement *nt,* Hingabe *f* ❸ (*rendição*) Übergabe *f*

entregar [ɛ̃ntrə'gar] <*pp* entregue *o* entregado; g→gu> **I.** *vt* ❶ (*um objecto*) abgeben, aushändigen; (*mercadoria*) abliefern, ausliefern; (*um requerimento*) einreichen; (*um prémio*) verleihen ❷ (*denunciar*) anzeigen (*a* bei) **II.** *vr* ❶ (*a uma pessoa*) sich hingeben (*a*); (*a uma causa*) sich widmen (*a*) ❷ (*render-se*) sich ergeben; (*à polícia*) sich stellen

entregue **I.** *pp de* **entregar** **II.** *adj* übergeben, ausgehändigt; **estar ~ a alguém** jdm ausgeliefert sein; **ficar/estar bem ~ a alguém** bei jdm gut aufgehoben sein; **estar ~ a si próprio** sich selbst überlassen sein

entrelaçar <ç→c> *vt* (miteinander) verflechten, ineinander schlingen; **~ um fio de algodão com uma corda** einen Baumwollfaden und eine Schnur ineinander schlingen

entrelinha *f* Zeilenabstand *m;* (*fig*); **ler nas ~s** zwischen den Zeilen lesen

entremear *vt conj como passear* einfügen, einschieben

entremeio *m* Zwischenraum *m*

entrementes *adv* unterdessen, inzwischen

entreolhar-se *vr* sich ansehen

entreposto *m* Lagerhalle *f*

entretanto **I.** *m* Zwischenzeit *f;* **no ~** in der Zwischenzeit **II.** *adv* inzwischen, unterdessen

entretenimento *m* Unterhaltung *f,* Zeitvertreib *m*

entreter *irr como ter* **I.** *vt* unterhalten **II.** *vr* sich beschäftigen (*com* mit), sich die Zeit vertreiben +*dat* (*com* mit)

entretido *adj* beschäftigt (*com* mit); **estar ~ a fazer a. c.** damit beschäftigt sein, etw zu tun

entrevado *adj* gelähmt

entrevista *f* Interview *nt;* (*para um emprego*) Vorstellungsgespräch *nt;* **marcar uma ~** einen Termin für ein Vorstellungsgespräch ausmachen; **~ coletiva** Pressekonferenz *f*

entrevistador(a) *m(f)* Interviewer(in) *m(f)*

entrevistar *vt* interviewen

entristecer <c→ç> **I.** *vt* betrüben, traurig machen **II.** *vi* traurig werden

entroncado *adj* mit breitem Oberkörper, kräftig

entroncamento *m* Knotenpunkt *m*

Entrudo *m* Karneval *m,* Fastnacht *f;* **Terça-feira de ~** Fastnachtsdienstag *m*

entulhar *vt* ❶ (*encher de entulho*) mit Schutt füllen, Schutt abladen in/auf ❷ (*amontoar*) aufhäufen, anhäufen

entulho *m* ❶ (*lixo*) Abfall *m* ❷ (*de construção*) Schutt *m*

entupido *adj* (*cano, nariz*) verstopft

entupimento *m* Verstopfung *f*

entupir *vi irr com subir* (*cano, nariz*) verstopfen

entusiasmado [ɛ̃ntuzjɐʒ'madu] *adj* begeistert (*com* von)

entusiasmar **I.** *vt* begeistern **II.** *vr* sich begeistern (*com* für)

entusiasmo *m* Begeisterung *f* (*por* für), Enthusiasmus *m*

entusiasta [ẽntu'zjaʃtɐ] *mf* Enthusiast(in) *m(f)*, Begeisterte

entusiástico *adj* enthusiastisch, begeistert; **aplauso ~** begeisterter Applaus

enumeração <-ões> *f* Aufzählung *f*

enumerar *vt* aufzählen

enunciado *m* (*de um teste*) Prüfungsbogen *m*, Aufgabenblatt *nt*

enunciar *vt* ❶ (*declarar*) behaupten ❷ (*exprimir*) aussprechen, ausdrücken

envelhecer <c→ç> **I.** *vt* alt machen **II.** *vi* altern, alt werden

envelhecimento *m* (*pessoa*) Altern *nt*, Älterwerden *nt;* (*método*) Veralten *nt*

envelope [ẽvə'lɔpə] *m* Briefumschlag *m*

envencilhar-se *vr* (*portugal*) sich (ineinander) verwickeln

envenenado *adj* vergiftet; **morrer ~** vergiftet werden

envenenamento [ẽvənənɐ'mẽntu] *m* Vergiftung *f*

envenenar **I.** *vt* vergiften **II.** *vr* sich vergiften

enveredar *vi* (*carreira profissional*) **~ por** einschlagen; (*religião*) annehmen; **~ pelo marxismo** Marxist werden

envergadura *f* ❶ (AERO: *das asas*) Spannweite *f* ❷ (*de pessoa*) Körperbau *m;* (*capacidade*) Fähigkeit *f* ❸ (*de acontecimento*) Tragweite *f;* **de grande ~** von großer Tragweite

envergonhado *adj* verschämt; (*embaraçado*) verlegen; (*tímido*) schüchtern

envergonhar **I.** *vt* beschämen, in Verlegenheit bringen **II.** *vr* sich schämen; **~-se de alguém/a. c.** sich vor jdm/für etw schämen

envernizar *vt* (*as unhas, madeira*) lackieren

enviado, -a *m, f* ❶ (POL) Gesandte ❷ (JORN) Auslandskorrespondent(in) *m(f);* **~ especial** Sonderkorrespondent *m*

enviar *vt* (*uma carta, mercadoria*) senden, schicken; (*uma pessoa*) entsenden

envidraçado *adj* verglast

envidraçar <ç→c> *vt* (*uma sala*) verglasen

enviesado *adj* schräg, schief

enviesar *vt* schräg hinstellen

envio *m* (*de uma carta*) Sendung *f;* (*de mercadoria*) Versand *m*

enviuvar *vi* verwitwen

envolto *adj* eingewickelt (*em* in)

envolvente *adj* (*livro, filme*) packend, mitreißend

envolver **I.** *vt* ❶ (*embrulhar*) einwickeln (*em* in), einhüllen (*em* in) ❷ (*comprometer*) verwickeln (*em* in), hineinziehen (*em* in); **~ alguém numa discussão** jdn in eine Diskussion verwickeln ❸ (*acarretar*) mit sich bringen, nach sich ziehen; **este projecto** [*o brasil* **projeto**] **envolve muito trabalho e uma grande despesa** dieses Projekt ist sehr arbeitsintensiv und kostspielig **II.** *vr* ❶ (*numa situação*) sich verstricken (*em* in) ❷ (*com uma pessoa*) sich einlassen (*com* mit)

envolvido *adj* verwickelt, verstrickt; **estar ~ num crime** in ein Verbrechen verwickelt sein

envolvimento *m* (*num crime*) Verwickelung *f* (*em* in), Verstrickung *f* (*em* in); (*num projecto*) Mitarbeit *f* (*em* an/in)

enxada *f* Hacke *f*

enxaguar *vt* abspülen

enxame *m* Schwarm *m*

enxaqueca [ẽʃɐ'kɜkɐ] *f* (MED) Migräne *f*

enxergar <g→gu> *vt* ❶ (*avistar*) erblicken ❷ (*notar*) bemerken

enxerido *adj* (*pej brasil*) naseweis

enxertar *vt* pfropfen

enxerto *m* Pfropfreis *m;* **fazer um ~** pfropfen (*em*)

enxofre *m* (QUÍM) Schwefel *m*

enxotar *vt* verscheuchen, verjagen

enxoval *m* (*da noiva*) Brautausstattung *f;* (*do bebé*) Erstausstattung *f*

enxovalhar *vt* verschmutzen, schmutzig machen

enxugar <*pp* enxuto *o* enxugado; g→gu> **I.** *vt* trocknen; (*loiça*) abtrocknen **II.** *vi* trocknen

enxurrada *f* ❶ (*de água*) Sturzbach *m* ❷ (*grande quantidade*) Menge *f;* **uma ~ de gente** Menschenmengen

enxuto **I.** *pp de* **enxugar** **II.** *adj* trocken

enzima *f* (BIOL) Enzym *nt*

eólico *adj* Wind ...; **energia eólica** Windenergie *f*

epicentro *m* Epizentrum *nt*

épico **I.** *m* Epiker *m* **II.** *adj* episch

epidemia *f* (MED) Epidemie *f*, Seuche *f*

epidémico (*portugal*), **epidêmico** *adj* (*brasil*) epidemisch, seuchenartig

epiderme *f* Epidermis *f*, Oberhaut *f*

epiglote *f* (ANAT) Kehldeckel *m*

epígrafe *f* Inschrift *f*

epigrafia *f* Inschriftenkunde *f*, Epigraphik *f*

epilepsia [ipilɜp'sjɐ] *f* (MED) Epilepsie *f*

epiléptico, -a **I.** *m, f* Epileptiker(in) *m(f)* **II.** *adj* epileptisch
epílogo *m* Epilog *m,* Nachwort *nt*
episcopado *m* (REL) Episkopat *nt*
episcopal <-ais> *adj* bischöflich, Bischofs ...
episódio *m* Episode *f;* (*de uma série*) Folge *f,* Teil *m*
epíteto *m* ① (LING) Epitheton *nt* ② (*elev: alcunha*) Beiname *m*
época ['ɜpukɐ] *f* Epoche *f,* Zeitalter *nt;* **naquela ~** damals
epopeia (*portugal*), **epopéia** *f* (*brasil:* LIT) Epos *nt,* Heldengedicht *nt*
equação <-ões> *f* (MAT) Gleichung *f*
equador *m* (GEOG) Äquator *m*
Equador *m* Ecuador *nt*
equalizador <-es> *m* Equalizer *m*
equatorial <-ais> *adj* äquatorial
equiângulo (*portugal*), **eqüiângulo** *adj* (*brasil:* MAT) gleichwinklig
equidade (*portugal*), **eqüidade** *f* (*brasil*) Gleichheit *f*
equidistante (*portugal*), **eqüidistante** *adj* (*brasil*) gleich weit entfernt
equilátero (*portugal*), **eqüilátero** *adj* (*brasil:* MAT) gleichseitig
equilibrado *adj* (*fig*) ausgeglichen
equilibrar **I.** *vt* (*pôr em equilíbrio*) ins Gleichgewicht bringen; (*manter em equilíbrio*) im Gleichgewicht halten; (*igualar*) ausgleichen **II.** *vr* sich ausgleichen
equilíbrio *m* Gleichgewicht *nt;* **manter/perder o ~** das Gleichgewicht halten/verlieren
equilibrista *mf* Seiltänzer(in) *m(f)*
equinócio *m* Tagundnachtgleiche *f,* Äquinoktium *nt*
equipa [i'kipɐ/i'kipi] *f* (*portugal: desportiva*) Mannschaft *f;* (*de trabalho*) Team *nt*
equipamento *m* ① (*apetrechos*) Ausstattung *f,* Ausrüstung *f;* **~ informático** Ausstattung mit Computern ② (*de jogador*) Trikot *nt*
equipar **I.** *vt* (*um avião, uma fábrica*) ausrüsten (*com* mit); (*uma cozinha*) ausstatten (*com* mit) **II.** *vr* (*jogador*) sich umziehen, das Trikot anziehen
equiparação <-ões> *f* Gleichsetzung *f,* Gleichstellung *f*
equiparar **I.** *vt* gleichstellen (*a*), gleichsetzen (*a*) **II.** *vr* **~-se a** ebenbürtig sein; **ela equipara-se aos seus adversários** sie ist ihren Gegnern ebenbürtig
equiparável <-eis> *adj* vergleichbar (*a* mit)
equipe *f* (*brasil*) *v.* **equipa**
equitação *f* Reitsport *m,* Reiten *nt;* **praticar ~** reiten
equitativo (*portugal*), **eqüitativo** *adj* (*brasil*) gerecht
equivalência *f* Gleichwertigkeit *f,* Äquivalenz *f;* (*de curso*) Anerkennung *f;* **dar ~ a** (als gleichwertig) anerkennen
equivalente **I.** *m* Gegenwert *m,* Äquivalent *nt* **II.** *adj* ① (*com igual valor*) gleichwertig (*a* mit), äquivalent; (*com igual significado*) gleichbedeutend (*a* mit) ② (*correspondente*) entsprechend (*a*)
equivaler *vi irr como valer* ① (*ter igual valor*) gleichwertig sein (*a* mit); (*ter igual significado*) gleichbedeutend sein (*a* mit) ② (*corresponder*) entsprechen (*a*), gleichkommen
equívoca *adj f de* **equívoco II**
equivocado *adj* **estar ~** sich irren
equivocar-se <c→qu> *vr* sich irren
equívoco **I.** *m* ① (*mal-entendido*) Missverständnis *nt* ② (*engano*) Irrtum *m;* (*erro*) Fehler *m;* **por ~** irrtümlich **II.** *adj* ① (*ambíguo*) doppeldeutig ② (*duvidoso*) zweifelhaft
era ['ɜrɐ] **I.** *imp de* **ser** **II.** *f* Zeitalter *nt,* Ära *f*
erário *m* Staatskasse *f,* Staatsschatz *m*
ereção <-ões> *f* (*brasil*) *v.* **erecção**
erecção *f* (*portugal*) ① (ANAT) Erektion *f* ② (*de um monumento*) Errichtung *f*
erecto *adj* (*pessoa*) stehend; (*pénis*) erigiert, steif
eremita *mf* Einsiedler(in) *m(f),* Eremit(in) *m(f)*
ereto *adj* (*brasil*) *v.* **erecto**
ergo *1. pres de* **erguer**
ergonomia *f* Ergonomie *f*
ergonómico (*portugal*), **ergonômico** *adj* (*brasil*) ergonomisch
erguer **I.** *vt* (*levantar*) hochheben; (*um monumento*) errichten **II.** *vr* sich erheben
erguido *adj* aufgerichtet, stehend
eriçado *adj* gesträubt
eriçar <ç→c> **I.** *vt* sträuben **II.** *vr* sich sträuben
erigir *vt* erbauen, errichten
ermida *f* Kapelle *f*
ermo **I.** *m* Einöde *f* **II.** *adj* abgelegen
erosão <-ões> *f* Erosion *f*
erótico *adj* erotisch
erotismo *m* Erotik *f*
errada *adj f de* **errado**

erradicar <c→qu> *vt* ausrotten, ausmerzen
errado [i'ʀadu] *adj* ① (*pessoa*) **estar ~** sich irren ② (*resposta, caminho*) falsch
errante *adj* umherziehend
errar **I.** *vt* (*o caminho*) verfehlen; (*uma pergunta*) falsch beantworten; **~ o alvo** das Ziel verfehlen **II.** *vi* ① (*enganar-se*) sich irren ② (*vaguear*) umherirren
errata *f* Druckfehlerverzeichnis *nt*
erro ['eʀu] *m* Fehler *m;* (*engano*) Irrtum *m;* **cometer um ~** einen Fehler machen; **um ~ de palmatória** ein schwerer Fehler; **salvo ~** wenn ich mich nicht irre
erróneo (*portugal*), **errôneo** *adj* (*brasil*) falsch
erudição <-ões> *f* Gelehrtheit *f,* (umfassende) Bildung *f*
erudito, -a **I.** *m, f* Gelehrte **II.** *adj* gelehrt, gebildet
erupção <-ões> *f* ① (GEOL) Ausbruch *m,* Eruption *f;* **entrar em ~** ausbrechen ② (MED) **~ cutânea** Hautausschlag *m*
eruptivo *adj* (GEOL) eruptiv, durch Eruption entstanden
erva *f* ① (BOT) Gras *nt;* **~s aromáticas** Kräuter *pl;* **~s daninhas** Unkraut *nt* ② (*coloq: droga*) Gras *nt*
erva-doce <ervas-doces> *f* Anis *m*
ervanário *m* Heilkräuterhandlung *f*
ervilha *f* Erbse *f*
és *2. sing pres de* **ser**
esbaforido *adj* atemlos, außer Atem
esbanjar *vt* verschleudern, verschwenden
esbarrar **I.** *vi* stoßen (*contra* gegen, *em* an), prallen (*contra* gegen, *em* an) **II.** *vr* ① (*ir de encontro a*) sich stoßen (*em, contra* an) ② (*encontrar casualmente*) stoßen (*com* auf)
esbater-se *vr* verblassen, ausgewaschen werden
esbelto *adj* schlank
esboçar <ç→c> *vt* ① (*um desenho, plano*) skizzieren, entwerfen ② (*um sorriso*) andeuten
esboço *m* Skizze *f,* Entwurf *m*
esbofetear *vt conj como passear* ohrfeigen
esborrachado *adj* zerquetscht
esborrachar **I.** *vt* zerquetschen, zerdrücken **II.** *vr* hinstürzen
esbranquiçado *adj* weißlich
esbugalhado *adj* **olhos ~s** hervorstehende Augen *pl,* Glotzaugen *pl*
esbugalhar *vt* (*os olhos*) aufreißen
esburacado *adj* (*rua*) voller Schlaglöcher; (*parede*) zerlöchert, löcherig
esburacar <c→qu> *vt* ① (*uma rua*) zu Schlaglöchern führen in ② (*perfurar*) durchlöchern
esc. (HIST) *abr de* **escudo** Escudo
escabeche *m* ① (CULIN) Marinade *f;* **de ~** mariniert ② (*coloq: barulho*) Krach *m*
escabroso *adj* ① (*áspero*) rau ② (*acidentado*) holprig, uneben; (*íngreme*) steil ③ (*melindroso*) heikel
escachar *vt* (*as pernas, os braços*) spreizen
escada ['ʃkadɐ] *f* ① (*fixa*) Treppe *f;* **~ de caracol** Wendeltreppe *f;* **~ rolante** Rolltreppe *f* ② (*portátil*) Leiter *f*
escadaria *f* Treppenhaus *nt*
escadote *m* Leiter *f*
escafandro *m* Taucheranzug *m*
escafeder *vi* (*coloq brasil*) verduften, abhauen
escala ['ʃkalɐ] *f* ① (*de mapa, planta*) Maßstab *m;* **à ~ de 1 para 100** im Maßstab 1 zu 100 ② (*de um instrumento*) Skala *f* ③ (AERO) Zwischenlandung *f;* (AERO); **fazer ~ em Lisboa** in Lissabon zwischenlanden; (NÁUT) Lissabon anlaufen ④ (MÚS) Tonleiter *f*
escalada *f* Bergsteigen *nt;* (*subida*) Aufstieg *m*
escalão <-ões> *m* ① (*nível*) Stufe *f;* **por escalões** gestaffelt ② (*profissional*) Dienstgrad *m;* (*de salário*) Gehaltsstufe *f;* (MIL) Rang *m;* **subir de ~** befördert werden
escalar **I.** *vt* (*uma montanha*) besteigen, steigen auf; (*um muro*) klettern auf, steigen auf **II.** *vi* eskalieren
escaldado *adj* ① (*queimado*) verbrüht ② (*imune*) abgehärtet, hartgesotten
escaldante *adj* glühend heiß
escaldão *m* (*portugal*) Sonnenbrand *m;* **apanhar um ~** einen Sonnenbrand bekommen
escaldar **I.** *vt* ① (*queimar*) verbrühen ② (*para tirar a pele*) abbrühen **II.** *vr* ① (*queimar-se*) sich verbrühen ② (*prejudicar-se*) Schaden davontragen; (*coloq*) sich die Finger verbrennen +*dat*
escaleno *adj* (MAT) ungleichseitig
escalfado *adj* (*ovo*) pochiert; (*mal cozido*) weich gekocht
escalfar *vt* (*um ovo*) pochieren; (*cozer mal*) weich kochen

escalões *m pl de* **escalão**
escalonamento *m* Abstufung *f,* Staffelung *f*
escalonar *vt* abstufen, staffeln
escalope *m* (CULIN) Schnitzel *nt*
escama *f* (*de peixe, na pele*) Schuppe *f*
escamado *adj* (*peixe*) abgeschuppt
escamar **I.** *vt* (*o peixe*) schuppen, abschuppen **II.** *vi* (*pele*) sich schuppen
escamoso *adj* schuppig
escamotear *vt conj como passear* ❶ (*fazer desaparecer*) verschwinden lassen ❷ (*roubar*) stehlen
escancarado *adj* weit offen, weit geöffnet
escancarar *vt* ❶ (*uma porta*) weit öffnen, aufsperren ❷ (*mostrar*) präsentieren, zur Schau stellen
escâncaras *adv* **às ~** weit offen
escanchar *vt* (*as pernas*) spreizen
escandalizado *adj* empört; (*ofendido*) schockiert, entsetzt
escandalizar **I.** *vt* empören; (*ofender*) schockieren, Anstoß erregen bei **II.** *vr* sich empören (*com* über), Anstoß nehmen (*com* an)
escândalo *m* Skandal *m;* **dar um ~** Aufsehen erregen, einen Skandal provozieren; **fazer um ~** Krach schlagen
escandaloso *adj* skandalös, Aufsehen erregend
escandinava *f de* **escandinavo**
Escandinávia *f* Skandinavien *nt*
escandinavo, -a **I.** *m, f* Skandinavier(in) *m(f)* **II.** *adj* skandinavisch
escanear *conj como passear vt* (*brasil*) (ein)scannen
escâner *m* (INFOR: *brasil: scanner*) Scanner *m*
escangalhar **I.** *vt* (*coloq: estragar*) kaputtmachen, vermasseln; (*coloq: desmontar*) auseinandernehmen, zerlegen **II.** *vr* auseinandergehen
escanteio *m* (*brasil:* FUT) Ecke *f*
escantilhão <-ões> *m* ❶ (*medida-padrão*) Eichmaß *nt* ❷ (*de letras*) Buchstabenschablone *f*
escanzelado *adj* (*coloq*) klapperdürr, nur Haut und Knochen
escapadela *f* ❶ (*fuga*) Entwischen *nt,* Entkommen *nt* ❷ (*amorosa*) Seitensprung *m;* **dar uma ~** einen Seitensprung machen
escapamento *m* (*brasil*) Auspuff *m*
escapar *vi* ❶ (*fugir*) fliehen (*a* vor, *de* aus), entkommen (*de* aus); **~ da prisão** aus dem Gefängnis ausbrechen; **~ a alguém** jdm entkommen; **~ de um perigo** einer Gefahr entrinnen; **~ por um triz** gerade noch einmal davonkommen ❷ (*passar despercebido*) entgehen; **deixar ~ a. c.** sich etw entgehen lassen *+dat;* **não te escapa nada!** dir entgeht nichts!
escaparate *m* (*portugal*) Glasschrank *m,* Vitrine *f*
escapatória *f* (*coloq*) Ausweg *m;* **não há ~ possível** die Lage ist ausweglos
escape ['ʃkapə] *m* Auspuff *m*
escápula *f* (ANAT) Schulterblatt *nt*
escapulário *m* (REL) Skapulier *nt*
escapulir-se *vr irr como subir* entwischen
escara *f* (MED) Schorf *m*
escarafunchar *vt* ❶ (*esgravatar*) scharren in; (*revolver*) aufwühlen ❷ (*investigar*) schnüffeln in
escaravelho *m* Käfer *m*
escarcéu <-éis> *m* ❶ (*onda*) Sturzwelle *f,* Brecher *m* ❷ (*alarido*) Geschrei *nt,* Gezeter *nt;* **fazer um ~** Theater machen
escarlate **I.** *m* Scharlachrot *nt* **II.** *adj* scharlachrot
escarlatina [ʃkɐrlɐ'tinɐ] *f* (MED) Scharlach *m*
escárnio *m* Spott *m,* Hohn *m*
escarpa *f* (*declive, ladeira*) Abhang *m;* (*ribanceira*) Böschung *f*
escarpado [ʃkɐr'padu] *adj* abschüssig, steil
escarrapachado *adj* ❶ (*pernas*) gespreizt ❷ (*coloq: evidente*) glasklar
escarrapachar *vt* (*as pernas*) spreizen
escarrar *vi* (*coloq*) spucken
escarro *m* (*coloq*) Ausgespuckte *nt*
escassa *adj f de* **escasso**
escassear *vi conj como passear* (*tempo, material*) knapp werden, knapp sein
escassez *f* Knappheit *f,* Mangel *m* (*de* an)
escasso *adj* (*tempo, material*) knapp; (*vegetação*) spärlich; **escassas vezes** selten
escavação <-ões> *f* ❶ (*arqueologia*) Ausgrabung *f* ❷ (*construção*) Aushebung *f*
escavadeira *f* (*brasil*) *v.* **escavadora**
escavadora *f* (*esp portugal*) Bagger *m*
escavar *vt* ❶ (*um buraco*) graben, ausheben ❷ (*ruínas*) ausgraben
esclarecedor <-es> *adj* klärend; (*que explica*) erklärend; **uma explicação ~a** eine Erklärung, die alle Zweifel ausräumt
esclarecer <c→ç> *vt* ❶ (*um problema, malentendido, uma dúvida, situação*) klären; (*um engano, mistério*) aufklären; **~ um mal-**

entendido) ein Missverständnis aus der Welt räumen ❷ (*explicar*) erklären

esclarecido *adj* ❶ (*situação*) geklärt, klar ❷ (*pessoa*) **estar/ficar** ~ keine Fragen mehr haben

esclarecimento *m* ❶ (*de um problema, mal-entendido, de uma dúvida, situação*) Klärung *f;* (*de um engano, mistério*) Aufklärung *f* ❷ (*explicação*) Erklärung *f* ❸ (*informação*) Auskunft *f* (*sobre* über)

esclerose *f* (MED) Sklerose *f*

esclerótica *f* (ANAT) Sklera *f*

escoadouro *m* Abflussrohr *nt,* Abwasserrohr *nt*

escoamento *m* ❶ (*de águas*) Abfluss *m* ❷ (*de mercadoria*) Absatz *m*

escoar <*brasil, 1. pess pres:* escôo> *vt* ❶ (*um líquido*) abfließen lassen ❷ (*mercadoria*) absetzen

escocês, -esa **I.** *m, f* Schotte, Schottin *m, f* **II.** *adj* schottisch

Escócia *f* Schottland *nt*

escol *m* Auslese *f,* Spitzenklasse *f;* (*da sociedade*) Elite *f*

escola [ˈʃkɔlɐ] *f* Schule *f;* ~ **de condução** Fahrschule *f;* ~ **de línguas** Sprachschule, f; ~ **primária** Grundschule *f;* ~ **preparatória** Orientierungsstufe *f,* fünfte und sechste Klassenstufe *f;* ~ **secundária** Oberschule *f,* Gymnasium *nt;* **Escola Superior** Hochschule *f;* ~ **superior de música** Musikhochschule *f*

Escolas de samba sind keine wirklichen „Schulen". Im Jahr 1928 wurde von dem Sambakomponisten Ismael Silva die erste Karneval-Darstellungsgruppe in Rio de Janeiro gegründet. Von Rio aus verbreitete sich der Brauch der Karnevalsparaden mit **escolas de samba** in andere Städte Brasiliens. Im Gegensatz zur Bezeichnung, geben die Samba-„Schulen" keinen Tanzunterricht als solchen. Jede Sambagruppe organisiert ihre jährliche Parade und führt durch das ganze Jahr Feste und Übungsdarbietungen vor. Viele Sambagruppen beteiligen sich aktiv in der Gesellschaft und widmen sich der Durchführung von sozialen Projekten. **Escolas de samba** haben eine klar definierte Struktur mit einem Präsidenten, einem **carnavalesco** (kreativer Vorstand), dem **samba-enredo** (jährliche Hauptmelodie mit Liedtext), **puxador-de-samba** (leitender Sambasänger, der den Takt aufrecht hält) und das verdiente Paar, das die Parade anführt. Die Parade besteht aus der **porta-bandeira** (Fahnenträgerin der Sambagruppe) und dem **mestre-sala** (Zeremonienmeister), **bateria** (Schlagzeugabteilung), vielen **carros alegóricos** (Themenwagen) and etlichen **alas** (Flügeln oder Abteilungen), insbesondere die der **baianas**, nach der Tradition von Bahia gekleidete Frauen in Reifröcken, Spitzenblusen und Kopftüchern, **panos-da-costa** (traditionelle Schals), Sandalen, Halsketten, Ohrringe und Modeschmuck. Die Sambaschulen stehen im Wettbewerb für Punkte, die nach bestimmten Regeln vergeben werden. Die Kategorien sind: Themen und Zubehör, Schlagzeugabteilung, Eröffnungsabteilung, Fortgang, Liedtext, Kostüme, Harmonie, Zeremonienmeister und Fahnenträgerin sowie der **samba-enredo**.

escolar <-es> *adj* schulisch, Schul ...; **livro** ~ Schulbuch *nt*

escolaridade *f* Schulzeit *f,* Schulausbildung *f;* ~ **obrigatória** Schulpflicht *f*

escolástica *f* (FILOS) Scholastik *f*

escolástico **I.** *m* Scholastiker *m* **II.** *adj* scholastisch

escolha [ˈʃkoʎɐ] *f* Wahl *f;* (*selecção*) Auswahl *f;* **à** ~ (je) nach Wunsch; **fazer uma boa** ~ eine gute Wahl treffen

escolher [ʃkuˈʎer] *vt* ❶ (*eleger*) wählen; (*seleccionar*) auswählen, aussuchen ❷ (*arroz, feijão*) verlesen

escolhido *adj* auserlesen, ausgewählt

escolho *m* (*fig*) Klippe *f*

escólio *m* (*elev*) Anmerkung *f*

escolta *f* ❶ (MIL) Eskorte *f* ❷ (*acompanhamento*) Geleit *nt*

escoltar *vt* ❶ (MIL) eskortieren ❷ (*acompanhar*) geleiten

escombros *mpl* Trümmer *pl*

esconde-esconde *m* Versteckspiel *nt*

esconder **I.** *vt* (*um objecto, uma pessoa, um sentimento*) verstecken (*de* vor); (*tapar*) verbergen, verdecken; (*um segredo, uma notí-*

cia) verheimlichen; ~ **a. c. de alguém** jdm etw verheimlichen **II.** *vr* sich verstecken (*de* vor)

esconderijo *m* Versteck *nt*

escondida *adj f de* **escondido**

escondidas *fpl* Versteckspiel *nt;* **brincar às ~** Versteck spielen; **fazer a. c. às ~** etw heimlich tun

escondido *adj* versteckt; (*oculto*) verborgen

esconjurar *vt* ❶ (*exorcizar*) austreiben ❷ (*amaldiçoar*) verfluchen

esconjuro *m* ❶ (*exorcismo*) Austreibung *f* ❷ (*maldição*) Verfluchung *f*

escopo *m* (*objectivo*) Ziel *nt;* (*propósito*) Zweck *m;* (*intenção*) Absicht *f*

escopro *m* Meißel *m;* ~ **curvo** Hohlmeißel *m*

escora *f* ❶ (*apoio*) Stütze *f* ❷ (*brasil: cilada*) Hinterhalt *m*

escorbuto *m* (MED) Skorbut *m*

escória *f* ❶ (GEOL) Schlacke *f* ❷ (*ralé*) Abschaum *m,* Gesindel *nt*

escoriação <-ões> *f* (MED) Schürfung *f*

escorpião <-ões> *m* (ZOOL) Skorpion *m*

Escorpião <-ões> *m* (*Zodíaco*) Skorpion *m*

escorraçar <ç→c> *vt* verjagen, hinauswerfen

escorregadela *f* ❶ (*ao andar*) Ausrutscher *m;* **dar uma ~** ausrutschen ❷ (*ao falar*) Ausrutscher *m,* Fauxpas *m;* **dar uma ~** einen Fauxpas begehen

escorregadio *adj* glatt, rutschig

escorregão <-ões> *m* Rutsche *f,* Rutschbahn *f*

escorregar <g→gu> *vi* ausrutschen, rutschen

escorregões *m pl de* **escorregão**

escorrer **I.** *vt* (*líquido*) ablaufen lassen; (*louça*) abtropfen lassen **II.** *vi* (*vazar*) ablaufen, abfließen; (*por filtro, fenda*) durchlaufen; (*pingar*) abtropfen

escoteiro, -a *m, f* Pfadfinder(in) *m(f)*

escotilha *f* (NÁUT) Luke *f*

escotilhão <-ões> *m* (NÁUT) kleine Luke *f*

escova ['ʃkovɐ] *f* Bürste *f;* ~ **de dentes** Zahnbürste *f;* ~ **do cabelo** Haarbürste *f*

escovadela *f* **dar uma ~ a a. c.** etw abbürsten

escovar *vt* (*um objecto*) bürsten, abbürsten; (*o cabelo*) bürsten; (*o pó*) ausbürsten, abbürsten; (*os dentes*) putzen; (*um cavalo*) striegeln

escovilhão *m* Flaschenbürste *f*

escrava *f de* **escravo**

escravatura *f* ❶ (*tráfico*) Sklavenhandel *m* ❷ (*escravidão*) Sklaverei *f*

escravidão <-ões> *f* Sklaverei *f*

escravizar *vt* versklaven

escravo, -a **I.** *m, f* Sklave, Sklavin *m, f* **II.** *adj* sklavisch

escrever [eʃkrə'ver] <*pp* escrito> *vt* schreiben; ~ **à máquina** Maschine schreiben, tippen; ~ (**uma carta**) **a alguém** jdm (einen Brief) schreiben

escrevinhar *vt* kritzeln

escrita *f* ❶ (*letra*) Schrift *f* ❷ (ECON) Buchführung *f*

escrito ['ʃkritu] **I.** *pp de* **escrever** **II.** *adj* geschrieben; ~ **à mão** handgeschrieben; ~ **à máquina** maschinengeschrieben; **por ~** schriftlich

escritor(a) <-es> *m(f)* Schriftsteller(in) *m(f)*

escritório [ʃkri'tɔrju] *m* Büro *nt;* (*de advogado*) Kanzlei *f;* (*em casa*) Arbeitszimmer *nt*

escritura *f* (DIR) Grundbucheintragung *f*

escrituração <-ões> *f* (ECON) Buchführung *f*

escriturário, -a *m, f* Schreibkraft *f*

escrivã *f v.* **escrivão**

escrivães *m pl de* **escrivão**

escrivaninha *f* (*esp brasil*) Schreibtisch *m*

escrivão, escrivã <-ães, -ãs> *m, f* Protokollführer(in) *m(f);* (*schweiz*) Gerichtsschreiber(in) *m(f)*

escrúpulo *m* (*cuidado*) Sorgfalt *f;* **com ~** sorgfältig

escrúpulos *mpl* Skrupel *pl,* Bedenken *pl;* **sem ~** skrupellos

escrupuloso *adj* gewissenhaft, sorgfältig

escrutínio *m* ❶ (*votação*) Wahl *f* ❷ (*contagem dos votos*) Stimmenauszählung *f*

escudar *vt* beschützen

escudo *m* ❶ (*arma*) Schild *m,* Schutzschild *m* ❷ (*moeda,* HIST) Escudo *m*

esculpir *vt* (*em pedra*) meißeln; (*em madeira*) schnitzen

escultor(a) [ʃkul'tor] <-es> *m(f)* (*em pedra*) Bildhauer(in) *m(f);* (*em madeira*) Holzschnitzer(in) *m(f)*

escultura [ʃkul'turɐ] *f* ❶ (*arte*) Bildhauerei *f* ❷ (*obra*) Skulptur *f,* Plastik *f*

escultural <-ais> *adj* (*fig*) bildschön, bildhübsch

escuma *f v.* **espuma**

escumadeira *f* Schaumlöffel *m*

escumalha *f* ❶ (*de metal*) Hochofenschla-

cke *f* ② (*da sociedade*) Abschaum *m*
escumar *vi* schäumen
escuna *f* (NÁUT) Schoner *m*
escura *adj f de* **escuro**
escuras *adv* (*sem luz*) **às ~** im Dunkeln; (*fig*) blindlings
escurecer <c→ç> **I.** *vt* (*tornar escuro*) verdunkeln; (*obscurecer*) trüben **II.** *vi* dunkel werden
escuridão *f* Dunkelheit *f;* (*trevas*) Finsternis *f*
escuro ['ʃkuru] *adj* ① (*local, cor*) dunkel; (*sombrio*) finster; **vermelho ~** dunkelrot; **~ como breu** pechschwarz ② (*obscuro*) trüb, undurchsichtig; **negócios ~s** krumme Geschäfte
escusadamente *adv* (*desnecessariamente*) unnötigerweise; (*em vão*) umsonst
escusado *adj* unnütz, unnötig; **é ~ ires** du brauchst nicht zu gehen; **~ será dizer que ...** es erübrigt sich zu sagen, dass ...
escusar *vi* **~ de ...** nicht zu ... brauchen; **escusas de vir** du brauchst nicht zu kommen; **isso escusa de ser traduzido** das muss nicht übersetzt werden
escuta *f* Anhören *nt;* **estar à ~** lauschen, horchen; (TEL); **estar sob ~** abgehört werden; **aparelho de ~** Abhörgerät *nt*
escutar **I.** *vt* ① (*ouvir*) hören, anhören; (*com atenção*) zuhören ② (*estar à escuta de*) belauschen; (*conversa telefónica*) abhören **II.** *vi* ① (*ouvir com atenção*) zuhören; **escuta!** hör zu! ② (*estar à escuta*) horchen, lauschen
escuteiro *m* (*portugal*) Pfadfinder *m*
esdrúxulo *adj* (LING) auf der drittletzten Silbe betont
esfacelar *vt* (*rasgar*) zerfetzen; (*cortar*) zerstückeln
esfalfado *adj* erschöpft
esfalfar **I.** *vt* überanstrengen, erschöpfen **II.** *vr* ① (*estafar-se*) sich abhetzen ② (*com trabalho*) sich überarbeiten
esfaquear *vt conj como passear* niederstechen
esfarelado *adj* (*muro, parede*) bröckelig; (*madeira*) morsch
esfarelar *vi* zerbröckeln
esfarrapado *adj* ① (*pessoa*) zerlumpt, abgerissen ② (*tecido*) zerrissen, zerfetzt ③ (*desculpa*) faul
esfera *f* ① (*corpo redondo*) Kugel *f* ② (*área*) Sphäre *f,* Bereich *m;* **~ de a(c)tividade** Wirkungsbereich *m*
esférico **I.** *m* (DESP) Ball *m* **II.** *adj* kugelförmig, kugelig
esferográfica [ʃfɜrɔ'grafikɐ] *f* Kugelschreiber *m*
esfiapar *vi* ausfransen
esfinge *f* Sphinx *f*
esfoladela, esfoladura *f* Schramme *f;* (*arranhão*) Kratzer *m*
esfolar **I.** *vt* (*ferir*) aufkratzen, zerkratzen; (*um animal*) häuten; (*uma pessoa*) schröpfen **II.** *vi* (*pelo sol*) sich schälen; (*por arranhão*) abgehen, sich lösen
esfomeado *adj* ausgehungert
esforçado *adj* bemüht
esforçar-se <ç→c> *vr* sich bemühen, sich anstrengen; **~ por fazer a. c.** sich bemühen, etw zu tun
esforço *m* Anstrengung *f,* Mühe *f;* **fazer um ~** sich Mühe geben, Anstrengungen unternehmen
esfrangalhar *vt* zerfetzen, zerreißen
esfregão <-ões> *m* Scheuerschwämmchen *nt,* Topfkratzer *m;* **~ de arame** Stahlschwamm *m;* (*brasil*) Wischmopp *m*
esfregar <g→gu> **I.** *vt* (*para limpar*) abreiben; (*o chão*) scheuern, schrubben; (*friccionar*) reiben; **~ as mãos/os olhos** sich die Hände/Augen reiben +*dat* **II.** *vr* sich reiben (*em* an)
esfregões *m pl de* **esfregão**
esfregona *f* Wischmopp *m*
esfriar *vi* ① (*arrefecer*) abkühlen ② (*esmorecer*) sich abkühlen
esfumar-se *vr* ① (*névoa*) sich auflösen ② (*sentimento*) vergehen
esgaçar <ç→c> *vt* (*tecido*) zerreißen; (*carne*) zerstückeln, zerfetzen
esganado *adj* ① (*ávido*) gierig ② (*avarento*) geizig
esganar *vt* ① (*estrangular*) erdrosseln, erwürgen ② (*sufocar*) ersticken
esganiçado *adj* (*voz*) schrill
esgaravatar *vt v.* **esgravatar**
esgazeado *adj* (*coloq*) irrsinnig
esgotado [ʒgu'tadu] *adj* ① (*bilhetes*) ausverkauft; (*livro*) vergriffen ② (*pessoa*) erschöpft; (*coloq*) hundemüde
esgotamento *m* ① (MED) Zusammenbruch *m;* **~ nervoso** Nervenzusammenbruch *m* ② (*exaustão*) Erschöpfung *f*
esgotante *adj* aufreibend, ermüdend

E

esgotar **I.** *vt* (*recursos*) verbrauchen, aufbrauchen; (*uma pessoa, um tema, a paciência*) erschöpfen; **já esgotámos todas as possibilidades** wir haben bereits alle Möglichkeiten ausgeschöpft **II.** *vi* (*mercadoria*) ausgehen; **os bilhetes/livros esgotaram** die Vorstellung ist ausverkauft/die Bücher sind vergriffen **III.** *vr* (*forças, energia, paciência*) zu Ende gehen, sich erschöpfen; **a minha paciência esgotou-se** ich bin mit meiner Geduld am Ende

esgoto *m* Abfluss *m,* Ausguss *m*

esgravatar *vt* (*o solo*) scharren in; (*revolver*) aufwühlen

esgrima *f* Fechten *nt*

esgrimir *vi* fechten

esgrimista *mf* Fechter(in) *m(f)*

esgrouviado *adj* (*coloq*) irrsinnig, irre

esguedelhado *adj* zerzaust

esguedelhar *vt* zerzausen

esgueirar-se *vr* sich davonschleichen, sich davonmachen

esguelha *adv* **de ~** schief, schräg; **olhar para alguém de ~** jdn schief ansehen

esguia *adj f de* **esguio**

esguichar **I.** *vt* verspritzen **II.** *vi* herausspritzen

esguicho *m* ① (*jacto*) Strahl *m* ② (*instrumento*) Spritze *f*

esguio *adj* hager

eslavo, -a **I.** *m, f* Slawe, Slawin *m, f* **II.** *adj* slawisch

Eslavónia *f* Slawonien *nt*

eslovaco, -a **I.** *m, f* Slowake, Slowakin *m, f* **II.** *adj* slowakisch

Eslováquia *f* Slowakei *f*

Eslovénia (*portugal*), **Eslovênia** *f* (*brasil*) Slowenien *nt*

esloveno, -a **I.** *m, f* Slowene, Slowenin *m, f* **II.** *adj* slowenisch

esmaecer <c→ç> *vi* ① (*empalidecer*) erbleichen, blass werden ② (*esmorecer*) sich abkühlen

esmagado *adj* zerquetscht

esmagador <-es> *adj* (*maioria*) überwältigend

esmagar <g→gu> *vt* zerquetschen, zerdrücken; (*desfazer*) zermalmen

esmaltar *vt* emaillieren

esmalte *m* ① (*para metal*) Email *nt;* (*para porcelana*) Glasur *f* ② (*dos dentes*) Zahnschmelz *m* ③ (*brasil: de unhas*) Nagellack *m*

esmerado *adj* ① (*pessoa*) sorgfältig, gewissenhaft ② (*trabalho*) tadellos

esmeralda *f* Smaragd *m*

esmerar-se *vr* sich Mühe geben; (*no trabalho*) gewissenhaft arbeiten

esmerilhão *m* (ZOOL) Merlin *m*

esmero *m* Sorgfalt *f,* Gewissenhaftigkeit *f;* **com ~** gewissenhaft, genau

esmigalhar *vt* zerkrümeln, zerbröseln

esmiuçar <ç→c> *vt* ① (*um objecto*) zerkleinern ② (*examinar*) eingehend untersuchen, durchleuchten

esmo *adv* **a ~** aufs Geratewohl

esmola *f* Almosen *nt;* **dar uma ~ a alguém** jdm ein Almosen geben; **pedir ~** betteln

esmorecer <c→ç> *vi* ① (*relação, sentimento*) sich abkühlen ② (*cor*) blass werden, ausbleichen; (*luz*) schwächer werden

esmurraçar *vt* schlagen

esmurrado *adj* zerkratzt

esmurrar *vt* ① (*arranhar*) kratzen ② (*esmurraçar*) schlagen

esnobar *vt* (*brasil*) von oben herab behandeln, links liegen lassen

esnobe *adj* (*pej brasil*) snobistisch

esnobismo *m* (*pej brasil*) Snobismus *m*

esófago (*portugal*), **esôfago** *m* (*brasil*) Speiseröhre *f*

esotérico *adj* esoterisch

esoterismo *m* Esoterik *f*

espaçada *adj f de* **espaçado**

espaçadamente *adv* hin und wieder, gelegentlich

espaçado *adj* ① (*temporal*) gelegentlich; **a intervalos ~s** in regelmäßigen Abständen ② (*local*) auseinanderliegend

espacial <-ais> *adj* Raum ...; **nave ~** Raumschiff *nt*

espaço *m* ① (*extensão*) Raum *m;* (*lugar*) Platz *m;* **~ verde** Grünanlage *f;* **ainda há ~ para três pessoas/carros** es ist noch Platz für drei Personen/Autos ② (*distância*) Lücke *f,* Zwischenraum *m;* **deixar um ~ entre a. c.** eine Lücke zwischen etw lassen ③ (*intervalo*) Zeitraum *m;* **~ de tempo** Zeitraum *m;* **um ~ de dois anos** ein Zeitraum von zwei Jahren ④ (ASTR) Weltraum *m,* Weltall *nt* ⑤ (*tipografia*) Leerzeichen *nt,* Leerschritt *m*

espaçoso *adj* geräumig, weiträumig

espada *f* Degen *m,* Schwert *nt;* **estar entre a ~ e a parede** in einer Zwickmühle sein;

colocar alguém entre a ~ e a parede jdn in die Enge treiben

espadachim *m* Haudegen *m*, Raufbold *m*

espadana *f* (BOT) Schwertlilie *f*

espadarte *m* (ZOOL) Schwertfisch *m*

espadas *fpl* (*cartas*) Pik *nt*

espadilha *f* (ZOOL) Sprotte *f*

espadim *m* Uniformdegen *m*

espádua *f* Schulter *f*

espaguete *m* (*brasil*) *v.* **esparguete**

espairecer <c→ç> *vi* ❶ (*distrair-se*) sich zerstreuen; (*divertir-se*) sich amüsieren ❷ (*passear*) spazieren gehen

espaldar *m* Rückenlehne *f*

espalhafato *m* ❶ (*barulho*) Lärm *m*, Krach *m;* (*gritaria*) Geschrei *nt;* **fazer um ~** Radau machen ❷ (*confusão*) Chaos *nt*, Durcheinander *nt* ❸ (*ostentação*) Aufwand *m*

espalhafatoso *adj* ❶ (*pej: espampanante*) großspurig, angeberisch ❷ (*exagerado*) übertrieben

espalhar **I.** *vt* ❶ (*polvilhar*) streuen, verstreuen ❷ (*uma notícia, um boato, o pânico*) verbreiten ❸ (*pomada*) verteilen **II.** *vr* ❶ (*notícia, doença*) sich ausbreiten, sich verbreiten ❷ (*estatelar-se*) zu Boden stürzen, hinfallen

espalmado *adj* platt

espalmar *vt* platt machen, flach drücken

espampanante *adj* ❶ (*pessoa*) großspurig ❷ (*vistoso*) auffallend

espanador *m* Staubwedel *m*

espancar [ʃpɐ̃ŋ'kar] <c→qu> *vt* verprügeln, prügeln

Espanha ['ʃpɐɲɐ] *f* Spanien *nt*

espanhol, -a [ʃpɐ'ɲɔl] <-óis> **I.** *m, f* Spanier(in) *m(f)* **II.** *adj* spanisch

espanholada *f* (MÚS) spanische Musik *f*

espantado *adj* erstaunt (*com* über), verwundert (*com* über)

espantalho *m* (*fig*) Vogelscheuche *f*

espantar **I.** *vt* (*admirar*) erstaunen, wundern; (*afugentar*) verscheuchen, vertreiben; **~ o sono** den Schlaf vertreiben **II.** *vr* sich wundern (*com* über)

espanto *m* Erstaunen *nt*, Verwunderung *f;* **a casa/o vestido é um ~!** das ist ein Wahnsinnshaus/Wahnsinnskleid!

espantoso *adj* erstaunlich; (*estupendo*) fabelhaft; (*coloq*) super

esparadrapo *m* (*brasil*) Pflaster *nt*

espargir *vt* versprengen

espargo *m* Spargel *m*

esparguete *m* (*portugal:* CULIN) Spaghetti *pl*, Spagetti *pl*

esparregado *m* (*portugal:* CULIN) Gemüsecreme *f*

esparrela *f* ❶ (*armadilha*) Schlinge *f* ❷ (*cilada*) Falle *f;* **cair na ~** reinfallen

esparso *adj* ❶ (*espalhado*) verstreut ❷ (*solto*) locker

espartilho *m* Korsett *nt*

espasmo ['ʃpaʒmu] *m* (MED) Krampf *m*

espatifar **I.** *vt* zerschlagen, zertrümmern **II.** *vr* stürzen

espátula *f* Spachtel *m*

espavorir *vt* erschrecken

especado *adj* steif, unbeweglich; **ficar ~** dastehen/dasitzen und schauen

especial [ʃpə'sjal] <-ais> *adj* (*lugar, data, livro, amigo*) besondere(r, s), speziell; (*autorização, edição, comissão*) Sonder ...; **em ~** besonders, insbesondere; **nada de ~** nichts Besonderes

especialidade [ʃpəsjɐli'dadə] *f* ❶ (CULIN) Spezialität *f* ❷ (*ramo de actividade*) Fachgebiet *nt*, Spezialgebiet *nt*

especialista [ʃpəsjɐ'liʃtɐ] *mf* Spezialist(in) *m(f)* (*em* für); (*profissional*) Fachmann, Fachfrau *m, f* (*em* für); (MED) Facharzt, Fachärztin *m, f* (*em* für)

especialização <-ões> *f* Spezialisierung *f* (*em* auf)

especializado *adj* spezialisiert; **trabalhador ~** Facharbeiter *m*

especializar-se *vr* sich spezialisieren (*em* auf)

especialmente [ʃpəsjal'mẽntə] *adv* ❶ (*de propósito*) extra, speziell; **isto foi feito ~ para ti** das wurde speziell für dich gemacht ❷ (*principalmente*) insbesondere, besonders

especiaria *f* Gewürz *nt*

espécie [e'ʃpɛsjə] *f* ❶ (*tipo*) Art *f*, Sorte *f;* **ele faz toda a ~ de erros** er macht allerhand Fehler ❷ (BIOL) Art *f*, Gattung *f*

específica *adj f de* **específico**

especificação <-ões> *f* Spezifizierung *f*

especificado *adj* einzeln dargelegt, einzeln aufgeführt

especificar <c→qu> *vt* einzeln darlegen, spezifizieren

específico *adj* spezifisch

espécime *m* ❶ (*modelo, padrão*) Muster *nt* ❷ (*amostra*) Probe *f* ❸ (*exemplar*) Exem-

E

plar *nt*

espectacular *adj* (*portugal*) ① (*que dá nas vistas*) spektakulär, Aufsehen erregend ② (*coloq: excelente*) geil

espectáculo [ʃpɜ'takulu] *m* (*portugal*) ① (*de teatro, música*) Veranstaltung *f* ② (*coloq: escândalo*) Spektakel, Szene *f*; **dar ~** eine Szene machen ③ (*coloq: espectacular*) geile Sache *f*; **a festa foi um ~!** das war eine geile Fete!

espectador(a) <-es, -as> *m(f)* Zuschauer(in) *m(f)*

espectro *m* ① (*fantasma*) Gespenst *nt*, Geist *m* ② (FÍS) Spektrum *nt*

especulação <-ões> *f* (ECON) Spekulation *f*

especulador(a) <-es, -as> *m(f)* Spekulant(in) *m(f)*

especular *vi* ① (ECON) spekulieren; **~ na Bolsa** an der Börse spekulieren ② (*meditar*) nachsinnen (*sobre* über)

especulativo *adj* spekulativ; (*teórico*) theoretisch

espéculo *m* (MED) Spekulum *nt*

espelhar *vt* spiegeln, widerspiegeln

espelho ['ʃpeʎu] *m* Spiegel *m*; **~ retrovisor** Rückspiegel *m*

espelunca *f* Spelunke *f*

espera *f* Warten *nt*; (*esperar por*); **estar à ~ de alguém/a. c.** auf jdn/etw warten; (*contar com*); **estar à ~ de a. c.** etw erwarten; **estar à ~ de bebé** [*o brasil* **bebê**] ein Kind erwarten

esperado *adj* erwartet

esperança *f* Hoffnung *f*; **dar (falsas) ~s a alguém** jdm (falsche) Hoffnungen machen

esperançoso *adj* hoffnungsvoll

esperanto *m* Esperanto *nt*

esperar [ʃpə'rar] **I.** *vt* ① (*aguardar*) warten auf ② (*contar com*) erwarten **II.** *vi* ① (*aguardar*) warten (*por* auf); **fazer alguém ~** jdn warten lassen; **espera aí!** warte mal! ② (*ter esperança*) hoffen (*por* auf); **espero que sim/não** ich hoffe doch/nicht

esperma *m* (BIOL) Sperma *nt*, Samen *m*

espermatozóide *m* (BIOL) Spermium *nt*, Samenzelle *f*

espernear *vi conj como passear* strampeln

espertalhão, -ona *m, f* Schlauberger *m*, Schlaumeier *m*

esperteza *f* Schlauheit *f*, Klugheit *f*

esperto ['ʃpɜrtu] *adj* schlau, klug

espesso *adj* ① (*líquido*) dick, dickflüssig ② (*tecido, livro, parede*) dick

espessura *f* ① (*de líquido*) Dickflüssigkeit *f* ② (*de material*) Dichte *f*

espetacular *adj* (*brasil*) *v.* **espectacular**

espetáculo *m* (*brasil*) *v.* **espectáculo**

espetada *f* (CULIN) Grillspieß *m*

espetadela *f* Stich *m*

espetar **I.** *vt* ① (*um alfinete*) durchstechen ② (CULIN) aufspießen **II.** *vr* ① (*picar-se*) sich stechen; **~-se num dedo** sich in den Finger stechen +*dat* ② (*coloq: ter um acidente*) einen schweren Unfall haben ③ (*coloq: num exame*) durchfallen, durchrasseln; **~-se numa pergunta** eine Frage verhauen

espeto ['ʃpetu] *m* Spieß *m*, Bratspieß *m*; **frango assado no ~** Hühnchen vom Spieß

espevitado *adj* ① (*vivo*) munter, keck ② (*atrevido*) vorlaut

espezinhar *vt* ① (*calcar*) mit Füßen treten ② (*humilhar*) demütigen, erniedrigen

espia *f* (NÁUT) Schlepptau *nt*

espião, espiã <-ões, -s> *m, f* (POL) Spion(in) *m(f)*; (*da polícia*) Spitzel *m*

espiar *vt* ausspionieren

espicaçar <ç→c> *vt* ① (*picar*) stechen ② (*instigar*) anstacheln

espiga *f* (*de milho*) Kolben *m*

espigado *adj* (*coloq: cabelo*) gespalten

espigar <g→gu> *vi* ① (BOT) Ähren ansetzen ② (*coloq: cabelo*) sich spalten

espinafre *m* Spinat *m*

espinal *adj* Rückgrat ...; **~ medula** Rückenmark *nt*

espingarda *f* Gewehr *nt*; **~ de dois canos** Doppelbüchse *f*

espinha ['ʃpiɲɐ] *f* ① (*do peixe*) Gräte *f* ② (ANAT) **~ dorsal** Rückgrat *nt* ③ (*borbulha*) Pickel *m*

espinho *m* ① (*de planta*) Dorn *m*, Stachel *m* ② (*de animal*) Stachel *m* ③ (*dificuldade*) Schwierigkeit *f*, Hindernis *nt*

espinhoso *adj* (BOT) stachelig, dornig

espiões *m pl de* **espião**

espionagem *f* Spionage *f*

espionar **I.** *vt* ausspionieren **II.** *vi* spionieren

espiral <-ais> **I.** *f* Spirale *f* **II.** *adj* spiralförmig, Spiral ...

espírita **I.** *mf* Spiritist(in) *m(f)* **II.** *adj* spiritistisch

espiritismo *m* Spiritismus *m*

espírito *m* ① (*fantasma, pensamento, alma*) Geist *m*; **o Espírito Santo** der Heilige Geist;

dia do Espírito Santo Pfingsten *nt* ② (*sensibilidade*) Sinn *m,* Geist *m;* ~ **de equipa** Teamgeist *m;* **ter ~ para a. c.** Sinn für etw haben; **ter ~ crítico** kritikfähig sein

espírito-santense (*brasil*) **I.** *mf* Einwohner(in) *m(f)* des Bundesstaates Espírito Santo **II.** *adj* (*especialidade*) aus Espírito Santo; (*instituto*) in Espírito Santo

Espírito Santo *m* (*brasil*) Espírito Santo (*Bundesstaat im Südosten Brasiliens*)

espiritual <-ais> *adj* ① (*intelectual*) geistig ② (*religioso*) geistlich

espiritualidade *f* Geistigkeit *f,* Spiritualität *f*

espirituoso *adj* ① (*pessoa*) geistreich ② (*bebida*) alkoholisch

espirrar *vi* niesen

espirro *m* Niesen *nt;* **dar um ~** niesen

esplanada *f* (*na rua*) Straßencafé *nt;* (*num jardim*) Gartenlokal *nt*

Esplanada ist eine Art Straßencafé, bei schönem Wetter eine Verlängerung der Lokale auf die Straße (in Fußgängerzonen) oder auf den Bürgersteig.

esplêndido [ˈʃplẽndidu] *adj* glänzend, herrlich

esplendor *m* Glanz *m,* Pracht *f*

esplendoroso *adj v.* **esplêndido**

espoleta *f* Zünder *m*

espoliação <-ões> *f* ① (*expropriação*) Enteignung *f* ② (*pilhagem*) Plünderung *f*

espoliar *vt* ① (*expropriar*) enteignen ② (*pilhar*) plündern

espólio *m* ① (*herança*) Nachlass *m* ② (*de guerra*) Kriegsbeute *f*

espondilose *f* (MED) Spondylose *f*

esponja *f* ① (*material*) Schwamm *m;* **passemos uma ~ sobre o assunto!** Schwamm drüber!; **beber como uma ~** saufen wie ein Loch ② (*coloq: pessoa*) Säufer(in) *m(f)*

esponjoso *adj* schwammartig

esponsais *mpl* Verlobung *f*

espontânea *adj v.* **espontâneo**

espontaneamente *adv* spontan

espontaneidade *f* Spontaneität *f*

espontâneo *adj* spontan; **de livre e espontânea vontade** freiwillig

espontar **I.** *vt* die Spitzen schneiden von **II.** *vi* (*astro*) aufgehen; (*dia*) anbrechen; (*planta*) sprießen

espora *f* Sporn *m*

esporádico *adj* sporadisch, gelegentlich

esporão <-ões> *m* (ZOOL) Sporn *m*

esporte [esˈpɔrti] *m* (*brasil*) Sport *m*

esportista *mf* (*brasil*) Sportler(in) *m(f)*

esportivo *adj* (*brasil*) sportlich

esposo, -a *m, f* Gatte, Gattin *m, f,* Gemahl(in) *m(f)*

espreguiçar-se <c→ç> *vr* sich recken

espreita *f* **estar à ~** auf der Lauer liegen; **pôr-se à ~** sich auf die Lauer legen

espreitadela *f* (*coloq*) **dar uma ~ em a. c.** einen Blick auf etw werfen

espreitar *vt* heimlich beobachten, ausspionieren; **~ ocasião** die richtige Gelegenheit abpassen

espremedor *m* Saftpresse *f,* Entsafter *m*

espremer *vt* ① (*com espremedor*) auspressen ② (*uma esponja*) ausdrücken; (*uma borbulha*) ausquetschen ③ (*coloq: uma pessoa*) ausquetschen

espresso *m* (*brasil*) Espresso *m*

espuma *f* (*de sabão, cerveja*) Schaum *m;* (*das ondas*) Gischt *f;* **~ de barbear** Rasierschaum *m;* **~ de borracha** Schaumstoff *m;* **fazer ~** schäumen

espumadeira *f* Schaumlöffel *m*

espumante *m* Sekt *m,* Schaumwein *m*

espumar *vi* schäumen

espumoso *adj* schaumig

esq. *abr de* **esquerdo** links

esquadra *f* ① (*portugal: da polícia*) Wache *f,* Polizeirevier *m* ② (MIL) Trupp *m* ③ (NÁUT) Flotte *f,* Geschwader *nt*

esquadrão <-ões> *m* (MIL) Schwadron *f*

esquadria *f* (MAT) rechte(r) Winkel *m*

esquadro *m* Winkelmaß *nt*

esquadrões *m pl de* **esquadrão**

esquálido *adj* schmutzig

esquartejar *vt* vierteilen; (*dilacerar*) zerreißen, zerfetzen; (*retalhar*) zerschneiden; (*um cadáver*) zerstückeln

esquecer [ʃkɜˈser] <c→ç> **I.** *vt* (*não lembrar*) vergessen; (*recalcar*) verdrängen; (*desaprender*) verlernen; (*negligenciar*) versäumen **II.** *vr* **~-se de** vergessen

esquecido *adj* vergesslich; **fazer-se de ~** so tun, als ob man vergesslich wäre

esquecimento *m* Vergessenheit *f;* **cair no ~** in Vergessenheit geraten

esqueite *m* (*brasil*) Skateboard *nt*

esquelético *adj* (*pej*) klapperdürr, spindeldürr

esqueleto *m* ① (ANAT) Skelett *nt* ② (*arma-*

ção) Gerüst *nt,* Gerippe *nt*

esquema *m* Schema *nt*

esquemático *adj* schematisch

esquematizar *vt* schematisieren

esquentado *adj* (*fig*) hitzig

esquentador *m* (*portugal: de água*) Durchlauferhitzer *m,* Warmwasserboiler *m*

esquentar **I.** *vt* erwärmen, erhitzen **II.** *vr* (*pessoa*) aufbrausen, sich erregen

esquerda [ˈʃkerdɐ] **I.** *adj f de* **esquerdo** **II.** *f* (POL) Linke *f;* **virar à ~** links abbiegen

esquerdista *mf* (POL) Linke

esquerdo [ˈʃkerdu] *adj* linke(r, s)

esqui [ʃki] *m* Ski *m;* **~ aquático** Wasserski *m;* **fazer ~** Ski laufen

esquiador(a) <-es, -as> *m(f)* (DESP) Skiläufer(in) *m(f)*

esquiar *vi* Ski laufen, Ski fahren

esquilo *m* Eichhörnchen *nt*

esquimó **I.** *mf* Eskimo, Eskimofrau *m, f* **II.** *adj* eskimoisch

esquina [ˈʃkinɐ] *f* Ecke *f;* **na ~** an der Ecke; **ao virar da ~** um die Ecke

esquisito *adj* ① (*estranho*) eigenartig, komisch ② (*exigente*) wählerisch ③ (*extravagante*) ausgefallen; **ter um gosto ~** einen ausgefallenen Geschmack haben

esquiva *adj f de* **esquivo**

esquivar-se *vr* sich drücken (*a/de* vor); **~ ao trabalho/a uma pergunta** sich vor der Arbeit drücken/einer Frage ausweichen

esquivo *adj* ① (*pessoa*) scheu, ungesellig; (*resposta*) ausweichend ② (*olhar*) scheu

esquizofrenia *f* (MED) Schizophrenie *f*

esquizofrénico, -a (*portugal*) **I.** *m, f* (MED) Schizophrene **II.** *adj* schizophren

esquizofrênico, -a *adj o m, f* (*brasil*) *v.* **esquizofrénico**

esse, -a [ˈesə] *pron dem* dieser, diese, dieses, der (da), die (da), das (da); **~ livro/vinho** dieses Buch/dieser Wein; **essa senhora** diese Frau; **essa agora!** nein, so was!; **essa é boa!** das ist echt gut!, das ist stark!; **ainda mais essa!** auch das noch!; (*de nada*); **ora essa!** keine Ursache!, gern geschehen!; (*indignação*) ich bitte dich/Sie!; **é por essas e por outras** aus solchen und ähnlichen Gründen; **~ tal ...** der bewusste ...

essência *f* ① (*ser, perfume*) Essenz *f* ② (*de uma coisa*) Kern *m,* Wesentliche *nt*

essencial <-ais> **I.** *m* Hauptsache *f,* Wesentliche *nt* **II.** *adj* wesentlich, grundlegend

essencialmente *adv* im Wesentlichen, vor allem

essoutro, -a *Zusammensetzung: pron esse + pron outro, -a*

esta *prep f de* **este²**

estabelecer <c→ç> **I.** *vt* ① (*fundar*) gründen; (*um negócio*) eröffnen ② (*um horário, prazo, regras*) festsetzen, festlegen; (*um recorde, uma teoria*) aufstellen; (*uma lei*) erlassen ③ (*uma ligação, relação*) herstellen (*entre* zwischen); (*contacto*) aufnehmen **II.** *vr* ① (*fixar residência*) sich niederlassen ② (*montar um estabelecimento*) sich selbstständig machen

estabelecimento *m* ① (*fundação*) Einrichtung *f,* Gründung *f* ② (*das regras, do prazo*) Festlegung *f;* (*de um recorde, de uma teoria*) Aufstellung *f* ③ (*instituição*) Einrichtung *f;* (*comercial*) Geschäft *nt,* Laden *m;* **~ de ensino** Bildungseinrichtung *f;* **~ prisional** Vollzugsanstalt *f;* **~ público** öffentliche Einrichtung

estabilidade *f* (*financeira, emocional*) Stabilität *f;* (*do tempo*) Beständigkeit *f*

estabilizador *m* (AERO) Flosse *f*

estabilizar **I.** *vt* stabilisieren **II.** *vi* sich stabilisieren

estábulo *m* Stall *m*

estaca *f* ① (*pau*) Pfahl *m,* Pflock *m* ② (*coloq: pessoa*) Bohnenstange *f,* lange(r) Lulatsch *m*

estação [ʃtɐˈsãu] <-ões> *f* ① (*de caminhos-de-ferro*) Bahnhof *m;* (*de camionetas*) Haltestelle *f* ② (*portugal: oficina*) **~ de serviço** Autowerkstatt *f;* (*bomba de gasolina*) Tankstelle *f* ③ (*do ano*) Jahreszeit *f* ④ (*de rádio, televisão*) Sender *m* ⑤ (*centro*) Station *f;* **~ espacial** Raumstation *f*

estacar <c→qu> *vi* anhalten

estacionado *adj* ① (*automóvel*) parkend; **estar mal ~** falsch parken ② (*situação*) stagnierend, gleich bleibend

estacionamento *m* ① (*acção de estacionar*) Parken *nt;* **~ proibido** Parken verboten ② (*lugar*) Parkplatz *m*

estacionar [ʃtɐsjuˈnar] **I.** *vt* (*o automóvel*) parken **II.** *vi* ① (*com o automóvel*) parken; **não ~!** Einfahrt freihalten! ② (*situação*) stagnieren

estacionário *adj* gleich bleibend, unverändert

estada *f* Aufenthalt *m*

estadia *f v.* **estada**

estádio [ʃtadju] *m* ① (DESP) Stadion *nt* ② (*fase*) Stadium *nt*

estadista *mf* Staatsmann *m,* bedeutende(r) Politiker *m,* bedeutende Politikerin *f*

estado ['ʃtadu] *m* ① (*condição*) Zustand *m,* Lage *f;* ~ **civil** Familienstand *m;* (*brasil*); ~ **federal** Bundesstaat *m;* ~ **de emergência** Notstand *m;* ~ **de espírito** Geisteszustand *m;* **em bom/mau** ~ in gutem/schlechtem Zustand ② (POL) Staat *m;* (*de Federação*) Bundesstaat *m;* **Estados Unidos da América** Vereinigte Staaten von Amerika

estado-maior *m* (MIL) Generalstab *m*

Estado-membro *m* (POL) Mitgliedsstaat *m*

estadual <-ais> *adj* bundesstaatlich

estafa *f* Hetze *f*

estafado *adj* erschöpft, zerschlagen

estafar **I.** *vt* erschöpfen, überanstrengen **II.** *vr* sich abhetzen

estafermo *m* (*pej*) Arschloch *nt,* Saukerl *m*

estafeta **I.** *mf* (*de entrega ao domicílio*) Bote, Botin *m, f;* (DESP) Staffelläufer(in) *m(f)* **II.** *f* (DESP) **corrida de ~s** Staffellauf *m*

estagiar *vi* ein Praktikum machen (*em* bei); (*professor*) das Referendariat machen (*em* in)

estagiário, -a *m, f* Praktikant(in) *m(f);* (*professor*) Referendar(in) *m(f)*

estágio *m* ① (*aprendizagem*) Praktikum *nt,* praktische Ausbildung *f;* (*de professor*) Referendariat *nt* ② (*fase*) Stadium *nt,* Phase *f*

estagnado *adj* ① (*água*) stehend ② (*progresso, economia*) stagnierend; (*processo*) stockend

estagnar *vi* ① (*água*) sich stauen ② (*progresso, economia*) stagnieren; (*processo*) stocken

estalactite *f* (GEOL) Stalaktit *m*

estalada *f* (*coloq: bofetada*) Ohrfeige *f*

estaladiço *adj* knusprig

estalado *adj* gesprungen

estalagem *f* Hotel *nt*

estalagmite *f* (GEOL) Stalagmit *m*

estalar **I.** *vt* ~ **os dedos** mit den Fingern schnalzen **II.** *vi* ① (*fender*) springen, Risse bekommen ② (*dar estalos*) knallen; (*lenha*) knistern ③ (*guerra*) ausbrechen

estaleiro *m* (*de construção*) Baustelle *f;* (NÁUT) Werft *f*

estalido *m* Knallen *nt,* Knall *m;* (*com a boca, os dedos*) Schnalzer *m;* (*da lenha*) Geknister *nt*

estalinismo *m* (POL) Stalinismus *m*

estalo *m* ① (*som*) Krachen *nt,* Knacken *nt;* **dar um** ~ krachen, knacken ② (*coloq: bofetada*) Ohrfeige *f;* **apanhar/dar um** ~ eine Ohrfeige kriegen/verpassen

estampa *f* Bild *nt,* Druck *m*

estampado **I.** *m* bedruckte(r) Stoff *m* **II.** *adj* ① (*tecido*) bedruckt ② (*evidente*) offensichtlich; **ela tem a felicidade estampada no rosto** ihr steht die Freude ins Gesicht geschrieben

estampagem *f* Druck *m*

estampar *vt* drucken; (*em relevo*) prägen

estamparia *f* Druckerei *f*

estancar <c→qu> **I.** *vt* (*o sangue*) stillen; (*a água*) stauen; (*vedar*) abdichten **II.** *vi* (*sangue*) nicht mehr fließen

estanca-rios *m* Wasserrad *nt*

estância *f* ① (*local*) Aufenthaltsort *m;* ~ **balnear** Badeort *m* ② (LIT) Stanze *f*

estanco *adj v.* **estanque**

estandard *adj inv* Standard ...

estandardização *f* Standardisierung *f,* Normung *f*

estandardizar *vt* standardisieren, normen

estandarte *m* Fahne *f,* Flagge *f*

estande *m* (*brasil*) Stand *m*

estanho *m* Zinn *nt;* **papel de** ~ Silberpapier *nt*

estanque *adj* dicht, wasserdicht

estante *f* Regal *nt*

estapafúrdio *adj* ① (*coloq: disparatado*) chaotisch ② (*coloq: excêntrico*) verschroben, schrullig

estar [ʃtar] *vi irr* ① (*encontrar-se*) sein, sich befinden; ~ **em casa** zu Hause sein; **onde é que estás?** wo bist du? ② (*presença*) anwesend sein; (*coloq*) da sein; **ela não está** sie ist nicht da; **quem está aí?** wer ist da? ③ (*modo*) ~ **doente/contente** krank/froh sein; ~ **sentado** sitzen; ~ **de pé** stehen; ~ **deitado** liegen; ~ **pendurado** hängen; **está frio/calor** es ist kalt/heiß; ~ **com fome/sede** Hunger/Durst haben; ~ **com medo** Angst haben; **estou com frio** mir ist kalt, ich friere; **como está/estás?** wie geht es Ihnen/dir?; ~ **de férias** im Urlaub sein, Urlaub haben; ~ **de chapéu/óculos** einen Hut/eine Brille aufhaben; ~ **de luto** Trauer tragen; ~ **de bébé** [*o brasil* **bebê**] schwanger sein; ~ **sem dinheiro/emprego** kein Geld haben/arbeitslos sein; **ela está sem dor-**

mir/comer há dois dias sie hat seit zwei Tagen nicht geschlafen/nichts gegessen; ~ **ao corrente** (**da situação**) auf dem Laufenden sein; **não ~ para brincadeiras** nicht zum Spaßen aufgelegt sein; (**ainda**) ~ **por fazer** noch zu tun sein; **está bem!** ist gut!, okay! ④ (*brasil: acção contínua*) ~ **fazendo a. c.** etw gerade machen, gerade dabei sein, etw zu tun; **ele está a conversar/ler/cozinhar** er unterhält sich/liest/kocht gerade ⑤ (*ao telefone*) **está/estou?** hallo!; **estou sim** hallo!

estardalhaço *m* (*coloq*) Radau *m*, Heidenlärm *m*

estarrecer <c→ç> *vi* erschrecken

estatal *adj* staatlich, Staats ...

estatelado *adj* langgestreckt

estatelar-se *vr* zu Boden stürzen, der Länge nach hinfallen

estática *f* Statik *f*

estático *adj* ① (FÍS) statisch ② (*imóvel*) unbeweglich

estatística *f* Statistik *f*

estatístico *adj* statistisch; **cálculos ~s** statistische Berechnungen

estátua ['ʃtatwɐ] *f* Statue *f*, Standbild *nt*

estatuária *f* Bildhauerei *f*, Plastik *f*

estatueta *f* Statuette *f*

estatuir *vt conj como incluir* festsetzen, bestimmen

estatura *f* Statur *f*, Körpergröße *f*

estatuto *m* ① (*lei*) Statut *nt*, Verordnung *f*; (*de uma associação*) Satzung *f* ② (*condição, categoria*) Status *m*

estável <-eis> *adj* (*situação, economia, saúde*) stabil; (*relação*) fest; (*tempo*) beständig

este[1] ['eʃtə] *m* (GEOG) Osten *m*

este, -a[2] *pron dem* dieser, diese, dieses, der (hier), die (hier), das (hier); ~ **livro/vinho** das Buch/der Wein hier; **esta senhora** die Frau hier; (*a noite passada*); **esta noite** letzte Nacht; (*hoje à noite*) heute Nacht

esteio *m* (*fig*) Stütze *f*

esteira *f* ① (*tapete*) Matte *f* ② (*vestígio*) Spur *f*; (*caminho*) Weg *m*; **ir na ~ de alguém** jds Beispiel folgen

estendal *m* Wäscheleine *f*; (*em casa*) Wäscheständer *m*

estender **I.** *vt* ① (*um mapa, uma toalha*) ausbreiten; (*uma rede*) auslegen ② (*as pernas, os braços*) strecken, ausstrecken; (*a mão*) reichen ③ (*a massa*) ausrollen ④ (*uma mesa, antena*) ausziehen ⑤ (*um prazo*) verlängern ⑥ (*a roupa*) aufhängen **II.** *vr* ① (*deitar-se*) sich strecken, sich ausstrecken ② (*paisagem*) sich erstrecken ③ (*temporal*) sich ausdehnen, sich erstrecken ④ (*estatelar-se*) der Länge nach hinfallen

estenógrafa *f v.* **estenógrafo**

estenografar *vt* stenografieren

estenografia *f* Kurzschrift *f*, Stenografie *f*

estenógrafo, -a *m, f* Stenograf(in) *m(f)*

estepe *f* Steppe *f*

esterco *m* ① (*estrume*) Dünger *m*, Dung *m* ② (*excremento*) Mist *m*

estéreis *adj pl de* **estéril**

estereofonia *f* Stereophonie *f*

estereofónico (*portugal*), **estereofônico** *adj* (*brasil*) Stereo ..., stereophon

estereoscópio *m* Stereoskop *nt*

estereótipo *m* Stereotyp *nt*

estéril <-eis> *adj* ① (*pessoa, animal*) steril, unfruchtbar; (*solo*) unfruchtbar ② (*infrutífero*) fruchtlos

esterilidade *f* (*pessoa, animal*) Unfruchtbarkeit *f*, Sterilität *f*; (*solo*) Unfruchtbarkeit *f*

esterilização *f* Sterilisation *f*, Sterilisierung *f*

esterilizado *adj* steril, keimfrei

esterilizar *vt* (*pessoa, animal, objecto*) sterilisieren

esterlino *adj* **libra esterlina** Pfund Sterling *nt*

esterno *m* (ANAT) Brustbein *nt*

esterqueira *f* Misthaufen *m*

estética **I.** *adj f de* **estético** **II.** *f* Ästhetik *f*

esteticista *mf* Kosmetiker(in) *m(f)*

estético *adj* ästhetisch

estetoscópio *m* Stethoskop *nt*, Hörrohr *nt*

estévia *f* (*brasil:* BOT) Stevia *f*, Süßkraut *m* (*natürlichen Süßstoff liefernde Pflanze*)

estibordo *m* (NÁUT) Steuerbord *nt*

esticão *m* Ruck *m*

esticar <c→qu> **I.** *vt* (*material*) auseinanderziehen; (*alongar*) dehnen, lang ziehen; (*elástico, corda*) spannen; (*o pescoço*) recken; (*os braços, as pernas*) strecken, ausstrecken; (*um prazo*) strecken, ausdehnen **II.** *vr* sich strecken, sich ausstrecken

estigma *m* (BOT, ZOOL) Stigma *nt*

estigmatizar *vt* stigmatisieren

estilhaçar <ç→c> **I.** *vt* zersplittern **II.** *vi* zerspringen

estilhaço *m* Splitter *m*

estilismo *m* (*moda*) Styling *nt*
estilista *mf* (*moda*) Stylist(in) *m(f)*
estilístico *adj* stilistisch
estilizar *vt* stilisieren
estilo ['ʃtilu] *m* Stil *m;* ~ **de vida** Lebensstil *m;* **isso não faz o meu** ~ das ist nicht mein Ding
estima *f* Hochschätzung *f,* Wertschätzung *f;* (*consideração*) Achtung *f;* **ter ~ por alguém** jdn schätzen
estimação <-ões> *f* ❶ (*estimativa*) Schätzung *f* ❷ (*estima*) Hochschätzung *f*
estimado *adj* geschätzt, geachtet; ~ **cliente** sehr geehrter Kunde
estimar *vt* ❶ (*ter estima por*) schätzen; (*ter consideração por*) achten; **estimo-lhe as melhoras** ich wünsche Ihnen gute Besserung ❷ (*calcular*) schätzen (*em* auf)
estimativa *f* Schätzung *f*
estimativo *adj* geschätzt, Schätz ...; **valor ~** Schätzwert *m;* (*afectivo*) Liebhaberwert *m*
estimulador **I.** *m* (MED) ~ **cardíaco** Herzschrittmacher *m* **II.** *adj* anregend
estimulante **I.** *m* (FARM) Stimulans *nt,* Anregungsmittel *nt* **II.** *adj* (MED) stimulierend, anregend
estimular *vt* ❶ (*uma pessoa*) ermuntern (*a* zu); (*incitar*) anspornen (*a* zu) ❷ (*a circulação, o coração*) stimulieren; (*a fantasia*) anregen ❸ (*a economia*) Anreize schaffen für; (*coloq*) ankurbeln; (*o progresso*) Antrieb geben
estímulo *m* (*incentivo*) Ansporn *m;* (ECON) Anreiz *m*
Estio *m* Sommer *m*
estipular *vt* festsetzen, festlegen; **está estipulado que ...** es ist festgelegt, dass ...
estirador *m* Reißbrett *nt*
estirão <-ões> *m* weite(r) Weg *m*
estirar *vt* dehnen, ausdehnen
Estíria *f* Steiermark *f*
estirões *m pl de* **estirão**
estirpe *f* ❶ (BOT) Wurzelwerk *nt* ❷ (*linhagem*) Abstammung *f,* Herkunft *f*
estivador *m* (NÁUT) Stauer *m*
estivagem *f* (NÁUT) Stauen *nt*
estival <-ais> *adj* sommerlich, Sommer ...
estocada *f* ❶ (*com espada*) Degenstich *m,* Degenstoß *m* ❷ (*pancada*) Stoß *m,* Schlag *m;* **levar uma** ~ einen Stoß bekommen
estofador(a) *m(f)* Polsterer, Polsterin *m, f*
estofar *vt* (*móveis*) polstern
estofo *m* ❶ (*para móveis*) Polster *nt* ❷ (*de pessoa*) Talent *nt,* Voraussetzung *f;* **ele não tem ~ para isso** er hat nicht das Zeug dazu
estóica *f de* **estóico**
estoicismo *m* Stoizismus *m,* Gleichmut *m*
estóico, -a **I.** *m, f* Stoiker(in) *m(f)* **II.** *adj* stoisch, gelassen
estoirar *vi v.* **estourar**
estoiro *m v.* **estouro**
estojo *m* (*de óculos*) Etui *nt,* Futteral *nt;* (*de lápis, canetas*) Federmäppchen *nt;* (*caixa*) Kasten *m;* ~ **de costura** Nähkästchen *nt;* ~ **de primeiros socorros** Erste-Hilfe-Kasten *m*
estola *f* Stola *f*
estomacal <-ais> *adj* Magen ...
estômago ['ʃtomɐgu] *m* Magen *m;* **isso dá-me a volta ao** ~ davon wird mir schlecht; (*coloq*); **ter ~ para fazer a. c.** den Mumm zu etw haben
estomatologia *f* (MED) Stomatologie *f*
Estónia (*portugal*), **Estônia** *f* (*brasil*) Estland *nt*
estónio, -a (*portugal*) **I.** *m, f* Este, Estin *m, f* **II.** *adj* estnisch
estônio, -a (*brasil*) *v.* **estónio**
estonteante *adj* (*fig*) betäubend
estontear *vt conj como passear* (*fig*) betäuben
estoque *m* (*brasil*) Lagerbestand *m,* Vorrat *m*
estore *m* Rollo *nt,* Jalousie *f*
estória *f* Geschichte *f* (*fiktionale Erzählung*)
estornar *vt* (*uma quantia*) stornieren
estorninho *m* (ZOOL) Star *m*
estorno *m* (ECON) Stornobuchung *f,* Stornieren *nt*
estorvar *vt* ❶ (*incomodar*) stören ❷ (*dificultar*) behindern; (*impedir*) verhindern
estorvo *m* ❶ (*incómodo*) Störung *f* ❷ (*obstáculo*) Hindernis *nt*
estourar **I.** *vt* ❶ (*rebentar*) platzen lassen ❷ (*coloq: dinheiro*) vergeuden, rausschmeißen **II.** *vi* ❶ (*pneu, balão*) platzen, bersten; (*bomba*) explodieren ❷ (*escândalo*) auffliegen
estouro *m* ❶ (*estrondo*) Knall *m,* Krach *m* ❷ (*coloq: acidente*) Unfall *m;* **ter um** ~ einen Unfall haben; **houve um** ~ es hat gekracht
estoutro, -a *Zusammensetzung: pron este + pron outro, -a*
estouvado *adj* leichtfertig, leichtsinnig

E

estrábico *adj* (MED) schielend
estrabismo *m* (MED) Schielen *nt*
estraçalhar *vt* zerstückeln
estrada ['ʃtradɐ] *f* ① (*rua*) Straße *f;* (*fora da cidade*) Landstraße *f;* ~ **nacional** Nationalstraße *f,* Bundesstraße *f;* ~ **de ferro** Eisenbahn *f;* ~ **de Santiago** Milchstraße *f* ② (*fig: caminho*) Weg *m*
estrado *m* ① (*palanque*) Podest *nt* ② (*de cama*) Bettrost *m*
estragado [ʃtrɐ'gadu] *adj* (*comida*) verdorben; (*máquina*) kaputt
estragão *m* (BOT) Estragon *m*
estragar <g→gu> **I.** *vt* (*uma máquina*) kaputtmachen, zerstören; (*o apetite*) verderben; (*a saúde, os planos*) zerstören; (*a reputação*) ruinieren; (*o dinheiro*) verschwenden; (*com mimos*) verwöhnen, verziehen **II.** *vr* (*comida*) verderben
estrago *m* Schaden *m,* Zerstörung *f*
estrambólico *adj* (*coloq*) skurril, komisch
estrangeira *f de* **estrangeiro**
estrangeirado *adj* fremd, fremdländisch
estrangeiro[1] [ʃtrɐ̃'ʒeiru] *m* Ausland *nt;* **ir para o** ~ ins Ausland fahren; **estar no** ~ im Ausland sein
estrangeiro, -a[2] **I.** *m, f* Ausländer(in) *m(f)* **II.** *adj* ausländisch; **país** ~ fremdes Land
estrangulado *adj* stranguliert; **morrer** ~ erwürgt werden
estrangulador *m* (TEC) Choke *m*
estrangulamento *m* Erdrosselung *f,* Strangulation *f*
estrangular *vt* erdrosseln, erwürgen
estranha *f de* **estranho**
estranhar **I.** *vt* (*achar estranho*) seltsam finden; (*o clima, um ambiente*) nicht gewöhnt sein an, ungewohnt finden; (*admirar-se com*) sich wundern über, erstaunt sein über **II.** *vr* sich wundern
estranheza *f* ① (*qualidade de estranho*) Fremdartigkeit *f* ② (*admiração*) Verwunderung *f,* Erstaunen *nt;* **isso causa-me** ~ das erstaunt mich
estranho, -a **I.** *m, f* Fremde **II.** *adj* ① (*desconhecido*) fremd; ~ **ao serviço** betriebsfremd, unbefugt ② (*invulgar*) seltsam, sonderbar; (*esquisito*) komisch
estranja **I.** *mf* (*coloq*) Ausländer(in) *m(f)* **II.** *f* (*coloq*) Ausland *nt* **III.** *adj* (*coloq*) ausländisch
estratagema *m* List *f;* (*subterfúgio*) Ablenkungsmanöver *nt*
estratégia *f* Strategie *f*
estratégico *adj* strategisch
estratificação <-ões> *f* (GEOL) Schichtenbildung *f,* Stratifikation *f*
estratificar <c→qu> *vt* ① (*material*) schichten ② (GEOL) stratifizieren
estrato *m* ① (GEOL) Schicht *f,* Lage *f* ② (METEO) Stratuswolke *f* ③ (*social*) Gesellschaftsschicht *f*
estratosfera *f* Stratosphäre *f*
estrear *conj como passear* **I.** *vt* (*roupa*) zum ersten Mal tragen; (*uma peça, um filme*) uraufführen, zum ersten Mal aufführen **II.** *vi* (*filme, peça*) Premiere haben **III.** *vr* zum ersten Mal auftreten (*como* als), debütieren
estrebaria *f* Pferdestall *m*
estrebuchar *vi* zappeln
estreia (*portugal*), **estréia** *f* (*brasil*) ① (*de filme, peça*) Premiere *f,* Uraufführung *f* ② (*de actor*) Debüt *nt,* erste(r) Auftritt *m*
estreita *adj f de* **estreito**
estreitamento *m* (*de relação*) Vertiefung *f,* Intensivierung *f*
estreitar *vt* (*uma relação*) vertiefen, intensivieren
estreiteza *f* ① (*de espaço*) Enge *f* ② (*de mentalidade*) Beschränktheit *f*
estreito ['ʃtreitu] **I.** *m* (GEOG) Meerenge *f* **II.** *adj* ① (*rua*) eng; (*objecto, caminho*) schmal ② (*relação*) eng, innig
estrela ['ʃtrelɐ] *f* ① (ASTR) Stern *m;* ~ **polar** Polarstern *m;* (**ficar a**) **ver** ~**s** Sterne sehen ② (*pessoa*) Star *m;* ~ **de cinema** Filmstar *m*
estrela-cadente *f* (ASTR) Sternschnuppe *f*
estrelado *adj* ① (*céu*) mit Sternen bedeckt ② (*ovo*) **ovo** ~ Spiegelei *nt*
estrela-do-mar *f* Seestern *m*
estrelar *vt* (*um ovo*) braten
estrelato *m* Berühmtheit *f;* **atingir o** ~ ein Star werden
estremadura *f* Grenze *f,* Grenzgebiet *nt*
estremecer <c→ç> *vi* ① (*edifício*) beben; (*parede*) zittern ② (*pessoa*) schaudern; **eu estremeço quando penso nisso** es läuft mir kalt den Rücken hinunter, wenn ich daran denke
estremunhado *adj* schlaftrunken
estrénuo (*portugal*), **estrênuo** *adj* (*brasil*) beherzt, mutig
estressado *adj* (*brasil*) gestresst
estressante *adj* (*brasil*) stressig, anstrengend

estresse *m* (*brasil*) Stress *m*

estria *f* Rinne *f*

estribeira *f* (*coloq*) Fassung *f*; **perder as ~s** die Fassung verlieren

estribo *m* ❶ (*de carruagem*) Trittbrett *nt* ❷ (*do cavalo*) Steigbügel *m*

estricnina *f* (QUÍM) Strychnin *nt*

estridente *adj* schrill

estridular *vi* zirpen

estrita *adj f de* **estrito**

estritamente *adv* strikt; ~ **proibido** streng verboten

estrito *adj* ❶ (*restrito*) eingeschränkt; **em sentido ~** im engeren Sinne ❷ (*rigoroso*) streng, strikt

estrofe *f* (LIT) Strophe *f*

estroina **I.** *mf* (*coloq*) Luftikus *m*, Hallodri *m* **II.** *adj* (*coloq*) leichtsinnig, leichtfertig

estroinice *f* (*coloq*) Leichtsinn *m*, Leichtfertigkeit *f*

estroncar <c→qu> *vt* (*fechadura, porta*) aufbrechen

estrôncio *m* (QUÍM) Strontium *nt*

estrondo *m* Knall *m*, Krach *m*; **armar ~** Krach schlagen

estrondoso *adj* ❶ (*ruidoso*) krachend; (*aplauso*) tosend ❷ (*coloq: espectacular*) Aufsehen erregend

estropiar *vt* (*fig*) verstümmeln

estrugido *m* (CULIN) Zwiebelschwitze *f*

estrumar *vt* (AGR) düngen

estrume *m* (AGR) Dünger *m*, Dung *m*

estrupido *m* Getöse *nt*

estrutura *f* ❶ (*contextura*) Struktur *f*; (*organização*) Aufbau *m*; ~ **óssea** Knochenbau *m* ❷ (LIT) Gliederung *f*, Struktur *f*

estrutural <-ais> *adj* strukturell, Struktur ...

estruturar *vt* strukturieren, anordnen; (*texto*) gliedern

estuário *m* (GEOG) trichterförmige Flussmündung *f*, Ästuar *nt*

estucador(a) <-es, -s> *m(f)* Stuckateur(in) *m(f)*

estucar <c→qu> *vt* mit Stuck verkleiden

estudante [ʃtu'dɐ̃nt] *mf* (*da escola*) Schüler(in) *m(f)*; (*universitário*) Student(in) *m(f)*

estudantil <-is> *adj* (*da escola*) Schüler ...; (*universitário*) Studenten ..., studentisch; **movimento ~** Studentenbewegung *f*

estudar [ʃtu'dar] **I.** *vt* (*uma matéria*) lernen; (CINE: *um papel*) einstudieren; (*um caso*) untersuchen, prüfen; (*um documento*) studieren, genau durchlesen; (*medicina, direito, línguas*) studieren **II.** *vi* (*na escola*) zur Schule gehen; (*na universidade*) studieren

estúdio ['ʃtudju] *m* ❶ (*de rádio, televisão*) Studio *nt* ❷ (*atelier*) Atelier *nt*, Studio *nt*

estudioso *adj* fleißig

estudo *m* (*científico*) Studie *f*, Untersuchung *f*

estudos *mpl* (*escola*) Schulbildung *f*; (*universidade*) Studium *nt*; ~ **superiores** Universitätsausbildung *f*; (*escola*); **acabar os ~** die Schule beenden; (*universidade*) das Studium abschließen

estufa *f* Treibhaus *nt*, Gewächshaus *nt*

estufado [ʃtu'fadu] **I.** *m* (CULIN) Schmorbraten *m* **II.** *adj* geschmort, gedünstet; **carne estufada/peixe ~** geschmortes Fleisch/gedünsteter Fisch

estufar *vt* (CULIN) dünsten; (*guisar*) schmoren

Estugarda *f* (*portugal*) Stuttgart *nt*

estupefação *f* (*brasil*) *v.* **estupefacção**

estupefacção <-ões> *f* (*portugal*) Verblüffung *f*

estupefaciente *m* Rauschgift *nt*

estupefacto *adj* verblüfft

estupefato *adj* (*brasil*) *v.* **estupefacto**

estupendo *adj* fabelhaft, toll

estúpida *f de* **estúpido**

estupidez *f* ❶ (*burrice*) Dummheit *f*, Beschränktheit *f* ❷ (*parvoíce*) Frechheit *f*; **que ~!** so eine Frechheit!

estúpido, -a ['ʃtupidu] **I.** *m, f* Dummkopf *m*, Idiot(in) *m(f)* **II.** *adj* ❶ (*burro*) dumm, beschränkt ❷ (*parvo*) frech

estupor *m* ❶ (MED) Lähmung *f* ❷ (*coloq: pessoa*) Blödmann *m*, Depp *m*

estuporar *vt* (*coloq*) kaputtmachen

estuprar *vt* vergewaltigen

estupro *m* Vergewaltigung *f*

estuque *m* Stuck *m*

esturjão *m* Stör *m*

esturricado *adj* angebrannt

esturricar <c→qu> *vi* anbrennen

esturro *m* **cheira-me a ~** das ist mir nicht ganz geheuer

esvaecer <c→ç> *vi* ❶ (*esmorecer*) sich abschwächen ❷ (*dissipar-se*) vergehen, verfliegen

esvaído *adj* schwach, kraftlos

esvair-se *vr conj como sair* vergehen, verfliegen; ~ **em sangue** verbluten

esvanecer <c→ç> *vi v.* **esvaecer**

E

esvaziar **I.** *vt* leeren, ausleeren **II.** *vr* sich leeren, sich entleeren
esverdeado *adj* grünlich
esvoaçar <c→ç> *vi* flattern
etapa *f* ❶ (*dum caminho*) Etappe *f*, Abschnitt *m* ❷ (*fase*) Zeitabschnitt *m*; **por ~s** in Etappen ❸ (DESP) Etappe *f*, Streckenabschnitt *m*
ETAR *abr de* **estação de tratamento de águas residuais** Kläranlage
etc. *abr de* **et cetera** etc. (= *et cetera*)
éter *m* Äther *m*
etéreo *adj* ätherisch
eterna *adj f de* **eterno**
eternidade *f* Ewigkeit *f*; **isso dura uma ~!** das dauert eine Ewigkeit!
eternizar *vt* verewigen
eterno *adj* ewig
ética *f* Ethik *f*
ético *adj* ethisch
etileno *m* (QUÍM) Äthylen *nt*
etílico *adj* Äthyl ...; **álcool ~** Äthylalkohol *m*
étimo *m* (LING) Etymon *nt*, Stammwort *nt*
etimologia *f* (LING) Etymologie *f*
etimológico *adj* (LING) etymologisch
etíope **I.** *mf* Äthiopier(in) *m(f)* **II.** *adj* äthiopisch
Etiópia *f* Äthiopien *nt*
etiqueta *f* ❶ (*na roupa; rótulo*) Etikett *nt*; (*com preço*) Preisschild *nt*, Preisetikett *nt*; (*numa mala*) Kofferanhänger *m* ❷ (*protocolo*) Etikette *f*
etiquetagem *f* Etikettierung *f*
etiquetar *vt* etikettieren
etmóide *m* (ANAT) Siebbein *nt*
etnia *f* Ethnie *f*, Volksstamm *m*
étnico *adj* ethnisch
etnologia *f* Ethnologie *f*, Völkerkunde *f*
etnológico *adj* ethnologisch, völkerkundlich
eu [eu] **I.** *m* Ich *nt* **II.** *pron pess* ich; **sou ~!** ich bin es!
EUA *abr de* **Estados Unidos da América** USA
eucalipto *m* Eukalyptus *m*
eucaristia *f* (REL) Eucharistie *f*
eucarístico *adj* (REL) eucharistisch
eufemismo *m* (LING) Euphemismus *m*
eufonia *f* Wohlklang *m*, Euphonie *f*
eufónico (*portugal*), **eufônico** *adj* (*brasil*) wohlklingend, euphonisch
euforia *f* Euphorie *f*
eufórico *adj* euphorisch
eufrásia *f* (BOT) Augentrost *m*
eunuco *m* Eunuch *m*
euro *m* Euro *m*
euroasiático *adj* eurasisch
eurocheque [eurɔ'ʃɜkə] *m* Euroscheck *m*
eurodeputado, -a *m, f* Europaabgeordnete
Europa [eu'rɔpɐ] *f* Europa *nt*; **~ Central** Mitteleuropa *nt*; **~ de Leste** Osteuropa *nt*
europeu, europeia **I.** *m, f* Europäer(in) *m(f)* **II.** *adj* europäisch
eurovisão *f* Eurovision *f*
eutanásia *f* Euthanasie *f*
evacuação [ivɐkwɐ'sãu] <-ões> *f* ❶ (*de uma sala, região*) Räumung *f*, Evakuierung *f* ❷ (*das tropas*) Rückzug *m* ❸ (BIOL) Stuhlgang *m*
evacuar **I.** *vt* (*uma sala, região*) räumen, evakuieren; (*as tropas*) zurückziehen **II.** *vi* (BIOL) Stuhlgang haben
evadir-se *vr* fliehen (*de* aus)
Evangelho *m* (REL) Evangelium *nt*
evangélico *adj* evangelisch, protestantisch
evangelista *mf* Protestant(in) *m(f)*
evangelizar *vt* evangelisieren
evaporação <-ões> *f* Verdunstung *f*, Verdampfung *f*
evaporar **I.** *vt* verdunsten lassen, verdampfen lassen **II.** *vr* ❶ (*água*) verdunsten, verdampfen ❷ (*cheiro*) verfliegen ❸ (*coloq: desaparecer*) verduften
evasão <-ões> *f* Flucht *f* (*de* aus); (*de prisioneiros*) Ausbruch *m* (*de* aus); **~ fiscal** Steuerhinterziehung *f*
evasiva *f* ❶ (*subterfúgio*) Ausflucht *f*, Ausrede *f* ❷ (*escapatória*) Ausweg *m*
evasivo *adj* (*resposta*) ausweichend; (*pessoa*) schwer fassbar
evasões *f pl de* **evasão**
evento [i'vɛ̃ntu] *m* Ereignis *nt*, Begebenheit *f*
eventual <-ais> *adj* ❶ (*possível*) eventuell, möglich ❷ (*casual*) zufällig ❸ (*ocasional*) gelegentlich
eventualidade *f* ❶ (*possibilidade*) Möglichkeit *f*; **na ~ de** falls ❷ (*casualidade*) Zufall *m*
eventualmente *adv* ❶ (*possivelmente*) eventuell, möglicherweise; (*em caso afirmativo*) gegebenenfalls ❷ (*casualmente*) zufällig
evidência *f* Offenkundigkeit *f*, Offensichtlichkeit *f*; **pôr a. c. em ~** etw deutlich machen, etw hervorheben; **render-se às ~s** sich den Tatsachen beugen

evidenciar *vt* (*mostrar*) zeigen; (*salientar*) hervorheben

evidente *adj* offensichtlich, offenkundig; **é ~ que sim/não** das ist offensichtlich so/nicht so

evidentemente [ividɛ̃ntə'mɛ̃ntə] *adv* offensichtlich, offenbar

evitar *vt* ① (*uma pessoa, um local*) meiden ② (*um erro, um acidente*) vermeiden

evitável <-eis> *adj* vermeidbar

evocação <-ões> *f* ① (*de espíritos*) Beschwörung *f*, Anrufung *f* ② (*de lembranças*) Erinnerung *f*

evocar <c→qu> *vt* ① (*um espírito*) beschwören, anrufen ② (*uma lembrança*) sich erinnern an, ins Gedächtnis zurückrufen

evolução <-ões> *f* Evolution *f*; (*desenvolvimento*) Entwicklung *f*; (*de doença*) Verlauf *m*

evoluir *vi conj como incluir* sich entwickeln; (*doença*) verlaufen

evolutivo *adj* Entwicklungs ..., Evolutions ...

Évora (*portugal*) Évora (*Hauptstadt des Distrikts Évora*); **Distrito de ~** Distrikt Évora

evorense (*portugal*) **I.** *mf Einwohner(in) der Stadt oder des Distrikts Évora* **II.** *adj* (*especialidade*) aus Évora; (*instituto*) in Évora

Exª *abr de* **Excelência** Exzellenz

exacerbar **I.** *vt* ① (*irritar*) erbittern, wütend machen ② (*agravar*) verschärfen, verschlimmern **II.** *vr* ① (*exaltar-se*) sich ereifern, wütend werden ② (*agravar-se*) sich verschärfen, sich verschlimmern

exactamente [izatɐ'mɛ̃ntə] *adv* (*portugal*) genau, exakt; **~ o mesmo** genau dasselbe/derselbe; **são ~ quatro horas** es ist genau vier Uhr; **~!** genau!, eben!

exactidão *f* (*portugal*) ① (*precisão*) Genauigkeit *f*, Exaktheit *f* ② (*de uma conta*) Richtigkeit *f*, Exaktheit *f*

exacto [i'zatu] *adj* (*portugal*) ① (*correcto*) exakt, richtig; **~!** genau! ② (*preciso*) genau, exakt

exagerado, -a [izɐʒə'radu] **I.** *m, f* Wichtigtuer(in) *m(f)*, Angeber(in) *m(f)* **II.** *adj* übertrieben

exagerar *vi* übertreiben

exagero *m* Übertreibung *f*

exalar *vt* (*cheiro*) ausströmen; (*vapor*) ausstoßen

exaltação <-ões> *f* ① (*excitação*) Aufregung *f* ② (*irritação*) Erregung *f* ③ (*glorificação*) Verherrlichung *f*, Lobpreisung *f*

exaltado *adj* ① (*excitado*) aufgeregt, überspannt ② (*irritado*) erhitzt, erregt

exaltar **I.** *vt* (*excitar*) aufregen; (*irritar*) erregen; (*glorificar*) loben, rühmen; (*em excesso*) verherrlichen **II.** *vr* sich ereifern, sich aufregen

exame [i'zɐmə] *m* ① (*prova*) Prüfung *f*; **~ de admissão** Aufnahmeprüfung *f*; **~ de condução** Fahrprüfung *f*; **~ de madureza** Abitur *nt*; **~ final** Abschlussprüfung *f*; (*do liceu*) Abitur *nt*; **fazer um ~** eine Prüfung machen; **passar no ~** die Prüfung bestehen; **reprovar no ~** in der Prüfung durchfallen ② (MED) Untersuchung *f*; (*paciente*); **fazer um ~** sich untersuchen lassen; (*médico*) untersuchen

examinador(a) <-es, -s> *m(f)* Prüfer(in) *m(f)*

examinando, -a *m, f* Prüfling *m*

examinar [izɐmi'nar] *vt* ① (*uma pessoa*) prüfen ② (*um doente*) untersuchen ③ (*uma máquina*) überprüfen, inspizieren ④ (*observar*) mustern, genau beobachten; (*uma situação*) prüfen, abchecken

exasperar **I.** *vt* erbosen, zur Verzweiflung bringen **II.** *vr* sich aufregen, wütend werden

exatamente [izatɐ'mɛ̃ntə] *adv* (*brasil*) *v.* **exactamente**

exatidão <-ões> *f* (*brasil*) *v.* **exactidão**

exato *adj* (*brasil*) *v.* **exacto**

exaurir *vt* ① (*esgotar*) erschöpfen, aufbrauchen ② (*esvaziar*) leeren

exausta *adj f de* **exausto**

exaustão *f* Erschöpfung *f*; **trabalhar até à ~** bis zum Umfallen arbeiten

exaustivo *adj* ① (*fatigante*) aufreibend, anstrengend ② (*estudo, leitura*) gründlich

exausto *adj* erschöpft

exaustor *m* Dunstabzugshaube *f*

exceção <-ões> *f* (*brasil*) *v.* **excepção**

excedente **I.** *m* Überschuss *m* **II.** *adj* überschüssig, überzählig

exceder **I.** *vt* ① (*ultrapassar*) übersteigen ② (*superar*) übertreffen (*em* an) **II.** *vr* ① (*superar-se*) sich selbst übertreffen ② (*descomedir-se*) zu weit gehen, übertreiben

excelência *f* Exzellenz *f*; (*rei*); **Vossa/Sua Excelência** Eure/Seine Majestät; (*em carta*); **Vossa ~** Seine/Ihre Exzellenz

excelente [ʃsə'lɛ̃ntə] *adj* ① (*qualidade, comportamento, actuação*) ausgezeichnet, hervorragend; (*comida*) ausgezeichnet, vorzüglich ② (*pessoa*) wunderbar ③ (*nota*) sehr gut

Excelentíssimo *adj* (*em carta*) ~ **Senhor** sehr geehrter Herr; ~**s Senhores** sehr geehrte Damen und Herren

excelso *adj* hochrangig

excêntrica *adj f de* **excêntrico**

excentricidade *f* Überspanntheit *f*, Exzentrizität *f*

excêntrico *adj* exzentrisch, extravagant

excepção <-ões> *f* (*portugal*) Ausnahme *f*; **com ~ de** mit Ausnahme von, außer; **sem ~** ohne Ausnahme; **abrir uma ~** eine Ausnahme machen

excepcional <-ais> *adj* (*raro, notável*) außergewöhnlich, einzigartig

excepcionalmente *adv* ausnahmsweise

excepto [ʃ'sɜtu] *prep* außer, abgesehen von; **vieram todos ~ ele** es kamen alle außer ihm; **as férias foram óptimas** [*o brasil* **ótimas**], **~ o último dia** die Ferien waren toll, abgesehen von dem letzten Tag

exceptuar *vt* ausnehmen (*de* von)

excerto *m* Auszug *m* (*de* aus)

excessiva *adj f de* **excessivo**

excessivamente *adv* übermäßig, maßlos

excessividade *f* Übermäßigkeit *f*, Maßlosigkeit *f*

excessivo *adj* übermäßig, exzessiv

excesso *m* ① (*imoderação*) Übermaß *nt*, Exzess *m*; **~ de peso** Übergewicht *nt*; **~ de velocidade** Geschwindigkeitsüberschreitung *f*; **comer/beber em ~** unmäßig essen/trinken ② (*excedente*) Überschuss *m*

exceto [ʃ'sɜtu] *prep* (*brasil*) *v.* **excepto**

excetuar *vt* (*brasil*) *v.* **exceptuar**

excisão <-ões> *f* (MED) Entfernung *f*

excitação <-ões> *f* ① (*agitação*) Aufregung *f* ② (*sexual*) Erregung *f*

excitado *adj* ① (*agitado*) aufgeregt, aufgelöst ② (*sexualmente*) erregt

excitante **I.** *m* Anregungsmittel *nt*, Stimulans *nt* **II.** *adj* ① (*estimulante*) aufregend ② (*sexualmente*) erregend

excitar **I.** *vt* (*agitar*) aufregen, nervös machen; (*sexualmente*) erregen **II.** *vr* (*sexualmente*) erregt werden

exclamação <-ões> *f* Ausruf *m*

exclamar *vt* ausrufen, rufen

exclamativo *adj* (LING) Ausrufe ...; **frase exclamativa** Ausrufesatz *m*

excluir *vt conj como incluir* ausschließen (*de* aus/von)

exclusão <-ões> *f* Ausschluss *m*; **~ social** gesellschaftliche Ausgrenzung; **por ~ de partes** durch schrittweises Ausschließen (der nicht infrage kommenden Möglichkeiten)

exclusiva *adj f de* **exclusivo**

exclusivamente *adv* ausschließlich

exclusive *adv* ausschließlich

exclusividade *f* Ausschließlichkeit *f*

exclusivo **I.** *m* (*de direitos*) Alleinrecht *nt*; (*nas vendas*) Alleinverkauf *m*, Alleinvertretung *f* **II.** *adj* exklusiv

exclusões *f pl de* **exclusão**

excomungar <g→gu> *vt* (REL) exkommunizieren

excomunhão <-ões> *f* (REL) Exkommunikation *f*

excremento *m* (BIOL) Exkrement *nt*

excrescência *f* (MED) Wucherung *f*

excursão [ʃkur'sãu] <-ões> *f* ① (*viagem*) Ausflug *m* ② (*divagação*) Exkurs *m*

execrar *vt* verabscheuen

execrável *adj* abscheulich, widerlich

execução <-ões> *f* ① (*de uma tarefa, ordem*) Ausführung *f*; (*de uma pena*) Vollstreckung *f* ② (*realização*) Durchführung *f* ③ (*de uma pessoa*) Hinrichtung *f*

executar *vt* ① (*uma tarefa, ordem*) ausführen; (*uma pena*) vollstrecken ② (*realizar*) durchführen ③ (*uma pessoa*) hinrichten ④ (MÚS) spielen

executável <-eis> *adj* ① (*tarefa, ordem*) ausführbar ② (*exequível*) durchführbar

executivo, -a **I.** *m, f* Führungskraft *f*, leitende Angestellte **II.** *adj* ausübend, ausführend; **poder ~** Exekutive *f*, Exekutivgewalt *f*

executor(a) <-es, -s> *m(f)* Ausführende

exemplar **I.** *m* (*unidade*) Exemplar *nt*; (*modelo*) Muster *nt* **II.** *adj* vorbildlich, musterhaft

exemplificar <c→qu> *vt* veranschaulichen, an Beispielen erklären

exemplo [i'zẽmplu] *m* ① (*facto, frase*) Beispiel *nt*; **por ~** zum Beispiel; **dar um ~** ein Beispiel geben ② (*modelo*) Beispiel *nt*, Vorbild *nt*; **dar o ~** mit gutem Beispiel vorangehen; (**não**) **servir de ~** (k)ein gutes Beispiel sein; **seguir o ~ de alguém** sich jdn zum Vorbild nehmen

exéquias *fpl* Trauerfeier *f*, Exequien *pl*

exequível (*portugal*), **exeqüível** <-eis> *adj*

(*brasil*) durchführbar, ausführbar
exercer <c→ç> *vt* (*uma actividade, poder, influência*) ausüben (*sobre* auf); ~ **medicina/advocacia** als Arzt/Anwalt tätig sein
exercício *m* (1) (*acção de exercitar*) Übung *f;* (*na escola*) Aufgabe *f,* Übung *f;* ~ **físico** sportliche Aktivität (2) (*acção de exercer*) Ausübung *f;* **no ~ das suas funções** in Ausübung seines/ihres Amtes
exercitar *vt* üben
exército *m* Heer *nt,* Armee *f*
exibição <-ões> *f* (*de um filme*) Vorführung *f;* (*de uma peça*) Aufführung *f;* (*filme*); **estar em ~** laufen
exibicionismo *m* Exhibitionismus *m*
exibicionista **I.** *mf* Exhibitionist(in) *m(f)* **II.** *adj* exhibitionistisch
exibido *adj* (*brasil*) eingebildet
exibir **I.** *vt* (*mostrar*) zeigen; (*os documentos*) vorzeigen, vorlegen; (*um filme*) zeigen; (*uma peça*) aufführen **II.** *vr* (*na atitude*) sich aufspielen, sich wichtigmachen; (*falando*) angeben
exigência *f* (1) (*reclamação*) Forderung *f,* Anspruch *m;* **fazer ~s** Forderungen stellen, Ansprüche geltend machen (2) (*requisito*) Anforderung *f;* (*necessidade*) Erfordernis *nt;* **satisfazer as ~s** den Anforderungen genügen
exigente *adj* anspruchsvoll
exigir <g→j> *vt* (1) (*reclamar*) fordern, verlangen; ~ **a. c. de alguém** etw von jdm fordern (2) (*requerer*) erfordern, verlangen; **isto exige muito esforço** dafür sind große Anstrengungen nötig
exíguo *adj* (1) (*escasso*) geringfügig, gering (2) (*diminuto*) winzig
exilado, -a **I.** *m, f* politische(r) Flüchtling *m* **II.** *adj* exiliert; **estar ~** im Exil leben
exilar **I.** *vt* exilieren, ins Exil schicken **II.** *vr* ins Exil gehen
exílio *m* Exil *nt*
exímio *adj* hervorragend, ausgezeichnet
existência *f* (1) (*vida*) Existenz *f,* Dasein *nt* (2) (*de coisas*) Vorhandensein *nt*
existencial *adj* existenziell
existências *fpl* (*stock*) Bestände *pl,* Vorrat *m*
existente *adj* bestehend, vorhanden
existir [iziʃ'tir] *vi* (1) (*viver*) existieren, leben (2) (*haver*) vorhanden sein
êxito *m* Erfolg *m*
ex-líbris *m* Exlibris *nt*
Exmo. *abr de* **Excelentíssimo** sehr geehrter
êxodo *m* Exodus *m*
exoneração <-ões> *f* Absetzung *f;* (*de um cargo*) Amtsenthebung *f*
exonerar *vt* (1) (*de um cargo*) absetzen (2) (*de uma obrigação*) befreien (*de* von)
exorar *vt* (*elev*) erflehen
exorbitância *f* (1) (*excesso*) Übermaß *nt;* (*preço*); **isso é uma ~** das ist unverschämt teuer, das sind Wucherpreise (2) (*exagero*) Übertreibung *f*
exorbitante *adj* (1) (*excessivo*) übermäßig; (*preço*) überhöht (2) (*exagerado*) übertrieben
exorcismar *vt* (*um espírito*) austreiben, exorzieren
exorcismo *m* Teufelsaustreibung *f,* Exorzismus *m;* **fazer um ~ a alguém** jdm den Teufel austreiben
exorcista *mf* Geisterbeschwörer(in) *m(f),* Exorzist(in) *m(f)*
exorcizar *vt v.* **exorcismar**
exórdio *m* (*elev*) Exordium *nt,* Einleitung *f*
exortação <-ões> *f* Ermahnung *f* (*a* zu)
exortar *vt* ermahnen (*a* zu), mahnen (*a* zu)
exótico *adj* exotisch
expandir **I.** *vt* expandieren; (*os conhecimentos*) erweitern; (*o poder*) ausdehnen **II.** *vr* sich ausdehnen
expansão <-ões> *f* (1) (*alargamento*) Ausdehnung *f,* Vergrößerung *f* (2) (ECON, POL) Expansion *f;* ~ **económica** [*o brasil* **econômica**] wirtschaftliches Wachstum
expansionismo *m* Expansionsdrang *m*
expansivo *adj* (*pessoa*) gesellig, offen
expansões *f pl de* **expansão**
expatriado, -a *m, f* (*da pátria*) Ausgebürgerte; (*da Europa de Leste*) Aussiedler(in) *m(f)*
expatriar *vt conj como enviar* ausbürgern, des Landes verweisen
expectativa *f* Erwartung *f;* **isso corresponde às minhas ~s** das entspricht meinen Erwartungen; **ficar na ~** abwarten
expectoração <-ões> *f* (MED) Auswurf *m*
expectorante **I.** *m* (FARM) schleimlösende(s) Mittel *nt,* Expektorans *nt* **II.** *adj* schleimlösend
expectorar *vi* aushusten, expektorieren
expedição <-ões> *f* (1) (*viagem*) Expedition *f* (2) (*envio*) Versand *m;* (*despacho*) Abfertigung *f*
expediente *m* (1) (*de escritório*) Geschäfts-

verkehr *m;* (*despacho*) Bearbeitung *f;* **horas de ~** Dienstzeit *f,* Bürozeit *f* ② (*desembaraço*) Ungezwungenheit *f,* Gewandtheit *f;* **ela tem muito ~** sie hat ein ungezwungenes Wesen

expedir *vt irr como pedir* ① (*mercadoria*) versenden; (*um telegrama*) aufgeben ② (*despachar*) abfertigen

expedito *adj* ① (*rápido*) flink, schnell ② (*desembaraçado*) ungezwungen, gewandt

expelir *vt irr como vestir* ausstoßen

experiência *f* ① (*prática*) Erfahrung *f;* **~ profissional** Berufserfahrung *f;* **ter uma boa/má ~** eine gute/schlechte Erfahrung machen; **por ~ (própria)** aus (eigener) Erfahrung ② (*ensaio*) Experiment *nt,* Versuch *m;* (*com automóvel*) Probefahrt *f;* **a título de ~** probeweise

experiente *adj* erfahren

experimentado *adj* erfahren (*em* in)

experimental <-ais> *adj* experimentell, Versuchs ...

experimentar *vt* ① (*comida*) probieren, versuchen ② (*roupa*) anprobieren ③ (*droga, uma actividade*) ausprobieren, testen ④ (*submeter à experiência*) versuchen ⑤ (*pôr à prova*) erproben ⑥ (*passar por*) erfahren

expiração <-ões> *f* ① (*respiração*) Ausatmung *f* ② (*de um prazo*) Ablauf *m*

expirar *vi* ① (*respiração*) ausatmen ② (*prazo*) ablaufen

explanação <-ões> *f* (*explicação*) Erklärung *f;* (*exposição*) Darstellung *f*

explanar *vt* (*explicar*) erklären, erläutern; (*expor*) darstellen

explicação <-ões> *f* Erklärung *f,* Erläuterung *f;* **dar uma ~ a alguém** jdm eine Erklärung geben

explicações *fpl* Nachhilfestunden *pl;* **dar ~** Nachhilfestunden geben

explicadamente *adv* eingehend

explicador(a) *m(f)* Nachhilfelehrer(in) *m(f)*

explicar [ʃpli'kar] <c→qu> **I.** *vt* (*esclarecer*) erklären, erläutern; **~ a. c. a alguém** jdm etw erklären; (*expor*) darlegen, schildern **II.** *vr* sich verständlich machen, sich ausdrücken

explicativo *adj* erklärend, erläuternd

explícito *adj* ausdrücklich, explizit

explodir *vi* (*fig*) explodieren

exploração <-ões> *f* ① (*de riquezas naturais*) Nutzung *f;* (*em excesso*) Raubbau *m;* (*de minas*) Abbau *m;* **~ agrícola** landwirtschaftlicher Betrieb ② (*de terreno, região*) Erforschung *f,* Erkundung *f* ③ (*de pessoa*) Ausbeutung *f*

explorador(a) <-es, -s> *m(f)* ① (*investigador*) Forscher(in) *m(f)* ② (*de pessoas*) Ausbeuter(in) *m(f)*

explorar *vt* ① (*riquezas naturais*) nutzen; (*uma mina*) abbauen, ausbeuten ② (*um terreno, uma região*) erforschen, erkunden ③ (*um negócio*) betreiben ④ (*uma pessoa*) ausbeuten

explosão <-ões> *f* ① (*de uma bomba*) Explosion *f* ② (*de sentimentos*) Ausbruch *m*

explosivo I. *m* Sprengstoff *m* **II.** *adj* ① (*material*) explosiv ② (*pessoa*) temperamentvoll

explosões *f pl de* **explosão**

expoente *m* (MAT) Exponent *m*

expor *irr como pôr* **I.** *vt* ① (*em exposição*) ausstellen; (*numa montra*) auslegen; (*um cartaz*) aushängen ② (*a vida de alguém*) in der Öffentlichkeit bekannt machen; **~ alguém ao ridículo/ao perigo** jdn der Lächerlichkeit/der Gefahr aussetzen ③ (*descrever*) darstellen; (*explicar*) darlegen, ausführen ④ (FOTO) belichten **II.** *vr* ① (*em público*) sich zeigen ② (*arriscar*) sich einem Risiko aussetzen

exportação <-ões> *f* Export *m,* Ausfuhr *f*

exportador(a) <-es, -s> *m(f)* Exporteur(in) *m(f)*

exportadora *f* (*empresa*) Exportfirma *f*

exportar *vt* exportieren, ausführen

exposição [ʃpuzi'sãu] <-ões> *f* ① (*de arte*) Ausstellung *f;* (*feira*) Messe *f;* **estar em ~** ausgestellt sein ② (*descrição*) Darstellung *f;* (*explicação*) Darlegung *f,* Ausführung *f* ③ (*exibição*) Aussetzen *nt;* **~ ao sol** Sonnenbestrahlung *f* ④ (FOTO) Belichtung *f*

expositor(a) <-es, -s> *m(f)* Aussteller(in) *m(f)*

exposto I. *pp irr de* **expor II.** *m* Dargelegte *nt,* Gesagte *nt;* **o acima ~** das oben genannte **III.** *adj* ① (*na exposição*) ausgestellt; (*na montra*) ausgelegt; (*cartaz*) ausgehängt ② (*lugar*) exponiert ③ (*pessoa*) gefährdet; **estar ~ ao perigo** einer Gefahr ausgesetzt sein

expressa *adj f de* **expresso**

expressamente [ʃprɜsɐ'mɛ̃ntə] *adv* ausdrücklich

expressão [ʃprə'sãu] <-ões> *f* Ausdruck *m;* ~ **idiomática** Redewendung *f;* **é uma força de** ~ sozusagen, wenn man so will
expressar <*pp* expresso *o* expressado> *vt v.* **exprimir**
expressionismo *m* Expressionismus *m*
expressiva *adj f de* **expressivo**
expressividade *f* Expressivität *f,* Ausdrucksstärke *f*
expressivo *adj* ausdrucksvoll
expresso **I.** *pp irr de* **exprimir** **II.** *m* (*comboio*) Schnellzug *m,* Eilzug *m* **III.** *adj* ① (*explícito*) ausdrücklich ② (*rápido*) Express ..., Eil ...; **correio** ~ Eilsendung *f*
expressões *f pl de* **expressão**

Die meisten Orte Portugals werden vom dichten Fernbusnetz der EVA Transportes S.A. und einigen kleineren Gesellschaften versorgt. Auch das Landesinnere ist relativ gut abgedeckt. Die Überlandbusse, **Expressos**, sind bequem und schnell und verkehren täglich zwischen den großen Städten.

exprimir <*pp* expresso *o* exprimido> **I.** *vt* ausdrücken, äußern **II.** *vr* sich ausdrücken
expropriação <-ões> *f* Enteignung *f*
expropriar *vt* enteignen
expugnar *vt* ① (*conquistar, tomar*) erobern ② (*vencer*) besiegen
expulsão <-ões> *f* ① (*de um país*) Ausweisung *f,* Abschiebung *f* ② (*de uma região*) Vertreibung *f;* (*de uma comunidade*) Verstoßen *nt,* Ausstoßen *nt* ③ (*da escola*) Verweis *m;* (*jogador*) Platzverweis *m* ④ (*de espírito*) Austreibung *f*
expulsar <*pp* expulso *o* expulsado> *vt* ① (*de um país*) ausweisen (*de* aus), abschieben (*de* aus) ② (*de uma região*) vertreiben (*de* aus); (*de uma comunidade*) ausstoßen (*de* aus), verstoßen (*de* aus) ③ (*de uma festa, de casa*) hinauswerfen (*de* aus); (*da escola, de um sítio público*) verweisen (*de* von); (*um jogador*) vom Platz verweisen ④ (*um espírito*) austreiben (*de*)
expulso *pp irr de* **expulsar**
expulsões *f pl de* **expulsão**
êxtase *m* Ekstase *f,* Verzückung *f;* **ficar em** ~ in Ekstase geraten
extasiado *adj v.* **extático**
extasiar *vt* verzücken, begeistern
extático *adj* verzückt, hingerissen; **estar/ficar** ~ hingerissen sein/in Ekstase geraten
extensa *adj f de* **extenso**
extensão [ʃtẽ'sãu] <-ões> *f* ① (*dimensão*) Ausdehnung *f,* Fläche *f* ② (*alcance*) Ausmaß *nt,* Umfang *m* ③ (ELECTR) Verlängerungsschnur *f* ④ (TEL) Durchwahl *f*
extensiva *adj f de* **extensivo**
extensivamente *adv* ausführlich
extensível *adj* ① (*material*) dehnbar ② (*antena*) ausziehbar
extensivo *adj* übertragbar; **ser** ~ **a** übertragbar sein auf
extenso *adj* ① (*em tamanho*) weit, ausgedehnt ② (*texto, discurso*) lang ③ (*vasto*) umfangreich
extensões *f pl de* **extensão**
extensor *m* (*de ginástica*) Expander *m*
extenuação <-ões> *f* ① (*enfraquecimento*) Entkräftung *f* ② (*exaustão*) Erschöpfung *f*
extenuado *adj* ① (*debilitado*) schwach, entkräftet ② (*esgotado*) erschöpft
extenuante *adj* aufreibend, anstrengend
extenuar *vt* ① (*debilitar*) schwächen, entkräften ② (*esgotar*) erschöpfen
exterior **I.** *m* (*parte de fora, aspecto*) Äußere *nt;* **no** ~ von außen; (*estrangeiro*) Ausland *nt* **II.** *adj* Außen ..., äußere(r, s); **o lado** ~ die äußere Seite; **antena** ~ Außenantenne *f*
exteriorização <-ões> *f* Äußerung *f*
exteriorizar *vt* äußern, zeigen
exteriormente *adv* äußerlich
exterminação <-ões> *m v.* **extermínio**
exterminar *vt* (*um povo*) ausrotten; (*o inimigo, insectos, parasitas*) vernichten
extermínio *m* (*de um povo*) Ausrottung *f;* (*do inimigo, de insectos, parasitas*) Vernichtung *f*
externa *adj f de* **externo**
externato *m* Externat *nt*
externo *adj* Außen ..., äußerlich; **política externa** Außenpolitik; **o país está sujeito a influências externas** das Land ist Einflüssen von außen ausgesetzt; (FARM); **para uso** ~ zur äußerlichen Anwendung
extinção <-ões> *f* ① (*do fogo*) Löschen *nt* ② (*de uma espécie*) Aussterben *nt;* **em vias de** ~ vom Aussterben bedroht ③ (*de um povo*) Ausrottung *f*
extinguir <*pp* extinto *o* extingido> **I.** *vt* ① (*o fogo*) löschen ② (*um povo*) auslöschen, ausrotten **II.** *vr* ① (*fogo*) erlöschen ② (*espécie,*

povo) aussterben

extinto *adj* ① (*fogo, vulcão*) erloschen ② (*espécie*) ausgestorben ③ (*povo*) ausgelöscht, ausgerottet

extintor [ʃtĩn'tor] *m* Feuerlöscher *m*

extirpar *vt* ausrotten

extorquir *vt* erpressen

extorsão <-ões> *f* Erpressung *f*

extra ['eiʃtrɐ] **I.** *m* Extra *nt;* (*quantia*) Zulage *f,* Sonderzahlung *f* **II.** *adj inv* (*coloq*) extra, zusätzlich; **horas ~** Überstunden *pl*

extração <-ões> *f* (*brasil*) *v.* **extracção**

extracção *f* (*portugal*) ① (*da lotaria*) Ziehung *f* ② (*de um dente*) Ziehen *nt* ③ (*de minério, petróleo*) Förderung *f,* Gewinnung *f*

extraconjugal <-ais> *adj* außerehelich

extracto *m* (*portugal*) ① (*bancário*) Auszug *m;* **~ de conta** Kontoauszug *m* ② (*substância*) Extrakt *nt*

extra-curricular *adj* nicht im Lehrplan enthalten

extradição <-ões> *f* (DIR) Auslieferung *f*

extraditar *vt* (DIR) ausliefern

extrair *vt conj como sair* ① (*um dente*) ziehen; (*uma raiz*) herausziehen ② (*minério, petróleo*) fördern

extrajudicial <-ais> *adj* außergerichtlich

extraordinária *adj f de* **extraordinário**

extraordinariamente *adv* außerordentlich

extraordinário *adj* (*raro, notável*) außergewöhnlich, außerordentlich; (*reunião, despesa*) außerplanmäßig; **horas extraordinárias** Überstunden *pl*

extraprograma *m* zusätzliche(r) Programmpunkt *m;* (*bis*) Zugabe *f*

extraterrestre *mf* Außerirdische

extrato *m* (*brasil*) *v.* **extracto**

extravagância *f* Extravaganz *f*

extravagante *adj* extravagant, ausgefallen

extravasar *vi* ausfließen, auslaufen

extraviar *conj como enviar* **I.** *vt* ① (*uma carta*) abfangen; (*dinheiro*) unterschlagen ② (*desencaminhar*) fehlleiten **II.** *vr* ① (*objecto*) verloren gehen ② (*fig: pessoa*) auf Abwege geraten

extravio *m* ① (*de uma carta*) Abfangen *nt;* (*de dinheiro*) Unterschlagung *f* ② (*perda*) Verlust *m*

extrema *adj f de* **extremo**

extremamente *adv* äußerst, extrem; **~ difícil/caro/perigoso** extrem schwierig/teuer/gefährlich

extrema-unção <-ões> *f* (REL) Letzte Ölung *f*

extremidade *f* Ende *nt;* (*pontiaguda*) Spitze *f*

extremismo *m* Extremismus *m*

extremista **I.** *mf* Radikale, Extremist(in) *m(f)* **II.** *adj* extremistisch

extremo **I.** *m* Extrem *nt;* **levar a. c. ao ~** etw auf die Spitze treiben **II.** *adj* ① (*excessivo, radical*) extrem, äußerst; **a extrema direita/esquerda** die extreme Rechte/Linke ② (*no espaço*) weit entfernt, entfernteste(r, s); **o Extremo Oriente** der Ferne Osten

extremoso *adj* zärtlich

extrínseco *adj* äußerlich

extrovertido *adj* extrovertiert

exuberância *f* Üppigkeit *f*

exuberante *adj* üppig

exultar *vi* sich freuen, jubeln

exumação <-ões> *f* Exhumierung *f*

exumar *vt* exhumieren

eyeliner *m* Eyeliner *m*

Ff

F, f ['ʒfə] *m* F, f *nt*

fá *m* (MÚS) F *nt,* f *nt*

fã *mf* Fan *m*

fábrica ['fabrikɐ] *f* Fabrik *f;* **~ de cerveja** Brauerei *f;* **~ de conservas** Konservenfabrik *f*

fabricação <-ões> *f* Herstellung *f,* Fabrikation *f*

fabricante *mf* Hersteller(in) *m(f)*

fabricar <c→qu> *vt* herstellen, erzeugen; **~ cerveja** Bier brauen

fabrico *m* Herstellung *f;* **~ próprio** eigene Herstellung

fabril <-is> *adj* Fabrik ...; (*produção*) fabrikmäßig; **indústria ~** Großindustrie *f*

fábula *f* Fabel *f*

fabuloso *adj* fabelhaft

faca ['fakɐ] *f* Messer *nt;* **~ de mato** Hirschfänger *m;* **ter a ~ e o queijo na mão** das Heft in der Hand haben

facada *f* Messerstich *m;* **dar uma ~ a alguém** jdm einen Messerstich versetzen; **levar uma ~** durch einen Messerstich verletzt werden

façanha *f* Heldentat *f*

fação (*brasil*), **facção** <-ões> *f* (POL) Fraktion *f*

faccioso *adj* ❶ (POL) Fraktions ... ❷ (*parcial*) parteiisch

face *f* (*rosto*) Gesicht *nt;* (*bochecha*) Wange *f;* **~ a ~** von Angesicht zu Angesicht; **à/em ~ de** angesichts; **o portão está à ~ da rua** das Tor führt auf die Straße; **fazer ~ a a. c.** etw die Stirn bieten

faceta *f* Facette *f;* **mostrar a sua verdadeira ~** sein wahres Gesicht zeigen

fachada [fɐ'ʃadɐ] *f* (*de edifício, pessoa*) Fassade *f*

facho *m* Fackel *f*

facial *adj* Gesichts ...; **creme ~** Gesichtscreme *f*

fácil ['fasil] <-eis> *adj* leicht (*de* zu); (*simples*) einfach (*de* zu); **isso é ~ de dizer** das ist leicht gesagt

facilidade *f* Leichtigkeit *f;* **fazer a. c. com ~** etw mit Leichtigkeit schaffen

facilidades *fpl* Erleichterungen *pl;* **~ de pagamento** Zahlungserleichterungen *pl*

facílimo *superl de* **fácil**

facilitar **I.** *vt* (*tornar fácil*) erleichtern; **~ o trabalho a alguém** jdm die Arbeit erleichtern; (*pôr à disposição*) zur Verfügung stellen, bereitstellen **II.** *vi* leichtsinnig sein

facilmente *adv* leicht, mühelos

fac-símile <fac-símiles> *m* Faksimile *nt*

factício *adj* künstlich, falsch

facto *m* (*portugal*) Tatsache *f,* Fakt *nt;* **de ~** tatsächlich, in der Tat; **~ consumado** vollendete Tatsache; **chegar a vias de ~** handgreiflich werden

factor *m* (*portugal*) Faktor *m;* **~** *m* **de protecção** [*o brasil* **proteção**] **solar** Lichtschutzfaktor *m*

factual <-ais> *adj* tatsächlich

factura [fa'turɐ] *f* (*portugal*) Rechnung *f;* **passar/pagar uma ~** eine Rechnung ausstellen/bezahlen

facturar *vt* (*portugal*) ❶ (*mercadoria*) in Rechnung stellen ❷ (*dinheiro*) erwirtschaften; **a empresa facturou muito dinheiro o ano passado** das Unternehmen hat letztes Jahr einen hohen Gewinn erwirtschaftet

faculdade *f* ❶ (*capacidade*) Fähigkeit *f* (*de* zu); **~s mentais** geistige Fähigkeiten ❷ (*de uma universidade*) Fakultät *f;* **Faculdade de Letras** geisteswissenschaftliche Fakultät

facultar *vt* ❶ (*possibilitar*) ermöglichen ❷ (*pôr à disposição*) zur Verfügung stellen, bereithalten

facultativo *adj* fakultativ

fada *f* Fee *f*

fadado *adj* (vom Schicksal) vorherbestimmt

fadiga *f* ❶ (*cansaço*) Müdigkeit *f* ❷ (*trabalho árduo*) Strapaze *f*

fadista *mf* (*portugal*) Fadosänger(in) *m(f)*

fado ['fadu] *m* ❶ (*destino*) Schicksal *nt* ❷ (MÚS) Fado *m*

Fado ist ein Volksgesang, der von Sehnsucht (**saudade**), Schicksal, Liebe und Trennungsschmerz erzählt. Er gehört zur portugiesischen „Kultur" wie die Liebe zum Fußball, Strand oder Stockfisch. Das Wort **fado** stammt von dem lateinischen fatum (Schicksal). Erst gegen Ende des 19. Jahrhunderts wurde **fado** gesellschaftsfähig. Er wurde in den armen Lokalen von Lissabons Stadtvierteln Bairro Alto, Alfama und Mouraria gesungen. Die Fado-Szene gehört bis heute zu diesen Vierteln. Das Publikum bestand aus Seemännern, Leuten aus den untersten Schichten, aber auch aus der Boheme. Begleitet wird fado von einer guitarra portuguesa und der klassischen Gitarre, viola.
Im Unterschied zum **Fado de Lisboa** wird der **Fado de Coimbra** ausschließlich von männlichen Studenten in ihrer schwarzen Stundententracht gesungen.

fagote *m* (MÚS) Fagott *nt*

fagulha *f* Funke *m*

faia *f* (BOT) Buche *f*

faial *m* Buchenwald *m*

faina *f* ❶ (NÁUT) Arbeit *f* an Bord ❷ (*trabalho*) Arbeit *f*

faisão <-ões *o* -ães> *m* (ZOOL) Fasan *m*

faísca *f* Funke *m;* **fazer ~** Funken sprühen

faiscar <c→qu> *vi* ❶ (*metal, fogo*) Funken sprühen ❷ (*cintilar*) blitzen, funkeln

faixa *f* ❶ (*de tecido*) Band *nt;* (*cinto*) Gürtel *m;* (*tira*) Streifen *m* ❷ (*na estrada*) Spur *f;* **~ de pedestres** (*brasil*) Zebrastreifen *m;* **~ de rodagem** Fahrbahn *f;* **~ de ultrapassagem** Überholspur *f* ❸ (*de um disco*) Spur *f*

fala ['falɐ] *f* Sprache *f;* **perder a/ficar sem ~** sprachlos sein

F

falacioso *adj* ❶ (*enganador*) trügerisch, irreführend ❷ (*palrador*) geschwätzig

falado *adj* besprochen; **muito ~** sehr bekannt

falador(a) **I.** *m(f)* Quasselstrippe *f,* Plappermaul *nt* **II.** *adj* schwatzhaft, geschwätzig

falange *f* (ANAT) Fingerglied *nt*

falar [fɐ'lar] **I.** <-es> *m* Sprechweise *f,* Sprechen *nt;* **isso é um ~ e dois entenderes** das ist missverständlich **II.** *vt* (*uma língua*) sprechen; **fala português?** sprechen Sie Portugiesisch?; (*brasil: dizer*) sagen; **~ a. c. de alguém** etw über jdn sagen; **~ a verdade** die Wahrheit sagen; **~ besteira** Blödsinn reden **III.** *vi* (*articular palavras*) sprechen (*com* mit, *a* zu, *de/em* von, *sobre* über), reden (*com* mit, *a* zu, *de/em* von, *sobre* über); (*conversar*) sich unterhalten; **~ em alemão** auf Deutsch reden; **o bebé** [*o brasil* **bebê**] **já fala** das Baby spricht schon; **ela fala demais** sie redet zu viel; **~ bem/mal de alguém** Gutes/Schlechtes über jdn sagen; **dar que ~** in aller Munde sein; **por ~ nisso** wenn wir schon bei dem Thema sind ...; **(já) para não ~ de ...** ganz zu schweigen von ...; (*brasil: dizer*) sagen **IV.** *vr* miteinander sprechen; **eles já não se falam há anos** sie sprechen schon seit Jahren nicht mehr miteinander

falatório *m* Geschwätz *nt*

falaz *adj* trügerisch, irreführend

falcão <-ões> *m* (ZOOL) Falke *m*

falcatrua *f* ❶ (*fraude*) Betrug *m;* **fazer uma ~** betrügen ❷ (*ardil*) List *f,* Trick *m*

falecer <c→ç> *vi* (*elev*) verscheiden, versterben

falecido, -a **I.** *m, f* Verstorbene, Verschiedene **II.** *adj* verstorben

falecimento *m* (*elev*) Verscheiden *nt,* Versterben *nt*

falência *f* Konkurs *m,* Bankrott *m;* **abrir ~** Konkurs anmelden; **ir à ~** Konkurs machen, bankrottgehen; **levar alguém à ~** jdn in den Bankrott treiben

falésia *f* Steilküste *f*

falha ['faʎɐ] *f* ❶ (*erro, defeito*) Fehler *m;* (*de máquina*) Versagen *nt,* Defekt *m* ❷ (*lacuna*) Lücke *f;* **~ de memória** Gedächtnislücke *f* ❸ (GEOL) Verwerfung *f*

falhado *adj* ❶ (*tentativa, plano*) gescheitert ❷ (*pessoa*) erfolglos

falhar *vi* ❶ (*não acertar*) verfehlen ❷ (*motor*) versagen, aussetzen ❸ (*na vida, plano*) scheitern

falido *adj* bankrott, zahlungsunfähig

falir *vi* (ECON) Konkurs machen, die Zahlungen einstellen

falível <-eis> *adj* fehlbar

falsamente *adv* fälschlicherweise

falsário, -a *m, f* Fälscher(in) *m(f)*

falsete *m* (MÚS) Falsett *nt*

falsidade *f* Falschheit *f*

falsificação <-ões> *f* Fälschung *f*

falsificador(a) *m(f)* Fälscher(in) *m(f)*

falsificar <c→qu> *vt* fälschen

falso *adj* ❶ (*dinheiro, ouro, amigo, nome*) falsch; **chave falsa** Nachschlüssel *m;* **tecto** [*o brasil* **teto**] **~** Zwischendecke *f;* **porta falsa** blinde Tür; **juramento ~** Meineid *m;* **nota falsa** falscher Geldschein; **dar um passo em ~** danebentreten ❷ (*gémeos*) zweieiig

falta *f* ❶ (*escassez*) Mangel *m* (*de* an); **~ de respeito** Respektlosigkeit *f;* **fazer ~ (a alguém)** (jdm.) fehlen; **há ~ de** es mangelt an; **amanhã tens de vir cá sem ~** morgen musst du auf jeden Fall kommen; **eu sinto ~ de alguém/a. c.** jd./etw fehlt mir; **isso é ~ de educação** das ist frech ❷ (*erro*) Fehler *m;* **cometer uma ~** einen Fehler begehen ❸ (DESP) Foul *nt;* **fazer ~** foulen; **sofrer uma ~** gefoult werden

faltar [fal'tar] *vi* ❶ (*fazer falta*) fehlen, mangeln an; **falta-lhe coragem** es fehlt ihm/ihr an Mut; **ainda faltam cinco minutos** es fehlen noch fünf Minuten; **era (só) o que faltava!** das fehlte gerade noch! ❷ (*não comparecer*) fehlen; **~ às aulas/ao trabalho** im Unterricht/in der Arbeit fehlen; **quem ~?** wer fehlt? ❸ (*não cumprir*) nicht halten, brechen; **~ à palavra** sein Wort nicht halten

fama *f* ❶ (*celebridade*) Ruhm *m;* **ter ~** berühmt sein; **ter a ~ e não o proveito** keinen Nutzen von seinem Ruhm haben ❷ (*reputação*) Ruf *m;* **ter má ~** einen schlechten Ruf haben; **ter ~ de** bekannt sein für

família [fɐ'miljɐ] *f* Familie *f;* **pessoa de ~** Verwandte; **~ numerosa** kinderreiche Familie

Wundern Sie sich nicht, wenn man Sie in Portugal gleich nach Ihrer **família** (Familie) fragt. Die Portugiesen haben einen sehr ausgeprägten Familiensinn. Die Frage hat bestimmt nichts mit Indiskretion zu tun, sondern ist in Portugal ganz natürlich.

familiar **I.** *mf* Verwandte, Familienangehörige **II.** *adj* ① (*da família*) Familien ...; **agregado** ~ Familienangehörige *pl* ② (*conhecido*) geläufig, vertraut; **esse nome é-me** ~ dieser Name ist mir geläufig ③ (*caseiro*) familiär; **ambiente** ~ familiäre Umgebung
familiaridade *f* (*confiança*) Vertrautheit *f;* (*à-vontade*) Ungezwungenheit *f*
familiarizado *adj* vertraut; **estar ~ com a. c.** mit etw vertraut sein
familiarizar **I.** *vt* vertraut machen (*com* mit), gewöhnen (*com* an) **II.** *vr* sich vertraut machen (*com* mit), sich anfreunden (*com* mit); **~-se com o trabalho** sich einarbeiten
faminto *adj* ① (*com fome*) hungrig (*de* nach) ② (*ávido*) begierig (*de* nach)
famoso [fɐ'mozu] *adj* berühmt (*por* für)
fanar *vt* (*coloq*) klauen
fanático, -a **I.** *m, f* Fanatiker(in) *m(f)* **II.** *adj* fanatisch
fanatismo *m* Fanatismus *m*
fandango *m* (MÚS) Fandango *m*
faneca *f* (*portugal:* ZOOL) Aalmutter *f*
fanfarra *f* Fanfare *f*
fanfarrão <-ões> *m* Großmaul *nt*
fanhoso *adj* (*som*) genäselt; **ele é** ~ er spricht durch die Nase, er näselt
fanico *m* ① (*desmaio*) Ohnmacht *f;* **deu-lhe o** ~ er/sie ist in Ohnmacht gefallen ② (*pedaço*) Stückchen *nt;* **fazer em ~s** zertrümmern, in Stücke schlagen
fantasia *f* ① (*imaginação*) Fantasie *f* ② (*traje*) Karnevalskostüm *nt*
fantasiar *conj como passear* **I.** *vt* ausdenken, erfinden **II.** *vi* fantasieren **III.** *vr* sich verkleiden (*de* als)
fantasioso *adj* fantasievoll
fantasma *m* ① (*espírito*) Gespenst *nt,* Phantom *nt* ② (*ilusão*) Trugbild *nt*
fantasmagórico *adj* erfunden, unwirklich
fantástico [fɐ̃n'taʃtiku] *adj* fantastisch
fantochada *f* ① (*com fantoches*) Marionettentheater *nt* ② (*palhaçada*) Unsinn *m*
fantoche *m* (*boneco, pessoa*) Marionette *f*
faqueiro *m* Besteckkasten *m*
faquir *m* Fakir *m*
faraó *m* Pharao *m*
farda *f* Uniform *f*
fardado *adj* uniformiert
fardar-se *vr* (sich) die Uniform anziehen +*dat*
fardo *m* ① (*de palha*) Bündel *nt;* (*de tecido*) Ballen *m* ② (*sobrecarga*) Last *f*
farejar *vi* (*fig*) wittern
farelo *m* ① (*de farinha*) Kleie *f* ② (*de madeira*) Sägemehl *nt*
farense **I.** *mf* (*portugal*) *Einwohner(in) der Stadt oder des Distrikts Faro* **II.** *adj* (*especialidade*) aus Faro; (*instituto*) in Faro
farfalhudo *adj* behangen; (*com rendas*) spitzenbesetzt
farináceo **I.** *m* Mehlprodukt *nt* **II.** *adj* mehlhaltig, Mehl ...
faringe *f* (ANAT) Rachen *m,* Schlund *m*
faringite *f* (MED) Rachenentzündung *f*
farinha [fɐ'riɲɐ] *f* Mehl *nt*

Farinha de mesa ist in Brasilien ein Mehl, das aus der Maniok-Knolle entsteht (gemahlen oder gerieben). Diese Art des Maniok-Mehls ist am weitesten in Brasilien verbreitet. Farinha darf bei keiner Mahlzeit fehlen.

farinha-de-pau *f* Tapioka *f*
farinheira *f* Mehlwurst *f*
farinhento *adj* weich, matschig
farmacêutico, -a **I.** *m, f* Apotheker(in) *m(f)* **II.** *adj* pharmazeutisch; **indústria farmacêutica** Pharmaindustrie *f*
farmácia [fɐr'masjɐ] *f* ① (*loja*) Apotheke *f* ② (*ciência*) Pharmazie *f*
farmacologia *f* Arzneikunde *f,* Pharmakologie *f*
farnel <-éis> *m* Reiseproviant *m*
faro *m* ① (*dos animais*) Witterung *f* ② (*das pessoas*) Spürsinn *m*
Faro (*portugal*) Faro (*Hauptstadt des Distrikts Faro*)*;* **Distrito de** ~ Distrikt Faro
faroeste *m* (*coloq*) Western *m*
farofa *f* (*brasil*) geröstetes Maniokmehl *nt*

Geröstet und in Butter gebraten wird das Maniokmehl (auch farinha genannt) zu einer leckeren Beilage, die sehr gut zu Fleisch- oder Geflügelgerichten passt. Dann nennt man es **farofa**. Es wird fast immer zu feijoada serviert. Farofa kann besonders edel mit gekochten Eiern, angebratenen Kalbsleberstückchen, Knoblauchwurst und gekochtem Trockenfleisch zubereitet werden.

farofeiro, -a (*brasil*) **I.** *m, f* ① (*pej: da praia*) *Strandbesucher, der die Tagesverpflegung*

F

von zuhause mitnimmt, um dort kein Geld ausgeben zu müssen ❷ (*fanfarrão*) Angeber(in) *m(f)* **II.** *adj* großspurig, angeberisch

farol [fɐ'rɔl] <-óis> *m* ❶ (*torre*) Leuchtturm *m* ❷ (*de automóvel*) Scheinwerfer *m;* ~ **de nevoeiro** Nebelscheinwerfer *m*

farolete *m* (*brasil*) *v.* **farolim**

farolim *m* Licht *nt;* ~ **traseiro** Schlusslicht *nt*

farpa *f* ❶ (*de madeira*) Splitter *m* ❷ (*para touros*) Speer *m*

farpado *adj* stachelig; **arame** ~ Stacheldraht *m*

farpela *f* Aufzug *m*

farra *f* Vergnügen *nt,* Gaudi *f;* **andar na** ~ sich amüsieren; (*coloq*) einen draufmachen

farrapo *m* ❶ (*de tecido*) Lumpen *m,* Fetzen *m* ❷ (*pessoa*) schlecht gekleidete(r) Mensch *m*

farro *m* (BOT) Dinkel *m*

farrusco *adj* rußig

farsa *f* Posse *f,* Farce *f*

farta *adv* **à** ~ in Hülle und Fülle

fartar-se <*pp* farto *o* fartado> *vr* satt werden; ~ **de alguém/a. c.** jdn/etw satthaben; ~ **de rir** sich totlachen; ~ **de chorar** sich die Augen ausheulen; ~ **de comer** sich satt essen; **não se fartar de fazer a. c.** nicht müde werden, etw zu tun; **não se fartar de olhar para/ouvir a. c.** sich an etw nicht sattsehen/hören können

farto *adj* ❶ (*pessoa*) satt; **estar** ~ **de alguém/a. c.** jdn/etw satthaben; **estar** ~ **de fazer a. c.** es satthaben, etw zu tun ❷ (*refeição*) üppig

fartura *f* ❶ (*abundância*) Überfluss *m;* **com** ~ im Überfluss ❷ (*doce*) frittierte(s) Spritzgebäck *nt*

fascículo *m* (*de revista*) Heft *nt*

fascinado *adj* hingerissen (*com* von), fasziniert (*com* von)

fascinante *adj* faszinierend

fascinar *vt* faszinieren

fascínio *m* Reiz *m,* Faszination *f*

fascismo *m* Faschismus *m*

fascista **I.** *mf* Faschist(in) *m(f)* **II.** *adj* faschistisch

fase *f* (ELECTR) Phase *f;* ~ **de construção** Bauabschnitt *m*

fasquia *f* Latte *f*

fastidioso *adj* (*aborrecido*) langweilig; (*incomodativo*) lästig

fastio *m* ❶ (*tédio*) Langeweile *f* ❷ (*aversão*) Ekel *m,* Widerwille *m* ❸ (*falta de apetite*) Appetitlosigkeit *f*

fatal <-ais> *adj* ❶ (*mortal*) tödlich ❷ (*inevitável*) unabwendbar, unausweichlich

fatalidade *f* ❶ (*marcado pelo destino*) Verhängnis *nt* ❷ (*desgraça*) Unglück *nt*

fatalismo *m* Fatalismus *m*

fatalista *mf* Fatalist(in) *m(f)*

fatalmente *adv* fatal

fatela *adj* (*cabo verde: coloq*) widerlich, scheußlich

fatia [fɐ'tiɐ] *f* ❶ (*de pão*) Scheibe *f;* **cortar/partir a. c. às ~s** etw in Scheiben schneiden ❷ (*parcela*) Teil *m,* Stück *nt;* **ele ficou com uma boa ~ dos lucros** er behielt einen Großteil des Gewinns

fatídico *adj* verhängnisvoll

fatigante [fɐti'gɐ̃ntə] *adj* beschwerlich, ermüdend

fatiota *f* (*pej*) Aufzug *m,* Kluft *f*

fato ['fatu] *m* ❶ (*portugal: vestuário*) Anzug *m* ❷ (*portugal*) ~ **de banho** Badeanzug *m;* ~ **de treino** Trainingsanzug *m,* Jogginganzug *m* ❸ (*brasil*) *v.* **facto**

fato-macaco *m* (*portugal*) Monteuranzug *m,* Overall *m*

fator *m* (*brasil*) *v.* **factor**

fátuo *adj* ❶ (*elev: fugaz*) flüchtig ❷ (*elev: pretensioso*) eingebildet ❸ (*elev: frívolo*) leichtsinnig

fatura *f* (*brasil*) *v.* **factura**

faturar *vt* (*brasil*) *v.* **facturar**

faúlha *f* Funke *m*

fauna *f* Fauna *f,* Tierwelt *f*

fausto **I.** *m* Prunk *m,* Pracht *f* **II.** *adj* Glück bringend, günstig

fava *f* (BOT) Saubohne *f*

favela *f* (*brasil*) Favela *f,* Slum *m*

Favela ist ursprünglich die Bezeichnung eines Hügels in Rio de Janeiro, an dem arme, von der Gesellschaft ausgestoßene Menschen Hütten aufgebaut hatten, um wenigstens ein notdürftiges Quartier beziehen zu können, und ist in den Jahrzehnten der Industrialisierung zum Synonym für Slums geworden. **Favelas** sind zum festen Bestandteil des brasilianischen Lebens geworden, die favelados (Slumsbewohner) sind ursprünglich Opfer der im Nordosten vorherrschenden Trockenheit oder von den fazendeiros (Großgrundbesitzern) und den großen landwirtschaftlichen Konzernen vertriebene Bauern. Heute kann man jedoch nicht mehr mit Sicherheit sagen, wo die Slumsbewohner herkommen. Viele Generationen sind schon dort geboren und aufgewachsen. Das größte Problem in den favelas ist die Macht, die konkurrierende Drogendealer-Gruppen ausüben. Nur ganz wenige favelas haben den Wandel zum sauberen Unterklassenviertel geschafft, die meisten werden sich wohl nie ändern. Abgesehen von moralischen Bedenken sollte man aus Sicherheitsgründen keine Ausflüge in die favelas unternehmen!

favo *m* Bienenwabe *f*

favor [fɐ'vor] *m* Gefallen *m;* **por/(se) faz ~!** bitte!; **fazer um ~ a alguém** jdm einen Gefallen tun; **a ~ de** für; (*vantagem*) zu Gunsten von; **a meu ~** zu meinen Gunsten

favorável <-eis> *adj* (*situação, vento*) günstig (*a* für)

favorecer <c→ç> *vt* begünstigen; **esse vestido favorece-te** dieses Kleid steht dir gut

favoritismo *m* Vetternwirtschaft *f*

favorito, -a **I.** *m, f* Favorit(in) *m(f)* **II.** *adj* Lieblings ...; **livro ~** Lieblingsbuch *nt*

fax *m* Fax *nt;* **mandar um ~** faxen; **mandar a. c. por ~** etw faxen

faxina *f* Faschine *f;* (MIL); **estar de ~** Stubendienst haben

fazenda *f* ① (*pano*) grobe(r) Stoff *m;* **casaco de ~** Stoffjacke *f* ② (*finanças*) Steuerbehörde *f;* **~ pública** Finanzwesen *nt* ③ (*brasil: quinta*) Landgut *nt,* Farm *f;* **~ orgânica** Biobauernhof *m*

fazendeiro, -a *m, f* (*brasil*) Farmer(in) *m(f),* Gutsbesitzer(in) *m(f)*

fazer [fɐ'zer] *irr* **I.** *vt* ① (*executar, produzir*) machen, tun; (*uma pergunta*) stellen; (*o almoço, chá, café*) kochen; **~ efeito** wirken, eine Wirkung zeigen; **~ a barba** (sich) rasieren; **~ justiça** Gerechtigkeit üben; **ter muito que ~** viel zu tun haben; **~ a. c. a alguém** jdm etw antun; **dito e feito** gesagt, getan; (**é**) **bem feito!** das geschieht dir recht! ② (*uma actividade*) machen; **~ desporto** Sport treiben; **~ ginástica** Gymnastik machen ③ (*obrigar*) zwingen; **ele fez-me ficar aqui** er zwang mich, hier zu bleiben ④ (*provocar*) lassen, bewirken; **isso faz-me sentir melhor** damit geht es mir besser; **a grande procura faz com que os preços subam** die große Nachfrage lässt die Preise steigen **II.** *vi* ① (*profissão*) arbeiten, machen; **o que é que o senhor faz?** was sind Sie von Beruf? ② (*personagem*) darstellen, spielen; **ele faz de professor** er spielt den Lehrer ③ (*consequências*) **~ bem/mal à saúde** gut/schlecht für die Gesundheit sein, gesund/ungesund sein; **~ bem** guttun; **isso não me faz bem** das bekommt mir nicht gut; **que é feito dele/disso?** was ist aus ihm/daraus geworden?; **não faz mal!** das macht nichts!; **tanto faz** es ist egal ④ (*esforçar-se*) **~ por** sich Mühe geben, sich anstrengen **III.** *vi impess* ① (METEO) sein; **faz frio/calor** es ist kalt/warm ② (*temporal*) her sein; **faz hoje um ano que eu viajei** heute vor einem Jahr bin ich verreist; **faz seis meses que ela está cá** sie ist seit sechs Monaten hier **IV.** *vr* ① (*tornar-se*) werden; **faz-se tarde** es wird spät ② (*fingir*) sich stellen, sich taub stellen

fé *f* (*crença*) Glaube *m;* (*convicção*) Überzeugung *f;* (*confiança*) Vertrauen *nt;* **ter ~ em** glauben an; **agir de boa ~** in gutem Glauben handeln; **agir de má ~** böswillig handeln; **dar ~ de a. c.** etw merken

fealdade *f* Hässlichkeit *f*

febra *f* ① (*carne*) magere(s) Fleisch *nt* ② (*energia*) Energie *f,* Power *f*

febre ['fɜbrə] *f* (*fig*) Fieber *nt;* **estar com/ter ~** Fieber haben; **~ aftosa** Maul- und Klauenseuche *f*

febril <-is> *adj* ① (MED) fiebrig ② (*exaltado*) fieberhaft

fechado [fə'ʃadu] *adj* ① (*loja, porta, torneira*) geschlossen; (*coloq*) zu; **~ à chave** abgeschlossen ② (*curva*) scharf, eng ③ (*pessoa*) verschlossen ④ (*coloq: semáforo*) rot

fechadura [fəʃɐ'durɐ] *f* Schloss *nt;* **~ de segurança** Sicherheitsschloss *nt*

fechar [fə'ʃar] **I.** *vt* (*uma janela, porta, loja*) schließen, zumachen; **~ à chave** abschließen; **~ a sete chaves** doppelt und dreifach verschließen; (*o gás, a água*) abdrehen, abstellen; (*um negócio*) abschließen **II.** *vi* (*fábrica, loja*) schließen **III.** *vr* sich verschließen

fecho *m* ① (*para roupa*) Verschluss *m;*

~ **éclair** Reißverschluss *m* ② (*de porta*) Türriegel *m;* ~ **centralizado** Zentralverriegelung *f*

fécula *f* Stärke *f;* ~ **de batata** Kartoffelstärke *f*

fecundação <-ões> *f* Befruchtung *f*

fecundar *vt* befruchten

fecundidade *f* Fruchtbarkeit *f*

fecundo *adj* fruchtbar

fedelho *m* Rotznase *f,* Grünschnabel *m*

feder *vi* stinken

federação <-ões> *f* Bund *m;* (POL) Föderation *f,* Staatenbund *m*

federal *adj* (POL) Bundes ...

federalismo *m* (POL) Föderalismus *m*

fedor *m* Gestank *m*

fedorento *adj* stinkend

feedback *m* Feed-back *nt*

feição *f* **estar de** ~ günstig sein

feições *fpl* Gesichtszüge *pl*

feijão [fei'ʒãu] <-ões> *m* Bohne *f;* ~ **verde** grüne Bohne

feijoada *f* (CULIN) Bohnengericht *nt*

Feijoada ist Brasiliens Nationalgericht und wird häufig ab Samstag-mittag in den Restaurants angeboten. Es besteht aus schwarzen Bohnen, die mit verschiedenen Fleisch- und Wurstsorten gekocht werden. Dazu gibt es Kohl, Reis und **farofa**.

feijoca *f* (BOT) dicke Bohne *f*

feio *adj* ① (*pessoa, objecto*) hässlich ② (*situação*) unangenehm ③ (*atitude*) abscheulich; **fazer** ~ einen schlechten Eindruck machen ④ (*tempo*) schlecht

feira ['feirɐ] *f* ① (*mercado*) Markt *m;* ~ **da ladra** Flohmarkt *m,* Trödelmarkt *m* ② (*de divertimento*) Jahrmarkt *m,* Fest *nt* ③ (*exposição*) Messe *f*

feirante *mf* Marktverkäufer, Marktfrau *m, f*

feita *f* **desta** ~ diesmal

feitiçaria *f* Zauberei *f,* Hexerei *f*

feiticeiro, -a *m, f* Zauberer, Zauberin *m, f*

feitiço *m* ① (*coisa mágica*) Zauber *m,* Zauberei *f;* **virou-se o** ~ **contra o feiticeiro** der Schuss ging nach hinten los ② (*de adoração*) Fetisch *m*

feitio *m* ① (*forma*) Form *f,* Gestalt *f;* (*de roupa*) Schnitt *m* ② (*temperamento*) Charakter *m,* Gemüt *nt;* **ter mau** ~ jähzornig sein, ein aufbrausendes Wesen haben

feito ['feitu] **I.** *pp de* **fazer** **II.** *m* Tat *f;* ~ **heróico** Heldentat *f* **III.** *adj* (*pronto*) fertig; (*acabado*) vollendet; **prato** *m* ~ (*brasil*) *preisgünstiges Tellergericht im Restaurant bestehend in der Regel aus Reis, Bohnen, Pommes Frites, Salat und Fleisch;* **estou ~!** ich bin aufgeschmissen!; **ele está um homem** ~ er ist zum Mann gereift

feixe *m* Bündel *nt,* Bund *nt;* ~ **de luz** Lichtbündel *nt*

fel *m* Galle *f*

felicidade *f* Glück *nt*

felicidades [fələsi'dadəʃ] *fpl* Glückwunsch *m;* **muitas ~!** alles Gute!, herzlichen Glückwunsch!

felicíssimo *superl de* **feliz**

felicitação *f* Glückwunsch *m*

felicitar [fələsi'tar] *vt* beglückwünschen (*por* zu), gratulieren (*por* zu)

felino *adj* katzenartig

felinos *mpl* (ZOOL) Familie *f* der Katzen

feliz [fə'liʃ] *adj* glücklich, froh

felizardo, -a *m, f* Glückspilz *m*

felizmente *adv* glücklicherweise

felpo *m* Frottee *m, nt*

felpudo *adj* samtig, flauschig

feltro *m* Filz *m*

fêmea *f* ① (*animal*) Weibchen *nt* ② (MEC) Schraubenmutter *f*

feminidade *f* Weiblichkeit *f*

feminino [fəmə'ninu] **I.** *m* (GRAM) Femininum *nt* **II.** *adj* weiblich, feminin

feminismo *m* Feminismus *m*

feminista **I.** *mf* Feminist(in) *m(f)* **II.** *adj* feministisch

fémur (*portugal*), **fêmur** *m* (*brasil:* ANAT) Schenkelknochen *m*

fenda *f* Riss *m;* (*na louça*) Sprung *m;* (*na terra*) Spalte *f*

fenecer <c→ç> *vi* ① (*murchar*) verwelken ② (*morrer*) sterben ③ (*terminar*) enden

feno *m* Heu *nt*

fenol *m* (QUÍM) Phenol *nt*

fenomenal *adj* (*fig*) phänomenal

fenómeno (*portugal*), **fenômeno** *m* (*brasil*) Phänomen *nt,* Erscheinung *f*

fera *f* Raubtier *nt*

feracidade *f* Fruchtbarkeit *f*

féretro *m* Sarg *m*

feriado [fɜ'rjadu] *m* Feiertag *m;* ~ **nacional** Nationalfeiertag *m;* ~ **religioso** kirchlicher Feiertag

1. Januar – Ano Novo, Neujahr
Februar – Carnaval, Karneval
April – Sexta-Feira Santa, Karfreitag
April – Páscoa, Ostern (ohne Ostermontag)
25. April – Revolução dos Cravos, Nelkenrevolution (1974)
1. Mai – Dia do Trabalho, Tag der Arbeit
Mai/Juni – Corpo de Deus, Fronleichnam
10. Juni – Dia de Portugal, Nationalfeiertag
15. August – Assunção de Nossa Senhora, Mariä Himmelfahrt
5. Oktober – Implantação da República, Proklamation der Republik (1910)
1. November – Todos os Santos, Allerheiligen
1. Dezember – Restauração da Independência, Restauration (1640). Portugal erlangte 1640 nach 60 Jahren wieder die Unabhängigkeit von Spanien
8. Dezember – Imaculada Conceição da Nossa Senhora, Unbefleckte Empfängnis
25. Dezember – Natal, Weihnachten
Darüber hinaus hat fast jeder Kreis einen festen kommunalen Feiertag.

férias ['fɜrjɐʃ] *fpl* Ferien *pl,* Urlaub *m;* **tirar/fazer ~** Ferien machen; **estar de ~** im Urlaub sein; **passar as ~ em ...** den Urlaub in ... verbringen

ferida [fə'ridɐ] *f* Wunde *f;* (*fig*); **mexer na ~** alte Wunden aufreißen; (*fig*); **pôr o dedo na ~** den Finger auf die Wunde legen

ferido, -a [fə'ridu] **I.** *m, f* Verletzte, Verwundete; **~ ligeiro/grave** Leichtverletzte/Schwerverletzte *m* **II.** *adj* verletzt, verwundet

ferimento *m* Verletzung *f,* Verwundung *f*

ferir [fə'rir] *irr como preferir* **I.** *vt* (MED) verletzen, verwunden; (*ofender*) verletzen, kränken **II.** *vr* sich verletzen; **~-se numa perna** sich am Bein verletzen

fermentação <-ões> *f* Gärung *f*

fermentar *vi* gären

fermento *m* Gärstoff *m;* (*de padeiro*) Hefe *f;* **~ em pó** Backpulver *nt*

ferocidade *f* Wildheit *f*

feroz *adj* (*animal*) wild; (*pessoa*) grausam; (*sentimento*) stark, unbändig

ferradela *f* (*portugal: de cão*) Biss *m;* (*de insecto*) Stich *m;* (*cão*); **dar/levar uma ~** beißen/gebissen werden; (*insecto*) stechen/gestochen werden

ferrado *adj* (*coloq brasil*) aufgeschmissen

ferradura *f* Hufeisen *nt*

ferragem <-ens> *f* Beschläge *pl*

ferramenta [fəʀɐ'mẽntɐ] *f* ❶ (*utensílio*) Werkzeug *nt* ❷ (*conjunto*) Werkzeuge *pl*

ferrão <-ões> *m* (*insecto*) Stachel *m*

ferrar **I.** *vt* (*cão*) beißen; (*insecto*) stechen; (*um cavalo*) beschlagen **II.** *vi* (*cão*) beißen; (*insecto*) stechen

ferreiro *m* Schmied *m*

ferrenho *adj* (*adepto*) fanatisch

férreo *adj* Eisen ..., eisern; **via férrea** Eisenbahn *f*

ferrinhos *mpl* (MÚS) Triangel *m*

ferro *m* ❶ (*metal*) Eisen *nt;* **de ~** eisern, Eisen ... ❷ (*de engomar*) Bügeleisen *nt;* **passar a ~** bügeln ❸ (*âncora*) Anker *m;* **levantar ~** den Anker lichten

ferroada *f* Stich *m*

ferrolho *m* Riegel *m*

ferro-velho *m* ❶ (*material*) Schrott *m* ❷ <ferros-velhos> (*pessoa*) Schrotthändler *m*

ferrovia *f* Eisenbahn *f*

ferroviário *adj* Eisenbahn ...

ferrugem <-ens> *f* Rost *m;* **criar/ganhar ~** verrosten

ferrugento *adj* rostig, verrostet

ferruginoso *adj* eisenhaltig

ferry-boat *m* Fähre *f*

fértil <-eis> *adj* (*pessoa*) fruchtbar; (*solo*) ergiebig, fruchtbar

fertilidade *f* Fruchtbarkeit *f*

fertilizante *m* (AGR) Dünger *m,* Düngemittel *nt*

fertilizar *vt* ❶ (*o solo*) düngen ❷ (*fecundar*) befruchten

fervedor *m* Henkeltopf *m,* Milchtopf *m*

fervente *adj* (*água*) kochend, siedend

ferver [fər'ver] **I.** *vt* kochen; (*água*) zum Kochen bringen **II.** *vi* ❶ (*líquido*) kochen, sieden; (*borbulhar*) sprudeln ❷ (*de raiva*) kochen; (*de amor*) brennen; **~ em pouca água** sich über Kleinigkeiten aufregen; **~ de impaciência** vor Ungeduld brennen ❸ (*objecto*) glühen; **estar a ~** heiß sein

fervilhar *vi* ❶ (*líquido*) kochen, köcheln ❷ (*abundar*) wimmeln (*de* von)

F

fervor *m* ① (*ardor*) Hitze *f*, Glut *f* ② (*paixão*) Leidenschaft *f*, Inbrunst *f* ③ (*diligência*) Eifer *m*, Ungestüm *nt*
fervoroso *adj* ① (*apaixonado*) leidenschaftlich, inbrünstig ② (*diligente*) eifrig
fervura *f* Sieden *nt*, Kochen *nt*; **levantar** ~ zu kochen beginnen
festa ['fɜʃtɐ] *f* ① (*celebração*) Fest *nt*; (*coloq*) Fete *f*, Party *f*; ~ **de despedida** Abschiedsfest *nt*, Abschiedsparty *f*; **dar uma** ~ ein Fest geben; **Boas Festas!** Fröhliche Weihnachten!; **dar as Boas Festas a alguém** jdm ein frohes Fest wünschen ② (*carícia*) Liebkosung *f*; **fazer ~s a alguém** jdn streicheln ③ (*manifestação de alegria*) Hallo *nt*; **eles fizeram-lhe uma ~ quando a viram** sie begrüßten sie mit großem Hallo
festança *f* große(s) Fest *nt*
festejar *vt* feiern
festejo *m* Feier *f*
festim <-ins> *m* Familienfest *f*
festival <-ais> *m* Festspiele *pl*, Festival *nt*; ~ **da canção** Schlagerfestival *nt*; ~ **de cinema** Filmfestspiele *pl*; ~ **de teatro** Theaterfestival *nt*
festividade *f* Festlichkeit *f*, Feierlichkeit *f*; ~ **religiosa** Kirchenfest *nt*
festivo *adj* festlich, feierlich
fetiche *m* Fetisch *m*
fetichista *mf* Fetischist(in) *m(f)*
fétido *adj* stinkend
feto *m* ① (*embrião*) Fetus *m*, Fötus *m* ② (BOT) Farn *m*
feudal *adj* (HIST) feudal
feudalismo *m* (HIST) Feudalismus *m*
feudo *m* (HIST) Lehen *nt*
fêvera *f* (*portugal*) magere(s) Fleisch *nt*
Fevereiro [fəvə'reiru] *m* Februar *m*; *v. tb.* **Março**
fezes ['fɜzəʃ] *fpl* Kot *m*, Exkremente *pl*
fiação <-ões> *f* Spinnen *nt*; **fábrica de** ~ Spinnerei *f*
fiado *adv* **comprar** ~ auf Kredit kaufen; **vender** ~ anschreiben
fiador(a) *m(f)* Bürge, Bürgin *m, f*
fiambre ['fjɐ̃mbrə] *m* (*portugal*) Kochschinken *m*, gekochte(r) Schinken *m*
fiança *f* ① (*do fiador*) Bürgschaft *f* ② (*caução*) Kaution *f*; **sob** ~ gegen Kaution
fiapo *m* Fädchen *nt*
fiar **I.** *vt* (*algodão*) spinnen; (*confiar*) anvertrauen; (*vender fiado*) anschreiben **II.** *vr* sich verlassen (*em* auf)
fiasco *m* Fiasko *nt*, Misserfolg *m*
fiável <-eis> *adj* zuverlässig, vertrauenswürdig
fibra *f* ① (BIOL: *têxtil*) Faser *f*; ~ **sintética** Kunstfaser *f*; ~ **de vidro** Glasfaser *f*; **~s vegetais** Ballaststoffe *pl* ② (*personalidade*) Kraft *f*
fibrocimento *m* Asbestzement *m*
fibroma *m* (MED) Fibrom *nt*
fibroso *adj* faserig
ficar [fi'kar] <c→qu> **I.** *vi* ① (*permanecer*) bleiben; ~ **para trás** zurückbleiben; ~ **parado** stehen bleiben; ~ **na memória** im Gedächtnis bleiben; ~ **a olhar/falar** anschauen/sprechen; ~ **na mesma** sich gleich bleiben, unverändert sein; ~ **por fazer** noch nicht getan sein, noch zu tun sein; ~ **na sua** auf seiner Meinung beharren ② (*sobrar*) übrig bleiben ③ (*estar situado*) sein (*em* an/in), sich befinden (*em* an/in), liegen (*em* an/in); ~ **perto de a. c.** in der Nähe von etw. sein; **fica a 20 km do centro** es ist 20 km vom Zentrum entfernt; **a loja fica no centro** das Geschäft ist im Zentrum; **a aldeia fica na costa** das Dorf liegt an der Küste ④ (*tornar-se*) werden; ~ **contente/triste** zufrieden/traurig sein; ~ **com medo/frio** Angst bekommen/frieren; ~ **cego/surdo** erblinden/taub werden; (*trabalho*); ~ **bom/mau** gut/schlecht werden, gut/schlecht ausfallen; (*num exame*); ~ **bem/mal** bestehen/nicht bestehen; ~ **fora de si** außer sich geraten ⑤ (*guardar*) ~ **com** behalten; (*levar*) mitnehmen; (*fazer companhia*) bleiben bei; **isto fica para ti** das ist für dich ⑥ (*roupa, cor*) ~ **bem/mal a alguém** jdm gut/schlecht stehen; (*atitude*) zu jdm passen/nicht zu jdm passen ⑦ (*ser adiado*) ~ **para** verschoben werden auf; **isso fica para amanhã** das verschieben wir auf morgen ⑧ (*acordo*) ~ **de** verbleiben; **ele ficou de telefonar** er wollte anrufen; **em que é que ficamos?** wie verbleiben wir? ⑨ (*constantemente*) ~ **falando/pensando em a. c.** ständig von etw reden/an etw denken **II.** *vr* ① (*num local*) zurückbleiben ② (*não reagir*) ruhig bleiben
ficção ['fiksɐ̃u] <-ões> *f* Fiktion *f*; ~ **científica** Sciencefiction *f*
ficha ['fiʃɐ] *f* ① (*peça*) Marke *f*; (*de jogo*) Chip *m*, Jeton *m*; (*de bengaleiro*) Garderobenmarke *f* ② (ELECTR) Stecker *m*; ~ **dupla**

Doppelstecker *m;* ~ **tripla** Dreifachstecker *m* ③ (*de arquivo*) Karteikarte *f* ④ (*de exercícios*) Aufgabenblatt *nt*
fichário *m* (*brasil*) *v.* **ficheiro**
ficheiro *m* ① (*armário*) Karteikasten *m* ② (*portugal:* INFOR) Datei *f;* **abrir/guardar um** ~ eine Datei öffnen/speichern
fictício *adj* fiktiv
fidalgo *m* ① (HIST) Edelmann *m* ② (*coloq: snobe*) Snob *m,* Vornehmtuer *m*
fidalguia *f* Edelmut *m*
fidedigno *adj* glaubwürdig, zuverlässig
fidelidade *f* ① (*lealdade*) Treue *f* (*a* zu) ② (*exactidão*) Genauigkeit *f*
fidelíssimo *superl de* **fiel**
fiduciário *adj* (ECON) Geld ..., Währungs ...; **circulação fiduciária** Geldumlauf *m*
fieis *mpl* Gläubige *pl*
fiel <-éis> **I.** *m* ① (*funcionário*) Wächter *m,* Wachmann *m* ② (*da balança*) Zeiger *m,* Zunge *f* **II.** *adj* ① (*pessoa*) treu (*a*) ② (*descrição*) genau, detailgetreu
fig *abr de* **figura** Abb. (= *Abbildung*)
figa *f* **fazer ~s** die Daumen drücken, *Amulett in Faustform*
figadeira *f* (*coloq*) Leberentzündung *f*
fígado ['figɐdu] *m* Leber *f*
figo *m* (BOT) Feige *f;* ~ **seco** getrocknete Feige; **chamar um ~ a a. c.** etw lecker finden
figueira *f* Feigenbaum *m*
figura *f* ① (*aparência*) Figur *f;* **fazer boa** ~ eine gute Figur machen; **fazer triste** ~ traurig aussehen, einen schlechten Eindruck machen ② (*num livro*) Abbildung *f* ③ (LING) ~ **de estilo** Stilfigur *f*
figurado *adj* bildlich; **no sentido** ~ im übertragenen Sinn
figurante *mf* (CINE) Statist(in) *m(f)*
figurar *vi* vorkommen (*em* in)
figurativo *adj* bildlich
figurino *m* ① (*desenho*) Modellzeichnung *f* ② (*revista*) Modezeitschrift *f*
fila ['filɐ] *f* ① (*alinhamento*) Reihe *f;* **em** ~ in einer Reihe; ~ **indiana** Gänsemarsch *m* ② (*brasil: bicha*) Schlange *f;* **fazer** ~ Schlange stehen
filamento *m* ① (*fio*) Faden *m* ② (*fibra*) Faser *f*
filantropia *f* Menschenliebe *f*
filantrópico *adj* menschenfreundlich
filantropo *m* Menschenfreund *m*
filão <-ões> *m* Ader *f,* Flöz *nt*
filarmónica (*portugal*), **filarmônica** *f* (*brasil*) Philharmonie *f*
filarmónico (*portugal*), **filarmônico** *adj* philharmonisch; **orquestra filarmónica** [*o brasil* **filarmônica**] Philharmonieorchester *nt*
filatelia *f* Briefmarkenkunde *f,* Philatelie *f*
filé *m* (*brasil: de carne, peixe*) Filet *nt*
fileira *f* Reihe *f;* **em** ~ in einer Reihe
filete *m* (CULIN: *portugal*) Filet *nt;* ~ **de peixe** Fischfilet *nt*
filha-de-santo *f v.* **filho-de-santo**
filharada *f* Kinderschar *f*
filho, -a ['fiʎu] *m, f* Sohn *m,* Tochter *f;* **~s** Kinder *pl;* ~ **de peixe sabe nadar** der Apfel fällt nicht weit vom Stamm; ~ **da puta** Arschloch *nt*
filhó *f* (CULIN) kleine(r) Pfannkuchen *m*
filho-de-santo, filha-de-santo *m, f* <filhos-de-santo> (*brasil:* REL: *candomblé, umbanda*) *Medium, das darauf vorbereitet ist, einen Geist oder eine Gottheit in sich aufzunehmen*
filhote *m* (ZOOL) Junge *nt*
filiação <-ões> *f* ① (*pais*) Eltern *pl* ② (*num partido*) Mitgliedschaft *f* (*em* in), Zugehörigkeit *f* (*em* zu)
filial <-ais> *f* Zweigstelle *f,* Filiale *f*
filiar-se *vr* eintreten (*em* in)
filigrana *f* Filigran *nt*
Filipinas *fpl* Philippinen *pl*
filmagem <-ens> *f* ① (*acto de filmar*) Filmaufnahme *f,* Filmen *nt* ② (*conversão em película*) Verfilmung *f*
filmar *vt* filmen
filme ['filmə] *m* Film *m;* ~ **de acção** [*o brasil* **ação**] Actionfilm; ~ **de terror** Horrorfilm; ~ **cómico** Komödie; ~ **policial** Krimi
filões *m pl de* **filão**
filologia *f* Philologie *f;* ~ **germânica** Germanistik *f;* ~ **moderna** Neuphilologie *f;* ~ **portuguesa** Lusitanistik *f*
filológico *adj* philologisch
filólogo, -a *m, f* Philologe, Philologin *m, f*
filosofal *adj* philosophisch; **pedra** ~ Stein der Weisen *m*
filosofar *vi* philosophieren
filosofia *f* Philosophie *f*
filosófico *adj* philosophisch
filósofo, -a *m, f* Philosoph(in) *m(f)*
filoxera *f* Reblaus *f*
filtrar *vt* filtern, filtrieren
filtro ['filtru] *m* Filter *m*
fim [fĩ] <-ins> *f* ① (*final*) Ende *nt,* Schluss *m;*

~ **de estação** Saisonende *nt;* **no ~ de** am Ende; **por ~** endlich, schließlich; **sem ~** ohne Ende, endlos; **pôr ~ a a. c.** etw ein Ende machen/bereiten, etw beenden; **no ~ de Agosto** Ende August; **ao ~ da tarde/do dia** abends; **chegar ao ~** enden; **ao ~ e ao cabo** letzten Endes ② (*objectivo*) Ziel *nt;* (*propósito*) Zweck *m;* **a ~ de fazer a. c.** um etw zu tun; **os fins justificam os meios** der Zweck heiligt die Mittel

fim-de-semana *m* Wochenende *nt;* **no ~** am Wochenende; **bom ~!** schönes Wochenende!

fina *adj f de* **fino**

finado, -a **I.** *m, f* Verstorbene **II.** *adj* verstorben

final [fiˈnal] <-ais> **I.** *m* ① (*fim*) Ende *nt,* Schluss *m;* ~ **feliz** Happyend *nt* ② (MÚS) Finale *nt* **II.** *f* (DESP) Endspiel *nt,* Finale *nt;* **chegar à ~** ins Finale kommen **III.** *adj* ① (*último*) End ..., Schluss ... ② (*definitivo*) endgültig

finalidade *f* (*propósito*) Zweck *m;* (*intenção*) Absicht *f;* **com a ~ de** mit der Absicht zu

finalista *mf* Student(in) *m(f)* des letzten Studienjahres

finalizar *vt* beenden

finalmente [finalˈmẽntə] **I.** *adv* (*por fim*) endlich, schließlich; (*por último*) zuletzt, schließlich **II.** *interj* **~!** endlich!

finanças *fpl* Finanzen *pl;* **estar mal de ~** knapp bei Kasse sein

financeiro **I.** *m* (ECON) Finanzier *m* **II.** *adj* finanziell

financiamento *m* Finanzierung *f*

financiar *vt* finanzieren

finca-pé *m* Aufstemmen *nt;* **fazer ~** nicht nachgeben, insistieren; **fazer ~ em** bestehen auf

fincar <c→qu> *vt* (*os olhos*) heften (*em* auf); (*as unhas*) bohren (*em* in); **~ o pé** mit dem Fuß stampfen

findar **I.** *vt* beenden **II.** *vi* enden, zu Ende gehen; (*prazo*) ablaufen

findo *adj* beendet; (*prazo*) abgelaufen

fineza *f* ① (*magreza*) Feinheit *f,* Dünne *f* ② (*nos modos*) Feinheit *f*

fingido *adj* (*pessoa*) falsch; (*sentimento*) geheuchelt

fingimento *m* Verstellung *f,* Heuchelei *f*

fingir <g→j> **I.** *vt* (*doença*) vortäuschen; (*sentimentos*) heucheln **II.** *vi* sich verstellen, heucheln; **ele finge que está doente** er tut so, als ob er krank wäre **III.** *vr* **~-se de doente/burro** sich krank/dumm stellen

finito *adj* (MAT) endlich

finlandês, -esa **I.** *m, f* Finne, Finnin *m, f* **II.** *adj* finnisch

Finlândia *f* Finnland *nt*

fino [ˈfinu] **I.** *m* (*portugal*) Glas *nt* Bier **II.** *adj* ① (*delgado*) fein, zart; (*magro*) dünn ② (*distinto*) fein; (*educado*) höflich ③ (*esperto*) schlau, gerissen ④ (*voz*) zart

finório *adj* schlau, listig

fins *m pl de* **fim**

finta *f* (DESP) Finte *f;* **fazer uma ~ a alguém** sich einer Finte bedienen

fintar *vt* ① (DESP) sich einer Finte bedienen ② (*enganar*) täuschen

fio *m* ① (*têxtil*) Faden *mpl,* Garn *nt;* **~ dental** Zahnseide *f;* **estar por um ~** an einem seidenen Faden hängen; **perder o ~ à meada** den Faden verlieren; (*fig*); **~ condutor** roter Faden; **de ~ a pavio** von Anfang bis Ende, von A bis Z; **a ~** ununterbrochen, nacheinander; **horas a ~** stundenlang ② (ELECTR, TEL) Leitung *f;* (*metálico*) Draht *m;* **~ condutor** Leitungsdraht *m;* **~ de terra** Erdleitung *f* ③ (*da faca*) Schneide *f* ④ (*de água*) dünne(r) Strahl *m* ⑤ (*de ouro, prata*) Faden *m;* **~ de cabelo** Haar *nt*

fio-de-prumo <fios-de-prumo> *m* Schnurlot *nt*

fiorde *m* Fjord *m*

firma [ˈfirmɐ] *f* Firma *f*

firmamento *m* Firmament *nt*

firmar *vt* ① (*um contrato*) unterzeichnen ② (*uma amizade*) festigen, intensivieren

firme *adj* ① (*pessoa*) standfest, unerschütterlich ② (*objecto*) robust, solide; (*decisão*) fest

firmeza *f* ① (*de pessoa*) Entschlossenheit *f,* Standhaftigkeit *f* ② (*de um objecto*) Festigkeit *f*

fiscal **I.** *mf* ① (*de alfândega*) Zollbeamte, Zollbeamtin *m, f* ② (*de impostos*) Steuerprüfer(in) *m(f)* **II.** *adj* ① (*de impostos*) Steuer ... ② (*de fiscalização*) Aufsichts ...; **conselho ~** Aufsichtsrat *m*

fiscalização <-ões> *f* Aufsicht *f,* Kontrolle *f;* (*brasil*); **~ por radar** Radarkontrolle *f*

fiscalizar *vt* beaufsichtigen, prüfen

fisco *m* (ECON) Fiskus *m;* **fugir ao ~** Steuern hinterziehen

fisga *f* (*portugal*) Schleuder *f*, Zwille *f*

fisgada *f* (*reg: dor*) Stich *m*

física **I.** *f* ① Physik *f*; ~ **nuclear** Kernphysik *f* ② *v.* **físico I II.** *adj f de* **físico II**

fisicamente *adv* körperlich

físico, -a[1] **I.** *m, f* (FÍS) Physiker(in) *m(f)* **II.** *adj* ① (FÍS) physikalisch ② (*corporal*) physisch, körperlich; **educação física** Sportunterricht *m*

físico[2] *m* (*constituição*) Statur *f*, Körperbau *m*; (*aspecto*) Aussehen *nt*

físico-químico *adj* chemisch-physikalisch

fisiologia *f* Physiologie *f*

fisiológico *adj* physiologisch

fisionomia *f* Physiognomie *f*

fisioterapeuta *mf* Krankengymnast(in) *m(f)*, Physiotherapeut(in) *m(f)*

fisioterapia *f* Physiotherapie *f*

fissão <-ões> *f* Spaltung *f*; ~ **nuclear** Kernspaltung *f*

fissura *f* Spalt *m*, Riss *m*

fístula *f* (MED) Fistel *f*

fita *f* ① (*de tecido*) Band *nt*; (*de papel*) Streifen *m*; (*de cassete*) Tonband *nt*, Band *nt*; ~ **adesiva** [*o* **colante**] Klebeband *nt*, Tesafilm ® *m*; ~ **magnética** Magnetstreifen *m*; ~ **métrica** Maßband *nt* ② (*filme*) Film *m*, Streifen *m* ③ (*fingimento*) Heuchelei *f*; **fazer ~s** Theater machen

fita-cola *f* (*portugal, angola, cabo verde, guiné-bissau, são tomé e príncipe*) Tesafilm ® *m*

fitar *vt* anstarren, den Blick heften auf

fito *m* Absicht *f*, Ziel *nt*

fitologia *f* Pflanzenkunde *f*

fivela *f* Schnalle *f*

fixa *adj f de* **fixo**

fixação <-ões> *f* ① (*com parafusos*) Befestigung *f* ② (*obsessão*) Fixierung *f* (*por* auf)

fixador [fiksɐ'dor] *m* ① (*de cabelo*) Haarspray *nt* ② (FOTO) Fixierbad *nt*

fixamente *adv* beharrlich; **olhar ~ para alguém/a. c.** jdn/etw fixieren

fixar **I.** *vt* (*prender*) festmachen, befestigen; (*um preço*) festlegen; (*um prazo*) festsetzen; (*memorizar*) sich merken; (*fitar*) fixieren **II.** *vr* sich niederlassen

fixe **I.** *adj* (*portugal, angola, cabo verde, guiné-bissau, moçambique, são tomé e príncipe: coloq*) cool **II.** *interj* (*portugal: coloq*) super

fixo *adj* ① (*salário, morada, namorado*) fest; (*objecto*) unbeweglich, fest; **preço ~** Festpreis *m* ② (*olhar*) starr ③ (*ideia*) fix

fiz *1. pret de* **fazer**

flã *m* (*brasil*) *v.* **flan**

flácido *adj* schlaff

flagelar *vt* auspeitschen; (REL) geißeln

flagelo *m* Geißel *f*

flagrante **I.** *m* frische Tat *f*; **apanhar alguém em ~** jdn auf frischer Tat ertappen **II.** *adj* flagrant, offenkundig; (DIR); ~ **delito** frische Tat *f*

flamejante *adj* lodernd

flamejar *vi* aufflammen, auflodern

flamenco *m* (MÚS) Flamenco *m*

flamengo, -a **I.** *m, f* Flame *m*, Flämin *f* **II.** *adj* flämisch

flamingo *m* (ZOOL) Flamingo *m*

flan *m* Pudding *m* mit Karamell

flanar *vi* flanieren

flanco *m* Flanke *f*

Flandres *f* Flandern *nt*

flanela *f* Flanell *m*

flanquear *conj como passear vt* flankieren

flash [flɜʃ] <-es> *m* ① (FOTO) Blitzlicht *nt* ② (*coloq: ideia repentina*) Geistesblitz *m*

flashback *m* (CINE) Rückblende *f*

flatulência [flɐtu'lɛ̃sjɐ] *f* Blähung *f*

flauta *f* Flöte *f*

flautim <-ins> *m* Pikkoloflöte *f*

flautista *mf* Flötist(in) *m(f)*

flébil <-eis> *adj* weinerlich

flebite *f* (MED) Venenentzündung *f*

flecha *f* Pfeil *m*; **os preços subiram em ~** die Preise stiegen blitzschnell

flectir *vt* beugen

flertar *vi* (*brasil*) flirten

flerte *m* (*brasil*) Flirt *m*

fletir *irr como refletir vt* (*brasil*) beugen

flexão <-ões> *f* ① (*dos joelhos*) Beugen *nt* ② (GRAM) Flexion *f* ③ (DESP) Liegestütze *f*; **fazer flexões** Liegestützen machen

flexibilidade *f* ① (*de um material*) Biegsamkeit *f*, Elastizität *f* ② (*de política, personalidade*) Flexibilität *f*, Anpassungsfähigkeit *f*

flexibilizar *vt* flexibilisieren

flexível <-eis> *adj* ① (*material*) biegsam, elastisch; (*corpo*) gelenkig; **horário ~** Gleitzeit *f* ② (*pessoa*) flexibel, anpassungsfähig

flexões *f pl de* **flexão**

flipado *adj* (*coloq*) ausgeflippt, flippig

flipar *vi* (*coloq*) ausflippen

flippers *mpl* Flipper *m*

floco *m* ① (*de neve*) Flocke *f*; **~s de aveia** Haferflocken *pl*; **~s de cereais** Cornflakes *pl*

F

2 (*de pelo*) Büschel *nt*

flor [flor] *f* 1 (BOT) Blume *f;* (*florescência*) Blüte *f;* ~ **campestre** Feldblume *f;* **estar em** ~ blühen; **um vestido às** ~**es** ein geblümtes Kleid 2 (*superfície*) Oberfläche *f;* **à** ~ **da água** an der Wasseroberfläche; **ter os nervos à** ~ **da pele** die Nerven bloßliegen haben 3 (*auge*) Blüte *f,* Höhepunkt *m;* **estar na** ~ **da idade** in der Blüte seiner Jahre stehen

flora *f* Flora *f,* Pflanzenwelt *f*

floreado *adj* (*tecido*) geblümt

floreados *mpl* Ausschmückungen *pl*

floreira *f* Blumenvase *f*

florescência *f* Blüte *f*

florescente *adj* (*indústria*) blühend

florescer <c→ç> *vi* (*indústria*) blühen, florieren

floresta [flu'rɜʃtɐ] *f* Wald *m;* ~ **virgem** Urwald *m;* **Floresta Negra** Schwarzwald *m*

florestal *adj* Wald ..., Forst ...; **caminho** ~ Waldweg *m*

Florianópolis Florianópolis (*Hauptstadt des Bundesstaates Santa Catarina*)

florianopolitáno, -a **I.** *m, f* (*brasil*) Einwohner(in) *m(f)* der Stadt Florianópolis **II.** *adj* (*especialidade*) aus Florianópolis; (*instituto*) in Florianópolis

floricultor(a) *m(f)* Blumenzüchter(in) *m(f)*

floricultura *f* Blumenzucht *f*

florido *adj* 1 (*árvore*) blühend 2 (*jardim*) blumenreich

florim *m* Gulden *m*

florir *vi* aufblühen, blühen

florista [flu'riʃtɐ] **I.** *mf* Blumenhändler(in) *m(f),* Florist(in) *m(f)* **II.** *f* (*loja*) Blumenladen *m*

fluência *f* Flüssigkeit *f;* **escrever com** ~ flüssig schreiben

fluente *adj* fließend

fluentemente *adv* fließend; **falar uma língua** ~ eine Sprache fließend sprechen

fluida *adj f de* **fluido**

fluidez *f* Flüssigkeit *f*

fluido **I.** *m* Flüssigkeit *f* **II.** *adj* flüssig

fluir *conj como incluir vi* (*líquido, palavras*) fließen

fluminense **I.** *mf* Einwohner(in) *m(f)* von Rio de Janeiro **II.** *adj* aus Rio de Janeiro

flúor *m* Fluor *nt*

fluorescente *adj* fluoreszierend; **lâmpada** ~ Leuchtstofflampe *f;* **amarelo** ~ leuchtendes Gelb

flutuação <-ões> *f* Schwanken *nt*

flutuador *m* (*pesca, hidroavião*) Schwimmer *m*

flutuante [flutu'ãntə] *adj* schwimmend, treibend; (*no ar*) schwebend

flutuar *vi* 1 (*barco*) treiben, schwimmen 2 (*variar*) fluktuieren, schwanken 3 (*ao vento*) flattern; (*no ar*) schweben

fluvial <-ais> *adj* Fluss ...; **águas fluviais** Flusswasser *nt;* **porto** ~ Binnenhafen *m*

fluxo *m* Fluss *m*

fluxograma *m* Ablaufplan *m*

FMI *abr de* **Fundo Monetário Internacional** IWF (= *Internationaler Währungsfond*)

fobia *f* Phobie *f* (*de* vor)

foca *f* (ZOOL) Seehund *m,* Robbe *f*

focagem <-ens> *f* (FOTO) Einstellung *f*

focalizar *vt* (*brasil*) *v.* **focar**

focar <c→qu> *vt* 1 (FOTO) einstellen; ~ **bem** scharf stellen 2 (*um assunto*) sich konzentrieren auf, beleuchten

foçar *vt* (mit der Schnauze) aufwühlen

focinho *m* Schnauze *f,* Maul *nt*

foco *m* 1 (*de luz*) Lichtquelle *f* 2 (*centro*) Brennpunkt *m,* Mittelpunkt *m;* (*de doença, terramoto*) Herd *m;* **estar em** ~ im Mittelpunkt stehen; **pôr em** ~ hervorheben

foder *vi* (*vulg*) ficken, bumsen

fofo *adj* 1 (*material*) weich, flauschig 2 (*pessoa*) süß 3 (*massa*) locker

fofoca *f* (*brasil*) Klatscherei *f,* Tratscherei *f*

fofocar <c→qu> *vi* (*brasil*) klatschen, tratschen

fofoqueiro, -a *m, f* (*brasil*) Klatschbase *f*

fogão [fu'gãu] <-ões> *m* Herd *m;* (*de campismo*) Gaskocher *m;* ~ **a gás** Gasherd *m;* ~ **a lenha** Kohleherd *m*

fogareiro *m* Holzkohlegrill *m*

fogo ['fogu] *m* 1 (*aberto*) Feuer *nt;* (*incêndio*) Brand *m;* ~ **posto** Brandstiftung *f;* **apagar o** ~ das Feuer löschen; **fazer** ~ Feuer machen; **pegar/pôr** ~ **a a. c.** etw in Brand setzen/stecken; **à prova de** ~ feuerfest; (*brasil*); **ter** ~ (*cigarro*) Feuer haben 2 (MIL) Feuer *nt;* ~ **cruzado** Kreuzfeuer *nt;* **abrir/cessar** ~ das Feuer eröffnen/einstellen 3 (*habitacional*) Haushalt *m*

fogo-de-artifício *m* Feuerwerk *nt;* **lançar** ~ ein Feuerwerk abbrennen

fogões *m pl de* **fogão**

fogo-fátuo *m* Irrlicht *nt*

fogosidade *f* Heftigkeit *f*
fogoso *adj* feurig, heftig
fogueira *f* Feuer *nt;* **fazer uma ~** ein Feuer machen
foguetão *m* (AERO) Rakete *f*
foguete *m* Feuerwerksrakete *f;* **deitar/lançar ~s** Raketen abbrennen; **deitar ~s antes da festa** den Tag vor dem Abend loben
foi *3. pret de* **ir, ser**
foice *f* Sichel *f*
folar *m* ❶ (CULIN) Osterkuchen *m* ❷ (*prenda*) Ostergeschenk *nt*
folclore [fɔl'klɔrə] *m* Folklore *f*
folclórico *adj* Folklore ..., folkloristisch; **grupo ~** Folkoregruppe *f*
fole *m* Blasebalg *m*
fôlego *m* Atem *m;* **tomar ~** Luft holen; **perder o ~** außer Atem kommen; **sem ~** außer Atem, atemlos
foleiro *adj* (*coloq: ambiente, comentário*) mies; (*objecto*) scheußlich
folga *f* ❶ (*do trabalho*) Ruhepause *f;* **estar de ~** frei haben ❷ (MEC) Spiel *nt,* Spielraum *m;* **ter ~** Spiel haben
folgado *adj* ❶ (*roupa*) weit ❷ (*vida*) locker ❸ (*brasil: pessoa*) frech, dreist
folgar <g→gu> *vi* ❶ (*descansar*) ausruhen, entspannen; (*do trabalho*) frei haben ❷ (*divertir-se*) sich amüsieren ❸ (*alegrar-se*) sich freuen; **folgo que tenha tido boa viagem** ich freue mich, dass Sie gut angekommen sind
folgazão <-ões> *m* Lebenskünstler *m*
folha ['foʎɐ] *f* ❶ (*de papel*) Blatt *nt,* Bogen *m* ❷ (BOT) Blatt *nt* ❸ (*de metal*) Folie *f;* **~ de alumínio** Aluminiumfolie *f* ❹ (INFOR) **~ de cálculo** Tabellenkalkulationsprogramm *nt*
folha-de-flandres <folhas-de-flandres> *f* Weißblech *nt*
folhado *adj* blattartig; **massa folhada** Blätterteig *m*
folhagem <-ens> *f* Laub *nt*
folheado *m* Furnier *nt*
folhear *conj como passear vt* durchblättern, blättern in
folhetim <-ins> *m* Feuilleton *m*
folheto *m* (*panfleto*) Flugblatt *nt;* (*brochura*) Broschüre *f;* **~ informativo** Faltblatt *nt;* (*de medicamentos*) Packungsbeilage *f*
folho *m* Rüsche *f*
folia *f* Rummel *m,* lärmende(s) Vergnügen *nt*
Folia de Reis *f* (*brasil*) ≈ Dreikönigssänger *mpl*
folião <-ões> *m* Hansdampf *m;* (*brasil: carnavalesco*) Karnevalsliebhaber *m*
fome ['fɔmə] *f* Hunger *m;* **estar com/ter ~** hungrig sein, Hunger haben; **passar ~** Hunger leiden; **matar a ~** den Hunger stillen; **~ canina** Heißhunger *m;* **ter ~ de amor** liebeshungrig sein; **ter ~ de gente** Leute um sich brauchen; **para boa ~ não há ruim pão** Hunger ist der beste Koch
fomentar *vt* fördern; (*a economia*) ankurbeln
fomento *m* Förderung *f;* (*da economia*) Ankurbelung *f*
fona *f* (*coloq*) **andar numa ~** abgehetzt sein
fondue *m* (CULIN) Fondue *nt*
fone *m* (*brasil*) **~ de ouvido** Kopfhörer *m*
fonema *m* Phonem *nt*
fonética *f* Phonetik *f,* Lautlehre *f*
fonético *adj* phonetisch, lautlich
fonologia *f* Phonologie *f*
fontanário *m* Wasserstelle *f,* öffentliche(r) Brunnen *m*
fonte ['fɔ̃ntə] *f* ❶ (*chafariz*) Brunnen *m* ❷ (*nascente, origem*) Quelle *f;* **~ de energia** Energiequelle *f;* **~ de rendimento** Einkommensquelle *f;* **sabemos de ~ segura que ...** aus sicherer Quelle wissen wir, dass ... ❸ (ANAT) Schläfe *f*
for ['for] *1./3. fut subj de* **ir, ser**
fora ['fɔrɐ] **I.** *m* (*brasil*) **dar o ~** auf und davon gehen **II.** *adv* (*exteriormente*) außen, draußen; **de ~** von außen; **lá ~** (da) draußen; **por ~** (von) außen; **olhar lá para ~** nach draußen schauen; **ir lá para ~** hinausgehen; **deixar de ~** auslassen, übergehen; **ficar de ~** außen vor bleiben; **deitar/pôr ~** wegwerfen; (**ir**) **jantar ~** auswärts essen (gehen); **pagar a. c. por ~** etw extra bezahlen; **vender comida para ~** einen Straßenverkauf haben; (*não na cidade*); **lá ~** im Ausland; **de ~** von außerhalb, aus dem Ausland; **estar** (**para**) **~** verreist sein; **ir para ~** ins Ausland fahren, verreisen; (DESP) aus **III.** *prep* (*no exterior, longe*) **~ de** außerhalb; **~ de casa** außerhalb des Hauses; **~ de mão** entfernt, abgelegen; **~ de horas** zur Unzeit; **~ de serviço** außer Betrieb; **~ de moda** aus der Mode, altmodisch; **ficar ~ de si** außer sich geraten; **isso está ~ de questão** das kommt nicht in Frage; (*excepto*) außer; (*além de*) abgesehen von; **~ isso** abgesehen davon **IV.** *interj* **~!** raus!

F

fora-de-estrada *m inv* (AUTO) Geländefahrzeug *n*

fora-de-jogo *m* (DESP) Abseits *nt*

foragido, -a I. *m, f* Flüchtling *m* II. *adj* geflohen, geflüchtet

forasteiro, -a I. *m, f* Fremde; (*estrangeiro*) Ausländer(in) *m(f)* II. *adj* fremd; (*estrangeiro*) ausländisch

forca *f* Galgen *m*

força ['forsɐ] *f* Kraft *f,* Stärke *f;* (*violência*) Gewalt *f;* **usar a ~** Gewalt anwenden; **à** (**viva**) **~** mit Gewalt; **fazer ~** Kraft aufwenden, sich anstrengen; (MIL); **~ aérea** Luftwaffe *f;* (MIL); **~s armadas** Streitkräfte *pl;* **um caso de ~ maior** höhere Gewalt

forcado *m* ① (AGR) Heugabel *f* ② (*de touros*) Stiertreiber *m*

forçado *adj* ① (*obrigado*) gezwungen; **trabalhos ~s** Zwangsarbeit *f* ② (*não natural*) gekünstelt, künstlich

forçar <ç→c> *vt* ① (*obrigar*) zwingen; **~ alguém a fazer a. c.** jdn zwingen, etw zu tun ② (*fechadura, porta*) aufbrechen; (*mala*) zudrücken; **~ a entrada** sich Einlass verschaffen *+dat* ③ (*a vista, voz*) überanstrengen

forçosamente *adv* notwendigerweise

forja *f* ① (*actividade*) Schmieden *nt* ② (*forno*) Schmiedeofen *m* ③ (*bigorna*) Amboss *m*

forjado *adj* geschmiedet; **ferro ~** Schmiedeeisen *nt*

forjador(a) *m(f)* ① (*de metal*) Schmied(in) *m(f)* ② (*inventor*) Urheber(in) *m(f)*

forjar *vt* ① (*metal*) schmieden ② (*inventar*) aushecken, erfinden

forma[1] ['fɔrmɐ] *f* ① (*formato*) Form *f,* Gestalt *f;* **dar ~ a a. c.** etw eine Form geben ② (*maneira*) Art *f;* **desta ~** auf diese Art (und Weise); **de ~ alguma/nenhuma** keineswegs, keinesfalls; **de alguma ~** irgendwie; **de outra ~** andernfalls, sonst; **de qualquer ~** auf jeden Fall; **de ~ a fazer a. c.** um etw zu tun ③ (*física*) Form *f;* **estar em ~** fit sein; **manter a ~** sich fit halten; **estar em baixo de ~** nicht in Form sein, ein Formtief haben

forma[2] *f* (*para bolos*) Form *f;* (*de sapatos*) Leisten *m*

formação <-ões> *f* ① (*educação*) Ausbildung *f;* **~ contínua** Weiterbildung *f;* **~ profissional** Berufsausbildung *f;* **acção** [*o brasil* **ação**] **de ~** Fortbildungsmaßnahme ② (*da personalidade*) Entwicklung *f,* Bildung *f* ③ (*surgimento*) Entstehung *f*

formado *adj* ① (*pela universidade*) graduiert; **ela é formada em medicina** sie hat Medizin studiert ② (*constituído*) zusammengesetzt (*por* aus); **o grupo é ~ por dez homens e dez mulheres** die Gruppe setzt sich aus zehn Männern und zehn Frauen zusammen

formador(a) *m(f)* Ausbilder(in) *m(f)*

formal <-ais> *adj* ① (*relativo à forma*) formal, Form ... ② (*linguagem*) förmlich; (*acontecimento, roupa*) offiziell

formalidade *f* Formalität *f;* (*etiqueta*) Förmlichkeit *f*

formalizar *vt* formalisieren

formalmente *adv* förmlich

formando, -a *m, f* Auszubildende; (*coloq*) Azubi

formão <-ões> *m* Stechbeitel *m*

formar [fur'mar] I. *vt* ① (*dar forma a*) formen, gestalten; (*uma frase, uma equipa*) bilden; (*a personalidade*) formen; (*uma sociedade, empresa*) gründen ② (*educar*) ausbilden II. *vi* (MIL) antreten III. *vr* ① (*surgir*) entstehen; (*pó*) sich bilden ② (*na universidade*) studieren, ein Studium absolvieren

formatar *vt* (INFOR) formatieren

formato *m* Format *nt*

formatura *f* ① (*da universidade*) Studienabschluss *m;* **baile de ~** Abschlussball *m* ② (MIL) Aufstellung *f*

formidável [furmi'davɜl] <-eis> *adj* großartig, vortrefflich

formiga *f* Ameise *f*

formigar <g→gu> *vi* ① (*dar comichão*) kribbeln ② (*pulular*) wimmeln

formigueiro *m* ① (*de formigas*) Ameisenhaufen *m* ② (*de pessoas*) Menschenmenge *f* ③ (*no corpo*) Juckreiz *m*

formões *m pl de* **formão**

formoso *adj* ① (*paisagem*) schön, lieblich ② (*pessoa*) bildhübsch, wunderschön

formosura *f* Schönheit *f*

fórmula *f* (MAT, DESP) Formel *f;* **~ sanguínea** Blutbild *nt*

formular *vt* formulieren

formulário *m* Formular *nt;* **preencher um ~** ein Formular ausfüllen

fornada *f* Ofenladung *f*

fornalha *f* Backofen *m*
fornecedor(a) *m(f)* Lieferant(in) *m(f)*
fornecer <c→ç> *vt* ① (*mercadoria*) liefern ② (*abastecer*) versorgen; (*loja*) beliefern; ~ **alguém de a. c.** jdn mit etw versorgen
fornecimento *m* Lieferung *f;* (*abastecimento*) Versorgung *f*
fornicar <c→qu> **I.** *vt* (*coloq*) bumsen **II.** *vi* (herum)huren
forno *m* Ofen *m;* (*para alimentos*) Backofen *m;* ~ **microondas** Mikrowellenherd *m*
foro *m* ① (*jurisdição*) Recht *nt;* ~ **civil** Zivilrecht *nt;* ~ **íntimo** Gewissen *nt* ② (*tribunal*) Gerichtshof *m*
forquilha *f* Heugabel *f*
forrado *adj* ① (*roupa*) gefüttert; (*móvel*) gepolstert ② (*parede*) tapeziert; (*de madeira*) holzverkleidet
forrar *vt* ① (*roupa*) füttern; (*um móvel*) polstern ② (*cobrir*) überziehen (*de* mit) ③ (*uma parede de papel*) tapezieren; (*de madeira, tecido*) verkleiden (*de* mit)
forreta I. *mf* Geizhals *m* **II.** *adj* geizig
forró *m* (*brasil:* MÚS) *volkstümliche Paartanzmusik aus dem Nordosten Brasiliens*
forro *m* ① (*de roupa*) Futter *nt* ② (*de sofá*) Bezug *m* ③ (*de madeira*) Verkleidung *f*
fortalecer <c→ç> *vt* stärken, kräftigen
fortalecimento *m* Stärkung *f*
fortaleza [furtɐ'lezɐ] *f* Festung *f*
Fortaleza [forta'leza] *f* Fortaleza (*Hauptstadt des Bundesstaates Ceará*)
fortalezense I. *mf* (*brasil*) Einwohner(in) *m(f)* der Stadt Fortaleza **II.** *adj* (*especialidade*) aus Fortaleza; (*instituto*) in Fortaleza
forte ['fɔrtə] **I.** *m* ① (MIL) Fort *nt,* Festung *f* ② (*aptidão*) Stärke *f;* **matemática (não) é o meu** ~ Mathematik ist (nicht) meine Stärke **II.** *adj* ① (*pessoa, vento*) stark, kräftig; (*pancada*) kräftig; (*café*) stark; (*bebida alcoólica*) hochprozentig; **fazer-se** ~ stark werden ② (*corpulento*) korpulent; (*sólido*) robust, stabil
fortemente *adv* stark, kräftig
fortificar <c→qu> *vt* ① (*fortalecer*) stärken ② (MIL) befestigen
fortuito *adj* zufällig
fortuna *f* ① (*riqueza*) Vermögen *nt;* **fazer** ~ reich werden; **a casa custa uma** ~ das Haus kostet ein Vermögen ② (*destino*) Schicksal *nt,* Los *nt*
fórum <-uns> *m* Forum *nt*
fosco *adj* (*cor, luz*) matt; (*metal*) stumpf; **vidro** ~ Milchglas *nt*
fosfato *m* (QUÍM) Phosphat *nt*
fosforescência *f* Phosphoreszenz *f*
fosfórico *adj* Phosphor ...
fósforo ['fɔʃfuru] *m* ① (QUÍM) Phosphor *m* ② (*lume*) Streichholz *nt;* **acender um** ~ ein Streichholz anzünden
fossa *f* ① (*cova*) Grube *f;* (ANAT); ~**s nasais** Nasenhöhlen *pl* ② (*coloq brasil: depressão*) Depression *f;* **estar na** ~ down sein
fosse *1./3. imp subj de* **ir, ser**
fóssil <-eis> *m* Fossil *nt*
fossilizar *vi* (GEOL) fossilisieren
fosso *m* Graben *m*
fotelétrico *adj* (*brasil*) fotoelektrisch
foto *f* (*brasil*) Foto *nt*
fotocópia *f* Fotokopie *f;* ~ **a cores** Farbkopie *f;* **tirar uma** ~ eine Fotokopie machen
fotocopiadora *f* Fotokopierer *m*
fotoeléctrico *adj* (*portugal*) fotoelektrisch
fotogénico (*portugal*), **fotogênico** *adj* (*brasil*) fotogen
fotografar *vt* fotografieren
fotografia [futugrɐ'fiɐ] *f* Fotografie *f,* Foto *nt;* **tirar uma** ~ ein Foto machen
fotográfico *adj* fotografisch
fotógrafo, -a *m, f* Fotograf(in) *m(f)*
fotomontagem <-ens> *f* Fotomontage *f*
fotonovela *f* Fotoroman *m*
fotossíntese *f* (BOT) Fotosynthese *f*
foxtrot *m* (MÚS) Foxtrott *m*
foz [fɔʃ] <fozes> *f* Flussmündung *f*
fraca *adj f de* **fraco**
fração <-ões> *f* (*brasil*) *v.* **fracção**
fracassar *vi* (*plano*) scheitern, misslingen; (*pessoa*) scheitern
fracasso *m* Misserfolg *m,* Scheitern *nt*
fracção *f* (*portugal*) Bruchstück *nt,* Teil *nt;* (MAT) Bruch *m*
fraccionário *adj* (MAT) Bruch ...; **numeral** ~ Bruchzahl *f,* Bruch *m*
fracionário *adj* (*brasil*) *v.* **fraccionário**
fraco ['fraku] *adj* ① (*sem força*) schwach ② (*sem qualidade*) billig
fractura [fra'turɐ] *f* (*portugal*) ① (MED) Bruch *m,* Knochenbruch *m;* ~ **craniana** Schädelbruch *m* ② (GEOL) Einbruch *m*
fracturar *vt* (*portugal:* MED) brechen
frade *m* Mönch *m*
fraga *f* Felsen *m*

fragata *f* ❶ (NÁUT) Fregatte *f* ❷ (ZOOL) Fregattvogel *m*

frágil <-eis> *adj* ❶ (*objecto*) zerbrechlich; (*quebradiço*) brüchig ❷ (*pessoa*) gebrechlich ❸ (*saúde*) schwach, anfällig

fragilidade *f* Zerbrechlichkeit *f;* (*fraqueza*) Schwäche *f*

fragmentação <-ões> *f* Zerstückelung *f*

fragmentar **I.** *vt* zerstückeln; (*vidro*) zerschlagen **II.** *vr* zerbrechen, in Stücke fallen

fragmento *m* Bruchstück *nt,* Fragment *nt*

fragor *m* Getöse *nt,* Knall *m*

fragoroso *adj* knallend, laut

fragrância *f* Wohlgeruch *m,* Duft *m*

fralda *f* ❶ (*para bebé*) Windel *f;* **mudar as ~s ao bebé** [*o brasil* **bebê**] dem Baby die Windeln wechseln, das Baby wickeln ❷ (*da camisa*) Hemdzipfel *m*

framboesa *f* Himbeere *f;* **folhas de ~** Himbeerblätter *ntpl*

franca *adj f de* **franco**

França ['frɐ̃sɐ] *f* Frankreich *nt*

francamente *adv* offen gesagt; **~!** also ehrlich!

francês, -esa [frɐ̃'seʃ] **I.** *m, f* Franzose, Französin *m, f* **II.** *adj* französisch

francesismo *m* Gallizismus *m*

franchising *m* (ECON) Franchising *nt*

franciscano **I.** *m* (REL) Franziskaner *m* **II.** *adj* franziskanisch

franco **I.** *m* (*moeda*) Franken *m;* **~ suísso** [*o brasil* **sueco**] Schweizer Franken **II.** *adj* ❶ (*sincero*) aufrichtig, ehrlich ❷ (*isento de imposto*) steuerfrei; (*direito alfandegário*) zollfrei

franco-alemão *adj* deutsch-französisch

francófilo *adj* frankophil

Francoforte *m* (*portugal*) Frankfurt *nt*

frangalho *m* Lumpen *m,* Fetzen *m*

franganito *m* (*fig*) Grünschnabel *m*

frango ['frɐ̃ŋgu] *m* Hähnchen *nt,* Hühnchen *nt;* **~ assado** Brathähnchen *nt*

frango-d'água *m* Blässhuhn *nt*

franja ['frɐ̃ʒɐ] *f* ❶ (*de tecido*) Franse *f* ❷ (*de cabelo*) Pony *m*

Frankfurt *m* (*brasil*) Frankfurt *nt*

franqueza *f* Offenheit *f,* Aufrichtigkeit *f;* **para falar com ~, não me agrada nada** offen gesagt gefällt mir das gar nicht

franquia [frɐ̃ŋ'kiɐ] *f* Porto *nt*

franquiar [frɐ̃ŋ'kjar] *vt* frankieren

franzino *adj* mager, klapperig

franzir *vt* fälteln, kräuseln; **~ as sobrancelhas** die Augenbrauen zusammenziehen

fraque *m* Frack *m*

fraquejar *vi* ❶ (*enfraquecer*) schwach werden ❷ (*desanimar*) verzagen, den Mut verlieren

fraqueza *f* Schwäche *f;* **fazer das ~s forças** aus der Not eine Tugend machen

fraquinho *m* Schwäche *f;* **ter um ~ por alguém** eine Schwäche für jdn haben

frasco *m* Fläschchen *nt;* (*mostarda*) Glas *nt*

frase ['frazə] *f* Satz *m;* **~ feita** Redensart *f;* **~ subordinada** Nebensatz *m*

fraternal <-ais> *adj* brüderlich

fraternidade *f* Brüderlichkeit *f*

fraternizar *vi* sich verbrüdern (*com* mit)

fratricídio *m* Brudermord *m*

fratura *f* (*brasil*) *v.* **fractura**

fraturar *vt* (MED: *brasil*) brechen

fraudar *vt* betrügen

fraude *f* Betrug *m,* Täuschung *f;* **cometer uma ~** betrügen

fraudulento *adj* betrügerisch

freada *f* (*brasil*) Bremsung *f,* Bremsen *nt;* **dar uma ~** bremsen

frear *conj como passear vi* (*brasil*) bremsen, abbremsen

freezer *m* (*brasil*) Gefriertruhe *f*

freguês, -esa *m, f* Kunde, Kundin *m, f*

freguesia *f* ❶ (*clientela*) Kundschaft *f* ❷ (*de um concelho*) Gemeinde *f* ❸ (*portugal: de cidade*) Stadtteil *m;* (*de província*) Dorf *nt*

frei *m* (REL) Bruder *m*

freima *f* ❶ (*impaciência*) Ungeduld *f* ❷ (*pressa*) Eile *f*

freio *m* ❶ (*esp brasil: de veículo*) Bremse *f;* **~ de emergência** Notbremse *f;* **~ de mão** Handbremse *f* ❷ (*do cavalo*) Trense *f* ❸ (*fig: travão*) Bremse *f,* Zügel *m*

freira *f* Nonne *f*

freixo *m* (BOT) Esche *f*

fremente *adj* brausend, tosend

frenesi *m* Raserei *f*

frenético *adj* rasend, frenetisch

frente ['frɛ̃ntə] *f* ❶ (*lado frontal*) Vorderseite *f;* (*de prédio*) Front *f;* **~ a ~** von Angesicht zu Angesicht; **estar de ~** (**para**) etw vor sich haben, mit dem Gesicht zu etw stehen; **para a ~** nach vorne, vorwärts; **à ~ de** vor, gegenüber; **sempre em ~** immer geradeaus; **a casa em ~** das Haus gegenüber; **sair da ~** aus dem Blickfeld gehen; **ele está à minha ~**

er steht mir gegenüber; **fazer ~ a a.c.** etw Einhalt gebieten, etw die Stirn bieten ❷ (*dianteira*) Spitze *f*; **ir/estar à ~** an der Spitze liegen; (*em corrida, jogo*) vorne liegen, führen ❸ (MIL) Front *f* ❹ (METEO) Front *f*; **~ fria/quente** Kaltfront/Warmfront *f*

frequência (*portugal*), **freqüência** *f* (*brasil*) ❶ (*repetição*) Häufigkeit *f*; **com ~** häufig; **com que ~?** wie oft? ❷ (*acção de frequentar*) Besuch *m* ❸ (*teste*) Klausur *f* ❹ (*de rádio*) Frequenz *f*

frequentado (*portugal*), **freqüentado** *adj* (*brasil: local*) belebt; **ser bem ~** gut besucht sein; **ser muito ~** großen Zulauf haben

frequentador(a) *m(f)* (*portugal*), **freqüentador(a)** *m(f)* (*brasil*) regelmäßige(r) Besucher, regelmäßige Besucherin *m, f*

frequentar (*portugal*), **freqüentar** *vt* (*brasil*) ❶ (*uma escola, aula*) besuchen ❷ (*um café*) regelmäßig besuchen

frequente (*portugal*), **freqüente** *adj* (*brasil*) häufig

frequentemente (*portugal*), **freqüentemente** *adv* (*brasil*) oft, häufig

fresa *f* Fräsmaschine *f*

fresar *vt* fräsen

fresca **I.** *adv* (*roupa*) **à ~** leicht bekleidet; (*sombra*) im Schatten **II.** *adj f de* **fresco II**

frescão <-ões> *m* (*brasil: coloq*) Luxusomnibus mit Klimaanlage

fresco ['freʃku] **I.** *m* ❶ (*ar*) Brise *f*; **pôr-se ao ~** fliehen ❷ (*pintura*) Fresko *nt* **II.** *adj* ❶ (*recente*) frisch; **pintado de ~** frisch gestrichen ❷ (*temperatura*) kühl, frisch; (*bebida*) eisgekühlt ❸ (*tecido*) leicht, dünn

frescões *m* (*brasil*) *pl de* **frescão**

frescura *f* ❶ (*temperatura*) Kühle *f*, Frische *f* ❷ (*pej brasil*) Frechheit *f*

fresta *f* (*da porta, janela*) Spalt *m*; (*no telhado*) Dachluke *f*

fretar *vt* (*um camião*) mieten; (*um navio, avião*) chartern

frete *m* ❶ (ECON) Fracht *f* ❷ (*coloq: maçada*) Belästigung *f*; **fazer um ~** etw unwillig/lustlos machen

frevo *m* (*brasil*) ❶ (MÚS) *schneller Tanz aus dem brasilianischen Nordosten, bei dem bunte Schirme geschwenkt werden* ❷ (*folia*) (ausgelassenes) Feiern *nt* ❸ (*desordem*) Chaos *nt*

fria ['friɐ] **I.** *f* (*coloq brasil*) **estar numa ~** in der Patsche sitzen; **entrar numa ~** Schwierigkeiten kriegen **II.** *adj f de* **frio II**

fricassé (*portugal*), **fricassê** *m* (*brasil:* CULIN) Frikassee *nt*

fricativa *f* (LING) Reibelaut *m*

fricção <-ões> *f* Reibung *f*

friccionar *vt* reiben

fricções *f pl de* **fricção**

frieira *f* (MED) Frostbeule *f*

frieza *f* Kälte *f*, Hartherzigkeit *f*

frígida *adj f de* **frígido**

frigideira [frəʒə'deirɐ] *f* Bratpfanne *f*, Pfanne *f*

frigidez *f* Kälte *f*; (*sexual*) Frigidität *f*

frigidíssimo *superl de* **frio**

frígido *adj* eisig

frigorífico [frigu'rifiku] **I.** *m* (*portugal*) Kühlschrank *m* **II.** *adj* Kühl ...

frincha *f* Spalt *m*, Ritze *f*

frio ['friu] **I.** *m* Kälte *f*; **apanhar ~** sich erkälten; **está/faz ~** es ist kalt; **tenho ~** ich friere, mir ist kalt **II.** *adj* (*temperatura, pessoa*) kalt, frostig

friorento *adj* kälteempfindlich, verfroren

frisado *adj* (*cabelo*) gekräuselt

frisar *vt* ❶ (*o cabelo*) kräuseln ❷ (*salientar*) betonen, hervorheben

friso *m* (ARQUIT) Fries *m*

frita *adj f de* **frito II**

fritadeira *f* Fritteuse *f*

fritar *vt* (in Öl) braten; (*na fritadeira*) frittieren

fritilo *m* (*portugal: reg*) Würfelbecher *m*

frito ['fritu] **I.** *pp de* **fritar** **II.** *adj* ❶ (*alimento*) gebraten; **batatas fritas** Pommes frites *pl* ❷ (*coloq: pessoa*) aufgeschmissen

fritura *f* Braten *nt*

frívola *adj f de* **frívolo**

frivolidade *f* Leichtfertigkeit *f*, Leichtsinn *m*

frívolo *adj* leichtfertig, leichtsinnig

fronha *f* Kopfkissenbezug *m*

frontal <-ais> **I.** *m* (*de porta*) Türaufsatz *m* **II.** *adj* ❶ (*de frente*) frontal; **choque ~** Frontalzusammenstoß *m* ❷ (*pessoa*) direkt

frontalidade *f* Direktheit *f*

frontão [frɔ̃n'tãu] <-ões> *m* (ARQUIT) Giebel *m*, Frontispiz *nt*

frontaria *f* (ARQUIT) Fassade *f*

fronte *f* (ANAT) Stirn *f*

fronteira [frɔ̃n'teirɐ] *f* Grenze *f* (*com* zu); **atravessar/passar a ~** die Grenze überqueren; **fazer ~ com** grenzen an

fronteiriço [frɔ̃ntei'risu] *adj* ❶ (*país*) angren-

zend ② (*guarda*) Grenz ...
fronteiro *adj* gegenüberliegend
frontispício *m* ① (*de um livro*) Titelblatt *nt* ② (ARQUIT) Fassade *f*
frontões *m pl de* **frontão**
frota *f* Flotte *f*
frouxa *adj f de* **frouxo**
frouxidão *f* Schlaffheit *f*
frouxo *adj* ① (*músculo*) schlaff; (*corda*) locker ② (*fraco*) schwach
fruição *f* Genuss *m*
fruir *conj como incluir vt* genießen
frustração <-ões> *f* Enttäuschung *f*, Frustration *f*
frustrado *adj* ① (*pessoa*) frustriert, enttäuscht ② (*tentativa*) vereitelt, erfolglos
frustrante *adj* frustrierend
frustrar *vt* frustrieren, enttäuschen; (*tentativa*) vereiteln
fruta ['frutɐ] *f* Obst *nt;* ~ **cristalizada** kandierte Früchte *pl;* ~ **seca** Dörrobst *nt*
fruta-do-conde *f* (BOT) Zimtapfel *m*, Rahmapfel *m*, Süßsack *m* (*tropische Frucht, die als Delikatesse gilt*)
fruticultura *f* Obstanbau *m*
frutífero *adj* (*fig*) ergiebig, fruchtbar
fruto *m* ① (BOT) Frucht *f;* ~**s secos** Trockenfrüchte; **o ~ proibido é o mais apetecido** das Verbotene hat den größten Reiz ② (*resultado*) Ergebnis *nt;* **isto é ~ do meu trabalho** das sind die Früchte meiner Arbeit ③ (*lucro*) Ertrag *m*, Gewinn *m;* **dar ~s** Früchte tragen
frutuoso *adj* fruchtbar; (*negócio*) einträglich
fubá *m* (*brasil*) Maismehl *nt*
fuça *f* (*coloq*) Schnauze *f*
fufa **I.** *f* (*coloq*) Lesbe *f* **II.** *adj* (*coloq*) lesbisch
fuga *f* ① (*evasão*) Flucht *f* ② (*de líquido*) Auslaufen *nt*, Ausfließen *nt;* (*de gás*) Ausströmen *nt;* **houve uma ~ de gás** es ist Gas ausgeströmt ③ (*em recipiente*) Leck *nt;* **ter uma ~** lecken ④ (MÚS) Fuge *f*
fugacidade *f* Flüchtigkeit *f*
fugaz <-es> *adj* flüchtig
fugida *f* Abstecher *m;* **de ~** nebenbei; **dar uma ~ a** auf einen Sprung gehen zu
fugidio *adj* flüchtig
fugir *irr vi* fliehen; (*prisioneiro*) ausbrechen; ~ **de alguém** vor jdm fliehen; ~ **de a. c.** etw aus dem Weg gehen; **é de ~!** es ist zum Davonlaufen!
fugitivo, -a *m, f* Ausbrecher(in) *m(f)*
fui *1. pret de* **ir, ser**
fuinha *f* (ZOOL) Steinmarder *m*
fula *adj f de* **fulo**
fulano, -a *m, f* Herr X *m*, Frau X *f*, Herr Soundso *m*, Frau Soundso *f;* ~ **e sicrano** Hinz und Kunz
fulcral <-ais> *adj* entscheidend
fulcro *m* ① (*ponto crucial*) Drehpunkt *m* ② (*ponto de apoio*) Stütze *f*
fuleiro, -a *adj* (*brasil: coloq: ambiente, comentário*) geschmacklos; (*objeto tb*) billig
fulgente *adj* leuchtend, strahlend
fulgor *m* Glanz *m*, Strahlen *nt*
fulgurante *adj* funkelnd, glänzend
fuligem *f* Ruß *m*
fulminante *adj* (*olhar*) blitzartig; (*palavras*) vernichtend
fulminar *vt* (*olhar, palavras*) vernichten
fulo *adj* (*coloq*) fuchsteufelswild, wütend
fumaça *f* Rauchwolke *f*
fumador(a) [fumɐ'dor] *m(f)* (*portugal*) Raucher(in) *m(f);* ~ **passivo** passiver Raucher
fumante *mf* (*brasil*) *v.* **fumador**
fumar [fu'mar] *vi* rauchen; ~ **um charuto** eine Zigarre rauchen
fumarada *f* Qualm *m*
fumegar <g→gu> *vi* (*vapor*) dampfen; (*fumo*) qualmen
fumeiro *m* Räucherkammer *f*
fumo *m* ① (*de fogo*) Rauch *m*, Qualm *m;* **deitar ~** qualmen; **onde há ~ há fogo** da steckt etwas dahinter ② (*vapores*) Dampf *m;* **deitar ~** dampfen
função <-ões> *f* ① (*papel*) Funktion *f* ② (*trabalho*) Aufgabe *f;* (*cargo*) Amt *nt;* **desempenhar uma ~** ein Amt ausüben
funcho ['fũʃu] *m* (BOT) Fenchel *m*
funcional *adj* funktionell, funktional
funcionalismo *m* ~ **público** Beamtenschaft *f*
funcionamento *m* ① (*de um sistema, de uma empresa*) Funktionieren *nt* ② (*de uma máquina*) Betrieb *m;* (*de um motor*) Laufen *nt;* **pôr a. c. em ~** etw in Betrieb setzen
funcionar [fũsju'nar] *vi* funktionieren; (MEC) laufen
funcionário, -a *m, f* (*de empresa*) Angestellte; (POL) Funktionär(in) *m(f);* ~ **público** Beamte *m*
funda *adj f de* **fundo**
fundação <-ões> *f* ① (*acção de fundar*)

Gründung *f* ② (*instituição*) Stiftung *f*

fundador(a) I. *m(f)* Gründer(in) *m(f)* II. *adj* Gründungs ...

fundamental <-ais> *adj* ① (*básico*) grundlegend, fundamental ② (*essencial*) Haupt ...

fundamentalmente *adv* vor allem

fundamentar I. *vt* (*justificar*) begründen; (*basear*) stützen (*em* auf) II. *vr* sich stützen (*em* auf)

fundamento *m* ① (*motivo*) Grund *m,* Ursache *f;* **sem** ~ grundlos ② (*princípio*) Grundlage *f,* Fundament *nt* ③ (*justificação*) Begründung *f*

fundão <-ões> *m* Strudel *m*

fundar *vt* (*empresa*) gründen; (*prémio*) stiften

fundiário *adj* agrarisch, landwirtschaftlich

fundição <-ões> *f* ① (*actividade*) Gießen *nt* ② (*fábrica*) Gießerei *f*

fundir I. *vt* (*vidro*) schmelzen; (*metal*) gießen; (*minério*) verhütten; (*unir*) verschmelzen, zusammenschließen; (*empresas*) fusionieren II. *vi* (*lâmpada, fusível*) durchbrennen

fundo ['fũndu] I. *m* (*do mar*) Grund *m,* Boden *m;* (*da garrafa*) Boden *m;* **no** ~ im Grunde (genommen); **ir ao** ~ sinken; (*fig*) zu Grunde gehen; **a** ~ gründlich; (*do palco, quadro*) Hintergrund *m;* **ouvia-se um barulho de** ~ im Hintergrund waren Geräusche zu vernehmen; (*da rua*) Ende *nt;* **ao** ~ **do corredor** am Ende des Ganges; **é ali ao** ~ es ist dort hinten II. *adj* tief

fundões *m pl de* **fundão**

fundos *mpl* ① (ECON) Mittel *pl,* Gelder *pl;* ~ **de reserva** Reservefonds *m* ② (*da casa*) hintere(r) Teil *m*

fúnebre *adj* ① (*de funeral*) Toten ...; **cortejo** ~ Leichenzug *m* ② (*triste*) traurig, düster

funeral <-ais> *m* Beerdigung *f,* Begräbnis *nt*

funerário *adj* Begräbnis ..., Beerdigungs ...; **agência funerária** Beerdigungsinstitut *nt*

funesto *adj* unheilvoll, verhängnisvoll

fungar <g→gu> *vi* schnauben, schnaufen

fungo *m* (BOT) Schwamm *m*

funil <-is> *m* Trichter *m*

furacão <-ões> *m* (METEO) Orkan *m*

furadeira *m* (*brasil*) Bohrer *m,* Bohrmaschine *f;* ~ **de impacto** Schlagbohrer *m;* ~ **parafusadeira** Schraubbohrer *m*

furado *adj* (*recipiente, saco*) löcherig; (*pneu*) platt; (*orelha*) durchstochen

furador *m* Locher *m*

furar *vt* ① (*fazer um furo*) ein Loch bohren in; (*perfurar*) durchbohren; (*uma orelha*) durchstechen; (*papel*) lochen ② (*uma greve*) brechen

furgão <-ões> *m* ① (*comboio*) Gepäckwagen *m* ② (*brasil*) Lieferwagen *m*

furgoneta *f* (*portugal*) Lieferwagen *m*

fúria *f* ① (*raiva*) Wut *f,* Zorn *m* ② (*mitologia*) Furie *f*

furibundo *adj* tobend, rasend vor Wut

furioso [fu'rjozu] *adj* wütend, zornig

furna *f* Grotte *f,* Höhle *f*

furo *m* ① (*orifício*) Loch *nt;* (*num pneu*) Plattfuß *m;* **nós tivemos um** ~ wir hatten einen Platten ② (*no horário*) Freistunde *f*

furor *m* ① (*ira*) Wut *f,* Zorn *m* ② (*entusiasmo*) Begeisterung *f*

furtar I. *vt* stehlen; ~ **a. c. a alguém** jdm etw stehlen II. *vr* ausweichen (*a*)

furtivo *adj* heimlich; (*olhar*) verstohlen; **caçador** ~ Wilderer *m*

furto *m* Diebstahl *m*

furúnculo *m* (MED) Furunkel *m*

fusa *f* (MÚS) Zweiunddreißigstelnote *f*

fusão <-ões> *f* ① (*de metal*) Schmelzen *nt;* (*de minério*) Verhüttung *f;* **ponto de** ~ Schmelzpunkt *m* ② (FÍS) Fusion *f* ③ (*união*) Verschmelzung *f,* Zusammenschluss *m;* (*de empresas*) Fusionierung *f,* Fusion *f*

fusca *m* (*brasil:* AUTO, *coloq*) VW-Käfer *m*

In Brasilien heißen die populärsten und billigsten Taxis **fusca** (VW-Käfer). Sie stehen an jeder Straßenecke und sind meistens ziemlich betagt. Es ist sinnvoll, mit dem Fahrer zu handeln und einen Fahrpreis zu vereinbaren, wenn man in etwa weiß, was die Strecke kosten darf. Bei den Funktaxis ist der Fahrpreis von vornherein festgelegt. Diese luxuriösen und sehr gepflegten Fahrzeuge kosten jedoch bis zu dreimal so viel wie die guten alten fuscas.

fusco *adj* dunkel

fuselagem <-ens> *f* (AERO) Rumpf *m*

fusível [fu'zivɜl] <-eis> I. *m* (ELECTR) Sicherung *f* II. *adj* schmelzbar

fuso *m* Spindel *f;* ~ **horário** Zeitzone *f*

fusões *f pl de* **fusão**

fustigar <g→gu> *vt* peitschen, auspeitschen

futebol [futə'bɔl] *m* Fußball *m;* ~ **de salão** Hallenfußball *m;* ~ **totó** Tischfußball *m*

In Portugal gehört es zum guten Ton, sich mit dem Nationalsport **futebol** (Fußball) ein bisschen auszukennen. Es genügt, wenn Sie die Namen der wichtigsten Mannschaften wissen: F.C. Porto, Benfica, Sporting (Lissabon) und Boavista (Porto). In Brasilien hat der Fußball einen noch größeren Stellenwert, wohl daher, weil er einen steilen Aufstieg aus den favelas ins Rampenlicht der internationalen Öffentlichkeit möglich macht. Beispiele dafür sind Spieler wie Pelé, Jairzinho, Romário, Garrincha und Ronaldo.

futebolista *mf* Fußballer(in) *m(f),* Fußballspieler(in) *m(f)*
fútil <-eis> *adj* belanglos, nichtig
futilidade *f* Belanglosigkeit *f,* Nichtigkeit *f*
futre *m* Nichtsnutz *m,* Taugenichts *m*
futrica **I.** *f* (*casa*) Hütte *f;* (*coisas velhas*) Kram *m,* Schund *m* **II.** *adv* **andar/estar à ~** keine Studententracht tragen
futricar <c→qu> *vt* (*brasil*) belästigen
futura *adj f de* **futuro**
futurista *adj* futuristisch
futuro [fu'turu] **I.** *m* (*temporal*) Zukunft *f;* **no ~** in der Zukunft; **num ~ próximo** in absehbarer Zeit; **daqui para o ~** von heute an; (GRAM) Futur *nt* **II.** *adj* künftig, zukünftig
fuxico *m* (*brasil*) Klatscherei *f*
fuxiqueiro, -a *m, f* (*brasil*) Klatschbase *f*
fuzil <-is> *m* (*brasil*) Karabiner *m,* Gewehr *nt*
fuzilamento *m* (standrechtliche) Erschießung *f*
fuzilar *vt* (standrechtlich) erschießen
fuzileiro *m* Infanterist *m;* ~ **naval** Marineinfanterist *m*
fuzis *m pl de* **fuzil**
fuzuê *m* (*brasil*) Chaos *nt,* Durcheinander *nt*

Gg

G, g [ge] *m* G, g *nt*
gabar **I.** *vt* loben, rühmen **II.** *vr* prahlen (*de* mit)
gabardina *f* ❶ (*tecido*) Gabardine *f* ❷ (*portugal: capa*) Regenmantel *m*
gabaritado, -a *adj* (*brasil: coloq*) qualifiziert
gabarola *mf* (*coloq*) Aufschneider(in) *m(f),* Angeber(in) *m(f)*
gabarolice *f* Angeberei *f,* Prahlerei *f*
gabinete *m* ❶ (*escritório*) Büro *nt* ❷ (POL) Kabinett *nt*
gabiru *m* (*coloq brasil*) Schurke *m*
gado *m* Vieh *nt;* ~ **bovino** Rinder *pl*
gafanhoto *m* (ZOOL) Heuschrecke *f*
gafe *f* Lapsus *m,* Fauxpas *m;* **cometer uma ~** einen Fauxpas begehen
gago, -a **I.** *m, f* Stotterer, Stotterin *m, f* **II.** *adj* stotternd
gaguejar *vi* stottern
gaguez *f* Stottern *nt*
gaiato **I.** *m* Lausbub *m,* Bengel *m* **II.** *adj* lausbubenhaft, frech
gaifona *f* (*coloq*) Grimasse *f,* Fratze *f*
gaio **I.** *m* (ZOOL) Eichelhäher *m* **II.** *adj* lustig, fröhlich
gaiola *f* Käfig *m*
gaiolo *m* (*portugal*) Vogelschlinge *f*
gaita *f* Rohrflöte *f*
gaita-de-beiços <gaitas-de-beiços> *f* (*portugal*) Mundharmonika *f*
gaita-de-boca <gaitas-de-boca> *f* (*brasil*) Mundharmonika *f*
gaita-de-foles <gaitas-de-foles> *f* Dudelsack *m*
gaivão *m* (ZOOL) Mauersegler *m*
gaivota [gai'vɔtɐ] *f* ❶ (ZOOL) Möwe *f* ❷ (*barco*) Tretboot *nt*
gajo, -a *m, f* ❶ (*portugal: coloq pej*) Typ *m,* Frau *f,* Tussi *f* ❷ (*brasil: coloq*) Portugiese, Portugiesin *m, f*
gala *f* Gala *f,* Galaabend *m*
galã *m* Galan *m*
galáctico *adj* galaktisch
galaico *adj* galicisch
galantaria *f* Liebenswürdigkeit *f,* Aufmerksamkeit *f*
galante *adj* galant, aufmerksam

galanteio *m* Hofieren *nt*
galão <-ões> *m* ① (*portugal: café com leite*) Milchkaffee *m* im Glas; *v. tb.* **pastelaria** ② (MIL) Tresse *f*, Litze *f* ③ (*medida*) Gallone *f*
galardão <-ões> *m* Auszeichnung *f*
galardoar *vt* auszeichnen
galarim *m* Höhepunkt *m*
galáxia *f* (ASTR) Galaxie *f*
galdério, -a *m, f* (*portugal*) Faulpelz *m*, Faulenzer(in) *m(f)*
galé *f* (NÁUT) Galeere *f*
galeão <-ões> *m* (NÁUT) Galeone *f*
galego, -a **I.** *m, f* Galicier(in) *m(f)* **II.** *adj* galicisch
galeões *m pl de* **galeão**
galera *f* ① (NÁUT) Galeere *f* ② (*coloq brasil: pessoas*) Leute *pl*
galeria [gɐlə'riɐ] *f* ① (*de arte, de um edifício*) Galerie *f*; (*do teatro*) Galerie *f*, oberste(r) Rang *m* ② (*subterrânea*) Stollen *m*
Gales **País de ~** Wales *nt*
galgar <g→gu> *vt* springen über
galgo, -a *m, f* (ZOOL) Windhund, Windhündin *m, f*
galhardete *m* Wimpel *m*
galheta *f* ① (*do vinagre*) Essigfläschchen *nt*; (*do azeite*) Ölfläschchen *nt* ② (*coloq: bofetada*) Ohrfeige *f*
galheteiro *m* Menage *f*, Essig- und Ölständer *m*
galho *m* ① (*de árvore*) Zweig *m*; **quebrar o ~ a alguém** jdm aus der Patsche helfen ② (*de animal*) Horn *nt*
galhofa *f* ① (*brincadeira*) Spaß *m*; **estar na ~** Spaß machen ② (*escárnio*) Spott *m*; **fazer ~ de alguém** über jdn spotten, sich über jdn lustig machen
Gália *f* (HIST) Gallien *nt*
galicanismo *m* (HIST) Gallikanismus *m*
galicano *adj* (REL) gallikanisch
galicismo *m* (LING) Gallizismus *m*
galinha *f* Henne *f*; **~ choca** Bruthenne *f*
galinhar *vi* (*brasil: coloq*) mehrere Beziehungen zur selben Zeit haben
galinheiro *m* Hühnerstall *m*
galinhola *f* (ZOOL) Schnepfe *f*
Galiza *f* Galicien *nt*
galo ['galu] *m* ① (ZOOL) Hahn *m*; **cantar de ~** den Chef markieren ② (*coloq: na cabeça*) Beule *f*
galocha *f* Gummistiefel *m*
galões *m pl de* **galão**
galopante *adj* galoppierend
galopar *vi* galoppieren
galope *m* Galopp *m*; **a ~** im Galopp
galpão <-ões> *m* (*brasil*) Schuppen *m*
galrear *vi* (*criança*) brabbeln
galvânico *adj* galvanisch
galvanização <-ões> *f* Galvanisierung *f*
galvanizado *adj* mit Metall überzogen
galvanizar *vt* ① (*metalurgia*) galvanisieren ② (*estimular*) beleben
gama *f* (*de produtos*) Palette *f*; (*de automóvel*) Serie *f*; (*de cores*) Skala *f*; **topo de ~** Spitzenprodukt *nt*
gamação <-ões> *f* (*brasil: coloq*) Leidenschaft *f*
gamado *adj* (*coloq brasil*) verknallt (*em* in)
gamão *m* Backgammon *nt*, Puffspiel *nt*
gamar **I.** *vt* (*coloq*) stibitzen **II.** *vr* sich verlieben (*em* in)
gamba *f* (ZOOL) (Riesen)garnele *f*
gambá *m* (ZOOL: *brasil*) Opossum *nt*, Beuteltier *nt*
gâmbia *f* (*coloq*) Hachse *f*, Haxe *f*; **dar às ~s** die Beine in die Hand nehmen
gambozinos *mpl* (*coloq*) **ir à caça de ~** abhauen; **vai à caça de ~!** mach dass du wegkommst!, verschwinde!
gamela *f* Schüssel *f*
gamo *m* Hirsch *m*
gana *f* ① (*desejo*) Verlangen *nt*; **ter ~s de fazer a. c.** Lust haben, etw zu tun ② (*ódio*) Hass *m*, Wut *f*; **ter ~ a alguém** auf jdn wütend sein
Gana *m* Ghana *nt*
ganância *f* ① (*avidez*) Habgier *f* ② (*usura*) Wucher *m*
ganancioso *adj* habgierig
gancho *m* Haken *m*; (*de cabelo*) Haarklemme *f*
gandaia *f* faule(s) Leben *nt*; **andar na ~** herumlungern, faulenzen
gandulo *m* (*pej*) Drückeberger *m*, Herumtreiber *m*
gang *m* Gang *f*
ganga ['gãngɐ] *f* Drillich *m*, Jeansstoff *m*
gânglio *m* (ANAT) Ganglion *nt*; **~ linfático** Lymphknoten *m*
gangrena *f* (MED) Brand *m*, Gangrän *f*
gangster (*portugal*), **gângster** <-es> *mf* (*brasil*) Gangster *m*
ganhador(a) <-es> *m(f)* Gewinner(in) *m(f)*
ganha-pão <ganha-pães> *m* Broterwerb *m*

G

ganhar [ga'ɲar] <*pp* ganho *o* ganhado> *vi* ❶ (*um jogo, uma competição, guerra*) gewinnen; **quem está a ~?** wer gewinnt? ❷ (*o salário*) verdienen; **quanto é que ela ganha?** wie viel verdient sie?; **~ a vida** seinen Lebensunterhalt verdienen ❸ (*adquirir*) erwerben; **~ coragem para a. c.** Mut fassen, um etw zu tun; **~ juízo** Vernunft annehmen

ganho **I.** *pp de* **ganhar** **II.** *m* ❶ (*lucro*) Gewinn *m* ❷ (*proveito*) Nutzen *m*

ganir *vi* (*baixo*) winseln; (*alto*) jaulen

ganso *m* (*espécie, fêmea*) Gans *f;* (*macho*) Gänserich *m*

garagem [gɐ'raʒãi] <-ens> *f* ❶ (*para o carro*) Garage *f;* **lugar de ~** Garagenplatz *m* ❷ (*oficina*) Autowerkstatt *f*

garagista *mf* (*brasil*) ❶ (*dono de oficina*) Eigentümer *m* einer Kfz-Werkstatt; (*encarregado*) Werkstattleiter *m* ❷ (*dono de estacionamento*) Eigentümer *m* eines Parkhauses; (*encarregado*) Parkwächter *m*

garanhão <-ões> *m* ❶ (*cavalo*) Zuchthengst *m* ❷ (*homem*) Weiberheld *m*

garantia [gɐrãn'tiɐ] *f* ❶ (*segurança*) Garantie *f,* Sicherheit *f;* **dar ~** Gewähr geben, garantieren ❷ (*de um aparelho*) Garantie *f* ❸ (*abonação*) Bürgschaft *f,* Garantie *f;* **~ bancária** Bankbürgschaft *f*

garantir *vt* ❶ (*assegurar*) garantieren, gewährleisten ❷ (*abonar*) bürgen für

garapa *f* (*brasil*) Zuckerrohrsaft *m*

garbo *m* Anmut *f,* Eleganz *f*

garça *f* (ZOOL) Reiher *m*

garço *adj* blaugrün

garçom, garçonete <-ons, -etes> *m, f* (*brasil*) Kellner(in) *m(f)*

gardénia (*portugal*), **gardênia** *f* (*brasil:* BOT) Gardenie *f*

gare *f* (*portugal*) Bahnsteig *m*

garfada *f* Gabel *f;* **dar uma ~** eine Gabel (voll) nehmen

garfo ['garfu] *m* (*comida, bicicleta*) Gabel *f;* **ser bom ~** ein guter Esser sein

gargalhada *f* Gelächter *nt;* **dar/soltar uma ~** in schallendes Gelächter ausbrechen; **rir às ~s** schallend lachen

gargalo *m* Flaschenhals *m*

garganta [gɐr'gãntɐ] *f* ❶ (ANAT) Kehle *f;* **ter dores de ~** Halsweh haben; **ter a. c. atravessada na ~** etw in der Kehle stecken haben; **ter alguém atravessado na ~** jdn nicht ausstehen können ❷ (GEOG) Pass *m* ❸ (*coloq: jactância*) Angeberei *f,* Angabe *f;* **ter muita ~** dicke Töne spucken; **isso é só ~!** das ist pure Angabe!

gargantilha *f* Halsband *nt*

gargarejar *vi* gurgeln

gargarejo *m* ❶ (*acção*) Gurgeln *nt* ❷ (*líquido*) Gurgelmittel *nt*

gárgula *f* (ARQUIT) Wasserspeier *m*

garimpeiro, -a *m, f* Diamantensucher(in) *m(f)*

garino, -a *m, f* ❶ (*coloq*) Typ *m,* Frau *f,* Tussi *f* ❷ (*coloq: namorado*) Liebste

garnacha *f* Talar *m*

garnisé *m* (ZOOL) Zwerghuhn *nt*

garoa *f* (*brasil*) Sprühregen *m,* Nieselregen *m*

garota *f v.* **garoto**

garotice *f* Lausbubenstreich *m*

garoto, -a[1] *m, f* Junge *m,* Mädchen *nt*

garoto[2] *m* (*portugal*) (kleine) Tasse *f* Milchkaffee

garra *f* Kralle *f,* Klaue *f;* **ter ~** hartnäckig sein

garrafa [gɐ'ʀafɐ] *f* Flasche *f;* **uma ~ de vinho** eine Flasche Wein

garrafão <-ões> *m* Fünfliterflasche *f;* (*de verga*) Korbflasche *f;* **um ~ de água** eine Fünfliterflasche Wasser

garrafa-termos *f* Thermosflasche *f*

garrafeira *f* ❶ (*cave*) Weinkeller *m;* (*armário*) Flaschenschrank *m* ❷ (*loja*) Weinhandlung *f*

garrafões *m pl de* **garrafão**

garrido *adj* (*cor*) schreiend, grell; (*vestido*) kunterbunt, grell

garrote *m* ❶ (*de madeira*) Balken *m* ❷ (MED) Dreieckabbindtuch *nt*

garupa *f* ❶ (*do cavalo*) Kruppe *f* ❷ (*mala*) Satteltasche *f*

gás *m* ❶ (FÍS, QUÍM) Gas *nt;* **~ de escape** Auspuffgas *nt;* **~ lacrimogéneo** [*o brasil* **lacrimogêneo**] Tränengas *nt;* **~ natural** Erdgas *nt;* **~ propulsor** Treibgas *nt;* **~ tóxico** Giftgas *nt;* **emissão de ~es** Gasausstoß *m* ❷ (*de bebidas*) Kohlensäure *f;* **água com ~** Sprudel *m;* **água sem ~** stilles Wasser ❸ (*coloq: energia*) Energie *f,* Power *f;* **ela está com muito ~** sie hat viel Power

gaseificação *f* Gasbildung *f,* Umwandlung *f* in Gas

gaseificado *adj* (*bebida*) mit Kohlensäure versetzt

gaseificar <c→qu> *vt* (QUÍM) vergasen, in Gas umwandeln

gases *mpl* Blähungen *pl*
gasganete *m* (*coloq: garganta*) Kehle *f;* (*pescoço*) Hals *m*
gasoduto *m* Gasfernleitung *f*
gasóleo [ga'zɔlju] *m* (*portugal*) Diesel *m*
gasolina [gɐzu'linɐ] *f* Benzin *nt;* ~ **com/sem chumbo** verbleites/bleifreies Benzin; **meter** ~ tanken
gasómetro (*portugal*), **gasômetro** *m* (*brasil*) Gasbehälter *m,* Gaskessel *m*
gasosa *f* Zitronenlimonade *f*
gasoso *adj* gasförmig
gasta *adj f de* **gasto II**
gastar [gɐʃ'tar] <*pp* gasto *o* gastado> **I.** *vt* (*dinheiro*) ausgeben (*em* für); ~ **o dinheiro no jogo** das Geld verspielen; ~ **o dinheiro em bebidas** das Geld vertrinken; (*tempo*) verbringen (*com* mit); (*energia, gasolina*) verbrauchen (*em* für); (*a roupa*) abtragen; (*os sapatos*) durchlaufen; (*um aparelho*) abnutzen; (*os pneus*) abfahren; (*o stock*) verbrauchen, aufbrauchen; (*desperdiçar*) verschwenden, vergeuden **II.** *vr* (*dinheiro*) verbraucht werden, ausgehen; (*objecto*) sich abnutzen
gasto **I.** *pp de* **gastar** **II.** *adj* ❶ (*stock*) verbraucht ❷ (*objecto, piso*) abgenutzt; (*roupa*) abgetragen, verschlissen; (*sapatos*) durchgelaufen; (*pneu*) abgefahren
gastos *mpl* Ausgaben *pl,* Unkosten *pl*
gástrico *adj* Magen ...
gastrite *f* (MED) Magenschleimhautentzündung *f,* Gastritis *f*
gastrónoma (*portugal*), **gastrônoma** *f* (*brasil*) *f de gastrónomo, gastrônomo* **v. gastrónomo**
gastronomia *f* Gastronomie *f*
gastronómico (*portugal*), **gastronômico** *adj* (*brasil*) gastronomisch
gastrónomo, -a *m, f* (*portugal*), **gastrônomo, -a** *m, f* (*brasil*) Gastronom(in) *m(f)*
gata-borralheira <gatas-borralheiras> *f* Hausmütterchen *nt*
gatafunhar *vi* kritzeln
gatafunho *m* Gekritzel *nt*
gatas *fpl* **andar de** ~ auf allen vieren kriechen, krabbeln
gatilho *m* Abzug *m;* **apertar o** ~ abdrücken
gatinhar *vi* kriechen, krabbeln
gato, -a ['gatu] *m, f* (*espécie, fêmea*) Katze *f;* (*macho*) Kater *m;* ~ **montês** Wildkatze *f;* **vender** ~ **por lebre a alguém** jdn betrügen; **comer** ~ **por lebre** sich anführen lassen, hereinfallen; **aí há** ~**!** da stimmt was nicht!, da ist etwas faul!
gato-pingado <gatos-pingados> *m* (*coloq: sem importância*) (unscheinbares) Wesen *nt;* (*sem utilidade*) Nichtsnutz *m*
gato-sapato <gatos-sapato(s)> *m* **fazer de alguém** ~ mit jdm Schindluder treiben
gatuno, -a *m, f* Gauner(in) *m(f),* Dieb(in) *m(f)*
gaúcho, -a **I.** *m, f* (*brasil*) Einwohner(in) *m(f)* des Bundesstaates Rio Grande do Sul **II.** *adj* (*especialidade*) aus Rio Grande do Sul; (*instituto*) in Rio Grande do Sul
gaulês, -esa **I.** *m, f* (HIST) Gallier(in) *m(f)* **II.** *adj* (HIST) gallisch
gávea *f* ❶ (NÁUT: *plataforma*) Mastkorb *m* ❷ (NÁUT: *vela*) Marssegel *nt*
gaveta *f* Schublade *f,* Schubfach *nt;* **abrir/fechar a** ~ die Schublade öffnen/schließen
gaveto *m* **de** ~ Eck ...
gavião <-ões> *m* (ZOOL) Sperber *m*
gaze ['gazə] *f* Gaze *f*
gazela *f* (ZOOL) Gazelle *f*
gazeta *f* ❶ (JORN) Zeitung *f* ❷ (*coloq: escola*) Schuleschwänzen *nt;* **fazer** ~ schwänzen, blaumachen
gazua *f* Dietrich *m*
geada ['ʒjadɐ] *f* Frost *m;* (*sobre as plantas*) Reif *m*
gear *conj como passear vi* frieren; (*orvalho*) reifen; **esta noite geou** diese Nacht hat es gefroren; (*orvalho*) diese Nacht ist Reif gefallen
gel <géis *o* geles> *m* Gel *nt;* ~ **de banho** Badegel *nt;* ~ **para os cabelos** Haargel *nt*
gelada *adj f de* **gelado**
geladeira [ʒela'derɐ] *f* (*brasil*) Kühlschrank *m*
gelado [ʒə'ladu] **I.** *m* (*portugal: doce*) (Speise)Eis *nt;* ~ **de chocolate** Schokoladeneis *nt* **II.** *adj* eisig, eiskalt; **eu estou** ~ ich bin völlig durchgefroren
gelar *vi* gefrieren, frieren
gelataria *f* (*portugal*) Eisdiele *f*
gelatina *f* ❶ (*ingrediente*) Gelatine *f* ❷ (*doce*) Götterspeise *f*
gelatinoso *adj* gallertartig
geleia (*portugal*), **geléia** *f* (*brasil: de fruta*) Gelee *m, nt;* (*de carne*) Sülze *f,* Gallert *m*
geles *m pl de* **gel**
gélido *adj* eisig

G

gelo ['ʒelu] *m* Eis *nt;* (METEO) Frost *m;* **quebrar o ~** das Eis brechen

gema *f* ① (*do ovo*) Eigelb *nt,* Eidotter *m* ② (BOT) Auge *nt* ③ (*genuinidade*) **de ~** waschecht; **um português de ~** ein waschechter Portugiese ④ (*âmago*) Kern *m* ⑤ (*pedra preciosa*) Edelstein *m*

gemada *f* Eierpunsch *m*

gémeo, -a (*portugal*) **I.** *m, f* Zwilling *m;* **três ~s** Drillinge *pl* **II.** *adj* Zwillings ...; **irmão ~** Zwillingsbruder *m*

gêmeo, -a *m, f* (*brasil*) *v.* **gémeo, -a**

gémeos *mpl* (*portugal: Zodíaco*) Zwillinge *pl*

gêmeos *mpl* (*brasil*) *v.* **gémeos**

gemer *vi* stöhnen (*de* vor), ächzen (*de* vor)

gemido *m* Stöhnen *nt,* Ächzen *nt;* **dar/soltar um ~** stöhnen

geminado *adj* (BOT) paarig; **casa geminada** Doppelhaus *nt;* **cidade geminada** Partnerstadt *f*

geminar *vt* verdoppeln

gene *m* (BIOL) Gen *nt*

genealogia *f* Genealogie *f*

genealógico *adj* genealogisch; **árvore genealógica** Stammbaum *m*

genebra *f* Gin *m*

Genebra *f* Genf *nt*

genebrês *adj* Genfer

general <-ais> *m* (MIL) General *m*

generalidade *f* Allgemeinheit *f;* **~s** Allgemeine *nt;* **na ~** im Allgemeinen

generalização <-ões> *f* Verallgemeinerung *f*

generalizado *adj* ① (*geral*) verallgemeinert ② (*vulgarizado*) weit verbreitet

generalizar **I.** *vt* (*tornar geral*) verallgemeinern; (*vulgarizar*) verbreiten **II.** *vi* verallgemeinern

generativo *adj* Erzeugungs ...

genérica *adj f de* **genérico**

genericamente *adv* im Allgemeinen

genérico **I.** *m* (CINE: *início*) Vorspann *m;* (*fim*) Abspann *m,* Nachspann *m* **II.** *adj* ① (*do género*) Gattungs ... ② (*geral*) allgemein

género (*portugal*), **gênero** *m* (*brasil*) ① (*tipo*) Art *f,* Sorte *f* ② (LIT, BIOL) Gattung *f;* **o ~ humano** die Gattung Mensch ③ (GRAM) Genus *nt,* Geschlecht *nt*

géneros (*portugal*), **gêneros** *mpl* (*brasil*) Waren *pl;* **~ alimentícios** Lebensmittel *pl,* Nahrungsmittel *pl*

generosa *adj f de* **generoso**

generosidade *f* Großzügigkeit *f*

generoso *adj* ① (*pessoa*) großzügig ② (*vinho*) **vinho ~** Dessertwein *m*

génese (*portugal*), **gênese** *f* (*brasil*) Entstehung *f,* Genese *f*

genética **I.** *f* Genetik *f;* **~ humana** Humangenetik *f* **II.** *adj f de* **genético**

genético *adj* genetisch; **engenharia genética** Gentechnik *f*

gengibre *m* (BOT) Ingwer *m*

gengiva [ʒɐ̃'ʒivɐ] *f* Zahnfleisch *nt*

gengivite *f* (MED) Zahnfleischentzündung *f*

genial <-ais> *adj* genial

genica *f* (*coloq*) Power *f*

génio (*portugal*), **gênio** *m* (*brasil*) ① (*pessoa*) Genie *nt;* **de ~** genial ② (*temperamento*) Charakter *m,* Gemüt *nt;* **ter bom/mau ~** gutmütig/jähzornig sein

genital <-ais> *adj* Geschlechts ..., genital; **órgãos genitais** Geschlechtsorgane *pl*

genitivo *m* (GRAM) Genitiv *m*

genocídio *m* Völkermord *m*

genro *m* Schwiegersohn *m*

gentalha *f* (*pej*) Pack *nt*

gente ['ʒɐ̃ntə] *f* ① (*pessoas*) Leute *pl;* **a ~ nova** die jungen Leute; **toda a ~** alle; **fazer-se ~** groß/erwachsen werden; **as ~s** das Volk; **havia muita ~** es waren viele Leute da ② (*alguém*) jemand; **está ~** es ist jemand da ③ (*coloq: nós*) wir; (*impessoal*) man; **a ~ vai embora** wir gehen; **a ~ não pode entrar** man darf nicht hineingehen

gentil [ʒɐ̃n'til] <-is> *adj* freundlich, liebenswürdig

gentileza *f* Freundlichkeit *f,* Liebenswürdigkeit *f;* **por ~** wären Sie so freundlich, bitte

gentinha *f* (*pej*) Pöbel *m*

gentis *adj pl de* **gentil**

genuína *adj f de* **genuíno**

genuinidade *f* Echtheit *f,* Ursprünglichkeit *f*

genuíno *adj* ① (*pele, sentimento*) echt ② (*pessoa*) ehrlich

geocêntrico *adj* (ASTR) geozentrisch

geodinâmica *f* (GEOL) Geodynamik *f*

geofísica *f* Geophysik *f*

geógrafa *f v.* **geógrafo**

geografia *f* Erdkunde *f,* Geographie *f*

geográfico *adj* geographisch; **localização geográfica** geographische Lage *f*

geógrafo, -a *m, f* Geograph(in) *m(f)*

geóloga *f v.* **geólogo**

geologia *f* Geologie *f*

geológico *adj* geologisch

geólogo, -a *m, f* Geologe, Geologin *m, f*

geometria *f* Geometrie *f;* ~ **analítica/descritiva** analytische/darstellende Geometrie

geométrico *adj* geometrisch

Geórgia *f* Georgien *nt*

geração <-ões> *f* ① (*de pessoas*) Generation *f;* **as gerações futuras** die kommenden Generationen ② (*acção de gerar*) Zeugung *f*

gerador *m* (TEC) Generator *m*

geral <-ais> **I.** *m* ① Allgemeine *nt;* **no ~** im Allgemeinen ② (*brasil:* FUT) Stehplatz *m* **II.** *adj* allgemein, generell; **de um modo ~** im Allgemeinen

geralmente *adv* im Allgemeinen, meistens

gerar I. *vt* (*um ser*) zeugen; (*energia*) erzeugen **II.** *vr* entstehen; **gerou-se uma grande confusão** es entstand ein großes Durcheinander

gerência *f* Geschäftsführung *f*

gerente *mf* (*de uma empresa*) Geschäftsführer(in) *m(f);* (*de um banco*) Filialleiter(in) *m(f)*

gergelim *m* Sesam *m*

geringonça *f* ① (*objecto*) Ramsch *m* ② (*gíria*) Jargon *m*

gerir *irr como preferir vt* ① (*uma empresa*) leiten ② (*dinheiro, uma casa*) verwalten

germânico *adj* deutsch; (HIST) germanisch

germanismo *m* (LING) Germanismus *m*

germanista *mf* Germanist(in) *m(f)*

germanizar *vt* eindeutschen, germanisieren

germano *adj* (HIST) germanisch

Germanos *mpl* (HIST) Germanen *pl*

germe *m* Keim *m;* ~ **de trigo** Weizenkeime *m*

gérmen *m* Keim *m*

germinação *f* ① (BOT) Keimen *nt,* Keimung *f* ② (*formação*) Entstehung *f*

germinar *vi* ① (BOT) keimen, sprießen ② (*formar-se*) entstehen, aufkeimen

gerúndio *m* (GRAM) Gerundium *nt*

gesso *m* ① (MED: *material*) Gips *m;* **ter ~ num braço** einen Gipsarm haben, den Arm in Gips haben ② (*estátua*) Gipsfigur *f,* Gipsstatue *f*

gestação <-ões> *f* (*dos humanos*) Schwangerschaft *f;* (*dos animais*) Tragezeit *f*

gestão <-ões> *f* ① (*de uma empresa*) Management *nt,* Leitung *f;* ~ **cultural** Kulturmanagement *nt;* ~ **de empresas** Betriebswirtschaft *f* ② (*de dinheiro*) Verwaltung *f*

gesticular *vi* gestikulieren

gesto *f* Geste *f;* **um ~ generoso/de amizade** eine großzügige/freundschaftliche Geste

gestões *f pl de* **gestão**

gestor(a) *m(f)* (*gerente*) Geschäftsführer(in) *m(f);* (*de bens alheios*) Verwalter(in) *m(f);* ~ **de conta** Finanzberater *m*

gibi *m* (*brasil: coloq: revista*) Comic-Heft *nt;* **~s** Comics *mpl;* **não estar no gibi** unglaublich sein, unvorstellbar sein

Gibraltar *m* Gibraltar *nt*

giesta *f* (BOT) Ginster *m*

gigabyte *m* (INFOR) Gigabyte *nt*

gigante I. *mf* Riese, Riesin *m, f* **II.** *adj* riesig

gigantesco *adj* gigantisch, riesig

gilete *f* Rasierapparat *m,* Rasierer *m*

gim <gins> *m* Gin *m;* ~ **tónico** Gin Tonic *nt*

gim-tônica <gins-tônicas> *m* (*brasil*) Gin Tonic *nt*

ginásio [ʒi'nazju] *m* ① (DESP) Turnhalle *f* ② (*brasil: escola*) Gymnasium *nt*

ginasta *mf* Turner(in) *m(f)*

ginástica [ʒi'naʃtikɐ] *f* Gymnastik *f;* ~ **de manutenção** Fitnessgymnastik *f;* **fazer ~** turnen, Gymnastik machen

ginástico *adj* gymnastisch, Turn ...

gincana *f* Sportfest *nt*

ginecologia *f* Gynäkologie *f*

ginecológico *adj* gynäkologisch

ginecologista [ʒinəkulu'ʒiʃtɐ] *mf* Frauenarzt, Frauenärztin *m, f,* Gynäkologe, Gynäkologin *m, f*

gingar <g→gu> *vi* schwanken

ginger-ale *m* Gingerale *nt*

ginja ['ʒĩʒɐ] *f* Sauerkirsche *f,* Schattenmorelle *f*

ginjeira *f* Sauerkirschbaum *m*

ginjinha *f* Sauerkirschlikör *m*

gins *m pl de* **gim**

gira-discos *m* Plattenspieler *m*

girafa *f* Giraffe *f*

girar *vi* sich drehen (*em volta de* um), kreisen (*em volta de* um); **fazer ~** drehen

girassol <-óis> *m* Sonnenblume *f*

giratório *adj* drehbar, Dreh ...; **cadeira giratória** Drehstuhl *m;* **porta giratória** Drehtür *f*

gíria *f* Jargon *m;* ~ **dos estudantes** Studentenjargon *m*

girino *m* (ZOOL) Kaulquappe *f*

giro ['ʒiru] **I.** *m* (*passeio*) Bummel *m;* **dar um ~** einen Bummel machen **II.** *adj* (*portugal: coloq: pessoa, vestido, lugar*) toll, super; (*criança*) niedlich

giroscópio *m* (FÍS) Gyroskop *nt,* Kreiselgerät *nt*

giz <-es> *m* Kreide *f*

glacial <-ais> *adj* eisig, Eis ...; **era ~** Eiszeit *f*

glaciar *m* Gletscher *m*

gladíolo *m* (BOT) Gladiole *f*

glande *f* (ANAT) Eichel *f*

glândula *f* Drüse *f*

glandular *adj* (ANAT) Drüsen ...

glauco *adj* blaugrün, meergrün

glaucoma *m* (MED) Glaukom *nt,* grüne(r) Star *m*

glicerina *f* Glyzerin *nt*

glicose [gli'kɔzə] *f* Traubenzucker *m*

global <-ais> *adj* global, Gesamt ...; (*custos*) pauschal

globalização <-ões> *f* Globalisierung *f*

globalmente *adv* insgesamt, im Ganzen

globo *m* Globus *m;* **~ terrestre** Erdkugel *f;* **~ ocular** Augapfel *m*

glóbulo *m* **~ sanguíneo** Blutkörperchen *nt;* **~s brancos/vermelhos** weiße/rote Blutkörperchen

glória *f* Glanz *m,* Ruhm *m;* **~ a Deus!** Ehre sei Gott!

glorificar <c→qu> *vt* preisen, rühmen

glorioso *adj* glorreich, glorios; (*famoso*) ruhmreich

glossário *m* Glossar *nt*

glote *f* (ANAT) Stimmritze *f,* Glottis *f*

glucose *f* Glukose *f*

glutão, -ona <-ões, -onas> **I.** *m, f* Vielfraß *m* **II.** *adj* gefräßig

glúten *m* Gluten *nt;* **sem ~** glutenfrei

gnomo *m* Gnom *m*

gnose *f* Gnosis *f*

gnosticismo *m* Gnostizismus *m*

GNR (*portugal*) *abr de* **Guarda Nacional Republicana** (in ländlichen Regionen tätige) Schutzpolizei

gnu *m* (ZOOL) Gnu *nt*

godé (*portugal*), **godê** *m* (*brasil*) ① (*para tintas*) Töpfchen *nt* zum Farbenmischen ② (*saia*) **saia de ~** Glockenrock *m*

goela *f* (ANAT) Schlund *m;* (*garganta*) Kehle *f;* **enfiar a. c. pela ~ abaixo** etw hinunterschlucken

goiaba *f* (BOT) Guave *f*

goiabada *f* (*brasil:* CULIN) Guavenbrot *nt*

> **Goiabada** ist eine mit Zucker eingedickte Masse aus Guaven, die normalerweise in Streifen geschnitten und auf einem Brot mit **queijo branco**-Scheiben (weißer Käse) gegessen wird; eine solche Kombination wird **Romeu e Julieta** (Romeo und Julia) genannt.

goiabeira *f* Guavenbaum *m*

Goiânia Goiânia (*Hauptstadt des Bundesstaates Goiás*)

goiano, -a **I.** *m, f* Einwohner(in) *m(f)* des Bundesstaates Goiás **II.** *adj* (*especialidade*) aus Goiás; (*instituto*) in Goiás

Goiás *m* (*brasil*) Goiás (*bras. Bundesstaat*)

gol [gol] <gols *o* goles> *m* (*brasil*) Tor *nt;* **~ contra** Eigentor *nt; v. tb.* **golo**

gola *f* ① (*de roupa*) Kragen *m;* **~ alta** Rollkragen *m* ② (ARQUIT) Karnies *nt*

golada *f* (*coloq*) (großer) Schluck *m;* **beber a. c. de ~** etw in einem Zug austrinken

gole *m* Schluck *m;* **dar um ~** einen Schluck nehmen

goleador(a) <-es> *m(f)* (DESP) Torjäger(in) *m(f)*

goleiro [go'leru] *m* (*brasil*) Torwart *m*

goles *m pl de* **gol**

golfada *f* (*de água*) Strahl *m;* (*de vapor*) Wolke *f*

golfe ['gɔlfə] *m* (DESP) Golf *nt*

golfinho *m* (ZOOL) Delfin *m*

golfo *m* Golf *m,* Meerbusen *m*

golo ['golu] *m* (*portugal*) Tor *nt;* (*österr, schweiz*) Goal *nt;* **~ de honra** Anschlusstreffer *m;* **~ de ouro** Golden Goal *nt;* **~ em impedimento** Abseitstor *nt;* **marcar/sofrer um ~** ein Tor schießen/kassieren

golpe ['gɔlpə] *m* ① (*pancada*) Schlag *m,* Hieb *m;* **~ de Estado** Staatsstreich *m,* Putsch *m;* **~ de mestre** Meisterleistung *f;* **~ mortal** Todesstoß *m;* **~ de vento** Windstoß *m* ② (*corte*) Stich *m*

golpear *conj como passear vt* (*objecto*) zerstechen; (*pessoa*) erstechen

gols *m pl de* **gol**

goma *f* ① (*substância, doce*) Gummi *nt* ② (*brasil: pastilha elástica*) Kaugummi *nt* ③ (*para roupa*) Stärke *f*

gomo *m* ① (*de laranja*) Schnitz *m* ② (*de ramo*) Auge *nt,* Spross *m;* (*de flor*) Knospe *f*

gôndola *f* Gondel *f*

gondoleiro *m* Gondoliere *m*

gongo *m* Gong *m*

goniometria *f* (MAT) Goniometrie *f,* Winkel-

messung *f*
goniómetro (*portugal*), **goniômetro** *m* (*brasil:* MAT) Winkelmesser *m*
gonorreia (*portugal*), **gonorréia** *f* (*brasil:* MED) Gonorrhöe *f,* Tripper *m*
gonzo *m* Türangel *f*
gorar **I.** *vt* vereiteln, zum Scheitern bringen **II.** *vi* (*plano*) scheitern
goraz *m* (ZOOL) Brasse *f*
gordo ['gordu] *adj* (*pessoa*) dick; (*pej*) fett; (*carne*) fett; **leite ~** Vollmilch *f*
gorducho *adj* rundlich, mollig
gordura *f* 1 (CULIN, ANAT) Fett *nt* 2 (*de uma pessoa*) Beleibtheit *f;* (*obesidade*) Fettleibigkeit *f* 3 (*graxa*) Schmieröl *nt,* Schmierfett *nt*
gorduroso *adj* (*pele, mãos*) fettig; (*comida*) fett; (*oleoso*) ölig
gorgorejar *vi* gluckern
gorila *m* (*animal, pessoa*) Gorilla *m*
gorjear *conj como passear vi* zwitschern
gorjeio *m* Zwitschern *nt,* Triller *m*
gorjeta [gur'ʒetɐ] *f* Trinkgeld *nt*
gorro *m* Mütze *f*
gostar [guʃ'tar] *vi* **~ de** mögen; (*comida*) schmecken; (*pessoa*) mögen, gefallen, gernhaben; **~ muito de a. c.** etw lieben; **~ de fazer a. c.** etw gerne tun; **gosto deste livro** dieses Buch gefällt mir; **ele gosta mais deste livro** er mag dieses Buch lieber; **ela gosta mais de ler** sie liest lieber; **gostou do filme?** hat Ihnen der Film gefallen?; **eu gostaria de ir** ich würde gerne hingehen
gosto ['gɔʃtu] *m* Geschmack *m* (*a* nach); **muito ~!** angenehm!; **muito ~ em conhecê-lo!** ich freue mich, Sie kennen zu lernen!; **com muito ~** sehr gern; **ter um ~ a laranja** nach Orange schmecken; **ter bom/mau ~** einen guten/schlechten Geschmack haben; **isso é uma questão de ~!** das ist Geschmacksache!; **os ~s não se discutem** über Geschmack lässt sich nicht streiten
gostoso *adj* 1 (*comida*) schmackhaft, lecker 2 (*agradável*) angenehm 3 (*brasil: coloq: pessoa: atraente*) attraktiv; (*presunçoso*) eingebildet; **não banque o ~ comigo** bild dir mal nichts ein
gota *f* 1 (*de um líquido*) Tropfen *m;* **~ de água** Wassertropfen *m;* (*medicamento*); **~s** Tropfen *pl;* **~ a ~** tropfenweise; (*fig*) nach und nach; **ser uma ~ de água no oceano** ein Tropfen auf den heißen Stein sein; **isso foi a ~ de água** (**que fez transbordar o copo**) das brachte das Fass zum Überlaufen 2 (MED) Gicht *f*
goteira *f* Dachrinne *f*
gotejar *vi* tropfen; (*devagar*) tröpfeln
gótico ['gɔtiku] **I.** *m* Gotik *f* **II.** *adj* gotisch
goto *m* Schlund *m;* **cair no ~** gefallen
gourmet *m* Gourmet *m*
governado *adj* sparsam
governador(a) <-es> *m(f)* Gouverneur(in) *m(f)*
governamental <-ais> *adj* Regierungs ...
governanta *f* Haushälterin *f*
governante *mf* Machthaber(in) *m(f),* Regierende
governar **I.** *vt* (POL) regieren; (*um automóvel*) lenken; (*um navio*) steuern; **~ a casa** den Haushalt führen **II.** *vr* (sparsam) wirtschaften, haushalten
governo [gu'vernu] *m* 1 (POL) Regierung *f;* **~ militar** Militärregierung *f* 2 (*de um automóvel*) Lenken *nt;* (*de um navio*) Steuern *nt;* **~ da casa** Haushaltsführung *f*
gozar **I.** *vt* (*desfrutar*) genießen **II.** *vi* 1 (*divertir-se*) sich amüsieren 2 (*zombar*) spotten (*com* über) 3 (*brasil: atingir o orgasmo*) kommen
gozo *m* 1 (*desfrute*) Genuss *m;* (*prazer*) Vergnügen *nt,* Spaß *m;* **ter ~ em a. c.** etw mit Vergnügen tun, Spaß an etw haben 2 (*zombaria*) Spott *m,* Stichelei *f;* **dar ~ a alguém** sich über jdn lustig machen, jdn aufziehen
Grã-Bretanha *f* Großbritannien *nt*
graça ['grasɐ] *f* 1 (*graciosidade*) Grazie *f,* Anmut *f;* **ficar sem ~** verlegen sein 2 (*piada*) Witz *m;* **ter ~** witzig sein; (*fig*); **tem ~!** wer hätte das gedacht! 3 (*favor*) Gefallen *m;* (*mercê*) Gunst *f,* Gnade *f;* **de ~** umsonst, kostenlos
graças *fpl* Dank *m;* **~ a** dank; **~ à sua ajuda** dank seiner/ihrer Hilfe; **~ a Deus!** Gott sei Dank!; **dar ~ a alguém** jdm danken
gracejar *vi* scherzen, Späße machen
gracejo *m* Scherz *m,* Spaß *m*
graciosa *adj f de* **gracioso**
graciosidade *f* Grazie *f,* Anmut *f*
gracioso *adj* graziös, anmutig
gradação <-ões> *f* (*de luz, cor*) Abstufung *f*
grade *f* 1 (*de metal, madeira*) Gitter *nt;* **atrás das ~s** hinter Gittern 2 (*para bebidas*) Kiste *f;* **uma ~ de cerveja** eine Kiste Bier 3 (AGR) Egge *f*
gradeamento *m* Gitter *pl*

G

grado *m* Wille *m;* **de bom ~** gerne; **mau ~ meu** gegen meinen Willen

graduação <-ões> *f* ❶ (*divisão em graus*) Gradeinteilung *f* ❷ (*óptica*) Anpassung *f* ❸ (MIL) Rang *m*

graduado *adj* Stufen ..., Grad ...; **óculos ~s** Brille mit angepassten Gläsern

gradual <-ais> *adj* allmählich

gradualmente *adv* allmählich, nach und nach

graduar I. *vt* (*dividir em graus*) graduieren, mit Gradeinteilung versehen; (MIL) einen Rang verleihen **II.** *vr* einen akademischen Grad erwerben; **~-se em Biologia** sein Diplom in Biologie machen

grã-duquesa *f* Großherzogin *f*

graffiti *mpl* (*portugal*) Graffiti *pl*

grafia *f* Schreibung *f,* Schreibweise *f*

gráfica *f* (*oficina*) Druckerei *f*

gráfico I. *m* Grafik *f,* Diagramm *nt;* **~ de barras** Balkendiagramm *nt* **II.** *adj* ❶ (*relativo à gráfica*) grafisch; **artes gráficas** Grafik *f;* **representação gráfica** grafische Darstellung *f,* Schaubild *nt* ❷ (*relativo à grafia*) Schrift ...

grã-fino, -a *m, f* (*brasil*) schicke(r) Mann *m,* schicke Frau *f,* Dame *f*

grafite *f* Graphit *m*

grafóloga *f v.* **grafólogo**

grafologia *f* Graphologie *f*

grafólogo, -a *m, f* Graphologe, Graphologin *m, f*

grafómetro (*portugal*), **grafômetro** *m* (*brasil*) Winkelmessgerät *nt*

grafonola *f* Grammofon *nt*

grainha *f* Kern *m*

gralha *f* ❶ (ZOOL) Krähe *f* ❷ (*tipografia*) Druckfehler *m* ❸ (*coloq: pessoa*) Klatschbase *f*

grama[1] ['grɐmɐ] *m* (*peso*) Gramm *nt;* **100 ~s de fiambre** 100 Gramm gekochter Schinken

grama[2] *f* (*brasil:* BOT) Gras *nt;* (*em jardim, parque*) Rasen *m*

gramado *m* (*brasil*) Rasen *m;* (*campo de futebol*) Rasenplatz *m*

gramar *vt* ❶ (*coloq: pessoa, coisa*) ausstehen; (*situação*) durchstehen ❷ (*coloq: gostar de*) stehen auf, toll finden; **não ~ alguém/a. c.** jdn/etw nicht riechen können

gramática I. *f* ❶ Grammatik *f* ❷ (*pessoa*) *v.* **gramático I II.** *adj f de* **gramático II**

gramatical <-ais> *adj* grammatisch, grammatikalisch; **regra ~** Grammatikregel *f*

gramático, -a I. *m, f* Grammatiker(in) *m(f)* **II.** *adj* grammatisch

gramíneo *adj* grasartig

gramofone *m* Grammophon *nt*

grampeador *m* (*brasil*) Hefter *m,* Heftmaschine *f*

grampo *m* Klammer *f*

grana *f* (*coloq brasil: dinheiro*) Kohle *f,* Kies *m*

granada *f* ❶ (MIL) Granate *f;* **~ de mão** Handgranate *f* ❷ (*mineral*) Granat *m*

granadeiro *m* (MIL) Grenadier *m*

grande ['grɐ̃ndə] *adj* (*fig*) groß; **~ área** Strafraum *m;* **~ cidade** Großstadt *f;* **um ~ poeta** ein großer Dichter; **à ~** auf großem Fuße

grandemente *adv* sehr, außerordentlich

grandeza *f* ❶ (*tamanho*) Größe *f* ❷ (*importância*) Bedeutung *f,* Größe *f*

grandiosa *adj f de* **grandioso**

grandiosidade *f* Großartigkeit *f,* Pracht *f*

grandioso [grɐ̃n'djozu] *adj* großartig, grandios

granel <-éis> *m* ❶ (*para cereais*) Speicher *m* ❷ (*tipografia*) Fahne *f*

granítico *adj* Granit ...

granito *m* Granit *m*

granizar *vi* hageln

granizo *m* Hagel *m*

granja *f* ❶ (*quinta*) Bauernhof *m* ❷ (*celeiro*) Scheune *f*

granola *f* Crunchy *m*

granulado I. *m* Granulat *nt* **II.** *adj* körnig

grânulo *m* Körnchen *nt;* (*de superfície*) Unebenheit *f*

grão [grɐ̃u] <-s> *m* ❶ (*de areia, arroz, sal, trigo*) Korn *nt;* (*de café*) Bohne *f;* **~ a ~ enche a galinha o papo** Eile mit Weile ❷ (*da fruta*) Kern *m*

grão-de-bico <grãos-de-bico> *m* (BOT) Kichererbse *f*

grão-duque *m* Großherzog *m*

grasnar *vi* (*pato, ganso*) schnattern; (*corvo, gralha*) krächzen; (*sapo*) quaken

grata *adj f de* **grato**

gratidão *f* Dankbarkeit *f* (*por* für)

gratificação <-ões> *f* (*no trabalho*) Vergütung *f* (*por* für); (*recompensa*) Belohnung *f* (*por* für); (*alvíssaras*) Finderlohn *m* (*por* für)

gratificante *adj* lohnend

gratificar <c→qu> *vt* (*com dinheiro*) vergüten (*por*); (*recompensar*) belohnen (*por* für); ~ **alguém por a. c.** jdm etw vergüten

gratinado [grɐti'nadu] **I.** *m* (CULIN) Gratin *nt* **II.** *adj* (CULIN) überbacken, gratiniert

gratinar *vt* (CULIN) überbacken, gratinieren

grátis *adv* gratis, umsonst

grato *adj* dankbar (*por* für)

gratuito [grɐ'tuitu] *adj* ❶ (*trabalho*) unentgeltlich; (*entrada*) frei; (*comida, viagem*) kostenlos ❷ (*afirmação, comentário*) unüberlegt

grau *m* ❶ (MAT, FÍS) Grad *m;* ~ **centígrado** Grad Celsius; ~ **de latitude** Breitengrad *m* ❷ (*nível*) Stufe *f,* Grad *m;* ~ **de dificuldade** Schwierigkeitsgrad *m* ❸ (MIL) Rang *m;* ~ **académico** [*o brasil* **acadêmico**] Hochschulgrad *m,* akademischer Grad ❹ (LING) ~ **de comparação** Steigerung *f*

graúdo *adj* (*coisa*) groß; (*pessoa*) erwachsen

gravação <-ões> *f* ❶ (*em disco, cassete*) Aufnahme *f* ❷ (*em metal*) Gravierung *f,* Gravieren *nt;* (*em madeira*) Einschnitzen *nt;* (*em pedra*) Einmeißeln *nt*

gravador *m* Kassettenrecorder *m;* (*portugal*); ~ **de chamadas** Anrufbeantworter *m*

gravar *vt* ❶ (*em disco, cassete*) aufnehmen (*em* auf); (INFOR) speichern (*em* auf); ~ **um disco/uma cassete** eine Platte/Kassette aufnehmen ❷ (*no metal*) eingravieren (*em* in); (*na madeira*) einschnitzen (*em* in); (*na pedra*) einmeißeln (*em* in) ❸ (*na memória*) einprägen (*em* in)

gravata [grɐ'vatɐ] *f* Krawatte *f,* Schlips *m*

gravata-borboleta <gravatas-borboleta(s)> *f* (*gravatinha*) Fliege *f*

grave *adj* ❶ (*assunto*) ernst; (*situação*) ernst, kritisch; (*doença, ferimento*) schwer; **estar em estado** ~ schwer verletzt sein ❷ (*som, voz*) tief ❸ (GRAM: *palavra*) auf der vorletzten Silbe betont; **acento** ~ Gravis *m*

gravemente *adv* schwer, ernst

graveto *m* Stück *nt* Holz; (*fino*) Holzspan *m*

grávida **I.** *f* Schwangere *f* **II.** *adj* (*mulher*) schwanger; (*animal*) trächtig; **estar** ~ schwanger sein

gravidade *f* ❶ (*de assunto, de situação*) Ernst *m;* (*de doença*) Schwere *f* ❷ (FÍS) Schwerkraft *f*

gravidez [grɐvi'deʃ] <-es> *f* Schwangerschaft *f;* ~ **de risco** Risikoschwangerschaft *f;* ~ **indesejada** unerwünschte Schwangerschaft

gravilha *f* Kies *m*

graviola *f* (*brasil*) Guanabana-Frucht *f* (*süße brasilianische Frucht mit dunkelgrüner Haut und weißem Fruchtfleisch, aus dem Mixgetränke, Fruchtsäfte und Speiseeis hergestellt werden*)

gravitação *f* (FÍS) Gravitation *f,* Anziehungskraft *f*

gravitar *vi* (FÍS) gravitieren

gravura *f* Abbildung *f,* Illustration *f;* ~**s rupestres** Felszeichnungen *pl*

graxa ['graʃɐ] *f* (*para couro*) Lederfett *nt;* (*para sapatos*) Schuhcreme *f;* (*para automóveis*) Schmieröl *nt,* Schmiere *f;* **dar** ~ **a alguém** jdm Honig um den Bart schmieren

Grécia *f* Griechenland *nt*

grega *f de* **grego**

gregário *adj* Herden ...

grego, -a ['gregu] **I.** *m, f* Grieche, Griechin *m, f* **II.** *adj* griechisch

gregoriano *adj* gregorianisch

gregório *m* (*cal*) **ir ao** ~ kotzen

grei *f* ❶ (*rebanho*) Herde *f* ❷ (*povo*) Volk *nt*

grelar *vi* keimen

grelha ['greʎɐ] *f* ❶ (*para grelhar, assar*) Grill *m,* Rost *m* ❷ (*de automóvel*) Kühlergrill *m*

grelhado *adj* gegrillt

grelhador *m* (elektrischer) Grill *m*

grelhar *vt* (*carne, peixe*) grillen

grelo *m* ❶ (*rebento*) Spross *m* ❷ (*legume*) Steckrübenblätter *pl*

grémio (*portugal*), **grêmio** *m* (*brasil*) Innung *f;* (*comissão*) Gremium *nt*

grés *m* (GEOL) Sandstein *m*

greta *f* (*no solo*) Spalte *f;* (*na pele*) Riss *m*

gretar *vi* (*solo, pele*) aufreißen, rissig werden

greve *f* Streik *m;* ~ **de aviso** Warnstreik *m;* ~ **de braços caídos** Sitzstreik *m;* ~ **de fome** Hungerstreik *m;* ~ **de zelo** Bummelstreik *m;* **fazer** ~ streiken

grevista *mf* Streikende

grilhão <-ões> *m* Fußfessel *f*

grilo *m* (ZOOL) Grille *f*

grinalda *f* Girlande *f*

gringo, -a *m, f* (*pej brasil*) Ausländer(in) *m(f)*

gripado *adj* ❶ (*pessoa*) grippekrank; **estar** ~ Grippe haben ❷ (*motor*) mit festgefressenen Teilen

gripar *vi* ❶ (*pessoa*) an Grippe erkranken, Grippe bekommen ❷ (*motor*) festgefressene Teile haben

gripe ['gripə] *f* (MED) Grippe *f*
grisalho *adj* gräulich; (*cabelo*) grau
Grisões *mpl* Graubünden *nt*
grisu *m* (QUÍM) Grubengas *nt*
gritar [gri'tar] **I.** *vt* rufen, schreien; ~ **a. c. a alguém** jdm etw zurufen **II.** *vi* schreien (*por* nach, um); ~ **com alguém** jdn anschreien/anbrüllen
gritaria *f* Geschrei *nt*
grito *m* Schrei *m*, Ruf *m*; **dar/soltar um** ~ schreien, einen Schrei ausstoßen; **aos** ~**s** schreiend; **o último** ~ **da moda** der letzte Schrei; **foi de** ~**s!** es war zum Schreien!
grogue **I.** *m* Grog *m* **II.** *adj* ❶ (*bêbedo*) betrunken ❷ (*coloq: esgotado*) groggy
Gronelândia *f* Grönland *nt*
grosa *f* ❶ (*doze dúzias*) Gros *nt* ❷ (*lima*) Raspel *f*
groselha *f* ❶ (*fruto*) Johannisbeere *f* ❷ (*sumo*) Johannisbeersaft *m*
grossa *adj f de* **grosso**
grossaria *f* ❶ (*acto*) Unhöflichkeit *f*, Plumpheit *f*; **fazer uma** ~ sich schlecht benehmen ❷ (*dito*) vulgäre Äußerung *f*; (*palavra*) Schimpfwort *nt*; **dizer uma** ~ Schimpfwörter benutzen
grosseira *adj f de* **grosseiro**
grosseirão, -ona <-ões, -onas> **I.** *m, f* Flegel *m*, Rüpel *m* **II.** *adj* ungeschliffen, rüpelhaft
grosseiro *adj* ❶ (*pessoa*) grob, ungesittet; (*modos*) plump, ungehobelt ❷ (*ordinário*) ordinär, gewöhnlich ❸ (*objecto*) schlecht verarbeitet; (*pano*) grob
grosseirões *pl de* **grosseirão**
grosseirona *f de* **grosseirão**
grosseria *f v.* **grossaria**
grossista *m* Grossist *m*
grosso **I.** *m* Hauptteil *m* **II.** *adj* ❶ (*objecto*) dick; (*líquido*) dickflüssig ❷ (*voz*) tief ❸ (*grosseiro*) grob, unhöflich; ~ **modo** in groben Zügen ❹ (*coloq: embriagado*) blau
grossura *f* ❶ (*espessura*) Dicke *f*, Stärke *f* ❷ (*corpulência*) Beleibtheit *f*, Korpulenz *f*
grotesco *adj* grotesk
grua *f* Kran *m*
grudar *vt* (*brasil*) leimen, zusammenleimen
grude *m* Leim *m*
grugrulejar *vi* kollern
grumo *m* (*na tinta, massa, no molho*) Klümpchen *nt*, Klumpen *m*; (*no sangue*) Gerinnsel *nt*
grumoso *adj* klumpig
grunhido *m* Grunzen *nt*
grunhir *vi* ❶ (*porco*) grunzen ❷ (*resmungar*) murren, schimpfen
grupo ['grupu] *m* Gruppe *f*, *nt*; (*de música*) Band *f*; ~ **de amigos** Freundeskreis *m*; (*coloq*) Clique *f*; ~ **destinatário** Zielgruppe *f*; ~ **de risco** Risikogruppe *f*; ~ **sanguíneo** Blutgruppe *f*; ~ **de operações especiais** Antiterroreinheit *f*, Sondereinsatzkommando *nt*; ~ **de trabalho** Arbeitskreis *m*, Arbeitsgemeinschaft *f*; **vir/ir em** ~ als Gruppe kommen/gehen; **fazer a. c. em** ~ etw in der Gruppe machen
gruta ['grutɐ] *f* Grotte *f*
guache *m* Gouache *f*, Guasch *f*

> **Guaraná** ist ein alkoholfreies Getränk, das aus den Samen einer Kletterpflanze aus dem Amazonasgebiet hergestellt wird. Dieses Getränk enthält Koffein und gilt in Brasilien überall als landeseigene Cola. Es hat belebende Wirkung und (so glauben die Indianer...) auch aphrodisische Kräfte.

Guarda (*portugal*) Guarda (*Hauptstadt des Distrikts Guarda*); **Distrito da** ~ Distrikt Guarda
guarda **I.** *mf* Wächter(in) *m(f)*, Aufseher(in) *m(f)*; ~ **prisional** Gefängnisaufseher(in) *m(f)* **II.** *f* ❶ (*pessoas*) Wache *f*, Aufsicht *f*; **Guarda Nacional Republicana** (in ländlichen Regionen tätige) Schutzpolizei *f*; **render a** ~ die Wache ablösen ❷ (*protecção*) Schutz *m*; **pôr-se em** ~ in Deckung gehen
guarda-chuva *m* Regenschirm *m*
guarda-costas **I.** *mf inv* Leibwächter(in) *m(f)* **II.** *mf* (NÁUT) Boot *nt* der Küstenwache
guardador(a) <-es> *m(f)* (*reg: RJ, SP: de carros*) Parkwächter *m*
guarda-fatos *m inv* (*portugal*) Kleiderschrank *m*
guarda-florestal <guardas-florestais> *mf* Förster(in) *m(f)*
guarda-fogo *m* Feuerschutz *m*; (*para chaminé*) Kamingitter *nt*
guarda-freio *m* *Eisenbahnmechaniker, der die Bremsen kontrolliert*
guarda-jóias *m* Schmuckkästchen *nt*
guarda-lama *m* (*brasil: da bicicleta*) Schutzblech *nt*; (*do automóvel*) Kotflügel *m*

guarda-louça *m* Geschirrschrank *m*
guardanapo [gwɐrdɐ'napu] *m* Serviette *f*
guarda-nocturno, -a <guardas-nocturnos> *m, f* (*portugal*), **guarda-noturno, -a** *m, f* (*brasil*) Nachtwächter(in) *m(f)*
guardar [gwɐr'dar] *vt* ❶ (*conservar*) aufbewahren, aufheben; ~ **um segredo** ein Geheimnis für sich behalten ❷ (*proteger*) beschützen ❸ (*vigiar*) beaufsichtigen, bewachen; (*animais*) hüten ❹ (*arrumar*) abstellen; (*em segurança*) (sicher) verwahren
guarda-redes *mf inv* (*portugal:* DESP) Torwart, Torfrau *m, f*
guarda-roupa *m* ❶ (*armário*) Kleiderschrank *m* ❷ (*dos actores*) Garderobe *f*
guarda-sol <-sóis> *m* (*brasil*) Sonnenschirm *m*
guarda-vento *m* Windschutz *m*
guarda-vestidos *m inv* Kleiderschrank *m*
guarda-volumes *m inv* Gepäckaufbewahrung *f*
guardense **I.** *mf* (*portugal*) *Einwohner(in) der Stadt oder des Distrikts Guarda* **II.** *adj* (*produto*) aus Guarda; (*instituto*) in Guarda
guardião, guardiã <-ões *o* -ães, -ãs> *m, f* Leibwächter(in) *m(f)*
guarida *f* (*abrigo*) Zuflucht *f,* Schutz *m;* **dar ~ a alguém** jdm Zuflucht bieten
guariroba *f* Königinpalme *f* (*brasilianische Palmsorte mit einer großen grüngelben Frucht und etwas bitteren Palmherzen*)
guarita *f* Wachturm *m*
guarnecer <c→ç> *vt* ❶ (*equipar*) ausrüsten (*de* mit), ausstatten (*de* mit) ❷ (*enfeitar*) schmücken (*de* mit), dekorieren (*de* mit); (*um vestido*) verzieren (*de* mit) ❸ (*comida*) garnieren (*de* mit)
guarnição <-ões> *f* ❶ (*equipamento*) Ausrüstung *f* ❷ (*enfeite*) Schmuck *m,* Verzierung *f;* (*de um vestido*) Borte *f,* Besatz *m* ❸ (CULIN: *acompanhamento*) Beilage *f* ❹ (MIL) Garnison *f*
guar-te **I.** *m* (*aviso*) Vorwarnung *m;* **sem tir-te nem ~** mir nichts dir nichts **II.** *interj* **~!** Vorsicht!
Guatemala *f* Guatemala *nt*
guaxinim <-ins> *m* brasilianischer Waschbär *m*
gude *m* (*brasil: jogo*) Murmelspiel *nt*
guedelha *f* Mähne *f*
guedelhudo *adj* langhaarig
guelra *f* Kieme *f*
guerra *f* Krieg *m;* ~ **atómica** [*o brasil* **atômica**]/**nuclear** Atomkrieg *m;* ~ **civil** Bürgerkrieg *m;* ~ **fria** kalter Krieg; ~ **mundial** Weltkrieg *m;* **estar em ~ com** Krieg führen mit; **declarar ~ a alguém** jdm den Krieg erklären; **dar ~ a alguém** jdm das Leben schwer machen
guerreiro, -a **I.** *m, f* Krieger(in) *m(f)* **II.** *adj* ❶ (*relativo à guerra*) Kriegs … ❷ (*dedicado à guerra*) Krieg führend
guerrilha *f* Guerilla *f,* Guerillakrieg *m*
guerrilheiro, -a *m, f* Guerillakämpfer(in) *m(f)*
gueto *m* Getto *nt*
guia ['giɐ] **I.** *mf* (*turismo*) Fremdenführer(in) *m(f)* **II.** *m* (*livro*) Leitfaden *m;* (*manual*) Handbuch *nt;* (*roteiro*) Reiseführer *m;* ~ **do estudante** Studienführer *m,* Vorlesungsverzeichnis *nt* **III.** *f* (ECON: *documento*) Begleitschein *m,* Lieferschein *m*
guiador *m* (*portugal: do automóvel*) Lenkrad *nt;* (*da bicicleta*) Lenkstange *f*
guião *m* ❶ (CINE) Drehbuch *nt* ❷ (*estandarte*) Standarte *f*
guiar **I.** *vt* (*uma pessoa*) führen, leiten; (*um automóvel, uma bicicleta*) fahren, lenken **II.** *vr* sich richten (*por* nach)
guiché (*portugal*), **guichê** *m* (*brasil*) Schalter *m*
guidom <-ons> *m* Lenker *m,* Lenkstange *f*
guilhotina *f* ❶ (*para decapitar*) Guillotine *f* ❷ (*para papel*) Schneidemaschine *f;* (*para charutos*) Zigarrenabschneider *m*
guinada *f* ❶ (NÁUT) Kursabweichung *f* ❷ (*com o automóvel*) Ausweichmanöver *m;* **dar uma ~ para a direita/esquerda** nach rechts/links ausweichen
guinar *vi* zur Seite springen, ausweichen; ~ **para a direita/esquerda** nach rechts/links ausweichen
guinchar *vi* kreischen
guincho *m* ❶ (*som*) Kreischen *nt,* Aufschrei *m* ❷ (*máquina*) Winde *f*
guindaste *m* Kran *m*
Guiné *f* Guinea *nt*
Guiné-Bissau *f* Guinea Bissau *nt*
guineense **I.** *mf* Guineer(in) *m(f)* **II.** *adj* guineisch
guisado **I.** *m* (CULIN) Ragout *nt* **II.** *adj* geschmort
guisar *vt* (CULIN) schmoren
guita *f* ❶ (*cordel*) Bindfaden *m* ❷ (*coloq: di-*

nheiro) Kohle *f*
guitarra *f* 12-saitige Gitarre *f*; ~ **eléctrica** [*o brasil* **elétrica**] Elektrogitarre *f*
guitarrada *f* Gitarrenkonzert *nt*
guitarrista *mf* Gitarrist(in) *m(f)*
guizo *m* Schelle *f*
gula *f* Gefräßigkeit *f*, Völlerei *f*
gulodice *f* ① (*de uma pessoa*) Essgier *f*, Gefräßigkeit *f* ② (*comida*) Leckerbissen *m*, Leckerei *f*
gulosa *f de* **guloso**
guloseima *f* Leckerei *f*, Leckerbissen *m*
guloso, -a I. *m, f* Schlemmer(in) *m(f)*, Leckermaul *nt* **II.** *adj* ① (*comilão*) gefräßig, verfressen ② (*que gosta de guloseimas*) Schlemmer ...
gume *m* Schneide *f*; (*fig*); **de dois ~s** zweischneidig
guri *m* (*brasil*) Kind *nt*
gusa *f* Gusseisen *nt*
gustação <-ões> *f* Kosten *nt*, Probieren *nt*; ~ **de vinhos** Weinprobe *f*
gustativo *adj* Geschmacks ...
gutural <-ais> *adj* guttural, Kehl ...

H h

H, h [ɐ'ga] *m* H, h *nt*
há [a] *3. sing pres de* **haver**
hã *interj* was?
habeas corpus *m* (DIR) Habeaskorpusakte *f*
hábil <-eis> *adj* ① (*capaz*) fähig ② (*manualmente*) geschickt, tüchtig ③ (DIR) fähig
habilidade *f* ① (*capacidade*) Fähigkeit *f* (*para* zu); (*talento*) Begabung *f* (*para* für) ② (*manual*) Geschicklichkeit *f*
habilidoso *adj* geschickt
habilitação <-ões> *f* Befähigung *f* (*para* zu)
habilitações *fpl* Qualifikationen *pl*
habilitar I. *vt* (*tornar apto*) befähigen (*para* zu); (*dar direito a*) berechtigen (*a* zu) **II.** *vr* **~-se a** gewinnen können; **~-se a um automóvel** ein Auto gewinnen können
habitação <-ões> *f* ① (*casa*) Wohnung *f* ② (*residência*) Wohnsitz *m*
habitacional <-ais> *adj* Wohnungs ...
habitáculo *m* (*do automóvel*) Innenraum *m*
habitado *adj* bewohnt
habitante [ɐbi'tɐ̃ntə/abi'tɐ̃ntə] *mf* (*de uma casa*) Bewohner(in) *m(f)*; (*de um país, de uma cidade*) Einwohner(in) *m(f)*
habitar I. *vt* bewohnen **II.** *vi* wohnen (*em* in)
habitat *m* (BIOL) Habitat *nt*
habitável <-eis> *adj* bewohnbar
hábito *m* ① (*costume*) Gewohnheit *f*; (*social*) Sitte *f*; **mau ~** Unsitte *f* ② (REL) Ordenstracht *f*; **tomar o ~** in einen Orden eintreten, ins Kloster gehen; **o ~ não faz o monge** der Schein trügt
habituado *adj* gewohnt (*a* an); **estar ~ a fazer a. c.** es gewohnt sein, etw zu tun
habitual [ɐbi'twal] <-ais> *adj* gewöhnlich, gewohnt
habituar I. *vt* gewöhnen (*a* an) **II.** *vr* sich gewöhnen (*a* an)
Haia *f* Den Haag *nt*
hálito *m* Hauch *m*; **mau ~** Mundgeruch *m*; ~ **a álcool** Fahne *f*
hall *m* Eingangshalle *f*
halo *m* (ASTR) Hof *m*
halogéneo (*portugal*) **I.** *m* (QUÍM) Halogen *nt* **II.** *adj* (QUÍM) halogen
halogêneo (*brasil*) *v.* **halogénio**
haltere *m* Hantel *f*; **levantar os ~s** hanteln
halterofilista *mf* Gewichtheber(in) *m(f)*
Hamburgo *m* (*portugal*) Hamburg *nt*
hambúrguer (CULIN) Hamburger *m*; ~ **vegetariano** vegetarischer Bratling *m*
hamburguês, -esa I. *m, f* (*de Hamburgo*) Hamburger(in) *m(f)* **II.** *adj* (*especialidade*) aus Hamburg; (*instituto*) in Hamburg
hamburguesa *f* (*brasil*) Hamburger *m*
hamster *m* Hamster *m*
handebol *m* (*bes brasil*) Handball *m*
hangar *m* (*para máquinas*) Schuppen *m*; (AERO) Hangar *m*
hansa *f* (HIST) Hanse *f*
hanseático *adj* hanseatisch, Hanse ...; **Liga Hanseática** Hanse *f*; **cidade hanseática** Hansestadt *f*
hardware *m* (INFOR) Hardware *f*
harém *m* Harem *m*
harmonia *f* ① (*acordo*) Harmonie *f*, Übereinstimmung *f* ② (*entre pessoas*) Eintracht *f*, Harmonie *f* ③ (MÚS) Harmonie *f*; (*ciência*) Harmonielehre *f*
harmónica (*portugal*), **harmônica** *f* (*brasil*) Harmonika *f*; (*gaita-de-beiços*) Mundharmonika *f*

harmónio (*portugal*), **harmônio** *m* (*brasil:* MÚS) Harmonium *nt*
harmonioso *adj* harmonisch
harmonizar *vt* ❶ (*conciliar*) in Einklang bringen (*com* mit), harmonisieren ❷ (MÚS) harmonisieren
harpa *f* Harfe *f*
hasta *f* ❶ (*lança*) Speer *m*, Lanze *f* ❷ (*leilão*) Versteigerung *f*; **vender a. c. em ~ pública** etw öffentlich versteigern
haste *f* ❶ (*de bandeira*) Fahnenstange *f*; **colocar a bandeira a meia ~** halbmast flaggen ❷ (BOT) Stängel *m* ❸ (*dos óculos*) Bügel *m* ❹ (*do veado*) Horn *nt*; **~s** Geweih *nt*
hastear *conj como passear vt* (*uma bandeira*) hissen
haurir *vt* ❶ (*água, ar*) schöpfen ❷ (*esgotar*) erschöpfen
Havai (*portugal*), **Havaí** *m* (*brasil*) Hawaii *nt*
havaiano, -a I. *m, f* (*habitante*) Hawaiianer(in) *m(f)*; **havaiana** (*brasil: sandália*) Flipflop *m* II. *adj* (*relativo às ilhas Havai*) hawaiianisch; **sandália** *m* **havaiana** Flipflop *m*
havano *m* (*brasil: charuto*) Havanna *f*
haver *irr* I. *m* Habe *f* II. *vt* (*existir*) (vorhanden) sein; **há** es gibt; **há livros em todas as salas** in allen Zimmern sind Bücher; **havia lá muita gente** es waren viele Leute da; **o que é que há para comer?** was gibt es zum Essen?; **espero que haja dinheiro para isso** ich hoffe, es ist Geld dafür vorhanden; (*acontecer*) geschehen, sich ereignen; **o que é que há?** was ist los?; **houve um acidente/uma conferência** es hat sich ein Unfall ereignet/es hat eine Konferenz stattgefunden; **não houve nada de novo** es gab nichts Neues; **haja o que houver** komme, was wolle; (*altura específica*) vor; (*duração*) seit; **há pouco (tempo)** vor/seit kurzem; **há muito (tempo)** vor/seit langer Zeit; **há tempos** vor/seit einiger Zeit; **isso (já) foi há muito tempo** das ist (schon) lange her; **vi-o há três dias** ich habe ihn vor drei Tagen gesehen; **ele está em minha casa há três dias** er ist seit drei Tagen bei mir; **há uma semana** vor/seit einer Woche; **há anos que não a vejo** ich habe sie seit Jahren nicht gesehen; **havia muito tempo** vor langer Zeit; (*considerar*); **~ por bem** für gut halten III. *vi* (*futuro*) **~ de** werden; **eu hei-de procurar isso** ich werde das wohl suchen müssen; **hás-de falar com ele** du wirst wohl mit ihm sprechen; **nós havemos de ir lá** wir werden wohl dorthin gehen; **ele há-de vir** er wird wohl kommen; (*dever*); **~ de** sollen; **tu havias de ter visto** das hättest du sehen sollen; **ele havia de ir ao médico** er sollte zum Arzt gehen; **eu não sei o que hei-de fazer** ich weiß nicht, was ich machen soll IV. *vi impess* **há que** man muss; **há que trabalhar** man muss arbeiten V. *vr* **~-se com alguém** mit jdm abrechnen; **se não te comportas, vou ter de me ~ contigo** wenn du nicht brav bist, werd ich dir was erzählen! VI. *aux* haben, sein; **ele havia tido uma vida difícil** er hatte ein hartes Leben gehabt
haveres *mpl* Vermögen *nt*
haxixe *m* Haschisch *nt*
HD *m* (*brasil:* INFOR) *abr de* **hard disc** Festplatte *f*
hebraico I. *m* Hebräisch *nt* II. *adj* hebräisch
hebreu, hebreia I. *m, f* Israeli *m, f* II. *adj* hebräisch
hectare *m* Hektar *m*
hediondo *adj* scheußlich
hegemonia *f* Hegemonie *f*, Vorherrschaft *f*
hei *1. pres de* **haver**
hélice *f* (AERO) Propeller *m*; (NÁUT) Schraube *f*
helicóptero *m* Hubschrauber *m*
hélio *m* (QUÍM) Helium *nt*
heliocêntrico *adj* (ASTR) heliozentrisch
heliporto *m* Hubschrauberlandeplatz *m*
helvécio, -a I. *m, f* Schweizer(in) *m(f)* II. *adj* schweizerisch
helvético *adj* helvetisch, schweizerisch
hem *interj* (*brasil*) was?
hematologia *f* (MED) Hämatologie *f*
hematoma *m* (MED) Bluterguss *m*, Hämatom *nt*
hematose *f* (BIOL) Blutbildung *f*
hemiciclo *m* Halbkreis *m*
hemisfério *m* (GEOG) Erdhalbkugel *f*; **Hemisfério Norte/Sul** nördliche/südliche Halbkugel
hemodiálise *f* (MED) Hämodialyse *f*, Blutwäsche *f*
hemofilia *f* (MED) Hämophilie *f*, Bluterkrankheit *f*
hemofílico, -a *m, f* Bluter(in) *m(f)*
hemoglobina *f* (BIOL) Hämoglobin *nt*, rote(r) Blutfarbstoff *m*
hemorragia [emuʀɐ'ʒiɐ] *f* (MED) (starke) Blutung *f*; **~ nasal** Nasenbluten *nt*

H

hemorróidas [emu'ʀɔidɐʃ] *fpl* (MED) Hämorrhoiden *pl*, Hämorriden *pl*
hemostático *m* (FARM) blutstillende(s) Mittel *nt*
hepatite *f* (MED) Hepatitis *f*, Leberentzündung *f*
hera *f* (BOT) Efeu *m*
herança *f* Erbschaft *f*, Erbe *nt*; **deixar a. c. em** ~ etw hinterlassen
herbáceo *adj* krautartig
herbanário *m* Heilkräuterhandlung *f*
herbicida *m* Unkrautvernichtungsmittel *nt*
herbívoro **I.** *m* Pflanzenfresser *m* **II.** *adj* Pflanzen fressend
hércules *m* Herkules *m*
herdade *f* Landgut *nt*
herdar *vt* erben (*de* von)
herdeiro, -a *m, f* Erbe, Erbin *m, f*; ~ **universal** Alleinerbe *m*
hereditária *adj f de* **hereditário**
hereditariedade *f* Erblichkeit *f*
hereditário *adj* erblich, vererbbar; **doença heriditária** Erbkrankheit *f*
herege **I.** *mf* Ketzer(in) *m(f)* **II.** *adj* ketzerisch
heresia *f* Ketzerei *f*
hermafrodita **I.** *mf* Zwitter *m* **II.** *adj* zwittrig
hermenêutica *f* Hermeneutik *f*
hermético *adj* hermetisch; (*saco*) luftdicht
hérnia *f* (MED) Eingeweidebruch *m*
herói, -oína [i'rɔi] *m, f* Held(in) *m(f)*
heróico *adj* heldenhaft, heldenmütig
heroína *f* Heroin *nt*
heroísmo *m* Heldenmut *m*
herpes *mf* (MED) Herpes *m*
hertz *m* (FÍS) Hertz *nt*
hertziano *adj* (FÍS) Hertz ...; **ondas hertzianas** hertzsche Wellen *pl*
hesitação <-ões> *f* Zögern *nt*, Zaudern *nt*; **sem** ~ ohne Zögern
hesitante *adj* zögernd, zaudernd
hesitar *vi* zögern, zaudern; **fazer** ~ verunsichern
Hesse *m* Hessen *nt*
heterogeneidade *f* Verschiedenartigkeit *f*, Heterogenität *f*
heterogéneo (*portugal*), **heterogêneo** *adj* (*brasil*) verschiedenartig, heterogen
heterónimo (*portugal*), **heterônimo** *m* (*brasil:* LIT) Heteronym *nt*
heterossexual <-ais> **I.** *mf* Heterosexuelle **II.** *adj* heterosexuell
heureca *interj* ich hab's!
hexagonal <-ais> *adj* sechseckig
hexágono *m* Sechseck *nt*
hialino *adj* glasklar; (*transparente*) durchsichtig
hiato *m* (GRAM) Hiatus *m*
hibernação *f* Winterschlaf *m*
hibernar *vi* Winterschlaf halten
hibisco *m* Hibiskus *m*
híbrido **I.** *m* (BIOL) Hybride *m, f* **II.** *adj* (BIOL, LING) hybrid
hidra *f* (ZOOL) Hydra *f*
hidrante *m* (*brasil*) Hydrant *m*
hidratação *f* (QUÍM) Hydration *f*, Hydratation *f*
hidratante *adj* Feuchtigkeit spendend; **creme** ~ Feuchtigkeitscreme *f*
hidratar *vt* (QUÍM) hydratisieren
hidrato *m* (QUÍM) Hydrat *nt*; ~ **de carbono** Kohlenhydrat *nt*
hidráulica *f* Hydraulik *f*
hidráulico *adj* hydraulisch; **central hidráulica** Wasserkraftwerk *nt*; **travão** ~ hydraulische Bremse *f*
hidrelétrica *f* (*brasil*) Wasserkraftwerk *nt*
hidrelétrico *adj* (*brasil*) *v.* **hidroeléctrico**
hídrico *adj* Wasser ...
hidroavião <-ões> *m* (AERO) Wasserflugzeug *nt*
hidrocultura *f* Hydrokultur *f*
hidrodinâmica *f* (FÍS) Hydrodynamik *f*
hidrodinâmico *adj* (FÍS) hydrodynamisch
hidroeléctrico *adj* (*portugal*) hydroelektrisch, Wasserkraft ...
hidrofobia *f* (MED) Wasserphobie *f*
hidrogénio (*portugal*), **hidrogênio** *m* (*brasil:* QUÍM) Wasserstoff *m*
hidrografia *f* Hydrographie *f*, Gewässerkunde *f*
hidrográfico *adj* hydrographisch; **mapa** ~ Gewässerkarte *f*
hidrólise *f* (QUÍM) Hydrolyse *f*
hidrologia *f* (GEOG) Hydrologie *f*
hidromel *m* Honigwein *m*, Met *m*
hidrómetro (*portugal*), **hidrômetro** *m* (*brasil*) Hydrometer *nt*
hidropisia *f* (MED) Wassersucht *f*
hidroplanagem *f* Aquaplaning *nt*
hidroplano *m* (AERO) Wasserflugzeug *nt*
hidrosfera *f* (GEOL) Hydrosphäre *f*
hidrostática *f* (FÍS) Hydrostatik *f*
hidrotecnia *f* Hydrotechnik *f*
hidroterapia *f* (MED) Hydrotherapie *f*

hiena *f* (ZOOL) Hyäne *f*
hierarquia *f* Hierarchie *f*
hierárquico *adj* hierarchisch
hierarquizar *vt* hierarchisieren
hieroglífico *adj* ❶ (*de hieróglifos*) hieroglyphisch ❷ (*misterioso*) geheimnisvoll, rätselhaft
hieróglifo *m* Hieroglyphe *f*
hífen <hifens> *m* Bindestrich *m*
higiene *f* Hygiene *f;* ~ **no trabalho** Hygiene am Arbeitsplatz
higiénico (*portugal*), **higiênico** *adj* (*brasil*) hygienisch; **papel** ~ Toilettenpapier *nt;* **penso** ~ Damenbinde *f*
higrómetro (*portugal*), **higrômetro** *m* (*brasil*) Luftfeuchtigkeitsmesser *m,* Hygrometer *nt*
hilariante *adj* erheiternd; **gás** ~ Lachgas *nt*
hímen <-s> *m* (ANAT) Hymen *nt,* Jungfernhäutchen *nt*
hindu I. *m, f* Hindu **II.** *adj* hinduistisch
hino *m* Hymne *f;* ~ **nacional** Nationalhymne *f*
hióide *m* (ANAT) Zungenbein *nt*
hipérbole *f* (LIT, MAT) Hyperbel *f*
hipermercado *m* Verbrauchermarkt *m*

Neben den lojas (Läden), mercearias (Lebensmittelgeschäften) und supermercados (Supermärkten) in den Städten und Ortschaften Portugals gibt es viele **hipermercados** (Riesensupermärkte) meistens am Rande der Stadt. Sie sind oft an schicke Einkaufszentren angeschlossen, die fast buchstäblich eine ganze Einkaufsstadt darstellen, inkl. Gastronomie, Kinos usw. Die Portugiesen lieben diese Zentren, zumal sie die ganze Woche offen sind, also auch sonntags. Hier macht Einkaufen Spaß. Allgemein gelten für Läden Öffnungszeiten von 9 bis 13 und von 15 bis 19 Uhr, samstags nur bis 13 Uhr. Manche Läden im Zentrum machen aber keine Mittagspause und bleiben auch samstags nachmittags offen. Die großen Einkaufszentren haben von 10 bis 24 Uhr geöffnet, und das sieben Tage die Woche.

hipersensibilidade *f* Überempfindlichkeit *f*
hipersensível <-eis> *adj* überempfindlich
hipertensão *f* (MED) Bluthochdruck *m*
hipertrofia *f* (MED, BIOL) Hypertrophie *f*
hip-hop *m* (MÚS) Hip-Hop *m*
hípico *adj* Pferde ...; **centro** ~ Reitclub *m;* **concurso** ~ Springreiten *nt*
hipismo *m* Reitsport *m*
hipnose *f* Hypnose *f*
hipnotismo *m* Hypnotismus *m*
hipnotizado *adj* hypnotisiert
hipnotizador(a) *m(f)* Hypnotiseur(in) *m(f)*
hipnotizar *vt* hypnotisieren
hipocondria *f* (MED) Hypochondrie *f*
hipocondríaco, -a I. *m, f* Hypochonder *m* **II.** *adj* hypochondrisch, schwermütig
hipocrisia *f* Heuchelei *f,* Scheinheiligkeit *f*
hipócrita I. *mf* Heuchler(in) *m(f)* **II.** *adj* heuchlerisch, scheinheilig
hipódromo *m* Pferderennbahn *f*
hipopótamo *m* (ZOOL) Flusspferd *nt,* Nilpferd *nt*
hipoteca *f* Hypothek *f*
hipotecado *adj* mit einer Hypothek belastet
hipotecar <c→qu> *vt* eine Hypothek aufnehmen auf
hipotecário *adj* hypothekarisch
hipotensão *f* (MED) niedrige(r) Blutdruck *m,* Hypotonie *f*
hipotenusa *f* (MAT) Hypotenuse *f*
hipótese *f* ❶ (*suposição*) Annahme *f;* **na ~ de ele vir** falls er kommt; **na melhor das ~s** bestenfalls; **na pior das ~s** im schlechtesten Falle ❷ (*oportunidade*) Chance *f;* (*possibilidade*) Möglichkeit *f;* **ter a ~ de fazer a. c.** die Möglichkeit haben, etw zu tun; **dar uma ~ a alguém** jdm eine Chance geben ❸ (*teoria*) Hypothese *f*
hipotético *adj* hypothetisch
hipotrofia *f* (MED) Unterernährung *f*
hippie I. *mf* Hippie *m* **II.** *adj* Hippie ...
hipsometria *f* (GEOG) Höhenmessung *f*
hipsómetro *m* Höhenmesser *m*
hirto *adj* steif, starr
hispânico *adj* spanisch; (HIST) hispanisch
histerectomia *f* (MED) Gebärmutterentfernung *f*
histeria *f* Hysterie *f*
histérico *adj* hysterisch
histerismo *m* Hysterie *f*
histologia *f* (MED) Histologie *f*
história [ˈʃtɔrjɐ] *f* Geschichte *f;* ~ **contemporânea** Zeitgeschichte *f;* ~ **da arte** Kunstgeschichte *f;* ~ **natural** Naturwissenschaft *f;* ~ **universal** Weltgeschichte *f;* (*brasil*); **histórias em quadrinhos** Comics *mpl;*

~ **sagrada** biblische Geschichte; **contar uma ~** eine Geschichte erzählen; **deixa-te lá de ~s!** erzähl keine Geschichten!; **isso é outra ~!** das ist eine andere Geschichte!

historiador(a) *m(f)* Historiker(in) *m(f)*

historial *m* (*empresa*) Firmengeschichte *f*

histórico *adj* historisch, geschichtlich

hobby ['ɔbi] <hobbies> *m* Hobby *nt*

hodômetro *m* (*brasil*) Kilometerzähler *m*

hoje ['oʒə] *adv* heute; ~ **em dia** heutzutage; ~ **à tarde/noite** heute Nachmittag/Abend

holanda *f* (*tecido*) feine(s) Leinen *nt*

Holanda *f* Holland *nt*

holandês, -esa **I.** *m, f* Holländer(in) *m(f)* **II.** *adj* holländisch

holocausto *m* Holocaust *m*

holofote *m* Flutlichtstrahler *m*

homem ['ɔmãi] <-ens> *m* ❶ (*do sexo masculino*) Mann *m;* ~ **de negócios** Geschäftsmann *m;* ~ **galinha** Frauenheld *m* ❷ (*ser humano*) Mensch *m*

homem-rã <homens-rã(s)> *m* Froschmann *m*

homenagear *conj como passear vt* ehren

homenagem <-ens> *f* Ehrung *f;* **prestar ~ a alguém** jdn ehren; **em ~ ao seu talento** in Anerkennung seines/ihres Talents

homenzarrão <-ões> *m* Riese *m*

homenzinho *m* Knirps *m,* Männlein *nt*

homeopatia *f* Homöopathie *f*

homessa *interj* jetzt aber!

homicida **I.** *mf* Mörder(in) *m(f)* **II.** *adj* mörderisch

homicídio *m* Tötung *f;* (*planeado*) Mord *m;* ~ **involuntário/por negligência** fahrlässige Tötung

homilia *f* (REL) Homilie *f*

hominídeos *mpl* (BIOL) Hominiden *pl*

homófono *adj* (LING) homophon, gleichlautend

homogénea (*portugal*), **homogênea** *adj* (*brasil*) *f de homogéneo, homogêneo* **v. homogéneo**

homogeneidade *f* Homogenität *f*

homogeneizar *vt* homogenisieren

homogéneo (*portugal*), **homogêneo** *adj* (*brasil*) homogen

homógrafo *adj* (LING) homograph

homóloga *f de* **homólogo**

homologação <-ões> *f* (offizielle) Anerkennung *f;* (*carro*) Betriebserlaubnis *f*

homologar <g→gu> *vt* (offiziell) anerkennen

homologia *f* Entsprechung *f*

homólogo, -a **I.** *m, f* Amtskollege, Amtskollegin *m, f;* **a Ministra da Saúde encontrou-se ontem com o seu ~ alemão** die Gesundheitsministerin traf sich gestern mit ihrem deutschen Amtskollegen **II.** *adj* ähnlich, vergleichbar

homónimo (*portugal*), **homônimo** *adj* (*brasil:* LING) homonym

homossexual <-ais> **I.** *mf* Homosexuelle **II.** *adj* homosexuell

homossexualidade *f* Homosexualität *f*

Honduras *fpl* Honduras *nt*

hondurenho, -a *m, f* Honduraner(in) *m(f)*

honesta *adj f de* **honesto**

honestamente *adv* ehrlich

honestidade *f* Ehrlichkeit *f*

honesto *adj* ehrlich

honorário *adj* Ehren ...; **cidadão ~** Ehrenbürger *m;* **sócio ~** Ehrenmitglied *nt*

honorários *mpl* Honorar *nt*

honorífico *adj* ehrenvoll, Ehren ...; **cargo ~** Ehrenamt *nt*

honra *f* Ehre *f;* **em ~ de** zu Ehren von; **fazer as ~s da casa** die Gäste empfangen; **tenho a ~ de apresentar ...** ich habe die Ehre, ... vorzustellen; **dar a sua palavra de ~ a alguém** jdm sein Ehrenwort geben

honrada *adj f de* **honrado**

honradez *f* ❶ (*honestidade*) Ehrlichkeit *f* ❷ (*de carácter*) Anständigkeit *f,* Redlichkeit *f*

honrado *adj* ❶ (*que tem honra*) ehrenhaft ❷ (*decente*) anständig

honrar *vt* ehren (*com* mit)

honroso *adj* ehrenvoll, ehrenhaft

hóquei *m* Hockey *nt;* ~ **em patins** Rollhockey *nt;* ~ **sobre o gelo** Eishockey *nt*

hora ['ɔrɐ] *f* ❶ (*60 minutos*) Stunde *f;* **~s extras/extraordinárias** Überstunden *pl;* **por ~** pro Stunde; **meia ~** halbe Stunde; **ser pago à ~** stundenweise bezahlt werden; **de ~ a ~** stündlich; **esperei duas ~s** ich habe zwei Stunden gewartet; (*relógio*); **dar ~s** schlagen; (*estômago*) knurren; **100 km por ~** 100 km pro Stunde; **o carro ía a 100 à ~** das Auto fuhr 100; **~s e ~s** stundenlang ❷ (*momento*) Uhrzeit *f;* **a ~s** (*portugal*) rechtzeitig; **a qualquer ~** irgendwann; **a toda a ~** immer wieder; **a que ~s?** um wie viel Uhr?; **às dez ~s** um zehn Uhr; **que ~s são?** wie spät ist es?, wie viel Uhr ist es?; **é**

uma ~/são dez ~s es ist ein/zehn Uhr; **tem ~s?** wie spät ist es?; **a ~s mortas** tief in der Nacht; ~ **de chegada** Ankunftszeit *f;* ~ **extra** (*brasil*) Überstunde, f; ~ **extraordinária** (*portugal*) Überstunde *f;* ~ **da morte** Todesstunde *f;* ~ **de ponta** (*portugal*) Hauptverkehrszeit *f;* ~ **de pique** (*brasil*) Hauptverkehrszeit *f;* ~ **da vingança** Stunde der Rache; **~s de consulta** Sprechstunde *f;* **~s de lazer** Freizeit *f;* **~s vagas** Mußestunden *pl;* **marcar uma ~** eine Uhrzeit festlegen; **chegar (mesmo) em cima da ~** gerade noch rechtzeitig kommen; **está na ~ de ir embora** es wird Zeit zu gehen; **já são (mais que) ~s de ...** es ist höchste Zeit zu ...; **à ~ do almoço/jantar** in der Mittagszeit/zur Abendbrotzeit; **à última da ~** auf die letzte Minute; **foi uma decisão de última ~** die Entscheidung fiel im letzten Augenblick; **fazer ~s (para)** die Zeit totschlagen; **(não) ter ~s para chegar** zu einer (keiner) bestimmten Zeit ankommen müssen; **tarde e a más ~s** spät und ungelegen

horário [o'rarju] **I.** *m* Zeitplan *m;* (*da escola*) Stundenplan *m;* (*dos transportes*) Fahrplan *m;* ~ **de abertura** Öffnungszeiten *pl;* ~ **de atendimento** Sprechstunde *f;* ~ **de expediente** Bürozeiten *pl;* ~ **de trabalho** Arbeitszeit *f;* ~ **flexível** gleitende Arbeitszeit *f* **II.** *adj* stündlich; **sinal ~** Zeitzeichen *nt;* **100 km ~s** 100 Stundenkilometer

horda *f* Horde *f*

horizontal <-ais> **I.** *f* Waagrechte *f,* Horizontale *f* **II.** *adj* waagrecht, horizontal

horizonte *m* Horizont *m;* **alargar os ~s** seinen Horizont erweitern

hormona *f* Hormon *nt*

hormonal <-ais> *adj* hormonal, hormonell

horóscopo *m* Horoskop *nt*

horrendo *adj* entsetzlich, schrecklich

horripilante *adj* haarsträubend, grauenhaft

horrível <-eis> *adj* schrecklich, grausam

horror *m* ❶ (*impressão*) Entsetzen *nt,* Grausen *nt;* **que ~!** wie entsetzlich! ❷ (*aversão, medo*) Horror *m*

horrorizar *vt* entsetzen

horroroso *adj* entsetzlich, grauenvoll

horta *f* Gemüsegarten *m*

hortaliça *f* Gemüse *nt*

hortelã [ortə'lã] *f* (BOT) Minze *f*

hortelã-pimenta <hortelãs-pimenta(s)> *f* (BOT) Pfefferminze *f*

hortênsia *f* (BOT) Hortensie *f*

horticultura *f* Gartenbau *m*

horto *m* Gartencenter *nt;* ~ **das Oliveiras** Ölberg *m*

hosana *m* ❶ (REL) Hosianna *nt* ❷ (*louvor*) Lobgesang *m*

hospedado *adj* **estar ~ em** untergebracht sein in/bei

hospedar I. *vt* beherbergen, aufnehmen **II.** *vr* absteigen (*em* in), unterkommen (*em* in)

hospedaria *f* Gasthaus *nt*

hóspede ['ɔʃpədə] *mf* Gast *m*

hospedeira [ɔʃpə'deirɐ] *f* (*portugal:* AERO) Stewardess *f*

hospício *m* psychiatrische Klinik *f*

hospital [oʃpi'tal] <-ais> *m* Krankenhaus *nt;* ~ **militar** Militärhospital *nt;* **estar no ~** im Krankenhaus liegen

hospitalar <-es> *adj* Krankenhaus ...

hospitaleiro *adj* gastfreundlich

hospitalidade [oʃpitɐli'dadə] *f* Gastfreundschaft *f*

hospitalizado *adj* **estar ~** im Krankenhaus liegen

hospitalizar *vt* ins Krankenhaus einliefern

hoste *f* Schar *f*

hóstia *f* Hostie *f*

hostil <-is> *adj* feindlich; (*atitude*) feindselig (*a* gegenüber); ~ **ao progresso** fortschrittsfeindlich

hostilidade *f* Feindseligkeit *f*

hostilizar *vt* anfeinden

hostis *adj pl de* **hostil**

hotel [ɔ'tɜl] <-éis> *m* Hotel *nt;* ~ **de cinco estrelas** First-Class-Hotel *nt,* Fünfsternehotel *nt*

In Brasilien ist im **hotel** Feilschen angesagt, selbst im Nobelhotel. Rabatte bis zu 40% in der Nachsaison sind möglich. Beim Betreten eines Zimmers ist darauf zu achten, ob es ruhig ist. In Großstädten geht es sehr geschäftig zu, und die hohe Lärmbelästigung ist für einen Europäer gewöhnungsbedürftig. In Portugal ist das Angebot an Unterkunftsarten sehr vielfältig: Vom Spitzen-Luxushotel bis zu einfachen Häusern. Die offizielle Staffelung geht natürlich nach Sternen. Zusätzlich zum internationalen Namen hotel können Sie noch andere Bezeichnungen finden. **Aparthotels** meistens in der Kategorie zwischen zwei bis vier Sterne. **Estalagens** meistens gehobener und regionstypischer als die Hotels. **Albergarias** sind bequeme Gasthäuser. **Pousadas** – ein echter Tipp – sind staatlich-private Häuser in auffallend schönen Gebieten oder historischen Gebäuden. **Residencial** kann fast wie ein Hotel sein, aber nur mit Frühstück, oder auch eine einfache Pension ohne Frühstück. **Pensões** (Pensionen) sind in verschiedenen Kategorien zu finden. Zu den luxuriösen Unterkünften gehören auch die **Aldeamentos** oder **Apartamentos Turísticos** – Apartmentanlagen mit Dorfcharakter, meistens stilecht. Zu der Anlage gehören Bars, Swimmingpool, Boutiquen und Friseur.

hotelaria *f* Hotelgewerbe *nt,* Gaststättengewerbe *nt*
hoteleiro *adj* Hotel ...; **indústria hoteleira** Hotelgewerbe *nt*
houve *3. pret de* **haver**
hulha *f* Steinkohle *f*
hum *interj* hm!
humana *adj f de* **humano**
humanamente *adv* menschlich
humanidade *f* ❶ (*gênero humano*) Menschheit *f* ❷ (*bondade*) Humanität *f,* Menschlichkeit *f;* **tratar com ~** human behandeln
humanidades *fpl* Geisteswissenschaften *pl*
Humanismo *m* Humanismus *m*
humanístico *adj* humanistisch
humanitário *adj* humanitär; **ajuda humanitária** humanitäre Hilfe *f*
humanizar **I.** *vt* menschlich machen **II.** *vr* menschlicher werden
humano *adj* menschlich
humanos *mpl* **os ~** die Menschen
humedecer **I.** *vt* anfeuchten, befeuchten **II.** *vi* feucht werden
humidade *f* Feuchtigkeit *f;* **~ do ar** Luftfeuchtigkeit *f*
húmido ['umidu] *adj* feucht
humildade *f* ❶ (*modéstia*) Bescheidenheit *f* ❷ (*submissão*) Demut *f*
humilde *adj* ❶ (*modesto*) bescheiden; (*pobre*) einfach, arm; **de família ~** aus bescheidenen/einfachen Verhältnissen ❷ (*submisso*) demütig
humilhação <-ões> *f* Demütigung *f,* Erniedrigung *f*
humilhante *adj* demütigend, erniedrigend
humilhar **I.** *vt* demütigen, erniedrigen **II.** *vr* sich erniedrigen
humor *m* ❶ (*comicidade*) Humor *m;* **ter (bom) sentido de ~** (viel) Sinn für Humor haben ❷ (*disposição*) Laune *f;* **estar de bom/mau ~** gute/schlechte Laune haben
humorado *adj* **estar bem/mal ~** gut/schlecht gelaunt sein
humorista *mf* Komiker(in) *m(f)*
humorístico *adj* humoristisch
humos *m* Humus *m*
húngaro, -a **I.** *m, f* Ungar(in) *m(f)* **II.** *adj* ungarisch
Hungria *f* Ungarn *nt*
hurra *interj* hurra!

I i

I, i [i] *m* I, i *nt;* **~ grego** Ypsilon *nt*
iambo *m* Jambus *m*
ianomâmi *m* (*brasil*) Yanomami-Indianer
Iansã *f* (*brasil:* REL) *weibliche afrikanische Gottheit, die Wind, Blitz und Sturm in der afrikanischen Geisterverehrung verkörpert*
ião *m* (FÍS) Ion *nt*
iate *m* (NÁUT) Jacht *f*
Ibama *m* (*brasil*) *abr de* **Instituto Brasileiro do Meio Ambiente e dos Recursos Naturais Renováveis** brasilianische Umweltschutzbehörde
ibérico *adj* iberisch
ibero-americano *adj* iberoamerikanisch
íbis *m o f inv* Ibis *m*
Ibope *m* (*brasil*) *abr de* **Instituto Brasileiro de Opinião Pública e Estatística** Brasilianisches Institut für Öffentliche Meinung und Statistik; (*índice de audiência*); **este programa na TV dá bom ~** dieses Fernsehprogramm hat hohe Zuschauerzahlen; (*prestígio*); **ele tem um bom ~ entre as mulheres** er kommt bei den Frauen gut an
IC *abr de* **intercidades** IC (= *Intercityzug*)
içar <ç→c> *vt* hissen, aufziehen

iceberg (*brasil*), **icebergue** *m* (*portugal*) Eisberg *m*

ICMS (*brasil*) *abr de* **Imposto sobre Circulação de Mercadorias e Serviços** MwSt. (= *Mehrwertsteuer*)

ícone *m* ❶ (REL) Ikone *f* ❷ (INFOR) Icon *nt*, Symbol *nt*

iconografia *f* Ikonographie *f*

icterícia [iktə'risjɐ] *f* (MED) Gelbsucht *f*

ictiologia *f* Fischkunde *f*

ida *f* Hinweg *m;* (*viagem*) Hinreise *f*, Hinfahrt *f;* **à ~** auf dem Hinweg; **~ e volta** Hin- und Rückfahrt

idade [i'dadə] *f* Alter *nt;* **Idade Média** Mittelalter *nt;* **de ~** alt; **que ~ tens?** wie alt bist du?; **tenho 16 anos de ~** ich bin 16 Jahre alt; **ela tem a minha ~** sie ist so alt wie ich; **um homem de meia ~** ein Mann mittleren Alters; **eles são da mesma ~** sie sind gleich alt; **na minha ~** in meinem Alter; **ser maior/menor de ~** volljährig/minderjährig sein; **a terceira ~** das Rentenalter

ideal <-ais> **I.** *m* ❶ (*político*) Ideal *nt* ❷ (*situação*) Optimum *nt*, Idealfall *m* **II.** *adj* ❶ (*exemplar*) ideal ❷ (*imaginário*) ideell, geistig

idealismo *m* Idealismus *m*

idealista **I.** *mf* Idealist(in) *m(f)* **II.** *adj* idealistisch

idealizar *vt* idealisieren

ideia (*portugal*), **idéia** *f* (*brasil*) ❶ (*pensamento*) Idee *f*, Gedanke *m;* **~ fixa** fixe Idee; **ter uma ~** eine Idee haben ❷ (*imaginação*) Ahnung *f*, Vorstellung *f;* **não faço ~/a mínima ~** ich habe keine/nicht die geringste Ahnung; **fazer uma ~ de a. c.** eine Vorstellung von etw haben ❸ (*opinião*) Meinung *f*, Ansicht *f;* **mudar de ~s** seine Meinung ändern; **~s políticas** politische Gesinnung ❹ (*intenção*) Absicht *f;* **estar com ~s de fazer a. c.** die Absicht haben, etw zu tun ❺ (*lembrança*) Erinnerung *f;* **não tenho ~ disso** ich habe keine Erinnerung daran

idem *adv* derselbe, dieselbe, dasselbe

idêntico *adj* identisch; **ele é ~ à sua irmã** er ist genau wie seine Schwester

identidade *f* ❶ (*de pessoa*) Identität *f* ❷ (*igualdade*) Gleichheit *f*

identificação *f* Ausweispapiere *ntpl;* **apresentar a sua ~** sich ausweisen

identificar <c→qu> **I.** *vt* ❶ (*uma pessoa*) identifizieren ❷ (*um problema, uma doença*) feststellen **II.** *vr* ❶ (*apresentar identificação*) sich ausweisen ❷ (*empatia*) sich identifizieren (*com* mit)

ideologia *f* Ideologie *f*

ideológico *adj* ideologisch

idílico *adj* idyllisch

idioma *m* Sprache *f*

idiomático *adj* idiomatisch

idiota **I.** *mf* Idiot(in) *m(f)* **II.** *adj* idiotisch

idiotice *f* Idiotie *f*, Blödsinn *m*

idolatrar *vt* vergöttern, anbeten

ídolo *m* (*pessoa*) Idol *nt*

idónea (*portugal*), **idônea** *adj* (*brasil*) *f de idóneo, idôneo* **v. idóneo**

idoneidade *f* Eignung *f*, Tauglichkeit *f*

idóneo (*portugal*), **idôneo** *adj* (*brasil*) geeignet; (*capaz*) fähig

idoso *adj* alt, betagt

Iémene *m* Jemen *m*

iene *m* Yen *m*

ignição [igni'sãu] <-ões> *f* Zündung *f*

ignóbil <-eis> *adj* niedrig, gemein

ignorância *f* Unwissenheit *f*

ignorante **I.** *mf* Ignorant(in) *m(f)* **II.** *adj* ignorant, unwissend

ignorar *vt* ❶ (*não saber*) nicht wissen; (*não conhecer*) nicht kennen ❷ (*não prestar atenção*) ignorieren, nicht beachten

igreja [i'greʒɐ] *f* Kirche *f*

> Kirchen – **igrejas** – sind in Portugal Gotteshäuser und keine touristische Attraktion. Sollte also irgendwo die Aufforderung stehen, nicht zu fotografieren (proibido tirar fotografias), halten Sie sich bitte daran.

igual [i'gwal] <-ais> *adj* (*o mesmo, idêntico*) gleich; (*proporcional*) gleichmäßig; **ser ~ a alguém/a. c.** genau wie jd./etw sein; **tratar alguém de ~ para ~** jdn wie seinesgleichen behandeln; **dividir a. c. em partes iguais** etw in gleiche Teile teilen; **um acontecimento sem ~** ein Ereignis ohnegleichen; (MAT); **três mais três é ~ a seis** drei plus drei ist sechs

igualar *vt* gleichstellen (*a* mit), gleichsetzen (*a* mit)

igualdade *f* Gleichheit *f;* **~ de direitos** Gleichberechtigung *f*

igualmente *adv* ebenfalls, ebenso; (*como resposta*) gleichfalls

igualzinho *adj* (*coloq*) haargenau gleich; **o**

I

meu casaco é ~ ao teu unsere Jacken sind haargenau gleich

iguana *f* Leguan *m*

iguaria *f* Leckerbissen *m*, Leckerei *f*

ilação <-ões> *f* Folgerung *f*, Schlussfolgerung *f*; **tirar as suas ilações de a. c.** Schlussfolgerungen aus etw ziehen

ilegal <-ais> *adj* illegal, gesetzwidrig

ilegalidade *f* Illegalität *f*, Gesetzwidrigkeit *f*

ilegítimo *adj* ① (*acto*) unrechtmäßig, illegitim ② (*filho*) unehelich

ilegível <-eis> *adj* unleserlich

ileso *adj* unverletzt; **sair ~ de um acidente** einen Unfall unverletzt überstehen

iletrado *adj* ungebildet

ilha ['iʎɐ] *f* Insel *f*

ilhéu[1] *m* (*ilhota*) kleine Insel *f*

ilhéu, ilhoa[2] *m, f* Inselbewohner(in) *m(f)*

ilhó *m* Öse *f*

ilhoa *f v.* **ilhéu**

ilhota *f* kleine Insel *f*

ilibar *vt* für unschuldig erklären; **~ alguém de um crime** jds Unschuld beweisen

ilícito *adj* unerlaubt, unzulässig; **cometer um a(c)to ~** eine Straftat begehen

ilimitado *adj* unbegrenzt, unbeschränkt

ilíquido *adj* brutto

ilógico *adj* unlogisch

iludir I. *vt* täuschen **II.** *vr* sich täuschen; **~-se com alguém/a. c.** sich in jdm/bei etw täuschen

iluminação <-ões> *f* Beleuchtung *f*

iluminado *adj* ① (*rua*) beleuchtet ② (*espírito*) erleuchtet

iluminar *vt* ① (*com luz*) beleuchten ② (*fig: esclarecer*) aufklären

Iluminismo *m* Aufklärung *f*

ilusão <-ões> *f* ① (*erro*) Täuschung *f*; **~ de ó(p)tica** optische Täuschung ② (*aparência*) Illusion *f*

ilusionismo *m* Zauberei *f*

ilusionista *mf* Zauberkünstler(in) *m(f)*

ilusões *f pl de* **ilusão**

ilusório *adj* trügerisch, illusorisch

ilustração <-ões> *f* ① (*de livro, texto*) Abbildung *f*, Illustration *f* ② (*de uma ideia*) Veranschaulichung *f*

ilustrado *adj* illustriert

ilustrar *vt* ① (*um livro*) illustrieren ② (*uma ideia*) verdeutlichen, veranschaulichen

ilustre *adj* berühmt, bekannt

ilustríssimo *adj* (*brasil: em carta*) **~ senhor** sehr verehrter Herr

imã *m* (*brasil*) Magnet *m*

imaculado *adj* makellos

imagem <-ens> *f* ① (*figura, retrato*) Bild *nt*, Bildnis *nt* ② (*reprodução*) Abbild *nt* ③ (*de televisão, no espelho*) Bild *nt* ④ (*de pessoa*) Image *nt*; **manter a ~** das Image pflegen

imaginação <-ões> *f* Einbildung *f*, Vorstellungskraft *f*; **usar a ~** fantasievoll sein

imaginar I. *vt* ① (*conceber*) sich vorstellen; (*inventar*) sich ausdenken, sich einbilden; **nem imaginas!** das kannst du dir nicht vorstellen!; **não posso ~** das kann ich mir nicht vorstellen; **imagina que ...** stell dir vor, ... ② (*supor*) vermuten, annehmen; **imagino que sim** ich nehme an, dass es so ist **II.** *vr* ① (*imaginar a si próprio*) sich vorstellen ② (*julgar-se*) sich halten für

imaginário I. *m* Vorstellung *f* **II.** *adj* ① (*que existe na imaginação*) imaginär ② (*fictício*) erfunden

imaginativo *adj* einfallsreich, fantasievoll

íman *m* Magnet *m*

imane *adj* enorm, riesig; (*desmedido*) maßlos

imanente *adj* innewohnend, immanent

imatura *adj f de* **imaturo**

imaturidade *f* Unreife *f*

imaturo *adj* unreif

imbatível <-eis> *adj* unschlagbar

imbecil <-is> **I.** *mf* Schwachkopf *m* **II.** *adj* schwachsinnig, blöd

imberbe *adj* bartlos

imbróglio *m* Wirrwarr *m*, Durcheinander *nt*

imediações [imədjɐ'sõiʃ] *fpl* **nas ~** in der Nähe, in der Umgebung

imediata *adj f de* **imediato**

imediatamente [imədjatɐ'mẽntə] *adv* sofort, prompt; (*com urgência*) unverzüglich, umgehend; **~ a seguir** gleich danach

imediato *adj* unverzüglich, umgehend; **de ~** sofort

imemorável <-eis> *adj* sehr weit zurückliegend; **em tempos imemoráveis** in längst vergangenen Zeiten

imensa *adj f de* **imenso**

imensidão <-ões> *f* Unermesslichkeit *f*, Unendlichkeit *f*

imenso *adj* unermesslich, immens

imensurável <-eis> *adj* unmessbar

imerecido *adj* unverdient

imergir <*pp* imergido *o* imerso; g→j> *vi* untertauchen

imérito *adj* unverdient
imersa *adj f de* **imerso**
imersão <-ões> *f* Untertauchen *nt*
imerso *adj* tauchend, untergetaucht
imersões *f pl de* **imersão**
imigração <-ões> *f* Einwanderung *f,* Immigration *f*
imigrante *mf* Einwanderer, Einwanderin *m, f,* Immigrant(in) *m(f)*
imigrar *vi* einwandern, immigrieren
iminência *f* nahe(s) Bevorstehen *nt;* **o prédio está na ~ de ruir** das Gebäude steht kurz vor dem Einsturz
iminente *adj* (*perigo, crise*) drohend; **estar ~** kurz bevorstehen
imiscível <-eis> *adj* (*elev*) nicht mischbar, unmischbar
imiscuir-se *conj como incluir vr* (*elev*) sich einmischen
imitação <-ões> *f* ① (*acção de imitar*) Nachahmung *f;* **fazer uma ~ de alguém** jdn nachahmen ② (*cópia*) Imitat *nt,* Imitation *f;* **a jóia/o quadro é uma ~** das Schmuckstück/Bild ist ein Imitat
imitador(a) *m(f)* Imitator(in) *m(f)*
imitar *vt* ① (*uma pessoa, um animal*) nachahmen, nachmachen ② (*uma jóia, um quadro*) fälschen
imitável <-eis> *adj* nachahmenswert
imobiliária *f* Immobilienagentur *f,* Immobilienbüro *nt;* (*österr*) Realkanzlei *f*
imobilidade *f* Unbeweglichkeit *f*
imobilizado *adj* **estar ~** sich nicht bewegen können
imobilizar *vt* ① (*paralisar*) lähmen ② (*um processo*) zum Erliegen bringen; (*dinheiro*) festlegen
imoderado *adj* unmäßig, maßlos
imodesta *adj f de* **imodesto**
imodéstia *f* Unbescheidenheit *f*
imodesto *adj* unbescheiden
imódico *adj* übermäßig
imoral <-ais> *adj* unmoralisch
imoralidade *f* Unsittlichkeit *f,* Sittenlosigkeit *f*
imortal <-ais> **I.** *mf* Unsterbliche **II.** *adj* unsterblich
imortalidade *f* Unsterblichkeit *f*
imóveis *mpl* Immobilien *pl*
imóvel <-eis> *adj* unbeweglich
impaciente *adj* ungeduldig
impacto *m* ① (*choque*) Aufprall *m* ② (*efeito*) Wirkung *f* (*em* auf); **~ ambiental** Umweltbelastung *f;* **de grande ~** wirkungsvoll
impagável <-eis> *adj* unbezahlbar
impalpável <-eis> *adj* nicht fühlbar
ímpar <-es> *adj* ① (*número*) ungerade ② (*único*) einzigartig
imparável *adj* (*processo*) unaufhaltsam; (*pessoa*) nicht zu bremsen
imparcial <-ais> *adj* unparteiisch
imparcialidade *f* Unparteilichkeit *f*
ímpares *adj pl de* **ímpar**
impasse *m* Klemme *f,* Sackgasse *f;* **estar num ~** in der Klemme sitzen
impassível <-eis> *adj* ① (*indiferente*) gleichmütig ② (*insensível*) gefühllos
impávido *adj* unerschrocken; **~ e sereno** nicht aus der Ruhe zu bringen
impecável <-eis> *adj* ① (*trabalho, objecto*) tadellos, einwandfrei ② (*pessoa*) korrekt
impedido [ĩmpəˈdidu] *adj* ① (*telefone*) besetzt ② (*rua*) gesperrt
impedimento *m* ① Hindernis *nt* ② (*futebol*) Abseits *nt*
impedir *irr como pedir vt* ① (*deter*) hindern, abhalten; **~ alguém de fazer a. c.** jdn daran hindern/davon abhalten, etw zu tun ② (*evitar*) verhindern; **~ a. c.** etw verhindern ③ (*obstruir*) aufhalten, behindern; **~ a passagem** den Durchgang versperren
impeditivo *adj* hinderlich
impelir *irr como preferir vt* ① (*empurrar*) stoßen, schieben ② (*incitar*) veranlassen, antreiben ③ (*obrigar*) zwingen
impenetrável <-eis> *adj* ① (*floresta*) undurchdringlich ② (*pessoa*) unzugänglich, verschlossen
impensado *adj* unbedacht, unüberlegt
impensável <-eis> *adj* undenkbar
imperador *m* (ZOOL) Kaiserbarsch *m*
imperador(a) *m(f)* Kaiser(in) *m(f)*
imperar *vi* herrschen
imperativo **I.** *m* (LING) Imperativ *m,* Befehlsform *f* **II.** *adj* ① (*urgente*) zwingend notwendig ② (*que ordena*) befehlerisch, befehlend
imperatriz *f* Kaiserin *f*
imperceptível <-eis> *adj* unmerkbar, unmerklich; (*som*) nicht wahrnehmbar
imperdoável <-eis> *adj* unverzeihlich
imperecível <-eis> *adj* unvergänglich
imperfeição <-ões> *f* ① (*falta de perfeição*) Unvollkommenheit *f* ② (*defeito*) Mangel *m*
imperfeito **I.** *m* (LING) Imperfekt *nt* **II.** *adj* ① (*sem perfeição*) unvollkommen ② (*defei-*

tuoso) mangelhaft ③ (MED) behindert

imperial ['ĩmpərjal] <-ais> **I.** *f* (*portugal*) Glas Bier *nt* **II.** *adj* ① (*relativo a imperador*) kaiserlich, Kaiser ... ② (*relativo a império*) Reichs ...

imperialismo *m* Imperialismus *m*

imperialista **I.** *mf* Imperialist(in) *m(f)* **II.** *adj* imperialistisch

império *m* Reich *nt,* Imperium *nt*

impermeabilidade *f* Undurchlässigkeit *f*

impermeável [ĩmpər'mjavɜl] <-eis> **I.** *m* Regenmantel *m* **II.** *adj* undurchlässig, wasserdicht

impertinente *adj* ① (*pessoa*) frech, unverschämt ② (*comentário*) ungehörig, unpassend

imperturbável <-eis> *adj* unerschütterlich

impessoal <-ais> *adj* (*lei, regras*) einheitlich; (*voz, tratamento, estilo*) unpersönlich

ímpeto *m* ① (*impulso*) Schwung *m* ② (*furor*) Wucht *f,* Heftigkeit *f*

impetuoso *adj* (*pessoa, sentimento*) stürmisch

impiedade *f* Herzlosigkeit *f*

impiedoso *adj* hartherzig, herzlos

impingir *vt* aufdrängen, aufzwingen; ~ **a. c. a alguém** jdm etw aufzwingen

ímpio *adj* (*elev*) erbarmungslos, unbarmherzig

implacável <-eis> *adj* ① (*rigoroso*) unerbittlich ② (*que não perdoa*) unversöhnlich

implantação <-ões> *f* ① (*de um sistema*) Einführung *f;* ~ **da República** Einführung der Republik ② (MED) Implantation *f*

implantar **I.** *vt* ① (*um sistema*) einführen ② (MED) einpflanzen, implantieren **II.** *vr* ① (*costume*) sich einbürgern ② (*bactéria*) eindringen

implante *m* (MED) Implantation *f*

implicar <c→qu> **I.** *vt* (*envolver*) verwickeln (*em* in), hineinziehen (*em* in); (*conter*) beinhalten, implizieren; (*consequências*) zur Folge haben, mit sich bringen; **isso implica um grande investimento** das macht große Investitionen notwendig **II.** *vi* es abgesehen haben (*com* auf)

implícita *adj f de* **implícito**

implicitamente *adv* indirekt

implícito *adj* ① (*contido*) inbegriffen, mit einbegriffen ② (*subentendido*) unausgesprochen, implizit; **isso está** ~ das versteht sich von selbst

implodir *vi* implodieren

implorar *vt* anflehen, flehen; ~ **a. c. a alguém** jdn um etw anflehen; ~ **perdão** um Vergebung flehen

implosão <-ões> *f* Implosion *f*

impoluto *adj* makellos

imponderado *adj* unbedacht, unüberlegt

imponência *f* ① (*altivez*) Stattlichkeit *f* ② (*magnificência*) Großartigkeit *f*

imponente *adj* ① (*altivo*) imponierend, beeindruckend ② (*magnífico*) großartig, imposant

impopular <-es> *adj* unpopulär

impopularidade *f* Unpopularität *f*

impor *irr como pôr* **I.** *vt* ① (*a vontade, opinião*) durchsetzen; (*impingir*) aufzwingen, aufdrängen; ~ **respeito** Respekt einflößen ② (*condições*) auferlegen, stellen; (*regras*) aufstellen **II.** *vr* ① (*fazer-se respeitar*) sich durchsetzen ② (*ter imponência*) imponieren, beeindrucken

importação <-ões> *f* Import *m,* Einfuhr *f*

importador(a) *m(f)* Importeur(in) *m(f)*

importância [ĩmpur'tɐ̃sjɐ] *f* ① (*qualidade de importante*) Wichtigkeit *f,* Bedeutung *f;* **sem** ~ unwichtig; **dar** ~ **a a. c.** Wert auf etw legen; **não tem** ~ das macht nichts; **isso não tem** ~ **nenhuma** das hat überhaupt keine Bedeutung ② (*quantia*) Betrag *m*

importante [ĩmpur'tɐ̃ntə] **I.** *m* **o** ~ das Wichtigste, die Hauptsache; **o** ~ **é que não haja problemas** Hauptsache, es gibt keine Probleme **II.** *adj* wichtig, bedeutend

importar **I.** *vt* (ECON) einführen, importieren **II.** *vi* (*ter importância*) wichtig sein, von Bedeutung sein; **não importa!** das macht nichts!; (*quantia*); ~ **em** sich belaufen auf, betragen **III.** *vr* Wert legen (*com* auf), Bedeutung beimessen (*com*); **não me importo** es macht mir nichts aus; **importa-se que ...** +*conj*? macht es Ihnen etwas aus, ...?; **se não se importa** wenn es Ihnen recht ist

importuna *adj f de* **importuno**

importunar [ĩmpurtu'nar] *vt* belästigen

importuno *adj* ungelegen, unangebracht

imposição <-ões> *f* ① (*obrigação*) Auflage *f;* (*de um contrato*) Vertragspflicht *f* ② (*de insígnia*) Verleihung *f*

impossibilidade *f* Unmöglichkeit *f*

impossibilitado *adj* ~ **de** unfähig zu; ~ **de trabalhar** arbeitsunfähig

impossibilitar *vt* unmöglich machen, verhindern

impossível [ĩmpu'sivɜl] <-eis> *adj* unmöglich

imposto **I.** *pp de* **impor** **II.** *m* Steuer *f;* **~ automóvel** Kraftfahrzeugsteuer *f;* (*brasil*); **~ de renda** Einkommensteuer *f;* (*brasil*); **~ sobre circulação de mercadorias** Mehrwertsteuer *f;* **~ sobre o valor acrescentado** Mehrwertsteuer *f*

impostor(a) *m(f)* Betrüger(in) *m(f),* Schwindler(in) *m(f)*

impotável *adj* nicht trinkbar; **água ~!** kein Trinkwasser!

impotência *f* ❶ (*incapacidade*) Machtlosigkeit *f,* Ohnmacht *f* ❷ (MED) Impotenz *f,* Zeugungsunfähigkeit *f*

impotente *adj* ❶ (*incapaz*) machtlos, ohnmächtig; **sentir-se ~ para fazer a. c.** sich nicht in der Lage fühlen, etw zu tun ❷ (MED) impotent, zeugungsunfähig

impraticável <-eis> *adj* unausführbar, undurchführbar

imprecisa *adj f de* **impreciso**

imprecisão <-ões> *f* Ungenauigkeit *f*

impreciso *adj* ungenau

imprecisões *f pl de* **imprecisão**

impregnado *adj* ❶ (*de líquido*) getränkt (*de* mit), vollgesaugt (*de* mit) ❷ (*de cheiro*) erfüllt (*de* von)

impregnar *vt* ❶ (*de líquido*) tränken (*de* mit) ❷ (*de cheiro*) erfüllen (*de* mit)

imprensa *f* Presse *f;* **~ sensacionalista** Sensationspresse *f*

imprescindível <-eis> *adj* unentbehrlich, unbedingt erforderlich

imprescritível <-eis> *adj* (DIR) unverjährbar

impressa *adj f de* **impresso**

impressão [ĩmprə'sãu] <-ões> *f* ❶ (*tipografia*) Druck *m;* **~ a cores** Farbdruck *m* ❷ (*marca*) Abdruck *m;* **~ digital** Fingerabdruck *m* ❸ (*sensação*) Eindruck *m;* **troca de impressões** Meinungsaustausch *m;* **causar boa/má ~** einen guten/schlechten Eindruck machen; **tenho a ~ que ...** ich habe den Eindruck, dass ... ❹ (*estranheza*) Ekel *m,* Abscheu *m;* **os ratos fazem-me ~** mir graust es vor Mäusen

impressionado *adj* ❶ (*de forma positiva*) beeindruckt (*com* von) ❷ (*de forma negativa*) erschüttert (*com* über), entsetzt (*com* über)

impressionante *adj* beeindruckend, eindrucksvoll

impressionar **I.** *vt* (*de forma positiva*) beeindrucken, Eindruck machen auf; (*de forma negativa*) erschüttern, entsetzen **II.** *vr* erschüttert sein (*com* über), entsetzt sein (*com* über)

impressionável <-eis> *adj* leicht zu beeindrucken

impressionismo *m* Impressionismus *m*

impressionista *mf* Impressionist(in) *m(f)*

impresso [ĩm'prɜsu] **I.** *pp irr de* **imprimir** **II.** *m* Formular *nt;* **preencher um ~** ein Formular ausfüllen **III.** *adj* gedruckt

impressões *f pl de* **impressão**

impressora *f* Drucker *m;* **~ a ja(c)to de tinta** Tintenstrahldrucker *m;* **~ a laser** Laserdrucker *m;* **~ de agulhas** Nadeldrucker *m*

I

imprestável <-eis> *adj* (*pessoa*) nicht hilfsbereit

impreterível <-eis> *adj* unaufschiebbar

impreterivelmente *adv* unverzüglich, ohne Aufschub

imprevidência *f* Unvorsichtigkeit *f,* Leichtsinn *m*

imprevidente *adj* unvorsichtig, leichtsinnig; (*descuidado*) sorglos, nachlässig

imprevisível <-eis> *adj* ❶ (*acontecimento*) unvorhersehbar; (*consequência*) unabsehbar ❷ (*pessoa*) unberechenbar

imprevisto **I.** *m* unvorhersehbare(s) Ereignis *nt;* **surgiu um ~** es ist etwas dazwischengekommen **II.** *adj* unerwartet, unvorhergesehen

imprimir <*pp* impresso *o* imprimido> *vt* (*um documento, uma estampa*) drucken; (INFOR) ausdrucken

improbabilidade *f* Unwahrscheinlichkeit *f*

improcedente *adj* ❶ (*sem fundamento*) grundlos ❷ (*que não se justifica*) unangemessen

improdutivo *adj* ❶ (*trabalho*) unproduktiv, unergiebig ❷ (*solo*) unfruchtbar

impróprio *adj* (*medida*) ungeeignet; (*atitude, assunto*) unangebracht, unpassend; (*ocasião*) ungünstig; **~ para consumo** für den Verzehr ungeeignet

improrrogável <-eis> *adj* (*prazo*) nicht verlängerbar

improvável [ĩmpru'vavɜl] <-eis> *adj* unwahrscheinlich

improvisar *vi* improvisieren

improviso *m* Improvisation *f;* **de ~** aus dem

Stegreif

imprudente *adj* unvorsichtig

impudor <-es> *m* Schamlosigkeit *f*

impugnação <-ões> *f* ① (*de teoria*) Bestreiten *nt*, scharfe Kritik *f* ② (DIR) Anfechtung *f*

impugnar *vt* ① (*uma teoria*) angreifen, bestreiten ② (*uma sentença*) anfechten

impulsão <-ões> *f* (FÍS) Auftrieb *m*

impulsionador(a) *m(f)* Initiator(in) *m(f)*, treibende Kraft *f*

impulsionar *vt* antreiben, vorantreiben

impulsivo *adj* (*pessoa, acto*) impulsiv

impulso *m* ① (*ímpeto*) Schwung *m* ② (*estímulo*) Antrieb *m*, Impuls *m*; **dar ~ a a. c.** etw Auftrieb geben ③ (TEL) Einheit *f*

impulsões *f pl de* **impulsão**

impune *adj* ungestraft, straffrei; **sair ~** straffrei ausgehen

impura *adj f de* **impuro**

impureza *f* ① (*estado*) Unreinheit *f* ② (*no ar, na água*) Verunreinigung *f*, Verschmutzung *f*; **~s da pele** Hautunreinheiten *pl*

impuro *adj* ① (*espírito*) unrein ② (*ar, água*) verunreinigt, verschmutzt

imputar *vt* (*responsabilidade, trabalho*) aufbürden (*a*); (*culpa*) zuschreiben (*a*), anlasten (*a*)

imunda *adj f de* **imundo**

imundície *f* Schmutz *m*, Dreck *m*

imundo *adj* schmutzig, dreckig

imune *adj* ① (MED, DIR) immun (*a* gegen) ② (*fig: invulnerável*) unempfänglich, immun (*a* gegen); **estar ~ a a. c.** unempfänglich für etw sein

imunidade *f* (MED, DIR) Immunität *f*

imunodeficiência *f* (MED) Immunschwäche *f*

imutável <-eis> *adj* unveränderbar

inabalável <-eis> *adj* unerschütterlich, fest

inábil <-eis> *adj* ① (*incapaz*) unfähig, untauglich ② (*sem habilidade*) ungeschickt

inabilidade *f* ① (*inaptidão*) Unfähigkeit *f*, Untauglichkeit *f* ② (*falta de habilidade*) Ungeschicktheit *f*

inabitado *adj* unbewohnt

inabitável <-eis> *adj* unbewohnbar

inacabado *adj* unvollendet, unfertig

inaceitável <-eis> *adj* unannehmbar, inakzeptabel

inacessível <-eis> *adj* ① (*local*) unerreichbar ② (*preço*) unerschwinglich ③ (*pessoa*) unzugänglich, unnahbar

inacreditável <-eis> *adj* unglaublich

inactividade *f* (*portugal*) Untätigkeit *f*; (*inércia*) Trägheit *f*

inactivo *adj* (*portugal*) ① (*indolente*) untätig ② (*funcionário*) außer Dienst

inadequado [inɐdə'kwadu] *adj* ungeeignet (*a* für), unpassend (*a* für)

inadiável <-eis> *adj* unaufschiebbar

inadmissível <-eis> *adj* unzulässig; (*inaceitável*) unannehmbar

inadvertência *f* ① (*negligência*) Fahrlässigkeit *f* ② (*descuido*) Versehen *nt*

inadvertido *adj* ① (*pessoa*) nachlässig, fahrlässig ② (*acto*) unüberlegt

inalação <-ões> *f* Einatmen *nt*; (*de medicamento*) Inhalation *f*

inalador *m* Inhalationsapparat *m*, Inhalator *m*

inalar *vt* einatmen; (*um medicamento*) inhalieren

inalcançável <-eis> *adj* unerreichbar

inalterado *adj* unverändert

inalterável <-eis> *adj* (*situação*) unveränderlich; (*decisão*) unwiderruflich

inanimado *adj* leblos

inaplicável <-eis> *adj* unanwendbar (*a* auf)

inapta *adj f de* **inapto**

inaptidão *f* Unfähigkeit *f* (*para* zu), Untauglichkeit *f* (*para* für)

inapto *adj* unfähig (*para* zu), untauglich (*para* für)

inatingível <-eis> *adj* ① (*inalcançável*) unerreichbar ② (*incompreensível*) unbegreiflich, unverständlich

inativa *adj* (*brasil*) *f de inativo* **s. inactivo**

inatividade *f* (*brasil*) *v.* **inactividade**

inativo *adj* (*brasil*) *v.* **inactivo**

inato *adj* angeboren

inaudito *adj* ① (*sem igual*) nie dagewesen ② (*espantoso*) unerhört

inaudível <-eis> *adj* unhörbar

inauguração <-ões> *f* (*de loja, auto-estrada*) Einweihung *f*, Eröffnung *f*; (*de exposição*) Vernissage *f*; (*de monumento*) Enthüllung *f*

inaugural <-ais> *adj* Einweihungs ..., Eröffnungs ...

inaugurar **I.** *vt* (*uma loja, auto-estrada*) einweihen, eröffnen; (*um monumento*) enthüllen **II.** *vi* eröffnen

incalculável <-eis> *adj* (*custos*) unermesslich; (*prejuízo*) unbezifferbar

incandescência *f* Weißglut *f*

incandescente *adj* weiß glühend

incansável <-eis> *adj* unermüdlich

incapacidade *f* Unfähigkeit *f* (*para* zu)

incapacitado *adj* unfähig; ~ **de trabalhar** arbeitsunfähig

incapacitar *vt* unfähig machen

incapaz *adj* unfähig (*de* zu)

Incas *mpl* Inkas *pl*

incauto *adj* unvorsichtig, unbedacht

incendiar *irr como odiar* **I.** *vt* in Brand setzen, in Brand stecken **II.** *vr* in Brand geraten, sich entzünden

incendiário, -a *m, f* Brandstifter(in) *m(f)*

incêndio [ĩ'sɛ̃ndju] *m* Brand *m*

incenso *m* Weihrauch *m*

incentivar *vt* ermuntern, ermutigen; (ECON) Anreize schaffen für; ~ **alguém a fazer a. c.** jdn ermuntern, etw zu tun

incentivo *m* Anreiz *m*, Lockmittel *nt;* **esta medida é um ~ à agricultura** diese Maßnahme stellt einen Anreiz für die Landwirtschaft dar

incerta *adj f de* **incerto**

incerteza *f* Ungewissheit *f*, Unsicherheit *f*

incerto *adj* ① (*pessoa, negócio*) unsicher ② (*número*) unbestimmt ③ (*superfície*) uneben ④ (*tempo*) wechselhaft, unbeständig ⑤ (*duvidoso*) ungewiss

incessante *adj* unaufhörlich, ununterbrochen

incesto *m* Inzest *m;* **cometer ~** Inzest begehen

incestuoso *adj* inzestuös; **uma relação incestuosa** eine inzestuöse Beziehung

inchaço [ĩ'ʃasu] *m* Schwellung *f*

inchado [ĩ'ʃadu] *adj* ① (MED) geschwollen ② (*fig: pessoa*) aufgeblasen, eingebildet

inchar *vi* (MED) schwellen, anschwellen

incidência *f* Einfall *m;* **ângulo de ~** Einfallswinkel *m*

incidente [ĩsi'dɛ̃ntə] *m* Zwischenfall *m*, Vorfall *m*

incidir *vi* ① (*luz*) einfallen (*em* in) ② (*suspeita*) fallen (*sobre* auf)

incineração <-ões> *f* (*de cadáver*) Einäscherung *f*, Feuerbestattung *f;* (*de lixo*) Verbrennung *f*

incineradora *f* Müllverbrennungsanlage *f*

incinerar *vt* (*cadáver*) einäschern; (*lixo*) verbrennen

incisão <-ões> *f* Einschnitt *m*, Schnitt *m*

incisivo *m* (*dente*) Schneidezahn *m*

incisões *f pl de* **incisão**

incitar *vt* anstacheln (*a* zu), anstiften (*a* zu); (*à revolta*) aufhetzen (*a* zu)

incivilizado *adj* unzivilisiert

inclemência *f* Härte *f*, Strenge *f;* **a ~ do destino** die Ungunst des Schicksals; **as ~s do tempo** die Unbilden der Witterung

inclemente *adj* (*pessoa*) unbarmherzig, hart; (*clima*) rau

inclinação <-ões> *f* ① (*de superfície*) Neigung *f* ② (*tendência*) Hang *m* (*para* zu)

inclinado *adj* (*superfície*) geneigt; (*pessoa*) gebückt, gebeugt; (*objecto*) schief, schräg

inclinar **I.** *vt* (*um objecto, a cabeça*) neigen, beugen **II.** *vr* (*baixar-se*) sich beugen, sich bücken; (*debruçar-se*) sich hinauslehnen; **~-se para trás** sich nach hinten lehnen

incluído [ĩŋ'klwidu] *irr adj* inbegriffen, eingeschlossen; (*em anexo*) beiliegend; **com tudo ~** alles inklusive

incluindo *adv* einschließlich

incluir <*pp* incluso *o* incluído> *irr* **I.** *vt* (*inserir*) einbeziehen (*em* in); (*em lista*) aufnehmen (*em* in); (*em anexo*) beilegen; (*abranger*) umfassen, einschließen **II.** *vr* sich zählen (*em* zu)

inclusão <-ões> *f* Einschluss *m*, Einschließung *f;* (*em lista*) Aufnahme *f*

inclusivamente *adv* einschließlich

inclusive *adv* einschließlich; **do dia 1 ao dia 30 ~** vom Ersten bis zum Dreißigsten einschließlich

inclusões *f pl de* **inclusão**

incoadunável <-eis> *adj* unverträglich (*com* mit)

incoerência *f* Zusammenhanglosigkeit *f*, Inkohärenz *f*

incoerente *adj* zusammenhanglos, unzusammenhängend

incógnita *f* ① (*mistério*) Rätsel *nt* ② (MAT) unbekannte Größe *f*

incógnito[1] *adv* inkognito

incógnito, -a[2] **I.** *m, f* Inkognito *nt* **II.** *adj* unbekannt

incolor *adj* farblos

incólume *adj* (*pessoa*) unverletzt; (*objecto*) heil, unversehrt

incomensurável <-eis> *adj* ① (*imenso*) unermesslich, maßlos ② (*sem medida comum*) unvergleichbar

incómoda (*portugal*), **incômoda** *adj* (*brasil*) *f de incómodo, incômodo* **incómodo**

incomodado *adj* verärgert (*com* über)

incomodar [ĩŋkumu'dar] **I.** *vt* (*atrapalhar*) belästigen, stören; (*aborrecer*) lästig sein, zur Last fallen; (*afligir*) aufregen, ärgern **II.** *vr* sich aufregen (*com* über), sich ärgern (*com* über)

incomodativo *adj* lästig

incómodo **I.** *m* Ärgernis *nt;* **causar ~ a alguém** jdm Mühe machen **II.** *adj* ① (*desconfortável*) unbequem ② (*incomodativo*) lästig, beschwerlich ③ (*assunto*) unangenehm

incômodo *m o adj* (*brasil*) *v.* **incómodo**

incomparável <-eis> *adj* unvergleichbar, nicht zu vergleichen (*a* mit)

incompatibilidade *f* Unvereinbarkeit *f* (*com* mit)

incompatível <-eis> *adj* unvereinbar (*com* mit); (INFOR, DIR) inkompatibel (*com* mit)

incompetência *f* Unfähigkeit *f*

incompetente *adj* unfähig, inkompetent

incompleto *adj* unvollständig; (*inacabado*) unvollendet

incomportável <-eis> *adj* unerträglich

incompreendido *adj* unverstanden

incompreensível <-eis> *adj* unverständlich, unbegreiflich

incomunicabilidade *f* (DIR) Einzelhaft *f*

incomunicável <-eis> *adj* unerreichbar

inconcebível <-eis> *adj* undenkbar, unvorstellbar

inconciliável <-eis> *adj* unvereinbar

incondicional <-ais> *adj* bedingungslos, uneingeschränkt

inconfidência *f* Verrat *m*

inconfundível <-eis> *adj* unverwechselbar, unverkennbar

inconsciência *f* ① (MED) Bewusstlosigkeit *f* ② (*irresponsabilidade*) Verantwortungslosigkeit *f,* Leichtsinn *m*

inconsciencioso *adj* gewissenlos

inconsciente **I.** *m* (PSIC) Unterbewusstsein *nt* **II.** *adj* ① (MED) bewusstlos, ohnmächtig ② (*irreflectido*) gedankenlos ③ (*irresponsável*) verantwortungslos, leichtsinnig

inconsequente *adj* inkonsequent

inconsistente *adj* ① (*material*) nicht fest ② (*teoria*) haltlos, schwach

inconsolável <-eis> *adj* untröstlich

inconstância *f* ① (METEO) Unbeständigkeit *f* ② (*psicológica*) Wechselhaftigkeit *f;* (*elev*) Wankelmut *m*

inconstante *adj* ① (*instável*) unbeständig; **tempo ~** unbeständiges Wetter ② (*psicologicamente*) wechselhaft, unstet

inconstitucional <-ais> *adj* verfassungswidrig

inconstitucionalidade *f* Verfassungswidrigkeit *f*

incontável <-eis> *adj* unzählbar

incontestável <-eis> *adj* unbestreitbar, nicht zu leugnen

incontinência *f* ① (MED) Inkontinenz *f* ② (*sexual*) Unenthaltsamkeit *f,* Unkeuschheit *f*

incontinente *adj* ① (MED) inkontinent ② (*sexual*) unenthaltsam, unkeusch

incontroverso *adj* unbestreitbar

inconveniência *f* Unannehmlichkeit *f;* **causar ~ a alguém** jdm Unannehmlichkeiten bereiten

inconveniente **I.** *m* (*desvantagem*) Nachteil *m;* (*transtorno*) Unannehmlichkeit *f* **II.** *adj* (*comentário, atitude*) ungebührlich, unschicklich; (*pessoa*) taktlos; (*momento*) ungelegen, unpassend

incorporar *vt* ① (*integrar*) eingliedern (*em* in), einbinden (*em* in); (*uma empresa*) aufkaufen ② (*um papel*) verkörpern

incorpóreo *adj* nicht körperlich

incorreção <-ões> *f* (*brasil*) *v.* **incorrecção**

incorrecção <-ões> *f* (*portugal*) ① (*erro*) Fehler *m* ② (*imprecisão*) Ungenauigkeit *f*

incorrecto *adj* (*portugal*) ① (*errado*) unrichtig, falsch ② (*impreciso*) ungenau ③ (*comportamento*) unkorrekt, unhöflich

incorrer *vi* (*estar sujeito a*) **~ em a. c.** sich etw zuziehen; (*cometer*) etw begehen; **~ numa multa** eine Strafe erhalten

incorreto *adj* (*brasil*) *v.* **incorrecto**

incorrigível <-eis> *adj* unverbesserlich

incorruptível <-eis> *adj* ① (*pessoa*) unbestechlich ② (*que não corrompe*) unvergänglich

incrédulo, -a **I.** *m, f* ① (*sem fé*) Ungläubige ② (*céptico*) Skeptiker(in) *m(f)* **II.** *adj* ① (*sem fé*) ungläubig ② (*céptico*) skeptisch, misstrauisch

incrementar *vt* steigern, erhöhen; (*a economia*) ankurbeln

incremento *m* ① (*crescimento, aumento*) Steigerung *f,* Erhöhung *f;* (*da economia*) Wachstum *nt* ② (*desenvolvimento*) Entwicklung *f*

incriminar *vt* beschuldigen

incrível [ĩŋ'krivɜl] <-eis> *adj* unglaublich;

por ~ que pareça so unglaublich es auch sein mag

incubação <-ões> *f* ❶ (*acção de incubar*) Brüten *nt;* (*espaço de tempo*) Brutzeit *f* ❷ (MED) Inkubationszeit *f*

incubadora *f* Brutkasten *m*

incubar *vt* ❶ (*um vírus*) in sich tragen, infiziert sein mit ❷ (*um plano*) ausbrüten, aushecken

inculta *adj f de* **inculto**

inculto *adj* ❶ (*pessoa*) ungebildet ❷ (*terreno*) unbebaut, unbestellt

incumbência *f* Zuständigkeit *f;* (*encargo*) Auftrag *m;* **ter a ~ de fazer a. c.** für etw zuständig sein

incumbido *adj* **estar ~ de a. c.** für etw zuständig sein

incumbir *vt* beauftragen; **~ alguém de a. c.** jdn mit etw beauftragen

incurável <-eis> *adj* unheilbar

incúria *f* Nachlässigkeit *f*

incursão <-ões> *f* Einfall *m* (*em* in); **~ aérea** Luftangriff *m*

incutir <g→gu> *vt* beibringen (*em*), erziehen zu (*em*); **~ o sentido da responsabilidade em alguém** jdn zu einem verantwortungsbewussten Menschen erziehen

indagar <g→gu> *vt* erforschen, ermitteln

indecência *f* Unanständigkeit *f,* Unschicklichkeit *f*

indecente *adj* ❶ (*pessoa*) anstößig, unschicklich ❷ (*acto, comentário*) unverschämt; **isso foi ~ da parte dela** das war unverschämt von ihr ❸ (*anedota*) unanständig, schlüpfrig

indecifrável <-eis> *adj* unentzifferbar; (*ilegível*) unleserlich; (*imperceptível*) unhörbar

indecisa *adj f de* **indeciso**

indecisão <-ões> *f* Unentschlossenheit *f,* Unschlüssigkeit *f*

indeciso *adj* unentschlossen, unschlüssig

indecisões *f pl de* **indecisão**

indecoroso *adj* unanständig, unschicklich

indeferido *adj* abgelehnt

indeferimento *m* Ablehnung *f*

indeferir *irr como preferir vt* ablehnen

indefeso *adj* (*sem defesa*) wehrlos; (*desprotegido*) ungeschützt, schutzlos

indefinidamente *adv* auf unbestimmte Zeit

indefinido *adj* (LING) unbestimmt; **por tempo ~** auf unbestimmte Zeit

indelével <-eis> *adj* unvergänglich

indelicada *adj f de* **indelicado**

indelicadeza *f* Unhöflichkeit *f,* Taktlosigkeit *f*

indelicado *adj* unhöflich, taktlos; **ser ~ com alguém** unhöflich zu jdm sein

indemnização [ĩndəmnizɐ'sãu] *f* Entschädigung *f;* **dar uma ~ a alguém por a. c.** jdn für etw entschädigen

indemnizar [ĩndəmni'zar] *vt* entschädigen (*por* für)

indenização [ĩndəmnizɐ'sãu] <-ões> *f* (*brasil*) *v.* **indemnização**

indenizar [ĩndəni'zar] *vt* (*brasil*) *v.* **indemnizar**

independência [ĩndəpẽn'dɛsjɐ] *f* ❶ (*de país, pessoa*) Unabhängigkeit *f* ❷ (*de trabalhador*) Selbstständigkeit *f*

independente *adj* ❶ (*livre*) unabhängig ❷ (*trabalhador*) selbstständig

indescritível <-eis> *adj* unbeschreiblich

indesculpável <-eis> *adj* unverzeihlich, unentschuldbar

indesejável <-eis> *adj* unerwünscht

indestrutível <-eis> *adj* unzerstörbar

indeterminado *adj* unbestimmt; **por tempo ~** auf unbestimmte Zeit

indevidamente *adv* ❶ (*de forma imprópria*) unsachgemäß; **tomar um medicamento ~** ein Medikament unvorschriftsmäßig einnehmen ❷ (*injustamente*) zu Unrecht

indevido *adj* ❶ (*impróprio*) unvorschriftsmäßig, unsachgemäß ❷ (*imerecido*) unverdient

índex <índices> *m* ❶ (REL) Index *m* ❷ (*dedo indicador*) Zeigefinger *m*

Índia *f* Indien *nt*

índia *f v.* **índio**

indiano, -a **I.** *m, f* Inder(in) *m(f)* **II.** *adj* indisch

indicação [ĩndikɐ'sãu] <-ões> *f* ❶ (*instrução*) Hinweis *m;* **por ~ do médico** auf Anraten des Arztes ❷ (*indício*) Zeichen *nt* (*de* für), Anzeichen *nt* (*de* für); **não há ~ de que ...** *+conj* es gibt keine Anzeichen dafür, dass ... ❸ (*informação*) Angabe *f*

indicado *adj* passend (*para* für), geeignet (*para* für); **ser ~ para fazer a. c.** für etw geeignet sein

indicador **I.** *m* (*ponteiro*) Zeiger *m;* (*dedo*) Zeigefinger *m* **II.** *adj* **~ de** Hinweis ...; **a subida de preços é um factor ~ de crise** die Preissteigerung ist ein Faktor, der eine Krise anzeigt

indicar <c→qu> *vt* ❶ (*referir*) nennen, angeben; ~ **as razões** die Gründe nennen ❷ (*sugerir*) nennen, empfehlen; ~ **um bom restaurante** ein gutes Restaurant empfehlen ❸ (*o caminho*) beschreiben ❹ (*dar indícios de*) hinweisen auf, zeigen; **isso indica falta de conhecimentos** das weist auf mangelnde Kenntnisse hin; **tudo indica que ...** alles weist darauf hin, dass ... ❺ (INFOR) anzeigen

indicativo [ĩndikɐ'tivu] *m* ❶ (LING) Indikativ *m* ❷ (*portugal:* TEL) Vorwahl *f*

índice *m* ❶ (*de um livro*) Inhaltsverzeichnis *nt;* (*dos termos usados*) Register *nt,* Index *m* ❷ (*catálogo*) Katalog *m* ❸ (MAT) Wurzelexponent *m* ❹ (*taxa*) Rate *f,* Quote *f;* ~ **de álcool no sangue** Alkoholgehalt im Blut

indício *m* Anzeichen *nt* (*de* für), Indiz *nt* (*de* für)

indiferença *f* Gleichgültigkeit *f*

indiferente *adj* gleichgültig; **ser ~ a a. c.** etw gleichgültig gegenüberstehen; **é-me ~** das ist mir gleich

indígena **I.** *mf* Eingeborene, Ureinwohner(in) *m(f)* **II.** *adj* eingeboren, einheimisch

indigência *f* Not *f,* Bedürftigkeit *f*

indigente *adj* bedürftig, arm

indigesta *adj f de* **indigesto**

indigestão [ĩndiʒəʃ'tãu] <-ões> *f* Verdauungsstörung *f*

indigesto *adj* schwer verdaulich

indigestões *f pl de* **indigestão**

indigitar *vt* ❶ (*nomear*) ernennen ❷ (*propor*) vorschlagen

indigna *adj f de* **indigno**

indignação <-ões> *f* Entrüstung *f,* Empörung *f*

indignado *adj* entrüstet (*com* über), empört (*com* über)

indignar **I.** *vt* empören **II.** *vr* sich entrüsten (*com* über), sich empören (*com* über)

indignidade *f* Unwürdigkeit *f*

indigno *adj* unwürdig (*de*)

índigo *m* Indigo *m*

índio, -a *m, f* Indianer(in) *m(f);* (*da América Central, do Sul*) Indio, Indiofrau *m, f*

indirecta (*portugal*) **I.** *f* (*coloq*) Anspielung *f* (*a* auf) **II.** *adj f de* **indirecto**

indirectamente *adv* (*portugal*) indirekt

indirecto *adj* (*portugal*) indirekt

indireta (*brasil*) **I.** *f* Anspielung (*a* auf) **II.** *adj f de indireto* **v. indirecto**

indiretamente *adv* (*brasil*) indirekt

indireto *adj* (*brasil*) indirekt

indisciplina *f* Disziplinlosigkeit *f,* Ungehorsam *m*

indisciplinado *adj* undiszipliniert; (*rebelde*) ungehorsam

indiscreto *adj* indiskret, taktlos; (*curioso*) aufdringlich

indiscrição *f* Indiskretion *f,* Taktlosigkeit *f;* (*curiosidade*) Aufdringlichkeit *f*

indiscriminadamente *adv* ohne Unterschied, in gleicher Weise; **disparar ~ sobre uma multidão** ziellos in die Menge schießen

indiscriminado *adj* undifferenziert

indiscutível <-eis> *adj* unbestreitbar, indiskutabel

indispensável <-eis> **I.** *m* **o ~** das Allernötigste **II.** *adj* unentbehrlich, unerlässlich

indisponível <-eis> *adj* ❶ (*mercadoria*) nicht lieferbar ❷ (*pessoa*) verhindert

indispor *irr como pôr vt* ❶ (*aborrecer*) verstimmen ❷ (*de saúde*) nicht vertragen; **este vinho indispõe-me** diesen Wein vertrage ich nicht

indisposição <-ões> *f* Unpässlichkeit *f,* Unwohlsein *nt*

indisposto **I.** *pp de* **indispor** **II.** *adj* unpässlich, unwohl; **estar ~** sich unwohl fühlen

indisputável <-eis> *adj* unbestreitbar, unbestritten

indissociável <-eis> *adj* untrennbar; **ser ~ de** untrennbar verbunden sein mit

indissolúvel <-eis> *adj* unauflöslich

indistinto *adj* undeutlich, unklar

individual <-ais> *adj* ❶ (*particular*) individuell ❷ (*separado*) Einzel ..., einzeln; **quarto ~** Einzelzimmer *nt*

individualidade *f* Individualität *f,* Persönlichkeit *f*

individualismo *m* Individualismus *m*

individualista **I.** *mf* Individualist(in) *m(f)* **II.** *adj* individualistisch

individualmente *adv* individuell

indivíduo *m* ❶ (*ser humano*) Individuum *nt,* einzelne(r) Mensch *m* ❷ (*coloq: sujeito*) Kerl *m*

indivisível <-eis> *adj* unteilbar

índole *f* ❶ (*carácter*) Charakter *m,* Wesen *nt;* **de boa ~** gutartig; **de má ~** bösartig, tückisch ❷ (*temperamento*) Gemüt *nt*

indolência *f* ❶ (*preguiça*) Trägheit *f* ❷ (*apatia*) Teilnahmslosigkeit *f,* Apathie *f*

indolente *adj* ❶ (*preguiçoso*) träge ❷ (*apático*) teilnahmslos, apathisch
indolor *adj* schmerzlos
indomável <-eis> *adj* ❶ (*animal*) unzähmbar ❷ (*pessoa*) unbezwingbar
Indonésia *f* Indonesien *nt*
indonésio, -a **I.** *m, f* Indonesier(in) *m(f)* **II.** *adj* indonesisch
indubitável <-eis> *adj* unzweifelhaft
indubitavelmente *adv* zweifellos
indução <-ões> *f* ❶ (*persuasão*) Verleitung *f*, Anstiftung *f* ❷ (ELECTR, FILOS) Induktion *f*
indulgência *f* ❶ (*condescendência*) Nachsicht *f* ❷ (REL) Ablass *m*
indulgente *adj* nachsichtig
indultar *vt* (DIR) begnadigen
indulto *m* ❶ (DIR) Begnadigung *f* ❷ (REL) Ablass *m*
indumentária *f* Kleidung *f*
indústria *f* Industrie *f*; (*ofício*) Gewerbe *nt*
industrial <-ais> **I.** *mf* Industrielle **II.** *adj* industriell, Industrie ...
industrialização <-ões> *f* Industrialisierung *f*
industrializar *vt* industrialisieren
indutivo *adj* induktiv
induzir *vt* ❶ (*persuadir*) verleiten (*a* zu); ~ **em erro** zum Irrtum verleiten ❷ (*deduzir*) folgern
INE *abr de* **Instituto Nacional de Estatística** Staatliches Statistisches Institut
inebriar *vt* (*fig*) berauschen
inédito *adj* ❶ (*música, livro*) unveröffentlicht ❷ (*acontecimento*) nie da gewesen
inefável <-eis> *adj* unaussprechlich, unsagbar
ineficácia *f* Unwirksamkeit *f*, Wirkungslosigkeit *f*; (*inutilidade*) Nutzlosigkeit *f*
ineficaz <-es> *adj* unwirksam, wirkungslos; (*inútil*) nutzlos
inegável <-eis> *adj* unleugbar, unbestreitbar
inenarrável *adj* unbeschreiblich
inequívoco *adj* eindeutig, unmissverständlich
inércia *f* (FÍS) Trägheit *f*
inerente *adj* innewohnend (*a*), inhärent (*a*); (*nato*) angeboren
inerte *adj* (*sem movimento*) regungslos; (*sem actividade*) träge
inesgotável <-eis> *adj* unerschöpflich
inesperado *adj* unerwartet
inesquecível <-eis> *adj* unvergesslich
inestético *adj* unästhetisch
inestimável <-eis> *adj* unschätzbar
inevitável <-eis> *adj* unvermeidlich, unvermeidbar
inexequível (*portugal*), **inexeqüível** <-eis> *adj* (*brasil*) unrealisierbar, nicht praktikabel
inexistência *f* Nichtvorhandensein *nt* (*de* von)
inexistente *adj* nicht vorhanden
inexorável <-eis> *adj* unerbittlich
inexperiência *f* Unerfahrenheit *f*
inexperiente *adj* unerfahren
inexplicável <-eis> *adj* unerklärlich
inexplorado *adj* ❶ (*país*) unerforscht ❷ (*campo*) unbestellt; (*mina*) unerschlossen
inexpressivo *adj* ausdruckslos
infalível <-eis> *adj* (*fórmula, remédio, plano*) unfehlbar; (*sucesso; apoio*) todsicher
infame *adj* gemein, niederträchtig
infâmia *f* ❶ (*vergonha*) Schande *f* ❷ (*vileza*) Niedertracht *f*, Gemeinheit *f* ❸ (*calúnia*) Verleumdung *f*
infância *f* Kindheit *f*
infantaria *f* (MIL) Infanterie *f*
infantário *m* (*portugal*) Kindertagesstätte *f*, Kinderkrippe *f*
infante, -a *m, f* Infant(in) *m(f)*
infantil [ĩfɐ̃n'til] <-is> *adj* ❶ (*para crianças*) Kinder ...; **parque** ~ Kinderspielplatz *m* ❷ (*atitude, mentalidade*) kindisch, infantil
infantilidade *f* Kindlichkeit *f*, Infantilität *f*
infantis *adj pl de* **infantil**
infecção [ĩfɜ'sɐ̃u] <-ões> *f* ❶ (*em ferida*) Entzündung *f* ❷ (*contágio*) Infektion *f*, Ansteckung *f*
infeccionar **I.** *vt* eine Entzündung verursachen; **isso infeccionou a ferida** dadurch hat sich die Wunde entzündet **II.** *vi* sich entzünden
infeccioso *adj* ansteckend, infektiös
infectado *adj* (*pessoa*) infiziert; (*ferida*) entzündet
infectar **I.** *vt* (*portugal*) anstecken, infizieren **II.** *vi* sich entzünden
infecundo *adj* (*fig*) unfruchtbar
infelicidade *f* Unglück *nt*
infeliz <-es> **I.** *mf* Unglückliche **II.** *adj* unglücklich
infelizmente [ĩfəliʒ'mẽntə] *adv* leider, unglücklicherweise
inferior *adj* ❶ (*nível, temperatura*) niedriger (*a* als), tiefer (*a* als); (*qualidade*) minderwer-

tig; (*quantidade*) geringer (*a* als) ② (*em hierarquia, no espaço*) untere(r, s)
inferioridade *f* Unterlegenheit *f*
inferiorizar *vt* (*pessoa*) erniedrigen; (*trabalho*) herabwürdigen
inferir *irr como preferir vt* folgern (*de* aus), schließen (*de* aus)
infernal <-ais> *adj* höllisch; **um barulho ~** ein Höllenlärm
infernizar *vt* quälen; **~ a vida a alguém** jdm das Leben zur Hölle machen
inferno *m* Hölle *f*
infértil <-eis> *adj* (*pessoa, solo*) unfruchtbar
infertilidade *f* (*de pessoa, solo*) Unfruchtbarkeit *f*
infestar *vt* verpesten, verseuchen
infetado *adj* (*brasil*) *v.* **infectado**
infetar *vi* (*brasil*) *v.* **infectar**
infidelidade *f* Untreue *f*
infiel <-éis> **I.** *mf* (REL) Ungläubige **II.** *adj* untreu (*a*)
infiltração <-ões> *f* ① (*de líquido, gás*) Eindringen *nt* ② (*de pessoa*) Einschleusung *f*
infiltrar-se *vr* ① (*líquido, gás, cheiro*) eindringen (*em* in) ② (*pessoa*) sich einschleusen (*em* in)
ínfimo *adj* unterste(r, s), niedrigste(r, s); **descrever a. c. até ao mais ~ pormenor** etw bis ins letzte Detail beschreiben
infindável <-eis> *adj* endlos, unendlich
infinidade *f* Unendlichkeit *f;* **uma ~ de coisas** eine Unmenge von Sachen
infinita *adj f de* **infinito II**
infinitamente *adv* ① (*sem fim*) unendlich ② (*extraordinariamente*) außerordentlich; **ser ~ maior/melhor** bedeutend größer/besser sein
infinitivo *m* (LING) Infinitiv *m*
infinito I. *m* Unendliche *nt* **II.** *adj* ① (*infindável*) unendlich, endlos ② (*ilimitado*) grenzenlos ③ (MAT) unendlich
inflação *f* (ECON) Inflation *f*
inflamação [ĩflɐmɐ'sɐ̃u] <-ões> *f* (MED) Entzündung *f*
inflamado *adj* (MED) entzündet
inflamar *vi* (MED) sich entzünden
inflamatório *adj* (MED) entzündlich
inflamável [ĩflɐ'mavɜl] <-eis> *adj* leicht entzündbar, leicht brennbar
inflar *vt* aufblasen
inflexível <-eis> *adj* ① (*material*) unbiegsam ② (*pessoa*) unflexibel, unnachgiebig
infligir *vt* (*um castigo*) auferlegen (*a*); (*dor*) zufügen (*a*)
influência *f* Einfluss *m;* **uma pessoa de ~** eine einflussreiche Person; **estar sob a ~ de álcool/calmantes** unter dem Einfluss von Alkohol/Beruhigungsmitteln stehen; **exercer ~ sobre alguém/a. c.** Einfluss auf jdn/etw ausüben; **ter ~ em a. c.** Einfluss auf etw haben
influenciar *vt* beeinflussen
influenciável <-eis> *adj* beeinflussbar
influente *adj* einflussreich
influir *conj como incluir vi* **~ em/sobre** beeinflussen, Einfluss haben auf
influxo *m* Zufluss *m,* Zustrom *m*
informação [ĩfurmɐ'sɐ̃u] <-ões> *f* Auskunft *f* (*sobre* über), Information *f* (*sobre* über); **dar uma ~ a alguém** jdm eine Information geben; **pedir informações a alguém** (**sobre a. c.**) jdn um Informationen (über etw) bitten; **para tua ~** zu deiner Information
informações [ĩfurmɐ'sɔ̃iʃ] *fpl* (TEL) Auskunft *f*
informado *adj* informiert; **estar ~** Bescheid wissen; **estar bem/mal ~** gut/schlecht informiert sein
informal <-ais> *adj* informell; (*festa*) zwanglos; (*vestuário*) leger, sportlich; **linguagem ~** Umgangssprache, f
informar [ĩfur'mar] **I.** *vt* informieren (*de/sobre* über); **pode informar-me acerca dos horários dos comboios?** können Sie mich über die Abfahrtszeiten der Züge informieren? **II.** *vr* sich erkundigen (*sobre* nach, *junto de* bei), sich informieren (*sobre* über, *junto de* bei)
informática *f* Informatik *f*
informático, -a I. *m, f* Informatiker(in) *m(f)* **II.** *adj* Informatik ...
informativo *adj* informativ
informatização *f* Informatisierung *f*
infortúnio *m* Unglück *nt*
infração <-ões> *f* (*brasil*) *v.* **infracção**
infracção <-ões> *f* (*portugal: de lei, regra*) Verstoß *m;* (*de contrato*) Bruch *m*
infractor(a) *m(f)* (*portugal*) Zuwiderhandelnde
infra-estrutura *f* Infrastruktur *f*
infrator(a) *m(f)* (*brasil*) *v.* **infractor**
infravermelho *adj* infrarot
infringir *vt* verstoßen gegen

infrutífero *adj* vergeblich, erfolglos
infundado *adj* unbegründet
infundir *vt* (*respeito*) einflößen
infusão [ĩfu'zãu] <-ões> *f* ① (*com água a ferver*) Aufguss *m* ② (*bebida*) Kräutertee *m*
ingénua (*portugal*), **ingênua** *adj* (*brasil*) *f de ingénuo, ingênuo* **v. ingénuo**
ingenuidade *f* Naivität *f*
ingénuo (*portugal*), **ingênuo** *adj* (*brasil*) naiv
ingerência *f* Einmischung *f*
ingerir *irr como preferir vt* (*alimento*) zu sich nehmen; (*medicamento*) einnehmen
ingestão <-ões> *f* (*de alimento*) Essen *nt;* (*de medicamento*) Einnahme *f*
Inglaterra *f* England *nt*
inglês, -esa [ĩŋ'gleʃ] **I.** *m, f* Engländer(in) *m(f);* **para ~ ver** nur zum Schein **II.** *adj* englisch
inglório *adj* unrühmlich, ruhmlos
ingrata *f de* **ingrato**
ingratidão <-ões> *f* Undankbarkeit *f*
ingrato *adj* (*pessoa, actividade*) undankbar
ingrediente *m* Zutat *f*
íngreme ['ĩŋgrəmə] *adj* steil, abschüssig
ingressar *vi* (*em organização*) beitreten (*em*), eintreten (*em* in); **~ na escola** eingeschult werden
ingresso *m* ① (*acção de ingressar*) Eintritt *m* (*em* in); (*em organização*) Beitritt *m* (*em* zu); (*na escola*) Einschulung *f* ② (*bilhete*) Eintrittskarte *f*
inibição <-ões> *f* (PSIC) Hemmung *f*
inibido *adj* gehemmt
inibir *vt* ① (*impedir*) verhindern ② (*embaraçar*) hemmen
inibitivo *adj* hemmend
iniciação <-ões> *f* ① (*em actividade*) Einführung *f* (*em* in), Einarbeitung (*em* in) ② (*nível de conhecimentos*) Grundstufe *f*
iniciado *adj* (*em actividade*) eingearbeitet (*em* in); (*na sexualidade*) aufgeklärt
inicial <-ais> **I.** *f* Anfangsbuchstabe *m* **II.** *adj* anfänglich, Anfangs ...
inicialmente *adv* zu Beginn, anfangs
iniciar **I.** *vt* (*começar*) anfangen, beginnen; (INFOR) starten; (*em actividade*) einweisen (*em* in), einarbeiten (*em* in) **II.** *vr* sich vertraut machen (*em* mit), sich einarbeiten (*em* in)
iniciativa *f* Initiative *f;* **tomar a ~** (**de fazer a. c.**) die Initiative ergreifen (, etw zu tun); **por ~ própria** aus eigenem Antrieb
início *m* Beginn *m,* Anfang *m;* **no ~** am Anfang; **ter ~** beginnen, anfangen
inigualável <-eis> *adj* unvergleichlich
inimaginável <-eis> *adj* unvorstellbar
inimigo, -a **I.** *m, f* Feind(in) *m(f)* **II.** *adj* feindlich; **ser ~ de alguém** jdm feindlich gegenüberstehen
inimitável <-eis> *adj* unnachahmlich
inimizade *f* Feindschaft *f*
ininteligível <-eis> *adj* unverständlich
ininterrupta *adj f de* **ininterrupto**
ininterruptamente *adv* ununterbrochen
ininterrupto *adj* ununterbrochen
injeção <-ões> *f* (*brasil*) *v.* **injecção**
injecção [ĩʒɜ'sãu] *f* (*portugal*) ① (MED) Spritze *f;* **dar/levar uma ~** eine Spritze geben/bekommen ② (TEC) Injektion *f* ③ (*coloq: conversa*) (ewiges) Gerede *nt;* **uma ~ de literatura/matemática** ein ewiges Gerede über Literatur/Mathematik
injectar (*portugal*) **I.** *vt* spritzen, injizieren **II.** *vr* sich spritzen
injetar *vr, vt* (*brasil*) *v.* **injectar**
injúria *f* Beleidigung *f*
injuriar *vt* beleidigen
injurioso *adj* beleidigend
injusta *adj f de* **injusto**
injustiça *f* Ungerechtigkeit *f;* **cometer uma ~** ungerecht handeln; **isto é uma ~!** das ist eine Ungerechtigkeit!
injustificado *adj* ungerechtfertigt
injusto *adj* (*pessoa, atitude*) ungerecht
in loco *adv* vor Ort
inocência *f* ① (*falta de culpa*) Unschuld *f* ② (*ingenuidade*) Naivität *f*
inocentar *vt* für unschuldig erklären, rehabilitieren
inocente *adj* ① (*sem culpa*) unschuldig ② (*ingénuo*) naiv
inócuo *adj* (*elev*) unschädlich, harmlos
inodoro *adj* geruchlos
inofensivo *adj* harmlos
inoportuno *adj* unangebracht; (*temporal*) ungelegen
inorgânico *adj* anorganisch
inóspito *adj* ① (*povo, país*) ungastlich ② (*clima*) unwirtlich, rau
inovação <-ões> *f* Neuerung *f,* Innovation *f*
inovador *adj* innovativ
inovar *vt* Neuerungen einführen in, erneuern
inoxidável <-eis> *adj* nicht rostend, rostfrei

inqualificável <-eis> *adj* unaussprechlich, unglaublich; (*vergonhoso*) unverschämt
inquebrável <-eis> *adj* unzerbrechlich
inquérito *m* Umfrage *f;* (DIR) Verhör *nt*
inquestionável <-eis> *adj* unbestritten, unbestreitbar
inquieta *adj f de* **inquieto**
inquietação <-ões> *f* Unruhe *f;* (*excitação*) Aufregung *f*
inquietante *adj* beunruhigend
inquietar **I.** *vt* beunruhigen **II.** *vr* beunruhigt sein
inquieto *adj* unruhig
inquilino, -a *m, f* Mieter(in) *m(f)*
inquinado *adj* verseucht
inquirir *vt* untersuchen
Inquisição *f* (HIST) Inquisition *f*
inquisidor *m* (HIST) Inquisitor *m*
insaciável <-eis> *adj* unersättlich; (*fome*) unstillbar
insano *adj* verrückt, wahnsinnig
insatisfação <-ões> *f* Unzufriedenheit *f*
insatisfatório *adj* unbefriedigend
insatisfeito *adj* unzufrieden (*com* mit)
inscrever <*pp* inscrito> **I.** *vt* (*em curso, escola*) anmelden; (*em lista*) eintragen **II.** *vr* (*em curso, escola*) sich anmelden (*em* für); (*na universidade*) sich einschreiben (*em* für), sich immatrikulieren
inscrição [ĩʃkri'sãu] <-ões> *f* ① (*epígrafe*) Inschrift *f* ② (*em curso, escola*) Anmeldung *f* (*em* für); (*em universidade*) Einschreibung *f* (*em* für), Immatrikulation *f;* **as inscrições estão abertas** die Anmeldefrist hat begonnen ③ (*em lista*) Eintragung *f*
inscrito **I.** *pp de* **inscrever** **II.** *adj* angemeldet (*em* für); (*universidade*) eingeschrieben (*em* für), immatrikuliert
insecticida [ĩsɜti'sidɐ] *m* (*portugal*) Insektizid *nt,* Insektenbekämpfungsmittel *nt*
insecto [ĩ'sɜtu] *m* (*portugal*) Insekt *nt*
insegura *adj f de* **inseguro**
insegurança *f* Unsicherheit *f*
inseguro *adj* unsicher
inseminação <-ões> *f* Befruchtung *f;* (*de animal*) Besamung *f;* ~ **artificial** künstliche Befruchtung
inseminar *vt* befruchten; (*animal*) besamen
insensata *adj f de* **insensato**
insensatez <-es> *f* ① (*falta de sensatez*) Unvernunft *f* ② (*acção*) Unsinn *m*
insensato *adj* unvernünftig
insensibilidade *f* (*sentimental*) Gefühllosigkeit *f;* (*física*) Unempfindlichkeit *f*
insensível <-eis> *adj* gefühllos; **ser ~ a a. c.** unempfindlich gegen etw sein
inseparável <-eis> *adj* untrennbar; **eles são amigos inseparáveis** sie sind unzertrennliche Freunde
inserção <-ões> *f* Einfügen *nt* (*em* in); (*de disquete*) Einlegen *nt* (*em* in); (*de moeda*) Einwurf *m* (*em* in)
inserir *irr como preferir* **I.** *vt* ① (*introduzir*) einfügen (*em* in); (*disquete*) einlegen (*em* in); (*moeda*) einwerfen (*em* in) ② (*incluir*) einbeziehen (*em* in) **II.** *vr* ① (*introduzir-se*) sich eingliedern, sich einfügen ② (*estar incluído*) gehören (*em* zu)
inseticida *m* (*brasil*) *v.* **insecticida**
inseto [ĩ'sɜtu] *m* (*brasil*) Insekt *nt*
insidioso *adj* hinterlistig, intrigant
insígnia *f* Abzeichen *nt*
insignificância *f* ① (*qualidade de insignificante*) Bedeutungslosigkeit *f,* Unwichtigkeit *f* ② (*ninharia*) Kleinigkeit *f*
insignificante *adj* unbedeutend, bedeutungslos; (*sem importância*) unwichtig, belanglos
insinuação <-ões> *f* Anspielung *f,* Andeutung *f;* **fazer uma** ~ eine Anspielung machen
insinuante *adj* (*atitude*) einschmeichelnd; (*roupa*) verführerisch
insinuar **I.** *vt* andeuten, anspielen auf; **o que é estás a ~?** worauf spielst du an? **II.** *vr* sich einschmeicheln
insípido *adj* ① (*comida*) geschmacklos, fade ② (*monótono*) langweilig, fade
insistência *f* Beharrlichkeit *f,* Hartnäckigkeit *f;* **pedir a. c. com ~** nachdrücklich um etw bitten
insistente *adj* ① (*pessoa*) beharrlich; (*obstinado*) hartnäckig ② (*pedido*) nachdrücklich
insistir [ĩsiʃ'tir] *vt* ① (*pressionar*) drängen (*em* auf) ② (*fazer questão*) bestehen (*em* auf), beharren (*em* auf)
insociável <-eis> *adj* ungesellig, menschenscheu
insofismável *adj* unleugbar
insolação [ĩsulɐ'sãu] <-ões> *f* (MED) Sonnenstich *m,* Insolation *f;* **apanhar uma ~** einen Sonnenstich bekommen
insolência *f* Frechheit *f,* Unverschämtheit *f*
insolente *adj* frech, ausfallend

insólito *adj* ungewöhnlich; (*extraordinário*) außergewöhnlich

insolúvel <-eis> *adj* unlöslich

insolvência *f* Zahlungsunfähigkeit *f;* (ECON) Insolvenz *f*

insolvente *adj* zahlungsunfähig; (ECON) insolvent

insónia [ĩ'sɔnjɐ] (*portugal*), **insônia** *f* (*brasil*) Schlaflosigkeit *f;* **ter ~s** unter Schlaflosigkeit leiden, nicht schlafen können

insosso *adj* ① (*sem sal*) salzlos, ungesalzen; (*com pouco sal*) fade ② (*coloq: pessoa*) fade, langweilig

inspeção <-ões> *f* (*brasil*) *v.* **inspecção**

inspecção *f* (*portugal*) ① (*vistoria*) Inspektion *f;* (*fiscalização*) Aufsicht *f,* Kontrolle *f* ② (*exame*) Prüfung *f,* Untersuchung *f;* (*revisão*) Nachprüfung *f,* Überprüfung *f* ③ (MIL) Musterung *f* ④ (*vigilância*) Überwachung *f*

inspeccionar *vt* ① (*vistoriar*) inspizieren; (*fiscalizar*) kontrollieren ② (*examinar*) prüfen, untersuchen; (*rever*) nachprüfen, überprüfen ③ (MIL) mustern ④ (*vigiar*) überwachen

inspecionar *vt* (*brasil*) *v.* **inspeccionar**

inspector(a) *m(f)* (*portugal: da polícia*) Inspektor(in) *m(f);* (*fiscal*) Aufsichtsbeamte, Aufsichtsbeamtin *m, f*

inspetor(a) *m(f)* (*brasil*) *v.* **inspector**

inspiração <-ões> *f* ① (*respiração*) Einatmung *f* ② (*espiritual*) Inspiration *f,* Eingebung *f*

inspirar **I.** *vt* (*espiritualmente*) inspirieren; (*confiança*) einflößen; **o estado dela inspira cuidados** ihr Zustand ist Besorgnis erregend **II.** *vi* einatmen **III.** *vr* sich inspirieren lassen (*em* von)

instabilidade *f* ① (PSIC) Labilität *f* ② (ECON, POL) Instabilität *f*

instalação <-ões> *f* ① (*de máquina*) Aufbau *m,* Montage *f;* (*de aquecimento*) Einbau *m,* Installation *f;* (INFOR) Installierung *f,* Installation *f;* (*de cabos, canos*) Verlegung *f;* (*de telefone*) Anschluss *m* ② (*aparelhos*) Anlage *f;* **~ elé(c)trica** elektrische Leitungen

instalações *fpl* (*de fábrica, empresa, escola*) Einrichtungen *pl,* Anlagen *pl*

instalar **I.** *vt* ① (*máquina*) aufstellen, montieren; (*aquecimento*) einbauen, installieren; (INFOR) installieren; (*gás, água, luz*) legen; (*tubo, cano, cabos*) verlegen; (*telefone*) anschließen ② (*alojar*) unterbringen **II.** *vr* ① (*numa cidade*) sich niederlassen; **~-se no sofá** es sich auf dem Sofa gemütlich machen ② (*medo, pânico*) ausbrechen ③ (*bactéria*) sich einnisten

instância *f* (DIR) Instanz *f;* **em última ~** wenn keine andere Wahl bleibt

instantâneo [ĩʃtɐ̃n'tɐnju] **I.** *m* (FOTO) Schnappschuss *m* **II.** *adj* ① (*imediato*) unverzüglich, sofortig ② (*repentino*) plötzlich ③ (*café*) Instant ..., löslich; (*pudim, mousse*) instant

instante **I.** *m* Augenblick *m;* **neste ~** in diesem Augenblick; **isso faz-se num ~** das ist im Nu erledigt **II.** *adj* ① (*pertinaz*) inständig ② (*urgente*) dringend

instar **I.** *vt* inständig/eindringlich bitten um **II.** *vi* **~ com alguém** jdn inständig bitten

instauração <-ões> *f* (*de sistema*) Errichtung *f;* (*de democracia, ditadura*) Einführung *f*

instaurar *vt* ① (*um sistema*) errichten; (*democracia, ditadura*) einführen ② (DIR: *um processo*) einleiten

instável [ĩʃ'tavɜl] *adj* ① (ECON, POL) instabil, labil ② (*pessoa*) launisch ③ (*tempo*) wechselhaft, unbeständig

instigar <g→gu> *vt* ① (*greve, revolta*) anzetteln ② (*estimular*) anstiften

instintivo *adj* instinktiv

instinto *m* Instinkt *m,* Trieb *m;* **~ maternal** mütterlicher Instinkt; **agir por ~** instinktiv handeln; **seguir os seus ~s** seinem Instinkt folgen

instituição <-ões> *f* Einrichtung *f,* Institution *f;* **~ bancária** Geldinstitut *nt*

instituir *conj como incluir vt* ① (*fundar*) einführen ② (*fixar*) festsetzen, festlegen

instituto *m* Institut *nt;* **~ de línguas** Sprachinstitut *nt;* **Instituto Superior Técnico** Technische Hochschule *f*

instrução <-ões> *f* ① (*educação*) Ausbildung *f;* (*ensino*) Lehre *f,* Unterricht *m;* **~ primária** Grundschulunterricht *m* ② (*saber*) Bildung *f* ③ (MIL) Ausbildung *f,* Drill *m*

instruções *fpl* Anweisungen *pl;* (*de funcionamento*) Anleitung *f;* **dar ~ a alguém** jdm Anweisungen erteilen; **seguir as ~ de alguém** jds Anweisungen Folge leisten

instruído *adj* gebildet

instruir *conj como incluir vt* ① (*educar*) ausbilden; (*ensinar*) lehren, unterrichten ② (*dar instruções*) anweisen ③ (DIR: *um processo*)

einleiten
instrumental <-ais> *adj* (MÚS) instrumental
instrumentista *mf* Instrumentalist(in) *m(f)*
instrumento *m* ① (MÚS) Instrument *nt,* Musikinstrument *nt;* ~ **de cordas** Streichinstrument *nt;* ~ **de sopro** Blasinstrument *nt;* **tocar um** ~ ein Instrument spielen ② (*ferramenta*) Werkzeug *nt;* (*aparelho*) Gerät *nt,* Instrument *nt* ③ (*meio*) Mittel *nt,* Instrument *nt*
instrutivo *adj* instruktiv, lehrreich
instrutor(a) *m(f)* (DESP) Trainer(in) *m(f);* (MIL) Ausbilder(in) *m(f);* (*de condução*) Fahrlehrer(in) *m(f)*
insubmissa *adj f de* **insubmisso**
insubmissão <-ões> *f* (*desobediência*) Ungehorsam *m;* (*rebeldia*) Aufsässigkeit *f*
insubmisso *adj* (*desobediente*) ungehorsam; (*rebelde*) rebellisch, aufrührerisch
insubmissões *f pl de* **insubmissão**
insubordinado *adj* aufsässig
insubornável <-eis> *adj* unbestechlich
insubstituível <-eis> *adj* unersetzlich, unersetzbar
insucesso *m* Misserfolg *m*
insuficiência *f* (MED) ~ **cardíaca** Herzschwäche *f*
insuficiente *adj* ungenügend, unzureichend; (*nota*) mangelhaft
insuflar *vt* aufblasen
insuflável *adj* aufblasbar
insular I. *vt* (TEC) isolieren, abdichten **II.** *adj* insular, Insel ...
insulina [ĩsu'linɐ] *f* (MED) Insulin *nt*
insultar *vt* beschimpfen; (*ofender*) beleidigen
insulto *m* Beschimpfung *f;* (*ofensa*) Beleidigung *f*
insuperável *adj* ① (*dificuldade*) unüberwindbar ② (*qualidade*) unübertrefflich ③ (*invencível*) unbesiegbar, unschlagbar
insuportável [ĩsupur'tavɜl] *adj* unerträglich
insurgir-se *vr* sich erheben (*contra* gegen)
insurrecto *adj* ungezogen, aufsässig
insurreição <-ões> *f* Aufstand *m*
insurreto *adj* (*brasil*) *v.* **insurrecto**
insuspeito *adj* unverdächtig
insustentável <-eis> *adj* unhaltbar
intacto *adj* unberührt, intakt
intangível <-eis> *adj* unerreichbar
intato *adj* (*brasil*) *v.* **intacto**
íntegra *m* **na** ~ vollkommen, vollständig
integração <-ões> *f* Integration *f* (*em* in)
integral [ĩntə'gral] <-ais> *adj* ① (*completo*) vollständig, ganz; (MAT); **cálculo** ~ Integralrechnung *f* ② (CULIN) Vollkorn ...; **arroz** ~ ungeschälter Reis, Naturreis *m;* **pão** ~ Vollkornbrot *nt*
integrante *adj* integrierend; **ser parte** ~ **de a. c.** Bestandteil von etw sein
integrar I. *vt* integrieren (*em* in), eingliedern (*em* in) **II.** *vr* sich integrieren (*em* in)
integridade *f* (*física*) Unversehrtheit *f;* (*moral*) Rechtschaffenheit *f,* Integrität *f*
íntegro *adj* (*pessoa*) integer, rechtschaffen
inteira *adj f de* **inteiro**
inteirado *adj* **estar** ~ **de a. c.** über etw informiert sein, Kenntnis von etw haben
inteiramente [ĩnteirɐ'mẽntə] *adv* völlig; **estar** ~ **de acordo com alguém** mit jdm völlig übereinstimmen
inteirar I. *vt* in Kenntnis setzen, informieren; ~ **alguém de a. c.** jdn über etw in Kenntnis setzen **II.** *vr* erfahren (*de* von), Kenntnis erhalten (*de* von)
inteiriço *adj* aus einem Stück gefertigt
inteiro [ĩn'teiru] *adj* ① (*não partido*) ganz ② (*completo*) vollständig ③ (*intacto*) unversehrt, intakt; (*ileso*) unverletzt
intelecto *m* Verstand *m,* Intellekt *m*
intelectual <-ais> **I.** *mf* Intellektuelle **II.** *adj* intellektuell
inteligência *f* Intelligenz *f;* ~ **artificial** künstliche Intelligenz
inteligente [ĩntəli'ʒẽntə] *adj* intelligent
inteligível <-eis> *adj* verständlich; (*som*) deutlich hörbar
intempérie *f* (METEO) Unwetter *nt*
intempestivo *adj* ① (*impulsivo*) impulsiv ② (*inesperado*) unerwartet; (*súbito*) plötzlich
intenção <-ões> *f* Absicht *f;* **com segundas intenções** mit Hintergedanken; **com a melhor das intenções** in der besten Absicht; **ter a** ~ **de fazer a. c.** die Absicht haben, etw zu tun
intencionado *adj* **bem** ~ wohl gemeint; **mal** ~ bösartig
intencional <-ais> *adj* absichtlich, vorsätzlich
intendência *f* Verwaltung *f*
intendente *mf* Leiter(in) *m(f)*
intensa *adj f de* **intenso**
intensidade [ĩntẽsi'dadə] *f* Stärke *f,* Intensität *f*

intensificar <c→qu> **I.** *vt* verstärken, intensivieren; (*relações*) ausbauen **II.** *vr* (*calor, trânsito*) zunehmen, stärker werden; (*conflito*) sich verschärfen; (*tensão*) steigen, zunehmen; (*contacto*) intensiver werden

intensivo *adj* intensiv; **curso ~** Intensivkurs *m*

intenso *adj* ① (*dor, cheiro*) stark, intensiv; (*sentimento*) heftig; (*luz*) hell ② (*comércio, tráfego*) lebhaft; (*vida social*) rege

intento *m* Absicht *f*

interação <-ões> *f* (*brasil*) *v.* **interacção**

interacção *f* (*portugal*) Interaktion *f* (*entre* zwischen)

interactivo *adj* (*portugal*) interaktiv

interativo *adj* (*brasil*) *v.* **interactivo**

intercalar *vt* einfügen (*com* in), einschieben (*com* in)

intercâmbio *m* Austausch *m*

interceder *vt* sich einsetzen (*por* für)

interceptar *vt* (*uma carta*) abfangen; (*uma chamada*) abhören; (*uma conversa, emissão*) unterbrechen

intercidades *m* Intercityzug *m*

intercomunicador *m* Lautsprecheranlage *f*; (*na campainha*) Sprechanlage *f*

intercontinental <-ais> *adj* interkontinental

interdição <-ões> *f* Verbot *nt*

interdisciplinar *adj* interdisziplinär

interdita *adj f de* **interdito**

interditar *vt* untersagen (*a*), verbieten (*a*)

interdito *adj* verboten; **~ a menores de 18 anos** kein Zutritt für Jugendliche unter 18 Jahren

interessado, -a I. *m, f* Interessent(in) *m(f)* **II.** *adj* interessiert; **estar ~ em alguém/a. c.** an jdm/etw interessiert sein; **ser ~** wissbegierig sein, aufgeschlossen sein

interessante [ĩntərə'sãntə] *adj* interessant

interessar I. *vt* interessieren; **isso não me interessa** das interessiert mich nicht **II.** *vr* sich interessieren (*por* für)

interesse *m* ① (*empenho*) Interesse *nt*; **sem ~** uninteressant; **perder o ~** das Interesse verlieren; **ter ~ em a. c.** Interesse an etw haben ② (*egoísta*) Nutzen *m*; **fazer a. c. por ~** etw aus Eigennutz machen

interesseiro *adj* eigennützig, berechnend

interface *f* Schnittstelle *f*

interferência *f* (*ruído*) Störung *f*, Interferenz *f*; **fazer ~** Interferenzen verursachen

interferir *irr como preferir vi* ① (*fazer interferência*) Einfluss haben (*em* auf), beeinflussen (*em*); (FÍS) interferieren ② (*intrometer-se*) sich einmischen (*em* in)

interino *adj* (POL) Interims ...

interior [ĩnte'rjor] **I.** *m* (*parte de dentro*) Innere *nt*; (*lado de dentro*) Innenseite *f*; (*do país*) Inland *nt*; (*centro*) Landesinnere *nt*; **no ~** im Landesinneren **II.** *adj* inner, Innen ...; **pátio ~** Innenhof *m*

interiorizar *vt* verinnerlichen

interjeição <-ões> *f* (LING) Interjektion *f*

interligado *adj* zusammenhängend

interlocutor(a) *m(f)* Gesprächspartner(in) *m(f)*

interlúdio *m* (MÚS) Interludium *nt*

intermediário, -a I. *m, f* Vermittler(in) *m(f)*; (ECON) Zwischenhändler(in) *m(f)* **II.** *adj* vermittelnd

intermédio I. *m* **por ~ de alguém** durch jds Vermittlung **II.** *adj* mittlere(r, s); **nível ~** mittleres Niveau

interminável <-eis> *adj* endlos, unendlich

intermitente *adj* mit Unterbrechungen; (*luz, semáforo*) blinkend

interna *adj f de* **interno**

internacional [ĩntərnɐsju'nal] <-ais> *adj* international

internado *adj* eingeliefert; **estar ~** im Krankenhaus liegen

internamento *m* (*em hospital*) Einlieferung (*em* in); (*em hospício*) Einweisung *f* (*em* in)

internar *vt* (*em colégio*) schicken (*em* auf); (*em hospital*) einliefern (*em* in); (*em hospício*) einweisen (*em* in)

internato *m* Internat *nt*

internauta *mf* (INFOR) Websurfer(in) *m(f)*

Internet *f* Internet *nt*; **navegar na ~** im Internet surfen

internetizado, -a *adj* (INFOR) mit dem Internet verbunden

interno *adj* ① (*interior*) innere(r, s); **medicina interna** innere Medizin ② (*aluno*) intern ③ (*comércio*) Binnen ...

interpelação <-ões> *f* (POL) Interpellation *f*, (parlamentarische) Anfrage *f*

interpelar *vt* ① (*dirigir-se a*) sich wenden an ② (*interromper*) unterbrechen ③ (POL) eine Interpellation einbringen in

interpor *irr como pôr vt* (DIR: *um recurso*) einlegen

interposto *pp de* **interpor**

interpretação <-ões> *f* ① (*de um texto, uma*

pergunta, situação) Deutung *f*, Interpretation *f* ② (*de um papel*) Darstellung *f*; (*de uma música*) Interpretation *f* ③ (*de línguas*) Dolmetschen *nt*; ~ **simultânea** Simultandolmetschen *nt*

interpretar *vt* ① (*um texto, uma pergunta, situação*) deuten (*como* als), interpretieren (*como* als); ~ **mal a. c.** etw falsch interpretieren ② (*um papel*) darstellen; (*uma música*) interpretieren ③ (*uma língua*) dolmetschen

intérprete *mf* ① (*de línguas*) Dolmetscher(in) *m(f)* ② (*de um papel*) Darsteller(in) *m(f)*; (*de uma música*) Interpret(in) *m(f)*

interregno *m* (*elev*) Unterbrechung *f*

interrogação <-ões> *f* ① (*pergunta*) Frage *f* ② (*interrogatório*) Vernehmung *f*, Verhör *nt*

interrogar <g→gu> *vt* befragen; (*testemunhas*) vernehmen, verhören

interrogatório *m* Verhör *nt*, Vernehmung *f*

interromper [ĩntəʀɔ̃m'per] *vt* ① (*um processo*) unterbrechen; (*definitivamente*) abbrechen ② (*uma pessoa*) unterbrechen, ins Wort fallen

interrupção <-ões> *f* Unterbrechung *f*; (*definitiva*) Abbruch *m*; ~ **voluntária da gravidez** Schwangerschaftsabbruch *m*

interruptor [ĩntəʀup'tor] *m* (ELECTR) Schalter *m*

interseção *f* (*brasil*) *v.* **intersecção**

intersecção *f* (*portugal:* MAT) Schnittpunkt *m*

intersectar *vt* (*portugal:* MAT) den Schnittpunkt bestimmen von

intersetar *vt* (*brasil*) *v.* **intersectar**

interurbano *adj* (TEL) **serviço** ~ Inlandsverbindungen *pl*; **chamada interurbana** Ferngespräch *nt*

intervalo [ĩntər'valu] *m* ① (*de tempo*) Zeitspanne *f*, Zeitraum *m*; (*pausa*) Pause *f*, Unterbrechung *f*; **fazer um** ~ eine Pause machen ② (*distância*) Abstand *m*, Zwischenraum *m*; **deixar um** ~ **entre alguém/a. c.** Abstand zu jdm/etw halten

intervenção <-ões> *f* ① (*interferência*) Eingreifen *nt* ② (MED) Eingriff *m*, Operation *f* ③ (MIL) Intervention *f*

interveniente *mf* ① (*participante*) Teilnehmer(in) *m(f)* ② (*intermediário*) Vermittler(in) *m(f)*

intervir *irr como vir vi* ① (*numa conversa, num debate*) teilnehmen (*em* an) ② (*agir*) eingreifen, intervenieren; (*polícia*) einschreiten

intestinal <-ais> *adj* Darm ...

intestino [ĩntəʃ'tinu] *m* Darm *m*; ~ **delgado** Dünndarm *m*; ~ **grosso** Dickdarm *m*

íntima *adj f de* **íntimo**

intimação <-ões> *f* Aufforderung *f*; (DIR) Vorladung *f*

intimamente *adv* im Vertrauen; **estar** ~ **relacionado com a. c.** mit etw eng verbunden sein

intimar *vt* auffordern; (DIR) vorladen

intimidade *f* Intimität *f*; **ter** ~ **com alguém** mit jdm eng befreundet sein

intimidar **I.** *vt* einschüchtern; **deixar-se** ~ **por alguém/a. c.** sich von jdm/etw einschüchtern lassen **II.** *vr* sich einschüchtern lassen (*com* von)

íntimo **I.** *m* Innerste *nt*; **no** ~ im Innersten **II.** *adj* ① (*vida, assunto*) privat, intim ② (*amigo*) eng

intitular **I.** *vt* betiteln **II.** *vr* den Titel tragen

intolerância *f* Intoleranz *f*

intolerante *adj* intolerant

intolerável <-eis> *adj* ① (*inadmissível*) untragbar ② (*insuportável*) unerträglich

intoxicação [ĩntɔksikɐ'sãu] <-ões> *f* Vergiftung *f*; ~ **alimentar** Lebensmittelvergiftung *f*

intoxicar <c→qu> **I.** *vt* vergiften **II.** *vr* sich vergiften

intraduzível <-eis> *adj* unübersetzbar

intragável <-eis> *adj* ① (*comida*) ungenießbar ② (*insuportável*) unerträglich

intramuscular *adj* intramuskulär

intranquilo (*portugal*), **intranqüilo** *adj* (*brasil*) unruhig

intransigência *f* Unnachgiebigkeit *f*

intransigente *adj* unnachgiebig

intransitável <-eis> *adj* (*rua, caminho*) unpassierbar; (*de carro*) nicht befahrbar

intransitivo *adj* (LING) intransitiv

intransmissível <-eis> *adj* unübertragbar

intransponível <-eis> *adj* (*barreira, dificuldade*) unüberwindbar

intratável <-eis> *adj* unfreundlich, mürrisch; (*mal-educado*) respektlos, barsch

intravenoso *adj* intravenös

intriga *f* Intrige *f*

intrigado *adj* neugierig; **estar** ~ **com a. c.** etw zu gerne wissen wollen

intrigante *adj* ① (*com intrigas*) intrigant ② (*assunto*) interessant, spannend

intrigar <g→gu> **I.** *vt* neugierig machen **II.** *vi* intrigieren
intriguista *mf* Intrigant(in) *m(f)*
intrínseco *adj* ① (*interior*) innerlich ② (*inerente*) innewohnend, eigen ③ (*essencial*) wesentlich
introdução <-ões> *f* ① (*de sistema*) Einführung *f;* (*de disquete*) Einlegen *nt;* (*de moeda*) Einwurf *m* ② (*de texto, discurso*) Einleitung *f* ③ (MÚS) Vorspiel *nt,* Einleitung *f*
introduzir I. *vt* (*novo sistema*) einführen (*em* in); (*mão, chave*) hineinstecken (*em* in); (*disquete*) einlegen (*em* in); (*moeda*) einwerfen (*em* in); (*um tema*) einführen in **II.** *vr* eindringen (*em* in)
intrometer-se *vr* sich einmischen (*em* in)
intrometido *adj* zudringlich, aufdringlich
intromissão <-ões> *f* Einmischung *f*
introspeção *f* (*brasil*) *v.* **introspecção**
introspecção [ĩntrɔʃpɜ'sãu] <-ões> *f* (*portugal:* PSIC) Selbstbeobachtung *f;* **fazer uma ~** sich selbst beobachten
introvertido *adj* introvertiert, verschlossen
intrujão, -ona <-ões> *m, f* Schwindler(in) *m(f),* Gauner(in) *m(f)*
intrujar *vt* anschwindeln, reinlegen
intrujice *f* Betrügerei *f,* Gaunerei *f*
intruso, -a *m, f* Eindringling *m*
intuição *f* Intuition *f*
intuitivo *adj* intuitiv
intuito *m* ① (*intenção*) Absicht *f* ② (*propósito*) Zweck *m*
inultrapassável *adj* unüberwindbar
inúmero *adj* unzählig; **inúmeras vezes** unzählige Male
inundação <-ões> *f* Überschwemmung *f*
inundado *adj* ① (*com água*) überschwemmt, überflutet ② (*cheio*) überschwemmt
inundar *vt* ① (*com água*) überschwemmen, überfluten ② (*encher*) überschwemmen
inusitado *adj* ungewöhnlich
inútil <-eis> *adj* ① (*pessoa*) unnütz ② (*objecto*) unnütz, unbrauchbar ③ (*acção*) zwecklos, nutzlos; (*tentativa*) vergeblich
inutilizado *adj* (*objecto*) **estar ~** zerstört sein, kaputt sein; (*bilhete*) entwertet sein; (*pessoa*) arbeitsunfähig sein
inutilizar *vt* (*objecto*) zerstören; (*bilhete*) entwerten; (*cartão*) beschädigen
invadir *vt* ① (*uma casa*) eindringen in; (MIL) einfallen in, einmarschieren in ② (*água*) überfluten, überschwemmen; (*doença*) heimsuchen ③ (*sentimento*) überkommen, überfallen
inválida *f de* **inválido**
invalidar *vt* (*um contrato, uma lei*) für ungültig erklären
invalidez *f* (MED) Invalidität *f*
inválido, -a I. *m, f* Invalide **II.** *adj* ① (*pessoa*) invalide, arbeitsunfähig ② (*documento*) ungültig
invariável <-eis> **I.** *f* (MAT) Konstante *f* **II.** *adj* unveränderlich
invasão <-ões> *f* (*de uma casa*) Eindringen *nt;* (MIL) Einfall *m* (*de* in), Invasion *f;* **~ da privacidade** Eindringen in die Privatsphäre; (DIR); **~ de domicílio** Hausfriedensbruch *m*
invasor(a) *m(f)* (MIL) Invasor(in) *m(f),* Eroberer, Eroberin *m, f*
inveja *f* Neid *m;* **ter ~ de alguém** auf jdn neidisch sein
invejar *vt* (*uma pessoa*) beneiden; (*um objecto*) neidisch sein auf; **~ a. c. a alguém** jdn um etw beneiden
invejável <-eis> *adj* beneidenswert
invejoso, -a I. *m, f* Neider(in) *m(f)* **II.** *adj* neidisch
invenção <-ões> *f* Erfindung *f*
invencível <-eis> *adj* ① (*inimigo*) unbesiegbar ② (*obstáculo*) unüberwindbar
inventar *vt* erfinden
inventariação <-ões> *f* Inventur *f*
inventariar *vt* Inventur machen von
inventário *m* ① (*rol*) Inventar *nt,* Bestandsverzeichnis *nt* ② (*inventariação*) Inventur *f*
inventivo *adj* erfinderisch
invento *m* Erfindung *f*
inventor(a) *m(f)* Erfinder(in) *m(f)*
Inverno [ĩ'vɜrnu] *m* Winter *m*
inverosímil *adj* ① (*improvável*) unwahrscheinlich ② (*inacreditável*) unglaubwürdig
inverossímil <-eis> *adj* (*brasil*) *v.* **inverosímil**
inversa *adj f de* **inverso**
inversão <-ões> *f* Umkehrung *f;* (LING) Umstellung *f*
inverso I. *m* Gegenteil *nt* **II.** *adj* ① (*ordem*) umgekehrt ② (*oposto*) entgegengesetzt
inversões *f pl de* **inversão**
invertebrado *adj* (ZOOL) wirbellos
inverter *vt* umkehren, umdrehen; (LING) umstellen
invertido *adj* umgekehrt
invés *adv* **ao ~ de** statt, anstatt

investida *f* (MIL) Angriff *m* (*sobre* auf), Überfall *m* (*sobre* auf)
investidor(a) *m(f)* Investor(in) *m(f)*
investigação <-ões> *f* Erforschung *f*, Untersuchung *f*; ~ **científica** Forschung *f*; ~ **policial** polizeiliche Ermittlung *f*
investigador(a) *m(f)* Forscher(in) *m(f)*; ~ **científico** Wissenschaftler *m*
investigar <g→gu> *vt* untersuchen, erforschen; (*polícia*) ermitteln; ~ **um caso** in einem Fall ermitteln
investimento *m* Investition *f*
investir *irr como vestir* **I.** *vt* (*dinheiro*) anlegen (*em* in), investieren (*em* in); (*tempo*) investieren (*em* in), aufwenden (*em* für) **II.** *vi* angreifen (*contra*), überfallen (*contra*)
inveterado *adj* leidenschaftlich; **ser um desportista** ~ ein leidenschaftlicher Sportler sein
inviável <-eis> *adj* undurchführbar, nicht praktikabel
invicto *adj* unbesiegt
inviolável <-eis> *adj* (*código*) unverletzbar, unantastbar
invisível <-eis> *adj* unsichtbar
invisual **I.** *mf* Blinde **II.** *adj* blind
in vitro *adv* (MED) in vitro; **fecundação** ~ In-vitro-Fertilisation *f*
invocado *adj* (*brasil*) **estar** ~ grübeln (*com* über)
invocar <c→qu> *vt* 1 (*uma razão*) anführen, vorbringen 2 (*um espírito*) anrufen
invólucro *m* Hülle *f*
involuntário *adj* unabsichtlich, unbeabsichtigt; (*homicídio*) fahrlässig
invulgar [ĩvul'gar] *adj* ungewöhnlich, außergewöhnlich
iodo ['jodu] *m* (QUÍM) Jod *nt*
ioga [i'ɔgɐ] *m* Yoga *nt*
iogurte *m* Joghurt *m*
ioiô (*brasil*), **io-ió** *m* (*portugal*) Jo-Jo *nt*
íon <-es> *m* (FÍS: *brasil*) Ion *nt*
IPQ *abr de* **Instituto Português da Qualidade** Portugiesisches Institut für Qualitätssicherung
ípsilon *m* Ypsilon *nt*
IR *m abr de* **Imposto de Renda** Einkommenssteuer *m*
ir [ir] *irr* **I.** *vi* 1 (*a pé, geral*) gehen; (*com transporte*) fahren; (*partir*) abfahren; ~ **a cavalo** reiten; ~ **de carro** mit dem Auto fahren; ~ **de avião** fliegen; ~ **a pé** zu Fuß gehen; ~ **embora** weggehen; **já vou!** ich komme schon!; **vais à festa?** gehst du zu der Party?; **ela já foi** (**embora**) sie ist schon gegangen; **onde vais?** wohin gehst du?; **vamos** (**embora**)! gehen wir!; (*pessoa*); ~ **abaixo** zusammenbrechen; (INFOR) abstürzen 2 (*dirigir-se*) sich begeben (*a* zu), gehen (*a* zu) 3 (*estar, passar*) laufen, gehen; **como vais?** wie läuft es bei dir?, wie geht es dir?; **ele não vai muito bem** es geht ihm nicht sehr gut; **como é que vai o trabalho?** wie läuft die Arbeit? 4 (*futuro*) ~ **fazer a. c.** bald etw tun; **vou sair** ich gehe gleich; **eu vou trabalhar amanhã** morgen werde ich arbeiten 5 (+ *gerúndio*) ~ **fazendo a. c.** langsam etw tun; **eu vou andando/indo** ich mache mich auf den Weg; **já vai sendo altura de ...** es wird langsam Zeit, dass ... **II.** *vr* 1 (*partir*) ~**-se** (**embora**) weggehen, gehen 2 (*coloq: morrer*) sterben
ira *f* Zorn *m*, Wut *f*
Irã *m* (*brasil*) Iran *m*
irado [i'radu] *adj* zornig, wütend
iraniano, -a **I.** *m, f* Iraner(in) *m(f)* **II.** *adj* iranisch
Irão *m* Iran *m*
Iraque *m* Irak *m*
iraquiano, -a **I.** *m, f* Iraker(in) *m(f)* **II.** *adj* irakisch
irascível <-eis> *adj* reizbar, jähzornig
IRC *abr de* **Imposto sobre o Rendimento de Pessoas Colectivas** Körperschaftsteuer
íris *f* Iris *f*
Irlanda *f* Irland *nt*
irlandês, -esa **I.** *m, f* Ire, Irin *m, f* **II.** *adj* irisch
irmão, irmã [ir'mãu] <-s, -s> *m, f* Bruder *m*, Schwester *f*; ~ **gémeo** [*o brasil* **gêmeo**] Zwillingsbruder *m*; ~**s** Geschwister *pl*
ironia *f* Ironie *f*; **isso é ~ do destino** das ist eine Ironie des Schicksals
irónica (*portugal*), **irônica** *adj* (*brasil*) *f de irónico, irônico* **v. irónico**
ironicamente *adv* ironisch
irónico (*portugal*), **irônico** *adj* (*brasil*) ironisch
irra *interj* ~! zum Donnerwetter!
irracional <-ais> *adj* irrational, unvernünftig
irracionalidade *f* Irrationalität *f*, Unvernunft *f*
irradiação <-ões> *f* Ausstrahlung *f*
irradiar *vt* (*luz, felicidade*) ausstrahlen

irreal <-ais> *adj* irreal, unwirklich
irreconciliável <-eis> *adj* unversöhnlich
irreconhecível <-eis> *adj* unerkennbar, nicht wiederzuerkennen; **ele está ~** er ist nicht wiederzuerkennen
irrecuperável <-eis> *adj* unwiederbringbar
irrecusável <-eis> *adj* nicht zurückzuweisen, nicht ablehnbar; **uma proposta ~** ein nicht zurückzuweisender Vorschlag
irredutível <-eis> *adj* (*pessoa*) unbeugsam, kompromisslos
irreflectido *adj* (*portugal*) unüberlegt, unbedacht
irrefletido *adj* (*brasil*) *v.* **irreflectido**
irrefutável <-eis> *adj* unumstößlich, unwiderlegbar
irregular *adj* ❶ (LING: *ritmo*) unregelmäßig ❷ (*superfície*) uneben
irregularidade *f* ❶ (*no ritmo*) Unregelmäßigkeit *f* ❷ (*em superfície*) Unebenheit *f* ❸ (*falha, diferença*) Unstimmigkeit *f*
irrelevante *adj* unerheblich, irrelevant
irremediável <-eis> *adj* ❶ (*situação*) nicht wiedergutzumachen ❷ (*pessoa*) unverbesserlich
irremissível <-eis> *adj* unverzeihlich, unentschuldbar
irreparável <-eis> *adj* ❶ (*estrago*) unersetzlich ❷ (*situação, erro*) nicht wiedergutzumachen
irrepreensível <-eis> *adj* einwandfrei, tadellos
irrequieto *adj* unruhig
irresoluto *adj* (*pessoa*) unentschlossen, unschlüssig
irrespirável <-eis> *adj* stickig
irresponsabilidade *f* Unverantwortlichkeit *f*
irresponsável <-eis> *adj* (*pessoa, acto*) unverantwortlich, verantwortungslos
irreverência *f* Respektlosigkeit *f*
irreverente *adj* respektlos
irrevogável <-eis> *adj* unwiderruflich, endgültig
irrigação <-ões> *f* (*de terreno, jardim*) Bewässerung *f;* (*de rua*) Sprengen *nt,* Abspritzen *nt*
irrigar <g→gu> *vt* (*terreno, jardim*) bewässern; (*rua*) sprengen, spritzen
irrisório *adj* lächerlich
irritabilidade *f* Reizbarkeit *f*
irritação <-ões> *f* ❶ (*sentimento*) Verärgerung *f,* Aufregung *f* ❷ (*na pele*) Reizung *f,* Ausschlag *m*
irritada *adj f de* **irritado**
irritadiço *adj* reizbar
irritado *adj* ❶ (*pessoa*) verärgert ❷ (*pele*) gereizt
irritante *adj* ärgerlich
irritar **I.** *vt* (*pessoa*) verärgern, reizen; (*pele*) reizen **II.** *vr* ärgerlich werden, sich aufregen
irromper *vi* ❶ (*pessoa*) (gewaltsam) eindringen (*em* in, *por* durch) ❷ (*ódio*) aufbrechen
IRS *abr de* **Imposto sobre o Rendimento de Pessoas Singulares** Einkommensteuer
isca *f v.* **isco**
isco *m* (*fig*) Köder *m;* **morder o ~** anbeißen
isenção <-ões> *f* Befreiung *f;* **~ de impostos** Steuerbefreiung *f*
isento *adj* frei; **~ de impostos/taxas** steuerfrei/gebührenfrei
Islã *m* (*brasil*) Islam *m*
islâmico *adj* islamisch
islamismo *m* Islam *m*
islandês, -esa **I.** *m, f* Isländer(in) *m(f)* **II.** *adj* isländisch
Islândia *f* Island *nt*
Islão *m* Islam *m*
isolado *adj* ❶ (*lugar*) abgelegen; (*pessoa*) isoliert (*de* von) ❷ (ELECTR) isoliert
isolamento *m* ❶ (*separação*) Absonderung *f,* Isolierung *f* ❷ (ELECTR) Isolierung *f,* Isolation *f*
isolar **I.** *vt* (*separar*) absondern, isolieren; (ELECTR) isolieren **II.** *vr* sich absondern (*de* von), sich isolieren (*de* von)
isopor <-es> *m* (*brasil*) Styropor ® *nt*
isósceles *adj* (MAT) gleichschenklig
isótopo *m* Isotop *nt*
isqueiro *m* Feuerzeug *nt;* (*no automóvel*) Zigarettenanzünder *m;* **acender o ~** das Feuerzeug anzünden
Israel *m* Israel *nt*
israelense *mf* (*brasil*) *v.* **israelita**
israelita **I.** *mf* Israeli **II.** *adj* israelisch
isso ['isu] *pron dem* ❶ (*objecto*) das (da), dies (da); **o que é ~?** was ist das?; **da cá ~!** gib das her! ❷ (*assunto*) das; **~ mesmo!** ganz genau!; **~ é contigo!** das ist deine Sache!; **~ não interessa** das interessiert nicht; **por ~** deshalb
istmo *m* Landenge *f,* Isthmus *m*
isto *pron dem* ❶ (*objecto*) das (hier), dies (hier); **o que é ~?** was ist das hier? ❷ (*assunto*) das; **~ é** das heißt; **com ~** hiermit, damit

Itália *f* Italien *nt*

italiano, -a **I.** *m, f* Italiener(in) *m(f)* **II.** *adj* italienisch

itálico **I.** *m* Kursivschrift *f;* **escrever a. c. em ~** etw kursiv schreiben **II.** *adj* kursiv

item <-ens> *m* ① (*de lista, tabela*) Posten *m,* Position *f* ② (*de texto, contrato*) einzelne(r) Punkt *m*

itinerário [itinə'rarju] *m* ① (*rota*) Route *f,* Strecke *f* ② (*horário de viagem*) Fahrplan *m*

Iugoslávia *f* (*brasil*) Jugoslawien *nt*

iugoslavo, -a **I.** *m, f* (*brasil*) Jugoslawe, Jugoslawin *m, f* **II.** *adj* (*brasil*) jugoslawisch

J j

J, j ['ʒɔtɐ] *m* J, j *nt*

já [ʒa] **I.** *adv* (*antecipadamente, anteriormente*) schon, bereits; **~ estiveste em Portugal?** warst du schon (einmal) in Portugal?; **~ não sei** ich weiß es nicht mehr; (*agora*) jetzt; **desde ~** von nun an; **para ~** fürs erste, vorläufig; **~ chega!** jetzt reicht es!, Schluss jetzt!; **~ agora ...** da du/wir schon dabei bist/sind ...; (*dentro de pouco tempo*) gleich; **até ~!** bis gleich!; **vou ~!** ich komme schon!; (*imediatamente*) sofort, sogleich; **faz isso ~!** mach das auf der Stelle!; (*por outro lado*) schon; **não gosto de filmes de terror; ~ os de ficção agradam-me mais** ich mag keine Horrorfilme; Sciencefiction gefällt mir (da) schon besser; **até ~** sogar **II.** *konj* **~ que** da

jaburu *m* (*brasil*) ① (ZOOL) Jabiru *m* (*südamerikanischer Storchenvogel*) ② (*pej: pessoa esquisita*) komischer Vogel

jabuticaba *f* Jabuticaba *f* (*kleine runde Baumstammkirsche mit einer ungenießbaren schwarzen Schale und süßem weißem Fruchtfleisch*)

jaca *f* Jackfrucht *f* (*gelb-grünliche, länglich-ovale Frucht mit Noppen; das Fruchtfleisch ist gelb bis hellviolett und schmeckt in etwa wie Bananen*)

jacarandá *m* (*brasil:* BOT) Palisander *m*

jacaré *m* (ZOOL) Kaiman *m*

jacente **I.** *m* Brückenbogen *m* **II.** *adj* liegend

jacinto *m* (BOT) Hyazinthe *f*

jackpot *m* Jackpot *m*

jacobino, -a *m, f* (HIST) Jakobiner(in) *m(f)*

jactância *f* Prahlerei *f,* Aufschneiderei *f*

jacto ['ʒatu] *m* ① (*de água*) Strahl *m* ② (AERO) Düsenflugzeug *nt;* **propulsão a ~** Düsenantrieb *m*

jade *m* Jade *m*

jaguar *m* (ZOOL) Jaguar *m*

jaguatirica *f* Ozelot *m*

jagunço *m* (*coloq brasil*) Leibwächter *m,* Gorilla *m*

jamais *adv* ① (*nunca*) nie, niemals; **eu ~ irei lá** niemals werde ich dorthin gehen; **~ pensei em tal coisa** nie habe ich an so etwas gedacht ② (*alguma vez*) je, jemals; **é o mais bonito que eu ~ vi** das ist das Schönste, was ich je gesehen habe

jamanta (*brasil*) **I.** *f* (ZOOL) Mantarochen *m* **II.** *mf* (*pej coloq*) Gammler(in) *m(f)*

janeiras *fpl* Neujahrslieder *pl*

Janeiro [ʒɐ'neiru] *m* Januar *m; v.* **Março**

janela [ʒɐ'nɜlɐ] *f* Fenster *nt;* **~ dupla** Doppelfenster *nt;* **estar à ~** am Fenster stehen, aus dem Fenster schauen

jangada *f* Floß *nt*

janota *adj* flott, schick

janta *f* (*reg*) Abendbrot *nt*

jantar [ʒɐ̃n'tar] **I.** *m* Abendessen *nt,* Abendbrot *nt;* **fazer o ~** das Abendessen machen **II.** *vi* zu Abend essen

jantarada *f* Gelage *nt*

jante *f* Felge *f*

Japão *m* Japan *nt*

japoneira *f* (BOT) Kamelie *f*

japonês, -esa **I.** *m, f* Japaner(in) *m(f)* **II.** *adj* japanisch

jaqueta *f* Jacke *f,* Jackett *nt*

jararaca *f* ① (ZOOL: *serpente*) Jararaca-Lanzenotter *m* (*brasilianische Giftschlange der Gattung Bothrops*) ② (*coloq brasil*) Zicke *f*

jarda *f* Yard *nt*

jardim [ʒɐr'dĩ] <-ins> *m* Garten *m;* (*público*) Park *m,* Grünanlage *f;* **~ botânico/zoológico** botanischer/zoologischer Garten; **~ infantil** Kindergarten *m*

jardim-de-infância <jardins-de-infância> *m* Kindergarten *m*

jardim-escola *m* Kindergarten *m*

jardinagem *f* Gartenbau *m*

jardinar [ʒɐrdi'nar] *vi* gärtnern

jardineiras *fpl* Latzhose *f*

jardineiro, -a *m, f* Gärtner(in) *m(f)*
jardins *m pl de* **jardim**
jargão <-ões> *m* (LING) Jargon *m*
jarra ['ʒaʀɐ] *f* ① (*de flores*) Vase *f,* Blumenvase *f* ② (*de água*) Krug *m*
jarrão <-ões> *m* große Schmuckvase *f*
jarro *m* ① (*de água*) Krug *m* ② (BOT) Aronstab *m*
jarrões *m pl de* **jarrão**
jasmim <-ins> *m* (BOT) Jasmin *m*
jato *m* (*brasil*) *v.* **jacto**
jaula *f* Käfig *m*
Java *f* Java *nt*
javali, javalina *m, f* (ZOOL) Wildschwein *nt,* Wildsau *f,* Bache *f*
javardar *vi* (*coloq*) sich in den Mittelpunkt stellen, auffallen; (*pej*) aus der Rolle fallen, sich danebenbenehmen
javardice *f* ① (*coloq: borga*) auffallende(s) Benehmen *nt* ② (*imundície*) Schmutz *m,* Dreck *m*
javardo, -a *m, f* ① (*coloq: brincalhão*) Spaßvogel *m,* Witzbold *m* ② (*coloq: imundo*) Schmutzfink *m*
jazer *vi* liegen; (*no cemitério*) ruhen, begraben sein; **aqui jaz ...** hier ruht ...
jazida *f* ① (*no cemitério*) (letzte) Ruhestätte *f* ② (*de minério*) Lagerstätte *f*
jazigo *m* ① (*sepultura*) Grab *nt,* Grabstätte *f* ② (*de minério*) Lagerstätte *f*
jazz [dʒɜz] *m* (MÚS) Jazz *m*
jeans *mpl* Jeans *fpl*
jeca-tatu <jecas-tatus> *m* (*brasil*) Hinterwäldler *m*
jeitinho *m* ① (*aptidão*) Geschick *nt;* **ele não tem ~ nenhum para isso** er hat kein Händchen dafür ② (*cuidado*) Sorgfalt *f,* Genauigkeit *f;* **fazer a. c. com ~** etw sorgfältig machen ③ (*desvio*) **dá-me um ~?** würden Sie mich bitte vorbeilassen?
jeito *m* ① (*aptidão, destreza*) Geschick *nt,* Talent *nt;* **falta de ~** Ungeschicktheit *f;* **sem ~** ohne Pfiff; **ter ~ para** (**fazer**) **a. c.** Talent für etw haben; **tomar o ~ a a. c.** etw in den Griff bekommen; **isso não tem ~ nenhum!** das ist aber gar nicht lustig!; **não dá ~** das ist unpraktisch; **não me dá ~** es passt mir nicht; **estar a ~** griffbereit sein; **fazer ~** gerade recht kommen ② (*de uma pessoa*) Art *f* ③ (*maneira*) Art *f,* Weise *f;* **de que ~?** wie?; **de ~ nenhum!** auf keinen Fall!; **em ~ de** als ④ (*arranjo*) Handgriff *m;* (*situação*); **dar um ~ a** geradebiegen, ins Lot bringen; **dar um ~ ao cabelo** sich die Haare zurechtmachen *+dat;* **dar um ~ à casa** die Wohnung aufräumen; **não vejo ~** ich sehe keine Möglichkeit ⑤ (*torcedura*) Verstauchung *f;* **dar um ~ no pé** sich den Fuß verstauchen *+dat* ⑥ (*defeito*) Beschwerde *f;* **ela tem um ~ numa perna** sie hat ein Beinleiden ⑦ (*coloq: favor*) Gefallen *m;* **fazer um ~ a alguém** jdm einen Gefallen tun
jeitoso *adj* ① (*habilidoso*) geschickt, gewandt ② (*casa, sala*) groß, geräumig; (*sofá*) bequem; (*apetrecho*) handlich ③ (*aparência*) hübsch
jejuar *vi* fasten
jejum [ʒə'ʒũ] <-uns> *m* Fasten *nt;* **estar em ~** noch nichts gegessen haben, einen nüchternen Magen haben
jenipapo *m* (*brasil*) Jenipapo-Frucht *f, aromatische feigenähnliche Frucht des Jenipapo-Baums*
jerico *m* (ZOOL) Esel *m*
jeropiga *f* Likör *m*
jesuíta I. *m* Jesuit *m* **II.** *adj* jesuitisch
Jesus *m* Jesus *m;* **~!** herrje!, ojemine!
jibóia *f* (ZOOL) Boa (constrictor) *f*
jiló *m* (*brasil*) Brasilianische Jiló-Tomate (*bittere tomatenähnliche Frucht*)
jipe *m* Jeep ® *m*
joalharia [ʒwɐʎɐ'riɐ] *f* Schmuckgeschäft *nt,* Juwelierladen *m*
joalheiro, -a *m, f* Juwelier(in) *m(f)*
joalheria *f* (*brasil*) *v.* **joalharia**
joanete *m* Überbein *nt*
joaninha *f* (ZOOL) Marienkäfer *m*
joão-ninguém *m* Niemand *m*
João Pessoa (*brasil*) João Pessoa (*Hauptstadt des Bundesstaates Paraíba*)
joão-pestana *m* Sandmännchen *nt*
jocosa *adj f de* **jocoso**
jocosidade *f* Heiterkeit *f,* Fröhlichkeit *f*
jocoso *adj* fröhlich, lustig
joelheira *f* (DESP) Knieschützer *m*
joelho ['ʒweʎu] *m* Knie *nt;* **de ~s** kniend; **estar de ~s** knien; **pôr-se de ~s** sich hinknien
jogada *f* (DESP) Spielzug *m;* (*no xadrez*) Zug *m;* (*nas cartas*) Ausspiel *nt;* **foi uma boa ~** das war ein guter Zug
jogador(**a**) *m(f)* Spieler(in) *m(f)*
jogar [ʒu'gar] <g→gu> **I.** *vt* (*um jogo*) spielen; (*uma carta*) ausspielen; **~ às cartas** Kar-

J

ten spielen; ~ **a última cartada** den letzten Trumpf ausspielen; (*arriscar*) aufs Spiel setzen, riskieren; (*brasil: atirar*) werfen; (*esp brasil*); ~ **fora** wegwerfen **II.** *vi* spielen; ~ **na Bolsa** an der Börse spekulieren

jogging ['dʒɔgiŋ] *m* Jogging *nt;* **fazer** ~ joggen

jogo ['ʒɔgu] *m* ❶ (*diversão*) Spiel *nt;* ~ **de azar** Glücksspiel *nt;* ~ **da Bolsa** Börsenspekulation *f;* ~ **de palavras** Wortspiel *nt;* ~ **de pebolim** Tischfußballspiel *nt;* **Jogos Olímpicos** Olympische Spiele ❷ (*conjunto*) Satz *m;* (*de lençóis, toalhas*) Garnitur *f*

jóia *f* ❶ (*para adorno*) Schmuckstück *nt,* Juwel *nt;* ~**s** Schmuck *m* ❷ (*de inscrição*) Aufnahmegebühr *f,* Einschreibgebühr *f* ❸ (*coloq: pessoa*) Schatz *m;* **ele é uma** ~ er ist ein Schatz

joio *m* (BOT) Lolch *m*

jóquei *m* (DESP) Jockei *m,* Jockey *m*

Jordânia *f* Jordanien *nt*

jornada *f* ❶ (*dia*) Tag *m;* (*de trabalho*) Arbeitstag *m;* (DESP) Sportfest *nt* ❷ (*viagem*) Tagesreise *f*

jornal [ʒur'nal] <-ais> *m* Zeitung *f*

jornaleco *m* (*coloq*) Käseblatt *nt,* Provinzblatt *nt*

jornaleiro, -a *m, f* ❶ (*trabalhador*) Tagelöhner(in) *m(f)* ❷ (*brasil: ardina*) Zeitungsverkäufer(in) *m(f)*

jornalismo *m* Journalismus *m,* Pressewesen *nt*

jornalista *mf* Journalist(in) *m(f)*

jornalístico *adj* journalistisch

jorrar *vi* (*água, palavras*) heraussprudeln

jorro *m* (dicker) Strahl *m*

jovem ['ʒɔvãi] <-ens> **I.** *mf* Jugendliche **II.** *adj* jung

jovial <-ais> *adj* heiter, fröhlich

jovialidade *f* Fröhlichkeit *f,* Heiterkeit *f*

juba *f* Mähne *f*

jubilado *adj* (*professor*) emeritiert

jubilar-se *vr* (*professor*) emeritiert werden

jubileu *m* Jubiläum *nt*

júbilo *m* Jubel *m,* Freude *f*

jubiloso *adj* jubelnd, voller Freude

judaico *adj* jüdisch

judaísmo *m* Judentum *nt*

judas *m* Verräter *m*

judeu I. *m* Jude *m* **II.** *adj* jüdisch

judia *f* Jüdin *f*

judiação <-ões> *f* (*brasil*) *v.* **judiaria**

judiar *vi* (*coloq*) sich lustig machen (*de* über)

judiaria *f* (*coloq*) Schabernack *m*

judicial <-ais> *adj* ❶ (*de tribunal*) gerichtlich, Gerichts ... ❷ (*de direito*) Justiz ...

judiciária *f* (*coloq*) Kripo *f*

judiciário *adj* Gerichts ..., gerichtlich; **o poder** ~ die richterliche Gewalt

judicioso *adj* (*sensato*) vernünftig, verständig

judo *m* Judo *nt*

judô *m* (*brasil*) *v.* **judo**

judoca *mf* (DESP) Judoka *m*

Jugoslávia *f* Jugoslawien *nt*

jugoslavo, -a I. *m, f* Jugoslawe, Jugoslawin *m, f* **II.** *adj* jugoslawisch

juiz, -a *m, f* (DIR) Richter(in) *m(f);* (DESP); ~ **de linha** Linienrichter *m*

juízo *m* ❶ (*sensatez*) Vernunft *f,* Verstand *m;* **ter** ~ vernünftig sein; **ganhar/tomar** ~ Vernunft annehmen; **ganha** ~**!** nimm doch Vernunft an!; **perder o** ~ den Verstand verlieren; (**não**) **estar no seu perfeito** ~ (nicht) ganz bei Sinnen sein; ~**!** sei vernünftig! ❷ (*sentença*) Urteil *nt;* (*parecer*) Gutachten *nt;* **formar um** ~ **sobre** sich ein Urteil bilden über +*dat;* **o Juízo Final** das Jüngste Gericht

julgamento *m* ❶ (DIR: *audiência*) Gerichtsverhandlung *f* ❷ (*acção de julgar*) Verurteilung *f*

julgar <g→gu> **I.** *vt* (*sentenciar*) urteilen über; (DIR) verurteilen; **o juiz julgou o réu** der Richter verurteilte den Angeklagten; **ele está sempre a** ~ **os outros** er urteilt immer über andere; (*avaliar*) beurteilen; (*considerar*) halten für **II.** *vi* (*crer*) glauben; **julgo que sim/não** ich glaube ja/nein **III.** *vr* sich halten für; **ele julga-se o melhor** er hält sich für den Besten; **ela julga-se capaz de tudo** sie meint, sie kann alles

Julho ['ʒuʎu] *m* Juli *m; v. tb.* **Março**

juliana *f* (ZOOL) Pollack *m*

jumento, -a *m, f* Esel(in) *m(f)*

junção <-ões> *f* ❶ (*acção de juntar*) Verbindung *f* ❷ (*ponto*) Verbindungsstelle *f*

junco *m* (BOT) Binse *f*

Junho ['ʒuɲu] *m* Juni *m; v.* **Março**

júnior <juniores> **I.** *m* Junior *m* **II.** *adj* junior

junta I. *f* ❶ (*corporação*) Rat *m;* ~ **de freguesia** *Teil der Kommunalverwaltung in Portugal* ❷ (*comissão*) Ausschuss *m* ❸ (*ligação*) Fuge *f* ❹ (*de bois*) Gespann *nt* **II.** *adj f de* junto I

juntamente [ʒũntɐ'mẽntə] *adv* zusammen (*com* mit)

juntar <*pp* junto *o* juntado> **I.** *vt* ① (*unir*) verbinden (*a* mit); ~ **o útil ao agradável** das Angenehme mit dem Nützlichen verbinden ② (*reunir*) versammeln ③ (*acrescentar*) hinzufügen; (*anexar*) beilegen, beifügen ④ (*amontoar*) anhäufen; (*dinheiro*) sparen **II.** *vr* ① (*unir-se*) sich zusammenschließen (*a* mit), sich vereinigen (*a* mit); **~-se a alguém** sich jdm anschließen ② (*reunir-se*) sich versammeln ③ (*casal*) zusammenziehen (*com* mit)

junto ['ʒũntu] **I.** *adj* (*um com o outro*) miteinander; (*um ao pé do outro*) beieinander; **~s** zusammen; **todos ~s** alle zusammen; (*em anexo*) beiliegend; (*ligado*) verbunden **II.** *adv* (*ao lado*) daneben; (*em anexo*) beiliegend; (*de uma vez*) zusammen; **tudo ~** alles zusammen, alles auf einmal **III.** *prep* **~ a/de** neben, bei

jura *f* Schwur *m*

jurado, -a *m, f* (DIR) Geschworene

juramento *m* Eid *m;* **sob ~** unter Eid; **fazer um ~** einen Eid leisten; **~ falso** Meineid *m;* **~ de bandeira** Fahneneid *m*

jurar *vi* schwören

júri *m* (*de uma prova*) Prüfungsausschuss *m;* (*de um concurso*) Jury *f;* (DIR) Geschworene *pl*

jurídico *adj* juristisch, Rechts ...

jurisdição <-ões> *f* ① (*aplicação das leis*) Rechtsprechung *f* ② (*território*) Gerichtsbezirk *m* ③ (*competência*) Befugnis *f*

jurisprudência *f* (DIR) Rechtswissenschaft *f*

jurista *mf* (DIR) Jurist(in) *m(f)*

juro *m* (ECON) Zins *m;* **sem ~s** zinslos; **pagar a. c. com/sem ~s** für etw Zinsen/keine Zinsen bezahlen

jururu *adj* (*brasil*) niedergeschlagen, deprimiert

jus *m* **fazer ~ a a. c.** etw gerecht werden

jusante *f* Ebbe *f;* **a ~** stromabwärts, flussabwärts

justa **I.** *adj f de* **justo** **II.** *adv* **à ~** knapp; **o carro passa mesmo à ~** der Wagen fährt ganz dicht vorbei

justamente [ʒuʃtɐ'mẽntə] *adv* ① (*precisamente*) gerade; (*exactamente*) genau ② (*com justiça*) mit/zu Recht

justapor *irr como pôr vt* nebeneinanderstellen, nebeneinanderlegen

justaposição <-ões> *f* Nebeneinanderstellung *f;* (GRAM) Juxtaposition *f*

justiça *f* ① (*equidade*) Gerechtigkeit *f;* **fazer ~** Gerechtigkeit üben ② (DIR) Justiz *f*

justiceiro, -a *m, f* gerechtigkeitsliebende(r) Mensch *m*

justificação <-ões> *f* Rechtfertigung *f* (*para* für); (*fundamentação*) Begründung *f* (*para* für)

justificadamente *adv* mit/zu Recht

justificar <c→qu> **I.** *vt* rechtfertigen (*com* mit); (*fundamentar*) begründen (*com* mit); **~ uma falta** eine offizielle Bescheinigung zur Rechtfertigung seines Fehlens vorlegen **II.** *vr* sich rechtfertigen (*por* für)

justificativo *adj* rechtfertigend, Rechtfertigungs ...; (*comprovativo*) Beweis ...

justo *adj* ① (*pessoa, lei, sentença*) gerecht; (*imparcial*) unparteiisch; **não é ~!** das ist ungerecht! ② (*apertado*) knapp, eng; **ficar ~** eng anliegen

juta *f* (BOT) Jute *f*

juvenil <-is> **I.** *m* (ZOOL) junge(r) Fisch *m* **II.** *adj* jugendlich, Jugend ...

juventude *f* Jugend *f*

Kk

K, k ['kapɐ] *m* K, k *nt*

kamikaze *m* (MIL) Kamikaze *m*

kamut *m* (BOT) Kamut *m*

karaoke *m* Karaoke *nt*

karaté *m* Karate *nt*

kart *m* Gokart *m*

kartódromo *m* Gokart-Rennbahn *f*

KB *abr de* **quilobyte** KB (= *Kilobyte*)

Kcal *abr de* **quilocaloria** Kcal (= *Kilokalorie*)

ketchup [kɜ'tʃɐp] *m* Ketschup *nt*

kg *abr de* **quilograma** kg (= *Kilogramm*)

kispo *m* Regenjacke *f*

kit *m* ① (*conjunto*) Satz *m;* **~ de ferramentas** Werkzeugsatz *m;* **~ de primeiros-socorros** Erste-Hilfe-Ausrüstung *f,* Verbandkasten *m;* **~ de remendos** Flickzeug *nt* ② (*de montagem*) Baukasten *m*

kitchenette [kitʃi'nɜtə] *f* Kochnische *f*

K

kiwi *m* Kiwi *f*
km *abr de* **quilómetro** km (= *Kilometer*)
km/h *abr de* **quilómetros por hora** km/h (= *Stundenkilometer*)
knock-out *m* (DESP) Knock-out *m*
know-how *m* Know-how *nt*
K. O. *abr de* **knock-out** k. o (= *Knock-out*)
kosher *adj* (REL) koscher
kümmel *m* Kümmel *m,* Kümmelbranntwein *m*
kV *abr de* **quilovolt** kV (= *Kilovolt*)
kW *abr de* **quilowatt** kW (= *Kilowatt*)

L

L, l ['ʒlə] *m* L, l *nt*
la *pron f* sie, ihn, es; **a Sandra canta; estás a ouvi-~?** Sandra singt; hörst du sie?; **gostas desta mesa? vais comprá-~?** gefällt dir dieser Tisch? willst du ihn kaufen?; **conheces esta canção? ouvimo-~ já pela terceira vez** kennst du dieses Lied? wir hören es jetzt schon zum dritten Mal
lá [la] **I.** *m* (MÚS) A *nt,* a **II.** *adv* ① (*naquele lugar*) da, dort; (*para lá*) dahin, dorthin; **~ em cima/baixo** da oben/unten; **~ atrás/ao fundo** dahinten/dort hinten; **~ fora** draußen; **~ em casa** bei mir, zu Hause; **de ~** dorther; **para ~** dorthin; **~ para cima** hinauf; **~ para baixo** hinunter; **eu vou ~ amanhã** ich gehe morgen dorthin; **de ~ para cá** (**e de cá para ~**) hin und her ② (*ênfase*) **sei ~!** was weiß ich!; **diz/mostra ~!** sag/zeig mal!; **anda ~!** komm schon! ③ (*aproximadamente*) ungefähr; **~ para as 4 horas** gegen 4 Uhr ④ (*temporal*) **até ~** bis dann
lã *f* Wolle *f;* **de ~** wollen, Woll ...; **~ virgem** Schurwolle *f*
labareda *f* Flamme *f*
lábia *f* ① (*coloq: palavreado*) Mundwerk *nt;* **ter muita ~** ein flinkes Mundwerk haben ② (*coloq: astúcia*) Gerissenheit *f*
labial <-ais> **I.** *f* (LING) Labiallaut *m* **II.** *adj* Lippen ...; (LING) labial
lábio ['labju] *m* Lippe *f;* **~ inferior** Unterlippe *f;* **~ leporino** Hasenscharte *f;* **~ superior** Oberlippe *f;* **morder os ~s** sich auf die Lippen beißen +*dat*
labirinto *m* Labyrinth *nt;* (*jardim*) Irrgarten *m*
laborar *vi* arbeiten
laboratório *m* Laboratorium *nt,* Labor *nt;* **~ de línguas** Sprachlabor *nt*
laborioso *adj* ① (*trabalho*) mühselig, mühsam ② (*pessoa*) fleißig
labrego, -a I. *m, f* Bauer *m,* Bäuerin *f* **II.** *adj* bäurisch
labuta *f* (harte) Arbeit *f*
labutar *vi* hart arbeiten
laca ['lakɐ] *f* ① (*verniz*) Lack *m* ② (*para o cabelo*) Haarspray *nt*
lacado *adj* lackiert
lacaio *m* Lakai *m*
lacar <c→qu> *vt* lackieren
laçarote *m* große Schleife *f*
laço *m* ① (*nó*) Schleife *f,* Schlinge *f;* **dar um ~** eine Schleife machen ② (*para o pescoço*) Fliege *f* ③ (*vínculo*) Band *nt;* **reforçar os ~s de amizade** die Freundschaft intensivieren
lacónico (*portugal*), **lacônico** *adj* (*brasil*) lakonisch; (*linguagem, estilo*) knapp; (*pessoa*) wortkarg
lacrainha *f* (*brasil:* ZOOL) Ohrwurm *m*
lacrar *vt* versiegeln
lacrau *m* Skorpion *m*
lacre *m* Siegellack *m*
lacrimal <-ais> *adj* Tränen ...; **glândula ~** Tränendrüse *f*
lacrimejar *vi* Tränen vergießen
lacrimogéneo (*portugal*), **lacrimogêneo** *adj* (*brasil*) Tränen erregend; **gás ~** Tränengas *nt*
lactação *f* (*animal*) Säugen *nt;* (*pessoa*) Stillen *nt*
lácteo *adj* milchig, Milch ...; (ASTR); **Via Láctea** Milchstraße *f*
lacticínio *m* Milchprodukt *nt*
lactose *f* (QUÍM) Milchzucker *m,* Laktose *f*
lacuna *f* Lücke *f;* **~ da lei** Gesetzeslücke *f;* **preencher uma ~** eine Lücke füllen
ladainha *f* Litanei *f;* **é sempre a mesma ~** es ist immer das gleiche Lied
ladear *conj como passear vt* sich seitlich befinden von
ladeira *f* Abhang *m;* (*encosta*) Berghang *m*
ladeiro *adj* (*prato*) flach
ladino *adj* gerissen, pfiffig
lado ['ladu] *m* Seite *f;* (*de ângulo*) Schenkel *m;* **ao ~** nebenan; **ao ~ de** neben, bei;

de ~ von der Seite; ~ **a** ~ Seite an Seite; **dos dois** ~**s** beiderseits, von beiden Seiten; **de um** ~ **para o outro** hin und her; **pelo meu** ~ meinerseits; **por um** ~ **...**, **por outro** ~ **...** einerseits ..., andererseits ...; **estar do** ~ **de alguém** auf jds Seite stehen; (*dinheiro*); **pôr de** ~ beiseitelegen; (*uma ideia*) aufgeben; (*uma pessoa*) links liegen lassen; **por estes** ~**s** hier in der Gegend; **para os** ~**s de** in der Gegend von; **olhar de** ~ **para alguém** jdn schief ansehen

ladrão, -a [lɐ'drãu] <-ões> *m, f* Dieb(in) *m(f)*, Räuber(in) *m(f)*

ladrar *vi* bellen

ladrilhador(a) *m(f)* (*na casa*) Fliesenleger(in) *m(f)*; (*na rua*) Pflasterer, Pflasterin *m, f*

ladrilhar *vt* (*chão*) mit Fliesen belegen, fliesen; (*rua*) pflastern

ladrilho *m* Backsteinfliese *f*

ladroagem <-ens> *f* Raub *m*, Diebstahl *m*

ladrões *m pl de* **ladrão**

lagar *m* (*de azeitonas*) Ölpresse *f*; (*de uvas*) Kelter *f*

lagarta *f* ① (ZOOL) Raupe *f* ② (MEC) Raupenkette *f*, Raupe *f*

lagartixa *f* Mauereidechse *f*

lagarto *m* Eidechse *f*

lago ['lagu] *m* See *m*; (*de jardim*) Teich *m*

lagoa *f* Lagune *f*

lagosta *f* Languste *f*

lagostim <-ins> *m* (ZOOL: *do mar*) Kaisergranat *m*; (*de água fresca*) Flusskrebs *m*

lágrima *f* Träne *f*; ~**s de crocodilo** Krokodilstränen *pl*; **verter uma** ~ Tränen vergießen; **banhado em** ~**s** tränenüberströmt; **desfazer-se em** ~**s** bitterlich weinen

lagrimal *adj v.* **lacrimal**

lagrimejar *vi* Tränen vergießen

laia *f* ① (*maneira*) Art *f*; **à** ~ **de alemão** auf deutsche Art ② (*coloq: de pessoas*) Schlag *m*; **são os dois da mesma** ~ sie sind beide vom gleichen Schlag

laico, -a *m, f* Laie *m*

laje *f* Steinplatte *f*; (*de construção*) Betonplatte *f*

lajeado *m* ① (*pavimento*) Plattenbelag *m* ② (*superfície*) Steinfußboden *m*, Steinboden *m*

lama *f* Schlamm *m*, Matsch *m*; **arrastar** (**o nome de**) **alguém pela** ~ jdn durch den Dreck ziehen

lamaçal <-ais> *m* Morast *m*, schlammige(s) Gelände *nt*

lamacento *adj* schlammig, morastig

lambada *f* ① (*bofetada*) Ohrfeige *f*; **dar/levar uma** ~ eine Ohrfeige geben/bekommen ② (MÚS) Lambada *f* (*beliebter brasilianischer Tanz*)

lambão, -ona <-ões> **I.** *m, f* (*coloq*) Schleckermaul *nt*, Naschkatze *f* **II.** *adj* (*coloq*) naschhaft

lambareiro, -a I. *m, f* Leckermaul *nt* **II.** *adj* naschhaft

lambarice *f* ① (*guloseima*) Süßigkeit *f* ② (*gulodice*) Leckerei *f*

lambe-botas *mf inv* (*coloq*) Stiefellecker *m*, Schleimer *m*

lamber I. *vt* lecken, ablecken; ~ **os dedos/beiços** die Finger ablecken/sich die Lippen lecken +*dat*; ~ **as botas a alguém** jdm die Stiefel lecken **II.** *vr* sich die Lippen lecken +*dat*

lambidela *f* Lecken *nt*; **dar uma** ~ **em a. c.** an etw lecken

lambido *adj* (*cabelo*) glatt

lambiscar <c→qu> *vt* (*coloq*) naschen, knabbern

lambisco *m* (*coloq*) Häppchen *nt*; **num** ~ im Nu

lambisgóia *f* Klatschbase *f*

lambões *adj o m pl de* **lambão**

lambona *adj o f v.* **lambão**

lambreta *f* Motorroller *m*

lambril *m* Wandverkleidung *f*

lambuzar *vt* Fettflecken machen in

lamecha *adj* (*coloq: pessoa*) gefühlsduselig, rührselig; (*filme*) rührselig

lamela *f* Lamelle *f*

lamelado *adj* lamellenförmig

lamentar [lɐmẽn'tar] **I.** *vt* beklagen; (*ter pena*) bedauern; **lamento muito!** es tut mir sehr Leid! **II.** *vr* sich beklagen (*de* über), jammern (*de* über)

lamentável <-eis> *adj* bedauernswert; (*lastimável*) beklagenswert

lamento [lɐ'mẽntu] *m* Klagen *nt*, Wehklagen *nt*

lâmina *f* ① (*cortante*) Klinge *f*; ~ **de barbear** Rasierklinge *f* ② (*de metal*) Folie *f* ③ (*de estore*) Lamelle *f* ④ (*de microscópio*) Objektträger *m*

laminado *adj* (*metal*) gewalzt

laminar *vt* (*metal*) auswalzen, walzen

lâmpada ['lãmpɐdɐ] *f* Lampe *f*; (*eléctrica*)

L

Glühbirne *f*

lamparina *f* Lämpchen *nt;* (*de azeite*) Öllämpchen *nt*

lampeiro *adj* dreist, keck

lampejar *vi* ① (*luz*) aufblitzen, funkeln ② (*fogo*) Funken sprühen

lampião <-ões> *m* ① (*de casa*) Laterne *f;* (*de rua*) Straßenlaterne *f* ② (*portátil*) Lampion *m*

lampreia *f* Neunauge *nt*

lamúria *f* Jammer *m,* Wehklage *f*

lamuriar-se *vr* jammern, wehklagen

lança *f* ① (*arma*) Lanze *f* ② (*de carruagem*) Deichsel *f*

lança-chamas *m* Flammenwerfer *m*

lançamento *m* ① (*de um objecto*) Werfen *nt,* Schleudern *nt* ② (DESP) Einwurf *m;* (FUT) Abwurf *m;* ~ **do dardo** Speerwurf *m;* ~ **do disco** Diskuswerfen *nt;* ~ **do peso** Kugelstoßen *nt* ③ (*de um foguetão*) Abschuss *m* ④ (*de um produto*) Einführung *f,* Lancierung *f;* (*de disco, filme*) Vorstellung *f;* ~ **de impostos** Steuerveranlagung *f* ⑤ (*de uma bomba*) Abwurf *m*

lançar <ç→c> **I.** *vt* (*um objecto*) werfen, schleudern; (DESP: *bola*) einwerfen; (*disco*) werfen; (*um foguetão*) abschießen; (*um produto*) auf den Markt bringen, lancieren; (*um disco, filme*) vorstellen; (*uma moda*) aufbringen; (*um imposto*) einführen; (*um boato*) in Umlauf bringen; (*uma bomba*) abwerfen; (INFOR: *dados*) eingeben **II.** *vr* sich stürzen (*para* in)

lanceta *f* Lanzette *f*

lancetar *vt* mit der Lanzette operieren

lancha ['lɐ̃ʃɐ] *f* Motorboot *nt*

lanchar **I.** *vt* nachmittags essen, zwischendurch essen; **lanchei uma torrada** heute Nachmittag habe ich ein Toast gegessen **II.** *vi* einen Imbiss einnehmen, eine Kleinigkeit essen

lanche *m* (*à tarde*) Nachmittagskaffee *m;* (*refeição rápida*) Imbiss *m*

lancheira *f* Frischhaltedose *f,* Frühstücksdose *f*

lanchonete *f* (*brasil*) Schnellimbiss *m,* Imbissstand *m*

lancinante *adj* stechend

lanço *m* ① (*impulso*) Anlauf *m,* Schwung *m;* **ganhar/tomar** ~ Anlauf nehmen; **dar** ~ einen Schubs geben ② (*em leilão*) Gebot *nt* ③ (*de estrada*) Abschnitt *m;* (*de casas*) Reihe *f;* ~ **de escadas** Treppenstufen *pl*

langosta *f* (ZOOL) Languste *f*

languidez *f* ① (*moleza*) Schlaffheit *f* ② (*definhamento*) Siechtum *nt*

lânguido, lângüido *adj* (*brasil*) ① (*mole*) schlaff ② (*debilitado*) schwach, geschwächt

lanifício *m* Wollprodukt *nt;* ~**s** Wollindustrie *f*

lanolina *f* (QUÍM) Lanolin *nt,* Wollfett *nt*

lanterna *f* Laterne *f;* (*de pilhas*) Taschenlampe *f*

lapa *f* ① (*de rochedo*) Felsenhöhle *f* ② (ZOOL) Napfschnecke *f* ③ (*coloq: pessoa*) Klette *f*

lapada *f* (*portugal: coloq*) Ohrfeige *f*

lapela *f* (*de casaco*) Aufschlag *m,* Revers *nt;* (*de fraque*) Spiegel *m*

lapidagem *f* Edelsteinschleifen *nt*

lapidar **I.** *vt* (*pedras preciosas*) schleifen; (*aperfeiçoar*) ausfeilen, den letzten Schliff geben **II.** *adj* lapidar

lápide *f* Steintafel *f;* (*comemorativa*) Gedenkstein *m,* Gedenktafel *f;* (*tumular*) Grabstein *m*

lápis ['lapiʃ] *m* Bleistift *m;* ~ **de cor** Farbstift *m;* ~ **dos olhos** Kajalstift *m*

lapiseira *f* Drehbleistift *m*

lápis-lazúli *m* Lapislazuli *m*

Lapónia (*portugal*), **Lapônia** *f* (*brasil*) Lappland *nt*

lapónio, -a **I.** *m, f* Lappländer(in) *m(f),* Lappe, Lappin *m, f* **II.** *adj* lappländisch, lappisch

lapônio, -a (*brasil*) *v.* **lapónio, -a**

lapso *m* ① (*descuido*) Lapsus *m,* Versehen *nt;* (*erro*) Irrtum *m,* Fehler *m;* ~ **de memória** lückenhafte Erinnerung; **por** ~ aus Versehen ② (*de tempo*) Zeitraum *m*

laptop *m* (*brasil:* INFOR) Laptop *m o nt*

lar <-es> *m* Heim *nt,* Zuhause *nt;* ~ **de infância** Kinderheim *nt;* ~ **de terceira idade** Altersheim *nt,* Seniorenheim *nt*

laranja **I.** *f* Apfelsine *f,* Orange *f* **II.** *adj inv* orange, orangefarben

laranjada *f* Orangenlimonade *f*

laranjal <-ais> *m* Orangenhain *m*

laranjeira *f* Apfelsinenbaum *m,* Orangenbaum *m;* **flores** *fpl* **de laranjeira** Orangenblüten *fpl*

larápio *m* Gauner *m,* Langfinger *m*

lareira *f* Kamin *m;* **acender a** ~ den Kamin anzünden; **estar à** ~ am Kamin sitzen

lares *m pl de* **lar**

larga **I.** *f* **à** ~ reichlich, großzügig; **dar** ~**s à imaginação** seiner Fantasie freien Lauf lassen **II.** *adj f de* **largo II**

largada *f* (AERO) Abflug *m;* (NÁUT) Ablegen *nt;* (*em corrida*) Start *m;* **dar a ~** das Startzeichen geben

largamente *adv* (*extensamente*) ausgiebig, in großem Umfang

largar <g→gu> **I.** *vt* (*soltar*) loslassen; (*deixar escapar*) ablassen; **~ tinta** ausfärben **II.** *vi* (AERO) abfliegen; (NÁUT) auslaufen, ablegen

largo ['largu] **I.** *m* ❶ (*praça*) (kleiner) Platz *m* ❷ (MÚS) Largo *nt* ❸ (NÁUT) hohe See *f,* Hochsee *f* **II.** *adj* ❶ (*no espaço*) breit; (*extenso*) weit, ausgedehnt ❷ (*temporal*) lang; **~s anos/meses** viele Jahre/Monate lang ❸ (*grande*) groß; **largas quantidades de tecido** große Mengen Stoff; **a passos ~s** mit großen Schritten ❹ (*roupa*) groß, weit; **ficar ~ a alguém** jdm zu groß sein ❺ (*vasto*) umfangreich; **ter ~s conhecimentos de a. c.** umfangreiche Kenntnisse in etw haben

largura [lɐr'gurɐ] *f* Breite *f;* (*extensão*) Weite *f,* Ausdehnung *f;* **ter um metro de ~** einen Meter breit sein; **qual é a ~ da sala?** wie breit ist das Zimmer?

larica *f* ❶ (BOT) Trespe *f* ❷ (*coloq: fome*) Kohldampf *m*

laringe *f* Kehlkopf *m*

laringite *f* (MED) Kehlkopfentzündung *f*

laringologia *f* Laryngologie *f*

larva *f* Larve *f*

las *pron pl* sie; **para ouvi-~** um sie zu hören

lasanha *f* (CULIN) Lasagne *f*

lasca *f* (*de louça, madeira*) Splitter *m;* (*de madeira, metal*) Span *m*

lascado *adj* (*madeira*) gesplittert; (*louça*) gesprungen, zersprungen

lascar <c→qu> *vi* (*madeira*) splittern; (*louça*) zerspringen

lascivo *adj* lüstern, lasziv

laser *m* Laser *m*

lástima *f* Jammer *m;* **estar numa ~** in einem jämmerlichen Zustand sein; **que ~!** was für ein Jammer!, wie schade!

lastimar **I.** *vt* bedauern **II.** *vr* klagen (*de* über), jammern (*de* wegen)

lastimável <-eis> *adj* beklagenswert; (*lamentável*) bedauernswert

lastimoso *adj* klagend; (*voz*) kläglich, jämmerlich

lastro *m* Ballast *m*

lata ['latɐ] *f* ❶ (*material*) Weißblech *nt* ❷ (*recipiente*) Blechdose *f,* Blechbüchse *f;* (*maior*) Kanister *m;* **~ de conservas** Konservenbüchse *f;* (*brasil*); **~ de lixo** Mülleimer *m* ❸ (*coloq: atrevimento*) Frechheit *f,* Dreistigkeit *f;* **ter muita ~** frech sein; **ter a ~ de fazer a. c.** die Frechheit haben, etw zu tun

latão *m* Messing *nt*

latejar *vi* (*sangue*) klopfen, hämmern; **a cabeça lateja** in den Schläfen hämmert das Blut

latente *adj* latent

lateral [lɐtəral] <-ais> **I.** *adj* seitlich, Seiten ... **II.** *f* (FUT) Flanke *f;* **~ direita/esquerda** Rechts-/Linksaußen *m*

látex *m* Latex *m*

latido *m* Gebell *nt*

latifundiário, -a *m, f* Großgrundbesitzer(in) *m(f)*

latifúndio *m* Großgrundbesitz *m,* Latifundium *nt*

latim *m* Latein *nt;* **gastar o seu ~** sich den Mund fusselig reden +*dat*

latino, -a **I.** *m, f* Latino, Latina *m, f* **II.** *adj* lateinisch, Latein ...; **América Latina** Lateinamerika *nt;* **língua latina** romanische Sprache

latino-americano *adj* lateinamerikanisch

latir *vi* bellen, kläffen

latitude *f* (GEOG) Breite *f*

lato *adj* (*extenso*) ausgedehnt; (*abrangente*) umfassend; **em sentido ~** im weiteren Sinne

latrina *f* Latrine *f*

latrocínio *m* Raubüberfall *m*

láudano *m* (FARM) Laudanum *nt*

laudo *m* (DIR: *brasil*) Schiedsspruch *m*

lauto *adj* ❶ (*abundante*) üppig ❷ (*sumptuoso*) prächtig

lava ['lavɐ] *f* Lava *f*

lavabo *m* Toilette *f*

lavada *adj f de* **lavado**

lavadeira *f* Wäscherin *f,* Waschfrau *f*

lavadela *f* (*roupa, cabelo*) kurze Wäsche *f;* (*chão, mesa*) Darüberwischen *nt;* (*louça*); **dar uma ~ a a. c.** etw abwaschen; (*roupa*) etw durchwaschen

lavadilha *f* (ZOOL) Sprotte *f*

lavado [lɐ'vadu] *adj* (*roupa*) gewaschen; (*louça*) gespült; **~ em lágrimas** tränenüberströmt

lavadora *f* (*brasil*) Waschmaschine *f*

lavagante *m* (*portugal:* ZOOL) Hummer *m*

lavagem <-ens> *f* ❶ (*acção de lavar*) Waschen *nt;* (*de louça*) Spülen *nt,* Abwaschen *nt;* ~ **automática** Waschanlage *f;* ~ **cerebral** Gehirnwäsche *f;* ~ **de dinheiro** Geldwäsche *f;* ~ **a seco** chemische Reinigung *f* ② (*para porcos*) Schweinefutter *nt*

lava-loiça, lava-louça *m* (*portugal*) Spüle *f*

lava-louças *f inv* (*brasil: máquina de lavar louça*) Geschirrspülmaschine, f

lavanda *f* Lavendel *m*

lavandaria (*portugal*), **lavanderia** *f* (*brasil: a seco*) Wäscherei *f,* Reinigung *f;* (*com máquinas de lavar*) Waschsalon *m*

lavar [lɐ'var] **I.** *vt* (*a roupa, o cabelo*) waschen; (*a louça*) abwaschen, spülen; (*os dentes*) putzen; **pôr a. c. para** ~ etw in die Wäsche tun; (FOTO) wässern **II.** *vr* sich waschen

lavatório [lɐvɐ'tɔrju] *m* Waschbecken *nt*

lavável <-eis> *adj* waschbar, waschecht

lavoura *f* (AGR) Ackerbau *m*

lavrador, -eira *m, f* ① (*camponês*) Bauer *m,* Bäuerin *f,* Landwirt(in) *m(f)* ② (*proprietário*) Landbesitzer(in) *m(f)*

lavrar *vt* ① (*a terra*) bestellen, bebauen; (*com charrua*) pflügen ② (*um documento*) abfassen

laxante I. *m* (FARM) Abführmittel *nt* **II.** *adj* abführend

laxativo [lɐʃɐ'tivu] *adj* abführend

lazer *m* (*descanso*) Erholung *f;* (*ócio*) Muße *f;* **horas de** ~ Freizeit *f,* Mußestunden *pl*

lazulite *f* Lapislazuli *m*

LDA *abr de* **limitada** beschränkt

leal <-ais> *adj* treu (*com*), loyal (*com* gegenüber)

lealdade *f* Treue *f* (*para com* zu), Loyalität *f*

leão, leoa <-ões> *m, f* (ZOOL) Löwe, Löwin *m, f*

Leão *m* (*Zodíaco*) Löwe *m*

leão-marinho <leões-marinhos> *m* Seelöwe *m*

lebre *f* (*espécie, macho*) Hase *m;* (*fêmea*) Häsin *f*

leccionar *vi* unterrichten

lecionar *vi* (*brasil*) *v.* **leccionar**

lecitina *f* (QUÍM) Lezithin *nt*

lectivo *adj* (*portugal*) Schul ..., Unterrichts ...; (*universidade*) Lehr ...; **ano** ~ Schuljahr *nt;* (*universidade*) Studienjahr *nt,* Vorlesungszeit *f*

legação <-ões> *f* (POL) Gesandtschaft *f*

legado *m* Vermächtnis *nt;* (DIR) Legat *nt*

legal <-ais> *adj* ① (*relativo a lei*) gesetzlich ② (*permitido por lei*) legal, rechtmäßig ③ (*coloq brasil: pessoa, local*) in Ordnung, nett; **está** ~ das ist in Ordnung

legalidade *f* Legalität *f,* Gesetzmäßigkeit *f*

legalização <-ões> *f* Legalisierung *f*

legalizar *vt* legalisieren

legalmente *adv* gesetzmäßig, gesetzlich

legar <g→gu> *vt* vermachen, vererben

legatário, -a *m, f* Erbe, Erbin *m, f;* (DIR) Legatar(in) *m(f)*

legenda *f* ① (*inscrição*) Aufschrift *f,* Inschrift *f* ② (*rótulo*) Etikett *nt* ③ (*de figura*) Bildunterschrift *f;* (*de mapa*) Legende *f,* Zeichenerklärung *f* ④ (*de filme*) Untertitel *m*

legião <-ões> *f* Legion *f*

legionário *m* Legionär *m*

legislação <-ões> *f* Gesetzgebung *f*

legislador(a) *m(f)* Gesetzgeber(in) *m(f)*

legislar I. *vt* gesetzlich festlegen **II.** *vi* Gesetze erlassen

legislativo *adj* gesetzgebend; **o poder** ~ die gesetzgebende Gewalt, die Legislative

legislatura *f* Legislaturperiode *f*

legítima *adj f de* **legítimo**

legitimidade *f* Legitimität *f,* Rechtmäßigkeit *f*

legítimo *adj* ① (*acto*) rechtmäßig, legitim; **em legítima defesa** in Notwehr ② (*filho*) ehelich

legível <-eis> *adj* leserlich

légua *f* (spanische) Meile *f;* ~ **marítima** (spanische) Seemeile *f*

legume *m* Gemüse *nt*

leguminosas *fpl* Hülsenfrüchte *pl*

leguminoso *adj* Hülsen ...

lei *f* Gesetz *nt;* ~ **natural** Naturgesetz *nt;* **cumprir a** ~ das Gesetz befolgen; **infringir/violar uma** ~ ein Gesetz übertreten

leigo, -a I. *m, f* Laie *m* **II.** *adj* ① (*ignorante*) laienhaft, unwissend; **ser** ~ **em a. c.** nichts von etw verstehen, Laie auf einem Gebiet sein ② (*sem ordens sacras*) Laien ..., weltlich

leilão <-ões> *m* Versteigerung *f,* Auktion *f;* **vender a. c. em** ~ etw versteigern

leiloar <(*brasil, 1. pess pres:* leiloô> *vt* versteigern

leiloeiro, -a *m, f* Auktionator *m,* Versteigerer(in) *m(f)*

leilões *m pl de* **leilão**

Leiria (*portugal*) Leiria (*Hauptstadt des Distrikts Leiria*); **Distrito de Leiria** Distrikt Leiria

leiriense (*portugal*) **I.** *mf Einwohner(in) der Stadt oder des Distrikts Leiria* **II.** *adj* (*espe-*

cialidade) aus Leiria; (*instituto*) in Leiria

leitão, leitoa <-ões, -oas> *m, f* Spanferkel *nt*

leitaria *f* (*portugal*) Milch- und Käsegeschäft *nt*

leite ['leitə] *m* Milch *f;* ~ **coalhado** Dickmilch *f;* ~ **condensado** Kondensmilch *f;* ~ **magro** Magermilch *f;* ~ **meio-gordo** fettarme Milch; ~ **gordo** Vollmilch *f;* ~ **em pó** Milchpulver *nt*

leite-creme *m* (CULIN) *Art Pudding*

leiteira *f* (*brasil*) Henkeltopf *m*

leiteria *f* (*brasil*) Milch- und Käsegeschäft *m*

leitoa *f v.* **leitão**

leitões *m pl de* **leitão**

Die sogenannten **leitos** sind in Brasilien Liege-Luxusbuse mit nur halb so vielen Sitzen, wie in den sonstigen Überlandbussen. Solche Busse werden häufig von einem Steward begleitet, sind sehr komfortabel und bis zu dreimal so teuer. Um die großen Entfernungen innerhalb Brasiliens zu überbrücken, sind **leitos** eine preiswerte und halbwegs bequeme Alternative zum Flugzeug. Bei den immens langen Strecken können die Fahrten allerdings entsprechend lange dauern: Rio – Salvador 28 h, Rio – Recife 38h und Rio – Belém 70h.

leitor(a)[1] [lei'tor] <-es> *m(f)* ① (*de texto, livro*) Leser(in) *m(f)* ② (*professor*) Lektor(in) *m(f)*

leitor[2] <-es> *m* ~ **de cassetes** Kassettendeck *nt;* ~ **de CD** CD-Spieler *m;* ~ **de CD-ROM** CD-ROM-Laufwerk *nt*

leituga *f* (BOT) Lattich *m*

leitura *f* ① (*de um texto*) Lesen *nt,* Lektüre *f;* (*em voz alta*) Vorlesen *nt;* **dedicar-se à** ~ sich der Lektüre widmen ② (*electricidade, água*) Ablesen *nt;* **fazer a** ~ **do gás/de um código** den Gaszählerstand ablesen/einen Code einlesen

lema *m* ① (*divisa*) Motto *nt,* Devise *f* ② (MAT) Lemma *nt,* Hilfssatz *m* ③ (*no dicionário*) Lemma *nt*

lembrança [lẽm'brɐ̃sɐ] *f* ① (*memória*) Erinnerung *f* ② (*prenda de alguém*) Andenken *nt;* (*de viagem*) Souvenir *nt*

lembrar **I.** *vt* erinnern; ~ **alguém de a. c.** jdn an etw erinnern; **fazer** ~ **a. c.** an etw erinnern **II.** *vi* einfallen; **isso não lembra a ninguém** so etwas fällt niemandem ein **III.** *vr* sich erinnern (*de* an); ~**-se de a. c.** sich an etw erinnern; (*para o futuro*) sich etw merken +*dat;* **lembrei-me agora** (**de repente**) **que ...** es ist mir gerade eingefallen, dass ...

leme *m* (AERO, NÁUT: *fig*) Ruder *nt*

lenço ['lẽsu] *m* Taschentuch *nt;* (*do pescoço*) Halstuch *nt;* (*da cabeça*) Kopftuch *nt;* ~ **de papel** Papiertaschentuch *nt,* Tempo ® *nt*

lençol <-óis> *m* ① (*de cama*) Betttuch *nt,* Laken *nt;* ~ **de banho** Badetuch *nt;* **estar em maus lençóis** in der Patsche sitzen, in Schwierigkeiten stecken ② (*superfície*) ~ **de água** große Pfütze *f*

lenda *f* Legende *f,* Sage *f*

lendário *adj* sagenhaft, legendär

lêndea *f* Nisse *f*

lengalenga *f* (*coloq*) Litanei *f*

lenha *f* Brennholz *nt;* **deitar** ~ **na fogueira** Öl ins Feuer gießen; **arranjar** ~ **para se queimar** sich ins eigene Fleisch schneiden

lenhador(a) *m(f)* (*que abate as árvores*) Holzfäller(in) *m(f);* (*que corta a lenha*) Holzhacker(in) *m(f)*

leninismo *m* (POL) Leninismus *m*

lenta *adj f de* **lento**

lentamente *adv* langsam

lente *f* Linse *f;* (*dos óculos*) Glas *nt;* (*objectiva*) Objektiv *nt;* ~ **de aumento** Lupe *f,* Vergrößerungsglas *nt;* ~ **grande-angular** Weitwinkelobjektiv *nt;* ~**s de conta(c)to** Kontaktlinsen *pl*

lentejoila *f v.* **lentejoula**

lentejoula *f* Paillette *f*

lenticular *adj* linsenförmig

lentidão *f* Langsamkeit *f;* (*de movimentos*) Trägheit *f;* (*de raciocínio*) Schwerfälligkeit *f*

lentilha *f* Linse *f*

lento ['lẽntu] *adj* langsam; (*nos movimentos*) träge; (*intelectualmente*) schwerfällig

leoa *f* Löwin *f*

leões *m pl de* **leão**

leonino *adj* löwenartig, Löwen ...

leopardo *m* Leopard *m*

lépido *adj* flink, flott

leporino *adj* Hasen ..., hasenartig; **lábio** ~ Hasenscharte *f*

lepra *f* (MED) Lepra *f*

leproso *adj* (MED) leprös

leque *m* ① (*objecto*) Fächer *m* ② (*de produtos*) Palette *f;* **ter um grande** ~ **de escolha** eine große Auswahl haben

ler [ler] *irr vi* ① (*uma coisa escrita*) lesen; (*em voz alta*) vorlesen; (**não**) **saber** ~ (nicht) lesen können ② (*imaginar, interpretar*) deuten; ~ **a. c. nos olhos de alguém** jdm etw an den Augen ablesen; ~ **os pensamentos a alguém** jds Gedanken lesen ③ (*um código*) ablesen

lerdo *adj* schwerfällig, plump

léria *f* Redeschwall *m*, leere(s) Geschwätz *nt*; **isso são** ~**s!** das ist Quatsch!

lero-lero *m* (*brasil*) Geschwätz *nt*

lés *abr de* **leste** O (= *Osten*)

lesão <-ões> *f* ① (*dano*) Schaden *m* ② (MED) Verletzung *f*

lesar *vt* schädigen

lésbica **I.** *f* Lesbe *f* **II.** *adj* lesbisch

lesionado *adj* (MED) verletzt

lesionar-se *vr* (MED) sich verletzen

lesma *f* ① (ZOOL) Nacktschnecke *f* ② (*pej: pessoa*) Lahmarsch *m*

lesões *f pl de* **lesão**

leste ['lɜʃtə] *m* Osten *m*; **a** ~ **de** östlich von; (*coloq*); **estar a** ~ **de a. c.** nicht den leisesten Schimmer von etw haben

letal <-ais> *adj* tödlich

letargia *f* Lethargie *f*

letárgico *adj* lethargisch

letivo *adj* (*brasil*) *v.* **lectivo**

Letónia *f* Lettland *nt*

letra *f* ① (*do alfabeto*) Buchstabe *m*; **à** ~ wörtlich; **levar a. c. à** ~ etw genau nehmen; (*texto, discurso*) etw wörtlich nehmen; **responder à** ~ eine passende Antwort geben; **com todas as** ~**s** ganz genau, wie es sich gehört ② (*escrita*) Schrift *f*; (*de pessoa*) Handschrift *f*; ~ **de imprensa** Druckschrift *f*, Druckbuchstaben *pl* ③ (*de uma música*) Text *m* ④ (ECON) ~ **de câmbio** Wechsel *m*

letrado, -a *m, f* Gelehrte

Letras *fpl* Geisteswissenschaften *pl*; **Faculdade de** ~ geisteswissenschaftliche Fakultät

letreiro *m* Schild *nt*, Aufschrift *f*

letria *f* (CULIN, *coloq*) Fadennudeln *pl*

léu *adv* **ao** ~ bloß, nackt; **com as pernas ao** ~ mit bloßen Beinen

leucemia *f* (MED) Leukämie *f*

leucócito *m* Leukozyt *m*, weiße(s) Blutkörperchen *nt*

levado *adj* (*travesso*) ausgelassen

levadura *f* Hefe *f*; ~ **de cerveja** Bierhefe *f*; ~ **biológica** Sauerteig *m*

levantado *adj* **estar** ~ auf sein, aufgestanden sein

levantamento *m* ① (*acção de levantar*) Hochheben *nt*; (DESP); ~ **de pesos** Gewichtheben *nt* ② (*motim*) Aufstand *m*, Aufruhr *m* ③ (*de dinheiro*) Abhebung *f* ④ (*de embargo, bloqueio*) Aufhebung *f* ⑤ (*em terreno*) ~ **topográfico** Vermessung *f*

levantar [ləvãn'tar] **I.** *vt* ① (*um objecto, uma pessoa*) hochheben, heben; (*um pouco*) anheben; (*do chão*) aufheben; (*a mão, uma perna, a cabeça*) heben; (*o auscultador*) abnehmen, abheben; (*pó*) aufwirbeln ② (*pôr em pé*) aufrichten, aufstellen ③ (*içar*) aufziehen, hissen; (NÁUT); ~ **ferro** den Anker lichten ④ (*portugal: dinheiro*) abheben ⑤ (*a voz*) erheben ⑥ (*suscitar*) ~ **problemas** Steine in den Weg legen; ~ **dúvidas** etw in Zweifel ziehen ⑦ (AERO) ~ **voo** abheben ⑧ (*a moral*) stärken **II.** *vi* ① (*nevoeiro*) sich heben ② (*avião*) abheben **III.** *vr* ① (*da cama, do chão*) aufstehen ② (*vento*) aufkommen ③ (*revoltar-se*) sich erheben (*contra* gegen)

levar [lə'var] **I.** *vt* ① (*objecto, pessoa*) transportieren, (hin)bringen; (*consigo*) mitnehmen; ~ **alguém a casa** jdn nach Hause bringen ② (*bofetada, injecção*) bekommen ③ (*tempo*) brauchen, dauern ④ (*a vida*) führen ⑤ (*induzir*) verleiten; ~ **alguém a fazer a. c.** jdn dazu bringen, etw zu tun; **deixar-se** ~ sich verleiten lassen ⑥ (*receber*) ~ **a. c. a bem** etw gut aufnehmen; ~ **a. c. a mal** etw übelnehmen; ~ **a. c. a sério** etw ernst nehmen ⑦ (*coloq: enganar*) reinlegen ⑧ (*realizar*) ~ **a. c. a cabo** etw durchführen, etw verwirklichen **II.** *vi* ① (*conduzir*) ~ **a** führen zu ② (*coloq: apanhar*) was hinter die Ohren kriegen

leve ['lɜvə] *adj* ① (*peso, refeição, ferimento*) leicht; **tocar em a. c. ao de** ~ etw leicht berühren ② (*pecado*) lässlich

levedar *vi* (*massa*) aufgehen

levedura *f* Hefe *f*, Gärstoff *m*; ~ **de cerveja** Bierhefe *f*

leveza *f* Leichtigkeit *f*

leviana *adj f de* **leviano**

leviandade *f* Leichtsinn *m*, Leichtfertigkeit *f*

leviano *adj* leichtsinnig, leichtfertig

levitação *f* Levitation *f*

levitar **I.** *vt* schweben lassen, zum Schweben bringen **II.** *vi* (in der Luft) schweben

lexema *m* (LING) Lexem *nt*

lexical <-ais> *adj* lexikalisch

léxico *m* Wortschatz *m*, Vokabular *nt*
lexicógrafa *f v.* **lexicógrafo**
lexicografia *f* Lexikographie *f*
lexicógrafo, -a *m, f* Lexikograph(in) *m(f)*
lexicologia *f* Lexikologie *f*
lezíria *f* Reisfeld *nt*
lha *Zusammensetzung: pron lhe + pron a*
lhe [ʎə] *pron* (*a ele*) ihm; (*a ela*) ihr; (*a si*) Ihnen
lhes [ʎəʃ] *pron pl* ihnen, Ihnen
lho *Zusammensetzung: pron lhe + pron o*
li *1. pret de* **ler**
liamba *f* (BOT) Hanf *m*
liame *m* Bindung *f*
libanês, -esa **I.** *m, f* Libanese, Libanesin *m, f* **II.** *adj* libanesisch
Líbano *m* Libanon *m*
libelinha *f v.* **libélula**
libelo *m* (DIR) Anklageschrift *f*
libélula *f* (ZOOL) Libelle *f*
liberação *f* Befreiung *f* (*de* von)
liberal <-ais> **I.** *mf* (POL) Liberale **II.** *adj* ❶ (*pessoa*) liberal ❷ (*profissão*) freiberuflich; **profissão ~** freiberufliche Tätigkeit
liberalidade *f* Großzügigkeit *f;* (*educação, mentalidade*) Toleranz *f*
liberalismo *m* (POL) Liberalismus *m*
liberalização *f* Liberalisierung *f;* (*de drogas*) Freigabe *f*
liberalizar *vt* liberalisieren; (*as drogas*) freigeben
liberar *vt* befreien (*de* von), entbinden (*de* von)
liberdade *f* Freiheit *f;* (DIR); **~ condicional** Strafaussetzung zur Bewährung; **~ de culto** Religionsfreiheit *f;* **~ de expressão** Redefreiheit *f;* **~ de imprensa** Pressefreiheit *f;* **pôr alguém em ~** jdn freilassen; **tomar a ~ de fazer a. c.** sich erlauben, etw zu tun *+dat*
Libéria *f* Liberia *nt*
liberiano, -a **I.** *m, f* Liberianer(in) *m(f)* **II.** *adj* liberianisch
libertação <-ões> *f* ❶ (*da prisão*) Entlassung *f;* (*de uma dificuldade*) Befreiung *f*, Rettung *f* ❷ (*de calor, energia*) Abgabe *f*, Ausströmen *nt*
libertar <*pp* liberto *o* libertado> **I.** *vt* (*da prisão*) entlassen (*de* aus), freilassen; (*de uma dificuldade*) befreien (*de* aus), retten (*de* aus); (*calor, energia*) abgeben, ausströmen **II.** *vr* sich befreien (*de* von)
libertina *adj f de* **libertino**
libertinagem <-ens> *f* Zügellosigkeit *f*, Liederlichkeit *f*
libertino *adj* zügellos, ausschweifend
liberto **I.** *pp irr de* **libertar** **II.** *adj* (*da prisão*) entlassen; (*de uma dificuldade*) befreit, erlöst
Líbia *f* Libyen *nt*
líbia *f de* **líbio**
libidinoso *adj* lüstern, wollüstig
líbido *f* Trieb *m;* (PSIC) Libido *f*
líbio, -a **I.** *m, f* Libyer(in) *m(f)* **II.** *adj* libysch
libra *f* Pfund *nt;* **~ esterlina** Pfund Sterling *nt*
libreto *m* Libretto *nt*, Textbuch *nt*
lição <-ões> *f* ❶ (*aula*) Unterricht *m*, Unterrichtsstunde *f* ❷ (*unidade temática*) Lektion *f* ❸ (*ensinadela*) Lehre *f*, Lektion *f;* **servir de ~ a alguém** jdm eine Lehre sein; **dar uma ~ a alguém** jdm einen Denkzettel verpassen; **aprender a ~** seine Lektion lernen
liceal *adj* Gymnasial ...
licença [li'sẽsɐ] *f* ❶ (*permissão*) Erlaubnis *f;* **com ~!** (wenn) Sie gestatten!; **dá-me ~?** gestatten Sie?; **dar ~ a alguém para fazer a. c.** jdm etw gestatten/erlauben ❷ (*autorização oficial*) Bewilligung *f;* (*para construção*) Genehmigung *f;* (*para um negócio*) Lizenz *f;* **~ de caça** Jagdschein *m;* **~ de porte de arma** Waffenschein *m* ❸ (*do trabalho*) Urlaub *m*, Beurlaubung *f;* (*da tropa*) Ausgang *m;* **~ de parto** Mutterschaftsurlaub *m;* (*do trabalho*); **estar de ~** Urlaub haben; (*da tropa*) Ausgang haben; (*grávida*) im Mutterschutz sein
licenciado, -a **I.** *m, f* Hochschulabsolvent(in) *m(f)* **II.** *adj* ❶ (*obra*) genehmigt, bewilligt ❷ (*pessoa*) graduiert; **~ em direito** Jurist *m;* **sou ~ em medicina** ich habe Medizin studiert
licenciar-se *vr* Examen machen, das Studium beenden
licenciatura *f* Hochschulstudium *nt*
liceu *m* (*portugal*) Gymnasium *nt*
lícita *adj f de* **lícito**
licitação <-ões> *f* Gebot *nt*
licitar *vt* versteigern
lícito *adj* ❶ (*legal*) gesetzlich zulässig, erlaubt ❷ (*legítimo*) legitim, rechtmäßig
licor *m* Likör *m*
lida *f* Arbeit *f;* **~ da casa** Hausarbeit *f*
lidar *vi* **~ com** umgehen mit
líder <-es> *mf* Führer(in) *m(f)*
liderança *f* Führung *f*

L

liderar *vt* führen

líderes *mf pl de* **líder**

lido *pp de* **ler**

liga *f* ① (*aliança*) Bund *m,* Bündnis *nt* ② (DESP) Liga *f;* **Liga dos Campeões** Champions League *f* ③ (*de meias*) Strumpfband *nt* ④ (QUÍM) Legierung *f;* ~ **leve** Leichtmetalllegierung *f*

ligação [ligɐ'sãu] <-ões> *f* ① (ELECTR) Anschluss *m;* ~ **à corrente** Netzanschluss *m;* ~ **à terra** Erdung *f* ② (*de transportes*) Anschluss *m* ③ (TEL) Verbindung *f;* **fazer uma ~** eine Verbindung herstellen ④ (*entre pessoas*) Bindung *f* ⑤ (*entre acontecimentos*) Verbindung *f;* **estabelecer uma ~** eine Verbindung herstellen

ligado *adj* ① (*luz, aparelho*) eingeschaltet; (*coloq*) an ② (*com ligadura*) verbunden

ligadura [ligɐ'durɐ] *f* (*portugal:* MED) Binde *f,* Verband *m*

ligamento *m* (ANAT) Band *nt*

ligar [li'gar] <g→gu> **I.** *vt* ① (*estabelecer ligação*) verbinden (*a* mit) ② (*atar*) binden (*a* an), festbinden (*a* an) ③ (*um aparelho, a luz*) anschalten, einschalten; (*o carro*) anlassen ④ (*à corrente, à Internet*) anschließen (*a* an) ⑤ (QUÍM) legieren ⑥ (TEL) verbinden (*com* mit) ⑦ (*com ligadura*) verbinden **II.** *vi* ① (*coloq: telefonar*) anrufen (*a*) ② (*coloq: dar importância*) mit Eifer bei der Sache sein, toll finden; **ele não liga a isso** das lässt ihn völlig kalt; **ela não me liga nenhuma** sie lässt mich links liegen ③ (QUÍM) sich verbinden

ligeireza *f* Behändigkeit *f,* Schnelligkeit *f*

ligeiro **I.** *adj* (*leve*) leicht; (*desembaraçado*) schnell, flink **II.** *adv* schnell

lignite *f* Braunkohle *f*

lilás [li'laʃ] <lilases> **I.** *m* (*cor*) Lila *nt;* (BOT) Flieder *m* **II.** *adj inv* lila

liliputiano, -a **I.** *m, f* Liliputaner(in) *m(f)* **II.** *adj* liliputanisch

lima[1] *f* (*instrumento*) Feile *f*

lima[2] *f* (BOT) Limone *f,* Limette *f*

lima-da-pérsia <limas-da-pérsia> *f* (BOT) persische Limette *f*

limalha *f* Metallspäne *pl*

limão [li'mãu] <-ões> *m* (*amarelo*) Zitrone *f;* (*verde*) Limette *f*

limão-galego <limões-galegos> *m* (*brasil*) Zitrone *f*

limar *vt* ① (*metal, madeira, unhas*) feilen ② (*aperfeiçoar*) ausfeilen; ~ **as arestas** den letzten Schliff geben

limbo *m* (REL) Limbus *m,* Vorhölle *f*

limiar *m* (*fig*) Schwelle *f;* **no ~ do século XXI** an der Schwelle zum 21. Jahrhundert

limitação <-ões> *f* Begrenzung *f,* Beschränkung *f;* ~ **da velocidade** Geschwindigkeitsbeschränkung *f*

limitado *adj* beschränkt, begrenzt

limitar **I.** *vt* (*despesas*) beschränken; (*a liberdade*) einschränken; (*o tempo*) begrenzen; (*região, país*) begrenzen **II.** *vr* sich beschränken (*a* auf); **~-se a fazer a. c.** sich darauf beschränken, etw zu tun

limite *m* Grenze *f;* ~ **de idade** Altersgrenze *f;* ~ **de velocidade** Tempolimit *nt;* **passar dos ~s** zu weit gehen

limítrofe *adj* angrenzend, Grenz ...

limo *m* ① (BOT) Grünalge *f* ② (*lodo*) Schlamm *m*

limoeiro *m* Zitronenbaum *m*

limões *m pl de* **limão**

limonada *f* Limonade *f*

limpa-chaminés *mf inv* Schornsteinfeger(in) *m(f),* Kaminfeger(in) *m(f)*

limpadela *f* **dar uma ~ a a. c.** etw abwischen

limpador (*brasil*) ~ **de vidros** Fensterputzmittel *nt,* Glasreiniger *m;* ~ **de pára-brisa** Scheibenwischer *m*

limpa-móveis *m* Möbelpolitur *f*

limpa-neve *m* Schneepflug *m*

limpa-pára-brisas *m* (*portugal*) Scheibenwischer *m*

limpar [lĩm'par] <*pp* limpo *o* limpado> **I.** *vt* säubern, reinigen; (*a casa, o chão*) putzen; (*a louça*) abtrocknen; (*pó, lágrimas, suor*) abwischen; ~ **a boca** (sich) den Mund abwischen +*dat;* ~ **a seco** chemisch reinigen **II.** *vi* (*tempo*) (sich) aufheitern, aufklaren

limpa-vidros *m* Fensterputzmittel *nt,* Glasreiniger *m*

limpeza [lĩm'pezɐ] *f* ① (*estado*) Sauberkeit *f* ② (*processo*) Putzen *nt,* Reinigung *f;* **fazer ~ a a. c.** etw putzen, sauber machen; ~ **a seco** chemische Reinigung *f;* ~ **de pele** Peeling *nt*

límpida *adj f de* **límpido**

limpidez *f* Klarheit *f;* (*transparência*) Durchsichtigkeit *f*

límpido *adj* klar; (*transparente*) durchsichtig

limpo ['lĩmpu] **I.** *pp irr de* **limpar** **II.** *adj*

① (*sem sujidade*) sauber; (*ar*) rein; **passar a. c. a ~** etw ins Reine schreiben; **tirar a. c. a ~** etw aufklären ② (*céu*) wolkenlos, klar ③ (*consciência*) rein; (*reputação*) gut ④ (ECON: *líquido*) netto; **100.000 euros ~s** 100.000 Euro netto

limusine *f* Limousine *f*

lince *m* Luchs *m*

linchamento *m* Lynchjustiz *f*

linchar *vt* lynchen

linda *adj f de* **lindo**

lindeza *f* Schönheit *f*

lindo ['lĩndu] *adj* wunderschön, herrlich

linear <-es> *adj* ① (*relativo a linhas*) Linien ... ② (MAT, FÍS) linear

linfa *f* Lymphe *f*

linfático *adj* lymphatisch, Lymph ...

lingerie *f* Unterwäsche *f*

lingote *m* Barren *m*

língua ['lĩŋgwɐ] *f* ① (*idioma*) Sprache *f*; **~ estrangeira** Fremdsprache *f*; **~ materna** Muttersprache *f*; **falar várias ~s** mehrere Sprachen sprechen ② (ANAT) Zunge *f*; **pôr a ~ de fora** die Zunge herausstrecken; **ter a. c. debaixo da ~** etw auf der Zunge haben; **saber a. c. na ponta da ~** etw aus dem Effeff können; **dar à ~** schwatzen, tratschen; **dar com a ~ nos dentes** etw ausplaudern

linguado [lĩŋ'gwadu] *m* ① (ZOOL) Seezunge *f* ② (*coloq: beijo*) Zungenkuss *m*

linguafone *m* Kassettengerät *nt*, Kassettenspieler *m*

linguagem <-ens> *f* Sprache *f*; **~ gestual** Zeichensprache *f*; (INFOR); **~ de programação** Programmiersprache *f*

linguareiro, -a *m, f v.* **linguarudo**

linguarudo, -a *m, f* Klatschbase *f*, Tratschtante *nt*

lingueta (*portugal*), **lingüeta** *f* (*brasil*) ① (*de balança*) Zünglein *nt* ② (*de sapato*) Lasche *f*, Zunge *f*

linguiça (*portugal*), **lingüiça** *f* (*brasil*) dünne Wurst *f*

linguista (*portugal*), **lingüista** *mf* (*brasil*) Linguist(in) *m(f)*, Sprachwissenschaftler(in) *m(f)*

linguística *f* (*portugal*) Linguistik *f*, Sprachwissenschaft *f*; **~ comparada** Vergleichende Sprachwissenschaft

lingüística *f* (*brasil*) *v.* **linguística**

linguístico *adj* (*portugal: relativo à língua*) sprachlich; (*relativo à linguística*) sprachwissenschaftlich, linguistisch

lingüístico *adj* (*brasil*) *v.* **linguístico**

linha ['liɲɐ] *f* ① (*traço*) Linie *f*; **~ em zigue zague** Zickzacklinie *f*; **~s aerodinâmicas** Stromlinienform *f*; **em ~ re(c)ta** geradewegs ② (FUT) **~ de meio de campo** Mittellinie *f*; **~ de quatro** Viererkette *f* ③ (*fila*) Reihe *f*; **~ de montagem** Fließband *nt* ④ (*de texto*) Zeile *f* ⑤ (*de coser*) Faden *m*, Garn *nt* ⑥ (TEL) Leitung *f*; **estar em ~** in der Leitung sein ⑦ (*de pesca*) Angelschnur *f* ⑧ (*de comboio*) Strecke *f*, Linie *f* ⑨ (*física*) Figur *f*; **manter a ~** auf die (schlanke) Linie achten ⑩ (*de comportamento*) Haltung *f*; **manter alguém na ~** jdn an der kurzen Leine haben

linhaça *f* ① (*semente*) Leinsamen *m* ② (*óleo*) Leinöl *nt*

linhagem <-ens> *f* Abstammung *f*, Herkunft *f*

linho *m* ① (BOT) Flachs *m* ② (*tecido*) Leinen *nt*

linifícios *m* Leinenwaren *pl*, Weißwaren *pl*

linóleo *m* Linoleum *nt*

liofilização *f* Gefriertrocknung *f*

liofilizado *adj* gefriergetrocknet

lipídio, lípido *m* (BIOL, QUÍM) Lipoid *nt*

lipo-aspiração <-ões> *f* (MED) Fettabsaugung *f*; **fazer uma ~** Fett absaugen lassen

lipoma *m* (MED) Fettgeschwulst *f*

liquefação, liqüefação (*brasil*) *v.* **liquefacção**

liquefacção *f* (*portugal*) Verflüssigung *f*

liquefazer *irr como fazer* **I.** *vt* verflüssigen **II.** *vr* sich verflüssigen, flüssig werden

liqüefazer (*brasil*) *v.* **liquefazer**

liquefeito **I.** *pp de* **liquefazer** **II.** *adj* flüssig

liqüefeito (*brasil*) *v.* **liquefeito**

líquen <liquens> *m* (BOT, MED) Flechte *f*

liquidação, liqüidação <-ões> *f* ① (*de uma dívida*) Tilgung *f*, Abzahlung *f*; (*de conta bancária*) Auflösung *f* ② (*de contas*) Begleichung *f* ③ (*brasil: em loja*) Ausverkauf *m*; **~ total** Totalausverkauf *m*, Räumungsverkauf *m* ④ (*extermínio*) Liquidierung *f*, Tötung *f*

liquidar, liqüidar *vt* (*brasil*) ① (*uma dívida*) tilgen, liquidieren; (*uma conta bancária*) auflösen ② (*as contas*) begleichen ③ (*matar*) töten, liquidieren

liquidez, liqüidez *f* (*brasil*) ① (*de líquido*) Flüssigkeit *f* ② (ECON) Liquidität *f*

liquidificador, liqüidificador *m* (*brasil*) Saftzentrifuge *f*

liquidificar <c→qu> **I.** *vt* verflüssigen **II.** *vi* sich verflüssigen, flüssig werden

liqüidificar (*brasil*) *v.* **liquidificar**

líquido I. *m* Flüssigkeit *f* **II.** *adj* ① (*estado*) flüssig ② (ECON) liquid, Netto ...; **ordenado ~** Nettolohn *m;* **peso ~** Nettogewicht *nt*

liqüído (*brasil*) *v.* **líquido**

lira *f* ① (MÚS) Leier *f* ② (*moeda*) Lira *f*

lírica *f* Lyrik *f*

lírico, -a I. *m, f* Lyriker(in) *m(f)* **II.** *adj* lyrisch

lírio *m* Lilie *f*

lírio-d'água <lírios-d'água> *m* Wasserlilie *f*

lírio-do-vale <lírios-do-vale> *m* Maiglöckchen *nt*

lirismo *m* Lyrik *f*

lis *f* Lilie *f*

lisa *adj f de* **liso**

Lisboa *f* Lissabon *nt*

lisboeta I. *mf* Lissabonner(in) *m(f)* **II.** *adj* (*especialidade*) aus Lissabon, Lissabonner; (*instituto*) in Lissabon

liso *adj* ① (*superfície*) glatt, eben ② (*cabelo*) glatt ③ (*unicolor*) einfarbig ④ (*folha*) unliniert ⑤ (*coloq: sem dinheiro*) pleite, blank

lisonja *f* Schmeichelei *f*

lisonjear *conj como passear vt* schmeicheln

lisonjeiro *adj* schmeichelhaft, schmeichelnd

lista ['liʃtɐ] *f* ① (*rol*) Liste *f,* Verzeichnis *nt;* **~ de espera** Warteliste *f;* **~ telefónica** [*o brasil* **telefônica**] Telefonbuch *nt;* **estar na ~** (**negra**) auf der (schwarzen) Liste stehen ② (*ementa*) Speisekarte *f;* **~ dos vinhos** (*portugal*) Weinkarte *f;* **à ~** nach der Karte, à la carte ③ (*listra*) Streifen *m*

listado *adj* gestreift

listagem <-ens> *f* (INFOR) Auflistung *f,* Liste *f*

listel *m* (ARQUIT) Leiste *f*

listra *f* Streifen *m*

listrado *adj* gestreift

lisura *f* Glätte *f*

litania *f* Litanei *f*

liteira *f* Sänfte *f*

literal <-ais> *adj* wörtlich; (*fig*) buchstäblich; **tradução ~** wörtliche Übersetzung

literalmente *adv* wörtlich; (*fig*) buchstäblich; **traduzir a. c. ~** etw wörtlich übersetzen; **ela foi ~ expulsa** sie wurde buchstäblich hinausgeworfen

literário *adj* literarisch

literato, -a *m, f* Literat(in) *m(f),* Schriftsteller(in) *m(f)*

literatura *f* Literatur *f*

litigante *mf* (DIR) Prozessteilnehmer(in) *m(f),* Prozessführende

litigar <g→gu> *vt* (DIR) prozessieren um, einen Prozess führen um

litígio *m* (DIR) Prozess *m*

litigioso *adj* (DIR) strittig, Streit ...; **separação litigiosa** Scheidung mit Gerichtsprozess

litografia [litugrɐ'fiɐ] *f* Lithographie *f*

litologia *f* (GEOL) Gesteinskunde *f*

litoral <-ais> **I.** *m* Küstengebiet *nt,* Küste *f;* **ficar no ~** an der Küste liegen **II.** *adj* Küsten ...

litosfera *f* (GEOL) Lithosphäre *f*

litro ['litru] *m* Liter *m;* **um ~ de água** ein Liter Wasser; **meio ~** ein halber Liter; **~ e meio** eineinhalb Liter; **é-me igual ao ~** das ist mir egal

Lituânia *f* Litauen *nt*

lituano, -a I. *m, f* Litauer(in) *m(f)* **II.** *adj* litauisch

liturgia *f* Liturgie *f*

litúrgico *adj* liturgisch

lívida *adj f de* **lívido**

lividez *f* Blässe *f*

lívido *adj* blass, bleich

livrança *f* (ECON) Schuldschein *m*

livrar I. *vt* ① (*libertar*) befreien (*de* von); (*salvar*) retten (*de* aus) ② (*preservar*) bewahren (*de* vor); **Deus me livre!** Gott bewahre! **II.** *vr* ① (*libertar-se*) sich befreien (*de* von) ② (*escapar*) herumkommen (*de* um) ③ (*desembaraçar-se*) sich entledigen (*de*), loswerden (*de*); **~-se de alguém/a. c.** jdn/etw loswerden

livraria [livrɐ'riɐ] *f* Buchhandlung *f*

livre ['livrə] **I.** *m* (DESP) Freistoß *m* **II.** *adj* ① (*com liberdade, desocupado*) frei; **ao ar ~** im Freien; **~ arbítrio** Willensfreiheit *f;* **de ~ vontade** aus freiem Willen; **ter um dia ~** einen freien Tag haben ② (*não comprometido*) unverheiratet, ledig ③ (*isento*) **~ de impostos** steuerfrei; **~ de preconceitos** vorurteilsfrei; **entrada ~** freier Eintritt

livre-câmbio *m* Freihandel *m*

livreiro, -a *m, f* Buchhändler(in) *m(f)*

livremente *adv* frei; **circular ~** sich frei bewegen

livrete *m* (*portugal: de automóvel*) Fahrzeugschein *m*

livro ['livru] *m* Buch *nt;* **~ de bolso** Taschenbuch *nt;* **~ de cheques** Scheckheft *nt;* **~ de instruções** Gebrauchsanleitung *f;* **~ de**

receitas Rezeptbuch *nt;* ~ **de reclamações** Beschwerdebuch *nt;* **ser um ~ aberto** mit offenen Karten spielen

lixa *f* ① (*material*) Sandpapier *nt,* Schmirgelpapier *nt;* (*brasil*); ~ **de unhas** Nagelfeile *f* ② (ZOOL) Katzenhai *m*

lixar I. *vt* (*com lixa*) schmirgeln, abschmirgeln; (*coloq: prejudicar*) linken, verarschen II. *vr* in den Arsch gekniffen sein, die Arschkarte haben; **vai-te ~!** geh zum Teufel!, hau ab!

lixeira *f* Müllplatz *m,* Mülldeponie *f*

lixeiro *m* Müllwerker *m;* (*coloq*) Müllmann *m*

lixívia *f* ① (*para lavar*) Waschlauge *f;* **pôr a. c. em ~** etw einweichen ② (QUÍM) Lauge *f*

lixo ['liʃu] *m* Müll *m,* Abfall *m;* ~ **atómico** [*o brasil* **atômico**]/**nuclear** Atommüll *m;* ~ **orgânico** Biomüll *m;* ~ **radioa(c)tivo** radioaktiver Abfall; **separar o ~** den Müll trennen

lo *pron m* ihn, es, sie; **o Mário canta; estás a ouvi-?** Mario singt; hörst du ihn?; **conheces este livro? Vou comprá-~** kennst du dieses Buch? Ich werde es kaufen; **gostas deste casaco? Vou experimentá-~** gefällt dir diese Jacke? Ich werde sie anprobieren

ló *m* (NÁUT) Luv *f*

loba *f v.* **lobo²**

lobby *m* Lobby *f*

lobisomem <-ens> *m* Werwolf *m*

lobo¹ *m* (ANAT: *do pulmão*) Lappen *m,* Flügel *m;* ~ **da orelha** Ohrläppchen *nt*

lobo, -a² *m, f* (ZOOL) Wolf *m,* Wölfin *f;* (*brasil*); ~**-guará** Mähnenwolf *m*

lobo-marinho *m* Seehund *m*

lóbulo *m* ① (ANAT: *do fígado*) Lappen *m* ② (BOT) Läppchen *nt*

locação <-ões> *f* Vermietung *f*

local [lu'kal] <-ais> I. *m* Ort *m,* Stelle *f;* ~ **de trabalho** Arbeitsplatz *m;* ~ **de nascimento** Geburtsort *m* II. *adj* lokal, örtlich; **anestesia ~** Lokalanästhesie *f*

localidade *f* Ortschaft *f,* Ort *m*

localização <-ões> *f* ① (*acção de localizar*) Lokalisierung *f* ② (*local*) Standort *m*

localizado *adj* **estar bem/mal ~** gut/schlecht gelegen sein

localizar *vt* lokalisieren, ausfindig machen

loção <-ões> *f* Lotion *f*

locatário, -a *m, f* Mieter(in) *m(f)*

lock-out *m* Aussperrung *f*

locomoção *f* Fortbewegung *f*

locomotiva *f* Lokomotive *f*

locomotor <-es> *adj* treibend, antreibend

locução <-ões> *f* (*dicção*) Ausdrucksweise *f;* (*conjunto de duas ou mais palavras*) Redewendung *f*

locutor(a) <-es> *m(f)* Sprecher(in) *m(f)*

lodaçal <-ais> *m* Morast *m,* schlammige(s) Gelände *nt*

lódão *m* (BOT) Lotos *m*

lodo *m* Schlamm *m,* Matsch *m*

logaritmo *m* (MAT) Logarithmus *m*

lógica *f* Logik *f;* **ter ~** logisch sein

lógico *adj* logisch

logística *f* Logistik *f*

logístico *adj* logistisch

logo ['lɔgu] I. *adv* (*em seguida*) gleich, sofort; ~ **a seguir** gleich darauf; ~ **à primeira** auf Anhieb; (*mais tarde*) nachher, später; **até ~!** bis später!; (*justamente*); ~ **agora** ausgerechnet jetzt; ~ **ele!** ausgerechnet er! II. *konj* also, folglich; ~ **que** +*conj* sobald; ~ **que seja possível** so bald wie möglich

logotipo *m* Emblem *nt;* (*de empresa*) Firmenzeichen *nt*

lograr I. *vt* (*alcançar*) erreichen; (*obter*) erringen; (*enganar*) betrügen II. *vi* gelingen

logro *m* (*engano*) Betrug *m*

loiça *f v.* **louça**

loiro, -a *m, f v.* **louro, -a**

loisa *f v.* **lousa**

loja *f* Laden *m,* Geschäft *nt;* ~ **de departamentos** (*brasil*) Kaufhaus *nt;* ~ **duty-free/franca** Duty-free-Shop *m;* ~ **de produtos naturais** [*o* **orgânicos**] Naturkostladen *m,* Bioladen *m,* Reformhaus *nt;* **abrir uma ~** ein Geschäft eröffnen

lojista *mf* Ladenbesitzer(in) *m(f),* Geschäftsinhaber(in) *m(f)*

lomba *f* (*na estrada*) Anhöhe *f;* (*de monte*) Bergrücken *m*

lombada *f* (*de livro*) Buchrücken *m*

lombar <-es> *adj* Lenden …

lombinho *m* (CULIN) Lendenstück *nt,* Lende *f*

lombo *m* ① (*de animal*) Rücken *m* ② (CULIN) Lende *f*

lombriga *f* Ringelwurm *m;* (MED) Spulwurm *m*

lona *f* Segeltuch *nt;* (*coloq*); **estar nas ~s** kaum noch Kohle haben

Londres *f* London *nt*

londrino, -a I. *m, f* Londoner(in) *m(f)* II. *adj*

L

Londoner, aus London

longa *adj f de* **longo**

longa-metragem <longas-metragens> *f* (CINE) Spielfilm *m*

longe ['lõʒə] *adv* weit, weit entfernt; ~ **de** weit entfernt von; **ao** ~ in der Ferne; **de** ~ aus der Ferne, von weitem; (*fig*) mit Abstand; **ela é de** ~ **a melhor** sie ist mit Abstand die Beste; **ir** ~ **demais** zu weit gehen; ~ **de mim tal ideia!** so etwas kommt mir nicht in den Sinn!

longeva *adj f de* **longevo**

longevidade *f* Langlebigkeit *f*

longevo *adj* alt, betagt

longínquo *adj* (*local*) fern, entfernt; (*temporal*) fern

longitude *f* (GEOG) Länge *f*

longitudinal <-ais> *adj* Längen ..., Längs ...

longo ['lõŋgu] *adj* ① (*em tamanho*) lang ② (*discurso*) lang; (*trabalho*) langwierig; (*caminho, viagem*) weit, lang

lontra *f* Otter *m*

looping *m* Looping *m, nt*

lorde *m* Lord *m;* (POL); **câmara dos** ~**s** Oberhaus *nt*

lorpa **I.** *mf* (*pej*) Depp *m,* Tölpel *m* **II.** *adj* (*pej*) tölpelhaft, blöd

losango *m* Raute *f*

lota *f* Fischauktion *f*

lotação <-ões> *f* (*de recinto, autocarro*) Kapazität *f,* Anzahl der Plätze *f;* **com a** ~ **esgotada** ausverkauft

lotado *adj* (*cinema, teatro*) ausverkauft

lotaria *f* (*portugal*) Lotterie *f;* **jogar/ganhar na** ~ in der Lotterie spielen/gewinnen

lote *m* ① (*de terreno*) Parzelle *f* ② (*de mercadoria*) Posten *m* ③ (*de café*) Sorte *f*

lotear *conj como passear vt* (*um terreno*) parzellieren

loteria *f* (*brasil*) *v.* **lotaria**

loto *m* Lotto *nt*

louça ['losɐ] *f* ① (*de cozinha*) Geschirr *nt;* ~ **de barro** Steingut *nt;* **lavar/limpar a** ~ das Geschirr abwaschen/abtrocknen ② (*de casa-de-banho*) Sanitärkeramik *f*

louco, -a ['loku] **I.** *m, f* Verrückte; (*demente*) Irrsinnige **II.** *adj* ① (*pessoa*) verrückt (*por* nach); (*demente*) irrsinnig ② (*sucesso*) wahnsinnig, irrsinnig

loucura *f* Verrücktheit *f,* Wahnsinn *m;* (*demência*) Irrsinn *m;* **isso é uma** ~**!** das ist der reine Wahnsinn!

louro, -a[1] ['loru] **I.** *m, f* Blonde, Blondine *f* **II.** *adj* (*pessoa, cabelo*) blond

louro[2] *m* (BOT) Lorbeer *m;* **ficar com os** ~**s** die Lorbeeren ernten

lousa *f* ① (*material*) Schiefer *m* ② (*pedra tumular*) Grabstein *m*

louva-a-deus *m* (ZOOL) Gottesanbeterin *f*

louvar *vt* loben, preisen

louvável <-eis> *adj* lobenswert

louvor <-es> *m* Lob *nt*

lua ['luɐ] *f* Mond *m;* ~ **cheia** Vollmond *m;* ~ **nova** Neumond *m;* **andar na** ~ in den Wolken schweben; **ser de** ~**s** launisch sein

lua-de-mel <luas-de-mel> *f* Flitterwochen *pl;* **estar em** ~ in den Flitterwochen sein; **ir de** ~ in die Flitterwochen fahren

luar *m* Mondschein *m*

lubrificação *f* Schmieren *nt*

lubrificante **I.** *m* Schmiermittel *nt,* Schmiere *f* **II.** *adj* Schmier ...

lubrificar <c→qu> *vt* schmieren, einschmieren

lúcida *adj f de* **lúcido**

lucidez *f* (PSIC) Klarheit des Verstandes *f;* **momento de** ~ heller/klarer Augenblick

lúcido *adj* (PSIC) bei klarem Verstand

lúcio *m* (ZOOL) Hecht *m*

lucrar **I.** *vt* einbringen **II.** *vi* profitieren (*com* von), Nutzen ziehen (*com* aus)

lucrativo *adj* ① (*financeiramente*) einträglich, Gewinn bringend ② (*vantajoso*) vorteilhaft

lucro *m* ① (*financeiro*) Gewinn *m,* Profit *m;* **dar** ~ Gewinn bringen ② (*proveito*) Nutzen *m*

ludibriar *vt* beschwindeln; (*enganar*) betrügen

lúdico *adj* Spiel ..., spielerisch

lufada *f* Windstoß *m*

lufa-lufa *f* Hetzerei *f,* Hetze *f;* **andar numa** ~ ununterbrochen arbeiten

lugar [lu'gar] <-es> *m* ① (*sítio*) Platz *m,* Ort *m;* ~ **de pé** Stehplatz *m;* ~ **sentado** Sitzplatz *m;* **em** ~ **de** statt, anstatt; **estar fora do** ~ fehl am Platz sein; **dar o** ~ **a alguém** jdm seinen Platz anbieten ② (*ordenação*) Stelle *f;* **em primeiro** ~ an erster Stelle, erstens ③ (*emprego, situação*) Stelle *f;* **no teu** ~**, não faria isso** an deiner Stelle würde ich das nicht tun; **põe-te no meu** ~ versetz dich einmal in meine Lage ④ (*ocasião*) **dar** ~ **a** Anlass geben zu; **ter** ~ stattfinden

lugar-comum <lugares-comuns> *m* Gemeinplatz *m*
lugarejo *m* Kaff *nt*
lugares *m pl de* **lugar**
lugar-tenente <lugares-tenentes> *m* Stellvertreter *m*
lugre *m* (NÁUT) Logger *m*
lúgubre *adj* düster, finster
lula *f* (ZOOL) Tintenfisch *m*
lumbago [lũm'bagu] *m* Hexenschuss *m*
lume *m* Feuer *nt;* **fazer ~** Feuer machen; **tem ~?** (*portugal*) haben Sie Feuer?
lúmen *m* (FÍS) Lumen *nt*
luminosa *adj f de* **luminoso**
luminosidade *f* ① (*claridade*) Helligkeit *f* ② (*intensidade da luz*) Leuchtkraft *f*
luminoso *adj* ① (*sala*) hell ② (*que ilumina*) leuchtend; (*brilhante*) strahlend, glänzend; **reclame ~** Leuchtreklame *f;* **ter uma ideia** [*o brasil* **idéia**] **luminosa** eine glänzende Idee haben ③ (*referente a luz*) Licht ...
lunar <-es> *adj* Mond ...
lunático, -a I. *m, f* Geistesgestörte, Wahnsinnige **II.** *adj* geistesgestört, wahnsinnig
luneta *f* Brille *f;* **~s** Kneifer *m*
lupa *f* Lupe *f*
lúpulo *m* (BOT) Hopfen *m*
lúpus *m* (MED) Lupus *m*
lusa *adj f de* **luso**
lusco-fusco *m* Abenddämmerung *f*
lusitano, -a I. *m, f* Portugiese, Portugiesin *m, f* **II.** *adj* portugiesisch, lusitanisch
luso *adj* portugiesisch, lusitanisch
luso-alemão *adj* deutsch-portugiesisch
luso-brasileiro *adj* portugiesisch-brasilianisch
lustre *m* ① (*brilho*) Glanz *m;* **dar ~ a a. c.** etw polieren ② (*candelabro*) Kronleuchter *m*
lustro *m* (*coloq*) *v.* **lustre**
lustroso *adj* glänzend
luta *f* Kampf *m* (*por* für, *contra* gegen); (DESP); **~ livre** Freistilringen *nt;* **~ pela sobrevivência** Überlebenskampf *m*
lutador(a) *m(f)* Kämpfer(in) *m(f)*
lutar *vi* kämpfen (*com* gegen, *por* um, *contra* gegen)
luterana *adj o f v.* **luterano**
luteranismo *m* Luthertum *nt*
luterano, -a I. *m, f* Lutheraner(in) *m(f)* **II.** *adj* lutherisch, lutheranisch
luto *m* Trauer *f;* **~ nacional** Staatstrauer *f;* **estar de ~** Trauer tragen; **estar de ~ por alguém** um jdn trauern; **pôr ~** Trauer anlegen
luva *f* ① (*para as mãos*) Handschuh *m;* **~ de borracha** Gummihandschuh *m;* **calçar uma ~** einen Handschuh anziehen; **assentar a alguém como uma ~** jdm wie angegossen sitzen ② (*coloq: suborno*) Schmiergeld *nt;* **ele aceita ~s** ihn kann man schmieren
luxação <-ões> *f* (MED) Verrenkung *f*
Luxemburgo *m* Luxemburg *nt*
luxemburguês, -esa I. *m, f* Luxemburger(in) *m(f)* **II.** *adj* luxemburgisch
luxo *m* Luxus *m;* **de ~** luxuriös; **dar-se ao ~ de fazer a. c.** sich den Luxus leisten, etw zu tun +*dat*
luxuoso [lu'ʃwozu] *adj* luxuriös
luxúria *f* Wollust *f,* Lüsternheit *f*
luz [luʃ] *f* Licht *nt;* (*electricidade*) Strom *m;* **~ do dia** Tageslicht *nt;* **acender/apagar a ~** das Licht anmachen/ausmachen; (*fig*); **à ~ de** im Lichte; **à meia ~** im Halbdunkel; **não ter ~ em casa** keinen Stromanschluss im Haus haben; **dar ~ verde a alguém** jdm grünes Licht geben; **ser a ~ dos olhos de alguém** jds Augapfel sein
luzes *fpl* ① (*noções*) Wissen *nt;* **ter umas ~ de a. c.** ein bisschen Ahnung von etw haben ② (*do automóvel*) Beleuchtung *f;* **dar sinais de ~** die Lichthupe betätigen
luzidio *adj* glänzend, strahlend
luzir *vi* leuchten, strahlen
lycra *f* Lycra *nt*

Mm

M, m ['ɜmə] *m* M, m *nt*
ma *v.* **me**
má *f de* **mau**
maca *f* Tragbahre *f*
maçã *f* Apfel *m;* **~ do rosto** Backenknochen *m*
macabro *adj* makaber
macacada *f* Blödsinn *m,* Unsinn *m*
macacão <-ões> *m* Overall *m*
macaco, -a[1] [mɐ'kaku] *m, f* (ZOOL) Affe *m,*

Äffin *f*
macaco² *m* (*para automóvel*) Wagenheber *m*
macacões *m pl de* **macacão**
maçada *f* Plackerei *f*, Schufterei *f*; **que ~!** ist das nervig!
macadame *m* Makadam *m*
maçã-de-adão *f* Adamsapfel *m*
maçador [mɐsɐ'dor] *adj* (*portugal*) nervig, langweilig
macaense **I.** *mf* Einwohner(in) *m(f)* von Macau **II.** *adj* aus Macau
macambúzio *adj* ① (*carrancudo*) griesgrämig, mürrisch ② (*tristonho*) traurig, niedergeschlagen
maçaneta *f* ① (*de porta*) Klinke *f*; (*redonda*) Knauf *m* ② (*de bombo*) Schlegel *m*
maçante *adj* (*brasil*) nervig, langweilig
mação *m* Freimaurer *m*
Macapá *m* (*brasil*) Macapá (*Hauptstadt des Bundesstaates Amapá*)
macapaense **I.** *mf* (*brasil*) Einwohner(in) *m(f)* der Stadt Macapá **II.** *adj* (*produto*) aus Macapá; (*instituto*) in Macapá
maçapão *m* Marzipan *nt*
macaquice *f* Faxen *pl*, Quatsch *m*
macaquinhos *mpl* (*coloq*) **ter ~ no sótão** einen Vogel haben
maçar *vt* ① (*importunar*) belästigen; (*coloq*) nerven ② (*aborrecer*) langweilen
maçarico¹ *m* ① (*de chama*) Schweißbrenner *m* ② (ZOOL) Eisvogel *m*
maçarico, -a² *m, f* (*coloq: pessoa*) Anfänger(in) *m(f)*
macarrão *m* Makkaroni *pl*
Macau *m* Macau *nt*
Macedónia (*brasil*), **Macedônia** *f* (*brasil*) Mazedonien *nt*, Makedonien *nt*
Maceió (*brasil*) Maceió (*Hauptstadt des Bundesstaates Alagoas*)
maceioense (*brasil*) **I.** *mf* Einwohner(in) *m(f)* der Stadt Maceió **II.** *adj* (*especialidade*) aus Maceió; (*instituto*) in Maceió
maceração *f* ① (*em líquido*) Einweichung *f*, Aufweichung *f* ② (*com penitências*) Kasteiung *f*
macerar *vt* ① (*em líquido*) einweichen, aufweichen ② (*com penitências*) kasteien
macete *m* (*brasil*) Kniff *m*, Trick *m*
machadada *f* Beilhieb *m*, Axthieb *m*; **dar uma ~ em alguém/a. c.** jdm einen Axthieb verpassen/etw mit der Axt zerschlagen
machado *m* Axt *f*, Beil *nt*
machão *m* Macho *m*
machete *m* Buschmesser *nt*
machista **I.** *m* Macho *m* **II.** *adj* Macho ..., chauvinistisch
macho **I.** *m* (ZOOL: *sexo masculino*) Männchen *nt*; (*animal cruzado*) Maulesel *m*; (*para roscas*) Gewindebohrer *m* **II.** *adj* männlich
machucar <c→qu> **I.** *vt* ① (*esmagar*) zerquetschen ② (*brasil: ferir*) verwunden ③ (*brasil: fig: magoar*) verletzen **II.** *vr* (*brasil*) ① (*ferir-se*) sich verletzen ② (*fig: magoar-se*) verletzt sein
macia *adj f de* **macio**
maciço **I.** *m* (*montanhas*) Massiv *nt* **II.** *adj* massiv
macieira *f* Apfelbaum *m*
macilento *adj* bleich; (*rosto*) eingefallen
macio [mɐ'siu] *adj* (*objecto, tecido, pele, cabelo*) weich; (*voz*) sanft
macis *m* Muskatblüte *f*
maço *m* ① (*de cigarros*) Schachtel *f*, Päckchen *nt* ② (*de notas, folhas*) Bündel *nt* ③ (*martelo*) Holzhammer *m*; (*de calceteiro*) Stampfe *f*
maçom <-ons> *m* Freimaurer *m*
maconha *f* (*coloq brasil*) Hasch *nt*; **cigarro de ~** Joint *m*
maçónico (*portugal*), **maçônico** *adj* Freimaurer ...
macramé (*portugal*), **macramê** *m* (*brasil*) Makramee *nt*
má-criação <má(s)-criações> *f* ① (*falta de educação*) schlechte Erziehung *f* ② (*acto*) Ungezogenheit *f*, Frechheit *f*
macrobiótica *f* Makrobiotik *f*
macrobiótico *adj* makrobiotisch
maçudo *adj* (*texto, livro*) langweilig, zäh
macumba *f* (*brasil*) Hexerei *f*, Zauberei *f*
macumbeiro, -a *m, f* (*brasil*) Zauberer, Zauberin *m, f*
Madagáscar *m* Madagaskar *nt*
madeira *f* Holz *nt*; **de ~** hölzern, aus Holz
Madeira [mɐ'dɐirɐ] *f* Madeira *nt*
madeirense **I.** *mf* Einwohner(in) *m(f)* von Madeira **II.** *adj* aus Madeira
madeixa [mɐ'dɐiʃɐ] *f* Strähne *f*, Haarsträhne *f*
má-disposição *f* ① (*humor*) schlechte Laune *f* ② (*saúde*) Unwohlsein *nt*
madrasta *f* Stiefmutter *f*
madre *f* (REL) Mutter *f*
madrepérola *f* Perlmutt *nt*
madrépora *f* Steinkoralle *f*

madressilva *f* Geißblatt *nt*
madre-superiora *f* (REL) Oberin *f*
Madri *f* Madrid
madrinha *f* (*baptizado*) Patin *f;* (*casamento*) Trauzeugin *f*
madrugada *f* Tagesanbruch *m,* Morgendämmerung *f;* **de ~** frühmorgens
madrugador(a) *m(f)* Frühaufsteher(in) *m(f)*
madrugar <g→gu> *vi* früh aufstehen
madureza *f* Reife *f*
maduro [mɐ'duru] *adj* ❶ (*fruta, pessoa*) reif ❷ (*plano*) ausgereift
mãe [mãi] *f* Mutter *f;* (*como tratamento*) Mutti *f;* **~ ado(p)tiva** Adoptivmutter *f;* **futura ~** werdende Mutter; (*brasil*); **~ de santo** Zauberin *f;* **ela foi ~** sie ist Mutter geworden
mãe-de-santo <mães-de-santo> *f* (*brasil:* REL) Priesterin im afro-brasilianischen Candomblé
maestro, -ina *m, f* (MÚS) Dirigent(in) *m(f)*
mafarrico *m* Teufel *m*
má-fé <más-fés> *f* böse(r) Wille *m,* böse Absicht *f;* **agir de ~** in böser Absicht handeln
máfia *f* Mafia *f*
mafioso, -a *m, f* Mafioso, Mafiosa *m, f*
magala *m* (*portugal: coloq: soldado*) Soldat *m;* (*recruta*) Rekrut *m*
maganão *m* Spaßvogel *m,* Witzbold *m*
maganice *f* Schabernack *m*
magazine *m* (*brasil*) Zeitschrift *f*
magenta *f* Purpurrot *nt*
magia *f* Magie *f;* **~ negra** schwarze Magie
magicar I. *vt* (*um plano*) nachdenken über **II.** *vi* grübeln
mágico, -a I. *m, f* Magier(in) *m(f),* Zauberer, Zauberin *m, f* **II.** *adj* magisch, Zauber …
magistério *m* ❶ (*profissão*) Lehrberuf *m* ❷ (*professorado*) Lehrerschaft *f,* Lehrer *pl*
magistrado *m* Richter *m*
magistratura *f* ❶ (*estatuto*) Richteramt *nt* ❷ (*duração*) Amtszeit *f*
magna *adj f de* **magno**
magnânimo *adj* großzügig; (*nobre*) edelmütig
magnata *m* Magnat *m*
magnésio *m* (QUÍM) Magnesium *nt*
magnético *adj* magnetisch, Magnet …
magnetismo *m* ❶ (FÍS) Magnetismus *m* ❷ (*fig: atracção*) Anziehungskraft *f*
magnífica *adj f de* **magnífico**
magnificência *f* Herrlichkeit *f,* Pracht *f*
magnífico *adj* herrlich, großartig
magnitude *f* ❶ (*grandeza*) Größe *f* ❷ (*importância*) Bedeutung *f*
magno *adj* groß; (*importante*) bedeutend; **Carlos Magno** Karl der Große
magnólia *f* Magnolie *f*
mago *m* Magier *m;* **os Reis Magos** die Heiligen Drei Könige
mágoa *f* Kummer *m,* Leid *nt*
magoado *adj* verletzt; **estou ~ com ele/a atitude dele** er/sein Verhalten hat mich verletzt
magoar <*brasil, 1. pess pres:* magôo> **I.** *vt* (*fig*) verletzen **II.** *vr* ❶ (*ferir-se*) sich verletzen ❷ (*ofender-se*) verletzt sein
magote *m* Menge *f;* **um ~ de gente** ein Haufen Leute
magra *adj f de* **magro**
magrelo, -a *m, f* (*brasil*) *v.* **magricela**
magreza *f* Magerkeit *f*
magricela *mf* (*pej*) Skelett *nt;* **ser um ~** nur aus Haut und Knochen bestehen
magro ['magru] *adj* (*pessoa*) dünn, mager; (*carne*) mager; (*queijo, iogurte*) fettarm; **leite ~** Magermilch *f*
magusto *m* ❶ (*acção*) Rösten *nt* der Maronen ❷ (*festa*) *Fest, an dem Maronen geröstet werden*
maia *f* ❶ (BOT) gelbe(r) Ginster *m* ❷ (*festa*) Maifest *nt*
Maio ['maju] *m* Mai *m; v.* **Março**
maiô [ma'jo] *m* (*brasil*) Badeanzug *m*
maionese [majo'nɜzə] *f* Majonäse *f*
maior *adj* ❶ (*comp. de grande*) größer ((*do*) *que* als); (*em altura*) höher ((*do*) *que* als); **~ de idade** volljährig ❷ (*superl. de grande*) **o/a ~** der/die/das größte, am größten; (*em altura*) der/die/das höchste, am höchsten; **a ~ parte das vezes** meistens; **a ~ parte dos livros/das pessoas** die meisten Bücher/Leute; **o ~ edifício** das höchste Gebäude; **ela é a ~** sie ist die Größte
maioral <-ais> *mf* Oberhaupt *nt*
maioria *f* Mehrheit *f;* (POL); **~ absoluta** absolute Mehrheit; **estar em ~** in der Mehrheit sein; **a ~ dos trabalhadores** die meisten Arbeiter; **a ~ das pessoas** die meisten (Menschen)
maioridade *f* Volljährigkeit *f*
maioritariamente *adv* mehrheitlich
mais [maiʃ/maiʒ] **I.** *m* (*resto*) **o ~** der Rest; (MAT) Pluszeichen *nt* **II.** *adv* (*comparativo*)

M

mehr ((*do*) *que* als); (*antes de adjectivo*); ~ **triste/bonito/velho (do) que ...** trauriger/schöner/älter als ...; ~ **de dez** mehr als zehn; **pouco ~ de** kaum mehr als; **muito ~** viel mehr; ~ **ou menos** mehr oder weniger, ungefähr; **sem ~ nem menos** mir nichts dir nichts; ~ **tarde ou ~ cedo** früher oder später; **cada vez ~** immer mehr; (*superlativo*) am meisten; **o que sabe/lê ~** der am meisten weiß/liest; (*antes de adjectivo*); **o ~ triste/bonito/velho** der traurigste/schönste/älteste; **o ~ tardar** spätestens; (*adicional*); ~ **alguma coisa?** noch etwas?; **que ~?** was noch?, sonst noch etwas?; ~ **nada** sonst nichts; ~ **ninguém** sonst niemand; ~ **vezes** öfter; ~ **uma vez** noch einmal; **antes de ~ nada** zu allererst; (*negativa*) nicht mehr; **ele não vai lá ~** er geht dort nicht mehr hin; **não quero ~** ich möchte nicht(s) mehr; **nunca ~** nie wieder, nie mehr; **não tenho ~ dinheiro** ich habe kein Geld mehr; (*de sobra*); **ter a. c. a ~** etw übrig haben; **estar a ~** überflüssig sein, nicht gebraucht werden; **de ~** zu viel; (*de preferência*) lieber; **gosto ~ de ler** ich lese lieber; ~ **vale ...** es ist besser, wenn ...; (MAT) plus, und; **dois ~ dois são quatro** zwei plus zwei gibt vier; (*concessivo*); **por ~ que tente** so sehr ich es auch versuche; **por ~ difícil que seja** so schwierig es auch sein mag; **quanto ~ não seja** schon allein deshalb **III.** *konj* und

maisena *f* (*brasil*) Speisestärke *f*

mais-que-perfeito *m* (LING) Plusquamperfekt *nt*

mais-valia *f* Mehrwert *m*

maiúscula *f* Großbuchstabe *m;* **escrever a. c. em ~s** etw in Großbuchstaben schreiben

maiúsculo *adj* großgeschrieben; **escrever a. c. com letra maiúscula** etw großschreiben

maizena *f* (*portugal*) Maizena ® *f,* Speisestärke *f*

majestade *f* Majestät *f;* **Sua Majestade** Ihre Majestät

majestoso *adj* majestätisch, würdevoll

major *m* (MIL) Major *m*

mal [mal] **I.** <-es> *m* ① (*moral*) Böse *nt;* **praticar o ~** Böses tun; **não foi por ~** es war nicht böse gemeint ② (*de situação*) Übel *nt;* **arrancar o ~ pela raiz** das Übel bei der Wurzel packen; **do ~ o menos** das kleinere Übel; ~ **por ~** wohl oder übel; **que ~ tem isso?** was ist denn dabei?; **nada de ~** nichts Schlimmes ③ (*doença*) Krankheit *f* **II.** <-es> *adj* ① (*incorrecto*) falsch; **a resposta está ~** die Antwort ist falsch ② (*situação*) schlimm; **ir de ~ a pior** immer schlimmer werden **III.** *adv* ① (*situação*) schlimm, übel; (*saúde*) schlecht; **ele está ~** es geht ihm schlecht; **falar ~ de alguém** schlecht über jdn sprechen; (*pessoa*); **fazer ~ a alguém** jdm schaden; (*alimento*) jdm schlecht bekommen; **não faz ~** das macht nichts; **menos ~** glücklicherweise, wenigstens ② (*incorrectamente*) falsch; (*imperfeitamente*) schlecht; **isso está ~ feito** das ist schlecht gemacht ③ (*quase não*) kaum; ~ **posso esperar!** ich kann es kaum erwarten!; **eu ~ falei com ele** ich habe kaum mit ihm gesprochen; ~ **saiste, tocou o telefone** kaum warst du hinausgegangen, klingelte das Telefon

mala ['malɐ] *f* ① (*de viagem*) Koffer *m;* **fazer a ~/as ~s** den/die Koffer packen; **desfazer a(s) ~(s)** auspacken ② (*portugal: de mão*) Handtasche *f* ③ (*do automóvel*) Kofferraum *m*

malabar *adj* **jogos ~es** Jonglieren *nt;* **fazer jogos ~es** jonglieren

malabarismo *m* Jonglieren *nt*

malabarista *mf* Jongleur(in) *m(f)*

mal-afortunado *adj* unglückselig, vom Pech verfolgt

mal-agradecido *adj* undankbar

malagueta *f* ① (BOT) rote(r) Pfeffer *m* ② (NÁUT) Spake *f*

mal-ajambrado *adj* ① (*pessoa*) schlecht angezogen ② (*objecto*) schlecht verarbeitet; (*trabalho*) schlecht gemacht

malandra *f de* **malandro**

malandragem <-ens> *f* ① (*vigarice*) Betrug *m* ② (*vadiagem*) Herumlungerei *f* ③ (*esperteza*) Gerissenheit *f*

malandrice *f* (*portugal*) ① (*vigarice*) Gaunerei *f* ② (*vadiagem*) Faulenzerei *f*

malandro, -a **I.** *m, f* ① (*maroto*) freche(r) Kerl *m,* Schlingel *m* ② (*vigarista*) Gauner(in) *m(f),* Halunke *m* ③ (*preguiçoso*) Faulpelz *m* **II.** *adj* ① (*maroto*) frech ② (*preguiçoso*) faul

malária [mɐ'larjɐ] *f* (MED) Malaria *f*

mala-sem-alça <malas-sem-alça> *mf* (*brasil: cal*) Nervtöter(in) *m(f)*

Malásia *f* Malaysia *nt*

mal-assombrado *adj* ① (*enfeitiçado*) ver-

wünscht, verhext ② (*sombrio*) düster
malcheiroso *adj* übel riechend, stinkend
malcomportado *adj* ungezogen
malcriadez (*brasil*), **malcriadice** *f* (*portugal*) Ungezogenheit *f*
malcriado, -a **I.** *m, f* Flegel *m,* Lümmel *m* **II.** *adj* unerzogen; (*grosseiro*) ungezogen
maldade *f* Bosheit *f,* Gemeinheit *f*
maldição <-ões> *f* Fluch *m,* Verwünschung *f*
maldisposto *adj* ① (*humor*) schlecht gelaunt ② (*saúde*) **estou ~** mir ist übel/schlecht
maldito **I.** *pp de* **maldizer** **II.** *adj* verflucht, verdammt
maldizer *irr como dizer vt* verfluchen, verdammen
mal-dos-mergulhadores <males-dos-mergulhadores> *m* Dekompressionskrankheit *f*
maldoso *adj* bösartig, gehässig
maleabilidade *f* Geschmeidigkeit *f;* (*flexibilidade*) Biegsamkeit *f*
maleável <-eis> *adj* geschmeidig; (*flexível*) biegsam
maledicência *f* Verleumdung *f*
mal-educado *adj* unerzogen; (*grosseiro*) ungezogen
maléfica *adj f de* **maléfico**
malefício *m* Schaden *m*
maléfico *adj* (*prejudicial*) schädlich, negativ
mal-encarado *adj* grimmig, missmutig
mal-entendido *m* Missverständnis *nt;* **esclarecer um ~** ein Missverständnis aufklären
mal-estar *m* ① (*físico*) Unwohlsein *nt;* **sentir um ~** sich unwohl fühlen ② (*moral*) Unbehagen *nt*
malévolo *adj* (*mal-intencionado*) böswillig; (*maldoso*) boshaft, gemein
malfadado *adj* unselig, unglückselig
malformação *f* Missbildung *f*
malga *f* Suppentasse *f*
malha ['maʎɐ] *f* ① (*fio, da rede*) Masche *f;* **~s** Strickwaren *pl;* **~ caída** Laufmasche *f;* **camisola de ~** gestrickter Pullover; **casaco de ~** Strickjacke *f;* **fazer ~** stricken ② (*mancha*) Fleck *m*
malhação <-ões> *f* (*brasil: coloq* DESP) Fitness-Training *nt*
malhado *adj* (*animal*) gefleckt
malhão *m* (*portugal:* MÚS) *Volkstanz aus Nordportugal*
malhar **I.** *vt* schlagen; (*cereais*) dreschen **II.** *vi* (*coloq: cair*) hinfliegen
mal-humorado *adj* schlecht gelaunt
malícia *f* ① (*maldade*) Bosheit *f,* Boshaftigkeit *f* ② (*manha*) Arglist *f,* Heimtücke *f*
malicioso *adj* ① (*maldoso*) boshaft ② (*manhoso*) arglistig, heimtückisch
maligno *adj* (MED) bösartig
má-língua <más-línguas> **I.** *f* üble Nachrede *f* **II.** *mf* (*pessoa*) Lästermaul *nt,* Lästerer, Lästerin *m, f*
mal-intencionado *adj* (*pessoa*) übel gesinnt; (*acto*) böswillig
maljeitoso *adj* ① (*pessoa*) ungeschickt, unbeholfen ② (*objecto*) unförmig, plump
malmequer <-es> *m* Ringelblume *f*
malograr **I.** *vt* (*plano*) vereiteln, durchkreuzen **II.** *vi* (*plano*) fehlschlagen, misslingen; (*pessoa*) scheitern
malogro *m* Fehlschlag *m,* Misserfolg *m*
malote *m* Kosmetikkoffer *m*
malta *f* (*coloq*) Bande *f,* Truppe *f*
Malta *f* Malta *nt*
malte *m* Malz *nt*
maltês *adj* (*gato*) bläulich grau
maltrapilho *m* schlecht gekleidete(r) Mensch *m,* Vogelscheuche *f*
maltratar *vt* misshandeln
maluco, -a **I.** *m, f* Verrückte, Spinner(in) *m(f)* **II.** *adj* verrückt
maluqueira *f v.* **maluquice**
maluquice *f* ① (*acto, ideia*) Unsinn *m,* Blödsinn *m* ② (*estado*) Verrücktheit *f*
malva *f* (BOT) Malve *f*
malvada *f de* **malvado**
malvadez <-es> *f* Bosheit *f,* Boshaftigkeit *f*
malvado, -a **I.** *m, f* Bösewicht *m,* Übeltäter(in) *m(f)* **II.** *adj* böse, boshaft
mama *f* Brust *f;* **~s** Busen *m*
mamã *f* (*portugal*) Mama *f,* Mutti *f;* (*angola, moçambique*) *respektvolle Umgangsform gegenüber älteren Frauen*
mamadeira *f* (*brasil*) Fläschchen *nt*
mamãe *f* (*brasil*) Mama *f,* Mutti *f*
mamão *m* (*esp brasil:* BOT) Papaya *f*
mamar *vt* ① (*leite*) trinken, (an der Brust) saugen; **dar de ~ a** stillen ② (*coloq: dinheiro*) abziehen, in die eigene Tasche wirtschaften
mamário *adj* Brust …
mamarracho *m* (*mal feito*) Pfusch *m;* (*de mau gosto*) Scheußlichkeit *f*
mameluco, -a *m, f* (*brasil*) Mestize *m*
mamífero *m* Säugetier *nt*
mamilo *m* Brustwarze *f*

mamografia *f* Mammographie *f*
mamute *m* Mammut *nt*
mana *f* (*coloq*) *v.* **mano**
manada *f* Herde *f*
manápula *f* Pranke *f*
manauara, manauense (*brasil*) **I.** *mf* Einwohner(in) *m(f)* der Stadt Manaus **II.** *adj* (*produto*) aus Manaus; (*instituto*) in Manaus
Manaus (*brasil*) Manaus (*Hauptstadt des Bundesstaates Amazonas*)
manca *f de* **manco**
mancada *f* (*brasil*) Fauxpas *m;* **dar uma ~** einen Fauxpas begehen
mancal *m* (TEC) Lager *nt*
mancar <c→qu> *vi* hinken, humpeln
mancebo, -a *m, f* junge(r) Mann *m,* junge Frau *f*
mancha *f* ① (*nódoa*) Fleck *m* ② (*fig: mácula*) Makel *m*
manchado *adj* fleckig, voller Flecken
manchar *vt* ① (*sujar*) beflecken, schmutzig machen ② (*a reputação*) besudeln, in den Schmutz ziehen
mancha-roxa <manchas-roxas> *f* (*brasil*) blauer Fleck
manchete *f* ① (*esp brasil:* JORN) Schlagzeile *f* ② (DESP) **dar ~** baggern
manco, -a I. *m, f* Einbeinige; (*pej*) Krüppel *m* **II.** *adj* einbeinig; (*coxo*) hinkend; **estar/ser ~** hinken, humpeln; **ele está/é ~ de uma perna** er hinkt auf einem Bein
mancomunado *adj* verbündet; (*coloq*); **estar ~ com alguém** mit jdm unter einer Decke stecken
mancomunar-se *vr* sich verbünden, sich zusammentun
manda-chuva *mf* Boss *m*
mandado I. *m* (DIR) Befehl *m;* **~ de busca** Durchsuchungsbefehl *m;* **~ de captura** Haftbefehl *m* **II.** *adj* **bem ~** gehorsam, brav
mandamento *m* (REL) Gebot *nt;* **os dez ~s** die Zehn Gebote
mandão, -ona <-ões> **I.** *m, f* Despot(in) *m(f),* herrische(r) Mensch *m* **II.** *adj* herrschsüchtig, herrisch
mandar [mãn'dar] **I.** *vt* (*ordenar*) befehlen; **~ (alguém) fazer a. c.** (jdm.) befehlen, etw zu tun; (*enviar*) schicken, senden; **~ uma carta a alguém** jdm einen Brief schicken; **ele manda cumprimentos** er lässt grüßen; (*encomendar*) veranlassen, beauftragen; **~ limpar um casaco** eine Jacke reinigen lassen; **~ chamar alguém** jdn rufen lassen; **~ vir a. c.** etw bestellen **II.** *vi* befehlen; **~ em alguém** über jdn bestimmen; **quem manda aqui sou eu!** hier habe ich das Sagen!
mandarim *m* Mandarin *m*
mandatário, -a *m, f* Beauftragte, Mandatar(in) *m(f)*
mandato *m* (POL) Mandat *nt;* **cumprir um ~** ein Mandat ausüben
mandíbula *f* Unterkiefer *m*
mandioca *f* Maniok *m*

Mandioca (der Maniok) hatte sich schon vor 1500 von Brasilien aus über Südamerika, Mexiko und die Antillen verbreitet. Die Portugiesen brachten ihn auch nach Afrika. Die Indianer aus Südamerika entwickelten eine besondere Methode, um das Gift (Blausäure) aus der Wurzelknolle zu entziehen. Mit dem aus der Knolle gewonnenen Maniokmehl werden hauptsächlich Fladenbrot, Brei, Soßen, Suppen und alkoholischen Getränken (Kaschiri) hergestellt. Das bekannteste Handelsprodukt ist Tapioka, reine Stärke der Maniok-Wurzelknollen.

mando *m* **a ~ de** auf Befehl von
mandões *m pl de* **mandão**
mandona *f de* **mandão**
mandrião, -ona I. *m, f* Faulenzer(in) *m(f)* **II.** *adj* faul
mandriar *vi* faulenzen, gammeln
manducar *vi* (*coloq*) essen, spachteln
maneira [mɐ'neirɐ] **I.** *adj f de* **maneiro II.** *f* Art *f,* Art und Weise *f;* **à ~ de** nach Art; (*coloq*); **à ~** ordentlich, anständig; **de ~ nenhuma** keinesfalls; **de qualquer ~** irgendwie; **de que ~?** wie?; **de tal ~ que ...** so, dass ...; **é uma ~ de falar** wie man so sagt; **não há ~ de convencê-lo** es ist unmöglich, ihn zu überzeugen
maneiras *fpl* Manieren *pl,* Benehmen *nt*
maneirinho *adj* (*portugal: coloq*) handlich
maneiro *adj* ① (*ferramenta*) handlich ② (*trabalho*) leicht
manejar *vt* (*instrumento*) handhaben, hantieren mit; (*máquina*) bedienen; **fácil de ~** leicht zu handhaben
manejo *m* (*de instrumento*) Handhabung *f;* (*de máquina*) Bedienung *f*
manequim <-ins> **I.** *mf* (*pessoa*) Manne-

quin *nt* **II.** *m* (*de montra*) Schaufensterpuppe *f;* (*de costura*) Schneiderpuppe *f*
maneta *adj* einarmig
manga[1] *f* (*roupa*) Ärmel *m;* **em ~s de camisa** in Hemdsärmeln
manga[2] *f* (BOT) Mango *f*
mangação *f* Spott *m,* Spötterei *f*
mangal *m* Mangrove *f*
manganês (*brasil*), **manganésio** *m* (*portugal:* QUÍM) Mangan *nt*
mangar *vi* **~ de** spotten über
mangue *m* (BOT) Mangrovenbaum *m;* (*ecosistema*) Mangrove *f*
mangueira[1] *f* Schlauch *m*
mangueira[2] *f* (BOT) Mangobaum *m*
manguezal *m* Mangrove *f*
manha *f* Verschlagenheit *f;* **ter ~** gerissen sein
manhã [ma'ɲã] *f* Morgen *m,* Vormittag *m;* **de ~** morgens, vormittags; **às sete da ~** um sieben Uhr morgens; **de ~ à noite** von morgens bis abends
manhãzinha *f* **de ~** frühmorgens
manhoso *adj* gerissen, verschlagen
mania *f* ❶ (MED) Wahn *m;* **~ da perseguição** Verfolgungswahn *m;* **ter a ~ das grandezas** größenwahnsinnig sein ❷ (*obsessão*) fixe Idee *f,* Manie *f* ❸ (*extravagância*) Schrulle *f,* Marotte *f;* **ter a ~ de chegar atrasado** ein notorischer Zuspätkommer sein
maníaco, -a **I.** *m, f* Wahnsinnige **II.** *adj* ❶ (*excêntrico*) verrückt; **ser ~** ein bisschen spinnen ❷ (MED) wahnsinnig, manisch
manicómio (*portugal*), **manicômio** *m* (*brasil*) Irrenanstalt *f*
manicura *f* Maniküre *f*
manif *f* (*portugal: coloq*) Demo *f*
manifesta *adj f de* **manifesto II**
manifestação <-ões> *f* ❶ (*protesto*) Demonstration *f,* Kundgebung *f* ❷ (*de sentimentos*) Äußerung *f,* Ausdruck *m*
manifestante *mf* Demonstrant(in) *m(f)*
manifestar **I.** *vt* ❶ (*opinião*) äußern, zum Ausdruck bringen ❷ (*sentimentos*) zeigen **II.** *vr* ❶ (*pessoa*) demonstrieren ❷ (*sintomas*) sich zeigen; (*doença*) auftreten
manifesto **I.** *m* Manifest *nt* **II.** *adj* offenbar, offenkundig
manilha *f* (*no braço*) Armreif *m;* (*no tornozelo*) Fußreif *m*
manipulação <-ões> *f* Manipulation *f*
manipulador *adj* manipulierend
manipular *vt* manipulieren
manípulo [mɐ'nipulu] *m* Griff *m;* (*das mudanças*) Schaltknüppel *m*
manivela *f* Kurbel *f;* **dar à ~** die Kurbel drehen
manjar **I.** *m* (*comida*) Speise *f;* (*iguaria*) Leckerbissen *m* **II.** *vt* ❶ (*coloq: ver*) sehen ❷ (*coloq: perceber*) verstehen, kapieren; (*trama, truque*) durchschauen
manjar-branco <manjares-brancos> *m* (*brasil*) *Pudding aus Maisstärke, Milch, Zucker und Kokosmilch, überzogen mit Karamellsauce und/oder Pflaumen*
manjedoira *f v.* **manjedoura**
manjedoura *f* Futtertrog *m*
manjericão <-ões>, **manjerico** *m* Basilikum *nt*
mano, -a *m, f* (*coloq*) Bruder *m,* Schwester *f*
manobra *f* (*navio, automóvel, militar*) Manöver *nt;* (*comboio*) Rangieren *nt;* **fazer uma ~** manövrieren; **o condutor fez uma ~ perigosa** der Fahrer hat ein gefährliches Manöver durchgeführt
manobrar *vt* ❶ (*conduzir*) steuern, manövrieren ❷ (*manipular*) beeinflussen
manómetro *m* (FÍS) Manometer *nt*
manquejar *vi* hinken, humpeln
mansa *adj f de* **manso**
mansão <-ões> *f* Villa *f*
mansarda *f* Mansarde *f*
mansinho *adv* **de ~** ganz leise, ganz sacht
manso *adj* ❶ (*animal*) zahm ❷ (*mar*) still ❸ (BOT) **pinheiro ~** Pinie *f*
mansões *f pl de* **mansão**
manta *f* Decke *f;* (*fig*); **pintar a ~** alles auf den Kopf stellen
manteiga [mãn'teigɐ] *f* Butter *f;* **~ de cacau** Kakaobutter *f*
manteigueira *f* Butterdose *f*
manter *irr como ter* **I.** *vt* ❶ (*conservar*) aufrechterhalten, beibehalten; (*um costume*) erhalten; (*a cor*) behalten; **~ as aparências** den Schein wahren; **~ segredo** ein Geheimnis für sich behalten; **~ o nível de qualidade** das Qualitätsniveau beibehalten ❷ (*a direcção*) einhalten; (*distância, recorde, equilíbrio*) halten ❸ (*a opinião*) beharren auf ❹ (*um diálogo*) führen ❺ (*num lugar*) aufbewahren; **~ afastado das crianças!** von Kindern fernhalten! ❻ (*a família*) ernähren; (*coloq*) durchbringen **II.** *vr* ❶ (*situação*) gleich bleiben; **os juros mantiveram-se**

M

estáveis die Zinsen sind stabil geblieben ❷ (*pessoa*) seinen Lebensunterhalt bestreiten, sich ernähren

mantilha *f* Mantille *f*

mantimentos *mpl* Lebensmittel *pl*

manto *m* Umhang *m*

manual <-ais> **I.** *m* Handbuch *nt* **II.** *adj* manuell, Hand ...; **trabalho ~** Handarbeit *f*

manualmente *adv* manuell, von Hand

manufactura *f* (*portugal*) Herstellung *f*, Fertigung *f*

manufacturar *vt* (*portugal*) herstellen, fertigen

manufatura *f* (*brasil*) *v.* **manufactura**

manufaturar *vt* (*brasil*) *v.* **manufacturar**

manuscrito I. *m* (HIST) Manuskript *nt*, Handschrift *f*; (*de livro*) Manuskript *nt* **II.** *adj* handschriftlich, handgeschrieben

manusear *conj como passear vt* handhaben; (*livro*) blättern in

manutenção [mɐnutɛ̃'sãu] <-ões> *f* ❶ (*conservação*) Aufrechterhaltung *f*, Beibehaltung *f* ❷ (*administração*) Verwaltung *f* ❸ (*da família*) Unterhalt *m* ❹ (*do carro, de máquina*) Wartung *f*; (*da casa*) Instandhaltung *f*

mão [mãu] <-s> *f* ❶ (ANAT) Hand *f*; (*lavagem, trabalho*); **à ~** von Hand; (*perto*) zur Hand; **escrito à ~** handgeschrieben; **abrir ~ de a. c.** auf etw verzichten; **dar a ~ a alguém** jdm die Hand geben; **de ~ em ~** von Hand zu Hand; **de ~s dadas** Hand in Hand; **em segunda ~** aus zweiter Hand, gebraucht; **fora de ~** abgelegen; **estar com as ~s na massa** mit etw beschäftigt sein; **dar uma ~ a alguém** jdm zur Hand gehen; **estar nas ~s de alguém** in jds Händen sein; **por ~ própria** eigenhändig; **~s à obra!** an die Arbeit!; **meter ~s à obra** sich ins Zeug legen; **não ter ~s a medir** sich sofort an die Arbeit machen; **pedir a ~ a alguém** um jds Hand anhalten; **ter a. c. entre ~s** sich um etw kümmern; **pôr as ~s no fogo por alguém** für jdn seine Hand ins Feuer legen; **dar uma notícia em primeira ~** eine Nachricht aus erster Hand weitergeben; **está à ~ de semear** es liegt direkt vor dir ❷ (*de pintura*) Schicht *f* ❸ (*na estrada*) **na sua ~** in Fahrtrichtung; **fora de ~** gegen die Fahrtrichtung; (*auto-estrada*) auf der Gegenfahrbahn ❹ (*mão-cheia*) Hand *f* voll ❺ (DESP) **primeira ~** Hinspiel *nt*; **segunda ~** Rückspiel *nt*

mão-aberta <mãos-abertas> *adj* (*brasil*) *v.* **mãos-largas**

mão-cheia <mãos-cheias> *f* Hand *f* voll; **uma ~ de clientes** eine Hand voll Kunden

mão-de-obra <mãos-de-obra> *f* Arbeitskraft *f*

mãos-largas *adj inv* freigebig, großzügig

mapa ['mapɐ] *m* ❶ (*de país*) Karte *f*, Landkarte *f*; (*de cidade*) Stadtplan *m*; **~ das estradas** Straßenkarte *f* ❷ (*lista*) Liste *f*, Aufstellung *f*

mapa-múndi <mapas-múndi> *m* Weltkarte *f*

maple *m* (*portugal*) Sessel *m*, Klubsessel *m*

maqueta *f* Modell *nt*

maquiagem <-ens> *f v.* **maquilhagem**

maquiar *vr, vt v.* **maquilhar**

maquiavélico *adj* machiavellistisch

maquilhagem <-ens> *f* Make-up *nt*; **pôr ~** sich schminken; **tirar a ~** sich abschminken

maquilhar I. *vt* schminken **II.** *vr* sich schminken

máquina ['makinɐ] *f* Maschine *f*; **à ~** maschinell; **~ fotográfica** Fotoapparat *m*; **~ de barbear** Rasierapparat *m*; **~ de costura** Nähmaschine *f*; **~ de escrever** Schreibmaschine *f*; **~ de lavar louça** (*portugal*) Spülmaschine *f*; **~ de lavar roupa** Waschmaschine *f*

maquinar *vt* anstiften, anzetteln

maquinaria *f* Maschinenpark *m*

maquineta *f* Apparat *m*, Vorrichtung *f*

maquinista *mf* ❶ (*de comboio*) Lokführer(in) *m(f)* ❷ (*de máquinas*) Maschinist(in) *m(f)*

mar [mar] *m* ❶ (*água*) Meer *nt*, See *f*; **alto ~** offene/hohe See; **Mar Báltico** Ostsee *f*; **Mar do Norte** Nordsee *f*; **o Mar Vermelho/Morto/Negro** das Rote/Tote/Schwarze Meer; **por ~** zur See; **fazer-se ao ~** in See stechen; **nem tanto ao ~, nem tanto à terra** die goldene Mitte ❷ (*grande quantidade*) Menge *f*, Masse *f*; **um ~ de gente** eine Menschenmasse

maracatu *m* (*brasil*) *afro-brasilianischer Tanz, bei dem eine kostümierte Gruppe zu Schlagzeug- und Glockenmusik einer Frau folgt, die eine auf einem Stab angebrachte dekorierte Puppe trägt und dabei choreografierte Bewegungen ausführt*

maracujá *m* Maracuja *f*

Maranhão *m* (*brasil*) Maranhão (*Bundesstaat im Nordosten Brasiliens*)

maranhense (*brasil*) **I.** *mf* Einwohner(in) *m(f)* des Bundesstaates Maranhão **II.** *adj* (*especialidade*) aus Maranhão; (*instituto*) in Maranhão

maratona *f* (DESP) Marathon *m,* Marathonlauf *m*

maravilha *f* Wunder *nt;* ~ **do mundo** Weltwunder *nt;* (*coloq*); **isto é uma** ~ das ist wunderbar, das ist spitze; (*coloq*); **corre tudo às mil** ~**s** es läuft alles wie geschmiert

maravilhado *adj* verwundert (*com* über); **ficar** ~ sich wundern

maravilhar *vt* in Verwunderung versetzen

maravilhoso [mɐrɐvi'ʎozu] *adj* wunderbar, wundervoll

marca *f* ❶ (*sinal*) Zeichen *nt,* Kennzeichen *nt* ❷ (*de produto, automóvel*) Marke *f;* ~ **regist(r)ada** eingetragenes Warenzeichen ❸ (*limite*) Grenze *f;* (*fig*); **passar das** ~**s** zu weit gehen

marcação [mɐrkɐ'sãu] <-ões> *f* ❶ (*sinalização*) Markierung *f* ❷ (*de lugar*) Belegen *nt;* (*reserva*) Platzreservierung *f,* Vorbestellung *f* ❸ (*de data, consulta, prazo*) Festlegung *f,* Festsetzung *f*

marcador *m* ❶ (*caneta*) Textmarker *m* ❷ (DESP: *quadro*) Anzeigetafel *f*

marcante *adj* markant, hervorstechend

marcar [mɐr'kar] <c→qu> *vt* ❶ (*assinalar*) markieren, kennzeichnen ❷ (*número de telefone*) wählen ❸ (*um lugar*) belegen; (*reservar*) vorbestellen, reservieren ❹ (*uma data, uma consulta, um prazo*) festlegen, festsetzen; (*um encontro*) anberaumen ❺ (DESP: *um golo*) schießen; (*pontos*) erzielen ❻ (DESP: *um jogador*) decken ❼ (*fig: uma pessoa*) prägen

marcenaria *f* Schreinerei *f,* Tischlerei *f*

marceneiro, -a *m, f* Schreiner(in) *m(f),* Tischler(in) *m(f)*

marcha ['marʃa] *f* ❶ (MIL, MÚS) Marsch *m;* ~ **acelerada** Laufschritt *m;* ~ **fúnebre** Trauermarsch *m;* ~ **nupcial** Hochzeitsmarsch *m* ❷ (*fig: andamento*) Gang *m;* **pôr a. c. em** ~ etw in Gang bringen; **estar em** ~ in Gang sein ❸ (MEC: *brasil*) Gang *m;* ~ **a ré** Rückwärtsgang *m;* **engrenar** [*o* **pôr**] **a primeira** ~ den ersten Gang einlegen

marcha-atrás *f* (*portugal*) Rückwärtsgang *m;* **ir em** ~ im Rückwärtsgang fahren

marchar I. *vi* marschieren **II.** *interj* (MIL) ~**!** marsch!

marchetado I. *m* Einlegearbeit *f* **II.** *adj* Einlege ...

marcial <-ais> *adj* kriegerisch, Kriegs ...; **lei** ~ Kriegsrecht *nt*

marciano, -a I. *m, f* Marsmensch *m* **II.** *adj* Mars ...

marco *m* ❶ (*em terreno*) Grenzstein *m,* Grenzpfahl *m* ❷ (*na História*) Meilenstein *m* ❸ (*moeda,* HIST) Mark *f;* ~ **alemão** Deutsche Mark ❹ (*de correio*) Briefkasten *m*

> Normale Post gehört in Portugal in die roten **marcos de correio** (Briefkästen); Schnellpost (correio azul) wird in die blauen Briefkästen eingeworfen. In Brasilien lassen Sie besser Ihre Post vor Ihren Augen auf dem Postamt (Correios oder ECT = Empresa de Correios e Telégrafos) frankieren und abstempeln. Die wenigen Briefkästen in Großstätten sollte man lieber nicht benutzen. Päckchen und Pakete von und nach Brasilien bleiben oft wochenlang beim Zoll liegen.

Março ['marsu] *m* März *m;* **em** ~ im März; **no mês de** ~ im Monat März; **no dia 10 de** ~ am zehnten März; **o dia 5 de** ~ der fünfte März; **hoje são 20 de** ~ heute ist der zwanzigste März; **no início/fim de** ~ Anfang/Ende März; **em meados de** ~ Mitte März; **Porto, 30 de** ~ **de 1998** Porto, den 30. März 1998

maré [mɐ'rɜ] *f* Gezeiten *pl;* ~ **cheia** Flut *f;* ~ **baixa/vaza** Ebbe *f;* ~ **de azar** Pechsträhne *f;* ~ **de sorte** Glückssträhne *f*

marechal <-ais> *m* Marschall *m*

marégrafo *m* Mareograph *m,* Flutmesser *m*

maremoto *m* Seebeben *nt*

maresia *f* faulige(r) Meeresgeruch *m*

marfim <-ins> *m* Elfenbein *nt*

margarida *f* (*grande*) Margerite *f;* (*pequena*) Gänseblümchen *nt*

margarina [mɐrgɐ'rinɐ] *f* Margarine *f*

margem ['marʒãi] <-ens> *f* ❶ (*de rio*) Ufer *nt* ❷ (*de página*) Rand *m* ❸ (ECON: *diferença*) Spanne *f;* ~ **de lucro** Gewinnspanne *f* ❹ (*facilidade*) Spielraum *m;* ~ **de erro** Raum für Fehler

marginal I. *f* Küstenstraße *f* **II.** *mf* Außenseiter(in) *m(f),* sozial Benachteiligte

marginalidade *f* Marginalität *f,* soziale(s) Abseits *nt*

marginalizar *vt* aus der Gesellschaft ausgren-

zen, an den Rand der Gesellschaft drängen
marginar *vt* (*à mão*) einen Rand ziehen auf; (*com computador*) den Rand einstellen bei
maria-chiquinha <marias-chiquinhas> *f* (*brasil: coloq: cabelo*) Zöpfe *m*
maria-mole <marias-moles> *f* (*brasil*) ≈ Kokos-Marshmallow *nt* (*weiche Süßigkeit aus Eiweiß, Zucker und Kokosnuss*)
maria-sem-vergonha <marias-sem-vergonha> *f* (*brasil:* BOT) Fleißiges Lieschen
maricas I. *m* (*coloq*) Schwule *m* II. *adj* (*coloq*) schwul
marido [mɐ'ridu] *m* Mann *m,* Ehemann *m*
marijuana *f* Marihuana *nt*
marimbar-se *vr* (*portugal: coloq*) **ele está a ~ para a escola/o trabalho** die Schule/Arbeit ist ihm völlig egal; **ela está a ~ para o João** sie interessiert sich nicht die Bohne für João
marinada *f* (CULIN: *brasil*) Marinade *f*
marinar *vt* (CULIN: *brasil*) marinieren
marinha I. *adj f de* **marinho** II. *f* Marine *f,* Flotte *f;* **~ mercante** Handelsmarine *f;* **~ de guerra** Kriegsmarine *f*
marinheiro [mɐri'ɲeiru] *m* Seemann *m,* Matrose *m*
marinho *adj* Meer ..., See ...
marionete *f* Marionette *f*
mariposa *f* ① (ZOOL) Schmetterling *m* ② (DESP) Schmetterlingsstil *m*
marisco *m* Meeresfrucht *f*
marital <-ais> *adj* ehelich, Ehe ...
marítimo *adj* ① (*relativo ao mar*) See ... ② (*relativo à navegação*) seefahrend, Seefahrer ...
marketing *m* Marketing *nt*
marmanjo *m* ① (*rapaz*) Riese *m;* (*coloq*) Schrank *m* ② (*patife*) Halunke *m*
marmelada [mɐrmə'lada] *f* Quittenbrot *nt*
marmelo *m* Quitte *f*
marmita *f* Blechtopf *m*
mármore *m* Marmor *m*
marmota *f* Murmeltier *nt*
marosca *f* Kniff *m*
maroto, -a I. *m, f* Lausbub *m,* Gör *nt,* Lümmel *m* II. *adj* pfiffig, durchtrieben
marquês, -esa *m, f* Marquis, Marquise *m, f,* Markgraf *m,* Markgräfin *f*
marquesa *f* (*de consultório*) Liege *f*
marquise *f* ① (*portugal*) Glasveranda *f* ② (*brasil*) Marquise *f*
marrão, -ona *m, f* (*coloq*) Streber(in) *m(f)*
marrar *vi* (*portugal: coloq*) pauken
marreta *f* Vorschlaghammer *m*
Marrocos *m* Marokko *nt*
marrom [ma'ʀɔ̃] <-ons> I. *m* (*brasil*) Braun *nt* II. *adj* (*brasil*) braun
marroquinaria *f* Lederwaren *pl*
marroquino, -a I. *m, f* Marokkaner(in) *m(f)* II. *adj* marokkanisch
marsupial <-ais> *m* (ZOOL) Beuteltier *nt*
marta *f* (ZOOL) Marder *m*
Marte *m* (ASTR) Mars *m*
martelada *f* Hammerschlag *m;* **dar uma ~ em a. c.** mit dem Hammer auf etw schlagen
martelado *adj* (*vidro*) geriffelt
martelar *vi* ① (*com martelo*) hämmern (*em* auf) ② (*coloq: insistir*) hartnäckig wiederholen; **estar sempre a ~ na mesma coisa** immer wieder auf etw herumreiten
martelo *m* Hammer *m;* **~ pneumático** Presslufthammer *m*
martim-pescador <martins-pescadores> *m* (ZOOL) Eisvogel *m*
mártir <-es> *mf* Märtyrer(in) *m(f)*
martírio *m* ① (*do mártir*) Martyrium *nt* ② (*padecimento*) Qual *f*
martirizar I. *vt* martern, quälen II. *vr* sich quälen (*com* mit)
marujo *m* Seemann *m,* Matrose *m*
marxismo *m* (POL) Marxismus *m*
marxista *mf* Marxist(in) *m(f)*
mas [mɐʃ] I. *konj* aber; (*~ sim*) sondern; **não só ... ~ também** nicht nur ..., sondern auch II. *Zusammensetzung: pron me + pron as*
mascar <c→qu> *vt* kauen
máscara *f* (*fig*) Maske *f;* **tirar a ~ a alguém** jdn entlarven; **deixar cair a ~** die Maske fallen lassen
mascarado *adj* ① (*com máscara*) maskiert ② (*fantasiado*) verkleidet (*de* als)
mascarar I. *vt* ① (*pôr máscara em*) maskieren ② (*disfarçar*) verstecken II. *vr* ① (*pôr máscara*) sich maskieren ② (*fantasiar-se*) sich verkleiden (*de* als)
mascarilha *f* Larve *f*
mascate *mf* (*brasil*) Straßenverkäufer(in) *m(f)*
mascavado *adj* ① (*açúcar*) braun ② (*língua*) unverständlich, unkorrekt
mascavo *m* Muscovado-Zucker *m* (*unraffinierter Zuckerrohrzucker*)
mascote *f* Maskottchen *nt*
máscula *adj f de* **másculo**

masculina *adj f de* **masculino**

masculinidade *f* Männlichkeit *f*

masculino [mɐʃku'linu] *adj* männlich

másculo *adj* männlich

masmorra *f* Kerker *m,* Verlies *nt*

masoquismo *m* Masochismus *m*

masoquista *adj* masochistisch

massa *f* ① (*para bolos*) Teig *m;* (*macarrão*) Nudeln *pl;* ~ **folhada** Blätterteig *m;* ~ **de tomate** Tomatenmark *nt;* ~**s alimentícias** Teigwaren *pl* ② (*de betume*) Mörtel *m* ③ (*quantidade*) Masse *f;* **em** ~ massenhaft; **as** ~**s** die Massen ④ (*coloq: dinheiro*) Kohle *f*

massacrar *vt* niedermetzeln, massakrieren

massacre *m* Massaker *nt*

massagear <conj como passear> *vt* (*brasil*) massieren

massagem [mɐ'saʒãi] <-ens> *f* Massage *f;* **fazer uma** ~ massieren

massagista *mf* Masseur(in) *m(f)*

massajar *vt* (*portugal*) massieren

massificar <c→qu> *vt* für die breite Masse zugänglich machen

mass media *mpl* Massenmedien *pl*

massudo *adj* (*bolo, pão*) teigig

mastigar <g→gu> *vt* ① (*os alimentos*) kauen ② (*as palavras*) nuscheln

mastodonte *m* Mastodon *nt*

mastro *m* Mast *m*

masturbar-se *vr* masturbieren

mata ['matɐ] *f* Wald *m,* Waldgebiet *nt*

mata-borrão <mata-borrões> *m* Löschpapier *nt*

matadoiro *m v.* **matadouro**

matadouro *m* Schlachthof *m*

matagal <-ais> *m* Gestrüpp *nt,* Dickicht *nt*

mata-moscas *m* ① (*produto*) Insektengift *nt,* Insektenspray *nt* ② (*objecto*) Fliegenklatsche *f*

mata-mosquitos *m* Mückengift *nt,* Mückenspray *nt*

matança *f* ① (*de animal*) Schlachten *nt,* Töten *nt* ② (*de pessoas*) Massenmord *m;* (*numa batalha*) Gemetzel *nt*

matar <*pp* morto *o* matado> **I.** *vt* (*uma pessoa*) töten, umbringen; (*gado*) schlachten; (*a fome, sede*) stillen; (*o tempo*) totschlagen; (*brasil: uma aula*) schwänzen, blaumachen **II.** *vr* sich umbringen; ~**-se a trabalhar** sich zu Tode arbeiten

mata-ratos *m* Rattengift *nt*

mate **I.** *m* (*xeque-mate*) Matt *nt;* (*chá*) Matetee *m* **II.** *adj* matt

matemática *f* Mathematik *f*

matemático, -a **I.** *m, f* Mathematiker(in) *m(f)* **II.** *adj* mathematisch

matéria *f* ① (*substância material*) Materie *f* ② (*assunto*) Thema *nt,* Materie *f* ③ (*da escola*) Stoff *m;* **dar uma** ~ den Stoff durchnehmen

material [mɐtə'rjal] <-ais> **I.** *m* Material *nt* **II.** *adj* materiell

materialismo *m* Materialismus *m*

materialista **I.** *mf* Materialist(in) *m(f)* **II.** *adj* materialistisch

materializar *vt* verwirklichen

matéria-prima <matérias-primas> *f* Rohstoff *m*

materna *adj f de* **materno**

maternal <-ais> *adj* mütterlich; **amor** ~ Mutterliebe *f*

maternidade *f* ① (*qualidade de mãe*) Mutterschaft *f* ② (*estabelecimento*) Entbindungsklinik *f*

materno *adj* mütterlich, Mutter ...; **o avô** ~ der Großvater mütterlicherseits

matilha *f* Meute *f*

matina *f* (*coloq*) Morgen *m;* **às duas da** ~ um zwei Uhr nachts; **às sete da** ~ um sieben Uhr morgens

matinal *adj* morgendlich

matiné (*portugal*), **matinê** *f* (*brasil*) Nachmittagsvorstellung *f*

matiz <-es> *m* ① (*combinação de cores*) Farbgebung *f* ② (*gradação*) Nuance *f,* Abstufung *f*

mato *m* Dickicht *nt,* Gestrüpp *nt*

mato-grossense (*brasil*) **I.** *mf* Einwohner(in) *m(f)* des Bundesstaates Mato Grosso **II.** *adj* (*especialidade*) aus Mato Grosso; (*instituto*) in Mato Grosso

mato-grossense do sul (*brasil*) **I.** *mf* Einwohner(in) *m(f)* des Bundesstaates Mato Grosso do Sul **II.** *adj* (*especialidade*) aus Mato Grosso do Sul; (*instituto*) in Mato Grosso do Sul

Mato Grosso *m* (*brasil*) Mato Grosso (*Bundesstaat im Mittelosten Brasiliens*)

Mato Grosso do Sul *m* (*brasil*) Mato Grosso do Sul (*Bundesstaat im Mittelosten Brasiliens*)

matraca *f* ① (*instrumento*) Knarre *f,* Klapper *f* ② (*coloq: boca*) Klappe *f*

matraquilhos *mpl* (*portugal*) Tischfußballspiel *nt*

matrecos *mpl* (*portugal*) *v.* **matraquilhos**

matreiro *adj* listig, geschickt

matriarca *f* Matriarchin *f*

matrícula *f* ① (*em escola, curso*) Anmeldung *f*; (*em universidade*) Einschreibung *f*, Immatrikulation *f* ② (*portugal: de automóvel*) Kennzeichen *nt*

matricular **I.** *vt* (*em escola*) anmelden (*em* in); (*em curso*) anmelden (*em* für); (*em universidade*) einschreiben (*em* an), immatrikulieren (*em* an) **II.** *vr* (*em escola*) sich anmelden (*em* an); (*em curso*) sich anmelden (*em* für); (*em universidade*) sich einschreiben (*em* an), sich immatrikulieren (*em* an)

matrimonial *adj* ehelich, Ehe ...

matrimónio (*portugal*), **matrimônio** *m* (*brasil*) Ehe *f*

matriz **I.** *f* ① (*molde*) Matrize *f* ② (MAT) Matrix *f* ③ (ANAT) Gebärmutter *f* **II.** *adj* ① (*principal*) Haupt ...; **igreja ~** Hauptkirche *f* ② (*origem*) Stamm ...

matrona *f* Matrone *f*

matulão, -ona *m, f* Grobian *m*

maturidade *f* Reife *f*

matutar *vi* grübeln (*em* über), nachgrübeln (*em* über)

matutino *adj* Morgen ...

mau [mau] <pior, péssimo> **I.** *adj* (*situação*) schlimm, übel; (*tempo, ambiente*) schlecht; (*qualidade*) schlecht, minderwertig; (*índole*) böse, gemein; (*momento*) ungünstig; **vir em má altura** ungelegen kommen **II.** *interj* **~!** au!

mau-olhado <maus-olhados> *m* böse(r) Blick *m*

Mauritânea *f* Mauretanien *nt*

mausoléu *m* Mausoleum *nt*

maus-tratos *mpl* Misshandlungen *pl*; **sofrer ~** misshandelt werden

maxila [ma'ksilɐ] *f v.* **maxilar**

maxilar **I.** *m* Kiefer *m*; **~ inferior** Unterkiefer *m*; **~ superior** Oberkiefer *m* **II.** *adj* Kiefer ...

máxima *f* ① (*lema*) Maxime *f*, Grundsatz *m* ② (METEO) Höchsttemperatur *f*

máximo ['masimu] **I.** *m* Maximum *nt*; **no ~** höchstens, maximal; **é necessário o ~ de esforço** größte Anstrengungen sind nötig; (*coloq*); **a festa foi o ~** die Fete war astrein **II.** *adj superl de* **grande** größte(r, s), höchste(r, s); **a temperatura máxima** die Höchsttemperatur; **a nota máxima** die beste Note; **a máxima exigência** höchste Anforderungen

máximos *mpl* (*faróis*) Fernlicht *nt*; **ligar os ~** das Fernlicht einschalten

mazela *f* ① (*ferida*) Wunde *f* ② (*mácula*) Makel *m*

me [mə] *pron pess* (*objecto directo, reflexo*) mich; (*objecto indirecto*) mir; **ela pergunta-me** sie fragt mich; **eu lavo-me** ich wasche mich; **ela dá-me** sie gibt mir

meada *f* (*de fio*) Knäuel *nt*

meado *m* Mitte *f*; **em ~s de Janeiro** Mitte Januar

mealheiro *m* Sparbüchse *f*

mecânica *f* Mechanik *f*

mecânico, -a **I.** *m, f* Mechaniker(in) *m(f)*; **~ de automóveis** Automechaniker *m* **II.** *adj* mechanisch

mecanismo *m* Mechanismus *m*

mecanizar *vt* mechanisieren

mecha *f* ① (*pavio*) Docht *m* ② (*rastilho*) Zündschnur *f* ③ (*de cabelo*) Strähne *f* ④ (*gaze*) Verbandsmull *m*

Mecklemburgo-Pomerânia *m* Mecklenburg-Vorpommern *nt*

meço *3. pres de* **medir**

meda *f* Garbe *f*

medalha *f* Medaille *f*; **o reverso da ~** die Kehrseite der Medaille

medalhão [mədɐ'ʎãu] <-ões> *m* Medaillon *nt*

media *mpl* (*portugal*) Medien *pl*

média ['mɜdjɐ] **I.** *adj f de* **médio** **II.** *f* ① (*valor médio*) Mittelwert *m*, Durchschnitt *m*; **em ~** durchschnittlich; **estar acima/abaixo da ~** über/unter dem Durchschnitt liegen ② (*brasil: meia-de-leite*) Milchkaffee *m*

mediação <-ões> *f* Vermittlung *f*

mediador(a) *m(f)* Vermittler(in) *m(f)*; **~ de seguros** Versicherungsvertreter *m*

mediano *adj* ① (*regular*) mittelmäßig ② (*em tamanho*) mittlerer Größe

mediante *mf* ① (*através de*) mittels, durch ② (*em troca de*) gegen; **~ recibo** gegen Quittung

mediar *irr como odiar vt* vermitteln

mediato *adj* mittelbar

médica *f de* **médico**

medicação <-ões> *f* Medikation *f*; **estar sob ~** medikamentös behandelt werden

medicamento [mədikɐ'mẽntu] *m* Medikament *nt,* Arzneimittel *nt;* **tomar um ~** ein Medikament nehmen

medicamentoso *adj* heilkräftig, Heil ...

medição <-ões> *f* Messung *f*

medicar <c→qu> *vt* medikamentös behandeln

medicina *f* Medizin *f;* **~ interna** innere Medizin; **~ dentária** Zahnmedizin *f;* **~ legal** Gerichtsmedizin *f;* **estudar ~** Medizin studieren; **exercer ~** als Arzt/Ärztin tätig sein

medicinal <-ais> *adj* medizinisch

médico, -a ['mɜdiku] **I.** *m, f* Arzt *m,* Ärztin *f;* **~ de clínica geral** Arzt für Allgemeinmedizin; **~ especialista** Facharzt *m* **II.** *adj* ärztlich

médico-cirurgião, -giã <médicos-cirurgiões *o* -giães> *m, f* Chirurg(in) *m(f)*

medida *f* ① (*para medição*) Maß *nt;* (*unidade de ~*) Maßeinheit *f;* **à ~** nach Maß; **feito à ~** maßgefertigt; (*roupa*) maßgeschneidert; **tirar ~s a alguém/a. c.** bei jdm Maß nehmen/etw ausmessen ② (*decisão*) Maßnahme *f;* **~s de precaução** Vorsichtsmaßnahmen *pl;* **~s de segurança** Sicherheitsvorkehrungen *pl;* **tomar uma ~** eine Maßnahme ergreifen ③ (*fig: extensão*) Ausmaß *nt,* Maß *nt;* **em que ~** inwiefern; **na ~ em que** insofern als; **ir além da ~** zu weit gehen; **à ~ que eu for falando, podem tomar notas** während meines Vortrags können Sie mitschreiben

medidor <-es> *m* Messgerät *nt*

medieval <-ais> *adj* mittelalterlich

médio ['mɜdju] *adj* ① (*no meio*) mittlere(r, s); **classe média** Mittelschicht *f;* **dedo ~** Mittelfinger *m;* **tamanho ~** mittlere Größe ② (*meio-termo*) durchschnittlich, Durchschnitts ...; **temperatura média** Durchschnittstemperatur *f*

medíocre *adj* mittelmäßig

médios ['mɜdjuʃ] *mpl* (*faróis*) Abblendlicht *nt;* **ligar os ~** das Abblendlicht einschalten

medir *irr como pedir* **I.** *vt* (*em comprimento, largura, altura*) messen, abmessen, ausmessen; **~ forças com alguém** sich mit jdm messen; (*humidade, velocidade*) messen; (*ter de medida*) messen; **ele mede 1,70 m** er misst 1,70 m; **a sala mede 2 m de comprimento/largura** der Raum ist 2 m lang/breit; (*calcular*) abwägen, abschätzen; **~ as consequências** die Folgen abwägen; (*ponderar*) mäßigen; **~ as palavras/os actos** [*o brasil* **atos**] seine Worte/sich mäßigen **II.** *vr* sich messen (*com* mit)

meditar *vi* nachdenken (*sobre* über)

Mediterrâneo [məditə'ʀɐnju] *m* Mittelmeer *nt*

mediterrânico *adj* Mittelmeer ..., mediterran

médium <-uns> *mf* Medium *nt*

medo ['medu] *m* Angst *f;* **estar com/ter ~ de alguém/a. c.** Angst vor jdm/etw haben; **meter ~ a alguém** jdm Angst einflößen; **fazer a. c. a ~** ängstlich etw tun

medonho *adj* furchtbar, schrecklich

medrar *vi* wachsen, gedeihen

medricas (*portugal*) **I.** *mf inv* Angsthase *m* **II.** *adj inv* zaghaft, ängstlich

medroso *adj* furchtsam, ängstlich

medula *f* (ANAT) Knochenmark *nt*

medusa *f* (ZOOL) Qualle *f*

megabyte *m* (INFOR) Megabyte *nt*

megafone *m* Megaphon *nt*

megalítico *adj* megalithisch, Megalith ...

megalomania *f* Größenwahn *m*

megalómano, -a (*portugal*), **megalômano** *m* (*brasil*) Größenwahnsinnige

megera *f* Furie *f*

meia **I.** *f* Strumpf *m;* (*curta*) Socke *f;* **calçar uma ~** einen Strumpf anziehen **II.** *num card* (*brasil*) sechs; **cinco ~ quatro** (*564*) fünf sechs vier

meia-calça <meias-calças> *f* Strumpfhose *f*

meia-de-leite *f* (*portugal*) Milchkaffee *m*

meia-final <meias-finais> *f* (DESP) Halbfinale *nt*

meia-idade *f* mittlere(s) Alter *nt;* **uma senhora de ~** eine Frau mittleren Alters

meia-lua <meias-luas> *f* Halbmond *m*

meia-luz *f* Schummerlicht *nt,* Dämmerlicht *nt;* **à ~** im Halbdunkel

meia-noite *f* Mitternacht *f;* **à ~** um Mitternacht

meias-palavras *fpl* (*coloq*) Andeutungen *pl,* Anspielungen *pl*

meigo ['meigu] *adj* (*voz, palavras*) zärtlich, liebevoll

meiguice *f* Zärtlichkeit *f;* **~s** Liebkosungen *pl*

meio ['meju] **I.** *m* ① (*centro*) Mitte *f;* **no ~** in der Mitte; **no ~ de** mitten in, inmitten; **pelo ~** mittendurch; **a ~ da noite** mitten in der Nacht; **no ~ da rua** mitten auf der Straße; **a janela do ~** das mittlere Fenster

② (*metade*) Hälfte *f;* **a ~ do caminho** auf halber Strecke; **deixar um trabalho a ~** eine Arbeit nicht fertig machen; **deixar um café/um pão a ~** den Kaffee nur zur Hälfte austrinken/das Brötchen nur zur Hälfte aufessen; **deixar uma conversa a ~** ein Gespräch nicht zu Ende führen; **cortar/dividir a. c. a ~** etw in der Hälfte durchschneiden/teilen ③ (*instrumento, método*) Mittel *nt;* **~ de transporte** Verkehrsmittel *nt;* **~s de comunicação** Massenmedien *pl;* **por ~ de** mittels ④ (*social*) Milieu *nt;* (*habitat*) natürliche(r) Lebensraum *m* **II.** *adj* halb; **um e ~** anderthalb, eineinhalb; **dois e ~** zweieinhalb; **~ litro** ein halber Liter; **meia hora** eine halbe Stunde; **à meia hora** um halb eins; **às três horas e meia** um halb vier **III.** *adv* halb; **estar ~ a dormir** halb schlafen

meio-ambiente *m* Umwelt *f*

meio-bilhete *m* (*portugal*) Kinderfahrkarte *f*

meio-campista *m* (FUT) Mittelfeldspieler *m*

meio-campo *m* (FUT) Mittelfeld *nt*

meio-círculo *m* Halbkreis *m*

meio-corpo *m* Oberkörper *m*

meio-dia *m* Mittag *m;* **ao ~** mittags um zwölf; **~ e meia (hora)** halb eins

meio-irmão, -mã <meios-irmãos, meias-irmãs> *m, f* Halbbruder, Halbschwester *m, f*

meios *mpl* (*tb. financeiros*) Mittel *pl*

meio-seco *adj* halbtrocken

meio-tempo *m* (DESP) Halbzeit *f*

meio-termo *m* Mittelweg *m*

meio-tom <meios-tons> *m* (MÚS) Halbton *m*

mel [mɜl] <méis *o* meles> *m* Honig *m;* **não há ~ sem fel** keine Rose ohne Dornen

melaço *m* Melasse *f*

melado *adj* (*pegajoso*) klebrig

melancia [məlɐ̃'siɐ] *f* Wassermelone *f*

melancolia *f* Melancholie *f*

melancólico *adj* melancholisch; **estar ~** Trübsinn blasen

melão [mə'lɐ̃u] <-ões> *m* Melone *f,* Honigmelone *f*

meleca *f* (*brasil*) Schmutz *m,* Dreck *m*

meles *m pl de* **mel**

melga *f* Stechmücke *f*

melhor [mə'ʎɔr] **I.** *m* **o ~** das Beste; **o ~ é telefonar** das Beste ist, (dort) anzurufen **II.** *adj* (*comp. de bom*) besser ((*do*) *que* als); **tanto ~!** um so besser!; **a minha mãe está ~** meiner Mutter geht es besser; (*superl. de bom*); **o/a ~** der/die/das beste, am besten; **o ~ aluno da turma** der beste Schüler der Klasse; **ele é o ~** er ist der Beste **III.** *superl de* **bem**

melhorado *adj* verbessert

melhoramento *m* Verbesserung *f*

melhorar [məʎu'rar] **I.** *vt* verbessern **II.** *vi* ① (*aperfeiçoar-se*) sich bessern, sich verbessern ② (MED) gesund werden ③ (*tempo, situação*) besser werden

melhoras [mə'ʎɔrɐʃ] *fpl* Besserung *f;* (**estimo**) **as ~!** gute Besserung!

melhoria *f* Besserung *f,* Verbesserung *f;* **~ da temperatura** Temperaturerhöhung *f*

melindrado *adj* beleidigt, eingeschnappt

melindrar I. *vt* beleidigen **II.** *vr* beleidigt sein

melindroso *adj* ① (*pessoa*) empfindlich, zimperlich ② (*situação*) schwierig, heikel

meloa *f* Galiamelone *f*

melodia *f* Melodie *f*

melodioso *adj* melodisch

melodrama *m* Melodrama *nt*

melodramático *adj* melodramatisch

melões *m pl de* **melão**

melro *m* Amsel *f*

membrana *f* Membran *f,* Häutchen *nt*

membranoso *adj* häutig

membro *m* ① (ANAT) Glied *nt;* **~s** Gliedmaßen *pl* ② (*de organização, grupo*) Mitglied *nt*

memorando *m* Memorandum *nt,* Denkschrift *f*

memorável <-eis> *adj* denkwürdig

memória *f* ① (*de pessoa*) Gedächtnis *nt,* Erinnerungsvermögen *nt;* (*lembrança*) Erinnerung *f;* **ter boa ~** ein gutes Gedächtnis haben; **ter falta de ~** ein schlechtes Gedächtnis haben; **guardar a. c. na ~** etw im Gedächtnis behalten; **em ~ de alguém/a. c.** in Erinnerung an jdn/etw ② (INFOR) Speicher *m*

memórias *fpl* Memoiren *pl*

memorizar *vt* auswendig lernen

menção <-ões> *f* Erwähnung *f;* **fazer ~ a a. c.** etw erwähnen

mencionar *vt* erwähnen

mendicidade *f* Bettelei *f*

mendiga *f v.* **mendigo**

mendigar <g→gu> **I.** *vt* erbetteln, betteln um **II.** *vi* betteln

mendigo, -a *m, f* Bettler(in) *m(f)*

menina [mə'ninɐ] *f* (*criança*) Mädchen *nt;* (*jovem*) junge Frau *f;* **é a ~ Sandra** es ist Sandra; **~s!** meine Damen!

menina-do-olho <meninas-dos-olhos> *f* (ANAT) Pupille *f*
meninge *f* (ANAT) Hirnhaut *f*
meningite *f* (MED) Hirnhautentzündung *f*, Meningitis *f*
meninice *f* ① (*infância*) Kindheit *f* ② (*infantilidade*) kindliche(s) Verhalten *nt*
menino [mə'ninu] *m* Junge *m*; ~ **da mamã** Muttersöhnchen *nt*; ~ **prodígio** Wunderkind *nt*
menisco *m* (ANAT) Meniskus *m*
Meno *m* Main *m*
menopausa *f* Wechseljahre *pl*
menor I. *mf* Minderjährige **II.** *adj* ① *comp de* **pequeno** (*em tamanho*) kleiner ((*do*) *que* als); (*em quantidade*) geringer ((*do*) *que* als); ~ **de idade** minderjährig ② *superl de* **pequeno** (*em tamanho*) **o/a** ~ der/die/das kleinste, am kleinsten; (*em quantidade*) der/die/das geringste, am geringsten; **não faço a ~ idea** ich habe nicht die leiseste Ahnung
menoridade *f* Minderjährigkeit *f*
menos ['menuʃ] **I.** *m* (*mínimo*) **o** ~ das Wenigste; **isso é o ~!** das ist das Wenigste!; **ao/pelo** ~ zumindest, wenigstens; (MAT) Minuszeichen *nt* **II.** *adv* (*comparativo*) weniger ((*do*) *que* als); ~ **bom/caro** weniger gut/teuer, nicht so gut/teuer; **eu não sei falar bem inglês e muito ~ escrever** ich spreche nicht gut Englisch und schreiben kann ich es schon gar nicht; (*superlativo*) am wenigsten; **o/a ~ inteligente** der/die am wenigsten Intelligente; **o que estuda ~** der, der am wenigsten lernt; (MAT) minus; **quatro ~ um são três** vier minus eins gibt drei; (*horas*) vor; **oito ~ dez** zehn vor acht **III.** *prep* (*excepto*) außer; **todos ~ eu** alle außer mir; (*tirando*) abzüglich **IV.** *konj* **a ~ que** +*conj* es sei denn, dass
menosprezar *vt* ① (*subestimar*) gering schätzen ② (*desprezar*) verachten
menosprezo *m* ① (*subestimação*) Geringschätzung *f* ② (*desprezo*) Verachtung *f*
mensageiro, -a I. *m, f* Bote, Botin *m, f*, Kurier(in) *m(f)* **II.** *adj* Boten ...
mensagem <-ens> *f* Botschaft *f*, Mitteilung *f*; (*recado*) Nachricht *f*; **deixar uma ~ para alguém** jdm eine Nachricht hinterlassen; **mandar uma** ~ eine SMS schicken
mensal [mẽ'sal] <-ais> *adj* monatlich, Monats ...
mensalidade *f* monatliche Zahlung *f*
mensalmente [mẽ'salmẽntə] *adv* monatlich
menstruação [mẽʃtrwɐ'sãu] <-ões> *f* Menstruation *f*
mensurável <-eis> *adj* messbar
menta *f* Pfefferminze *f*
mental ['mẽntal] <-ais> *adj* geistig, mental
mentalidade *f* Mentalität *f*
mentalmente *adv* geistig, mental
mente *f* (*espírito*) Geist *m*; (*intelecto*) Verstand *m*; **ter a. c. em** ~ etw beabsichtigen
mentecapto *adj* schwachsinnig, blöd
mentir *irr como sentir vi* lügen; ~ **a alguém** jdn belügen; **ele mente ao pai sobre as notas** er belügt seinen Vater und sagt ihm die Noten nicht
mentira *f* Lüge *f*; **parece ~!** das ist unglaublich!
mentiroso, -a I. *m, f* Lügner(in) *m(f)* **II.** *adj* verlogen
mentol <-óis> *m* Menthol *nt*
mentor(a) <-es> *m(f)* Mentor(in) *m(f)*
menu [me'nju] *m* (CULIN, INFOR) Menü *nt*
mera *adj f de* **mero**
meramente *adv* nur, lediglich
mercado [mər'kadu] *m* Markt *m*; **o Mercado Comum** der Gemeinsame Markt; ~ **negro** Schwarzmarkt *m*; ~ **de trabalho** Arbeitsmarkt *m*; **ir ao** ~ auf den Markt gehen; **lançar um produto no** ~ ein Produkt auf den Markt bringen
mercador(a) <-es> *m(f)* Händler(in) *m(f)*
mercadoria *f* Ware *f*
mercante *adj* Handels ...; **navio** ~ Handelsschiff *nt*; **marinha** ~ Handelsmarine *f*
mercantil <-is> *adj* Handels ...; **cidade** ~ Handelsstadt *f*; **povo** ~ Handel treibendes Volk
mercantilismo *m* (ECON) Merkantilismus *m*
mercantis *adj pl de* **mercantil**
mercê *f* ① (*elev: graças a*) ~ **de** dank ② (*arbítrio*) **estar à ~ de alguém** jdm ausgeliefert sein
mercearia [mərsjɐ'riɐ] *f* Lebensmittelgeschäft *nt*
merceeiro, -a *m, f* Lebensmittelhändler(in) *m(f)*
mercenário, -a *m, f* (MIL) Söldner(in) *m(f)*
Mercosul *m* (*brasil*) *abr de* **Mercado Comum do Sul** Gemeinsamer Markt des Südens, Mercosur *m*
mercúrio *m* (QUÍM) Quecksilber *nt*
Mercúrio *m* (ASTR) Merkur *m*

M

mercurocromo *m* (FARM) Jodtinktur *f*
merda *f* (*vulg*) Scheiße *f;* **vai à ~!** verpiss dich!
merecedor <-es> *adj* würdig; **ser ~ de a. c.** etw verdienen
merecer <c→ç> *vt* verdienen; **eu não mereço isto** das habe ich nicht verdient
merecida *adj f de* **merecido**
merecidamente *adv* verdientermaßen, zu Recht
merecido *adj* gerecht, verdient; **bem ~** wohl verdient
merecimento *m* Verdienst *nt*
merenda *f* Imbiss *m*
merendar **I.** *vt* essen **II.** *vi* einen Imbiss einnehmen
merengue *m* (CULIN) Meringe *f,* Meringue *f*
meretriz <-es> *f* Dirne *f*
mergulhador(a) *m(f)* Taucher(in) *m(f)*
mergulhar [mərgu'ʎar] **I.** *vt* untertauchen, eintauchen **II.** *vi* ① (*na água*) tauchen, untertauchen ② (*nos pensamentos*) in Gedanken versinken
mergulho *m* Tauchen *nt;* **dar um ~** untertauchen
meridiano *m* (GEOG) Meridian *m*
meridional <-ais> *adj* südlich, Süd …
meritíssimo *adj* Euer Ehren
mérito *m* ① (*merecimento*) Verdienst *nt;* **ela conseguiu isso por ~ próprio** das ist ihr eigenes Verdienst ② (*valor*) Wert *m,* Vorzug *m*
meritório *adj* lobenswert
mero *adj* bloß, rein; **por ~ acaso** durch reinen Zufall
mês [meʃ] <meses> *m* Monat *m;* **ao/por ~** monatlich; **no ~ de Maio** im Monat Mai; **no princípio/fim do ~** am Anfang/Ende des Monats; **(n)o ~ passado** (im) letzten Monat; **um ~ e meio** eineinhalb Monate; **faz hoje um ~** heute vor einem Monat
mesa ['mezɐ] *f* ① (*móvel*) Tisch *m;* **~ elástica** ausziehbarer Tisch; **~ de jogo** Spieltisch *m;* **~ de mistura** Mischpult *nt;* **pôr a ~** den Tisch decken; **levantar a ~** den Tisch abdecken; **estar/sentar-se à ~** am Tisch sitzen/sich an den Tisch setzen ② (*comité*) Ausschuss *m*
mesada *f* (monatliches) Taschengeld *nt*
mesa-de-cabeceira <mesas-de-cabeceira> *f* Nachttisch *m*
mescla *f* Mischung *f*
mesclado *adj* gemischt, vermischt
meses *m pl de* **mês**
meseta *f* (GEOG) Hochebene *f,* Plateau *nt*
mesma **I.** *adj f de* **mesmo I** **II.** *f* **ficar/estar na ~** unverändert sein, gleich bleiben
mesmíssimo *adj superl de* **mesmo** genau derselbe/dieselbe/dasselbe, genau der gleiche/die gleiche/das gleiche; **é a mesmíssima coisa!** es ist haargenau das Gleiche!
mesmo ['meʃmu] **I.** *adj* ① (*idêntico*) gleich; **é a mesma coisa** das ist das Gleiche; **eles vivem na mesma casa** sie leben im gleichen Haus; **eles são da mesma idade** sie sind gleichaltrig, sie sind gleich alt; **elas são do ~ tamanho** sie sind gleich groß; **ao ~ tempo** gleichzeitig, zur gleichen Zeit ② (*após pron.*) selbst; **ele ~ o fez** er selbst hat es gemacht **II.** *pron dem* **o ~/a mesma** derselbe, dieselbe, dasselbe; **vai dar ao/no ~** das läuft auf dasselbe hinaus; **eles estudam o ~** sie studieren dasselbe; **fazer o ~ a alguém** Gleiches mit Gleichem vergelten **III.** *adv* ① (*ênfase*) eben, gerade; **por isso ~** gerade deswegen; **fica ~ ao lado** es liegt direkt daneben; **aqui/hoje ~** gleich hier/heute; **só ~ ele** keiner außer ihm; **nem ~** nicht einmal; **isso é ~ dele!** das sieht ihm ähnlich! ② (*temporal*) gerade, eben; **ela chegou agora ~** sie ist eben angekommen ③ (*concessivo*) selbst; **~ assim** trotzdem; **~ que eu queira** selbst wenn ich wollte ④ (*até*) sogar, selbst; **~ ele não concordou** sogar er war nicht einverstanden ⑤ (*exactamente*) genau; **(é) isso ~!** genau das ist es!
mesquinha *adj f de* **mesquinho**
mesquinhez *f* ① (*com insignificâncias*) Kleinlichkeit *f,* Pingeligkeit *f* ② (*avareza*) Knauserei *f,* Geiz *m*
mesquinho *adj* ① (*com insignificâncias*) kleinlich, pingelig ② (*avaro*) geizig, knauserig
mesquita *f* Moschee *f*
Messias *m* Messias *m*
mester *m* Beruf *m,* Arbeit *f*
mestiço, -a **I.** *m, f* Mischling *m* **II.** *adj* Mischlings …
mestra *f de* **mestre**
mestrado *m akademischer Grad nach zweijährigem Aufbaustudium*
mestre, -a *m, f* ① (*de um ofício*) Meister(in) *m(f);* **de ~** meisterhaft ② (*de um barco*) Bootsführer(in) *m(f)*

mestre-de-obras <mestres-de-obras> *m* Polier *m*

mestre-sala <mestres-salas> *m* (*brasil: carnaval*) *Darsteller, der zusammen mit der Fahnenträgerin der Sambaschule auf dem Karnevalsumzug läuft*

mestria *f* fundierte(s) Wissen *nt,* Können *nt*

mesuradamente *adv* maßvoll

mesurado *adj* ① (*comedido*) gemäßigt, maßvoll ② (*prudente*) umsichtig

meta *f* (*fig*) Ziel *nt;* **alcançar a ~** das Ziel erreichen

metabolismo *m* (BIOL) Stoffwechsel *m*

metade [mə'tadə] *f* Hälfte *f;* **pagar ~** die Hälfte bezahlen

metadona *f* Methadon *nt*

metafísica *f* Metaphysik *f*

metafísico *adj* metaphysisch

metáfora *f* Metapher *f*

metafórico *adj* metaphorisch

metais *mpl* (MÚS) Blechblasinstrumente *pl*

metal <-ais> *m* Metall *nt;* **~ precioso** Edelmetall *nt*

metálico *adj* metallisch, Metall ...

metalizado *adj* metallic

metalurgia *f* Metallurgie *f*

metalúrgico *adj* Metall ..., metallurgisch

metamorfose *f* Metamorphose *f*

metástase *f* (MED) Metastase *f*

metediço *adj* (*pej*) aufdringlich

meteorito *m* Meteorstein *m,* Meteorit *m*

meteoro *m* Meteor *m,* Sternschnuppe *f*

meteorologia *f* Meteorologie *f*

meteorológico [mətjuru'lɔʒiku] *adj* meteorologisch, Wetter ...

meteorologista *mf* Meteorologe, Meteorologin *m, f*

meter [mə'ter] **I.** *vt* ① (*introduzir*) stecken (*em* in), hineinstecken (*em* in); (*numa caixa*) hineinlegen (*em* in); (*coloq*) hineintun (*em* in); **~ a. c. na cabeça de alguém** jdn von etw überzeugen; **~ gasolina** tanken ② (*envolver*) beteiligen (*em* an); (*pej*) verwickeln (*em* in), hineinziehen (*em* in); **não me metas nisso!** zieh mich da nicht hinein! ③ (*infundir*) **~ medo a alguém** jdm Furcht einjagen **II.** *vr* ① (*enfiar-se*) verschwinden (*por* durch, *em* in); **onde é que ela se meteu?** wo steckt sie? ② (*intrometer-se*) sich einmischen (*em* in); **não te metas!** misch dich nicht ein!; **mete-te na tua vida!** kümmere dich um deine eigenen Angelegenheiten! ③ (*envolver-se*) sich einlassen (*em* auf); **~-se em aventuras** sich auf Abenteuer einlassen ④ (*provocar*) **~-se com alguém** sich mit jdm anlegen, jdn provozieren

meticuloso *adj* gewissenhaft

metido *adj* ① (*envolvido*) verwickelt (*em* in); **estar ~ em apuros** in Schwierigkeiten stecken; (*coloq*); **andar ~ com** sich herumtreiben mit ② (*intrometido*) aufdringlich

metileno *m* (QUÍM) Methylen *nt*

metódica *adj f de* **metódico**

metodicamente *adv* methodisch

metódico *adj* methodisch

metodista *mf* (REL) Methodist(in) *m(f)*

método *m* Methode *f;* **com ~** methodisch; **~ anticoncepcional** Verhütungsmethode *f*

metodologia *f* Methodologie *f,* Methodik *f;* (*do ensino*) Methodik *f*

metodólogo, -a *m, f* Methodiker(in) *m(f);* (*de estagiários*) Mentor(in) *m(f)*

metralhadora *f* Maschinengewehr *nt,* Maschinenpistole *f*

métrica *f* Metrik *f,* Verslehre *f*

métrico *adj* metrisch; **sistema ~** metrisches Maßsystem

metro ['mɜtru] *m* ① (*unidade de medida*) Meter *m;* **~ quadrado** Quadratmeter *m;* **~ cúbico** Kubikmeter *m;* **ter 10 ~s de altura/comprimento/largura** 10 Meter hoch/lang/breit sein; **isto/ele mede dois ~s** das ist zwei Meter lang/er ist zwei Meter groß ② (*metropolitano*) U-Bahn *f;* **~ de superfície** Straßenbahn *f;* **apanhar o ~** die U-Bahn nehmen; **ir de ~** mit der U-Bahn fahren

metrô *m* (*brasil*) U-Bahn *f*

metrologia *f* Metrologie *f*

metrópole *f* Metropole *f*

metropolitano [mətrupuli'tɐnu] *m* Untergrundbahn *f*

meu [meu 'fiʎu] *pron poss* mein, meine; **o ~ quarto/pai/trabalho** mein Zimmer/mein Vater/meine Arbeit; **isso é ~** das gehört mir; **um amigo ~** ein Freund von mir

mexer **I.** *vt* (*massa*) rühren; (*bebida*) umrühren; (*a cabeça, um braço*) bewegen **II.** *vi* **~ em a. c.** etw anfassen; **não mexas nisso!** fass das nicht an! **III.** *vr* sich bewegen; **mexe-te!** los jetzt!

mexerica *f* (BOT: *tangerina*) Mandarine *f*

mexericos *mpl* Klatsch *m,* Tratsch *m*

mexeriqueiro, -a *m, f* Klatschmaul *nt,* Tratsche *f*

México *m* Mexiko *nt*

mexido *adj* ① (*pessoa*) rührig, engagiert ② (*objectos*) benutzt

mexilhão <-ões> *m* (ZOOL) Miesmuschel *f*

mezinha *f* Hausmittel *nt*

mi *m* (MÚS) E *nt*, e

miar *vi* miauen

mico *m* (*brasil*) ① (ZOOL) Kapuzineraffe *m* ② **pagar ~** (*cal: situação embaraçosa*) sich zum Affen machen

mico-leão <micos-leões *o* micos-leão> *m* (*brasil*) Löwenäffchen *m*

micose [mi'kɔzə] *f* (MED) Mykose *f*, Pilzkrankheit *f*

microbiano *adj* mikrobiell; **coagulante** *m* **microbiano** microbielles Lab

micróbio *m* (BIOL) Mikrobe *f*

microchip *m* (ELECTR) Mikrochip *m*

microclima *m* Mikroklima *nt*

microcomputador *m* Mikrocomputer *m*

microelectrónica *f* (*portugal*) Mikroelektronik *f*

microeletrônica *f* (*brasil*) *v.* **microelectrónica**

microfilme *m* Mikrofilm *m*

microfone *m* Mikrofon *nt*; **falar ao ~** ins Mikrofon sprechen

microonda *f* (FÍS) Mikrowelle *f*

microondas *m* (*forno*) Mikrowelle *f*, Mikrowellenherd *m*

microônibus *m inv* (*brasil*) Kleinbus *m*

microprocessador *m* (INFOR) Mikroprozessor *m*

microrganismo *m* (BIOL) Mikroorganismus *m*

microscópico *adj* mikroskopisch

microscópio *m* Mikroskop *nt*; **ver a. c. ao ~** etw durch das Mikroskop betrachten

mictório *m* Pissoir *nt*

mídia *mpl* (*brasil*) Medien *pl*

migalha *f* Krümel *m*; (*restos*); **~s** Rest *m*, Überbleibsel *nt*

migar *vt* zerkrümeln, zerbröckeln

migração <-ões> *f* ① (*pessoas*) Auswanderung *f*, Migration *f* ② (ZOOL) Migration *f*

migrar *vi* auswandern

migratório *adj* Wander ...; **ave migratória** Zugvogel *m*

mijar **I.** *vi* (*cal*) pinkeln, pissen **II.** *vr* (*cal*) sich nass pinkeln

mijo *m* (*cal*) Pisse *f*

mil [mil] *num card* tausend; **~ milhões** eine Milliarde

milagre *m* Wunder *nt*; **por ~** wie durch ein Wunder; **eu não faço ~s** ich kann nicht hexen

milagroso *adj* ① (*pessoa*) wundertätig; (*medicamento*) Wunder wirkend ② (*acontecimento*) wundersam

Milão *f* Mailand *nt*

milavo *m* Tausendstel *nt*

milenar <-es> *adj* tausendjährig

milenário *m* Tausendjahrfeier *f*

milénio (*portugal*), **milênio** *m* (*brasil*) Jahrtausend *nt*

milésimo *num ord* tausendste(r, s)

milha ['miʎɐ] *f* Meile *f*; **~ marítima** Seemeile *f*

milhão <-ões> *m* Million *f*; **um ~ de vezes** eine Million Mal; **mil milhões** eine Milliarde

milhar *m* Tausend *nt*; **~es de anos/pessoas** Tausende von Jahren/Menschen

milharal <-ais> *m* Maisfeld *m*

milho ['miʎu] *m* Mais *m*

milhões *m pl de* **milhão**

milho-miúdo *m* (BOT) Hirse *f*

milícia *f* Miliz *f*, Truppe *f*

miligrama *m* Milligramm *nt*

mililitro *m* Milliliter *m*

milímetro [mi'limətru] *m* Millimeter *m*; **examinar a. c. ao ~** etw haargenau untersuchen

milionário, -a **I.** *m, f* Millionär(in) *m(f)* **II.** *adj* steinreich

militante *mf* (POL) Parteimitglied *nt*

militar <-es> **I.** *m* Militär *m*; (*soldado*) Soldat *m* **II.** *adj* militärisch, Militär ...

militarização <-ões> *f* Militarisierung *f*

mim [mĩ] *pron pess* mich, mir; **para ~** für mich; **por ~, está bem** von mir aus geht es klar; **faz isso por ~** tu es für mich

mimado *adj* verwöhnt; (*em excesso*) verzogen, verhätschelt

mimalho *adj* anschmiegsam

mimar *vt* verwöhnen; (*em excesso*) verziehen, verhätscheln

mimetismo *m* (ZOOL) Mimese *f*, Mimikry *f*

mímica *f* Mimik *f*

mímico *adj* mimisch

mimo *m* Liebkosung *f*, Zärtlichkeit *f*; **dar ~s a alguém** jdn verwöhnen; **ter muito ~** sehr verwöhnt sein

mimosa *f* Mimose *f*

mimoso *adj* ① (*delicado*) zart ② (*meigo*) zärtlich

mina *f* ① (*de minério*) Bergwerk *nt,* Mine *f;* ~**s** Bergbau *m* ② (MIL) Mine *f;* ~ **anti-pessoal** Landmine *f,* Personenmine *f*

minar *vt* ① (MIL) verminen, Minen legen in ② (*projecto*) untergraben, zu Fall bringen

minarete *m* Minarett *nt*

Minas Gerais *fpl* (*brasil*) Minas Gerais (*Bundesstaat im Südosten Brasiliens*)

mindinho *m* (*coloq*) kleine(r) Finger *m*

mineiro, -a I. *m, f* ① (*operário*) Bergmann *m,* Bergarbeiter *m* ② (*brasil: de Minas Gerais*) Einwohner(in) *m(f)* des Bundesstaates Minas Gerais II. *adj* ① (*relativo a mina*) bergmännisch, Bergbau ...; **exploração mineira** Bergwerk *nt* ② (*brasil: de Minas Gerais: especialidade*) aus Minas Gerais; (*instituto*) in Minas Gerais

mineral <-ais> I. *m* Mineral *nt* II. *adj* mineralisch, Mineral ...

mineralogia *f* Mineralogie *f*

minério *m* Erz *nt*

mingar *vi* (*portugal: coloq*) eingehen, einlaufen

mingau *m* (*brasil*) Brei *m*

míngua *f* ① (*escassez*) Mangel *m;* **à ~ de** aus Mangel an ② (*carência*) Not *f;* **morrer à ~** verarmt sterben

minguante I. *m* abnehmende(r) Mond *m* II. *adj* **quarto ~** abnehmender Mond

minguar *vi* ① (*escassear*) knapp sein; (*faltar*) mangeln an, fehlen an; **os medicamentos minguam** es fehlt an Medikamenten ② (*diminuir*) abnehmen

minha ['miɲɐ] *pron poss* mein, meine; **a ~ amiga/cama/mesa** meine Freundin/mein Bett/mein Tisch; **uma amiga ~** eine Freundin von mir

minhoca *f* Regenwurm *m*

miniatura *f* Miniatur *f*

minigolfe [mini'gɔlfə] *m* Minigolf *nt*

mínima I. *adj f de* **mínimo** II II. *f* ① (METEO) Tiefsttemperatur *f* ② (MÚS) halbe Note *f*

minimizar *vt* ① (*reduzir*) reduzieren, senken ② (*depreciar*) herunterspielen, die Bedeutung schmälern von

mínimo I. *m* Minimum *nt,* Mindeste *nt;* ~ **de subsistência** Existenzminimum *nt;* **no ~** zumindest, wenigstens; **é o ~ que posso fazer** das ist das Mindeste, was ich tun kann; **com o ~ de esforço** mit einem minimalen Aufwand II. *adj superl de* **pequeno** kleinste(r, s), geringste(r, s); **dedo ~** kleiner Finger; **salário ~** Mindestlohn *m;* **não faço a mínima ideia** [*o brasil* **idéia**] ich habe nicht die geringste Ahnung; **a temperatura/nota mínima** die Tiefsttemperatur/die Mindestnote; **aqui não há as mínimas condições para trabalhar** die Arbeitsbedingungen hier sind unter aller Kritik

mínimos ['minimuʃ] *mpl* (*faróis*) Standlicht *nt;* **ligar os ~** das Standlicht einschalten

mininovela *f* (*brasil:* TV) kurze Fernsehserie *f*

mini-saia *f* Minirock *m*

mini-série *f* mehrteilige Fernsehsendung *f*

ministerial <-ais> *adj* ministeriell, Ministerial ...

ministério *m* Ministerium *nt;* ~ **da Defesa** Verteidigungsministerium *nt;* ~ **da Educação** Erziehungsministerium *nt;* ~ **das Finanças** Finanzministerium *nt;* ~ **do Interior** Innenministerium *nt;* ~ **da Justiça** Justizministerium *nt;* ~ **dos Negócios Estrangeiros** Außenministerium *nt;* ~ **público** Staatsanwaltschaft *f*

ministra *f v.* **ministro**

ministrar *vt* ① (*um medicamento*) verabreichen, geben ② (*uma aula*) erteilen, geben

ministro, -a *m, f* Minister(in) *m(f);* ~ **das Finanças** Finanzminister *m;* ~ **do Ambiente** Umweltminister *m*

minorar *vt* ① (*diminuir*) mindern, vermindern ② (*atenuar*) lindern

minoria *f* Minderheit *f;* **estar em ~** in der Minderheit sein

minta *1. e 3. pres subj de* **mentir**

minto *1. pres de* **mentir**

minúcia *f* Genauigkeit *f,* Gewissenhaftigkeit *f*

minuciosidade *f v.* **minúcia**

minucioso *adj* ① (*pessoa*) gewissenhaft, sorgfältig ② (*estudo, trabalho*) ausführlich, minuziös

minúscula *f* kleine(r) Buchstabe *m;* **escrever uma palavra com ~** ein Wort kleinschreiben

minúsculo *adj* winzig, sehr klein; (*letra*) klein

minuta *f* Entwurf *m,* Skizze *f*

minuto [mi'nutu] *m* Minute *f;* **são três horas menos/e cinco ~s** es ist fünf Minuten vor/nach drei; **aguarde só um ~** warten Sie bitte eine Minute

miolo *m* ① (*de pão*) Brotinnere *nt,* Krume *f*

② (*de fruta*) Fruchtfleisch *nt;* (*de noz*) Kern *m*
miolos *mpl* (*coloq*) Grips *m*
míope *adj* kurzsichtig
miopia *f* Kurzsichtigkeit *f*
miosótis *f* (BOT) Vergissmeinnicht *nt*
mira *f* ① (*de arma*) Visier *nt* ② (*intenção*) Absicht *f;* (*objectivo*) Ziel *nt;* **ter a. c. em ~** etw beabsichtigen
mirabolante *adj* auffallend, Aufsehen erregend
miradouro [mirɐ'doru] *m* Aussichtspunkt *m*
miragem <-ens> *f* Fata Morgana *f*
mirar *vt* ansehen, beobachten
mirra *f* (BOT) Myrrhe *f*
mirrar *vi* verdorren, vertrocknen
mirtilo *m* (BOT) Heidelbeere *f*
misantropa *f de* **misantropo**
misantropia *f* Menschenfeindlichkeit *f,* Misanthropie *f*
misantropo, -a *m, f* Menschenfeind(in) *m(f),* Misanthrop, Misanthrophin *m, f*
míscaro *m* (BOT) Edelreizker *m,* Echte(r) Reizker *m*
miscelânea *f* Miszellen *pl,* Miszellaneen *pl*
miscível *adj* mischbar
mísera *adj f de* **mísero**
miserável <-eis> **I.** *mf* (*pobre*) Bedürftige; (*desgraçado*) Unglückliche, Pechvogel *m* **II.** *adj* (*pessoa*) armselig; (*estado, situação*) jämmerlich, erbärmlich
miséria *f* Elend *nt,* Not *f;* **cair na ~** in Not geraten
misericórdia *f* ① (*comiseração*) Barmherzigkeit *f* ② (*compaixão*) Erbarmen *nt*
misericordioso *adj* barmherzig
mísero *adj* lumpig, schäbig
miso *m* Miso *nt*
missa ['misɐ] *f* Messe *f,* Gottesdienst *m;* **~ do galo** Christmette *f;* **ir à ~** in die Messe gehen; **não saber da ~ a metade** nicht die ganze Geschichte kennen, nicht über alles informiert sein
missanga *f* Glasperle *f*
missão <-ões> *f* (REL, POL) Mission *f;* **cumprir uma ~** eine Mission erfüllen
míssil <-eis> *m* (MIL) Rakete *f;* **~ de alcance intermédio** Mittelstreckenrakete *f;* **~ de longo alcance** Langstreckenrakete *f;* **~ (de) cruzeiro** Marschflugkörper *m*
missionário, -a *m, f* Missionar(in) *m(f)*
missões *f pl de* **missão**
mista *adj f de* **misto**
mistela *f* (*coloq*) Mischmasch *m*
mistério *m* ① (*enigma*) Rätsel *nt;* **desvendar um ~** ein Geheimnis lüften ② (REL) Mysterium *nt*
misterioso *adj* geheimnisvoll, rätselhaft
mística **I.** *adj f de* **místico** **II.** *f* Mystik *f*
misticismo *m* Mystizismus *m*
místico *adj* mystisch
mistificar <c→qu> *vt* sich lustig machen über; (*burlar*) hereinlegen
misto ['miʃtu] **I.** *m* Gemisch *nt* **II.** *adj* gemischt; **automóvel ~** Kombiwagen *m;* **colégio ~** gemischte/koedukative Schule; **salada mista** gemischter Salat; **tosta mista** Schinken-Käse-Toast
misto-quente <mistos-quentes> *m* (*brasil*) Schinken-Käse-Toast *m*
mistura [məʃ'turɐ] *f* ① (*junção*) Mischung *f* ② (*produto misturado*) Gemisch *nt,* Mixtur *f* ③ (*cinema, televisão*) Mischen *nt*
misturada *f* Mischmasch *m*
misturado *adj* gemischt, vermischt
misturar **I.** *vt* ① (*tb. cinema, televisão; juntar*) mischen ② (*confundir*) verwechseln, durcheinanderwerfen **II.** *vr* ① (*substâncias*) sich mischen; **~-se na multidão** sich unter die Menge mischen ② (*intrometer-se*) sich einmischen
mítico *adj* mythisch
mitigar <g→gu> *vt* lindern
mito *m* Mythos *m*
mitologia *f* Mythologie *f*
mitológico *adj* mythologisch
miúda *adj f de* **miúdo**
miudagem *f* Kids *pl,* Kinderschar *f*
miudeza *f* Kleinheit *f,* Winzigkeit *f;* (*bugigangas*); **~s** Kurzwaren *pl*
miudinho *adj* ① (*pej: esquisito*) kleinlich, etepetete ② (*minucioso*) sorgfältig, genau
miúdo, -a **I.** *m, f* Kleine; **os ~s** (*esp portugal*) die Kids **II.** *adj* klein
miúdos *mpl* (CULIN) Geflügelklein *nt*
mixaria *f* (*brasil*) Lappalie *f,* Kleinigkeit *f*
mixórdia *f* (*coloq*) Mischmasch *m*
mixuruca *adj* (*brasil*) billig, schlecht
mo *Zusammensetzung: pron me + pron o*
mó *f* (*de moinho*) Mühlstein *m;* (*para afiar*) Schleifstein *m*
moagem <-ens> *f* Mahlen *nt*
mobilado *adj* möbliert
mobilar *vt* (*portugal*) möblieren, einrichten

mobília *f* Möbel *pl,* Mobiliar *nt*
mobiliar *vt* (*brasil*) *v.* **mobilar**
mobiliário **I.** *m* Mobiliar *nt,* Einrichtung *f* **II.** *adj* Möbel ...
mobilidade *f* Beweglichkeit *f*
mobilizar *vt* mobilisieren
moca *f* ① (*instrumento*) Keule *f* ② (*coloq: com álcool*) Rausch *m;* (*com drogas*) Trip *m;* **apanhar uma ~** sich einen antrinken *+dat*
moça *f v.* **moço**
mocado *adj* (*coloq: com drogas*) high
moçambicano, -a **I.** *m, f* Mosambikaner(in) *m(f)* **II.** *adj* mosambikanisch
Moçambique *m* Mosambik *nt*
moção <-ões> *f* (POL) Antrag *m;* **apresentar uma ~** einen Antrag einreichen
mochila [mu'ʃilɐ] *f* Rucksack *m*
mocho *m* Kauz *m*
mocidade *f* Jugend *f*
moço, -a **I.** *m, f* (*criança*) Junge *m,* Mädchen *nt;* (*jovem*) Jugendliche; **~ de recados** Laufbursche *m* **II.** *adj* jung
moda ['mɔdɐ] *f* ① (*actual*) Mode *f;* **estar na ~** in Mode sein; **estar fora de ~** aus der Mode gekommen sein ② (*maneira*) Art *f;* **à ~ da casa** nach Art des Hauses
modal <-ais> *adj* modal
modalidade *f* ① (*aspecto*) Form *f,* Art *f* (und Weise) ② (*circunstâncias*) Umstände *pl* ③ (DESP) Sportart *f*
modelo [mu'delu] **I.** *m* (*padrão*) Modell *nt,* Muster *nt;* (*exemplo*) Vorbild *nt;* (*de automóvel*) Modell *nt* **II.** *mf* (*pessoa*) Modell *nt;* **~ fotográfico** Fotomodell *nt,* Model *nt*
modem <-ens> *m* (INFOR) Modem *nt*
moderação *f* Mäßigung *f;* **fazer a. c. com ~** sich bei etw mäßigen
moderada *adj f de* **moderado**
moderadamente *adv* maßvoll
moderado *adj* ① (*pessoa, partido*) gemäßigt; (*velocidade*) mäßig; (*preço*) moderat ② (*vento, clima*) mild
moderar *vt* (*a velocidade, os gastos*) herabsetzen, verringern; (*as atitudes*) mäßigen, zurückhalten
moderna *adj f de* **moderno**
modernice *f* (*pej*) Modeerscheinung *f*
modernidade *f* Modernität *f*
modernizar *vt* modernisieren
moderno [mu'dɜrnu] *adj* ① (*roupa, edifício*) modern ② (*época*) neuzeitlich; **História Moderna** Geschichte der Neuzeit
modesta *adj f de* **modesto**
modestamente *adv* bescheiden
modéstia *f* Bescheidenheit *f;* **~ à parte** keine falsche Bescheidenheit
modesto *adj* bescheiden
módico *adj* (*preço*) mäßig, gering
modificação <-ões> *f* Veränderung *f,* Änderung *f*
modificar <c→qu> **I.** *vt* verändern, abändern; (*lei*) modifizieren **II.** *vr* sich verändern
modista [mu'diʃtɐ] *f* Schneiderin *f*
modo ['mɔdu] *m* ① (*maneira*) Art *f,* Weise *f;* **~ de vida** Lebensweise *f;* **deste ~** auf diese Weise; **de certo ~** gewissermaßen; **de ~ algum** keineswegs, auf keinen Fall; **de outro ~** sonst, andernfalls; **de ~ que** so dass; **de qualquer ~** auf jeden Fall; **do mesmo ~** ebenso ② (LING) Modus *m* ③ (MÚS) Tonart *f*
modos *mpl* Manieren *pl;* **com ~** mit guten Manieren, gut erzogen
módulo *m* ① Modul *m* ② (AERO) Raumkapsel *f*
moeda ['mwɜdɐ] *f* ① (*objecto*) Münze *f;* **uma ~ de quinquagésimo centos** eine Fünfzig-Cent-Münze ② (ECON: *de um país*) Währung *f;* **~ corrente** gültige Währung; (POL); **~ única** Gemeinschaftswährung *f*
moela *f* Geflügelmagen *m*
moer *conj como roer vt* ① (*café, milho*) mahlen ② (*coloq: a cabeça*) plagen, belästigen; **~ a paciência a alguém** jds Geduld erschöpfen
mofento *adj* muffig
mofo *m* ① (*bafio*) Muff *m;* **cheirar a ~** muffig riechen ② (*bolor*) Schimmel *m*
mogno *m* ① (*madeira*) Mahagoni *nt* ② (*árvore*) Mahagonibaum *m*
Mogúncia *f* Mainz *nt*
moído *adj* ① (*café, milho*) gemahlen ② (*peixe*) verdorben ③ (*dor*) dumpf ④ (*pessoa*) abgespannt, todmüde
moinho *m* Mühle *f;* **~ de água** Wassermühle *f;* **~ de café** Kaffeemühle *f;* **~ de vento** Windmühle *f*
moiro, -a **I.** *m, f* Maure, Maurin *m, f* **II.** *adj* maurisch
moita *f* Dickicht *nt,* Gebüsch *nt*
mola *f* ① (*peça elástica*) Feder *f* ② (*da roupa*) Wäscheklammer *f* ③ (*em vestuário, carteira*) Druckknopf *m*
molar *m* (*dente*) Backenzahn *m*
moldar *vt* ① (*uma peça*) modellieren, formen; (*metal*) gießen ② (*personalidade*) for-

men

Moldávia *f* Moldawien *nt*

molde *m* (*para peças*) Form *f;* (*para metal*) Gussform *f;* (*para vestuário*) Schnittmuster *nt*

moldura *f* Rahmen *m*

mole ['mɔlə] *adj* ❶ (*objecto*) weich ❷ (*sem energia*) schlaff, träge

moleca *f v.* **moleque**

molécula *f* Molekül *nt*

molecular *adj* molekular

moleirinha *f* (*coloq*) Schädel *m*

moleiro, -a *m, f* Müller(in) *m(f)*

molengão, -ona **I.** *m, f* (*coloq*) Schlaffi *m* **II.** *adj* schlaff, träge

moleque, moleca *m, f* ❶ (*brasil: rapaz*) Junge *m* ❷ (*brasil: de rua*) Straßenkind *nt*

molestar *vt* ❶ (*incomodar*) belästigen, stören ❷ (*maltratar*) quälen

moléstia *f* Krankheit *f,* Unwohlsein *nt*

molete *m* (*portugal: reg*) Brötchen *nt*

moletom <-ons> *m* (*brasil*) Sweatshirt *nt*

moleza *f* ❶ (*de objecto*) Weichheit *f* ❷ (*falta de energia*) Schlaffheit *f,* Trägheit *f*

molha *f* **apanhar uma ~** nass werden, in einen Schauer kommen

molhado [mu'ʎadu] **I.** *m* nasse Stelle *f* **II.** *adj* nass

molhar **I.** *vt* nass machen; (*humedecer*) anfeuchten; (*mergulhar*) einweichen **II.** *vr* nass werden

molhe *m* Mole *f*

molho[1] ['moʎu] *m* ❶ (CULIN) Soße *f* ❷ (*de água*) **pôr a. c. de ~** etw wässern; (*roupa*) etw einweichen

molho[2] *m* (*de chaves, salsa*) Bund *nt;* (*de palha, papéis*) Bündel *nt*

moliço *m* Seetang *m*

molinete *m* Drehkreuz *nt*

molusco *m* (ZOOL) Weichtier *nt*

momentânea *adj f de* **momentâneo**

momentaneamente *adv* momentan, im Augenblick

momentâneo *adj* momentan, augenblicklich; (*passageiro*) vorübergehend

momento [mu'mẽntu] *m* Augenblick *m,* Moment *m;* **a todo o ~** jeden Augenblick; **de ~** momentan; **~s depois** gleich danach; **neste ~** im Augenblick; **de um ~ para o outro** von einer Sekunde zur anderen; **um ~!** Moment mal!

Momo *m* (*brasil: carnaval*) **rei ~** König des Karnevals

Mónaco (*portugal*), **Mônaco** *m* (*brasil*) Monaco *nt*

monarca *mf* Monarch(in) *m(f)*

monarquia *f* Monarchie *f*

monárquico *adj* monarchisch

monástico *adj* ❶ (*do mosteiro*) klösterlich ❷ (*dos monges*) Mönchs ..., mönchisch

monção *f* (METEO) Monsun *m*

mondar *vt* (*portugal*) Unkraut jäten in, von Unkraut säubern

monetário *adj* Währungs ...

monge *m* Mönch *m*

Mongólia *f* Mongolei *f*

mongolismo *m* (MED) Mongolismus *m*

mongolóide *adj* (MED) mongoloid

monitor(a)[1] *m(f)* Kursleiter(in) *m(f)*

monitor[2] *m* (*esp brasil:* INFOR) Monitor *m*

mono *m* (*coloq*) Griesgram *m*

monocromático *adj* einfarbig, monochrom

monocultura *f* (AGR) Monokultur *f*

monofásico *adj* (ELECTR) einphasig

monógama *adj f de* **monógamo**

monogamia *f* Monogamie *f*

monógamo *adj* monogam

monografia *f* Monographie *f*

monograma *m* Monogramm *nt*

monólogo *m* Monolog *m;* **ter um ~** einen Monolog halten

monopólio *m* Monopol *nt*

monopolizar *vt* ❶ (ECON) monopolisieren ❷ (*uma conversa*) an sich reißen, allein bestreiten

monossilábico *adj* einsilbig

monossílabo *m* einsilbige(s) Wort *nt*

monoteísmo *m* Monotheismus *m*

monoteísta **I.** *mf* Monotheist(in) *m(f)* **II.** *adj* monotheistisch

monótona *adj f de* **monótono**

monotonia *f* Monotonie *f,* Eintönigkeit *f*

monótono *adj* monoton, eintönig

monóxido *m* (QUÍM) Monoxid *nt;* **~ de carbono** Kohlenmonoxid *nt*

monstro *m* Ungeheuer *nt,* Monster *nt*

monstruosa *adj f de* **monstruoso**

monstruosidade *f* ❶ (*coisa descomunal*) Ungeheuer *nt,* Monstrum *nt* ❷ (*coisa abominável*) Ungeheuerlichkeit *f*

monstruoso *adj* ❶ (*descomunal*) monströs; (*enorme*) riesig ❷ (*abominável*) scheußlich, abscheulich

monta-cargas *m* Lastenaufzug *m*

montagem <-ens> *f* ❶ (*máquinas*) Montage *f,* Zusammensetzung *f* ❷ (CINE, FOTO) Montage *f*

montanha [mɔ̃n'teɲɐ] *f* Gebirge *nt*

montanha-russa <montanhas-russas> *f* Achterbahn *f;* **andar na ~** Achterbahn fahren

montanhismo [mɔ̃ntɐ'ɲiʒmu] *m* Bergsteigen *nt*

montanhista *mf* Bergsteiger(in) *m(f)*

montanhoso *adj* bergig, gebirgig

montante *m* Gesamtbetrag *m,* Summe *f*

montão <-ões> *m* ❶ Haufen *m* ❷ (*fig*) **um ~ de dinheiro/gente** eine Menge Geld/Leute

montar I. *vt* (*uma máquina*) zusammenbauen, montieren; (*uma tenda*) aufbauen, aufstellen; (*subir para*) steigen auf; (*cavalgar*) reiten; **~ uma bicicleta** auf ein Fahrrad steigen; (*uma casa*) einrichten; (*uma loja, empresa*) eröffnen **II.** *vi* reiten

monte ['mɔ̃ntə] *m* ❶ (*em terreno*) Berg *m* ❷ (*pilha*) Haufen *m;* **a ~** durcheinander, ungeordnet; **um ~ de livros** ein Haufen Bücher; **~s de gente** Menschenmassen *pl;* **aos ~s** in Massen

montês *adj* wild

montões *m pl de* **montão**

montra *f* (*portugal*) Schaufenster *nt*

monumental <-ais> *adj* monumental; (*grandioso*) großartig

monumento [munu'mɛ̃ntu] *m* ❶ (*de pessoa, personagem*) Denkmal *nt;* (*edifício*) Monument *nt* ❷ (*de interesse turístico*) Sehenswürdigkeit *f*

moqueca *f* (*brasil*) *Meeresfrüchte, Fisch, Fleisch oder Eier in Kokosmilch mit Palmöl, Tomaten, Koriandergrün und getrockneten Krabben geschmort;* **~ de peixe** Fisch in Kokosmilch

morada *f* (*portugal: endereço de residência*) Anschrift *f*

moradia *f* Einfamilienhaus *nt*

morador(a) *m(f)* (*de uma casa*) Bewohner(in) *m(f);* (*de uma rua*) Anwohner(in) *m(f)*

moral <-ais> **I.** *f* Moral *f* **II.** *adj* moralisch

moralidade *f* Sittlichkeit *f*

moralista I. *mf* Moralist(in) *m(f)* **II.** *adj* moralistisch

morango *m* Erdbeere *f*

morar [mu'rar] *vi* wohnen (*em* in)

Morávia *f* Mähren *nt*

mórbida *adj f de* **mórbido**

morbidade *f* (*estatística*) Krankenstand *m*

morbidez *f* Kränklichkeit *f,* Schwäche *f*

mórbido *adj* kränklich, morbid

morcão, -ona *m, f* (*portugal: coloq*) Flasche *f,* Versager(in) *m(f)*

morcego *m* Fledermaus *f*

morcela [mur'sɜlɐ] *f* Blutwurst *f*

mordaça *f* Knebel *m*

mordaz *adj* bissig; (*crítica*) scharf

mordente *m* Beize *f*

morder [mur'der] *vt* (*pessoa, cão*) beißen; (*insecto*) stechen; **~ a língua** sich auf die Zunge beißen *+dat;* **~ os lábios** auf den Lippen nagen; (*fig*); **~ o isco** anbeißen

mordidela *f* Biss *m;* **dar uma ~ em a. c.** in etw hineinbeißen

mordiscar <c→qu> *vt* knabbern

mordomo *m* Hausverwalter *m,* Gutsverwalter *m*

moreia (*portugal*), **moréia** *f* (*brasil*) ❶ (GEOL) Moräne *f* ❷ (ZOOL) Muräne *f*

morena *f* (GEOL) *v.* **moreia**

moreno, -a I. *m, f* Dunkelhaarige **II.** *adj* ❶ (*de cabelo*) dunkelhaarig ❷ (*de pele*) dunkelhäutig; (*pelo sol*) braun, braun gebrannt

morfema *m* (LING) Morphem *nt*

morfina *f* Morphium *nt*

morfologia *f* Morphologie *f*

morfológico *adj* morphologisch

morgue *f* Leichenhalle *f,* Leichenschauhaus *nt*

moribundo *adj* im Sterben liegend

mormacento *adj* (*tempo*) feuchtwarm

mormente *adv* hauptsächlich, insbesondere

morno *adj* lauwarm

moroso *adj* ❶ (*demorado*) langwierig ❷ (*lento*) langsam

morrer [mu'ʀer] <*pp* morto *o* morrido> *vi* ❶ (*pessoa, animal*) sterben (*de* an); (*planta*) eingehen; **~ afogado** ertrinken; **~ asfixiado** ersticken; **~ de susto** vor Schreck tot umfallen, sich zu Tode erschrecken; **~ por alguém/a. c.** für jdn/etw sterben; **estar a ~ de fome/frio** vor Hunger/Kälte sterben ❷ (*fogo*) verlöschen; (*luz, sentimento*) erlöschen; (*som*) verklingen

morrinha *f* (*reg*) Sprühregen *m*

morrinhar *vi* (*reg*) nieseln

morro *m* Hügel *m*

morsa *f* Walross *nt*

Morse *m* **código ~** Morsealphabet *nt*

morta *f de* **morto**

mortadela *f* Mortadella *f*

mortal <-ais> **I.** *mf* Sterbliche **II.** *adj* ❶ (*que mata*) tödlich, Tod ...; **pecado ~** Todsünde *f* ❷ (*que morre*) sterblich

mortalha *f* ❶ (*de cadáver*) Leichentuch *nt* ❷ (*de tabaco*) Zigarettenpapier *nt*

mortalidade *f* Sterblichkeit *f;* **~ infantil** Kindersterblichkeit *f;* **taxa de ~** Sterblichkeitsrate *f*

mortalmente *adv* tödlich

mortandade *f v.* **mortalidade**

morte ['mɔrtə] *f* Tod *m;* **~ aparente** Scheintod *m;* **~ súbita** plötzlicher Tod; (DESP) Golden Goal *nt*

morteiro *m* (MIL) Mörser *m*

mortiço *adj* (*luz*) erlöschend

mortífero *adj* tödlich, todbringend

morto, -a ['mortu] **I.** *pp irr de* **matar** **II.** *m, f* Tote; (*defunto*) Verstorbene **III.** *adj* ❶ (*falecido*) tot ❷ (*cor*) matt, gedämpft ❸ (*inexpressivo*) leblos, starr ❹ (*exausto*) todmüde, erschöpft ❺ (*ansioso*) **estar ~ por a. c.** auf etw wahnsinnig gespannt sein; **estar ~ por fazer a. c.** darauf brennen, etw zu tun

mosaico [mu'zaiku] *m* Mosaik *nt*

mosca ['moʃkɐ] *f* Fliege *f;* **estar às ~s** menschenleer sein; **ele não faz mal a uma ~** er tut keiner Fliege etwas zuleide

mosca-morta <moscas-mortas> *mf* (*coloq*) Faulpelz *m*

moscardo *m* (ZOOL) Bremse *f*

moscatel **I.** *m* Muskatellerwein *m,* Muskateller *m* **II.** *adj* **uva ~** Muskatellertraube *f*

mosca-varejeira <moscas-varejeiras> *f* (*brasil*) Fleischmücke *f*

Moscou *m* (*brasil*) Moskau *nt*

moscovita **I.** *mf* Moskauer(in) *m(f)* **II.** *adj* moskauisch

Moscovo *m* Moskau *nt*

Mosela *m* Mosel *f*

mosqueteiro *m* Musketier *m*

mosquiteiro *m* Moskitonetz *nt*

mosquito [muʃ'kitu] *m* Stechmücke *f;* (*nos países tropicais*) Moskito *m*

mossa *f* Beule *f*

mostarda [muʃ'tardɐ] *f* Senf *m*

mosteiro [muʃ'teiru] *m* Mönchskloster *nt*

mosto *m* Most *m,* Traubenmost *m*

mostra *f* **estar à ~** sichtbar sein; **pôr/ter a. c. à ~** etw vorzeigen; **dar ~s de progresso** Fortschritte machen

mostrador *m* (*de relógio*) Zifferblatt *nt*

mostrar [muʃ'trar] **I.** *vt* zeigen, vorzeigen **II.** *vr* sich zeigen

mostrengo, -a *m, f* (*pej*) Ungetüm *nt,* Scheusal *nt*

mostruário *m* Schaukasten *m*

mota *f* (*portugal: coloq*) *abr de* **motocicleta** Maschine *f*

motard *mf* (*portugal*) *v.* **motociclista**

mote *m* Motto *nt*

motel [mo'tɜl] <-éis> *m* (*portugal*) Motel *nt;* (*brasil*) Sexhotel *nt*

> Ziehen sie lieber in Brasilien in kein **Motel**! Diese sind (oft luxuriöse) Absteigen, die ausschließlich für Pärchen gedacht sind.

motim <-ins> *m* Meuterei *f,* Aufstand *m*

motivação <-ões> *f* Motivation *f* (*para* zu)

motivar *vt* motivieren (*para* zu)

motivo *m* ❶ (*causa, razão*) Grund *m,* Anlass *m;* (*de crime*) Motiv *nt;* **por esse ~** aus diesem Grund; **por ~ de doença** wegen Krankheit; **dar ~s para a. c.** Anlass zu etw geben ❷ (*arte, música*) Motiv *nt*

moto[1] *m* Antrieb *m;* **de ~ próprio** aus eigenem Antrieb

moto[2] *m abr de* **motocicleta** Motorrad *nt*

motocicleta *f* Motorrad *nt*

motociclismo *m* Motorradsport *m*

motociclista *mf* Motorradfahrer(in) *m(f)*

motociclo *m* Motorrad *nt*

motocross *m* Motocross *nt*

motoneta *f* (*brasil*) Motorroller *m*

motoqueiro, -a *m, f* (*coloq*) *v.* **motociclista**

motor [mu'tor] *m* Motor *m;* **~ de arranque** Anlasser *m;* (INFOR); **~ de busca** Suchmaschine *f;* **~ a diesel** Dieselmotor *m;* **~ de inje(c)ção** Einspritzmotor *m*

motoreta *f* (*portugal*) Motorroller *m*

motorismo *m* Motorsport *m*

motorista *mf* (*de autocarro*) Busfahrer(in) *m(f);* (*de camião*) Kraftfahrer(in) *m(f);* (*particular*) Chauffeur(in) *m(f)*

motorizada *f* (*portugal*) Mofa *nt*

moto-serra *f* Motorsäge *f*

motriz *adj* **força ~** treibende Kraft *f*

mouco, -a **I.** *m, f* Taube **II.** *adj* taub

mouro, -a **I.** *m, f* Maure, Maurin *m, f* **II.** *adj* maurisch

mouse *m* (*brasil:* INFOR) Maus *f*

movediço *adj* beweglich; **areias movediças**

Treibsand *m*

móvel ['mɔvɜl] <-eis> **I.** *m* Möbelstück *nt;* **móveis** Möbel *pl;* **móveis encastrados** Einbaumöbel *pl* **II.** *adj* beweglich

mover I. *vt* (*fig*) bewegen **II.** *vr* sich bewegen

movimentado *adj* (*rua, lugar*) belebt; (*trânsito*) lebhaft

movimentar I. *vt* (*mover*) bewegen; (*dinheiro*) umsetzen **II.** *vr* sich bewegen

movimento *m* ❶ (POL: *deslocação*) Bewegung *f;* **pôr a. c. em ~** etw in Bewegung setzen, etw in Gang bringen ❷ (ECON) Umsatz *m* ❸ (*na rua, em estabelecimento*) Betrieb *m;* **essa loja tem muito ~** in diesem Geschäft ist viel Betrieb

muamba *f* ❶ (*coloq brasil: contrabando*) Schmuggel *m* ❷ (*coloq brasil: objectos roubados*) Hehlerei *f*

muco *m* Schleim *m*

mucosa *f* Schleimhaut *f*

mucoso *adj* schleimig

muçulmano, -a I. *m, f* Moslem, Moslime *m, f,* Muslim, Muslime *m, f* **II.** *adj* moslemisch, muslimisch

muda *adj f de* **mudo**

mudança [mu'dɐ̃sɐ] *f* ❶ (*alteração*) Änderung *f;* (*transformação*) Veränderung *f,* Umwandlung *f;* **~ de tempo** Wetteränderung *f* ❷ (*troca*) Wechsel *m;* **~ de casa** Umzug *m;* **~ de óleo** Ölwechsel *m* ❸ (*variação*) Abwechslung *f* ❹ (*portugal: de velocidades*) Gangschaltung *f;* **meter uma ~** einen Gang einlegen

mudar [mu'dar] **I.** *vt* ❶ (*alterar*) ändern, abändern; (*transformar*) verändern ❷ (*trocar*) wechseln; **~ a fralda** die Windeln wechseln; **~ o óleo** einen Ölwechsel machen; **~ a** (**roupa da**) **cama** die Bettwäsche wechseln, das Bett frisch beziehen **II.** *vi* ❶ (*alterar-se*) sich ändern; (*transformar-se*) sich verändern; **o tempo vai ~** das Wetter ändert sich; **isto/ela não mudou nada** das/sie hat sich gar nicht verändert; **a hora muda amanhã** morgen wird die Uhr umgestellt ❷ (*trocar*) **~ de** wechseln; **~ de autocarro/comboio** umsteigen; **~ de casa** umziehen; **~ de roupa** sich umziehen; **preciso de ~ de ares** ich brauche eine Luftveränderung; **~ de assunto** das Thema wechseln; **~ de opinião/ideias** [*o brasil* **idéias**] seine Meinung ändern; **~ de lugar com alguém** mit jdm den Platz tauschen ❸ (*variar*) seine Gewohnheit ändern **III.** *vr* ❶ (*casa*) umziehen (*para* nach); **~-se para o campo** aufs Land ziehen ❷ (*roupa*) sich umziehen

mudez *f* Stummheit *f*

mudo, -a ['mudu] **I.** *m, f* Stumme **II.** *adj* (LING) stumm

muesli ['musli] *m* Müsli *nt*

mugido *m* Muhen *nt*

mugir *vi* muhen

muito ['mũintu/'mũintɔ] **I.** *adj* viel; **~ esforço** eine große Anstrengung; **muitas pessoas** viele Leute; **~s amigos** viele Freunde; **~ tempo** lange Zeit; **conheço-o há ~** (**tempo**) ich kenne ihn schon lange; **li este livro há ~** (**tempo**) ich habe das Buch vor langer Zeit gelesen; **não demora ~** (**tempo**) es dauert nicht lange **II.** *adv* viel, sehr; (*com adjectivo*) sehr; **~ caro** sehr teuer; **~ melhor** viel besser; **comer/ler/trabalhar ~** viel essen/lesen/arbeiten; **gostar ~ de alguém** jdn sehr gerne mögen; **gosto ~ deste livro** dieses Buch gefällt mir sehr gut **III.** *pron indef* viel; **tenho ~ que fazer** ich habe viel zu tun; **~s pensam que ...** viele denken, dass ...

mula *f* Maultier *nt*

mulato, -a *m, f* Mulatte, Mulattin *m, f*

muleta [mu'letɐ] *f* Krücke *f;* **andar de ~s** an Krücken gehen

mulher [mu'ʎɜr] *f* Frau *f;* (*esposa*) Ehefrau *f,* Frau *f;* **~ a dias** Putzfrau *f*

mulher-carteiro *f* Briefträgerin *f*

mulherengo I. *m* Frauenheld *m,* Schürzenjäger *m* **II.** *adj* **ser ~** hinter den Frauen her sein

mulherio *m* (*coloq*) Frauen *pl*

mulher-polícia *f* Polizistin *f*

multa ['multɐ] *f* Geldstrafe *f,* Bußgeld *nt;* **apanhar uma ~** (**de 500 euros**) ein Bußgeld (in Höhe von 500 Euro) bezahlen müssen; **passar uma ~ a alguém** ein Bußgeld gegen jdn verhängen

multar *vt* mit einer Geldstrafe belegen; **~ alguém** (**em 500 euros**) jdn mit einer Geldstrafe (von 500 Euro) belegen

multibanco *m* (*esp portugal*) Geldautomat *m*

Wenn Sie in Portugal etwas von der Bank brauchen, lassen Sie es sich nicht zu spät einfallen: Banken schließen zwar nicht während der Mittagspause, sind aber nur Montag bis Freitag von

M

8.30 bis 15 Uhr geöffnet. Ganz wichtige Schalter in Lissabon oder in touristischen Zentren sind allerdings bis 18 Uhr geöffnet. Sehr praktisch sind die **multibancos** (Geldautomaten), die in großer Zahl überall vorhanden sind. Dort können Sie mit Scheckkarte und Geheimzahl Euros abheben. Bei den meisten Automaten können Sie sogar die Sprache für die Abfrage wählen. Das Bezahlen mit Kreditkarte ist in Portugal sehr verbreitet. Viele Restaurants, Läden und Tankstellen nehmen Kreditkarten, vor allem die bekanntesten Anbieter.

multicolor *adj* bunt, vielfarbig

multicultural <-ais> *adj* multikulturell

multidão <-ões> *f* Menge *f,* Menschenmenge *f*

multimédia (*portugal*) **I.** *f* Multimediawelt *f* **II.** *adj* Multimedia ..., multimedial

multimídia *f o adj* (*brasil*) *v.* **multimédia**

multimilionário, -a **I.** *m, f* Multimillionär(in) *m(f)* **II.** *adj* Multimillionärs ...

multinacional <-ais> **I.** *f* (ECON) multinationale(r) Konzern *m;* (*coloq*) Multi *m* **II.** *adj* multinational

múltipla *adj f de* **múltiplo**

multiplicação <-ões> *f* ① (MAT) Multiplikation *f* ② (*reprodução*) Vermehrung *f*

multiplicador **I.** *m* (MAT) Multiplikator *m* **II.** *adj* Multiplikations ...

multiplicar <c→qu> **I.** *vt* (MAT) multiplizieren (*por* mit); (*reproduzir*) vermehren **II.** *vr* sich vermehren

múltiplo *adj* vielfach; (MAT); **20 é ~ de 5** 20 ist ein Vielfaches von 5

múmia *f* Mumie *f*

mundano *adj* weltlich

mundial <-ais> **I.** *m* (DESP) Weltmeisterschaft *f* **II.** *adj* Welt ..., weltweit

mundialmente *adv* **~ conhecido** weltbekannt

mundo ['mũndu] *m* Welt *f;* **o outro ~** das Jenseits; **terceiro ~** Dritte Welt; **vir ao ~** auf die Welt kommen; **uma coisa do outro ~** etwas ganz Besonderes/Außergewöhnliches; (*brasil*); **todo o ~** alle; **prometer ~s e fundos** große Versprechungen machen; **estar no ~ da lua** zerstreut sein

mungir *vt* melken

munição <-ões> *f* Munition *f*

Munich, Munique München

municipal <-ais> *adj* Stadt ..., Gemeinde ...; **biblioteca ~** Stadtbibliothek *f;* **câmara ~** Rathaus *nt*

munícipe *mf* Bürger(in) *m(f)*

município *m* ① (*zona*) Stadtbezirk *m,* Gemeindebezirk *m* ② (*comunidade*) Gemeinde *f*

munir *vt* versorgen (*de* mit)

muque *m* (*coloq brasil*) Muskelkraft *f*

muralha *f* Mauer *f,* Stadtmauer *f*

murar *vt* mit einer Mauer versehen, eine Mauer bauen um

murcha *adj f de* **murcho**

murchar *vi* ① (*flor*) verwelken ② (*diminuir*) erschlaffen, absterben; (*voz*) dünner werden ③ (*pessoa*) abschlaffen, ermüden

murcho *adj* ① (*flor*) welk, verwelkt ② (*fig: pessoa*) schlaff

muriqui *m* (*brasil*) Spinnenaffe *m*

murmurar **I.** *vt* murmeln **II.** *vi* (*pessoa*) murmeln; (*vento*) säuseln; (*folhagem*) rauschen; (*água*) plätschern

murmúrio *m* (*de pessoa*) Murmeln *nt;* (*do vento*) Säuseln *nt;* (*da folhagem*) Rauschen *nt;* (*da água*) Plätschern *nt*

muro ['muru] *m* Mauer *f*

murro *m* Faustschlag *m;* **dar um ~ a alguém/em a. c.** jdm einen Faustschlag versetzen/mit der Faust auf etw schlagen

murta *f* (BOT) Myrte *m*

musa *f* Muse *f*

musculação [muʃkulɐ'sãu] <-ões> *f* Bodybuilding *nt;* **fazer/praticar ~** Bodybuilding machen

muscular *adj* Muskel ...

músculo ['muʃkulu] *m* Muskel *m*

musculoso *adj* muskulös

museologia *f* Museumskunde *f*

museu [mu'zeu] *m* Museum *nt;* **~ de arte moderna** Museum für Moderne Kunst

musgo *m* Moos *nt*

música ['muzikɐ] **I.** *adj f de* **músico** **II.** *f* ① (*geral*) Musik *f;* **~ instrumental** Instrumentalmusik *f* ② (*peça musical*) Stück *nt;* (*canção*) Lied *nt,* Song *m*

musical [muzi'kal] <-ais> **I.** *m* Musical *nt* **II.** *adj* musikalisch, Musik ...

músico, -a *m, f* Musiker(in) *m(f)*

musselina *f* Musselin *m*

mutação <-ões> *f* Mutation *f*

mutável <-eis> *adj* veränderlich
mutilação <-ões> *f* Verstümmelung *f*
mutilado, -a **I.** *m, f* Krüppel *m* **II.** *adj* verstümmelt
mutilar *vt* verstümmeln
mutreta *f* (*coloq brasil*) Geschwätz *nt*
mútua *adj f de* **mútuo**
mutuamente *adv* gegenseitig
mútuo *adj* gegenseitig

Nn

N, n ['ʒnə] *m* N, n *nt*
na [nɐ] *Zusammensetzung: präp em + art a*
nã *adv* (*coloq*) nee
nabiça *f* Rübenblatt *nt*
nação <-ões> *f* Nation *f*; **Nações Unidas** Vereinte Nationen
nacional [nɐsju'nal] <-ais> *adj* ❶ (POL) national, National ... ❷ (ECON) Inlands ..., inländisch
nacionalidade [nɐsjunɐli'dadə] *f* Nationalität *f*, Staatsangehörigkeit *f*
nacionalismo *m* Nationalismus *m*
nacionalista **I.** *mf* Nationalist(in) *m(f)* **II.** *adj* nationalistisch
nacionalização <-ões> *f* (ECON) Verstaatlichung *f*
nacionalizar-se *vr* die Staatsbürgerschaft annehmen; ~ **português** die portugiesische Staatsbürgerschaft annehmen
nacional-socialismo *m* (POL) Nationalsozialismus *m*
nacional-socialista **I.** *mf* (POL) Nationalsozialist(in) *m(f)* **II.** *adj* (POL) nationalsozialistisch
naco *m* (großes) Stück *nt*; **um ~ de pão** ein großes Stück Brot
nada ['nadɐ] **I.** *m* Nichts *nt*; **do ~** aus heiterem Himmel **II.** *pron indef* nichts; **~ de novo** nichts Neues; **de ~** keine Ursache, nichts zu danken; **antes de mais ~** zuallererst; **não sei de ~** ich weiß nichts davon **III.** *adv* nichts; **ele não fez ~** er hat gar nichts gemacht; **não é ~ fácil** es ist gar nicht so leicht
nadador(a) <-es> *m(f)* Schwimmer(in) *m(f)*
nadador-salvador, nadadora-salvadora *m, f* (*portugal*) Rettungsschwimmer(in) *m(f)*
nadar [nɐ'dar] *vi* schwimmen; **~ em dinheiro** in Geld schwimmen
nádegas *fpl* Gesäß *nt*
nadica *adv* (*coloq brasil*) gar nichts, kein bisschen
nadinha *m* (*coloq*) kleine Menge *f*; **um ~** ein klein wenig
nado **I.** *adv* **a ~** schwimmend; **atravessar um rio a ~** einen Fluss durchschwimmen **II.** *adj* geboren
nado-morto *adj* tot geboren
nafta *f* (QUÍM) Naphtha *nt*
naftalina *f* ❶ (QUÍM) Naphthalin *nt* ❷ (*contra a traça*) Mottenpulver *nt*
naifa *f* (*portugal: coloq*) Messer *nt*
naifada *f* (*portugal: coloq*) Messerstich *m*
náilon *m* (*brasil*) Nylon ® *nt*
naipe *m* (*cartas*) Farbe *f*
nalgum, -a <-uns> *Zusammensetzung: präp em + pron algum, -a*
namoradeiro *adj* kokett
namorado, -a [nɐmu'radu] *m, f* Freund(in) *m(f)*
namorar **I.** *vt* (*cobiçar*) haben wollen **II.** *vi* **~ com** eine Beziehung haben mit; (*coloq*) gehen mit
namorico *m* Flirt *m*
namoriscar *vi* flirten (*com* mit)
namoro *m* Beziehung *f*
nanar *vi* (*coloq*) pennen, knacken
nandu *m* (*brasil*) Pampastrauß *m*
nanquim *m* ❶ (*tinta*) chinesische Tusche *f* ❷ (*tecido*) Baumwollstoff *m*
não [nãu] **I.** *m* Nein *nt* **II.** *adv* ❶ (*resposta*) nein; **vens? – não** kommst du? – nein; **~ é?** oder?, nicht wahr?; **pois ~** aber gewiss doch ❷ (*em negativa*) nicht; **ele ~ vem** er kommt nicht; **ela já ~ vem** sie kommt nicht mehr; **~ só ..., mas também ...** nicht nur ..., sondern auch ...; **~ tem de quê** nichts zu danken
não-agressão *f* **pacto de ~** Nichtangriffspakt *m*
não-condutor *adj* (ELECTR) nicht leitend
não-conformista *mf* Nonkonformist(in) *m(f)*
não-fumador(a) *m(f)* (*portugal*) Nichtraucher(in) *m(f)*
não-fumante *mf* (*brasil*) *v.* **não-fumador**
não-poluente *adj* umweltfreundlich
napalm *m* (QUÍM) Napalm ® *nt*

N

Nápoles *f* Neapel *nt*

naquele, -a [nɐ'kelə] *Zusammensetzung: präp em + pron aquele, -a*

naquilo *Zusammensetzung: präp em + pron aquilo*

narcisismo *m* Narzissmus *m*

narcisista *adj* narzisstisch

narciso *m* Narzisse *f*

narcose *f* (MED) Narkose *f*

narcótico I. *m* Betäubungsmittel *nt,* Narkotikum *nt* **II.** *adj* betäubend, narkotisch

narcotraficante *mf* Drogenhändler(in) *m(f)*

narcotráfico *m* Drogenhandel *m*

nardo *m* (BOT) Narde *f*

narigudo *adj* mit einer großen Nase; **ser ~** eine große Nase haben

narina *f* Nasenloch *nt*

nariz [nɐ'riʃ] <-es> *m* Nase *f;* **torcer o ~** die Nase rümpfen; **dar com o ~ na porta** die Tür vor der Nase zugeschlagen bekommen

narração <-ões> *f* Erzählung *f*

narrador(a) *m(f)* Erzähler(in) *m(f)*

narrar *vt* erzählen

narrativa *f* Prosa *f*

narrativo *adj* erzählend

narval *m* (ZOOL) Narwal *m,* Einhornwal *m*

nas *Zusammensetzung: präp em + art as*

nasal <-ais> *adj* ① (ANAT) Nasen ...; **fossas nasais** Nasenhöhlen *pl* ② (LING) nasal, Nasal ...; **som ~** Nasallaut *m*

nasalar *vt* (*um som*) nasalieren

nascença *f* Geburt *f;* **à ~** bei der Geburt; **de ~** von Geburt an; **cego de ~** von Geburt an blind, blind geboren

nascente I. *f* (*de um rio*) Quelle *f;* (*de uma coisa*) Ursprung *m,* Anfang *m* **II.** *m* Osten *m*

nascer <c→ç> **I.** *m* **~ do sol** Sonnenaufgang *m* **II.** *vi* ① (*pessoa, animal*) geboren werden, zur Welt kommen; (*ave*) schlüpfen; **eu nasci no dia 2 de Fevereiro** ich bin am 2. Februar geboren ② (*dia*) anbrechen; (*sol*) aufgehen ③ (*rio*) entspringen ④ (*planta*) sprießen ⑤ (*aparecer*) entstehen

nascido [nɐʃ'sidu] *adj* geboren

nascimento [nɐʃsi'mẽntu] *m* ① (*de pessoa*) Geburt *f* ② (*origem*) Ursprung *m* ③ (*aparecimento*) Entstehung *f*

nassa *f* (*coloq*) Rausch *m*

natação [nɐtɐ'sãu] *f* Schwimmen *nt;* **~ de bruços** Brustschwimmen *nt;* **~ de costas** Rückenschwimmen *nt;* **praticar ~** schwimmen

natal <-ais> *adj* ① (*país*) Heimat ...; **a minha terra ~** meine Heimatregion ② (*relativo a nascimento*) Geburts ...

Natal [nɐ'tal] **I.** *m* Weihnachten *nt;* **no ~** an Weihnachten; **Feliz ~!** Frohe Weihnachten! **II.** (*brasil*) Natal (*Hauptstadt des Bundesstaates Rio Grande do Norte*)

natalense (*brasil*) **I.** *mf* Einwohner(in) *m(f)* der Stadt Natal **II.** *adj* (*especialidade*) aus Natal; (*instituto*) in Natal

natalício *adj* Weihnachts ...

natalidade *f* Geburtenrate *f,* Geburtenzahl *f*

natalino *adj* (*brasil*) *v.* **natalício**

natas *fpl* (*esp portugal*) Sahne *f,* Rahm *m;* **~ batidas** Schlagsahne *f*

nativa *f de* **nativo**

natividade *f* Geburt *f*

nativo, -a *m, f* Einheimische

nato *adj* geboren; **ele é um músico ~** er ist der geborene Musiker

natural [nɐtu'ral] <-ais> **I.** *mf* Einheimische **II.** *adj* ① (*não artificial*) natürlich; **sumo de laranja ~** frisch gepresster Orangensaft ② (*normal*) natürlich, normal ③ (*nascido*) **~ de** gebürtig aus ④ (*à temperatura ambiente*) nicht gekühlt

naturalidade *f* ① (*normalidade*) Natürlichkeit *f;* **encarar a. c. com ~** etw ganz natürlich angehen ② (*local de nascimento*) Geburtsort *m*

naturalismo *m* Naturalismus *m*

naturalização <-ões> *f* Einbürgerung *f*

naturalizar-se *vr* die Staatsbürgerschaft annehmen

naturalmente [nɐtural'mẽntə] *adv* natürlich, selbstverständlich

natureza [nɐtu'rəzɐ] *f* Natur *f;* **por ~** von Natur aus

natureza-morta <naturezas-mortas> *f* Stillleben *nt*

naturista *mf* Heilpraktiker(in) *m(f)*

nau *f* (großes) Segelschiff *nt*

náufraga *f v.* **náufrago**

naufragar <g→gu> *vi* Schiffbruch erleiden

naufrágio *m* Schiffbruch *m*

náufrago, -a *m, f* Schiffbrüchige

náusea ['nauzjɐ] *f* Brechreiz *m,* Übelkeit *f;* **isso dá-me ~s** davon wird mir schlecht; (*fig*) das ekelt mich an

nauseabundo *adj* ekelhaft, Übelkeit erregend

náutica *f* Nautik *f,* Schifffahrtskunde *f*

náutico *adj* nautisch; **clube ~** Segelclub *m*
naval <-ais> *adj* ❶ (*de barcos*) Schiffs ...; **construção ~** Schiffsbau *m* ❷ (*marítimo*) See ...
navalha *f* Messer *nt*, Klappmesser *nt*; **~ de barba** Rasiermesser *nt*
navalhada *f* Messerstich *m*; **dar uma ~ a alguém** jdm einem Messerstich versetzen
nave *f* (ARQUIT, NÁUT) Schiff *nt*; **~ espacial** Raumschiff *nt*
navegação <-ões> *f* (NÁUT) Schifffahrt *f*; **~ aérea** Luftfahrt *f*; **~ fluvial** Binnenschifffahrt *f*
navegador(a) *m(f)* Seefahrer(in) *m(f)*
navegar <g→gu> **I.** *vt* ❶ (*os mares*) befahren ❷ (*o espaço*) durchfliegen **II.** *vi* ❶ (NÁUT) zur See fahren, Schiff fahren; (*velejar*) segeln ❷ (AERO) fliegen ❸ (*na Internet*) surfen
navegável <-eis> *adj* ❶ (NÁUT) schiffbar ❷ (AERO) durchfliegbar
navio *m* Schiff *nt*; **~ de carga** Frachtschiff *nt*, Frachter *m*; **~ de guerra** Kriegsschiff *nt*; **~ mercante** Handelsschiff *nt*
navio-cisterna *m* (*portugal*) Tankschiff *nt*, Tanker *m*
navio-escola <navios-escola(s)> *m* Schulschiff *nt*
navio-tanque <navios-tanque(s)> *m* Tankschiff *nt*, Tanker *m*
nazi **I.** *mf* Nazi *m* **II.** *adj* nazistisch, Nazi ...
nazismo *m* (POL) Nazismus *m*; (*época*) Nazizeit *f*
nazista *mf* (*brasil*) *v.* **nazi**
N.B. *abr de* **Note Bem** Hinweis
neblina *f* Nebel *m*
nebulizador *m* Zerstäuber *m*
nebulosa **I.** *adj f de* **nebuloso** **II.** *f* (ASTR) Nebelfleck *m*, Nebel *m*
nebulosidade *f* (*neblina*) Dunst *m*; (*com nuvens*) Bewölkung *f*
nebuloso *adj* ❶ (METEO) nebelig; (*em altitude*) diesig ❷ (*confuso*) unklar, undeutlich
necessariamente *adv* zwangsläufig; **não ~** nicht unbedingt
necessário [nəsə'sarju] **I.** *m* **o ~** das Notwendige **II.** *adj* ❶ (*preciso*) notwendig, nötig; (*exigido*) erforderlich ❷ (*indispensável*) unentbehrlich ❸ (*inevitável*) unvermeidlich, zwangsläufig
necessidade *f* ❶ (*que se precisa*) Notwendigkeit *f*; (ECON) Bedarf *m*; **de primeira ~** lebenswichtig; **ter ~ de a. c.** etw brauchen; **não há ~ de ...** es ist nicht nötig, dass ... ❷ (*falta*) Bedürfnis *nt*; **satisfazer uma ~** ein Bedürfnis befriedigen ❸ (*pobreza*) Not *f*; **por ~** aus Not
necessidades *fpl* (*coloq*) **fazer as ~** zum stillen Örtchen gehen
necessitado *adj* bedürftig
necessitar **I.** *vt* brauchen, benötigen **II.** *vi* **~ de** brauchen
necrologia *f* Todesanzeigen *pl*
necrópole *f* Nekropolis *f*
necrose *f* (MED) Nekrose *f*
néctar *m* Nektar *m*
nectarina *f* Nektarine *f*
neerlandês, -esa **I.** *m, f* Niederländer(in) *m(f)* **II.** *adj* niederländisch
nefando *adj* abscheulich, schändlich
nefasto *adj* unheilvoll, Unheil bringend
nefrite [nə'fritə] *f* (MED) Nierenentzündung *f*
nega[1] *f* ❶ (*recusa*) Absage *f* ❷ (*negação*) Verneinung *f* ❸ (*coloq: nota*) miese Note *f*
nega[2] *f* (*pessoa*) *v.* **nego**
negação <-ões> *f* Verneinung *f*
negar <g→gu> **I.** *vt* (*desmentir*) abstreiten, leugnen; (*recusar*) verweigern; **~ a. c. a alguém** jdm etw abschlagen **II.** *vi* verneinen **III.** *vr* sich weigern (*a* zu)
negativa **I.** *adj f de* **negativo** **II.** *f* ❶ (LING) Verneinung *f*, Negation *f* ❷ (*nota*) schlechte Note *f*
negativo [nəgɐ'tivu] **I.** *m* (FOTO) Negativ *nt* **II.** *adj* ❶ (*não positivo*) negativ ❷ (*resposta*) abschlägig, ablehnend; **dar uma resposta negativa a alguém** jdm eine negative Antwort geben ❸ (*inferior a zero*) minus; (MAT); **número ~** negative Zahl; **estão 5 graus ~s** es sind 5 Grad minus/unter Null
negligência *f* Nachlässigkeit *f*; (DIR) Fahrlässigkeit *f*
negligenciar *vt* vernachlässigen
negligente *adj* nachlässig; (DIR) fahrlässig
nego, -a *m, f* (*brasil: coloq: pessoa*) Person *m*; (*amigo*) Kumpel *m*, Liebes *f*; **tudo bem, minha nega/meu nego?** wie geht's, Liebes/mein Lieber?
negociação <-ões> *f* Verhandlung *f*; **estar em negociações** Verhandlungen führen, verhandeln
negociante *mf* Händler(in) *m(f)*, Kaufmann, -frau *m, f*
negociar **I.** *vt* verhandeln über, aushandeln; **~ a. c. com alguém** mit jdm über etw ver-

handeln **II.** *vi* Handel treiben (*em* mit), handeln (*em* mit)

negociata *f* dunkle(s) Geschäft *nt;* **fazer uma ~** dunkle Geschäfte machen

negociável <-eis> *adj* verhandelbar, auszuhandeln

negócio *m* ① (*tráfego, loja*) Geschäft *nt;* **fechar um ~** ein Geschäft abschließen ② (*brasil: coisa*) Sache *f;* (*assunto*) Angelegenheit *f*

negra *f de* **negro**

negrada *f* (*brasil: coloq: pessoal*) Leute; **vamos lá, ~!** auf jetzt, Leute!

negrito *m* (*brasil: tipografia*) Fettdruck *m*

negro, -a ['negru] **I.** *m, f* Schwarze **II.** *adj* schwarz

neguinho *m* (*brasil: coloq: pessoa*) Kumpel *m,* Freund *m;* **tudo bem, meu ~?** wie geht's, mein Freund?

nele, -a *Zusammensetzung: präp em + pron ele, -a*

nem I. *adv* (auch) nicht; **~ eu** ich auch nicht; **~ sequer** nicht einmal; **~ sempre** nicht immer **II.** *konj* **~ que** +*conj* selbst wenn; **~ ..., ~ ...** weder ..., noch ...

nenê *mf* (*brasil: coloq*) Baby *nt*

neném <-ens> *mf* (*brasil: coloq*) *v.* **nenê**

nenhum, -a [nə'ɲũ] *pron indef* keine(r, s); **de modo ~** keinesfalls; **em lugar ~** nirgendwo, nirgends

nenhures *adv* nirgendwo, nirgends

nenúfar <-es> *m* Seerose *f*

neo- *f* Neo ..., neo ...

neoclássico *adj* (ARQUIT) neoklassizistisch

neolatino *adj* (*língua, povo*) romanisch

neolítico I. *m* (HIST) Neolithikum *nt,* Jungsteinzeit *f* **II.** *adj* neolithisch; **o período ~** die Jungsteinzeit

neologia *f* (LING) Neologie *f*

neologismo *m* (LING) Neologismus *m*

néon *m* Neon *nt*

neonazi *mf* Neonazi *m*

neonazista *mf* (*brasil*) *v.* **neonazi**

neoplasma *m* (MED) Neoplasma *nt,* Geschwulst *f*

neoplastia *f* Gewebetransplantation *f*

neozelandês, -esa I. *m, f* Neuseeländer(in) *m(f)* **II.** *adj* neuseeländisch

népias *f* (*portugal: coloq*) nichts, nix

nepotismo *m* Vetternwirtschaft *f,* Nepotismus *m*

Neptuno *m* (*portugal:* ASTR) Neptun *m*

nereida *f* Nereide *f,* Meernymphe *f*

nervo ['nervu] *m* ① (*de pessoa, planta*) Nerv *m;* **fazer ~s a alguém** jdm auf die Nerven gehen ② (*de carne*) Sehne *f*

nervosa *adj f de* **nervoso**

nervosismo *m* Nervosität *f*

nervoso [nər'vozu] *adj* nervös

nervura *f* ① (BOT) Blattader *f,* Nerv *m* ② (ZOOL) Nerv *m,* Ader *f* ③ (ARQUIT) Rippe *f*

nêspera *f* Mispel *f*

nesse, -a *Zusammensetzung: präp em + pron esse, -a*

neste, -a *Zusammensetzung: präp em + pron este, -a*

neto, -a ['nɜtu] *m, f* Enkel(in) *m(f);* **~s** Enkelkinder *pl*

Netuno *m* (*brasil:* ASTR) Neptun *m*

neura *f* (*coloq*) schlechte Laune *f,* Genervtheit *f*

neurocirurgião, -giã <-ões, -ães> *m, f* Neurochirurg(in) *m(f)*

neurologia *f* Neurologie *f*

neurologista *mf* Neurologe, Neurologin *m, f*

neurónio (*portugal*), **neurônio** *m* (*brasil*) Neuron *nt*

neurose *f* (MED) Neurose *f*

neurótico, -a I. *m, f* (MED) Neurotiker(in) *m(f)* **II.** *adj* neurotisch

neutra *adj f de* **neutro**

neutral *adj* neutral; (*imparcial*) unparteiisch

neutralidade *f* Neutralität *f*

neutralizar *vt* neutralisieren

neutrão <-ões> *m* (*portugal:* FÍS) Neutron *nt*

neutro *adj* ① (*neutral*) neutral, unparteiisch ② (LING) sächlich; **género** [*o brasil* **gênero**] **~** Neutrum *nt*

nêutron <-ns> *m* (*brasil*) *v.* **neutrão**

nevada *f* Schneefall *m*

nevão *m* Schneetreiben *nt,* Schneegestöber *nt*

nevar [nə'var] *vi impess* schneien

nevasca *f* Schneesturm *m*

neve ['nɜvə] *f* Schnee *m;* **~ solta** Pulverschnee *m*

névoa *f* Nebel *m*

nevoeiro [nə'vweiru] *m* (dichter) Nebel *m*

nevralgia *f* (MED) Neuralgie *f*

nevrite *f* (MED) Nervenentzündung *f*

nexo *m* Zusammenhang *m,* Verbindung *f;* **com/sem ~** zusammenhängend/zusammenhangslos

nicho *m* Nische *f*

nicles *adv* (*coloq*) überhaupt nichts

nicotina *f* Nikotin *nt*
Nigéria *f* Nigeria *nt*
Nilo *m* Nil *m*
nimbo *m* ❶ (METEO) Nimbostratus *m* ❷ (*de santo*) Heiligenschein *m*
nímio *adj* übertrieben
ninfa *f* Nymphe *f*
ninfomaníaca *f* Nymphomanin *f*
ningres-ningres *m* (*coloq*) Null *f*, Taugenichts *m*
ninguém [nĩŋ'gãi] *pron indef* niemand, keiner; ~ **sabe** keiner weiß; **não está** ~ es ist niemand da; **mais** ~ sonst niemand
ninhada *f* (*de cães, gatos*) Wurf *m*; (*de pássaros*) Brut *f*
ninharia *f* Kleinigkeit *f*, Lappalie *f*
ninho *m* Nest *nt*
nino, -a *m, f* (*coloq*) Kleine
nipónico (*portugal*), **nipônico** *adj* (*brasil*) japanisch
níquel <-eis> *m* (QUÍM) Nickel *nt*
niquento *adj* (*pej*) etepetete, kleinlich
nirvana *m* Nirwana *nt*
nisso *Zusammensetzung: präp em + pron isso*
nisto *Zusammensetzung: präp em + pron isto*
nítida *adj f de* **nítido**
nitidamente *adv* deutlich, klar
nitidez *f* ❶ (*de imagem, fotografia*) Schärfe *f* ❷ (*clareza*) Deutlichkeit *f*, Klarheit *f*
nítido *adj* ❶ (*imagem, fotografia*) scharf ❷ (*claro*) deutlich, klar
nitrato *m* (QUÍM) Nitrat *nt*
nitrogénio (*portugal*), **nitrogênio** *m* (*brasil:* QUÍM) Stickstoff *m*
nitroglicerina *f* (QUÍM) Nitroglyzerin *nt*
nívea *adj f de* **níveo**
nível <-eis> *m* ❶ (*grau*) Stufe *f*; (*situação*) Niveau *nt*, Ebene *f*; ~ **de conhecimentos** Kenntnisstand *m*; ~ **de desenvolvimento** Entwicklungsstand *m*; ~ **de radiação** Strahlenbelastung *f*; ~ **de vida** Lebensstandard *m*; **uma reunião ao mais alto** ~ ein Treffen auf höchster Ebene ❷ (*de líquido*) Pegel *m*; ~ **da água** Wasserstand *m*; ~ **da água do mar** Meeresspiegel *m* ❸ (*instrumento*) Wasserwaage *f* ❹ (*classe*) Niveau *nt*; **uma pessoa/conversa com** ~ ein Mensch/Gespräch mit Niveau
nivelar *vt* ❶ (*estrada*) planieren ❷ (*diferenças*) aufheben, nivellieren
níveo *adj* schneeweiß
no [nu] *Zusammensetzung: präp em + art o*
nº *abr de* **número** Nr. (= *Nummer*)
nó *m* ❶ (NÁUT: *em fio, na gravata*) Knoten *m*; **dar um** ~ einen Knoten machen; (*coloq*); **ter um** ~ **na garganta** einen Kloß im Hals haben ❷ (*de auto-estrada*) Autobahnkreuz *nt* ❸ (*dos dedos*) Knöchel *m* ❹ (*coloq: entre pessoas*) **dar o** ~ heiraten ❺ (*na madeira*) Knorren *m*
nobilíssimo *superl de* **nobre**
nobilitar *vt* adeln
nobre **I.** *mf* Adlige **II.** *adj* ❶ (*da nobreza*) adlig ❷ (*acto, sentimento, metal*) edel; **horário** ~ beste Sendezeit
nobreza *f* Adel *m*
noção <-ões> *f* ❶ (*ideia*) Vorstellung *f*, Ahnung *f*; **não ter a mínima** ~ **de a. c.** nicht die geringste Ahnung von etw haben ❷ (*conceito*) Begriff *m* ❸ (*conhecimento básico*) Grundkenntnisse *pl*; **ter umas noções de a. c.** Grundkenntnisse in etw haben
nocaute *m* (DESP: *brasil*) Knock-out *nt*
nocivo [nu'sivu] *adj* schädlich; ~ **para o ambiente** umweltschädlich
nocturno (*portugal*) **I.** *m* (MÚS) Notturno *nt* **II.** *adj* nächtlich, Nacht ...; **curso** ~ Abendkurs *m*; **trabalho** ~ Nachtarbeit *f*
nodo *m* (ASTR) Knoten *m*, Knotenpunkt *m*
nódoa ['nɔdwɐ] *f* ❶ (*de sujidade*) Fleck *m*; (MED); ~ **negra** blauer Fleck ❷ (*mácula*) Makel *m*
nódulo *m* Knötchen *nt*; (MED) Knoten *m*
nogado *m* Nugat *m, nt*
nogueira *f* Nussbaum *m*
nóia *f* (*coloq*) Wahnsinn *m*, Verrücktheit *f*
noitada *f* schlaflose Nacht *f*; (*de trabalho*) Arbeitsnacht *f*; (*a trabalhar*); **fazer uma** ~ die Nacht durcharbeiten; (*a divertir-se*) eine Nacht durchmachen
noite [noitə] *f* Nacht *f*; (*fim do dia*) Abend *m*; **à** ~ abends, am Abend; **de** ~ nachts, in der Nacht; **boa** ~**!** guten Abend!; (*despedida*) gute Nacht!; **uma** ~ eines Nachts; (*ao fim do dia*) eines Abends; ~ **cerrada** dunkle Nacht; **de** ~ **todos os gatos são pardos** bei Nacht sind alle Katzen grau
noitinha *f* Spätnachmittag *m*, frühe(r) Abend *m*; **à** ~ gegen Abend
noiva *f v.* **noivo**
noivado *m* (*compromisso*) Verlobung *f*; (*espaço de tempo*) Verlobungszeit *f*

noivo, -a ['noivu] *m, f* (*comprometido*) Verlobte; (*no casamento*) Bräutigam *m,* Braut *f;* **~s** Brautpaar *nt*

nojento *adj* ekelhaft, eklig

nojo *m* ① (*repugnância*) Ekel *m* (*de* vor); **ter ~ de alguém/a. c.** sich vor jdm/etw ekeln; **fazer ~ a alguém** jdn anekeln; **isto está um ~** das ist ekelhaft ② (*elev: luto*) Trauer *f*

no-lo, -a *Zusammensetzung: pron nos + pron o, a*

nómada (*portugal*) **I.** *mf* Nomade, Nomadin *m, f* **II.** *adj* nomadisch, Nomaden ...

nômade *mf o adj* (*brasil*) *v.* **nómada**

nome ['nomə] *m* Name *m;* **~ completo** vollständiger Name *m;* **~ de família** Familienname *m;* **~ próprio** Eigenname *m;* (*lei, ideologia*); **em ~ de** im Namen; (*pessoa*) im Auftrag von; **conhecer alguém/a. c. de ~** jdn/etw dem Namen nach kennen; **chamar ~s a alguém** jdn beschimpfen

nomeação <-ões> *f* Ernennung *f* (*para* zu)

nomeadamente *adv* vor allem, hauptsächlich

nomear *conj como passear vt* ernennen (*para* zu)

nomenclatura *f* Nomenklatur *f*

nominal <-ais> *adj* ① (*referente a nome*) Namen(s) ..., namentlich ② (*só o nome*) nominell; **valor ~** Nennwert *m*

nominativo *m* (LING) Nominativ *m*

nonagenário, -a **I.** *m, f* Neunzigjährige **II.** *adj* neunzigjährig

nonagésimo *num ord* neunzigste(r, s)

nono ['nonu] *num ord* neunte(r, s); *v.* **segundo**

nora *f* ① (*familiar*) Schwiegertochter *f* ② (*de água*) Schöpfrad *nt;* (*coloq*); **ver-se à ~ para fazer a. c.** große Schwierigkeiten bei etw haben, alt aussehen

nordeste *m* Nordosten *m;* **a ~ de** nordöstlich von, im Nordosten von

nordestino, -a (*brasil*) **I.** *m, f* Person aus dem Nordosten Brasiliens; **os ~s** die Leute aus dem Nordosten **II.** *adj* (*comida, música*) nordöstlich

nórdico, -a **I.** *m, f* Nordländer(in) *m(f)* **II.** *adj* nordisch

norma *f* Norm *f;* **por ~** normalerweise

normal [nɔr'mal] <-ais> **I.** *m* Übliche *nt* **II.** *adj* normal; (*habitual*) üblich

normalidade *f* Normalität *f*

normalização <-ões> *f* ① (*estado normal*) Normalisierung *f* ② (*regulamentação*) Normung *f,* Standardisierung *f*

normalizar *vt* ① (*tornar normal*) normalisieren ② (*elaborar normas*) normen, standardisieren

normalmente [nɔrmal'mẽntə] *adv* normalerweise

normativo *adj* normativ

noroeste *m* Nordwesten *m;* **a ~ de** nordwestlich von, im Nordwesten von

nortada *f* (kalter) Nordwind *m*

norte ['nɔrtə] *m* Norden *m;* **a ~ de** nördlich von; **Norte de África** Nordafrika *nt*

norte-americano, -a **I.** *m, f* Nordamerikaner(in) *m(f)* **II.** *adj* nordamerikanisch

nortenho, -a **I.** *m, f* Nordportugiese, Nordportugiesin *m, f* **II.** *adj* nordportugiesisch

nortista **I.** *mf* (*brasil*) Nordbrasilianer(in) *m(f)* **II.** *adj* (*brasil*) nordbrasilianisch

Noruega *f* Norwegen *nt*

norueguês, -esa **I.** *m, f* Norweger(in) *m(f)* **II.** *adj* norwegisch

nos [nuʃ] **I.** *pron* uns; **telefone-~!** rufen Sie uns an! **II.** *Zusammensetzung: präp em + art os*

nós *pron pess* (*sujeito*) wir; (*objecto, após prep.*) uns; **isso é para ~?** ist das für uns?

nosso, -a ['nɔsu] *pron poss* unser; **o ~ amigo/livro/trabalho** unser Freund/unser Buch/unsere Arbeit; **um amigo ~** ein Freund von uns; **nossa senhora! que horror!** ach du meine Güte! wie schrecklich!

nostalgia *f* Nostalgie *f*

nostálgico *adj* sehnsüchtig

nota ['nɔtɐ] *f* ① (*apontamento*) Notiz *f;* **tomar ~ de a. c.** etw notieren ② (*observação*) Anmerkung *f;* (*reparo*) Vermerk *m* ③ (MÚS: *de escola*) Note *f;* **ter boas ~s** gute Noten haben ④ (*dinheiro*) Schein *m* ⑤ (*brasil: muito*) **custar uma ~** ein Vermögen kosten ⑥ (ECON: *brasil*) **~ fiscal** Rechnung *f*

notabilizar **I.** *vt* berühmt machen **II.** *vr* berühmt werden

notar [nu'tar] *vt* merken, bemerken; **fazer-se ~** sich bemerkbar machen; **note bem!** zur Beachtung!

notariado *m* Notariat *nt*

notarial *adj* notariell

notário *m* Notar *m*

notável <-eis> *adj* bemerkenswert, beachtlich

notícia [nu'tisjɐ] *f* Nachricht *f;* **ter ~s de**

alguém von jdm gehört haben; **mandar ~s** von sich hören lassen *+dat*
noticiar *vt* mitteilen
noticiário *m* Nachrichtensendung *f*, Nachrichten *pl*
notificação <-ões> *f* Benachrichtigung *f*
notificar <c→qu> *vt* informieren, benachrichtigen
notória *adj f de* **notório**
notoriedade *f* ① (*fama*) Berühmtheit *f*; **de ~ mundial** weltbekannt ② (*publicidade*) Offenkundigkeit *f*
notório *adj* ① (*conhecido*) allgemein/öffentlich bekannt ② (*evidente*) offenkundig
noturno *adj* (*brasil*) *v.* **nocturno**
noutro, -a ['notru] *Zusammensetzung: präp em + pron outuro, -a*
nova I. *adj f de* **novo** II. *f* (*notícia*) Nachricht *f*; (*novidade*) Neuigkeit *f*
Nova Iorque *f* New York *nt*
nova-iorquino, -a I. *m, f* New Yorker(in) *m(f)* II. *adj* New Yorker
novamente *adv* von neuem, erneut
novato, -a *m, f* Neuling *m*
Nova Zelândia *f* Neuseeland *nt*
nove [nɔvə] *num card* neun; *v.* **dois**
novecentos *num card* neunhundert
novela *f* ① (LIT) Roman *m* ② (*de televisão*) Seifenoper *f*
novelista *mf* Romanautor(in) *m(f)*
novelo *m* ① (*de fios*) Knäuel *nt* ② (*enredo*) Verwicklung *f*
Novembro [nu'vẽmbru] *m* November *m*; *v.* **Março**
novena *f* (REL) Novene *f*
noventa [nu'vẽntɐ] *num card* neunzig
noviça *f v.* **noviço**
noviciado *m* (REL) Noviziat *nt*
noviço, -a *m, f* (REL) Novize, Novizin *m, f*
novidade [nuvi'dadə] *f* ① (*coisa nova*) Neuheit *f*; **isso para mim é ~** das ist mir neu ② (*notícia*) Neuigkeit *f*; **há ~s?** gibt's was Neues?
novilho *m* Jungstier *m*
novo ['novu] *adj* ① (*objecto, situação*) neu; **~ em folha** nagelneu; **de ~** nochmals, noch einmal; **nada de ~** nichts Neues; **que há de ~?** was gibt's Neues? ② (*pessoa, animal*) jung
novocaína *f* (FARM) Novocain ® *nt*
novo-rico, nova-rica I. *m, f* Neureiche II. *adj* neureich
noz <-es> *f* Nuss *f*, Walnuss *f*
noz-moscada <nozes-moscadas> *f* Muskatnuss *f*
nu [nu] I. *m* (*pintura*) Akt *m* II. *adj* nackt; **a olho ~** mit bloßem Auge; **a verdade ~a e crua** die nackte Wahrheit
nuança (*brasil*), **nuance** *f* Nuance *f*
nublado [nu'bladu] *adj* bewölkt, bedeckt
nublar *vt* (*fig*) betrüben
nuca *f* Nacken *m*, Genick *nt*
nuclear *adj* Kern ..., nuklear; **central ~** Kernkraftwerk *nt*; **energia ~** Kernenergie *f*
núcleo *m* Kern *m*; **~ atómico** [*o brasil* **atômico**] Atomkern *m*
nudez *f* Nacktheit *f*
nudismo *m* Nudismus *m*, Freikörperkultur *f*; **praticar ~** Nudist/FKK-Anhänger sein
nudista *mf* Nudist(in) *m(f)*, FKK-Anhänger(in) *m(f)*
nula *adj f de* **nulo**
nulidade *f* ① (*coisa vã*) Nichtigkeit *f* ② (*falta de validade*) Ungültigkeit *f* ③ (*pessoa*) Null *f*, Versager(in) *m(f)*; **ele/ela é uma ~** er/sie ist eine Null
nulo *adj* ① (*nenhum*) kein; **os lucros foram ~s** es wurden keine Gewinne erzielt ② (*insignificante*) nichtig ③ (*inútil*) unnütz ④ (*inválido*) ungültig
num, -a *Zusammensetzung: pron em + art um, -a*
numeração <-ões> *f* Nummerierung *f*
numerado *adj* nummeriert
numerador *m* (MAT) Zähler *m*
numeral <-ais> *m* Zahl *f*; **~ cardinal** Grundzahl *f*, Kardinalzahl *f*; **~ fra(c)cionário** Bruch *m*; **~ ordinal** Ordnungszahl *f*, Ordinalzahl *f*
numerar *vt* nummerieren
numérico *adj* numerisch, zahlenmäßig
número ['numəru] *m* ① (MAT) Zahl *f*; (*cifra*) Nummer *f*; **~ da casa** Hausnummer *f*; **~ de telefone** Telefonnummer *f* ② (*quantidade*) Anzahl *f*; **o ~ de casas/sócios** die Anzahl der Häuser/Mitglieder; **um grande ~ de** eine Menge ③ (LING) Numerus *m* ④ (*de calçado, roupa*) Größe *f* ⑤ (*de teatro*) Stück *nt*
numeroso *adj* zahlreich
numismática *f* Numismatik *f*
nunca ['nũŋkɐ] *adv* nie, niemals; **~ mais** nie wieder; **mais (do) que ~** mehr denn je; **quase ~** fast nie
núncio *m* (*brasil*) Nuntius *m*; **o ~ apostólico**

N

der päpstliche Nuntius

nupcial *adj* Hochzeits ...

núpcias <-ais> *fpl* Hochzeit *f;* **noite de ~** Hochzeitsnacht *f*

Nuremberga *f* Nürnberg *nt*

nutrição *f* Ernährung *f*

nutricionismo *m* Ernährungswissenschaft *f*

nutricionista *mf* Ernährungswissenschaftler(in) *m(f)*

nutrido *adj* wohl genährt

nutriente *m* Nährstoff *m*

nutrir *vt* ① (*alimentar*) ernähren ② (*elev: um sentimento*) nähren, hegen

nutritivo *adj* ① (*que nutre*) nahrhaft ② (*respeitante à nutrição*) Ernährungs ...

nuvem ['nuvãi] <-ens> *f* Wolke *f;* **~ de fumo** Rauchwolke *f;* **cair das nuvens** aus allen Wolken fallen; **estar nas nuvens** im siebten Himmel schweben

nylon *m* Nylon ® *nt*

o **I.** *art m* der, die, das; **~ homem/cigarro/copo** der Mensch/die Zigarette/das Glas; **~ Carlos não está** Carlos ist nicht da **II.** *pron pess* (*ele*) ihn, sie, es; (*você*) Sie; **conheço-~** ich kenne ihn/Sie; **tens o livro/saco? – Tenho-~** hast du das Buch/die Tasche? – Ja, ich habe es/sie

O o

O, o [ɔ] *m* O, o *nt*

ó *interj* ① (*chamamento*) **~ menina!** junge Frau!; **~ Marco!** Marco! ② (*olhe*) **fica logo ali, ~!** schau, es ist hier!

ô *interj* (*brasil*) *v.* **ó 1**

oásis *m* Oase *f*

oba *interj* (*brasil*) ① oh!, wow! ② (*coloq: saudação*) Hallo!

obcecado *adj* verrückt (*por* nach)

obedecer <c→ç> *vi* ① (*a pessoa*) gehorchen (*a*) ② (*a regras*) befolgen (*a*)

obediência *f* Gehorsam *m* (*a* gegenüber)

obediente *adj* gehorsam

obelisco *m* (ARQUIT) Obelisk *m*

obesa *adj f de* **obeso**

obesidade *f* Fettleibigkeit *f*

obeso *adj* fettleibig

óbito *m* Sterbefall *m;* **certidão de ~** Totenschein *m*

obituário *m* Sterberegister *nt*

objeção <-ões> *f* (*brasil*) *v.* **objecção**

objecção <-ões> *f* (*portugal*) Einwand *m;* **~ de consciência** Kriegsdienstverweigerung aus Gewissensgründen *f;* **levantar/pôr objecções a a. c.** Einwände gegen etw erheben

objectar *vt* (*portugal*) einwenden

objectiva [obʒɜ'tivɐ] (*portugal*) **I.** *adj f de* **objectivo** **II.** *f* (*portugal:* FOTO) Objektiv *nt*

objectividade *f* (*portugal*) Sachlichkeit *f,* Objektivität *f*

objectivo [obʒɜ'tivu] (*portugal*) **I.** *m* Ziel *nt,* Zweck *m* **II.** *adj* objektiv, sachlich

objecto [ob'ʒɜtu] *m* (*portugal*) ① (*coisa*) Gegenstand *m,* Objekt *nt;* **~ de valor** Wertgegenstand *m* ② (LING) Objekt *nt*

objector *m* (*portugal*) **~ de consciência** Kriegsdienstverweigerer aus Gewissensgründen *m*

objetar *vt* (*brasil*) einwenden

objetiva (*brasil*) **I.** *adj f de objetivo* **v. objectivo** **II.** *f* (FOTO) Objektiv *nt*

objetividade *f* (*brasil*) *v.* **objectividade**

objetivo *adj* (*brasil*) *v.* **objectivo**

objeto *m* (*brasil*) *v.* **objecto**

objetor *m* (*brasil*) *v.* **objector**

oblíqua *f* (MAT) schräge Linie *f*

obliquângulo *adj* schiefwinklig

oblíquo *adj* ① (*ângulo, linha*) schräg, schief ② (*olhar*) schief ③ (*caminho*) krumm

obliterador *m* (*de bilhetes*) Entwerter *m*

obliterar [oblitə'rar] *vt* (*um bilhete*) entwerten; (*um selo*) abstempeln

olvido *m* (*elev*) Vergessenheit *f*

oblongo *adj* länglich

oboé *m* Oboe *f*

obra ['ɔbrɐ] *f* ① (*artística*) Werk *nt;* **~ de arte** Kunstwerk *nt;* **~s completas** Gesamtwerk *nt* ② (*de construção*) Bauwerk *nt* ③ (*feito*) Tat *f,* Werk *nt;* **isso é ~ dele** das ist sein Werk ④ (*bom resultado*) Leistung *f*

obra-prima <obras-primas> *f* Meisterwerk *nt*

obrar *vi* Stuhlgang haben

obras *fpl* Umbau *m;* (*na estrada*) Bauarbeiten *pl;* **~ públicas** öffentliche Bauarbeiten; **estar em ~** umgebaut werden

obrigação <-ões> *f* ① (*dever*) Pflicht *f,* Verpflichtung *f;* **ter a ~ de fazer a. c.** verpflichtet sein, etw zu tun ❷ (ECON) Schuldverschreibung *f*, Obligation *f*

obrigacionista *mf* (ECON) Obligationsinhaber(in) *m(f)*

obrigado [obri'gadu] **I.** *adj* verpflichtet, gezwungen; **ser ~ a fazer a. c.** gezwungen sein, etw zu tun; **estar ~ a a. c.** zu etw verpflichtet sein **II.** *interj* danke (*por* für); **muito ~!** vielen Dank!

In Portugal sind die kleinen alltäglichen Höflichkeiten wichtig. Man legt Wert auf **obrigado**, faz favor, desculpe. Bedankt sich ein Mann, sagt er **obrigado**, tut es eine Frau, so sagt sie **obrigada**.

obrigar [obri'gar] <g→gu> *vt* ❶ (*forçar*) zwingen, verpflichten; **~ alguém a fazer a. c.** jdn zu etw zwingen ❷ (*implicar*) beinhalten, mit sich bringen; **isso obriga a mais despesas** das bringt höhere Ausgaben mit sich

obrigatória *adj f de* **obrigatório**

obrigatoriamente *adv* gezwungenermaßen

obrigatório *adj* verpflichtend, obligatorisch; **serviço militar ~** Wehrpflicht *f*; **é ~ ler isso** es ist Pflicht, das zu lesen

obs. *abr de* **observações** Bemerkungen

obscena *adj f de* **obsceno**

obscenidade *f* ❶ (*característica*) Obszönität *f*, Unanständigkeit *f* ❷ (*comentário*) obszöne Bemerkung *f*; **dizer ~s** dreckige Bemerkungen machen

obsceno *adj* (*acto, comentário, pessoa*) obszön, unanständig

obscura *adj f de* **obscuro**

obscurantismo *m* Obskurantismus *m*

obscurecer <c→ç> *vt* (*os factos, a verdade*) verschleiern, verbergen; (*o entendimento*) verwirren

obscuro *adj* unklar, unverständlich

obséquio *m* (*elev*) Gefälligkeit *f*; **por ~** bitte; **fazer um ~ a alguém** jdm einen Gefallen tun

observação <-ões> *f* ❶ (*de pessoa, local, situação*) Beobachtung *f*; **o doente está em ~** der Kranke steht unter Beobachtung ❷ (*comentário*) Bemerkung *f*; (*nota*) Anmerkung *f*; **fazer uma ~** eine Bemerkung machen

observador(a) **I.** *m(f)* Beobachter(in) *m(f)* **II.** *adj* beobachtend

observância *f* Befolgung *f*, Beachtung *f*

observar [obsər'var] *vt* ❶ (*pessoa, local, situação*) beobachten ❷ (*notar*) bemerken, anmerken ❸ (*regras, leis*) befolgen, beachten

observatório *m* Observatorium *nt*; **~ astronómico** Sternwarte *f*; **~ meteorológico** Wetterwarte *f*

obsessão <-ões> *f* ❶ (*ideia fixa*) fixe Idee *f*, Fimmel *m* ❷ (PSIC) Zwangsvorstellung *f*

obsessivo *adj* Zwangs ...; (PSIC) obsessiv

obsessões *f pl de* **obsessão**

obsoleto *adj* überholt; (*vocábulo*) veraltet

obstáculo *m* (DESP) Hindernis *nt*; **ultrapassar um ~** ein Hindernis überwinden

obstante **I.** *adj* hinderlich **II.** *konj* ❶ (*apesar de*) trotz; **não ~ os esforços, o desemprego aumenta** trotz aller Bemühungen steigt die Arbeitslosigkeit ❷ (*apesar disso*) trotzdem, dennoch; **são feitos muitos esforços; não ~, o desemprego aumenta** es werden viele Anstrengungen unternommen; dennoch steigt die Arbeitslosigkeit

obstar *vi* **~ a** verhindern

obstetra *mf* Geburtshelfer(in) *m(f)*

obstetrícia *f* Geburtshilfe *f*

obstinação *f* Hartnäckigkeit *f*, Halsstarrigkeit *f*

obstinado *adj* hartnäckig, halsstarrig

obstipação *f* (MED) Stuhlverstopfung *f*

obstrução <-ões> *f* ❶ (*do caminho*) Versperrung *f*, Blockierung *f* ❷ (MED) Verstopfung *f*

obstruir *conj como incluir vt* ❶ (*o caminho*) versperren, blockieren ❷ (MED) verstopfen

obtenção *f* (*de informação*) Erhalten *nt*, Erhalt *m*; (*de um diploma*) Erwerb *m*; (*de grau académico*) Erlangung *f*; (*de um recorde*) Erzielen *nt*

obter *irr vt* (*resultados, um recorde*) erzielen; (*lucros*) erwirtschaften, erzielen; (*informação, uma nota*) erhalten, bekommen; (*um diploma*) erwerben

obturador *m* Verschluss *m*; (FOTO) Blende *f*

obturar *vt* ❶ (*fechar*) verschließen; (*obstruir*) verstopfen ❷ (*um dente*) plombieren, füllen

obtuso *adj* ❶ (*ângulo, objecto*) stumpf ❷ (*pessoa*) begriffsstutzig

óbvia *adj f de* **óbvio**

obviamente *adv* offenkundig, offensichtlich

óbvio *adj* offensichtlich, klar; **é ~ que ...** es ist offensichtlich, dass ...

ocarina *f* (MÚS) Okarina *f*

ocasião <-ões> *f* Gelegenheit *f;* **a ~ faz o ladrão** Gelegenheit macht Diebe; **aproveitar a ~** die Gelegenheit nutzen; **por ~ de** zur Zeit

ocasional <-ais> *adj* ① (*casual*) zufällig ② (*às vezes*) gelegentlich

ocasionalmente *adv* gelegentlich

ocasionar *vt* verursachen, bewirken

Oceania *f* Ozeanien *nt*

oceânico *adj* ozeanisch, Ozean ...

oceano [o'sjɐnu] *m* Ozean *m*

oceanografia *f* Meereskunde *f*

oceanógrafo, -a *m, f* Meereskundler(in) *m(f)*

ocelo *m* (ZOOL) Punktauge *nt*

ocidental <-ais> *adj* westlich, West ...

ocidente *m* Westen *m*

ócio *m* Muße *f*

ociosa *adj f de* **ocioso**

ociosidade *f* Müßiggang *m*

ocioso *adj* ① (*pessoa*) untätig ② (*vida*) müßig

oclusão <-ões> *f* Verschluss *m*

oclusivo *adj* (LING) Okklusiv ...

oclusões *f pl de* **oclusão**

oco *adj* hohl

ocorrência *f* ① (*acontecimento*) Ereignis *nt;* (*incidente*) Vorfall *m* ② (GEOL) Vorkommen *nt*

ocorrer *vi* ① (*acontecer*) vorkommen, sich ereignen ② (*ideia*) einfallen; **agora não me ocorre nada** jetzt fällt mir nichts ein

ocre *m* Ocker *m*

octaedro *m* (MAT) Oktaeder *nt*

octano *m* (QUÍM) Oktan *nt*

octogenário, -a I. *m, f* Achtzigjährige II. *adj* achtzigjährig

octogonal <-ais> *adj* achteckig, oktogonal

ocular I. *f* Okular *nt* II. *adj* Augen ...; **testemunha ~** Augenzeuge *m*

oculista [ɔku'liʃtɐ] *mf* ① (*vendedor, fabricante*) Optiker(in) *m(f)* ② (*brasil: oftalmologista*) Augenarzt, Augenärztin *m, f*

óculo *m* Fernglas *nt;* (*automóvel*); **~ traseiro** Heckscheibe *f*

óculos *mpl* Brille *f;* **~ escuros/de sol** Sonnenbrille *f;* **usar ~** eine Brille tragen

oculta *adj f de* **oculto**

ocultar *vt* ① (*esconder*) verbergen ② (*uma notícia*) verheimlichen, verschweigen; **~ um segredo** ein Geheimnis für sich behalten

ocultismo *m* Okkultismus *m*

oculto *adj* ① (*escondido*) verborgen ② (*secreto*) geheim ③ (*sobrenatural*) übersinnlich

ocupação <-ões> *f* ① (*actividade, emprego*) Beschäftigung *f* ② (*tomada de posse*) Amtsantritt *m* ③ (MIL) Besetzung *f*, Okkupation *f*

ocupado [oku'padu] *adj* ① (*pessoa*) beschäftigt (*com* mit) ② (*lugar, telefone*) besetzt; (TEL); **dá sinal de ~** das Besetztzeichen ertönt ③ (*casa*) bewohnt ④ (MIL) besetzt

ocupante *mf* Insasse, Insassin *m, f;* **~ ilegal de casa** Hausbesetzer(in) *m(f)*

ocupar I. *vt* (*um lugar*) einnehmen; **~ o primeiro lugar** die erste Stelle einnehmen; (MIL) besetzen; (*um cargo*) bekleiden, innehaben; (*uma pessoa*) beschäftigen (*com* mit); (*uma casa*) bewohnen; (*um quarto*) belegen; (*o tempo*) ausfüllen II. *vr* sich beschäftigen (*de/com* mit)

ode *f* (LIT) Ode *f*

odiar *irr vt* hassen

odiento *adj* hasserfüllt

ódio *m* Hass *m* (*por* auf)

odioso *adj* verhasst

odisseia (*portugal*), **odisséia** *f* (*brasil*) Irrfahrt *f*, Odyssee *f*

odontologia *f* Zahnmedizin *f*

odontologista *mf v.* **odontólogo**

odontólogo, -a *m, f* Zahnarzt, Zahnärztin *m, f*

odor *m* Geruch *m;* (*agradável*) Duft *m*

OEA *f* (*brasil*) *abr de* **Organização dos Estados Americanos** Organisation Amerikanischer Staaten, OAS

oeste [o'ɜʃtə] *m* Westen *m;* **a ~ de** westlich von

ofegante *adj* keuchend

ofegar <g→gu> *vi* keuchen

ofender I. *vt* beleidigen II. *vr* **~-se com a. c.** etw übel nehmen

ofendido *adj* beleidigt (*com* wegen); (*coloq*) eingeschnappt (*com* wegen)

ofensa [o'fɐ̃sɐ] *f* Beleidigung *f;* **~ corporal** Körperverletzung *f*

ofensiva *f* Offensive *f*, Angriff *m;* **passar à ~** zum Angriff übergehen

ofensivo *adj* ① (*que ofende*) beleidigend, anstößig ② (*que ataca*) Angriffs ...

ofensor(a) *m(f)* Beleidiger(in) *m(f)*

oferecer [ofərə'ser] <c→ç> I. *vt* (*dar*) bieten; (*apresentar*) anbieten; **~ garantias** Garantien geben; **~ vantagens** Vorteile bieten; **~ resistência** Widerstand leisten; (*uma prenda*) schenken, verschenken II. *vr* sich anbieten; **~-se para ajudar** seine Hilfe an-

bieten
oferenda *f* Gabe *f,* Geschenk *nt*
oferta *f* ① (*dádiva*) Gabe *f;* (*doação*) Spende *f* ② (*prenda*) Geschenk *nt* ③ (ECON) Angebot *nt;* **lei da ~ e da procura** das Gesetz von Angebot und Nachfrage
ofertório *m* (REL) Kollekte *f*
office-boy *m* (*brasil*) Laufbursche *m*
offline *adj* (INFOR) offline
oficial [ofə'sjal] <-ais> **I.** *mf* (MIL) Offizier *m;* (DIR); **~ de justiça** Gerichtsschreiber(in) *m(f);* (*de um ofício*) Geselle, Gesellin *m, f* **II.** *adj* offiziell
oficializar *vt* amtlich bestätigen
oficialmente *adv* offiziell
oficina [ofə'sinɐ] *f* Werkstatt *f,* Reparaturwerkstatt *f;* **o carro está na ~** das Auto ist in der Werkstatt
ofício *m* ① (*arte*) Handwerk *nt;* **saber do seu ~** sein Handwerk verstehen ② (*cargo*) Amt *nt* ③ (DIR: *carta*) amtliche(s) Schreiben *nt* ④ (REL) **~ divino** Gottesdienst *m*
oficioso *adj* halbamtlich
oftalmologia *f* Augenheilkunde *f*
oftalmologista [ɔftalmulu'ʒiʃtɐ] *mf* Augenarzt, Augenärztin *m, f*
ofuscante *adj* blendend
ofuscar <c→qu> *vt* (*a verdade*) verschleiern; (*o raciocínio*) trüben; (*sol*); **~ a vista** blenden
ogiva *f* ① (ARQUIT) Spitzbogen *m* ② (MIL) Sprengkopf *m*
oi *interj* (*brasil*) hallo
oiro *m* Gold *nt*
oitava *f* (MÚS) Oktave *f*
oitavo [oi'tavu] **I.** *m* Achtel *nt* **II.** *num ord* achte(r, s); *v.* **segundo**
oitenta [oi'tẽntɐ] *num card* achtzig
oito ['oitu] *num card* acht; **~ dias** acht Tage; *v.* **dois**
oitocentos *num card* achthundert
ola *f* (FUT) La-Ola-Welle *f*
olá [ɔ'la] *interj* hallo
olaria [ɔlɐ'riɐ] *f* Töpferei *f*
oleado *m* Wachstuch *nt*
oleandro *m* (BOT) Oleander *m*
olear *vt* ölen
oleiro, -a *m, f* Töpfer(in) *m(f)*
óleo ['ɔlju] *m* Öl *nt;* (*de peixe*) Tran *m;* **~ alimentar** Speiseöl *nt;* **~ multigrado** Mehrbereichsöl *nt;* **~ de rícino** Rizinusöl *nt;* **~ de soja** Sojaöl *nt;* **~ vegetal** Pflanzenöl *nt;* **mudar o ~** einen Ölwechsel machen
oleoduto *m* Pipeline *f*
oleoso [o'ljozu] *adj* ölig; (*gorduroso*) fettig
olfactivo *adj* (*portugal*) Geruchs ...
olfacto *m* (*portugal*) Geruchssinn *m*
olfativo *adj* (*brasil*) *v.* **olfactivo**
olfato *m* (*brasil*) *v.* **olfacto**
olhadela *f* (kurzer) Blick *m;* **dar uma ~ a a. c.** einen Blick auf etw werfen
olhar [o'ʎar] **I.** <-es> *m* Blick *m* **II.** *vt* anschauen, ansehen **III.** *vi* schauen, blicken; (*coloq*) gucken; **~ para alguém/a. c.** jdn/etw ansehen, jdn/etw anschauen; **~ por alguém** auf jdn aufpassen, nach jdm schauen; **~ por a. c.** nach etw schauen; **olha!** guck mal!
olheiras *fpl* Augenringe *pl*
olho ['oʎu] *m* ① (ANAT) Auge *nt;* **a ~** nach Augenmaß/Gefühl; **a ~ nu** mit bloßem Auge; **~ de vidro** Glasauge *nt;* (*brasil*); **~ gordo** böser Blick; **~ vivo** Achtung, aufgepasst; (*fig*); **de ~s fechados** ohne nachzudenken; **~s nos ~s** Auge in Auge; **arregalar os ~s** große Augen machen; **ter (bom) ~ para a. c.** ein (gutes) Auge für etw haben; **não pregar ~** kein Auge zutun; **custar os ~s da cara** ein Vermögen kosten; **a ~s vistos** zusehends; **ver alguém com bons ~s** jdn gernhaben; **num abrir e fechar de ~s** im Nu; **estar de ~ em alguém/a. c.** ein Auge auf jdn/etw haben; **pôr os ~s em alguém/a. c.** jdn/etw ansehen; (*fig*); **querer tapar os ~s a alguém** jdn übers Ohr hauen wollen; **~ por ~, dente por dente** Auge um Auge, Zahn um Zahn ② (*de agulha*) Öhr *nt*
olho-de-boi <olhos-de-boi> *m* ① (*na porta*) Spion *m* ② (BOT) Ochsenauge *nt*
olho-de-sogra <olhos-de-sogra> *m* (*brasil*) *Süßigkeit aus mit Kokosnusscreme gefüllten Pflaumen, die mit Karamellsirup oder Kristallzucker überzogen wird*
oligarca *mf* Oligarch(in) *m(f)*
oligarquia *f* Oligarchie *f*
oligárquico *adj* oligarchisch
olimpíadas *fpl* Olympiade *f*
olímpico *adj* (DESP) olympisch
olival <-ais> *m* Olivenhain *m,* Olivenpflanzung *f*
oliveira *f* Olivenbaum *m*
olmo *m* Ulme *f*
ombrear *vi* wetteifern (*com* mit)
ombreira *f* ① (*da porta*) Türpfosten *m* ② (*de*

vestuário) Schulterpartie *f*

ombro ['õmbru] *m* Schulter *f;* **encolher os ~s** mit den Schultern zucken; **olhar alguém por cima do ~** jdn über die Schulter ansehen

omeleta (*portugal*), **omelete** *portugal: f; brasil: m o f* (CULIN) Omelett *nt*

omissa *adj f de* **omisso**

omissão <-ões> *f* ❶ (*de uma palavra*) Auslassung *f;* (*da verdade*) Leugnung *f* ❷ (*lacuna*) Lücke *f*

omisso *adj* ❶ (*lei*) lückenhaft ❷ (*pessoa*) nachlässig

omissões *f pl de* **omissão**

omitir *vt* (*uma palavra*) auslassen, weglassen; (*a verdade*) leugnen

omnipotente *adj* allmächtig

omnipresente *adj* allgegenwärtig

omnisciente *adj* allwissend

omoplata *f* (ANAT) Schulterblatt *nt*

OMS *abr de* **Organização Mundial de Saúde** WHO (= *Weltgesundheitsorganisation*)

onça *f* ❶ (*medida de peso*) Unze *f* ❷ (ZOOL) Leopard *m;* **ser um amigo da ~** ein falscher Freund sein

onça-parda <onças-pardas> *f* (*brasil*) Puma *m*

onça-pintada <onças-pintadas> *f* (*brasil*) Jaguar *m*

oncologia *f* Onkologie *f*

oncologista *mf* Onkologe, Onkologin *m, f*

onda *f* ❶ (*de água*) Welle *f;* (*vaga*) Woge *f;* **~ de calor** Hitzewelle *f;* (*fig*); **ir na ~** mitmachen, dabei sein ❷ (FÍS) Welle *f;* **~ curta** Kurzwelle *f;* **~ média** Mittelwelle *f;* **~ longa** Langwelle *f* ❸ (*coloq: moda*) Welle *f;* **isto é uma ~ passageira** das ist bald wieder out

onde ['õndə] *adv* (*em que sítio*) wo; (*para que sítio*) wohin; **de ~** woher; **para ~** wohin; **por ~** wo entlang; **~ quer que seja** wo auch immer; **onde estás?** wo bist du?; **~ vais?** wohin gehst du?

ondulação [õndulɐ'sãu] <-ões> *f* ❶ (*da água*) Wellenbewegung *f* ❷ (*natural no cabelo*) Locken *pl* ❸ (*permanente*) Dauerwelle *pl*

ondulado *adj* ❶ (*superfície*) gewellt ❷ (*cabelo*) gewellt, wellig

ondulante *adj* auf- und absteigend, Wellen ...

ondular **I.** *vt* (*com papelotes*) in Wellen legen; (*permanente*); **~ o cabelo** sich eine Dauerwelle machen lassen +*dat* **II.** *vi* wogen

ONG *f abr de* **organização não-governamental** Nichtregierungs-Organisation *f*

ônibus ['onibus] *m* (*brasil*) Bus *m;* **ir de ~** mit dem Bus fahren

onipotente *adj* (*brasil*) allmächtig

onipresente *adj* (*brasil*) allgegenwärtig

onisciente *adj* (*brasil*) allwissend

online *adj* (INFOR) online

onomástica *f* Namenkunde *f,* Onomastik *f*

onomatopaico *adj* (LING) onomatopoetisch, lautmalend; **palavra onomatopaica** Onomatopoetikum *nt*

onomatopeia (*portugal*), **onomatopéia** *f* (*brasil:* LING) Onomatopöie *f,* Lautmalerei *f*

ontem ['õntãi] *adv* gestern; **~ de manhã/à tarde/à noite** gestern Morgen/Nachmittag/Abend; **estar a olhar para ~** zerstreut sein

ontologia *f* Ontologie *f*

O.N.U. *abr de* **Organização das Nações Unidas** UNO (= *Organisation der Vereinten Nationen*)

ónus (*portugal*), **ônus** *m* (*brasil*) Gebühr *f*

onze ['õzə] *num card* elf; *v.* **dois**

oó *m* (*portugal: infantil*) Schlaf *m;* **fazer ~** heia machen

opa *interj* (*brasil*) ❶ (*surpresa*) oh!; (*admiração*) wow! ❷ (*coloq: saudação*) hallo!

opaca *adj v.* **opaco**

opacidade *f* Undurchsichtigkeit *f,* Lichtundurchlässigkeit *f*

opaco *adj* undurchsichtig, lichtundurchlässig

opção <-ões> *f* Wahl *f;* **fazer uma ~** auswählen; **não ter ~** keine Wahl haben

opcional <-ais> *adj* fakultativ

open *m* (DESP) Open *nt*

Opep *f abr de* **Organização dos Países Exportadores de Petróleo** OPEC *f*

ópera ['ɔpərɐ] *f* ❶ (*espectáculo*) Oper *f;* **ir à ~** in die Oper gehen ❷ (*edifício*) Opernhaus *nt*

operação [opərɐ'sãu] <-ões> *f* (MED) Operation *f;* **~ stop** Verkehrskontrolle *f;* (*brasil*); **~ tartaruga** Bummelstreik *m*

operacional <-ais> *adj* ❶ (*máquina*) betriebsbereit ❷ (*tropas*) marschbereit

operador(a) *m(f)* (*de câmara*) Kameramann, -frau *m, f;* (*de rádio*) Funker(in) *m(f);* **~ turístico** Reiseveranstalter *m;* **~ de informática** Datentechniker *m,* Operator *m;* **~ de registo de dados** Datentypist *m*

operar *vt* ❶ (MED) operieren ❷ (*uma*

máquina) bedienen
operariado *m* Arbeiterschaft *f*
operário, -a *m, f* Arbeiter(in) *m(f)*
operatório *adj* Operations ..., operativ
operável <-eis> *adj* operabel
opereta [ɔpəˈretɐ] *f* (MÚS) Operette *f*
opilação *f* (MED) Verstopfung *f*
opinar *vi* sich äußern (*sobre* zu), Stellung nehmen (*sobre* zu)
opinião [opəˈnjãu] <-ões> *f* Meinung *f*, Ansicht *f*; ~ **pública** öffentliche Meinung; **dar a sua** ~ seine Meinung sagen, Stellung nehmen; **mudar de** ~ seine Meinung ändern; **na minha** ~ meiner Ansicht nach; **eu sou da** ~ **que ...** ich bin der Meinung, dass ...
ópio *m* Opium *nt*
opíparo *adj* opulent, üppig
oponente **I.** *mf* Gegner(in) *m(f)* **II.** *adj* gegnerisch, Gegen ...
opor *irr como pôr* **I.** *vt* ① (*contrapor*) entgegensetzen (*a*) ② (*objectar*) einwenden (*a* gegen) **II.** *vr* ① (*ser contrário*) dagegen sein ② (*resistir*) sich widersetzen (*a*)
oportuna *adj f de* **oportuno**
oportunamente *adv* ① (*a tempo*) rechtzeitig ② (*na ocasião própria*) bei passender Gelegenheit, gelegentlich
oportunidade *f* Gelegenheit *f*; (*ocasião favorável*) Chance *f*; **aproveitar/desperdiçar uma** ~ eine Gelegenheit nutzen/verpassen; **dar uma** ~ **a alguém** jdm eine Chance geben
oportunismo *m* Opportunismus *m*
oportunista **I.** *mf* Opportunist(in) *m(f)* **II.** *adj* opportunistisch
oportuno *adj* ① (*apropriado, a propósito*) passend, angebracht; **no momento** ~ im richtigen Augenblick ② (*a tempo*) rechtzeitig
oposição <-ões> *f* ① (*oposto*) Gegensatz *m*; **em** ~ **a** im Gegensatz zu ② (*resistência*) Widerstand *m* ③ (POL) Opposition *f*
oposicionista *mf* Oppositionelle
opositor(a) *m(f)* Gegner(in) *m(f)*
oposto [oˈpoʃtu] **I.** *pp de* **opor** **II.** *m* Gegensatz *m*, Gegenteil *nt*; **os ~s atraem-se** Gegensätze ziehen sich an **III.** *adj* ① (*contrário*) entgegengesetzt, gegensätzlich ② (*em frente*) gegenüberliegend
opressão <-ões> *f* Unterdrückung *f*
opressivo *adj* unterdrückend
opressões *f pl de* **opressão**
opressor(a) *m(f)* Unterdrücker(in) *m(f)*
oprimido *adj* unterdrückt
oprimir *vt* unterdrücken
optar *vi* ① (*decidir-se*) sich entscheiden (*por* für) ② (*fazer escolha*) eine Wahl treffen, wählen (*entre* zwischen)
óptica *f* ① (FÍS) Optik *f* ② (*perspectiva*) Blickpunkt *m*, Blickwinkel *m*; **na ~ do utilizador** aus der Sicht des Benutzers
óptico *adj* optisch
óptima *adj* (*portugal*) *f de* **óptimo**
optimismo *m* (*portugal*) Optimismus *m*
optimista (*portugal*) **I.** *mf* Optimist(in) *m(f)* **II.** *adj* optimistisch, zuversichtlich
optimizar *vt* (*portugal*) optimieren
óptimo [ˈɔtimu] *adj* (*portugal*) *superl de* **bom** optimal, bestmögliche(r, s); (*excelente*) vortrefflich, ausgezeichnet
opulência *f* Üppigkeit *f*, Opulenz *f*
opulento *adj* üppig, opulent
ora **I.** *adv* nun, jetzt; **por** ~ fürs Erste, vorläufig; ~ **...,** ~ **...** mal ..., mal ...; **de** ~ **avante** von nun an, ab jetzt; ~ **bem** nun (gut), also; ~ **olha/ouve!** sieh/hör mal! **II.** *konj* aber, jedoch **III.** *interj* ~**!** na!, nanu!; ~ **bolas!** ach!, oh je!; (*de nada*); ~ **essa!** bitte sehr!, nichts zu danken!; (*indignação*) ach was!
oração <-ões> *f* ① (REL) Gebet *nt* ② (LING) Satz *m*; ~ **principal** Hauptsatz *m*; ~ **subordinada** Nebensatz *m*
oráculo *m* Orakel *nt*
orador(a) *m(f)* Redner(in) *m(f)*
oral <-ais> **I.** *f* mündliche Prüfung *f* **II.** *adj* mündlich
oralidade *f* Mündlichkeit *f*
orangotango *m* Orang-Utan *m*
orar *vi* beten
oratória *f* Redekunst *f*, Rhetorik *f*
oratório *m* ① (*capela*) Hauskapelle *f*; (*altar*) Hausaltar *m* ② (MÚS) Oratorium *nt*
órbita *f* ① (ASTR) Umlaufbahn *f*; **entrar em** ~ seine Umlaufbahn erreichen ② (ANAT) Augenhöhle *f*
orçamental, orçamentario *adj* Haushalts ...
orçamento *m* ① (*de material, obra*) Kostenvoranschlag *m* ② (POL) Haushalt *m*, Etat *m*
orçar <ç→c> **I.** *vt* veranschlagen (*em* auf) **II.** *vi* ~ **em** veranschlagt sein auf
ordeiro *adj* ordnungsliebend
ordem <-ens> *f* ① (*comando*) Befehl *m*, Anweisung *f*; ~ **de despejo** Räumungsbefehl *m*; (ECON); ~ **de pagamento** Zahlungsanwei-

O

sung *f;* **dar uma ~ a alguém** jdm einen Befehl geben; **cumprir uma ~** einen Befehl ausführen; **estar às ordens de alguém** jdm zur Verfügung stehen; **sempre às ordens!** stets zu Ihren Diensten!; **por ~ de alguém** in jds Auftrag ❷ (*sequência*) Reihenfolge *f;* **~ alfabética/numérica** alphabetische/numerische Reihenfolge; **estar por ~** der Reihe nach aufgestellt sein; **pôr a. c. por ~** etw der Reihe nach aufstellen/anordnen ❸ (*organização*) Ordnung *f,* Anordnung *f;* **estar em ~** in Ordnung sein; **pôr a. c. em ~** etw in Ordnung bringen ❹ (*profissional*) Kammer *f;* **Ordem dos advogados** Rechtsanwaltskammer *f;* **Ordem dos médicos** Ärztekammer *f* ❺ (*comunidade religiosa*) Orden *m*

ordenação <-ões> *f* ❶ (*ordem*) Anordnung *f* ❷ (REL) Priesterweihe *f,* Ordination *f*

ordenada *f* (MAT) Ordinate *f*

ordenadamente *adv* ❶ (*por ordem*) ordnungsgemäß ❷ (*de modo ordenado*) ordentlich

ordenado **I.** *m* Gehalt *nt* **II.** *adj* geordnet

ordenar **I.** *vt* (*pôr por ordem*) ordnen; (*dispor*) anordnen; (*mandar*) befehlen, anordnen; (REL) ordinieren **II.** *vr* (REL) die Priesterweihe empfangen

ordenha *f* ❶ (*local*) Melkstation *f* ❷ (*acçao de ordenhar*) Melken *nt*

ordenhar *vt* melken

ordens *f pl de* **ordem**

ordinal <-ais> **I.** *m* Ordnungszahl *f,* Ordinalzahl *f* **II.** *adj* Ordnungs ...

ordinário [ordi'narju] *adj* ❶ (*habitual*) üblich, gewöhnlich ❷ (*regular*) regelmäßig ❸ (*pej: grosseiro*) ordinär, vulgär

orégano *m* (*brasil*) *v.* **orégão**

orégão *m* ❶ (BOT) Dost *m,* Origanum *nt* ❷ (*condimento*) Oregano *m*

orelha [o'reʎɐ] *f* Ohr *nt;* **torcer a ~** (etw) bereuen

orelhão <-ões> *m* (*brasil*) offene Telefonkabine *f*

Im Brasilianischen Straßenbild fallen die gelben und blauen Plastikhauben auf, auch **Orelhão** (großes Ohr) genannt, unter denen sich noch oft Münztelefone verstecken. Zum Telefonieren kauft man sich **fichas** (Jetons), die in jeder Kneipe, am Zeitungskiosk oder bei Straßenverkäufern erhältlich sind. Mittlerweile sind jedoch die Münztelefone fast überall durch Kartentelefone ersetzt worden. Die Form und der lustige Name blieben jedoch, und die Telefonkarten kann man auch dort kaufen, wo man die Jetons bekommt.

orelheira *f* Schweineohr *nt*

órfã *f v.* **órfão**

orfanato *m* Waisenhaus *nt*

órfão, órfã <-s, -s> **I.** *m, f* Waise *f* **II.** *adj* verwaist; **~ de mãe** mutterlos; **~ de pai** vaterlos

orfeão *m* (MÚS) Gesangverein *m*

organdi *m* Organdy *m*

orgânico *adj* organisch; **lixo ~** Biomüll *m*

organigrama *m* (*portugal*) Organigramm *nt*

organismo *m* ❶ (BIOL) Organismus *m* ❷ (*instituição*) Einrichtung *f*

organista *mf* Organist(in) *m(f)*

organização <-ões> *f* ❶ (*associação*) Organisation *f,* Einrichtung *f;* **Organização Mundial de Saúde** Weltgesundheitsorganisation *f;* **Organização das Nações Unidas** Organisation der Vereinten Nationen ❷ (*de um evento*) Organisierung *f,* Organisation *f* ❸ (*de documentos*) Aufräumen *nt,* Sortieren *nt* ❹ (*ordem*) Ordnung *f*

organizado *adj* ❶ (*pessoa*) ordentlich ❷ (*em ordem*) geordnet, systematisch

organizador(a) *m(f)* Veranstalter(in) *m(f),* Organisator(in) *m(f)*

organizar *vt* ❶ (*um evento*) veranstalten, organisieren ❷ (*documentos*) aufräumen, sortieren ❸ (*a vida*) gestalten

organograma *m* Organigramm *nt*

órgão <-s> *m* ❶ (ANAT: *instituição*) Organ *nt;* **~s de comunicação social** Massenmedien *pl;* **~s de soberania** gesetzgebende Organe ❷ (MÚS) Orgel *f*

orgasmo *m* Orgasmus *m*

orgia *f* Orgie *f*

orgulhar **I.** *vt* stolz machen **II.** *vr* stolz sein (*de* auf)

orgulho *m* Stolz *m* (*de/em* auf)

orgulhoso *adj* stolz (*de* auf)

orientação <-ões> *f* ❶ (*no espaço*) Orientierung *f* ❷ (*localização*) Positionsbestimmung *f* ❸ (*direcção*) Orientierung *f,* Anleitung *f;* **~ profissional** Berufsberatung *f;* **sob a ~ de** unter Leitung von

orientador(a) *m(f)* (*guia*) Leiter(in) *m(f);* (*na escola*) Mentor(in) *m(f),* Tutor(in) *m(f);* (*conselheiro*) Berater(in) *m(f)*
oriental <-ais> *adj* ❶ (*de leste*) östlich, Ost ... ❷ (*do extremo oriente*) orientalisch
orientar I. *vt* (*no espaço*) Orientierungshilfe geben; (*guiar*) anleiten; (*aconselhar*) beraten **II.** *vr* sich orientieren (*por* an)
oriente *m* ❶ (*ponto cardeal*) Osten *m* ❷ (*países*) Orient *m;* **Extremo/Médio/Próximo Oriente** Ferner/Mittlerer/Naher Osten
orifício *m* Öffnung *f,* (kleines) Loch *nt*
origem <-ens> *f* ❶ (*proveniência*) Herkunft *f* ❷ (*causa*) Ursache *f;* **dar ~ a a. c.** etw verursachen ❸ (*princípio*) Ursprung *m;* (*aparecimento*) Entstehung *f;* **ter ~** entstehen
original [oriʒi'nal] <-ais> **I.** *m* Original *nt* **II.** *adj* ❶ (*primeiro*) original, ursprünglich ❷ (*novo*) originell ❸ (*peculiar*) eigenartig, eigentümlich
originalidade *f* ❶ (*de documento*) Echtheit *f* ❷ (*singularidade*) Originalität *f*
originar I. *vt* verursachen; (*provocar*) hervorrufen **II.** *vr* entstehen, entspringen
originário *adj* (*objecto, palavra*) stammend (*de* aus); (*pessoa*) gebürtig (*de* aus); **os móveis são ~s da Itália** die Möbel stammen aus Italien
Órion *m* (ASTR) Orion *m*
oriundo *adj* (*pessoa*) gebürtig (*de* aus); (*objecto*) stammend (*de* aus); **ele é ~ da Grécia** er ist gebürtiger Grieche
orixá *m* (*brasil*) *Personifizierung oder Vergötterung der Natur im Rahmen von afrobrasilianischen religiösen Handlungen*
orla *f* Rand *m;* (*em vestuário*) Saum *m;* **~ marítima** Meeresküste *f*
ornamentar *vt* verzieren
ornamento *m* Ornament *nt,* Verzierung *f*
ornitologia *f* Ornithologie *f,* Vogelkunde *f*
ornitológico *adj* ornithologisch, vogelkundlich
ornitologista *mf* Ornithologe, Ornithologin *m, f,* Vogelkundler(in) *m(f)*
orografia *f* (GEOG) Orographie *f*
orquestra [ɔr'kɜʃtrɐ] *f* Orchester *nt*
orquestração *f* (MÚS) Orchestrierung *f,* Orchestration *f*
orquestral <-ais> *adj* orchestral, Orchester..
orquestrar *vt* orchestrieren
orquídea *f* Orchidee *f*
ortiga *f* Brenn-Nessel *f*
ortocromático *adj* (FOTO) orthochromatisch
ortodontia *f sem pl* Kieferorthopädie *f*
ortodontista *mf* Kieferorthopäde, Kieferorthopädin *m, f*
ortodoxo *adj* orthodox
ortogonal <-ais> *adj* rechtwinklig
ortografia *f* Rechtschreibung *f,* Orthographie *f*
ortográfico *adj* orthographisch; **reforma ortográfica** Rechtschreibreform *f*
ortopedia *f* Orthopädie *f*
ortopédico *adj* orthopädisch
ortopedista *mf* Orthopäde, Orthopädin *m, f*
orvalhar *vi impess* tauen
orvalho *m* Tau *m,* Reif *m*
os [uʃ] **I.** *art m, f pl* die **II.** *pron pess pl* (*eles*) sie; (*vocês*) Sie, euch
óscar *m* (*prêmio*) Oscar *m*
oscilação <-ões> *f* ❶ (*movimento*) Schwingung *f;* (*de preços*) Schwankung *f* ❷ (FÍS) Oszillation *f* ❸ (*hesitação*) Unschlüssigkeit *f*
oscilador *m* (FÍS) Oszillator *m*
oscilar *vi* ❶ (*movimento, preços*) schwanken; (*pêndulo*) schwingen, ausschlagen ❷ (FÍS) oszillieren ❸ (*hesitar*) schwanken
oscitar *vi* (*elev*) gähnen
oscular *vt* (*elev*) küssen
ósculo *m* (*elev*) Kuss *m*
osga *f* Gecko *m*
osmose *f* (QUÍM) Osmose *f*
ossada *f* ❶ (*de pessoa*) Skelett *nt,* Knochengerüst *nt* ❷ (*de edifício*) Skelett *nt*
ossatura *f* Gerippe *nt*
ósseo *adj* knöchern, Knochen ...
osso ['osu] *m* Knochen *m;* **ser um ~ duro de roer** eine harte Nuss sein
ossudo *adj* knochig
ostensivo *adj* offensichtlich
ostentação <-ões> *f* Zurschaustellen *nt*
ostentar *vt* zur Schau stellen, zur Schau tragen
osteologia *f* Osteologie *f*
osteoporose *f* (MED) Osteoporose *f*
ostra *f* (ZOOL) Auster *f*
ostracismo *m* Verbannung *f*
Ostrogodos *mpl* (HIST) Ostgoten *pl*
OTAN *abr de* **Organização do Tratado do Atlântico Norte** NATO
otário, -a *m, f* (*coloq*) Trottel *m*
ótica *f* (*brasil*) *v.* **óptica**
ótico *adj* (*brasil*) optisch
ótima *adj* (*brasil*) *f de ótimo* **v. óptimo**

otimismo *m* (*brasil*) Optimismus *m*
otimista *adj o mf* (*brasil*) *v.* **optimista**
otimizar *vt* (*brasil*) optimieren
ótimo *adj* (*brasil*) *v.* **óptimo**
otite [ɔ'titə] *f* (MED) Ohrenentzündung *f*
otorrinolaringologista [ɔtoʀinolɐrĩŋgu-lu'ʒiʃtɐ] *mf* Hals-Nasen-Ohren-Arzt, Hals-Nasen-Ohren-Ärztin *m, f*
otoscópio *m* Ohrenspiegel *m*
ou [o] *konj* oder; ~ **...** ~ **...** entweder ... oder ...; ~ **melhor** besser gesagt; ~ **seja** das heißt, beziehungsweise
ougado *adj* (*portugal: coloq*) **estar/ficar** ~ leer ausgehen, in die Röhre gucken
ourado *adj* schwindelig; **estou** ~ mir ist schwindelig
ouriço *m* (BOT) stachelige Hülse *f*
ouriço-cacheiro *m* (ZOOL) Igel *m*
ouriço-do-mar <ouriços-do-mar> *m* (ZOOL) Seeigel *m*
ourives *mf inv* (*fabricante*) Goldschmied(in) *m(f)*; (*vendedor*) Juwelier(in) *m(f)*
ourivesaria [orivəzɐ'riɐ] *f* ❶ (*loja*) Juweliergeschäft *nt* ❷ (*arte*) Goldschmiedekunst *f*
ouro ['oru] *m* Gold *nt;* **de** ~ golden
ouro-pretense (*brasil*) **I.** *mf* Einwohner(in) *m(f)* der Stadt Ouro Preto **II.** *adj* (*especialidade*) aus Ouro Preto; (*instituto*) in Ouro Preto
Ouro Preto (*brasil*) Ouro Preto (*UNESCO Weltkulturerbe; für ihre barocke Altstadt bekannte Stadt in Minas Gerais*)
ouros *mpl* (*cartas*) Karo *nt*
ousada *adj f de* **ousado**
ousadia *f* ❶ (*audácia*) Wagemut *m,* Kühnheit *f* ❷ (*atrevimento*) Verwegenheit *f,* Dreistigkeit *f;* **ter a** ~ **de fazer a. c.** so dreist sein, etw zu tun
ousado *adj* ❶ (*audaz*) wagemutig, kühn ❷ (*arriscado*) gewagt ❸ (*atrevido*) verwegen, dreist
ousar *vt* wagen; ~ **fazer a. c.** es wagen, etw zu tun
outdoor *m* (*brasil*) Reklamefläche *f*
outeiro *m* Hügel *m*
outonal <-ais> *adj* herbstlich, Herbst ...
Outono [o'tonu] *m* Herbst *m*
outorga *f* Bewilligung *f*
outorgante *mf* (*de um contrato*) Vertragspartner(in) *m(f)*
outorgar *vt* bewilligen
outra *f de* **outro**
outrem <-ens> *pron indef* jemand anders; **trabalhar por conta de** ~ auf fremde Rechnung arbeiten
outro, -a ['otru] **I.** *pron indef* andere(r, s); **o/um** ~ der andere/ein anderer; **a/uma outra** die/eine andere; **um ao** ~ einander; **um com o** ~ miteinander; **os** ~**s** die anderen; ~ **qualquer** jeder andere; ~ **que tal** noch so einer; ~ **tanto** noch einmal so viel **II.** *adj* ❶ (*distinto*) andere(r, s); (*há dias*); (**no**) ~ **dia** neulich, kürzlich; (*no dia seguinte*) am nächsten Tag; **outra coisa** etwas anderes; **de** ~ **modo** sonst, andernfalls; **outra pessoa** jemand anders ❷ (*adicional*) weitere(r, s), noch ein; **outra vez** noch einmal, nochmal; **um** ~ **exemplo é ...** ein weiteres Beispiel ist ...; **queria** ~ **café, por favor** ich hätte gerne noch einen Kaffee
outrora *adv* früher
outrossim *adv* ebenfalls, ebenso
Outubro [o'tubru] *m* Oktober *m; v. tb.* **Março**
ouvido [o'vidu] *m* ❶ (ANAT) Ohr *nt* ❷ (*sentido*) Gehör *nt;* **ter um bom** ~ ein gutes Gehör haben; **tocar de** ~ nach Gehör spielen; (**não**) **dar** ~**s a** (kein) Gehör schenken; **fazer** ~**s de mercador** sich taub stellen; **ser todo** ~**s** ganz Ohr sein
ouvinte *mf* Zuhörer(in) *m(f)*; (*de rádio*) Hörer(in) *m(f)*
ouvir [o'vir] *irr vt* hören; (*com atenção*) anhören, zuhören; ~ **rádio/música** Radio/Musik hören; ~ **alguém falar/rir** jdn sprechen/lachen hören; **ouvi dizer que ...** ich habe gehört, dass ...; **de** ~ **falar** vom Hörensagen; **já ouviu falar de ...?** haben Sie schon von ... gehört?; **ouve lá!** hör mal!
ova *f* (ZOOL) Fischrogen *m*
ovação *f* Beifall *m,* Ovation *f*
oval <-ais> *adj* oval
ovar *vi* (*peixe*) laichen
ovário *m* ❶ (ANAT) Eierstock *m* ❷ (BOT) Fruchtknoten *m*
oveiro *m* Eierbecher *m*
ovelha *f* Schaf *nt;* **ser a** ~ **negra** das schwarze Schaf sein
overdose *f* Überdosis *f*
ovino *adj* **gado** ~ Schafe *pl*
ovíparo *adj* Eier legend
ovni *abr de* **Obje(c)to Voador Não Identificado** UFO (= *unbekanntes Flugobjekt*)

óvni (*brasil*) *v.* **ovni**
ovo *m* Ei *nt;* ~ **cozido** hart gekochtes Ei; ~ **escalfado** pochiertes Ei; (*malcozido*) weich gekochtes Ei; ~ **estrelado** Spiegelei *nt;* ~**s mexidos** Rühreier *pl;* **pôr** ~**s** Eier legen
óvulo *m* (ANAT) Eizelle *f,* Ei *nt*
oxalá *interj* ~**!** hoffentlich!; ~ (**que**) **eles venham!** hoffentlich kommen sie!
oxidação <-ões> *f* ① (QUÍM) Oxidation *f,* Oxidierung *f* ② (*metal*) Rosten *nt,* Rostbildung *f*
oxidar **I.** *vt* (QUÍM) oxidieren **II.** *vi* ① (*metal*) rosten ② (*fruta*) braun werden
óxido *m* (QUÍM) Oxid *nt*
oxigenar *vt* ① (QUÍM) mit Sauerstoff versetzen ② (*o cabelo*) mit Wasserstoffperoxid blondieren
oxigénio (*portugal*), **oxigênio** *m* (*brasil:* QUÍM) Sauerstoff *m*
ozônio (*brasil*), **ozono** *m* (*portugal*) Ozon *nt*

P p

P, p [pe] *m* P, p *nt*
p. *abr de* **página** S. (= *Seite*)
pá **I.** *f* (*para escavar, de escavadora, remo*) Schaufel *f;* (*de padeiro*) Ofenschieber *m;* (*de cimento*) Spitzkelle *f;* (*de moinho*) Flügel *m;* (*de hélice, remo*) Blatt *nt;* ~ **do lixo** Kehrblech *nt;* (*de porco*) Schulterblatt *nt* **II.** *interj* (*coloq*) ~**!** Mann!, Mensch!; **ah** ~**!** eh!, oh Mann!
paca *f* (ZOOL) Paka *m*
pacatamente *adv* gemächlich, ruhig
pacatez *f* (*de pessoa*) Gelassenheit *f;* (*de lugar*) Ruhe *f*
pacato *adj* (*pessoa*) gemächlich, gelassen; (*lugar*) still, ruhig
pacemaker *m* (MED) Herzschrittmacher *m*
pachorra *f* ① (*coloq: paciência*) Geduld *f* ② (*lentidão*) Behäbigkeit *f,* Trägheit *f*
pachorrento *adj* träge, behäbig
paciência [pɐ'sjɛ̃sjɐ] *f* ① (*qualidade de paciente*) Geduld *f,* Ausdauer *f;* **tenha** ~**!** immer mit der Ruhe!; **ter** ~ **para alguém/a. c.** geduldig mit jdm sein, Geduld mit jdm/für etw haben ② (*jogo de cartas*) Patience *f*
paciente **I.** *mf* Patient(in) *m(f)* **II.** *adj* geduldig (*com* mit)
pacientemente *adv* geduldig
pacífica *adj f de* **pacífico**
pacificar <c→qu> *vt* beruhigen, besänftigen
pacífico *adj* ① (*pessoa*) friedfertig, friedlich ② (*lugar*) ruhig
pacifista **I.** *mf* Pazifist(in) *m(f)* **II.** *adj* pazifistisch
paço *m* Palast *m;* (*palácio real*) Königspalast *m*
paçoca *f* (*brasil*) *aus geschroteten gerösteten Erdnüssen, Zucker und Maniokmehl in einem Mörser hergestellte bröselige Süßigkeit*
pacote *m* ① (*embrulho*) Paket *nt;* (*de leite, bolachas*) Packung *f* ② (ECON) Paket *nt;* ~ **laboral** Paket arbeitsrechtlicher Maßnahmen ③ (*turismo*) Pauschalreise *f*
pacóvio, -a **I.** *m, f* Idiot(in) *m(f)* **II.** *adj* dämlich
pacto *m* Pakt *m,* Vertrag *m;* **fazer um** ~ **com alguém** einen Pakt mit jdm schließen
pactuar *vi* einen Pakt schließen (*com* mit), paktieren (*com* mit)
padaria [padɐ'riɐ] *f* Bäckerei *f*
padeça *1./3. pres subj de* **padecer**
padecer <c→ç> *vi* leiden (*de* an, *com* unter)
padeço *1. pres de* **padecer**
padeiro, -a *m, f* Bäcker(in) *m(f)*
padrão <-ões> *m* ① (*de peso, medida*) Eichmaß *nt* ② (*modelo*) Muster *nt,* Vorlage *f* ③ (*de tecido*) Muster *nt* ④ (*fig: de pensamento*) Schablone *f,* Muster *nt*
padrasto *m* Stiefvater *m*
padre ['padrə] *m* Pater *m;* **o** ~ **João** Pater João
padre-nosso <padre(s)-nossos> *m* (REL) Vaterunser *nt;* **ele/ela quer ensinar o** ~ **ao vigário** das Ei will klüger sein als die Henne
padrinho *m* ① (*baptismo*) Pate *m,* Taufpate *m;* (*casamento*) Trauzeuge *m* ② (*protector*) Förderer *m,* Gönner *m*
padroeiro, -a *m, f* Schutzheilige
padrões *m pl de* **padrão**
paella *f* (CULIN) Paella *f*
pães *m pl de* **pão**
paga **I.** *adj f de* **pago** **II.** *f* ① (*de vingança*) Vergeltung *f* ② (*remuneração*) Lohn *m*
pagã *adj o f v.* **pagão**
pagador(a) <-es> *m(f)* Zahler(in) *m(f)*
pagamento [pɐgɐ'mɛ̃ntu] *m* Zahlung *f,* Be-

P

zahlung *f;* ~ **antecipado** Vorauszahlung *f;* ~ **a prestações** Ratenzahlung *f;* **efe(c)tuar um** ~ eine Zahlung leisten

paganismo *m* Heidentum *nt*

pagão, pagã [pɐ'gãu] **I.** *m, f* Heide, Heidin *m, f* **II.** *adj* heidnisch

pagar [pɐ'gar] <*pp* pago *o* pagado; g→gu> **I.** *vt* ① (*uma conta, quantia*) zahlen, bezahlen; (*uma dívida*) abbezahlen; ~ **a. c. a alguém** jdm etw bezahlen; **queria ~, por favor!** ich möchte gerne zahlen!, zahlen bitte!; ~ **a. c. a prestações** etw in Raten bezahlen; ~ **um sinal de a. c.** etw anzahlen; ~ **10.000 euros de sinal** 10.000 Euro anzahlen ② (*um acto*) heimzahlen, vergelten; ~ **a alguém na mesma moeda** jdm etw mit gleicher Münze heimzahlen; ~ **o bem com o mal** undankbar sein; **tu vais pagá-las!** das wirst du mir büßen! **II.** *vi* ① (*com dinheiro*) bezahlen, zahlen ② (*sofrer castigo*) büßen (*por* für); ~ **pelos pecados/por um crime** für seine Sünden/ein Verbrechen büßen müssen

pagável <-eis> *adj* zahlbar

página ['paʒinɐ] *f* (*de livro, na Internet*) Seite *f;* (*fig*); ~ **negra** dunkles Kapitel; ~**s amarelas** Gelbe Seiten; **na ~ 10** auf Seite 10

paginar *vt* paginieren, mit Seitenzahlen versehen

pago I. *pp de* **pagar II.** *adj* bezahlt; **estamos ~s** wir sind quitt

pagode *m* (*brasil:* MÚS) Pagode (*ein Samba-Stil aus Rio de Janeiro*)

pagões *m pl de* **pagão**

pai [pai] *m* Vater *m;* (*como tratamento*) Vati *m;* ~ **ado(p)tivo** Adoptivvater *m;* **Pai Natal** Weihnachtsmann *m;* (*brasil*); ~ **de santo** Zauberer *m*

pai-de-santo <pais-de-santo> *m* (*brasil*) Priester im afro-brasilianischen Candomblé

painço *m* (BOT) Hirse *f*

painel <-éis> *m* Tafel *f;* (ELECTR) Schalttafel *f;* ~ **de comando** Armaturenbrett *nt;* (*brasil*); ~ **de instrumentos** Armaturenbrett *nt*

pai-nosso <pais-nossos> *m* (REL) Vaterunser *nt*

paio *m* Rollschinken *m*

paiol <-óis> *m* ① (MIL) Pulverkammer *f* ② (*brasil: armazém*) Warenlager *nt;* (*de mantimentos*) Vorratsraum *m*

pairar *vi* schweben (*sobre* über)

pais ['paiʃ] *mpl* Eltern *pl;* **os meus ~s** meine Eltern

país [pɐ'iʃ] *m* Land *nt;* ~ **em vias de desenvolvimento** Entwicklungsland *nt;* **País de Gales** Wales *nt*

paisagem [pai'zaʒãi] <-ens> *f* Landschaft *f*

paisagista *mf* (*arquitecto*) Landschaftsgärtner(in) *m(f);* (*pintor*) Landschaftsmaler(in) *m(f)*

paisagístico *adj* Landschafts …

paisana *adv* **à ~** in Zivil

Países Baixos *mpl* Niederlande *pl*

paixão <-ões> *f* (*por pessoa, actividade*) Leidenschaft *f* (*por* für)

paixoneta *f* Liebelei *f,* Schwärmerei *f*

pajem <-ens> ① *m* (HIST) Page *m,* Edelknabe *m* ② *f* (NAUT) Schiffsjunge *m*

pala *f* ① (*de boné*) Schirm *m* ② (*no automóvel*) Sonnenblende *f* ③ (*de sapato, carteira*) Lasche *f* ④ (*para burro, cavalo*) Scheuklappe *f* ⑤ (*para pneus*) Spritzschutz *m*

palacete *m* Schlösschen *nt*

palácio [pɐ'lasju] *m* Palast *m,* Schloss *nt;* ~ **da justiça** Justizpalast *m*

paladar <-es> *m* ① (*sentido*) Geschmackssinn *m* ② (*gosto*) Geschmack *m* (*a* nach)

paládio *m* (QUÍM) Palladium *nt*

palafita *f* (HIST: *habitação*) Pfahlbau *m;* (*estacaria*) Pfähle *pl*

pálamo *m* (ZOOL) Schwimmhaut *f*

palanque *m* Tribüne *f*

palatal <-ais> **I.** *f* (LING) Gaumenlaut *m,* Palatal *m* **II.** *adj* Gaumen …, palatal

Palatinado *m* Pfalz *f*

palato *m* (ANAT) Gaumen *m*

palavra [pɐ'lavrɐ] *f* ① (*vocábulo, fala*) Wort *nt;* ~ **a** ~ Wort für Wort; **nem mais uma ~!** kein Wort mehr!; **ter o dom da ~** wortgewandt sein; **pedir a ~** um das Wort bitten; **dar a ~ a alguém** jdm das Wort erteilen; **ter a ~** das Wort haben; **tomar a ~** das Wort ergreifen; **negar a ~ a alguém** jdm das Wort verbieten; **ser de poucas ~s** wortkarg sein; **tiraste-me as ~s da boca!** du nimmst mir das Wort aus dem Mund! ② (*promessa*) Wort *nt;* **cumprir a sua ~** sein Wort halten; **faltar à ~** sein Wort brechen; **dar a sua ~ de honra** sein Ehrenwort geben; **ser uma pessoa de ~** zuverlässig sein ③ (*doutrina*) Lehre *f;* **a ~ de Deus** das Wort Gottes

palavra-chave <palavras-chave(s)> *f* Schlüsselwort *nt*

palavrão <-ões> *m* ① (*calão*) Schimpfwort *nt* ❷ (*palavra difícil*) Zungenbrecher *m*

palavras-cruzadas *fpl* Kreuzworträtsel *nt*

palavreado *m* Geschwätz *nt*, Gerede *nt*

palavrinha *f* (*coloq*) **dar uma ~ a alguém** mit jdm ein Schwätzchen halten

palavrões *m pl de* **palavrão**

palco *m* Bühne *f*; **subir ao ~** auf die Bühne treten

paleio *m* Geschwätz *nt*; **estar no ~** (**com alguém**) (mit jdm) schwatzen

paleografia *f* Paläographie *f*

paleolítico I. *m* Altsteinzeit *f*, Paläolithikum *nt* **II.** *adj* altsteinzeitlich, paläolithisch

paleologia *f* Paläolinguistik *f*

paleontologia *f* Paläontologie *f*

palerma I. *mf* Trottel *m* **II.** *adj* dämlich, trottelig

palermice *f* Dämlichkeit *f*, Doofheit *f*

Palestina *f* Palästina *nt*

palestino, -a I. *m, f* Palästinenser(in) *m(f)* **II.** *adj* palästinensisch

palestra *f* Vortrag *m*; **dar uma ~ sobre a. c.** einen Vortrag über etw halten

paleta *f* (*pintura*) Palette *f*

palete *f* (*mercadoria*) Palette *f*, Auswahl *f*

paletó, paletô *m* (*brasil*) Jackett *nt*

paletó-saco *m* (*brasil*) Sakko *nt*

palha *f* ❶ (*conjunto*) Stroh *nt*; (*individual*) Strohhalm *m* ❷ (*para beber*) Strohhalm *m* ❸ (*coloq: insignificância*) Kleinigkeit *f*; **não mexer uma ~** keinen Finger krumm machen; **por dá cá aquela ~** umsonst, gratis ❹ (*coloq: em exame*) Geschwafel *nt*

palhaça *f v.* **palhaço**

palhaçada *f* Unsinn *m*, Albernheit *f*

palhaço *m* Clown *m*

palha-d'aço *f* Stahlwolle *f*

palheiro *m* Heuschober *m*, Scheune *f*

palheta *f* ❶ (*instrumento de sopro*) Blatt *nt*; (*instrumento de cordas*) Plektron *nt* ❷ (*de roda*) Schaufel *f* ❸ (*coloq: rasteira*) Falle *f*; **pregar uma ~ a alguém** jdm ein Bein stellen

palhetão *m* Bart *m*, Schlüsselbart *m*

palhinha [pɐ'ʎiɲɐ] *f* ❶ (*portugal: para beber*) Strohhalm *m* ❷ (*em mobiliário*) Rohr *nt*; **cadeira de ~** Rohrstuhl *m*

palhota *f* Strohhütte *f*

paliativo *m* (FARM) Schmerzmittel *nt*

pálida *adj f de* **pálido**

palidez *f* Blässe *f*

pálido *adj* blass, bleich

palitar *vt* **~ os dentes** die Zähne mit einem Zahnstocher säubern

paliteiro *m* Zahnstocherbehälter *m*

palito [pɐ'litu] *m* ❶ (*para os dentes*) Zahnstocher *m* ❷ (*coloq: pessoa magra*) Strich *m*

palma *f* ❶ (BOT) Palme *f*; (*folha*) Palmzweig *m* ❷ (ANAT) **~ da mão** Handfläche *f*; **conhecer alguém/a. c. como a ~ da sua mão** jdn sehr gut kennen/etw wie seine Westentasche kennen

palmada *f* Klaps *m*; **dar uma ~ a alguém** jdm einen Klaps geben

palmas *fpl* Beifall *m*; **bater ~** Beifall klatschen; **bater ~ a alguém/a. c.** jdm/etw applaudieren

Palmas (*brasil*) Palmas (*Hauptstadt des Bundesstaates Tocantins*)

palmatoada *f v.* **palmada**

palmatória *f* Rohrstock *m*; **um erro de ~** ein schwerwiegender Fehler; **dar a mão à ~** sich schuldig bekennen

palmeira *f* Palme *f*

palmense (*brasil*) **I.** *mf* Einwohner(in) *m(f)* der Stadt Palmas **II.** *adj* (*especialidade*) aus Palmas; (*instituto*) in Palmas

palmilha *f* Einlegesohle *f*, Schuheinlage *f*

palminho *m* (*coloq*) **ter um ~ de cara** hübsch sein

palmípede *m* (ZOOL) Schwimmvogel *m*

palmito *m* (CULIN) Palmherz *nt* (*essbares Mark der jungen Triebe einer Palme*)

palmo *m* Handbreit *f*; **~ a ~** Schritt für Schritt; **não ver um ~ à frente do nariz** die Hand nicht vor den Augen sehen können; **um ~ de terra** ein Stück Land; **gente de ~ e meio** Kinder *pl*; **ter um ~ de testa** Köpfchen haben

PALOP *abr de* **Países Africanos de Língua Oficial Portuguesa** Afrikanische Staaten mit Amtssprache Portugiesisch

palpação <-ões> *f* (MED) Abtasten *nt*

palpar *vt* abtasten, abfühlen

palpável <-eis> *adj* fühlbar, greifbar

pálpebra *f* Lid *nt*

palpitação <-ões> *f* ❶ (*do coração*) Herzschlag *m*; (*do pulso*) Pulsschlag *m* ❷ (*agitado*) Herzklopfen *nt*

palpitante *adj* ❶ (*coração*) klopfend ❷ (*comovente*) rührend, ergreifend

palpitar *vi* ❶ (*coração*) klopfen, schlagen ❷ (*pressentimento*) spüren, ahnen; **palpita-me que ela já não vem** ich habe so eine

P

Ahnung, dass sie nicht mehr kommt

palpite *m* ① (*pressentimento*) Gefühl *nt;* (*intuição*) Ahnung *f;* **ter um ~** etw im Gefühl haben ② (*opinião*) Meinung *f;* (*coloq*); **dar ~s** seinen Senf dazu geben ③ (*no jogo*) Tipp *m*

palrador(a) <-es, -s> *m(f)* Schwätzer(in) *m(f)*

palrar *vi* schwatzen; (*bebé*) plappern

paludismo [pɐlu'diʃmu] *m* (MED) Malaria *f*

pamonha **I.** *mf* (*brasil*) träge, faul **II.** *f Süßigkeit aus geschrotetem grünen Mais, Zucker und Butter, die gerollt, in Maisblätter gewickelt und im Wasser gegart wird*

panaca *adj* (*coloq brasil*) trottelig, doof

panaceia (*portugal*), **panacéia** *f* (*brasil*) Allheilmittel *nt*

panado **I.** *m* (CULIN) panierte(s) Schnitzel *nt* **II.** *adj* (CULIN) paniert

Panamá *m* Panama *nt*

panamenho, -a **I.** *m, f* Panamaer(in) *m(f)* **II.** *adj* panamaisch

panar *vt* (CULIN) panieren

panca *f* (*coloq*) Macke *f;* **ter uma ~** eine Schraube locker haben

pança *f* ① (*de pessoa*) Bauch *m,* Wanst *m* ② (*de animal*) Pansen *m*

pancada *f* ① (*golpe*) Schlag *m;* (*choque*) Stoß *m;* **ela deu uma ~ na mesa** sie schlug auf den Tisch ② (*de relógio*) Schlag *m* ③ (*tareia*) Tracht *f* Prügel; **andar à ~ com alguém** sich mit jdm prügeln; **dar uma ~ a alguém** jdm eine Tracht Prügel verabreichen; **apanhar uma ~ de alguém** von jdm eine Tracht Prügel bekommen ④ (*coloq: mania*) Macke *f,* Tick *m*

pancadaria *f* Schlägerei *f*

pâncreas *m* Bauchspeicheldrüse *f*

pançudo *adj* dick

panda *m* Panda *m*

pândega *f* Gaudi *f,* Heidenspaß *m*

pândego *adj* lustig, witzig

pandeireta **I.** *f* (kleines) Tamburin *nt,* Schellentrommel *f* **II.** *mf* Tamburinschläger(in) *m(f),* Tamburinspieler(in) *m(f)*

pandeirista *mf* Tamburinschläger(in) *m(f)*

pandeiro *m* (MÚS) Tamburin *nt;* **tenho a cabeça num ~** mir dröhnt der Kopf

pandémico (*portugal*), **pandêmico** *adj* (*brasil*) allgemein verbreitet

pandemónio (*portugal*), **pandemônio** *m* (*brasil*) Chaos *nt,* Tohuwabohu *nt*

pane *f* (*brasil:* AUTO) Panne, f

panela *f* ① (*para cozinhar*) Kochtopf *m;* **~ de pressão** Dampfkochtopf *m* ② (*de automóvel*) Auspufftopf *m*

paneleiro **I.** *m* (*coloq*) Schwule *m* **II.** *adj* (*coloq*) schwul

panfleto *m* Flugblatt *nt;* (POL) Pamphlet *nt*

pânico *m* Panik *f;* **entrar em ~** in Panik geraten; **estar em ~** in Panik sein

panificação *f* Brotherstellung *f;* **indústria de ~** Bäckereigewerbe *nt*

pano *m* ① (*tecido*) Stoff *m;* (*fig*); **ter ~ para mangas** viel Stoff für etw liefern ② (*trapo*) Tuch *nt,* Lappen *m;* **~ do pó** Staubtuch *nt;* **~ da louça** Geschirrtuch *nt* ③ (*teatro*) Vorhang *m;* **~ de fundo** Kulisse *f,* Hintergrund *m;* **o ~ desce/sobe** der Vorhang fällt/steigt ④ (NÁUT) Segel *nt*

panóplia *f* Rüstung *f*

panorama [pɐnu'rɐmɐ] *m* Panorama *nt*

panorâmico *adj* Panorama ...; **vista panorâmica** Rundblick *m*

panqueca *f* (CULIN) Pfannkuchen *m*

pantanal *m* Sumpfgebiet *nt*

pantanas *fpl* **o quarto está em ~** das Zimmer ist auf den Kopf gestellt

pântano *m* Moor *nt,* Sumpf *m*

pantanoso *adj* sumpfig

panteísmo *m* Pantheismus *m*

panteísta **I.** *mf* Pantheist(in) *m(f)* **II.** *adj* pantheistisch

pantera *f* Panther *m*

pantufa *f* Hausschuh *m*

pão [pãu] <pães> *m* (*geral*) Brot *nt;* (*individual*) Brötchen *nt;* **~ de forma** Kastenbrot *nt;* **~ integral** Vollkornbrot *nt;* **~ de mistura** Mischbrot *nt;* **~ de queijo** (*brasil*) Käsebällchen aus Brandteig *nt;* **~ ralado** Semmelbrösel *pl;* **~ de trigo** Weizenbrot *nt,* Weißbrot *nt;* **estar a ~ e água** von Brot und Wasser leben; **queria cinco pães, por favor!** ich hätte gerne fünf Brötchen

In Portugal gibt es **doçarias** (Süßwaren) und **pão** (Backwaren) in großer Vielfalt. Gehen Sie in eine Konditorei (pastelaria/confeitaria) und schauen Sie sich die Kuchenauslage an. Sie werden bestimmt nicht beim Anschauen bleiben.

Pão-de-Açúcar *m* (GEOG) Zuckerhut *m*

pão-de-ló <pães-de-ló> *m* (CULIN) Biskuit *m*

Pão de queijo ist eine Art Brandteiggebäck mit Käse in der Form von kleinen Brötchen, die aus **polvilho** (Maniokstärke), geriebenem Käse, Öl, Milch und Eiern hergestellt wird. Es wird in Brasilien in Bäckereien, Restaurants, Imbissbuden und Supermärkten verkauft.

pão-duro <pães-duros> **I.** *mf* (*coloq brasil*) Geizkragen *m* **II.** *adj* knauserig, knickerig

pãozinho <pãezinhos> *m* Brötchen *nt*

papa I. *m* (REL) Papst *m* **II.** *f* ❶ (*para bebé*) Brei *m;* **não ter ~s na língua** kein Blatt vor den Mund nehmen ❷ (*coloq: comida*) Essen *nt*

papá *m* (*portugal: coloq*) Papa *m*

papado *m* Papsttum *nt*

papa-formigas *m* (ZOOL) Ameisenbär *m*

papagaio *m* ❶ (ZOOL) Papagei *m* ❷ (*de papel*) Drachen *m;* **lançar um ~** einen Drachen steigen lassen

papaguear *conj como passear* **I.** *vt* nachplappern **II.** *vi* labern

papai *m* (*brasil*) Papa *m;* **Papai Noel** Weihnachtsmann *m*

papaia *f* (*esp portugal*) Papaya *f*

papal <-ais> *adj* päpstlich, Papst ...

papão <-ões> *m* (*coloq*) Schwarze(r) Mann *m*

papar <c→qu> *vi* (*coloq*) essen

paparicar <c→qu> *vt* verwöhnen

paparicos *mpl* Zärtlichkeiten *pl*

paparoca *f* (*coloq*) Essen *nt*

papeira [pɐ'peirɐ] *f* (MED) Kropf *m*

papel [pɐ'pɜl] <-éis> *m* ❶ (*material*) Papier *nt;* **~ de alumínio** Aluminiumfolie *f;* **~ autocolante** selbstklebende Folie; (*brasil*); **~ carbono** Kohlepapier *nt;* **~ de carta** Briefpapier *nt;* **~ de cartucho/de embrulho** Packpapier *nt;* **~ contínuo/sem-fim** Endlospapier *nt;* **~ higiénico** [*o brasil* **higiênico**] Toilettenpapier *nt;* **~ de parede** Tapete *f;* (*brasil:* INFOR) Bildschirmschoner *m;* **~ químico** Kohlepapier *nt;* **~ de rascunho** Konzeptpapier *nt;* **~ reciclado** Umweltschutzpapier *nt;* **~ vegetal** Pauspapier *nt;* (*fig*); **no ~** auf dem Papier, theoretisch ❷ (*teatro, cinema*) Rolle *f;* **desempenhar um ~** eine Rolle spielen; **fazer ~ de parvo** sich dumm stellen

papelada *f* Papiere *pl,* Papierkram *m*

papelão *m* Pappe *f*

papelaria [pɐpəlɐ'riɐ] *f* Schreibwarengeschäft *nt;* **artigos de ~** Schreibwaren *pl*

papeleira *f* Sekretär *m*

papel-moeda *m* Papiergeld *nt*

papelote *m* Lockenwickler *m*

papelucho *m* (*coloq*) Wisch *m*

papiro *m* Papyrus *m*

papo *m* ❶ (*de ave*) Kropf *m* ❷ (*coloq: de pessoa*) Bauch *m;* **isso já está no ~** das habe ich in der Tasche; **ficar de ~ para o ar** faulenzen ❸ (*saliência*) Beule *f* ❹ (*brasil: conversa*) Schwatz *m;* **bater/levar um ~ com alguém** mit jdm plaudern

papões *m pl de* **papão**

papo-furado *m* (*brasil*) (leeres) Geschwätz *nt*

papoila *f* Mohn *m*

papo-seco *m* (*reg*) Brötchen *nt*

papoula *f v.* **papoila**

páprica *f* Paprika *m*

papudo *adj* geschwollen

paquera *f* (*brasil*) Flirt *m*

paquerar I. *vt* (*brasil*) flirten mit **II.** *vi* (*brasil*) flirten

paquete *m* ❶ (NÁUT) Passagierschiff *nt* ❷ (*pessoa*) Laufbursche *m*

paquistanês, -esa I. *m, f* Pakistani *m,* Pakistaner(in) *m(f)* **II.** *adj* pakistanisch

Paquistão *m* Pakistan *nt*

par [par] **I.** *m* (*dois*) Paar *nt;* **aos ~es** paarweise; **sem ~** ohnegleichen; **um ~ de sapatos/brincos** ein Paar Schuhe/Ohrringe; **um ~ de calças** eine Hose; **a ~ de** gegenüber, verglichen mit; **aberto de ~ em ~** sperrangelweit offen; **estar a ~ de a. c.** über etw im Bilde sein; (*de dança*) Partner(in) *m(f);* **o meu ~** mein Partner/meine Partnerin **II.** *adj* (*número*) gerade

para ['pɐrɐ] *prep* ❶ (*direcção*) nach +*dat,* an +*ac,* a +*ac;* **~ baixo** hinunter; **~ cima** hinauf; **~ dentro** hinein; **~ fora** hinaus; **~ casa** nach Hause; **ela vem ~ minha casa** sie kommt zu mir; **eu vou ~ Lisboa/França** ich fahre nach Lissabon/Frankreich; **vai ~ a janela!** geh an das Fenster!; **o livro caiu ~ o tapete** das Buch ist auf den Teppich gefallen; **~ o campo/a cidade** auf das Land/in die Stadt ❷ (*finalidade*) zu; (*em proveito de*) für; **não tenho dinheiro ~ isso** ich habe kein Geld dafür; **~ quê?** wozu?, wofür?; **~ isso** dazu, dafür; **isto é ~ limpar o chão** das ist zum Boden putzen; **não estou ~**

isso! ich habe keine Lust dazu! ③ (*a fim de*) um ... zu ...; ~ **que** damit; **eu trabalho ~ pagar as contas** ich arbeite, um die Rechnungen bezahlen zu können; **eu telefonei ~ que saibas tudo** ich habe angerufen, damit du über alles Bescheid weißt ④ (*temporal*) für; ~ **sempre** für immer; ~ **a semana/o ano** nächste Woche/nächstes Jahr; **lá ~ as dez horas** gegen zehn Uhr ⑤ (*sentimento, atitude*) ~ **com** gegenüber ⑥ (*proporcionalidade*) zu; **à escala de 10 ~ 1** im Maßstab 10 zu 1 ⑦ (*medicamento*) gegen; **um xarope ~ a tosse** ein Sirup gegen Husten

Pará *m* (*brasil*) Pará (*Bundesstaat im Norden Brasiliens*)

pára *3. pres de* **parar**

parabenizar *vt* (*brasil*) beglückwünschen

parabéns [pɐrɐ'bãiʃ] *mpl* Glückwunsch *m;* **dar (os) ~ a alguém por a. c.** jdn zu etw beglückwünschen; **(muitos) ~!** herzlichen Glückwunsch!

parábola *f* Parabel *f*

parabólica *f* (*antena*) Parabolantenne *f;* (*coloq*) Schüssel *f*

pára-brisa (*brasil*), **pára-brisas** *m* (*portugal*) Windschutzscheibe *f*

pára-choque (*brasil*), **pára-choques** *m* (*automóvel*) Stoßstange *f;* (*caminhos-de-ferro*) Puffer *m*

parada [pa'radɐ] **I.** *adj f de* **parado II.** *f* ① (MIL) Parade *f* ② (*de jogo*) Einsatz *m* ③ (*brasil: de ônibus*) Haltestelle *f*

paradeiro *m* Aufenthaltsort *m*

paradigma *m* Paradigma *nt*

paradisíaco *adj* paradiesisch, himmlisch

parado [pɐ'radu] *adj* ① (*pessoa*) **estar ~** stehen; **ficar ~** stehen bleiben ② (*actividade*) eingestellt, unterbrochen; (*fábrica*) stillgelegt; (*máquina*) außer Betrieb; (*carro*) stehend; **o caso está mal ~** es sieht schlecht aus

paradoxal <-ais> *adj* paradox, widersinnig

paradoxo *m* Paradox *nt,* Widerspruch *m*

paraense (*brasil*) **I.** *mf* Einwohner(in) *m(f)* des Bundesstaates Pará **II.** *adj* (*especialidade*) aus Pará; (*instituto*) in Pará

parafina *f* Paraffin *nt*

paráfrase *f* (LING) Paraphrase *f,* Umschreibung *f*

parafrasear *conj como passear vt* (*falando*) frei wiedergeben; (*escrevendo*) umschreiben

parafuso [pɐrɐ'fuzu] *m* Schraube *f;* (*coloq*); **ter um ~ a menos** eine Schraube locker haben

paragem [pɐ'raʒãi] *f* ① (*acção de parar*) Halten *nt,* Anhalten *nt* ② (*portugal, africa: de autocarro*) Haltestelle *f*

paragens *fpl* (*região*) Gegend *f;* **nestas ~** in dieser Gegend

parágrafo *m* ① (*de um texto*) Absatz *m,* Abschnitt *m* ② (*de artigo, lei*) Paragraph *m*

Paraguai *m* Paraguay *nt*

paraguaio, -a I. *m, f* Paraguayer(in) *m(f)* **II.** *adj* paraguayisch

Paraíba *f* (*brasil*) Paraíba (*Bundesstaat im Nordosten Brasiliens*)

paraibano, -a (*brasil*) **I.** *m, f* Einwohner(in) *m(f)* des Bundesstaates Paraíba **II.** *adj* (*especialidade*) aus Paraíba; (*instituto*) in Paraíba

paraíso *m* Paradies *nt*

pára-lama (*brasil*), **pára-lamas** *m* (*portugal: de automóvel*) Kotflügel *m;* (*de bicicleta*) Schutzblech *nt*

paralela *f* (MAT) Parallele *f*

paralelamente *adv* gleichzeitig

paralelas *fpl* (DESP) Barren *m*

paralelepípedo *m* ① (*de pavimento*) Pflasterstein *m* ② (*figura geométrica*) Parallelflach *nt*

paralelo I. *m* (*coloq: de pavimento*) Pflasterstein *m* **II.** *adj* ① (*linha, rua*) parallel (*a* zu) ② (*actividade*) gleichzeitig, parallel

paralisação <-ões> *f* ① (*de processo, actividade*) Lähmung *f,* Behinderung *f* ② (*dos músculos*) Lähmung *f*

paralisado *adj* ① (*pessoa, membros*) gelähmt ② (*processo*) lahmgelegt

paralisar I. *vt* (*os músculos*) lähmen; (*um processo*) lähmen, behindern; (*uma actividade*) zum Erliegen bringen; (*o trânsito*) lahmlegen **II.** *vi* (*actividade, processo*) stocken

paralisia [pɐrɐlə'ziɐ] *f* (MED) Lähmung *f,* Paralyse *f;* ~ **cerebral** Gehirnlähmung *f*

paralítico, -a I. *m, f* (MED) Paralytiker(in) *m(f)* **II.** *adj* (MED) paralytisch, gelähmt

paralogismo *m* (FILOS) Fehlschluss *m,* Paralogismus *m*

paramédico, -a *m, f* Sanitäter(in) *m(f)*

parâmetro *m* Parameter *m*

paramilitar *adj* paramilitärisch

Paraná *m* (*brasil*) Paraná (*Bundesstaat im Süden Brasiliens*)

paranaense (*brasil*) **I.** *mf* Einwohner(in) *m(f)* des Bundesstaates Paraná **II.** *adj* (*especialidade*) aus Paraná; (*instituto*) in Paraná

paranóia *f* Paranoia *f*

paranóico, -a **I.** *m, f* Paranoiker(in) *m(f)* **II.** *adj* paranoisch

para-olimpíadas *fpl* (DESP) Paralympics *pl*

parapeito *m* Fensterbank *f*

parapente [parɐ'pɛ̃ntə] *m* Gleitschirmfliegen *nt*, Paragliding *nt*

paraplegia *f* (MED) Querschnittslähmung *f*

paraplégico, -a [pɐrɐ'plɜʒiku] **I.** *m, f* (MED) Querschnittsgelähmte **II.** *adj* querschnittsgelähmt

parapsicóloga *f v.* **parapsicólogo**

parapsicologia *f* Parapsychologie *f*

parapsicólogo, -a *m, f* Parapsychologe, Parapsychologin *m, f*

pára-quedas *m* Fallschirm *m*

pára-quedismo *m* Fallschirmspringen *nt*

pára-quedista *mf* Fallschirmspringer(in) *m(f)*

parar [pɐ'rar] **I.** *vt* (*o trânsito*) anhalten, stoppen; (*um processo*) unterbrechen, stoppen; (*uma máquina*) abstellen, anhalten **II.** *vi* (*carro*) halten; (*pessoa, relógio, máquina*) stehen bleiben; (*processo, trânsito*) stocken; (*barulho*) aufhören; **sem ~** ununterbrochen; **ir ~ a** landen in/auf; **mandar alguém ~** jdn anhalten; **~ de fazer a. c.** mit etw aufhören; **pára com isso!** hör auf damit!

pára-raios *m* Blitzableiter *m*

parasita **I.** *m* ① (BIOL) Parasit *m* ② (*pessoa*) Schmarotzer *m* **II.** *adj* ① (BIOL) parasitär ② (*pessoa*) schmarotzerhaft; **ruído ~** Störgeräusch *nt*

pára-sol *m* Sonnenschirm *m*

pára-vento *m* ① (*divisória*) spanische Wand *f* ② (*para a praia*) Windschutz *m*

parca *adj f de* **parco**

parcamente *adv* spärlich, einfach

parceiro, -a *m, f* (*amoroso, de negócios, político*) Partner(in) *m(f)*; (*em brincadeira*) Mitspieler(in) *m(f)*

parcela *f* ① (*em soma*) Summand *m* ② (*de terreno*) Parzelle *f* ③ (*dos lucros*) Anteil *m*

parcelamento *m* (*de terras*) Aufteilung *f*, Parzellierung *f*

parceria *f* Partnerschaft *f*; (ECON) Konsortium *nt*

parcial <-ais> *adj* ① (*em parte*) partiell, Teil... ② (*pessoa*) parteiisch

parcialidade *f* Parteilichkeit *f*

parcialmente *adv* teilweise, partiell

parco *adj* (*escasso*) knapp, spärlich; (*refeição*) karg

parcómetro *m* Parkuhr *f*

parda *adj f de* **pardo**

pardacento *adj* dunkelgrau

pardal <-ais> *m* (ZOOL) Spatz *m*

pardieiro *m* baufällige(s) Haus *nt*

pardo *adj* grau, dunkelgrau

pareça *1./3. pres subj de* **parecer**

parecença *f* Ähnlichkeit *f*; **ter ~s com alguém/a. c.** Ähnlichkeit mit jdm/etw haben

parecer <c→ç> **I.** *m* (*opinião*) Meinung *f*, Ansicht *f*; **dar o seu ~** seine Meinung äußern; (*escrito*) Gutachten *nt* **II.** *vt* aussehen wie, ähneln; **ela parece a mãe** sie sieht aus wie ihre Mutter **III.** *vi* (*aparentar*) aussehen, wirken; **ela parece** (**ser**) **feliz** sie wirkt glücklich; **ele parece doente** er sieht krank aus; (*afigurar-se*) scheinen, aussehen; **pareceu-me estranho** es kam mir sonderbar vor; **parece que ...** es sieht so aus, als ob ...; **parece-me que ...** es scheint mir, dass ...; **que lhe parece?** was halten Sie davon?; **ao que parece ...** offenbar ...; **parece que vai chover** es sieht nach Regen aus; **não me parece que ela esteja interessada** sie scheint mir nicht interessiert zu sein; **parece-me que sim/não** ich glaube ja/nein **IV.** *vr* sich ähneln; **~-se com alguém/a. c.** jdm/etw ähneln

parecido *adj* ähnlich; **ser ~ com alguém/a. c.** jdm/etw ähnlich sein; **bem ~** gut aussehend

pareço *1. pres de* **parecer**

paredão <-ões> *m* Felswand *f*

parede [pɐ'redə] *f* Wand *f*; **as ~s têm ouvidos!** die Wände haben Ohren!; **~s meias com** Wand an Wand mit

paredões *m pl de* **paredão**

parelha *f* (*de cavalos, pessoas*) Gespann *nt*; **fazer ~** zueinander passen

parente **I.** *mf* Verwandte; **um ~ afastado/próximo** ein entfernter/naher Verwandter **II.** *adj* verwandt (*de* mit)

parentesco *m* Verwandtschaft *f*

parêntese *m* Klammer *f*; **abrir ~s!** Klammer auf!; **fechar ~s!** Klammer zu!; **~ angular/curvo/recto** [*o brasil* **reto**] spitze/runde/

P

eckige Klammer; **pôr a. c. entre ~s** etw in Klammern setzen
parêntesis *m v.* **parêntese**
pargo *m* (ZOOL) Meerbrasse *f*
paridade *f* (*igualdade*) Gleichheit *f;* (*semelhança*) Ähnlichkeit *f*
parideira *adj* (ZOOL) fruchtbar
parietal <-ais> *adj* (ANAT) **osso ~** Scheitelbein *nt*
parir **I.** *vt* werfen **II.** *vi* werfen
Paris *f* Paris *nt*
parisiense **I.** *mf* Pariser(in) *m(f)* **II.** *adj* Pariser
parlamentar **I.** *mf* Parlamentsmitglied *nt,* Abgeordnete **II.** *adj* parlamentarisch
parlamento *m* Parlament *nt;* **Parlamento Europeu** Europaparlament *nt*

Das wichtigste Regierungsgremium in Portugal ist **Parlamento** – das Parlament. Es ist eine aus einer Kammer bestehende Versammlung der Republik (Assembleia da República). Die 230 Abgeordneten werden nach dem Verhältniswahlrecht für eine Amtszeit von vier Jahren gewählt.

parmesão *adj* **queijo ~** Parmesankäse *m*
pároco *m* Pfarrer *m*
paródia *f* Parodie *f*
parolice *f* Geschmacklosigkeit *f*
parolo, -a (*portugal*) **I.** *m, f* Vogelscheuche *f* **II.** *adj* kitschig, geschmacklos
parónimo (*portugal*), **parônimo** *m* (*brasil:* LING) stammverwandte(s) Wort *nt*
paróquia *f* ① (*zona*) Pfarrei *f,* Pfarrbezirk *m* ② (*comunidade*) Gemeinde *f*
paroquial <-ais> *adj* Gemeinde ..., Pfarr ...
paroquiano, -a **I.** *m, f* Gemeindemitglied *nt* **II.** *adj* Gemeinde ...
parque ['parkə] *m* ① (*terreno*) Park *m;* **~ de campismo** Campingplatz *m;* **~ de diversões** Vergnügungspark *m;* **~ eólico** Windpark *m;* **~ de estacionamento** Parkplatz *m;* **~ infantil** Spielplatz *m* ② (*de bebé*) Laufstall *m*
parquet *m* Parkett *nt*
parquímetro *m* Parkuhr *f*
parra *f* Weinblatt *nt;* **muita ~ e pouca uva** viel Geschrei um nichts
parracho *m* (ZOOL) Steinbutt *m*
parte ['partə] *f* ① (*de um todo*) Teil *m;* (*quota-parte*) Anteil *m;* **~ integrante** Bestandteil *m;* **em ~** zum Teil, teilweise; (*de filme*); **a primeira/segunda ~** der erste/zweite Teil; (*futebol*) die erste/zweite Halbzeit; **na maior ~ das vezes** meistens; **uma grande ~ das pessoas** ein Großteil der Leute; **em grande ~** größtenteils ② (*local*) Ort *m;* (*região*) Gegend *f;* **em qualquer ~** irgendwo; **em ~ nenhuma/alguma** nirgendwo, nirgends; **para qualquer ~** irgendwohin; **de qualquer ~** irgendwoher; **em toda a ~** überall; (*coloq*); **mandar alguém àquela ~** jdn zum Teufel schicken ③ (*lado*) Seite *f;* **pela minha ~** meinerseits, von mir aus; **da/por ~ de alguém** von jdm; **de ~ a ~** gegenseitig; **pôr a. c. de ~** etw beiseitelegen; **pôr alguém de ~** jdn nicht beachten; **à ~** extra, gesondert ④ (DIR: *de litígio*) Partei *f;* (*de contrato*) Vertragspartner *m* ⑤ (*participação*) **tomar ~ em** teilnehmen an *+dat;* **fazer ~ de** gehören zu *+dat;* **dar ~ de alguém** (**à polícia**) jdn (bei der Polizei) anzeigen
parteira *f* Hebamme *f*
participação <-ões> *f* ① (*comunicação*) Mitteilung *f,* Benachrichtigung *f;* (*à polícia*) Anzeige *f* ② (*em acontecimento*) Teilnahme *f* (*em* an), Beteiligung *f* (*em* an) ③ (*financeira*) Beteiligung *f*
participante *mf* Teilnehmer(in) *m(f)* (*em* an); (*colaborador*) Beteiligte (*em* an)
participar [pɐrtəsi'par] **I.** *vt* mitteilen; (*à polícia*) anzeigen **II.** *vi* teilnehmen (*em* an); (*colaborar*) sich beteiligen (*em/de* an); (*coloq*) mitmachen (*em/de* bei); **~ nas aulas** sich am Unterricht beteiligen
particípio *m* (LING) Partizip *nt*
partícula *f* ① (*fragmento*) Stückchen *nt,* Teilchen *nt* ② (LING) Partikel *f*
particular [pɐrtiku'lar] **I.** *mf* Privatperson *f* **II.** *adj* ① (*pessoal*) persönlich; **assuntos ~es** persönliche Angelegenheiten ② (*privado*) privat; **clínica ~** Privatklinik *f;* **falar com alguém em ~** sich mit jdm privat unterhalten ③ (*especial*) besondere(r, s); **em ~** insbesondere, besonders ④ (*peculiar*) eigentümlich
particularidade *f* Eigenheit *f,* Eigentümlichkeit *f;* (*especialidade*) Besonderheit *f*
particularmente *adv* besonders, insbesondere
partida [pɐr'tidɐ] **I.** *adj f de* **partido** **II.** *f* ① (*viagem*) Abreise *f,* Aufbruch *m;* (*de comboio*) Abfahrt *f;* (*de avião*) Abflug *m;* (DESP)

Start *m;* **estar de ~** vor der Abreise stehen ❷ (*de xadrez, futebol*) Spiel *nt* ❸ (*brincadeira*) Streich *m;* **pregar uma ~ a alguém** jdm einen Streich spielen

partidário, -a **I.** *m, f* Anhänger(in) *m(f)* **II.** *adj* Partei ...

partido [pɐr'tidu] **I.** *pp de* **partir** **II.** *m* (POL) Partei *f;* **tomar o ~ de alguém** für jdn Partei ergreifen; (*proveito*) Nutzen *m;* **tirar ~ de a. c.** Nutzen aus etw ziehen; (*conveniência*) Partie *f;* **ele/ela é um bom ~** er/sie ist eine gute Partie **III.** *adj* zerbrochen

Die wichtigsten politischen Parteien Portugals sind **Partido Socialista** (PS, Sozialistische Partei), **Partido Social Democrata** (PSD, Partei der Sozialdemo-kraten), **Coligação Democrática Unitária** (CDU, Vereinigte Demokratische Union) und **Partido Popular** (CDS/PP).

partilha *f* Teilung *f;* (*de herança*) Erbteilung *f;* **fazer as ~s** das Erbe teilen

partilhar **I.** *vt* teilen (*com* mit) **II.** *vi* teilen (*de*); **~ da mesma opinião** eine Meinung teilen; **~ dos mesmos gostos** denselben Geschmack haben

partir [pɐr'tir] **I.** *vt* ❶ (*portugal: quebrar*) zerbrechen; (*uma perna*) brechen ❷ (*dividir*) teilen; **~ ao meio** halbieren ❸ (*pão, carne*) schneiden **II.** *vi* ❶ (*quebrar-se*) zerbrechen ❷ (*de viagem*) abreisen; (*avião*) abfliegen; (*comboio, automóvel*) abfahren

partitivo *adj* (LING) partitiv

partitura *f* (MÚS) Partitur *f*

parto *m* ❶ (*mulher*) Entbindung *f,* Geburt *f;* **~ prematuro** Frühgeburt *f;* **entrar/estar em trabalho de ~** Wehen bekommen/in den Wehen liegen ❷ (*animal*) Werfen *nt*

parturiente **I.** *f* Gebärende *f;* (*que acaba de dar à luz*) Wöchnerin *f* **II.** *adj* gebärend

parvo, -a ['parvu] **I.** *m, f* (*burro*) Dummkopf *m,* Blödmann *m;* (*idiota*) Idiot(in) *m(f)* **II.** *adj* blöd, doof

parvoíce *f* Blödsinn *m,* Quatsch *m*

parvónia *f* (*portugal: coloq*) Ende *nt* der Welt; **na ~** dort, wo sich Fuchs und Hase gute Nacht sagen

pascácio *adj* (*coloq*) beschränkt

pascal <-ais> *adj* österlich, Oster ...

Páscoa ['paʃkwɐ] *f* Ostern *nt;* **na ~** an/zu Ostern

pasma *adj f de* **pasmo**

pasmaceira *f* Faulenzerei *f*

pasmado *adj* verblüfft (*com* über)

pasmar *vt* verblüffen

pasmo *m* Verblüffung *f,* Staunen *nt*

paspalhão, -ona <-ões, -onas> *m, f* Trottel *m,* Depp *m*

passa *f* ❶ (*uva*) Rosine *f* ❷ (*coloq: de cigarro*) Zug *m;* **dar uma ~ no cigarro** an der Zigarette ziehen

passada [pɐ'sadɐ] **I.** *adj f de* **passado** **II.** *f* Schritt *m;* **dar uma ~** einen Schritt machen

passadeira *f* ❶ (*tapete*) Läufer *m* ❷ (*portugal: para peões*) Zebrastreifen *m;* **atravessar na ~** den Zebrastreifen benutzen

passado [pɐ'sadu] **I.** *m* Vergangenheit *f* **II.** *adj* ❶ (*temporal*) vergangen, letzte(r, s); **no ano ~** im vergangenen Jahr; **na semana passada** in der letzten Woche; **~s três dias** nach drei Tagen ❷ (CULIN: *sopa*) passiert; (*carne*); **bem ~** durchgebraten; (*carne*); **mal ~** nicht ganz durchgebraten ❸ (*coloq: tolo*) verrückt, durchgedreht; (*espantado*) baff, verdattert

passador[1] <-es> *m* Passiergerät *nt;* (*coador*) Durchschlag *m,* Sieb *nt*

passador(a)[2] *m(f)* (*coloq: de droga*) Dealer(in) *m(f)*

passageiro, -a [pɐsɐ'ʒeiru] **I.** *m, f* (*de autocarro, comboio*) Fahrgast *m;* (*de avião*) Passagier *m,* Fluggast *m;* (*de automóvel*) Insasse, Insassin *m, f* **II.** *adj* vorübergehend, vergänglich

passagem [pɐ'saʒãi] <-ens> *f* ❶ (*acção de passar*) Passieren *nt,* Durchreise *f;* **~ de ano** (*portugal*) Silvester *nt;* **estar de ~** auf der Durchreise sein; **dar ~ a alguém** jdn vorbeilassen; **diga-se de ~** nebenbei bemerkt ❷ (*travessia*) Überqueren *f;* (*de barco*) Überfahrt *f* ❸ (*lugar*) Durchgang *m,* Passage *f;* **~ de nível** Bahnübergang *m;* (*brasil*); **~ de pedestres** Fußgängerüberweg *m;* **~ subterrânea** Unterführung *f* ❹ (*bilhete*) Ticket *nt;* (*de avião*); **~ de ida e volta** Rückflugticket *nt* ❺ (*em livro*) Passage *f,* Abschnitt *m* ❻ (*acontecimento*) Vorfall *m*

passamanaria *f* (*obra*) Posamentierarbeit *f*

passamanes *mpl* Posament *nt,* Besatz *m*

passaporte [pasɐ'pɔrtə] *m* Pass *m,* Reisepass *m*

passar [pɐ'sar] **I.** *vt* ❶ (*atravessar*) überqueren ❷ (*trespassar*) durchziehen (*por* durch)

P

③ (*exceder*) überschreiten ④ (*um objecto*) weitergeben (*a* an); (*chegar*) reichen (*a*); **passa-me a manteiga por favor** reich mir bitte die Butter ⑤ (*uma chamada*) durchstellen ⑥ (*a roupa*) bügeln ⑦ (*um cheque, recibo*) ausstellen ⑧ (*um negócio*) übertragen ⑨ (*tempo*) verbringen; ~ **o Natal/as férias no Brasil** Weihnachten/die Ferien in Brasilien verbringen; ~ **a noite** übernachten; ~ **o dia a trabalhar** den ganzen Tag arbeiten ⑩ (*escrever*) abschreiben; ~ **a. c. a limpo** etw ins Reine schreiben ⑪ (*sofrer*) leiden; (*coloq*) durchmachen; ~ **fome** Hunger leiden, hungern; **ele passou muito na guerra** er hat im Krieg viel gelitten ⑫ (*música*) auflegen ⑬ (CULIN: *batata, sopa*) passieren; (*carne*) durchdrehen ⑭ (*pomada*) verstreichen (*em* in); (*um pano, uma esponja*) darüberwischen mit; ~ **a. c. por água** etw ausspülen/abspülen ⑮ (*coloq: droga*) dealen mit **II.** *vi* ① (*perto*) vorbeigehen, vorübergehen; **ele passou aqui agora mesmo** er ist gerade hier vorbeigegangen; **passa lá em casa!** komm doch mal bei mir vorbei! ② (*por região; atravessar*) fahren (*por* durch), reisen (*por* durch); (*em viagem*) kommen (*por* über), fahren (*por* über) ③ (*acabar, desaparecer*) vorübergehen, aufhören; **o pior já passou** das Schlimmste haben wir hinter uns; **isso passa!** das geht vorbei!; ~ **de moda** aus der Mode kommen ④ (*tempo*) vergehen ⑤ (*ser aprovado*) bestehen; (*em assembleia*) angenommen werden; ~ **num exame** eine Prüfung bestehen ⑥ (*trespassar*) durchgehen (*por* durch); (*líquido, frio*) durchdringen; **este casaco deixa ~ a água/o frio** diese Jacke ist Wasser durchlässig/Kälte durchlässig ⑦ (*exceder*) ~ **de** hinausgehen über; ~ **dos 50 anos** über 50 Jahre alt sein; **já passa das dez (horas)** es ist schon nach zehn (Uhr) ⑧ (*saúde*) gehen; **como tem passado?** wie geht es Ihnen?; **ele passou mal ontem à noite** letzte Nacht ging es ihm schlecht ⑨ (*tornar-se*) werden; ~ **a ser** werden; ~ **a ser fiel** treu werden; ~ **a ser um amigo** zu einem Freund werden ⑩ (*transitar*) gehen; **ele passou para o partido oposto** er ist zur gegnerischen Partei übergewechselt; ~ **à frente de alguém** jdn überholen, sich vor jdn stellen; (*na escola*); ~ **de ano** versetzt werden; ~ **pela cabeça** durch den Kopf gehen ⑪ (*situação desagradável*) ~ **por** durchmachen, durchleben ⑫ (*aparentar*) ~ **por** durchgehen als; **fazer-se ~ por alguém** sich als jd anders ausgeben ⑬ (*prescindir de*) ~ **sem a. c.** ohne etw auskommen, auf etw verzichten können; **eu já não passo sem o computador** ich komme nicht mehr ohne Computer aus **III.** *vr* ① (*acontecer*) geschehen, passieren; (*realizar-se*) stattfinden; **o que é que se passou aqui?** was ist hier passiert?; **o que é que se passa?** was ist los?; **aqui não se passa nada** hier ist nichts los; **a história passa-se no século XIX** die Geschichte spielt im 19. Jahrhundert ② (*coloq: enfurecer-se*) ausrasten; **ele passou-se quando lhe contei a história** er ist ausgerastet, als ich ihm die Geschichte erzählte ③ (*coloq: espantar-se*) erschrecken (*com* über)

passarela *f* Laufsteg *m*

pássaro *m* Vogel *m*

passatempo *m* Zeitvertreib *m*

passe ['pasə] *m* ① (*cartão*) Passierschein *m;* (*transportes públicos*) Monatskarte *f,* Jahreskarte *f;* ~ **diário** Tageskarte *f;* ~ **de estudante** Semesterticket *nt;* ~ **social** Seniorenkarte *f* ② (DESP) Pass *m,* Zuspiel *nt*

passear [pɐ'sjar] **I.** *vt* spazieren führen; ~ **o cão** mit dem Hund spazieren gehen **II.** *vi* (*a pé*) spazieren gehen; (*de carro*) spazieren fahren; **mandar alguém ~** jdn zum Teufel schicken; **vai ~!** geh hin, wo der Pfeffer wächst!

passeata *f* ① (*pequeno passeio*) Bummel *m,* Runde *f* ② (*brasil: marcha colectiva*) Protestmarsch *m*

passeio [pɐ'seju] *m* ① (*a pé*) Spaziergang *m;* (*de carro*) Spazierfahrt *f;* (*a pé*); **dar um ~** einen Spaziergang machen, spazieren gehen; (*de carro*) spazieren fahren ② (*excursão*) Ausflug *m;* ~ **da escola** Schulausflug *m* ③ (*portugal: para peões*) Bürgersteig *m,* Gehweg *m*

passe-partout *m* Wechselrahmen *m*

passe-vite *m* (*para carne*) Fleischwolf *m;* (*para batata, legumes*) Passiersieb *nt*

passional <-ais> *adj* leidenschaftlich; **crime ~** Verbrechen aus Leidenschaft

passista *mf* (*brasil*) *Tänzer einer Sambaschule auf der Karnevalsparade*

passiva I. *adj f de* **passivo II II.** *f* (LING) Passiv *nt*

passível <-eis> *adj* empfindsam; **ser ~ de**

... ... werden können; **ser ~ de acontecer** passieren können; **ser ~ de crítica** kritisiert werden können; **isso é ~ de ser encontrado** das ist auffindbar

passividade *f* Passivität *f*

passivo **I.** *m* (ECON) Passiva *pl* **II.** *adj* passiv

passo ['pasu] *m* ❶ (*ao andar*) Schritt *m;* **dar um ~** einen Schritt machen; **a ~** langsam, gemächlich; **ao ~ que** während, wohingegen; **a dois ~s** gleich um die Ecke; **dar um ~ em falso** einen Fauxpas begehen; **nem mais um ~!** und keinen Schritt weiter!; **ouvir ~s** Schritte hören; **~ a ~** Schritt für Schritt; **o primeiro ~** der erste Schritt ❷ (*pegada*) Fußstapfen *m,* Fußspur *f;* **seguir os ~s de alguém** in jds Fußstapfen treten

pasta *f* ❶ (*substância*) Paste *f,* Brei *m;* **~ dentífrica/de dentes** Zahnpasta *f* ❷ (*para documentos*) Mappe *f,* Ordner *m;* (*com asa*) Aktentasche *f;* (INFOR) Ordner *m;* **~ de arquivo** Aktenordner *m* ❸ (*de ministro*) Geschäftsbereich *m* ❹ (*coloq: dinheiro*) Knete *f,* Kohle *m*

pastagem <-ens> *f* Weide *f*

pastar **I.** *vt* fressen **II.** *vi* ❶ (*animal*) weiden, grasen ❷ (*coloq: preguiçar*) faulenzen, sich auf die faule Haut legen

pastel <-éis> **I.** *m* (*de massa folhada*) Pastete *f;* (*bolo*) Kuchen *m;* **~ de carne** Fleischpastete *f;* (*pintura*) Pastell *nt;* (*coloq: dinheiro*) Knete *f,* Kohle *f* **II.** *adj inv* (*cor*) Pastell ...

pastelão <-ões> *m* (CULIN) gefüllte Teigpastete *f*

pastelaria [pɐʃtəlɐ'riɐ] *f* (*portugal*) Konditorei *f*

> Eine portugiesische **pastelaria** oder **confeitaria** ist eine Konditorei und entspricht in etwa dem deutschen Café. Besonders empfehlenswert sind hier galão – ein starker Kaffee mit Milch, der in einem hohen, schmalen Glas serviert wird, und dazu das sehr schmackhafte süße Gebäck. Eine Sache ist hier tabu (dies gilt auch für cafés, restaurantes usw.): Setzen Sie sich zu niemandem an den Tisch, auch wenn es sonst keinen Platz gibt!

pasteleiro, -a *m, f* Konditor(in) *m(f)*

pastelões *m pl de* **pastelão**

pasteurização *f* Pasteurisierung *f*

pasteurizado *adj* pasteurisiert

pastilha *f* ❶ (*para chupar*) Pastille *f,* Lutschtablette *f;* **~ elástica** Kaugummi *m* ❷ (INFOR) Chip *m* ❸ (*coloq: música*) Techno *m*

pasto *m* Viehfutter *nt,* Gras *nt;* **casa de ~** einfache Gaststätte *f*

pastor(a) <-es> *m(f)* ❶ (*de ovelhas*) Schäfer(in) *m(f);* (ZOOL); **~ alemão** (Deutscher) Schäferhund *m* ❷ (REL) Pastor(in) *m(f)*

pastoril <-is> *adj* Schäfer ..., Hirten ...

pastoso *adj* klebrig

pata *f* ❶ (*de animal*) Bein *nt,* Fuß *m;* (*de cão*) Pfote *f;* (*de gato*) Tatze *f;* (*de ave*) Klaue *f;* **~ dianteira** Vorderbein *nt;* **~ traseira** Hinterbein *nt* ❷ (*pej: de pessoa*) Fuß *m,* Hachse *f;* **tira as ~s daí!** nimm die Hachsen da weg!

patada *f* Fußtritt *m;* **dar uma ~ a alguém** jdm einen Fußtritt verpassen

patamar <-es> *m* Treppenabsatz *m*

patavina *f* (*coloq*) **não perceber ~** nur Bahnhof verstehen

patê *m* Paste *f;* **~ de fígado** Leberpastete *f;* **~ vegetal** vegetarische Pastete *f,* vegetarischer Brotaufstrich *m*

patego, -a *m, f* (*coloq*) Dussel *m,* Depp *m*

patela *f* ❶ (*jogo*) Wurfspiel *nt* ❷ (*disco*) Wurfscheibe *f*

patente **I.** *f* (ECON) Patent *nt;* **regist(r)ar a ~** ein Patent anmelden; (MIL) Rang *m* **II.** *adj* offensichtlich, offenkundig

patentear *conj como passear vt* ❶ (*um invento*) patentieren ❷ (*mostrar*) zeigen, vorzeigen

paternal <-ais> *adj* väterlich; **amor ~** väterliche Liebe

paternidade *f* Vaterschaft *f*

paterno *adj* väterlich, Vater ...; **o avô ~** der Großvater väterlicherseits

pateta **I.** *mf* Dummkopf *m,* Schafskopf *m* **II.** *adj* dumm, dusselig

patetice *f* Dummheit *f*

patético *adj* ergreifend, mitreißend

patifaria *f* Gemeinheit *f*

patife *m* Schuft *m,* Schurke *m*

patilhas *fpl* (*portugal: barba*) Koteletten *pl*

patim <-ins> *m* (*de gelo*) Schlittschuh *m;* (*com rodas*) Rollschuh *m;* **~ em linha** Inliner *m;* **andar de patins** Rollschuh laufen; (*em gelo*) Schlittschuh laufen

patinador(a) <-es> *m(f)* (*no gelo*) Schlittschuhläufer(in) *m(f);* (*com rodas*) Rollschuhläufer(in) *m(f)*

P

patinagem *f* (*no gelo*) Eislaufen *nt,* Schlittschuhlaufen *nt;* ~ **artística** Eiskunstlauf *m*
patinar *vi* ① (*com patins*) Rollschuh laufen; (*no gelo*) Schlittschuh laufen, eislaufen ② (*derrapar*) ausrutschen
patinete *m* (*brasil*) Skateboard *nt*
patinhar **I.** *vt* Fußspuren hinterlassen auf **II.** *vi* planschen
patinho *m* ① (*pato*) Entchen *nt* ② (*pessoa*) Trottel *m,* Doofkopf *m;* (*coloq*); **cair que nem um** ~ auf alles reinfallen
patins *m pl de* **patim**
pátio ['patju] *m* Hof *m;* ~ **interior** Innenhof *m*
pato, -a *m, f* (*espécie, fêmea*) Ente *f;* (*macho*) Enterich *m,* Erpel *m*
patogénico (*portugal*), **patogênico** *adj* (*brasil*) krankheitserregend, pathogen
patologia *f* Pathologie *f*
patológico *adj* krankhaft, pathologisch
patologista *mf* Pathologe, Pathologin *m, f*
patranha *f* faustdicke Lüge *f*
patrão, patroa <-ões, -oas> *m, f* Arbeitgeber(in) *m(f)*
pátria ['patrjɐ] *f* ① (*terra natal*) Heimat *f* ② (*mãe-pátria*) Vaterland *nt;* (*de colónia*) Mutterland *nt*
patriarca *m* Patriarch *m*
património (*portugal*), **patrimônio** *m* (*brasil*) Erbe *nt;* ~ **do Estado** Staatseigentum *nt;* ~ **nacional** öffentliches Eigentum; ~ **mundial** Weltkulturerbe *nt*
patriota *mf* Patriot(in) *m(f)*
patriótico *adj* patriotisch
patriotismo *m* Patriotismus *m,* Vaterlandsliebe *f*
patroa *f* (*coloq*) *v.* **patrão**
patrocinador(a) <-es, -as> *m(f)* Schirmherr(in) *m(f),* Sponsor(in) *m(f)*
patrocinar *vt* ① (*promover*) fördern, unterstützen ② (*com fundos*) sponsern
patrocínio *m* Schirmherrschaft *f,* Sponsoring *nt*
patrões *m pl de* **patrão**
patrona *f v.* **patrono**
patronal <-ais> *adj* Arbeitgeber ...
patronato *m* Arbeitgeberschaft *f,* Arbeitgeber *pl*
patrono, -a *m, f* Schutzpatron(in) *m(f)*
patrulha *f* Polizeistreife *f;* (MIL) Patrouille *f*
patrulhar **I.** *vt* Streife fahren in **II.** *vi* patrouillieren, Streife fahren
patuscada *f* Essen *nt*
patusco *adj* lustig
pau *m* ① (*de madeira*) Stock *m,* Stab *m;* ~ **de vassoura** Besenstiel *m;* (*coloq*); ~ **para toda a obra** Mädchen für alles ② (*coloq: dinheiro,* HIST) Escudo *m;* **quinhentos ~s** fünfhundert Escudos
pau-brasil <paus-brasil *o* paus-brasis> *m* Palisander *m*
paulada *f* Schlag *m* mit einem Stock, Stockschlag *m*
paulista (*brasil*) **I.** *mf* Einwohner(in) *m(f)* des Bundesstaates São Paulo **II.** *adj* (*produto*) aus dem Bundesstaat São Paulo; (*instituto*) im Bundesstaat São Paulo
Paulistano, -a (*brasil*) **I.** *m, f* Einwohner(in) *m(f)* der Stadt São Paulo **II.** *adj* (*especialidade*) aus der Stadt São Paulo; (*instituto*) in der Stadt São Paulo
pau-mandado <paus-mandados> *m* (*pej*) Kriecher *m*
paupérrimo *superl de* **pobre**
pau-preto <paus-pretos> *m* Palisander *m*
paus *mpl* (*cartas*) Kreuz *nt*
pausa *f* Pause *f;* **fazer uma** ~ eine Pause machen
pausadamente *adv* bedächtig, ruhig
pausado *adj* bedächtig, ruhig
pau-santo *m* Palisander *m*
pauta *f* ① (MÚS) Notenlinien *pl* ② (*lista*) Liste *f* ③ (*tarifa*) Tarif *m;* ~ **aduaneira** Zoll *m*
pautado *adj* ① (*folha*) liniert ② (*metódico*) methodisch; (*regulado*) planmäßig ③ (*moderado*) maßvoll
pautar *vt* (*tarifa*) festsetzen
pavão, pavoa <-ões, -oas> *m, f* Pfau, Pfauhenne *m, f*
pávido *adj* erschrocken, entsetzt
pavilhão <-ões> *m* ① (*de desporto, exposições*) Halle *f;* (*construção ligeira*) Pavillon *m;* ~ **multiusos** Mehrzweckhalle *f* ② (*tenda*) Zelt *nt*
pavimentar *vt* (*rua*) pflastern; (*casa*) Fußboden legen in
pavimento *m* (*da rua*) Pflaster *nt;* (*de casa*) Fußbodenbelag *m*
pavio *m* Docht *m*
pavoa *f v.* **pavão**
pavões *m pl de* **pavão**
pavonear *conj como passear* **I.** *vt* sich brüsten mit, zur Schau tragen **II.** *vr* sich aufspielen

pavor <-es> *m* Entsetzen *nt* (*de* vor), Grauen *nt* (*de* vor)
pavoroso *adj* entsetzlich, grauenhaft
paz [paʃ] *f* Friede *m;* (*sossego*) Ruhe *f;* **viver em ~ com alguém** mit jdm in Frieden leben; **deixa-me em ~!** lass mich in Ruhe!; **fazer as ~es com alguém** Frieden mit jdm schließen
PC *abr de* **personal computer** PC
Pça. *f abr de* **praça** Platz *m*
Pe *abr de* **padre** Pater
pé [pɜ] *m* ① (*de pessoa*) Fuß *m;* **~ chato** Plattfuß *m;* **~ ante ~** auf leisen Sohlen; **ao ~ de** bei *+dat,* neben *+dat;* **aos ~s de** zu Füßen *+gen;* **estar a ~** auf sein; (*pessoa, objecto*); **estar de/em ~** stehen; (*proposta, convite*) gelten; **ir a ~** zu Fuß gehen; **do ~ para a mão** von einem Augenblick zum anderen; **eu nunca pus lá os ~s** ich habe nie einen Fuß dorthin gesetzt; **estar de ~ atrás** (**com alguém/a. c.**) (jdm./etw gegenüber) misstrauisch sein; **estar com os ~s para a cova** mit einem Bein im Grabe stehen; **entrar com o ~ direito** einen guten Anfang haben; **meter os ~s pelas mãos** alles durcheinanderwerfen; **não ter ~s nem cabeça** weder Hand noch Fuß haben ② (*de planta*) Stiel *m,* Stängel *m;* (*de alface*) Kopf *m;* **um ~ de salsa** ein Stängel Petersilie ③ (*de mobília*) Bein *nt* ④ (*borra*) Bodensatz *m*
peão [pjãu] <peões> *m* ① (*esp portugal: na rua*) Fußgänger(in) *m(f)* ② (*xadrês*) Bauer *m* ③ (MIL) Fußsoldat *m,* Infanterist *m*
pebolim <-ins> *m* (*brasil*) Tischfußball *m*
peça ['pɜsɐ] **I.** *1./3. pres subj de* **pedir II.** *f* Stück *nt;* (TEC) Teil *nt;* (*de jogo*) Stein *m,* Figur *f;* **~ de roupa** Kleidungsstück *nt;* **~ de teatro** Theaterstück *nt;* **~ musical** Musikstück *nt;* **~ sobresselente** Ersatzteil *nt*
pecadilho *m* leichte Sünde *f*
pecado *m* Sünde *f;* **~ mortal** Todsünde *f;* **~ original** Erbsünde *f;* **cometer um ~** eine Sünde begehen; **para mal dos meus ~s** zu meinem Unglück
pecador(a) <-es> **I.** *m(f)* Sünder(in) *m(f)* **II.** *adj* sündig
pecaminoso *adj* sündhaft, sündig
pecar <c→qu> *vi* sündigen
pecari *m* Pekari *nt* (*amerikanisches Wildschwein*)
pechincha *f* (*coloq*) Schnäppchen *nt*
pechinchar *vi* handeln
pecíolo *m* (BOT) Blattstiel *m*
peço *1. pres de* **pedir**
peçonhento *adj* giftig
pecuária *f* Viehzucht *f*
peculiar <-es> *adj* eigen, besondere(r, s)
peculiaridade *f* Eigentümlichkeit *f,* Besonderheit *f*
pecuniário *adj* finanziell; **bens ~s** Barvermögen *nt*
PED *abr de* **processamento ele(c)trónico de dados** EDV (= *Elektronische Datenverarbeitung*)
pedaço [pə'dasu] *m* ① (*parte*) Stück *nt;* **fazer em ~s** in Stücke schlagen; **um ~ de papel/madeira** ein Papierfetzen/ein Stück Holz ② (*de tempo*) Weile *f;* **eu esperei um ~** ich habe eine Weile gewartet
pedágio [pe'daʒju] *m* (*brasil*) Autobahngebühr *f*
pedagoga *f v.* **pedagogo**
pedagogia *f* Pädagogik *f*
pedagógico *adj* pädagogisch, erzieherisch
pedagogo, -a *m, f* Pädagoge, Pädagogin *m, f*
pé-d'água <pés-d'água> *m* (*brasil*) plötzlicher Regenschauer *m*
pedal <-ais> *m* Pedal *nt;* (*piano*); **carregar no ~** das Pedal treten
pedalar *vi* radeln, Rad fahren
pedante I. *mf* Pedant(in) *m(f)* **II.** *adj* ① (*censor*) pedantisch ② (*vaidoso*) eingebildet
pé-de-atleta *m* (*brasil: coloq*) Fußpilz *m*
pé-de-cabra <pés-de cabra> *m* Brechstange *f*
pé-de-galinha <pés-de-galinha> *m* (*rugas*) Krähenfüße *mpl*
pé-de-galo <pés-de-galo> *m* Hopfen *m*
pé-de-meia <pés-de-meia> *m* Rücklage *f,* Geldreserve *f*
pé-de-moleque <pés-de-moleque> *m* (*brasil*) *Süßigkeit aus Erdnüssen und karamellisiertem Zucker*
pé-de-pato <pés-de-pato> *m* (*para natação*) Schwimmflosse *f*
pederasta *m* Päderast *m*
pederneira *f* Feuerstein *m*
pedestal <-ais> *m* Sockel *m*
pedestre [pe'dɜʃtri] *mf* (*brasil*) Fußgänger(in) *m(f)*
pé-de-valsa <pés-de-valsa> *m* (*brasil: coloq*) guter Tänzer
pé-de-vento <pés-de-vento> *m* Wind-

P

stoß *m;* (*fig*); **fazer um** ~ Lärm machen

pediatra [pə'djatrɐ] *mf* Kinderarzt, Kinderärztin *m, f*

pediatria *f* Kinderheilkunde *f,* Pädiatrie *f*

pediátrico *adj* pädiatrisch

pedicelo *m* (BOT) Blütenstiel *m*

pedicura *f* ❶ (*pessoa*) Fußpflegerin *f,* Pediküre *f* ❷ (*tratamento*) Pediküre *f*

pedido [pə'didu] **I.** *pp de* **pedir II.** *m* ❶ (*informal*) Bitte *f;* (*apelo*) Gesuch *nt;* (*requerimento*) Antrag *m;* ~ **de casamento** Heiratsantrag *m;* ~ **de desculpa**(**s**) Bitte um Entschuldigung; ~ **de demissão** Rücktrittsgesuch *nt;* ~ **de informação** Anfrage *f;* **fazer um** ~ **a alguém** eine Bitte an jdn richten; **a meu** ~ auf meine Bitte ❷ (*encomenda*) Bestellung *f*

pedigree *m* (ZOOL) Stammbaum *m*

pedinchão, -ona *m, f* (*pej*) Schnorrer(in) *m(f)*

pedinchar *vi* (*pej*) betteln, schnorren

pedinte *mf* Bettler(in) *m(f)*

pedir [pə'dir] *irr* **I.** *vt* (*solicitar*) bitten um; (*informação*) einholen; ~ **a. c. a alguém** jdn um etw bitten; ~ **ajuda** um Hilfe bitten; ~ **um favor a alguém** jdn um einen Gefallen bitten; ~ **um conselho a alguém** jdn um Rat fragen; (*encomendar*) bestellen **II.** *vi* betteln

pé-direito <pés-direitos> *m* lichte Höhe *f*

peditório *m* (öffentliche) Sammlung *f;* (*na igreja*) Kollekte *f*

pedófila *f v.* **pedófilo**

pedofilia *f* Pädophilie *f*

pedófilo, -a *m, f* Pädophile

pedra ['pɜdrɐ] *f* ❶ (*calhau*) Stein *m;* ~ **preciosa** Edelstein *m;* **a primeira** ~ der Grundstein; (*fig*); **reagir com duas** ~**s na mão** aus der Haut fahren; **dormir como uma** ~ schlafen wie ein Murmeltier ❷ (*de granizo*) Hagelkorn *nt;* (*de açúcar*) Stück *nt;* (*de sal*) Korn *nt* ❸ (*de jogo*) Stein *m,* Figur *f* ❹ (MED) Stein *m*

pedrada *f* ❶ (*com pedra*) Steinwurf *m* ❷ (*coloq: com droga*) Trip *m*

pedrado *adj* (*coloq*) high

pedra-pomes <pedras-pomes> *f* Bimsstein *m*

pedregoso [pədrə'gozu] *adj* steinig

pedregulho *m* Felsblock *m*

pedreira *f* Steinbruch *m*

pedreiro *m* Maurer *m*

pedreiro-livre *m* Freimaurer *m*

pedúnculo *m* (BOT) Stiel *m*

pé-frio <pés-frios> **I.** *m* (*brasil*) Pech *nt* **II.** *mf jemand, der anderen Pech bringt*

pega[1] *f* ❶ (*em mala*) Griff *m;* (*em tacho*) Henkel *m* ❷ (*de tecido*) Topflappen *m* ❸ (*tauromaquia*) Bändigung *f* des Stieres

pega[2] *f* ❶ (ZOOL) Elster *f* ❷ (*pej: prostituta*) Hure *f,* Nutte *f*

pegada *f* Fußspur *f*

pegado *adj* ❶ (*ao lado*) angrenzend, Nachbar ...; **a casa pegada** das Nebenhaus; **o restaurante** ~ **à minha casa** das Restaurant neben meinem Haus ❷ (*colado*) angeklebt ❸ (*discussão*) **eles estão** ~**s** sie sind zerstritten; (*coloq*) sie haben Krach

pega-gelo <pega-gelos> *m* (*brasil*) Eiswürfelzange *f*

pegajoso *adj* klebrig

pega-ladrão <pega-ladrões> *m* (*brasil: alarme*) Alarmanlage *f*

pegar [pe'gar] <g→gu> **I.** *vt* ❶ (*uma doença*) anstecken; **o Mário pegou-te a gripe** Mário hat dich mit Grippe angesteckt ❷ (*fogo*) ~ **fogo a a. c.** etw in Brand stecken/setzen ❸ (*brasil: objetos*) packen, fassen ❹ (*brasil: o ônibus*) nehmen, fahren mit; (*rua*); **pegue a primeira à direita** nehmen Sie die erste Straße rechts ❺ (*brasil: as crianças na escola*) abholen ❻ (*brasil: uma praia*) an den Strand gehen; (*um cinema*) sich einen Film reinziehen ❼ (*o touro*) bändigen **II.** *vi* ❶ (*segurar*) ~ **em** nehmen, anfassen ❷ (*colar*) kleben; (CULIN) anbrennen ❸ (*carro*) anspringen ❹ (*hábito, moda*) sich durchsetzen, sich ausbreiten ❺ (*planta*) anwachsen ❻ (*fogo*) angehen, brennen ❼ (*provocar*) ~ **com alguém** mit jdm aneinandergeraten, sich mit jdm streiten ❽ (*coloq: história*) überzeugen, glaubhaft sein; **essa comigo não pega!** das zieht bei mir nicht! **III.** *vr* ❶ (*doença, riso*) ansteckend sein ❷ (*coloq: pessoas*) aneinandergeraten, sich streiten; **eles pegaram-se** sie sind aneinandergeraten

pego I. *pp irr de* **pegar II.** *adj* **ser** ~ erwischt werden

pegue *1./3. pres subj de* **pegar**

peguei *1. pret perf de* **pegar**

peidar-se *vr* (*vulg*) furzen

peido *m* (*vulg*) Furz *m*

peitilho *m* Latz *m*

peito ['peitu] *m* (ANAT) Brust *f;* (*de mulher*) Busen *m;* ~ **do pé** Spann *m*
peitoral <-ais> *m* (ANAT) Brustmuskel *m*
peitoril <-is> *m* Fenstersims *m*
peixada *f* (CULIN) Fischgericht *nt*
peixaria [peiʃɐ'riɐ] *f* Fischgeschäft *nt*
peixe ['peiʃə] *m* Fisch *m;* ~ **dourado** Goldfisch *m;* **estar como ~ na água** sich fühlen wie der Fisch im Wasser
peixe-aranha *m* Spinnenfisch *m*
peixe-boi <peixes-boi(s)> *m* (ZOOL: *brasil*) Amazonas-Seekuh *f*
peixe-espada <peixes-espada(s)> *m* Schwertfisch *m*
peixeiro, -a [pei'ʃeiru] *m, f* Fischhändler(in) *m(f)*
Peixes *mpl* (*zodíaco*) Fische *pl*
peixe-serra <peixes-serra(s)> *m* Sägefisch *m*
pejo *m* Scham *f;* **sem ~** schamlos
pejorar *vt* herabsetzen, schlechtmachen
pejorativo *adj* verächtlich, abwertend
pela *Zusammensetzung: pron por + art a*
pelada I. *adj f de* **pelado II.** *f* (*brasil*) Fußballspiel *nt;* **jogar uma ~** kicken
pelado *adj* ① (*fruta, batata*) geschält; (*tomate*) abgezogen ② (*brasil: nu*) nackt
pelagem <-ens> *f* Behaarung *f*
pelar I. *vt* (*animal*) häuten; (*fruta, batata*) schälen; (*tomate*) abziehen **II.** *vr* versessen sein (*por* auf), verrückt sein (*por* nach)
pele ['pɜlə] *f* ① (*de pessoa*) Haut *f;* (*de animal*) Fell *nt;* ~ **de galinha** Gänsehaut *f;* **ser só ~ e osso** nur Haut und Knochen sein; **eu não queria estar na tua ~** ich möchte nicht in deiner Haut stecken; **sentir a. c. na própria ~** etw am eigenen Leib erfahren ② (*de fruta, legume*) Schale *f* ③ (*como agasalho*) Pelz *m;* **casaco de ~s** Pelzjacke *f* ④ (*couro*) Leder *nt;* **casaco de/em ~** Lederjacke *f*
peleja *f* Streit *m,* Streitigkeit *f*
pelicano *m* Pelikan *m*
película *f* ① (CINE, FOTO) Film *m* ② (*membrana*) Haut *f;* ~ **aderente** Frischhaltefolie *f*
pelintra *adj* ärmlich, schäbig
pelo ['pelu] *Zusammensetzung: pron por + art o*
pêlo *m* (*de pessoa*) Haar *nt;* (*de animal*) Fell *nt;* (*de tecido*) Fasern *pl,* Flaum *m;* **em ~** splitternackt
peloirinho *m v.* **pelourinho**
pelota *f* (*brasil*) Ball *m*
pelotão <-ões> *m* (MIL) Zug *m*
pelourinho *m* Pranger *m,* Schandpfahl *m*
pelouro *m* (*portugal*) städtische(s) Amt *nt;* **o ~ da cultura** das Kulturamt
peluche *m* Plüsch *m*
pelúcia *f v.* **peluche**
peludo *adj* haarig, behaart
pelugem <-ens> *f* Behaarung *f*
pelve *f* (ANAT) Becken *nt*
pélvico *adj* Becken ...
pelvis *f* Becken *nt*
pen ~ drive USB-Stick *m*
pena ['penɐ] *f* ① (DIR) Strafe *f;* ~ **capital/de morte** Todesstrafe *f;* ~ **suspensa** Bewährungsstrafe *f;* **cumprir uma ~** eine Strafe verbüßen ② (*pesar*) Leid *nt,* Kummer *m;* (*piedade*) Mitleid *nt;* **eu tenho/sinto ~ dele** er tut mir Leid; **tenho muita ~!** es tut mir sehr Leid!; **é/que ~!** (wie) schade!; (**isso**) **não vale a ~** das lohnt sich nicht; **é com muita ~ que eu digo isto** es tut mir sehr Leid, das sagen zu müssen ③ (*de ave*) Feder *f*
penado *adj* **alma penada** Gespenst *nt*
penal <-ais> *adj* (DIR) Straf ...
penalidade *f* ① (DESP) Freistoß *m;* **grande ~** Elfmeter *m,* Strafstoß *m* ② (DIR) Strafbestimmungen *pl*
penalizar *vt* strafen, bestrafen; (DESP) verwarnen
pênalti *m* (*brasil*) *v.* **penalty**
penalty *m* (FUT) Elfmeter *m,* Strafstoß *m;* **marca** *f* **do ~** Elfmeterpunkt *m*
penar *vi* leiden
penca *f* ① (BOT) *Art Weißkohl* ② (*coloq: nariz*) Zinken *m*
pendão *m* Banner *nt,* Flagge *f*
pendente *adj* ① (*pendurado*) hängend ② (*assunto, questão*) offen, ungelöst; (*trabalho*) unerledigt; (*processo*) anhängig, schwebend
pender *vi* ① (*estar pendurado*) hängen (*de* an) ② (*estar inclinado*) sich neigen (*para* nach)
pendões *m pl de* **pendão**
pêndulo *m* Pendel *nt*
pendurado *adj* hängend; **estar ~** hängen (*em* an); **deixar alguém ~** jdn hängen lassen
pendurar *vt* hängen (*em* an), aufhängen (*em* an)
penduricalho *m* (*em candeeiro*) kleine Kristallkugel *f, von der Wand oder Decke hängende Dekoration*

penedo *m* Fels *m,* Felsen *m*
peneira *f* ❶ (*objecto*) Sieb *nt;* **querer tapar o sol com a ~** offene Geheimnisse verbergen wollen ❷ (*coloq: afectação*) Hochnäsigkeit *f,* Arroganz *f*
peneirento *adj* (*coloq*) eingebildet
penetra *mf* (*coloq*) Eindringling *m;* (*numa festa*) ungebetene(r) Gast *m;* **ele é um ~** er schleicht sich überall ein
penetração <-ões> *f* Eindringen *nt*
penetrante *adj* (*cheiro*) penetrant; (*frio*) beißend, schneidend; (*som*) durchdringend; (*olhar*) durchbohrend
penetrar **I.** *vt* dringen in, durchdringen; (*com o olhar*) durchbohren **II.** *vi* ❶ (*pessoa, frio, líquido*) eindringen (*em* in) ❷ (*olhar*) durchbohren
penha *f* Fels *m,* Felsen *m*
penhasco *m* große(r) Felsen *m,* Felsblock *m*
penhor [pəˈɲor] <-es> *m* Pfand *nt;* **casa de ~es** Pfandhaus *nt*
penhora *f* (DIR) Pfändung *f*
penhorado *adj* gepfändet
penhorar *vt* (*Estado, banco*) pfänden; (*indivíduo*) verpfänden
penhorista *mf* Pfandleiher(in) *m(f)*
penicilina *f* Penizillin *nt*
penico *m* Nachttopf *m*
península *f* Halbinsel *f;* **Península Ibérica** Iberische Halbinsel
peninsular **I.** *mf* Bewohner(in) *m(f)* der Halbinsel **II.** *adj* Halbinsel ...
pénis (*portugal*), **pênis** *m* (*brasil*) Penis *m*
penitência *f* (REL) Buße *f,* Sühne *f*
penitenciária *f* Haftanstalt *f,* Strafanstalt *f*
penitenciário, -a *m, f* Gefangene, Häftling *m*
penitente *mf* (REL) Beichtende
penoso *adj* ❶ (*assunto*) peinlich ❷ (*trabalho*) mühsam, strapaziös
pensado *adj* überlegt; **de caso ~** vorsätzlich
pensador(a) <-es> *m(f)* Denker(in) *m(f)*
pensamento *m* ❶ (*ideia*) Gedanke *m* ❷ (*acto de pensar*) Denken *nt,* Nachdenken *nt*
pensão [pɛ̃ˈsãu] <-ões> *f* ❶ (*hospedaria*) Pension *f;* **~ completa** Vollpension *f;* **meia ~** Halbpension *f* ❷ (*dinheiro*) Pension *f;* **~ de alimentos** Unterhaltsgeld *nt*
pensar [pɛ̃ˈsar] **I.** *vt* denken; **~ as consequências** die Folgen bedenken **II.** *vi* ❶ (*raciocinar*) denken (*em* an); **em que estás a ~?** woran denkst du?; **pensar bem/mal de alguém** gut/schlecht über jdn denken; **o que pensas disto?** was hältst du davon?; **isso dá que ~** das gibt einem zu denken; **nem ~ nisso!** daran ist gar nicht zu denken!; **fazer a. c. sem ~** etw ohne zu überlegen tun; **penso que sim/não** ich denke ja/nein ❷ (*ponderar*) nachdenken (*em/sobre* über), überlegen (*em/sobre*); **ainda vou ~ melhor** ich werde noch einmal darüber nachdenken; **pense na minha proposta** denken Sie über meinen Vorschlag nach; **pensa bem!** überleg es dir gut! ❸ (*tencionar*) planen, vorhaben; **estou a ~ em ir viajar** ich habe vor zu verreisen
pensativo *adj* nachdenklich
pensionista *mf* Pensionär(in) *m(f)*
penso [ˈpɛ̃su] *m* Verband *m;* **~ higiénico** (*portugal*) Damenbinde *f;* **~ rápido** (*portugal*) Pflaster *m*
pensões *f pl de* **pensão**
pentagonal <-ais> *adj* fünfeckig
pentágono *m* Fünfeck *nt*
pentatlo *m* (DESP) Fünfkampf *m*
pente [ˈpɛ̃ntə] *m* Kamm *m;* **passar a. c. a ~ fino** etw durchkämmen
penteada *adj f de* **penteado**
penteadela *f* Kämmen *nt;* **dar uma ~ ao cabelo** die Haare durchkämmen
penteado [pɛ̃nˈtjadu] **I.** *m* Frisur *f* **II.** *adj* (*pessoa, cabelo*) gekämmt
penteador *m* Frisierumhang *m*
pentear [pɛ̃nˈtjar] *conj como passear* **I.** *vt* kämmen; **vai ~ macacos!** geh zum Teufel! **II.** *vr* sich kämmen
Pentecostes *m* Pfingsten *nt*
penugem <-ens> *f* Flaum *m*
penúltimo *adj* vorletzte(r, s)
penumbra *f* Halbschatten *m;* (*meia-luz*) Halbdunkel *nt*
penúria *f* Not *f,* Elend *nt*
peões *m pl de* **peão**
pepino [pəˈpinu] *m* Gurke *f;* **~ em pickle** saure Gurke
pepita *f* (*de ouro*) Klumpen *m;* (*de chocolate*) Stückchen *nt*
pequena *f de* **pequeno**
pequenada *f* Kinder *pl*
pequenez *f* ❶ (*tamanho*) Kleinheit *f,* geringe Größe *f* ❷ (*mesquinhez*) Kleinlichkeit *f*
pequenino, -a **I.** *m, f* Kleine **II.** *adj* winzig
pequenitates *mf inv* (*coloq*) Knirps *m*
pequeno, -a [pəˈkenɔ] **I.** *m, f* Kleine; **os ~s**

die Kleinen, die Kids; **em ~** als Kind **II.** *adj* (*tamanho*) klein; (*quantidade*) gering; **pequenas coisas** Kleinigkeiten *pl*

pequeno-almoço *m* (*portugal*) Frühstück *nt;* **tomar o ~** frühstücken

pequeno-burguês, -esa I. *m, f* Kleinbürger(in) *m(f)* **II.** *adj* kleinbürgerlich

pé-quente <pés-quentes> *m* (*brasil*) Glückspilz *m*

pequerrucho, -a I. *m, f* Kleines *nt,* Kleine **II.** *adj* klein

Pequim *f* Peking *nt*

per *adv* (ECON) **~ capita** pro Kopf

pêra *f* ① (BOT) Birne *f* ② (*barba*) Spitzbart *m* ③ (*interruptor*) Schalter *m*

peralta *mf* Schickimicki-Typ *m,* Modepuppe *f*

perambular *vi* umherstreifen, bummeln

perante *prep* ① (*em vista de*) angesichts *+gen;* **~ esta situação, temos de tomar medidas rapidamente** angesichts dieser Situation müssen wir rasch Maßnahmen treffen ② (*na presença de*) vor *+dat;* (*pessoa*) in Gegenwart *+gen;* **estamos ~ um grave problema** wir stehen vor einem großen Problem; **~ os pais, ele é sempre bem comportado** in Gegenwart der Eltern benimmt er sich immer gut

pé-rapado *m* (*brasil: coloq*) armer Mann

perca[1] ['pɜrkɐ] *f* (ZOOL) Barsch *m*

perca[2] *1./3. pres subj de* **perder**

percalço *m* Unannehmlichkeit *f*

perceba *f* (ZOOL) Entenmuschel *f*

perceber *vi* ① (*entender*) verstehen, begreifen ② (*aperceber-se de*) wahrnehmen, bemerken

percentagem <-ens> *f* (*portugal*) Prozentsatz *m*

percepção <-ões> *f* Wahrnehmung *f*

perceptiva *adj f de* **perceptivo**

perceptível <-eis> *adj* wahrnehmbar

perceptivo *adj* wahrnehmungsfähig, aufnahmefähig

percevejo *m* Wanze *f*

perco *1. pres de* **perder**

percorrer *vt* (*a pé*) gehen durch, durchlaufen; (*com transporte*) fahren durch, durchfahren

percurso [pər'kursu] *m* ① (*trajecto*) Strecke *f* ② (*de um rio*) Lauf *m*

percussão <-ões> *f* (MÚS) Schlagzeug *nt*

percussionista *mf* Schlagzeuger(in) *m(f)*

percussões *f pl de* **percussão**

perda *f* Verlust *m;* **~ de peso** Gewichtsverlust *m;* **~ de cabelo** Haarausfall *m;* **~ de tempo** Zeitverschwendung *f;* **sofrer uma ~** einen Verlust erleiden

perdão [pər'dãu] <-ões> *m* Verzeihung *f;* (*dos pecados*) Vergebung *f;* **~!** Entschuldigung!, Verzeihung!; **pedir ~ a alguém por a. c.** jdn für etw um Entschuldigung bitten

perder [pər'der] *irr* **I.** *vt* ① (*um objecto, uma pessoa, dinheiro*) verlieren; **~ dinheiro no jogo** Geld verspielen; **~ a vida** ums Leben kommen ② (*meio de transporte, oportunidade*) verpassen, versäumen ③ (*tempo*) verlieren (*com* mit) ④ (*hábito, vício*) ablegen **II.** *vi* verlieren **III.** *vr* ① (*no caminho*) sich verirren, sich verlaufen; (*com automóvel*) sich verfahren; **~-se de alguém** jdn verlieren ② (*nos pensamentos, em discurso*) sich verlieren (*em* in) ③ (*objecto, costume*) verloren gehen

perdição <-ões> *f* ① (*desgraça*) Verderben *nt,* Untergang *m;* **os computadores são a minha ~** Computer sind mein Untergang ② (REL) ewige Verdammnis *f*

perdida *adj f de* **perdido**

perdidamente *adv* ohne Sinn und Verstand, wie toll; **estar ~ apaixonado por alguém** bis über beide Ohren in jdn verliebt sein

perdido *adj* ① (*objecto*) verloren ② (*no caminho*) verirrt; **estar ~** sich verirrt haben ③ (*na vida*) verloren; **estou ~!** ich bin verloren!; (*coloq*) ich bin aufgeschmissen!

perdidos [pər'diduz] *mpl* **~ e achados** Fundsachen *pl*

perdigão <-ões> *m* (ZOOL) Rebhuhnmännchen *nt*

perdigoto *m* (*coloq*) Spucketropfen *m*

perdigueiro *m* (ZOOL) Hühnerhund *m,* Vorstehhund *m*

perdiz <-es> *f* Rebhuhn *nt*

perdoar <*brasil, 1. pess pres:* perdôo> **I.** *vt* (*um acto*) verzeihen, entschuldigen; (*os pecados*) vergeben; **~ a. c. a alguém** jdm etw verzeihen; (*um castigo*) erlassen **II.** *vi* verzeihen

perdoável <-eis> *adj* verzeihlich, entschuldbar

perdões *m pl de* **perdão**

perdurar *vi* ① (*ser lembrado*) fortbestehen, Bestand haben ② (*durar*) andauern, anhalten

pereça *1./3. pres subj de* **perecer**

perecer <c→ç> *vi* (*cultura*) untergehen;

(*costume*) verloren gehen

perecível <-eis> *adj* vergänglich; (*alimento*) verderblich

pereço *1. pres de* **perecer**

peregrina *f v.* **peregrino**

peregrinação [pərəgrinɐ'sɐ̃u] <-ões> *f* Wallfahrt *f* (*a* nach), Pilgerfahrt *f* (*a* nach); **fazer uma ~** pilgern, eine Wallfahrt machen

peregrino, -a *m, f* Pilger(in) *m(f),* Wallfahrer(in) *m(f)*

pereira *f* Birnbaum *m*

perempção <-ões> *f* (DIR) Verjährung *f*

perempto *adj* (DIR) verjährt

peremptório *adj* endgültig

perene *adj* ① (*duradouro*) beständig, fortdauernd; (*bem de consumo*) langlebig ② (*constante*) dauernd, ständig

perfazer *irr como fazer vt* (*uma quantia*) betragen, machen; **isto perfaz a quantia de 20.000 euros** die Summe beträgt 20.000 Euro, das macht 20.000 Euro

perfeição <-ões> *f* Vollkommenheit *f,* Perfektion *f;* **fazer a. c. na ~** etw perfekt machen

perfeita *adj f de* **perfeito**

perfeitamente *adv* ① (*com perfeição*) perfekt; **~!** genau! ② (*completamente*) ganz, völlig

perfeito **I.** *pp de* **perfazer** **II.** *m* (LING) Perfekt *nt* **III.** *adj* perfekt, vollkommen

pérfida *adj f de* **pérfido**

perfídia *f* ① (*traição*) Verrat *m* ② (*deslealdade*) Treulosigkeit *f,* Heimtücke *f*

pérfido *adj* ① (*traidor*) verräterisch ② (*desleal*) treulos, heimtückisch

perfil <-is> *m* ① (*de pessoa, edifício*) Profil *nt;* **de ~** im Profil ② (*psicológico*) Charakter *m;* **traçar o ~ de alguém** jdn charakterisieren

perfilhar *vt* ① (*uma criança*) adoptieren, an Kindes Statt annehmen ② (*uma ideia*) sich zu eigen machen +*dat,* annehmen

perfis *m pl de* **perfil**

performance *f* Leistung *f*

perfumado *adj* ① (*que exala perfume*) duftend, wohlriechend ② (*que tem perfume*) parfümiert

perfumar **I.** *vt* parfümieren **II.** *vr* sich parfümieren

perfumaria *f* Parfümerie *f*

perfume [pər'fumə] *m* ① (*substância*) Parfüm *nt* ② (*aroma*) Duft *m*

perfuradora *f* Bohrmaschine *f;* **~ pneumática** Pressluftbohrer *m*

perfurar *vt* ① (*um objecto*) durchbohren, ein Loch bohren in ② (MED: *um órgão*) perforieren

perfuratriz *f* (*brasil*) *v.* **perfuradora**

pergaminho *m* Pergament *nt*

pergunta [pər'gũntɐ] *f* Frage *f;* **~ de algibeira** Fangfrage *f;* **fazer uma ~ (a alguém)** (jdm.) eine Frage stellen; **responder a uma ~** eine Frage beantworten

perguntar [pərgũn'tar] **I.** *vt* fragen; **~ a. c. a alguém** jdn etw fragen; **~ o caminho (a alguém)** (jdn.) nach dem Weg fragen **II.** *vi* fragen; **~ por alguém/a. c.** nach jdm/etw fragen **III.** *vr* sich fragen

pericarpo *m* (BOT) Samenhülle *f*

perícia *f* ① (*conhecimento*) Sachverstand *m* ② (*destreza*) Geschicklichkeit *f,* Geschick *nt* ③ (*brasil: exame*) technische Überprüfung *f*

pericial <-ais> *adj* sachverständig, fachmännisch

periclitante *adj* gefährdet

periferia *f* Peripherie *f;* (*da cidade*) Stadtrand *m*

periférico **I.** *m* (INFOR) Peripherie-Gerät *nt* **II.** *adj* peripher, Rand ...; **a zona periférica da cidade** die Randbezirke der Stadt

perífrase *f* Umschreibung *f;* (LING) Periphrase *f*

perifrástico *adj* umschreibend; (LING) periphrastisch

perigo [pə'rigu] *m* Gefahr *f;* **pôr a. c. em ~** etw gefährden; **correr ~** Gefahr laufen; **estar em ~** gefährdet sein; **~ de vida/morte** Lebensgefahr *f*

perigoso [pəri'gozu] *adj* gefährlich

perímetro *m* Umfang *m*

periódica *adj f de* **periódico**

periodicamente *adv* regelmäßig

periodicidade *f* (*de visita, acontecimento*) Regelmäßigkeit *f;* (*de jornal*) regelmäßige(s) Erscheinen *nt*

periódico **I.** *m* (*jornal*) Zeitung *f;* (*revista*) Zeitschrift *f* **II.** *adj* periodisch, regelmäßig

período *m* ① (*espaço de tempo*) Zeitraum *m,* Periode *f;* (*época*) Zeit *f;* **trabalhar em ~ integral** (*brasil*) in Vollzeit arbeiten ② (*escolar*) Schultrimester *nt* ③ (*esp portugal: menstruação*) Periode *f,* Regel *f;* **ela está com o ~** sie hat ihre Periode ④ (LING) Periode *f*

peripécia *f* (*incidente*) Zwischenfall *m*
periquito *m* Wellensittich *m*
periscópio *m* Periskop *nt*
peritagem *f* (TEC) technische Überprüfung *f*
perito, -a *m, f* ① (*profissional*) Sachverständige, Fachmann, -frau *m, f* ② (*versado*) Experte, Expertin *m, f;* **ser ~ em a. c.** Experte für/in etw sein
perjúrio *m* (DIR) Meineid *m*
perlimpimpim *mf* (*coloq*) **pós de ~** Zauberpulver *nt*
permaneça *1./3. pres subj de* **permanecer**
permanecer <c→ç> *vi* bleiben; **ele permaneceu duas semanas no Algarve** er blieb zwei Wochen an der Algarve; **o preço da carne permanece alto** der Fleischpreis bleibt hoch
permaneço *1. pres de* **permanecer**
permanência *f* Verweilen *nt,* Aufenthalt *m*
permanente [pərmɐ'nɛ̃ntə] **I.** *f* Dauerwelle *f* **II.** *adj* (*constante*) dauernd, permanent; (*residência*) ständig
permanentemente *adv* ständig, ununterbrochen
permeabilidade *f* Durchlässigkeit *f*
permear *conj como passear vi* dazwischen liegen, in der Mitte liegen
permeável <-eis> *adj* durchlässig
permeio *adv* **de ~** dazwischen, in der Mitte
permissão <-ões> *f* Erlaubnis *f;* **ter ~ para fazer a. c.** die Erlaubnis haben, etw zu tun
permissiva *adj f de* **permissivo**
permissível <-eis> *adj* erlaubt
permissivo *adj* nachgiebig, tolerant
permissões *f pl de* **permissão**
permitido [pərmi'tidu] *adj* erlaubt, gestattet; **(não) é ~ fumar** Rauchen ist (nicht) gestattet
permitir [pərmi'tir] **I.** *vt* erlauben, gestatten; (*consentir*) zulassen; (*autorizar*) genehmigen; **~ a. c. a alguém** jdm etw erlauben **II.** *vr* **~-se a. c.** sich *dat* etw erlauben
permuta *f* Tausch *m*
permutar *vt* tauschen
perna ['pɜrnɐ] *f* ① (*de pessoa, mesa*) Bein *nt;* **~s arqueadas** O-Beine *pl;* **~ das calças** Hosenbein *nt;* **~ de pau** Holzbein *nt;* **estar de ~s para o ar** auf dem Kopf stehen; (*fig*) in einem heillosen Durcheinander sein; **fazer a. c. com uma ~ às costas** etw mit links machen; (*fig*); **passar a ~ a alguém** jdn aufs Kreuz legen ② (*de porco, vitela*) Keule *f* ③ (*de compasso*) Schenkel *m;* (*de escadote*) Holm *m* ④ (ZOOL) **~ de moça** Hundshai *m*
perna-de-pau <pernas-de-pau> *m* (*brasil: pej: desajeitado*) ungeschickte Person; (FUT) Gurke *f*
pernalta *f* (ZOOL) Stelzvogel *m,* Schreitvogel *m*
pernalto *adj* langbeinig
pernambucano, -a (*brasil*) **I.** *m, f* Einwohner(in) *m(f)* des Bundesstaates Pernambuco **II.** *adj* (*especialidade*) aus Pernambuco; (*instituto*) in Pernambuco
Pernambuco (*brasil*) Pernambuco (*Bundesstaat im Nordosten Brasiliens*)
perneta I. *mf* Einbeinige **II.** *adj* einbeinig
pernicioso *adj* schädlich
pernil <-is> *m* ① (*de animal*) Keule *f;* (*coloq*); **esticar o ~** ins Gras beißen ② (CULIN) geräucherte(r) Schinken *m*
pernilongo I. *m* (*ave*) Schnepfe *f;* (*brasil: mosquito*) Stechmücke *f* **II.** *adj* langbeinig
pernis *m pl de* **pernil**
perno *m* Bolzen *m*
pernoitar [pərnoi'tar] *vi* übernachten (*em* in)
pêro *m* ① (BOT: *maçã; pêra*) kleine Birne *f;* (*coloq*); **ser são como um ~** kerngesund sein, *kleiner, länglicher Apfel* ② (*coloq: murro*) Faustschlag *m*
pérola ['pɜrulɐ] *f* Perle *f*
perónio (*portugal*), **perônio** *m* (*brasil*) Wadenbein *nt*
perpassar I. *vt* durchziehen (*por* durch), ziehen (*por* durch) **II.** *vi* vorbeigehen (*por* an), vorübergehen (*por* an)
perpendicular I. *f* Senkrechte *f* **II.** *adj* senkrecht (*a* zu)
perpetração *f* (*de um crime*) Begehen *nt,* Verüben *nt*
perpetrador(a) *m(f)* (*de um crime*) Täter(in) *m(f)*
perpetrar *vt* (*um crime*) begehen, verüben
perpétua *adj f de* **perpétuo**
perpetuar *vt* ① (*eternizar*) verewigen ② (*a raça*) erhalten
perpétuo *adj* ① (*contínuo*) ständig; (*inalterável*) unvergänglich, ewig ② (*prisão*) lebenslänglich
perplexa *adj f de* **perplexo**
perplexidade *f* Bestürzung *f,* Verwirrung *f*
perplexo *adj* perplex, verwirrt; **ficar ~** perplex sein
perro *adj* (*fechadura, porta*) klemmend; **estar ~** klemmen

P

persa I. *mf* Perser(in) *m(f)* II. *adj* persisch

perscrutador *adj* forschend; (*olhar*) durchdringend

perscrutar *vt* erforschen, untersuchen

perseguição <-ões> *f* Verfolgung *f*

perseguidor(a) <-es> *m(f)* Verfolger(in) *m(f)*

perseguir *irr como seguir vt* verfolgen

perseverança *f* Beharrlichkeit *f*, Ausdauer *f*; **com ~ tudo se alcança** Beharrlichkeit führt zum Ziel

perseverante *adj* beharrlich

Pérsia *f* Persien *nt*

persiana *f* Jalousie *f*, Rollladen *m*; **abrir/fechar a ~** den Rollladen hochziehen/herunterlassen

pérsico *adj* persisch; **o Golfo Pérsico** der Persische Golf

persiga *1./3. pres subj de* **perseguir**

persigo *1. pres de* **perseguir**

pérsio *adj v.* **pérsico**

persistência *f* Ausdauer *f*, Beharrlichkeit *f*

persistente *adj* ① (*obstinado*) beharrlich, hartnäckig ② (*constante*) anhaltend

persistir *vi* ① (*perdurar*) andauern, anhalten ② (*insistir*) ~ **em** bestehen auf, beharren auf

personagem <-ens> *mf* ① (*de livro, filme, teatro*) Figur *f*, Gestalt *f* ② (*personalidade*) Persönlichkeit *f*

personalidade *f* Persönlichkeit *f*

personalizado *adj* (*serviço, atendimento*) individuell

personificação <-ões> *f* Personifizierung *f*, Verkörperung *f*

personificar <c→qu> *vt* personifizieren, verkörpern

perspectiva *f* ① (*arte*) Perspektive *f* ② (*ponto de vista*) Blickwinkel *m*, Perspektive *f*

perspicácia *f* Scharfsinn *m*

perspicaz <-es> *adj* scharfsinnig

perspiração <-ões> *f* Hautausdünstung *f*

perspirar *vi* leicht schwitzen

persuadir *vt* überreden; ~ **alguém a (fazer) a. c.** jdn zu etw überreden

persuasão <-ões> *f* ① (*acto de persuadir*) Überredung *f* ② (*convicção*) Überzeugung *f*

persuasivo *adj* überzeugend

persuasões *f pl de* **persuasão**

pertença *f* Eigentum *nt*

pertencente *adj* ① (*próprio*) gehörend (*a*) ② (*parte*) zugehörig (*a* zu)

pertencer <c→ç> *vi* gehören (*a*); **isso pertence-lhe** das gehört ihm

pertinácia *f* Halsstarrigkeit *f*, Hartnäckigkeit *f*

pertinaz <-es> *adj* halsstarrig, hartnäckig

pertinência *f* Angemessenheit *f*; (*relevância*) Bedeutung *f*, Relevanz *f*

pertinente *adj* ① (*relevante*) relevant ② (*apropriado*) passend, angemessen

perto ['pɜrtu] I. *adv* in der Nähe, nah II. *mf* (*no espaço*) ~ **de** in der Nähe von, bei; (*aproximadamente*) ungefähr, etwa; **de ~** aus der Nähe

perturbação <-ões> *f* ① (*da ordem*) Störung *f* ② (*mental*) Verwirrung *f*

perturbado *adj* (*transtornado*) verwirrt; (*comovido*) bestürzt

perturbador(a) <-es> I. *m(f)* Unruhestifter(in) *m(f)* II. *adj* ① (*barulho*) störend ② (*notícia, acontecimento*) beunruhigend

perturbar I. *vt* (*incomodar*) stören; (*transtornar*) verwirren; (*comover*) bestürzen II. *vr* unruhig werden (*com* durch), sich aus der Ruhe bringen lassen (*com* durch)

peru, -a *m, f* Puter, Pute *m, f*, Truthahn, -henne *m, f*; ~ **recheado** gefüllter Truthahn

Peru *m* Peru *nt*

peruca *f* Perücke *f*

perversa *adj f de* **perverso**

perversão <-ões> *f* ① (*acto*) Pervertierung *f* ② (*depravação*) Verdorbenheit *f*; (PSIC) Perversion *f*

perversidade *f* Perversität *f*

perverso *adj* ① (*malvado*) bösartig, böse ② (*gosto, conselho*) abartig; (PSIC) pervers

perversões *f pl de* **perversão**

perverter *vt* ① (*depravar*) verderben ② (*sentido*) verdrehen, entstellen ③ (*corromper*) pervertieren

pesada *adj f de* **pesado**

pesadelo *m* Alptraum *m*, Albtraum *m*

pesado [pə'zadu] *adj* ① (*objecto, pessoa*) schwer ② (*sono*) fest ③ (*livro, escrita*) langatmig, zäh; (*filme*) brutal, schwer verdaulich ④ (*consciência, ambiente*) schlecht ⑤ (*trabalho*) hart, schwer ⑥ (*comida*) schwer ⑦ (*andar*) schwerfällig, schwer ⑧ (*luto*) tief

pêsames *mpl* Beileid *nt*; **dar os ~ a alguém** jdm sein Beileid aussprechen; **os meus ~!** herzliches Beileid!

pesar [pə'zar] I. *m* <-es> ① (*mágoa*) Kummer *m* ② (*arrependimento*) Bedauern *nt* II. *vt* ① (*objecto, pessoa*) wiegen; **ele pesa**

80 quilos er wiegt 80 Kilo ② (*avaliar*) abwägen; ~ **as consequências** die Folgen abwägen **III.** *vi* ① (*ser pesado*) schwer sein; **isso não pesa nada!** das wiegt gar nichts! ② (*influir*) Gewicht haben (*em* in), zum Tragen kommen (*em* bei) ③ (*recair*) lasten (*sobre* auf)

pesaroso *adj* ① (*desgostoso*) betrübt, traurig ② (*arrependido*) reuig

pesca *f* Fischfang *m,* Fischen *nt;* ~ **à linha** Angeln *nt;* **ir à** ~ Angeln gehen

pescada [pəʃ'kadɐ] *f* (ZOOL) Seehecht *m*

pescado *m* Fisch *m*

pescador(a) <-es> *m(f)* Fischer(in) *m(f);* (*à linha*) Angler(in) *m(f)*

pescar <c→qu> *vt* ① (*peixe*) fischen, fangen; (*à linha*) angeln ② (*coloq: perceber*) kapieren

pescaria *f* ① (*pesca*) Fischfang *m,* Fischerei *f* ② (*peixes*) Menge *f* Fisch ③ (*excursão*) Ausfahren *nt*

pescoço [pəʃ'kosu] *m* Hals *m;* (*fig*); **torcer o ~ a alguém** jdm den Hals umdrehen

pés-de-galinha *mpl* Krähenfüße *pl*

peseta *f* (HIST) Pesete *f*

peso ['pezu] *m* ① (*de objecto, pessoa*) Gewicht *nt;* ~ **bruto** Bruttogewicht *nt;* ~ **líquido** Nettogewicht *nt;* ~ **morto** Ballast *m;* **exercer ~ sobre alguém/a. c.** Einfluss auf jdn/etw ausüben; **valer o seu ~ em ouro** nicht mit Gold zu bezahlen sein ② (*importância*) Gewicht *nt,* Bedeutung *f;* **um adversário de** ~ ein gewichtiger Gegner ③ (*sobrecarga, fardo*) Last *f;* **ser um ~ para alguém** eine Last für jdn sein; **ter um ~ na consciência** etwas auf der Seele liegen haben ④ (DESP) Kugel *f* ⑤ (*para balança*) Gewicht *nt*

pespegar *vt* versetzen

pespontar *vt* steppen

pesponto *m* Steppstich *m*

pesqueiro *adj* Fischer ...; **indústria pesqueira** Fisch verarbeitende Industrie

pesquisa *f* ① (*investigação*) Nachforschung *f,* Untersuchung *f;* ~ **de mercado** Marktforschung *f* ② (*científica*) Forschung *f*

pesquisador(a) <-es> *m(f)* Forscher(in) *m(f)*

pesquisar *vt* (*investigar*) erforschen; (*examinar*) untersuchen

pêssego *m* Pfirsich *m*

pessegueiro *m* Pfirsichbaum *m*

péssima *adj f de* **péssimo**

pessimismo *m* Pessimismus *m*

pessimista **I.** *mf* Pessimist(in) *m(f)* **II.** *adj* pessimistisch

péssimo *superl de* **mau**

pessoa [pə'soɐ] *f* Person *f;* (*ser humano*) Mensch *m;* **as ~s** die Leute, die Menschen; **muitas ~s** viele Leute; **em** ~ persönlich; (*coloq*); **uma** ~ man; (LING); **a primeira ~ do singular** die erste Person Singular; **morreram cinco ~s no acidente** bei dem Unfall kamen fünf Personen ums Leben

pessoal [pə'swal] **I.** *m* (*de empresa*) Personal *nt;* ~ **docente** Lehrkräfte *pl;* (*coloq: pessoas*) Leute *pl* **II.** <-ais> *adj* persönlich

pessoalmente *adv* persönlich

pestana *f* Wimper *f;* (*coloq*); **queimar as ~s** büffeln

pestanejar *vi* zwinkern, blinzeln; **sem** ~ ohne mit der Wimper zu zucken

peste *f* (MED) Pest *f*

pesticida *m* Schädlingsbekämpfungsmittel *nt,* Pestizid *nt*

pestilência *f* ① (*peste*) Pest *f* ② (*epidemia*) Seuche *f*

pestilento *adj* (*cheiro*) pestartig, übel; (*ambiente*) verpestet

peta *f* (*coloq*) Flunkerei *f,* Schwindelei *f*

pétala *f* Blütenblatt *nt*

petição <-ões> *f* ① (*pedido*) Bitte *f;* **fazer uma** ~ ein Gesuch einreichen ② (*documento*) Petition *f,* Gesuch *nt*

peticionário, -a *m, f* (DIR) Kläger(in) *m(f)*

petiscar <c→qu> **I.** *vt* knabbern **II.** *vi* naschen, knabbern

petisco *m* Häppchen *nt;* (*saboroso*) Leckerbissen *m,* Leckerei *f*

petiz <-es> *m* Knirps *m*

petrificação <-ões> *f* Versteinerung *f*

petrificado *adj* ① (*em pedra*) versteinert ② (*paralisado*) versteinert, erstarrt

petrificar <c→qu> *vi* ① (*em pedra*) versteinern ② (*paralisar*) wie versteinert sein, erstarren

petroleiro *m* (NÁUT) Tanker *m*

petróleo *m* ① (*bruto*) Erdöl *nt* ② (*para candeeiro*) Petroleum *nt*

petrolífero *adj* ① (*com petróleo*) ölhaltig, erdölhaltig ② (*referente a petróleo*) Erdöl ...; **indústria petrolífera** Erdölindustrie *f*

petrologia *f* (GEOL) Petrologie *f*

petulância *f* Unverschämtheit *f,* Frechheit *f*

petulante *adj* unverschämt, frech

peúga *f* (*portugal*) Socke *f*
pevide *f* ① (*de fruto*) Kern *m* ② (*massa*) Graupe *f*
p. ex. *abr de* **por exemplo** z. B. (= *zum Beispiel*)
pez *m* ① (*piche*) Pech *nt* ② (*resina*) Harz *nt*
pezinho *m* **com ~s de lã** heimlich, im Verborgenen
p. f. *abr de* **por favor** b. (= *bitte*)
pfennig *m* (HIST) Pfennig *m*
pH *m* pH-Wert *m*
pia I. *adj f de* **pio II II.** *f* ① (*brasil: da cozinha*) Spüle *f;* (*do banheiro*) Waschbecken *m* ② (*de roupa*) *Art Waschtisch aus Stein mit Waschbrett;* ~ **baptismal** Taufbecken *nt*
piaçá *f* (*material*) Piassavefaser *f,* Piassave *f*
piada *f* Witz *m;* **ter ~** (*portugal*) witzig sein
piadético *adj* (*portugal*) witzig
piamente *adv* fromm; **acreditar ~ em alguém/a. c.** jdm blind vertrauen/etw unbesehen glauben
pianinho *adv* (*coloq*) ganz leise
pianista *mf* Klavierspieler(in) *m(f),* Pianist(in) *m(f)*
piano I. *m* Klavier *nt;* ~ **de cauda** Flügel *m* **II.** *adv* (MÚS) piano
pianola *f* Pianola *nt*
pião <piões> *m* ① (*brinquedo*) Kreisel *m* ② (*coloq: movimento*) Drehung *f;* **fazer um ~** sich drehen
piar *vi* ① (*pássaro*) piepsen, piepen ② (*coloq: falar*) quatschen; **não ~** keinen Pieps sagen ③ (*coloq: queixar-se*) meckern; **~ fino** nicht aufmucken
Piauí (*brasil*) Piauí (*Bundesstaat im Nordosten Brasiliens*)
piauiense (*brasil*) **I.** *mf* Einwohner(in) *m(f)* des Bundesstaates Piauí **II.** *adj* (*especialidade*) aus Piauí; (*instituto*) in Piauí
pica *f* ① (*coloq: de cigarro*) Kippe *f* ② (*coloq: injecção*) Spritze *f*
piça *f* (*vulg*) Schwanz *m*
picada [pi'kadɐ] **I.** *adj f de* **picado II II.** *f* Stich *m*
picadeiro *m* Reithalle *f*
picadela *f v.* **picada**
picado I. *m* (CULIN) ~ **de carne** Haschee *nt,* Hackfleischsoße *f* **II.** *adj* ① (*com picadelas*) zerstochen ② (*cebola, salsa*) gehackt; **carne picada** Hackfleisch *nt,* Gehackte *nt* ③ (*melindrado*) beleidigt, pikiert ④ (*mar*) aufgewühlt *m*
picadora *f* (*para salsa, cebola*) Zerkleinerer *m;* (*para carne*) Fleischwolf *m*
picante [pi'kãntə] *adj* ① (*comida*) scharf, pikant ② (*anedota*) schlüpfrig, pikant
pica-pau *m* Specht *m*
picar [pi'kar] <c→qu> **I.** *vt* ① (*agulha, insecto*) stechen; (*pássaro*) picken ② (*carne, cebola*) hacken ③ (*um animal*) antreiben ④ (*uma senha, um cartão*) lochen; **~ o ponto** stechen ⑤ (*espicaçar*) anstacheln; (*irritar*) reizen **II.** *vi* ① (*espinho*) stechen; (*camisola*) kratzen ② (*pimenta*) scharf sein, brennen **III.** *vr* ① (*ferir-se*) sich stechen; **~-se numa agulha** sich mit einer Nadel stechen ② (*coloq: na estrada*) um die Wette fahren (*com* mit)
picareta *f* Pickel *m,* Spitzhacke *f*
picas *pron indef* (*coloq brasil*) nichts, nix
pichador, -a <-es> *m, f* (*brasil*) Graffitikünstler(in) *m(f)*
pichaím *m* (*brasil: coloq*) krause(s) Haar *nt*
pichar *vt* (*brasil*) ① Graffiti sprühen ② (*coloq: criticar*) jemanden stark kritisieren, schlecht über jemanden reden
piche *m* Pech *nt*
pichelaria *f* Klempnerei *f*
picheleiro, -a *m, f* Klempner(in) *m(f),* Installateur(in) *m(f)*
pickle *m* Mixedpickles *pl*
pico *m* ① (*espinho*) Dorn *m;* (*de metal*) Stachel *m* ② (*cume*) Spitze *f,* Gipfel *m* ③ (*um pouco*) **mil e ~** etwas mehr als tausend; **às dez e ~** um kurz nach zehn
picolé *m* (*brasil*) Eis *nt*
picotado *m* Perforation *f;* **abrir pelo ~** an der Perforation öffnen
picuinhas *adj inv* (*pej*) pingelig, etepetete
piedade *f* ① (*devoção*) Frömmigkeit *f* ② (*compaixão*) Erbarmen *nt,* Mitleid *nt;* **ter ~ de alguém** Mitleid mit jdm haben
piedoso *adj* ① (*devoto*) fromm ② (*compassivo*) mitleidig ③ (*misericordioso*) barmherzig
piegas *adj inv* (*pessoa*) sentimental; (*filme*) schnulzig
pieguice *f* (*coloq*) Gefühlsduselei *f*
piela *f* (*coloq*) Rausch *m,* Schwips *m;* **apanhar uma ~** sich einen Schwips antrinken +*dat*
piercing *m* Piercing *nt*
pierrô *m* (*brasil*) *Karnevalskostüm als Clownfigur Pierrot*

pifar *vi* (*coloq: aparelho, carro*) den Geist aufgeben, kaputtgehen
pífaro *m* Pikkoloflöte *f*
pífio *adj* gemein, fies
pigmentação <-ões> *f* Pigmentierung *f*
pigmento *m* Pigment *nt*
pijama *m* Schlafanzug *m*
pila *f* (*coloq*) Pimmel *m*
pilantra *mf* (*coloq brasil*) Gauner(in) *m(f)*, Schlitzohr *nt*
pilantropia *f* (*brasil*) *Steuerhinterziehung durch betrügerische gemeinnützige Organisationen*
pilão <-ões> *m* (*para triturar*) Mörser *m*
pilar <-es> *m* (ARQUIT) Pfeiler *m*
pilau *m* (*coloq*) Pimmel *m*
pilé *adj* **açúcar ~** Kristallzucker *m*
pileque *m* (*coloq brasil*) Rausch *m*; **estar de ~** blau sein
pilha ['piʎɐ] *f* ① (*monte*) Haufen *m*; (*de livros*) Stoß *m*, Stapel *m*; **estar (n)uma ~ de nervos** ein Nervenbündel sein ② (FÍS) Batterie *f*; **~ recarregável** aufladbare Batterie ③ (*lanterna*) Taschenlampe *f*
pilhagem <-ens> *f* Plünderung *f*
pilhar *vt* plündern
pilões *m pl de* **pilão**
piloro *m* (ANAT) Magenausgang *m*
piloso *adj* haarig, behaart
pilotagem <-ens> *f* (AERO, NÁUT) Steuern *nt*, Steuerung *f*
pilotar *vt* (AERO, NÁUT) steuern
piloto [pi'lotu] **I.** *mf* (AERO) Pilot(in) *m(f)*, Flugzeugführer(in) *m(f)*; (NÁUT) Steuermann *m*; (*automobilismo*) Fahrer(in) *m(f)*; **~ automático** Autopilot *m* **II.** *adj inv* Versuchs ..., Muster ...; **escola ~** Versuchsschule *f*
pílula *f* Pille *f*
pimba **I.** *adj* (*coloq*) schnulzig, schmalzig; **música ~** Schnulzen *pl* **II.** *interj* **~!** klatsch!, patsch!
pimenta [pi'mẽntɐ] *f* Pfeffer *m*
pimenta-do-reino <pimentas-do-reino> *f* schwarze(r) Pfeffer
pimenta-malagueta *f* (*brasil*) *v.* **piripiri**
pimentão <-ões> *m* (*brasil: pimento*) Paprika *m*, Paprikaschote *f*
pimenteira *f* Pfefferstreuer *m*
pimento *m* (*portugal*) Paprika *m*, Paprikaschote *f*
pimentões *m pl de* **pimentão**
pimpampum *m* Abzählreim *m*, Abzählvers *m*
pimpão *adj* großspurig
pimpolho *m* ① (BOT) Schössling *m* ② (*rapaz*) Knirps *m*
pin *m* Anstecknadel *f*
pináculo *m* ① (*elev: de monte*) Gipfel *m*; (*de edifício*) First *m* ② (*elev: auge*) Gipfel *m*, Höhepunkt *m*
pinça ['pĩsɐ] *f* ① (*de sobrancelhas*) Pinzette *f* ② (*para gelo*) Eiswürfelzange *f*; (*para salada*) Salatbesteck *nt* ③ (MED) Klammer *f*, Klemme *f*
píncaro *m v.* **pináculo**
pincel <-éis> *m* Pinsel *m*; **~ da barba** Rasierpinsel *m*
pincelada *f* Pinselstrich *m*; **dar uma ~** einen Pinselstrich machen
pincelar *vt* anstreichen, streichen
pinchar *vi* hüpfen, springen
pincho *m* Sprung *m*; **dar um ~** einen Sprung machen
pinga *f* ① (*gota*) Tropfen *m*; (*fig*); **às ~s** tröpfchenweise; (*fig*); **ficar sem ~ de sangue** leichenblass werden ② (*coloq: bocadinho*) Schlückchen *nt*; **vou beber uma ~ de água/vinho** ich werde ein Schlückchen Wasser/Wein trinken ③ (*coloq: vinho*) Wein *m*; **beba uma ~!** trinken Sie einen Schluck!; **beber uma ~ a mais** zu tief ins Glas gucken; **estar com a ~** angeheitert sein ④ (*brasil: cachaça*) Zuckerrohrschnaps *m*
pingar <g→gu> **I.** *vt* tropfen **II.** *vi* ① (*líquido, torneira*) tropfen ② (*chuva*) tröpfeln; **está a ~** es tröpfelt
pingente *m* Anhänger *m*
pingo ['pĩngu] *m* ① (*pinga*) Tropfen *m*; **não ter um ~ de vergonha** sich kein bisschen schämen ② (*reg: bebida*) Kaffee *m* mit wenig Milch
pingo-de-mel *m Feigenart*
pingue **I.** *1./3. pres subj de* **pingar** **II.** *m* (CULIN) Schweineschmalz *nt*
pingue-pongue *m* Tischtennis *nt*, Pingpong *nt*
pinguim (*portugal*), **pingüim** *m* <-ins> Pinguin *m*
pinha *f* ① (BOT) Kiefernzapfen *m*, Pinienzapfen *m*; (*brasil: fruta-pinha*) Zimtapfel *m*, Süßsack *m* ② (*de pessoas*) **estar à ~** überfüllt sein
pinhal <-ais> *m* Kiefernwald *m*, Pinienwald *m*

P

pinhão <-ões> *m* Pinienkern *m*
pinheiro *m* Kiefer *f;* ~ **manso** Pinie *f;* ~ **bravo** Kiefer *f;* ~ **de Riga** Waldkiefer *f;* ~ **de Natal** Weißtanne *f*
pinho[1] *m* Kiefernholz *nt,* Pinienholz *nt*
pinhões *m pl de* **pinhão**
pino[2] *m* ❶ (*prego*) Stift *m;* (*perno*) Bolzen *m* ❷ (*auge*) Gipfel *m,* Höhepunkt *m;* **no ~ do Verão/Inverno** im Hochsommer/im tiefsten Winter ❸ (*do corpo*) Handstand *m;* **fazer o ~** einen Handstand machen ❹ (*de bowling*) Kegel *m*
pinote *m* ❶ (*salto*) Satz *m* ❷ (*coice*) Hufschlag *m;* **dar um ~** ausschlagen
pinscher *m* (ZOOL) Pinscher *m*
pinta *f* ❶ (*de tinta, líquido*) Spritzer *m;* **um tecido/vestido às ~s** ein getupfter Stoff/getupftes Kleid ❷ (*coloq: estilo*) Aussehen *nt;* **ter (muita) ~** gut aussehen; **esta casa/este carro tem muita ~** dieses Haus/Auto sieht klasse aus
pintadela *f* Anstrich *m;* **dar uma ~ a a. c.** etw überstreichen
pintado I. *adj* ❶ (*quadro*) gemalt ❷ (*parede*) gestrichen; ~ **de amarelo** gelb gestrichen; ~ **de fresco** frisch gestrichen **II.** *m* (ZOOL) Pintado-Fisch *m* (*beliebter brasilianischer Speisefisch*)
pintainho *m* Küken *nt*
pintalgar *vt* tüpfeln, sprenkeln
pintar [pĩntar] **I.** *vt* (*um quadro, uma paisagem*) malen; (*uma casa, porta*) streichen; (*o carro, as unhas*) lackieren; ~ **a. c. à pistola** etw spritzen; (*com lápis, caneta*) anmalen, bemalen; ~ **a. c. de verde** etw grün anmalen; (*maquilhar*) schminken; (*o cabelo*) färben; (*descrever*) schildern **II.** *vi* (*brasil: surgir*) sich auftun; **pintou um emprego/uma oportunidade** es tat sich eine Stelle/Gelegenheit auf **III.** *vr* sich schminken
pintassilgo *m* Stieglitz *m,* Distelfink *m*
pintinha *f* Spritzer *m;* **às ~s** getupft, getüpfelt
pinto ['pĩntɔ] *m* Küken *nt;* **estar como um ~** völlig durchnässt sein; **ficar como um ~** patschnass werden
pintor(a) <-es> *m(f)* (*artístico*) Maler(in) *m(f);* (*de casas*) Anstreicher(in) *m(f),* Maler(in) *m(f)*
pintura [pĩn'turɐ] *f* ❶ (*arte*) Malerei *f;* ~ **a óleo** Ölmalerei *f;* ~ **a aguarela** Aquarell *nt* ❷ (*quadro*) Gemälde *nt,* Bild *nt* ❸ (*de objecto, casa*) Anstrich *m;* (*de automóvel*) Lackierung *f* ❹ (*maquilhagem*) Make-up *nt*
pio I. *m* (*de ave*) Pieps *m;* (*coloq: fala*); **nem mais um ~!** kein Wort mehr!; **não dar um ~** keinen Pieps sagen; **perder o ~** keinen Pieps mehr sagen **II.** *adj* fromm; (*caridoso*) barmherzig
piões *m pl de* **pião**
piolhento *adj* verlaust
piolho *m* Laus *f*
pioneiro, -a *m, f* Pionier(in) *m(f)* (*em*)
pionés *m* (*portugal*) Heftzwecke *f,* Reißnagel *m*
pior I. *m* **o ~** das Schlimmste; **o ~ já passou/ainda está para vir** das Schlimmste ist überstanden/kommt noch **II.** *adj* ❶ (*comp. de mau*) schlechter ((*do*) *que* als), schlimmer ((*do*) *que* als); **tanto ~!** um so schlimmer! ❷ (*superl. de mau*) schlechteste(r, s), schlimmste(r, s); **essa é a ~ solução** das ist die schlechteste Lösung; **ela é a ~ aluna da turma** sie ist die schlechteste Schülerin der Klasse **III.** *adv* ❶ (*comp. de mal*) schlimmer, schlechter; **ele está muito ~** es geht ihm viel schlechter ❷ (*superl. de mal*) am schlimmsten, am schlechtesten; **o que fala ~ francês** der, der am schlechtesten Französisch spricht
piora *f* Verschlimmerung *f,* Verschlechterung *f*
piorar I. *vt* verschlimmern, verschlechtern **II.** *vi* ❶ (*situação*) schlimmer werden, sich verschlimmern; (*qualidade*) schlechter werden, sich verschlechtern ❷ (*doente*) schlechter gehen; **ele piora** es geht ihm schlechter
piorio *m* (*coloq*) **do ~** vom Teufel geritten
pipa *f* ❶ (*de vinho*) Fass *nt* ❷ (*coloq: grande quantidade*) Masse *f;* **uma ~ de massa** massenhaft Kohle
pipi *m* ❶ (*coloq: genital*) Scheide *f* ❷ (*coloq brasil: urina*) Pipi *nt;* **fazer ~** Pipi machen
pipo *m* Fässchen *nt*
pipoca *f* Popcorn *nt*
pique[1] *adv* **a ~** senkrecht
pique[2] *1./3. pres subj de* **picar**
piquenique *m* Picknick *nt*
piquete *m* **estar de ~** Dienst haben
pirado *adj* (*coloq*) durchgedreht, bescheuert
pirâmide *f* Pyramide *f*
piranha *f* ❶ (ZOOL) Piranha *m* ❷ (*brasil: mulher*) Furie *f*
pirão <-ões> *m* (*brasil:* CULIN) Maniokbrei (*aus Maniokmehl, Fischsud, Gemüse, Öl und Gewürzen zubereitet*)

pirar **I.** *vi* (*coloq*) durchdrehen **II.** *vr* (*coloq*) abhauen, sich aus dem Staub machen

pirarucu *m* Arapaima *m* (*sehr großer, im Amazonasbecken lebender Raubfisch*)

pirata **I.** *mf* Pirat(in) *m(f)*; ~ **do ar** Luftpirat(in) *m(f)*; ~ **informático** Hacker(in) *m(f)* **II.** *adj inv* Raub ..., Piraten ...; **cassete/disquete** ~ Raubkopie *f*; **rádio** ~ Piratensender *m*

pirataria *f* (ECON, INFOR) Piraterie *f*

piratear *conj como passear vt* (ECON) unerlaubterweise kopieren; (INFOR) eine Raubkopie anfertigen von; (*disco*) eine Raubpressung anfertigen von

pires ['pirəʃ] *m* Untertasse *f*

pirex *m v.* **pyrex**

pirilampo *m* Glühwürmchen *nt*

Pirinéus *mpl* Pyrenäen *pl*

piripiri *m* ① (*malageta*) rote(r) Pfeffer *m* ② (*molho*) Tabascosoße *f*

pirões *m pl de* **pirão**

pirogénese (*portugal*), **pirogênese** *f* (*brasil:* FÍS) Wärmeerzeugung *f*

pirólise *f* (QUÍM) Pyrolyse *f*

piromania *f* (MED) Pyromanie *f*

piromaníaco, -a *m, f* (MED) Pyromane, Pyromanin *m, f*

piropo *m* Kompliment *nt*

piroso *adj* (*coloq*) kitschig, geschmacklos

pirotecnia *f* Pyrotechnik *f*, Feuerwerkerei *f*; **fábrica de** ~ pyrotechnische Fabrik

pirotécnico, -a **I.** *m, f* Pyrotechniker(in) *m(f)*, Feuerwerker(in) *m(f)* **II.** *adj* pyrotechnisch

pirralho *m* Schlingel *m*

pirueta *f* Pirouette *f*; **fazer uma** ~ eine Pirouette machen

pirulito *m* (*brasil*) Lutscher *m*

pisada *f* (*pegada*) Fußstapfen *m*; (*rasto*) Spur *f*; **seguir as** ~**s de alguém** jds Spur folgen; (*tomar como exemplo*) in jds Fußstapfen treten

pisadela *f* ① (*calcadela*) leichte(r) Tritt *m*; **dar uma** ~ **em alguém/a. c.** jdm/etw einen leichten Tritt versetzen ② (*pisadura*) Quetschung *f*, Prellung *f*

pisadura [pizɐ'durɐ] *f* ① (*pisadela*) Quetschung *f*, Prellung *f* ② (*marca*) blaue(r) Fleck *m*

pisa-papéis *m* Briefbeschwerer *m*

pisar *vt* ① (*calcar*) treten; ~ **alguém** jdn treten; ~ **o pé a alguém** jdm auf den Fuß treten ② (*um local*) betreten ③ (*uvas, com os pés*) stampfen; (*dentro do lagar*) pressen, keltern ④ (*esmagar*) einklemmen; ~ **um dedo/uma perna** einen Finger/ein Bein einklemmen ⑤ (*fig: subjugar*) erniedrigen

pisca *m* (*coloq*) Blinker *m*; **ligar o** ~ blinken; **ligar os quatro** ~**s** die Warnblinkanlage anmachen

pisca-pisca <pisca(s)-piscas> *m* (*coloq*) *v.* **pisca**

piscar <c→qu> **I.** *vt* ~ **o olho** blinzeln, zwinkern; ~ **o olho a alguém** jdm zublinzeln, jdm zuzwinkern **II.** *vi* (*luz*) blinken; **num** ~ **de olhos** im Nu

piscatório *adj* ① (*de pescadores*) Fischer ...; **aldeia piscatória** Fischerdorf *nt* ② (*de pesca*) Fischerei ...

piscicultor(a) <-es> *m(f)* Fischzüchter(in) *m(f)*

piscicultura *f* Fischzucht *f*

piscina [pəʃ'sinɐ] *f* Schwimmbad *nt*; ~ **coberta** Hallenbad *nt*

pisco *m* (ZOOL) Dompfaff *m*; (*coloq*); **ser um** ~ (**a comer**) wie ein Spatz essen

piso *m* ① (*andar*) Stock *m*, Stockwerk *nt*; **uma casa de três** ~**s** ein dreistöckiges Haus; **no segundo** ~ im zweiten Stock ② (*chão*) Boden *m*; (*de sala*) Fußbodenbelag *m*; (*de estrada*) Pflaster *nt*

pista ['piʃtɐ] *f* ① (*faixa de rodagem*) Fahrbahn *f*; (*de avião*) Rollbahn *f*, Piste *f*; (*de corridas*) Rennbahn *f*; (*de cavalos*) Reitbahn *f*; (*de patinagem*) Eisbahn *f*, Schlittschuhbahn *f*; (*de dança*) Tanzfläche *f* ② (*rasto*) Fährte *f*, Spur *f*; **seguir uma** ~ eine Spur verfolgen ③ (*para adivinhar*) Tipp *m*; **dar uma** ~ **a alguém** jdm einen Tipp geben

pistácio *m* Pistazie *f*

pistão [piʃ'tãu] *m* (MEC) Kolben *m*

pistola *f* ① (*arma*) Pistole *f* ② (*para pintar*) Spritzpistole *f*; **pintar a. c. à** ~ etw spritzen

pistolão <-ões> *m* (*brasil: cunha*) Beziehungen *pl*

pistom <-ons> *m* (*brasil*) *v.* **pistão**

pitada *f* Prise *f*; **uma** ~ **de sal** eine Prise Salz; **não** (**querer**) **perder** ~ keine Gelegenheit auslassen (wollen)

pitecantropo *m* (HIST) Pithekanthropus *m*

pitéu *m* (*coloq*) Leckerbissen *m*

pito *m* ① (*coloq: pinto*) Küken *nt* ② (*vulg: vagina*) Möse *f*

pitoresco *adj* pittoresk, malerisch

pitosga **I.** *mf* (*coloq*) Kurzsichtige **II.** *adj* (*coloq*) kurzsichtig

pivete *m* ① (*coloq: criança*) Schlingel *m*, Racker *m* ② (*coloq: mau cheiro*) Gestank *m*

pivô *m* ① (*dente*) Stift *m* ② (*do noticiário*) Nachrichtensprecher *m* ③ (DESP) Rückraumspieler *m*

pizza *f* Pizza *f*

pizzaria *f* Pizzeria *f*

PJ *abr de* **polícia judiciária** Kripo (= *Kriminalpolizei*)

placa ['plakɐ] *f* ① (*de betão*) Platte *f* ② (*de sinalização*) Schild *nt;* ~ **comemorativa** Gedenktafel *f;* ~ **da matrícula** Nummernschild *nt* ③ (*bacteriana*) Plaque *f*

placard *m* Plakatwand *f;* (*publicitário*) Werbetafel *f*

placenta *f* (ANAT) Plazenta *f*

plácido *adj* ruhig, gelassen

plagiador(a) <-es> *m(f)* Plagiator(in) *m(f)*

plagiar *vt* plagiieren, abschreiben

plagiário, -a *m, f v.* **plagiador, -a**

plágio *m* Plagiat *nt*

plaina *f* Hobel *m*

plana *adj f de* **plano**

planador <-es> *m* Segelflugzeug *nt*

planalto *m* (GEOG) Hochebene *f*

planar *vi* (*ave, avião*) segeln, im Gleitflug fliegen

plâncton *m* Plankton *nt*

planeamento *m* Planung *f;* ~ **familiar** Familienplanung *f;* ~ **urbano** Stadtplanung *f*

planear *vt* (*portugal*) planen

planejamento *m* (*brasil*) *v.* **planeamento**

planejar *vt* (*brasil*) *v.* **planear**

planeta *m* Planet *m;* **o ~ Terra** der Planet Erde

planetário **I.** *m* Planetarium *nt* **II.** *adj* Planeten ...

planície [plɐ'nisjə] *f* Ebene *f*

planificação <-ões> *f* Planung *f*

planificar <c→qu> *vt* planen

plano ['plɐnu] **I.** *m* (*projecto*) Plan *m;* **traçar um ~** einen Plan machen/entwerfen; (*nível*) Ebene *f;* **em primeiro/último ~** im Vordergrund/Hintergrund; **no ~ afectivo** [*o brasil* **afetivo**] was die Gefühle angeht, in Hinblick auf das Gefühlsleben; **no ~ financeiro** in finanzieller Hinsicht; (MAT) Ebene *f* **II.** *adj* flach, eben

planta ['plɐ̃tɐ] *f* ① (BOT) Pflanze *f* ② (*de prédio, casa*) Grundriss *m;* (*de cidade*) Stadtplan *m* ③ (ANAT) ~ **do pé** Fußsohle *f*

plantação <-ões> *f* ① (*acção de plantar*) Pflanzen *nt*, Pflanzung *f* ② (*terreno*) Plantage *f*

plantador(a) <-es> *m(f)* (AGR) Pflanzer(in) *m(f)*

plantão <-ões> *m* **estar de ~** Wache stehen, auf Wache sein

plantar **I.** *vt* (*vegetal*) pflanzen; (*um terreno*) bepflanzen **II.** *vr* sich hinstellen

plantio *m v.* **plantação**

plaqueta *f* ~ **sanguínea** Blutplättchen *nt*, Thrombozyt *m*

plasma *m* Plasma *nt*

plástica **I.** *f* (*cirurgia*) Schönheitschirurgie *f*, plastische Chirurgie *f;* **fazer uma ~** sich einer Schönheitsoperation unterziehen **II.** *adj f de* **plástico II**

plasticidade *f* Formbarkeit *f*, Plastizität *f*

plasticina *f* Plastilin *nt*, Knetmasse *f*

plástico ['plaʃtiku] **I.** *m* Kunststoff *m*, Plastik *nt* **II.** *adj* Plastik ...

plastificar <c→qu> *vt* (*um cartão*) (in Plastik) einschweißen

plataforma *f* ① (*na estação*) Bahnsteig *m;* (*de eléctrico*) Plattform *f;* ~ **de lançamento** Abschussrampe *f* ② (*de edifício*) Flachdach *nt*

plátano *m* Platane *f*

plateia (*portugal*), **platéia** *f* (*teatro*) Parkett *nt*

platina *f* Platin *nt*

platinado *m* (MEC) Unterbrecher *m*

platónico (*portugal*), **platônico** *adj* (*brasil*) platonisch

plausível <-eis> *adj* ① (*credível*) plausibel, glaubhaft ② (*provável*) wahrscheinlich

play-back *m* (MÚS) Play-back *nt;* **fazer ~** Playback spielen

playboy *m* Playboy *m*

plebe *f* Pöbel *m*

plebeia *f* (HIST) Plebejerin *f*

plebeu **I.** *m* (HIST) Plebejer *m* **II.** *adj* (HIST) plebejisch

plebiscito *m* Volksbefragung *f*, Plebiszit *nt*

plena *adj f de* **pleno**

plenamente *adv* völlig; **estar ~ de acordo com alguém** mit jdm völlig übereinstimmen

plenário **I.** *m* Plenum *nt* **II.** *adj* **sessão plenária** Plenarsitzung *f*

plenipotência *f* Vollmacht *f*

plenipotenciário, -a **I.** *m, f* Bevollmächtigte

II. *adj* bevollmächtigt

plenitude *f* ① (*abundância*) Fülle *f* ② (*perfeição*) Vollkommenheit *f*

pleno *adj* ① (*cheio*) voll; (*completo*) vollständig; **em ~ Inverno** mitten im Winter; **em plena rua** auf offener Straße; **em ~ dia** am helllichten Tag ② (*perfeito*) vollkommen

pleonasmo *m* (LING) Pleonasmus *m*

plinto *m* ① (ARQUIT) Plinthe *f* ② (DESP) Kasten *m*

plissado **I.** *m* Plissee *nt* **II.** *adj* plissiert

plissar *vt* plissieren

pluma *f* Feder *f*

plumagem <-ens> *f* Gefieder *nt*

plumoso *adj* (BOT, ZOOL) gefiedert

plural <-ais> *m* Plural *m*, Mehrzahl *f*

pluralidade *f* Vielfältigkeit *f*

pluralismo *m* (POL) Pluralismus *m*

Plutão *m* (ASTR) Pluto *m*

plutocracia *f* (POL) Geldherrschaft *f*, Plutokratie *f*

plutocrata *mf* Plutokrat(in) *m(f)*

plutónio (*portugal*), **plutônio** *m* (*brasil*: QUÍM) Plutonium *nt*

pluvial <-ais> *adj* Regen ...

pluvioso *adj* regnerisch

PME *abr de* **pequenas e médias empresas** kleine und mittelständische Betriebe

pneu [pneu] *m* ① (*de automóvel*) Reifen *m*; **~ radial** Gürtelreifen *m*; **~s** Bereifung *f*; **pôr ~s no carro** den Wagen bereifen; **trocar os ~s** die Reifen wechseln; **ter um ~ furado** einen Plattfuß haben ② (*coloq: no corpo*) Rettungsring *m*

pneumático **I.** *m* Reifen *m* **II.** *adj* (MEC) pneumatisch

pneumonia [pneumu'niɐ] *f* (MED) Lungenentzündung *f*

pó [pɔ] *m* ① (*sujidade*) Staub *m*; **limpar o ~** Staub wischen; (*coloq*); **morder o ~** ins Gras beißen ② (*produto*) Pulver *nt*; **em ~** Pulver ...; **~ de talco** Talkumpuder *nt*, Talkum *nt* ③ (*cosmético*) Puder *m*

pobre ['pɔbrə] **I.** *mf* Arme **II.** *adj* (*pessoa*) arm, bedürftig; (*casa*) ärmlich, armselig; **~ de ti/dele!** du Armer/der Arme!; **~ do Carlos!** der arme Carlos!; **~ de espírito** beschränkt

pobreza *f* Armut *f*, Not *f*

POC *abr de* **Plano Oficial de Contas** *offizielle Regelung zur firmeninternen Buchhaltung*

poça **I.** *f* Pfütze *f* **II.** *interj* **~!** verdammt!

poção <-ões> *f* (FARM) Arzneitropfen *pl*

pocilga *f* Schweinestall *m*

poço *m* ① (*de água*) Brunnen *m*; **~ petrolífero** Ölquelle *f*; **um ~ sem fundo** ein Fass ohne Boden; **ser um ~ de sabedoria** ein unerschöpfliches Wissen haben ② (*de mina, elevador*) Schacht *m* ③ (*em rio, mar*) tiefe Stelle *f*; (AERO); **~ de ar** Luftloch *nt*

poda *f* Beschneiden *nt*

podar *vt* beschneiden, stutzen

pôde *3. pret perf de* **poder**

pó-de-arroz <pós-de-arroz> *m* Gesichtspuder *m*, *nt*

poder [pu'der] *irr* **I.** *m* ① (*autoridade*) Macht *f*; (*domínio*) Gewalt *f*; **~ executivo** Exekutive *f*, vollziehende Gewalt; **~ judicial** Judikative *f*, richterliche Gewalt; **~ legislativo** Legislative *f*, gesetzgebende Gewalt; (DIR); **plenos ~es** Vollmacht *f*; **exercer ~ sobre alguém** Macht über jdn haben; **estar no ~** an der Macht sein ② (*faculdade*) Vermögen *nt*; **~ de compra** Kaufkraft *f* ③ (*posse*) Besitz *m*; **ter a. c. em seu ~** im Besitz von etw sein **II.** *vi* ① (*capacidade, possibilidade*) können; **eu posso encontrar-me consigo amanhã** ich kann mich morgen mit Ihnen treffen; **já não posso mais!** ich kann nicht mehr! ② (*permissão*) dürfen; **posso entrar?** darf ich hereinkommen?; **aqui não se pode fumar** hier darf man nicht rauchen ③ (*suposição*) können, mögen; **pode ser** mag sein, kann sein; **ele pode estar ocupado** er könnte beschäftigt sein; **pode ser que ela venha** es kann sein, dass sie kommt ④ (*peso*) **~ com** tragen können; **ela não pode comigo/com isto** sie kann mich/das nicht tragen ⑤ (*coloq: suportar*) **não ~ com alguém/a. c.** mit jdm nicht können/etw schlecht finden

poderoso *adj* mächtig

pódio *m* (DESP) Siegerpodest *nt*

podre ['podrə] *adj* ① (*alimento*) faul, verfault ② (*moralmente*) verdorben

podridão <-ões> *f* ① (*putrefacção*) Fäulnis *f* ② (*moral*) Verdorbenheit *f*

põe *3. pess sing de* **pôr**

poeira *f* Staub *m*; (*fig*); **deitar ~ aos olhos de alguém** jdm Sand in die Augen streuen; (*fig*); **levantar ~** Staub aufwirbeln

poeirada *f* Staubwolke *f*

poeirento *adj* staubig, verstaubt

poema *m* Gedicht *nt*

poente **I.** *m* Westen *m* **II.** *adj* untergehend
poesia *f* Poesie *f,* Dichtung *f*
poeta, -isa *m, f* Dichter(in) *m(f)*
poética *f* Poetik *f,* Dichtkunst *f*
poético *adj* poetisch, dichterisch
poetisa *f* Dichterin *f*
poio *m* (*coloq*) Scheiße *f*
pois [poiʃ] **I.** *konj* denn **II.** *adv* also; (*consentimento*) ah ja, natürlich; ~ **bem!** also gut!; ~ **claro!** klar doch!, selbstverständlich!; ~ **é!** ja klar!, stimmt!; ~ **não!** natürlich nicht!; ~**, eu sei** ich weiß schon; **não leste o livro, ~ não?** du hast das Buch nicht gelesen, oder doch?; (*brasil*); ~ **não?** Sie wünschen?, was darf es sein?; (*irón*); ~ **sim!** denkste!, sonst noch Wünsche?
poiso *m* Aufenthaltsort *m*
polaco, -a **I.** *m, f* Pole, Polin *m, f* **II.** *adj* polnisch
polainas *fpl* Leggings *pl,* Leggins *pl*
polar <-es> *adj* polar, Polar ...
polarização <-ões> *f* (FÍS) Polarisierung *f,* Polarisation *f*
polarizador <-es> *m* (FÍS) Polarisator *m*
polaróide *f* ① (*máquina*) Polaroidkamera ® *f* ② (*fotografia*) Polaroidbild *nt,* Polaroidfoto *nt*
polca *f* (MÚS) Polka *f*
poldro *m* (ZOOL) Fohlen *nt*
polegada *f* Zoll *m*
polegar <-es> *m* Daumen *m*
poleiro *m* Sitzstange *f;* (*fig*); **estar no ~** an der Macht sein
polémica (*portugal*), **polêmica** *f* (*brasil*) Polemik *f;* **causar ~** eine Polemik hervorrufen
polémico (*portugal*), **polêmico** *adj* (*brasil*) strittig
pólen <polens> *m* (BOT) Pollen *m*
polenta *f* (CULIN) Polenta *f,* Maisgrieß *m*
poliamida *f* (QUÍM) Polyamid *nt*
polícia [pu'lisjɐ] **I.** *f* (*instituição*) Polizei *f;* ~ **de fronteira** Grenzpolizei *f;* ~ **judiciária** Kriminalpolizei *f;* ~ **de segurança pública** Schutzpolizei *f;* ~ **de trânsito** Verkehrspolizei *f;* **chamar a ~** die Polizei rufen **II.** *mf* (*pessoa*) Polizist(in) *m(f)*
policial [pulisi'al] <-ais> **I.** *mf* (*brasil*) Polizist(in) *m(f)* **II.** *adj* polizeilich, Polizei ...; **filme ~** Kriminalfilm *m;* **romance ~** Kriminalroman *m*
policiamento *m* Polizeiaufsicht *f*
policlínica *f* Poliklinik *f*
policromático *adj* vielfarbig
polido *adj* ① (*superfície*) poliert, glänzend ② (*comportamento*) höflich, fein
poliedro *m* (MAT) Polyeder *nt,* Vielflächner *m*
poliéster <-es> *m* Polyester *m*
poliestireno *m* Styropor ® *nt*
polígama *f v.* **polígamo**
poligamia *f* Polygamie *f*
polígamo, -a *m, f* Polygamist(in) *m(f)*
poliglota **I.** *mf* Polyglotte **II.** *adj* mehrsprachig, polyglott
polígono *m* (MAT) Polygon *nt,* Vieleck *nt*
polimento *m* ① (*de superfície*) Polieren *nt,* Schliff *m* ② (*cortesia*) Höflichkeit *f*
Polinésia *f* Polynesien *nt*
polinizar *vt* (BOT) bestäuben
poliomielite [pɔljomje'litə] *f* (MED) Kinderlähmung *f,* Poliomyelitis *f*
polir *irr vt* ① (*dar lustre*) polieren ② (*alisar*) glätten
polissilábico *adj* mehrsilbig
polissílabo *m* (LING) mehrsilbige(s) Wort *nt*
politécnico *adj* polytechnisch; **Instituto Politécnico** Polytechnikum *nt*
politeísmo *m* Polytheismus *m,* Vielgötterei *f*
politeísta **I.** *mf* Polytheist(in) *m(f)* **II.** *adj* polytheistisch
política **I.** *mf o adj f de* **político** **II.** *f* Politik *f;* ~ **ambiental** Umweltpolitik *f;* ~ **da educação** Bildungspolitik *f;* ~ **monetária** Währungspolitik *f*
político, -a **I.** *m, f* Politiker(in) *m(f)* **II.** *adj* politisch
politiquice *f* (*pej*) Stammtischpolitik *f*
polivalente *adj* ① (*pessoa*) vielseitig ② (*sala*) Mehrzweck ...; **pavilhão ~** Mehrzweckhalle *f*
pólo ['pɔlu] *m* ① (FÍS, GEOG) Pol *m;* **Pólo Norte** Nordpol *m;* **Pólo Sul** Südpol *m;* ~ **positivo** Pluspol *m;* ~ **negativo** Minuspol *m* ② (DESP) Polo *nt* ③ (*camisola*) Polohemd *nt*
Polónia (*portugal*), **Polônia** *f* (*brasil*) Polen *nt*
polpa *f* ① (*de fruta*) Fruchtfleisch *nt;* (*de raiz*) Mark *nt;* ~ **de tomate** passierte Tomaten ② (*dos dedos*) Fingerkuppe *f*
poltrona *f* Sessel *m*
poluente *adj* umweltschädlich; **pouco ~** umweltfreundlich
poluição *f* Verschmutzung *f;* ~ **do ar** Luftverschmutzung *f;* ~ **atmosférica** Luftverschmutzung *f;* ~ **dos mares** Meeresver-

schmutzung *f;* ~ **dos rios** Flussverschmutzung *f;* ~ **sonora** Lärmbelästigung *f*

poluído *adj* verschmutzt, verseucht

poluir *conj como incluir vt* verschmutzen, verseuchen

polvilhar *vt* bestreuen (*com* mit)

polvo *m* (ZOOL) Krake *m;* (CULIN) Oktopus *m*

pólvora *f* Schießpulver *nt*

polvorosa *f* Hetze *f;* **estar em** ~ hetzen

pomada [pu'madɐ] *f* (FARM) Salbe *f;* ~ **para queimaduras** Brandsalbe *f;* **aplicar uma** ~ eine Salbe auftragen

pomar <-es> *m* 1 (*quintal*) Obstgarten *m* 2 (*loja*) Obstgeschäft *nt*

pomba *f* Taube *f;* ~ **da paz** Friedenstaube *f*

pombal <-ais> *m* Taubenschlag *m*

pombo *m* (*espécie*) Taube *f;* (*macho*) Tauber *m,* Täuberich *m*

pombo-correio <pombos-correio(s)> *m* Brieftaube *f*

pompa *f* Pomp *m,* Prunk *m;* **com** ~ **e circunstância** mit großem Prunk

pompom <-ons> *m* Pompon *m*

pomposo *adj* pompös, prunkvoll

ponche *m* Punsch *m*

poncheira *f* Punschkaraffe *f*

ponderação <-ões> *f* 1 (*reflexão*) Überlegung *f* 2 (*avaliação*) Abwägen *nt*

ponderado *adj* überlegt

ponderar **I.** *vt* abwägen, prüfen **II.** *vi* nachdenken (*sobre* über)

pónei (*portugal*), **pônei** *m* (*brasil*) Pony *nt*

ponha *1./3. pres subj de* **pôr**

ponho *1. pres de* **pôr**

ponta ['põntɐ] *f* 1 (*bicuda*) Spitze *f;* ~ **do dedo** Fingerspitze *f;* **pôr-se nas** ~**s dos pés** sich auf die Zehenspitzen stellen; **até à** ~ **dos cabelos** bis zum Hals; **isso não tem** ~ **por onde se lhe pegue** das hat weder Hand noch Fuß; **tomar alguém de** ~ sich mit jdm anlegen 2 (*extremidade*) Ende *nt;* ~ **de cigarro** Zigarettenstummel *m;* **na outra** ~ **da cidade** am anderen Ende der Stadt; (*fig*); **de** ~ **a** ~ von einem Ende zum anderen 3 (*pouco*) Bisschen *nt;* **uma** ~ **de** ein bisschen

pontada [põn'tadɐ] *f* (*dor*) Stich *m,* stechende(r) Schmerz *m*

ponta-direita <pontas-direitas> *m* (FUT) Rechtsaußen *m*

ponta-esquerda *m* (FUT) Linksaußen *m*

pontal <-ais> *m* (GEOG) Landzunge *f*

pontão <-ões> *m* kleine Brücke *f,* Steg *m*

pontapé *m* 1 (*geral*) Fußtritt *m;* **dar um** ~ **a alguém** jdm einen Fußtritt versetzen; **levar um** ~ einen Fußtritt bekommen 2 (DESP) Schuss *m;* ~ **de meta** Torschuss *m;* ~ **de saída** Anstoß *m;* **dar um** ~ **na bola** den Ball schießen

pontaria *f* Zielen *nt;* **fazer** ~ zielen; **ter boa** ~ gut zielen

ponte ['põntə] *f* 1 (ARQUIT) Brücke *f;* ~ **aérea** Luftbrücke *f;* ~ **levadiça** Zugbrücke *f;* ~ **móvel** Hubbrücke *f;* ~ **pênsil/suspensa** Hängebrücke *f* 2 (NÁUT) Brückendeck *nt* 3 (*de feriados*) Brückentag *m,* Fenstertag *m;* **fazer** ~ ein verlängertes Wochenende machen

pontear *conj como passear vt* 1 (*meias*) stopfen 2 (MÚS) zupfen

ponteiro *m* Zeiger *m;* ~ **do relógio** Uhrzeiger *m*

pontiagudo *adj* spitz

pontífice *m* (REL) Bischof *m;* **Sumo** ~ Pontifex maximus *m*

pontinha *f* (*coloq: bocadinho*) Bisschen *nt;* **uma** ~ **de ciúmes** ein Anflug von Eifersucht

ponto ['põntu] *m* 1 (*pinta, questão*) Punkt *m;* (*em dado*) Auge *nt;* ~ **crucial** Knackpunkt *m;* ~ **de ebulição** Siedepunkt *m;* ~ **de encontro** Treffpunkt *m;* (*automóvel*); ~ **morto** Leerlauf *m;* ~ **negro** Mitesser *m;* ~ **de partida** Ausgangspunkt *m;* ~ **de referência** Bezugspunkt *m,* Anhaltspunkt *m;* ~ **de vista** Standpunkt *m;* **o jogador marcou três** ~**s** der Spieler erzielte drei Punkte; **a situação chegou a tal** ~ **que ...** die Situation spitzte sich so zu, dass ...; **às cinco horas em** ~ um Punkt fünf Uhr; **pôr os** ~**s nos is** reinen Tisch machen 2 (*tipografia; ponto final*) Punkt *m;* (*de pontuação*) Zeichen *nt;* ~ **de exclamação** Ausrufezeichen *nt;* ~ **de interrogação** Fragezeichen *nt;* ~ **e vírgula** Semikolon *nt,* Strichpunkt *m;* **dois** ~**s** Doppelpunkt *m* 3 (*teste*) Klausur *f* 4 (MED: *de costura*) Stich *m* 5 (*brasil*) ~ **de ônibus** Haltestelle *f;* ~ **de táxi** Taxistand *m* 6 (*de caramelo*) Karamell *m;* (*açúcar*); **estar no** ~ karamellisieren; (*pessoa*) topfit sein; (*máquina*) Höchstleistungen bringen 7 (*no teatro*) Souffleur, Souffleuse *m, f* 8 (*coloq: pessoa*) Marke *f;* **ele/ela é um** ~**!** der/die ist eine Marke!

pontocom <inv> **I.** *m* (ECON: *comércio*) Elek-

P

tronischer Handel *m* **II.** *f* (*empresa*) Dotcom (Unternehmen) *nt*

pontões *m pl de* **pontão**

ponto-e-vírgula <ponto(s)-e-vírgulas> *m* Strichpunkt *m*

pontuação <-ões> *f* ❶ (LING) Zeichensetzung *f* ❷ (DESP) Bewertung *f*

pontual [põn'twal] <-ais> *adj* ❶ (*pessoa*) pünktlich ❷ (*situação*) punktuell; **caso ~** Einzelfall *m*

pontualidade *f* Pünktlichkeit *f*

pontualmente *adv* pünktlich

pontuar *vt* (*frase, texto*) mit Satzzeichen versehen

pop [pɔp] *m* (MÚS) Popmusik *f*

popa *f* (NÁUT) Heck *nt*

popelina *f* Popeline *f*

popó *m* (*portugal: coloq*) Auto *nt*

popô *m* (*brasil: coloq*) Po *m*

população <-ões> *f* ❶ (*pessoas*) Bevölkerung *f* ❷ (*em estatística*) Grundgesamtheit *f*

populacional <-ais> *adj* Bevölkerungs ...

popular [pupu'lar] *adj* ❶ (*do povo*) Volks ... ❷ (*estimado*) populär, beliebt

popularidade *f* Popularität *f*, Beliebtheit *f*

populoso *adj* dicht bevölkert

póquer (*portugal*), **pôquer** *m* (*brasil*) Poker *nt*

por [pur] *prep* ❶ (*local*) durch; (*em viagem*) über; **eu vou pelo jardim** ich gehe durch den Garten; **passamos ~ Lisboa** wir fahren über Lissabon; **passear pela cidade** durch die Stadt spazieren; **~ terra/mar** auf dem Landweg/Seeweg; **~ fora** (von) außen; **~ dentro** (von) innen ❷ (*temporal; aproximadamente*) um, gegen; (*durante*) für; **pelo dia 20 de Maio** um den zwanzigsten Mai herum; **pelas 3 horas da tarde** gegen 3 Uhr nachmittags; **pela manhã/noitinha** gegen Morgen/Abend; **~ hoje** für heute; **~ dois anos** für zwei Jahre; **~ enquanto** vorläufig; **~ pouco tempo** für kurze Zeit; **~ vezes** hin und wieder ❸ (*preço*) für; **comprei este livro ~ 20 euros** ich habe dieses Buch für 20 Euro gekauft ❹ (*distribuição*) pro; **10 euros ~ pessoa** 10 Euro pro Person; **10 metros ~ segundo** 10 Meter pro Sekunde; **30 horas ~ mês** 30 Stunden im Monat; **uma vez ~ semana** einmal in der Woche; **20 ~ cento** 20 von Hundert, 20 Prozent ❺ (*motivo*) wegen, aus; **~ necessidade/doença** aus Not/wegen Krankheit; **~ razões pessoais** aus persönlichen Gründen; **~ isso** deshalb, deswegen; **~ exemplo** zum Beispiel; **~ acaso** zufällig; **ela fez isso ~ mim/ti** sie hat das mir/dir zuliebe getan; **cá ~ mim** von mir aus ❻ (*pessoa*) von; (*através de*) durch; **este quadro foi pintado ~ mim/ti** dieses Bild wurde von mir/dir gemalt; **a cidade foi destruída ~ um tremor de terra** die Stadt ist durch ein Erdbeben zerstört worden ❼ (MAT) **multiplicar ~ dez** mit zehn multiplizieren; **dividir ~ dez** durch zehn teilen ❽ (*modo*) per; **~ escrito** schriftlich; **~ medida** nach Maß; (*correio*); **~ via aérea** per Luftpost; **um ~ um** einer nach dem anderen ❾ (*troca*) gegen; **trocar um livro ~ um quadro** ein Buch gegen ein Bild eintauschen ❿ (*concessivo*) obwohl; **~ (mais) fácil que pareça** obwohl es so leicht erscheint, so leicht es auch scheint ⓫ +*inf* **isso (ainda) está ~ fazer** das muss noch gemacht werden; **isso (ainda) está ~ dizer** das muss noch gesagt werden

pôr *irr* **I.** *vt* ❶ (*colocar*) stellen, legen; (*inserir*) hineintun; (*pendurar*) hängen; **~ açúcar** Zucker hineintun; **~ à venda** verkaufen; **~ em liberdade** freilassen; **~ fora** wegwerfen; **~ na rua** hinauswerfen; **~ em perigo** in Gefahr bringen; (*som*); **~ mais alto/baixo** lauter/leiser stellen; **onde é que puseste o meu chapéu?** wo hast du meinen Hut hingelegt?; **põe o vestido no armário/a mala no carro** häng das Kleid in den Schrank/leg den Koffer ins Auto ❷ (*roupa, sapatos*) anziehen; (*óculos, chapéu*) aufsetzen ❸ (*a mesa*) decken ❹ (*um anúncio*) aufgeben ❺ (*um ovo*) legen ❻ (*um problema, uma dúvida*) darlegen; **~ dificuldades** Schwierigkeiten bereiten; **~ a. c. em dúvida** etw in Zweifel ziehen ❼ (*maquilhagem*) auflegen **II.** *vr* ❶ (*posição*) sich stellen; **~-se de pé** aufstehen; **~-se de joelhos** (sich) hinknien; **~-se à vontade** es sich bequem machen +*dat* ❷ (*acção*) **~-se a fazer a. c.** mit etw beginnen; **ela põe-se a escrever a carta** sie beginnt damit, den Brief zu schreiben; **~-se a rir/chorar** anfangen zu lachen/weinen; **~-se em fuga** fliehen; **~-se bonito** sich schön machen ❸ (*sol*) untergehen

porão <-ões> *m* ❶ (*brasil: cave*) Keller *m*, Souterrain *nt* ❷ (NÁUT) Laderaum *m*

poraquê *m* (ZOOL) Zitteraal *m*

porca *f* ❶ (*para parafuso*) Mutter *f* ❷ (ZOOL)

Sau *f*

porcalhão, -ona <-ões> **I.** *m, f* Dreckschwein *m,* Schmutzfink *m* **II.** *adj* dreckig, schweinisch

porção <-ões> *f* ❶ (*brasil:* CULIN*: parte*) Portion *f* ❷ (*grande quantidade*) Haufen *m;* **uma ~ de gente** ein Haufen Leute

porcaria *f* ❶ (*sujidade*) Dreck *m,* Schweinerei *f* ❷ (*insignificância*) Dreck *m*

porcelana [pursə'lɐnɐ] *f* Porzellan *nt*

porcentagem <-ens> *f* (*brasil*) Prozentsatz *m*

porco ['porku] **I.** *m* (ZOOL) Schwein *nt* **II.** *adj* (*pessoa*) dreckig; (*lugar*) dreckig, versifft

porco-do-mato <porcos-do-mato> *m* Pekari *nt* (*amerikanisches Wildschwein*)

porco-espinho <porcos-espinhos> *m* (ZOOL) Stachelschwein *nt*

pôr-do-sol <pores-do-sol> *m* Sonnenuntergang *m;* **ao ~** bei Sonnenuntergang

porém [pu'rãi] *mf* jedoch

porfia *adv* **à ~** um die Wette

pormenor <-es> *m* Einzelheit *f,* Detail *nt;* **em ~** im Einzelnen; **com todos os ~es** in allen Einzelheiten, detailliert; **entrar em ~es** ins Detail gehen

pormenorizado *adj* detailliert

pornografia *f* Pornografie *f*

pornográfico *adj* pornografisch

poro *m* Pore *f*

porões *m pl de* **porão**

poroso *adj* porös

porquanto *konj* da

porque ['purkə] **I.** *prep* weil, da; **eu vou de avião ~ é mais rápido** ich fliege, weil es schneller geht; **por que é que dizes/não dizes isso? – ~ sim/não** warum sagst du das/das nicht? – weil ich es will/ich nicht will; (*coloq*) warum sagst du das/das nicht? – darum **II.** *adv* warum

porquê [pur'ke] **I.** *m* Grund *m* **II.** *pron interr* warum

porquinho-da-índia <porquinhos-da-índia> *m* Meerschweinchen *nt*

porra *interj* (*impaciência*) **~!** verdammt (nochmal)!; (*admiração*) boh!, super!

porrada *f* ❶ (*coloq: sova*) Prügel *pl,* Dresche *f;* **apanhar ~** Prügel kriegen, verdroschen werden; **dar ~ em alguém** jdn verdreschen ❷ (*coloq: grande quantidade*) Masse *f;* **uma ~ de livros** massig Bücher

porre *m* (*coloq brasil*) Rausch *m;* **estar de ~** einen sitzen haben

porreiro *adj* (*coloq*) cool, stark

porreta *adj* (*brasil*) *v.* **porreiro**

porta ['pɔrtɐ] *f* Tür *f;* **~ de correr** Schiebetür *f;* **~ dianteira** Vordertür *f;* **~ de embarque** (AERO) Gate *nt;* **~ de entrada** Eingang *m;* **~ giratória** Drehtür *f;* **~ da rua** Haustür *f;* **~ de saída** Ausgang *m;* **~ traseira** Hintertür *f;* **as ~s da cidade** die Stadttore; **bater à ~** an die Tür klopfen; **estar à ~** vor der Tür stehen; **à ~ fechada** hinter verschlossenen Türen; **ser surdo como uma ~** stocktaub sein; **estar às ~s da morte** im Sterben liegen

porta-aviões *m inv* Flugzeugträger *m*

porta-bagagens *m inv* (*portugal: automóvel*) Kofferraum *m;* (*bicicleta*) Gepäckträger *m*

portada *f* (*de janela*) Fensterladen *m*

portador(a) <-es> *m(f)* (*de documento*) Inhaber(in) *m(f)*

porta-estandarte *mf* Fahnenträger(in) *m(f)*

portagem [pur'taʒãi] *f* ❶ (*portugal: em autoestrada*) Autobahngebühr *f;* (*em ponte*) Transitgebühr *f;* (*österr*) Mautgebühr *f* ❷ (*local*) Zahlstelle *f;* (*österr*) Maut *f*

portais *m pl de* **portal**

porta-jóias *m inv* Schmuckkasten *m*

portal [pur'tal] <-ais> *m* Portal *nt*

porta-lápis *m inv* Federmäppchen *nt*

Portalegre (*portugal*) Portalegre (*Hauptstadt des Distrikts Portalegre*)**; Distrito de Portalegre** Distrikt Portalegre

portalegrense (*portugal*) **I.** *mf Einwohner(in) der Stadt oder des Distrikts Portalegre* **II.** *adj* (*especialidade*) aus Portalegre; (*instituto*) in Portalegre

portaló *m* (NÁUT) Gangway *f*

porta-luvas *m inv* (AUTO) Handschuhfach *nt*

porta-malas *m inv* (AUTO: *brasil*) Kofferraum *m*

porta-moedas *m inv* Portmonee *nt,* Geldbeutel *m*

portanto [pur'tãntu] *konj* ❶ (*então*) also, folglich ❷ (*por isso*) deshalb, deswegen

portão [pur'tãu] <-ões> *m* Tor *nt,* Pforte *f*

portaria *f* ❶ (*de edifício*) Eingangshalle *f* ❷ (*do governo*) Ministerialerlass *m*

portar-se *vr* sich benehmen, sich betragen; **~ bem/mal** sich gut/schlecht benehmen

portátil <-eis> **I.** *adj* tragbar **II.** *m* (*portugal:* INFOR) Laptop *m o nt*

porta-voz <-es> *mf* Sprecher(in) *m(f)* (*de*)
porte ['pɔrtə] *m* ❶ (*frete*) Fracht *f* ❷ (*taxa*) Porto *nt;* ~ **pago** Gebühr bezahlt ❸ (*envergadura*) Größe *f;* (*de pessoa*) Körperbau *m;* **de grande** ~ groß
porteiro, -a *m, f* (*de edifício, hotel*) Portier *m;* (*de empresa*) Pförtner(in) *m(f);* (*de bar, discoteca*) Türsteher(in) *m(f);* (*brasil*); ~ **eletrônico** Videoüberwachung *f*
pórtico *m* ❶ (ARQUIT) Säulengang *m* ❷ (*de carga*) Containerbrücke *f,* Ladebrücke *f*
porto ['portu] *m* ❶ (*de navios*) Hafen *m;* ~ **de mar** Seehafen *m;* ~ **fluvial** Binnenhafen *m* ❷ (*vinho do Porto*) Portwein *m*
Porto *m* (*portugal*) Porto *nt;* **Distrito do Porto** Distrikt Porto
Porto Alegre *m* (*brasil*) Porto Alegre (*Hauptstadt des Bundesstaates Rio Grande do Sul*)
porto-alegrense (*brasil*) **I.** *mf* Einwohner(in) *m(f)* der Stadt Porto Alegre **II.** *adj* (*especialidade*) aus Porto Alegre; (*instituto*) in Porto Alegre
portões *m pl de* **portão**
Porto Rico *m* Puerto Rico *nt*
porto-riquenho, -a **I.** *m, f* Puerto-Ricaner(in) *m(f)* **II.** *adj* puerto-ricanisch
porto-velhense (*brasil*) **I.** *mf* Einwohner(in) *m(f)* der Stadt Porto Velho **II.** *adj* (*especialidade*) aus Porto Velho; (*instituto*) in Porto Velho
Porto Velho *m* (*brasil*) Porto Velho (*Hauptstadt des Bundesstaates Rondônia*)
portuário *adj* Hafen ...
portuense **I.** *mf* Portuenser(in) *m(f)* **II.** *adj* aus Porto
Portugal [purtu'gal] *m* Portugal *nt*
português, -esa [purtu'geʃ] **I.** *m, f* Portugiese, Portugiesin *m, f* **II.** *adj* portugiesisch
porventura *adv* ❶ (*por acaso*) zufällig; **se ~ vir o meu gato, diga-me** falls Sie zufällig meine Katze sehen, sagen Sie mir bitte Bescheid ❷ (*talvez, possivelmente*) etwa, vielleicht; ~ **achas que eu faria isso?** meinst du etwa, das würde ich tun?
pôs *3. pret de* **pôr**
posar *vi* posieren (*para* für)
pós-data *f* Nachdatierung *f;* **o documento tem uma** ~ das Dokument ist nachdatiert
pose *f* Pose *f*
pós-graduação <-ões> *f* Postgraduierung *f*
pós-graduado, -a *m, f* Postgraduierte
pós-guerra *m* Nachkriegszeit *f*
posição <-ões> *f* ❶ (*colocação, situação*) Position *f,* Stellung *f;* ~ **social** gesellschaftliche Stellung ❷ (*opinião*) Einstellung *f,* Position *f*
posicionar *vt* positionieren, in eine bestimmte Stellung bringen
positiva *adj f de* **positivo**
positivismo *m* (FILOS) Positivismus *m*
positivo [puzi'tivu] **I.** *m* (FOTO) Positiv *nt;* (LING) Positiv *m* **II.** *adj* positiv
pós-moderno *adj* postmodern
pós-morte *m* Leben *nt* nach dem Tod
pós-natal <-ais> *adj* postnatal, nachgeburtlich
posologia *f* (FARM) Dosierung *f*
possa *1./3. pres subj de* **poder**
possante *adj* ❶ (*poderoso*) mächtig ❷ (*forte*) kräftig
posse *f* Besitz *m;* **estar na ~ de alguém** in jds Besitz sein; **tomar ~ de a. c.** etw in Besitz nehmen; **tomar ~ dum cargo** ein Amt antreten
posses *fpl* Vermögen *nt;* (**não**) **ter muitas ~** (nicht) sehr vermögend sein
possessa *adj f de* **possesso**
possessivo *adj* ❶ (*pessoa*) besitzergreifend, possessiv ❷ (LING) possessiv; **pronome ~** Possessivpronomen *nt*
possesso *adj* besessen (*por* von)
possibilidade [pusibəli'dadə] *f* ❶ (*que é possível*) Möglichkeit *f;* **~s financeiras** finanzielle Möglichkeiten ❷ (*oportunidade*) Gelegenheit *f*
possibilitar *vt* ermöglichen
possível [pu'sivɜl] <-eis> **I.** *m* **o** ~ das Mögliche; **fazer os possíveis** (**e os impossíveis**) sein Möglichstes tun; **na medida do ~** im Rahmen des Möglichen **II.** *adj* möglich; **o mais depressa** ~ so schnell wie möglich; **é ~ que ...** *+conj* es ist möglich, dass ...
possivelmente *adv* möglicherweise
posso *1. pres de* **poder**
possuído *adj* besessen (*por* von)
possuidor(a) <-es> *m(f)* Besitzer(in) *m(f),* Inhaber(in) *m(f)*
possuir *conj como incluir vt* besitzen
posta **I.** *adj f de* **posto III** **II.** *f* Stück *nt;* (*fatia*) Scheibe *f;* (*fig*); **arrotar ~s de pescada** große Töne spucken
postal [puʃ'tal] <-ais> **I.** *m* (*dos correios*) Postkarte *f;* (*de aniversário, natal*) Karte *f;* ~ **ilustrado** Ansichtskarte *f* **II.** *adj* Post ...,

postalisch; **encomenda** ~ Postpaket *nt*

Das Wort „Karte“ heißt auf portugiesisch **postal**. Sagen Sie also nicht **carta**, wenn Sie eine Karte wollen, sonst bekommen Sie einen Brief.

posta-restante <postas-restantes> *f* postlagernde(r) Brief *m*

poste *m* ① (ELECTR, TEL) Mast *m* ② (*da baliza*) Pfosten *m*

poster (*portugal*), **pôster** <-es> *m* Poster *nt*

posteridade *f* ① (*gerações futuras*) Nachwelt *f;* **ficar para a ~** der Nachwelt erhalten bleiben ② (*futuro*) Zukunft *f*

posterior [puʃtə'rjor] *adj* ① (*no tempo*) nachfolgend, später; **ser ~ a a. c.** später als etw geschehen ② (*no espaço*) hintere(r, s)

posteriormente *adv* nachher, nachträglich

postiço *adj* (*dentadura*) künstlich, falsch; **cabelo ~** Haarteil *nt*

postigo *m* Luke *f,* Fensterchen *nt*

posto ['poʃtu] **I.** *pp de* **pôr II.** *m* ① (*emprego*) Stelle *f;* **~ de trabalho** Arbeitsplatz *m* ② (*da polícia*) Revier *nt,* Polizeiwache *f;* **~ alfandegário** Zollstation *f,* Zollstelle *f;* **~ de gasolina** Tankstelle *f;* **~ médico** ärztliche Versorgungsstation *f;* **~ de saúde** Ambulanz *f;* **~ de turismo** Tourismusbüro *nt* ③ (MIL) Posten *m* **III.** *adj* ① (*óculos, chapéu*) aufgesetzt ② (*sol*) untergegangen

postulado *m* (REL) Postulat *nt*

póstumo *adj* (*livro*) nachgelassen, postum; (*homenagem*) nachträglich, postum

postura *f* ① (*de corpo*) Körperhaltung *f,* Stellung *f* ② (*comportamento*) Haltung *f,* Verhalten *nt* ③ (*opinião*) Einstellung *f;* **qual é a sua ~ em relação ao problema?** wie stehen Sie zu der Frage?

pós-venda *adj* **assistência/serviço ~** Kundendienst *m*

potássio *m* (QUÍM) Kalium *nt*

potável [pu'tavɜl] <-eis> *adj* trinkbar; **água ~** Trinkwasser *nt*

pote *m* Gefäß *nt,* Topf *m;* (*bacio*) Nachttopf *m;* (*coloq*); **chove a ~s** es gießt wie aus Kübeln

potência *f* ① (POL) Macht *f;* **grande ~** Großmacht *f* ② (BIOL, MAT) Potenz *f;* **três elevado à quarta ~** drei hoch vier ③ (*de som*) Lautstärke *f* ④ (*de motor*) Leistung *f*

potencial <-ais> **I.** *m* (*capacidade*) Möglichkeiten *pl,* Potenzial *nt;* (ELECTR) Spannung *f* **II.** *adj* möglich, potenziell; **um ~ assassino** ein potenzieller Mörder

potencialidade *f* (TEC) Leistungsfähigkeit *f*

potenciar *vt* (MAT) zur Potenz erheben, potenzieren

potente *adj* ① (*forte*) mächtig; (*som*) laut ② (*motor*) leistungsfähig, stark ③ (BIOL) potent

potro *m* (ZOOL) Fohlen *nt*

poucachinho **I.** *m* (*coloq*) kleine(s) bisschen *nt,* Klacks *m* **II.** *adv* (*coloq*) fast nichts

pouca-vergonha <poucas-vergonhas> *f* (*coloq*) Schande *f;* **isto é uma ~!** das ist eine Schande!

pouco ['poku] **I.** *m* Wenige *nt,* Bisschen *nt;* **um ~ de** ein bisschen; **~ a ~** nach und nach; **por ~** fast; **o ~ que eu sei não é suficiente** das wenige, das ich weiß, genügt nicht; **espera um ~!** warte ein bisschen! **II.** *adj* wenig; **há ~** (**tempo**) vor kurzem; **poucas vezes** wenige Male; **poucas pessoas** ein paar Leute; **eu tenho ~ tempo** ich habe wenig Zeit **III.** *adv* wenig; **ele sabe ~ de matemática** er hat nicht viel Ahnung von Mathematik; **ela lê muito ~** sie liest sehr wenig; **gostar ~ de alguém/a. c.** jdn/etw nicht sehr gern mögen **IV.** *pron indef* wenig; **uns ~s de dias** ein paar Tage; **~s acham isso** wenige meinen das; **ter ~ que fazer** wenig zu tun haben

poucochinho *adv* (*coloq*) *v.* **poucachinho**

poupa *f* ① (*no cabelo*) Schwanz *m* ② (*de penas*) Federbusch *m* ③ (ZOOL) Wiedehopf *m*

poupado *adj* sparsam

poupança *f* Sparen *nt* (*de* von); **~ de energia** Energiesparen *nt*

poupanças *fpl* Ersparnisse *pl*

poupar **I.** *vt* (*dinheiro, energia*) sparen; (*máquina, roupa*) schonen; (*coisa desagradável*) ersparen; **~ a. c. a alguém/alguém de a. c.** jdm etw ersparen **II.** *vi* sparen

pouquinho **I.** *m* Bisschen *nt* **II.** *adv* (sehr) wenig, ein bisschen

pouquíssimo *adv* kaum etwas, sehr wenig

pousada *f* Hotel *nt;* **~ de juventude** (*portugal*) Jugendherberge *f*

Pousadas sind staatlich-private, sehr gut geführte Hotels in besonders schönen Gegenden Portugals. Oft sind sie in historischen Gebäuden untergebracht. Allgemein ist das Preisniveau nicht viel niedriger als bei Ihnen zu Hause. In der Hochsaison sind die Preise sogar ziemlich hoch.

pousado *adj* **estar ~** liegen

pousar I. *vt* legen (*em* auf); (*pôr*) stellen (*em* auf); (*o auscultador*) auflegen; **podes ~ a mala** (**aí**) du kannst den Koffer (dort) hinstellen **II.** *vi* (*avião*) aufsetzen; (*ave*) landen

pousio *m* ❶ (AGR: *terreno*) Brachland *nt* ❷ (AGR: *processo*) Brache *f;* **estar de ~** brachliegen

pouso *m* Aufenthaltsort *m;* **não ter ~ certo** keinen festen Wohnsitz haben

povinho *m* (*pej*) (einfaches) Volk *nt*

povo ['povu] *m* Volk *nt*

povoação [puvwɐ'sãu] <-ões> *f* Ort *m,* Ortschaft *f*

povoado I. *m* Ortschaft *f* **II.** *adj* bevölkert

povoar <*brasil, 1. pess pres:* povôo> *vt* bevölkern, besiedeln

p.p. *abr de* **por procuração** i. A. (= *im Auftrag*)

pra *mf* (*coloq*) *v.* **para**

praça ['prasɐ] *f* ❶ (*largo*) Platz *m;* **~ de táxis** (*portugal*) Taxistand *m;* **~ de touros** Stierkampfarena *f* ❷ (*portugal: mercado*) Markt *m* ❸ (*leilão*) Versteigerung *f,* Auktion *f*

praceta *f* kleine(r) Platz *m*

pradaria *f* (GEOG) Prärie *f*

prado ['pradu] *m* Wiese *f*

praga *f* ❶ (*peste*) Plage *f* ❷ (*maldição*) Fluch *m;* **rogar ~s a alguém** jdn verfluchen

pragmático *adj* pragmatisch

praguejar *vi* fluchen (*contra* über)

praia ['prajɐ] *f* Strand *m;* **na ~** am Strand; **ir à ~** an den Strand gehen

prancha *f* ❶ (*tábua*) Brett *nt;* **~ de surf** Surfbrett *nt* ❷ (*na piscina*) Sprungbrett *nt*

prancheta *f* ❶ (*ripa*) Latte *f* ❷ (*de desenho*) Zeichenbrett *nt*

pranto *m* ❶ (*choro*) Weinen *nt* ❷ (*queixume*) Klage *f*

prata ['pratɐ] *f* Silber *nt;* **de ~** silbern; **as ~s** die Silbergegenstände; (*louça*) das Silbergeschirr; (*talheres*) das Silberbesteck, das Tafelsilber

pratada *f* Teller *m;* **uma ~ de arroz** ein Teller Reis

prateado [prɐ'tjadu] *adj* silberfarben, silbern

prateleira *f* (*na parede*) Bord *nt;* (*em estante*) Regalbrett *nt*

prática I. *f de* **prático II.** *f* Praxis *f;* **na ~** in der Praxis; **ter muita/pouca ~ em a. c.** viel/wenig Praxis in etw haben; (*um plano*); **pôr em ~** in die Tat umsetzen, durchführen; (*um método*) praktizieren; (*conhecimentos*) anwenden

praticamente *adv* praktisch

praticante I. *mf* (*de uma actividade*) Tätige, Ausübende; (*de desporto*) Aktive; (*de uma teoria*) Anwender(in) *m(f)* **II.** *adj* (*de uma actividade*) praktizierend, ausübend; (*de desporto*) aktiv; **católico ~/não ~** praktizierender/nicht praktizierender Katholik

praticar [prɐti'kar] <c→qu> **I.** *vt* (*uma actividade*) ausüben; (*um desporto*) treiben; (*exercitar*) üben **II.** *vi* üben

praticável <-eis> *adj* machbar; (*plano*) durchführbar

prático, -a ['pratiku] **I.** *m, f* Praktiker(in) *m(f)* **II.** *adj* (*pessoa, objecto*) praktisch

prato ['pratu] *m* ❶ (*louça*) Teller *m;* **~ ladeiro** flacher Teller; **~ de sopa** Suppenteller *m;* **~ de sobremesa** Kuchenteller *m* ❷ (*em refeição*) Gang *m;* **~ de carne** Fleischgang *m;* **~ de peixe** Fischgang *m* ❸ (*comida*) Gericht *nt;* **um ~ típico** ein typisches Gericht ❹ (*de balança*) Waagschale *f* ❺ (*de gira-discos*) Plattenteller *m*

Wer in Brasilien preiswert und gut essen möchte, sollte mittags in ein kleineres Restaurant gehen, in dem **prato do dia** oder **prato comercial** (Mittagsmenüs) angeboten werden. Dieses Essen reicht oft sogar für eine zweite Person. Die Frage eines Gastes „Reicht das Essen für zwei Personen?" hat in Brasilien nichts mit Geiz zu tun. Auch die Brasilianer stellen sie. Tatsache ist, dass in den meisten Fällen das Essen so ausgiebig ist, dass es für zwei Personen reicht.

pratos *mpl* (MÚS) Becken *nt*

praxar *vt* (*coloq*) den Initiationsriten unterziehen

praxe *f* ❶ (*costume*) Brauch *m;* **ser da ~** üblich sein; **isso não é da ~** das ist nicht üblich ❷ (*em universidade, empresa*) *Initiationsriten für Erstsemester bzw. neueingestellte Arbeiter und Angestellte*

prazenteiro *adj* angenehm

prazer [prɐ'zer] **I.** *m* Vergnügen *nt,* Freude *f;*

com muito ~! sehr gern!; **muito ~!** angenehm!; **muito ~ em conhecê-lo!** ich freue mich, Sie kennen zu lernen! **II.** *vi* (*elev*) gefallen

prazo *m* Frist *f;* **~ de entrega** Lieferfrist *f;* **a curto ~** kurzfristig; **a médio ~** mittelfristig; **a longo ~** langfristig; **no ~ de três dias** innerhalb von drei Tagen; **ter dinheiro a ~** Geld festgelegt haben

preamar <-es> *f* (*maré-cheia*) Flut *f*

pré-aviso *m* Vorwarnung *f;* **sem ~** ohne Vorwarnung

precário *adj* prekär, ungewiss

preçário *m* Preisliste *f*

precatado *adj* vorsichtig

precaução <-ões> *f* ❶ (*medida de prevenção*) Vorsichtsmaßnahme *f;* **tomar (as devidas) precauções** (die notwendigen) Vorkehrungen treffen; (*anticoncepção*) verhüten ❷ (*cautela*) Vorsicht *f;* **por ~** vorsichtshalber

precaver **I.** *vt* warnen (*de* vor) **II.** *vr* sich schützen (*de* vor, *contra* gegen)

precavido *adj* ❶ (*prevenido*) vorgewarnt, gewarnt ❷ (*prudente*) vorsichtig

prece *f* Gebet *nt*

precedência *f* Vorrang *m;* **ter ~** Vorrang haben, vorrangig sein

precedente **I.** *m* Präzedenzfall *m;* **sem ~s** beispiellos **II.** *adj* vorhergehend

preceder *vt* ❶ (*no espaço*) gehen vor, vorangehen; **o artigo precede o substantivo** der Artikel steht vor dem Substantiv ❷ (*no tempo*) kommen vor; **o Verão precede o Outono** der Sommer kommt vor dem Herbst

precedido *adj* **~ de adjectivo** mit vorhergehendem Adjektiv

preceito *m* Vorschrift *f,* Regel *f;* **fazer a. c. a ~** etw vorschriftsmäßig machen

preciosa *adj f de* **precioso**

preciosidade *f* Kostbarkeit *f*

preciosismo *m* (*pej*) Affektiertheit *f,* Geziertheit *f*

precioso *adj* kostbar, wertvoll

precipício *m* Abgrund *m*

precipitação *f* ❶ (*queda*) Sturz *m;* (*de avião*) Absturz *m* ❷ (*pressa*) Überstürzung *f,* Hast *f;* **com ~** hastig, überstürzt ❸ (METEO) Niederschlag *m*

precipitadamente *adv* überstürzt

precipitado *adj* ❶ (*acto*) überstürzt, unüberlegt ❷ (*pessoa*) hastig, vorschnell

precipitar **I.** *vt* (*decisão, acontecimentos*) überstürzen **II.** *vr* ❶ (*cair*) stürzen; (*avião*) abstürzen ❷ (*atirar-se*) sich stürzen (*contra* auf) ❸ (*agir irreflectidamente*) überstürzt handeln; **não te precipites!** überstürz nichts! ❹ (*acontecimentos*) sich überstürzen

precisa *adj f de* **preciso**

precisamente *adv* genau; **mais ~** und zwar, genauer gesagt

precisão *f* Genauigkeit *f,* Präzision *f*

precisar [prəsi'zar] **I.** *vt* genau angeben, präzisieren **II.** *vi* (*necessitar*) **~ de** brauchen, benötigen; (*ter de*) müssen; **ela não precisa de viver na cidade** sie braucht nicht in der Stadt zu wohnen; **eu preciso de trabalhar** ich muss arbeiten; **tu precisas de um passaporte para sair do país** du brauchst einen Pass, um das Land zu verlassen; **eu preciso que me tragas os papéis** du musst mir die Papiere bringen; **não precisas de ir lá, podes telefonar** du musst nicht dorthin gehen, du kannst anrufen

preciso [prə'sizu] *adj* ❶ (*necessário*) nötig, notwendig; **é ~ trabalhar** man muss arbeiten; **ainda é ~ limpar a casa** das Haus muss noch geputzt werden ❷ (*exacto*) genau; (*claro*) deutlich; **neste ~ momento** genau in diesem Moment

precisões *f pl de* **precisão**

preço ['presu] *m* Preis *m;* **~ de custo** Selbstkostenpreis *m;* **~ de fábrica** Herstellerpreis *m,* Erzeugerpreis *m;* **~ fixo** Festpreis *m;* **qual é o ~ disto?** was kostet das?; **a que ~ estão as maçãs?** wie teuer sind die Äpfel?; **ao ~ da chuva** spottbillig

precoce *adj* ❶ (*criança*) frühreif ❷ (*decisão*) verfrüht

preconcebido *adj* vorgefasst; **ideias preconcebidas** Vorurteile *pl*

preconceito *m* Vorurteil *nt* (*contra* gegen)

preconizar *vt* ❶ (*louvar*) anpreisen, rühmen ❷ (*recomendar*) empfehlen

pré-cozinhado *m* Fertiggericht *nt*

precursor(a) <-es> *m(f)* Wegbereiter(in) *m(f),* Pionier(in) *m(f)*

predador <-es> *m* (ZOOL) Raubtier *nt*

pré-datado *adj* (*documento*) vordatiert

predecessor(a) <-es> *m(f)* Vorgänger(in) *m(f)*

predestinado *adj* ❶ (*futuro*) vorherbestimmt ❷ (*pessoa*) geschaffen (*para* für)

predestinar *vt* vorherbestimmen, prädestinieren

predicado *m* (LING) Prädikat *nt*

predição <-ões> *f* Vorhersage *f*

predicativo *adj* (LING) prädikativ; **nome ~** Prädikatsnomen *nt*

predileção *f* (*brasil*) *v.* **predilecção**

predilecção <-ões> *f* Vorliebe *f*; **o desporto da minha ~** mein Lieblingssport

predilecto, -a (*portugal*) **I.** *m, f* Liebling *m* **II.** *adj* bevorzugt, Lieblings ...; **livro ~** Lieblingsbuch *nt*

predileto, -a *adj* (*brasil*) *v.* **predilecto**

prédio *m* Gebäude *nt*; (*de habitação*) Wohnblock *m*; **~ de apartamentos** Apartmenthaus *nt*

predispor-se *irr como pôr vr* sich einstellen (*a* auf)

predisposição <-ões> *f* Neigung *f* (*para* zu), Veranlagung *f* (*para* zu)

predisposto *adj* vorbereitet (*a* auf), gefasst (*a* auf)

predizer *irr como dizer vt* voraussagen, vorhersagen

predominância *f v.* **predomínio**

predominante *adj* vorherrschend, überwiegend

predominantemente *adv* vorrangig

predominar *vi* vorherrschen, überwiegen

predomínio *m* ① (*poder*) Vorherrschaft *f* ② (*preponderância*) Übergewicht *nt* ③ (*superioridade*) Überlegenheit *f*

preencher [prjɛ̃'ʃer] *vt* ① (*um impresso, um espaço*) ausfüllen ② (*uma vaga, um cargo*) besetzen ③ (*um requisito*) erfüllen ④ (*o tempo*) füllen

preenchimento *m* ① (*de impresso*) Ausfüllen *nt* ② (*de vaga*) Besetzung *f*

preestabelecer <c→ç> *vt* vorher festsetzen, im Voraus bestimmen

preestabelecido *adj* im Voraus festgesetzt

preexistência *f* vorherige(s) Vorhandensein *nt*

preexistente *adj* vorher bestehend

pré-fabricado *adj* vorgefertigt; **casa pré-fabricada** Fertighaus *nt*

prefácio *m* Vorwort *nt*

prefeito, -a *m, f* (*brasil*) Bürgermeister(in) *m(f)*

prefeitura *f* (*brasil*) Stadtverwaltung *f*, Rathaus *nt*

preferência *f* ① (*predilecção*) Vorliebe *f* ② (*primazia*) Vorzug *m*; **de ~** vorzugsweise; (*coloq*) am liebsten; **ter ~ por alguém/a. c.** jdm/etw den Vorzug geben, jdn/etw bevorzugen ③ (*brasil: no trânsito*) Vorfahrt *f*; **dar ~ a** Vorfahrt gewähren +*dat*

preferido *adj* Lieblings ..., bevorzugt; **o meu livro ~** mein Lieblingsbuch

preferir [prəfə'rir] *irr vt* vorziehen, lieber mögen; **eu prefiro (beber) café a (beber) chá** ich trinke lieber Kaffee als Tee; **ele preferiu ficar em casa** er zog es vor, zu Hause zu bleiben; **eu prefiro esta casa** ich ziehe dieses Haus vor

preferível <-eis> *adj* vorzuziehen, besser; **é ~ não irmos hoje** es ist besser, wenn wir nicht heute fahren

prefira *1./3. pres subj de* **preferir**

prefiro *1. pres de* **preferir**

prefixo [pre'fiksu] *m* ① (LING) Präfix *nt* ② (TEL: *brasil*) Vorwahl *f*

prega *f* Falte *f*

pregador(a)[1] *m(f)* <-es> Prediger(in) *m(f)*

pregador[2] *m* <-es> (*brasil*) Klammer *f*

pregão <-ões> *m* öffentliche(r) Ausruf *m*

pregar[1] <g→gu> *vt* ① (*um prego*) einschlagen (*a/em* in), schlagen in; (*uma tábua*) annageln (*a/em* an), nageln an/auf ② (*um botão*) annähen ③ (*os olhos*) heften (*em* auf) ④ (*soco, bofetada*) versetzen; **~ uma rasteira a alguém** jdm ein Bein stellen; **~ um susto a alguém** jdm einen Schreck einjagen

pregar[2] <g→gu> *vi* predigen

prego ['prɛgu] *m* ① (*de metal*) Nagel *m*; **pregar um ~** einen Nagel einschlagen ② (*portugal:* CULIN) Beefsteak *nt*; **~ em pão** Beefsteaksandwich *nt*; **~ em prato** *Beefsteak mit Spiegelei, gekochtem Schinken und Pommes frites* ③ (*coloq: casa de penhores*) Leihhaus *nt*, Pfandhaus *nt*; **pôr a. c. no ~** etw ins Leihhaus bringen

pregões *m pl de* **pregão**

preguiça *f* ① (*moleza*) Faulheit *f*, Trägheit *f*; **estar com/ter ~** faul sein; **estar com/ter ~ de fazer a. c.** zu faul sein, etw zu tun ② (ZOOL) Faultier *nt*

preguiçar [prəgi'sar] *vi* faulenzen

preguiçoso **I.** *m* Faulpelz *m*, Faulenzer(in) *m(f)* **II.** *adj* faul

pré-história *f* Vorgeschichte *f*, Prähistorie *f*

pré-histórico *adj* vorgeschichtlich, prähistorisch

preia-mar *f* Flut *f*

prejudicado, -a **I.** *m, f* Geschädigte **II.** *adj* ① (*pessoa*) geschädigt ② (*saúde*) ruiniert; (*ambiente*) belastet

prejudicar <c→qu> **I.** *vt* (*uma pessoa*) schaden, schädigen; (*a saúde*) schaden; (*o ambiente*) belasten, schaden; (*o trabalho*) beeinträchtigen **II.** *vr* sich schaden *+dat* (*com* mit)

prejudicial <-ais> *adj* schädlich (*a/para* für); **~ à saúde** gesundheitsschädlich; **~ para o ambiente** umweltschädlich, umweltbelastend

prejuízo [prə'ʒwizu] *m* ① (*dano*) Schaden *m;* **ter ~ com a. c.** durch etw Schaden erleiden; **sofrer um ~ de 200 euros** einen Schaden von 200 Euro erleiden ② (*perda*) Verlust *m;* **dar ~** ein Verlustgeschäft sein

preliminar <-es> *adj* einleitend

preliminares *mpl* ① (*preparativos*) Vorverhandlungen *pl* ② (*sexualidade*) Vorspiel *nt*

prelúdio *m* ① (MÚS: *da composição*) Präludium *nt* ② (MÚS: *para ensaiar*) Einstimmen *nt*

prematuro *adj* ① (*parto*) Früh ...; **bebé** [*o brasil* **bebê**] **~** Frühgeburt *f;* **o parto foi ~** es war eine Frühgeburt ② (*decisão*) frühzeitig, verfrüht

premeditada *adj f de* **premeditado**

premeditadamente *adv* vorsätzlich

premeditado *adj* vorsätzlich

premeditar *vt* vorher überlegen; (*crime*) vorsätzlich planen

premente *adj* dringend, drängend; **um assunto ~** eine dringende Angelegenheit

premiado, -a **I.** *m, f* Preisträger(in) *m(f);* (*lotaria, loto*) Gewinner(in) *m(f)* **II.** *adj* (*pessoa*) preisgekrönt, ausgezeichnet (*com* mit); **bilhete ~** Gewinn *m,* Treffer *m*

premiar *conj como passear vt* ① (*obra, autor*) mit einem Preis auszeichnen, prämieren ② (*recompensar*) belohnen (*com* mit)

prémio (*portugal*), **prêmio** *m* (*brasil*) ① (*de concurso*) Preis *m;* **~ Nobel** Nobelpreis *m;* (*pessoa*) Nobelpreisträger *m* ② (*de seguro*) Prämie *f* ③ (*recompensa*) Belohnung *f* ④ (*da lotaria*) Gewinn *m*

premir *vt* drücken

premissa *f* Voraussetzung *f,* Prämisse *f*

premonitório *adj* vorwarnend

pré-montagem *f* Vormontage *f*

premunição *f* Vorahnung *f,* Vorgefühl *nt*

pré-natal <-ais> *adj* vorgeburtlich, pränatal

prenda *f* (*portugal*) Geschenk *nt;* **dar uma ~ a alguém** jdm ein Geschenk machen

prendado *adj* fähig

prendedor <-es> *m* (*brasil: da roupa*) Wäscheklammer *f*

prender [prɛ̃n'der] <*pp* preso *o* prendido> **I.** *vt* ① (*fixar*) befestigen ② (*atar*) festbinden, anbinden; (*o cabelo*) zusammenbinden ③ (*um ladrão*) festnehmen, verhaften ④ (*em casa, numa sala*) einsperren ⑤ (*fig: unir*) verbinden; **já nada me prende aqui** hier hält mich nichts mehr ⑥ (*fig: cativar*) fesseln **II.** *vi* (*ficar preso*) klemmen **III.** *vr* ① (*compromisso*) sich binden (*a* an) ② (*entrave*) sich abhalten lassen, sich zurückhalten lassen; **não te prendas por minha causa** lass dich von mir nicht davon abhalten

prenhe *adj* (ZOOL) trächtig

prensa *f* Presse *f;* (*para sande*) Sandwichautomat *m*

prensado *adj* gepresst

prensar *vt* pressen; (*sande*) zusammenpressen

prenúncio *m* Anzeichen *nt*

preocupação <-ões> *f* Sorge *f,* Besorgnis *f*

preocupado *adj* besorgt; **estar ~ com alguém/a. c.** sich um jdn/etw Sorgen machen *+dat*

preocupante *adj* Besorgnis erregend

preocupar **I.** *vt* beunruhigen, Sorgen machen **II.** *vr* sich Sorgen machen *+dat* (*com* um); **não te preocupes!** mach dir keine Sorgen!

pré-pagamento *m* Vorauskasse *f*

preparação <-ões> *f* Vorbereitung *f;* (*de comida*) Zubereitung *f;* **não ter ~ para a. c.** auf etw nicht vorbereitet sein

preparado **I.** *m* Präparat *nt* **II.** *adj* vorbereitet (*para* auf); **ter a. c. preparada para alguém** etw für jdn bereithalten

preparar [prəpe'rar] **I.** *vt* (*arranjar*) vorbereiten (*para* für); (*comida*) zubereiten; (*um banho*) bereiten; (*uma pessoa*) vorbereiten (*para* auf); (FARM, QUÍM) herstellen; (*uma matéria, aula*) vorbereiten; (*pedra, madeira, tecido*) präparieren **II.** *vr* sich vorbereiten (*para* auf); **prepara-te!** mach dich auf etwas gefasst!

preparativos *mpl* Vorbereitungen *pl* (*para* für)

preparatório *adj* vorbereitend, Vorbereitungs ...

preparo *m* Vorbereitung *f*

preponderância *f* Übergewicht *nt;* (*predo-*

P

mínio) Vorherrschaft *f*
preponderante *adj* überwiegend, vorwiegend; **ele desempenha um papel ~** er spielt eine führende Rolle
preposição <-ões> *f* (LING) Präposition *f*
preposicional <-ais> *adj* (LING) präpositional
prepotência *f* Übermacht *f*
prepotente *adj* übermächtig
prerrogativa *f* Vorrecht *nt,* Privileg *nt*
presa I. *adj f de* **preso II.** *f* Beute *f*
presbitério *m* Pfarrhaus *nt*
presbítero *m* Priester *m*
prescindir *vi* ~ **de** verzichten auf
prescindível <-eis> *adj* entbehrlich
prescrever <*pp* prescrito> **I.** *vt* (*regra*) vorschreiben; (*um prazo*) bestimmen, festlegen; (*um medicamento*) verschreiben **II.** *vi* (DIR) verjähren
prescrição *f* ① (*disposição, regra*) Vorschrift *f* ② (DIR) Verjährung *f*
prescrito *pp de* **prescrever**
pre-seleção *f* (*brasil*) *v.* **pre-selecção**
pré-selecção <-ões> *f* Vorauswahl *f*
presença *f* Anwesenheit *f,* Gegenwart *f;* ~ **de espírito** Geistesgegenwart *f;* ~ **obrigatória** Anwesenheitspflicht *f;* **na ~ de alguém** in jds Gegenwart
presenciar *vt* ① (*assistir a*) beiwohnen, erleben ② (*ver*) sehen
presente [prəˈzɛ̃ntə] **I.** *m* ① (*temporal*) Gegenwart *f;* (LING) Präsens *nt* ② (*prenda*) Geschenk *nt;* **dar um ~ a alguém** jdm ein Geschenk machen; **dar a. c. de ~** etw verschenken; **dar a. c. de ~ a alguém** jdm etw schenken **II.** *adj* ① (*actual*) gegenwärtig; **ter a. c. ~** etw präsent haben ② (*comparência*) anwesend; **estar ~** anwesend sein (*em* in/bei) ③ (*este*) vorliegend; **o ~ contrato** der vorliegende Vertrag
presentear *conj como passear vt* beschenken; ~ **alguém com a. c.** jdm etw schenken
presépio *m* Weihnachtskrippe *f*
preservação <-ões> *f* ① (*conservação*) Erhaltung *f* ② (*protecção*) Schutz *m;* ~ **da natureza** Naturschutz *m*
preservar *vt* ① (*conservar*) erhalten ② (*proteger*) schützen (*de* vor)
preservativo [prəzərvɐˈtivu] *m* Präservativ *nt,* Kondom *nt*
presidência *f* ① (POL) Präsidentschaft *f;* ~ **da república** Amt des Ministerpräsidenten *nt* ② (*de associação, empresa*) Vorsitz *m*
presidencial <-ais> *adj* ① (POL) Präsidenten ..., präsidial ② (*associação, empresa*) Vorstands ...
presidente *mf* ① (POL) Präsident(in) *m(f);* ~ **da câmara** (**municipal**) (*portugal*) Bürgermeister(in) *m(f);* ~ **da república** Ministerpräsident(in) *m(f)* ② (*de associação, empresa*) Vorsitzende
presidiário, -a *m, f* Häftling *m,* Strafgefangene
presídio *m* Strafanstalt *f,* Gefängnis *nt,* Kerker *m*
presidir *vi* ① (*ocupar a presidência*) den Vorsitz innehaben ② (*dirigir*) leiten, den Vorsitz führen (*a* bei); ~ **a uma conferência** eine Konferenz leiten
presilha *f* ① (*para prender*) Schlinge *f* ② (*de calças*) Schlaufe *f*
preso, -a I. *m, f* Gefangene, Häftling *m* **II.** *adj* ① (*na cadeia*) inhaftiert; (*numa sala*) eingesperrt; **ficar ~ no trânsito** im Verkehr steckenbleiben ② (*fixo*) fest; (*emperrar*); **ficar ~** klemmen ③ (*músculo*) verzerrt
pressa [ˈprɜsɐ] *f* Eile *f;* **fazer a. c. à ~** etw hastig machen; **a toda a ~** in aller Eile; **estar com/ter ~** es eilig haben, in Eile sein
presságio *m* Vorzeichen *nt,* Omen *nt;* **um bom/mau ~** ein gutes/schlechtes Omen
pressão <-ões> *f* Druck *m;* **alta ~** Hochdruck *m;* (*brasil*); ~ **arterial** Blutdruck *m;* ~ **atmosférica** Luftdruck *m;* **baixa ~** Tiefdruck *m;* **estar sob ~** unter Druck stehen; **fazer a. c. à ~** etw unter Druck machen
pressentimento *m* Gefühl *nt,* Vorahnung *f;* **ter um bom/mau ~ em relação a a. c.** bei etw ein gutes/schlechtes Gefühl haben; **eu tenho o ~ de que ele não vem** ich habe das Gefühl, dass er nicht kommt
pressentir *irr como sentir vt* ① (*o perigo*) vorausahnen ② (*sentir*) spüren, fühlen
pressinta *1./3. pres subj de* **pressentir**
pressinto *1. pres de* **pressentir**
pressionar *vt* ① (*um botão*) drücken ② (*uma pessoa*) unter Druck setzen
pressões *f pl de* **pressão**
pressupor *irr como pôr vt* ① (*partir do princípio*) voraussetzen ② (*supor*) annehmen, vermuten
pressuposto I. *pp de* **pressupor II.** *m* (*princípio*) Voraussetzung *f;* **partindo do ~ que ...** vorausgesetzt dass ...; (*suposição*) Annahme *f,* Vermutung *f;* (*propósito*) Zweck *m;*

(*intenção*) Absicht *f* **III.** *adj* vorausgesetzt, angenommen

prestação <-ões> *f* ① (*quantia*) Rate *f;* **pagar a ~ da casa/do carro** die Rate für das Haus/Auto bezahlen; **comprar a. c. a prestações** etw auf Raten kaufen; **pagar a. c. a prestações** etw in Raten bezahlen ② (*de um serviço, de ajuda*) Leistung *f;* **~ de serviços** Erbringung von Dienstleistungen *f*

prestar I. *vt* (*ajuda, um serviço*) leisten; **~ atenção a a. c.** etw Aufmerksamkeit schenken; **~ homenagem a alguém** jdn ehren; **~ contas a alguém** jdm Rechenschaft ablegen **II.** *vi* (*objecto*) taugen (*para* zu), brauchbar sein (*para* zu); **não ~** nichts taugen, unbrauchbar sein; **isso não presta** (**para nada**)! das taugt nichts!; (*coloq: pessoa*); **não ~** ein windiger Typ sein, kein Pardon kennen **III.** *vr* **~-se a a. c.** sich etw gefallen lassen +*dat*

prestável <-eis> *adj* hilfsbereit

prestes *adj inv* **estar ~ a fazer a. c.** im Begriff sein, etw zu tun

prestígio *m* Ansehen *nt,* Prestige *nt*

prestigioso *adj* ① (*respeitado*) angesehen ② (*influente*) einflussreich

préstimo *m* (*utilidade*) Brauchbarkeit *f,* Nützlichkeit *f;* (*valor*) Wert *m;* **sem ~** wertlos; **com muito ~** sehr wertvoll

presumido *adj* eingebildet

presumir *vt* annehmen, vermuten

presumível <-eis> *adj* vermutlich; **o ~ assassino** der mutmaßliche Mörder

presunção <-ões> *f* ① (*suposição*) Annahme *f,* Mutmaßung *f* ② (*arrogância*) Einbildung *f*

presunçoso *adj* eingebildet

presunto [prə'zũntu] *m* (*defumado*) rohe(r) Schinken *m;* (*brasil tb: fiambre*) gekochte(r) Schinken *m*

preta *f de* **preto**

pretendente *mf* ① (*ao trono*) Thronanwärter(in) *m(f)* ② (*amoroso*) Bewerber(in) *m(f)*

pretender *vt* ① (*tencionar*) beabsichtigen, vorhaben; **eu pretendo fazer uma viagem no próximo ano** ich beabsichtige, nächstes Jahr eine Reise zu machen ② (*querer*) wollen; (*desejar*) wünschen ③ (*exigir*) verlangen

pretendido *adj* ① (*desejado*) gewünscht, erhofft ② (*tencionado*) beabsichtigt

pretensa *adj f de* **pretenso**

pretensão <-ões> *f* ① (*exigência*) Anspruch *m,* Forderung *f* ② (*intenção*) Absicht *f*

pretensioso *adj* anspruchsvoll

pretenso *adj* angeblich, vermeintlich

pretensões *f pl de* **pretensão**

pretérito *m* (LING) Präteritum *nt;* **~ perfeito** Perfekt *nt;* **~ imperfeito** Imperfekt *nt;* **~ mais-que-perfeito** Plusquamperfekt *nt*

pretexto *m* Vorwand *m,* Ausrede *f*

preto, -a[1] ['pretu] **I.** *m, f* (*pessoa*) Schwarze **II.** *adj* schwarz; **fotografia a ~ e branco** Schwarzweißfotografie *f;* **televisão a ~ e branco** Schwarzweißfernsehen *nt;* (*aparelho*) Schwarzweißfernseher *m;* (*fig*); **~ no branco** schwarz auf weiß

preto[2] *m* (*cor*) Schwarz *nt*

prevalecer <c→ç> *vi* ① (*manter-se*) erhalten bleiben, fortbestehen ② (*predominar*) vorherrschen, überwiegen ③ (*levar vantagem*) siegen (*sobre* über)

prevaricação <-ões> *f* Pflichtverletzung *f*

prevaricador(a) <-es> *m(f)* seine Pflicht verletzende(r) Mensch *m,* pflichtvergessene(r) Mensch *m;* **ela é ~a** sie verletzt ihre Pflicht

prevaricar <c→qu> *vi* seine Pflicht verletzen, gegen seine Pflicht handeln

prevenção <-ões> *f* ① (*precaução*) Verhütung *f,* Vorbeugung *f* ② (MED) Vorbeugung *f* ③ (*cautela*) Vorsicht *f;* **estar de ~** auf der Hut sein; (MIL) in Alarmbereitschaft sein

prevenido *adj* gewarnt; **homem ~ vale por dois** Vorsicht ist besser als Nachsicht

prevenir I. *vt* (*evitar*) verhüten, verhindern; (*uma doença*) vorbeugen; **mais vale ~** (**do**) **que remediar** vorbeugen ist besser als heilen; (*uma pessoa*) warnen (*de* vor) **II.** *vr* sich vorsehen (*contra* vor), Vorkehrungen treffen (*contra* gegen)

preventivo *adj* vorbeugend, präventiv

prever *irr como ver vt* voraussehen, vorhersehen; **~ as consequências** die Folgen absehen

prévia *adj f de* **prévio**

previamente *adv* vorher, zuvor

previdência [prəvi'dẽsjɐ] *f* Vorsorge *f;* **~ social** (*brasil*) Sozialhilfe *f*

prévio *adj* vorherige(r, s), vorige(r, s); **sem/com aviso ~** ohne Vorwarnung/mit vorheriger Warnung

previsão [prəvi'zãu] <-ões> *f* Voraussicht *f,* Vorhersage *f;* **~ do tempo** Wettervorhersage *f*

previsível <-eis> *adj* (*acontecimento*) vorhersehbar; (*pessoa*) (leicht) durchschaubar
previsões *f pl de* **previsão**
previsto **I.** *pp de* **prever** **II.** *adj* vorhergesehen, erwartet
prezado *adj* verehrt; (*querido*) lieb; **~s colegas** liebe Kollegen
prezar *vt* hoch achten, hoch schätzen
prima *f de* **primo**
prima-dona *f* (MÚS) Primadonna *f*
primar *vi* sich auszeichnen (*por* durch)
primária **I.** *f* (*escola*) Grundschule *f* **II.** *adj f de* **primário**
primário **I.** *m* (*tinta*) Grundierung *f*, Grundfarbe *f*; (*contra a ferrugem*) Rostschutz *m* **II.** *adj* ❶ (*primeiro*) ursprünglich ❷ (*principal*) hauptsächlich, wesentlich; (*fundamental*) grundlegend ❸ (*primitivo*) primitiv
primata *m* Primat *m*
Primavera [primɐ'vɜrɐ] *f* Frühling *m*; **ter quinze primaveras** fünfzehn Jahre alt sein
primaveril <-is> *adj* Frühlings ...
primazia *f* (*de nível*) Überlegenheit *f*; (*de qualidade*) Erstklassigkeit *f*
primeira [pri'meirɐ] *f* ❶ (*classe*) erste Klasse *f*; **de ~** erstklassig; **viajar em ~** erster Klasse reisen ❷ (*vez*) **à ~** auf Anhieb, beim ersten Mal ❸ (*velocidade*) erste(r) Gang *m*; **meter a ~** den ersten Gang einlegen
primeiramente *adv* zuerst, zunächst
primeiranista *mf* Studienanfänger(in) *m(f)*
primeiro[1] [pri'meiru] *adv* zuerst
primeiro, -a[2] **I.** *m, f* Erste **II.** *num ord* erste(r, s); **em ~ lugar** an erster Stelle; *v.* **segundo**
primeiro-ministro, primeira-ministra <primeiros-ministros> *m, f* Premierminister(in) *m(f)*, Ministerpräsident(in) *m(f)*
primeiro-sargento *m* (MIL) Oberfeldwebel *m*
primeiros-socorros *mpl* erste Hilfe *f*; **prestar os ~ a alguém** jdm erste Hilfe leisten
primitivo *adj* primitiv; (*original*) ursprünglich; **povos ~s** Naturvölker *pl*
primo, -a ['primu] **I.** *m, f* Cousin, Cousine *m, f*, Vetter *m*, Kusine *f* **II.** *adj* **número ~** Primzahl *f*
primogénito, -a (*portugal*) **I.** *m, f* Erstgeborene **II.** *adj* erstgeboren
primogênito, -a (*brasil*) *v.* **primogénito**
primor <-es> *m* ❶ (*beleza*) Schönheit *f* ❷ (*perfeição*) Vollkommenheit *f*
primordial <-ais> *adj* ursprünglich
primórdio *m* (*origem*) Ursprung *m*; (*princípio*) Anfang *m*; **nos ~s da humanidade** am Anfang der Menschheit
primores *m pl de* **primor**
primoroso *adj* ❶ (*maravilhoso*) ausgezeichnet, hervorragend; (*perfeito*) perfekt ❷ (*belo*) schön
princesa *f* Prinzessin *f*
principado *m* Fürstentum *nt*
principal [prĩsi'pal] <-ais> **I.** *m* Hauptsache *f*; **o ~ é ...** die Hauptsache ist, ... **II.** *adj* ❶ (*mais importante*) hauptsächlich, Haupt ...; **actor** [*o brasil* **ator**] **~** Hauptdarsteller *m* ❷ (*essencial*) wesentlich
principalmente [prĩsipal'mẽntə] *adv* hauptsächlich, vor allem
príncipe *m* ❶ (*filho do rei*) Prinz *m*; **~ herdeiro** Kronprinz *m*; **o ~ encantado** der Märchenprinz ❷ (*de principado*) Fürst *m*
principesco *adj* fürstlich
principiante *mf* Anfänger(in) *m(f)*
principiar *vi* anfangen, beginnen
princípio *m* ❶ (*início*) Anfang *m*, Beginn *m*; **a ~** anfangs; **no ~** am Anfang, zu Beginn ❷ (*moral*) Grundsatz *m*, Prinzip *nt*; **em ~** im Prinzip; **por ~** aus Prinzip; **uma pessoa sem ~s** ein Mensch ohne Prinzipien; **partindo do ~ que ...** vorausgesetzt dass ...
prior *m* Prior *m*
prioridade [prjuri'dadə] *f* ❶ (*urgência, importância*) Priorität *f*, Vorrang *m*; **ter ~** Vorrang haben ❷ (*portugal: na estrada*) Vorfahrt *f*; **ter/dar ~** Vorfahrt haben/gewähren
prioritário *adj* vorrangig
prisão [pri'zãu] <-ões> *f* ❶ (*captura*) Verhaftung *f*, Festnahme *f* ❷ (*clausura*) Haft *f*; **~ perpétua** lebenslängliche Haft; **~ preventiva** Untersuchungshaft *f* ❸ (*cadeia*) Gefängnis *nt*; **estar na ~** im Gefängnis sein; **ir parar à ~** ins Gefängnis kommen ❹ (MED) **~ de ventre** Verstopfung *f*
prisca *f* (*coloq brasil*) Kippe *f*
prisioneiro, -a *m, f* Gefangene, Häftling *m*
prisma *m* ❶ (*figura geométrica*) Prisma *nt* ❷ (*perspectiva*) Gesichtspunkt *m*, Blickwinkel *m*; **nunca tinha visto o problema por esse ~** unter diesem Gesichtspunkt habe ich das Problem noch nie betrachtet
prisões *f pl de* **prisão**
privação <-ões> *f* Entbehrung *f*, Einschränkung *f*; **passar por privações** Entbehrungen ertragen
privacidade *f* Privatsphäre *f*; **invadir a ~ de**

alguém jds Privatsphäre verletzen

privada *f* (*brasil*) Toilette *f*; **descarga de ~** Toilettenspülung *f*

privado *adj* ❶ (*pessoal*) privat, persönlich ❷ (*privativo*) privat ❸ (*despojado*) beraubt (*de*)

privar I. *vt* entziehen; **~ alguém de a. c.** jdm etw entziehen **II.** *vi* **~ com alguém** mit jdm verkehren **III.** *vr* verzichten (*de* auf)

privativo *adj* privat

privatização <-ões> *f* (ECON) Privatisierung *f*

privatizar *vt* (ECON) privatisieren

privilegiado, -a I. *m, f* Privilegierte **II.** *adj* privilegiert

privilegiar *vt* privilegieren

privilégio *m* Vorrecht *nt*, Privileg *nt*

pró I. *m* Pro *nt*; **os ~s e os contras** das Pro und Kontra **II.** *adv* pro

proa *f* (NÁUT) Bug *m*

probabilidade *f* Wahrscheinlichkeit *f*

probatório *adj* Beweis ...

problema [pru'blemɐ] *m* Problem *nt*; (MAT) Aufgabe *f*

problemático *adj* problematisch

proceder *vi* ❶ (*agir*) handeln, vorgehen; **~ bem/mal** richtig/falsch handeln ❷ (*comportar-se*) sich verhalten

procedimento *m* ❶ (*processo*) Verfahren *nt* ❷ (*maneira de agir*) Vorgehen *nt*, Vorgehensweise *f*; (*comportamento*) Verhalten *nt*

processador <-es> *m* (INFOR) Prozessor *m*; **~ de texto** Textverarbeitungssystem *nt*

processamento *m* Verarbeitung *f*; **~ de dados** Datenverarbeitung *f*; **~ de texto** Textverarbeitung *f*

processar I. *vt* (DIR: *uma pessoa*) verklagen, vor Gericht bringen; (*informação, dados*) verarbeiten **II.** *vr* ablaufen, verlaufen

processo *m* (DIR) Prozess *m*

procissão [prusi'sãu] <-ões> *f* Prozession *f*

proclamação [pruklɐmɐ'sãu] <-ões> *f* Verkündigung *f*, Proklamation *f*

proclamar *vt* verkündigen, proklamieren; **~ a República** die Republik ausrufen

procriação <-ões> *f* Fortpflanzung *f*

procriar *vi* sich fortpflanzen

procura *f* ❶ (*busca*) Suche *f*; **estar à ~ de alguém/a. c.** jdn/etw suchen; **andar à ~ de alguém/a. c.** auf der Suche nach jdm/etw sein; **ir à ~ de alguém/a. c.** auf die Suche nach jdm/etw gehen ❷ (ECON) Nachfrage *f*

procuração [prɔkurɐ'sãu] <-ões> *f* Vollmacht *f*; **passar uma ~ a alguém** jdm eine Vollmacht erteilen

procurador(a) <-es> *m(f)* Bevollmächtigte; **~ da República** Staatsanwalt *m*

procurador-geral, procuradora-geral *m, f* Oberstaatsanwalt, Oberstaatsanwältin *m, f*; **~ da República** Oberstaatsanwalt *m*

procuradoria *f* Staatsanwaltschaft *f*

procurar [prɔku'rar] *vt* ❶ (*andar à procura*) suchen ❷ (*tentar*) versuchen; **~ fazer a. c.** versuchen, etw zu tun ❸ (*ir visitar*) aufsuchen

prodígio *m* Wunder *nt*

produção <-ões> *f* ❶ (*fabrico*) Herstellung *f*, Produktion *f*; **~ em série** Serienproduktion *f* ❷ (*de energia, leite*) Erzeugung *f*; (*de petróleo*) Produktion *f* ❸ (*rendimento*) Leistung *f* ❹ (CINE) Produktion *f*

produtiva *adj f de* **produtivo**

produtividade *f* (ECON) Produktivität *f*

produtivo *adj* ❶ (*negócio*) einträglich, rentabel ❷ (*solo*) fruchtbar, ertragreich ❸ (*experiência*) nützlich

produto [pru'dutu] *m* ❶ (ECON) Produkt *nt*, Erzeugnis *nt*; **~ agrícola** landwirtschaftliches Erzeugnis; **~ alimentar** Nahrungsmittel *nt*; **~ final** Endprodukt *nt* ❷ (*resultado*) Ergebnis *nt* ❸ (*rendimento*) Ertrag *m* ❹ (*preparado*) Mittel *nt*, Produkt *nt*; **~ de limpeza** Putzmittel *nt*

produtor(a) <-es> *m(f)* ❶ (*fabricante*) Hersteller(in) *m(f)*, Produzent(in) *m(f)* ❷ (AGR) Erzeuger(in) *m(f)* ❸ (CINE) Produzent(in) *m(f)*

produzido *adj* (*pessoa*) tipptopp gekleidet, wie aus dem Ei gepellt

produzir I. *vt* (*fabricar*) herstellen, produzieren; (*energia, leite*) erzeugen; (*petróleo*) produzieren; (*originar*) hervorbringen; (*criar*) schaffen; (*um filme*) produzieren **II.** *vr* (*pessoa*) sich tipptopp zurechtmachen, sich herausputzen

proeminência *f* Erhebung *f*, Anhöhe *f*

proeminente *adj* ❶ (*saliente*) vorstehend, vorspringend ❷ (*pessoa*) prominent

proeza *f* Heldentat *f*; **fazer uma ~** eine Heldentat vollbringen

profana *adj f de* **profano**

profanar *vt* entweihen, schänden

profano *adj* profan, weltlich

profecia *f* Prophezeiung *f*

P

proferir *irr como preferir vt* ❶ (*uma palavra*) aussprechen; (*um discurso*) halten ❷ (*uma sentença*) verkünden

professar *vt* sich bekennen zu

professor(a) <-es> *m(f)* (*de escola*) Lehrer(in) *m(f)*; (*universitário*) Dozent(in) *m(f)*

profeta, profetisa *m, f* Prophet(in) *m(f)*

profético *adj* prophetisch

profetisa *f* Prophetin *f*

profetizar *vt* prophezeien

proficiência *f* Tüchtigkeit *f*, Kompetenz *f*

proficiente *adj* tüchtig, kompetent

profícuo *adj* (*elev*) nützlich

profiláctico *adj* (MED) vorbeugend, prophylaktisch

profilático *adj* (*brasil*) *v.* **profiláctico**

profilaxia *f* (MED) Vorbeugung *f*, Prophylaxe *f*

profissão [prufi'sãu] <-ões> *f* ❶ (*ofício*) Beruf *m*; **qual é a sua ~?** was sind Sie von Beruf?; **a minha ~ é secretária** ich bin Sekretärin von Beruf ❷ (REL) Bekenntnis *nt*; **~ de fé** Glaubensbekenntnis *nt*

profissional <-ais> **I.** *mf* Profi *m* **II.** *adj* ❶ (*actividade, formação*) beruflich, Berufs ...; **escola ~** Berufsschule *f* ❷ (*que tem como profissão*) professionell; **actor** [*o brasil* **ator**] **~** professioneller Schauspieler

profissões *f pl de* **profissão**

pró-forma **I.** *m* Formsache *f* **II.** *adj* pro forma; **factura** [*o brasil* **fatura**] **~** Vorausberechnung *f*, Kostenvoranschlag *m*

profunda *adj f de* **profundo**

profundamente *adv* tief

profundidade *f* (*fig*) Tiefe *f*

profundo *adj* ❶ (*poço, buraco, ferida*) tief ❷ (*sentimento*) tief ❸ (*conversa*) tiefsinnig, tiefgründig ❹ (*alteração*) tief greifend

progenitor(a) <-es> *m(f)* Vater *m*, Mutter *f*, Erzeuger(in) *m(f)*

prognose *f* (MED) Prognose *f*

prognóstico *m* ❶ (*predição*) Vorhersage *f*, Prognose *f* ❷ (MED) Prognose *f*

programa [pru'greme] *m* ❶ (*informático, de televisão, de diversão*) Programm *nt*; **qual é o ~ para hoje?** was steht heute auf dem Programm? ❷ (*da escola*) Lehrplan *m* ❸ (*prospecto*) Programm *nt*, Programmheft *nt*

programação <-ões> *f* ❶ (INFOR: *de uma máquina*) Programmierung *f* ❷ (*planeamento*) Programm *nt* ❸ (*da televisão*) Programm *nt*, Programmgestaltung *f*

programador(a) <-es> *m(f)* (INFOR) Programmierer(in) *m(f)*

programar *vt* ❶ (*uma máquina*) programmieren ❷ (*as férias*) planen

progredir *vi* ❶ (*pessoa*) Fortschritte machen, vorankommen ❷ (*situação*) weitergehen, sich weiterentwickeln

progressão <-ões> *f* ❶ (*progresso*) Fortschreiten *nt*, Progression *f* ❷ (MAT) Reihe *f*

progressivo *adj* fortschreitend, allmählich

progresso *m* Fortschritt *m*; **fazer ~s** Fortschritte machen

progressões *f pl de* **progressão**

proibição <-ões> *f* Verbot *nt*

proibido [prwi'bidu] *adj* verboten; **é ~ fumar** Rauchen ist verboten

proibir *vt* verbieten; **~ alguém de fazer a. c.** jdm verbieten, etw zu tun

proibitivo *adj* Verbots ...; **preço ~** Wucherpreis *m*

projeção *f* (*brasil*) *v.* **projecção**

projecção <-ões> *f* ❶ (*de diapositivos, de um filme*) Vorführung *f*, Projektion *f* ❷ (*eleitoral*) Hochrechnung *f*

projectar *vt* (*portugal*) ❶ (*arremessar*) schleudern, werfen; (*a voz*) klar artikulieren ❷ (*um filme, diapositivos*) projizieren, zeigen ❸ (*planear*) planen ❹ (*fig: uma imagem*) projizieren

projéctil <-eis> *m* (*portugal*) Projektil *nt*, Geschoss *nt*

projecto *m* (*portugal*) ❶ (*esboço*) Entwurf *m*, Plan *m*; **~ de lei** Gesetzentwurf *m* ❷ (*de trabalho*) Projekt *nt*; **~ científico** wissenschaftliches Projekt; **estar a trabalhar num ~** in einem Projekt arbeiten

projector <-es> *m* (*portugal*) ❶ (*de luz*) Scheinwerfer *m* ❷ (*de diapositivos*) Diaprojektor *m*; (*de filmes*) Filmprojektor *m*

projetar *vt* (*brasil*) *v.* **projectar**

projétil *m* (*brasil*) *v.* **projéctil**

projeto *m* (*brasil*) *v.* **projecto**

projetor *m* (*brasil*) *v.* **projector**

prol *mf* **em ~ de** zugunsten von

prole *f* Nachkommenschaft *f*, Kinder *pl*

prolepse *f* (LING) Prolepse *f*

proletária *f de* **proletário**

proletariado *m* Proletariat *nt*

proletário, -a **I.** *m, f* Proletarier(in) *m(f)* **II.** *adj* proletarisch

proliferação <-ões> *f* Verbreitung *f*, Ausbreitung *f*

proliferar *vi* sich ausbreiten, sich verbreiten

prolixo *adj* weitschweifig
prólogo *m* Vorwort *nt*
prolongado *adj* lang, lang anhaltend
prolongamento *m* (DESP) Verlängerung *f*
prolongar [prulɔ̃ŋ'gar] <g→gu> **I.** *vt* ❶ (*um prazo*) verlängern ❷ (*um discurso, uma visita*) ausdehnen **II.** *vr* ❶ (*estender-se*) sich ausdehnen ❷ (*durar*) dauern
promessa *f* ❶ (*compromisso*) Versprechen *nt;* **fazer uma ~ a alguém** jdm ein Versprechen geben; **cumprir uma ~** ein Versprechen halten ❷ (REL) Gelübde *nt;* **fazer uma ~** ein Gelübde ablegen
prometedor *adj* viel versprechend
prometer [prumə'ter] **I.** *vt* versprechen; (*solenemente*) geloben; **~ a. c. a alguém** jdm etw versprechen **II.** *vi* viel versprechend sein; **isto hoje promete!** das ist heute viel versprechend!
prometido **I.** *m* Versprochene *nt;* **o ~ é devido** was man verspricht, das muss man auch halten **II.** *adj* versprochen; **a Terra Prometida** das Gelobte Land
promiscuidade *f* Promiskuität *f*
promíscuo *adj* promiskuitiv
promissor <-es> *adj* viel versprechend
promissória *f* Schuldverschreibung *f*
promoção <-ões> *f* ❶ (*profissional*) Beförderung *f* (*a* zu) ❷ (*fomento*) Förderung *f* ❸ (*de produto*) Sonderangebot *nt;* **estar em ~** im Sonderangebot sein

> Außer auf Wochen- und Flohmärkten und in den meisten Antiquitätengeschäften wird in Portugal nicht gehandelt, es gibt überall Festpreise. Achten Sie besser auf Sonderangebote unter der Bezeichnung **promoção**. Der Sommer- und Winterschlussverkauf läuft unter dem Namen **saldos**.

promotor(a) <-es> *m(f)* ❶ (*de evento*) Veranstalter(in) *m(f);* (*de produto*) Salespromotor(in) *m(f)* ❷ (DIR) **~ público** Staatsanwalt *m*
promover *vt* ❶ (*profissão*) befördern (*a* zu) ❷ (*fomentar*) fördern ❸ (*um produto*) promoten, werben für
promulgação <-ões> *f* (*de uma lei*) Erlassung *f,* Verkündung *f*
promulgar <g→gu> *vt* (*uma lei*) erlassen, verkünden
pronome *m* (LING) Pronomen *nt,* Fürwort *nt;* **~ demonstrativo** Demonstrativpronomen *nt;* **~ pessoal** Personalpronomen *nt;* **~ relativo** Relativpronomen *nt*
prontamente *adv* sofort, unverzüglich
prontidão <-ões> *f* Bereitschaft *f;* **fazer a. c. com ~** etw prompt erledigen
prontificar-se <c→qu> *vr* sich bereit erklären (*a* zu)
pronto ['prɔ̃ntu] **I.** *adj* (*acabado, despachado*) fertig; **estou ~!** ich bin fertig!; **~ a usar** gebrauchsfertig; (*preparado*) bereit (*para* für); (*resposta*) prompt; (*pagamento*); **pagar a. c. a ~** etw in bar bezahlen **II.** *interj* (*coloq*) **~!** also
pronto-a-comer *m* Schnellimbiss *m*
pronto-a-vestir *m* Prêt-a-porter *nt*
pronto-socorro <prontos-socorros> *m* ❶ Rettungswagen *m* ❷ (*brasil: no hospital*) Notaufnahme *f*
prontuário *m* (*manual*) Handbuch *nt*
pronúncia *f* Aussprache *f*
pronunciado *adj* ausgeprägt
pronunciar [prunũ'sjar] **I.** *vt* (*uma palavra*) aussprechen; (*uma sentença*) verkünden **II.** *vr* sich äußern (*acerca de* zu), Stellung nehmen (*acerca de* zu)
propagação <-ões> *f* Verbreitung *f,* Ausbreitung *f*
propaganda *f* ❶ (*política*) Propaganda *f* (*a favor de* für, *contra* gegen); **fazer ~** Propaganda machen ❷ (*publicitária*) Werbung *f,* Reklame *f*
propagandista *mf* Propagandist(in) *m(f)*
propagar <g→gu> **I.** *vt* verbreiten, ausbreiten **II.** *vr* sich verbreiten, sich ausbreiten
propano *m* (QUÍM) Propan *nt*
propedêutica *f* Propädeutik *f*
propensa *adj f de* **propenso**
propensão <-ões> *f* Neigung *f* (*para* zu), Hang *m* (*para* zu)
propenso *adj* **~ a** geneigt zu; **ser ~ a a. c.** zu etw neigen
propensões *f pl de* **propensão**
propícia *adj f de* **propício**
propiciar *vt* begünstigen; (*possibilitar*) ermöglichen
propício *adj* günstig
propina *f* ❶ (*de escola, colégio*) Schulgeld *nt;* (*de universidade*) Studiengebühr *f;* (*de exame*) Prüfungsgebühr *f;* (*de inscrição*) Einschreibgebühr *f,* Aufnahmegebühr *f* ❷ (*brasil: gorjeta*) Trinkgeld *nt*

proponente *mf* (POL) Antragsteller(in) *m(f)*

propor *irr como pôr* **I.** *vt* (*sugerir*) vorschlagen; ~ **a. c. a alguém** jdm etw vorschlagen; (*apresentar*) darlegen, unterbreiten; (*candidatos*) aufstellen **II.** *vr* sich vornehmen +*dat;* ~**-se a fazer a. c.** sich vornehmen, etw zu tun +*dat*

proporção <-ões> *f* Proportion *f,* Verhältnis *nt;* **estar em ~ com a. c.** im Verhältnis zu etw stehen

proporcionado *adj* proportioniert

proporcional <-ais> *adj* proportional (*a* zu)

proporcionalidade *f* Verhältnismäßigkeit *f,* Proportionalität *f*

proporcionar *vt* ① (*possibilitar*) ermöglichen ② (*oferecer*) bieten; ~ **uma oportunidade a alguém** jdm eine Gelegenheit bieten; ~ **uma noite agradável a alguém** jdm einen angenehmen Abend bereiten

proporções *fpl* ① (*dimensões*) Proportionen *pl* ② (*de projecto, acontecimento*) Ausmaß *nt*

proposição <-ões> *f* (LING) Satz *m*

propositado *adj* absichtlich; (*crime*) vorsätzlich

propósito [pru'pɔzitu] *m* ① (*intenção*) Absicht *f;* **de ~** absichtlich; **a ~!** übrigens!, apropos!; (*comentário*); **vir a ~** passen, angebracht sein; (*assunto*) genau richtig kommen; **não foi de ~** das war keine Absicht ② (*finalidade*) Zweck *m;* **a ~ de** bezüglich; **a que ~?** wieso?

proposta [pru'pɔʃtɐ] *f* ① (*sugestão*) Vorschlag *m;* **fazer uma ~ a alguém** jdm einen Vorschlag machen; **aceitar/recusar uma ~** einen Vorschlag annehmen/ablehnen ② (*oferta*) Angebot *nt;* **fazer/receber uma ~** ein Angebot machen/erhalten

proposto *pp de* **propor**

própria *adj f de* **próprio**

propriamente *adv* ① (*exactamente*) genau; **isto não é ~ o que eu queria, mas aceito** das ist nicht genau das, was ich wollte, doch ich akzeptiere ② (*no sentido próprio*) eigentlich; **a casa ~ dita** das Haus im engeren Sinn

propriedade *f* ① (*posse*) Eigentum *nt,* Besitz *m;* **ser ~ de alguém** jds Eigentum sein ② (*terra*) Grundbesitz *m,* Landgut *nt* ③ (*característica*) Eigenschaft *f*

proprietário, -a [pruprje'tarju] *m, f* Eigentümer(in) *m(f),* Besitzer(in) *m(f)*

próprio ['prɔprju] *adj* ① (*apropriado*) geeignet (*para* für) ② (*mesmo*) selbst; **ele ~ mo disse** er selbst hat es mir gesagt; **eu ~** ich selbst; **por si ~** von selbst; (*ao telefone*); **é o ~!** am Apparat! ③ (*posse*) eigen; **o meu ~ filho** mein eigener Sohn; **eu tenho o meu ~ quarto** ich habe mein eigenes Zimmer ④ (*oportuno*) günstig; **no momento ~** im richtigen Moment ⑤ (*característico*) charakteristisch (*de* für), typisch (*de* für)

propulsão <-ões> *f* (TEC) Antrieb *m;* **~ a ja(c)to** Düsenantrieb *m*

propulsar *vt* (TEC) antreiben

prorrogação *f* ① (*de prazo, contrato*) Verlängerung *f* ② (*adiamento*) Vertagung *f*

prorrogar <g→gu> *vt* ① (*prazo, contrato*) verlängern ② (*adiar*) vertagen, aufschieben

prorrogável <-eis> *adj* ① (*prazo, contrato*) verlängerbar ② (*adiável*) aufschiebbar, vertagbar

prosa *f* ① (LIT) Prosa *f* ② (*brasil: conversa*) Schwatz *m;* **ter uma ~ com alguém** einen Schwatz mit jdm halten

prosaico *adj* ① (LIT) prosaisch, Prosa ... ② (*quotidiano*) alltäglich

proscrever *vt* verbieten

proscrito *pp de* **proscrever**

prosear *conj como passear vi* (*brasil*) schwatzen, plaudern

prospeção *f* (*brasil*) *v.* **prospecção**

prospecção <-ões> *f* (*portugal*) ① (*pesquisa*) Forschung *f;* **~ de mercado** Marktforschung *f* ② (GEOL) Erkundung *f,* Prospektion *f*

prospecto [pruʃ'pɜtu] *m* Prospekt *m*

próspera *adj f de* **próspero**

prosperar *vi* gedeihen

prosperidade *f* ① (*florescimento*) Gedeihen *nt* ② (*riqueza*) Wohlstand *m*

próspero *adj* ① (*florescente*) blühend, erfolgreich ② (*favorável, propício*) günstig

prosseguimento *m* Fortsetzung *f;* **dar ~ a a. c.** etw fortsetzen, mit etw fortfahren

prosseguir *irr como seguir* **I.** *vt* fortsetzen, fortführen **II.** *vi* fortfahren (*com* mit), weitermachen (*com* mit)

prossiga *1./3. pres subj de* **prosseguir**

prossigo *1. pres de* **prosseguir**

próstata *f* (ANAT) Prostata *f,* Vorsteherdrüse *f*

prostituição *f* Prostitution *f*

prostituir-se *conj como incluir vr* sich prostituieren

prostituto, -a *m, f* Prostituierte

prostrar-se *vr* sich niederbeugen; ~ **aos pés de alguém** jdm zu Füßen fallen
protagonista *mf* Hauptfigur *f*, Hauptperson *f*; (CINE) Hauptdarsteller(in) *m(f)*, Protagonist(in) *m(f)*
protão *m* (FÍS) Proton *nt*
proteção *f* (*brasil*) *v.* **protecção**
protecção <-ões> *f* Schutz *m*; ~ **do meio-ambiente** Umweltschutz *m*
proteccionismo *m* (ECON) Protektionismus *m*
protecionismo *m* (*brasil*) *v.* **proteccionismo**
protector(a) (*portugal*) **I.** *m(f)* Beschützer(in) *m(f)* **II.** *adj* Schutz ...
proteger <g→j> *vt* schützen (*de* vor), beschützen (*de* vor)
protegido, -a **I.** *m, f* Protegé *m*, Günstling *m* **II.** *adj* geschützt (*de* vor)
proteína *f* Protein *nt*; **rico em ~s** reich an Proteinen
proteja *1./3. pres subj de* **proteger**
protejo *1. pres de* **protejo**
protelação <-ões> *f* Aufschieben *nt*, Vertagung *f*
protelar *vt* aufschieben, vertagen
prótese ['prɔtəzə] *f* (LING, MED) Prothese *f*; ~ **dentária** Zahnprothese *f*
protestação *f v.* **protesto**
protestante **I.** *mf* Protestant(in) *m(f)* **II.** *adj* protestantisch
protestantismo *m* Protestantismus *m*
protestar *vi* protestieren (*contra* gegen)
protesto *m* Protest *m* (*contra* gegen)
protetor(a) <-es> (*brasil*) *v.* **protector, -a**
protocolar <-es> *adj* protokollarisch
protocolo *m* (*regulamento, documento*) Protokoll *nt*
próton *m* (FÍS: *brasil*) Proton *nt*
protoplasma *m* (BIOL) Protoplasma *nt*
protótipo *m* Prototyp *m*
protozoário *m* Protozoon *nt*, Urtierchen *nt*
protuberância *f* ❶ (*parte saliente*) Vorsprung *m* ❷ (ANAT) Auswuchs *m*, Protuberanz *f*
protuberante *adj* vorstehend, hervortretend
prova *f* ❶ (*comprovação*) Beweis *m*; **apresentar uma ~** einen Beweis erbringen ❷ (*exame*) Prüfung *f*; ~ **de admissão** Aufnahmeprüfung *f*; ~ **oral** mündliche Prüfung ❸ (*de roupa*) Anprobe *f* ❹ (DESP) Wettkampf *m*; ~ **eliminatória** Ausscheidungsspiel *nt* ❺ (FOTO) Abzug *m* ❻ (*de comida*) Kostprobe *f*; ~ **de vinhos** Weinprobe *f* ❼ (*provação*) Probe *f*; ~ **de força** Kraftprobe *f*; ~ **de resistência** Ausdauerprüfung *f*; **pôr alguém/a. c. à ~** jdn/etw auf die Probe stellen ❽ (MAT) Probe *f*; **tirar a ~ a a. c.** bei etw die Probe machen ❾ (*tipografia*) Druckfahne *f*, Korrekturbogen *m* ❿ (*imunidade*) **à ~ de bala** kugelsicher; **à ~ de fogo** feuerfest; **à ~ de água** wasserdicht
provação <-ões> *f* ❶ (*prova*) Probe *f*; **passar por uma ~** eine Probe bestehen ❷ (*período de tempo*) Probezeit *f*
provado *adj* bewiesen, erwiesen
provador(a) <-es> *m(f)* (CULIN) Koster(in) *m(f)*; (*de vinho*) Weinprüfer(in) *m(f)*
provar [pru'var] *vt* ❶ (*comprovar*) beweisen, nachweisen ❷ (*roupa*) anprobieren ❸ (*experimentar*) ausprobieren, testen ❹ (*comida, vinho*) kosten, probieren
provável [pru'vavɜl] <-eis> *adj* wahrscheinlich
provavelmente [pruvavɜl'mɛ̃ntə] *adv* wahrscheinlich
provedor(a) <-es> *m(f)* Versorger(in) *m(f)*; ~ **de justiça** Ombudsmann *m*
proveito *m* Nutzen *m*; **tirar ~ de a. c.** Nutzen aus etw ziehen; **em ~ de** zugunsten von; **sem ~** nutzlos; **bom ~!** guten Appetit!; **fazer bom ~ de a. c.** den größtmöglichen Nutzen aus etw ziehen
proveitoso *adj* ❶ (*útil*) nützlich ❷ (*vantajoso*) vorteilhaft
proveniência *f* Herkunft *f*; (*origem*) Ursprung *m*
proveniente *adj* ❶ (*pessoa, produto*) stammend (*de* aus), kommend (*de* aus); ~ **de Coimbra** aus Coimbra ❷ (*conflito*) herrührend (*de* von)
prover *irr como ver vt* versorgen (*de* mit)
proverbial <-ais> *adj* sprichwörtlich
provérbio *m* Sprichwort *nt*
proveta *f* Reagenzglas *nt*; **bebé** [*o brasil* **bebê**] ~ Retortenbaby *nt*
provida *adj f de* **provido II**
providência *f* ❶ (*prevenção*) Vorsorge *f*; (*medida*) Vorkehrung *f*; **tomar ~s** Vorkehrungen treffen ❷ (REL) Vorsehung *f*
providenciar *vt* besorgen, sorgen für
providente *adj* ❶ (*que toma providências*) vorsorgend ❷ (*cuidadoso*) vorsichtig
provido **I.** *pp de* **provir** **II.** *adj* versorgt (*de* mit)

P

província *f* Provinz *f;* **da/na ~** aus/in der Provinz

provinciano, -a I. *m, f* Provinzler(in) *m(f)* **II.** *adj* provinziell

provindo *adj* kommend (*de* aus), stammend (*de* aus)

provir *irr como vir vi* kommen (*de* aus), stammen (*de* aus)

provisões *fpl* Proviant *m*

provisório [pruvi'zɔrju] *adj* provisorisch; (*temporal*) vorläufig, einstweilig

provitamina *f* Provitamin *nt*

provocação <-ões> *f* Provokation *f,* Herausforderung *f*

provocante *adj* aufreizend, verführerisch

provocar <c→qu> *vt* ❶ (*desafiar*) provozieren, herausfordern ❷ (*causar*) hervorrufen, verursachen; (*vítimas*) fordern ❸ (*seduzir*) verführen

provocatório *adj* provozierend, provokativ

proxeneta *m* Zuhälter *m*

próxima ['prɔsimɐ] **I.** *adj f de* **próximo II** **II.** *f* (*vez*) nächste(s) Mal *nt;* **para a ~** für das nächste Mal; **até à ~** bis bald

proximidade *f* Nähe *f;* **nas ~s de** in der Nähe von

próximo ['prɔsimu] **I.** *m* Nächste *m,* Mitmensch *m* **II.** *adj* (*no espaço*) nah (*de* bei); **onde fica a estação mais próxima?** wo ist der nächste Bahnhof?; (*no tempo*) nächste(r, s), kommende(r, s); **na próxima semana** in der nächsten Woche; (*seguinte*) nächste(r, s); **o ~, por favor!** der Nächste bitte! **III.** *adv* nah, in der Nähe

prudência *f* Vorsicht *f;* **com ~** vorsichtig

prudente *adj* vorsichtig

prumo *m* Lot *nt;* **a ~** senkrecht

prurido *m* (MED) Juckreiz *m*

Prússia *f* Preußen *nt*

prussiano, -a I. *m, f* Preuße, Preußin *m, f* **II.** *adj* preußisch

P.S. *abr de* **post-scriptum** PS (= *Postskriptum*)

pseudónimo (*portugal*) **I.** *m* Pseudonym *nt* **II.** *adj* pseudonym

pseudônimo (*brasil*) *v.* **pseudónimo**

psicadélica *f* (*lâmpada*) Spotlight *nt*

psicanálise *f* Psychoanalyse *f*

psicanalista *mf* Psychoanalytiker(in) *m(f)*

psiché, psichê *m* (*brasil*) Frisiertoilette *f,* Toilettentisch *m*

psicóloga *f v.* **psicólogo**

psicologia *f* Psychologie *f*

psicológico *adj* psychologisch

psicólogo, -a *m, f* Psychologe, Psychologin *m, f*

psicopata *mf* Psychopath(in) *m(f)*

psicose *f* Psychose *f,* Geisteskrankheit *f*

psicossociologia *f* Sozialpsychologie *f*

psicossociólogo, -a *m, f* Sozialpsychologe, Sozialpsychologin *m, f*

psicossomático *adj* psychosomatisch

psicotécnico *adj* **teste ~** psychologische(r) Eignungstest *m*

psicoterapeuta *mf* Psychotherapeut(in) *m(f)*

psicoterapia *f* Psychotherapie *f*

psique *f* Psyche *f*

psiquiatra *mf* Psychiater(in) *m(f)*

psiquiatria *f* Psychiatrie *f*

psiquiátrico *adj* psychiatrisch

psíquico *adj* psychisch, seelisch

psiu *interj* **~!** pst!

psoríase *f* (MED) Schuppenflechte *f*

PSP *abr de* **Polícia de Segurança Pública** Schutzpolizei

pub *m* Pub *m,* Kneipe *f*

puberdade *f* Pubertät *f*

púbis *mf* (ANAT) Schamgegend *f;* (*osso*) Schambein *nt*

pública *adj f de* **público**

publicação <-ões> *f* ❶ (*de notícia, artigo*) Veröffentlichung *f;* (*de livro*) Herausgabe *f* ❷ (*obra publicada*) Publikation *f*

publicar <c→qu> *vt* (*uma notícia, um artigo*) veröffentlichen, publizieren; (*um livro*) herausgeben

publicidade *f* Werbung *f;* **fazer ~ a a. c.** Werbung für etw machen

publicitar *vt* werben für

publicitário, -a I. *m, f* Werbefachmann, -frau *m, f* **II.** *adj* Werbe ...

público ['publiku] **I.** *m* ❶ (*povo*) Öffentlichkeit *f;* **o grande ~** die breite Masse; **em ~** in aller Öffentlichkeit, öffentlich ❷ (*de espectáculo*) Publikum *nt;* (*ouvintes*) Zuhörer *pl;* (*espectadores*) Zuschauer *pl* **II.** *adj* ❶ (*de todos*) öffentlich ❷ (*estatal*) staatlich, Staats ...

público-alvo <públicos-alvo(s)> *m* Zielgruppe *f*

púcaro *m* Krug *m*

pude *1. pret perf de* **poder**

pudera *interj* **~!** völlig klar!, kein Zweifel!

pudico *adj* schamhaft

pudim <-ins> *m* Pudding *m;* ~ **francês** *Art Karamellpudding*

pudor <-es> *m* Scham *f,* Schamgefühl *nt;* **sem** ~ schamlos; **atentado ao** ~ Sittlichkeitsverbrechen *nt*

puericultura *f* Kinderkrankenpflege *f*

pueril <-is> *adj* ① (*de crianças*) kindlich, Kindes ... ② (*atitude, mentalidade*) kindisch

puerilidade *f* ① (*carácter*) Kindlichkeit *f* ② (*acto*) Kinderei *f*

pueris *adj pl de* **pueril**

pufe *m* (*para sentar-se*) Puff *m*

pugilismo *m* Boxen *nt,* Boxsport *m*

pugilista *mf* Boxer(in) *m(f)*

pujança *f* Kraft *f,* Stärke *f*

pujante *adj* kräftig, stark; (*poderoso*) mächtig

pular I. *vt* (*um muro, uma página*) überspringen **II.** *vi* hüpfen, springen; ~ **de alegria** vor Freude hüpfen

pulga *f* Floh *m;* **estar com a ~ atrás da orelha** gespannt sein; (*desconfiado*) misstrauisch sein

pulga-do-mar *f* Sandhüpfer *m*

pulha *m* (*pej*) Lump *m,* Schuft *m*

pulmão [pul'mãu] <-ões> *m* Lunge *f;* **cantar/gritar a plenos pulmões** aus vollem Hals singen/schreien

pulmonar <-es> *adj* Lungen ...

pulo *m* Sprung *m,* Satz *m;* **dar um** ~ einen Satz machen

pulôver [pu'lovɜr] <-es> *m* (*brasil*) Pullover *m* (mit V-Ausschnitt)

púlpito ['pulpitu] *m* Kanzel *f*

pulsação <-ões> *f* (*do pulso*) Pulsschlag *m;* (*do coração*) Herzschlag *m;* **60 pulsações por minuto** 60 Pulsschläge pro Minute

pulsar *vi* (*artéria*) pulsieren; (*coração*) schlagen

pulseira [pul'seirɐ] *f* Armband *nt*

pulso ['pulsu] *m* ① (ANAT) Handgelenk *nt* ② (MED) Puls *m;* **tomar o ~ a alguém** jdm den Puls fühlen ③ (*força*) Durchsetzungsvermögen *nt,* Autorität *f*

pulular *vi* ① (*abundar, agitar-se*) wimmeln ② (*germinar*) wuchern

pulverizador <-es> *m* Zerstäuber *m*

pulverizar *vt* ① (*líquidos*) zerstäuben ② (*fazer em pó*) pulverisieren, zermahlen

pum *interj* **~!** boing!, peng!

puma *m* Puma *m*

pumba *interj* **~!** klatsch!

punção <-ões> *f* (MED) Punktion *f*

puncionar *vt* (MED) punktieren

pundonor *m* Ehrgefühl *nt*

pungente *adj* (*dor*) stechend

punha *1./3. pret imperf de* **pôr**

punhado *m* Hand *f* voll; **um ~ de cartas** eine Hand voll Briefe

punhal <-ais> *m* Dolch *m*

punhalada *f* Dolchstoß *m;* (*fig*); **dar uma ~ nas costas a alguém** jdm in den Rücken fallen

punho *m* ① (ANAT) Faust *f;* **de arma em** ~ mit gezückter Waffe ② (*de camisa*) Manschette *f* ③ (*cabo*) Griff *m*

punição <-ões> *f* Bestrafung *f,* Strafe *f*

punir *vt* strafen, bestrafen

punível <-eis> *adj* strafbar

punk *mf* Punker(in) *m(f)*

pupa *f* (ZOOL) Puppe *f*

pupila *f* (ANAT) Pupille *f*

pura *adj f de* **puro**

puramente *adv* nur, lediglich; **pura e simplesmente** schlicht und einfach

puré (*portugal*), **purê** *m* (*brasil*) Püree *nt;* ~ **de batata** Kartoffelbrei *m;* ~ **de maçã** Apfelmus *nt*

pureza *f* Reinheit *f*

purgante I. *m* (FARM) Abführmittel *nt* **II.** *adj* abführend

Purgatório *m* (REL) Fegefeuer *nt*

purificação <-ões> *f* ① (*limpeza*) Reinigung *f* ② (*de carácter*) Läuterung *f;* (REL) Purifikation *f*

purificador <-es> *m* Reinigungsgerät *nt;* ~ **de ar** Luftreiniger *m*

purificante *adj* Reinigungs ...

purificar <c→qu> *vt* ① (*limpar*) reinigen ② (*carácter*) läutern; (REL) purifizieren

purismo *m* (LING) Purismus *m*

purista *mf* (LING) Purist(in) *m(f)*

puritano I. *m* Puritaner(in) *m(f)* **II.** *adj* puritanisch

puro *adj* rein, pur; (*ar*) sauber; **isso é pura inveja** das ist der pure Neid; **é a pura verdade** es ist die reine Wahrheit

puro-sangue <puros-sangues> *m* (ZOOL) Vollblut *nt*

púrpura *f* Purpur *m*

purulento *adj* eitrig

pus[1] [puʃ] *m* (MED) Eiter *m*

pus[2] *1. pret de* **pôr**

pusilânime *adj* zaghaft, schüchtern

P

pústula *f* (MED) Pustel *f*, Eiterbläschen *nt*
puta *f* (*cal*) Nutte *f*
puto *m* ❶ (*coloq: miúdo*) Junge *m*, Bengel *m*; **os ~s** die Kids ❷ (*coloq brasil*) Schwule *m*
putrefação *f* (*brasil*) *v.* **putrefacção**
putrefacção <-ões> *f* (*portugal*) ❶ (*cadáver*) Verwesung *f* ❷ (*alimentos*) Verfaulen *nt*, Verfaulung *f*
putrefacto *adj* (*portugal*) ❶ (*cadáver*) verwest ❷ (*alimento*) verfault, faulig
putrefato *adj* (*brasil*) *v.* **putrefacto**
putrescência *f v.* **putrefacção**
putrescente *adj* ❶ (*cadáver*) verwesend ❷ (*alimento*) faulend
pútrido *adj v.* **putrefacto**
puxa *interj* (*coloq brasil*) **~!** na so was!, Donnerwetter!
puxado *adj* ❶ (*difícil*) schwierig ❷ (*caro*) teuer ❸ (CULIN: *tenro*) zart; (*sabor*) streng
puxador <-es> *m* ❶ (*de porta*) Klinke *f* ❷ (*de armário, gaveta*) Griff *m*; (*redondo*) Knopf *m*
puxão <-ões> *m* Ruck *m*; **dar um ~ a a. c.** an etw ziehen
puxar [pu'ʃar] **I.** *vt* ❶ (*uma porta, um objecto, uma pessoa*) ziehen; (*com força*) zerren, reißen; (*as cortinas*) zuziehen; **~ o cabelo a alguém** jdn an den Haaren ziehen ❷ (*um assunto*) zur Sprache bringen **II.** *vi* ❶ (*por objecto, pessoa*) ziehen (*por* an); (*com força*) zerren (*por* an) ❷ (*esforçar*) **~ por** anstrengen; **~ por alguém** viel von jdm verlangen; **~ pela voz** die Stimme anstrengen; **~ pela cabeça** seinen Grips (ein bisschen) anstrengen ❸ (*brasil: a um familiar*) kommen (*a* auf)
puxa-saco *mf* (*coloq brasil*) Stiefellecker *m*
puxo *m* Dutt *m*, Knoten *m*
puxões *m pl de* **puxão**
puzzle *m* Puzzle *nt*
P.V.P. *abr de* **preço de venda ao público** Ladenverkaufspreis
pyrex *m* ❶ (*material*) Pyrex ® *nt* ❷ (*recipiente*) Pyrexschale *f*

Qq

Q, q [ke] *m* Q, q *nt*
QI *abr de* **quociente de inteligência** IQ (= *Intelligenzquotient*)
quadra *f* ❶ (LIT) Vierzeiler *m* ❷ (*período*) Zeit *f*; **~ natalícia** Weihnachtszeit *f* ❸ (*brasil: quarteirão*) Häuserblock *m*
quadrado [kwa'dradu] **I.** *m* (MAT) Quadrat *nt*; **três ao ~** drei hoch zwei; **aos ~s** kariert **II.** *adj* ❶ (*sala, objecto*) quadratisch ❷ (MAT) Quadrat ...; **raiz quadrada** Quadratwurzel *f* (*de* aus) ❸ (*coloq: pessoa*) stämmig, korpulent
quadragésimo *num ord* vierzigste(r, s)
quadrangular *adj* viereckig
quadrante *m* Quadrant *m*
quadriculado *adj* kariert
quadril <-is> *m* Hüfte *f*
quadrilha *f* Räuberbande *f*, Diebesbande *f*
quadrinho *m* (*brasil*) **história em ~s** Comic *m*
quadris *m pl de* **quadril**
quadro ['kwadru] *m* ❶ (*pintura*) Bild *f*, *nt*, Gemälde *nt* ❷ (*tabela*) Tabelle *f*; **~ sinóptico** Übersicht *f* ❸ (*painel*) Tafel *f*; **~ elé(c)trico** Schalttafel *f* ❹ (*na escola*) Tafel *f*; **~ de afixação** schwarzes Brett ❺ (*em empresa*) Personal *nt*, Belegschaft *f*; **pessoal do ~** Stammpersonal *nt*; **pertencer aos ~s da empresa** zur Belegschaft der Firma gehören ❻ (MIL) Kader *m*, *f*
quadrúpede **I.** *m* Vierbeiner *m* **II.** *adj* vierbeinig
quádrupla *adj o f v.* **quádruplo**
quadruplicar <c→qu> **I.** *vt* vervierfachen **II.** *vi* sich vervierfachen
quádruplo **I.** *m* Vierfache *nt* **II.** *adj* vierfach
quaisquer *adj o pron pl de* **qualquer**
qual <quais> **I.** *pron interr* welcher, welche, welches; **de ~ gostas mais?** welcher gefällt dir besser? **II.** *pron rel* **a/o ~** der, die, das; **cada ~** jeder; **seja ~ for a razão/resposta** was es auch für Gründe geben mag/wie die Antwort auch lauten mag **III.** *konj* (so) wie **IV.** *interj* **~!** ach was!
qualidade [kwɐli'dadə] *f* ❶ (*de um produto*) Qualität *f*, Güte *f*; **de primeira ~** erstklassig; **~ de vida** Lebensqualität *f* ❷ (*de uma pes-*

soa) Qualität *f* ❸ (*característica*) Eigenschaft *f;* (*natureza*) Beschaffenheit *f;* **na ~ de director** [*o brasil* **diretor**] in seiner Eigenschaft als Direktor

qualificação <-ões> *f* Qualifikation *f*

qualificado *adj* ❶ (*trabalho*) qualifiziert; **trabalhador ~** Facharbeiter *m* ❷ (DESP) qualifiziert

qualificar <c→qu> *vt* **~ de** bezeichnen als

qualitativo *adj* qualitativ

qualquer <quaisquer> *pron indef* irgendein, irgendeine; **~ pessoa** irgendwer; **~ coisa** irgendetwas; **~ um** jeder; **em ~ parte** irgendwo; **para ~ parte** irgendwohin; **de ~ parte** irgendwoher; **de ~ forma** irgendwie; **em ~ altura** irgendwann; **a ~ momento** jederzeit; **quaisquer** irgendwelche; **~ que seja a razão/resposta** was es auch für Gründe geben mag/wie die Antwort auch lauten mag

quando ['kwɐ̃ndu] **I.** *adv* wann; **até ~?** bis wann?; **desde ~?** seit wann?; **~ é que chegaste?** wann bist du angekommen?; **seja ~ for** wann immer es auch sein mag **II.** *prep* ❶ (*temporal*) als; (*sempre que*) wenn; **~ fui a Paris** als ich nach Paris fuhr; **~ ia/vou a Paris** immer wenn ich nach Paris fuhr/fahre; **de vez em ~** ab und zu, hin und wieder ❷ (*ao passo que*) während

quantia [kwɐ̃n'tiɐ] *f* Betrag *m,* Summe *f;* **~ fixa** Pauschale *f;* **um cheque na ~ de 5.000 euros** ein Scheck in Höhe von 5.000 Euro

quantidade [kwɐ̃nti'dadə] *f* Menge *f,* Quantität *f;* (*número*) Anzahl *f;* **em grande ~** in großer Menge

quantitativo *adj* quantitativ

quanto ['kwɐ̃ntu] **I.** *pron interr* wie viel; **~ dinheiro tens?** wie viel Geld hast du?; **~ custa?** wie viel kostet das?; **~ tempo?** wie lange?; **quantas vezes?** wie oft?; **~s dias?** wie viele Tage?; **~s são hoje?** der Wievielte ist heute? **II.** *pron rel* alles, was; **tudo ~** alles, was; **tanto ~ sei** so viel ich weiß; **leva tantos livros ~s quiseres** nimm so viele Bücher mit, wie du willst **III.** *adv* wie (sehr); **a casa não é tão cara ~ eu pensava** das Haus ist nicht so teuer wie ich dachte; **~ a alguém/a. c.** was jdn/etw angeht; **(o) ~ antes** so bald wie möglich; **ela não tem tempo para descansar, ~ mais para ir de férias** sie hat keine Zeit, um sich auszuruhen und schon gar nicht, um Urlaub zu machen **IV.** *konj* **~ mais cedo, melhor** je eher, desto besser; **~ mais ele trabalha, mais ganha** je mehr er arbeitet, desto mehr verdient er

quão *adv* wie; **não imaginas (o) ~ feliz estou!** du kannst dir nicht vorstellen, wie glücklich ich bin!

quarenta [kwɐ'rɛ̃ntɐ] *num card* vierzig

quarentão, -ona <-ões, -onas> **I.** *m, f* Vierzigjährige **II.** *adj* vierzigjährig

quarentena *f* Quarantäne *f;* **estar de ~** unter Quarantäne stehen

quarentões *adj o m pl de* **quarentão**

quarentona *adj o f v.* **quarentão**

Quaresma *f* (REL) Fastenzeit *f*

quarta *f v.* **quarta-feira**

quarta-de-final <quartas-de-final> *f* (*brasil:* DESP) Viertelfinale *f*

quarta-feira <quartas-feiras> *f* Mittwoch *m;* **Quarta-feira de Cinzas** Aschermittwoch *m; v. tb.* **segunda-feira**

quartanista *mf* Student(in) *m(f)* im vierten Studienjahr

quarteirão <-ões> *m* ❶ (*de casas*) Häuserblock *m* ❷ (*vinte e cinco*) **um ~ de sardinhas** fünfundzwanzig Sardinen

quartel <-éis> *m* ❶ (MIL) Kaserne *f* ❷ (*quarta parte*) Viertel *nt;* **no primeiro ~ do século XX** im ersten Viertel des 20. Jahrhunderts

quartel-general <quartéis-generais> *m* (MIL) Hauptquartier *nt*

quarteto *m* (MÚS) Quartett *nt*

quartilho *m* halbe(r) Liter *m*

quarto ['kwartu] **I.** *m* (*de dormir*) Zimmer *nt;* **~ de banho** (*portugal*) Badezimmer *nt;* **~ de casal** Doppelzimmer *nt;* (*brasil*); **~ de despejo** Speisekammer *f;* **~ de hóspedes** Gästezimmer *nt;* **~ individual** Einzelzimmer *nt;* (*quarta parte*) Viertel *nt;* **um ~ de hora** eine Viertelstunde; **três ~s de hora** eine Dreiviertelstunde; **às cinco e um ~** um Viertel nach fünf; **um ~ de litro** ein Viertelliter; **~ crescente/minguante** erstes/letztes Mondviertel **II.** *num ord* vierte(r, s); *v.* **segundo**

quarto-e-sala <quarto(s)-e-salas> *m* (*brasil*) Einzimmerappartement *nt*

quartos-de-final *f* (*portugal:* DESP) Viertelfinale *nt*

quartzo *m* (MIN) Quarz *m*

quase ['kwazə] *adv* fast, beinahe; **~ nunca** fast nie; **estou ~ pronto** ich bin fast fertig

quati *m* (ZOOL) Nasenbär *m,* Rüsselbär *m* (*bra-*

Q

silianisches Tier aus der Familie der Waschbären)

quatorze *num card* (*brasil*) vierzehn; *v. tb.* **dois**

quatro ['kwatru] *num card* vier; *v.* **dois**

quatrocentos *num card* vierhundert

que [kə] **I.** *pron rel* der, die, das, was; **o computador ~ está ali** der Computer, der dort steht; **o rádio ~ está ali** das Radio, das dort steht; **a senhora ~ fala** die Frau, die spricht; **o/aquilo ~ eu disse** das, was ich gesagt habe **II.** *pron interr* (*o quê*) was; (**o**) ~ (**é que**) **queres?** was willst du?; (**o**) ~ (**é que**) **disseste?** was hast du gesagt?; (*que tipo de*) was für ein, was für eine, was für; ~ **vinho é este?** was für ein Wein ist das?; (*qual*) welcher, welche, welches; ~ **vestido levas?** welches Kleid ziehst du an?; **em ~ comboio vieste?** mit welchem Zug bist du gekommen? **III.** *konj* (*subordinada, consecutiva*) dass; **ela disse ~ estava doente** sie sagte, dass sie krank gewesen sei; **espero ~ ele venha** ich hoffe, dass er kommt; **é tão difícil ~ não percebo** es ist so schwierig, dass ich es nicht verstehe; (*em comparação*) als; **ela é maior** (**do**) ~ **ele** sie ist größer als er; (*porque*) weil **IV.** *adv* wie; ~ **bonito!** wie schön!; ~ **pena!** wie schade!

quê [ke] **I.** *m* (*alguma coisa*) **um ~ de** etwas; **ela tem um ~ de tristeza** sie hat etwas Trauriges; (*dificuldade*) Schwierigkeit *f* **II.** *pron interr* (**o**) **~?** was?; **com ~?** womit?; **para ~?** wofür?, wozu?; **por ~?** warum?

quebra *f* ① (*ruptura*) Bruch *m;* (*interrupção*) Unterbrechung *f* ② (*redução*) Abnahme *f;* **houve uma ~ na produção de vestuário** die Produktion von Textilien ist rückläufig

quebra-cabeças *m* Denkaufgabe *f*

quebrada *adj f de* **quebrado**

quebradiço *adj* zerbrechlich

quebrado *adj* ① (*partido*) zerbrochen ② (*papel*) zerknittert, verknickt ③ (*brasil: carro, máquina, telefone*) defekt, kaputt

quebra-galho *m* (*coloq brasil*) Gelegenheitsarbeit *f,* Job *m*

quebra-gelo *m* Eisbrecher *m*

quebra-luz <-es> *m* Lampenschirm *m*

quebra-mar <quebra-mares> *m* Wellenbrecher *m*

quebra-molas *m inv* (*brasil: coloq*) Bremsschwelle *f*

quebra-nozes *m* Nussknacker *m*

quebrar I. *vt* ① (*brasil: partir*) durchbrechen, zerbrechen; (*uma perna*) brechen ② (*interromper*) abbrechen, unterbrechen ③ (*papel*) verknicken, zerknittern ④ (*brasil:* COM) Bankrott machen **II.** *vi* ① (*partir-se*) durchbrechen, zerbrechen ② (*brasil: carro, máquina*) kaputtgehen

queca *f* (*portugal: coloq*) Nummer *f;* **dar uma ~** (*vulg*) bumsen, vögeln

queda *f* ① (*acção de cair*) Fall *m,* Sturz *m;* (*de avião*) Absturz *m;* **~ d'água** Wasserfall *m;* **~ de cabelo** Haarausfall *m;* **a ~ do Muro de Berlim** der Fall der Berliner Mauer; **sofrer uma ~** fallen, stürzen ② (*jeito*) Neigung *f,* Vorliebe *f;* **ele tem ~ para a política** er hat eine Vorliebe für Politik ③ (*declínio*) Verfall *m,* Rückgang *m;* **~ de preços** Preisrückgang *m*

quedar-se *vr* stillstehen; (*parar*) stehen bleiben

quede *pron interr* (*coloq*) wo ist/sind; **~ ele?** wo ist er?; **~ os meus livros?** wo sind meine Bücher?

quedes *m* (*brasil: de lona*) Leinenschuh *m;* (*de desporto*) Turnschuh *m*

quedo *adj* (*reg*) *v.* **quieto**

queijada *f* (*portugal*) Käsekuchen *m*

queijadinha *f* kleine(r) Käsekuchen *m*

queijaria *f* Käserei *f*

queijo ['keiʒu] *m* Käse *m;* **~ de cabra** Ziegenkäse *m;* **~ flamengo** Edamer *m;* **~ fundido** Schmelzkäse *m;* **~ ao leite cru** Rohmilchkäse *m;* **~ prato** (*brasil*) ≈ milder Cheddarkäse *m;* **~ ralado** geriebener Käse *m;* **~ suíço** Schweizer Käse *m*

queijo-de-minas <queijos-de-minas> *m* (*brasil*) *oft selbstgemachter milder weißer fettarmer Käse, der zum Frühstück oder als Nachtisch gegessen wird*

queima *f* Verbrennung *f;* **~ das fitas** *großes Fest am Ende des Studienjahres*

queimada *f* Waldbrand *m*

queimadela *f* Verbrennung *f*

queimado *adj* verbrannt

queimadura [keimɐ'durɐ] *f* Brandwunde *f,* Verbrennung *f;* (*bras*); **~ de sol** Sonnenbrand *m*

queimar I. *vt* (*com fogo, cigarro*) verbrennen; (*com líquido quente*) verbrühen; **~ a língua** sich die Zunge verbrennen *+dat;* (*fig*); **~ as pestanas** büffeln **II.** *vi* (*sol, fogo, objecto*) brennen **III.** *vr* sich verbrennen;

~-se num dedo sich einen Finger verbrennen *+dat*

queima-roupa *adv* **à ~** aus nächster Nähe

queixa *f* Klage *f*, Beschwerde *f;* (DIR) Anklage *f;* **fazer ~ de alguém** sich über jdn beklagen; **apresentar ~** Anzeige erstatten

queixar-se *vr* sich beschweren (*de* über), sich beklagen (*de* über); **~ a alguém de a. c.** sich bei jdm über etw beklagen; **o doente queixa-se de dores de cabeça** der Kranke klagt über Kopfschmerzen

queixo *m* Kinn *nt*

queixoso, -a *m, f* (DIR) Kläger(in) *m(f)*

queixume *m* (*lamentação*) Jammern *nt;* (*gemido*) Stöhnen *nt*

quelha *f* ① (*ruela*) Gasse *f* ② (*calha*) Rinne *f*

quem [kãi] **I.** *pron interr* wer; **~ está aí?** wer ist dort?; **de ~ é isto?** wem gehört das?; **~ viste na festa?** wen hast du auf dem Fest gesehen?; **com ~ vens?** mit wem kommst du? **II.** *pron rel* der, die, das; **o rapaz com ~ eu falei** der Junge, mit dem ich gesprochen habe; **o público a ~ o artigo se dirige** das Publikum, an das sich der Artikel wendet **III.** *pron indef* (*alguém*) jemand, man; (*aquele que*) derjenige, der, wer; **~ quiser participar, é bem-vindo** wer teilnehmen möchte, ist herzlich willkommen; **não há ~ coma isto** das ist ungenießbar; **há ~ diga que ...** man sagt, dass ..., es heißt; **~ quer que seja** wer es auch sein mag; **~ sabe!** wer weiß!; **~ diria!** wer hätte das gedacht!; **por ~ é!** ich bitte Sie!, um Himmels willen!

Quénia (*portugal*), **Quênia** *m* (*brasil*) Kenia *nt*

quentão <-ões> *m* (*brasil*) heißer Rumpunsch (*aus weißem Rum, frischen Ingwer, Zimt und Zucker*)

quente ['kẽntə] *adj* ① (*comida, roupa, tempo*) warm; (*muito ~*) heiß ② (*cor*) warm

quentões *m pl de* **quentão**

quentura *f* Wärme *f*

queque ['kɜkə] **I.** *m* (CULIN) *Art Muffin* **II.** *adj* (*pej*) schickimicki

quer *konj* **~ ..., ~ ...** sowohl ... als auch ...; **~ os alunos, ~ os professores** sowohl die Schüler als auch die Lehrer; **~ ele venha, ~ não** ob er kommt oder nicht; **quem/o que/onde ~ que seja** wer/was/wo es auch sein mag

querela *f* Querele *f*, Streit *m*

querer [kə'rer] *irr* **I.** *vt* (*ter vontade*) wollen, mögen; **eu quero falar com ele** ich will mit ihm sprechen; **queres que eu saia?** soll ich hinausgehen?; **Deus queira que ...** hoffentlich ...; **por/sem ~** absichtlich/aus Versehen; **como queira** wie Sie wollen; **o que eu quero dizer é ...** was ich sagen will ist, ...; **não ~ nada com alguém/a. c.** mit jdm/etw nichts zu tun haben wollen; (*pedido*) mögen; **eu queria** ich möchte; **queria uma cerveja, por favor** ich hätte gerne ein Bier; (*convite*) wollen, mögen; **queres ir ao cinema hoje?** möchtest du heute ins Kino gehen?; **queres entrar?** willst du hereinkommen?; **queira sentar-se!** nehmen Sie doch bitte Platz! **II.** *vi* **~ bem/mal a alguém** jdm Gutes/Schlechtes wollen; **~ dizer** bedeuten; **quer dizer** das heißt; **o que (é que) quer dizer isto em português?** was heißt das auf Portugiesisch?

querido, -a [kə'ridu] **I.** *m, f* Schatz *m*, Liebste **II.** *adj* lieb; **~ Artur/querida Ana** lieber Artur/liebe Ana

quermesse *f* Kirmes *f*

querosene *m* ① (*iluminação*) Lampenöl *nt* ② (*avião*) Kerosin *nt*

quesito *m* Frage *f*

questão [kəʃ'tãu] <-ões> *f* ① (*pergunta*) Frage *f;* **colocar uma ~ (a alguém)** (jdm.) eine Frage stellen; **estar em ~** infrage stehen; **pôr a. c. em ~** etw infrage stellen; **isso é uma ~ de tempo** das ist eine Frage der Zeit; **é uma ~ de gosto** das ist Geschmacksache ② (*assunto*) Angelegenheit *f;* (*problema*) Problem *nt* ③ (*contenda*) Streitfrage *f*

questionar **I.** *vt* (*perguntar a*) fragen; (*pôr em questão*) bestreiten, infrage stellen **II.** *vr* sich fragen

questionário *m* Fragebogen *m*

questionável <-eis> *adj* fraglich, zweifelhaft

questiúncula *f* Wortwechsel *m*

questões *f pl de* **questão**

quiabo *m* (BOT) Okra *f*, Gemüse-Eibisch *m*

quiçá *adv* vielleicht

quieto ['kjɜtu] *adj* ① (*sossegado*) ruhig, still; **está ~!** sei still! ② (*imóvel*) bewegungslos; **está ~!** sitz still!

quietude *f* Ruhe *f*, Stille *f*

quilate *m* Karat *nt*

quilha *f* (NÁUT) Kiel *m*

quilo ['kilu] *m* Kilo *nt;* **um ~ de maçãs** ein Kilo Äpfel

quilobaite, quilobyte *m* (INFOR) Kilobyte *nt*

quilograma [kilu'gremɐ] *m* Kilogramm *nt*
quilolitro *m* Kiloliter *m*
quilombo *m* (*brasil*) *geheime Siedlung von aus der Sklaverei geflohenen Schwarzen*
quilometragem *f* Kilometerstand *m*
quilómetro (*portugal*), **quilômetro** *m* (*brasil*) Kilometer *m;* ~ **quadrado** Quadratkilometer *m;* ~**s à hora** Stundenkilometer *m,* Kilometer pro Stunde; **o carro vai a 100 ~s à hora** das Auto fährt 100 Stundenkilometer
quilovátio *m* (FÍS) Kilowatt *nt*
quilovátio-hora *m* (FÍS) Kilowattstunde *f*
quilowatt *m v.* **quilovátio**
quimera *f* Hirngespinst *nt*
química *f* Chemie *f;* ~ **alimentar** Lebensmittelchemie *f*
químico, -a **I.** *m, f* Chemiker(in) *m(f)* **II.** *adj* chemisch
quimioterapia *f* (MED) Chemotherapie *f*
quimo *m* (BIOL) Speisebrei *m*
quimono *m* Kimono *m*
quina *f* ① (*canto*) Ecke *f;* (FUT); ~ **da trave** Lattenkreuz *nt* ② (*em brasão*) Schild *m*
quinado *adj* **vinho** ~ mit Chinarinde versetzter Wein
quindim <-ins> *m* (*brasil*) *Süßigkeit aus Eigelb und Kokosraspeln,*
quinhão <-ões> *m* Anteil *m*
quinhentos *num card* fünfhundert
quinhões *m pl de* **quinhão**
quinina *f* (QUÍM) Chinin *nt*
quinoa *f* (BOT) Quinoa *m*
quinquagésimo (*portugal*), **qüinquagésimo** *num ord* fünfzigste(r, s)
quinquilharias *fpl* Trödel *m,* Krimskrams *m*
quinta ['kĩntɐ] **I.** *f* ① Landgut *nt* ② (*quinta-feira*) Freitag *nt* **II.** *num f de* **quinto**
quinta-feira *f* Donnerstag *m;* **Quinta-Feira Santa** Gründonnerstag *m; v. tb.* **segunda-feira**
quintal <-ais> *m* ① (*jardim*) Garten *m;* (*horta*) Gemüsegarten *m* ② (*medida de peso*) Zentner *m;* ~ **métrico** Doppelzentner *m*
quintanista *mf* Student(in) *m(f)* im fünften Studienjahr
quinteiro *m* (*portugal*) kleine(r) Garten *m*
quinteto *m* (MÚS) Quintett *nt*
quinto ['kĩntu] **I.** *m* Fünftel *nt* **II.** *num ord* fünfte(r, s); *v.* **segundo**
quíntuplo **I.** *m* Fünffache *nt* **II.** *adj* fünffach
quinze ['kĩzə] *num card* fünfzehn; ~ **dias** vierzehn Tage; *v.* **dois**
quinzena *f* zwei Wochen *pl,* vierzehn Tage *pl*
quinzenal <-ais> *adj* vierzehntägig
quinzenalmente *adv* alle vierzehn Tage, vierzehntägig
quiosque *m* Kiosk *m*
quiproquó (*portugal*), **qüiproquó** *m* (*brasil*) Missverständnis *nt*
quiromante *mf* Handleser(in) *m(f)*
quis *vt, vi v.* **1./3. pret de** *v.* **querer**
quiser *vt, vi v.* **1. fut imperf subj de** *v.* **querer**
quisto *m* (MED) Zyste *f*
quitanda *f* (*brasil*) Verkaufsstand *m,* Marktstand *m*
quitandeiro, -a *m, f* (*brasil*) Marktverkäufer, Marktfrau *m, f;* (*que vende legumes*) Gemüsehändler(in) *m(f)*
quitar *vt* (*uma dívida*) erlassen
quite *adj* **estar** ~ quitt sein; **estamos ~s** wir sind quitt
quitinete *f* (*bras*) Kochnische *f*
quociente *m* (MAT) Quotient *m;* ~ **de inteligência** Intelligenzquotient *m*
quota *f* Quote *f*
quota-parte *f* Anteil *m*
quotidiano **I.** *m* Alltag *m* **II.** *adj* alltäglich

Rr

R, r ['ʒʀə] *m* R, r *nt*
R. *abr de* **rua** Str. (= *Straße*)
rã *f* Frosch *m*
rabada *f* (*brasil:* CULIN) *geschmorter Ochsenschwanz*
rabanada *f* ① (CULIN) arme(r) Ritter *m* (*Süßspeise, die normalerweise zur Weihnachtszeit gegessen wird*) ② (*de vento*) Bö *f,* Böe *f*
rabanete *m* Radieschen *nt*
rábano *m* Rettich *m*
rabárbaro *m* (BOT) Rhabarber *m*
rabear *vi* ① (*peixe*) die Flossen bewegen; (*cão*) mit dem Schwanz wedeln ② (*pessoa*) unruhig sein
rabecada *f* (*coloq*) Anschiss *m;* **levar uma ~** einen Anschiss kriegen
rabelo *m* (*portugal: barco*) Douroschiff *nt*

rabeta *adj* (*portugal: pej coloq*) schwul

rabi *m* Rabbi *m*

rabicho *m* Zopf *m,* Rattenschwänzchen *nt*

rabilho *m* (ZOOL) großer Thunfisch *m*

rabino *m* Rabbiner *m*

rabiosque *m* (*coloq*) *v.* **rabiote**

rabiote *m* (*coloq*) Po *m,* Hintern *m*

rabiscar <c→qu> *vi* kritzeln

rabisco *m* Gekritzel *nt,* Kritzelei *f*

rabo *m* ① (*de animal*) Schwanz *m* ② (*de pessoa*) Gesäß *nt,* Hintern *m;* **fugir com o ~ à seringa** einen heiklen Punkt umgehen

rabo-de-cavalo <rabos-de-cavalo> *m* (*penteado*) Pferdeschwanz *m*

rabo-de-saia <rabos-de-saia> *m* (*brasil: coloq*) Frau *f*

rabugento *adj* schlecht gelaunt, mürrisch

rabugice *f* Kratzbürstigkeit *f,* schlechte Laune *f*

rabujar *vi* nörgeln; (*criança*) quengeln

rábula *f* Nebenrolle *f*

raça *f* Rasse *f;* (*animal*); **de ~** (**pura**) reinrassig

ração *f* Ration *f*

racha *f* ① (*em muro*) Riss *m* ② (*na roupa*) Schlitz *m*

rachadela *f* Riss *m*

rachado *adj* (*muro*) rissig; (*cabeça*) aufgeschlagen

rachar *vt* ① (*a cabeça*) aufschlagen; **~ a cabeça a alguém** jdm den Kopf einschlagen ② (*lenha*) hacken ③ (*brasil: despesas*) umlegen *f*

racial <-ais> *adj* rassisch, Rassen ...

raciocinar *vi* nachdenken (*sobre* über), überlegen

raciocínio *m* ① (*dedução*) Schlussfolgerung *f* ② (*capacidade*) Urteilsvermögen *nt* ③ (*ponderação*) Nachdenken *nt* (*sobre* über)

racional <-ais> *adj* rational

racionalidade *f* Rationalität *f*

racionalizar *vt* rationalisieren

racionalmente *adv* vernünftig

racionar *vt* rationieren

racismo *m* Rassismus *m*

racista **I.** *mf* Rassist(in) *m(f)* **II.** *adj* rassistisch

radar <-es> *m* Radar *m, nt*

radiação <-ões> *f* (FÍS) Strahlung *f*

radiador [ʀɐdjɐ'dor] <-es> *m* ① (*de aquecimento*) Heizkörper *m* ② (*de automóvel*) Kühler *m*

radiante *adj* strahlend

radicado *adj* ansässig (*em* in), wohnhaft (*em* in)

radical <-ais> **I.** *m* ① (LING) Stamm *m,* Wurzel *f* ② (MAT) Wurzelzeichen *nt* ③ (QUÍM) Radikal *nt* **II.** *adj* ① (*mudança*) grundlegend, tief greifend; (*limpeza*) gründlich ② (*extremista*) radikal

radicar-se <c→qu> *vr* sich niederlassen (*em* in)

rádio ['ʀadju] **I.** *m* (*aparelho*) Radio *nt;* **~ portátil** Kofferradio *nt;* **ouvir ~** Radio hören; (ANAT) Speiche *f;* (QUÍM) Radium *nt* **II.** *f* (*instituição*) Rundfunk *m;* **na ~** im Rundfunk

radioactividade *f* (*portugal*) Radioaktivität *f*

radioactivo *adj* (*portugal*) radioaktiv

radioativa *adj* (*brasil*) *f de radioativo* **v. radioactivo**

radioatividade *f* (*brasil*) *v.* **radioactividade**

radioativo *adj* (*brasil*) *v.* **radioactivo**

rádio-despertador *m* Radiowecker *m*

radiodifusão *f* Rundfunk *m,* Rundfunkwesen *nt*

radiofónico (*portugal*), **radiofônico** *adj* (*brasil*) Rundfunk ..., Radio ...

radiografar [ʀadjugrɐ'far] *vt* röntgen

radiografia [ʀadjugrɐ'fiɐ] *f* Röntgenaufnahme *f,* Röntgenbild *nt;* (*paciente*); **tirar uma ~** sich röntgen lassen

radiograma *m* Funkspruch *m*

radiogravador <-es> *m* Radiorecorder *m*

radiologia *f* Röntgenologie *f*

radiologista *mf* Röntgenologe, Röntgenologin *m, f,* Radiologe, Radiologin *m, f*

radiopatrulha *f* Funkstreife *f*

radiosa *adj f de* **radioso**

radioscopia *f* Durchleuchtung *f*

radioso *adj* strahlend

radiotelefonia *f* Sprechfunk *m*

radiotelegrafar *vt* funken

radiotelegrafista *mf* Funker(in) *m(f)*

radioterapia *f* Strahlenbehandlung *f,* Strahlentherapie *f*

rafeiro *m* (*coloq*) Köter *m*

ráfia *f* Bast *m*

rafting ['rɜftiŋ] *m* (DESP) Rafting *nt*

râguebi ['ʀɐgəbi] *m* (*portugal*) Rugby *nt*

raia *f* ① (ZOOL) Rochen *m* ② (*traço*) Strich *m,* Linie *f* ③ (*limite*) Grenze *f;* **tocar as ~s de** an die Grenzen stoßen

raiado *adj* gestreift; (*olho*) blutunterlaufen

raiar *vi* ① (*sol*) strahlen ② (*dia*) anbrechen

rail *m* Leitplanke *f*

rainha *f* ① (*monarca*) Königin *f* ② (*de xadrez*) Dame *f*

rainúnculo *m* (ZOOL) roter Drachenkopf *m*

raio *m* ① (FÍS: *de sol, luz*) Strahl *m;* **~s X** Röntgenstrahlen *pl* ② (*relâmpago*) Blitz *m;* (*coloq*); **~s te partam!** hol dich der Teufel!; (*coloq*); **~s partam isto!** zum Teufel damit!; (*coloq*); **com um ~!** verfluchter Mist!; (*coloq*); **que ~ de pergunta é essa?** was soll die blöde Frage?; (*coloq*); **que ~ de tempo!** was für ein Scheißwetter! ③ (*de roda*) Speiche *f* ④ (*de circunferência*) Radius *m* ⑤ (*área*) Umkreis *m;* **~ de a(c)ção** Reichweite *f;* **foi tudo destruído num ~ de 10 km** im Umkreis von 10 km war alles zerstört

raiva *f* ① (MED) Tollwut *f* ② (*fúria*) Wut *f;* **estar com ~ de alguém** auf jdn wütend sein; **ter ~ de alguém** jdn hassen

raivoso *adj* ① (MED) tollwütig ② (*furioso*) wütend

raiz *f* ① (*de planta, cabelo, dente*) Wurzel *f;* **lançar ~es** Wurzeln schlagen ② (*de palavra*) Wurzel *f,* Stamm *m* ③ (MAT) Wurzel *f;* **~ cúbica** Kubikwurzel *f;* **~ quadrada** Quadratwurzel *f* ④ (*origem*) Ursprung *m*

raiz-forte <raízes-fortes> *f* Meerrettich *m*

rajá *m* Radscha *m*

rajada [ʀɐ'ʒadɐ] *f* Bö *f,* Windstoß *m*

ralado *adj* ① (*comida*) gerieben, geraspelt ② (*coloq: pessoa*) deprimiert (*com* wegen), down

ralador <-es> *m* Reibe *f,* Raspel *f*

ralar **I.** *vt* (*comida*) reiben, raspeln; (*uma pessoa*) bedrücken, quälen **II.** *vr* betrübt sein (*com* wegen); (*preocupar-se*) sich Sorgen machen (*com* um)

ralé *f* Gesocks *nt,* Pack *nt*

ralhar *vi* schimpfen; **~ com alguém** mit jdm schimpfen

rali *m* Rallye *f;* **~ paper** Rallye *f*

ralo **I.** *m* (*de lavatório, banheira*) Abfluss *m;* (*de regador*) Brause *f* **II.** *adj* ① (*cabelo*) schütter, licht; **barba rala** spärlicher Bartwuchs ② (*sopa*) dünn

ramada *f* ① (*para sombra*) Laube *f* ② (*coloq: bebedeira*) Rausch *m*

ramadão *m* (REL) Ramadan *m*

ramal <-ais> *m* ① (*caminho-de-ferro*) Nebenstrecke *f;* (*estrada*) Nebenstraße *f* ② (TEL: *brasil*) Nebenanschluss *m*

ramalhar *vi* rauschen

ramalhete *m* Strauß *m*

rameira *f* Hure *f,* Nutte *f*

ramerrão *m* ① (*ruído*) eintönige(s) Geräusch *nt* ② (*rotina*) Routine *f*

ramificação <-ões> *f* (*de estrada*) Verzweigung *f*

ramificar-se <c→qu> *vr* sich verzweigen

ramo ['ʀɐmu] *m* ① (*de árvore*) Zweig *m;* (*grosso*) Ast *m* ② (*de flores*) Strauß *m* ③ (*área*) Gebiet *nt;* **~ de actividade** [*o brasil* **atividade**] Gewerbe *nt,* Branche *f;* **~ do saber** Wissensgebiet *nt*

rampa ['rɐ̃mpɐ] *f* Rampe *f;* (*de garagem*) Auffahrt *f*

rancho *m* ① (*de dança*) **~ folclórico** Folkloregruppe *f* ② (CULIN) *Nudelgericht mit Kichererbsen und Fleisch* ③ (*herdade*) Ranch *f*

ranço *m* (*sabor*) ranzige(r) Geschmack *m;* (*cheiro*) ranzige(r) Geruch *m;* **saber/cheirar a ~** ranzig schmecken/riechen

rancor <-es> *m* Groll *m;* **guardar ~** nachtragend sein

rancoroso *adj* nachtragend

rançoso *adj* ranzig

ranger **I.** *vt* **~ os dentes** mit den Zähnen knirschen **II.** *vi* (*porta, madeira*) knarren; (*papel*) knistern; (*neve*) knirschen

rangido *m* (*de madeira*) Knarren *nt;* (*de dentes*) Knirschen *nt*

rango *m* ① (*brasil: petisco*) Häppchen *nt* ② (*brasil: jantarada*) Gelage *nt*

ranho *m* Rotz *m*

ranhoso *adj* rotzig

ranhura *f* (*fenda*) Spalt *m,* Ritze *f;* (*para moedas*) Schlitz *m*

ranking *m* Rangliste *f;* **~ mundial** Weltrangliste *f*

ranzinza *adj* griesgrämig, mürrisch

rap [ʀɜp] *m* (MÚS) Rap *m*

rapado *adj* (*cabeça*) kahl geschoren; (*cabelo*) kurz geschoren

rapadura *f* (*brasil*) *Würfel aus getrocknetem rohem Zuckerrohrsaft, der zum Süßen oder pur als Süßigkeit verwendet wird*

rapagão <-ões> *m* stämmige(r) Bursche *m,* kräftige(r) junge(r) Mann *m*

rapar *vt* ① (*raspar*) abkratzen, abschaben; **~ o tacho** den Topf auskratzen ② (*o cabelo*) scheren; (*a barba*) abrasieren

rapariga [ʀɐpɐ'rigɐ] *f* ① (*portugal: criança*)

Mädchen *nt* ❷ (*adolescente*) Jugendliche *f*, junge Frau *f*

rapaz [ʀɐ'paʃ] *m* (*criança*) Junge *m;* (*adolescente*) Jugendliche *m*, junge(r) Mann *m*

rapaziada *f* ❶ (*jovens*) Jugendliche *pl*, junge(n) Leute *pl* ❷ (*rapazes*) Jungen *pl;* (*adolescentes*) Jugendliche *pl*

rapé *m* Schnupftabak *m*

rápida *adj f de* **rápido**

rapidamente *adv* schnell, rasch

rapidez *f* Schnelligkeit *f;* **com ~** schnell, rasch

rápido ['ʀapidu] *adj o adv* schnell

raposa *f* (*espécie, macho*) Fuchs *m;* (*fêmea*) Füchsin *f*

rapsódia *f* Rhapsodie *f*

raptar *vt* entführen

rapto *m* Entführung *f*

raptor(a) <-es, -as> *m(f)* Entführer(in) *m(f)*

raquete *f* ❶ (*de ténis*) Schläger *m*, Tennisschläger *m* ❷ (*para a neve*) Schneeschuh *m*

raquítico *adj* ❶ (MED) rachitisch ❷ (*franzino*) schmächtig

raquitismo *m* (MED) Rachitis *f*

rara *adj f de* **raro**

raramente [ʀaɾɐ'mẽntə] *adv* selten

rarear *conj como passear vi* ❶ (*frequência*) selten werden ❷ (*quantidade*) weniger werden; (*cabelo*) sich lichten

rarefazer *irr como fazer vt* verdünnen

rarefeito I. *pp de* **rarefazer II.** *adj* dünn

raridade *f* ❶ (*objecto*) Rarität *f* ❷ (*frequência*) Seltenheit *f;* **com ~** selten

raro ['ʀaru] *adj* ❶ (*acontecimento*) selten; **raras vezes** selten; **é ~ o dia em que isso não acontece** es gibt kaum einen Tag, an dem das nicht geschieht ❷ (*objecto*) rar

rasa *adj f de* **raso**

rasante *adj* (*tiro, voo*) rasant

rasca I. *adv* (*coloq*) **estar à ~** in der Klemme stecken; (*coloq*); **ver-se à ~ com alguém/a. c.** mit jdm/etw nicht klarkommen; (*coloq*); **ver-se à ~ para fazer a. c.** etw mit Hängen und Würgen schaffen **II.** *adj* (*coloq: de má qualidade*) miserabel; (*de mau gosto*) ekelhaft, grauenhaft

rascunho *m* (*de texto*) Entwurf *m*, Konzept *nt;* (*de desenho*) Skizze *f;* **fazer um ~** einen Entwurf machen

rasgado *adj* ❶ (*tecido, roupa, papel*) zerrissen ❷ (*olhos*) groß

rasgão <-ões> *m* Riss *m*

rasgar <g→gu> **I.** *vt* (*papel, tecido*) durchreißen; (*em pedaços, por acidente*) zerreißen; (*com violência*) zerfetzen; (*abrir*) aufreißen; (*destacar*) abtrennen; (*uma parede*) durchbrechen **II.** *vr* (*papel, tecido*) zerreißen

rasgões *m pl de* **rasgão**

raso *adj* (*plano*) eben; (*chato*) platt; (*baixo*) niedrig; (*prato*) flach; **ângulo ~** gestreckter Winkel; **soldado ~** gemeiner Soldat

raspa *f* Geriebene *nt*, Raspel *pl;* **~ de limão** abgeriebene Zitronenschale

raspador *m* Schaber *m*

raspanço *m* (*coloq*) Standpauke *f*, Anpfiff *m*

raspão <-ões> *m* Schramme *f*, Kratzer *m;* **de ~** dicht an

raspar I. *vt* (*uma superfície*) abschaben; (*tinta, cola*) abkratzen; (*arranhar*) schrammen; (*ralar*) reiben, raspeln **II.** *vi* streifen (*em*); **o carro raspou na parede** der Wagen streifte die Wand **III.** *vr* (*coloq*) ausreißen, abhauen

raspões *m pl de* **raspão**

rasteira *f* ❶ (*com a perna*) Beinstellen *nt;* **passar/pregar uma ~ a alguém** jdm ein Bein stellen ❷ (*armadilha*) Falle *f;* (*em pergunta*) Fangfrage *f;* **pregar uma ~ a alguém** jdn aufs Glatteis führen, jdm eine Falle stellen

rasteiro *adj* kriechend; **planta rasteira** Kriechpflanze *f*

rastejante I. *m* Kriechtier *nt* **II.** *adj* Kriech ...

rastejar *vi* ❶ (*no chão*) kriechen ❷ (*fig: rebaixar-se*) kriechen

rastilho *m* Zündschnur *f*

rasto *m* Spur *f;* (*de navio*) Kielwasser *nt;* **seguir o ~ de alguém** in jds Fußstapfen treten; **desaparecer sem deixar ~** spurlos verschwinden

rastos *adv* **andar de ~** kriechen; **ir de ~** nur widerwillig gehen; **levar alguém de ~** jdn mitschleppen; (*coloq*); **estar de ~** vollkommen fertig sein

rastrear *conj como passear vt* ❶ (*percurso, processo*) zurückverfolgen, erforschen ❷ (*uma doença*) diagnostizieren

rastreio *m* ❶ (*de percurso, processo*) Zurückverfolgung *f*, Erforschung *f;* (*de pistas*) Spurensuche *f* ❷ (*de doença*) Diagnose *f;* **~ do cancro** Krebsdiagnose *f*

rastro *m v.* **rasto**

rasurar *vt* (*documento*) korrigieren;

R

(*palavra*) durchstreichen

ratar *vt* annagen, anfressen

ratazana *f* Ratte *f*

rateio *m* (ECON) Kontingentierung *f*

ratificar <c→qu> *vt* ratifizieren

ratinho *m* (*coloq*) **ter um ~ a roer** ein bisschen Hunger haben

rato *m* (ZOOL) Maus *f;* (*portugal:* INFOR) Maus *f*

rato-de-biblioteca *m* Bücherwurm *m*

ratoeira *f* ❶ (*para ratos*) Mausefalle *f* ❷ (*fig: cilada*) Falle *f;* **cair na ~** in die Falle gehen

ravina *f* ❶ (*barranco*) Schlucht *f* ❷ (*de água*) Sturzbach *m*

razão [ʀɐ'zɐ̃w] <-ões> *f* ❶ (*em discussão*) Recht *nt;* **ter/não ter ~** Recht/Unrecht haben; **tens ~** du hast Recht; **estar cheio de ~** vollkommen im Recht sein; **com** (**toda a**) **~** mit (vollem) Recht; **dar ~ a alguém** jdm Recht geben ❷ (*motivo*) Grund *m;* **isso tem a sua ~ de ser** das hat seine Daseinsberechtigung; **isso não tem ~ de ser** es gibt keinen Grund, warum das so sein sollte; **sem** (**qualquer**) **~** ohne (jeden) Grund; (**não**) **ter ~ de queixa** (keinen) Grund zum Klagen haben; **não sei por que ~ isso acontece** ich weiß nicht, warum das passiert ❸ (*entendimento*) Verstand *m;* (*sensatez*) Vernunft *f;* **chamar alguém à ~** jdn zur Vernunft bringen ❹ (MAT) Verhältnis *nt,* Proportion *f* ❺ (ECON: *percentagem*) Prozentsatz *m;* (*taxa de juro*) Zinssatz *m;* **à ~ de** zum Zinssatz von

razoável <-eis> *adj* ❶ (*preço*) angemessen; (*proposta, qualidade*) annehmbar ❷ (*esforço, quantidade*) ziemlich ❸ (*sensato*) vernünftig

razoavelmente *adv* ziemlich gut

razões *f pl de* **razão**

r/c *abr de* **rés-do-chão** EG (= *Erdgeschoss*)

RDA *abr de* **República Democrática Alemã** DDR (= *Deutsche Demokratische Republik*)

ré **I.** *f f de* **réu** (NÁUT) Heck *nt;* (*brasil: no automóvel*) Rückwärtsgang *m;* **dar** (**marcha à**) **~** rückwärtsfahren **II.** *m* (MÚS) D *nt*

reabastecer <c→ç> **I.** *vt* (*avião*) auftanken; (*estabelecimento*) beliefern (*de* mit); (*tropas*) mit Nachschub versorgen (*de* an) **II.** *vr* sich neu eindecken (*de* mit)

reabastecimento *m* ❶ (*de avião*) Auftanken *nt* ❷ (*das tropas*) Nachschub *m*

reaberto *pp de* **reabrir**

reabertura *f* Wiedereröffnung *f*

reabilitação <-ões> *f* ❶ (*de pessoa*) Rehabilitation *f,* Rehabilitierung *f* ❷ (*da economia*) Sanierung *f*

reabilitar *vt* ❶ (*uma pessoa*) rehabilitieren ❷ (*a economia*) sanieren

reabrir *vi* <*pp* reaberto> wieder eröffnen

reação <-ões> (*brasil*), **reacção** <-ões> *f* (*portugal*) Reaktion *f* (*a* auf); **~ em cadeia** Kettenreaktion *f;* **ter uma ~ alérgica a a. c.** allergisch auf etw reagieren

reaccionário, -a (*portugal*) **I.** *m, f* Reaktionär(in) *m(f)* **II.** *adj* reaktionär

reacionário, -a *m, f* (*brasil*) *v.* **reaccionário**

reactivar *vt* (*portugal: máquina*) wieder in Gang bringen; (*fábrica*) wieder in Betrieb nehmen; (*economia, produção*) ankurbeln, wieder in Schwung bringen

reactor <-es> *m* (*portugal*) ❶ (*nuclear*) Reaktor *m;* **~ nuclear** Atomreaktor *m* ❷ (AERO) Triebwerk *nt*

readaptação <-ões> *f* Wiederanpassung *f* (*a* an)

readaptar-se *vr* sich wieder anpassen (*a* an)

readmitir *vt* (*em empresa*) wieder einstellen

reafirmar *vt* nochmals versichern, bekräftigen

reagente *m* Reagens *nt*

reagir *vi* reagieren (*a* auf)

reajuste *m* Angleichung *f,* Anpassung *f*

real <reais> **I.** *adj* ❶ (*da realeza*) königlich, Königs ...; **a família ~** die Königsfamilie ❷ (*verdadeiro*) wirklich, tatsächlich; (*autêntico*) echt; **uma história ~** eine wahre Geschichte ❸ (MAT) reell **II.** *m* (ECON) Real *m*

Innerhalb weniger Jahre hatte Brasilien drei Währungsreformen. Die gültige Währung (seit Juli 1994) heißt **Real** und ist am leichtesten im Land erhältlich. Schecks, Dollars und Euro werden in Banken und auch in Hotels problemlos akzeptiert. Reiseschecks sind dennoch nach wie vor das sicherste Zahlungsmittel. Schwarz tauschen wie früher zum **paralelo** ist uninteressant geworden, der offizielle Touristenkurs ist wesentlich günstiger. Ein Rücktausch der Devisen in der Heimat ist nicht möglich, den **Real** kauft keine Bank der Welt.

realçar <ç→c> **I.** *vt* hervorheben, betonen **II.** *vr* sich hervorheben, hervorstechen

realce *m* Betonung *f;* **dar ~ a a. c.** etw hervorheben/betonen

realejo *m* Leierkasten *m,* Drehorgel *f*

realeza *f* Königswürde *f*

realidade *f* Wirklichkeit *f,* Realität *f;* **na ~** in Wirklichkeit; **~ virtual** virtuelle Realität

realismo *m* Realismus *m*

realista **I.** *mf* Realist(in) *m(f)* **II.** *adj* realistisch

realização <-ões> *f* ❶ (*de tarefa, trabalho*) Ausführung *f,* Durchführung *f;* (*de projecto*) Verwirklichung *f;* **~ pessoal** Selbstverwirklichung *f* ❷ (*de um sonho*) Erfüllung *f* ❸ (CINE) Regie *f*

realizador(a) *m(f)* (*portugal:* CINE) Regisseur(in) *m(f)*

realizar **I.** *vt* ❶ (*tarefa, trabalho*) durchführen, ausführen; (*projecto*) verwirklichen, realisieren ❷ (*um sonho*) erfüllen ❸ (*concerto, exposição, curso*) veranstalten ❹ (CINE) Regie führen bei **II.** *vr* ❶ (*evento*) stattfinden ❷ (*projecto*) durchgeführt werden ❸ (*sonho*) in Erfüllung gehen, sich erfüllen ❹ (*prognóstico, previsão*) eintreffen ❺ (*pessoa*) sich selbst verwirklichen

realizável <-eis> *adj* umsetzbar, erreichbar

realmente [ʀjal'mẽntə] *adv* ❶ (*verdadeiramente*) wirklich; **isto é ~ bonito** das ist wirklich schön ❷ (*de facto*) tatsächlich, in der Tat; **~, o filme não é assim tão bom** der Film ist in der Tat nicht so gut

realojar *vt* umsiedeln

reanimação <-ões> *f* (MED) Wiederbelebung *f*

reanimar **I.** *vt* (MED) wiederbeleben; (*animar*) aufmuntern **II.** *vr* neuen Mut schöpfen

reaparecer <c→ç> *vi* (*doença*) wieder ausbrechen; (*pessoa*) wieder erscheinen, wieder auftauchen

reaparecimento *m* Wiedererscheinen *nt*

reaprender *vt* wieder lernen

reaproveitamento *m* Wiederverwertung *f*

reaproveitar *vt* wiederverwerten

reaproveitável *adj* wiederverwertbar

reaproximar-se *vr* sich wieder annähern (*de* an)

rearmamento *m* (MIL) Wiederbewaffnung *f,* Nachrüstung *f*

rearmar *vt* (MIL) nachrüsten, wieder bewaffnen

reatar *vt* (*relação*) wieder aufnehmen; (*amizade, namoro*) wieder aufleben lassen, fortführen

reativar *vt* (*brasil*) *v.* **reactivar**

reator <-es> *m* (*brasil*) *v.* **reactor**

reaver *irr vt irr* zurückbekommen, zurückerhalten

reavivar **I.** *vt* (*a memória*) auffrischen **II.** *vr* (*interesse, costumes*) wieder aufleben

rebaixa *f* (*portugal*) Preissenkung *f,* Preisnachlass *m*

rebaixar *vt* (*preço*) senken, herabsetzen; (*fig: uma pessoa*) herabwürdigen, erniedrigen

rebanho *m* Herde *f*

rebaptizar *vt* (*portugal*) umbenennen (*de* in)

rebate *m* Alarm *m*

rebater *vt* ❶ (*golpe*) abwehren ❷ (*argumento*) widerlegen; (*acusação*) zurückweisen ❸ (*assento*) umklappen

rebatível <-eis> *adj* umklappbar

rebatizar *vt* (*brasil*) *v.* **rebaptizar**

rebelar-se *vr* (POL) rebellieren (*contra* gegen)

rebelde **I.** *mf* Rebell(in) *m(f),* Aufständische **II.** *adj* ❶ (*população, tropas*) aufständisch, rebellisch ❷ (*pessoa*) aufsässig, rebellisch

rebeldia *f* Aufsässigkeit *f,* Widerspenstigkeit *f*

rebelião <-ões> *f* Aufstand *m,* Rebellion *f*

rebentar **I.** *vt* ❶ (*fechadura, porta*) aufbrechen ❷ (*balão*) zerplatzen lassen **II.** *vi* ❶ (*balão, veia, tumor, cano*) platzen ❷ (*corda, elástico*) reißen ❸ (*bomba*) explodieren ❹ (*guerra*) ausbrechen ❺ (BOT) ausschlagen ❻ (*onda*) sich brechen

rebento *m* ❶ (BOT) Trieb *m;* **~ de soja** Sojasprosse *f* ❷ (*filho*) Sprössling *m*

rebite *m* Niete *f*

rebocador <-es> *m* (NÁUT) Schlepper *m*

rebocar [ʀəbu'kar] <c→qu> *vt* ❶ (*automóvel*) abschleppen; (*navio*) schleppen ❷ (*parede*) verputzen

reboco *m* Putz *m*

rebolar-se *vr* sich wälzen

reboque [ʀə'bɔkə] *m* ❶ (*método*) Abschleppen *nt;* **levar um carro/navio a ~** ein Auto abschleppen/ein Schiff schleppen ❷ (*veículo*) Abschleppwagen *m;* **chamar o ~** den Abschleppdienst rufen ❸ (*atrelado*) Anhänger *m*

rebordo *m* Rand *m*

rebotalho *m* Ramsch *m*

rebuçado *m* (*portugal*) Bonbon *nt*

rebuliço *m* ❶ (*de pessoas*) Getümmel *nt* ❷ (*desordem*) Wirrwarr *m,* Unordnung *f;* **estar num ~** durcheinanderliegen

rebuscado *adj* (*estilo*) gekünstelt, gesucht

R

recado *m* Nachricht *f;* **dar/deixar um ~ a alguém** jdm eine Nachricht ausrichten/hinterlassen; **quer deixar ~?** wollen Sie eine Nachricht hinterlassen?; (*fig*); **(não) dar conta do ~** seinen Aufgaben (nicht) nachkommen

recaída *f* Rückfall *m;* **ter uma ~** einen Rückfall bekommen

recair *conj como sair vi* ① (*culpa, responsabilidade*) fallen (*sobre* auf) ② (*doente*) einen Rückfall bekommen

recalcamento *m* (PSIC) Verdrängung *f*

recalcar *vt* (PSIC) verdrängen

recambiar *conj como enviar vt* zurückschicken

recanto *m* Winkel *m,* Ecke *f;* (*esconderijo*) Schlupfwinkel *m*

recapitulação <-ões> *f* ① (*repetição*) Wiederholung *f* ② (*sumário*) Zusammenfassung *f*

recapitular *vt* ① (*a matéria*) wiederholen ② (*os factos*) zusammenfassen, rekapitulieren

recarga *f* (*embalagem*) Nachfüllpackung *f;* (*de caneta*) Patrone *f*

recarregar <g→gu> *vt* ① (*pilha, bateria*) aufladen ② (*embalagem*) auffüllen

recarregável <-eis> *adj* ① (*pilha*) aufladbar ② (*embalagem*) nachfüllbar, auffüllbar

recatado *adj* ① (*reservado*) zurückhaltend; (*modesto*) bescheiden ② (*pudico*) züchtig, sittsam

recauchutagem <-ens> *f* (*de pneu*) Runderneuerung *f*

recauchutar *vt* (*pneu*) runderneuern

recear *conj como passear* **I.** *vt* fürchten, befürchten **II.** *vi* sich sorgen (*por* um)

receber [ʀəsə'ber] **I.** *vt* ① (*prenda, ordenado, prémio, carta, elogio, proposta*) erhalten, bekommen ② (*convidados*) empfangen; (*hóspedes*) aufnehmen **II.** *vi* ① (*ordenado*) Lohn erhalten, bezahlt werden ② (*convidados*) Besucher empfangen

recebimento *m* (*brasil*) *v.* **recepção**

receio *m* Misstrauen *nt;* (*temor*) Befürchtung *f;* **ter ~ de alguém/a. c.** jdm/etw nicht trauen

receita [ʀə'seitɐ] *f* ① (CULIN) Rezept *nt* ② (*médica*) Rezept *nt;* **passar uma ~** ein Rezept ausstellen ③ (ECON) Ertrag *m;* **~s** Einnahmen *pl*

receitar [ʀəsei'tar] *vt* verordnen, verschreiben; **~ um medicamento a alguém** jdm ein Medikament verschreiben

recém-casado *adj* frisch verheiratet

recém-chegado, -a **I.** *m, f* Neuankömmling *m* **II.** *adj* neu angekommen (*a* in), soeben eingetroffen (*a* in)

recém-falecido *adj* kürzlich verstorben

recém-licenciado, -a *m, f* Hochschulabgänger(in) *m(f)*

recém-nascido, -a **I.** *m, f* Neugeborene *nt* **II.** *adj* neugeboren

recenseamento *m* ① (*contagem*) Zählung *f;* **~ da população** Volkszählung *f;* **~ eleitoral** Erstellung des Wählerverzeichnisses ② (*inscrição*) Registrierung *f;* **fazer o ~ eleitoral** sich ins Wählerverzeichnis eintragen lassen

recensear *conj como passear* **I.** *vt* zählen; **~ a população** eine Volkszählung durchführen **II.** *vr* sich im Wählerverzeichnis eintragen

recente *adj* ① (*acontecimento, objecto*) neu; **o filme/livro é ~** der Film ist neu/das Buch ist vor kurzem erschienen; **a separação deles ainda é muito ~** sie haben sich erst vor kurzem getrennt ② (*último*) letzte(r, s); **nos anos mais ~s** in den letzten Jahren

recentemente [ʀəsɛ̃ntə'mɛ̃ntə] *adv* kürzlich, vor kurzem

receoso *adj* ängstlich, furchtsam

recepção [ʀəsɜ'sãu] <-ões> *f* ① (*de carta*) Empfang *m;* **acusamos a ~ da vossa carta** wir bestätigen den Eingang Ihres Schreibens ② (*de hotel*) Rezeption *f;* (*de escritório*) Anmeldung *f* ③ (*de pessoas*) Aufnahme *f,* Empfang *m;* **dar uma ~ calorosa a alguém** jdm einen herzlichen Empfang bereiten; **ter uma ~ calorosa** freundlich aufgenommen werden

recepcionista *mf* Empfangschef, Empfangsdame *m, f*

receptáculo *m* ① (*recipiente*) Behälter *m,* Gefäß *nt* ② (BOT) Blütenboden *m*

receptiva *adj f de* **receptivo**

receptividade *f* ① (*para opiniões*) Aufgeschlossenheit *f,* Aufnahmefähigkeit *f* ② (*de espectáculo*) Anklang *m,* Resonanz *f;* **(não) ter muita ~** (keinen) großen Anklang finden

receptivo *adj* empfänglich (*a* für), aufnahmebereit

receptor <-es> *m* (*aparelho*) Empfangsgerät *nt,* Receiver *m*

recessão <-ões> *f* (ECON) Rezession *f*

recheado [ʀə'ʃjadu] *adj* ① (CULIN) gefüllt

(*com* mit) ② (*fig: repleto*) voll (*de* mit), gespickt (*de* mit)

rechear *conj como passear vt* ① (CULIN) füllen (*com* mit) ② (*fig: encher*) spicken (*de* mit); **~ um texto de ironia** einen Text mit ironischen Bemerkungen spicken

recheio *m* ① (CULIN) Füllung *f*, Farce *f* ② (*da casa*) Hausrat *m*

rechonchudo *adj* pausbäckig, pummelig

recibo [Rə'sibu] *m* Quittung *f*, Beleg *m*; **passar um ~** eine Quittung ausstellen

reciclagem <-ens> *f* ① (ECOL) Recycling *nt* ② (*formação*) Fortbildung *f*, Weiterbildung *f*

reciclar *vt* recyceln

reciclável <-eis> *adj* recycelbar

recife *m* Riff *nt*

Recife (*brasil*) Recife (*Hauptstadt des Bundesstaates Pernambuco*)

recifense (*brasil*) **I.** *mf* Einwohner(in) *m(f)* der Stadt Recife **II.** *adj* (*especialidade*) aus Recife; (*instituto*) in Recife

recinto *m* ① (*espaço*) Gelände *nt*; **um ~ fechado** ein geschlossener Raum ② (*de exposições*) Ausstellungsgebäude *nt*; (*de desportos*) Halle *f*; (*de feiras*) Messegelände *nt*

recipiente [Rəsə'pjɛ̃ntə] *m* Gefäß *nt*, Behälter *m*

recíproca *adj f de* **recíproco**

reciprocidade *f* Gegenseitigkeit *f*, Wechselseitigkeit *f*

recíproco *adj* gegenseitig, wechselseitig; **verbo ~** reziprokes Verb; **o sentimento é ~** das beruht auf Gegenseitigkeit

recital <-ais> *m* ① (*de música*) Solokonzert *nt*; **~ de piano** Klavierabend *m* ② (*de poesia*) Dichterlesung *f*

recitar *vt* rezitieren, vortragen

reclamação [Rəklɐmɐ'sãu] <-ões> *f* ① (*queixa*) Beschwerde *f*; (*em restaurante*) Reklamation *f*, Beanstandung *f*; (ECON) Mahnung *f*; **fazer uma ~ a alguém de a. c.** sich bei jdm wegen etw beschweren ② (*reivindicação*) Rückforderung *f* ③ (*protesto*) Einspruch *m*

reclamar [Rəklɐ'mar] **I.** *vt* ① (*reivindicar*) zurückfordern, verlangen ② (*queixar-se de*) beanstanden, reklamieren; **~ a bagagem** das verloren gegangene Gepäck reklamieren **II.** *vi* ① (*protestar*) Einspruch erheben (*contra* gegen) ② (*em restaurante, hotel*) sich beschweren (*de* über)

reclame *m* Reklame *f*, Werbung *f*; **~ luminoso** Leuchtreklame *f*

reclamo *m v.* **reclame**

reclinar-se *vr* sich zurücklehnen

recluso, -a *m, f* Häftling *m*, Gefangene

recobrar *vt* wiederbekommen, zurückbekommen; **~ o ânimo** wieder Mut schöpfen

recolha *f* ① (*de assinaturas, dinheiro, donativos*) Sammeln *nt*; (*de informação*) Einholen *nt*; **~ de dados** Datenerfassung *f* ② (*de lixo*) Müllabfuhr *f* ③ (*transportes públicos*) Depot *nt*

recolher I. *m* **~ obrigatório** Ausgangssperre *f* **II.** *vt* (*informações, opiniões*) einholen; (*dinheiro, assinaturas, donativos*) sammeln; (*dados*) erfassen; (*antena*) einziehen; (*colheita*) einbringen, einholen; (*fruto, azeitona*) pflücken, ernten; (*gado*) in den Stall treiben; (*hospedar*) aufnehmen, unterbringen **III.** *vr* sich zurückziehen

recolhido *adj* (*pessoa*) zurückgezogen lebend; (*lugar*) abgelegen, abgeschieden; **estar ~** ruhen, sich zur Ruhe begeben haben; **ela é uma pessoa recolhida** sie führt ein zurückgezogenes Leben

recolhimento *m* (*espiritual*) Andacht *f*

recomeçar <ç→c> *vi* wieder anfangen

recomeço *m* Wiederanfang *m*, Neuanfang *m*; (*de actividade, conversa*) Wiederaufnahme *f*

recomendação <-ões> *f* ① (*sugestão*) Empfehlung *f*; **por ~ de** auf Empfehlung von ② (*conselho*) Rat *m*; (*advertência*) Hinweis *m*

recomendações *fpl* (*cumprimentos*) Grüße *pl*; **as minhas ~ ao seu marido** grüßen Sie Ihren Mann von mir

recomendar [Rəkumɛ̃n'dar] *vt* empfehlen; **~ a. c. a alguém** jdm etw empfehlen

recomendável <-eis> *adj* empfehlenswert

recompensa *f* Belohnung *f* (*por* für)

recompensar *vt* belohnen (*por* für)

recompor-se *irr como pôr vr* ① (*pessoa*) sich erholen (*de* von) ② (*situação*) sich beruhigen

recomposto *pp de* **recompor**

reconciliação <-ões> *f* Versöhnung *f*

reconciliar *conj como enviar* **I.** *vt* versöhnen, aussöhnen **II.** *vr* sich versöhnen (*com* mit)

recôndito *m* (*fig*) Innerste *nt*

reconduzir *vt* zurückbringen, zurückführen

reconfortante *adj* tröstlich, tröstend

reconfortar *vt* trösten

reconforto *m* Trost *m*

reconhecer <c→ç> *vt* ❶ (*identificar*) erkennen (*por* an); **eu reconheci-o pela voz** ich habe ihn an der Stimme erkannt ❷ (*admitir*) zugestehen; (*erro*) zugeben, einräumen ❸ (*esforço, trabalho, pessoa*) anerkennen ❹ (*uma assinatura*) beglaubigen ❺ (MIL) erkunden, aufklären

reconhecido *adj* ❶ (*grato*) dankbar (*por* für) ❷ (*reputado*) anerkannt; ~ **oficialmente** staatlich anerkannt

reconhecimento *m* ❶ (*de esforço, trabalho*) Anerkennung *f* ❷ (*gratidão*) Dankbarkeit *f* (*por* für) ❸ (*de um erro*) Einsicht *f* ❹ (*de assinatura*) Beglaubigung *f* ❺ (MIL) Erkundung *f,* Aufklärung *f*

reconhecível <-eis> *adj* erkennbar (*por* an)

reconquista *f* (MIL) Rückeroberung *f*

reconquistar *vt* ❶ (MIL) zurückerobern ❷ (*readquirir*) zurückgewinnen, wiedererlangen; ~ **a confiança de alguém** jds Vertrauen zurückgewinnen

reconsiderar **I.** *vt* (*uma decisão*) überdenken; (*um problema*) nachdenken über **II.** *vi* ❶ (*mudar de ideias*) es sich anders überlegen ❷ (*repensar*) es sich noch einmal überlegen

reconstituição <-ões> *f* Rekonstruktion *f*

reconstituir *conj como incluir vt* rekonstruieren; (*cena*) nachstellen

reconstrução <-ões> *f* (*de cidade, monumento*) Wiederaufbau *m;* (*de casa*) Sanierung *f;* **estar em** ~ sich im Wiederaufbau befinden

reconstruir [ʀəkõʃ'trwir] *conj como incluir vt* ❶ (*cidade, monumento*) wieder aufbauen; (*casa*) sanieren ❷ (*a vida*) neu gestalten

recontagem <-ens> *f* Nachzählung *f*

reconvalescença *f* Genesung *f;* **estar em** ~ auf dem Wege der Besserung sein

recordação <-ões> *f* ❶ (*memória*) Erinnerung *f;* **ter boas/más recordações de alguém/a. c.** gute/schlechte Erinnerungen an jdn/etw haben ❷ (*de pessoa*) Andenken *nt;* (*de lugar*) Souvenir *nt;* ~ **do Algarve** Souvenir von der Algarve

recordar **I.** *vt* (*lembrar-se de*) sich erinnern; ~ **alguém/a. c.** sich an jdn/etw erinnern; (*lembrar*) erinnern; ~ **alguém de a. c.** jdn an etw erinnern **II.** *vr* sich erinnern (*de* an)

recorde *m* Rekord *m;* **bater/estabelecer um** ~ einen Rekord brechen/aufstellen

recordista *mf* Rekordhalter(in) *m(f),* Rekordinhaber(in) *m(f);* ~ **mundial** Weltrekordhalter(in) *m(f)*

reco-reco *m* (MÚS) Güiro *m* (*Schrapinstrument aus einem eingekerbten Bambusstab, das mit einem kammartigen Brettchen bespielt wird*)

recorrer *vi* ❶ (DIR) Berufung einlegen (*de* gegen, *a* bei) ❷ (*a métodos, meios*) zurückgreifen (*a* auf); ~ **à justiça** den Rechtsweg beschreiten

recortar **I.** *vt* (*uma figura*) ausschneiden; (*tecido*) zuschneiden **II.** *vr* sich abzeichnen

recorte *m* ❶ (*de jornal*) Ausschnitt *m* ❷ (*para enfeite*) Ausschneidearbeit *f* ❸ (*contorno*) Umriss *m*

recostar-se *vr* sich anlehnen

recreativo *adj* Freizeit ...; **a(c)tividades recreativas** Freizeitaktivitäten *pl;* **associação recreativa** Verein für Freizeitgestaltung

recreio *m* ❶ (*diversão*) Unterhaltung *f* ❷ (*na escola*) Pause *f*

recriar *conj como enviar vt* neu erschaffen

recriminar *vt* (*acusar*) beschuldigen; (*condenar*) verurteilen

recruta **I.** *f* (*instrução*) Grundausbildung *f,* Rekrutenzeit *f* **II.** *mf* (*pessoa*) Rekrut(in) *m(f)*

recrutamento *m* (MIL) Einberufung *f*

recrutar *vt* ❶ (MIL: *instruir*) ausbilden; (*chamar*) einberufen, einziehen ❷ (*pessoas, mão-de-obra*) anwerben, rekrutieren

recta *f* (*portugal*) ❶ (*linha*) Gerade *f* ❷ (*estrada*) gerade Strecke *f*

rectangular <-es> *adj* (*portugal*) rechteckig

rectângulo (*portugal*) **I.** *m* Rechteck *nt* **II.** *adj* rechtwinklig

rectidão *f* (*portugal*) Aufrichtigkeit *f,* Rechtschaffenheit *f*

rectificação <-ões> *f* (*portugal: de um erro*) Berichtigung *f,* Verbesserung *f;* (*de uma afirmação*) Richtigstellung *f;* **fazer uma** ~ etw berichtigen [*o* richtigstellen]

rectificar <c→qu> *vt* (*portugal: um erro*) berichtigen, verbessern; (*uma afirmação*) richtig stellen

recto (*portugal*) **I.** *m* (ANAT) Mastdarm *m* **II.** *adj* ❶ (*linha*) gerade ❷ (*parêntesis*) eckig; **ângulo** ~ rechter Winkel ❸ (*pessoa*) aufrichtig, rechtschaffen

recuar *vi* ❶ (*andando*) zurückgehen ❷ (*exército*) zurückweichen ❸ (*no tempo*) sich zurückversetzen ④ (*hesitar*) zurückweichen (*perante* vor), zurückschrecken (*perante* vor)

recuo *m* ① (*retrocesso*) Rückschritt *m* ② (*diminuição*) Rückgang *m*

recuperação <-ões> *f* ① (*de dinheiro*) Wiederbeschaffung *f*; (*de prestígio*) Wiedererlangung *f* ② (*de quadro, edifício*) Restaurierung *f* ③ (MED) Genesung *f*, Erholung *f*; **estar em fase de ~** auf dem Wege der Besserung sein

recuperador *m* (*de calor*) Abhitzeverwerter *m*

recuperar **I.** *vt* (*reaver*) zurückbekommen, zurückerhalten; (*forças*) zurückgewinnen, wieder erlangen; (*prestígio*) zurückerhalten; **~ os sentidos** wieder zu sich kommen; (*tempo*) nachholen, aufholen; **~ o tempo perdido** die verlorene Zeit aufholen; (*carga, cadáver*) bergen; (*material, quadro, edifício*) restaurieren; (INFOR: *ficheiro*) wiederherstellen **II.** *vi* sich erholen (*de* von)

recurso *m* ① (*acção de recorrer*) Rückgriff *m* (*a* auf), Ergreifen *nt*; **o ~ a medidas drásticas** das Ergreifen drastischer Maßnahmen ② (*meio*) Mittel *nt*; **em último ~** im äußersten Fall ③ (DIR) Berufung *f*; **interpor um ~** Berufung einlegen ④ (*natural*) Ressource *f*

recursos *mpl* (*financeiros*) (finanzielle) Mittel *pl*

recusa *f* ① (*a proposta, convite*) Ablehnung *f*; (*a pedido*) Abweisung *f* ② (*negação*) Weigerung *f*

recusar [Rəku'zar] **I.** *vt* (*proposta, convite*) ablehnen; (*prenda*) zurückweisen; (*pedido*) abschlagen, abweisen **II.** *vr* sich weigern (*a* zu)

redação <-ões> (*brasil*), **redacção** <-ões> *f* (*portugal*) ① (*acção de redigir*) Schreiben *nt*, Verfassen *nt* ② (*composição*) Aufsatz *m*; **fazer/escrever uma ~** einen Aufsatz schreiben ③ (JORN) Redaktion *f*

redactor(a) <-es> (*portugal*), **redator(a)** <-es> *m(f)* (*brasil*) Redakteur(in) *m(f)*

rede ['Redə] *f* ① (INFOR, DESP, ELECTR, TEL: *de pesca, estradas, transportes*) Netz *nt*; **~ de distribuição** Verteilernetz *nt*; **~ de estradas** Straßennetz *nt*; (TEL); **~ fixa** Festnetz *nt*; (TEL); **~ móvel** mobiles Netz; (*telemóvel*); **estar sem ~** keinen Empfang haben ② (*de lojas*) Kette *f*; **uma ~ de supermercados** eine Supermarktkette ③ (*para descansar*) Hängematte *f* ④ (*coloq: do canil*) Hundefänger *m*

rédea *f* Zügel *m*; (*fig*); **tomar as ~s de a. c.** die Zügel in die Hand nehmen; (*fig*); **manter alguém com ~ curta** jdn an der kurzen Leine halten

redemoinho *m* (*na água*) Strudel *m*; (*de ar, no cabelo*) Wirbel *m*

redenção *f* (REL) Erlösung *f*

redigir *vt* verfassen; (JORN) redigieren

redimir **I.** *vt* (REL) erlösen **II.** *vr* sich befreien

redobrado *adj* verdoppelt

redobrar *vt* verdoppeln

redoma *f* Glasglocke *f*; (*fig*); **meter-se numa ~** sich abkapseln

redonda *adj f de* **redondo**

redondamente *adv* ganz und gar, völlig; **estar ~ enganado** sich völlig irren, auf dem Holzweg sein

redondezas *fpl* Umgebung *f*; **nas ~** in der Umgebung

redondo [Rə'dɔ̃ndu] *adj* rund

redor *adv* **ao ~** ringsherum; **em ~ de ...** um ... herum

redução [Rədu'sãu] <-ões> *f* ① (*de quantidade*) Verringerung *f* (*em* um, *para* auf), Reduzierung *f* (*em* um, *para* auf); (*de tamanho*) Verkleinerung *f* (*em* um, *para* auf); (*de tempo*) Verkürzung *f* (*em* um, *para* auf); (*da qualidade*) Verminderung *f*; (*de pessoal*) Abbau *m* ② (*de salário, preço*) Herabsetzung *f* (*em* um, *para* auf), Senkung *f* (*em* um, *para* auf) ③ (*desconto*) Ermäßigung *f*, Rabatt *m*

redundância *f* Redundanz *f*

redundante *adj* überflüssig, redundant

reduzir **I.** *vt* (*em quantidade*) verringern (*em* um, *para* auf), reduzieren (*em* um, *para* auf); (*em tamanho*) verkleinern (*em* um, *para* auf); (*a qualidade*) vermindern; (*pessoal*) abbauen; **~ em/para 10% o número de passageiros** die Anzahl der Passagiere um/auf 10% reduzieren; (*preço, salário*) herabsetzen, senken; (*custos, despesas*) einschränken, senken; (*a velocidade*) verlangsamen, verringern **II.** *vi* (*velocidade*) zurückschalten (*para* in) **III.** *vr* sich beschränken (*a* auf); **~-se ao estritamente necessário** sich auf das Allernötigste beschränken

reedição <-ões> *f* Neuauflage *f*, Neuausgabe *f*

reeditar *vt* neu auflegen, neu herausgeben

reeleger <*pp* reeleito *o* reelegido; g→j> *vt* wiederwählen

reeleição <-ões> *f* Wiederwahl *f*

reeleito *pp de* **reeleger**

reembolsar *vt* ① (*restituir*) zurückzahlen, zurückerstatten; ~ **alguém** jdn auszahlen ② (*reaver*) zurückerhalten, zurückbekommen

reembolso *m* Rückerstattung *f*, Rückzahlung *f*; **contra** ~ gegen Nachnahme

reencarnação <-ões> *f* Reinkarnation *f*

reencarnar *vi* wiedergeboren werden

reencontrar *vt* wieder treffen

reencontro *m* Wiedersehen *nt* (*com* mit); (*oficial*) erneute(s) Treffen *nt*

reequipar *vt* (*fábrica, empresa*) modernisieren; (*escritório, cozinha*) neu ausstatten

reescrever <*pp* reescrito> *vt* neu schreiben

reescrito *pp de* **reescrever**

reestruturar *vt* umstrukturieren, neu strukturieren; (*o governo*) umbilden

ref^a^ *abr de* **referência** Bezug

refastelar-se *vr* sich rekeln, sich lümmeln

refazer *irr como fazer* **I.** *vt* (*a vida*) neu ordnen, neu gestalten; (*um trabalho*) neu machen, noch einmal machen **II.** *vr* sich erholen (*de* von), wieder zu Kräften kommen

refeição [ʀəfei'sãu] <-ões> *f* Mahlzeit *f*; **à** ~ beim Essen

refeito *pp de* **refazer**

refeitório *m* Speisesaal *m*

refém <-éns> *m* Geisel *f*

referência *f* ① (*menção*) Erwähnung *f* ② (*indicação*) Hinweis *m*; (*alusão*) Anspielung *f*; **fazer** ~ **a a. c.** auf etw anspielen ③ (*em texto, livro*) Verweis *m* (*para* auf) ④ (*de carta*) Zeichen *nt*; **com** ~ **a** unter Bezug auf ⑤ (*de produto*) Warennummer *f*, Kennnummer *f*

referências *fpl* (*para emprego*) Referenzen *pl*; **dar** ~ **de alguém** jdm Referenzen ausstellen; **exigem-se** ~ Referenzen erforderlich

referendo *m* Referendum *nt*, Volksabstimmung *f*; **fazer um** ~ ein Referendum durchführen

referente *adj* ~ **a** bezüglich, in Bezug auf

referido *adj* besagt, erwähnt

referir *irr como preferir* **I.** *vt* erwähnen **II.** *vr* ① (*assunto, carta*) sich beziehen (*a* auf); **no que se refere a ...** was ... angeht, in Bezug auf ... ② (*pessoa*) meinen; **eu refiro-me a ele/isto** ich meine ihn/das

refilão, -ona **I.** *m, f* Flegel *m*, Kratzbürste *f* **II.** *adj* ruppig, flegelhaft

refilar *vi* (*portugal*) ruppig sein, bissig sein

refinado *adj* (*fig*) raffiniert; **açúcar** ~ Raffinade *f*

refinaria *f* Raffinerie *f*

reflectir (*portugal*) **I.** *vt irr* ① (*imagem*) spiegeln; (*luz*) reflektieren ② (*fig: revelar*) widerspiegeln **II.** *vi irr* nachdenken (*sobre* über), überlegen **III.** *vr irr* ① (*objecto, imagem*) sich spiegeln (*em* in) ② (*repercutir-se*) sich widerspiegeln (*em* in); **o cansaço refle(c)te-se no trabalho** die Müdigkeit spiegelt sich in der Arbeit wider

reflector <-es> *m* (*portugal*) Reflektor *m*

refletir *irr vt* (*brasil*) *v.* **reflectir**

refletor <-es> *m* (*brasil*) *v.* **reflector**

reflexão <-ões> *f* Überlegung *f* (*sobre* zu)

reflexivo *adj* (LING) reflexiv

reflexo **I.** *m* (*na água, no espelho*) Spiegelung *f*; (*fisiológico*) Reflex *m*; ~ **condicionado** bedingter Reflex; (*luminoso*) Reflex *m*, Widerschein *m*; (*no cabelo*) Strähnchen *nt*; (*fig: repercussão*) Widerspiegelung *f* **II.** *adj* (LING) reflexiv

reflexões *f pl de* **reflexão**

refluxo *m* Rückfluss *m*

refogado *m* (CULIN) Zwiebelschwitze *f*

refogar <g→gu> *vt* ① (*a cebola*) anbraten ② (*carne*) schmoren

reforçar <ç→c> *vt* ① (*construção*) verstärken ② (*vigilância*) verschärfen ③ (*um sentimento*) verstärken; (*uma afirmação*) bekräftigen; (*a segurança*) erhöhen

reforço *m* Verstärkung *f*

reforços *mpl* (*pessoas*) Verstärkung *f*

reforma *f* ① (*modificação*) Reform *f*; ~ **agrária** Landreform *f*; ~ **ortográfica** Rechtschreibreform *f* ② (*portugal: aposentação*) Ruhestand *m*; **estar/entrar na** ~ im Ruhestand sein/in Ruhestand gehen; **dar a** ~ **a alguém** jdn in den Ruhestand versetzen ③ (ARQUIT) Renovierung *f*

Reforma *f* (HIST) Reformation *f*

reformado, -a [ʀəfur'madu] **I.** *m, f* Rentner(in) *m(f)* **II.** *adj* im Ruhestand, pensioniert

reformar **I.** *vt* (*reorganizar*) umgestalten, umändern; (*emendar*) verbessern; (*um funcionário*) in den Ruhestand versetzen, pensionieren; (ARQUIT) renovieren **II.** *vr* in den Ru-

hestand gehen, sich pensionieren lassen
reformatório *m* Erziehungsheim *nt*
refractário *adj* (*portugal*) feuerfest
refrão <-s *o* -ães> *m* Refrain *m*
refratário *adj* (*brasil*) *v.* **refractário**
refreado *adj* gezügelt
refrear *conj como passear* **I.** *vt* zügeln **II.** *vr* sich bremsen, sich zurückhalten
refrescante *adj* erfrischend, frisch
refrescar <c→qu> **I.** *vt* (*ar*) abkühlen; (*corpo*) erfrischen; (*a memória*) auffrischen **II.** *vr* sich erfrischen, sich abkühlen
refresco [ʀəˈfreʃku] *m* Erfrischung *f*
refrigeração *f* Abkühlung *f*, Kühlung *f*
refrigerador <-es> *m* (*brasil*) Kühlschrank *m*
refrigerante **I.** *m* Erfrischungsgetränk *nt* **II.** *adj* erfrischend
refrigerar *vi* abkühlen, kühlen
refugiado, -a *m, f* Flüchtling *m*
refugiar-se *conj como enviar vr* Zuflucht suchen (*em* in)
refúgio *m* ❶ (*fuga*) Flucht *f* (*de* vor) ❷ (*lugar*) Zufluchtsort *m*
refugo *m* Ausschuss *m*
refulgente *adj* leuchtend, strahlend
refutar *vt* (*uma acusação*) zurückweisen; (*um argumento*) widerlegen, entkräften
rega *f* (*portugal*) Bewässerung *f*
regaço *m* Schoß *m*; **no ~** auf dem Schoß
regador <-es> *m* Gießkanne *f*
regalado *adj* zufrieden; **levar uma vida regalada** ein sorgloses Leben führen
regalar-se *vr* sich ergötzen (*com* an), Gefallen finden (*com* an); (*com comida*) sich gütlich tun (*com* an)
regalia *f* Vergünstigung *f*, Vorrecht *nt*
regalo *m* ❶ (*prazer*) Vergnügen *nt*, Genuss *m* ❷ (*comodidade*) Komfort *m*
regar <g→gu> *vt* (*campo*) bewässern; (*jardim, flores*) gießen; (*rua*) sprengen
regata [ʀəˈgatɐ] *f* Regatta *f*
regatear *conj como passear* **I.** *vt* aushandeln **II.** *vi* feilschen, handeln
regateiro, -a **I.** *m, f* Marktschreier(in) *m(f)* **II.** *adj* eitel
regato *m* Rinnsal *nt*
regelado *adj* (*congelado*) erfroren; (*muito frio*) eiskalt, eisig
regência *f* ❶ (LING) Rektion *f* ❷ (*na universidade*) Fachbereichsleitung *f*, Institutsleitung *f*
regeneração *f* Regeneration *f*, Regenerierung *f*
regenerar-se *vr* sich regenerieren
regente *mf* ❶ (*na universidade*) Fachbereichsleiter(in) *m(f)*, Institutsleiter(in) *m(f)* ❷ (*de orquestra*) Dirigent(in) *m(f)*
reger **I.** *vt* (*uma orquestra*) dirigieren; (LING) regieren; (*na universidade*); **~ uma cadeira** einen Fachbereich leiten **II.** *vr* sich richten (*por* nach)
região [ʀəˈʒjãu] <-ões> *f* ❶ (*de país, cidade, do mundo*) Gegend *f*; (*administração*) Region *f*; **~ agrícola** ländliche Gegend; **~ industrial** Industriegebiet *nt* ❷ (*do corpo*) Region *f*
regicídio *m* Königsmord *m*
regime *m* ❶ (POL) Regime *nt* ❷ (*alimentar*) Diät *f*; **fazer ~** Diät halten; **estar de ~** eine Diät machen ❸ (*método, sistema*) System *nt*; **~ de trabalho** Arbeitszeitregelung *f*
regimento *m* (MIL) Regiment *nt*
régio *adj* königlich, Königs ...
regiões *f pl de* **região**
regional <-ais> *adj* regional
regionalismo *m* (POL, LING) Regionalismus *m*
regionalização *f* Regionalisierung *f*
registado *adj* (*esp portugal*) registriert; (*patente*) geschützt; (*carta*) eingeschrieben; **marca registada** eingetragenes Warenzeichen
registadora *f* (*esp portugal: máquina*) Registriergerät *nt*
registar *vt* (*esp portugal*) ❶ (*oficialmente*) eintragen; (*patente*) anmelden; **~ uma casa em seu nome** ein Haus auf seinen Namen eintragen lassen ❷ (*dados*) erfassen; (*quantia*) buchen ❸ (*totobola, totoloto*) annehmen, registrieren ❹ (*na memória*) registrieren, speichern
registo *m* (*esp portugal*) ❶ (*documento*) Register *nt*, Verzeichnis *nt* ❷ (*repartição*) **~ civil** Standesamt *nt*; **~ predial** Grundbuchamt *nt*
registrado *adj* (*brasil*) *v.* **registado**
registradora *f* (*brasil*) *v.* **registadora**
registrar *vt* (*brasil*) *v.* **registar**
registro *m* (*brasil*) *v.* **registo**
regozijar-se *vr* sich freuen (*com* über), jubeln (*com* über)
regozijo *m* Freude *f*, Jubel *m*
regra *f* Regel *f*; **~ geral** in der Regel; **cumprir as ~s** die Regeln befolgen; **estabelecer ~s** Regeln aufstellen; **fugir à ~** von der Regel abweichen; (MAT); **~ de três** Dreisatz *m*
regrado *adj* (*vida*) geordnet

R

regressão <-ões> *f* 1 (ECON) Rückgang *m* 2 (*de doença*) Rückfall *m*

regressar [ʀəgrə'sar] *vi* (*vir*) zurückkehren, zurückkommen; (*ir*) zurückgehen; (*com transporte*) zurückfahren; **~ a casa** heimkehren, nach Hause kommen

regressivo *adj* rückschrittlich; (*brasil*); **contagem regressiva** Countdown *m*

regresso [ʀə'grɜsu] *m* Rückkehr *f;* (*com transporte*) Rückfahrt *f;* **~ a casa** Heimkehr *f*

regressões *f pl de* **regressão**

régua *f* Lineal *nt*

regueifa *f* (CULIN) ringförmige(s) Brot *nt, Brot aus feinem Mehl*

reguila *adj inv* (*portugal: coloq*) trotzig, widerspenstig

regulação <-ões> *f* (*de temperatura, som*) Regulierung *f;* (*de aparelho*) Einstellung *f*

regulador <-es> *m* Regler *m*

regulamentação <-ões> *f* 1 (*regulamentos*) Regelwerk *nt* 2 (*acção de regulamentar*) Regelung *f*

regulamentar **I.** *vt* (gesetzlich) regeln **II.** *adj* vorschriftsmäßig

regulamento *m* Regelung *f,* Vorschrift *f;* **~s** Satzung *f*

regular [ʀəgu'lar] **I.** *vt* 1 (*temperatura, som*) regeln, regulieren 2 (*aparelho*) einstellen 3 (*trânsito*) regeln **II.** *vi* (*coloq: pessoa, cabeça*) arbeiten, funktionieren; **ele não regula bem** er tickt nicht richtig **III.** *vr* sich richten (*por* nach) **IV.** *adj* 1 (*ritmo, verbo*) regelmäßig 2 (*médio*) durchschnittlich 3 (*habitual*) regulär 4 (*pontual*) pünktlich

regularidade [ʀəgulɐri'dadə] *f* Regelmäßigkeit *f;* **com ~** regelmäßig

regularização <-ões> *f* Regelung *f*

regularizar **I.** *vt* regeln, in Ordnung bringen **II.** *vr* sich regeln

regularmente [ʀəgular'mɛ̃ntə] *adv* regelmäßig

regulável <-eis> *adj* verstellbar

rei *m* König *m;* **sem ~ nem roque** wirr, durcheinander; **trazer o ~ na barriga** sehr eingebildet sein

reinação *f* (*coloq*) Spaß *m,* Gaudi *f*

reinado *m* Herrschaft *f,* Regierungszeit *f*

reinar *vi* 1 (*rei*) herrschen, regieren 2 (*haver*) herrschen; **reinava uma grande confusão** es herrschte ein großes Durcheinander 3 (*coloq: brincar*) Spaß machen

reincidência *f* (DIR) Rückfall *m*

reincidente *adj* (DIR) rückfällig

reincidir *vi* (DIR) rückfällig werden

reineta *f* (*maçã*) Renette *f*

reino *m* Königreich *nt;* **~ animal** Tierreich *nt;* **Reino Unido** Vereinigtes Königreich; **~ vegetal** Pflanzenreich *nt*

reintegrar **I.** *vt* wieder eingliedern; **~ na sociedade** resozialisieren **II.** *vr* sich wieder eingliedern

reiterado *adj* wiederholt

reiterar *vt* 1 (*repetir*) wiederholen 2 (*confirmar*) bestätigen

reitor(a) <-es> *m(f)* Rektor(in) *m(f)*

reitoria *f* Rektorat *nt*

reivindicação <-ões> *f* (*de direitos*) Forderung *f*

reivindicar <c→qu> *vt* (*bem*) zurückfordern, Anspruch erheben auf; (*direitos*) fordern

rejeição <-ões> *f* 1 (*de pessoa*) Zurückweisung *f* 2 (*de convite, proposta*) Ablehnung *f;* (*de requerimento*) Abweisung *f* 3 (MED) Abstoßen *nt*

rejeitar *vt* 1 (*uma pessoa*) abweisen 2 (*convite, proposta*) ablehnen; (*ideia, plano*) verwerfen; (*requerimento*) abweisen 3 (MED: *órgão*) abstoßen

rejuvenescer <c→ç> *vi* (*pessoa*) sich verjüngen, jünger aussehen; (*pele*) wieder jung werden, straff werden

rela *f* 1 (*para pássaros*) Vogelfalle *f* 2 (ZOOL) Laubfrosch *m*

relação [ʀəlɐ'sãu] <-ões> *f* 1 (*entre pessoas*) Beziehung *f,* Verhältnis *nt;* **~ amorosa** Liebesbeziehung *f;* **ter uma boa ~ com alguém** ein gutes Verhältnis zu jdm haben; **estar de relações cortadas com alguém** die Beziehungen zu jdm abgebrochen haben 2 (*entre factos, acontecimentos*) Zusammenhang *m;* **há uma ~ entre os dois crimes** es besteht ein Zusammenhang zwischen den beiden Verbrechen; **em ~ a ele/isso, gostaria de dizer que ...** zu ihm/in Bezug darauf möchte ich sagen, dass ...; **estabelecer uma ~ entre a. c.** einen Zusammenhang zwischen etw herstellen; **dar a sua opinião em ~ a a. c.** sich zu etw äußern 3 (*lista*) Aufstellung *f,* Verzeichnis *nt* 4 (*proporção*) Verhältnis *nt;* **uma ~ de dez para um** ein Verhältnis von zehn zu eins; **em ~ ao preço** im Verhältnis zum Preis

relacionado *adj* **estar ~ com a. c.** sich auf

etw beziehen, in Beziehung zu etw stehen; ~ **com a profissão** berufsbezogen

relacionamento *m* Verhältnis *nt*

relacionar **I.** *vt* (*factos, acontecimentos*) in Beziehung setzen (*com* zu), in Zusammenhang bringen (*com* mit) **II.** *vr* ❶ (*pessoa*) verkehren (*com* mit), Umgang haben (*com* mit) ❷ (*facto*) in Zusammenhang stehen (*com* mit)

relações *fpl* ❶ (*conhecimentos*) Beziehungen *pl* ❷ (*sexuais*) Geschlechtsverkehr *m*; **ter ~ com alguém** ein Verhältnis mit jdm haben *pl*

relâmpago [ʀəˈlɐ̃mpɐgu] *m* Blitz *m*

relampejar *vi impess* blitzen

relance *adv* **de ~** kurz; **olhar para alguém/a. c. de ~** einen raschen Blick auf jdn/etw werfen

relatar *vt* berichten, schildern

relativa *adj f de* **relativo**

relativamente *adv* ❶ (*em proporção*) relativ, verhältnismäßig; **a prova foi ~ difícil** die Prüfung war relativ schwer ❷ (*com referência*) bezüglich; **~ a alguém/a. c.** was jdn/etw betrifft

relatividade *f* Relativität *f*

relativo *adj* ❶ (*em proporção*) relativ; **com relativa frequência** relativ oft; **isso é ~** das ist relativ ❷ (*referente*) betreffend; **este documento é ~ ao mês passado** diese Unterlagen beziehen sich auf letzten Monat

relato *m* Bericht *m*, Schilderung *f*; (DESP) Spielbericht *m*

relatório *m* Bericht *m*; **apresentar um ~ a alguém sobre a. c.** jdm einen Bericht über etw vorlegen

relaxado *adj* ❶ (*pessoa, músculo*) entspannt ❷ (*vida*) locker ❸ (*desleixado*) nachlässig

relaxamento *m* Entspannung *f*

relaxante **I.** *m* (FARM) Relaxans *nt* **II.** *adj* entspannend

relaxar **I.** *vt* lockern, entspannen **II.** *vi* entspannen

relé *m* (ELECTR) Relais *nt*

relembrar *vt* ❶ (*acontecimento*) ins Gedächtnis zurückrufen, in Erinnerung bringen ❷ (*pessoa*) erinnern; **~ alguém de a. c.** jdn an etw erinnern

relento *adv* **ao ~** unter freiem Himmel

reler *irr como ler vt* noch einmal lesen

reles *adj inv* (*coloq: pessoa*) ordinär; (*filme, música, comida*) mies; (*restaurante*) schäbig

relevância *f* Bedeutung *f*; **ter/não ter ~** von Bedeutung sein/keine Bedeutung haben

relevante *adj* wichtig, bedeutend

relevar *vt* vergeben, verzeihen

relevo *m* Relief *nt*; **pôr a. c. em ~** etw hervorheben

religião [ʀələˈʒjɐ̃u] <-ões> *f* Religion *f*

religiosa *f de* **religioso**

religiosidade *f* Religiosität *f*, Frömmigkeit *f*

religioso, -a **I.** *m, f* Mönch *m*, Nonne *f* **II.** *adj* religiös

relinchar *vi* wiehern

relíquia *f* (REL) Reliquie *f*

relógio [ʀəˈlɔʒju] *m* Uhr *f*; **~ de bolso** Taschenuhr *f*; **~ de cuco** Kuckucksuhr *f*; **~ de parede** Wanduhr *f*; **~ de ponto** Stechuhr *f*; **~ de pulso** Armbanduhr *f*; **~ de sol** Sonnenuhr *f*; **dar corda ao ~** die Uhr aufziehen; **acertar o ~** die Uhr stellen; **adiantar/atrasar o ~** die Uhr vorstellen/zurückstellen; **o ~ está atrasado/adiantado** die Uhr geht nach/vor; **o ~ está certo** die Uhr geht richtig

relógio-despertador <relógios-despertadores> *m* Wecker *m*

relojoaria *f* Uhrengeschäft *nt*

relojoeiro, -a [ʀəluˈʒweiru] *m, f* Uhrmacher(in) *m(f)*

relutância *f* Widerwille *m*; **fazer a. c. com ~** etw widerwillig machen

relutante *adj* widerwillig, widerstrebend

reluzente *adj* glänzend

reluzir *vi* (*móvel, superfície*) glänzen; (*estrela*) leuchten

relva [ˈʀɜlvɐ] *f* (*portugal*) Rasen *m*

relvado [ʀɜlˈvadu] *m* Rasen *m*; (FUT); **campo** *m* **de ~** Rasenplatz *m*

remador(a) <-es> *m(f)* Ruderer, Ruderin *m, f*

remar [ʀəˈmar] *vi* rudern; (*fig*); **~ contra a maré** gegen den Strom schwimmen

rematar **I.** *vt* ❶ (*concluir*) beenden, abschließen ❷ (*costura*) vernähen **II.** *vi* ❶ (*concluir*) enden; **para ~, gostaria de dizer que ...** abschließend möchte ich sagen, dass ... ❷ (DESP) schießen; **~ à baliza** auf das Tor schießen

remate *m* ❶ (*conclusão*) Ende *nt*, Abschluss *m* ❷ (*ponto de costura*) letzte(r) Stich *m*; (*borda*) Saum *m* ❸ (DESP) Torschuss *m*

remedeio *m* (*coloq*) Mittel *nt*, Ausweg *m*

remediado *adj* (*pessoa*) nicht unbemittelt;

R

ser ~ sein Auskommen haben

remediar *irr como odiar* **I.** *vt* (*uma situação*) in Ordnung bringen (*com* durch); (*um erro, problema*) beheben **II.** *vr* ❶ (*arranjar-se*) sich behelfen (*com* mit) ❷ (*financeiramente*) zurechtkommen

remédio [ʀə'mɜdju] *m* ❶ (*medicamento*) Heilmittel *nt;* ~ **caseiro** Hausmittel *nt;* **tomar um** ~ ein Medikament nehmen ❷ (*para situação*) Abhilfe *f,* Ausweg *m;* **que ~!** da kann man nichts machen!; **ele já não tem** ~ ihm ist nicht mehr zu helfen; **isto já não tem** ~ da ist nichts zu machen

remela *f* Schlaf *m* (im Auge)

remeloso *adj* (*olho*) voller Schlaf; (*pessoa*) mit Schlaf in den Augen

remendão, -ona *m, f* (*pej*) Pfuscher(in) *m(f),* Stümper(in) *m(f)*

remendar *vt* (*pneu, roupa*) flicken, ausbessern

remendo *m* Flicken *m*

remessa *f* (*envio*) Sendung *f;* (*entrega*) Lieferung *f*

remetente [ʀəmə'tɛ̃ntə] *mf* Absender(in) *m(f)*

remeter [ʀəmə'ter] **I.** *vt* senden, übersenden **II.** *vi* verweisen (*para* auf)

remexer *vt* wühlen in, kramen in

reminiscência *f* Erinnerung *f*

remissão <-ões> *f* ❶ (REL) Vergebung *f* ❷ (*referência*) Verweis *m* (*para* auf) ❸ (*doença*) vorübergehende(s) Nachlassen *nt,* kurzzeitige Besserung *f*

remo ['ʀemu] *m* Ruder *nt*

remoção <-ões> *f* (*eliminação*) Beseitigung *f;* (*extracção*) Entfernung *f;* ~ **do lixo** Abfallbeseitigung *f*

remodelação <-ões> *f* ❶ (*de sistema*) Umgestaltung *f;* (*de governo*) Umbildung *f* ❷ (*de edifício, casa*) Umbau *m*

remodelar *vt* ❶ (*sistema*) umgestalten; ~ **o governo** die Regierung umbilden ❷ (*edifício, casa*) umbauen

remoer *conj como roer vt* (*fig*) wiederkäuen, herumreiten auf

remoinho *m* (*na água*) Strudel *m;* (*de ar, cabelo*) Wirbel *m*

remolada *f* (CULIN) Remoulade *f*

remontar *vi* zurückgehen (*a* auf)

remorsos *mpl* Gewissensbisse *pl;* **ter/sentir ~s por a. c.** wegen etw Gewissensbisse haben

remoto *adj* ❶ (*no espaço*) weit entfernt, fern ❷ (*no tempo*) weit zurückliegend

remover *vt* ❶ (*eliminar*) beseitigen; (*retirar*) entfernen, wegräumen; ~ **um obstáculo** ein Hindernis beseitigen ❷ (*deslocar*) verschieben

removível <-eis> *adj* entfernbar

remuneração <-ões> *f* Vergütung *f,* Bezahlung *f*

remunerar *vt* ❶ (*o trabalho*) vergüten, bezahlen ❷ (*a pessoa*) bezahlen (*por* für)

rena *f* Rentier *nt,* Ren *nt*

renal <-ais> *adj* Nieren ...

Renânia *f* Rheinland *nt;* ~ **do Norte-Vestefália** Nordrhein-Westfalen *nt*

Renânia-Palatinado *f* Rheinland-Pfalz *nt*

renano *adj* ❶ (*da Renânia*) rheinländisch ❷ (*do Reno*) rheinisch

Renascença [ʀənɐʃ'sɛ̃sɐ] *f* (HIST) Renaissance *f*

renascentista *adj* Renaissance ...

renascer <c→ç> *vi* (*fig: pessoa, interesse*) wieder aufleben

renascimento *m* (*fig*) Aufleben *nt,* Wiederaufleben *nt*

Renascimento [ʀənɐʃsi'mɛ̃ntu] *m* (HIST) Renaissance *f*

renda ['ʀɛ̃ndɐ] *f* ❶ (*em vestuário*) Spitze *f;* (*croché*) Häkelarbeit *f;* **fazer** ~ häkeln ❷ (*portugal: da casa*) Miete *f;* **pagar a** ~ die Miete bezahlen ❸ (*brasil: rendimento*) Einkommen *nt*

rendado *adj* spitzenbesetzt

render **I.** *m* ~ **da guarda** Wachablösung *f* **II.** *vt* (*dinheiro*) einbringen; (*juros*) bringen; (*lucro*) abwerfen; (*máquina, motor*) leisten; (*a guarda*) ablösen; (*prestar*); ~ **homenagem a alguém** jdn ehren **III.** *vi* (*negócio*) Gewinn abwerfen; (*tempo*) produktiv sein; (*trabalho*); **umas vezes o tempo rende, outras não** manchmal komme ich gut mit der Arbeit vorwärts, manchmal nicht; **o dia hoje não rendeu** der heutige Tag war wenig produktiv; (*dinheiro*) Zinsen abwerfen **IV.** *vr* (MIL) sich ergeben, kapitulieren (*a* vor)

rendição <-ões> *f* (*entrega*) Übergabe *f;* (*capitulação*) Kapitulation *f*

rendimento *m* ❶ (*financeiro*) Einkünfte *pl;* (*nacional*) Einnahmen *pl;* ~ **anual** Jahreseinkommen *nt;* ~ **familiar** Gesamteinkünfte eines Haushaltes; ~ **líquido** Nettoeinkommen *nt;* ~ **mínimo** (**garantido**) (*portugal*)

Sozialhilfe *f* ② (*de máquina, motor*) Leistung *f*, Leistungsfähigkeit *f* ③ (*de trabalhador*) Arbeitsleistung *f*; **dar ~** leistungsfähig sein

renegado *adj* (REL) abtrünnig

renegar <g→gu> *vt* ① (*uma pessoa, as convicções*) verleugnen; (*o passado*) leugnen ② (REL) abschwören, sich lossagen von

renhido *adj* heftig

renitente *adj* widerspenstig, renitent

Reno *m* Rhein *m*

renomado *adj* (*brasil*) angesehen, renommiert

renome *m* (guter) Ruf *m*; (*fama*) Ruhm *m*; **de ~** angesehen

renovação <-ões> *f* ① (*de contrato*) Erneuerung *f*; (*de documento*) Verlängerung *f* ② (*de casa*) Renovierung *f* ③ (*de ar*) Luftzirkulation *f*, Sauerstoffzufuhr *f*

renovar *vt* ① (*contrato*) erneuern; **~ o bilhete de identidade** den Personalausweis verlängern ② (*casa*) renovieren ③ (*ar*) austauschen

rentabilidade *f* Wirtschaftlichkeit *f*, Rentabilität *f*

rentável <-eis> *adj* rentabel

rente **I.** *adj* sehr kurz **II.** *adv* dicht an; **~ ao chão/muro** dicht am Boden/an der Mauer

renúncia *f* Verzicht *m* (*a* auf)

renunciar *conj como enviar vi* verzichten (*a* auf); (*a um cargo*) niederlegen; (*à religião*) aufgeben

reocupação <-ões> *f* (MIL) Wiederbesetzung *f*

reocupar *vt* (MIL) wieder besetzen, wieder einnehmen

reorganização <-ões> *f* (*de sistema*) Neugestaltung *f*, Umgestaltung *f*; (*de documentos*) Neuordnung *f*

reorganizar *vt* (*sistema, a vida*) neu gestalten, umgestalten; (*documentos*) neu ordnen

reóstato *m* (ELECTR) Rheostat *m*, Regelwiderstand *m*

repa *f* Pony *m*

reparação <-ões> *f* ① (*de aparelho, automóvel*) Reparatur *f*; (*de casa*) Instandsetzung *f* ② (*de erro*) Wiedergutmachung *f*; (*de situação*) Bereinigung *f*

reparar [Rəpɐ'rar] **I.** *vt* (*aparelho, automóvel*) reparieren; (*casa*) instand setzen; (*erro*) wiedergutmachen; (*situação*) bereinigen, in Ordnung bringen, zurechtrücken, einrenken **II.** *vi* bemerken; **repara!** sieh mal!; **~ em alguém/a. c.** jdn/etw bemerken; **não repare na desarrumação!** achten Sie nicht auf die Unordnung!

reparo *m* (*comentário*) Bemerkung *f*; (*crítica*) kritische Bemerkung *f*, Einwand *m*; **fazer um ~** eine Bemerkung machen

repartição <-ões> *f* Dienststelle *f*, Amt *nt*; **~ de Finanças** Finanzamt *nt*

repartir *vt* ① (*partilhar*) teilen (*com* mit) ② (*dividir*) aufteilen (*em* in), einteilen (*em* in) ③ (*distribuir*) verteilen (*por* unter); (*custos*) umlegen; (*lucros*) aufteilen

repatriar *conj como enviar vt* in die Heimat zurückschicken; (DIR, POL) repatriieren

repelente **I.** *m* Insektenschutzmittel *nt* **II.** *adj* abstoßend

repelir *irr como preferir vt* ① (*um golpe*) abwehren ② (*uma pessoa*) abstoßen, abweisen

repenicado *adj* schrill

repensar **I.** *vt* überdenken **II.** *vi* noch einmal nachdenken

repente [Rə'pɛ̃ntə] *m* ① (*movimento*) plötzliche Bewegung *f*; (*ideia*) Einfall *m*; (*ímpeto*) Ausbruch *m*; **de ~** plötzlich ② (MÚS: *canto improvisado*) (*besonders im Nordosten Brasiliens beliebter traditioneller Gesang mit improvisierten Liedtexten*)

repentina *adj f de* **repentino**

repentinamente *adv* plötzlich

repentino *adj* plötzlich

repercussão <-ões> *f* ① (*de som*) Widerhall *m* ② (*efeito*) Auswirkung *f*, Rückwirkung *f*; **isso tem repercussões na vida profissional** das hat Auswirkungen auf das Berufsleben

repercutir **I.** *vt* (*som*) zurückwerfen **II.** *vr* ① (*som*) widerhallen ② (*ter efeito*) sich auswirken (*em* auf), rückwirken (*em* auf); **a instabilidade económica repercute-se na vida dos cidadãos** die Wirtschaftsschwäche wirkt sich auf das Leben der Bürger aus

repertório *m* Repertoire *nt*

repescagem <-ens> *f* **prova de ~** Wiederholungsprüfung *f*

repetente **I.** *mf* Wiederholer(in) *m(f)*, Sitzenbleiber(in) *m(f)* **II.** *adj* sitzen geblieben, durchgefallen

repetição <-ões> *f* Wiederholung *f*

repetidamente *adv* mehrmals, wiederholt

repetir [Rəpə'tir] *irr como preferir* **I.** *vt* wiederholen **II.** *vi* (*à refeição*) noch eine Portion

R

essen, nachnehmen **III.** *vr* (*pessoa, situação*) sich wiederholen

repetitivo *adj* (*discurso, texto*) mit vielen Wiederholungen; **ele é ~** er wiederholt sich ständig; **a conversa é repetitiva** das Gespräch dreht sich im Kreis

repicar <c→qu> *vi* läuten

repique *m* Glockenläuten *nt*

repisar *vt* (*fig*) immer wieder zurückkommen auf, immer wieder zur Sprache bringen, herumreiten auf

repleto *adj* voll (*de* mit), überfüllt (*de* mit)

réplica *f* ① (*cópia*) Replik *f;* (*de avião*) Modell *nt,* Nachbildung *f* ② (*de sismo*) Nachbeben *nt* ③ (*resposta*) Erwiderung *f,* Entgegnung *f*

replicar <c→qu> *vi* entgegnen, erwidern

repolho *m* Kohlkopf *m,* Kohl *m*

repor *irr como pôr* **I.** *vt* (*voltar a pôr*) wieder hinlegen, wieder hinstellen; (*dinheiro*) zurückerstatten, zurückzahlen **II.** *vr* sich erholen (*de* von)

reportagem <-ens> *f* Reportage *f* (*sobre* über), Bericht *m* (*sobre* über)

reportar-se *vr* sich beziehen (*a* auf)

repórter <-es> *mf* Reporter(in) *m(f),* Berichterstatter(in) *m(f);* ~ **fotográfico** Bildreporter *m*

reposição <-ões> *f* Rückerstattung *f,* Rückzahlung *f*

reposteiro *m* Vorhang *m*

reposto *pp de* **repor**

repousado *adj* ruhig, gelassen

repousar *vi* ① (*pessoa*) sich ausruhen ② (*massa*) ruhen

repouso [ʀə'pozu] *m* Erholung *f,* Ruhe *f*

repreender *vt* tadeln, zurechtweisen

repreensão <-ões> *f* Tadel *m,* Rüge *f*

repreensível <-eis> *adj* tadelnswert

repreensivo *adj* vorwurfsvoll

repreensões *f pl de* **repreensão**

represa *f* Staudamm *m,* Stauwehr *nt*

represálias *fpl* Repressalien *pl*

representação [ʀəprəzẽntɐ'sãu] <-ões> *f* ① (*de pessoa*) Vertretung *f,* Stellvertretung *f;* ~ **diplomática** diplomatische Vertretung; **ir/estar em ~ de alguém** stellvertretend für jdn gehen/da sein ② (*reprodução*) Darstellung *f* ③ (*teatral*) Aufführung *f,* Vorstellung *f*

representante *mf* (*de pessoa*) Vertreter(in) *m(f),* Stellvertreter(in) *m(f);* (*de empresa*) Repräsentant(in) *m(f);* ~ **autorizado** Markenfachgeschäft *nt;* ~ **diplomático** diplomatischer Vertreter

representar *vt* ① (*uma pessoa, empresa*) vertreten; ~ **alguém em tribunal** jdn vor Gericht vertreten ② (*reproduzir*) darstellen; **o quadro representa a sociedade da altura** das Bild stellt die Gesellschaft der damaligen Zeit dar ③ (*significar*) bedeuten; **esta descoberta representa um grande avanço** diese Entdeckung bedeutet einen großen Fortschritt ④ (*peça teatral*) aufführen

representativo *adj* repräsentativ (*de* für)

repressão <-ões> *f* Unterdrückung *f*

repressivo *adj* unterdrückend, repressiv

repressões *f pl de* **repressão**

reprimenda *f* Verweis *m,* Rüge *f;* **dar uma ~ a alguém** jdm eine Rüge erteilen

reprimir **I.** *vt* (*pessoas, sentimentos*) unterdrücken **II.** *vr* sich zurückhalten, sich beherrschen

reprodução <-ões> *f* ① (*de som, história*) Wiedergabe *f;* (*de imagem*) Reproduktion *f;* (*de livro*) Nachdruck *m;* (*de estátua*) Nachbildung *f* ② (BIOL) Fortpflanzung *f*

reprodutor <-es> *adj* (BIOL) Fortpflanzungs ...; **aparelho ~** Fortpflanzungsorgane

reproduzir **I.** *vt* ① (*som, uma história*) wiedergeben; (*imagem*) reproduzieren; (*objectos*) abbilden ② (*multiplicar*) vermehren **II.** *vr* ① (BIOL) sich fortpflanzen ② (*multiplicar-se*) zunehmen, sich vermehren

reprovação <-ões> *f* ① (*de requerimento, lei*) Ablehnung *f* ② (*de atitude*) Missbilligung *f* ③ (*em exame*) Durchfallen *nt;* (*de ano*) Nichtbestehen *nt*

reprovado *adj* ① (*pedido, requerimento*) abgelehnt, abgewiesen ② (*aluno*) durchgefallen; **ficar ~ no exame** in der Prüfung durchfallen

reprovador <-es> *adj* vorwurfsvoll, missbilligend

reprovar **I.** *vt* (*requerimento, lei*) ablehnen; (*atitude*) missbilligen, verurteilen; (*aluno*) durchfallen lassen **II.** *vi* durchfallen

reprovável <-eis> *adj* tadelnswert, verwerflich

réptil <-eis> *m* Reptil *nt,* Kriechtier *nt*

república [ʀɜ'publikɐ] *f* ① (POL) Republik *f;* ~ **popular** Volksrepublik *f* ② (*casa*) Wohngemeinschaft *f* ③ (*brasil: residência universitária*) Studentenwohnheim *nt*

republicano, -a I. *m, f* Republikaner(in) *m(f)* II. *adj* republikanisch
repudiar *conj como enviar vt* verwerfen, ablehnen
repúdio *m* Ablehnung *f*
repugnância *f* Abneigung *f*, Abscheu *m*
repugnante *adj* widerlich, ekelhaft
repugnar *vi* anekeln, anwidern; **isso repugna-me** das ekelt mich an
repulsa *f* Ekel *m*, Abscheu *m*; **causar ~ a alguém** jdn abstoßen
repulsivo *adj* abstoßend, widerlich
reputação <-ões> *f* Ruf *m*, Ansehen *nt*; **ter uma boa/má ~** einen guten/schlechten Ruf haben
reputado *adj* angesehen
repuxar *vi* (*tecido, roupa*) sich zusammenziehen
repuxo *m* Wasserstrahl *m*; (*chafariz*) Fontäne *f*
requeijão [rəkei'ʒãu] <-ões> *m* Quark *m*; (*österr*) Topfen *m*
requentado *adj* aufgewärmt
requentar *vt* aufwärmen
requerente *mf* Antragsteller(in) *m(f)*
requerer *irr como querer vt* ❶ (*com requerimento*) beantragen ❷ (*exigir*) erfordern, verlangen; (*tempo*) beanspruchen; **isso requer muito esforço** das erfordert große Anstrengungen
requerimento *m* Antrag *m*; **fazer um ~ a alguém** einen Antrag bei jdm stellen
réquiem *m* Requiem *nt*
requintado *adj* (*pessoa*) vornehm; (*gosto, ambiente*) erlesen; (*decoração*) ausgesucht, raffiniert
requinte *m* Feinheit *f*, Erlesenheit *f*; **roupa com ~** feine/erlesene Kleidung; **fazer a. c. com ~** etw mit Stil machen
requisição <-ões> *f* Antrag *m*, Antragsformular *nt*; **preencher uma ~** einen Antrag ausfüllen
requisitar *vt* ❶ (*solicitar*) anfordern, bitten um; (*material*) beantragen ❷ (*em biblioteca*) ausleihen
requisito *m* Anforderung *f*; **preencher os ~s** die Anforderungen erfüllen
rês *f* Vieh *nt*
rescaldo *m* ❶ (*de incêndio*) glühende Asche *f*, Glut *f*; **estar em fase de ~** glühen ❷ (*de acontecimento*) unmittelbare Zeit *f* nach, Folgezeit *f*; **no ~ da guerra** in der Nachkriegszeit
rescindir *vt* (*contrato*) aufheben, für ungültig erklären
rescisão <-ões> *f* (*de contrato*) Aufhebung *f*, Kündigung *f*
rés-do-chão *m inv* (*portugal*) Erdgeschoss *nt*, Parterre *nt*; **no ~** im Erdgeschoss
reserva [ʀə'zɜrvɐ] *f* ❶ (*de material, alimentos*) Vorrat *m*, Reserve *f*; (*de dinheiro*) Rücklagen *pl* ❷ (FUT) Auswechselspieler *m*; **banco** *m* **de ~s** Ersatzbank *f*; **ter a. c. de ~** etw vorrätig haben ❸ (*de mesa, quarto*) Reservierung *f*; (*de bilhetes*) Vorbestellung *f*; **fazer uma ~ num restaurante/hotel** einen Tisch/ein Zimmer reservieren ❹ (*restrição*) Vorbehalt *m*; **ter ~s em relação a a. c.** Vorbehalte gegen etw haben; **sem ~s** ohne Vorbehalte ❺ (MIL) Reserve *f*; **passar à ~** zur Reserve abgestellt werden ❻ (GEOL) Reservat *nt*; **~ natural** Naturschutzgebiet *nt* ❼ (*discrição*) Zurückhaltung *f* ❽ (*de vinho*) Auslese *f*
reservado *adj* ❶ (*mesa, quarto, lugar*) reserviert ❷ (*pessoa*) zurückhaltend, reserviert ❸ (*tarefa, decisão*) vorbehalten; **estar ~ a alguém** jdm vorbehalten sein; **~ o direito de admissão** Hausrecht vorbehalten
reservar [ʀəzər'var] I. *vt* (*mesa, quarto*) reservieren, bestellen; (*viagem*) buchen; (*lugar*) belegen; (*bilhetes*) vorbestellen; (*tarefa*) zurückbehalten (*para* für), aufheben (*para* für) II. *vr* **~-se o direito de fazer a. c.** sich *dat* das Recht vorbehalten etw zu tun
reservatório *m* Speicher *m*
resfriado [ʀes'frjadu] I. *m* (*esp brasil*) Erkältung *f*; **apanhar um ~** sich *dat* eine Erkältung holen II. *adj* erkältet
resfriar *conj como enviar* I. *vt* (*água, alimento*) abkühlen; (*pessoa*) sich beruhigen II. *vr* **~-se** to catch cold
resgatar *vt* ❶ (*hipoteca*) abtragen, tilgen; (*dívida*) begleichen ❷ (*refém, prisioneiro*) auslösen; (*com dinheiro*) freikaufen
resgate *m* ❶ (*de hipoteca, dívida*) Tilgung *f* ❷ (*de refém, prisioneiro*) Befreiung *f* ❸ (*dinheiro*) Lösegeld *nt*
resguardar-se *vr* sich hüten (*de* vor)
resguardo *m* Schutz *m*
residência *f* ❶ (*morada*) Wohnsitz *m* ❷ (POL) Residenz *f* ❸ (*moradia*) Wohnhaus *nt*; **~ universitária** Studentenwohnheim *m*
residencial <-ais> *f* Pension *f* garni

R

residente *adj* wohnhaft (*em* in), ansässig (*em* in)

residir *vi* ① (*pessoa*) wohnen, ansässig sein ② (*problema*) bestehen (*em* in)

residual <-ais> *adj* Abfall ...

resíduo *m* ① (QUÍM) Rückstand *m* ② (*lixo*) Abfall *m;* **~s industriais** Industrieabfälle *pl;* **~s tóxicos** Giftmüll *m,* Sondermüll *m*

resignação *f* Resignation *f*

resignado *adj* resigniert (*com* angesichts)

resignar-se *vr* resignieren (*com* angesichts), sich abfinden (*com* mit)

resina *f* Harz *nt*

resinoso *adj* harzig

resistência *f* ① (*renitência*) Widerstand *m* (*a* gegen); **oferecer ~** Widerstand leisten ② (*de máquina, material*) Haltbarkeit *f,* Widerstandsfähigkeit *f* ③ (*física*) Ausdauer *f* ④ (ELECTR, FÍS) Widerstand *m*

Resistência *f* (POL) Widerstand *m* (*contra* gegen)

resistente [Rəziʃ'tẽntə] *adj* (*pessoa*) zäh; (*material, aparelho*) haltbar, widerstandsfähig (*a* gegen)

resistir *vi* ① (*opor-se*) sich widersetzen, Widerstand leisten; **~ a alguém/a. c.** sich jdm/etw widersetzen ② (*aguentar*) **~ a a. c.** etw aushalten, etw ertragen; (*a Inverno, doença*) etw überstehen; (*material*) etw aushalten, gegen etw beständig sein; **~ ao calor/frio** hitzebeständig/kältebeständig sein; **ele não resistiu ao choque** er hat dem Aufprall nicht standgehalten ③ (*tentação*) widerstehen; **ela não resiste a uma boa sobremesa** einem guten Nachtisch kann sie nicht widerstehen

resma *f* (*de papel*) 500 Blatt

resmungão, -ona <-ões, -onas> **I.** *m, f* Nörgler(in) *m(f)* **II.** *adj* nörgelig

resmungar <g→gu> *vi* nörgeln; (*criança*) quengeln; **~ com alguém** an jdm herumnörgeln

resmungões *m pl de* **resmungão**

resmungona *f de* **resmungão**

resolução <-ões> *f* ① (*decisão*) Entschluss *m,* Beschluss *m* ② (*de problema*) Lösung *f* ③ (*de imagem*) Auflösung *f;* **~ digital** digitale Auflösung

resoluto *adj* entschlossen, resolut

resolver [Rəzol'ver] **I.** *vt* (*problema, mistério*) lösen; (*dúvida*) beseitigen; (*assunto*) erledigen; (*decidir*) beschließen **II.** *vi* sich entscheiden; **~ fazer a. c.** sich entscheiden, etw zu tun **III.** *vr* sich entschließen (*a* zu)

respectivamente *adv* beziehungsweise; **o espectáculo realiza-se hoje e amanhã, às 15 e às 16 horas ~** die Veranstaltung findet heute und morgen um 15 beziehungsweise 16 Uhr statt; **estavam lá um homem e uma mulher, com 30 e 40 anos ~** dort waren ein Mann und eine Frau, er war 30 und sie 40

respectivo *adj* ① (*em questão*) betreffend; (*correspondente*) entsprechend ② (*cada*) jeweilig; **eles são os responsáveis dos ~s grupos** sie sind für die jeweiligen Gruppen verantwortlich

respeitado *adj* angesehen, geachtet

respeitante *adj* **~ a alguém/a. c.** jdn/etw betreffend

respeitar **I.** *vt* (*pessoa*) achten, respektieren; (*lei, regras*) beachten; (*prazo*) einhalten; (*decisão, opinião*) respektieren **II.** *vi* betreffen, angehen; **no que respeita a ...** was ... betrifft ...

respeitável <-eis> *adj* achtbar, ehrwürdig

respeito *m* ① (*consideração*) Respekt *m* (*por* vor), Hochachtung *f;* **ter ~ por alguém/a. c.** Respekt vor jdm/etw haben ② (*por lei, regras*) Beachtung *f,* Einhaltung *f* ③ (*referência*) **a ~ de** in Bezug auf; **a este ~** in dieser Hinsicht, diesbezüglich; **dizer ~ a alguém/a. c.** jdn/etw betreffen, jdn angehen; **pelo que me diz ~** was mich angeht; **isso não te diz ~** das betrifft dich nicht

respeitoso *adj* respektvoll

respetivo *adj* (*brasil*) *v.* **respectivo**

respiração *f* Atmung *f,* Atem *m*

respirar [Rəʃpi'rar] **I.** *vt* atmen; **~ ar puro** frische Luft atmen **II.** *vi* atmen; **~ fundo** tief einatmen; (*fig*) aufatmen

respiratório *adj* Atmungs ...; **aparelho ~** Atmungsorgane *pl*

respiro *m* Lüftungsloch *nt*

resplandecente *adj* glänzend, strahlend

resplandecer *vi* <c→ç> glänzen, strahlen

resplendor *m* Glanz *m*

respondão, -ona <-ões> **I.** *m, f* Frechdachs *m* **II.** *adj* schnippisch, patzig

responder [Rəʃpõn'der] **I.** *vt* antworten **II.** *vi* ① (*a pessoa*) antworten; (*a pergunta, carta*) beantworten, antworten auf; **~ a alguém** jdm antworten; **~ a uma pergunta** eine Frage beantworten; **~ a um anúncio/uma**

carta auf eine Anzeige/einen Brief antworten ② (*responsabilizar-se*) haften, einstehen; ~ **por alguém/a. c.** für jdn/etw haften; **eu não respondo por mim** ich übernehme keine Verantwortung für mein Tun ③ (DIR) vor Gericht stehen; ~ **por tentativa de homicídio** wegen versuchtem Mord vor Gericht stehen

respondões *m pl de* **respondão**

respondona *f de* **respondão**

responsabilidade *f* Verantwortung *f;* (DIR) Haftung *f;* **assumir a ~ por alguém/a. c.** die Verantwortung für jdn/etw übernehmen; **um cargo de ~** ein verantwortungsvolles Amt; **falta de ~** Verantwortungslosigkeit *f*

responsabilizar I. *vt* verantwortlich machen (*por* für) **II.** *vr* die Verantwortung übernehmen (*por* für); (DIR) haften (*por* für); **eu não me responsabilizo por isso/ele** ich übernehme keine Verantwortung dafür/für ihn

responsável [ʀəʃpɔ̃'savɜl] <-eis> **I.** *mf* Verantwortliche (*por* für); **os responsáveis** die Verantwortlichen **II.** *adj* verantwortlich (*por* für); **ele é muito ~** er ist sehr verantwortungsbewusst

resposta *f* Antwort *f;* ~ **afirmativa** Zusage *f;* ~ **negativa** Absage *f;* **dar uma ~ a alguém** jdm eine Antwort geben; **eu aguardo uma ~ da vossa parte** ich erwarte Ihre Antwort; **ter sempre uma ~ pronta** schlagfertig sein

ressabiado *adj* (*pessoa*) beleidigt, verärgert (*com* über)

ressaca *f* (*coloq*) Kater *m;* **estar de ~** einen Kater haben

ressacado *adj* (*coloq*) verkatert

ressacar *vi* (*coloq*) sich auskurieren (*de* von), seinen Kater loswerden

ressaibo *m* ① (*com comida*) Beigeschmack *m* ② (*de acontecimento*) Nachwehen *pl,* Nachwirkungen *pl*

ressaltar I. *vt* hervorheben, betonen **II.** *vi* sich abheben (*de* von), hervorstechen

ressalva *f* Vorbehalt *m*

ressarcimento *m* Wiedergutmachung *f,* Entschädigung *f*

ressarcir *vt* entschädigen; ~ **alguém de a. c.** jdn für etw entschädigen

ressecar <c→qu> *vi* austrocknen

ressentido *adj* beleidigt; **estou ~ com ele** er hat mich beleidigt

ressentimento *m* (*rancor*) Groll *m;* **sem ~s** ohne Groll

ressentir-se *irr como sentir vr* (*melindrar-se*) ~ **de a. c.** wegen etw beleidigt sein; (*sentir os efeitos*) etw spüren; **o corpo ressente-se de muitas noites sem dormir** viele schlaflose Nächte machen dem Körper zu schaffen

ressequido *adj* (*planta*) verdorrt, vertrocknet; (*solo*) ausgetrocknet; (*pele*) welk

ressoar <*brasil, 1. pess pres:* ressôo> *vi* widerhallen, hallen; **o som ressoa-me nos ouvidos** ich habe den Klang noch im Ohr

ressonância *f* Resonanz *f*

ressonar *vi* schnarchen

ressurgimento *m* Wiederaufleben *nt*

ressurreição <-ões> *f* (REL) Auferstehung *f*

ressuscitar I. *vt* ① (*um morto*) vom Tod erwecken, auferwecken ② (*um sentimento*) wiedererwecken; (*um costume, uma tradição*) wiederbeleben **II.** *vi* ① (*morto*) auferstehen; ~ **dos mortos** von den Toten auferstehen ② (*sentimento*) wiederaufflammen; (*costume, tradição*) wiederaufleben

restabelecer <c→ç> **I.** *vt* wiederherstellen **II.** *vr* sich erholen

restabelecimento *m* ① (*da paz*) Wiederherstellung *f* ② (MED) Erholung *f,* Genesung *f*

restante [ʀəʃ'tãntə] **I.** *m* Rest *m;* **os ~s** die verbleibenden Personen **II.** *adj* ① (*que sobra*) übrig geblieben ② (*outro*) übrig, restlich; **a ~ quantia** der Restbetrag; **as ~s pessoas** die restlichen Leute

restar *vi* übrig bleiben; **não restou nada** es ist nichts übrig geblieben; **não nos resta outra saída** uns bleibt kein anderer Ausweg

restauração [rəʃtaurɐ'sãu] <-ões> *f* (*de monumento, edifício*) Sanierung *f,* Instandsetzung *f;* (*de móvel*) Restaurierung *f*

restaurante *m* Restaurant *nt,* Gaststätte *f*

Ein **Restaurante** serviert in Portugal Mittag- und Abendessen, meistens Tagesessen, Menüs oder à la carte und entspricht dem deutschen Speiselokal. Vergessen Sie in einem **restaurante** nicht, extra zu sagen, dass Sie die Getränke gleich haben möchten (falls Sie es wollen). Meistens werden sie erst mit dem Essen gebracht. Und wenn etwas nicht stimmt – auch wenn Ihnen nicht danach ist: Vergessen Sie nicht das Zauberwörtchen desculpe (Entschuldigung) vor der Beschwerde und ein Lächeln. Wer in Brasilien vor 21 Uhr zu Abend essen möchte, hat gute Chancen, ganz alleine zu speisen. Die letzten Bestellungen dagegen kann man in den großen Restaurants oft bis in die frühen Morgenstunden aufgeben. Auch Brasilianer setzen sich nicht einfach hin, sondern warten immer, bis der Kellner einen Platz zuweist.

restaurar [Rəʃtau'rar] *vt* (*monumento, edifício*) instand setzen, sanieren; (*móvel*) restaurieren

réstia *f* ① (*de luz*) Lichtstrahl *m*, Lichtschein *m* ② (*vislumbre*) Schimmer *m;* **uma ~ de esperança** ein Hoffnungsschimmer

restituição <-ões> *f* (*de bens*) Rückgabe *f;* (*de dinheiro*) Rückerstattung *f*

restituir *conj como incluir vt* (*bens, dignidade*) zurückgeben; (*dinheiro*) zurückerstatten; **~ a. c. a alguém** jdm etw zurückgeben

resto *m* Rest *m;* **~ de comida** Essensrest *m;* **~s mortais** sterbliche Überreste; **de ~** im Übrigen, ansonsten; (*aliás*) übrigens

restolho *m* Stoppel *f*

restrição <-ões> *f* Einschränkung *f*, Beschränkung *f;* **sem restrições** ohne Einschränkungen; **impor restrições a alguém** jdm Beschränkungen auferlegen

restringir <g→j> **I.** *vt* (*pessoa, assunto*) einschränken, beschränken (*a* auf); (*liberdade, poder*) beschränken, begrenzen **II.** *vr* sich beschränken (*a* auf)

restrita *adj f de* **restrito**

restritivo *adj* einschränkend, restriktiv

restrito *adj* begrenzt, beschränkt; **em sentido ~** im engeren Sinn; **um círculo ~ de pessoas** ein begrenzter Personenkreis

resultado [Rəzul'tadu] *m* ① (*de acontecimento*) Ergebnis *nt*, Resultat *nt;* (*consequência*) Folge *f;* **dar/não dar ~** gelingen/misslingen ② (*de eleições, jogo, exame*) Ergebnis *nt*

resultante *adj* entstehend; **~ de** sich ergebend aus

resultar *vi* ① (*dar resultado*) Erfolg haben, gut werden, klappen; **não resultou** (*portugal*) es hat nicht geklappt, es ist nichts geworden ② (*ser resultado*) sich ergeben (*de* aus) ③ (*ter como resultado*) führen (*em* zu), zur Folge haben

resumidamente *adv* kurz, zusammengefasst

resumido *adj* zusammengefasst

resumir **I.** *vt* (*texto, história, livro*) zusammenfassen; **resumindo ...** zusammenfassend ...; **esta frase resume tudo** dieser Satz fasst alles zusammen; (*reduzir*) beschränken (*a* auf) **II.** *vr* sich beschränken (*a* auf); **a reportagem resume-se à descrição dos acontecimentos** der Bericht beschränkt sich auf die Beschreibung der Ereignisse

resumo *m* Zusammenfassung *f*, Resümee *nt;* **em ~** kurz gesagt, in einem Wort

resvalar *vi* ① (*carro*) ins Rutschen kommen, schleudern ② (*terra, neve*) abrutschen

resvés *adv* sehr dicht, sehr nah

reta (*brasil*) **I.** *adj f de reto* **v. recto** **II.** *f* ① (*linha*) Gerade *f* ② (*estrada*) gerade Strecke *f*

retaguarda *f* ① (*de automóvel*) Heck *nt;* **à/na ~** hinten ② (MIL) Nachhut *f*

retalhar *vt* (*cortando*) zerschneiden; (*rasgando*) zerreißen

retalhista *mf* Einzelhändler(in) *m(f)*

retalho *m* Stoffrest *m;* **venda a ~** Einzelhandel *m;* **vender a. c. a ~** im Kleinhandel verkaufen

retaliação <-ões> *f* (MIL) Vergeltungsmaßnahme *f*

retaliar *conj como enviar vi* (MIL) Vergeltungsmaßnahmen durchführen

retangular <-es> *adj* (*brasil*) rechteckig

retângulo (*brasil*) **I.** *adj v.* **rectângulo** **II.** *m* Rechteck *nt*

retardar *vt* verzögern

retardatário, -a *m, f* Nachzügler(in) *m(f)*, Zuspätkommende

retarde *m* (*brasil*) Verzögerung *f*

retenção *f* ① (*de dinheiro, informação*) Zurückhalten *nt* ② (MED) Verhaltung *f*, Retention *f*

reter *irr como ter vt* ① (*dinheiro, informação*) zurückhalten ② (*uma pessoa*) festhalten ③ (*na memória*) behalten ④ (*lágrimas*) zurückhalten ⑤ (MED) verhalten

retesado *adj* steif

reticências *fpl* Auslassungspunkte *pl*

reticente *adj* zurückhaltend

retículo *m* Raster *m*

retidão *f* (*brasil*) Aufrichtigkeit *f*, Rechtschaffenheit *f*

retificação <-ões> *f* (*brasil*) *v.* **rectificação**

retificar <c→qu> *vt* (*brasil*) *v.* **rectificar**

retina *f* Netzhaut *f*, Retina *f*

retintim <-ins> *m* Klirren *nt*

retirada *f* (MIL) Rückzug *m*

retirado *adj* (*lugar*) abgelegen; (*pessoa*) zurückgezogen

retirar **I.** *vt* ① (*uma queixa*) zurückziehen; (*um comentário*) zurücknehmen; **eu retiro o que disse** ich nehme das, was ich gesagt habe, zurück ② (*tirar*) entfernen; ~ **a. c. de circulação** etw aus dem Verkehr ziehen **II.** *vr* ① (*da sala, festa*) sich entfernen, gehen; **retire-se!** gehen Sie! ② (*da vida activa*) sich zurückziehen ③ (MIL) sich zurückziehen

retiro *m* ① (*lugar*) Zufluchtsort *m* ② (*isolamento*) Zurückgezogenheit *f;* ~ **espiritual** geistige Zurückgezogenheit

reto (*brasil*) **I.** *adj v.* **recto** **II.** *m* (ANAT) Mastdarm *m*

retocar <c→qu> *vt* (*quadro, pintura*) ausbessern

retomar *vt* ① (*actividade, conversações*) wiederaufnehmen ② (*lugar*) wieder einnehmen

retoque *m* Ausbesserung *f;* **dar um ~ em a. c.** etw ausbessern; (*fig*); **dar os últimos ~s** letzte Hand anlegen

retorcer <c→ç> **I.** *vt* winden, drehen **II.** *vr* sich winden

retórica *f* Rhetorik *f*

retórico *adj* rhetorisch

retornado, -a *m, f* Remigrant(in) *m(f);* (*das ex-colónias*) Rückwanderer, Rückwanderin *m, f*

retornar *vi* zurückkommen, zurückkehren; ~ **a casa** heimkehren

retorno *m* ① (*regresso*) Rückkehr *f;* ~ **a casa** Heimkehr *f* ② (*devolução*) Rückgabe *f*

reto-romano **I.** *m* Rätoromanisch *nt* **II.** *adj* rätoromanisch

retorquir *vi* entgegnen, erwidern

retorta *f* Retorte *f*

retractar (*portugal*) **I.** *vt* zurücknehmen **II.** *vr* widerrufen

retraído *adj* (*pessoa*) scheu, zurückhaltend

retrair *conj como sair* **I.** *vt* (*membro*) zurückziehen **II.** *vr* sich zurückhalten

retranca *f* (FUT) **jogar na** ~ mauern

retratar **I.** *vt* ① (*pintar, desenhar*) porträtieren; (*descrever*) beschreiben, darstellen ② (*brasil: acusação, palavra*) zurücknehmen **II.** *vr* (*brasil*) widerrufen

retrato [ʀə'tratu] *m* Porträt *nt*

retrato-robô *m* Phantombild *nt*

retrete *f* Toilette *f*

retribuição <-ões> *f* ① (*de um favor*) Erwiderung *f* ② (*recompensa*) Belohnung *f* (*por* für)

retribuir *conj como incluir vt* ① (*visita*) erwidern; ~ **um favor/cumprimentos a alguém** jdm auch einen Gefallen tun/jdn wieder grüßen ② (*recompensar*) belohnen (*com* mit)

retroactivo (*portugal*), **retroativo** *adj* (*brasil*) rückwirkend

retroceder *vi* (*fig*) zurückgehen

retrocesso *m* Rückschritt *m*

retrógrado *adj* rückschrittlich, reaktionär

retroprojector <-es> (*portugal*), **retroprojetor** <-es> *m* (*brasil*) Tageslichtprojektor *m,* Overheadprojektor *m*

retrosaria *f* Kurzwarengeschäft *nt*

retrospectiva *f* Rückblick *m;* **em** ~ rückblickend

retrospectivo *adj* rückblickend, retrospektiv

retroversão <-ões> *f* Rückübersetzung *f*

retrovisor [ʀɜtrɔvi'zor] <-es> *m* (*espelho*) Rückspiegel *m*

retumbante *adj* (*sucesso*) durchschlagend

retumbar *vi* dröhnen

réu, ré *m, f* Angeklagte

reumático, -a **I.** *m, f* Rheumatiker(in) *m(f)* **II.** *adj* rheumatisch

reumatismo [ʀeumɐ'tiʒmu] *m* Rheuma *nt,* Rheumatismus *m*

reunião <-ões> *f* ① (*de negócios*) Sitzung *f,* Besprechung *f;* **estar em** ~ in einer Sitzung sein ② (*assembleia*) Versammlung *f*

reunificação *f* Wiedervereinigung *f;* **a ~ alemã** die deutsche Wiedervereinigung

reunificar <c→qu> *vt* wiedervereinigen

reuniões *f pl de* **reunião**

reunir *vt* ① (*informações, dados*) sammeln, zusammentragen ② (*pessoas*) versammeln ③ (*qualidades, condições*) vereinen, verfügen über

reveillon *m* Silvesterfeier *f*

revelação <-ões> *f* ① (*de segredo, escândalo*) Enthüllung *f,* Aufdeckung *f;* **fazer uma** ~ eine Enthüllung machen ② (FOTO) Entwicklung *f*

revelar **I.** *vt* ① (*segredo, escândalo*) aufdecken, enthüllen ② (*mostrar*) zeigen ③ (FOTO) entwickeln; **mandar ~ um rolo** einen Film entwickeln lassen **II.** *vr* ① (*pessoa*) sich anvertrauen; (*publicamente*) sich outen; **~-se a alguém** sich jdm anvertrauen ② (*sintoma*) auftreten; (*doença*) ausbrechen ❸ (*ser*) sich herausstellen; **a tarefa revela-se por vezes difícil** die Aufgabe stellt sich manchmal als schwierig heraus

revelia *adv* (DIR) **à ~** in Abwesenheit

revenda *f* Wiederverkauf *m*

revendedor(a) <-es> *m(f)* Wiederverkäufer(in) *m(f)*

rever *irr como ver vt* ❶ (*tornar a ver*) wieder sehen ❷ (*para corrigir*) durchsehen, überarbeiten; (*lei, contrato*) revidieren; (*examinar*) nachprüfen, überprüfen ❸ (*a matéria*) wiederholen

reverberar *vi* funkeln, glitzern

reverência *f* Verehrung *f,* Hochachtung *f*

reverenciar *conj como enviar vt* ehren, Hochachtung erweisen

reverendo *m* Pfarrer *m*

reversível <-eis> *adj* umkehrbar, reversibel

reverso *m* Rückseite *f;* **o ~ da medalha** die Kehrseite der Medaille

reverter *vi* zurückfallen (*para* an); **~ para o Estado** an den Staat zurückfallen; **~ a favor de alguém** jdm zugutekommen

revertério *m* (*brasil: coloq*) unvorhergesehene(r) Zwischenfall *m,* unangenehme Überraschung *f*

revés <-es> *m* Rückschlag *m;* **ao ~** umgekehrt; **de ~** schief

revestimento *m* (*de objecto*) Bezug *m,* Überzug *m;* (*de chão*) Belag *m;* (*de parede*) Verkleidung *f;* (*de material*) Ummantelung *f*

revestir *vt* (*parede*) verkleiden (*de* mit); (*gaveta*) auslegen (*de* mit); (*material*) überziehen (*de* mit); **~ o chão de madeira** Holzfußboden legen

revezar-se *vr* sich abwechseln (*em* bei)

revirado *adj* (*casa, quarto*) durchwühlt

revirar *vt* ❶ (*os olhos*) verdrehen ❷ (*casa*) durchsuchen; (*gaveta*) durchwühlen ❸ (*tornar a virar*) wieder umdrehen

reviravolta *f* (*fig*) Umbruch *m,* Wende *f;* **dar uma ~** eine neue Wende nehmen

revisão <-ões> *f* ❶ (*de trabalho, documento*) Überprüfung *f,* Nachprüfung *f;* (*de texto*) Bearbeitung *f,* Überarbeitung *f;* (*de lei, contrato*) Revision *f,* Abänderung *f* ❷ (*de automóvel*) Inspektion *f;* **o carro tem de ir à ~** das Auto muss zur Inspektion

revisar *vt* (*brasil*) *v.* **rever**

revisões *f pl de* **revisão**

revisor(a) [Rəvi'zor] <-es, -as> *m(f)* (*em comboio*) Schaffner(in) *m(f),* Zugbegleiter(in) *m(f);* (*em autocarro*) Kontrolleur(in) *m(f)*

revista [Rə'viʃtɐ] *f* ❶ (JORN) Zeitschrift *f,* Illustrierte *f;* **~ científica** Fachzeitschrift *f* ❷ (*busca*) Durchsuchung *f;* (*inspecção*) Überprüfung *f;* **passar ~ a alguém/a. c.** jdn/etw durchsuchen ❸ (*teatro*) Revue *f*

revistar *vt* (*casa, pessoa*) durchsuchen

revisto *pp de* **rever**

revitalizar *vt* wiederbeleben

reviver *vt* wieder erleben; **~ os velhos tempos** die alten Zeiten noch einmal erleben

revogação <-ões> *f* (*de lei, sentença*) Aufhebung *f*

revogar <g→gu> *vt* (*uma lei, sentença, decisão*) aufheben; (*uma ordem*) widerrufen

revogável <-eis> *adj* aufhebbar

revolta **I.** *adj f de* **revolto** **II.** *f* ❶ (*popular*) Revolte *f* ❷ (*interior*) Auflehnung *f*

revoltado *adj* empört (*com* über), aufgebracht (*com* über)

revoltante *adj* empörend

revoltar **I.** *vt* empören, aufbringen **II.** *vr* sich auflehnen (*contra* gegen), rebellieren (*contra* gegen)

revolto *adj* ❶ (*mar*) aufgewühlt ❷ (*cabelo*) wirr, zerzaust

revolução <-ões> *f* Revolution *f;* **~ dos cravos** Nelkenrevolution *f;* **~ industrial** industrielle Revolution

revolucionar *vt* grundlegend umgestalten, revolutionieren

revolucionário, -a **I.** *m, f* Revolutionär(in) *m(f)* **II.** *adj* revolutionär

revolver *vt* ❶ (*a terra*) aufwühlen ❷ (*papéis, roupa*) durchwühlen ❸ (*livros*) wälzen

revólver <-es> *m* Revolver *m*

reza *f* Gebet *nt*

rezar **I.** *vt* (*uma oração*) beten; **~ o terço** den Rosenkranz beten; (*a missa*) lesen **II.** *vi* beten (*a* zu, *por* für); **reza a história que ...** die Geschichte lehrt uns, dass ...

rezingar *vi* (*coloq*) meckern; (*criança*) quengeln

RFA *abr de* **República Federal da Alemanha** BRD (= *Bundesrepublik Deutschland*)

Rh *m* **fa(c)tor ~** Rhesusfaktor *m*

ria *f* Ria *f*

riacho *m* Bach *m*

ribaldaria *f* (*coloq*) Chaos *nt,* Tohuwabohu *nt*

ribalta *f* Rampenlicht *nt;* **estar na ~** im Rampenlicht stehen

ribanceira *f* Abhang *m;* (*margem*) Böschung *f;* (*costa*) Steilküste *f*

ribeira *f* ❶ (*ribeiro*) Bach *m* ❷ (*margem*) Flussufer *nt*

ribeirinho *adj* Ufer ...; **casa ribeirinha** Haus am Ufer; **população ribeirinha** Uferbewohner *pl*

ribeiro *m* Bach *m*

rica *f de* **rico**

ricaço, -a I. *m, f* (*coloq*) reiche(r) Protz *m* **II.** *adj* (*coloq*) steinreich

rícino *m* Rizinus *m*

rico, -a ['ʀiku] **I.** *m, f* Reiche **II.** *adj* ❶ (*endinheirado, abundante*) reich (*em* an) ❷ (*variado*) reichhaltig ❸ (*excelente*) prächtig; (*comida*) köstlich, lecker; **um ~ jantar** ein leckeres Abendessen; **uma rica casa** ein prächtiges Haus ❹ (*simpático*) reizend; **um ~ filho** ein reizendes Kind

ricochete *m* Abprall *m;* **fazer ~** abprallen (*em* von)

ridícula *adj f de* **ridículo II**

ridicularizar *vt* lächerlich machen

ridículo I. *m* **expor alguém/a. c. ao ~** jdn/etw der Lächerlichkeit preisgeben; **prestar-se ao ~** sich lächerlich machen, sich blamieren; **o ~ da situação é ...** das Lächerliche an der Situation ist ... **II.** *adj* lächerlich

rifa *f* Verlosung *f*

rifar *vt* verlosen

rígida *adj f de* **rígido**

rigidez *f* ❶ (*de material*) Starrheit *f* ❷ (*severidade*) Härte *f,* Strenge *f*

rígido *adj* ❶ (*material*) starr ❷ (*severo*) streng, unerbittlich

rigor *m* ❶ (*exactidão*) Genauigkeit *f;* **com ~** genau; **em ~** streng genommen ❷ (*de disciplina, regras*) Strenge *f,* Härte *f*

rigorosa *adj f de* **rigoroso**

rigorosamente *adv* ❶ (*exactamente*) genau ❷ (*em rigor*) streng genommen

rigoroso *adj* ❶ (*disciplina, regras*) hart, streng; (*costume, tradição*) starr ❷ (*medida*) rigoros ❸ (*exacto*) präzise, genau ❹ (*Inverno*) streng, hart

rijo *adj* ❶ (*material*) hart; (*carne*) zäh ❷ (*pessoa*) kräftig, stark

rim [ʀĩ] <rins> *m* Niere *f*

rima *f* Reim *m*

rimar *vi* sich reimen (*com* auf)

rímel ['ʀimɜl] <-eis> *m* Wimperntusche *f*

ringue *m* (*boxe*) Ring *m*

rinoceronte *m* Nashorn *nt,* Rhinozeros *nt*

rins *m pl de* **rim**

rio ['ʀiu] *m* Fluss *m,* Strom *m;* **~ acima** flussaufwärts; **~ abaixo** flussabwärts

Rio Branco *m* (*brasil*) Rio Branco (*Hauptstadt des Bundesstaates Acre*)

rio-branquense (*brasil*) **I.** *mf* Einwohner(in) *m(f)* der Stadt Rio Branco **II.** *adj* (*especialidade*) aus Rio Branco; (*instituto*) in Rio Branco

Rio de Janeiro *m* (*brasil: estado*) (Bundesstaat) Rio de Janeiro; (*cidade*) (Stadt) Rio de Janeiro, Rio

Rio Grande do Norte *m* (*brasil*) Rio Grande do Norte (*Bundesstaat im Nordosten Brasiliens*)

Rio Grande do Sul *m* Rio Grande do Sul (*Bundesstaat im Süden Brasiliens*)

rio-grandense-do-norte (*brasil*) **I.** *mf* Einwohner(in) *m(f)* des Bundesstaates Rio Grande do Norte **II.** *adj* (*especialidade*) aus Rio Grande do Norte; (*instituto*) in Rio Grande do Norte

rio-grandense-do-sul (*brasil*) **I.** *mf* Einwohner(in) *m(f)* des Bundesstaates Rio Grande do Sul **II.** *adj* (*especialidade*) aus Rio Grande do Sul; (*instituto*) in Rio Grande do Sul

ripa *f* Latte *f*

ripar *vt* (*o cabelo*) toupieren

ripostar *vi* ❶ (*falando*) schlagfertig antworten ❷ (*batendo*) zurückschlagen

riquexó *m* Rikscha *f*

riqueza *f* ❶ (*material*) Reichtum *m,* Vermögen *nt;* **~s do subsolo** Bodenschätze *pl* ❷ (*abundância*) Reichtum *m* (*em* an), Fülle *f* (*em* von) ❸ (*de linguagem, vocabulário*) Reichtum *m*

rir [ʀir] *irr* **I.** *vi* lachen; **~ às gargalhadas** schallend lachen; **fartar-se de ~** sich totlachen; **o último a ~, ri melhor** wer zuletzt lacht, lacht am besten; **foi de (morrer a) ~!** es war zum Totlachen! **II.** *vr* lachen; **~-se de a. c.** über etw lachen; (*pej*); **~-se de alguém** jdn auslachen; **~-se para alguém** jdn anlachen; **~-se na cara de alguém** jdm ins Gesicht lachen

risada *f* Gelächter *nt;* **dar uma ~** laut lachen

risca ['ʀiʃkɐ] *f* ❶ (*em vestuário*) Streifen *m;* **às ~s (pretas)** (schwarz) gestreift ❷ (*no*

R

cabelo) Scheitel *m*

riscado *adj* ❶ (*papel*) bekritzelt; (*palavra*) durchgestrichen ❷ (*disco*) zerkratzt

riscar <c→qu> *vt* ❶ (*um papel*) Striche malen auf, vollstricheln; (*uma palavra, frase*) durchstreichen ❷ (*de uma lista, da memória*) streichen

risco ['RiʃkU] *m* ❶ (*traço*) Strich *m;* **fazer um ~** einen Strich ziehen ❷ (*perigo*) Risiko *nt;* **correr o ~ de** Gefahr laufen, zu +*inf;* **pôr a. c. em ~** etw einer Gefahr aussetzen; **não correr ~s** kein Risiko eingehen; **correr ~ de vida** in Lebensgefahr sein

riso *m* Lachen *nt,* Gelächter *nt*

risonho *adj* ❶ (*pessoa, cara*) heiter, fröhlich ❷ (*futuro*) verheißungsvoll

risota *f* (*coloq*) höhnische(s) Gelächter *nt;* **estar na ~** (**com alguém**) lachen

ríspida *adj f de* **ríspido**

rispidez *f* Schroffheit *f,* Unfreundlichkeit *f*

ríspido *adj* (*pessoa*) rau, grob; (*palavras*) scharf; (*comentário, reposta*) schroff

rissol <-óis> *m* (*portugal*) *mit Fleisch oder Krabben gefüllte Teigtasche*

rissole *m* (*brasil*) *v.* **rissol**

ritmado *adj* rhythmisch

rítmico *adj* rhythmisch

ritmo *m* Rhythmus *m;* (*de desenvolvimento*) Tempo *nt;* **~ biológico** Biorhythmus *m;* **~ cardíaco** Herzrhythmus *m;* **~ de trabalho** Arbeitstempo *nt*

rito *m* Ritus *m,* Ritual *nt*

ritual <-ais> **I.** *m* Ritual *nt* **II.** *adj* rituell

rival <-ais> *mf* Rivale, Rivalin *m, f*

rivalidade *f* Rivalität *f*

rivalizar *vi* rivalisieren, wetteifern

rixa *f* Schlägerei *f,* Rauferei *f*

robalo *m* (ZOOL) Seebarsch *m,* Wolfsbarsch *m*

robe *m* Morgenrock *m*

robô *m* Roboter *m*

robusta *adj f de* **robusto**

robustez *f* Robustheit *f*

robusto *adj* robust

roca *f* Spinnrocken *m*

roça *f* ❶ (AGR: *brasil*) Ackerbau *m* ❷ (*brasil: campo*) Land *nt*

roçado *adj* (*roupa*) abgetragen, abgewetzt

roçar <ç→c> **I.** *vt* (*tocar*) streifen; (*roupa*) abtragen **II.** *vr* streifen (*em*), leicht berühren (*em*); **os gatos roçam-se nas pernas dela** die Katzen streifen um ihre Beine

rocha ['Rɔʃɐ] *f* (*geral*) Gestein *nt;* (*rochedo*) Fels *m,* Felsen *m*

rochedo [RU'ʃedU] *m* Felsen *m,* Klippe *f*

rochoso *adj* felsig

rock *m* Rock *m,* Rockmusik *f*

rococó *m* Rokoko *nt*

roda ['Rɔdɐ] *f* ❶ (*objecto*) Rad *nt;* **~ dentada** Zahnrad *nt;* **~ dianteira** Vorderrad *nt;* **~ gigante** Riesenrad *nt;* **~ do leme** Steuerrad *nt;* **~ traseira** Hinterrad *nt* ❷ (*círculo*) Kreis *m;* **fazer uma ~ à volta de alguém/a. c.** einen Kreis um jdn/etw bilden ❸ (*redor*) **à/em ~** ringsumher, rundherum; **andar à ~ de alguém/a. c.** um jdn/etw herumgehen; **à/em ~ da casa** um das Haus herum ❹ (*rotação*) **andar à ~** sich drehen ❺ (*de saia*) Weite *f* ❻ (*lotaria*) **amanhã anda à ~** morgen ist die Ziehung der Lottozahlen

rodada *f* Runde *f;* **pagar uma ~** eine Runde ausgeben

rodado *adj* ❶ (*saia*) weit ❷ (*automóvel*) eingefahren ❸ (*coloq: pessoa*) erfahren

rodagem <-ens> *f* (*de automóvel*) Einfahren *nt;* **fazer a ~** den Wagen einfahren

rodapé *m* ❶ (ARQUIT) Fußleiste *f* ❷ (*de folha*) Fußzeile *f;* **nota de ~** Fußnote *f*

rodar **I.** *vt* ❶ (*um botão, a chave*) drehen; (*a cabeça*) rollen ❷ (*um filme*) drehen **II.** *vi* ❶ (*girar*) sich drehen ❷ (*tarefa; passar*) übertragen werden (*por*); (*objecto*) kreisen, weitergereicht werden (*por* an); **~ de mão em mão** von Hand zu Hand gehen

roda-viva <rodas-vivas> *f* Trubel *m,* Hetze *f;* **andar numa ~** rotieren

rodeado *adj* umgeben (*de* von)

rodear *conj como passear vt* umgeben (*de* mit)

rodeios *mpl* Umweg *m;* **fazer ~** um den heißen Brei herumreden; **sem ~** ohne Umschweife

rodela *f* Scheibe *f;* **cortar a. c. às ~s** etw in Scheiben schneiden

rodilha *f* Tragpolster *nt* (für Kopflasten)

rodízio *m* ❶ Möbelrolle *f* ❷ (*brasil: de automóveis*) „autofreier Tag“ *m* (*um der Luftverschmutzung Einhalt zu gebieten, wurde in einigen Großstädten ein Fahrverbot nach Kennzeichenbereichen eingeführt, von dem jedes Auto einmal in der Woche betroffen ist*) ❸ **restaurante ~** *Restaurant, auch als „churrascaria“, in dem die Kellner abwechselnd verschiedene gebratene Fleischsorten und sogar Pizzas an den Tisch bringen.*

Auch ein Salatbuffet ist normalerweise im Preis pro Person beinhaltet.

rodopiar *conj como enviar vi* im Kreis wirbeln, sich schnell drehen

rodopio *m* ① (*movimento*) Wirbeln *nt* ② (*azáfama*) Hetze *f;* **andar num ~** sich abhetzen

rodovalho *m* Steinbutt *m*

rodovia *f* (*brasil*) Autobahn *f*

rodoviário *adj* (*de estrada*) Straßen ...; (*de trânsito*) Verkehrs ...; (*de transporte*) Transport ...

roedor <-es> *m* Nagetier *nt*

roer *irr* **I.** *vt* nagen, abnagen; **~ as unhas** an den Nägeln kauen **II.** *vr* **~-se de inveja** vor Neid vergehen

rogado *adj* **fazer-se ~** sich zieren, sich bitten lassen

rogar <g→gu> *vt* bitten; (*suplicar*) anflehen; **~ a. c. a alguém** jdn um etw bitten; **~ pragas a alguém** jdn verfluchen

roído *adj* angenagt

rojão <-ões> *m* (CULIN) Schweinefleisch *nt* in Würfeln

rojo *adv* **andar de ~** kriechen; **ir de ~** gezogen werden

rol <róis> *m* Liste *f,* Verzeichnis *nt*

rola *f* Turteltaube *f*

rolamento *m* Lager *nt;* **~ de esferas** Kugellager *nt*

rolante *adj* rollend, Roll ...

rolar **I.** *vt* rollen **II.** *vi* (*bola, pedra*) rollen; (*lágrimas*) laufen, kullern **III.** *vr* rollen

roldana *f* Flaschenzug *m*

roleta *f* Roulette *nt*

rolha *f* (*de garrafa*) Korken *m;* (*grande*) Pfropfen *m*

roliço *adj* rundlich

rolo *m* ① (*de papel*) Rolle *f;* **~ da massa** Nudelholz *nt,* Teigrolle *f* ② (FOTO) Film *m* ③ (*em máquina*) Walze *f* ④ (*de cabelo*) Lockenwickler *m* ⑤ (CULIN: *bolo*) Biskuitrolle *f;* **~ de carne** Roulade *f* ⑥ (*brasil: sarilho*) Probleme *pl,* Schwierigkeiten *pl*

romã *f* Granatapfel *m*

romance [ʀu'mɐ̃sə] *m* ① (LIT) Roman *m* ② (*amoroso*) Romanze *f,* Liebesgeschichte *f*

romancista *mf* Romanautor(in) *m(f)*

românico [ʀu'mɐniku] *adj* romanisch; **filologia românica** Romanistik *f*

Romanos *mpl* Römer *pl*

romântico, -a **I.** *m, f* Romantiker(in) *m(f)* **II.** *adj* romantisch

romantismo *m* Romantik *f*

romantizar *vt* romantisieren

romaria [ʀumɐ'riɐ] *f* ① (*arraial*) Volksfest *nt* ② (*peregrinação*) Wallfahrt *f*

rombo **I.** *m* (*em recipiente*) Loch *nt;* (*em navio*) Leck *nt;* (*desfalque*) Unterschlagung *f* **II.** *adj* stumpf

romeiro, -a *m, f* Pilger(in) *m(f)*

romena *f de* **romeno**

Roménia (*portugal*), **Romênia** *f* (*brasil*) Rumänien *nt*

romeno, -a **I.** *m, f* Rumäne, Rumänin *m, f* **II.** *adj* rumänisch

romeu-e-julieta <romeus-e-julietas> *m* (*brasil: coloq*) *Frischkäse mit einer Scheibe Guavenbrot*

rompante *m* Ruck *m;* **fazer a. c. de ~** etw stürmisch machen; **ela entrou de ~ no quarto** sie stürzte ins Zimmer

romper <*pp* roto *o* rompido> **I.** *m* **~ do dia** Tagesanbruch *m;* **ao ~ do dia** bei Tagesanbruch **II.** *vt* (*roupa*) zerreißen; (*corda*) durchreißen; (*relações*) abbrechen; (*o silêncio, juramento, promessa*) brechen **III.** *vi* (*dia*) anbrechen, beginnen; (*Inverno*) hereinbrechen; (*acabar*) brechen; **~ com alguém** mit jdm brechen; **~ com um hábito** mit einer Gewohnheit brechen **IV.** *vr* (*tecido*) zerreißen; (*corda*) reißen, durchreißen

rompimento *m* Bruch *m;* (*de relações*) Abbruch *m*

ronca *f* (*de nevoeiro*) Nebelhorn *nt*

roncar <c→qu> *vi* ① (*ressonar*) schnarchen ② (*grunhir*) grunzen ③ (*motor*) brummen

ronda *f* Runde *f;* **fazer a ~** die Runde machen

rondar *vt* ① (*uma casa*) Runden drehen um; (*uma cidade*) eine Runde drehen durch; (*para vigiar*) patrouillieren durch ② (*aproximadamente*) ungefähr betragen; **o preço ronda os 400 euros** der Preis beträgt ungefähr 400 Euro

Rondônia (*brasil*) Rondônia (*Bundesstaat im Norden Brasiliens*)

rondoniano, -a (*brasil*) **I.** *m, f* Einwohner(in) *m(f)* des Bundesstaates Rondônia **II.** *adj* (*especialidade*) aus Rondônia; (*instituto*) in Rondônia

rondoniense *mf o adj* (*brasil*) *v.* **rondoniano, -a**

ronha *f* ① (*de animal*) Räude *f* ② (*coloq: manha*) Gerissenheit *f;* **ter ~** gerissen sein

R

ronrom <-ons> *m* Schnurren *nt*
ronronar *vi* schnurren
ronrons *m pl de* **ronrom**
rooibos *m* (BOT) Rooibos *m*
roqueiro, -a *m, f* (*coloq*) Rocker(in) *m(f)*
ror *m* **um ~ de** ein Haufen, eine Menge
Roraima (*brasil*) Roraima (*Bundesstaat im Norden Brasiliens*)
roraimense (*brasil*) **I.** *m* Einwohner(in) *m(f)* des Bundesstaates Roraima **II.** *adj* (*especialidade*) aus Roraima; (*instituto*) in Roraima
rosa I. *f* Rose *f* **II.** *adj inv* rosa
rosácea *f* (ARQUIT) Rosette *f;* (*na igreja*) Fensterrose *f*
rosado *adj* rosig
rosa-dos-ventos <rosas-dos-ventos> *f* Windrose *f*
rosário *m* Rosenkranz *m*
rosbife *m* Roastbeef *nt*
rosca *f* ❶ (*de parafuso, tampa, gargalo*) Gewinde *nt* ❷ (*coloq: bebedeira*) Rausch *m*
rosé, rosê *mf* Rosé(wein) *m*
roseira *f* Rosenbusch *m,* Rosenstrauch *m*
rosmaninho *m* Rosmarin *m*
rosnar *vi* knurren
rosquilha *f* Kringel *m*
rosto ['ʀoʃtu] *m* Gesicht *nt*
rota I. *adj f de* **roto II.** *f* ❶ (*de viagem*) Route *f* ❷ (*de navio*) Kurs *m* ❸ (*de astro*) Umlaufbahn *f*
rotação <-ões> *f* Umdrehung *f,* Drehung *f;* (TEC) Rotation *f;* **movimento de ~ da Terra** Erdumdrehung *f*
rotativo *adj* ❶ (*giratório*) Rotations ..., Dreh ...; **movimento ~** Drehbewegung *f* ❷ (*tarefa*) rotierend; **a presidência é rotativa** der Vorsitz geht reihum
roteiro *m* (*das ruas*) Stadtplan *m,* Straßenverzeichnis *nt;* (*das atracções turísticas*) Reiseführer *m*
rotina *f* Routine *f;* **entrar na ~** in seinen Trott verfallen; **sair da ~** die Routine durchbrechen; **exame de ~** Routinekontrolle *f*
rotineiro *adj* gewohnt, gewohnheitsmäßig
roto *adj* ❶ (*esburacado*) durchlöchert, zerlumpt ❷ (*rasgado*) zerrissen ❸ (*brasil: quebrado*) zerbrochen
rotor <-es> *m* (ELECTR) Rotor *m*
rótula *f* (ANAT) Kniescheibe *f*
rotular *vt* ❶ (*com rótulo*) etikettieren, beschriften ❷ (*uma pessoa*) etikettieren (*de* als); (*pej*) abstempeln (*de* als)
rótulo *m* ❶ (*em frasco*) Etikett *nt,* Schild *nt* ❷ (*para pessoa*) Etikett *nt*
rotunda *f* Kreisverkehr *m,* Kreisel *m;* **contornar a ~** durch den Kreisverkehr fahren
rotura [ʀu'turɐ] *f* Bruch *m;* (*de relações*) Abbruch *m*
roubalheira *f* (*coloq*) Wucher *m,* Betrug *m*
roubar [ʀo'bar] *vi* rauben, stehlen; **~ a. c. a alguém** jdm etw stehlen; **~ alguém** jdn berauben/bestehlen
roubo ['ʀobu] *m* Raub *m,* Diebstahl *m*
rouco ['ʀoku] *adj* heiser
roufenho *adj* verzerrt
roulote *f* (*portugal*) Wohnwagen *m*
roupa ['ʀopɐ] *f* (*para vestir*) Kleidung *f;* (*para lavar, passar*) Wäsche *f;* **~ de cama** Bettwäsche *f;* **~ interior** Unterwäsche *f;* **lavar a ~** Wäsche waschen; (*fig*); **lavar ~ suja** schmutzige Wäsche waschen; **chegar a ~ ao pêlo de alguém** jdn verprügeln
roupão <-ões> *m* Morgenrock *m,* Morgenmantel *m;* (*de banho*) Bademantel *m*
roupa-velha *f* (CULIN) *Resteessen nach dem Weihnachtsmenü* (*mit Olivenöl und Knoblauch gewürzter, zerkleinerter Kabeljau mit Kartoffeln und Kohl*)
roupeiro *m* Kleiderschrank *m*
roupões *m pl de* **roupão**
rouquidão *f* Heiserkeit *f*
rouxinol <-óis> *m* Nachtigall *f*
roxo ['ʀoʃu] **I.** *m* Violett *nt,* Lila *nt* **II.** *adj* violett, lila; (*lábios*) blau
RP *abr de* **relações públicas** PR (= *Public Relations*)
r.s.f.f. (*portugal*) *abr de* **responder se faz favor** u.A.w.g. (= *um Antwort wird gebeten*)
rua ['ʀuɐ] *f* Straße *f;* **~ principal** Hauptstraße *f;* **~ secundária** Nebenstraße *f;* **~ de sentido único** Einbahnstraße *f;* **~ sem saída** Sackgasse *f;* **na ~** auf der Straße; **nesta ~** in dieser Straße; **pôr alguém na ~** jdn auf die Straße setzen; **~!** raus!
rubéola [ʀu'bɜulɐ] *f* (MED) Röteln *pl*
rubi *m* Rubin *m*
rublo *m* Rubel *m*
rubor *m* Röte *f*
ruborescer *vi* (*elev*) erröten
rubra *adj f de* **rubro**
rubrica *f* ❶ (JORN) Rubrik *f,* Sparte *f* ❷ (*assinatura*) Namenszeichen *nt*
rubricar *vt* abzeichnen

rubro *adj* feuerrot, blutrot
ruço *adj* ① (*cor*) verblasst, ausgewaschen; (*roupa*) abgetragen, verschlissen ② (*animal*) grau (meliert) ③ (*coloq: pessoa, cabelo*) blond
rúcula *f* (BOT) Rucola(salat) *m,* Salatrauke *f*
rude *adj* ① (*superfície*) rau ② (*pessoa, resposta*) grob; (*atitude, modos*) plump; (*ignorante*) ungebildet
rudeza *f* ① (*de superfície*) Rauheit *f* ② (*nos modos*) Grobheit *f,* Plumpheit *f*
rudimentar <-es> *adj* ① (*equipamento, conhecimento*) rudimentär ② (*método*) rückständig
rudimentos *mpl* Grundlagen *pl,* Grundbegriffe *pl*
ruela *f* Gasse *f*
rufar **I.** *vt* schlagen; ~ **tambor** trommeln **II.** *vi* ertönen
rufia *m* Raufbold *m*
rufião <-ões> *m v.* **rufia**
ruga *f* Falte *f*
rugby *m* Rugby *nt*
rugido *m* Brüllen *nt*
rugir <g→j> *vi* brüllen
rugoso *adj* faltig
ruibarbo *m* Rhabarber *m*
ruído ['ʀwidu] *m* Geräusch *nt;* (*de pessoas*) Lärm *m;* (*estrondo*) Krach *m;* ~ **parasita** Nebengeräusch *nt;* **fazer** ~ Lärm machen; (*rádio, televisão*) rauschen
ruidoso *adj* ① (*aparelho*) laut ② (*multidão*) lärmend; (*festa*) laut
ruim <-ins> *adj* ① (*qualidade*) schlecht, minderwertig ② (*pessoa*) niederträchtig, gemein ③ (*nocivo*) schädlich
ruína ['ʀwinɐ] *f* ① (*decadência*) Ruin *m,* Untergang *m;* **estar na** ~ ruiniert sein ② (*de edifício, cidade*) Verfall *m*
ruínas *fpl* ① (*por degradação*) Verfall *m;* **estar em** ~ baufällig sein ② (*arqueológicas*) Ruinen *pl*
ruindade *f* Bosheit *f,* Gemeinheit *f*
ruins *adj pl de* **ruim**
ruir *conj como incluir vi* einstürzen, einfallen
ruivo, -a[1] **I.** *m, f* Rothaarige **II.** *adj* (*pessoa*) rothaarig; (*cabelo*) rot
ruivo[2] *m* (*peixe*) Knurrhahn *m*
rum *m* Rum *m*
rumar *vi* ① (*navio*) Kurs nehmen (*para* auf) ② (*pessoa*) den Weg einschlagen (*para* nach)
ruminante *m* Wiederkäuer *m*
ruminar *vi* ① (*animal*) wiederkäuen ② (*matutar*) nachgrübeln (*sobre* über)
rumo *m* ① (AERO, NÁUT) Kurs *m;* **mudar de** ~ den Kurs ändern ② (*direcção*) Richtung *f,* Fahrtrichtung *f;* **sem** ~ ziellos ③ (*de situação, da vida*) Zielsetzung *f,* Orientierung *f;* **dar um** ~ **à sua vida** sich neu orientieren, sich *dat* ein Ziel setzen
rumor <-es> *m* ① (*ruído*) Getöse *nt,* Gepolter *nt;* (*de vozes*) Stimmengewirr *nt* ② (*boato*) Gerücht *nt*
rumorejar *vi* ① (*água, folhagem*) rauschen ② (*pessoas*) murmeln
rumores *m pl de* **rumor**
rupestre *adj* Felsen ...; **pintura** ~ Felsenmalerei *f*
ruptura *f* Bruch *m;* (*de relações*) Abbruch *m*
rural <-ais> *adj* ① (*do campo*) ländlich ② (*agrícola*) landwirtschaftlich
rusga *f* Razzia *f;* **fazer uma** ~ eine Razzia machen
russa *f de* **russo**
Rússia *f* Russland *nt*
russo, -a **I.** *m, f* Russe, Russin *m, f* **II.** *adj* russisch
rústico *adj* ① (*casa, decoração*) rustikal ② (*pessoa*) einfach, schlicht

Ss

S, s ['ɛsə] *m* S, s *nt*
S. *abr de* **São** St. (= *Sankt*)
S.A. *abr de* **Sociedade Anónima** AG (= *Aktiengesellschaft*)
sã *adj f de* **são**
sábado ['sabɐdu] *m* Samstag *m,* Sonnabend *m;* **aos** ~**s** samstags; *v. tb.* **segunda-feira**
sabão <-ões> *m* Kernseife *f;* (*sabonete*) Seife *f*
sabedoria *f* Weisheit *f;* (*conhecimentos*) Wissen *nt;* **ter muita** ~ sehr weise sein
saber [sɐ'ber] *irr* **I.** *m* ① (*conhecimento*) Wissen *nt* ② (*capacidade*) Können *nt* **II.** *vt* ① (*ter conhecimento*) wissen; **sabes que mais?** weist du was?; **sabe-se lá!** weiß der Himmel!; **sei lá!** was weiß ich!; **que eu**

saiba so weit ich weiß; **a ~** nämlich, und zwar ② (*capacidade*) können; **~ nadar/escrever/inglês** schwimmen/schreiben/Englisch können ③ (*descobrir*) erfahren; **vir a ~** erfahren; **eu soube isso ontem** ich habe gestern davon erfahren **III.** *vi* ① (*ter conhecimento*) wissen (*de* von); **não sei** ich weiß es nicht ② (*ter sabor*) schmecken (*a* nach); **~ bem/mal** gut/schlecht schmecken

sábia *v.* **sábio**

sabiamente *adv* ① (*com sabedoria*) klug ② (*com prudência*) umsichtig

sabichão, -ona <-ões> *m, f* Besserwisser(in) *m(f)*, Neunmalkluge

sabido *adj* ① (*matéria*) gelernt ② (*pessoa*) geschickt

sábio, -a **I.** *m, f* Weise **II.** *adj* weise

sabões *m pl de* **sabão**

sabonete [sɐbu'netə] *m* Seife *f*

saboneteira *f* (*caixa*) Seifenschale *f*, Seifendose *f*; (*de parede*) Seifenhalter *m*

sabor <-es> *m* Geschmack *m* (*a* nach)

saborear *conj como passear vt* (*fig*) genießen

sabores *m pl de* **sabor**

saboroso *adj* schmackhaft, wohlschmeckend

sabotagem <-ens> *f* Sabotage *f*

sabotar *vt* sabotieren

sabre *m* Säbel *m*

sabrina *f* Ballettschuh *m*

sabugueiro *m* (BOT) Holunder *m*; **baga** *m* **de ~** Holunderbeere *f*

saburra *f* Belag *m* auf der Zunge

saca *f* Tasche *f*; **~ de rede** Einkaufsnetz *nt*

sacada *f* (*varanda*) Balkon *m*; (*marquise*) Erker *m*

sacado *m* (ECON) Trassat *m*

sacador *m* (ECON) Trassant *m*

sacana *mf* Schuft *m*

sacanagem <-ens> *f* (*brasil: coloq*) Sauerei *f*

sacanear *vt conj como passear* (*brasil*) hereinlegen

sacar <c→qu> **I.** *vt* ① (*tirar*) herausziehen; (*à força*) herausreißen ② (*uma informação*) herausbekommen ③ (*letra de câmbio*) ausstellen ④ (*coloq brasil: perceber*) kapieren; (*dinheiro no banco*) abheben **II.** *vi* ① (*tirar*) **~ de** herausholen; (*uma arma*) ziehen ② (*coloq brasil: perceber*) kapieren

sacarina *f* Saccharin *nt*

saca-rolhas *m* Korkenzieher *m*

sacarose *f* Rohrzucker *m*, Saccharose *f*

sacerdócio *m* Priesteramt *nt*

sacerdote, sacerdotisa *m, f* Priester(in) *m(f)*

sachola *f* kleine Hacke *f*

saciar **I.** *vt* ① (*a fome, sede*) stillen ② (*satisfazer*) befriedigen **II.** *vr* ① **~-se** (*com comida*) sich satt essen ② **~-se** (*satisfazer-se*) sich gönnen +*dat*

saco ['saku] *m* ① (*grande*) Sack *m*; (*pequeno*) Beutel *m*; (*de viagem*) Tasche *f*; **~ de dormir** Schlafsack *m*; **~ de plástico** Plastiktüte *f*; **um ~ de batatas** ein Sack Kartoffeln; (*fig*); **meter tudo no mesmo ~** alles über einen Kamm scheren ② (*brasil: cal*) **que ~!** das ist ja ätzend!; **estou de ~ cheio** ich habe die Schnauze voll

saco-cama *m* Schlafsack *m*

sacode *3. pres de* **sacudir**

sacola *f* (*brasil*) Tüte *f*

sacra *adj f de* **sacro**

sacramento *m* (REL) Sakrament *nt*; **o Santíssimo Sacramento** das heilige Abendmahl

sacrificar <c→qu> **I.** *vt* opfern **II.** *vr* **~-se** sich opfern (*por* für)

sacrifício *m* Opfer *nt*; **fazer ~s (por alguém)** sich (für jdn) aufopfern

sacrílega *f v.* **sacrílego**

sacrilégio *m* Sakrileg *nt*

sacrílego, -a *m, f* Frevler(in) *m(f)*

sacristão, sacristã *m, f* Küster(in) *m(f)*

sacristia *f* Sakristei *f*

sacro *adj* (REL) heilig

sacudida *f* Stoß *m*; **dar uma ~ a a. c.** etw leicht schütteln

sacudidela *f v.* **sacudida**

sacudir *vt irr como subir* ① (*pessoa*) schütteln ② (*tapete*) klopfen, ausklopfen; (*roupa, pó*) ausschütteln

sadia *adj f de* **sadio**

sádico, -a **I.** *m, f* Sadist(in) *m(f)* **II.** *adj* sadistisch

sadino, -a *m, f o adj* (*portugal*) *v.* **setubalense**

sadio *adj* ① (*pessoa, actividade*) gesund ② (*experiência*) heilsam

sadismo *m* Sadismus *m*

sado-masoquismo *m* Sadomasochismus *m*

safa **I.** *interj* **~!** Donnerwetter!, alle Achtung! **II.** *adj f de* **safo**

safada *adj f de* **safado**

safadeza *f* Gemeinheit *f*

safado *adj* gemein

safanão <-ões> *m* ① (*puxão*) Ruck *m* ② (*empurrão*) Stoß *m,* Schubs *m* ③ (*coloq: bofetada*) kräftige Ohrfeige *f*

safar **I.** *vt* ① (*uma pessoa*) retten (*de* aus/vor) ② (*portugal: apagar*) ausradieren **II.** *vr* ① **~-se** (*salvar-se*) überstehen (*de*) ② **~-se** (*escapar*) sich drücken (*de* vor) ③ **~-se** (*coloq: fugir*) abhauen, sich dünn machen

safari *m* Safari *f*

safira *f* Saphir *m*

safo *adj* **estar ~ de a. c.** fein heraus sein, um etw herumgekommen sein

safra *f* (*colheita*) Ernte *f;* (*tempo da colheita*) Erntezeit *f*

saga *f* (LIT) Saga *f*

sagacidade *f* (*perspicácia*) Scharfsinn *m;* (*inteligência*) Klugheit *f*

sagaz <-es> *adj* (*perspicaz*) scharfsinnig; (*inteligente*) klug

Sagitário *m* (*Zodíaco*) Schütze *m*

sagrado *adj* heilig

sagui (*portugal*), **sagüi** *m* (*brasil:* ZOOL) Tamarin *m*

sagüi-de-coleira *m* <sagüis-de-coleira> Mantelaffe *f,* Zweifarbtamarin *m*

saia ['sajɐ] *f* ① (*roupa*) Rock *m* ② (*em automóvel*) Spoiler *m*

saia-calça <saias-calças> *f* Hosenrock *m*

saiba ['sajba] *1./3. pres subj de* **saber**

saída [sɐ'idɐ] **I.** *adj f de* **saído** **II.** *f* ① (*de sala, edifício*) Ausgang *m;* (*de garagem, autoestrada*) Ausfahrt *f;* **~ de emergência** Notausgang *m* ② (*partida*) Abfahrt *f* ③ (INFOR) Output *nt* ④ (*de sociedade, partido*) Austritt *m* ⑤ (*mercadoria*) **ter ~** sich gut verkaufen ⑥ (*para problema*) Ausweg *m* ⑦ (*coloq: comentário*) witzige Bemerkung *f*

saído *adj* ① (*saliente*) hervorstehend, vorspringend ② (*atrevido*) vorlaut

sair [sɐ'ir] *irr* **I.** *vi* ① (*de um sítio; ir*) hinausgehen (*de* aus); (*vir*) herauskommen (*de* aus); (*partir*) abfahren; (*à noite*) weggehen, ausgehen; **~ de casa** aus dem Haus gehen; **~ do país** das Land verlassen; **~ da rotina** aus dem Alltag ausbrechen; **~ de um emprego** eine Stelle aufgeben; **ela já saiu** sie ist schon gegangen ② (*livro, filme, disco*) herauskommen ③ (*cor, nódoa*) abgehen ④ (*prémio*) gewonnen werden; **saiu-me um automóvel/o totoloto** ich habe ein Auto/im Toto gewonnen ⑤ (*encomenda, correio*) abgehen ⑥ (*resultado*) ausgehen; **~ bem/mal** gut/schlecht ausgehen ⑦ (*parecença*) kommen (*a* auf), ähneln (*a*); **ele sai ao pai** er kommt nach dem Vater **II.** *vr* ① **~-se** (*comentário*) **~-se com a. c.** mit etw herausplatzen ② **~-se** (*êxito*) **~-se bem/mal em a. c.** ein gutes/schlechtes Ergebnis in etw erzielen, bei etw gut/schlecht abschneiden

saíra *f* (ZOOL) Tangare *f* (*Sperlingsvogel*)

saíra-apunhalada *f* Rubinkehltangare *f*

sal [sal] *m* <sais> ① (*substância*) Salz *nt;* **~ de cozinha** Kochsalz *nt,* Speisesalz *nt;* **sais de banho** Badesalz *nt;* **sais de frutos** *Art Bullrich Salz* <(*R*)> ② (*de pessoa*) Witz *m;* **sem ~** fade, langweilig

sala ['salɐ] *f* Raum *m,* Zimmer *nt;* **~ de aula** Unterrichtsraum *m;* (*na escola*) Klassenzimmer *nt;* **~ de banho** Badezimmer *nt;* **~ de conferências** Konferenzraum *m,* Sitzungssaal *m;* **~ de espera** Wartezimmer *nt;* **~ de estar** Wohnzimmer *nt;* **~ de jantar** Esszimmer *nt;* **~ de operações** Operationssaal *m;* **fazer ~** die Gäste unterhalten

salada [sɐ'ladɐ] *f* ① (CULIN) Salat *m;* **~ de frutas** Obstsalat *m;* **~ de batata** Kartoffelsalat *m;* **~ russa** *Kartoffelsalat mit Erbsen, grünen Bohnen, Karotten und Majonäse* ② (*salgalhada*) Mischmasch *m,* Durcheinander *nt*

saladeira *f* Salatschüssel *f*

salafrário, -a *m, f* Schlitzohr *nt,* Halunke *m*

salamandra *f* ① (ZOOL) Salamander *m* ② (*de aquecimento*) Dauerbrenner *m*

salame [sɐ'lɐmə] *m* Salami *f*

salão <-ões> *m* ① (*sala*) Saal *m;* **~ de festas** Festsaal *m* ② (*estabelecimento*) Salon *m;* **~ de cabeleireiro** Friseursalon *m;* **~ de jogos** Spielhalle *f*

S

salário *m* Lohn *m;* **~ mínimo** Mindestlohn *m*

saldar *vt* (*uma dívida*) begleichen, tilgen; (*uma conta*) ausgleichen

saldo ['saldu] *m* Saldo *m;* **~ positivo** Überschuss *m;* **~ negativo** Defizit *nt*

saldos *mpl* (*portugal*) Ausverkauf *m,* Räumungsverkauf *m*

saleiro *m* Salzstreuer *m*

salgada *adj f de* **salgado**

salgadinhos *mpl* Snacks *pl,* Häppchen *pl*

salgado *adj* salzig

salgados *mpl* salzige/herzhafte Speisen *pl*

salgalhada *f* (*coloq*) Mischmasch *m,* Durcheinander *nt*

salgar *vt* <g→gu> salzen
sal-gema *m* (QUÍM) Steinsalz *nt*
salgueiro *m* (BOT) Weide *f;* ~ **chorão** Trauerweide *f*
saliência *f* Vorsprung *m*
salientar **I.** *vt* hervorheben, unterstreichen **II.** *vr* ~**-se** sich hervortun (*por* durch), auffallen (*por* durch)
saliente *adj* vorspringend, hervorstehend
salina *f* Saline *f*
salino *adj* salzhaltig
salitre *m* Salpeter *m*
saliva *f* Speichel *m*
salivar *vi* speicheln
salmão [sal'mãu] *m* <-ões> (ZOOL) Lachs *m*
salmo *m* (REL) Psalm *m*
salmões *m pl de* **salmão**
salmonela *f* (MED) Salmonelle *f*
salmonete *m* (ZOOL) Meerbarbe *f*
salões *m pl de* **salão**
saloio, -a [sɐ'loju] **I.** *m, f* Bauer *m,* Bäuerin *f* **II.** *adj* ❶ (*camponês*) bäuerlich ❷ (*grosseiro*) bäurisch
salpicado *adj* bespritzt (*de* mit)
salpicão <-ões> *m* ❶ (*portugal:* CULIN) grobe Wurst *f* ❷ (*brasil:* CULIN) *Salat aus Hühnerfleisch, Fisch oder Meeresfrüchten mit Kartoffeln und Paprikagemüse*
salpicar *vt* <c→qu> bespritzen (*de/com* mit)
salpico *m* Spritzer *m*
salpicões *m pl de* **salpicão**
salpimenta *f* Salz und Pfeffer
salpimentar *vt* salzen und pfeffern
salsa ['salsɐ] *f* ❶ (BOT) Petersilie *f* ❷ (MÚS) Salsa *f*
salsada *f* (*coloq*) Mischmasch *nt,* Durcheinander *nt*
salsaparrilha *f* (BOT) Sarsaparille *f*
salsicha [sal'siʃɐ] *f* Würstchen *nt;* ~ **fresca** frisches Würstchen
salsichão *m* Wurst *f*
salsicharia *f* Wurstwarengeschäft *nt*
saltada *f* Abstecher *m;* **dar uma ~ a casa de alguém** bei jdm kurz vorbeischauen
saltão *m* (ZOOL) Grashüpfer *m*
saltar **I.** *vt* ❶ (*um muro*) springen über ❷ (*uma página, palavra*) überspringen **II.** *vi* ❶ (*pessoa*) springen; ~ **da cama** aus dem Bett springen; ~ **do muro** von der Mauer springen ❷ (*saltitar*) hüpfen; ~ **de contente** vor Freude in die Luft springen ❸ (*líquido*) sprudeln; ~ **da panela** überkochen
salteado *adj* übersprungen, ausgelassen; **saber a. c. de cor e ~** etw in- und auswendig wissen
salteador(a) <-es> *m(f)* Straßenräuber(in) *m(f)*
saltear *conj como passear vt* (*alternar*) überspringen, auslassen
saltimbanco *mf* Straßenkünstler(in) *m(f)*
saltitante *adj* hüpfend, springend
saltitar *vi* hüpfen, hopsen
salto *m* ❶ (*movimento*) Sprung *m;* ~ **em altura** Hochsprung *m;* ~ **de cabeça** Kopfsprung *m;* ~ **em comprimento** Weitsprung *m;* ~ **mortal** Salto *m;* ~ **à vara** Stabhochsprung *m;* **dar um ~** einen Sprung machen; (*crescer*) einen Schuss machen ❷ (*de calçado*) Absatz *m;* ~ **alto** Stöckelabsatz *m*
salutar *adj* (*comida*) gesund
salva **I.** *adj f de* **salvo** **II.** *f* ❶ (*bandeja*) Silbertablett *nt* ❷ (MIL) Salve *f* ❸ (BOT) Salbei *m*
salvação <-ões> *f* ❶ (*do perigo*) Rettung *f;* **isso foi a minha ~** das war meine Rettung ❷ (REL) Erlösung *f*
salvador(a) <-es> *m(f)* Retter(in) *m(f)*
Salvador[1] *m* (REL) Heiland *m,* Erlöser *m*
Salvador[2] [sawva'dor] Salvador (*Hauptstadt des Bundesstaates Bahia; erste Hauptstadt von Brasilien*)
salvadorense **I.** *mf* (*brasil*) Einwohner(in) *m(f)* der Stadt Salvador **II.** *adj* (*produto*) aus Salvador; (*instituto*) in Salvador
salvaguarda *f* ❶ (*protecção*) Schutz *m* ❷ (*garantia*) Garantie *f*
salvaguardar *vt* ❶ (*proteger*) schützen, beschützen ❷ (*garantir*) garantieren
salvamento *m* Rettung *f*
salvar [sal'var] <*pp* salvo *o* salvado> **I.** *vt* ❶ (*pessoa, objecto, relação*) retten (*de* vor) ❷ (REL) erlösen **II.** *vr* ❶ ~**-se** (*do perigo*) sich retten (*de* vor), sich in Sicherheit bringen (*de* vor) ❷ ~**-se** (REL) erlöst werden
salva-vidas *m, f inv* ❶ (NÁUT) Rettungsboot *nt* ❷ (*banhista*) Bademeister *m*
sálvia *f* (BOT) Salbei *m*
salvo **I.** *pp irr de* **salvar** **II.** *adj* (*do perigo*) gerettet; **são e ~** gesund und munter; **estar a ~** in Sicherheit sein; **pôr alguém/a. c. a ~** jdn/etw in Sicherheit bringen; (REL) erlöst **III.** *prep* außer +*dat;* ~ **erro** Irrtum vorbehalten; ~ **excepção** bis auf Ausnahmen

salvo-conduto <salvo(s)-condutos> *m* Passierschein *m*
Salzburgo *m* Salzburg *nt*
samaritano, -a *m, f* Samariter(in) *m(f)*
samarra *f* Kapuzenjacke *f* mit Knebelknöpfen
samba *m* (MÚS) Samba *f;* **escola de ~** Sambaschule *f; v. tb.* **escola**

Der afrobrasilianische Volkstanz **Samba** ist sehr synkopisch und wird von Schlaginstrumenten und Gesang begleitet, bei dem sich Solist und Chor abwechseln. **Samba** ist ursprünglich ein Gruppentanz, der häufig in einem Kreis getanzt wird. Als Paartanz kam die Samba im späten 19. Jahrhundert nach Nordamerika und wurde in den zwanziger und dreißiger Jahren überall auf der Welt populär. In den sechziger Jahren wurden ihre Melodien und Rhythmen vom Jazz beeinflusst – daraus entstand die neue Richtung des Bossa Nova.

samba-canção <sambas-canções *o* sambas-canção> *m* (*brasil*) ❶ (MÚS) melodischer brasilianischer Musikstil, der den Sambarhythmus der Stadt Rio de Janeiro mit gefühlsbetonten Liedtexten verbindet ❷ (*cueca*) Boxershorts *fpl*
samba-enredo <sambas-enredo(s)> *m* (*brasil*) Samba-Melodie mit Liedtext
sambar *vi* (MÚS) Samba tanzen
sambista *mf* (*dançarino*) Sambatänzer(in) *m(f);* (*compositor*) Komponist von Sambamusik
sambódromo *m* (*brasil*) Stadion für den Karnevalsumzug
sambuco *m* (*brasil:* BOT) Holunder *m*
Sampa (*brasil: coloq*) (die Stadt) São Paulo
samurai *m* Samurai *m*
sanatório *m* Sanatorium *nt*
sancionar *vt* gutheißen, sanktionieren
sanções *fpl* Sanktionen *pl*
sandália *f* Sandale *f;* **~ havaiana** (*brasil*) Flipflop *m*
sandes *f* (*portugal: coloq*) *v.* **sanduíche**
sanduíche *f, brasil:m* Sandwich *nt,* belegte(s) Brötchen *nt;* **~ americana** *Sandwich mit gekochtem Schinken, Käse, Tomate, Kopfsalat und Spiegelei*
saneamento *m* Kanalisation *f*
sanear *conj como passear vt* (*fig*) sanieren
sanefa *f* (*tábua*) Gardinenleiste *f;* (*tecido*) Querbehang *m*
sanfona *f* (*brasil*) Ziehharmonika, f
sangrar [sãŋ'grar] *vi* bluten
sangrento *adj* grausam
sangria *f* ❶ (*bebida*) Sangria *f* ❷ (*banho de sangue*) Blutbad *nt*
sangue ['sãŋgə] *m* Blut *nt;* **deitar ~** bluten; **ter ~ azul** blaues Blut haben
sangue-frio <sangues-frios> *m* Kaltblütigkeit *f;* **ter ~** kaltblütig sein; (MED); **a ~** ohne Betäubung
sanguessuga *f* ❶ (ZOOL) Blutegel *m* ❷ (*pej: pessoa*) Blutsauger *m,* skrupellose(r) Ausbeuter, skrupellose Ausbeuterin *m, f*
sanguinário *adj* ❶ (*pessoa*) blutrünstig ❷ (*acto*) grausam
sanguíneo [sãŋ'g(w)inju] *adj* Blut …
sanidade *f* ❶ (*higiene*) Hygiene *f* ❷ (*saúde*) Gesundheit *f;* **~ mental** geistige Gesundheit
sanita *f* (*portugal*) Klosettbecken *nt,* Toilette *f*
sanitário [sɐni'tarju] **I.** *m* Toilette *f* **II.** *adj* ❶ (*da saúde*) gesundheitlich, Gesundheits … ❷ (*da higiene*) sanitär
sânscrito *m* Sanskrit *nt*
santa *adj o f de* **santo**
Santa Catarina *f* Santa Catarina (*Bundesstaat im Süden Brasiliens*)
Santarém (*portugal*) Santarém (*Hauptstadt des Distrikts Santarém*); **Distrito de ~** Distrikt Santarém
santareno, -a *m, f o adj* (*portugal*) *v.* **santarense**
santarense **I.** *mf* (*portugal*) *Einwohner(in) der Stadt oder des Distrikts Santarém* **II.** *adj* (*produto*) aus Santarém; (*instituto*) in Santarém
santidade *f* Heiligkeit *f;* **Sua Santidade** Seine Heiligkeit
santinho *interj* (*portugal: ao espirrar*) Gesundheit!
santista **I.** *mf* (*brasil*) Einwohner(in) *m(f)* der Stadt Santos **II.** *adj* (*produto*) aus Santos; (*instituto*) in Santos
santo, -a ['sãntu] **I.** *m, f* Heilige; **Todos os Santos** Allerheiligen *nt* **II.** *adj* heilig; **Santo António** Heiliger Antonius; **todo o ~ dia** den lieben langen Tag
santola *f* (*portugal:* ZOOL) Seespinne *f,* Meerspinne *f*
Santos (*brasil*) Santos (*Hafenstadt im Bundesstaat São Paulo*)

S

santuário [sɐ̃n'twarju] *m* Heiligtum *nt*
são *vi 3. pess pl de* **ser**
são, sã *adj* gesund; ~ **e salvo** gesund und munter
São *adj* heilig, Sankt; ~ **Pedro/João** heiliger Petrus/Johannes
São Galo Sankt Gallen; **Cantão de** ~ Kanton Sankt Gallen *m, schweiz: nt*
São Luís (*brasil*) São Luís (*Hauptstadt des Bundesstaates Maranhão*)
são-luisense I. *mf* (*brasil*) Einwohner(in) *m(f)* der Stadt São Luís II. *adj* (*produto*) aus São Luís; (*instituto*) in São Luís
São Paulo *m* (*cidade*) (die Stadt) São Paulo; (*estado*) (der Bundesstaat) São Paulo
São Tomé e Príncipe São Tomé und Príncipe
são tomense *adj* aus São Tomé
sapa *f de* **sapo**
sapador *m* (MIL) Pionier *m*
sapatada *f* Klaps *m;* **dar/levar uma** ~ einen Klaps geben/bekommen
sapataria [sɐpɐtɐ'riɐ] *f* Schuhgeschäft *nt,* Schuhladen *m*
sapateado *m* (MÚS) Stepptanz *m,* Stepp *m;* **dançar** ~ Stepp tanzen, steppen
sapateira *f* ❶ (*portugal:* ZOOL) Taschenkrebs *m* ❷ (*armário*) Schuhschrank *m*
sapateiro, -a *m, f* Schuhmacher(in) *m(f),* Schuster(in) *m(f)*
sapatilha *f* (*de lona*) Stoffschuh *m,* Leinenschuh *m;* (*portugal: de atleta*) Turnschuh *m;* (*de ballet*) Gymnastikschuh *m,* Ballettschuh *m*
sapato *m* Schuh *m;* ~ **baixo/raso** Halbschuh *m;* ~ **de atacadores** Schnürschuh *m*
sapiência *f* Weisheit *f*
sapiente *adj* weise
sapo *m* Kröte *f*
saque *m* ❶ (*de cheque, letra de câmbio*) Ausstellung *f* ❷ (*pilhagem*) Plünderung *f*
saqué, saquê *m* Sake *m,* Reiswein *m*
saquear *conj como passear vt* plündern
saraiva *f* Hagel *m*
saraivar *vi impess* hageln
sarampo [sɐ'rɐ̃mpu] *m* (MED) Masern *pl*
sarapantado *adj* verwirrt, erschrocken
sarapantar *vt* verwirren, erschrecken
sarapintar *vt* tüpfeln, sprenkeln
sarar I. *vt* heilen II. *vi* (*ferida*) heilen
sarau *m* Abendgesellschaft *f;* ~ **cultural** abendliche Kulturveranstaltung; ~ **musical** musikalischer Abend
sarcasmo *m* Sarkasmus *m*
sarcástico *adj* sarkastisch
sarcófago [sɐr'kɔfɐgu] *m* Sarkophag *m*
sarda *f* ❶ Sommersprosse *f* ❷ (ZOOL) Makrele *f*
sardanisca *f* Eidechse *f*
sardão *m* Eidechse *f*
sardento *adj* sommersprossig
sardinha *f* (ZOOL) Sardine *f;* ~ **de conserva** Ölsardine *f*
sargaço *m* (BOT) Seetang *m*
sargento *m* (MIL) Unteroffizier *m,* Feldwebel *m*
sarilho *m* (*coloq*) Probleme *pl;* **meter-se em ~s** in Teufels Küche kommen; **estar** (**metido**) **num** ~ in der Klemme sitzen
sarja *f* Serge *f*
sarjeta *f* Gosse *f*
S.A.R.L. *abr de* **Sociedade Anónima de Responsabilidade Limitada** GmbH (= *Gesellschaft mit beschränkter Haftung*)
sarna *f* (*em animal*) Räude *f;* (*em pessoa*) Krätze *f*
sarrabisco *m* Gekritzel *nt*
sarrabulho *m* Schweineblut *nt;* **papas de** ~ (*Brei aus zerfasertem Schweinefleisch, Maismehl, Innereien und*) *Schweineblut*
Sarre *m* Saarland *nt*
sarro *m* (*nos dentes*) Zahnstein *m;* (*na língua*) Belag *m*
satã *m v.* **satanás**
satanás <-nases> *m* Satan *m,* Teufel *m*
satânico *adj* satanisch, teuflisch
satélite *m* Satellit *m;* ~ **artificial** künstlicher Satellit
sátira *f* Satire *f*
satírico *adj* satirisch
satirizar *vt* spötteln über
satisfaça *1./3. pres subj de* **satisfazer**
satisfação <-ões> *f* ❶ (*acção de satisfazer*) Befriedigung *f;* (*de uma necessidade, um requisito*) Erfüllung *f* ❷ (*contentamento*) Zufriedenheit *f* ❸ (*explicação*) Erklärung *f;* (*justificação*) Rechenschaft *f;* **dar uma ~ a alguém** jdm eine Erklärung geben; **dar satisfações a alguém** (**de a. c.**) jdm Rechenschaft (über etw) ablegen
satisfatório *adj* befriedigend, zufriedenstellend
satisfazer *irr como fazer* I. *vt* ❶ (*uma pessoa*) befriedigen, zufriedenstellen ❷ (*requisito, pedido, necessidade*) erfüllen; ~ **as**

exigências den Ansprüchen genügen **II.** *vi* ❶ (*ser suficiente*) genügen ❷ (*contentar*) zufriedenstellen

satisfeito [sɐtəʃ'feitu] **I.** *pp de* **satisfazer** **II.** *adj* ❶ (*contente*) zufrieden (*com* über); **dar-se por ~ com a. c.** sich mit etw zufriedengeben ❷ (*com comida*) satt

saturação *f* ❶ (QUÍM) Sättigung *f,* Saturierung *f* ❷ (*fastio*) Überdruss *m*

saturado *adj* ❶ (QUÍM) gesättigt ❷ (*farto*) überdrüssig; **estar ~ de alguém/a. c.** jdn/etw satthaben

saturar *vt* ❶ (QUÍM) sättigen, saturieren ❷ (*fartar*) langweilen

Saturno *m* (ASTR) Saturn *m*

saturno *m* (*brasil*) Hitze, f

saudação <-ões> *f* Begrüßung *f,* Gruß *m*

saudade *f* Sehnsucht *f* (*de* nach); **~s de casa** Heimweh *nt;* **ter ~s de alguém/a. c.** jdn/etw vermissen; **deixar ~s** vermisst werden; **vou para Coimbra para matar ~s das minhas amigas** ich fahre nach Coimbra, weil ich Sehnsucht nach meinen Freundinnen habe; **vou ao Brasil para matar ~s de São Paulo** ich fliege nach Brasilien, weil ich Sehnsucht nach São Paulo habe

Ein Gefühl, das man nicht mit einem Wort übersetzen kann. Es ist eine Mischung aus Sehnsucht, Heim- und Fernweh mit einem stark melancholischen Hang. **Saudade** wird im fado – portugiesischem Volksgesang – sehr oft besungen.

saudar *irr vt* grüßen, begrüßen

saudável [sɐu'davɜl] *adj* <-eis> ❶ (*pessoa, comida*) gesund ❷ (*experiência*) lehrreich

saúde **I.** *f* Gesundheit *f;* **ter ~** gesund sein; **estar bem de ~** bei guter Gesundheit sein; **ela está mal de ~** es geht ihr nicht gut; **beber à ~ de alguém** auf jds Wohl trinken; (*repreender*); **tratar da ~ a alguém** jdm die Ohren lang ziehen; (*castigar*) jdn bestrafen **II.** *interj* **~!** (*brinde*) prost!, zum Wohl!; (*coloq brasil: ao espirrar*) Gesundheit!

saudosa *adj f de* **saudoso**

saudosismo *m* ❶ (*nostalgia*) Nostalgie *f* ❷ (LIT) *literarische Bewegung in Portugal zu Beginn des 20. Jahrhunderts*

saudoso *adj* sehnsuchtsvoll

sauna ['saunɐ] *f* Sauna *f*

sáurio *m* (ZOOL) Saurier *m*

savana *f* Savanne *f*

sável <-eis> *m* (ZOOL) Alse *f,* Maifisch *m*

saxão, saxã **I.** *m, f* Sachse, Sächsin *m, f* **II.** *adj* sächsisch

saxofone *m* Saxophon *nt*

saxofonista *mf* Saxophonist(in) *m(f)*

Saxónia (*portugal*), **Saxônia** *f* (*brasil*) Sachsen *nt*

Saxónia-Anhalt *f* Sachsen-Anhalt *nt*

saxónio, -a **I.** *m, f* Sachse *m,* Sächsin *f* **II.** *adj* sächsisch

sazão *f* <-ões> Saison *f*

sazonal <-ais> *adj* Saison ...

scanner <-s> *m* (INFOR: *esp portugal*) Scanner *m;* **copiar a. c. com o ~** etw einscannen

Schaffhausen Schaffhausen; **Cantão de ~** Kanton Schaffhausen *m, schweiz: nt*

Schleswig-Holstein *m* Schleswig-Holstein *nt*

Schwyz *m* Schwyz *f;* **Cantão de ~** Kanton Schwyz *m, schweiz: nt*

scooter *f* Roller *m*

screensaver *m* (*portugal:* INFOR) Bildschirmschoner *m*

se [sə] **I.** *konj* (*condicional*) wenn; (*no caso de*) falls; **como ~** *+conj* als ob; **~ calhar** (*portugal*) vielleicht; **~ ele cá estivesse, faríamos uma festa** wenn er hier wäre, würden wir ein Fest machen; **como ~ fosse possível** als ob es möglich wäre; **~ isso acontecer, telefona-me** ruf mich an, falls das passiert; **~ fosse/for possível** wenn es möglich ist; (*interrogativo*) ob; **não sei ~ ele vem** ich weiß nicht, ob er kommt; **ele pergunta ~ queres vir** er fragt, ob du mitkommen möchtest; **não sei ~ sabes** ich weiß nicht, ob du das weißt **II.** *pron* sich; **lavar-~** sich waschen **III.** *pron pess* man; **sabe-~ que ...** man weiß, dass ...; **isto fez-~ em três minutos** das wurde in drei Minuten gemacht; **aqui fala-~ alemão** hier spricht man deutsch; **aqui não ~ fuma** hier wird nicht geraucht

sé *f* Dom *m,* Kathedrale *f*

sê *1. pess pres imperativo de* **ser**

seara *f* Kornfeld *nt,* Getreidefeld *nt*

sebe *f* ❶ (*de arbustos*) Hecke *f* ❷ (*cerca*) Zaun *m*

sebenta *f* (*portugal*) Kladde *f,* Notizheft *nt*

sebento *adj* schmierig, fettig

sebo *m* Talg *m;* (*coloq*); **limpar o ~ a alguém** jdn aus der Welt schaffen

seborreia (*portugal*), **seborréia** *f* (*brasil:*

MED) Seborrhö(e) *f*, Schmerfluss *m*

seboso *adj v.* **sebento**

seca I. *adj f de* **seco** II. *f* ① (*falta de chuva*) Dürre *f*, Trockenheit *f* ② (*coloq: tédio*) **ser uma ~** ätzend sein; **estar na ~** (**à espera**) sich *dat* die Beine in den Bauch stehen

secador *m* Trockner *m*; **~ de cabelo** Föhn *m*, Haartrockner *m*; **~ de roupa** Wäschetrockner *m*

secagem *f* Trocknen *nt*

secante *f* (MAT) Sekante *f*

seção <-ões> *f* (*brasil*) *v.* **secção**

secar [sə'kar] <c→qu> I. *vt* (*roupa, cabelo*) trocknen; (*a pele*) abtrocknen; (*fruta*) dörren II. *vi* (*roupa, cabelo*) trocknen; **pôr a roupa a ~** die Wäsche zum Trocknen aufhängen; (*pele*) trocken werden, austrocknen; (*rio*) austrocknen; (*tinta*) eintrocknen; (*planta*) vertrocknen; (*fonte*) versiegen III. *vr* **~-se** sich abtrocknen

secção [sɜk'sãu] *f* (*portugal*) ① (*parte*) Abschnitt *m*, Teil *m* ② (*de empresa, loja*) Abteilung *f*; (*de organização*) Sektion *f* ③ (MAT) Schnitt *m* ④ (MIL) Zug *m*

seco ['seku] I. *pp irr de* **secar** II. *adj* ① (*roupa, pele, cabelo, vinho*) trocken; (*rio*) ausgetrocknet ② (*fruto*) gedörrt, getrocknet; **frutos ~s** Trockenfrüchte *pl* ③ (*planta*) vertrocknet, verdorrt ④ (*fig: pessoa*) kalt, unfreundlich; (*resposta*) barsch, rau ⑤ (*coloq: anedota*) lahm

secreção <-ões> *f* ① (BIOL: *acto*) Ausscheidung *f*, Sekretion *f* ② (*matéria*) Sekret *nt*

secreta *adj f de* **secreto**

secretaria *f* Sekretariat *nt*; **~ de Estado** Referat eines Ministeriums *nt*

secretária *f* ① (*mulher*) Sekretärin *f* ② (*esp portugal: mesa*) Schreibtisch *m* ③ (*brasil: aparelho*) **~ eletrônica** Anrufbeantworter *m*

secretariado *m* Sekretariat *nt*

secretário, -a *m, f* Sekretär(in) *m(f)*; **~ de Estado** Staatssekretär *m*

secreto [sə'krɜtu] *adj* geheim

sectário, -a I. *m, f* ① (*membro de uma seita*) Sektenmitglied *nt* ② (*fanático*) Fanatiker(in) *m(f)* II. *adj* ① (*de seita*) sektiererisch ② (*fanático*) fanatisch

sector *m* (*portugal*) Sektor *m*; (*secção*) Abteilung

secular <-es> *adj* ① (*temporal*) hundertjährig ② (REL) weltlich

século ['sɜkulu] *m* Jahrhundert *nt*; **no ~ XXI** im 21. Jahrhundert; (*coloq*); **isso foi há ~s** das ist Ewigkeiten her

secundário *adj* ① (*de menor importância*) zweitrangig, nebensächlich; **isso é ~** das ist nebensächlich ② (*de menor qualidade*) zweiter Wahl, minderwertig

secura *f* ① (*falta de humidade*) Trockenheit *f* ② (*fig: frieza*) Frostigkeit *f*, Kälte *f*; (*indiferença*) Gleichmut *m*

seda ['sedɐ] *f* Seide *f*

sedativo *m* (FARM) Schmerzmittel *nt*

sede[1] ['sɐdə] *f* Sitz *m*

sede[2] *f* (*fig*) Durst *m*; **estar com/ter ~** durstig sein, Durst haben; **matar a ~** den Durst löschen; **ter ~ de amor/gente** liebesbedürftig sein/unter Leute kommen wollen; **~ de vingança** Durst nach Rache

sedenta *adj f de* **sedento**

sedentário, -a I. *m, f* ① (*local*) Sesshafte ② (*inactivo*) Faulenzer(in) *m(f)* II. *adj* ① (*povo*) sesshaft ② (*pessoa, vida*) bequem; **levar uma vida sedentária** ein bequemes Leben führen

sedento *adj* gierig (*de* nach), erpicht (*de* auf)

Sedex *m* (*brasil*) **mandar uma carta por ~** einen Brief als Eilbrief versenden

sediado *adj* ansässig (*em* in)

sedimentação *f* ① (GEOL) Ablagerung *f*, Sedimentation *f* ② (QUÍM, BIOL) Sedimentation *f*

sedimentar *vi* ① (GEOL) sich ablagern, sedimentieren ② (QUÍM) ausfällen, einen Bodensatz bilden

sedimento *m* ① (BIOL, GEOL) Sediment *nt* ② (QUÍM) Bodensatz *m*, Sediment *nt*

sedoso *adj* (*tecido, pele*) seidig

sedução *f* Verführung *f*

sedutor(a) <-es> I. *m(f)* Verführer(in) *m(f)* II. *adj* verführerisch

seduzir *vt* verführen

segmento *m* Segment *nt*

segredar *vt* flüstern; **~ a. c. ao ouvido de alguém** jdm etw ins Ohr flüstern

segredo [sə'gredu] *m* Geheimnis *nt*; **~ profissional** Berufsgeheimnis *nt*; **em ~** heimlich, insgeheim; **manter a. c. em ~** etw geheim halten; **guardar ~** schweigen

segregação *f* Absonderung *f*; **~ racial** Rassentrennung *f*

segregar <g→gu> *vt* ① (*separar*) absondern, trennen ② (*expelir*) ausscheiden

seguida I. *adv* (*a seguir*) **em ~** danach; (*ininterruptamente*); **de ~** ununterbrochen

II. *adj f de* **seguido**

seguidamente *adv* ① (*a seguir*) gleich darauf, im Anschluss daran ② (*ininterruptamente*) ohne Unterbrechung, ununterbrochen

seguido *adj* ① (*consecutivo*) aufeinanderfolgend; **três dias ~s** drei Tage hintereinander; **horas seguidas** stundenlang ② (*contínuo*) ununterbrochen ③ (*posição*) gefolgt (*de* von)

seguimento *m* Folge *f,* Fortsetzung *f;* **dar ~ a a. c.** etw fortsetzen; **vir em ~ de** eine Folge sein von

seguinte [sə'gĩntə] *adj* folgende(r, s); (*próximo*) nächste(r, s), darauffolgend; **no dia ~** am nächsten Tag; **ela disse o ~** sie sagte Folgendes; **o ~, por favor!** der Nächste bitte!

seguir *irr* **I.** *vt* (*vir depois, observar*) folgen; **~ o exemplo de alguém** jds Beispiel folgen; (*um conselho*) befolgen; (*um caminho*) nehmen; **~ o seu caminho** seinen eigenen Weg gehen; (*uma pista, um acontecimento*) verfolgen; (*uma profissão*) ausüben **II.** *vi* (*pessoa*) gehen (*por* entlang); (*automóvel*) fahren (*por* entlang); (*continuar*) weiterfahren (*por*); **pode ~!** Sie können weiterfahren!; (*encomenda, correio*) abgehen **III.** *vr* **~-se** folgen (*a*)

segunda [sə'gũndɐ] **I.** *adj f de* **segundo** **II.** *f* ① (*segunda-feira*) Montag *m* ② (*segunda classe*) **de ~** zweitrangig; **viajar em ~** zweiter Klasse reisen ③ (*velocidade*) zweite(r) Gang *m;* **meter a ~** den zweiten Gang einlegen ④ (MÚS) Sekunde *f*

segunda-feira <segundas-feiras> *f* Montag *m;* **na ~** am Montag; **à(s) ~(s)** montags; **na próxima ~** nächsten Montag; **na ~ passada** letzten Montag; **na noite de ~ para terça-feira** in der Nacht von Montag auf Dienstag; **hoje é ~, (dia) 7 de Dezembro** heute ist Montag, der 7. Dezember

segundo [sə'gũndu] **I.** *m* Sekunde *f;* **só um ~!** eine Sekunde! **II.** *num ord* zweite(r, s); (FUT); **segunda trave** langer Pfosten; **em ~ lugar** an zweiter Stelle; **no ~ dia/mês** am zweiten Tag/im zweiten Monat; **a segunda vez** das zweite Mal; **segunda classe** zweite Klasse; **ela escreveu um ~ livro** sie hat ein zweites Buch geschrieben; **o ~ mais velho** der Zweitälteste; **o ~ maior** der Zweitgrößte **III.** *prep* nach *+dat,* laut *+dat;* **~ a lei** laut Gesetz; **~ o que disseram** nach dem, was sie gesagt haben; **~ ele, isso não é possível** seiner Meinung nach ist das nicht möglich **IV.** *adv* zweitens; **primeiro ..., ~ ...** erstens ..., zweitens ...

segura *adj f de* **seguro**

segurado, -a **I.** *m, f* Versicherte, Versicherungsnehmer(in) *m(f)* **II.** *adj* versichert

seguradora *f* Versicherungsgesellschaft *f*

seguramente *adv* sicher, bestimmt

segurança [səgu'rãsɐ] **I.** *mf* Wachmann *m,* Angestellte eines Wachdienstes **II.** *f* ① (*certeza, falta de perigo*) Sicherheit *f;* **em ~** sicher; **~ social** Sozialversicherung *f* ② (*garantia*) Gewähr *f*

segurar [səgu'rar] **I.** *vt* (*agarrar*) halten, festhalten; (*amparar*) stützen; (*com seguro*) versichern **II.** *vi* (*pegar*) **~ em** nehmen, halten; **segura aí (nisso)!** nimm das!; (*aguentar-se*) halten; (FUT) parieren **III.** *vr* **~-se** sich festhalten (*a* an); **segure-se bem!** halten Sie sich gut fest!

seguro [sə'guru] **I.** *m* ① (ECON) Versicherung *f;* **~ contra incêndio** Feuerversicherung *f;* **~ contra todos os riscos** Vollkaskoversicherung *f;* **~ contra terceiros** Teilkaskoversicherung *f;* **~ de saúde** Krankenversicherung *f;* (*brasil*); **~ social** Sozialversicherung *f;* **~ de vida** Lebensversicherung *f;* **pôr a. c. no ~** etw versichern ② (*segurança*) Sicherheit *f;* **jogar pelo ~** sichergehen **II.** *adj* ① (*certo*) sicher; **estás ~ da hora de partida?** bist du sicher, dass die Abfahrtszeit richtig ist? ② (*de confiança*) zuverlässig ③ (*fixo*) fest

sei *1. pres de* **saber**

seio *m* ① (*de mulher*) Brust *f,* Busen *m;* **~ frontal** Stirnhöhle *f* ② (*fig: centro*) Schoß *m;* **no ~ da família** im Schoß der Familie

seis [seiʃ] **I.** *m* Sechs *f* **II.** *num card* sechs; *v. tb.* **dois**

seiscentos *num card* sechshundert

seita *f* Sekte *f*

seitan *m* (CULIN) Seitan *m*

seiva *f* (BOT) (Pflanzen)Saft *m*

seixo *m* Kieselstein *m*

seja *conj de* **ser**

sela *f* Sattel *m*

selado *adj* (*carimbado*) gestempelt, abgestempelt

selar *vt* ① (*carimbar*) stempeln, abstempeln; (*uma carta*) frankieren, freimachen ② (*la-*

crar) versiegeln; (*uma embalagem*) plombieren ③ (*um pacto*) schließen ④ (*um cavalo*) satteln

seleção *f* (*brasil*) *v.* **selecção**

selecção <-ões> *f* (*portugal*) ① (*escolha*) Auswahl *f*; ~ **natural** natürliche Auslese; **fazer uma** ~ auswählen ② (DESP) ~ **nacional** Nationalmannschaft *f*

seleccionado *adj* ① (*pessoa*) ausgewählt (*para* für) ② (*produto, ambiente*) erlesen

seleccionador(a) *m(f)* (*portugal:* DESP) Trainer(in) *m(f)*

seleccionar *vt* auswählen, aussuchen; (*o lixo*) sortieren, trennen

selecionado *adj* (*brasil*) *v.* **seleccionado**

selecionar *vt* (*brasil*) *v.* **seleccionar**

selecta *adj f de* **selecto**

selectivo *adj* (*portugal*) auswählend, selektiv

selecto *adj* (*portugal*) erlesen, auserlesen

seletivo *adj* (*brasil*) *v.* **selectivo**

seleto *adj* (*brasil*) *v.* **selecto**

self-service *m* Selbstbedienung *f*

selim <-ins> *m* Sattel *m*

selo ['selu] *m* ① (*de carta*) Briefmarke *f* ② (*de lacre*) Siegel *nt;* (*carimbo*) Stempel *m;* ~ **branco** Prägesiegel *nt*

selva *f* Urwald *m,* Dschungel *m*

selvagem <-ens> **I.** *mf* Wilde(r) *f(m)* **II.** *adj* wild

sem [sãi] *prep* ohne +*akk;* ~ **fim** endlos; ~ **mais** ohne weiteres; ~ **parar** ununterbrochen; ~ **saber** ohne zu wissen; ~ **tirar nem pôr** genau so; ~ **que** +*conj* ohne dass; **ficar** ~ **nada** mittellos dastehen, alles verlieren; **estar** ~ **dinheiro** kein Geld haben; (*sítio*); ~ **ninguém** leer; (*pessoa*) allein; **ficar** ~ **gasolina/dinheiro** kein Benzin/Geld mehr haben; **ficar** ~ **luz** im Dunkeln sitzen

sem-abrigo *mf inv* Obdachlose(r) *f(m)*

semáforo [sə'mafuru] *m* Ampel *f*

semana [sə'mɐnɐ] *f* Woche *f;* **Semana Santa** Karwoche *f;* **todas as** ~**s** jede Woche, wöchentlich; **uma vez por** ~ ein Mal pro Woche; **durante a** ~ wochentags

semanada *f* Taschengeld *nt*

semanal [səmɐ'nal] *adj* <-ais> wöchentlich, Wochen ...

semanalmente *adv* wöchentlich

semanário *m* (JORN) Wochenzeitung *f*

semântica *f* (LING) Semantik *f*

semântico *adj* semantisch

semblante *m* ① (*elev: cara*) Antlitz *nt* ② (*aparência*) Aussehen *nt*

semeador *m* (AGR) Sämaschine *f,* Drillmaschine *f*

semear *conj como passear vt* ① (*um produto*) säen, aussäen; (*a terra*) besäen, das Saatgut ausbringen auf ② (*fig: espalhar*) verbreiten

semelhança *f* Ähnlichkeit *f;* **ter** ~**s com alguém/a. c.** Ähnlichkeit mit jdm/etw haben

semelhante [səmə'ʎɐ̃ntə] **I.** *m* Mitmensch *m* **II.** *adj* ① (*parecido*) ähnlich (*a*) ② (*tal*) so, solch; **nunca vi** ~ **coisa** ich habe so etwas nie gesehen; **ela fez uma** ~ **confusão!** sie hat solch ein Durcheinander angerichtet!

sémen (*portugal*), **sêmen** *m* (*brasil:* BIOL) Sperma *nt*

semente *f* (BOT) Samen *m*

semestral <-ais> *adj* halbjährig, Halbjahres ...; (*universidade*) Semester ...

semestre *m* Halbjahr *nt;* (*universidade*) Semester *nt*

sem-fim <-ins> *m* ① (*infinidade*) Unmenge *f* (*de* an/von); **um** ~ **de cartas** eine Unmenge von Briefen ② (MEC) Schnecke *f*

semianalfabeto, -a *m, f* quasi Analphabet, quasi Analphabetin *m, f;* **ele é** ~ er ist sozusagen Analphabet

semibreve *f* (MÚS) Semibrevis *f*

semicírculo *m* Halbkreis *m*

semicircunferência *f* (MAT) halbe(r) Kreisumfang *m*

semicondutor *m* (FÍS) Halbleiter *m*

semieixo *m* (MEC) Antriebswelle *f*

semifinal <-ais> *f* (DESP) Halbfinale *nt*

semimorto *adj* halb tot

seminário [səmi'narju] *m* ① (REL) Priesterseminar *nt* ② (*colóquio*) Seminar *nt*

seminarista *m* (REL) Seminarist *m*

seminu *adj* halb nackt

semita *mf* Semit(in) *m(f)*

semitransparente *adj* halbdurchsichtig, halbtransparent

sem-número *m* Unzahl *f* (*de* von); **um** ~ **de casos** eine Unzahl von Fällen

sêmola *f* Grieß *m;* ~ **de trigo** Weizengrieß *m*

sempre ['sẽmprə] *adv* ① (*a todo o momento*) immer; (*constantemente*) stets, ständig; **até** ~ auf Wiedersehen; **como** ~ wie immer; **para** ~ für immer; ~ **que** immer wenn; **a comida/música de** ~ das übliche

Essen/die übliche Musik ② (*afinal*) doch; (*de facto*) tatsächlich; **ele ~ veio** er ist doch gekommen; **~ vais?** gehst du immer noch?

sem-terra *mf inv* Landlose(r) *f(m);* **Movimento de Trabalhadores Rurais Sem-Terra** (*brasil*) Landlosenbewegung *f*

sem-vergonha **I.** *mf inv* unverschämte Person *f* **II.** *adj* unverschämt, frech

senado *m* Senat *m*

senador(a) <-es> *m(f)* Senator(in) *m(f)*

senão **I.** <-ões> *m* Schwierigkeit *f,* Haken *m;* **ter um ~** einen Haken haben; **não há bela sem ~** keine Rose ohne Dornen **II.** *konj* sonst; **despacha-te, ~ não chegas a horas** beeil dich, sonst kommst du nicht rechtzeitig **III.** *prep* außer *+dat;* **não está ninguém ~ ele** außer ihm ist niemand da

Senegal *m* Senegal *m*

senha *f* ① (*de autocarro*) Fahrschein *m* ② (*palavra, tb infor*) Kennwort *nt,* Passwort *nt* ③ (*de cartão de crédito*) Geheimzahl *f* ④ (*talão*) Bon *m;* (*em cantina, discoteca*) Marke *f*

senhor(a) [sə'ɲor] <-es> *m(f)* ① (*pessoa*) Mann *m,* Frau *f* ② (*tratamento*) Herr *m,* Frau *f;* **o ~ Melo** Herr Melo; **o ~ não sabe?** wissen Sie das nicht?; **sim, ~!** aber sicher doch!, selbstverständlich!; (REL); **Nossa Senhora** Heilige Maria *+dat*

Wenn man nicht näher bekannt ist, lautet nach wie vor die höfliche Anrede für Frauen **Senhora** Dona oder nur Dona und der Vorname, für Männer **Senhor** und der Familienname, also: Bom dia, (Senhora) Dona Maria!, Bom dia, Senhor Silva!

senhoril *adj* damenhaft; (*nobre*) elegant

senhorio, -a *m, f* Vermieter(in) *m(f),* Hauswirt(in) *m(f)*

senhorita *f* (*brasil*) Fräulein *nt,* junge Frau *f;* (*tratamento*) Frau *f*

senil <-is> *adj* senil, altersschwach

senilidade *f* Altersschwäche *f,* Senilität *f*

sénior *m* <seniores> (*portugal:* DESP) Senior *m*

sênior *m* (*brasil*) *v.* **sénior**

senis *adj pl de* **senil**

seno *m* (MAT) Sinus *m*

sensação <-ões> *f* ① (*sentimento*) Gefühl *nt,* Empfindung *f;* (*impressão*) Eindruck *m* ② (*acontecimento*) Sensation *f;* **causar ~** Aufsehen erregen

sensacional <-ais> *adj* sensationell, Aufsehen erregend

sensata *adj f de* **sensato**

sensatez *f* ① (*prudência*) Besonnenheit *f* ② (*bom senso*) Vernunft *f*

sensato *adj* ① (*prudente*) besonnen ② (*de bom senso*) vernünftig

sensibilidade [sẽsibəli'dadə] *f* ① (*física*) Empfindlichkeit *f* ② (*sentimental*) Empfindsamkeit *f,* Sensibilität *f;* **ter ~ para a. c.** sensibel für etw sein

sensibilizar *vt* sensibilisieren

sensitivo *adj* ① (*do sentido*) Sinnes ... ② (*da sensação*) Gefühls ...

sensível <-eis> *adj* ① (*pessoa*) sensibel, feinfühlig; **ser ~ a a. c.** empfindlich auf etw reagieren ② (*pele*) empfindlich

senso *m* Verstand *m,* Vernunft *f;* **~ comum** öffentliche Meinung; **bom ~** gesunder Menschenverstand

sensorial <-ais> *adj* sensorisch, Sinnes ...

sensual <-ais> *adj* sinnlich

sensualidade *f* Sinnlichkeit *f*

sentado [sẽn'tadu] *adj* sitzend; **estar ~** sitzen; **ficar ~** sitzen bleiben

sentar [sẽn'tar] **I.** *vt* setzen, hinsetzen **II.** *vr* **~-se** sich setzen, Platz nehmen; **sente-se!** setzen Sie sich!

sentença *f* (DIR) Urteil *nt*

sentenciar **I.** *vt* (*condenar*) verurteilen **II.** *vi* urteilen (*sobre* über), ein Urteil abgeben (*sobre* über)

sentencioso *adj* schulmeisterlich

sentido **I.** *m* ① (*significado, função sensorial*) Sinn *m;* **~ crítico** kritisches Bewusstsein; **~ de humor** Sinn für Humor; **~ de responsabilidade** Verantwortungsbewusstsein *nt;* **o sexto ~** der sechste Sinn; **perder os ~s** in Ohnmacht fallen; **sem ~** sinnlos; **isso não faz ~** das ist sinnlos, das hat keinen Sinn ② (*direcção*) Richtung *f;* **ir em ~ proibido** gegen die Fahrtrichtung fahren; **em ~ contrário** in umgekehrter Richtung; (*automóvel*) entgegen der Fahrtrichtung ③ (*atenção*) Aufmerksamkeit *f;* **tomar ~ em a. c.** auf etw achten; **estar com o ~ em a. c.** nur eine Sache im Sinn haben ④ (MIL) **~!** stillgestanden!; **estar em ~** stillstehen ⑤ (*objectivo*) Zweck *m,* Sinn *m;* **estamos a trabalhar nesse ~** wir arbeiten in diesem Sinne **II.** *adj* ① (*pessoa*) verletzt, gekränkt (*com*

S

wegen) ❷ (*queixa*) bitter; (*choro*) bitterlich

sentimental <-ais> *adj* gefühlvoll, sentimental; **vida ~** Gefühlsleben *nt*

sentimentalismo *m* Sentimentalität *f*

sentimento *m* Gefühl *nt,* Empfindung *f*

sentimentos *mpl* (*pêsames*) Beileid *nt;* **dar os ~ a alguém** jdm sein Beileid aussprechen; **os meus ~!** herzliches Beileid!

sentinela *f* Posten *m,* Wache *f;* **estar de ~** Wache stehen

sentir [sẽn'tir] *irr* **I.** *vt* (*dor, alegria*) fühlen, empfinden; **~ a. c. por alguém** etw für jdn empfinden; (*pressentir*) spüren, fühlen; (*lamentar*) bedauern; **sinto muito!** es tut mir sehr Leid! **II.** *vi* fühlen **III.** *vr* **~-se** sich fühlen; **como é que te sentes?** wie fühlst du dich?; **~-se feliz/enganado** glücklich sein/sich betrogen fühlen

senzala *f* (*brasil:* HIST) Sklavenunterkunft *f* (*auf Großgrundbesitzen und in Herrenhäusern*)

separação <-ões> *f* Trennung *f;* **~ amigável** freundschaftliche Trennung; **~ de bens** Gütertrennung *f*

separadamente *adv* ❶ (*à parte*) extra, getrennt ❷ (*individualmente*) einzeln

separado *adj* getrennt; (*estado civil*) getrennt lebend; **em ~** getrennt, extra

separador *m* ❶ (*em caderno, ficheiro*) Trennblatt *nt* ❷ (*de auto-estrada*) Leitplanke *f*

separar [səpɐ'rar] **I.** *vt* (*apartar*) trennen (*de* von), abtrennen (*de* von); (*dividir*) teilen; (*isolar*) absondern, trennen; (*seleccionar*) aussondern; (*o lixo*) trennen, sortieren **II.** *vr* **~-se** sich trennen (*de* von); (*com divórcio*) sich scheiden lassen (*de* von)

separatismo *m* (POL) Separatismus *m*

separatista *mf* (POL) Separatist(in) *m(f)*

separável *adj* trennbar

septuagenário, -a **I.** *m, f* Siebzigjährige **II.** *adj* siebzigjährig

septuagésimo *num ord* siebzigste(r, s)

sepulcro *m* Grab *nt,* Grabstätte *f*

sepultado *adj* begraben

sepultura *f* Grab *nt*

sequela (*portugal*), **seqüela** *f* (*brasil*) Folge *f*

sequência *f* Serie *f,* Reihe *f*

sequer *adv* wenigstens; **nem ~** nicht einmal

sequestrador(a) <-es> *m(f)* (*portugal: de pessoa, avião*) Entführer(in) *m(f)*

seqüestrador(a) *m(f)* (*brasil*) *v.* **sequestrador(a)**

sequestrar (*portugal*), **seqüestrar** *vt* (*brasil: pessoa, avião*) entführen

sequestro (*portugal*), **seqüestro** *m* (*brasil: de pessoa, avião*) Entführung *f*

seqüestro-relâmpago <seqüestros-relâmpago> *m* Blitzüberfall *f, Raubüberfall, bei dem der Täter seinen Opfer zwingt, am Geldautomaten Geld von seinem Konto abzuheben*

ser [ser] *irr* **I.** *m* <-es> Wesen *nt;* **~ vivo** Lebewesen *nt* **II.** *vi* ❶ (*característica, profissão, nome, nacionalidade, quantidade*) sein; **vir a ~** werden; **tem de ~** es muss sein; **ela é alta/professora** sie ist groß/Lehrerin; **eu sou português/o Pedro** ich bin Portugiese/Pedro; **sou eu** ich bin es; **são 10 pessoas** es sind 10 Personen; **é uma hora** es ist ein Uhr; **se eu fosse ele, não faria isso** an seiner Stelle würde ich das nicht tun; **isto é** das heißt; **a não ~ que ...** +*conj* es sei denn, dass ...; **seja ..., seja ...** sei es ... oder ...; **assim seja** so sei es; **seja como for** wie dem auch sei ❷ (*país*) kommen (*de* aus); **ele é do Brasil** er kommt aus Brasilien ❸ (*preço*) kosten; **os bilhetes são a 1000 euros** die Karten kosten je 1000 Euro ❹ (*material*) sein; **isso é de ferro** das ist aus Eisen ❺ (*pertencer*) gehören; **o livro é dele** das Buch gehört ihm ❻ (*passiva*) werden; **isto é/foi feito na Alemanha** das ist/wurde in Deutschland hergestellt ❼ (*incerteza*) **será que ela vem?** ob sie wohl kommt?

serão [sə'rãu] *m* <-ões> ❶ (*noite*) Abend *m;* **ao ~** abends ❷ (*no trabalho*) **fazer ~** eine Nachtschicht einlegen

serapilheira *f* Sackleinen *nt*

sereia *f* ❶ (*mitologia*) Sirene *f* ❷ (*sirene*) Sirene *f*

serena *adj f de* **sereno**

serenar **I.** *vt* beruhigen, besänftigen **II.** *vi* sich beruhigen; (*vento*) sich legen

serenata *f* (MÚS) Serenade *f*

serenidade *f* Ruhe *f,* Gelassenheit *f*

sereno *adj* ruhig, gelassen

seres *m pl de* **ser I**

sergipano, -a (*brasil*) **I.** *m, f* Einwohner(in) *m(f)* des Bundesstaates Sergipe **II.** *adj* (*especialidade*) aus Sergipe; (*instituto*) in Sergipe

Sergipe *m* (*brasil*) Sergipe (*Bundesstaat im Nordosten Brasiliens*)

sergipense *mf o adj v.* **sergipano**
séria *adj f de* **sério**
seriado *m* (*brasil:* TV) (Fernseh)Serie *f*
seriamente *adv* ernstlich, ernsthaft
série *f* ① (*sequência*) Serie *f;* **em ~** serienweise; (*produzir*) in Serie; (*fig*); **fora de ~** einmalig ② (*grande quantidade*) Reihe *f;* **uma ~ de vezes** häufig; **uma ~ de casas/acidentes** eine Reihe von Häusern/Unfällen ③ (*de automóvel*) Klasse *f* ④ (*de televisão*) Serie *f*
seriedade *f* Ernst *m,* Ernsthaftigkeit *f*
seringa *f* Spritze *f*
seringueira *f* Kautschukbaum *m,* Gummibaum *m*
seringueiro *m* Kautschukzapfer *m*
sério ['sɜrju] *adj* ① (*assunto, pessoa, cara*) ernst, ernsthaft; **a ~** im Ernst; **a ~?** wirklich?; **estás a falar a ~?** ist das dein Ernst?; **levar a. c. a ~** etw ernst nehmen ② (*honesto*) seriös
sermão <-ões> *m* ① (REL) Predigt *f* ② (*coloq: reprimenda*) Predigt *f,* Vorhaltungen *pl;* **ouvir/apanhar um ~** eine Predigt zu hören bekommen; **dar um ~ a alguém** jdm eine Predigt halten
serôdio *adj* spät, spät reifend
serões *m pl de* **serão**
seropositivo *adj* (MED) HIV-positiv
serpente *f* Schlange *f*
serpentina *f* (*de carnaval*) Luftschlange *f*
serra ['sɜʀɐ] *f* ① (*ferramenta*) Säge *f;* **~ circular** Kreissäge *f;* **~ elé(c)trica** Motorsäge *f;* **faca de ~** gezahntes Messer ② (GEOG) Gebirge *nt,* Gebirgskette *f*
serração *f* (*portugal*) Sägewerk *nt*
serrador(a) <-es> *m(f)* Säger(in) *m(f)*
serradura *f* Sägespäne *pl*
serragem <-ens> *f* (*brasil*) Sägespäne *f*
serralharia *f* (*local, actividade*) Schlosserei *f*
serralheiro, -a *m, f* Schlosser(in) *m(f)*
serrar *vt* sägen
serraría *f* (*brasil*) Sägewerk *nt*
serrilha *f* gezackte(r) Rand *m,* Zackenrand *m*
serrim *m* Sägespäne *pl*
serrote *m* Fuchsschwanz *m*
sertã *f* (*portugal*) Bratpfanne *f*
sertanejo, -a I. *m, f* (*brasil*) Hinterwäldler, -in *m, f* II. *adj* aus dem Landesinneren
sertão <-ões> *m* (*brasil*) *trockenes Buschgelände im Landesinneren*
serva *f v.* **servo**
servente *mf* Handlanger(in) *m(f),* Helfer(in) *m(f);* (*de limpeza*) Raumpfleger(in) *m(f)*
serventia *f* ① (*préstimo*) Brauchbarkeit *f;* **(não) ter ~ para a. c.** für etw (nicht) brauchbar sein ② (*funções de servente*) Hilfsarbeiten *pl;* **~ de cozinha** Restaurantbetrieb *m*
sérvia *adj o f f de* **sérvio**
Sérvia *f* Serbien *nt*
serviçal <-ais> *mf* Diener(in) *m(f)*
serviço [sər'visu] *m* ① (*geral*) Dienst *m;* **~ militar** Wehrdienst *m;* **~ militar obrigatório** Wehrpflicht *f;* **~ pós-venda** Kundendienst *m;* **~s municipalizados** städtische Betriebe; **~s públicos** öffentlicher Dienst; **prestar ~s** Dienstleistungen erbringen; **criada para todo o ~** Mädchen für alles; (*pessoa*); **estar de ~** im Dienst sein; (*farmácia*) Bereitschaft haben ② (*funcionamento*) Betrieb *m;* **fora de ~** außer Betrieb ③ (*repartição*) Amt *nt* ④ (*de restaurante*) Bedienung *f,* Service *m* ⑤ (*trabalho*) Arbeit *f;* (*irón*); **bonito ~!** gut gemacht! ⑥ (*de louça*) Service *nt* ⑦ (DESP) Angabe *f*
servida *adj f de* **servido**
servidão *f* Leibeigenschaft *f*
servido *adj* bedient; **já está ~?** bekommen Sie schon?; **é ~?** greifen Sie zu!
servidor <-es> *m* (INFOR) Anbieter *m,* Server *m*
servil <-is> *adj* unterwürfig
sérvio, -a I. *m, f* Serbe, Serbin *m, f* II. *adj* serbisch
servir [sər'vir] *irr como vestir* I. *vt* ① (*prestar serviço*) dienen ② (*à mesa, em restaurante*) bedienen ③ (*comida*) servieren, auftragen; (*bebida*) einschenken II. *vi* ① (*ter préstimo*) dienen (*de* als), (gut) sein (*para* zu); (*ser útil*) nützen (*para* zu); **~ de lição** eine Lehre sein; **~ de exemplo** als Beispiel dienen; **para que serve isso?** wozu ist das gut?; **isso serve para pintar** das ist zum Malen; **isso não serve para nada!** das ist völlig unnütz! ② (*ser suficiente*) reichen ③ (*roupa, calçado*) passen; **isso não me serve** das passt mir nicht ④ (DESP) angeben III. *vr* ① **~-se** (*comida*) sich bedienen; **~-se da sopa** sich von der Suppe nehmen +*dat;* **sirva-se!** bedienen Sie sich! ② **~-se** (*utilizar*) benutzen; **~-se do carro** das Auto benutzen ③ (*pej: usar*) **~-se de alguém (para a. c.)** jdn (für etw) benutzen, jdn ausnutzen

S

servis *adj pl de* **servil**
servo, -a *m, f* Sklave, Sklavin *m, f,* Leibeigene
sésamo *m* (BOT) Sesam *m*
sessão [sə'sãu] *f* <-ões> ① (*reunião*) Sitzung *f* ② (*de cinema*) Vorstellung *f*
sessenta [sə'sɛ̃ntɐ] *num card* sechzig
sessões *f pl de* **sessão**
sesta *f* Mittagsschlaf *m;* **dormir a ~** einen Mittagsschlaf halten
set *m* (DESP) Satz *m*
seta *f* Pfeil *m*
sete ['sɜtə] **I.** *m* Sieben *f* **II.** *num card* sieben; *v.* **dois**
setecentos *num card* siebenhundert
Setembro [sə'tɛ̃mbru] *m* September *m; v. tb.* **Março**
setenta [sə'tɛ̃ntɐ] *num card* siebzig
setentrional <-ais> *adj* nördlich
sétimo ['sɜtimu] *num ord* siebte(r, s); *v. tb.* **segundo**
setor <-es> *m* (*brasil*) Sektor *m*
setter *m* (ZOOL) Setter *m*
Setúbal (*portugal*) Setúbal (*Hauptstadt des Distrikts Setúbal*)*;* **Distrito de ~** Distrikt Setúbal
setubalense I. *mf* (*portugal*) *Einwohner(in) der Stadt oder der Region Setúbal* **II.** *adj* (*produto*) aus Setúbal; (*instituto*) in Setúbal
seu [seu] *pron poss* ① (*dele*) sein; (*dela*) ihr; **o ~ futuro** seine/ihre Zukunft; **o ~ filho** sein/ihr Sohn; **os ~s** die Seinen/Ihren; **ter a. c. de ~** etw besitzen ② (*você*) Ihr; **o ~ cigarro/livro** Ihre Zigarette/Ihr Buch; **isto é ~?** gehört das Ihnen?
severa *adj f de* **severo**
severidade *f* Strenge *f*
severo *adj* streng
sexagenário, -a I. *m, f* Sechzigjährige **II.** *adj* sechzigjährig
sexagésimo *num ord* sechzigste(r, s)
sexo ['sɜksu] *m* ① (*de pessoa, animal*) Geschlecht *nt;* **o ~ feminino/masculino** das weibliche/männliche Geschlecht ② (*relações sexuais*) Sex *m;* **~ seguro** Safer Sex *m*
sexóloga *f v.* **sexólogo**
sexologia *f* Sexualwissenschaft *f*
sexólogo, -a *m, f* Sexualwissenschaftler(in) *m(f)*
sex-shop *f* Sexshop *m*
sexta I. *num v.* **sexto II.** *f v.* **sexta-feira**
sexta-feira *f* Freitag *m;* **Sexta-feira Santa** Karfreitag *m; v. tb.* **segunda-feira**
sextanista *mf* Student(in) *m(f)* im sechsten Studienjahr
sexto ['seiʃtu] *num ord* sechste(r, s); *v. tb.* **segundo**
sexual [sɜksu'al] *adj* <-ais> ① (*relativo ao sexo*) geschlechtlich, Geschlechts ...; **órgão ~** Geschlechtsorgan *nt* ② (*comportamento, vida*) sexuell, Sexual ...; **educação ~** Sexualerziehung *f*
sexualidade *f* Sexualität *f*
sexy *adj* sexy
S.F.F. (*portugal*) *abr de* **se faz favor** bitte
short *m* (*brasil*) Shorts *pl,* kurze Hose *f*
show *m* Show *f*
si I. *m* (MÚS) H *nt,* h **II.** *pron pess* ① (*ele, ela*) sich; **por ~** von selbst, von sich aus; **para ~ (próprio)** für sich (selbst); **estar/ficar fora de ~** außer sich sein/geraten ② (*você*) Sie, Ihnen; **de ~** von Ihnen; **por ~** für Sie; **isto é para ~** das ist für Sie
siamês, -esa I. *m, f* Siamese, Siamesin *m, f* **II.** *adj* siamesisch; **irmãos siameses** siamesische Zwillinge; **gato ~** Siamkatze *f*
Sibéria *f* Sibirien *nt*
siberiano, -a I. *m, f* Sibirier(in) *m(f),* Sibirer(in) *m(f)* **II.** *adj* sibirisch
Sicília *f* Sizilien *nt*
siciliano, -a I. *m, f* Sizilianer(in) *m(f)* **II.** *adj* sizilianisch
sicrano *m* **fulano e ~** Hinz und Kunz
sida (MED: *esp portugal*) *abr de* **síndrome de imunodeficiência adquirida** Aids
side-car *m* Beiwagen *m*
siderado *adj* verblüfft (*com* über)
siderar *vt* ① (*aniquilar*) zerschmettern ② (*deixar perplexo*) verblüffen
siderurgia *f* Eisenindustrie *f*
sido ['sidu] *pp de* **ser**
sidra *f* Apfelwein *m,* Cidre *m*
sifão <-ões> *m* Siphon *m*
sífilis *f* (MED) Syphilis *f*
sifões *m pl de* **sifão**
siga ['siga] *1./3. pres subj de* **seguir**
sigilo *m* Geheimnis *nt;* **~ profissional** Berufsgeheimnis *nt*
sigla *f* Monogramm *nt*
signatário, -a I. *m, f* Unterzeichner(in) *m(f),* Unterzeichnete **II.** *adj* unterzeichnend
significado [signifi'kadu] *m* Bedeutung *f;* **qual é o ~ de ...?** was bedeutet ...?; **não ter ~** keine Bedeutung haben

significar *vt* <c→qu> bedeuten; **isso não significa nada** das bedeutet nichts
significativo *adj* bezeichnend
signo *m* Zeichen *nt;* (*do Zodíaco*) Sternzeichen *nt;* **qual é o teu ~?** was für ein Sternzeichen bist du?
sigo ['sigu] *1. pres de* **seguir**
sílaba *f* Silbe *f;* **~ átona/tónica** unbetonte/betonte Silbe
silenciador *m* (TEC) Schalldämpfer *m*
silenciar *vt* zum Schweigen bringen
silêncio *m* ❶ (*sossego, calma*) Ruhe *f;* **em ~** ruhig; **~!** Ruhe! ❷ (*de pessoa*) Schweigen *nt;* **estar em ~** schweigen; **fazer a. c. em ~** etw schweigend tun
silenciosa *adj v.* **silencioso II**
silencioso **I.** *m* (*brasil*) Schalldämpfer *m* **II.** *adj* (*lugar*) ruhig; (*máquina*) geräuschlos, leise; (*pessoa*) leise
sílfide *f* Sylphide *f*
silhueta *f* Silhouette *f*
silicone *m* Silikon *nt*
silo *m* Silo *nt*
silo-auto *m* (*portugal*) Parkhaus *nt*
silogismo *m* (FILOS) Syllogismus *m*
silva *f* Brombeerstrauch *m*
silvar *vi* pfeifen
silvestre [sil'vɜʃtrə] *adj* wild
silvicultura *f* Forstwirtschaft *f*
silvo *m* Pfeifen *nt*
sim [sĩ] **I.** *m* Ja *nt;* (*consentimento*) Zustimmung *f;* **pelo ~, pelo não** für alle Fälle **II.** *adv* ja; **~, senhor!** aber sicher doch!, selbstverständlich!; **dizer que ~** ja sagen; **dia ~, dia não** jeden zweiten Tag; **isso ~!** das lässt sich hören!; **penso que ~** ich denke schon
simbiose *f* Symbiose *f*
simbólico *adj* symbolisch
simbolizar *vt* symbolisieren
símbolo ['sĩmbulu] *m* Symbol *nt* (*de* für)
simetria *f* Symmetrie *f*
simétrico *adj* symmetrisch
similar <-es> *adj* ähnlich
símio *m* (ZOOL) Affe *m*
simpatia *f* Sympathie *f;* **ter ~ por alguém** für jdn Sympathie empfinden; **ter ~ por a. c.** etw wohlwollend gegenüberstehen; **ser uma ~** sehr nett sein
simpático [sĩm'patiku] *adj* sympathisch, nett
simpatizante *mf* Anhänger(in) *m(f)* (*de*)
simpatizar *vi* (*pessoa*) **~ com** sympathisch finden, nett finden; (*causa*) sympathisieren mit
simples ['sĩmpləʃ] *adj inv* ❶ (*não complicado*) einfach; **é muito ~!** es ist ganz einfach! ❷ (*mero*) rein; **por ~ curiosidade/prazer** aus reiner Neugier/reinem Vergnügen ❸ (*simplório*) einfältig, beschränkt
simplesmente *adv* nur, bloß
simplicidade *f* ❶ (*facilidade*) Einfachheit *f* ❷ (*modéstia*) Schlichtheit *f,* Einfachheit *f*
simplificar *vt* <c→qu> vereinfachen
simplíssimo *superl de* **simples**
simplório, -a **I.** *m, f* Einfaltspinsel *m* **II.** *adj* einfältig, naiv
simpósio *m* Symposium *nt*
simulação <-ões> *f* ❶ (*dissimulação*) Verstellung *f* ❷ (*simulacro*) Simulation *f*
simulacro *m* Simulation *f*
simulador *m* Simulator *m;* **~ de voo** Flugsimulator *m*
simular *vi* simulieren
simultânea *adj f de* **simultâneo**
simultaneamente *adv* gleichzeitig
simultâneo *adj* gleichzeitig; (*interpretação*) simultan
sina *f* Schicksal *nt;* **ler a ~** wahrsagen
sinagoga *f* Synagoge *f*
sinal [si'nal] *m* <-ais> ❶ (*indício*) Zeichen *nt* (*de* für), Anzeichen *nt* (*de* für); **(não) dar sinais de vida** (kein) Lebenszeichen von sich geben *+dat* ❷ (*marca*) Kennzeichen *nt,* Merkmal *nt;* (*na pele*) Fleck *m;* **~ de nascença** Muttermal *nt* ❸ (MAT: *símbolo*) Zeichen *nt;* **~ horário** Zeitzeichen *nt;* **~ de trânsito** Verkehrszeichen *nt;* **isso é um ~ dos tempos** das ist ein Zeichen der Zeit; (*automóvel*); **dar ~** Zeichen geben ❹ (TEL) Freizeichen *nt,* Wählton *m;* **~ de chamada** Rufton *m;* **~ de impedido/ocupado** Besetztzeichen *nt,* Besetztton *m* ❺ (*de advertência*) Signal *nt;* **~ de alarme** Alarmsignal *nt;* **~ de aviso** Warnsignal *nt;* **~ luminoso** Leuchtsignal *nt* ❻ (*gesto*) Wink *m;* **fazer ~ a alguém** jdm zuwinken ❼ (*monetário*) Anzahlung *f;* **dar um ~** eine Anzahlung leisten
sinaleiro, -a *m, f* Verkehrspolizist(in) *m(f);* (*brasil tb*) Verkehrsampel *f*
sinalização <-ões> *f* Beschilderung *f*
sinalizar *vt* ❶ (*uma compra*) anzahlen ❷ (*uma rua*) beschildern

sincelo *m* (*portugal*) Eiszapfen *m*

sincera *adj f de* **sincero**

sinceramente *adv* ehrlich

sinceridade *f* Ehrlichkeit *f,* Aufrichtigkeit *f*

sincero *adj* ehrlich, aufrichtig

síncope *f* (LING, MED, MÚS) Synkope *f*

sincronização <-ões> *f* Synchronisation *f,* Synchronisierung *f*

sincronizado *adj* synchronisiert

sincronizar *vt* synchronisieren

sindical <-ais> *adj* gewerkschaftlich, Gewerkschafts ...

sindicalista **I.** *mf* Gewerkschaftler(in) *m(f)* **II.** *adj* gewerkschaftlich, Gewerkschafts ...

sindicato *m* Gewerkschaft *f*

síndroma *m* (MED) *v.* **síndrome**

síndrome *f* (MED) Syndrom *nt;* ~ **de imunodeficiência adquirida** erworbene Immunschwächekrankheit

sinédoque *f* (LING) Synekdoche *f*

sinergia *f* Synergie *f*

sineta *f* Glöckchen *nt*

sinfonia *f* Sinfonie *f*

sinfónico (*portugal*), **sinfônico** *adj* (*brasil*) sinfonisch

singelo *adj* einfach, schlicht

singrar *vi* gedeihen, prosperieren

singular **I.** *m* (LING) Singular *m,* Einzahl *f* **II.** *adj* ① (*individual*) einzeln, vereinzelt ② (*único*) einmalig, einzigartig ③ (*peculiar*) eigenartig, eigentümlich

singularidade *f* Besonderheit *f,* Eigentümlichkeit *f*

sinistrado, -a **I.** *m, f* Verunglückte, Unfallopfer *nt* **II.** *adj* (*pessoa*) verunglückt; (*automóvel*) beschädigt

sinistro **I.** *m* Unfall *m* **II.** *adj* (*pessoa*) unheimlich; (*figura*) düster; (*local*) finster

sino *m* Glocke *f*

sinónimo (*portugal*) **I.** *m* Synonym *nt* **II.** *adj* synonym (*de* zu)

sinônimo *m o adj* (*brasil*) *v.* **sinónimo**

sinopse *f* Zusammenfassung *f*

sinta *pp/3. pres subj de* **sentir**

sintáctico *adj* syntaktisch

sintagma *m* (LING) Syntagma *nt*

sintático *adj* (*brasil*) *v.* **sintáctico**

sintaxe *f* (LING) Syntax *f*

síntese *f* ① (*resumo*) Zusammenfassung *f;* **fazer uma ~ de a. c.** etw zusammenfassen ② (FILOS, QUÍM) Synthese *f*

sintético *adj* ① (*resumido*) zusammengefasst ② (*artificial*) synthetisch, künstlich

sintetizador *m* (MÚS) Synthesizer *m*

sintetizar *vt* zusammenfassen

sinto *1. pres de* **sentir**

sintoma *m* ① (MED) Symptom *nt* ② (*indício*) Anzeichen *nt* (*de* für); (*sinal*) Zeichen *nt* (*de* für)

sintomático *adj* symptomatisch

sintonia *f* ① (ELECTR) Abstimmung *f* ② (*acordo mútuo*) Übereinstimmung *f;* **estar em ~ com alguém/a. c.** mit jdm auf der gleichen Wellenlänge liegen/mit etw übereinstimmen

sintonização <-ões> *f* (*do rádio*) Abstimmung *f*

sintonizado *adj* auf derselben Wellenlänge abgestimmt

sintonizar *vt* (*o rádio*) einstellen

sinuoso *adj* kurvig

sinusite [sinu'zitə] *f* (MED) Nebenhöhlenentzündung *f*

sirena *f* (*brasil*) *v.* **sirene**

sirene *f* (*de polícia, ambulância, navio*) Sirene *f;* (*de nevoeiro*) Nebelhorn *nt*

síria *adj o f v.* **sírio**

Síria *f* Syrien *nt*

sírio, -a **I.** *m, f* Syrer(in) *m(f)* **II.** *adj* syrisch

Sírio *m* (ASTR) Sirius *m,* Hundsstern *m*

sirva ['sirva] *1./3. pres subj de* **servir**

sirvo ['sirvu] *1. pres de* **servir**

sisa *f* Grunderwerbssteuer *f*

sismo *m* Erdbeben *nt*

sismógrafo *m* Seismograph *m*

siso ['sizu] *m* Verstand *m*

sistema *m* System *nt;* ~ **antibloqueio** Antiblockiersystem *nt;* ~ **imunológico** Immunsystem *nt;* ~ **métrico** metrisches System; (INFOR: *brasil*); ~ **operacional** Betriebssystem *nt;* (*portugal*); ~ **operativo** Betriebssystem *nt;* ~ **de rega** Bewässerungssystem *nt;* ~ **solar** Sonnensystem *nt;* **por ~** grundsätzlich

sistemática *adj f de* **sistemático**

sistematicamente *adv* ① (*metodicamente*) systematisch ② (*frequentemente*) häufig

sistemático *adj* ① (*relativo a sistema, metódico*) systematisch ② (*frequente*) häufig, regelmäßig

sisudo *adj* mürrisch

site *m* (*brasil:* INFOR) Website *f*

sítio *m* ① (*lugar*) Platz *m,* Stelle *f;* **no ~** an Ort und Stelle; **fora do ~** nicht an seinem

Platz; **este ~ é meu** das ist mein Platz; **não sair do ~** sich nicht von der Stelle bewegen; (*fig*) auf der Stelle treten ❷ (*localização geográfica*) Lage *f;* **a casa fica num bom ~** das Haus hat eine gute Lage ❸ (*brasil: propriedade rural*) Landgut *nt* ❹ (*portugal:* INFOR) Website, f

sito *adj* gelegen; **uma empresa sita na Rua de Camões** eine in der Rua de Camões gelegene Firma

situação [sitwɐ'sãu] *f* <-ões> Lage *f,* Situation *f;* **é uma ~ delicada** das ist eine heikle Situation; **espero que compreenda a minha ~** ich hoffe, Sie haben Verständnis für meine Lage

situado *adj* gelegen; **a casa fica situada no litoral/interior/norte/monte** das Haus liegt an der Küste/im Landesinneren/im Norden/auf dem Berg

situar **I.** *vt* (*no espaço*) lokalisieren; (*no tempo*) zeitlich einordnen **II.** *vr* **~-se** sich befinden, liegen

skate <-s> *m* Skateboard *nt;* **andar de ~** Skateboard fahren

slogan *m* Slogan *m*

slow *m* (*coloq*) langsame(s) Stück *nt*

smoking *m* Smoking *m*

snack-bar *m* (*portugal*) Snackbar *f,* Imbissstube *f*

Eine **Snack-bar** ist in Portugal ein Lokal, in dem man an der Theke oder auch am Tisch Getränke sowie Sandwiches, Vorspeisen und einige Gerichte bekommt.

snifar *vt* (*coloq: cheirar, aspirar*) schnüffeln; (*droga*) sniffen; (INFOR: *rede*) sniffen

snobe **I.** *mf* Snob *m* **II.** *adj* snobistisch

snobismo *m* Snobismus *m*

só [sɔ] **I.** *adj* ❶ (*sozinho*) allein ❷ (*solitário*) einsam ❸ (*único*) einzig; **uma ~ vez** ein einziges Mal **II.** *adv* ❶ (*unicamente*) nur; **não ~ ..., mas também ...** nicht nur ..., sondern auch ...; **~ que** es ist nur so, dass; **já ~ faltam duas semanas** es sind nur noch zwei Wochen ❷ (*temporal*) erst; **ela ~ tem 12 anos** sie ist erst 12 Jahre alt; **~ agora** erst jetzt; **~ às duas horas/há dois meses** erst um zwei Uhr/vor zwei Wochen

soalheiro [swɐ'ʎeiru] *adj* sonnig

soalho *m* Fußboden *m*

soar <*brasil, 1. pess pres:* sôo> *vi* ❶ (*som, voz*) ertönen, erklingen ❷ (*palavra*) klingen; **isso soa bem/mal** das klingt gut/schlecht

sob *prep* (*fig*) unter +*dat*

sobe ['sɔbi] *3. pres de* **subir**

soberana *adj o f v.* **soberano**

soberania *f* Souveränität *f;* **órgãos de ~** Regierung *f*

soberano, -a **I.** *m, f* Herrscher(in) *m(f)* **II.** *adj* souverän

soberbo *adj* ❶ (*magnífico*) herrlich; (*sumptuoso*) prächtig ❷ (*altivo*) hochmütig, überheblich

sobra *f* Überfluss *m;* **~s** Reste *pl;* (*de comida*) Essensreste *pl;* **de ~** im Überfluss

sobranceiro *adj* hochmütig, arrogant

sobrancelha *f* Augenbraue *f*

sobrar [su'brar] *vi* übrig bleiben; **não sobrou nada** es ist nichts übrig geblieben; **não sobram dúvidas** es besteht kein Zweifel

sobre ['sobrə] *prep* ❶ (*em cima de*) auf +*akk/dat;* (*acima de, por cima de*) über +*akk/dat* ❷ (*acerca de*) über +*akk*

sobreaviso *m* **estar de ~** auf der Hut sein

sobrecarga *f* ❶ (*de veículo*) Überladung *f;* **estar com ~** überladen sein ❷ (*fig: para pessoa*) (zusätzliche) Belastung *f*

sobrecarregado *adj* (*pessoa*) überlastet

sobrecarregar *vt* ❶ (*um veículo*) überladen ❷ (*fig: uma pessoa*) überlasten

sobre-humano *adj* übermenschlich

sobreiro *m* (BOT) Korkeiche *f*

sobrelotado *adj* überfüllt

sobremaneira *adv* überaus, äußerst

sobremesa [sobrə'mezɐ] *f* Nachtisch *m,* Dessert *nt*

sobrenatural <-ais> **I.** *m* Übernatürliche *nt* **II.** *adj* übernatürlich

sobrenome [sobre'nomi] *m* (*brasil*) Familienname *m,* Nachname *m*

sobrepor *irr como pôr* **I.** *vt* (*uma coisa*) legen (*a* auf), stellen (*a* auf); (*duas coisas*) übereinanderlegen **II.** *vr* **~-se a a. c.** über etw liegen; (*em qualidade*) etw übertreffen

sobreposto **I.** *pp de* **sobrepor** **II.** *adj* ❶ (*objectos*) übereinanderliegend ❷ (*horário*) sich überschneidend

sobrepovoado *adj* übervölkert, überbevölkert

sobrescrito *m* Briefumschlag *m,* Umschlag *m*

sobressair *vi conj como sair* ❶ (*ficar saliente*) hervorstehen, herausragen (*de* aus)

② (*dar nas vistas*) auffallen, sich abheben (*de* von)

sobressaltar **I.** *vt* (*surpreender*) überraschen; (*assustar*) erschrecken, bestürzen **II.** *vr* ~**-se** erschrecken, zusammenfahren

sobressalto *m* (*susto*) Schreck *m;* (*agitação*) Aufregung *f;* **de** ~ plötzlich, überraschend; **em** ~ beunruhigt

sobresselente *adj* Ersatz ...; **peça** ~ Ersatzteil *nt*

sobrestimar *vt* überschätzen

sobretaxa *f* Zuschlag *m;* (*dos correios*) Nachporto *nt,* Strafporto *nt*

sobretudo [sobrə'tudu] **I.** *m* Mantel *m,* Wintermantel *m* **II.** *adv* vor allem

sobrevir *irr como vir vi* folgen

sobrevivência *f* Überleben *nt*

sobrevivente **I.** *mf* Überlebende(r) *f(m)* **II.** *adj* überlebend

sobreviver *vi* überleben (*a*)

sobrevoar *vt* <*brasil, 1. pess pres:* sobrevôo> überfliegen

sóbria *adj f de* **sóbrio**

sobriedade *f* ① (*moderação*) Mäßigkeit *f,* Genügsamkeit *f* ② (*reserva*) Zurückhaltung *f* ③ (*sem álcool*) Nüchternheit *f*

sobrinho, -a *m, f* Neffe *m,* Nichte *f*

sobrinho-neto, sobrinha-neta <sobrinhos-netos> *m, f* Großneffe, Großnichte *m, f*

sóbrio *adj* ① (*sem álcool*) nüchtern ② (*moderado*) mäßig, genügsam ③ (*reservado*) zurückhaltend

sobrolho *m* Augenbraue *f;* **franzir o** ~ die Stirn runzeln

soca *f* (*portugal*) Holzpantoffel *m,* Clog *m*

socapa *adv* **à** ~ verstohlen, heimlich

socar <c→qu> *vt* ① (*dar socos*) mit den Fäusten schlagen ② (*brasil: a massa*) kneten

sócia *f v.* **sócio**

social <-ais> *adj* gesellschaftlich, sozial

social-democracia *f* (POL) Sozialdemokratie *f*

social-democrata **I.** *adj* sozialdemokratisch **II.** *mf* Sozialdemokrat *m* (*Mitglied der konservativ-bürgerlichen Sozialdemokratischen Partei: PSD = Partido Social Democrata*)

socialismo *m* Sozialismus *m*

socialista **I.** *mf* Sozialist(in) *m(f)* **II.** *adj* sozialistisch

socialização *f* Sozialisierung *f*

sociável <-eis> *adj* gesellig, umgänglich

sociedade *f* ① (*geral, comercial*) Gesellschaft *f;* **Sociedade Anónima** Aktiengesellschaft *f;* ~ **de consumo** Konsumgesellschaft *f;* **alta** ~ High Society *f* ② (*entre sócios*) Partnerschaft *f*

sócio, -a ['sɔsju] *m, f* (*de empresa*) Teilhaber(in) *m(f);* (*nos negócios*) Geschäftspartner(in) *m(f);* (*de associação, clube*) Mitglied *nt*

socióloga *f v.* **sociólogo**

sociologia *f* Soziologie *f*

sociológico *adj* soziologisch

sociólogo, -a *m, f* Soziologe, Soziologin *m, f*

soco¹ *m* Holzpantoffel *m,* Clog *m*

soco² *m* Faustschlag *m;* **dar um** ~ **a alguém/em a. c.** jdm/etw einen Faustschlag versetzen

socorrer **I.** *vt* zu Hilfe kommen +*dat,* helfen +*dat* **II.** *vr* ~**-se** zurückgreifen (*de* auf)

socorro [su'koʀu] *m* Hilfe *f;* **pedir** ~ um Hilfe rufen; **primeiros** ~**s** erste Hilfe; ~**!** Hilfe!

soda *f* ① (*bebida*) Limonade *f* ② (QUÍM) Soda *f;* ~ **cáustica** Ätznatron *nt*

sódio *m* (QUÍM) Natrium *nt*

sofá *m* Sofa *nt,* Couch *f*

sofá-cama <sofás-camas> *m* Schlafcouch *f,* Schlafsofa *nt*

sofisma *m* Sophismus *m*

sofisticado *adj* ① (*pessoa*) herausgeputzt; (*roupa*) hochmodisch ② (*técnica*) ausgereift, hoch entwickelt

sôfrego *adj* gierig

sofreguidão *f* Gier *f*

sofrer **I.** *vt* (*uma derrota, perda*) erleiden; (*um acidente*) haben; (*um choque*) erleiden, bekommen; (*uma alteração*) erfahren **II.** *vi* leiden (*de* an, *com* unter)

sofrimento *m* Leiden *nt*

software *m* (INFOR) Sofware *f*

sogro, -a *m, f* Schwiegervater, Schwiegermutter *m, f;* ~**s** Schwiegereltern *pl*

soja *f* Soja *f;* **molho** *m* **de** ~ Sojasauce *f*

sol [sɔl] *m* <sóis> ① (ASTR) Sonne *f;* **está/faz** ~ die Sonne scheint; **apanhar** ~ sich sonnen; **de** ~ **a** ~ von Sonnenaufgang bis Sonnenuntergang ② (MÚS) G *nt,* g

sola ['sɔlɐ] *f* Sohle *f;* **pôr** ~**s nos sapatos** die Schuhe besohlen; (*coloq*); **dar à** ~ sich davonmachen

solar **I.** *m* Adelspalast *m* **II.** *adj* Sonnen ...; **sistema** ~ Sonnensystem *nt*

solário [su'larju] *m* Solarium *nt*

solavanco *m* Stoß *m*

soldado *m* Soldat *m*

soldador(a) <-es> *m(f)* Schweißer(in) *m(f)*
soldadura *f* ❶ (*acto*) Schweißen *nt*, Schweißarbeit *f* ❷ (*parte soldada*) Schweißnaht *f*
soldar *vt* schweißen; (*com metal*) löten
soleira *f* Türschwelle *f*
solene *adj* ❶ (*formal*) förmlich ❷ (*festivo*) feierlich, festlich
soletrar [sulə'trar] *vt* buchstabieren
Soleura Solothurn; **Cantão de ~** Kanton Solothurn *m, schweiz: nt*
solfejo *m* (MÚS) Solfeggieren *nt*, Solmisieren *nt*
solha *f* ❶ (ZOOL) Scholle *f* ❷ (*portugal: coloq: bofetada*) Klaps *m*
solícita *adj f de* **solícito**
solicitação <-ões> *f* (*pedido*) Bitte *f*; (*requerimento*) Gesuch *nt*
solicitador(a) *m(f)* (DIR) Rechtsbeistand *m*
solicitar *vt* (*pedir*) bitten um; (*exigir*) verlangen; (*oficialmente*) beantragen
solícito *adj* hilfsbereit
sólida *adj f de* **sólido**
solidão *f* Einsamkeit *f*
solidária *adj f de* **solidário**
solidariedade *f* Solidarität *f*
solidário *adj* solidarisch (*com* mit)
solidez *f* ❶ (*resistência*) Festigkeit *f* ❷ (*de negócio, empresa*) Solidität *f*
solidificação *f* (FÍS) Verfestigung *f*, Übergang *m* in den festen Aggregatzustand
solidificar *vi* <c→qu> fest werden
sólido **I.** *m* (FÍS) feste(r) Körper *m* **II.** *adj* ❶ (*não líquido*) fest ❷ (*material, objecto*) haltbar, stabil; (*empresa*) solide; (*relação*) fest ❸ (*argumento*) fundiert
solista [su'liʃtɐ] *mf* (MÚS) Solist(in) *m(f)*
solitária *f* (*na prisão*) Einzelzelle *f*
solitário, -a [suli'tarju] **I.** *m, f* Einzelgänger(in) *m(f)* **II.** *adj* einsam
solo ['sɔlu] *m* ❶ (*terra*) Boden *m* ❷ (MÚS) Solo *nt*; **cantar a ~** ein Solo singen
solstício *m* (ASTR) Sonnenwende *f*
solta **I.** *adv* **à ~** frei; **andar à ~** frei herumlaufen **II.** *adj v.* **solto**
soltar <*pp* solto *o* soltado> **I.** *vt* (*largar*) loslassen; **solta-me!** lass mich los!; (*libertar*) befreien, freilassen; (*afrouxar*) lockern; (*desatar*) losmachen, lösen; **~ o cabelo** die Haare lösen; (*um grito*) ausstoßen; (*um suspiro*) von sich geben *+dat*; **~ uma gargalhada** laut loslachen **II.** *vr* **~-se** aufgehen, sich lösen
solteira *f de* **solteiro**
solteirão, -ona <-ões> *m, f* alte(r) Junggeselle *m*, alte Junggesellin *f*
solteiro, -a [sol'teiru] **I.** *m, f* Alleinstehende, Single *m* **II.** *adj* ledig, unverheiratet
solteirões *m pl de* **solteirão**
solteirona *f v.* **solteirão**
solteropolitano, -a **I.** *m, f* (*brasil*) Einwohner(in) *m(f)* der Stadt Salvador **II.** *adj* (*produto*) aus Salvador; (*instituto*) in Salvador
solto **I.** *pp irr de* **soltar** **II.** *adj* ❶ (*nó, parafuso, botão*) locker; (*cabelo*) offen ❷ (*pessoa*) frei
soltura *f* (MED) Durchfall *m*
solução [sulu'sãu] *f* <-ões> (QUÍM) Lösung *f*
soluçar <ç→c> *vi* ❶ (*ter soluços*) Schluckauf haben ❷ (*chorando*) schluchzen
solucionar *vt* lösen
soluço *m* ❶ (*choro*) Schluchzer *m* ❷ (*fisiológico*) Schluckauf *m*; **estar com/ter ~s** Schluckauf haben
soluções *f pl de* **solução**
solúvel <-eis> *adj* (*num líquido*) löslich
solvência *f* (ECON) Zahlungsfähigkeit *f*, Solvenz *f*
solvente *adj* (ECON) zahlungsfähig, solvent
som <sons> *m* Ton *m*, Laut *m*; (*de instrumento, música*) Klang *m*; (FÍS) Schall *m*; (LING); **~ nasal** Nasallaut *m*; **ao ~ de uma música** zum Klang eines Liedes
soma ['somɐ] *f* Summe *f*
somar **I.** *vt* (MAT) zusammenzählen, addieren; (*vitórias, medalhas*) erlangen, einheimsen; **~ conquistas** viele Eroberungen machen; **ela somou medalhas** sie erlangte eine Medaille nach der anderen **II.** *vi* (MAT) zusammenzählen, addieren
sombra ['sɔ̃mbrɐ] *f* (*fig*) Schatten *m*; **à ~** im Schatten; **sem ~ de dúvida** ohne den leisesten Zweifel; **nem por ~s** auf gar keinen Fall
sombreado **I.** *m* Schattierung *f* **II.** *adj* schattig
sombria *adj f de* **sombrio**
sombrinha *f* Sonnenschirm *m*
sombrinhas *fpl* (*jogo*) Schattenspiel *nt*
sombrio *adj* ❶ (*à sombra*) schattig ❷ (*lúgubre*) düster, finster
some ['sɔmi] *3. pres de* **sumir**
somente *adv* nur, lediglich
somítico *adj* geizig
somos ['somus] *1. pl pres de* **ser**

S

sonâmbula *f de* **sonâmbulo**
sonambulismo *m* Schlafwandeln *nt,* Nachtwandeln *nt*
sonâmbulo, -a **I.** *m, f* Schlafwandler(in) *m(f)* **II.** *adj* schlafwandlerisch, mondsüchtig
sonância *f* Klang *m*
sonda *f* 1 (MED) Sonde *f* 2 (NÁUT) Lot *nt,* Senkblei *nt*
sondagem <-ens> *f* (*de opinião*) Umfrage *f;* **fazer uma ~** eine Umfrage machen
sondar *vt* 1 (MED) sondieren 2 (NÁUT) ausloten 3 (*fig: uma região*) untersuchen 4 (*fig: uma pessoa*) aushorchen; (*a opinião*) herausbekommen
soneca *f* Schläfchen *nt;* **dormir uma ~** ein Schläfchen halten
sonegação <-ões> *f* (*de impostos*) Steuerhinterziehung *f*
sonegar <g→gu> *vt* 1 (*informação, dados*) zurückhalten 2 (*impostos*) hinterziehen
soneto *m* Sonett *nt*
sonhador(a) <-es> **I.** *m(f)* Träumer(in) *m(f)* **II.** *adj* träumerisch
sonhar *vi* träumen (*com* von); **~ acordado** mit offenen Augen träumen
sonho *m* 1 (*mental*) Traum *m;* **de ~** traumhaft 2 (CULIN) frittierte(s) Spritzgebäck *nt*
sono *m* 1 (*dormida*) Schlaf *m;* **dormir a noite de um ~** die ganze Nacht durchschlafen 2 (*sonolência*) Schläfrigkeit *f,* Müdigkeit *f;* **estar com/ter ~** müde sein; **estar a cair de ~** todmüde sein, vor Müdigkeit umfallen; **dar ~** schläfrig machen
sonolência *f* (*antes do sono*) Schläfrigkeit *f;* (*depois do sono*) Schlaftrunkenheit *f*
sonolento *adj* (*antes do sono*) schläfrig; (*depois do sono*) schlaftrunken
sonoplastia *f* (CINE) (künstliche) Geräuschkulisse *f*
sonoro *adj* 1 (*que produz som*) Klang erzeugend 2 (*que tem som claro*) volltönend, klangvoll 3 (*com som*) Ton ..., Schall ...; **filme ~** Tonfilm *m;* **onda sonora** Schallwelle *f* 4 (LING) stimmhaft
sons *m pl de* **som**
sonso *adj* 1 (*dissimulado*) listig, verschlagen 2 (*ingénuo*) naiv
sopa ['sopɐ] *f* Suppe *f;* **~ de legumes** Gemüsesuppe *f;* **~ de tomate** Tomatensuppe *f;* **~ de rabo de boi** Ochsenschwanzsuppe *f;* (**ou**) **sim ou ~s** entweder oder!
sopapo *m* Faustschlag *m;* (*debaixo do queixo*) Kinnhaken *m;* **dar um ~ a alguém** jdm einen Kinnhaken versetzen
sopé *m* Fuß *m* des Berges
soprano *mf* (MÚS) Sopran *m,* Sopransänger(in) *m(f)*
soprar **I.** *vt* (*vidro*) blasen; (*velas*) ausblasen; (*balão*) aufblasen; (*pó*) wegblasen **II.** *vi* (*pessoa, vento*) blasen; (*teste de alcoolémia*); **~ ao balão** (ins Röhrchen) pusten
sopro *m* Blasen *nt;* (*hálito*) Hauch *m*
soquete *m* Socke *f*
sórdido *adj* 1 (*sujo*) schmutzig; (*repugnante*) widerlich, abstoßend 2 (*vil*) gemein
sorna *f* (*preguiça*) Faulheit *f;* (*moleza*) Trägheit *f;* (*brasil*) Schläfchen *nt*
sornar *vi* trödeln
soro *m* (MED) Serum *nt;* **~ fisiológico** Kochsalzlösung *f;* **estar a ~** am Tropf hängen
sorrateiramente *adv* heimlich, verstohlen
sorridente *adj* lächelnd
sorrir *vi irr como rir* lächeln; **~ para alguém** jdn anlächeln
sorriso *m* Lächeln *nt;* **ter um ~ de orelha a orelha** über das ganze Gesicht strahlen
sorte ['sɔrtə] *f* 1 (*ventura*) Glück *nt;* **boa ~!** viel Glück!; **tive pouca ~** ich habe Pech gehabt; **por ~** glücklicherweise; **estar com/ter ~** Glück haben; **dar ~** Glück bringen 2 (*acaso*) Zufall *m;* **à ~** aufs Geratewohl 3 (*destino*) Los *nt,* Schicksal *nt* 4 (*de lotaria*) Los *nt;* **a ~ grande** das große Los
sortear *conj como passear vt* verlosen
sorteio *m* Verlosung *f;* (FUT) Auslosung *f*
sortido **I.** *m* Sortiment *nt* **II.** *adj* gemischt
sortimento *m* Sortiment *nt*
sortudo *adj* **ser ~** Glück haben; **és** (**um**) **~** du bist ein Glückspilz
sorumbático *adj* düster
sorver *vt* schlürfen
sorvete *m* (*brasil: gelado*) Speiseeis *nt*
sorveteria *f* (*brasil: gelataria*) Eisdiele *f*
sós *adv* **a ~** allein
sósia *mf* Doppelgänger(in) *m(f)*
soslaio *adv* **de ~** schief
sossegado [susə'gadu] *adj* ruhig, still
sossegar <g→gu> **I.** *vt* beruhigen, besänftigen **II.** *vi* ruhig werden, sich beruhigen
sossego *m* Ruhe *f,* Stille *f*
sostra *f* (*coloq*) Schlampe *f*
sótão <-ões> *m* Dachboden *m*
sotaque *m* Akzent *m;* **não ter/ter ~** ohne/mit Akzent sprechen

sotavento *m* (NÁUT) Lee *f*
soteropolitano, -a (*brasil*) **I.** *m, f* Einwohner(in) *m(f)* der Stadt Salvador **II.** *adj* (*especialidade*) aus Salvador; (*instituto*) in Salvador
soterrado *adj* verschüttet
soterrar *vt* vergraben
soturno *adj* (*pessoa*) finster; (*local*) düster
sou *1. pres de* **ser**
soube *1./3. pret perf de* **saber**
souflé (*portugal:* CULIN) Soufflé *nt*
soutien *m* BH *m,* Büstenhalter *m*
souto *m* Dickicht *nt*
sova *f* Tracht Prügel *f;* **apanhar uma ~** eine Tracht Prügel bekommen; **dar uma ~ a alguém** jdm eine Tracht Prügel verabreichen
sovaco *m* Achselhöhle *f*
sovar *vt* verprügeln
soviético, -a I. *m, f* Sowjetbürger(in) *m(f)* **II.** *adj* sowjetisch
sovina I. *mf* Geizhals *m* **II.** *adj* geizig
sozinho [sɔ'ziɲu] *adj* allein
spray <-s> *m* Spray *nt*
squash [skwɔʃ] *m* (DESP) Squash *nt*
Sr. *abr de* **Senhor** Hr. (= *Herr*)
Sr.ª *abr de* **Senhora** Fr. (= *Frau*)
Sta. *abr de* **Santa** St. (= *Sankt*)
stand *m* Messestand *m;* **~ de automóveis** (*esp portugal*) Autohaus *nt*
standard *adj inv* Standard ...
standardizar *vt* vereinheitlichen, standardisieren
status *m* Status *m*
stereo *adj inv* Stereo ..., stereo
stévia *f* (BOT) Stevia *f,* Süßkraut *nt* (*tropische Pflanze, die einen natürlichen Süßstoff liefert*)
stick *m* ❶ (INFOR) **memory ~** USB-Stick *m* ❷ (*desodorizante*) (Deo)Stick *m* ❸ (DESP) Hockeyschläger *m*
Sto. *abr de* **Santo** St. (= *Sankt*)
stock *m* Vorrat *m,* Lagerbestand *m;* **~ limitado** so lange der Vorrat reicht
stop *m* (*coloq*) Stoppschild *nt*
stress *m* Stress *m;* **entrar em ~** in Stress kommen
stressado *adj* (*coloq*) gestresst
stressante *adj* (*coloq*) stressig
stressar *vi* (*coloq*) in Stress kommen
strip-tease *m* Striptease *m*
Stuttgart *f* (*brasil*) Stuttgart *nt*
sua ['suɐ] *pron poss* ❶ (*dele*) sein; (*dela*) ihr; **a ~ casa** sein/ihr Haus; **a ~ irmã** seine/ihre Schwester; **fazer das ~s** seine üblichen Dummheiten machen ❷ (*você*) Ihr; **a ~ vizinha/loja** Ihre Nachbarin/Ihr Geschäft
Suábia *f* Schwaben
suabiano, -a *m, f o adj v.* **suábio**
suábio, -a I. *m, f* Schwabe, Schwäbin *m, f* **II.** *adj* schwäbisch
suado *adj* verschwitzt
suar [swar] *vi* schwitzen
suástica *f* Hakenkreuz *nt*
suave ['swavə] *adj* ❶ (*material*) weich ❷ (*cheiro, vento, música, voz*) sanft; (*temperatura, tabaco*) mild; (*vinho*) leicht
suavidade *f* ❶ (*de material*) Weichheit *f* ❷ (*de voz, música, no olhar*) Sanftheit *f;* (*nos gestos*) Feinheit *f,* Zartheit *f*
suavizar *vt* (*a dor*) mildern; (*um conflito*) entschärfen
subalimentado *adj* unterernährt
subalterno, -a I. *m, f* Untergebene **II.** *adj* untergeben
subalugar *vt* untervermieten
subaquático *adj* Unterwasser ...
subarrendamento *m* Untervermietung *f*
subarrendar *vt* untervermieten
subarrendatário, -a *m, f* Untermieter(in) *m(f)*
subchefe *mf* stellvertretende(r) Chef *m,* stellvertretende Chefin *f*
subcomissão <-ões> *f* Unterausschuss *m*
subconsciente I. *m* Unterbewusstsein *nt* **II.** *adj* unterbewusst
subdesenvolvido *adj* unterentwickelt
subdirector(a) <-es> *m(f)* stellvertretende(r) Direktor *m,* stellvertretende Direktorin *f*
subdiretor(a) *m(f)* (*brasil*) *v.* **subdirector**
súbdito, -a *m, f* Untertan(in) *m(f)*
subdividir *vt* unterteilen
subdivisão <-ões> *f* Unterteilung *f;* (*secção*) Unterabteilung *f*
subentender-se *vr* sich von selbst verstehen
subentendido *adj* unausgesprochen, implizit; **estar ~** sich von selbst verstehen
subestimar *vt* unterschätzen
subgerente *mf* stellvertretende(r) Geschäftsführer *m,* stellvertretende Geschäftsführerin *f*
subida [su'bidɐ] *f* ❶ (*caminho*) Aufgang *m;* (*para automóveis*) Auffahrt *f* ❷ (*de rua*) Ansteigen *nt;* (*rua que sobe*) Steigung *f* ❸ (*escalada*) Aufstieg *m* ❹ (*de preços*) Erhöhung *f,* Steigerung *f;* (*de temperatura*) Anstieg *m*

subir [su'bir] *irr* **I.** *vt* ❶ (*um monte*) hinaufsteigen, besteigen; (*uma escada, rua*) hinaufgehen ❷ (*uma persiana*) hochziehen ❸ (*preços, ordenados, renda*) erhöhen **II.** *vi* ❶ (*ir para cima*) hinaufgehen; (*maré*) steigen; (*fumo*) aufsteigen; ~ **para uma cadeira** auf einen Stuhl steigen; (*vinho, dinheiro*); ~ **à cabeça** in den Kopf steigen ❷ (*temperatura, preço, ordenado, renda*) steigen (*para* auf) ❸ (*na vida*) aufsteigen, Karriere machen ❹ (*rua*) ansteigen
súbita *adj f de* **súbito**
subitamente *adv* plötzlich
súbito *adj* ❶ (*movimento*) jäh, rasch ❷ (*acontecimento*) plötzlich; **de ~** auf einmal, plötzlich
subjacente *adj* ❶ (*terreno*) tiefer liegend, unten liegend ❷ (*problema*) zugrunde liegend; **estar ~ a a. c.** etw zugrunde liegen
subjectiva *adj f de* **subjectivo**
subjectividade *f* Subjektivität *f*
subjectivo *adj* subjektiv
subjetividade *f* (*brasil*) *v.* **subjectividade**
subjetivo *adj* (*brasil*) *v.* **subjectivo**
subjugar *vt* <g→gu> unterwerfen
subjuntivo *m* (LING: *brasil*) Konjunktiv *m*
sublevação <-ões> *f* Aufstand *m*
sublevar-se *vr* sich auflehnen, rebellieren
sublime *adj* erhaben
sublinhar *vt* ❶ (*uma palavra*) unterstreichen ❷ (*realçar*) hervorheben, unterstreichen
sublocar *vt* <c→qu> untervermieten
sublocatário, -a *m, f* Untermieter(in) *m(f)*
submarino **I.** *m* U-Boot *nt* **II.** *adj* Unterwasser ...
submergir <*pp* submerso *o* submergido> **I.** *vt* untertauchen, eintauchen **II.** *vi* tauchen, untertauchen
submerso *adj* (*submarino*) untergetaucht
submeter **I.** *vt* (*subjugar*) unterwerfen; (*sujeitar*) unterziehen (*a*); ~ **alguém/a. c. a exame** jdn/etw einer Prüfung unterziehen **II.** *vr* **~-se** sich unterwerfen (*a*)
submissa *adj f de* **submisso**
submissão *f* Unterwürfigkeit *f*
submisso *adj* unterwürfig
submissões *f pl de* **submissão**
submundo *m* Halbwelt *f*
subnutrição *f* Unterernährung *f*
subnutrido *adj* unterernährt
subordinado, -a **I.** *m, f* Untergebene **II.** *adj* ❶ (*a um tema, conceito*) untergeordnet (*a*) ❷ (*subalterno*) untergeben
subordinar *vt* unterordnen (*a*)
subornar *vt* bestechen
subornável <-eis> *adj* bestechlich
suborno *m* Bestechung *f*
subscrever <*pp* subscrito> **I.** *vt* (*um documento*) unterschreiben, unterzeichnen; (*uma ideia*) teilen; (*acções*) kaufen; (*um livro*) subskribieren **II.** *vr* **~-se** (*em carta*) verbleiben
subscrição <-ões> *f* Subskription *f*
subscrito *pp de* **subscrever**
subscritor(a) *m(f)* Subskribent(in) *m(f)*
subseção <-ões> *f* (*brasil*) *v.* **subsecção**
subsecção *f* Unterabteilung *f*
subsecretário, -a *m, f* **~ de Estado** Ministerialdirektor(in) *m(f)*, Ministerialdirigent(in) *m(f)*
subsequente (*portugal*), **subseqüente** *adj* (*brasil*) nachfolgend, anschließend
subserviência *f* Unterwürfigkeit *f*
subserviente *adj* unterwürfig
subsidiar *vt* (finanziell) unterstützen
subsídio *m* (finanzielle) Unterstützung *f*, Zulage *f*; (*para empresas, colectividades*) Subvention *f*; **~ de alimentação** Essenszuschuss *m*; **~ de desemprego** (*portugal*) Arbeitslosengeld *nt*; **~ de férias** Urlaubsgeld *nt*; **~ de risco** Gefahrenzulage *f*
subsistência *f* Lebensunterhalt *m*
subsistir *vi* ❶ (*existir*) existieren, bestehen ❷ (*persistir, conservar-se*) fortbestehen
subsolo *m* Untergrund *m*; **no ~** unter der Erde
substância *f* Substanz *f*
substancial <-ais> *adj* ❶ (*essencial*) wesentlich, substanziell ❷ (*alimentação*) nahrhaft
substancialmente *adv* im Wesentlichen
substantivar *vt* (LING) substantivieren
substantivo *m* Substantiv *nt*
substituição <-ões> *f* Ersetzung *f*; (*em funções*) Ablösung *f*; (*temporariamente*) Vertretung *f*, Stellvertretung *f*; **em ~ de alguém/a. c.** an jds Stelle/an Stelle von etw
substituir [subʃti'twir] *conj como incluir vt* ersetzen (*por* durch); (*em funções*) nachfolgen, ablösen; (*temporariamente*) vertreten; (FUT) auswechseln
substituível <-eis> *adj* ersetzbar
substituto, -a **I.** *m, f* Ersatz *m*; (*em funções*) Vertreter(in) *m(f)* **II.** *adj* Ersatz ...; (*em fun-*

ções) stellvertretend

substrato *m* ❶ (*base*) Grundlage *f*; (*essência*) Essenz *f* ❷ (GEOL) Unterschicht *f*

subterfúgio *m* ❶ (*evasiva*) Ausflucht *f* ❷ (*pretexto*) Vorwand *m*

subterrâneo *adj* unterirdisch

subtil <-is> *adj* ❶ (*pessoa*) unauffällig; (*comentário*) subtil ❷ (*diferença*) fein

subtileza *f* (*em pessoa*) Raffiniertheit *f*; (*em comentário*) Spitzfindigkeit *f*

subtis *adj pl de* **subtil**

subtítulo *m* Untertitel *m*

subtração <-ões> *f* (*brasil*) *v.* **subtracção**

subtracção *f* (MAT) Subtraktion *f*

subtrair *conj como sair vt* (MAT) abziehen, subtrahieren

subtropical <-ais> *adj* subtropisch

suburbano, -a **I.** *m, f* Vorstädter(in) *m(f)* **II.** *adj* Vorstadt ...

subúrbio [su'burbju] *m* Vorstadt *f*, Vorort *m*

subvenção <-ões> *f* Zuschuss *m*; (*estatal*) Subvention *f*

subversão *f* Umsturz *m*

subversivo *adj* umstürzlerisch, subversiv

subverter *vt* ❶ (*sistema político*) umstürzen ❷ (*princípios morais*) untergraben

sucata *f* Schrott *m*

sucateiro, -a *m, f* ❶ (*de sucata*) Schrotthändler(in) *m(f)* ❷ (*remendão*) Stümper *m*

sucção *f* Sog *m*

sucedâneo *m* Ersatzstoff *m*, Surrogat *nt*

suceder **I.** *vi* (*num cargo*) die Stelle übernehmen (*a* von), folgen (*a* auf); (*acontecer*) sich ereignen, geschehen; (*seguir-se*) folgen **II.** *vr* **~-se** (*acontecimentos*) aufeinanderfolgen

sucedido **I.** *m* Ereignis *nt* **II.** *adj* **ser bem ~** erfolgreich sein; **ser mal ~** keinen Erfolg haben

sucessão *f* ❶ (*de acontecimentos*) Reihe *f*; (*sequência*) Reihenfolge *f* ❷ (*num cargo*) Nachfolge *f*

sucessiva *adj f de* **sucessivo**

sucessivamente *adv* nacheinander; **e assim ~** und so weiter

sucessivo *adj* aufeinanderfolgend

sucesso *m* Erfolg *m*; **ser um ~** ein Erfolg sein

sucessor(a) <-es> *m(f)* Nachfolger(in) *m(f)*

sucinto *adj* kurz, knapp

suco *m* Saft *m*; (*esp brasil*); **~ de laranja** Orangensaft *m*

In Brasilien müssen Sie unbedingt die frischen Fruchtsäfte – **sucos** – und die Milch-Frucht-Shakes – **vitaminas** – probieren. Sie werden aus allen möglichen exotischen Früchten hergestellt, z.B. aus **acerola** (Acerolafrucht), **cajú** (Cashewfrucht), **goaiaba** (Guave) oder **mamão** (Papaya). In allen Ortschaften oder am Rand der Durchgangsstraßen wird **Água de Côco**, der Saft der grünen Kokosnuss und **Caldo de Cana**, frisch gepresster Zuckerrohrsaft, angeboten.

suçuarana *f* Puma *m*

suculento [suku'lɛ̃ntu] *adj* saftig

sucumbir *vt* ❶ (*ceder*) nachgeben (*a*); (*em combate*) unterliegen (*a*) ❷ (*ir abaixo*) zusammenbrechen, nachgeben ❸ (*morrer*) sterben, ums Leben kommen

sucuri *f* Anakonda *f* (*Riesenschlange aus dem Amazonasgebiet*)

sucursal <-ais> *f* (*de banco*) Zweigstelle *f*, Filiale *f*; (*de empresa*) Niederlassung *f*

sudanês, -esa <-neses> **I.** *m, f* Sudanese(in) *m(f)* **II.** *adj* sudanesisch

Sudão *m* Sudan *m*

sudeste *m* Südosten *m*; **o Sudeste** (*brasil*) *die Bundesstaaten Espírito Santo, Rio de Janeiro, São Paulo und Minas Gerais*

súdito *m* (*brasil*) *v.* **súbdito**

sudoeste *m* Südwesten *m*

sueca *f de* **sueco**

Suécia *f* Schweden *nt*

sueco, -a **I.** *m, f* Schwede, Schwedin *m, f* **II.** *adj* schwedisch

sueste *m* Südosten *m*

suéter <-es> *m* (*brasil: camisola*) Pullover *m*

Suevos *mpl* (HIST) Sueben *pl*

suficiente [sufə'sjɛ̃ntə] *adj* genügend, ausreichend; (*nota*) ausreichend

suficientemente *adv* genug

sufixo *m* (LING) Suffix *nt*

suflê *m* (CULIN: *brasil*) Soufflé *nt*

sufocado *adj* **estar ~** keine Luft bekommen; **morrer ~** ersticken

sufocante *adj* (*calor*) drückend; (*ar*) stickig

sufocar *vi* <c→qu> (*tb fig*) ersticken

sufoco *m* Kummer *m*; **estar num ~** bekümmert sein

sufrágio *m* ❶ (*votação*) Wahl *f*; **~ dire(c)to** Direktwahl *f* ❷ (*direito de voto*) Wahl-

S

recht *nt*, Stimmrecht *nt;* ~ **universal** allgemeines Wahlrecht

sugar *vt* <g→gu> saugen

sugerir *irr como preferir vt* ① (*propor*) vorschlagen, anregen ② (*indicar*) andeuten; (*recomendar*) empfehlen

sugestão <-ões> *f* ① (*proposta*) Vorschlag *m;* **dar uma** ~ einen Vorschlag machen ② (*indicação*) Andeutung *f;* (*recomendação*) Empfehlung *f*

sugestivo *adj* anregend

sugestões *f pl de* **sugestão**

sugiro *1. pres de* **sugerir**

Suíça ['swisɐ] *f* Schweiz *f*

suíças ['swisɐʃ] *fpl* (*barba*) Koteletten *pl*

suicida **I.** *mf* Selbstmörder(in) *m(f)* **II.** *adj* selbstmörderisch, Selbstmord ...

suicidar-se *vr* Selbstmord begehen, sich das Leben nehmen +*dat*

suicídio *m* Selbstmord *m;* **cometer** ~ Selbstmord begehen

suíço, -a ['swisu] **I.** *m, f* Schweizer(in) *m(f)* **II.** *adj* schweizerisch, Schweizer

suingue *m* (*brasil:* MÚS) Swing *m*

suinicultor(a) *m(f)* Schweinezüchter(in) *m(f)*

suíno **I.** *m* Schwein *nt* **II.** *adj* Schweine ...; **gado** ~ Schweine *pl*

suite *f* Suite *f*

suja *adj f de* **sujo**

sujar **I.** *vt* schmutzig machen, verschmutzen **II.** *vr* ~**-se** sich schmutzig machen

sujeira *f* ① (*brasil: sujidade*) Schmutz *m*, Dreck *m* ② (*coloq brasil: acto*) Sauerei *f*

sujeita *f de* **sujeito**

sujeitar <*pp* sujeito *o* sujeitado> **I.** *vt* unterwerfen (*a*) **II.** *vr* ① ~**-se** (*submeter-se*) sich unterwerfen (*a*), sich abfinden (*a* mit) ② ~**-se** (*risco*) Gefahr laufen; ~**-se a ter um acidente** Gefahr laufen in einen Unfall verwickelt zu werden

sujeito[1] *m* (LING) Subjekt *nt*

sujeito, -a[2] **I.** *m, f* (*coloq*) Individuum *nt*, Kerl *m*, Frau *f* **II.** *adj* **ser** ~ **a a. c.** sich etw unterziehen; (*submeter-se*); **estar** ~ **a a. c.** etw unterworfen sein, etw unterliegen; (*risco*) Gefahr laufen; **se beber e conduzir está** ~ **a ir preso** wenn Sie trinken und dann Auto fahren, laufen Sie Gefahr, festgenommen zu werden; ~ **a impostos** steuerpflichtig

sujidade *f* (*portugal*) Schmutz *m*, Dreck *m*

sujo ['suʒu] *adj* ① (*com sujidade*) schmutzig, dreckig ② (*fig: dinheiro, negócio*) schmutzig

sul [sul] *m* Süden *m;* **a** ~ **de** südlich von

sul-africano, -a **I.** *m, f* Südafrikaner(in) *m(f)* **II.** *adj* südafrikanisch

sul-americano, -a **I.** *m, f* Südamerikaner(in) *m(f)* **II.** *adj* südamerikanisch

sulco *m* ① (*na terra*) Furche *f;* (*para rega*) Rinne *f* ② (*na água*) Kielwasser *nt* ③ (*fenda*) Rille *f*

sulfamida *f* (QUÍM) Sulfonamid *nt*

sulfatar *vt* (AGR) (mit Kupfersulfat) spritzen

sulfato *m* (QUÍM) Sulfat *nt*

sulfureto *m* (QUÍM) Sulfit *nt*

sulfúrico *adj* (QUÍM) Schwefel ...; **ácido** ~ Schwefelsäure *f*

sulista **I.** *mf* (*brasil*) Südbrasilianer(in) *m(f)* **II.** *adj* (*brasil*) südbrasilianisch

sultães *m pl de* **sultão**

sultana [suw'tɜna] *f v.* **sultão**

sultão, sultana <-ões, -ãos, -ães> *m, f* Sultan(in) *m(f)*

suma *prep* **em** ~ kurz, mit einem Wort

sumarento *adj* saftig

sumária *adj v.* **sumário**

sumariamente *adv* zusammengefasst

sumário *m* Zusammenfassung *f*

sumaúma *f* (*material*) Kapok *m*

sumiço *m* (*brasil*) Verschwinden *nt;* **dar** ~ **a a. c.** etw verschwinden lassen; **levar** ~ verschwinden

sumidade *f* (*pessoa*) Kapazität *f*, herausragende Persönlichkeit *f*

sumido *adj* (*brasil*) verschwunden

sumir *irr como subir vi* (*brasil*) verschwinden; ~ **com a. c.** etw verschwinden lassen

sumo ['sumu] **I.** *m* (*esp portugal*) Saft *m;* ~ **de fruta** Fruchtsaft *m;* ~ **de laranja** Orangensaft *m* **II.** *adj* höchste(r, s)

sumptuosa *adj f de* **sumptuoso**

sumptuosidade *f* Pracht *f*, Luxus *m*

sumptuoso *adj* prächtig, prunkvoll

sunga *f* (*brasil: calção de banho*) Badehose *f*

suntuosidade *f* (*brasil*) Pracht *f*, Luxus *m*

suntuoso *adj* (*brasil*) prächtig, prunkvoll

suor <-es> *m* Schweiß *m*

super *adv* (*coloq*) super, toll

superabundância *f* Überfluss *m*

superabundante *adj* ① (*abundante*) überreichlich, im Überfluss ② (*supérfluo*) überflüssig

superar **I.** *vt* (*uma dificuldade*) überwinden,

bewältigen; (*as expectativas*) übertreffen **II.** *vr* **~-se** sich selbst übertreffen

superável <-eis> *adj* überwindbar

superavit *m* (ECON) Überschuss *m*

superestrutura *f v.* **superstrutura**

superficial <-ais> *adj* oberflächlich

superficialidade *f* Oberflächlichkeit *f*

superficialmente *adv* oberflächlich

superfície *f* Oberfläche *f;* **vir/estar à ~** an die Oberfläche kommen/an der Oberfläche liegen; (ECON); **grande ~** Großmarkt *m*

supérfluo *adj* überflüssig

super-homem <-ens> *m* Übermensch *m*

superintender *vt* ① (*dirigir*) leiten ② (*fiscalizar*) beaufsichtigen

superior <-es> **I.** *mf* Vorgesetzte(r) *f(m)* **II.** *adj* ① (*nível, temperatura*) höher (*a* als); (*qualidade*) besser (*a* als); (*quantidade*) größer (*a* als); (*ultrapassar*); **ser ~ a a. c.** etw übertreffen; **qualidade ~** erstklassige Qualität ② (*situado acima*) obere(r, s); (*em hierarquia, no espaço*) höher

superioridade *f* Überlegenheit *f*

superlativo *m* (LING) Superlativ *m*

superlotado *adj* überfüllt

supermercado [supɜrmər'kadu] *m* Supermarkt *m;* **~ biológico** Biosupermarkt *m*

super-mulher <-es> *f* Superfrau *f*

superpotência *f* (POL) Großmacht *f,* Supermacht *f*

superpovoado *adj* übervölkert, überbevölkert

supersónico (*portugal*) **I.** *m* (AERO) Überschallflugzeug *nt* **II.** *adj* Überschall ...

supersônico *m o adj* (*brasil*) *v.* **supersónico**

superstição <-ões> *f* Aberglaube *m*

supersticioso *adj* abergläubisch

superstrutura *f* (POL) Überbau *m*

supervisão <-ões> *f* Beaufsichtigung *f,* Überwachung *f*

supervisionar *vt* beaufsichtigen, überwachen

supervisões *f pl de* **supervisão**

supimpa *adj* (*brasil: coloq*) prima, klasse

suplantar *vt* (*pessoa, pensamento, sentimento*) verdrängen

suplementar <-es> *adj* ergänzend, zusätzlich

suplemento [suplə'mɛ̃ntu] *m* ① (*acrescento*) Ergänzung *f,* Zusatz *m;* (*posterior*) Nachtrag *m* ② (*taxa*) Zuschlag *m* ③ (*de jornal*) Beilage *f*

suplente **I.** *mf* (DESP) Ersatzspieler(in) *m(f),* Auswechselspieler(in) *m(f)* **II.** *adj* Ersatz ...

súplica *f* Flehen *nt,* inständige Bitte *f*

suplicar *vt* <c→qu> flehen um; **~ a. c. a alguém** jdn um etw anflehen

suplício *m* Qual *f,* Tortur *f;* (*tortura*) Folter *f*

supor *irr como pôr vt* annehmen, vermuten; **suponhamos que ...** nehmen wir an, dass ...; **supondo que ...** vorausgesetzt, dass ...; **suponho que sim/não** ich glaube schon/nicht

suportar [supur'tar] *vt* ① (*um peso*) tragen, halten ② (*aguentar*) ertragen, aushalten; (*tolerar*) dulden

suportável <-eis> *adj* erträglich

suporte *m* Stütze *f,* Träger *m;* (INFOR); **~ de dados** Datenträger *m*

suposição <-ões> *f* Vermutung *f,* Annahme *f*

supositório [supuzi'tɔrju] *m* (FARM) Zäpfchen *nt*

suposta *adj f de* **suposto II**

supostamente *adv* angeblich

suposto **I.** *pp de* **supor** **II.** *adj* (*alegado*) angeblich; (*hipotético*) mutmaßlich, vermeintlich

supracitado *adj* oben genannt

supramencionado *adj* oben erwähnt

supra-sumo *m* Höhepunkt *m*

supraterrâneo *adj* oberirdisch

suprema *adj f de* **supremo**

supremacia *f* Vorherrschaft *f,* Vormachtstellung *f*

supremo *adj* höchste(r, s); **o Supremo Tribunal** der Oberste Gerichtshof

supressão <-ões> *f* ① (*de imposto*) Abschaffung *f;* (*de fronteira, postos de trabalho*) Abbau *m;* (*de dor*) Linderung *f* ② (*omissão*) Auslassung *f*

suprimir *vt* ① (*imposto*) abschaffen; (*fronteira, postos de trabalho*) abbauen; (*dor*) lindern ② (*omitir*) auslassen, weglassen

suprir *vt* (*uma falha*) ausgleichen; (*as necessidades*) erfüllen

supurar *vi* eitern

surda *f de* **surdo**

surdez *f* Taubheit *f*

surdina *f* (MÚS) Dämpfer *m;* **em ~** leise

surdo, -a ['surdu] **I.** *m, f* Taube **II.** *adj* taub; **ser ~ como uma porta** stocktaub sein

surdo-mudo, surda-muda <surdos-mudos> **I.** *m, f* Taubstumme **II.** *adj* taubstumm

surf(e) *m* (DESP) Surfen *nt*
surfar *vi* (*coloq*) surfen
surfista *mf* Surfer(in) *m(f)*
surgir *vi* <g→gu> auftauchen, erscheinen
surja *1./3. pres subj de* **surgir**
surjo *1. pres de* **surgir**
surpreendente *adj* überraschend; (*espantoso*) erstaunlich
surpreender **I.** *vt* überraschen **II.** *vr* **~-se** überrascht sein (*com* über)
surpreendido [surprjẽn'didu] *adj* überrascht (*com* über); **ficar ~** überrascht sein
surpresa *f* Überraschung *f*; **de ~** unerwartet
surpreso **I.** *pp irr de* **surpreender** **II.** *adj* (*brasil*) überrascht
surra *f* (*coloq*) Dresche *f*; **levar uma ~** Dresche kriegen; **dar uma ~ a alguém** jdn verdreschen
surrar *vt* verprügeln, verdreschen
surrealismo *m* Surrealismus *m*
surrealista **I.** *mf* Surrealist(in) *m(f)* **II.** *adj* surrealistisch
surripiar *vt* (*coloq*) stibitzen, klauen
surtir *vt* bewirken, zur Folge haben; **~ efeito** Wirkung zeigen
surto *m* (MED) Ausbruch *m*
surucucu *f* Lachesis *f*, Buschmeister *m* (*große brasilianische Giftschlange*)
suruma *f* (*moçambique*) Marihuana *f*
susceptibilidade *f* Empfänglichkeit *f*; (*sensibilidade*) Empfindlichkeit *f*; (*para doenças*) Anfälligkeit *f*; **eu preferi não falar disso para não ferir ~s** ich habe lieber nicht davon gesprochen, um niemanden zu verletzen
susceptibilizar *vt* kränken, verletzen
susceptível <-eis> *adj* ① (*sensível*) empfänglich (*a* für) ② (*passível*) **ser ~ de ...** ... werden müssen/können; **é ~ de fazer-se** das kann gemacht werden; **ser ~ de modificação** veränderbar sein; **um comportamento ~ de crítica** ein zu kritisierendes Verhalten
suscetibilidade *f* (*brasil*) *v.* **susceptibilidade**
suscetibilizar *vt* (*brasil*) *v.* **susceptibilizar**
suscetível *adj* (*brasil*) *v.* **susceptível**
suscitar *vt* (*curiosidade*) erregen; (*dúvidas*) hervorrufen, wecken; (*problema*) aufwerfen, schaffen; (*ódio*) schüren
suspeita **I.** *f* ① (*conjectura*) Verdacht *m*; **estar acima de qualquer ~** über jeden Verdacht erhaben sein; **levantar ~s** Verdacht erregen ② (*pessoa*) *v.* **suspeito I II.** *adj v.* **suspeito II**
suspeitar *vi* **~ de** verdächtigen
suspeito, -a **I.** *m, f* Verdächtige **II.** *adj* verdächtig
suspender <*pp* suspenso *o* suspendido> *vt* ① (*processo, conversações, reunião*) abbrechen, unterbrechen; (*actividade, pagamento*) einstellen; (*um contrato*) aufheben; (*audiência*) vertagen ② (*funcionário, aluno*) suspendieren; (*jogador*) sperren ③ (*uma encomenda*) rückgängig machen
suspensa *adj f de* **suspenso**
suspensão <-ões> *f* ① (*interrupção*) Unterbrechung *f*, Abbruch *m*; (*de actividade, pagamento*) Einstellung *f* ② (*de um contrato*) Aufhebung *f* ③ (*como castigo*) Suspendierung *f*; (*de jogador*) Sperre *f* ④ (*em líquido*) Suspension *f* ⑤ (*de automóvel*) Federung *f*
suspense *m* Spannung *f*; **manter alguém em ~** jdn auf die Folter spannen
suspenso **I.** *pp irr de* **suspender** **II.** *adj* ① (*no ar*) schwebend; (*em líquido*) treibend, schwimmend; **estar ~** schweben ② (*pendurado*) hängend, aufgehängt; **estar ~** hängen ③ (*pergunta, questão*) **ficar em ~** offenbleiben ④ (*funcionário, aluno*) suspendiert; (*jogador*) gesperrt
suspensões *f pl de* **suspensão**
suspensórios *mpl* Hosenträger *pl*
suspirar *vi* seufzen; **~ por a. c.** sich nach etw sehnen
suspiro *m* ① (*respiração*) Seufzer *m* ② (CULIN) Meringe *f*
sussurrar **I.** *vt* flüstern **II.** *vi* ① (*pessoa*) flüstern ② (*folhagem, vento*) rauschen, säuseln; (*água*) murmeln
sussurro *m* ① (*de pessoa*) Flüstern *nt* ② (*de folhagem, do vento*) Rauschen *nt*, Säuseln *nt*; (*da água*) Murmeln *nt*
sustenido *m* (MÚS) Kreuz *nt*
sustentação *f* ① (*capacidade*) Tragkraft *f* ② (*sustentáculo*) Stütze *f*
sustentáculo *m* ① (*suporte*) Stütze *f*, Träger *m* ② (*fig: sustentação*) Stütze *f*
sustentar **I.** *vt* ① (*apoiar*) stützen ② (*peso*) tragen ③ (*financeiramente*) unterhalten, ernähren **II.** *vr* ① **~-se** (*segurar-se*) sich halten ② **~-se** (*financeiramente*) leben (*com* von); **eu sustento-me com o trabalho** ich verdiene meinen Lebensunterhalt durch Arbeit; **ele sustenta-se com o dinheiro dela** er

lebt von ihrem Geld
sustento *m* Lebensunterhalt *m*
suster *irr como ter* **I.** *vt* (*apoiar*) stützen, tragen; (*a respiração*) anhalten **II.** *vr* **~-se** sich halten
susto *m* Schreck *m;* **apanhar um ~** einen Schreck bekommen, sich erschrecken; **pregar um ~ a alguém** jdm einen Schreck einjagen, jdn erschrecken
sutiã *m* (*brasil*) Büstenhalter *m*, BH *m*
sutil *adj* (*brasil*) *v.* **subtil**
sutileza *f* (*brasil*) *v.* **subtileza**
sutura *f* (MED) Naht *f*
suturar *vt* (MED) nähen, vernähen
swing *m* (*portugal:* MÚS) Swing *m*

Tt

T, t [te] *m* T, t *nt*
ta *Zusammensetzung: pron te + art a*
tá *interj* (*coloq*) ok, alles klar
tabacaria [tɐbɐkɐ'riɐ] *f* Tabakladen *m*
tabaco [tɐ'baku] *m* Tabak *m;* (*cigarros*) Zigaretten *pl;* **onde é que eu posso comprar ~?** wo kann ich Tabak kaufen?
tabagismo *m* Tabakmissbrauch *m*
tabaqueira *f* Tabakfabrik *f*
tabefe *m* (*coloq*) Ohrfeige *f*
tabela *f* ❶ (*quadro*) Tabelle *f;* (FUT) Tabelle *f* ❷ (*lista*) Liste *f;* **~ de preços** Preisliste *f* ❸ (*horário*) Fahrplan *m;* **à ~** fahrplanmäßig ❹ (*no bilhar*) Bande *f;* **fazer uma ~** über die Bande spielen; (*fig*); **apanhar a. c. por ~** zu Unrecht mitbestraft/getadelt werden; **apanhamos por ~** er/sie hat uns allen eine Standpauke gehalten
tabelado *adj* (*preço*) festgesetzt; **artigo ~** Artikel mit Festpreis
tabelar **I.** *vt* (*um artigo*) den Preis festsetzen für **II.** *adj* tabellarisch
taberna [tɐ'bɜrnɐ] *f* Kneipe *f*
tabernáculo *m* (REL) Stiftshütte *f*
tabique *m* Trennwand *f*, Zwischenwand *f*
tablete *f* Tafel *f;* **uma ~ de chocolate** eine Tafel Schokolade
tablier *m* (*portugal*) Armaturenbrett *nt*
tablóide *m* (JORN) Boulevardzeitschrift *f*
tabu *m* Tabu *nt*
tábua *f* Brett *nt;* **~ de passar a ferro** Bügelbrett *nt;* (*fig*); **~ de salvação** Rettungsanker *m*
tabuada *f* (MAT) Multiplikationstabelle *f*
tabulador *m* Tabulator *m*
tabuleiro *m* ❶ (*esp portugal: bandeja*) Tablett *nt* ❷ (*de forno*) Backblech *nt*, Blech *nt* ❸ (*de xadrez, damas*) Brett *nt* ❹ (*de ponte*) Fahrbahn *f*
tabuleta *f* Schild *nt*
TAC (MED) *abr de* **tomografia axial computadorizada** Computertomographie
taça *f* ❶ (*de champanhe*) Kelch *m;* (*de gelado*) Eisschale *f;* (*grande*) Schüssel *f* ❷ (DESP) Pokal *m*
tacada *f* (*bilhar*) Stoß *m;* **dar uma ~ na bola** die Kugel stoßen
tacanho *adj* (*pej*) engstirnig, kleinkariert
tacão *m* Absatz *m;* **~ alto** hoher Absatz
tacha *f* Tapeziernagel *m*, Stift *m;* (*de enfeite*) Ziernagel *m*, Polsternagel *m;* (*em sapato*) Täcks *m*
tachinha *f* (*brasil*) Heftzwecke *f*, Reißnagel *m*
tacho *m* ❶ (*para cozinhar*) Kochtopf *m* ❷ (*coloq: emprego*) ruhige(r) Posten *m*, lukrative(r) Job *m*
tácito *adj* stillschweigend
taciturno *adj* ❶ (*calado*) schweigsam, wortkarg ❷ (*tristonho*) trübsinnig, schwermütig
taco ['taku] *m* ❶ (*de bilhar*) Billardstock *m*, Queue *f;* (*de golfe, basebol*) Schläger *m* ❷ (*para pavimento*) kleine(s) Holzbrett *nt*, Diele *f;* (*österr*) Parkette *f*
tacómetro (*portugal*), **tacômetro** *m* (*brasil*) Tachometer *nt*
tactear *conj como passear vt* (*portugal*) befühlen, betasten
táctica *f* (*portugal*) Taktik *f*
táctico *adj* (*portugal*) taktisch
tacto *m* (*portugal*) ❶ (*sentido*) Tastsinn *m* ❷ (*diplomacia*) Takt *m*, Taktgefühl *nt*
Tadjiquistão *m* (*brasil*) *v.* **Tajiquistão**
tafetá *m* Taft *m*
tagarela **I.** *mf* Schwätzer(in) *m(f)* **II.** *adj* geschwätzig, schwatzhaft
tagarelar *vi* schwatzen
tailandês, -esa **I.** *m, f* Thailänder(in) *m(f)* **II.** *adj* thailändisch
Tailândia *f* Thailand *nt*
tailleur *m* Kostüm *nt*
tainha *f* (ZOOL) Meeräsche *f*

taipa *f* Trennwand *f*
tais *mf pl de* **tal**
Taiwan *m* Taiwan *nt*
Tajiquistão *m* Tadschikistan *nt*
tal <tais> **I.** *adj* so; **tais** solche; **nunca via ~ coisa** so etwas habe ich noch nie gesehen; **~ pai, ~ filho** wie der Vater, so der Sohn; **~ e qual** genau so **II.** *pron indef* (*pessoa*) **o/a ~** derjenige/diejenige; **os tais** diejenigen; **o ~ professor** dieser Lehrer; **a ~ pessoa** dieser Mensch; **um ~ de Paulo** ein gewisser Paulo; (*sugestão*); **que ~ irmos ao cinema?** wie wäre es, wenn wir ins Kino gingen?; **que ~ um cafezinho?** wie wäre es mit einem Kaffee?; (*opinião; que acha*); **que ~?** wie finden Sie das?; (*como está*) wie geht's?; (*quantidade incerta*) etwas über, etwas mehr als; **são dez e ~** es sind etwas über zehn; **mil e ~ euros** etwas mehr als tausend Euro, tausend Euro und ein paar Zerquetschte; (*indeterminado*) soundso; **na rua ~** in der Straße soundso; **em ~ dia** am Soundsovielten **III.** *adv* so, auf diese Weise; **~ como** so wie; **de ~ maneira que** auf so eine Art, dass
tala ['talɐ] *f* (MED) Schiene *f*
tálamo *m* (BOT) Blütenboden *m*
talão *m* Talon *m;* (*da caixa*) Kassenzettel *m;* **~ de cheques** Scheckheft *nt*
talco *m* Talk *m*
talento *m* Talent *nt* (*para* für), Begabung *f*
talentoso *adj* begabt, talentiert
talha ['taʎɐ] *f* Schnitzerei *f;* **~ dourada** vergoldete Holzschnitzerei

Die vergoldeten Holzschnitzereien – **talha dourada** – gehören zu den typischen Dekorationselementen des portugiesischen Barocks. Sie wurden zuerst nur aus dem billigen Holz der Kastanie oder Eiche (in Portugal beheimatet) ohne Vergoldung hergestellt. Ab der zweiten Hälfte des 17. Jh. begann man, die Holzbildhauerarbeiten mit dem Gold aus Portugals Kolonie Brasilien zu überziehen. Sie schmücken vor allem Altäre von Kirchen

talhado *adj* ❶ (*madeira*) geschnitzt ❷ (*fig: pessoa*) geschaffen (*para* für) ❸ (*leite*) geronnen
talhante *mf* Metzger(in) *m(f)*, Fleischer(in) *m(f)*
talhar I. *vt* (*madeira*) schnitzen; (*um destino*) gestalten **II.** *vi* (*leite*) gerinnen
talher [tɐ'ʎɜr] <-es> *m* Besteck *nt;* **ser um bom ~** ein guter Esser sein
talho ['taʎu] *m* (*esp portugal*) Metzgerei *f*, Fleischerei *f*
talismã *m* Talisman *m*
talkshow *m* Talkshow *f*
talo *m* (BOT) Thallus *m*
taluda *f* (*portugal: coloq*) große(s) Los *nt*
talude *m* Böschung *f*
talvez [tal'veʃ] *adv +conj* vielleicht; **~ eu telefone** vielleicht rufe ich an; **~ não seja caro** vielleicht ist es nicht teuer
tamanca *f v.* **tamanco**
tamanco *m* Holzschuh *m*
tamanduá *m* Ameisenbär *m*
tamanduá-bandeira <tamanduás-bandeira(s)> *m* großer Ameisenbär *m*
tamanho [tɐ'mɐɲu] **I.** *m* Größe *f;* **de que ~ é?** wie groß ist es? **II.** *adj* so ein, solch ein; **nunca vi tamanha confusão** nie habe ich solch ein Durcheinander gesehen
tâmara *f* (BOT) Dattel *f*
também [tãm'bãi] *adv* auch, ebenfalls; **eu ~ não** ich auch nicht; **ele ~ quer vir** er will auch mitkommen; **para ti ~** für dich auch
tambor <-es> *m* Trommel *f*
tamboril <-is> *m* (ZOOL) Seeteufel *m*
tamborileiro, -a *m, f* Trommler(in) *m(f)*
tamborim <-ins> *m* Tamburin *nt*
tamboris *m pl de* **tamboril**
Tamisa (*portugal*), **Tâmisa** *m* (*brasil*) Themse *f*
tampa *f* (*de recipiente*) Deckel *m;* (*de caneta*) Kappe *f;* (*coloq*); **dar ~ a alguém** jdm einen Korb geben; (*coloq*); **levar ~ de alguém** von jdm einen Korb bekommen
tampão <-ões> *m* ❶ (*para tapar*) Deckel *m;* (*para os ouvidos*) Ohrstöpsel *m*, Oropax ® *nt* ❷ (*para menstruação*) Tampon *m* ❸ (*de automóvel*) Radkappe *f*
tampo *m* (*da mesa*) Platte *f*
tampões *m pl de* **tampão**
tampouco *adv* auch nicht
tandem *m* Tandem *nt*
tanga *f* ❶ (*na praia*) Tanga *m;* (*povos indígenas*) Lendenschurz *m* ❷ (*coloq: troça*) Verarschung *f;* **dar ~ a alguém** jdn auf den Arm nehmen; **isso é ~** das ist Verarschung
tangente *f* (MAT) Tangente *f;* (*fig*); **à ~** um ein Haar
tanger <g→j> *vt* (*instrumento*) spielen;

(*cordas*) zupfen

tangerina *f* Mandarine *f*

tangível <-eis> *adj* greifbar, fühlbar

tango *m* ① (MÚS) Tango *m* ② (*bebida*) Bier *nt* mit Johannisbeersirup

tanque *m* ① (*reservatório*) Tank *m* ② (MIL) Panzer *m* ③ (*para lavar roupa*) Wanne *f*

tanso, -a **I.** *m, f* (*coloq: ingénuo*) Einfaltspinsel *m;* (*burro*) Blödmann *m* **II.** *adj* (*coloq: ingénuo*) naiv; (*burro*) blöd, doof

tanta *adj f de* **tanto**

tantã *adj* (*coloq brasil*) verrückt

tantas *fpl* (*se calhar*) **às ~** vielleicht; (*de repente*) auf einmal

tanto ['tãntu] **I.** *pron indef* so viel; (*um pouco*); **um ~** etwas, ein bisschen; (*quantidade indefinida*) so viel; **outro ~** noch einmal so viel; **um euro e ~** etwas über ein Euro; **não é caso para ~** so schlimm ist es nun auch wieder nicht; **~ quanto pude** so viel ich konnte; **~ quanto sei** soweit ich weiß; **~s** so viele; **~ faz** das ist egal; **foi uma festa e ~!** das war vielleicht ein Fest! **II.** *adj* so viel; **~ tempo** so lange; **tanta gente** so viele Leute; **~ trabalho** so viel Arbeit; **tantas vezes** so oft **III.** *adv* (*modo*) so, so sehr; (*quantidade*) so viel; **ele gosta ~ disso!** er mag das so gerne!; **ela trabalha ~!** sie arbeitet so viel!; **~ melhor** um so besser; **ele insistiu ~, que eu cedi** er hat so sehr darauf bestanden, dass ich nachgegeben habe; (*temporal*) so lange; **demora ~!** das dauert so lange! **IV.** *konj* **~ ... como ...** sowohl ... als auch ...; **~ mais que ...** da ..., schon allein deshalb, weil ...

tantra *m* Tantra *nt*

tão [tãu] *adv* so; **ele é ~ rico como/quanto eles** er ist so reich wie sie; **é ~ grande/bonito!** es ist so groß/schön!; **não é assim ~ mau/grave** es ist nicht so schlecht/schlimm

tão-pouco *adv* (*portugal*) auch nicht; **eu ~** ich auch nicht

tão-só, tão-somente *adv* lediglich, nur

tapa *m* (*brasil*) Klaps *m*

tapado *adj* ① (*tacho, pessoa*) zugedeckt; (*móvel*) abgedeckt; (*cara*) bedeckt ② (*coloq: ingénuo*) vernagelt, geistig zurückgeblieben; **ser ~** ein Brett vor dem Kopf haben

tapar **I.** *vt* (*tacho, pessoa*) zudecken (*com* mit); (*móvel, copo*) abdecken (*com* mit); (*cara*) bedecken (*com* mit); (*olhos, boca*) zuhalten; **~ os ouvidos** sich *dat* die Ohren zuhalten; (*fechar*) verschließen; (*um buraco*) zustopfen, verstopfen **II.** *vr* sich zudecken

tapa-sexo *m* ≈ String-Tanga *m*

tapa-vento *m* Windschutz *m*

tapear *conj como passear vt* (*brasil*) betrügen, hereinlegen

tapeçaria *f* Wandteppich *m*

tapete *m* Teppich *m;* **~ rolante** Förderband *nt,* Fließband *nt;* (INFOR); **~ do rato** Mousepad *nt*

tapioca *f* Tapioka *f*

tapir *m* (ZOOL) Tapir *m*

tapume *m* Zaun *m*

taquicardia *f* (MED) Herzjagen *nt,* Tachykardie *f*

tara *f* ① (*peso, embalagem*) Tara *f;* **~ perdida** kein Pfand, keine Rückgabe ② (*coloq: mania*) Fimmel *m*

tarado, -a **I.** *m, f* Besessene, Verrückte; **~ sexual** Sexbesessene *m* **II.** *adj* besessen, verrückt

taramelar *vi* schwatzen

tarântula *f* (ZOOL) Tarantel *f,* Vogelspinne *f*

tardar *vi* (*acontecimento*) sich verzögern, auf sich warten lassen; (*pessoa*) spät kommen; (*acontecimento*); **não ~** bald geschehen; (*pessoa*) bald kommen; **o mais ~** spätestens

tarde ['tardə] **I.** *f* Nachmittag *m;* **à/de ~** am Nachmittag, nachmittags; **boa ~!** guten Tag!; **ao fim da ~** am frühen Abend **II.** *adv* spät; **~ e a más horas** sehr spät; **agora é ~ demais** jetzt ist es zu spät; **nunca é ~ para ...** es ist nie zu spät, um zu ...; **mais vale ~ (do) que nunca** besser spät als nie

tardia *adj f de* **tardio**

tardinha *f* Spätnachmittag *m,* frühe(r) Abend *m;* **à ~** am Spätnachmittag

tardio *adj* spät

tarecos *mpl* Gerümpel *nt*

tarefa *f* Aufgabe *f;* **cumprir uma ~** eine Aufgabe erfüllen

tarefeiro, -a *m, f* selbstständige(r) Handwerker *m,* selbstständige Handwerkerin *f*

tareia *f* Tracht Prügel *f;* **levar uma ~** Prügel kriegen; **dar uma ~ a alguém** jdn tüchtig verprügeln

tarifa *f* Tarif *m*

tarifar *vt* den Tarif festsetzen für

tarô *m* Tarot *nt*

tarso *m* (ANAT) Spann *m*

tártaro *m* ① (MED) Zahnstein *m* ② (*de vinho*)

Weinstein *m*

tartaruga *f* ① (ZOOL) Schildkröte *f* ② (*brasil: lomba*) Anhöhe *f*

tarte *f* Torte *f*

tasca ['taʃkɐ] *f* (*portugal*) *v.* **tasco**

Eine **Tasca** ist in Portugal ein kleines, volkstümliches Lokal, in dem man außer Getränken auch einfache Speisen bekommt.

tasco *m* (*portugal*) Kneipe *f*

tataravô, -ó *m, f* (*coloq*) Ururgroßvater, -mutter *m, f*

tatear *conj como passear vt* (*brasil*) befühlen, betasten

tática *f* (*brasil*) Taktik *f*

tático *adj* (*brasil*) taktisch

tato *m* (*brasil*) *v.* **tacto**

tatu *m* Gürteltier *nt*

tatuador(a) *m(f)* Tätowierer(in) *m(f)*

tatuagem <-ens> *f* Tätowierung *f;* **fazer uma ~** sich tätowieren lassen

tatuar *vt* tätowieren

tatu-bola <tatus-bola(s)> *m* Dreibinden-Gürteltier *nt*

tau *interj* (*de pancada*) klatsch; (*de detonação*) boing, peng

taurino *adj* Stier ...

tauromaquia *f* Stierkampfkunst *f*

tau-tau *m* (*coloq*) Haue *f*

taverna *f* Kneipe *f*

taxa ['taʃɐ] *f* ① (*imposto*) Gebühr *f;* **~ adicional** Zuschlag *m;* **~ fixa** feste Gebühr; **~s alfandegárias** Zoll *m* ② (*índice*) Rate *f,* Quote *f;* **~ de audiências** Einschaltquote *f;* **~ de câmbio** Wechselkurs *m;* **~ de desemprego** Arbeitslosenquote *f;* **~ de juros** Zinssatz *m;* **~ de inflação** Inflationsrate *f;* **~ de mortalidade** Sterblichkeitsrate *f*

taxar *vt* ① (*um produto*) besteuern ② (*um preço*) festsetzen

taxativamente *adv* offensichtlich

taxativo *adj* eindeutig, offensichtlich

táxi *m* Taxi *nt;* **apanhar/chamar um ~** ein Taxi nehmen/rufen

taxímetro *m* Taxameter *m, nt*

taxista *mf* Taxifahrer(in) *m(f)*

tchau [tʃau] *interj* tschüss

tcheco, -a I. *m, f* (*brasil*) Tscheche, Tschechin *m, f* **II.** *adj* (*brasil*) tschechisch

Tchecoslováquia *f* (*brasil:* HIST) Tschechoslowakei *f*

Tchetchénia (*portugal*), **Tchetchênia** *f* (*brasil*) Tschetschenien *nt*

te [tə] *pron pess* (*acusativo*) dich; (*dativo*) dir; **ela telefona-te** sie ruft dich an; **eu digo-te** ich sage dir

tear <-es> *m* Webstuhl *m*

teatral <-ais> *adj* Theater ...

teatro ['tjatru] *m* ① (*arte, edifício*) Theater *nt;* **ir ao ~** ins Theater gehen ② (*de acontecimento*) Schauplatz *m*

tecelagem <-ens> *f* ① (*actividade*) Weben *nt* ② (*fábrica*) Weberei *f*

tecelão, tecelã <-ões, -ãs> *m, f* Weber(in) *m(f)*

tecer <c→ç> *vt* ① (*tecido*) weben ② (*teia*) spinnen, weben ③ (*fazer*) **~ um elogio** loben; **~ uma crítica** Kritik äußern

techno ['tɜknu] *m* (MÚS) Techno *m*

tecido *m* ① (*têxtil*) Gewebe *nt,* Stoff *m* ② (BIOL) Gewebe *nt*

tecla *f* Taste *f;* (INFOR); **~ de função** Funktionstaste *f;* **carregar numa ~** eine Taste drücken; (*fig*); **bater sempre na mesma ~** auf etw herumreiten

tecladista *mf* ① (MÚS) Keyboard-Spieler(in) *m(f)* ② (INFOR) Datentypist(in) *m(f)*

teclado *m* (MÚS, INFOR) Tastatur *f*

técnica I. *f* Technik *f* **II.** *adj f de* **técnico II**

tecnicamente *adv* technisch

técnico, -a I. *m, f* Fachmann, -frau *m, f,* Techniker(in) *m(f);* (FUT) Trainer(in) *m(f);* **~ de informática** Informatiker(in) *m(f);* **~ de electrónica** [*o brasil* **eletrônica**] Elektroniker(in) *m(f)* **II.** *adj* technisch

tecnocracia *f* Technokratie *f*

tecnocrata *mf* (POL) Technokrat(in) *m(f)*

tecnologia *f* Technologie *f;* **~ de ponta/alta ~** Spitzentechnologie *f,* High Tech *nt*

tecnológico *adj* technologisch

tecto ['tɜtu] *m* (*portugal*) ① (*de casa*) Dach *nt;* (*de sala*) Decke *f* ② (*de automóvel*) **~ de abrir** Schiebedach *nt* ③ (*fig: abrigo*) Dach *nt*

tectónica (*portugal*), **tectônica** *f* (*brasil:* GEOL) Tektonik *f*

tédio *m* Langeweile *f,* Überdruss *m;* **que ~!** wie langweilig!

tedioso *adj* lästig, langweilig

teia *f* ① (*de aranha*) Spinnennetz *nt* ② (*de espionagem*) Ring *m*

teima *f* Eigensinn *m,* Starrsinn *m;* **tirar as ~s** die Standpunkte sachlich klären

teimar *vi* beharren (*em* auf), bestehen (*em* auf)
teimosa *adj f de* **teimoso**
teimosia *f* Eigensinn *m,* Starrsinnigkeit *f*
teimoso *adj* eigensinnig, starrsinnig
tejadilho *m* (*de automóvel*) Dach *nt*
Tejo ['tɜʒu] *m* Tejo *m,* Tajo *m*
tel. *abr de* **telefone** Tel. (= *Telefon(nummer)*)
tela *f* ❶ (*de pintura*) Leinwand *f* ❷ (*brasil: de televisão*) Bildschirm *m;* (*de cinema*) Leinwand *f*
telão <-ões> *m* Projektionsfläche *f*
telebanco *m* Telebanking *nt*
telebip *m* Piepser *m*
telecomandado *adj* ferngesteuert
telecomando *m* Fernsteuerung *f;* (*de televisão*) Fernbedienung *f*
telecomunicações *fpl* ❶ (*sistema*) Telekommunikation *f,* Nachrichtentechnik *f* ❷ (*empresa*) Fernmeldewesen *nt*
teledisco *m* Videoclip *m*
tele-escola *f* Fernunterricht *m*
telefax [tɜlɜ'faks] *m* Telefax *nt*
teleférico *m* Seilbahn *f;* **andar de ~** mit der Seilbahn fahren
telefonadela *f* (*coloq*) **dar uma ~ a alguém** jdn kurz anrufen
telefonar [tələfu'nar] *vi* telefonieren (*a/para* mit), anrufen (*a/para*); **telefona-me!** ruf mich an!
telefone [tələ'fɔnə] *m* ❶ (*aparelho*) Telefon *nt;* **~ de moedas** Münztelefon *nt;* **~ digital** Tastentelefon *nt;* **~ público** öffentliches Telefon; **~ portátil** schnurloses Telefon; **por ~** telefonisch; **estar ao ~** (**com alguém**) (mit jdm) telefonieren; **atender o ~** ans Telefon gehen ❷ (*coloq: número de ~*) Nummer *f*
telefonema *m* Telefongespräch *nt,* Telefonat *nt;* **fazer/receber um ~** ein Telefongespräch führen/einen Anruf erhalten
telefónico *adj* telefonisch
telefonista *mf* Telefonist(in) *m(f)*
telegrafar *vt* telegrafieren
telegrafia *f* Telegrafie *f*
telégrafo *m* Telegraf *m*
telegrama [tələ'grɐmɐ] *m* Telegramm *nt;* **mandar/enviar um ~ a alguém** jdm ein Telegramm schicken
telejornal <-ais> *m* Tagesschau *f,* Fernsehnachrichten *pl*
telem. *abr de* **telemóvel** Handy
telemóvel [tɜlɜ'mɔvɜl] *m* (*portugal*) Handy *nt;* (*no carro*) Autotelefon *nt*
telenovela *f* Seifenoper *f*
teleobjectiva [tɜlɜobʒɜ'tivɐ] *f* Teleobjektiv *nt*
teleobjetiva *f* (*brasil*) *v.* **teleobjectiva**
telepatia *f* Telepathie *f*
telepático *adj* telepathisch
teleponto *m* Auto Cue *nt, in der Fernsehkamera eingeblendeter Text*
telescópico *adj* teleskopisch
telescópio *m* Teleskop *nt,* Fernrohr *nt*
telespectador(a) *m(f)* (*brasil*) Fernsehzuschauer(in) *m(f)*
teletexto *m* Videotext *m*
teletrabalhador(a) *m(f)* Telearbeiter(in) *m(f)*
teletrabalho *m* Telearbeit *f*
televendas *fpl* Teleshopping *nt*
televisão [təlәvi'zãu] <-ões> *f* Fernsehen *nt;* **~ a cores** Farbfernsehen *nt;* **~ por cabo** Kabelfernsehen *nt;* **~ privada** Privatfernsehen *nt;* **~ via satélite** Satellitenfernsehen *nt;* **vêr ~** fernsehen

Rádio Televisão Portuguesa ist das staatliche Fernsehen, das seine Programme über RTP 1, RTP 2, RTPi (international) und RTP África, ausstrahlt. Außerdem gibt es zwei private Sender, SIC, **Televisão Independente** (TVI) und TV Cabo. Das Programm bietet vor allem Unterhaltungs- und Quizsendungen, Sport, Kinderprogramme und viele Filme, die von Werbung und gelegentlich von notícias (Nachrichten) unterbrochen werden (nicht bei RTP 2). Die meisten Produktionen werden im Originalton mit portugiesischen Untertiteln gezeigt. Aus Brasilien kommen die berühmten telenovelas, Seifenopern die täglich ausgestrahlt werden. Sehr aktuell sind die sogenannten „Reality Shows" wie beispielsweise Big Brother.

televisivo *adj* Fernseh ...
televisor *m* Fernsehapparat *m,* Fernseher *m*
telex [tɜ'lɜks] *m* Telex *nt*
telha *f* ❶ (*de telhado*) Dachziegel *m* ❷ (*coloq: mania*) Tick *m;* **estar com a ~** schlecht drauf sein ❸ (*coloq: cabeça*) Birne *f;* **ele faz o que lhe dá na ~** er macht das, was ihm gerade in den Sinn kommt
telhado [tə'ʎadu] *m* Dach *nt;* **~ de colmo**

Strohdach *nt*

telhador(a) *m(f)* Dachdecker(in) *m(f)*

telheiro *m* Schuppen *m*

telões *m pl de* **telão**

tem *3. pess sing de* **ter**

têm *3. pess pl de* **ter**

tema *m* ❶ (*assunto*) Thema *nt* ❷ (LING: *de palavra*) Stamm *m* ❸ (MÚS) Thema *nt*

temática *f* Thematik *f*

temer **I.** *vt* fürchten, befürchten **II.** *vi* fürchten (*por* um); **eu temo que ...** +*conj* ich fürchte, dass ...; ~ **por alguém** um jdn Angst haben

temerário *adj* ❶ (*arrojado*) waghalsig; (*audaz*) tollkühn, verwegen; (*valente*) mutig ❷ (*imprudente*) unbesonnen

temeroso *adj* ❶ (*situação*) Furcht erregend ❷ (*pessoa*) furchtsam, ängstlich

temido **I.** *pp de* **temer** **II.** *adj* gefürchtet

temível <-eis> *adj* furchtbar, fürchterlich

temor <-es> *m* Furcht *f*

tempeh *m* (CULIN) Tempeh

têmpera *f* (*de metal*) Härten *nt*

temperado *adj* ❶ (*comida*) gewürzt ❷ (*clima*) gemäßigt

temperamental <-ais> *adj* temperamentvoll

temperamento *m* Temperament *nt*

temperar [tẽmpə'rar] *vt* ❶ (*a comida*) würzen; (*a salada*) anmachen ❷ (*metal*) härten

temperatura [tẽmpərɐ'turɐ] *f* Temperatur *f*

tempero *m* (CULIN) Gewürz *nt*

tempestade *f* Unwetter *nt;* **fazer uma ~ num copo de água** einen Sturm im Wasserglas hervorrufen; **depois da ~ vem a bonança** auf Regen folgt Sonnenschein

tempestuoso *adj* stürmisch

templo ['tẽmplu] *m* Tempel *m*

tempo ['tẽmpu] *m* ❶ (*duração, época*) Zeit *f;* ~ **de antena** Sendezeit *f;* ~**s livres** Freizeit *f;* **a ~ (e horas)** rechtzeitig; **ao mesmo ~** gleichzeitig; **a seu ~** zu seiner Zeit; **com ~** in aller Ruhe; **com o ~** im Laufe der Zeit; **em ~s** früher; **há muito ~** vor langer Zeit; **o ~ todo** die ganze Zeit; **naquele ~** damals; **(não) ter ~ para alguém/a. c.** (keine) Zeit für jdn/etw haben; **quanto ~?** wie lange?; **de ~s a ~s** hin und wieder, von Zeit zu Zeit; **nos últimos ~s** in letzter Zeit; **no meu ~** zu meiner Zeit ❷ (METEO) Wetter *nt;* **mau ~** schlechtes Wetter; **como está o ~?** wie ist das Wetter?; **o ~ está bom/mau** das Wetter ist gut/schlecht; **com este ~** bei diesem Wetter ❸ (LING) Tempus *nt,* Zeit *f* ❹ (MÚS) Tempo *nt;* (*fig*); **fazer a. c. em três ~s** etw in null Komma nichts machen ❺ (DESP) Halbzeit *f;* **primeiro/segundo ~** erste/zweite Halbzeit

têmpora *f* (ANAT) Schläfe *f*

temporada *f* ❶ (*espaço de tempo*) Zeit *f;* **passar uma ~ no estrangeiro** einige Zeit im Ausland leben ❷ (*de espectáculos*) Saison *f,* Spielzeit *f*

temporal <-ais> **I.** *m* (METEO) Unwetter *nt* **II.** *adj* zeitlich; (LING) temporal

temporão, -ã <-ãos> *adj* frühreif

temporária *adj f de* **temporário**

temporariamente *adv* vorübergehend

temporário *adj* vorübergehend, zeitweilig

tenacidade *f* ❶ (*de material*) Widerstandsfähigkeit *f* ❷ (*obstinação*) Hartnäckigkeit *f,* Starrsinn *m*

tenaz <-es> **I.** *f* ❶ (*ferramenta*) Zange *f* ❷ (*de caranguejo*) Schere *f* **II.** *adj* ❶ (*material*) robust ❷ (*pessoa*) beharrlich, hartnäckig

tenção *f* Absicht *f;* **fazer ~ de a. c.** etw beabsichtigen

tencionar [tẽsju'nar] *vt* beabsichtigen; ~ **fazer a. c.** beabsichtigen, etw zu tun

tenda ['tẽndɐ] *f* (*portugal*) Zelt *nt;* (*no mercado*) Stand *m;* ~ **de campismo** Zelt *nt*

tendão <-ões> *m* (ANAT) Sehne *f*

tendência *f* (*fig*) Neigung *f,* Tendenz *f;* **ter ~ para a. c.** zu etw neigen/tendieren; **isso tem ~ a melhorar** es gibt eine Tendenz zur Besserung

tendencioso *adj* tendenziös

tender *vi* (*fig*) tendieren (*para* zu), neigen (*para* zu); **a situação tende a melhorar** wir verzeichnen eine Tendenz zur Besserung

tendões *m pl de* **tendão**

tenebroso *adj* dunkel, finster

tenente *m* (MIL) Leutnant *m*

tenente-coronel *m* (MIL) Oberstleutnant *m*

tenha *1./3. pres subj de* **ter**

tenho *1. pess sing pres de* **ter**

ténia *f* (MED) Bandwurm *m*

ténis (*portugal*), **tênis** *m* (*brasil*) ❶ (DESP) Tennis *nt;* ~ **de mesa** Tischtennis *nt* ❷ (*brasil: calçado*) Tennisschuh *m*

tenista *mf* Tennisspieler(in) *m(f)*

tenor *m* (MÚS) Tenor *m*

tenro ['tẽʀu] <-es> *adj* ❶ (*alimento*) zart, weich ❷ (*pessoa*) jung; **de tenra idade** in zartem Alter

tensa *adj f de* **tenso**

tensão <-ões> *f* (*fig*) Spannung *f;* **alta ~** Hochspannung *f;* **baixa ~** Niederspannung *f;* **~ arterial** Blutdruck *m*

tenso *adj* (*músculo, situação*) gespannt, angespannt; (*pessoa*) angespannt

tensões *f pl de* **tensão**

tentação <-ões> *f* Versuchung *f;* **cair em ~** in Versuchung kommen

tentáculo *m* (ZOOL) Tentakel *nt,* Fangarm *m*

tentado *adj* versucht; (*seduzido*) in Versuchung geführt; **estar ~ a fazer a. c.** in Versuchung sein, etw zu tun

tentador *adj* verführerisch, verlockend

tentar [tẽn'tar] *vt* ❶ (*experimentar*) versuchen, ausprobieren; **~ fazer a. c.** versuchen, etw zu tun ❷ (*aliciar*) in Versuchung führen

tentativa *f* Versuch *m;* **~ de homicídio** Mordversuch *m;* **~ de suicídio** Selbstmordversuch *m;* **fazer uma ~** einen Versuch machen

tentear *vt* sondieren

tentilhão *m* (ZOOL) Fink *m*

tento *m* ❶ (*cautela*) Vorsicht *f,* Behutsamkeit *f;* **tomar ~ em a. c.** bei etw Vorsicht walten lassen ❷ (*tino*) Verstand *m* ❸ (*brasil:* FUT*: gola*) Tor *nt*

ténue (*portugal*), **tênue** *adj* (*brasil: luz, voz*) dünn, zart; (*fronteira*) verschwommen

teocracia *f* Theokratie *f*

teologia *f* Theologie *f*

teológico *adj* theologisch

teólogo, -a *m, f* Theologe, Theologin *m, f*

teor <-es> *m* ❶ (*de texto, conversa*) Inhalt *m;* **um texto de ~ prático** ein praxisbezogener Text ❷ (QUÍM) Gehalt *m;* **~ de pH** pH-Wert *m*

teorema *m* Theorem *nt,* Lehrsatz *m*

teores *m pl de* **teor**

teoria *f* Theorie *f;* **na ~** theoretisch

teórica *adj f de* **teórico**

teoricamente *adv* theoretisch

teórico, -a **I.** *m, f* Theoretiker(in) *m(f)* **II.** *adj* theoretisch

teorico-prático *adj* (*aula*) theoretisch und praktisch; (*livro*) theorie- und praxisbezogen

tépido *adj* lauwarm

ter [ter] *irr* **I.** *vt* (*posse*) haben; **~ fome/dores** Hunger/Schmerzen haben; **~ a. c. de seu** Vermögen haben; **o que é que tens?** was hast du?; **~ a/que ver com alguém/a. c.** mit jdm/etw zu tun haben; **isso não tem mal nenhum** das ist nicht schlimm; **o que é que tem (isso)?** was ist schon dabei?; **não tem de quê** nichts zu danken; **tenho que fazer** ich habe zu tun; (*idade, medidas*) sein; **quantos anos tens?** wie alt bist du?; **tenho 30 anos** ich bin 30 Jahre alt; **o muro tem um metro de comprimento/altura** die Mauer ist einen Meter lang/hoch; (*receber*) bekommen; **~ uma prenda** ein Geschenk bekommen; **~ uma má nota** eine schlechte Note bekommen; **ela teve um bebé** [*o brasil* **bebê**] sie hat ein Kind bekommen; (*conversa, diálogo*) führen; (*considerar*); **~ por** halten für; (*coloq brasil: haver*) sein, geben; (*brasil*); **tem muita gente que ...** es gibt viele Leute, die ...; (*brasil*); **tem três dias que estou doente** ich bin seit drei Tagen krank; (*coloq*); **tinha lá muitas pessoas** dort waren viele Leute **II.** *aux* (*passado*) haben, sein; **eu não tinha percebido** ich hatte es nicht verstanden; **ele tinha ido a casa** er war nach Hause gegangen; **tivesses dito!** hättest du doch etwas gesagt!; **eu não devia ~ ido** ich hätte nicht hingehen sollen; (*obrigação*); **~ de/que** müssen; **eu tive de/que trabalhar** ich musste arbeiten **III.** *vi* (*caminho*) **ir ~ a** führen nach; (*pessoa*) gehen zu; **vai ~ a minha casa!** komm mal bei mir vorbei!; (*encontrar*); **ir ~ com alguém** zu jdm gehen; **mandar alguém ir ~ com alguém** jdn zu jdm schicken; **ele foi ~ connosco** er kam zu uns **IV.** *vr* sich beherrschen, an sich halten; **~-se de pé** sich aufrecht halten

terapeuta *mf* Therapeut(in) *m(f);* **~ da fala** Logopäde, Logopädin *m, f*

terapêutica *f* Therapeutik *f*

terapêutico *adj* therapeutisch

terapia *f* Therapie *f;* **~ da fala** Sprachförderung *f*

terça *f,* **terça-feira** <terças-feiras> *f* Dienstag *m; v. tb.* **segunda-feira**

terceira *f* ❶ *f de* **terceiro I** ❷ **~ idade** Alter *nt* ❸ (*velocidade*) dritte(r) Gang *m;* **meter a ~** den dritten Gang einlegen

terceiranista *mf* (UNIV) Student *m* im dritten Studienjahr, Studentin *f* im dritten Studienjahr

terceirização *f* (*brasil*) Outsourcing *nt*

terceiro, -a [tər'seiru] **I.** *m, f* Dritte; **~s** Dritte *pl* **II.** *num ord* dritte(r, s); **~ mundo**

T

Dritte Welt; *v. tb.* **segundo**

terceto *m* (MÚS) Terzett *nt*

terciário *adj* **sector** [*o brasil* **setor**] ~ Dienstleistungssektor *m*

terço *m* ① (*terça parte*) Drittel *nt* ② (REL) Rosenkranz *m*

terçol <-óis> *m* (MED) Gerstenkorn *nt*

terçolho *m* (*coloq*) *v.* **terçol**

terebintina *f* Terpentin *nt*

Teresina Teresina (*Hauptstadt des Bundesstaates Piauí*)

teresinense (*brasil*) **I.** *mf* Einwohner(in) *m(f)* der Stadt Teresina **II.** *adj* (*especialidade*) aus Teresina; (*insituto*) in Teresina

termal [tər'mal] <-ais> *adj* Thermal ...; **águas termais** Thermalquelle *f*

termas *fpl* ① (*local*) Thermalbad *nt* ② (*águas*) Thermalquelle *f*

térmico *adj* thermisch; **saco** ~ Kühltasche *f*

terminação <-ões> *f* ① (*conclusão*) Beendigung *f,* Abschluss *m* ② (LING) Endung *f*

terminal [tərmi'nal] <-ais> **I.** *m* (AERO) Abfertigungshalle *f,* Terminal *nt;* (NÁUT) Terminal *nt;* (*de camionagem*) Busbahnhof *m;* (INFOR) Terminal *nt* **II.** *adj* End ...; **fase** ~ Endphase *f*

terminantemente *adv* ausdrücklich

terminar **I.** *vt* beenden **II.** *vi* ① (*reunião, trabalho*) enden; (*barulho*) aufhören ② (*palavra*) enden (*em* auf) ③ (*pessoa*) fertig sein (*com* mit)

término ['tɜrminu] *m* ① (*paragem final*) Endstation *f* ② (*fim*) Ende *nt*

terminologia *f* Terminologie *f*

termo *m* ① (*fim*) Ende *nt;* **pôr ~ a a. c.** etw ein Ende setzen ② (*vocábulo*) Wort *nt;* (*expressão*) Ausdruck *m;* ~ **técnico** Fachbegriff *m* ③ (*conteúdo*) Bestimmungen *pl;* **os ~s do contrato** die Vertragsbestimmungen *m*

termocolagem *f* Thermobindung *f*

termodinâmica *f* Thermodynamik *f*

termoelectricidade, termoeletricidade *f* (*brasil*) Thermoelektrizität *f*

termómetro (*portugal*), **termômetro** *m* (*brasil*) Thermometer *nt;* ~ **clínico** Fieberthermometer *nt*

termonuclear *adj* thermonuklear

termos[1] ['tɜrmuʃ] *m* (*garrafa*) Thermosflasche ® *f*

termos[2] *mpl* (*modos*) Verhalten *nt,* Benehmen *nt;* **com** ~ höflich

termóstato *m* Thermostat *m,* Temperaturregler *m*

terna *adj f de* **terno**

ternário *adj* dreiteilig; (MÚS); **compasso** ~ Dreiertakt *m*

terninho *m* (*brasil*) Kostüm *nt*

terno ['tɜrnu] **I.** *m* (*brasil: fato*) Herrenanzug *m;* (*coloq: queda*) Sturz *m;* **dar um** ~ hinfallen **II.** *adj* zart, zärtlich

ternura *f* Zärtlichkeit *f*

terra ['tɜʀɐ] *f* ① (*substância*) Erde *f;* (*solo*) Boden *m;* **debaixo da** ~ unter der Erde; **deitar a. c. por** ~ etw auf den Boden werfen; **ser ~ a** ~ mit beiden Beinen auf der Erde stehen ② (*localidade*) Ort *m;* (*região*) Gebiet *nt;* (*país*) Land *nt;* (*pátria*) Heimat *f;* **na minha** ~ in meiner Heimat; ~ **de ninguém** Niemandsland *nt;* **a Terra Santa** das Heilige Land ③ (*contraste com mar*) Land *nt;* **em** ~ an Land; ~ **firme** Festland *nt*

Terra *f* (ASTR) Erde *f;* **na** ~ auf der Erde

terraço [tə'ʀasu] *m* Terrasse *f*

terracota [tɜʀɐ'kɔtɐ] *f* Terrakotta *f*

terramoto *m* Erdbeben *nt*

terraplenagem <-ens> *f* Planierung *f*

terraplenar *vt* planieren

terremoto *m* (*brasil*) *v.* **terramoto**

terreno [tə'ʀenu] **I.** *m* (*geral*) Gelände *nt;* (*parcela*) Grundstück *nt;* ~ **para construção** Bauplatz *m;* (*fig: área*) Terrain *nt,* Gebiet *nt;* **pisar ~ desconhecido** Neuland betreten; **ganhar** ~ an Boden gewinnen **II.** *adj* irdisch, weltlich

térreo *adj* ebenerdig; (*brasil*); (**andar**) ~ (*esp brasil*) Erdgeschoss *nt*

terrestre *adj* irdisch

terrina *f* Terrine *f*

terriola *f* (*pej*) Kaff *nt*

territorial <-ais> *adj* territorial, Gebiets ...

território *m* Territorium *nt,* Gebiet *nt*

terrível [tə'ʀivɜl] <-eis> *adj* schrecklich, furchtbar

terror <-es> *m* Terror *m*

terrorismo *m* Terrorismus *m*

terrorista **I.** *mf* Terrorist(in) *m(f)* **II.** *adj* ① (POL) terroristisch ② (*coloq: criança*) wild; (*insurrecto*) aufsässig

terroso *adj* erdig

tertúlia *f* Treffen *nt;* (*de literatos*) literarische(r) Zirkel *m*

terylene *m* Terylen ® *nt*

tesa *adj f de* **teso**

tesão <-ões> *f* (*coloq*) Lust *f*
tese *f* These *f;* (*de doutoramento*) Dissertation *f,* Doktorarbeit *f*
teso *adj* ① (*tecido, roupa*) hart; (*cabo*) straff; (*pessoa*) steif, starr ② (*coloq: sem dinheiro*) pleite, abgebrannt
tesoira *f v.* **tesoura**
tesoirada *f v.* **tesourada**
tesoiro *m v.* **tesouro**
tesoura *f* Schere *f;* ~ **de poda** Gartenschere *f;* ~ **das unhas** Nagelschere *f*
tesourada *f* Schnitt *m* mit der Schere
tesouraria *f* ① (*escritório, repartição*) Kasse *f* ② (*do Estado*) Staatskasse *f*
tesoureiro, -a *m, f* (*em associação*) Schatzmeister(in) *m(f),* Kassenwart *m;* (*em repartição pública*) Lohnbuchhalter(in) *m(f)*
tesouro [tə'zoru] *m* Schatz *m;* ~ **público** Staatskasse *f*
testa *f* Stirn *f;* **estar à ~ de a. c.** an der Spitze von etw liegen
testáceo *m* (ZOOL) Schalentier *nt*
testa-de-ferro <testas-de-ferro> *mf* Strohmann *m*
testamentário, -a **I.** *m, f* Erbe, Erbin *m, f* **II.** *adj* testamentarisch
testamento *m* Testament *nt;* **o Antigo/Novo Testamento** das Alte/Neue Testament
testar *vt* testen, prüfen
teste *m* Test *m;* ~ **de aptidão** Eignungsprüfung *f*
testemunha *f* Zeuge, Zeugin *m, f;* ~ **de acusação** Belastungszeuge *m;* ~ **de defesa** Entlastungszeuge *m;* ~ **ocular** Augenzeuge *m*
testemunhar **I.** *vt* (*presenciar*) selbst erleben, dabei sein bei; (DIR) bezeugen **II.** *vi* aussagen (*contra* gegen, *a favor de* für)
testemunho *m* ① (*depoimento*) Zeugenaussage *f,* Aussage *f;* **levantar falsos ~s** jdn durch eine Falschaussage belasten ② (*prova*) Beweis *m* (*de* für); (*indício*) Anzeichen *nt* (*de* für) ③ (*em corrida de estafetas*) Staffelstab *m*
testículo *m* (ANAT) Hoden *m*
testo *m* Deckel *m*
teta *f* Zitze *f*
tétano ['tɜtɐnu] *m* (MED) Wundstarrkrampf *m,* Tetanus *m*
tetina [tə'tinɐ] *f* (*de biberão*) Sauger *m*
teto *m* (*brasil*) *v.* **tecto**
tetônica *f* (*brasil*) *v.* **tectónica**
tetracampeão, -peã <-peões, -peãs> *m, f* vierfache(r) Meister *m,* vierfache Meisterin *f*
tetraedro *m* Tetraeder *nt,* Vierflächner *m*
tetralogia *f* Tetralogie *f*
tetravô, -ó *m, f* Urururgroßvater, -mutter *m, f*
tétrico *adj* ① (*lúgubre*) finster, düster ② (*horrível*) grausam
teu [teu] *pron poss* dein; **o ~ trabalho/carro** deine Arbeit/dein Auto; **isso é ~** das gehört dir; **um amigo ~** ein Freund von dir; **os ~s** die Deinen
teve *3. pret perf de* **ter**
tevê *f abr de* **televisão** TV
têxteis *mpl* Textilien *pl*
têxtil <-eis> *adj* textil; **indústria ~** Textilindustrie *f*
texto *m* Text *m*
textual <-ais> *adj* ① (*referente a texto*) Text ... ② (*literal*) wörtlich
textualmente *adv* wörtlich
textura *f* Struktur *f*
texugo *m* (ZOOL) Dachs *m*
tez <-es> *f* Teint *m,* Gesichtsfarbe *f*
ti [ti] *pron pess* (*acusativo*) dich; (*dativo*) dir; **de ~** von dir; **para ~** für dich
tia *f v.* **tio**
tibetano, -a **I.** *m, f* Tibeter(in) *m(f)* **II.** *adj* tibetisch
Tibete *m* Tibet *nt*
tíbia ['tibjɐ] *f* (ANAT) Schienbein *nt*
Ticino *m* Tessin *nt*
ticket *m* (*da caixa*) Kassenbon *m,* Kassenzettel *m;* (*de parque de estacionamento*) Parkschein *m;* (*de auto-estrada*) Ticket *nt;* (*para esperar a vez*) Wartemarke *f,* Wartenummer *f*
tico-tico *m* (ZOOL) Morgenammer *f*
tido **I.** *pp de* **ter** **II.** *adj* gehalten (*como* für); **ele é ~ como um bom professor** er wird für einen guten Lehrer gehalten
tifo ['tifu] *m* (MED) Typhus *m*
tifóide *adj* (MED) typhös; **febre ~** Typhus *m*
tigela *f* (*para sopa*) Suppentasse *f;* (*para cereais*) Schale *f,* Schälchen *nt;* (*grande*) Schüssel *f*
tigrado *adj* getigert
tigre *m* Tiger *m*
tijoleira *f* Fliese *f*
tijolo *m* Ziegelstein *m,* Backstein *m*
til *m* Tilde *f*
tília *f* (BOT) Linde *f;* **chá de ~** Lindenblütentee *m*
tilintar *vi* (*vidro*) klirren; (*moedas*) klimpern

timbrado *adj* mit Namensaufdruck; **papel ~** Briefpapier mit aufgedrucktem Briefkopf

timbre *m* ① (*de voz, instrumento*) Klang *m* ② (*carimbo*) Stempel *m*

time *m* (*brasil:* FUT: *equipa*) Mannschaft *f;* **~ de várzea** Gurkentruppe *f;* **de segundo ~** zweitklassig

tímida *adj f de* **tímido**

timidez *f* Schüchternheit *f*

tímido *adj* schüchtern

Timor *m* Timor *nt*

tímpano *m* ① (ANAT) Trommelfell *nt* ② (MÚS) Pauke *f*

tina *f* Wanne *f*

tingir <g→j> **I.** *vt* färben; **~ de azul** blau färben **II.** *vi* färben

tinha **I.** *1./3. imperf de* **ter** **II.** *f* (*doença*) Räude *f*

tinhoso *adj* räudig

tinir *vi* (*vidro, metal*) klirren

tino *m* Vernunft *f;* **com ~** vernünftig; **sem ~** ohne Sinn und Verstand

tinta *f* (*para pintar, tingir*) Farbe *f;* (*para escrever*) Tinte *f;* (*para imprimir*) Druckfarbe *f*

tinta-da-china *f* Tusche *f*

tinteiro *m* (INFOR) Druckerpatrone *f*

tintim *adv* **~ por ~** Punkt für Punkt

tinto ['tĩntu] *adj* **vinho ~** Rotwein *m*

tintura [tĩn'turɐ] *f* Tinktur *f;* **~ de iodo** Jodtinktur *f*

tinturaria [tĩnturɐ'riɐ] *f* Färberei *f*

tio, -a *m, f* Onkel *m,* Tante *f;* (*coloq*); **ficar para ~** Junggeselle bleiben

tio-avô, tio-avó *m, f* Großonkel, -tante *m, f*

típico ['tipiku] *adj* typisch (*de* für)

tipo[1] *m* (*género*) Typ *m,* Art *f;* (*coloq*); **ele não é o meu ~** er ist nicht mein Typ

tipo, -a[2] *m, f* (*portugal: coloq: pessoa*) Typ *m,* Frau *f*

tipografia *f* ① (*actividade*) Drucken *nt,* Druck *m* ② (*estabelecimento*) Druckerei *f*

tipóia *f* (*brasil*) Schlinge *f*

tique *m* Tick *m*

tiquetaque *m* Ticktack *nt;* **fazer ~** ticken

tiquete *m* (*brasil*) *v.* **ticket**

tiquinho *m* (*coloq brasil*) klein bisschen; **um ~ de vinho** ein Schlückchen Wein

tira ['tirɐ] **I.** *f* (*de papel*) Streifen *m;* (*fita*) Band *nt* **II.** *m* (*coloq brasil*) Bulle *m*

tiracolo [tirɐ'kɔlu] *adv* **a ~** über die Schulter gehängt

tiragem <-ens> *f* ① (*de ar*) Zug *m* ② (*de jornal*) Auflage *f* ③ (*de correio*) Leerung *f*

tira-linhas *m* Reißfeder *f*

tirana *f v.* **tirano**

tirania *f* Tyrannei *f*

tirânico *adj* tyrannisch

tiranizar *vt* tyrannisieren

tirano, -a *m, f* Tyrann(in) *m(f)*

tira-nódoas *m* Fleckenentferner *m*

tira-olhos *m* (ZOOL) Libelle *f*

tirar [ti'rar] *vt* ① (*tampa; retirar*) abnehmen; (*de estante*) herausnehmen; (*eliminar*) entfernen; (*extrair, arrancar*) ziehen, herausziehen; (*uma nódoa*) entfernen; **sem ~ nem pôr** ganz genau so; **~ um dente** einen Zahn ziehen; **~ sangue** Blut abnehmen; **tira isso daí!** nimm das dort weg!; **tira a mão!** nimm die Hand weg!; **não ~ os olhos de alguém/a. c.** jdn/etw nicht aus den Augen lassen ② (*extorquir*) wegnehmen; (*à força*) entreißen; (*esperança*) nehmen; **ela tirou-me a caneta/tirou-me a caneta da mão** sie hat mir den Füller weggenommen/aus der Hand genommen ③ (*deduzir, subtrair*) abziehen (*de* von) ④ (*chapéu, óculos*) abnehmen; (*roupa, sapatos*) ausziehen ⑤ (*uma conclusão*) ziehen (*de* aus) ⑥ (*lucro*) erzielen; (*salário*) erhalten, verdienen; **ela tira 3.000 euros por mês** sie verdient 3.000 Euro im Monat ⑦ (*bilhete de identidade, passaporte*) sich *dat* ausstellen lassen ⑧ (*carta de condução, fotografia, fotocópia*) machen; **~ um curso** (*portugal*) einen Kurs machen; (*universitário*) ein Studium absolvieren; **~ apontamentos** sich *dat* Notizen machen, mitschreiben ⑨ (*um bilhete*) lösen ⑩ (*medidas*) treffen ⑪ (*férias*) nehmen ⑫ (*uma nota*) bekommen; **quanto tiraste a matemática?** was hast du in Mathematik bekommen?

tirinho *m* (*coloq: distância*) **é um ~** es ist nur ein Katzensprung

tiritar *vi* (*de frio*) zittern (*de* vor)

tiro ['tiru] *m* Schuss *m;* **~ ao alvo** Scheibenschießen *nt;* (FUT); **~ de canto** Eckball *m;* **~ livre** Freistoß *m;* **~ de meta** Abstoß *m;* **dar um ~ em alguém/a. c.** einen Schuss auf jdn/etw abgeben; **levar um ~** angeschossen werden; **matar alguém a ~** jdn erschießen; (*fig*); **o ~ saiu pela culatra** der Schuss ging nach hinten los; (*coloq*); **dar um ~ às aulas** blaumachen

tiróide *f* (ANAT) Schilddrüse *f*
Tirol *m* Tirol *nt*
tiroteio *m* Schießerei *f,* Schusswechsel *m*
tisana *f* Kräutertee *m*
titânio *m* (QUÍM) Titan *nt*
titica *f* (*coloq brasil*) Kacke *f*
titular *mf* (*de conta*) Inhaber(in) *m(f);* (*de prémio*) Träger(in) *m(f);* (FUT) Stammspieler(in) *m(f)*
título *m* ❶ (*de texto*) Überschrift *f,* Titel *m;* (*de jornal*) Schlagzeile *f* ❷ (*de pessoa*) Titel *m* ❸ (*documento*) Urkunde *f;* (ECON) Wertpapier *nt;* ~ **de propriedade** Besitzurkunde *f* ❹ (*motivo*) Grund *m;* **a ~ de curiosidade** aus Neugierde
tive *1. pret perf de* **ter**
tivesse *1./3. pret subj de* **ter**
to *Zusammensetzung: pron te + art o*
toa *adv* **à** ~ aufs Geratewohl
toalete *m* ❶ (*brasil: casa-de-banho*) Toilette *f* ❷ (*brasil: roupa*) Toilette *f*
toalha ['twaʎɐ] *f* Tuch *nt;* ~ **de banho** Badetuch *nt;* ~ **das mãos** Handtuch *nt;* ~ **de mesa** Tischdecke *f;* ~ **turca/de felpo** Frottierhandtuch *nt,* Frotteetuch *nt*
toalheiro *m* Handtuchhalter *m*
toalhete *m* ❶ (*de mesa*) Set *nt,* Platzdeckchen *nt* ❷ (*de higiene*) Kosmetiktuch *nt;* (*refrescante*) Erfrischungstuch *nt*
toalhita *f* Kosmetiktuch *nt*
toar <*brasil, 1. pess pres:* tôo> *vi* tönen
toca *f* Bau *m*
toca-discos *m* (*brasil*) Plattenspieler *m*
tocado *adj* ❶ (*fruta*) angefault ❷ (*coloq: com álcool*) beschwipst, angeheitert
toca-fitas *m inv* (*brasil*) Kassettendeck *nt*
tocante *adj* rührend
tocantinense (*brasil*) **I.** *mf* Einwohner(in) *m(f)* des Bundesstaates Tocantins **II.** *adj* (*especialidade*) aus Tocantins; (*instituto*) in Tocantins
Tocantins *m* (*brasil*) Tocantins (*Bundesstaat im Norden Brasiliens*)
tocar [tu'kar] **I.** <c→qu> *vt* (*instrumento, música*) spielen; (*saxofone, trompete*) blasen, spielen; ~ **tambor** trommeln; (*uma pessoa, um objecto*) berühren, anfassen; (*roçar*) streifen; (*fig: aproximar-se de*) grenzen an; **isso toca as raias da loucura** das grenzt an Wahnsinn; (*comover*) rühren **II.** <c→qu> *vi* (*com os dedos*) ~ **em** anfassen, berühren; (*telefone, despertador*) klingeln; (*sino*) läuten; (*alarme*) schrillen; **estão a ~ à campainha** es klingelt; (*dizer respeito*); ~ **a alguém** jdn angehen, jdn betreffen; **agora toca-me a mim** jetzt bin ich dran; **pelo que me toca** was mich angeht; (*herança, tarefa*); ~ **a alguém** jdm zufallen; (*fig: roçar*); ~ **em** streifen; ~ **num assunto** eine Angelegenheit kurz erwähnen **III.** <c→qu> *vr* (*mutuamente*) sich berühren
tocha *f* Fackel *f*
toco *m* ❶ (*de árvore*) Stumpf *m* ❷ (*de vassoura*) Stiel *m*
todavia *konj* jedoch, dennoch
todo ['todu] **I.** *m* Ganze *nt;* **ao ~** insgesamt, im Ganzen **II.** *adj* (*inteiro*) ganz; ~ **o dia/país** der ganze Tag/das ganze Land; **toda a noite/semana** die ganze Nacht/Woche; **em/por toda a parte** überall; **toda a família** die ganze Familie; **vimos o filme ~** wir haben den ganzen Film gesehen; (*cada*) jede(r, s); (*plural*) alle; **~s os dias/meses/anos** jeden Tag/Monat/jedes Jahr; **a ~ o momento** jeden Augenblick/Moment; **toda a gente** alle Leute; **a toda a hora** immer; **de toda a espécie** aller Art; **todas as vezes** jedes Mal **III.** *pron indef* **~s** alle **IV.** *adv* ganz, völlig; **estar ~ molhado/sujo** ganz nass/schmutzig sein; **de ~** ganz und gar nicht
todo-o-terreno **I.** *m* Geländewagen *m* **II.** *adj inv* geländegängig
todo-poderoso **I.** *m* (REL) Allmächtige *m* **II.** *adj* allmächtig
tofu *m* (CULIN) Tofu *m*
toga *f* Talar *m*
toilette *f* ❶ (*roupa*) Toilette *f* ❷ (*higiene pessoal*) Körperpflege *f*
toiro *m* Stier *m*
tola **I.** *adj f de* **tolo II** **II.** *f* ❶ *v.* **tolo I** ❷ (*coloq*) Kopf *m,* Schädel *m*
toldar **I.** *vt* (*céu*) bedecken; (*entendimento, razão*) trüben **II.** *vr* (*céu*) sich bewölken, sich bedecken
toldo *m* ❶ (*de loja, varanda*) Markise *f* ❷ (*para cobrir*) Plane *f*
toledo *m* (*coloq*) Leichtsinn *m*
tolerância *f* ❶ (*transigência*) Toleranz *f* ❷ (*margem*) zulässige Abweichung *f;* (*temporal*) Verlängerung *f;* ~ **de ponto** flexible Arbeitszeit *f*
tolerante *adj* tolerant
tolerar *vt* ❶ (*admitir*) tolerieren, dulden

② (*suportar*) ertragen
tolerável <-eis> *adj* erträglich
tolher *vt* ① (*impedir*) behindern ② (*paralisar*) lähmen
tolhido *adj* gelähmt
tolice *f* Dummheit *f*
tolo, -a ['tolu] **I.** *m, f* ① (*maluco*) Verrückte ② (*tonto*) Dummkopf *m;* **estar como o ~ no meio da ponte** perplex sein **II.** *adj* ① (*maluco*) verrückt ② (*tonto*) blöd, dumm
tom <tons> *m* ① (*de voz, cor, linguagem*) Ton *m;* **de bom/mau ~** höflich/verpönt ② (MÚS) Tonart *f*
toma *f* ① (*extracção*) Entnahme *f* ② (*de medicamento*) Einnahme *f*
tomada [tu'madɐ] *f* ① (*toma*) Einnahme *f;* **~ de posse** Amtsübernahme *f;* **~ de reféns** Geiselnahme *f* ② (ELECTR) Steckdose *f* ③ (MIL: *ocupação*) Einnahme *f;* (*conquista*) Eroberung *f*
tomado *adj* besessen (*por* von); **~ de susto** angsterfüllt
tomar [tu'mar] *vt* ① (*um medicamento*) einnehmen; (*café, chá*) trinken; **~ o pequeno-almoço** frühstücken ② (*ganhar*) annehmen; **~ coragem** Mut fassen; **~ juízo** Vernunft annehmen ③ (*aceitar, receber*) nehmen; **~ a mal** übel nehmen; **~ a sério** ernst nehmen; **~ a. c. a seu cargo** etw auf sich nehmen ④ (*ar, fôlego*) schöpfen ⑤ (*uma estrada, um caminho*) einschlagen, nehmen ⑥ (*uma medida*) ergreifen; (*uma decisão*) treffen, fällen ⑦ (*tirar*) nehmen; **~ tempo a alguém** jds Zeit in Anspruch nehmen ⑧ (*considerar*) **~ por** halten für; **por quem me tomas?** für wen hälfst du mich? ⑨ (MIL) erobern, einnehmen
tomara *interj* hoffentlich; **~ eu saber!** wüsste ich das nur!; **~s tu!** du bist ja nur neidisch!; **~ que ele venha!** hoffentlich kommt er!; **~ que sim/não** hoffentlich/hoffentlich nicht
tomate *m* Tomate *f*
tombadilho *m* (NÁUT) Oberdeck *nt*
tombar **I.** *vt* umstoßen, umwerfen **II.** *vi* ① (*cair*) fallen, umfallen ② (*recipiente*) umkippen
tombo *m* Fall *m,* Sturz *m;* **dar um ~** hinfallen
tômbola *f* Tombola *f*
tomilho *m* (BOT) Thymian *m*
tomo *m* Band *m*
tomografia *f* Tomographie *f;* **~ computadorizada** Computertomographie *f*
tona *f* **à ~ da água** auf der Wasseroberfläche; **vir à ~** an die Oberfläche kommen; (*fig*) ans Licht kommen
tonalidade *f* ① (*de cor*) Schattierung *f,* Tönung *f* ② (MÚS) Tonart *f*
tonalizar *vt* schattieren, abtönen
tonel <-éis> *m* Tonne *f*
tonelada *f* Tonne *f*
tonelagem <-ens> *f* Tonnage *f*
toner *m* Toner *m*
tónica (*portugal*), **tônica** *f* (*brasil*) ① (*acentuação*) betonte Silbe *f* ② (*tema fundamental*) Hauptthema *nt,* Schwerpunktthema *nt*
tónico **I.** *m* (FARM) Stärkungsmittel *nt,* Tonikum *nt* **II.** *adj* ① (LING) betont ② (*bebida*) **água tónica** Tonic, Tonicwater *nt;* **gim ~** Gin Tonic *m*
tônico *adj o m* (*brasil*) *v.* **tónico**
tonificar <c→qu> *vt* stärken, kräftigen
toninha *f* (ZOOL) Delfin *m*
tons *m pl de* **tom**
tonto, -a **I.** *m, f* Dummkopf *m* **II.** *adj* ① (*bobo*) dumm, töricht ② (*ourado*) schwindlig; (*atordoado*) benommen; **estou ~** mir ist schwindlig
tontura [tõn'turɐ] *f* Schwindel *m,* Schwindelgefühl *nt;* **tenho ~s** mir ist schwindlig
top *m* ① (*roupa*) Top *nt* ② (MÚS) Spitzenreiter *m*
topar **I.** *vt* ① (*coloq: mentira, truque*) durchschauen ② (*coloq: perceber*) kapieren **II.** *vi* ① (*deparar*) stoßen (*com* auf) ② (*coloq: perceber*) kapieren ③ (*coloq: alinhar*) mitmachen; **~ fazer a. c.** bei etw mitmachen
topete *m* (*no cabelo*) Toupet *nt*
tópico **I.** *m* Punkt *m,* Unterpunkt *m* **II.** *adj* (FARM) äußerlich, topisch
topless *m* (*coloq*) oben ohne; **fazer ~** oben ohne gehen
topo *m* Gipfel *m*
topografia *f* Topographie *f*
topográfico *adj* topographisch; **mapa ~** topographische Karte
toque *m* ① (*com os dedos*) Berührung *f;* (*em tecla*) Anschlag *m* ② (*de campainha, telefone*) Klingeln *nt;* (*de buzina*) Hupsignal *nt;* (*de instrumento*) Klang *m;* (*coloq*); **dar um ~ a alguém** jdn anrufen ③ (*com pincel*) Pinselstrich *m* ④ (*vestígio*) Hauch *m;* **um ~ de ironia** ein Hauch von Ironie
Tóquio *f* Tokio *nt*

torácico *adj* Brust ...; **caixa torácica** Brustkorb *m*
toranja *f* Grapefruit *f,* Pampelmuse *f*
tórax *m* (ANAT) Brustkorb *m*
torção <-ões> *f* ❶ (MED) Verstauchung *f* ❷ (*de roupa*) Auswringen *nt*
torcedor(a) *m(f)* (*brasil:* FUT) Fan *m,* Schlachtenbummler *m*
torcer <c→ç> **I.** *vt* (*entortar*) biegen, krümmen; (*um fio*) zwirnen; (*a roupa*) auswringen; **~ o nariz** die Nase rümpfen; **~ o pescoço a alguém** jdm den Hals umdrehen; **aí é que a porca torce o rabo!** da fangen die Schwierigkeiten an!; (MED: *um pé*) verstauchen; (*o pescoço*) verrenken; (*fig: distorcer*) verdrehen; **~ o sentido das palavras** den Sinn verdrehen **II.** *vi* (DESP) anfeuern (*por*), unterstützen (*por*); **~ por alguém** jdm die Daumen drücken **III.** *vr* sich ducken; (*com dores*) sich winden, sich krümmen
torcicolo *m* (MED) steife(r) Hals *m;* **ter um ~** einen steifen Hals haben
torcida *f* (*brasil*) Fans *pl;* **~ organizada** Fan Club *m*
torcido [tur'sidu] *adj* krumm
tordo *m* (ZOOL) Drossel *f*
tormenta *f* Unwetter *nt*
tormento *m* (*martírio*) Qual *f;* (*tortura*) Folter *f*
torna *f* Ausgleichszahlung *f*
tornado *m* Wirbelsturm *m,* Tornado *m*
tornar **I.** *vt* (*virar*) umdrehen, umwenden; (*fazer*) machen; **a situação tornou-o impaciente** die Situation lies ihn ungeduldig werden; **o catedrático tornou-o seu assistente** der Professor machte ihn zu seinem Assistenten **II.** *vi* (*regressar*) zurückkehren; (*doença*) wieder auftreten; (*repetir*); **~ a fazer a. c.** etw wieder tun, etw noch einmal tun; **eu não torno a escrever isto** ich schreibe das nicht noch einmal; **ela tornou a falar nisso** sie hat wieder davon gesprochen **III.** *vr* werden
torneado *adj* (*letra*) gestochen; (*perna*) perfekt geformt
tornear *conj como passear vt* ❶ (*no torno*) drechseln ❷ (*contornar*) umgeben
torneio *m* (DESP) Turnier *nt*
torneira [tur'neire] *f* Hahn *m;* **abrir/fechar a ~** den Hahn aufdrehen/zudrehen
torneiro, -a *m, f* (*de madeira*) Drechsler(in) *m(f);* (*de metal*) Dreher(in) *m(f)*
torniquete *m* Drehkreuz *nt*
torno *m* Drehbank *f;* (*para madeira*) Drechslerbank *f*
tornozelo [turnu'zelu] *m* (ANAT) Knöchel *m*
toro *m* Baumstumpf *m*
torpe *adj* ❶ (*membro*) steif ❷ (*vil*) gemein ❸ (*repugnante*) abstoßend
torpedear *conj como passear vt* (MIL) torpedieren
torpedo *m* (MIL) Torpedo *m;* (*brasil: coloq*) SMS *f*
torpor *m* (MED) Steife *f*
torrada [tu'ʀadɐ] *f* Toast *m*

In Portugal ist ein **Torrada** ein Riesentoast mit zwei „Etagen", der mit Butter bestrichen und in drei Stücken geschnitten wird. Es gibt ihn in allen Cafés und – zusammen mit einem galão (heißer Kaffee mit Milch im hohen Glas serviert) – schmeckt er sehr gut als Frühstück.

torradeira [tuʀɐ'deirɐ] *f* Toaster *m*
torrão <-ões> *m* ❶ (*de açúcar*) Stück *nt* ❷ (*de terra*) Klumpen *m*
torrar *vt* (*pão*) toasten, rösten; (*café*) rösten
torre ['toʀə] *f* (*de construção, xadrez*) Turm *m;* (AERO); **~ de controlo** Kontrollturm *m*
torreão <-ões> *m* Festungsturm *m*
torrencialmente *adv* in Strömen; **chover ~** in Strömen gießen
torrente *f* ❶ (*de água*) Sturzbach *m* ❷ (*quantidade*) Flut *f;* **~ de palavras** Wortschwall *m;* **uma ~ de perguntas/cartas** eine Flut von Fragen/Briefen
torreões *m pl de* **torreão**
torresmo *m* Griebe *f*
tórrido *adj* heiß
torrões *m pl de* **torrão**
torta *f* Torte *f*
torto *adj* ❶ (*torcido*) krumm, schief; (*inclinado*) schräg; (*sem reflectir*); **a ~ e a direito** unüberlegt; (*indiscriminadamente*) ohne Unterschied ❷ (*resposta*) unflätig, unverschämt
tortuoso *adj* kurvenreich; (*fig*); **por caminhos ~s** auf krummen Wegen
tortura *f* ❶ (*tormento*) Folter *f* ❷ (*angústia*) Tortur *f*
torturar *vt* ❶ (*um prisioneiro*) foltern ❷ (*atormentar*) quälen
tosco *adj* ❶ (*por trabalhar*) roh, unbearbei-

tet; (*por polir*) ungeschliffen ② (*grosseiro*) schlecht gearbeitet ③ (*movimento*) schwerfällig

tosquia *f* Schur *f*

tosquiado *adj* geschoren

tosquiar *vt* scheren

tosse ['tɔsə] *f* Husten *m;* ~ **convulsa** Keuchhusten *m;* (*coloq*); **tirar a ~ a alguém** jdn umlegen

tossir *irr como dormir vi* husten

tosta ['tɔʃtɐ] *f* Zwieback *m;* (*esp portugal: com queijo, compota*) Toast *m;* ~ **mista** Schinken-Käse-Toast *m*

tostado *adj* ① (*pão*) getoastet, geröstet ② (*pessoa*) braun gebrannt

tostão <-ões> *m* **não ter um ~** keinen Cent haben; **não valer um ~** (**furado**) keinen Cent wert sein

tostar **I.** *vt* rösten, toasten **II.** *vi* (*ao sol*) sich bräunen

total [tu'tal] <-ais> **I.** *m* (*conjunto*) Ganze *nt;* (*de soma*) Gesamtsumme *f;* (*quantia*) Gesamtbetrag *m* **II.** *adj* total

totalidade *f* Gesamtheit *f;* **na ~** insgesamt

totalitário *adj* totalitär

totalizar *vt* (*quantia*) betragen

totalmente *adv* total, völlig

totó *m* (*coloq: no cabelo*) Zopf *m*

touca *f* Haube *f;* (*de banho*) Duschhaube *f;* (*de natação*) Badekappe *f*

toucinho *m* Speck *m;* ~ **do céu** Mandelkuchen *m*

toupeira *f* (ZOOL) Maulwurf *m*

tourada [to'radɐ] *f* Stierkampf *m*

toureiro, -a *m, f* Stierkämpfer(in) *m(f)*

tournée *f* Tournee *f*

touro *m* Stier *m*

Touro *m* (*Zodíaco*) Stier *m*

tóxico **I.** *m* Giftstoff *m,* Toxikum *nt* **II.** *adj* toxisch, giftig

toxicodependência *f* Drogenabhängigkeit *f*

toxicodependente **I.** *mf* Drogenabhängige **II.** *adj* drogenabhängig

toxicómano, -a (*portugal*), **toxicômano** *m* (*brasil*) *v.* **toxicodependente**

toxina *f* Toxin *nt*

trabalhado *adj* ① (*material*) verarbeitet ② (*solo*) bestellt

trabalhador(a) **I.** *m(f)* Arbeiter(in) *m(f);* ~ **qualificado** Facharbeiter *m* **II.** *adj* arbeitsam

trabalhador-estudante, trabalhadora-estudante *m, f* studierende Berufstätige; **sou ~** ich bin berufstätig und studiere

trabalhão, -eira <-ões> *m, f* (*coloq*) Heidenarbeit *f,* Plackerei *f;* **dar um ~** eine Heidenarbeit machen

trabalhar [trɐbɐ'ʎar] **I.** *vt* ① (*madeira, metal, tecido*) bearbeiten ② (*a terra*) bestellen **II.** *vi* ① (*pessoa*) arbeiten (*em* bei, an, in, *para* für); **ela trabalha nesta empresa** sie arbeitet in/bei dieser Firma; **ele trabalha num novo projecto** [*o brasil* **projeto**] er arbeitet an einem neuen Projekt ② (*funcionar*) funktionieren, laufen; (*motor, carro, máquina*); **estar a ~** laufen; (*motor, carro*); **pôr a ~** anlassen; (*máquina*) anstellen

trabalheira *f v.* **trabalhão**

trabalho [trɐ'baʎu] *m* Arbeit *f;* ~ **a tempo inteiro** Vollzeitbeschäftigung *f;* ~ **a tempo parcial** Teilzeitbeschäftigung *f;* ~ **de grupo** Gruppenarbeit *f;* ~ **de parto** Geburtsvorgang *m,* Austreibungsphase *f;* ~ **físico/intelectual** körperliche/geistige Arbeit; **~s manuais** Handarbeit *f;* **~s domésticos** Hausarbeit *f;* **~s forçados** Zwangsarbeit *f;* **ir para o ~** zur Arbeit gehen; **dar ~ a alguém** jdm Arbeit machen

trabalhões *m pl de* **trabalhão**

trabalhoso *adj* mühselig, mühsam

traça *f* Motte *f*

traçado **I.** *m* ① (*planta*) Riss *m,* Plan *m* ② (*esboço*) Skizze *f,* Entwurf *m* **II.** *adj* ① (*plano*) entworfen; (*caminho*) geplant; (*destino*) bestimmt ② (*pneu, cabo*) beschädigt

tração <-ões> *f* (*brasil*) *v.* **tracção**

traçar <c→ç> *vt* ① (*esboçar*) aufzeichnen, skizzieren ② (*uma linha*) ziehen; (*uma circunferência*) beschreiben, zeichnen ③ (*um plano*) entwerfen; (*um caminho, uma rota*) planen; (*o destino*) bestimmen ④ (*cortar*) beschädigen ⑤ (*casaco*) zuhalten; (*capa*) über die Schulter werfen

tracção <-ões> *f* Zug *m;* (TEC) Traktion *f;* ~ **às quatro rodas** Allradantrieb *m*

tracejado **I.** *m* gestrichelte Linie *f* **II.** *adj* gestrichelt

tracejar *vt* stricheln

traço *m* ① (*risco*) Strich *m* ② (*travessão*) Gedankenstrich *m;* (*hífen*) Bindestrich *m* ③ (*vestígio*) Spur *f*

trações *f pl de* **tração**

traços *mpl* (*fisionomia*) Gesichtszüge *pl*

tractor *m* (*portugal*) Traktor *m*

tradição <-ões> *f* Tradition *f*
tradicional <-ais> *adj* traditionell
tradicionalista *adj* traditionalistisch
tradicionalmente *adv* traditionell
tradução <-ões> *f* Übersetzung *f;* ~ **consecutiva** Konsekutivdolmetschen *nt;* ~ **simultânea** Simultandolmetschen *nt*
tradutor(a) <-es> *m(f)* Übersetzer(in) *m(f)*
traduzir [trɐdu'zir] **I.** *vt* übersetzen (*para* in) **II.** *vr* zum Ausdruck kommen (*em* in)
traduzível <-eis> *adj* übersetzbar
tráfego *m* Verkehr *m;* (*comércio*) Handel *m;* ~ **de mercadorias** Güterverkehr *m*
traficante *mf* Händler(in) *m(f);* ~ **de droga** Drogenhändler *m*
traficar <c→qu> *vt* (*droga, armas*) handeln mit
tráfico *m* Verkehr *m;* (*comércio*) Handel *m;* ~ **de drogas** Drogenhandel *m*
trafulha *mf* Gauner(in) *m(f)*
trafulhice *f* Gaunerei *f,* Schwindel *m*
traga *1./3. pres subj, 3. imper de* **trazer**
tragada *f* (*brasil*) *v.* **trago**
tragar <g→gu> *vt* schlucken
tragédia [trɐ'ʒɜdjɐ] *f* (*fig*) Tragödie *f*
trágico *adj* tragisch
tragicomédia *f* Tragikomödie *f*
trago I. *1. pres de* **trazer II.** *m* Schluck *m;* **de um** ~ in einem Zug
traição <-ões> *f* Verrat *m;* (*de namorado, cônjuge*) Betrug *m;* ~ **à pátria** Vaterlandsverrat *m;* **à** ~ hinterrücks
traiçoeiro *adj* verräterisch; (*falso*) falsch, hinterlistig
traições *f pl de* **traição**
traidor(a) <-es> *m(f)* Verräter(in) *m(f)*
trailer ['treilɐ] *m* (*brasil*) Wohnwagen *m*
traineira *f* Fischerboot *nt*
training *m* (*brasil*) Trainingsanzug *m*
trair *conj como sair vt* (*um amigo, a pátria*) verraten; (*a confiança, amizade*) brechen; (*namorado, cônjuge*) betrügen
trajar I. *vt* (*elev*) tragen **II.** *vr* (*estudante*) die Studententracht anziehen
traje ['traʒə] *m* (*de folclore*) Tracht *f;* (*de estudante*) Studententracht *f;* ~ **de gala** Galaanzug *m*
trajecto [trɐ'ʒɜtu] *m* (*portugal*) ① (*caminho*) Strecke *f* ② (*de viagem*) Route *f,* Strecke *f;* **seguir um** ~ eine Route nehmen
trajectória *f* (*portugal: de bala*) Geschossbahn *f;* (*de voo*) Flugbahn *f*
trajeto *m* (*brasil*) *v.* **trajecto**
trajetória *f* (*brasil*) *v.* **trajectória**
trajo *m v.* **traje**
tralha *f* (*coloq*) Krimskrams *m,* Kram *m*
trama *f* ① (*tecido*) Gewebe *nt* ② (*conspiração*) Komplott *nt,* Intrige *f*
tramar *vt* ① (*coloq: uma pessoa*) linken ② (*coloq: maquinar*) anzetteln
trambique *m* (*brasil*) Betrug *m*
trambolhão <-ões> *m* Sturz *m;* **dar um** ~ fallen, stürzen; (*pessoas*); **andar aos trambolhões** durcheinanderpurzeln
trambolho *m* ① (*coloq: objecto*) Ungetüm *nt* ② (*coloq: pessoa*) Dickwanst *m*
trambolhões *m pl de* **trambolhão**
trâmite *m* Weg *m;* **pelos ~s legais** auf dem Dienstweg
tramóia *f* ① (*trama*) Machenschaft *f* ② (*manha*) List *f,* Kniff *m*
trampa *f* (*coloq*) Mist *m*
trampolim <-ins> *m* (*de piscina*) Sprungbrett *nt;* (*em ginástica*) Trampolin *nt*
tranca *f* ① (*de porta*) Türriegel *m* ② (*brasil: de carro*) Verriegelung *f;* ~ **central** Zentralverriegelung *f*
trança *f* Zopf *m*
trancar <c→qu> *vt* ① (*porta*) verriegeln ② (*pessoa*) einsperren
tranquilamente (*portugal*), **tranqüilamente** *adv* (*brasil*) ruhig
tranquilidade (*portugal*), **tranqüilidade** *f* (*brasil*) ① (*sossego*) Ruhe *f* ② (*silêncio*) Stille *f*
tranquilizar (*portugal*), **tranqüilizar** (*brasil*) **I.** *vt* beruhigen **II.** *vr* sich beruhigen
tranquilo (*portugal*), **tranqüilo** *adj* (*brasil*) ① (*sossegado*) ruhig, friedlich; (*descontraído*) gelassen ② (*silencioso*) still
transação <-ões> *f* (*brasil*) *v.* **transacção**
transacção <-ões> *f* (*portugal*) ① (*operação comercial*) Transaktion *f;* (*negócio*) Geschäft *nt* ② (*acordo*) Abmachung *f*
transaccionar *vt* (*portugal*) handeln mit
transacionar *vt* (*brasil*) *v.* **transaccionar**
transacto *adj* (*portugal*) vergangen; **no ano** ~ im vergangenen Jahr

Die brasilianische Fernstraße **Transamazônica**, ein Überbleibsel des großangelegten „Land ohne Leute für Leute ohne Land“-Programms der brasilianischen Militärdiktaturen, von Fernfahrern auch **Transamargura** (Straße der Tränen) genannt, ist nur zwischen Juli und Dezember befahrbar und auch außerhalb der Regenzeit stellenweise kaum passierbar. Diese Schneise durch den Dschungel verläuft in Ost-West-Richtung vom Atlantik bis zum brasilianischen Bundesstaat Acre, an der Grenze Brasiliens zu Peru und Bolivien. Nach 3000 Kilometer endet sie im Morast.

transar *vt* (*brasil: coloq: gostar de*) stehen auf; (*vulg*) (*fazer sexo*) Sex haben (*com* mit)

transatlântico **I.** *m* (NÁUT) Passagierdampfer *m* **II.** *adj* transatlantisch, überseeisch

transato *adj* (*brasil*) *v.* **transacto**

transbordar *vi* ❶ (*recipiente*) überlaufen, überquellen; (*rio*) über die Ufer treten ❷ (*líquido*) überlaufen ❸ (*superabundar*) überschäumen; **ela está a ~ de felicidade** sie schäumt über vor Glück; **estar a ~ de gente** vor Menschen überquellen

transbordo *m* (*de comboio, avião*) Umsteigen *nt;* **fazer ~** umsteigen

transcendental <-ais> *adj* (FILOS) transzendent, transzendental

transcendente *adj* ❶ (*transcendental*) transzendent, transzendental ❷ (*superior*) überlegen

transcender *vt* übersteigen, hinausgehen über; **isso transcende-me** das übersteigt meine Vorstellungskraft

transcontinental <-ais> *adj* transkontinental

transcrever <*pp* transcrito> *vt* ❶ (*copiar*) abschreiben (*de* aus/von) ❷ (*reproduzir*) umschreiben

transcrição <-ões> *f* ❶ (*cópia*) Abschrift *f* ❷ (*reprodução*) Transkription *f,* Umschrift *f;* **~ fonética** phonetische Umschrift

transe *m* Trance *f;* **estar em ~** in Trance sein

transeunte **I.** *mf* Passant(in) *m(f)* **II.** *adj* vorübergehend

transexual <-ais> **I.** *mf* Transsexuelle **II.** *adj* transsexuell

transfer *m* (*em viagem*) Transfer *m*

transferência *f* ❶ (*de conhecimentos*) Übertragung *f* ❷ (*de dinheiro*) Überweisung *f* ❸ (*de lugar*) Verlegung *f* (*para* nach) ❹ (DESP) Transfer *m*

transferidor *m* Winkelmesser *m*

transferir *irr como preferir* **I.** *vt* (*conhecimentos*) übertragen; (*dinheiro*) überweisen; (*trabalhador*) versetzen (*para* nach); (*um negócio, uma secção*) verlegen (*para* nach); **transferimos os móveis para outra sala** wir haben umgeräumt; (*no tempo*) verschieben (*para* auf), verlegen (*para* auf); (DESP) transferieren **II.** *vr* (*empresa*) verlegt werden (*para* nach), umziehen (*para* nach)

transferível <-eis> *adj* übertragbar

transfiguração <-ões> *f* ❶ (*transformação*) Verwandlung *f* ❷ (*desfiguração*) Entstellung *f* ❸ (REL) Verklärung *f,* Transfiguration *f*

transfigurar *vt* ❶ (*transformar*) verwandeln ❷ (*desfigurar*) entstellen ❸ (REL) verklären

transformação <-ões> *f* ❶ (*modificação*) Veränderung *f;* (*reestruturação*) Umgestaltung *f,* Umbildung *f;* **sofrer uma ~** umgestaltet werden ❷ (*mudança*) Umwandlung *f* (*em* in), Verwandlung *f* (*em* in)

transformador <-es> *m* (ELECTR) Transformator *m*

transformar **I.** *vt* (*modificar*) verändern; (*reestruturar*) umgestalten, umformen; (*mudar*) verwandeln (*em* in), umwandeln (*em* in); **eles ~am a casa numa escola** sie haben das Haus in eine Schule umgewandelt **II.** *vr* sich verwandeln (*em* in)

transfusão <-ões> *f* Umfüllung *f;* **~ de sangue** Bluttransfusion *f*

transgredir *irr como preferir vt* ❶ (*lei, regras*) übertreten, verstoßen gegen ❷ (*ultrapassar*) überschreiten

transgressão <-ões> *f* (*de lei, regras*) Übertretung *f*

transgressor(a) <-es> *m(f)* Zuwiderhandelnde; (*de lei*) Gesetzesbrecher(in) *m(f)*

transição <-ões> *f* Übergang *m;* **uma fase de ~** eine Übergangsphase

transigência *f* Nachgiebigkeit *f*

transigente *adj* nachgiebig

transigir <g→j> *vi* nachgeben

transistor <-es> *m* (ELECTR) Transistor *m*

transitar *vi* wechseln (*para*); (*para a outra margem*) übersetzen (*para* zu); **~ de partido** die Partei wechseln; **~ de ano** versetzt werden

transitável [trɐ̃zi'tavɜl] <-eis> *adj* (*caminho*) begehbar; (*rua, estrada*) befahrbar

transitivo *adj* (LING) transitiv

trânsito ['trɐ̃zitu] *m* ❶ (*na estrada*) Ver-

kehr *m* ❷ (*passagem*) Durchfahrt *f;* ~ **proibido** Durchfahrt verboten ❸ (*de mercadorias*) Durchfuhr *f,* Transit *m*
transitório *adj* vorübergehend
translação <-ões> *f* (FÍS) Translation *f*
translúcido *adj* durchscheinend, lichtdurchlässig
transmissão <-ões> *f* ❶ (*transferência*) Übertragung *f;* (*de uma ideia, informação*) Übermittlung *f;* (*rádio, televisão*) Sendung *f;* ~ **de pensamentos** Gedankenübertragung *f;* ~ **directa** [*o brasil* **direta**]/**ao vivo** Liveübertragung *f,* Livesendung *f;* ~ **diferida** Aufzeichnung *f,* Mitschnitt *m* ❷ (*de doença*) Ansteckung *f*
transmissível <-eis> *adj* übertragbar
transmissões *f pl de* **transmissão**
transmissor <-es> *m* Sender *m*
transmitir *vt* ❶ (*transferir*) übertragen; (*ideia, informação, mensagem*) übermitteln; (*rádio, televisão*) senden; ~ **uma imagem** ein Bild übertragen ❷ (*uma doença*) anstecken; ~ **uma doença a alguém** jdn mit einer Krankheit anstecken
transparecer <c→ç> *vi* zum Vorschein kommen, zu Tage treten; **deixar ~ a. c.** etw erkennen lassen
transpareço *1. pres de* **transparecer**
transparência *f* ❶ (*de material*) Durchsichtigkeit *f,* Transparenz *f,* Lichtdurchlässigkeit *f* ❷ (*fig: de pessoa, atitude*) Transparenz *f*
transparente *adj* ❶ (*material, roupa*) durchsichtig, transparent ❷ (*fig: pessoa, atitude*) transparent
transpassar *vt* (*brasil*) *v.* **trespassar**
transpasse *m* (*brasil*) *v.* **trespasse**
transpiração <-ões> *f* Schweißabsonderung *f*
transpirar *vi* ❶ (*pessoa*) schwitzen ❷ (*notícia*) bekannt werden, durchsickern
transplantação <-ões> *f* ❶ (MED) Transplantation *f* ❷ (*planta*) Umpflanzung *f,* Verpflanzung *f*
transplantar *vt* ❶ (MED) transplantieren ❷ (*planta*) umpflanzen, verpflanzen ❸ (*transferir*) übertragen
transplante *m* (MED) Transplantation *f*
transponível <-eis> *adj* überwindbar
transpor *irr como pôr vt* ❶ (*uma barreira*) überspringen ❷ (*exceder*) überschreiten
transportador <-es> *m* Transportband *nt*
transportadora *f* (*empresa*) Transportunternehmen *nt*
transportadores *m pl de* **transportador**
transportar *vt* ❶ (*mercadorias*) transportieren, befördern ❷ (*levar*) bringen, befördern ❸ (*transferir*) übertragen (*para* auf) ❹ (*mentalmente*) zurückversetzen (*para* in)
transportável <-eis> *adj* transportierbar; (*doente*) transportfähig; (*portátil*) tragbar
transporte *m* ❶ (*acção de transportar*) Transport *m,* Beförderung *f* ❷ (*veículo*) Transportmittel *nt;* ~**s cole**(**c**)**tivos**/**públicos** öffentliche Verkehrsmittel *pl* ❸ (*soma*) Übertrag *m*
transposto *pp de* **transpor**
transtornado *adj* durcheinander, verstört
transtornar *vt* ❶ (*uma pessoa*) durcheinanderbringen, verstören ❷ (*os planos*) durcheinanderbringen, umwerfen
transtorno *m* ❶ (*mental*) Verwirrung *f* ❷ (*nos planos*) Störung *f;* **causar ~ a alguém** jdm Unannehmlichkeiten bereiten
transvazar *vi* ausfließen
transversal <-ais> **I.** *f* (*rua*) Querstraße *f* **II.** *adj* quer; **corte ~** Querschnitt *m*
transviar *vt* irreführen, fehlleiten
trapaça *f* Betrug *m;* **fazer ~** betrügen
trapacear *conj como passear* **I.** *vt* betrügen **II.** *vi* schwindeln; (*fazer batota*) mogeln
trapaceiro, -a *m, f* Betrüger(in) *m(f)*
trapalhada *f* ❶ (*confusão*) Durcheinander *nt* ❷ (*situação*) Zwickmühle *f*
trapalhão, -ona <-ões> *m, f* Tollpatsch *m*
trapalhice *f* Durcheinander *nt*
trapézio *m* ❶ (DESP) Trapez *nt* ❷ (ANAT) Kapuzenmuskel *m*
trapezista *mf* Trapezkünstler(in) *m(f)*
trapinhos *mpl* (*coloq*) Klamotten *pl;* **juntar os ~** heiraten
trapo *m* Lumpen *m,* Fetzen *m*
traque *m* (*cal*) Furz *m;* **dar um ~** furzen
traqueia (*portugal*), **traquéia** *f* (*brasil:* ANAT) Luftröhre *f*
traquejo *m* Erfahrung *f*
traqueotomia *f* (MED) Luftröhrenschnitt *m*
traquina **I.** *mf* Quirl *m* **II.** *adj* ausgelassen, wild
traquinice *f* Übermut *m,* Ausgelassenheit *f*
trarei *1./3. fut pres de* **trazer**
traria *1./3. fut pret de* **trazer**
trás [traʃ] **I.** *adv* **de ~** von hinten; (*olhar*); **para ~** nach hinten; (*andar*) rückwärts; **de ~ para a frente** von hinten nach vorne; **por ~**

T

de hinter; (*voltar*); **andar para ~** zurückgehen **II.** *interj* klatsch, bums

traseira *f* hintere(r) Teil *m*

traseiras *fpl* (*da casa*) Hinterhof *m*

traseiro **I.** *m* (*coloq*) Hintern *m,* Gesäß *nt* **II.** *adj* hintere(r, s), Hinter ...

trasladação *f* Überführung *f*

trasladar *vt* überführen

traste *m* ① (*coisa*) **~s velhos** Gerümpel *nt* ② (*pej: pessoa*) Fiesling *m*

tratado [trɐ'tadu] **I.** *m* Pakt *m,* Vertrag *m* **II.** *adj* (*objecto*) **estar bem/mal ~** in einem guten/schlechten Zustand sein; (*animal, criança*) in guten/schlechten Händen sein

tratador(a) <-es> *m(f)* Tierpfleger(in) *m(f)*

tratamento *m* ① (*de pessoa, doença*) Behandlung *f;* **fazer um ~** sich in Behandlung begeben ② (*em discurso*) Anrede *f* ③ (*de material*) Behandlung *f* (*com* mit) ④ (*de lixo, resíduos*) Aufbereitung *f*

tratar **I.** *vt* ① (MED: *uma pessoa*) behandeln; **~ bem/mal alguém** jdn gut/schlecht behandeln ② (*um tema*) behandeln, bearbeiten ③ (*em discurso*) anreden; **~ alguém por tu/você** jdn duzen/siezen; **~ alguém por Doutor** jdn mit seinem Doktortitel anreden; **como é que tu o tratas?** wie redest du ihn an? ④ (*lixo, resíduos*) aufbereiten **II.** *vi* ① (*cuidar*) sorgen (*de* für), sich kümmern (*de* um); **~ de alguém/a. c.** sich um jdn/etw kümmern ② (*assunto*) handeln (*de* von); **o livro trata de literatura moderna** das Buch handelt von moderner Literatur ③ (*encarregar-se*) sorgen (*de* für); **eu trato das bebidas** ich sorge für Getränke **III.** *vr* ① (MED) sich behandeln lassen ② (*assunto*) sich handeln (*de* um); **de que se trata?** worum handelt es sich?

tratável <-eis> *adj* (*pessoa*) umgänglich, freundlich

trato *m* ① (*tratamento*) Behandlung *f;* **maus ~s** Misshandlung *f* ② (*comportamento*) Verhalten *nt;* (*com pessoas*) Umgang *m* ③ (*acordo*) Abmachung *f,* Vereinbarung *f*

trator <-es> *m* (*brasil*) Traktor *m*

trauma *m* (PSIC) Trauma *nt*

traumático *adj* traumatisch

traumatismo [traumɐ'tiʒmu] *m* (MED) Trauma *nt;* **~ craniano** Gehirnerschütterung *f*

traumatizado *adj* traumatisiert (*com* durch)

traumatizar *vt* traumatisieren

trautear *vi* trällern

trava *f* (FUT) Stollen *m*

travado *adj* ① (*automóvel*) mit angezogener Handbremse ② (*porta*) verriegelt ③ (*saia*) eng

travagem *f* Bremsen *nt;* **fazer uma ~ brusca** plötzlich bremsen

trava-línguas *m* Zungenbrecher *m*

travão [trɐ'vãu] *m* (*esp portugal*) Bremse *f;* **carregar no ~** auf die Bremse treten

travar **I.** *vt* (*automóvel*) bremsen; (*um processo*) bremsen, hemmen; (*conversa*) anknüpfen; (*conhecimento, amizade*) schließen; (*porta*) verriegeln; (*uma luta*) kämpfen; **~ batalha** sich eine Schlacht liefern **II.** *vi* bremsen; **~ a fundo** eine Vollbremsung machen

trave *f* ① (*viga*) Balken *m* ② (*da baliza*) Querlatte *f* ③ (FUT) Pfosten *m*

través *adv* **de ~** schräg, quer

travessa [trɐ'vɜsɐ] *f* ① (*rua*) Gasse *f* ② (*para comida*) Platte *f* ③ (*para o cabelo*) Steckkamm *m* ④ (*trave*) Querbalken *m* ⑤ (*caminhos-de-ferro*) Schwelle *f*

travessão <-ões> *m* ① (*de cabelo*) Haarspange *f* ② (*sinal gráfico*) Gedankenstrich *m* ③ (MÚS) Taktstrich *m* ④ (*de balança*) Waagebalken *m* ⑤ (FUT) Latte *f,* Querlatte *f*

travesseira *f v.* **travesseiro**

travesseiro [trɐvə'seiru] *m* (*brasil*) Kopfkissen *nt;* **consultar o ~** etw überschlafen

travessia *f* (*por terra*) Durchfahrt *f,* Durchreise *f;* (*por mar*) Überfahrt *f*

travesso *adj* ausgelassen, wild

travessões *m pl de* **travessão**

travessura *f* Übermut *m,* Ausgelassenheit *f;* (*maldade*) Streich *m*

travesti *m* Transvestit *m*

travo *m* (*fig*) Nachgeschmack *m*

trazer [trɐ'zer] *irr vt* ① (*transportar*) bringen; (*consigo*) mitbringen, dabei haben; **eu não trouxe dinheiro** ich habe kein Geld dabei ② (*roupa*) tragen, anhaben; **ele traz um casaco vermelho** er trägt eine rote Jacke ③ (*consequências*) mit sich bringen

trecho *m* ① (MÚS) Auszug *m* ② (*de livro*) Abschnitt *m*

tréguas *fpl* Waffenstillstand *m*

treinado *adj* (*amestrado*) abgerichtet, dressiert; (*limpo*) stubenrein

treinador(a) <-es> *m(f)* ① (DESP) Trainer(in) *m(f)* ② (*de cão*) Dresseur(in) *m(f);* (*de elefantes, leões*) Dompteur(in) *m(f)*

treinamento *m* (*brasil*) *v.* **treino**
treinar **I.** *vt* ① (DESP) trainieren ② (*animal*) abrichten, dressieren ③ (*exercitar*) üben; (*voz*) ausbilden ④ (MIL) drillen **II.** *vi* ① (DESP) trainieren ② (*exercitar*) üben
treino ['treinu] *m* ① (DESP) Training *nt* ② (*exercício*) Übung *f*
trejeito *m* ① (*careta*) Grimasse *f* ② (*gesto*) Geste *f*
trela *f* ① (*de cão*) Hundeleine *f;* **trazer o cão pela ~** den Hund an der Leine führen; (*fig*); **trazer alguém pela ~** jdn an der Leine haben ② (*coloq: conversa*) Geschwätz *nt;* **dar ~ a alguém** auf jdn eingehen
trem [trãi] <-ens> *m* ① (*conjunto; tachos*) **~ de cozinha** Topfset *nt;* (*acessórios*) Küchenutensilien *pl;* (AERO); **~ de aterragem** Fahrwerk *nt* ② (*brasil: comboio*) Zug *m;* **ir de ~** mit dem Zug fahren
trema *m* (LING) Trema *nt;* (*gramática alemã*) Umlaut *m*
tremelicar <c→qu> *vi* ① (*pessoa*) zittern ② (*luz*) flackern
tremeluzir *vi* glitzern
tremendo *adj* ① (*terrível*) fürchterlich, schrecklich ② (*forte, enorme*) riesig, enorm ③ (*medonho*) ohrenbetäubend
tremer *vi* ① (*pessoa*) zittern; **~ de frio/medo** vor Kälte/Angst zittern ② (*terra, edifício*) beben ③ (*monitor, ecrã*) flimmern
tremido *adj* ① (*letra*) zittrig; (*imagem*) flimmernd; (*fotografia*) unscharf, verschwommen ② (*coloq: relação, aluno*) wackelig
tremoço *m* Lupine *f;* (*coloq*); **ser mais conhecido que o ~** bekannt sein wie ein bunter Hund
tremor *m* ① (*em pessoa*) Zittern *nt* ② (*terra, edifício*) Beben *nt;* **~ de terra** Erdbeben *nt*
trémulo *adj* ① (*pessoa, mão*) zitternd ② (*voz*) zitternd, bebend ③ (*luz*) flackernd
tremura *f* Zittern *nt*
trenó *m* Schlitten *m;* **~ dirigível** Bob *m;* **andar de ~** Schlitten fahren, rodeln
trens *m pl de* **trem**
trepa *f* (*coloq*) Tracht Prügel *f*
trepadeira *f* (BOT) Kletterpflanze *f*
trepar **I.** *vt* hinaufklettern **II.** *vi* klettern (*a* auf)
trepidação <-ões> *f* Erschütterung *f*
trepidar *vi* holpern
três [treʃ] **I.** *m* Drei *f* **II.** *num card* drei; *v.* **dois**
tresandar *vi* stinken
tresloucado *adj* verrückt, übergeschnappt
trespassar *vt* ① (*penetrar*) durchbohren; (*frio, cheiro*) durchdringen ② (*um estabelecimento*) weiterverpachten, untervermieten
trespasse *m* ① (*de estabelecimento*) Weiterverpachtung *f,* Untervermietung *f* ② (*cruzamento*) Überkreuzen *nt;* **saia de ~** Wickelrock *m*
tresvariar *vi* wirre Dinge reden
tresvario *m* Irrsinn *m*
treta *f* ① (*coloq: disparate*) Quatsch *m;* **isso são ~s!** das ist Quatsch! ② (*coloq: coisa*) Teil *nt*
trevas *fpl* Finsternis *f*
trevo *m* (BOT) Klee *m*
treze ['trezə] **I.** *m* Dreizehn *f* **II.** *num card* dreizehn
trezentos [trə'zẽntuʃ] *num card* dreihundert
triagem <-ens> *f* Auslese *f*
triangular *adj* dreieckig
triângulo [tri'ãŋgulu] *m* Dreieck *nt;* (*para sinalização*) Warndreieck *nt*
triatlo *m* Triathlon *m, nt*
tribal <-ais> *adj* Stammes ...
tribo *f* Stamm *m*
tribuna *f* ① (*palanque*) Tribüne *f* ② (*no teatro*) oberste(r) Rang *m*
tribunal [tribu'nal] <-ais> *m* Gericht *nt;* **~ arbitral** Schiedsgericht *nt;* **~ de comarca** Amtsgericht *nt;* **~ de contas** Rechnungshof *m;* **o Tribunal Internacional/Europeu** der Internationale/Europäische Gerichtshof; **Tribunal da Relação** Landgericht *nt;* **~ do trabalho** Arbeitsgericht *m;* **o Supremo Tribunal** der Oberste Gerichtshof; **levar alguém a ~** jdn verklagen; **ir a ~** vor Gericht gehen
tributar *vt* besteuern
tributário *adj* ① (*sujeito a imposto*) steuerpflichtig ② (*relativo a imposto*) Steuer ...
tributo *m* ① (*homenagem*) Tribut *m,* Hochachtung *f;* **prestar ~ a alguém** jdm Tribut zollen ② (*imposto*) Steuer *f*
tricampeão, -peã <-peões> *m, f* dreifache(r) Meister *m,* dreifache Meisterin *f*
tricentenário *m* Dreihundertjahrfeier *f;* **~ da morte** dreihundertster Todestag
triciclo *m* Dreirad *nt*
tricô *m* Strickarbeit *f;* **fazer ~** stricken
tricolor <-es> *adj* dreifarbig
tricórnio *m* Dreispitz *m*
tricotar *vi* stricken
tridente *m* Dreizack *m*

tridimensional <-ais> *adj* dreidimensional
trifásico *adj* (ELECTR) **corrente trifásica** Drehstrom *m*, Dreiphasenstrom *m*
trigémeos (*portugal*), **trigêmios** *mpl* (*brasil*) Drillinge *pl*
trigésimo *num ord* dreißigste(r, s)
trigo *m* Weizen *m;* ~ **duro** Hartweizen *m;* ~ **partido** Weizenschrot *m;* ~ **sarraceno** [*o* **mourisco**] Buchweizen *m;* **separar o ~ do joio** die Spreu vom Weizen trennen
trigonometria *f* Trigonometrie *f*
trigo-sarraceno <trigos-sarracenos> *m* Buchweizen *m*
trilha *f* ① (*caminho*) Pfad *m* ② (*rasto*) Spur *f*
trilhadela *f* Quetschung *f*
trilhão <-ões> *m* (*brasil*) *v.* **trilião**
trilhar **I.** *vt* (*entalar*) einklemmen; ~ **um dedo na porta** einen Finger in der Tür einklemmen; (*um caminho*) planen **II.** *vr* sich klemmen; **~-se num dedo** sich *dat* den Finger klemmen
trilho *m* ① (*carril*) Schiene *f* ② (*caminho*) Pfad *m*
trilhões *m pl de* **trilhão**
trilião <-ões> *m* Trillion *f*
trilingue (*portugal*), **trilíngüe** *adj* (*brasil*) dreisprachig
trilo *m* Triller *m*
trilogia *f* Trilogie *f*
trimestral <-ais> *adj* vierteljährlich
trimestre *m* Vierteljahr *nt*, Quartal *nt*
trinca *f* Biss *m;* **dar uma ~ em a. c.** in etw hineinbeißen
trinca-espinhas *mf inv* (*coloq*) Bohnenstange *f*
trincar <c→qu> *vt* beißen in
trincha *f* ① (*pincel*) breite(r) Pinsel *m*, Streichbürste *f* ② (*para carne*) Tranchiermesser *nt*
trinchar *vt* (*carne*) tranchieren
trincheira *f* ① (MIL) Schützengraben *m* ② (*circo, praça de touros*) Absperrung *f*, Arenabegrenzung *f*
trinco *m* Klinke *f*
trindade *f* (REL) Dreifaltigkeit *f*
trineto, -a *m, f* Ururenkel(in) *m(f)*
trinta ['trĩntɐ] *num card* dreißig
trintão, -ona <-ões, -onas> *m, f* Dreißigjährige
trio *m* Trio *nt;* ~ **elétrico** (*reg: Bahia: música*) Lautsprecherwagen *m* (*Großer Lastwagen, der durch die Straßen fährt und laute Live-Karnevalsmusik spielt*)
tripa *f* Darm *m;* (CULIN); **~s** Kaldaunen *pl;* (*österr, schweiz*) Kutteln *pl*
tripar *vi* (*coloq*) ausrasten, ausflippen; ~ **com a.c.** bei etw ausrasten; **tripo com ele** er bringt mich auf die Palme
tripartir *vt* dreiteilen
tripé *m* Stativ *nt*
tripeiro, -a *m, f* (*coloq*) Portuenser(in) *m(f)*
tripla *f* (*ficha*) Dreifachstecker *m*
triplicado *adj* verdreifacht; **em ~** in dreifacher Ausfertigung
triplicar <c→qu> **I.** *vt* verdreifachen **II.** *vi* sich verdreifachen
triplo **I.** *m* Dreifache *nt* **II.** *adj* dreifach
tripulação <-ões> *f* (*avião, barco*) Besatzung *f*, Crew *f*
tripulante *mf* (*avião, barco*) Besatzungsmitglied *nt*
tripular *vt* (*avião, barco*) steuern
trisavô, -ó *m, f* Urgroßvater, -mutter *m, f*
trissílabo *m* (LING) dreisilbige(s) Wort *nt*
triste ['triʃtə] *adj* traurig
tristeza *f* Traurigkeit *f*
tristonho *adj* ① (*pessoa*) traurig, betrübt ② (*lugar*) finster
triturador <-es> *m* Zerkleinerungsmaschine *f;* ~ **de lixo** Müllzerkleinerer *m*
triturar *vt* (*pulverizar*) pulverisieren, zerstoßen; (*esmagar*) zermalmen; (*moer*) zermahlen; (*esfregar*) zerreiben; (*mastigar*) zerkauen
triunfal <-ais> *adj* triumphal
triunfante *adj* siegreich
triunfar *vi* ① (*numa batalha*) siegen (*sobre* über); ~ **na vida** es zu etwas bringen ② (*ideias*) sich durchsetzen
triunfo *m* Triumph *m*, Sieg *m*
trivial <-ais> *adj* trivial
trivialidade *f* Trivialität *f*, Plattheit *f*
triz *adv* **por um ~** um ein Haar; **foi por um ~!** das war knapp!
troar *vi* **o trovão troa** es donnert
troca ['trɔkɐ] *f* Tausch *m;* ~ **de ideias** [*o brasil* **idéias**] Gedankenaustausch *m;* ~ **de palavras** Wortwechsel *m;* **em ~** im Tausch
troça *f* Spott *m;* **fazer ~ de alguém/a. c.** über jdn/etw spotten
trocadilho *m* Kalauer *m*
trocado **I.** *m* Kleingeld *nt* **II.** *adj* ① (*palavra, número*) vertauscht ② (*misturado*) vermischt

trocar [tru'kar] <c→qu> **I.** *vt* (*permutar*) tauschen (*por* gegen); (*uma compra*) umtauschen; (*uma peça*) ersetzen, austauschen; (*dinheiro, palavras, olhares*) wechseln; (*experiências, ideias*) austauschen; (*confundir*) verwechseln (*com* mit) **II.** *vi* ~ **de** tauschen, wechseln; ~ **de lugar** die Plätze tauschen; ~ **de lugar com alguém** mit jdm den Platz tauschen; ~ **de carro** sich *dat* ein anderes Auto zulegen; ~ **de casa** umziehen; ~ **de roupa** die Kleidung wechseln, sich umziehen

troçar <c→ç> *vi* spotten (*de* über); ~ **de alguém** jdn verspotten/aufziehen

troca-tintas *mf inv* ❶ (*trapalhão*) Tollpatsch *m* ❷ (*aldrabão*) Gauner, -in *m, f*

trocista **I.** *mf* Spötter, -in *m, f* **II.** *adj* spöttisch

troco ['troku] *m* ❶ (*de pagamento*) Wechselgeld *nt;* **dar ~ de 1000 euros** auf 1000 Euro herausgeben; **dar 100 euros de ~** 100 Euro herausgeben ❷ (*fig: resposta*) Antwort *f,* Reaktion *f;* **a ~ de** für; **ajudar alguém a ~ de uma refeição** jdm für ein Essen bei etw helfen

troço[1] *m* ❶ (*de couve*) Strunk *m* ❷ (*de estrada*) Strecke *f,* Stück *nt*

troço[2] *m* (*brasil: coisa*) Ding *nt;* (*assunto*) Angelegenheit *f,* Sache *f*

trocos [uʃ 'trɔkuʃ] *mpl* Kleingeld *nt*

troféu *m* Trophäe *f*

troglodita *mf* Höhlenbewohner, -in *m, f*

troleicarro *m* Oberleitungsomnibus *m,* Trolleybus *m*

trolha *m* (ungelernter) Bauarbeiter *m,* Hilfsarbeiter *m* auf dem Bau

tromba *f* ❶ (*de elefante*) Rüssel *m* ❷ (METEO) ~ **de água** Regenguss *m,* heftige(r) Schauer *m* ❸ (*coloq: de pessoa*) Visage *f;* **estar/ficar de ~s** ein Gesicht ziehen

trombada *f* (*coloq*) Zusammenstoß *m*

trombone *m* Posaune *f*

trombose *f* (MED) Thrombose *f*

trombudo *adj* (*coloq*) brummig, mürrisch

trompa *f* ❶ (MÚS) Horn *nt,* Waldhorn *nt* ❷ (ANAT) ~ **de falópio** Eileiter *m*

trompete *m* Trompete *f*

trompetista *mf* Trompeter, -in *m, f*

tronco *m* ❶ (*de árvore*) Stamm *m* ❷ (*de pessoa*) Rumpf *m*

trono *m* Thron *m;* **subir ao ~** den Thron besteigen

tropa *f* ❶ (*de soldados*) Truppe *f* ❷ (*portugal: coloq: serviço militar*) Wehrdienst *m;* **ir para a ~** zum Bund gehen; **fazer a ~** beim Bund sein

tropeção <-ões> *m* Stolpern *nt;* **dar um ~** stolpern

tropeçar <ç→c> *vi* stolpern (*em* über)

tropeções *m pl de* **tropeção**

trôpego *adj* (*pessoa*) schwerfällig; (*pernas*) schwer

tropel <-éis> *m* (*multidão*) Gewühl *nt;* (*barulho*) Getrappel *nt;* **em ~** wild durcheinander

tropical <-ais> *adj* tropisch, Tropen ...; **fruto ~** tropische Frucht; **zona ~** Tropen *pl*

trópico *m* (GEOG) Wendekreis *m;* ~ **de Câncer** Wendekreis des Krebses; ~ **de Capricórnio** Wendekreis des Steinbocks; **os ~s** die Tropen

troposfera *f* (METEO) Troposphäre *f*

trote *m* ❶ (*do cavalo*) Trab *m;* **ir a ~** traben ❷ (*brasil: zombaria*) Spaß *m,* Jux *m;* **isso é ~!** das ist nur Spaß!

trotinete *f* Roller *m*

trouxa **I.** *f* (*de roupa*) Bündel *nt;* **arrumar as ~s** seine sieben Sachen packen **II.** *m* (*brasil*) Idiot *m,* Dussel *m* **III.** *adj* (*brasil*) dusselig, dämlich

trouxe *1./3. pret perf de* **trazer**

trouxer *1./3. fut. subj de* **trazer**

trouxesse *1./3. imperf subj de* **trazer**

trovador <-es> *m* (LIT) Troubadour *m,* Minnesänger *m*

trovão [tru'vãu] <-ões> *m* Donner *m*

trovejar *vi impess* donnern; **está a ~** es donnert

trovoada *f* Gewitter *nt*

trovões *m pl de* **trovão**

trucidar *vt* ❶ (*assassinar*) niedermetzeln ❷ (*mutilar*) verstümmeln

trufa *f* Trüffel *m*

truncar <c→qu> *vt* ❶ (*cortar*) abschneiden ❷ (*mutilar*) verstümmeln

trunfa *f* ❶ (*turbante*) Turban *m* ❷ (*cabelo*) Mähne *f*

trunfar *vi* Trumpf spielen

trunfo *m* (*fig*) Trumpf *m*

truque *m* Trick *m*

truta *f* (ZOOL) Forelle *f;* ~ **marisca** Meerforelle *f;* **não se pescam ~s a bragas enxutas** ohne Fleiß kein Preis

truz *interj* boing

truz-truz *interj* klopf, klopf

tsé-tsé *f* Tsetsefliege *f*
t-shirt *f* (*portugal*) T-Shirt *nt*
tu [tu] *pron pess* du; **tratar alguém por ~** jdn duzen
tua ['tuɐ] *pron poss f de* **teu** dein; **a ~ casa/família** dein Haus/deine Familie; **uma amiga ~** eine Freundin von dir
tuba *f* (MÚS) Tuba *f*
tubagem *f* Rohrleitungen *pl*, Leitungsnetz *nt*
tubarão <-ões> *m* (ZOOL) Hai *m*, Haifisch *m*
tubérculo *m* ❶ (BOT) Knolle *f* ❷ (MED) Tuberkel *m*
tuberculosa *f v.* **tuberculoso**
tuberculose *f* (MED) Tuberkulose *f*, Schwindsucht *f*
tuberculoso, -a *m, f* (MED) Tuberkulosekranke, Schwindsüchtige
tubo *m* ❶ (*cano*) Rohr *nt*; (QUÍM); **~ de ensaio** Reagenzglas *nt*; **~ de escape** Auspuffrohr *nt* ❷ (*bisnaga*) Tube *f*
tucano *m* (ZOOL) Tukan *m*
tucano <-a> *m* (*brasil:* POL, *coloq*) *Mitglied der Partei der brasilianischen Sozialdemokratie* (*PSDB: Partido da Social-Democracia Brasileira*)
tudo ['tudu] *pron indef* alles; **~ o mais** alles andere; **~ ou nada** alles oder nichts; **acima de ~** vor allem; **ele/ela é o meu mais que ~** er/sie ist mein Ein und Alles; **estar por ~** zu allem bereit sein
tudo-nada *m* Quentchen *nt*, Bisschen *nt*
tufão <-ões> *m* Taifun *m*, Wirbelsturm *m*
tufo *m* (*de cabelo*) Büschel *nt*; (*de algodão*) Bausch *m*
tufões *m pl de* **tufão**
tugir *vi* murmeln, flüstern; **sem ~ nem mugir** ohne ein Wort zu sagen
tule *m* Tüll *m*
tulipa (*brasil*), **túlipa** *f* Tulpe *f*
tumba **I.** *f* Grab *nt* **II.** *interj* bums, klatsch
tumor [tu'mor] *m* (MED) Tumor *m*, Geschwulst *f*
tumular *adj* Grab ...
túmulo ['tumulu] *m* Grabmal *nt*
tumulto *m* Tumult *m*, Aufruhr *m*
tumultuoso *adj* (*tempestade, sentimento*) stürmisch; (*multidão*) aufgewühlt
tuna *f* ❶ (*orquestra*) Kapelle *f* ❷ (*de estudantes*) Studentenkapelle *f*
túnel ['tunɜl] <-eis> *m* Tunnel *m*
túnica *f* (*países árabes*) Kaftan *m*; (*de senhora*) Tunika *f*, lange Damenbluse *f*
Tunísia *f* Tunesien *nt*
tuno, -a *m, f* (*estudante*) *Mitglied einer Studentenkapelle* („*tuna*“)
tupi-guarani *m* (LING) Tupi-Guarani-Sprachen *f*
tupiniquim <-ins> **I.** *mf* (*indígena*) Tupiniquim *mf* **II.** *adj* ❶ Tupiniquim; **a cultura ~** Tupiniquim-Kultur ❷ (*pej coloq: brasileiro*) brasilianisch
turba *f* Menschenmenge *f*
turbante *m* Turban *m*
turbilhão <-ões> *m* ❶ (*de vento*) Wirbelwind *m*; (*de água*) Strudel *m* ❷ (*agitação*) Aufruhr *m*, Aufregung *f*
turbina *f* Turbine *f*
turbocompressor <-es> *m* Turbolader *m*
turbulência *f* ❶ (*agitação*) Aufruhr *m*, Durcheinander *nt* ❷ (AERO) Turbulenz *f*
turbulento *adj* (*mar*) tosend, stürmisch; (*época*) stürmisch, turbulent; (*multidão*) aufgewühlt, aufgebracht
turco, -a **I.** *m, f* Türke, Türkin *m, f* **II.** *adj* türkisch
turfa *f* Torf *m*
Turgóvia *f* Thurgau *m*
Turíngia *f* Thüringen *nt*
turismo *m* Tourismus *m*, Fremdenverkehr *m*; **~ de habitação** *Urlaub in früheren portugiesischen Adelspalästen und auf Landsitzen*
turista [tu'riʃtɐ] *mf* Tourist, -in *m, f*
turístico *adj* touristisch
turma *f* ❶ (*de escola*) Klasse *f*; (*de universidade*) Gruppe *f* ❷ (*brasil: malta*) Clique *f*
turnê *f* (*brasil*) Tournee *f*
turno *m* Schicht *f*; **~ da noite** Nachtschicht *f*; **trabalhar por ~s** Schicht arbeiten
turquês *f* Kneifzange *f*
turquesa [tur'kezɐ] **I.** *f* Türkis *m* **II.** *adj inv* türkis
Turquia *f* Türkei *f*
turra *f* Stoß mit dem Kopf *m*; **dar uma ~ a alguém** mit den Köpfen aneinanderstoßen; (*coloq*); **andar à ~ e à massa** sich ständig in den Haaren liegen
turrão, -ona <-ões> **I.** *m, f* (*coloq*) Dickkopf *m* **II.** *adj* (*coloq*) dickköpfig
turva *adj f de* **turvo**
turvar *vt* trüben
turvo *adj* trüb
tussa *1./3. subj de* **tossir**
tusso *1. pres de* **tossir**

tuta-e-meia *f* (*coloq*) Bagatelle *f*, Kleinigkeit *f*
tutano *m* (ANAT) Knochenmark *nt*
tutela *f* Vormundschaft *f*; **estar sob a ~ de alguém** unter jds Vormundschaft stehen
tutelar **I.** *vt* unter Vormundschaft stellen **II.** *adj* Vormundschafts ..., vormundschaftlich
tutor(a) <-es> *m(f)* ① (DIR) Vormund *m* ② (*em escola*) Tutor, -in *m, f*
tutu *m* ① (*coloq: rabiote*) Po *m* ② (CULIN: *brasil*) *Bohnenbrei mit Schweinefleisch und Maniok* ③ (*coloq brasil: dinheiro*) Knete *f*

U u

U, u [u] *m* U, u *nt*
úbere **I.** *m* Euter *nt* **II.** *adj* ① (*fértil*) fruchtbar ② (*abundante*) üppig
ubérrimo *superl de* **úbere**
Ucrânia *f* Ukraine *f*
ucraniano, -a **I.** *m, f* Ukrainer(in) *m(f)* **II.** *adj* ukrainisch
UE [ue] *abr de* **União Europeia** EU (= *Europäische Union*)
ué *interj* (*brasil*) nanu!
ufa *interj* uff
ufanar-se *vr* sich brüsten (*de* mit)
Uganda *m* Uganda *nt*
uh *interj* au, aua
ui *interj* (*surpresa*) ah, ach; (*dor*) au, aua
uirapuru *m* (ZOOL) Flageolettzaunkönig, Orpheuszaunkönig *m* (*Singvogel, bekannt für sein wunderschönes Lied*)
uísque *m* (*esp brasil*) Whisk(e)y *m*
uivar *vi* (*lobo, vento*) heulen; (*cão*) jaulen
uivo *m* (*do lobo*) Geheul *nt*, Heulen *nt*; (*do cão*) Jaulen *nt*
úlcera ['ulsərɐ] *f* (MED) Geschwür *nt*
ulmeiro *m v.* **ulmo**
ulmo *m* (BOT) Ulme *f*
ulterior *adj* ① (*posterior*) später ② (*final*) letzte(r, s)
última ['ultimɐ] **I.** *adj f de* **último** **II.** *f* (*coloq: notícia*) Neueste *nt*; **já sabes da ~?** weißt du schon das Neueste?
ultimamente *adv* zuletzt, in letzter Zeit
ultimar *vt* fertigstellen
últimas *fpl* (*coloq: pessoa*) **estar a dar as ~** in den letzten Zügen liegen; (*máquina*) den Geist aufgeben
ultimato *m* Ultimatum *nt*; **fazer um ~ a alguém** jdm ein Ultimatum stellen
último ['ultimu] *adj* ① (*em sequência*) letzte(r, s); **por ~** zuletzt, schließlich; **em ~ lugar** an letzter Stelle, zuletzt; **a última novidade** die letzte Neuigkeit; **pela última vez** zum letzten Mal; **nos ~s anos** in den letzten Jahren ② (*em altura*) oberste(r, s), letzte(r, s); **o ~ andar** das oberste Stockwerk
ultrajante *adj* beleidigend
ultrajar *vt* beleidigen, beschimpfen
ultraje *m* Beleidigung *f*, Beschimpfung *f*
ultraleve *m* Paraglider *m*
ultramar *m* Übersee *f*; **no ~** in Übersee
ultramarino *adj* überseeisch, Übersee ...
ultramoderno *adj* hochmodern
ultrapassado *adj* überholt, veraltet
ultrapassagem <-ens> *f* Überholen *nt*; **fazer uma ~** überholen
ultrapassar [ultrɐpɐ'sar] *vt* ① (*exceder*) hinausgehen über, überschreiten ② (*automóvel*) überholen
ultra-som <-ons> *m* ① (FÍS) Ultraschall *m* ② (*brasil: ecografia*) Ultraschallbild *nt*
ultra-sónico (*portugal*), **ultra-sônico** *adj* (*brasil*) Ultraschall ...
ultra-sonografia *f* (*brasil*) Ultraschallbild *nt*
ultra-sons *m pl de* **ultra-som**
ultravioleta *adj inv* ultraviolett; **raios ~** UV-Strahlen *pl*
ulular *vi* ① (*lobo*) heulen; (*cão*) jaulen ② (*pessoa*) schreien, brüllen
um, -a[1] [ũ] **I.** *num card* ein; *v.* **dois II.** *art indef* (*certo*) ein, eine; **~ carro/cigarro** ein Auto/eine Zigarette; **~a casa/blusa** ein Haus/eine Bluse; **~ dia** eines Tages; **ele tem uns sapatos/~as botas muito grandes** er hat sehr große Schuhe/Stiefel; (*alguns*) einige; **uns anos/umas horas** einige Jahre/Stunden; **uns poucos** ein paar; (*aproximadamente*) ungefähr; **uns cinco minutos** ungefähr fünf Minuten; **~as dez pessoas** ungefähr zehn Personen; (*ênfase*); **estou com ~a fome!** ich habe vielleicht einen Hunger!; **está ~ frio!** ist das eine Kälte! **III.** *pron indef* eine(r, s); **~ ao outro** einander; **~ atrás do outro** einer nach/hinter dem anderen; **~ com o outro** miteinander; **~ e outro** beide; **cada ~** jeder; **~ a/por ~** einzeln; **tenho**

aqui dois livros/lápis; queres ~? ich habe hier zwei Bücher/Stifte; möchtest du eines/einen?

um² *m* Eins *f*

umbanda *f* (*brasil:* REL) *afro-brasilianische Religion mit Bantu-Einflüssen, die sich ab dem 20. Jh. von Rio de Janeiro aus verbreitete*

umbigo *m* (ANAT) Nabel *m*

umbilical <-ais> *adj* Nabel ...

umbral <-ais> *m* Schwelle *f*

umbu *m* (*brasil:* BOT) Umbu-Frucht *f* (*kleine, gelb-grüne Früchte mit süß-saurem Fruchtfleisch*)

umedecer <c→ç> **I.** *vt* (*brasil*) anfeuchten, befeuchten **II.** *vi* (*brasil*) feucht werden

úmero *m* (ANAT) Oberarmbein *nt*, Oberarmknochen *m*

úmida *adj f de* **úmido**

umidade *f* (*brasil*) Feuchtigkeit *f*

úmido ['umidu] *adj* (*brasil*) feucht

unânime *adj* einstimmig

unanimidade *f* Einstimmigkeit *f*; **por ~** einstimmig

undécimo *m* Elftel *nt*

unguento (*portugal*), **ungüento** *m* (*brasil*) Salbe *f*

unha *f* Nagel *m*; (*de animal*) Kralle *f*; **com ~s e dentes** mit aller Kraft; **por uma ~ negra** um ein Haar; **ser ~ e carne** ein Herz und eine Seele sein

unhas-de-fome *mf inv* Geizkragen *m*, Geizhals *m*

união <-ões> *f* ① (POL) Union *f*; **União Europeia** [*o brasil* **Européia**] Europäische Union; **~ monetária** Währungsunion *f*; **União Soviética** Sowjetunion *f* ② (*concórdia*) Einigkeit *f*; **a ~ faz a força** Einigkeit macht stark ③ (*liga*) Vereinigung *f*, Bund *m* ④ (*casamento*) Heirat *f*; **~ de facto** eheähnliche Lebensgemeinschaft

única *adj f de* **único**

unicamente *adv* ① (*só*) nur, bloß ② (*exclusivamente*) ausschließlich

unicelular *adj* einzellig

único ['uniku] *adj* ① (*um só*) einzig; **preço ~** Einheitspreis *m*; **um ~ homem** ein einziger Mann; **uma única vez** ein einziges Mal; **não havia uma única pessoa** es war kein einziger Mensch da; **a única coisa** das Einzige; **ser filho ~** Einzelkind sein ② (*sem igual*) einzigartig, einmalig; **ele é ~** er ist einmalig ③ (*uma só vez*) einmalig; **foi um acontecimento ~** es war ein einmaliges Ereignis

unicolor *adj* einfarbig

unicórnio *m* Einhorn *nt*

unida *adj f de* **unido**

unidade *f* ① (*uniformidade, padrão*) Einheit *f* ② (*união*) Einigkeit *f* ③ (*peça*) Stück *nt* ④ (MAT) Einer *m* ⑤ (*hospitalar*) Station *f*; **~ de cuidados intensivos** Intensivstation *f* ⑥ (MIL) Einheit *f*

unido *adj* ① (*ligado*) verbunden (*a* mit) ② (*pessoas*) vereinigt, vereint; **amigos muito ~s** sehr enge Freunde

unificação <-ões> *f* Vereinigung *f*

unificar <c→qu> **I.** *vt* vereinigen, vereinen **II.** *vr* sich vereinigen

uniforme **I.** *m* Uniform *f* **II.** *adj* ① (*homogéneo*) einheitlich ② (*superfície*) eben; (*movimento*) gleichmäßig

uniformizar *vt* vereinheitlichen

unilateral <-ais> *adj* einseitig

unilingue (*portugal*), **unilíngüe** *adj* (*brasil*) einsprachig

uniões *f pl de* **união**

unir **I.** *vt* (*ligar*) verbinden; (*juntar*) zusammenfügen; (*esforços*) vereinen, vereinigen **II.** *vr* sich anschließen (*a*), sich zusammenschließen

unissexo *adj inv* für Frauen und Männer; **cabeleireiro ~** Damen- und Herrensalon *m*

uníssono **I.** *m* **em ~** einstimmig **II.** *adj* ① (*canto, som*) einstimmig ② (*unânime*) übereinstimmend, gleichartig

unitário *adj* einheitlich, Einheits ...; **preço ~** Einheitspreis *m*

universal <-ais> *adj* ① (*total*) universal, Universal ...; (*geral*) allgemein, universell; **herdeiro ~** Alleinerbe *m* ② (*mundial*) Welt ...; **história ~** Weltgeschichte *f*

universalidade *f* Universalität *f*

universalismo *m* (FILOS) Universalismus *m*

universalizar *vt* verallgemeinern

universalmente *adv* ① (*geralmente*) allgemein ② (*no mundo*) weltweit

universidade [univərsi'dadə] *f* Universität *f*

universitário, -a [univərsi'tarju] **I.** *m, f* Student(in) *m(f)* **II.** *adj* Universitäts ...

universo *m* ① (ASTR) Weltall *nt*, Universum *nt* ② (*estatística*) Grundgesamtheit *f*

univitelino *adj* eineiig

unívoco *adj* eindeutig

untar *vt* (*forma*) fetten, einfetten; (*o corpo*)

eincremen; (*coloq*); ~ **as mãos a alguém** jdn schmieren

upa *interj* hopp

urânio *m* (QUÍM) Uran *nt*

Úrano *m* (ASTR) Uranus *m*

urbana *adj f de* **urbano**

urbanismo *m* ❶ (*ordenamento*) Stadtplanung *f*, Städtebau *m* ❷ (*êxodo rural*) Landflucht *f*

urbanista *mf* Stadtplaner(in) *m(f)*

urbanização <-ões> *f* ❶ (*ordenamento*) Stadtplanung *f*, Städtebau *m* ❷ (*casas*) Wohnsiedlung *f*, Siedlung *f*

urbanizar *vt* (*cidade*) umgestalten; (*terrenos*) bebauen, erschließen

urbano *adj* städtisch, Stadt ...

urbe *f* Großstadt *f*

ureia (*portugal*), **uréia** *f* (*brasil*) Harnstoff *m*

uréter *m* (ANAT) Harnleiter *m*

uretra *f* (ANAT) Harnröhre *f*

urgência *f* Dringlichkeit *f*; **com** ~ dringend; (*imediatamente*) umgehend

In den portugiesischen Großstädten gibt es gut ausgestattete Krankenhäuser, alle mit Notaufnahme – **urgência**, zudem überall die ambulanten Aufnahmen – **Postos de Enfermagem**. Wenn es sich um Kleinigkeiten handelt, können Sie ruhig zur **farmácia** (Apotheke) gehen. Dort ist man gern bereit, Ihnen rasch und unkompliziert zu helfen.

urgências *fpl* (*portugal: em hospital*) Unfallstation *f*, Notaufnahme *f*

urgente [ur'ʒẽntə] *adj* dringend; **é ~ falar sobre isso** wir müssen dringend darüber sprechen

urgentemente *adv* dringend

urgir <g→j> *vi* dringend sein, eilen; (*tempo*) drängen; **urge partir** wir müssen unverzüglich aufbrechen; **o tempo urge** die Zeit drängt

úrico *adj* Harn ...; **ácido** ~ Harnsäure *f*

urina [u'rinɐ] *f* Urin *m*, Harn *m*

urinar *vi* urinieren

urinário *adj* Harn ..., Urin ...; **aparelho** ~ Harnwege *pl*

urinol [uri'nɔl] <-óis> *m* Pissoir *nt*

urna *f* Urne *f*; ~ **eleitoral** Wahlurne *f*

urografia *f* Röntgenaufnahme *f* der Harnwege

urologia *f* Urologie *f*

urologista [urulu'ʒiʃtɐ] *mf* Urologe, Urologin *m, f*

urrar *vi* brüllen

Ursa *f* (ASTR) Bär *m*; ~ **Maior** großer Bär/Wagen; ~ **Menor** kleiner Bär/Wagen

urso, -a *m, f* (ZOOL) Bär(in) *m(f)*; ~ **polar** Eisbär *m*

URSS (HIST) *abr de* **União das Repúblicas Socialistas Soviéticas** UdSSR (= *Union der Sozialistischen Sowjetrepubliken*)

urticária *f* (MED) Nesselausschlag *m*

urtiga *f* (BOT) Brennnessel *f*

urubu *m* (ZOOL) Geier *m*

Uruguai *m* Uruguay *nt*

uruguaio, -a **I.** *m, f* Uruguayer(in) *m(f)* **II.** *adj* uruguayisch

urze *f* (BOT) Heidekraut *nt*

usado *adj* (*utilizado*) gebraucht; (*gasto*) abgenutzt, verschlissen; **carro** ~ Gebrauchtwagen *m*

usar [u'zar] **I.** *vt* (*objecto, automóvel, inteligência*) benutzen, gebrauchen; (*linguagem, palavra*) verwenden; (*sistema*) anwenden, benutzen; (*roupa, óculos*) tragen; ~ **barba** einen Bart haben; (*pej: uma pessoa*) ausnutzen, benutzen **II.** *vr* (*roupa*) in Mode sein; (*palavra*) gebraucht werden, benutzt werden; (*hábito*) gebräuchlich sein; **isso já não se usa** das ist nicht mehr gebräuchlich; (*coloq*) das ist völlig out

Usbequistão *m* Usbekistan *nt*

usina *f* (*brasil*) Fabrik *f*, Werk *nt*; ~ **elétrica** Kraftwerk *nt*

uso *m* ❶ (*utilização*) Gebrauch *m*, Benutzung *f*; (*da força, inteligência*) Anwendung *f*; **fazer ~ de a. c.** etw gebrauchen/benutzen ❷ (*hábito*) Brauch *m*, Sitte *f*; ~**s e costumes** Sitten und Gebräuche ❸ (*de roupa*) Tragen *nt*; **ter muito** ~ viel getragen werden

usual [u'zwal] <-ais> *adj* ❶ (*habitual*) üblich, gewöhnlich ❷ (*usado geralmente*) gebräuchlich

usuário, -a *m, f* Benutzer(in) *m(f)*

usufruir *conj como incluir vi* ❶ (*fruir*) ~ **de** genießen ❷ (DIR) ~ **de** den Nießbrauch haben von

usufruto *m* (DIR) Nutznießung *f*, Nießbrauch *m*

usufrutuário, -a *m, f* (DIR) Nutznießer(in) *m(f)*, Nießbraucher(in) *m(f)*

usura *f* Wucher *m*

usurário, -a *m, f* Wucherer, Wucherin *m, f*

U

usurpação <-ões> *f* widerrechtliche Anmaßung *f,* Usurpation *f*

usurpador(a) *m(f)* Usurpator(in) *m(f)*

usurpar *vt* ① (*poder, trono*) widerrechtlich an sich reißen ② (*direitos*) sich anmaßen

úteis *adj pl de* **útil**

utensílio *m* Gerät *nt;* (*ferramenta*) Werkzeug *nt;* ~ **de cozinha** Küchengerät *nt*

utente *mf* Benutzer(in) *m(f)*

uterino *adj* Gebärmutter ...

útero *m* (ANAT) Gebärmutter *f*

útil ['util] <-eis> *adj* ① (*experiência, objecto*) brauchbar, nützlich; **ser ~ a alguém** jdm nützlich sein; **dia ~** Werktag *m* ② (*pessoa*) geeignet

utilidade *f* Nützlichkeit *f,* Brauchbarkeit *f;* (**não**) **ter ~** (nicht) nützlich sein

utilitária *adj f de* **utilitário**

utilitário *m* (*automóvel*) Nutzfahrzeug *nt,* Gebrauchsfahrzeug *nt*

utilização <-ões> *f* (*uso*) Benutzung *f,* Gebrauch *m;* (*de meios*) Verwendung *f*

utilizar *vt* (*máquina, ferramenta*) benutzen, gebrauchen; (*meios*) verwenden

utopia *f* Utopie *f*

utópico *adj* utopisch

uva *f* Traube *f;* ~ **branca/preta** grüne/blaue Traube; ~ **passa** Rosine *f*

úvula *f* (ANAT) Zäpfchen *nt*

uvular I. *f* (LING) Uvular *m* **II.** *adj* (LING) uvular

V v

V, v [ve] *m* V, v *nt*

v. *abr de* **ver** s. (= *siehe*)

vá *interj* los; (*insistência*); ~ **lá!** na los!; (*menos mal*) halb so schlimm!

vã *adj f de* **vão**

vaca *f* ① (ZOOL) Kuh *f;* ~ **leiteira** Milchkuh *f* ② (CULIN) Rind *nt*

vacaria *f* Kuhstall *m*

vacilar *vi* ① (*balançar*) schwanken, wanken ② (*hesitar*) zögern, schwanken

vacina [vɐ'sinɐ] *f* ① (*substância*) Impfstoff *m* ② (*processo*) Impfung *f;* ~ **anti-tetânica** Tetanusschutzimpfung *f;* **tomar uma ~** sich impfen lassen

vacinação <-ões> *f* Impfung *f*

vacinado *adj* ① (MED) geimpft ② (*fig: imune*) immun, unempfindlich; **estar ~ contra a. c.** immun gegen etw sein

vacinar I. *vt* impfen (*contra* gegen) **II.** *vr* sich impfen lassen

vácuo *m* Vakuum *nt*

vadia *f de* **vadio**

vadiagem <-ens> *f* <-ens> Herumtreiberei *f,* Vagabundenleben *nt;* **andar na ~** sich herumtreiben

vadiar *vi* streunen, sich herumtreiben; (*sem fazer nada*) herumlungern

vadio, -a I. *m, f* Herumtreiber(in) *m(f)* **II.** *adj* ① (*pessoa*) herumstreunend, herumlungernd ② (*cão*) herrenlos, streunend

vaga ['vagɐ] **I.** *adj f de* **vago II.** *f* ① (*onda*) Welle *f;* ~ **de calor** Hitzwelle *f;* ~ **de crimes** Welle von Verbrechen ② (*em hotel*) freie(s) Zimmer *nt;* (*em curso*) freie(r) Platz *m;* (*de emprego*) freie/offene Stelle *f;* **preencher uma ~** eine Stelle besetzen

vagabunda *f v.* **vagabundo**

vagabundear *conj como passear vi* vagabundieren, sich herumtreiben

vagabundo, -a *m, f* Landstreicher(in) *m(f),* Penner(in) *m(f)*

vagalume *m* (*brasil*) Glühwürmchen *nt*

vagão <-ões> *m* Waggon *m*

vagão-cama *m* (*portugal*) Schlafwagen *m*

vagão-leito <vagões-leito(s)> *m* (*brasil*) Schlafwagen *m*

vagão-restaurante <vagões-restaurante(s)> *m* (*brasil*) Speisewagen *m*

vagar <g→gu> **I.** *m* (*ociosidade*) Muße *f;* **com ~** mit Muße; (*tempo*) Zeit *f;* (**não**) **ter ~ para a. c.** (keine) Zeit für etw haben **II.** *vi* frei werden

vagaroso *adj* langsam

vagem <-ens> *f* ① (*casca*) Schote *f,* Hülse *f* ② (*feijão verde*) grüne Bohne *f*

vagina *f* (ANAT) Scheide *f,* Vagina *f*

vaginal <-ais> *adj* Scheiden ..., vaginal

vago *adj* ① (*lugar, quarto*) frei; (*emprego*) frei, offen; **este lugar está ~?** ist der Platz frei? ② (*tempo*) frei; **nas horas vagas** in der Freizeit ③ (*incerto*) vage; (*descrição*) ungenau; **tenho uma vaga ideia** [*o brasil* **idéia**] ich habe eine vage Vorstellung davon

vagões *m pl de* **vagão**

vaguear *conj como passear vi* (*passear*) bummeln (*por* durch); (*sem rumo*) umher-

ziehen, wandern (*por* durch)
vaidade *f* Eitelkeit *f*
vaidoso *adj* eitel
vai-não-vai *adv* (*coloq*) unsicher, unschlüssig; **estive ~ para te telefonar** ich war mir unschlüssig, ob ich dich anrufen sollte
vaivém <vaivéns> *m* ❶ (*movimento*) Hin und Her *nt* ❷ (AERO) Raumfähre *f*
vala *f* Graben *m;* **~ comum** Massengrab *nt*
Valais *m* Wallis *nt*
vale ['valə] *m* ❶ (GEOG) Tal *nt* ❷ (*documento*) Gutschein *m;* **~ de correio** Postanweisung *f*
vale-brinde <vales-brinde(s)> *m* Geschenkgutschein
valência *f* (QUÍM, LING) Valenz *f*
valente *adj* tapfer, mutig
valentia *f* Tapferkeit *f,* Mut *m*
valer *irr* **I.** *vt* wert sein; **quanto vale o relógio?** wie viel ist die Uhr wert?; **~ muito dinheiro** sehr wertvoll sein **II.** *vi* (*ser válido*) gelten, gültig sein; **isso não vale!** das gilt nicht!; **fazer ~ a. c.** etw geltend machen; (*ter valor, prestar*) taugen; **isto não vale nada** das taugt nichts; **ele vale muito** er hat viele Qualitäten; **ela vale muito como professora** sie ist eine sehr gute Lehrerin; (*compensar*) sich lohnen; **(não) vale a pena** es lohnt sich (nicht); **mais vale tarde do que nunca** besser spät als nie; (*ajudar*) helfen; **valha-me Deus!** Gott steh mir bei!; **foi o que me valeu!** das war meine Rettung! **III.** *vr* greifen (*de* zu), zurückgreifen (*de* auf)
valeriana *f* (BOT) Baldrian *m*
valeta *f* Straßengraben *m*
valete *m* (*cartas*) Bube *m*
valia *f* Wert *m;* **de menor ~** minderwertig
válida *adj f de* **válido**
validade *f* ❶ (*de documento*) Gültigkeit *f;* **data de ~** Verfallstag *m* ❷ (*de alimento*) Haltbarkeit *f;* **data de ~** Haltbarkeitsdatum *f,* Verfallsdatum *nt;* **prazo de ~** Haltbarkeitsfrist *f;* **está fora/dentro da ~** das Haltbarkeitsdatum ist abgelaufen/noch nicht abgelaufen
validar *vt* gültig machen
válido ['validu] *adj* (*documento*) gültig; **o argumento é ~** das Argument gilt
valioso *adj* wertvoll, kostbar
valor [vɐ'lor] <-es> *m* ❶ (*de objecto, pessoa*) Wert *m;* **~ declarado** Wertbrief *m;* **dar ~ a alguém/a. c.** jdn schätzen/etw Bedeutung beimessen; (*pessoa*); **ter ~** viele Qualitäten haben; (*quadro*) wertvoll sein ❷ (*quantia*) Betrag *m;* (*preço*) Preis *m;* **um cheque no ~ de 100 euros** ein Scheck im Wert von 100 Euro ❸ (*em exame*) Punkt *m*
valores *mpl* ❶ (*morais*) Werte *pl* ❷ (ECON) Effekten *pl;* **~ selados** Wertmarken *pl,* Gebührenmarken *pl*
valorização <-ões> *f* ❶ (*de moeda, imóveis*) Wertermittlung *f* ❷ (*de pessoa*) Weiterbildung *f,* Fortbildung *f*
valorizar **I.** *vt* (*moeda, imóveis*) den Wert steigern von, höher bewerten; (*pessoa, atitude*) schätzen **II.** *vi* wert sein
valor-limite *m* Grenzwert *m*
valquíria *f* Walküre *f*
valsa *f* Walzer *m*
valsar *vi* Walzer tanzen
válvula *f* ❶ (MEC) Ventil *nt;* **~ de segurança** Sicherheitsventil *nt* ❷ (ELECTR) Röhre *nt*
vampiro, -a *m, f* Vampir *m*
van *m* (*brasil*) Kombiwagen *m;* (*para transportes*) Lieferwagen *m*
vândala *f de* **vândalo**
vandálico *adj* vandalisch, rowdyhaft
vandalismo *m* Vandalismus *m,* Zerstörungswut *f*
vândalo, -a **I.** *m, f* Vandale, Vandalin *m, f,* Rowdy *m* **II.** *adj* vandalisch, rowdyhaft
vanglória *f* ❶ (*bazófia*) Prahlerei *f* ❷ (*vaidade*) Eitelkeit *f*
vangloriar-se *vr* prahlen (*de* mit)
vanguarda *f* ❶ (*arte*) Avantgarde *f* ❷ (*dianteira*) Spitze *f;* **estar na ~** an der Spitze sein/stehen
vanilina *f* Vanillin *nt*
vantagem [vɐ̃n'taʒɐ̃i] <-ens> *f* ❶ (*lado positivo, superioridade*) Vorteil *m* (*sobre* gegenüber); **levar ~ a alguém** jdn übertreffen; **estar em ~** im Vorteil sein ❷ (*proveito*) Nutzen *m;* **tirar ~ de a. c.** Nutzen aus etw ziehen
vantajoso *adj* vorteilhaft; (*proveitoso*) nützlich
vão <-s> **I.** *m* (*de escadas*) Hohlraum *m;* (*de ponte*) Spannweite *f;* (*de janela, porta*) Öffnung *f* **II.** *adj* (*oco*) hohl; (*fútil*) leer; **promessas vãs** leere Versprechungen; **fazer a. c. em ~** etw vergebens/umsonst tun
vapor *m* Dampf *m,* Dunst *m;* **a todo o ~** mit Volldampf
vaporizador <-es> *m* Zerstäuber *m*
vaporizar *vt* sprayen, zerstäuben

V

vaporoso *adj* (*vestido*) luftig, leicht
vaqueiro *m* Kuhhirte *m*
vaquejada *f* (*brasil*) Viehtrieb *m*
vaquinha *f* (*coloq*) **fazer uma ~** zusammenlegen
vara ['varə] *f* ❶ (*pau*) Stock *m,* Stab *m;* (*chibata*) Gerte *f,* Rute *f;* (*estaca*) Stange *f;* **tremer como ~s verdes** wie Espenlaub zittern ❷ (DESP) Stab *m* ❸ (*de porcos*) Schweineherde *f* ❹ (*de tribunal*) Gerichtsbezirk *m*
varal <-ais> *m* (*de roupa*) Wäscheleine *f*
varanda [vɐ'rãndɐ] *f* Balkon *m*
varandim *m* schmale(r) Balkon *m*
varão <-ões> *m* ❶ (*homem*) Mann *m;* **o filho ~** der Sohn ❷ (*de escadas, em bengaleiro*) Stange *f*
vareja *f v.* **varejeira**
varejeira *f* Schmeißfliege *f*
varejista *mf* (*brasil*) Einzelhändler(in) *m(f)*
varejo *m* (*brasil*) Einzelhandel *m*
vareta *f* (*de guarda-chuva*) Stock *m*
variação <-ões> *f* ❶ (*mudança*) Abwechslung *f* ❷ (*oscilação*) Schwankung *f;* **uma ~ nos preços** Preisschwankungen *pl*
variado *adj* ❶ (*diverso*) verschieden ❷ (*diversificado*) abwechslungsreich ❸ (*múltiplo*) vielfältig
variante *f* Variante *f;* (*de curso*) Fächerkombination *f*
variar **I.** *vt* (*alimentação*) variieren; (*tema, roupa*) wechseln **II.** *vi* ❶ (*mudar*) abwechseln; **para ~** zur Abwechslung; **ele gosta de ~** er liebt die Abwechslung ❷ (*ser diferente*) sich unterscheiden, unterschiedlich sein; **isso varia de pessoa para pessoa** das ist von Mensch zu Mensch unterschiedlich ❸ (*divergir*) abweichen (*de* von) ❹ (*delirar*) irrewerden, den Verstand verlieren
variável <-eis> **I.** *f* (MAT) Variable *f* **II.** *adj* ❶ (*mutável*) veränderbar ❷ (*inconstante*) unstet; (*humor*) launisch
varicela [vɐri'sɜlɐ] *f* (MED) Windpocken *pl*
variedade *f* ❶ (*diversidade*) Vielfalt *f;* (*multiplicidade*) Reichhaltigkeit *f* ❷ (BIOL) Unterart *f,* Subspezies *f*
variedades [vɐrje'dadəʃ] *fpl* (*teatro*) Varieté *nt*
varina *f* ambulante Fischverkäuferin *f*
varinha *f* ❶ (*vara*) kleine(r) Stab *m;* **~ mágica/de condão** Zauberstab *m* ❷ (*de cozinha*) Mixstab *m*
varíola [vɐ'riulɐ] *f* (MED) Pocken *pl*
vários *adj* ❶ (*numerosos*) mehrere, einige ❷ (*diversos*) verschiedene
variz <-es> *f* (MED) Krampfader *f*
varões *m pl de* **varão**
varredor(a) *m(f)* Straßenkehrer(in) *m(f)*
varredora <-es> *f* Kehrmaschine *f*
varrer **I.** *vt* (*com vassoura*) kehren, fegen; (*fig: vento*) wegfegen **II.** *vr* in Vergessenheit geraten, vergessen werden; **isso varreu-se-me da memória** das ist mir entfallen
varrido *adj* ❶ (*chão*) sauber, gefegt ❷ (*pessoa*) **doido ~** völlig verrückt, durchgeknallt
Varsóvia *f* Warschau *nt*
várzea *f* Flussaue *f,* fruchtbare Ebene *f*
vascular *adj* Gefäß ...
vasculhar *vt* stöbern in +*dat*
vasectomia *f* (MED) Vasektomie *f*
vaselina *f* Vaseline *f*
vasilha *f* Gefäß *nt*
vasilhame *m* Leergut *nt*
vaso *m* ❶ (ANAT) Gefäß *nt;* **~ sanguíneo** Blutgefäß *nt* ❷ (*de plantas*) Blumentopf *m* ❸ **~ sanitário** Klosettbecken *nt,* Toilette *f*
vassalo, -a *m, f* Lehnsmann *m,* Vasall *m*
vassoira *f v.* **vassoura**
vassoura *f* Besen *m*
vasta *adj f de* **vasto**
vastidão <-ões> *f* Weite *f,* Ausdehnung *f*
vasto *adj* ❶ (*área*) weit, ausgedehnt ❷ (*conhecimentos*) umfangreich; (*variedade*) groß
vatapá *m* (*brasil*) *scharfes afro-brasilianisches Püree aus Bahia, das aus Brot, Fisch, Erdnusskernen, getrockneten Krabben, Palmöl, Kokosmilch, und Gewürzen hergestellt wird*
Vaticano *m* Vatikan *m*
vátio ['vatju] *m* (ELECTR) Watt *nt*
vau *m* Furt *f*
Vaud *m* Waadt *f*
vaza *f* (*cartas*) Stich *m*
vazão *f* ❶ (*de mercadoria*) Absatz *m;* **dar ~ a a. c.** etw absetzen ❷ (*de clientes*) Bedienung *f;* **dar ~ aos clientes** die Kunden bedienen
vazar **I.** *vt* ❶ (*líquido*) ausgießen, ausschütten; (*metal*) gießen ❷ (*recipiente*) ausleeren, ausschütten **II.** *vi* ❶ (*líquido*) ausfließen ❷ (*maré*) zurückgehen ❸ (*coloq: ir embora*) abhauen, verschwinden; **vaza!** hau ab!
vazio [vɐ'ziu] **I.** *m* Leere *f* **II.** *adj* leer
veado **I.** *m* (ZOOL) Hirsch *m* **II.** *adj* (*coloq bra-*

sil) schwul
vector <-es> *m* (MAT) Vektor *m*
vedação *f* Absperrung *f*, Zaun *m*
vedado *adj* ① (*terreno*) eingezäunt ② (*proibido*) verboten, untersagt; ~ **ao trânsito** Durchfahrt verboten
vedar **I.** *vt* (*um terreno*) einzäunen; (*uma praça*) absperren; (*entrada, passagem*) sperren; (*proibir*) verbieten, untersagen **II.** *vi* (*torneira*) schließen; (*recipiente*) dicht sein; **não** ~ (**bem**) das schließt nicht (richtig)
vedeta *f* Star *m*; ~ **de cinema** Filmstar *m*
vedete *f* (*brasil*) *v.* **vedeta**
veemência *f* ① (*insistência*) Beharrlichkeit *f*, Nachdruck *m*; (*convicção*) Überzeugung *f* ② (*intensidade*) Heftigkeit *f*, Vehemenz *f*
veemente *adj* ① (*insistente*) beharrlich, nachdrücklich; (*convincente*) überzeugend ② (*intenso*) heftig, vehement
vegetação <-ões> *f* Vegetation *f*
vegetal <-ais> **I.** *m* Pflanze *f*; (*legumes*); **vegetais** Gemüse *nt* **II.** *adj* pflanzlich, Pflanzen ...; **gordura** ~ pflanzliches Fett
vegetar *vi* (*pessoa*) vegetieren, kümmerlich vor sich hin leben
vegetariano, -a [vəʒətɐ'rjɐnu] **I.** *m, f* Vegetarier(in) *m(f)* **II.** *adj* vegetarisch
vegetativo *adj* vegetativ
veia *f* ① (ANAT) Ader *f*, Vene *f* ② (*talento*) Ader *f*, Begabung *f*; **ter uma** ~ **poética** eine dichterische Ader haben
veicular *vt* weitergeben
veículo *m* ① (*de transporte*) Fahrzeug *nt*; ~ **ligeiro** Personenwagen *m*; ~ **pesado** Lastkraftwagen *m* ② (*fig: meio*) Mittel *nt*
veio[1] *m* ① (*eixo*) Welle *f* ② (*em madeira, pedra*) Maserung *f* ③ (*de água*) Rinnsal *nt*
veio[2] *3. pret de* **vir**
vela ['vɜlɐ] *f* ① (*de barco*) Segel *nt*; (*de moinho*) Flügel *m*; (NÁUT); **içar/arriar as** ~**s** die Segel setzen/streichen ② (*de cera*) Kerze *f*; **acender/apagar uma** ~ eine Kerze anzünden/auslöschen ③ (*de automóvel*) Zündkerze *f* ④ (DESP) Segelsport *m*, Segeln *nt*; **fazer** ~ segeln
velar *vt* (*um doente*) wachen bei
veleidade *f* Laune *f*
veleiro *m* Segelschiff *nt*
velejador(a) <-es> *m(f)* Segler(in) *m(f)*
velejar [vələ'ʒar] *vi* segeln
velha *f de* **velho**
velhaco, -a *m, f* Halunke *m*, Gauner(in) *m(f)*
velhice *f* Alter *nt*; **na** ~ im Alter
velho, -a ['vɜʎu] **I.** *m, f* Alte **II.** *adj* alt
velhote, -a **I.** *m, f* alte(r) Knabe *m*, alte(s) Mütterchen *nt* **II.** *adj* alt
velocidade [vəlusi'dadə] *f* ① (FÍS) Geschwindigkeit *f*; ~ **da luz** Lichtgeschwindigkeit *f*; ~ **máxima** Höchstgeschwindigkeit *f*; ~ **recomendada** Richtgeschwindigkeit *f*; ~ **do som** Schallgeschwindigkeit *f*; ~ **ultra-sónica** [*o brasil* **ultra-sônica**] Ultraschallgeschwindigkeit *f*; **a toda a** ~ so schnell wie möglich ② (*no automóvel*) Gang *m*; **meter a primeira** ~ den ersten Gang einlegen
velocímetro *m* Tachometer *m*
velocípede *m* Fahrrad *nt*
velódromo *m* Radrennbahn *f*
velório *m* Totenwache *f*
veloz <-es> *adj* rasch, flink
veludo *m* Samt *m*
vencedor(a) <-es> *m(f)* Gewinner(in) *m(f)*; (DESP) Sieger(in) *m(f)*
vencer <c→ç> **I.** *vt* (*adversário*) besiegen, schlagen; (*guerra, concurso, campeonato*) gewinnen; (*dificuldade*) überwinden **II.** *vi* gewinnen; (DESP) siegen **III.** *vr* (*juros*) fällig werden; (*prazo*) ablaufen, enden
vencido *adj* ① (*pessoa*) besiegt, geschlagen; **dar-se por** ~ sich geschlagen geben ② (*juros*) fällig
vencimento *m* ① (*salário*) Gehalt *nt*, Bezüge *pl* ② (*de juros*) Fälligkeit *f*; (*de prazo*) Ablauf *m*
venda ['vɛ̃ndɐ] *f* ① (*de produtos*) Verkauf *m*; ~ **a retalho** Einzelhandel *m*; **estar à** ~ zum Verkauf stehen, zu verkaufen sein; **pôr a. c. à** ~ etw verkaufen; (*medicamento*); **de** ~ **livre** rezeptfrei ② (*para os olhos*) Augenbinde *f*, Binde *f*
vendar *vt* verbinden
vendaval <-ais> *m* Sturm *m*
vendedor(a) <-es> *m(f)* Verkäufer(in) *m(f)*; ~ **ambulante** Straßenverkäufer *m*
vender [vɛ̃'der] **I.** *vt* verkaufen; **vende-se** zu verkaufen **II.** *vr* sich verkaufen (*a* an)
vendido *adj* verkauft
vendível *adj* verkäuflich
veneno [və'nenu] *m* Gift *nt*; (*fig*); **meter** ~ **em** vergiften
venenoso [vənə'nozu] *adj* giftig
veneração *f* Verehrung *f*
venerado *adj* verehrt
venerar *vt* verehren

venerável <-eis> *adj* ehrwürdig
venéreo *adj* (MED) Geschlechts ...
Veneza *f* Venedig *nt*
Venezuela *f* Venezuela *nt*
venezuelano, -a **I.** *m, f* Venezolaner(in) *m(f)* **II.** *adj* venezolanisch
venho *1. pres de* **vir**
vénia (*portugal*), **vênia** *f* (*brasil*) Verbeugung *f;* **fazer uma ~** eine Verbeugung machen
venoso *adj* venös, Venen ...
ventania *f* starke(r) Wind *m*
ventar *vi impess* windig sein
ventas *fpl* (*coloq*) Maul *nt,* Schnauze *f*
ventilação <-ões> *f* Lüftung *f,* Ventilation *f*
ventilador [vẽntilɐ'dor] <-es> *m* Ventilator *m*
ventilar *vt* lüften
vento ['vẽntu] *m* Wind *m;* **está ~** es ist windig; **ir de ~ em popa** Glück haben, Rückenwind haben; **espalhar a. c. aos quatro ~s** etw an die große Glocke hängen; **quem semeia ~s, colhe tempestades** wer Wind sät, wird Sturm ernten
ventoinha *f* Ventilator *m*
ventosa *f* Saugnapf *m*
ventoso *adj* windig
ventre ['vẽntrə] *m* ❶ (*barriga*) Bauch *m;* (*abdómen*) Unterleib *m* ❷ (*útero*) Gebärmutter *f*
ventrículo *m* (ANAT) Herzkammer *f*
ventríloquo, -a *m, f* Bauchredner(in) *m(f)*
ventura *f* ❶ (*sorte*) Glück *nt* ❷ (*destino*) Schicksal *nt* ❸ (*acaso*) Zufall *m*
Vénus (*portugal*), **Vênus** *m* (*brasil:* ASTR) Venus *f*
ver [ver] *irr* **I.** *m* Ansicht *f;* **a meu ~** meiner Ansicht nach **II.** *vt* ❶ (*olhar para*) sehen; (*examinar*) nachschauen; **~ a. c. por alto** etw überfliegen; **~ televisão** fernsehen; **viste o filme?** hast du den Film gesehen?; **eu vejo-a todos os dias** ich sehe sie jeden Tag; **fazer ~ a. c. a alguém** jdm etw klar machen; **prazer em vê-lo** es freut mich, Sie zu sehen; **já não posso ~ isto à (minha) frente!** ich kann es nicht mehr sehen!; **~ as horas** auf die Uhr sehen; **~ página 20** siehe Seite 20 ❷ (*considerar*) ansehen, betrachten; **~ alguém/a. c. como ...** jdn/etw ansehen als ... ❸ (*espreitar*) durchsehen (*por/através de* durch) ❹ (*procurar*) nachsehen, nachschlagen; **~ a. c. no dicionário** etw im Wörterbuch nachschlagen ❺ (*visitar*) besuchen; **eu fui vê-lo ontem** ich habe ihn gestern besucht **III.** *vi* ❶ (*visão*) sehen; **~ bem/mal** gut/schlecht sehen; **não vejo nada** ich sehe nichts ❷ (*notar*) merken, bemerken; **eu vi que ele não estava bem** ich habe gemerkt, dass es ihm nicht gut ging; **eu vi logo!** das habe ich sofort gemerkt!; **pelo que vejo ...** wie ich sehe ...; **como vês ...** wie du siehst ...; **veremos!** warten wir's ab!, schauen wir mal!; **vais ~ que é fácil** du wirst sehen, dass es leicht ist; **até ~** fürs Erste; **vendo bem ...** genau genommen ... ❸ (*advertência*) **vê se te portas bem!** und benimm dich gut!; **vê lá se não ...** dass du ja nicht ... ❹ (*tentar*) versuchen; **eu vou ~ se falo com ele hoje** ich werde versuchen, heute mit ihm zu sprechen **IV.** *vr* ❶ (*encontrar-se*) sich befinden, sein; **~-se numa situação difícil** in einer schwierigen Lage sein ❷ (*imaginar-se*) sich *dat* vorstellen können; **eu não me vejo a escrever um livro** ich kann mir nicht vorstellen, ein Buch zu schreiben
veracidade *f* Richtigkeit *f*
Verão [və'rãu] <-ões> *m* Sommer *m*
verba *f* (*quantia*) Betrag *m;* (*dinheiro*) Geld *nt*
verbal <-ais> *adj* ❶ (*do verbo*) Verbal ..., verbal ❷ (*oral*) mündlich
verbalizar *vt* verbalisieren
verbalmente *adv* mündlich
verbete *m* Stichwort *nt*
verbo *m* Verb *nt;* **~ auxiliar** Hilfsverb *nt;* **~ modal** Modalverb *nt*
verdade [vər'dadə] *f* Wahrheit *f;* **na ~** tatsächlich, in Wahrheit; **isso (não) é ~!** das ist (nicht) wahr!; **para dizer/falar a ~ ...** um die Wahrheit zu sagen ...; (*coloq*); **é ~ ...** übrigens ...
verdadeiro [vərdɐ'deiru] *adj* ❶ (*história*) wahr; (*afirmação*) richtig ❷ (*pessoa*) aufrichtig, wahrheitsliebend; (*sentimento, nota*) echt ❸ (*gémeos*) eineiig
verde ['verdə] **I.** *m* Grün *nt* **II.** *adj* ❶ (*cor*) grün ❷ (*fruta*) unreif, grün; (*vinho*) spritzig ❸ (*fig: pessoa*) unerfahren, unreif
Verde *mf* (POL) Grüne; **os ~s** die Grünen
verde-amarelo, -a *adj* brasilianisch; **ser ~** patriotisch sein (in Bezug auf Brasilien); **time ~** brasilianische Nationalmannschaft
verdejante *adj* (leicht) grün
verde-mar *adj inv* meergrün, blaugrün

verdete *m* Grünspan *m*
verdura *f* ① (*cor*) Grün *nt* ② (*alimento*) Gemüse *nt* ③ (*imaturidade*) Unreife *f*
verdureiro, -a *m, f* (*brasil*) Obst- und Gemüsehändler(in) *m(f)*
vereador(a) <-es> *m(f)* Stadtrat, Stadträtin *m, f*
vereda *f* Pfad *m*
veredicto *m* (DIR) Urteil *nt,* Urteilsspruch *m;* **dar o ~** das Urteil verkünden
verga *f* (*em mobiliário*) Korbgeflecht *nt,* Rattan *nt;* **uma cadeira de ~** ein Korbstuhl
vergar <g→gu> **I.** *vt* ① (*dobrar*) biegen, krümmen ② (*subjugar*) unterwerfen **II.** *vr* ① (*curvar-se*) sich bücken, sich hinunterbeugen ② (*submeter-se*) sich fügen (*a*), sich unterwerfen (*a*)
vergonha *f* ① (*pejo*) Scham *f;* **ter ~ de alguém/a. c.** sich für jdn/etw schämen ② (*desonra*) Schande *f;* **isto é uma ~ para o país** das ist eine Schande für das Land ③ (*acanhamento*) Verlegenheit *f;* **estar com/ter ~** verlegen sein; **tenho ~ de fazer isso** es ist mir unangenehm, das zu tun
vergonhoso *adj* beschämend, schändlich
verguinha *f v.* **verga**
verídico *adj* wahr, wirklich
verificação <-ões> *f* ① (*revisão*) Nachprüfung *f,* Überprüfung *f* ② (*constatação*) Feststellung *f*
verificar [vərifi'kar] <c→qu> **I.** *vt* (*conferir, rever*) nachprüfen, überprüfen; (*constatar*) feststellen **II.** *vr* sich herausstellen; **verificou-se que ...** es hat sich herausgestellt, dass ...
verme *m* Wurm *m*
vermelhidão *f* Röte *f*
vermelho [vər'meʎu] (*esp brasil*) **I.** *m* Rot *nt* **II.** *adj* rot
vermicida *m* Wurmmittel *nt*
vermute *m* Wermut *m*
vernáculo I. *m* Landessprache *f* **II.** *adj* ① (*nacional*) einheimisch, Landes ... ② (*puro*) rein
verniz *m* ① (*para madeira*) Lack *m;* (*em cerâmica*) Glasur *f* ② (*das unhas*) Nagellack *m*
Verões *m pl de* **verão**
verosímil *adj* ① (*provável*) wahrscheinlich ② (*credível*) glaubwürdig
verossímil <-eis> *adj* (*brasil*) *v.* **verosímil**
verruga *f* Warze *f*
verruma *f* Holzbohrer *m*
versado *adj* erfahren (*em* in), versiert (*em* in)
versão [vər'sãu] <-ões> *f* ① (*de texto, filme, música*) Fassung *f,* Version *f;* **~ original** Originalfassung *f* ② (*modo de contar*) Version *f,* Darstellung *f* ③ (*de automóvel*) Modell *nt*
versar *vi* (*elev*) handeln (*sobre* von)
versátil <-eis> *adj* vielseitig
versatilidade *f* Vielseitigkeit *f*
versículo *m* (REL) Bibelspruch *m,* Bibelvers *m*
verso *m* ① (LIT) Vers *m* ② (*de folha*) Rückseite *f*
versões *f pl de* **versão**
versus *prep* im Gegensatz zu, gegenüber
vértebra *f* Wirbel *m*
vertebrado *m* (ZOOL) Wirbeltier *nt*
vertebral <-ais> *adj* Wirbel ...; **coluna ~** Wirbelsäule *f*
vertente *f* ① (*de encosta*) Abhang *m,* Hang *m* ② (*ponto de vista*) Aspekt *m,* Gesichtspunkt *m*
verter I. *vt* ① (*vazar*) gießen (*para* in) ② (*por descuido*) verschütten, vergießen ③ (*uma lágrima*) vergießen **II.** *vi* ① (*líquido*) ausfließen ② (*recipiente*) undicht sein
vertical <-ais> **I.** *f* Senkrechte *f,* Vertikale *f;* **estar na ~** senkrecht stehen **II.** *adj* senkrecht, vertikal
vértice *m* (MAT) Scheitel *m,* Scheitelpunkt *m*
vertigem [vər'tiʒãi] <-ens> *f* Schwindel *m;* **eu tenho/sinto vertigens** mir ist schwindelig
vertiginoso *adj* ① (*lugar*) in Schwindel erregender Höhe; **altura vertiginosa** Schwindel erregende Höhe ② (*velocidade*) rasend, atemberaubend
vesgo *adj* schielend
vesícula [və'zikulɐ] *f* Blase *f;* **~ biliar** Gallenblase *f*
vespa ['veʃpɐ] *f* ① (ZOOL) Wespe *f* ② (*motoreta*) Motorroller *m*
véspera *f* (*dia*) Vortag *m;* (*noite*) Vorabend *m;* **na ~** am Vorabend; **~ de Natal** Heiligabend *m;* **~ de ano-novo** (*brasil*) Silvester *nt*
vespertino I. *m* (JORN) Abendzeitung *f* **II.** *adj* Nachmittags ...
vestiário [vəʃti'arju] *m* Umkleideraum *m*
vestibular <-es> *m* (*brasil*) Aufnahmeprüfung *f*
vestíbulo *m* Vorhalle *f,* Diele *f;* (*do teatro*) Foyer *nt*
vestido [vəʃ'tidu] **I.** *m* Kleid *nt;* **~ de noite** Abendkleid *nt* **II.** *adj* angezogen, bekleidet;

estar ~ **de preto** schwarz gekleidet sein
vestígio *m* Spur *f*
vestimenta *f* Kleidung *f*
vestir [vəʃ'tir] *irr* **I.** *vt* ① (*criança*) anziehen ② (*roupa*) anziehen; (*trazer vestido*) tragen **II.** *vr* ① (*pôr roupa*) sich anziehen ② (*trazer vestido*) tragen
vestuário *m* Kleidung *f*
vetar *vt* (POL) sein Veto einlegen gegen
veterano I. *m* Veteran *m* **II.** *adj* (*fig*) erfahren (*em* in)
veterinária *f* Tiermedizin *f*, Veterinärmedizin *f*
veterinário, -a [vətəri'narju] **I.** *m, f* Tierarzt, Tierärztin *m, f* **II.** *adj* tierärztlich, veterinär
veto *m* (POL) Einspruch *m*, Veto *nt*
vetor <-es> *m* (*brasil:* MAT) Vektor *m*
véu *m* Schleier *m*
V. Exª *abr de* **Vossa Excelência** sehr geehrte(r)
vexado *adj* verschämt, verlegen
vexame *m* ① (*vergonha*) Schande *f* ② (*escândalo*) Skandal *m*
vexar *vt* in Verlegenheit bringen
vez [veʃ/veʒ] *f* ① (*ocasião*) Mal *nt*; **uma ~** einmal; **duas ~es** zweimal; **desta ~** diesmal, dieses Mal; **de ~** endgültig; **outra ~** noch einmal; **às/por ~es** manchmal; **alguma ~** jemals; **da próxima ~** beim nächsten Mal; **pela primeira ~** zum ersten Mal; **uma ~ por outra** dann und wann; **de ~ em quando** hin und wieder, ab und zu; **muitas ~es** oft; **poucas/raras ~es** selten; **cada ~ que ...** jedes Mal wenn ...; **cada ~ melhor/pior** immer besser/schlechter; **de uma ~ por todas** ein für alle Mal; **na maior parte das ~es** meistens; **uma ~ que** da ② (*turno*) **à ~** abwechselnd; **um de cada ~** jeweils eine(r); **em ~ de** anstatt, statt; **em ~ disso** stattdessen; **agora é a tua ~** jetzt bist du an der Reihe; (*coloq*) jetzt bist du dran; **chegou a minha ~** ich bin an der Reihe; **perder a ~** sich neu anstellen müssen; **por sua ~** seinerseits
vezes ['vezəʃ] *adv* (MAT) mal; **três ~ três são nove** drei mal drei gibt neun
vi ['vi] *1. pret de* **ver**
via ['viɐ] **I.** *f* ① (*estrada*) Straße *f*; **~ de acesso** Zubringer *m*, Zufahrtstraße *f*; **~ rápida** Schnellstraße *f*; **~ verde, de ~ única** einspurig, *Fahrspur an Zahlstellen für Autobahngebühren, die für Benutzer elektronischer Abrechnungssysteme reserviert ist* ② (*fig: caminho*) Weg *m*; (ASTR); **Via Lá(c)tea** Milchstraße *f* ③ (*meio*) Mittel *nt* ④ (*estradas*) **~s de comunicação** Verkehrsverbindungen *pl*; (*telefones*) Kommunikationswege *pl*; (*correio*); **por ~ aérea** per Luftpost; **por ~ legal** auf legalem Weg; **por ~ marítima** auf dem Seeweg; **~ oral** zum Einnehmen; **por ~ terrestre** auf dem Landweg; **estar em ~s de fazer a. c.** dabei sein etw zu tun; (*de documento*) Exemplar *nt*, Ausfertigung *f* **II.** *adv* über; **nós vamos para o Algarve ~ Lisboa** wir fahren über Lissabon an die Algarve
viabilidade *f* ① (*exequibilidade*) Machbarkeit *f*, Durchführbarkeit *f* ② (*possibilidade*) Wahrscheinlichkeit *f*; **qual é a ~ de ...** wie hoch ist die Wahrscheinlichkeit, dass ...
viação <-ões> *f* (*trânsito*) Straßenverkehr *m*; (*rede rodoviária*) Straßennetz *nt*; **acidente de ~** Verkehrsunfall *m*; **direcção-geral de ~** Straßenverkehrsamt *nt*
viaduto *m* Viadukt *m*, Brücke *f*
via-férrea *f* (*portugal*) Eisenbahn *f*
viagem ['vjaʒãi] <-ens> *f* Fahrt *f*; (*férias*) Reise *f*; **~ marítima** Seereise *f*; **~ de negócios** Geschäftsreise *f*; **~ de ida e volta** Hin- und Rückfahrt *f*
viajado *adj* weit gereist
viajante [vjɐ'ʒãntə] *mf* Reisende
viajar [vjɐ'ʒar] *vi* reisen (*para* nach, *por* durch)
Viana do Castelo (*portugal*) Viana do Castelo (*Hauptstadt des Distrikts Viana do Castelo*); **Distrito de ~** Distrikt Viana do Castelo
vianense (*portugal*) **I.** *mf Einwohner(in) der Stadt oder des Distrikts Viana do Castelo* **II.** *adj* (*especialidade*) aus Viana do Castelo; (*instituto*) in Viana do Castelo
vianês, -esa *m, f o adj* (*portugal*) *v.* **vianense**
via-sacra <vias-sacras> *f* (REL) Kreuzweg *m*, Leidensweg *m* (Christi)
viatura *f* Fahrzeug *nt*
viável <-eis> *adj* ① (*exequível*) machbar, durchführbar ② (*possível*) wahrscheinlich
víbora *f* ① (ZOOL) Viper *f*, Otter *f* ② (*pej: mulher*) (falsche) Schlange *f*
vibração <-ões> *f* ① (*movimento*) Vibration *f*, Schwingung *f* ② (*som*) Hall *m* ③ (*entusiasmo*) Begeisterung *f*

vibrador *m* Vibrator *m*

vibrar *vi* ① (*objecto*) schwingen, vibrieren; (*voz*) beben, zittern ② (*som*) hallen ③ (*entusiasmar-se*) begeistert sein (*com* von)

vice-presidente *mf* Vizepräsident(in) *m(f)*

vice-rei *m* Vizekönig *m*

vice-reitor(a) <-es, -as> *m(f)* Prorektor(in) *m(f)*, stellvertretende(r) Direktor *m*, stellvertretende Direktorin *f*

vice-versa *adv* umgekehrt; **ou ele te telefona a ti ou ~** entweder ruft er dich an oder umgekehrt

viciado, -a **I.** *m, f* Süchtige **II.** *adj* ① (*pessoa*) süchtig (*em* nach); **~ em heroína** heroinsüchtig; **~ no jogo** spielsüchtig ② (*ar*) verbraucht

viciar-se *vr* verfallen (*em*), süchtig sein; **~ no jogo** dem Spiel verfallen

vício *m* (*hábito*) Laster *nt*; (*de drogas, álcool*) Sucht *f*; **fazer a. c. por ~** etw aus purer Gewohnheit tun

vicissitude *f* ① (*eventualidade*) Zufall *m* ② (*infortúnio*) Missgeschick *nt*

viçoso *adj* ① (*vegetação*) üppig ② (*pessoa*) schwungvoll, stürmisch

vida ['vidɐ] *f* ① (*existência*) Leben *nt*; **com ~** am Leben; **em ~** zu Lebzeiten; **para toda a ~** für das ganze Leben; **na ~ real** im wirklichen Leben; **estar entre a ~ e a morte** in Lebensgefahr schweben; **ganhar a ~** seinen Lebensunterhalt verdienen; **estar bem na ~** gut situiert sein, ausgesorgt haben; **ter uma ~ de cão** ein Hundeleben führen; **dar a ~ por alguém/a. c.** für jdn/etw sein Leben geben; **meter-se na ~ dos outros** sich in das Leben anderer Leute einmischen; **meta-se na sua ~!** kümmern Sie sich um ihre eigenen Angelegenheiten!; (*coloq*); **ele passa a ~ a ver televisão** er sieht den ganzen Tag fern ② (*vivacidade*) Lebendigkeit *f*; **ter muita ~** sehr lebendig sein; (*pessoa*); **sem ~** träge; (*casa*) trist; (*cidade*) ausgestorben; (*história*) eintönig, langweilig; **dar ~ a a. c.** etw lebendiger machen ③ (*coloq: prostituição*) Strich *m*; **andar na ~** anschaffen gehen, auf den Strich gehen

videira *f* Weinstock *m*

vidente *mf* Hellseher(in) *m(f)*

vídeo *m* ① (*técnica*) Video *nt* ② (*aparelho*) Videogerät *nt*

videocâmara *f* (*brasil*) Videokamera *f*

videocassete *m* ① (*brasil: cassete*) Videokassette *f* ② (*brasil: aparelho*) Videorecorder *m*

videoclipe *m* Videoclip *m*

videoclube *m* Videothek *f*

videoconferência *f* Videokonferenz *f*

videofone *m* Bildtelefon *nt*

videogame *m* (*brasil*) video game

videogravador *m* Videorecorder *m*

videojogo *m* Videospiel *nt*

videoporteiro *m* Videoüberwachung *f*

videoteca *f* (*brasil*) Videothek *f*

videotexto *m* Bildschirmtext *m*, Videotext *m*

vidraça *f* Fensterscheibe *f*

vidraceiro, -a *m, f* Glaser(in) *m(f)*

vidrado *adj* ① (*olhos*) glasig ② (*coloq: apaixonado*) verrückt (*em* nach)

vidrão *m* (*portugal*) Altglascontainer *m*

vidrar *vt* (*cerâmica*) glasieren

vidraria *f* Glaserei *f*

vidro *m* ① (*material*) Glas *nt*; **~ fosco** Milchglas *nt*; **~ laminado** Sicherheitsglas *nt*; **~ temperado** Panzerglas *nt*; **de ~** gläsern ② (*em janela, montra*) Glasscheibe *f*, Fensterscheibe *f* ③ (*do automóvel*) Scheibe *f*; **~s elé(c)tricos** automatische Seitenscheiben; **abrir/fechar o ~** das Fenster öffnen/schließen

viela ['vjɜlɐ] *f* Gasse *f*

Viena *f* Wien *nt*

vienense **I.** *mf* Wiener(in) *m(f)* **II.** *adj* wienerisch, Wiener

viés *adv* **de ~** schräg

Vietnã *m* (*brasil*) *v.* **Vietname**

Vietname *m* Vietnam *nt*

viga *f* (*de madeira*) Balken *m*; (*de betão*) Träger *m*; **~ mestra** Dachbalken *m*

vigarice *f* Betrug *m*

vigário *m* (REL) Vikar *m*

vigarista *mf* Betrüger(in) *m(f)*

vigarizar *vt* (*portugal: coloq*) hereinlegen, übers Ohr hauen

vigência *f* Rechtskraft *f*, Gültigkeit *f*

vigente *adj* rechtskräftig, gültig

vigésimo **I.** *m* Zwanzigstel *nt* **II.** *num ord* zwanzigste(r, s)

vigia **I.** *f* (*acção de vigiar*) Wachestehen *nt*; **estar de ~** Wache halten; (*de navio*) Bullauge *nt* **II.** *mf* Wachhabende, Wachposten *m*

vigiar **I.** *vt* (*pessoa, edifício, fronteira*) bewachen; (*processo, trabalho*) beaufsichtigen, überwachen; (*um exame*) Aufsicht führen bei **II.** *vi* wachsam sein

vigilância *f* ① (*de pessoa, edifício, fronteira*) Bewachung *f*; **estar sob ~** unter Aufsicht stehen ② (*de trabalho*) Beaufsichtigung *f*, Überwachung *f*; (*de exame*) Aufsicht *f*

vigilante **I.** *mf* Wächter(in) *m(f)*; (*museu*) Aufsichtsperson *f*; (*prisão*) Gefängniswärter(in) *m(f)*, Aufseher(in) *m(f)* **II.** *adj* wachsam

vigília *f* ① (*a um doente*) Nachtwache *f*; (*médico*); **estar de ~** Nachtwache haben ② (*insónia*) Schlaflosigkeit *f*

vigor <-es> *m* ① (*energia*) Energie *f*; (*força*) Kraft *f*, Stärke *f* ② (*de lei, regulamento*) **em ~** in Kraft; **entrar em ~** in Kraft treten; **estar em ~** in Kraft sein

vigorar *vi* in Kraft sein

vigores *m pl de* **vigor**

vigoroso *adj* (*enérgico*) energisch; (*forte*) kräftig, stark

vil <vis> *adj* ① (*mau*) gemein; (*reles*) niederträchtig ② (*desprezível*) verwerflich, schändlich

vila *f* Kleinstadt *f*

vilão, vilã <-ões, -ãs> *m, f* Schuft *m*

Vila Real (*portugal*) Vila Real (*Hauptstadt des Distrikts Vila Real*); **Distrito de ~** Distrikt Vila Real

vila-realense (*portugal*) **I.** *mf Einwohner(in) der Stadt oder des Distrikts Vila Real* **II.** *adj* (*especialidade*) aus Vila Real; (*instituto*) in Vila Real

vileza *f* Niedertracht *f*, Schäbigkeit *f*

vim *1. pret de* **vir**

vime *m* Weidenrute *f*; **cesto de ~** Weidenkorb *m*; **cadeira de ~** Korbstuhl *m*

vimeiro *m* (BOT) Weide *f*

vinagre [vi'nagrə] *m* Essig *m*; **~ de vinho** Weinessig *m*

vinagrete *m* Vinaigrette *f*

vincado *adj* ① (*papel*) gefaltet; (*tecido*) zerknittert ② (*fig: acentuado*) ausgesprochen

vincar <c→qu> *vt* (*papel*) falten, knicken; (*tecido*) zerknittern

vinco *m* (*nas calças*) Bügelfalte *f*; (*em papel*) Knick *m*

vincular *vt* verbinden (*a* mit), verknüpfen (*a* mit)

vinculativo *adj* bindend, verbindlich

vínculo *m* Bindung *f*, Verbindung *f*

vinda *f* Kommen *nt*; (*chegada*) Ankunft *f*; (*regresso*) Rückkehr *f*; **à ~** auf dem Herweg; **a ~ dele à cidade foi inesperada** er kam unerwartet in die Stadt

vindima *f* Weinlese *f*

vindimar *vi* die Weinlese machen

vindo **I.** *pp de* **vir** **II.** *adj* kommend (*de* aus)

vindouro *adj* kommend, zukünftig; **as gerações vindouras** die kommenden Generationen

vingador(a) <-es> *m(f)* Rächer(in) *m(f)*

vingança *f* Rache *f* (*por* für)

vingar <g→gu> **I.** *vt* rächen **II.** *vi* (*plano, negócio*) gelingen; (*planta*) gedeihen **III.** *vr* sich rächen (*por* für); **~-se de alguém** sich an jdm rächen; **~-se de/por a. c.** sich für etw rächen

vingativo *adj* (*pessoa, atitude*) rachsüchtig, rachgierig

vinha ['viɲɐ] *f* Weinberg *m*

vinhaça *f* (*coloq*) Wein *m*

vinha-d'alhos *f* (CULIN) *Marinade mit Lorbeer, Knoblauch und Pfeffer*

vinheta *f* Vignette *f*

vinho ['viɲu] *m* Wein *m*; **~ branco** Weißwein *m*; **~ doce/seco** süßer/trockener Wein; **~ espumoso** Schaumwein *m*, Sekt *m*; **~ maduro** durchgegorener Wein; **~ de mesa** Tafelwein *m*; **~ do Porto** Portwein *m*; **~ rosé** Roséwein *m*; **~ tinto** Rotwein *m*; **~ verde** junger/grüner Wein

Die Vielfalt der Weinanbaugebiete in Portugal ist groß, und alle Weine sind gut. Sie sollten unbedingt einmal den **Vinho Verde branco** probieren. Dieser Wein stammt aus einem Anbaugebiet im Nordwesten Portugals. Er ist nicht so stark wie die anderen Weine, schmeckt spritzig und leicht und sollte kühl serviert werden (ca. 5 °C). Weltbekannt ist der nach dem portugiesischen Ausfuhrhafen Porto und zweitgrößter Stadt genannte **Vinho do Porto** (Portwein). Für diesen Aperitifwein werden speziell die im Dourotal (Nordportugal) erzeugten dunkelroten und weißen Weine verwendet. Dieses Anbaugebiet steht als ältestes limitiertes Weinanbaugebiet innerhalb der Weingeschichte unter staatlicher Kontrolle. In den einfachen Restaurants empfiehlt es sich, den **Vinho da Casa** (Hauswein) zu trinken. Die Sorte wechselt je nach Gegend.

vinícola *adj* Wein ...; **região** ~ Weinanbaugebiet *nt,* Weingegend *f*

vinicultor(a) <-es> *m(f)* Weinbauer *m,* Winzer(in) *m(f)*

vinicultura *f* Weinbau *m*

vinil *m* PVC *nt*

vinte ['vĩntə] **I.** *m* Zwanzig *f* **II.** *num card* zwanzig

vintém <-éns> *m* (*coloq*) **não ter** ~ abgebrannt sein, pleite sein

vintena *f* **uma** ~ **de** zwanzig

viola *f* Gitarre *f*

violação [vjulɐ'sãu] <-ões> *f* ① (*de pessoa*) Vergewaltigung *f* ② (*de lei, regras*) Verletzung *f,* Verstoß *m* (*de* gegen); ~ **de contrato** Vertragsbruch *m* ③ (*de privacidade*) Verletzung *f;* ~ **de correspondência** Verletzung des Briefgeheimnisses

violador <-es> *m* Vergewaltiger *m*

violão <-ões> *m* Gitarre *f*

violar *vt* ① (*pessoa*) vergewaltigen ② (*lei, regras*) verletzen, verstoßen gegen; (*contrato*) brechen; (*um princípio*) zuwiderhandeln ③ (*privacidade*) verletzen; (*código*) entschlüsseln, knacken; ~ **a correspondência** das Briefgeheimnis verletzen

violência *f* Gewalt *f*

violentamente *adv* gewaltsam

violentar *vt* ① (*exercer violência sobre*) unter Druck setzen, nötigen ② (*brasil: sexualmente*) vergewaltigen

violento *adj* ① (*pessoa*) gewalttätig, brutal ② (*filme*) brutal; (*morte*) gewaltsam; (*combate*) heftig ③ (*pancada, tempestade*) heftig

violeta [vju'letɐ] **I.** *f* (BOT) Veilchen *nt* **II.** *m* (*cor*) Violett *nt* **III.** *adj inv* violett, veilchenblau

violinista *mf* Geiger(in) *m(f)*

violino *m* Geige *f,* Violine *f*

violões *m pl de* **violão**

violoncelista *mf* Cellist(in) *m(f)*

violoncelo *m* Cello *nt,* Violoncello *nt*

vir [vir] *irr vi* ① (*caminhar para cá, surgir*) kommen, herkommen; (~ *também*) mitkommen; **ele vem aí** da kommt er; **vem cá!** komm her!; **de onde vens?** woher kommst du?; **eu venho de avião/comboio** ich komme mit dem Flugzeug/Zug; ~ **parar** gelangen; ~ **abaixo** einstürzen; **ele também vem connosco** er kommt auch mit; **que vem a ser isto?** was soll denn das?; **mandar** ~ **alguém** jdn kommen lassen; **mandar** ~ **a. c.** etw bestellen; ~ **à memória** einfallen; ~ **a saber-se** bekannt werden; **na semana/no ano que vem** in der kommenden Woche/im kommenden Jahr ② (*chegar*) ankommen; **isto veio hoje** (**pelo correio**) das kam heute (mit der Post); **não venhas tarde** komm nicht so spät ③ (*regressar*) zurückkommen; **venho já** ich bin gleich zurück ④ (*estar escrito*) stehen; **vinha no jornal que ...** in der Zeitung stand, dass ...; **o teu nome não vem na lista** dein Name steht nicht auf der Liste ⑤ (*acção contínua*) ~ **a fazer a. c.** gerade etw tun; **eu vinha a pensar nisso** ich habe gerade daran gedacht; **ele vem a correr** er kommt angerannt

vira *m* (MÚS) *portugiesischer Volkstanz*

vira-casaca *mf* **ser um** ~ den Mantel nach dem Wind hängen

viragem <-ens> *f* ① (*transição*) Wende *f;* **na** ~ **do século** zur Jahrhundertwende ② (*mudança de rumo*) Wendung *f*

vira-lata *m* (*brasil*) Köter *m*

virar **I.** *vt* ① (*voltar*) drehen; ~ **a cabeça** den Kopf drehen; ~ **as costas a alguém** jdm den Rücken zukehren; ~ **a. c. ao contrário** etw umdrehen; (*roupa*) etw auf links ziehen; ~ **alguém/a. c. de pernas para o ar** jdn/etw auf den Kopf stellen ② (*disco*) umdrehen; (*carne*) wenden; ~ **a página** umblättern ③ (*recipiente*) umkippen; (*líquido*) schütten ④ (*a esquina*) biegen um ⑤ (*bolo, pudim*) stürzen ⑥ (*brasil: tornar-se*) werden; **ele virou político** er wurde Politiker **II.** *vi* ① (*automóvel, pessoa*) abbiegen; ~ **à direita/esquerda** rechts/links abbiegen ② (*vento*) drehen **III.** *vr* ① (*voltar-se*) sich zuwenden; ~**-se para o lado** sich zur Seite drehen; ~**-se para alguém** sich jdm zuwenden; ~**-se de costas** sich umdrehen; ~**-se de costas para alguém** jdm den Rücken zudrehen; ~**-se de costas para a. c.** mit dem Rücken zu etw stehen ② (*barco*) kentern ③ (*atacar*) ~**-se a alguém** jdn angreifen

virgem <-ens> **I.** *mf* Jungfrau *f, Mann, der noch keinen Geschlechtsverkehr hatte* **II.** *adj* ① (*pessoa*) unschuldig, unberührt ② (*cassete*) unbespielt; (*disquete*) leer ③ (*azeite*) kaltgepresst ④ (*lã*) **lã** ~ Schurwolle *f*

Virgem <-ens> *f* (REL: *Zodíaco*) Jungfrau *f;* **a** ~ **Santíssima** die Heilige Jungfrau

virgens *pl de* **virgem**

virginal <-ais> *adj* jungfräulich
virgindade *f* Jungfräulichkeit *f;* **perder a ~** die Jungfräulichkeit verlieren
vírgula *f* Komma *nt*
viril <-is> *adj* männlich, Mannes ...
virilha *f* (ANAT) Leiste *f*
virilidade *f* Männlichkeit *f*
viris *adj pl de* **viril**
virose *f* (MED) Virusinfektion *f*
virtual <-ais> *adj* virtuell
virtualmente *adv* möglicherweise
virtude *f* Tugend *f;* **em ~ de** aufgrund von, kraft +*gen*
virtuoso *adj* tugendhaft
vírus ['viruʃ] *m* (MED, INFOR) Virus *m*
vis *adj pl de* **vil**
visão <-ões> *f* ❶ (*vista*) Sehvermögen *nt;* **ter problemas de ~** eine Sehschwäche haben ❷ (*alucinação*) Vision *f,* Erscheinung *f;* **ter visões** Visionen haben ❸ (*ponto de vista*) Sichtweise *f;* **ter uma ~ deturpada das coisas** eine verzerrte Sicht der Dinge haben
visar *vt* abzielen auf, zum Ziel haben
vis-a-vis **I.** *mf inv* Gegenüber *nt* **II.** *adv* gegenüber, vis-à-vis
vísceras *fpl* Eingeweide *pl*
visco *m* Mistel *f*
visconde, viscondessa *m, f* Vicomte, Vicomtesse *m, f*
viscosa *adj f de* **viscoso**
viscose *f* Viskose *f*
viscoso *adj* klebrig
viseense (*portugal*) **I.** *mf Einwohner(in) der Stadt oder des Distrikts Viseu* **II.** *adj* (*especialidade*) aus Viseu; (*instituto*) in Viseu
viseira *f* Visier *nt*
Viseu (*portugal*) Viseu (*Hauptstadt des Distrikts Viseu*)*;* **Distrito de ~** Distrikt Viseu
visibilidade [vəzibəli'dadə] *f* Sicht *f,* Sichtverhältnisse *pl;* **uma curva com/sem ~** eine lang gestreckte/scharfe Kurve
visiense *mf o adj* (*portugal*) *v.* **viseense**
Visigodos *mpl* Westgoten *pl*
visionário, -a *m, f* Traumtänzer(in) *m(f),* Fantast *m*
visita [və'zitɐ] *f* ❶ (*a pessoa*) Besuch *m;* **~ de Estado** Staatsbesuch *m;* **estar de ~** zu Besuch sein; **ter ~s** Besuch haben; **fazer uma ~ a alguém** einen Besuch bei jdm machen ❷ (*a museu, monumento, cidade*) Besichtigung *f;* **~ guiada** Führung *f*
visitante [visi'tãntə] *mf* Besucher(in) *m(f)*
visitar [vəzi'tar] *vt* ❶ (*pessoa*) besuchen ❷ (*museu, monumento, cidade*) besichtigen
visível <-eis> *adj* sichtbar
visivelmente *adv* sichtlich
vislumbrar *vt* erahnen
vislumbre *m* Schimmer *m;* **um ~ de esperança** ein Hoffnungsschimmer
visões *f pl de* **visão**
vison *m* Nerz *m*
visor [vi'zor] <-es> *m* (FOTO) Sucher *m;* (*em máquina, telemóvel*) Display *nt*
vista ['viʃtɐ] **I.** *f* ❶ (*visão*) Sehvermögen *nt;* (*olho*) Auge *nt;* **à primeira ~** auf den ersten Blick; **estar à ~** zu sehen sein; (*fig*) offensichtlich sein; **dar nas ~s** ins Auge springen; **em ~ de** angesichts +*gen;* **em ~ disso** demzufolge, infolgedessen; **dar uma ~ de olhos em a. c.** einen Blick auf etw werfen; **a perder de ~** sehr weit entfernt; **com ~ em** im Hinblick auf; **ter a. c. em ~** etw im Auge haben; **perder alguém/a. c. de ~** jdn/etw aus den Augen verlieren; **até à ~!** bis bald!; **fazer ~ grossa** ein Auge zudrücken ❷ (*panorama*) Blick *m,* Aussicht *f;* **a varanda tem umas boas ~s** von dem Balkon hat man eine gute Aussicht **II.** *adj f de* **visto**
visto ['viʃtu] **I.** *m* (*em passaporte*) Visum *nt;* **~ obrigatório** Visumzwang *m;* **~ de trabalho** Arbeitserlaubnis *f;* **requerer um ~** ein Visum beantragen; (*sinal*) Zeichen *nt,* Haken *m;* **pôr um ~ num documento** ein Dokument abzeichnen **II.** *pp de* **ver** **III.** *adj* (*pessoa*) angesehen; **ser bem/mal ~** gut/schlecht angesehen sein; (*situação*); **está ~ que ...** es ist offensichtlich, dass ...; **~ isto, já não podemos fazer nada** so wie die Dinge liegen, können wir nichts mehr machen **IV.** *prep* **~ que** da, in Anbetracht der Tatsache, dass; **~ que ele não vem, vamos telefonar-lhe** da er nicht kommt, werden wir ihn anrufen
vistoria *f* Überprüfung *f,* Kontrolle *f*
vistoriar *vt* überprüfen, kontrollieren
vistoso *adj* auffallend, auffällig
visual <-ais> **I.** *m* Aussehen *nt* **II.** *adj* Seh ..., Sicht ...
visualizar *vt* sich *dat* ein Bild machen von, sich *dat* vorstellen
vital <-ais> *adj* lebenswichtig, vital
vitalício *adj* lebenslänglich
vitalidade *f* Vitalität *f,* Lebenskraft *f*

vitamina *f* ① (*substância*) Vitamin *nt* ② (*brasil: batido*) Mixgetränk *nt*
vitaminado *adj* vitaminreich
vitela *f* (CULIN) Kalbfleisch *nt*
vitelo, -a *m, f* (ZOOL) Kalb *nt*
viticultor(a) <-es> *m(f)* Weinbauer *m,* Winzer(in) *m(f)*
viticultura *f* Weinanbau *m*
vítima ['vitimɐ] *f* Opfer *nt;* ~ **mortal** Todesopfer *nt;* **ser ~ de alguém/a. c.** jdm/etw zum Opfer fallen; **fazer-se de ~** die Opferrolle übernehmen
vitimar *vt* Todesopfer fordern; **o acidente vitimou dez pessoas** der Unfall forderte zehn Todesopfer, dem Unfall fielen zehn Personen zum Opfer
Vitória (*brasil*) Vitória (*Hauptstadt des Bundesstaates Espírito Santo*)
vitória [vi'tɔrjɐ] *f* Sieg *m* (*sobre* über)
vitorioso *adj* siegreich
vitral <-ais> *m* (ornamentales) Kirchenfenster *nt*
vítreo *adj* gläsern
vitrina *f* ① (*armário*) Vitrine *f,* Glasschrank *m* ② (*portugal: montra*) Schaufenster *nt*
vitrine *f* (*brasil: montra*) Schaufenster *nt*
viu *3. pret perf de* **ver**
viúva *f de* **viúvo**
viuvez *f* (*de mulher*) Witwenstand *m;* (*de homem*) Witwerstand *m*
viúvo, -a ['vjuvu] **I.** *m, f* Witwer, Witwe *m, f* **II.** *adj* verwitwet
viva I. *m* Hoch *nt,* Hochruf *m;* **dar ~s a alguém** jdm zujubeln **II.** *interj* ① (*bravo*) hoch!, hoch soll er/sie leben!; **~ a noiva!** hoch lebe die Braut! ② (*portugal: coloq: olá*) hallo; **ora ~!** grüß dich! ③ (*para espirro*) Gesundheit!
vivacidade *f* Lebhaftigkeit *f,* Lebendigkeit *f*
vivaço *adj* lebhaft, lebendig
vivalma *f* **nem ~** keine Menschenseele; **não se via ~** es war keine Menschenseele zu sehen
vivamente *adv* (*aconselhar*) nachdrücklich; (*aplaudir*) stürmisch
viveiro *m* ① (*de peixes*) Fischteich *m;* (*de marisco*) Zuchtbecken *nt* ② (*de plantas*) Gärtnerei *f*
vivência *f* Erlebnis *nt*
vivenciar *vt* erleben
vivenda [vi'vẽndɐ] *f* (*portugal*) Einfamilienhaus *nt;* (*de luxo*) Villa *f*
viver [vi'ver] **I.** *vt* ① (*uma experiência*) erleben ② (*a vida*) leben **II.** *vi* ① (*existir*) leben (*de* von); ~ **bem/mal** gut/schlecht leben ② (*morar*) wohnen; ~ **com alguém** bei jdm wohnen
víveres *mpl* Lebensmittel *pl,* Nahrungsmittel *pl*
vivido *adj* erfahren; **ser muito ~** viel Lebenserfahrung haben
vívido *adj* ① (*com vivacidade*) lebhaft ② (*fulgurante*) feurig
vivo ['vivu] **I.** *m* **os ~s** die Lebenden **II.** *adj* ① (*ser*) lebend ② (*com vivacidade*) lebhaft, munter ③ (*cor*) leuchtend, strahlend
vizinhança *f* Nachbarschaft *f*
vizinho [və'ziɲu] **I.** *m* Nachbar(in) *m(f)* **II.** *adj* (*casa*) benachbart; (*cidade, país*) Nachbar ...
vizir *m* Wesir *m*
voador <-es> **I.** *m* ① (*de criança*) Laufstuhl *m* ② (ZOOL) weisser Thunfisch *m* **II.** *adj* fliegend
voar [vwar] <*1. pess. pres* vôo> *vi* ① (*ave, avião*) fliegen ② (*tempo*) verfliegen; **o tempo voa** die Zeit verfliegt
vocabulário *m* Wortschatz *m,* Vokabular *nt*
vocábulo *m* Vokabel *f*
vocação <-ões> *f* ① (REL) Berufung *f;* **ter ~ para a. c.** zu etw berufen sein ② (*inclinação*) Talent *nt;* ~ **profissional** Berufung *f;* (**não**) **ter ~ para a. c.** (kein) Talent für etw haben
vocacionado *adj* berufen (*para* zu)
vocacional <-ais> *adj* Berufs ...; **teste ~** Eignungstest *m*
vocal <-ais> *adj* Stimm ...
vocalista *mf* Sänger(in) *m(f)*
vocativo *m* (LING) Vokativ *m*
você [vɔ'se] *pron pess* ① (*formal*) Sie; **tratar alguém por ~** jdn siezen; **para ~** für Sie; **isto foi dito por ~** das wurde von Ihnen gesagt ② (*brasil: tu*) du; **para ~** für dich; **isto foi feito por ~** das wurde von dir gemacht
vocês [vɔ'seʃ] *pron pess pl* ihr; (*formal*) Sie; **para ~** für euch; **isto foi dito por ~** das wurde von euch gesagt
vociferar I. *vt* schreien, brüllen **II.** *vi* (wütend) schreien, (wütend) brüllen
vodca (*brasil*), **vodka** *f* (*portugal*) Wodka *m*
vodu *m* Voodoo *m,* Wodu *m*
voga *f* **estar em ~** in Mode sein, in sein
vogal <-ais> **I.** *f* (LING) Vokal *m* **II.** *m* (*de*

assembleia) stimmberechtigte(s) Mitglied *nt;* (*da Câmara*) Stadtrat, Stadträtin *m, f*

vol. *abr de* **volume** Bd. (= *Band*)

volante *m* ① (*de automóvel*) Lenkrad *nt;* **ir ao ~** am Steuer sitzen ② (*de badminton*) Federball *m*

volátil <-eis> *adj* ① (*inconstante*) flatterhaft, unbeständig ② (QUÍM) flüchtig

vólei (*portugal*), **vôlei** *m* (*brasil*) *v.* **voleibol**

voleibol [vɔlei'bɔl] *m* (*portugal*) Volleyball *m*

volfrâmio *m* (QUÍM) Wolfram *nt*

vo-lo, -a *Zusammensetzung: pron vos + art a/o*

volt [vɔlt] *m* (ELECTR) Volt *nt*

volta ['vɔltɐ] **I.** *f* ① (*viragem*) Drehung *f;* (*regressar*); **dar meia ~** kehrtmachen; (*de costas*) sich abwenden; **dar ~s à cabeça** sich *dat* den Kopf zerbrechen; **andar às ~s** hin- und herlaufen; **dar a ~ ao mundo** eine Weltreise machen; **não há ~ a dar-lhe** da ist nichts zu machen; (*coloq*); **dar a ~ a alguém** jdn herumkriegen; (*fig*); **~ e meia** hin und wieder ② (*em redor*) Runde *f;* **dar a ~ à rotunda** (im Kreisverkehr) eine Runde drehen; **andar à ~ da casa** um das Haus herum gehen ③ (*regresso*) Rückkehr *f;* (*de viagem*) Rückfahrt *f;* **estar de ~** zurück sein ④ (*a pé; passeio*) Spaziergang *m,* Rundgang *m;* (*de carro*) Rundfahrt *f;* **dar uma ~** einen Spaziergang machen, bummeln; **dar uma ~ pela Europa** eine Rundreise durch Europa machen; (*coloq*); **vai dar uma ~!** mach, dass du wegkommst! ⑤ (*rotação*) Umdrehung *f;* **dar uma ~ à chave** den Schlüssel herumdrehen ⑥ (*em automobilismo*) Runde *f* ⑦ (*em eleições*) Wahlgang *m* **II.** *prep* ① (*local*) **em ~ de** um ... herum; **o jardim está em ~ da casa** um das Haus herum ist der Garten ② (*temporal*) **por ~ de** gegen; **por ~ das dez horas** gegen zehn Uhr

voltagem <-ens> *f* (ELECTR) Spannung *f,* Voltzahl *f*

voltar [vɔl'tar] **I.** *vt* (*virar*) wenden, umdrehen; **~ a cabeça** den Kopf drehen; **~ as costas a alguém** jdm den Rücken kehren **II.** *vi* ① (*regressar*) zurückkommen; (*tornar a vir*) wiederkommen; **ela já não volta** sie kommt nicht mehr zurück; **~ a si** wieder zu sich *dat* kommen; **volto já!** komme gleich wieder!; **~ atrás/para trás** umkehren; **~ com a palavra atrás** seine Zusage zurücknehmen; **~ ao assunto** auf die Angelegenheit zurückkommen; **quando é que voltas a Portugal?** wann kommst du wieder nach Portugal? ② (*repetição*) **~ a fazer a. c.** etw noch einmal/wieder tun; **ele não voltou a falar nisso** er hat nicht mehr davon gesprochen; **eu voltei a vê-lo** ich habe ihn noch einmal gesehen **III.** *vr* ① (*pessoa*) sich umdrehen; **~-se para alguém** sich zu jdm umdrehen ② (*barco*) kentern

voltímetro *m* (ELECTR) Spannungsmesser *m,* Voltmeter *nt*

vóltio *m* (*portugal:* ELECTR) Volt *nt*

volume *m* ① (MAT) Rauminhalt *m* ② (*espaço*) Volumen *nt* ③ (*de enciclopédia*) Band *m* ④ (*pacote*) Paket *nt;* (*de cigarros*) Stange *f* ⑤ (*de som*) Lautstärke *f* ⑥ (*do cabelo*) Fülle *f;* **dar ~ ao cabelo** dem Haar Fülle geben ⑦ (*fig: dimensão*) Umfang *m,* Volumen *nt;* **~ de vendas** Umsatz *m*

volumoso *adj* (*objecto*) voluminös, massig; (*pessoa*) korpulent, dick; (*obra*) umfangreich

voluntária *f de* **voluntário**

voluntariamente *adv* freiwillig

voluntário, -a **I.** *m, f* Freiwillige **II.** *adj* freiwillig

voluntarioso *adj* eigenwillig, eigensinnig

volúpia *f* Wollust *f*

voluptuoso *adj* wollüstig; (*sensual*) sinnlich

volúvel <-eis> *adj* (*inconstante*) unbeständig; (*leviano*) flatterhaft

volver *vi* (MIL) **direita ~!** rechts schwenkt marsch

volvido *adj* nach, nach Ablauf von; **~s estes anos** nach diesen Jahren; **~s dez anos** nach Ablauf von zehn Jahren

vomitado *m* Erbrochene *nt*

vomitar [vumi'tar] **I.** *vt* erbrechen **II.** *vi* sich übergeben, brechen

vómito (*portugal*), **vômito** *m* (*brasil*) Erbrechen *nt;* **isso dá ~s** davon wird einem (ganz) übel

vontade [vɔ̃n'tadə] *f* ① (*força de ~*) Wille *m;* **de livre ~** aus freien Stücken; **má ~** Widerwille *m;* **de boa ~** sehr gern, mit großem Vergnügen; **de má ~** widerwillig, ungern ② (*desejo*) Lust *f;* **ter ~ de fazer a. c.** Lust haben, etw zu tun; **fazer a. c. com ~** etw gerne tun ③ (*descontracção*) **estar à ~** sich wohl fühlen; (*à descrição*); **à ~** nach Belieben; **esteja à ~!** fühlen Sie sich wie zu Hause!; **podes dizer à ~** du kannst das ruhig sagen; (MIL); **à ~!** rührt euch!

voo ['vou] (*portugal*), **vôo** *m* (*brasil*) Flug *m;* **~ à vela** Segelflug *m;* **~ doméstico** Inlandflug *m;* **~ picado** Sturzflug *m;* **~ rasante** Tiefflug *m;* (*avião*); **levantar ~** abfliegen, starten; (*ave*) auffliegen

voracidade *f* ① (*comida*) Gefräßigkeit *f* ② (*avidez*) Gier *f*

Vorarlberg *m* Vorarlberg *nt*

voraz *adj* ① (*comida*) gefräßig ② (*avido*) gierig

vos *pron pess* euch; **eles visitaram-vos** sie besuchten euch; **ela diz-vos ...** sie sagt euch ...

vós *pron pess* ihr; **isto foi feito por ~** das wurde von euch gemacht

vosso, -a ['vɔsu] *pron poss* euer, eure; (*formal*) Ihr; **o ~ filho** euer Sohn; **a vossa filha/casa** eure Tochter/euer Haus; **um amigo ~** ein Freund von euch

votação <-ões> *f* Abstimmung *f*

votar **I.** *vt* (*eleger*) wählen; (*aprovar*) verabschieden; (*submeter a voto*) abstimmen über **II.** *vi* abstimmen; **~ contra/a favor de a. c.** gegen/für etw stimmen; **~ em alguém** für jdn stimmen

voto *m* ① (*votação*) Abstimmung *f;* (*individual*) Stimme *f;* **ter direito de ~** stimmberechtigt sein; **não ter ~ na matéria** nichts zu sagen haben ② (REL) Gelübde *nt;* **fazer um ~ de pobreza** ein Armutsgelübde ablegen

votos *mpl* (*desejos*) Wunsch *m;* **~ de felicidades** Glückwünsche *pl;* **fazer ~ de a. c.** etw wünschen

vou *1. pres de* **ir**

vovó *f* Oma *f*

vovô *m* Opa *m*

voz *f* ① (*de pessoa*) Stimme *f;* **a uma (só) ~** einstimmig; **em ~ baixa** leise; **em ~ alta** laut; **ela não tem ~ a(c)tiva em casa** sie hat zu Hause nichts zu melden/sagen; **a ~ do povo** die Stimme des Volkes ② (LING) **~ a(c)tiva** Aktiv *nt;* **~ passiva** Passiv *nt* ③ (MÚS) Stimme *f*

vozaria (*brasil*), **vozearia** *f* Geschrei *nt*

vozeirão *m* kräftige Stimme *f*

vs. *abr de* **versus** vs. (= *versus*)

v.s.f.f. *abr de* **virar se faz favor** b. w. (= *bitte wenden*)

vulcânico *adj* vulkanisch

vulcão [vul'kãu] <-ões> *m* Vulkan *m;* **um ~ extinto** ein erloschener Vulkan; **um ~ em a(c)tividade** ein aktiver Vulkan

vulgar *adj* ① (*usual*) üblich, gewöhnlich ② (*pej: ordinário*) vulgär, ordinär

vulgaridade *f* ① (*banalidade*) Gewöhnlichkeit *f* ② (*pej: grossaria*) Derbheit *f,* Rohheit *f*

vulgarizar **I.** *vt* allgemein verbreiten, popularisieren **II.** *vr* sich verbreiten, populär werden

vulgarmente *adv* gewöhnlich, allgemein

Vulgata *f* (REL) Vulgata *f*

vulgo **I.** *m* gemeine(s) Volk *nt* **II.** *adv* vulgo

vulnerável <-eis> *adj* verletzlich, verwundbar

vulto *m* Gestalt *f*

vulva *f* (ANAT) Vulva *f*

Vurtemberga *f* Württemberg *nt*

Ww

W, w [vedu'bradu] *m* W, w *nt*

walkie-talkie *m* Walkie-Talkie *nt*

walkman ['wɔkmɐn] <-s> *m* Walkman ® *m*

watt ['wɔtə/vat] *m* (ELECTR) Watt *nt*

western *m* Western *m*

whisky *m* (*esp portugal*) Whisky *m*

windsurf ['wĩndsɐrf] (*portugal*), **windsurfe** *m* (*brasil*) Windsurfing *nt;* **fazer ~** windsurfen, surfen

workshop [wɐrkə'ʃɔp] *f* Workshop *m*

Xx

X, x [ʃiʃ] *m* X, x *nt;* **cromossoma ~** X-Chromosom *nt;* **raio ~** Röntgenstrahl *m*

xá *m* Schah *m*

xadrez <-es> *m* ① (*jogo*) Schach *nt* ② (*padrão*) Karomuster *nt;* **ao ~** kariert ③ (*coloq: cadeia*) Knast *m;* **estar no ~** im Knast sitzen

xaile, xale *m* Schultertuch *nt*

xale *m v.* **xaile**

xampu [ʃãm'pu] *m* (*brasil*) Shampoo *nt*

xará *adj* (*brasil*) gleichnamig
xarope *m* Sirup *m;* (*da tosse*) Hustensaft *m*
xavantes *mfpl* (*brasil*) *Xavante-Indianer im Osten von Mato Grosso und im Nordwesten von Goiás*
xaxado *m* (*brasil*) *den Männern vorbehaltener Tanz, der ursprünglich aus dem Hinterland von Pernambuco stammt und von Räuberbanden („Cangaceiros") im Nordosten verbreitet wurde*
xelim <-ins> *m* Schilling *m*
xelindró *m* (*coloq*) Kittchen *nt*
xenófoba *f de* **xenófobo**
xenofobia *f* Fremdenfeindlichkeit *f,* Xenophobie *f*
xenófobo, -a **I.** *m, f* Fremdenfeind(in) *m(f),* fremdenfeindliche(r) Mensch *m* **II.** *adj* fremdenfeindlich, xenophob
xeque *m* ① (*de tribo*) Scheich *m* ② (*em xadrez*) *v.* **xeque-mate**
xeque-mate <xeques-mate(s)> *m* Matt *nt,* Schachmatt *nt;* **fazer ~** das Matt herbeiführen; **estar em ~** im Schach stehen; **pôr alguém em ~** Schach bieten
xereta *adj* (*brasil: coloq: bisbilhoteiro*) vorlaut, neugierig, naseweis; **ele é muito ~** er ist sehr naseweis
xerez *m* Sherry *m*
xerife *m* Sheriff *m*
xerox *m* ① (*brasil: fotocópia*) Fotokopie *f* ② (*brasil: máquina*) Fotokopierer *m*
xexé **I.** *mf* (*no carnaval*) *typische Karnevalsfigur, die als lächerlicher seniler alter Mann mit einem Holzmesser auftritt* **II.** *adj* (*coloq*) verkalkt, senil
xexelento, -a *adj* (*brasil: coloq pej: hotel, atendimento*) schmuddelig
xícara *f* (*esp brasil*) Tasse *f*
xiita *mf* Schiit(in) *m(f)*
xilofone *m* (MÚS) Xylophon *nt*
xingação *f* (*brasil*) Beschimpfung *f*
xingar <g→gu> *vt* (*brasil*) beschimpfen
xinxim <-ins> *m* (*brasil:* CULIN) *afro-brasilianisches Hühnerfrikassee mit Garnelen, Zwiebeln, Knoblauch und gerösteten Kernen von Kürbis oder Wassermelonen*
xisto *m* Schiefer *m*
xistoso *adj* schiefern, Schiefer ...
xixi *m sem pl* (*brasil: coloq*) Pipi *nt;* **fazer ~** pinkeln
xô *interj* **~!** ksch!
xodó *m* ① (*brasil: paixão*) Leidenschaft *f* ② (*brasil: carinho*) Liebkosung *f,* Zärtlichkeit *f*
xoxota *f* (*brasil: vulg*) Fotze *f*

Yy

Y, y [i'gregu] *m* Y, y *nt;* **cromossoma ~** Y-Chromosom *nt*
Yéti *m* Yeti *m*
yuppie *m* Yuppie *m*

Zz

Z, z [ze] *m* Z, z *nt*
zagueiro *m* (DESP: *brasil*) Mittelfeldspieler *m*
Zaire *m* Zaire *nt*
Zâmbia *f* Sambia *nt*
zanga *f* Streit *m,* Zank *m*
zangado [zɐ̃ŋ'gadu] *adj* böse, verärgert; **estar ~ com alguém** böse auf jdn sein
zangão <-ões *o* -ãos> *m* (ZOOL) Drohne *f*
zangar-se <g→gu> *vr* sich ärgern (*com* über); (*mutuamente*) sich zanken, sich streiten; **eles zangaram-se** sie haben sich gestritten
zangões *m pl de* **zangão**
zanzar *vi* (*brasil*) herumlaufen, herumstreifen
zaragata *f* (*coloq*) Randale *f*
zaragateiro, -a (*coloq*) **I.** *m, f* Randalierer(in) *m(f)* **II.** *adj* streitsüchtig
zarolho *adj* schielend
zarpar *vi* ① (*barco*) auslaufen ② (*coloq brasil: pessoa*) sich davonmachen, abhauen
zás *interj* **~!** klatsch!
zebra *f* ① (ZOOL) Zebra *nt* ② (*para peões*) Zebrastreifen *m*
zebrado *adj* gestreift
zelador(a) *m(f)* (*brasil*) Hausmeister(in) *m(f)*
zelar *vi* wachen (*por* über); **~ pelos direitos de alguém** sich für jds Rechte einsetzen
zelo *m* Eifer *m,* Sorgfalt *f*

zeloso *adj* eifrig, sorgfältig; **ele é muito ~ do seu trabalho** er arbeitet sehr sorgfältig

zé-ninguém <zés-ninguéns *o* zés-ninguém> *m* Niemand *m*

zénite (*portugal*), **zênite** *m* (*brasil:* ASTR) Zenit *m*

zepelim <-ins> *m* (AERO) Zeppelin *m*

zé-povinho <zé(s)-povinhos> *m* einfache(s) Volk *nt*

zero ['zɜru] **I.** *m* Null *f;* (*fig*); **ser um ~ à esquerda** eine Null sein; **voltar à estaca ~** wieder bei null anfangen **II.** *num card* null

ziguezague *m* Zickzack *m;* (*pessoa*); **ir aos ~s** torkeln; (*automóvel*) Schlangenlinien fahren

ziguezaguear *conj como passear vi* (*pessoa*) torkeln; (*automóvel*) Schlangenlinien/im Zickzack fahren

Zimbábue *m* Simbabwe *nt*

zimbro *m* (BOT) Wacholder *m*

zincar *vt* verzinken

zinco *m* (QUÍM) Zink *nt*

zíper <-es> *m* (*brasil*) Reißverschluss *m*

zodiacal <-ais> *adj* Tierkreis ...

Zodíaco *m* Tierkreis *m*

zombador(a) **I.** *m(f)* Spötter(in) *m(f)* **II.** *adj* spöttisch

zombar *vi* spotten (*de* über)

zombaria *f* Spott *m,* Spötterei *f*

zona *f* ① (*área*) Zone *f;* (*de país*) Gebiet *nt;* (*de cidade*) Bezirk *m;* (*do corpo*) Stelle *f;* **~ industrial** Industriegebiet *nt;* **~ ajardinada/verde** Grünanlage *f;* **~ de peões** Fußgängerzone *f;* **~ tropical** Tropen *pl* ② (MED) Gürtelrose *f* ③ (*brasil: bordel*) Bordell *nt*

zonzo *adj* benommen, schwindlig

zoóloga *f v.* **zoólogo**

zoologia *f* Zoologie *f*

zoológico *adj* zoologisch; **jardim ~** zoologischer Garten, Tiergarten *m*

zoólogo, -a *m, f* Zoologe, Zoologin *m, f*

zoom *m* (FOTO) Zoom *nt*

zorro *m* **de ~s** kriechend, krabbelnd; **ir de ~** kriechen

Zug *m* (GEOG) Zug *m*

zum *m* (FOTO: *brasil*) Zoom *nt*

zumba *interj* plumps

Zumbi *m* (*brasil:* HIST) *1695 getöteter Anführer des aus entflohenen Sklaven besiedelten Quilombo von Palmares*

zumbido *m* Summen *nt,* Surren *nt;* (*nos ouvidos*) Sausen *nt,* Dröhnen *nt*

zumbir *vi* ① (*insecto*) summen, surren ② (*avião*) brummen; (*máquina*) rattern, dröhnen ③ (*ouvidos*) sausen

zunir *vi* ① (*vento, seta*) pfeifen, sausen ② (*insecto*) summen, surren ③ (*avião*) brummen; (*máquina*) rattern, dröhnen ④ (*cabeça*) brummen, dröhnen

zunzum <-uns> *m* ① (*ruído*) Surren *nt,* Summen *nt;* (*de pessoas*) Getuschel *nt* ② (*boato*) Gerücht *nt*

zunzunar *vi* ① (*vento*) rauschen; (*folhas*) rascheln ② (*pessoas*) tuscheln

zunzuns *m pl de* **zunzum**

Zurique *f* Zürich *nt*

zurrar *vi* iahen

zurro *m* Schrei *m* eines Esels, Iahen *nt*

Y Z

Privatkorrespondenz
Correspondência particular

An das Verkehrsamt: Anforderung von Prospekten

P. Unger
Schneiderstr. 6
28717 Bremen

An das
Verkehrsamt
Postfach 66 38 92
82211 Herrsching

Bremen, den 2.2.2007

Sehr geehrte Damen und Herren,

wir möchten in diesem Sommer unseren Urlaub am Ammersee verbringen
und bitten Sie um Zusendung eines Hotelverzeichnisses und weiterer Informationsmaterialien.

Für Ihre Bemühungen danken wir Ihnen im Voraus.

Mit freundlichen Grüßen

Peter Unger

Para a Central de Turismo: pedido de prospectos

Central de Turismo
Caixa Postal 21000-231
Rio de Janeiro -RJ

Rio de Janeiro, 2 de Fevereiro de 2007

Prezados Senhores:

Gostaríamos de passar as férias deste Verão
na Lagoa dos Patos.
Solicitamos que nos enviem alguns prospectos de hotéis assim como
material de informação adicional.

Agradecemos antecipadamente pela sua colaboração.

Atenciosamente,

Pedro Urtigas

Solicitamo*s que nos enviem*	Wir bitten um Zusendung von ...
Agradecemos antecipadamente pela sua c olaboração	Für Ihre Bemühungen danken wir Ihnen im Voraus.

Ein Hotelzimmer reservieren

Sehr geehrte Frau Malo,

vielen Dank für Ihren freundlichen Brief vom 17. Juni sowie den Prospekt,
der uns einen Einblick in ihr Haus gegeben hat. Alle Clubmitglieder waren begeistert.

Entsprechend Ihrer Preisliste bitten wir Sie um die Reservierung von:

4 Doppelzimmern mit Dusche und WC,

4 Einzelzimmern mit Dusche und WC.

Wir gehen davon aus, dass sich die Preise jeweils auf die Übernachtung mit Frühstück beziehen.

Wir werden voraussichtlich am 2. Oktober gegen 14 Uhr eintreffen. Beiliegend schicken wir Ihnen die genaue Teilnehmerliste.

Wir freuen uns auf unseren Aufenthalt und danken Ihnen für Ihre Mühe.

Mit freundlichen Grüßen

Monika Ottke

Cara D. Manuela:

Agradecemos muito a sua gentil carta do dia 17 de Junho assim como o prospecto, que nos deu uma boa ideia do seu hotel. Todos os membros do Clube ficaram encantados.

Com base na sua lista de preços, gostaríamos de fazer a seguinte reserva:

– 4 quartos de casal

– 4 quartos individuais

Partimos do princípio de que os preços indicados incluem dormida e pequeno almoço.

A nossa chegada está prevista para o dia 2 de Outubro por volta das 14:00 h.
Em anexo enviamos-lhe a lista completa de participantes.

Agradecemos antecipadamente a sua atenção.

Atenciosamente,

Mônica Ferreira

... que nos deu uma boa ideia do seu hotel	... hat uns einen Einblick in Ihr Haus gegeben
A nossa chegada está prevista para ...	Wir werden voraussichtlich am ... eintreffen

Auskünfte über eine Ferienwohnung einholen

Sehr geehrte Frau Schober,

das Informationsmaterial des Fremdenverkehrsbüros mit der Beschreibung der Ferienunterkünfte in Ihrer Region hat uns auf die von Ihnen vermieteten Ferienwohnungen aufmerksam gemacht.

Wir würden gerne die Wohnung für fünf Personen ab dem 15. Juli für drei Wochen mieten, haben aber zuvor noch einige Fragen.

Besteht die Möglichkeit in der Woche anzureisen und die Wohnung für 21 Tage von Mittwoch bis Dienstag zu nehmen? Können Sie uns bitte mitteilen, ob die Endreinigung im Preis inbegriffen ist und ob bzw. in welcher Höhe Sie vor der Anreise eine Anzahlung wünschen? Wird Bettwäsche zur Verfügung gestellt? Und ist Hundehaltung – wir haben einen Dackel – in der Wohnung erlaubt?

Mit freundlichen Grüßen

B. und H. Göckritz

Pedir informações sobre um apartamento de férias

Prezada D. Elisa:

Através do material informativo da Central de Turismo que descreve alojamentos para férias localizados na sua região, tomámos conhecimento dos apartamentos que aluga.

Em princípio gostaríamos de alugar um apartamento para cinco pessoas a partir do dia 15 de Julho por um período de três semanas, mas há ainda alguns pontos a esclarecer:

É possível alugar o apartamento por 3 semanas com chegada no meio da semana, isto é, desde uma quarta até uma terça-feira? Poderia informar-nos se a limpeza final do apartamento está incluída no preço? No caso de desejar que se pague sinal, qual o montante deste? Há roupa de cama à disposição? São permitidos cães nos apartamentos? O facto é que nós temos um cão da raça Dachshund.

Esperando as suas notícias,

Atenciosamente,

A. e B. Varela

material informativo da Central de Turismo	das Informationsmaterial des Fremdenverkehrsbüros
os apartamentos que aluga	die von Ihnen vermieteten Ferienwohnungen
Seria possível a chegada no meio da semana?	Besteht die Möglichkeit in der Woche anzureisen?
A limpeza final do apartamento está incluída no preço?	Ist die Endreinigung im Preis inbegriffen?
São permitidos cães nos apartamentos?	Ist Hundehaltung erlaubt?

Eine Ferienwohnung mieten

Sehr geehrte Frau Schober,

herzlichen Dank für Ihre rasche Antwort.

Wir sind mit Ihren Konditionen einverstanden und bestätigen hiermit, Ihre Ferienwohnung Nr. 3 für fünf Personen vom 15. Juli bis einschließlich 4. August zu mieten.

Die Vorauszahlung in Höhe von € 200,– haben wir heute auf das von Ihnen angegebene Konto überwiesen, die restliche Miete in Höhe von € 700,– erhalten Sie wie abgesprochen an unserem Abreisetag.

Wir freuen uns auf den Urlaub bei Ihnen.

Mit freundlichen Grüßen

B. und H. Göckritz

P.S.: Könnten Sie uns bitte rechtzeitig Bescheid geben, wo und bis wann wir am Anreisetag unsere Schlüssel abholen können?

Aluguel de um apartamento para férias

Prezada D. Elisa:

Agradecemos a sua rápida resposta.

Estamos de acordo com as suas condições e gostaríamos de confirmar a reserva do seu apartamento de férias n.° 3 para cinco pessoas de 15 de Julho até 4 de Agosto inclusive.

O sinal para o pagamento no valor de € 200,– foi transferido hoje para a conta indicada: O restante, no valor de € 700,–, será pago, conforme combinado, no dia da nossa partida.

Atenciosamente,

A. e B. Varela

P.S.: Poderia informar-nos, a seu devido tempo, onde e até que horas podemos buscar as chaves no dia da nossa chegada?

de 15 de Julho até 4 de Agosto inclusive	vom 15. Juli bis einschließlich 4. August
o restante, no valor de R$ 1.050,00, será pago, conforme combinado, no dia da nossa partida.	die restliche Miete ... erhalten Sie wie abgesprochen an unserem Abreisetag

Urlaubsgrüße

Hallo Marion,

viele Grüße aus Italien! Wir sind jetzt schon seit einer Woche in Rom und noch immer total fasziniert von der Stadt.
In ihr pulsiert das Leben, und auf den Straßen ist immer was los – selbst noch um 2 Uhr nachts. Tina und ich erholen uns prächtig und sind auch schon schön braun geworden. Das Nachtleben genießen wir in vollen Zügen. Wir gehen jeden Abend tanzen und lassen uns von dem Charme der Römer verzaubern. Schade, dass du nicht hier bist. Alles weitere in einer Woche. Bis dann.

Schönste Grüße
Deine Manuela

Marion Baumgartner

Mainstr. 15

76199 Karsruhe

Cartões postais de férias

Querida Maria:

Lembranças aqui da Itália! Já estamos há uma semana em Roma e continuamos totalmente fascinadas com esta cidade.
Há muita vida e sempre há movimento nas ruas – mesmo às 2:00 h da manhã!
A Ana e eu estamos a passar um óptimo tempo e já estamos muito bronzeadas. Estamos a aproveitar plenamente a vida nocturna. Todas as noites vamos dançar e deixamo-nos encantar pelo charme dos romanos. Que pena tu não estares aqui!
O resto contamos-te daqui a uma semana.

Um abraço da
Cristina

Maria Fagundes
Rua Bosque de Saúde 1510
CEP 04142 São Paulo

estamos a passar um óptimo tempo	Wir erholen uns prächtig.
O resto daqui a uma semana	Alles weitere in einer Woche.

Weihnachts- und Neujahrsgrüße (an sehr gute Freunde)

Lieber Dieter, liebe Marion,

wir hoffen, dass der Weihnachtsstress euch noch nicht ganz aufgefressen hat. Wir haben soweit alles erledigt: Geschenke für Kinder und Verwandte, Planung des Weihnachtsmenüs und alles, was sonst noch dazu gehört.

Wir möchten es nicht versäumen, euch die allerbesten Weihnachtsgrüße zu schikken. Wir hoffen, dass Ihr genügend Zeit findet, euch von der Hektik des Alltags zu erholen. Und denkt daran, euch noch ein bisschen Kraft und gute Laune für unsere Silvesterfete aufzuheben.

Wir freuen uns sehr darauf, mit guten Freunden in das neue Jahr zu feiern.

Bis dahin wünschen wir euch und eurer Familie ein frohes Fest!

Cordula und Peter

Weihnachts- und Neujahrsgrüße (an Bekannte)

Ein frohes Weihnachtsfest
und
ein gutes neues Jahr 2007
wünschen Ihnen

Herr und Frau Mayer

Votos de Natal para bons amigos

Querida Maria e querido Rafael,

Esperamos que as preparações do Natal
não tenham sido cansativas demais.
Nós já temos tudo preparado: os presentes
para as crianças e para o resto da família,
os planos para o jantar de Consoada e tudo
o que pertence a estas festividades.
Não queríamos deixar de mandar-lhes
os nossos melhores votos de Natal.
Esperamos que tenham tempo suficiente para
descansar da correria do dia-a-dia.
E não se esqueçam de guardar um pouco de
disposição e bom humor para a nossa Festa
de Passagem de Ano.
Estamos muito contentes por iniciar o novo
ano festejando com bons amigos.
Boas Festaspara vocês e para a família

Ana e João

Votos de Natal e Fim de Ano (para conhecidos)

Feliz Natal
e
e Bom Ano Novo 2007
desejam
Sr. e Sra. Conde

Geburtstagskarte

Liebe Frau Neumann,

zu Ihrem 60. Geburtstag senden wir Ihnen die herzlichsten Glückwünsche.

Als Ihre Nachbarn wissen wir, dass Sie allen gegenüber stets freundlich und aufgeschlossen sind und sich Ihre Jugend bis zum heutigen Tag innerlich bewahrt haben. Trotz aller Feten, die wir gefeiert haben, haben Sie sich nie beschwert und immer ein freundliches Wort für uns übrig gehabt.

An Ihrem Ehrentag wünschen wir Ihnen nun viel Freude, viele, viele Geschenke und ein harmonisches Fest im Familienkreis,
so wie Sie es sich gewünscht haben. Für Ihr weiteres Leben wünschen wir Ihnen außerdem Gesundheit, Glück und Lebensfreude.

Nochmals alles Liebe wünschen

die Müllers von nebenan

Estimada D. Inês,

Os nossos melhores parabéns pelo
seu 60º aniversário!

Como seus vizinhos bem sabemos que é muito gentil e expansiva
e que nada perdeu da sua jovialidade.

Apesar de as nossas festas serem muitas vezes
um pouco ruidosas, a senhora nunca se queixou e sempre
tem sido simpática para connosco.

Pelo seu aniversário muitas felicidades, muitos e muitos
presentes e uma festa harmoniosa na companhia da sua família,
conforme foi o seu desejo. Desejamos-lhe a continuação
de saúde e alegria de viver!

Seus vizinhos, família Ferreira

Kondolenzkarte (an Bekannte)

Mit Trauer haben meine Frau und ich
von dem schmerzlichen Verlust in Ihrer Familie
erfahren und möchten Ihnen unser
herzliches Beileid aussprechen.

Georg und Anne Schreiber

Cartas de condolências

Os nossos sentidos pêsames
pela difícil perda sofrida pela sua família.

Jorge e Ana Vilaça

Heiratsanzeige

Siegrid Teich und Nils Hörenz

Wir trauen uns!

... und gehen künftig gemeinsam durchs Leben.

Die kirchliche Trauung erfolgt am 21. Juli 2007 um 14 Uhr
in der Kreuzkirche, Berlin/Kreuzberg.

Participação de casamento

Sr. e Sra. Hermes da Fonseca
têm o prazer de anunciar
o enlace matrimonial de sua filha

Helena Joana
com
José Boaventura

A cerimónia realiza-se no

sábado, 24 de Julho de 2007
na
Igreja do Bom Pastor, Água Rasa
às
14:30 h

Einladung zur Hochzeitsfeier (an Bekannte)

Siegrid Teich und Nils Hörenz

laden Sie/euch herzlich zu unserer Hochzeitsfeier ein,
die im Anschluss an die kirchliche Trauung
am 21. Juli 2007 im Alten Zollhaus/Berlin stattfindet.

Wir bitten alle unsere Gäste bis Anfang Juni
verbindlich zu antworten.

Mit herzlichen Grüßen

Siegrid Teich und Nils Hörenz

Einladung zur Hochzeitsfeier (an gute Freunde)

Liebe Susanne, lieber Jens,

*wir heiraten am 21. Juli und laden euch ganz herzlich
zu unserer Hochzeitsfeier ein.*

*Im Anschluss an die kirchliche Trauung gibt es
im "Alten Zollhaus" Kaffee und Kuchen.
Nach einem Spaziergang am Wasser folgt das
abendliche Hochzeitsmenü.*

*Für die Unterbringung unserer Gäste ist
selbstverständlich gesorgt!*

*Wir freuen uns schon darauf,
euch bald auf unserer eigenen Hochzeit wieder zu sehen.*

Mit herzlichen Grüßen

Siegrid und Nils

Convite de casamento

José Luiz do Patrocínio
Maria Alda do Patrocínio

Orlando Mattoso
Mariana Mattoso

Convidam V.S. e família para assistirem à cerimónia do enlace matrimonial de seus filhos

THAÍS HELENA E **ONOFRE JOEL**

a realizar-se no dia um de Agosto de dois mil e um,
às vinte horas e trinta minutos,
na Igreja Bom Pastor, Rua Bonifácio Oliveira, 343 – Bom Retiro

Após a cerimónia segue-se uma recepção no salão da Igreja.

Rua Santa Izildinha, 66 – Barra Funda

Rua Catanduva, 13 – Itaim

Carta de convite para casamento (para bons amigos)

Querida Susana, querido João:

O nosso casamento é no dia 21 de Julho
e gostaríamos muito de convidá-los para a nossa festa.

Após a cerimónia religiosa, convidamos para
a recepção e jantar no "Restaurante Mineiro".

A pedido podemos organizar acomodações
para dormida.

Ficaríamos felizes em poder tê-los connosco
no dia do nosso casamento.

Abraços,

Sandra e Alberto

Die Einladung zu einer Hochzeitsfeier annehmen

Liebe Christine, lieber Christian,

wir haben uns sehr über eure liebe Einladung zur Hochzeit eurer Tochter Isabelle gefreut. Wir nehmen natürlich dankend an und freuen uns schon darauf, dem jungen Paar alles Gute zu wünschen.

Es ist schön, dass ihr an uns gedacht habt.
Wir sind schon sehr gespannt auf ein Wiedersehen mit euch nach all den Monaten, in denen wir nichts voneinander gehört haben. Aber, ihr wisst ja, das Berufsleben nimmt uns sehr in Anspruch und die Zeit vergeht so schnell!

Wir hoffen es geht euch allen gut!

Bis ganz bald!

Herzliche Grüße senden euch

Maria und Johannes

PS. Habt ihr eine Idee für ein schönes Hochzeitsgeschenk?
Bitte teilt sie uns mit.
Vielen Dank im Voraus.

Aceitar um convite de casamento

Querida Cristina e querido João,

Ficámos muito felizes ao receber o vosso gentil convite para o casamento da vossa filha Isabel. Agradecemos o convite e claro que aceitamos. Teremos muito prazer em podermos dar ao jovem casal os nossos votos de felicidades.

Que alegria vocês terem-se lembrado de nós! Estamos ansiosos por estar convosco depois de tantos meses sem contacto. Mas vocês bem sabem como a vida profissional nos mantém sempre ocupados, e além disso, o tempo passa tão depressa!

Esperamos que estejam bons de saúde.

Até muito em breve!

Abraços

Mariana e Pedro

P.S.: Vocês terão alguma idéia para um presente de casamento? Agradecíamos sugestões!

Einladung zu einem Besuch

Liebe Freunde,

wir wohnen nun seit einem Monat in unserem neuen Haus
in Saint-Benin, einem kleinen, malerischen Dorf im Norden
Frankreichs.

Wir möchten euch ganz herzlich für das Pfingstwochenende
in unser neues Haus einladen. Am Samstagabend geben wir eine
Einweihungsparty für all unsere Freunde.
Wir würden uns sehr freuen, wenn ihr auch dabei sein könntet.

Wir senden euch anbei eine Wegbeschreibung.

Über eure Zusage würden wir uns sehr freuen.

Liebe Grüße

Elisabeth und Pascal

Queridos amigos,

Já há um mês que moramos na nossa casa nova em Parati, uma pequena vila pitoresca na Costa do Atlântico.

Gostaríamos de convidá-los para passar o fim de semana de Pentecostes na nossa casa nova. No sábado à noite daremos uma festa de inauguração para todos os nossos amigos. Ficaríamos felizes se estivessem connosco.

Enviamos em anexo a descrição do caminho.

Aguardando a vossa confirmação,

abraços,

Valéria e Tiago.

Eine Einladung annehmen

Liebe Freunde,

herzlichen Dank für eure nette Einladung,
die wir sehr gerne annehmen. Wir freuen uns sehr darauf,
euch wiederzusehen.

Wir kommen am Freitagabend bei euch an
und fahren am Montagmorgen wieder nach Hause.

Für die Wegbeschreibung bedanken wir uns.

Darüber hinaus möchten wir die Gelegenheit nutzen, euch zu
eurem neuen Heim zu beglückwünschen.

Liebe Grüße

Annie und Bernd

Queridos amigos,

Agradecemos muito o vosso simpático convite,
que aceitamos com muito prazer. Que bom vê-los de novo!

Chegamos na sexta-feira à noite e partimos
na segunda-feira de manhã.

Obrigada pela descrição do caminho.

Aproveitamos a oportunidade para vos dar os parabéns
pela casa nova.

Abraços,

Antónia e Bernardo

Eine Einladung ablehnen

Liebe Siegrid, lieber Nils,

herzlichen Dank für eure nette Einladung,
über die wir uns sehr gefreut haben. Sehr gerne würden wir eure Hochzeit gemeinsam mit euch feiern, doch gerade an diesem Wochenende wird der 90. Geburtstag von Susannes Großmutter mit einem großen Familienfest gefeiert, für das wir schon vor Monaten zugesagt haben.

Am 21. Juli können wir also nur aus der Ferne auf euch anstoßen. Auf jeden Fall kommen wir in diesem Sommer nach Berlin, so dass wir uns bald nach eurer Hochzeit wieder sehen werden. Dann können wir zumindest die Fotos ansehen ...

Fürs Erste wünschen wir euch eine schöne Feier!

Mit unseren besten Wünschen für eure Zukunft

Susanne und Jens

Querida Eliana e querido Roberto,

Queremos agradecer o simpático convite,
que muito nos alegrou. Gostaríamos imenso de festejar o vosso casamento convosco, mas precisamente nesse fim de semana serão celebrados os 90 anos da avó da Susana. Vai ser uma grande festa de família e já há meses que nos comprometemos a ir.
Portanto, no dia 21 de Julho só poderemos fazer um brinde por vós à distância.
No entanto vamos a Curitiba este Verão, de forma que nos veremos logo após o vosso casamento. Aí então poderemos ao menos ver as fotos ...

Que tenham uma bela festa de casamento!

Com os nossos melhores votos para o futuro,

Susana e Mário

Sich für ein Hochzeitsgeschenk bedanken

Liebe Frau Clemens, lieber Herr Clemens,

ganz herzlich möchten wir uns bei Ihnen für das schöne Hochzeitsgeschenk bedanken, das Sie uns gemacht haben. Sie haben uns damit eine sehr große Freude bereitet.

Als kleinen Dank und zur Erinnerung an die Feier senden wir Ihnen dieses Hochzeitsfoto zu.

Mit herzlichen Grüßen

Siegrid Teich und Nils Hörenz

Agradecer um presente de casamento

Queridos amigos,

Queremos agradecer-lhes do coração o lindo presente de casamento. Ficámos muito felizes.

Como pequeno agradecimento e lembrança da nossa festa enviamos esta foto.

Abraços

Joana e Luiz

Ficámos muito felizes	Wir haben uns sehr darüber gefreut
Como pequeno agradecimento	Als kleinen Dank

Sich für ein Geburtstagsgeschenk bedanken

Düsseldorf, den 5.3.2007

Liebe Carla,

herzlichen Dank für dein Geburtstagsgeschenk,
über das ich mich sehr gefreut habe.

Du hast meinen Geschmack genau getroffen.
Die Vase macht sich phantastisch in meiner neuen Wohnung.

Ich hoffe, du kommst mich bald einmal besuchen.

Bis dahin grüße ich dich herzlich!

Deine Christiane

Agradecer um presente de aniversário

São Paulo, 5 de Março de 2007

Querida Carla,

Agradeço do coração o teu presente,
fiquei muito feliz.

Acertaste em cheio no meu gosto. A jarra vai muitíssimo
bem com a decoração do meu apartamento novo.

Espero que em breve me venhas visitar.

Um grande abraço da tua

Cristina

Acertaste em cheio no meu gosto	Du hast meinen Geschmack genau getroffen.
vai muitíssimo bem com a decoração do meu apartamento novo	... macht sich phantastisch in meiner neuen Wohnung.

Sich für die Gastfreundschaft bedanken

Liebe Familie Roth,

wir möchten Ihnen ganz herzlich für Ihre Gastfreundschaft danken.

Wir werden uns noch lange an die schöne Zeit erinnern, die wir mit Ihnen verbringen durften.

Auf den vielen Ausflügen, die Sie für uns organisiert haben, konnten wir die Stadt und die Region, in der Sie leben, erstmals kennen lernen. Darüber hinaus sind wir mit einer anderen Lebensart vertraut geworden.

Bitte richten Sie Ihren Nachbarn Herrn und Frau Lebeau aus, dass wir die gemeinsamen Boule-Partien in bester Erinnerung behalten werden.

Wir danken Ihnen nochmals für alles und würden uns freuen, wenn wir Ihnen nun im Gegenzug unser Land zeigen dürften.

Herzliche Grüße

Peter Maier

Carta de agradecimento pela hospitalidade

Querida família Prestes,

Queremos hoje agradecer-lhes a sua hospitalidade.

Manteremos sempre na lembrança os bons momentos que passámos juntos.

Nos muitos passeios que organizaram, tivemos oportunidade de conhecer a cidade e a região em que vivem. Além disso, pudemos conhecer uma outra forma de vida.

Digam ao Sr. e Sra. Prudente que guardaremos as melhores recordações das nossas partidas de bowling.

Mais uma vez muito obrigado por tudo e gostaríamos muito de em breve poder também mostrar-lhes o nosso país.

Os melhores cumprimentos

Pedro Maia

Korrespondenzbezogene Wendungen
Expressões típicas na correspondência

Die Anrede
Forma de Tratamento

Sie schreiben – Escreve-se :	
einem guten Bekannten oder Freunden	Querido José! / Querida Maria! Caro José! / Cara Maria! Meus queridos!
einer Person oder mehreren Personen, die Sie gut bzw. sehr gut kennen	Caro colega / Cara colega Caros colegas / Caras colegas Caros amigos / Caras amigas
einer Person, die Sie persönlich kennen oder mit der Sie oft zu tun haben	Prezada D. Maria! / Prezado Senhor Ferreira! Estimada D. Manuela / Estimado Sr. Guerra
einer Firma bzw. einer Person, von der Sie weder Namen noch Geschlecht kennen	Prezados Senhores!
einer Person, deren Titel oder Berufsbezeichnung bekannt ist	Prezado Sr. Presidente Prezado Sr. Doutor Prezado Sr. Director Prezado Sr. Professor

Die Grußformel
Fórmulas de Saudações

Sehr privat:	Muito informal:
Boa sorte!	Mach's gut!
Até breve!	Bis bald!
Abraços	Viele Grüße
Com afecto	Alles Liebe

Privat:	Informal:
Muitos cumprimentos / Cumprimentos	Herzliche Grüße
Com cordiais cumprimentos	Mit freundlichen Grüßen
Cumprimentos para todos	Viele Grüße an euch alle

Formell, aber freundlich:	Formal mas amigável:
Saudações	Mit besten Grüßen
Cordiais saudações	Mit freundlichen Grüßen
Atenciosamente	Mit freundlichem Gruß

Sehr respektvoll:	Formal:
Com a maior consideração	Hochachtungsvoll

Nützliche Redewendungen
Locuções úteis

Höflichkeit — Cortesia

Guten Morgen!	Bom dia! [bõ 'diɐ]
Guten Tag!	Bom dia! / Boa tarde! [bõ 'diɐ/'boɐ 'tardə]
Guten Abend!	Boa tarde! / Boa noite! ['boɐ 'tardə/'boɐ 'noitə]
Hallo! / Grüß dich!	Olá! [ɔ'la]
Wie ist Ihr Name, bitte?	Como se chama? ['komu sə 'ʃɐmɐ] Como é o seu nome? ['komu ɛ u seu 'nomə]
Wie heißt du?	Como te chamas? ['komu tə 'ʃɐmɐʃ]
Ich heiße ...	Chamo-me ... ['ʃɐmumə]
Wie geht es Ihnen?	Como está? ['komu ʃta]
Wie geht's?	Como é que vais/estás? ['komu ɛ kə vaiʃ/ʃtaʃ]
Danke. Und Ihnen/dir?	Bem, obrigado/obrigada. E o senhor / a senhora / você/ tu? [bɐ̃i obri'gadu/obri'gadɐ. i u sə'ɲor/ɐ sə'ɲorɐ/ vɔ'se/tu]
Darf ich bekannt machen? Das ist ... Frau X. Fräulein X. Herr X. mein Freund / meine Freundin.	Permita-me que lhe apresente ... [pər'mitɐmə kə ʎ‿ɐprəzẽntə] a senhora D. X. [ɐ sə'ɲorɐ 'donɐ] a menina X. [ɐ mə'ninɐ] o senhor X. [u sə'ɲor] o meu amigo / a minha amiga. [u meu ɐ'migu/ɐ 'miɲ‿a'migɐ]
Auf Wiedersehen!	Bom dia! / Boa tarde! / Boa noite! [bõ 'diɐ/'boɐ 'tardə/ 'boɐ 'noitə] Adeus! / (*Br*) Até logo! [ɐ'deuʃ/a'tɛ 'lɔgu]
Bis bald!	Até breve! [ɐ'tɛ 'brɛvə]
Bis später!	Até logo! [ɐ'tɛ 'lɔgu]
Bis morgen!	Até amanhã! [ɐtɛ amɐ'ɲɐ̃]
Gute Nacht!	Boa noite! ['boɐ 'noitə]
Tschüss!	Adeus! / (*Br*) Tchau! [ɐ'deuʃ/tʃau]
Gute Reise!	Boa viagem! ['boɐ 'vjaʒɐ̃i]
Bitte.	Faz favor. [faʃ fɐ'vor]
Ja, bitte.	Sim, faz favor. [sĩ faʃ fɐ'vor]
Nein, danke!	Não, obrigado/obrigada! [nɐ̃u obri'gadu/obri'gadɐ]
Gestatten Sie?	Dá licença? [da li'sẽsɐ]
Können Sie mir bitte helfen?	Pode-me ajudar, por favor? ['pɔdəm‿ɐʒu'dar pur fɐ'vor]
Danke!	Obrigado/Obrigada! [obri'gadu/obri'gadɐ]
Danke, sehr gern!	Obrigado/Obrigada, com muito prazer. [obri'gadu/ obri'gadɐ kõ 'mũintu prɐ'zer]
Das ist nett, danke.	Obrigado/Obrigada, é muito amável da sua/tua parte! [obri'gadu/obri'gadɐ, ɛ 'mũint‿ɐ'mavɛl dɐ 'suɐ/'tuɐ 'partə]
Bitte sehr. / Gern geschehen.	De nada. / Não tem de quê. [də 'nadɐ/nɐ̃u tɐ̃i də 'ke]

Entschuldigung!	Desculpe!/Desculpa! [dəʃ'kulpə/dəʃ'kulpɐ]
Es war nicht so gemeint.	Não era isso que eu queria dizer. [nɐ̃u 'ɛrɐ 'isu kjeu kə'riɐ di'zer]
Das ist leider nicht möglich.	Infelizmente não é possível. [ĩfəliʒ'mẽntə nɐ̃u ɛ pu'sivɛl]
Herzlichen Glückwunsch!	Muitos parabéns! ['mũintuʃ pɐrɐ'bɐ̃iʃ]
Alles Gute zum Geburtstag!	Muitos parabéns pelo seu/teu aniversário! ['mũintuʃ pɐrɐ'bɐ̃iʃ 'pelu seu/teu ɐnivər'sarju]
Viel Erfolg!	Boa sorte! ['boɐ 'sɔrtə]
Viel Glück!	Felicidades! [fələsi'dadəʃ]
Gute Besserung!	Boas melhoras! ['boɐʒ mə'ʎɔrɐʃ]
Schönen Feiertag!	Bom feriado! [bõ fə'rjadu]
Es tut mir Leid.	Lamento muito. [lɐ'mẽntu 'mũintu]
Schade!	Que pena! [kə 'penɐ]
Wie nett von Ihnen!	Que amável da sua parte! [k‿ɐ 'mavɛl dɐ 'suɐ 'partə]
Es ist wirklich traumhaft hier!	Isto aqui é mesmo fantástico! [iʃt‿ɐ'ki ɛ 'meʃmu fɐ̃n'taʃtiku]
Wir haben selten so gut gegessen wie bei Ihnen.	Raramente comemos tão bem como em sua casa. [ʀarɐ'mẽntə ku'memuʃ tɐ̃u 'bɐ̃i kom‿'ɐ̃i 'suɐ 'kazɐ]
Wir haben uns bei Ihnen sehr wohl gefühlt.	Sentimo-nos muito bem em sua casa. [sẽn'timunuʃ 'mũintu 'bɐ̃i ɐ̃i 'suɐ 'kazɐ]

Verständigung — Entendimento

Bitte sprechen Sie etwas langsamer.	Pode falar um pouco mais devagar, faz favor? ['pɔdə fɐ'lar‿ũm 'poku maiʒ dəvɐ'gar faʃ fɐ'vor]
Ich verstehe.	Entendo. [ẽn'tẽndu]
Sprechen Sie / Sprichst du …	Fala/Falas … ['falɐ/'falɐʃ]
Deutsch?	alemão? [ɐlə'mɐ̃u]
Englisch?	inglês? [ĩŋ'gleʃ]
Französisch?	francês? [frɐ̃'seʃ]
Ich spreche nur wenig ...	Falo só um pouco de ... ['falu sɔ ũm 'poku də]
Schreiben Sie es mir bitte auf!	Faça-me o favor de escrever isso. ['fasɐm‿u fɐ'vor də‿ʃkrə'ver‿'isu]

Zustimmung und Ablehnung — Assentimento e recusa

Gut.	Bem. [bɐ̃i]
Richtig.	Certo. ['sɛrtu]
Genau.	Exa(c)tamente. [izatɐ'mẽntə]
Das stimmt.	... verdade. [ɛ vər'dadə]
Das finde ich (sehr) gut.	Acho isso (muito) bom. [aʃu 'isu ('mũintu) 'bõ]
Mit Vergnügen!	Com muito prazer! [kõ 'mũintu prɐ'zer]
Ich will nicht.	Não quero. [nɐ̃u 'kɛru]
Ich bin nicht einverstanden.	Não estou de acordo. [nɐ̃u ʃto d‿ɐ'kordu]

Das kommt nicht in Frage!	Isso está fora de questão! ['isu ʃ'ta 'fɔrɐ də kəʃ'tɐ̃u]
Auf gar keinen Fall!	De maneira nenhuma! [də mɐ'neirɐ nə'ɲumɐ]
Das gefällt mir (nicht).	Isto agrada-me (não me agrada). ['iʃtu ɐ'gradɐmə (nɐ̃u m‿ɐ'gradɐ)]
Ich möchte lieber …	Prefiro … [prə'firu]
Das ist mir egal.	Tanto me faz. ['tɐ̃ntu mə 'faʒ]
Ich weiß noch nicht.	Ainda não sei. [ɐ'ĩndɐ nɐ̃u 'sei]
Vielleicht.	Talvez. [tal'veʃ]
Wahrscheinlich.	Provavelmente. [pruvavɛl'mẽntə]
Großartig!	Grandioso! [grɐ̃n'djozu]
Ach so!	Ah! [a]
Das ist ärgerlich.	Isso é aborrecido. ['isu ɛ ɐbuʀə'sidu]
Zisch ab!	Desaparece! [dəzɐpɐ'rɛsə]
Jetzt reicht's!	Já chega! [ʒa 'ʃegɐ]

Uhrzeit — Hora

Wie viel Uhr ist es?	Que horas são? ['kjɔrɐʃ sɐ̃u]
Es ist (genau/ungefähr) …	São (exactamente / mais ou menos) … [ʃɐ̃u (izatɐ'mẽntə/maiz‿o 'menuʃ)]
3 Uhr.	três horas. [trez‿'ɔrɐʃ]
5 nach 3.	três e cinco. [trez‿i sĩŋku]
3 Uhr 10.	três e dez. [trez‿i dɛʃ]
Viertel nach 3.	três e um quarto. [trez‿i ũ 'kwartu]
halb 4.	três e meia. [trez‿i 'mejɐ]
Viertel vor 4.	quatro menos um quarto. ['kwatru 'menuz‿ũ 'kwartu]
5 vor 4.	quatro menos cinco. ['kwatru 'menuʃ 'sĩŋku]
Es ist 12 Uhr Mittag / Mitternacht.	… meio-dia/meia-noite. [ɛ 'meju 'diɐ/'mejɐ 'noitə]

Wegbeschreibung — Caminho

Entschuldigung, wie komme ich bitte nach …?	Desculpe, por favor, como se vai para …? [dəʃ'kulpə pur fɐ'vor 'komu sə vai 'pɐrɐ]
Immer geradeaus bis …	Sempre em frente até … ['sẽmpr‿ɐ̃i 'frẽnt‿ɐ'tɛ]
Dann bei der Ampel links/rechts abbiegen.	Depois no semáforo vire à esquerda/direita. [də 'poiʒ nu sə'mafuru 'vir‿a 'ʃkerdɐ/di'reitɐ]
Folgen Sie den Schildern.	Siga as indicações das placas. ['sigaz‿ĩndikɐ'sõiʒ dɐʃ 'plakɐʃ]
Wie weit ist das?	Quantos quilómetros são? ['kwɐ̃ntuʃ ki'lɔmətruʃ sɐ̃u]
Es ist ganz in der Nähe.	… muito perto daqui. [ɛ 'mũintu 'pɛrtu dɐ'ki]
Bitte, ist das die Straße nach …?	Faz favor, é esta a estrada para …? [faʃ fɐ'vor ɛ 'ɛʃta 'ʃtradɐ 'pɐrɐ]
Bitte, wo ist …?	Faz favor, onde é …? [faʃ fɐ'vor 'õnd‿ɛ]
Tut mir Leid, das weiß ich nicht.	Lamento muito, mas não sei. [lɐ'mẽntu 'mũintu mɐʒ nɐ̃u sei]

Gehen Sie geradeaus.	Siga em frente. ['sig‿ẽi 'frẽntə]
Gehen Sie nach links/rechts.	Vire à esquerda/direita. ['vir‿a 'ʃkerdɐ/di'reitɐ]
Überqueren Sie … die Brücke. den Platz.	Atravesse … [ɐtrɐ'vɛs‿] a ponte. [‿ɐ 'põntə] a praça. [‿ɐ 'prasɐ]
Nehmen Sie am besten den Bus Nr. …	O melhor é apanhar (*Br* pegar) o autocarro (*Br* ônibus) número … [u mə'ʎɔr‿ɛ ɐpɐ'ɲar (pe'gar) u auto'kaʀu ('onibus) 'numəru]

Verabredung — Encontro

Haben Sie / Hast du für morgen schon etwas vor?	Já tem/tens alguns planos para amanhã? [ʒa tẽi/tẽiz‿al'gũʃ 'plɐnuʃ pɐr‿amɐ'ɲẽ]
Wollen wir zusammen hingehen?	Vamos juntos? ['vɐmuʒ‿'ʒũntuʃ]
Wollen wir heute Abend gemeinsam etwas unternehmen?	Vamos sair os dois hoje à noite? ['vɐmuʒ sɐ'ir‿uʒ doiʃ oʒ‿a 'noitə]
Darf ich Sie/dich zum Essen einladen?	Posso convidá-lo/convidá-la / convidar-te para almoçar? (Mittagessen) / para jantar? (Abendessen) ['pɔsu kõvi'dalu/kõvi'dalɐ/kõvi'dartə pɐr‿'almusar/ 'pɐrɐ ʒẽn'tar]
Wann treffen wir uns?	A que horas nos encontramos? [ɐ 'kjɔrɐʒ nuz‿ẽŋkõn'trɐmuʃ]
Treffen wir uns um 9 Uhr.	Encontramo-nos às 9 horas. ['ẽŋkõn'trɐmunuz‿aʒ 'nɔv‿'ɔrɐʃ]
Ich hole Sie/dich ab.	Vou buscá-lo/buscá-la / buscar-te. [vo buʃ'kalu/buʃ'kalɐ/buʃ'kartə]
Bitte geh jetzt!	Agora vai-te embora, por favor! [ɐ'gɔrɐ vait‿ẽm'bɔrɐ pur fɐ'vor]
Kann ich Sie/dich wieder sehen?	Posso voltar a vê-lo/vê-la / ver-te? ['pɔsu vɔl'tar‿ɐ 'velu/'velɐ/'vertə]
Vielen Dank für den netten Abend.	Muito obrigado/obrigada por este serão tão agradável. ['mũint‿obri'gadu/‿obri'gadɐ pur‿'eʃtə sə'rẽu tẽu ɐgrɐ'davɛl]

Hotel — Hotel

Ich habe bei Ihnen ein Zimmer reserviert. Mein Name ist …	Eu reservei um quarto. O meu nome é … [eu ʀəzər'vei ũ 'kwartu. u meu 'nom‿ɛ]
Haben Sie noch Zimmer frei? … für eine Nacht. … für zwei Tage. … für eine Woche.	Ainda tem quartos livres? [ɐ'ĩndɐ tẽi 'kwartuʒ 'livrəʃ] … para uma noite. ['pɐrɐ 'umɐ 'noitə] … para dois dias. ['pɐrɐ doiʒ 'diɐʃ] … para uma semana. ['pɐrɐ 'umɐ sə'mɐnɐ]
Nein, wir sind leider belegt.	Lamento, mas está tudo cheio. [lɐ'mẽntu mɐʃ‿ʃ'ta 'tudu 'ʃeju]
Ja, was für ein Zimmer wünschen Sie? ein Einzelzimmer ein Zweibettzimmer	Temos, sim. Que espécie de quarto deseja? ['temuʃ sĩ. kə 'ʃpɛsjə də 'kwartu də'zeʒɐ] um quarto individual [ũ 'kwartu ĩndəvi'dwal] um quarto de casal [ũ 'kwartu də kɐ'zal]

Was kostet das Zimmer mit … Frühstück? Halbpension? Vollpension?	Quanto custa o quarto com … ['kwẽntu 'kuʃtɐ u 'kwartu kõ] pequeno almoço (*Br* café da manhã)? [pə'ken‿al'mosu (ka'fɛ da ma'ɲɐ)] meia pensão? ['mejɐ pẽ'sɐ̃u] pensão completa? [pẽ'sɐ̃u kõm'plɛtɐ]
Wo kann ich den Wagen abstellen?	Onde posso deixar o carro? ['õndə 'pɔsu dei'ʃar‿u 'kaʀu]
In unserer Garage. / Auf unserem Parkplatz.	Na nossa garagem. / No nosso parque de estacionamento. [nɐ 'nɔsɐ gɐ'raʒɐ̃i / nu 'nɔsu 'parkə də‿ʃtɐsjunɐ'mẽntu]

Einkaufen — Comprar

Danke, ich sehe mich nur um.	Obrigado/Obrigada, eu quero só ver. [obri'gadu/obri'gadɐ eu 'kɛru sɔ ver]
Ich möchte …	Queria … [kə'riɐ]
Haben Sie …?	Tem …? [tɐ̃i]
Darf es sonst noch etwas sein?	Mais alguma coisa? [maiz‿al'gumɐ 'koizɐ]
Wie viel kostet es?	Quanto custa? ['kwẽntu 'kuʃtɐ]
Einverstanden.	Está bem. [ʃta bɐ̃i]
Nehmen Sie … Euroschecks? Kreditkarten?	Aceitam … [ɐ'seitɐ̃u] eurocheques? [eurɔ'ʃɛkəʃ] cartões de crédito? [kɐr'tõiʒ də 'krɛditu]
Wo finde ich …?	Onde posso encontrar …? ['õndə 'pɔs‿ẽŋkõn'trar]
Öffnungszeiten	Horário de abertura [o'rarju d‿ɐbər'turɐ]
Ich hätte gern …	Queria … [kə'riɐ]

Gesundheit — Saúde

Was für Beschwerden haben Sie?	De que se queixa? [də kə sə 'keiʃɐ]
Ich habe Fieber.	Tenho febre. ['teɲu 'fɛbrə]
Mir ist (oft) schlecht/schwindelig.	into-me mal / Tenho vertigens (com frequência). ['sĩntumə mal/'teɲu vər'tiʒɐ̃iʃ (kõ frə'kwẽsjɐ)]
Ich bin ohnmächtig geworden.	Desmaiei. [dəʃmɐ'jei]
Ich bin stark erkältet.	Estou muito constipado (*Br* resfriado). [ʃto 'mũintu kõʃti'padu (ʀes'frjadu)]
Ich habe mich verletzt.	Feri-me. [fə'rimə]
Können Sie mir bitte etwas gegen … geben/verschreiben?	Pode-me dar/receitar qualquer coisa para …, faz favor. ['pɔdəmə dar/ʀəsei'tar kwal'kɛr 'koizɐ 'pɐrɐ ... faʃ fɐ'vor]
Ich bin Diabetiker.	Sou diabético. [so djɐ'bɛtiku]
Ich bin schwanger.	Estou grávida. [ʃto 'gravidɐ]
Ich hatte vor kurzem …	Tive há pouco tempo … ['tiv‿a 'poku 'tẽmpu]
Wo tut es weh?	Onde é que lhe dói? ['õnd‿ɛ kə ʎə dɔi]
Ich habe hier Schmerzen.	Dói-me aqui. ['dɔim‿ɐ'ki]

Sie müssen geröntgt werden.	Tem que tirar uma radiografia. [tɐ̃i ke ti'rar‿umɐ ʀadjugrɐ'fiɐ]
Ich brauche eine Blut-/Urinprobe.	… preciso uma análise de sangue/urina. [ɛ prə'sizu um‿a'nalizə də 'sɐ̃ŋgə/u'rinɐ]
Sie müssen operiert werden.	Tem de ser operado/operada. [tɐ̃i də ser‿opə'radu/‿opə'radɐ]
Sie brauchen ein paar Tage Bettruhe.	Tem de ficar uns dias de cama. [tɐ̃i də fi'kar‿ũʒ 'diɐʒ də 'kɐmɐ]
Es ist nichts Ernstes.	Não é nada de grave. [nɐ̃u ɛ 'nadɐ də 'gravə]
Ich bin gegen … geimpft.	Estou vacinado/vacinada contra … [ʃto vɐsi'nadu/vɐsi'nadɐ 'kõntrɐ]

Gegenüberstellung:
Portugiesisch aus Portugal und Portugiesisch aus Brasilien
Português Europeu e Português do Brasil:
algumas diferenças de vocabulário

Portugiesisch aus Portugal Português Europeu	Brasilianisches Portugiesisch Português do Brasil	Deutsch Alemão
o abre-cápsulas	o abridor de garrafas	der Flaschenöffner
o acepipe, o petisco	o petisco	das Leckerbissen
a alcatifa	o tapete	der Teppich
a almofada	o travesseiro, a almofada	das Kopfkissen, Kissen
o ananás	o abacaxi	die Ananas
o apara-lápis	o apontador	der Bleistiftspitzer
o apartado	a caixa-postal	das Postfach
o apelido	o sobrenome	der Familiename
a alcunha	*o apelido**	*der Spitzname*
o andar, o apartamento	o apartamento	die Wohnung
a arca congeladora	o freezer	die Gefriertruhe
arrefecer	esfriar	abkühlen
a assoalhada	o cômodo, o aposento	das Zimmer
os atacadores	o cordão do sapato	der Schnürsenkel
o atendedor de chamadas	a secretária eletrônica	der Anrufbeantworter
a aterragem	a aterrissagem	die Landung
aterrar	aterrissar	landen
o autoclismo	a descarga	die (WC)Spülung
o auscultador	o fone de ouvido	der Kopfhörer
o autocarro	o ônibus	der Bus
o autogolo	o gol contra	das Eigentor
a avaria	a pane	die Panne
a banda desenhada	a história em quadrinhos	der Comic
o banheiro	o salva-vidas	der Bademeister
a casa de banho	*o banheiro**	*das Badezimmer; die Toilette*
o betão	o concreto	der Beton
o biberão	a mamadeira	die Saugflasche
a bica, o cimbalino	o espresso	der Espresso
bicha: fazer ~	fazer fila	Schlange stehen
o homosexual	*o bicha**	*der Schwule*
o bilhete de identidade	a carteira de identidade	der Ausweis
a boca-de-incêndio	o hidrante	der Hydrant

* Vorsicht: die mit * markierten Wörter klingen in Portugal und Brasilien gleich, haben aber verschiedene Bedeutungen!

Portugiesisch aus Portugal Português Europeu	Brasilianisches Portugiesisch Português do Brasil	Deutsch Alemão
a boleia	a carona	die Mitfahrgelegenheit, der Anhalter
o, a bolseiro, -a	o, a bolsista	der (die) Stipendiat(in)
a Câmara Municipal	a Prefeitura	das Rathaus
a camisola	o pulôver	der Pullover
a camisa de dormir	*a camisola**	*das Nachthemd*
o candeeiro	o abajur	die Lampe
a carne picada	a carne moída	das Hackfleisch
carregar no botão	apertar o botão	den Knopf drücken
a carrinha	a van, a combi	der Kombiwagen, der Lieferwagen
a carruagem	o vagão	der Wagen, der Waggon
a carta de condução	a carta de motorista	der Führerschein
a casa-de-banho	o banheiro	das Badezimmer, die Toilette
a cave	o porão	der Keller
o chapéu-de-sol	o guarda-sol	der Sonnenschirm
a chávena	a xícara	die Tasse
a cimeira	a cúpula	der Gipfel
o comboio	o trem	der Zug
a constipação	o resfriado	die Erkältung
a cruzeta	o cabide	der Kleiderbügel
as cuecas	*a calcinha* *a cueca**	*der Damenslip* *der Herrenslip*
deitar fora	jogar fora	wegwerfen
o desporto	o esporte	der Sport
o disco rígido	o HD, o disco rígido	die Festplatte
a dose	a porção	die Portion
a duche	o chuveiro, a ducha	die Dusche
o ecrã (INFOR)	o monitor	der Bildschirm
o eléctrico	o bonde	die Straßenbahn
a ementa	o cardápio	die Speisekarte
o/a empregado/a de mesa	o garçom, a garçonete	der Kellner, die Kellnerin
encarnado	vermelho	Rot
a equipa (FUT)	o time	die Mannschaft
a esquadra de polícia	a delegacia	das Polizeirevier

* Vorsicht: die mit * markierten Wörter klingen in Portugal und Brasilien gleich, haben aber verschiedene Bedeutungen!

Portugiesisch aus Portugal Português Europeu	Brasilianisches Portugiesisch Português do Brasil	Deutsch Alemão
o fato	o terno	der Anzug
o fato de banho	o maiô a sunga	der Badeanzug die Badehose
o fiambre	o presunto	der Kochschinken
o ficheiro (INFOR)	o arquivo	die Datei
o frigorífico	a geladeira	der Kühlschrank
o fumador	o fumante	der Raucher
a gabardine	a capa de chuva	der Regenmantel
o gasóleo	o diesel	der Diesel
o gelado	o sorvete	das (Speise)eis
o gravador de chamadas	a secretária eletrônica	der Anrufbeantworter
o grande armazém	a loja de departamentos	das Kaufhaus
o guarda-redes (FUT)	o goleiro	der Torwart
a hora de ponta	a hora de pique	die Hauptverkehrszeit
a hospedeira	a aeromoça	die Stewardess
a imperial, o fino	o chope	das Fassbier
o indicativo	o código	die Vorwahl
levantar dinheiro (no banco)	sacar dinheiro	Geld abheben
a ligadura	a atadura	der Verband
a linha	a plataforma	der Bahnsteig
a mala de mão	a bolsa	die Handtasche
a marcha-atrás	a marcha a ré	der Rückwärtsgang
a matrícula do carro	a chapa do carro	das Autokennzeichen
a montra, a vitrina	a vitrine	das Schaufenster
a morada	o endereço	die Adresse
o multibanco	o caixa eletrônico	der Geldautomat
as natas	o creme de leite	die (Schlag)sahne
a palhinha	o canudinho	der Strohhalm
a papaia	o mamão	die Papaya
a paragem	a parada	die Haltestelle
partir a. c.	quebrar a. c.	etw brechen, kaputt machen
a passadeira	a faixa de pedestres	der Zebrastreifen
o passeio	a calçada	der Gehweg
a pastelaria	a confeitaria	die Konditorei

Portugiesisch aus Portugal Português Europeu	Brasilianisches Portugiesisch Português do Brasil	Deutsch Alemão
o peão/a peoa, peona	o/a pedestre	der/die Fußgänger/in
o penso higiénico	o absorvente higiênico	die Damenbinde
o penso rápido	o band aid	der Pflaster
o pequeno-almoço	o café-da-manhã	das Frühstück
a peúga	a meia (curta)	die Socke
o pimento	o pimentão	die Paprika
a portagem	o pedágio	die Autobahngebühr
a praça de táxis	o ponto de táxi	der Taxistand
a prenda, o presente	o presente	das Geschenk
a quinta	o sítio, a chácara	das Landgut, der Bauernhof
a rapariga, a moça	a moça	das Mädchen, die junge Frau
o rato (INFOR)	o mouse	die Maus
o rebuçado	a bala	der Bonbon
a reforma	a aposentadoria	die Rente
a relva	a grama	der Rasen
a renda, o aluguer	o aluguel	die Miete
o rés-do-chão	o térreo	der Erdgeschoss
o saco	a sacola	die Tüte
os saldos	a liquidação	der Schlussverkauf
a sandes	o sanduíche	das belegte Brötchen
as sapatilhas	os tênis	die Turnschuhe
o screensaver	o descanso de tela	der Bildschirmschoner
a secretária	a escrivaninha	der Schreibtisch
o sítio	o lugar	der Ort, Platz
o sítio (INFOR)	o site	die Homepage
o snack-bar	a lanchonete	der Schnellimbiss
o sumo	o suco	der Saft
o talho	o açougue	der Metzger
telemóvel	o celular	das Handy
a tenda (camping)	a barraca	das Zelt
os títulos (do jornal)	as manchetes	die Schlagzeilen
o travão	o freio, o breque	die Bremse
a tropa	o exército	die Armee
a T-Shirt	a camiseta	das T-Shirt
a tosta	a torrada	der Zwieback, der Toast
a vivenda, a casa	a casa	das Haus

Aa

A, a [aː] *nt* <-, -> ① (*Buchstabe*) A, a *m;* **wer ~ sagt, muss auch B sagen** o que se começa deve ser acabado ② (MUS) lá *m*

AA *abk v* **Auswärtiges Amt** Ministério *m* dos Negócios Estrangeiros

Aal [aːl] *m* <-(e)s, -e> enguia *f*

Aargau ['aːɐgaʊ] *m* <-s> *kein pl* Argóvia *f*

Aas[1] [aːs] *nt* <-es, -e> (*Kadaver*) carne *f* morta, corpo *m* em decomposição

Aas[2] *nt* <-es, Äser> (*umg*) canalha *m*, malandro *m*

ab [ap] **I.** *präp* +*dat* (*räumlich*) de, desde; (*zeitlich*) desde, a partir de, de ... em diante; **~ heute** a partir de hoje; **Kinder ~ 12** (**Jahren**) crianças a partir dos 12 anos **II.** *adv* (*weg*) fora; **von da ~** a partir daí, daí em diante; **~ und zu** de vez em quando, uma vez por outra; **Stuttgart ~ 16.50 Uhr** partida de Estugarda às 16.50 horas

ab|ändern *vt* mudar, alterar; (*verbessern*) emendar, corrigir

Abänderung *f* <-en> mudança *f*, alteração *f;* (*Verbesserung*) emenda *f*, correcção *f*

ab|arbeiten **I.** *vt* (*Schulden*) pagar com trabalho, pagar com serviços **II.** *vr* **sich ~** cansar-se, estafar-se

Abart *f* <-en> variedade *f*

abartig *adj* anormal

Abb. *abk v* **Abbildung** fig (= *figura*)

Abbau *m* <-(e)s> *kein pl* ① (*von Personal, Lohn, Preis*) redução *f* ② (TECH) desmontagem *f* ③ (BERGB) exploração *f*, extracção *f* ④ (MED) catabolismo *m* ⑤ (CHEM) decomposição *f*

ab|bauen **I.** *vt* (*senken, verringern*) reduzir, diminuir; (*Personal*) reduzir; (TECH) desmontar, desmantelar; (BERGB) explorar, extrair; (CHEM) decompor **II.** *vi* entrar em declínio

ab|beißen *vt irreg* dar uma dentada, cortar com os dentes

ab|bekommen* *vt irreg* ① (*erhalten*) ter a sua parte ② (*losbekommen*) conseguir tirar ③ (*umg: beschädigt werden*) levar, apanhar; **das Auto hat eine Beule ~** o carro levou uma amolgadela

Abberufung *f* <-en> destituição *f*

ab|bestellen* *vt* (*Hotelzimmer*) anular a reserva; (*Ware*) cancelar a encomenda, dar contra-ordem

ab|bezahlen* *vt* ① (*Ware*) pagar em prestações ② (*Summe*) amortizar

ab|biegen **I.** *vt irreg* (*umg: verhindern*) evitar **II.** *vi irreg* (*Fahrzeug, Straße*) virar

Abbiegespur *f* <-en> *faixa à direita ou à esquerda para os veículos que vão virar no cruzamento seguinte*

Abbild *nt* <-(e)s, -er> cópia *f;* (*fig*) imagem *f*

ab|bilden *vt* (*Personen*) retratar; (*Dinge*) reproduzir, ilustrar

Abbildung *f* <-en> (*in Buch*) figura *f*, ilustração *f*

ab|binden *vt irreg* ① (*losbinden*) desatar, soltar ② (*abschnüren*) estrangular

ab|blasen *vt irreg* (*umg*) anular

ab|blenden *vi* ① (*beim Autofahren*) reduzir (a luz) ② (FOTO) diafragmar

Abblendlicht *nt* <-(e)s> *kein pl* médios *mpl*

ab|blitzen *vi* (*umg*) não ser atendido; **jdn ~ lassen** mandar alguém passear

ab|brausen **I.** *vi* (*umg*) abalar **II.** *vr* **sich ~** tomar um duche

ab|brechen **I.** *vt irreg* ① (*Ast, Henkel*) partir, quebrar; (*Gebäude*) demolir ② (*Verhandlungen*) suspender; (*Beziehungen*) cortar, romper (*zu* com); (*Rede, Spiel, Arbeit*) interromper ③ (*Streik*) furar **II.** *vi irreg* ① (*zerbrechen*) partir(-se) ② (*aufhören*) parar

ab|bremsen *vi* travar; (*brasil*) frear

ab|brennen **I.** *vt irreg* queimar, incendiar; (*Feuerwerk*) lançar **II.** *vi irreg* arder, ficar destruído pelo fogo

ab|bringen *vt irreg* **jdn von etw ~** dissuadir alguém de a. c.

ab|bröckeln *vi* (*Putz*) desfazer-se, desmoronar-se

Abbruch *m* <-(e)s, -brüche> ① (*von Haus*) demolição *f* ② (*von Verhandlungen*) ruptura *f*, suspensão *f*

ab|buchen *vt* debitar

Abbuchung *f* <-en> débito *m*

ab|bürsten *vt* escovar

Abc *nt* <-> *kein pl* ① (*Alphabet*) ABC *m*, alfabeto *m* ② (*Grundwissen*) rudimentos *mpl*

ab|checken *vt* (*umg*) controlar, verificar

ABC-Waffen *pl* armas *fpl* ABQ

ab|dampfen *vi* (*umg*) partir

ab|danken *vi* (*Minister*) demitir-se; (*König*) abdicar

Abdankung *f* <-en> (*von Minister*) demissão *f;* (*von König*) abdicação *f*

ab|decken *vt* ❶ (*freilegen*) descobrir, destapar ❷ (*Haus*) destelhar; **den Tisch ~** levantar a mesa ❸ (*zudecken*) cobrir, tapar

Abdeckstift *m* (*Kosmetik*) correctivo *m* facial

ab|dichten *vt* vedar, calafetar

ab|drehen **I.** *vt* (*Wasser, Gas*) fechar; (*Radio, Licht*) desligar **II.** *vi* (*Flugzeug, Schiff*) mudar de rumo

Abdruck[1] *m* <-(e)s, -e> impressão *f;* (*Abzug*) cópia *f;* (*Nachdruck*) reprodução *f*

Abdruck[2] *m* <-(e)s, -drücke> marca *f;* (*Gipsabdruck*) molde *m*

ab|drucken *vt* imprimir

ab|drücken *vi* (*Waffe*) disparar

ab|ebben *vi* (*Protest*) diminuir

Abece *nt* <-> *kein pl s.* **Abc**

Abend ['a:bənd] *m* <-s, -e> (*Spätnachmittag*) fim *m* da tarde, tardinha *f;* (*bei Anbruch der Dunkelheit*) noite *f;* **am ~** à noite; **gegen ~** ao fim da tarde, à tardinha; **guten ~!** boa noite!; **heute/morgen ~** hoje/amanhã à noite; **spät am ~** ao fim da noite; **zu ~ essen** jantar

Abendbrot *nt* <-(e)s> *kein pl s.* **Abendessen**

Abendessen *nt* <-s, -> jantar *m;* (*spätabends*) ceia *f*

Abendgymnasium *nt* <-s, -gymnasien> escola *f* nocturna

Abendkasse *f* <-n> bilheteira *f;* (*brasil*) bilheteria *f*

Abendkleid *nt* <-(e)s, -er> vestido *m* de noite

Abendkurs *m* <-es, -e> curso *m* nocturno

Abendland *nt* <-(e)s> *kein pl* ocidente *m*

abendlich *adj* nocturno

Abendmahl *nt* <-(e)s> *kein pl* (REL) Eucaristia *f,* Comunhão *f,* Santa Ceia *f*

Abendrot *nt* <-s> *kein pl* arrebol *m* (da tarde)

abends ['a:bənts] *adv* (*bei Anbruch der Dunkelheit*) ao fim da tarde, à tardinha; (*später*) à noite; **sieben Uhr ~** sete horas da tarde, da noite

Abenteuer ['a:bəntɔɪɐ] *nt* <-s, -> aventura *f*

abenteuerlich *adj* ❶ (*gefährlich*) aventuroso ❷ (*ungewöhnlich*) extravagante

Abenteurer(in) *m(f)* <-s, - *o* -innen> aventureiro, aventureira *m, f*

aber ['a:bɐ] *konj* mas; (*jedoch*) contudo, porém, todavia

Aber *nt* <-s, -> mas *m,* senão *m;* **ohne Wenn und ~** sem restrições

Aberglaube *m* <-ns> *kein pl* superstição *f*

abergläubisch *adj* supersticioso

ab|erkennen* *vt irreg* (JUR) privar de; **jdm Rechte ~** privar alguém de direitos

abermals ['a:bɐma:ls] *adv* de novo, novamente

ab|fahren **I.** *vt irreg* (*abtransportieren*) transportar; (*Strecke*) percorrer; (*Fahrkarte, Reifen*) gastar **II.** *vi irreg* partir (*nach* para), sair (*nach* para); (NAUT) levantar ferro; **wann fährt der Zug ab?** a que horas parte o comboio?

Abfahrt *f* <-en> ❶ (*Zug, Bus*) partida *f* ❷ (*von Autobahn*) saída *f* ❸ (SPORT) descida *f*

Abfahrtslauf *m* <-(e)s, -läufe> (SPORT) queda *f* livre

Abfahrtszeit *f* <-en> hora *f* de partida

Abfall *m* <-(e)s, -fälle> ❶ (*Müll*) lixo *m;* (*Abfallprodukte*) resíduos *mpl,* desperdícios *mpl;* (*Essensreste*) restos *mpl,* aparas *fpl;* **radioaktiver ~** lixo radioactivo ❷ *kein pl* (*Rückgang*) queda *f;* (*der Temperatur*) descida *f*

Abfallbeseitigung *f kein pl* remoção *f* do lixo; (*brasil*) coleta *f* do lixo

Abfalleimer *m* <-s, -> balde *m* do lixo, caixote *m* do lixo

ab|fallen *vi irreg* ❶ (*herunterfallen*) cair ❷ (*zurückgehen*) diminuir, decair ❸ (*Gelände*) descer, descair ❹ (*übrig bleiben*) restar, sobrar

abfällig *adj* desfavorável, negativo; **~ über jdn sprechen** falar mal de alguém

ab|fälschen *vt* (FBALL) desviar; **den Ball ~** desviar a bola

ab|fangen *vt irreg* ❶ (*Person*) apanhar; (*Sendung*) interceptar, apanhar ❷ (*Stoß*) aparar

ab|färben *vi* ❶ (*beim Waschen*) desbotar ❷ (*beeinflussen*) **~ auf** influenciar

ab|fassen *vt* (*Text*) redigir, compor

ab|fertigen *vt* ❶ (*Brief, Paket*) expedir, despachar ❷ (*Kunden*) aviar, atender ❸ (*umg: unfreundlich behandeln*) despachar

Abfertigung *f* <-en> ❶ (*Versand*) expedição *f,* despacho *m* ❷ (*von Kunden*) atendimento *m*

Abfertigungsschalter *m* <-s, -> (AERO) balcão *m* de atendimento

ab|feuern *vt* (*Schuss*) disparar

ab|finden I. *vt irreg* compensar, conformar; (*finanziell*) indemnizar II. *vr* **sich ~** *irreg* conformar-se (*mit* com)

Abfindung *f* <-en> compensação *f*, indemnização *f*

ab|flauen ['apflaʊən] *vi* (*Wind, Begeisterung*) abrandar, diminuir

ab|fliegen *vi irreg* ① (*Passagier*) partir, ir de avião (*nach* para) ② (*Flugzeug*) levantar voo, descolar (*nach* para)

ab|fließen *vi irreg* escoar-se

Abflug *m* <-(e)s, -flüge> descolagem *f*, partida *f*

Abflugzeit *f* <-en> hora *f* de partida

Abfluss[RR] *m* <-es, -flüsse>, **Abfluß**[ALT] *m* <-sses, -flüsse> ① (*Vorgang*) escoamento *m* ② (*Öffnung*) esgoto *m*, sarjeta *f*

Abflussrohr[RR] *nt* <-(e)s, -e> cano *m* de esgoto

ab|fragen *vt* ① (INFOR) consultar ② (*Kenntnisse überprüfen*) **jdn etw ~** *fazer uma chamada a alguém, perguntar a matéria* (*para um exame*)

Abfuhr ['apfu:ɐ] *f* <-en> ① (*Abtransport*) transporte *m* ② (*Zurückweisung*) reprimenda *f*; **jdm eine ~ erteilen** dar uma reprimenda a alguém

ab|führen I. *vt* ① (*Steuern*) pagar ② (*Häftling*) levar preso II. *vi* ① (MED) obrar, evacuar ② (*vom Thema, vom Weg*) desviar (*von* de), afastar (*von* de)

abführend *adj* laxativo, purgativo

Abführmittel *nt* <-s, -> purgante *m*, laxante *m*

ab|füllen *vt* trasfegar; (*in Flaschen*) engarrafar

Abgabe *f* <-n> ① (*Ablieferung*) entrega *f* ② (*von Wärme, Energie*) emissão *f*, libertação *f* ③ (WIRTSCH) venda *f*

Abgaben *pl* impostos *mpl*

abgabenfrei *adj* isento de impostos

abgabenpflichtig *adj* sujeito a impostos

Abgabetermin *m* <-s, -e> (WIRTSCH) prazo *m* de entrega

Abgang *m* <(e)s, -gänge> ① (*Weggang*) partida *f*, saída *f* ② (*Absendung*) despacho *m*, expedição *f*

Abgangsprüfung *f* <-en> exame *m* final

Abgangszeugnis *nt* <-ses, -se> certificado *m*, diploma *m*

Abgas *nt* <-es, -e> gás *m* de escape

abgasarm *adj* com baixa emissão de gases de escape; (*umg*) limpo

ab|geben I. *vt irreg* (*Gegenstand*) entregar, dar; (*Gepäck*) depositar; (*abtreten*) ceder; (*Laden*) trespassar; (*Amt*) demitir-se de, renunciar a; (*Schuss*) disparar; (*Wärme*) libertar, emitir; (*Erklärung*) dar; **ein Urteil über etw ~** pronunciar-se sobre a. c.; (*darstellen, sein*) vir a ser; **ein trauriges Bild ~** fazer uma triste figura II. *vr* **sich ~** *irreg* **sich mit jdm/etw ~** tratar de alguém/a. c.

abgebrannt I. *pp von* **abbrennen** II. *adj* (*umg*) sem meios, sem vintém; (**völlig**) **~ sein** estar liso [*o* teso]

abgedreht I. *pp von* **abdrehen** II. *adj* (*umg: verrückt*) louco

abgedroschen *adj* (*umg*) gasto

abgehackt *adj* intermitente, entrecortado; **~ sprechen** soluçar

abgehärtet *adj* (*seelisch*) calejado; (*gegen Krankheit*) imune (*gegen* a)

ab|gehen *vi irreg* ① (*abfahren*) partir, sair; (*Post*) seguir, sair ② (*von der Schule*) deixar ③ (*Knopf*) cair; (*Fleck*) sair ④ (*Straße*) fazer um desvio, desviar-se ⑤ (WIRTSCH) vender-se (bem); (*abgezogen werden*) deduzir-se (*von* de)

abgelegen *adj* distante, longínquo; (*einsam*) isolado

abgeneigt *adj* pouco disposto a, pouco inclinado a; **ich bin nicht ~** não me desagradava; **etw nicht ~ sein** não ser avesso a a. c.

abgenutzt *adj* gasto (pelo uso)

Abgeordnete(r) *m/f* <-n, -n *o* -n> (POL) deputado, deputada *m, f*; (*Vertreter*) delegado, delegada *m, f*

Abgeordnetenhaus *nt* <-es, -häuser> (POL) Câmara *f* dos Deputados, Assembleia *f* Nacional

abgeschieden ['apgəʃi:dən] *adj* solitário

abgesehen *adv* **~ von** independentemente de, abstraindo de; (*außer*) excepto; **~ davon** independentemente disso

abgespannt *adj* cansado, exausto

abgestanden ['apgəʃtandən] I. *pp von* **abstehen** II. *adj* (*Wasser, Bier*) choco; (*Luft*) fraco

abgestumpft *adj* insensível (*gegen* a)

ab|gewinnen* *vt irreg* ① (*abringen*) ganhar, tirar; **jdm ein Lächeln ~** ganhar [*o* conseguir] um sorriso de alguém ② (*Gefallen finden*) **etw Reiz ~** tomar gosto a a. c.

ab|gewöhnen* *vt* **jdm etw ~** desabituar

alguém de a. c.; **sich** *dat* **etw** ~ desabituar-se de a. c.

Abgott *m* <-(e)s, -götter> ídolo *m*

abgöttisch *adv* **jdn** ~ **verehren** idolatrar alguém

ab|grenzen *vt* delimitar, definir

Abgrund *m* <-(e)s, -gründe> abismo *m*, precipício *m*

ab|gucken *vi* (*umg: nachmachen*) imitar, copiar; (*abschreiben*) copiar, cabular

ab|hacken *vt* cortar (com machado)

ab|halten *vt irreg* ① (*Sitzung, Treffen*) ter, realizar; (*Feier*) celebrar; **Unterricht** ~ dar aulas ② (*hindern*) impedir (*von* de); **jdn von der Arbeit** ~ impedir alguém de trabalhar ③ (*fernhalten*) **jdn** ~ deter alguém; **jdn von etw** ~ desviar alguém de a. c.

ab|handeln *vt* ① (*schriftlich*) tratar ② (*abkaufen*) regatear; **jdm etw** ~ regatear a. c. com alguém

abhanden|kommen [ap'handən] *adv* perder-se, extraviar-se

Abhandlung *f* <-en> trabalho *m* (*über* sobre); (*Essay*) ensaio *m* (*über* sobre)

Abhang *m* <-(e)s, -hänge> encosta *f*, ladeira *f*

ab|hängen[1] *vt* ① (*Bild*) tirar; (*Anhänger*) desatrelar ② (*Verfolger*) despistar

ab|hängen[2] *vi irreg* depender (*von* de)

abhängig *adj* dependente (*von* de); **von jdm/etw** ~ **sein** depender de alguém/a. c.

Abhängigkeit *f* <-en> dependência *f* (*von* de); **gegenseitige** ~ interdependência *f*

ab|härten *vr* **sich** ~ tornar-se imune (*gegen* a)

ab|hauen *vi* (*umg*) pisgar-se; **hau ab!** vai passear!, vai dar uma volta!

ab|heben **I.** *vt irreg* (*Geld, Hörer*) levantar; (*Schicht*) tirar; **Geld vom Konto** ~ levantar [*o* retirar] dinheiro da conta **II.** *vi irreg* (*Flugzeug, Rakete*) descolar; (*beim Kartenspiel*) cortar **III.** *vr* **sich** ~ *irreg* distinguir-se (*von* de)

Abhebung *f* <-en> levantamento *m* (de dinheiro)

ab|heften *vt* classificar

ab|hetzen *vr* **sich** ~ cansar-se, esfalfar-se

Abhilfe *f kein pl* remédio *m*; ~ **schaffen** remediar

ab|holen *vt* ir buscar, ir esperar; **etw** ~ **lassen** mandar buscar a. c.

ab|holzen *vt* ① (*Wald*) cortar árvores, roçar ② (*Gebiet*) desflorestar, desarborizar

ab|hören *vt* ① (*Tonband*) ouvir ② (*Telefongespräch*) escutar, interceptar; **abgehört werden** estar sob escuta ③ (*Vokabeln*) perguntar, interrogar ④ (MED) auscultar

Abhörgerät *nt* <-(e)s, -e> aparelho *m* de escuta

Abitur [abi'tu:ɐ] *nt* <-s> *kein pl* (*brasil*) exame *m* de madureza, *exame final do ensino secundário*

> **Abitur** é o exame final do ensino secundário necessário para a admissão aos estudos superiores. O **Abitur** pode ser feito na maioria dos liceus alemães (Gymnasium), os quais abrangem desde o 5° ao 13° ano escolar, num total portanto de 9 anos. Como em relação ao esquema internacional este exame final se pode considerar tardio, existem, entretanto, algumas regiões que permitem realizar a prova do Abitur no fim do 12º ano. Na Áustria e na Suíça o correspondente a este exame tem o nome de «Matura» respectivamente «Maturität» (significa à letra «maturidade») e pode ser feito após 8 anos escolares.

Abiturient(in) [abituri'ɛnt] *m(f)* <-en, -en *o* -innen> *aluno do último ano do liceu*

Abiturzeugnis *nt* <-ses, -se> *certificado ou diploma do exame final do liceu*

Abk. *abk v* **Abkürzung** abrev. (= *abreviatura*)

ab|kapseln *vr* **sich** ~ fechar-se, isolar-se (*von* de)

ab|kaufen *vt* (*Ware*) **jdm etw** ~ comprar a. c. a alguém; (*umg: glauben*) engolir a. c., acreditar a. c.

ab|kehren *vr* **sich** ~ afastar-se (*von* de)

ab|klappern *vt* (*umg*) correr um por um

Abklatsch *m* <-(e)s, -e> cópia *f*, decalque *m*

ab|klingen *vi irreg* ① (*Lärm*) diminuir ② (*Schmerz*) abrandar

ab|knallen *vt* (*sl*) matar

ab|knöpfen *vt* (*umg: Geld*) **jdm etw** ~ levar a. c. a alguém; **sie haben uns für das Essen 100 Euros abgeknöpft** levaram-nos 100 euros pelo almoço/jantar

ab|kochen *vt* ferver, dar uma fervura

ab|kommandieren* *vt* destacar; **jdn an die Front** ~ destacar alguém para a frente (de combate)

ab|kommen *vi irreg* ❶ (*vom Weg, Thema*) desviar-se (*von* de) ❷ (*aufgeben*) abandonar, desistir (*von* de)
Abkommen *nt* <-s, -> acordo *m,* convénio *m;* **ein ~ schließen** fazer um acordo
abkömmlich *adj* dispensável, supérfluo; **~ sein** estar disponível, ter tempo
ab|kratzen I. *vt* raspar **II.** *vi* (*sl*) bater a bota
ab|kriegen *vt* ❶ (*umg: erhalten*) arranjar ❷ (*umg: erleiden*) apanhar
ab|kühlen I. *vi* (*Essen*) arrefecer; (*Motor*) refrigerar **II.** *vr* **sich ~** ❶ (*Wetter*) arrefecer ❷ (*Beziehungen*) resfriar, esmorecer
Abkühlung *f* <-en> arrefecimento *m;* (TECH) refrigeração *f*
ab|kürzen *vt* ❶ (*zeitlich, Wort*) abreviar ❷ (*Weg*) cortar, encurtar
Abkürzung *f* <-en> ❶ (*von Wort*) abreviatura *f* ❷ (*Weg*) atalho *m*
ab|küssen *vt* afogar com beijos
ab|laden *vt irreg* (*Ladung, Auto*) descarregar
Ablage *f* <-n> ❶ (*das Ablegen*) depósito *m* ❷ (*für Akten*) arquivo *m* ❸ (*für Kleider*) vestiário *m* ❹ (*schweiz: Annahmestelle*) *local de venda de bilhetes de lotaria*
ab|lagern I. *vt* depositar **II.** *vr* **sich ~** depositar-se
Ablagerung *f* <-en> (GEOL) sedimentação *f*
Ablass[RR] *m* <-es, -lässe>, **Ablaß**[ALT] *m* <-sses, -lässe> (REL) indulgência *f,* indulto *m*
ab|lassen I. *vt irreg* (*Dampf, Luft*) deixar escapar, soltar; (*Wasser*) deixar escorrer; (*vom Preis*) descontar **II.** *vi irreg* **von etw ~** desistir de a. c.; **von jdm ~** largar alguém
Ablauf *m* <-es, -läufe> ❶ (*Abfluss*) esgoto *m,* escoadouro *m* ❷ (*von Ereignissen*) decurso *m* ❸ (*einer Frist*) expiração *f,* termo *m;* **vor ~ der Frist** antes de expirar o prazo
ab|laufen *vi irreg* ❶ (*abfließen*) escorrer ❷ (*Ereignisse*) decorrer ❸ (*Frist, Zeit*) expirar, terminar; (*Pass*) caducar
ab|lecken *vt* lamber
ab|legen I. *vt* (*Gegenstand*) depositar, colocar; (*Kleider*) tirar, despir; (*Akten, Briefe*) arquivar; (*Gewohnheit*) perder; (*Prüfung*) fazer; (*Eid*) prestar **II.** *vi* (NAUT) levantar ferro
Ableger *m* <-s, -> (BOT) estaca *f,* tanchão *m*
ab|lehnen *vt* ❶ (*Angebot*) recusar; (*Vorschlag*) rejeitar; (*Einladung*) declinar, recusar ❷ (*Antrag*) indeferir ❸ (*missbilligen*) desaprovar
Ablehnung *f* <-en> recusa *f,* refutação *f*
ab|leisten *vt* (*Wehrdienst*) cumprir
ab|leiten *vt* ❶ (*umleiten*) desviar ❷ (LING) derivar ❸ (*folgern*) deduzir, concluir
Ableitung *f* <-en> (LING, MATH) derivação *f*
ab|lenken I. *vt* (*irreführen*) despistar; (*zerstreuen*) distrair **II.** *vi* desviar-se de, fugir a; **vom Thema ~** fugir ao tema
Ablenkung *f* <-en> ❶ (*Richtungsänderung*) desvio *m* ❷ (*Zerstreuung*) distracção *f*
Ablenkungsmanöver *nt* <-s, -> estratagema *m,* ardil *m*
ab|lesen *vt irreg* ler; **jdm etw an den Augen ~** ler a. c. nos olhos de alguém
ab|leugnen *vt* negar, desmentir
ab|liefern *vt* entregar
Ablieferung *f* <-en> entrega *f*
ab|lösen I. *vt* (*abtrennen*) tirar (*von* de), descolar (*von* de); (*Person*) revezar-se; (*Wache*) render; (WIRTSCH) remir **II.** *vr* **sich ~** descolar
Ablösung *f* ❶ (*Loslösung*) desprendimento *m* ❷ (*bei Tätigkeit*) substituição *f;* (MIL) render *m* (da guarda) ❸ (WIRTSCH) remissão *f,* resgate *m*
ABM *abk v* **Arbeitsbeschaffungsmaßnahme** medida para a criação de postos de trabalho
ab|machen *vt* ❶ (*umg: entfernen*) tirar (*von* de), desprender (*von* de) ❷ (*vereinbaren*) combinar; **abgemacht!** combinado!
Abmachung *f* <-en> acordo *m,* combinação *f*
ab|magern *vi* emagrecer
Abmagerungskur *f* <-en> cura *f* de emagrecimento
ab|malen *vt* (*abzeichnen*) pintar; (*kopieren*) copiar; (*porträtieren*) retratar
Abmarsch *m* <(e)s, -märsche> partida *f,* marcha *f*
ab|marschieren* *vi* marchar, pôr-se em marcha
ab|mehren *vt* (*schweiz*) votar
ab|melden I. *vt* (*Telefon*) cancelar a assinatura; (*Auto*) cancelar o registo; (*Schüler*) anular a matrícula **II.** *vr* **sich ~** (*am Wohnort*) comunicar a mudança de residência (à polícia); (*von Kurs*) desistir (*von* de)
Abmeldung *f* <-en> (*von Wohnort*) comunicação *f* da mudança de residência; (*von Schule, Kurs*) pedido *m* de anulação de matrícula
ab|messen *vt irreg* medir

ab|montieren* *vt* desmontar
ABM-Stelle *f* <-n> *posto de trabalho criado com subsídios estatais*
Abnahme *f* <-n> ① (*Verringerung*) diminuição *f* (*um* em), decréscimo *m* (*um* de) ② (*das Entfernen*) desmontagem *f;* (MED) amputação *f* ③ (WIRTSCH) compra *f* ④ (*Kontrolle*) vistoria *f*, inspecção *f* (para aprovação)
abnehmbar *adj* desmontável, removível
ab|nehmen I. *vt irreg* ① (*herunternehmen*) tirar (*von* de), remover; (*Telefonhörer*) levantar ② (*kaufen*) comprar ③ (*prüfen*) vistoriar, inspeccionar ④ (*Körpergewicht*) perder; **er will 5 kg ~** ele quer perder 5 kg II. *vi irreg* ① (*Geschwindigkeit, Temperatur*) diminuir ② (*Person*) perder peso, emagrecer
Abnehmer(in) *m(f)* <-s, - *o* -innen> comprador, compradora *m, f*, cliente *m,f*
Abneigung *f* <-en> aversão *f* (*gegen* a), antipatia *f* (*gegen* por)
abnorm *adj* anormal
ab|nutzen I. *vt* desgastar II. *vr* **sich ~** gastar-se (com o uso)
Abnutzung *f* <o.pl> desgaste *m*
Abo ['abo] *nt* <-s, -s> (*umg*) *s.* **Abonnement**
Abonnement [abɔn(ə)'mɑ̃ː] *nt* <-s, -s> (*für Zeitung, Theater*) assinatura *f*
Abonnent(in) [abɔ'nɛnt] *m(f)* <-en, -en *o* -innen> assinante *m,f*
abonnieren* *vt* assinar; **eine Zeitung abonniert haben** ser assinante de um jornal
Abordnung *f* <-en> delegação *f*, comissão *f*
ab|packen *vt* empacotar, embalar
ab|passen *vt* (*Zeitpunkt*) espreitar, aguardar; (*Person*) aguardar, esperar por
ab|pfeifen *vt irreg* (SPORT) apitar
ab|pflücken *vt* colher, apanhar
ab|plagen *vr* **sich ~** matar-se (*mit* com); **er plagt sich mit den Mathematikaufgaben ab** ele mata-se de estudar matemática
ab|prallen *vi* fazer ricochete (*an* em)
ab|putzen *vt* limpar
ab|rasieren* *vt* rapar
ab|raten *vi irreg* dissuadir (*von* de), desaconselhar (*von* de); **sie hat mir von ... abgeraten** ela dissuadiu-me de ... *+inf*
ab|räumen *vt* ① (*Sachen*) arrumar, tirar ② (*Tisch*) levantar
ab|reagieren* I. *vt* (*Zorn*) descarregar (*an* em) II. *vr* **sich ~** acalmar os nervos, desafogar-se (*an* com)
ab|rechnen I. *vt* descontar, deduzir II. *vi* fazer contas; (*fig*); **mit jdm ~** ajustar contas com alguém
Abrechnung *f* <-en> ① (*finanziell*) liquidação *f;* **in ~ bringen** descontar ② (*Vergeltung*) ajuste *m* de contas, acerto *m* de contas
ab|reiben *vt irreg* ① (*säubern*) esfregar ② (*trocknen*) friccionar
Abreibung *f* <-en> ① (*Frottieren*) fricção *f* ② (*umg: Prügel*) tareia *f;* (*mündlich*) descompostura *f*
Abreise *f* <-n> partida *f* (*nach* para)
ab|reisen *vi* partir (*nach* para)
ab|reißen I. *vt irreg* ① (*Blatt*) arrancar ② (*Haus*) demolir II. *vi irreg* ① (*Verbindung*) interromper-se ② (*sich lösen*) romper-se
Abreißkalender *m* <-s, -> calendário(-bloco) *m*
ab|richten *vt* amestrar, treinar
ab|riegeln *vt* (*Gebiet*) cercar; (*Straße*) cortar, bloquear
Abriss[RR] *m* <-es, -e>, **Abriß**[ALT] *m* <-sses, -sse> ① (*Entwurf*) esboço *m;* (*Darstellung*) sinopse *f*, compêndio *m* ② (*von Gebäude*) demolição *f*
ab|rufen *vt irreg* (INFOR) chamar
ab|runden *vt* (*Summe*) arredondar
abrupt [ap'rʊpt] *adj* abrupto, brusco
ab|rüsten *vi* desarmar
Abrüstung *f kein pl* desarmamento *m*
ab|rutschen *vi* escorregar, deslizar
ABS *abk v* **Antiblockiersystem** ABS (= *sistema antibloqueio*)
Abs. *abk v* **Absender** remetente
Absage ['apzaːgə] *f* <-n> ① (*Ablehnung*) recusa *f* (*an* a) ② (*Antwort*) resposta *f* negativa; **jdm eine ~ erteilen** dar uma resposta negativa a alguém, dizer que não a alguém; **eine ~ erhalten** receber uma resposta negativa
ab|sagen I. *vt* (*Einladung*) recusar, declinar; (*Sitzung*) anular II. *vi* recusar, declinar; (*Antwort*) responder negativamente; **jdm ~** não aceitar o convite de alguém
ab|sägen *vt* ① (*Ast*) serrar ② (*umg: Person*) destituir, afastar (de um cargo)
Absatz *m* <-es, -sätze> ① (*im Text*) parágrafo *m* ② (*am Schuh*) tacão *m*, salto *m* ③ (*Treppenabsatz*) patamar *m* ④ (WIRTSCH) venda *f*
absatzfähig *adj* (WIRTSCH) de venda fácil
Absatzmarkt *m* <-es, -märkte> mercado *m*

(de consumo)

ab|schaffen *vt* ❶ (*aufheben*) anular; (*Gesetz*) revogar, abolir ❷ (*Auto, Fernseher*) desfazer-se de

Abschaffung *f kein pl* (*von Gesetz*) abolição *f*, revogação *f*

ab|schalten **I.** *vt* desligar **II.** *vi* (*umg*) descansar, relaxar

ab|schätzen *vt* ❶ (*taxieren*) taxar, colectar ❷ (*einschätzen*) avaliar, apreciar

abschätzig *adj* (*Bemerkung*) depreciativo; (*Blick*) desdenhoso

ab|schauen *vt* (*österr*) copiar

Abscheu *m* <-s> *kein pl* repulsa *f*, aversão *f* (*vor* a)

abscheulich [ap'ʃɔɪlɪç] *adj* (*Verbrechen*) abominável, execrável; (*Anblick*) horrível

ab|schicken *vt* expedir, despachar

ab|schieben *vt irreg* ❶ (*abrücken*) remover (*von* de), empurrar (*von* de) ❷ (*Verantwortung*) empurrar ❸ (*Flüchtlinge*) expulsar

Abschiebung *f* <-en> expulsão *f*

Abschied ['apʃi:t] *m* <-(e)s, -e> despedida *f*; **~ von jdm nehmen** despedir-se de alguém; **zum ~** para a despedida

Abschiedsessen *nt* <-s, -> banquete *m* de despedida

ab|schießen *vt irreg* ❶ (*Geschoss*) disparar ❷ (*Rakete*) lançar ❸ (*Wild, Flugzeug*) abater

ab|schirmen *vt* proteger (*gegen* de), resguardar (*gegen* contra)

ab|schlachten *vt* ❶ (*Tiere*) abater ❷ (*Menschen*) chacinar, assassinar

Abschlag *m* <-(e)s, -schläge> ❶ (*Preisrückgang*) baixa *f* ❷ (*Teilzahlung*) prestação *f*; **auf ~** a prestações

ab|schlagen *vt irreg* ❶ (*Baum*) cortar, abater; (*Kopf*) cortar ❷ (*Angriff, Stoß*) repelir ❸ (*ablehnen*) recusar, negar; **jdm eine Bitte ~** recusar um pedido a alguém

abschlägig *adj* negativo; (**jdm**) **eine ~e Antwort erteilen** responder negativamente (a alguém), dizer que não (a alguém)

Abschlagszahlung *f* <-en> pagamento *m* parcial

Abschleppdienst *m* <-es, -e> serviço *m* de reboque

ab|schleppen *vt* rebocar

Abschleppseil *nt* <-(e)s, -e> cabo *m* de reboque

ab|schließen **I.** *vt irreg* ❶ (*Tür, Koffer*) fechar à chave ❷ (*beenden*) encerrar, terminar ❸ (*Handel*) fechar; (*Vertrag*) assinar **II.** *vi irreg* ❶ (*mit Schlüssel*) fechar à chave ❷ (*beenden*) **mit etw ~** terminar [*o* acabar] com a. c.

abschließend *adj* final, definitivo; **~e Bemerkung** observação final

Abschluss[RR] *m* <-es, -schlüsse>, **Abschluß**[ALT] *m* <-sses, -schlüsse> ❶ (*Beendigung*) fim *m*; (*eines Kongresses*) encerramento *m*; **zum ~** para terminar/acabar; **etw zum ~ bringen** terminar/acabar a. c. ❷ (*von Vertrag, Handel*) conclusão *f* ❸ (*Schlussrechnung*) balanço *m*, saldo *m*

Abschlussprüfung[RR] *f* <-en> exame *m* final

ab|schmecken *vt* ❶ (*probieren*) provar ❷ (*würzen*) apurar, condimentar

ab|schmieren *vt* (*Auto*) lubrificar

ab|schminken *vr* **sich ~** tirar a maquilhagem

ab|schnallen *vr* **sich ~** tirar [*o* desapertar] o cinto

ab|schneiden **I.** *vt irreg* (*abtrennen*) cortar; (*isolieren*) isolar (*von* de) **II.** *vi irreg* **gut/schlecht ~** obter um bom/mau resultado, ser bem/mal sucedido

Abschnitt *m* <-(e)s, -e> ❶ (*Teilstück*) secção *f* ❷ (*Kontrollabschnitt*) talão *m*; (*zum Ausfüllen*) cupão *m* ❸ (*von Buch*) trecho *m*, excerto *m*; (*von Text*) parágrafo *m* ❹ (*Zeitabschnitt*) período *m*, época *f*

ab|schrauben *vt* desaparafusar, desatarraxar

ab|schrecken *vt* ❶ (*abbringen*) desanimar, desencorajar ❷ (*abkühlen*) arrefecer; (*Eier*) passar por água fria

Abschreckung *f* <-en> intimidação *f*; **nukleare ~** ameaça nuclear *f*

ab|schreiben *vt irreg* ❶ (*kopieren*) copiar (*von* de); (*unerlaubt*) cabular, copiar ❷ (WIRTSCH: *tilgen*) amortizar; (*abrechnen*) descontar ❸ (*umg: verloren geben*) dar por perdido

Abschreibung *f* <-en> (WIRTSCH) amortização *f*

Abschrift *f* <-en> cópia *f* (*von* de)

Abschuss[RR] *m* <-es, -schüsse>, **Abschuß**[ALT] *m* <-sses, -schüsse> ❶ (*einer Rakete*) lançamento *m* ❷ (*eines Flugzeugs*) destruição *f*

abschüssig *adj* íngreme

ab|schütteln *vt* ❶ (*entfernen*) sacudir (*von* de) ❷ (*Person, Müdigkeit*) libertar-se de, livrar-se de

ab|schwächen **I.** *vt* (*Wirkung, Eindruck*) atenuar, abrandar; (*Stoß*) amortecer **II.** *vr* **sich ~** diminuir, enfraquecer

ab|schweifen ['apʃvaɪfən] *vi* desviar-se (*von* de), afastar-se (*von* de)

ab|schwirren *vi* (*umg*) pôr-se a andar; (*brasil*) dar o fora

ab|segnen *vt* (*umg*) aprovar

absehbar *adj* previsível; **in ~er Zeit** dentro de algum tempo, num futuro próximo

ab|sehen **I.** *vt irreg* (*Ende, Folgen*) prever **II.** *vi irreg* **von etw ~** desistir de a. c.; (*nicht berücksichtigen*) abstrair-se de a. c.

ab|seilen *vr* **sich ~** (*umg*) escapulir-se

abseits ['apzaɪts] **I.** *adv* (*von einer Gruppe*) à parte, de lado; (*nicht im Zentrum*) na periferia; (SPORT) fora de jogo **II.** *präp +gen* longe de, afastado de

Abseits *nt* <-> *kein pl* (SPORT) fora-de-jogo *m;* **im ~ stehen** estar fora de jogo

ab|senden *vt irreg* enviar, despachar

Absender(in) *m(f)* <-s, - *o* -innen> remetente *m,f*

ab|setzen **I.** *vt* ① (*Last*) pousar, pôr no chão ② (*Brille, Hut*) tirar ③ (*Ware*) vender ④ (*aussteigen lassen*) deixar ⑤ (*entlassen*) destituir, depor ⑥ (*von der Steuer*) deduzir (*von* de) ⑦ (*Medikament, Veranstaltung*) retirar **II.** *vr* **sich ~** ① (*sich ablagern*) depositar-se ② (*umg: sich entfernen*) pôr-se a andar

Absetzung *f* <-en> (*aus Amt*) destituição *f*

Absicht *f* <-en> ① (*Vorsatz*) intenção *f,* intuito *m;* **mit ~** de propósito ② (*Ziel*) objectivo *m,* fim *m*

absichtlich **I.** *adj* intencional, propositado **II.** *adv* propositadamente, de propósito

ab|sitzen **I.** *vt irreg* (*Strafe*) cumprir **II.** *vi irreg* (*Reiter*) apear(-se) (*von* de), desmontar (*von* de)

absolut [apzo'lu:t] *adj* absoluto

Absolution *f* <-en> absolvição *f*

Absolutismus *m* <-> *kein pl* absolutismo *m*

Absolvent(in) *m(f)* <-en, -en *o* -innen> antigo aluno, aluna *m, f;* (*im letzten Jahr*) finalista *m,f*

absolvieren* *vt* ① (*Schule*) completar; **ein Studium ~** tirar o curso; **eine Prüfung ~** passar no exame ② (REL) absolver

ab|sondern **I.** *vt* (*isolieren*) separar, isolar; (*ausscheiden*) segregar **II.** *vr* **sich ~** isolar-se (*von* de)

Absonderung *f* <-en> ① (*Isolierung*) separação *f,* isolamento *m* ② (MED) secreção *f*

absorbieren* *vt* absorver

absorbierend *adj* absorvente

ab|spalten **I.** *vt* (CHEM) dissociar, separar **II.** *vr* **sich ~** afastar-se, separar-se

ab|specken *vi* (*umg*) emagrecer

ab|speichern *vt* (INFOR) armazenar

ab|spenstig ['apʃpɛnstɪç] *adj* **jdm etw ~ machen** tirar a. c. de alguém

ab|sperren *vt* ① (*Straße*) fechar, cortar ② (*Tür*) trancar, fechar à chave ③ (*Wasser, Gas*) cortar

Absperrung *f* <-en> ① (*Vorgang*) obstrução *f* ② (*Sperre*) barricada *f,* cerco *m;* (*Zaun*) cerca *f,* vedação *f;* (*Sperrkette*) cordão *m*

ab|spielen **I.** *vt* (*CD*) pôr a tocar; **vom Blatt ~** tocar à primeira vista **II.** *vr* **sich ~** passar-se, ocorrer

Absprache *f* <-n> acordo *m;* **eine ~ treffen** chegar a um acordo

ab|sprechen **I.** *vt irreg* (*vereinbaren*) combinar (*mit* com); (*aberkennen*) contestar; **jdm etw ~** negar a. c. a alguém, privar alguém de a. c. **II.** *vr* **sich ~** *irreg* combinar; **sich mit jdm ~** combinar a. c. com alguém

ab|springen *vi irreg* ① (*herunterspringen*) saltar ② (*Farbe, Lack*) estalar; (*Knopf*) cair ③ (*umg: Kunden*) fugir; (*Teilnehmer*) desistir (*von* de)

Absprung *m* <-(e)s, -sprünge> (*mit Fallschirm*) salto *m*

ab|spülen *vt* lavar

ab|stammen *vi* ① (*Person*) descender (*von* de) ② (*Wort*) derivar (*von* de)

Abstammung *f kein pl* descendência *f,* origem *f* (*von* de)

Abstand *m* <(e)s, -stände> ① (*räumlich*) distância *f* (*von, zu* de, *zwischen* entre); **~ halten** guardar distância; **~ nehmen von** desistir de, renunciar a ② (*zeitlich*) intervalo *m,* espaço *m* (de tempo) ③ (*Unterschied*) contraste *m* (*zwischen* entre); **mit ~ der Beste** de longe o melhor

ab|stauben ['apʃtaʊbən] *vt* sacudir o pó de, espanar

ab|stechen *vi irreg* contrastar (*von* com), destacar-se (*von* de)

Abstecher *m* <-s, -> fugida *f,* saltada *f*

ab|stehen *vi irreg* ficar distante

ab|steigen *vi irreg* ① (*vom Rad*) descer (*von* de), apear-se (*von* de); (*vom Pferd*) desmontar (*von* de), descer (*von* de) ② (*in Gasthof*) hospedar-se (*in* em)

ab|stellen *vt* ① (*absetzen*) pousar, pôr no chão ② (*Auto, Fahrrad*) arrumar ③ (*ausschalten*) desligar; (*Wasser, Strom*) fechar, cortar ④ (*Missstand, Unsitte*) acabar com, suspender

Abstellraum *m* <(e)s, -räume> arrecadação *f*, arrumos *mpl*

ab|stempeln *vt* ① (*Formular*) carimbar; (*Brief*) selar ② (*Person*) classificar (*als* de)

ab|sterben *vi irreg* ① (*Pflanzen*) murchar, morrer ② (*Glieder*) atrofiar

Abstieg ['apʃtiːk] *m* <(e)s, -e> ① (*von Berg*) descida *f* (*von* de) ② (*Niedergang*) declínio *m*, decadência *f*; **wirtschaftlicher ~** ruína económica ③ (SPORT) descida *f*

ab|stimmen **I.** *vt* (*Interessen, Termine*) conciliar, conjugar; (*zeitlich*) sincronizar; (*Farben*) combinar **II.** *vi* votar; **über eine Reform ~** votar uma reforma

Abstimmung *f* <-en> ① (*von Interessen*) conciliação *f*, conjugação *f* ② (*zeitlich*) sincronização *f* ③ (POL) votação *f* (*über* de)

abstinent *adj* abstinente

Abstinenz *f kein pl* abstinência *f*

Abstinenzler(in) *m(f)* abstémio, abstémia *m,f*

ab|stoßen *vt irreg* ① (*wegstoßen*) empurrar ② (*Ware*) desfazer-se de ③ (*anekeln*) repugnar, causar repulsa a

abstoßend *adj* repelente, repugnante

abstrahieren* *vi* abstrair (*von* de)

abstrakt [ap'strakt] *adj* abstracto

Abstraktion *f* <-en> abstracção *f*

Abstraktionsvermögen *nt* <-s> *kein pl* capacidade *f* de abstração

ab|streiten *vt irreg* contestar; (*leugnen*) desmentir; **das kann ihm keiner ~** ninguém lhe pode negar isso

Abstrich *m* <-(e)s, -e> ① (*Kürzung*) corte *m*, redução *f* ② (MED) colheita *f*

ab|stufen *vt* ① (*Gehälter*) escalonar ② (*Farben*) matizar

Abstufung *f* <-en> (*von Gehältern*) gradação *f*, escalonamento *m*

ab|stumpfen ['apʃtʊmpfən] *vi* tornar-se insensível

Absturz *m* <-es, -stürze> ① (*aus der Höhe*) queda *f* (violenta) ② (INFOR) avaria *f* geral

ab|stürzen *vi* ① (*hinunterfallen*) cair; (*Flugzeug*) despenhar-se ② (INFOR) ir abaixo

ab|suchen *vt* fazer uma busca a, revistar; (*Gelände*) explorar

absurd [ap'zʊrt] *adj* absurdo, disparatado

Absurdität *f* <-en> absurdo *m*

Abszess[RR] [aps'tsɛs] *m* <-es, -e>, **Abszeß**[ALT] *m* <-sses, -sse> (MED) abcesso *m*

Abt [apt] *m* <(e)s, Äbte> abade *m*

Abt. *abk v* **Abteilung** Dept° (= *departamento*)

ab|tauen **I.** *vt* (*Kühlschrank*) descongelar **II.** *vi* (*Schnee, Eis*) derreter; (*Kühlschrank*) descongelar

Abtei [ap'taɪ] *f* <-en> abadia *f*

Abteil [ap'taɪl] *nt* <-(e)s, -e> compartimento *m* (da carruagem)

ab|teilen *vt* ① (*Raum*) dividir ② (*abtrennen*) separar

Abteilung [-'--] *f* <-en> ① (*im Kaufhaus*) secção *f*; (*in Firma*) departamento *m*, secção *f*; (*im öffentlichen Dienst*) repartição *f* ② (MIL) destacamento *m*, contingente *m* (militar)

Abteilungsleiter(in) *m(f)* <-s, - *o* -innen> chefe *mf* de secção [*o* de departamento]

Äbtissin *f* <-nen> abadessa *f*

ab|töten *vt* (*Bakterien*) matar

ab|tragen *vt irreg* ① (*Boden, Gelände*) nivelar ② (*Speisen*) levar, tirar ③ (*Schulden*) amortizar ④ (*Kleidung*) gastar (pelo uso)

abträglich *adj* (*geh*) prejudicial, nocivo; **etw ~ sein** ser prejudicial a a. c., ser nocivo para a. c.

Abtransport *m* <(e)s, -e> transporte *m* (*von* de), transferência *f*

ab|transportieren* *vt* transportar, transferir

ab|treiben **I.** *vt irreg* (*Kind*) abortar **II.** *vi irreg* ① (NAUT) andar à deriva, desviar-se do rumo ② (MED) abortar

Abtreibung *f* <-en> aborto *m* (provocado)

ab|trennen *vt* separar (*von* de); (*Genähtes*) descoser; (*Stück Papier*) tirar, destacar

ab|treten **I.** *vt irreg* (*Teppich, Absätze*) gastar; (*Schuhe*) limpar; **sich** *dat* **die Füße ~** limpar os pés; (*überlassen*) ceder; **jdm seinen Platz ~** ceder o lugar a alguém **II.** *vi irreg* retirar-se, demitir-se

ab|trocknen *vt* enxugar, secar

ab|tropfen *vi* pingar

abtrünnig *adj* ① (POL) rebelde ② (REL) renegado; **~ werden** renegar, abandonar

ab|tun *vt irreg* ① (*zurückweisen*) pôr de lado; **etw als unwichtig ~** não dar importância a a. c., não se importar com a. c. ② (*umg: Kleidung*) tirar

ab|turnen *vi* (*sl*) fazer [*o* causar] nojo
ab|wägen *vt* ponderar, considerar
ab|wählen *vt* ❶ (*Politiker*) não voltar a votar ❷ (*Schulfach*) não escolher
ab|wandeln *vt* variar, mudar
ab|wandern *vi* emigrar
Abwart(in) *m(f)* <-s, -e *o* -innen> (*schweiz*) porteiro, porteira *m, f*
ab|warten **I.** *vt* esperar por; **jds Antwort/den Briefträger ~** esperar pela resposta de alguém/pelo carteiro **II.** *vi* esperar, aguardar
abwärts *adv* abaixo, para baixo
abwärts|gehen *vi* descer; (*fig*) entrar em declínio
Abwasch *m* <-(e)s> *kein pl* ❶ (*Geschirr*) louça *f* suja ❷ (*Handlung*) lavagem *f* da louça
abwaschbar *adj* lavável
ab|waschen **I.** *vt irreg* lavar **II.** *vi irreg* lavar a louça
Abwaschmaschine *f* <-n> (*schweiz*) máquina *f* de lavar louça
Abwasser *nt* <-s, -wässer> águas *fpl* residuais, água *f* de esgoto
ab|wechseln **I.** *vi* alternar **II.** *vr* **sich ~** alternar-se; (*Personen*) revezar-se (*bei* em)
abwechselnd *adv* alternadamente, à vez; **sie passen ~ auf die Kinder auf** eles tomam conta das crianças à vez
Abwechslung *f* <-en> variação *f*, mudança *f*; **zur ~** para variar
abwechslungsreich *adj* (*Leben*) animado, agitado; (*Landschaft*) variado
abwegig ['apve:gɪç] *adj* absurdo; **ich finde das völlig ~** acho completamente absurdo
Abwehr ['pve:ɐ] *f kein pl* ❶ (SPORT) defesa *f* ❷ (*Ablehnung*) rejeição *f*
ab|wehren *vt* ❶ (*Schlag*) repelir ❷ (*Angriff, Gefahr*) defender-se de
ab|weichen *vi irreg* ❶ (*von Weg, Thema*) desviar-se (*von* de) ❷ (*Meinung*) divergir, diferir
abweichend *adj* divergente, diferente
Abweichung *f* <-en> ❶ (*von Weg, Thema*) desvio *m* (*von* de) ❷ (*Unterschied*) divergência *f* (*von* de)
ab|weisen *vt irreg* ❶ (*Besucher*) mandar embora, despachar ❷ (*Antrag*) indeferir
abweisend *adj* (*Haltung*) frio, distante
ab|wenden **I.** *vt* (*Augen*) desviar; (*Kopf*) virar; (*verhindern*) evitar **II.** *vr* **sich ~** afastar-se (*von* de), virar costas (*von* a)
ab|werfen *vt irreg* ❶ (*herunterwerfen*) atirar (ao chão); (*Bombe*) lançar ❷ (*Gewinne*) render
ab|werten *vt* (WIRTSCH) desvalorizar
Abwertung *f* <-en> (WIRTSCH) desvalorização *f*
abwesend ['apve:zənt] *adj* ❶ (*nicht anwesend*) ausente ❷ (*zerstreut*) distraído; **~ sein** estar distraído
Abwesenheit *f kein pl* ausência *f*; **in ~ verurteilt werden** ser julgado à revelia
ab|wickeln **I.** *vt* (*Faden, Knäuel*) desenrolar; (*durchführen*) executar, efectuar; (*beenden*) concluir **II.** *vr* **sich ~** desenvolver-se, desenrolar-se
ab|wiegen *vt irreg* pesar
ab|wimmeln *vt* (*umg*) livrar-se de, despachar
ab|wischen *vt* ❶ (*Staub*) limpar ❷ (*Tränen*) limpar, enxugar ❸ (*Tafel*) apagar
Abwurf *m* <-(e)s, -würfe> ❶ (*von Bomben*) lançamento *m* ❷ (*von Gewinnen*) rendimento *m* ❸ (SPORT) lançamento *m*
ab|würgen *vt* ❶ (*umg: Kritik*) não aceitar ❷ (*umg: Motor*) deixar ir abaixo
ab|zahlen *vt* (*in Raten*) pagar em prestações; (*ganze Schuld*) liquidar, saldar (uma dívida); **habt ihr das Auto schon abgezahlt?** já acabaram de pagar o carro?
ab|zählen *vt* contar; **etw an den Fingern ~** contar a. c. pelos dedos
Abzahlung *f* <-en> (*in Raten*) pagamento *m* em prestações; (*ganze Schuld*) liquidação *f* da dívida
Abzeichen *nt* <-s, -> emblema *m*; (*der Polizei*) distintivo *m*; (MIL) divisa *f*; (*Orden*) insígnia *f*, condecoração *f*
ab|zeichnen **I.** *vt* ❶ (*abmalen*) copiar, desenhar ❷ (*Dokument*) rubricar **II.** *vr* **sich ~** ❶ (*Umrisse*) distinguir-se, ressaltar ❷ (*Ereignis*) esboçar-se
Abziehbild *nt* <-(e)s, -er> decalcomania *f*
ab|ziehen **I.** *vt irreg* (*wegnehmen*) tirar; **das Bett ~** mudar a (roupa da) cama; (MATH) subtrair; (*Betrag*) descontar, deduzir; (FOTO) tirar uma cópia [*o* uma prova] (de); (*Truppen*) retirar; (*Tier*) esfolar **II.** *vi irreg* (*Rauch*) sair; (*Gewitter*) afastar-se; (*umg: weggehen*) pôr-se a andar, abalar **III.** *vr* **sich ~** *irreg* (*schweiz*) despir-se
ab|zielen *vi* **auf etw ~** ter a. c. como objectivo, ter a. c. em vista
Abzug *m* <-(e)s, -züge> ❶ (*Weggang*) reti-

rada *f*, saída *f* ❷ (FOTO) cópia *f* ❸ (*Betrag*) dedução *f* ❹ (*am Gewehr*) gatilho *m*

abzüglich *präp +gen* menos

ab|zweigen *vi* ❶ (*Weg*) ramificar-se ❷ (*Person*) sair (*von* de)

Abzweigung *f* <-en> ❶ (*Kreuzung*) entroncamento *m* ❷ (*Strecke*) ramal *m*

Accessoires *pl* acessórios *mpl*

ach *interj* (*Verwunderung*) ah!; (*Klage*) ai!; (*Ärger*) oh!; **~ so!** ah!

Ach *nt* <-s, -(s)> (*umg*) **mit ~ und Krach** a muito custo, por um triz

Achse ['aksə] *f* <-n> eixo *m*

Achsel ['aksəl] *f* <-n> ❶ (*Schulter*) ombro *m*; **mit den ~n zucken** encolher os ombros ❷ (*Achselhöhle*) axila *f*

Achselhöhle *f* <-n> (ANAT) axila *f*

acht [axt] *num kard* oito; *s. a.* **zwei**

Acht[1] [axt] *f* <-en> oito *m*; *s.* **Zwei**

Acht[2] *f kein pl* cuidado *m*, atenção *f*; **~ geben** prestar atenção (*auf* a); **gib ~!** cuidado!; **etw außer ~ lassen** não tomar a. c. em conta; **sich vor etw in ~ nehmen** ter cautela com a. c., tomar cuidado com a. c.

achte(r, s) *num ord* oitavo; *s. a.* **zweite(r, s)**

achteckig *adj* octogonal

Achtel *nt* <-s, -> ❶ (*achter Teil*) oitavo *m*, oitava *f* parte ❷ (MUS) colcheia *f*

achten ['axtən] **I.** *vt* (*Person*) estimar; (*Gesetz*) respeitar **II.** *vi* **auf etw ~** reparar em a. c.; **sie achtet darauf, dass sie nicht zu spät kommt** ela toma atenção para não chegar tarde

achtens ['axtəns] *adv* em oitavo lugar

Achterbahn *f* <-en> montanha *f* russa

acht|gebenALT *vi irreg s.* **Acht**[2]

achthundert ['-'--] *num kard* oitocentos

achtjährig *adj* de oito anos

achtlos *adj* ❶ (*sorglos*) desatento, descuidado ❷ (*zerstreut*) distraído

Achtlosigkeit *f kein pl* falta *f* de atenção, descuido *m*

achtmal *adv* oito vezes

Achtung ['axtʊŋ] *f kein pl* ❶ (*Aufmerksamkeit*) atenção *f*; **~!** atenção!, cuidado! ❷ (*Ehrfurcht*) respeito *m* (*vor* por), consideração *f* (*vor* por)

achtzehn *num kard* dezoito

achtzig ['axtsɪç] *num kard* oitenta

ächzen *vi* gemer (*vor* de)

Acker ['akɐ] *m* <-s, Äcker> campo *m* (de cultivo)

Ackerbau *m* <-(e)s> *kein pl* agricultura *f*

ackern *vi* (*umg*) trabalhar arduamente

Acryl [a'kryːl] *nt* <-s> *kein pl* acrílico *m*

Actionfilm *m* <-(e)s, -e> filme *m* de acção

a. D. *abk v* **außer Dienst** jubilado, aposentado

Adapter *m* <-s, -> adaptador *m*

adäquat *adj* (*geh*) adequado

addieren* *vt* somar, adicionar

Addition [adi'tsjoːn] *f* <-en> adição *f*

Adel ['aːdəl] *m* <-s.> *kein pl* nobreza *f*, aristocracia *f*; (*niederer*) fidalguia *f*

adeln *vt* enobrecer

Ader ['aːdɐ] *f* <-n> ❶ (ANAT) veia *f*; (*Schlagader*) artéria *f* ❷ (*in Holz, Gestein*) filão *m* ❸ (BOT) nervura *f*

Adjektiv ['atjɛktiːf] *nt* <-s, -e> adjectivo *m*

Adler ['aːdlɐ] *m* <-s, -> águia *f*

adlig ['aːdlɪç] *adj* nobre, aristocrático; (*niederer Adel*) fidalgo

administrativ *adj* administrativo

Admiral [atmi'raːl] *m* <-s, -e oder -räle> almirante *m*

adoptieren* *vt* ado(p)tar

Adoption [adɔp'tsjoːn] *f* <-en> ado(p)ção *f*

Adoptiveltern *pl* pais *mpl* ado(p)tivos

Adoptivkind *nt* <-(e)s, -er> filho *m* ado(p)tivo, filha *f* ado(p)tiva

Adrenalin [adrena'liːn] *nt* <-s> *kein pl* (MED) adrenalina *f*

Adressat(in) [adrɛ'saːt] *m(f)* <-en, -en *o* -innen> destinatário, destinatária *m, f*

AdressbuchRR *nt* <-(e)s, -bücher>, **Adreßbuch**ALT *nt* <-(e)s, -bücher> agenda *f*

Adresse [a'drɛsə] *f* <-n> morada *f*, endereço *m*

adressieren* *vt* endereçar (*an* a)

Adria ['aːdria] *f kein pl* mar *m* adriático

Advent [at'vɛnt] *m* <-(e)s, -e> Advento *m*

De acordo com a tradição, enfeita-se a sala para os domingos de Advento com uma coroa feita com raminhos de abeto, a que se chama **Adventskranz**. Esta coroa é adornada com quatro velas, às vezes também com fitas e pequenos objectos decorativos. No primeiro domingo acende-se apenas uma vela e em cada domingo seguinte mais uma. Só no último domingo de advento é que ficam as quatro velas acesas.

Adverb [at'vɛrp] *nt* <-s, -ien> advérbio *m*
adverbial *adj* adverbial
Advokaturbüro *nt* <-s, -s> (*schweiz*) escritório *m* de advocacia
Advokaturskanzlei *f* <-en> (*österr*) escritório *m* de advocacia
Aerobic *nt* <-s> *kein pl* aeróbica *f*
aerodynamisch *adj* aerodinâmico
Affäre *f* <-n> ① (*Angelegenheit*) caso *m*, assunto *m* ② (*Verhältnis*) caso *m*
Affe ['afə] *m* <-n, -n> macaco *m*
Affekt *m* <-(e)s, -e> **im ~ handeln** agir de cabeça quente, pensar com o coração
Affekthandlung *f* <-en> (JUR) crime *m* passional
affektiert *adj* afectado
Affenschande *f kein pl* (*umg*) escândalo *m*; **das ist eine ~** isto é uma vergonha
Affiche *f* <-n> (*schweiz*) cartaz *m*
Afghanistan *nt* <-s> *kein pl* Afeganistão *m*
Afrika ['a(:)frika] *nt* <-s> *kein pl* África *f*
Afrikaner(in) [afri'ka:nɐ] *m(f)* <-s, - *o* -innen> africano, africana *m, f*
afrikanisch *adj* africano
After ['aftɐ] *m* <-s, -> (ANAT) ânus *m*
After-Shave, Aftershave[RR] *nt* <-(s), -s> aftershave *m*
AG [a:'ge:] *abk v* **Aktiengesellschaft** SA (= *Sociedade Anónima*)
Agent(in) [a'gɛnt] *m(f)* <-en, -en *o* -innen> ① (*Spion*) espião, espia *m, f* ② (*für Künstler*) agente *m,f*
Agentur *f* <-en> agência *f*
Aggression [agrɛ'sjo:n] *f* <-en> agressão *f*
aggressiv *adj* agressivo
Aggressivität *f* <-en> agressividade *f*
Agitation *f* <-en> agitação *f*
Agrarreform *f* <-en> reforma *f* agrária
Ägypten *nt* <-s> *kein pl* Egipto *m*
ägyptisch *adj* egípcio
aha *interj* logo vi!
ähneln I. *vi* parecer-se (com) II. *vr* **sich ~** assemelhar-se
ahnen ['a:nən] *vt* ① (*vermuten*) supor, suspeitar ② (*Gefahr*) pressentir, ter um pressentimento de; **ich ahne, dass ...** palpita-me que ...
ähnlich *adj* semelhante (a), parecido (com); **das sieht ihm ~!** é mesmo dele!, é a cara dele!
Ähnlichkeit *f* <-en> semelhança *f* (*mit* com, *zwischen* entre), parecença *f* (*mit* com, *zwischen* entre)
Ahnung *f* <-en> ① (*Vorstellung*) ideia *f*; **keine ~!** não faço (a mínima) ideia! ② (*Vorgefühl*) pressentimento *m*, palpite *m*
ahnungslos I. *adj* (*unwissend*) ignorante; (*sorglos*) despreocupado II. *adv* sem saber de nada
Ahorn *m* <-s, -e> ácer *m*
Aids [ɛɪts] *nt* <-> *kein pl* (MED) sida *f*
Aidskranke(r) *m/f* <-n, -n *o* -n> portador, -a *m,f* do vírus da SIDA; (*brasil*) aidético, aidética *m, f*
Aidstest *m* <-(e)s, -s> teste *m* da sida
Airbag ['ɛɐbɛ:k] *m* <-s, -s> airbag *m*
Airbus *m* <-ses, -se> (AERO) airbus *m*
Akademie [akade'mi:] *f* <-n> academia *f*
Akademiker(in) [aka'de:mikɐ] *m(f)* <-s, - *o* -innen> académico, académica *m, f*
akademisch *adj* académico
Akazie *f* <-n> acácia *f*
akklimatisieren* *vr* **sich ~** aclimatar-se (*an* a)
Akkord [a'kɔrt] *m* <-(e)s, -e> ① (*bei Arbeit*) ajuste *m*; **im ~ arbeiten** trabalhar por ajuste ② (MUS) acorde *m*
Akkordarbeit *f* <-en> trabalho *m* por ajuste
Akkordarbeiter(in) *m(f)* <-s, - *o* -innen> tarefeiro, tarefeira *m, f*
Akkordeon [a'kɔrdeɔn] *nt* <-s, -s> acordeão *m*
akkurat [aku'ra:t] *adj* exacto, preciso
Akkusativ ['akuzati:f] *m* <-s, -e> (LING) acusativo *m*
Akne ['a:knə] *f* <-n> (MED) acne *f*
Akrobat(in) [akro'ba:t] *m(f)* <-en, -en *o* -innen> acrobata *m,f*
Akt[1] [akt] *m* <-(e)s, -e> ① (*Handlung*) acção *f* ② (*von Theaterstück*) acto *m* ③ (*in Kunst*) nu *m* ④ (*Geschlechtsakt*) acto *m* sexual
Akt[2] *m* <-(e)s, -en> (*österr*) *s.* **Akte**
Akte ['aktə] *f* <-n> documento *m*, auto *m*; **etw zu den ~n legen** arquivar a. c.; (*fig*) não falar mais no assunto, arrumar o assunto
Aktenmappe *f* <-n> pasta *f* (de arquivo)
Aktenschrank *m* <(e)s, -schränke> arquivo *m*
Aktie ['aktsjə] *f* <-n> (WIRTSCH) acção *f*; **die ~n steigen/fallen** as acções sobem/descem
Aktiengesellschaft *f* <-en> sociedade *f* anónima, sociedade *f* por quotas

Aktion [ak'tsjoːn] *f* <-en> ❶ (*Handlung*) acção *f* ❷ (*Kampagne*) campanha *f* (*für* por, *gegen* contra)
Aktionär(in) *m(f)* <-s, -e *o* -innen> accionista *m,f*
aktiv [ak'tiːf] *adj* activo
Aktiv *nt* <-s> *kein pl* (LING) voz *f* activa
aktivieren* *vt* activar
Aktivität *f* <-en> actividade *f*
aktualisieren* *vt* actualizar
Aktualität *f kein pl* actualidade *f*
aktuell [aktu'ɛl] *adj* actual
Akupunktur [akupʊŋk'tuːɐ] *f* <-en> acupunctura *f*
Akustik [a'kʊstɪk] *f kein pl* acústica *f*
akustisch *adj* acústico
akut [a'kuːt] *adj* ❶ (*Frage, Problem*) urgente, premente ❷ (MED) agudo; ~ **werden** agudizar-se
AKW [aːkaː'veː] *abk v* **Atomkraftwerk** central atómica
Akzent [ak'tsɛnt] *m* <-(e)s, -e> ❶ (LING: *Betonung*) acento *m* ❷ (*in der Aussprache*) sotaque *m;* **mit starkem ~ sprechen** falar com um sotaque carregado
akzeptabel [aktsɛp'taːbəl] *adj* aceitável
akzeptieren* *vt* aceitar
Alarm [a'larm] *m* <-(e)s, -e> alarme *m,* rebate *m;* **blinder ~** falso alarme
Alarmanlage *f* <-n> alarme *m*
alarmieren* *vt* ❶ (*Feuerwehr, Polizei*) chamar ❷ (*beunruhigen*) alarmar
Albaner(in) [al'baːnɐ] *m(f)* <-s, - *o* -innen> albanês, albanesa *m, f*
Albanien [al'baːniən] *nt* <-s> *kein pl* Albânia *f*
albanisch *adj* albanês
Albatros *m* <-, -se> (ZOOL) albatroz *m*
Alben *pl von* **Album**
albern ['albɐn] *adj* pateta, aparvalhado
Albino *m* <-s, -s> albino *m*
Albtraum[RR] *m* <-(e)s, -träume> pesadelo *m*
Album ['albʊm] *nt* <-s, Alben> álbum *m*
Alchemie *f kein pl* alquimia *f*
Alge ['algə] *f* <-n> alga *f*
Algebra ['algebra] *f kein pl* álgebra *f*
Algerien [al'geːriən] *nt* <-s> *kein pl* Argélia *f*
algerisch *adj* argelino
Algorithmus *m* <-, Algorithmen> (MATH) algoritmo *m*
Alibi ['aːlibi] *nt* <-s, -s> álibi *m;* **ein ~ haben** ter um álibi
Alkohol ['alkohoːl] *m* <-s, -e> álcool *m*
Alkoholeinfluss[RR] *m* <-es> *kein pl* **unter ~ stehen** estar sob o efeito do álcool
alkoholfrei *adj* sem álcool, não alcoólico
Alkoholiker(in) [alko'hoːlikɐ] *m(f)* <-s, - *o* -innen> alcoólico, alcoólica *m, f,* alcoólatra *m,f*
alkoholisch [--'--] *adj* alcoólico
Alkoholismus *m* <-> *kein pl* alcoolismo *m*
Alkoholspiegel *m* <-s, -> alcoolemia *f*
Alkoholverbot *nt* <(e)s, -e> proibição *f* (do álcool)
All [al] *nt* <-s> *kein pl* mundo *m,* universo *m*
alle ['alə] *adv* (*umg*) ~ **sein** ter acabado
alle(r) *pron indef* todos, todas; ~ **beide** ambos; ~ **fünf Jahre** de cinco em cinco anos; ~ **zwei Tage** dia sim, dia não; **vor ~m** sobretudo, acima de tudo; (*umg*); **er hat sie nicht ~** ele não é bem acabado, ele tem um parafuso a menos
Allee [a'leː] *f* <-n> alameda *f*
Allegorie *f* <-n> alegoria *f*
allegorisch *adj* alegórico
allein [a'laɪn] **I.** *adj* sozinho; ~ **leben** viver sozinho; **etw ~ machen** fazer a. c. sozinho **II.** *adv* (*geh*) só, somente
Alleinerziehende(r), allein Erziehende(r)[RR] *m/f* <-n, -n *o* -n> pai *m* solteiro, mãe *f* solteira
alleinig *adj* único, exclusivo; **der ~e Erbe** o único herdeiro
Alleinstehende(r) *m/f* <-n, -n *o* -n> solteiro, solteira *m, f*
allerbeste(r, s) *adj* o melhor de todos; **meine ~ Freundin** a minha melhor amiga
allerdings ['alɐ'dɪŋs] *adv* ❶ (*gewiss*) com certeza, sem dúvida; **hast du das gewusst? – ~!** sabias disso? – com certeza! ❷ (*jedoch*) na verdade, no entanto; **~ muss ich zugeben, dass ...** no entanto, tenho de admitir que ... ❸ (*in der Tat*) de fa(c)to; **das ist ~ schlimm** isso é de fa(c)to mau
Allergie [alɛr'giː] *f* <-n> alergia *f* (*gegen* a)
allergisch *adj* alérgico (*gegen* a)
allerhand ['--'-] *adj* <inv.> (*umg*) uma série de, diversos; **das ist doch ~!** essa é forte!, até parece impossível!; (*lobend*); **~!** é qualquer coisa!
Allerheiligen [--'---] *nt* <-> *kein pl* dia *m* de Todos os Santos
allerhöchste(r, s) *adj* mais alto; **es ist ~ Zeit** são mais que horas de + *inf*

allerhöchstens *adv* no máximo
allerlei ['alɐ'laɪ] *adj* <inv.> toda a espécie de
allerletzte(r, s) *adj* o último (de todos), derradeiro; **zu allerletzt** por fim, afinal de contas
Allerseelen [--'--] *nt* <-> *kein pl* dia *m* dos Mortos
allerspätestens *adv* o mais tardar
alles *pron indef* tudo; ~ **in allem** em resumo, resumindo
allesamt ['--'-] *pron indef* (*umg*) todos juntos, todos quantos
Alleskleber *m* <-s, -> cola-tudo *f*
allgemein ['algə'maɪn] **I.** *adj* comum, geral; (*für alle gültig*) universal; **im Allgemeinen** geralmente, em geral **II.** *adv* em geral; (*Verbreitung*) por toda a parte; ~ **bekannt** (muito) conhecido
Allgemeinbildung [--'---] *f kein pl* cultura *f* geral
Allgemeinheit [--'--] *f kein pl* ① (*Öffentlichkeit*) grande *m* público ② (*Undifferenziertheit*) generalidade *f*
Allgemeinmedizin [--'----] *f kein pl* clínica *f* geral
Alliteration *f* <-en> (LIT) aliteração *f*
alljährlich **I.** *adj* anual **II.** *adv* anualmente
Allmacht *f kein pl* (*geh*) omnipotência *f*
allmächtig *adj* omnipotente
allmählich **I.** *adj* gradual **II.** *adv* pouco a pouco, gradualmente
Allradantrieb *m* <-(e)s, -e> tracção *f* às quatro rodas
allseitig *adj* universal
Alltag ['alta:k] *m* <-(e)s> *kein pl* dia-a-dia *m*, quotidiano *m*
alltäglich *adj* ① (*jeden Tag*) quotidiano, de todos os dias ② (*gewöhnlich*) vulgar, corriqueiro
allumfassend *adj* (*geh*) universal
allwissend ['-'--] *adj* omnisciente
allzu ['--] *adv* demais, demasiado; ~ **viel** demais, demasiado
allzuvielALT ['--'-] *adv s.* **allzu**
Alm [alm] *f* <-en> pasto *m*, pastagem *f*
Almosen ['almo:zən] *nt* <-s, -> esmola *f*
Alpen ['alpən] *pl* Alpes *mpl*
Alpenveilchen *nt* <-s, -> cíclame *m*
Alphabet [alfa'be:t] *nt* <-(e)s, -e> alfabeto *m*, abecedário *m*
alphabetisch **I.** *adj* alfabético **II.** *adv* por ordem alfabética
alphabetisieren* *vt* alfabetizar
alphanumerisch [alfanu'me:rɪʃ] *adj* (INFOR) por ordem numérica e alfabética
alpin *adj* alpino
Alpinist(in) *m(f)* <-en, -en *o* -innen> alpinista *m,f*

Älpler-Magrone é uma especialidade suíça, composta de macarrão com cebola, batatas e um molho de queijo e natas ácidas. É servida com puré de maçã.

Alptraum *m* <-(e)s, -träume> pesadelo *m*
als [als] *konj* ① (*zeitlich*) quando ② (*bei Komparativ*) do que; (*Mengenangabe*); **mehr/weniger** ~ mais/menos (do) que; ~ **ob/wenn** como se ③ (*Eigenschaft*) como, na qualidade de; ~ **Beispiel** como exemplo; **nichts** ~ nada como; **nichts** ~ **Ärger** só aborrecimento
also ['alzo] *adv* ① (*folglich*) portanto, por conseguinte ② (*das heißt*) quer dizer, ou seja
alt [alt] *adj* velho; (*Mensch*) idoso; (*von früher*) antigo; **wie** ~ **bist du?** que idade tens?, quantos anos tens?; **sie ist 7 Jahre** ~ ela tem 7 anos; **ein älterer Mensch** uma pessoa de idade; **älter werden** envelhecer; **er wird 25 Jahre** ~ ele faz 25 anos
Alt *m* <-s> *kein pl* (MUS) voz *f* de contralto
Altar [al'ta:ɐ] *m* <-s, Altäre> altar *m*
Altbier *nt* <-(e)s, -e> cerveja *f* artesanal
Alter ['altɐ] *nt* <-s> *kein pl* idade *f*; (*hohes*) velhice *f*, terceira *f* idade; **im** ~ **von ...** aos ... anos; **sie ist in meinem** ~ ela tem a minha idade
älter *komp von* **alt**
altern ['altɐn] *vi* envelhecer
alternativ *adj* alternativo; (*umweltbewusst*) ecológico; (*Bäckerei, Landwirtschaft*) biológico
Alternative *f* <-n> alternativa *f* (*zu* para/a)
Altersasyl *nt* <-s, -e> (*schweiz*) lar *m* de terceira idade
Altersgenosse(in) *m(f)* <-n, -n *o* -innen> contemporâneo, contemporânea *m, f*
Altersgruppe *f* <-n> faixa *f* etária
Altersheim *nt* <-(e)s, -e> lar *m* de terceira idade
Altersschwäche *f kein pl* senilidade *f*
Altersversorgung *f* <-en> pensão *f* vitalícia, pensão de velhice
Altertum ['altɐtu:m] *nt* <-s> *kein pl* antiguidade *f*

altertümlich *adj* antigo, arcaico; (*altmodisch*) antiquado, fora de moda

älteste(r, s) *superl von* **alt**

Altglas *nt* <-es> *kein pl* casco *m*

Altglascontainer *m* <-s, -> vidrão *m*

altklug *adj* precoce

altmodisch *adj* antiquado, fora de moda

Altpapier *nt* <-s> *kein pl* papel *m* velho

Altstadt *f* <-städte> bairro *m* antigo, parte *f* antiga da cidade

Alufolie ['a:lufo:liə] *f* <-n> papel *m* de alumínio

Aluminium [alu'mi:niʊm] *nt* <-s> *kein pl* alumínio *m*

am [am] = **an dem** *s.* **an**

Amalgam *nt* <-s, -e> amálgama *f*

Amateur(in) [ama'tø:ɐ] *m(f)* <-s, -e *o* -innen> amador, amadora *m, f*

Amazonas *m* <-> *kein pl* Amazonas *m*

Ambiente *nt* <-> *kein pl* (*geh*) ambiente *m*

Ambition *f* <-en> (*geh*) ambição *f*

Amboss[RR] ['ambɔs] *m* <-es, -e>, **Amboß**[ALT] *m* <-sses, -sse> (ANAT) bigorna *f*

ambulant [ambu'lant] *adj* ① (*Händler*) ambulante ② (MED) **~e Behandlung** tratamento ambulatório

Ambulanz [ambu'lants] *f* <-en> ① (*Raum*) banco *m* (do hospital) ② (*Krankenwagen*) ambulância *f*

Ameise ['a:maɪzə] *f* <-en> formiga *f*

Ameisenhaufen *m* <-s, -> formigueiro *m*

Ameisensäure *f kein pl* (CHEM) ácido *m* fórmico

amen *interj* amem

Amerika [a'me:rika] *nt* <-s> *kein pl* América *f*

Amerikaner(in) [ameri'ka:nɐ] *m(f)* <-s, - *o* -innen> americano, americana *m, f*

amerikanisch *adj* americano

Ammoniak *nt* <-s> *kein pl* (CHEM) amoníaco *m*

Amnestie [amnɛs'ti:] *f* <-n> amnistia *f*

Amöbe *f* <-n> (BIOL) amiba *f*, ameba *f*

Ampel ['ampəl] *f* <-n> ① (*Verkehrsampel*) semáforo *m* ② (*Blumenampel*) lampião *m*

Amphibie *f* <-n> anfíbio *m*

Amputation *f* <-en> amputação *f*

amputieren* *vt* amputar

Amsel ['amzəl] *f* <-n> melro *m*

Amt [amt] *nt* <-(e)s, Ämter> ① (*Posten*) cargo *m*, posto *m*; **sein ~ niederlegen** demitir-se ② (*Aufgabe*) função *f* ③ (*Behörde*) repartição *f*, serviços *mpl*; **Auswärtiges ~** Ministério dos Negócios Estrangeiros *m* ④ (TEL) central *f*

amtieren* *vi* exercer as funções (*als* de); **~de Ministerin** ministra em funções

amtlich *adj* oficial; **~es Kennzeichen** matrícula *f*

Amtsgericht *nt* <-(e)s, -e> tribunal *m* de comarca

Amtsmissbrauch[RR] *m* <-(e)s> *kein pl* (JUR) abuso *m* de autoridade

Amtssprache *f* <-n> língua *f* oficial

amüsant *adj* divertido

amüsieren* **I.** *vt* divertir **II.** *vr* **sich ~** divertir-se (*über* com), entreter-se (*über* com)

an [an] **I.** *präp* +*dat* ① (*räumlich, zeitlich*) em, a; **am Tisch** à mesa; **~ Ostern** na Páscoa; **am 15. März** no dia 15 de Março, a 15 de Março; **am Abend** à noite; **am Sonntag** no domingo; **~ dem Tag, ~ dem ...** no dia em que ... ② (*neben*) ao pé de, junto de [*o* a]; (*nahe bei*) perto de; **Frankfurt am Main** Francoforte do Meno **II.** *präp* +*akk* ① (*in Richtung auf*) a, para; **~ die Küste** à [*o* para] a costa ② (*ungefähr*) cerca de; **~ die hundert** cerca de cem **III.** *adv* ① (*ab*) **von ... ~** de ... em diante, a partir de ... ② (*eingeschaltet*) ligado, aceso; **das Licht ist ~** a luz está ligada/acesa

Anabolikum *nt* <-s, Anabolika> (MED) anabolismo *m*

anal *adj* anal

analog [ana'lo:k] *adj* análogo (*zu* a)

Analogie *f* <-n> analogia *f*; **in ~ zu** em analogia com

Analphabet(in) ['analfabe:t, ---'-] *m(f)* <-en, -en *o* -innen> analfabeto, analfabeta *m, f*

Analyse [ana'ly:zə] *f* <-n> análise *f*

analysieren* *vt* analisar

Ananas ['ananas] *f* <-(se)> ananás *m*; (*brasil*) abacaxi *m*

Anarchie [anar'çi:] *f* <-n> anarquia *f*

anarchistisch *adj* anarquista, anárquico

Anatomie [anato'mi:] *f* <o.pl> anatomia *f*

anatomisch *adj* anatómico

an|bahnen **I.** *vt* preparar, principiar **II.** *vr* **sich ~** ir-se desenvolvendo, ir-se mostrando

an|bändeln *vi* ① (*umg: Liebesbeziehung*) **mit jdm ~** namoriscar com alguém ② (*Streit*) meter-se (*mit* com)

Anbau[1] *m* <-(e)s> *kein pl* (AGR) cultivo *m*, cultura *f*

Anbau[2] *m* <-(e)s, -ten> (*Gebäude*) anexo *m*
an|bauen *vt* ① (*Gemüse*) cultivar ② (*an Haus*) anexar
Anbaufläche *f* <-n> (AGR) área *f* de cultivo
an|beißen **I.** *vt irreg* morder, mordiscar **II.** *vi irreg* ① (*Fisch*) morder o anzol ② (*umg: Person*) morder o isco, cair em
an|belangen* *vt* **was das/mich anbelangt** quanto a isso/mim
an|beraumen* *vt* fixar, marcar; **eine Sitzung ~** marcar uma reunião
an|beten *vt* adorar, idolatrar
Anbetracht ['anbətraxt] **in ~** *+gen* considerando; **in ~ dessen, dass** considerando que, visto que
an|bieten **I.** *vt irreg* oferecer; (*vorschlagen*) propor **II.** *vr* **sich ~** *irreg* oferecer-se (*zu* para)
an|binden *vt irreg* atar, amarrar; **kurz angebunden sein** ser brusco
Anblick *m* <-(e)s, -e> ① *kein pl* (*das Anblicken*) vista *f* ② (*Aussehen*) aspecto *m*
an|blicken *vt* olhar; (*betrachten*) mirar, contemplar
Anbot *nt* <-(e)s, -e> (*österr*) *s.* **Angebot**
an|braten *vt irreg* alourar
an|brechen **I.** *vt irreg* (*Flasche, Schachtel*) abrir **II.** *vi irreg* (*Zeitalter*) iniciar-se, começar; (*Tag*) romper; (*Nacht*) cair
an|brennen *vi irreg* (*Essen*) queimar(-se), esturricar
an|bringen *vt irreg* ① (*vorbringen, äußern*) apresentar ② (*festmachen*) fixar; (*Plakat*) afixar; (TECH) montar ③ (*umg: herbringen*) trazer
Anbruch *m* <-(e)s> *kein pl* começo *m*, princípio *m*; **bei ~ des Tages** ao romper do dia, ao amanhecer; **bei ~ der Nacht** ao cair da noite, ao anoitecer
an|brüllen *vt* gritar com
Andacht ['andaxt] *f* <-en> ① (*religiöse Versenkung*) devoção *f* ② (*Gottesdienst*) serviço *m* religioso
andächtig *adj* ① (REL) devoto ② (*konzentriert*) atento
an|dauern *vi* continuar, persistir
andauernd **I.** *adj* contínuo, permanente **II.** *adv* constantemente, continuamente
Andenken *nt* <-s, -> ① *kein pl* (*Erinnerung*) recordação *f* (*an* de) ② (*Souvenir*) lembrança *f* (*an* de)
andere(r, s) *pron indef* outro, outra; **ein ~r** outro; **etwas ~s** outra coisa; **von etwas ~m sprechen** falar de outra coisa; **unter ~m** entre outros, entre outras coisas; **alles ~** tudo o mais; **nichts ~s sein als** não ser senão, não ser nada (mais) senão
andererseits *adv* por outro lado
ändern **I.** *vt* modificar, alterar; **seine Meinung ~** mudar de ideias **II.** *vr* **sich ~** modificar-se, alterar-se
anders ['andɐs] *adv* de outra maneira, de outro modo; **~ als** diferente de; **jd ~** outra pessoa, outrem; **irgendwo ~** noutro sítio qualquer, em qualquer outra parte; **ganz ~ aussehen** estar muito diferente, parecer outro
andersherum *adv* ① (*verkehrt*) em sentido contrário, em sentido inverso ② (*von der anderen Seite*) pelo outro lado
anderthalb ['andɐt'halp] *num kard* um e meio
Änderung *f* <-en> modificação *f*, alteração *f*
an|deuten *vt* ① (*anspielen*) aludir a; (*Wink geben*) insinuar, dar a entender ② (*hinweisen*) indicar, sugerir
Andeutung *f* <-en> ① (*Anzeichen*) indício *m* ② (*Anspielung*) alusão *f* (*auf* a), insinuação *f*
Andorra [an'dɔra] *nt* <-s> *kein pl* Andorra *f*
Andrang *m* <-(e)s> *kein pl* ① (*Zustrom*) afluência *f* ② (*Gedränge*) aperto *m*
an|drehen *vt* (*Wasser, Gas*) abrir; (*Radio*) ligar
an|drohen *vt* ameaçar; **jdm etw ~** ameaçar alguém de a. c.
an|eignen *vr* **sich ~** **sich** *dat* **etw ~** adquirir a. c.; (*widerrechtlich*) apossar-se de a. c., apropriar-se de a. c.
aneinander [--'--] *adv* um ao [*o* no] [*o* pelo] outro; (*nahe an*) juntos, um junto ao outro
aneinander|geraten *vi* passar a vias de facto, pegar-se
aneinander|grenzen *vi* confinar
Anekdote [anɛk'doːtə] *f* <-n> anedota *f*
an|ekeln *vt* repugnar, meter nojo a
anerkannt **I.** *pp von* **anerkennen** **II.** *adj* reconhecido, reputado; **staatlich ~** reconhecido oficialmente
an|erkennen* *vt irreg* reconhecer (*als* como); (*würdigen*) apreciar
Anerkennung *f* <-en> reconhecimento *m* (*als* como); (*Würdigung*) apreço *m*
an|fahren **I.** *vt irreg* (*fahren gegen*) embater em; (*Fußgänger*) colher; (*Hafen*) fazer

escala em; (*herbeibringen*) trazer, acarretar; (*zurechtweisen*) berrar com **II.** *vi irreg* (*Auto*) arrancar; (*Zug*) pôr-se em marcha

Anfahrt *f* <-en> ① (*Strecke*) caminho *m* ② (*Zufahrt*) entrada *f*

Anfall *m* <-(e)s, -fälle> ① (MED) ataque *m* ② (*Wutanfall*) acesso *m*

an|fallen *vt irreg* assaltar, atacar

anfällig *adj* (MED) fraco, de saúde delicada; ~ **für etw sein** ser propenso a a. c., ser sujeito a a. c.

Anfang ['anfaŋ] *m* <-(e)s, -fänge> princípio *m*, início *m*, começo *m*; **von ~ an** desde o princípio; **am/zu ~** de início, a princípio; **~ Mai** em princípios de Maio, no princípio de Maio

an|fangen I. *vt irreg* principiar, começar, iniciar **II.** *vi irreg* começar (*mit* com), principiar, iniciar-se; **der Unterricht fängt um 8 Uhr an** a aula começa às 8 horas

Anfänger(in) *m(f)* <-s, - *o* -innen> principiante *m,f*

anfangs ['anfaŋs] *adv* inicialmente, ao [*o* no] princípio

Anfangsbuchstabe *m* <-n(s), -n> inicial *f*

Anfangsstadium *nt* <-s, -stadien> estado *m* inicial

an|fassen I. *vt* (*greifen*) pegar em, agarrar; (*berühren*) tocar em; (*behandeln*) tratar; (*Problem*) lidar com **II.** *vi* (*helfen*) **mit ~** ajudar, deitar uma mão **III.** *vr* **sich ~** dar as mãos

an|fertigen *vt* fazer; (*herstellen*) fabricar, produzir; (*Kleider*) confeccionar; (*Text*) redigir

Anfertigung *f* <-en> (*Herstellung*) fabrico *m*, produção *f*; (*Kleider*) confecção *f*; (*Text*) redacção *f*

an|feuchten ['anfɔɪçtən] *vt* humedecer, molhar

an|feuern *vt* (*Person*) incitar, estimular; (FBALL) torcer

an|flehen *vt* suplicar, implorar

an|fliegen *vt irreg* dirigir-se a; (*zur Zwischenlandung*) fazer escala (em)

Anflug *m* <-(e)s, -flüge> ① (AERO) vôo *m* de aproximação (*auf* de) ② (*Spur*) assomo *m*, rasgo *m*

an|fordern *vt* solicitar, pedir

Anforderung *f* <-en> ① (*Anspruch*) requisito *m* (*an* a), exigência *f* (*an* a) ② (*das Anfordern*) pedido *m*

Anfrage *f* <-n> pedido *m* de informação (*an* a); (WIRTSCH) consulta *f* (*an* a); (POL) interpelação *f*

an|fragen *vi* pedir informações (*bei* a); (POL) interpelar

an|freunden *vr* **sich ~** tornar-se amigo, ficar amigo; **sich mit jdm ~** tornar-se amigo de alguém, ficar amigo de alguém; **sich mit etw ~** familiarizar-se com a. c.

an|fügen *vt* juntar, acrescentar

an|führen *vt* ① (*leiten*) comandar, dirigir ② (*zitieren*) citar; (*Grund*) alegar

Anführer(in) *m(f)* <-s, - *o* -innen> comandante *m,f*, cabecilha *m,f*

Anführungszeichen *nt* <-s, -> aspas *fpl*; **in ~** entre aspas

Angabe *f* <-n> ① (*Information*) indicação *f*; (*Aussage*) declaração *f*; (TECH) dado *m* ② *kein pl* (*umg: Prahlerei*) gabarolice *f*, bazófia *f* ③ (SPORT) serviço *m* inicial

an|geben I. *vt irreg* indicar; (*im Einzelnen*) especificar; (*Wert*) declarar; (*Gründe*) alegar **II.** *vi irreg* ① (*umg: prahlen*) gabar-se, armar-se ② (SPORT) servir ③ (*beim Kartenspiel*) começar a jogar

Angeber(in) *m(f)* <-s, - *o* -innen> (*umg*) gabarola *m,f*; (*brasil*) fanfarrão, fanfarrona *m,f*

Angeberei *f* <-en> gabarolice *f*, bazófia *f*

angeblich ['ange:plɪç, -'--] **I.** *adj* suposto, alegado **II.** *adv* supostamente, segundo dizem, segundo se diz

angeboren *adj* inato; (*Krankheit*) congénito, hereditário

Angebot *nt* <-(e)s, -e> ① (WIRTSCH) oferta *f* (*an* de) ② (*Vorschlag*) proposta *f*; (*bei Versteigerung*) lanço *m* ③ (*Auswahl*) sortido *m* (*an* em)

angebracht ['angəbraxt] **I.** *pp von* **anbringen II.** *adj* conveniente, oportuno

angeheitert ['angəhaɪtɐt] *adj* alegre (por acção do álcool); (*umg*); **~ sein** ter um grão na asa

an|gehen I. *vt irreg* ① (*betreffen*) dizer respeito a; **das geht mich nichts an** não tenho nada (a ver) com isso; **was mich angeht** quanto a mim ② (*Problem*) lidar com, enfrentar **II.** *vi irreg* ① (*Feuer*) pegar; (*Licht*) acender(-se) ② (*umg: beginnen*) começar

angehend *adj* futuro, em perspectiva; **~er Diplomat/Lehrer** futuro diplomata/professor

an|gehören* *vi* pertencer a, fazer parte de

Angehörige(r) *m/f* <-n, -n *o* -n> ① (*Verwandte*) familiar *m;* **die ~n** os parentes, a família ② (*von Verein*) membro *m*

Angeklagte(r) *m/f*<-n, -n *o* -n> réu, ré *m, f,* acusado, acusada *m, f*

angeknackst *adj* (*umg: Gesundheit*) fraco

Angel ['aŋəl] *f* <-n> ① (*zum Fischen*) cana *f* de pesca, anzol *m* ② (*der Tür*) gonzo *m*

Angelegenheit *f* <-en> assunto *m,* questão *f;* **sich in fremde ~en mischen** meter-se na vida alheia, meter-se onde não é chamado

Angelhaken *m* <-s, -> anzol *m*

angeln ['aŋəln] *vi* pescar (à linha)

Angeln *nt* <-s> *kein pl* pesca *f* (à linha)

Angelsachse, Angelsächsin *m, f* <-n, -n *o* -innen> anglo-saxão, anglo-saxã *m, f*

angelsächsisch *adj* anglo-saxónico

Angelschnur *f* <-schnüre> linha *f* de pesca

angemessen *adj* apropriado, adequado

angenehm ['angəne:m] *adj* agradável (*für* a); **~!** muito prazer!, muito gosto!

angenommen **I.** *pp von* **annehmen** **II.** *adj* suposto, fictício; **~, dass ...** supondo que ..., admitindo que ...

angepasstRR ['angəpast] *adj,* **angepaßt**ALT *adj* conformista

angesehen *adj* conceituado, ilustre

angesichts *präp +gen* perante, em vista de

angespannt ['angəʃpant] *adj* (*Lage*) tenso

Angestellte(r) *m/f*<-n, -n *o* -n> empregado, empregada *m, f;* **leitender ~r** executivo *m*

angetan ['angəta:n] **I.** *pp von* **antun** **II.** *adj* **von jdm/etw ~ sein** estar encantado com alguém/a. c.; **es jdm ~ haben** encantar alguém

angetrunken *adj* alegre (pela acção do álcool)

angewiesen ['angəvi:zən] **I.** *pp von* **anweisen** **II.** *adj* **auf jdn/etw ~ sein** depender de alguém/a. c.

an|gewöhnen* *vt* **jdm etw ~** acostumar [*o* habituar] alguém a a. c.; **sich** *dat* **etw ~** acostumar-se [*o* habituar-se] a a. c.

Angewohnheit *f* <-en> hábito *m,* costume *m;* **schlechte ~** vício *m,* mau hábito *m*

Angina *f* <Anginen> (MED) angina *f*

an|gleichen *vt irreg* assimilar, adaptar (*an* a); (*Löhne*) ajustar

Angler(in) ['aŋlɐ] *m(f)* <-s, - *o* -innen> pescador, pescadora *m, f* (à linha)

Anglistik [aŋ'glɪstɪk] *f kein pl* Estudos *mpl* Ingleses

Angola *nt* <-s> *kein pl* Angola *f*

Angolaner(in) *m(f)* <-s, - *o* -innen> angolano, angolana *m, f*

angolanisch *adj* angolano

an|greifen *vt irreg* ① (*überfallen*) assaltar; (*tätlich*) agredir; (SPORT) atacar ② (*schwächen*) debilitar, enfraquecer; (*Gesundheit*) afectar, prejudicar ③ (*kritisieren*) atacar, criticar ④ (CHEM) corroer, atacar ⑤ (*Kapital, Vorrat*) tocar em, gastar

Angreifer(in) *m(f)* <-s, - *o* -innen> (MIL) agressor, agressora *m, f*

an|grenzen *vi* confinar (*an* com), estar contíguo (*an* a)

Angriff *m* <-(e)s, -e> (MIL) ofensiva *f* (*auf* a/contra); (SPORT) ataque *m* (*auf* a); (JUR) agressão *f* (*auf* contra); **etw in ~ nehmen** começar a. c., empreender a. c.

angriffig *adj* (*schweiz*) agressivo

angriffslustig *adj* agressivo

Angst [aŋst] *f* <Ängste> medo *m* (*vor* de); **~ haben** ter medo; **~ um jdn/etw haben** ter medo por alguém/a. c.

Angsthase *m* <-n, -n> (*umg*) medricas *m,f,* cobarde *m,f*

ängstigen **I.** *vt* assustar, sobressaltar **II.** *vr* **sich ~** estar em cuidados (*um* com, *vor* com), temer (*um* por)

ängstlich *adj* ① (*furchtsam*) medroso, receoso ② (*besorgt*) preocupado ③ (*schüchtern*) tímido

an|gucken *vt* (*umg*) olhar, mirar; **sich** *dat* **etw ~** (ir) ver a. c.

an|haben *vt irreg* ① (*umg: Kleidung*) trazer (vestido), vestir ② (*schaden*) **jdm etw ~** imputar a. c. a alguém, fazer mal a alguém

an|halten **I.** *vt irreg* (*Fahrzeug*) fazer parar; (*Atem*) conter **II.** *vi irreg* ① (*Fahrzeug*) parar ② (*andauern*) persistir, continuar

anhaltend *adj* contínuo, persistente; (*Beifall*) prolongado

Anhalter(in) *m(f)* <-s, - *o* -innen> **per ~ fahren** viajar à boleia, pedir boleia; (*brasil*) viajar de carona, *pessoa que pede boleia*

Anhaltspunkt *m* <-(e)s, -e> ponto *m* de referência

anhand [an'hant] *präp +gen* com base em, através de

Anhang *m* <-(e)s, -hänge> ① (*zu Buch*) apêndice *m* ② (*Familie*) família *f*

an|hängen *vt* ① (*aufhängen*) pendurar (*an* em) ② (*Wagen*) atrelar (*an* a) ③ (*Zusatz*) acrescentar (*an* a)

Anhänger *m* <-s, -> ❶ (*am Auto*) atrelado *m,* reboque *m* ❷ (*am Koffer*) etiqueta *f* ❸ (*Schmuckstück*) pingente *m*

Anhänger(in) *m(f)* <-s, - *o* -innen> (POL) simpatizante *m,f,* partidário, partidária *m, f;* (SPORT) adepto, adepta *m, f*

anhänglich *adj* dedicado, afeiçoado

an|häufen *vt* amontoar, acumular

an|heben *vt irreg* levantar um pouco; (*Preis*) subir

Anhieb ['anhi:p] *m* (*umg*) **auf ~** logo à primeira

Anhöhe *f* <-n> alto *m,* outeiro *m*

an|hören **I.** *vt* ouvir, escutar **II.** *vr* **sich ~** soar; **es hört sich gut/schlecht an** soa bem/mal; **es hört sich an, als ob ...** parece que ...

Animateur(in) [anima'tø:ɐ] *m(f)* <-s, -e *o* -innen> animador, animadora *m, f*

animieren* *vt* animar

Anis [a'ni:s, 'a:nɪs] *m* <-(es), -e> anis *m*

an|kämpfen *vi* lutar (*gegen* contra)

Ankauf *m* <-(e)s, -käufe> compra *f,* aquisição *f*

an|kaufen *vt* comprar, adquirir

Anker ['aŋkɐ] *m* <-s, -> (NAUT) âncora *f;* **vor ~ liegen** ancorar, estar ancorado; **die ~ lichten** levantar ferro

ankern *vi* ancorar, lançar ferro

an|ketten *vt* amarrar, encadear

Anklage *f* <-n> (JUR) acusação *f;* **~ erheben** apresentar queixa, instaurar um processo

an|klagen *vt* acusar (*wegen* de)

Ankläger(in) *m(f)* <-s, - *o* -innen> (JUR) acusador, acusadora *m, f,* delegado, delegada *m, f* do Ministério Público

Anklageschrift *f* <-en> libelo *m*

Anklang *m* <-(e)s, -klänge> ressonância *f,* eco *m;* **bei jdm ~ finden** ser bem acolhido por alguém, agradar a alguém

an|kleben *vt* colar

an|kleiden **I.** *vt* vestir **II.** *vr* **sich ~** vestir-se

an|klopfen *vi* bater (à porta)

an|kommen *vi irreg* ❶ (*nach Fahrt*) chegar (*in* a, *bei* a casa de, *um* às) ❷ (*abhängen*) depender (*auf* de); **das kommt darauf an!** depende!, conforme!; **es kommt darauf an, ob ...** isso depende de ...; **es darauf ~ lassen** deixar ver o que dá ❸ (*wichtig sein*) importar, ser importante; **es kommt auf jedes Beweisstück an** todas as provas são importantes ❹ (*umg: Anklang finden*) **gut ~** cair bem, ser bem recebido (*bei* por)

an|kotzen *vt* (*sl*) meter nojo a

an|kreuzen *vt* marcar com uma cruz

an|kündigen *vt* anunciar, avisar

Ankündigung *f* <-en> anúncio *m,* aviso *m*

Ankunft ['ankʊnft] *f kein pl* chegada *f* (*in* a, *bei* a casa de, *um* às)

Ankunftszeit *f* <-en> hora *f* de chegada

an|kurbeln *vt* (*Wirtschaft*) fomentar, estimular

an|lächeln *vt* sorrir para

Anlage *f* <-n> ❶ (*Veranlagung*) predisposição *f* (*zu* para); (*Begabung*) talento *m* (*zu* para) ❷ (*Gebäudekomplex*) complexo *m* urbanístico ❸ (*Park*) jardim *m* público, parque *m* ❹ (INFOR) apêndice *m* ❺ (TECH) instalação *f* ❻ (*im Brief*) anexo *m* ❼ (*Geldanlage*) investimento *m*

Anlass[RR] ['anlas] *m* <-es, -lässe>, **Anlaß**[ALT] *m* <-sses, -lässe> ❶ (*Ursache*) razão *f* (*zu* de), motivo *m* (*zu* para); **~ zu etw geben** dar ocasião a a. c. ❷ (*Gelegenheit*) ocasião *f,* ensejo *m*

an|lassen *vt irreg* ❶ (*Motor, Maschine*) pôr a trabalhar ❷ (*Mantel*) não tirar; (*Licht*) deixar aceso; (*Radio*) deixar ligado

Anlasser *m* <-s, -> (*am Auto*) motor *m* de arranque

Anlauf *m* <-(e)s, -läufe> ❶ (SPORT) arranque *m,* partida *f;* **~ nehmen** ganhar lanço, tomar balanço ❷ (*Versuch*) tentativa *f*

an|laufen **I.** *vt irreg* (NAUT) fazer escala em **II.** *vi irreg* ❶ (*beginnen*) arrancar, começar; (*Film*) estrear-se ❷ (*Metall*) oxidar-se; (*Glas*) embaciar ❸ (SPORT) começar a correr

Anlaut *m* <-(e)s, -e> (LING) som *m* inicial

an|läuten *vt* (*schweiz*) telefonar

an|legen **I.** *vt* (*anziehen*) pôr, vestir; (*Schmuck, Verband*) pôr, colocar; (*erstellen*) planear, fazer o traçado de; (*bauen*) construir; (*Akte, Kartei*) organizar; (*Maßstab*) aplicar, adoptar; (*Geld*) investir **II.** *vi* (NAUT) atracar (*an* em)

Anlegestelle *f* <-n> (NAUT) cais *m* de embarque

an|lehnen **I.** *vt* (*Gegenstand*) encostar (*an* a); (*Tür*) encostar **II.** *vr* **sich ~** apoiar-se (*an* em), encostar-se (*an* a)

Anleihe *f* <-n> empréstimo *m*

an|leiten *vt* guiar, orientar

Anleitung *f* <-en> guia *m;* (*Gebrauchsanlei-*

tung) instruções *fpl*

an|liegen *vi irreg* ❶ (*umg: zur Bearbeitung*) estar por fazer ❷ (*Kleidung*) ficar justo (*an* a)

Anliegen *nt* <-s, -> ❶ (*Bitte*) pedido *m;* (*Wunsch*) desejo *m* ❷ (*Interesse*) preocupação *f,* interesse *m*

Anlieger(in) *m(f)* <-s, - *o* -innen> morador, moradora *m, f* (da zona)

an|locken *vt* atrair

an|lügen *vt irreg* mentir a

Anm. *abk v* **Anmerkung** obs. (= *observação*)

an|machen *vt* ❶ (*Licht, Feuer*) acender ❷ (*Salat*) temperar ❸ (*umg: provozieren*) engatar, provocar

an|malen *vt* pintar

an|maßen *vr* **sich ~ sich** *dat* **etw ~** usurpar a. c.; **sich** *dat* **~ zu** pretender, atrever-se a

anmaßend *adj* presunçoso, arrogante

an|meckern *vt* (*umg*) chamar à atenção

Anmeldeformular *nt* <-s, -e> boletim *m* de inscrição

an|melden **I.** *vt* ❶ (*ankündigen*) anunciar, notificar ❷ (*registrieren lassen*) registar; (*beim Zoll*) declarar; (*Auto*) registar, fazer o registo de propriedade de **II.** *vr* **sich ~** ❶ (*sich ankündigen*) comunicar a chegada (*bei* a); (*beim Arzt*) marcar consulta (*bei* em); **sich polizeilich ~** participar a chegada ao município ❷ (*für Kurs*) inscrever-se (*zu* em)

Anmeldung *f* <-en> ❶ (*Ankündigung*) aviso *m,* notificação *f* ❷ (*Einschreibung*) inscrição *f* (*zu* em), matrícula *f* (*zu* em) ❸ (*polizeilich*) participação *f* de chegada ao município; (TEL) pedido *m* de linha [*o* de ligação] ❹ (*Büro*) recepção *f*

an|merken *vt* (*schriftlich*) anotar, apontar; (*mündlich*) observar, comentar

Anmerkung *f* <-en> (*schriftlich*) nota *f,* observação *f;* (*mündlich*) observação *f,* comentário *m*

anmutig *adj* (*Bewegung*) gracioso

an|nähen *vt* coser (*an* a), pregar (*an* a)

an|nähern *vr* **sich ~** aproximar-se (*an* de)

annähernd **I.** *adj* aproximado **II.** *adv* aproximadamente

Annäherung *f* <-en> aproximação (*an* a)

Annäherungsversuch *m* <-(e)s, -e> tentativa *f* de aproximação

Annahme ['anna:mə] *f* <-n> ❶ (*Entgegennahme*) aceitação *f,* recepção *f* ❷ (*von Kind*) adopção *f* ❸ (*Zulassung*) admissão *f;* (*von Antrag*) aprovação *f* ❹ (*Annahmestelle*) recepção *f* ❺ (*Vermutung*) suposição *f,* hipótese *f*

annehmbar *adj* aceitável, admissível; (*Preis*) módico

an|nehmen *vt irreg* ❶ (*entgegennehmen*) aceitar, receber ❷ (*Kind*) adoptar ❸ (*zulassen*) admitir; (*Antrag*) aprovar ❹ (*Gestalt, Vernunft*) tomar, ganhar ❺ (*Gewohnheit*) ganhar, contrair ❻ (*vermuten*) supor; **~, dass ...** supor [*o* admitir] que ...; **angenommen, das ist so** admitindo que assim seja

Annehmlichkeit *f* <-en> agrado *m,* comodidade *f;* (*Vorteil*) vantagem *f*

annektieren* *vt* (POL) anexar

Annonce [a'nõ:sə] *f* <-n> anúncio *m*

annoncieren* **I.** *vt* anunciar **II.** *vi* pôr um anúncio

annullieren* *vt* anular

Anode *f* <-n> (PHYS) anódio *m,* ânodo *m*

an|öden *vt* (*umg*) chatear

anomal ['anoma:l, --'-] *adj* anormal

anonym [ano'ny:m] *adj* anónimo

Anonymität *f kein pl* anonimato *m*

Anorak ['anorak] *m* <-s, -s> anoraque *m,* blusão *m*

an|ordnen *vt* ❶ (*ordnen*) ordenar, dispor ❷ (*befehlen*) dar ordem de

Anordnung *f* <-en> ❶ (*Ordnung*) disposição *f,* arranjo *m* ❷ (*Befehl*) ordem *f*

anorganisch ['anɔrga:nɪʃ] *adj* inorgânico

an|packen *vt* ❶ (*fassen, greifen*) agarrar, apanhar; **mit ~** ajudar ❷ (*handhaben*) manejar

an|passen **I.** *vt* adaptar (*an* a); (TECH) ajustar **II.** *vr* **sich ~** ajustar-se, adaptar-se (*an* a); **sich der Umwelt/an die Umwelt ~** adaptar-se ao meio ambiente

Anpassung *f* <-en> adaptação *f* (*an* a)

anpassungsfähig *adj* adaptável (*an* a)

Anpfiff *m* <-(e)s, -e> (SPORT) sinal *m* (para começar)

an|pflanzen *vt* plantar; (*Nutzpflanzen*) cultivar

an|pöbeln *vt* (*umg*) importunar

an|prangern ['anpraŋɐn] *vt* denunciar

an|preisen *vt irreg* louvar, elogiar; (*öffentlich*) fazer a propaganda de, apregoar; **jdm etw ~** recomendar a. c. a alguém

Anprobe *f* <-n> prova *f*

an|probieren* *vt* provar, experimentar

an|pumpen *vt* (*umg*) **jdn ~** cravar alguém (*um* para)

an|rechnen *vt* ❶ (*berechnen*) levar em conta; (*Schuld*) pôr na conta ❷ (*gutschreiben*) abonar, creditar; **ich habe es ihm hoch angerechnet** eu fiquei-lhe muito grato por isso
Anrecht *nt* <-(e)s, -e> direito *m* (*auf* a)
Anrede *f* <-n> tratamento *m*
an|reden *vt* ❶ (*im Gespräch*) dirigir a palavra a ❷ (*mit Titel*) tratar por; **jdn mit Sie/du ~** tratar alguém por você/tu
an|regen *vt* ❶ (*stimulieren*) excitar; (MED) estimular; (*Appetit*) abrir ❷ (*vorschlagen*) sugerir
anregend *adj* (MED) estimulante; (*Gespräch*) aceso, interessante
Anregung *f* <-en> ❶ (*Anstoß*) estímulo *m* ❷ (*Vorschlag*) sugestão *f*, iniciativa *f*
Anreise *f* <-n> chegada *f*
an|reisen *vi* chegar (de viagem); **mit dem Zug ~** chegar (de comboio)
Anreiz *m* <-es, -e> estímulo *m*, incentivo *m*; **jdm einen ~ zu etw geben** incentivar alguém para a. c.
an|rempeln ['anrɛmpəln] *vt* (*umg*) dar um encontrão em
Anrichte *f* <-n> aparador *m*
an|richten *vt* ❶ (*Speisen*) preparar, arranjar ❷ (*Schaden*) causar, provocar
anrüchig *adj* (*Ort*) de má fama; (*Angelegenheit*) suspeito
Anruf *m* <-(e)s, -e> chamada *f* (telefónica) (*bei* para), telefonema *m* (*bei* para)
Anrufbeantworter *m* <-s, -> atendedor *m* de chamadas
an|rufen **I.** *vt irreg* telefonar a, ligar a **II.** *vi irreg* telefonar (*bei* para), ligar (*bei* para)
an|rühren *vt* ❶ (*berühren*) tocar em, mexer em; (*Essen*) tocar em ❷ (*Farbe*) misturar, diluir; (*Teig*) mexer, misturar
ans [ans] = **an das** *s.* **an**
Ansage ['anza:gə] *f* <-n> notificação *f*, participação *f*; (*im Fernsehen*) anúncio *m*
an|sagen **I.** *vt* anunciar, participar; (*bei Kartenspiel*) declarar; (*modisch sein*); **angesagt sein** estar na ordem do dia; **Spannung ist angesagt** promete-se emoção **II.** *vr* **sich ~** anunciar a sua chegada
Ansager(in) *m(f)* <-s, - *o* -innen> (*im Fernsehen*) apresentador, apresentadora *m, f*
an|sammeln **I.** *vt* acumular, amontoar **II.** *vr* **sich ~** (*Menschen*) juntar-se, aglomerar-se; (*Fragen, Wasser*) acumular-se
Ansammlung *f* <-en> aglomeração *f*, acumulação *f*; (*von Menschen*) ajuntamento *m*, multidão *f*
ansässig *adj* residente, morador (*in* em)
Ansatz *m* <-e(s), -sätze> ❶ (*Anzeichen*) começo *m*, princípio *m* ❷ (*Verlängerungsstück*) peça *f* adicional, peça *f* anexa ❸ (CHEM) depósito *m*
an|schaffen *vt* adquirir, comprar
Anschaffung *f* <-en> aquisição *f*, compra *f*
an|schalten *vt* ligar
an|schauen *vt* contemplar, olhar para; **sich** *dat* **etw ~** olhar para a. c.; **sich** *dat* **ein Haus/einen Film ~** (ir) ver uma casa/um filme
anschaulich *adj* expressivo, plástico; **etw ~ erklären** explicar a. c. com clareza
Anschauung *f* <-en> ❶ (*Vorstellung*) conceito *m*, ideia *f*; **etw aus eigener ~ kennen** conhecer a. c. por experiência própria ❷ (*Meinung*) opinião *f*, parecer *m*
Anschauungsmaterial *nt* <-s, -materialien> material *m* didáctico para o ensino intuitivo
Anschein *m* <-(e)s> *kein pl* aparência *f*, aspecto *m*; **dem ~ nach** aparentemente
anscheinend *adv* ao que parece, pelos vistos
an|schicken *vr* **sich ~** preparar-se (*zu* para)
Anschlag *m* <-(e)s, -schläge> ❶ (*Bekanntmachung*) cartaz *m*; (*offiziell*) edital *m* ❷ (*Attentat*) atentado *m* (*auf* contra); **einen ~ auf jdn verüben** atentar contra alguém ❸ (*auf Schreibmaschine*) toque *m*
an|schlagen **I.** *vt irreg* ❶ (*Notiz*) afixar ❷ (*beschädigen*) partir, rachar ❸ (MUS) tocar; (*Ton*) dar **II.** *vi irreg* ❶ (*anprallen*) embater com, bater contra ❷ (*wirken*) fazer efeito, dar bom resultado ❸ (SPORT) servir
an|schließen **I.** *vt irreg* (ELEKTR) ligar (*an* a); (*Bemerkung, Frage*) juntar, anexar **II.** *vr* **sich ~** *irreg* (*sich zugesellen*) **sich jdm ~** juntar-se a alguém; (*beipflichten*) unir-se a alguém
anschließend **I.** *adj* (*zeitlich*) seguinte, subsequente **II.** *adv* a seguir; **~ an** a seguir a, no fim de
AnschlussRR *m* <-es, -schlüsse>, **Anschluß**ALT *m* <-sses, -schlüsse> ❶ (*persönlicher Kontakt*) contacto *m* ❷ (POL) anexação *f*; (*Beitritt*) adesão *f*, afiliação *f* ❸ (*bei Zug, Flugzeug*) ligação *f* (*nach* para) ❹ (TEL) comunicação *f*; (*Apparat*) telefone *m*;

kein ~ unter dieser Nummer o número que marcou encontra-se desligado ⑤ (ELEKTR) ligação *f;* (*für Wasser*) tomada *f,* toma *f*

Anschlussflug[RR] *m* <-(e)s, -flüge> voo *m* de ligação

an|schnallen *vr* **sich ~** apertar [*o* pôr] o cinto de segurança

an|schnauzen *vt* (*umg*) berrar com

an|schneiden *vt irreg* ① (*Brot*) encetar, partir; (*Fleisch*) cortar ② (*Thema*) tratar de, referir-se a

Anschovis *f* <-> anchova *f*

an|schrauben *vt* aparafusar, atarraxar

an|schreiben *vt irreg* ① (*an Tafel*) escrever (*an* em) ② (*Geldsumme*) pôr na conta ③ (*brieflich*) escrever a [*o* para]

an|schreien *vt irreg* gritar a/com

Anschrift *f* <-en> endereço *m,* direcção *f*

Anschuldigung *f* <-en> acusação *f*

an|schwellen *vi irreg* ① (MED) inchar ② (*Lärm*) crescer, aumentar; (*Fluss*) subir

an|schwindeln *vt* (*umg*) mentir a

an|sehen *vt irreg* ver, olhar; (*prüfend*) examinar; **jdm etw ~** notar [*o* ver] a. c. na cara de alguém; **jdn/etw als ... ~** considerar [*o* ver] alguém/a. c. como ...

Ansehen *nt* <-s> *kein pl* ① (*Ruf*) reputação *f;* (*Geltung*) prestígio *m* ② (*Anschein*) aparência *f*

ansehnlich ['anze:nlɪç] *adj* ① (*beträchtlich*) considerável, notável ② (*gut aussehend*) vistoso, de bom aspecto

an|setzen **I.** *vt* (*in Position bringen*) pôr; (*an Mund*) levar aos lábios; (*anfügen*) unir (*an* a), ligar (*an* a); (*Rost, Schimmel*) ganhar, criar; **Fett ~** engordar; (*Termin*) fixar (*für* para), marcar (*für* para) **II.** *vi* (*anfangen*) começar; **zu etw ~** preparar-se para a. c.

Ansicht *f* <-en> ① (*Blick*) vista *f,* panorama *m;* **zur ~** WIRTSCH. para amostra ② (*Meinung*) opinião *f,* parecer *m;* **meiner ~ nach** a meu ver

Ansichtskarte *f* <-n> postal *m* ilustrado

Ansichtssache *f* <-> *kein pl* **das ist ~** é uma questão de opinião, depende do ponto de vista

an|siedeln **I.** *vt* estabelecer (*in* em), fixar (*in* em) **II.** *vr* **sich ~** estabelecer-se (*in* em), fixar-se (*in* em)

Anspannung *f* <-en> tensão *f*

Anspiel *nt* <-(e)s, -e> (SPORT) começo *m* do jogo

an|spielen *vi* ① (*hinweisen*) aludir (*auf* a) ② (SPORT) começar (o jogo)

Anspielung *f* <-en> alusão *f* (*auf* a); (*umg*) indirecta *f* (*auf* a)

an|spitzen *vt* (*Bleistift*) aguçar, afiar

Ansporn ['anʃpɔrn] *m* <-(e)s> *kein pl* estímulo *m*

an|spornen *vt* incitar (*zu* a), estimular (*zu* a)

Ansprache *f* <-n> palestra *f,* pequeno discurso *m* (*an* para); **eine ~ halten** fazer um discurso, dar uma palestra

an|sprechen **I.** *vt irreg* (*Person*) dirigir-se a; **jdn auf etw ~** falar de a. c. a alguém; (*Thema*) abordar; (*gefallen*) agradar a **II.** *vi irreg* (MED) reagir (*auf* a)

ansprechend *adj* (*Person*) simpático, agradável; (*Sache*) atraente, apelativo

Ansprechpartner(in) *m(f)* <-s, - *o* -innen> interlocutor, interlocutora *m, f*

an|springen **I.** *vt irreg* saltar para **II.** *vi irreg* (*Auto*) pegar

Anspruch *m* <-(e)s, -sprüche> ① (*Recht*) direito *m* (*auf* a); **~ auf etw haben** ter direito a a. c. ② (*Forderung*) pretensão *f;* **~ auf etw erheben** reivindicar a. c.; **etw in ~ nehmen** recorrer a a. c.; **jdn in ~ nehmen** tomar tempo a alguém; **etw ganz für sich in ~ nehmen** monopolizar a. c.

anspruchslos *adj* modesto, despretensioso

anspruchsvoll *adj* exigente

an|stacheln ['anʃtaxəln] *vt* incitar, espicaçar

Anstalt ['anʃtalt] *f* <-en> estabelecimento *m,* instituição *f;* (*Heilanstalt*) sanatório *m*

Anstalten *pl* preparativos *mpl;* **~ machen, etw zu tun** preparar-se para fazer a. c.; **keine ~ machen, etw zu tun** não se mostrar disposto a fazer a. c.

Anstand *m* <-(e)s> *kein pl* (*Schicklichkeit*) decência *f;* (*gutes Benehmen*) educação *f*

anständig *adj* ① (*schicklich*) decente; (*wohlerzogen*) bem-educado; (*vertrauenswürdig*) honesto, sério ② (*umg: beträchtlich*) considerável; (*gut*) bastante bom

Anständigkeit *f* <-> *kein pl* decência *f,* decoro *m;* (*Aufrichtigkeit*) honestidade *f*

anstandshalber *adv* por delicadeza, por conveniência

an|starren *vt* fitar, olhar fixamente

anstatt [an'ʃtat] **I.** *präp +gen* em vez de, em lugar de **II.** *konj* em vez de; **~ etw zu tun** em vez de fazer a. c.

an|stecken **I.** *vt* (*befestigen*) pôr; (*Ring*)

enfiar; (*anzünden*) acender; (MED) contagiar **II.** *vi* (*Idee*) ser contagioso **III.** *vr* **sich ~** pegar-se; **ich habe mich bei ihm angesteckt** ele pegou-me a doença

ansteckend *adj* (*Krankheit*) contagioso, infeccioso

Ansteckung *f* <-en> (MED) contágio *m*, contaminação *f*

an|stehen *vi irreg* ❶ (*warten*) esperar pela sua vez, meter-se na bicha ❷ (*zur Bearbeitung*) estar por fazer

an|steigen *vi irreg* ❶ (*Straße*) subir ❷ (*zunehmen*) aumentar (*um* em, *auf* para)

anstelle [an'ʃtɛlə] *präp +gen* em vez de, em lugar de

an|stellen I. *vt* ❶ (*Maschine*) pôr a trabalhar, pôr a funcionar; (*Radio*) ligar; (*Heizung*) ligar, abrir ❷ (*Arbeit geben*) contratar ❸ (*Vergleich, Versuch*) fazer **II.** *vr* **sich ~** ❶ (*warten*) meter-se (na bicha), pôr-se na bicha ❷ (*umg: sich verhalten*) fingir, simular; **sich dumm ~** fazer-se de parvo; **sich geschickt ~** ter jeito para

Anstellung *f* <-en> colocação *f*, emprego *m*

Anstieg ['anʃti:k] *m* <-(e)s> *kein pl* (*Zunahme*) subida *f* (*um* em, *auf* para)

an|stiften *vt* ❶ (*Person*) instigar (*zu* a), incitar (*zu* a) ❷ (*Unheil*) causar, provocar

Anstifter(in) *m(f)* <-s, - *o* -innen> autor, autora *m, f*, instigador, instigadora *m, f*

Anstiftung *f* <-en> instigação *f* (*zu* a)

Anstoß *m* <-es, -stöße> ❶ (*Impuls*) impulso *m*, incentivo *m* ❷ (SPORT) pontapé *m* de saída ❸ (*Anprall*) embate *m*, choque *m*

an|stoßen I. *vt irreg* empurrar, impelir; (*mit Fuß*) dar um pontapé a **II.** *vi irreg* ❶ (*gegenstoßen*) tropeçar (*an* em), embater (*an* contra) ❷ (*mit Gläsern*) brindar (*auf* a) ❸ (SPORT) dar o pontapé de saída

anstößig *adj* indecente, escandaloso

Anstoßkreis *m* (FBALL) círculo *m* central

Anstoßpunkt *m* (FBALL) centro *m* de campo

an|streben *vt* ambicionar, aspirar a

an|streichen *vt irreg* ❶ (*mit Farbe*) pintar ❷ (*kennzeichnen*) marcar

Anstreicher(in) *m(f)* <-s, - *o* -innen> pintor, pintora *m, f*

an|strengen ['anʃtrɛŋən] **I.** *vt* (*Kräfte*) empregar, usar; (*den Kopf*) puxar por; (*Prozess*) intentar **II.** *vr* **sich ~** esforçar-se (*zu* por)

anstrengend *adj* fatigante, cansativo

Anstrengung *f* <-en> esforço *m*

Anstrich *m* <-(e)s, -e> ❶ *kein pl* (*das Anstreichen*) pintura *f* ❷ (*Überzug*) camada *f*, demão *f* ❸ (*Farbe*) cor *f* ❹ *kein pl* (*Anschein*) aspecto *m*, aparência *f*

Ansturm *m* <-(e)s, -stürme> ❶ (*Angriff*) assalto *m* (*auf* a) ❷ (*Andrang*) grande afluência *f*

an|stürmen *vi* ❶ (*herbeirennen*) entrar (correndo) ❷ (*angreifen*) **~ gegen** atacar, assaltar

Antagonismus *m* <-, Antagonismen> antagonismo *m*

Antarktis [ant'arktɪs] *f* <-> *kein pl* Antárctico *m*

antarktisch *adj* antárctico

Anteil *m* <-(e)s, -e> ❶ (*Teil*) parte *f* (*an* em), quota-parte *f* (*an* em); **~ haben an** ter quinhão em ❷ (WIRTSCH) cota *f*, quota *f*

Anteilnahme ['antaɪlna:mə] *f* <-> *kein pl* ❶ (*Beteiligung*) interesse *m* (*an* por), participação *f* (*an* em) ❷ (*Mitgefühl*) compaixão *f* (*an* por)

Antenne [an'tɛnə] *f* <-n> antena *f*

Anthologie *f* <-n> antologia *f*

Anthrazit *m* <-s> *kein pl* antracito *m*

Anthropologie *f* <-> *kein pl* antropologia *f*

antiautoritär *adj* anti-autoritário

Antibabypille *f* <-n> pílula *f* anticonceptiva; (*brasil*) pílula *f* anticoncepcional

Antibiotikum [antibi'o:tikʊm] *nt* <-s, -biotika> antibiótico *m*

Antiblockiersystem *nt* <-s, -e> (*am Auto*) sistema *m* antibloqueio

Antihistamin *nt* <-s, -e> (MED) anti-histamínico *m*

antik [an'ti:k] *adj* antigo

Antike [an'ti:kə] *f kein pl* antiguidade *f*

Antikörper *m* <-s, -> (MED) anticorpo *m*

Antilope [anti'lo:pə] *f* <-n> antílope *m*

Antipathie [antipa'ti:] *f* <-n> antipatia *f* (*gegen* por)

Antiquariat [antikvari'a:t] *nt* <-(e)s, -e> alfarrabista *m*

antiquarisch *adj* usado, em segunda mão

antiquiert *adj* antiquado, fora de moda

Antiquitäten *fpl* antiguidades *fpl*, velharias *fpl*

Antiquitätenhändler(in) *m(f)* antiquário, antiquária *m, f*

Antisemitismus [antizemi'tɪsmʊs] *m* <-> *kein pl* anti-semitismo *m*

Antiterroreinheit *f* <-en> grupo *m* de opera-

ções especiais
Antithese *f* <-n> antítese *f*
Antivirenprogramm *nt* <-(e)s, -e> (INFOR) programa *m* anti-vírus
an|tönen *vt* (*österr, schweiz*) insinuar, aludir a
Antrag ['antra:k] *m* <-(e)s, -träge> ❶ (*Gesuch*) requerimento *m* (*auf* para); (POL) moção *f*; **einen ~ stellen** apresentar uma moção ❷ (*Formular*) requisição *f* ❸ (*Heiratsantrag*) pedido *m* de casamento
Antragsteller(in) *m(f)* <-s, - *o* -innen> requerente *m,f*; (POL) proponente *m,f*
an|treffen *vt irreg* encontrar, achar; **jdn zu Hause ~** encontrar alguém em casa
an|treiben *vt irreg* ❶ (*veranlassen, anstacheln*) incitar (*zu* a), instigar (*zu* a) ❷ (TECH) accionar, propulsar ❸ (*anschwemmen*) arrojar à costa
an|treten *vt irreg* ❶ (*Urlaub*) começar; **eine Reise ~** partir em [*o* de] viagem ❷ (*Amt*) tomar posse, entrar em funções
Antrieb *m* <-(e)s, -e> ❶ (*Impuls*) impulso *m*, estímulo *m*; **aus eigenem ~** de moto próprio; **aus freiem ~** de livre (e espontânea) vontade ❷ (TECH) accionamento *m*; (NAUT) propulsão *f*, força *f* motriz
Antritt *m* <-(e)s> *kein pl* ❶ (*eines Amtes, der Regierung*) tomada *f* de posse ❷ (*einer Reise*) começo *m*, princípio *m*
Antrittsrede *f* <-n> discurso *m* inaugural
Antrittsvorlesung *f* <-en> aula *f* inaugural
an|tun *vt irreg* **jdm etw ~** fazer a. c. a alguém; **jdm Gewalt ~** exercer violência contra alguém; **sich** *dat* **etw ~** suicidar-se
Antwort ['antvɔrt] *f* <-en> resposta *f* (*an* a, *auf* para); **um ~ wird gebeten** roga-se o favor de responder
antworten ['antvɔrtən] *vi* responder, replicar; **jdm ~** responder a alguém; **auf etw ~** responder a a. c.
an|vertrauen* *vt* **jdm etw ~** confiar a. c. a alguém
an|wachsen *vi irreg* ❶ (*Pflanze*) pegar ❷ (*zunehmen*) aumentar (*auf* para), crescer (*auf* para)
Anwalt, Anwältin ['anvalt] *m, f* <-(e)s, -wälte *o* -innen> advogado, advogada *m, f*
Anwandlung *f* <-en> acesso *m*, ataque *m*
Anwärter(in) *m(f)* <-s, - *o* -innen> candidato, candidata *m, f* (*auf* a); (*Thron*) pretendente *m,f* (*auf* a)
an|weisen *vt irreg* ❶ (*anleiten*) instruir, dar instruções a ❷ (*befehlen*) ordenar, dar ordens a ❸ (*zuteilen*) destinar, indicar
Anweisung *f* <-en> ❶ (*Anleitung*) instruções *fpl* ❷ (*Befehl*) ordem *f* ❸ (WIRTSCH) ordem *f* de pagamento; (*Postanweisung*) vale *m* (do correio)
anwendbar *adj* aplicável (*auf* a)
an|wenden *vt* (*Gewalt, Mittel*) empregar (*auf* em), recorrer a; (*Gesetz, Regel*) aplicar (*auf* a)
Anwenderprogramm *nt* <-(e)s, -e> (INFOR) programa *m* de aplicação
Anwendung *f* <-en> (*von Gewalt*) emprego *m*, uso *m*; (*von Bestimmung, Gesetz*) aplicação *f* (*auf* a); **zur ~ kommen** ser aplicado
an|werben *vt irreg* (*Arbeiter*) recrutar; (MIL) recrutar, alistar
Anwesen *nt* <-s, -> propriedade *f*
anwesend *adj* presente
Anwesende(n) *pl* **die ~n** a assistência
Anwesenheit *f* <-> *kein pl* presença *f*, assistência *f*
an|widern ['anvi:dɐn] *vt* repugnar, causar repugnância a
Anwohner(in) *m(f)* <-s, - *o* -innen> vizinho, vizinha *m, f*; (*einer Straße*) morador, moradora *m, f*
Anzahl *f* <-en> número *m* (*an* de); (*Menge*) quantidade *f* (*an* de)
an|zahlen *vt* ❶ (*Gegenstand*) entregar por conta ❷ (*Teilbetrag*) pagar de sinal
Anzahlung *f* <-en> sinal *m*, entrada *f*; **eine ~ leisten** dar um sinal
an|zapfen *vt* ❶ (*Fass*) furar ❷ (*umg: Leitung, Telefon*) pôr sob escuta
Anzeichen *nt* <-s, -> sinal *m* (*für* de), indício *m* (*für* de); (MED) sintoma *m* (*für* de)
Anzeige ['antsaɪgə] *f* <-n> ❶ (*Inserat, Werbung*) anúncio *m* ❷ (*bei Polizei*) denúncia *f*; **~ gegen jdn erstatten** fazer uma denúncia contra alguém
an|zeigen *vt* ❶ (*ankündigen*) participar; (*in Zeitung*) anunciar ❷ (*bei Polizei*) denunciar ❸ (INFOR) indicar
an|zetteln *vt* (*abw*) tramar
an|ziehen **I.** *vt irreg* (*Kleidung*) vestir; (*Schuhe, Handschuhe, Strümpfe*) calçar; (*attraktiv wirken*) atrair; (*Schraube*) apertar; (*Handbremse, Zügel*) puxar; (*Feuchtigkeit*) absorver **II.** *vr* **sich ~** *irreg* vestir-se;

(*Schuhe*) calçar-se

anziehend *adj* atraente; (*sympathisch*) simpático

Anziehung *f* <-en> atracção *f*

Anziehungskraft *f* <-kräfte> ① (PHYS) gravidade *f*, gravitação *f* ② *kein pl* (*Attraktivität*) atracção *f*; **große ~ auf jdn ausüben** encantar alguém, fascinar alguém

Anzug *m* <-(e)s, -züge> fato *m*; (*brasil*) terno *m*

anzüglich *adj* alusivo; (*Bemerkung*) malicioso

an|zünden *vt* (*Streichholz, Feuer, Zigarette*) acender; (*Haus*) incendiar

Anzünder *m* <-s, -> (*im Auto*) isqueiro *m*

an|zweifeln *vt* duvidar de

apart *adj* distinto

Apartheid [a'pa:ɐthaɪt] *f* <-> *kein pl* apartheid *m*

Apartment [a'partmənt] *nt* <-s, -s> apartamento *m*

Apathie *f* <-n> apatia *f*

apathisch *adj* apático

Aperitiv *m* <-s, -e> aperitivo *m*

Apfel ['apfəl] *m* <Äpfel> maçã *f*; (*fig*); **in den sauren ~ beißen** ter que fazer a. c. desagradável, passar por a. c. desagradável

Apfelbaum *m* <-(e)s, -bäume> macieira *f*

Apfelkuchen *m* <-s, -> tarte *f* de maçã

Apfelmost *m* <-es, -e> cidra *f*

Apfelsaft *m* <-es, -säfte> sumo *m* de maçã

Apfelsine [apfəl'zi:nə] *f* <-n> laranja *f*

Apfelstrudel *m* <-s, -> bolo *m* de maçã

Apfelwein *m* <-(e)s, -e> cidra *f*

Apostel [a'pɔstəl] *m* <-s, -> apóstolo *m*

Apostroph [apo'stro:f] *m* <-(e)s, -e> apóstrofo *m*

Apotheke [apo'te:kə] *f* <-n> farmácia *f*

Apotheker(in) [-–'--] *m(f)* <-s, - *o* -innen> farmacêutico, farmacêutica *m, f*

Apparat [apa'ra:t] *m* <-(e)s, -e> aparelho *m*; (FOTO) máquina *f*; (TEL) telefone *m*; **am ~ bleiben** não desligar

Appell [a'pɛl] *m* <-s, -e> apelo *m* (*an* a)

appellieren* *vi* apelar (*an* a)

Appenzell *m* <-s, -> Appenzell *m*

Appetit [ape'ti:t] *m* <-(e)s> *kein pl* apetite *m*; **~ auf etw haben** apetecer a. c. (a alguém); **guten Appetit!** bom apetite!

appetitlich *adj* apetitoso; **~ aussehen** ter bom aspecto, ter um ar apetitoso

Appetitlosigkeit *f* <-> *kein pl* falta *f* de apetite

applaudieren* *vi* aplaudir, bater palmas; **jdm ~** aplaudir alguém, bater palmas a alguém

Applaus [a'plaʊs] *m* <-es> *kein pl* aplauso *m*, salva *f* de palmas; **stürmischer ~** grande aplauso

Approbation *f* <-en> *autorização para o exercício da profissão de médico ou de farmacêutico*

Aprikose [apri'ko:zə] *f* <-n> damasco *m*, alperce *m*

April [a'prɪl] *m* <-(s)> *kein pl* Abril *m*; **jdn in den ~ schicken** pregar uma partida a alguém; *s. a.* **März**

Aprilscherz *m* <-es, -e> mentira *f* do dia um de Abril, partida *f* do dia um de Abril

apropos [apro'po:] *adv* a propósito

Aquädukt *m/nt* <-(e)s, -e> aqueduto *m*

Aquaplaning *nt* <-(s)> *kein pl* hidroplanagem *f*, aquaplaning *m*

Aquarell [akva'rɛl] *nt* <-s, -e> aguarela *f*

Aquarium [a'kva:riʊm] *nt* <-s, Aquarien> aquário *m*

Äquator *m* <-s> *kein pl* equador *m*

Äquivalent *nt* <-(e)s, -e> (*geh*) equivalente *m*

Ära *f* <Ären> era *f*

Araber(in) *m(f)* <-s, - *o* -innen> árabe *m,f*

arabisch *adj* árabe

Arbeit ['arbaɪt] *f* <-en> ① (*Tätigkeit*) trabalho *m* (*an* em), labuta *f*; **körperliche/geistige ~** trabalho físico/intelectual; **bei der ~ sein** estar a trabalhar ② (*Erzeugnis*) obra *f* ③ (*Stelle*) emprego *m*; (*Aufgabe*) tarefa *f* ④ (*Mühe*) trabalho *m*; (*Anstrengung*) esforço *m*; **das kostet viel ~** isso dá muito trabalho

arbeiten ['arbaɪtən] *vi* (*Person*) trabalhar (*bei* em, *für* para, *als* como); (*Maschine*) trabalhar

Arbeiter(in) ['arbaɪtɐ] *m(f)* <-s, - *o* -innen> trabalhador, trabalhadora *m, f*; (*in Fabrik*) operário, operária *m, f*; **ungelernter ~** trabalhador não qualificado

Arbeiterschaft *f* <-> *kein pl* operariado *m*, trabalhadores *mpl*

Arbeitgeber(in) ['arbaɪtge:bɐ] *m(f)* <-s, - *o* -innen> patrão, patroa *m, f*

Arbeitnehmer(in) ['arbaɪtne:mɐ] *m(f)* <-s, - *o* -innen> (*Angestellte*) empregado, empregada *m, f*; (*Arbeiter*) trabalhador, trabalhadora *m, f,* operário, operária *m, f*

Arbeitsamt *nt* <-(e)s, -ämter> centro *m* de emprego

Arbeitsbeschaffungsmaßnahme *f* <-n> medida *f* para a criação de postos de trabalho

Arbeitserlaubnis *f* <-> *kein pl* visto *m* de trabalho; **eine ~ beantragen** requerer um visto de trabalho

arbeitsfähig *adj* capaz de trabalhar

Arbeitsgericht *nt* <-(e)s, -e> tribunal *m* de trabalho

Arbeitskraft *f* <-kräfte> ❶ (*Arbeiter*) mão-de-obra *f* ❷ *kein pl* (*des Menschen*) capacidade *f* de trabalho

Arbeitslohn *m* <-löhne> salário *m*

arbeitslos *adj* desempregado; ~ **werden** ficar desempregado, perder o emprego

Arbeitslose(r) *m/f* <-n, -n *o* -n> desempregado, desempregada *m, f*

Arbeitslosengeld *nt* <-(e)s> *kein pl* subsídio *m* de desemprego

Arbeitslosenhilfe *f* <-> *kein pl* fundo *m* de desemprego

Arbeitslosigkeit *f* <-> *kein pl* desemprego *m*

Arbeitsmarkt *m* <-(e)s, -märkte> mercado *m* de trabalho

Arbeitsplatz *m* <-es, -plätze> ❶ (*Platz*) local *m* de trabalho ❷ (*Stelle*) posto *m* de trabalho, emprego *m;* **den ~ wechseln** mudar de emprego

Arbeitsrecht *nt* <-(e)s> *kein pl* direito *m* do trabalho

Arbeitsspeicher *m* <-s, -> (INFOR) memória *f*

Arbeitstag *m* <-(e)s, -e> dia *m* útil, dia *m* de trabalho

Arbeitstier *m* <-(e)s, -e> (*abw*) *pessoa obcecada pelo trabalho*

arbeitsunfähig *adj* incapaz de trabalhar; (*behindert*) inválido

Arbeitsweise *f* <-n> método *m* de trabalho

Arbeitszeit *f* <-en> horário *m* de trabalho, horas *fpl* de serviço; (*Öffnungszeit*) horário *m* de funcionamento; **gleitende ~** horário flexível *m*

Arbeitszimmer *nt* <-s, -> escritório *m;* (*Büro*) gabinete *m*

archaisch *adj* arcaico

Archäologe(in) *m(f)* <-n, -n *o* -innen> arqueólogo, arqueóloga *m, f*

Archäologie *f kein pl* arqueologia *f*

Archipel *m* <-s, -e> (GEOG) arquipélago *m*

Architekt(in) [arçi'tɛkt] *m(f)* <-n, -n *o* -innen> arquitecto, arquitecta *m, f*

Architektur *f* <-> *kein pl* arquitectura *f*

Archiv [ar'çi:f] *nt* <-s, -e> arquivo *m*

Archivar(in) *m(f)* <-s, -e *o* -innen> arquivista *m,f*

Arena *f* <Arenen> arena *f*

arg [ark] **I.** *adj* (*schlimm*) mau; (*ernst*) severo, grave; (*stark*) forte, grande **II.** *adv* muito; **ich musste ~ lang warten** tive que esperar muito (tempo)

Argentinien [argɛn'ti:niən] *nt* <-s> *kein pl* Argentina *f*

Ärger *m* <-s> *kein pl* ❶ (*Verdruss*) dissabor *m,* desgosto *m* ❷ (*Wut*) raiva *f,* fúria *f* ❸ (*Unannehmlichkeit*) aborrecimento *m,* arrelia *f;* (*umg*) chatice *f;* **mit jdm/etw ~ haben** chatear-se com alguém /aborrecer-se com a. c.

ärger *komp von* **arg**

ärgerlich *adj* ❶ (*lästig*) irritante; (*umg*) chato ❷ (*zornig*) zangado (*auf/über* com); (*umg*) chateado (*auf/über* com)

ärgern **I.** *vt* aborrecer, irritar; (*umg*) chatear **II.** *vr* **sich ~** arreliar-se, irritar-se (*über* com); (*umg*) chatear-se (*über* com)

Ärgernis *nt* <-ses, -se> ❶ (*Ärger*) aborrecimento *m* ❷ *kein pl* (*Anstoß*) escândalo *m;* (JUR); **Erregung öffentliches ~ses** atentado à moral pública, atentado ao pudor

arglos *adj* ingénuo, inocente

Argument [argu'mɛnt] *nt* <(e)s, -e> argumento *m* (*für* a favor de, *gegen* contra)

Argumentation *f* <-en> argumentação *f*

argumentieren* *vi* argumentar (*für* a favor de, *gegen* contra)

Argwohn ['arkvo:n] *m* <-(e)s> *kein pl* receio *m;* (*Verdacht*) suspeita *f,* desconfiança *f*

argwöhnisch *adj* desconfiado

Arie ['a:riə] *f* <-n> ária *f*

Aristokrat(in) [arɪsto'kra:t] *m(f)* <-en, -en *o* -innen> aristocrata *m,f*

Aristokratie [arɪstokra'ti:] *f* <-n> aristocracia *f*

aristokratisch *adj* aristocrático

Arithmetik *f* <-> *kein pl* aritmética *f*

Arktis ['arktɪs] *f* <-> *kein pl* Árctico *m*

arktisch *adj* árctico

arm [arm] *adj* ❶ (*bedürftig*) pobre (*an* em) ❷ (*bedauernswert*) infeliz, coitado; (*umg*); **~ dran sein** ser um infeliz, ser um pobrezinho

Arm *m* <-(e)s, -e> ❶ (*des Menschen*) braço *m;* (*von Polyp*) tentáculo *m;* **~ in ~** de braço dado; **die ~e ausbreiten** abrir os braços; (*umg*); **jdn auf den ~ nehmen** gozar com alguém ❷ (TECH) braço *m* ❸ (*Flussarm*) braço *m*

Armaturenbrett *nt* <-(e)s, -er> painel *m* de comando; (*im Auto*) tablier *m;* (*brasil*) painel *m* de instrumentos

Armband *nt* <-(e)s, -bänder> pulseira *f;* (*von Uhr*) bracelete *f*

Armbanduhr *f* <-en> relógio *m* de pulso

Armee [ar'meː] *f* <-n> exército *m*

Ärmel *m* <-s, -> manga *f;* **etw aus dem ~ schütteln** improvisar a. c.

Ärmelkanal *m* <-s> *kein pl* Canal *m* da Mancha

Armenien *nt* <-s> *kein pl* Arménia *f*

ärmer *komp von* **arm**

ärmlich *adj* pobre; (*elend*) miserável

armselig ['armseːlɪç] *adj* pobre

Armut ['armuːt] *f* <-> *kein pl* pobreza *f,* indigência *f*

Armutszeugnis *nt* <-ses, -se> prova *f* de incompetência, prova *f* de incapacidade

Aroma [a'roːma] *nt* <-s, Aromen> aroma *m*

aromatisch *adj* aromático

arrangieren* **I.** *vt* (*Fest, Reise*) organizar; **das lässt sich ~** isso arranja-se **II.** *vr* **sich ~** chegar a um acordo

Arrest *m* <-(e)s, -e> (*Haft*) detenção *f,* prisão *f*

arrogant [aro'gant] *adj* arrogante

Arroganz *f* <-> *kein pl* arrogância *f*

Arsch [arʃ] *m* <-(e)s, Ärsche> (*vulg*) cu *m,* traseiro *m*

Arsen [ar'zeːn] *nt* <-s> *kein pl* arsénico *m*

Arsenal [arze'naːl] *nt* <-s, -e> arsenal *m*

Art [art] *f* <-en> ❶ (*Weise*) maneira *f,* modo *m;* (KOCHK); **nach ~ des Hauses** à moda da casa ❷ (*Sorte*) género *m,* tipo *m;* **von der ~** desse género ❸ (BIOL) espécie *f* ❹ (*Wesen*) qualidade *f,* natureza *f;* (*Machart*) feitio *m*

Arterie [ar'teːriə] *f* <-n> (ANAT) artéria *f*

Arterienverkalkung *f* <-en> (*umg*) arteriosclerose *f*

artig ['artɪç] *adj* bem comportado, obediente

Artikel [ar'tiːkəl, ar'tɪkəl] *m* <-s, -> (LING, PUBL) artigo *m*

artikulieren* **I.** *vt* (*Laut*) articular **II.** *vr* **sich ~** expressar-se

Artischocke [arti'ʃɔkə] *f* <-n> alcachofra *f*

Artist(in) [ar'tɪst] *m(f)* <-en, -en *o* -innen> artista *m,f* de circo

Arznei [arts'naɪ] *f* <-en> medicamento *m,* remédio *m*

Arzneimittel *nt* <-s, -> medicamento *m,* remédio *m*

Arzt, Ärztin [artst] *m, f* <-es, Ärzte *o* -innen> médico, médica *m, f*

Ärztekammer *f* <-n> Ordem *f* dos Médicos

Arzthelferin *f* <-nen> empregada *f* de consultório

ärztlich *adj* médico; **in ~er Behandlung sein** estar a fazer tratamento (médico)

As[ALT] *nt s.* **Ass**

Asbest [as'bɛst] *m* <-(e)s, -e> amianto *m*

Aschantinuss[RR] *f* <-nüsse> (*österr*) amendoim *m*

Asche ['aʃə] *f* <-> *kein pl* cinza *f;* (*sterbliche Überreste*) cinzas *fpl*

Aschenbecher *m* <-s, -> cinzeiro *m*

Aschenbrödel *nt* <-s, -> gata *f* borralheira

Aschermittwoch *m* <-s, -e> Quarta-feira *f* de Cinzas

ASCII-Code *m* <-s, -s> (INFOR) código *m* ASCII

Aserbaidschan *nt* <-s> *kein pl* Azerbaijão *m*

Asiat(in) *m(f)* <-en, -en *o* -innen> asiático, asiática *m, f*

asiatisch *adj* asiático

Asien ['aːziən] *nt* <-s> *kein pl* Ásia *f*

Askese *f* <-> *kein pl* ascética *f,* ascetismo *m*

Asket(in) [as'keːt] *m(f)* <-en, -en *o* -innen> asceta *m,f*

asketisch *adj* ascético

asozial ['azotsiaːl] *adj* associal

Aspekt [as'pɛkt] *m* <-(e)s, -e> aspecto *m;* **unter diesem ~** nesse aspecto

Asphalt [as'falt] *m* <-(e)s, -e> asfalto *m*

asphaltieren* *vt* asfaltar

Aspirin® *nt* <-s, -> aspirina *f*

aß *imp von* **essen**

Ass[RR] *nt* <-es, -e> ❶ (*im Kartenspiel*) ás *m* ❷ (*Person*) ás *m*

Assistent(in) [asɪs'tɛnt] *m(f)* <-en, -en *o* -innen> assistente *m,f*

Assoziation [asotsia'tsjoːn] *f* <-en> associação *f*

Ast [ast] *m* <-(e)s, Äste> ramo *m;* (*umg*); **sich** *dat* **einen ~ lachen** fartar-se de rir

AStA *abk v* **Allgemeiner Studierendenausschuss** AE (= *associação de estudantes*)

Aster *f* <-n> (BOT) sécia *f*
Ästhetik *f* <-> *kein pl* estética *f*
ästhetisch *adj* estético
Asthma ['astma] *nt* <-s> *kein pl* (MED) asma *f*
Asthmatiker(in) *m(f)* <-s, - *o* -innen> asmático, asmática *m, f*
astrein *adj* (*umg*) muito bom, óptimo
Astrologe(in) *m(f)* <-en, -en *o* -innen> astrólogo, astróloga *m, f*
Astrologie *f* <-> *kein pl* astrologia *f*
astrologisch *adj* astrológico
Astronaut(in) [astro'naʊt] *m(f)* <-en, -en *o* -innen> astronauta *m,f*
Astronomie *f* <-> *kein pl* astronomia *f*
astronomisch *adj* astronómico
Asyl [a'zy:l] *nt* <-s, -e> (POL) asilo *m*; **um politisches ~ bitten** pedir asilo político; **jdm ~ gewähren** conceder asilo a alguém
Asylant(in) [azy'lant] *m(f)* <-en, -en *o* -innen> asilado, asilada *m, f*
Asylbewerber(in) *m(f)* <-s, - *o* -innen> requerente *m,f* de asilo
Asylrecht *nt* <-(e)s> *kein pl* direito *m* de asilo
A.T. *abk v* **Altes Testament** A.T. (= *Antigo Testamento*)
Atelier [atə'lje:] *nt* <-s, -s> atelier *m*, estúdio *m*
Atem ['a:təm] *m* <-s> *kein pl* respiração *f*; **~ holen** respirar; **außer ~ sein** estar esbaforido, estar sem fôlego; **das verschlägt mir den ~!** é de cortar a respiração!
atemberaubend *adj* (*Spannung*) empolgante, sensacional; (*Tempo*) vertiginoso; (*Schönheit*) assombroso, arrebatador
atemlos *adj* ofegante, sem fôlego
Atemnot *f* <-> *kein pl* falta *f* de ar
Atempause *f* <-n> pausa *f* respiratória; (*fig*) folga *f*
Atemzug *m* <-(e)s, -züge> fôlego *m*
Atheismus [ate'ɪsmʊs] *m* <-> *kein pl* ateísmo *m*
Atheist(in) *m(f)* <-en, -en *o* -innen> ateu, ateia *m, f*
atheistisch *adj* ateísta
ätherisch *adj* etéreo
Äthiopien *nt* <-s> *kein pl* Etiópia *f*
Athlet(in) [at'le:t] *m(f)* <-en, -en *o* -innen> atleta *m,f*
athletisch *adj* atlético
Atlanten *pl von* **Atlas**
Atlantik [at'lantɪk] *m* <-s> *kein pl* Atlântico *m*
atlantisch *adj* atlântico
Atlas ['atlas] *m* <-(ses), Atlanten> atlas *m*
atmen ['a:tmən] *vi* respirar
Atmosphäre *f* <-n> atmosfera *f*; (*Stimmung*) ambiente *m*
Atmung ['a:tmʊŋ] *f* <-> *kein pl* respiração *f*
Atom [a'to:m] *nt* <-s, -e> átomo *m*
atomar [ato'ma:ɐ] *adj* nuclear, atómico
Atombombe *f* <-n> bomba *f* atómica
Atombunker *m* <-s, -> abrigo *m* nuclear
Atomenergie *f* <-> *kein pl* energia *f* nuclear
Atomkraft *f* <-> *kein pl* energia *f* nuclear
Atomkraftwerk *nt* <-(e)s, -e> central *f* nuclear
Atomkrieg *m* <-(e)s, -e> guerra *f* nuclear
Atommüll *m* <-s> *kein pl* lixo *m* atómico
Atomphysik *f* <-> *kein pl* física *f* nuclear
Atomrakete *f* <-n> míssil *m* nuclear
Atomreaktor *m* <-s, -en> reactor *m* nuclear
Atomsperrvertrag *m* <-(e)s, -träge> tratado *m* de não proliferação de armas nucleares
Atomsprengkopf *m* <-(e)s, -köpfe> ogiva *f* nuclear
Atomwaffe *f* <-n> arma *f* nuclear, arma *f* atómica
atomwaffenfrei *adj* livre de armas nucleares
Attacke [a'takə] *f* <-n> (MED) ataque *m*
attackieren* *vt* atacar
Attentat ['atənta:t] *nt* <-(e)s, -e> atentado *m* (*auf* a); **ein ~ verüben** cometer um atentado
Attentäter(in) *m(f)* <-s, - *o* -innen> autor, autora *m, f* de um atentado
Attest [a'tɛst] *nt* <-(e)s, -e> atestado *m*
attraktiv [atrak'ti:f] *adj* atraente
Attrappe [a'trapə] *f* <-n> simulação *f*, imitação *f*
Attribut [atri'bu:t] *nt* <-(e)s, -e> (LING) atributo *m*
ätzen *vt* ❶ (CHEM) corroer; (*Platte*) gravar a água-forte ❷ (MED) cauterizar
ätzend *adj* (*umg: unausstehlich*) horrível
au *interj* ❶ (*Schmerz*) ai! ❷ (*Begeisterung*) ah!, oh!; **~ ja!** ah!
AU *abk v* **Abgasuntersuchung** análise dos gases de escape
Aubergine [obɛr'ʒi:nə] *f* <-n> beringela *f*
auch [aʊx] *adv* ❶ (*ebenfalls*) também; **ich ~ nicht** eu também não, eu tão-pouco ❷ (*überdies*) além disso; **das ~ noch!** mais essa!; **wenn ~** ainda que, mesmo que; **wie dem ~**

sei seja como for; **wer/was/wo ~** quem/o que/onde quer que; **so arm er ~ ist** por muito pobre que ele seja; **wer es ~ sei** seja quem for, quem quer que seja

audiovisuell [aʊdiovizu'ɛl] *adj* audiovisual

Auditorium *nt* <-s, Auditorien> auditório *m*

auf [aʊf] **I.** *präp +dat* ❶ (*oben*) em cima de, em, sobre; **das Buch liegt ~ dem Tisch** o livro está em cima da mesa ❷ (*darauf befindlich*) em; **~ der Post/Straße** no correio/na rua ❸ (*während*) em, durante; **~ der Reise** na [*o* durante]a viagem **II.** *präp +akk* ❶ (*nach oben*) em, em cima de; **ich lege das Buch ~ den Tisch** eu ponho o livro na [*o* em cima da] mesa ❷ (*umg: zeitlich*) **~ einmal** de repente ❸ (*Art und Weise*) **~ deutsch** em alemão; **~ Bitte/Befehl von ...** a pedido de .../por ordem de ...; **bis ~ ihn** menos [*o* excepto] ele **III.** *adv* ❶ (*hinauf*) para cima; **~ und ab** para cima e para baixo, de cima abaixo; (*hin und her*) para lá e para cá, de um lado para o outro ❷ (*umg: offen*) aberto; **die Tür ist ~** a porta está aberta ❸ (*umg: nicht liegend*) **~ sein** estar a pé, estar levantado

auf|arbeiten *vt* ❶ (*erledigen*) acabar, despachar ❷ (*bewältigen*) lidar com, superar

auf|atmen *vi* respirar fundo; **erleichtert ~** respirar de alívio

Aufbau *m* <-(e)s> *kein pl* ❶ (*Tätigkeit*) construção *f;* (TECH) montagem *f* ❷ (*Schaffung*) constituição *f* ❸ (*Struktur*) estrutura *f*

auf|bauen *vt* ❶ (*errichten*) construir; (*Zelt, Maschine*) montar ❷ (*schaffen*) constituir; (*Beziehungen*) construir; (*Existenz*) criar ❸ (*gliedern*) estruturar

auf|bäumen *vr* **sich ~** (*Pferd*) empinar-se

auf|bauschen ['aʊfbaʊʃən] *vt* (*Angelegenheit*) exagerar

auf|begehren* *vi* protestar (*gegen* contra); (*stärker*) revoltar-se (*gegen* contra)

auf|bereiten* *vt* ❶ (*Erz, Kohle*) preparar ❷ (*Trinkwasser, Atommüll*) tratar ❸ (*Daten*) processar

auf|bessern *vt* (*Kenntnisse*) melhorar; (*Gehalt*) aumentar

auf|bewahren* *vt* (*Gepäck*) guardar; (*Lebensmittel*) conservar

Aufbewahrung *f* <-> *kein pl* (*von Lebensmitteln*) conservação *f;* (*von Gepäck*) depósito *m*

auf|bieten *vt irreg* ❶ (*einsetzen*) convocar, mobilizar; (*Kräfte*) reunir ❷ (*Brautpaar*) publicar banhos

auf|blähen *vt* inchar

auf|blasen *vt irreg* encher (de ar)

auf|bleiben *vi irreg* ❶ (*umg: Person*) não se deitar, ficar a pé ❷ (*umg: Laden*) ficar aberto

auf|blenden *vt* ❶ (*beim Auto fahren*) ligar os máximos ❷ (FOTO) abrir o diafragma

auf|blicken *vi* levantar os olhos (*zu* para)

auf|blühen *vi* ❶ (*Blume*) abrir, desabrochar ❷ (*Handel*) florescer, prosperar; (*Mensch*) desabrochar

auf|brauchen *vt* gastar, consumir

auf|brausen *vi* enfurecer-se, exaltar-se

auf|brechen **I.** *vt irreg* (*Schloss*) forçar, arrombar; (*Auto*) arrombar **II.** *vi irreg* ❶ (*gehen*) pôr-se a caminho, abalar; **zu einer Reise ~** partir de viagem (*nach* para) ❷ (*Knospe*) rebentar; (*Wunde*) abrir

auf|bringen *vt irreg* ❶ (*Geld*) conseguir; (*Geduld*) ter ❷ (*einführen*) introduzir; (*Idee, Mode*) lançar ❸ (*erzürnen*) irritar, zangar

Aufbruch *m* <-(e)s> *kein pl* partida *f* (*nach* para)

auf|bürden *vt* **jdm etw ~** imputar a. c. a alguém

auf|decken *vt* ❶ (*Topf*) destapar ❷ (*Zusammenhänge*) descobrir, revelar

auf|drängen **I.** *vt* **jdm etw ~** impor a. c. a alguém, impingir a. c. a alguém **II.** *vr* **sich ~** **sich jdm ~** impor-se a alguém

auf|drehen *vt* ❶ (*Wasser, Gashahn*) abrir ❷ (*Schraubverschluss*) desaparafusar, desatarraxar

aufdringlich ['aʊfdrɪŋlɪç] *adj* impertinente, maçador

Aufdringlichkeit *f* <-en> impertinência *f*

aufeinander [aʊfaɪ'nandɐ] *adv* ❶ (*übereinander*) um sobre o outro ❷ (*zeitlich*) sucessivamente, um atrás do outro ❸ (*gegenseitig*) um no [*o* ao] outro; **~ warten** esperar um pelo outro

aufeinander|folgen *vi* seguir-se

aufeinander|legen *vi* empilhar, amontoar; **Dinge ~** empilhar [*o* amontoar] coisas

aufeinander|liegen *vi* estar amontoado

aufeinander|stoßen *vi* ir um contra o outro

aufeinander|treffen *vi* encontrar-se

Aufenthalt ['aʊfənthalt] *m* <-(e)s, -e> ❶ (*Anwesenheit*) estad(i)a *f,* permanência *f* ❷ (*von Zug, Flugzeug*) paragem *f;* **Sie**

haben 10 Minuten ~ tem uma paragem de 10 minutos

Aufenthalter(in) *m(f)* <-s, - *o* -innen> (*schweiz*) residente *m,f* temporário

Aufenthaltsgenehmigung *f* <-en> autorização *f* de residência

Aufenthaltsort *m* <-(e)s, -e> paradeiro *m;* (*Wohnort*) domicílio *m,* residência *f*

auferstanden *pp von* **auferstehen**

auf|erstehen *vi irreg* ❶ (REL) ressuscitar ❷ (*Idee, Mode*) ressurgir

Auferstehung *f* <-> *kein pl* ❶ (REL) ressurreição *f* ❷ (*Idee, Mode*) ressurgimento *m*

auf|essen *vt irreg* comer (tudo)

auf|fahren **I.** *vt irreg* (*Speisen*) servir **II.** *vi irreg* ❶ (*aufprallen*) embater (*auf* contra) ❷ (*aufschrecken*) sobressaltar-se; **aus dem Schlaf ~** acordar sobressaltado ❸ (*wütend werden*) enfurecer-se, exaltar-se

Auffahrt *f* <-en> entrada *f;* (*Rampe*) rampa *f,* subida *f;* (*zur Autobahn*) acesso *m*

Auffahrunfall *m* <-(e)s, -fälle> colisão *f*

auf|fallen *vi irreg* dar nas vistas, chamar a atenção; **etw fällt jdm auf** alguém repara em a. c., alguém apercebe-se de a. c.; **nicht ~** passar despercebido

auffällig *adj* (*Farbe, Kleidung*) extravagante, vistoso; (*Benehmen*) estranho

auf|fangen *vt irreg* ❶ (*Ball*) apanhar ❷ (*Funkspruch*) captar; (*Gesprächsfetzen*) interceptar, ouvir ❸ (*Flüssigkeit*) aparar

Auffanglager *nt* <-s, -> centro *m* de recolhimento de refugiados

auf|fassen *vt* ❶ (*begreifen*) compreender, perceber ❷ (*auslegen*) conceber (*als* como), interpretar (*als* como)

Auffassung *f* <-en> ❶ (*Meinung*) opinião *f;* **ich bin der ~, dass ...** eu sou da opinião que ... ❷ (*Auslegung*) interpretação *f,* concepção *f*

Auffassungsvermögen *nt* <-s> *kein pl* inteligência *f,* capacidade *f* de compreensão

auf|finden *vt irreg* encontrar

auf|fliegen *vi irreg* ❶ (*Tür*) abrir-se de repente ❷ (*umg: entdeckt werden*) ser descoberto

auf|fordern *vt* ❶ (*bitten*) pedir, convidar (*zu* para); **sie forderte ihn zum Tanzen auf** ela convidou-o para dançar ❷ (*ermuntern*) incitar (*zu* a) ❸ (*befehlen*) exigir; **ich fordere Sie auf, den Raum zu verlassen!** exijo que abandone a sala!

Aufforderung *f* <-en> ❶ (*Bitte*) convite *m* (*zu* para) ❷ (*Befehl*) exigência *f*

Aufforstung *f* <-en> repovoamento *m* florestal

auf|fressen *vt irreg* devorar

auf|frischen *vt* (*Erinnerung*) refrescar; (*Farbe, Kenntnisse*) renovar

auf|führen **I.** *vt* (*Theaterstück*) exibir, representar; (*Musikstück*) executar; (*aufzählen*) enumerar; (*Beispiel*) citar; (*Grund*) alegar; (*in Rechnung*) descriminar **II.** *vr* **sich ~** comportar-se (*als* como)

Aufführung *f* <-en> (*von Theaterstück*) exibição *f,* representação *f;* (*von Musikstück*) execução *f,* recital *m*

auf|füllen *vt* ❶ (*Behälter*) encher ❷ (*Vorräte*) abastecer

Aufgabe ['aʊfga:bə] *f* <-n> ❶ (*Auftrag*) tarefa *f, nt,* trabalho *m;* (*Pflicht*) obrigação *f* ❷ (*in Schule*) exercício *m;* (MATH) problema *m* ❸ (*von Gepäck, Paket*) despacho *m,* expedição *f* ❹ (*Aufhören*) abandono *m* (*von* de), desistência *f* (*von* de); (*Verzicht*) renúncia *f* (*von* a); (*eines Geschäftes*) liquidação *m,f*

Aufgang *m* <-(e)s, -gänge> ❶ (*Treppe*) escada *f;* (*Aufstieg*) subida *f* ❷ (*eines Gestirns*) nascer *m*

auf|geben **I.** *vt irreg* (*Paket, Gepäck*) despachar, expedir; (*Telegramm, Brief*) mandar, enviar; (*Bestellung*) fazer; (*Inserat*) pôr; (*Problem*) pôr; **jdm ein Rätsel ~** propor uma adivinha a alguém; (*Rauchen*) deixar de; (*verzichten auf*) renunciar a; (*Hoffnung*) perder; (*Kranke*) dar por perdido, considerar perdido **II.** *vi irreg* desistir

Aufgebot *nt* <-(e)s, -e> ❶ (*bei Heirat*) publicação *f* de banhos ❷ (*Anzahl*) número *m;* **man sah ein großes ~ von Polizisten** via-se um grande número de polícias

aufgebracht **I.** *pp von* **aufbringen** **II.** *adj* furioso

aufgedunsen ['aʊfgədʊnzən] *adj* inchado

auf|gehen *vi irreg* ❶ (*sich öffnen*) abrir-se; (*Naht*) descoser-se; (*Vorhang*) subir; (*Knospe*) rebentar, brotar; (*Knoten*) desfazer-se ❷ (*Gestirn*) nascer ❸ (*Teig*) levedar, fermentar ❹ (MATH) bater certo

aufgeklärt *adj* esclarecido, sem preconceitos; (*sexuell*) iniciado na vida sexual

aufgekratzt *adj* (*umg*) animado, divertido

aufgelegt ['aʊfgəle:kt] *adj* **gut/schlecht ~ sein** estar de bom/mau humor; **zu etw ~ sein** ter vontade de fazer a. c.

aufgeregt ['aʊfgəre:kt] *adj* excitado; (*nervös*) nervoso, irritado

aufgeschlossen ['aʊfgəʃlɔsən] **I.** *pp von* **aufschließen II.** *adj* de espírito aberto (*für* para)

aufgeschmissen ['aʊfgəʃmɪsən] *adj* (*umg*) **~ sein** estar bem arranjado, estar perdido

aufgeweckt ['aʊfgəvɛkt] *adj* vivo, esperto

auf|gießen *vt irreg* (*Tee, Kaffee*) fazer

aufgrund [aʊf'grʊnt] *präp +gen* com base em; (*wegen*) devido a, por causa de

Aufguss[RR] *m* <-es, -güsse>, **Aufguß**[ALT] *m* <-sses, -güsse> (*in Sauna*) infusão *f*

auf|haben **I.** *vt irreg* (*umg: Hut*) ter na cabeça; (*Brille*) ter posto; (*umg: Schulaufgabe*) ter que [*o* para] fazer **II.** *vi irreg* (*Geschäft*) estar aberto (*von* de, *bis* a/até)

auf|halten **I.** *vt irreg* ❶ (*Person*) deter; (*Verkehr*) fazer parar; (*Entwicklung*) entravar, retardar; (*Katastrophe*) impedir ❷ (*Tür*) segurar ❸ (*Augen*) manter aberto; (*Hand*) estender **II.** *vr* **sich ~** *irreg* ❶ (*verweilen*) demorar-se (*bei* com, *in* em) ❷ (*wohnen*) morar

auf|hängen *vt irreg* ❶ (*Bild*) pendurar (*an* em); (*Wäsche*) estender ❷ (*Hörer*) pousar ❸ (*Person*) enforcar

Aufhänger *m* <-s, -> (*an Kleidung*) presilha *f*

auf|heben **I.** *vt irreg* (*hochheben*) levantar, erguer; (*vom Boden*) apanhar (do chão); (*aufbewahren*) guardar; **bei jdm gut aufgehoben sein** estar em boas mãos; (*Gesetz*) abolir, revogar; (*Vertrag*) anular, cancelar **II.** *vr* **sich ~** *irreg* compensar-se

Aufhebung *f* <-en> ❶ (*Abschaffung*) abolição *f*, anulação *f*; (*eines Urteils*) revogação *f* ❷ (*Beendigung*) encerramento *m*

auf|heitern ['aʊfhaɪtɐn] **I.** *vt* (*Person*) animar, alegrar **II.** *vr* **sich ~** (*Himmel, Miene*) desanuviar-se

Aufheiterung *f* <-en> (METEO) desanuviamento *m*

auf|hellen *vt* ❶ (*heller machen*) aclarar ❷ (*klären*) esclarecer

auf|holen *vt* recuperar; **er hat den Rückstand wieder aufgeholt** ele recuperou o atraso

auf|hören *vi* ❶ (*enden*) acabar, terminar (*mit* com); **die Sitzung hört um 20 Uhr auf** a reunião acaba às 20 h. ❷ (*nicht weitermachen*) deixar (*mit* de), parar (*mit* com); **~, etw zu tun** deixar de fazer a. c.; **hör mit dem Blödsinn auf!** pára com os disparates!; **da hört doch alles auf!** parece impossível!, com franqueza!

auf|kaufen *vt* comprar (por atacado); (*hamstern*) açambarcar

auf|keimen *vi* (*Saat, Zweifel*) germinar, brotar

auf|klappen *vt* (*Deckel, Klappe, Buch*) abrir

auf|klären **I.** *vt* ❶ (*Irrtum, Geheimnis*) esclarecer, explicar; (*Fall*) tirar a limpo ❷ (*Person*) elucidar (*über* sobre); (*sexuell*) esclarecer ❸ (MIL) explorar **II.** *vr* **sich ~** ❶ (*Missverständnis*) esclarecer-se ❷ (*Wetter*) desanuviar-se

Aufklärer *m* <-s, -> (MIL) avião *m* de reconhecimento

Aufklärung *f* <-en> ❶ (*Klärung*) esclarecimento *m;* (*von Verbrechen*) descoberta *f* ❷ (*Information*) explicação *f* ❸ (MIL) reconhecimento *m* ❹ *kein pl* (*Epoche*) iluminismo *m*

Aufklärungssatellit *m* <-en, -en> satélite *m* de reconhecimento

Aufkleber *m* <-s, -> autocolante *m*

auf|knöpfen *vt* desabotoar, desapertar

auf|kochen *vt* deixar levantar fervura

auf|kommen *vi irreg* ❶ (*Wind*) levantar-se; (*Gerücht, Zweifel*) surgir; **keinen Zweifel ~ lassen** não deixar lugar para dúvidas ❷ (*sich ausbreiten*) espalhar-se, propagar-se ❸ (*Kosten tragen*) **für jdn/etw ~** assumir os custos de alguém/a. c.

auf|krempeln *vt* arregaçar

auf|laden *vt irreg* ❶ (*Ladegut, Batterie*) carregar ❷ (*umg: belasten*) **jdm etw ~** sobrecarregar alguém com a. c.; **jdm Verantwortung ~** atirar a responsabilidade para cima de alguém

Auflage *f* <-n> ❶ (*von Buch*) edição *f*; (*von Zeitung*) tiragem *f* ❷ (*Bedingung*) imposição *f*

auf|lassen *vt irreg* ❶ (*umg: Tür, Fenster*) deixar aberto ❷ (*umg: Brille, Mütze*) não tirar; **den Hut ~** não tirar o chapéu

auf|lauern *vi* **jdm ~** estar/pôr-se à espreita de alguém

Auflauf *m* <-(e)s, -läufe> ❶ (*Menschenauflauf*) ajuntamento *m*, aglomeração *f* de pessoas ❷ (*Kartoffelauflauf, Fleischauflauf*)

empadão *m,* pastelão *m;* (*mit Käse*) gratinado *m*

auf|laufen *vi irreg* (NAUT) encalhar

auf|leben *vi* (*Mensch*) rejuvenescer, tomar novo ânimo; (*Interesse, Bräuche*) renascer, reavivar-se; (*Gespräch, Kämpfe*) reacender-se

auf|legen **I.** *vt* (*Gedeck*) pôr, colocar; (*CD*) pôr (a tocar); (*Telefonhörer*) pousar; (*Buch*) publicar, editar; **neu ~** reeditar **II.** *vi* (TEL) desligar

auf|lehnen *vr* **sich ~** revoltar-se (*gegen* contra), insurgir-se (*gegen* contra)

auf|leuchten *vi* reluzir, cintilar

auf|listen ['aʊflɪstən] *vt* ordenar em lista

auf|lockern *vt* ❶ (*Programm*) animar ❷ (*Muskeln*) afrouxar, distender ❸ (*Boden*) cavar, revolver

auf|lösen **I.** *vt* (*Versammlung, Ehe, Parlament*) dissolver; (*Knoten, Wohnung*) desfazer; (*in Flüssigkeit*) dissolver; (*Rätsel*) resolver; (*Geheimschrift*) decifrar; (*Geschäft*) liquidar **II.** *vr* **sich ~** (*Nebel, Menschenmenge*) desfazer-se; (CHEM) dissolver-se

Auflösung *f* <-en> ❶ (CHEM: *von Nebel, Parlament*) dissolução *f* ❷ (*von Rätsel*) solução *f;* (*von Geschichte*) desenlace *m* ❸ (*Bildqualität*) resolução *f* ❹ (MATH) redução *f*

Auflösungszeichen *nt* <-s, -> (MUS) bequadro *m*

auf|machen **I.** *vt* (*öffnen*) abrir; (*Knoten*) desfazer, desatar; (*Geschäft*) montar, abrir; (*zurechtmachen*) arranjar, apresentar **II.** *vr* **sich ~** pôr-se a caminho (*nach/zu* para), abalar (*nach/zu* para)

Aufmachung *f* <-en> ❶ (*von Mensch*) aspecto *m;* (*Kleidung*) indumentária *f* ❷ (*von Ware*) apresentação *f*

auf|marschieren* *vi* desfilar

aufmerksam ['aʊfmɛrkza:m] *adj* ❶ (*konzentriert*) atento; **jdn auf etw ~ machen** chamar a atenção de alguém para a. c. ❷ (*höflich*) atencioso, amável

Aufmerksamkeit *f* <-en> ❶ (*Wachsamkeit*) atenção *f* ❷ (*Höflichkeit*) atenção *f,* gentileza *f* ❸ (*Geschenk*) atenção *f;* **eine kleine ~ für Sie** uma pequena atenção para si

auf|muntern ['aʊfmʊntɐn] *vt* ❶ (*erheitern*) animar ❷ (*ermutigen*) encorajar, incitar

Aufmunterung *f* <-en> animação *f*

Aufnahme ['aʊfna:mə] *f* <-n> ❶ (*Empfang*) recepção *f,* acolhimento *m;* (*in Verein*) admissão *m;* (*in Krankenhaus*) hospitalização *f* ❷ (*in Akte*) registo *m* ❸ (*von Verhandlungen, Studium*) início *m* ❹ (FOTO) fotografia *f;* (*von Film*) filmagem *f;* (*auf Tonband*) gravação *f* ❺ (*von Kredit*) empréstimo *m*

aufnahmefähig *adj* ❶ (*geistig*) inteligente, capaz de assimilar ❷ (*Markt*) capaz de absorver

Aufnahmeprüfung *f* <-en> exame *m* de admissão; (*brasil*) exame *m* vestibular

Aufnahmsprüfung *f* <-en> (*österr*) *s.* **Aufnahmeprüfung**

auf|nehmen *vt irreg* ❶ (*empfangen*) receber, acolher ❷ (*zulassen*) admitir ❸ (*beginnen*) iniciar; **Kontakt zu jdm ~** entrar em contacto com alguém; (*Verhandlungen, Gespräch, Arbeit*); **wieder ~** retomar, recomeçar ❹ (*notieren*) anotar, registar; (*in Liste*) incluir ❺ (*hochheben*) levantar (*von* de), apanhar (*von* de) ❻ (*Menge, Anzahl*) ter capacidade para ❼ (*Geld*) pedir emprestado, tomar de empréstimo ❽ (FOTO) fotografar; (*filmen*) filmar; (*auf Tonband, Platte*) gravar ❾ (*reagieren auf*) reagir a; **er hat die Nachricht gut aufgenommen** ele reagiu bem à notícia; **es mit jdm ~ können** poder competir com alguém

auf|opfern *vr* **sich ~** sacrificar-se (*für* por)

auf|passen *vi* ❶ (*aufmerksam sein*) prestar atenção (*auf* a), estar atento (*auf* a); **aufgepasst!** atenção!, oiçam! ❷ (*beaufsichtigen*) tomar conta (*auf* de), cuidar (*auf* de)

Aufpasser(in) *m(f)* <-s, - *o* -innen> vigia *m,f,* guarda *m,f*

auf|platzen *vi* rebentar

Aufprall ['aʊfpral] *m* <-(e)s, -e> choque *m,* embate *m*

auf|prallen *vi* chocar (*auf* com), embater (*auf* contra)

Aufpreis *m* <-es, -e> suplemento *m*

auf|pumpen *vt* encher (com bomba de ar)

auf|putschen *vt* (*durch Kaffee, Drogen*) excitar

Aufputschmittel *nt* <-s, -> estimulante *m,* excitante *m*

auf|putzen *vt* (*österr*) decorar, ornamentar

auf|raffen *vr* **sich ~** mobilizar energias (*zu* para); (*sich entscheiden*) decidir-se (*zu* a)

auf|räumen **I.** *vt* (*Zimmer, Sachen*) arrumar, pôr em ordem **II.** *vi* arrumar (*mit* com), acabar (*mit* com)

Aufräumungsarbeiten *pl* trabalhos *mpl* de

limpeza

aufrecht ['aʊfrɛçt] *adj* ❶ (*gerade*) a direito, erecto ❷ (*ehrlich*) aprumado, correcto

aufrecht|erhalten* *vt irreg* manter

auf|regen **I.** *vt* (*erregen*) excitar, agitar; (*ärgern*) enervar, perturbar **II.** *vr* **sich ~** (*sich erregen*) exaltar-se (*über* com), alterar-se; (*sich ärgern*) irritar-se (*über* com), zangar-se (*über* com)

aufregend *adj* excitante, emocionante

Aufregung *f* <-en> ❶ (*Verwirrung*) agitação *f*, alvoroço *m* ❷ (*freudig*) excitação *f*

aufreibend *adj* esgotante

auf|reißen **I.** *vt irreg* (*öffnen*) abrir violentamente; (*beschädigen*) rasgar, romper **II.** *vi irreg* rasgar-se, romper-se; (*Naht*) descoser-se

aufreizend *adj* provocante, irritante

auf|richten **I.** *vt* ❶ (*gerade stellen*) endireitar, pôr de [*o* em] pé ❷ (*seelisch*) confortar, consolar **II.** *vr* **sich ~** ❶ (*hinstellen*) erguer-se ❷ (*hinsetzen*) sentar-se

aufrichtig *adj* franco, sincero; **etw ~ bedauern** lamentar sinceramente a. c.

Aufrichtigkeit *f* <-> *kein pl* franqueza *f*, sinceridade *f*

Aufriss[RR] *m* <-es, -e>, **Aufriß**[ALT] *m* <-sses, -sse> (ARCHIT) alçado *m*, projecção *f* vertical

auf|rollen *vt* ❶ (*auseinanderrollen*) desenrolar ❷ (*zusammenrollen*) enrolar

auf|rücken *vi* (*Platz machen*) avançar; (MIL) cerrar fileiras

Aufruf *m* <-(e)s, -e> ❶ (INFOR: *des Namens*) chamada *f* ❷ (*Appell*) apelo *m*, manifesto *m* (*an* a); (*zum Streik*) convocação *f*, apelo *m* (*zu* a)

auf|rufen *vt irreg* ❶ (*Namen, Schüler*) fazer a chamada ❷ (INFOR) chamar ❸ (*auffordern*) chamar (*zu* a), apelar (*zu* a); **zum Streik ~** convocar uma greve

Aufruhr ['aʊfruːɐ] *m* <-(e)s> *kein pl* ❶ (*Erregung*) agitação *f*; **jdn in ~ versetzen** agitar alguém ❷ (*Revolte*) insurreição *f*, revolta *f*; (*Tumult*) tumulto *m*

aufrührerisch *adj* ❶ (*Reden, Ideen*) revolucionário, rebelde ❷ (*Volksmenge*) amotinado, sedicioso

auf|runden *vt* arredondar (por excesso) (*auf* para)

auf|rüsten **I.** *vt* armar **II.** *vi* armar-se

Aufrüstung *f* <-en> armamento *m*, rearmamento *m*

auf|rütteln *vt* sacudir (*aus* de); **jdn aus dem Schlaf ~** acordar alguém (sacudindo)

aufs [aʊfs] (*umg*) = **auf das** *s.* **auf**

auf|sagen *vt* recitar, dizer

auf|sammeln *vt* apanhar, recolher

aufsässig *adj* rebelde

Aufsatz *m* <-es, -sätze> ❶ (*Schulaufsatz*) composição *f*, redacção *f*; (*Abhandlung*) artigo *m*; (LIT) ensaio *m* ❷ (*Aufbau*) cimo *m*, parte *f* superior

auf|saugen *vt* absorver, chupar

auf|scheuchen *vi* afugentar

auf|schichten *vt* amontoar

auf|schieben *vt irreg* ❶ (*verzögern*) adiar, prorrogar ❷ (*öffnen*) abrir (empurrando)

Aufschlag *m* <-(e)s, -schläge> ❶ (*Aufprall*) golpe *m* (*auf* em) ❷ (SPORT) serviço *m* ❸ (*Preisaufschlag*) aumento *m*, subida *f*; (*Zuschlag*) suplemento *m*

auf|schlagen **I.** *vt irreg* ❶ (*Buch, Augen*) abrir ❷ (*Ei, Nuss*) partir ❸ (*mit Gewalt*) arrombar ❹ (*Zelt*) armar, montar; (*Lager*) assentar ❺ (*Ärmel, Hose*) arregaçar; (*Kragen*) levantar **II.** *vi irreg* ❶ (*Preis*) aumentar, subir ❷ (SPORT) servir ❸ (*aufprallen*) embater (*auf* contra), dar (*auf* em)

auf|schließen *vt irreg* abrir (com chave)

Aufschluss[RR] *m* <-es, -schlüsse>, **Aufschluß**[ALT] *m* <-sses, -schlüsse> explicação *f*, informação *f*; **sich** *dat* **über etw ~ verschaffen** arranjar explicação para a. c.

aufschlussreich[RR] *adj* instrutivo, informativo

auf|schneiden **I.** *vt irreg* (*Verpackung*) abrir (cortando); (*Braten*) trinchar **II.** *vi irreg* (*umg*) gabar-se, armar-se

Aufschneider(in) *m(f)* <-s, - *o* -innen> (*umg*) gabarola *m,f*

Aufschnitt *m* <-(e)s> *kein pl* carnes *fpl* frias

auf|schnüren *vt* desatar, desamarrar

auf|schrauben *vt* desaparafusar; (*befestigen*) aparafusar

Aufschrei *m* <-(e)s, -e> grito *m* (de espanto ou sobressalto)

auf|schreiben *vt irreg* anotar, apontar; (*Personalien*) registar; (*polizeilich*) autuar

auf|schreien *vi irreg* gritar, soltar um grito

Aufschrift *f* <-en> ❶ (*Inschrift*) inscrição *f* ❷ (*Etikett*) etiqueta *f*, rótulo *m*

Aufschub *m* <-(e)s, -schübe> adiamento *m*, prorrogação *f* (de prazo)

auf|schütten *vt* ❶ (*anhäufen*) amontoar, acumular ➋ (*Tee*) fazer

Aufschwung *m* <-(e)s, -schwünge> (WIRTSCH) conjuntura *f* (favorável), incremento *m*

auf|sehen *vi irreg* levantar os olhos (*zu* para); (*bewundernd*) admirar, apreciar

Aufsehen *nt* <-s> *kein pl* sensação *f*; (*negativ*) escândalo *m*; ~ **erregen** causar sensação; (*negativ*) dar escândalo; **ein ~ erregendes Ereignis** um acontecimento espectacular

aufsehenerregend[ALT] *adj s.* **Aufsehen**

Aufseher(in) *m(f)* <-s, - *o* -innen> ➊ (*Wächter*) vigilante *m,f*, conferente *m,f* ➋ (*über Arbeiter*) capataz *m* ➌ (*im Park, Museum*) guarda *m,f*

auf|sein[ALT] *vi irreg s.* **auf III 2**

auf|setzen **I.** *vt* (*Hut, Brille*) pôr; (*Miene*) fazer; (*Essen*) pôr ao lume; (*Text*) assentar, escrever **II.** *vi* (*Flugzeug*) aterrar

Aufsicht *f* <-en> ➊ *kein pl* (*Überwachung*) vigilância *f*; **bei einer Prüfung ~ führen** vigiar um exame ➋ *kein pl* (*Kontrolle*) fiscalização *f*, inspecção *f* ➌ (*Person*) fiscal *m*, inspector, -a *m,f*

Aufsichtsrat *m* <-(e)s, -räte> conselho *m* fiscal

auf|sitzen *vi irreg* montar

auf|sperren *vt* escancarar, abrir completamente; **Mund und Nase ~** ficar boquiaberto

auf|spielen *vr* **sich ~** fazer-se importante; (*umg*); **sich ~ als** armar-se em, dar-se ares de

auf|spießen *vt* (*mit Gabel*) espetar

auf|springen *vi irreg* ➊ (*hochspringen*) saltar, levantar-se de um salto ➋ (*auf Fahrzeug*) saltar (*auf* para) ➌ (*sich öffnen*) abrir-se (de súbito); (*Haut*) gretar

auf|spüren *vt* ➊ (*Wild*) seguir o rasto, farejar ➋ (*Geheimnis*) investigar, seguir a pista

auf|stacheln ['aʊfʃtaxəln] *vt* instigar (*zu* a), incitar (*zu* a)

Aufstand *m* <-(e)s, -stände> levantamento *m* popular, insurreição *f*

aufständisch *adj* rebelde, insurrecto

auf|stapeln *vt* amontoar

auf|stauen *vr* **sich ~** (*Verkehr*) congestionar-se

auf|stehen *vi irreg* ➊ (*Person*) levantar-se ➋ (*Tür*) estar aberto

auf|steigen *vi irreg* ➊ (*Flugzeug, Nebel*) levantar, subir ➋ (*auf Pferd, Fahrrad*) subir (*auf* para), montar ➌ (*beruflich*) ascender (*zu* a)

auf|stellen *vt* ➊ (*anordnen, zusammenstellen*) colocar, dispor; (*Mannschaft*) formar, constituir; (*Kandidaten*) apresentar; (*Liste*) organizar, fazer; (*Wache*) formar ➋ (*aufbauen*) construir, erguer; (*Zelt*) armar, montar; (TECH) instalar, montar ➌ (*Rekord, Lehrsatz*) estabelecer ➍ (*schweiz: aufmuntern*) animar

Aufstellung *f* <-en> ➊ (*von Denkmal*) construção *f* ➋ (*von Liste, Programm*) disposição *f*; (*von Kandidaten*) apresentação *f* ➌ (*Liste, Tabelle*) relação *f*, lista *f* ➍ (SPORT) formação *f* da equipa

Aufstieg ['aʊfʃti:k] *m* <-(e)s, -e> ➊ (*auf Berg*) subida *f* ➋ (*Weg*) subida *f* ➌ (*beruflich*) ascensão *f* (*zu* a)

auf|stöbern *vt* encontrar, descobrir

auf|stoßen **I.** *vt irreg* (*öffnen*) abrir (empurrando), arrombar **II.** *vi irreg* (*rülpsen*) arrotar

auf|stützen **I.** *vt* apoiar (*auf* em) **II.** *vr* **sich ~** apoiar-se (*auf* em)

auf|suchen *vt* visitar; (*Arzt*) consultar

auf|takeln *vr* **sich ~** (*umg*) aperaltar-se

Auftakt *m* <-(e)s, -e> ➊ (*Beginn*) prelúdio *m*, início *m* (*zu* de) ➋ (MUS) arse *f*

auf|tanken *vt* (*Flugzeug*) reabastecer; (*Auto*) atestar/encher o depósito de

auf|tauchen *vi* ➊ (*aus Wasser*) emergir, vir à superfície ➋ (*Zweifel, Probleme*) surgir, aparecer

auf|tauen **I.** *vt* (*Tiefkühlkost, Wasserleitung*) descongelar **II.** *vi* ➊ (*Schnee*) derreter; (*Tiefkühlkost*) descongelar ➋ (*gesprächig werden*) perder o acanhamento

auf|teilen *vt* ➊ (*einteilen*) dividir (*in* em, *nach* por) ➋ (*verteilen*) repartir (*unter* entre), distribuir (*unter* por)

Aufteilung *f* <-en> ➊ (*Einteilung*) divisão *f* (*in* em, *nach* por) ➋ (*Verteilung*) distribuição *f* (*unter* por)

auf|tischen *vt* (*Speisen*) servir, pôr na mesa

Auftrag ['aʊftra:k] *m* <-(e)s, -träge> ➊ (*Aufgabe*) missão *f* ➋ (*Anweisung*) incumbência *f*, encargo *m*; (WIRTSCH) encomenda *f*, contrato *m*; **im ~ von** por ordem de, da parte de; **etw in ~ geben** encomendar a. c.

auf|tragen *vt irreg* ➊ (*Speisen*) servir ➋ (*Farbe, Salbe*) carregar ➌ (*Auftrag geben*) **jdm etw ~** encomendar a. c. a alguém, encarregar alguém de a. c.; **sie hat mir**

Grüße an deine Schwester aufgetragen ela manda cumprimentos à tua irmã

Auftraggeber(in) *m(f)* <-s, - *o* -innen> (WIRTSCH) cliente *m,f*

auf|treiben *vt irreg* (*umg*) arranjar, encontrar

auf|treten *vi irreg* ① (*erscheinen*) aparecer, manifestar-se ② (*mit Fuß*) pisar ③ (*Schauspieler*) representar, desempenhar o papel (*als* de); (*während des Stückes*) entrar em cena ④ (*sich benehmen*) proceder (*wie* como), comportar-se (*wie* como)

Auftreten *nt* <-s> *kein pl* ① (*Vorkommen*) aparecimento *m,* manifestação *f* ② (*Benehmen*) procedimento *m,* comportamento *m;* **sicheres ~** desembaraço *m*

Auftrieb *m* <-(e)s> *kein pl* ① (*Schwung*) impulso *m,* impulsão *f* ② (PHYS) força *f* ascensional

Auftritt *m* <-(e)s, -e> ① (*Theaterszene*) cena *f;* (*des Schauspielers*) entrada *f* em cena ② (*Streit*) cena *f* (desagradável)

auf|tun **I.** *vt irreg* (*umg: finden*) encontrar, arranjar **II.** *vr* **sich ~** *irreg* (*geh*) abrir-se

auf|wachen *vi* acordar

auf|wachsen *vi irreg* crescer, criar-se

Aufwand ['aʊfvant] *m* <-(e)s> *kein pl* ① (*Kosten*) despesas *fpl,* gastos *mpl* ② (*Einsatz*) esforço *m* ③ (*Luxus*) aparato *m,* luxo *m*

aufwändig[RR] *adj* (*kostspielig*) dispendioso; (*üppig*) opulento

Aufwandsentschädigung *f* <-en> ajudas *fpl* de custo

auf|wärmen *vt* ① (*Essen*) aquecer ② (*umg: Geschichten*) trazer de novo à baila, tornar a falar de

aufwärts *adv* para cima, acima; **den Fluss ~** pelo rio acima

aufwärtsgehen *vi irreg* (*Berg*) subir; (*Entwicklung*) melhorar

Aufwärtstrend *m* <-s, -s> tendência *f* favorável

auf|wecken *vt* acordar, despertar

auf|weisen ['aʊfvaɪzən] *vt irreg* mostrar, apresentar

auf|wenden *vt* (*Geld*) gastar (*für* em); (*Kraft*) despender, empregar; (*Zeit*) gastar (*für* com), dedicar (*für* a)

aufwendig *adj s.* **aufwändig**

Aufwendungen *pl* (*Ausgaben*) despesas *fpl,* gastos *mpl*

auf|werfen *vt irreg* (*Frage, Problem*) levantar

auf|werten *vt* ① (*Währung*) revalorizar ② (*Ansehen*) valorizar, atribuir mais valor a

Aufwertung *f* <-en> revalorização *f*

auf|wickeln *vt* enrolar

auf|wiegeln ['aʊfviːgəln] *vt* amotinar, incitar à revolta (*gegen* contra)

auf|wiegen *vt irreg* contrabalançar; (*ausgleichen*) compensar

auf|wirbeln *vt* levantar em remoinho; (*fig*); **Staub ~** levantar celeuma, levantar alarido

auf|wischen *vt* (*Flüssigkeit*) limpar, enxugar

auf|wühlen *vt* ① (*Erde*) revolver, cavar; (*Meer*) revolver ② (*erregen*) comover

auf|zählen *vt* enumerar

auf|zeichnen *vt* ① (*zeichnen*) desenhar; (*Plan*) esboçar, traçar ② (*auf Band*) gravar

Aufzeichnung *f* <-en> ① (*Notiz*) nota *f,* apontamento *m* ② (*Tonbandaufnahme*) gravação *f;* (*Fernsehen*) transmissão *f* diferida

auf|ziehen **I.** *vt irreg* (*öffnen*) abrir (puxando); (*Segel, Flagge*) içar; (*Uhr*) dar corda a; (*Kinder*) educar, criar; (*Tiere*) criar; (*umg: Unternehmung, Fest*) organizar; (*umg: necken*) gozar com, fazer troça de **II.** *vi irreg* (*Gewitter*) formar-se; (*Wolken*) aparecer

Aufzug *m* <-(e)s, -züge> ① (*Fahrstuhl*) elevador *m,* ascensor *m;* (*für Lasten*) monta-cargas *m* ② (*abw: Kleidung*) fatiota *f,* vestimenta *f* ③ (*bei Theaterstück*) acto *m*

auf|zwingen *vt irreg* **jdm etw ~** impor a. c. a alguém, impingir a. c. a alguém

Augapfel *m* <-s, -äpfel> menina *f* do olho, globo *m* ocular; **etw wie seinen ~ hüten** guardar a. c. como se fosse a própria vida

Auge ['aʊgə] *nt* <-s, -n> ① (ANAT) olho *m;* (*Sehvermögen*) vista *f;* **große ~n machen/die ~n aufreißen** arregalar os olhos; **aus den ~n, aus dem Sinn** longe da vista, longe do coração; **mit bloßem ~** à vista desarmada, a olho nu; **seine ~n sind größer als der Magen** tem mais olhos que barriga; **geh mir aus den ~n!** sai da minha vista!; **unter vier ~n** a sós, a dois; **etw im ~ haben** ter a. c. em vista; **mit einem blauen ~ davon kommen** escapar por uma unha negra [*o* por um triz]; **jdn/etw nicht aus den ~n lassen** não perder alguém/a. c. de vista, não tirar os olhos de alguém/a. c.; **~ in ~** olhos nos olhos; (*fig*); **jdm die ~n öffnen** abrir os olhos a alguém; (*fig*); **ein ~ zudrücken** fazer vista grossa; **ins ~ gehen** ir por água abaixo, dar mau resultado; **kein ~ zutun**

não pregar olho ❷ (*auf Würfel*) ponto *m*, pinta *f*

Augenarzt, Augenärztin *m, f* <-es, -ärzte *o* -innen> oftalmologista *m,f*, oculista *m,f*

Augenblick *m* <-(e)s, -e> momento *m*, instante *m*; **jeden ~** a todo o momento, dum momento para o outro

augenblicklich **I.** *adj* ❶ (*vorübergehend*) momentâneo; (*derzeitig*) actual ❷ (*unverzüglich*) imediato **II.** *adv* ❶ (*derzeitig*) de momento ❷ (*unverzüglich*) num instante, imediatamente

Augenbraue ['aʊgənbraʊə] *f* <-n> sobrancelha *f*

Augenlicht *nt* <-(e)s> *kein pl* (*geh*) visão *f*, vista *f*

Augenmaß *nt* <-es> *kein pl* medida *f* a olho; **nach ~** a olho; **ein gutes ~ haben** ser capaz de medir a olho com precisão

Augenmerk ['aʊgənmɛrk] *nt* <-(e)s> *kein pl* atenção *f*; **sein ~ auf etw richten** ter a. c. em mira

Augenschein *m* <-(e)s> *kein pl* (*geh*) aparência *f*, aspecto *m*; **etw in ~ nehmen** examinar a. c., inspeccionar a. c.

Augentropfen *pl* (MED) gotas *fpl* oftálmicas, gotas *fpl* para os olhos

Augenweide *f* <-> *kein pl* deleite *m* para os olhos

Augenzeuge(in) *m(f)* <-n, -n *o* -innen> testemunha *f* ocular

August [aʊ'gʊst] *m* <-(e)s> *kein pl* Agosto *m*; *s. a.* **März**

Augustfeier *f* <-n> (*schweiz*) *festa nacional em Agosto*

Auktion [aʊk'tsjo:n] *f* <-en> leilão *m*, hasta *f* pública

Auktionator(in) *m(f)* <-s, -en *o* -innen> leiloeiro, leiloeira *m, f*

Aula ['aʊla] *f* <Aulen> sala *f* de actos, salão *m* nobre

Au-pair-Mädchen *nt* <-s, -> *s.* **Aupairmädchen** au-pair *f*

aus [aʊs] **I.** *präp +dat* ❶ (*Herkunft, Material*) de; **das Flugzeug ~ Frankfurt** o avião de Frankfurt; **sie ist ~ guter Familie** ela é de uma boa família; **der Schreibtisch ist ~ Holz** a secretária é de madeira ❷ (*wegen*) por, por causa de; **~ Liebe/Not/Eifersucht** por amor/necessidade/ciúme **II.** *adv* ❶ (*umg: zu Ende*) acabado; **~ sein** ter acabado; **der Krieg/das Spiel ist ~** a guerra/o jogo acabou ❷ (*ausgeschaltet*) **~ sein** estar desligado; (*nicht brennend*) estar apagado ❸ (SPORT) fora; (*Tennis*) out

Aus *nt* <-> *kein pl* ❶ (SPORT) fora-de-jogo *m* ❷ (*Ende*) fim *m*

aus|arbeiten *vt* ❶ (*Plan*) elaborar; (*Vortrag*) redigir ❷ (*Entwurf*) retocar, aperfeiçoar

Ausarbeitung *f* <-en> ❶ (*von Plan*) elaboração *f*; (*von Vortrag*) redacção *f* ❷ (*Vervollkommnung*) aperfeiçoamento *m*; (*der letzte Schliff*) acabamento *m*, últimos retoques *mpl*

aus|arten ['aʊsartən] *vi* abastardar-se, degenerar (*in* em)

aus|atmen *vi* expirar

Ausbau *m* <-(e)s> *kein pl* ❶ (*Erweiterung*) alargamento *m*, extensão *f* ❷ (TECH) desmontagem *f* ❸ (*Intensivierung*) intensificação *f*

aus|bauen *vt* ❶ (*erweitern*) alargar, ampliar ❷ (TECH) desmontar ❸ (*intensivieren*) intensificar

ausbaufähig *adj* ampliável

aus|bessern *vt* (*Gerät*) consertar, reparar; (*Fehler*) emendar; (*Kleidung*) remendar; (*Gemälde*) retocar; (*Wand*) rebocar

aus|beulen *vt* desamolgar

Ausbeute *f kein pl* lucro *m* (*an* com), rendimento *m* (*an* com)

aus|beuten *vt* explorar

Ausbeutung *f kein pl* exploração *f*

aus|bezahlen* *vt* (*Geld, Person*) pagar

aus|bilden *vt* ❶ (*beruflich*) formar, instruir ❷ (*Fähigkeiten*) desenvolver; (*Stimme*) treinar

Ausbildung *f* <-en> ❶ (*beruflich*) formação *f*, instrução *f* ❷ (*von Fähigkeiten*) desenvolvimento *m*

aus|blasen *vt irreg* apagar (soprando)

aus|bleiben *vi irreg* ❶ (*nicht eintreten*) ficar de fora ❷ (*fernbleiben*) faltar, não vir; **lange ~** demorar-se, tardar a vir

Ausblick *m* <-(e)s, -e.> ❶ (*Aussicht*) vista *f* (*auf* para), panorama *m* ❷ (*in die Zukunft*) perspectiva *f* (*auf* de)

aus|borgen *vt* (*reg*) emprestar; **sich** *dat* **etw ~** pedir a. c. emprestada

aus|brechen *vi irreg* ❶ (*Gefangener*) fugir, evadir-se ❷ (*Krieg*) rebentar; (*Panik*) instalar-se; (*Feuer, Krankheit*) propagar-se; (*Vulkan*) entrar em actividade, em erupção; **in Tränen/Gelächter ~** desatar a chorar/rir

aus|breiten **I.** *vt* ❶ (*Tuch, Landkarte*) estender ❷ (*Arme, Flügel*) abrir **II.** *vr* **sich**

~ ① (*Nachricht*) divulgar-se, propagar-se; (*Feuer, Krankheit*) alastrar, propagar-se ② (*sich erstrecken*) estender-se

Ausbreitung *f kein pl* ① (*Größe*) extensão *f* ② (*einer Nachricht, Krankheit*) propagação *f*, divulgação *f*

Ausbruch *m* <-(e)s, -brüche> ① (*Flucht*) fuga *f* (*aus* de); (*von Gefangenen*) evasão *f* (*aus* de) ② (*von Krieg*) eclosão *f*; (*von Krankheit*) surto *m*; **zum ~ kommen** rebentar, estalar ③ (*von Vulkan*) erupção *f* ④ (*Gefühlsausbruch*) ímpeto *m*, arrebatamento *m*

aus|brüten *vt* ① (*Eier*) chocar ② (*Idee*) tramar, maquinar

aus|buhen *vt* (*umg*) assobiar

aus|bürgern *vt* expatriar

aus|bürsten *vt* escovar

aus|büxen *vi* (*hum umg*) fugir de casa

Ausdauer *f kein pl* persistência *f*, perseverança *f*; (*körperlich*) resistência *f*

ausdauernd *adj* persistente, constante

aus|dehnen **I.** *vt* ① (*räumlich*) estender; (*Gummi*) esticar; (PHYS) dilatar ② (*zeitlich*) prolongar ③ (*Macht*) alargar, expandir **II.** *vr* **sich ~** ① (*räumlich*) estender-se; (PHYS) dilatar-se ② (*zeitlich*) prolongar-se

Ausdehnung *f* <-en> ① (*Größe*) extensão *f*, dimensão *f* ② (*Erweiterung*) expansão *f*, alargamento *m*; (PHYS) dilatação *f* ③ (*zeitlich*) prolongamento *m*

aus|denken *vt irreg* (*erfinden*) **sich** *dat* **etw ~** imaginar a. c., inventar a. c.; (*überlegen*) conceber a. c.

aus|drehen *vt* (*Licht*) apagar, desligar; (*Gas*) fechar, desligar

Ausdruck[1] *m* <-(e)s, -drücke> ① (*Gesichtsausdruck*) expressão *f* ② (LING) expressão *f*; (*Wort*) termo *m*; **etw zum ~ bringen** exprimir a. c.

Ausdruck[2] *m* <-(e)s, -e> (INFOR) listagem *f* (impressa)

aus|drucken *vt* (INFOR) imprimir

aus|drücken **I.** *vt* (*Zigarette*) apagar; (*Zitrone, Schwamm*) espremer; (*zum Ausdruck bringen*) exprimir, expressar **II.** *vr* **sich ~** exprimir-se, expressar-se

ausdrücklich **I.** *adj* expresso, explícito **II.** *adv* expressamente, explicitamente; **etw ~ verbieten** proibir expressamente a. c.

ausdruckslos **I.** *adj* inexpressivo **II.** *adv* sem expressão

ausdrucksvoll **I.** *adj* expressivo **II.** *adv* com expressão

Ausdrucksweise *f* <-n> forma *f* de expressão

auseinander [aʊsaɪˈnandɐ] *adv* ① (*getrennt*) separado (um do outro) ② (*zeitlich*) distante; **sie sind fünf Jahre ~** eles fazem uma diferença de cinco anos

auseinander|bringen *vt irreg* separar

auseinander|fallen *vi irreg* separar-se; (*Gegenstand*) (estar a) desfazer-se

auseinander|gehen *vi irreg* (*Familie*) **~ gehen** afastar-se, separar-se; (*Meinungen*) divergir

auseinander|halten *vt irreg* distinguir

auseinander|nehmen *vt irreg* **~ nehmen** desmontar

auseinander|reißen *vt irreg* rasgar, romper

auseinander|setzen *vr* **sich mit etw ~** confrontar-se com a. c.

Auseinandersetzung *f* <-en> ① (*Diskussion*) discussão *f* (*über* sobre), debate *m* (*über* sobre) ② (*Streit*) conflito *m* (*zwischen* entre)

auserwählt *adj* eleito

aus|fahren **I.** *vt irreg* (*Ware*) distribuir; (*spazieren fahren*) levar a passear; (*Fahrwerk*) baixar **II.** *vi irreg* sair; (*Schiff*) largar

Ausfahrt *f* <-en> ① (*aus Autobahn, Garage*) saída *f* ② (*Tor*) portão *m*

Ausfall *m* <-(e)s> *kein pl* ① (*der Haare, Zähne*) queda *f* ② (*von Veranstaltung*) não-realização *f* ③ (*von Verdienst*) falta *f*; (*von Maschine*) avaria *f*

aus|fallen *vi irreg* ① (*Zähne, Haare*) cair ② (*nicht stattfinden*) ser cancelado, não haver, não se realizar ③ (*nicht funktionieren*) avariar; (*Zug*) não circular ④ (*Ergebnis*) resultar, sair; **gut/schlecht ~** sair bem/mal

ausfallend *adj* ① (*grob*) grosseiro ② (*beleidigend*) agressivo, insolente; **~ werden** exceder-se

aus|fertigen *vt* (*Urkunde*) lavrar, redigir; (*Pass*) emitir; (*Quittung*) passar; (*Rechnung*) tirar

Ausfertigung *f kein pl* ① (*von Pass, Rechnung*) emissão *f* ② (*Exemplar*) exemplar *m*; **in doppelter ~** em duplicado

ausfindig [ˈaʊsfɪndɪç] *adj* **jdn/etw ~ machen** localizar alguém/a. c.

aus|fließen *vi irreg* vazar

aus|flippen [ˈaʊsflɪpən] *vi* (*umg*) flipar, passar-se

Ausflucht ['aʊsflʊxt] *f* <-flüchte> evasiva *f*, subterfúgio *m*

Ausflug *m* <-(e)s, -flüge> excursão *f* (*nach* a/para), passeio *m* (*nach* a)

Ausflügler(in) *m(f)* <-s, - *o* -innen> excursionista *m,f*

aus|fragen *vt* interrogar, inquirir (*über* sobre)

aus|fransen ['aʊsfranzən] *vi* desfiar

aus|fressen *vt irreg* (*umg*) **etw ~** fazer alguma asneira

Ausfuhr ['aʊsfuːɐ] *f* <-en> exportação *f*

aus|führen *vt* ❶ (*Auftrag*) executar; (*Plan*) realizar ❷ (*spazieren führen*) levar a passear ❸ (WIRTSCH) exportar ❹ (*darlegen*) expor

ausführlich **I.** *adj* pormenorizado, minucioso **II.** *adv* minuciosamente, extensivamente

Ausführlichkeit *f* <-> *kein pl* minúcia *f*, minuciosidade *f*

Ausführung *f* <-en> ❶ (*von Auftrag*) execução *f*; (*von Plan*) realização *f*; (*von Bau*) construção *f*; (*von Befehl*) cumprimento *m* ❷ (*Typ*) modelo *m* ❸ (*Darlegung*) exposição *f*, explicação *f*

aus|füllen *vt* ❶ (*Fragebogen*) preencher ❷ (*Lücke*) tapar, obturar ❸ (*Platz, Zeit*) ocupar ❹ (*befriedigen*) satisfazer

Ausgabe *f* <-n> ❶ *kein pl* (*Verteilung*) distribuição *f*; (*Gepäckausgabe*) entrega *f* (de bagagem) ❷ *kein pl* (*von Banknoten, Briefmarken*) emissão *f* ❸ (*Version, Modell*) versão *f* ❹ (*Buch*) edição *f*

Ausgang *m* <-e(s), -gänge> ❶ (*Tür*) saída *f*; **kein ~!** saída proibida! ❷ (*Ende*) desfecho *m*, desenlace *m*; (*Ergebnis*) resultado *m*

Ausgangspunkt *m* <-(e)s, -e> ponto *m* de partida

Ausgangsstellung *f* <-en> posição *f* inicial

aus|geben **I.** *vt irreg* (*austeilen*) distribuir; (*Banknoten, Aktien*) emitir; (*Ware*) entregar; (*Geld*) gastar **II.** *vr* **sich ~** *irreg* **sich für jdn ~** fazer-se passar por alguém

ausgebucht ['aʊsgəbuːxt] *adj* esgotado, (completamente) cheio

ausgedehnt *adj* ❶ (*Gelände*) extenso, largo ❷ (*zeitlich*) prolongado

ausgedient *adj* gasto

ausgefallen **I.** *pp von* **ausfallen** **II.** *adj* fora do vulgar, extravagante

ausgeglichen ['aʊsgəglɪçən] **I.** *pp von* **ausgleichen** **II.** *adj* equilibrado, ponderado

Ausgeglichenheit *f* <-> *kein pl* equilíbrio *m*, ponderação *f*

aus|gehen *vi irreg* ❶ (*zum Vergnügen*) sair ❷ (*zu Ende gehen*) acabar(-se), esgotar(-se); (*Benzin, Atem, Kraft*) faltar ❸ (*Haare, Zähne*) cair ❹ (*Feuer, Ofen, Licht*) apagar(-se) ❺ (*enden*) acabar, terminar; **gut ~** acabar bem; **leer ~** sair de mãos a abanar; **im ~den 19. Jahrhundert** nos fins do século XIX ❻ (*herrühren*) provir (*von* de) ❼ (*zugrunde legen*) **von etw ~** partir de a. c.; **wir gehen davon aus, dass ...** partimos do princípio que ...

ausgehungert *adj* faminto, esfomeado; **~ sein** estar esfomeado, estar a morrer de fome

ausgekocht *adj* (*umg*) sabido, finório

ausgelassen **I.** *pp von* **auslassen** **II.** *adj* (*Feier*) divertido, exuberante; (*Kind*) travesso, endiabrado

Ausgelassenheit *f* <-> *kein pl* exuberância *f*, animação *f*

ausgeleiert *adj* (*Gummi*) gasto, moído

ausgemacht *adj* ❶ (*sicher, beschlossen*) assente, decidido ❷ (*vollkommen*) rematado, perfeito

ausgenommen ['aʊsgənɔmən] **I.** *pp von* **ausnehmen** **II.** *konj* (*außer*) com excepção de, excepto; **~, dass ...** a não ser que ...

ausgeprägt *adj* pronunciado, acentuado

ausgerechnet ['--'--] *adv* (*umg*) exactamente, precisamente; **~ jetzt muss der Strom ausfallen!** logo agora é que tinha de falhar a corrente!

ausgeschlossen ['aʊsgəʃlɔsən] **I.** *pp von* **ausschließen** **II.** *adj* impossível; **~!** de maneira nenhuma!, nem pensar nisso!; **es ist nicht ~, dass ...** é possível que ... +*conj*

ausgeschnitten **I.** *pp von* **ausschneiden** **II.** *adj* (*Kleid*) decotado

ausgesprochen ['aʊsgəʃprɔxən] **I.** *pp von* **aussprechen** **II.** *adj* (*ausgeprägt*) acentuado, pronunciado; **eine ~e Schönheit sein** ser uma beleza acentuada **III.** *adv* francamente, sinceramente; **es tut mir ~ leid** lamento sinceramente

ausgestorben ['aʊsgəʃtɔrbən] **I.** *pp von* **aussterben** **II.** *adj* extinto; **wie ~** deserto

ausgesucht ['aʊsgəzuːxt] *adj* selecto

ausgewachsen *adj* (*voll entwickelt*) desenvolvido; (*erwachsen*) adulto

ausgewogen ['aʊsgəvoːgən] *adj* equilibrado

ausgezeichnet ['----, '--'--] *adj* excelente,

notável; **das schmeckt ~** está óptimo, está excelente

ausgiebig ['aʊsgiːbɪç] **I.** *adj* abundante **II.** *adv* largamente

aus|gießen *vt irreg* ① (*Gefäß*) esvaziar ② (*Flüssigkeit*) verter, vazar ③ (*verschütten*) derramar

Ausgleich ['aʊsglaɪç] *m* <-(e)s> *kein pl* ① (*Gleichgewicht*) equilíbrio *m;* (*Einigung*) acordo *m,* compromisso *m* ② (SPORT) empate *m;* **den ~ erzielen** empatar ③ (*Ersatz*) compensação *f* (*für* por)

aus|gleichen **I.** *vt irreg* (*Unterschied*) ajustar, equilibrar; (*Höhe*) nivelar; (*Konto*) saldar, liquidar; (*Mangel*) compensar **II.** *vi irreg* (SPORT) empatar

aus|graben *vt irreg* desenterrar; (*Leiche*) exumar; (*Ruinen*) escavar

Ausgrabung *f* <-en> escavação *f*

Ausguss[RR] *m* <-es, -güsse>, **Ausguß**[ALT] *m* <-sses, -güsse> ① (*Becken*) bacia *f;* (*Spüle*) pia *f* ② (*Abfluss*) esgoto *m*

aus|halten *vt irreg* ① (*ertragen*) suportar, aguentar ② (*unterhalten*) sustentar, manter ③ (MUS) prolongar

aus|handeln *vt* negociar

aus|händigen *vt* entregar; **jdm etw ~** entregar a. c. a alguém

Aushang *m* <-(e)s, -hänge> edital *m*

aus|hängen[1] *vt* ① (*aufhängen*) pendurar, expor ② (*Tür*) tirar dos gonzos

aus|hängen[2] *vi irreg* ① (*aufgehängt sein*) estar exposto ② (*aufgeboten sein*) ter os banhos publicados

Aushängeschild *nt* <-(e)s, -er> tabuleta *f,* letreiro *m*

aus|harren ['aʊsharən] *vi* resistir, perseverar

aus|heben *vt irreg* ① (*Loch*) cavar ② (*Verbrecherbande*) prender ③ (*schweiz: Truppen*) recrutar

aus|helfen *vi irreg* auxiliar, ajudar; **jdm ~** ajudar alguém

Aushilfe *f* <-n> ① (*Hilfe*) auxílio *m,* ajuda *f;* **jdn zur ~ benötigen** precisar de um ajudante ② (*Person*) auxiliar *m,f,* ajudante *m,f*

Aushilfskraft *f* <-kräfte> auxiliar *m,f,* ajudante *m,f*

aushilfsweise *adv* provisoriamente, temporariamente

aus|höhlen *vt* escavar, minar

aus|holen *vi* ① (*Schwung holen*) ganhar lanço, tomar balanço (*zu* para); **zum Schlag ~** ganhar lanço com o braço para aplicar um golpe ② (*Details darlegen*) expor; **weit ~** ser difuso, ser prolixo

aus|horchen *vt* sondar, procurar obter informações (*über* sobre)

aus|kennen *vr* **sich ~** *irreg* ① (*auf Gebiet*) conhecer bem, ser versado (*in* em, *mit* com); (*in Fragen*) saber do assunto ② (*an einem Ort*) conhecer bem, orientar-se bem

aus|klammern *vt* (*Thema*) deixar de lado

Ausklang *m* <-(e)s, -klänge> (*geh*) fim *m,* final *m*

aus|kleiden *vt* ① (*Raum*) revestir (*mit* de) ② (*geh: entkleiden*) despir

aus|klingen *vi irreg* ① (*Ton*) perder-se, extinguir-se ② (*Fest, Veranstaltung*) terminar (*mit* em/com)

aus|kochen *vt* ① (KOCHK) extrair por meio de cozedura ② (*sterilisieren*) esterilizar

aus|kommen *vi irreg* ① (*sich vertragen*) dar-se bem (*mit* com), entender-se (*mit* com) ② (*zurechtkommen*) arranjar-se (*mit* com); (*ausreichend haben*) remediar-se (*mit* com); **ohne jdn/etw ~** passar bem sem alguém/a. c. ③ (*österr: entkommen*) escapar-se ④ (*schweiz: bekannt werden*) vir a descoberto, tornar-se público

Auskommen *nt* <-s> *kein pl* meios *mpl* de subsistência; **sein ~ haben** ter o bastante para viver

aus|kosten *vt* gozar (até o fim)

aus|kundschaften ['aʊskʊntʃaftən] *vt* espiar; (*Gebiet*) explorar, reconhecer

Auskunft ['aʊskʊnft] *f* <-künfte> ① (*Information*) informação *f* (*über* sobre); (*nähere*) pormenores *mpl;* **jdm ~ erteilen** dar uma informação a alguém ② (*Telefonauskunft*) informações *fpl*

aus|kurieren* **I.** *vt* **eine Krankheit ~** curar uma doença **II.** *vr* **sich ~** (*umg*) curar-se

aus|lachen *vt* rir-se de, fazer troça de

aus|laden *vt irreg* ① (*Auto, Last*) descarregar; (NAUT) desembarcar ② (*Gäste*) anular um convite

Auslage *f* <-n> ① (*Waren*) artigos *mpl* expostos, artigos *mpl* em exposição ② (*Schaufenster*) montra *f*

Auslagen *pl* despesas *fpl,* gastos *mpl*

Ausland *nt* <-(e)s> *kein pl* estrangeiro *m;* **im ~** no estrangeiro; **ins ~** ao [*o* para] o estrangeiro; **aus dem ~** (do) estrangeiro

Ausländer(in) *m(f)* <-s, - *o* -innen> estrangeiro, estrangeira *m, f*

ausländerfeindlich *adj* xenófobo

Ausländerfeindlichkeit *f* <-> *kein pl* xenofobia *f*

ausländisch *adj* estrangeiro

Auslandsaufenthalt *m* <-(e)s, -e> estad(i)a *f* no estrangeiro

Auslandsgespräch *nt* <-(e)s, -e> (TEL) chamada *f* internacional

Auslandskorrespondent(in) *m(f)* <-en, -en *o* -innen> enviado, enviada *m, f*

aus|lassen **I.** *vt irreg* (*Wort*) omitir, saltar; (*Wut, Ärger*) descarregar (*an* em), desabafar; (*Fett*) derreter **II.** *vr* **sich ~** *irreg* **sich über etw ~** manifestar-se sobre a. c., exprimir-se sobre a. c.

aus|laufen *vi irreg* ① (NAUT) partir ② (*Flüssigkeit*) vazar, escorrer; (*Gefäß*) escorrer ③ (*enden*) terminar, acabar ④ (*Farben*) desbotar

Ausläufer *m* <-s, -> (*eines Gebirges*) aba *f*, falda *f*

Auslaut *m* <-(e)s, -e> (LING) som *m* final

aus|lauten *vi* (LING) terminar (*auf* em)

ausleeren *vt* ① (*Gefäß*) esvaziar ② (*Flüssigkeit*) vazar

aus|legen *vt* ① (*Waren*) expor (para venda) ② (*Geld*) emprestar ③ (*ausstatten*) revestir (*mit* de) ④ (*Text*) interpretar

Auslegung *f* <-en> interpretação *f*

aus|leiern *vi* (*Gummi, Gewinde*) gastar-se

Ausleihe *f* <-n> ① (*Tätigkeit*) empréstimo *m* ② (*Stelle*) local *m* de entrega

aus|leihen *vt irreg* ① (*sich borgen*) pedir emprestado (*bei* a); (*für Geld*) alugar; (*aus der Bibliothek*) requisitar; **sich** *dat* **etw ~** pedir a. c. emprestada ② (*verleihen*) emprestar; **jdm etw ~** emprestar a. c. a alguém

Auslese ['aʊsle:zə] *f* <-n> ① *kein pl* (*Auswahl*) selecção *f*, escolha *f* ② (*Wein*) reserva *f*

aus|lesen *vt irreg* escolher, seleccionar

aus|liefern *vt* ① (*Waren*) entregar ② (JUR) extraditar

Auslieferung *f* <-en> ① (*von Waren*) entrega *f* ② (JUR) extradição *f*

Auslieferungsverfahren *nt* (JUR) processo *m* de extradição

aus|liegen *vi irreg* (*Waren, Netze*) estar exposto

Auslinie *f* (FBALL) linha *f* do campo

aus|losen ['aʊslo:zən] *vt* tirar à sorte, sortear

aus|lösen *vt* ① (*hervorrufen*) causar, provocar ② (*Schuss*) disparar

Auslöser *m* <-s, -> ① (FOTO) disparador *m* ② (*Ursache*) causa *f*, motivo *m*

Auslosung *f* <-en> sorteio *m*, rifa *f*

aus|machen *vt* ① (*Radio, Licht*) apagar, desligar; (*Feuer*) apagar, extinguir ② (*vereinbaren*) combinar (*mit* com), ajustar; **ausgemacht!** combinado! ③ (*erkennen*) distinguir ④ (*bedeuten*) importar; **das macht mir nichts aus** não me importo (nada); **macht es Ihnen etwas aus, wenn ...?** importa-se que ... ? *+conj*

aus|malen **I.** *vt* pintar, colorir **II.** *vr* **sich ~ sich** *dat* **etw ~** imaginar a. c.

Ausmaß *nt* <-es, -e> ① (*von Fläche*) dimensão *f* ② (*Grad, Umfang*) extensão *f*; **in großem ~** em grande escala

aus|merzen ['aʊsmɛrtsən] *vt* (*Ungeziefer*) exterminar; (*Fehler*) eliminar, suprimir

aus|messen *vt irreg* medir, tirar as medidas a

Ausnahme *f* <-n> excepção *f* (*von* de); **mit ~ von** com excepção de, excepto; **eine ~ machen** abrir uma excepção

Ausnahmefall *m* <-(e)s, -fälle> caso *m* excepcional

Ausnahmesituation *f* (*außergewöhnliche Situation*) situação *f* de excepção

Ausnahmezustand *m* <-(e)s, -stände> estado *m* de emergência

ausnahmslos *adv* sem excepção

ausnahmsweise ['----, '--'--] *adv* excepcionalmente

aus|nehmen *vt irreg* ① (*ausschließen*) exceptuar (*von* de) ② (*Wild, Fisch*) amanhar, estripar ③ (*umg: betrügen*) ludibriar ④ (*österr: erkennen*) distinguir, reconhecer

ausnehmend *adv* (*geh*) extraordinariamente; **es gefällt ihm in München ~ gut** ele gosta imenso de Munique

aus|nutzen *vt* ① (*Zeit, Gelegenheit*) aproveitar ② (*Stellung, Einfluss*) usar de; (*auf negative Art*) aproveitar-se de

aus|packen *vt* (*Koffer*) desfazer; (*Verpacktes*) desembrulhar; (*aus Kisten*) desencaixotar

aus|parken *vi* tirar o carro

aus|pfeifen *vt irreg* assobiar

aus|plaudern *vt* revelar, dar com a língua nos dentes

aus|plündern *vt* saquear, pilhar

aus|posaunen* *vt* (*umg*) espalhar, divulgar

aus|probieren* *vt* provar, experimentar

Auspuff ['aʊspʊf] *m* <-(e)s, -e> (TECH)

escape *m*

Auspuffrohr *nt* <-(e)s, -e> (TECH) tubo *m* de escape

Auspufftopf *m* <-(e)s, -töpfe> (TECH) silenciador *m,* panela *f* de escape

aus|quartieren* *vt* desalojar

aus|quetschen *vt* (*auch fig*) espremer

aus|radieren* *vt* apagar

aus|rangieren* *vt* (*umg*) pôr de lado, rejeitar

aus|rasten *vi* (*umg*) explodir

aus|rauben *vt* espoliar, roubar

aus|räumen *vt* ① (*Dinge*) tirar (*aus* de) ② (*Raum, Schrank*) esvaziar; (*Wohnung*) desocupar ③ (*Zweifel*) eliminar

aus|rechnen *vt* calcular; **sich** *dat* **etw ~** calcular a. c., fazer as contas de a. c.

Ausrede *f* <-n> pretexto *m,* evasiva *f*

aus|reden I. *vt* **jdm etw ~** dissuadir alguém de a. c. **II.** *vi* acabar de falar

aus|reichen *vi* chegar (*für* para), bastar (*für* para)

ausreichend *adj* suficiente, bastante; (*Schulnote*) suficiente

Ausreise *f* <-n> partida *f* (*nach* para), saída *f* (*nach* para); **bei der ~** à saída da fronteira

Ausreiseerlaubnis *f* <-se> visto *m* de saída

aus|reisen *vi* partir, sair do país

aus|reißen I. *vt irreg* arrancar **II.** *vi irreg* ① (*Naht*) rasgar-se, romper-se ② (*umg: weglaufen*) pirar-se, safar-se

Ausreißer(in) *m(f)* <-s, - *o* -innen> (*umg*) fugitivo, fugitiva *m, f*

aus|reiten *vi irreg* sair a cavalo

aus|richten *vt* ① (*Botschaft*) transmitir; (*Gruß*) dar; **jdm etw ~** dar um recado a alguém ② (*erreichen*) conseguir (*bei* junto de) ③ (*veranstalten*) realizar, organizar ④ (*österr: schlechtmachen*) falar mal de, fazer pouco de ⑤ (*schweiz: bezahlen*) pagar

Ausritt *m* <-(e)s, -e> passeio *m* a cavalo

aus|rollen *vt* (*Teig*) estender

aus|rotten ['aʊsrɔtən] *vt* (*Lebewesen*) exterminar, extirpar; (*Unsitte*) acabar com

aus|rücken *vi* ① (*Feuerwehr*) sair; (*Truppen*) partir ② (*umg: weglaufen*) pirar-se, safar-se

Ausruf *m* <-(e)s, -e> exclamação *f;* (*Straßenhandel*) pregão *m*

aus|rufen *vt irreg* ① (*rufen*) exclamar, gritar; (*über Lautsprecher*) chamar; (*im Straßenhandel*) apregoar ② (*verkünden*) anunciar; (*Streik, Revolution*) convocar; (*Staatsform*) proclamar

Ausrufezeichen *nt* <-s, -> ponto *m* de exclamação

aus|ruhen *vi* repousar, descansar

aus|rüsten *vt* (*Flugzeug, Expedition*) equipar (*mit* com), apetrechar; (*Person*) equipar (*mit* com)

Ausrüstung *f* <-en> equipamento *m;* (MIL) armamento *m;* (*Geräte*) apetrechos *mpl*

aus|rutschen *vi* escorregar, deslizar

Ausrutscher *m* <-s, -> (*umg*) deslize *m,* descuido *m*

Aussaat *f* <-en> sementeira *f*

Aussage ['aʊsza:gə] *f* <-en> ① (*Behauptung*) afirmação *f,* declaração *f* ② (JUR) depoimento *m,* testemunho *m;* **eine ~ machen** fazer um depoimento

aus|sagen *vt* ① (*äußern*) declarar, afirmar ② (JUR) depor, testemunhar

Aussand *m* <-(e)s, -sände> (*schweiz*) envio *m*

aus|schaffen *vt* (*schweiz*) expulsar

aus|schalten *vt* ① (*elektrische Geräte*) desligar; (*Licht*) apagar, desligar ② (*Fehlerquelle, Konkurrenz*) eliminar

Ausschank *m* <-s, -schänke> ① *kein pl* (*Tätigkeit*) venda *f* de bebidas ② (*Wirtschaft*) taberna *f*

Ausschau *f* <-> *kein pl* **nach jdm/etw ~ halten** procurar alguém/a. c. (com os olhos)

aus|schauen *vi* **nach jdm/etw ~** procurar alguém/a. c. (com os olhos)

aus|scheiden I. *vt irreg* ① (*Körper*) segregar ② (*aussondern*) separar, pôr de parte ③ (SPORT) eliminar **II.** *vi irreg* ① (*weggehen*) sair (*aus* de), deixar de fazer parte (*aus* de) ② (SPORT) ser eliminado ③ (*nicht in Betracht kommen*) estar fora de questão

Ausscheidung *f* <-en> ① (BIOL) excrementos *mpl* ② (SPORT) eliminatória *f*

Ausscheidungskampf *m* <-(e)s, -kämpfe> (SPORT) provas *fpl* eliminatórias

aus|schimpfen *vt* ralhar com, repreender

aus|schlafen I. *vt irreg* **seinen Rausch ~** curtir a bebedeira, cozer a mona **II.** *vi irreg* dormir até tarde; **sich einmal richtig ~** dormir em condições

Ausschlag *m* <-(e)s, -schläge> ① (MED) eczema *m,* erupção *f* cutânea ② (*des Pendels, der Magnetnadel*) oscilação *f;* **den ~ (für etw) geben** ser decisivo (para a. c.)

aus|schlagen I. *vt irreg* ① (*Zähne*) partir ② (*Teppich*) sacudir ③ (*bekleiden*) revestir (*mit* de) ④ (*Angebot*) recusar, rejeitar **II.** *vi irreg* ① (*Zeiger, Pendel*) oscilar ② (*Pferd*) dar coices ③ (*Knospen*) rebentar

ausschlaggebend *adj* determinante (*für* para), decisivo (*für* para)

aus|schließen *vt irreg* ① (*Zweifel, Irrtum*) excluir; **es ist nicht auszuschließen, dass ...** ...não está fora de questão ② (*hinauswerfen*) expulsar (*aus* de); (SPORT) desqualificar

ausschließlich **I.** *adj* exclusivo **II.** *adv* exclusivamente, unicamente

aus|schlüpfen *vi* (*Küken*) sair da casca, sair do ovo

Ausschluss[RR] *m* <-es, -schlüsse>, **Ausschluß**[ALT] *m* <-sses, -schlüsse> exclusão *f* (*aus* de); (*aus Verein, Partei*) expulsão *f* (*aus* de); (SPORT) desqualificação *f;* **unter ~ der Öffentlichkeit** à porta fechada

aus|schmücken *vt* adornar, enfeitar

aus|schneiden *vt irreg* ① (*Bild*) recortar, cortar ② (*Busch*) podar

Ausschnitt *m* <-(e)s, -e> ① (*Teil*) fragmento *m,* parte *f;* (*aus Film*) cena *f;* (*aus Zeitung*) recorte *m* ② (*von Kleid*) decote *m*

aus|schreiben *vt irreg* ① (*Stelle*) pôr a concurso; (*Wahlen*) convocar ② (*Wort, Name*) escrever por extenso ③ (*Scheck, Rezept, Quittung*) passar

Ausschreitungen ['aʊsʃraɪtʊŋən] *pl* distúrbios *mpl*

Ausschuss[RR] *m* <-es, -schüsse>, **Ausschuß**[ALT] *m* <-sses, -schüsse> ① (*Komitee*) comité *m,* delegação *f;* (*Prüfungsausschuss*) júri *m* ② *kein pl* (*Ware*) refugo *m,* desperdício *m*

aus|schütteln *vt* sacudir

aus|schütten *vt* ① (*Flüssigkeit*) verter, vazar ② (*Gefäß*) esvaziar ③ (*Dividende*) distribuir

Ausschüttung *f* <-en> (WIRTSCH) distribuição *f*

ausschweifend ['aʊsʃvaɪfənt] *adj* (*Darstellung*) exagerado; (*Leben*) desregrado

Ausschweifung *f* <-en> devassidão *f,* libertinagem *f*

aus|sehen *vi irreg* ter aspecto (*nach* de); (*scheinen*) parecer, aparentar; **es sieht so aus, als ob ...** parece que ...; **es sieht nach Regen aus** parece que vai chover, está com ares de chuva; **es sieht schlecht aus** o caso está mal parado; **er sieht schlecht aus** ele está com má cara, ele está com mau aspecto; **sie sieht älter aus** ela parece mais velha, ela aparenta mais idade; **hübsch ~** ser/estar giro

Aussehen *nt* <-s> *kein pl* aspecto *m,* aparência *f*

aus|sein[ALT] *vi s.* **aus II 1**

außen *adv* fora, do lado de fora; **von ~** de fora, por fora; **nach ~** para fora

Außenbezirk *m* <-es, -e> zona *f* periférica

Außenbordmotor *m* <-s, -en> motor *m* fora de bordo

aus|senden *vt* (*Strahlen, Signale*) emitir

Außendienst *m* <-(e)s> *kein pl* serviço *m* externo; **im ~ sein** andar/estar fora em serviço

Außenhandel *m* <-s> *kein pl* comércio *m* externo

Außenminister(in) *m(f)* <-s, - *o* -innen> Ministro, Ministra *m, f* dos Negócios Estrangeiros; (*brasil*) Ministro, Ministra *m, f* das Relações Exteriores

Außenministerium *nt* <-s, -ministerien> Ministério *m* dos Negócios Estrangeiros; (*brasil*) Ministério *m* das Relações Exteriores

Außenpolitik *f* <-> *kein pl* política *f* externa

Außenquartier *nt* <-s, -e> (*schweiz*) zona *f* periférica

Außenseiter(in) *m(f)* <-s, - *o* -innen> marginal *m,f,* estranho, estranha *m, f*

Außenstände *pl* (WIRTSCH) créditos *mpl*

Außenstehende(r) *m/f* <-n, -n *o* -n> estranho, estranha *m, f*

Außenstelle *f* <-n> filial *f,* dependência *f*

außer **I.** *präp +dat* (*räumlich, Zustand*) fora de; **~ Haus** fora de casa; **~ Betrieb** fora de serviço, avariado; **~ sich** *dat* **sein/geraten** estar/ficar fora de si; **~ Stande sein, etw zu tun** não estar em condições de fazer a. c.; (*neben*) para além de; (*abgesehen von*) excepto, salvo **II.** *konj* **~ dass** a não ser que; **~ wenn** a menos que

außerdem *adv* além disso

Äußere(s) *nt* <-n> *kein pl* aparência *f,* aspecto *m;* **nach dem ~n urteilen** julgar pelas aparências

äußere(r) *adj* ① (*außen*) exterior; **der ~ Schein** a aparência ② (*von außen kommend*) externo

außerehelich *adj* (*Beziehung*) extra-conjugal

außergewöhnlich *adj* extraordinário, excepcional

außerhalb **I.** *präp +gen* fora de **II.** *adv* por

fora; ~ **wohnen** morar na periferia
außerirdisch *adj* extraterrestre
äußerlich *adj* ① (*außen*) exterior; (MED) externo; **nur zur ~en Anwendung** apenas para uso externo ② (*oberflächlich*) superficial
Äußerlichkeit *f* <-en> formalidade *f*
äußern **I.** *vt* exprimir, dizer; (*Zweifel*) colocar; (*Wunsch*) manifestar; **seine Meinung ~** dar a sua opinião **II.** *vr* **sich ~** ① (*sagen*) pronunciar-se (*zu* sobre) ② (*sich zeigen*) manifestar-se (*durch* por)
außerordentlich **I.** *adj* extraordinário, excepcional **II.** *adv* extraordinariamente; **etw ~ schätzen** estimar muito a. c.
außerorts *adv* (*schweiz, österr*) na periferia, fora da cidade
außerplanmäßig *adj* extraordinário; (*Stelle*) além do quadro; (*Zug*) fora do horário
äußerst *adv* extremamente, altamente
außerstande *adv s.* **außer I**
äußerste(r, s) *adj* ① (*räumlich*) extremo ② (*größtmöglich*) máximo
außertourlich *adj* (*österr*) adicional
Äußerung *f* <-en> declaração *f;* (*Bemerkung*) observação *f*
aus|setzen **I.** *vt* (*Tier*) abandonar; (JUR: *Verhandlung*) suspender; **eine Strafe zur Bewährung ~** suspender uma pena; (*Belohnung*) prometer; (*Preis*) instituir; (*bemängeln*) criticar, censurar; **an jdm/etw etwas auszusetzen haben** ter que dizer de alguém/a. c. **II.** *vi* parar; (*Motor*) falhar; (*bei Arbeit*) interromper
Aussicht *f* <-en> ① (*Blick*) vista *f,* panorama *m* ② (*Zukunftsmöglichkeit*) perspectiva *f* (*auf* de), expectativa *f* (*auf* de); **jdm etw in ~ stellen** prometer a. c. a alguém; **etw in ~ haben** ter a. c. em vista
aussichtslos *adj* sem esperança; (*verzweifelt*) desesperado
Aussichtspunkt *m* <-(e)s, -e> miradouro *m*
aussichtsreich *adj* prometedor, auspicioso
Aussichtsturm *m* <-(e)s, -türme> miradouro *m*
Aussiedler(in) *m(f)* <-s, - *o* -innen> expatriado, expatriada *m, f*
aus|söhnen *vr* **sich ~** reconciliar-se (*mit* com)
Aussöhnung *f* <-en> reconciliação *f*
aus|sondern *vt* separar, apartar
aus|sortieren* *vt* seleccionar, escolher
aus|spannen **I.** *vt* (*Netz*) estender; (*Pferd*) desatrelar **II.** *vi* descontrair, descansar
aus|sparen *vt* (*Thema*) omitir
aus|sperren *vt* ① (*aus Wohnung*) fechar a porta a, impedir a entrada a ② (*Arbeiter*) impedir a entrada a
Aussperrung *f* <-en> lock-out *m,* greve *f* patronal
aus|spielen *vt* ① (*Karten*) jogar ② (*aufwiegeln*) **einen gegen den andern ~** atirar um contra o outro
aus|spionieren* *vt* espiar
Aussprache *f* <-n> ① (*Artikulation*) pronúncia *f* ② (*Unterredung*) debate *m* (*mit* com, *über* sobre), troca *f* de ideias (*mit* com, *über* sobre)
aus|sprechen **I.** *vt irreg* ① (*Wort, Laut*) pronunciar ② (*äußern*) exprimir, manifestar **II.** *vi irreg* acabar de falar **III.** *vr* **sich ~** *irreg* ① (*sich äußern*) declarar-se (*für* a favor de, *gegen* contra), manifestar-se (*für* a favor de, *gegen* contra) ② (*sich anvertrauen*) desabafar; **sich mit jdm ~** falar seriamente com alguém
Ausspruch *m* <-(e)s, -sprüche> dito *m*
aus|spucken *vt* cuspir, escarrar
aus|spülen *vt* lavar, enxaguar
Ausstand *m* <-(e)s> *kein pl* greve *f;* **in den ~ treten** fazer greve
aus|statten ['aʊsʃtatən] *vt* ① (*ausrüsten*) equipar (*mit* com); (*mit Vollmacht*) dotar (*mit* de) ② (*einrichten*) decorar; (*schmücken*) decorar, equipar (*mit* com)
Ausstattung *f* <-en> ① (*Ausrüstung*) equipamento *m* ② (*von Wohnung, Auto*) acabamentos *mpl;* (*von Zimmer*) decoração *f;* (*bei Theateraufführung*) adereços *mpl* ③ (*Aufmachung*) apresentação *f* ④ (*von Braut*) enxoval *m*
aus|stehen **I.** *vt irreg* suportar, aguentar; **Schmerzen ~** passar dores; **jdn/etw nicht ~ können** não poder com alguém/a. c., não suportar alguém/a. c. **II.** *vi irreg* (*Antwort, Entscheidung*) faltar; **noch ~** (ainda) estar por vir; (*Rechnungsbetrag*) estar por pagar
aus|steigen *vi irreg* ① (*hinausgehen*) descer (*aus* de), sair (*aus* de); (*aus Zug*) apear-se (*aus* de); (*aus Flugzeug, Schiff*) desembarcar (*aus* de) ② (*aus Gesellschaft*) retirar-se (*aus* de), afastar-se (*aus* de)
Aussteiger(in) *m(f)* <-s, - *o* -innen> dissidente *m,f*

aus|stellen *vt* ① (*Rechnung*) tirar; (*Quittung, Dokumente, Scheck*) passar; (*Pass, Obligation*) emitir; (*Urkunde*) lavrar; (*Wechsel*) sacar ② (*Ausstellungsstücke*) expor, exibir ③ (*Gerät*) desligar

Aussteller(in) *m(f)* <-s, - *o* -innen> ① (*bei Ausstellungen*) expositor, expositora *m, f* ② (*von Wechseln*) sacador, sacadora *m, f*

Ausstellung *f* <-en> ① (*von Dokument, Pass*) emissão *f;* (*eines Wechsels*) saque *m* ② (*Veranstaltung*) exposição *f*

aus|sterben *vi irreg* extinguir-se, desaparecer; **eine vom Aussterben bedrohte Tierart** uma espécie em vias de extinção

Aussteuer *f* <-n> dote *m*

Ausstieg ['aʊsʃtiːk] *m* <-s, -e> ① (*Ausgang*) saída *f* ② (*aus Gesellschaft*) dissidência *f;* (*aus Kernenergie*) renúncia *f* (*aus* a)

aus|stopfen *vt* (*Kissen*) encher (*mit* de); (*Tiere*) empalhar, embalsamar

aus|stoßen *vt irreg* ① (*Atem, Rauch*) expelir; (*Schadstoffe, Strahlen*) emitir; (*Schrei, Seufzer*) soltar; (*Drohung*) fazer ② (*aus Gemeinschaft*) expulsar (*aus* de)

aus|strahlen *vt* ① (*Wärme, Licht*) irradiar, emanar ② (*Radiosendung, Fernsehsendung*) transmitir, difundir

Ausstrahlung *f* <-en> ① (*von Licht, Wärme*) irradiação *f,* emanação *f* ② (*von Sendung*) transmissão *f,* difusão *f* ③ (*eines Menschen*) brilho *m* (interior), carisma *m*

aus|strecken **I.** *vt* (*Beine, Hand*) estender, esticar **II.** *vr* **sich ~** estender-se, esticar-se

aus|strömen **I.** *vt* (*Wärme*) libertar; (*Geruch*) deitar **II.** *vi* (*Gas, Wasser, Radioaktivität*) sair, libertar-se

aus|suchen *vt* escolher, seleccionar

Austausch *m* <-(e)s> *kein pl* ① (TECH) troca *f* ② (*von Gedanken*) troca *f* ③ (*von Menschen*) intercâmbio *m,* permuta *f*

austauschbar *adj* permutável

aus|tauschen *vt* ① (*Teile*) trocar ② (*Erfahrungen, Erinnerungen*) trocar ③ (*Menschen*) permutar

Austauschmotor *m* <-s, -en> motor *m* de troca/recâmbio, motor *m* de recâmbio

Austauschstudent(in) *m(f)* <-en, -en *o* -innen> estudante *m,f* de intercâmbio

aus|teilen *vt* distribuir (*unter* por), repartir (*unter* entre)

Auster ['aʊstɐ] *f* <-n> ostra *f*

aus|toben *vr* **sich ~** espairecer

aus|tragen *vt irreg* ① (*Post, Waren*) distribuir, entregar ② (*Streit*) resolver ③ (SPORT) disputar

Australien [aʊs'traːliən] *nt* <-s> *kein pl* Austrália *f*

Australier(in) *m(f)* <-s, - *o* -innen> australiano, australiana *m, f*

australisch *adj* australiano

aus|treiben *vt irreg* ① (*Teufel, Geister*) exorcismar ② (*abgewöhnen*) **jdm etw ~** desabituar alguém de a. c.

aus|treten **I.** *vt irreg* ① (*Zigarette*) apagar (com o pé) ② (*Treppe*) gastar (com o andar) **II.** *vi irreg* ① (*Gas, Dampf*) sair (*aus* de) ② (*aus Partei, Verein*) retirar-se (*aus* de), afastar-se (*aus* de) ③ (*umg: zur Toilette gehen*) fazer as necessidades

aus|tricksen *vt* (SPORT) fintar, fazer uma finta a

aus|trinken **I.** *vt irreg* (*Glas*) esvaziar; (*Getränk*) beber (até ao fim) **II.** *vi irreg* beber (tudo)

Austritt *m* <-(e)s, -e> ① (*Verlassen*) saída *f* (*aus* de), retirada *f* (*aus* de) ② (*von Gas*) fuga *f*

aus|trocknen *vi* secar

aus|üben *vt* ① (*Beruf, Amt*) exercer, praticar ② (*Druck, Einfluss*) exercer (*auf* sobre)

Ausübung *f* <-> *kein pl* exercício *m;* **in ~ seines Amtes** no exercício das suas funções

Ausverkauf *m* <-(e)s, -käufe> (*im Sommer, Winter*) saldos *mpl;* (*bei Geschäftsaufgabe*) liquidação *f* (total)

ausverkauft *adj* esgotado; (*im Kino, Theater*); **es ist ~** está esgotado, a lotação está esgotada

Auswahl *f* <-en> ① *kein pl* (*Wahl*) escolha *f,* selecção *f;* **eine ~ treffen** fazer uma escolha, escolher; **zur ~ stellen** dar a escolher ② (*an Waren*) sortido *m* (*an* de), variedade *f* (*an* de) ③ (SPORT) selecção *f*

aus|wählen *vt* escolher (*unter* entre), seleccionar (*unter* entre)

Auswanderer(in) *m(f)* <-s, - *o* -innen> emigrante *m,f*

aus|wandern *vi* emigrar (*aus* de, *nach* para)

Auswanderung *f* <-en> emigração *f* (*aus* de, *nach* para)

auswärtig *adj* ① (*nicht vom Ort*) de fora, forasteiro ② (*ausländisch*) estrangeiro

auswärts *adv* fora; (*im Ausland*) fora, no estrangeiro; (SPORT); **~ spielen** jogar fora (de

casa)
Auswärtsspiel *nt* <-(e)s, -e> (SPORT) jogo *m* fora de casa
aus|waschen *vt irreg* (*Kleidung, Wunde, Fleck*) lavar
aus|wechseln *vt* permutar, trocar; (TECH) trocar (*gegen* por), substituir (*gegen* por)
Auswechslung *f* <-en> permuta *f*, troca *f*; (TECH) troca *f*, substituição *f*
Ausweg *m* <-(e)s, -e> saída *f* (*aus* de); (*Lösung*) saída *f*, solução *m*
aus|weichen *vi irreg* ① (*Platz machen*) dar passagem ② (*vermeiden*) evitar, fugir a; **jdm** ~ evitar alguém; **etw** ~ esquivar-se de a. c.
ausweichend *adj* evasivo; ~ **antworten** fugir à pergunta
Ausweis ['aʊsvaɪs] *m* <-(e)s, -e> documento *m*, credencial *f*; (*Personalausweis*) bilhete *m* de identidade; (*brasil*) carteira *f* de identidade; (*Mitgliedsausweis, Bibliotheksausweis*) cartão *m*
aus|weisen ['aʊsvaɪzən] **I.** *vt irreg* expulsar (*aus* de) **II.** *vr* **sich** ~ *irreg* identificar-se (*als* como); **können sie sich ~?** pode identificar-se?
Ausweispapiere *pl* documentos *mpl* (comprovativos de identidade)
Ausweisung *f* <-en> expulsão *f* (*aus* de)
aus|weiten *vt* alargar (*auf* a), estender (*auf* a); (*Produktion*) alargar
auswendig ['aʊsvɛndɪç] *adv* de cor; **in- und** ~ de cor e salteado; ~ **lernen** decorar; (*umg*) empinar
aus|werten *vt* ① (*verwerten*) utilizar, aproveitar ② (*analysieren*) analisar, avaliar
Auswertung *f* <-en> ① (*Verwertung*) utilização *f*, aproveitamento *m* ② (*Analyse*) análise *f*, avaliação *f*
aus|wirken *vr* **sich** ~ ter efeito (*auf* em), repercutir-se (*auf* em)
Auswirkung *f* <-en> consequência *f* (*auf* para), efeito *m* (*auf* em)
aus|wischen *vt* limpar
aus|wringen ['aʊsvrɪŋən] *vt irreg* torcer
Auswuchs *m* <-(e)s, -wüchse> ① (MED) excrescência *f* ② (*Übersteigerung*) exagero *m*, abuso *m*
auswuchten *vt* calibrar
Auswurf *m* <-(e)s> *kein pl* (MED) expectoração *f*; (*umg*) escarro *m*
aus|zahlen **I.** *vt* pagar **II.** *vr* **sich** ~ valer a pena
aus|zählen *vt* contar
aus|zeichnen **I.** *vt* (*ehren*) distinguir (*mit* com); (*Waren*) marcar (o preço em) **II.** *vr* **sich** ~ distinguir-se (*durch* por)
Auszeichnung *f* <-en> distinção *f*, louvor *m*; (MIL) condecoração *f*; **eine Prüfung mit ~ bestehen** passar num exame com distinção
aus|ziehen **I.** *vt irreg* (*Kleidung*) tirar, despir; (*Schuh*) tirar, descalçar; (*Zähne*) tirar, extrair; (*Tisch*) estender, abrir **II.** *vi irreg* mudar de casa, mudar-se (*aus* de) **III.** *vr* **sich** ~ *irreg* despir-se
Ausziehtisch *m* <-(e)s, -e> mesa *f* elástica, mesa *f* de abrir
Auszubildende(r) *m/f* <-n, -n *o* -n> aprendiz, aprendiza *m, f*, formando, formanda *m, f*
Auszug *m* <-(e)s, -züge> ① (*aus Wohnung*) mudança *f* (de casa) ② (*Extrakt*) extracto *m* ③ (*aus Buch*) excerto *m* ④ (*Kontoauszug*) extracto *m* de conta
autark *adj* autárquico
authentisch [aʊ'tɛntɪʃ] *adj* autêntico, verdadeiro
Auto ['aʊto] *nt* <-s, -s> automóvel *m*, carro *m*; ~ **fahren** conduzir, guiar; **mit dem ~ fahren** ir de carro
Autobahn *f* <-en> auto-estrada *f*

> Uma **Autobahn** é uma estrada de alta velocidade com várias pistas de rodagem que permite o trânsito de veículos com velocidade superior a 60 km/h. Corresponde à auto-estrada. Nas auto-estradas alemãs não existe limite de velocidade. Na Áustria o limite de velocidade para veículos ligeiros de passageiros é de 130 km/h e na Suíça de 120 km/h.

Autobahnauffahrt *f* <-en> entrada *f* de auto-estrada
Autobahnausfahrt *f* <-en> saída *f* de auto-estrada
Autobahngebühr *f* <-en> portagem *f*
Autobahnkreuz *nt* <-es, -e> nó *m* da auto-estrada
Autobahnvignette *f* <-n> *vinheta obrigatória para a circulação nas auto-estradas*
Autobiographie *f* <-n> *s.* **Autobiografie** autobiografia *f*
Autobus ['aʊtobʊs] *m* <-ses, -se> (*in Stadt*) autocarro *m*; (*brasil*) ônibus *m*; (*Über-*

A

landbus) camioneta *f;* (*brasil*) ônibus *m*

Autofähre *f* <-n> ferry(boat) *m*

Autofahrer(in) *m(f)* <-s, - *o* -innen> condutor, condutora *m, f,* automobilista *m,f*

Autofahrt *f* <-en> viagem *f* de automóvel, viagem *f* de carro

Autogas *nt* <-es, -e> gás *m* liquefeito de petróleo

Autogramm [aʊto'gram] *nt* <-(e)s, -e> autógrafo *m;* **ein ~ geben** dar um autógrafo

Autolenker(in) *m(f)* <-s, - *o* -innen> (*schweiz*) condutor, condutora *m, f*

Automat [aʊto'ma:t] *m* <-en, -en> autómato *m;* (*für Waren*) distribuidora *f* automática; (*Geldautomat*) caixa *m* automática, multibanco *m*

Automatikgurt *m* <-(e)s, -e> cinto *m* (de segurança) automático

Automatikschaltung *f* <-en> caixa *f* de velocidades automática

Automatikwagen *m* <-s, -> automóvel *m* de transmissão automática

automatisch *adj* automático

Automatisierung *f* <-en> automa(tiza)ção *f*

Automechaniker(in) *m(f)* <-s, - *o* -innen> mecânico, mecânica *m, f* de automóveis

Automobil *nt* <-s, -e> automóvel *m*

autonom [aʊto'no:m] *adj* autónomo

Autonomie [aʊtono'mi:] *f* <-n> autonomia *f*

Autonummer *f* <-n> matrícula *f*

Autor(in) ['aʊto:ɐ] *m(f)* <-s, -en *o* -innen> autor, autora *m, f*

Autoradio *nt* <-s, -s> auto-rádio *m*

Autoreifen *m* <-s, -> pneu *m*

Autoreisezug *m* <-(e)s, -züge> auto-expresso *m*

Autorennen *nt* <-s, -> corrida *f* de automóveis

autorisieren* *vt* autorizar (*zu* a)

autoritär *adj* autoritário

Autorität *f* <-en> autoridade *f*

Autoschlüssel *m* <-s, -> chave *f* do carro, chave *f* do automóvel

Autostopp *m* <-(s), -s> **~ machen** pedir boleia; (*brasil*) pedir carona; **per ~ fahren** viajar à boleia; (*brasil*) viajar de carona

Autotelefon *nt* <-s, -e> telemóvel *m*

Autounfall *m* <-(e)s, -fälle> acidente *m* de automóvel

Autoverleih *m* <-(e)s, -e> aluguer *m* de automóveis

Avantgarde *f* <-n> vanguarda *f*

Avocado [avo'ka:do] *f* <-s> abacate *m*

Axt [akst] *f* <Äxte> machado *m*

Azoren *pl* Açores *mpl*

Azubi [a'tsu:bi] *abk v* **Auszubildende** formanda

Bb

B, b [be:] *nt* <-, -> ❶ (*Buchstabe*) B, b *m* ❷ (MUS) si-bemol *m*

Baby ['be:bi, 'bɛɪbi] *nt* <-s, -s> bebé *m;* (*brasil*) nenê *m*

Babyausstattung *f* <-en> enxoval *m* do bebé; (*brasil*) enxoval *m* do nenê

Babynahrung *f kein pl* comida *f* para bebé; (*brasil*) comida *f* para nenê

babysitten *vi* (*umg*) tomar conta de crianças

Babysitter *m* <-s, -> ama *f,* baby-sitter *f;* (*brasil*) babá *f*

Bach [bax] *m* <-(e)s, Bäche> ribeiro *m,* regato *m*

bachab *adv* (*schweiz*) rio abaixo

Back *m* <-s, -s> (SPORT: *österr, schweiz*) defesa *m*

Backblech *nt* <-(e)s, -e> tabuleiro *m* (do forno)

Backbord ['bakbɔrt] *nt* <-(e)s> *kein pl* (NAUT) bombordo *m*

Backe ['bakə] *f* <-n> ❶ (*Wange*) face *f,* bochecha *f* ❷ (*umg: Gesäßhälfte*) rabo *m*

backen ['bakən] **I.** *vt* (*Brot, Kuchen*) cozer (no forno) **II.** *vi* (*Brot, Kuchen*) cozer

Backenbart *m* <-(e)s, -bärte> suíças *fpl*

Backenknochen *m* <-s, -> maçã *f* do rosto

Backenzahn *m* <-(e)s, -zähne> dente *m* molar

Bäcker(in) *m(f)* <-s, - *o* -innen> padeiro, padeira *m, f*

Bäckerei *f* <-en> ❶ (*Laden*) padaria *f* ❷ (*schweiz: Patisserie, Konfiserie*) pastéis *mpl,* bolos *mpl*

Backform *f* <-en> forma *f* (para bolos)

Background *m* <-s, -s> fundo *m*

Backobst *nt* <-es> *kein pl* fruta *f* seca

Backofen *m* <-s, -öfen> forno *m*

Backpflaume *f* <-n> ameixa *f* seca

Backpulver *nt* <-s, -> fermento *m* em pó

Backrohr *nt* <-(e)s, -e> (*österr*) forno *m*

Backstein *m* <-(e)s, -e> tijolo *m,* ladrilho *m*

Back-up, Backup *nt* <-s, -s> (INFOR) backup *m*

Backwaren *pl* (*süßes Gebäck*) pastéis *mpl,* bolos *mpl;* (*salziges Gebäck*) salgados *mpl*

Bad [baːt] *nt* <-(e)s, Bäder> ① (*Raum*) casa *f* de banho, quarto *m* de banho ② (*das Baden*) banho *m;* **ein ~ nehmen** tomar banho

Badeanstalt *f* <-en> piscina *f* (pública)

Badeanzug *m* <-(e)s, -züge> fato *m* de banho; (*brasil*) maiô *m*

Badehose *f* <-n> calção *m* de banho

Badekappe *f* <-n> touca *f* de banho

Badelatsche *f* (*umg*) chinelo *m,* chinela *f*

Bademantel *m* <-s, -mäntel> roupão *m* (de banho)

Bademeister(in) *m(f)* <-s, - *o* -innen> banheiro, banheira *m, f*

baden ['baːdən] **I.** *vt* banhar, dar banho a **II.** *vi* ① (*ein Bad nehmen*) tomar banho; **kalt/warm ~** tomar banhos frios/quentes; **in Schweiß gebadet** alagado em suor ② (*schwimmen*) tomar banho, nadar

Baden-Württemberg *nt* <-s> *kein pl* Baden-Vurtemberga *f*

baden-württembergisch *adj* de Baden-Vurtemberga

Badeort *m* <-(e)s, -e> (*Kurort*) estância *f* balnear, termas *fpl;* (*Seebad*) praia *f*

Badetuch *nt* <-(e)s, -tücher> toalha *f* de banho, lençol *m* de banho

Badewanne *f* <-n> banheira *f*

Badezimmer *nt* <-s, -> casa *f* de banho, quarto *m* de banho; (*brasil*) banheiro *m*

Badkleid *nt* <-es, -er> (*schweiz*) *s.* **Badeanzug**

Badminton *nt* <-> *kein pl* (SPORT) badminton *m*

baff [baf] *adj* (*umg*) **~ sein** ficar abananado, ficar embasbacado

Bafög *abk v* **Bundesausbildungsförderungsgesetz** subsídio directo de estudo

Bagatelle [baga'tɛlə] *f* <-n> bagatela *f,* insignificância *f*

Bagatellunfall *m* acidente *m* pequeno

Bagger ['bagɐ] *m* <-s, -> (retro)escavadora *f*

baggern *vi* ① (*Loch, Graben*) escavar; (*in Fluss, See*) dragar ② (*Volleyball*) dar manchete

Baggersee *m* <-s, -n> lago *m*

Baguette [ba'gɛt] *nt* <-s, -s> baguete *f*

Bahn [baːn] *f* <-en> ① (*als Institution*) caminhos-de-ferro *m, pl* ② (*Zug*) comboio *m;* (*brasil*) trem *m;* (*Straßenbahn*) eléctrico *m;* (*brasil*) bonde *m* ③ (*Weg*) caminho *m,* via *f;* (*Rennbahn*) pista *f* ④ (ASTR) órbita *f;* (*von Geschoss*) traje(c)tória *f* ⑤ (*Stoffbahn*) largura *f, nt* do pano

Bahnangestellte(r) *m/f* <-n, -n *o* -n> empregado dos caminhos-de-ferro, empregada *m, f*

bahnbrechend *adj* revolucionário, pioneiro

BahnCard *f* <-s> *cartão anual dos caminhos-de-ferro alemães que dá direito a um desconto de 50% em todas as viagens*

Bahndamm *m* <-s, -dämme> aterro *m*

bahnen ['baːnən] *vt* (*Weg*) abrir; **jdm den Weg ~** preparar o caminho para alguém

Bahnfahrt *f* <-en> viagem *f* de comboio; (*brasil*) viagem *f* de trem

Bahnhof *m* <-(e)s, -höfe> estação *f* (de caminho-de-ferro); (*brasil*) estação *f* ferroviária; **auf dem ~** na estação

Bahnhofsmission *f* <-en> serviço *m* de apoio a passageiros

Bahnhofsvorstand *m* <-(e)s, -stände> (*österr, schweiz*) chefe *m* da estação

Bahnlinie *f* <-n> linha *f* férrea

Bahnpolizei *f kein pl* polícia *f* ferroviária

Bahnsteig ['baːnʃtaɪk] *m* <-(e)s, -e> plataforma *f*

Bahnsteigkarte *f* <-n> bilhete *m* de gare

Bahnstrecke *f* <-n> linha *f*

Bahnübergang *m* <-(e)s, -gänge> passagem *f* de nível

Bahnverbindung *f* <-en> ligação *f* ferroviária

Bahre ['baːrə] *f* <-n> ① (*für Kranke*) maca *f* ② (*für Tote*) féretro *m,* esquife *m*

Baisse *f* <-n> (WIRTSCH) baixa *f*

Bakterie [bak'teːriə] *f* <-n> bactéria *f*

bakteriell *adj* bacteriano

Bakteriologe(in) *m(f)* <-n, -n *o* -innen> bacteriólogo, bacterióloga *m, f*

Balance [ba'lãːs(ə)] *f* <-n> equilíbrio *m,* balanço *m*

balancieren* **I.** *vt* balançar, equilibrar **II.** *vi* balançar

bald [balt] *adv* ① (*zeitlich*) em breve, dentro de pouco tempo; **~ darauf** pouco depois; **so ~ wie möglich** o mais depressa possível; **wird's ~?** avias-te? ② (*umg: beinahe*) por pouco, por um triz; **ich hätte ~ gesagt**

estive quase para dizer

baldig *adj* pronto, rápido; **auf ~es Wiedersehen** até breve

baldmöglichst *adv* quanto antes, o mais depressa possível

Baldrian ['baldriaːn] *m* <-s, -e> (BOT) valeriana *f*

balgen ['balgən] *vr* **sich ~** brigar (*um* por), lutar (*um* por)

Balkan ['balkaːn] *m* <-s> *kein pl* Balcãs *mpl*

Balken ['balkən] *m* <-s, -> viga *f*, trave *f*

Balkon [bal'kɔŋ, bal'koːn] *m* <-s, -e> ① (*am Haus*) varanda *f*, terraço *m* ② (*im Theater*) balcão *m*

Ball [bal] *m* <-(e)s, Bälle> ① (*zum Spielen*) bola *f*; (*brasil*) pelota *f*; **~ spielen** jogar à bola; **am ~ bleiben** continuar a fazer a. c. ② (*Tanz*) baile *m*

Ballade *f* <-n> balada *f*

Ballast ['balast, -'-] *m* <-(e)s, -e> lastro *m*, peso *m* morto; (*fig*) fardo *m*, peso *m* inútil; **~ abwerfen** ver-se livre de um fardo

Ballaststoffe [-'---] *pl* fibras *fpl* vegetais

ballen ['balən] **I.** *vt* (*Faust*) cerrar **II.** *vr* **sich ~** (*Verkehr, Menschenmenge*) aglomerar-se, acumular-se

Ballen *m* <-s, -> ① (*Stoffballen*) fardo *m* ② (*der Hand*) palma *f*

Ballett [ba'lɛt] *nt* <-(e)s, -e> ballet *m*

Ballettänzer(in)[ALT] *m(f)* <-s, - *o* -innen>, **Balletttänzer(in)**[RR] *m(f)* <-s, - *o* -innen> bailarino, bailarina *m, f*

Balljunge *m* <-n, -n> (SPORT) apanhador *m* de bolas

Ballon [ba'lɔŋ, ba'loːn] *m* <-s, -e oder -s> ① (AERO) aeróstato *m*; (*Luftballon*) balão *m* ② (*Flasche*) garrafão *m*

Ballspiel *nt* <-(e)s, -e> jogo *m* da bola

Ballung ['balʊŋ] *f* <-en> aglomeração *f*, concentração *f*

Ballungsraum *m* <-(e)s, -räume> zona *f* industrial

Balsam ['balzaːm] *m* <-s> *kein pl* bálsamo *m*

Baltikum ['baltikʊm] *nt* <-s> *kein pl* Báltico *m*

Bambus ['bambʊs] *m* <-ses, -se> bambu *m*

Bambusrohr *nt* <-(e)s, -e> cana-da-índia *f*

Bammel ['baməl] *m* <-s> *kein pl* (*umg*) medo; **vor etw ~ haben** estar com [*o* ter] medo de a.c.

banal [ba'naːl] *adj* banal, trivial

Banane [ba'naːnə] *f* <-n> banana *f*

Banause [ba'naʊzə] *m* <-n, -n> ignorante *m,f*

band [bant] *imp von* **binden**

Band[1] [bant] *nt* <-(e)s, Bänder> ① (*aus Stoff*) fita *f*, tira *f*; (*breit*) faixa *f*, banda *f* ② (*Fließband*) linha *f* de montagem ③ (*Tonband*) fita *f* magnética ④ (ANAT) ligamento *m*

Band[2] [bant] *m* <-(e)s, Bände> (*Buch*) volume *m*, tomo *m*

Band[3] [bɛnt] *f* <-s> (MUS) banda *f*, grupo *m*

Bandage [ban'daːʒə] *f* <-n> ligadura *f*

bandagieren* *vt* ligar

Bande ['bandə] *f* <-n> cambada *f*, canalha *f*; (*Straßenbande*) bando *m*, quadrilha *f*

bändigen *vt* (*Tier*) domar, dominar

Bandit [ban'diːt] *m* <-en, -en> bandido *m*

Bandscheibe *f* <-n> (ANAT) disco *m* vertebral

Bandwurm *m* <-(e)s, -würmer> ténia *f*

bange *adj* medroso, receoso; **(jdn) ~ machen** assustar (alguém), amedrontar (alguém); **mir ist ~** tenho medo

bangen ['baŋən] *vi* **um jdn/etw ~** recear por alguém/a. c.

Banjo *nt* <-s, -s> (MUS) banjo *m*

Bank[1] [baŋk] *f* <Bänke> (*Sitzbank, Sandbank*) banco *m*; (*umg*); **durch die ~** sem excepção, sem distinção; (*umg*); **etw auf die lange ~ schieben** adiar a. c.

Bank[2] [baŋk] *f* <-en> ① (*Geldinstitut*) banco *m* ② (*beim Spiel*) banca *f*

Bankangestellte(r) *m/f* <-n, -n *o* -n> empregado, empregada *m, f*, bancário, bancária *m, f*

Bankanweisung *f* <-en> transferência *f* bancária

Bankett [baŋ'kɛt] *nt* <-(e)s, -e> banquete *m*

Bankfiliale *f* <-n> agência *f*, balcão *m*

Bankguthaben *nt* <-s, -> crédito *m* bancário

Bankier [baŋ'kjeː] *m* <-s, -s> banqueiro *m*

Bankkauffrau *f* <-en> empregada *f* bancária

Bankkaufmann *m* <-(e)s, -männer> empregado *m* bancário

Bankkonto *nt* <-s, -konten> conta-corrente *f*, conta *f* bancária

Bankleitzahl *f* <-en> número *m* de identificação bancária

Banknote *f* <-n> nota *f* (bancária)

Bankomat *m* <-en, -en> caixa *m* automático

Bankraub *m* <-(e)s, -e> assalto *m* a um banco

bankrott [baŋk'rɔt] *adj* (WIRTSCH) falido, insolvente
Bankrott *m* <-(e)s, -e> (WIRTSCH) falência *f,* bancarrota *f;* ~ **machen** falir, abrir falência
bankrott|gehen *vi* falir, abrir falência
Banküberfall *m* <-(e)s, -fälle> assalto *m* a um banco
Bankverbindung *f* <-en> identificação *f* bancária
Bankwesen *nt* <-s> *kein pl* sistema *m* bancário
Bann [ban] *m* <-(e)s, -e> **jdn in seinen ~ ziehen** encantar alguém, fascinar alguém
Banner ['banɐ] *nt* <-s, -> estandarte *m,* pendão *m*
bar [ba:ɐ] *adj* ❶ (*Geld*) em dinheiro; **~es Geld** dinheiro *m* à vista; **etw** (**in**) **~ bezahlen** pagar em dinheiro, pagar a pronto ❷ (*geh: rein*) puro; **das ist ~er Unsinn** isso é um autêntico disparate
Bar [ba:ɐ] *f* <-s> bar *m,* botequim *m*
Bär *m* <-en, -en> urso *m;* (ASTR); **Großer/Kleiner ~** Ursa Maior/Menor *f;* **jdm einen ~en aufbinden** intrujar alguém
Baracke [ba'rakə] *f* <-n> barraca *f*
Barbarei [barba'raɪ] *f* <-en> barbárie *f*
barbarisch *adj* bárbaro
barfuß *adj* descalço
barg [bark] *imp von* **bergen**
Bargeld *nt* <-es> *kein pl* numerário *m*
bargeldlos *adj* por cheque, por transferência
Barhocker *m* <-s, -> banco *m* de bar
Bariton ['ba:ritɔn] *m* <-s, -e> (MUS) barítono *m*
Barkeeper ['ba:ɐki:pɐ] *m* <-s, -> barman *m*
barmherzig [barm'hɛrtsɪç] *adj* caridoso, misericordioso
Barmherzigkeit *f kein pl* caridade *f,* misericórdia *f*
barock *adj* barroco
Barock [ba'rɔk] *m/nt* <-s> *kein pl* barroco *m,* estilo *m* barroco
Barometer [baro'me:tɐ] *nt* <-s, -> barómetro *m*
Barren ['barən] *m* <-s, -> ❶ (*Metall*) barra *f* ❷ (SPORT) barras *fpl* paralelas
Barriere [ba'rje:rə] *f* <-n> barreira *f;* (*Schranke*) cancela *f*
Barrikade [bari'ka:də] *f* <-n> barricada *f;* **auf die ~n gehen** amotinar-se, revoltar-se
barsch [barʃ] *adj* rude, brusco
Barsch [barʃ] *m* <-(e)s, -e> (ZOOL) perca *f*
Barscheck *m* <-s, -s> cheque *m* ao portador
barst [barst] *imp von* **bersten**
Bart [ba:ɐt] *m* <-(e)s, Bärte> ❶ (*des Mannes*) barba *f,* barbas *fpl;* **sich** *dat* **etw in den ~ murmeln** murmurar a. c. entre dentes; **jdm um den ~ gehen** dar graxa a alguém ❷ (*bei Tieren*) bigodes *mpl* ❸ (*des Schlüssels*) palhetão *m*
bärtig *adj* barbudo
Barzahlung *f* <-en> pagamento *m* em dinheiro, pagamento *m* a pronto
Basar [ba'za:ɐ] *m* <-s, -e> bazar *m;* (*Wohltätigkeitsbasar*) venda *f* de beneficência
Base *f* <-n> ❶ (*schweiz: Tante*) tia *f* ❷ (*reg: Cousine*) prima *f*
Basel ['ba:zəl] *nt* <-s> *kein pl* Basileia *f*
Basen *pl von* **Basis**
basieren* *vi* basear-se (*auf* em)
Basilikum *nt* <-s> *kein pl* (BOT) manjerico *m*
Basis ['ba:zɪs] *f* <Basen> base *f,* fundamento *m*
Basketball ['ba:skətbal] *m* <-s> *kein pl* basquetebol *m*
Bass[RR] [bas] *m* <-es, Bässe>, **Baß**[ALT] *m* <-sses, Bässe> (MUS) baixo *m*
Bassin *nt* <-s, -s> tanque *m*
Bassist(in) *m(f)* <-en, -en *o* -innen> baixista *m,f*
Bassschlüssel[RR] *m* <-s, -> (MUS) clave *f* de fá
Bast [bast] *m* <-(e)s, -e> ráfia *f,* entrecasca *f*
basta *interj* (*umg*) chega!; **und damit ~!** basta!
basteln ['bastəln] **I.** *vt* fazer, montar **II.** *vi* dedicar-se a bricolage
Bastler(in) ['bastlɐ] *m(f)* <-s, - *o* -innen> *pessoa que gosta de fazer trabalhos manuais*
bat [ba:t] *imp von* **bitten**
Batallion *nt* <-s, -e> (MIL) batalhão *m*
Batate *f* <-n> batata-doce *f*
Batik *m/f* <-s, -en> batik *m*
batiken *vt* tingir com processo batik
Batterie [batə'ri:] *f* <-n> ❶ (*für Geräte*) pilha *f* (eléctrica) ❷ (*beim Auto*) bateria *f*
batteriebetrieben *adj* que funciona a pilhas
Bau[1] [baʊ] *m* <-(e)s, -ten> (*Gebäude*) edifício *m,* prédio *m*
Bau[2] *m* <-(e)s> *kein pl* ❶ (*das Bauen*) construção *f,* edificação *f* ❷ (*Baustelle*) obras *fpl* ❸ (*Körperbau*) constituição *f,* estatura *f*
Bau[3] *m* <-(e)s, -e> (*von Tier*) toca *f,* covil *m*
Bauarbeiten *pl* obras *fpl*

Bauarbeiter(in) *m(f)* <-s, - *o* -innen> operário, operária *m, f* da construção civil

Bauch [baʊx] *m* <-(e)s, Bäuche> barriga *f,* ventre *m;* (*Unterleib*) abdómen *m;* **einen ~ haben** ter barriga; **sich** *dat* **den ~ halten vor Lachen** rebentar a rir

Bauchfell *nt* <-(e)s, -e> (ANAT) peritoneu *m*

bauchfrei *adj inv* barriga à mostra

bauchig *adj* (*Person*) barrigudo; (*Sache*) abaulado

Bauchnabel *m* <-s, -> umbigo *m*

Bauchredner(in) *m(f)* <-s, - *o* -innen> ventríloquo *m,* ventriloquista *m,f*

Bauchschmerzen *pl* dores *fpl* de barriga

Bauchspeicheldrüse *f* <-n> (ANAT) pâncreas *m*

Bauchtanz *m* <-(e)s, -tänze> dança *f* do ventre

Bauchweh *nt* <-s> *kein pl* (*umg*) *s.* **Bauchschmerzen**

bauen ['baʊən] **I.** *vt* (*Gebäude*) construir, erigir; (*Nest*) fazer; (TECH: *Instrumente*) fabricar **II.** *vi* confiar (*auf* em)

Bauer, Bäuerin ['baʊɐ] *m, f* <-n, -n *o* -innen> camponês, camponesa *m, f,* agricultor, agricultora *m, f*

Bauer[1] *m* <-n, -n> ❶ (*Spielkarte*) valete *m* ❷ (*Schachfigur*) peão *m*

Bauer[2] *m/nt* <-s, -> gaiola *f*

bäuerlich *adj* campestre, rústico

Bauernfänger(in) *m(f)* <-s, - *o* -innen> (*abw*) intrujão, intrujona *m, f,* trapaceiro, trapaceira *m, f*

Bauernhaus *nt* <-es, -häuser> casa *f* rural, casa *f* de campo

Bauernhof *m* <-(e)s, -höfe> quinta *f;* (*brasil*) fazenda *f*

Bauersfrau *f* <-en> camponesa *f,* agricultora *f*

baufällig *adj* em perigo de ruir

Baufirma *f* <-firmen> empresa *f* de construção civil, empresa *f* construtora

Baugelände *nt* <-s, -> terreno *m* para construção

Baugenehmigung *f* <-en> licenciamento *m* de construção

Baugerüst *nt* <-(e)s, -e> andaime *m*

Bauherr(in) *m(f)* <-n, -en *o* -innen> patrão, patroa *m, f*

Bauholz *nt* <-es, -hölzer> madeira *f* para construção

Bauindustrie *f kein pl* indústria *f* de construção civil

Bauingenieur(in) *m(f)* <-s, -e *o* -innen> engenheiro, engenheira *m, f* civil

Baujahr *nt* <-(e)s, -e> ano *m* de construção; (*Auto*) modelo *m*

Baukasten *m* <-s, -kästen> caixa *f* de construções

Bauklotz *m* <-es, -klötze> peça *f* de construção; **Bauklötze staunen** ficar de boca aberta, ficar de olhos esbugalhados

Bauland *nt* <-(e)s> *kein pl* terreno *m* para construção

baulich *adj* arquitectónico

Baum [baʊm] *m* <-(e)s, Bäume> árvore *f;* **auf einen ~ klettern** subir [*o* trepar] a uma árvore

Baumeister *m* <-s, -> mestre-de-obras *m*

baumeln ['baʊməln] *vi* bambolear, baloiçar; **mit den Beinen ~** baloiçar [*o* abanar] as pernas

Baumgrenze *f* <-n> sebe *f*

Baumkrone *f* <-n> copa *f* (da árvore)

Baumnuss[RR] *f* <-nüsse> (*schweiz*) noz *f*

Baumrinde *f* <-n> casca *f* (da árvore); (*von Korkeiche*) cortiça *f*

Baumschule *f* <-n> tanchoal *m,* viveiro *m* de plantas

Baumstamm *m* <-(e)s, -stämme> tronco *m* (da árvore)

Baumsterben *nt* <-s> *kein pl* desaparecimento *m* das florestas

Baumstumpf *m* <-(e)s, -stümpfe> cepo *m*

Baumwolle *f kein pl* algodão *m*

baumwollen *adj* de algodão

Baumwollstoff *m* <-(e)s, -e> tecido *m* de algodão

Baumwollstrauch *m* <-(e)s, -sträucher> algodoeiro *m*

Bauplan *m* <-(e)s, -pläne> ❶ (*Bauvorhaben*) projecto *m* de construção; (*für eine Stadt*) plano *m* de urbanização ❷ (*Entwurf*) planta *f*

Bauplatz *m* <-es, -plätze> terreno *m* para construção

bäurisch *adj* rústico

Bausch [baʊʃ] *m* <-(e)s, Bäusche> (*Watte*) chumaço *m,* tufo *m;* **in ~ und Bogen** no todo, em globo

Bauschutt *m* <-(e)s> *kein pl* entulho *m*

Bausparkasse *f* <-n> crédito *m* predial

Bausparvertrag *m* <-(e)s, -träge> contrato *m* de poupança imobiliária

Baustein *m* <-(e)s, -e> ① (*Stein*) pedra *f* de construção ② (*Bestandteil*) componente *f*; (*Beitrag*) contribuição *f*

Baustelle *f* <-n> estaleiro *m*, obras *fpl*; **Betreten der ~ verboten!** proibida a entrada no estaleiro

Baustil *m* <-(e)s, -e> estilo *m* arquitectónico

Bauteil *nt* <-(e)s, -e> elemento *m* de construção

Bauten ['baʊtən] *pl von* **Bauten**

Bauunternehmer(in) *m(f)* <-s, - *o* -innen> construtor, construtora *m, f*, empreiteiro, empreiteira *m, f*

Bauweise *f* <-n> sistema *m* de construção, técnica *f* de construção

Bauwerk *nt* <-(e)s, -e> obra *f*

Bauwesen *nt* <-s> *kein pl* obras *f* públicas *pl*

Bayer(in) *m(f)* <-n, -n *o* -innen> bávaro, bávara *m, f*

Bayern ['baɪɐn] *nt* <-s> *kein pl* Baviera *f*

bayrisch ['baɪrɪʃ] *adj* bávaro

Bazillus [ba'tsɪlʊs] *m* <-, Bazillen> (BIOL) bacilo *m*

Bd. *abk v* **Band** vol. (= *volume*)

Bde. *abk v* **Bände** vol. (= *volumes*)

beabsichtigen* *vt* **~ etw zu tun** tencionar fazer a. c., ter a intenção de fazer a. c.

beachten* *vt* ① (*Aufmerksamkeit schenken*) reparar em, atender a ② (*berücksichtigen*) tomar em consideração, ter em conta ③ (*Regel, Gebot*) seguir, respeitar; (*Vorfahrt*) respeitar

beachtenswert *adj* notável

beachtlich *adj* ① (*beträchtlich*) considerável ② (*wichtig*) importante

Beachtung *f kein pl* (*von Vorschriften*) observação *f*; **jdm/etw ~ schenken** dar atenção a alguém/a. c., tomar alguém/a. c. em consideração; **~ finden** ser considerado

Beamte(r)(in) *m(f)* <-n, -n *o* -innen> funcionário, funcionária *m, f* público

Beamtentum *nt* <-s> *kein pl* funcionalismo *m* público

beängstigen* *vt* inquietar, alarmar

beängstigend *adj* inquietante, alarmante

beanspruchen* *vt* ① (*fordern*) exigir; (*Recht*) reivindicar; (*Platz*) reclamar ② (*Zeit*) requerer, levar; **jdn ~** tomar tempo a alguém ③ (TECH) submeter a esforço

Beanspruchung *f* <-en> ① (*Anforderung*) exigência *f*; (*eines Rechtes*) reivindicação *f* ② (*Abnutzung*) desgaste *m*

beanstanden* *vt* pôr objecções a, reclamar

Beanstandung *f* <-en> objecção *f*, reclamação *f*

beantragen* *vt* pedir, requerer

beantworten* *vt* responder a

bearbeiten* *vt* ① (*Antrag, Fall, Akte*) estudar ② (*Material*) trabalhar; (*Stein, Holz*) aparelhar, trabalhar ③ (*Land*) lavrar, trabalhar ④ (*Text*) redigir, compor; (*Buch*) refundir; (*Thema*) tratar; (*für den Film*) adaptar ⑤ (MUS) arranjar ⑥ (*umg: beeinflussen wollen*) dar a volta a, tentar convencer

Bearbeiter(in) *m(f)* <-s, - *o* -innen> (*Text*) revisor, revisora *m, f*

Bearbeitung *f* <-en> ① (*von Antrag, Thema*) tratamento *m* ② (*von Stein*) aparelhamento *m* ③ (*von Land*) cultivo *m* ④ (*überarbeitete Fassung*) revisão *f*, reedição *f*; (*für den Film*) adaptação *f* ⑤ (MUS) arranjo *m*

beatmen* *vt* **jdn künstlich ~** manter alguém em respiração artificial

beaufsichtigen* *vt* vigiar, inspeccionar

beauftragen* *vt* encarregar, incumbir; **jdn mit etw ~** encarregar alguém de a.c.

Beauftragte(r) *m/f* <-n, -n *o* -n> encarregado, encarregada *m, f*, delegado, delegada *m, f*; (JUR) mandatário, mandatária *m, f*

bebauen* *vt* ① (*mit Häusern*) urbanizar ② (*Acker*) cultivar

Bebauung *f* <-en> urbanização *f*

Bebauungsplan *m* <-(e)s, -pläne> plano *m* de urbanização

Bébé *nt* <-s, -s> (*schweiz*) bebé *m*; (*brasil*) nenê *m*

beben ['beːbən] *vi* tremer

Beben *nt* <-s, -> tremor *m*, sismo *m*

bebildern* *vt* ilustrar

Becher ['bɛçɐ] *m* <-s, -> caneca *f*; (*ohne Henkel*) taça *f*, copo *m*

Becken ['bɛkən] *nt* <-s, -> ① (ANAT) bacia *f* ② (*Spülbecken*) bacia *f*, alguidar *m*; (*Waschbecken*) lavatório *m*; (*Taufbecken*) pia *f*; (*Schwimmbecken*) piscina *f* ③ (MUS) pratos *mpl*

Becquerel *nt* <-s, -> (PHYS) becquerel *m*

bedacht [bə'daxt] *adj* ponderado; **auf etw ~ sein** pensar em a. c., preocupar-se com a. c.

bedächtig *adj* ① (*umsichtig*) reflectido, ponderado ② (*langsam*) compassado, lento

bedanken *vr* **sich ~** agradecer; **sich bei jdm für etw ~** agradecer a. c. a alguém

Bedarf [bə'darf] *m* <-(e)s> *kein pl* necessidade *f* (*an* de), falta *f* (*an* de); (WIRTSCH) procura *f;* **je nach ~** segundo [*o* conforme] as necessidades; **bei ~** em caso de necessidade

Bedarfsartikel *m* <-s, -> artigo *m* de primeira necessidade

bedauerlich [bəˈdaʊɐlɪç] *adj* lamentável, deplorável

bedauern* *vt* lamentar, deplorar; (*bemitleiden*) ter pena de

Bedauern *nt* <-s> *kein pl* pena *f,* pesar *m;* **zu meinem großen ~** com muita pena minha

bedauernswert *adj* (*Zustände*) lamentável, deplorável; (*Mensch*) desgraçado, digno, -a *m, f* de compaixão

bedecken* *vt* cobrir (*mit* de), tapar (*mit* com)

bedeckt *adj* coberto; (*Himmel*) encoberto

Bedeckung *f* <-en> ❶ (*mit Tuch, Decke*) cobertura *f* ❷ (*Schutz*) protecção *f;* (MIL) escolta *f*

bedenken* *vt irreg* ponderar, reflectir sobre

Bedenken[1] *nt* <-s> *kein pl* (*Überlegen*) reflexão *f,* meditação *f*

Bedenken[2] *pl* (*Zweifel*) reservas *fpl,* dúvidas *fpl;* (*Skrupel*) escrúpulos *mpl*

bedenkenlos *adj* sem reservas, sem hesitação

bedenklich *adj* (*Zustand*) crítico, preocupante; (*Tat*) duvidoso

Bedenkzeit *f kein pl* tempo *m* para deliberar

bedeuten* *vt* ❶ (*bezeichnen*) significar, querer dizer; **was bedeutet dieses Wort?** o que quer dizer esta palavra? ❷ (*wichtig sein*) significar, ter importância; **das hat nichts zu ~** não importa, não quer dizer nada; **jdm viel/wenig ~** ser muito/pouco importante para alguém

bedeutend *adj* ❶ (*wichtig*) importante ❷ (*beträchtlich*) considerável, significativo

Bedeutung *f* <-en> ❶ (*Sinn*) sentido *m,* significado *m* ❷ *kein pl* (*Wichtigkeit*) importância *f*

bedeutungslos *adj* insignificante, sem importância

Bedeutungslosigkeit *f kein pl* insignificância *f*

bedeutungsvoll *adj* ❶ (*wichtig*) relevante, importante ❷ (*bedeutsam*) significativo

bedienen* **I.** *vt* (*im Restaurant*) servir; (*im Geschäft*) atender; (*Maschine*) manejar **II.** *vr* **sich ~** (*beim Essen*) servir-se

Bedienerin *f* <-nen> (*österr*) empregada *f* da limpeza

bedienstet *adj* (*österr*) empregado

Bedienung *f* <-en> ❶ *kein pl* (*im Restaurant*) serviço *m;* (*im Geschäft*) atendimento *m* ❷ *kein pl* (*von Maschine*) manejo *m* ❸ (*Kellner(in)*) empregado, empregada *m, f* ❹ *kein pl* (*Zuschlag*) percentagem *f* (de serviço)

bedingen* *vt* ❶ (*voraussetzen*) pressupor; (*erfordern*) exigir, requerer ❷ (*verursachen*) condicionar

Bedingung *f* <-en> condição *f;* **unter der ~, dass ...** com a [*o* na] condição de ...; **unter keiner ~** de modo algum

bedingungslos *adj* incondicional

Bedingungssatz *m* <-es, -sätze> (LING) oração *f* condicional

bedrängen* *vt* ❶ (*belästigen*) importunar, maçar ❷ (*Gegner*) pressionar, fazer pressão sobre

bedrohen* *vt* ameaçar (*mit* de)

bedrohlich *adj* ameaçador

Bedrohung *f* <-en> ameaça *f*

bedrucken* *vt* imprimir, estampar (*mit* com)

bedrücken* *vt* oprimir, afligir

bedrückend *adj* opressivo, aflitivo

Beduine(in) *m(f)* <-n, -n *o* -innen> beduíno, beduína *m, f*

Bedürfnis *nt* <-ses, -se> necessidade *f;* **das ~ nach etw haben** ter necessidade de a. c.; **ein ~ befriedigen** satisfazer uma necessidade

bedürfnislos *adj* despretensioso; (*bescheiden*) modesto

bedürftig *adj* necessitado, carenciado

beduseln* *vr* **sich ~** (*umg*) embebedar-se

Beefsteak *nt* <-s, -s> bife *m*

beehren* *vt* (*geh*) honrar (*mit* com)

beeiden* *vt* (JUR) jurar, ajuramentar

beeilen* *vr* **sich ~** apressar-se (*zu* a), despachar-se (*zu* a)

beeindrucken* *vt* impressionar, causar impressão a; **von etw beeindruckt sein** ficar impressionado , -a *m, f* com a. c.

beeinflussen* *vt* influenciar, exercer influência sobre

Beeinflussung *f* <-en> influência *f*

beeinträchtigen* *vt* afectar; (*schaden*) lesar, prejudicar; (*Freiheit*) restringir

Beeinträchtigung *f* <-en> (*Schaden*) prejuízo *m,* dano *m*

beenden* *vt* acabar, terminar, concluir

beengen* *vt* ❶ (*Kleid*) apertar; **das Kleid**

beengt mich o vestido aperta-me, o vestido está-me apertado ② (*Bewegungsfreiheit*) constranger

beerben* *vt* herdar de, ser herdeiro , -a*m*, *f* de

beerdigen* *vt* enterrar, sepultar

Beerdigung *f* <-en> enterro *m*, funeral *m*

Beerdigungsinstitut *nt* <-(e)s, -e> agência *f* funerária

Beere ['be:rə] *f* <-n> bago *m*, baga *f*

Beet [be:t] *nt* <-(e)s, -e> canteiro *m*, alegrete *m*

Beete *f* <-n> **rote ~** beterraba *f*

befähigen* *vt* habilitar (*zu* para), tornar capaz (*zu* de)

Befähigung *f* <-en> ① (*Begabung*) capacidade *f*, talento *m* ② (*Qualifikation*) qualificação *f*, habilitações *fpl*

befahl *imp von* **befehlen**

befahrbar *adj* (*Straße*) transitável; (NAUT) navegável

befahren*[1] *vt irreg* ① (*Straße*) transitar em, circular em; **dieser Weg wird stark ~** este caminho tem muito movimento ② (NAUT) navegar em [*o* por]

befahren[2] *adj* (*Straße*) com movimento

befallen* *vt irreg* ① (*Angst, Zweifel*) atacar, acometer ② (*Schädlinge*) atacar

befangen *adj* ① (*unsicher*) embaraçado, acanhado ② (JUR) parcial

Befangenheit *f kein pl* ① (*Unsicherheit*) embaraço *m*, acanhamento *m* ② (JUR) parcialidade *f*

befassen* *vr* **sich ~** ① (*Angelegenheit*) ocupar-se (*mit* de), dedicar-se (*mit* a) ② (*handeln von*) tratar (*mit* de)

Befehl [bə'fe:l] *m* <-(e)s, -e> ordem *f*; (MIL) (co)mando *m*; (INFOR) comando *m*, instrução *f*; **den ~ übernehmen** assumir o comando

befehlen *vi* ordenar, mandar; **jdm etw ~** dar ordem a alguém de [*o* para] fazer a. c.

Befehlscode *m* <-s, -s> (INFOR) código *m* de instrução

befehlswidrig *adj* contrário às ordens

Befehlszeile *f* <-n> (INFOR) barra *f* de comandos

befestigen* *vt* ① (*Bild*) fixar, pôr; (*mit Schnur, Seil*) amarrar, prender ② (*Straße*) reforçar ③ (MIL) fortificar ④ (*Freundschaft*) consolidar, firmar

Befestigung *f* <-en> ① (*von Straße, Damm*) reforço *m* ② (*mit Schrauben*) fixação *f* ③ (MIL) fortificação *f* ④ (*einer Freundschaft*) consolidação *f*

befeuchten* *vt* humedecer

befinden* **I.** *vr* **sich ~** *irreg* encontrar-se, ficar; **das Büro befindet sich im 2. Stock** o escritório fica no 2° andar; **er befindet sich im Ausland** ele encontra-se no estrangeiro **II.** *vi irreg* considerar; **etw für gut/schlecht ~** considerar a. c. bom/mau

Befinden *nt* <-s> *kein pl* estado *m* de saúde

beflissen [bə'flɪsən] *adj* dedicado, aplicado

beflügeln* *vt* (*geh: Fantasie*) dar asas a

befohlen [bə'fo:lən] *imp von* **befehlen**

befolgen* *vt* (*Rat*) seguir; (*Befehl*) obedecer a, executar; (*Gesetz*) cumprir; (*Regel*) observar

befördern* *vt* ① (*transportieren*) transportar ② (*beruflich*) promover (*zu* a)

Beförderung *f* <-en> ① (*Transport*) transporte *m* ② (*beruflich*) promoção *f*

befragen* *vt* interrogar; (*Arzt*) consultar

Befragung *f* <-en> (JUR) interrogatório *m*

befreien* **I.** *vt* (*aus Gefangenschaft*) libertar (*aus/von* de), resgatar; (*von Zahlungen, Militärdienst*) isentar (*von* de), dispensar (*von* de) **II.** *vr* **sich ~** libertar-se (*aus/von* de)

Befreiung *f* <-en> ① (*aus Gefangenschaft*) libertação *f*, resgate *m* ② (*von Pflichten*) isenção *f*

Befreiungskrieg *m* <-(e)s, -e> guerra *f* de independência

befremden* *vt* parecer estranho a

befremdlich *adj* estranho

befreunden* *vr* **sich ~** tornar-se amigo (*mit* de), travar amizade (*mit* com)

befreundet *adj* amigo (*mit* de)

befriedigen* *vt* satisfazer, contentar

befriedigend *adj* satisfatório; (*Schulnote*) suficiente

Befriedigung *f* <-en> satisfação *f*

befristen* *vt* limitar, aprazar

befristet *adj* limitado, a prazo

befruchten* *vt* fecundar, fertilizar

Befruchtung *f* <-en> fecundação *f*; **künstliche ~** inseminação artificial, fecundação in vitro

Befugnis [bə'fu:knɪs] *f* <-se> competência *f*, autorização *f*

befugt *adj* **zu etw ~ sein** estar autorizado [*o* habilitado] para fazer a. c.

befühlen* *vt* apalpar

Befund *m* <-es, -e> (MED) diagnóstico *m,* resultado *m*
befürchten* *vt* temer, recear
Befürchtung *f* <-en> receio *m,* apreensão *f*
befürworten* *vt* aprovar; (*empfehlen*) recomendar
begabt [bə'ga:pt] *adj* dotado, talentoso; **für etw ~ sein** ter jeito para a. c.
Begabung [bə'ga:bʊŋ] *f* <-en> talento *m,* aptidão *f*
begann [bə'gan] *Präteritum* **beginnen**
begeben* *vr* **sich ~** *irreg* ❶ (*gehen*) dirigir-se (*zu* a/para), ir (*zu* a/para); **sich in Gefahr ~** expor-se ao perigo; **sich zur Ruhe ~** ir descansar, ir-se deitar ❷ (*geh: geschehen*) acontecer
Begebenheit *f* <-en> acontecimento *m*
begegnen* **I.** *vi* (*treffen*) encontrar; **jdm ~** encontrar alguém, cruzar-se com alguém; **wir begegneten ihm** encontrámo-lo, cruzámo-nos com ele; **etw ~** deparar com a. c.; (*widerfahren*) acontecer, suceder **II.** *vr* **sich ~** encontrar-se, cruzar-se; (*Blicke*) cruzar-se
Begegnung *f* <-en> encontro *m* (*mit* com)
begehen* *vt irreg* ❶ (*Straftat, Fehler*) cometer ❷ (*geh: Feier*) celebrar, festejar
begehren* *vt* ansiar por, desejar
begehrenswert *adj* desejável, apetecível
begehrt *adj* cobiçado; (*Ware*) muito procurado
begeistern* **I.** *vt* entusiasmar (*für* por) **II.** *vr* **sich ~** entusiasmar-se (*für* por), vibrar (*für* com)
begeistert *adj* entusiasmado (*von* com); (*Applaus*) entusiástico
Begeisterung *f kein pl* entusiasmo *m* (*für* por)
Begierde [bə'gi:ɐdə] *f* <-n> desejo *m,* anseio *m*
begierig *adj* desejoso (*auf* por), ansioso (*auf* por)
begießen* *vt irreg* molhar; **das muss begossen werden** temos de festejar isso
Beginn [bə'gɪn] *m* <-(e)s> *kein pl* princípio *m,* começo *m,* início *m;* **zu ~** de início, a princípio
beginnen *vi* começar, principiar, iniciar; **wir ~ mit der Arbeit** começamos (com) o trabalho
beglaubigen* *vt* ❶ (*Urkunde, Kopie*) autenticar, certificar; (*Unterschrift*) reconhecer ❷ (*Diplomaten*) acreditar
Beglaubigung *f* <-en> atestado *m,* certificado *m;* (*notariell*) reconhecimento *m,* autenticação *f*
begleiten* *vt* (MUS) acompanhar
Begleiter(in) *m(f)* <-s, - *o* -innen> acompanhante *m,f;* (*Gefährte*) companheiro, companheira *m, f*
Begleiterscheinung *f* <-en> fenómeno *m* concomitante; (MED) epifenómeno *m*
Begleitmusik *f* <-en> música *f* de acompanhamento
Begleitschreiben *nt* <-s, -> carta *f* acompanhante; (*bei Bewerbung*) carta *f* de apresentação
Begleitung *f* <-en> companhia *f;* (MUS) acompanhamento *m;* **in ~ von** na companhia de; **in ~ kommen** vir acompanhado
beglückwünschen* *vt* felicitar (*zu* por), dar os parabéns a (*zu* por)
begnadigen* *vt* indultar, amnistiar
Begnadigung *f* <-en> indulto *m,* amnistia *f*
begnügen* *vr* **sich ~** contentar-se (*mit* com), satisfazer-se (*mit* com)
Begonie *f* <-n> (BOT) begónia *f*
begonnen [bə'gɔnən] *pp von* **beginnen**
begraben* *vt irreg* ❶ (*Tote*) enterrar, sepultar ❷ (*Hoffnung*) abandonar; (*Streit*) esquecer
Begräbnis *nt* <-ses, -se> enterro *m,* funeral *m*
begradigen* *vt* rectificar
begreifen* *vt irreg* compreender, entender
begreiflich *adj* compreensível; **jdm etw ~ machen** fazer compreender a. c. a alguém
begrenzen* *vt* ❶ (*Gebiet*) delimitar, demarcar ❷ (*beschränken*) limitar (*auf* a), restringir (*auf* a)
begrenzt *adj* limitado
Begrenzung *f* <-en> ❶ (*das Begrenzen*) demarcação *f,* limitação *f* ❷ (*Grenzen*) limites *mpl,* confins *mpl*
Begriff *m* <-(e)s, -e> ❶ (*Ausdruck*) termo *m,* conceito *m* ❷ (*Vorstellung*) noção *f,* ideia *f;* **sich** *dat* **einen ~ von etw machen** fazer ideia de a. c.; **schwer von ~** de compreensão lenta; **im ~ sein, etw zu tun** estar prestes a fazer a. c., estar mesmo para fazer a. c.
begriffsstutzig *adj* lento, de compreensão lenta
begründen* *vt* ❶ (*Tat*) justificar (*mit* com) ❷ (*gründen*) fundar, estabelecer

Begründer(in) *m(f)* <-s, - *o* -innen> fundador, fundadora *m, f*

Begründung *f* <-en> motivo *m* (*für* de), causa *f* (*für* de), justificação *f* (*für* para)

begrüßen* *vt* ① (*Person*) saudar, cumprimentar ② (*Entwicklung, Vorschlag*) aclamar, receber bem ③ (*schweiz: zu Rate ziehen*) consultar

Begrüßung *f* <-en> saudação *f*, cumprimento *m*

> A saudação é diferente nas distintas regiões da Alemanha, na Suíça e na Áustria. Além de «guten Morgen», «guten Tag» (bom dia) e «guten Abend» (boa noite) que se usa em todas as partes, diz-se na Alemanha do Sul e na Áustria «Grüß Gott», na Alemanha do Norte «Moin, moin» e na Suíça «Grüezi».

begünstigen* *vt* ① (*Person*) favorecer, proteger ② (*Sachverhalt*) promover, patrocinar; (JUR) encobrir

Begünstigung *f* <-en> protecção *f*, auxílio *m*

begutachten* *vt* emitir parecer sobre, pronunciar-se sobre; (*prüfen*) examinar, apreciar

begütert *adj* rico, abastado

behaart *adj* peludo, cabeludo

Behaarung *f kein pl* pelugem *f*; (*Tiere*) pelagem *f*

behäbig *adj* (*beleibt*) abastado; (*phlegmatisch*) pachorrento, pacato

Behäbigkeit *f kein pl* pachorra *f*, lentidão *f*

behaftet [bə'haftət] *adj* **mit etw ~ sein** estar marcado com a. c.

behagen* *vi* agradar, ser agradável a; **das behagt ihm/ihr nicht** não lhe agrada

Behagen *nt* <-s> *kein pl* agrado *m*, bem-estar *m*

behaglich [bə'ha:klɪç] *adj* agradável; (*gemütlich*) confortável, aconchegado

Behaglichkeit *f kein pl* comodidade *f*, bem-estar *m*

behalten* *vt irreg* ① (*nicht weggeben*) guardar, ficar com; **etw hier ~** ficar com a. c.; **übrig ~** ter de sobra; **behalte es für dich!** guarda segredo! ② (*Ruhe, Farbe, Mehrheit*) manter, conservar ③ (*im Gedächtnis*) reter, recordar; **etw im Auge ~** não perder a. c. de vista; **Recht ~** acabar por ter razão

Behälter *m* <-s, -> recipiente *m*, depósito *m*

behandeln* *vt* (MED) tratar (*mit* com); **schlecht ~** tratar mal

Behandlung *f* <-en> (*a* MED, TECH) tratamento *m* (*mit* com)

beharren* *vi* insistir (*auf* em), teimar (*auf* em); (*auf Meinung*) manter-se firme (*auf* em)

beharrlich *adj* (*ausdauernd*) persistente, perseverante; (*hartnäckig*) teimoso, obstinado

Beharrlichkeit *f kein pl* perseverança *f*, insistência *f*

behaupten* **I.** *vt* (*These*) afirmar, asseverar; (*Stellung*) defender, manter **II.** *vr* **sich ~** afirmar-se, impor-se

Behauptung *f* <-en> afirmação *f*, asserção *f*; **eine ~ aufstellen** fazer uma afirmação

Behausung [bə'haʊzʊŋ] *f* <-en> alojamento *m*, habitação *f*

beheben* *vt irreg* (*Schaden*) remediar, arranjar; (*Zweifel*) tirar, resolver

beheizbar *adj* aquecível

beheizen* *vt* aquecer

Behelf [bə'hɛlf] *m* <-(e)s, -e> recurso *m*, solução *f* de emergência

behelfen* *vr* **sich ~** *irreg* arranjar-se (*mit* com, *ohne* sem), contentar-se (*mit* com, *ohne* sem)

behelfsmäßig *adj* provisório, temporário

behelligen* *vt* importunar (*mit* com), maçar

beherbergen* *vt* albergar, hospedar

beherrschen* **I.** *vt* (*Macht haben*) dominar; (*Sprache*) dominar; (*Situation*) controlar **II.** *vr* **sich ~** dominar-se, conter-se

beherrscht *adj* controlado

Beherrschung *f kein pl* ① (*von Land, Markt*) domínio *m* ② (*Selbstbeherrschung*) controlo *m*; **die ~ verlieren** descontrolar-se

beherzigen* *vt* tomar [*o* levar] a peito

behilflich *adj* **jdm (bei etw) ~ sein** ser útil a alguém (em a. c.), ajudar alguém (em a. c.)

behindern* *vt* estorvar; (*Verkehr*) impedir, obstruir

behindert *adj* (*körperlich*) deficiente *mf* (físico); (*geistig*) deficiente *mf* mental

Behinderte(r) *m/f* <-n, -n *o* -n> deficiente *m,f*

behindertengerecht *adj* adaptado a deficientes

Behinderung *f* <-en> ① (*des Verkehrs*) impedimento *m*, obstrução *f*; (*einer Sache*) estorvo *m* ② (MED) deficiência *f*

Behörde *f* <-n> autoridade(s) *fpl*, serviços *mpl* públicos; (*Amt*) repartição *f*, serviço *m*

behüten* *vt* guardar (*vor* de), proteger (*vor* de); **Gott behüte!** Deus queira que não!,

B

Deus me livre!

behutsam [bəˈhuːtzaːm] *adj* cuidadoso, cauteloso

Behutsamkeit *f kein pl* cuidado *m*, cautela *f*

bei [baɪ] *präp +dat* ❶ (*örtlich*) perto de, junto de; (*bei jdm*) em casa de; **er/sie wohnt ~ uns** vive connosco, vive em nossa casa; **~m Friseur** no cabeleireiro ❷ (*Begleitumstände*) com; **~ schlechtem Wetter** com mau tempo; **~ Regen/Nebel** com chuva/nevoeiro; **~ Strafe** sob pena; **etw ~ sich** *dat* **haben** ter a. c. consigo ❸ (*zeitlich*) a; (*während*) durante, de; **~ Sonnenaufgang** ao nascer do sol; **~ jedem Schritt** a cada passo; **~m Fahren** a conduzir; **~ der Arbeit** no trabalho; **~ Nacht/Tag** de noite/dia

bei|behalten* *vt irreg* conservar, manter

Beiboot *nt* <-(e)s, -e> bote *m*, batel *m*

bei|bringen *vt irreg* ❶ (*lehren*) ensinar; **jdm Portugiesisch ~** ensinar português a alguém ❷ (*Beweise*) apresentar, fornecer; (*Gründe*) alegar, apresentar

Beichte [ˈbaɪçtə] *f* <-n> confissão *f*

beichten **I.** *vt* confessar **II.** *vi* confessar-se, fazer confidências

Beichtstuhl *m* <-(e)s, -stühle> confessionário *m*

Beichtvater *m* <-s, -väter> confessor *m*

beide [ˈbaɪdə] *adj* ambos, ambosas, os dois, as duas; **wir ~** nós os dois; **keiner von ~n** nenhum dos dois, nem um nem outro; **meine ~n Brüder** ambos os meus irmãos; **auf ~n Seiten** dos dois lados, de ambos os lados; **~s ist richtig** ambas as coisas estão certas; **~s** as duas coisas

beiderlei [ˈbaɪdɐlaɪ, ˈ--ˈ-] *adj* de ambos, de um e de outro; **~ Geschlechts** de ambos os sexos

beiderseitig *adj* mútuo, recíproco

beiderseits *adv* de ambos os lados

beidhändig *adj* ambidestro

beidseits *präp +gen* (*schweiz*) nos dois lados

beieinander [--ˈ--] *adj* um ao pé do outro, juntos; **alle ~** todos juntos; **sie sind ~** eles estão juntos

Beifahrer(in) *m(f)* <-s, - *o* -innen> passageiro, passageira *m, f*

Beifahrersitz *m* <-es, -e> lugar *m* do passageiro

Beifall *m* <-(e)s> *kein pl* ❶ (*Applaus*) aplauso *m*; **~ klatschen** aplaudir, bater palmas ❷ (*Zustimmung*) aprovação *f*; **~ finden** ser aplaudido

Beifallssturm *m* <-(e)s, -stürme> grandes aplausos *mpl*, grande *f* ovação

bei|fügen *vt* juntar, incluir

beige [beːʃ] *adj* bege

Beige *f* <-n> (*schweiz*) pilha *f*, montão *m*

bei|geben *vt irreg* **klein ~** ceder, desistir

Beigeschmack *m* <-(e)s> *kein pl* ressaibo *m*, sabor *m* esquisito

Beihilfe *f* <-n> ❶ (*finanziell*) subsídio *m*, abono *m* ❷ *kein pl* (JUR) cumplicidade *f*

Beil [baɪl] *nt* <-(e)s, -e> machado *m*, machada *f*

Beilage *f* <-n> ❶ (PUBL) suplemento *m* ❷ (KOCHK) acompanhamento *m* ❸ (*österr: zum Brief*) anexo *m*

beiläufig **I.** *adj* (*Frage*) acidental, casual; (*österr: ungefähr*) aproximado **II.** *adv* de passagem

bei|legen *vt* ❶ (*hinzulegen*) juntar, anexar ❷ (*Streit*) resolver, solucionar

beileibe [baɪˈlaɪbə] *adv* **~ nicht!** de modo nenhum!, de maneira nenhuma!

Beileid *nt* <-> *kein pl* pêsames *mpl*, condolências *fpl*; **herzliches ~** os meus pêsames, sinto muito; **jdm sein ~ aussprechen** dar os pêsames a alguém

beiliegend *adj* junto, anexo; **~ senden wir Ihnen ...** enviamos em anexo ...

beim [baɪm] = **bei dem** *s.* **bei**

bei|messen *vt irreg* atribuir, imputar; **etw viel/wenig Bedeutung ~** dar muita/pouca importância a a. c.

Bein [baɪn] *nt* <-(e)s, -e> ❶ (*von Mensch*) perna *f*; **wieder auf den ~en sein** (já) estar de pé; **sich auf die ~e machen** pôr-se a caminho, pôr-se a andar; **jdm ~e machen** fazer alguém andar; **die ~e in die Hand nehmen, die ~e unter die Arme nehmen** safar-se, pirar-se; **jdm ein ~ stellen** passar uma rasteira a alguém ❷ (*von Tier*) pata *f* ❸ (*von Stuhl*) perna *f*

beinah(e) *adv* quase, por um pouco

Beinbruch *m* <-(e)s, -brüche> fractura *f* da perna

beinhalten* *vt* conter, incluir

Beipackzettel *m* <-s, -> instruções *fpl*

bei|pflichten [ˈbaɪpflɪçtən] *vi* **jdm ~** concordar com alguém; **etw ~** aprovar a. c.

Beiried *nt* <-(e)s, -e> (*österr*) bife *m*

beirren* *vr* **sich ~ sich (nicht) ~ lassen** (não) deixar-se influenciar, (não) deixar-se enganar

beisammen [baɪˈzamən] *adj* juntos, reunidos; **er hat sie nicht alle ~** ele não tem a cabeça no sítio

Beisammensein *nt* <-s> *kein pl* convívio *m,* reunião *f*

Beischlaf *m* <-s> *kein pl* (*geh*) coito *m*

Beisein [ˈbaɪzaɪn] *nt* <-s> *kein pl* **in/ohne jds ~** na/sem a presença de alguém

beiseite [baɪˈzaɪtə] *adv* à parte, de parte; **Spaß ~!** fora de brincadeira!, a sério!

beiseitelegen *vt* pôr de lado, reservar; **Geld ~ legen** pôr dinheiro de parte

Beisel *nt* <-s, -(n)> (*österr*) taberna *f*

bei|setzen *vt* enterrar

Beisetzung *f* <-en> enterro *m,* funeral *m*

Beisitzer(in) *m(f)* <-s, - *o* -innen> ❶ (*am Gericht*) juiz, juíza adjunta *m, f* adjunto ❷ (*in Ausschuss*) vogal *m,f*

Beispiel *nt* <-s, -e> exemplo *m;* **zum ~** por exemplo; **als ~ anführen** citar [*o* dar] como exemplo; **kein gutes ~ sein** não servir de exemplo; **mit gutem ~ vorangehen** dar o exemplo; **ohne ~** sem precedentes

beispielhaft *adj* exemplar

beispiellos *adj* inaudito, sem precedentes

beispielsweise *adv* por exemplo

beißen **I.** *vt* (*Hund*) morder; (*Insekt*) picar **II.** *vi* (*Hund*) morder; (*Insekt*) picar; (*Rauch*) arder; (*Pfeffer*) arder, picar; (*Säure*) queimar **III.** *vr* **sich ~** (*Farben*) não condizer, não combinar

beißend *adj* (*Humor*) mordaz, sarcástico; (*Kälte, Wind*) cortante; (*Schmerz*) agudo; (*Geschmack*) picante

Beißzange *f* <-n> turquês *f,* alicate *m* de corte

Beistand *m* <-(e)s, -stände> ❶ (*Hilfe*) ajuda *f,* auxílio *m* ❷ (JUR) advogado, advogada *m, f,* conselheiro, conselheira *m, f*

bei|stehen *vi irreg* **jdm ~** ajudar alguém, auxiliar alguém

bei|steuern *vi* contribuir (*zu* para)

Beistrich *m* <-(e)s, -e> (*österr*) vírgula *f*

Beitrag [ˈbaɪtraːk] *m* <-(e)s, -träge> ❶ (*Anteil*) quota-parte *f* ❷ (*Zahlung*) contribuição *f,* contributo *m;* (*Mitgliedsbeitrag*) cota *f;* (*Versicherungsbeitrag*) prémio *m* ❸ (*zu Buch, Zeitschrift*) colaboração *f*

bei|tragen *vi irreg* contribuir (*zu* para); (*mithelfen*) ajudar (*zu* a)

bei|treten *vi irreg* (*einem Pakt*) aderir (a); (*einer Organisation*) ingressar (em), entrar (para); (*einer Partei*) filiar-se (em)

Beitritt *m* <-(e)s, -e> (*zu Pakt*) adesão *f* (*zu* a); (*zu Organisation*) entrada *f* (*zu* em), ingresso *m* (*zu* em); (*zu Partei*) filiação *f* (*zu* em); **seinen ~ erklären** tornar-se membro

Beiz *f* <-en> (*schweiz*) tasca *f*

Beize *f* <-n> ❶ (*für Holz*) tinta *f* para madeiras ❷ (*für Metall*) cáustico *m* ❸ (*für Textilien*) mordente *m* ❹ (KOCHK) escabeche *m,* marinada *f*

beizeiten [baɪˈtsaɪtən] *adv* a tempo

beizen *vt* ❶ (*Holz*) macerar ❷ (*Metall*) cauterizar ❸ (*Textilien*) mordentar ❹ (KOCHK) marinar

bejahen* *vi* dizer que sim, responder afirmativamente

bekämpfen* *vt* combater, lutar contra

Bekämpfung *f kein pl* combate *m,* luta *f* (contra)

bekannt [bəˈkant] **I.** *pp von* **bekennen** **II.** *adj* (*Person*) conhecido; (*Sache*) conhecido, sabido; **etw ~ geben** anunciar a. c., comunicar a. c.; **mit jdm ~ sein** conhecer alguém; **etw ~ machen** anunciar a. c., publicar a. c.; **jdn mit jdm ~ machen** apresentar alguém a alguém

Bekannte(r) *m/f* <-n, -n *o* -n> conhecido, conhecida *m, f*

Bekanntenkreis *m* <-(e)s, -e> conhecimentos *mpl,* relações *fpl;* **in meinem ~** nas minhas relações

bekanntlich *adv* como se sabe

Bekanntmachung *f* <-en> ❶ (*Veröffentlichung*) comunicação *f,* publicação *f* ❷ (*amtlich*) edital *m*

Bekanntschaft *f* <-en> conhecimento *m;* **jds ~ machen** conhecer alguém

bekehren* *vt* (*a* REL) converter (*zu* em)

Bekehrung *f* <-en> (REL) conversão *f* (*zu* em)

bekennen* **I.** *vt irreg* (*zugeben*) confessar, admitir **II.** *vr* **sich ~** *irreg* (*eintreten für*) **sich zu etw ~** professar a. c.; **sich schuldig ~** confessar-se culpado

Bekennerschreiben *nt* <-s, -> carta *f* de confissão

Bekenntnis *nt* <-ses, -se> (REL) confissão *f;* (*Glaubensbekenntnis*) credo *m,* profissão *f* de fé

beklagen* **I.** *vt* chorar, lamentar **II.** *vr* **sich ~** queixar-se (*über* de)

beklagenswert *adj* lamentável, lastimável
bekleben* *vt* (*Wand*) forrar; **etw mit Aufklebern/Plakaten ~** colar autocolantes/cartazes em a. c., cobrir a. c. de autocolantes/cartazes
bekleckern* **I.** *vt* manchar, sujar **II.** *vr* **sich ~** manchar-se, sujar-se
bekleiden* *vt* ❶ (*Amt*) ocupar, desempenhar ❷ (*anziehen*) vestir; **leicht bekleidet** com pouca roupa
Bekleidung *f* <-en> ❶ *kein pl* (*eines Amtes*) desempenho *m*, exercício *m* ❷ (*Kleidung*) vestuário *m*
beklemmend *adj* opressivo; (*Hitze*) sufocante, asfixiante; (*Stille*) constrangedor
beklommen [bə'klɔmən] *adj* angustiado, aflito
Beklommenheit *f kein pl* angústia *f*, aflição *f*
bekloppt [bə'klɔpt] *adj* (*umg*) tolo, tolinho
bekommen* **I.** *vt irreg* (*erhalten*) receber; **eine CD zum Geburtstag ~** receber um CD nos anos; **Post ~** receber correio; (*erlangen*) arranjar, conseguir, obter; (*Angst, Hunger*) ficar com, começar a ter; (*Zug, Krankheit, Schreck*) apanhar; (*Besuch*) receber; (*Kind*) ter **II.** *vi irreg* **gut/schlecht ~** fazer bem/mal; (*Essen*) cair bem/mal
bekömmlich *adj* saudável; **leicht ~** leve; **schwer ~** indigesto
bekräftigen* *vt* confirmar, corroborar
bekreuzigen* *vr* **sich ~** benzer-se, persignar-se
bekriegen* *vr* **sich ~** guerrear, combater-se
bekritzeln* *vt* escrevinhar em, fazer rabiscos em
bekümmern* *vt* afligir, preocupar
bekümmert *adj* aflito, preocupado
bekunden* *vt* (*geh*) declarar, manifestar
belächeln* *vt* rir de
beladen* *vt irreg* carregar (*mit* com/de); **schwer ~ sein** estar (muito) carregado
Belag [bə'la:k] *m* <-(e)s, -läge> ❶ (*Schicht*) camada *f* (fina); (*Straßenbelag, Fußbodenbelag*) revestimento *m;* (*Zahnbelag*) sarro *m;* (*auf Zunge*) saburra *f* ❷ (*Brotbelag*) recheio *m* ❸ (*Bremsbelag*) calço *m*
belagern* *vt* cercar, assediar
Belagerung *f* <-en> cerco *m*, sítio *m*
Belang [bə'laŋ] *m* <-(e)s> *kein pl* importância *f;* (**nicht**) **von ~ sein** (não) ter importância, (não) ser importante
Belange *pl* interesses *mpl*
belangen* *vt* (JUR) processar, acusar
belanglos *adj* sem importância, insignificante
Belanglosigkeit *f* <-en> insignificância *f*
belassen* *vt irreg* deixar; **alles beim Alten ~** deixar tudo como estava, deixar ficar
Belastbarkeit *f* <-en> ❶ (*von Material*) capacidade *f* de carga ❷ *kein pl* (*körperlich, psychisch*) capacidade *f* de resistência
belasten* **I.** *vt* (*mit Gewicht*) carregar; (JUR) incriminar, culpar; (*bedrücken*); **etw belastet jdn** a. c. pesa sobre alguém; **jdn mit etw ~** sobrecarregar alguém com a. c.; (ÖKOL) prejudicar; (*Grundstück*) onerar; (*Konto*) debitar; (*Haus*) hipotecar **II.** *vr* **sich ~ sich mit etw ~** sobrecarregar-se com a. c.
belästigen* *vt* importunar (*mit* com), incomodar (*mit* com), maçar (*mit* com); (*sexuell*) assediar
Belästigung *f* <-en> incómodo *m*, maçada *f;* (*sexuell*) assédio *m* (sexual)
Belastung [bə'lastʊŋ] *f* <-en> ❶ (*mit Gewicht*) carga *f*, peso *m* ❷ (JUR) incriminação *f* ❸ (*psychisch*) sobrecarga *f;* **erbliche ~** tara hereditária *f* ❹ (ÖKOL) poluição *f* ❺ (*finanziell*) encargo *m;* (*eines Kontos*) débito *m;* (*eines Hauses*) hipoteca *f*
belaufen* *vr* **sich ~** *irreg* chegar (*auf* a), importar (*auf* em)
belauschen* *vt* espreitar, escutar
beleben* *vt* animar, dar vida a; **jdn wieder~** reanimar alguém
belebt *adj* animado; (*Straße*) movimentado
Beleg [bə'le:k] *m* <-(e)s, -e> ❶ (*Beweis*) prova *f;* (*schriftlich*) documento *m* comprovativo ❷ (*Quittung*) recibo *m*
belegen* *vt* ❶ (*beweisen*) comprovar, provar; (*urkundlich*) documentar ❷ (*Platz*) reservar; (*Zimmer*) ocupar; (*Kurs, Vorlesung*) inscrever-se em, matricular-se em ❸ (*Kuchen*) cobrir (*mit* com); **das Brötchen mit Käse/Schinken ~** pôr queijo/fiambre no pão
Belegschaft *f* <-en> pessoal *m*
belehren* *vt* instruir; **sich ~ lassen** dar ouvidos a alguém, seguir o conselho de alguém; **jdn eines Besseren ~** desenganar alguém, abrir os olhos a alguém
beleibt [bə'laɪpt] *adj* corpulento, gordo
beleidigen* *vt* ofender; (*mündlich*) insultar; (JUR) injuriar; **beleidigt sein** ficar melin-

drado, ficar ofendido

Beleidigung *f* <-en> ofensa *f;* (*mündlich*) insulto *m;* (JUR) injúria *f*

belesen *adj* muito lido, erudito

beleuchten* *vt* ❶ (*mit Licht*) iluminar ❷ (*Frage, Thema*) focar; **etw näher ~** ver a. c. mais de perto

Beleuchtung *f* <-en> iluminação *f,* luz *f;* (*von Fahrzeug*) luzes *fpl,* faróis *mpl*

Belgien ['bɛlgiən] Bélgica *f*

Belgier(in) *m(f)* <-s, - o -innen> belga *m,f*

belgisch *adj* belga

belichten* *vt* (FOTO) expor (à luz)

Belichtung *f* <-en> (FOTO) exposição *f* (à luz)

Belichtungsmesser *m* <-s, -> fotómetro *m*

Belieben *nt* <-s> *kein pl* vontade *f,* agrado *m;* **nach ~** à vontade, à discrição; (*nach Geschmack*) a gosto

beliebig **I.** *adj* qualquer **II.** *adv* à vontade, à escolha; **~ viel** à discrição, quanto se queira

beliebt *adj* (*Person*) querido (*bei* por), estimado (*bei* por); (*Sache, Thema*) popular (*bei* entre), em voga; **sich bei jdm ~ machen** ganhar as boas graças de alguém

Beliebtheit *f kein pl* popularidade *f* (*bei* entre); **sich großer ~ erfreuen** gozar de grande popularidade

beliefern* *vt* fornecer, abastecer (*mit* com/de)

bellen ['bɛlən] *vi* ladrar, latir

Belletristik [bɛle'trɪstɪk] *f kein pl* belas-letras *fpl*

belohnen* *vt* recompensar (*für* por), premiar (*für* por); (*mit Geld*) gratificar (*für* por)

Belohnung *f* <-en> recompensa *f* (*für* por), prémio *m* (*für* por); (*Geld*) gratificação *f* (*für* por)

belügen* *vt irreg* intrujar, mentir a

belustigend *adj* divertido, alegre

Belustigung *f kein pl* divertimento *m;* **zur allgemeinen ~** para divertimento de todos

bemächtigen* *vr* **sich ~ sich** *dat* **etw ~** apoderar-se de a. c., usurpar a. c.

bemalen* *vt* pintar

bemängeln* *vt* criticar, censurar

bemannt [bə'mant] *adj* (*Raumschiff*) tripulado

bemerkbar *adj* perceptível; **sich ~ machen** dar nas vistas, fazer-se notar

bemerken* *vt* ❶ (*sagen*) fazer uma observação, fazer um reparo ❷ (*wahrnehmen*) reparar em, notar, dar por

bemerkenswert *adj* notável

Bemerkung *f* <-en> observação *f,* reparo *m;* (*schriftlich*) nota *f,* observação *f*

bemessen* *vt irreg* medir

bemitleiden* *vt* ter pena de, sentir compaixão por

bemitleidenswert *adj* digno de compaixão

bemühen* *vr* **sich ~** esforçar-se (*um* por); **sich ~, etw zu tun** dar-se ao trabalho de fazer a. c.; **sich um jdn ~** ter muitos cuidados com alguém; **sich um etw ~** tentar conseguir a. c.; **~ Sie sich nicht!** não se incomode!

Bemühung *f* <-en> esforço *m,* empenho *m*

bemuttern* *vt* tratar com carinho, apaparicar

benachbart [bə'naxbaːɐt] *adj* vizinho; (*angrenzend*) contíguo, adjacente

benachrichtigen* *vt* informar (*von* de), avisar (*von* de)

Benachrichtigung *f* <-en> aviso *m,* notificação *f,* participação *f*

benachteiligen* *vt* prejudicar (*wegen* por), preterir (*wegen* por)

Benachteiligung *f* <-en> detrimento *m*

benebelt *adj* (*durch Alkohol*) tonto

Benediktiner(in) *m(f)* <-s, - o -innen> beneditino, beneditina *m,f*

benehmen* *vr* **sich ~** *irreg* comportar-se (*wie* como); **sich gut/schlecht ~** portar-se bem/mal

Benehmen *nt* <-s> *kein pl* comportamento *m,* conduta *f;* (*Erziehung*) educação *f;* **er hat kein ~** ele não tem educação, ele é mal educado

beneiden* *vt* invejar; **jdn um etw ~** invejar a. c. a alguém

beneidenswert *adj* invejável

Beneluxstaaten *pl* Estados *mpl* de Benelux

benennen* *vt irreg* ❶ (*Namen geben*) dar nome a, chamar ❷ (*Kandidaten*) apresentar

Bengel ['bɛŋəl] *m* <-s, -> maroto *m,* malandro *m*

benommen [bə'nɔmən] **I.** *pp von* **benehmen** **II.** *adj* atordoado (*von* por)

benoten* *vt* dar nota a; **einen Test ~** dar nota a um teste

benötigen* *vt* precisar de, necessitar de

benutzen* *vt* ❶ (*gebrauchen*) usar, utilizar; (*verwenden*) empregar; **den Bus ~** andar de autocarro ❷ (*ausnutzen*) aproveitar; (*abw*) aproveitar-se de

Benutzer(in) *m(f)* <-s, - o -innen> utente *mf*

benutzerfreundlich *adj* fácil de manejar

Benutzerhandbuch *nt* <-(e)s, -bücher> (INFOR) manual *m* do utilizador

Benutzeroberfläche *f* <-n> (INFOR) interface *f*

Benutzung *f kein pl* utilização *f*, uso *m*; (*Verwendung*) emprego *m*; **in ~ sein** estar a ser usado

Benzin [bɛn'tsi:n] *nt* <-s, -e> gasolina *f*; (*Reinigungsbenzin*) benzina *f*; **bleifreies ~** gasolina *f* sem chumbo; **verbleites ~** gasolina *f* com chumbo

Benzinkanister *m* <-s, -> lata *f* de gasolina

Benzintank *m* <-s, -s> depósito *m* da gasolina

Benzinuhr *f* <-en> indicador *m* do nível de gasolina

Benzinverbrauch *m* <-(e)s> *kein pl* consumo *m* de gasolina

beobachten* *vt* ① (*betrachten*) observar ② (*überwachen*) vigiar ③ (*bemerken*) notar (*an* em)

Beobachter(in) *m(f)* <-s, - *o* -innen> observador, observadora *m, f*

Beobachtung *f* <-en> observação *f*; (*polizeilich*) vigilância *f*

Beobachtungsgabe *f* <-n> capacidade *f* de observação

bepacken* *vt* carregar (*mit* com/de)

bepflanzen* *vt* plantar (*mit* com)

bequem [bə'kve:m] *adj* ① (*Möbel*) cómodo, confortável; **machen Sie es sich ~!** esteja à (sua) vontade! ② (*Ausrede, Lösung*) fácil, oportuno; (*Mensch*) comodista

Bequemlichkeit *f* <-en> ① (*Komfort*) comodidade *f*, conforto *m* ② *kein pl* (*Faulheit*) comodismo *m*

beraten* **I.** *vt irreg* (*Rat geben*) aconselhar; (*fachlich*) assessorar; (*besprechen*) conferenciar **II.** *vr* **sich ~** *irreg* aconselhar-se (*mit* com); **sich ~ lassen** consultar alguém

Berater(in) *m(f)* <-s, - *o* -innen> conselheiro, conselheira *m, f*; (*fachlich*) assessor, assessora *m, f*, consultor, consultora *m, f*

Beratung *f* <-en> ① (*Ratschlag*) conselho *m*; (*ärztlich*) consulta *f* ② (*Besprechung*) discussão *f*

Beratungsstelle *f* <-n> centro *m* de orientação e apoio; (*ärztlich*) consultório *m*

berauben* *vt* roubar, despojar de; **jdn seiner Freiheit ~** despojar alguém da liberdade, roubar a liberdade a alguém

berauschen* *vt* (*geh: Alkohol*) inebriar, embriagar; (*Macht, Erfolg*) inebriar, extasiar

Berber(in) *m(f)* <-s, - *o* -innen> (*umg*) vagabundo, vagabunda *m, f*

berechenbar [bə'rɛçənba:ɐ] *adj* calculável

berechnen* *vt* ① (*ausrechnen*) calcular, avaliar ② (*in Rechnung stellen*) pôr na conta

berechnend *adj* (*abw*) calculista, interesseiro

Berechnung *f* <-en> ① (*von Kosten*) cálculo *m* ② (*Eigennutz*) interesse *m*

berechtigen* *vt* dar o direito (*zu* de), autorizar (*zu* a)

berechtigt *adj* ① (*befugt*) autorizado (*zu* a), com direito (*zu* a) ② (*Zweifel*) legítimo

Berechtigung *f* <-en> (*Recht*) direito *m* (*zu* a); (*Befugnis*) autorização *f* (*zu* para)

bereden* *vt* discutir (*mit* com), tratar

Beredsamkeit *f kein pl* eloquência *f*

beredt *adj* eloquente

Bereich [bə'raɪç] *m* <-(e)s, -e> ① (*Bezirk*) área *f*, zona *f* ② (*Sachgebiet*) área *f*, âmbito *m*, domínio *m*

bereichern* **I.** *vt* enriquecer (*mit* com) **II.** *vr* **sich ~** enriquecer(-se) (*an* com)

Bereicherung *f* <-en> enriquecimento *m*

Bereifung *f* <-en> pneus *mpl*

bereinigen* *vt* (*Missverständnis*) esclarecer, desfazer; (*Schulden*) liquidar

bereisen* *vt* percorrer, viajar por

bereit [bə'raɪt] *adj* ① (*fertig*) pronto (*zu* para), preparado (*zu* para) ② (*gewillt*) disposto (*zu* a), a postos (*zu* para); **zu etw ~ sein** estar disposto a a. c.; **sich zu etw ~ erklären** prontificar-se a [*o* para] a. c. ③ (*verfügbar*) disponível

bereiten* *vt* ① (*Speisen, Bad*) preparar ② (*Kummer, Freude*) causar, dar; **jdm einen herzlichen Empfang ~** dar uma recepção calorosa a alguém

bereit|halten **I.** *vt irreg* ter à disposição (*für* de), ter preparado (*für* para) **II.** *vr irreg* estar pronto

bereit|legen *vt* preparar (*für* para)

bereit|machen *vr* **sich ~** aprontar-se (*für* para), pôr-se a postos (*für* para)

bereits [bə'raɪts] *adv* já

Bereitschaft *f kein pl* prontidão *f*; **in ~ sein** estar a postos; (MIL) estar em estado de prevenção; (*Arzt, Apotheke, Polizist*); **~ haben** estar de serviço

Bereitschaftsdienst *m* <-(e)s, -e> serviço *m* de urgências; ~ **haben** estar de serviço

bereit|stehen *vi irreg* (*Essen*) estar pronto; (*Wagen*) estar à disposição

bereitwillig **I.** *adj* pronto, solícito **II.** *adv* prontamente, de boa vontade

bereuen* *vt* arrepender-se de

Berg [bɛrk] *m* <-(e)s, -e> monte *m*, montanha *f*; **~e versetzen** mover céus e terra; **wir sind über den ~** o pior já passou; **über alle ~e sein** ter fugido para longe; **mit etw hinterm ~ halten** ocultar a. c., guardar a. c. para si

bergab [bɛrk'ʔap] *adv* (pelo) monte abaixo, a descer; **es geht ~** está a piorar

Bergarbeiter(in) *m(f)* <-s, - *o* -innen> mineiro, mineira *m, f*

bergauf [bɛrk'ʔaʊf] *adv* (pelo) monte acima, a subir; **es geht ~** está a melhorar

Bergbahn *f* <-en> teleférico *m*, ascensor *m*

Bergbau *m* <-(e)s> *kein pl* exploração *f* de minas, indústria *f* mineira

bergen ['bɛrgən] *vt* (*Menschen*) salvar, pôr a salvo; (*Ladung*) recuperar

Bergführer(in) *m(f)* <-s, - *o* -innen> guia *m,f* (nas montanhas)

bergig *adj* montanhoso, acidentado

Bergkette *f* <-n> serra *f*, cordilheira *f*

Bergkristall *m* <-(e)s, -e> cristal *m* de rocha

Bergmann *m* <-(e)s, -männer> mineiro *m*

Bergpredigt *f kein pl* (REL) Sermão *m* da Montanha

Bergrutsch *m* <-(e)s, -e> desabamento *m* de terras, derrocada *f*

Bergschuh *m* <-(e)s, -e> sapato *m* cardado

Bergspitze *f* <-n> pico *m*, cume *m*

bergsteigen *vi irreg* praticar montanhismo

Bergsteigen *nt* <-s> *kein pl* montanhismo *m*, alpinismo *m*

Bergsteiger(in) *m(f)* <-s, - *o* -innen> alpinista *m,f*, montanhista *m,f*

Bergtour *f* <-en> excursão *f* (a pé) nas montanhas

Bergung ['bɛrgʊŋ] *f* <-en> (*von Menschen*) salvamento *m*; (*von Material*) recuperação *f*

Bergwacht *f kein pl* guarda *f* das montanhas

Bergwerk *nt* <-(e)s, -e> mina *f*

Bericht [bə'rɪçt] *m* <-(e)s, -e> relatório *m*; (*mündlich*) relato *m*; (*in Radio, Fernsehen, Zeitung*) reportagem *f*; **jdm (über etw) ~ erstatten** fazer um relatório a alguém sobre a. c.

berichten* *vi* ① (*informieren*) informar (*über* sobre); (*schweiz*); **falsch/recht berichtet sein** estar mal/bem informado ② (*erzählen*) relatar (*von* sobre) ③ (*mitteilen*) comunicar, informar

Berichterstatter(in) *m(f)* <-s, - *o* -innen> repórter *m,f*, correspondente *m,f*

berichtigen* *vt* corrigir, rectificar

Berlin [bɛr'li:n] *nt* <-s> *kein pl* Berlim *f*

Berliner **I.** *m* <-s, -> (KOCHK) bola *f* de Berlim **II.** *adj* <-s, -> berlinense, de Berlim; **der Fall der ~ Mauer** a queda do muro de Berlim

Berliner(in) *m(f)* <-s, - *o* -innen> berlinense *m,f*

> Os festivais de cinema de Berlim, **Berliner Filmfestspiele** ou também «Berlinale», realizam-se desde 1951. Coroados de sucesso nesses festivais foram, entre outros, Ingmar Bergman, Roman Polanski, Jean-Luc Godard e Claude Chabrol. Nestes festivais são apresentados filmes que concorrem a um prémio e também filmes fora de competição. Além disso realiza-se o «Festival do Filme Infantil» e o «Foro do Filme Jovem Internacional». Prémios entregues em Berlim são o «Urso de Ouro» e «Urso de Prata», assim como a «Berlinale Kamera» desde 1986.

Bermudashorts *pl* bermudas *fpl*

Bern [bɛrn] *nt* <-s> *kein pl* Berna *f*

Bernstein ['bɛrnʃtaɪn] *m* <-(e)s, -e> âmbar *m*

bersten ['bɛrstən] *vi* (*geh: platzen*) rebentar, estourar; (*Mauer*) fender, rachar; **vor Lachen ~** rebentar a rir; **vor Wut/Neid ~** rebentar de raiva/inveja

berüchtigt *adj* famigerado, de má fama

berücksichtigen* *vt* considerar, tomar em consideração, atender a; **nicht ~** não ter em consideração, ignorar

Beruf [bə'ru:f] *m* <-(e)s, -e> profissão *f*; **was sind Sie von ~?** qual é a sua profissão?; **sie ist Journalistin von ~** ela é jornalista (profissional); **den ~ verfehlen** errar a vocação

berufen*[1] **I.** *vt irreg* convidar (*zu* para), nomear (*zu* para); **jdn zum Vorsitzenden ~** convidar [*o* nomear] alguém para presidente **II.** *vi irreg* (*österr:* JUR) apelar, recorrer **III.** *vr* **sich ~** *irreg* referir-se (*auf* a), reportar-se (*auf* a)

berufen² *adj* indicado, destinado; **sich zu etw ~ fühlen** sentir-se indicado para a. c.

beruflich *adj* profissional

Berufsanfänger(in) *m(f)* <-s, - *o* -innen> recém-formado, recém-formada *m, f, pessoa que está a iniciar a sua actividade profissional*

Berufsausbildung *f* <-en> formação *f* profissional

Berufsaussichten *pl* perspectivas *fpl* profissionais

Berufsberatung *f* <-en> orientação *f* profissional

Berufsbezeichnung *f* <-en> categoria *f* profissional

Berufserfahrung *f* <-en> experiência *f* profissional

Berufsgeheimnis *nt* <-ses, -se> segredo *m* profissional

Berufskrankheit *f* <-en> doença *f* causada pelo exercício de uma função

Berufsleben *nt* <-s> *kein pl* vida *f* profissional

Berufsschule *f* <-en> escola *f* profissional

Berufssoldat(in) *m(f)* <-en, -en *o* -innen> militar *m,f* de carreira

berufstätig *adj* que trabalha, em exercício duma profissão; **~ sein** estar empregado, exercer uma profissão

Berufstätige(r) *m/f* <-n, -n *o* -n> profissional *m,f*

Berufsverkehr *m* <-s> *kein pl* horas de ponta *fpl*

Berufswahl *f kein pl* escolha *f* da profissão

Berufung [bəˈruːfʊŋ] *f* <-en> ① (*Ernennung*) nomeação *f* (*zu* para) ② (*Befähigung*) vocação *f* ③ (JUR) apelação *f*; **~ einlegen** recorrer, apelar

Berufungsgericht *nt* <-(e)s, -e> tribunal *m* da relação

beruhen* *vi* basear-se (*auf* em), assentar (*auf* em); **etw auf sich ~ lassen** deixar (andar) a. c.

beruhigen* **I.** *vt* sossegar, tranquilizar; **beruhigt sein** estar descansado, estar sossegado **II.** *vr* **sich ~** (*Mensch*) acalmar(-se), sossegar(-se); (*Situation*) acalmar

Beruhigung *f kein pl* (*der Nerven*) descanso *m;* (*des Gewissens*) descargo *m;* (*der Situation*) normalização *f*

Beruhigungsmittel *nt* <-s, -> calmante *m,* sedativo *m*

berühmt *adj* célebre (*für* por), famoso (*für* por)

Berühmtheit *f* <-en> ① *kein pl* (*das Berühmtsein*) fama *f,* celebridade *f* ② (*Star*) celebridade *f,* vedeta *f*

berühren* *vt* ① (*anfassen*) tocar em; **nicht ~!** não tocar! ② (*flüchtig erwähnen*) tocar em, aludir a ③ (*gefühlsmäßig*) tocar, comover

Berührung *f* <-en> ① (*das Berühren*) toque *m* ② (*Kontakt*) contacto *m;* **mit etw in ~ kommen** entrar em contacto com a. c.

Berührungspunkt *m* <-(e)s, -e> ponto *m* de contacto

bes. *abk v* **besonders** esp. (= *especialmente*)

besagen* *vt* (*ausdrücken*) (querer) dizer; (*bedeuten*) significar; **das hat nichts zu ~** isso não quer dizer nada

besagt *adj* (acima) mencionado, referido

besammeln* *vr* **sich ~** (*schweiz*) reunir-se

besänftigen* *vt* acalmar, apaziguar

besaß *imp von* **besitzen**

Besatzer *pl* (*umg*) tropas *fpl* de ocupação

Besatzung *f* <-en> ① (MIL) tropas *fpl* de ocupação ② (*Mannschaft*) tripulação *f*

Besatzungsmacht *f* <-mächte> (POL) potência *f* ocupante

besaufen* *vr* **sich ~** *irreg* (*umg*) enfrascar-se (*mit* com), embebedar-se (*mit* com)

beschädigen *vt* danificar; (NAUT) avariar

Beschädigung *f* <-en> danificação *f;* (*Schaden*) dano *m;* (NAUT) avaria *f*

beschaffen*¹ *vt* arranjar, conseguir

beschaffen² *adj* feito, constituído; **gut ~** em boas condições; **wie ist es damit ~?** como vai isso?, como anda isso?

Beschaffenheit *f kein pl* (*Zustand*) estado *m;* (*Art*) natureza *f,* qualidade *f;* (*Zusammensetzung*) constituição *f*

Beschaffung *f kein pl* aquisição *f,* compra *f*

beschäftigen* **I.** *vt* (*mit Aufgabe*) ocupar (*mit* com); (*mit Spiel*) entreter (*mit* com); (*beruflich*) empregar; (*gedanklich*) preocupar **II.** *vr* **sich ~** ocupar-se (*mit* de), dedicar-se (*mit* a)

Beschäftigung *f* <-en> ① (*Tätigkeit*) ocupação *f* (*mit* com) ② (*Beruf*) trabalho *m;* (*Anstellung*) emprego *m*

beschämen* *vt* envergonhar

beschatten* *vt* ① (*beobachten*) seguir ② (SPORT) marcar

beschaulich *adj* tranquilo

Bescheid [bəˈʃaɪt] *m* <-(e)s, -e> (*Antwort*) resposta *f;* (*Nachricht*) aviso *m;* (*Auskunft*) informação *f;* (**über etw**) **~ wissen** estar a par (de a. c.), ter conhecimento (de a. c.); **ich weiß ~** eu sei, estou informado; **jdm ~ geben** informar alguém; **jdm ~ sagen** dizer (a. c.) a alguém; **ohne ~ zu sagen** sem dar cavaco

bescheiden *adj* modesto, simples

Bescheidenheit *f kein pl* modéstia *f*

bescheinigen* *vt* atestar, certificar; **den Empfang von etw ~** acusar a recepção de a. c.

Bescheinigung *f* <-en> atestado *m,* certificado *m;* (*Quittung*) recibo *m*

bescheißen* *vt irreg* (*vulg*) enganar, levar

beschenken* *vt* presentear (*mit* com)

bescheren *vt* dar, oferecer

Bescherung *f* <-en> ❶ (*an Weihnachten*) distribuição *f* de presentes ❷ (*Missgeschick*) sarilho *m;* **eine schöne ~!** bonito serviço!

> Na noite de Natal (noite do dia 24 para 25/12) os presentes são colocados sob a Árvore de Natal. Em muitas famílias as crianças recebem e podem abrir os seus presentes depois do Jantar de Consoada, depois de se ter ouvido o sininho do Pai Natal ou do Menino Jesus. A cerimónia de se abrirem os presentes tem o nome de **Bescherung**.

bescheuert [bəˈʃɔɪɐt] *adj* (*sl*) apanhado, tolo

beschießen* *vt irreg* disparar sobre [*o* contra] (*mit* com)

beschimpfen* *vt* insultar, chamar nomes a

Beschimpfung *f* <-en> insulto *m,* afronta *f*

Beschiss[RR] *m* <-es> *kein pl,* **Beschiß**[ALT] *m* <-sses> *kein pl* (*vulg*) peta *f;* (*beim Spielen*) batota *f*

beschissen [bəˈʃɪsən] **I.** *pp von* **bescheißen II.** *adj* (*vulg*) horroroso, péssimo

Beschlag *m* <-(e)s, -schläge> ❶ (*Metallstück*) protecção *f,* guarnição *f* ❷ (*Hufeisen*) ferradura *f* ❸ (*auf Glas*) bafo *m,* humidade *f*

beschlagen*[1] **I.** *vt irreg* (*Huftiere*) ferrar; (*Metallstück*) pregar **II.** *vi irreg* (*Glas*) embaciar(-se); (*Metall*) perder o lustro, ficar baço

beschlagen[2] *adj* ❶ (*Spiegel*) embaciado; (*Metall*) baço ❷ (*umg: Person*) batido (*in* em), conhecedor (*in* de)

beschlagnahmen* *vt* confiscar

beschleunigen* *vt* ❶ (*Tempo*) acelerar; **die Geschwindigkeit ~** aumentar a velocidade ❷ (*Entwicklung*) acelerar, apressar

Beschleunigung *f kein pl* aceleração *f*

beschließen* *vt irreg* ❶ (*entscheiden*) decidir, resolver; (*gemeinsam*) acordar ❷ (*beenden*) terminar, concluir

Beschluss[RR] *m* <-es, -schlüsse>, **Beschluß**[ALT] *m* <-sses, -schlüsse> decisão *f,* resolução *f;* **einen ~ fassen** tomar uma decisão, chegar a um acordo

beschmieren* *vt* ❶ (*Brot*) barrar (*mit* com) ❷ (*mit Dreck*) besuntar (*mit* de)

beschmutzen* *vt* sujar (*mit* de), manchar (*mit* de)

beschneiden* *vt irreg* ❶ (*stutzen*) cortar, aparar; (*Bäume*) podar ❷ (*Ausgaben*) cortar, reduzir ❸ (REL) circuncidar

Beschneidung *f* <-en> ❶ (*von Bäumen*) poda *f* ❷ (*von Ausgaben*) corte *m,* redução *f* ❸ (MED) circuncisão *f*

beschnuppern* *vt* farejar

beschönigen* *vt* suavizar, paliar

Beschönigung *f* <-en> paliação *f*

beschränken* **I.** *vt* limitar (*auf* a), restringir (*auf* a) **II.** *vr* **sich ~** restringir-se (*auf* a), cingir-se (*auf* a)

beschrankt *adj* com barreira, com cancela

beschränkt *adj* ❶ (*eingeschränkt*) limitado, escasso ❷ (*geistig*) tacanho, tapado

Beschränktheit *f kein pl* ❶ (*der Mittel*) escassez *f* ❷ (*geistig*) tacanhez *f*

Beschränkung *f* <-en> limitação *f* (*auf* a), restrição *f* (*auf* a); (*Rationierung*) racionamento *m;* **jdm ~en auferlegen** impor restrições a alguém

beschreiben* *vt irreg* ❶ (*Objekt*) descrever ❷ (*Papier*) escrever em

Beschreibung *f* <-en> descrição *f;* **das spottet jeder ~!** é indescritível!

beschriften* *vt* (*Bild*) legendar, pôr legenda em; (*Gefäß*) rotular, pôr rótulo em

Beschriftung *f* <-en> legenda *f,* rótulo *m*

beschuldigen* *vt* acusar (de), culpar (de)

Beschuldigung *f* <-en> acusação *f*

beschummeln* *vt* (*umg*) enganar, ludibriar; (*beim Spielen*) fazer batota

Beschuss[RR] *m* <-es> *kein pl,* **Beschuß**[ALT] *m* <-sses> *kein pl* (MIL) fogo *m,* bombardeamento *m;* **unter ~ geraten** ir parar no meio do fogo cruzado

beschützen* *vt* proteger (*vor* de), defender (*vor* de), amparar (*vor* de)

B

Beschützer(in) *m(f)* <-s, - *o* -innen> protector, protectora *m, f,* defensor, defensora *m, f*

Beschwerde [bəˈʃveːɐdə] *f* <-n> queixa *f,* reclamação *f;* ~ **einlegen** fazer uma reclamação

Beschwerdebuch *nt* <-(e)s, -bücher> livro *m* de reclamações

Beschwerden *pl* (MED) dores *fpl,* achaques *mpl*

beschweren* **I.** *vt* carregar, fazer peso em **II.** *vr* **sich** ~ queixar-se; **sich bei jdm über etw** ~ queixar-se a alguém de a. c.

beschwerlich *adj* penoso, incómodo

beschwichtigen* *vt* acalmar, apaziguar

beschwindeln* *vt* (*umg*) intrujar

beschwingt [bəˈʃvɪŋt] *adj* animado

beschwipst [bəˈʃvɪpst] *adj* (*umg*) tocado, alegre

beschwören* *vt irreg* (*a* JUR) jurar

beseitigen* *vt* ① (*Gegenstand*) pôr de lado, afastar; (*Schwierigkeit*) resolver; (*Schmutz*) tirar, remover; (*Zweifel*) eliminar, resolver; (*Schaden*) reparar ② (*umg: umbringen*) eliminar, liquidar

Beseitigung *f* <-en> ① (*das Entfernen*) remoção *f,* afastamento *m* ② (*umg: Ermordung*) eliminação *f*

Besen [ˈbeːzən] *m* <-s, -> vassoura *f,* espanador *m*

Besenstiel *m* <-(e)s, -e> cabo *m* de vassoura

besessen [bəˈzɛsən] **I.** *pp von* **besitzen** **II.** *adj* possesso, obcecado (*von* por)

besetzen* *vt* ① (*Haus, Platz, Land*) ocupar ② (*Posten*) preencher, ocupar; (*Rolle*) distribuir (os papéis) ③ (*mit Edelsteinen*) guarnecer (*mit* de)

besetzt *adj* (*Platz, Toilette*) ocupado; (*Posten*) preenchido; (TEL) impedido, ocupado

Besetztzeichen *nt* <-s, -> (TEL) sinal *m* de impedido

Besetzung *f* <-en> ① (MIL) ocupação *f* ② (*von Posten*) provimento *m;* (*von Rolle*) distribuição *f* (dos papéis) ③ (SPORT) equipa *f*

besichtigen* *vt* ① (*Sehenswürdigkeit*) visitar; (*Wohnung*) ir ver ② (*prüfen*) inspeccionar, passar revista a

Besichtigung *f* <-en> ① (*von Sehenswürdigkeit*) visita *f* ② (*Begutachtung*) inspecção *f,* vistoria *f*

besiedeln* *vt* povoar, colonizar

besiegeln* *vt* selar

besiegen* *vt* ① (*Gegner*) vencer, derrotar ② (*Müdigkeit*) vencer

Besiegte(r) *m/f* <-n, -n *o* -n> vencido, vencida *m, f*

besinnen *vr* **sich** ~ ① (*sich erinnern*) recordar-se (*auf* de), lembrar-se (*auf* de) ② (*überlegen*) reflectir (sobre), ponderar (sobre); **sich eines Besseren** ~ mudar de ideias

besinnlich *adj* pensativo, contemplativo

Besinnung *f kein pl* consciência *f;* **bei** ~ **sein** estar consciente; **wieder zur** ~ **kommen** recuperar os sentidos, voltar a si; (*fig*) voltar à razão, cair em si

besinnungslos *adj* inconsciente, sem sentidos

Besitz *m* <-es> *kein pl* posse *f;* (*Eigentum*) propriedade *f;* (*Güter*) bens *mpl;* **in jds** ~ **sein** estar na posse de alguém; **etw in** ~ **nehmen** tomar posse de a. c., tomar conta de a. c.

besitzen* *vt irreg* possuir

Besitzer(in) *m(f)* <-s, - *o* -innen> dono, dona *m, f,* proprietário, proprietária *m, f*

besitzlos *adj* sem recursos

besoffen [bəˈzɔfən] **I.** *pp von* **besaufen** **II.** *adj* (*sl*) bêbedo, embriagado

besohlen* *vt* pôr solas em

Besoldung *f kein pl* soldo *m,* salário *m*

besondere(r, s) *adj* ① (*speziell*) especial; **es ist nichts Besonderes** não é nada de especial, não é nada por aí além; **etwas Besonderes** qualquer coisa de especial ② (*eigentümlich*) peculiar, singular; (*außergewöhnlich*) excepcional; **etw Besonderes** a. c. [*o* algo] em particular

Besonderheit *f* <-en> ① (*Kennzeichen*) particularidade *f* ② (*Eigentümlichkeit*) peculiaridade *f*

besonders [bəˈzɔndɐs] *adv* ① (*außerordentlich*) especialmente, particularmente; **nicht** ~ assim-assim ② (*hauptsächlich*) principalmente, sobretudo

besonnen [bəˈzɔnən] **I.** *pp von* **besinnen** **II.** *adj* (*vorsichtig*) cauteloso, prudente; (*überlegt*) reflectido, ponderado

Besonnenheit *f kein pl* (*Vorsicht*) cautela *f,* prudência *f;* (*Überlegung*) reflexão *f,* ponderação *f*

besorgen* *vt* ① (*beschaffen*) arranjar; (*kaufen*) comprar, adquirir ② (*erledigen*) fazer; (*sich kümmern um*) tratar de, cuidar de

Besorgnis [bəˈzɔrknɪs] *f* <-se> preocupação *f;* ~ **erregend** preocupante, alarmante

besorgniserregend *adj s.* **Besorgnis**

besorgt [bəˈzɔrkt] *adj* preocupado (*wegen* com), apreensivo; **eine ~e Miene haben** estar com cara de caso

Besorgung *f* <-en> ① (*Einkauf*) compra *f,* aquisição *f;* **~en machen** fazer compras ② *kein pl* (*von Geschäften*) execução *f*

bespielen* *vt* (*Kassette*) gravar

bespitzeln* *vt* espiar, vigiar

besprechen* *vt irreg* ① (*Angelegenheit*) falar de, debater; (*Termin*) discutir, combinar; **wie besprochen** conforme combinado ② (*Buch*) criticar, fazer a crítica de ③ (*Tonband*) gravar

Besprechung *f* <-en> ① (*Sitzung*) reunião *f,* conferência *f* ② (*von Buch*) crítica *f*

bespritzen* *vt* ① (*mit Wasser*) regar ② (*mit Schmutz*) manchar, salpicar

besser [ˈbɛsɐ] *adj komp von* **gut** melhor; **~ werden** melhorar; **es geht ihm/ihr ~** ele/ela está melhor; **dieser Strand gefällt mir ~** gosto mais desta praia; **es wäre ~, wenn ...** seria melhor (se ...) +*conj;* **ich habe Besseres zu tun!** tenho mais que fazer!

bessergestellt *adj* **~ sein** estar em boa posição

bessern I. *vt* melhorar, corrigir **II.** *vr* **sich ~** (*Krankheit, Wetter*) melhorar; (*Mensch*) corrigir-se, emendar-se

Besserung *f kein pl* melhoria *f;* (MED) melhoras *fpl;* **gute ~!** (estimo) as melhoras!

Besserwisser(in) *m(f)* <-s, - *o* -innen> sabichão, sabichona *m, f,* espertalhão, espertalhona *m, f*

Bestand *m* <-es, -stände> ① *kein pl* (*Bestehen*) existência *f;* (*Fortdauer*) duração *f,* permanência *f;* **~ haben** ser constante; **von ~ sein** manter-se ② (*Vorrat*) stock *m,* existências *fpl;* (*Kassenbestand*) dinheiro *m* em caixa

beständig *adj* ① (*dauernd*) constante, permanente ② (*Material*) resistente (*gegen* a) ③ (*Wetter*) estável

Beständigkeit *f* <o.pl> ① (*Dauerhaftigkeit*) constância *f,* duração *f* ② (*von Material*) resistência *f* (*gegen* a) ③ (*von Wetter*) estabilidade *f*

Bestandsaufnahme *f* <-n> inventário *m*

Bestandteil *m* <-(e)s, -e> componente *m,f,* parte *f* integrante; **etw in seine ~e zerlegen** desmontar a. c.

bestärken* *vt* confirmar, corroborar

bestätigen* *vt* ① (*Nachricht*) confirmar; (*Urteil, Gesetz*) ratificar, sancionar; **den Empfang ~** acusar a recepção ② (*im Amt*) reeleger, voltar a nomear (*in* para); **sie wurde als Parteivorsitzende bestätigt** ela foi reeleita presidente do partido

Bestätigung *f* <-en> ① (*einer Nachricht*) confirmação *f* ② (*Bescheinigung*) confirmação *f,* ratificação *f;* (*Empfangsbestätigung*) aviso *m* de recepção; (*Quittung*) recibo *m*

bestatten* *vt* enterrar, sepultar

Bestattung *f* <-en> enterro *m,* funeral *m*

bestäuben* *vt* (BOT) polinizar

beste(r, s) *adj superl von* **gut** melhor; **das ~ Restaurant** o melhor restaurante; **sie singt am ~n** ela é a que canta melhor; **so ist es am ~n** é melhor assim; **am ~n gehst du gleich** o melhor é ires já; **zu deinem Besten** para teu bem; **das Beste daraus machen** tirar partido da situação, aproveitar a situação; **der erste Beste** o primeiro que aparecer; **aufs Beste** pelo melhor, da melhor maneira; **etw zum Besten geben** contar a. c.; **jdn zum Besten halten** troçar de alguém, fazer pouco de alguém

bestechen* *vt irreg* subornar, corromper

bestechlich [bəˈʃtɛçlɪç] *adj* venal, corrupto

Bestechlichkeit *f kein pl* venalidade *f,* corrupção *f*

Bestechung *f* <-en> suborno *m,* aliciação *f*

Besteck [bəˈʃtɛk] *nt* <-(e)s, -e> ① (*zum Essen*) talher *m* ② (MED) estojo *m* (de instrumentos)

bestehen* **I.** *vt irreg* (*Prüfung*) passar em, ficar bem em; (*Kampf, Probe*) vencer, sair-se bem em **II.** *vi irreg* ① (*existieren*) haver, existir ② (*andauern*) manter-se; **~ bleiben** continuar (a existir) ③ (*beharren*) insistir (*auf* em), fazer finca-pé (*auf* em) ④ (*sich zusammensetzen*) consistir (*aus* de), ser composto (*aus* por)

bestehlen* *vt irreg* roubar

besteigen* *vt irreg* subir, escalar; (*Pferd*) montar

bestellen* *vt* ① (*Ware*) encomendar; (*in Lokal*) pedir; (*Person*) mandar vir, mandar chamar ② (*reservieren lassen*) marcar, mandar reservar ③ (*Grüße, Auftrag*) dar, mandar; (*Nachricht*) levar, transmitir

Bestellschein *m* <-(e)s, -e> requisição *f*, pedido *m*

Bestellung *f* <-en> encomenda *f*, pedido *m*; **auf ~** por [*o* de] encomenda; **eine ~ aufgeben** fazer uma encomenda

bestenfalls *adv* na melhor das hipóteses, quando muito

bestens ['bɛstəns] *adv* da melhor maneira, o melhor possível

besteuern* *vt* tributar, lançar impostos sobre

bestialisch [bɛs'tja:lɪʃ] *adj* bestial

Bestie ['bɛstjə] *f* <-n> fera *f*, besta *f*

bestimmen* **I.** *vt* (*festsetzen*) determinar; (*Tag, Ort*) marcar, fixar; (*vorsehen*) destinar (*für* para); (*ernennen*) designar (*zu* para); (*Begriff*) definir; (*Alter*) determinar **II.** *vi* (*entscheiden*) decidir; (*befehlen*) mandar

bestimmt **I.** *adj* (*gewiss*) determinado; (*sicher*) certo; **~ sein für** destinar-se a; (*entschlossen*) decidido; (LING) definido **II.** *adv* com (toda a) certeza, de certo

Bestimmung *f* <-en> ① *kein pl* (*Festsetzen*) determinação *f* ② (*Vorschrift*) disposição *f* ③ (*Verwendungszweck, Schicksal*) destino *m* ④ (*Definition*) definição *f*

Bestimmungort *m* <-(e)s, -e> destino *m*

Bestleistung *f* <-en> record *m*

Best.-Nr. *abk v* **Bestellnummer** n° de enc. (= *número de encomenda*)

bestrafen* *vt* (*Kind*) castigar (*mit* com, *wegen* por); (*mit Geld*) multar; (JUR) punir; (SPORT) penalizar

Bestrafung *f* <-en> castigo *m*, punição *f*

bestrahlen* *vt* ① (*beleuchten*) irradiar, iluminar ② (MED) tratar pela radioterapia

Bestrahlung *f* <-en> ① (*Beleuchtung*) irradiação *f* ② (MED) tratamento *m* pela radioterapia, radioterapia *f*

Bestreben *nt* <-s> *kein pl* empenho *m*, esforço *m*; **im ~ Gutes zu tun** na tentativa de fazer o bem

bestreichen* *vt irreg* ① (*mit Farbe*) pintar (*mit* com), cobrir (*mit* com) ② (*Brot*) barrar (*mit* com); (*mit Fett, Butter*) untar (*mit* com)

bestreiken* *vt* parar por motivos de greve, sujeitar à greve

bestreiten* *vt irreg* ① (*Aussage*) contestar, negar ② (*Ausgaben*) custear, cobrir

bestreuen* *vt* polvilhar (*mit* com)

Bestseller ['bɛstsɛlɐ] *m* <-s, -> bestseller *m*

bestürmen* *vt* ① (*bedrängen*) assediar, importunar; **jdn mit Fragen ~** assediar alguém com perguntas ② (*Festung*) assaltar

bestürzt *adj* perturbado (*über* com), consternado (*über* com)

Bestürzung *f kein pl* (*Schreck*) sobressalto *m* (*über* com); (*Verwirrung*) perturbação *f*, consternação *f* (*über* com)

Besuch [bə'zu:x] *m* <-(e)s, -e> visita *f*; **~ haben/bekommen** ter/receber visitas; **einen ~ bei jdm machen** fazer uma visita a alguém; **bei jdm auf/zu ~ sein** estar de visita a alguém

besuchen* *vt* (*Person, Ort*) visitar; (*Schule*) frequentar, andar em; (*Gottesdienst, Versammlung*) assistir a, ir a; **stark besucht** muito concorrido

Besucher(in) *m(f)* <-s, - *o* -innen> visitante *m,f*

Besuchszeit *f* <-en> horário *m* das visitas

betagt [bə'ta:kt] *adj* (*geh*) idoso

betakeln* *vt* (*österr*) enganar

betasten* *vt* apalpar

betätigen* **I.** *vt* (*Maschine, Hebel*) accionar **II.** *vr* **sich ~** trabalhar (*als* como); **sich politisch ~** trabalhar na política

Betätigung *f* <-en> ① *kein pl* (TECH) accionamento *m* ② (*Tätigkeit*) actividade *f*, ocupação *f*

betäuben* *vt* ① (MED) anestesiar; (*Schmerz*) abrandar ② (*durch Lärm, Duft*) atordoar, entorpecer

Betäubungsmittel *nt* <-s, -> ① (MED) anestesia *f*, narcótico *m* ② (*Rauschgift*) estupefaciente *m*

Bete *f* <-n> **Rote ~** beterraba *f*

beteilen* *vt* (*österr*) prover (*mit* de)

beteiligen* **I.** *vt* dar uma participação a (*an/bei* em) **II.** *vr* **sich ~** participar (*an* em), tomar parte (*an* em); (*finanziell*) participar (*an* de)

Beteiligte(r) *m/f* <-n, -n *o* -n> participante *m,f*; (*an Verbrechen*) implicado, implicada *m, f*

Beteiligung *f* <-en> ① (*an Veranstaltung*) participação *f* ② (*Mitwirken*) colaboração *f*; (*geschäftlich*) participação *f*; (JUR) implicação *f*

beten ['be:tən] *vi* rezar (*für/um* por, *zu* a), orar (*für/um* por, *zu* a)

beteuern* *vt* asseverar, reiterar

Beteuerung *f* <-en> afirmação *f* solene

Bethlehem *nt* <-s> *kein pl* Belém *f*

betiteln* *vt* (*Buch*) dar o título (de)

Beton [be'tɔŋ] *m* <-s, -s> betão *m,* cimento *m* armado; (*brasil*) concreto *m* armado

betonen* *vt* ① (*Silbe, Note*) acentuar ② (*hervorheben*) frisar, realçar

betonieren* *vt* betonar, cimentar

betont [bə'to:nt] **I.** *adj* marcado **II.** *adv* especialmente; **sich ~ gleichgültig geben** apresentar-se especialmente indiferente

Betonung *f* <-en> ① (*von Wort*) acentuação *f* ② (*Hervorhebung*) ênfase *f*

betören* *vt* ① (*geh: verführen*) seduzir ② (*entzücken*) iludir

Betr. *abk v* **Betreff** ass. (= *assunto*)

Betracht [bə'traxt] *m* **in ~ kommen** interessar; **etw in ~ ziehen** tomar a. c. em consideração, ter a. c. em conta

betrachten* *vt* ① (*anschauen*) contemplar; (*genau*) observar, examinar ② (*einschätzen*) considerar (*als* como)

Betrachter(in) *m(f)* <-s, - *o* -innen> observador, observadora *m, f*

beträchtlich *adj* considerável, de certa importância

Betrachtung *f* <-en> ① *kein pl* (*Ansehen*) contemplação *f;* (*genau*) observação *f,* exame *m* ② (*Überlegung*) reflexão *f,* consideração *f*

Betrag [bə'tra:k] *m* <-(e)s, -träge> importância *f,* quantia *f*

betragen* **I.** *vi irreg* (*Summe, Rechnung*) importar em, ascender a **II.** *vr* **sich ~** *irreg* proceder, comportar-se; **sich gut/schlecht ~** portar-se bem/mal

Betragen *nt* <-s> *kein pl* comportamento *m,* conduta *f*

betrauen* *vt* **jdn mit etw ~** confiar a. c. a alguém

betreffen* *vi irreg* ① (*angehen*) dizer respeito a, referir-se a; **was mich betrifft** quanto a mim, pelo que me diz respeito ② (*seelisch*) atingir, afectar

betreffend *adj* respectivo, em questão

betreffs *präp +gen* relativo a, respeitante a

Betreffzeile *f* linha *f* de referência

betreiben* *vt irreg* ① (*Studien, Politik*) dedicar-se a; (*energisch*) apressar, intensificar ② (*Geschäft, Lokal*) explorar ③ (TECH) accionar, pôr em movimento

betreten*[1] *vt irreg* (*Raum, Gebäude*) entrar em; (*Rasen*) pisar, andar sobre; (*Bühne*) subir a, entrar em

betreten[2] *adj* embaraçado, confuso; (*Schweigen*) embaraçoso

betreuen* *vt* (*Kinder*) cuidar de, tomar conta de; (*Reisegruppe*) acompanhar

Betrieb *m* <-(e)s, -e> ① (*Unternehmen*) empresa *f;* (*Fabrik*) fábrica *f;* (*handwerklich*) oficina *f* ② *kein pl* (*von Maschine*) funcionamento *m;* **in ~ sein** estar em funcionamento, estar a funcionar; **außer ~ sein** estar avariado; (*Geldautomat*) estar fora de serviço ③ *kein pl* (*umg: Treiben*) movimento *m,* actividade *f*

betrieblich *adj* da empresa

Betriebsanleitung *f* <-en> instruções *fpl*

Betriebsausflug *m* <-(e)s, -flüge> passeio *m* da empresa

betriebsbereit *adj* (TECH) pronto a funcionar

betriebseigen *adj* próprio da empresa

Betriebsferien *pl* férias *fpl* da empresa

Betriebsgeheimnis *nt* <-ses, -se> segredo *m* profissional

Betriebsklima *nt* <-s> *kein pl* ambiente *m* de trabalho

Betriebskosten *pl* despesas *fpl* de serviço; (*für Produktion*) custos *mpl* de produção

Betriebsleitung *f* <-en> gerência *f*

Betriebsrat *m* <-(e)s, -räte> conselho *m* dos empregados e operários, comité *m* de empresa

Betriebsstörung *f* <-en> avaria *f*

Betriebssystem *nt* <-(e)s, -e> (INFOR) sistema *m* operacional

Betriebswirtschaft *f kein pl* gestão *f* de empresas

betrinken* *vr* **sich ~** *irreg* embriagar-se, embebedar-se

betroffen [bə'trɔfən] **I.** *pp von* **betreffen** **II.** *adj* ① (*bestürzt*) consternado ② (*von Maßnahme*) afectado; **von etw ~ werden** ser afectado por a. c.

betrüben* *vt* entristecer, afligir

betrübt *adj* triste (*über* com), desolado (*über* com)

Betrug [bə'tru:k] *m* <-(e)s> *kein pl* ① (*Täuschung*) engano *m,* vigarice *f;* (*beim Spielen*) batota *f* ② (JUR) fraude *f,* burla *f*

betrügen* *vt irreg* ① (*täuschen*) enganar, ludibriar; (*Ehepartner*) enganar, trair; (*beim Spielen*) fazer batota ② (JUR) defraudar, burlar; **jdn um 250 EUR ~** defraudar 250 euros a alguém

Betrüger(in) *m(f)* <-s, - *o* -innen> intrujão,

intrujona *m, f,* impostor, impostora *m, f;* (*beim Spielen*) batoteiro, batoteira *m, f*

betrügerisch *adj* enganador, fraudulento

betrunken [bə'trʊŋkən] **I.** *pp von* **betrinken** **II.** *adj* bêbedo, embriagado

Bett [bɛt] *nt* <-(e)s, -en> ① (*Möbelstück*) cama *f;* **ins/zu ~ gehen** (ir) deitar-se, ir para a cama; **sich ins ~ legen** deitar-se, meter-se na cama; **das ~ hüten** estar de cama; **mit jdm ins ~ gehen** ir para a cama com alguém ② (*Flussbett*) leito *m*

Bettanzug *m* <-(e)s, -züge> (*schweiz*) *s.* **Bettbezug**

Bettbank *f* <-bänke> (*österr*) sofá-cama *m*

Bettbezug *m* <-(e)s, -züge> edredão *m*

Bettdecke *f* <-n> cobertor *m,* coberta *f*

bettelarm ['--'-] *adj* paupérrimo, indigente

Bettelei *f* <-en> (*abw*) mendicidade *f*

betteln *vi* ① (*um Almosen*) mendigar, pedir (esmola) ② (*inständig bitten*) pedinchar

bettlägerig *adj* acamado; **~ sein** estar de cama

Bettlaken *nt* <-s, -> lençol *m*

Bettler(in) ['bɛtlɐ] *m(f)* <-s, - *o* -innen> mendigo, mendiga *m, f,* pedinte *m,f*

Bettvorleger *m* <-s, -> tapete *m* de cama

Bettwäsche *f kein pl* roupa *f* da cama

Bettzeug *nt* <-(e)s> *kein pl* (*umg*) *s.* **Bettwäsche**

beugen ['bɔɪgən] **I.** *vt* (*Arm, Knie*) dobrar, flectir; (LING) declinar; (*Recht*) violar **II.** *vr* **sich ~** (*sich fügen*) abaixar-se, vergar-se (a)

Beule ['bɔɪlə] *f* <-n> ① (*an Gegenstand*) mossa *f,* amolgadela *f* ② (*Anschwellung*) papo *m,* inchaço *m;* (*an Stirn*) galo *m*

beunruhigen* **I.** *vt* inquietar **II.** *vr* **sich ~** inquietar-se (*über* com)

Beunruhigung *f kein pl* inquietação *f,* preocupação *f*

beurkunden* *vt* documentar

beurlauben* *vt* ① (*Urlaub geben*) dar férias a ② (*von Dienstpflichten*) dar licença a

beurteilen* *vt* julgar, emitir um juízo sobre; (*abschätzen*) apreciar, avaliar; (*Schüler*) avaliar

Beurteilung *f* <-en> juízo *m,* parecer *m;* (*Abschätzung*) apreciação *f,* avaliação *f;* (*Note*) avaliação *f*

Beute ['bɔɪtə] *f kein pl* despojo *m;* (*von Tier*) presa *f*

Beutel ['bɔɪtəl] *m* <-s, -> ① (*Tasche*) saco *m;* (*Tabakbeutel*) tabaqueira *f* ② (*umg: Geldbeutel*) bolsa *f* ③ (*von Känguru*) bolsa *f* marsupial

bevölkern* *vt* povoar

Bevölkerung *f* <-en> população *f*

Bevölkerungsdichte *f kein pl* densidade *f* populacional

Bevölkerungsexplosion *f* <-en> explosão *f* demográfica

bevollmächtigen* *vt* conceder plenos poderes a (*zu* para)

Bevollmächtigte(r) *m/f* <-n, -n *o* -n> (WIRTSCH) procurador, procuradora *m, f;* (POL) plenipotenciário, plenipotenciária *m, f*

Bevollmächtigung *f kein pl* procuração *f*

bevor [bə'foːɐ] *konj* antes de, antes que; **~ du gehst, musst du das Fax an Frau Klose abschicken** antes de ires, tens de enviar o fax à Srª Klose; **du musst dein Zimmer putzen, ~ dein Vater kommt** tens de limpar o teu quarto antes que o teu pai venha

bevormunden* *vt* tutelar, manter sob tutela

Bevormundung *f kein pl* tutela *f*

bevor|stehen *vi irreg* (*Ereignis*) estar iminente, estar para acontecer; **uns steht viel Arbeit bevor** temos muito trabalho à nossa frente

bevorzugen* *vt* preferir, favorecer

Bevorzugung *f* <-en> preferência *f,* favorecimento *m;* (*abw*) favoritismo *m*

bewachen* *vt* vigiar; **jdn/etw streng ~** não tirar os olhos de a. c./alguém

Bewachung *f kein pl* vigilância *f;* **unter ~ stehen** estar sob vigilância

bewaffnen* *vt* armar (*mit* com); **bis an die Zähne bewaffnet sein** estar armado até os dentes

Bewaffnung *f kein pl* armamento *m*

bewahren* *vt* proteger (*vor* de), livrar (*vor* de); **Gott bewahre!** Deus me livre!

bewähren* *vr* **sich ~** (*Person*) dar provas de; (*Sache*) dar bom resultado, mostrar-se eficaz

bewährt *adj* comprovado, experimentado

Bewährung *f kein pl* prova *f;* (JUR) liberdade *f* condicional; **Strafe mit ~** pena *f* condicional

Bewährungsfrist *f* <-en> período *m* de experiência, tempo *m* de prova; (JUR) prazo *m* de liberdade condicional

bewaldet *adj* arborizado

bewältigen* *vt* ① (*Schwierigkeit, Problem*) vencer; (*überwinden*) superar ② (*Arbeit*) levar a cabo, realizar; (*Portion*) dar conta de

bewandert [bə'vandɐt] *adj* versado (*in* em),

perito (*in* em)
bewässern* *vt* regar, irrigar
Bewässerung *f kein pl* rega *f*, irrigação *f*
Bewässerungssystem *nt* <-s, -e> sistema *m* de rega
bewegen*[1] **I.** *vt* (*Lage verändern*) mover; (*hin und her*) movimentar, mexer; (*in Gang setzen*) pôr em movimento; (*rühren*) comover **II.** *vr* **sich ~** mover-se, mexer-se; (*hin und her*) movimentar-se; (*Preis*) oscilar (*zwischen* entre)
bewegen*[2] *vt* levar a, persuadir; **jdn zu etw ~** persuadir alguém a fazer a. c.; **sich ~ lassen** deixar-se levar
Beweggrund *m* <-(e)s, -gründe> razão *f*, motivo *m*
beweglich [bəˈveːklɪç] *adj* (*Gegenstand*) móvel; (*flink*) ágil; (*geistig*) vivo
bewegt [bəˈveːkt] *adj* ① (*Zeit*) agitado; (*Leben*) acidentado, movimentado ② (*Meer*) picado ③ (*ergriffen*) comovido
Bewegung *f* <-en> ① (*a* POL) movimento *m;* (*körperlich*) exercício *m* (físico); **in ~ setzen** pôr em movimento; **keine ~!** quieto! ② (*innere*) comoção *f*, emoção *f*
Bewegungsfreiheit *f kein pl* liberdade *f* de movimentos
bewegungslos *adj* imóvel
Beweis [bəˈvaɪs] *m* <-es, -e> ① (*Nachweis*) prova *f* ② (*Zeichen*) prova *f*, mostra *f*
beweisbar *adj* demonstrável
beweisen* *vt irreg* provar; (MATH) demonstrar
Beweismittel *nt* <-s, -> (JUR) prova *f*
bewenden *vi* **es bei etw ~ lassen** deixar a. c. como está
bewerben* *vr* **sich ~** *irreg* candidatar-se (*um* a, *bei* em), concorrer (*um* a/para, *bei* em); **sie bewirbt sich bei der Stiftung um ein Stipendium** ela candidata-se [*o* concorre] a uma bolsa na fundação
Bewerber(in) *m(f)* <-s, - *o* -innen> candidato, candidata *m, f* (*für* a), concorrente *m,f* (*für* a)
Bewerbung *f* <-en> concurso *m*, candidatura *f* (*um* a)
Bewerbungsunterlagen *pl* documentos *mpl* de candidatura
bewerkstelligen* *vt* realizar, efectuar
bewerten* *vt* (*würdigen*) valorizar; (*einschätzen*) avaliar; (SPORT) classificar
Bewertung *f* <-en> (*Würdigung*) valorização *f;* (*Note*) avaliação *f;* (SPORT) classificação *f*
bewilligen* *vt* conceder, outorgar; (*Antrag*) deferir
bewirken* *vt* ① (*verursachen*) causar, provocar ② (*erreichen*) conseguir
bewirten* *vt* servir, dar de comer a
bewirtschaften* *vt* ① (*Gaststätte, Hof*) administrar, dirigir ② (*Acker*) cultivar, explorar
Bewirtung *f kein pl* serviço *m* de refeições
bewog [bəˈvoːk] *imp von* **bewegen**
bewogen [bəˈvoːgən] *pp von* **bewegen**
bewohnbar *adj* habitável
bewohnen* *vt* habitar, morar em; **nicht bewohnt sein** estar desabitado [*o* desocupado]
Bewohner(in) *m(f)* <-s, - *o* -innen> (*von Land, Stadt*) habitante *m,f;* (*einer Straße, eines Hauses*) morador, moradora *m, f;* (*eines Miethauses*) inquilino, inquilina *m, f*
bewölken* *vr* **sich ~** encobrir-se
bewölkt *adj* nublado; **leicht/stark ~** pouco/muito nublado
Bewölkung *f kein pl* nuvens *fpl*
Bewunderer(in) *m(f)* <-s, - *o* -innen> admirador, admiradora *m, f*
bewundern* *vt* admirar (*wegen* com)
bewundernswert *adj* admirável
Bewunderung *f kein pl* admiração *f*
bewusst[RR] [bəˈvʊst] *adj*, **bewußt**[ALT] *adj* ① (*wissend*) consciente; **sich** *dat* **etw ~ sein/werden** ter/tomar consciência de a. c.; **jdm etw ~ machen** fazer ver a. c. a alguém ② (*bereits bekannt*) conhecido, esse/essa tal, o/a tal ③ (*absichtlich*) intencional
bewusstlos[RR] *adj*, **bewußtlos**[ALT] *adj* inconsciente, sem sentidos; **~ werden** perder os sentidos
Bewusstlosigkeit[RR] *f kein pl* desmaio *m*, perda *f* dos sentidos
Bewusstsein[RR] *nt* <-s> *kein pl* consciência *f;* **bei ~** consciente; **zu ~ kommen** vir a si, recuperar os sentidos; **das ~ verlieren** perder os sentidos; **sich** *dat* **etw ins ~ rufen** tomar consciência de a. c., aperceber-se de a. c.
bezahlen* *vt* pagar; **sich bezahlt machen** valer a pena
Bezahlung *f kein pl* ① (*einer Rechnung*) pagamento *m* ② (*Entlohnung*) remuneração *f*
bezaubern* *vt* encantar (*durch* com), enfeitiçar

bezeichnen* *vt* ① (*benennen*) designar; ~ **als** qualificar de ② (*beschreiben*) descrever; (*zeigen*) indicar ③ (*kennzeichnen*) marcar

bezeichnend *adj* característico (*für* de)

bezeichnenderweise *adv* significativamente

Bezeichnung *f* <-en> ① (*Name*) designação *f*, nome *m* ② (*Zeichen*) indicação *f*, marca *f*

bezeugen* *vt* atestar, certificar; (JUR) testemunhar

bezichtigen *vt* acusar (de)

beziehen* **I.** *vt irreg* ① (*überziehen*) cobrir (*mit* de); (*Bett*) fazer (de lavado); (*Sofa*) forrar ② (*Haus*) instalar-se em, ir habitar ③ (*Ware*) comprar; (*Zeitung*) assinar ④ (*Gelder, Lohn*) receber ⑤ (*Stellung*) ocupar; (*Standpunkt*) defender ⑥ (*in Beziehung setzen*) relacionar (*auf* com); **etw auf jdn/etw** ~ relacionar a. c. com alguém/a. c. **II.** *vr* **sich** ~ *irreg* ① (*sich berufen*) referir-se (*auf* a), dizer respeito (*auf* a) ② (*Himmel*) anuviar-se, encobrir-se

Beziehung *f* <-en> ① (*Verbindung, Liebesbeziehung*) relação *f* (*zwischen* entre, *zu* (para) com); ~**en haben** ter conhecimentos ② (*Hinsicht*) aspecto *m*; **in jeder** ~ sob todos os aspectos; **in dieser** ~ a este respeito

beziehungsweise *konj* ① (*und, oder*) respectivamente ② (*genauer gesagt*) isto é, ou melhor

Bezirk [bəˈtsɪrk] *m* <-(e)s, -e> ① (*Gebiet*) área *f*, zona *f* ② (*Stadtbezirk*) freguesia *f* ③ (*Verwaltungsbezirk*) distrito *m*; (JUR) comarca *f*

Bezirksgericht *nt* <-(e)s, -e> (*österr, schweiz*) Tribunal *m* de Comarca

Bezug [bəˈtsuːk] *m* <-(e)s, -züge> ① (*Überzug*) cobertura *f*; (*von Sofa*) forro *m*; (*von Kissen*) fronha *f* ② *kein pl* (WIRTSCH) compra *f*, aquisição *f*; (*von Zeitung*) assinatura *f*, subscrição *f* ③ (*Beziehungnehmen*) referência *f*; **in** ~ **auf** em relação a, com respeito a; **auf etw** ~ **nehmen** referir-se a a. c.

Bezüge *pl* ordenado *m*, vencimento *m*

bezüglich **I.** *adj* que diz respeito a **II.** *präp* +*gen* referente a, relativo a, respeitante a

Bezugspunkt *m* <-(e)s, -e> ponto *m* de referência

Bezugsquelle *f* <-n> fornecedor *m*, empresa *f* fornecedora

bezuschussen* *vt* subsidiar

bezwecken* *vt* ter em vista, pretender

bezweifeln* *vt* duvidar de, pôr em dúvida

bezwingen *vt irreg* ① (*besiegen*) vencer ② (*zügeln*) dominar, domar

BGB [beːgeːˈbeː] *abk v* **Bürgerliches Gesetzbuch** Código *m* Civil

BH [beːˈhaː] *abk v* **Büstenhalter** soutien

Bhf. *abk v* **Bahnhof** estação

Biathlet(in) *m(f)* <-en, -en *o* -innen> (SPORT) biatleta *m,f*

Biathlon [ˈbiːatlɔn] *nt* <-s, -s> (SPORT) biatlo *m*

Bibel [ˈbiːbəl] *f* <-n> (REL) Bíblia *f*

Bibelstelle *f* <-n> passagem *f* bíblica, versículo *m*

Biber [ˈbiːbɐ] *m* <-s, -> castor *m*

Bibliographie *f* <-, -n> *s.* **Bibliografie** bibliografia *f*

bibliographisch *adj s.* **bibliografisch** bibliográfico

Bibliothek [biblioˈteːk] *f* <-en> biblioteca *f*

Bibliothekar(in) *m(f)* <-s, -e *o* -innen> bibliotecário, bibliotecária *m, f*

biblisch [ˈbiːblɪs] *adj* bíblico

Bidet [biˈdeː] *nt* <-s, -s> bidé *m*

Bidon *m* <-s, -s> (*schweiz*) bidão *m*

bieder [ˈbiːdɐ] *adj* conservador

biegen [ˈbiːgən] **I.** *vt* (*Draht*) dobrar, torcer; (*Glieder*) dobrar, flectir; **etw gerade** ~ endireitar a. c.; (*österr: flektieren*) flectir **II.** *vi* virar, dobrar; **um die Ecke** ~ dobrar a esquina; **auf Biegen und Brechen** a todo o custo, ou vai ou racha **III.** *vr* **sich** ~ curvar-se, dobrar-se; **sie bogen sich vor Lachen** eles encolheram-se de tanto rir

biegsam *adj* flexível

Biegung *f* <-en> curvatura *f*; (*Kurve*) curva *f*

Biene [ˈbiːnə] *f* <-n> abelha *f*

Bienenhonig *m* <-s> *kein pl* mel *m* de abelhas

Bienenkönigin *f* <-nen> abelha-mestra *f*, rainha *f* (das abelhas)

Bienenstich *m* <-(e)s, -e> ① (*Verletzung*) ferroada *f*, picada *f* ② (KOCHK) *pastel recheado com creme de baunilha e coberto com amêndoas*

Bienenstock *m* <-(e)s, -stöcke> colmeia *f*, cortiço *m*

Bienenwachs *nt* <-es> *kein pl* cera *f* de abelhas

Bienenzucht *f kein pl* apicultura *f*

Bienenzüchter(in) *m(f)* <-s, - *o* -innen>

apicultor, apicultora *m, f*

Biennale *f* <-n> (FILM) bienal *f*

Bier [biːɐ] *nt* <-(e)s, -e> cerveja *f;* **dunkles/helles ~** cerveja preta/branca; **~ vom Fass** cerveja de pressão; **zwei ~ bitte!** duas cervejas, se faz favor!; **das ist nicht mein ~** não tenho nada a ver com isso, isso não é comigo

Bierdeckel *m* <-s, -> base *f* (de cerveja)

Bierfass[RR] *nt* <-es, -fässer> barril *m* de cerveja

Bierflasche *f* <-n> garrafa *f* de cerveja

Biergarten *m* <-s, gärten> cervejaria *f* (ao ar livre)

Bierkasten *m* <-s, kästen> grade *f* de cerveja

Bierkrug *m* <-(e)s, -krüge> caneca *f* de cerveja

Bierstängel[RR] *m* <-s, ->, **Bierstengel**[ALT] *m* <-s, -> (*schweiz*) palito *m* salgado

Bierteller *m* <-s, -> (*schweiz*) *s.* **Bierdeckel**

Bierzelt *nt* <-(e)s, -e> *tenda onde se vende cerveja*

Biest [biːst] *nt* <-(e)s, -er> ① (*umg: Tier*) besta *f,* fera *f* ② (*Mensch*) besta *f*

bieten [biːtən] **I.** *vt* (*anbieten*) oferecer, dar; (*bei Auktion*) dar, oferecer; (*darbieten*) apresentar **II.** *vr* **sich ~** (*Gelegenheit*) aparecer, dar-se; **sich** *dat* **etw ~ lassen** tolerar a. c., suportar a. c.

Big Band, Bigband *f* <-s> big band *f*

Bikini [biˈkiːni] *m* <-s, -s> biquini *m*

Bilanz [biˈlants] *f* <-en> balanço *m;* **~ ziehen** fazer o balanço

bilateral [ˈbiːlateraːl, ---ˈ-] *adj* (POL) bilateral

Bild [bɪlt] *nt* <-(e)s, -er> ① (*Gemälde*) quadro *m;* (*Porträt*) retrato *m;* (*Abbildung*) figura *f,* ilustração *f* ② (*Fernsehbild, Spiegelbild*) imagem *f;* (*Foto*) fotografia *f* ③ (*Vorstellung*) ideia *f;* **sich** *dat* **ein ~ von etw machen** fazer uma ideia de a. c., estar a ver

Bildband *m* <-(e)s, -bände> livro *m* ilustrado

Bilddatei *f* (INFORM) ficheiro *m* gráfico

bilden [ˈbɪldən] **I.** *vt* ① (*Kreis, Meinung*) formar; (*Verein, Ausschuss*) constituir; (*Satz*) construir; **sich** *dat* **ein Urteil über jdn/etw ~** formar um juízo sobre alguém/a. c. ② (*künstlerisch*) modelar, moldar ③ (*erziehen*) instruir, educar ④ (*Höhepunkt, Ausnahme*) constituir, ser **II.** *vr* **sich ~** ① (*entstehen*) formar-se, produzir-se ② (*geistig*) cultivar-se, formar-se

Bilderbuch *nt* <-(e)s, -bücher> livro *m* ilustrado

Bilderrahmen *m* <-s, -> moldura *f*

Bilderrätsel *nt* <-s, -> enigma *m* ilustrado

Bildfläche *f* <-n> tela *f;* **auf der ~ erscheinen** aparecer em cena

bildhaft *adj* plástico, gráfico

Bildhauer(in) [ˈbɪlthaʊɐ] *m(f)* <-s, - *o* -innen> escultor, escultora *m, f*

bildhübsch *adj* lindo, muito formoso

bildlich *adj* ① (*Darstellung*) plástico, gráfico ② (*Sinn*) figurado; (*Ausdruck*) metafórico

Bildnis [ˈbɪltnɪs] *nt* <-ses, -se> retrato *m*

Bildschirm *m* <-(e)s, -e> (*des Fernsehers*) ecrã *m;* (*brasil*) tela *f;* (*des Computers*) monitor *m*

Bildschirmarbeitsplatz *m* <-es, -plätze> posto *m* de trabalho informatizado

Bildschirmtext *m* <-(e)s> *kein pl* videotexto *m*

bildschön *adj* muito bonito, muito formoso

Bildung [ˈbɪldʊŋ] *f kein pl* ① (*Gründung*) fundação *f;* (*Gestaltung*) constituição *f,* forma *f* ② (*Erziehung*) formação *f,* educação *f;* (*Wissen*) cultura *f;* (*Schulbildung*) instrução *f*

Bildungsgang *m* <-(e)s, -gänge> instrução *f,* curso *m* de formação

Bildungslücke *f* <-n> falha *f* na cultura geral

Bildungspolitik *f kein pl* política *f* educacional

Bildungsroman *m* <-(e)s, -e> (LIT) romance *m* didáctico

Bildungssystem *nt* <-(e)s, -e> sistema *m* educacional

Bildungsurlaub *m* <-(e)s, -e> férias de formação *fpl*

Bildwörterbuch dicionário *m* ilustrado

Billard [ˈbɪljart] *nt* <-s> *kein pl* bilhar *m*

Billardkugel *f* <-n> bola *f* de bilhar

Billardstock *m* <-(e)s, -stöcke> taco *m*

Billet *nt* <-(e)s, -s> ① (*schweiz: Fahrbillet, Eintrittskarte*) bilhete *m* ② (*österr: Brief*) carta *f*

Billiarde [bɪˈljardə] *f* <-n> mil biliões *mpl*

billig [ˈbɪlɪç] *adj* ① (*preiswert*) barato ② (*abw: minderwertig*) barato, baratucho; (*Ausrede, Trost*) fraco

billigen [ˈbɪlɪgən] *vt* aprovar

Billigung *f kein pl* aprovação *f,* consentimento *m;* **jds ~ finden** ter a aprovação de

B

alguém

Billion [bɪ'ljoːn] *f* <-en> bilião *m,* milhão *m* de milhões

bimmeln *vi* (*umg: Glocke*) tocar, repicar; (*Telefon*) tocar

binär *adj* (MATH, INFOR) binário

Binde ['bɪndə] *f* <-n> ① (*Verband*) faixa *f,* cinta *f;* (*Augenbinde*) venda *f* ② (*Armschlinge*) braçadeira *f* ③ (*Damenbinde*) penso *m* higiénico ④ (MED) ligadura *f*

Bindegewebe *nt* <-s, -> tecido *m* conjuntivo

Bindeglied *nt* <-(e)s, -er> elo *m* de ligação, vínculo *m* (*zwischen* entre)

Bindehaut *f* <-häute> (ANAT) conjuntiva *f*

Bindehautentzündung *f* <-en> (MED) conjuntivite *f*

Bindemittel *nt* <-s, -> aglutinante *m,* agente *m* aglutinante

binden ['bɪndən] **I.** *vt* (*befestigen*) amarrar, ligar, atar; (*Buch*) encadernar; (*Schleife*) dar; (*Strauß*) fazer; (*verpflichten*) comprometer; (KOCHK) ligar **II.** *vr* **sich ~** comprometer-se; **sich an jdn ~** comprometer-se com alguém, ter um compromisso com alguém

Bindestrich *m* <-(e)s, -e> hífen *m*

Bindfaden *m* <-s, -fäden> cordel *m,* fio *m;* **es regnet Bindfäden** chove a cântaros

binnen ['bɪnən] *präp +dat/gen* dentro de

Binnenhafen *m* <-s, -häfen> porto *m* fluvial

Binnenhandel *m* <-s> *kein pl* comércio *m* interno

Binnenmeer *nt* <-(e)s, -e> mar *m* interior

Binnenschiffahrt[ALT] *f kein pl,* **Binnenschifffahrt**[RR] *f kein pl* navegação *f* fluvial

Binse ['bɪnzə] *f* <-n> junco *m;* **in die ~n gehen** perder-se, arruinar-se

Binsenweisheit *f* <-en> lugar *m* comum, verdade *f* óbvia

Biochemie [bioçe'miː] *f kein pl* bioquímica *f*

Biochemiker(in) *m(f)* <-s, - *o* -innen> bioquímico, bioquímica *m, f*

Biograf(in) *m(f)* <-en, -en *o* -innen> biógrafo, biógrafa *m, f*

Biografie *f* <-n> *s.* **Biographie** biografia *f*

Biograph(in) *m(f)* <-en, -en *o* -innen> *s.* **Biograf**

Bioladen ['----] *m* <-s, -läden> (*umg*) loja *f* de produtos biológicos

Biologe(in) [bio'loːgə] *m(f)* <-n, -n *o* -innen> biólogo, bióloga *m, f*

Biologie [biolo'giː] *f kein pl* biologia *f*

biologisch *adj* biológico; **~ abbaubar** biodegradável

Biomüll *m* <-s> *kein pl* lixo *m* orgânico

Bionahrungsmittel *nt* alimento *m* biológico

Bioprodukt *nt* produto *m* biológico

Biorhythmus *m* <-, rhythmen> ritmo *m* biológico

Biotechnik *f kein pl* biotecnologia *f*

Biotonne ['----] *f* <-n> contentor *m* para lixo orgânico

Biotop [bio'toːp] *nt* <-s, -e> (BIOL) biótopo *m*

Birke ['bɪrkə] *f* <-n> (BOT) bétula *f*

Birnbaum *m* <-(e)s, bäume> pereira *f*

Birne ['bɪrnə] *f* <-n> ① (*Frucht*) pêra *f* ② (*Glühbirne*) lâmpada *f* (eléctrica) ③ (*umg: Kopf*) cabeça *f,* pinha *f*

birnenförmig *adj* em forma de pêra

bis [bɪs] **I.** *präp +akk* (*zeitlich, räumlich*) até; **~ zu/an** até; **~ hierher/bald** até aqui/breve; **~ in die Nacht** pela noite dentro; **von... ~ ...** de ... a ..., desde ... até ...; (*außer*); **~ auf** excepto, menos; **alle ~ auf einen** todos menos um; **~ auf weiteres** por agora, até segunda ordem **II.** *konj* até que, até; **ich warte, ~ sie anruft** espero até ela telefonar, espero até que ela telefone

Bischof, Bischöfin ['bɪʃɔf] *m, f* <-(e)s, -schöfe *o* -innen> bispo *m*

bischöflich *adj* episcopal

Bischofssitz *m* <-(e)s, -e> episcopado *m,* diocese *f*

bisexuell ['biːsɛksuɛl, 'biːzɛksuɛl] *adj* bissexual

bisher [bɪs'heːɐ] *adv* até agora, até à data

bisherige(r, s) *adj* **die ~ Vorsitzende** a presidente até à data; **sein ~s Verhalten** o seu comportamento até agora

Biskuit [bɪs'kviːt] *m/nt* <-(e)s, -s> biscoito *m*

Biskuitrolle *f* <-n> barquilho *m*

bislang [bɪs'laŋ] *adv* até agora, até à data

biss[RR] [bɪs], **biß**[ALT] *imp von* **beißen**

Biss[RR] [bɪs] *m* <-es, -e>, **Biß**[ALT] *m* <-sses, -sse> dentada *f,* mordedura *f*

bisschen[RR] ['bɪsçən] *pron,* **bißchen**[ALT] *pron indef* **ein ~** um pouco, um bocado; **ein ~ Salz** um pouco de sal; **ein ~ Zeit** um momentinho; **kein ~** nem nada, nem um bocadinho; **ein klein ~** (**von**) um bocadinho (de), um pouquinho (de); **das ist ein ~ wenig** é muito pouco

Bissen ['bɪsən] *m* <-s, -> bocado *m*

bissig *adj* (*Hund*) que morde; (*Bemerkung*) mordaz, sarcástico
Bistro *nt* <-s, -s> pub *m,* bar *m*
Bistum ['bɪstuːm] *nt* <-s, -tümer> bispado *m*
Bit [bɪt] *nt* <-(s), -(s)> (INFOR) bit *m*
bitte *interj* (se) faz favor, por favor; (*als Antwort auf Dank*) de nada, não tem de quê; **wie ~?** como (diz)?; **~ schön!** faz/faça favor!
Bitte *f* <-n> pedido *m;* (*Ersuchen*) apelo *m;* (*Wunsch*) desejo *m;* **ich habe eine ~ an Sie** tenho um pedido a fazer-lhe
bitten ['bɪtən] *vt* pedir, rogar; **jdn um etw ~** pedir a. c. a alguém; **sich lange ~ lassen** fazer-se rogado; **ich bitte Sie!** ora essa!, por quem é!
bitter ['bɪtɐ] *adj* ① (*Geschmack*) amargo ② (*Kälte*) intenso, cortante; (*Winter*) duro; **etw ~ nötig haben** precisar de a. c. urgentemente
bitterböse *adj* furioso, muito zangado
Bitumen *nt* <-s, -> (CHEM) betume *m*
Biwak *nt* <-s, -s> acampamento *m,* bivaque *m*
bizarr [bi'tsar] *adj* bizarro, extravagante
Bizeps ['biːtsɛps] *m* <-(es), -e> bíceps *m*
Blabla *nt* <-s> *kein pl* (*umg*) bláblá *m*
Blache *f* <-n> (*österr, schweiz*) lona *f*
blähen **I.** *vt* inchar **II.** *vi* inchar, intumescer; (MED) causar flatulência **III.** *vr* **sich ~** pavonear-se
Blähung *f* <-en> gases *mpl,* flatulência *f*
blamabel [bla'maːbəl] *adj* vergonhoso
Blamage [bla'maːʒə] *f* <-n> vergonha *f*
blamieren* **I.** *vt* ridicularizar, envergonhar **II.** *vr* **sich ~** fazer triste figura; (*umg*) fazer figura de urso
blank [blaŋk] *adj* ① (*glänzend*) brilhante, polido ② (*unbedeckt*) em branco; **~ sein** estar teso [*o* liso] ③ (*rein*) puro; **aus ~em Neid** por pura inveja
blanko *adv* em branco
Blankoscheck ['blaŋko-] *m* <-s, -s> cheque *m* em branco
Blase [blaːzə] *f* <-n> ① (*Luftblase*) bolha *f* ② (MED) borbulha *f,* pústula *f* ③ (*Harnblase*) bexiga *f;* (*Gallenblase*) vesícula *f*
Blasebalg *m* <-s, -bälge> fole *m*
blasen ['blaːzən] **I.** *vt* (*Glas*) soprar; (MUS) tocar; **er bläst Saxofon** ele toca saxofone **II.** *vi* (*Wind*) soprar
Bläser(in) *m(f)* <-s, - *o* -innen> músico, música *m, f* (de instrumento de sopro)
blasiert [bla'ziːɐt] *adj* (*abw*) presumido, snobe
Blasinstrument ['blaːs-] *nt* <-(e)s, -e> instrumento *m* de sopro
Blaskapelle *f* <-n> banda *f* de música
Blasmusik *f kein pl* música *f* para instrumentos de sopro
Blasphemie [blasfe'miː] *f* <-n> blasfémia *f*
blass[RR] [blas] *adj,* **blaß**[ALT] *adj* ① (*Person*) pálido, branco; **~ werden** empalidecer, ficar branco ② (*Farbe*) desbotado; (*Erinnerung*) vago
Blässe *f kein pl* palidez *f*
Blatt [blat] *nt* <-(e)s, Blätter> ① (BOT) folha *f;* **kein ~ vor den Mund nehmen** não ter papas na língua ② (*Papier*) folha *f;* (*Zeitung*) jornal *m,* gazeta *f;* **vom ~ spielen** tocar à primeira vista
blättern *vi* folhear; **in einem Buch ~** folhear um livro
Blätterteig *m* <-(e)s> *kein pl* massa *f* folhada
Blattlaus *f* <-läuse> pulgão *m*
blattweise *adv* por folha
blau [blaʊ] *adj* ① (*Farbe*) azul; (*Lippen*) roxo; (*Auge*) negro; **~er Fleck** (nódoa) *f* negra, pisadura *f;* **~es Blut** sangue *m* azul; **~er Brief** carta de despedida *f;* (*für Arbeitnehmer*) carta *f* de despedimento; **mit einem ~en Auge davonkommen** escapar por uma unha negra, escapar por um triz ② (*umg: betrunken*) bêbedo, borracho
Blau *nt* <-s, -> azul *m;* **in ~ gekleidet** vestido de azul
blauäugig *adj* de olhos azuis
Blaue ['blaʊə] *nt* <-n> *kein pl* azul *m;* **Fahrt ins ~** passeio *m* sem destino; **das ~ vom Himmel herunterlügen** mentir como um saco roto
Blauhelm *m* <-(e)s, -e> (MIL) capacete *m* azul
Blaukraut *nt* <-(e)s> *kein pl* (*österr*) couve *f* roxa
Blaulicht *nt* <-(e)s, -er> sinal *m* luminoso
blau|machen *vi* (*umg*) fazer gazeta
Blauwal *m* <-(e)s, -e> baleia *f* azul
Blazer ['bleːzɐ, 'blɛɪzɐ] *m* <-s, -> blazer *m*
Blech *nt* <-(e)s, -e> ① (*Metallplatte*) chapa *f;* (*Weißblech*) folha-de-flandres *f* ② (*Backblech*) tabuleiro *m* ③ *kein pl* (MUS) metais *mpl* ④ *kein pl* (*umg: Unsinn*) baboseira *f,*

disparate *m*

Blechdose *f* <-n> lata *f*

blechen ['blɛçən] *vi* (*umg*) pagar (*für* por)

Blechschaden *m* <-s, -schäden> dano *m* na carroçaria

Blei [blaɪ] *nt* <-(e)s> *kein pl* chumbo *m*

Bleibe ['blaɪbə] *f* <-n> alojamento *m*

bleiben ['blaɪbən] *vi* ① (*nicht weggehen*) ficar, permanecer; ~ **Sie am Apparat!** não desligue!; **wo bleibt sie nur?** onde é que ela se meteu? ② (*nicht ändern*) manter(-se), continuar; **es bleibt dabei** fica assim, fica combinado; **bei der Sache** ~ não mudar de assunto, não fugir ao tema; **bei der Wahrheit** ~ cingir-se à verdade; **etw** ~ **lassen** deixar (ficar) a. c.; **lassen Sie das** ~**!** deixe (ficar) isso; (*Rest*); **übrig** ~ ficar, sobrar; **es bleibt mir nichts Anderes übrig** (**als**) não me resta outra hipótese (senão); ~ **Sie doch sitzen!** deixe-se ficar sentado!, não se levante!; **das Wetter bleibt gut** o tempo continua [*o* mantém-se bom]; **das bleibt sich gleich** tanto faz

bleich [blaɪç] *adj* pálido

bleichen *vt* (*Wäsche*) corar, branquear; (*cabelo*) descolorar

bleiern *adj* de chumbo

bleifrei *adj* sem chumbo

bleihaltig *adj* com chumbo

Bleikristall *m* <-s> *kein pl* cristal *m* de chumbo

Bleistift *m* <-(e)s, -e> lápis *m*

Bleistiftspitzer *m* <-s, -> aguça *m*, apara-lápis *m*

Blende ['blɛndə] *f* <-n> ① (*Lichtschutz*) viseira *f*, protecção *f* ② (FOTO) diafragma *m* ③ (ARCHIT) janela *f* falsa

blenden ['blɛndən] *vt* ① (*Licht, Sonne*) encandear, ofuscar ② (*beeindrucken*) deslumbrar, fascinar

blendend *adj* ① (*strahlend*) deslumbrante, radiante ② (*großartig*) extraordinário, estupendo; ~ **aussehen** estar com óptimo aspecto

Blick [blɪk] *m* <-(e)s, -e> ① (*Hinsehen*) olhar *m*; (*kurz*) olhadela *f*; **auf den ersten** ~ à primeira vista; **verstohlener** ~ olhar furtivo; **der böse** ~ o mau-olhado; **einen** ~ **für etw haben** ter olho para a. c.; **einen** ~ **auf etw werfen** dar uma olhadela a a. c., dar uma vista de olhos a a. c. ② *kein pl* (*Aussicht*) vista *f*, panorama *m*

blicken ['blɪkən] *vi* olhar; **sich** ~ **lassen** aparecer; **das lässt tief** ~ isso deixa transparecer a. c.

Blickpunkt *m* <-(e)s, -e> ponto *m* de vista

blieb [bliːp] *imp von* **bleiben**

blies [bliːs] *imp von* **blasen**

blind [blɪnt] *adj* ① (*nicht sehend*) cego; ~ **werden** ficar cego, cegar; ~ **vor Wut** cego de raiva ② (*Glas*) baço, sem brilho ③ (*Passagier*) clandestino ④ (*Alarm*) falso

Blinddarm *m* <-(e)s, -därme> (ANAT) apêndice *m*

Blinddarmentzündung *f* <-en> (MED) apendicite *f*

Blinde(r) *m/f* <-n, -n *o* -n> cego, cega *m, f*

Blindenhund *m* <-(e)s, -e> cão *m* de guia

Blindenschrift *f kein pl* escrita *f* Braille

Blindheit *f kein pl* cegueira *f*; **mit** ~ **geschlagen sein** estar cego

blindlings ['blɪntlɪŋs] *adv* às cegas

Blindschleiche *f* <-n> licranço *m*

blinken ['blɪŋkən] *vi* ① (*Licht*) reluzir, brilhar; (*Stern*) cintilar ② (*beim Autofahren*) indicar a mudança de direcção; (*umg*) dar sinal, dar o pisca(-pisca)

Blinker *m* <-s, -> indicador *m* de mudança de direcção; (*umg*) pisca(-pisca) *m*

Blinklicht *nt* <-(e)s, -er> luz *f* intermitente; (*umg*) piscas *mpl*

blinzeln ['blɪntsəln] *vi* pestanejar; (*als Zeichen*) piscar o olho

Blitz [blɪts] *m* <-es, -e> ① (METEO) relâmpago *m*, raio *m*; **wie vom** ~ **getroffen** como que atingido por um raio ② (FOTO) flash *m*

Blitzableiter *m* <-s, -> pára-raios *m*

blitzen *vi* ① (*bei Gewitter*) relampejar ② (*strahlen*) brilhar, reluzir ③ (FOTO) disparar o flash

Blitzgerät *nt* <-(e)s, -e> (FOTO) flash *m*

Blitzlicht *nt* <-(e)s, -er> (FOTO) flash *m*

blitzsauber ['-'--] *adj* (*umg*) tão limpo que (até) brilha

blitzschnell ['-'-] *adj* (*umg*) rápido como um raio, rapidíssimo

Block [blɔk] *m* <-(e)s, Blöcke> ① (*Steinblock, Schreibblock*) bloco *m*; (*Holzblock*) cepo *m* ② (POL) bloco *m* ③ (*Häuserblock*) quarteirão *m*

Blockade [blɔ'kaːdə] *f* <-n> bloqueio *m*

Blockflöte *f* <-n> flauta *f* de bisel

blockieren* *vt* bloquear

Blocksatz *m* <-es> *kein pl* texto *m* justificado

blöd *adj* ❶ (*umg: dumm*) burro, estúpido ❷ (*unangenehm*) chato, aborrecido

Blödheit *f* <-en> estupidez *f*, parvoíce *f*

Blödmann *m* <-(e)s, -männer> (*umg abw*) estúpido *m*, parvo *m*

Blödsinn *m* <-(e)s> *kein pl* (*umg*) disparate *m*, parvoíce *f*; **red keinen ~!** não digas asneiras!, não digas disparates!

blödsinnig *adj* ❶ (*schwachsinnig*) imbecil, idiota ❷ (*umg: unsinnig*) parvo, estúpido

blond [blɔnt] *adj* louro, loiro

blondieren* *vt* alourar, aloirar

Blondine [blɔn'di:nə] *f* <-n> loura *f*, loira *f*

bloß **I.** *adj* (*nackt*) nu; (*unbedeckt*) descoberto; (*nichts als*) puro, mero; **der ~e Gedanke daran** só de pensar nisso; **mit ~em Auge** a olho nu, à vista desarmada **II.** *adv* (*nur*) só, apenas, somente; **er denkt ~ noch an Urlaub** ele só pensa em férias; **sag ~!** diz lá!; **was hat sie ~?** o que é que lhe deu?

Blöße *f* <-n> ❶ (*geh: Nacktheit*) nudez *f* ❷ (*Schwachstelle*) ponto *m* fraco; **sich** *dat* **eine ~ geben** expor-se, revelar um ponto fraco

bloß|stellen *vt* desmascarar, comprometer

Blouson *m* <-s, -s> blusão *m*

Bluejeans *pl* blue jeans *mpl*

Blues *m* <-, -> (MUS) blues *mpl*

Bluff *m* <-s, -s> (*abw*) bluff *m*; (*brasil*) blefe *m*

bluffen ['blʊfən, 'blœfən] *vi* (*abw*) fazer bluff; (*brasil*) blefar

blühen *vi* ❶ (*Pflanze*) florescer ❷ (*Handel*) prosperar ❸ (*umg: bevorstehen*) ir acontecer; **ihm blüht etw** ainda lhe vai acontecer a. c., está para lhe acontecer a. c.

Blühet *f kein pl* (*schweiz*) florescência *f*

Blume ['blu:mə] *f* <-n> ❶ (BOT) flor *f*; **~n pflücken** colher [*o* apanhar] flores; **etw durch die ~ sagen** dizer a. c. de forma indirecta, dizer a. c. com jeitinho ❷ (*auf Bier*) espuma *f* ❸ (*von Wein*) aroma *m*

Blumenkohl *m* <-(e)s> *kein pl* couve-flor *f*

Blumenladen *m* <-s, -läden> florista *f*

Blumenstrauß *m* <-es, -sträuße> ramo *m* (de flores), arranjo *m* (de flores)

Blumentopf *m* <-(e)s, -töpfe> vaso *m*

Blumenvase *f* <-n> jarra *f*

Blumenzwiebel *f* <-n> bolbo *m*

blumig *adj* (*Stil*) com floreados

Bluse ['blu:zə] *f* <-n> blusa *f*

Blut [blu:t] *nt* <-(e)s> *kein pl* sangue *m*; **~ spenden** doar sangue; **jdm ~ abnehmen** tirar sangue a alguém; **böses ~ machen** causar indignação; **das liegt mir im ~** está-me no sangue

Blutalkohol *m* <-s> *kein pl* taxa *f* de alcoolémia no sangue

blutarm *adj* (MED) anémico

Blutbad *nt* <-(e)s, -bäder> carnificina *f*, chacina *f*; **ein ~ anrichten** organizar um massacre

Blutbild *nt* <-(e)s, -er> (MED) fórmula *f* sanguínea

Blutdruck *m* <-(e)s> *kein pl* tensão *f* arterial; (*brasil*) pressão *f* arterial; **den ~ messen** medir a tensão [*o* a pressão] (arterial)

blutdrucksenkend *adj* que baixa a tensão [*o* a pressão] (arterial)

Blüte *f* <-n> ❶ (BOT) flor *f*, florescência *f*; **in voller ~ stehen** estar em flor ❷ *kein pl* (*Höhepunkt*) pujança *f*; **in der ~ seiner Jahre** na flor da idade ❸ (*umg: Banknote*) nota *f* falsa

bluten ['blu:tən] *vi* sangrar, deitar sangue

Blütenstaub *m* <-(e)s> *kein pl* pólen *m*

Bluter(in) ['blu:tɐ] *m(f)* <-s, - *o* -innen> (MED) hemofílico, hemofílica *m, f*

BlutergussRR ['blu:tʔɛɐgʊs] *m* <-es, -güsse> (MED) hemorragia *f*, efusão *f* de sangue

Blütezeit *f* <-en> florescência *f*; (*fig*) apogeu *m*

Blutgefäß *nt* <-es, -e> vaso *m* sanguíneo

Blutgruppe *f* <-n> grupo *m* sanguíneo

Bluthochdruck *m* <-(e)s> *kein pl* (MED) hipertensão *f*

blutig *adj* sangrento

blutjung ['-'-] *adj* muito novo, em plena mocidade

Blutkonserve *f* <-n> conserva *f* de sangue

Blutkörperchen *nt* <-s, -> glóbulo *m* sanguíneo

Blutkreislauf *m* <-(e)s, -läufe> circulação *f* sanguínea

Blutorange *f* <-n> laranja *f* de sangue

Blutprobe *f* <-n> amostra *f* de sangue

Blutrache *f kein pl* vingança *f* de morte

blutrünstig *adj* sanguinário, sangrento

Blutspender(in) *m(f)* <-s, - *o* -innen> dador, dadora *m, f* de sangue

blutt *adj* (*schweiz*) nu

Blutübertragung *f* <-en> transfusão *f* de sangue

Blutung *f* <-en> hemorragia *f;* (*Monatsblutung*) menstruação *f*

Blutvergießen *nt* <-s> *kein pl* derramamento *m* de sangue

Blutvergiftung *f* <-en> (MED) septicemia *f*

Blutwurst *f* <-würste> chouriço *m* de sangue, morcela *f*

BLZ [beːʔɛlˈtsɛt] *abk v* **Bankleitzahl** NIB (= *número de identificação bancária*)

Bö *f* <-en> rajada *f* (de vento)

Boa *f* <-s> boa *f*

Bob *m* <-s, -s> bob *m,* tobogã *m*

Bock [bɔk] *m* <-(e)s, Böcke> ① (ZOOL) macho *m;* (*Rehbock*) corço *m;* (*Ziegenbock*) bode *m;* (*Schafbock*) carneiro *m* ② (*Gestell*) cavalete *m* ③ (SPORT) barra *f,* cavalo-de-pau *m;* **~ springen** jogar ao eixo

Bockbier *nt* <-(e)s, -e> cerveja *f* forte

bocken *vi* ① (*Kind*) teimar, ser teimoso ② (*Pferd*) empinar-se

bockig *adj* teimoso como uma mula

Bockwurst *f* <-würste> salsicha *f*

Boden [ˈboːdən] *m* <-s, Böden> ① (*Fußboden*) chão *m;* (*Erdboden*) solo *m;* (*Meeresboden, Fassboden*) fundo *m;* **zu ~ fallen** cair ao chão ② (*Speicher*) sótão *m,* águas-furtadas *fpl* ③ (*Grundlage*) base *f,* fundamento *m*

Bodenerhebung *f* <-en> ondulação *f* do terreno

Bodenfrost *m* <-(e)s> *kein pl* geada *f*

bodenlos *adj* ① (*tief*) sem fundo, insondável ② (*umg: unerhört*) incrível, espantoso

Bodenpersonal *nt* <-s> *kein pl* (AERO) pessoal *m* de terra

Bodenreform *f* <-en> reforma *f* agrária

Bodensatz *m* <-(e)s> *kein pl* (*Wein*) depósito *m;* (*Kaffee, Wein*) borra(s) *fpl,* pé *m*

Bodenschätze *pl* riquezas *fpl* naturais

Bodensee *m* <-s> *kein pl* lago *m* de Constança

Bodenstation *f* <-en> (AERO) estação *f* terrestre

Bodenturnen *nt* <-s> *kein pl* ginástica *f* de solo

Body [ˈbɔdi] *m* <-s, -s> body *m*

Bodybuilding [ˈbɔdibɪldɪŋ] *nt* <-s> *kein pl* culturismo *m,* bodybuilding *m*

Bodyguard <-s, -s> *m* guarda-costas *m*

bog [boːk] *imp von* **biegen**

Bogen [ˈboːgən] *m* <-s, Bögen> ① (*Biegung*) curvatura *f,* curva *f;* **einen ~ um jdn machen** desviar-se de alguém ② (ARCHIT) arco *m;* (*spitz*) ogiva *f;* (*Brückenbogen*) vão *m* ③ (*Papier*) folha *f* ④ (*Waffe, der Geige*) arco *m;* **den ~ überspannen** exagerar, ir longe demais

Bogenschießen *nt* <-s> *kein pl* tiro *m* ao arco

Bohle *f* <-n> prancha *f,* pranchão *m*

Bohne [ˈboːnə] *f* <-n> ① (*Gemüse*) feijão *m;* (*dicke*) fava *f;* **grüne ~n** feijão *m* verde ② (*Kaffeebohne*) grão *m*

Bohnenkaffee *m* <-s> *kein pl* café *m* em grão

bohnern [ˈboːnɐn] *vt* encerar

Bohnerwachs *nt* <-es, -e> cera *f* (para soalhos)

bohren [ˈboːrən] **I.** *vt* ① (*Loch, Tunnel*) furar, brocar ② (*durchbohren*) perfurar; (*hineinbohren*) cravar **II.** *vi* ① (*in Erde*) introduzir-se (perfurando) ② (*Zahnarzt*) brocar; **in der Nase ~** meter o dedo no nariz ③ (*umg: fragen*) pedinchar

Bohrer *m* <-s, -> broca *f,* berbequim *m;* (*Holzbohrer*) verruma *f*

Bohrinsel [ˈboːɐʔɪnzəl] *f* <-n> plataforma *f* de sondagem; (*Erdöl*) plataforma *f* petrolífera

Bohrmaschine *f* <-n> berbequim *m,* máquina *f* de furar

Bohrturm *m* <-(e)s, -türme> torre *f* de perfuração, torre *f* de sondagem

böig *adj* (*Wind*) às rajadas

Boiler [ˈbɔɪlɐ] *m* <-s, -> esquentador *m*

Boje [ˈboːjə] *f* <-n> bóia *f,* baliza *f*

Bolivien [boˈliːviən] *nt* <-s> *kein pl* Bolívia *f*

Böller <-s, -> *m* (*umg*) morteiro *m*

böllern *vi* disparar morteiros

Böllerschuss[RR] *m* <-es, -schüsse> tiro *m* de morteiro

Bolzen [ˈbɔltsən] *m* <-s, -> ① (TECH) cavilha *f;* (*kleiner*) perno *m,* pino *m* ② (*Geschoss*) flecha *f,* seta *f*

Bombardement [bɔmbardəˈmãː] *nt* <-s, -s> bombardeamento *m*

bombardieren* *vt* bombardear

Bombe [ˈbɔmbə] *f* <-n> bomba *f;* **wie eine ~ einschlagen** cair como uma bomba

Bombenangriff *m* <-(e)s, -e> ataque *m* aéreo

Bombenattentat *nt* <-(e)s, -e> atentado *m*

à bomba, atentado *m* bombista
Bombenerfolg ['---'-] *m* <-(e)s, -e> (*umg*) grande sucesso *m,* êxito *m* retumbante
Bombenstimmung ['--'--] *f kein pl* (*umg: einer Person*) óptima disposição *f;* (*bei einer Veranstaltung*) espectáculo *m*
Bomber *m* <-s, -> (AERO) bombardeiro *m*
Bon [bɔŋ, bõ:] *m* <-s, -s> ❶ (*Gutschein*) talão *m,* senha *f* ❷ (*Kassenzettel*) talão *m*
Bonbon [bɔŋ'bɔŋ, bõ'bõ:] *m/nt* <-s, -s> rebuçado *m;* (*brasil*) bala *f*
Bonn *nt* <-s> *kein pl* Bona *f*
Bonsai *m* <-(s), -s> árvore *f* bonsai
Bonus ['bo:nʊs] *m* <-(ses), -(se)> bónus *m*
Bonze ['bɔntsə] *m* <-n, -n> bonzo *m*
Boom [bu:m] *m* <-s, -s> boom *m*
Boot [bo:t] *nt* <-(e)s, -e> barco *m,* bote *m;* (*Motorboot*) barco *m* a motor, lancha *f;* **im gleichen ~ sitzen** estar no mesmo barco
Bord[1] [bɔrt] *nt* <-(e)s, -e> ❶ (*Wandbrett*) prateleira *f* ❷ (*schweiz: Rand, Böschung*) borda *f,* bordo *m*
Bord[2] *m* <-(e)s> *kein pl* (NAUT) bordo *m;* **an ~** a bordo; **an/von ~ gehen** embarcar/desembarcar; **etw über ~ werfen** deitar a. c. (pela) borda fora
Bordell [bɔr'dɛl] *nt* <-(e)s, -e> bordel *m*
Bordkarte *f* <-n> cartão *m* de embarque
Bordpersonal *nt* <-s> *kein pl* pessoal *m* de bordo
Bordstein *m* <-(e)s, -e> beira *f* do passeio; (*brasil*) beira *f* da calçada
borgen ['bɔrgən] *vt* ❶ (*ausleihen*) pedir emprestado; **sich** *dat* **etw von jdm ~** pedir a. c. emprestado a alguém ❷ (*verleihen*) emprestar; **jdm etw ~** emprestar a. c. a alguém
borniert *adj* (*abw*) tacanho, bronco
Börse *f* <-n> (WIRTSCH) Bolsa *f*
Börsenkurs *m* <-es, -e> (WIRTSCH) cotação *f* da Bolsa
Börsenmakler(in) *m(f)* <-s, - *o* -innen> corretor, corretora *m, f*
Börsenspekulant(in) *m(f)* <-en, -en *o* -innen> especulador, especuladora *m, f* da Bolsa, agiota *m,f*
Borste ['bɔrstə] *f* <-n> cerda *f*
Borte ['bɔrtə] *f* <-n> debrum *m,* passamanes *mpl*
bösartig *adj* ❶ (*Mensch*) mau; (*Tier*) feroz; (*Bemerkung, Tat*) maldoso ❷ (MED) maligno
Böschung *f* <-en> (*an Straße*) declive *m;* (*am Ufer*) ribanceira *f*
böse **I.** *adj* (*schlecht*) mau, ruim, maldoso; (*Kind*) maroto, mau; (*unangenehm*) mau, desagradável; **ein ~s Ende nehmen** acabar mal; (*zornig*) zangado (*auf* com); **bist du mir ~?** estás zangado comigo?; **~ werden** zangar-se **II.** *adv* mal; **es war nicht ~ gemeint** não foi por mal; **das kann ~ ausgehen** pode acabar mal
boshaft ['bo:shaft] *adj* mau, pérfido
Bosheit *f* <-en> maldade *f,* malícia *f*
Bosnien ['bɔsniən] *nt* <-s> *kein pl* Bósnia *f*
Bosnien-Herzegowina *nt* <-s> *kein pl* Bósnia-Erzegovina *f*
Bosnier(in) *m(f)* <-s, - *o* -innen> bósnio, bósnia *m, f*
bosnisch *adj* bósnio
Boss[RR] [bɔs] *m* <-es, -e>, **Boß**[ALT] *m* <-sses, -sse> chefe *m*
böswillig *adj* malévolo, mal-intencionado
bot [bo:t] *imp von* **bieten**
Botanik [bo'ta:nɪk] *f kein pl* botânica *f*
Bote(in) ['bo:tə] *m(f)* <-n, -n *o* -innen> moço, moça *m, f*
Botschaft ['bo:tʃaft] *f* <-en> ❶ (*Nachricht*) mensagem *f,* notícia *f* ❷ (POL) embaixada *f*
Botschafter(in) *m(f)* <-s, - *o* -innen> embaixador, embaixatriz *m, f*
Bott *nt* <-(e)s, -e> (*schweiz*) assembleia *f* de sócios
Bottich ['bɔtɪç] *m* <-(e)s, -e> tina *f,* cuba *f*
Bouillon [bʊl'jɔŋ, bʊl'jõ:] *f* <-s> (KOCHK) caldo *m*
Boulevardpresse *f kein pl* imprensa *f* sensacionalista, imprensa *f* amarela
Boutique [bu'ti:k] *f* <-n> boutique *f*
Bowle *f* <-n> (KOCHK) receita *f;* (*brasil*) ponche *m, bebida fria preparada com vinho branco, açúcar e frutas cortadas*
Box [bɔks] *f* <-en> ❶ (*für Pferde, Rennwagen*) boxe *f* ❷ (*Lautsprecher*) coluna *f*
boxen ['bɔksən] *vi* (SPORT) jogar boxe; (*brasil*) boxear
Boxen *nt* <-s> *kein pl* (SPORT) boxe *m,* pugilismo *m*
Boxer *m* <-s, -> ❶ (SPORT) pugilista *m;* (*brasil*) boxeador *m* ❷ (*Hund*) boxer *m*
Boxhandschuh *m* <-(e)s, -e> luva *f* de boxe
Boxkampf *m* <-(e)s, -kämpfe> combate *m* de boxe
Boykott [bɔɪ'kɔt] *m* <-(e)s, -s> boicote *m;*

zum ~ aufrufen apelar ao boicote
boykottieren* *vt* boicotar
brach [bra:x] *imp von* **brechen**
brachial *adj* (*geh: Gewalt*) violento
brach|liegen *vi irreg* ❶ (*Acker*) ficar de pousio, alqueivar ❷ (*Fähigkeiten*) tornar-se improdutivo
brachte ['braxtə] *imp von* **bringen**
Branche ['brã:ʃə] *f* <-n> ramo *m*
Branchenverzeichnis *nt* <-ses, -se> páginas amarelas *fpl*
Brand [brant] *m* <-(e)s, Brände> ❶ (*Feuer*) incêndio *m,* fogo *m;* **etw in ~ stecken** pôr [*o* deitar] fogo a a. c.; **in ~ geraten** pegar fogo, incendiar-se ❷ *kein pl* (*umg: Durst*) sede *f* ardente
branden *vi* (*geh*) rebentar (*an/gegen* contra), embater (*an/gegen* contra)
Brandenburg ['brandənbʊrk] *nt* <-s> *kein pl* Brandemburgo *m*
brandenburgisch *adj* de Brandemburgo
brandmarken ['brantmarkən] *vt* (*Person*) estigmatizar; (*Zustände*) criticar
Brandsalbe *f* <-n> pomada *f* para queimaduras
Brandstifter(in) *m(f)* <-s, - *o* -innen> incendiário, incendiária *m, f*
Brandstiftung *f* <-en> fogo *m* posto
Brandung ['brandʊŋ] *f kein pl* rebentamento *m* das ondas
brannte ['brantə] *imp von* **brennen**
Branntwein *m* <-(e)s, -e> aguardente *m*
Brasilianer(in) *m(f)* <-s, - *o* -innen> brasileiro, brasileira *m, f*
brasilianisch *adj* brasileiro
Brasilien [bra'zi:liən] *nt* <-s> *kein pl* Brasil *m*
braten ['bra:tən] *vt* assar; (*in der Pfanne*) fritar; **kurz gebraten** mal passado
Braten *m* <-s, -> assado *m,* carne *f* assada; **ich kann den ~ riechen** aqui há coisa
Brathähnchen *nt* <-s, -> frango *m* assado
Brathendl *nt* <-s, -> (*österr*) frango *m* assado
Bratkartoffeln *pl* batatas assadas *fpl*
Bratpfanne *f* <-n> frigideira *f,* sertã *f*
Bratsche *f* <-n> viola *f*
Bratwurst *f* <-würste> salsicha *f* grelhada
Brauch [braʊx] *m* <-(e)s, Bräuche> costume *m,* hábito *m*
brauchbar *adj* útil
brauchen ['braʊxən] *vt* ❶ (*benötigen*) precisar de, necessitar de; (*Zeit*) levar ❷ (*benutzen*) usar, utilizar ❸ (*verbrauchen*) gastar, consumir ❹ (*müssen*) ter que [*o* de]; **nicht zu ... ~** escusar de ...; **man braucht nur zu ...** basta ..., é só ...
brauen *vt* (*Bier*) fabricar
Brauerei *f* <-en> fábrica *f* de cerveja, cervejaria *f*
braun [braʊn] *adj* castanho; (*brasil*) marrom; (*Haut*) moreno; (*von Sonne*) bronzeado, moreno; (*Butter*) derretido; **~ gebrannt** queimado; **~ werden** ficar moreno
Bräune *f kein pl* bronzeado *m*
bräunen *vt* ❶ (*durch Sonne*) bronzear, queimar ❷ (KOCHK: *Kartoffeln*) alourar, aloirar; (*Zwiebeln*) tostar
Braunkohle *f kein pl* lignite *f*
Bräunungsstudio *nt* <-s, -s> estúdio *m* solar
Brause ['braʊzə] *f* <-n> ❶ (*Dusche*) chuveiro *m,* duche *m* ❷ (*Getränk*) gasosa *f*
Braut [braʊt] *f* <Bräute> noiva *f*
Bräutigam *m* <-s, -e> noivo *m*
Brautjungfer *f* <-n> dama *m* de honor; (*brasil*) dama *f* de honra
Brautkleid *nt* <-(e)s, -er> vestido *m* de noiva
Brautpaar *nt* <-(e)s, -e> noivos *mpl,* recém-casados *mpl*
brav [bra:f] *adj* ❶ (*Kind, Tier*) bem-comportado ❷ (*Kleidung*) discreto
bravo *interj* bravo!
BRD [be:ʔɛr'de:] *abk v* **Bundesrepublik Deutschland** RFA (= *República Federal da Alemanha*)
Brecheisen *nt* <-s, -> pé-de-cabra *m*
brechen ['brɛçən] **I.** *vt* (*zerbrechen*) partir, quebrar; (*Herz*) partir, despedaçar; (MED) fracturar; **sich** *dat* **ein Bein ~** partir uma perna; **etw in Stücke ~** partir a. c. aos bocados; **das wird ihm den Hals ~** isso vai acabar com ele, isso vai matá-lo; (*Schweigen, Vertrag, Eid*) romper; (*Wort, Versprechen*) faltar a; (*Widerstand*) vencer; (*Gesetz*) violar; (*Streik*) furar **II.** *vi* (*Ast, Brett*) partir(-se), quebrar(-se); **mit jdm ~** romper com alguém; (*umg: erbrechen*) vomitar **III.** *vr* **sich ~** (*Licht*) reflectir, refractar; (*Wellen*) rebentar, quebrar(-se)
Brechreiz *m* <-es, -e> náusea *f*
Brei [braɪ] *m* <-(e)s, -e> puré *m;* (*für Kin-*

der) papa *f;* **um den heißen ~ herumreden** não ir directo ao assunto

breit [braɪt] *adj* largo; (*ausgedehnt*) vasto, extenso, amplo; (*Nase*) achatado; **das ist 3 Meter ~** tem 3 metros de largura; **die ~e Masse** as massas; **weit und ~** por toda a parte, largamente; **sich ~ machen** espalhar-se

Breite ['braɪtə] *f* <-n> largura *f;* (*Ausdehnung*) extensão *f,* amplitude *f;* (GEOG) latitude *f;* **in die ~ gehen** alargar, engordar

Breitengrad *m* <-(e)s, -e> grau *m* de latitude

breitschult(e)rig *adj* entroncado, espadaúdo

Bremen *nt* <-s> *kein pl* Bremen *f*

Bremer *adj* de Bremen

Bremsbelag *m* <-(e)s, -läge> calço *m* do travão

Bremse ['brɛmzə] *f* <-n> ① (*am Auto*) travão *m;* (*brasil*) freio *m,* breque *m* ② (*Hemmung*) freio *m,* travão *m* ③ (ZOOL) moscardo *m*

bremsen *vt* ① (*Fahrzeug*) travar; (*brasil*) frear, brecar; **scharf ~** travar a fundo ② (*Entwicklung*) entravar

Bremsflüssigkeit *f* <-en> líquido *m* para travões; (*brasil*) fluido *m* para freios

Bremslicht *nt* <-(e)s, -er> luz *f* de travão

Bremspedal *nt* <-(e)s, -e> pedal *m* do travão; (*brasil*) pedal *m* do freio

Bremsspur *f* <-en> rasto *m* de travagem; (*brasil*) rasto *m* de frenagem, rasto *m* brecada

Bremsweg *m* <-(e)s, -e> distância *f* de paragem; (*brasil*) distância *f* de frenagem

brennbar *adj* inflamável, combustível

Brennelement *nt* <-(e)s, -e> elemento *m* combustível

brennen ['brɛnən] **I.** *vt* (*Ton*) cozer; (*Schnaps*) destilar **II.** *vi* ① (*Feuer, Haus, Wunde*) arder; **mir ~ die Augen** ardem-me os olhos; **darauf ~ zu** estar morto por, estar ansioso por ② (*Licht, Zigarette*) estar aceso; (*Kerzen*) arder ③ (*Sonne*) queimar, escaldar

Brennessel[ALT] ['brɛnnɛsəl] *f* <-, -n> *s.* **Brennnessel**

Brennmaterial *nt* <-(e)s, -ien> combustível *m*

Brennnessel[RR] *f* <-n> urtiga *f*

Brennspiritus *m* <-> *kein pl* álcool *m* desnaturado

Brennstoff *m* <-(e)s, -e> combustível *m*

brenzlich *adj* (*österr*) *s.* **brenzlig**

brenzlig ['brɛntslɪç] *adj* (*umg*) difícil; **die Sache wird ~** a coisa está a ficar feia, o caso está a ficar bicudo

Brett [brɛt] *nt* <-(e)s, -er> ① (*aus Holz*) tábua *f,* prancha *f;* (*im Regal*) prateleira *f;* **schwarzes ~** quadro *m* de afixação; **ein ~ vor dem Kopf haben** ser tapado ② (*Spielbrett*) tabuleiro *m*

Bretterzaun *m* <-(e)s, -zäune> tabique *m* de madeira

Brettspiel *nt* <-(e)s, -e> jogo *m* de tabuleiro

Brevet *nt* <-s, -s> (*schweiz*) cartão *m*

Brezel *f* <-n> rosquilha *f*

Brezel é uma especialidade do Sul da Alemanha feita de massa de pão de trigo que é imersa num banho ácido, o que lhe confere o tom acastanhado. Esta espécie de pão tem uma forma especial, leva grãos de sal por cima, e, barrada ao meio com manteiga, é vendida como «Butterbrezel» (Brezel com manteiga) nas padarias ou tendazinhas próprias para a sua venda.

Brief [bri:f] *m* <-(e)s, -e> carta *f;* **eingeschriebener/offener ~** carta registada/aberta; **jdm einen ~ schreiben** escrever uma carta a alguém

Briefbeschwerer ['bri:fbəʃve:rɐ] *m* <-s, -> pesa-papéis *m*

Briefblock *m* <-(e)s, -blöcke> bloco *m* de carta

Briefbogen *m* <-s, -bögen> folha *f* de papel de carta

Brieffreund(in) *m(f)* <-(e)s, -e *o* -innen> pen friend *m,f*

Briefkasten *m* <-s, -kästen> (*am Haus*) caixa *f* do correio; (*auf der Straße*) marco *m* (dos correios)

Briefkopf *m* <-(e)s, -köpfe> cabeçalho *m* de carta

brieflich *adv* por escrito, por carta; **jdm etw ~ mitteilen** comunicar a. c. por carta a alguém

Briefmarke *f* <-n> selo *m*

Brieföffner *m* <-s, -> corta-papel *m*

Briefpapier *nt* <-s, -e> papel *m* de carta

Brieftasche *f* <-n> carteira *f*

Briefträger(in) *m(f)* <-s, - *o* -innen> carteiro *m,* mulher-carteiro *f*

Briefumschlag *m* <-(e)s, -schläge> envelope *m,* sobrescrito *m*

Briefwahl *f* <-en> votação *f* por correio

Briefwechsel *m* <-s, -> correspondência *f;* **in ~ mit jdm stehen** corresponder-se com alguém

briet [bri:t] *imp von* **braten**

Brigade [bri'ga:də] *f* <-n> (MIL) brigada *f*

Brikett *nt* <-s, -s> briquete *m*

brillant [brɪ'ljant] *adj* brilhante, esplêndido

Brillant [brɪ'ljant] *m* <-en, -en> brilhante *m*

Brille ['brɪlə] *f* <-n> óculos *mpl;* **eine ~ tragen** usar óculos

Brillengestell *nt* <-(e)s, -e> armação *f*

Brimborium *nt* <-s> *kein pl* lengalenga *f;* (*Umschweife*) rodeios *mpl*

bringen ['brɪŋən] *vt* ① (*herbringen*) trazer; (*befördern*) transportar; (*begleiten*) levar, acompanhar; **jdn nach Hause ~** levar [*o* acompanhar] alguém a casa; **etw unter die Leute ~** divulgar a. c., fazer circular a. c.; **ein Kind zur Welt ~** pôr uma criança no mundo; **etw zum Ausdruck ~** exprimir a. c.; **etw zu Papier ~** escrever a. c. ② (*Ertrag*) produzir; **es zu etw ~** conseguir subir na vida; **jdn um etw ~** fazer alguém perder a. c.; **jdn ums Leben ~** matar [*o* assassinar] alguém; **das bringt nichts** não adianta nada ③ (*umg: veröffentlichen*) publicar; (*Radio, Fernsehen*) dar ④ (*Kino, Theater*) representar, mostrar

brisant [bri'zant] *adj* esmagador, explosivo

Brise ['bri:zə] *f* <-n> brisa *f*

Brite(in) ['brɪtə, 'bri:tə] *m(f)* <-n, -n *o* -innen> britânico, britânica *m, f*

britisch ['brɪtɪʃ] *adj* britânico

bröckeln *vi* (*Mauer, Steine*) desmoronar-se, desfazer-se

Brocken ['brɔkən] *m* <-s, -> pedaço *m;* **ein paar ~ Deutsch sprechen** falar um pouco de alemão

brodeln *vi* ① (*Flüssigkeit*) borbulhar ② (*österr: trödeln*) demorar-se

Broiler *m* <-s, -> (*reg*) frango *m* assado

Brokat *m* <-(e)s, -e> brocado *m*

Brokkoli ['brɔkoli] *pl* brócolos *mpl*

Brombeere ['brɔmbe:rə] *f* <-n> amora *f* silvestre

Bronchien *pl* brônquios *mpl*

Bronchitis [brɔn'çi:tɪs] *f* <Bronchitiden> (MED) bronquite *f*

Bronze ['brõ:sə] *f* <-n> bronze *m*

Bronzemedaille *f* <-n> medalha *f* de bronze

Bronzezeit *f kein pl* idade *f* do bronze

Brosche ['brɔʃə] *f* <-n> broche *m,* alfinete *m*

Broschüre *f* <-n> brochura *f,* folheto *m*

Brösel *m* <-s, -> migalha *f*

Brot [bro:t] *nt* <-(e)s, -e> pão *m;* **das tägliche ~** o pão de cada dia

Brötchen *nt* <-s, -> pão *m,* pãozinho *m;* **belegtes ~** sanduíche *f, brasil: f,* sande *f portugal*

Bruch [brʊx] *m* <-(e)s, Brüche> ① (*das Zerbrechen*) ruptura *f,* rompimento *m;* **zu ~ gehen** ficar destruído; **in die Brüche gehen** partir-se ② (MED: *Knochenbruch*) fractura *f;* (*Leistenbruch*) hérnia *f* ③ (MATH) fracção *f*

Bruchbude *f* <-n> (*umg*) espelunca *f*

brüchig *adj* quebradiço

Bruchlandung *f* <-en> aterragem *f* forçada

Bruchrechnung *f* <-en> cálculo *m* de fracções

Bruchstrich *m* <-(e)s, -e> traço *m* de fracção

Bruchstück *nt* <-(e)s, -e> fragmento *m*

Bruchteil *m* <-(e)s, -e> fracção *f,* parte *f*

Brücke *f* <-n> ① (ARCHIT) ponte *f;* **alle ~n hinter sich** *dat* **abbrechen** ir por um caminho sem retorno ② (*Zahnbrücke*) ponte *f* ③ (*Teppich*) pequeno tapete *m*

Bruder ['bru:dɐ] *m* <-s, Brüder> ① (*Verwandter*) irmão *m;* **mein großer/kleiner ~** o meu irmão mais velho/mais novo ② (*Mönch*) frade *m*

brüderlich *adj* fraternal

Brühe *f* <-n> ① (KOCHK) caldo *m* ② (*abw: Schmutzwasser*) água *f* da barrela

brüllen *vi* ① (*Mensch*) gritar, berrar ② (*Löwe*) rugir; (*Rind*) mugir

brummen ['brʊmən] *vi* (*Insekt, Kopf*) zumbir; (*Hund*) rosnar; (*Motor*) roncar; (*Mensch*) resmungar

brummig *adj* rabugento, resmungão

brünett *adj* (*Haar*) castanho, escuro; (*Mensch*) moreno

Brunnen ['brʊnən] *m* <-s, -> ① (*Schöpfbrunnen*) poço *m* ② (*Springbrunnen*) fonte *f,* chafariz *m* ③ (*Heilquelle*) águas *fpl* medicinais

brüsk *adj* brusco, rude

brüskieren* *vt* tratar com brusquidão [*o* rudeza]

Brüssel Bruxelas *f*

Brust [brʊst] *f* <Brüste> peito *m;* (*Busen*) seio(s) *mpl;* (*Brustkorb*) tórax *m*

Brustbein *nt* <-(e)s, -e> esterno *m*

brüsten *vr* **sich ~** vangloriar-se (*mit* de), gabar-se (*mit* de)

Brustkrebs *m* <-es> *kein pl* cancro *m* da mama

Brustschwimmen *nt* <-s> *kein pl* natação *f* de bruços

Brüstung *f* <-en> parapeito *m*

Brustwarze *f* <-n> mamilo *m*

Brut ['bru:t] *f kein pl* ① (*das Brüten*) choco *m* ② (*Vogeljunge*) crias *fpl,* filhotes *mpl;* (*Hunde, Katzen*) ninhada *f;* (*Fische*) crias *fpl,* juvenis *mpl* ③ (*abw: Gesindel*) ralé *f*

brutal [bru'ta:l] *adj* brutal

Brutalität *f* <-en> brutalidade *f*

brüten *vi* ① (*Vögel*) chocar ② (*grübeln*) incubar, cogitar (*über* sobre)

Brüter *m* <-s, -> (PHYS) reactor *m* de enriquecimento

Brutkasten *m* <-s, -kästen> incubadora *f*

brutto ['brʊto] *adv* bruto; **sie verdient 3000 Euro ~** ela ganha 3000 euros brutos

Bruttogehalt *nt* <-(e)s, -hälter> salário *m* bruto

Bruttogewicht *nt* <-(e)s, -e> peso *m* bruto

Bruttosozialprodukt *nt* <-(e)s, -e> (WIRTSCH) produto *m* social bruto

BSE [be:ʔɛs'ʔe:] *abk v* **Bovine Spongiforme Encephalopathie** (**Rinderwahnsinn**) BSE *f,* doença *f* das vacas loucas

Btx [be:te:'ʔɪks] *abk v* **Bildschirmtext** videotexto

Bub *m* <-en, -en> (*österr, schweiz*) rapaz *m,* garoto *m*

Buch [bu:x] *nt* <-(e)s, Bücher> ① (LIT) livro *m;* (*Drehbuch*) argumento *m;* **das ~ der Bücher** a Bíblia ② (*Rechnungsbuch*) livro *m* (de contas); **~ führen** (**über**) escriturar [*o* registar] (nas contas); (*brasil*) registrar (nas contas)

Buchdruck *m* <-(e)s> *kein pl* tipografia *f*

Buche ['bu:xə] *f* <-n> faia *f*

buchen ['bu:xən] *vt* ① (*Reise, Platz*) marcar, reservar ② (*Betrag*) assentar, registar; (*brasil*) registrar; (*auf das Konto*) lançar (em conta)

Bücherei *f* <-en> biblioteca *f*

Bücherregal *nt* <-(e)s, -e> estante *f*

Bücherschaft *m* <-(e)s, -schäfte> (*schweiz*) *s.* **Bücherregal**

Bücherwurm *m* <-(e)s, -würmer> (*umg*) rato *m* de biblioteca, bibliomaníaco *m*

Buchführung *f* <-en> contabilidade *f,* escrita *f*

Buchhalter(in) *m(f)* <-s, - *o* -innen> contabilista *m,f*

Buchhandel *m* <-s> *kein pl* comércio *m* de livros

Buchhändler(in) *m(f)* <-s, - *o* -innen> livreiro, livreira *m, f*

Buchhandlung *f* <-en> livraria *f*

Büchse *f* <-n> ① (*Behälter*) caixa *f* ② (*Konservendose*) lata *f* ③ (*Gewehr*) espingarda *f*

Büchsenöffner *m* <-s, -> abre-latas *m*

Buchstabe ['bu:xʃta:bə] *m* <-n, -n> letra *f*

buchstabieren* *vt* soletrar

buchstäblich **I.** *adj* literal **II.** *adv* à letra, literalmente; **man hat ihn ~ hinausgeworfen** ele foi literalmente posto na rua

Bucht [bʊxt] *f* <-en> baía *f,* golfo *m;* (*klein*) enseada *f*

Buchung ['bu:xʊŋ] *f* <-en> ① (*Reservierung*) reserva *f,* marcação *f* ② (*von Geldbetrag*) lançamento *m,* registo *m;* (*brasil*) registro *m*

Buchweizen *m* <-s> *kein pl* trigo *m* mourisco

Buckel ['bʊkəl] *m* <-s, -> ① (ANAT) corcunda *f,* giba *f* ② (*umg: Rücken*) costas *fpl*

bücken *vr* **sich ~** (a)baixar-se, curvar-se; **sich nach etw ~** (a)baixar-se para apanhar a. c.

Bückling *m* <-s, -e> ① (*Verbeugung*) vénia *f* ② (*Fisch*) arenque *m* fumado

Buddhismus [bʊ'dɪsmʊs] *m* <-> *kein pl* budismo *m*

Bude ['bu:də] *f* <-n> ① (*Kiosk*) quiosque *m;* (*Marktbude*) barraca *f,* tenda *f* ② (*umg: Zimmer*) quarto *m* (de estudante); **jdm auf die ~ rücken** importunar alguém com uma visita; **die ~ auf den Kopf stellen** pintar a manta

Budget [by'dʒe:, bʏ'dʒe:] orçamento *m*

Büfett *nt* <-(e)s, -s> ① (*Tisch mit Speisen*) bufete *m;* (*brasil*) bufê *m;* **kaltes ~** *mesa posta com carnes frias para que cada um se sirva* ② (*Schrank*) aparador *m*

Büffel *m* <-s, -> (ZOOL) búfalo *m*

büffeln *vi* (*umg*) marrar, empinar

Buffet *nt* <-s, -s> (*österr, schweiz*) *s.* **Büfett**

Bug [bu:k] *m* <-(e)s, -e> (NAUT) proa *f*

Bügel *m* <-s, -> ① (*Kleiderbügel*) cruzeta *f,* cabide *m;* (*der Brille*) haste *f;* (*an Handtasche*) asa *f* ② (*Steigbügel*) estribo *m*

Bügelbrett *nt* <-(e)s, -er> tábua *f* de engomar, tábua *f* de passar a ferro

Bügeleisen *nt* <-s, -> ferro *m* de engomar, ferro *m* de passar
Bügelfalte *f* <-n> vinco *m*
bügelfrei *adj* que não precisa de ser passado [*o* engomado]
bügeln *vt* passar a ferro, engomar
Buhmann ['buːman] *m* <-(e)s, -männer> (*umg*) espantalho *m*
Bühne *f* <-n> ❶ (*Podium*) estrado *m*, tribuna *f*; (*im Theater*) palco *m*; **hinter der ~** nos bastidores; **etw über die ~ bringen** levar a. c. a cabo, fazer a. c. ❷ (*Theater*) teatro *m*
Bühnenbild *nt* <-(e)s, -er> cenário *m*
Buhruf ['buːruːf] *m* <-(e)s, -e> assobios *mpl*
Bulette [bu'lɛtə] *f* <-n> (*reg*) almôndega *f*
Bulgare(in) [bʊl'gaːrə] *m(f)* <-n, -n *o* -innen> búlgaro, búlgara *m, f*
Bulgarien [bʊl'gaːriən] Bulgária *f*
bulgarisch *adj* búlgaro
Bulldogge *f* <-n> (ZOOL) buldogue *m*
Bulle ['bʊlə] *m* <-n, -n> ❶ (*Rind*) touro *m* ❷ (*umg abw: Polizist*) chui *m*
Bumerang ['bʊməraŋ, 'buːməraŋ] *m* <-s, -s> bumerangue *m*
Bummel ['bʊməl] *m* <-s, -> (*umg*) volta *f*, giro *m*; **einen ~ machen** dar uma volta, dar um giro
bummeln *vi* ❶ (*trödeln*) andar nos seus vagares, demorar-se; (*faulenzen*) vadiar, mandriar ❷ (*umg: spazieren gehen*) passear, dar uma volta
Bummelstreik *m* <-s, -s> greve *f* de zelo; (*brasil*) operação *f* tartaruga
Bummelzug *m* <-(e)s, -züge> *comboio que pára em todas as estações e apeadeiros*
bums *interj* zumba!, zás!
bumsen ['bʊmzən] *vi* ❶ (*umg: anprallen*) embater (*gegen* contra) ❷ (*vulg: Geschlechtsverkehr haben*) dar uma queca
Bund[1] [bʊnt] *m* <-(e)s, Bünde> ❶ (*Vereinigung*) liga *f*, união *f* ❷ *kein pl* (POL) confederação *f*, estado *m* federal ❸ (*an Hose, Rock*) cós *m*
Bund[2] [bʊnt] *m* <-(e)s, -e> molho *m*, feixe *m*
Bündel *nt* <-s, -> (*Gepäck*) embrulho *m*, pacote *m*; (*von Schlüsseln*) molho *m*; (*von Akten, Banknoten*) maço *m*; (*von Kleidung*) trouxa *f*; (*von Stroh*) fardo *m*
bündeln *vt* embrulhar
Bundesbank *f kein pl* Banco *m* Federal
Bundesdeutsche(r) *m/f* <-n, -n *o* -n> cidadão, cidadã *m, f* da RFA
Bundesgebiet *nt* <-(e)s> *kein pl* território *m* federal
Bundesgericht *nt* <-(e)s, -e> (*schweiz*) Tribunal *m* da Confederação Helvética
Bundesgrenzschutz *m* <-(e)s> *kein pl* polícia *f* das fronteiras da RFA
Bundesheer *nt* <-(e)s> *kein pl* (*österr*) exército *m* da República Federal da Áustria
Bundeskanzler(in) *m(f)* <-s, - *o* -innen> chanceler *m,f* federal

Na Alemanha o **Bundeskanzler** (Chanceler) é eleito pelo «Bundestag» (Parlamento Federal) e em seguida nomeado pelo Bundespräsident (presidente federal), chefe do Governo Federal. Na Áustria o **Bundeskanzler** é proposto pelo partido mais forte do «Nationalrat» (Conselho Nacional) e nomeado pelo presente federal. Ele é o Chefe do Governo Federal e lidera o «Bundeskanzleramt». Na Suíça o Bundeskanzler é o líder da «Bundeskanzlei», que por sua vez está subordinada ao Bundespräsident.

Bundesland *nt* <-(e)s, -länder> estado *m* federado

Desde a reunificação a República Federal da Alemanha é composta por 16 **Bundesländer** (Estados Federais). A República da Áustria está dividida em 9 **Bundesländer**. Cada Estado Federal tem a sua própria capital, onde se encontra a respectiva sede do Governo Estadual.

Bundesliga ['bʊndəsliːga] *f* <-ligen> (SPORT) Liga *f* de futebol da RFA
Bundespräsident(in) *m(f)* <-en, -en *o* -innen> (*in Deutschland, Österreich*) presidente *m,f* da República Federal; (*in der Schweiz*) presidente *m,f* da Confederação

Na Alemanha e na Áustria o **Bundespräsident** (presidente federal) é o Chefe do Governo com funções na maioria das vezes de cunho representativo. Na Suíça, pelo contrário, ele participa do governo, que se constitui de sete pessoas e é chamado de «Bundesrat»

(Conselho Federal). Esse «Bundesrat» elege todos os anos um membro para Bundespräsident, que no entanto só actua como Primus Inter Pares.

Bundesrat *m* <-(e)s> *kein pl* ❶ (*in Deutschland*) Câmara *f* Alta do Parlamento Federal; (*in Österreich*) Câmara *f* dos Representantes ❷ (*in der Schweiz*) Conselho *m* Federal

Na Alemanha o **Bundesrat** (Conselho Federal) compõe-se de membros do governo estadual. O número de deputados depende do tamanho do estado. O Bundesrat actua na legislação. Na Áustria o **Bundesrat** é a parte do parlamento em que os estados estão representados de acordo com o seu número de habitantes. O número exacto de representantes estaduais é determinado pelo Bundespräsident após cada recenseamento. Já na Suíça o Bundesrat é um governo composto de sete membros e eleito por um período de quatro anos. O seu chefe é o Bundespräsident.

Bundesregierung *f* <-en> governo *m* federal

Bundesrepublik *f* <-en> República *f* Federal

Bundesstaat *m* <-(e)s, -en> ❶ (*Mitgliedsstaat*) estado *m* federado ❷ (*Staatenbund*) confederação *f*

Bundesstraße *f* <-en> estrada *f* nacional

Bundestag *m* <-(e)s> *kein pl* Câmara *f* Baixa do Parlamento Federal

Os representantes do povo alemão são eleitos de quatro em quatro anos por meio de eleições livres e secretas. O **Bundestag** (parlamento federal) elege o Bundeskanzler (chanceler), tem funções consultivas e legisla sobre projectos de lei.

Bundestagswahl *f* <-en> eleição *f* do Parlamento alemão

Bundesverfassungsgericht [---'----] *nt* <-(e)s> *kein pl* Tribunal *m* Constitucional Federal

Bundeswehr *f kein pl* Forças *fpl* Armadas Federais

bündig *adj* conciso; **kurz und ~** sem rodeios

Bündnis *nt* <-ses, -se> (POL) aliança *f*, pacto *m*

Bungalow ['bʊŋgalo] *m* <-s, -s> bungalow *m;* (*brasil*) bangalô *m*

Bunker ['bʊnkɐ] *m* <-s, -> abrigo *m* antiaéreo

bunt [bʊnt] *adj* ❶ (*mehrfarbig*) colorido, às cores; (*schreiend*) garrido, de cores vivas; **ein ~ gestreifter Schal** um cachecol às riscas coloridas ❷ (*abwechslungsreich*) variado ❸ (*wirr*) desordenado; **das wird mir zu ~** não posso mais, isso é demais para mim; **~ durcheinander** numa confusão

Buntstift *m* <-(e)s, -e> lápis *m* de cor

Buntwäsche *f kein pl* roupa *f* de cor

Bünzli *m* <-s, -> (*schweiz*) burguês *m*

Burg [bʊrk] *f* <-en> castelo *m*, cidadela *f*

Bürge(in) *m(f)* <-n, -n *o* -innen> fiador, fiadora *m, f,* abonador, abonadora *m, f*

bürgen *vi* afiançar, abonar; **für jdn/etw ~** responder por alguém, responsabilizar-se por alguém/a. c.

Bürger(in) *m(f)* <-s, - *o* -innen> cidadão, cidadã *m, f*

Bürgerinitiative *f* <-n> comissão *f* de moradores

Bürgerkrieg *m* <-(e)s, -e> guerra *f* civil

bürgerlich *adj* ❶ (*Schicht, Einstellung*) burguês ❷ (JUR) civil

Bürgermeister(in) *m(f)* <-s, - *o* -innen> presidente *m,f* da Câmara, presidente *m,f* da Junta; (*brasil*) prefeito, prefeita *m, f*

Bürgerrecht *nt* <-(e)s, -e> cidadania *f*

Bürgerrechtler(in) *m(f)* <-s, - *o* -innen> defensor, defensora *m, f* dos direitos humanos e dos cidadãos

Bürgersteig *m* <-(e)s, -e> passeio *m;* (*brasil*) calçada *f*

Bürgschaft *f* <-en> ❶ (*Geldbetrag*) fiança *f*, caução *f* ❷ (JUR) garantia *f;* **eine ~ für jdn leisten** prestar [*o* dar] garantia por alguém

Büro *nt* <-s, -s> escritório *m*

Büroangestellte(r) *m/f* <-n, -n *o* -n> empregado, empregada *m, f* de escritório

Büroautomation *f kein pl* burótica *f*

Büroklammer *f* <-n> clipe *m*

Bürokommunikation *f kein pl* burótica *f*

Bürokrat(in) *m(f)* <-en, -en *o* -innen> burocrata *m,f*

Bürokratie *f kein pl* burocracia *f*

bürokratisch *adj* burocrático

Bursche ['bʊrʃə] *m* <-n, -n> rapaz *m,*

garoto *m*

burschikos [bʊrʃi'ko:s] *adj* arrapazado, maria-rapaz

Bürste *f* <-n> escova *f*

bürsten *vt* escovar

Bus [bʊs] *m* <-ses, -se> autocarro *m;* (*brasil*) ônibus *m*

Busbahnhof *m* <-(e)s, -höfe> (*Stadtbus*) terminal *f* de autocarros; (*Überlandbus*) terminal *f* de camionetas

Busch [bʊʃ] *m* <-(e)s, Büsche> ❶ (*Strauch*) arbusto *m,* moita *f;* **hier ist etw im ~** aqui há gato ❷ (*in Tropen*) mato *m*

Büschel *nt* <-s, -> (*Gras*) molho *m;* (*Haare*) tufo *m*

buschig *adj* (*Augenbrauen*) espesso

Busen ['bu:zən] *m* <-s, -> seio(s) *mpl,* peito(s) *mpl*

Busenfreund(in) *m(f)* <-es, -e *o* -innen> amigo, amiga *m, f* do peito

Busfahrer(in) *m(f)* <-s, - *o* -innen> motorista *m,f* (de autocarro)

Bushaltestelle *f* <-n> paragem *f* de autocarro; (*brasil*) ponto *m* de ônibus

Bussard *m* <-s, -e> busardo *m*

Buße *f* <-n> ❶ (*Geldbuße*) multa *f* ❷ (REL) penitência *f*

busseln *vi* (*österr*) beijar

büßen *vt* ❶ (*Tat*) pagar; **das wird er mir ~** ele vai-mas pagar ❷ (REL) fazer penitência

Busserl *nt* <-s, -> (*österr*) beijo *m*

Bußgeld *nt* <-es, -er> multa *f,* coima *f*

Büste *f* <-n> busto *m*

Büstenhalter *m* <-s, -> soutien *m;* (*brasil*) sutiã *m*

Butter ['bʊtɐ] *f kein pl* manteiga *f;* **es ist alles in ~** tudo corre maravilhosamente

Butterbrot *nt* <-(e)s, -e> fatia *f* de pão com manteiga

Butterbrotpapier *nt* <-s, -e> papel *m* vegetal

Buttermilch *f kein pl* soro *m* de manteiga

Button ['batən] *m* <-s, -s> pin *m*

b.w. *abk v* **bitte wenden** v.s.f.f. (= *virar se faz favor*)

BWL *abk v* **Betriebswirtschaftlehre** gestão de empresas

Byte [baɪt] *nt* <-s, -s> (INFOR) byte *m*

bzw. *abk v* **beziehungsweise** isto é

Cc

C *adj* <-, -> ❶ (*Buchstabe*) C, c *m* ❷ (MUS) dó *m*

ca. *abk v* **circa** cerca de

Cabrio *nt* <-s, -s> cabriolé *m,* descapotável *m*

Café *nt* <-s, -s> café *m*

Cafeteria [kafete'ri:a] *f* <Cafeterien> cafeteria *f*

Callboy ['kɔ:lbɔɪ] *m* <-s, -s> callboy *m*

Call-Center *nt* (TELEK) call center *m*

Callgirl ['kɔ:lgœ:l] *nt* <-s, -s> callgirl *f*

Camcorder ['kɛmkɔrdɐ] *m* <-s, -> máquina *f* de filmar

Camembert *m* <-s, -s> queijo *m* camembert

Camion *m* <-s, -s> (*schweiz*) camião *m*

Camp *nt* <-s, -s> acampamento *m*

campen ['kɛmpən] *vi* acampar

Camper(in) *m(f)* <-s, - *o* -innen> campista *m,f*

Camping ['kɛmpɪŋ] *nt* <-s> *kein pl* campismo *m*

Campingbus *m* <-ses, -se> carrinha *f* de campismo

Campingplatz *m* <-es, -plätze> parque *m* de campismo

Campus *m* <-, -> campus *m*

Cape *nt* <-s, -s> capa *f*

Caquelon *nt* <-s, -s> (*schweiz*) coquelon *m*

Car *m* <-s, -s> (*schweiz*) camioneta *f* de turismo

Caravan ['karavan] *m* <-s, -s> caravana *f*

Cartoon ['ka:ɐtu:n] *m* <-s, -s> caricatura *f*

Cäsium *nt* <-s> *kein pl* (CHEM) césio *m*

Casting *nt* <-s, -s> audição *f*

catchen *vi* fazer luta livre

Catcher(in) *m(f)* <-s, - *o* -innen> praticante *m,f* de luta livre

CD [tse:'de:] *abk v* **Compact Disc** CD

CD-Brenner *m* gravador *m* de CDs, CD rewriter [*o* burner] *m*

CD-ROM *f* <-s> CD-ROM *m*

CD-ROM-Laufwerk *nt* <-(e)s, -e> (INFOR) leitor *m* de CD-ROM

CD-Spieler *m* <-s, -> leitor *m* de CD

Cellist(in) *m(f)* <-en, -en *o* -innen> violoncelista *m,f*

Cello ['tʃɛlo] *nt* <-, -> violoncelo *m*

Cellophan *nt* <-s> *kein pl* celofane *m,* película *f* aderente

Celsius ['tsɛlziʊs] *nt* **Grad ~** grau centígrado *m;* **25 Grad ~** 25 graus centígrados

Chalet *nt* <-s, -s> (*schweiz*) chalé *m*

Chamäleon *nt* <-s, -s> camaleão *m*

Champagner [ʃam'panjɐ] *m* <-s, -> champanhe *m*

Champignon ['ʃampɪnjɔŋ] *m* <-s, -s> champignon *m,* cogumelo *m*

Champion ['tʃɛmpjən] *m* <-s, -s> campeão *m*

Chance ['ʃã:s(ə)] *f* <-n> ① (*Gelegenheit*) oportunidade *f,* chance *f;* **eine ~ wahrnehmen** aproveitar uma oportunidade ② (*Möglichkeit*) possibilidade *f;* **keine ~ haben** não ter hipótese, não ter chance

Chancengleichheit *f* <-> *kein pl* igualdade *f* de oportunidades

Chanson *m* <-s, -s> canção *f*

Chaos ['ka:ɔs] *nt* <-> *kein pl* caos *m*

Chaot(in) [ka'o:t] *m(f)* <-en, -en *o* -innen> pessoa *f* caótica

chaotisch [ka'o:tɪʃ] *adj* caótico

Charakter [ka'raktɐ] *m* <-s, -e> carácter *m;* **einen schwierigen ~ haben** ter um feitio difícil; **das Gespräch hatte vertraulichen ~** o diálogo era confidencial

charakterisieren* *vt* caracterizar (*als* de)

charakteristisch *adj* característico (*für* de)

charakterlos *adj* sem carácter

Charakterschwäche *f* <-n> fraqueza *f* de carácter

Charakterstärke *f* <-n> força *f* de carácter, personalidade *f* forte

Charakterzug *m* <-(e)s, -züge> feitio *m,* traço *m* de carácter, atraente

Charme [ʃarm] *m* <-s> *kein pl* charme *m*

Charterflug ['tʃa:ɐtɐ-] *m* <-(e)s, -flüge> voo *m* charter

Charterflugzeug *nt* <-(e)s, -e> avião *m* charter, charter *m*

chartern ['tʃa:ɐtɐn] *vt* fretar

Chassis *nt* <-, -> chassis *m*

Chauffeur(in) [ʃɔ'fø:ɐ] *m(f)* <-s, -e *o* -innen> motorista *m;* (*brasil*) chofer *m*

Chauffeuse *f* <-n> (*schweiz*) condutora *f*

Chauvi ['ʃo:vi] *m* <-s, -s> (*umg*) machista *m*

Chauvinismus [ʃovi'nɪsmʊs] *m* <-> *kein pl* ① (*Nationalismus*) chauvinismo *m* ② (*Sexismus*) machismo *m*

Chauvinist *m* <-en, -en> ① (*Nationalist*) chauvinista *m* ② (*Sexist*) machista *m*

checken ['tʃɛkən] *vt* controlar, verificar

Checkliste *f* <-n> lista *f* de controlo

Chef(in) [ʃɛf] *m(f)* <-s, -s *o* -innen> chefe *m,f*

Chefarzt, Chefärztin *m, f* <-es, -ärzte *o* -innen> médico-chefe, médica-chefe *m, f*

Chemie [çe'mi:] *f kein pl* química *f*

Chemiefaser *f* <-n> fibra *f* sintética

Chemikalie [çemi'ka:liə] *f* <-n> produto *m* químico

Chemiker(in) ['çe:mikɐ] *m(f)* <-s, - *o* -innen> químico, química *m, f*

Cheminée *nt* <-s, -s> (*schweiz*) chaminé *f*

chemisch *adj* químico; **~e Reinigung** limpeza *f* a seco

Chemotherapie [çemotera'pi:] *f* <-n> (MED) quimioterapia *f*

Chicorée *f kein pl* endiva *f,* endívia *f*

Chiffre ['ʃɪfrə] *f* <-n> ① (*Ziffer*) cifra *f,* código *m* ② (*in Zeitung*) número *m*

Chile ['çi:le, 'tʃi:le] *nt* <-s> *kein pl* Chile *m*

China *nt* <-s> *kein pl* China *f*

Chinese(in) *m(f)* <-n, -n *o* -innen> chinês, chinesa *m, f*

chinesisch *adj* chinês

Chip [tʃɪp] *m* <-s, -s> ① (INFOR) chip *m,* pastilha *f* ② (*Spielmarke*) ficha *f*

Chipkarte *f* (ELEK, INFORM) cartão *m* electrónico

Chips *pl* batatas *fpl* fritas

Chirurg(in) [çi'rʊrk] *m(f)* <-en, -en *o* -innen> cirurgião, cirurgiã *m, f*

Chirurgie [çirʊr'gi:] *f kein pl* cirurgia *f*

chirurgisch *adj* cirúrgico; **~er Eingriff** operação *f* cirúrgica

Chlor [klo:ɐ] *nt* <-s> *kein pl* cloro *m*

Chloroform *nt* <-s> *kein pl* (CHEM) clorofórmio *m*

Chlorophyll *nt* <-s> *kein pl* clorofila *f*

Cholera ['ko:lera, 'kɔləra] *f kein pl* (MED) cólera *f*

cholerisch *adj* irascível; (MED) colérico

Cholesterin [kolɛste'ri:n] *nt* <-s> *kein pl* colesterol *m*

Chor [ko:ɐ] *m* <-(e)s, Chöre> (*a* ARCHIT) coro *m;* **im ~ singen** cantar no coro

Choral *m* <-s, Choräle> coral *m*

Choreograf(in) *m(f)* <-en, -en *o* -innen>, **Choreograph(in)** *m(f)* <-en, -en *o* -innen> coreógrafo, coreógrafa *m, f*

Choreographie *f* <-, -n> *s.* **Choreografie** coreografia *f*

Christ(in) [krɪst] *m(f)* <-en, -en *o* -innen>

cristão, cristã *m, f*

Christbaum *m* <-(e)s, -bäume> árvore *f* de Natal

christdemokratisch *adj* democrata-cristão

Christenheit *f kein pl* Cristandade *f*

Christentum *nt* <-s> *kein pl* Cristianismo *m*

Christkind *nt* <-(e)s> *kein pl* Menino *m* Jesus

christlich *adj* cristão

Christus ['krɪstʊs] *m* <-> *kein pl* Cristo *m;* **im Jahr(e) 300 vor ~** no ano 300 antes de Cristo

Chrom [kro:m] *nt* <-s> *kein pl* cromo *m*

Chromosom [kromo'zo:m] *nt* <-s, -en> (BIOL) cromossoma *m*

Chronik ['kro:nɪk] *f* <-en> crónica *f*

chronisch *adj* crónico

Chronologie *f* <-n> cronologia *f*

chronologisch [krono'lo:gɪʃ] *adj* cronológico

Chrysantheme *f* <-n> crisântemo *m*

Cidre *m* <-s> *kein pl* cidra *f*

circa ['tsɪrka] *adv* cerca de, aproximadamente

clever *adj* esperto

Clinch [klɪntʃ] *m* <-(e)s> *kein pl* (*umg*) disputa *f*

Clique ['klɪkə] *f* <-n> (*Freundeskreis*) malta *f,* pessoal *m;* (*brasil*) turma *f*

Clou [klu:] *m* <-s, -s> (*umg*) atracção *f* principal

Clown [klaʊn] *m* <-s, -s> palhaço *m*

Club [klʊp] *m* <-s, -s> clube *m*

Coach *m* <-(s), -s> treinador *m*

Cockpit ['kɔkpɪt] *nt* <-s, -s> (AERO) cockpit *m,* carlinga *f*

Cocktail ['kɔktɛɪl] *m* <-s, -s> cocktail *m*

Cocktailbar *f* cocktail bar *m*

Code [ko:t] *m* <-s, -s> código *m,* chave *f*

Cognac® *m* <-s, -s> conhaque *m,* brandy *m*

Coiffeur, Coiffeuse *m, f* <-s, -e *o* -n> (*schweiz*) cabeleireiro, cabeleireira *m, f*

Coiffeursalon *m* <-s, -s> (*schweiz*) salão *m* de cabeleireiro

Collage [kɔ'la:ʒə] *f* <-n> colagem *f*

Comeback [kam'bɛk], **Come-back** *nt* <-(s), -s> regresso *m;* **ein ~ feiern** festejar um regresso

Comic ['kɔmɪk] *m* <-s, -s> banda *f* desenhada

Compact Disc [kɔm'paktdɪsk] *f* <-s> *s.* **Compactdisc** compact disc *m;* (*brasil*) disco *m* laser

Computer [kɔm'pju:tɐ] *m* <-s, -> computador *m*

Computerspiel *nt* <-(e)s, -e> jogo *m* de computador

Computertomographie *f* <-n> tomografia *f* computorizada

Confiserie *f* <-n> (*schweiz*) confeitaria *f,* pastelaria *f*

Container [kɔn'te:nɐ] *m* <-s, -> contentor *m*

cool [ku:l] *adj* (*umg*) fixe, porreiro, baril

Copyright ['kɔpiraɪt] *nt* <-s, -s> direitos *mpl* de autor

Cord [kɔrt] *m* <-(e)s, -e> bombazine *f*

Cordhose *f* <-n> calças *fpl* de bombazine

Corner *m* <-, -> (SPORT: *österr, schweiz*) canto *m*

Cornflakes^{RR} *pl* cornflakes *mpl,* flocos *mpl* de cereais

Couch [kaʊtʃ] *f* <-, -en> sofá *m,* divã *m*

Countdown ['kaʊnt'daʊn], **Count-down** *m* <-s, -s> contagem *f* decrescente

Coupé *nt* <-s, -s> (*österr*) compartimento *m;* (*Kutsche*) cupé *m*

Coupon [ku'põ:] *m* <-s, -s> cupão *m*

Courage *f kein pl* (*umg*) coragem *f*

Cousin(e) [ku'zɛ̃:] *m(f)* <-s, -s *o* -n> primo, prima *m, f*

Cousine *f* <-n> *s.* **Kusine**

Cover ['kavɐ] *nt* <-s, -> capa *f*

Cowboy ['kaʊbɔɪ] *m* <-s, -s> cowboy *m,* vaqueiro *m*

Crack *m* <-s, -s> ❶ (SPORT) craque *m* ❷ (*Rauschgift*) crack *m*

Crawl *nt* <-s> *kein pl s.* **Kraul**

crawlen ['kraʊlən] *vi s.* **kraulen II**

Creme *f* <-s> (*a* KOCHK) creme *m*

Crew [kru:] *f* <-s> (NAUT) tripulação *f*

Croissant [kroa'sɔ̃:] *nt* <-s, -s> croissant *m*

Curry *nt* <-s, -s> caril *m*

Cursor ['kœ:zɐ] *m* <-s, -> cursor *m*

Cutter(in) ['katɐ] *m(f)* <-s, - *o* -innen> montador, montadora *m, f*

Cyberspace ['saɪbɐspɛɪs] *m* <-> *kein pl* (INFOR) ciberespaço *m*

Dd

D *nt* <-, -> ❶ (*Buchstabe*) D, d *m* ❷ (MUS) ré *m*

da [da:] **I.** *adv* (*dort*) aí, ali, lá; (*hier*) aqui, cá; **~ bin ich** cá estou eu; **~ sein** estar presente; **wer ist noch ~?** quem está aí?; **ist noch Kaffee ~?** ainda há café?; **hier und ~** aqui e ali; **~, wo** lá onde; **~ haben wir es!** ora aí está!; (*temporal*) então; **von ~ an/ab** a partir de aí, de aí em diante, desde então **II.** *konj* como, já que, visto que; **~ er sich für Jazz interessiert, verbringt er die Ferien in New York** como ele se interessa por jazz, passa as férias em Nova Iorque

da|behalten* *vt irreg* ficar com

dabei [da'baɪ, 'da:baɪ] *adv* ❶ (*räumlich*) junto, ao pé ❷ (*bei dieser Sache*) nisso, com isso; (*anwesend*); **~ sein** estar presente; (*beteiligt*) fazer parte (de), tomar parte (em); **das Schwierige ~ ist ...** o problema aí é que ...; **was ist schon ~?** que tem isso?; **es ist doch nichts ~, wenn ...** não tem mal nenhum, se ...; **es bleibt ~** fica combinado ❸ (*gleichzeitig*) ao mesmo tempo; **ich bin gerade ~, die Adresse zu suchen** estou a procurar o endereço; **er war gerade ~, zu gehen** ele ia mesmo a sair ❹ (*obgleich*) embora, apesar de

dabei|haben *vt irreg* (*umg*) ter (consigo), trazer (consigo); **ich habe kein Geld dabei** não tenho dinheiro (comigo)

dabei|seinALT *vi irreg s.* **dabei 2, 3**

da|bleiben *vi irreg* ficar

Dach [dax] *nt* <-(e)s, Dächer> telhado *m*; **ein/kein ~ über dem Kopf haben** (não) ter onde morar; **etw unter ~ und Fach bringen** concluir a. c.

Dachboden *m* <-s, -böden> sótão *m*, águas-furtadas *fpl*

Dachdecker(in) *m(f)* <-s, - *o* -innen> telhador, telhadora *m, f*

Dachgarten *m* <-s, -gärten> terraço *m*

Dachgepäckträger *m* <-s, -> porta-bagagem *m* de tejadilho

DachgeschossRR *nt* <-es, -e> sótão *m*, águas-furtadas *fpl*

Dachkännel *m* <-s, -> (*schweiz*) caleira *f*

Dachluke *f* <-n> clarabóia *f*

Dachrinne *f* <-n> caleira *f*

Dachs [daks] *m* <-es, -e> texugo *m*

dachte ['daxtə] *imp von* **denken**

Dachverband *m* <-es, -bände> organização *f* de cúpula

Dachziegel *m* <-s, -> telha *f*

Dackel ['dakəl] *m* <-s, -> cão *m* salsicha

dadurch ['da:dʊrç] *adv* ❶ (*räumlich*) por aí, por ali ❷ (*so*) assim, desse modo, desta maneira; (*mittels*) com isto/isso; (*deshalb*) por isso; **~, dass ...** pelo fa(c)to de ...

DaF *abk v* **Deutsch als Fremdsprache** alemão como língua estrangeira

dafür *adv* para isto, para isso; (*anstatt*) em vez disso; (*Tausch*) em troca, em compensação; **~ sein** ser a favor (de); **ich kann nichts ~** eu não tenho culpa disso; **~, dass ...** atendendo a que ...

dagegen ['da:ge:gən, da'ge:gən] *adv* ❶ (*räumlich, ablehnend*) contra isso/isto; **~ sein** ser contra, opor-se; **ich habe nichts ~** não tenho nada contra isso; **~ kann man nichts tun** contra isso não há nada a fazer ❷ (*im Vergleich damit*) em comparação com isso; (*im Gegensatz*) pelo contrário, por outro lado

daheim [da'haɪm] *adv* ❶ (*reg, österr, schweiz: zu Hause*) em casa, lá em casa; **~ sein** estar em casa ❷ (*reg, österr, schweiz: in Land*) no (seu) país, na (sua) terra; **bei mir ~** lá na minha terra

daher ['da:he:ɐ, da'he:ɐ] *adv* ❶ (*räumlich*) daí, dali, de lá ❷ (*Ursache*) daí, por isso; **von ~** portanto, daí que

daher|bringen *vt irreg* (*österr*) trazer

daher|reden *vi* (*umg*) **dumm ~** dizer asneiras

dahin ['da:hɪn, da'hɪn] *adv* ❶ (*räumlich*) para ali, para lá, para aí; **meine Meinung geht ~, dass ...** a minha opinião é que ... ❷ (*so weit*) a tal ponto; **es ist ~ gekommen, dass ...** chegou a tal ponto que ... ❸ (*zeitlich*) **bis ~** até lá

dahingestellt [-'---] *adj* **etw ~ sein lassen** deixar a. c. (em aberto); **das bleibt ~** isso fica em aberto

dahinten [da'hɪntən] *adv* (lá) atrás; (*in Raum*) (lá) ao fundo

dahinter [da'hɪntɐ] *adv* atrás, por trás

dahinter|kommen *vt irreg* (*entdecken*) descobrir; (*verstehen*) perceber

dahinter|stecken *vt irreg* **da steckt etwas ~**

ali há coisa, aí há gato

Dahlie *f* <-n> dália *f*

Daktylo *f* <-s> (*schweiz*) da(c)tilógrafa *f*

da|lassen *vt irreg* (*umg*) deixar (aí); **Sie können Ihre Tasche ~** pode deixar (aí) a sua carteira

damalig *adj* desse tempo, de então; **die ~e Umweltministerin** a então ministra do ambiente

damals ['da:ma:ls] *adv* nesse tempo, naquele tempo

Damast *m* <-(e)s, -e> damasco *m*

Dame *f* <-n> ① (*Frau*) senhora *f*; **meine ~n und Herren** minhas senhoras e meus senhores ② (*Brettspiel*) damas *fpl*; (*Spielkarte*) dama *f*; (*im Schach*) rainha *f*

Damenbinde *f* <-n> penso *m* higiénico

Damenfahrrad *nt* <-(e)s, -räder> bicicleta *f* de senhora

damenhaft *adj* senhoril

Damentoilette *f* <-n> casa-de-banho *f* das senhoras

Damespiel *nt* <-(e)s, -e> jogo *m* das damas

damisch *adj* (*umg*) estúpido

damit ['da:mɪt, da'mɪt] **I.** *adv* com isto, com isso; **was meinst du ~?** que queres dizer com isso?; **das hat gar nichts ~ zu tun** não tem nada a ver com isso; **hör endlich auf ~!** acaba já com isso!; **wie wäre es ~, im Urlaub nach Brasilien zu fliegen?** que tal se fossemos de férias para o Brasil? **II.** *konj* para, a fim de; **er beeilt sich, ~ er nicht zu spät kommt** ele apressa-se para não chegar atrasado

dämlich *adj* (*umg*) estúpido, bronco

Damm [dam] *m* <-(e)s, Dämme> ① (*Deich*) dique *m*; (*Staudamm*) barragem *f* ② (*Bahndamm*) aterro *m*

dämmerig *adj* crepuscular

dämmern *vi* ① (*morgens*) amanhecer, alvorecer; (*abends*) anoitecer, escurecer ② (*umg: klarwerden*) ficar claro; **es dämmert mir** começo a entender

Dämmerung *f* <-en> crepúsculo *m*; (*morgens*) alvorada *f*, amanhecer *m*; (*abends*) lusco-fusco *m*, anoitecer *m*

Dämon *m* <-s, -en> demónio *m*

dämonisch *adj* demoníaco

Dampf [dampf] *m* <-(e)s, Dämpfe> vapor *m*; (*umg*); **~ dahinter machen** dar um empurrão a a. c.; (*umg*); **~ ablassen** desabafar

Dampfbad *nt* <-(e)s, -bäder> banho *m* de vapor, banho *m* turco

Dampfbügeleisen *nt* <-s, -> ferro *m* (de engomar) a vapor

dampfen ['dampfən] *vi* fumegar, deitar fumo

dämpfen *vt* ① (KOCHK) estufar ② (*Schall*) abafar; (*Stimme*) baixar; (*Licht*) reduzir ③ (*Stoß*) amortecer; (*Schmerz*) atenuar, abrandar; (*Ärger*) reprimir

Dampfer ['dampfɐ] *m* <-s, -> barco *m* a vapor; (*umg*); **auf dem falschen ~ sein** estar enganado

Dämpfer *m* <-s, -> (MUS) surdina *f*; (*umg*); **jdm einen ~ aufsetzen** reprimir alguém

Dampfkochtopf *m* <-(e)s, -töpfe> panela *f* de pressão

Dampflokomotive *f* <-n> locomotiva a vapor *f*

Dampfmaschine *f* <-n> máquina *f* a vapor

Dampfwalze *f* <-n> cilindro *m* a vapor (para compressão de pavimentos)

danach ['da:na:x, da'na:x] *adv* ① (*zeitlich*) depois, a seguir; (*später*) mais tarde ② (*gemäß*) segundo isso, de acordo com isso; **er sieht ~ aus** ele tem cara disso ③ (*nach dieser Sache*) por isto; **sehen Sie bitte ~!** tome conta disto!, olhe por isto!

Däne(in) *m(f)* <-n, -n *o* -innen> dinamarquês, dinamarquesa *m, f*

daneben [da'ne:bən, 'da:ne:bən] *adv* ① (*räumlich*) ao lado, ao pé, junto (de); **sie wohnt direkt ~** ela mora mesmo ao lado ② (*im Vergleich*) em comparação ③ (*außerdem*) além disso

daneben|benehmen* *vr* **sich ~** *irreg* (*umg*) perder a linha

daneben|gehen [-'----] *vi irreg* ① (*Schuss*) falhar (o alvo) ② (*Plan*) falhar, fracassar

Dänemark *nt* <-s> *kein pl* Dinamarca *f*

dänisch *adj* dinamarquês

dank [daŋk] *präp +gen/dat* graças a

Dank *m* <-(e)s> *kein pl* agradecimento *m*; **jdm ~ schulden** agradecer a alguém; **zum ~ für ...** como agradecimento por ...; **vielen/besten ~** muito obrigado; **Gott sei ~** graças a Deus

dankbar *adj* ① (*Mensch*) agradecido (*für* por), grato (*für* por) ② (*Aufgabe*) gratificante

Dankbarkeit *f* <-> *kein pl* gratidão *f*; **aus ~ für ...** como gratidão por ...

danke *interj* (*Mann*) obrigado; (*Frau*) obrigada; **~ schön!** muito obrigado , -a! *m;*

nein ~ não, obrigado , -a *m*

danken *vi* agradecer; **jdm für etw** ~ agradecer a. c. a alguém; **ich danke für Ihre Einladung** eu agradeço o seu convite; **nichts zu ~!** de nada!, não tem de quê!

Dankeschön *nt* <-s> *kein pl* muito obrigado *m*

Danksagung *f* <-en> a(c)ção de graças *f*

dann [dan] *adv* ❶ (*danach*) depois; (*Zeitpunkt*) então; **erst die Arbeit, ~ das Vergnügen** primeiro o trabalho, depois o prazer; **~ und wann** de vez em quando; **bis ~!** até lá! ❷ (*außerdem*) além disso; **~ wollte sie noch wissen ...** além disso ela ainda queria saber ... ❸ (*unter diesen Umständen*) mesmo; **selbst ~, wenn er käme** mesmo que ele viesse; **~ eben nicht!** então, não!

daran [da'ran, 'da:ran] *adv* nisso, nisto, a isso, a isto; **dicht/nahe ~** pegado (a isso/isto); **im Anschluss ~** a seguir a isso; **ich komme nicht ~** não chego lá; **sich ~ machen** meter mãos à obra; **er ist ~ gestorben** ele morreu disso; **es liegt ~, dass ...** é porque ...; **ihr liegt viel ~** isso tem muita importância para ela

daran|machen [-'---] *vr* **sich ~** (*umg*) começar (*zu* a), pôr-se (*zu* a)

daran|setzen [-'---] *vt* **wir müssen alles ~, um ...** temos de fazer os possíveis para ...

darauf ['da:raʊf, da'raʊf] *adv* ❶ (*räumlich*) em [*o* por] cima, sobre ❷ (*zeitlich*) depois, em seguida, a seguir; **ein Jahr ~** um ano depois; **am Tag ~** no dia seguinte ❸ (*auf dieses*) isso; **das kommt ~ an** isso é conforme, isso depende; **es kommt ~ an, ob ...** depende se ...; **ich bin ~ vorbereitet** estou preparado para isso; **ich komme nicht ~** não consigo lembrar-me, não me recordo; **wie kommen Sie ~?** onde é que foi buscar essa ideia?, a que propósito vem isso?

darauffolgend *adj* seguinte; **der ~ folgende Tag** o dia seguinte

daraufhin ['---] *adv* ❶ (*danach*) a seguir ❷ (*infolgedessen*) por conseguinte

daraus ['da:raʊs, da'raʊs] *adv* ❶ (*räumlich*) daí, daqui ❷ (*Material, Konsequenz*) disto, disso; **was ist ~ geworden?** em que ficou isso?; **~ folgt, dass ...** daí resulta que ...; (*umg*); **ich mache mir nichts ~** isso não me importa

Darbietung *f* <-en> representação *f*

darin ['da:rɪn, da'rɪn] *adv* ❶ (*räumlich*) lá dentro ❷ (*in dieser Beziehung*) nisso, nisto; **~ irren Sie sich** nisso está enganado

dar|legen ['da:ɐle:gən] *vt* (*Ansichten, Plan*) explicar; (*Gründe*) expor

Darlehen ['da:ɐle:ən] *nt* <-s, -> empréstimo *m;* **ein ~ aufnehmen** pedir um empréstimo

Darm [darm] *m* <-(e)s, Därme> intestino *m*

Darminfektion *f* <-en> infe(c)ção intestinal *f*

dar|stellen ['da:ɐʃtɛlən] *vt* ❶ (*abbilden, bedeuten*) representar; **der Flug zum Mars stellt einen großen Fortschritt dar** a viagem a Marte representa um grande avanço ❷ (*schildern*) expor; (*beschreiben*) descrever ❸ (*Rolle*) interpretar

Darsteller(in) *m(f)* <-s, - *o* -innen> a(c)tor, a(c)triz *m, f*

Darstellung *f* <-en> ❶ (*Abbildung*) representação *f* ❷ (*Schilderung*) exposição *f;* (*Beschreibung*) descrição *f* ❸ (*im Theater*) representação *f*

darüber *adv* ❶ (*räumlich*) por cima, em cima ❷ (*in Bezug auf*) sobre isso, a esse respeito, acerca disso; **~ würde ich gerne mehr wissen** eu gostava de saber mais sobre isso ❸ (*mehr*) mais, daí para cima; **~ hinaus** para além disso ❹ (*währenddessen*) entretanto; **~ verging die Zeit** entretanto o tempo passou

darüber|stehen *vi irreg* (*fig*) estar acima disso

darum ['da:rʊm, da'rʊm] *adv* ❶ (*räumlich*) à [*o* em] volta, ao [*o* em] redor; **ein Innenhof mit einigen Zimmern ~** um pátio com alguns quartos à volta ❷ (*deshalb*) por isso, por esse motivo, por causa disso ❸ (*um diese Sache*) **es geht ~, dass ...** trata-se de ...; **ich bitte dich ~** peço-te

darunter ['da:rʊntɐ, da'rʊntɐ] *adv* ❶ (*räumlich*) debaixo, por baixo ❷ (*dazwischen*) entre (eles), pelo meio; **es waren viele Kinderbücher ~** entre eles havia muitos livros infantis, havia pelo meio muitos livros infantis ❸ (*weniger*) daí para baixo, menos; **12 Jahre und ~** 12 anos e menos

Darwinismus *m* <-> *kein pl* darwinismo *m*

das [das] **I.** *art* o, a; **~ Brot/Haus** o pão/a casa **II.** *pron dem* isto, isso, aquilo; **~ ist es!** é isso mesmo! **III.** *pron* que, o qual, a qual; **~, was** aquilo que, o que

da|sein[ALT] *vi irreg s.* **da I**

Dasein *nt* <-s> *kein pl* ❶ (*Leben*) vida *f*

D

❷ (*Vorhandensein*) existência *f* ❸ (*Anwesenheit*) presença *f*

dasjenige ['dasje:nɪgə] *pron dem* o, a; (*weiter entfernt*) aquele, aquela

dassRR [das] *konj*, **daß**ALT *konj* que; **ohne ~** sem que; **so ~** de modo a; **unter der Bedingung, ~** na condição de; **nicht ~ ich wüsste** que eu saiba, não; **~ du nur nicht alles Geld ausgibst!** vê lá se não gastas o dinheiro todo!

dasselbe [das'zɛlbə] *pron dem* o mesmo, a mesma coisa

da|stehen *vi irreg* estar alí/aí; **gut ~** prosperar; **dumm ~** ficar com cara de parvo

Datei [da'taɪ] *f* <-en> (INFOR) ficheiro *m*

Dateiname *m* <-ns, -n> (INFOR) nome *m* do ficheiro

Daten ['da:tən] *pl* ❶ *pl von* **Datum** ❷ (*Angaben*) dados *mpl*, fa(c)tos *mpl*, elementos *mpl*; **technische ~** dados *mpl* técnicos ❸ (INFOR) dados *mpl*

Datenautobahn *f* <-en> (INFOR) auto-estrada *f* informática

Datenbank *f* <-en> (INFOR) banco *m* de dados

Datenbasis *f* <-basen> (INFOR) base *f* de dados

Datenerfassung *f* <-en> levantamento *m* de dados, recolha *f* de dados

Datenschutz *m* <-es> *kein pl* prote(c)ção *f* de dados

Datenträger *m* <-s, -> (INFOR) suporte *m* de dados, suporte *m* informático

Datentypist(in) *m(f)* <-en, -en *o* -innen> operador , operadora *m, f* de registo de dados

Datenverarbeitung *f* <-> *kein pl* (INFOR) processamento *m* de dados; **elektronische ~** processamento *m* electrónico de dados

datieren* *vt* pôr a data (*auf* em)

Dativ ['da:ti:f] *m* <-s, -e> (LING) dativo *m*

Dattel ['datəl] *f* <-n> tâmara *f*

Datum ['da:tʊm] *nt* <-s, Daten> data *f*; **mit ~ vom 20. Mai** com a data de 20 de Maio; **welches ~ haben wir heute?** qual é a data de hoje?, quantos são hoje?

Dauer ['daʊɐ] *f kein pl* duração *f*; (*gewisse Zeitspanne*) período *m*; **auf die ~** a longo prazo

Dauerauftrag *m* <-(e)s, -träge> ordem *f* permanente de transferência

dauerhaft *adj* durável, constante

Dauerkarte *f* <-n> passe *m*

Dauerlauf *m* <-(e)s, -läufe> (SPORT) corrida *f* de resistência

dauern ['daʊɐn] *vi* durar; (*lange*) demorar; **es dauert nicht lange** não demora muito; **es hat sehr lange gedauert, bis er ...** demorou muito até ele ...

dauernd ['daʊɐnt] *adj* contínuo, permanente

Dauerregen *m* <-s> *kein pl* chuva *f* contínua

Dauerwelle *f* <-n> permanente *f*

Dauerwurst *f* <-würste> salsicha *f* defumada

Dauerzustand *m* <-(e)s, -stände> estado *m* permanente

Daumen ['daʊmən] *m* <-s, -> polegar *m*; (*umg*); **jdm die ~ drücken** fazer figas por alguém; (*umg*); **über den ~ gepeilt** por alto

Daune *f* <-n> penugem *f*

Daunendecke *f* <-n> edredão *m* de penas

davon ['da:fɔn, da'fɔn] *adv* ❶ (*Entfernung*) daí, dali; **nur wenige Meter ~ entfernt** apenas a poucos metros dali; **er ist auf und ~** ele pisgou-se, ele fugiu ❷ (*Anteil*) disso, disto; **die Hälfte ~** a metade ❸ (*Angelegenheit, Grund*) disso; **ich weiß nichts ~** eu não sei de nada; **was habe ich ~?** o que é que eu ganho com isso?; **das kommt ~!** ora aí tens o resultado!

davonkommen *vi irreg* escapar, livrar-se, safar-se; **mit dem Schrecken ~** apanhar um valente susto

davonlaufen *vi irreg* fugir (*vor* de), escapar (*vor* de); **es ist zum Davonlaufen!** é de fugir!

davontragen *vt irreg* ❶ (*Dinge*) levar ❷ (*Schaden, Verletzung*) sofrer ❸ (*geh: Sieg*) conseguir

davor ['da:fo:ɐ, da'fo:ɐ] *adv* ❶ (*räumlich*) em frente, à frente ❷ (*zeitlich*) antes, anteriormente; **das Jahr ~** o ano anterior ❸ (*in Hinblick auf*) disso; **sie hat keine Angst ~** ela não tem medo disso

dazu ['da:tsu, da'tsu:] *adv* ❶ (*Angelegenheit*) em relação a isso, acerca disso, sobre isso; **~ wurde nichts gesagt** nada foi dito acerca disso; **wie kommt er ~?** quem lhe deu o direito?; **~ fähig sein** ser capaz disso ❷ (*zu diesem Zweck*) para isso; **~ ist er noch zu jung** ele ainda é muito novo para isso ❸ (*zusätzlich*) além disso, com isso; **sie trinkt ein Glas Wein ~** ela bebe um copo de vinho com isso; **und ~ noch** e ainda por cima

dazugehören* *vi* fazer parte (*zu* de), pertencer (*zu* a)

dazugehörig *adj* correspondente

dazukommen *vi irreg* ① (*ankommen*) chegar ② (*zusätzlich sein*) acrescer (*zu* a), juntar-se (*zu* a); **dazu kommt, dass alles sehr teuer ist** acresce que é tudo muito caro

dazutun *vt irreg* juntar (*zu* a), acrescentar (*zu* a)

dazwischen ['da:tsvɪʃən, da'tsvɪʃən] *adv* ① (*räumlich*) no meio ② (*zeitlich*) (no) entretanto, nesse meio tempo

dazwischenkommen *vi irreg* intervir, interpor-se; **wenn nichts dazwischenkommt** se não surgir um impedimento; **es ist etwas dazwischengekommen** surgiu um contratempo, surgiu um imprevisto

dazwischenreden *vi* interromper (a conversa)

DB [de:'be:] *abk v* **Deutsche Bahn** caminhos-de-ferro alemães

DDR [de:de:'ʔɛr] (HIST) *abk v* **Deutsche Demokratische Republik** RDA (= *República Democrática Alemã*)

DDR-Bürger(in) *m(f)* <-s, - *o* -innen> (HIST) cidadão da RDA, cidadã *m, f*

dealen *vi* ~ **mit** traficar

Dealer(in) *m(f)* <-s, - *o* -innen> narcotraficante *m,f,* passador, passadora *m, f*

Debakel *nt* <-s, -> (*geh*) ruína *f*

Debatte [de'batə] *f* <-n> debate *m,* discussão *f;* **etw zur ~ stellen** trazer a. c. a debate; **zur ~ stehen** estar em debate

debil *adj* atrasado mental, débil mental

Debüt *nt* <-s, -s> estreia *f*

Deck [dɛk] *nt* <-(e)s, -s> (NAUT) convés *m*

Deckbett *nt* <-(e)s, -en> ① (*Bettdecke*) edredão *m* ② (*schweiz: Bettbezug*) roupa *f* de cama

Decke ['dɛkə] *f* <-n> ① (*Wolldecke*) manta *f;* (*Tagesdecke*) coberta *f,* colcha *f;* (*Bettdecke*) cobertor *m;* (*umg*); **mit jdm unter einer ~ stecken** conspirar com alguém, ser cúmplice de alguém ② (*Tischdecke*) toalha *f* ③ (*Zimmerdecke*) te(c)to *m*

Deckel ['dɛkəl] *m* <-s, -> ① (*von Gefäß*) tampa *f* ② (*von Buch*) capa *f*

decken ['dɛkən] *vt* ① (*bedecken*) cobrir; (*mit Deckel*) tapar; **den Tisch ~** pôr a mesa ② (*Bedarf*) satisfazer ③ (*Kosten*) cobrir ④ (*Verbrechen*) encobrir

Deckmantel *m* <-s, -mäntel> pretexto *m*

Deckname *m* <-ns, -n> pseudónimo *m,* nome *m* falso

Deckung ['dɛkʊŋ] *f kein pl* ① (SPORT) defesa *f;* **in ~ gehen** abrigar-se ② (*eines Schecks*) cobertura *f;* **die ~ des Bedarfs** a satisfação das necessidades

Decoder [di'kɔʊdɐ] *m* <-s, -> descodificador *m*

defekt [de'fɛkt] *adj* avariado

Defekt *m* <-(e)s, -e> ① (MED) deficiência *f,* malformação *f* ② (*von Maschine*) avaria *f*

defensiv [defɛn'zi:f] *adj* defensivo

Defensive [defɛn'zi:və] *f* <-n> defensiva *f;* **in der ~ sein** estar na defensiva

definieren* *vt* definir

Definition [defini'tsjo:n] *f* <-en> definição *f*

definitiv [defini'ti:f] *adj* definitivo

Defizit ['de:fitsɪt] *nt* <-s, -e> (WIRTSCH) défice *m,* deficit *m*

deftig ['dɛftɪç] *adj* ① (*Mahlzeit*) forte, pesado ② (*Spaß*) grande

Degen ['de:gən] *m* <-s, -> espada *f*

degenerieren* *vi* degenerar

degradieren* *vt* (MIL) degradar (*zu* a)

dehnbar ['de:nba:ɐ] *adj* elástico, extensível

dehnen ['de:nən] **I.** *vt* ① (*Material*) estender, esticar; (*in die Länge*) alongar; (*in die Breite*) alargar ② (*Laut*) alongar **II.** *vr* **sich ~** ① (*Material*) dilatar(-se) ② (*zeitlich*) estender-se, alongar-se ③ (*sich erstrecken*) estender-se

Dehnung *f* <-en> (*eines Lautes*) alongamento *m*

Deich [daɪç] *m* <-(e)s, -e> dique *m*

Deichsel ['daɪksəl] *f* <-n> lança *f*

deichseln *vt* (*umg*) arranjar, conseguir fazer

dein *pron poss* (*adjektivisch*) o teu, a tua; **~ Mantel/Buch** o teu casaco/livro; **~e Bluse** a tua blusa; (*im Brief*); **~ Niklas/~e Tabea** (o) teu Niklas/(a) tua Tabea

deine(r, s) *pron poss* (*substantivisch*) o teu, a tua; **der Mantel/das Buch dort, ist das ~r/~s?** o casaco/livro ali, é o teu?

deiner *pron pess gen von* **du** de ti; **wir werden ~ gedenken** pensaremos em ti

deinerseits ['daɪnɐzaɪts] *adv* por teu lado, pela tua parte

deinesgleichen ['daɪnəs'glaɪçən] *pron indef* teus/tuas semelhantes

deinetwegen *adv* por ti; (*negativ*) por tua causa

dekadent [deka'dɛnt] *adj* decadente

D

Dekadenz *f kein pl* decadência *f*

Dekan(in) *m(f)* <-s, -e *o* -innen> (*einer Universität*) dire(c)tor duma Faculdade, dire(c)tora *m, f*

Deklaration *f* <-en> declaração *f*

deklarieren* *vt* declarar

Deklination [deklina'tsjo:n] *f* <-en> (LING) declinação *f*

deklinieren* *vt* (LING) declinar

dekodieren* *vt* (INFOR) descodificar

Dekolleté *nt* <-s, -s> *s.* **Dekolletee** decote *m*

Dekorateur(in) [dekora'tø:ɐ] *m(f)* <-s, -e *o* -innen> decorador, decoradora *m, f*

Dekoration [dekora'tsjo:n] *f* <-en> decoração *f*

dekorativ [dekora'ti:f] *adj* decorativo

dekorieren* *vt* decorar

Dekret [de'kre:t] *nt* <-(e)s, -e> (JUR) decreto *m*

Delegation [delega'tsjo:n] *f* <-en> delegação *f*

delegieren* *vt* delegar (*an* em)

Delegierte(r) *m/f* <-n, -n *o* -n> delegado, delegada *m, f*

Delfin[RR] *m* <-s, -e> golfinho *m*

delikat [deli'ka:t] *adj* ❶ (*schmackhaft*) delicioso ❷ (*heikel*) delicado, melindroso

Delikatesse [delika'tɛsə] *f* <-n> petisco *m*

Delikt [de'lɪkt] *nt* <-(e)s, -e> (JUR) delito *m*

Delle *f* <-n> (*reg*) mossa *f*, amolgadela *f*

Delphin [dɛl'fi:n] *m* <-s, -e> golfinho *m*

Delta ['dɛlta] *nt* <-s, -s> delta *m*

dem [de(:)m] *art o pron dem dat sing von* **der, das**

Demagoge(in) *m(f)* <-n, -n *o* -innen> demagogo, demagoga *m, f*

Dementi [de'mɛnti] *nt* <-s, -s> desmentido *m*

dementieren* *vt* desmentir

dementsprechend ['de:mʔɛnt'ʃprɛçənt] **I.** *adj* correspondente **II.** *adv* consequentemente

demnach ['--] *adv* logo, portanto, por conseguinte

demnächst *adv* em breve

Demo ['de:mo] *f* <-s> (*umg*) manif *f*

Demokrat(in) [demo'kra:t] *m(f)* <-en, -en *o* -innen> democrata *m,f*

Demokratie [demokra'ti:] *f* <-n> democracia *f*

demokratisch [demo'kra:tɪʃ] *adj* democrático

demolieren* *vt* demolir

Demonstrant(in) [demɔn'strant] *m(f)* <-en, -en *o* -innen> manifestante *m,f*

Demonstration [demɔnstra'tsjo:n] *f* <-en> ❶ (*Kundgebung*) manifestação *f* ❷ (*Beweis*) demonstração *f*

demonstrativ [demɔnstra'ti:f] *adj* demonstrativo

demonstrieren* **I.** *vt* demonstrar, manifestar **II.** *vi* manifestar-se (*gegen* contra, *für* a favor de)

demoralisieren* *vt* desmoralizar

Demoskopie *f* <-n> demoscopia *f*

Demut ['de:mu:t] *f* <-> *kein pl* humildade *f*

demütig *adj* humilde; (*unterwürfig*) submisso

Demütigung *f* <-en> humilhação *f*

demzufolge ['--'--] *adv* por conseguinte, consequentemente

den *akk sing, dat pl von* **der**

denen *dat pl von* **der**

Den Haag *nt* <-s> *kein pl* Haia *f*

denkbar **I.** *adj* concebível, imaginável **II.** *adv* extremamente

denken ['dɛŋkən] *vi* pensar (*an* em); (*vermuten*) crer, julgar; **sich** *dat* **etw ~** imaginar a.c.; **gut/schlecht über jdn ~** pensar bem/mal de alguém; **wie ~ Sie darüber?** o que pensa disto?; **zu ~ geben** dar que pensar; **denk daran!** pensa nisso!; **es ist nicht daran zu ~!** nem pensar nisso!; **~ Sie sich nur!** ora imagine!

Denker(in) *m(f)* <-s, - *o* -innen> pensador, pensadora *m, f*

Denkfähigkeit *f kein pl* capacidade *f* de raciocínio

Denkfehler *m* <-s, -> erro *m*

Denkmal ['dɛŋkma:l] *nt* <-s, -mäler> monumento *m*

Denkmalschutz *m* <-es> *kein pl* defesa *f* do património

Denksportaufgabe *f* <-n> quebra-cabeças *m*

denkwürdig *adj* memorável

Denkzettel *m* <-s, -> lição *f*; **jdm einen ~ verpassen** dar uma lição a alguém

denn [dɛn] **I.** *konj* pois, porque **II.** *adv* então, pois; (*verstärkend*) afinal; **was will er ~?** (afinal) o que é que ele quer?; **es sei ~, dass ...** a não ser que ... +*conj*, a menos que ... +*conj*; **warum ~?** então porquê?; **was ~?** o que é que foi?; **was ist ~ los?** que é que se passa afinal?

dennoch ['dɛnɔx] *adv* contudo, não obstante

Denunziant(in) *m(f)* <-en, -en *o* -innen> denunciante *m,f*

denunzieren* *vt* denunciar; **jdn bei der Polizei ~** denunciar alguém à polícia

Deo ['de:o] *nt* <-s, -s> desodorizante *m;* (*brasil*) desodorante *m*

Deodorant [deodo'rant] *nt* <-s, -s> desodorizante *m,* desodorante *m*

Deoroller *m* <-s, -> desodorizante *m* roll-on, desodorante roll-on *m*

Deospray *m/nt* <-s, -s> spray *m* desodorizante, spray *m* desodorante

Departement *nt* <-s, -s> (*schweiz*) departamento *m*

deplatziert[RR] *adj,* **deplaziert**[ALT] *adj s.* **deplatziert**

deplaziert *adj* deslocado

Deponie [depo'ni:] *f* <-n> lixeira *f*

deponieren* *vt* depositar

Deportation *f* <-en> deportação *f*

deportieren* *vt* deportar

Depot [de'po:] *nt* <-s, -s> ① (*Lager*) depósito *m,* armazém *m* ② (*in Bank*) cofre *m* ③ (*schweiz: Flaschenpfand*) depósito *m*

Depp *m* <-en, -en> (*abw*) idiota *m*

Depression [deprɛ'sjo:n] *f* <-en> (PSYCH) depressão *f*

depressiv *adj* deprimente

deprimieren* *vt* deprimir

der **I.** *art* o, a; **~ Mensch/Baum** o homem/a árvore **II.** *pron dem* este, esse, aquele; (*umg*); **~ war's!** foi ele! **III.** *pron* que, o qual, a qual

derart ['--] *adv* de tal modo, de tal maneira; (*vor Adjektiv*) tão; **~, dass ...** de tal modo que ...

derartig *adj* tal, semelhante

derb [dɛrp] *adj* ① (*Ausdruck, Person*) rude, grosseiro ② (*Leder, Schuhe*) forte, resistente

deren ['de:rən] *gen pl von* **die**

derjenige *pron dem* o, a; (*weiter entfernt*) aquele, aquela; **~, welcher ...** aquele que ...

dermaßen *adv* tanto, de tal modo, de tal maneira; (*vor Adjektiv*) tão

Dermatologe(in) *m(f)* <-en, -en *o* -innen> dermatologista *m,f*

Dermatologie *f* <-> *kein pl* dermatologia *f*

derselbe *pron dem* o mesmo, a mesma coisa

derzeitig *adj* a(c)tual

des [dɛs] *gen sing von* **der, das**

Desaster [de'zastɐ] *nt* <-s, -> desastre *m,* catástrofe *f*

Deserteur *m* <-s, -e> desertor *m*

desertieren* *vi* desertar

desgleichen [dɛs'glaɪçən] *adv* igualmente

deshalb ['--] *adv* por isso, por esse motivo; **gerade ~** por isso mesmo

Design [di'zaɪn] *nt* <-s, -s> desenho *m,* design *m*

Designer(in) *m(f)* <-s, - *o* -innen> desenhador, desenhadora *m, f*

Designerdroge *f* <-n> droga *f* de desenho

desillusionieren* *vt* desiludir

Desinfektion [dezɪnfɛk'tsjo:n] *f* <-en> desinfe(c)ção *f*

Desinfektionsmittel *nt* <-s, -> desinfe(c)tante *m*

desinfizieren* *vt* desinfe(c)tar

Desinteresse ['dɛsʔɪntərɛsə] *nt* <-s> *kein pl* desinteresse *m*

desolat *adj* desolador

desorientiert *adj* desorientado

Despot(in) [dɛs'po:t] *m(f)* <-en, -en *o* -innen> déspota *m,f*

dessen ['dɛsən] *gen sing von* **der, das**

Dessert [dɛ'sɛ:ɐ] *nt* <-s, -s> sobremesa *f*

Dessous [dɛ'su:] *nt* <-, -> roupa *f* interior

destillieren* *vt* destilar

desto ['dɛsto] *konj* tanto; **je mehr, ~ besser** quanto mais, melhor; **~ besser** tanto melhor

destruktiv [destrʊk'ti:f, '---] *adj* destrutivo

deswegen ['dɛs've:gən] *adv* por isso, por essa razão

Detail [de'taɪ] *nt* <-s, -s> pormenor *m,* detalhe *m;* **ins ~ gehen** entrar em pormenores [*o* detalhes]; **im ~** a retalho

detailliert *adj* pormenorizado, detalhado

Detaillist(in) *m(f)* <-en, -en *o* -innen> (*schweiz*) retalhista *m,f*

Detektiv(in) [detɛk'ti:f] *m(f)* <-s, -e *o* -innen> dete(c)tive *m,f*

Detonation [detona'tsjo:n] *f* <-en> detonação *f*

deuten ['dɔɪtən] **I.** *vt* interpretar (*als* como); **etw falsch ~** interpretar mal a. c. **II.** *vi* ① (*zeigen*) apontar (*auf* para) ② (*hinweisen*) **~ auf** indicar; **alles deutet darauf hin, dass ...** tudo indica que ...

deutlich ['dɔɪtlɪç] *adj* claro; (*Unterschrift*) nítido; (*Schrift*) legível; **jdm etw ~ machen** fazer ver a. c. a alguém; **es wurde ~, dass ...** ficou claro que ...

Deutlichkeit *f kein pl* claridade *f;* **etw in aller ~ sagen** falar sem papas na língua

deutsch [dɔɪtʃ] *adj* alemão; **~ sprechen** falar alemão; **~-portugiesisch** luso-alemão

Deutsch(e) *nt* <-(n)> *kein pl* alemão *m;* **auf ~** em alemão

Deutsche(r) *m/f* <-n, -n *o* -n> alemão, alemã *m, f*

Deutschland *nt* <-s> *kein pl* Alemanha *f;* **in/aus ~** na/da Alemanha

deutschsprachig ['dɔɪtʃʃpra:xɪç] *adj* de expressão alemã

Deutung *f* <-en> interpretação *f*

Devise [de'vi:zə] *f* <-n> lema *m,* divisa *f*

Devisen *pl* (WIRTSCH) divisas *fpl*

Dezember [de'tsɛmbɐ] *m* <-s> *kein pl* Dezembro *m; s. a.* **März**

dezent [de'tsɛnt] *adj* decente, discreto

dezentral *adj* descentralizado

Dezernat *nt* <-(e)s, -e> repartição *f,* secção *f* (administrativa)

dezimal *adj* decimal

Dezimalbruch *m* <-(e)s, -brüche> fra(c)ção *f* decimal

Dezimalsystem *nt* <-(e)s> *kein pl* sistema *m* decimal

d. h. *abk v* **das heißt** isto é

Dia ['di:a] *nt* <-s, -s> slide *m,* diapositivo *m*

Diabetes [dia'be:tɛs] *m* <-> *kein pl* (MED) diabetes *f*

Diabetiker(in) [dia'be:tikɐ] *m(f)* <-s, - *o* -innen> diabético, diabética *m, f*

Diagnose [dia'gno:zə] *f* <-n> diagnóstico *m;* **eine ~ stellen** fazer um diagnóstico

diagonal [diago'na:l] *adj* diagonal

Diagonale *f* <-n> diagonal *f*

Diagramm [dia'gram] *nt* <-s, -e> diagrama *m*

Dialekt [dia'lɛkt] *m* <-(e)s, -e> diale(c)to *m*

Dialog [dia'lo:k] *m* <-(e)s, -e> diálogo *m*

Dialyse *f* <-n> (MED) diálise *f*

Diamant [dia'mant] *m* <-en, -en> diamante *m*

Diaphragma *nt* <-s, Diaphragmen> (MED) diafragma *m*

Diapositiv *nt* <-s, -e> diapositivo *m*

Diaprojektor *m* <-s, -en> proje(c)tor *m*

Diät *f* <-en> dieta *f;* **~ halten** fazer dieta

Diäten *pl* gratificações *fpl*

dich [dɪç] *pron pers o akk von* **du** te; (*nach Präposition*) ti; **für ~** para ti

dicht [dɪçt] **I.** *adj* (*Gebüsch*) denso; (*Nebel*) cerrado; (*Verkehr*) intenso; (*Menschenmenge*) compacto; (*undurchlässig*) impermeável; (*luftdicht*) hermético; **nicht ~ sein** deixar passar **II.** *adv* **~ an/bei** muito perto (de), mesmo junto (a); **~ an jdm vorbeigehen** passar rente a alguém; **~ bevölkert** densamente povoado

dichtbevölkertALT *adj s.* **dicht II**

Dichte *f* <-n> densidade *f*

dichten ['dɪçtən] **I.** *vt* (*verfassen*) escrever, compor; (*Leck*) vedar, calafetar **II.** *vi* (LIT) fazer poesia

Dichter(in) *m(f)* <-s, - *o* -innen> poeta, poetisa *m, f*

dichterisch *adj* poético

dicht|halten *vi irreg* (*umg*) guardar segredo, calar-se

dicht|machen *vt* (*umg: Geschäft*) fechar

Dichtung *f* <-en> ❶ (LIT) poesia *f* ❷ (TECH) empanque *m;* (*am Auto*) junta *f*

dick [dɪk] *adj* ❶ (*Mensch*) gordo; (*Mauer*) largo; (*Wand*) grosso; (*Buch*) volumoso, grosso; **~ werden** engordar; **sie sind ~e Freunde** eles são amigos íntimos ❷ (*dickflüssig*) espesso ❸ (*geschwollen*) inchado

Dicke *f* <-n> ❶ (*von Feststoffen*) grossura *f;* (*von Person*) gordura *f* ❷ (*von Flüssigkeiten*) espessura *f*

Dickicht ['dɪkɪçt] *nt* <-s, -e> mata *f,* matagal *m*

Dickkopf *m* <-(e)s, -köpfe> teimoso *m,* cabeçudo *m;* **einen ~ haben** ser teimoso

Dickmilch *f kein pl* leite *m* coalhado

Didaktik [di'daktɪk] *f* <-> *kein pl* didá(c)tica *f*

didaktisch *adj* didá(c)tico

die [di(:)] **I.** *art* o, a; **~ Frau/Sonne** a mulher/o sol **II.** *pron dem* esta, essa, aquela; (*umg*); **~ ist es!** é ela! **III.** *pron* que, o qual, a qual

Dieb(in) [di:p, 'di:bɪn] *m(f)* <-(e)s, -e *o* -innen> ladrão, ladra *m, f*

Diebesgut *nt* <-(e)s> *kein pl* bens furtados *mpl*

diebisch *adj* muito, imenso; **eine ~e Freude** uma enorme alegria; **sich ~ freuen** alegrar-se muito

Diebstahl *m* <-(e)s, -stähle> roubo *m,* furto *m*

diejenige *pron dem* o, a; (*weiter entfernt*) aquele, aquela

Diele ['di:lə] *f* <-n> ❶ (*Brett*) tábua *f,* prancha *f* ❷ (*Vorraum*) hall *m*

dienen ['di:nən] *vi* servir (*als* de, *zu* para); **womit kann ich Ihnen ~?** em que posso servi-lo?; **das dient einem guten Zweck** isso é para um bom fim

Diener(in) *m(f)* <-s, - *o* -innen> criado, criada *m, f*

Dienst [di:nst] *m* <-(e)s, -e> serviço *m;* (*Amt*) função *f;* **öffentlicher ~** serviços *mpl* públicos; **diplomatischer ~** função *f* diplomática; **~ haben/im ~ sein** estar de serviço; **~ habend** de serviço; **außer ~** aposentado, reformado; **jdm einen schlechten ~ erweisen** prejudicar alguém

Dienstag ['di:nsta:k] *m* <-(e)s, -e> terça-feira *f; s. a.* **Montag**

dienstags *adv* à terça-feira

Dienstbote(in) *m(f)* <-n, -n *o* -innen> criado, criada *m, f*

Dienstgeheimnis *nt* <-ses, -se> segredo *m* profissional

Dienstgrad *m* <-(e)s, -e> (MIL) categoria *f*

diensthabendALT ['di:nstha:bənt] *adj s.* **Dienst**

Dienstleistung *f* <-en> prestação *f* de serviços

dienstlich *adj* oficial

Dienstreise *f* <-n> viagem *f* de negócios

Dienststelle *f* <-n> escritório *m,* repartição *f*

Dienstwagen *m* <-s, -> carro *m* de serviço

Dienstweg *m* <-(e)s, -e> via *f* oficial, trâmites legais *mpl;* **auf dem ~** por via oficial, pelos trâmites legais

Dienstwohnung *f* <-en> residência *f* oficial

Dienstzeit *f* <-en> ❶ (*Amtsdauer*) tempo *m* de serviço ❷ (*Arbeitszeit*) horas *fpl* de expediente

diesbezüglich *adj* respe(c)tivo, correspondente

diese(r, s) *pron dem* este, esta; (*weiter entfernt*) esse, essa; **das Festival findet ~ Woche statt** o festival realiza-se esta semana; **am 12. ~s Monats** no dia 12 deste mês; **~r Mann/~ Frau dort** esse senhor/essa senhora

Diesel *m* <-s, -> ❶ (*umg: Motor*) Diesel *m* ❷ *kein pl* (*Kraftstoff*) gasóleo *m*

dieselbe *pron dem* o mesmo, a mesma coisa

diesig ['di:zɪç] *adj* enevoado, nebuloso

diesjährig *adj* deste ano

diesmal *adv* desta vez

diesseits ['di:szaɪts] **I.** *adv* neste lado (*von* de) **II.** *präp +gen* deste lado de

Dietrich ['di:trɪç] *m* <-s, -e> gazua *f,* chave falsa *f*

diffamieren* *vt* difamar

Differentialgetriebe *nt* <-s, -> engrenagem *f* diferencial

Differentialrechnung *f* <-, -en> cálculo *m* diferencial

Differenz [dɪfə'rɛnts] *f* <-en> (MATH) diferença *f* (*zwischen* entre)

Differenzen *pl* desavenças *fpl;* **es kam zu ~ zwischen ihnen** eles tiveram desavenças

Differenzialgetriebe *nt* <-s, -> *s.* **Differentialgetriebe**

Differenzialrechnung *f* <-, -en> *s.* **Differentialrechnung**

differenzieren* *vi* diferenciar (*zwischen* entre)

digital [digi'ta:l] *adj* digital

Digitalanzeige *f* <-n> visor digital *m*

Digitalkamera *f* câmara *f* digital

Digitaluhr *f* <-en> relógio *m* digital

Diktat [dɪk'ta:t] *nt* <-(e)s, -e> ditado *m;* **ein ~ schreiben** fazer um ditado

Diktator [dɪk'ta:to:ɐ] *m* <-s, -en> ditador *m*

diktatorisch *adj* ditatorial

Diktatur [dɪkta'tu:ɐ] *f* <-en> ditadura *f*

diktieren* *vt* ❶ (*Text*) ditar ❷ (*Bedingungen*) impor

Diktiergerät *nt* <-(e)s, -e> dictafone *m*

Dilemma [di'lɛma] *nt* <-s, -s> dilema *m*

Dilettant(in) [dilɛ'tant] *m(f)* <-en, -en *o* -innen> diletante *m,f*

Dill [dɪl] *m* <-s, -e> aneto *m*

dilletantisch *adj* diletante

Dimension [dimɛn'zjo:n] *f* <-en> dimensão *f;* **das Projekt nimmt große ~en an** o proje(c)to está a tomar grandes dimensões

Diminutiv *m* <-s, -e> (LING) diminutivo *m*

Dimmer *m* <-s, -> interruptor *m* regulador de luz

Diner *nt* <-s, -s> (*geh*) banquete *m*

Ding1 [dɪŋ] *nt* <-(e)s, -e> ❶ (*Gegenstand*) obje(c)to *m;* (*Sache*) coisa *f* ❷ (*Angelegenheit*) assunto *m,* coisa *f;* **das geht nicht mit rechten ~en zu** aí há coisa; **den ~en ihren Lauf lassen** deixar correr as coisas; **ein ~ der Unmöglichkeit** uma coisa impossível; **guter ~e sein** estar bem-disposto; **vor allen ~en** antes de mais nada, acima de tudo; **wie die ~e liegen** como as coisas estão, no estado a(c)tual das coisas

Ding2 *nt* <-(e)s, -er> (*umg*) coisa *f;* **was ist**

D

denn das für ein ~? que coisa é essa?; **krumme ~er drehen** fazer negócios escuros

dingfest *adj* **jdn ~ machen** prender alguém

Dingsbums *m/f* <-> *kein pl* (*umg*) o coiso, a coisa

Dingsda *nt* <-> *kein pl* (*Gerät*) coisa *f*, geringonça *f*

Dinosaurier [dino'zaʊriɐ] *m* <-s, -> dinossauro *m*

Diode [di'o:də] *f* <-n> (ELEKTR) diodo *m*

Dioptrie [diɔp'tri:] *f* <-n> dioptria *f*

Dioxin *nt* <-s> *kein pl* (CHEM) dioxina *f*

Diözese *f* <-n> diocese *f*

Diphterie *f* <-n> (MED) difteria *f*

Diphthong [dɪf'tɔŋ] *m* <-s, -e> (LING) ditongo *m*

Diplom [di'plo:m] *nt* <-s, -e> ❶ (*Urkunde*) diploma *m* ❷ (*akademischer Grad*) *grau académico alemão*

Diplomarbeit *f* <-en> *tese que leva ao grau académico «Diplom»*

Diplomat(in) [diplo'ma:t] *m(f)* <-en, -en *o* -innen> diplomata *m,f*

Diplomatie [diploma'ti:] *f* <-> *kein pl* diplomacia *f*

diplomatisch *adj* diplomático

diplomiert *adj* diplomado, licenciado

Diplomingenieur(in) *m(f)* <-s, -e *o* -innen> engenheiro, engenheira *m, f*

dir [di:ɐ] *pron pers o dat von* **du** te; (*nach Präposition*) ti; **mit ~** contigo

direkt [di'rɛkt] **I.** *adj* dire(c)to; (LING); **~e Rede** discurso dire(c)to *m;* **~ am Flughafen** mesmo no aeroporto **II.** *adv* ❶ (*ohne Umweg*) dire(c)tamente, a direito; **wir fahren ~ ins Zentrum** nós vamos dire(c)tamente para o centro ❷ (*Radio, Fernsehübertragung*) em dire(c)to; **das Fußballspiel wird ~ übertragen** o jogo de futebol é transmitido em dire(c)to

Direktion [dirɛk'tsjo:n] *f* <-en> ❶ (*Leitung*) dire(c)ção *f* ❷ (*schweiz: Ministerium*) departamento *m* cantonal

Direktor(in) *m(f)* <-s, -en *o* -innen> dire(c)tor, dire(c)tora *m, f*

Direktorium *nt* <-s, Direktorien> conselho de dire(c)tores *m*

Direktübertragung *f* <-en> transmissão *f* dire(c)ta

Dirigent(in) [diri'gɛnt] *m(f)* <-en, -en *o* -innen> maestro, maestrina *m, f*

dirigieren* *vt* dirigir

Dirndl *nt* <-s, -> *vestido tradicional da Baviera*

Dirne ['dɪrnə] *f* <-n> meretriz *f*, prostituta *f*

Discjockey *m* <-s, -s> disco jockey *m,f*

Disco ['dɪsko] *f* <-s> (*umg*) discoteca *f*

Discountladen *m* <-s, -läden> loja de desconto *f*

Diskette [dɪs'kɛtə] *f* <-n> disquete *f*

Diskettenlaufwerk *nt* <-(e)s, -e> drive *f* de disquetes

Diskjockey *m* <-s, -s> *s.* **Discjockey**

Disko ['dɪsko] *f* <-s> (*umg*) *s.* **Disco**

Diskont *m* <-s, -e> (WIRTSCH) desconto *m*

Diskontsatz *m* <-es, -sätze> (WIRTSCH) taxa de desconto *f*

Diskothek [dɪsko'te:k] *f* <-en> discoteca *f*

Diskrepanz [dɪskre'pants] *f* <-en> discrepância *f* (*zwischen* entre)

diskret [dɪs'kre:t] *adj* discreto

Diskretion [dɪskre'tsjo:n] *f* <-> *kein pl* discrição *f*

diskriminieren* *vt* discriminar

Diskriminierung *f* <-en> discriminação *f*

Diskus *m* <-(ses), -se> (SPORT) disco *m*

Diskussion [dɪskʊ'sjo:n] *f* <-en> discussão *f;* **zur ~ stehen** estar em discussão; **etw zur ~ stellen** trazer a. c. a discussão

diskutieren* *vi* discutir (*mit* com, *über* sobre)

Display [dɪs'plɛɪ] *nt* <-s, -s> (INFOR) display *m*, marcador *m* ele(c)trónico

disponieren* *vi* dispor (*über* de)

Disput [dɪs'pu:t] *m* <-(e)s, -e> disputa *f*

disqualifizieren* *vt* (SPORT) desqualificar

Dissertation [dɪsɛrta'tsjo:n] *f* <-en> dissertação *f*, tese *f* de doutoramento

Dissident(in) *m(f)* <-en, -en *o* -innen> dissidente *m,f*

Distanz [dɪs'tants] *f* <-en> distância *f;* **auf ~ zu jdm gehen** distanciar-se de alguém

distanzieren* *vr* **sich ~** distanciar-se (*von* de), afastar-se (*von* de)

Distel ['dɪstəl] *f* <-n> cardo *m*

distinguiert *adj* (*geh*) distinto

Distrikt *m* <-(e)s, -e> distrito *m*

Disziplin [dɪstsi'pli:n] *f* <-en> ❶ *kein pl* (*Ordnung*) disciplina *f* ❷ (SPORT) modalidade *f*

diszipliniert *adj* disciplinado

Diva ['di:va] *f* <Diven> diva *f*

divers *adj* diverso

Dividende [divi'dɛndə] *f* <-en> dividendo *m*

dividieren* *vt* dividir (*durch* por)

Division [divi'zjo:n] *f* <-en> (MIL) divisão *f*

DJ <-s, -s> *m* (*umg*) disco jóquei, m, DJ *m*

DM (HIST) *abk v* **Deutsche Mark** marco alemão

DNS [de:ʔɛn'ʔɛs] *abk v* **Desoxyribonukleinsäure** ADN (= *ácido desoxiribonucleico*)

doch [dɔx] **I.** *adv* (*dennoch*) contudo; **er kam ~ noch** ele (afinal) sempre veio; (*denn*) pois; (*als Aufforderung, Wunsch*); **kommen Sie ~!** venha lá!; **du weißt ~** tu sabes muito bem; **käme er ~!** quem me dera que ele viesse!; **das ist nicht wahr! - doch!** não é verdade! - é pois!; **nicht ~!** por favor, não! **II.** *konj* (*aber*) mas, porém; **wir warteten zwei Stunden, ~ er kam nicht** nós esperámos duas horas, mas ele não veio

Docht [dɔxt] *m* <-(e)s, -e> pavio *m*, mecha *f*

Dock [dɔk] *nt* <-(e)s, -s> doca *f*

Dogge *f* <-n> dogue *m*

Dogma *nt* <Dogmen> dogma *m*

dogmatisch *adj* dogmático

Doktor(in) ['dɔkto:ɐ] *m(f)* <-s, -en *o* -innen> doutor, doutora *m, f*; **seinen ~ machen** doutorar-se

Doktorand(in) *m(f)* <-en, -en *o* -innen> doutorando, doutoranda *m, f*

Doktorarbeit *f* <-en> tese *f* de doutoramento

Doktorvater *m* <-s, -väter> *professor universitário que orienta a tese de doutoramento*

Dokument [doku'mɛnt] *nt* <-(e)s, -e> documento *m*

Dokumentarfilm *m* <-(e)s, -e> documentário *m*

dokumentarisch *adj* documental

dokumentieren* *vt* documentar

Dolch [dɔlç] *m* <-(e)s, -e> punhal *m*

Dollar ['dɔla:ɐ] *m* <-s, -s> dólar *m*

Dollarkurs *m* <-es, -e> cotação *f* do dólar

dolmetschen ['dɔlmɛtʃən] **I.** *vt* traduzir simultaneamente **II.** *vi* servir de intérprete, fazer tradução simultânea

Dolmetscher(in) *m(f)* <-s, - *o* -innen> intérprete *m,f*

Dom [do:m] *m* <-(e)s, -e> catedral *f*

Domain <-, -s> *f* (INET) domínio *m*

Domäne *f* <-n> ① (*Spezialgebiet*) domínio *m* ② (*Staatsgut*) património *m* do estado

dominant [domi'nant] *adj* dominante

dominieren* *vi* dominar

Domizil *nt* <-s, -e> (*geh*) domicílio *m*, residência *f*

Dompteur, se [dɔmp'tø:ɐ] *m, f* <-s, -e *o* -n> domador, domadora *m, f*

Donator(in) *m(f)* <-s, -en *o* -innen> (*schweiz*) doador, doadora *m, f*

Donau ['do:naʊ] *f kein pl* Danúbio *m*

Dönerkebab *m* <-(s), -s> *carne de carneiro assada no espeto*

Donner ['dɔnɐ] *m* <-s, -> trovão *m*

donnern ['dɔnɐn] *vi* trovejar; **es donnert** troveja

Donnerstag ['dɔnɐsta:k] *m* <-(e)s, -e> quinta-feira *f*; *s. a.* **Montag**

donnerstags *adv* às quintas-feiras

Donnerwetter *nt* <-s, -> (*umg*) **~!** caramba!, com mil diabos!; (*brasil*) puxa!

doof [do:f] *adj* parvo, pateta

Dope *nt* <-s> *kein pl* (*umg*) haxixe *m*

dopen *vr* **sich ~** (SPORT) dopar-se

Doping ['do:pɪŋ] *nt* <-s, -s> doping *m*

Dopingkontrolle *f* <-n> controlo de doping *m*

Doppel ['dɔpəl] *nt* <-s, -> ① (*Duplikat*) duplicado *m* ② (SPORT) jogo *m* de pares

Doppelbett *nt* <-(e)s, -en> cama *f* de casal

Doppeldecker *m* <-s, -> biplano *m*

Doppelgänger(in) *m(f)* <-s, - *o* -innen> sósia *m,f*

Doppelhaus *nt* <-es, -häuser> moradias *fpl* geminadas

Doppelkinn *nt* <-(e)s, -e> queixo *m* duplo

Doppelpunkt *m* <-(e)s, -e> dois pontos *mpl*

Doppelstecker *m* <-s, -> tomada *f* dupla

doppelt ['dɔpəlt] **I.** *adj* duplo; (*Ausfertigung*) em duplicado; **sie ist ~ so alt wie Fritz** ele é duas vezes mais velha (do) que o Fritz **II.** *adv* a dobrar; **etw ~ haben** ter a. c. a dobrar; **~ so viel** duas vezes mais, o duplo

Doppelzimmer *nt* <-s, -> quarto *m* duplo, quarto *m* de casal

Dorf [dɔrf] *nt* <-(e)s, Dörfer> aldeia *f*

Dorfbewohner(in) *m(f)* <-s, - *o* -innen> aldeão, aldeã *m, f*

dörflich *adj* aldeão, campesino

Dorfschaft *f* <-en> (*schweiz*) aldeia *f*

Dorn [dɔrn] *m* <-(e)s, -en> espinho *m*

dornig *adj* espinhoso

dörren *vt* secar

Dörrobst *nt* <-(e)s> *kein pl* fruta *f* seca

Dorsch *m* <-(e)s, -e> badejo *m*, bacalhau *m*

dort [dɔrt] *adv* lá, ali; **da und ~** aqui e ali;

~ **drüben** acolá, além; ~ **oben** ali em cima

dorther ['-'-] *adv* de lá, dali

dorthin ['-'-] *adv* (para) lá, (para) ali; **der Weg** ~ o caminho para lá

dortig *adj* de lá, dali

Dose ['do:zə] *f* <-n> caixa *f;* (*Konservendose*) lata *f*

dösen *vi* sonhar acordado

Dosenbier *nt* <-(e)s, -e> cerveja *f* em lata

Dosenöffner *m* <-s, -> abre-latas *m*

dosieren* *vt* dosear

Dosis ['do:zɪs] *f* <Dosen> dose *f*

Dossier [dɔ'sje:] *nt* <-s, -s> dossier *m,* dossiê *m*

Dotcom <-, -s> *f* (*sl*) dotcom *m*

Dotcom-Unternehmen *nt* empresa *f* «dotcom»

dotieren* *vt* dotar (*mit* de)

Dotter ['dɔtɐ] *m/nt* <-s, -> gema *f* (de ovo)

doubeln *vt* ser duplo de, ser dublê de

Double ['du:b(ə)l] *nt* <-s, -s> duplo *m,* dublê *m*

down *adv* (*umg*) em baixo, abatido

downloaden *vt* (INET) descarregar *portugal,* baixar *brasil*

Dozent(in) [do'tsɛnt] *m(f)* <-en, -en *o* -innen> docente *m,f*

Dr. *abk v* **Doktor** Dr. (= *doutor*)

Drache ['draxə] *m* <-n, -n> dragão *m*

Drachen *m* <-s, -> ❶ (*Spielzeug*) papagaio *m;* **einen ~ steigen lassen** lançar um papagaio ❷ (SPORT) asa *f* delta ❸ (*abw: Frau*) megera *f*

Drachenfliegen *nt* <-s> *kein pl* voo *m* livre

Drachenflieger(in) *m(f)* <-s, - *o* -innen> voador de asa delta, voadora *m, f*

Dragee *nt* <-s, -s> drageia *f*

Draht [dra:t] *m* <-(e)s, Drähte> arame *m,* fio *m* metálico; **auf ~ sein** estar ó(p)timo, estar bem-disposto

Drahtesel *m* <-s, -> (*umg*) bicicleta *f*

drahtig *adj* (*Figur*) rijo

Drahtseil *nt* <-(e)s, -e> cabo *m* de arame

Drahtzieher(in) *m(f)* <-s, - *o* -innen> intriguista *m,f*

drakonisch *adj* draconiano

drall [dral] *adj* (*Person*) robusto; (*Körperteil*) forte, rijo

Drama ['dra:ma] *nt* <-s, Dramen> drama *m*

Dramatiker(in) *m(f)* <-s, - *o* -innen> autor, autora *m, f* dramático

dramatisch *adj* dramático

dramatisieren* *vt* dramatizar

dran [dran] *adv* (*umg*) **es ist nichts ~** não é verdadeiro; **man weiß nie, wie man mit ihm ~ ist** nunca se sabe o que pensar dele; **wer ist ~?** quem está a seguir?; **Sie sind ~** é a sua vez; **gut/schlecht ~ sein** estar em boa/má situação; **bleiben Sie ~** não desligue; *s.* **daran**

drang [draŋ] *imp von* **dringen**

Drang [draŋ] *m* <-(e)s> *kein pl* ímpeto *m* (*nach* de), necessidade *f* (*nach* de)

Drängelei *f* <-en> aperto *m,* acotovelamento *m*

drängeln *vi* (*umg*) empurrar, acotovelar

drängen **I.** *vt* (*schieben*) empurrar, impelir; (*antreiben*) pressionar, incitar **II.** *vi* (*eilig sein*) ser urgente, urgir; **die Zeit drängt** o tempo urge; (*fordern*) insistir (*auf* em) **III.** *vr* **sich ~** acotovelar-se, apinhar-se

drangsalieren* *vt* atormentar, afligir

dran|kommen *vi irr* (*umg*) ser a vez de; **du kommst gleich dran** está quase na tua vez

drastisch ['drastɪʃ] *adj* drástico

drauf ['draʊf] *adv* (*umg*) **~ und dran sein, etw zu tun** estar prestes a fazer a. c.; **er hat nicht viel ~** ele não sabe muito; **gut ~ sein** estar bem-disposto; *s.* **darauf**

Draufgänger(in) *m(f)* <-s, - *o* -innen> arrojado, arrojada *m, f,* destemido, destemida *m, f*

drauf|gehen *vi irr* ❶ (*umg: Geld*) ir-se, gastar-se ❷ (*sterben*) ir-se, morrer ❸ (*Sache*) romper-se

drauflos [-'-] *adv* dire(c)tamente, sem hesitação

drauf|zahlen *vi* (*umg*) pagar

draus *adv* (*umg*) **mach dir nichts ~** não faças caso!, não ligues!; *s.* **daraus**

draußen *adv* (lá) fora; **nach ~** para fora; **bleib ~!** fica lá fora!

drechseln *vt* tornear

Dreck [drɛk] *m* <-(e)s> *kein pl* ❶ (*umg: Schmutz*) porcaria *f,* imundície *f;* (*brasil*) sujeira *f;* **jdn/etw durch den ~ ziehen** arrastar alguém /a. c. pela lama ❷ (*Nichtigkeit*) porcaria *f,* insignificância *f*

dreckig *adj* ❶ (*schmutzig*) sujo, porco, imundo ❷ (*Witz*) indecente; (*Lachen*) maldoso; **es geht ihm ~** ele está muito mal

Dreckspatz *m* <-en, -en> badalhoco *m*

Dreharbeiten *pl* (FILM) filmagens *fpl*

Drehbank *f* <-bänke> torno *m*

drehbar *adj* rotativo, giratório

Drehbuch *nt* <-(e)s, -bücher> guião *m*
drehen ['dre:ən] **I.** *vt* ❶ (*bewegen*) (fazer) girar, virar; **den Kopf ~** voltar a cabeça; (*umg*); **an etw ~** manipular a. c. ❷ (*Film*) rodar ❸ (*Garn*) torcer; (*Zigarette*) enrolar **II.** *vi* ❶ (*Wind*) virar ❷ (*Auto*) dar a volta **III.** *vr* **sich ~** ❶ (*bewegen*) virar-se, voltar-se; (*um eine Achse*) girar; **hier dreht sich alles um das Baby** aqui gira tudo em torno do bebé ❷ (*handeln von*) tratar-se (*um* de)
Dreher(in) *m(f)* <-s, - *o* -innen> torneiro, torneira *m, f*
Drehkreuz *nt* <-es, -e> molinete *m*
Drehorgel *f* <-n> realejo *m*
Drehstuhl *m* <-(e)s, -stühle> cadeira *f* giratória
Drehtür *f* <-en> porta *f* giratória
Drehung *f* <-en> volta *f*; (*um die Achse*) rotação *f*
Drehzahl *f* <-en> número *m* de rotações
Drehzahlmesser *m* <-s, -> conta-rotações *m*
drei [draɪ] *num kard* três; **~ viertel** três quartos; (*reg*); **es ist ~ viertel neun** são nove menos um quarto; **nicht bis ~ zählen können** ser ignorante; *s. a.* **zwei**
Drei *f* <-en> três *m*; *s.* **Zwei**
dreidimensional ['draɪdimɛnzjona:l] *adj* tridimensional
Dreieck ['draɪʔɛk] *nt* <-(e)s, -e> triângulo *m*
dreieckig *adj* triangular
Dreierkette *f* (FBALL) linha *f* de três
dreierlei *adj* de três formas, de três espécies
dreifach ['draɪfax] *adj* triplo; **in ~er Ausfertigung** em triplicado
dreihundert ['-'--] *num kard* trezentos
dreijährig *adj* de três anos
Dreikäsehoch *m* <-s, -s> (*umg*) cinco-réis de gente *m*
Dreiklang *m* <-(e)s, -klänge> (MUS) trítono *m*
Dreikönige *pl* Epifania *f*, Dia *m* de Reis
dreimal *adv* três vezes
dreimalig *adj* três vezes, tri ...; **~er Weltmeister** tricampeão mundial
drein|reden *vi* (*umg*) **jdm ~** meter-se na vida de alguém
Dreirad *nt* <-(e)s, -räder> triciclo *m*
Dreisatz *m* <-es, -sätze> (MATH) regra de três *f*
dreißig *num kard* trinta
dreist [draɪst] *adj* ousado, atrevido
Dreistigkeit *f* <-en> ousadia *f*, atrevimento *m*
dreiteilig *adj* de três partes, tripartido
dreiviertelALT ['draɪ'fɪrtəl] *adj s.* **drei**
Dreiviertelstunde ['draɪvɪrtəl'ʃtʊndə] *f* <-n> três quartos *mpl* de hora
Dreivierteltakt [-'---] *m* <-(e)s> *kein pl* (MUS) compasso *m* ternário
dreizehn ['--] *num kard* treze; *s. a.* **zwei**
Dreizimmerwohnung [-'----] *f* <-en> apartamento *m* de três quartos
dreschen *vt* (*Getreide*) malhar, debulhar
Dresden ['dre:sdən] *nt* <-s> *kein pl* Dresda *f*
dressieren* *vt* amestrar
Dressing *nt* <-s, -s> (KOCHK) molho *m*
Dr. h. c. *abk v* **doctor honoris causa** doutor honoris causa
drillen ['drɪlən] *vt* (MIL) treinar
Drillinge *pl* trigémeos *mpl*
drin [drɪn] *adv* (*umg*) **es ist noch alles ~** vale tudo; **das ist nicht ~** é impossível, não dá; *s.* **darin**
dringen ['drɪŋən] *vi* ❶ (*eindringen*) **durch etw ~** penetrar através de a. c.; **in etw ~** penetrar em a. c.; **in jdn ~** instar com alguém ❷ (*verlangen*) **auf etw ~** insistir em a. c.
dringend **I.** *adj* urgente, premente **II.** *adv* insistentemente
Dringlichkeit *f* <-en> urgência *f*
Drink *m* <-s, -s> bebida *f*, drinque *m*
drinnen ['drɪnən] *adv* (lá) dentro
dritte(r, s) *num ord* terceiro; **die Dritte Welt** o Terceiro Mundo; *s. a.* **zweite(r, s)**
Drittel *nt* <-s, -> terço *m*, terça parte *f*
drittens ['drɪtəns] *adv* em terceiro (lugar)
drittletzte(r, s) *adj* antepenúltimo
droben *adv* (*österr*) (lá) em cima
Droge ['dro:gə] *f* <-n> droga *f*; **harte/weiche ~n** drogas duras/leves
Drögeler(in) *m(f)* <-s, - *o* -innen> (*schweiz*) toxicodependente *m,f*
drogenabhängig *adj* toxicodependente
Drogenabhängige(r) *m/f* <-n, -n *o* -n> toxicodependente *m,f*
Drogenhandel *m* <-s> *kein pl* tráfico *m* de drogas, narcotráfico *m*
Drogenszene *f* <-n> mundo da droga *m*
Drogerie [drogə'ri:] *f* <-n> drogaria *f*
Drogist(in) *m(f)* <-en, -en *o* -innen> droguista *m,f*
drohen ['dro:ən] *vi* ❶ (*einschüchtern*) ameaçar; **jdm mit der Faust ~** ameaçar alguém com o punho; **jdm mit Entlassung ~** amea-

D

çar alguém de despedimento ❷ (*bevorstehen*) estar iminente; **es droht eine lange Trockenheit** está iminente uma longa seca

dröhnen *vi* (*Motor*) vibrar; (*Stimme, Musik*) retumbar; **mir dröhnt der Kopf** tenho a cabeça num pandeiro

Drohung ['dro:ʊŋ] *f* <-en> ameaça *f*

drollig ['drɔlɪç] *adj* engraçado, divertido

Dromedar ['dro:meda:ɐ, drome'da:ɐ] *nt* <-s, -e> dromedário *m*

Drops *m* <-, -> rebuçado *m* de fruta

drosch [drɔʃ] *imp von* **dreschen**

drosseln ['drɔsəln] *vt* (*Ausgaben*) restringir; (*Geschwindigkeit*) reduzir

drüben *adv* além, do outro lado, do lado de lá

drüber *adv* (*umg*) **da stehst du doch ~!** tu estás acima disso!; *s.* **darüber**

Druck[1] [drʊk] *m* <-(e)s> *kein pl* ❶ (*das Drücken*) pressão *f*; **es genügt ein ~ auf den Knopf** basta carregar no botão ❷ (*Belastung*) pressão *f*; **unter ~ arbeiten** trabalhar sob pressão; **jdn unter ~ setzen** pressionar alguém ❸ (*das Drucken*) impressão *f*; **etw in ~ geben** mandar imprimir a.c.

Druck[2] *m* <-(e)s, Drücke> (PHYS) pressão *f*; **der Behälter steht unter ~** o contentor está sob pressão

Druck[3] *m* <-(e)s, -e> (*Kunst*) estampa *f*

Druckbuchstabe *m* <-n, -n> letra *f* de imprensa

Drückeberger(in) *m(f)* <-s, - *o* -innen> (*umg*) preguiçoso, preguiçosa *m, f*, malandro, malandra *m, f*; (*Feigling*) cobarde *m,f*

drucken ['drʊkən] *vt* imprimir; **er lügt wie gedruckt** ele mente descaradamente

drücken **I.** *vt* (*pressen*) pressionar; (*eng zusammen*) comprimir; (*Hand*) apertar; **jdm etw in die Hand ~** pôr a. c. na mão de alguém; (*umg*); **die Schulbank ~** ir à escola; (*umarmen*) abraçar; (*Preis*) baixar **II.** *vi* (*Knopf*) carregar (*auf* em); (*an Türen*) empurrar; (*zu eng sein*) apertar, estar apertado **III.** *vr* **sich ~** (*umg*) pisgar-se, escapar-se; **sich vor etw ~** esquivar-se a a. c.

drückend *adj* (*Hitze*) sufocante, asfixiante; (*Luft*) abafado

Drucker *m* <-s, -> (INFOR) impressora *f*

Drücker *m* <-s, -> ❶ (*Türklinke*) puxador *m* ❷ (*elektrisch*) botão *m*

Druckerei *f* <-en> tipografia *f*

Druckerschwärze *f kein pl* tinta *f* de impressão

Druckfehler *m* <-s, -> erro *m* de impressão, gralha *f*

Druckknopf *m* <-(e)s, -knöpfe> mola *f*

Druckluft *f kein pl* (PHYS) ar *m* comprimido

Druckmittel *nt* <-s, -> meio *m* coercivo

druckreif *adj* pronto para ser impresso

Drucksache *f* <-n> impresso *m*

Druckschrift *f* <-en> letra *f* de imprensa

drum [drʊm] *adv* (*umg*) **sei's ~!** tanto faz!; *s.* **darum**

drunten *adv* (*österr*) (lá) em baixo

drunter ['drʊntɐ] *adv* (*umg*) **es geht alles ~ und drüber** está tudo de pernas para o ar; *s.* **darunter**

Drüse *f* <-n> glândula *f*

Dschungel ['dʒʊŋəl] *m* <-s, -> selva *f*

du [du:] *pron pers* tu; **jdm das Du anbieten** sugerir a alguém que o trate por tu; **mit jdm per Du sein** tratar alguém por tu

Dübel *m* <-s, -> bucha *f*

dubios *adj* dúbio

ducken ['dʊkən] *vr* **sich ~** encolher-se, agachar-se

Duckmäuser *m* <-s, -> palerma *m*, lorpa *m*

Dudelsack ['du:dəlzak] *m* <-(e)s, -säcke> gaita-de-foles *f*

Duell [du'ɛl] *nt* <-s, -e> duelo *m*

Duett *nt* <-(e)s, -e> (MUS) dueto *m*

Duft [dʊft] *m* <-(e)s, Düfte> cheiro *m*; (*angenehm*) aroma *m*, fragrância *f*

dufte *adj* (*umg*) porreiro, fantástico

duften ['dʊftən] *vi* cheirar (*nach* a)

duftig *adj* (*Kleid*) vaporoso, leve

dulden ['dʊldən] *vt* tolerar, suportar; **das kann ich nicht ~!** isso eu não posso tolerar!

duldsam [dʊltza:m] *adj* tolerante

dumm [dʊm] *adj* ❶ (*unwissend, einfältig*) burro, estúpido; **er machte ein ~es Gesicht** ele fez uma cara estúpida; **sich ~ anstellen** fazer-se de burro; **sich nicht für ~ verkaufen lassen** não se deixar enganar ❷ (*ärgerlich*) aborrecido; (*umg*); **das ist ~ gelaufen** correu mal

dummerweise *adv* infelizmente

Dummheit *f* <-en> ❶ *kein pl* (*fehlende Intelligenz*) burrice *f*, estupidez *f* ❷ (*Tat*) asneira *f*, estupidez *f*; (*brasil*) besteira *f*

Dummkopf *m* <-(e)s, -köpfe> (*abw*) idiota *m,f*, imbecil *m,f*, parvo, parva *m, f*

dumpf [dʊmpf] *adj* ❶ (*Ton*) abafado ❷ (*Erinnerung*) vago; (*Schmerz*) moído

Dumping *nt* <-s> *kein pl* (WIRTSCH) dumping *m*
Düne *f* <-n> duna *f*
Düngemittel *nt* <-s, -> adubo *m*
düngen *vt* adubar, estrumar
Dünger *m* <-s, -> estrume *m*, adubo *m*
dunkel ['dʊŋkəl] *adj* ❶ (*finster*) escuro; **im Dunkeln** às escuras; **es ist schon ~** já é noite ❷ (*Ton*) baixo; (*Stimme*) grave ❸ (*Ahnung*) vago; **im Dunkeln tappen** andar às apalpadelas ❹ (*verdächtig*) obscuro, escuro; **das sind dunkle Geschäfte** são negócios escuros
Dunkelheit *f kein pl* escuridão *f*; **bei Einbruch der ~** ao cair da noite, à noitinha
Dunkelkammer *f* <-n> (FOTO) câmara *f* escura
Dunkelziffer *f* <-n> *número estimado de casos desconhecidos*
dünn *adj* ❶ (*Scheibe*) fino; (*Ast*) delgado, fino; (*Mensch*) magro; **~er werden** emagrecer ❷ (*spärlich*) pouco denso; **~ bevölkert** pouco povoado ❸ (*Suppe*) leve; (*Kaffee*) fraco, aguado ❹ (*Stimme*) fraco; (*Luft*) leve
dünnbevölkert *adj s.* **dünn 2**
dünnflüssig *adj* fluido
Dunst [dʊnst] *m* <-(e)s, Dünste> ❶ (*Dampf*) vapor *m* ❷ *kein pl* (*Nebel*) nebulosidade *f*, névoa *f*, bruma *f*
Dunstabzugshaube *f* <-n> exaustor *m* de fumos
dünsten *vt* (KOCHK) estufar
dunstig ['dʊnstɪç] *adj* enevoado
Duo *nt* <-s, -s> (MUS) duo *m*
Duplikat [dupli'ka:t] *nt* <-(e)s, -e> duplicado *m*
Dur *nt* <-> *kein pl* (MUS) tom *m* maior
durch [dʊrç] **I.** *präp +akk* (*örtlich*) por, através de; **mitten ~ (die Stadt)** pelo meio (da cidade); **geh ~ diese Tür** vai por esta porta; (*mittels*) através de, por meio de; **~ Ausdauer kann man viel erreichen** com perseverança tudo se alcança; **wir haben die Eintrittskarten ~ Freunde bekommen** arranjámos os bilhetes através de amigos; (MATH) por; **~ 5 teilen** dividir por 5 **II.** *adv* (*umg*) **~ und ~** de ponta a ponta, de cima a baixo; **es ist schon sieben Uhr ~** já passa das sete horas; **das Fleisch ist ~** a carne está bem passada
durch|arbeiten **I.** *vt* (*Text*) trabalhar, estudar **II.** *vi* trabalhar sem interrupção; **wir haben die ganze Nacht durchgearbeitet** nós trabalhámos toda a noite
durch|atmen *vi* respirar fundo
durchaus ['--, -'-] *adv* ❶ (*völlig*) absolutamente, inteiramente; **~ nicht** de modo nenhum; **das ist ~ nicht leicht** não é nada fácil ❷ (*unbedingt*) mesmo
durch|beißen **I.** *vt irr* separar com os dentes, trincar **II.** *vr* **sich ~** *irr* (*umg*) batalhar, ultrapassar as dificuldades
durch|bekommen* *vt irr* (*umg*) conseguir passar (*durch* por)
durch|blättern *vt* folhear
Durchblick *m* <-(e)s, -e> (*umg*) vista *f*; **den ~ verlieren** desorientar-se, perder-se
durch|blicken *vi* ❶ (*schauen*) espreitar por, olhar através de ❷ (*umg: verstehen*) **etw ~ lassen** dar a entender a. c.
Durchblutung *f kein pl* circulação *f* sanguínea
durchbohren* *vt* ❶ (*Wand*) perfurar ❷ (*mit Blicken*) penetrar, fulminar
durch|boxen **I.** *vt* (*umg*) impor **II.** *vr* **sich ~** impor-se
durchbrechen*[1] *vt irr* (*Schranken, Schallmauer*) transpor; (*Gewohnheit*) romper com, quebrar; **die Demonstranten durchbrachen die Absperrungen** os manifestantes transpuseram as barricadas
durch|brechen[2] *vi irr* ❶ (*entzweigehen*) romper(-se) ❷ (*Hass, Wut*) irromper, revelar-se
durch|brennen *vi irr* ❶ (*Sicherung*) fundir ❷ (*umg: weglaufen*) fugir, pisgar-se
durch|bringen *vt irr* ❶ (*gegen Widerstand*) fazer passar ❷ (*Kranke*) (conseguir) salvar ❸ (*ernähren*) manter ❹ (*vergeuden*) esbanjar; **er hat das ganze Vermögen durchgebracht** ele esbanjou a fortuna toda
Durchbruch ['--] *m* <-(e)s, -brüche> ❶ (MIL) ataque *m* ❷ (*Öffnung*) fenda *f*, brecha *f* ❸ (*Erfolg*) sucesso *m*
durch|checken *vt* controlar
durchdenken* *vt irr* refle(c)tir sobre, meditar sobre
durchdrehen **I.** *vt* (*Fleisch*) picar **II.** *vi* (*umg*) enlouquecer
durchdringen*[1] *vt irr* atravessar, trespassar
durch|dringen[2] *vi irr* (*Kälte, Flüssigkeit*) penetrar
durcheinander [dʊrçʔaɪ'nandɐ] *adv* ❶ (*unordentlich*) confuso, caótico ❷ (*verwirrt*)

D

confuso, desnorteado

Durcheinander ['----] *nt* <-s> *kein pl* ① (*Unordnung*) desordem *f*, confusão *f*; **ein wildes ~** um caos ② (*Verwirrung*) confusão *f*, trapalhada *f*

durcheinander|bringen *vt irr* ① (*in Unordnung bringen*) misturar; (*Pläne*) estragar ② **jdn ~ bringen** confundir alguém

durch|fahren[1] *vi irr* ① (*durchqueren*) passar (*durch* por) ② (*ohne Pause*) não parar no caminho

durchfahren[2] *vt irr* atravessar

Durchfahrt ['--] *f* <-en> passagem *f*, travessia *f*; **~ verboten!** trânsito proibido!; **auf der ~ sein** estar de passagem

Durchfall *m* <-(e)s> *kein pl* (MED) diarreia *f*

durch|fallen *vi irr* ① (*durch Öffnung*) cair (*durch* por) ② (*schlecht sein*) ser mal sucedido, fracassar; (*in Prüfung*) reprovar; (*umg*) chumbar

durch|fragen *vr* **sich ~** perguntar o caminho

durch|führen *vt* (*Plan*) realizar, levar a cabo; (*Maßnahme, Bauarbeiten*) executar

Durchführung *f* <-en> realização *f*, execução *f*

Durchgang *m* <-(e)s, -gänge> ① (*Weg*) passagem *f* (*durch* por); **~ verboten** passagem proibida ② (*bei Produktion, Versuch*) fase *f* de ensaio; (SPORT) prova *f* eliminatória; (*bei Wahl*) volta *f*

Durchgangslager *nt* <-s, -> campo *m* de refugiados

Durchgangsverkehr *m* <-s> *kein pl* tráfego *m* em trânsito

durchgefroren *adj* (*Mensch*) (enre)gelado

durch|gehen *vi irr* ① (*durch Tür, Straße*) passar (*durch* por), ir (*durch* por) ② (*toleriert werden*) passar; **jdm etw ~ lassen** deixar passar a. c. a alguém ③ (*Antrag*) ser aceite

durchgehend *adj* (*Zug*) dire(c)to; (*Öffnungszeiten*) contínuo; **~ geöffnet** horário contínuo

durch|greifen *vi irr* tomar medidas enérgicas

durch|halten *vi irr* resistir, aguentar firme

durch|hängen *vi irr* (*umg*) estar deprimido

durch|kommen *vi irr* ① (*durch Raum, Menge*) conseguir passar (*durch* por), conseguir atravessar ② (*in Prüfung*) passar; (*Antrag*) ser aprovado ③ (*umg: überleben*) salvar-se, safar-se

durchkreuzen* *vt* (*Pläne*) estragar, frustrar

durch|lassen *vt irr* deixar passar

durchlässig *adj* permeável

durch|laufen[1] **I.** *vt irr* (*Schuhe*) gastar **II.** *vi irr* ① (*ohne Pause*) correr sem parar ② (*Flüssigkeit*) escorrer

durchlaufen*[2] *vt irr* (*Ausbildung*) fazer

Durchlauferhitzer *m* <-s, -> esquentador *m* de água

durchleben* *vt* experimentar, passar por, viver

durch|lesen *vt irr* ler (do princípio ao fim); (*flüchtig*) passar os olhos por

durchleuchten* *vt* ① (*Angelegenheit*) esclarecer ② (MED) radiografar, tirar uma radiografia a

durchlöchern* *vt* perfurar

durch|machen **I.** *vt* (*umg: Krankheit*) passar por, sofrer; **viel ~** passar por muito **II.** *vi* (*umg: feiern*) fazer noitada; **wir haben zwei Nächte durchgemacht** nós fizemos duas noitadas (seguidas)

Durchmesser *m* <-s, -> diâmetro *m*

durchnässen* *vt* ensopar, encharcar

durch|nehmen *vt irr* (*in Schule*) dar (uma matéria)

durch|numerieren* ALT *vt s.* **durchnummerieren*** RR numerar

durchqueren* *vt* atravessar

Durchreiche *f* <-n> guiché *m*

Durchreise ['---] *f* <-n> passagem *f*; **auf der ~ sein** estar de passagem

durch|ringen *vr* **sich ~** *irr* **sich zu etw ~** decidir-se a fazer a. c.

durch|rosten *vi* enferrujar

durchs [dʊrçs] (*umg*) = **durch das** *s.* **durch**

Durchsage ['dʊrçza:gə] *f* <-n> aviso *m*, comunicação *f*; **eine ~ machen** fazer uma comunicação

durch|sagen *vt* comunicar, anunciar

durchschauen* *vt* (*Person*) conhecer as intenções de; (*Angelegenheit*) atingir; (*Lüge*) topar

durch|scheinen *vi irr* (*Schrift, Muster*) ver-se

durchscheinend *adj* transparente

durch|schlafen *vi irr* dormir de um sono

Durchschlag ['--] *m* <-(e)s, -schläge> ① (*Kopie*) cópia *f* ② (*Sieb*) coador *m*, passador *m*

durch|schlagen **I.** *vt irr* partir, quebrar **II.** *vr* **sich ~** *irr* ir vivendo, lutar pela vida

durchschlagend *adj* (*Beweis*) convincente; (*Maßnahme*) eficaz; (*Erfolg*) retumbante

durch|schneiden *vt irr* cortar; **das Brot in**

der Mitte ~ cortar o pão ao meio

Durchschnitt ['dʊrçʃnɪt] *m* <-(e)s, -e> média *f;* **im** ~ em média; **über/unter dem** ~ **liegen** estar acima/abaixo da média

durchschnittlich ['dʊrçʃnɪtlɪç] **I.** *adj* médio; (*mittelmäßig*) medíocre **II.** *adv* em média

Durchschnittsgeschwindigkeit *f* <-en> velocidade *f* média

Durchschnittstemperatur *f* <-en> temperatura *f* média

Durchschrift *f* <-en> cópia *f*

durch|sehen **I.** *vt irr* (*Unterlagen*) examinar, rever; (*Klassenarbeit*) corrigir **II.** *vi* ver (*durch* por/através de), olhar (*durch* por/através de); **ich versuche, durch das Schlüsselloch durchzusehen** estou a tentar ver pelo buraco da fechadura

durch|sein[ALT] *vt irr s.* **durch II**

durch|setzen **I.** *vt* (*verwirklichen*) levar a cabo, conseguir; (*Recht*) fazer valer; (*Meinung, Wille*) (conseguir) impor; **seinen Kopf** ~ levar a sua avante **II.** *vr* **sich** ~ ❶ (*Idee*) impor-se ❷ (*Person*) impor-se, fazer-se respeitar

Durchsetzungsvermögen *nt* <-s> *kein pl* autoridade *f*

Durchsicht *f kein pl* inspe(c)ção *f,* revisão *f;* (*Prüfung*) exame *m;* **bei genauer** ~ após inspe(c)ção detalhada

durchsichtig *adj* ❶ (*Material*) transparente, diáfano ❷ (*offensichtlich*) evidente, manifesto

durch|sickern *vi* ❶ (*Flüssigkeit*) passar ❷ (*Nachricht*) escapar, transpirar

durch|spielen *vt* (*Situation*) simular

durch|sprechen *vt irr* discutir

durch|stehen *vi irr* ❶ (*Situation, Prüfung*) aguentar ❷ (*Krankheit*) resistir a; (*Qualen*) sofrer

durch|stellen *vt* (*Telefongespräch*) passar

durchstöbern* *vt* (*umg*) rever (com minúcia)

durch|streichen *vt irr* riscar, cancelar

durchsuchen* *vt* (*Person*) revistar (*nach* em busca de); (*Gebäude, Gepäck*) passar revista a

Durchsuchungsbefehl *m* <-(e)s, -e> (JUR) mandado *m* de busca

durchtrieben [dʊrç'tri:bən] *adj* astuto, manhoso

durchwachsen [dʊrç'vaksən] *adj* ❶ (*Speck*) entrelaçado, entremeado ❷ (*umg: mittelmäßig*) regular

Durchwahl *f kein pl* extensão *f*

durchweg ['--, -'-] *adv* sem excepção, completamente; (*zeitlich*) todo o tempo, sempre

durchwegs *adv* (*österr*) *s.* **durchweg**

durchweichen* *vt* encharcar; **der Regen durchweicht den Boden** a chuva encharca o chão

durch|zählen *vt* contar

durch|ziehen[1] **I.** *vt irr* (*ziehen*) passar (*durch* através de); (*umg: erledigen*) acabar; **wir müssen das Projekt jetzt** ~ temos de levar o proje(c)to até ao fim **II.** *vi irr* passar (*akk.* por)

durchziehen*[2] *vt irr* ❶ (*Gebiet*) percorrer, passar por ❷ (*vorhanden sein*) estar presente em; **dieser Gedanke durchzieht sein ganzes Werk** este pensamento está presente em toda a sua obra

Durchzug *m* <-(e)s, -züge> ❶ *kein pl* (*Luftzug*) corrente *f* de ar ❷ (*Durchqueren*) travessia *f*

dürfen **I.** *vi* poder, ter licença **II.** *nt* ❶ (*Erlaubnis haben*) poder, ter licença de; **du darfst hier 80 km/h fahren** aqui podes andar a 80 km/h; **hier darf nicht geraucht werden** aqui não se pode fumar, aqui é proibido fumar; **wenn ich bitten darf** se faz favor; **das dürfte nicht sein** isto era escusado ❷ (*sollen*) dever, poder; **was darf es sein?** o que deseja?; **darüber darf man sich nicht wundern** não é para admirar; **das ~ Sie mir glauben** pode acreditar ❸ (*Vermutung*) dever; **jetzt dürfte es zu spät sein** agora já deve ser demasiado tarde

durfte ['dʊrftə] *imp von* **dürfen**

dürftig *adj* ❶ (*unzulänglich*) pobre ❷ (*ärmlich*) pobre, necessitado

dürr *adj* ❶ (*vertrocknet*) seco ❷ (*Boden*) árido, estéril ❸ (*mager*) esquelético, magro

Dürre *f* <-n> seca *f,* aridez *f*

Dürreperiode *f* <-n> época *f* de seca

Durst [dʊrst] *m* <-(e)s> *kein pl* sede *f;* ~ **haben** estar com [*o* ter] sede; **seinen ~ stillen** matar a sede; **einen über den ~ trinken** beber uma pinga a mais

durstig *adj* sedento (*nach* de); ~ **sein** estar com sede

Dusche ['du:ʃə, 'dʊʃə] *f* <-n> duche *m,* chuveiro *m,* ducha *f;* **hat das Zimmer eine ~?** o quarto tem chuveiro?; (*umg*); **ich stelle mich kurz unter die** ~ vou tomar um duche rápido; **sie steht unter der ~** ela está no duche; (*fig*); **das war eine kalte ~** foi um banho de água fria

duschen ['du:ʃən, 'dʊʃən] *vi, vr* **sich ~** tomar um duche, tomar uma ducha

Duschgel *nt* <-s, -e> gel *m* de banho, gel *m* de duche

Duschkabine *f* <-n> chuveiro *m*

Düse *f* <-n> (TECH) bico *m,* bocal *m;* (*am Flugzeug*) turborrea(c)tor *m*

Düsenantrieb *m* <-(e)s, -e> propulsão *f* a ja(c)to

Düsenflugzeug *nt* <-(e)s, -e> avião *m* a ja(c)to

Düsenjäger *m* <-s, -> (MIL) caça *m*

düster *adj* ① (*Farbe, Zimmer*) escuro; (*Zimmer*) escuro, sombrio ② (*Gedanken*) triste; (*Zukunft*) negro; (*Miene*) sorumbático ③ (*Gestalt*) sinistro

Duty-free-Shop *m* <-s, -s> loja *f* franca, loja *f* duty-free

Dutzend ['dʊtsənt] *nt* <-s, -e> dúzia *f;* **ein halbes ~** (**Eier**) meia dúzia (de ovos)

dutzendweise *adv* às dúzias, à dúzia

duzen ['du:tsən] *vt* tratar por tu

Duzis (*schweiz*) **mit jdm ~ machen** tratar-se por tu

DV *abk v* **Datenverarbeitung** processamento de dados

DVD *f abk v* **digital videodisc** DVD *m*

DVD-Player <-s, -> *m* leitor *m* (de) DVD, DVD player *m*

Dynamik [dy'na:mɪk] *f kein pl* ① (PHYS) dinâmica *f* ② (*Kraft, Schwung*) dinamismo *m,* energia *f*

dynamisch *adj* dinâmico

Dynamit [dyna'mi:t, dyna'mɪt] *nt* <-s> *kein pl* dinamite *m*

Dynamo *m* <-s, -s> dínamo *m*

Dynastie [dynas'ti:] *f* <-n> dinastia *f*

Ee

E *nt* ① (*Buchstabe*) E, e *m* ② (MUS) mi *m*

Eau de toilette[ALT] *nt* <-, Eaux de toilette>, **Eau de Toilette**[RR] *nt* <-, Eaux de Toilette> eau *f* de toilette

Ebbe ['ɛbə] *f* <-n> maré *f* baixa, maré *f* vaza; **~ und Flut** fluxo e refluxo, preia-mar e baixa-mar; (*umg*); **in der Kasse herrscht ~** as finanças estão em baixo

eben ['e:bən] **I.** *adj* ① (*flach*) plano ② (*glatt*) liso, chão; **zu ~er Erde** no rés-do-chão, no andar térreo **II.** *adv* ① (*gerade erst*) agora mesmo; **sie ist ~ erst gekommen** ela acabou de chegar, ela chegou agora mesmo ② (*genau*) precisamente, exactamente; **das ist ja ~ das Problem!** esse é que é o problema!

Ebenbild *nt* <-(e)s, -er> (*geh*) imagem *f;* **er ist das ~ seines Vaters** ele é tal e qual o pai

ebenbürtig *adj* igual; **ein ~er Gegner** um adversário ao mesmo nível

Ebene ['e:bənə] *f* <-n> ① (*Landschaft*) planície *f* ② (*Niveau*) nível *m;* **Verhandlungen auf höchster ~** negociações ao mais alto nível ③ (MATH) plano *m*

ebenerdig *adj* térreo

ebenfalls *adv* igualmente, do mesmo modo; **schönes Wochenende! – danke, ~!** bom fim-de-semana! – obrigado, igualmente!

ebenso ['---] *adv* igualmente, do mesmo modo; **~ gut** igualmente bem/bom; **~ oft** outras tantas vezes; **~ viel** outro tanto; **~ wenig** tão pouco; **~ wie** assim como; **~ schön wie** (assim) tão bonito como

ebensogut[ALT] *adv s.* **ebenso**

ebensooft[ALT] *adv s.* **ebenso**

ebensoviel[ALT] *adv s.* **ebenso**

ebensowenig[ALT] *adv s.* **ebenso**

Eber ['e:bɐ] *m* <-s, -> porco (macho) *m*

Eberesche *f* <-n> sorveira *f*

ebnen ['e:bnən] *vt* aplanar, nivelar; **jdm den Weg ~** abrir o caminho a alguém

EC [e:'tse:] *abk v* **Eurocity** EC (= *Eurocity*)

Echo ['ɛço] *nt* <-s, -s> eco *m;* **ein großes/nur ein geringes ~ finden** ter uma grande/ter pouca aceitação

Echse ['ɛksə] *f* <-n> sáurio *m*

echt [ɛçt] **I.** *adj* (*Dokument*) autêntico; (*Geldschein*) verdadeiro; (*Leder*) genuíno; **~golden** (de) ouro verdadeiro; (*Gefühle*) verdadeiro, puro; (*Freund*) verdadeiro; **seine Trauer war ~** a sua tristeza era verdadeira; (*typisch*) típico; **sie ist eine ~e Deutsche** ela é uma típica alemã **II.** *adv* (*umg*) mesmo; **der Film ist ~ gut!** o filme é mesmo bom!

Echtheit *f kein pl* ① (*von Unterschrift, Doku-*

ment) autenticidade *f* ② (*von Gefühlen*) pureza *f*, sinceridade *f*

Eckball *m* <-(e)s, -bälle> (SPORT) canto *m*

Ecke ['ɛkə] *f* <-n> ① (*an Straße*) esquina *f*; **um die ~** ao virar da esquina; **das ist noch eine ganze ~** ainda é um bom pedaço; (*umg*); **an allen ~n und Enden** por toda a parte; (*umg*); **jdn um die ~ bringen** matar alguém ② (SPORT: *im Zimmer*) canto *m*

eckig *adj* ① (*Gegenstand*) angular; (*Klammer*) re(c)to ② (*Bewegung*) rude

Eckzahn *m* <-(e)s, -zähne> dente *m* canino

Ecstasy *nt* <-s> *kein pl* ecstasy *m*

Ecuador [ekua'doːɐ] *nt* <-s> *kein pl* Equador *m*

edel ['eːdəl] *adj* ① (*Stein, Metall*) precioso ② (*Mensch, Tat*) nobre

Edelgas *nt* <-es, -e> gás *m* nobre

Edelmetall *nt* <-s, -e> metal *m* nobre

Edelstahl *m* <-(e)s, -e> aço *m* nobre

Edelstein *m* <-(e)s, -e> pedra *f* preciosa

editieren* *vt* (INFOR) editar

Editor *m* <-s, -en> (INFOR) editor *m*

EDV [eːdeː'faʊ] *abk v* **elektronische Datenverarbeitung** PED (= *processamento electrónico de dados*)

EDV-Anlage *f* <-n> Centro *m* de Processamento de Dados

EEG *abk v* **Elektroenzephalogramm** EEG (= *ele(c)troencefalograma*)

Efeu ['eːfɔɪ] *nt* <-s> *kein pl* hera *f*

Effeff [ɛf'ʔɛf] (*umg: sagen*) **etw aus dem ~ können** saber a. c. na ponta da língua; (*machen*) fazer a. c. de olhos fechados

Effekt [ɛ'fɛkt] *m* <-(e)s, -e> efeito *m*

Effekten *pl* (WIRTSCH) valores *mpl*

Effekthascherei *f kein pl* (*abw*) exibicionismo *m*

effektiv [ɛfɛk'tiːf] *adj* ① (*wirksam*) eficaz ② (*tatsächlich*) efectivo

effizient [ɛfi'tsjɛnt] *adj* eficiente

EG [eː'geː] *abk v* **Europäische Gemeinschaft** CE (= *Comunidade Europeia*)

egal [e'gaːl] *adj* igual; (*gleichgültig*) indiferente; **das ist mir ganz ~** isso é-me completamente indiferente; **das ist ~** tanto faz/vale

Egge *f* <-n> grade *f* (alfaia agrícola)

Egoismus [ego'ɪsmʊs] *m* <-> *kein pl* egoísmo *m*

Egoist(in) *m(f)* <-en, -en *o* -innen> egoísta *m,f*

egoistisch *adj* egoísta

egozentrisch *adj* egocêntrico

eh [eː] **I.** *konj s.* **ehe II.** *adv* ① (*schon immer*) **seit ~ und je** desde sempre ② (*umg österr: sowieso*) de qualquer maneira

ehe ['eːə] *konj* antes que, antes de

Ehe *f* <-n> casamento *m*, matrimónio *m*; **mit jdm die ~ schließen** contrair matrimónio com alguém; **in zweiter ~** em segundas núpcias; **die ~ brechen** cometer adultério; **die ~ wurde geschieden** o casamento foi dissolvido

eheähnlich *adj* marital; **in einem ~en Verhältnis leben** viver maritalmente

Eheberater(in) *m(f)* <-s, - *o* -innen> consultor matrimonial, consultora *m, f*

Ehebett *nt* <-(e)s, -en> cama *f* de casal

Ehebruch *m* <-(e)s, -brüche> adultério *m*; **~ begehen** cometer adultério

Ehefrau *f* <-en> mulher *f*, esposa *f*

Ehegatte *m* <-n, -n> (*geh*) marido *m*

Eheleute *pl* cônjuges *mpl*

ehelich *adj* conjugal; (*Kind*) legítimo

ehemalig *adj* antigo, ex- ...

Ehemann *m* <-(e)s, -männer> marido *m*

Ehepaar *nt* <-(e)s, -e> casal *m*

eher ['eːɐ] *adv* ① (*früher*) antes (*als* de); **je ~ desto besser** quanto antes melhor, quanto mais cedo melhor ② (*lieber*) antes, de preferência

Ehering *m* <-(e)s, -e> aliança *f* de casamento

Ehescheidung *f* <-en> divórcio *m*

Eheschließung *f* <-en> matrimónio *m*, casamento *m*

ehest *adv* (*österr*) o mais cedo possível

eheste(r, s) *adj* primeiro, mais cedo; **am ~n** de preferência, o mais provavelmente

ehrbar ['eːɐbaːɐ] *adj* honrado, respeitável

Ehre ['eːrə] *f* <-n> honra *f*; **jdn/etw in ~n halten** honrar alguém/a. c.; **jdm die letzte ~ erweisen** prestar as últimas honras a alguém; **zu ~n von** em honra de

ehren *vt* honrar; (*achten*) respeitar, venerar; **sehr geehrte Damen und Herren** excelentíssimos senhores e senhoras

ehrenamtlich *adj* não remunerado, gratuito

Ehrenbürger(in) *m(f)* <-s, - *o* -innen> cidadão, cidadã honorária *m, f* honorário

Ehrendoktor *m* <-s, -en> doutor honoris causa *m*

Ehrengast *m* <-(e)s, -gäste> convidado *m* de honra

Ehrenmitglied *nt* <-(e)s, -er> sócio *m* honorário
Ehrenplatz *m* <-es, -plätze> lugar *m* de honra
Ehrensache *f* <-n> questão *f* de honra
Ehrenwort *nt* <-(e)s, -e> palavra *f* de honra; **jdm sein ~ geben** dar a sua palavra de honra a alguém
Ehrfurcht *f kein pl* veneração *f*, respeito *m;* **vor jdm/etw ~ haben** ter veneração por alguém/a. c.
Ehrgefühl *nt* <-(e)s> *kein pl* sentimento *m* de honra
Ehrgeiz *m* <-es> *kein pl* ambição *f*
ehrgeizig *adj* ambicioso
ehrlich *adj* honesto, honrado; (*aufrichtig*) sério; ~ **gesagt** para falar com franqueza, para falar verdade
Ehrlichkeit *f kein pl* honestidade *f*; (*Aufrichtigkeit*) seriedade *f*
Ehrung ['eːrʊŋ] *f* <-en> homenagem *f*
ehrwürdig *adj* venerável, respeitável
Ei [aɪ] *nt* <-(e)s, -er> ❶ (*Vogelei, Hühnerei*) ovo *m;* **ein hartes/weiches ~** um ovo bem/mal cozido; **wie auf ~ern gehen** caminhar cautelosamente; (*umg*); **wie aus dem ~ gepellt** todo janota, todo bem-posto ❷ (*Eizelle*) óvulo *m*
Eiche ['aɪçə] *f* <-n> carvalho *m*
Eichel ['aɪçəl] *f* <-n> (BIOL) bolota *f*
eichen ['aɪçən] *vt* (*Maß, Gewicht*) aferir; (*Waage*) calibrar
Eichhörnchen *nt* <-s, -> esquilo *m*
Eichmaß *nt* <-es, -e> padrão *m*
Eid [aɪt] *m* <-(e)s, -e> juramento *m;* **einen ~ leisten** prestar juramento
Eidechse ['aɪdɛksə] *f* <-n> lagarto *m*
eidesstattlich *adj* (JUR) sob juramento; **~e Erklärung** depoimento sob juramento *m*
Eidgenosse(in) *m(f)* <-n, -n *o* -innen> suíço, suíça *m, f*
Eidgenossenschaft *f* <-en> confederação *f;* **Schweizerische ~** Confederação Helvética *f*
Eidotter ['aɪdɔtɐ] *m* <-s, -> gema *f* de ovo
Eierbecher *m* <-s, -> oveiro *m;* (*brasil*) porta-ovos *m*
Eierkuchen *m* <-s, -> crepe *m*
Eierlöffel *m* <-s, -> colher *f* para comer ovos
Eierschale *f* <-n> casca *f* de ovo
Eierstock *m* <-(e)s, -stöcke> ovário *m*
Eieruhr *f* <-en> ampulheta *f*
Eifer ['aɪfɐ] *m* <-s> *kein pl* (*Fleiß*) afinco *m,* zelo *m;* (*Enthusiasmus*) fervor *m,* entusiasmo *m;* **etw voller ~ machen** fazer a. c. com muito afinco
Eifersucht *f kein pl* ciúme *m;* **aus ~** por ciúmes
eifersüchtig *adj* ciumento (*auf* de)
eiförmig *adj* oval
eifrig ['aɪfrɪç] **I.** *adj* (*emsig*) diligente, zeloso; (*begeistert*) fervoroso **II.** *adv* com entusiasmo, com fervor
Eigelb *nt* <-(e)s, -e> gema *f* de ovo
eigen ['aɪgən] *adj* ❶ (*jdm gehörend*) próprio; (*gesondert, besonders*) à parte; **auf ~e Rechnung** por conta própria, por sua conta e risco ❷ (*typisch*) próprio, característico
Eigenart *f* <-en> peculiaridade *f*, particularidade *f;* (*Wesenszug*) característica *f*
eigenartig *adj* singular, peculiar; (*sonderbar*) esquisito
Eigenbedarf *m* <-(e)s> *kein pl* consumo *m* próprio
Eigenbrötler(in) *m(f)* <-s, - *o* -innen> pessoa *f* esquisita
eigenhändig **I.** *adj* do próprio punho **II.** *adv* em mão, por mão própria; **einen Brief ~ abgeben** entregar uma carta pessoalmente [*o* em mão]
Eigenheim *nt* <-(e)s, -e> casa *f* própria
Eigenheit *f* <-en> particularidade *f*, peculiaridade *f*
Eigenlob *nt* <-(e)s> *kein pl* jactância *f*
eigenmächtig *adj* arbitrário
Eigenname *m* <-ns, -n> nome *m* próprio
eigens ['aɪgəns] *adv* especialmente, expressamente
Eigenschaft *f* <-en> propriedade *f*, qualidade *f;* (*Merkmal*) característica *f*
Eigensinn *m* <-(e)s> *kein pl* teimosia *f*, obstinação *f*
eigensinnig *adj* teimoso, obstinado
eigentlich ['aɪgəntlɪç] **I.** *adj* (*wirklich*) verdadeiro, real; (*ursprünglich*) original **II.** *adv* afinal, no fundo, com efeito; **was willst du ~?** afinal o que é que queres?
Eigentor *nt* <-(e)s, -e> (SPORT) auto-golo *m;* **er hat ein ~ geschossen** ele marcou um auto-golo; (*fig*) saiu-lhe o tiro pela culatra
Eigentum *nt* <-s> *kein pl* propriedade *f*, bens *mpl*
Eigentümer(in) *m(f)* <-s, - *o* -innen> proprietário, proprietária *m, f*
eigentümlich *adj* ❶ (*eigen*) próprio, caracte-

rístico ② (*merkwürdig*) singular, estranho
Eigentümlichkeit *f* <-en> particularidade *f*
Eigentumswohnung *f* <-en> casa *f* própria
eigenwillig *adj* ① (*sonderbar*) voluntarioso ② (*eigensinnig*) teimoso
eignen ['aɪgnən] *vr* **sich ~** servir (*zu* para), dar (*zu* para); **das eignet sich zum Verschenken** isto dá para oferecer; **er eignet sich nicht für diese/zu dieser Arbeit** ele não serve para este trabalho
Eignung *f kein pl* aptidão *f* (*zu* para), capacidade *f* (*zu* para)
Eiklar *nt* <-s, -> (*österr*) clara *f* de ovo
Eilbote(in) *m(f)* <-n, -n *o* -innen> correio *m* expresso; **per ~n** por (correio) expresso
Eilbrief *m* <-(e)s, -e> carta *f* urgente
Eile ['aɪlə] *f kein pl* pressa *f;* **in ~** com pressa
eilen ['aɪlən] *vi* ① (*Person*) apressar-se ② (*Arbeit*) ser urgente
eilends *adv* depressa, apressadamente
Eilgut *nt* <-(e)s, -güter> mercadoria *f* expresso
eilig ['aɪlɪç] *adj* ① (*schnell*) apressado; **er hat es immer sehr ~** ele está sempre com pressa ② (*dringend*) urgente
Eilzug *m* <-(e)s, -züge> comboio *m* semi-dire(c)to
Eimer ['aɪmɐ] *m* <-s, -> balde *m;* (*umg*); **es ist alles im ~** está tudo estragado
ein(e)[1] [aɪn] **I.** *num kard* um, uma; **das ist ~ und dasselbe** isso é (exactamente) o mesmo; *s. a.* **zwei II.** *art* um, uma; **~es Tages** um dia; **was für ~ Wein ist das?** que vinho é este?
ein[2] *adv* (*elektrisches Gerät*) ligado
einander [aɪ'nandɐ] *pron* um ao outro, uma à outra; (*pl*) uns aos outros, umas às outras; (*gegenseitig*) mutuamente, reciprocamente; **nach~** sucessivamente; **sie helfen ~** eles ajudam-se mutuamente [*o* um ao outro]
ein|arbeiten *vr* **sich ~** familiarizar-se (*in* com)
ein|atmen I. *vt* inalar **II.** *vi* inspirar
einäugig *adj* só com um olho, cego de um olho
Einbahnstraße *f* <-n> rua *f* de sentido único
Einband *m* <-(e)s, -bände> encadernação *f*
einbändig *adj* num só volume
Einbau ['aɪnbaʊ] *m* <-s> *kein pl* instalação *f*
ein|bauen *vt* ① (*hineinmontieren*) instalar (*in* em), montar (*in* em); (*Schrank*) embutir; **können Sie mir das Autoradio ~?** pode-me montar o auto-rádio? ② (*einfügen*) encaixar (*in* em)
Einbauküche *f* <-n> cozinha *f* encastrada
Einbauschrank *m* <-(e)s, -schränke> armário *m* embutido
ein|berufen* *vt irr* ① (*Versammlung*) convocar ② (MIL) recrutar, chamar
Einberufung *f* <-en> (MIL) recrutamento *m,* chamada *f*
Einbettzimmer *nt* <-s, -> quarto *m* individual
ein|beziehen* *vt irr* incluir (*in* em)
ein|biegen *vi irr* virar (*in* em); **nach rechts/links ~** virar [*o* cortar] à direita/esquerda
ein|bilden *vr* **sich ~** ① (*sich vorstellen*) **sich** *dat* **etw ~** imaginar a. c. ② (*stolz sein*) **sich** *dat* **etw ~ auf** vangloriar-se de a. c., gabar-se de a. c.
Einbildung *f kein pl* ① (*Vorstellung*) imaginação *f,* ilusão *f* ② (*Arroganz*) presunção *f*
Einbildungkraft *f kein pl* capacidade *f* de imaginação, fantasia *f*
ein|binden *vt irr* ① (*Buch*) encadernar ② (*Person*) integrar, enquadrar
Einblick *m* <-(e)s, -e> vista *f;* (*fig*) ideia *f;* **~ in etw haben/gewinnen** conhecer/ficar a conhecer a. c.
ein|brechen *vi irr* ① (*in Haus*) assaltar ② (*einstürzen*) desabar; (*auf dem Eis*) afundar-se ③ (*Winter*) romper; (*Nacht, Dämmerung*) cair
Einbrecher(in) *m(f)* <-s, - *o* -innen> ladrão, ladra *m, f,* assaltante *m,f*
ein|bringen I. *vt irr* (*Geld, Nutzen*) render; **das bringt nichts ein** não se lucra nada com isso; (*Gesetzesantrag*) apresentar; (*Ernte*) recolher **II.** *vr* **sich ~** *irr* evidenciar o seu ponto de vista
ein|brocken ['aɪnbrɔkən] *vt* (*umg*) **jdm etw ~** pregar uma partida a alguém
Einbruch *m* <-(e)s, -brüche> ① (*in Gebäude*) assalto *m* ② (*Einsturz*) desabamento *m* ③ (*des Winters*) entrada *f;* (*der Nacht*) anoitecer *m;* **bei ~ der Nacht** ao cair da noite
einbruchsicher *adj* seguro contra roubo
ein|bürgern I. *vt* naturalizar **II.** *vr* **sich ~** introduzir-se
Einbuße *f* <-n> perda *f,* dano *m,* prejuízo *m;* **~n erleiden** sofrer danos, ter prejuízos
ein|büßen *vt* perder, sofrer danos, ter pre-

juízo

ein|checken I. *vt* (*Gepäck*) fazer o «check in» de II. *vi* (*am Flughafen*) fazer o «check in»; (*im Hotel*) fazer o regist(r)o de entrada

ein|cremen ['aɪnkreːmən] I. *vt* pôr creme em; (*Schuhe*) engraxar; **sich** *dat* **die Hände ~** pôr creme nas mãos II. *vr* **sich ~** pôr creme no corpo

ein|decken *vr* **sich ~** abastecer-se (*mit* de)

eindeutig ['aɪndɔɪtɪç] *adj* claro, inequívoco

ein|dolen *vt* (*schweiz*) canalizar

ein|dringen ['aɪndrɪŋən] *vi irr* ❶ (*hineingelangen*) penetrar (*in* em), introduzir-se (*in* em); (*Gas, Wasser*) infiltrar-se (*in* em) ❷ (*in ein Land*) invadir (*in*) ❸ (*mit Bitten*) instar (*auf* com)

eindringlich *adj* penetrante; (*Bitte*) insistente

Eindringling *m* <-s, -e> intruso *m*

Eindruck *m* <-(e)s, -drücke> ❶ (*Wirkung*) impressão *f*; **~ auf jdn machen** impressionar alguém; **ich habe den ~, dass ...** tenho a impressão que ... ❷ (*Druckstelle*) marca *f*

eindrücklich *adj* (*schweiz*) *s.* **eindrucksvoll**

eindrucksvoll *adj* impressionante

eine(r, s) *pron indef* um, uma; (*jemand*) alguém; **was für ~r?** qual?; **soll (dir) das ~r glauben?** alguém acredita nisso?; **weder der ~ noch der andere** nem um nem outro; **es kam ~s zum anderen** uma coisa levou à outra

eineiig *adj* univitelino; (*umg*) verdadeiro

eineinhalb ['aɪnʔaɪn'halp] *num kard* um(a) e meio; **ich warte schon ~ Stunden** já estou à espera há uma hora e meia

ein|engen *vt* ❶ (*Kleidung*) apertar ❷ (*Freiheit*) restringir, limitar

einerlei *adj* igual, indiferente; **es ist mir ~** tanto se me dá, tanto faz

Einerlei ['aɪnɐ'laɪ] *nt* <-s> *kein pl* monotonia *f*

einerseits *adv* por um lado; **~ ist dieses Hotel billig, andererseits aber auch sehr laut** por um lado, este hotel é barato, por outro lado também é muito barulhento

Einerzimmer *nt* <-s, -> (*schweiz*) quarto *m* individual

einfach ['aɪnfax] I. *adj* (*leicht*) simples; (*Fahrt*) (só) ida; (*Verhältnisse*) simples, modesto II. *adv* simplesmente; **ich verstehe das ~ nicht!** eu simplesmente não percebo!

Einfachheit *f kein pl* simplicidade *f*

ein|fädeln *vt* ❶ (*Faden*) enfiar ❷ (*Intrige*) tramar, urdir

ein|fahren I. *vt irr* (*Auto*) fazer a rodagem de II. *vi irr* (*Zug*) chegar

Einfahrt *f* <-en> ❶ (*Tor*) portão *m*; (*zum Hafen*) barra *f*; **~ freihalten!** não estacionar! ❷ *kein pl* (*des Zuges*) chegada *f*

Einfall *m* <-(e)s, -fälle> ❶ (*Idee*) ideia *f*; **ich hatte den ~ (zu)** tive [*o* ocorreu-me] a ideia (de); **witziger ~** graça *f* ❷ (MIL) invasão *f* (*in* de) ❸ (*des Lichtes*) incidência *f*

ein|fallen *vi irr* ❶ (*in den Sinn kommen*) lembrar-se de repente; (*sich erinnern*) lembrar-se, recordar-se; (*Gedanke*) vir à ideia, ocorrer; **es fällt mir nicht ein** não me consigo lembrar; **es ist mir eben eingefallen** veio-me agora mesmo à ideia, lembrei-me agora de repente; **sich** *dat* **etw ~ lassen** ter uma ideia; **das fällt mir gar nicht ein!** isso nem me passa pela cabeça!; **was fällt dir ein?** que ideia é essa? ❷ (*einstürzen*) vir abaixo, cair, desmoronar-se ❸ (MIL) **~ in** invadir

einfallslos *adj* sem imaginação, sem ideias

einfallsreich *adj* engenhoso

Einfallswinkel *m* <-s, -> (PHYS) ângulo *m* de incidência

einfältig *adj* simples, simplório; (*naiv*) ingénuo

Einfamilienhaus *nt* <-es, -häuser> moradia *f*, vivenda *f*

ein|fangen *vt irr* apanhar

einfarbig *adj* unicolor, liso

ein|fassen *vt* ❶ (*Edelstein*) engastar ❷ (*Gebiet*) vedar

ein|fetten *vt* (*Form*) untar; (*Leder*) engraxar

ein|finden *vr* **sich ~** *irr* chegar, aparecer, vir

ein|fließen *vi irr* (*Luft, Wasser*) afluir, entrar; **etw ~ lassen** mencionar a. c.

ein|flößen *vt* ❶ (*Medizin*) dar ❷ (*Vertrauen*) inspirar; (*Respekt*) infundir

Einfluss[RR] *m* <-es, -flüsse>, **Einfluß**[ALT] *m* <-sses, -flüsse> influência *f* (*auf* em, sobre); (*Wirkung*) efeito *m* (*auf* em, sobre); **~ auf jdn ausüben** exercer influência sobre alguém; **darauf habe ich keinen ~** eu não tenho influência nisso; **unter dem ~ von Alkohol stehen** estar sob os efeitos do álcool

Einflussbereich[RR] *m* <-(e)s, -e> área *f* de influência

einflussreichRR *adj* influente
einförmig *adj* monótono
ein|frieren **I.** *vt irr* (*Lebensmittel, Kredit, Löhne*) congelar **II.** *vi irr* (*Wasserrohr*) ficar bloqueado pelo gelo
ein|fügen **I.** *vt* inserir, introduzir (*in* em); (TECH) encaixar (*in* em); (*zusätzlich*) acrescentar (*in* a) **II.** *vr* **sich ~** integrar-se (*in* em), adaptar-se (*in* a)
einfühlsam *adj* sensível, compreensivo
Einfühlungsvermögen *nt* <-s> *kein pl* sensibilidade *f*, compreensão *f*
Einfuhr ['aɪnfuːɐ] *f* <-en> importação *f*
ein|führen *vt* ❶ (*hineinschieben*) introduzir (*in* em) ❷ (WIRTSCH) importar ❸ (*Sitte, System*) implantar, instituir (*in* em) ❹ (*anleiten*) iniciar (*in* em)
Einführung *f* <-en> ❶ (*Hineinschieben*) introdução *f* (*in* em) ❷ (*von System*) implantação *f*, instituição *f*; (*von Artikel*) lançamento *m* ❸ (*in Arbeit*) iniciação *f* ❹ (*Vorstellung*) apresentação *f*
Eingabe *f* <-n> ❶ (*Antrag*) petição *f*, requerimento *m* ❷ (INFOR) entrada *f*
Eingang *m* <-(e)s, -gänge> ❶ (*Tür*) entrada *f* ❷ *kein pl* (*von Post, Ware, Geld*) entrada *f*, chegada *f*; **wir bestätigen den ~ Ihres Schreibens** acusamos a recepção da vossa carta; (*brasil*) acusamos o recebimento da vossa carta
eingangs ['aɪngaŋs] *adv* ao princípio, de início
Eingangshalle *f* <-n> hall *m* de entrada
Eingangstür *f* <-en> porta *f* de entrada
ein|geben *vt irr* (*Daten*) introduzir
eingebildet *adj* ❶ (*hochmütig*) presunçoso, pretensioso; (*umg*) peneirento ❷ (*nicht wirklich*) imaginário
Eingeborene(r) *m/f* <-n, -n *o* -n> indígena *m,f*
Eingebung ['aɪngeːbʊŋ] *f* <-en> inspiração *f*; **eine ~ haben** ter uma ideia
eingefallen **I.** *pp von* **einfallen** **II.** *adj* (*Gesicht*) magro
eingefleischt ['aɪngəflaɪʃt] *adj* inveterado, incorrigível
ein|gehen **I.** *vt irr* ❶ (*Risiko*) correr; **eine Wette ~** fazer uma aposta ❷ (*Ehe*) contrair; (*Verpflichtung*) assumir **II.** *vi irr* ❶ (*zustimmen*) aceder (*auf* a); (*Bedingung*) aceitar ❷ (*sich auseinandersetzen*) entrar (*auf* em); **auf diese Frage gehe ich später ein** eu entro nessa questão mais tarde; **auf jdn ~** dar atenção a alguém ❸ (*Sendung, Geld*) entrar, chegar; **in die Geschichte ~** entrar para a história ❹ (*Kleidung*) encolher ❺ (*Pflanze, Tier*) morrer (*an* de); (*umg: Firma*) acabar, deixar de existir
eingehend *adj* pormenorizado, detalhado
Eingemachte(s) *nt* <-n> *kein pl* doce *m* em conserva
ein|gemeinden *vt* incorporar (*in* em)
eingenommen **I.** *pp von* **einnehmen** **II.** *adj* **für/gegen jdn ~ sein** ter boa/má opinião acerca de alguém; **von sich** *dat* **~ sein** ser cheio de si, ser presunçoso
eingerostet *adj* (*auch fig*) enferrujado, perro
eingeschnappt *adj* (*umg*) amuado
eingeschrieben **I.** *pp von* **einschreiben** **II.** *adj* (*Brief*) regist(r)ado
ein|gestehen* *vt irr* confessar, admitir
Eingeweide ['aɪngəvaɪdə] *pl* entranhas *fpl*, vísceras *fpl*
Eingeweihte(r) *m/f* <-n, -n *o* -n> iniciado, iniciada *m, f*
ein|gewöhnen* *vr* **sich ~** habituar-se (*in* a), acostumar-se (*in* a)
ein|gießen *vt irr* deitar (*in* para)
eingleisig *adj* de via única
ein|gliedern *vt* integrar (*in* em), incorporar (*in* em)
ein|graben **I.** *vt irr* enterrar **II.** *vr* **sich ~** *irr* ❶ (MIL) entrincheirar-se ❷ (*ins Gedächtnis*) gravar-se; **etw gräbt sich jdm ins Gedächtnis ein** a. c. fica gravada na memória de alguém
ein|greifen *vi irr* ❶ (*Einfluss nehmen*) intervir (*in* em); **in jds Rechte ~** usurpar os direitos de alguém ❷ (TECH) engrenar (*in* em)
Eingriff *m* <-(e)s, -e> ❶ (*Übergriff*) intervenção *f* (*in* em), interferência *f* (*in* em) ❷ (MED) operação *f*, intervenção *f* cirúrgica
ein|haken *vt* ❶ (*befestigen*) enganchar, engatar ❷ (*Person*) enfiar o braço em; **sie gehen eingehakt** eles vão de braço dado
Einhalt *m kein pl* (*geh*) **jdm ~ gebieten** deter alguém; **etw ~ gebieten** pôr termo a a. c.
ein|halten *vt irr* (*Regel*) observar, respeitar; (*Frist, Versprechen*) cumprir; (*Diät*) seguir; (*Richtung*) manter
ein|handeln *vr* **sich ~** (*umg*) **sich** *dat* **etw ~** trocar a. c.
einhändig *adj* maneta

ein|hängen **I.** *vt* (*Telefonhörer*) pousar (o auscultador); (*an Haken*) enganchar, engatar **II.** *vi* desligar **III.** *vr* **sich ~ sich bei jdm ~** enfiar o braço em alguém

einheimisch ['aɪnhaɪmɪʃ] *adj* (*Mensch*) nativo, natural; (*Ware*) nacional

Einheimische(r) *m/f* <-n, -n *o* -n> nativo, nativa *m, f,* natural *m,f*

Einheit ['aɪnhaɪt] *f* <-en> ① (*a* MIL) unidade *f;* **die deutsche ~** a união alemã ② (*beim Telefonieren*) impulso *m*

einheitlich *adj* ① (*homogen*) uniforme; (*System*) unitário ② (*genormt*) igual

Einheitspreis *m* <-es, -e> preço *m* único

ein|heizen **I.** *vt* (*Zimmer*) aquecer; (*Ofen*) acender, ligar **II.** *vi* (*umg*) **jdm ~** chatear alguém

einhellig ['aɪnhɛlɪç] **I.** *adj* unânime **II.** *adv* unanimemente, por unanimidade

ein|holen *vt* ① (*Person*) apanhar ② (*Rat, Erlaubnis, Auskunft*) pedir

Einhorn *nt* <-(e)s, -hörner> unicórnio *m*

ein|hüllen *vt* envolver (*in* em), embrulhar (*in* em)

einhundert ['-'--] *num kard* cem

einig ['aɪnɪç] *adj* de acordo; **sich** *dat* **~ sein/ werden** estar de acordo/chegar a um acordo (*mit* com)

einige(r, s) *pron indef* alguns, algumas *mpl, fpl,* uns, umas *mpl, fpl;* **~ hundert Menschen** umas [*o* algumas] centenas de pessoas; **in ~r Entfernung** a alguma distância; **nach ~r Zeit** após algum tempo; **~ Mal** algumas vezes; **~ meinen, dass ...** alguns acham que ...

einigemal[ALT] *adv s.* **einige**

einigen ['aɪnɪgən] *vr* **sich ~** acordar (*auf* em), chegar a acordo (*auf* sobre)

einigermaßen *adv* de certa forma, até certo ponto; (*ziemlich*) razoavelmente, relativamente; **wie geht es dir? — so ~** como estás? — vai-se andando

Einigkeit *f kein pl* concórdia *f;* **~ macht stark** a união faz a força

Einigung *f* <-en> ① (*Übereinstimmung*) acordo *m;* **zu einer ~ kommen** chegar a um acordo ② (*Vereinigung*) unificação *f,* união *f*

einjährig *adj* ① (*Kind, Kurs*) de um ano ② (*Pflanze*) anual

ein|kalkulieren* *vt* levar em conta

Einkauf *m* <-(e)s, -käufe> compra *f*

ein|kaufen **I.** *vt* comprar **II.** *vi* fazer compras; **~ gehen** ir às compras

Einkaufsbummel *m* <-s, -> passeio *m* de compras; **einen ~ machen** dar um passeio (para fazer compras)

Einkaufspreis *m* <-es, -e> preço *m* de custo

Einkaufstasche *f* <-n> saco *m* das compras

Einkaufswagen *m* <-s, -> carrinho *m* de compras

Einkaufszentrum *nt* <-s, -zentren> centro *m* comercial

ein|kehren *vi* parar (para descansar); **in ein Gasthaus ~** parar numa hospedaria

ein|klammern *vt* pôr entre parêntesis

Einklang *m* <-(e)s> *kein pl* (*geh*) harmonia *f,* acordo *m;* **mit etw im ~ stehen** estar de acordo com a. c.

ein|kleiden *vt* vestir

ein|klemmen *vt* entalar, apertar

ein|kochen *vt* (*Obst*) fazer conserva de

Einkommen *nt* <-s, -> rendimento *m;* (*brasil*) renda *f;* **ein hohes/niedriges ~ haben** ter um rendimento elevado/baixo

Einkommensteuer *f* <-n> imposto *m* complementar; (*brasil*) imposto *m* de renda

ein|kreisen *vt* cercar, circundar

ein|kriegen *vr* **sich ~** (*umg*) controlar-se; **sie kriegte sich nicht mehr ein vor Lachen** ela já não se controlava de tanto rir

Einkünfte *pl* rendimentos *mpl;* (*brasil*) renda *f*

Einlad *nt* <-(e)s> *kein pl* (*schweiz*) *s.* **Einladung**

ein|laden *vt irr* ① (*Gäste*) convidar (*zu* para); **darf ich Sie auf ein Bier ~?** posso convidá-lo para (beber) uma cerveja? ② (*Ware*) carregar (*in* para)

Einladung *f* <-en> convite *m* (*zu* para); **eine ~ annehmen** aceitar um convite

Einlage *f* <-n> ① (*Spareinlage*) depósito *m* (bancário); (*Kapitaleinlage*) investimento *m* ② (*im Theater*) entrea(c)to *m* ③ (*im Schuh*) palmilha *f* ortopédica

ein|lagern *vt* armazenar, depositar

ein|langen *vi* (*österr*) chegar (*in* a)

Einlass[RR] ['aɪnlas] *m* <-es> *kein pl,* **Einlaß**[ALT] *m* <-sses> *kein pl* entrada *f,* admissão *f;* **~ ab 20 Uhr** entrada a partir das 20 horas; **sich** *dat* **~ verschaffen** conseguir entrar

ein|lassen **I.** *vt irr* ① (*hereinlassen*) admitir, deixar entrar; **sich** *dat* **ein Bad ~** preparar um banho ❷ (TECH) embutir **II.** *vr* **sich ~** *irr* ❶ (*Umgang pflegen*) **sich mit jdm ~** meter-se com alguém ❷ (*akzeptieren*) **sich auf etw ~** consentir em a. c.; **sich auf ein Abenteuer ~** meter-se numa aventura

Einlauf *m* <-(e)s, -läufe> ❶ (SPORT) entrada *f* (em campo) ❷ (MED) clister *m*

ein|laufen *vi irr* ❶ (*Schiff*) entrar (num porto); (SPORT) entrar (em campo) ❷ (*Stoff*) encolher ❸ (*Wasser*) correr (*in* em)

ein|leben *vr* **sich ~** acostumar-se (*in* a), habituar-se (*in* a)

ein|legen *vt* ❶ (*hineinlegen*) pôr, inserir; **einen Film ~** pôr um rolo ❷ (KOCHK) pôr de escabeche ❸ (*Berufung*) interpor; (*Pause*) fazer; **ein gutes Wort für jdn ~** interceder por alguém, intervir em favor de alguém; **Protest ~** protestar

Einlegesohle *f* <-n> palmilha *f*

ein|leiten *vt* ❶ (*beginnen*) abrir, iniciar ❷ (*Verhandlungen*) dar início a; (*Prozess*) instaurar

Einleitung *f* <-en> ❶ (*für Buch, Text*) introdução *f*, prefácio *m* ❷ (*von Verhandlungen*) início *m*

ein|lenken *vi* ceder, transigir

ein|leuchten *vi* ser claro, ser evidente, parecer óbvio; **das leuchtet mir (nicht) ein** eu (não) compreendo

einleuchtend *adj* claro, evidente

ein|liefern *vt* entregar, levar; **jdn in die Klinik ~** hospitalizar alguém

Einliegerwohnung *f* <-en> *pequena habitação na cave de uma casa, com entrada independente*

ein|lösen *vt* ❶ (*Scheck*) cobrar; (*Pfand*) trocar ❷ (*Versprechen*) cumprir

ein|machen *vt* pôr em conserva

Einmachglas *nt* <-es, -gläser> frasco *m* de conservas

einmal ['aɪnma:l] *adv* ❶ (*ein Mal*) uma vez; **auf ~** de (uma) vez, de uma assentada; (*zeitlich*) de repente; **noch ~** outra vez, mais uma vez; **noch ~ so viel** outro tanto; **nicht ~** nem sequer ❷ (*irgendwann*) qualquer dia; **besuchen Sie mich doch ~** venha visitar-me qualquer dia ❸ (*verstärkend*) **ich bin nun ~ so** eu sou assim, é a minha maneira de ser; **komm ~ her** anda cá

Einmaleins [aɪnma:l'ʔaɪns] *nt* <-> *kein pl* tabuada *f*

einmalig ['---, -'--] *adj* ❶ (*nur ein Mal*) único ❷ (*umg: prima*) fora de série

Einmannbetrieb *m* <-(e)s, -e> empresa *f* individual

Einmarkstück *nt* <-(e)s, -e> moeda *f* de um marco

Einmarsch *m* <-(e)s, -märsche> entrada *f* (*in* em); (MIL) invasão *f* (*in* a)

ein|marschieren* *vi* entrar (*in* em)

ein|massieren* *vt* aplicar (massajando)

ein|mischen *vr* **sich ~** intrometer-se (*in* em), meter-se (*in* em)

Einmischung *f* <-en> intromissão *f* (*in* em)

ein|münden *vi* (*Fluss*) desaguar (*in* em); (*Straße*) desembocar (*in* em)

einmütig **I.** *adj* unânime **II.** *adv* unanimemente

Einnahme ['aɪnna:mə] *f* <-n> ❶ (*Geld*) rendimento *f*, receitas *fpl*; (*brasil*) renda *f* ❷ *kein pl* (MIL) tomada *f*, ocupação *f* ❸ (*von Medizin*) ingestão *f*

Einnahmequelle *f* <-n> fonte *f* de rendimento, fonte *f* de renda

ein|nehmen *vt irr* ❶ (*Geld*) receber ❷ (*Stellung, Raum*) ocupar; **jdn für sich ~** cativar alguém; **jdn gegen sich ~** despertar antipatia a alguém ❸ (*Medikament*) tomar, ingerir

ein|nicken *vi* cabecear, dormitar

ein|nisten *vr* **sich ~** (*abw*) instalar-se (*bei* em)

Einöde *f* <-n> deserto *m*

ein|ordnen **I.** *vt* ordenar, dispor por ordem; (*in Gruppen*) classificar **II.** *vr* **sich ~** (*Autofahrer*) ordenar-se, *colocar-se na faixa de rodagem adequada à direcção a seguir*

ein|packen *vt* (*in Papier*) embrulhar; (*in Kisten*) encaixotar, embalar; (*in Koffer*) meter na mala

ein|parken *vi* estacionar

ein|pauken *vt* (*umg*) meter na cabeça; **(jdm) etw ~** meter a. c. na cabeça (de alguém)

ein|pendeln *vr* **sich ~** equilibrar-se

ein|pferchen ['aɪnpfɛrçən] *vt* (*Vieh*) encurralar; (*Leute*) juntar

ein|pflanzen *vt* ❶ (*Pflanze*) plantar ❷ (MED) implantar, incubar

ein|planen *vt* incluir nos planos; **das war nicht eingeplant** isto não estava previsto

ein|prägen *vt* gravar; **sich** *dat* **etw ~** gravar a. c. (na memória)

einprägsam *adj* fácil de lembrar

ein|quartieren* *vt* alojar (*bei* em), aquartelar

ein|rahmen *vt* emoldurar

ein|rasten *vi* encaixar

ein|räumen *vt* ① (*Bücher, Wäsche*) arrumar ② (*Fehler*) admitir; (*Recht, Kredit*) conceder

ein|rechnen *vt* levar em conta

ein|reden *vt* **jdm etw ~** persuadir [*o* convencer] alguém de a. c.

ein|regnen *vi* apanhar chuva, ficar detido pela chuva

ein|reiben *vt irr* ① (*Creme*) esfregar, aplicar ② (*Körperteil*) esfregar, friccionar; **jdm den Rücken** (**mit Sonnenöl**) ~ esfregar as costas a alguém (com óleo solar)

ein|reichen *vt* (*Unterlagen*) entregar; (*Antrag*) apresentar

ein|reihen *vr* **sich ~** unir-se (*in* a)

Einreise *f* <-n> entrada (num país) *f* (*nach* em)

Einreiseerlaubnis *f kein pl* autorização *f* de entrada

ein|reisen *vi* entrar (*nach* em)

ein|reißen **I.** *vt irr* ① (*Haus*) demolir ② (*Papier*) rasgar **II.** *vi irr* ① (*Papier, Stoff*) rasgar(-se) ② (*Unsitte*) alastrar

ein|renken ['aɪnrɛŋkən] *vt* ① (*Arm*) endireitar ② (*umg: in Ordnung bringen*) ajeitar, endireitar; **das wird sich schon wieder ~** tudo se há-de ajeitar

ein|richten **I.** *vt* (*Wohnung*) montar, mobilar; (*brasil*) mobiliar; (*arrangieren*) arranjar, endireitar; **etw so ~, dass ...** arranjar as coisas de forma a ... **II.** *vr* **sich ~** (*sich vorbereiten*) preparar-se (*auf* para)

Einrichtung *f* <-en> ① (*Institution*) instituição *f*, organização *f*; (*Dienste*) serviço *m* ② (*der Wohnung*) decoração *f*, mobiliário *m* ③ *kein pl* (*Gründung*) estabelecimento *m*, fundação *f*

ein|rosten *vi* enferrujar(-se)

ein|rücken **I.** *vt* (*Zeile, Absatz*) abrir parágrafo **II.** *vi* (MIL) entrar (*in* em)

eins [aɪns] **I.** *num kard* um; *s. a.* **zwei** **II.** *adj* (*umg*) **es ist mir alles ~** tanto me faz

Eins *f* <-en> ① (*Ziffer*) um *m*; *s.* **Zwei** ② (*Unterstufe*) cinco *m*; (*Oberstufe*) *entre 17 e 20*

einsam ['aɪnza:m] *adj* ① (*Mensch*) só, solitário, sozinho ② (*Region*) isolado

Einsamkeit *f kein pl* solidão *f*

ein|sammeln *vt* juntar; (*Geld*) recolher

Einsatz *m* <-es, -sätze> ① *kein pl* (*Bemühung*) esforço *m*, empenho *m*; **unter ~ seines Lebens** com risco da própria vida ② *kein pl* (*Verwendung*) emprego *m*, utilização *f*; **zum ~ kommen** ser empregue ③ (*Teil*) peça *f* de encaixe; (*aus Stoff*) peitilho *m* ④ (*beim Spiel*) parada *f* ⑤ (MUS) entrada *f* ⑥ (MIL) entrada *f* em a(c)ção

einsatzbereit *adj* pronto para entrar em a(c)ção; (*Maschine*) pronto a ser usado

ein|scannen *vt* (INFOR) copiar com o scanner

ein|schalten **I.** *vt* (*Gerät, Licht*) ligar, acender; (*Anwalt*) recorrer a **II.** *vr* **sich ~** intervir

Einschaltquote *f* <-n> taxa *f* de audiências

ein|schätzen *vt* avaliar; **hoch ~** ter em muito apreço

Einschätzung *f* <-en> avaliação *f*; **nach meiner ~** na minha opinião

ein|schenken *vt* servir

ein|schicken *vt* enviar, remeter

ein|schieben *vt* ① (*hineinschieben*) introduzir (*in* em), meter (*in* em) ② (*einfügen*) enfiar (*in* em)

ein|schiffen **I.** *vt* embarcar **II.** *vr* **sich ~** embarcar (*nach* para)

ein|schlafen *vi irr* ① (*Person, Gliedmaßen*) adormecer ② (*Freundschaft*) esmorecer

ein|schläfern *vt* ① (*zum Schlafen bringen*) adormecer, embalar ② (*Tier*) matar

Einschlag *m* <-(e)s, -schläge> ① (*von Geschoss*) impacto *m*; (*von Blitz*) queda *f* ② (*Nuance*) influência *f*

ein|schlagen **I.** *vt irr* ① (*Fenster, Zähne*) partir; (*Tür*) arrombar; (*Schädel*) rachar ② (*Nagel*) pregar (*in* a/em) ③ (*einwickeln*) embrulhar (*in* em) ④ (*Lenkrad*) virar ⑤ (*Weg, Richtung*) seguir por **II.** *vi irr* ① (*Blitz*) cair (*in* em); **auf jdn ~** desatar a bater em alguém ② (*Anklang finden*) ter êxito

einschlägig *adj* correspondente, respectivo

ein|schleichen *vr* **sich ~** *irr* infiltrar-se, introduzir-se; **hier hat sich ein Fehler eingeschlichen** deu-se aqui um erro

ein|schließen *vt irr* ① (*Person, Wertgegenstände*) fechar à chave, encerrar (*in* em) ② (*umgeben*) cercar ③ (*mit einbeziehen*) incluir (*in* em)

einschließlich **I.** *präp +gen* incluindo; **~ der Lektoren** incluindo os leitores **II.** *adv* inclusive, inclusivamente; **geöffnet vom 1. bis 15. Mai ~** aberto de 1 a 15 de Maio inclusive

ein|schmeicheln *vr* **sich ~** cativar as simpatias (*bei* de)

ein|schnappen *vi* ① (*Schloss*) engatar

2 (*umg: beleidigt sein*) melindrar-se
einschneidend *adj* decisivo, radical
Einschnitt *m* <-(e)s, -e> 1 (*Schnitt*) corte *m;* (MED) incisão *f* 2 (*im Leben*) corte *m*
ein|schränken **I.** *vt* (*einengen*) limitar; (*Freiheit*) restringir; (*Kosten*) reduzir **II.** *vr* **sich ~** poupar
Einschränkung *f* <-en> 1 (*der Macht, Freiheit*) restrição *f;* (*der Kosten*) redução *f* 2 (*Vorbehalt*) restrição *f;* **ohne ~** sem restrições
Einschreibebrief *m* <-(e)s, -e> carta *f* regist(r)ada
ein|schreiben **I.** *vt irr* (*in eine Liste, als Mitglied*) inscrever (*in* em); (*Schule, Universität*) matricular (*in* em), inscrever (*in* em) **II.** *vr* **sich ~** *irr* (*in eine Liste, als Mitglied*) inscrever-se (*in* em); (*Schule, Universität*) matricular-se (*in* em), inscrever-se (*in* em)
Einschreiben *nt* <-s, -> remessa *f* regist(r)ada; **einen Brief als ~ schicken** mandar uma carta regist(r)ada
Einschreibung *f* <-en> (*in eine Liste, als Mitglied*) inscrição *f;* (*an Schule, Universität*) matrícula *f,* inscrição *f*
ein|schreiten *vi irr* tomar medidas (*gegen* contra), intervir
Einschub *m* <-(e)s, -schübe> inserção *f,* introdução *f*
ein|schüchtern *vt* intimidar; **sich nicht ~ lassen** não se deixar intimidar
ein|schulen *vt* mandar para uma escola, matricular numa escola
ein|sehen *vt irr* 1 (*Akten*) ver, consultar 2 (*begreifen*) compreender 3 (*zugestehen*) reconhecer
Einsehen *nt kein pl* **ein/kein ~ haben** (não) ser razoável
ein|seifen *vt* ensaboar
einseitig ['aɪnzaɪtɪç] *adj* 1 (POL: *Vertrag*) unilateral; (*parteiisch*) parcial 2 (*Ernährung*) deficiente 3 (MED) simples; **er ist ~ gelähmt** ele está paralítico de um lado
Einseitigkeit *f* <-en> parcialidade *f;* (*der Ernährung*) deficiência *f*
ein|senden *vt* mandar (*an* a), enviar (*an* a)
Einsender(in) *m(f)* <-s, - *o* -innen> remetente *m,f*
EinsendeschlussRR *m* <-es> *kein pl* fim *m* do prazo de envio
Einsendung *f* <-en> envio *m*
ein|setzen **I.** *vt* (*einfügen*) colocar, inserir, meter; (*Teil*) montar, encaixar; (*in Amt*) colocar; (*ernennen*) nomear; (*verwenden*) utilizar; (*Kraft*) empregar; (*Betrag*) investir; (*Leben*) pôr em risco, arriscar **II.** *vi* (*beginnen*) começar; (MUS) entrar **III.** *vr* **sich ~** empenhar-se; **sich für jdn/etw ~** apoiar alguém/a.c., lutar por alguém/a. c.
Einsicht *f* <-en> 1 *kein pl* (*in Akten, Bücher*) consulta *f* 2 (*Kenntnis*) entendimento *m,* juízo *m,* conhecimento *m;* **zu der ~ kommen, dass ...** chegar à conclusão de que ...
einsichtig *adj* 1 (*vernünftig*) sensato, ajuizado 2 (*verständlich*) compreensivo
Einsiedler(in) *m(f)* <-s, - *o* -innen> eremita *m,f,* anacoreta *m,f*
einsilbig ['aɪnzɪlbɪç] *adj* 1 (*Wort*) monossilábico 2 (*wortkarg*) lacónico, taciturno
ein|sinken *vi irr* afundar-se (*in* em)
ein|spannen *vt* 1 (*Blatt, Werkstück*) pôr, colocar 2 (*Pferde*) atrelar, aparelhar 3 (*umg: heranziehen*) chamar; **jdn für eine Arbeit ~** chamar alguém para um trabalho
Einspänner *m* <-s, -> (*österr*) café *m* com natas
ein|sparen *vt* poupar
ein|sperren *vt* 1 (*in einem Raum*) fechar 2 (*umg: im Gefängnis*) prender
ein|spielen **I.** *vt* (*Unkosten*) recuperar **II.** *vr* **sich ~** 1 (*sich harmonisieren*) harmonizar-se 2 (SPORT) treinar, exercitar; **die Mannschaft muss sich noch ~** a equipa ainda tem de treinar
einsprachig *adj* unilingue
ein|springen *vi irr* entrar, dar uma ajuda; **für jdn ~** substituir alguém
ein|spritzen *vt* inje(c)tar
Einspritzmotor *m* <-s, -en> motor *m* de inje(c)ção
Einspritzpumpe *f* <-n> bomba *f* de inje(c)ção
Einspruch *m* protesto *m,* reclamação *f;* (JUR) recurso *m;* **~ erheben** protestar (*gegen* contra); (JUR) interpor um recurso (*gegen* contra)
einspurig ['aɪnʃpuːrɪç] *adj* de via única
einst ['aɪnst] *adv* (*geh*) outrora, antigamente
Einstand *m* <-(e)s, -stände> entrada *f* em funções; **seinen ~ geben** oferecer um lanche (no novo posto de trabalho)
ein|stecken *vt* 1 (*in Tasche*) meter no bolso; (*Münze in Automat*) introduzir; (*Brief*) pôr no correio; (*Stecker*) meter na ficha 2 (*mit-*

E

nehmen) levar consigo; (*umg: Geld*) meter ao bolso ❸ (*umg: hinnehmen*) engolir

ein|stehen *vi irr* responsabilizar-se (*für* por), responder (*für* por)

ein|steigen *vi irr* ❶ (*in Fahrzeug*) entrar (*in* em, para), subir (*in* para) ❷ (*umg: sich beteiligen*) participar

einstellbar *adj* (*Höhe, Temperatur*) regulável

ein|stellen **I.** *vt* (*an seinen Platz stellen*) guardar, arrumar (*in* em); (*Personal*) contratar; (*Geräte*) regular, ajustar; (*Bremsen*) afinar; (*Radio*) sintonizar; (*Kamera*) focar; (*aufhören mit*) acabar com; (*Arbeit, Zahlungen*) suspender; (*Prozess*) arquivar; (*Feuer*) cessar **II.** *vr* **sich ~** (*erscheinen*) aparecer, chegar; (*Schmerz, Besserung*) fazer-se sentir; (*Erfolg*) ser alcançado; **sich auf jdn/etw ~** adaptar-se a alguém/a. c.

Einstellung *f* <-en> ❶ (*Haltung, Ansicht*) atitude *f*, mentalidade *f* ❷ (*von Personal*) contratação *f*, recrutamento *m* ❸ (TECH) regulação *f*, afinação *f*; (*der Kamera*) focagem *f*; (*des Radios*) sintonização *f* ❹ (*Unterbrechung*) suspensão *f*

Einstieg *m* <-(e)s, -e> (*Tür*) porta *f*

einstig *adj* antigo

ein|stimmen **I.** *vt* (*Instrument*) afinar **II.** *vi* (*in Gesang*) acompanhar (*in* em); (*in Geschrei, Jubel*) juntar-se (*in* em)

einstimmig **I.** *adj* ❶ (*ohne Gegenstimme*) unânime ❷ (MUS) a uma só voz **II.** *adv* ❶ (*ohne Gegenstimme*) unanimemente, por unanimidade ❷ (MUS) em uníssono

einstöckig *adj* de um andar, de um piso

ein|strömen *vi* afluir

ein|studieren *vt* (*Rolle*) estudar, decorar; (*Theaterstück*) ensaiar

ein|stufen *vt* classificar (*in* em)

einstündig *adj* de uma hora

Einsturz *m* <-es, -stürze> desabamento *m*, desmoronamento *m*; **etw zum ~ bringen** fazer desmoronar a. c.

ein|stürzen *vi* desmoronar-se, desabar, ruir

Einsturzgefahr *f kein pl* perigo *m* de desmoronamento

einstweilen ['aɪnst'vaɪlən] *adv* (*vorläufig*) por enquanto; (*inzwischen*) entretanto

einstweilig ['aɪnst'vaɪlɪç] *adj* provisório, interino

eintägig *adj* de um dia

ein|tauchen *vt* mergulhar (*in* em)

ein|tauschen *vt* trocar (*gegen* por)

eintausend ['-'--] *num kard* mil

ein|teilen *vt* ❶ (*in Teile*) dividir (*in* em); (*Geld, Zeit*) distribuir ❷ (*in Gruppen*) classificar (*in* por); (*Menschen*) destacar (*zu* para)

einteilig *adj* de corpo inteiro

Einteilung *f* <-en> ❶ (*Untergliederung*) divisão *f*; (*in Gruppen*) classificação *f* ❷ (*Verteilung*) distribuição *f*

eintönig *adj* monótono

Eintönigkeit *f kein pl* monotonia *f*

Eintopf *m* <-(e)s, -töpfe> guisado *m*, ensopado *m*

Eintracht ['aɪntraxt] *f kein pl* harmonia *f*

einträchtig **I.** *adj* unânime, de acordo **II.** *adv* unanimemente

Eintrag ['aɪntra:k] *m* <-(e)s, -träge> ❶ (*Vermerk*) nota *f* ❷ (*in Liste*) inscrição *f*

ein|tragen **I.** *vt irr* (*einschreiben*) inscrever (*in* em), regist(r)ar (*in* em); (*einzeichnen*) anotar (*in* em); (*Profit*) render, dar; **jdm etw ~** trazer a. c. a alguém **II.** *vr* **sich ~** *irr* inscrever-se (*in* em)

einträglich *adj* lucrativo; (*umg*) chorudo

ein|treffen *vi irr* ❶ (*ankommen*) chegar (*in* a) ❷ (*Voraussage*) confirmar-se, cumprir-se

ein|treiben *vt irr* (*Schulden, Steuern*) cobrar

ein|treten **I.** *vt irr* (*Tür*) arrombar (com pontapés) **II.** *vi irr* ❶ (*hineingehen*) entrar (*in* em) ❷ (*in Club, Partei*) entrar (*in* para) ❸ (*geschehen*) acontecer, ocorrer; **plötzlich trat Stille ein** de repente ficou tudo silencioso ❹ (*sich einsetzen*) lutar (*für* por); **für jdn ~** interceder por alguém

Eintritt *m* <-(e)s> *kein pl* ❶ (*in Zimmer, Gebäude*) entrada *f* ❷ (*in Partei, Verein*) ingresso *m* (*in* em) ❸ (*Gebühr*) entrada *f*; **~ frei** entrada livre [*o* gratuita] ❹ (*Anfang*) início *m*, começo *m*; **bei ~ der Dunkelheit** ao cair da noite

Eintrittsgeld *nt* <-es, -er> preço *m* de entrada

Eintrittskarte *f* <-n> bilhete *m* (de entrada); (*brasil*) ingresso *m*

Eintrittspreis *m* <-es, -e> preço *m* de entrada

ein|trocknen *vi* secar, enxugar

ein|trudeln *vi* (*umg*) chegar (sucessivamente)

ein|üben *vt* estudar, ensaiar

ein|verleiben* *vr* **sich ~** ❶ (*Unternehmen*) incorporar; (*Besitz*) apoderar-se de; (*Gebiet*) anexar ❷ (*umg: Speisen*) embuchar; **sie**

haben sich den ganzen Kuchen einverleibt eles embucharam o bolo todo

Einvernehmen ['aɪnfɛɐne:mən] *nt* <-s> *kein pl* harmonia *f;* **im ~ mit** em harmonia com

einverstanden ['aɪnfɛɐʃtandən] *adj* de acordo; **mit etw ~ sein** estar de acordo com a. c.; **bist du ~?** estás de acordo?, concordas?

Einverständnis *nt* <-ses> *kein pl* ① (*Zustimmung*) consentimento *m;* **sein ~ zu etw geben** dar o seu consentimento para a. c. ② (*Einigkeit*) acordo *m;* **in gegenseitigem ~** de acordo mútuo

Einwand ['aɪnvant] *m* <-(e)s, -wände> obje(c)ção *f* (*gegen* a), protesto *m* (*gegen* contra); **Einwände gegen etw erheben** levantar obje(c)ções a a. c.

Einwanderer(in) *m(f)* <-s, - *o* -innen> imigrante *m,f*

ein|wandern *vi* imigrar

Einwanderung *f* <-en> imigração *f*

Einwanderungsland *nt* <-(e)s, -länder> país *m* de destino (dos emigrantes)

einwandfrei *adj* ① (*Benehmen*) irrepreensível, impecável; (*Ware*) inta(c)to, impecável ② (*eindeutig*) incontestável; **es steht ~ fest, dass ...** é certo que ...

einwärts *adv* para dentro

Einwegflasche *f* <-n> garrafa *f* sem depósito, tara *f* perdida

Einwegspritze *f* <-n> seringa *f* descartável

Einwegverpackung *f* <-en> embalagem *f* descartável

ein|weichen *vt* (*Bohnen, Stockfisch, Wäsche*) pôr de molho

ein|weihen *vt* ① (*Brücke, Gebäude*) inaugurar; (*umg: Kleid*) estrear ② (*in Geheimnis*) iniciar (*in* em); **eingeweiht sein** estar por dentro (do segredo)

Einweihung *f* <-en> inauguração *f*

ein|weisen *vt irr* ① (*in Tätigkeit*) iniciar (*in* em) ② (*in Krankenhaus, Anstalt*) internar (*in* em)

Einweisung *f* <-en> ① (*in Tätigkeit*) iniciação *f* ② (*in Krankenhaus, Anstalt*) internamento *m*

ein|wenden *vt* levantar obje(c)ções (*gegen* a); **dagegen habe ich nichts einzuwenden** não tenho quaisquer obje(c)ções a levantar

ein|werfen *vt irr* ① (*zertrümmern*) partir (à pedrada), apedrejar ② (*Brief*) pôr (no correio) (*in* em); (*Münze*) introduzir (*in* em); (*Fußball*) lançar ③ (*äußern*) obje(c)tar

ein|wickeln *vt* embrulhar (*in* em)

ein|wiligen *vi* consentir (*in* em)

Einwilligung *f* <-en> consentimento *m;* **seine ~ zu etw geben** dar o seu consentimento para a. c.

ein|wirken *vi* a(c)tuar (*auf* sobre); (*beeinflussen*) influir (*auf* sobre)

Einwohner(in) *m(f)* <-s, - *o* -innen> habitante *m,f*

Einwohnermeldeamt ['---'---] *nt* <-(e)s, -ämter> cartório *m* do regist(r)o de moradores

Einwurf *m* <-(e)s, -würfe> ① (*Öffnung*) abertura *f* ② (*Einwand*) obje(c)ção *f* ③ (SPORT) lançamento *m*

Einzahl *f kein pl* (LING) singular *m*

ein|zahlen *vt* depositar (*auf* em)

Einzahlung *f* <-en> depósito *m* (*auf* em)

ein|zäunen *vt* vedar

Einzelfahrschein *m* <-(e)s, -e> bilhete *m* de uma viagem

Einzelfall *m* <-(e)s, -fälle> caso *m* isolado

Einzelgänger(in) *m(f)* <-s, - *o* -innen> solitário, solitária *m, f*

Einzelhaft *f kein pl* incomunicabilidade *f*

Einzelhandel *m* <-s> *kein pl* comércio *m* a retalho

Einzelheit *f* <-en> pormenor *m;* **in allen ~en** com todos os pormenores

Einzelkind *nt* <-(e)s, -er> filho *m* único

einzeln ['aɪntsəln] **I.** *adj* (*allein*) só, individual; **der/die Einzelne** o indivíduo; (*vereinzelt*) isolado; **wir erwarten ~e Regenschauer** esperamos uns aguaceiros isolados **II.** *adv* individualmente, em separado; **bitte ~ eintreten** por favor, entrar separadamente; **~ angeben** especificar; **~ betrachten** individualizar; **etw ~ verkaufen** vender a. c. avulso; **im Einzelnen** ao pormenor; **ins Einzelne gehen** entrar em pormenores

Einzelteil *nt* <-(e)s, -e> peça *f* solta, peça *f* avulso

Einzelzimmer *nt* <-s, -> quarto *m* individual

ein|ziehen **I.** *vt irr* ① (*Kopf*) baixar; (*Fahrgestell, Antenne*) recolher; (*Fahne, Segel*) arriar ② (*Steuern*) cobrar; (*Geld*) retirar da circulação; (*Führerschein*) apreender, cassar; (JUR) confiscar ③ (MIL) mobilizar **II.** *vi irr* ① (*in Wohnung*) mudar-se (*in* para), instalar-se (*in*

E

em) ② (*Einzug halten*) entrar (*in* em) ③ (*Flüssigkeit*) penetrar (*in* em)

einzig ['aɪntsɪç] **I.** *adj* único; **ein ~es Mal** uma única vez; **das Einzige** a única coisa; **der/die Einzige** a única pessoa; **kein Einziger** nem um único **II.** *adv* **~ und allein** única e exclusivamente, pura e simplesmente

einzigartig *adj* único, sem par

Einzug *m* <-(e)s, -züge> ① (*Hineingehen*) entrada *f* (*in* em) ② (*in Wohnung*) mudança *f* (*in* para)

Eis [aɪs] *nt* <-es, -e> ① (*Speiseeis*) gelado *m;* (*brasil*) sorvete *m;* **~ am Stiel** gelado *m* de pau; (*brasil*) sorvete *m* de pau ② (*gefrorenes Wasser*) gelo *m;* **zu ~ werden** converter-se em gelo; **jdn aufs ~ führen** enganar alguém

Eisbahn *f* <-en> ringue *m* de patinagem (sobre o gelo)

Eisbär *m* <-en, -en> urso *m* polar

Eisbecher *m* <-s, -> taça *f* de gelado; (*brasil*) copo *m* de sorvete

Eisbein *nt* <-(e)s, -e> chispe *m* (salgado)

Eisberg *m* <-(e)s, -e> iceberg *m;* **das ist nur die Spitze des ~es** isto é só a ponta do iceberg

Eischnee *m* <-s> *kein pl* claras *fpl* em castelo

Eiscreme *f* <-s> gelado *m;* (*brasil*) sorvete *m*

Eisdecke *f* <-n> camada *f* de gelo

Eisdiele *f* <-n> gelataria *f;* (*brasil*) sorveteria *f*

Eisen ['aɪzən] *nt* <-s, -> ferro *m;* **ein heißes ~** um assunto melindroso

Eisenbahn *f* <-en> caminho-de-ferro *m;* (*brasil*) estrada *f* de ferro

Eisenbahner(in) *m(f)* <-s, - *o* -innen> empregado, empregada *m, f* dos caminhos-de-ferro

Eisenbahnnetz *nt* <-es, -e> rede *f* dos caminhos-de-ferro

Eisenbahnwagen *m* <-s, -> carruagem *f* de caminhos-de-ferro

Eisenerz *nt* <-es, -e> minério *m* de ferro

eisenhaltig *adj* ferruginoso

eisern ['aɪzɐn] *adj* ① (*aus Eisen*) de ferro, férreo; **der E~e Vorhang** a cortina de ferro ② (*Gesundheit, Wille*) de ferro; **die ~e Reserve** as últimas reservas

Eisfach *nt* <-(e)s, -fächer> (compartimento *m* do) congelador

eisfrei *adj* sem gelo

eisgekühlt *adj* fresco

Eishockey ['aɪshɔki] *nt* <-s> *kein pl* hóquei *m* sobre o gelo

eisig ['aɪzɪç] *adj* gélido, glacial

eiskalt ['-'-] *adj* ① (*Wind*) gelado; (*Tag*) muito frio ② (*abweisend*) impassível

Eiskaffee é tomado principalmente no verão em geladarias e esplanadas. Mas também nas ementas de um restaurante não pode faltar esse café geladinho, dentro do qual flutua uma bola de gelado de baunilha. Em cima é coberto com creme chantilly.

Eiskunstlauf *m* <-(e)s> *kein pl* patinagem *f* artística (no gelo)

eis|laufen *vi irr* patinar (no gelo)

Eislaufen *nt* <-s> *kein pl* patinagem *f* no gelo

Eisläufer(in) *m(f)* <-s, - *o* -innen> patinador no gelo, patinadora *m, f*

Eismeer *nt* <-(e)s, -e> oceano *m* glacial

Eisschrank *m* <-(e)s, -schränke> (*reg*) frigorífico *m;* (*brasil*) geladeira *f*

Eiswaffel *f* <-n> barquilho *m*

Eiswürfel *m* <-s, -> cubo *m* de gelo

Eiszapfen *m* <-s, -> sincelo *m*

Eiszeit *f* <-en> era *f* glacial

eitel ['aɪtəl] *adj* vaidoso

Eitelkeit *f* <-en> vaidade *f*

Eiter ['aɪtɐ] *m* <-s> *kein pl* pus *m*

eitern ['aɪtɐn] *vi* supurar

eitrig *adj* purulento

Eiweiß *nt* <-es, -e> ① (*vom Ei*) clara *f* de ovo; **das ~ zu Schnee schlagen** bater as claras em castelo ② (CHEM) albumina *f;* (BIOL) proteína *f*

eiweißreich *adj* rico em proteínas

Eizelle *f* <-n> óvulo *m*

Ekel ['eːkəl] *m* <-s, -> ① *kein pl* (*Abneigung*) asco *m* (*vor* de), nojo *m* (*vor* de); **~ erregend** nojento, asqueroso; (*Widerwille*) repugnância *f* ② (*umg: Person*) pessoa *f* nojenta, pessoa *f* repugnante

ekelerregend *adj s.* **Ekel 1**

ekelhaft *adj* nojento, repugnante

ekeln *vr* **sich ~** sentir repugnância (*vor* por), ter nojo (*vor* de)

EKG *abk v* **Elektrokardiogramm** ECG (= *ele*(*c*)*trocardiograma*)

Eklat *m* <-s, -s> escândalo *m,* sensação *f;* **es kam zum ~** rebentou o escândalo

eklig *adj* ① (*abscheulich*) repugnante,

nojento ② (*umg: unangenehm*) horrível
Ekstase [ɛk'staːzə] *f* <-n> êxtase *m;* **in ~ geraten** entrar em êxtase
Ekzem [ɛk'tseːm] *nt* <-s, -> (MED) eczema *m*
Elan [e'laːn] *m* <-s> *kein pl* (*geh*) elã *m*
elastisch [e'lastɪʃ] *adj* elástico
Elastizität *f kein pl* elasticidade *f*
Elbe ['ɛlbə] *f kein pl* Elba *m*
Elch [ɛlç] *m* <-(e)s, -e> alce *m*
Elefant [ele'fant] *m* <-en, -en> elefante *m*
elegant [ele'gant] *adj* elegante; **eine ~e Lösung** uma saída airosa
Eleganz *f kein pl* elegância *f*
Elektriker(in) [e'lɛktrikɐ] *m(f)* <-s, - *o* -innen> ele(c)tricista *m,f*
elektrisch [e'lɛktrɪʃ] *adj* elé(c)trico
Elektrizität *f kein pl* ele(c)tricidade *f*
Elektrizitätswerk *nt* <-(e)s, -e> central *f* elé(c)trica
Elektrode [elɛk'troːdə] *f* <-n> elé(c)trodo *m*
Elektroenzephalogramm *nt* <-s, -s> (MED) ele(c)troencefalograma *m*
Elektrofahrzeug *nt* <-(e)s, -e> automóvel *m* movido a ele(c)tricidade
Elektrogerät *nt* <-(e)s, -e> ele(c)trodoméstico *m*
Elektroherd *m* <-(e)s, -e> fogão *m* elé(c)trico
Elektrokardiogramm *nt* <-s, -s> (MED) ele(c)trocardiograma *m*
Elektromotor *m* <-s, -en> ele(c)tromotor *m*
Elektron ['eːlɛktrɔn, elɛk'troːn] *nt* <-s, -en> (PHYS) electrão *m;* (*brasil*) elétron *m*
Elektronenmikroskop *nt* <-(e)s, -e> microscópio *m* ele(c)trónico
Elektronik [elɛk'troːnɪk] *f kein pl* ele(c)trónica *f*
elektronisch [elɛk'troːnɪʃ] *adj* ele(c)trónico
Elektrorasierer *m* <-s, -> máquina *f* de barbear (elé(c)trica)
Elektrotechnik *f kein pl* ele(c)trotecnia *f*
Element [ele'mɛnt] *nt* <-(e)s, -e> elemento *m;* **in seinem ~ sein** estar no seu elemento
elementar [elemɛn'taːɐ] *adj* elementar, básico
elend *adj* ① (*beklagenswert*) infeliz, desgraçado ② (*ärmlich*) miserável ③ (*krank*) adoentado
Elend ['eːlɛnt] *nt* <-(e)s> *kein pl* miséria *f*
Elendsviertel *nt* <-s, -> bairro *m* pobre; (*brasil*) cortiço *m*
elf [ɛlf] *num kard* onze; *s. a.* **zwei**
Elf *f* <-en> ① (*Zahl*) onze *m; s.* **Zwei** ② (*Fußballmannschaft*) equipa *f* de futebol; (*brasil*) time *m* de futebol
Elfe ['ɛlfə] *f* <-n> sílfide *f*
Elfenbein ['ɛlfənbaɪn] *nt* <-s> *kein pl* marfim *m*
Elfenbeinturm *m* <-(e)s, -türme> torre *f* de marfim
elfmal *adv* onze vezes
Elfmeter [ɛlf'meːtɐ] *m* <-s, -> (SPORT) grande penalidade *f,* penalty *m;* (*brasil*) pênalti *m*
Elfmeterpunkt *m* (FBALL) marca *f* do penalty
elfte(r, s) *num kard* décimo primeiro; *s. a.* **zweite(r, s)**
Elftel *nt* <-s, -> undécima parte *f*
eliminieren* *vt* eliminar
elitär *adj* elitista
Elite [e'liːtə] *f* <-n> elite *f*
Elixir *nt* <-s, -e> elixir *m*
Ellbogen ['ɛl-] *m* <-s, -> cotovelo *m;* **~ haben** avançar sem escrúpulos
Elle ['ɛlə] *f* <-n> (ANAT) cúbito *m*
Ellenbogen ['ɛlən-] *m* <-s, -> *s.* **Ellbogen**
Ellipse *f* <-n> elipse *f*
Elsass[RR] ['ɛlzas] *nt,* **Elsaß**[ALT] *nt* <-sses> *kein pl* Alsácia *f*
Elster ['ɛlstɐ] *f* <-n> pega *f*
elterlich *adj* (próprio) dos pais
Eltern ['ɛltɐn] *pl* pais *mpl*
Elternabend *m* <-s, -e> reunião *f* de pais
Elternhaus *nt* <-es, -häuser> casa *f* paterna
elternlos *adj* órfão
E-Mail *f* <-s> e-mail *m*
Email [e'maɪ] *nt* <-s, -s> esmalte *m*
Emaille *f s.* **Email**
emaillieren* *vt* esmaltar
Emanzipation [emantsipa'tsjoːn] *f* <-en> emancipação *f*
emanzipieren* *vt* emancipar
emanzipiert *adj* emancipado
Embargo [ɛm'bargo] *nt* <-s, -s> embargo *m;* **ein ~ verhängen gegen** embargar
Embolie [ɛmbo'liː] *f* <-n> (MED) embolia *f*
Embryo ['ɛmbryo] *m* <-s, -nen> embrião *m*
Emigrant(in) [emi'grant] *m(f)* <-en, -en *o* -innen> emigrante *m,f;* (*aus politischen Gründen*) exilado, exilada *m, f*
Emigration *f* <-en> emigração *f*
emigrieren* *vi* emigrar
eminent *adj* (*geh*) eminente
Emission *f* <-en> emissão *f*

Emoticon <-s, -s> *nt* emoticon *m*
emotional [emotsjo'na:l] *adj* emocional
empfahl [ɛm'pfa:l] *imp von* **empfehlen**
empfand [ɛm'pfant] *imp von* **empfinden**
Empfang [ɛm'pfaŋ] *m* <-(e)s, -pfänge> ❶ (*im Hotel, bei Radio, Fernsehen*) recepção *f* ❷ (*Aufnahme*) recepção *f*, acolhimento *m;* **jdm einen herzlichen ~ bereiten** dar uma recepção calorosa a alguém; **etw in ~ nehmen** receber a. c.
empfangen* *vt* ❶ (*Waren, Radiosender*) receber ❷ (*Gast*) receber, acolher
Empfänger(in) *m(f)* <-s, - *o* -innen> destinatário, destinatária *m, f;* (*von Waren*) consignatário *m*
empfänglich *adj* sensível (*für* a), impressionável (*für* com)
Empfängnis *f kein pl* concepção *f*
Empfängnisverhütung *f kein pl* anticoncepção *f*
Empfangsbescheinung *f* <-en> aviso *m* de recepção, recibo *m*
Empfangschef(in) *m(f)* <-s, -s *o* -innen> recepcionista *m,f*
empfehlen* [ɛm'pfe:lən] *vt* recomendar; **jdm etw ~** recomendar a. c. a alguém; **es empfiehlt sich** é conveniente, é aconselhável
empfehlenswert *adj* recomendável, aconselhável
Empfehlung *f* <-en> recomendação *f;* **auf ~ von ...** por recomendação de ...
Empfehlungsschreiben *nt* <-s, -> carta *f* de recomendação
empfinden* [ɛm'pfɪndən] *vt* sentir
empfindlich [ɛm'pfɪntlɪç] **I.** *adj* (*Person*) sensível; (*Stoff, Farbe, Gerät*) delicado; (*reizbar*) melindroso; (*Kälte*) rigoroso **II.** *adv* profundamente, gravemente
Empfindlichkeit *f* <-en> sensibilidade *f*, susce(p)tibilidade *f*
empfindsam [ɛm'pfɪntza:m] *adj* sentimental
Empfindung *f* <-en> sensação *f;* (*Gefühl*) sentimento *m*
empfing [ɛm'pfɪŋ] *imp von* **empfangen**
empfohlen [ɛm'pfo:lən] *pp von* **empfehlen**
empfunden [ɛm'pfʊndən] *pp von* **empfinden**
empirisch *adj* empírico
empor [ɛm'po:ɐ] *adv* (*geh*) para cima, acima
Empore [ɛm'po:rə] *f* <-n> tribuna *f*, galeria *f*
empören* **I.** *vt* escandalizar, chocar; **ich bin empört!** estou chocado! **II.** *vr* **sich ~** indignar-se (*über* com), chocar-se (*über* com)
empörend *adj* chocante
empor|kommen *vt irr* (*geh*) prosperar
Emporkömmling *m* <-s, -e> (*abw*) novo-rico *m*
Empörung *f* <-en> indignação *f* (*über* com)
emsig ['ɛmzɪç] *adj* zeloso, diligente
Endausscheidung *f* <-en> (SPORT) eliminatória *f* final
Ende ['ɛndə] *nt* <-s, -n> ❶ *kein pl* (*Endpunkt*) fim *m*, final *m;* **am ~** no fim, no final; **letzten ~s** afinal de contas, ao fim e ao cabo; **etw zu ~ bringen/führen** terminar a. c., concluir a. c.; **zu ~ sein/gehen** acabar/estar a acabar; **~ gut, alles gut** está tudo bem quando acaba bem; **~ Mai** no fim [*o* final] de Maio, em fins [*o* finais] de Maio; **ein böses ~ nehmen** acabar mal ❷ (*Endstück*) ponta *f*, extremidade *f*
Endeffekt *m* <-(e)s> *kein pl* resultado *m* final; **im ~** em última análise
enden ['ɛndən] *vi* acabar, terminar (*auf* em); **der Unterricht endet um 12 Uhr** a aula acaba [*o* termina] às 12 horas
Endergebnis *nt* <-ses, -se> resultado *m* (final)
endgültig *adj* definitivo
Endivie *f* <-n> escarola *f*
Endlagerung *f* <-en> armazenagem *f* definitiva
endlich ['ɛntlɪç] *adv* finalmente, por fim, enfim; **wann kommt er denn ~?** afinal quando é que ele vem?; **jetzt hör ~ auf!** acaba lá com isso!
endlos *adj* interminável, sem fim
Endlospapier *nt* <-s> *kein pl* (INFOR) papel *m* contínuo, papel *m* sem-fim
Endprodukt *nt* <-(e)s, -e> produto *m* final
Endspiel *nt* <-(e)s, -e> (SPORT) final *f*
Endspurt *m* <-(e)s, -s> (SPORT) arranque *m* final
Endstation *f* <-en> término *m*
Endung *f* <-en> (LING) terminação *f*, desinência *f*
Energie [enɛr'gi:] *f* <-n> energia *f;* **erneuerbare ~n** energias *fpl* renováveis; **~ sparen** poupar energia
Energiequelle *f* <-n> fonte *f* de energia
Energieverbrauch *m* <-(e)s> *kein pl* consumo *m* de energia

Energieversorgung *f* <-en> abastecimento *m* de energia
energisch [e'nɛrgɪʃ] *adj* enérgico
Energy-Drink *m* bebida *f* energética
eng [ɛŋ] *adj* ❶ (*Straße*) estreito; (*Zimmer*) acanhado; (*Kleidung*) apertado; **~er machen** apertar ❷ (*eingeschränkt*) limitado; (*Horizont*) fechado; **im ~eren Sinne** em sentido estrito; **in die ~ere Wahl kommen** chegar à selecção definitiva; **etw ~ sehen** ver a. c. sem abertura de pensamento ❸ (*Freundschaft, Verhältnis*) íntimo
Engagement [ãgaʒə'mɑ̃ː] *nt* <-s, -s> ❶ *kein pl* (*Einsatz*) empenho *m* ❷ (*im Theater*) contrato *m*
engagieren* **I.** *vt* contratar **II.** *vr* **sich ~** empenhar-se (*für* em)
Enge ['ɛŋə] *f* <-n> ❶ *kein pl* (*räumlich*) estreiteza *f*; **jdn in die ~ treiben** pôr alguém entre a espada e a parede ❷ (*Meerenge*) estreito *m*
Engel ['ɛŋəl] *m* <-s, -> anjo *m*
Engelsgeduld *f kein pl* paciência *f* de santo
England ['ɛŋlant] *nt* <-s> *kein pl* Inglaterra *f*
Engländer[1] *m* <-s, -> chave-inglesa *f*
Engländer(in)[2] *m(f)* <-s, - *o* -innen> inglês, inglesa *m, f*
englisch ['ɛŋlɪʃ] *adj* inglês
englischsprachig *adj* de língua inglesa
Engpass[RR] *m* <-es, -pässe>, **Engpaß**[ALT] *m* <-sses, -pässe> ❶ (*Stelle*) desfiladeiro *m* ❷ (*in Versorgung*) impasse *m*
engstirnig *adj* tacanho
Enkel(in) ['ɛŋkəl] *m(f)* <-s, - *o* -innen> neto, neta *m, f*
Enkelkind *nt* <-(e)s, -er> neto *m*
en masse *adv* em abundância
enorm [e'nɔrm] *adj* enorme
Ensemble [ã'sãːbəl] *nt* <-s, -s> (*am Theater*) elenco *m*
entbehren* *vt* dispensar, prescindir de; **ich kann den Fernseher nicht länger ~** não posso passar mais sem a televisão; **jdn ~** dispensar alguém
entbehrlich [ɛnt'beːɐlɪç] *adj* dispensável, prescindível
Entbehrung *f* <-en> privação *f*; **~en auf sich nehmen** passar por privações
entbinden* **I.** *vt irr* (*von Pflicht*) desobrigar (*von* de), dispensar (*von* de); (*von Amt*) exonerar (*von* de); (*Frau*) dar à luz; **sie wurde von einem Mädchen entbunden** ela deu à luz uma menina **II.** *vi irr* (*gebären*) dar à luz; **meine Frau hat gestern entbunden** a minha mulher deu à luz ontem
Entbindung *f* <-en> (MED) parto *m*
entdecken* *vt* descobrir
Entdecker(in) *m(f)* <-s, - *o* -innen> descobridor, descobridora *m, f*
Entdeckung *f* <-en> descoberta *f*; (HIST) descobrimento *m*
Ente ['ɛntə] *f* <-n> ❶ (ZOOL) pato *m* ❷ (*Nachricht*) boato *m*
entehren* *vt* desonrar, desacreditar
enteignen* *vt* expropriar
Enteignung *f* <-en> expropriação *f*
enteisen* *vt* descongelar
enterben* *vt* deserdar
Enter-Taste *f* <-n> (INFOR) Enter *m*
entfachen* *vt* (*geh: Feuer, Streit, Krieg*) atiçar
entfallen* *vi irr* ❶ (*Zuschuss*) ser anulado; (*Veranstaltung*) ser cancelado; **die Vorstellung um 18 Uhr entfällt** o espe(c)táculo das 18 horas foi cancelado ❷ (*erhalten*) caber (*auf* a), recair (*auf* sobre); **auf jeden Teilnehmer ~ 100 EUR** cabe 100 euros a cada participante ❸ (*vergessen*) passar (da memória); **die Namen sind mir leider ~** infelizmente não me lembro dos nomes
entfalten* **I.** *vt* (*Kräfte, Talent*) desenvolver **II.** *vr* **sich ~** desenvolver-se
entfernen* **I.** *vt* afastar, retirar; (*Flecken*) tirar **II.** *vr* **sich ~** afastar-se (*von* de)
entfernt [ɛnt'fɛrnt] *adj* ❶ (*fern*) longe, distante; **weit ~ sein** ficar [*o* ser] muito longe; **Lissabon ist 300 km von Porto ~** Lisboa fica a 300 km do Porto; **ich bin weit davon ~, das zu tun** eu estou muito longe de fazer isso ❷ (*Verwandte*) afastado ❸ (*gering*) remoto, vago; **eine ~e Ähnlichkeit** uma parecença remota [*o* vaga]; **nicht im Entferntesten** nem por sombras
Entfernung *f* <-en> ❶ (*Abstand*) distância *f*; **in einer ~ von 500 m** a uma distância de 500 metros ❷ *kein pl* (*Wegschaffen*) eliminação *f* ❸ *kein pl* (*eines Geschwürs*) extracção *f*; (*aus dem Amt*) afastamento *m*
Entfernungsmesser *nt* <-s, -> telémetro *m*
entfesseln* *vt* desencadear, desatar
entfliehen* *vi irr* evadir-se (*aus* de), fugir (*aus* de)
entfremden* *vt* alhear, afastar; **etw seinem Zweck ~** usar a. c. com outro propósito

Entfremdung *f* <-en> alheamento *m,* afastamento *m*

entfrosten* *vt* tirar o gelo de

Entfroster *m* <-s, -> (*für Auto*) descongelante *m*

entführen* *vt* (*Person*) raptar, sequestrar; (*Flugzeug*) desviar

Entführer(in) *m(f)* <-s, - *o* -innen> raptor, raptora *m, f,* sequestrador, sequestradora *m, f*

Entführung *f* <-en> (*von Person*) rapto *m,* sequestro *m;* (*von Flugzeug*) desvio *m*

entgegen [ɛnt'ge:gən] **I.** *präp +dat* contra, contrariamente a; ~ **meinem Rat** contrariamente ao meu conselho **II.** *adv* (*Richtung*) ao encontro de; **dem Ziel** ~ ao encontro do obje(c)tivo

entgegen|bringen *vt irr* (*Interesse, Sympathie*) demostrar

entgegen|gehen *vi irr* ir ao encontro (de); **dem Ende** ~ ir ao encontro do fim

entgegengesetzt *adj* ① (*gegenteilig*) oposto; **am ~en Ende der Stadt** no lado oposto da cidade ② (*widersprechend*) contrário, oposto

entgegen|halten *vt irr* ① (*einwenden*) opor, obje(c)tar ② (*darbieten*) oferecer

entgegen|kommen *vi irr* ① (*sich nähern*) vir ao encontro (de); (*Fahrzeug*) vir na dire(c)ção contrária ② (*nachgeben*) ceder; **jdm** ~ aceder a alguém

Entgegenkommen *nt* <-s> *kein pl* boa vontade *f*

entgegenkommend *adj* atencioso, amável

entgegen|nehmen *vt irr* receber, aceitar

entgegen|sehen *vt irr* aguardar

entgegen|treten *vi irr* **jdm** ~ fazer frente a alguém; **etw** ~ opor-se a a. c.

entgegnen* *vt* replicar, retorquir

Entgegnung *f* <-en> resposta *f*

entgehen* *vi irr* passar despercebido, escapar; **seine Unruhe ist mir nicht entgangen** a sua inquietação não me passou despercebida; **ihrem Blick entgeht nichts** nada escapa ao olhar dela; **sich** *dat* **etw ~ lassen** deixar escapar a. c.

entgeistert [ɛnt'gaɪstɐt] *adj* pasmado

Entgelt [ɛnt'gɛlt] *m* <-(e)s, -e> remuneração *f*

entgleisen* *vi* ① (*Zug*) descarrilar ② (*Mensch*) disparatar

Entgleisung *f* <-en> ① (*von Zug*) descarrilamento *m* ② (*von Mensch*) deslize *m*

entgleiten* *vi irr* (*geh: Kontrolle*) escapar

entgräten* *vt* tirar as espinhas a

Enthaarung *f kein pl* depilação *f*

Enthaarungsmittel *nt* <-s, -> depilatório *m*

enthalten* **I.** *vt irr* conter **II.** *vr* **sich** ~ *irr* abster-se (de); **er enthielt sich der Stimme** ele absteve-se de votar

enthaltsam [ɛnt'haltza:m] *adj* moderado; (*sexuell*) continente; (*von Alkohol*) abstémio

Enthaltsamkeit *f kein pl* moderação *f;* (*sexuell*) abstinência *f,* continência *f*

Enthaltung *f* <-en> (*bei Abstimmung*) abstenção *f*

enthüllen* *vt* ① (*Skandal, Lüge*) desvendar, revelar ② (*Denkmal*) inaugurar

Enthusiasmus [ɛntuzi'asmʊs] *m* <-> *kein pl* entusiasmo *m*

enthusiastisch *adj* entusiástico

entkleiden* **I.** *vt* (*geh*) despir **II.** *vr* **sich** ~ (*geh*) despir-se

entkommen* *vi irr* fugir (*aus* de), escapar (*aus* de); **jdm/einer Gefahr** ~ escapar a alguém/de um perigo

entkorken* *vt* desarrolhar, abrir

entkräften* *vt* ① (*körperlich*) debilitar, enfraquecer ② (*Argumente*) refutar

Entlad *m* <-(e)s> *kein pl* (*schweiz*) descarga *f*

entladen* **I.** *vt irr* descarregar **II.** *vr* **sich** ~ *irr* (*Batterie*) descarregar; (*Zorn*) desencadear-se

entlang [ɛnt'laŋ] **I.** *präp +gen, akk, dat* ao longo de, por ...fora; **den Fluss** ~ ao longo do rio; ~ **des Weges/dem Weg** ao longo do caminho, pelo caminho fora **II.** *adv* por; **hier** ~ por aqui (fora); **sie stellen sich an der Straße ~ auf** eles estão dispostos pela rua fora

entlang|fahren *vt irr* (*Straße*) ir por água abaixo, seguir por

entlang|gehen *vi irr* andar ao longo (*an* de)

entlarven* *vt* desmascarar

entlassen* *vt irr* ① (*Personal*) despedir, demitir ② (*Gefangene*) pôr em liberdade, libertar; (*aus Krankenhaus*) dar alta a

Entlassung *f* <-en> ① (*von Personal*) despedimento *m,* demissão *f* ② (*aus Gefängnis*) libertação *f;* (*aus Krankenhaus*) alta *f*

entlasten* *vt* ① (*von Arbeit*) aliviar; (*Straße*) descongestionar ② (*Angeklagte*) exonerar

Entlastung *f* <-en> ① (*von Arbeit*) alívio *m* ② (JUR) exoneração *f*

Entlastungszeuge(in) *m(f)* <-n, -n *o* -innen> (JUR) testemunha *f* de defesa

entlaufen* *vi irr* fugir
entledigen *vr* **sich ~** (*geh*) **sich etw ~** desembaraçar-se de a. c., libertar-se de a. c.; **sich einer Verpflichtung ~** descartar-se de uma obrigação
entleeren* *vt* esvaziar
entlegen [ɛnt'le:gən] *adj* distante, afastado
entlocken* *vt* **jdm etw ~** (conseguir) arrancar a. c. de alguém
entlüften* *vt* arejar
entmachten* *vt* desapossar
entmilitarisieren* *vt* desmilitarizar
entmündigen* *vt* pôr sob tutela
entmutigen* *vt* desencorajar, desanimar
entmutigt *adj* desanimado
Entnahme *f* <-n> toma *f;* (MED) colheita *f*
Entnazifizierung *f* <-en> desnazificação *f*
entnehmen* *vt irr* ❶ (*herausnehmen*) tirar, retirar ❷ (*folgern*) depreender, concluir (de)
entnervt *adj* enervante
entpacken *vt* (INFOR) descompactar
entpuppen* *vr* **sich ~** revelar-se; **er entpuppte sich als Betrüger** ele revelou-se um impostor
entreißen* *vt irr* **jdm etw ~** arrancar [*o* arrebatar] a. c. de alguém
entrichten* *vt* pagar, liquidar
entrinnen* *vi irr* escapar (a)
entrosten* *vt* desenferrujar
entrüsten* **I.** *vt* causar indignação, indignar **II.** *vr* **sich ~** indignar-se (*über* com)
Entrüstung *f* <-en> indignação *f* (*über* com)
entsagen* *vi* (*geh*) renunciar (a), abdicar (de)
entschädigen* *vt* inde(m)nizar (*für* por)
Entschädigung *f* <-en> inde(m)nização *f* (*für* por)
entschärfen* *vt* ❶ (*Bombe*) desactivar ❷ (*Konflikt*) atenuar
entscheiden* **I.** *vi irr* decidir (*über* sobre), resolver (*über* sobre) **II.** *vr* **sich ~** *irr* decidir-se (*für, gegen* por, contra); **ich kann mich nicht ~** eu não consigo decidir-me
entscheidend *adj* decisivo
Entscheidung *f* <-en> decisão *f;* **eine ~ treffen/fällen** tomar uma decisão
Entscheidungsspiel *nt* <-(e)s, -e> (SPORT) jogo *m* decisivo
entschieden [ɛnt'ʃi:dən] **I.** *pp von* **entscheiden II.** *adj* decidido, determinado; **er ist ein ~er Gegner der Todesstrafe** ele é um adversário ferrenho da pena de morte
Entschiedenheit *f kein pl* determinação *f;* **etw mit aller ~ ablehnen** recusar a. c. com muita determinação
entschlacken* *vt* desintoxicar, limpar
entschließen* *vr* **sich ~** *irr* resolver-se (*zu* a), decidir-se (*zu* a); **sich anders ~** decidir-se por outra coisa
entschlossen [ɛnt'ʃlɔsən] **I.** *pp von* **entschließen II.** *adj* decidido, determinado
Entschlossenheit *f kein pl* determinação *f,* firmeza *f;* **etw voller ~ tun** fazer a. c. com muita determinação
Entschluss[RR] *m* <-es, -schlüsse>, **Entschluß**[ALT] *m* <-sses, -schlüsse> decisão *f,* resolução *f;* **einen ~ fassen** tomar uma decisão
entschuldbar *adj* desculpável
entschuldigen* **I.** *vt* (*verzeihen*) desculpar; **~ Sie bitte** desculpe, peço desculpa; (*rechtfertigen*) justificar; **ich möchte mein Fehlen ~** eu gostaria de justificar a minha falta **II.** *vr* **sich ~** desculpar-se, pedir desculpa (*bei* a, *für* por); **ich möchte mich bei Ihnen für meine Verspätung ~** queria pedir-lhe desculpa pelo atraso
Entschuldigung *f* <-en> desculpa *f;* **~!** desculpe!; **jdn um ~ bitten** pedir desculpa a alguém (*für* por)
entsenden* *vt irr* (*geh*) enviar
entsetzen* *vt* horrorizar
Entsetzen *nt* <-s> *kein pl* espanto *m*
entsetzlich [ɛnt'zɛtslɪç] *adj* horrível, terrível
entsetzt *adj* horrorizado; **ich bin ~!** estou horrorizado!
entsichern* *vt* (*Waffe*) engatilhar
entsinnen *vr* **sich ~** (*geh*) recordar-se (de)
entsorgen* *vt* (*Müll*) eliminar
Entsorgung *f kein pl* tratamento *m* de lixo
entspannen* **I.** *vt* ❶ (*Muskeln*) descontrair, afrouxar ❷ (*Situation*) desanuviar **II.** *vr* **sich ~** ❶ (*Person*) descontrair(-se), relaxar ❷ (*Situation*) desanuviar
Entspannung *f kein pl* ❶ (*von Mensch*) repouso *m,* descanso *m* ❷ (POL) desanuviamento *m*
Entspannungspolitik *f kein pl* política *f* de desanuviamento
entsprechen* *vi irr* ❶ (*übereinstimmen*) corresponder (a); **das entspricht nicht den Tatsachen** isso não corresponde aos factos ❷ (*Anforderungen, Wünschen*) satisfazer; (*Erwartungen*) corresponder a

entsprechend I. *adj* correspondente, respe(c)tivo; (*angemessen*) adequado II. *präp +dat* ~ **Ihrem Vorschlag** conforme a sua proposta

entspringen* *vi irr* ① (*Fluss*) nascer (*in* em) ② (*herrühren*) provir (de); **das entspringt seiner Unkenntnis** isso provém da sua ignorância

entstehen* *vi irr* surgir (*aus* de), ter origem (*aus* em); **es werden keine weiteren Kosten** ~ não resultarão custos acrescidos

Entstehung *f kein pl* origem *f*, formação *f*

entstellen* *vt* deformar; (*Verletzung*) desfigurar; (*Wahrheit, Text*) deturpar

entstören* *vt* (*Radio*) eliminar interferências

enttäuschen* *vt* desiludir, decepcionar, desapontar

Enttäuschung *f* <-en> desilusão *f*, decepção *f*; **über eine ~ hinwegkommen** conformar-se com uma desilusão

entwaffnen* *vt* desarmar

Entwarnung *f* <-en> fim *m* de alerta; ~ **geben** dar o sinal de fim de alerta

entwässern* *vt* drenar, escoar

Entwässerung *f* <-en> drenagem *f*, escoamento *m*

entweder ['ɛntveːdɐ, -'--] *konj* ~ **...oder** ou ...ou; ~ **du kommst jetzt oder ich gehe** ou vens agora, ou eu vou embora

entweichen* *vi irr* (*Gas*) sair (*aus* de)

entweihen* *vt* profanar

entwenden* *vt* (*geh*) extraviar, furtar

entwerfen* *vt irr* (*Zeichnung*) esboçar, delinear; (*Text*) fazer o esboço de; (*Plan*) traçar, delinear

entwerten* *vt* ① (*Fahrkarte*) inutilizar, obliterar ② (*Geld*) desvalorizar

Entwerter *m* <-s, -> obliterador *m*

entwickeln* I. *vt* (*Theorie, Produkt, Plan*) desenvolver; (*Mut, Energie*) manifestar, mostrar; (*Fotos*) revelar II. *vr* **sich** ~ desenvolver-se, evoluir (*aus* de); (*Rauch*) formar-se; **das hat sich zu einem ernsten Problem entwickelt** isso tornou-se um problema sério

Entwicklung *f* <-en> ① (*Wachstum*) desenvolvimento *m*, evolução *f* ② (*von Produkten*) desenvolvimento *m* ③ (*von Filmen*) revelação *f*

Entwicklungshilfe *f kein pl* ajuda *f* para o desenvolvimento

Entwicklungsland *nt* <-(e)s, -länder> país *m* em vias de desenvolvimento

entwirren* *vt* ① (*Fäden*) desembaraçar, desemaranhar ② (*Unklarheiten*) deslindar

entwischen* *vi* (*umg*) fugir (*aus* de), desaparecer (*aus* de)

entwöhnen* *vt* (*Säugling*) desmamar; (*Süchtige*) desintoxicar

entwürdigend *adj* degradante, aviltante

Entwurf *m* <-(e)s, -würfe> ① (*Projekt*) proje(c)to *m*; (*Konzept*) rascunho *m* ② (*Zeichnung*) esboço *m*

entwurzeln* *vt* ① (*Baum*) arrancar pela raiz ② (*Person*) desenraizar

entziehen* I. *vt irr* (*Erlaubnis, Unterstützung*) retirar, negar; (*Führerschein*) apreender; (*Rechte*) privar de II. *vi irr* (*Süchtige*) fazer uma cura de desintoxicação III. *vr* **sich** ~ *irr* (*einer Verpflichtung*) fugir a

Entziehungskur *f* <-en> cura *f* de desintoxicação

entziffern* *vt* decifrar

entzücken* *vt* enlevar, encantar

Entzücken *nt* <-s> *kein pl* (*geh*) enlevo *m*, encanto *m*

entzückend *adj* encantador, arrebatador

Entzug *m* <-(e)s> *kein pl* ① (*von Rauschgift, Alkohol*) desintoxicação *f* ② (*des Führerscheins*) apreensão *f*

entzünden *vr* **sich** ~ (*Wunde*) inflamar (-se)

Entzündung *f* <-en> inflamação *f*

entzündungshemmend *adj* (MED) anti-inflamatório

entzwei [ɛnt'tsvaɪ] *adj* partido, quebrado; **der Teller ist** ~ o prato está partido

entzwei|brechen *vt irr* partir em pedaços

entzweien* *vt* (*Freunde*) separar; (*Volk*) dividir

entzwei|gehen *vi irr* partir-se, ficar em dois

Enzian *m* <-s, -e> (BOT) genciana *f*

Enzyklopädie *f* <-n> enciclopédia *f*

Epen *pl von* **Epos**

Epidemie [epide'miː] *f* <-n> epidemia *f*

Epilepsie [epilɛ'psiː] *f* <-n> (MED) epilepsia *f*

Epileptiker(in) *m(f)* <-s, - *o* -innen> epiléptico, epiléptica *m, f*

episch *adj* épico

Episode [epi'zoːdə] *f* <-n> episódio *m*

Epoche [e'pɔxə] *f* <-n> época *f*

Epos ['eːpɔs] *nt* <-, Epen> epopeia *f*, poema *m* épico

Equalizer *m* <-s, -> (ELEKTR) equalizador *m*

er [eːɐ] *pron pers* ele; ~ **ist es** é ele; **wenn**

ich ~ wäre se eu fosse ele
erachten* *vt* (*geh*) julgar, considerar; **etw als wichtig ~** considerar a. c. importante
Erachten *nt* <-s> *kein pl* **meines ~s** a meu ver, no meu entender
erbarmen* *vr* **sich ~** compadecer-se; **sich jds ~** compadecer-se de alguém
Erbarmen [ɛɐ'barmən] *nt* <-s> *kein pl* compaixão *f*, misericórdia *f*; **kein ~ kennen** não ter compaixão
erbärmlich *adj* (*Zustand*) deplorável, lastimável; (*Lohn*) miserável
erbarmungslos *adj* impiedoso, sem compaixão
Erbarmungslosigkeit *f kein pl* impiedade *f*
erbauen* *vt* erigir, edificar
Erbauer(in) *m(f)* <-s, - *o* -innen> construtor, construtora *m,f*, arquite(c)to, arquite(c)ta *m,f*
erbaulich *adj* edificante
Erbauung *f* <-en> construção *f*, edificação *f*
Erbe(in)[1] *m(f)* <-n, -n *o* -innen> herdeiro, herdeira *m, f*
Erbe[2] ['ɛrbə] *nt* <-s> *kein pl* herança *f*; **das ~ antreten** entrar na herança
erben ['ɛrbən] *vt* herdar (*von* de)
erbeuten* *vt* capturar
Erbgut *nt* <-(e)s> *kein pl* (BIOL) património *m*
erbittert *adj* (*Kampf, Diskussion*) amargo
Erbkrankheit *f* <-en> doença *f* hereditária
erblassen* *vi* empalidecer; **vor Neid ~** ficar verde de inveja
erbleichen* *vi* empalidecer
erblich ['ɛrplɪç] *adj* hereditário; **~ belastet** que sofre de tara hereditária
erblicken* *vt* ver, avistar; **das Licht der Welt ~** vir ao mundo
erblinden* *vi* cegar
erbost *adj* zangado, irritado
erbrechen* *vi irr* vomitar
Erbschaft *f* <-en> herança *f*, legado *m*; **eine ~ machen** herdar
Erbse ['ɛrpsə] *f* <-n> ervilha *f*
Erbstück *nt* <-(e)s, -e> peça *f* de herança
Erbteil *m/nt* <-(e)s, -e> quinhão *m* (duma herança)
Erdapfel *m* <-s, -äpfel> (*österr*) batata *f*
Erdbeben *nt* <-s, -> terramoto *m*, tremor *m* de terra, sismo *m*
Erdbeere *f* <-n> morango *m*
Erdbevölkerung *f kein pl* população *f* da Terra
Erdboden *m* <-s> *kein pl* solo *m*, terra *f*; **etw dem ~ gleichmachen** arrasar a. c.
Erde ['eːɐdə] *f kein pl* ① (*Welt*) Terra *f*; **auf ~n** na Terra ② (*Boden*) terra *f*, solo *m*; **zu ebener ~** no rés-do-chão; **unter der ~** debaixo da terra ③ (ELEKTR) ligação *f* à terra
erden *vt* (ELEKTR) ligar à terra
erdenklich *adj* imaginável, possível; **sich alle ~e Mühe geben** fazer todos os esforços possíveis e imagináveis
Erdgas *nt* <-es> *kein pl* gás *m* natural
Erdgeschoss[RR] *nt* <-es, -e>, **Erdgeschoß**[ALT] *nt* <-sses, -sse> rés-do-chão *m*; (*brasil*) andar *m* térreo
erdig *adj* terroso
Erdkunde *f kein pl* geografia *f*
Erdnuss[RR] *f* <-nüsse> amendoim *m*
Erdoberfläche *f kein pl* superfície *f* terrestre
Erdöl *nt* <-(e)s, -e> petróleo *m*; **nach ~ bohren** abrir poços em busca de petróleo
erdreisten* *vr* **sich ~** (*geh*) atrever-se (*zu* a)
erdrosseln* *vt* estrangular, sufocar
erdrücken* *vt* esmagar
Erdrutsch *m* <-(e)s, -e> desabamento *m* de terras, aluimento *m* de terras
Erdteil *m* <-(e)s, -e> continente *m*
erdulden* *vt* suportar, tolerar
ereifern* *vr* **sich ~** exaltar-se (*über* com)
ereignen* *vr* **sich ~** acontecer, dar-se, registar-se; **in den letzten Wochen hat sich viel ereignet** nas últimas semanas aconteceu muita coisa
Ereignis *nt* <-ses, -se> acontecimento *m*; **die ~se überstürzen sich** os acontecimentos atropelam-se
ereignisreich *adj* cheio de acontecimentos
Erektion [erɛk'tsjoːn] *f* <-en> ere(c)ção *f*
Eremit(in) [ere'miːt] *m(f)* <-en, -en *o* -innen> eremita *m,f*
erfahren*[1] *vt irr* ① (*Nachricht*) (vir a) saber; **wir haben ~, dass ...** nós soubemos que ... ② (*erleben*) experimentar, vivenciar; (*Leid*) sofrer
erfahren[2] **I.** *pp von* **erfahren II.** *adj* experimentado (*in* em)
Erfahrung *f* <-en> experiência *f*; **aus (eigener) ~** por experiência (própria); **gute/schlechte ~en machen** ter boas/más experiências; **viel ~ haben** ter muita experiência; **etw in ~ bringen** ficar a saber a. c.
erfahrungsgemäß *adv* por experiência
erfassen* *vt* ① (*verstehen*) atingir; (*umg*); **du hast es erfasst!** atingiste! ② (*grei-*

E

fen) agarrar ③ (*einbeziehen*) compreender, abranger; **diese Untersuchung erfasst jedes Detail** esta pesquisa abrange todos os pormenores ④ (INFOR: *Daten*) recolher, levantar

erfinden* *vt irr* inventar; **die Geschichte ist frei erfunden** a história é inventada

Erfinder(in) *m(f)* <-s, - *o* -innen> inventor, inventora *m, f*

erfinderisch *adj* engenhoso

Erfindung *f* <-en> invenção *f;* (*Produkt*) invento *m;* **eine ~ machen** fazer uma invenção

Erfindungsreichtum *m* <-s> *kein pl* engenho *m*

Erfolg [ɛɐ'fɔlk] *m* <-(e)s, -e> sucesso *m,* êxito *m;* (*Ergebnis*) resultado *m;* (*Wirkung*) efeito *m;* **~ haben** ter sucesso; **viel ~!** boa sorte!; **~ versprechend** prometedor

erfolgen* *vi* ocorrer, acontecer; (*Zahlung, Beitritt*) efe(c)tuar-se; **es ist noch keine Antwort erfolgt** ainda não houve resposta

erfolglos **I.** *adj* (*Mensch*) mal sucedido; (*Unternehmen*) malogrado; (*Versuch*) frustrado **II.** *adv* em vão, sem resultado

Erfolglosigkeit *f kein pl* insucesso *m,* fracasso *m*

erfolgreich *adj* (*Mensch*) bem sucedido; (*Unternehmen*) coroado de êxito; (*Versuch*) eficaz

Erfolgsaussicht *f* <-en> perspectiva *f* de sucesso; **gute ~en haben** ter boas perspectivas de sucesso

erfolgversprechend[ALT] *adj s.* **Erfolg**

erforderlich [ɛɐ'fɔrdɐlɪç] *adj* requerido; (*Kenntnisse*) necessário; **unbedingt ~** indispensável

erfordern* *vt* requerer, exigir

Erfordernis *nt* <-ses, -se> necessidade *f,* exigência *f*

erforschen* *vt* pesquisar, investigar; (*Meinung*) sondar; (*Land, Weltraum*) explorar

Erforschung *f kein pl* investigação *f,* pesquisa *f;* (*von Absichten*) sondagem *f;* (*von Land*) exploração *f*

erfragen* *vt* perguntar; **den Weg ~** perguntar o caminho

erfreuen* **I.** *vt* alegrar; **sehr erfreut!** muito prazer! **II.** *vr* **sich ~** alegrar-se (*an* com)

erfreulich *adj* agradável

erfreulicherweise [-'---'--] *adv* felizmente, por sorte

erfreut *adj* contente, alegre (*über* com)

erfrieren* *vi irr* ① (*Körperteil, Pflanze*) gelar ② (*Mensch, Tier*) morrer de frio

Erfrierung *f* <-en> congelação *f*

erfrischen* **I.** *vt* refrescar **II.** *vr* **sich ~** refrescar-se

Erfrischung *f* <-en> ① *kein pl* (*das Erfrischen*) refrescamento *m* ② (*Getränk*) refresco *m;* **darf ich Ihnen eine ~ anbieten?** posso oferecer-lhe um refresco?

Erfrischungsgetränk *nt* <-s, -e> refrigerante *m*

Erfrischungsraum *m* <-(e)s, -räume> bar *m,* cafeteria *f*

Erfrischungstuch *nt* <-(e)s, -tücher> toalhete *m* refrescante

erfüllen* **I.** *vt* (*Raum*) encher (completamente); (*Pflicht*) cumprir; (*Bitte, Bedingung*) satisfazer; (*Zweck*) atingir **II.** *vr* **sich ~** (*Prophezeiung, Wunsch*) cumprir-se; (*Traum*) realizar-se; (*Hoffnung*) concretizar-se

Erfüllung *f kein pl* ① (*von Vertrag, Pflicht*) cumprimento *m* ② (*von Wunsch*) satisfação *f;* (*von Traum*) realização *f;* **in ~ gehen** realizar-se, cumprir-se

ergänzen* *vt* ① (*vervollständigen*) completar ② (*hinzufügen*) acrescentar

Ergänzung *f* <-en> ① (*Vervollständigung*) complemento *m* ② (*Zusatz*) suplemento *m,* aditamento *m*

ergattern* *vt* (*umg*) apanhar

ergeben* **I.** *vt irr* (*Ergebnis*) mostrar; (*Summe*) dar; **die Untersuchung ergab, dass ...** a pesquisa mostrou que ... **II.** *vr* **sich ~** *irr* ① (MIL) render-se ② (*sich hingeben*) dedicar-se (a) ③ (*folgen*) resultar (*aus* de); **daraus ergibt sich, dass ...** daí resulta que ...

Ergebenheit *f kein pl* ① (*Fügsamkeit*) resignação *f* ② (*Treue*) lealdade *f,* dedicação *f*

Ergebnis [ɛɐ'ge:pnɪs] *nt* <-ses, -se> resultado *m;* **wir sind zu dem ~ gekommen, dass ...** chegámos à conclusão de que ...

ergebnislos *adj* sem resultado; **die Suche nach den Vermissten verlief ~** a busca dos desaparecidos foi inútil

ergehen* *vi irr* ① (*geh: Gesetz*) sair, ser publicado ② (*geschehen*) acontecer; **wie ist es dir ergangen?** como tens passado?; **etw über sich ~ lassen** suportar [*o* aguentar] a. c. pacientemente

ergiebig [ɛɐ'giːbɪç] *adj* produtivo; (*Geschäft*) rentável, lucrativo; (*Ernte*) abundante; (*Boden*) fértil

Ergonomie *f kein pl* ergonomia *f*

ergonomisch *adj* ergonómico

Ergotherapeut(in) *m(f)* <-en, -en *o* -innen> ergoterapeuta *m,f*

ergötzen *vr* **sich** ~ (*geh*) regozijar-se (*an* com), deleitar-se (*an* com)

ergreifen* *vt irr* ① (*nehmen*) pegar em ② (*Täter*) capturar, prender ③ (*Maßnahmen, Partei, Initiative, Wort*) tomar; (*Gelegenheit*) aproveitar, agarrar; (*Beruf*) escolher, seguir; **die Flucht** ~ fugir

ergriffen [ɛɐ'grɪfən] **I.** *pp von* **ergreifen** **II.** *adj* comovido, abalado

Erguss[RR] [ɛɐ'gʊs] *m* <-es, -güsse>, **Erguß**[ALT] *m* <-sses, -güsse> ① (*Bluterguss*) derramamento *m* (de sangue) ② (*Samenerguss*) ejaculação *f*

erhaben [ɛɐ'haːbən] *adj* ① (*feierlich*) elevado, sublime ② (*überlegen*) superior (*über* a); **sie ist über jeden Verdacht** ~ ela está acima de qualquer suspeita

erhalten* *vt irr* ① (*bekommen*) receber; (*Erlaubnis*) obter, conseguir; (*Strafe*) apanhar; **ich habe 300 EUR von ihm** ~ eu recebi 300 euros dele ② (*bewahren*) conservar; (*Art*) manter; **gut** ~ bem conservado; **jdn am Leben** ~ manter alguém vivo

erhältlich *adj* disponível; (*käuflich*) à venda; **nur auf Rezept** ~ só se vende com receita médica

Erhaltung *f kein pl* conservação *f*, manutenção *f*

erhängen* **I.** *vt* enforcar **II.** *vr* **sich** ~ enforcar-se

erhärten* *vr* **sich** ~ (*Verdacht*) confirmar-se

erheben* **I.** *vt irr* ① (*hochheben*) levantar, erguer ② (*Steuern*) lançar; (*Eintritt*) cobrar ③ (*Klage*) instaurar; **Einspruch** ~ protestar (*gegen* contra) **II.** *vr* **sich** ~ *irr* ① (*aufstehen*) levantar-se ② (*revoltieren*) sublevar-se (*gegen* contra)

erheblich [ɛɐ'heːplɪç] *adj* considerável

erheitern* *vt* divertir, distrair

Erheiterung *f kein pl* divertimento *m*, distra(c)ção *f*

erhellen* *vt* ① (*Raum*) iluminar ② (*Zusammenhänge*) aclarar

erhitzen* **I.** *vt* (*Speisen*) aquecer; (*brasil*) esquentar; (*erregen*) excitar **II.** *vr* **sich** ~ exaltar-se

erhoffen* *vt* esperar (*von* de); **was erhoffst du dir davon?** o que é que esperas disso?

erhöhen* *vt* (*Preise, Geschwindigkeit*) aumentar (*auf* para, *um* em); (*Lebensstandard*) subir; **der Eintrittspreis wurde auf/um fünf Euro erhöht** o preço de entrada foi aumentado para/em cinco euros

Erhöhung *f* <-en> (*der Preise, Geschwindigkeit*) aumento *m* (*akk.* para, *um* em); (*der Temperatur*) subida *f* (*auf* para, *um* em)

erholen* *vr* **sich** ~ (*von Krankheit*) restabelecer-se (*von* de), recuperar; (*von Schreck*) recompor-se (*von* de), refazer-se; (*entspannen*) descansar

erholsam [ɛɐ'hoːlzaːm] *adj* repousante

Erholung *f kein pl* ① (*Genesung*) restabelecimento *m*, recuperação *f* ② (*Ruhe, Entspannung*) repouso *m*, descanso *m*

erholungsbedürftig *adj* cansado

Erholungsgebiet *nt* <-(e)s, -e> região *f* de repouso

erhören* *vt* (*geh: Bitte*) atender a, satisfazer

Erika *f* <-s> (BOT) urze *f*

erinnern* **I.** *vt* lembrar, recordar; **jdn an etw** ~ lembrar alguém de a. c.; **erinnerst du mich bitte daran, dass ...** por favor, lembras-me de que ... **II.** *vr* **sich** ~ lembrar-se, recordar-se (*an* de); **wenn ich mich recht erinnere** se bem me lembro

Erinnerung *f* <-en> ① (*Gedächtnis*) memória *f* ② (*Andenken*) lembrança *f*, recordação *f*; **zur** ~ **an** como recordação de

erkälten *vr* **sich** ~ constipar-se; (*brasil*) pegar um resfriado; **erkältet sein** estar constipado; (*brasil*) estar resfriado

Erkältung *f* <-en> constipação *f*; (*brasil*) resfriado *m*; **eine** ~ **haben** ter uma constipação; (*brasil*) ter um resfriado

erkennbar *adj* reconhecível

erkennen* *vt irr* ① (*wahrnehmen*) distinguir; **etw** ~ **lassen** dar a entender a. c.; **am Horizont waren Schiffe zu** ~ distinguiam-se navios no horizonte ② (*identifizieren*) reconhecer (*an* por); **jdn wieder**~ reconhecer alguém

erkenntlich [ɛɐ'kɛntlɪç] *adj* **sich** ~ **zeigen** mostrar-se reconhecido (*für* por)

Erkenntnis *f* <-se> ① (*Einsicht*) conhecimento *m*; **zu einer** ~ **kommen/gelangen** reconhecer ② *kein pl* (*das Erkennen*) reconhecimento *m*

Erkennungszeichen *nt* <-s, -> sinal *m,* marca *f*

Erker *m* <-s, -> marquise *f*

erklärbar *adj* explicável

erklären* I. *vt* (*erläutern*) explicar; (*deuten*) esclarecer; **etw lang und breit ~** explicar a. c. com todos os pormenores; (*Krieg, Unabhängigkeit*) declarar; **ich erkläre die Ausstellung für eröffnet** declaro a exposição aberta; **etw für ungültig ~** anular a. c. **II.** *vr* **sich ~** declarar-se; **sich einverstanden ~** declarar-se de acordo

erklärlich *adj* compreensível, explicável

Erklärung *f* <-en> ① (*Erläuterung*) explicação *f* (*für* para), esclarecimento *m;* **du schuldest mir eine ~** tu deves-me uma explicação ② (*Aussage*) declaração *f;* **eine ~ abgeben** fazer uma declaração

erklingen* *vi irr* soar, ressoar

erkranken* *vi* adoecer (*an* com)

Erkrankung *f* <-en> doença *f*

erkunden *vt* (*Geheimnis*) descobrir; (*Gelände*) reconhecer, explorar

erkundigen* *vr* **sich ~** informar-se (*nach* de, *über* sobre, *bei* junto de); **wir können uns beim Taxifahrer nach dem Weg ~** podemos informarmo-nos do caminho junto do taxista

Erkundigung *f* <-en> informação *f;* **~en einziehen/einholen** tirar/colher informações (*bei* junto de, *über* sobre)

erlahmen* *vi* ① (*Person*) cansar-se ② (*geh: Interesse*) esmorecer

erlangen* *vt* conseguir, alcançar

Erlass[RR] [ɛɐ'las] *m* <-es, -e>, **Erlaß**[ALT] *m* <-sses, -sse> (JUR: *Regierungserlass*) decreto *m,* edital *m;* (*Ministerialerlass*) portaria *f,* despacho *m;* (*von Gesetz*) promulgação *f*

erlassen* *vt irr* ① (*Gesetz*) promulgar, decretar ② (*Schulden, Strafe*) perdoar; **jdm etw ~** dispensar alguém de a. c.

erlauben *vt* permitir, consentir, autorizar; **jdm etw ~** permitir a. c. a alguém; **sich** *dat* **etw ~** permitir-se a. c.; **was ~ Sie sich eigentlich?** como é que se atreve?

Erlaubnis *f kein pl* permissão *f,* licença *f,* autorização *f;* **jdn um ~ bitten** pedir autorização [*o* licença] a alguém; **jdm die ~ zu etw erteilen/verweigern** dar/não dar licença [*o* autorização] a alguém para a. c.

erläutern* *vt* explicar

Erläuterung *f* <-en> explicação *f;* (*Kommentar*) comentário *m*

Erle *f* <-n> amieiro *m*

erleben* *vt* ① (*Freude, Enttäuschung*) experimentar, passar por; (*historisches Ereignis*) presenciar, assistir a; (*Abenteuer*) viver, ter; (*Niederlage*) sofrer; (*umg*); **wenn du nicht pünktlich bist, kannst du was ~!** se não fores pontual, vais ver o que te acontece! ② (*miterleben*) viver até, chegar a; **werden wir das Jahr 2050 noch ~?** será que vamos viver até ao ano 2050?

Erlebnis *nt* <-ses, -se> vivência *f;* (*Erfahrung*) experiência *f;* (*Ereignis*) aventura *f,* acontecimento *m* (inesquecível)

Erlebnispark *m* parque *m* de animação

erledigen *vt* ① (*fertig machen*) despachar, fazer; (*Auftrag*) executar; (*Angelegenheit*) resolver; **ich habe noch etw zu ~** ainda tenho de fazer uma coisa ② (*umg: umbringen*) despachar; (*ruinieren*) arruinar

Erledigung *f* <-en> ① *kein pl* (*das Erledigen*) execução *f* ② (*Besorgung*) compra *f;* **~en machen** fazer compras

erlegen* *vt* (*geh*) abater

erleichtern* *vt* aliviar, facilitar; **dieses Computerprogramm erleichtert unsere Arbeit** este programa informático facilita o nosso trabalho; (*umg*); **jdn um 200 EUR ~** roubar 200 euros a alguém

erleichtert *adj* aliviado; **sie wirkt sehr ~** ela parece muito aliviada; **er atmete ~ auf** ele respirou de alívio

Erleichterung *f* <-en> ① *kein pl* (*bei Schmerzen*) alívio *m;* **das Medikament wird ihr ~ verschaffen** o medicamento vai aliviá-la ② (WIRTSCH) facilidades *fpl;* (*Steuererleichterung*) benefício *m*

erleiden* *vt irr* (*Schmerzen*) ter; (*Niederlage*) sofrer, passar por

erlernbar *adj* que se pode aprender; **das ist ~** isso aprende-se

erlernen* *vt* aprender

erlesen *adj* (*Zutaten*) seleccionado; (*Geschmack*) requintado; (*Publikum*) sele(c)to

erleuchten* *vt* iluminar; **der Saal war hell erleuchtet** o salão estava bem iluminado

Erleuchtung *f* <-en> inspiração *f*

erlogen *adj* falso, inventado

Erlös *m* <-es, -e> lucro *m* (*aus* de)

erlosch *imp von* **erlöschen**

erloschen I. *pp von* **erlöschen** II. *adj* extinto, apagado

erlöschen *vi* ❶ (*Flamme, Vulkan*) extinguir-se, apagar-se ❷ (*Anspruch*) expirar, caducar

erlösen* *vt* libertar (*von* de); (REL) salvar, redimir

Erlösung *f kein pl* (*von Leid*) libertação *f;* (REL) salvação *f,* redenção *f*

ermächtigen* *vt* autorizar (*zu* a)

Ermächtigung *f* <-en> autorização *f* (*zu* para)

ermahnen* *vt* exortar (*zu* a); (*warnen*) advertir

Ermahnung *f* <-en> exortação *f;* (*Warnung*) advertência *f*

ermäßigen* *vt* reduzir (*um* em)

Ermäßigung *f* <-en> ❶ (*Senkung*) redução *f* ❷ (*Nachlass*) desconto *m* (*um* de); **Kinder unter zehn Jahren erhalten ~** as crianças abaixo dos dez anos têm desconto

ermessen* *vt irr* julgar, avaliar; **das lässt sich nicht ~** isso não se pode avaliar

Ermessen *nt* <-s> *kein pl* critério *m,* parecer *m;* **es liegt in Ihrem ~** está nas suas mãos (decidir); **nach menschlichem ~** muito provavelmente

ermitteln* I. *vt* (*Wahrheit*) apurar, averiguar; (*Täter*) descobrir; (*Wert*) determinar II. *vi* investigar; **gegen jdn ~** proceder a investigação contra alguém; **die Polizei ermittelt in diesem Fall bereits** a polícia já está a investigar o caso

Ermittlung *f* <-en> ❶ (*polizeilich*) inquérito *m,* investigação *f;* **~en anstellen** fazer diligências; **die Polizei hat ihre ~en eingestellt** a polícia suspendeu as suas diligências ❷ (*Feststellung*) determinação *f,* averiguação *f*

ermöglichen* *vt* possibilitar, proporcionar; **jdm etw ~** proporcionar a. c. a alguém

ermorden* *vt* matar, assassinar

Ermordung *f* <-en> assassínio *m,* assassinato *m*

ermüden* I. *vt* cansar II. *vi* cansar-se

ermüdend *adj* cansativo, fatigante

Ermüdung *f kein pl* cansaço *m,* fadiga *f*

Ermüdungserscheinung *f* <-en> sinais *mpl* de cansaço

ermuntern* *vt* animar, estimular, incitar (*zu* a)

ermutigen* *vt* instigar (*zu* a), encorajar

ernähren* I. *vt* (*Nahrung geben*) alimentar; **sie wird künstlich ernährt** ela é alimentada artificialmente; (*Familie*) sustentar II. *vr* **sich ~** alimentar-se (*von* de), viver (*von* de); **er ernährt sich nur von Gemüse** ele só se alimenta de legumes

Ernährer(in) *m(f)* <-s, - *o* -innen> sustentáculo *m* da família

Ernährung *f kein pl* ❶ (*Nahrung*) alimentação *f,* nutrição *f;* **ausgewogene/falsche ~** alimentação equilibrada/errada ❷ (*Unterhalt*) sustento *m*

Ernährungswissenschaft *f kein pl* ciências *fpl* da nutrição

ernennen* *vt irr* designar (*zu* para), nomear (*zu* para)

Ernennung *f* <-en> nomeação *f* (*zu* para)

Ernennungsurkunde *f* <-n> certificado *m* de nomeação

erneuern* *vt* ❶ (*wiederherstellen*) renovar, restaurar ❷ (*auswechseln*) substituir

Erneuerung *f* <-en> ❶ (*von Gebäude, Gemälde*) restauração *f;* (*von Vertrag*) renovação *f* ❷ (*Auswechselung*) substituição *f*

erneut [ɛɐ'nɔɪt] I. *adj* repetido; **~e Regenfälle führten zu Überschwemmungen** repetidas chuvas levaram a inundações II. *adv* de novo, novamente; **ich möchte ~ nachfragen, ob ...** eu gostaria de perguntar novamente se ...

erniedrigen* *vt* ❶ (*Preise, Druck*) diminuir, baixar ❷ (*demütigen*) rebaixar, humilhar

ernst [ɛrnst] I. *adj* (*Mensch, Drohung, Miene*) sério; (*Lage, Krankheit*) grave, sério II. *adv* a sério; **etw ~ nehmen** levar a. c. a sério; **~ gemeint** a sério

Ernst *m* <-(e)s> *kein pl* ❶ (*Strenge*) gravidade *f,* severidade *f* ❷ (*ernster Wille*) seriedade *f;* **im ~** a sério; **allen ~es** seriamente; **das ist mein ~** estou a falar a sério; **das ist nicht dein ~!** tu não estás a falar a sério!; **mit etw ~ machen** deixar-se de brincadeiras

Ernstfall *m* <-(e)s, -fälle> emergência *f;* **im ~** em caso de emergência

ernstgemeint *adj s.* **ernst II**

ernsthaft *adj* ❶ (*Angebot, Miene*) sério ❷ (*Verletzung*) grave

ernstlich *adj* (*Bedenken*) sério

Ernte ['ɛrntə] *f* <-n> colheita *f;* (*brasil*) safra *f*

Erntedankfest [--'--] *nt* <-(e)s, -e> festa *f* em acção de graças pela colheita

ernten ['ɛrntən] *vt* ❶ (*Getreide*) ceifar;

(*Obst*) colher, apanhar ② (*Dank, Lob*) colher, receber

Ernüchterung *f kein pl* desengano *m*, desilusão *f*

Eroberer(in) [ɛɐ'ʔoːbərɐ] *m(f)* <-s, - *o* -innen> conquistador, conquistadora *m, f*

erobern* *vt* conquistar, tomar

Eroberung *f* <-en> conquista *f*, tomada *f*

eröffnen* **I.** *vt* (*Konto, Geschäft*) abrir; (*Sitzung*) iniciar; (*einweihen*) inaugurar; **das Feuer ~** abrir fogo; (*mitteilen*); **jdm etw ~** revelar a. c. a alguém, confiar a. c. a alguém **II.** *vr* **sich ~** abrir-se, apresentar-se; **es ~ sich (uns) völlig neue Möglichkeiten der Kommunikation** abrem-se(-nos) completamente novas possibilidades de comunicação

Eröffnung *f* ① (*von Geschäft*) abertura *f*; (*einer Sitzung*) início *m*; (*Einweihung*) inauguração *f* ② (*Mitteilung*) comunicação *f*; **jdm eine ~ machen** dar uma notícia a alguém

Eröffnungsfeier *f* <-n> cerimónia *f* de abertura, inauguração *f*

erogen *adj* erógeno

erörtern* *vt* discutir, debater

Erörterung *f* <-en> discussão *f*, debate *m*

Erosion *f* <-en> (GEOL) erosão *f*

Erotik [e'roːtɪk] *f kein pl* erotismo *m*

erotisch *adj* erótico

erpicht [ɛɐ'pɪçt] *adj* **auf etw ~ sein** estar ansioso por a. c.

erpressen* *vt* ① (*Person*) chantagear; **man versuchte, ihn mit Fotos zu ~** tentaram chantageá-lo com fotografias ② (*Lösegeld, Geständnis*) extorquir

Erpresser(in) *m(f)* <-s, - *o* -innen> chantagista *m,f*

Erpressung *f* <-en> chantagem *f*

erproben* *vt* pôr à prova, experimentar

erraten* *vt irr* adivinhar, resolver

erregbar [ɛɐ'reːkbaːɐ] *adj* irritável

Erregbarkeit *f kein pl* irritabilidade *f*

erregen* *vt* ① (*emotional, sexuell*) excitar ② (*hervorrufen*) causar, provocar; (*Aufsehen, Interesse*) suscitar ③ (*Fantasie*) estimular

Erreger *m* <-s, -> (MED) bacilo *m*, micróbio *m* patogénico

Erregung *f* <-en> excitação *f*, agitação *f*; **~ öffentlichen Ärgernisses** atentado à moral pública

erreichbar *adj* acessível, ao alcance; (*Ort*) acessível; **telefonisch ~ sein** ter telefone

erreichen *vt* ① (*Ziel, Geschwindigkeit*) atingir, alcançar; (*Ort, Alter*) chegar a; (*Zug*) apanhar; **der Brief erreichte mich nicht mehr** já não recebi a carta ② (*Person*) conta(c)tar; **wie kann ich dich/Sie ~?** como posso entrar em conta(c)to contigo?, como posso conta(c)tá-lo? ③ (*durchsetzen*) conseguir

errichten* *vt* ① (*Gebäude*) erigir, edificar ② (*gründen*) fundar, estabelecer

erringen* *vt irr* conseguir

erröten* *vi* corar; **vor Scham ~** corar de vergonha

Errungenschaft [ɛɐ'rʊŋənʃaft] *f* <-en> progresso *m*; (*umg: Anschaffung*) aquisição *f*

Ersatz [ɛɐ'zats] *m* <-es> *kein pl* ① (*Auswechselung*) substituição *f* ② (*Person, Sache*) substituto *m*; (*Teil*) peça *f* sobresselente; (*im Sport*) suplente *m* ③ (*Entschädigung*) compensação *f*; (*Schadenersatz*) inde(m)nização *f*; **für einen Schaden ~ leisten** inde(m)nizar alguém por um dano

Ersatzbank *f* (FBALL) banco *m* de reservas

Ersatzdienst *m* <-(e)s, -e> serviço *m* cívico

Ersatzmann *m* <-(e)s, -männer> substituto *m*; (SPORT) suplente *m*

Ersatzreifen *m* <-s, -> pneu *m* sobresselente

Ersatzspieler(in) *m(f)* <-s, - *o* -innen> jogador, jogadora suplente *m, f* suplente

Ersatzteil *nt* <-(e)s, -e> peça *f* sobresselente

ersaufen* *vi irr* (*umg*) afogar-se

ersäufen* *vt* afogar

erschaffen* *vt* (*geh*) criar

erscheinen* *vi* ① (*sichtbar werden*) aparecer ② (*sich einfinden*) vir; (*vor Gericht*) comparecer ③ (*Buch, Zeitung*) sair, publicar-se; **die Zeitschrift erscheint vierteljährlich** a revista sai todos os trimestres

Erscheinung *f* <-en> ① (*äußere*) aparência *f*, aspecto *m*; (*Gestalt*) figura *f* ② (*Gegebenheit*) fenómeno *m*; **in ~ treten** aparecer, manifestar-se

erschießen* *vt irr* matar a tiro; (MIL) fuzilar

erschlaffen* *vi* afrouxar, ceder

erschlagen* *vt irr* matar (à pancada); **vom Blitz ~ werden** ser fulminado por um raio; (*umg*); **ich bin völlig ~** estou esgotado

erschleichen* *vt irr* (*abw*) conseguir (por manha); **sich** *dat* **jds Vertrauen ~** conseguir a confiança de alguém

erschließen* *vt irr* ① (*folgern*) deduzir

② (*Land, Bodenschätze*) explorar; (*Märkte*) abrir

erschöpfen* *vt* esgotar; **meine Geduld ist erschöpft** a minha paciência esgotou

erschöpft *adj* exausto, esgotado

Erschöpfung *f kein pl* esgotamento *m*

erschrak *imp von* **erschrecken**

erschrecken I. *vt* assustar **II.** *vi irr* assustar-se (*vor* com)

erschreckend *adj* assustador, pavoroso

erschrocken [ɛɐˈʃrɔkən] **I.** *pp von* **erschrecken II.** *adj* assustado

erschüttern* *vt* ① (*Erdbeben, Vertrauen*) abalar, fazer estremecer ② (*emotional*) abalar

Erschütterung *f* <-en> (*auch fig*) abalo *m*

erschweren* *vt* dificultar

erschwinglich [ɛɐˈʃvɪŋlɪç] *adj* acessível, ao alcance

ersetzbar *adj* substituível

ersetzen* *vt* ① (*Person*) substituir (*durch* por); (*Gerät*) trocar (*durch* por) ② (*Schaden, Verlust*) reparar; (*Unkosten*) reembolsar, restituir; **jdm einen Schaden ~** inde(m)nizar alguém por um dano

ersichtlich [ɛɐˈzɪçtlɪç] *adj* claro, evidente

ersparen* *vt* ① (*Geld*) poupar, economizar ② (*Mühe, Ärger*) poupar, evitar; **jdm unnötige Arbeit ~** poupar trabalho desnecessário a alguém

Ersparnis *f kein pl* poupança *f* (*an* de)

Ersparnisse *pl* economias *fpl*

erst [eːɐst] *adv* ① (*zuerst*) primeiro, primeiramente; **~ einmal** primeiro ② (*nicht früher*) só, somente; **eben/jetzt ~** só agora, agora mesmo; **das wurde ~ heute fertig** isto só ficou pronto hoje ③ (*nur*) só; **sie ist ~ 16** ela só tem 16 anos; **ich habe ~ die Hälfte der Arbeit erledigt** (ainda) só fiz metade do trabalho

erstarren* *vi* ① (*vor Kälte*) gelar ② (*Flüssigkeit*) solidificar ③ (*vor Schreck*) estarrecer, paralisar

erstatten* *vt* (*Kosten*) restituir, reembolsar; **über jdn/etw Bericht ~** fazer um relatório sobre alguém/a. c.; **(gegen jdn) Anzeige ~** fazer uma denúncia (contra alguém)

Erstaufführung *f* <-en> estreia *f*

erstaunen* *vt* admirar, espantar

Erstaunen *nt* <-s> *kein pl* admiração *f*, espanto *m*; **zu meinem ~** para meu espanto; **jdn in ~ versetzen** admirar alguém

erstaunlich *adj* admirável, espantoso; (*überraschend*) surpreendente

erstbeste(r, s) *adj* **der/die/das E~** o primeiro que apareça, primeira *m, f*

erste(r, s) *num ord* primeiro; **am ~n August** no dia 1 de Agosto; **zum ~n Mal** pela primeira vez; **fürs Erste** primeiro, por agora; **als Erstes/an ~r Stelle** em primeiro (lugar); **~ Hilfe leisten** prestar os primeiros socorros; **es war Liebe auf den ~n Blick** foi amor à primeira vista; *s. a.* **zweite(r, s)**

erstechen* *vt irr* apunhalar

erstehen* *vt irr* adquirir, comprar

erstellen* *vt* ① (*Gebäude, Wohnungen*) construir ② (*Plan, Gutachten*) fazer ③ (INFOR) criar; **eine Datei ~** criar um ficheiro

erstens [ˈeːɐstəns] *adv* primeiro, em primeiro lugar; **~ ist das zu weit, zweitens viel zu teuer** primeiro é muito longe, segundo é muito caro

erstere(r, s) der/die/das Estere o primeiro, a primeira *m, f*; **~s ..., letzteres** em primeiro ..., em último

ersticken* I. *vt* (*Mensch*) asfixiar, sufocar; (*Flammen*) apagar, abafar; **etw im Keim ~** abafar a. c. no início **II.** *vi* morrer asfixiado, abafar, sufocar; (*durch Gas*) asfixiar; **sie wäre fast an einer Gräte erstickt** ela quase morreu asfixiada com uma espinha

erstklassig [ˈeːɐstklasɪç] *adj* de categoria, de primeira classe

Erstkommunion *f* <-en> primeira *f* comunhão

erstmalig [ˈeːɐstmaːlɪç] **I.** *adj* primeiro **II.** *adv* pela primeira vez

erstmals [ˈeːɐstmaːls] *adv* pela primeira vez

erstrebenswert *adj* desejável

erstrecken* *vr* **sich ~** ① (*räumlich*) estender-se (*über* sobre); **der Wald erstreckt sich von hier bis zum Fluss** a floresta estende-se daqui até ao rio ② (*zeitlich*) estender-se (*über* por)

Erstschlag *m* <-(e)s, -schläge> (MIL) ataque *m*

Erstsemester *nt* <-s, -> caloiro, caloira *m, f*

erstunken *adj* (*umg*) **das ist ~ und erlogen** é tudo mentira

ersuchen* *vt* (*geh*) apelar (*um* para)

ertappen* *vt* surpreender, apanhar (*bei* em); **jdn auf frischer Tat ~** apanhar alguém em flagrante

erteilen* *vt* (*Befehl, Rat, Erlaubnis, Unter-*

E

richt) dar

ertönen* *vi* ressoar

Ertrag [ɛɐ'tra:k] *m* <-(e)s, -träge> ① (*Gewinn*) receita *f* ② (*der Landwirtschaft*) produto *m*

ertragen *vt* suportar, aguentar

erträglich *adj* ① (*zu ertragen*) suportável ② (*umg: mittelmäßig*) tolerável

ertränken* *vt* afogar

erträumen* *vt* sonhar com, desejar ardentemente; **das hatte ich mir anders erträumt** eu tinha sonhado com outra coisa

ertrinken* *vi irr* afogar-se

erübrigen I. *vt* (*übrig behalten*) pôr de parte; (*Geld*) poupar, economizar; **Zeit für jdn/etw ~** pôr tempo de parte para alguém/a. c. II. *vr* **sich ~** ser escusado; **meine Frage erübrigt sich damit** é escusado perguntar

eruieren* *vt* (*geh*) estabelecer

erwachen* *vi* (*geh*) despertar

erwachsen [ɛɐ'vaksən] *adj* crescido, adulto

Erwachsene(r) *m/f* <-n, -n *o* -n> adulto, adulta *m, f*

Erwachsenenbildung *f kein pl* instrução *f* para adultos

erwägen* *vt* ponderar, considerar

Erwägung *f* <-en> ponderação *f*, consideração *f*; **etw in ~ ziehen** tomar a. c. em consideração

erwähnen* *vt* mencionar, referir

erwähnenswert *adj* digno de ser mencionado

Erwähnung *f* <-en> menção *f*, referência *f*

erwärmen* I. *vt* aquecer; (*brasil*) esquentar II. *vr* **sich ~** ① (*Klima, Wasser*) aquecer ② (*Gefallen finden*) entusiasmar-se (*für* por)

erwarten* *vt* ① (*warten auf*) aguardar, esperar; **etw kaum ~ können** mal poder esperar por a. c.; **sie erwartet ein Kind** ela está à espera de bebé ② (*rechnen mit*) esperar; **das hätte ich nicht von dir erwartet** eu não esperava isso de ti ③ (*verlangen*) exigir; **ich erwarte, dass Sie pünktlich sind** eu exijo que seja pontual; **wir ~ Diskretion** exigimos discrição

Erwartung *f* <-en> expectativa *f*; **das entspricht meinen ~en** isto corresponde às minhas expectativas

erwartungsgemäß *adv* de acordo com as expectativas; **alles ist ~ verlaufen** correu tudo como se esperava

erwartungsvoll I. *adj* esperançoso II. *adv* ansioso

erwecken* *vt* (*Zweifel*) suscitar; (*Vertrauen*) inspirar; (*Gefühle*) despertar; **es erweckt den Anschein, als ob ...** dá a impressão de ...

erweichen* *vt* amolecer; **sich durch Bitten ~ lassen** ceder aos pedidos

erweisen* I. *vt irr* (*nachweisen*) provar, demonstrar; **es gilt als erwiesen, dass ...** está dado como provado que ...; (*Dienst, Gefallen*) fazer, prestar; **jdm einen Gefallen ~** fazer um favor a alguém II. *vr* **sich ~** *irr* mostrar-se, revelar-se; **das Gerücht erwies sich als falsch** o boato revelou-se falso

erweitern* *vt* (*Straße, Gebäude*) alargar; (*Kenntnisse*) aumentar

Erwerb [ɛɐ'vɛrp] *m* <-(e)s> *kein pl* ① (*von Kenntnissen*) aquisição *f*; (*Kauf*) compra *f*; **der ~ des Lebensunterhalts** o ganha-pão ② (*Tätigkeit*) trabalho *m*

erwerben* *vt irr* ① (*Waren, Kenntnisse*) adquirir; **etw käuflich ~** comprar a. c. ② (*Verdienste, Ansehen*) merecer

erwerbslos *adj* desempregado

erwerbstätig *adj* a(c)tivo; **die ~e Bevölkerung** a população a(c)tiva

Erwerbstätige(r) *m/f* <-n, -n *o* -n> trabalhador, trabalhadora *m, f*

erwerbsunfähig *adj* inválido

erwidern* *vt* ① (*antworten*) replicar, responder (*auf* a); **darauf konnte er nichts ~** ele não conseguiu responder a isso ② (*Besuch, Gruß*) retribuir; (*Gefühle*) corresponder a

erwischen* *vt* (*umg: Täter, Zug*) apanhar; **er wurde beim Stehlen erwischt** ele foi apanhado a roubar

erwog [ɛɐ'vo:k] *imp von* **erwägen**

erwogen [ɛɐ'vo:gən] *pp von* **erwägen**

erwünscht *adj* desejado, bem-vindo; **Portugiesischkenntnisse ~** conhecimentos de português desejados; **du bist hier nicht ~** tu não és bem-vindo aqui

erwürgen* *vt* estrangular

Erz [e:ɐts, ɛrts] *nt* <-es, -e> minério *m*

erzählen* *vt* contar, narrar; **er erzählt seinem Sohn ein Märchen** ele conta uma história ao filho; (*umg*); **mir kannst du nichts ~!** não me venhas com histórias!

Erzähler(in) *m(f)* <-s, - *o* -innen> narrador, narradora *m, f*

Erzählung *f* <-en> conto *m*, narrativa *f*

Erzbischof *m* <-(e)s, -bischöfe> arcebispo *m*

Erzengel *m* <-s, -> arcanjo *m*

erzeugen* *vt* (*Waren*) produzir, fabricar; (*Strom*) gerar; (*Angst, Langeweile*) causar

Erzeugnis *nt* <-ses, -se> produto *m*; **landwirtschaftliche ~se** produtos *mpl* agrícolas

Erzeugung *f kein pl* (*von Waren*) produção *f*; (*von Strom*) geração *f*

Erzfeind(in) ['ɛrts-] *m(f)* <-(e)s, -e *o* -innen> inimigo, inimiga *m, f* de morte

erziehen* *vt irr* educar (*zu* para); **gut/schlecht erzogene Kinder** crianças bem/mal educadas; **alleinerziehende Mutter** mãe solteira *f*

Erzieher(in) *m(f)* <-s, - *o* -innen> educador, educadora *m, f* de infância

Erziehung *f kein pl* educação *f*

Erziehungsberechtigte(r) *m/f* <-n, -n *o* -n> encarregado de educação, encarregada *m, f*

Erziehungsheim *nt* <-(e)s, -e> casa *f* de corre(c)ção

erzielen* *vt* conseguir, obter; (*Tor*) marcar; **eine Einigung ~** chegar a um acordo

erzwingen* *vt irr* extorquir

es [ɛs] *pron pers* ① (*nom.*) ele, ela *m, f,* o(a) *m(f),* isto, isso; **~ ist sehr hübsch** é muito giro; **wie heißt das Mädchen? - ~ heißt Tabea** como se chama a rapariga? - chama-se Tabea ② (*akk.*) isso, o, a; **siehst du ~?** vê-lo?; **ich weiß ~ nicht** não sei ③ (*unpers.*) **~ regnet** está a chover; **~ gibt** há; **ich bin ~** sou eu; **~ freut mich, dass ...** alegra-me que ...; **~ wurde getanzt** dançou-se

Esche ['ɛʃə] *f* <-n> freixo *m*

Escudo *m* <-(s), -(s)> (HIST) escudo *m*; **das kostet 1000 ~s** custa 1000 escudos

Esel ['eːzəl] *m* <-s, -> burro *m*, asno *m*

Eselsbrücke *f* <-n> (*umg*) cábula *f*

Eselsohr *nt* <-(e)s, -en> (*umg*) dobra *f* (no canto duma folha)

Eskalation *f* <-en> escalada *f*

eskalieren* *vi* escalar

Eskapade *f* <-n> escapadela *f*

Eskimo, frau ['ɛskimo] *m, f* <-s, -s *o* -en> esquimó *m,f*

Eskorte [ɛs'kɔrtə] *f* <-n> escolta *f*

Esoterik [ezo'teːrɪk] *f kein pl* esoterismo *m*

esoterisch *adj* esotérico

Espresso *m* <-s, -s> café *m*; (*in Lissabon*) bica *f*

Esprit *m* <-s> *kein pl* vivacidade *f*, perspicácia *f*

Essay ['ɛse, 'ɛsɛɪ] *m* <-s, -s> ensaio *m*

essbar[RR] ['ɛsbaːɐ] *adj*, **eßbar**[ALT] *adj* comestível; **der Kuchen ist ~** o bolo come-se

essen ['ɛsən] *vi* comer; **zu Mittag/zu Abend** almoçar/jantar; **~ gehen** ir comer fora; **wo kann man hier gut ~?** onde é que se pode comer bem aqui?; **mit großem Appetit ~** comer com muito apetite; **den Teller leer ~** comer tudo; (*umg*); **das ist gegessen** o assunto está arrumado

Essen *nt* <-s, -> comida *f*; (*Mahlzeit*) refeição *f*; (*Gericht*) prato *m*; **beim ~** à refeição; **bleib doch zum ~** fica para comer; **das ~ machen** fazer o almoço/jantar; **wann gibt es ~?** quando é que se come?

Essensmarke *f* <-n> senha *f* (de refeição)

Essenszeit *f* <-en> hora *f* das refeições, hora *f* de comer

Essenz *f* <-en> essência *f*

Essig ['ɛsɪç] *m* <-s, -e> vinagre *m*; (*umg*); **damit ist es jetzt ~** foi tudo cancelado

Essiggurke *f* <-n> pepino *m* em «pickle»

Esskastanie[RR] *f* <-n>, **Eßkastanie**[ALT] *f* <-n> castanha *f*

Esslöffel[RR] *m* <-s, ->, **Eßlöffel**[ALT] *m* <-s, -> colher *f* de sopa

Esstisch[RR] *m* <-s, -e>, **Eßtisch**[ALT] *m* <-s, -e> mesa *f* de jantar

Esszimmer[RR] *nt* <-s, ->, **Eßzimmer**[ALT] *nt* <-s, -> sala *f* de jantar

Este(in) *m(f)* <-n, -n *o* -innen> estónio *m*

Estland ['ɛstlant] *nt* <-s> *kein pl* Estónia *f*

estnisch ['ɛstnɪʃ] *adj* estónio

Estragon *m* <-s> *kein pl* estragão *m*

etablieren* **I.** *vt* estabelecer, fundar **II.** *vr* **sich ~** estabelecer-se

Etage [e'taːʒə] *f* <-n> andar *m*; **wir wohnen in der zweiten ~** nós moramos no segundo andar

Etagenwohnung *f* <-en> andar *m*

Etappe [e'tapə] *f* <-n> (*a* SPORT: *räumlich, zeitlich*) fase *f*, etapa *f*; **in ~n** por etapas

Etappensieg *m* <-(e)s, -e> (SPORT) vitória *f* de uma etapa

Etat [e'taː] *m* <-s, -s> orçamento *m*

etc. [eːteː'tseː] *abk v* **et cetera** etc. (= *et cetera*)

etepetete *adj* (*umg*) niquento, miudinho

Ethik ['eːtɪk] *f kein pl* ética *f*

ethisch *adj* ético

ethnisch ['ɛtnɪʃ] *adj* étnico

Ethnologie *f kein pl* etnologia *f*

Etikett [eti'kɛt] *nt* <-s, -en> etiqueta *f,* rótulo *m*

Etikette [eti'kɛtə] *f kein pl* etiqueta *f,* protocolo *m*

etikettieren* *vt* etiquetar

etliche(r, s) *pron indef* alguns, algumas *mpl, fpl,* uns, umas *mpl, fpl,* vários; ~ **Touristen wurden bestohlen** alguns [*o* vários] turistas foram roubados

Etui [ɛt'viː, ety'iː] *nt* <-s, -s> estojo *m*

etwa ['ɛtva] *adv* ❶ (*ungefähr*) cerca de, aproximadamente; **die Fahrt dauert ~ vier Stunden** a viagem dura cerca de quatro horas ❷ (*beispielsweise*) por exemplo ❸ (*vielleicht*) por acaso, porventura; **willst du ~ schon gehen?** já vais embora?; **das hast du mit Absicht gemacht, oder ~ nicht?** fizeste isso de propósito, ou não foi?

etwaig *adj* eventual, casual; **~e Beschwerden richten Sie bitte an ...** eventuais queixas remeter para ...

etwas ['ɛtvas] *pron indef* algum, alguma, alguma/qualquer coisa, algo; (*ein wenig*) um pouco (de), um tanto; ~ **anderes** coisa diferente, outra coisa; ~ **Wasser/Geld** um pouco de água/algum dinheiro; ~ **Interessantes** algo de interessante; **ohne ~ zu sagen** sem dizer nada; **ich fühle mich schon ~ besser** já me sinto um pouco melhor

Etwas *nt* <-> *kein pl* não-sei-quê *m;* **das gewisse ~** o não-sei-quê

Etymologie *f* <-n> etimologia *f*

EU [eː'ʔuː] *abk v* **Europäische Union** UE (= *União Europeia*)

EU-Bürger(in) *m(f)* <-s, - *o* -innen> cidadão europeu *m,* cidadã europeia *f*

euch [ɔɪç] *pron pers o akk/dat von* **ihr** vos; (*nach präp.*) vós; **mit ~** convosco; **gehören ~ die Räder?** estas bicicletas pertencem-vos?; **das ist für ~** isto é para vós; **ich bin sehr gerne bei ~** eu gosto muito de estar em vossa casa; **gefiel ~ der Film?** gostaram do filme?

euer, (e)re[1] ['ɔɪɐ] *pron poss* (*adjektivisch*) (o) vosso, (a) vossa; ~ **Hund/Haus** o vosso cão/a vossa casa; **~e Schwester/Freunde** a vossa irmã/os vossos amigos; **viele Grüße, ~ Fritz/~e Heidi** muitos beijinhos, o vosso Fritz/a vossa Heidi

euer[2] *pron pers o gen von* **ihr** vosso

euere *pron poss s.* **euer**

eu(e)re(r, s) *pron poss* (*substantivisch*) o vosso, a vossa; **meine Pläne sind anders als eure** os meus planos são diferentes dos vossos

Eukalyptus *m* <-s, Eukalypten> eucalipto *m*

Eule ['ɔɪlə] *f* <-n> coruja *f,* mocho *m*

Eunuch *m* <-en, -en> eunuco *m*

Euphemismus *m* <-, Euphemismen> eufemismo *m*

Euphorie [ɔɪfo'riː] *f* <-n> euforia *f*

euphorisch [ɔɪ'foːrɪʃ] *adj* eufórico

eure *pron poss s.* **euer**

eurerseits *adv* pela vossa parte, por vosso lado

euresgleichen ['--'--] *pron indef* vosso semelhante, como vós; ~ **wollen wir hier nicht haben** não queremos pessoas como vós

euretwegen ['ɔɪrətveːgən] *adv* por vós; (*negativ*) por vossa causa

Euro ['ɔɪro] *m* <-s, -s> euro *m*

Eurocity *m* <-(s), -s> eurocity *m*

Europa [ɔɪ'roːpa] *nt* <-s> *kein pl* Europa *f*

Europäer(in) *m(f)* <-s, - *o* -innen> europeu, europeia *m, f*

europäisch *adj* europeu

Europameister(in) *m(f)* <-s, - *o* -innen> (SPORT) campeão *m* europeu, campeã *f* europeia

Europameisterschaft *f* <-en> (SPORT) campeonato *m* europeu [*o* da Europa]

Europaparlament *nt* <-(e)s> *kein pl* parlamento *m* europeu

Europapokal *m* <-s, -e> (SPORT) taça *f* da Europa

Europarat *m* <-(e)s> *kein pl* Conselho *m* Europeu

Euroscheck *m* <-s, -s> eurocheque *m*

Euroscheckkarte *f* <-n> cartão *m* eurocheque

Eurovision *f kein pl* eurovisão *f*

eurozentrisch *adj* eurocêntrico

Euter ['ɔɪtɐ] *nt* <-s, -> úbere *m*

Euthanasie [ɔɪtana'ziː] *f kein pl* eutanásia *f*

e.V. *abk v* **eingetragener Verein** associação *f* regist(r)ada

evakuieren* *vt* evacuar

evangelisch [evaŋ'geːlɪʃ] *adj* evangélico, protestante

Evangelium *nt* <-s, Evangelien> Evangelho *m*

Event <-s, -s> *nt o m* (*Veranstaltung*) espectáculo *m,* evento *m*

eventuell [evɛntu'ɛl] *adj* eventual

Evolution [evolu'tsjo:n] *f* <-en> (*a* BIOL) evolução *f*

EWG *abk v* **Europäische Wirtschaftsgemeinschaft** CEE (= *Comunidade Económica Europeia*)

ewig ['e:vɪç] *adj* ❶ (*unendlich*) eterno ❷ (*umg: sehr lange*) **das dauert ja ~!** isso dura uma eternidade!

Ewigkeit *f* <-en> eternidade *f;* (*umg*); **das ist ja ~en her** isso já foi há séculos

exakt [ɛ'ksakt] *adj* exa(c)to; **es ist ~ 11 Uhr** são exa(c)tamente 11 horas

Examen [ɛ'ksa:mən] *nt* <-s, Examina> exame *m;* **~ machen** fazer o exame final do curso

exekutieren* *vt* executar

Exekutive [ɛkseku'ti:və] *f* <-n> (JUR, POL) executivo *m*

Exemplar [ɛksɛm'pla:ɐ] *nt* <-s, -e> exemplar *m*

exemplarisch *adj* exemplar

Exihibitionist *m* <-en, -en> exibicionista *m*

Exil [ɛ'ksi:l] *nt* <-s, -e> exílio *m,* degredo *m;* **ins ~ gehen** ser exilado; **im ~ leben** viver no exílio

Existenz [ɛksɪs'tɛnts] *f* <-en> ❶ *kein pl* (*Dasein*) existência *f* ❷ (*berufliche Stellung*) posição *f;* **sich** *dat* **eine ~ aufbauen** construir uma posição

Existenzberechtigung *f kein pl* direito *m* à existência

Existenzkampf *m* <-(e)s, -kämpfe> luta *f* pela sobrevivência

Existenzminimum *nt* <-s> *kein pl* mínimo *m* de subsistência

existieren* *vi* existir

exklusiv [ɛksklu'zi:f] *adj* exclusivo

exkommunizieren* *vt* excomungar

Exkurs [ɛks'kʊrs] *m* <-es, -e> desvio *m*

Exkursion *f* <-en> excursão *f*

exmatrikulieren* *vt* anular a matrícula de

exotisch [ɛ'kso:tɪʃ] *adj* exótico

Expander *m* <-s, -> extensor *m* ginástico

expandieren* *vt* (WIRTSCH) expandir

Expansion [ɛkspan'zjo:n] *f* <-en> expansão *f*

Expedition [ɛkspedi'tsjo:n] *f* <-en> expedição *f*

Experiment [ɛksperi'mɛnt] *nt* <-(e)s, -e> experiência *f,* ensaio *m*

experimentell *adj* experimental

experimentieren* *vi* fazer uma experiência (*mit* com)

Experte(in) [ɛks'pɛrtə] *m(f)* <-n, -n *o* -innen> perito, perita *m, f;* **sie ist Expertin auf diesem Gebiet** ela é perita nesta área

Expertensystem *nt* <-s, -e> (INFOR) sistema *m* informático completo

explodieren* *vi* (*vor Zorn, Bombe*) explodir

Explosion [ɛksplo'zjo:n] *f* <-en> explosão *f*

explosiv [ɛksplo'zi:f] *adj* explosivo

Exponent [ɛkspo'nɛnt] *m* <-en, -en> (MATH) expoente *m*

exponiert *adj* (*Ort, Stellung*) exposto

Export [ɛks'pɔrt] *m* <-(e)s, -e> exportação *f*

Exporteur(in) *m(f)* <-s, -e *o* -innen> exportador, exportadora *m, f*

Exporthandel *m* <-s> *kein pl* comércio *m* de exportação

exportieren* *vt* exportar

Exportland *nt* <-(e)s, -länder> país *m* de exportação

Express[RR] *m* <-es> *kein pl,* **Expreß**[ALT] *m* <-sses> *kein pl* (*österr*) comboio *m* expresso

Expressgut[RR] *nt* <-(e)s, -güter> mercadoria *f* expresso

Expressionismus [ɛksprɛsjo'nɪsmʊs] *m* <-> *kein pl* expressionismo *m*

Expressstraße[RR] *f* <-en> (*schweiz*) via *f* rápida

exquisit *adj* requintado

extern [ɛks'tɛrn] *adj* externo

extra ['ɛkstra] *adv* ❶ (*zusätzlich*) extra, adicional, suplementar ❷ (*gesondert*) à parte, em separado; **das müssen Sie ~ bezahlen** isso tem de pagar à parte ❸ (*speziell*) expressamente, especialmente; (*umg*); **das hast du ~ gemacht** fizeste de propósito

Extra *nt* <-s, -s> extra *m*

Extrablatt *nt* <-(e)s, -blätter> edição *f* especial

extravagant ['ɛkstravagant, ---'-] *adj* extravagante

Extrazug *m* <-(e)s, -züge> (*schweiz*) comboio *m* especial

extrem [ɛks'tre:m] **I.** *adj* extremo **II.** *adv* extremamente

Extrem *nt* <-s, -e> extremo *m;* **von einem ~ ins andere fallen** passar de um extremo ao outro

Extremismus *m* <-> *kein pl* extremismo *m*
extremistisch *adj* extremista, radical
extrovertiert [ɛkstrovɛr'tiːɐt] *adj* extrovertido
exzellent [ɛkstsɛ'lɛnt] *adj* excelente
Exzellenz [ɛkstsɛ'lɛnts] *f* <-en> Excelência *f*
exzentrisch [ɛks'tsɛntrɪʃ] *adj* excêntrico
ExzessRR [ɛks'tsɛs] *m* <-es, -e>, **Exzeß**ALT *m* <-sses, -sse> excesso *m*
exzessiv *adj* excessivo
Eyeliner *m* <-s, -> (*Pinsel*) eyeliner *m*; (*Stift*) lápis *m* dos olhos
EZB [eːtsɛt'ʔbeː] *abk v* **Europäische Zentralbank** BCE (= *Banco Central Europeu*)

Ff

F *nt* ① (*Buchstabe*) F, f *m* ② (MUS) fá *m*
Fabel ['faːbəl] *f* <-, -n> fábula *f*
fabelhaft *adj* fabuloso, estupendo; **das Kleid steht dir ~** o vestido fica-te um espectáculo
Fabrik [fa'briːk] *f* <-, -en> fábrica *f*, usina *f*
Fabrikant(in) *m(f)* <-en, -en *o* -innen> fabricante *m,f*
Fabrikarbeiter(in) *m(f)* <-s, - *o* -innen> operário, operária *m, f*
Fabrikat [fabri'kaːt] *nt* <-(e)s, -e> ① (*Produkt*) produto *m* (manufa(c)turado), artefa(c)to *m* ② (*Marke*) marca
Fabrikation [fabrika'tsjoːn] *f* <-en> fabrico *m*, fabricação *f*, produção *f*
Fabrikbesitzer(in) *m(f)* <-s, - *o* -innen> dono , -a *m, f* de fábrica, industrial *mf*
Fabrikgelände *nt* <-s, -> instalações *fpl* da fábrica
fabrikneu *adj* saído de fábrica, novo
fabrizieren* *vt* (*umg*) fazer
Fach [fax] *nt* <-es, Fächer> ① (*in Regal*) divisão *f*, prateleira *f*; (*Postfach*) cacifo *m* ② (*Berufszweig, Fachgebiet*) ramo *m*, especialidade *f*; **vom ~ sein** ser do ramo; **er versteht sein ~** ele sabe do seu ofício ③ (*Unterrichtsfach*) disciplina *f*
Facharbeiter(in) *m(f)* <-s, - *o* -innen> perito, perita *m, f*, trabalhador, trabalhadora espezializada *m, f* especializado
Facharzt, Fachärztin *m, f* <-es, -ärzte *o* -innen> especialista *m,f*
Fachausdruck *m* <-s, -drücke> termo *m* técnico
Fachbereich *m* <-(e)s, -e> ① (*Fachgebiet*) especialidade ② (*in Universität*) departamento *m*, área *f*
Fächer *m* <-s, -> leque *m*
Fachfrau *f* <-en> especialista *f*
Fachgebiet *nt* <-(e)s, -e> especialidade *f*, ramo *m*
Fachgeschäft *nt* <-(e)s, -e> loja *f* especializada
Fachhochschule *f* <-n> Escola *f* Superior, Instituto *m* Superior

> Estudantes com nível escolar para cursar **Fachhochschule** (Escola Superior especializada) têm aqui a possibilidade de fazer cursos técnicos ou artísticos de nível superior. O nível de formação que pode ser alcançado numa Fachhochschule é por exemplo o Diplom-Ingenieur (FH), (engenheiro diplomado) abreviado Dipl.Ing. (FH). Na Áustria também é possível a obtenção de um Magister (FH).

Fachkenntnisse *pl* conhecimentos *mpl* técnicos, conhecimentos *mpl* especializados; **diese Aufgabe erfordert umfassende ~** esta tarefa exige muitos conhecimentos técnicos
Fachkraft *f* <-kräfte> perito *m*, técnico *m*
fachlich *adj* técnico, especializado, profissional; **sie ist ~ gut qualifiziert** ela tem uma boa qualificação profissional
Fachliteratur *f kein pl* literatura especializada *f*
Fachmann, Fachfrau *m, f* <-es, -leute *o* -en> especialista *m,f* (*für* em), técnico, técnica *m, f* (*für* de); (*Experte*) perito, perita *m, f* (*für* em)
fachmännisch *adj* competente, profissional
Fachschaft *f* <-en> ① (*Berufsgruppe*) equipa *f* de especialistas ② (*in Universität*) departamento *m*
fachsimpeln ['-zɪmpəln] *vi* (*umg*) só falar de (assuntos de) trabalho
Fachsprache *f* <-n> linguagem *f* técnica
Fachwerk *nt* <-(e)s, -e> madeiramento *m*
Fachzeitschrift *f* <-en> revista *f* científica, revista *f* de especialidade
Fackel ['fakəl] *f* <-n> archote *m*, tocha *f*

fade *adj* ❶ (*abw: Speise*) insosso, insípido ❷ (*langweilig*) aborrecido, chato ❸ (*Mensch*) insosso, choco

Faden ['fa:dən] *m* <-s, Fäden> fio *m;* (*zum Nähen*) linha *f;* **der rote ~** o fio condutor; (*fig*); **den ~ verlieren** perder o fio à meada; **an einem seidenen ~ hängen** estar por um fio

fadenscheinig ['fa:dənʃaɪnɪç] *adj* ❶ (*Stoff*) coçado, gasto (pelo uso) ❷ (*abw: Entschuldigung*) esfarrapado

Fagott *nt* <-(e)s, -e> fagote *m*

fähig *adj* ❶ (*imstande*) capaz (*zu* de), apto (*zu* para); **zu etw ~ sein** ser capaz de fazer a. c., estar apto para a. c.; **er ist zu allem ~** ele é capaz de tudo ❷ (*begabt*) capaz, inteligente

Fähigkeit *f* <-en> ❶ *kein pl* (*Imstandesein*) capacidade *f,* aptidão *f* ❷ (*Begabung*) talento *m* ❸ (*geistig*) capacidade *f*

fahnden ['fa:ndən] *vi* procurar (*nach* por)

Fahndung *f* <-en> busca *f* (*nach* de)

Fahndungsliste *f* <-n> lista *f* de pessoas procuradas

Fahne ['fa:nə] *f* <-n> ❶ (*Flagge*) bandeira *f,* estandarte *m* ❷ *kein pl* (*umg: Alkoholfahne*) hálito *m* a álcool; **er hat eine ~** ele tresanda a vinho

Fahnenflucht *f kein pl* (MIL) deserção *f*

Fahrausweis *m* <-es, -e> ❶ (*Fahrkarte*) senha *f,* bilhete *m* ❷ (*schweiz: Führerschein*) carta *f* de condução, carteira *f* de motorista

Fahrbahn *f* <-en> faixa *f* de rodagem, pista *f;* (*brasil*) rodovia *f;* (*auf Brücke*) tabuleiro *m*

fahrbar *adj* móvel, com rodas; (*umg*); **ein ~er Untersatz** um veículo

Fähre *f* <-n> ferry *m,* ferryboat *m*

fahren ['fa:rən] **I.** *vt irr* ❶ (*Waren, Personen*) levar, transportar; **jdn nach Hause ~** levar alguém a casa ❷ (*Fahrzeug*) guiar, conduzir ❸ (*Rad, Rollschuh*) andar de; **Ski ~** fazer esqui **II.** *vi* ❶ (*mit Auto, Zug*) ir (*mit* de), andar (*mit* de); **dieser Zug fährt nach Hamburg** este comboio vai para Hamburgo; **wie schnell darf man hier ~?** a que velocidade é que se pode conduzir aqui?, qual é a velocidade máxima aqui?; **~ Sie an der nächsten Ecke rechts** vire na próxima à direita; **er ist gegen die Mauer gefahren** ele foi contra o muro ❷ (*abfahren*) partir; **wann fährt der nächste Bus an den Strand?** quando é que parte o próximo autocarro para a praia? ❸ (*reisen*) viajar (*nach* para), ir (*nach* a/para); **wir fahren im Sommer nach Portugal/an die Ostsee/in die Berge** no Verão vamos a Portugal/ao mar Báltico/para as montanhas

Fahrer(in) ['fa:rɐ] *m(f)* <-s, - *o* -innen> (*Auto*) condutor, condutora *m, f;* (*Bus*) motorista *m,f;* (*Straßenbahn*) guarda-freio *m,f*

Fahrerflucht *f kein pl* fuga *f* do condutor

Fahrgast *m* <-es, -gäste> passageiro, passageira *m, f*

Fahrgeld *nt* <-(e)s, -er> ❶ (*Preis*) preço *m* do bilhete ❷ (*Geld*) dinheiro *m* do bilhete

Fahrgemeinschaft *f* <-en> *pessoas que vão juntas para o emprego para poupar combustível*

Fahrgestell *nt* <-(e)s, -e> ❶ (*Auto*) chassis *m* ❷ (*Flugzeug*) trem *m* de aterragem

fahrig *adj* ❶ (*unruhig*) agitado, nervoso ❷ (*zerstreut*) distraído, descuidado

Fahrkarte *f* <-n> (*Bus*) senha *f,* bilhete *m;* (*Zug*) bilhete *m;* (*Schiff*) passagem *f,* bilhete *m*

Fahrkartenautomat *m* <-en, -en> máquina *f* (distribuidora) de bilhetes

Fahrkartenschalter *m* <-s, -> bilheteira *f*

fahrlässig *adj* desleixado, negligente; (JUR); **~e Tötung** homicídio *m* involuntário; (*von Kranken, Verletzten*) homicídio *m* por negligência

Fahrlässigkeit *f* <-en> incúria *f,* desleixo *m;* (JUR) negligência *f*

Fahrlehrer(in) *m(f)* <-s, - *o* -innen> instrutor , -a *m, f* de condução

Fahrplan *m* <-s, pläne> horário *m*

fahrplanmäßig I. *adj* regular, ordinário; **~e Abfahrt/Ankunft** partida *f*/chegada *f* à tabela **II.** *adv* à tabela

Fahrpreis *m* <-es, -e> preço *m* do bilhete

Fahrpreisermäßigung *f* <-en> tarifa *f* reduzida

Fahrprüfung *f* <-en> exame *m* de condução

Fahrrad ['fa:ɐra:t] *nt* <-(e)s, -räder> bicicleta *f*

Fahrradfahrer(in) *m(f)* <-s, - *o* -innen> ciclista *mf*

Fahrradweg *m* <-(e)s, -e> pista *f* de velocípedes, caminho *m* para bicicletas

Fahrschein *m* <-s, -e> bilhete *m,* senha *f*

Fahrschule *f* <-en> escola *f* de condução, auto-escola *f*

F

Fahrschüler(in) *m(f)* <-s, - *o* -innen> aluno , -a *m, f* da escola de condução

Fahrstuhl *m* <-(e)s, -stühle> elevador *m,* ascensor *m*

Fahrt [faːɐt] *f* <-en> ❶ (*Reise*) viagem *f;* **gute ~!** boa viagem! ❷ (*Ausflug*) excursão *f;* (*kurz*) passeio *m* ❸ (*mit Taxi*) corrida *f* ❹ (*Strecke*) traje(c)to *m,* percurso *m* ❺ (*Geschwindigkeit*) velocidade *f;* **in voller ~** a toda a velocidade; **in ~ kommen** ganhar à-vontade

Fährte *f* <-n> pista *f,* rasto *m*

Fahrtkosten *pl* custos *mpl* de viagem, custos *mpl* de deslocação

Fahrtrichtung *f* <-en> rumo *m,* direcção *f*

Fahrtunterbrechung *f* <-en> paragem *f*

Fahrtwind *m* <-(e)s, -e> vento *m* contra

Fahrzeit *f* <-en> duração *f* da viagem; **die ~ beträgt eine Stunde** a duração da viagem é de uma hora

Fahrzeug *nt* <-(e)s, -e> veículo *m*

Fahrzeughalter(in) *m(f)* <-s, - *o* -innen> proprietário , -a *m, f* do veículo

Fahrzeuglenker(in) *m(f)* <-s, - *o* -innen> (*schweiz*) condutor, condutora *m, f*

Faible ['fɛːbəl] *nt* <-s, -s> fraqueza *f,* ponto fraco *m;* **ein ~ für jdn/etw haben** ter um fraquinho por alguém/a. c.

fair [fɛːɐ] *adj* correcto, justo; **das ist nicht ~ von dir!** isso não é correcto da tua parte!; **~ spielen** fazer jogo limpo

Fairness[RR] *f kein pl,* **Fairneß**[ALT] *f kein pl* justiça *f;* (SPORT) jogo *m* limpo

faktisch *adj* efe(c)tivo, real

Faktor ['faktoːɐ] *m* <-s, -en> factor *m*

Faktum ['faktʊm] *nt* <-s, Fakten> fa(c)to *m*

Fakultät *f* <-en> faculdade *f;* **geisteswissenschaftliche ~** Faculdade de Letras *f*

fakultativ *adj* facultativo

Falke ['falkə] *m* <-n, -n> falcão *m*

Fall[1] [fal] *m* <-es> *kein pl* (*Sturz*) queda *f;* **der ~ der Berliner Mauer** a queda do Muro de Berlim

Fall[2] *m* <-es, Fälle> (*a* JUR, LING) caso *m;* **auf jeden ~/alle Fälle** de qualquer maneira, em todo o caso; (*bestimmt*) com certeza, sem dúvida; **auf keinen ~** de forma alguma, de maneira nenhuma; **für den ~, dass er kommt** caso ele venha; **für alle Fälle** pelo sim pelo não; **das ist nicht der ~** não é esse o caso; (*umg*); **er/sie ist nicht mein ~** ele/ela não é o meu tipo, ele/ela não faz o meu estilo

Falle ['falə] *f* <-n> ❶ (*für Tiere*) armadilha *f;* (*für Mäuse*) ratoeira *f;* **eine ~ stellen** armar uma ratoeira ❷ (*Hinterhalt*) cilada *f,* armadilha *f* ❸ (*schweiz: Türklinke*) trinco *m*

fallen ['falən] *vi* ❶ (*stürzen*) cair; **durch eine Prüfung ~** reprovar num exame; **das Licht fällt durch das Fenster** a luz entra pela janela; **jdm in die Arme ~** cair nos braços de alguém; **~ lassen** deixar cair; (*Plan*) abandonar; **auseinander~** escangalhar-se ❷ (*sinken*) baixar (*auf* para), descer (*auf* para); **die Arbeitslosigkeit ist um 3% gefallen** o desemprego baixou 3%; **die Temperaturen ~** as temperaturas baixam/descem ❸ (*im Krieg*) morrer em combate ❹ (*sich ereignen*) **ein Schuss fällt** ouve-se um tiro; **es sind drei Tore gefallen** marcaram três golos; **jdm ins Wort ~** cortar a palavra a alguém; **er fällt mir auf die Nerven** ele dá-me cabo dos nervos; **die Würfel sind gefallen** a sorte está lançada; **jdm in den Rücken ~** ficar contra alguém

fällen *vt* ❶ (*Baum, Holz*) derrubar, abater ❷ (*Entscheidung*) tomar; **ein Urteil ~** pronunciar uma sentença

fallenlassen*[ALT] *vt irr s.* **fallen 1**

fällig *adj* ❶ (*Zinsen*) vencível, ser pagável; **am 31. Dezember ~ sein** vencer-se a 31 de Dezembro ❷ (*Bus, Zug*) que deve estar a chegar

Fälligkeit *f* <-en> ❶ (*Zinsen*) vencimento *m* ❷ (*Frist*) expiração *f*

Fallobst *nt* <-es> *kein pl* fruta *f* caída, fruta *f* do chão

Fallout, Fall-out *m* <-s, -s> chuva *f* radioa(c)tiva

falls [fals] *konj* no caso de, se, caso; **~ du Zeit hast, sag mir Bescheid** se tiveres tempo, diz-me

Fallschirm *m* <-(e)s, -e> pára-quedas *m*

Fallschirmspringer(in) *m(f)* <-s, - *o* -innen> pára-quedista *m,f*

falsch [falʃ] **I.** *adj* (*gefälscht*) falso; **~er Alarm** falso alarme *m;* (*Zähne*) postiço; (*fehlerhaft*) errado, incorrecto; (*hinterhältig*) falso, desleal **II.** *adv* mal; **Sie sind ~ verbunden** ligou para o número errado, é engano; **das hast du ~ verstanden** percebeste mal; **~ parken** estacionar mal

fälschen *vt* falsificar, adulterar

Fälscher(in) *m(f)* <-s, - *o* -innen> falsificador, falsificadora *m, f,* falsário, falsária *m, f*

Falschfahrer(in) *m(f)* <-s, - *o* -innen> *condutor que viaja em sentido contrário na auto-estrada*

Falschgeld *nt* <-(e)s> *kein pl* dinheiro *m* falso

Falschheit *f* <-en> falsidade *f*

fälschlich *adj* falso

fälschlicherweise *adv* por engano, falsamente

Fälschung *f* <-en> ① (*Geld, Wertpapiere*) falsificação *f,* contrafa(c)ção *f* ② (*Markenartikel*) falsificação *f*

Faltblatt *nt* <-(e)s, -blätter> folheto *m,* prospecto *m*

Falte ['faltə] *f* <-n> ① (*in Stoff*) prega *f;* (*in Papier*) dobra *f* ② (*Bügelfalte*) vinco *m* ③ (*der Haut*) ruga *f;* **die Stirn in ~n ziehen** franzir o sobrolho

falten ['faltən] *vt* ① (*Papier, Stoff*) dobrar ② (*zusammenknicken*) vincar ③ (*Hände*) pôr, juntar

Faltenrock *m* <-(e)s, -röcke> saia *f* plissada, saia *f* de pregas

Falter ['faltɐ] *m* <-s, -> borboleta *f*

faltig *adj* ① (*Stoff*) amarrotado, enrugado ② (*Haut*) enrugado ③ (*Stirn*) franzido

familiär *adj* familiar; **ein Hotel mit ~er Atmosphäre** um hotel com ambiente familiar

Familie [fa'miːljə] *f* <-n> família *f;* **eine ~ gründen** formar uma família; **sie kommt aus guter ~** ela vem de uma boa família; **das liegt in der ~** isso é de família

Familienangehörige(r) *m/f* <-n, -n *o* -n> familiar *mf,* membro *m* da família; **die ~n** o agregado familiar

Familienangelegenheit *f* <-en> assuntos *mpl* de família

FamilienanschlussRR *m* <-es> *kein pl* **~ haben** ser tratado como pessoa de família

Familienbetrieb *m* <-(e)s, -e> empresa *f* de família

Familienfest *nt* <-es, -e> festa *f* de família

Familienkreis *m* <-es, -e> família *f;* **im engsten ~** no seio da família

Familienleben *nt* <-s> *kein pl* vida *f* familiar

Familienmitglied *nt* <-(e)s, -er> membro *m* da família, pessoa *f* de família

Familienname *m* <-n, -n> nome *m* de família, apelido *m,* sobrenome *m*

Familienplanung *f kein pl* planeamento *m* familiar

Familienstand *m* <-(e)s> *kein pl* estado *m* civil

famos *adj* (*umg*) excelente, esplêndido

Fan [fɛn, fɛːn] *m* <-s, -s> fã *m*

Fanatiker(in) [fa'naːtikɐ] *m(f)* <-s, - *o* -innen> fanático, -a *m, f*

fanatisch [fa'naːtɪʃ] *adj* fanático

Fanatismus [fana'tɪsmʊs] *m* <-> *kein pl* fanatismo *m*

Fanclub *m* <-s, -s> clube *m* de fãs

fand [fant] *imp von* **finden**

Fanfare [fan'faːrə] *f* <-n> fanfarra *f*

Fang [faŋ] *m* <-(e)s> *kein pl* ① (*das Fangen*) captura *f* ② (*von Fischen*) pesca *f;* **einen guten ~ machen** fazer uma boa pesca ③ (*Beute*) presa *f*

fangen ['faŋən] **I.** *vt* (*Ball*) apanhar; **Feuer ~** entusiasmar-se; (*Verbrecher*) prender, apanhar; (*Tier*) apanhar; (*Fisch*) pescar **II.** *vr* **sich ~** (*seelisch*) recuperar o equilíbrio

Fangfrage *f* <-n> pergunta de algibeira *f*

FantasieRR *f* <-n> (*a* MUS) fantasia *f*

fantasieren*RR *vi* fantasiar, devanear; (MED) desvairar, delirar

fantastischRR *adj* ① (*nicht realistisch*) fantástico ② (*umg: großartig*) fantástico, espe(c)tacular

Fanzine <-s, -s> *nt* (JORN) fanzine *m*

Farbaufnahme *f* <-n> fotografia a cores *f*

Farbband *nt* <-(e)s, -bänder> fita (de máquina de escrever) *f*

Farbdruck *m* <-(e)s, -e> impressão a cores *f*

Farbe ['farbə] *f* <-n> ① (*Farbton*) cor *f;* **~ bekommen** ganhar cor; (*braun werden*) ficar moreno; **~ bekennen** pôr as cartas na mesa ② (*zum Färben, Malen*) tinta *f* ③ (*bei Spielkarten*) naipe *m*

farbecht *adj* que não desbota

färben **I.** *vt* (*Stoff*) tingir; (*Haar*) pintar; **etw grün ~** pintar a. c. de verde **II.** *vi* tingir, largar tinta

farbenblind *adj* daltónico

farbenfroh *adj* garrido, multicolor

Farbfernsehen *nt* <-s> *kein pl* televisão *f* a cores

Farbfernseher *m* <-s, -> televisor *m* a cores

Farbfilm *m* <-(e)s, -e> filme *m* a cores

Farbfoto *nt* <-s, -s> fotografia *f* a cores

farbig ['farbɪç] *adj* ① (*bunt*) às cores, colorido ② (*Mensch*) de cor ③ (*lebhaft*) vivo

färbig *adj* (*österr*) *s.* **farbig**

Farbige(r) *m/f* <-n, -n *o* -n> pessoa *f* de cor
Farbkasten *m* <-s, -kästen> caixa *f* de tintas
farblos *adj* ① (*blass*) sem cor ② (*durchsichtig*) incolor
Farbstift *m* <-(e)s, -e> lápis *m* de cor
Farbstoff *m* <-(e)s, -e> ① (*Farbe*) tinta *f* ② (*als Zutat*) corante *m*
Farbton *m* <-(e)s, -töne> tom *m*, tonalidade *f*
Färbung *f* <-en> ① (*das Färben*) pintura *f* ② (*Farbe*) cor *f* ③ (*Tönung*) tom *m*, cambiante *m* ④ (*Tendenz*) feição *f*, tendência *f*
Farce [fars] *f* <-n> ① (*Karikatur*) farsa *f* ② (KOCHK) recheio (de carne) *m*
Farm [farm] *f* <-en> quinta *f*, fazenda *f*
Farn [farn] *m* <-(e)s, -e> feto *m*
Fasan [fa'za:n] *m* <-(e)s, -e(n)> faisão *m*
Faschierte(s) *nt* <-n> *kein pl* (*österr*) carne picada *f*
Fasching ['faʃɪŋ] *m* <-s, -s> (*reg*) Carnaval *m*
Faschismus [fa'ʃɪsmʊs] *m* <-> *kein pl* fascismo *m*
Faschist(in) [fa'ʃɪst] *m(f)* <-en, -en *o* -innen> fascista *m,f*
faschistisch *adj* fascista
faseln ['fa:zəln] *vt* (*abw*) dizer asneiras, disparatar
Faser ['fa:zɐ] *f* <-n> fibra *f*, filamento *m*
faserig *adj* fibroso
Fasnacht *f kein pl s.* **Fastnacht**
Fass[RR] [fas] *nt* <-es, Fässer>, **Faß**[ALT] *nt* <-sses, Fässer> pipa *f*, barril *m*; (*größer*) tonel *m*; (*Ölfass*) bidão *m*; **Bier vom ~** cerveja *f* de pressão; **das schlägt dem ~ den Boden aus** isso ultrapassa os limites, isso é o cúmulo; **das ist ein ~ ohne Boden** isso é um poço sem fundo
Fassade [fa'sa:də] *f* <-n> fachada *f*
fassbar[RR] *adj*, **faßbar**[ALT] *adj* ① (*greifbar*) palpável, concreto ② (*fig: begreifbar*) concebível, compreensível
Fassbier[RR] *nt* <-(e)s, -e> cerveja *f* de barril
fassen ['fasən] **I.** *vt* (*greifen*) agarrar, segurar; **jdn an der Hand ~** agarrar alguém pela mão; (*Verbrecher*) apanhar, capturar; (*verstehen*) conceber, compreender; **das ist nicht zu ~!** isso é inconcebível!; (*Inhalt*) comportar; (*Raum*) ter lugar para, levar; (*Gefäß*) levar; **der Eimer fasst 10 Liter** o balde leva 10 litros; (*Entschluss, Zuneigung*) tomar; **Mut ~** cobrar ânimo; **etw ins Auge ~** ter a. c. em mira; (*Edelstein*) engastar **II.** *vr* **sich ~** controlar-se, acalmar-se
Fassung ['fasʊŋ] *f* <-en> ① (*Umrahmung, Brille*) armação *f*; (*für Edelsteine*) engaste *m* ② (*Lampenfassung*) suporte de lâmpada *m* ③ (*von Text*) versão *f*; **eine vorläufige ~** uma versão provisória ④ *kein pl* (*Beherrschung*) calma *f*, sangue-frio *m*; **jdn aus der ~ bringen** desconcertar alguém; **die ~ verlieren** perder as estribeiras; **die ~ wiedergewinnen** acalmar-se
fassungslos *adj* desorientado; (*außer sich*) fora de si
Fassungsvermögen *nt* <-s> *kein pl* ① (*Auffassungsgabe*) capacidade *f* de compreensão, inteligência *f* ② (*eines Behälters*) capacidade *f*
fast [fast] *adv* quase; **~ nie** quase nunca; **ich bin ~ fertig** estou quase pronto
fasten ['fastən] *vi* jejuar
Fasten *nt* <-s> *kein pl* jejum *m*
Fastenzeit *f* <-en> Quaresma *f*
Fast Food, Fastfood[RR] [fa:st fu:t] *nt* <-, -(s)> fast food *m*, comida *f* de plástico
Fastnacht *f kein pl* Carnaval *m*
faszinieren* *vt* fascinar
faszinierend *adj* fascinante
fatal [fa'ta:l] *adj* fatal; **der Unfall hatte ~e Folgen** o acidente teve consequências fatais
Fata Morgana *f* <-s> miragem *f*
fauchen ['faʊxən] *vi* (*Katze*) bufar
faul [faʊl] *adj* ① (*Mensch*) preguiçoso, mandrião; **auf der ~en Haut liegen** mandriar ② (*Obst, Gemüse*) podre, estragado ③ (*abw: zweifelhaft*) duvidoso; (*verdächtig*) suspeito
faulen ['faʊlən] *vi* apodrecer, estragar-se; (*Zahn*) cariar
faulenzen ['faʊlɛntsən] *vi* mandriar, não fazer nada
Faulenzer(in) *m(f)* <-s, - *o* -innen> mandrião, mandriona *m, f*, preguiçoso, preguiçosa *m, f*, vadio, vadia *m, f*
Faulheit *f kein pl* preguiça *f*
faulig *adj* podre, pútrido
Fäulnis *f kein pl* podridão *f*, putrefacção *f*
Faulpelz *m* <-es, -e> (*umg*) mandrião, mandriona *m, f*
Fauna ['faʊna] *f* <Faunen> fauna *f*
Faust [faʊst] *f* <Fäuste> punho *m*; **auf eigene ~** de sua própria iniciativa; **mit der ~ auf den Tisch hauen** bater o pé
faustdick ['-'-] *adj* da grossura dum punho;

er hat es ~ hinter den Ohren ele é um espertalhão

Fausthandschuh *m* <-(e)s, -e> manopla *f*

Faustregel *f* <-n> regra geral *f*

favorisieren* *vt* favorecer

Favorit(in) [favo'ri:t] *m(f)* <-en, -en *o* -innen> favorito, favorita *m, f*

faxen **I.** *vt* mandar por fax **II.** *vi* mandar um fax

Faxen *pl* (*umg*) palhaçadas *fpl,* macaquices *fpl;* **mach keine ~!** deixa-te de palhaçadas!

Faxmodem *nt* <-s, -s> modemfax *m*

Fazit ['fa:tsɪt] *nt* <-s, -s> ❶ (*Ergebnis*) resultado *m* ❷ (*Schlussfolgerung*) conclusão *f;* **das ~ aus etw ziehen** tirar a conclusão de a. c.

FCKW [ɛftse:ka:'ve:] *abk v* **Fluorchlorkohlenwasserstoff** CFC (= *clorofluorocarboneto*)

Feber *m* <-s, -> (*österr*) *s.* **Februar**

Februar ['fe:bruaːɐ] *m* <-(s), -e> Fevereiro *m; s. a.* **März**

fechten ['fɛçtən] *vi* ❶ (SPORT) esgrimir ❷ (*kämpfen*) combater (*gegen* com/contra), lutar (*gegen* com/contra)

Feder ['fe:dɐ] *f* <-n> ❶ (*Vogelfeder*) pena *f* ❷ (*als Zierde*) pluma *f;* **in den ~n liegen** estar na cama; **sich mit fremden ~n schmücken** gabar-se de a. c. que não se fez ❸ (*zum Schreiben*) pena *f,* aparo *m* ❹ (TECH) mola *f*

Federball *m* <-(e)s, -bälle> ❶ *kein pl* (*Spiel*) badminton *m* ❷ (*Ball*) volante *m*

Federbett *nt* <-(e)s, -en> edredão *m* de penas

Federhalter *m* <s, -> caneta *f*

federleicht ['--'-] *adj* leve como uma pena, levíssimo

federn *vi* ser elástico

Federung *f* <-en> ❶ (*bei Möbeln*) molas *fpl* ❷ (*des Autos*) suspensão *f*

Fee [fe:] *f* <-n> fada *f*

Feedback, Feed-back *nt* <-s, -s> feedback *m*

Fegefeuer ['fe:gə-] *nt* <-s> *kein pl* (REL) Purgatório *m*

fegen ['fe:gən] **I.** *vt* ❶ (*Zimmer, Straße*) varrer; (*Schornstein*) limpar ❷ (*schweiz: feucht wischen*) limpar (com água), lavar **II.** *vi* ❶ (*Wind*) soprar com violência ❷ (*mit Besen*) varrer ❸ (*schweiz: feucht wischen*) limpar (com água), lavar

fehl [fe:l] *adv* **~ am Platz sein** ser inoportuno; (*Bemerkung*) ser despropositado

Fehlanzeige *f* <-n> resposta *f* negativa

fehlen ['fe:lən] *vi* ❶ (*abwesend sein*) faltar; **in der Schule ~** faltar à escola; **es ~ noch einige Gäste** ainda faltam alguns convidados ❷ (*mangeln*) fazer falta; **etw fehlt jdm** a. c. (faz) falta a alguém; **du fehlst mir** tenho saudades tuas; **das hat gerade noch gefehlt!** era só o que faltava!; **es an nichts ~ lassen** fazer todos os possíveis ❸ (*gesundheitlich*) ter; **was fehlt dir?** o que é que tens?

Fehler ['fe:lɐ] *m* <-s, -> ❶ (*Irrtum*) erro *m,* falta *f;* **einen ~ machen** cometer um erro [*o* uma falta]; **das war (nicht) mein ~** o erro (não) foi meu ❷ (*Mangel*) defeito *m,* falha *f*

fehlerfrei *adj* sem erros, perfeito

fehlerhaft *adj* ❶ (*Gerät*) com defeito ❷ (*Text*) com erros

Fehlgeburt *f* <-en> aborto *m*

fehl|gehen *vi irr* (*geh*) estar enganado, enganar-se; **Sie gehen fehl in der Annahme, dass ...** engana-se supondo que ...

Fehlgriff *m* <-(e)s, -e> erro *m,* engano *m;* **einen ~ tun** enganar-se

Fehlinformation *f* <-en> informação *f* falsa

Fehlkonstruktion *f* <-en> plano *m* mal concebido

Fehlpass[RR] *m* <-es, -pässe> (SPORT) passe *m* errado

Fehlschlag *m* <-(e)s, -schläge> fracasso *m,* malogro *m,* insucesso *m*

fehl|schlagen *vi irr* fracassar, malograr-se

Fehlstart *m* <-(e)s, -s> ❶ (SPORT) partida *f* em falso ❷ (TECH) arranque *m* com defeito

Fehltritt *m* <-(e)s, -e> ❶ (*falscher Tritt*) passo *m* em falso, deslize *m* ❷ (*Sünde*) pecado *m,* falta *f*

Fehlzündung *f* <-en> falha *f* de ignição

Feier ['faɪɐ] *f* <-n> (*Geburtstag*) festa *f;* (*Jubiläum*) celebração *f;* (*Hochzeit*) cerimónia *f;* **zur ~ des Tages** para celebrar a ocasião

Feierabend *m* <-s, -e> fim *m* do trabalho (diário); **~ machen** suspender o trabalho; **nach ~** depois do trabalho

feierlich *adj* solene, festivo

feiern ['faɪɐn] **I.** *vt* (*Fest*) celebrar, festejar; **Geburtstag/Weihnachten ~** festejar o aniversário/o Natal; (*Person*) homenagear **II.** *vi* fazer uma festa

Feiertag *m* <-(e)s, -e> feriado *m*

1 de Janeiro — Neujahr, Ano Novo
6 de Janeiro — Dreikönige, Epifania
Fevereiro — Karneval, Carnaval
Março / Abril — Karfreitag, Sexta-Feira Santa
Março / Abril — Ostern (Ostersonntag, Ostermontag), Páscoa (Domingo de Páscoa, Segunda-feira de Páscoa)
1 de Maio — Tag der Arbeit, Dia do Trabalho
Maio / Junho — Christi Himmelfahrt, Ascensão de Cristo
Maio / Junho — Pfingsten (Pfingstsonntag, Pfingstmontag) Pentecostes (Domingo de Pentecostes, Segunda-feira de Pentecostes)
Maio / Junho — Fronleichnam, Corpo de Deus
1 de Agosto — Nationalfeiertag der Schweiz, Feriado Nacional na Suíça
3 de Outubro — Tag der Deutschen Einheit, Dia da Unidade Alemã
26 de Outubro — Nationalfeiertag in Österreich, Feriado Nacional na Áustria
31 de Outubro — Reformationsfest, Festa da Reforma (isto é, a reforma religiosa de Lutero)
1 de Novembro — Allerheiligen, Todos os Santos
25 e 26 de Dezembro — Weihnachten, Natal
Nem todos os feriados festejam-se em todos os estados federados da Alemanha. A celebração depende da religião (católica ou protestante) da maioria da população.

feig(e) *adj* cobarde, medroso

Feige ['faɪgə] *f* <-n> figo *m*

Feigenbaum *m* <-(e)s, -bäume> figueira *f*

Feigenkaktus *m* <-, -kakteen> figueira-da-índia *f*, nopal *m*

Feigheit ['faɪkhaɪt] *f kein pl* cobardia *f*

Feigling ['faɪklɪŋ] *m* <-s, -e> cobarde *m, f*, medricas *m,f*

Feile ['faɪlə] *f* <-n> lima *f*

feilen ['faɪlən] **I.** *vt* limar **II.** *vi* retocar; **an einer Formulierung ~** dar os últimos retoques numa redacção

feilschen ['faɪlʃən] *vi* regatear

fein [faɪn] *adj* ① (*nicht grob*) fino, delgado; (*Regen*) miudinho ② (*zart*) delicado ③ (*auserlesen*) requintado ④ (*Gehör, Geruch, Geschmack*) apurado ⑤ (*vornehm*) fino, distinto, elegante; **sich ~ machen** arranjar-se ⑥ (*umg: erfreulich*) belo, excelente; **~!** que bom!; **~ heraus sein** estar safo

Feind(in) [faɪnt] *m(f)* <-(e)s, -e *o* -innen> inimigo, inimiga *m, f*; **sich** *dat* (**mit etw**) **~e machen** fazer inimigos (com a. c.)

Feindbild *nt* <-(e)s, -er> imagem *f* do inimigo

feindlich *adj* ① (*Truppen*) inimigo ② (*Einstellung*) hostil; **jdm ~ gesonnen sein** ser hostil a alguém

Feindschaft *f* <-en> inimizade *f*

feindselig ['-ze:lɪç] *adj* hostil

Feindseligkeit *f* <-en> hostilidade *f*, inimizade *f*; **die ~en einstellen** acabar com as operações militares

feinfühlig *adj* sensível, delicado

Feingefühl *nt* <-(e)s> *kein pl* sensibilidade *f*, ta(c)to *m*

Feinheit *f* <-en> ① (*Dünne*) fineza *f*, finura *f* ② (*Zartheit*) fineza *f*, delicadeza *f* ③ (*Einzelheit*) detalhe *m*

Feinkost *f kein pl* mercearia *f* fina

Feinmechanik *f kein pl* mecânica *f* de precisão

Feinschmecker(in) *m(f)* <-s, - *o* -innen> gastrónomo, gastrónoma *m, f*

feinsinnig *adj* delicado, subtil

Feinwaschmittel *nt* <-s, -> detergente *m* para roupa delicada

feist [faɪst] *adj* gordo, anafado

feixen *vi* sorrir com desdém

Feld [fɛlt] *nt* <-(e)s, -er> ① (*Acker, Bereich, Spielfeld*) campo *m*; **das ~ räumen** retirar-se ② (MIL) campanha *f*, campo *m* de batalha ③ (*bei Brettspiel*) casa *f*

Feldbett *nt* <-(e)s, -en> cama de campanha *f*

Feldflasche *f* <-n> cantil *m*

Feldstecher ['fɛltʃtɛçɐ] *m* <-s, -> binóculo *m*

Feldwebel ['fɛltve:bəl] *m* <-s, -> (MIL) primeiro-sargento *m*

Feldweg *m* <-(e)s, -e> atalho *m*, carreiro *m*

Feldzug *m* <-(e)s, -züge> (*a* MIL) campanha *f*; **sie führen einen ~ gegen das Rauchen** eles estão a fazer uma campanha contra o tabaco

Felge ['fɛlgə] *f* <-n> jante *f*

Fell [fɛl] *nt* <-(e)s, -e> pele *f*; (*von Katze, Hund*) pêlo *m*; **jdm das ~ über die Ohren ziehen** tirar a pele a alguém; **ein dickes ~**

haben ser insensível

Fels [fɛls] *m* <-en, -en> rochedo *m,* penedo *m,* penhasco *m*

Felsen ['fɛlzən] *m* <-s, -> *s.* **Fels**

felsenfest ['--'-] *adj* firme, inabalável; **von etw ~ überzeugt sein** estar absolutamente convencido de a. c.

felsig ['fɛlzɪç] *adj* rochoso

Felsspalte *f* <-n> fissura *f,* fenda *f*

Felswand *f* <-wände> escarpa *f*

feminin [femi'ni:n] *adj* feminino

Feminismus [femi'nɪsmʊs] *m* <-s> *kein pl* feminismo *m*

Feminist(in) [femi'nɪst] *m(f)* <-en, -en *o* -innen> feminista *m,f*

feministisch *adj* feminista

Fenchel ['fɛnçəl] *m* <-s, -> funcho *m*

Fenster ['fɛnstɐ] *nt* <-s, -> ❶ (*a* INFOR: *von Gebäude*) janela *f;* (*von Auto*) vidro *m* ❷ (*Schaufenster*) montra *f*

Fensterbank *f* <-bänke> peitoril *m*

Fensterladen *m* <-s, -läden> portada *f*

Fensterplatz *m* <-es, -plätze> lugar *m* à janela

Fensterscheibe *f* <-n> vidro *m,* vidraça *f*

Fenstersims *m/nt* <-es, -e> cornija *f*

Ferien ['fe:riən] *pl* férias *fpl;* **~ haben** estar de férias; **in die ~ fahren** ir de férias

Ferienhaus *nt* <-es, -häuser> casa de férias *f*

Ferienkurs *m* <-es, -e> curso *m* de férias

Ferkel ['fɛrkəl] *nt* <-s, -> ❶ (ZOOL) leitão *m* ❷ (*umg: Mensch*) porcalhão *m*

fern [fɛrn] **I.** *adj* (*zeitlich*) distante, remoto; (*räumlich*) distante, longínquo; **von nah und ~** de toda a parte; **der Ferne Osten** o Extremo Oriente **II.** *adv* longe; **von ~** de longe

Fernbedienung *f* <-en> controlo *m* à distância; (*für Fernseher*) telecomando *m,* controle *m* remoto

fern|bleiben *vi irr* (*geh*) não comparecer; **sie wird der Eröffnungsfeier ~** ela não comparecerá na cerimónia de abertura

Fernblick *m* <-(e)s> *kein pl* panorama *m*

Ferne ['fɛrnə] *f kein pl* distância *f;* **in/aus der ~** ao/de longe; **die Hochzeit liegt noch in weiter ~** o casamento ainda está longe

ferner ['fɛrnɐ] **I.** *konj* (*außerdem*) além disso, mais; **~ möchte ich bemerken, dass ...** gostaria ainda de notar que ... **II.** *adv* (*geh: künftig*) de futuro

Fernfahrer(in) *m(f)* <-s, - *o* -innen> camionista *m,f,* caminhoneiro, caminhoneira *m, f*

Ferngespräch *nt* <-(e)s, -e> chamada (telefónica) interurbana *f*

ferngesteuert ['fɛrngəʃtɔɪɐt] *adj* telecomandado

Fernglas *nt* <-es, -gläser> binóculo *m*

fern|halten **I.** *vt irr* manter afastado (*von* de) **II.** *vr irr* **sich von etw ~** manter-se longe de a. c.; **ein solcher Gedanke liegt mir ~** longe de mim tal ideia

Fernheizung *f* <-en> aquecimento central (de várias casas) *m*

Fernlicht *nt* <-(e)s, -er> máximos *mpl*

fern|liegenALT *vi irr s.* **fern II**

Fernmeldeamt *nt* <-(e)s, -ämter> telecomunicações *fpl*

Fernost [fɛrn'ʔɔst] *m* <-> *kein pl* Extremo-Oriente *m*

Fernrohr *nt* <-(e)s, -e> telescópio *m*

Fernsehansager(in) *m(f)* <-s, - *o* -innen> locutor, locutora *m, f*

Fernsehapparat *m* <-(e)s, -e> aparelho de televisão *m,* televisor *m*

fern|sehen *vi irr* ver televisão

Fernsehen *nt* <-s> *kein pl* televisão *f;* **was kommt heute im ~?** o que é que dá hoje na televisão?; **am ~** na televisão

Fernseher *m* <-s, -> (*umg*) televisor *m,* televisão *f;* **den ~ einschalten** ligar o televisor [*o* a televisão]

Fernsehfilm *m* <-(e)s, -e> telefilme *m*

Fernsehserie *f* <-n> série *f* televisiva

Fernsicht *f kein pl* vista *f,* panorama *m*

Fernsprecher *m* <-s, -> telefone *m*

Fernsprechzelle *f* <-en> cabine *f* telefónica

Fernsteuerung *f* <-en> comando *m* à distância

Fernstudium *nt* <-s, -studien> ensino *m* à distância, ensino *m* por correspondência

Fernuniversität *f* <-en> universidade *f* aberta, universidade *f* de ensino por correspondência

Fernverkehr *m* <-s> *kein pl* ❶ (*telefonisch*) serviço *m* interurbano ❷ (*Zug*) serviço *m* ferroviário de longo curso ❸ (*PKW, LKW*) trânsito *m* de longo curso

Fernweh ['fɛrnve:] *nt* <-s> *kein pl* saudade *f*

Ferse ['fɛrzə] *f* <-n> calcanhar *m;* **jdm auf den ~n sein** ir no encalço de alguém

fertig ['fɛrtɪç] *adj* ❶ (*bereit*) pronto, despachado ❷ (*gebrauchsfertig*) pronto a usar;

F

sich ~ **machen** aprontar-se ③ (*beendet*) acabado; **etw ~ machen/stellen** acabar/terminar a. c.; **mit jdm ~ sein** estar farto/cheio de alguém ④ (*umg: erschöpft*) estourado, estafado; **jdn ~ machen** dar cabo de alguém

Fertigbauweise *f* <-n> pré-fabricação *f*

fertig|bringen *vt irr* **etw ~** ser capaz de fazer a. c.

fertigen ['fɛrtɪgən] *vt* fabricar, fazer

Fertiggericht *nt* <-(e)s, -e> pré-cozinhado *m*

Fertighaus *nt* <-es, -häuser> casa pré-fabricada *f*

Fertigkeit *f* <-en> ① (*Geschicklichkeit*) habilidade *f*, jeito *m* ② (*Können*) capacidade *f*

fertig|machenALT *vt s.* **fertig 2, 3, 4**

fertig|stellenALT *vt s.* **fertig 3**

Fertigung *f* <-en> fabrico *m*, produção *f*

fertig|werden *vt irr* **mit einer Situation ~** superar uma situação

fesch *adj* ① (*umg: schick*) chique, janota ② (*österr: nett*) simpático, amável

Fessel ['fɛsəl] *f* <-n> ① (*an Händen*) algemas *fpl;* (*an Füßen*) grilhões *mpl;* **jdm Fesseln anlegen** algemar alguém ② (ANAT: *des Menschen*) tornozelo *m* ③ (*des Pferdes*) pata *f*

fesseln ['fɛsəln] *vt* ① (*Gefangene*) algemar; (*an den Füßen*) agrilhoar; **jdn an den Händen ~** atar [*o* amarrar] as mãos a alguém; **die Grippe fesselte sie ans Bett** a gripe obrigou-a a ficar na cama ② (*faszinieren*) prender, cativar

fesselnd *adj* cativante, empolgante

fest [fɛst] *adj* ① (*kompakt*) sólido; (*hart*) duro ② (*stark, kräftig*) consistente, forte ③ (*unerschütterlich*) firme ④ (*Gehalt, Preis*) fixo, estável ⑤ (*Wohnsitz*) permanente; **~ angestellt sein** ter emprego fixo; **~ bei etw bleiben** insistir em a. c. com veemência; **zu etw ~ entschlossen sein** estar mesmo decidido a fazer a. c.; **sie hat es mir ~ versprochen** ela prometeu-me solenemente ⑥ (*Schlaf*) profundo; **sie schläft ~** ela dorme profundamente [*o* a sono solto]

Fest [fɛst] *nt* <-(e)s, -e> festa *f*, festividade *f;* **ein ~ feiern** fazer uma festa; **Frohes ~!** Boas Festas!

festangestellt *adj s.* **fest 5**

Festbeleuchtung *f* <-en> iluminações festivas *fpl*

fest|binden *vt irr* atar (*an* a), amarrar (*an* a)

festen *vi* (*schweiz*) *s.* **feiern**

Festessen *nt* <-s, -> banquete *m*, festim *m;* **ein ~ geben** dar um banquete

fest|fahren *vi irr* ① (*mit Fahrzeug*) ficar parado (*in* em), ficar preso ② (*Verhandlungen*) encalhar

Festgehalt *nt* <-(e)s, -gehälter> ordenado fixo *m*

fest|halten **I.** *vt irr* (*ergreifen*) segurar, agarrar; (*aufzeichnen*) registar **II.** *vi irr* **~ an** manter, não abdicar de; **an seiner Meinung ~** manter a sua opinião **III.** *vr* **sich ~** *irr* segurar-se (*an* a), agarrar-se (*an* a); **halt dich gut fest!** segura-te bem!

festigen ['fɛstɪgən] **I.** *vt* (*Freundschaft*) consolidar; (*Währung*) estabilizar **II.** *vr* **sich ~** fortalecer, consolidar-se

Festigkeit *f kein pl* ① (*Widerstandfähigkeit*) solidez *f*, resistência *f;* (*Stabilität*) estabilidade *f* ② (*Entschlossenheit*) firmeza *f* ③ (*Standhaftigkeit*) constância *f*, consistência *f*

Festival ['fɛstivəl] *nt* <-s, -s> festival *m*

fest|klammern *vt* prender (com gancho) (*an* a)

Festland *nt* <-(e)s, -länder> ① (*Kontinent*) continente *m* ② *kein pl* (*Gegensatz zum Meer*) terra firme *f*

fest|legen **I.** *vt* (*Regeln, Termin*) fixar, estabelecer, determinar; (*Geld*) imobilizar **II.** *vr* **sich ~** comprometer-se (*auf* com); **ich möchte mich auf keinen Termin festlegen** eu não gostaria de me comprometer com nenhuma data

festlich ['fɛstlɪç] *adj* solene, festivo; (*Kleidung*) de cerimónia

fest|machen *vt* ① (*vereinbaren*) combinar; (*Termin*) fixar, marcar ② (*befestigen*) amarrar (*an* a)

fest|nageln *vt* pregar (*an/auf* a); **jdn auf etw ~** comprometer alguém com a. c.

Festnahme ['fɛstna:mə] *f* <-n> detenção *f*, prisão *f*

fest|nehmen *vt irr* deter, prender

Festplatte *f* <-n> (INFOR) disco *m* duro, disco *m* rígido

Festschrift *f* <-en> publicação *f* comemorativa

fest|setzen **I.** *vt* (*bestimmen*) estipular, marcar; (*Preise*) tabelar, fixar; **zur festgesetzten Zeit** à hora marcada; (*Person*) prender, deter **II.** *vr* **sich ~** (*Staub, Schmutz*) fixar-se

fest|sitzen *vi irr* (1) (*befestigt sein*) estar preso (*an* a) (2) (*Fahrzeug*) estar parado, estar preso; (*Schiff*) estar encalhado

Festspiel *nt* <-(e)s, -e> festival *m*

> Os festivais de Salzburgo, **Salzburger Festspiele**, foram iniciados em Agosto de 1920. No início, Max Reinhardt, entre outros, obteve grandes sucessos com as suas encenações de Shakespeare. Mundialmente conhecidas são também as apresentações de «Jedermann» nas escadarias ao ar livre da catedral de Salzburgo.

fest|stehen *vi irr* ser certo; (*Termin*) estar assente; **also eines steht fest: ...** uma coisa é certa: ...

fest|stellen *vt* (1) (*herausfinden*) averiguar; (*Personalien, Schuld*) apurar; (*Krankheit*) identificar (2) (*erkennen*) constatar, verificar; **wir mussten leider ~, dass ...** infelizmente constatámos que ... (3) (*sagen*) afirmar

Feststellung *f* <-en> (1) (*Ermittlung*) apuramento *m* (2) (*Konstatierung*) constatação *f*, verificação *f*; **wir haben die ~ gemacht, dass ...** constatámos que ..., verificámos que ... (3) (*Aussage*) afirmação *f*

Festtag *m* <-(e)s, -e> dia de festa *m*, feriado *m*

Festung ['fɛstʊŋ] *f* <-en> fortaleza *f*

festverzinslich *adj* a juro fixo

Fete *f* <-n> (*umg*) festa *f*

Fetisch *m* <-(e)s, -e> feitiço *m*, fetiche *m*

Fetischist(in) *m(f)* <-en, -en *o* -innen> fetichista *m,f*

fett *adj* (1) (*Mensch*) gordo, obeso (2) (*Essen*) gorduroso

Fett *nt* <-(e)s, -e> gordura *f*; (*Schmalz*) banha *f*; **er wird sein ~ schon abkriegen!** ele vai pagá-las!; **~ ansetzen** engordar

fettarm *adj* (*Essen*) com pouca gordura; (*Milch*) magro, meio-gordo

fetten **I.** *vt* untar, engordurar; (TECH) lubrificar **II.** *vi* ser gorduroso

Fettfleck *m* <-(e)s, -en> nódoa *f* de gordura

Fettgehalt *m* <-(e)s> *kein pl* teor *m* de gordura

fettig *adj* (*Salbe, Hände*) gorduroso; (*Haare*) oleoso

Fettnäpfchen *nt* <-s, -> (*umg*) **ins ~ treten** meter água

Fettsucht *f kein pl* obesidade *f*

Fettwanst ['fɛtvanst] *m* <-es, -wänste> (*abw*) pançudo, pançuda *m, f*

Fetzen ['fɛtsən] *m* <-s, -> (*Stoff*) farrapo *m*, trapo *m*; (*von Papier, eines Gesprächs*) pedaço *m*, bocado *m*

fetzig *adj* (*umg*) bom, animado

feucht [fɔɪçt] *adj* húmido, molhado

feuchtfröhlich *adj* (*umg*) alegre (em ar de pândega)

Feuchtigkeit *f kein pl* humidade *f*

Feuchtigkeitscreme *f* <-s> creme *m* hidratante

feudal [fɔɪ'da:l] *adj* feudal

Feuer ['fɔɪɐ] *nt* <-s, -> (1) (*offenes*) fogo *m*, fogueira *f*; **ein ~ machen** fazer uma fogueira (2) (*zum Rauchen*) lume *m*; **haben Sie ~?** tem lume? (3) (*Brand*) incêndio *m*; **~!** fogo!; **~ legen** pôr fogo; **das ~ löschen** apagar o fogo (4) *kein pl* (MIL) fogo *m*; **das ~ eröffnen** abrir fogo (5) *kein pl* (*Leidenschaft*) ardor *m*, fogo (da paixão) *m*; **~ fangen** apaixonar-se

Feueralarm *m* <-(e)s, -e> rebate *m*, alarme *m*

Feuerbestattung *f* <-en> incineração *f*, cremação *f*

Feuereifer *m* <-s> *kein pl* ardor *m*, fervor *m*

feuerfest *adj* à prova de fogo, refra(c)tário, resistente ao fogo

Feuergefahr *f kein pl* perigo *m* de incêndio

feuergefährlich *adj* inflamável

Feuerleiter *f* <-n> escada *f* de incêndio

Feuerlöscher *m* <-s, -> extintor *m* de incêndio

Feuermelder *m* <-s, -> dete(c)tor *m* de incêndios

feuern **I.** *vt* (*umg: entlassen*) despedir, expulsar; (*schleudern*) atirar; **er feuerte seine Jacke aufs Sofa** ele atirou o casaco para cima do sofá **II.** *vi* atirar (*auf* contra), disparar (*auf* contra)

feuerrot ['--'-] *adj* rubro

Feuerschaden *m* <-s, -schäden> prejuízo *m* causado por incêndio

Feuerschlucker(in) *m(f)* <-s, - *o* -innen> engolidor(a) *m(f)* de fogo

feuersicher *adj* resistente ao fogo

Feuerstein *m* <-(e)s, -e> pederneira *f*, pedra *f* de isqueiro

Feuerversicherung *f* <-en> seguro *m* contra incêndio

Feuerwaffe *f* <-n> arma *f* de fogo

Feuerwehr ['fɔɪɐve:ɐ] *f* <-en> bombeiros

mpl

Feuerwehrmann *m* <-(e)s, -männer> bombeiro *m*

Feuerwerk *nt* <-(e)s, -e> fogo-de-artifício *m*

Feuerzeug *nt* <-(e)s, -e> isqueiro *m*

Feuilleton [fœjə'tõ:] *nt* <-s, -s> folhetim *m*

feurig ['fɔɪrɪç] *adj* ❶ (*temperamentvoll*) fogoso ❷ (*leidenschaftlich*) ardente

ff. *abk v* **folgende (Seiten)** ss. (= *e* (*páginas*) *seguintes*)

Fiasko ['fjasko] *nt* <-s, -s> fiasco *m;* **ein ~ erleben** sofrer um fiasco

Fiche *f* (*schweiz*) ficha *f*

Fichte ['fɪçtə] *f* <-n> pinheiro *m,* abeto *m*

ficken ['fɪkən] *vi* (*vulg*) foder

fidel [fi'de:l] *adj* (*umg*) alegre, divertido

Fieber ['fi:bɐ] *nt* <-s, -> febre *f;* **hohes ~ haben** ter febre alta; **(bei) jdm ~ messen** tirar [*o* medir] a febre a alguém

fieberfrei *adj* sem febre; **~ sein** não ter febre

fieberhaft *adj* (*a* MED) febril

fiebern *vi* ❶ (*Kranker*) ter febre, estar com febre ❷ (*gespannt sein*) estar exaltado; **nach etw ~** estar ansioso por a. c.

Fieberthermometer *nt* <-s, -> termómetro (clínico) *m*

fiebrig *adj* febril

fiel [fi:l] *imp von* **fallen**

fies [fi:s] *adj* (*umg*) asqueroso; **das war ~ von ihm** isso foi muito baixo da parte dele

fifty-fifty *adv* (*umg*) fifty-fifty, a meias; **wir machen ~** fazemos a meias

Figur [fi'gu:ɐ] *f* <-en> ❶ (*Gestalt*) figura *f;* **eine gute ~ machen** fazer boa figura; **eine gute ~ haben** ter uma boa figura ❷ (*Spielfigur*) peça *f,* pedra *f* ❸ (*Romanfigur*) personagem *m,f*

figürlich *adj* (LING) figurado

Fiktion [fɪk'tsjo:n] *f* <-en> ficção *f*

fiktiv [fɪk'ti:f] *adj* fictício

Filet [fi'le:] *nt* <-s, -s> filete *m*

Filiale [fi'lja:lə] *f* <-n> filial *f,* sucursal *f*

filigran *adj* filigrana

Film [fɪlm] *m* <-(e)s, -e> ❶ (*Beschichtung, Belag*) película *f* ❷ (*Kinofilm, Fernsehfilm*) filme *m;* **einen ~ drehen** rodar um filme ❸ *kein pl* (*Filmbranche*) cinema *m;* **sie ist beim ~** ela é a(c)triz ❹ (*für Kamera*) rolo *m;* **ich muss einen neuen ~ einlegen** tenho de pôr um rolo novo; **der ~ ist voll** o rolo está cheio

Filmaufnahme *f* <-n> filmagem *f*

Filmemacher(in) *m(f)* <-s, - *o* -innen> realizador, realizadora *m, f,* cineasta *m,f*

filmen ['fɪlmən] *vi* filmar

Filmfestival *nt* <-s, -s> festival *m* de cinema

Filmkamera *f* <-s> câmara *f* (de filmar), máquina *f* de filmar

Filmmusik *f* <-en> banda *f* sonora

Filmschauspieler(in) *m(f)* a(c)tor , a(c)triz *m, f* de cinema, artista *mf* de cinema

Filmstar *m* <-s, -s> estrela *f* de cinema

Filter ['fɪltɐ] *m* <-s, -> filtro *m*

filtern *vt* filtrar

Filterpapier *nt* <-s, -e> papel *m* filtro

Filterzigarette *f* <-n> cigarro *m* com filtro

Filz [fɪlts] *m* <-es, -e> feltro *m*

filzen ['fɪltsən] **I.** *vt* (*umg*) revistar **II.** *vi* (*Wolle*) feltrar

Filzstift *m* <-(e)s, -e> caneta *f* de feltro

Fimmel ['fɪməl] *m* <-s, -> (*umg*) ideia fixa *f,* mania *f,* obsessão *f;* **er hat den ~, Stofftiere zu sammeln** ele tem a mania de cole(c)cionar animais de peluche; **er hat einen ~** ele não regula bem

Finale [fi'na:lə] *nt* <-s, -n> (SPORT) final *f;* **ins ~ kommen** chegar à final

Finanzamt [fi'nants-] *nt* <-(e)s, -ämter> repartição *f* de finanças, fazenda *f* pública; (*brasil*) secretaria *f* da fazenda

Finanzbeamte(r) *m/f* <-n, -n *o* -n> funcionário , -a *m, f* das Finanças

Finanzen [fi'nantsən] *pl* finanças *fpl*

Finanzhilfe *f* assistência *f* financeira

finanziell [finan'tsjɛl] *adj* financeiro

finanzieren* *vt* financiar

Finanzierung *f* <-en> financiamento *m*

Finanzminister(in) *m(f)* <-s, - *o* -innen> Ministro , -a *m, f* das Finanças

finden ['fɪndən] **I.** *vt* ❶ (*Verlorenes*) achar, encontrar ❷ (*meinen*) achar, pensar; **wie findest du das?** que tal achas?; **wie ~ Sie diesen Film?** que acha deste filme?; **sie hat Recht, ~ Sie nicht?** não acha que ela tem razão?; **ich finde nichts dabei, wenn ...** não vejo nenhum mal em ...; **ich finde es gut, dass ...** eu acho bem que ... **II.** *vr* **sich ~** ❶ (*zum Vorschein kommen*) aparecer; **es ~ sich immer Leute, die ...** há sempre pessoas que ... ❷ (*in Ordnung kommen*) arranjar-se; **es wird sich ~!** veremos!

Finder(in) *m(f)* <-s, - *o* -innen> pessoa que encontra *f*

Finderlohn *m* <-(e)s> *kein pl* alvíssaras *fpl,*

recompensa *f*
findig *adj* engenhoso, esperto
fing [fɪŋ] *imp von* **fangen**
Finger ['fɪŋɐ] *m* <-s, -> dedo *m;* **etw an den ~n abzählen können** contar a. c. pelos dedos; **sich** *dat* **in den ~ schneiden** enganar-se redondamente; **sich** *dat* **etw aus den ~n saugen** inventar a.c; **jdm auf die ~ sehen** vigiar alguém; **jdm auf die ~ klopfen** repreender alguém
Fingerabdruck *m* <(e)s, -drücke> impressão *f* digital
Fingerfertigkeit *f* <-en> destreza *f,* habilidade *f*
Fingerhut *m* <-(e)s, -hüte> ① (*zum Nähen*) dedal *m* ② (BOT) digital *f*
Fingernagel *m* <-s, -nägel> unha *f*
Fingerspitze *f* <-n> ponta *f* do dedo
Fingerspitzengefühl *nt* <-(e)s> *kein pl* tacto *m;* **diese Aufgabe verlangt viel ~** esta tarefa exige muito tacto
Fingerzeig ['fɪŋɐtsaɪk] *m* <-s, -e> indicação *f,* sinal *m;* **einen ~ bekommen** receber uma dica
fingieren* *vt* fingir, simular
Finish *nt* <-s, -s> (SPORT) arranque *m* final
Fink [fɪŋk] *m* <-en, -en> tentilhão *m*
Finken (*schweiz*) chinelo *m,* pantufa *f;* **die ~ klopfen** dar à sola
Finne(in) ['fɪnə] *m(f)* <-n, -n *o* -innen> finlandês, -esa *m, f*
finnisch *adj* finlandês
Finnland ['fɪnlant] *nt* <-s> *kein pl* Finlândia *f*
finster ['fɪnstɐ] *adj* ① (*dunkel*) escuro, sombrio, lúgubre; **jdn ~ ansehen** lançar um olhar ameaçador a alguém ② (*anrüchig*) sinistro, tenebroso ③ (*Gedanke*) malévolo
Finsternis *f kein pl* ① (*Dunkelheit*) escuridão *f,* trevas *fpl* ② (ASTR) eclipse *m*
Finte ['fɪntə] *f* <-n> ① (SPORT) finta *f* ② (*Vorwand*) pretexto *m,* ardil *m*
Firlefanz *m* <-es> *kein pl* (*umg*) futilidade *f*
firm [fɪrm] *adj* **in etw ~ sein** saber bem a. c.
Firma ['fɪrma] *f* <Firmen> firma *f,* empresa *f*
firmeneigen *adj* da empresa
Firmung *f* <-en> crisma *m,* confirmação *f*
Firnis *m* <-ses, -se> verniz *m*
First *m* <-(e)s, -e> ① (*Gipfel*) cume *m* ② (*des Daches*) cumeeira *f*
First-Class-Hotel[RR] *nt* <-s, -s> hotel *m* de cinco estrelas
First Lady *f* <-s> (POL) primeira dama *f*
Fisch [fɪʃ] *m* <-(e)s, -e> peixe *m;* **das ist weder ~ noch Fleisch** não é carne nem é peixe
Fischbesteck *nt* <-(e)s, -e> talher *m* de peixe
Fische *pl* (*Sternzeichen*) Peixes *mpl*
fischen *vi* pescar; **im Trüben ~** pescar em águas turvas
Fischer(in) *m(f)* <-s, - *o* -innen> pescador(a) *m(f)*
Fischerboot *nt* <-(e)s, -e> barco *m* de pesca, barco *m* pesqueiro
Fischerei *f kein pl* pesca *f,* pescaria *f*
Fischernetz *nt* <-es, -e> rede *f* de pesca
Fischfang *m* <-(e)s> *kein pl* pesca *f*
Fischfilet *nt* <-s, -s> filete *m* de peixe
Fischgericht *nt* <-(e)s, -e> prato *m* de peixe
Fischhändler(in) *m(f)* <-s, - *o* -innen> comerciante *mf* de peixe
Fischladen *m* <-s, -läden> peixaria *f*
Fischmarkt *m* <-(e)s, -märkte> mercado *m* de peixe
Fischmehl *nt* <-(e)s> *kein pl* farinha *f* de peixe
fischreich *adj* abundante em peixe
Fischverkäufer(in) *m(f)* <-s, - *o* -innen> peixeiro, peixeira *m, f,* varino, varina *m, f*
Fisolen *pl* (*österr*) feijão verde *m,* vagem *f*
fit [fɪt] *adj* em boa forma; **in etw ~ sein** ser bom em a. c.
Fitness[RR] ['fɪtnɛs] *f kein pl,* **Fitneß**[ALT] *f kein pl* boa forma *f* (física)
Fitnesscenter[RR] ['fɪtnɛssɛntɐ] *nt* <-s, -> ginásio *m,* centro *m* de culturismo
fix [fɪks] *adj* ① (*Gehalt, Kosten*) fixo; **~e Idee** ideia fixa ② (*umg: schnell*) ligeiro, despachado; **nun aber ~!** depressa!
fixen ['fɪksən] *vi* drogar-se
Fixer(in) *m(f)* <-s, - *o* -innen> drogado, drogada *m, f*
fixieren* *vt* fixar
Fjord [fjɔrt] *m* <-(e)s, -e> fiorde *m*
FKK [ɛfka:'ka:] *abk v* **Freikörperkultur** nudismo
flach [flax] *adj* ① (*Gelände*) plano, chato; **die ~e Hand** a palma da mão; **sich ~ auf den Boden legen** estender-se no chão ② (*Schuhe*) raso, baixo ③ (*Gewässer*) pouco profundo; (*Gefäß*) baixo; (*Teller*) ladeiro, raso ④ (*oberflächlich*) superficial
Flachbildschirm *m* (monitor *m* de) painel *m*

F

plano

Flachdach *nt* <-(e)s, -dächer> telhado *m* plano

Fläche *f* <-n> ❶ (*Oberfläche*) superfície *f* ❷ (*Gebiet*) área *f* ❸ (*auf Würfel*) face *f* ❹ (*Ebene*) planície *f*

Flächeninhalt *m* <-(e)s, -e> (MATH) área *f*, superfície *f*

Flächenmaß *nt* <-es, -e> (MATH) medida *f* de superfície

flach|fallen *vi irr* (*umg: Plan*) cair por terra; **bei Regen fällt der Ausflug flach** se chover, o passeio não se realiza

Flachland *nt* <-(e)s> *kein pl* planície *f*

Flachs [flaks] *m* <-es, -e> linho *m*

flachsen *vi* (*umg*) brincar

flackern ['flakɐn] *vi* chamejar, bruxulear

Fladenbrot *nt* <-(e)s, -e> pão redondo e achatado *m*

Flagge ['flagə] *f* <-n> bandeira *f*

flaggen *vi* içar bandeira, embandeirar

Flair [flɛːɐ] *m/nt* <-s> *kein pl* ambiente *m* sedutor

Flak *abk v* **Flugzeugabwehrkanone** defesa antiaérea

Flakon [fla'kõː] *m/nt* <-s, -s> frasco *m* de perfume

flambieren* *vt* flamejar

Flamingo [fla'mɪŋgo] *m* <-s, -s> flamingo *m*

flämisch *adj* flamengo

Flamme ['flamə] *f* <-n> chama *f*; (*größer*) labareda *f*; **in ~n aufgehen** ser consumido pelas chamas; **der Wald steht in (hellen) ~n** a floresta está em chamas

Flandern *nt* <-s> *kein pl* Flandres *f*

Flanell [fla'nɛl] *m* <-s, -e> flanela *f*

flanieren* *vi* flanar

Flanke ['flaŋkə] *f* <-n> (MIL, ZOOL) flanco *m*

flankieren* *vt* flanquear, ladear; **~de Maßnahmen** medidas *fpl* de apoio

flapsig ['flapsɪç] *adj* (*umg*) pateta

Flasche ['flaʃə] *f* <-n> ❶ (*Gefäß*) garrafa *f*; **eine ~ Wein** uma garrafa de vinho ❷ (*für Babys*) biberão *m*, mamadeira *f*; **dem Kind die ~ geben** dar o biberão ao bebé, dar a mamadeira ao nenê ❸ (*umg: Person*) morcão *m*, banana *m*

Flaschenbier *nt* <-(e)s, -e> cerveja *f* em garrafa

Flaschenöffner *m* <-s, -> abre-cápsulas *m*

Flaschenpfand *nt* <-(e)s> *kein pl* depósito *m*

Flaschenpost *f kein pl* mensagem *f* numa garrafa (que se lança ao mar)

Flaschner(in) *m(f)* <-s, - o -innen> (*schweiz*) picheleiro, picheleira *m, f*

flatterhaft *adj* volúvel, inconstante

flattern ['flatɐn] *vi* ❶ (*Vogel*) esvoaçar ❷ (*Fahne, Wäsche*) flutuar (ao vento); **ihr Haar flatterte im Wind** o seu cabelo flutuava ao vento

flau [flaʊ] *adj* (*Mensch*) fraco, débil; (*Geschäfte*) fraco; **mir ist ~ im Magen** sinto-me desfalecer

Flaum [flaʊm] *m* <-(e)s> *kein pl* penugem *f*

flauschig *adj* macio e felpudo

Flausen *pl* (*umg*) patranhas *fpl*; **sie hat nur ~ im Kopf** ela só tem minhocas na cabeça

Flaute ['flaʊtə] *f* <-n> ❶ (NAUT) calmaria *f* ❷ (WIRTSCH) época morta *f*

Flechte ['flɛçtə] *f* <-n> ❶ (MED) impigem *f* ❷ (BOT) líquen *m*

flechten ['flɛçtən] *vt* ❶ (*Haare*) entrançar ❷ (*Kranz, Korb*) fazer

Fleck [flɛk] *m* <-(e)s, -e> ❶ (*Schmutzfleck*) mancha *f*, nódoa *f*; **blauer ~** nódoa negra ❷ (*umg: Ort*) lugar *m*, sítio *m*; **nicht vom ~ kommen** não sair do sítio

Fleckenentferner *m* <-s, -> tira-nódoas *m*

fleckenlos *adj* sem nódoa, imaculado

Fleckenwasser *nt* <-s, -> tira-nódoas *m*

fleckig ['flɛkɪç] *adj* manchado

Fledermaus ['fleːdɐmaʊs] *f* <-mäuse> morcego *m*

Flegel ['fleːgəl] *m* <-s, -> (*abw*) malcriado *m*

flegelhaft *adj* ❶ (*Kind*) malcriado ❷ (*Benehmen*) grosseiro

flehen ['fleːən] *vi* implorar, suplicar

flehentlich ['fleːəntlɪç] **I.** *adj* (*geh*) instante, fervoroso **II.** *adv* insistentemente; **jdn ~ um etw bitten** pedir a. c. a alguém encarecidamente

Fleisch [flaɪʃ] *nt* <-(e)s> *kein pl* ❶ (*von Mensch, Tier*) carne *f*; **~ fressend** carnívoro; **aus ~ und Blut** de carne e osso; **vom ~ fallen** emagrecer; **sich** *dat* **(mit etw) ins eigene ~ schneiden** prejudicar-se a si próprio (com a. c.); **das wird dir in ~ und Blut übergehen** isso vai entrar-te na massa do sangue ❷ (*von Frucht*) polpa *f*

Fleischbrühe *f* <-n> caldo *m* de carne

Fleischer(in) *m(f)* <-s, - o -innen> carniceiro, carniceira *m, f*

Fleischerei *f* <-en> talho *m*

fleischfressend *adj s.* **Fleisch 1**

Fleischhauer(in) *m(f)* <-s, - *o* -innen> (*österr*) carniceiro, carniceira *m, f*

Fleischklößchen *nt* <-s, -> almôndega *f*

fleischlos *adj* sem carne

Fleischwolf *m* <-(e)s, -wölfe> máquina *f* de picar carne

Fleischwunde *f* <-n> chaga *f*, ferida *f*

Fleischwurst *f* <-würste> mortadela *f*

Fleiß *m* <-es> *kein pl* aplicação *f*, diligência *f*

fleißig *adj* aplicado, trabalhador, assíduo

flektieren* *vt* (LING) declinar

flennen ['flɛnən] *vi* (*umg*) choramingar

fletschen ['flɛtʃən] *vt* **die Zähne ~** mostrar [*o* arreganhar] os dentes

flexibel [flɛ'ksi:bəl] *adj* flexível

flexiblisieren* *vt* flexibilizar

flicken ['flɪkən] *vt* remendar, consertar

Flicken *m* <-s, -> remendo *m*

Flickzeug *nt* <-(e)s> *kein pl* ❶ (*zum Nähen*) estojo *m* de costura ❷ (*für Reifen*) kit *m* de remendos

Flieder ['fli:dɐ] *m* <-s, -> lilás *m*

Fliege ['fli:gə] *f* <-n> ❶ (ZOOL) mosca *f*; **zwei ~n mit einer Klappe schlagen** matar dois coelhos de uma cajadada só; **er tut keiner ~ etwas zuleide** ele não faz mal a uma mosca ❷ (*Schleife*) laço *m*

fliegen ['fli:gən] **I.** *vt* pilotar **II.** *vi* ❶ (*Vogel, Flugzeug*) voar; (*Mensch*) andar [*o* ir] de avião; **ich fliege morgen nach Brasilien** eu vou amanhã (de avião) para o Brasil; **in die Luft ~** ir pelos ares, explodir; **bei der Demonstration flogen Steine** voaram pedras na manifestação ❷ (*umg: entlassen werden*) ser posto na rua; **durch eine Prüfung ~** chumbar num exame

Fliegenpilz *m* <-es, -e> (BOT) amanita *m*

Flieger *m* <-s, -> ❶ (*Person*) aviador *m*, piloto *m* ❷ (*umg: Flugzeug*) avião *m*

Fliegeralarm *m* <-(e)s, -e> alarme *m* antiaéreo

fliehen ['fli:ən] *vi* fugir (*vor* de), escapar (*vor* de); **er ist aus dem Gefängnis geflohen** ele fugiu [*o* escapou] da prisão

Fliehkraft *f* <-kräfte> (PHYS) força *f* centrífuga

Fliese ['fli:zə] *f* <-n> azulejo *m*, ladrilho *m*; **~n legen** ladrilhar

Fließband *nt* <-(e)s, -bänder> linha *f* de montagem, cadeia *f* de montagem; **am ~ arbeiten/stehen** trabalhar/estar na linha de montagem

fließen *vi* ❶ (*Flüssigkeit*) correr, fluir; (*Spenden, Verkehr*) fluir; **es sind Tränen geflossen** escorreram lágrimas ❷ (*herausfließen*) desaguar; **der Douro fließt in den Atlantik** o Douro desagua no Atlântico

fließend **I.** *adj* (*Wasser*) corrente; (*Stil*) fluente; (*Übergänge*) ténue **II.** *adv* (*sprechen*) fluentemente

flimmern ['flɪmɐn] *vi* cintilar, tremeluzir; (*Bildschirm*) tremer; **es flimmert mir vor den Augen** vejo tudo a tremer

flink [flɪŋk] *adj* ligeiro, ágil

Flinte ['flɪntə] *f* <-n> espingarda *f*, caçadeira *f*; **die ~ ins Korn werfen** desanimar

flippig ['flɪpɪç] *adj* (*umg*) flipado, atrofiado

Flirt [flɪrt, flœrt] *m* <-s, -s> namorico *m*, flerte *m*

flirten ['flɪrtən, 'flœrtən] *vi* namoriscar (*mit* com), flertar (*mit* com)

Flitterwochen *pl* lua-de-mel *f*; **in die ~ fahren** ir de lua-de-mel

flitzen ['flɪtsən] *vi* (*umg*) voar, correr como uma seta

flocht [flɔxt] *imp von* **flechten**

Flocke ['flɔkə] *f* <-n> floco *m*

flockig *adj* em flocos

flog [flo:k] *imp von* **fliegen**

floh [flo:] *imp von* **fliehen**

Floh [flo:] *m* <-(e)s, Flöhe> pulga *f*; **jdm einen ~ ins Ohr setzen** fazer alguém ficar com a pulga atrás da orelha

Flohmarkt *m* <-(e)s, -märkte> feira *f* da ladra

Flop [flɔp] *m* <-s, -s> fracasso *m*; **der Film war ein echter ~** o filme foi um fracasso autêntico

Floppydisk[RR] *f* <-s> (INFOR) disquete *f*

Flora ['flo:ra] *f* <Floren> flora *f*

florieren *vi* florescer, prosperar; **das Geschäft floriert** o negócio está a florescer

Florist(in) *m(f)* <-en, -en *o* -innen> florista *mf*

Floskel ['flɔskəl] *f* <-n> floreados *mpl*

floss[RR] [flɔs], **floß** *imp von* **fließen**

Floß *nt* <-es, Flöße> jangada *f*

Flosse ['flɔsə] *f* <-n> barbatana *f*

Flöte *f* <-n> flauta *f*

flöten *vi* ❶ (*Flöte spielen*) tocar flauta ❷ (*umg: einschmeichelnd*) estar com falinhas mansas ❸ (*umg*) **~ gehen** ir por

flöten|gehen[ALT] *vi irr s.* **flöten 3**

Flötist(in) *m(f)* <-en, -en *o* -innen> flautista *mf*

flott [flɔt] **I.** *adj* (*umg: flink, schnell*) ligeiro, desembaraçado; (*schick*) janota, catita; (*Musik*) animado **II.** *adv* com facilidade, com desembaraço

Flotte ['flɔtə] *f* <-n> frota *f,* marinha *f,* armada *f*

flott|machen *vt* ❶ (NAUT) pôr a flutuar ❷ (*umg: Auto*) pôr a andar

Fluch [flu:x] *m* <-(e)s, Flüche> ❶ (*Verwünschung*) maldição *f,* praga *f;* **darauf liegt ein ~** isto é praga ❷ (*Schimpfwort*) praguejo *m*

fluchen ['flu:xən] *vi* ❶ (*Fluch ausstoßen*) amaldiçoar ❷ (*schimpfen*) praguejar, amaldiçoar; **über etw ~** amaldiçoar a. c.

Flucht [flʊxt] *f* <-en> ❶ *kein pl* (*Weglaufen*) fuga *f,* evasão *f;* **auf der ~ sein** andar fugido; **die ~ ergreifen** pôr-se em fuga; **jdn in die ~ schlagen** pôr alguém em fuga; **eine wilde ~** uma debandada ❷ (ARCHIT) alinhamento *m;* **in einer ~ stehen** estar em linha, estar em fileira

fluchtartig **I.** *adj* em fuga, em debandada **II.** *adv* precipitadamente; **~ das Haus verlassen** sair de casa a correr

flüchten *vi* fugir (*vor* de), evadir-se (*vor* de); (*aus dem Gefängnis*) escapar (*aus* de); **die politisch Verfolgten flüchteten in das Nachbarland/nach Schweden** os perseguidos políticos fugiram para o país vizinho/a Suécia

Fluchthelfer(in) *m(f)* <-s, - *o* -innen> agente de fuga *m,f*

flüchtig *adj* ❶ (*auf der Flucht*) fugitivo; **~ sein** andar fugido ❷ (*vergänglich*) fugaz, fugidio ❸ (*eilig*) rápido, de fugida; **einen ~en Blick auf etw werfen** dar uma olhadela rápida em a. c. ❹ (CHEM) volátil ❺ (*oberflächlich*) superficial; **ich kenne sie nur ~** eu só a conheço de passagem

Flüchtigkeit *f* <-en> ❶ (*Vergänglichkeit*) fugacidade *f* ❷ (*Kürze, Eile*) rapidez *f,* ligeireza *f* ❸ (CHEM) volatilidade *f* ❹ (*Oberflächlichkeit*) superficialidade *f*

Flüchtigkeitsfehler *m* <-s, -> lapso *m*

Flüchtling *m* <-(e)s, -e> fugitivo *m;* **politischer ~** refugiado político *m*

Flüchtlingslager *nt* <-s, -> campo *m* de refugiados

Fluchtversuch *m* <-(e)s, -e> tentativa *f* de fuga

Flug [flu:k] *m* <-(e)s, Flüge> voo *m;* **einen ~ buchen** marcar [*o* reservar] um voo; **die Zeit vergeht wie im ~** o tempo voa

Flugabwehr *f kein pl* (MIL) defesa *f* antiaérea

Flugbahn *f* <-en> trajectória *f* (de voo)

Flugbegleiter(in) *m(f)* <-s, - *o* -innen> comissário *m* de bordo, hospedeira *f* de bordo, aeromoço, aeromoça *m, f*

Flugblatt *nt* <-(e)s, -blätter> panfleto *m,* folheto *m*

Flügel *m* <-s, -> ❶ (*von Vogel, Flugzeug*) asa *f;* **die ~ hängen lassen** desanimar ❷ (*von Gebäude*) ala *f* ❸ (*von Tür, Fenster*) batente *m* ❹ (MUS) piano *m* de cauda

Fluggast *m* <-(e)s, -gäste> passageiro , -a*m, f* (de avião)

flügge *adj* (*Vogel, Kind*) prestes a deixar o ninho

Fluggesellschaft *f* <-en> companhia *f* aérea

Flughafen *m* <-s, -häfen> aeroporto *m*

Flugkapitän *m* <-s, -e> piloto *m* aviador (civil), capitão-aviador *m*

Fluglinie *f* <-n> linha aérea *f*

Fluglotse(in) *m(f)* <-n, -n *o* -innen> controlador *m* de voo, agulheiro *m* do céu

Flugnummer *f* <-n> número *m* de voo

Flugplan *m* <-(e)s, -pläne> horário *m* de voos

Flugplatz *m* <-es, -plätze> aeródromo *m,* campo *m* de aviação

flugs [flu:ks] *adv* logo, imediatamente

Flugschein *m* <-(e)s, -e> ❶ (*Ticket*) bilhete *m* de avião ❷ (*des Piloten*) brevet *m*

Flugverkehr *m* <-s> *kein pl* tráfego *m* aéreo

Flugwesen *nt* <-s> *kein pl* aviação *f*

Flugzettel *m* <-s, -> (*österr*) panfleto *m*

Flugzeug ['flu:ktsɔɪk] *nt* <-(e)s, -e> avião *m;* **er kommt mit dem ~** ele vem de avião

Flugzeugabsturz *m* <-es, -stürze> queda *f* de avião, despenhamento *m* de avião

Flugzeugentführung *f* <-en> desvio *m* de avião, sequestro *m* de avião

Flugzeugträger *m* <-s, -> porta-aviões *m*

Fluktuation [flʊktua'tsjo:n] *f* <-en> flutuação *f*

flunkern ['flʊŋkɐn] *vi* (*umg*) aldrabar, mentir

Fluor ['flu:oɐ] *nt* <-s> *kein pl* flúor *m*

fluoreszieren* *vi* fluorescer

Fluorkohlenwasserstoff *m* <-(e)s, -e> (CHEM) clorofluorocarboneto *m*

Flur[1] [fluːɐ] *m* <-(e)s, -e> corredor *m*

Flur[2] *f* <-en> campo *m,* campina *f*

Flurbereinigung *f* <-en> reorganização *f* parcelar

Flurschaden *m* <-s, -schäden> prejuízo *m* (nos campos)

Fluss[RR] [flʊs] *m* <-es, Flüsse>, **Fluß**[ALT] *m* ① <-sses, Flüsse> (*Gewässer*) rio *m;* **am ~** à beira-rio ② *kein pl* (*das Fließen*) curso *m,* fluxo *m;* **im ~ sein** estar em curso; **etw in ~ bringen** dar andamento a a. c.; **in ~ kommen** entrar em andamento

flussabwärts[RR] *adv* rio abaixo

flussaufwärts[RR] *adv* rio acima

Flussbett[RR] *nt* <-(e)s, -en> leito *m* do rio

flüssig *adj* ① (*nicht fest*) líquido ② (*Stil*) fluente; **sie schreibt sehr ~** ela escreve com muita fluência ③ (*Verkehr*) fluido ④ (*Gelder*) disponível, em caixa; **~ sein** ter dinheiro disponível

Flüssigkeit *f* <-en> ① (*Stoff*) líquido *m,* fluido *m* ② *kein pl* (*Zustand*) fluidez *f*

Flusslauf[RR] *m* <-(e)s, -läufe> curso *m* do rio

Flussmündung[RR] *f* <-en> foz *f* do rio

Flusspferd[RR] *nt* <-(e)s, -e> hipopótamo *m*

flüstern *vi* murmurar, sussurrar; **jdm etw ins Ohr ~** segredar a. c. no ouvido de alguém; **das kann ich dir ~** podes acreditar

Flut [fluːt] *f* <-en> ① *kein pl* (*im Gezeitenwechsel*) maré cheia *f,* preia-mar *f;* **es ist ~** está maré cheia ② (*Wassermassen*) enchente *f,* torrente *f;* (*Wellen*) vagas *fpl,* ondas *fpl;* **sich in die ~en stürzen** entrar no mar [*o* na água], cair no mar ③ (*Menge*) enchente *f;* **sie erhielt eine ~ von Zuschriften** ela recebeu uma enchente de cartas

Flutkatastrophe *f* <-en> cheia *f*

Flutlicht *nt* <-(e)s> *kein pl* luz de proje(c)tores *f*

flutschen *vi* ① (*umg: gleiten*) escorregar; **mir ist die Seife aus der Hand geflutscht** o sabão escorregou-me da mão ② (*umg: leicht gehen*) andar bem; **heute flutscht die Arbeit nur so** hoje o trabalho está a andar bem

focht [fɔxt] *imp von* **fechten**

Föderalismus *m* <-> *kein pl* federalismo *m*

Fohlen [ˈfoːlən] *nt* <-s, -> potro *m*

Föhn *m* <-(e)s, -e> ① *kein pl* (METEO) vento anabático *m,* vento quente e seco *m* ② (*Haartrockner*) secador de cabelo *m*

föhnen[RR] *vt* secar (com secador)

Föhre *f* <-n> pinheiro *m*

Folge [ˈfɔlgə] *f* <-n> ① (*Ergebnis*) resultado *m* ② (*Auswirkung*) consequência *f,* efeito *m;* **etw zur ~ haben** ter a. c. como consequência; **die ~n tragen** arcar com as consequências ③ (*Aufeinanderfolge*) série *f,* sequência *f* ④ (*Fortsetzung*) continuação *f*

Folgeerscheinung *f* <-en> consequência *f,* resultado *m*

folgen [ˈfɔlgən] *vi* ① (*nachgehen*) seguir; **jdm ~ können** compreender o que alguém diz; **er folgte ihrem Rat** ele seguiu o conselho dela ② (*zeitlich*) seguir-se, suceder; **Fortsetzung folgt** continua ③ (*sich ergeben*) resultar; **daraus folgt, dass ...** daí resulta que ...; **wie folgt** nos seguintes termos ④ (*gehorchen*) obedecer

folgend *adj* seguinte, subsequente

folgendermaßen *adv* do seguinte modo, da seguinte maneira

folgenschwer *adj* grave, de graves consequências

folgerichtig *adj* lógico, consequente

folgern [ˈfɔlgɐn] *vt* concluir (*aus* de), deduzir (*aus* de); **daraus lässt sich ~, dass ...** daí conclui-se/deduz-se que ..., daí deduz-se que ...

Folgerung *f* <-en> conclusão *f,* dedução *f*

folglich [ˈfɔlklɪç] *adv* logo, por conseguinte, portanto

folgsam [ˈfɔlkzaːm] *adj* obediente

Folie [ˈfoːli̯ə] *f* <-n> (*aus Metall, Plastik*) folha *f*

Folklore [fɔlkˈloːrə] *f kein pl* folclore *m*

Folter [ˈfɔltɐ] *f* <-n> tortura *f,* tormento *m;* **jdn auf die ~ spannen** torturar alguém

foltern *vt* torturar

Fon *nt* (*Telefon*) fone *m*

Fön[ALT] *m* <-(e)s, -e> *s.* **Föhn 2**

fönen[ALT] *vt s.* **föhnen**

Fontäne *f* <-n> repuxo *m,* chafariz *m*

foppen [ˈfɔpən] *vt* (*umg*) troçar de, escarnecer de

forcieren* *vt* forçar

Förderband *nt* <-(e)s, -bänder> passadeira *f* rolante, cinta *f* transportadora

Förderkorb *m* <-(e)s, -körbe> gaiola *f* de extra(c)ção, elevador *m*

förderlich *adj* útil, proveitoso; **das ist der Arbeit nicht gerade ~** isso não é rentável para o trabalho

fordern ['fɔrdɐn] *vt* ① (*verlangen*) exigir; **der Unfall forderte mehrere Menschenleben** o acidente provocou vários mortos ② (*Leistung*) requerer (*von* de), exigir (*von* de); **zu viel von jdm ~** exigir muito de alguém ③ (*Rechte*) reivindicar, reclamar; **sie ~ Gleichberechtigung** eles reivindicam a igualdade de direitos

fördern *vt* ① (*unterstützen*) proteger; (*finanziell*) patrocinar; (*Wachstum, Umsatz*) promover, fomentar, incrementar ② (*Kohle*) extrair

Forderung *f* <-en> exigência *f,* pretensão *f;* (*von Rechten*) reivindicação *f;* **~en stellen** fazer exigências; **seine ~en wurden erfüllt** as suas exigências foram satisfeitas

Förderung *f* <-en> ① (*Unterstützung*) fomento *m,* promoção *m;* (*finanziell*) patrocínio *m,* subsídio *m* ② (*von Kohle*) extracção *f*

Forelle [fo'rɛlə] *f* <-n> truta *f*

Form [fɔrm] *f* <-en> ① (*Gestalt*) forma *f;* **in ~ von** na forma de; **feste ~en annehmen** ganhar [*o* tomar] uma forma definida ② (*zum Backen*) forma *f* ③ (*Gussform*) molde *m* ④ (*Machart*) feitio *m* ⑤ (*Umgangsform*) formalidade *f,* maneiras *fpl;* **in aller ~** formalmente; **die ~ wahren** manter as aparências ⑥ *kein pl* (*Kondition*) condição *f* física; **in ~ sein** estar em forma

formal [fɔr'ma:l] *adj* formal

Formaldehyd *nt* <-s> *kein pl* (CHEM) formaldeído *m*

Formalität *f* <-en> formalidade *f;* **die ~en erledigen** tratar das formalidades

Format [fɔr'ma:t] *nt* <-(e)s, -e> formato *m*

formatieren* *vt* (INFOR) formatar

Formation *f* <-en> formação *f*

Formel ['fɔrməl] *f* <-n> ① (MATH) fórmula *f* ② (*sprachlich*) expressão *f*

formell [fɔr'mɛl] *adj* formal, cerimonioso

formen ['fɔrmən] *vt* formar, modelar, moldar

formieren* *vt* formar

förmlich **I.** *adj* (*offiziell, formell*) formal, protocolar; (*regelrecht*) verdadeiro **II.** *adv* literalmente, realmente

Förmlichkeit *f* <-en> formalidade *f,* cerimónia *f*

formlos *adj* ① (*ohne Form*) informe, amorfo ② (*zwanglos*) descontraído ③ (*Antrag*) sem cerimónia

Formular [fɔrmu'la:ɐ] *nt* <-s, -e> impresso *m,* formulário *m;* **ein ~ ausfüllen** preencher um impresso

formulieren* *vt* formular, exprimir; **das musst du anders ~** tens de formular isso de outra maneira

Formulierung *f* <-en> ① (*Vorgang*) formulação *f* ② (*Ergebnis*) redacção *f*

forsch [fɔrʃ] *adj* enérgico, cheio de vida

forschen ['fɔrʃən] *vi* ① (*suchen*) procurar, averiguar; **nach der Wahrheit ~** averiguar a verdade ② (*wissenschaftlich*) investigar, pesquisar

Forscher(in) *m(f)* <-s, - *o* -innen> investigador, investigadora *m, f*

Forschung *f* <-en> investigação *f,* pesquisa *f*

Forschungszentrum *nt* <-s, -zentren> centro *m* de investigação

Forst [fɔrst] *m* <-(e)s, -e> floresta *f,* bosque *m*

Förster(in) *m(f)* <-s, - *o* -innen> guarda-florestal *mf*

Forstwirtschaft *f kein pl* silvicultura *f,* engenharia *f* florestal

fort [fɔrt] *adv* fora, embora; **er ist ~** ele foi embora; **und so ~** e assim por diante; **in einem ~** sem descanso

Fortbestand *m* <-(e)s> *kein pl* continuidade *f,* persistência *f*

fort|bestehen* *vi irr* continuar, persistir, durar

fort|bewegen* **I.** *vt* mover **II.** *vr* **sich ~** mover-se, andar, avançar

fort|bilden *vr* **sich ~** a(c)tualizar os conhecimentos, prosseguir os estudos

Fortbildung *f kein pl* a(c)tualização dos conhecimentos *f,* formação permanente *f;* **eine ~ machen** fazer um curso de formação

fort|bleiben *vi irr* não vir, não comparecer; **er ist über zwei Stunden fortgeblieben** ele demorou(-se) mais de duas horas

Fortdauer *f kein pl* continuação *f,* duração *f,* persistência *f*

forte *adv* (MUS) forte

fort|fahren *vi irr* ① (*wegfahren*) partir ② (*weitermachen*) continuar (*mit* com), prosseguir (*mit* com); **bitte fahren Sie fort** por favor continue

fort|führen *vt* ① (*fortsetzen*) continuar, prosseguir ② (*wegbringen*) levar, conduzir

fort|gehen *vi irr* ① (*weggehen*) ir-se embora, sair ② (*sich fortsetzen*) continuar

fortgeschritten ['fɔrtgəʃrɪtən] **I.** *pp von* **fortschreiten** **II.** *adj* adiantado; (*Alter, Stufe*) avançado

fort|kommen *vi irr* ① (*verschwinden*) sair, escapar-se; **mach, dass du fortkommst!** vê se desapareces! ② (*Fortschritte machen*) prosperar, fazer progressos, dar-se bem ③ (*abhandenkommen*) perder-se

fort|laufen *vi irr* fugir

fortlaufend *adj* contínuo, consecutivo

fort|pflanzen *vr* **sich ~** reproduzir-se

Fortpflanzung *f kein pl* reprodução *f*

fort|schicken *vt* ① (*Post*) enviar, despachar ② (*Person*) despedir, mandar embora

fort|schreiten *vi irr* ① (*vorangehen*) progredir, caminhar, avançar ② (*sich ausbreiten*) correr

Fortschritt *m* <-(e)s, -e> progresso *m,* avanço *m;* **gute/große ~e machen** fazer bons/grandes progressos

fortschrittlich *adj* (*Mensch, Ideen, Methode*) avançado, moderno

fortschrittsfeindlich *adj* anti-progresso

fortschrittsgläubig *adj* a favor do progresso

fort|setzen *vt* continuar, prosseguir

Fortsetzung *f* <-en> continuação *f,* prosseguimento *m*

fortwährend *adj* contínuo, constante, seguido

fort|ziehen **I.** *vt irr* puxar, arrastar **II.** *vi irr* mudar-se

Fossil [fɔ'si:l] *nt* <-s, -ien> fóssil *m*

Foto ['fo:to] *nt* <-s, -s> fotografia *f;* **ein ~ von jdm machen** tirar uma fotografia a alguém, bater uma foto(grafia) de alguém

Fotoalbum *nt* <-s, -alben> álbum de fotografias *m*

Fotoapparat *m* <-(e)s, -e> máquina *f* fotográfica

fotogen *adj* fotogénico

Fotograf(in) [foto'gra:f] *m(f)* <-en, -en *o* -innen> fotógrafo, fotógrafa *m, f*

Fotografie [fotogra'fi:] *f* <-n> fotografia *f*

fotografieren* **I.** *vt* fotografar **II.** *vi* tirar fotografias

Fotokopie [fotoko'pi:] *f* <-n> fotocópia *f,* xérox® *m;* **eine ~ von etw machen** tirar uma fotocópia de a. c., fazer um xérox de a. c.

fotokopieren* *vt* fotocopiar

Fotokopierer *m* <-s, -> fotocopiadora *f,* xérox *m*

Fotomodell *nt* <-s, -e> modelo *mf* fotográfico

Fötzel *m* <-s, -> (*schweiz*) mandrião, mandriona *m, f*

Foul [faʊl] *nt* <-s, -s> (SPORT) falta *f*

foulen *vt* (SPORT) fazer falta

Foxtrott *m* <-s, -s> foxtrot *m*

Fr. *abk v* **Frau** Sra. (= *Senhora*)

Fracht [fraxt] *f* <-en> frete *m*

Frachtenbahnhof *m* <-(e)s, -höfe> (*österr*) estação *f* de mercadorias

Frachter *m* <-s, -> navio *m* de carga, cargueiro *m*

Frachtflugzeug *nt* <-(e)s, -e> avião *m* de carga

Frack [frak] *m* <-(e)s, Fräcke> fraque *m,* casaca *f*

Frage ['fra:gə] *f* <-n> pergunta *f,* questão *f;* (LING) interrogação *f;* (*Problem*) questão *f;* **jdm eine ~ stellen** fazer uma pergunta a alguém, colocar uma questão a alguém; **auf eine ~ antworten** responder a uma pergunta; **haben Sie noch ~n?** tem mais alguma pergunta?; **das ist gar keine ~** isso nem se põe em causa; **das kommt nicht in ~!** isso está fora de questão!, nem pensar nisso!; **etw in ~ stellen** pôr a. c. em causa; **ohne ~** sem dúvida, indiscutivelmente

Fragebogen *m* <-s, -bögen> questionário *m*

fragen ['fra:gən] *vi* perguntar; **es fragt sich, ob ...** resta saber se ...; **jdn um Rat ~** consultar alguém; **jdn nach seiner Meinung ~** perguntar a opinião a alguém; **nach jdm ~** perguntar por alguém; **nach dem Weg ~** perguntar o caminho

Fragepronomen *nt* <-s, -> pronome *m* interrogativo

Fragesatz *m* <-es, -sätze> oração *f* interrogativa

Fragestellung *f* <-en> colocação *f* do problema

Fragewort *nt* <-(e)s, -wörter> partícula *f* interrogativa

Fragezeichen *nt* <-s, -> ponto *m* de interrogação

fraglich ['fra:klɪç] *adj* ① (*zweifelhaft*) duvidoso, questionável; **es ist ~, ob ...** é incerto se ... ② (*betreffend*) em questão, em causa

fraglos *adv* incontestável, fora de dúvida

Fragment [fra'gmɛnt] *nt* <-(e)s, -e> fragmento *m*

fragwürdig *adj* ① (*zweifelhaft*) discutível,

questionável ② (*unsicher*) duvidoso, incerto

Fraktion [frak'tsjo:n] *f* <-en> ① (POL) grupo *m* (partidário) ② (CHEM) fra(c)ção *f*

Fraktionschef(in) *m(f)* <-s, -s *o* -innen> chefe *mf* de grupo (partidário)

Fraktur *f* <-en> (MED) fra(c)tura *f*

Franken ['fraŋkən] *m* <-s, -> franco *m*

frankieren* *vt* franquear

Frankreich ['fraŋkraɪç] *nt* <-s> *kein pl* França *f*

Franse ['franzə] *f* <-n> franja *f*

Franzose, Französin [fran'tso:zə] *m, f* <-n, -n *o* -innen> francês, -esa *m, f*

französisch *adj* francês

frappant *adj* impressionante, surpreendente

fräsen *vt* fresar

fraß *imp von* **fressen**

Fratze ['fratsə] *f* <-n> (*umg*) careta *f*; **~n schneiden** fazer caretas

Frau [fraʊ] *f* <-en> ① (*allgemein*) mulher *f*; (*Ehefrau*) mulher *f*, esposa *f*; **seine geschiedene/zukünftige ~** a sua ex-/futura mulher; (REL); **Unsere Liebe ~** Nossa Senhora *f* ② (*Anrede*) senhora *f*; **~ Müller** a senhora Müller

Frauenarzt, Frauenärztin *m, f* <-es, -ärzte *o* -innen> ginecologista *m,f*

Frauenbewegung *f* <-en> movimento *m* feminista

Frauenklinik *f* <-en> *maternidade e clínica para mulheres*

Frauenzeitschrift *f* <-en> revista *f* feminina

Fräulein *nt* <-s, -> menina *f*, senhorita *f*

> **Fräulein** era o título dado antigamente a uma mulher solteira. Mas desde os anos 70 o movimento feminista luta contra esta expressão, já que também não há a palavra «Herrlein», que seria o termo correspondente para o masculino. Hoje em dia já não se faz distinção entre a mulher casada e solteira, sendo «Frau» o título usual.

fraulich *adj* feminino

Freak [fri:k] *m* <-s, -s> ① (*umg: unkonventioneller Mensch*) baldas *m* ② (*umg: Computer*) fanático *m*

frech [frɛç] *adj* atrevido, descarado; **werd nicht ~!** não sejas atrevido!

Frechdachs *m* <-es, -e> (*umg*) atrevido *m*, malcriado *m*

Frechheit *f* <-en> atrevimento *m*, descaramento *m*; **er besaß die ~ zu ...** ele teve o descaramento de ...

Fregatte [fre'gatə] *f* <-n> fragata *f*

frei [fraɪ] *adj* ① (*unabhängig*) livre; **~er Mitarbeiter** freelancer *m*, trabalhador *m* por conta própria; **sich** *dat* **einen Tag ~ nehmen** tirar um dia de folga; **einen ~en Tag haben** ter um dia livre; **aus ~en Stücken** de livre vontade ② (*Stelle, Sitzplatz*) livre, vago; **ist dieser Platz noch ~?** este lugar ainda está vago [*o* livre]?; **Zimmer ~** quartos vagos ③ (*befreit*) livre, isento; **~ von Vorurteilen** livre de preconceitos ④ (*kostenlos*) grátis, gratuito; **Eintritt ~** entrada gratuita [*o* livre]

Freibad *nt* <-(e)s, -bäder> piscina descoberta *f*

frei|bekommen* *vt irr* (*umg*) **ich möchte zwei Tage ~** eu queria ter dois dias livres

freiberuflich *adj* **~ tätig sein** ser freelancer, trabalhar por conta própria

Freie ['fraɪə] *nt* <-n> *kein pl* ar livre *m*, natureza *f*; **im ~n** ao ar livre

Freier ['fraɪɐ] *m* <-s, -> (*umg: von Prostituierten*) cliente *m*

Freiexemplar *nt* <-s, -e> exemplar *m* gratuito

frei|geben **I.** *vt irr* (*Gefangene*) libertar, soltar; (*Straße*) abrir; (*Akten, Guthaben*) levantar o embargo a; **etw zum Verkauf ~** aprovar a. c. para venda **II.** *vi irr* (*Schülern, Angestellten*) dar feriado a, dispensar

freigebig ['fraɪge:bɪç] *adj* generoso

Freigebigkeit *f kein pl* generosidade *f*

Freigepäck *nt* <-(e)s> *kein pl* bagagem *f* gratuita

frei|haben *vi irr* (*umg*) ter folga, estar de folga; **morgen habe ich frei** amanhã estou de folga

frei|halten *vt irr* ① (*Durchfahrt*) deixar livre; **Ausfahrt ~** não estacionar ② (*reservieren*) guardar; **jdm einen Platz ~** guardar um lugar para [*o* a] alguém

Freihandelszone *f* <-n> zona *f* de livre-câmbio

freihändig *adj* à mão livre, sem apoio

Freiheit ['fraɪhaɪt] *f* <-en> liberdade *f*; (*Unabhängigkeit*) independência *f*; **sich** *dat* **die ~ nehmen, etw zu tun** tomar a liberdade de fazer a. c.; **seine ~ verlieren** perder a liberdade

freiheitlich *adj* liberal

Freiheitskampf *m* <-(e)s, -kämpfe> luta *f* da independência
Freiheitsstrafe *f* <-n> (JUR) pena *f* de prisão
Freikarte *f* <-n> bilhete *m* grátis
frei|kommen *vi irr* sair em liberdade
Freikörperkultur *f kein pl* nudismo *m*
Freilandmuseum *nt* museu *m* ao ar livre
frei|lassen *vt irr* soltar, libertar, pôr em liberdade
freilich ['fraɪlɪç] *adv* ❶ (*jedoch*) no entanto ❷ (*reg: sicherlich*) sem dúvida, com toda a certeza; **ja ~!** pois claro!
Freilichtbühne *f* <-n> teatro *m* ao ar livre
frei|machen *vt* ❶ (*Brief*) pôr selo, franquiar ❷ (*umg: nicht arbeiten*) ter folga
Freimaurer *m* <-s, -> pedreiro-livre *m*, mação *m*, maçom *m*
Freimaurerei *f kein pl* maçonaria *f*
freimütig *adj* franco, sincero
Freiraum *m* <-(e)s, -räume> espaço livre *m*; **sich** *dat* **Freiräume schaffen** arranjar tempo livre
freischaffend *adj* autónomo; **~e Künstlerin** artista *mf* free lance
Freischärler(in) *m(f)* <-s, - *o* -innen> guerrilheiro, -a *m, f*
frei|sprechen *vt irr* (JUR) absolver
Freispruch *m* <-(e)s, -sprüche> (JUR) absolvição *f*
frei|stehen *vi irr* ❶ (*Wohnung, Haus*) estar livre, estar vago ❷ (*überlassen sein*) ser permitido; **es steht dir frei, zu ...** tens a liberdade de ...
frei|stellen *vt* (*von Pflicht*) livrar (*von* de); **jdm etw ~** deixar a. c. à escolha de alguém
Freistil *m* <-s> *kein pl* (SPORT) estilo livre *m*
Freistoß *m* <-es, -stöße> (SPORT) pontapé *m* livre
Freitag ['fraɪta:k] *m* <-(e)s, -e> ❶ (*Wochentag*) sexta-feira *f*; *s. a.* **Montag** ❷ (*schweiz: Feiertag*) dia festivo *m*
freitags *adv* à(s) sextas-feira(s)
freiwillig *adj* voluntário, espontâneo
Freiwillige(r) *m/f* <-n, -n *o* -n> voluntário, voluntária *m, f*
Freizeit *f kein pl* tempo livre *m*, horas vagas *fpl*
Freizeitgestaltung *f kein pl* organização do tempo livre *f*
Freizeitsport *m* <-(e)s> *kein pl* desporto *m* recreativo, esporte *m* recreativo
freizügig *adj* ❶ (*großzügig*) generoso ❷ (*offen, liberal*) liberal
fremd [frɛmt] *adj* ❶ (*fremdartig*) estranho ❷ (*unbekannt*) desconhecido; **das ist mir ~** isso é-me desconhecido ❸ (*von anderen*) alheio; **~es Eigentum** propriedade alheia; **das ist nichts für ~e Ohren** isto não é para ouvidos alheios ❹ (*ausländisch*) estrangeiro; (*aus anderem Ort*) forasteiro; **~e Sprachen** línguas estrangeiras
fremdartig ['frɛmta:ɐtɪç] *adj* estranho
Fremde(r) *m/f* <-n, -n *o* -n> forasteiro, forasteira *m, f*; (*aus dem Ausland*) estrangeiro, -a *m, f*
Fremdenführer(in) *m(f)* <-s, - *o* -innen> guia *mf*, cicerone *mf*
FremdenhassRR *m* <-es> *kein pl* xenofobia *f*
Fremdenverkehr *m* <-(e)s> *kein pl* turismo *m*
Fremdenzimmer *nt* <-s, -> quarto *m* de hóspedes
fremd|gehen *vi irr* (*umg*) ser infiel
Fremdkörper *m* <-s, -> corpo *m* estranho
fremdländisch *adj* estrangeiro
Fremdsprache *f* <-n> língua *f* estrangeira
fremdsprachig *adj* de língua estrangeira
Fremdwort *nt* <-(e)s, -wörter> palavra *f* estrangeira
frenetisch *adj* frenético; **~er Beifall** aplauso *m* frenético
Frequenz [fre'kvɛnts] *f* <-en> (*a* PHYS) frequência *f*
Fresko *nt* <-s, Fresken> fresco *m*
Fresse *f* <-n> (*sl abw*) boca *f*, focinho *m*; **halt die ~!** cala a boca!; **jdm in die ~ schlagen** partir a cara [*o* o focinho] a alguém
fressen ['frɛsən] *vt* ❶ (*Tier*) comer ❷ (*umg: Mensch*) devorar, comer com avidez
FressnapfRR *m* <-(e)s, -näpfe>, **Freßnapf**ALT *m* <-(e)s, -näpfe> comedouro *m*, comedoiro *m*
FresssackRR *m* <-(e)s, -säcke> (*umg*) comilão, -ona *m, f*, glutão, -ona *m, f*
Freude ['frɔɪdə] *f* <-n> ❶ (*Fröhlichkeit*) alegria *f* (*auf* por, *über* com) ❷ (*Gefallen*) prazer *m*; **mit großer ~** com muito prazer; **jdm eine ~ machen** dar uma alegria a alguém; **~ an etw haben** ter prazer em a. c.; **vor ~ strahlen** estar radiante
Freudenschrei *m* <-s, -e> grito *m* de alegria
Freudentränen *pl* lágrimas *fpl* de alegria
freudestrahlend *adj* radiante

freudig ['frɔɪdɪç] *adj* ① (*Stimmung*) alegre, feliz ② (*Nachricht*) bom

freudlos ['frɔɪtlo:s] *adj* triste

freuen ['frɔɪən] **I.** *vt* alegrar, dar alegria; **das freut mich!** folgo muito com isso!; **es freut mich, Sie kennen zu lernen** (tenho) muito gosto em conhecê-lo/la; **es freut mich, zu hören, dass ...** alegra-me ouvir que ... **II.** *vr* **sich ~** regozijar-se, ficar contente; **sie freut sich auf die Ferien** ela está ansiosa pelas férias; **er freut sich über das Geschenk** ele está muito contente com o presente

Freund(in) [frɔɪnt] *m(f)* amigo, amiga *m, f*; (*fester Freund*) namorado, namorada *m, f*; **ein ~ von mir** um amigo meu

Freundeskreis ['frɔɪndəs-] *m* <-es, -e> círculo *m* de amizades

freundlich ['frɔɪntlɪç] *adj* ① (*liebenswürdig*) simpático, amigável; **sehr ~ von Ihnen!** muito simpático da sua parte!; **seien sie so ~ und ...** não se importa de ...?; **mit ~en Grüßen** com os melhores cumprimentos ② (*angenehm*) agradável; (*Gegend*) simpático; (*Zimmer*) alegre; (*Wetter*) ameno

freundlicherweise *adv* gentilmente, amavelmente

Freundlichkeit *f* <-en> amabilidade *f*, gentileza *f*

Freundschaft *f* <-en> amizade *f*; **mit jdm ~ schließen** fazer amizade com alguém

freundschaftlich *adj* amigável, amistoso

Frevel ['fre:fəl] *m* <-s, -> ① (*geh: Untat*) delito *m*, crime *m* ② (REL) sacrilégio *m*

freveln *vi* ① (*geh: Untat begehen*) cometer um delito ② (REL) cometer um sacrilégio, pecar

Frieden *m* <-s> *kein pl* paz *f*; (**mit jdm**) **~ schließen** fazer as pazes (com alguém); **~ stiften** pacificar, restabelecer a paz

Friedensbewegung *f* <-en> movimento *m* pacifista

Friedensnobelpreis *m* <-es, -e> Prémio *m* Nobel da Paz

Friedensverhandlungen *pl* negociações *fpl* de paz

Friedensvertrag *m* <-(e)s, -träge> tratado *m* de paz

friedfertig ['fri:tfɛrtɪç] *adj* pacífico

Friedhof ['fri:tho:f] *m* <-(e)s, -höfe> cemitério *m*

friedlich *adj* pacífico, tranquilo, sossegado

frieren [fri:rən] *vi* ① (*Wasser, Boden*) congelar, gelar ② (*Mensch*) estar com frio, ter frio; **ich friere** estou cheio de frio

Fries *m* <-es, -e> (ARCHIT) friso *m*

Frikadelle [frika'dɛlə] *f* <-n> almôndega *f*

Frikassee *nt* <-s, -s> fricassé *m*

Frisbeescheibe *f* <-n> disco *m* voador

frisch [frɪʃ] *adj* ① (*Lebensmittel, Wind, Erinnerung*) fresco; (*Kräfte*) novo; (*Luft*) puro; **~e Luft schnappen** apanhar ar fresco [*o* puro] ② (*Fleck, Wunde*) recente; **~ gestrichen** pintado de fresco; **~ gebackenes Brot** pão fresco ③ (*sauber*) limpo; **sich ~ machen** refrescar-se ④ (*Farben*) vivo, alegre ⑤ (*Aussehen*) fresco, sadio

Frische ['frɪʃə] *f kein pl* frescura *f*, vigor *m*

Frischhaltefolie *f* <-n> película *f* aderente

Friseur(in) [fri'zø:ɐ] *m(f)* <-s, -e *o* -innen> cabeleireiro, -a *m, f*

Friseursalon *m* <-s, -s> salão *m* de cabeleireiro

Friseuse [fri'zø:zə] *f* <-n> cabeleireira *f*

frisieren* *vt* ① (*kämmen*) pentear ② (*umg: Rechnung*) falsificar; (*Motor*) artilhar

Frist [frɪst] *f* <-en> ① (*Zeitraum*) prazo *m*; **eine ~ setzen/verlängern** fixar/prorrogar um prazo; **die ~ endet am 15. Januar** o prazo acaba/expira a 15 de Janeiro; **eine ~ einhalten** cumprir um prazo ② (*Aufschub*) moratória *f*

fristlos *adv* imediatamente, sem prazo; (*Entlassung*) sem aviso prévio

Frisur [fri'zu:ɐ] *f* <-en> penteado *m*

FriteuseALT *f* <-n> *s.* **Fritteuse**

fritieren*ALT *vt s.* **frittieren**

Fritten *pl* (*umg*) batatas *fpl* fritas

FritteuseRR *f* <-n> fritadeira *f*

frittieren*RR *vt* fritar

frivol [fri'vo:l] *adj* frívolo

Frl. (*brasil*) *abk v* **Fräulein** senhorita

froh [fro:] *adj* ① (*fröhlich*) alegre ② (*glücklich*) feliz (*über* com); **Frohe Weihnachten/Ostern!** Feliz Natal/Páscoa; **eine ~e Nachricht** uma boa notícia ③ (*zufrieden*) contente (*über* com); **ich bin ~, dass..** estou contente que ... +*conj*

fröhlich *adj* alegre, bem disposto

Fröhlichkeit *f kein pl* alegria *f*

frohlocken *vi* (*geh*) regozijar-se (com), encher-se de júbilo

Frohnatur *f* <-en> pessoa *f* alegre

Frohsinn *m* <-(e)s> *kein pl* alegria *f*, bom-humor *m*

fromm [frɔm] *adj* ❶ (*gläubig*) crente, devoto ❷ (*gehorsam*) obediente

Frömmelei *f* <-en> (*abw*) beatice *f*, hipocrisia *f*

Frömmigkeit *f kein pl* religiosidade *f*

frönen *vi* (*geh*) entregar-se a, ser escravo de

Fronleichnam [fro:n'laɪçna:m] *m* <-(e)s> *kein pl* Corpo *m* de Deus

Front [frɔnt] *f* <-en> ❶ (ARCHIT) fachada *f* ❷ (MIL, METEO) frente *f*; **in vorderster ~ stehen** estar na linha da frente; **gegen jdn/etw ~ machen** fazer frente a alguém/a. c., enfrentar alguém/a. c.

frontal [frɔn'ta:l] *adj* frontal, de frente

Frontantrieb *m* <-(e)s, -e> tra(c)ção *f* dianteira

fror [fro:ɐ] *imp von* **frieren**

Frosch [frɔʃ] *m* <-(e)s, Frösche> rã *f*; **sei kein ~!** não sejas desmancha-prazeres; **einen ~ im Hals haben** estar rouco

Froschmann *m* <-(e)s, -männer> homem-rã *m*

Froschperspektive *f* <-n> mundo *m* visto de baixo; **etw aus der ~ betrachten** contemplar a. c. (a partir) de baixo

Froschschenkel *m* <-s, -> coxa *f* de rã

Frost [frɔst] *m* <-(e)s, Fröste> geada *f*, gelo *m*; (*Kälte*) frio *m*; **es herrscht strenger ~** está muito frio

frösteln *vi* ter arrepios, tiritar

frostig *adj* (*Luft, Wetter, Empfang*) frio

Frostschutzmittel *nt* <-s, -> anticongelante *m*

Frottee ['frɔte:] *m/nt* <-(s), -s> felpo *m*

frottieren* *vt* friccionar, esfregar

Frottiertuch *nt* <-(e)s, -tücher> toalha *f* turca, toalha *f* de felpo

frotzeln ['frɔtsəln] *vi* (*umg*) brincar com, gozar com

Frucht [frʊxt] *f* <Früchte> ❶ (BOT) fruto *m* ❷ (*Obst*) fruta *f* ❸ (*Ergebnis*) fruto *m*, produto *m*

fruchtbar *adj* ❶ (*Mensch, Tier*) fértil, fecundo; (*Boden*) fértil ❷ (*nützlich*) produtivo

Fruchtbarkeit *f kein pl* (*von Mensch, Tier*) fecundidade *f*, fertilidade *f*; (*des Bodens*) fertilidade *f*

Fruchteis *nt* <-es, -> gelado *m* de fruta, sorvete *m* de fruta

fruchten ['frʊxtən] *vi* dar resultado, servir (para)

Fruchtfleisch *nt* <-(e)s> *kein pl* polpa *f* (de fruta)

fruchtig *adj* com sabor a fruta

fruchtlos *adj* infrutífero, estéril

Fruchtsaft *m* <-(e)s, -säfte> sumo *m* de fruta(s), suco *m* de fruta

früh **I.** *adj* (*nicht spät*) cedo; **es ist noch ~** ainda é cedo; **am ~en Morgen/~ am Morgen** de manhã cedo; **warum hast du das nicht ~er gesagt?** por que é que não disseste isso antes?; (*frühzeitig*) prematuro; **er hat schon ~ erkannt, dass ...** ele já reconheceu que ...; **~er oder später** mais cedo ou mais tarde **II.** *adv* (*morgens*) de manhã; **heute ~** hoje de manhã, esta manhã; **morgen ~** amanhã de manhã; **sehr ~ aufstehen** madrugar; **von ~ bis spät** de manhã à noite

Frühaufsteher(in) *m(f)* <-s, - *o* -innen> madrugador, -a *m, f*

Frühe *f kein pl* madrugada *f*; **in aller ~** de manhã muito cedo

früher **I.** *adj* (*vorhergehend*) anterior; (*ehemalig*); **meine ~e Freundin** antigo, ex-, a minha ex-namorada **II.** *adv* ❶ (*vorher*) anteriormente, antes; **einige Tage ~** uns dias antes; **genau wie ~** exactamente como antes ❷ (*ehemals*) antigamente, outrora, dantes

frühestens *adv* não antes de, o mais cedo; **ich komme ~ um 8 Uhr** não venho antes das 8 horas

Frühgeburt *f* <-en> parto *m* prematuro

Frühjahr *nt* <-(e)s> *kein pl* Primavera *f*

Frühjahrsmüdigkeit *f kein pl* fadiga *f* de primavera

Frühling *m* <-s, -e> Primavera *f*

frühmorgens *adv* de manhã cedo, de madrugada

frühreif *adj* precoce

Frühschicht *f* <-en> turno *m* da manhã

Frühstück *nt* pequeno-almoço *m*, café da manhã *m*; **es gibt von 8 bis 10 Uhr ~** o pequeno-almoço (café da manhã) é servido das 8 às 10 horas

frühstücken *vi* tomar o pequeno-almoço, tomar o café da manhã

frühzeitig *adj* ❶ (*rechtzeitig*) com antecedência, antecipado; **wir bitten um ~e Anmeldung** agradecemos que responda com antecedência [*o* antecipadamente] ❷ (*zu früh*) precoce, prematuro

Frust [frʊst] *m* <-(e)s> *kein pl* (*umg*) frustra-

F

ção *f*

frusten *vt* (*umg*) frustrar

Frustration [frʊstraˈtsjoːn] *f* <-en> frustração *f*

frustrieren* *vt* frustrar

Fuchs [fʊks] *m* <-es, Füchse> ❶ (*Tier*) raposa *f* ❷ (*Pferd*) alazão *m* ❸ (*umg: Mensch*) matreiro, matreira *m, f,* manhoso, manhosa *m, f*

fuchsen [ˈfʊksən] *vt* (*umg*) irritar, aborrecer

fuchsteufelswild [ˈ-ˈ--ˈ-] *adj* (*umg*) furioso, furibundo

Fuchtel [ˈfʊxtəl] *f kein pl* (*umg*) **unter jds ~ stehen** estar sob a autoridade de alguém; **jdn unter seiner ~ haben** dominar alguém

fuchteln *vi* agitar; **mit den Armen ~** gesticular

Fuge [ˈfuːgə] *f* <-n> ❶ (*Spalte*) junta *f,* fenda *f;* **aus den ~n gehen** escangalhar-se ❷ (MUS) fuga *f*

fügen *vr* **sich ~** ❶ (*unterordnen*) conformar-se, resignar-se; **er fügte sich den Anordnungen des Chefs** ele submeteu-se às ordens do chefe ❷ (*passen*) encaixar

fügsam *adj* obediente

fühlbar *adj* ❶ (*merklich*) notável; **es trat eine ~e Besserung ein** começou uma recuperação notável ❷ (*spürbar, tastbar*) palpável

fühlen I. *vt* (*empfinden*) sentir; (*ahnen*) pressentir; (*tasten*) tocar, apalpar; **jdm den Puls ~** tomar o pulso a alguém **II.** *vr* **sich ~** sentir-se; **wie fühlst du dich?** como é que te sentes?; **sich zu etw verpflichtet ~** sentir-se obrigado a a. c.

Fühler *m* <-s, -> (ZOOL) antena *f;* **die ~ ausstrecken** sondar

fuhr [fuːɐ] *imp von* **fahren**

führen I. *vt* (*leiten*) dirigir; (*Partei*) liderar, chefiar; (*Geschäft*) dirigir, gerir; (*geleiten*) levar, conduzir; **jdn aufs Eis/hinters Licht ~** enganar alguém; (*Name, Titel*) ter, usar; (*Waren*) vender, ter à venda; (*Gespräch*) ter, manter; **Verhandlungen ~** negociar; **Regie ~** dirigir; **einen Prozess gegen jdn ~** ter um processo contra alguém **II.** *vi* (*verlaufen*) ir ter, ir dar; **diese Straße führt nach Halle** esta estrada vai dar a Halle; (*in Führung liegen*) ir à frente, estar à cabeça; **FC Porto führt 3:1 (gegen ...)** o FC Porto vai à frente com 3:1 (contra ...); (*ergeben*) dar em, levar a; **das führt zu nichts** isso não leva a lado nenhum **III.** *vr* **sich ~** comportar-se, portar-se

Führer(in)[1] *m(f)* <-s, - *o* -innen> ❶ (*Leiter*) chefe *m,f,* director, directora *m, f;* (POL) líder *m,f,* dirigente *m,f* ❷ (*Fremdenführer*) guia *mf,* cicerone *mf*

Führer[2] *m* <-s, -> (*Buch*) guia *m*

Führerausweis *m* <-es, -e> (*schweiz*) *s.* **Führerschein**

Führerflucht *f kein pl* (*schweiz*) fuga *f* do condutor

Führerschein *m* <-(e)s, -e> carta *f* de condução, carteira *f* de motorista; **den ~ machen** tirar a carta (de condução), tirar a carteira de motorista

Fuhrpark *m* <-s, -s> parque *m* de viaturas

Führung *f* <-en> ❶ *kein pl* (*Leitung*) chefia *f,* gestão *f;* (*von Unternehmen*) gerência *f,* administração *f,* direcção *f* ❷ *kein pl* (POL) liderança *f* ❸ *kein pl* (SPORT) dianteira *f;* **in ~ liegen** estar/ir à frente; **die Mannschaft geht mit 4:2 in ~** a equipa vai à frente com 4:2; **die ~ übernehmen** tomar a dianteira ❹ *kein pl* (*Benehmen*) comportamento *m,* conduta *f* ❺ (*bei Besichtigung*) visita guiada *f*

Führungskraft *f* <-kräfte> (WIRTSCH) quadro *m* executivo; (POL) líderes *mpl*

Führungszeugnis *nt* <-ses, -se> certificado *m* de bom comportamento

Fuhrwerk *nt* <-(e)s, -e> carroça *f*

Fülle *f kein pl* ❶ (*Menge*) abundância *f,* plenitude *f;* **eine ~ von Ideen** uma abundância de ideias ❷ (*Körperfülle*) corpulência *f*

füllen I. *vt* (*Gefäß*) encher (*mit* de); (*Zahn*) chumbar, obturar; (KOCHK) rechear (*mit* com) **II.** *vr* **sich ~** encher-se; **ihre Augen füllten sich mit Tränen** os olhos dela encheram-se de lágrimas; **nach und nach füllte sich der Raum** a sala foi-se enchendo aos poucos

Füller *m* <-s, -> (*umg*) *s.* **Füllfederhalter**

Füllfederhalter *m* <-s, -> caneta *f* de tinta permanente

Fulltime-job, Fulltimejob *m* <-s, -s> emprego *m* a tempo inteiro

Füllung *f* <-en> ❶ (KOCHK) recheio *m* ❷ (*für Zähne*) massa *f,* chumbo *m* ❸ (*das Füllen*) enchimento *m*

Fund [fʊnt] *m* <-(e)s, -e> ❶ *kein pl* (*das Finden*) descoberta *f* ❷ (*Fundstück*) achado *m*

Fundament [fʊndaˈmɛnt] *nt* <-(e)s, -e> ❶ (*basis*) fundamento *m,* base *f* ❷ (*von Gebäuden*) alicerce(s) *mpl*

fundamental *adj* fundamental

Fundamentalismus [fʊndamɛnta'lɪsmʊs] *m* <-> *kein pl* fundamentalismo *m*
Fundamentalist(in) *m(f)* <-en, -en *o* -innen> fundamentalista *mf*
fundamentalistisch *adj* fundamentalista
Fundbüro *nt* <-s, -s> se(c)ção *f* de perdidos e achados
Fundgrube *f* <-n> mina *f*
fundiert *adj* fundamentado; **gut ~** sólido, seguro; **sie hat ~e Kenntnisse** ela tem sólidos [*o* bons] conhecimentos
fündig *adj* **~ werden** descobrir a. c.
Fundort *m* <-(e)s, -e> local do achado *m*
Fundsache *f* <-n> objecto *m* achado, achado *m*
fünf *num kard* cinco; **~ gerade sein lassen** fechar os olhos (a); *s. a.* **zwei**
Fünf *f* <-en> ❶ (*Ziffer*) cinco *m*; *s.* **Zwei** ❷ (*Unterstufe*) dois *m*; (*Oberstufe*) *entre 7 e 9*
fünffach *adj* quíntuplo
fünfhundert *num kard* quinhentos
Fünfjahresplan *m* <-(e)s, -pläne> plano *m* quinquenal
fünfjährig *adj* de cinco anos
Fünfkampf *m* <-(e)s, -kämpfe> pentatlo *m*
fünfmal *adv* cinco vezes
Fünfmarkstück *nt* <-(e)s, -e> (HIST) moeda *f* de cinco marcos
Fünfpfennigstück *nt* <-(e)s, -e> (HIST) moeda *f* de cinco «pfennigs»
Fünftagewoche *f* <-n> semana *f* inglesa, semana *f* de cinco dias
fünfte(r, s) *num ord* quinto; *s. a.* **zweite(r, s)**
Fünftel *nt* <-s, -> quinto *m*, quinta parte *f*
fünftens *adv* em quinto (lugar)
fünfzehn *num kard* quinze
fünfzig *num kard* cinquenta
fungieren* *vi* actuar (*als* como), servir (*als* de)
Funk [fʊŋk] *m* <-s> *kein pl* ❶ (*Übertragung*) transmissão *f*, radiodifusão *f* ❷ (*Rundfunk*) rádio *f*
Funke ['fʊŋkə] *m* <-ns, -n> faísca *f*, centelha *f*, faúlha *f*; **einen ~en Hoffnung haben** ter um vislumbre de esperança
funkeln ['fʊŋkəln] *vi* brilhar, cintilar, reluzir
funkelnagelneu ['--'--'-] *adj* novo em folha
funken ['fʊŋkən] *vt* emitir, radiotelegrafar
Funker(in) *m(f)* <-s, - *o* -innen> (radio)telegrafista *mf*
Funkgerät *nt* <-(e)s, -e> radiotelefone *m*
Funkhaus *nt* <-es, -häuser> centro *m* de radiodifusão
Funkspruch *m* <-(e)s, -sprüche> radiograma *m*
Funkstille *f kein pl* silêncio *m*; **bei ihm herrscht ~** ele não manda notícias
Funkstreife *f* <-n> rádio-patrulha *f*
Funktelefon *nt* <-s, -e> telemóvel *m*, telebip *m*
Funktion [fʊŋk'tsjo:n] *f* <-en> ❶ (*a* MATH: *Zweck, Amt, Aufgabe*) função *f* ❷ *kein pl* (*von Maschine*) funcionamento *m*; **etw außer ~ setzen** pôr a. c. fora de serviço
Funktionär(in) *m(f)* <-s, -e *o* -innen> funcionário, funcionária *m, f*
funktionieren* *vi* funcionar; **wie funktioniert das?** como é que isso funciona?
Funktionsleiste *f* <-n> (INFOR) barra *f* de funções
Funktionstaste *f* <-n> (INFOR) tecla *f* de função
für *präp +akk* ❶ (*Zweck, Bestimmung*) para; **diese Bücher sind ~ die Bibliothek** estes livros são para a biblioteca; **was ~ ein ...?** que (espécie [*o* tipo] de) ...?; **das ist alles ~ heute** é tudo por hoje; **ist das alles ~ heute?** isso é tudo para hoje?; **ich ~ meine Person** eu cá por mim ❷ (*Tausch, Preis, Zeit*) por ❸ (*anstelle von*) em vez de; **~ das Auto gebe ich Ihnen noch 2000 EUR** ainda lhe dou 2000 euros pelo carro ❹ (*Zustimmung*) a favor de; **ich bin ~ diesen Vorschlag** sou a favor desta proposta; **das Für und Wider** os prós e os contras
Fürbitte *f* <-n> intercessão *f*
Furche ['fʊrçə] *f* <-n> ❶ (*auf dem Feld*) sulco *m* ❷ (*Runzel*) ruga *f*
Furcht [fʊrçt] *f kein pl* receio *m* (*vor* de), temor *m* (*vor* de); **jdm ~ einflößen** atemorizar alguém
furchtbar **I.** *adj* (*schrecklich*) terrível, horrível; (*umg: sehr groß*) tremendo; **einen ~en Durst haben** estar a morrer de sede **II.** *adv* (*umg*) muito, super; **er ist ~ nett** ele é muito [*o* super] simpático
fürchten **I.** *vt* temer, recear; **ich fürchte, wir verpassen den Zug** eu receio que vamos perder o comboio **II.** *vr* **sich ~** ter medo (*vor* de), ter receio (*vor* de)
fürchterlich *adj* horrível, terrível
furchtlos *adj* destemido, intrépido
furchtsam *adj* medroso

F

füreinander *adv* um para o outro
Furie *f* <-n> fúria *f*
Furnier [fʊrˈniːɐ] *nt* <-s, -e> folheado *m,* contraplacado *m*
Furore [fuˈroːrə] *f* ~ **machen** causar sensação
Fürsorge *f kein pl* (*Betreuung, Sozialhilfe*) assistência *f*
Fürsorgeamt *nt* <-(e)s, -ämter> (*schweiz*) serviço *m* de assistência social
fürsorglich *adj* cuidadoso
Fürsprache *f* <-n> intercessão *f;* ~ **für jdn einlegen** interceder por alguém
Fürsprecher(in) *m(f)* <-s, - *o* -innen> intercessor(a) *m(f),* medianeiro, -a *m, f*
Fürst(in) *m(f)* <-en, -en *o* -innen> príncipe *m,* princesa *f*
Fürstentum *nt* <-s, -tümer> principado *m*
fürstlich *adj* ① (*des Fürsten*) principesco ② (*großzügig*) opulento, sumptuoso; **es gab ein ~es Essen** houve um jantar pomposo
Furt *f* <-en> vau *m*
Furunkel *m/nt* <-s, -> furúnculo *m*
Furz [fʊrts] *m* <-es, Fürze> (*sl*) traque *m,* peido *m,* pum *m*
furzen *vi* (*sl*) dar um traque, peidar-se
Fusel *m* <-s> *kein pl* (*abw*) aguardente ordinária *f*
Fusion [fuˈzjoːn] *f* <-en> fusão *f*
fusionieren* *vi* fundir
Fuß *m* <-es, Füße> ① (*des Menschen*) pé *m;* (*des Tieres*) pata *f;* **zu ~ gehen** ir a pé; **jdm auf den ~ treten** pisar alguém; **auf eigenen Füßen stehen** andar pelo seu próprio pé; **jdn auf freien ~ setzen** pôr alguém em liberdade; **auf großem ~ leben** viver à grande; **den ~ in ein Haus setzen** pôr os pés numa casa; **er ist heute mit dem linken ~ zuerst aufgestanden** ele hoje acordou mal disposto; **jdm auf dem ~e folgen** ir no encalço de alguém; **etw mit Füßen treten** espezinhar a. c., dar pontapés a a. c.; **mit jdm auf gutem/schlechtem ~ stehen** ter boas/más relações com alguém; **stehenden ~es** imediatamente ② (*von Säule*) base *f* ③ (*von Möbel*) perna *f*
Fußball *m* <-s, -bälle> ① (*Ball*) bola *f* de futebol ② *kein pl* (*Spiel*) futebol *m;* ~ **spielen** jogar futebol
Fußballer(in) *m(f)* <-s, - *o* -innen> jogador(a) *m(f)* de futebol, futebolista *mf*
Fußballfan *m* <-s, -s> fanático , -a *m, f* do futebol
Fußballmannschaft *f* <-en> equipa *f* de futebol, time *m* de futebol
Fußballplatz *m* <-es, -plätze> campo *m* de futebol
Fußballschuh *m* bota *f* de futebol
Fußballspiel *nt* <-(e)s, -e> jogo *m* de futebol
Fußballspieler(in) *m(f)* <-s, - *o* -innen> jogador(a) *m(f)* de futebol, futebolista *mf*
Fußballstadion *nt* <-s, -stadien> estádio *m* de futebol
Fußballtoto *nt* totobola *f*
Fußboden *m* <-s, -böden> chão *m,* soalho *m*
Fussel [ˈfʊsəl] *m* <-s, -n> linha *f*
Fußgänger(in) *m(f)* <-s, - *o* -innen> peão *m,* pedestre *mf*
Fußgängerstreifen *m* <-s, -> (*schweiz*) *s.* **Fußgängerüberweg**
Fußgängerüberweg *m* <-(e)s, -e> passadeira *f,* passagem *f* para peões, passagem *f* para pedestres
Fußgängerzone *f* <-en> zona *f* de peões, zona *f* para pedestres
Fußgelenk *nt* <-(e)s, -e> tornozelo *m*
Fußmarsch *m* <-(e)s, -märsche> marcha *f*
Fußnote *f* <-n> nota *f* de rodapé
Fußpfleger(in) *m(f)* <-s, - *o* -innen> calista *mf*
Fußsohle *f* <-n> planta *f* do pé
Fußspitze *f* <-n> ponta *f* do pé
Fußspur *f* <-en> pegada *f*
Fußstapfen *m* <-s, -> pegada *f;* **in jds ~ treten** seguir as pegadas de alguém
Fußtritt *m* <-(e)s, -e> pontapé *m,* coice *m*
Fußweg *m* <-(e)s, -e> ① (*Pfad*) carreiro *m,* vereda *f,* atalho *m* ② (*Gehsteig*) passeio *m,* calçada *f*
futsch [fʊtʃ] *adj* (*umg*) estragado, perdido; **es ist ~!** lá se foi!
Futter [ˈfʊtɐ] *nt* <-s, -> ① *kein pl* (*Fressen*) comida *f* para animais, pasto *m* ② (*in Kleidung*) forro *m*
Futteral *nt* <-s, -e> estojo *m*
futtern [ˈfʊtɐn] *vi* (*umg*) comer
füttern *vt* ① (*Kind, Tier*) dar de comer a, alimentar ② (*Kleidung*) forrar
Futur [fuˈtuːɐ] *nt* <-s, -e> (LING) futuro *m*
futuristisch *adj* futurista

G g

G *nt* <-, -> ① (*Buchstabe*) G, g *m* ② (MUS) sol *m*
gab [ga:p] *imp von* **geben**
Gabe ['ga:bə] *f* <-n> ① (*Geschenk*) dádiva *f;* **eine milde ~** uma esmola ② (*Talent*) dom *m* ③ (*schweiz: Preis*) prémio *m*
Gabel ['ga:bəl] *f* <-n> ① (*zum Essen*) garfo *m* ② (*Heugabel*) forcado *m;* (*kleiner*) forquilha *f* ③ (*des Telefons*) descanso *m*
gabeln ['ga:bəln] *vr* **sich ~** bifurcar-se, dividir-se em dois
Gabelstapler *m* <-s, -> empilhadora *f*
Gabelung *f* <-en> bifurcação *f*
gackern ['gakɐn] *vi* cacarejar
gaffen ['gafən] *vi* (*abw*) olhar embasbacado
Gag [gɛk] *m* <-s, -s> piada *f*
Gage ['ga:ʒə] *f* <-n> cachet *m*
gähnen *vi* bocejar
Gala ['ga:la] *f kein pl* gala *f*
galant [ga'lant] *adj* galante
Galerie [galə'ri:] *f* <-n> galeria *f*
Galerist(in) *m(f)* <-en, -en *o* -innen> dono de galeria, dona *m, f*
Galgen ['galgən] *m* <-s, -> forca *f;* **an den ~ kommen** ser enforcado
Galgenfrist *f kein pl* último prazo *m*
Galgenhumor *m* <-s> *kein pl* humor *m* negro
Galicien [ga'li:tsiən] *nt* <-s> *kein pl* Galiza *f*
galicisch *adj* galego
Galle ['galə] *f* <-n> ① (*Sekret*) bílis *f,* fel *m;* **mir läuft die ~ über** estou zangado ② (*Organ*) vesícula *f*
Galopp [ga'lɔp] *m* <-s, -e> galope *m;* **im ~** a galope
galoppieren* *vi* galopar
galt [galt] *imp von* **gelten**
Gameboy *m* <-s, -s> gameboy *m*
gammeln ['gaməln] *vi* ① (*Lebensmittel*) estragar-se ② (*Person*) vadiar
Gammler(in) *m(f)* <-s, - *o* -innen> vadio, vadia *m, f*
Gämse[RR] *f* <-n> camurça *f*
gang [gaŋ] **~ und gäbe sein** ser moeda corrente
Gang[1] [gaŋ] *m* <-(e)s, Gänge> ① (*Spaziergang*) passeio *m,* volta *f;* (*Botengang*) recado *m;* **ich traf sie auf meinem ~ zum Bahnhof** eu encontrei-a no caminho para a estação ② *kein pl* (*Gehweise*) andar *m* ③ *kein pl* (*Ablauf, Verlauf*) curso *m,* andamento *m;* **in vollem ~ sein** estar em pleno curso; **etw in ~ bringen** pôr a. c. em andamento; **alles geht seinen gewohnten ~** tudo segue o seu curso habitual ④ (*Auto*) velocidade *f;* **in den dritten ~ schalten** meter a terceira (velocidade) ⑤ (*Flur*) corredor *m;* (*Durchgang*) passagem *f* ⑥ (*beim Essen*) prato *m*
Gang[2] [gɛŋ] *f* <-s> gang *m,* bando *m*
gängeln *vt* (*umg*) trazer pela trela
gängig *adj* corrente
Gangschaltung *f* <-en> mudança *f* de velocidade
Gangster ['gɛŋstɐ] *m* <-s, -> gângster *m*
Gangway *f* <-s> portaló *m*
Ganove [ga'no:və] *m* <-n, -n> (*umg*) gatuno *m,* vigarista *m*
Gans [gans] *f* <Gänse> ganso *m;* **dumme ~!** parvalhona!
Gänseblümchen *nt* <-s, -> margarida *f,* bonina *f*
Gänsebraten *m* <-s, -> ganso *m* assado
Gänsefüßchen *pl* (*umg*) aspas *fpl;* **in ~** entre aspas
Gänsehaut *f kein pl* pele *f* de galinha, pele *f* arrepiada; **ich kriege eine ~, wenn ich das höre!** fico arrepiado [*o* com pele de galinha], quando ouço isso!
Gänsemarsch *m* <-(e)s> *kein pl* **im ~** em fila indiana, um atrás do outro
Gänserich *m* <-s, -e> ganso *m* (macho)
ganz [gants] **I.** *adj* ① (*gesamt*) todo, inteiro; (*vollständig*) completo; **~ Europa** toda a Europa; **die/eine ~e Woche** toda a semana/uma semana inteira; **im Ganzen** ao todo, no conjunto; **das Ganze** tudo ② (*umg: unbeschädigt*) inteiro, intacto; **etw wieder ~ machen** reparar a. c. **II.** *adv* ① (*völlig*) inteiramente, completamente; **er ist ~ der Vater** ele é tal e qual o pai; **das ist etwas ~ anderes** isso é completamente diferente; **~ und gar** absolutamente, totalmente; **~ und gar nicht** de todo, de modo algum; **~ im Gegenteil** muito pelo contrário ② (*vollständig*) completamente; **etw ~ aufessen** comer tudo; **~ recht!** tem toda a razão! ③ (*umg: sehr*) muito; **~ viel Geld** muito dinheiro ④ (*ziemlich*) bem, bastante; **es gefällt mir**

G

~ **gut** agrada-me bastante

Ganze(s) *nt* <-n, -n> todo *m,* totalidade *f;* **etw als ~s betrachten** examinar a. c. como um todo; (*umg*); **aufs ~ gehen** arriscar tudo

gänzlich *adv* totalmente, inteiramente

gar [ga:ɐ] **I.** *adj* pronto, cozido **II.** *adv* ~ **nichts/keiner** absolutamente nada/ninguém; **das ist ~ nicht schlecht** não é nada mau

Garage [ga'ra:ʒə] *f* <-n> garagem *f*

Garagist(in) *m(f)* <-en, -en *o* -innen> (*schweiz*) dono de oficina, dona *m, f*

Garantie [garan'ti:] *f* <-n> garantia *f;* **auf den Fernseher geben wir ein Jahr ~** oferecemos um ano de garantia pela televisão

garantieren* *vt* garantir; **jdm etw ~** garantir a. c. a alguém

Garaus jdm/etw den ~ machen acabar com alguém/a. c.

Garbe *f* <-n> molho *m,* feixe *m*

Garderobe [gardə'ro:bə] *f* <-n> ① *kein pl* (*Kleidung*) vestuário *m,* roupa *f;* **für ~ wird nicht gehaftet** não nos responsabilizamos pelo vestuário ② (*im Theater*) bengaleiro *m;* (*der Schauspieler*) camarim *m* ③ (*für Mäntel, Jacken*) roupeiro *m,* guarda-roupa *m*

Garderobenmarke *f* <-n> ficha *f* de bengaleiro

Gardine [gar'di:nə] *f* <-n> cortina *f*

gären *vi* fermentar, levedar

Garn [garn] *nt* <-(e)s, -e> fio *m;* (*Nähgarn*) linha *f*

Garnele [gar'ne:lə] *f* <-n> camarão *m*

garnieren* *vt* guarnecer, enfeitar

Garnison *f* <-en> guarnição *f*

Garnitur [garni'tu:ɐ] *f* <-en> (*Bettwäsche*) jogo *m,* conjunto *m;* (*Unterwäsche*) conjunto *m*

Garten ['gartən] *m* <-s, Gärten> jardim *m;* (*Nutzgarten*) quintal *m,* horta *f;* **botanischer ~** jardim *m* botânico; **zoologischer ~** jardim *m* zoológico

Gartenbau *m* <-(e)s> *kein pl* (*Gemüseanbau*) horticultura *f;* (*Ziergarten*) jardinagem *f*

Gartenfest *nt* <-(e)s, -e> festa *f* ao ar livre, festa *f* no jardim

Gartenhaus *nt* <-es, -häuser> anexos *mpl* (nas traseiras da casa)

Gartenlokal *nt* <-s, -e> esplanada *f*

Gartenschlauch *m* <-(e)s, -schläuche> mangueira *f* (de jardim)

Gartensitzplatz *m* <-es, -plätze> (*schweiz*) terraço *m*

Gärtner(in) *m(f)* <-s, - *o* -innen> jardineiro, jardineira *m, f*

Gärtnerei *f* <-en> ① (*Laden*) horto *m* ② (*Tätigkeit*) jardinagem *f*

Gärung *f* <-en> fermentação *f,* levedura *f*

Garzeit *f* <-en> tempo *m* de cozedura

Gas [ga:s] *nt* <-es, -e> ① (CHEM) gás *m* ② *kein pl* (*im Auto*) acelerador *m;* ~ **geben** acelerar; **das ~ wegnehmen** abrandar

Gasanzünder *m* <-s, -> acendedor *m* de gás

Gasflasche *f* <-n> garrafa *f* de gás

Gasheizung *f* <-en> aquecimento *m* a gás

Gasherd *m* <-(e)s, -e> fogão *m* a gás

Gaskammer *f* <-n> câmara *f* de gás

Gaskocher *m* <-s, -> fogão *m* a gás

Gasmaske *f* <-n> máscara *f* de gás

Gaspedal *nt* <-s, -e> acelerador *m*

Gasse ['gasə] *f* <-n> ① (*kleine, enge Straße*) viela *f,* travessa *f,* ruela *f* ② (*österr: Straße*) rua *f;* (*zum Mitnehmen*); **über die ~** para levar

Gast [gast] *m* <-(e)s, Gäste> hóspede *m,f;* (*eingeladen*) convidado, convidada *m, f;* (*im Restaurant*) cliente *m,f;* **bei jdm zu ~ sein** estar hospedado em casa de alguém, ser convidado de alguém; **ungebetener ~** intruso, intrusa *m, f*

Gastarbeiter(in) *m(f)* <-s, - *o* -innen> trabalhador, trabalhadora estrangeira *m, f* estrangeiro

Gästebuch *nt* <-(e)s, -bücher> livro *m* de hóspedes, livro *m* de honra

Gästezimmer *nt* <-s, -> quarto *m* de hóspedes

gastfreundlich *adj* hospitaleiro

Gastfreundschaft *f kein pl* hospitalidade *f*

Gastgeber(in) *m(f)* <-s, - *o* -innen> anfitrião, anfitriã *m, f*

Gasthaus *nt* <-es, -häuser> ① (*nur Essen*) restaurante *m* ② (*zum Übernachten*) hospedaria *f,* estalagem *f,* pousada *f*

Gasthof *m* <-(e)s, -höfe> *s.* **Gasthaus**

Gasthörer(in) *m(f)* <-s, - *o* -innen> ouvinte *m,f*

gastieren* *vi* representar como convidado (*in* em)

gastlich *adj* hospitaleiro

Gastprofessor(in) *m(f)* <-s, -en *o* -innen> professor, professora convidada *m, f* convidado

Gastritis *f* <Gastritiden> (MED) gastrite *f*

Gastronomie [gastrono'mi:] *f kein pl* gastronomia *f*

gastronomisch *adj* gastronómico

Gastspiel *nt* <-(e)s, -e> representação *f* por uma companhia teatral convidada

Gaststätte *f* <-n> restaurante *m*

Gaststättengewerbe *nt* <-s> *kein pl* hotelaria *f,* indústria *f* hoteleira

Gastwirt(in) *m(f)* <-(e)s, -e *o* -innen> dono, dona *m, f* de restaurante

Gastwirtschaft *f* <-en> restaurante *m*

Gaswerk *nt* <-(e)s, -e> fábrica *f* de gás

Gaszähler *m* <-s, -> contador *m* de gás

Gatte(in) ['gatə] *m(f)* <-n, -n *o* -innen> (*geh*) marido *m,* esposa *f*

Gatter ['gatɐ] *nt* <-s, -> cancela *f*

Gattung ['gatʊŋ] *f* <-en> ① (BIOL) espécie *f* ② (LIT) género *m* literário

GAU [gaʊ] *abk v* **größter anzunehmender Unfall** catástrofe *f* nuclear

Gaudi ['gaʊdi] *f kein pl* (*umg*) divertimento *m*

Gaul [gaʊl] *m* <-(e)s, Gäule> cavalo *m*

Gaumen ['gaʊmən] *m* <-s, -> palato *m,* céu-da-boca *m*

Gauner(in) ['gaʊnɐ] *m(f)* <-s, - *o* -innen> intrujão, intrujona *m, f,* vigarista *m,f*

Gaunerei *f* <-en> intrujice *f,* vigarice *f*

Gazelle [ga'tsɛlə] *f* <-n> gazela *f*

geb. *abk v* **geboren** nasc. (= *nascido*)

Gebäck *nt* <-(e)s, -e> bolachas *fpl,* biscoitos *mpl*

Gebälk *nt* <-(e)s> *kein pl* vigas *fpl,* traves *fpl*

gebar [gə'ba:ɐ] *imp von* **gebären**

Gebärde *f* <-n> gesto *m*

gebärden *vr* **sich ~** portar-se, comportar-se

gebären *vt* dar à luz

Gebärmutter *f* <-n> útero *m*

Gebäude *nt* <-s, -> edifício *m,* prédio *m*

Gebäulichkeiten *pl* (*schweiz*) *s.* **Gebäude**

Gebell *nt* <-(e)s> *kein pl* latidos *mpl,* ladrar *m*

geben ['ge:bən] **I.** *vt* (*reichen*) dar; (*übergeben*) entregar; **sie gab ihm das Buch/eine Ohrfeige** ela deu-lhe o livro/uma bofetada; (*am Telefon*); **~ Sie mir bitte Herrn Kraut** passe-me ao Sr. Kraut, por favor; **kannst du mir Feuer ~?** podes dar-me lume?; **kein Wort von sich** *dat* **~** não dizer nada; **viel/wenig auf etw ~** dar muita/pouca importância a a. c.; (*vorhanden sein*) haver; **in dieser Gegend gibt es viele Frösche** nesta região há muitos sapos; **es gibt heute Fisch** hoje há peixe; **wo gibt es hier Briefmarken?** onde é que há aqui selos?; **gibt es noch Eintrittskarten?** ainda há bilhetes?; **es wird Regen ~** vai chover; (*umg*); **das gibt's doch gar nicht!** não é possível!; (*umg*); **was gibt's?** o que é que se passa?, o que é que há?; (*unterrichten*) dar; **sie gibt Schwedisch** ela dá Sueco; (*Theaterstück, Film*) apresentar; **ein Konzert ~** dar um concerto **II.** *vr* **sich ~** (*nachlassen*) parar, passar; **das wird sich ~** isso passa

Gebet [gə'be:t] *nt* <-(e)s, -e> oração *f,* prece *f*

gebeten [gə'be:tən] *pp von* **bitten**

Gebiet [gə'bi:t] *nt* <-(e)s, -e> ① (*Fläche*) região *f,* área *f* ② (*Sachgebiet*) área *f,* campo *m*

gebieten *vt* ① (*geh: befehlen*) ordenar, mandar ② (*geh: verlangen*) exigir

gebieterisch *adj* imperioso, peremptório

Gebilde [gə'bɪldə] *nt* <-s, -> ① (*Schöpfung*) criação *f* ② (*Ding*) produto *m* ③ (*Gefüge*) estrutura *f*

gebildet [gə'bɪldət] *adj* culto, instruído

Gebirge [gə'bɪrgə] *nt* <-s, -> serra *f,* montanhas *fpl*

gebirgig *adj* montanhoso

Gebirgskette *f* <-n> cordilheira *f,* cadeia *f* de montanhas

GebissRR [gə'bɪs] *nt* <-es, -e>, **Gebiß**ALT *nt* <-sses, -sse> dentes *mpl;* (*künstlich*) dentadura *f*

gebissen [gə'bɪsən] *pp von* **beißen**

Gebläse *nt* <-s, -> (*im Auto*) ventoinha *f*

geblasen [gə'bla:zən] *pp von* **blasen**

geblieben [gə'bli:bən] *pp von* **bleiben**

geblümt *adj* às flores, floreado

gebogen [gə'bo:gən] **I.** *pp von* **biegen** **II.** *adj* curvado, curvo

geboren [gə'bo:rən] **I.** *pp von* **gebären** **II.** *adj* ① (*gebürtig*) nascido; **~ in** nascido em, natural de; **~ werden** nascer; **~ am 12.6.94** nascido a 12-6-94; **Franziska Müller, ~e Schulz** Franziska Müller, apelido de solteira Schulz ② (*Begabung*) nato; **sie ist die ~e Wissenschaftlerin** ela é uma cientista nata

geborgen [gə'bɔrgən] **I.** *pp von* **bergen** **II.** *adj* **sich (bei jdm) ~ fühlen** sentir-se seguro (na companhia de alguém)

Geborgenheit *f kein pl* prote(c)ção *f,* segurança *f*

geborsten [gə'bɔrstən] *pp von* **bersten**

gebot *imp von* **gebieten**

Gebot [gə'bo:t] *nt* <-(e)s, -e> ❶ (*religiös, moralisch*) mandamento *m;* **die Zehn ~e** os dez mandamentos, o Decálogo ❷ (*Befehl*) ordem *f* ❸ (*bei Versteigerung*) lanço *m,* oferta *f*

geboten [gə'bo:tən] **I.** *pp von* **bieten, gebieten II.** *adj* indicado, conveniente

gebracht [gə'braxt] *pp von* **bringen**

gebrannt [gə'brant] *pp von* **brennen**

gebraten [gə'bra:tən] *pp von* **braten**

Gebrauch [gə'braʊx] *m* <-(e)s> *kein pl* (*Verwendung*) emprego *m,* utilização *f;* (*Benutzung*) uso *m;* **etw in ~ haben** trazer a. c. a uso; **vor ~ schütteln!** agite antes de usar!

gebrauchen *vt* ❶ (*Auto*) usar; (*Werkzeug*) utilizar; (*Verstand*) empregar, usar ❷ (*nützlich sein*) servir para; **das ist nicht zu ~** isso não serve para nada; **das kann ich gut ~** isso faz-me muito jeito

gebräuchlich *adj* usual, corrente; **das ist nicht mehr ~** isso já não se usa

Gebrauchsanweisung *f* <-en> instruções *fpl,* modo *m* de usar

Gebrauchsgegenstand *m* <-(e)s, -stände> artigo *m* de consumo

gebraucht [gə'braʊxt] *adj* usado, em segunda mão; **etw ~ kaufen** comprar a. c. em segunda mão

Gebrauchtwagen *m* <-s, -> carro *m* usado, carro *m* em segunda mão

Gebrechen [gə'brɛçən] *nt* <-s, -> (*geh*) deficiência *f* (física)

gebrechlich [gə'brɛçlɪç] *adj* (*schwach*) frágil, débil; (*altersschwach*) decrépito; **alt und ~ sein** ser velho e decrépito

gebrochen [gə'brɔxən] **I.** *pp von* **brechen II.** *adj* ❶ (*Mensch*) abalado, deprimido ❷ (*Sprachbeherrschung*) arranhado, mascavado; **~ Deutsch sprechen** falar mal o alemão, arranhar o alemão; **in ~em Deutsch** num alemão arranhado [*o* mascavado]

Gebrüll *nt* <-(e)s> *kein pl* (*von Tier*) rugido *m;* (*von Mensch*) gritaria *f,* berreiro *m*

Gebühr *f* <-en> (*Schule, Universität*) propina *f;* (*Autobahn*) portagem *f;* (*Telefon*) taxa *f;* **eine ~ erheben** cobrar uma taxa

gebühren **I.** *vi* (*geh*) pertencer (por direito) **II.** *vr* **sich ~** convir; **es gebührt sich nicht ...** não convém ..., não é conveniente ...; **wie es sich gebührt** como convém

gebührend *adj* devido, conveniente

gebührenfrei *adj* isento de taxas; (*Post*) franco de porte

Gebührenordnung *f* <-en> tabela *f,* pauta *f*

gebührenpflichtig *adj* sujeito a taxa

gebunden [gə'bʊndən] *pp von* **binden**

Geburt [gə'bu:ɐt] *f* <-en> ❶ (*das Geborenwerden*) nascimento *m;* **von ~ an** de nascença; **vor/nach Christi ~** antes/depois de Cristo ❷ (*Entbindung*) parto *m*

Geburtenkontrolle *f* <-n> controlo *m* da natalidade

Geburtenrückgang *m* <-(e)s> *kein pl* diminuição *f* da natalidade

geburtenstark *adj* **ein ~er Jahrgang** um ano com uma elevada taxa de natalidade

gebürtig *adj* natural (*aus* de); **~e Portugiesin** portuguesa de nascimento; **er ist aus Salzburg ~** ele é natural de Salzburgo

Geburtsdatum *nt* <-s, -daten> data *f* de nascimento

Geburtshilfe *f kein pl* obstetrícia *f*

Geburtsjahr *nt* <-(e)s, -e> ano *m* de nascimento

Geburtsort *m* <-(e)s, -e> local *m* de nascimento, naturalidade *f*

Geburtsrecht *nt* (JUR) **das ~** a lei *f* da naturalidade [*o* nacionalidade]

Geburtstag *m* <-(e)s, -e> aniversário *m,* dia *m* de anos; **~ haben** fazer anos; **wann hast du ~?** quando é que fazes anos?; **herzlichen Glückwunsch zum ~** feliz aniversário, parabéns

Geburtstagsgeschenk *nt* <-(e)s, -e> prenda *f* de anos

Geburtsurkunde *f* <-en> certidão *f* de nascimento

Gebüsch *nt* <-(e)s, -e> mata *f,* moita *f*

gedacht [gə'daxt] *pp von* **denken**

Gedächtnis *nt* <-ses, -se> memória *f;* **ein gutes ~ haben** ter boa memória; **sich** *dat* **etw ins ~ rufen** recordar a. c.; **es hat sich mir ins ~ gegraben** ficou-me gravado na memória

Gedächtnisstütze *f* <-n> auxiliar *m* de memória

Gedanke [gə'daŋkə] *m* <-n, -n> pensamento *m;* (*Idee*) ideia *f;* **auf den ~n kommen zu ...** ter a ideia de ..., lembrar-se de ...; **ganz in ~n (versunken) sein** estar pensativo, estar distraído; **in ~n vertieft** absorto; **mach dir keine ~n darüber!** não te preocupes com isso!; **jdn auf andere ~n bringen** distrair alguém; **~n lesen** ler os pensamentos

Gedankenaustausch *m* <-(e)s> *kein pl* troca *f* de impressões

Gedankengang *m* <-(e)s, -gänge> ordem *f* de ideias

gedankenlos *adj* ① (*unüberlegt*) irrefle(c)tido ② (*zerstreut*) distraído

Gedankenlosigkeit *f kein pl* ① (*Unüberlegtheit*) descuido *m* ② (*Zerstreutheit*) distra(c)ção *f*

Gedankenstrich *m* <-(e)s, -e> travessão *m*

Gedankenübertragung *f* <-en> transmissão *f* de pensamentos

gedanklich *adj* mental

Gedeck [gə'dɛk] *nt* <-(e)s, -e> talher *m*

gedeihen [gə'daɪən] *vi* ① (*Pflanze*) crescer, dar-se bem ② (*vorankommen*) florescer, prosperar; **die Sache ist so weit gediehen, dass ...** a coisa chegou a tal ponto, que ...

gedenken* *vi irr* ① (*geh: denken an*) recordar; **der Toten ~** recordar os mortos ② (*geh: beabsichtigen*) tencionar; **ich gedenke, bald Urlaub zu machen** eu tenciono fazer férias em breve

Gedenkminute *f* <-n> minuto *m* de silêncio (em memória de alguém)

Gedenkstätte *f* <-n> lugar *m* comemorativo

Gedicht [gə'dɪçt] *nt* <-(e)s, -e> poema *m*

gediegen *adj* ① (*rein*) puro, genuíno ② (*von guter Qualität*) bom, sólido

gedieh [gə'di:] *imp von* **gedeihen**

gediehen [gə'di:ən] *pp von* **gedeihen**

Gedränge *nt* <-s> *kein pl* ① (*Drängelei*) aperto *m* ② (*Menschenmenge*) multidão *f*; **im ~** no meio da multidão

gedroschen [gə'drɔʃən] *pp von* **dreschen**

gedrungen [gə'drʊŋən] *adj* (*Körperbau*) atarracado, baixo

Geduld [gə'dʊlt] *f kein pl* paciência *f*; (*umg*) pachorra *f*; **die ~ verlieren** perder a paciência; **mit jdm/etw ~ haben** ter paciência com alguém/a. c.

gedulden* *vr* **sich ~** ter paciência; (*umg*) ter pachorra

geduldig *adj* paciente

Geduldsprobe *f* <-n> teste *m* à paciência

gedurft [gə'dʊrft] *pp von* **dürfen**

geehrt [gə'ʔe:ɐt] *adj* (*im Brief*) caro; **Sehr ~e Damen und Herren** Excelentíssimos Senhores; (*brasil*) Ilustríssimos Senhores

geeignet [gə'ʔaɪgnət] *adj* adequado (*für* para), apropriado (*für* para), indicado (*für* para); **im ~en Moment** no momento certo

Gefahr [gə'fa:ɐ] *f* <-en> perigo *m*; (*Risiko*) risco *m*; **sich in ~ begeben** expor-se ao perigo; **jdn in ~ bringen** pôr alguém em perigo; **~ laufen zu** correr o risco de, arriscar-se a; **in ~ schweben** estar em perigo; **es besteht die ~, dass ...** há o perigo de ...; **auf eigene ~** por sua conta e risco

gefährden* *vt* pôr em perigo, pôr em risco, arriscar; **gefährdet sein** estar em perigo

gefahren [gə'fa:rən] *pp von* **fahren**

Gefahrenzulage *f* <-n> subsídio *m* de risco

gefährlich *adj* perigoso, arriscado; (*Alter*) crítico; (*Krankheit*) grave

Gefährte(in) *m(f)* <-n, -n *o* -innen> companheiro, companheira *m, f*

Gefälle *nt* <-s, -> ① (*der Straße*) inclinação *f*, declive *m* ② (*sozial*) desnível *m* ③ (*der Löhne, Preise*) disparidade *f*

gefallen [gə'falən] **I.** *pp von* **fallen, gefallen II.** *vi* agradar; **das gefällt mir** (**nicht**) eu (não) gosto disso, isso (não) me agrada; **wie gefällt es Ihnen in Lissabon?** que tal acha Lisboa?; **sich** *dat* **etw ~ lassen** suportar a. c., tolerar a. c.; **es gefällt mir gar nicht, dass ...** não me agrada nada que ..., não gosto nada que ...

Gefallen[1] *nt* <-s> *kein pl* (*Freude*) prazer *m*, gosto *m*; **an etw ~ finden** ter prazer em a. c.

Gefallen[2] *m* <-s, -> (*Gefälligkeit*) favor *m*; **jdm** (**mit etw**) **einen ~ tun** fazer um favor a alguém (com a. c.)

Gefälligkeit *f* <-en> favor *m*; **jdm eine ~ erweisen** fazer um favor a alguém

gefangen [gə'faŋən] **I.** *pp von* **fangen II.** *adj* preso, detido; **jdn ~ halten** ter alguém prisioneiro; **jdn ~ nehmen** fazer alguém prisioneiro

Gefangene(r) *m/f* <-n, -n *o* -n> preso, presa *m, f*, prisioneiro, prisioneira *m, f*

gefangennehmen[ALT] *vt irr s.* **gefangen II**

Gefangenschaft *f* <-en> prisão *f*, cativeiro *m*; **in ~ geraten** ser feito prisioneiro

Gefängnis *nt* <-ses, -se> ① (*Gebäude*) cadeia *f*; **im ~ sitzen** estar na cadeia ② (*Strafe*) prisão *f*; **er wurde zu zwei Jahren ~ verurteilt** ele foi condenado a dois anos de prisão

G

Gefängnisstrafe *f* <-n> pena *f* de prisão

Gefasel *nt* <-s> *kein pl* (*umg*) disparates *mpl,* tolices *fpl*

Gefäß *nt* <-es, -e> ❶ (*Behälter*) recipiente *m* ❷ (ANAT) vaso *m*

gefasst[RR] [gə'fast] *adj,* **gefaßt**[ALT] *adj* ❶ (*beherrscht*) calmo, resignado ❷ (*eingestellt*) preparado (*auf* para); **auf etw ~ sein** estar preparado para a. c.; **sich auf etw ~ machen** preparar-se para a. c.

Gefecht [gə'fɛçt] *nt* <-(e)s, -e> combate *m;* **jdn außer ~ setzen** pôr alguém fora de combate

gefeit [gə'faɪt] *adj* (*geh*) **gegen etw ~ sein** estar imune a a. c.

Gefieder [gə'fi:dɐ] *nt* <-s, -> plumagem *f*

gefiel *imp von* **gefallen**

gefleckt *adj* malhado

geflochten [gə'flɔxtən] *pp von* **flechten**

geflogen [gə'flo:gən] *pp von* **fliegen**

geflohen [gə'flo:ən] *pp von* **fliehen**

geflossen [gə'flɔsən] *pp von* **fließen**

Geflügel *nt* <-s> *kein pl* ❶ (*Tiere*) aves *fpl* de criação, aves *fpl* de capoeira ❷ (*Fleisch*) aves *fpl*

geflügelt *adj* alado, com asas; **~e Worte** ditos *m* proverbiais *pl*

Geflüster *nt* <-s> *kein pl* murmúrio *m*

gefochten [gə'fɔxtən] *pp von* **fechten**

gefragt [gə'fra:kt] *adj* procurado, desejado

gefräßig *adj* comilão

Gefreite(r) *m* <-n, -n> (MIL) cabo *m*

gefressen [gə'frɛsən] *pp von* **fressen**

gefrieren *vi* congelar

Gefrierfach *nt* <-(e)s, -fächer> (compartimento *m* do) congelador

gefriergetrocknet *adj* liofilizado

Gefrierpunkt *m* <-(e)s> *kein pl* ponto *m* de congelação

Gefriertruhe *f* <-n> arca *f* frigorífica, arca *f* congeladora

gefroren [gə'fro:rən] *pp von* **frieren, gefrieren**

Gefüge *nt* <-s, -> (*Struktur*) estrutura *f;* (*System*) sistema *m*

gefügig *adj* resignado, conformado; **jdn ~ machen** submeter alguém à sua vontade

Gefühl *nt* <-(e)s, -e> ❶ (*körperlich*) ta(c)to *m,* sensibilidade *f* ❷ (*seelisch*) sentimento *m;* **mit gemischten ~en** confuso ❸ *kein pl* (*Ahnung*) impressão *f,* pressentimento *m;* **ich habe kein gutes ~** eu tenho um mau pressentimento

gefühllos *adj* insensível

Gefühllosigkeit *f kein pl* insensibilidade *f*

gefühlsbetont *adj* emotivo

Gefühlsduselei *f* <-en> (*umg*) pieguice *f*

gefühlsmäßig *adj* intuitivo

gefühlvoll *adj* emotivo, sentimental

gefunden [gə'fʊndən] *pp von* **finden**

gegangen [gə'gaŋən] *pp von* **gehen**

gegeben [gə'ge:bən] *pp von* **geben**

gegebenenfalls [gə'ge:bənənfals] *adv* em caso afirmativo, eventualmente

gegen ['ge:gən] *präp +akk* ❶ (*entgegen, feindlich*) contra; **was hast du ~ ihn?** o que é que tens contra ele?; **Tabletten ~ Kopfschmerzen** comprimidos *mpl* para as dores de cabeça; **~ etw sein** ser contra a. c. ❷ (*in Richtung auf*) em direcção a, para ❸ (*im Vergleich zu*) em comparação com; **~ mich bist du jung** tu és novo em comparação comigo ❹ (*ungefähr*) cerca de, por volta de; **sie kommt ~ acht** ela vem pelas [*o* por volta das] oito horas ❺ (*im Austausch für*) em troca de; **~ Quittung** mediante recibo

Gegenargument *nt* <-(e)s, -e> contra-argumento *m*

Gegenbeweis *m* <-es, -e> contraprova *f*

Gegend ['ge:gənt] *f* <-en> ❶ (*Gebiet*) região *f;* **hier in der ~** por estes lados, por aqui; **in der ~ von Leipzig** na região de Leipzig ❷ (*Umgebung*) arredores *mpl;* **die ~ um Évora** os arredores de Évora

gegeneinander [ge:gən?aɪ'nandɐ] *adv* um contra o outro; **etwas ~ haben** ter a. c. um contra o outro

Gegenfahrbahn *f* <-en> via *f* em sentido contrário

Gegenfrage *f* <-n> contra-pergunta *f*

Gegengewicht *nt* <-(e)s, -e> contrapeso *m*

Gegengift *nt* <-(e)s, -e> antídoto *m,* contraveneno *m*

Gegenkandidat(in) *m(f)* <-en, -en *o* -innen> oponente *m,f*

Gegenleistung *f* <-en> compensação *f,* contrapartida *f;* **als ~ für** como compensação por

Gegenlicht *nt* <-(e)s> *kein pl* contraluz *f*

Gegenliebe *f kein pl* amor *m* correspondido; **auf (wenig) ~ stoßen** (não) ser bem aceite

Gegenmaßnahme *f* <-n> contramedida *f*

Gegenmehr *nt* <-> *kein pl* (*schweiz*) voto *m* contra

Gegenmittel *nt* <-s, -> antídoto *m*

Gegensatz *m* <-es, -sätze> ❶ (*Widerspruch*) oposição *f*, contraste *m*; **im ~ stehen zu** estar em oposição a ❷ (*bei Begriff, Wort*) antónimo *m* ❸ (*Unterschied*) contrário *m*, oposto *m*; **im ~ zu** ao contrário de; **Gegensätze ziehen sich an** os opostos atraem-se

gegensätzlich *adj* oposto, contrário; **~e Meinungen vertreten** defender opiniões contrárias

Gegenschlag *m* <-(e)s, -schläge> (MIL) retaliação *f*

Gegenseite *f* <-n> ❶ (*räumlich*) lado *m* oposto ❷ (POL, JUR) oposição *f*

gegenseitig ['ge:gənzaɪtɪç] *adj* mútuo, recíproco

Gegenseitigkeit *f kein pl* reciprocidade *f*; **das beruht auf ~** o sentimento é recíproco

Gegenspieler(in) *m(f)* <-s, - *o* -innen> adversário, adversária *m, f*

Gegenstand *m* <-(e)s, -stände> ❶ (*Ding*) objecto *m* ❷ (*Thema*) assunto *m*

gegenstandslos *adj* ❶ (*hinfällig*) caduco, nulo; (*überflüssig*) desnecessário, supérfluo; **etw als ~ betrachten** considerar que a. c. não se aplica ❷ (*unbegründet*) sem fundamento, sem razão de ser

Gegenstimme *f* <-n> (POL) voto *m* contra

Gegenteil *nt* <-(e)s, -e> contrário *m* (*von* de); **im ~!** pelo contrário!

gegenteilig *adj* contrário, oposto

gegenüber **I.** *präp +dat* (*räumlich*) em frente de; **er wohnt mir ~** ele mora à minha frente; (*einer Person*) para com; (*angesichts*) diante de, perante; **anderen ~ ist er höflich** ele é amável para com os outros; **das wäre ihr ~ unfair** isso seria injusto para com ela; (*im Vergleich zu*) em comparação com, contra **II.** *adv* em frente; **sie wohnen schräg ~** eles moram quase em frente

Gegenüber *nt* <-s, -> vis-à-vis *m*

gegenüber|liegen *vr* **sich ~** *irr* estar em frente (de)

gegenüber|stehen *vi irr* **jdm/etw positiv/negativ ~** encarar bem/mal alguém/a. c.

gegenüber|stellen *vt* ❶ (*Person*) confrontar; (JUR) acarear; **die Zeugin wurde dem Angeklagten gegenübergestellt** a testemunha e o réu foram acareados ❷ (*vergleichen*) comparar (com)

Gegenüberstellung *f* <-en> ❶ (*von Personen*) confronto *m*; (JUR) acareação *f* ❷ (*Vergleich*) comparação *f*

Gegenverkehr *m* <-(e)s> *kein pl* trânsito *m* em sentido contrário

Gegenvorschlag *m* <-(e)s, -schläge> contraproposta *f*

Gegenwart ['ge:gənvart] *f kein pl* ❶ (*Anwesenheit*) presença *f*; **in seiner/ihrer ~** na sua presença ❷ (*Zeit*) a(c)tualidade *f* ❸ (LING) presente *m*

gegenwärtig **I.** *adj* presente, a(c)tual **II.** *adv* a(c)tualmente, presentemente

Gegenwehr *f kein pl* (*Verteidigung*) defesa *f*; (*Widerstand*) resistência *f*; **~ leisten** oferecer resistência

Gegenwert *m* <-(e)s> *kein pl* equivalente *m*

Gegenwind *m* <-(e)s> *kein pl* vento *m* contrário

gegen|zeichnen *vt* contra-rubricar

gegessen [gə'gɛsən] *pp von* **essen**

geglichen [gə'glɪçən] *pp von* **gleichen**

geglitten [gə'glɪtən] *pp von* **gleiten**

geglommen [gə'glɔmən] *pp von* **glimmen**

Gegner(in) ['ge:gnɐ] *m(f)* <-s, - *o* -innen> adversário, adversária *m, f*; (MIL) inimigo, inimiga *m, f*

gegnerisch *adj* oposto, adverso, inimigo

gegolten [gə'gɔltən] *pp von* **gelten**

gegoren [gə'go:rən] *pp von* **gären**

gegossen [gə'gɔsən] *pp von* **gießen**

gegraben [gə'gra:bən] *pp von* **graben**

gegriffen [gə'grɪfən] *pp von* **greifen**

Gehabe *nt* <-s> *kein pl* (*abw*) afe(c)tação *f*, pose *f*

Gehackte(s) *nt* <-n> *kein pl* carne *f* picada

Gehalt[1] [gə'halt] *nt* <-(e)s, -hälter> ordenado *m*, vencimento *m*; **sie hat ein gutes ~** ela tem um bom ordenado

Gehalt[2] [gə'halt] *m* <-(e)s, -e> ❶ (*Anteil*) teor *m* (*an* de); (*prozentual*) percentagem *f* ❷ (*geistig*) conteúdo *m*

gehalten [gə'haltən] *pp von* **halten**

Gehaltsempfänger(in) *m(f)* <-s, - *o* -innen> assalariado, assalariada *m, f*

Gehaltserhöhung *f* <-en> aumento *m* do vencimento

gehaltvoll *adj* substancial

gehandikapt *adj* prejudicado

gehangen [gə'haŋən] *pp von* **hängen**

gehässig *adj* ❶ (*Mensch*) malvado ❷ (*Äußerung*) maldoso

Gehässigkeit *f* <-en> malvadez *f*

gehauen [gə'haʊən] *pp von* **hauen**

Gehäuse *nt* <-s, -> ① (*von Radio, Uhr*) caixa *f* ② (*von Obst*) caroço *m* ③ (ZOOL) concha *f*

gehbehindert ['ge:bəhɪndɐt] *adj* com dificuldades no andar

Gehege [gə'he:gə] *nt* <-s, -> cercado *m;* **jdm ins ~ kommen** meter-se no caminho de alguém

geheim [gə'haɪm] *adj* secreto; **im Geheimen** às escondidas; **etw ~ halten** guardar a. c. em segredo; **streng ~** confidencial

Geheimdienst *m* <-es, -e> serviços *mpl* secretos

geheim|haltenALT *vt irr s.* **geheim**

Geheimnis *nt* <-ses, -se> segredo *m;* (*Rätsel*) mistério *m;* **keine ~se vor jdm haben** não ter segredos para alguém

Geheimniskrämerei *f* <-en> (*abw*) mania *f* dos segredos

geheimnisvoll *adj* misterioso

geheißen *pp von* **heißen**

gehemmt *adj* inibido

gehen ['ge:ən] *vi* ① (*allgemein*) ir; (*zu Fuß*) ir a pé; **über die Straße ~** atravessar a rua; **ins Bett ~** ir para a cama; **in die Schule ~** ir para a escola; **tanzen/schwimmen ~** ir dançar/nadar; **an die Arbeit ~** meter mãos ao trabalho; **es geht auf Mitternacht (zu)** é quase meia-noite; **wie geht es Ihnen?** como está?, como vai?; **ihm geht es gut/schlecht** ele está bem/mal, ele vai bem/mal; **das geht zu weit** isso passa das marcas; **nichts geht über ...** não há nada como ...; **in sich ~** ponderar; **sich ~ lassen** deixar-se andar; (*umg*); **vorwärts~** andar para a frente, fazer progressos ② (*weggehen*) partir, ir(-se) embora; **der Zug geht um drei Uhr** o comboio parte às três horas ③ (*funktionieren*) trabalhar, funcionar; **die Uhr geht nicht** o relógio não trabalha; **alles geht nach Wunsch** tudo corre à medida do desejado; **es wird schon alles gut ~** vai correr tudo bem ④ (*Waren*) vender-se; **gut/schlecht ~** vender-se bem/mal; **das Geschäft geht gut** os negócios vão bem ⑤ (*passen*) caber; **es ~ hundert Personen in diesen Saal** cabem cem pessoas nesta sala ⑥ (*möglich sein*) dar; **das geht nicht** não dá, não pode ser ⑦ (*betreffen*) tratar-se (*um* de); **es geht um die Finanzierung des Projektes** trata-se do financiamento do projecto ⑧ (*Wind*) soprar ⑨ (*gerichtet sein*) dar (*auf* para); **die Fenster ~ auf den Garten** as janelas dão para o jardim

gehen|lassen*ALT *vr* **sich ~** *irr s.* **gehen 1**

geheuer [gə'hɔɪɐ] *adj* **das ist mir nicht (ganz) ~** eu estou inseguro, eu estou desconfiado, isto é muito suspeito

Geheul *nt* <-(e)s> *kein pl* ① (*Wölfe*) uivo *m* ② (*abw: Kinder*) gritaria *f,* choradeira *f*

Gehilfe(in) [gə'hɪlfə] *m(f)* <-n, -n *o* -innen> ajudante *m,f,* auxiliar *m,f;* (JUR) cúmplice *m,f*

Gehirn [gə'hɪrn] *nt* <-(e)s, -e> cérebro *m*

Gehirnerschütterung *f* <-en> (MED) traumatismo *m* craniano

Gehirnschlag *m* <-(e)s, -schläge> (MED) apoplexia *f* cerebral

Gehirnwäsche *f* <-n> lavagem *f* cerebral, lavagem *f* ao cérebro

gehoben [gə'ho:bən] **I.** *pp von* **heben II.** *adj* ① (*Stil*) elevado ② (*Stimmung*) alegre

geholfen [gə'hɔlfən] *pp von* **helfen**

Gehör *nt* <-(e)s> *kein pl* ouvido *m;* **er hat ein gutes ~** ele tem bom ouvido; **nach ~ spielen** tocar de ouvido; **jdm (kein) ~ schenken** (não) dar ouvidos a alguém; **sich** *dat* **~ verschaffen** (conseguir) ser ouvido

gehorchen* *vi* obedecer; **jdm ~** obedecer a alguém

gehören* **I.** *vi* (*Eigentum sein*) pertencer a, ser de; **wem gehört das?** de quem é isto?, a quem pertence isto?; **es gehört mir/ihr** é meu/dela; (*zählen zu*) fazer parte (*zu* de); **dieser Wein gehört zu den besten des Landes** este vinho faz parte dos melhores do país; **es gehört zum guten Ton** é de bom-tom; (*erfordern*) ser preciso; **dazu gehört Mut** para isso é preciso coragem; (*seinen Platz haben*) ser (*in* de); **wo gehört das hin?** de onde é isto?; **das gehört nicht hierher** isso não é para aqui chamado **II.** *vr* **sich ~** ser conveniente; **das gehört sich nicht** isso não é conveniente, parece mal

gehörig *adj* ① (*angemessen*) conveniente, apropriado ② (*beträchtlich*) grande, a valer; **er hat eine ~e Tracht Prügel verdient** ele merece uma valente sova

gehorsam *adj* obediente

Gehorsam [gə'ho:ɐza:m] *m* <-s> *kein pl* obediência *f;* **jdm den ~ verweigern** desobedecer a alguém

Gehweg *m* <-(e)s, -e> (*Bürgersteig*) passeio *m;* (*brasil*) calçada *f*

Geier ['gaɪɐ] *m* <-s, -> abutre *m;* (*umg*); **weiß der ~!** sei lá!

Geige ['gaɪgə] *f* <-n> violino *m;* **die erste ~ spielen** desempenhar o papel principal

geigen *vi* tocar violino

Geiger(in) *m(f)* <-s, - *o* -innen> violinista *m,f*

Geigerzähler *m* <-s, -> contador *m* Geiger

geil [gaɪl] *adj* (*umg: toll*) porreiro, fixe

Geisel ['gaɪzəl] *f* <-n> refém *m;* **jdn als ~ nehmen** fazer alguém refém

Geiselnahme ['--na:mə] *f* <-n> tomada *f* de reféns

Geiselnehmer(in) *m(f)* <-s, - *o* -innen> raptor, raptora *m, f,* sequestrador, sequestradora *m, f*

Geiß *f* <-en> (*österr, schweiz*) cabra *f*

Geißbock *m* <-(e)s, -böcke> (*österr, schweiz*) bode *m*

geißeln *vt* censurar

Geist [gaɪst] *m* <-(e)s, -er> ① *kein pl* (*Verstand*) espírito *m,* mente *f;* **im ~e** em espírito, em pensamento ② *kein pl* (*Scharfsinn*) engenho *m* ③ (*Seele*) espírito *m,* alma *f;* **der Heilige ~** o Espírito Santo; (*umg*); **den ~ aufgeben** dar o berro ④ (*Gespenst*) espírito *m,* fantasma *m*

Geisterbahn *f* <-en> comboio *m* fantasma; (*brasil*) trem *m* fantasma

Geisterfahrer(in) *m(f)* <-s, - *o* -innen> condutor que circula em contramão, condutora *m, f*

geisterhaft *adj* sobrenatural, fantasmagórico

geistern *vi* andar como um fantasma; **nachts durch das Haus ~** andar à noite pela casa como um fantasma

geistesabwesend *adj* distraído

Geistesblitz *m* <-es, -e> flash *m*

Geistesgegenwart *f kein pl* presença *f* de espírito

geisteskrank *adj* demente, doente mental

Geisteskranke(r) *m/f* <-n, -n *o* -n> doente *m,f* mental

Geisteswissenschaften *pl* Letras *fpl,* humanidades *fpl,* ciências *fpl* humanas

Geisteszustand *m* <-(e)s, -stände> estado *m* de espírito

geistig ['gaɪstɪç] *adj* mental; (*Arbeit*) intelectual; (*Wesen*) espiritual; **~ behindert** deficiente mental

geistlich ['gaɪstlɪç] *adj* espiritual; (*kirchlich*) eclesiástico; (*klerikal*) clerical; **~e Musik** música sacra

Geistliche(r) *m* <-n, -n> sacerdote *m,* padre *m*

geistlos *adj* trivial, banal; (*langweilig*) insosso, insípido, sem graça

geistreich *adj* espirituoso, brilhante

geisttötend *adj* monótono, fastidioso

Geiz [gaɪts] *m* <-es> *kein pl* avareza *f*

geizen *vi* ser somítico (*mit* com)

Geizhals *m* <-es, -hälse> (*abw*) avarento *m,* sovina *m;* (*brasil*) pão-duro *m*

geizig *adj* avarento, forreta

Geizkragen *m* <-s, -krägen> *s.* **Geizhals**

Gejammer [gə'jamɐ] *nt* <-s> *kein pl* (*abw*) lamúrias *fpl*

gekannt [gə'kant] *pp von* **kennen**

Geklapper [gə'klapɐ] *nt* <-s> *kein pl* matraquear *m*

geklungen [gə'klʊŋən] *pp von* **klingen**

geknickt [gə'knɪkt] *adj* abatido, deprimido

gekniffen [gə'knɪfən] *pp von* **kneifen**

gekommen [gə'kɔmən] *pp von* **kommen**

gekonnt [gə'kɔnt] **I.** *pp von* **können II.** *adj* de mestre; **das war ~!** essa foi de mestre!

Gekritzel [gə'krɪtsəl] *nt* <-s> *kein pl* (*abw*) rabiscos *mpl,* gatafunhos *mpl*

gekrochen [gə'krɔxən] *pp von* **kriechen**

gekünstelt *adj* (*geziert*) artificial, afe(c)tado; (*Stil*) rebuscado; (*Lachen*) forçado

Gel [ge:l] *nt* <-s, -e> gel *m*

Gelaber *nt* <-s> *kein pl* (*abw*) palrar *m,* tagarelar *m*

Gelächter *nt* <-s> *kein pl* risadas *fpl,* gargalhadas *fpl;* **in ~ (schallendes) ausbrechen** desatar a rir (às gargalhadas)

geladen [gə'la:dən] **I.** *pp von* **laden II.** *adj* ① (*zornig*) prestes a explodir ② (*Gäste*) convidado

Gelage [gə'la:gə] *nt* <-s, -> patuscada *f,* festim *m*

gelähmt *adj* paralítico

Gelände *nt* <-s, -> terreno *m;* (*abgeschlossen*) recinto *m;* (SPORT) campo *m*

geländegängig *adj* todo-o-terreno

Geländer *nt* <-s, -> balaustrada *f;* (*an Treppe*) corrimão *m*

Geländewagen *m* <-s, -> carro *m* todo-o-terreno

gelang [gə'laŋ] *imp von* **gelingen**

gelangen* *vi* ① (*ankommen*) chegar (*zu, nach* a); **ans Ziel ~** atingir o objectivo ② (*erreichen*) conseguir, arranjar; **zu Reichtum ~** fazer fortuna; **ich bin zu der Überzeugung**

gelangt, dass ... eu cheguei à conclusão de que ...

gelassen [gəˈlasən] **I.** *pp von* **lassen II.** *adj* calmo, descontraído **III.** *adv* com calma, com moderação; ~ **bleiben** ficar calmo

Gelassenheit *f kein pl* calma *f,* descontra(c)ção *f*

Gelatine [ʒelaˈtiːnə] *f kein pl* gelatina *f*

gelaufen [gəˈlaʊfən] *pp von* **laufen**

geläufig *adj* corrente, familiar; **das ist mir ~** isso é-me familiar

gelaunt [gəˈlaʊnt] *adj* **gut/schlecht ~ sein** estar bem/mal disposto

gelb [gɛlp] *adj* amarelo

gelblich *adj* amarelado

Gelbsucht *f kein pl* (MED) i(c)terícia *f*

Geld [gɛlt] *nt* <-(e)s> *kein pl* dinheiro *m;* ~ **wechseln** cambiar [*o* trocar] dinheiro; **viel ~ kosten** custar muito dinheiro; ~ **waschen** branquear/lavar dinheiro; **etw zu ~ machen** vender a. c.; (*umg*); **er hat ~ wie Heu** ele nada em dinheiro; **das ist rausgeschmissenes ~!** isso é deitar dinheiro fora!

Geldanlage *f* <-n> investimento *m* (de capital)

Geldautomat *m* <-en, -en> caixa *m* automático, multibanco *m*

Geldbeutel *m* <-s, -> porta-moedas *m*

Geldbuße *f* <-n> multa *f*

Gelder *pl* fundos *mpl,* dinheiros *mpl;* **öffentliche ~** dinheiros *mpl* públicos

Geldgeber(in) *m(f)* <-s, - *o* -innen> capitalista *m,f*

geldgierig *adj* ganancioso

Geldinstitut *nt* <-(e)s, -e> instituição *f* bancária

Geldschein *m* <-(e)s, -e> nota *f;* (WIRTSCH) papel-moeda *m*

Geldschrank *m* <-(e)s, -schränke> cofre *m*

Geldstrafe *f* <-n> multa *f*

Geldstück *nt* <-(e)s, -e> moeda *f*

Geldwechsel *m* <-s> *kein pl* câmbio *m*

Gelee [ʒeˈleː] *m/nt* <-s, -s> geleia *f*

gelegen [gəˈleːgən] **I.** *pp von* **liegen II.** *adj* ❶ (*örtlich*) situado; **zentral ~** central ❷ (*passend*) oportuno; **das kommt mir sehr ~** isso vem mesmo a calhar, isso vem mesmo a propósito; **mir ist daran ~, dass ...** tenho empenho em que ...

Gelegenheit *f* <-en> ocasião *f* (*zu* para); (*günstige*) oportunidade *f;* **bei ~** quando calhar, quando houver oportunidade; **die ~ nutzen, etw zu tun** aproveitar a oportunidade para fazer a. c.; **wenn sich die ~ ergibt** se aparecer a oportunidade

Gelegenheitsarbeit *f* <-en> biscate *m*

Gelegenheitskauf *m* <-(e)s, -käufe> compra *f* de ocasião; (*preiswert*) achado *m,* pechincha *f*

gelegentlich I. *adj* ocasional, acidental **II.** *adv* ❶ (*manchmal*) ocasionalmente ❷ (*bei Gelegenheit*) oportunamente, em devido tempo

gelehrig [gəˈleːrɪç] *adj* que aprende bem, inteligente

gelehrt [gəˈleːɐt] *adj* douto, erudito

Gelehrte(r) *m/f* <-n, -n *o* -n> erudito, erudita *m, f,* escolar *m,f*

Geleise *nt* <-s, -> (*österr*) carril *m*

Geleit *nt* <-(e)s> *kein pl* ❶ (*geh: Begleitung*) acompanhamento *m;* **freies ~** salvo-conduto *m;* **jdm das ~ geben** acompanhar alguém; **jdm das letzte ~ geben** acompanhar alguém à ultima morada ❷ (*Eskorte*) escolta *f*

geleiten* *vt* (*geh*) acompanhar

Geleitschutz *m* <-es> *kein pl* (MIL) escolta *f;* (NAUT) comboio *m*

Gelenk [gəˈlɛnk] *nt* <-(e)s, -e> (ANAT) articulação *f;* (TECH) dobradiça *f*

gelenkig *adj* (*Person*) flexível, ágil

gelernt *adj* qualificado; **Beate ist ~e Fremdsprachenkorrespondentin** a Beate é uma correspondente de línguas qualificada

gelesen [gəˈleːzən] *pp von* **lesen**

Geliebte(r) *m/f* <-n, -n *o* -n> amante *m,f*

geliehen [gəˈliːən] *pp von* **leihen**

gelingen [gəˈlɪŋən] *vi* resultar, sair bem, dar resultado; **nicht ~** falhar, fracassar; **es gelingt ihm** ele consegue; **allen gelang die Flucht** todos conseguiram fugir

gelitten [gəˈlɪtən] *pp von* **leiden**

gell *interj* (*reg*) não é?

gellen [ˈgɛlən] *vi* (ficar a) zumbir; **in den Ohren ~** ficar a zumbir nos ouvidos

geloben* *vt* prometer (solenemente); **das gelobte Land** a Terra Prometida

gelogen [gəˈloːgən] *pp von* **lügen**

Gelse *f* <-n> (*österr*) mosquito *m*

gelt *interj* (*österr*) não é?

gelten [ˈgɛltən] *vi* ❶ (*gültig sein*) ser válido; **mein Pass gilt nicht mehr** o meu passaporte já não é válido; **das gilt nicht** não vale; **etw ~ lassen** deixar passar a. c. ❷ (*einge-*

schätzt werden) passar (*als* por), ser considerado (*als* como); **er gilt als ein großer Staatsmann** ele é considerado um grande homem de Estado ❸ (*bestimmt sein*) ser dirigido (a); **das gilt mir** isso é comigo, isso é dirigido a mim ❹ (*betreffen*) aplicar-se (*für* a)

Geltung *f kein pl* ❶ (*Gültigkeit*) validade *f* ❷ (*Bedeutung, Ansehen*) valor *m,* prestígio *m;* **etw zur ~ bringen** fazer valer a. c.; **zur ~ kommen** fazer notar o seu valor; **sich** *dat* **~ verschaffen** fazer-se respeitar

Geltungsbedürfnis *nt* <-ses> *kein pl* vaidade *f*

Gelübde *nt* <-s, -> (*geh*) voto *m,* promessa *f;* **das ~ der Armut ablegen** fazer o voto de pobreza

gelungen [gəˈlʊŋən] **I.** *pp von* **gelingen II.** *adj* (*gut*) bem feito; (*erfolgreich*) bem sucedido, bem conseguido; **das ist gut/schlecht ~** isso correu bem/mal; **ein ~er Abend** uma noite divertida

gemächlich I. *adj* ❶ (*langsam*) pachorrento ❷ (*ruhig*) pacato **II.** *adv* ❶ (*langsam*) lentamente, devagar ❷ (*ruhig*) pacatamente, sossegadamente

Gemahl(in) [gəˈmaːl] *m(f)* <-(e)s, -e *o* -innen> (*geh*) esposo, esposa *m, f*

Gemälde *nt* <-s, -> pintura *f,* quadro *m*

gemäß I. *präp +dat* segundo, conforme, em conformidade com; **~ unserer Vereinbarung** conforme combinado **II.** *adj* adequado

gemäßigt *adj* moderado; (*Klima*) ameno, temperado

gemein [gəˈmaɪn] *adj* ❶ (*niederträchtig*) mau, malvado; **ein ~er Kerl** um patife ❷ (*unverschämt*) indecente, vergonhoso; **das ist eine ~e Lüge** isso é uma mentira vergonhosa

Gemeinde [gəˈmaɪndə] *f* <-n> ❶ (*städtisch*) comunidade *f,* município *m,* freguesia *f* ❷ (REL) paróquia *f*

Gemeindepräsident(in) *m(f)* <-en, -en *o* -innen> (*schweiz*) presidente *mf* da câmara [*o* junta]

Gemeinderat[1] *m* <-(e)s, -räte> (*Gremium*) junta *f* de freguesia, conselho *m* municipal

Gemeinderat, Gemeinderätin[2] *m, f* <-(e)s, -räte *o* -innen> membro *m* do conselho municipal

Gemeindezentrum *nt* <-s, -zentren> ❶ (*der Stadt*) centro *m* cultural ❷ (*der Kirche*) centro *m* paroquial

gemeingefährlich *adj* que constitui um perigo público

Gemeinheit *f* <-en> (*Gesinnung, Handlung*) maldade *f*

gemeinnützig *adj* de utilidade pública

Gemeinplatz *m* <-es, -plätze> lugar *m* comum

gemeinsam I. *adj* comum; (*Erklärung*) conjunto; **Gemeinsamer Markt** mercado comum; **mit jdm ~e Sache machen** fazer causa comum com alguém **II.** *adv* em conjunto

Gemeinsamkeit *f* <-en> interesse *m* comum, coisa *f* em comum

Gemeinschaft *f* <-en> comunidade *f,* associação *f;* **eheähnliche ~** união *f* de facto; **Europäische ~** Comunidade *f* Europeia

gemeinschaftlich I. *adj* comum **II.** *adv* em comum

Gemeinschaftspraxis *f* <-praxen> consultório *m* comum (de vários médicos)

gemessen [gəˈmɛsən] **I.** *pp von* **messen II.** *adj* pausado; **~en Schrittes** lentamente

Gemetzel [gəˈmɛtsəl] *nt* <-s, -> matança *f,* carnificina *f*

gemieden [gəˈmiːdən] *pp von* **meiden**

Gemisch [gəˈmɪʃ] *nt* <-(e)s, -e> mistura *f*

gemischt [gəˈmɪʃt] *adj* misturado; (*beider Geschlechter*) misto; **mit ~en Gefühlen** confuso

gemocht [gəˈmɔxt] *pp von* **mögen**

gemolken [gəˈmɔlkən] *pp von* **melken**

Gemse[ALT] *f* <-n> *s.* **Gämse**

Gemurmel [gəˈmʊrməl] *nt* <-s> *kein pl* murmúrio *m*

Gemüse *nt* <-s, -> legumes *mpl,* verduras *fpl*

Gemüsegarten *m* <-s, -gärten> horta *f*

Gemüsehändler(in) *m(f)* <-s, - *o* -innen> vendedor, vendedora *m, f* de hortaliça

Gemüsesuppe *f* <-n> sopa *f* de legumes

gemusst[RR] [gəˈmʊst], **gemußt**[ALT] *pp von* **müssen**

gemustert [gəˈmʊstɐt] *adj* estampado

Gemüt *nt* <-(e)s, -er> ❶ (*Psyche*) mente *f,* temperamento *m;* **sie hat ein fröhliches ~** ela é uma pessoa alegre; **die Entscheidung erregte die ~er** a decisão exaltou os ânimos ❷ (*Seele*) alma *f,* coração *m;* **sich** *dat* **etw zu ~e führen** saborear a. c.

gemütlich *adj* ❶ (*einladend*) acolhedor, aconchegante; (*angenehm*) agradável, confortável; **es sich** *dat* **~ machen** pôr-se à vontade ❷ (*Person*) caseiro

Gemütlichkeit *f kein pl* ❶ (*Behaglichkeit*) conforto *m,* comodidade *f* ❷ (*Gemächlichkeit*) aconchego *m;* **in aller ~** em sossego

Gemütsbewegung *f kein pl* comoção *f*

Gemütsmensch *m* <-en, -en> (*umg*) pessoa *f* caseira

Gemütsruhe *f kein pl* paz *f* de espírito, tranquilidade *f*

Gen [ge:n] *nt* <-s, -e> (BIOL) gene *m*

genannt [gə'nant] *pp von* **nennen**

genas [gə'na:s] *imp von* **genesen**

genau [gə'naʊ] **I.** *adj* (*exakt*) exa(c)to, preciso; (*sorgfältig*) meticuloso, cuidadoso; (*ausführlich*) minucioso **II.** *adv* exa(c)tamente; (*Uhrzeit*) em ponto; **~ dasselbe** exa(c)tamente o mesmo; **etw ~ nehmen** levar a. c. à letra; **ich weiß es nicht ~** não sei ao certo; **~ genommen** em rigor, bem vistas as coisas; **die Uhr geht ~** o relógio está certo

genaugenommen *adv s.* **genau II**

Genauigkeit *f kein pl* ❶ (*Exaktheit*) exa(c)tidão, precisão *f,* rigor *m* ❷ (*Sorgfalt*) cuidado *m,* minúcia *f*

genauso [gə'naʊzo:] *adv* tal e qual; **er macht das ~ wie seine Mutter** ele faz isso tal e qual como a mãe

genehmigen* *vt* (*erlauben*) autorizar, permitir; (*bewilligen*) consentir; (*Antrag*) aprovar, deferir; **sich** *dat* **etw** permitir-se (fazer) a. c.

Genehmigung *f* <-en> (*Erlaubnis*) autorização *f,* permissão *f,* licença *f;* (*eines Antrags*) aprovação *f,* deferimento *m;* **eine ~ einholen/erteilen** requerer/conceder uma autorização

geneigt [gə'naɪkt] *adj* **zu etw ~ sein** estar inclinado/disposto a fazer a. c.; **sie war nicht ~, sich seine Argumente anzuhören** ela não estava disposta a ouvir os argumentos dele

General [genə'ra:l] *m* <-s, -räle> (MIL) general *m*

Generaldirektor(in) *m(f)* <-s, -en *o* -innen> director-geral, directora-geral *m, f*

generalisieren* *vi* generalizar

Generalprobe *f* <-n> ensaio *m* geral

Generalsekretär(in) *m(f)* <-s, -e *o* -innen> secretário-geral, secretária-geral *m, f*

Generalstreik *m* <-(e)s, -s> greve *f* geral

Generalüberholung *f* <-en> revisão *f* geral

Generation [genəra'tsjo:n] *f* <-en> geração *f*

Generationskonflikt *m* <-(e)s, -e> conflito *m* de gerações

Generator [genə'ra:to:ɐ] *m* <-s, -en> gerador *m*

generell [genə'rɛl] **I.** *adj* geral, universal **II.** *adv* geralmente

genesen [gə'ne:zən] *vi* (*geh*) restabelecer-se, convalescer

Genesung *f kein pl* (*geh*) restabelecimento *m,* convalescença *f*

Genetik [ge'ne:tɪk] *f kein pl* genética *f*

genetisch [ge'ne:tɪʃ] *adj* genético

Genf [gɛnf] *nt* <-s> *kein pl* Genebra *f*

Genfer *adj* genebrês, -esa, genebrino; **~ See** lago Léman *m*

genial [ge'nja:l] *adj* genial

Genick [gə'nɪk] *nt* <-(e)s, -e> nuca *f;* **das kann ihm/ihr das ~ brechen** isso pode prejudicar a carreira dele/dela

Genie [ʒe'ni:] *nt* <-s, -s> génio *m*

genieren* *vr* **sich ~** ter vergonha; **~ Sie sich nicht!** esteja à vontade!, não faça cerimónia!

genießbar *adj* (*Speisen*) comestível

genießen *vt* ❶ (*Reise, Leben*) gozar; (*umg*) curtir ❷ (*Speisen*) saborear; **das Fleisch ist nicht zu ~** a carne está intragável; (*umg*); **er ist heute nicht zu ~** ele hoje está insuportável ❸ (*Ausbildung, Erziehung*) gozar de, receber

Genießer(in) *m(f)* <-s, - *o* -innen> folgazão *m,* bon vivant *m,* apreciador, apreciadora *m, f* do que é bom

genießerisch *adj* (*Gesichtsausdruck*) consolado, de deleite

Genitalien [geni'ta:liən] *pl* órgãos *mpl* genitais

Genitiv ['ge:niti:f] *m* <-s, -e> (LING) genitivo *m*

genommen [gə'nɔmən] *pp von* **nehmen**

genoss[RR] [gə'nɔs], **genoß**[ALT] *imp von* **genießen**

Genosse(in) [gə'nɔsə] *m(f)* <-n, -n *o* -innen> camarada *m,f,* companheiro, companheira *m, f*

genossen [gə'nɔsən] *pp von* **genießen**

Genossenschaft *f* <-en> cooperativa *f*

Genre ['ʒã:rə] *nt* <-s, -s> género *m*

gentechnisch *adj* genético

Gentechnologie *f kein pl* engenharia *f* genética

genug [gə'nu:k] *adv* suficiente, bastante; **ich habe ~ davon** já estou farto disso; **~!** chega!; **mehr als ~** chega e sobra

genügen* *vi* bastar, ser suficiente, chegar; **den Anforderungen ~** corresponder às exigências, satisfazer os requisitos
genügend *adj* suficiente, bastante
genügsam *adj* fácil de contentar, modesto
Genügsamkeit *f kein pl* modéstia *f*, moderação *f*
Genugtuung [gə'nuːktuːʊŋ] *f kein pl* satisfação *f*
Genus ['gɛnʊs, 'geːnʊs] *nt* <-, Genera> (LING) género *m*
Genuss^RR^ [gə'nʊs] *m* <-es, -nüsse>, **Genuß**^ALT^ *m* <-sses, -nüsse> ❶ (*Vergnügen*) prazer *m*, gozo *m*; **was für ein ~!** que delícia! ❷ *kein pl* (*von Lebensmitteln*) ingestão *f*, consumo *m* ❸ *kein pl* (*Nutznießung*) usufruto *m*; **in den ~ von etw kommen** beneficiar de a. c.
genüsslich^RR^ *adv*, **genüßlich**^ALT^ *adv* com deleite, com prazer
geöffnet *adj* aberto
Geograf(in)^RR^ *m(f)* <-en, -en *o* -innen> geógrafo, geógrafa *m, f*
Geografie^RR^ [geogra'fiː] *f kein pl* geografia *f*
geografisch^RR^ *adj* geográfico
Geograph(in) *m(f)* <-en, -en *o* -innen> geógrafo, geógrafa *m, f*
Geographie *f kein pl* geografia *f*
geographisch *adj* geográfico
Geologe(in) *m(f)* <-en, -en *o* -innen> geólogo, geóloga *m, f*
Geologie [geolo'giː] *f kein pl* geologia *f*
geologisch *adj* geológico
Geometrie [geome'triː] *f kein pl* geometria *f*
geometrisch *adj* geométrico
Georgien [ge'ɔrgiən] *nt* <-s> *kein pl* Geórgia *f*
Gepäck *nt* <-(e)s> *kein pl* bagagem *f*, malas *fpl*; **das ~ aufgeben** despachar a bagagem
Gepäckabfertigung *f* <-en> despacho de bagagem *m*
Gepäckannahme *f* <-n> recepção *f* de bagagem
Gepäckaufbewahrung *f* <-en> depósito *m* de bagagem
Gepäcknetz *nt* <-es, -e> rede *f* para a bagagem
Gepäckschein *m* <-(e)s, -e> senha *f* da bagagem
Gepäckträger *m* <-s, -> ❶ (*Person*) bagageiro *m* ❷ (*am Fahrrad*) porta-bagagem *m*
Gepäckwagen *m* <-s, -> ❶ (*am Bahnhof*) carrinho *m* de bagagem ❷ (*des Zuges*) furgão *m*, vagão *m* de bagagem
gepanzert *adj* blindado
Gepard ['geːpart] *m* <-en, -en> chita *f*
gepfeffert [gə'pfɛfɐt] *adj* ❶ (*umg: Preise*) apimentado ❷ (*umg: Kritik*) picante
gepfiffen [gə'pfɪfən] *pp von* **pfeifen**
gepflegt [gə'pfleːkt] *adj* (bem) cuidado; (*Park*) bem tratado; (*Sprache*) cuidado; (*Atmosphäre*) sele(c)cionado; **~es Aussehen** boa apresentação *f*, aspecto *m* cuidado
gepierct *adj* **~ sein** ter feito um piercing
Geplapper [gə'plapɐ] *nt* <-s> *kein pl* (*umg abw*) tagarelice *f*
Geplätscher *nt* <-s> *kein pl* murmúrio *m* (da água)
gepriesen [gə'priːzən] *pp von* **preisen**
Gequatsche *nt* <-s> *kein pl* (*umg abw*) palrar *m*, tagarelice *f*
gequollen [gə'kvɔlən] *pp von* **quellen**
gerade [gə'raːdə] **I.** *adj* ❶ (*geradlinig*) re(c)to, a direito ❷ (*aufrecht*) direito ❸ (MATH) par; **die ~n Zahlen** os números pares **II.** *adv* ❶ (*genau*) precisamente, exactamente; **~ deswegen/deshalb** por isso mesmo; **warum ~ ich?** porquê logo eu? ❷ (*eben*) agora mesmo; **er war ~ fortgegangen** ele tinha acabado de sair; **~ dabei sein, etw zu tun** estar (mesmo) a fazer a. c.; **ich wollte ~ ausgehen** eu ia mesmo (agora) a sair ❸ (*nicht krumm*) (a) direito; **etw ~ biegen** endireitar a. c.; **~ stehen** endireitar-se; **sitz ~!** senta-te direito!
Gerade [gə'raːdə] *f* <-n> (MATH) re(c)ta *f*
geradeaus [---'-] *adv* a direito, em frente
gerade|biegen^ALT^ *vt irr s.* **gerade II 3**
geradeheraus [-'---'-] *adv* (*umg*) francamente
gerädert *adj* (*umg*) estafado, estourado; **ich bin wie ~** estou estafado
gerade|stehen *vi irr* **~ stehen für** *+akk* (*umg*) tomar a responsabilidade de
geradewegs [-'---] *adv* dire(c)tamente, sem rodeios
geradezu [-'---] *adv* verdadeiramente; **das ist ~ lächerlich** isso é verdadeiramente ridículo
gerammelt *adv* (*umg*) **~ voll** a abarrotar, à pinha
Geranie [ge'raːniə] *f* <-n> gerânio *m*
gerannt [gə'rant] *pp von* **rennen**
Gerät *nt* <-(e)s, -e> (*Radio, Fernsehen, Sport*) aparelho *m*; (*Werkzeug*) instru-

mento *m,* utensílio *m,* apetrecho *m;* (*landwirtschaftlich*) alfaia *f*

geraten* [gəˈraːtən] *vi irr* ① (*gelingen*) sair bem, dar resultado; **gut/schlecht ~** sair bem/mal; **er ist nach der Mutter ~** ele saiu à mãe ② (*gelangen*) chegar (*an, in* a), ir dar (*an, in* a), ir parar (*an, in* a); (*Situation*) ver-se metido (*in* em), cair (*in* em); **an einen Betrüger ~** deparar com um impostor; **außer sich ~** ficar fora de si; **in Brand ~** pegar fogo; **in Schwierigkeiten ~** deparar com dificuldades; **in Vergessenheit ~** cair no esquecimento; **in Wut ~** enfurecer-se, ficar furioso

Geräteturnen *nt* <-s> *kein pl* ginástica *f* de aparelhos

Geratewohl [gəˈraːtəvoːl, ---ˈ-] *nt* **aufs ~** ao acaso, à toa, à sorte

geräuchert *adj* defumado

geraum *adj* (*geh*) **~e Zeit später** bastante tempo depois; **seit ~er Zeit** (desde) há bastante tempo

geräumig *adj* espaçoso, amplo

Geräusch *nt* <-(e)s, -e> ruído *m,* barulho *m*

Geräuschdämmung *f kein pl* insonorização *f*

Geräuschkulisse *f* <-n> ruídos *mpl* de fundo

geräuschlos *adj* silencioso

geräuschvoll *adj* ruidoso, barulhento

gerben [ˈgɛrbən] *vt* curtir

Gerberei *f* <-en> fábrica *f* de curtumes

gerecht [gəˈrɛçt] *adj* (*Person, Urteil, Strafe*) justo; **jdm/etw ~ werden** fazer justiça a alguém/a. c.; **einer Anforderung ~ werden** satisfazer uma exigência

Gerechtigkeit *f kein pl* justiça *f*

Gerede [gəˈreːdə] *nt* <-s> *kein pl* ① (*umg: Geschwätz*) palavreado *m* ② (*Klatsch*) falatório *m,* boato *m;* **jdn ins ~ bringen** difamar alguém; **ins ~ kommen** cair nas bocas do mundo

geregelt *adj* regrado; **ein ~es Leben führen** levar uma vida regrada

gereizt [gəˈraɪtst] *adj* irritado; (*Stimmung*) tenso

Gericht [gəˈrɪçt] *nt* <-(e)s, -e> ① (*Institution*) tribunal *m;* **jdn vor ~ bringen** levar alguém a tribunal; **vor ~ stehen** estar em tribunal; **das Jüngste ~** o Juízo Final ② (*Essen*) prato *m*

gerichtlich *adj* judicial, legal; **gegen jdn ~ vorgehen** processar alguém

Gerichtsbarkeit *f kein pl* jurisdição *f*

Gerichtshof *m* <-(e)s, -höfe> tribunal *m;* **der Europäische/Internationale ~** o Tribunal Europeu/Internacional

Gerichtskosten *pl* encargos *mpl* judiciais

Gerichtsmedizin *f kein pl* medicina *f* legal

Gerichtssaal *m* <-(e)s, -säle> sala *f* de audiências

Gerichtsverfahren *nt* <-s, -> processo *m* judicial

Gerichtsverhandlung *f* <-en> audiências *fpl* (de um processo)

Gerichtsvollzieher(in) *m(f)* <-s, - *o* -innen> oficial *m,f* de diligências

gerieben [gəˈriːbən] *pp von* **reiben**

geriet [gəˈriːt] *imp von* **geraten**

gering [gəˈrɪŋ] *adj* ① (*klein*) pequeno; (*wenig*) pouco; (*Temperatur*) baixo ② (*unbedeutend*) insignificante; **das stört mich nicht im Geringsten** isso não me incomoda minimamente; **jdn/etw ~ schätzen** menosprezar alguém/a. c.

geringfügig *adj* insignificante, mínimo; **~e Unterschiede** diferenças mínimas

gering|schätzenALT *vt s.* **gering 2**

geringschätzig *adj* depreciativo, desdenhoso

gerinnen [gəˈrɪnən] *vi irr* (*Blut*) coagular; (*Milch*) talhar, coalhar

Gerippe [gəˈrɪpə] *nt* <-s, -> (*Skelett*) esqueleto *m,* ossatura *f*

gerissen [gəˈrɪsən] **I.** *pp von* **reißen** **II.** *adj* manhoso, sabido; **~ sein** ter manha

geritten [gəˈrɪtən] *pp von* **reiten**

Germanist(in) *m(f)* <-en, -en *o* -innen> germanista *m,f*

Germanistik [gɛrmaˈnɪstɪk] *f kein pl* Estudos *mpl* Alemães, filologia *f* germânica

gern(e) *adv* com gosto, de bom grado; **jdn/etw ~ haben/mögen** gostar de alguém/a. c.; **etw ~ machen** gostar de fazer a. c., fazer a. c. com gosto; **er liest/arbeitet ~** ele gosta de ler/trabalhar; **ein ~ gesehener Gast** um convidado bem-vindo; **das wird hier nicht ~ gesehen** isso aqui não é bem visto; **das glaube ich ~** não me custa acreditar; **ich hätte ~ ein Kilo Äpfel** eu queria um quilo de maçãs; **~ geschehen!** foi um prazer!; (*umg*); **du kannst mich mal ~ haben!** estou-me nas tintas!

gerochen [gəˈrɔxən] *pp von* **riechen**

Geröll *nt* <-(e)s, -e> cascalho *m,* entulho *m*

geronn *imp von* **gerinnen**
geronnen [gə'rɔnən] *pp von* **rinnen, gerinnen**
Gerontologie *f kein pl* gerontologia *f*
Gerste ['gɛrstə] *f* <-n> cevada *f*
Gerstenkorn *nt* <-(e)s, -körner> ❶ (BOT) grão *m* de cevada ❷ (MED) terçolho *m*
Gerte ['gɛrtə] *f* <-n> chibata *f*
gertenschlank *adj* esguio
Geruch [gə'rʊx] *m* <-(e)s, Gerüche> cheiro *m* (*nach* a), aroma *m* (*nach* a), odor *m* (*nach* a)
geruchlos *adj* inodoro
Geruchssinn *m* <-(e)s> *kein pl* olfa(c)to *m*
Gerücht *nt* <-(e)s, -e> boato *m*, rumor *m*; **es geht das ~, dass ...** corre o boato que ..., dizem por aí que ...
gerufen [gə'ru:fən] *pp von* **rufen**
gerührt *adj* (*Person*) comovido
geruhsam [gə'ru:za:m] *adj* calmo, pacato
Gerümpel *nt* <-s> *kein pl* (*abw*) tralha *f*, tarecos *m*
gerungen [gə'rʊŋən] *pp von* **ringen**
Gerüst *nt* <-(e)s, -e> (*auf dem Bau*) armação *f*, andaime *m*
gesalzen [gə'zaltsən] *adj* ❶ (*Speise*) salgado ❷ (*Preise*) exorbitante
gesamt [gə'zamt] *adj* todo, inteiro, geral; (*Kosten*) total; (*Werke*) completo; **es kommt die ~e Familie** vem a família toda
Gesamtausgabe *f* <-n> edição *f* completa
gesamtdeutsch *adj* de toda a Alemanha
Gesamteindruck *m* <-(e)s, -drücke> impressão *f* geral
gesamthaft **I.** *adj* (*schweiz*) total **II.** *adv* (*schweiz*) no total
Gesamtheit *f kein pl* totalidade *f*, conjunto *m*, todo *m*; **in seiner/ihrer ~** no seu todo
Gesamthochschule *f* <-n> Escola *f* Superior integrada
Gesamtschule *f* <-n> escola *f* integrada

Na escola do tipo **Gesamtschule** (Escola integrada) não vigora o sistema escolar tradicional. Aqui há matérias principais que são obrigatórias para todos os alunos, matérias optativas dentre as quais os alunos podem fazer uma escolha, matérias de acordo com as tendências particulares e cursos especiais. Conforme o talento do aluno, é possível obterem-se diversos níveis dentro da educação escolar. Este tipo de escola não conseguiu impor-se em todas as regiões da Alemanha, da Áustria nem da Suíça.

gesandt [gə'zant] *pp von* **senden**
Gesandte(r) *m/f* <-n, -n *o* -n> enviado, enviada *m, f*; **der päpstliche ~** o núncio apostólico
Gesandtschaft *f* <-en> legação *f*; **päpstliche ~** nunciatura *f*
Gesang [gə'zaŋ] *m* <-(e)s, -sänge> ❶ *kein pl* (*das Singen*) canto *m* ❷ (*Lied*) cântico *m*
Gesangbuch *nt* <-(e)s, -bücher> livro *m* de cânticos
Gesangverein *m* <-(e)s, -e> grupo *m* coral, orfeão *m*
Gesäß *nt* <-es, -e> rabo *m*
gesch. *abk v* **geschieden** divorciado
geschaffen [gə'ʃafən] *pp von* **schaffen**
Geschäft *nt* <-(e)s, -e> ❶ (*Handel*) negócio *m*; **ein ~ abschließen** fechar um negócio; **ein gutes/schlechtes ~ machen** fazer um bom/mau negócio; **mit jdm ins ~ kommen** entrar em negociações com alguém ❷ (*Laden*) loja *f*, estabelecimento *m*; **das ~ schließt um 7 Uhr** o estabelecimento [*o* a loja] fecha às 7 horas
Geschäftemacher(in) *m(f)* <-s, - *o* -innen> (*abw*) aproveitador, aproveitadora *m, f*, explorador, exploradora *m, f*
geschäften *vi* (*schweiz*) negociar
geschäftig *adj* diligente
Geschäftigkeit *f kein pl* diligência *f*
geschäftlich **I.** *adj* comercial, de negócios **II.** *adv* em negócios; **~ unterwegs sein** estar para fora em negócios
Geschäftsaufgabe *f* <-n> liquidação *f* comercial
Geschäftsbrief *m* <-(e)s, -e> carta *f* comercial
geschäftsfähig *adj* (JUR) capaz
Geschäftsführer(in) *m(f)* <-s, - *o* -innen> gerente *m,f*, dire(c)tor, dire(c)tora *m, f*
Geschäftsführung *f* <-en> gerência *f*, dire(c)ção *f*
Geschäftsjahr *nt* <-(e)s, -e> ano *m* fiscal, ano *m* económico
Geschäftslage *f kein pl* (WIRTSCH) situação *f* (comercial)
Geschäftsleute *pl* homens *mpl* de negócios
Geschäftsmann *m* <-(e)s, -leute>

homem *m* de negócios

Geschäftspartner(in) *m(f)* <-s, - *o* -innen> sócio, sócia *m, f*

Geschäftsreise *f* <-n> viagem *f* de negócios; **auf ~ sein** estar numa viagem de negócios

Geschäftsschluss[RR] *m* <-es> *kein pl* encerramento *m,* hora *f* de fecho; **nach ~** após o encerramento

Geschäftsstelle *f* <-n> (*Büro*) escritório *m;* (*Filiale*) agência *f*

geschäftstüchtig *adj* eficiente, competente

geschah [gəˈʃaː] *imp von* **geschehen**

geschehen* [gəˈʃeːən] *vi* acontecer, suceder; **das geschieht dir recht!** é bem feito!; **was auch ~ mag** aconteça o que acontecer; **als ob nichts ~ wäre** como se não tivesse acontecido nada; **etw ~ lassen** deixar acontecer a. c.

Geschehen *nt* <-s> *kein pl* acontecimentos *mpl*

gescheit [gəˈʃaɪt] *adj* sensato, inteligente; **nichts Gescheites** nada de jeito

Geschenk [gəˈʃɛŋk] *nt* <-(e)s, -e> prenda *f,* presente *m;* **jdm ein ~ machen** dar uma prenda a alguém

Geschenkgutschein *m* <-(e)s, -e> vale-presente *m*

Geschichte [gəˈʃɪçtə] *f* <-n> ❶ (*Erzählung*) história *f,* conto *m;* **~n für Kinder** histórias *fpl* infantis ❷ *kein pl* (*der Menschheit*) História *f;* **~ studieren** estudar História; **Alte/Mittlere/Neue ~** História *f* Antiga/Medieval/Moderna ❸ (*umg: Angelegenheit*) história *f,* coisa *f;* **schon wieder die alte ~!** sempre a mesma história!; **eine schöne ~!** bonito serviço!

geschichtlich *adj* histórico

Geschichtsschreibung *f kein pl* historiografia *f*

Geschick [gəˈʃɪk] *nt* <-(e)s> *kein pl s.* **Geschicklichkeit**

Geschicklichkeit *f kein pl* habilidade *f,* jeito *m,* perícia *f*

geschickt **I.** *adj* hábil, habilidoso, jeitoso **II.** *adv* com arte

geschieden [gəˈʃiːdən] *pp von* **scheiden**

geschienen [gəˈʃiːnən] *pp von* **scheinen**

Geschirr [gəˈʃɪr] *nt* <-(e)s, -e> ❶ (*zum Essen*) louça *f* ❷ *kein pl* (*Gesamtheit*) utensílios *m* de cozinha, trem *m* de cozinha

Geschirrspülmaschine *f* <-n> máquina *f* de lavar louça, máquina *f* da louça

Geschirrtuch *nt* <-(e)s, -tücher> pano *m* de cozinha, pano *m* da louça

geschissen [gəˈʃɪsən] *pp von* **scheißen**

geschlafen [gəˈʃlaːfən] *pp von* **schlafen**

geschlagen [gəˈʃlaːgən] *pp von* **schlagen**

Geschlecht [gəˈʃlɛçt] *nt* <-(e)s, -er> ❶ (BIOL) sexo *m;* **das andere ~** o sexo oposto; **beiderlei ~s** de ambos os sexos ❷ (LING) género *m*

geschlechtlich *adj* sexual

Geschlechtskrankheit *f* <-en> doença *f* venérea, doença *f* sexualmente transmissível

Geschlechtsorgan *nt* <-(e)s, -e> órgão *m* sexual

Geschlechtsreife *f kein pl* maturidade *f* sexual, puberdade *f*

Geschlechtsteil *nt* <-(e)s, -e> orgão *m* genital

Geschlechtsverkehr *m* <-s> *kein pl* relações *fpl* sexuais

geschlichen [gəˈʃlɪçən] *pp von* **schleichen**

geschliffen [gəˈʃlɪfən] **I.** *pp von* **schleifen** **II.** *adj* (*Glas, Umgangsformen*) polido

geschlossen [gəˈʃlɔsən] **I.** *pp von* **schließen** **II.** *adj* (*zusammenhängend*) fechado, íntimo; **~e Gesellschaft** reunião *f* íntima, círculo *m* fechado; (*Vokal*) fechado **III.** *adv* unanimemente, por unanimidade; **~ für/gegen etw stimmen** votar unanimemente a favor de/contra a. c.

geschlungen [gəˈʃlʊŋən] *pp von* **schlingen**

Geschmack [gəˈʃmak] *m* <-(e)s, -schmäcke> ❶ (*ästhetisch*) gosto *m;* **er/sie hat keinen ~** ele/ela não tem gosto nenhum; **über ~ lässt sich nicht streiten** os gostos não se discutem; **an etw ~ finden** tomar gosto em a. c. ❷ (*einer Speise*) gosto *m* (*nach* a), sabor *m* (*nach* a)

geschmacklos *adj* ❶ (*Speise*) insípido, sem gosto ❷ (*taktlos*) de mau gosto

Geschmacklosigkeit *f* <-en> ❶ *kein pl* (*Eigenschaft*) falta *f* de gosto, mau gosto *m* ❷ (*Bemerkung*) inconveniência *f*

Geschmacksache *f kein pl* questão *f* de gosto; **das ist ~** isso é uma questão de gosto

Geschmackssinn *m* <-(e)s> *kein pl* paladar *m,* gosto *m*

geschmackvoll *adj* (*Kleidung, Einrichtung*) de bom gosto

geschmeidig [gəˈʃmaɪdɪç] *adj* ❶ (*Material*) maleável, flexível; (*weich*) macio ❷ (*Bewe-*

gung) flexível

Geschmier(e) *nt* <-(e)s> *kein pl* (*abw*) gatafunhos *mpl*

geschmissen [gəˈʃmɪsən] *pp von* **schmeißen**

geschmolzen [gəˈʃmɔltsən] *pp von* **schmelzen**

geschnitten [gəˈʃnɪtən] *pp von* **schneiden**

geschoben [gəˈʃoːbən] *pp von* **schieben**

gescholten [gəˈʃɔltən] *pp von* **schelten**

Geschöpf *nt* <-(e)s, -e> criatura *f*

geschoren [gəˈʃoːrən] *pp von* **scheren**

Geschoss[RR] [gəˈʃɔs] *nt,* **Geschoß**[ALT] *nt* ① (*einer Waffe*) projé(c)til *m,* bala *f* ② (*eines Hauses*) andar *m;* (*im Einkaufszentrum*) piso *m;* **sie wohnen im 3. ~** eles moram no 3º andar

geschossen [gəˈʃɔsən] *pp von* **schießen**

Geschrei *nt* <-s> *kein pl* gritaria *f,* alarido *m*

geschrieben [gəˈʃriːbən] *pp von* **schreiben**

geschrie(e)n *pp von* **schreien**

geschritten [gəˈʃrɪtən] *pp von* **schreiten**

Geschütz *nt* <-es, -e> canhão *m;* (*umg*); **schweres ~ auffahren** reagir com duas pedras na mão

geschützt *adj* protegido; (*Ort*) abrigado

Geschwader *nt* <-s, -> (MIL) esquadra *f*

Geschwätz *nt* <-es> *kein pl* (*abw: Unsinn*) palavreado *m,* conversa *f* fiada; (*brasil*) papo-furado *m;* (*Klatsch*) coscuvilhice *f;* (*brasil*) bate-papo *m*

geschwätzig *adj* (*abw*) linguareiro; (*brasil*) linguarudo

geschweige [gəˈʃvaɪgə] *konj* **~ denn** muito menos, quanto mais; **er isst kein Fleisch, ~ denn Innereien** ele não come carne, muito menos [*o* quanto mais] miudos

geschwiegen [gəˈʃviːgən] *pp von* **schweigen**

geschwind [gəˈʃvɪnt] *adj* (*reg*) veloz

Geschwindigkeit [gəˈʃvɪndɪçkaɪt] *f* <-en> velocidade *f;* **mit einer ~ von 100 km/h** a uma velocidade de 100 km/h; **wegen überhöhter ~** por excesso de velocidade

Geschwindigkeitsbeschränkung *f* <-en> limite *m* de velocidade

Geschwister [gəˈʃvɪstɐ] *pl* irmãos *mpl;* (*nur Schwestern*) irmãs *fpl*

geschwollen [gəˈʃvɔlən] **I.** *pp von* **schwellen II.** *adj* (*Stil*) empolado

geschwommen [gəˈʃvɔmən] *pp von* **schwimmen**

geschworen [gəˈʃvoːrən] *pp von* **schwören**

Geschworene(r) *m/f* <-n, -n *o* -n> jurado, jurada *m, f*

Geschwulst [gəˈʃvʊlst] *f* <-schwülste> tumor *m,* inchaço *m*

geschwunden [gəˈʃvʊndən] *pp von* **schwinden**

geschwungen [gəˈʃvʊŋən] **I.** *pp von* **schwingen II.** *adj* curvo, arqueado

Geschwür *nt* <-(e)s, -e> úlcera *f*

gesehen [gəˈzeːən] *pp von* **sehen**

Geselchte(s) *nt* <-n> *kein pl* (*österr*) carne *f* fumada

Geselle(in) [gəˈzɛlə] *m(f)* <-n, -n *o* -innen> oficial *m,f* (de um ofício)

gesellen* *vr* **sich ~** juntar-se (*zu* a)

gesellig *adj* sociável; **~es Beisammensein** convívio *m*

Geselligkeit *f kein pl* convívio *m*

Gesellschaft [gəˈzɛlʃaft] *f* <-en> ① (*Soziologie*) sociedade *f* ② *kein pl* (*Umgang, Begleitung*) companhia *f;* **jdm ~ leisten** fazer companhia a alguém; **er ist in schlechte ~ geraten** ele anda em más companhias ③ (WIRTSCH) sociedade *f;* **~ mit beschränkter Haftung** sociedade *f* de responsabilidade limitada ④ (*Club*) associação *f*

gesellschaftlich *adj* social

Gesellschaftsordnung *f* <-en> ordem *f* social

Gesellschaftsschicht *f* <-en> nível *m* social, classe *f* social

Gesellschaftsspiel *nt* <-(e)s, -e> jogo *m* de sala

gesessen [gəˈzɛsən] *pp von* **sitzen**

Gesetz [gəˈzɛts] *nt* <-es, -e> lei *f;* **ein ungeschriebenes ~** uma lei tradicional não escrita, um costume; **ein ~ verabschieden** votar uma lei; **das ~ übertreten** infringir a lei

Gesetzbuch *nt* <-(e)s, -bücher> código *m* (de leis); **Bürgerliches ~** Código *m* Civil

Gesetzentwurf *m* <-(e)s, -würfe> proje(c)to *m* de lei

Gesetzesvorlage *f* <-n> *s.* **Gesetzentwurf**

gesetzgebend [gəˈzɛtsgeːbənt] *adj* legislativo

Gesetzgeber *m* <-s, -> legislador *m*

Gesetzgebung *f kein pl* legislação *f*

gesetzlich *adj* legal, legítimo; **~er Feiertag** feriado *m* oficial; (*Erfindung*); **~ geschützt**

patenteado; (*Warenzeichen*) regist(r)ado

gesetzmäßig *adj* legal, conforme a lei

gesetzt [gə'zɛtst] *adj* (*Person*) maduro, que assentou

gesetzwidrig *adj* ilegal, contra a lei

Gesicht [gə'zɪçt] *nt* <-(e)s, -er> cara *f,* rosto *m;* (*Miene*) cara *f,* ar *m;* **sein wahres ~ zeigen** mostrar a sua verdadeira faceta; **etw zu ~ bekommen** ver a. c.; **jdm etw ins ~ sagen** dizer a. c. na cara de alguém; (*umg*); **ein langes ~ machen** ficar de trombas

Gesichtsausdruck *m* <-(e)s, -drücke> cara *f,* expressão *f* (facial)

Gesichtsfarbe *f* <-n> tez *f*

Gesichtspunkt *m* <-(e)s, -e> ponto *m* de vista; **unter diesem ~** sob esse ponto de vista

Gesichtswasser *nt* <-s, -wässer> loção *f* facial

Gesichtszüge *pl* traços *mpl,* feições *fpl*

Gesindel [gə'zɪndəl] *nt* <-s> *kein pl* (*abw*) gentalha *f,* gentinha *f,* ralé *f*

gesinnt [gə'zɪnt] *adj* **jdm feindlich/freundlich ~ sein** ser hostil/favorável a alguém

Gesinnung [gə'zɪnʊŋ] *f kein pl* (*Denkart*) mentalidade *f;* (*Meinung*) opinião *f;* **politische ~** convicções *fpl* políticas

Gesinnungswandel *m* <-s> *kein pl* mudança *f* de opinião

gesittet [gə'zɪtət] *adj* civilizado, bem-educado

gesoffen [gə'zɔfən] *pp von* **saufen**

gesogen [gə'zo:gən] *pp von* **saugen**

gesotten [gə'zɔtən] *pp von* **sieden**

Gespan *m* <-en, -en> (*schweiz*) companheiro *m*

Gespann [gə'ʃpan] *nt* <-(e)s, -e> ❶ (*Pferde*) parelha *f;* (*Ochsen*) junta *f* ❷ (*Menschen*) par *m,* parelha *f*

gespannt [gə'ʃpant] *adj* ❶ (*Lage, Stimmung*) tenso ❷ (*neugierig*) curioso (*auf* por), ansioso (*auf* por); **ich bin ~, ob er kommt** estou curioso por saber se ele vem

Gespenst [gə'ʃpɛnst] *nt* <-(e)s, -er> fantasma *m,* espírito *m;* (*umg*); **du siehst ~er!** estás a ver coisas!

gespenstisch *adj* fantástico

gesponnen [gə'ʃpɔnən] *pp von* **spinnen**

Gespött *nt* <-(e)s> *kein pl* alvo *m* de troça; **sich zum ~ der Leute machen** cair no ridículo

Gespräch *nt* <-(e)s, -e> ❶ (*Unterhaltung*) conversa *f,* diálogo *m;* **ein ~ mit jdm führen** ter uma conversa com alguém; **mit jdm ins ~ kommen** começar a conversar com alguém ❷ (*am Telefon*) telefonema *m;* (*Anruf*) chamada *f*

gesprächig *adj* falador, conversador, comunicativo; **nicht sehr ~ sein** ser de poucas falas

Gesprächspartner(in) *m(f)* <-s, - *o* -innen> interlocutor, interlocutora *m, f*

Gesprächsstoff *m* <-(e)s, -e> assunto *m*

Gesprächsthema *nt* <-s, -themen> tema *m* de conversa

Gespritzte(r) *m* <-n, -n> (*österr*) *vinho e água com gás*

gesprochen [gə'ʃprɔxən] *pp von* **sprechen**

gesprossen [gə'ʃprɔsən] *pp von* **sprießen**

gesprungen [gə'ʃprʊŋən] *pp von* **springen**

Gespür *nt* <-s> *kein pl* intuição *f* (*für* para)

Gestalt [gə'ʃtalt] *f* <-en> ❶ *kein pl* (*Form*) forma *f;* **~ annehmen** tomar forma; **in ~ von** sob a forma de ❷ *kein pl* (*äußere Erscheinung*) aspecto *m;* (*Wuchs*) porte *m,* estatura *f* ❸ (*Person*) vulto *m;* **düstere ~en** vultos *mpl* sinistros

gestalten* *vt* (*Bild, Entwurf*) dar forma a; (*Vortrag*) realizar; (*Leben, Freizeit, Unterricht*) organizar

Gestaltung *f* <-en> (*von Veranstaltung*) realização *f,* organização *f;* (*von Thema*) tratamento *m;* (*von Leben, Freizeit*) organização *f*

gestanden [gə'ʃtandən] *pp von* **gestehen, stehen**

geständig *adj* confesso; **er war ~** ele confessou-se culpado

Geständnis *nt* <-ses, -se> confissão *f;* **ein ~ ablegen** confessar-se culpado

Gestank [gə'ʃtaŋk] *m* <-(e)s> *kein pl* fedor *m,* mau cheiro *m*

gestatten* *vt* permitir, consentir, dar licença; **jdm etw ~** dar licença a alguém para a. c.; **~ Sie?** dá licença?; **~ Sie, dass ...** dá-me licença de ...

Geste ['ge:stə, 'gɛstə] *f* <-n> gesto *m*

gestehen* *vt irr* (*a* JUR) confessar; **ich muss ~, dass ...** tenho de confessar que ...; **offen gestanden** para ser franco, com franqueza

Gestein [gə'ʃtaɪn] *nt* <-(e)s, -e> mineral *m;* (*Fels*) rocha *f*

Gestell [gə'ʃtɛl] *nt* <-(e)s, -e> ❶ (*Unterbau*)

armação *f;* (*Stütze*) suporte *m* ② (*der Brille*) armação *f* ③ (*des Autos*) chassis *m*

gestern ['gɛstɐn] *adv* ontem; ~ **Morgen/Mittag/Abend** ontem de manhã/ao meio-dia/à noite; ~ **vor zwei Wochen** fez ontem quinze dias; (*umg*); **ich bin nicht von** ~ eu não nasci ontem

gestiegen [gə'ʃti:gən] *pp von* **steigen**

Gestik *f kein pl* mímica *f*

gestikulieren* *vi* gesticular

Gestirn [gə'ʃtɪrn] *nt* <-(e)s, -e> astro *m*

gestochen [gə'ʃtɔxən] **I.** *pp von* **stechen** **II.** *adj* (*sorgfältig*) primoroso; ~**e Handschrift** letra limpa e cuidada

gestohlen [gə'ʃto:lən] *pp von* **stehlen**

gestorben [gə'ʃtɔrbən] *pp von* **sterben**

gestoßen *pp von* **stoßen**

gestreift [gə'ʃtraɪft] *adj* listrado, às listras, às riscas; **blau** ~ às listras [*o* riscas] azuis

gestresst[RR] [gə'ʃtrɛst] *adj,* **gestreßt**[ALT] *adj* stressado

gestrichelt *adj* (*Linie*) tracejado

gestrichen [gə'ʃtrɪçən] *pp von* **streichen**

gestrig ['gɛstrɪç] *adj* de ontem; **die** ~**e Zeitung** o jornal de ontem

gestritten [gə'ʃtrɪtən] *pp von* **streiten**

Gestrüpp *nt* <-(e)s, -e> matagal *m*

gestunken [gə'ʃtʊŋkən] *pp von* **stinken**

Gestüt *nt* <-(e)s, -e> coudelaria *f*

Gesuch [gə'zu:x] *nt* <-(e)s, -e> requerimento *m;* **ein** ~ **einreichen** fazer um requerimento

gesund [gə'zʊnt] *adj* (*Person*) saudável, sadio, de saúde; (*Lebensmittel*) saudável; (*Haut, Zähne, Geist*) são; (**wieder**) ~ **werden** restabelecer-se, recompor-se; **wieder** ~ **sein** já estar bom; **der** ~**e Menschenverstand** o bom senso

Gesundheit *f kein pl* saúde *f;* ~**!** santinho!, viva!

gesundheitlich *adj* de saúde; **aus** ~**en Gründen** por motivos de saúde

Gesundheitsamt *nt* <-(e)s, -ämter> Direcção-Geral *f* de Saúde; (*brasil*) Secretaria *f* de Saúde

gesundheitsschädlich *adj* prejudicial à saúde

Gesundheitswesen *nt* <-s> *kein pl* Serviços *mpl* de Saúde Pública

Gesundheitszeugnis *nt* <-ses, -se> atestado *m* de saúde

Gesundheitszustand *m* <-(e)s> *kein pl* estado *m* de saúde

gesungen [gə'zʊŋən] *pp von* **singen**

gesunken [gə'zʊŋkən] *pp von* **sinken**

getan *pp von* **tun**

Getöse *nt* <-s> *kein pl* ruído *m,* barulho *m*

getragen [gə'tra:gən] **I.** *pp von* **tragen** **II.** *adj* (*Musik*) solene

Getränk *nt* <-(e)s, -e> bebida *f;* **alkoholische** ~**e** bebidas *fpl* alcoólicas

Getränkeautomat *m* <-en, -en> máquina *f* de bebidas

getrauen* *vr* **sich** ~ atrever-se (*zu* a), ousar (*zu*)

Getreide [gə'traɪdə] *nt* <-s, -> cereal *m,* cereais *mpl*

getrennt [gə'trɛnt] *adj* separado; **sie leben** ~ eles vivem separados; ~ **bezahlen** pagar separado

getreten *pp von* **treten**

getreu [gə'trɔɪ] *adj* exa(c)to

Getriebe [gə'tri:bə] *nt* <-s, -> (TECH) mecanismo *m,* engrenagem *f;* (*Auto*) caixa *f* de velocidades

getrieben *pp von* **treiben**

getroffen *pp von* **treffen**

getrogen *pp von* **trügen**

getrost [gə'tro:st] *adv* descansado, tranquilo, sem receio; **du kannst dich** ~ **auf mich verlassen** podes confiar em mim à vontade

getrunken *pp von* **trinken**

Getue [gə'tu:ə] *nt* <-s> *kein pl* (*abw*) complicação *f*

Getümmel *nt* <-s> *kein pl* tumulto *m*

geübt *adj* com prática, treinado; **ein** ~**es Auge** um olho treinado

Gewächs *nt* <-es, -e> planta *f*

gewachsen [gə'vaksən] **I.** *pp von* **wachsen** **II.** *adj* **jdm/etw** ~ **sein** estar à altura de alguém/a. c.

Gewächshaus *nt* <-es, -häuser> estufa *f*

gewagt [gə'va:kt] *adj* ousado, arriscado

gewählt *adj* (*Stil*) rebuscado

Gewähr *f kein pl* garantia *f;* **ohne** ~ sem compromisso

gewähren* *vt* (*Bitte*) atender a, aceder a; (*Unterkunft*) dar; (*Asyl*) conceder; (*Rabatt*) fazer; **jdn** ~ **lassen** deixar alguém fazer o que quer

gewährleisten* *vt* garantir

Gewahrsam [gə'va:ɐza:m] *m* <-s> *kein pl* ① (*Obhut*) custódia *f,* guarda *f;* **etw in** ~ **nehmen** tomar a. c. sob custódia ② (*Gefan-*

G

genschaft) prisão *f*, detenção *f*; **jdn in ~ nehmen** prender [*o* deter] alguém

Gewalt [gə'valt] *f* <-en> ❶ (*Gewalttätigkeit*) violência *f*, força *f*; **jdm ~ antun** ser violento para com alguém; **~ anwenden** usar a força, recorrer à força; **mit ~** à (viva) força ❷ (*Macht*) poder *m*, autoridade *f*; **höhere ~** um caso de força maior; **in jds ~ geraten** cair nas mãos de alguém; **jdn/etw in seine ~ bringen** apoderar-se de alguém/a. c.; **sich in der ~ haben** dominar-se

Gewaltanwendung *f* <-en> uso *m* da força

Gewaltherrschaft *f kein pl* despotismo *m*, tirania *f*

gewaltig I. *adj* (*mächtig*) poderoso; (*riesig*) enorme; (*heftig, stark*) tremendo II. *adv* (*umg*) imensamente; **sich ~ irren** estar redondamente enganado

gewaltlos I. *adj* pacífico II. *adv* pacificamente, sem violência; **sich ~ ergeben** entregar-se pacificamente

gewaltsam I. *adj* violento II. *adv* violentamente, à força; **eine Tür ~ öffnen** abrir uma porta à força

gewalttätig *adj* violento

Gewand [gə'vant] *nt* <-(e)s, -wänder> (*geh*) vestimenta *f*

gewandt [gə'vant] *adj* ❶ (*Person*) hábil, ágil; (*erfahren*) versado ❷ (*Auftreten*) desenvolto, desembaraçado

gewann [gə'van] *imp von* **gewinnen**

gewaschen [gə'vaʃən] *pp von* **waschen**

Gewässer *nt* <-s, -> águas *fpl*

Gewässerschutz *m* <-es> *kein pl* prote(c)ção *f* das águas, prote(c)ção *f* hidrológica

Gewebe [gə've:bə] *nt* <-s, -> (*a* BIOL) tecido *m*

Gewehr [gə've:ɐ] *nt* <-(e)s, -e> espingarda *f*

Gewehrkolben *m* <-s, -> coronha *f*

Gewehrlauf *m* <-(e)s, -läufe> cano *m* de espingarda

Geweih [gə'vaɪ] *nt* <-(e)s, -e> armação *f*, chifres *mpl*

Gewerbe [gə'vɛrbə] *nt* <-s, -> ❶ (*Tätigkeit*) profissão *f*, ofício *m* ❷ *kein pl* (*Betrieb*) pequena empresa *f*

Gewerbegebiet *nt* <-(e)s, -e> zona *f* industrial

Gewerbeschein *m* <-(e)s, -e> carteira *f* profissional

Gewerbesteuer *f* <-n> contribuição *f* industrial

gewerbetreibend *adj* industrial, profissional

gewerblich [gə'vɛrplɪç] *adj* comercial; (*industriell*) industrial; (*beruflich*) profissional

gewerbsmäßig *adj* profissional

Gewerkschaft [gə'vɛrkʃaft] *f* <-en> sindicato *m*; **in die ~ eintreten** filiar-se no sindicato

Gewerkschafter(in) *m(f)* <-s, - *o* -innen> sindicalista *m,f*

gewerkschaftlich *adj* sindical, sindicalista

Gewerkschaftsbund *m* <-(e)s, -bünde> associação *f* sindical

gewesen [gə've:zən] *pp von* **sein**

gewichen [gə'vɪçən] *pp von* **weichen**

Gewicht [gə'vɪçt] *nt* <-(e)s, -e> ❶ *kein pl* (*Schwere*) peso *m*; **sein ~ halten** manter o peso ❷ *kein pl* (*Bedeutung*) importância *f*, peso *m*; **das fällt (nicht) ins ~** isso (não) tem grande importância ❸ (*für Waage, Sport*) peso *m*

Gewichtheben *nt* <-s> *kein pl* (SPORT) levantamento *m* de pesos

gewichtig *adj* de peso

gewieft [gə'vi:ft] *adj* (*umg*) esperto

gewiesen [gə'vi:zən] *pp von* **weisen**

gewillt [gə'vɪlt] *adj* **~ sein, etw zu tun** estar disposto a fazer a. c.

Gewinde [gə'vɪndə] *nt* <-s, -> rosca *f*

Gewinn [gə'vɪn] *m* <-(e)s, -e> ❶ (WIRTSCH) lucro *m*, ganho *m*; **~ pejerfen** dar lucro; **~ bringend** lucrativo; **~ erzielen/machen** tirar benefícios, beneficiar ❷ (*in Lotterie, Spiel*) prémio *m*

Gewinnbeteilung *f* <-en> participação *f* nos lucros

gewinnbringend *adj* lucrativo, proveitoso; **Geld ~ anlegen** investir dinheiro com proveito

gewinnen I. *vt* (*Krieg, Spiel, Medaille*) ganhar; (*erhalten*) ganhar, alcançar, conseguir; **Zeit ~** ganhar tempo; **Abstand ~** distanciar-se; (*Kohle, Öl*) extrair; (*Energie*) produzir II. *vi* (*siegen*) ganhar (*bei* em), vencer (*bei* em); **die Mannschaft gewann 2:3** a equipa ganhou [*o* venceu] por 2:3; **ich habe im Lotto gewonnen** eu ganhei no loto

gewinnend *adj* (*Wesen*) insinuante, simpático

Gewinner(in) *m(f)* <-s, - *o* -innen> (*bei Spiel, Sport*) vencedor, vencedora *m, f*; (*in*

Lotterie) premiado, premiada *m, f*
Gewinnmarge <-, -n> *f* (ÖKON) margem [*o* ganho] de lucro
Gewinnung *f kein pl* ① (*von Erdöl, Kohle*) extra(c)ção *f* ② (*von Energie*) produção *f*
Gewirr [gəˈvɪr] *nt* <-(e)s> *kein pl* ① (*von Fäden*) emaranhamento *m*, embrulhada *f* ② (*von Stimmen*) confusão *f*; (*von Straßen*) labirinto *m*
gewiss[RR] [gəˈvɪs] *adj*, **gewiß**[ALT] **I.** *adj* certo; **~e Leute** certas pessoas; **ein ~es Etwas** um não sei quê; **in ~em Maß(e)** de certa forma **II.** *adv* com certeza, decerto; **aber ~ doch!** mas com certeza!
Gewissen [gəˈvɪsən] *nt* <-s> *kein pl* consciência *f*; **ein gutes/schlechtes ~ haben** ter a consciência limpa/pesada; **jdn/etw auf dem ~ haben** ter alguém/a. c. a pesar na consciência; **jdm ins ~ reden** chamar alguém à razão
gewissenhaft *adj* consciencioso, consciente
Gewissenhaftigkeit *f kein pl* consciência *f*
gewissenlos *adj* inconsciente
Gewissenlosigkeit *f kein pl* inconsciência *f*, falta *f* de consciência
Gewissensbisse *pl* remorsos *mpl*; **~ haben** sentir [*o* ter] remorsos
Gewissensfrage *f* <-n> questão *f* de consciência
Gewissensfreiheit *f kein pl* liberdade *f* de consciência
Gewissenskonflikt *m* <-(e)s, -e> conflito *m* de consciência
gewissermaßen *adv* de certo modo, até certo ponto
Gewissheit[RR] *f kein pl* certeza *f*; **sich** *dat* **~ über etw verschaffen** (conseguir) ter a certeza sobre a. c.
Gewitter [gəˈvɪtɐ] *nt* <-s, -> trovoada *f*
gewittern* *vi unpers* trovejar
Gewitterschauer *m* <-s, -> chuva *f* de trovoada
gewittrig *adj* de trovoada
gewitzt [gəˈvɪtst] *adj* sabido
gewoben [gəˈvoːbən] *pp von* **weben**
gewogen [gəˈvoːgən] *pp von* **wiegen**
gewöhnen* **I.** *vt* habituar (*an* a) **II.** *vr* **sich ~** habituar-se (*an* a), acostumar-se (*an* a); **es fiel ihr schwer, sich an die neuen Arbeitszeiten zu ~** ela teve dificuldade em habituar-se ao novo horário de trabalho
Gewohnheit [gəˈvoːnhaɪt] *f* <-en> hábito *m*, costume *m*; **das ist schon zur ~ geworden** isso já se tornou um hábito
Gewohnheitsrecht *nt* <-(e)s> *kein pl* (JUR) direito *m* consuetudinário, direito *m* de costumes
gewöhnlich **I.** *adj* (*üblich*) habitual, normal, vulgar; (*ordinär*) vulgar, ordinário **II.** *adv* geralmente, normalmente; **wie ~** como de costume
gewohnt [gəˈvoːnt] *adj* habituado, acostumado; **etw ~ sein** estar habituado [*o* acostumado] a a. c.
Gewöhnung *f kein pl* habituação *f* (*an* a)
Gewölbe *nt* <-s, -> abóbada *f*
gewonnen [gəˈvɔnən] *pp von* **gewinnen**
geworben [gəˈvɔrbən] *pp von* **werben**
geworden [gəˈvɔrdən] *pp von* **werden**
geworfen [gəˈvɔrfən] *pp von* **werfen**
gewrungen [gəˈvrʊŋən] *pp von* **wringen**
Gewühl *nt* <-(e)s> *kein pl* turba *f*, multidão *f*
gewunden [gəˈvʊndən] *pp von* **winden**
gewunken [gəˈvʊŋkən] *pp von* **winken**
Gewürz *nt* <-es, -e> especiaria *f*, condimento *m*, tempero *m*
Gewürznelke *f* <-n> cravinho *m*, cravo-da-índia *m*
gewusst[RR] [gəˈvʊst], **gewußt**[ALT] *pp von* **wissen**
gez. *abk v* **gezeichnet** ass. (= *assinado*)
Gezeiten [gəˈtsaɪtən] *pl* maré *f*
Gezeitenkraftwerk *nt* <-(e)s, -e> central *f* elé(c)trica de aproveitamento das marés
Gezeter [gəˈtseːtɐ] *nt* <-s> *kein pl* (*abw*) gritaria *f*, berreiro *m*
gezielt [gəˈtsiːlt] *adj* (*genau*) específico, dirigido (a); (*überlegt*) propositado, calculado; **~e Fragen/Kritik** perguntas/crítica com um obje(c)tivo específico
gezogen [gəˈtsoːgən] *pp von* **ziehen**
Gezwitscher [gəˈtsvɪtʃɐ] *nt* <-s> *kein pl* gorjeio *m*, chilreio *m*
gezwungen [gəˈtsvʊŋən] *pp von* **zwingen**
gezwungenermaßen *adv* à força, contra a vontade
Ghana *nt* <-s> *kein pl* Gana *m*
Ghetto [ˈgɛto] *nt* <-s, -s> gueto *m*
Gibraltar [giˈbraltaːɐ, --ˈ-] *nt* <-s> *kein pl* Gibraltar *m*
Gicht [gɪçt] *f kein pl* (MED) gota *f*, artrite *f*
Giebel [ˈgiːbəl] *m* <-s, -> frontão *m*
Gier [giːɐ] *f kein pl* avidez (*nach* de), cobiça (*nach* de)

gierig *adj* ávido (*nach* de); (*habgierig*) cobiçoso; (*gefräßig*) glutão

gießen **I.** *vt* (*Pflanze*) regar; (*Metall*) fundir; (*hineingießen*) deitar (*in* para/em), vazar (*in* para/em); (**sich** *dat*) **Wein ins Glas ~** deitar vinho para o copo; **das schmutzige Wasser in den Abfluss ~** deitar a água suja para o esgoto; (*verschütten*) derramar, entornar **II.** *vi* (*umg*) chover (muito); **es gießt in Strömen** chove a potes, chove a cântaros

Gießerei *f* <-en> (*Betrieb*) fundição *f*

Gießkanne *f* <-n> regador *m*

Gift [gɪft] *m* <-(e)s, -e> veneno *m;* **~ und Galle spucken** espumar de raiva; **darauf kannst du ~ nehmen** isso é mais que certo, podes ter a certeza absoluta

Giftgas *nt* <-es, -e> gás *m* tóxico

giftig *adj* ❶ (*Substanz*) tóxico ❷ (*Schlange, Pflanze*) venenoso

Giftmüll *m* <-(e)s> *kein pl* resíduos *mpl* tóxicos

Giftschlange *f* <-n> serpente *f* venenosa

Giftstoff *m* <-(e)s, -e> substância *f* tóxica; (*organisch*) toxina *f*

Gigabyte ['gi:gabaɪt] *nt* <-s, -s> (INFOR) gigabyte *m*

Gigant(in) [gi'gant] *m(f)* <-en, -en *o* -innen> gigante *m,f*

gigantisch *adj* gigante, gigantesco

Gin *m* <-s, -s> gim *m;* **~ Tonic** gim tónico

ging [gɪŋ] *imp von* **gehen**

Ginster *m* <-s, -> (BOT) giesta *f*

Gipfel ['gɪpfəl] *m* <-s, -> ❶ (*eines Bergs*) cume *m,* topo *m;* **den ~ besteigen** subir ao topo ❷ (*das Äußerste*) cúmulo *m;* (*umg*); **das ist doch der ~!** isso é o cúmulo! ❸ (POL) cimeira *f*

gipfeln *vi* culminar (*in* em)

Gipfeltreffen *nt* <-s, -> (POL) cimeira *f*

Gips [gɪps] *m* <-es, -e> gesso *m*

Gipsbein *nt* <-(e)s, -e> (*umg*) perna *f* engessada; **sie hat ein ~** ela tem uma perna engessada

gipsen *vt* (*Wand, Bein*) engessar

Gipsverband *m* <-(e)s, -bände> gesso *m*

Giraffe [gi'rafə] *f* <-n> girafa *f*

Girlande [gɪr'landə] *f* <-n> grinalda *f*

Giro *nt* <-s, -s> transferência *f*

Girokonto ['ʒi:rokɔnto] *nt* <-s, -konten> conta-corrente *f*

Gischt *f kein pl* espuma *f* (do mar)

Gitarre [gi'tarə] *f* <-n> viola *f;* (*portugiesische*) guitarra *f*

Gitarrist(in) *m(f)* <-en, -en *o* -innen> guitarrista *m,f*

Gitter ['gɪtɐ] *nt* <-s, -> grade *f;* (*umg*); **jdn hinter ~ bringen** pôr alguém atrás das grades

Glace *f* <-n> (*schweiz*) gelado *m;* (*brasil*) sorvete *m*

Gladiole *f* <-n> (BOT) gladíolo *m*

Glanz [glants] *m* <-es> *kein pl* ❶ (*von Fläche, Haar, Augen*) brilho *m;* (*von Gewebe, Leder*) lustro *m* ❷ (*Pracht*) brilho *m,* esplendor *m*

glänzen *vi* ❶ (*Glanz haben*) brilhar, luzir ❷ (*sich hervorheben*) distinguir-se (*durch* por), brilhar (*durch* por); **sie glänzte durch ihr Wissen** ela distinguiu-se pelo seu saber

glänzend *adj* (*auch fig*) brilhante

Glanzleistung *f* <-en> a(c)tuação *f* brilhante

glanzlos *adj* sem brilho, baço

glanzvoll *adj* brilhante, esplêndido

Glanzzeit *f* <-en> período *m* áureo, apogeu *m*

Glas [gla:s] *nt* <-es, Gläser> ❶ *kein pl* (*Material*) vidro *m;* **Vorsicht ~!** Frágil! ❷ (*zum Trinken*) copo *m;* **ein ~ Milch** um copo de leite; (*umg*); **zu tief ins ~ gucken** beber uma pinga a mais ❸ (*Behälter*) frasco *m;* **ein ~ Senf/Gurken** um frasco de mostarda/pepinos ❹ (*in Brille*) lente *f*

Glascontainer *m* <-s, -> vidrão *m*

Glaser(in) *m(f)* <-s, - *o* -innen> vidraceiro, vidraceira *m, f*

Glaserei *f* <-en> vidraria *f*

gläsern *adj* de vidro

Glasfaser *f* <-n> fibra *f* de vidro

Glasfaserkabel *nt* <-s, -> cabo *m* de fibra de vidro

glasieren* *vt* ❶ (*Keramik*) envernizar, vidrar ❷ (*Kuchen*) cobrir

glasig ['gla:zɪç] *adj* (*Blick*) vidrado; **Zwiebeln ~ braten** alourar a cebola

Glasmalerei *f kein pl* pintura *f* em vidro

Glasnost ['glasnɔst] *f kein pl* (POL) glasnost *m*

Glasscherbe *f* <-n> caco *m* de vidro

Glasur [gla'zu:ɐ] *f* <-en> ❶ (*von Keramik*) verniz *m,* esmalte *m* ❷ (*von Kuchen*) cobertura *f*

glatt [glat] **I.** *adj* ❶ (*eben*) plano; (*Haare, Haut*) liso ❷ (*rutschig*) escorregadio; **es hat geschneit und ist ~** nevou e está escorregadio ③ (*problemlos*) sem atritos, perfeito ④ (*umg: eindeutig*) **das ist ~er Unsinn/eine ~e Lüge** isso é um autêntico disparate/uma mentira descarada **II.** *adv* ① (*problemlos*) sem dificuldades, sem problemas; **~ landen** fazer uma aterragem perfeita ② (*rundweg*) absolutamente, completamente; **das habe ich ~ vergessen** esqueci-me completamente

Glätte *f kein pl* ① (*Ebenheit*) lisura *f*, polimento *f* ② (*durch Eis*) estado *m* escorregadio

Glatteis *nt* <-es> *kein pl* gelo *m;* **Vorsicht ~!** piso escorregadio!; (*fig*); **jdn aufs ~ führen** pregar uma rasteira a alguém

glätten *vt* ① (*eben machen*) alisar; (*fig*); **die Wogen ~** acalmar ② (*schweiz: bügeln*) passar a ferro

glatt|gehen *vi irr* correr bem; **es ist alles ~ gegangen** correu tudo na perfeição

Glatze ['glatsə] *f* <-n> ① (*auf dem Kopf*) careca *f;* **eine ~ haben/bekommen** ter/ficar careca ② (*umg: Skinhead*) cabeça-rapada *m,f*

Glaube ['glaʊbə] *m* <-ns> *kein pl* ① (REL) fé *f* (*an* em), crença *f* (*an* em); **der christliche/jüdische ~** a fé cristã/judaica ② (*Vertrauen*) crédito *m;* (*Überzeugung*) convicção *f;* **jdm ~n schenken** acreditar em alguém; **in gutem ~n handeln** agir de boa fé

glauben ['glaʊbən] **I.** *vt* (*meinen*) crer, julgar, pensar; **ich glaube, dass sie zuverlässig ist** eu creio que ela é de confiança; **ich glaube ja/nein** julgo que sim/não; **ich glaube nicht, dass das geht** não creio que resulte; (*für wahr halten*) acreditar, crer; **kaum zu ~!** inacreditável!, parece mentira!; **ich glaube dir** acredito em ti; **ob du es glaubst oder nicht** acredites ou não; (*umg*); **daran ~ müssen** ir-se, morrer **II.** *vi* (*a* REL) crer (*an* em), acreditar (*an* em); **er glaubt an Gott** ele crê [*o* acredita] em Deus; **die Kinder ~ an den Weihnachtsmann** as crianças acreditam no Pai Natal; (*brasil*) as crianças acreditam no Papai Noel

Glaubensbekenntnis *nt* <-ses, -se> (REL) profissão *f* de fé, credo *m*

Glaubensfreiheit *f kein pl* liberdade *f* de culto

Glaubenskrieg *m* <-(e)s, -e> guerra *f* religiosa

glaubhaft *adj* credível, verosímil; **jdm etw ~ machen** fazer a. c. parecer credível

gläubig *adj* crente

Gläubige(r) *m/f* <-n, -n *o* -n> (REL) crente *m,f*

Gläubiger(in) *m(f)* <-s, - *o* -innen> (JUR) credor, credora *m, f*

glaubwürdig *adj* fidedigno, de confiança

gleich [glaɪç] **I.** *adj* ① (*übereinstimmend*) igual, mesmo; (*identisch*) idêntico; **zur ~en Zeit** ao mesmo tempo; **auf die ~e Weise** do mesmo modo; **sie studieren beide das Gleiche** eles estudam o mesmo; **es kommt aufs Gleiche hinaus** vai dar ao mesmo; **vier mal zwei (ist) ~ acht** quatro vezes dois é igual oito ② (*gleichgültig*) indiferente; **es ist mir ~, (ob ...)** é-me indiferente, (se ...), tanto me faz, (se ...) **II.** *adv* ① (*sofort*) já; (*demnächst*) logo (a seguir); **ich komme ~** venho já; **~ nach dem Mittagessen** logo a seguir ao almoço; **bis ~!** até já! ② (*ebenso*) igualmente; **~ hoch/alt** da mesma altura/idade; **~ viel** outro tanto; **~ groß** do mesmo tamanho; **wir wollen alle ~ behandeln** queremos tratar todos da mesma forma; **es bleibt sich ~, ob ...** não importa se ...

gleichaltrig ['glaɪçaltrɪç] *adj* da mesma idade; **sie sind ~** eles são da mesma idade

gleichartig *adj* do mesmo modo, semelhante

gleichbedeutend *adj* sinónimo (*mit* de), equivalente (*mit* a)

gleichberechtigt *adj* que tem os mesmos direitos; **Männer und Frauen sind ~** homens e mulheres têm os mesmo direitos

Gleichberechtigung *f kein pl* igualdade *f* de direitos

gleich|bleiben^ALT *vr* **sich ~** *irr s.* **gleich II 2**

gleichen ['glaɪçən] **I.** *vi* parecer-se (com), assemelhar-se (a); **sie gleicht ihrer Mutter** ela parece-se com a mãe **II.** *vr* **sich ~** assemelhar-se

gleichentags *adv* (*schweiz*) neste dia

gleichermaßen *adv* igualmente, do mesmo modo

gleichfalls *adv* igualmente, do mesmo modo

Gleichgewicht *nt* <-(e)s> *kein pl* equilíbrio *m;* **jdn/etw aus dem ~ bringen** desequilibrar alguém/a. c.

gleichgültig *adj* indiferente; **das ist mir ~** isso é-me indiferente; **sich jdm gegenüber ~ benehmen** ser indiferente para com alguém

Gleichgültigkeit *f kein pl* indiferença *f* (*gegenüber* para com)

Gleichheitszeichen *nt* <-s, -> (MATH)

sinal *m* de igualdade

gleich|kommen *vi irr* igualar-se, comparar-se; **das kommt einer Beleidigung gleich** isso equivale a uma ofensa

gleichmäßig *adj* (*Tempo, Schritte*) regular; (*Verteilung*) igual, proporcional; (*Temperatur*) constante

Gleichnis *nt* <-ses, -se> parábola *f*

gleich|sehen *vi irr* parecer; (*umg*); **das sieht ihm/ihr gleich** isso é mesmo dele/dela

gleichseitig *adj* (MATH) equilátero

gleich|setzen *vt* ❶ (*vergleichen*) comparar (*mit* com) ❷ (*als gleichwertig ansehen*) equiparar (*mit* a), igualar (*mit* a)

Gleichstand *m* <-(e)s> *kein pl* (SPORT) empate *m*

gleich|stellen *vt* igualar (*mit* a)

Gleichstellung *f kein pl* igualdade *f*; **die ~ von Mann und Frau** a igualdade de homens e mulheres

Gleichstrom *m* <-(e)s> *kein pl* (PHYS) corrente *f* contínua

gleich|tun *vt irr* **es jdm ~** fazer igual a alguém

Gleichung *f* <-en> (MATH) equação *f*

gleichwertig *adj* equivalente

gleichzeitig **I.** *adj* simultâneo, concomitante **II.** *adv* em simultâneo, ao mesmo tempo; **~ geschehen** coincidir

Gleis [glaɪs] *nt* <-es, -e> carril *m*, via-férrea *f*; (*Bahnsteig*) linha *f*; **auf ~ 10** na linha 10; **jdn aus dem ~ werfen** transtornar alguém

gleiten ['glaɪtən] *vi* ❶ (*über Eis, Wasser*) deslizar (*über* sobre), escorregar (*über* sobre) ❷ (*Blick, Hand*) passar (*über* por); **die Blicke ~ lassen** passar os olhos por

Gleitschirmfliegen *m* <-s> *kein pl* parapente *m*

Gleitzeit *f kein pl* horário *m* flexível

Gletscher ['glɛtʃɐ] *m* <-s, -> glaciar *m*

Gletscherspalte *f* <-n> fenda *f* de glaciar

glich [glɪç] *imp von* **gleichen**

Glied [gliːt] *nt* <-(e)s, -er> ❶ (*Körperteil*) membro *m*; **der Schreck fuhr ihm in die ~er** ele teve um grande choque ❷ (*einer Kette*) elo *m*

gliedern ['gliːdɐn] **I.** *vt* (*ordnen*) estruturar, organizar; (*unterteilen*) dividir (*in* em) **II.** *vr* **sich ~** dividir-se (*in* em); **der Text gliedert sich in drei Abschnitte** o texto divide-se em três parágrafos

Gliederung *f* <-en> ❶ (*Aufbau*) estrutura *f*, organização *f* ❷ (*Einteilung*) divisão *f* (*in* em)

Gliedmaßen *pl* membros *mpl*

glimmen ['glɪmən] *vi* arder (sem chama)

glimpflich ['glɪmpflɪç] **I.** *adj* moderado, indulgente **II.** *adv* sem grande prejuízo; **~ davonkommen** escapar (sem grande prejuízo)

glitschig ['glɪtʃɪç] *adj* escorregadio

glitt [glɪt] *pp von* **gleiten**

glitzern ['glɪtsɐn] *vi* cintilar, reluzir

global [glo'baːl] *adj* global

Globalisierung *f kein pl* (WIRTSCH) globalização *f*

Globus ['gloːbʊs] *m* <-, Globen> globo *m* (terrestre)

Glocke ['glɔkə] *f* <-n> ❶ (*in Kirche*) sino *m*; **die ~n läuten** os sinos tocam [*o* repicam]; **etw an die große ~ hängen** espalhar a. c. aos quatro ventos ❷ (*reg: an Haustür*) campainha *f*

Glockenschlag *m* <-(e)s, -schläge> badalada *f*; **beim ~ ist es 12 Uhr** ao toque da badalada serão 12 horas

Glockenspiel *nt* <-(e)s, -e> carrilhão *m*

Glockenturm *m* <-(e)s, -türme> campanário *m*

glomm [glɔm] *imp von* **glimmen**

glorreich ['gloːɐraɪç] *adj* glorioso

Glossar [glɔ'saːɐ] *nt* <-s, -e> glossário *m*

Glosse ['glɔsə] *f* <-n> glosa *f*, anotação *f*

Glotze *f* <-n> (*umg*) televisão *f*

glotzen ['glɔtsən] *vi* (*umg*) arregalar os olhos; (*fernsehen*) ver televisão

Glück *nt* <-(e)s> *kein pl* sorte *f*; (*Freude, Zustand*) felicidade *f*; **auf gut ~** à sorte, ao acaso; **viel ~!** boa sorte!; **zum ~!** por sorte!, felizmente!; **~ haben/bringen** ter/dar sorte; **jdm ~ wünschen** desejar boa sorte a alguém; **ein ~, dass ...** ainda bem que ...

glücken *vi* sair bem, ser bem sucedido; **es ist uns nicht geglückt, ihn zu überzeugen** não conseguimos convencê-lo

gluckern *vi* gorgorejar

glücklich *adj* feliz; (*froh*) contente

glücklicherweise *adv* felizmente, por sorte

Glücksfall *m* <-(e)s, -fälle> feliz acaso *m*, caso *m* de sorte

Glücksklee *m* <-s> *kein pl* trevo *m* de quatro folhas

Glückspilz *m* <-es, -e> felizardo, felizarda *m, f*

Glücksspiel *nt* <-(e)s, -e> jogo *m* de azar

Glückssträhne *f* <-n> raio *m* de sorte

Glückwunsch *m* <-(e)s, -wünsche> parabéns *mpl,* felicitações *fpl;* **herzlichen ~ (zum Geburtstag)** muitos parabéns (pelo aniversário)

Glühbirne *f* <-n> lâmpada *f* (eléctrica)

glühen *vi* ① (*Kohlen*) estar em brasa ② (*Wangen, Körper*) arder; **er glüht vor Begeisterung** ele arde de entusiasmo

Glühwein *m* <-(e)s, -e> vinho *m* quente

Na época fria o **Glühwein** (vinho quente) é vendido principalmente em «Weihnachtsmärkten» (Mercados de Natal). Trata-se de um vinho tinto quente com canela, anis e cravo.

Glühwürmchen *nt* <-s, -> pirilampo *m*

Glut [glu:t] *f* <-en> (*von Kohlen, Zigaretten*) brasa *f;* (*Hitze*) calor *m*

GmbH [ge:ʔɛmbe:'ha:] *abk v* **Gesellschaft mit beschränkter Haftung** S.A.R.L. (= *sociedade anónima de responsabilidade limitada*)

Gnade ['gna:də] *f* <-n> ① (*Gunst*) favor *m;* (REL) graça *f* ② (*Milde*) clemência *f;* **~ vor Recht ergehen lassen** deixar passar a. c., perdoar a. c.; **um ~ bitten/flehen** pedir clemência

Gnadenfrist *f* <-en> prazo *m* final, último prazo *m;* **jdm eine ~ gewähren** conceder um último prazo a alguém

Gnadengesuch *nt* <-(e)s, -e> pedido *m* de indulto; **ein ~ einreichen** fazer um pedido de indulto

gnadenlos *adj* implacável, impiedoso

gnädig *adj* ① (*barmherzig*) misericordioso, clemente ② (*nachsichtig*) complacente

Goal *m* <-s, -s> (SPORT: *österr, schweiz*) golo *m;* (*brasil*) gol *m*

Gockel *m* <-s, -> (*reg*) galo *m*

Gold [gɔlt] *nt* <-(e)s> *kein pl* ouro *m;* **es ist nicht alles ~, was glänzt** nem tudo que brilha/luz é ouro

golden ['gɔldən] *adj* ① (*aus Gold*) de ouro ② (*goldfarben*) dourado

Goldfisch *m* <-(e)s, -e> peixe *m* dourado

Goldgräber(in) *m(f)* <-s, - *o* -innen> garimpeiro, garimpeira *m, f*

Goldgrube *f* <-n> (*umg*) mina *f* de ouro

goldig *adj* (*umg*) amoroso; **das ist ein ~es Baby** é um bebé amoroso

Goldmedaille *f* <-n> medalha *f* de ouro; **die ~ gewinnen** ganhar a medalha de ouro

Goldschmied(in) *m(f)* <-(e)s, -e *o* -innen> ourives *m,f*

Goldschmiedearbeit *f* <-en> ourivesaria *f*

Golf[1] [gɔlf] *m* <-(e)s, -e> (GEOG) golfo *m*

Golf[2] *nt* <-(e)s> *kein pl* (SPORT) golfe *m;* **~ spielen** jogar golfe

Golfplatz *m* <-es, -plätze> campo *m* de golfe

Golfspieler(in) *m(f)* <-s, - *o* -innen> jogador(a) *m(f)* de golfe

Golfstrom *m* <-(e)s> *kein pl* corrente *f* do golfo

Gondel ['gɔndəl] *f* <-n> ① (*Boot*) gôndola *f* ② (*von Seilbahn*) cabine *f*

Gondelbahn *f* <-en> (*schweiz*) teleférico *m*

Gong [gɔŋ] *m* <-s, -s> gongo *m*

gönnen *vt* folgar com, não invejar; **ich gönne es ihm** que lhe faça bom proveito, tanto melhor para ele; **jdm etw nicht ~** invejar a. c. a alguém; **sich** *dat* **etw ~** permitir-se a. c.; **du solltest dir mehr Ruhe ~** devias descansar mais

Gönner(in) *m(f)* <-s, - *o* -innen> prote(c)tor, prote(c)tora *m, f,* benfeitor, benfeitora *m, f*

gönnerhaft *adj* condescendente

gor [go:ɐ] *imp von* **gären**

Gorilla [go'rɪla] *m* <-s, -s> gorila *m*

goss[RR] [gɔs], **goß**[ALT] *imp von* **gießen**

Gosse ['gɔsə] *f* <-n> sarjeta *f*

Gotik ['go:tɪk] *f kein pl* gótico *m*

gotisch *adj* gótico

Gott, Göttin [gɔt] *m, f* <-es, Götter *o* -innen> ① *kein pl* (*christlich*) Deus *m;* **~ bewahre!** Deus me livre!; **~ sei Dank!** graças a Deus!; **mein ~!** meu Deus!; **um ~es Willen** por amor de Deus ② (*allgemein*) deus, deusa *m, f;* **die griechischen Götter** os deuses gregos

Gotte *f* <-n> (*schweiz*) madrinha *f*

Gottesdienst *m* <-es, -e> serviço *m* religioso, missa *f*

Gotteshaus *nt* <-es, -häuser> casa *f* de Deus

Gottheit *f* <-en> divindade *f*

Götti *m* <-s, -> (*schweiz*) padrinho *m*

göttlich *adj* ① (*von Gott*) divino ② (*umg: toll*) divinal

gottlob ['gɔtlo:p] *adv* graças a Deus

gottlos *adj* ateu, ímpio

G

Götze *m* <-n, -n> ídolo *m*
Gourmet *m* <-s, -s> gourmet *m*
Grab [gra:p] *nt* <-(e)s, Gräber> campa *f,* jazigo *m,* sepultura *f;* (*geh*); **jdn zu ~e tragen** sepultar alguém; (*umg*); **das bringt mich noch ins ~!** isso ainda me mata!; **sie würde sich im ~ umdrehen, wenn ...** ela dava uma volta no túmulo, se ...
graben ['gra:bən] **I.** *vt* cavar, escavar; (*Graben, Loch*) abrir **II.** *vi* (BERGB) prospecção (~ *nach* à procura de), escavar; **nach Erdöl ~** escavar à procura de petróleo
Graben ['gra:bən] *m* <-s, Gräben> cova *f;* (*Straßengraben*) vala *f;* (*zur Bewässerung*) valeta *f;* (MIL) trincheira *f*
Grabmal *nt* <-(e)s, -mäler> túmulo *m*
Grabstein *m* <-(e)s, -e> lápide *f*
Grad [gra:t] *m* grau *m;* **akademischer ~** grau *m* académico; **bis zu einem gewissen ~** até certo ponto; **heute sind fünfzehn ~** hoje estão quinze graus; **zehn ~ minus** dez graus negativos
Graduierte(r) *m/f* <-n, -n *o* -n> formado, formada *m, f,* graduado, graduada *m, f*
Graf, Gräfin [gra:f] *m, f* <-en, -en *o* -innen> conde, condessa *m, f*
Graffiti *pl* graffiti *mpl*
Grafik[RR] *f* <-en> gráfico *m*
Grafiker(in)[RR] *m(f)* <-s, - *o* -innen> artista *m,f* gráfico
grafisch[RR] *adj* gráfico
Grafschaft *f* <-en> condado *m*
grämen *vr* **sich ~** afligir-se (*über* com)
Gramm [gram] *nt* <-s, -e> grama *m*
Grammatik [gra'matɪk] *f* <-en> gramática *f*
grammatisch *adj* gramatical
Granatapfel *m* <-s, -äpfel> romã *f*
Granate [gra'na:tə] *f* <-n> (MIL) granada *f*
grandios [gran'djo:s] *adj* grandioso
Granit [gra'ni:t] *m* <-s, -e> granito *m*
grantig *adj* rabugento
Grapefruit ['gre:pfru:t, 'grɛɪpfru:t] *f* <-s> toranja *f*
Graphik[ALT] *f* <-en> *s.* **Grafik**
Graphiker(in)[ALT] *m(f)* <-s, - *o* -innen> *s.* **Grafiker**
graphisch[ALT] *adj s.* **grafisch**
Graphit *m* <-s, -e> *s.* **Grafit** grafite *f*
grapschen *vt* (*umg abw*) agarrar
Grapscher <-s, -> *m* (*abw umg*) apalpador *m*
Gras [gra:s] *nt* <-es, Gräser> ① *kein pl* (*Fläche*) relva *f;* (*umg*); **ins ~ beißen** morder o pó; (*umg*); **~ über etw wachsen lassen** o que lá vai, lá vai; (*umg*); **er hört das ~ wachsen** ele é um espertalhão ② (*Pflanze*) erva *f*
grasen ['gra:zən] *vi* pastar
Grasfläche *f* <-n> relvado *m*
grasgrün *adj* verde-gaio
Grashalm *m* <-(e)s, -e> vergôntea *f*
grassieren* *vi* espalhar-se
grässlich[RR] *adj,* **gräßlich**[ALT] *adj* (*Wetter*) horrível; (*Mensch*) abominável; (*Verbrechen*) atroz
Grat [gra:t] *m* <-(e)s, -e> (*des Berges*) cume *m*
Gräte *f* <-n> espinha *f*
gratis ['gra:tɪs] *adv* grátis, gratuito
Gratulant(in) [gratu'lant] *m(f)* <-en, -en *o* -innen> congratulador, congratuladora *m, f*
Gratulation [gratula'tsjo:n] *f* <-en> felicitações *fpl,* parabéns *mpl*
gratulieren* *vi* felicitar (*zu* por), dar os parabéns (*zu* por), congratular (*zu* por); **jdm zum Geburtstag ~** felicitar alguém pelo seu aniversário; (**ich**) **gratuliere!** parabéns!
grau [graʊ] *adj* ① (*Farbe*) cinzento, pardo; (*Haare*) grisalho; **~e Haare bekommen** envelhecer ② (*eintönig*) monótono; **der ~e Alltag** o quotidiano monótono
Graubünden *nt* <-s> *kein pl* Grisões *mpl*
Gräuel[RR] *m* <-s, -> horror *m;* **das ist mir ein ~** eu tenho horror a isso
grauen ['graʊən] *vi unpers* ter medo, ter pavor; **mir graut vor der Prüfung** tenho um medo terrível do exame
Grauen ['graʊən] *nt* <-s> *kein pl* pavor *m,* horror *m*
grauenhaft *adj* pavoroso, horrível
grauenvoll *adj* horroroso
grauhaarig *adj* de cabelo grisalho
Graupel ['graʊpəl] *f* <-n> granizo *m*
grausam ['graʊza:m] *adj* atroz, horrível; (*Mensch*) cruel, desumano
Grausamkeit *f* <-en> atrocidade *f,* crueldade *f,* barbaridade *f*
grausen ['graʊzən] *vi unpers* ter pavor; **es graust mich vor Spinnen** eu tenho pavor de aranhas
grausig *adj* pavoroso, horrível
grauslich *adj* (*österr*) *s.* **grässlich**
gravieren* *vt* gravar (*in* em)
gravierend *adj* (*Umstände*) agravante; (*Fehler*) grave

Gravitation [gravita'tsjo:n] *f kein pl* (PHYS) gravitação *f*

grazil [gra'tsi:l] *adj* gracioso

greifbar *adj* ① (*nah*) acessível, tangível; **in ~er Nähe** à mão ② (*konkret*) palpável, concreto; **das nimmt ~e Formen an** isso toma formas concretas

greifen ['graɪfən] **I.** *vt* (*nehmen*) apanhar, pegar em; (*packen*) agarrar **II.** *vi* (*ergreifen*) pegar (*nach, zu* em); (*Methoden*) recorrer (*zu* a); **sie griff nach der Zeitung/zur Zigarette** ela pegou no jornal/cigarro; **wir werden zu härteren Mitteln ~** vamos recorrer a meios mais drásticos; **zu den Waffen ~** pegar em armas; **in die Tasche ~** meter a mão no bolso; **um sich ~** propagar-se; (*fig*); **jdm unter die Arme ~** ajudar alguém; **das ist aus der Luft gegriffen** isso não tem fundamento

Greis(in) [graɪs] *m(f)* <-es, -e *o* -innen> velho, velha *m, f,* ancião, anciã *m, f*

grell [grɛl] *adj* ① (*Licht, Sonne*) forte, ofuscante ② (*Farbe*) vivo, berrante ③ (*Stimme, Schrei*) agudo, estridente

Gremium ['gre:miʊm] *nt* <-s, Gremien> grémio *m*

Grenze ['grɛntsə] *f* <-n> ① (*Staatsgrenze*) fronteira *f* (*zu* com); **über die ~ gehen/fahren** atravessar/passar a fronteira ② (*Begrenzung*) limite *m;* **alles hat seine ~n** tudo tem limites

grenzen *vi* ① (*Gebiet*) confinar (*an* com) ② (*nahekommen*) chegar a ser, aproximar-se (*an* de); **das grenzt an Betrug** isso chega a ser vigarice, isso toca as raias da vigarice

grenzenlos *adj* ① (*räumlich*) ilimitado, infinito ② (*sehr groß*) enorme, imenso

Grenzfall *m* <-(e)s, -fälle> caso *m* extremo

Grenzgebiet *nt* <-(e)s, -e> região *f* fronteiriça

Grenzschutz *m* <-es> *kein pl* guarda *f* fronteiriça

Grenzübergang *m* <-(e)s, -gänge> passagem *f* da fronteira, travessia *f* da fronteira

grenzüberschreitend *adj* transfronteiriço

Grenzverletzung *f* <-en> violação *f* da fronteira

Grenzwert *m* <-(e)s, -e> valor-limite *m*

Grenzzwischenfall *m* <-(e)s, -fälle> incidente *m* de fronteiras

GreuelALT *m* <-s, -> *s.* **Gräuel**

Grieche(in) ['gri:çə] *m(f)* <-n, -n *o* -innen> grego, grega *m, f*

Griechenland *nt* <-s> *kein pl* Grécia *f*

griechisch *adj* grego

griesgrämig *adj* carrancudo, macambúzio

Grieß *m* <-es, -e> sêmola *f*

griff [grɪf] *imp von* **greifen**

Griff [grɪf] *m* <-(e)s, -e> ① (*von Messer*) cabo *m;* (*von Topf, Koffer*) pega *f;* (*an Tür, Fenster, Schublade*) puxador *m* ② *kein pl* (*das Greifen*) **mit einem ~** de uma assentada; **einen guten ~ tun** fazer uma boa escolha ③ (*Handgriff*) jeito *m;* **etw im ~ haben** dominar a. c., ter a. c. sob controlo; (*umg*); **etw in den ~ bekommen** tomar o jeito a a. c.

griffbereit *adj* à mão; **etw ~ haben** ter a. c. à mão

Grill [grɪl] *m* <-s, -e> ① (*Rost*) grelha *f* ② (*Gerät*) grelhador *m;* (*Gartengrill*) barbecue *m*

Grille ['grɪlə] *f* <-n> (ZOOL) grilo *m*

grillen ['grɪlən] *vt* grelhar; (*am Spieß*) assar no espeto

Grimasse [gri'masə] *f* <-n> careta *f;* **~n schneiden** fazer caretas

grimmig *adj* ① (*zornig*) furioso, irado; **ein ~es Gesicht machen** fazer uma cara de furioso ② (*sehr stark*) excessivo; **~e Kälte** frio de morrer

grinsen ['grɪnzən] *vi* sorrir ironicamente; (*gezwungen*) fazer um sorriso amarelo

Grippe ['grɪpə] *f* <-n> gripe *f*

Grips [grɪps] *m* <-es> *kein pl* (*umg*) miolos *mpl,* carola *f*

grob [gro:p] *adj* ① (*Stoff*) grosso, espesso; (*Sand*) grosso ② (*Person*) rude, grosseiro ③ (*Fehler*) crasso, grave ④ (*ungefähr*) aproximado; **etw in ~en Zügen darstellen** delinear a. c., descrever a. c. grosso modo

Grobheit *f kein pl* ① (*von Stoff*) rudeza *f* ② (*Beschimpfung*) grossaria *f*

Grobian ['gro:bia:n] *m* <-(e)s, -e> (*abw*) grosseirão *m*

Grog [grɔk] *m* <-s, -s> grogue *m*

groggy *adj* (*umg*) grogue

grölen *vi* berrar

Groll [grɔl] *m* <-(e)s> *kein pl* rancor *m*

grollen *vi* ① (*Person*) guardar rancor; **jdm ~** guardar rancor a alguém ② (*Donner*) troar

Grönland *nt* <-s> *kein pl* Gronelândia *f*

Groschen ['grɔʃən] *m* <-s, -> (*umg*) moeda *f* de 10 centos

G

groß *adj* ① (*allgemein*) grande; **der Mantel ist mir zu ~** o casaco fica-me grande; **~e Augen machen** arregalar os olhos; **im Großen und Ganzen** de uma maneira geral, em resumo ② (*ausgedehnt*) extenso, grande; **ein ~es Grundstück** um terreno grande ③ (*hoch*) alto; **wie ~ bist du?** quanto medes?; **er ist 1,80 m ~** ele mede 1,80 m, ele tem 1,80 m de altura; **~ werden** crescer ④ (*älter*) mais velho; **Groß und Klein** grandes e pequenos; **er hat drei ~e Schwestern** ele tem três irmãs mais velhas ⑤ (*zeitlich*) grande; **sie kam mit ~er Verspätung** ela veio com um grande atraso, ela veio muito atrasada ⑥ (*heftig, intensiv*) grande; **~e Hitze** grande calor; **ich habe ~e Angst** eu tenho muito medo; **~e Lust auf etw haben** apetecer muito a. c., ter muita vontade de fazer a. c. ⑦ (*wichtig, berühmt*) grande; **sie ist eine ~e Künstlerin** ela é uma grande artista

großartig *adj* grandioso, magnífico

Großaufnahme *f* <-n> (*Film*) primeiro plano *m*

Großbetrieb *m* <-(e)s, -e> grande empresa *f*

Großbritannien *nt* <-s> *kein pl* Grã-Bretanha *f*

Großbuchstabe *m* <-ns, -n> letra *f* maiúscula

Größe *f* <-n> ① (*Format*) tamanho *m;* (*bei Schuhen, Kleidung*) número *m,* tamanho *m;* **welche ~ haben Sie?** qual é o seu número?; **Anzüge in allen ~n** fatos em todos os tamanhos [*o* números] ② (*Ausdehnung*) extensão *f* ③ (*Höhe*) altura *f;* (*Wuchs*) estatura *f* ④ *kein pl* (*Bedeutsamkeit*) grandeza *f*

Großeltern *pl* avós *mpl*

Größenordnung *f* <-en> ordem *f;* **in der ~ von** na ordem de

Größenwahn *m* <-(e)s> *kein pl* megalomania *f*

größenwahnsinnig *adj* megalómano

Großgrundbesitz *m* <-es> *kein pl* latifúndio *m*

Großgrundbesitzer(in) *m(f)* <-s, - *o* -innen> latifundiário, latifundiária *m, f*

Großhandel *m* <-s> *kein pl* comércio *m* por atacado/grosso, comércio *m* grosso

Großhändler(in) *m(f)* <-en, -en *o* -innen> grossista *m,f*

Großkind *nt* <-(e)s, -er> (*schweiz*) neto, neta *m, f*

Großmacht *f* <-mächte> grande potência *f*

Großmarkt *m* <-(e)s, -märkte> hipermercado *m*

Großmaul *nt* <-(e)s, -mäuler> (*abw*) gabarola *m,* fanfarrão *m*

großmehrheitlich *adj* (*schweiz*) maioritário

Großmutter *f* <-mütter> avó *f*

Großonkel *m* <-s, -> tio-avô *m*

Großputz *m* <-es> *kein pl* limpeza *f* profunda; **~ machen** fazer uma limpeza profunda

Großrat, Großrätin *m, f* <-(e)s, -räte *o* -innen> (*schweiz*) *membro do parlamento de um Cantão*

Großraum *m* <-(e)s, -räume> grande área *f;* **im ~ Stuttgart** na grande área de Estugarda; **im ~ Porto** no grande Porto

Großraumwagen *m* <-s, -> vagão *m* sem compartimentos

groß|schreiben *vt irr* escrever com letra maiúscula

Großschreibung *f* <-en> letra *f* maiúscula

großspurig *adj* arrogante, pretensioso

Großstadt *f* <-städte> grande cidade *f*

Großtante *f* <-n> tia-avó *f*

größtenteils *adv* na maior parte das vezes

größtmöglich *adj* maior possível

Großvater *m* <-s, -väter> avô *m*

Großveranstaltung *f* <-en> grande acontecimento *m*

groß|ziehen *vt irr* criar

großzügig *adj* ① (*tolerant*) liberal, tolerante ② (*spendabel*) generoso ③ (*weiträumig*) amplo

Großzügigkeit *f kein pl* ① (*Toleranz*) liberalidade *f,* tolerância *f* ② (*Freigebigkeit*) generosidade *f*

grotesk [gro'tɛsk] *adj* grotesco

Grotte ['grɔtə] *f* <-n> gruta *f*

grub [gru:p] *imp von* **graben**

Grübchen *nt* <-s, -> covinha *f*

Grube ['gru:bə] *f* <-n> ① (*Vertiefung*) cova *f;* **wer andern eine ~ gräbt, fällt selbst hinein** quem semeia ventos colhe tempestades ② (*Bergbau*) mina *f*

grübeln *vi* matutar (*über* em), cismar (*über* com)

grüezi *interj* (*schweiz*) olá!, oi!

Gruft [grʊft] *f* <-en> jazigo *m,* túmulo *m;* (*in Kirche*) cripta *f*

grün *adj* (*a* POL) verde; **jdm ~es Licht geben** dar luz verde a alguém; **auf keinen ~en**

Zweig kommen não progredir, não ir a lado nenhum; (*umg*); **das ist dasselbe in ~** isso é o mesmo, mas de outra maneira; (*umg*); **sich ~ und blau ärgern** ficar verde de raiva; (*umg*); **jdm nicht ~ sein** não gostar de alguém

Grüner Punkt (ponto verde) é um símbolo que identifica embalagens como por exemplo caixas de papelão, latas, garrafas, embalagens de plástico de iogurte, que são recolhidas pelo «Duales System» (sistema dual), seleccionadas e recicladas. Com isso pretende evitar-se a formação de lixeiras gigantescas.

Grünanlage *f* <-n> espaço *m* verde, zona *f* ajardinada

Grund [grʊnt] *m* <-(e)s, Gründe> ① *kein pl* (*Erdboden*) solo *m*, terreno *m*; **~ und Boden** bens de raiz *mpl*, terras *fpl* ② *kein pl* (*von Gewässer, Gefäß*) fundo *m*; **auf ~ laufen** encalhar; (*fig*); **zu ~e gehen** ir ao fundo ③ (*Ursache*) motivo *m* (*für* de), razão *f* (*für* de); **aus diesem ~** por este motivo, por isso; **auf ~ von** com base em; **das ist der ~ dafür, dass ...** essa é a razão pela qual ...; **aus gesundheitlichen Gründen** por motivos de saúde ④ *kein pl* (*Grundlage*) base *f*, fundamento *m*; **im ~e** no fundo; **im ~e genommen** em última análise, com efeito; **von ~ auf** completamente, radicalmente

Grundbesitz *m* <-es> *kein pl* bens *mpl* de raiz, terras *fpl*

Grundbuch *nt* <-(e)s, -bücher> cadastro *m*

gründen **I.** *vt* (*Stadt, Betrieb, Institut*) fundar; (*Familie*) constituir **II.** *vr* **sich ~** basear-se (*auf* em); **worauf gründet sich Ihr Verdacht?** em que é que baseiam as suas suspeitas?

Gründer(in) *m(f)* <-s, - *o* -innen> fundador, fundadora *m, f*

Grundgebühr *f* <-en> taxa *f* base; (*von Telefon*) assinatura *f*

Grundgedanke *m* <-n, -n> ideia *f* fundamental

Grundgesetz *nt* <-es> *kein pl* (POL) lei *f* básica, lei *f* fundamental; (*Verfassung*) constituição *f*

Grundkenntnisse *pl* conhecimentos *mpl* básicos

Grundlage *f* <-n> base *f*, fundamento *m*; **die ~n für etw schaffen** construir os alicerces para a. c.

Grundlagenforschung *f* <-en> investigação *f* básica; (*brasil*) pesquisa *f* básica

grundlegend ['grʊntle:gənt] *adj* fundamental

gründlich **I.** *adj* (*Kenntnisse*) profundo, sólido; (*Arbeit*) minucioso, pormenorizado; (*Reinigung*) geral, radical; (*Mensch*) meticuloso **II.** *adv* a fundo, em profundidade

grundlos *adj* sem fundamento, infundado

Grundnahrungsmittel *nt* <-s, -> alimento *m* básico

Gründonnerstag *m* <-s> *kein pl* Quinta-Feira *f* Santa

Grundrecht *nt* <-(e)s, -e> direito *m* fundamental

Grundriss[RR] *m* <-es, -e>, **Grundriß**[ALT] *m* <-sses, -sse> (ARCHIT) planta *f*

Grundsatz *m* <-es, -sätze> princípio *m*; **an seinen Grundsätzen festhalten** manter os seus princípios

grundsätzlich **I.** *adj* fundamental, básico **II.** *adv* ① (*immer*) fundamentalmente, basicamente; **das ist ~ verboten** isso é fundamentalmente proibido ② (*im Prinzip*) em princípio; **ich bin ~ dazu bereit** em princípio, estou preparado para isso; (*aus Prinzip*) por princípio

Grundschule *f* <-n> escola *f* primária

Grundstück *nt* <-(e)s, -e> terreno *m*

Gründung *f* <-en> (*von Stadt, Betrieb*) fundação *f*; (*einer Familie*) constituição *f*

Grundwasser *nt* <-s> *kein pl* águas *fpl* subterrâneas

Grundwortschatz *m* <-es> *kein pl* vocabulário *m* básico

Grüne *nt* <-n> *kein pl* Natureza *f*; **im ~n** ao ar livre; **ins ~ fahren** ir para o campo

Grüne(r) *m/f* <-n, -n *o* -n> (POL) Verde *m,f*

Grünfläche *f* <-n> relvado *m*

Grünkohl *m* <-(e)s, -e> couve *f* galega

Grünstreifen *m* <-s, -> faixa *f* ajardinada

grunzen *vi* grunhir

Gruppe ['grʊpə] *f* <-n> grupo *m*; (*Arbeitsgruppe*) equipa *f*; **in ~n einteilen** dividir em grupos

Gruppenarbeit *f* *kein pl* trabalho *m* de grupo

Gruppenreise *f* <-n> viagem *f* de grupo

gruppieren* *vt* agrupar

gruselig *adj* arrepiante, horripilante

Gruß *m* <-es, Grüße> cumprimento *m*, saudação *f*; **viele Grüße an deine Eltern!**

cumprimentos aos teus pais!; **mit freundlichen Grüßen** com os melhores cumprimentos; **jdm Grüße bestellen** mandar os cumprimentos a alguém

grüßen *vt* cumprimentar, saudar; **jdn von jdm ~** dar cumprimentos a alguém da parte de alguém; **sie lässt Sie ~!** ela manda-lhe cumprimentos!; (*reg*); **Grüß Gott** bom dia

Grütze *f* <-n> **rote ~** *pudim com frutas vermelhas, como morangos, cerejas, etc.*

Guatemala [guate'ma:la] *nt* <-s> *kein pl* Guatemala *f*

gucken ['gʊkən, 'kʊkən] *vi* (*umg*) olhar; **guck mal!** (ora) olha!

Guerillakrieg *m* <-(e)s, -e> guerra *f* de guerrilhas

Guinea *nt* <-s> *kein pl* Guiné *f*

Guinea-Bissau *nt* <-s> *kein pl* Guiné-Bissau *f*

Gulasch *nt* <-(e)s, -e> guisado *m* de vaca

Gulden *m* <-s, -> florim *m*

gültig *adj* válido; (*Gesetz*) vigente, em vigor; **allgemein ~** geral, universal; **der Fahrplan ist ab 1.Januar ~** o horário das viagens é válido a partir de 1 de Janeiro; **ein ~er Ausweis** um cartão de identificação válido; **ist das Angebot noch ~?** a proposta ainda está de pé?

Gültigkeit *f kein pl* ① (*von Geld, Fahrkarte*) validade *f* ② (*von Gesetz, Vertrag*) vigência *f*

Gummi ['gʊmi] *m/nt* <-s, -s> ① (*Material*) borracha *f*, goma *f* ② (*Radiergummi*) borracha *f* ③ (*umg: Gummiband*) elástico *m*

Gummiband *nt* <-(e)s, -bänder> elástico *m*

Gummibaum *m* <-(e)s, -bäume> (BOT) árvore *f* da borracha

Gummihandschuh *m* <-(e)s, -e> luva *f* de borracha

Gummiknüppel *m* <-s, -> cacete *m* (de borracha)

Gummistiefel *m* <-s, -> galocha *f*, bota *f* de borracha

Gunst [gʊnst] *f kein pl* graça *f*, favor *m*; **sich** *dat* **jds ~ erwerben** merecer as boas graças de alguém; **zu jds ~en** a favor de alguém

günstig *adj* favorável; (*Gelegenheit*) propício, oportuno; (*Angebot, Preis*) vantajoso; **etw ~ kaufen** comprar a. c. barata; **im ~sten Fall** na melhor das hipóteses, no máximo

Gurgel ['gʊrgəl] *f* <-n> garganta *f*; (*umg*) goela *f*; **jdm an die ~ springen** saltar ao pescoço de alguém

gurgeln *vi* (*mit Mundwasser*) gargarejar

Gurke ['gʊrkə] *f* <-n> pepino *m*; **saure ~** pepino em «pickle»

Gurt [gʊrt] *m* <-(e)s, -e> correia *f*; (*Sicherheitsgurt*) cinto *m*

Gürtel *m* <-s, -> ① (*für Kleidung*) cinto *m*; (*Karate*) cinturão *m*; (*umg*); **den ~ enger schnallen** apertar o cinto ② (*Gebiet*) zona *f*

Gürtelreifen *m* <-s, -> pneu *m* radial

Gurtpflicht *f kein pl* obrigatoriedade *f* do uso do cinto de segurança; **es besteht ~** é obrigatório usar cinto

Guru ['gu:ru] *m* <-s, -s> guru *m*

GUS *abk v* **Gemeinschaft unabhängiger Staaten** Associação *f* dos Estados Independentes

Guss[RR] [gʊs] *m* <-es, Güsse>, **Guß**[ALT] *m* <-sses, Güsse> ① *kein pl* (*von Metall*) fundição *f*, fusão *f* ② (*umg: Regen*) aguaceiro *m*; (*brasil*) bátega *f* ③ (*Kuchenguss, Zuckerguss*) cobertura *f*

Gusseisen[RR] *nt* <-s> *kein pl* ferro *m* fundido

gut [gu:t] **I.** *adj* bom; (*Schulnote*) Bom; **wie ~, dass ...** que bom, que ..., ainda bem que ...; **~e Besserung!** as melhoras!; **~e Reise!** boa viagem!; **das ist ~ gegen Husten** isto é bom para tosse; **seien Sie so ~ und ...** tenha a bondade de ...; **lassen Sie es ~ sein** não falemos mais nisso **II.** *adv* bem; **schon ~!** está bem!; **~ gemacht!** muito bem!; **das schmeckt sehr ~** isto sabe muito bem; **du hast es ~** tu (é que) tens sorte; **etw ~ können** saber fazer a. c. bem; **du hast ~ lachen** tu é que estás bem; **Sie haben ~ reden** bem pode falar, falar é fácil; **~ gelaunt sein** estar bem disposto; **sich mit jdm ~ stehen** dar-se bem com alguém; **zu ~er Letzt** por fim; **es geht ihr ~ in Österreich** ela está bem na Áustria; **ein ~ gemeinter Rat** um conselho bem intencionado; **~ situiert** bem situado

Gut *nt* <-(e)s, Güter> ① (*Landgut*) quinta *f*, herdade *f*; (*brasil*) fazenda *f* ② (*Ware*) mercadoria *f*

Gutachten ['gu:tʔaxtən] *nt* <-s, -> parecer *m*; **ein ~ erstellen** dar o parecer

Gutachter(in) *m(f)* <-s, - *o* -innen> perito, perita *m, f*

gutartig *adj* ① (*Tier*) manso ② (MED) benigno

Gute(s) *nt* <-n> *kein pl* bom *m*; **das ~ daran ist, dass ...** o bom nisso é que ...; **alles ~!**

felicidades!, tudo de bom!

Güte *f kein pl* ❶ (*Freundlichkeit*) bondade *f*; (*umg*); **ach du meine ~!** meu Deus! ❷ (*Qualität*) qualidade *f*

Güteklasse *f* <-n> nível *m* de qualidade

Güterbahnhof *m* <-(e)s, -höfe> estação *f* de mercadorias

Güterfernverkehr *m* <-s> *kein pl* tráfego *m* de mercadorias

Gütertrennung *f kein pl* (JUR) separação *f* de bens

Güterwagen *m* <-s, -> carruagem *f* de mercadorias

Güterzug *m* <-(e)s, -züge> comboio *m* de mercadorias

gutgehen*ALT *vi irr s.* **gut II**

gutgelauntALT *adj s.* **gut II**

gutgemeintALT ['gu:tgəmaɪnt] *adj s.* **gut II**

gutgläubig *adj* de boa fé; **du bist viel zu ~** tu és muito ingénuo

Guthaben ['gu:tha:bən] *nt* <-s, -> crédito *m*; **er hatte noch ein ~ von 500 EUR** ele ainda tinha um crédito de 500 euros

gut|heißen *vt irr* aprovar, sancionar

gütig *adj* bondoso; (*freundlich*) amável

gütlich *adj* amigável, amistoso; **sich ~ einigen** resolver uma questão amigavelmente [*o* a bem]; **sich an etw ~ tun** regalar-se com a. c.

gutmachen *vt* (*sich revanchieren*) redimir-se por, pagar; **wie kann ich das ~?** como posso pagar isso?; (*Fehler*); **wieder~** reparar, emendar; (*Schaden*) reparar

gutmütig *adj* bondoso, de bom coração

Gutmütigkeit *f kein pl* bondade *f*

Gutschein *m* <-(e)s, -e> vale *m*

Gutschrift *f* <-en> nota *f* de crédito

Gutsherr(in) *m(f)* <-n, -en *o* -innen> senhor, senhora *m, f* da propiedade

Gutshof *m* <-(e)s, -höfe> herdade *f*, propriedade *f*; (*brasil*) fazenda *f*

gutsituiertALT ['gu:tzitu'i:ɐt] *adj s.* **gut II**

gut|tun *vi irr* fazer bem; **der Urlaub wird ihr ~ tun** as férias vão fazer-lhe bem

Gymnasiast(in) [gʏmnazi'ast] *m(f)* <-en, -en *o* -innen> estudante *m,f* do liceu; (*brasil*) estudante *m,f* do ginásio

Gymnasium [gʏm'na:ziʊm] *nt* <-s, Gymnasien> liceu *m*, escola *f* secundária; (*brasil*) ginásio *m*

Os alunos alemães que após terem feito a «Grundschule» (que compreende os primeiros quatro anos escolares) e foram para o **Gymnasium** (liceu), têm a possibilidade de, após aqui cursarem do 5° ao 13° ano escolar, alcançar o nível necessário para entrar numa universidade. Na Áustria isso leva oito anos e na Suíça os alunos são obrigados a frequentarem pelo menos oito anos a «Maturitätsschule» (dependente do cantão também podem ser nove anos). Tradicionalmente há vários tipos de liceus: o liceu humanista (Línguas Clássicas e Vernáculas) o liceu de Línguas Modernas com e sem Latim, o liceu de Matemática e de Ciências Naturais, o liceu de Economia e o liceu de Artes.

Gymnastik [gʏm'nastɪk] *f kein pl* ginástica *f*

Gynäkologe(in) *m(f)* <-n, -n *o* -innen> ginecologista *m,f*

Gynäkologie *f kein pl* ginecologia *f*

Gyros *nt* <-, -> *carne assada no espeto*

H h

H *nt* <-, -> H, h *m*

Haag *nt* <-s> *kein pl* **Den ~** Haia *f*

Haar [ha:ɐ] *nt* <-(e)s, -e> pêlo *m*; (*Kopfhaar*) cabelo *m*; **sie hat lange ~e** ela tem cabelo comprido; **weiße/graue ~e haben** ter cabelos brancos/grisalhos; **~e lassen** ficar depenado; **um ein ~** por um triz; **ihm standen die ~e zu Berge** ele ficou com os cabelos em pé; **etw an den ~en herbeiziehen** introduzir a. c. forçosamente

Haarausfall *m* <-s> *kein pl* queda *f* de cabelo

Haarbürste *f* <-n> escova *f* de cabelo

Haarbüschel *nt* <-s, -> tufo *m* de cabelo

haaren ['ha:rən] *vi* perder cabelo

Haaresbreite *f* <-n> **um ~** por um triz

Haarfestiger *m* <-s, -> espuma *f* de cabelo

haargenau ['--'-] *adj* (*umg*) exa(c)tamente

haarig ['ha:rɪç] *adj* ❶ (*Körper*) peludo ❷ (*Angelegenheit*) complicado

Haarklemme *f* <-n> gancho *m*, grampo *m*

Haarlack *m* <-(e)s, -e> laca *f*
Haarnadelkurve *f* <-n> curva *f* fechada
haarscharf ['-'-] *adj* preciso, exa(c)to
Haarschnitt *m* <-(e)s, -e> corte *m* de cabelo
Haarspalterei [---'-] *f* <-en> mesquinhez *f*
Haarspange *f* <-n> travessão *m*, gancho *m*, grampo *m*
Haarspray *nt* <-s, -s> laca *f*
haarsträubend *adj* horripilante, de pôr os cabelos em pé
Haartrockner *m* <-s, -> secador *m* de cabelo
Haarwaschmittel *nt* <-s, -> champô *m*, xampu *m*
Habe ['ha:bə] *f kein pl* bens *mpl*, posses *fpl*, haveres *mpl*
haben ['ha:bən] **I.** *vt* (*besitzen*) ter, possuir; **lieber ~** preferir; **etw ~ wollen** querer a. c.; **ich hätte gerne sechs Brötchen** eu queria seis pães; (*verfügen über*) ter; **etw bei sich ~** ter a. c. (consigo); **Durst/Hunger ~** ter sede/fome, estar com sede/fome; **zu ~/nicht mehr zu ~ sein** estar à venda/esgotado; **Zeit für etw ~** ter tempo para a. c.; **es hat keine Eile** não há pressa; **was hast du?** o que é que tens?; (*umg*); **da ~ wir's!** ora aí está!; (*umg*); **jetzt habe ich dich!** apanhei-te!; (*müssen, sollen*) ter de [*o* que]; **ich habe zu tun** tenho que fazer; **was habe ich zu bezahlen?** quanto devo? **II.** *aux* ter; **es hat geregnet** choveu; **es hatte geregnet** tinha chovido; **hätten sie doch angerufen!** tivesse telefonado! **III.** *vr* **sich ~** ser esquisito, ser exigente
Habgier *f kein pl* cobiça *f*, avidez *f*
habgierig *adj* ávido, cobiçoso
Habicht ['ha:bɪçt] *m* <-s, -e> açor *m*
Habilitation *f* <-en> provas *fpl* de agregação
habilitieren* *vr* **sich ~** realizar as provas de agregação
Hachse *f* <-n> jarrete *m*
Hacke ['hakə] *f* <-n> ❶ (*Gartengerät*) enxada *f*, picareta *f* ❷ (*Ferse*) calcanhar *m*
hacken ['hakən] **I.** *vt* (*Loch*) cavar, sachar; (*Kräuter*) picar; (*Holz*) rachar, cortar; **etw in Stücke ~** cortar a. c. em bocados **II.** *vi* (*Vogel*) picar
Hacker(in) ['hakɐ] *m(f)* <-s, - *o* -innen> (INFOR) pirata *m* informático
Hackfleisch *nt* <-(e)s> *kein pl* carne *f* picada, carne *f* moída
hadern ['ha:dɐn] *vi* estar zangado; **mit seinem Schicksal ~** estar zangado com o destino
Hafen ['ha:fən] *m* <-s, Häfen> porto *m*
Hafenarbeiter(in) *m(f)* <-s, - *o* -innen> estivador, estivadora *m, f*
Hafenstadt *f* <-städte> cidade *f* portuária
Hafer ['ha:fɐ] *m* <-s> *kein pl* aveia *f*
Haferflocke *f* <-n> floco *m* de aveia
Haferschleim *m* <-(e)s, -e> papas *fpl* de aveia
Haft [haft] *f kein pl* captura *f*; (*Polizeihaft*) detenção *f*, prisão *f*; **jdn in ~ nehmen** prender alguém; **jdn aus der ~ entlassen** libertar alguém, pôr alguém em liberdade
Haftanstalt *f* <-en> prisão *f*
haftbar *adj* **jdn für etw ~ machen** responsabilizar alguém por a. c.; **für etw ~ sein** ser responsável por a. c.
Haftbefehl *m* <-(e)s, -e> mandado *m* de captura, ordem *f* de prisão
haften ['haftən] *vi* ❶ (*kleben*) colar (*an* a); (*Geruch*); **~ bleiben** ficar entranhado (*an* em); (*im Gedächtnis*) ficar gravado (*in* em) ❷ (*Verantwortung tragen*) responder (*für* por), ser responsável (*für* por); **ich hafte dafür** eu respondo por isso, eu sou responsável por isso
haften|bleiben[ALT] *vi irr s.* **haften 1**
Häftling *m* <-s, -e> detido, detida *m, f*, prisioneiro, prisioneira *m, f*
Haftpflicht *f kein pl* responsabilidade *f*
Haftpflichtversicherung *f* <-en> seguro *m* de responsabilidade civil
Haftschale *f* <-n> lente *f* de conta(c)to
Haftung *f kein pl* responsabilidade *f*; **dafür übernehme ich keine ~** eu não assumo responsabilidade por isso
Hagebutte *f* <-n> (BOT) baga *f* de roseira brava
Hagel ['ha:gəl] *m* <-s> *kein pl* saraiva *f*, granizo *m*
hageln ['ha:gəln] *vi* saraivar, granizar
hager ['ha:gɐ] *adj* magro, descarnado
Hahn [ha:n] *m* <-(e)s, Hähne> ❶ (ZOOL) galo *m*; (*umg*); **danach kräht kein ~** isso não interessa a ninguém ❷ (*Wasserhahn, Gashahn*) torneira *f*; **den ~ aufdrehen/zudrehen** abrir/fechar a torneira
Hähnchen *nt* <-s, -> frango *m*
Hai [haɪ] *m* <-(e)s, -e> tubarão *m*
Häkchen *nt* <-s, -> colchete *m*
Häkelarbeit *f* <-en> croché *m*
häkeln **I.** *vt* tricotar, fazer; **einen Schal ~**

fazer um cachecol **II.** *vi* fazer croché
Häkelnadel *f* <-n> agulha *f* de croché
haken **I.** *vt* (*einhängen*) enganchar, prender **II.** *vi* (*klemmen*) ficar preso, engatar; **wo hakt es?** onde é que ficou preso?
Haken ['ha:kən] *m* <-s, -> ❶ (*zum Aufhängen*) gancho *m;* (*Angelhaken*) anzol *m;* (*Kleiderhaken*) cabide *m* ❷ (*Zeichen*) visto *m* ❸ (*umg: Schwierigkeit*) dificuldade *f,* problema *m;* **die Sache hat einen ~** a coisa está difícil
Hakenkreuz *nt* <-es, -e> cruz *f* suástica, cruz *f* gamada
Hakennase *f* <-n> nariz *m* curvo
halb [halp] **I.** *adj* metade, meio; **eine ~e Stunde** meia hora; **eine ~e Stelle** um emprego em part-time; (MUS); **~e Note** meio tom; (NAUT); **~e Fahrt** meio vapor; **es ist ~ eins** é (meio dia e) meia hora; **um ~ drei** às duas e meia; **zum ~en Preis** por metade do preço **II.** *adv* meio; **nur ~ so viel** só metade; **nur ~ zuhören** ouvir só metade; **~ öffnen** entreabrir; **~ offen** entreaberto; (*umg*); **das ist ~ so schlimm** isso não é tão grave assim; **~e-~e machen** dividir a meias
halbamtlich *adj* oficioso
Halbbruder *m* <-s, -brüder> meio-irmão *m*
Halbdunkel *nt* <-s> *kein pl* penumbra *f*
halber ['halbɐ] *präp +gen* por causa de, devido a; **der Ehrlichkeit ~ muss ich zugeben, dass ...** para ser franco, tenho de admitir que ...
Halbfinale *nt* <-s, -> (SPORT) meia-final *f,* semifinal *f*
halbherzig *adj* com indiferença
halbieren* *vt* dividir ao meio
Halbinsel *f* <-n> península *f;* **die Iberische ~** a Península Ibérica
Halbjahr *nt* <-(e)s, -e> semestre *m;* **im ersten ~ 1998** no primeiro semestre de 1998
halbjährlich **I.** *adj* semestral **II.** *adv* semestralmente, de seis em seis meses
Halbkanton *m* <-s, -e> meio Cantão *m*
Halbkreis *m* <-es, -e> semicírculo *m,* semicircunferência *f*
Halbkugel *f* <-n> (GEOG) hemisfério *m*
Halbleiter *m* <-s, -> (ELEKTR) semicondutor *m*
halbmast *adv* **auf ~** a meia haste; **~ flaggen** içar a bandeira a meia haste
Halbmond *m* <-(e)s, -e> meia-lua *f*
halboffenALT ['-'--] *adj s.* **halb II**
Halbschatten *m* <-s, -> penumbra *f*
Halbschlaf *m* <-(e)s> *kein pl* sonolência *f,* sono *m* leve; **im ~** num sono leve
Halbschuh *m* <-(e)s, -e> sapato *m* baixo
Halbstarke(r) *m/f* <-n, -n *o* -n> (*abw*) rufia *m,f*
halbstündig *adj* de meia hora
halbstündlich *adv* de meia em meia hora
halbtags ['halpta:ks] *adv* em part-time, a tempo parcial; **~ arbeiten** trabalhar em part-time, trabalhar a tempo parcial
Halbtagsarbeit *f kein pl* trabalho *m* em part-time
Halbtagskraft *f* <-kräfte> trabalhador, trabalhadora *m, f* em part-time
Halbton *m* <-(e)s, -töne> (MUS) meio tom *m*
halbwegs ['halpve:ks] *adv* mais ou menos
Halbwelt *f kein pl* submundo *m*
Halbwertszeit *f* <-en> (PHYS) período *m* de semidesintegração
Halbwüchsige(r) *m/f* <-n, -n *o* -n> adolescente *m,f*
Halbzeit *f* <-en> (SPORT) meio-tempo *m;* **erste/zweite ~** primeira/segunda parte
Halde ['haldə] *f* <-n> (*Bergbau*) monte de minério *m*
half [half] *imp von* **helfen**
Hälfte *f* <-n> metade *f;* **bis zur ~** até meio; **nur die ~ verstehen** perceber só metade; **Kinder zahlen die ~** as crianças pagam metade; (*umg*); **meine bessere ~** a minha cara-metade
Halfter ['halftɐ] *nt* <-s, -> (*für Pistole*) coldre *m*
Halle ['halə] *f* <-n> ❶ (*eines Gebäudes, Hotels, im Bahnhof, im Flughafen*) átrio *m,* entrada *f* ❷ (*Ausstellungshalle, Fabrikhalle*) pavilhão *m;* (*Lagerhalle*) armazém *m* ❸ (*Sporthalle*) pavilhão *m;* (*Turnhalle*) ginásio *m;* (*Reithalle*) picadeiro *m;* **in der ~ spielen** jogar no pavilhão
hallen ['halən] *vi* ecoar, ressoar
Hallenbad *nt* <-(e)s, -bäder> piscina *f* coberta
Hallensport *m* <-s> *kein pl* desporto *m* de salão
hallo ['halo, ha'lo:] *interj* olá!, oi!; (*am Telefon*) estou?, está lá?, alô!; **~, wie geht's?** olá, como está?
Hallodri *m* <-s, -s> (*österr*) malandro *m*
Halluzination [halutsina'tsjo:n] *f* <-en> alucinação *f*
Halm [halm] *m* <-(e)s, -e> ❶ (*Grashalm*)

H

cana *f*, caule *m* ❷ (*Trinkhalm*) palha *f*

Halogen *nt* <-s, -e> (CHEM) halogéneo *m*

Halogenleuchte *f* <-n> lâmpada *f* de halogéneo

Hals [hals] *m* <-es, Hälse> ❶ (ANAT) pescoço *m;* (*Kehle*) garganta *f;* **jdm um den ~ fallen** abraçar alguém; **aus vollem ~ singen/schreien** cantar/gritar com toda a força; **sich** *dat* **etw vom ~ schaffen** desembaraçar-se de a. c.; (*umg*); **~ über Kopf** precipitadamente; (*umg*); **das hängt mir zum ~ heraus** estou farto disso até à ponta dos cabelos ❷ (*einer Flasche*) gargalo *m*

Halsband *nt* <-(e)s, -bänder> (*für Hunde*) coleira *f*

halsbrecherisch *adj* perigoso, arriscado; **mit ~er Geschwindigkeit** a uma velocidade perigosa

Halsentzündung *f* <-en> inflamação *f* da garganta

Halskette *f* <-n> colar *m*

Hals-Nasen-Ohren-Arzt, Hals-Nasen-Ohren-Ärztin *m, f* <-es, -ärzte *o* -innen> otorrinolaringologista *m,f*

Halsschmerzen *pl* dores *fpl* de garganta; **ich habe ~** dói-me a garganta, estou com dores de garganta

halsstarrig *adj* teimoso, obstinado

Halstuch *nt* <-(e)s, -tücher> lenço *m* de pescoço, écharpe *f*

Halsweh *nt* <-s> *kein pl s.* **Halsschmerzen**

halt [halt] **I.** *interj* (*stehen bleiben*) alto(aí)!; (*beim Einschenken*) chega! **II.** *adv* apenas, simplesmente; **es ist ~ so** paciência, nada feito; **wir müssen es ~ versuchen** temos de tentar

Halt *m* <-(e)s, -e> ❶ (*Stopp*) paragem *f;* **lasst uns hier ~ machen** vamos parar aqui ❷ (*Stütze*) apoio *m;* (*innerer Halt*) amparo *m,* apoio *m* moral; **sie ist sein einziger ~** ela é o seu único amparo

haltbar *adj* ❶ (*strapazierfähig*) resistente, sólido ❷ (*dauerhaft*) duradouro; (*Lebensmittel*) conservável; (*Behauptung*) sustentável

Haltbarkeit *f kein pl* ❶ (*Strapazierfähigkeit*) resistência *f* ❷ (*Lebensmittel*) conservação *f*

Haltbarkeitsdatum *nt* <-s, -daten> prazo *m* de validade

halten ['haltən] **I.** <hielt, gehalten> *vt* (*festhalten*) agarrar, segurar; **halt mal** segura aí; **die Tür offen ~** deixar/manter a porta aberta; (*Abstand, Rekord*) manter; (*Diät*) fazer; (*Takt*) seguir; **Ordnung ~** manter arrumação; **etw auseinander~** separar a. c.; (*Rede, Vortrag*) fazer; (*Versprechen, Wort*) cumprir; **Unterricht ~** dar aulas; (*denken*) pensar (*von* de); **viel/wenig von jdm ~** ter muita/pouca consideração por alguém; **viel/wenig von etw ~** apreciar muito/pouco a. c.; **was ~ Sie davon?** que lhe parece?, que acha?; **~ Sie es wie Sie wollen** faça como quiser; (*ansehen*) tomar (*für* por), ter (*für* como); **etw für gut/schlecht ~** achar bem/mal a. c.; **wofür ~ Sie mich?** por quem me toma? **II.** <hielt, gehalten> *vi* (*stehen bleiben*) parar; **hält der Bus an der Universität?** o autocarro para na universidade?; (*widerstandsfähig sein*) durar, manter-se; (*Lebensmittel*) conservar-se **III.** *vr* **sich ~** <hielt, gehalten> (*haltbar sein*) conservar-se; **sich an etw ~** cumprir a. c.; **an sich ~** conter-se; **sich für etw ~** julgar-se a. c., considerar-se a. c.

Halter *m* <-s, -> (*Fahrzeug, Tier*) dono, dona *m, f*

Halterung *f* <-en> suporte *m,* dispositivo *m* de fixação

Haltestelle *f* <-n> paragem *f;* (*brasil*) ponto *m* de ônibus

Halteverbot *nt* <-(e)s, -e> paragem *f* proibida

haltlos *adj* (*Mensch*) inconstante; (*Behauptung*) inconsistente

halt|machenALT *vi s.* **Halt 1**

Haltung *f* <-en> ❶ (*Körperhaltung*) postura *f* ❷ (*Einstellung*) atitude *f* ❸ *kein pl* (*Selbstbeherrschung*) compostura *f,* autodomínio *m;* **~ bewahren** conter-se

Halunke [ha'lʊŋkə] *m* <-n, -n> patife *m,* malandro *m*

Hamburg ['hambʊrk] *nt* <-s> *kein pl* Hamburgo *m*

Hamburger *m* <-s, -> (KOCHK) hambúrguer *m*

hamburgisch *adj* de Hamburgo

hämisch *adj* pérfido, malvado; (*Lachen*) sarcástico

Hammel ['haməl] *m* <-s, -> carneiro *m*

Hammelkotelett *nt* <-s, -s> costeleta *f* de carneiro

Hammer ['hamɐ] *m* <-s, Hämmer> martelo *m;* (*umg*); **der ~ sein** ser fixe; **unter den ~ kommen** ser leiloado

hämmern *vi* martelar; **gegen die Tür ~** bater à porta com força

Hämorrhoiden, Hämorriden[RR] *pl* hemorróidas *fpl*

Hampelmann *m* <-(e)s, -männer> (*Spielzeug*) marionete *f,* títere *m*

Hamster ['hamstɐ] *m* <-s, -> hamster *m*

hamstern *vi* açambarcar

Hand [hant] *f* <Hände> mão *f;* **die öffentliche ~** o Estado, as autoridades; **jdm die ~ schütteln** dar um aperto de mão a alguém; **in die Hände klatschen** bater com as mãos; **etw in die ~ nehmen** pegar em a. c.; (*organisieren*) encarregar-se de a. c.; **alle Hände voll zu tun haben** não ter mãos a medir; **etw zur ~ haben** ter a. c. à mão; **aus zweiter ~** em segunda mão; **etw aus der ~ geben** largar a. c., renunciar a a. c.; **an ~ von** baseado em; **zu Händen von** ao cuidado de; **eine ~ voll** (**Zuschauer**) um punhado (de espectadores), uma mão-cheia (de espectadores); **die Hände in den Schoß legen** cruzar os braços; **letzte ~ anlegen** dar o último retoque; **es liegt in Ihrer ~** está nas suas mãos; **freie ~ haben** ter carta-branca; **~ in ~** de mãos dadas; **zwei linke Hände haben** não ter jeito para trabalho manual; **etw unter der ~ kaufen** comprar a. c. às escondidas; **auf der ~ liegen** estar na cara, ser evidente; **weder ~ noch Fuß haben** não ter pés nem cabeça

Handänderung *f* <-en> (*schweiz*) mudança *f* de dono

Handarbeit *f* <-en> trabalho *m* manual; (*Nähen*) costura *f;* (*Stricken*) malha *f,* tricô *m*

Handball *m* <-(e)s, -bälle> ❶ *kein pl* (*Spiel*) andebol *m* ❷ (*Ball*) bola *f* de andebol

Handbewegung *f* <-en> gesto *m*

Handbremse *f* <-n> travão *m* de mão, freio de mão *m*

Handbuch *nt* <-(e)s, -bücher> manual *m*

Handcreme *f* <-s> creme *m* das mãos

Händedruck *m* <-(e)s, -drücke> aperto *m* de mão

Handel ['handəl] *m* <-s> *kein pl* comércio *m;* (*Drogenhandel*) tráfico *m;* (*Geschäft*) negócio *m;* **mit jdm/etw ~ treiben** negociar com alguém/em a. c.; **im ~ sein** estar à venda

handeln ['handəln] **I.** *vi* (*Handel treiben*) negociar (*mit* em); **mit Drogen ~** traficar drogas; (*agieren*) agir, proceder; (*Erzählung, Film*) tratar (*von* de); (*feilschen*) regatear **II.** *vr* **sich ~** tratar-se (*um* de); **es handelt sich um ein wertvolles Gemälde** trata-se de um quadro valioso; **worum handelt es sich?** de que é que se trata?

Handelsabkommen *nt* <-s, -> acordo *m* comercial

Handelsbilanz *f* <-en> balanço *m* comercial

Handelsdefizit *nt* <-s, -e> défice *m* comercial, deficit *m* comercial

Handelsgesellschaft *f* <-en> sociedade *f* comercial

Handelskammer *f* <-n> câmara *f* de comércio

Handelskette *f* <-n> cadeia *f* comercial

Handelsregister *nt* <-s, -> regist(r)o *m* comercial

Handelsvertreter(in) *m(f)* <-s, - *o* -innen> representante *m,f* comercial

händeringend *adj* desesperado, suplicante

Handfeger ['-fe:gɐ] *m* <-s, -> espanador *m*

handfest *adj* (*Mahlzeit*) forte, pesado; (*Beweis, Information*) evidente, seguro

Handfläche *f* <-n> palma *f* da mão

Handgelenk *nt* <-(e)s, -e> pulso *m;* **etw aus dem ~ schütteln** fazer a. c. sem mais nem menos

handgemacht *adj* feito à mão

Handgemenge *nt* <-s, -> briga *f,* rixa *f*

Handgepäck *nt* <-(e)s> *kein pl* bagagem *f* de mão

handgeschrieben *adj* manuscrito, escrito à mão

Handgranate *f* <-n> granada *f* de mão

handgreiflich *adj* **~ werden** tornar-se violento, passar a vias de fa(c)to

Handgriff *m* <-(e)s, -e> ❶ (*zum Festhalten*) pega *f* ❷ (*Bewegung*) jeito *m;* **das ist mit einem ~ erledigt** isso faz-se num instante

handhaben ['hantha:bən] *vt* ❶ (*Gerät, Werkzeug*) manejar; **schwer zu ~** difícil de manejar ❷ (*Vorschrift, Gesetz*) aplicar

Handikap ['hɛndikɛp] *nt* <-s, -s> ❶ (*Behinderung*) incapacidade *f;* (*Nachteil*) desvantagem *f* ❷ (SPORT) handicap *m*

händisch *adj* (*österr*) manual

Handkuss[RR] *m* <-es, -küsse> beijo *m* de mão

Handlanger(in) ['-laŋɐ] *m(f)* <-s, - *o* -innen> servente *m,f,* criado, criada *m, f*

Händler(in) *m(f)* <-s, - *o* -innen> comerciante *m,f;* **fliegender ~** vendedor ambulante

handlich ['hantlɪç] *adj* jeitoso, fácil de manejar

Handlung ['handlʊŋ] *f* <-en> ① (*Tat*) a(c)to *m,* a(c)ção *f;* **strafbare ~** a(c)to *m* criminoso ② (*von Film, Theaterstück*) argumento *m;* (*von Buch*) enredo *m,* a(c)ção *f* ③ (*Geschäft*) negócio *m,* loja *f*

Handlungsbevollmächtigte(r) *m/f* <-n, -n *o* -n> procurador, procuradora *m, f*

Handrücken *m* <-s, -> costas *fpl* da mão

Handschelle *f* <-n> algemas *fpl;* **jdm ~n anlegen** algemar alguém

Handschlag *m* <-(e)s, -schläge> aperto *m* de mão; **jdn mit ~ begrüßen** dar um aperto de mão a alguém; **keinen ~ tun** não mexer uma palha

Handschrift *f* <-en> ① (*einer Person*) caligrafia *f,* letra *f;* **eine schöne ~ haben** ter uma caligrafia bonita ② (*Dokument*) manuscrito *m*

handschriftlich *adj* escrito à mão, manuscrito

Handschuh *m* <-(e)s, -e> luva *f*

Handschuhfach *nt* <-(e)s, -fächer> porta-luvas *m*

Handstand *m* <-(e)s, -stände> pino *m;* **einen ~ machen** fazer o pino

Handtasche *f* <-n> carteira *f,* mala *f* (de mão); (*brasil*) bolsa *f*

Handtuch *nt* <-(e)s, -tücher> toalha *f* das mãos; (*umg*); **das ~ schmeißen** não fazer mais

Handumdrehen *nt* <-s> *kein pl* **im ~** num instante, num abrir e fechar de olhos

HandvollALT *f* <-> *s.* **Hand**

Handwäsche *f kein pl* lavagem à mão *f*

Handwerk *nt* <-(e)s, -e> ofício *m;* **er versteht sein ~** ele sabe o que faz; **jdm das ~ legen** acabar com as manobras de alguém

Handwerker(in) *m(f)* <-s, - *o* -innen> artífice *m,f*

Handwerksbetrieb *m* <-(e)s, -e> oficina *f*

Handwerkskammer *f* <-n> associação *f* dos artífices

Handwerkszeug *nt* <-(e)s> *kein pl* ferramenta *f*

Handy *nt* <-s, -s> telemóvel *m,* celular *m*

Hanf [hanf] *m* <-(e)s> *kein pl* cânhamo *m*

Hang [haŋ] *m* <-(e)s, Hänge> ① (*Abhang*) encosta *f,* declive *m* ② *kein pl* (*Tendenz*) tendência *f* (*zu* para), inclinação *f* (*zu* para); **er hat einen ~ zur Übertreibung** ele tem uma tendência para exagerar

Hangar *m* <-s, -s> (AERO) hangar *m*

Hängebrücke *f* <-n> ponte *f* suspensa

Hängematte *f* <-n> rede *f* (de descanso)

hangen *vi* (*schweiz*) *s.* **hängen**

hängen **I.** <hing, gehangen> *vt* ① (*befestigen*) pendurar (*an* em); **den Mantel an die Garderobe ~** pendurar o casaco no bengaleiro; **sich an jdn ~** agarrar-se a alguém ② (*vergessen*) **~ lassen** deixar ficar; (*im Stich lassen*) deixar pendurado; **lass dich nicht so ~!** anima-te! **II.** <hing, gehangen> *vi* ① (*befestigt sein*) estar dependurado (*an* em); **an der Wand hing ein Bild** um quadro estava pendurado na parede; **der Baum hängt voller Früchte** a árvore está carregada de fruta; **an jdm/etw ~** ser muito agarrado a alguém/a. c. ② (*umg: sich verhaken*) **~ bleiben** ficar preso (*an* a); **an einem Ort ~** deixar-se ficar

hängen|bleibenALT *vi irr s.* **hängen II 2**

hängen|lassenALT *vt irr s.* **hängen I 2**

Hängeschrank *m* <-(e)s, -schränke> armário *m* de parede

hängig *adj* ① (JUR: *schweiz*) pendente ② (*schweiz: unerledigt*) pendente

hänseln *vt* gozar com, troçar de

Hansestadt ['hanzə-] *f* <-städte> cidade *f* hanseática

A «Hanse» (liga hanseática) foi originalmente uma união de cidades que se situavam junto a importantes vias comerciais. As **Hansestädte** (cidades hanseáticas) tinham como objectivo um melhor regulamento do comércio. A liga hanseática alemã deteve por aproximadamente 200 anos o monopólio do comércio no Mar Báltico. Ainda hoje há sete cidades no Norte da Alemanha que fazem uso do título de **Hansestadt** (cidade hanseática): Hamburgo, Bremen, Lübeck, Greifswald, Rostock, Stralsund e Wismar.

Hantel ['hantəl] *f* <-n> altere *m*

hantieren* *vi* **~ mit** +*dat* manejar

hapern ['ha:pɐn] *vi* haver falta (*an* de); **es hapert am Geld** há falta de dinheiro

Happening *nt* <-s, -s> *evento artístico em que algo inesperado ou chocante é apresentado ao público*

happig ['hapɪç] *adj* (*umg*) forte; **die Preise hier sind ~** os preços aqui são exorbitantes

Happy End, HappyendRR *nt* <-(s), -s>

final *m* feliz
Hardliner *m* <-s, -> pessoa *f* rígida
Hardware ['ha:twɛ:ɐ] *f* <-s> (INFOR) hardware *m*
Harfe ['harfə] *f* <-n> harpa *f*
Harke ['harkə] *f* <-n> ancinho *m*
harken *vt* (*Laub, Heu*) revolver (com ancinho)
harmlos ['harmlo:s] *adj* ① (*Tier, Krankheit*) inofensivo ② (*Bemerkung*) inocente
Harmonie [harmo'ni:] *f* <-n> (*a* MUS) harmonia *f*
harmonieren* *vi* harmonizar (*mit* com)
Harn [harn] *m* <-(e)s, -e> urina *f*
Harnblase *f* <-n> bexiga *f*
Harpune [har'pu:nə] *f* <-n> arpão *m*
harren ['harən] *vi* (*geh*) esperar, aguardar
hart [hart] *adj* <härter, am härtesten> ① (*Material*) duro, rijo; **~e Drogen** drogas *fpl* duras; **~ werden** endurecer, enrijecer; (*Ei*); **~ gekocht** bem cozido ② (*Winter*) rigoroso; (*Vorschrift*) rígido, severo; **~ bleiben** manter-se firme; **jdn ~ bestrafen** castigar alguém severamente ③ (*Arbeit*) árduo, pesado ④ (*Währung*) forte
Härte *f* <-n> ① (*Beschaffenheit*) dureza *f* ② (*Strenge*) severidade *f*, rigidez *f*
härten *vt* endurecer
hartgekocht *adj s.* **hart 1**
hartherzig *adj* cruel, implacável
hartnäckig *adj* obstinado, teimoso, casmurro; (*Krankheit*) persistente; **sie leistete ~ Widerstand** ela resistiu obstinadamente
Harz [ha:ɐts] *nt* <-es, -e> resina *f*
harzig *adj* ① (*Holz*) resinoso ② (*schweiz: mühsam*) custoso, trabalhoso
Haschee *nt* <-s, -s> (KOCHK) picado *m* de carne
haschen *vi* (*umg*) fumar haxixe
Haschisch ['haʃɪʃ] *nt* <-(s)> *kein pl* haxixe *m*
Hase ['ha:zə] *m* <-n, -n> lebre *f*; **sie ist ein alter ~** ela já tem experiência nestas coisas
HaselnussRR ['ha:zəlnʊs] *f* <-nüsse> avelã *f*
HassRR [has] *m* <-es> *kein pl*, **Haß**ALT *m* <-sses> *kein pl* ódio (*auf* de)
hassen ['hasən] *vt* odiar, detestar; (*stärker*) abominar; **ich hasse volle Schwimmbäder** eu odeio piscinas cheias
hasserfülltRR *adj* odiento; **jdn ~ ansehen** olhar para alguém com ódio
hässig *adj* (*schweiz*) mal humorado, maldisposto
hässlichRR *adj*, **häßlich**ALT *adj* ① (*Aussehen*) feio ② (*gemein*) mau; **sei doch nicht immer so ~!** não sejas sempre tão mau!
HässlichkeitRR *f* <-en> ① *kein pl* (*im Aussehen*) fealdade *f* ② (*Bemerkung*) malvadez *f*
HassliebeRR *f kein pl* amor-ódio *m*
Hast [hast] *f kein pl* pressa *f*; (*Überstürzung*) precipitação *f*
hasten ['hastən] *vi* (*geh*) apressar-se
hastig *adj* (*Person*) apressado; (*Antwort*) precipitado
hatschi *interj* atchim!
hatte ['hatə] *imp von* **haben**
Haube ['haʊbə] *f* <-n> ① (*Mütze*) touca *f*, barrete *m* ② (*von Auto*) capô *m*
Hauch [haʊx] *m* <-(e)s, -e> ① (*Atemstrom*) sopro *m* ② (*Luftzug*) aragem *f* ③ (*Spur*) vestígio *m*; **ein ~ von Parfüm/Traurigkeit** um vestígio de perfume/tristeza
hauchdünn *adj* finíssimo; **seine Partei erhielt eine ~e Mehrheit** o seu partido obteve uma maioria tangencial
hauchen ['haʊxən] **I.** *vt* (*Worte*) sussurrar **II.** *vi* (*ausatmen*) soprar
Haue *f kein pl* (*umg*) tau-tau *m*
hauen ['haʊən] *vt* ① (*umg: Person*) bater em; **etw in Stücke ~** despedaçar a. c. ② (*hineinschlagen*) meter (batendo); **einen Nagel in die Wand ~** pregar um prego na parede ③ (*Skulpturen*) esculpir, talhar
Haufen ['haʊfən] *m* <-s, -> ① (*Anhäufung*) monte *m*, amontoado *m*; (*umg*); **etw über den ~ werfen** desistir de a. c. ② (*umg: große Menge*) monte(s) *mpl*; **das kostet einen ~ Geld** isso custa montes de dinheiro; **es war ein ~ Leute da** estava lá um monte de gente
häufen *vr* **sich ~** acumular-se, amontoar-se
haufenweise *adv* (*umg*) aos montes
häufig **I.** *adj* frequente **II.** *adv* muitas vezes, frequentemente, com frequência; **etw ~ besuchen** frequentar a. c.
Häufigkeit *f* <-en> frequência *f*
hauptamtlich *adj* profissional
Hauptanliegen *nt* <-s, -> mira *f*, fim *m* principal
Hauptbahnhof *m* <-(e)s, -höfe> estação *f* central
hauptberuflich *adj* profissional
Hauptdarsteller(in) *m(f)* <-s, - *o* -innen>

H

a(c)tor, a(c)triz *m, f* principal

Haupteingang *m* <-(e)s, -gänge> entrada *f* principal

Häuptel *nt* <-s, -(n)> (*österr: Salatkopf*) alface *f;* (*Kohlkopf*) couve *f*

Hauptfach *nt* <-(e)s, -fächer> disciplina *f* principal, disciplina nuclear *f*

Hauptgebäude *nt* <-s, -> edifício *m* principal

Hauptgericht *nt* <-(e)s, -e> prato *m* principal

Hauptgeschäftsstraße *f* <-n> principal rua *f* de comércio

Hauptgewinn *m* <-(e)s, -e> primeiro prémio *m*

Häuptling *m* <-s, -e> chefe *m,* cabecilha *m*

Hauptmahlzeit *f* <-en> refeição *f* principal

Hauptmann *m* <-(e)s, -leute> (MIL) capitão *m*

Hauptperson *f* <-en> figura *f* principal

Hauptpost *f kein pl* estação *f* central dos correios

Hauptquartier *nt* <-s, -e> (MIL) quartel-general *m*

Hauptrolle *f* <-n> papel *m* principal

Hauptsache *f* <-n> o principal, o importante; **~, es geht dir gut** o importante é que estejas bem

hauptsächlich **I.** *adj* principal **II.** *adv* principalmente, sobretudo; **sie liest ~ Krimis** ela lê principalmente livros policiais

Hauptsaison *f* <-s> época *f* alta; **in der ~** na época alta

Hauptsatz *m* <-es, -sätze> oração *f* principal

Hauptschlagader *f* <-n> aorta *f*

Hauptschule *f escola de ensino secundário até ao 9º ano*

A **Hauptschule** segue-se à escola elementar e na Alemanha ele abrange do quinto ao nono ano escolar. Recebe os alunos cujas médias das notas não foram suficientemente boas para um ingresso na Realschule ou no Gymnasium. Adolescentes que possuem o nível escolar de Hauptschule muitas vezes têm dificuldades em encontrar uma vaga para a posterior qualificação profissional. Na Áustria há a possibilidade de uma mudança da **Hauptschule** (aqui com a duração de quatro anos) para um Gymnasium, desde que o aproveitamento escolar tenha sido bom.

Hauptspeicher *m* <-s, -> (INFOR) memória *f* principal

Hauptstadt *f* <-städte> capital *f*

Hauptstraße *f* <-n> rua *f* principal, estrada *f* principal

Hauptverhandlung *f* <-en> (JUR) audiência *f* principal

Hauptverkehrzeit *f* <-en> hora *f* de ponta

Hauptversammlung *f* <-en> assembleia *f* geral

Haus [haʊs] *nt* <-es, Häuser> casa *f;* **zu ~e sein/bleiben** estar/ficar em casa; **nach ~e gehen/kommen** ir/vir para casa; **er/sie ist nicht zu ~e** ele/ela não está em casa; **etw ins ~ liefern** entregar a. c. ao domicílio; **kommen Sie gut nach ~e!** boa viagem até casa!; **fühlen Sie sich wie zu ~e!** fique à-vontade!, faça de conta que está em sua casa!

Hausangestellte *f* <-n, -n> empregada *f* doméstica

Hausapotheke *f* <-n> farmácia *f* doméstica

Hausarbeit *f* <-en> trabalho *m* doméstico, lida *f* da casa

Hausarrest *m* <-(e)s, -e> prisão *f* domiciliária; **unter ~ stehen** estar sob prisão domiciliária

Hausarzt, Hausärztin *m, f* <-es, -ärzte *o* -innen> médico, médica *m, f* de família

Hausaufgabe *f* <-n> trabalhos *mpl* de casa, deveres *m;* **hast du die ~n schon gemacht?** já fizeste os trabalhos de casa?

Hausbesetzer(in) *m(f)* <-s, - *o* -innen> ocupante *m,f* ilegal (de casa), posseiro, posseira *m, f*

Hausbesitzer(in) *m(f)* <-s, - *o* -innen> dono, dona *m, f* da casa

Hausbesorger(in) *m(f)* <-s, - *o* -innen> (*österr*) porteiro, porteira *m, f,* zelador, zeladora *m, f*

Hausboot *nt* <-(e)s, -e> barco *m* de habitação

Häuschen *nt* <-s, -> **aus dem ~ sein** estar fora de si

hausen ['haʊzən] *vi* morar (*in* em), viver (*in* em)

Häuserblock *m* <-(e)s, -blöcke> quarteirão *m*

Hausflur *m* <-s, -e> entrada *f*, hall *m*
Hausfrau *f* <-en> dona *f* de casa; (*Berufsbezeichnung*) doméstica *f*
Hausfriedensbruch *m* <-(e)s, -brüche> (JUR) invasão *f* de domicílio
hausgemacht *adj* caseiro
Haushalt ['haʊshalt] *m* <-(e)s, -e> ① (*Privathaushalt*) governo *m* da casa; **jdm den ~ führen** tratar do governo da casa a alguém; **im ~ helfen** ajudar nos trabalhos domésticos ② (POL) orçamento *m*
Haushaltsdefizit *nt* <-(e)s, -e> (POL) défice *m* orçamental, deficit *m* orçamental
Haushaltsgeld *nt* <-es> *kein pl* dinheiro *m* para o governo da casa
Haushaltsgerät *nt* <-(e)s, -e> ele(c)trodoméstico *m*
Hausherr(in) *m(f)* <-n, -en *o* -innen> dono, dona *m, f* da casa
haushoch ['-'-] *adj* altíssimo, enorme
hausieren* *vi* ~ **mit** +*dat* vender pelas ruas, vender porta a porta; (*umg*); **mit etw ~ gehen** (andar a) espalhar a. c. aos quatro ventos
Hausierer(in) *m(f)* <-s, - *o* -innen> vendedor, vendedora *m, f* ambulante
Hauskatze *f* <-n> gato *m* doméstico
häuslich *adj* (*Person*) caseiro
Hausmann *m* <-(e)s, -männer> doméstico *m*
Hausmeister(in) *m(f)* <-s, - *o* -innen> ① (*in Wohnhaus*) administrador, administradora *m, f*, porteiro, porteira *m, f*, zelador, zeladora *m, f*; (*in öffentlichen Gebäuden*) porteiro, porteira *m, f* ② (*schweiz: Hausbesitzer*) dono, dona *m, f* da casa
Hausmittel *nt* <-s, -> remédio *m* caseiro
Hausnummer *f* <-n> número *m* da casa, número *m* da porta; **welche ~ wohnst du?** qual é o número da tua casa?
Hausordnung *f* <-en> regulamento *m* da casa
Hausputz *m* <-es> *kein pl* limpeza *f* da casa; **~ machen** fazer limpeza à casa
Hausrat *m* <-(e)s> *kein pl* recheio *m* da casa
Hausratversicherung *f* <-en> seguro *m* do recheio da casa
Hausschlüssel *m* <-s, -> chave *f* de casa
Hausschuh *m* <-(e)s, -e> chinelo *m*
Hausse *f* <-n> alta *f*; **auf ~ spekulieren** especular em alta
Haussegen *m* <-s> *kein pl* (*umg*) **bei jdm hängt der ~ schief** há discussão
Haustier *nt* <-(e)s, -e> animal *m* doméstico, animal *m* de estimação
Haustür *f* <-en> porta *f* de casa, porta *f* da rua
Hausverbot *nt* <-(e)s, -e> proibição *f* de entrar em casa; **jdm ~ erteilen** proibir alguém de entrar em casa
Hausverwalter(in) *m(f)* <-s, - *o* -innen> administrador, administradora *m, f* da casa, zelador, zeladora *m, f*
Hauswirt(in) *m(f)* <-(e)s, -e *o* -innen> senhorio, senhoria *m, f*
Hauswirtschaft *f kein pl* economia *f* doméstica, governo *m* da casa
Haut [haʊt] *f* <Häute> ① (*von Mensch, Tier*) pele *f*; (*von Obst*) casca *f*; **bis auf die ~ nass werden** ficar molhado até aos ossos; (*umg*); **nicht in jds ~ stecken wollen** não querer estar na pele de alguém; (*umg*); **etw geht jdm unter die ~** a. c. mexe profundamente com alguém; (*umg*); **aus der ~ fahren** ficar fora de si ② (*auf Flüssigkeit*) nata *f*
Hautarzt, Hautärztin *m, f* <-es, -ärzte *o* -innen> dermatologista *m,f*
Hautcreme *f* <-s> creme *m* para a pele
häuten I. *vt* esfolar **II.** *vr* **sich ~** mudar a pele
hauteng ['-'-] *adj* justo ao corpo
Hautfarbe *f* <-n> cor *f* da pele, tez *f*
hautfreundlich *adj* delicado com a pele
Hautkrankheit *f* <-en> doença *f* de pele, dermatose *f*
Hautkrebs *m* <-es> *kein pl* cancro *m* da pele
Hautpflege *f kein pl* higiene *f* da pele
Hawaii *nt* <-s> *kein pl* Havai *m*
Hbf. *abk v* **Hauptbahnhof** estação *f* principal
Hearing *nt* <-s, -s> (POL) audiência *f*
Hebamme ['he:bamə] *f* <-n> parteira *f*
Hebel ['he:bəl] *m* <-s, -> alavanca *f*; **alle ~ in Bewegung setzen** empregar todos os meios
heben ['he:bən] **I.** <hob, gehoben> *vt* levantar, erguer; (*Wrack*) recuperar; **die Stimmung ~** levantar o ânimo **II.** *vr* **sich ~** <hob, gehoben> (*Nebel*) levantar
hebräisch *adj* hebraico
hecheln ['hɛçəln] *vi* (*Hund*) arquejar, ofegar
Hecht [hɛçt] *m* <-(e)s, -e> lúcio *m*
hechten *vi* (FBALL) mergulhar
Heck [hɛk] *nt* <-(e)s, -s> (*von Schiff*) popa *f*; (*von Auto*) retaguarda *f*; (*von Flugzeug*) cauda *f*

Hecke ['hɛkə] *f* <-n> sebe *f*
Heckscheibe *f* <-n> óculo *m* traseiro
Heer [heːɐ] *nt* <-(e)s, -e> ❶ (MIL) exército *m* ❷ (*große Menge*) multidão *f*, monte *m*; **ein ~ von Mücken** um monte de mosquitos
Hefe ['heːfə] *f* <-n> fermento *m*
Hefeteig *m* <-(e)s, -e> massa *f* levedada
Heft [hɛft] *nt* <-(e)s, -e> ❶ (*Schreibheft*) caderno *m*; (*einer Zeitschrift*) fascículo *m* ❷ (*geh: von Messer, Waffe*) cabo *m*, punho *m*; **das ~ in der Hand haben** ter a faca e o queijo na mão
heften ['hɛftən] *vt* ❶ (*befestigen*) prender (*an* a), fixar (*an* a); (*mit Heftklammern*) agrafar, grampear; **einen Zettel an die Tür ~** pendurar um papel na porta ❷ (*Buch*) brochar, encadernar ❸ (*Stoffe*) alinhavar ❹ (*Blick, Augen*) cravar (*auf* em); **die Augen auf jdn/etw ~** cravar os olhos em alguém/a. c.
Hefter *m* <-s, -> agrafador *m*, grampeador *m*
heftig ['hɛftɪç] *adj* ❶ (*Wind, Widerstand*) forte; (*Kampf*) violento; **es regnet ~** chove torrencialmente ❷ (*Liebe*) apaixonado, intenso, impetuoso; (*Hass*) intenso; (*Worte*) áspero, forte; **~ werden** zangar-se
Heftklammer *f* <-n> agrafo *m*, grampo *m*
Heftplaster *nt* <-s, -> adesivo *m*
Heftzwecke *f* <-n> pionés *m*, tachinha *f*
Hegemonie [hegemo'niː] *f* <-n> hegemonia *f*
hegen ['heːgən] *vt* ❶ (*Wild, Pflanzen*) criar, cuidar de ❷ (*geh: haben*) nutrir, ter; **Zweifel ~** duvidar; **Hoffnung ~** nutrir esperanças
Hehl [heːl] *m o nt* **kein(en) ~ aus etw machen** não fazer segredo de a. c.
Hehler(in) *m(f)* <-s, - *o* -innen> encobridor, encobridora *m, f*, cúmplice *m,f*
Hehlerei *f* <-en> (JUR) cumplicidade *f*, conivência *f*
Heide(in)[1] *m(f)* <-n, -n *o* -innen> (REL) pagão, pagã *m, f*
Heide[2] ['haɪdə] *f* <-n> charneca *f*
Heidekraut *nt* <-(e)s> *kein pl* (BOT) urze *f*
Heidelbeere ['haɪdəlbeːrə] *f* <-n> arando *m*
Heidenspaß *m* <-es, -späße> (*umg*) **einen ~ haben** divertir-se à grande
heikel ['haɪkəl] *adj* ❶ (*Thema, Angelegenheit*) delicado, difícil, bicudo; **das ist ein heikler Punkt** isto é delicado ❷ (*Person*) melindroso, esquisito
heil [haɪl] **I.** *adj* (*unverletzt*) salvo, ileso; (*geheilt*) curado, restabelecido; (*ganz*) inta(c)to, inteiro **II.** *adv* a salvo; **~ ankommen** chegar são e salvo; **hoffentlich kommen wir hier ~ heraus!** havemos de sair daqui sãos e salvos!
Heil *nt* <-(e)s> *kein pl* ❶ (*Wohlergehen, Glück*) bem-estar *m*, felicidade *f*; **sein ~ in der Flucht suchen** fugir ❷ (REL) salvação *f*
Heiland ['haɪlant] *m* <-(e)s> *kein pl* Salvador *m*
Heilbad *nt* <-(e)s, -bäder> ❶ (*Kurort*) termas *fpl*, estação *f* termal ❷ (*medizinisches Bad*) banhos *mpl* medicinais
heilbar *adj* curável
heilen ['haɪlən] **I.** *vt* (*Patienten, Krankheit*) curar (*von* de, *mit* com) **II.** *vi* curar-se; (*Wunde*) sarar
heilfroh ['-'-] *adj* (*umg*) muito contente (*über* com)
heilig ['haɪlɪç] *adj* sagrado, santo; (*vor Konsonant*) São; **der ~e Antonius/Franziskus** Santo António/São Francisco
Heiligabend [haɪlɪç'ʔaːbənt] *m* <-(e)s, -e> véspera *f* de Natal
Heilige(r) *m/f* <-n, -n *o* -n> santo, santa *m, f*
Heiligenschein *m* <-(e)s, -e> auréola *f*, nimbo *m*
Heiligtum *nt* <-s, -tümer> santuário *m*
heillos *adj* monstruoso; **ein ~er Lärm** um barulho infernal
Heilmittel *nt* <-s, -> remédio *m*
Heilpraktiker(in) *m(f)* <-s, - *o* -innen> médico, médica *m, f* naturalista
heilsam *adj* salutar, saudável; **eine ~e Erfahrung** uma experiência salutar
Heilung *f* <-en> cura *f*
heim [haɪm] *adv* para casa
Heim *nt* <-(e)s, -e> ❶ *kein pl* (*Zuhause*) casa *f*, lar *m* ❷ (*für Obdachlose, Alte*) lar *m*, asilo *m*; (*für Kinder*) lar *m* de infância; (*für Studenten*) residência (universitária) *f*
Heimarbeit *f* <-en> trabalho *m* em casa
Heimat ['haɪmaːt] *f* *kein pl* ❶ (*eines Menschen*) pátria *f*, terra *f* natal; **die Schweiz/Berlin ist seine zweite ~** a Suíça/Berlim é a sua segunda pátria ❷ (*von Tier, Pflanze*) habitat *m*
Heimatland *nt* <-(e)s, -länder> terra *f* natal, país *m* de origem
heimatlich *adj* natal, pátrio
heimatlos *adj* apátrida
Heimatort *m* <-(e)s, -e> terra *f* natal
Heimatschein *m* <-(e)s, -e> (*schweiz*) cer-

tidão *f* de naturalidade

Heimatvertriebene(r) *m/f* <-n, -n *o* -n> expatriado, expatriada *m, f,* refugiado, refugiada *m, f*

heim|begleiten* *vt* acompanhar a casa

heim|bringen *vt irr* (*Person*) trazer a casa; (*Objekt*) trazer para casa

Heimcomputer *m* <-s, -> computador *m* doméstico

heimelig *adj* acolhedor, aconchegante; **der Kamin verbreitet eine ~e Wärme** a lareira liberta um calor acolhedor

heim|fahren **I.** *vt irr* levar a casa **II.** *vi irr* ir a casa, ir para casa; **fährst du am Wochenende heim?** vais a casa no fim-de-semana?

Heimfahrt *f* <-en> viagem para casa *f;* **auf der ~ sein** estar a ir para casa

heim|gehen *vi irr* ir para casa

heimisch *adj* ① (*einheimisch*) local, nacional; **die ~e Industrie** a indústria nacional ② (*vertraut*) familiarizado, acostumado; **~ werden** familiarizar-se (*in* com), acostumar-se (*in* com)

Heimkehr ['haɪmkeːɐ] *f kein pl* regresso *m* a casa

heim|kehren *vi* regressar a casa

heimlich ['haɪmlɪç] **I.** *adj* secreto, oculto **II.** *adv* em segredo, às escondidas, à socapa; **sich mit jdm ~ treffen** encontrar-se com alguém às escondidas

Heimreise *f* <-n> viagem *f* para casa; **die ~ antreten** partir para casa

heim|reisen *vi* ir para casa

Heimspiel *nt* <-(e)s, -e> (SPORT) jogo *m* em casa

heim|suchen *vt* (*Krankheit, Katastrophe*) atingir

heimtückisch *adj* pérfido, traiçoeiro

heimwärts *adv* para casa, em dire(c)ção a casa

Heimweg *m* <-(e)s, -e> caminho *m* de casa; **sich auf den ~ machen** ir para casa

Heimweh *nt* <-s> *kein pl* saudades *fpl* de casa

Heimwerker(in) *m(f)* <-s, - *o* -innen> pessoa *f* que faz bricolage

heim|zahlen *vt* pagar na mesma moeda; **das zahle ich dir heim!** vais pagá-las!

Heirat ['haɪraːt] *f* <-en> casamento *m,* matrimónio *m*

heiraten ['haɪraːtən] **I.** *vt* casar(-se) com; **sie wird Dietrich ~** ela vai casar com o Dietrich **II.** *vi* casar(-se); **kirchlich/standesamtlich ~** casar(-se) pela Igreja/pelo regist(r)o; **sie wollen Ende Juli ~** eles querem casar no fim de Julho

Heiratsanzeige *f* <-en> participação *f* de casamento

Heiratsvermittlung *f* <-en> agência *f* matrimonial

heiser ['haɪzɐ] *adj* rouco; **~ werden** enrouquecer

Heiserkeit *f kein pl* rouquidão *f*

heiß *adj* ① (*Temperatur, Wetter, Wasser*) quente; (*Gegenstand, Essen*) quente, a ferver; **es ist ~** está muito calor; **mir ist ~** tenho calor; **das Essen ~ machen** aquecer a comida, esquentar a comida; **~ laufen** (*Motor*) aquecer; (*umg: Telefon*) não parar de tocar ② (*Kampf, Debatte*) vivo, fogoso ③ (*Liebe, Wunsch*) ardente; **er liebt sie ~ und innig** ele ama-a ardentemente; **~ geliebt** muito querido, adorado

heißen <hieß, geheißen> *vi* ① (*Namen haben*) chamar-se; **wie ~ Sie/heißt du?** como é que se chama/te chamas?; **ich heiße Thomas Schmitt** (eu) chamo-me Thomas Schmitt ② (*bedeuten*) significar, querer dizer; **was heißt das auf Portugiesisch?** como é que se diz isso em português?; **das heißt** quer dizer, isto é; **was soll das ~?** o que é que queres dizer com isso?

heißgeliebtALT *adj s.* **heiß 2**

Heißhunger *m* <-s> *kein pl* fome *f* canina

heiß|laufenALT *vi irr s.* **heiß 1**

heiter ['haɪtɐ] *adj* (*Stimmung, Mensch*) alegre; (*Wetter*) limpo, claro; **~ bis wolkig** limpo ou pouco nublado; (*umg*); **das kann ja ~ werden** a coisa pode complicar-se

Heiterkeit *f kein pl* alegria *f;* (*Belustigung*) hilaridade *f,* risos *mpl;* **ihre Bemerkung erregte große ~** o comentário dela provocou risos

heizbar *adj* (*Raum*) com aquecimento; (*Heckscheibe*) com desembaciador

Heizdecke *f* <-n> cobertor *m* elé(c)trico

heizen ['haɪtsən] **I.** *vt* (*Raum*) aquecer; (*Ofen, Backofen*) acender **II.** *vi* aquecer; **wir ~ mit Gas** nós temos aquecimento a gás; **ist das Zimmer geheizt?** o quarto está aquecido?

Heizkörper *m* <-s, -> radiador *m*

Heizlüfter *m* <-s, -> termoventilador *m*

Heizöl *nt* <-(e)s> *kein pl* óleo combustível *m*

Heizung *f* <-en> aquecimento *m;* **die ~ anstellen/abstellen** ligar/desligar o aquecimento

Heizungskeller *m* <-s, -> cave *f* da caldeira

Hektar ['hɛktaːɐ] *m* <-s, -e> hectare *m*

Hektik ['hɛktɪk] *f kein pl* agitação *f;* **nur keine ~!** calma!

hektisch ['hɛktɪʃ] *adj* agitado; **~ herumlaufen** andar agitado

Held(in) [hɛlt] *m(f)* <-en, -en *o* -innen> herói, heroína *m, f*

helfen ['hɛlfən] <half, geholfen> *vi* ❶ (*Hilfe leisten*) ajudar (*bei* em); (*in der Not*) acudir, socorrer; **ich helfe dir (dabei)** eu ajudo-te (nisso); **kann ich Ihnen ~?** posso ajudá-lo?; **ihm ist nicht mehr zu ~** ele já não tem remédio; **sich zu ~ wissen** desenvencilhar-se, não se atrapalhar ❷ (*heilsam sein*) ser bom (*gegen* contra, para); **das hilft gegen Kopfweh** isso é bom contra [*o* para] as dores de cabeça; **nicht ~** não valer de nada ❸ (*nützen*) servir; **es hilft nichts, du musst ...** não adianta, tu tens de/que ... ❹ (*schweiz: mitmachen*) participar

Helfer(in) *m(f)* <-s, - *o* -innen> ajudante *m,f,* assistente *m,f*

Helfershelfer(in) *m(f)* <-s, - *o* -innen> (*abw*) cúmplice *m,f*

Helgoland *nt* <-s> *kein pl* Helgoland *f*

Helium ['heːliʊm] *nt* <-s> *kein pl* hélio *m*

hell [hɛl] *adj* ❶ (*Licht, Farbe, Haut, Augen, Haar*) claro; (*Wetter*); **~er werden** clarear, desanuviar; **~ werden** amanhecer; **es ist schon ~** já é dia ❷ (*voller Licht*) luminoso; **es ist ein sehr ~es Zimmer** é um quarto com muita luz ❸ (*Ton*) claro; **eine ~e Stimme** uma voz timbrada ❹ (*klug*) lúcido; **ein ~er Kopf** um entendimento claro ❺ (*umg: groß*) grande; **in ~er Verzweiflung** em franco desespero

hellblau *adj* azul claro

hellblond *adj* muito louro

hellhörig *adj* (*Wohnung*) sem isolamento acústico; **~ werden** aguçar o ouvido

Helligkeit *f kein pl* ❶ (*Helle*) claridade *f* ❷ (FOTO) luminosidade *f*

Hellraumprojektor *m* <-s, -en> (*schweiz*) retroprojector *m*

Hellseher(in) *m(f)* <-s, - *o* -innen> visionário, visionária *m, f*

Helm [hɛlm] *m* <-(e)s, -e> capacete *m;* (*von Rüstung*) elmo *m*

Hemd [hɛmt] *nt* <-(e)s, -en> ❶ (*Herrenhemd*) camisa *f* ❷ (*Unterhemd*) camisola interior *f;* (*umg*); **mach dir nicht ins ~** não sejas assim!

Hemisphäre *f* <-n> hemisfério *m*

hemmen ['hɛmən] *vt* ❶ (*aufhalten*) deter, travar ❷ (*hindern*) impedir, obstruir, entravar

Hemmung *f* <-en> ❶ (*Beeinträchtigung*) impedimento *m,* obstáculo *m,* entrave *m* ❷ (*Bedenken*) dúvida *f,* hesitação *f;* **nur keine ~en!** vá lá! ❸ (PSYCH) inibição *f,* complexo *m;* **er/sie hat große ~en** ele/ela tem muitos complexos

hemmungslos *adj* desenfreado

Hendl *nt* <-s, -(n)> (*österr*) frango *m* (assado)

Hengst [hɛŋst] *m* <-es, -e> cavalo *m* reprodutor, garanhão *m*

Henkel ['hɛŋkəl] *m* <-s, -> asa *f*

Henker ['hɛnkɐ] *m* <-s, -> carrasco *m;* **scher dich zum ~!** vá à fava!

Henne ['hɛnə] *f* <-n> galinha *f*

her [heːɐ] *adv* ❶ (*örtlich*) (para) cá, (para) aqui; **wo ist er ~?** donde vem ele?; **kommen Sie ~!** venha cá!; **gib mal ~** dá cá!; **~ damit!** dá cá isso!; **von weit ~** de longe ❷ (*zeitlich*) há; **wie lange ist das ~?** há quanto tempo foi isso?; **es ist lange /ein Jahr ~** foi há muito tempo/um ano

herab [hɛ'rap] *adv* abaixo, para baixo; **von oben ~** de cima abaixo

herab|blicken *vi* olhar para baixo (*auf* para); (*fig*); **auf jdn ~** olhar de cima para alguém

herab|lassen **I.** *vt irr* baixar, descer; **er ließ das Seil herab** ele baixou a corda **II.** *vr* **sich ~** *irr* condescender, dignar-se; **sich ~, etw zu tun** dignar-se a fazer a. c.

herablassend *adj* condescendente, desdenhoso

Herablassung *f kein pl* condescendência *f*

herab|setzen *vt* ❶ (*Preise*) baixar; (*Geschwindigkeit, Strafe*) reduzir ❷ (*Verdienst*) depreciar

Herabsetzung *f kein pl* ❶ (*der Preise*) redução *f* ❷ (*eines Menschen*) depreciação *f*

herab|würdigen *vt* depreciar, menosprezar

heran [hɛ'ran] *adv* para cá, para aqui, para junto de

heran|kommen *vi irr* ❶ (*sich nähern*) aproximar-se (*an* de); (*umg*); **nichts an sich ~ lassen** não se importar com nada ❷ (*erreichen*) chegar (*an* a); **er kommt nicht an seine Vorgängerin heran** ele não chega à sua antecessora

heran|machen *vr* **sich ~** (*umg*) **sich an jdn ~** fazer-se a alguém

heran|reichen *vi* ① (*an Gegenstand*) chegar (*an* a) ② (*an Leistung*) **~ an** +*akk* alcançar

heran|treten *vi irr* ① (*sich nähern*) aproximar-se (*an* de) ② (*sich wenden*) dirigir-se (*an* a); **er trat mit einer Bitte an sie heran** ele dirigiu-se a ela com um pedido

heran|wachsen *vi irr* desenvolver-se, crescer

Heranwachsende(r) *m/f* <-n, -n *o* -n> adolescente *m,f*

heran|wagen *vr* **sich ~** ① (*räumlich*) ousar aproximar-se (*an* de) ② (*an Aufgabe*) ousar fazer; (*an Problem*) ousar resolver

heran|ziehen **I.** *vt irr* (*näher holen*) puxar (para si); **einen Stuhl ~** puxar uma cadeira; (*Berater*) chamar (*zu* para); (*Sache*) recorrer a (*zu* para); **es wurden internationale Fachleute herangezogen** foram chamados especialistas internacionais; **etw zum Vergleich ~** recorrer a a. c. para comparar; **jdn zu einer Aufgabe ~** chamar alguém para uma tarefa **II.** *vi irr* aproximar-se; **ein Gewitter zieht heran** aproxima-se um trovão

herauf [hɛ'raʊf] *adv* acima, para cima; **hier ~!** lá para cima!

herauf|beschwören* *vt irr* evocar; (*Streit, Gefahr*) provocar

herauf|kommen *vi irr* vir para cima, subir

heraufziehen **I.** *vt irr* puxar para cima **II.** *vi irr* (*Gewitter*) aproximar-se

heraus [hɛ'raʊs] *adv* fora, para fora; **von innen ~** de dentro para fora; **~ damit/mit der Sprache!** diz lá!, desembucha!; **aus einer Notlage ~** por uma emergência

heraus|arbeiten *vt* (*Unterschiede, Standpunkte*) evidenciar

heraus|bekommen* *vt irr* ① (*Information*) conseguir saber; (*Geheimnis*) conseguir descobrir; (*Aufgabe, Rätsel*) adivinhar; **wie hast du das herausbekommen?** como é que descobriste isso? ② (*Wechselgeld*) receber de troco; **Sie bekommen noch zehn Euros heraus** ainda recebe dez euros de troco

heraus|bringen *vt irr* ① (*nach draußen bringen*) trazer para fora ② (*Buch*) publicar; (*Ware*) lançar; **vor Schreck kein Wort ~** não articular uma palavra com o susto

heraus|finden **I.** *vt irr* (*erfahren*) (conseguir) descobrir, apurar; **hast du herausgefunden, wann der Bus fährt?** conseguiste descobrir quando passa o autocarro? **II.** *vi irr* (*aus Ort, Gebäude*) conseguir sair (*aus* de)

heraus|fordern *vt* desafiar

Herausforderung *f* <-en> desafio *m;* **eine ~ annehmen** aceitar um desafio

heraus|geben *vt irr* ① (*Beute*) devolver, restituir ② (*Buch*) publicar, editar ③ (*Wechselgeld*) dar de troco; **ich kann nicht ~** não tenho trocos

Herausgeber(in) *m(f)* <-s, - *o* -innen> editor, editora *m, f*

heraus|gehen *vi irr* sair (*aus* de); **aus sich** *dat* **~** sair da casca

Herausgeld *nt* <-(e)s> *kein pl* (*schweiz*) troco *m*

heraus|haben *vt irr* (*Ergebnis, Trick*) ter descoberto

heraus|halten *vr* **sich ~** *irr* ficar de fora (*aus* de); **aus der Sache halte ich mich heraus** eu não me meto no assunto

heraus|holen *vt* tirar (*aus* de); (*umg*); **alles aus sich** *dat* **~** dar tudo de si

heraus|kehren *vt* (*Überlegenheit, Wissen*) mostrar

heraus|kommen *vi irr* ① (*aus Gebäude, Zimmer*) sair (*aus* de) ② (*Ergebnis*) dar; **dabei kommt nichts heraus** isso não dá nada; **es kommt auf dasselbe heraus** vem a dar no mesmo, vai dar ao mesmo ③ (*Buch*) sair, ser publicado ④ (*Geheimnis, Wahrheit*) vir a saber-se, vir à luz; **die Wahrheit ist doch herausgekommen** a verdade sempre se descobriu

heraus|nehmen *vt irr* ① (*Gegenstand*) tirar (*aus* de), retirar (*aus* de); (MED) extrair; **jdm den Blinddarm ~** extrair o apêndice a alguém ② (*sich erlauben*) **sich** *dat* **etw ~** tomar a liberdade de fazer a. c., atrever-se a fazer a. c.; **sich** *dat* **jdm gegenüber zu viel ~** abusar de alguém

heraus|platzen *vi* (*umg*) desabafar; **mit etw ~** sair-se com a. c.

heraus|putzen *vr* **sich ~** aperaltar-se

heraus|reden *vr* **sich ~** (*umg*) arranjar desculpas

heraus|reißen *vt irr* arrancar

heraus|rücken **I.** *vt* (*umg*) dar; **rück doch mal ein bisschen Geld heraus!** dá lá algum dinheiro! **II.** *vi* falar; **mit der Wahr-**

heit ~ dizer a verdade

heraus|rutschen *vi* escapar; **das ist mir nur so herausgerutscht** escapou-me

heraus|schlagen *vt irr* ❶ (*Wand*) deitar abaixo ❷ (*Vorteil*) lucrar com

heraus|springen *vi irr* saltar (*aus* de)

heraus|stellen **I.** *vt* (*nach draußen stellen*) pôr para fora; (*hervorheben*) evidenciar, pôr em destaque **II.** *vr* **sich ~** verificar-se, provar-se; **der Verdacht hat sich als richtig/falsch herausgestellt** verificou-se que a suspeita estava certa/errada; **es stellte sich heraus, dass ...** verificou-se que ..., provou-se que ...

heraus|suchen *vt* escolher, sele(c)cionar; **wir müssen alle alten Modelle ~** temos de escolher todos os velhos modelos

heraus|ziehen *vt irr* tirar (*aus* de); (*Zahn*) extrair, arrancar, tirar

herb [hɛrp] *adj* ❶ (*Geschmack*) acre, amargo; **~er Wein** vinho seco ❷ (*Enttäuschung*) forte; (*Worte*) áspero; **~e Kritik** crítica *f* mordaz

herbei [hɛɐ'baɪ] *adv* (para) cá, (para) aqui

herbei|führen *vt* causar

Herberge ['hɛrbɛrgə] *f* <-n> albergue *m*, pousada *f*

her|bestellen* *vt* mandar vir; **ich habe sie für 14 Uhr herbestellt** eu mandei-a vir às 14 horas

Herbizid *nt* <-(e)s, -e> herbicida *m*

Herbst [hɛrpst] *m* <-es, -e> Outono *m*; **im ~** no Outono

herbstlich *adj* outonal

Herd [heːɐt] *m* <-(e)s, -e> ❶ (*zum Kochen*) fogão *m*; (*zum Backen*) forno *m*; **den ~ anmachen** acender o fogão, ligar o forno; **am ~ stehen** estar ao fogão ❷ (*einer Krankheit, eines Erdbebens*) foco *m*

Herde ['heːɐdə] *f* <-n> manada *f*; (*Schafe*) rebanho *m*

herein [hɛ'raɪn] *adv* para dentro; **~!** entre!

herein|bitten *vt irr* mandar entrar; **darf ich Sie ~?** pode entrar!

herein|brechen *vi irr* (*Nacht, Dämmerung*) cair

herein|bringen *vt irr* ❶ (*Gegenstand*) trazer para dentro ❷ (*Ausgaben, Verlust*) repor; **die Kosten müssen wieder hereingebracht werden** os custos têm de ser repostos

herein|fallen *vi irr* ❶ (*in Loch*) cair (*in* em) ❷ (*umg: sich täuschen lassen*) cair, deixar-se levar; **auf etw ~** cair em a. c.; **auf jdn ~** deixar-se levar por alguém

herein|kommen *vi irr* entrar (*in* em/para)

herein|lassen *vt irr* deixar entrar (*in* em/para)

herein|legen *vi* ❶ (*nach drinnen legen*) pôr (cá) dentro ❷ (*umg: betrügen*) levar, enganar

herein|platzen *vi* (*umg*) irromper (*in* em)

herein|schauen *vi* (*umg*) passar (*bei* por casa de); **ich wollte nur kurz bei dir ~** eu queria passar por tua casa

her|fallen *vi irr* **über etw ~** atirar-se a a. c.; **über jdn ~** cair em cima de alguém; **sie fielen mit Fragen über ihn her** eles caíram-lhe em cima com perguntas; **sie fielen gierig über den Kuchen her** eles atiraram-se ao bolo

Hergang ['heːɐ-] *m* <-(e)s> *kein pl* desenrolar dos acontecimentos *m*, processo *m*; **bitte schildern Sie den ~ des Unfalls** por favor descreva o desenrolar do acidente

her|geben *vt irr* dar, fornecer; **das Thema gibt viel/wenig her** o tema oferece muito/pouco

her|gehen *vi irr* **vor/hinter/neben jdm ~** ir à frente/atrás/ao lado de alguém; (*umg*); **es ging hoch her** houve um grande alvoroço

her|halten *vi irr* servir; **als Entschuldigung ~** servir de desculpa

her|hören *vi* escutar, prestar atenção; **bitte ~!** escute!

Hering ['heːrɪŋ] *m* <-s, -e> arenque *m*; **geräucherter ~** arenque *m* defumado

her|kommen *vi irr* ❶ (*sich nähern*) vir cá; **komm her!** anda cá!, chega aqui! ❷ (*stammen aus*) vir, provir; **wo kommen Sie her?** de onde é?, de onde vem?

herkömmlich *adj* tradicional, habitual; **auf ~e Art** de forma tradicional

Herkunft ['heːɐkʊnft] *f kein pl* proveniência *f*; (*Ursprung*) origem *f*; **die ~ dieses Brauches ist unbekannt** a origem deste costume é desconhecida

Herkunftsland *nt* <-(e)s, -länder> país *m* de origem

her|laufen *vi irr* ❶ (*sich nähern*) vir (a correr) ❷ (*sich bewegen*) **vor/hinter/neben jdm ~** correr à frente/atrás/ao lado de alguém

her|machen *vr* **sich ~ sich über etw ~** lançar-se a a. c.; **sich über das Essen ~** atirar-se à comida; **sich über die Arbeit ~** meter mãos ao trabalho

Hermelin [hɛrmə'liːn] *nt* <-s, -e> arminho *m*

hermetisch [hɛr'meːtɪʃ] *adj* hermético; **~ abriegeln** fechar hermeticamente

Heroin [hero'iːn] *nt* <-s> *kein pl* heroína *f*

heroisch [he'roːɪʃ] *adj* heróico

Herr[1] *m* <-n, -en> ❶ (*Mann*) senhor *m*, cavalheiro *m* ❷ (*Anrede*) senhor *m*; **~ Müller** senhor Müller; (*im Brief*); **sehr geehrter ~ Krüger** Exmo Senhor Krüger; **meine Damen und ~en** minhas senhoras e meus senhores ❸ (REL) (Nosso) Senhor *m*

Herr(in)[2] [hɛr] *m(f)* <-n, -en *o* -innen> (*Gebieter*) senhor, senhora *m, f*, patrão, patroa *m, f*; **~ der Lage sein** ter o controlo da situação; **sein eigener ~ sein** ser senhor do seu nariz

Herrchen *nt* <-s, -> (*von Hund*) dono, dona *m, f*

herrenlos *adj* sem dono, abandonado; (*Hund*) vadio

Herrenmode *f* <-n> moda *f* masculina

Herrentoilette *f* <-n> casa-de-banho *f* dos homens

her|richten *vt* arranjar, preparar

herrisch *adj* autoritário, imperioso

herrlich *adj* magnífico, esplêndido; **heute ist ~es Wetter** hoje o tempo está magnífico

Herrschaft *f kein pl* ❶ (*Macht*) soberania *f* (*über* sobre), poder *m* (*über* sobre) ❷ (*Kontrolle*) domínio (*über* sobre), controlo (*über* de); **er verlor die ~ über den Wagen** ele perdeu o controlo do carro

Herrschaften *pl* senhores *mpl*; **meine ~!** minhas senhoras e meus senhores!

herrschen ['hɛrʃən] *vi* ❶ (*Macht haben*) dominar; (*regieren*) governar; (*König*) reinar ❷ (*bestehen*) reinar, haver; **es herrscht große Angst/Freude** reina um grande medo/uma grande alegria; **es herrscht viel Verkehr/allgemeine Ratlosigkeit** há muito trânsito/reina uma perplexidade geral

Herrscher(in) *m(f)* <-s, - *o* -innen> soberano, soberana *m, f*

Herrschsucht *f kein pl* despotismo *m*, ambição *f* de poder

her|rühren *vi* provir (*von* de), derivar (*von* de)

her|sehen *vi irr* olhar (para cá); **sieh mal her!** olha (lá)!

her|stellen *vt* (*Ware*) produzir, fabricar; (*Verbindung*) estabelecer

Hersteller(in) *m(f)* <-s, - *o* -innen> produtor, produtora *m, f*, fabricante *m,f*

Herstellung *f kein pl* produção *f*, fabrico *m*

Herstellungskosten *pl* custos *mpl* de produção

Hertz [hɛrts] *nt* <-, -> (PHYS) hertz *m*

herüber *adv* para cá, para aqui, para este lado

herum [hɛ'rʊm] *adv* ❶ (*rings*) em redor, à volta, em volta; **um die Stadt ~** à [*o* em] volta da cidade; **rechts/links ~** pela direita/esquerda; **hier ~** por aqui; **verkehrt ~** ao contrário, às avessas ❷ (*ungefähr*) **um ... ~** à volta de; **das kostet um die 50 EUR ~** isso custa à volta de 50 euros

herum|ärgern *vr* **sich ~** andar aborrecido (*mit* com)

herum|führen **I.** *vt* conduzir (*um* por) **II.** *vi* **~ um** +*akk* rodear; **die Autobahn führt um die Stadt herum** a auto-estrada rodeia a cidade

herum|gehen *vi irr* ❶ (*ziellos gehen*) circular, andar às voltas ❷ (*umrunden*) **um etw ~** dar a volta a a. c., andar à volta de a. c.; **sie ging mehrmals um das Haus herum** ela deu a volta à casa várias vezes ❸ (*Zeit*) passar

herum|kommandieren* *vt* (*umg*) dar ordens a

herum|kommen *vi irr* ❶ (*reisen*) viajar; **sie ist weit herumgekommen** ela já viajou muito ❷ (*vermeiden können*) escapar (*um* a), livrar-se (*um* de); **um den Hausputz kommst du nicht herum** não escapas à limpeza da casa

herum|kriegen *vt* (*umg*) dar a volta a, conseguir convencer

herum|lungern [-'-lʊŋɐn] *vi* vadiar, mandriar

herum|schlagen *vr* **sich ~** *irr* (*umg*) debater-se (*mit* com); **er schlägt sich noch mit der Steuererklärung herum** ele ainda se debate com a declaração de impostos

herum|sitzen *vi irr* (*umg*) não fazer nada

herum|sprechen *vr* **sich ~** *irr* (*Nachricht*) espalhar-se

herum|stehen *vi irr* ❶ (*umg: Mensch*) ficar parado; (*Gegenstand*) estar à toa ❷ (*Kreis bilden*) **um jdn/etw ~** estar à volta de alguém/a. c.

herum|treiben *vr* **sich ~** *irr* (*umg*) andar por aí, andar a vaguear

herunter [hɛ'rʊntɐ] *adv* para baixo, abaixo; **von oben ~** de cima para baixo

heruntergekommen *adj* (*Person*) em baixo; (*Gebäude*) degradado; ~ **sein** estar muito em baixo
herunter|holen *vt* trazer para baixo
herunter|kommen *vi irr* ① (*nach unten kommen*) descer, vir para baixo ② (*nachlassen, verkommen*) decair
herunter|laden *vt irr* (INFOR) carregar, fazer o carregamento de
herunter|lassen *vt irr* descer, baixar
herunter|spielen *vt* (*umg: Vorfall, Skandal*) minimizar
hervor [hɛɐ'foːɐ] *adv* ① (*nach vorne*) para a frente, para diante ② (*heraus*) para fora
hervor|bringen *vt irr* ① (*erzeugen*) produzir ② (*Wort, Laut*) proferir, articular
hervor|gehen *vi irr* (*sich ergeben*) sair (*aus* de), resultar (*aus* de); **aus dem Brief geht nichts Neues hervor** não há nada de novo na carta; **sie ging als Siegerin aus dem Wettkampf hervor** ela saiu vencedora do concurso
hervor|heben *vt irr* salientar, sublinhar; (*als Kontrast*) pôr em destaque
hervorragend *adj* extraordinário, excelente
hervor|rufen *vt irr* causar, provocar
hervor|treten *vi irr* ① (*nach vorne treten*) avançar ② (*sichtbar werden*) evidenciar-se, distinguir-se
hervor|tun *vr* **sich** ~ *irr* distinguir-se, notabilizar-se; **er hat sich als ausgezeichneter Schriftsteller hervorgetan** ele distinguiu-se como um excelente escritor
Herz [hɛrts] *nt* <-ens, -en> ① (ANAT) coração *m;* **von ~en gern** com todo o gosto; **schweren ~ens** com pesar; **sich** *dat* **etw zu ~en nehmen** tomar uma coisa a peito; **jdn ins ~ schließen** afeiçoar-se a alguém; **jdm sein ~ ausschütten** abrir-se com alguém; **sie sind ein ~ und eine Seele** eles são unha e carne ② (*Zentrum*) coração *m,* centro *m* ③ *kein pl* (*Kartenspiel*) copas *fpl*
Herzanfall *m* <-(e)s, -fälle> ataque *m* cardíaco
Herzenslust *f kein pl* **nach** ~ à vontade
Herzenswunsch *m* <-es> *kein pl* desejo *m* ardente
Herzfehler *m* <-s, -> deficiência *f* cardíaca
herzhaft *adj* (*Essen*) forte, consistente
Herzinfarkt *m* <-(e)s, -e> enfarte *m* do miocárdio
Herzklopfen *nt* <-s> *kein pl* palpitação *f;* ~ **haben** estar excitado
herzlich *adj* afe(c)tuoso, afável; **~e Grüße** muitos cumprimentos; **~en Dank/Glückwunsch!** muito obrigado/muitos parabéns!; ~ **willkommen!** bem-vindo!
Herzlichkeit *f kein pl* afe(c)to *m,* afabilidade *f*
herzlos *adj* sem coração, insensível; (*grausam*) cruel
Herz-Lungen-Maschine *f* <-n> (MED) coração-pulmão *m* artificial
Herzog(in) ['hɛrtsoːk] *m(f)* <-s, Herzöge *o* -innen> duque, duquesa *m, f*
Herzogtum *nt* <-s, -tümer> ducado *m*
Herzoperation *f* <-en> operação *f* ao coração
Herzschlag *m* <-(e)s, -schläge> pulsação *f;* (MED) ataque *m* cardíaco
Herzschrittmacher *m* <-s, -> pacemaker *m*
Herztransplantation *f* <-en> transplante *m* de coração
Herzversagen *nt* <-s> *kein pl* falha *f* cardíaca
herzzerreißend *adj* de cortar o coração, lacerante
Hesse(in) *m(f)* <-n, -n *o* -innen> habitante *m,f* de Hesse
Hessen *nt* <-s> *kein pl* Hesse *m*
hessisch *adj* de Hesse
Hetero <-s, -s> *m* (*sl*) hétero *m coloq*
heterogen *adj* heterogéneo
heterosexuell [heterozɛksu'ɛl, heterosɛksu'ɛl] *adj* heterossexual
Hetze *f kein pl* ① (*Eile*) correria *f,* pressa *f* ② (*Verleumdung*) campanha *f* difamatória
hetzen ['hɛtsən] **I.** *vt* (*antreiben*) perseguir **II.** *vi* ① (*in Eile sein*) andar numa correria ② (*aufwiegeln*) agitar (*gegen* contra), fazer propaganda (*gegen* contra)
Hetzkampagne *f* <-n> campanha *f* difamatória
Heu [hɔɪ] *nt* <-(e)s> *kein pl* feno *m*
Heuchelei [hɔɪçə'laɪ] *f* <-en> hipocrisia *f,* dissimulação *f*
heucheln ['hɔɪçəln] **I.** *vt* fingir, dissimular **II.** *vi* ser hipócrita, ser fingido
Heuchler(in) *m(f)* <-s, - *o* -innen> hipócrita *m,f*
heuchlerisch *adj* hipócrita, falso, dissimulado
heuer ['hɔɪɐ] *adv* (*österr, schweiz*) este ano
heulen ['hɔɪlən] *vi* (*Wolf, Wind*) uivar; (*Sirene*) apitar; (*Mensch*) chorar

heurig *adj* (*österr*) deste ano

Heurige(r) *m* <-n, -n> (*österr*) vinho *m* novo

Heuschnupfen *m* <-s> *kein pl* febre *f* do feno

Heuschrecke ['hɔɪʃrɛkə] *f* <-n> gafanhoto *m*

heute ['hɔɪtə] *adv* hoje; ~ **Abend/Mittag/Morgen** hoje à noite/ao meio-dia/de manhã; ~ **vor acht Tagen** há oito dias; ~ **in vierzehn Tagen** daqui a quinze dias, de hoje a quinze dias; **der Wievielte ist ~?** quantos são hoje?; **von ~ auf morgen** de um dia para o outro

heutig ['hɔɪtɪç] *adj* de hoje, a(c)tual; **die ~en Schriftsteller** os escritores de hoje; **die ~e Zeitung** o jornal de hoje

heutzutage ['hɔɪttsutaːgə] *adv* hoje em dia

Hexe ['hɛksə] *f* <-n> bruxa *f*, feiticeira *f*

hexen ['hɛksən] *vi* fazer bruxarias; (*umg*); **ich kann nicht ~** não posso fazer milagres

HexenschussRR *m* <-es> *kein pl* lumbago *m*

Hexerei *f* <-en> bruxedo *m*, feitiçaria *f*

Hickhack *nt* <-s, -s> (*umg*) discussão *f* disparatada e inútil

Hieb [hiːp] *m* <-(e)s, -e> pancada *f*, golpe *m*

hielt [hiːlt] *imp von* **halten**

hier [hiːɐ] *adv* aqui, cá; **der/dieser ~** este; **~!** presente!; **~ entlang** por aqui; **~ ist/sind** eis (aqui); **ich bin nicht von ~** eu não sou de cá; **~ oben/unten** cá em cima/em baixo; **~ und da** aqui e ali, uma vez por outra

hieran ['hiːran, '-'-] *adv* aqui, nisto; **~ zeigt sich ...** aqui mostra-se ...

Hierarchie [hierar'çiː] *f* <-n> hierarquia *f*

hierarchisch [hie'rarçɪʃ] *adj* hierárquico

hierauf ['hiːraʊf, '-'-] *adv* ① (*räumlich*) cá em cima ② (*sodann*) de seguida

hieraus ['hiːraʊs, '-'-] *adv* disto, daqui; **~ folgt, dass ...** daqui resulta que ...

hier|behalten* *vt irr* reter, guardar, reservar

hierbei ['hiːɐbaɪ] *adv* ① (*währenddessen*) com isto, nisto ② (*in diesem Fall*) aqui; **~ geht es um ...** aqui trata-se de ...

hier|bleiben *vi irr* ficar aqui

hierdurch ['hiːɐdʊrç, '-'-] *adv* (*auf Grund*) assim, deste modo; **~ kam es zu einem Unfall** assim se deu um acidente

hierfür *adv* ① (*zu diesem Zweck*) para isto/isso ② (*als Gegenwert*) em troca

hierher ['hiːɐheːɐ, '-'-] *adv* para aqui, para cá; **bis ~ und nicht weiter** só até aqui; **das gehört nicht ~** isso não é para aqui chamado

hierhin ['hiːɐhɪn, '-'-] *adv* para cá

hierlassen *vt irr* deixar

hiermit ['hiːɐmɪt, '-'-] *adv* com isto; (*im Brief*) por este meio; **~ teilen wir Ihnen mit ...** vimos por este meio informá-lo ...

Hieroglyphe *f* <-n> hieróglifo *m*

hiervon ['hiːɐfɔn, '-'-] *adv* daqui, disto; **geben Sie mir bitte ~ 100 g** dê-me 100g disto por favor

hierzu ['hiːɐtsuː, '-'-] *adv* a isto, com isto; **~ kann ich Ihnen nur raten** quanto a isso, só posso aconselhá-lo; **~ gehört ein guter Rotwein** com isto, bebe-se um bom vinho tinto

hierzulande ['hiːɐtsu(')landə] *adv* nesta terra, neste país

hiesig ['hiːzɪç] *adj* de cá, local

hieß *imp von* **heißen**

Hi-Fi-Anlage *f* <-n> aparelhagem *f* de alta fidelidade

high [haɪ] *adj* mocado, pedrado

High Society [haɪ sə'saɪəti] *f kein pl* alta *f* sociedade

HightechRR, **High Tech**ALT *nt* <-s> *kein pl* tecnologia *f* de ponta, alta *f* tecnologia

Hilfe ['hɪlfə] *f* <-n> ajuda *f* (*bei* em); (*Hilfeleistung*) auxílio *m*, socorro *m*; **erste ~** primeiros socorros *mpl*; **humanitäre ~** ajuda *f* humanitária; **(zur) ~!** socorro!; **(jdm) ~ leisten** prestar ajuda (a alguém); **jdm zu ~ kommen** acudir a alguém; **um ~ rufen** pedir ajuda, gritar por socorro; **etw zur ~ nehmen** recorrer a a. c.

hilflos *adj* desamparado; (*ratlos*) impotente

Hilflosigkeit *f kein pl* impotência *f*

hilfreich *adj* ① (*hilfsbereit*) prestável, solícito ② (*nützlich*) útil; **ihre Kenntnisse waren sehr ~** os conhecimentos dela foram muito úteis

Hilfsaktion *f* <-en> a(c)ção *f* de caridade, campanha *f* de beneficência

Hilfsarbeiter(in) *m(f)* <-s, - *o* -innen> auxiliar *m,f*

hilfsbedürftig *adj* necessitado, indigente

hilfsbereit *adj* prestável

Hilfsbereitschaft *f kein pl* prestabilidade *f*, solicitude *f*

Hilfskraft *f* <-kräfte> auxiliar *m,f*, assistente *m,f*

Hilfsmittel *nt* <-s, -> meio *m*, recurso *m*

Hilfsorganisation *f* <-en> organização *f* de caridade

Hilfsverb *nt* <-(e)s, -en> verbo *m* auxiliar
Himbeere ['hɪmbe:rə] *f* <-n> framboesa *f*
Himmel ['hɪməl] *m* <-s, -> céu *m;* **unter freiem ~** a céu aberto, ao ar livre; (*umg*); **aus heiterem ~** do nada; **~ und Erde/Hölle in Bewegung setzen** mover o Céu e a Terra; (*umg*); **weiß der ~!** sei lá!; (*umg*); **um ~s willen!** por amor de Deus!
himmelblau *adj* azul *m* celeste
Himmelfahrt *f kein pl* (REL) **Christi ~** Ascensão *f* de Cristo; **Mariä ~** Assunção *f* de Maria
himmelschreiend *adj* de bradar aos céus, atroz; **das ist eine ~e Ungerechtigkeit** isso é de uma injustiça atroz
Himmelskörper *m* <-s, -> corpo *m* celeste
Himmelsrichtung *f* <-en> ponto *m* cardeal; **die vier ~en** os quatro pontos cardeais
himmlisch ['hɪmlɪʃ] *adj* ❶ (*göttlich*) divino ❷ (*wunderbar*) divinal
hin [hɪn] **I.** *adv* (*Richtung*) (para) lá, (para) ali, (para) aí; **~ und her** para lá e para cá, para trás e para a frente, de um lado para o outro; **~ und zurück** ida e volta; **wo gehst du ~?** (a)onde vais?; **nichts wie ~!** vamos lá!; **ein ewiges Hin und Her** um vaivém, uma azáfama; **~ und her überlegen** não conseguir decidir-se; **vor sich ~ reden/weinen** falar sozinho/chorar baixinho; (*zeitlich*); **es ist noch lang ~** ainda falta muito (tempo); **~ und wieder** de vez em quando, uma vez por outra; **zum Frühjahr ~** até à Primavera; (*daraufhin*); **auf ... ~** por causa de ...; **auf seinen Rat ~** seguindo o seu conselho; **auf die Gefahr ~, dass ...** com o risco de ... **II.** *adj* (*umg: kaputt*) acabado, perdido; **~ sein** estar perdido, ter ido ao ar; **sein guter Ruf ist ~** a sua boa reputação foi ao ar
hinab [hɪ'nap] *adv* para baixo, abaixo; **den Berg ~** pelo monte abaixo
hinab|gehen *vi irr* descer, ir para baixo
hin|arbeiten *vi* **auf etw ~** batalhar por a. c.
hinauf [hɪ'naʊf] *adv* para cima, acima; **den Berg ~** pelo monte acima
hinauf|gehen **I.** *vt irr* subir; **die Treppe/den Berg ~** subir a escada/o monte **II.** *vi irr* subir, ir para cima
hinauf|steigen *vi irr* subir
hinaus [hɪ'naʊs] *adv* fora, para fora; **zur Tür/zum Fenster ~** pela porta/janela fora; **~ (mit dir)!** fora!, rua!; **auf Jahre ~** durante anos; **worauf willst du ~?** onde é que queres chegar?; **darüber ~** além disso
hinaus|blicken *vi* olhar para fora; **zum Fenster ~** olhar pela janela
hinaus|gehen *vi irr* ❶ (*aus Raum*) sair (*aus* de) ❷ (*gerichtet sein*) dar (*auf* para); **das Fenster geht auf den Garten hinaus** a janela dá para o jardim ❸ (*überschreiten*) **über etw ~** exceder a. c., ultrapassar a. c.
hinaus|laufen *vi irr* ❶ (*aus Raum*) sair a correr (*aus* de) ❷ (*als Ergebnis haben*) **auf etw ~** acabar em a. c.
hinaus|schieben *vt irr* adiar, protelar
hinaus|werfen *vt irr* ❶ (*Dinge*) deitar fora; **etw aus dem Fenster ~** atirar a. c. pela janela (fora) ❷ (*Person*) expulsar, pôr na rua
hinaus|wollen *vi* ❶ (*aus Raum*) querer sair (*aus* de) ❷ (*abzielen*) **auf etw ~** tentar conseguir a. c.; **hoch ~** querer ir longe, ser ambicioso
hinaus|ziehen **I.** *vt irr* (*Gegenstand*) puxar para fora (*aus* de); (*zeitlich*) arrastar, prolongar **II.** *vr* **sich ~** *irr* arrastar-se, prolongar-se
hinaus|zögern **I.** *vt* prolongar, arrastar **II.** *vr* **sich ~** demorar-se, prolongar-se
Hinblick *m* **im ~ auf** *+akk* tendo em vista, considerando, tendo em consideração
hinderlich ['hɪndɐlɪç] *adj* impeditivo
hindern ['hɪndɐn] *vt* **jdn an etw ~** impedir alguém de fazer a. c.
Hindernis ['hɪndɐnɪs] *nt* <-ses, -se> obstáculo *m,* impedimento *m,* entrave *m;* (SPORT) obstáculo *m;* **ein ~ überwinden** ultrapassar um obstáculo; (*fig*); **jdm ~se in den Weg legen** atrapalhar o caminho de alguém
hin|deuten *vi* **auf etw ~** apontar para a. c., indicar a. c.
Hindi *nt* <-> *kein pl* hindustani *m*
Hindu *m* <-(s), -s> hindu *m*
Hinduismus [hɪndu'ɪsmʊs] *m* <-> *kein pl* hinduísmo *m*
hindurch [hɪn'dʊrç] *adv* ❶ (*räumlich*) através de, pelo meio de ❷ (*zeitlich*) durante; **den ganzen Tag ~** (durante) todo o dia
hinein [hɪ'naɪn] *adv* para dentro, dentro; **~ mit dir!** para dentro!; **bis in die Nacht ~** pela noite dentro, até altas horas (da noite); **mitten ~** para o meio
hinein|denken *vr* **sich ~** *irr* imaginar-se (*in* em)
hinein|fallen *vi irr* cair (*in* em); (*Licht*) incidir (*in* em)
hinein|gehen *vi irr* ❶ (*eintreten*) entrar (*in*

em) ② (*passen*) caber (*in* em); **in den Saal gehen 50 Leute hinein** no salão cabem 50 pessoas

hinein|geraten* *vi irr* (*in Unwetter, Stau*) ir parar (*in* a), deparar (*in* com)

hinein|greifen *vi irr* meter as mãos (*in* em)

hinein|kommen *vi irr* (*in Raum*) entrar (*in* em)

hinein|passen *vi* caber (*in* em)

hinein|schlittern *vi* (*umg: in Situation*) ir parar (*in* a)

hinein|sehen *vi irr* espreitar (*in* para)

hinein|stecken *vt* enfiar (*in* em), meter (*in* em); (*Geld, Mühe*) investir (*in* em)

hinein|steigern *vr* **sich ~** exaltar-se (*in* com), deixar-se levar (*in* por)

hinein|versetzen *vr* **sich ~ sich in jdn ~** pôr-se no lugar de alguém

hinein|wachsen *vi irr* (*in Aufgabe*) familiarizar-se (*in* com), habituar-se (*in* a)

hinein|ziehen *vt irr* (*in Verbrechen*) envolver (*in* em)

hin|fahren I. *vt irr* (*Ware, Person*) levar (lá); **soll ich dich ~?** queres que te leve (lá)? **II.** *vi irr* ir (lá)

Hinfahrt *f* <-en> ida *f;* **auf der ~** à ida

hin|fallen *vi irr* cair

hinfällig *adj* ① (*ungültig*) inválido ② (*schwach*) fraco, debilitado

hing [hɪŋ] *imp von* **hängen**

Hingabe *f kein pl* ① (*Selbstlosigkeit*) entrega *f,* dedicação *f* ② (*Leidenschaft*) fervor *m,* amor ardente *m*

hin|geben I. *vt irr* (*aushändigen*) dar, entregar **II.** *vr* **sich ~** *irr* entregar-se

hin|gehen *vi irr* (*an Ort*) ir (lá) (*zu* a); **wo gehst du hin?** (a)onde vais?

hin|gehören* *vi* ser; **wo gehören die Bücher hin?** onde é que são os livros?; **das gehört hier nicht hin** isso não vem ao caso

hingerissen ['hɪngərɪsən] *adj* fascinado (*von* com), extasiado (*von* com)

hin|halten *vt irr* ① (*Gegenstand*) estender; **sie hielt mir die Hand/ein Päckchen Zigaretten hin** ela estendeu-me a mão/um maço de tabaco ② (*warten lassen*) fazer esperar; (*vertrösten*) empatar, entreter; **er hält mich schon mehrere Wochen hin** ele já me anda a empatar há várias semanas

hinken ['hɪŋkən] *vi* coxear, mancar

hin|kriegen *vt* (*umg*) dar conta do recado, conseguir (fazer a. c.); **das werde ich nie ~!** eu não vou conseguir!; **das kriegen wir schon wieder hin** nós havemos de conseguir!

hin|legen *vt* ① (*Gegenstand*) pôr, colocar, pousar; **wo hast du den Schlüssel hingelegt?** onde é que puseste a chave? ② (*umg: bezahlen*) desembolsar; **dafür hat er sicher über 500 EUR hingelegt** ele desembolsou com certeza mais de 500 euros

hin|nehmen *vt irr* (*Tatsache*) aceitar; (*erdulden*) suportar, aguentar; **etw als selbstverständlich ~** tomar a. c. como certa

hinreichend ['hɪnraɪçənt] *adj* suficiente, bastante

Hinreise *f* <-n> ida *f;* **auf der ~** à ida

hin|reißen *vr* **sich ~ sich zu etw ~ lassen** deixar-se levar (*von* por)

hin|richten *vt* executar

Hinrichtung *f* <-en> execução *f*

hin|schicken *vt* (*Person, Post*) mandar, enviar

hin|schmeißen *vt irr* ① (*umg: Gegenstand*) atirar ao chão ② (*umg: Arbeit, Stelle*) mandar à fava

hin|sehen *vi irr* olhar (*zu* para)

hin|setzen *vr* **sich ~** sentar-se

Hinsicht *f* **in dieser ~** a este respeito, nesse aspe(c)to; **in ~ auf** a respeito de, com respeito a; **in jeder ~** em todos os aspe(c)tos; **in finanzieller ~** no aspe(c)to financeiro

hinsichtlich *präp +gen* a respeito de, em vista de

hin|stellen *vt* pôr, colocar, pousar; **etw als leicht/schwer ~** apresentar a. c. como fácil/difícil; **jdn als Betrüger/Vorbild ~** ver alguém como um impostor/exemplo

hinten ['hɪntən] *adv* atrás; (*am Ende*) ao fundo; **nach/von ~** para trás/por trás; (**ziemlich**) **weit ~** lá atrás; **sich ~ anstellen** pôr-se no fim da fila; (*umg*); **das reicht ~ und vorne nicht** isso não chega para nada

hintenherum ['----] *adv* (*umg*) por trás

hinter ['hɪntɐ] **I.** *präp +dat* atrás de, detrás de; **der Garten liegt ~ dem Haus** o jardim fica atrás da casa; **~ jdm her sein** andar atrás de alguém; **etw ~ sich haben** ter passado por a. c. **II.** *präp +akk* atrás de; **stell das Buch ~ die anderen** põe o livro atrás dos outros; **etw ~ sich bringen** terminar a. c.; **~ etw kommen** descobrir a. c.

Hinterachse *f* <-n> eixo traseiro *m*

Hinterausgang *m* <(e)s, -gänge> porta *f*

das traseiras

Hinterbliebene(r) *m/f* <-n, -n *o* -n> familiar *m,f* do falecido

hintere(r, s) *adj* de trás, traseiro; **es ist die ~ Tür/das ~ Buch** é a porta traseira/o livro de trás

hintereinander [hɪntɐʔaɪ'nandɐ] *adv* ① (*räumlich*) um atrás do outro ② (*zeitlich*) seguido; **drei Tage ~** três dias seguidos

hinterfragen* *vt* questionar, interrogar

Hintergedanke *m* <-n, -n> segundas intenções *fpl*

hintergehen* *vt irr* enganar

Hintergrund *m* <-(e)s, -gründe> plano de fundo *m,* último plano *m;* (*eines Geschehens*) antecedentes *mpl;* **in den ~ treten** passar a segundo plano

Hinterhalt *m* <-(e)s, -e> cilada *f,* emboscada *f;* **in einen ~ geraten** cair numa cilada

hinterhältig *adj* traiçoeiro, falso

hinterher [--'-, '---] *adv* ① (*räumlich*) atrás ② (*zeitlich*) depois, a seguir

hinterher|laufen *vi irr* correr atrás; **jdm ~** correr atrás de alguém, seguir alguém

Hinterhof *m* <-(e)s, -höfe> traseiras *fpl,* fundos *mpl*

Hinterkopf *m* <-(e)s, -köpfe> occipital *m*

Hinterlage *f* <-n> (*schweiz*) depósito *m*

hinterlassen* *vt irr* ① (*Nachricht*) deixar; **kann ich ihr/für sie eine Nachricht ~?** posso deixar um recado para ela? ② (*vererben*) deixar; **sie hinterlässt ein großes Vermögen** ela deixa uma grande fortuna

hinterlegen* *vt* depositar (*für* por)

Hinterlist *f kein pl* manha *f,* perfídia *f*

hinterlistig *adj* manhoso, pérfido

Hintermann *m* <-(e)s, -männer> ① (*räumlich*) pessoa *f* atrás ② (*Drahtzieher*) cérebro *m*

Hintern ['hɪntɐn] *m* <-s, -> (*umg*) traseiro *m,* rabo *m;* **jdm den ~ versohlen** dar uma palmada no rabo a alguém

Hinterrad *nt* <-(e)s, -räder> roda *f* traseira

Hinterradantrieb *m* <-(e)s, -e> (*beim Auto*) tra(c)ção *f* às rodas traseiras

hinterrücks *adv* pelas costas

Hinterteil *nt* <-(e)s, -e> (*umg*) traseiro *m*

Hintertreffen *nt* (*umg*) **ins ~ geraten** ficar para trás

Hintertür *f* <-en> porta *f* traseira, porta *f* de trás; **sich eine ~ offenhalten** deixar uma saída

hinterziehen* *vt irr* (*Steuern*) fugir a

hinüber *adv* para lá, para o outro lado

hinüber|gehen *vi irr* passar para o outro lado, ir para o outro lado; **über etw ~** atravessar a. c.

hinunter [hɪ'nʊntɐ] *adv* para baixo, abaixo; **den Fluß ~** rio abaixo

hinunter|bringen *vt irr* levar para baixo

hinunter|gehen *vi irr* descer, ir para baixo

hinunter|schlucken *vt* engolir

Hinweg ['hɪnveːk] *m* <-(e)s, -e> ida *f;* **auf dem ~** à ida

hinweg|kommen *vi irr* **über etw ~** conformar-se com a. c.

hinweg|sehen *vi irr* **über jdn/etw ~** não fazer caso de alguém/a. c., passar por cima de alguém/a. c.

hinweg|setzen *vr* **sich ~ sich über jdn/etw ~** não se importar com alguém/a. c.

Hinweis ['hɪnvaɪs] *m* <-(e)s, -e> ① (*Tipp*) instrução *f;* **jdm einen ~ geben** dar uma instrução a alguém; **unter ~ auf** com referência a ② (*Anzeichen*) indicação *f;* **es gibt keinen ~ dafür, dass** não há indicação de que ...

hin|weisen I. *vt irr* **jdn auf etw ~** chamar a atenção de alguém para a. c., remeter alguém para a. c. **II.** *vi irr* remeter (*auf* para), apontar (*auf* para)

hinzu|fügen *vt* (*a* KOCHK) acrescentar; **ich möchte noch etwas ~** eu gostaria ainda de acrescentar mais uma coisa

hinzu|kommen *vi irr* ① (*Person*) juntar-se (*zu* a) ② (*Sache*) acrescer (*zu* a); **kommt noch etwas hinzu?** ainda falta alguma coisa?

hinzu|ziehen *vt irr* (*Arzt, Fachmann*) consultar

Hirn [hɪrn] *nt* <-(e)s, -e> ① (*Verstand*) cabeça *f,* juízo *m* ② (KOCHK) cérebro *m*

Hirngespinst ['hɪrngəʃpɪnst] *nt* <-(e)s, -e> visão *f,* fantasma *m,* alucinação *f*

Hirnhautentzündung *f* <-en> (MED) meningite *f*

hirnverbrannt *adj* (*umg*) descabido, absurdo; **das ist doch völlig ~!** isso é completamente descabido!

Hirsch [hɪrʃ] *m* <-(e)s, -e> veado *m,* cervo *m*

Hirse ['hɪrzə] *f kein pl* painço *m*

Hirte(in) ['hɪrtə] *m(f)* <-n, -n *o* -innen> pastor, pastora *m, f*

Hispanistik *f kein pl* filologia *f* espanhola,

estudos *mpl* espanhóis

hissen ['hɪsən] *vt* (*Flagge*) hastear

Historiker(in) [hɪs'to:rikɐ] *m(f)* <-s, - *o* -innen> historiador, historiadora *m, f*

historisch [hɪs'to:rɪʃ] *adj* histórico

Hit [hɪt] *m* <-(s), -s> ① (MUS, *umg*) sucesso *m,* êxito *m* ② (*umg: Verkaufsschlager*) êxito *m* de vendas

Hitparade *f* <-n> lista *f* dos tops

Hitze ['hɪtsə] *f kein pl* ① (*Temperatur*) calor *m;* **eine drückende ~** um calor abrasador; **ist das eine ~ heute** hoje está um calor; **etw bei starker/mittlerer ~ backen** cozinhar a. c. em lume forte/brando ② (*Erregung*) calor *m,* ardor *m;* **in der ~ des Gefechtes** no ardor do combate

hitzebeständig *adj* resistente ao calor

> Na Alemanha os alunos têm **hitzefrei** (dispensa das aulas devido a muito calor) quando o termómetro marca cerca de 30 °C pelas 11 horas da manhã e o director da escola suspende as aulas para o resto do dia. Desde a introdução do horário de verão, esta dispensa já não acontece muitas vezes.

Hitzewelle *f* <-n> onda *f* de calor, vaga *f* de calor

hitzig ['hɪtsɪç] *adj* ① (*Mensch*) impulsivo, temperamental, esquentado ② (*Debatte*) acalorado

Hitzkopf *m* <-(e)s, -köpfe> (*umg*) pessoa *f* impulsiva

Hitzschlag *m* <-(e)s, -schläge> insolação *f*

HIV [ha:ʔi:'faʊ] *abk v* **human immune deficiency virus** HIV

HIV-negativ *adj* seronegativo

HIV-positiv *adj* seropositivo

H-Milch *f kein pl* leite UHT *m*

hob [ho:p] *imp von* **heben**

Hobby ['hɔbi] *nt* <-s, -s> passatempo *m,* hobby *m;* **ein ~ haben** ter um passatempo

Hobel ['ho:bəl] *m* <-s, -> plaina *f*

hobeln *vt* aplainar

hoch [ho:x] *adj* ① (*räumlich*) alto; **es ist drei Meter ~** tem três metros de altura; **wir fliegen 10.000 Meter ~** voamos a uma altitude de 10.000 metros; **~ oben** lá em cima ② (*Geschwindigkeit, Temperatur*) elevado, alto ③ (*von großem Ausmaß*) **sie ist ~ begabt** ela é altamente talentosa, extremamente diplomado; **hohes Fieber haben** ter febre alta; **mit hoher Wahrscheinlichkeit** muito provavelmente ④ (*sehr weit*) **im hohen Norden** no alto norte; **etw ~ und heilig versprechen** prometer a. c. solenemente; (*umg*); **das ist mir zu ~** eu não compreendo isso; (*umg*); **wenn es ~ kommt** quando muito ⑤ (*Zahl, Preis*) elevado ⑥ (*Alter*) avançado; **in hohem Alter sein** ter uma idade avançada ⑦ (*Ton*) agudo ⑧ (MATH) elevado a; **drei ~ fünf** três elevado à quinta potência

Hoch *nt* <-s, -s> (METEO) anticiclone *m*

Hochachtung *f kein pl* consideração *f,* estima *f;* **~ vor jdm haben** ter consideração por alguém

hochachtungsvoll *adj* (*im Brief*) muito atentamente, com os melhores cumprimentos

hochauflösend *adj* (*Bildschirm*) de alta resolução

Hochbau *m* <-(e)s> *kein pl* construção *f*

hochbegabt ['--'-] *adj s.* **hoch 3**

Hochbetrieb *m* <-(e)s> *kein pl* grande movimento *m,* grande afluência *f;* **es herrscht ~** há um grande movimento

hoch|bringen *vt irr* levar para cima

Hochburg *f* <-en> foco *m,* centro *m*

hochdeutsch *adj* alto-alemão

Hochdeutsch *nt* <-(s)> *kein pl* alto-alemão *m*

Hochdruck *m* <-(e)s> *kein pl* ① (PHYS) alta pressão *f;* (*umg*); **mit ~ arbeiten** trabalhar sob pressão ② (METEO) anticiclone *m,* centro *m* de alta pressão

Hochebene *f* <-n> planalto *m*

Hochform *f kein pl* boa forma *f;* **in ~ sein** estar em boa forma

Hochformat *nt* <-(e)s, -e> formato *m* vertical

Hochgebirge *nt* <-s, -> altas *fpl* montanhas

Hochgeschwindigkeitszug *m* <-(e)s, -züge> comboio *m* de alta velocidade, trem *m* de alta velocidade

Hochglanz *m* <-es> *kein pl* lustre *m,* brilho *m* intenso; **etw auf ~ bringen** pôr a. c. a brilhar

hochgradig ['ho:xgra:dɪç] *adv* altamente, em alto grau; **der Boden ist ~ verseucht** o solo está altamente contaminado

hoch|halten *vt irr* ① (*in die Höhe halten*) segurar no ar ② (*schätzen*) admirar, ter consideração por

Hochhaus *nt* <-es, -häuser> arranha-céus *m*
hoch|heben *vt irr* levantar
hochintelligent ['----'-] *adj* muito inteligente
Hochkonjunktur *f* <-en> (WIRTSCH) período *m* de grande prosperidade
Hochland *nt* <-(e)s, -länder> altiplano *m*
hoch|leben *vi* **jd./etw lebe hoch** viva alguém/a. c.; **jdn ~ lassen** dar vivas a alguém
Hochleistungssport *m* <-(e)s> *kein pl* desporto *m* de alta competição
Hochmut *m* <-(e)s> *kein pl* altivez *f*, presunção *f*
hochmütig *adj* altivo, presunçoso
hochnäsig *adj* arrogante
Hochofen *m* <-s, -öfen> alto-forno *m*
hochprozentig *adj* (*Alkohol*) de percentagem elevada
hochqualifiziert[ALT] ['----'-] *adj s.* **hoch 1**
hoch|rappeln *vr* **sich ~** (*umg*) arrebitar
Hochrechnung *f* <-en> proje(c)ção *f*, previsão *f* estatística
hoch|rüsten *vt* (TECH) modernizar o equipamento
Hochsaison *f* <-s> época alta *f*
Hochschulabschluss[RR] *m* <-es, -schlüsse> diploma *m* final de curso
Hochschule *f* <-n> escola *f* superior, instituto *m* superior
Hochschulreife *f kein pl* aptidão para aceder ao ensino superior *f*
Hochschulstudium *nt* <-s, -studien> curso universitário *m*; **ein ~ absolvieren** tirar um curso universitário
hochschwanger *adj* em estado avançado de gravidez; **sie ist ~** ela está num estado avançado de gravidez
Hochsommer *m* <-s> *kein pl* pleno Verão *m*, pino do Verão *m*
Hochspannung *f* <-en> (ELEKTR) alta tensão *f*
Hochspannungsleitung *f* <-en> fio *m* de alta tensão
Hochsprung *m* <-(e)s> *kein pl* (SPORT) salto *m* em altura
höchst *adv* extremamente; **das ist ~ unangenehm** isso é extremamente desagradável
Höchstalter *nt* <-s, -> idade *f* máxima
Hochstapler(in) *m(f)* <-s, - *o* -innen> vigarista *m,f*, aldrabão, aldrabona *m, f*
höchste(r, s) *superl von* **hoch**
höchstens *adv* no máximo, quando muito; **ich warte ~ fünf Minuten** eu espero cinco minutos no máximo
Höchstgeschwindigkeit *f* <-en> velocidade *f* máxima; **zulässige ~** velocidade *f* máxima permitida
höchstpersönlich *adj* em pessoa; **die Ministerin ~** a ministra em pessoa
Höchstsatz *m* <-es, -sätze> taxa *f* máxima
höchstwahrscheinlich *adv* muito provavelmente
Hochtouren *pl* (*Kampagne*) **auf ~ laufen** ir a toda a velocidade, ir de vento em popa
hochtrabend ['-tra:bənt] *adj* patético
Hochverrat *m* <-(e)s> *kein pl* (JUR) alta traição *f*
Hochwasser *nt* <-s> *kein pl* ① (*eines Flusses*) cheia *f*; (*Überschwemmung*) inundação *f*; **der Fluss hat ~** o rio está cheio ② (*bei Flut*) maré *f* alta, maré *f* cheia
hochwertig *adj* de alta qualidade
Hochzahl *f* <-en> (MATH) expoente *m*
Hochzeit ['hɔxtsaɪt] *f* <-en> casamento *m*, matrimónio *m*; **~ feiern** celebrar as bodas; **silberne/goldene ~** bodas *f* de prata/ouro *pl*
Hochzeitsreise *f* <-n> lua-de-mel *f*, viagem *f* de núpcias; **auf ~ sein** estar em lua-de-mel
Hochzeitstag *m* <-(e)s, -e> dia *m* de casamento; (*jährlich*) aniversário *m* de casamento
hocken ['hɔkən] *vi* acocorar-se, agachar-se
Hocker ['hɔkɐ] *m* <-s, -> banco *m*
Höcker *m* <-s, -> bossa *f*
Hockey ['hɔki] *nt* <-s> *kein pl* hóquei *m*
Hoden ['ho:dən] *m* <-s, -> testículo *m*
Hof [ho:f] *m* <-(e)s, Höfe> ① (*Innenhof, Hinterhof*) pátio *m* ② (*Bauernhof*) quinta *f*; (*brasil*) sítio *m*, fazenda *f* ③ (*Königshof*) corte *f*
hoffen ['hɔfən] **I.** *vt* esperar; **~ wir das Beste!** esperemos que corra bem! **II.** *vi* esperar; **auf etw ~** esperar a. c.; **ich hoffe, dass ...** eu espero que ...
hoffentlich ['hɔfəntlɪç] *adv* oxalá, Deus queira; **~ kommt er bald** oxalá ele venha em breve
Hoffnung ['hɔfnʊŋ] *f* <-en> esperança *f* (*auf* em); **~ haben** ter esperança; **die ~ aufgeben** perder a esperança; **das ist meine letzte ~** esta é a minha última esperança
hoffnungslos *adj* sem esperança, desesperado; **das ist ein ~er Fall** é um caso perdido
Hoffnungslosigkeit *f kein pl* desespero *m*

hoffnungsvoll *adj* esperançado, o(p)timista

höflich *adj* cortês, gentil, bem-educado

Höhe *f* <-n> ① (MUS: *räumlich*) altura *f;* (*Preise*); **in die ~ gehen** subir; (*umg*); **das ist die ~** isso é o cúmulo! ② (*eines Betrags*) montante *m,* importância *f;* (*geographisch*) altitude *f;* **eine Rechung in ~ von 200 EUR** uma conta na importância de 200 euros; **das hängt von der ~ der Temperatur ab** isso depende da temperatura; **das Dorf liegt in einer ~ von 1500 m** a aldeia fica a uma altitude de 1500 m

Hoheit ['ho:haɪt] *f* <-en> ① *kein pl* (*Staatsgewalt*) soberania *f* ② (*Anrede*) Alteza *f,* Eminência *f;* **Königliche ~** Vossa Alteza *f*

Hoheitsgebiet *nt* <-(e)s, -e> território *m* nacional

Hoheitsgewässer *pl* águas *fpl* territoriais

Höhenluft *f kein pl* ar *m* das montanhas

Höhenmesser *m* <-s, -> altímetro *m,* astrolábio *m*

Höhensonne *f* <-n> lâmpada *f* de raios ultra-violeta

Höhenunterschied *m* <-(e)s, -e> diferença *f* de altura

Höhenzug *m* <-(e)s, -züge> cumeada *f*

Höhepunkt *m* <-(e)s, -e> auge *m,* apogeu *m*

höher *komp von* **hoch**

hohl [ho:l] *adj* ① (*leer*) oco, vazio; **ein ~er Zahn** um dente cariado [*o* furado] ② (*konkav*) côncavo, cavado ③ (*Klang, Stimme*) cavernoso ④ (*geisthohl, inhaltslos*) fútil, vazio; **~es Geschwätz** conversa *f* fiada, papo-furado *m*

Höhle *f* <-n> ① (*im Felsen*) caverna *f;* (*Grotte*) gruta *f* ② (*Tierbau*) toca *f,* covil *m*

Höhlenmalerei *f* <-en> pintura *f* rupestre

Hohlmaß *nt* <-es, -e> medida *f* de capacidade

Hohlraum *m* <-(e)s, -räume> espaço *m* vazio

Hohn [ho:n] *m* <-(e)s> *kein pl* troça *f,* escárnio *m;* **das ist der reine ~** isso é puro escárnio

höhnisch *adj* sarcástico; **ein ~es Lachen** um sorriso sarcástico

hoi *interj* (*schweiz*) olá!, oi!

holen ['ho:lən] *vt* ① (*herbringen*) ir buscar, trazer; (*Arzt, Polizei*) chamar; **jdn/etw ~ lassen** mandar vir alguém/a. c., mandar chamar alguém/buscar a. c.; **Atem ~** tomar ar, respirar; **ich hole uns etwas zu trinken** eu vou buscar a. c. para bebermos ② (*umg: Krankheit*) apanhar; **sich** *dat* **einen Schnupfen ~** apanhar uma constipação

Holland ['hɔlant] *nt* <-s> *kein pl* Holanda *f*

Holländer(in) *m(f)* <-s, - *o* -innen> holandês, holandesa *m, f*

holländisch *adj* holandês

Hölle *f* <-n> inferno *m;* **jdm die ~ heißmachen** dar que fazer a alguém; (*umg*); **hier ist die ~ los** anda aqui o diabo à solta

höllisch *adj* infernal, diabólico; **~e Angst vor jdm/etw haben** ter um medo terrível de alguém/a. c.; **es tut ~ weh** dói que se farta

Holocaust ['ho:lokaʊst] *m* <-(s), -s> holocausto *m*

Holographie *f* <-n> *s.* **Holografie** (PHYS) holografia *f*

holperig *adj* ① (*Weg*) acidentado, desnivelado ② (*Stil, Sprechweise*) escabroso

holpern ['hɔlpɐn] *vi* (*Auto*) dar solavancos

Holunder [ho'lʊndɐ] *m* <-s, -> sabugueiro *m*

Holz [hɔlts] *nt* <-es, Hölzer> madeira *f;* (*Brennholz*) lenha *f;* **ein Stück ~** uma acha; **der Tisch ist aus massivem ~** a mesa é de madeira maciça

hölzern *adj* de madeira

Holzfäller(in) *m(f)* <-s, - *o* -innen> lenhador, lenhadora *m, f*

holzfrei *adj* (*Papier*) sem celulose

holzig ['hɔltsɪç] *adj* (*Gemüse*) lenhoso

Holzkohle *f kein pl* carvão *m* vegetal

Holzschutzmittel *nt* <-s, -> produto *m* para conservação de madeiras

Holzweg *m* <-(e)s, -e> (*umg*) **auf dem ~ sein** estar enganado

Holzwurm *m* <-(e)s, -würmer> caruncho *m,* bicho-carpinteiro *m*

Hometrainer *m* <-s, -> bicicleta *f* estática

Hommage *f* <-n> homenagem *f*

homogen [homo'ge:n] *adj* homogéneo

Homöopathie *f kein pl* homeopatia *f*

homöopathisch *adj* homeopático

Homosexualität *f kein pl* homossexualidade *f*

homosexuell *adj* homossexual

Homosexuelle(r) *m/f* <-n, -n *o* -n> homossexual *m,f*

Honduras [hɔn'du:ras] *nt* <-> *kein pl* Honduras *fpl*

Honig ['ho:nɪç] *m* <-s, -e> mel *m;* **jdm ~ um den Bart schmieren** dar graxa a alguém, engraxar alguém

H

Honigmelone *f* <-n> melão *m*

Honorar [hono'ra:ɐ] *nt* <-s, -e> honorário *m*

honorieren* *vt* ① (*anerkennen, würdigen*) honrar; **jds Engagement ~** reconhecer o empenho de alguém ② (*bezahlen*) pagar, remunerar

Hooligan *m* <-s, -s> hooligan *m*

Hopfen ['hɔpfən] *m* <-s, -> lúpulo *m;* **da ist ~ und Malz verloren** isso já não tem remédio

hopsen ['hɔpsən] *vi* (*umg*) saltar, pular

hörbar *adj* audível, perceptível; **kaum ~** quase imperceptível

horchen ['hɔrçən] *vi* escutar, estar à escuta; **an der Tür ~** escutar atrás da porta

Horde ['hɔrdə] *f* <-n> bando *m*

hören **I.** *vt* ouvir, escutar; (*erfahren*) ouvir dizer; **Radio ~** ouvir rádio; **sie hört oft klassische Musik** ela ouve música clássica muitas vezes; **hast du etwas Neues gehört?** ouviste alguma novidade?; **jdn kommen ~** ouvir alguém vir; **lassen Sie etwas von sich ~!** dê notícias suas! **II.** *vi* ouvir; (*gehorchen*) obedecer; **gut/schlecht ~** ouvir bem/mal; **~ Sie mal!** ouça lá!; **auf jdn/einen Ratschlag ~** seguir os conselhos de alguém; **von jdm ~** ter notícias de alguém; **von etw nichts ~ wollen** não querer ouvir falar de a. c.; **auf den Namen Sandra ~** dar pelo nome de Sandra

Hörensagen *nt* <-s> *kein pl* (**nur**) **vom ~** (só) de ouvir dizer

Hörer(in)[1] *m(f)* <-s, - *o* -innen> ouvinte *m,f*

Hörer[2] *m* <-s, -> (*Telefonhörer*) auscultador *m;* **den ~ abnehmen/auflegen** levantar/pousar o auscultador

Hörfunk *m* <-(e)s> *kein pl* radiodifusão *f*

Hörgerät *nt* <-(e)s, -e> aparelho *m* auditivo

Horizont [hori'tsɔnt] *m* <-(e)s, -e> horizonte *m*

horizontal [horitsɔn'ta:l] *adj* horizontal

Hormon [hɔr'mo:n] *nt* <-s, -e> hormona *f*

Horn [hɔrn] *nt* <-(e)s, Hörner> ① (*beim Tier*) corno *m,* chifre *m* ② (MUS) corneta *f*

Hornhaut *f* <-häute> ① (*am Fuß*) pele *f* calejada ② (*des Auges*) córnea *f*

Hornisse [hɔr'nɪsə] *f* <-n> vespa *f,* moscardo *m*

Horoskop [horo'sko:p] *nt* <-(e)s, -e> horóscopo *m*

horrend *adj* (*Preis, Summe*) exorbitante

Horror ['hɔro:ɐ] *m* <-s> *kein pl* horror *m,* terror *m*

Horrorfilm *m* <-(e)s, -e> filme *m* de terror

Hörsaal *m* <-(e)s, -säle> auditório *m*

Hörspiel *nt* <-(e)s, -e> peça *f* radiofónica

Hort [hɔrt] *m* <-(e)s, -e> (*Kinderhort*) infantário *m,* creche *f*

horten ['hɔrtən] *vt* açambarcar, acumular

Hörverstehen *nt* <-s> *kein pl* compreensão *f* auditiva

Hose ['ho:zə] *f* <-n> calças *fpl;* **eine lange/kurze ~** umas calças/uns calções; (*umg*); **das ist in die ~ gegangen** foi por água abaixo; (*umg*); **hier ist heute tote ~** hoje não se passa nada

Hosenanzug *m* <-(e)s, -züge> fato *m,* terno *m*

Hosenbein *nt* <-(e)s, -e> perna *f* das calças

Hosenrock *m* <-(e)s, -röcke> saia-calça *f*

Hosensack *m* <-(e)s, -säcke> (*schweiz*) *s.* **Hosentasche**

Hosentasche *f* <-n> bolso *m* das calças

Hosenträger *m* <-s, -> suspensórios *mpl*

Hospital [hɔspi'ta:l] *nt* <-s, -e> hospital *m*

Hostess[RR] *f* <-en>, **Hosteß**[ALT] *f* <-ssen> guia *f*

Hostie ['hɔstjə] *f* <-n> hóstia *f*

Hotdog[RR], **Hot Dog** *m o nt* <-s, -s> cachorro *m* (quente)

Hotel [ho'tɛl] *nt* <-s, -s> hotel *m;* **wir übernachten im ~** nós passamos a noite no hotel

Hotelfachschule *f* <-n> escola *f* de hotelaria

Hotelgewerbe *nt* <-s, -> indústria *f* hoteleira

Hotelier [hotə'lje:, hotɛ'lje:] *m* <-s, -s> hoteleiro *m*

Hotelzimmer *nt* <-s, -> quarto *m* de hotel

Hotline ['hɔtlaɪn] *f* <-s> linha *f* verde

House *nt o m* (MUS) house

Hrsg. *abk v* **Herausgeber** editor

Hubraum *m* <-(e)s, -räume> (TECH) cilindrada *f*

hübsch *adj* ① (*Person, Kleidung, Wohnung, Möbel, Melodie*) bonito, lindo; (*umg*) giro; **sich ~ machen** pôr-se bonito ② (*umg: beträchtlich*) belo; **eine ~e Summe** uma bela quantia

Hubschrauber *m* <-s, -> helicóptero *m*

huckepack ['hʊkəpak] *adv* às costas, às cavalitas; **jdn/etw ~ tragen** levar alguém/a. c. às costas

hudeln *vi* (*österr*) aldrabar

Huf [hu:f] *m* <-(e)s, -e> casco *m*

Hufeisen *nt* <-s, -> ferradura *f*
Hüferl *nt* <-s, -> (*schweiz*) *s.* **Hüfte**
Hüfte *f* <-n> anca *f*
Hüftgelenk *nt* <-(e)s, -e> articulação *f* da anca
Hügel *m* <-s, -> colina *f*, outeiro *m*
hügelig *adj* acidentado
Huhn [hu:n] *nt* <-(e)s, Hühner> galinha *f*; (*umg*); **da lachen ja die Hühner** isso é ridículo
Hühnchen *nt* <-s, -> (KOCHK) frango *m*
Hühnerauge *nt* <-s, -n> calo *m*
Hühnerbrühe *f* <-n> canja *f*, caldo *m* de galinha
Hülle *f* <-n> estojo *m*; (*Schutzhülle*) capa *f*, cobertura *f*; **in ~ und Fülle** à farta, em abundância
hüllen *vt* envolver (*in* em), cobrir (*in* com); **sich in eine Decke ~** cobrir-se com um cobertor; **sich in Schweigen ~** envolver-se em silêncio
Hülse *f* <-n> 1 (BOT) casca *f*, vagem *f* 2 (*Etui*) caixa *f*, estojo *m*
Hülsenfrucht *f* <-früchte> leguminosa *f*
human [hu'ma:n] *adj* humano
Humangenetik *f kein pl* genética *f* humana
Humanismus [huma'nɪsmʊs] *m* <-> *kein pl* humanismo *m*
humanistisch *adj* humanístico
humanitär *adj* humanitário; **aus ~en Gründen** por razões humanitárias
Humanmedizin *f kein pl* medicina *f* humana
Humbug ['hʊmbu:k] *m* <-s> *kein pl* (*umg*) disparate *m*; **das ist doch ~** isso é um disparate
Hummel ['hʊməl] *f* <-n> zangão *m*, abelhão *m*
Hummer ['hʊmɐ] *m* <-s, -> lavagante *m*
Humor [hu'mo:ɐ] *m* <-s> *kein pl* humor *m*; **schwarzer ~** humor negro *m*; **Sinn für ~ haben** ter sentido de humor; **etw mit ~ tragen** levar a. c. na brincadeira
Humorist(in) *m(f)* <-en, -en *o* -innen> humorista *m,f*
humorlos *adj* sem humor
humorvoll *adj* humorístico
humpeln ['hʊmpəln] *vi* coxear, mancar
Humus ['hu:mʊs] *m* <-> *kein pl* húmus *m*
Hund, Hündin [hʊnt] *m, f* <-(e)s, -e *o* -innen> cão *m*, cadela *f*; (*brasil*) cachorro, cachorra *m, f*; **den ~ an die Leine nehmen** levar o cão pela trela; **Vorsicht, bissiger ~!** cuidado com o cão!; (*umg*); **das ist ein dicker ~!** isso é grave!; (*umg*); **er ist bekannt wie ein bunter ~** ele é mais conhecido que o tremoço
Hundefutter *nt* <-s, -> comida de cão *f*
Hundehütte *f* <-n> canil *m*
Hundekuchen *m* <-s, -> biscoito *m* de cão
Hundeleine *f* <-n> trela *f*
hundemüde *adj* (*umg*) esfalfado, estafado
Hunderasse *f* <-n> raça *f* canina, raça *f* de cão
hundert ['hʊndɐt] *num kard* cem; **einige ~ Menschen** umas centenas de pessoas
Hundert *nt* <-s, -e> centena *f*, cento *m*; **~e von Opfern** centenas de vítimas; **sie kamen zu ~en** eles vieram às centenas
Hundertjahrfeier [--'---] *f* <-n> centenário *m*
hundertjährig *adj* centenário, secular; **~e Bäume** árvores centenárias
hundertmal *adv* cem vezes; (*umg*); **das habe ich dir schon ~ gesagt** eu já te disse isso mil vezes
hundertprozentig ['---(')--] **I.** *adj* (de) cem por cento **II.** *adv* cem por cento, completamente; **ich bin mir ~ sicher** eu tenho a certeza absoluta
Hundertstel *nt* <-s, -> centésimo *m*
Hundesteuer *f* <-n> imposto *m* sobre cães
Hüne *m* <-n, -n> gigante *m*
Hunger ['hʊŋɐ] *m* <-s> *kein pl* fome *f*; **~ haben/bekommen** ter/ficar com fome; **~ leiden** passar fome
Hungerlohn *m* <-(e)s, -löhne> remuneração *f* miserável
hungern ['hʊŋɐn] *vi* 1 (*Hunger leiden*) passar fome 2 (*fasten*) jejuar
Hungersnot *f* <-nöte> fome *f*
Hungerstreik *m* <-(e)s, -s> greve *f* de fome; **in den ~ treten** fazer greve de fome
hungrig ['hʊŋrɪç] *adj* faminto, esfomeado; **~ sein** ter fome, estar com fome
Hupe ['hu:pə] *f* <-n> buzina *f*
hupen ['hu:pən] *vi* buzinar
hüpfen *vi* saltar, pular
Hupkonzert *nt* <-(e)s, -e> (*umg*) buzinões *mpl*
Hürde *f* <-n> cerca *f*; (SPORT) obstáculo *m*, barreira *f*; (*fig*); **eine ~ nehmen** ultrapassar um obstáculo
Hürdenlauf *m* <-(e)s, -läufe> (SPORT) corrida *f* de obstáculos
Hure ['hu:rə] *f* <-n> (*abw*) prostituta *f*, puta *f*

hurra *interj* hurra!, viva!

huschen ['hʊʃən] *vi* deslizar

husten ['hu:stən] *vi* tossir

Husten ['hu:stən] *m* <-s, -> tosse *f*

Hustenanfall *m* <-(e)s, -fälle> ataque *m* de tosse

Hustenbonbon *nt* <-s, -s> rebuçado *m* da tosse

Hustensaft *m* <-(e)s, -säfte> xarope *m* para a tosse

Hut[1] [hu:t] *m* <-(e)s, Hüte> chapéu *m;* (*umg*); **das ist ein alter ~** essa já é velha; (*umg*); **verschiedene Dinge unter einen ~ bringen** conciliar coisas diferentes; (*fig*); **~ ab!** é de se lhe tirar o chapéu!

Hut[2] [hu:t] *f* **auf der ~ sein** estar à escuta, estar de vigilância

hüten **I.** *vt* (*Kinder*) tomar conta de; (*Vieh*) guardar; **das Bett ~** estar de cama **II.** *vr* **sich ~** tomar cuidado, acautelar-se; **sich vor jdm/etw ~** tomar cuidado com alguém/a. c.

Hütte *f* <-n> ① (*Haus*) cabana *f,* barraca *f;* (*Berghütte*) abrigo *m* ② (*Industrieanlage*) fundição *f*

Hüttenindustrie *f kein pl* indústria *f* siderúrgica

hutzelig *adj* (*umg*) enrugado, encarquilhado

Hyäne *f* <-n> hiena *f*

Hyazinthe [hya'tsɪntə] *f* <-n> jacinto *m*

Hydrant *m* <-en, -en> boca-de-incêndio *f portugal,* hidrante *m brasil*

Hydraulik *f* <-en> hidráulica *f*

hydraulisch *adj* hidráulico

Hydrokultur ['----, ---'-] *f* <-en> (BOT) hidropônica *f*

Hygiene [hy'gje:nə] *f kein pl* higiene *f*

hygienisch *adj* higiénico

Hymne ['hʏmnə] *f* <-n> hino *m*

Hypnose [hʏp'no:zə] *f* <-n> hipnose *f,* hipnotismo *m*

hypnotisieren* *vt* hipnotizar

Hypochonder [hypo'xɔndɐ] *m* <-s, -> hipocondríaco *m*

Hypothek [hypo'te:k] *f* <-en> hipoteca *f;* **eine ~ aufnehmen** fazer uma hipoteca

Hypothese [hypo'te:zə] *f* <-n> hipótese *f;* **eine ~ aufstellen** pôr uma hipótese

hypothetisch [hypo'te:tɪʃ] *adj* hipotético

Hysterie [hʏste'ri:] *f* <-n> histeria *f,* histerismo *m*

hysterisch [hʏs'te:rɪʃ] *adj* histérico

I

I *nt* <-, -> I, i *m*

i.A. *abk v* **im Auftrag** p. p. (= *por procuração*)

iberisch [i'be:rɪʃ] *adj* ibérico; **die Iberische Halbinsel** a Península Ibérica

Iberoamerikaner(in) *m(f)* <-s, - *o* -innen> ibero-americano, ibero-americana *m, f*

IC [i:'tse:] *abk v* **Intercity** IC (= *intercidades*)

ICE [i:tse:'ʔe:] *abk v* **Intercityexpress** ICE (= *intercidades expresso*)

ich [ɪç] *pron pers* eu; **~ bin's!** sou eu!; **~ nicht** eu não

IC-Zuschlag *m* <-(e)s, -schläge> sobretaxa *f* de intercidades

ideal [ide'a:l] *adj* ideal

Ideal *nt* <-s, -e> ideal *m;* **ein unerreichbares ~** um ideal impossível

Idealgewicht *nt* <-(e)s, -e> peso ideal *m;* **sein ~ haben** ter o peso ideal

idealisieren* *vt* idealizar, conceber

Idealismus [idea'lɪsmʊs] *m* <-> *kein pl* idealismo *m*

Idealist(in) *m(f)* <-en, -en *o* -innen> idealista *m,f*

idealistisch *adj* idealista

Idee [i'de:] *f* <-n> ① (*Einfall, Vorstellung*) ideia *f;* **ich habe eine ~!** tenho uma ideia!; **gute ~!** boa ideia!; **wie kommst du denn auf die ~?** onde é que foste buscar essa ideia?; **das ist so eine fixe ~ von ihm** é uma ideia fixa que ele tem ② (*ein bisschen*) pitada *f;* **es fehlt eine ~ Pfeffer** falta uma pitada de pimenta

identifizieren* *vt* identificar

identisch [i'dɛntɪʃ] *adj* idêntico

Identität *f* <-en> identidade *f*

Identitätskarte *f* <-en> (*schweiz*) bilhete *m* de identidade, carteira *f* de identidade

Ideologie [ideolo'gi:] *f* <-n> ideologia *f*

ideologisch *adj* ideológico

Idiom *nt* <-s, -e> ① (LING) idioma *m,* língua *f* ② (*Wortverbindung*) expressão *f* idiomática

idiomatisch [idjo'ma:tɪʃ] *adj* (LING) idiomático; **~e Wendung** expressão *f* idiomática

Idiot(in) [i'djo:t] *m(f)* <-en, -en *o* -innen> (*abw*) idiota *m,f,* pateta *m,f*

idiotisch *adj* (*abw*) idiota, simplório

Idol ['i'do:l] *nt* <-s, -e> ídolo *m*
idyllisch *adj* idílico, encantador
Igel ['i:gəl] *m* <-s, -> ouriço(-cacheiro) *m*
Ignoranz *f kein pl* ignorância *f*
ignorieren* *vt* ignorar, não fazer caso de; **sie ignorierte seinen Gruß** ela ignorou o cumprimento dele
ihm [i:m] *dat von* **er, es**
ihn [i:n] *akk von* **er**
ihnen ['i:nən] *dat von* **sie**
Ihnen *dat sing und pl von* **Sie**
ihr [i:ɐ] **I.** *dat von* **sie II.** *pron poss* deles, dela(s); **das ist ~ Computer/~e Uhr** este computador/relógio é deles/dela(s)
Ihr *pron poss* (o) seu, (a) sua
ihrer ['i:rɐ] *gen von* **sie**
ihrerseits ['i:rɐzaɪts] *adv* ❶ (*Singular*) por seu lado, da [*o* pela] parte dela; **sie hält ~ nichts davon** pela parte dela, não gosta da ideia ❷ (*Plural*) por seu lado, da [*o* pela] parte deles, da [*o* pela] parte delas; **sie halten ~ nichts davon** pela parte deles/delas, não gostam da ideia
ihresgleichen ['--'--] *pron indef* seu igual, seu semelhante
ihretwegen ['i:rət'veːgən] *adv* ❶ (*Singular*) por sua causa, por causa dela ❷ (*Plural*) por causa deles, por causa delas; **~ kommen wir zu spät** vimos tarde por causa deles/dela(s)
Ikone *f* <-n> ícone *m*
illegal ['ɪlega:l] *adj* ilegal; **der Handel mit Drogen ist ~** o tráfico de drogas é ilegal
Illegalität *f kein pl* ilegalidade *f*
illegitim ['ɪlegiti:m] *adj* ilegítimo
Illusion [ɪlu'zjo:n] *f* <-en> ilusão *f*; **sich** *dat* **(über etw) ~en machen** ter ilusões (acerca de a. c.)
illusorisch [ɪlu'zo:rɪʃ] *adj* ilusório, enganador; **die Hoffnung war ~** a esperança era ilusória
Illustration [ɪlʊstra'tsjo:n] *f* <-en> ilustração *f*
illustrieren* *vt* ilustrar; **etw an einem Beispiel ~** ilustrar a. c. através de um exemplo
Illustrierte [ɪlʊs'tri:ɐtə] *f* <-n> revista *f*
Iltis ['ɪltɪs] *m* <-ses, -se> tourão *m*
im [ɪm] = **in dem** *s. a.* **in**
Image ['ɪmɪtʃ] *nt* <-s, -s> imagem *f*; **das schadet seinem ~** isso estraga [*o* prejudica] a imagem dele
imaginär *adj* imaginário
Imbiss[RR] ['ɪmbɪs] *m* <-es, -e>, **Imbiß**[ALT] *m* <-sses, -sse> refeição *f* ligeira
Imbissstube[RR] *f* <-n> snack-bar *m portugal,* lanchonete *f brasil*
Imitation [imita'tsjo:n] *f* <-en> imitação *f*
imitieren* *vt* imitar
Imker(in) ['ɪmkɐ] *m(f)* <-s, - *o* -innen> apicultor *m*
Immatrikulation *f* <-en> matrícula *f,* inscrição *f*
immatrikulieren* **I.** *vt* (*an Universität*) matricular (*für* em), inscrever (*für* em); (*schweiz: Fahrzeug*) regist(r)ar **II.** *vr* **sich ~** matricular-se (*für* em), inscrever-se (*für* em)
immens [ɪ'mɛns] *adj* imenso, enorme; **die Kosten sind ~** os custos são incalculáveis
immer ['ɪmɐ] *adv* sempre; (*unaufhörlich*) continuamente, sem cessar; **für ~** para sempre; **~ noch** ainda; **~ wieder etw tun** tornar [*o* voltar] sempre a fazer a. c.; **~ mehr/besser** cada vez mais/melhor; **~ wenn** sempre que; **was/wer auch ~** o que/quem quer que seja
immerhin ['--'-] *adv* em todo o caso, mesmo assim, ainda assim; **sie ist ~ seine Mutter** mesmo assim, ela é a mãe dele
immerzu ['--'-] *adv* sempre, sem cessar, continuamente
Immigrant(in) [ɪmi'grant] *m(f)* <-en, -en *o* -innen> imigrante *m,f*
Immission *f* <-en> imissão *f*
Immobilie *f* <-n> imóveis *mpl,* bens *mpl* de raiz
immun [ɪ'mu:n] *adj* (MED, JUR) imune (*gegen* contra)
Immunität *f kein pl* (MED, JUR) imunidade *f*
Immunschwäche *f* <-n> (MED) imunodeficiência *f*
Immunschwächekrankheit *f* <-en> síndrome *m* de imunodeficiência adquirida
Immunsystem *nt* <-s, -e> sistema *m* imunológico
Imperativ ['ɪmperati:f] *m* <-s, -e> (GRAM) imperativo *m*
Imperfekt ['ɪmpɛrfɛkt] *nt* <-s, -e> (GRAM) imperfeito *m*
Imperialismus [ɪmperia'lɪsmʊs] *m* <-s> *kein pl* imperialismo *m*
imperialistisch *adj* imperialista
Imperium [ɪm'pe:riʊm] *nt* <-s, Imperien> império *m*
Impfausweis *m* <-es, -e> boletim *m* de vacinas

impfen ['ɪmpfən] *vt* vacinar (*gegen* contra)

Impfstoff *m* <-(e)s, -e> vacina *f*

Impfung *f* <-en> vacinação *f* (*gegen* contra)

implizieren* *vt* implicar

implizit [ɪmpli'tsi:t] *adj* implícito

imponieren* *vi* impressionar, impor respeito (a)

Import [ɪm'pɔrt] *m* <-(e)s, -e> importação *f*

Importeur(in) *m(f)* <-s, -e *o* -innen> importador, importadora *m, f*

importieren* *vt* importar

imposant *adj* imponente, grandioso

impotent ['ɪmpotɛnt] *adj* impotente

Impotenz ['ɪmpotɛnts] *f kein pl* impotência *f*

imprägnieren* *vt* impregnar, impermeabilizar

Impressionismus [ɪmprɛsjo'nɪsmʊs] *m* <-> *kein pl* impressionismo *m*

Improvisation *f* <-en> (*a* MUS) improviso *m*

improvisieren* *vi* (*a* MUS) improvisar

Impuls [ɪm'pʊls] *m* <-es, -e> impulso *m;* **einen ~ geben** impulsionar

impulsiv [ɪmpʊl'zi:f] *adj* impulsivo

imstande, im Stande[RR] [ɪm'ʃtandə] *adv* +*dat* ~ **sein, etw zu tun** ser capaz de fazer a. c.; **zu etw ~ sein** estar preparado para a. c.

in [ɪn] **I.** *präp* (*Richtung*) a, para; **~s Ausland fahren/gehen** ir ao/para o estrangeiro; **wir gehen ~s Kino** nós vamos ao cinema; (*räumlich*) em; **wir wohnen ~ Deutschland/Portugal/der Stadt** nós moramos na Alemanha/em Portugal/na cidade; **~ der Kanne ist noch etwas Tee** ainda há chá no bule; **er hat die Zeitung ~ der Hand** ele tem o jornal na mão; (*zeitlich*) em; (*innerhalb*) dentro de, daqui a; **~ einem Monat** daqui a um mês; **im Sommer/Mai** no Verão/em Maio; **im Jahr 1988** em 1988, no ano de 1988; **~ der Nacht** durante a noite **II.** *adv* (*umg*) **~ sein** estar na moda; **Miniröcke sind wieder ~** as mini-saias estão outra vez na moda

inakzeptabel *adj* inaceitável; **dieser Vorschlag ist ~** essa proposta é inaceitável

Inbegriff ['ɪnbəgrɪf] *m* <-(e)s, -e> suma *f,* quinta-essência *f,* cúmulo *m;* **er ist der ~ von Sturheit** ele é o cúmulo da teimosia

inbegriffen ['----] *adj* incluído, compreendido; **Frühstück im Preis ~** pequeno-almoço incluído

Inbetriebnahme [--'---] *f kein pl* colocação *f* em funcionamento; **vor/bei ~ des Gerätes** antes de/ao colocar o aparelho em funcionamento

indem [ɪn'de:m] *konj* ❶ (*während*) quando, enquanto, ao mesmo tempo que; **~ er das sagte ...** enquanto ele disse isso ... ❷ (*dadurch dass*) posto que; **er half uns, ~ er umsonst arbeitete** ele ajudou-nos, trabalhando de graça

Inder(in) *m(f)* <-s, - *o* -innen> indiano, indiana *m, f*

Index ['ɪndɛks] *m* <-(es), -e/Indizes> ❶ (*a* WIRTSCH, MATH) índice *m;* **auf dem ~ stehen** estar no índice ❷ (REL) índex *m*

Indianer(in) [ɪndi'anɐ] *m(f)* <-s, - *o* -innen> índio, índia *m, f*

Indien ['ɪndiən] *nt* <-s> *kein pl* Índia *f*

indigniert *adj* (*geh*) indignado

Indikation *f* <-en> prescrição *f*

Indikativ ['ɪndikati:f] *m* <-s, -e> (GRAM) indicativo *m*

indirekt ['ɪndirɛkt] *adj* indirecto; (GRAM); **~e Rede** discurso *m* indirecto

indisch *adj* indiano; **der Indische Ozean** o Oceano Índico

indiskret ['ɪndɪskre:t] *adj* indiscreto

Indiskretion ['----, ---'-] *f* <-en> indiscrição *f;* **eine ~ begehen** cometer uma indiscrição

indiskutabel *adj* inadmissível; **diese Preise sind ~** estes preços são inadmissíveis

Individualismus *m* <-> *kein pl* individualismo *m*

Individualist(in) [ɪndividua'lɪst] *m(f)* <-en, -en *o* -innen> individualista *m,f*

individuell [ɪndividu'el] *adj* individual; (*Bedienung*) personalizado; **das ist ~ verschieden** isso difere de pessoa para pessoa

Individuum [ɪndi'vi:duʊm] *nt* <-s, Individuen> indivíduo *m*

Indiz [ɪn'di:ts] *nt* <-es, -ien> (*a* JUR) indício *m* (*für* de)

Indonesien [ɪndo'ne:ziən] *nt* <-s> *kein pl* Indonésia *f*

industrialisieren* *vt* industrializar

Industrialisierung *f* <-en> industrialização *f*

Industrie [ɪndʊs'tri:] *f* <-n> indústria *f;* **~- und Handelskammer** Câmara *f* de Comércio e Indústria

Industriegebiet *nt* <-(e)s, -e> zona *f* industrial

Industriegewerkschaft *f* <-en> sindicato *m* industrial

Industrieland *nt* <-(e)s, -länder> país *m* industrializado

industriell [ɪndʊstri'ɛl] *adj* industrial; **~ gefertigt** fabricado industrialmente

Industrielle(r) *m/f* <-n, -n *o* -n> industrial *m,f*

Industrieroboter *m* <-s, -> robot *m* industrial

ineffizient *adj* que não é eficiente

ineinander [ɪn(ʔ)aɪ'nandɐ] *adv* um no/pelo outro; **sie sind ~ verliebt** eles estão apaixonados um pelo outro

ineinander|schieben *vt irr* encaixar um no outro; **das kann man ~** pode-se encaixar um no outro

infam *adj* infame; **das sind ~e Lügen** isso são mentiras infames

Infanterie [ɪnfantə'riː, '----] *f* <-n> (MIL) infantaria *f*

infantil *adj* infantil

Infarkt [ɪn'farkt] *m* <-(e)s, -e> (MED) enfarte *m*

Infektion [ɪnfɛk'tsjoːn] *f* <-en> infe(c)ção *f*

Infektionskrankheit *f* <-en> doença *f* infe(c)ciosa

Inferno *nt* <-s> *kein pl* inferno *m*

Infinitiv ['ɪnfinitiːf] *m* <-s, -e> (GRAM) infinitivo *m*

infizieren* **I.** *vt* (MED) infe(c)cionar, infe(c)tar (*mit* com); (INFOR) infe(c)tar **II.** *vr* **sich ~** infe(c)tar-se; **er hat sich mit Aids infiziert** ele infe(c)tou-se com Sida

Inflation [ɪnfla'tsjoːn] *f* <-en> (WIRTSCH) inflação *f*

inflationär *adj* (WIRTSCH) inflacionário

Inflationsrate *f* <-n> (WIRTSCH) taxa *f* de inflação

Info *f* <-s, -s> (*umg*) informação *f*, dica *f*; **ich brauche eine paar ~s über Angola** preciso de umas informações [*o* dicas] sobre Angola

infolge [ɪn'fɔlgə] *präp +gen* devido a; **~ des Hochwassers mussten viele Leute ihre Häuser verlassen** devido à cheia, muita gente teve que abandonar as suas casas

infolgedessen [---'--] *adv* por conseguinte, portanto; **~ kam es zu Studentenprotesten** por conseguinte, houve manifestações estudantis

Informant(in) [ɪnfɔr'mant] *m(f)* <-en, -en *o* -innen> informador, informadora *m, f*

Informatik [ɪnfɔr'maːtɪk] *f kein pl* informática *f*

Informatiker(in) [ɪnfɔr'maːtikɐ] *m(f)* <-s, - *o* -innen> informático, informática *m, f*

Information [ɪnfɔrma'tsjoːn] *f* <-en> informação *f*; **haben Sie ~en über die Azoren?** tem informações sobre os Açores?; **~en austauschen** trocar informações; **zu Ihrer ~** para sua informação

Informationsmaterial *nt* <-s, -ien> material *m* informativo

informieren **I.** *vt* informar (*über* sobre) **II.** *vr* **sich ~** informar-se; **ich möchte mich über brasilianische Literatur ~** eu gostaria de me informar sobre literatura brasileira

infrage[RR], **in Frage** *adv* **~ stehen** estar em causa; **etw ~ stellen** pôr a. c. em causa

infrarot *adj* infravermelho

Infrastruktur ['----] *f* <-en> infra-estrutura *f*

Infusion *f* <-en> infusão *f*

Ing. *abk v* **Ingenieur** engº (= *engenheiro*)

Ingenieur(in) [ɪnʒe'njøːɐ] *m(f)* <-s, -e *o* -innen> engenheiro, engenheira *m, f*

Ingenieurbüro *nt* <-s, -s> escritório *m* de engenharia

Ingwer ['ɪŋvɐ] *m* <-s> *kein pl* gengibre *f*

Inhaber(in) ['ɪnhaːbɐ] *m(f)* <-s, - *o* -innen> ① (*Eigentümer*) proprietário, proprietária *m, f*, dono, dona *m, f*, possuidor, possuidora *m, f* ② (*eines Kontos, Passes, Amtes*) titular *m,f* ③ (*eines Wechsels*) portador, portadora *m, f* ④ (*eines Titels, Rekordes*) detentor, detentora *m, f* ⑤ (*einer Lizenz*) concessionário *m*

inhaftieren* *vt* prender, capturar

inhalieren* *vt* inalar

Inhalt ['ɪnhalt] *m* <-(e)s, -e> ① (*eines Behälters*) conteúdo *m* ② (*eines Buches, Gespräches*) assunto *m*, teor *m*; (*eines Filmes*) assunto *m*, tema *m* ③ (MATH) volume *m* ④ (*Rauminhalt*) capacidade *f*

Inhaltsangabe *f* <-n> resumo *m*, sumário *m*

inhaltslos *adj* vazio, oco

Inhaltsverzeichnis *nt* <-ses, -se> índice *m*

inhuman *adj* desumano

Initiative [initsja'tiːvə] *f* <-n> ① (*allgemein*) iniciativa *f*; **die ~ ergreifen** tomar a iniciativa ② (*schweiz: Volksbegehren*) referendo *m*

Initiator(in) *m(f)* <-s, -en *o* -innen> iniciador, iniciadora *m, f*, precursor, precursora *m, f*

Injektion [ɪnjɛk'tsjoːn] *f* <-en> inje(c)ção *f*

Inkarnation *f* <-en> encarnação *f*

inklusive [ɪnklu'ziːvə] **I.** *präp* inclusive, incluindo; ~ **der Flughafengebühren** inclusive as taxas do aeroporto **II.** *adv* incluído; **alles** ~ tudo incluído; **lesen Sie bis Seite 25** ~ leia até à página 25 inclusive

inkognito *adv* incógnito; **er reist oft** ~ ele viaja muitas vezes incógnito

inkompatibel *adj* (*a* INFOR, JUR) incompatível

inkompetent ['ɪnkɔmpetɛnt] *adj* incompetente

inkonsequent *adj* inconsequente

In-Kraft-TretenRR *nt* <-s> *kein pl* entrada *f* em vigor

Inkubationszeit *f* <-en> (MED) período *m* de incubação

Inland ['ɪnlant] *nt* <-(e)s> *kein pl* interior *m;* (POL) país *m*

Inlandflug *m* <-(e)s, -flüge> voo *m* doméstico

inländisch *adj* nacional, interno; (*Mensch*) natural (de)

inmitten [ɪn'mɪtən] *präp* (*geh*) no meio de

innehaben ['ɪnə-] *vt irr* ter, possuir; **sie hat ein wichtiges Amt inne** ela tem uma função importante

innen ['ɪnən] *adv* (por) dentro, no interior; ~ **und außen** dentro e fora; **man öffnet die Tür nach** ~ abre-se a porta para dentro; **von** ~ de dentro

Innenarchitekt(in) *m(f)* <-en, -en *o* -innen> decorador(a) *m(f)* de interiores

Inneneinrichtung *f* <-en> decoração *f* de interiores

Innenhof *m* <-(e)s, -höfe> pátio *m* interior

Innenminister(in) *m(f)* <-s, - *o* -innen> Ministro , Ministra *m, f* do Interior

Innenministerium *m* <-s, -ministerien> Ministério *m* do Interior

Innenpolitik *f kein pl* política *f* interna

Innenseite *f* <-n> (lado) *m* interior, lado *m* de dentro

Innenstadt *f* <-städte> centro *m* da cidade

Innere *nt* <-n> *kein pl* ① (*eines Gegenstands*) interior *m;* **im** ~**n des Landes** no interior do país ② (*Mitte*) centro *m* ③ (*eines Menschen*) fundo *m,* íntimo *m;* **in seinem tiefsten** ~**n** bem no fundo

innere(-r, -s) *adj* interior; (POL: *im Körper*) interno; ~**e Verletzungen/Angelegenheiten** ferimentos *mpl*/assuntos *mpl* internos

Innereien [ɪnə'raɪən] *pl* entranhas *fpl;* (*von Huhn*) miúdos *mpl*

innerhalb ['ɪnɐhalp] **I.** *präp +gen* (*örtlich*) dentro de; (*zeitlich*) dentro de, no espaço de; ~ **einer Woche muss die Arbeit fertig sein** o trabalho tem de estar pronto dentro de uma semana **II.** *adv* dentro; ~ **von Berlin** dentro de Berlim

innerlich *adj* interno, interior; (*seelisch*) íntimo

innerorts *adj +gen* (*schweiz*) local

innert *präp* (*schweiz, österr*) *s.* **innerhalb**

innig ['ɪnɪç] *adj* íntimo, profundo; **mein** ~**ster Wunsch** o meu maior desejo; **sie lieben sich heiß und** ~ eles amam-se ardente e profundamente; **sie sind** ~ **befreundet** eles são amigos íntimos

Innung *f* <-en> corporação *f,* grémio *m*

inoffiziell ['ɪnʔɔfitsjɛl] *adj* não oficial

Input ['ɪnpʊt] *m* <-s, -s> (INFOR) input *m*

ins [ɪns] = **in das** *s. a.* **in**

Insasse(in) ['ɪnzasə] *m(f)* <-n, -n *o* -innen> ① (*einer Anstalt*) internado, internada *m, f* ② (*in Bus, Auto*) passageiro, passageira *m, f,* ocupante *m,f*

insbesondere [ɪnsbə'zɔndərə] *adv* especialmente, principalmente

Inschrift ['--] *f* <-en> inscrição *f,* epígrafe *f*

Insekt [ɪn'zɛkt] *nt* <-s, -en> inse(c)to *m*

Insektizid *nt* <-s, -e> inse(c)ticida *m*

Insel ['ɪnzəl] *f* <-n> ilha *f;* (*kleiner*) ilhota *f,* ilhéu *m*

Inselgruppe *f* <-n> arquipélago *m*

Inserat [ɪnze'raːt] *nt* <-(e)s, -e> anúncio *m;* **ein** ~ **aufgeben** pôr um anúncio

Inserent(in) *m(f)* <-en, -en *o* -innen> anunciante *m,f*

inserieren* *vi* inserir, anunciar, pôr um anúncio

insgeheim ['--'-] *adv* em segredo, secretamente; ~ **hatte sie ganz andere Pläne** ela tinha outros planos escondidos

insgesamt ['--'-] *adv* no conjunto, no total, ao todo; **wir haben** ~ **200 EUR** ao todo, temos 200 euros

Insider(in) ['ɪnsaɪdɐ] *m(f)* <-s, - *o* -innen> especialista *m,f*

inskünftig *adv* (*schweiz*) no futuro

insofern [--'-, -'--] **I.** *adv* nisso, nesse ponto, até aí; ~ **habe ich nichts dagegen** até aí não tenho nada contra; ~ **gebe ich ihm Recht** nesse ponto dou-lhe razão **II.** *konj* contanto que, desde que; ~ **als** na medida em que

insoweit [--'-, -'--] *konj s.* **insofern**
Inspektion [ɪnspɛk'tsjoːn] *f* <-en> inspe(c)ção *f;* (*des Autos*) revisão *f*
Inspektor(in) [ɪn'spɛktɔːɐ] *m(f)* <-s, -en *o* -innen> inspe(c)tor, inspe(c)tora *m, f*
Inspiration [ɪnspira'tsjoːn] *f* <-en> inspiração *f*
inspirieren* *vt* inspirar (*zu* para); **Italien hat Goethe inspiriert** a Itália inspirou Goethe
inspizieren* *vt* inspe(c)cionar
Installateur(in) [ɪnstala'tøːɐ] *m(f)* <-s, -e *o* -innen> ❶ (*Elektrizität*) ele(c)tricista *m,f* ❷ (*Wasser*) canalizador, canalizadora *m, f*
Installation [ɪnstala'tsjoːn] *f* <-en> (*a* INFOR, TECH) instalação *f*
installieren* *vt* (*a* INFOR, TECH) instalar; **hast du das neue Programm schon installiert?** já instalaste o novo programa?
Instandhaltung *f kein pl* manutenção *f,* conservação *f*
inständig I. *adj* instante, insistente; **~e Bitte** pedido insistente *m* **II.** *adv* encarecidamente, com empenho; **ich bitte Sie ~ darum** peço-lhe encarecidamente
Instanz [ɪn'stants] *f* <-en> (*a* JUR: *Behörde*) instância *f;* **in letzter ~** em última instância
Instinkt [ɪn'stɪŋkt] *m* <-(e)s, -e> instinto *m;* **er hat einen guten ~** ele tem um bom instinto
instinktiv [ɪnstɪŋk'tiːf] *adj* instintivo, por instinto; **er hat ~ richtig gehandelt** ele agiu bem instintivamente
Institut [ɪnsti'tuːt] *nt* <-(e)s, -e> instituto *m*
Institution [ɪnstitu'tsjoːn] *f* <-en> instituição *f*
instruieren* *vt* (*informieren, anweisen*) instruir
Instruktion [ɪnstrʊk'tsjoːn] *f* <-en> (*Anleitung, Anweisung*) instrução *f;* **jdm genaue ~en geben** dar instruções exactas a alguém
Instrument [ɪnstru'mɛnt] *nt* <-(e)s, -e> (*a* MUS) instrumento *m*
instrumental *adj* (*a* MUS) instrumental
Insulin [ɪnzu'liːn] *nt* <-s> *kein pl* (MED) insulina *f*
inszenieren* *vt* (*Theaterstück*) encenar
Inszenierung *f* <-en> encenação *f;* **diese ~ von Hamlet war sehr gut** esta encenação do Hamlet foi muito boa
intakt [ɪn'takt] *adj* intacto
Integralrechnung *f* <-en> (MATH) cálculo *m* integral
Integration [ɪntegra'tsjoːn] *f* <-en> integração *f;* **die politische ~ Europas** a integração política da Europa; **die ~ von Minderheiten** a integração de minorias
integrieren* *vt* integrar (*in* em); **jdn wieder in die Gesellschaft ~** reintegrar alguém na sociedade
Intellekt [ɪntɛ'lɛkt] *m* <-(e)s> *kein pl* intelecto *m*
intellektuell [ɪntɛlɛktu'ɛl] *adj* intelectual
Intellektuelle(r) *m/f* <-n, -n *o* -n> intelectual *m,f*
intelligent [ɪntɛli'gɛnt] *adj* inteligente
Intelligenz [ɪntɛli'gɛnts] *f kein pl* (*Denkfähigkeit*) inteligência *f;* **künstliche ~** inteligência *f* artificial
Intelligenzquotient *m* <-en, -en> quociente *m* de inteligência
Intendant(in) [ɪntɛn'dant] *m(f)* <-en, -en *o* -innen> intendente *m,f,* comissário, comissária *m, f*
Intensität *f kein pl* intensidade *f*
intensiv [ɪntɛn'ziːf] *adj* ❶ (*gründlich*) intenso, profundo; **~e Gespräche führen** ter conversas profundas ❷ (*Farbe, Schmerz*) intenso ❸ (*Arbeit*) intensivo
intensivieren* *vt* intensificar; **wir werden unsere Anstrengungen ~** vamos intensificar os nossos esforços
Intensivkurs *m* <-es, -e> curso *m* intensivo
Intensivstation *f* <-en> Unidade *f* de Cuidados Intensivos
Intention *f* <-en> intenção *f*
Interaktion *f* <-en> intera(c)ção *f*
interaktiv [ɪntɐʔak'tiːf] *adj* (INFOR) intera(c)tivo
Intercity [ɪntɐ'sɪti] *m* <-s, -s> intercidades *m,* alfa *m*
IntercityexpressRR *m* <-es, -e> intercidades expresso *m*
interdisziplinär *adj* interdisciplinar; **~e Zusammenarbeit** colaboração *f* interdisciplinar
interessant [ɪnt(ə)rɛ'sant] *adj* interessante; **sich ~ machen** fazer-se interessante
interessanterweise *adv* curiosamente
Interesse [ɪntə'rɛsə, ɪn'trɛsə] *nt* <-s, -n> interesse *m* (*für* por); **haben Sie ~ daran?** está interessado nisto?; **für etw ~ zeigen** mostrar interesse por a. c.; **seine ~n verfolgen** ir atrás dos seus interesses
Interessengebiet *nt* <-(e)s, -e> área de

I

interesses *f;* **das fällt nicht in mein ~** isso não está na minha área de interesses

Interessengemeinschaft *f* <-en> comunidade *f* de interesses

Interessent(in) [ɪnt(ə)rɛ'sɛnt] *m(f)* <-en, -en *o* -innen> interessado, interessada *m, f*

interessieren* **I.** *vt* interessar; **jdn für etw ~** fazer alguém interessar-se por a. c. **II.** *vr* **sich ~** interessar-se (*für* por); **sie interessiert sich für moderne Architektur** ela interessa-se por arquite(c)tura moderna; **der Vortrag interessiert mich nicht** a conferência não me interessa

interessiert [ɪnt(ə)rɛ'siːɐt] *adj* interessado (*an* em); **er hörte ~ zu** ele ouvia com interesse

Interjektion [ɪntɐjɛk'tsjoːn] *f* <-en> (LING) interjeição *f*

Interkontinentalrakete *f* <-n> foguetão *m* intercontinental

Intermezzo *nt* <-s, -s> ❶ (MUS) entrea(c)to *m* ❷ (*Zwischenfall*) incidente *m,* episódio *m*

intern [ɪn'tɛrn] *adj* interno

Internat [ɪntɐ'naːt] *nt* <-(e)s, -e> internato *m,* colégio *m* interno

international [ɪntɐnatsjo'naːl] *adj* internacional

Internet ['ɪntɐnɛt] *nt* <-s> *kein pl* Internet *f;* **etw ins ~ stellen** pôr [*o* colocar] a. c. na internet; **im ~ surfen** navegar na Internet

Internetauftritt *m apresentação de uma empresa na internet*

internieren* *vt* internar

Internist(in) [ɪntɐ'nɪst] *m(f)* <-en, -en *o* -innen> especialista *m,f* em medicina interna

Interpol *f kein pl* Interpol *f*

Interpret(in) *m(f)* <-en, -en *o* -innen> intérprete *m,f*

Interpretation [ɪntɐpreta'tsjoːn] *f* <-en> interpretação *f*

interpretieren* *vt* (*a* LIT) interpretar

Interpunktion [ɪntɐpʊŋk'tsjoːn] *f kein pl* pontuação *f*

InterrailkarteRR *f* <-en> bilhete *m* de Inter-Rail

Interrogativpronomen *nt* <-s, -> (LING) pronome *m* interrogativo

Intervall [ɪntɐ'val] *nt* <-s, -e> (*a* MUS) intervalo *m*

intervenieren* *vi* intervir

Intervention *f* <-en> intervenção *f;* **militärische ~** intervenção *f* militar

Interview [ɪntɐ'vjuː, 'ɪntɐvju] *nt* <-s, -s> entrevista *f;* **ein ~ (mit jdm) führen** fazer uma entrevista (a alguém); **ein ~ geben** dar uma entrevista

interviewen* *vt* entrevistar

intim [ɪn'tiːm] *adj* íntimo, familiar; **mit jdm ~ werden** ganhar intimidade com alguém

Intimbereich *m* <-(e)s, -e> intimidade *f,* foro *m* íntimo

Intimität *f* <-en> intimidade *f,* familiaridade *f*

Intimsphäre *f* <-n> privacidade *f;* **die ~ verletzen** invadir a vida privada

intolerant ['----] *adj* intolerante

Intoleranz ['----] *f kein pl* intolerância *f*

Intonation *f* <-en> (MUS, LING) entoação *f*

intransitiv ['----] *adj* (LING) intransitivo

intravenös *adj* (MED) intravenoso

intrigant *adj* intrigante

Intrige [ɪn'triːgə] *f* <-n> intriga *f,* enredo *m,* trama *f;* **~n spinnen** fazer intrigas

introvertiert ['ɪntrovɛrtiːɐt] *adj* introvertido

Intuition [ɪntui'tsjoːn] *f* <-en> intuição *f*

intuitiv [ɪntui'tiːf] *adj* intuitivo; **etw ~ spüren** sentir a. c. intuitivamente [*o* por intuição]

Invalide(r) *m/f* <-n, -n *o* -n> inválido, inválida *m, f*

Invasion [ɪnva'zjoːn] *f* <-en> invasão *f*

Inventar [ɪnvɛn'taːɐ] *nt* <-s, -e> inventário *m;* **etw ins ~ aufnehmen** inventariar a. c.

Inventur [ɪnvɛn'tuːɐ] *f* <-en> inventariação *f;* **~ machen** fazer a inventariação

investieren* *vt* (*a* WIRTSCH) investir (*in* em); **er investiert viel Zeit in sein Hobby** ele investe muito tempo no seu passatempo

Investition [ɪnvɛsti'tsjoːn] *f* <-en> investimento *m*

inwiefern [--'-] **I.** *adv* até que ponto; **~ treffen die Anschuldigungen zu?** até que ponto é que as acusações são verdadeiras? **II.** *konj* em que medida, como; **es ist unklar, ~ wir davon betroffen sind** ainda não se sabe em que medida é que somos afectados por isso

Inzest ['ɪntsɛst] *m* <-(e)s, -e> incesto *m*

Inzucht ['ɪntsʊxt] *f kein pl* cruzamento *m* consanguíneo

inzwischen [-'--] *adv* entretanto

Ion [i'oːn] *nt* <-s, -en> (PHYS, CHEM) ião *m,* íon *m*

IQ [iː'kuː] *abk v* **Intelligenzquotient** QI (= *Quociente de Inteligência*)

i.R. *abk v* **im Ruhestand** reformado
Irak [i'ra:k] *m* <-s> *kein pl* Iraque *m*
Iran [i'ra:n] *m* <-s> *kein pl* Irão *m*
irdisch ['ɪrdɪʃ] *adj* terreno, terrestre; **die ~en Dinge** as coisas mundanas, as coisas deste mundo
Ire(in) ['i:rə] *m(f)* <-n, -n *o* -innen> irlandês, irlandesa *m, f*
irgendeine(-r, -s) *pron indef* alguém, algum, qualquer um; **haben Sie noch ~n Wunsch?** deseja mais alguma coisa?
irgendetwas *pron indef* qualquer coisa, alguma coisa; **~ muss geschehen!** alguma coisa tem de acontecer!
irgendjemand *pron indef* alguém, uma pessoa qualquer, qualquer um
irgendwann ['--'-] *adv* em qualquer ocasião, qualquer dia, em qualquer altura; **hast du ~ eine Stunde Zeit?** tens uma hora livre, em qualquer altura?
irgendwer ['--'-] *pron indef* (*umg*) alguém, quem quer que seja; **kann mir ~ 5 € leihen?** alguém pode emprestar-me 5 €?
irgendwie ['--'-] *adv* de qualquer modo, de qualquer maneira, de algum modo; **~ schaffen wir das schon!** nós conseguimos de qualquer maneira!
irgendwo ['--'-] *adv* em qualquer lugar/parte
Iris *f* <-, -> (BOT, ANAT) íris *f*
irisch ['i:rɪʃ] *adj* irlandês
Irland ['ɪrlant] *nt* <-s> *kein pl* Irlanda *f*
Ironie [iro'ni:] *f kein pl* ironia *f*; **das ist eine ~ des Schicksals** isto é ironia do destino
ironisch [i'ro:nɪʃ] *adj* irónico
irrational *adj* irracional
irre ['ɪrə] *adj* ❶ (*verwirrt*) desorientado, confuso; **du machst mich ganz ~** tu deixas-me confuso ❷ (*geistesgesört*) louco, demente, doido ❸ (*umg: toll*) porreiro; **der Film war ~** o filme foi demais
Irre[1] ['ɪrə] *f kein pl* **jdn in die ~ führen** induzir alguém em erro
Irre(r)[2] *m/f* <-n, -n *o* -n> louco, louca *m, f*, maluco, maluca *m, f*
irreführen *vt* enganar, desorientar; **lass dich davon nicht ~** não te deixes enganar por isso
irregulär *adj* irregular
irrelevant *adj* irrelevante
irren ['ɪrən] **I.** *vi* perder-se, desviar-se; **wir irrten drei Stunden durch den Wald** andámos três horas perdidos na floresta **II.** *vr* **sich ~** errar, enganar-se; **du irrst dich in mir** enganas-te comigo, enganas-te a meu respeito; **sich gründlich ~** estar redondamente enganado; **sich in der Zeit ~** enganar-se nas horas; **sich in jdm ~** enganar-se a respeito de alguém; **Sie ~ sich, mein Herr!** o senhor engana-se!; **wenn ich mich nicht irre** se não estou enganado
irreparabel *adj* irreparável; **die Schäden sind ~** os prejuízos são irreparáveis
irreversibel *adj* irreversível
Irrgarten *m* <-s, -gärten> labirinto *m*
irrig *adj* erróneo, falso; **in der ~en Annahme, dass ...** na falsa suposição de que ...
irritieren* *vt* irritar; **der Lärm irritierte den Redner** o barulho irritou quem estava a falar
irrsinnig *adj* ❶ (*verrückt*) demente, louco, doido ❷ (*unvernünftig, absurd*) irracional, absurdo, de loucos; **die Arbeit ist ~ anstrengend** o trabalho é muito cansativo ❸ (*umg: toll*) de gritos
Irrtum *m* <-s, -tümer> erro *m*, engano *m*, equívoco *m*; **~ vorbehalten** salvo erro; **seinen ~ erkennen/einsehen** reconhecer o próprio erro; **im ~ sein** estar enganado
irrtümlich **I.** *adj* erróneo **II.** *adv* por engano, por equívoco
Ischias *m/nt* <-> *kein pl* (MED) ciática *f*
Islam [ɪs'la:m] *m* <-s> *kein pl* Islão *m*, Islamismo *m*
islamisch *adj* islâmico
Island ['i:slant] *nt* <-s> *kein pl* Islândia *f*
Isländer(in) *m(f)* <-s, - *o* -innen> islandês, islandesa *m, f*
isländisch *adj* islandês, da Islândia
Isolation [izola'tsjo:n] *f* <-en> (*a* TECH) isolamento *m*
Isolierband [izo'li:ɐ-] *nt* <-(e)s, -bänder> fita *f* isoladora
isolieren* *vt* (*a* ELEKTR) isolar (*gegen* de)
Isolierkanne *f* <-n> garrafa *f* termos
Isolierung *f* <-en> isolamento *m*
Isomatte *f* <-n> esteira *f* (de campismo)
Isotop *nt* <-s, -e> (CHEM) isótopo *m*
Israel ['i:srae:l, 'ɪsrae:l] *nt* <-s> *kein pl* Israel *f*
Israeli *m/f* <-(s), -(s) *o* -(s)> israelita *m,f*
Italien [i'ta:liən] *nt* <-s> *kein pl* Itália *f*
Italiener(in) [ita'lje:nɐ] *m(f)* <-s, - *o* -innen> italiano, italiana *m, f*
italienisch *adj* italiano
IT-Branche *f* (ÖKON) sector *m* de informática

IWF *abk v* **Internationaler Währungsfond** FMI (= *Fundo Monetário Internacional*)

Jj

J *nt* J, j *m*

ja [ja:] *adv* sim; ~ **sagen** dizer que sim; **zu allem ~ sagen** concordar com tudo; **ich glaube ~** acho que sim; ~ **doch!** sim, sim!; **ich sage es ~** eu não disse?; **wir sehen uns Morgen, ~?** vemo-nos amanhã, sim?; **es ist ~ bekannt, dass ...** até é sabido que ...; ~ **wissen Sie ...** olhe, sabe ...; **da kommt er ~** aí está ele (afinal); **mach das ~ nicht!** não faças isso!; **es ist ~ noch früh** mas ainda é cedo

Jacht [jaxt] *f* <-en> iate *m*

Jacke ['jakə] *f* <-n> casaco *m*, blusão *m*

Jackett [ʒa'kɛt] *nt* <-s, -s> jaqueta *f*, paletó *m*

Jade *f kein pl* jade *m*

Jagd [ja:kt] *f* <-en> caça *f* (*auf* a); **auf der ~ sein** andar na caça; ~ **auf jdn/etw machen** andar à caça de alguém/a. c.

Jagdgewehr *nt* <-(e)s, -e> caçadeira *f*

Jagdhund *m* <-(e)s, -e> cão de caça *m*, perdigueiro *m*

Jagdrevier *nt* <-s, -e> zona *f* de caça

Jagdschein *m* <-s, -e> licença *f* de caça

jagen ['ja:gən] **I.** *vt* ① (*Tier, Mensch*) caçar; (*verfolgen*) perseguir ② (*verjagen*) escorraçar; **jdn in die Flucht ~** pôr alguém em fuga **II.** *vi* ① (*auf Jagd gehen*) ir à caça, caçar ② (*rasen*) correr

Jäger(in) *m(f)* <-s, - o -innen> caçador, caçadora *m, f*

Jägerschnitzel *nt* <-s, -> escalope *m* com cogumelos

Jagertee *m* <-s> *kein pl* (*österr*) chá *m* com aguardente

Jaguar ['ja:gua:ɐ] *m* <-s, -e> jaguar *m*

jäh *adj* ① (*plötzlich*) súbito, repentino; (*Bewegung*) brusco ② (*steil*) íngreme

Jahr [ja:ɐ] *nt* <-(e)s, -e> ano *m*; **letztes/nächstes ~** no ano passado/no próximo ano; **ein halbes ~** meio ano; **im ~ 1998** no ano de 1998; **vor einem ~** há um ano; **heute vor einem ~** faz hoje um ano; **im Dezember vorigen ~es** em Dezembro do ano passado; **er ist zwanzig ~e alt** ele tem vinte anos; **mit 40 ~en** com 40 anos; **die neunziger ~e** os anos noventa; ~ **für ~** de ano para ano; **jdm ein frohes neues ~ wünschen** desejar um bom ano novo a alguém; **in die ~e kommen** envelhecer

jahrelang ['ja:rəlaŋ] **I.** *adj* de muitos anos **II.** *adv* durante anos, por muitos anos

jähren *vr* **sich ~** fazer um ano; **ihr Todestag jährt sich heute zum dritten Mal** faz hoje três anos que ela morreu

Jahresbeginn *m* <-(e)s, -e> princípio *m* do ano, início *m* do ano; **zu ~** no princípio do ano

Jahresbericht *m* <-(e)s, -e> relatório *m* anual, anuário *m*

Jahresende *nt* <-s> *kein pl* fim *m* do ano; **gegen ~** para o fim do ano

Jahreskarte *f* <-n> cartão *m* anual

Jahresring *m* <-(e)s, -e> (BOT) cerne *m*

Jahrestag *m* <-(e)s, -e> aniversário *m*

Jahresurlaub *m* <-(e)s, -e> férias *fpl* anuais

Jahreswechsel *m* <-s, -> passagem *f* de ano

Jahreszeit *f* <-en> estação *f* do ano; **die vier ~en** as quatro estações (do ano)

Jahrgang *m* <-(e)s, -gänge> ① (*Geburtsjahr*) ano (de nascimento) *m*; **sie ist ~ 1966** ela é do ano de 1966 ② (*von Wein*) ano (de colheita) *m*; **das ist ein guter ~** este é um bom ano (de colheita) ③ (*von Zeitschrift*) ano *m*

Jahrhundert [-'--] *nt* <-s, -e> século *m*; **das zwanzigste ~** o século vinte

jährlich **I.** *adj* anual **II.** *adv* anualmente, todos os anos

Jahrmarkt *m* <-(e)s, -märkte> feira *f* popular

Jahrtausend [-'--] *nt* <-s, -e> milénio *m*

Jahrtausendwende *f* <-n> passagem *f* do milénio

Jahrzehnt [ja:ɐ'tse:nt] *nt* <-(e)s, -e> década *f*, decénio *m*

Jähzorn *m* <-(e)s> *kein pl* cólera *f*, fúria *f*

jähzornig *adj* colérico, furioso

Jalousie [ʒalu'zi:] *f* <-n> persiana *f*

Jammer ['jamɐ] *m* <-s> *kein pl* ① (*Klage*) lamento *m* ② (*Elend*) lástima *f*, miséria *f*; **es ist ein ~, dass ...** é uma pena que ...; **ein Bild des ~s bieten** estar numa lástima

jämmerlich *adj* ① (*Zustand, Aussehen*) lastimável, deplorável; (*Geschrei*) lastimoso

② (*Bezahlung, Leistung*) miserável

jammern ['jamɐn] *vi* lastimar-se (*über* de), lamentar-se (*über* de)

Janker *m* <-s, -> (*österr*) casaco *m* de malha

Jänner *m* <-s, -> (*österr*) Janeiro *m; s. a.* **März**

Januar ['janua:ɐ] *m* <-(s), -e> Janeiro *m; s. a.* **März**

Japan ['ja:pan, 'ja:pa:n] *nt* <-s> *kein pl* Japão *m*

Japaner(in) *m(f)* <-s, - *o* -innen> japonês, japonesa *m, f*

japanisch *adj* japonês

japsen *vi* ofegar, estar ofegante

Jargon [ʒar'gõ:] *m* <-s, -s> jargão *m,* gíria *f*

jäten *vt* arrancar; (*Beet*) mondar; **Unkraut ~** arrancar ervas

Jauche *f* <-n> estrume *m*

jauchzen ['jaʊxtsən] *vi* jubilar, vibrar; **sie jauchzten vor Freude** eles vibraram de alegria

jaulen ['jaʊlən] *vi* (*Hund*) latir, ganir

Jause *f* <-n> (*österr*) merenda *f*

jawohl [ja'vo:l] *adv* com certeza, sim senhor, pois sim

Jawort *nt* <-(e)s> *kein pl* consentimento *m,* sim *m;* **sein ~ geben** consentir, dar o seu consentimento; **sich das ~ geben** fazer promessa de casamento

Jazz [dʒɛ:s] *m* <-> *kein pl* jazz *m*

Jazzband *f* <-s> banda *f* de jazz

Jazzmusiker(in) *m(f)* <-s, - *o* -innen> músico , -a *m, f* de jazz

je [je:] **I.** *adv* (*jemals*) nunca, jamais, em tempo algum; **mehr/besser denn ~** mais/melhor (do) que nunca; (*jeweils*) cada; **Sie erhalten ~ ein Exemplar** vocês recebem um exemplar cada; **~ nach Größe/Alter** conforme o tamanho/a idade **II.** *präp +akk* (*pro*) por, a; **10 EUR ~ Stunde** 10 euros por [*o* à] hora **III.** *konj* **~ ... desto ...** quanto mais ... (tanto) mais ...; **~ früher, desto besser** quanto mais cedo, melhor; **~ nachdem, ob er kommt** dependendo de se ele vier ou não

Jeans [dʒi:ns] *pl* calças *fpl* de ganga, jeans *mpl*

Jeansjacke *f* <-n> blusão *m* de ganga

jede(r, s) *pron indef* ① (*substantivisch*) todos, cada qual, cada um; **~r, der ihn kennt, weiß, dass ...** todos que o conhecem sabem que ...; **~r einzelne/von uns** cada um/cada um de nós; **~m das Seine** o seu a cada um; **~ zweite Woche** de duas em duas semanas ② (*adjektivisch*) cada, todo; **~n Tag** todos os dias; **auf ~n Fall** em todo o caso; **~s Mal** (**wenn**) cada vez (que), todas as vezes (que); **ohne ~n Grund** sem qualquer razão, sem a mínima razão

jedenfalls ['je:dənfals] *adv* em todo o caso, de qualquer forma; **ich ~** eu pelo menos

jedermann ['---] *pron indef* (*jeder*) cada qual, cada um; (*alle*) todos, toda a gente; **das ist nicht ~s Sache** isso não é para toda a gente, nem toda a gente gosta disso

jederzeit ['--'-] *adv* a qualquer hora, a qualquer momento

jedesmal[ALT] *adv s.* **jede(r, s) 2**

jedoch [je'dɔx] *konj* todavia, contudo, no entanto

Jeep® *m* <-s, -s> jipe *m*

jeher ['je:he:ɐ, '-'-] *adv* **von ~** desde sempre

jemals ['je:ma:ls] *adv* alguma vez, jamais

jemand ['je:mant] *pron indef* alguém, algum(a); **~ anderes** outra pessoa; **ist hier ~?** está aqui alguém?; **kommt sonst noch ~?** vem mais alguém?; **ohne ~en zu sehen** sem ver ninguém

Jemen *m* <-s> *kein pl* Iémene *m*

jene(r, s) *pron dem* (*da*) esse, essa, isso; (*dort*) aquele, aquela, aquilo; **dieses und ~s** isto e aquilo

jenseits ['je:nzaɪts] **I.** *präp +gen* do outro lado de **II.** *adv* do outro lado

Jenseits *nt* <-> *kein pl* além *m,* outro mundo *m;* (*umg*); **jdn ins ~ befördern** matar alguém

Jet [dʒɛt] *m* <-s, -s> ja(c)to *m*

jetzig *adj* a(c)tual

jetzt [jɛtst] *adv* agora, neste momento; **bis ~** até agora; **~ gleich** agora; **von ~ an** a partir de agora, de agora em diante; **~ schon?** já?

jeweilig *adj* respe(c)tivo

jeweils ['je:vaɪls] *adv* de cada vez, respe(c)tivamente; **~ am Monatsersten** no primeiro dia de cada mês; **~ zwei Personen** dois a dois; **zu ~ 5 EUR** a 5 euros cada

Jh. *abk v* **Jahrhundert** séc. (= *século*)

jiddisch *adj* judaico-alemão

Job [dʒɔp] *m* <-s, -s> (*umg*) trabalho *m,* emprego *m*

jobben ['dʒɔbən] *vi* (*umg*) ir trabalhando (*als* como)

Jobsharing[RR] *nt* <-s> *kein pl* partilha *f* de

J

um posto de trabalho
Joch [jɔx] *nt* <-(e)s, -e> (*von Zugtieren*) jugo *m*, junta *f*
Jockei *m* <-s, -s> (SPORT) jóquei *m*
Jod [jo:t] *nt* <-(e)s> *kein pl* iodo *m*
Joga ['jo:ga] *nt* <-(s)> *kein pl* ioga *m*
joggen ['dʒɔgən] *vi* fazer jogging
Jogger(in) *m(f)* <-s, - *o* -innen> corredor, corredora *m, f*
Jogginganzug *m* <-(e)s, -züge> fato *m* de treino
Joghurt ['jo:gʊrt] *m* <-(s), -(s)> iogurte *m*
Jogurt[RR] *m* <-(s), -(s)> iogurte *m*
Johannisbeere [jo'hanɪsbe:rə] *f* <-n> groselha *f;* **schwarze ~** groselha-negra *f*
johlen *vi* (*abw*) berrar, gritar
Joint [dʒɔɪnt] *m* <-s, -s> charro *m*
Joint Venture *nt* <-(s), -s> (WIRTSCH) empreendimento *m* conjunto
Joker ['dʒo:kɐ] *m* <-s, -> jocker *m*
Jongleur(in) [ʒɔ̃'gløːɐ, ʒɔŋ'lø:ɐ] *m(f)* <-s, -e *o* -innen> malabarista *m,f*
jonglieren* *vi* fazer malabarismo
Jordanien [jɔr'da:niən] *nt* <-s> *kein pl* Jordânia *f*
Joule [dʒu:l] *nt* <-(s), -> joule *m*
Journalismus [ʒʊrna'lɪsmʊs] *m* <-> *kein pl* jornalismo *m*
Journalist(in) *m(f)* <-en, -en *o* -innen> jornalista *m,f*
Joystick ['dʒɔɪstɪk] *m* <-s, -s> (INFOR) joystick *m*
Jubel ['ju:bəl] *m* <-s> *kein pl* júbilo *m*
jubeln ['ju:bəln] *vi* regozijar-se, jubilar
Jubilar(in) *m(f)* <-s, -e *o* -innen> aniversariante *m,f*
Jubiläum *nt* <-s, Jubiläen> jubileu *m*, aniversário *m;* **zehnjähriges/fünfzigjähriges ~** décimo/quinquagésimo aniversário
jucken ['jʊkən] *vi* fazer comichão; **es juckt mich am Arm** tenho comichão no braço
Juckreiz *m* <-es> *kein pl* comichão *f*
Jude, Jüdin ['ju:də] *m, f* <-n, -n *o* -innen> judeu, judia *m, f*
Judentum *nt* <-s> *kein pl* judaísmo *m*
Judenverfolgung *f* <-en> perseguição *f* judaica
jüdisch *adj* judaico
Judo ['ju:do] *nt* <-(s)> *kein pl* judo *m*
Jugend ['ju:gənt] *f kein pl* (*Altersstufe*) juventude *f*, mocidade *f;* **von ~ an** desde a juventude; **die ~ von heute** a juventude de hoje
Jugendamt *nt* <-(e)s, -ämter> assistência *f* social para crianças e jovens
jugendfrei *adj* permitido a jovens
Jugendfreund(in) *m(f)* <-(e)s, -e *o* -innen> amigo , -a *m, f* de juventude
Jugendgruppe *f* <-n> grupo *m* de jovens
Jugendherberge *f* <-n> pousada *f* da juventude, albergue *m* da juventude
Jugendhilfe *f kein pl* ajuda *f* social para jovens
jugendlich *adj* juvenil
Jugendliche(r) *m/f* <-n, -n *o* -n> jovem *m,f*, adolescente *m,f*
Jugendliebe *f* <-n> paixão *f* de adolescente
Jugendstil *m* <-s> *kein pl* arte *f* nova
Jugendsünde *f* <-n> erro *m* da juventude
Jugendzentrum *nt* <-s, -zentren> centro *m* de jovens
Jugoslawien [jugo'sla:viən] *nt* <-s> *kein pl* Jugoslávia *f*
Juli ['ju:li] *m* <-(s), -s> Julho *m; s. a.* **März**
Jumbojet[RR] *m* <-s, -s> jumbo *m*
jung [jʊŋ] *adj* jovem, novo, moço; **ein ~r Mann/eine ~e Frau** um rapaz/uma rapariga, um/uma jovem; **mein jüngerer Bruder** o meu irmão mais novo; **~ heiraten/sterben** casar/morrer novo
Junge ['jʊŋə] *m* <-n, -n> rapaz *m*, menino *m*
Junge(s) *nt* <-n, -n> cria *f*, filhote *m;* **~ bekommen** ter filhotes
Jünger(in) *m(f)* <-s, - *o* -innen> discípulo *m*
Jungfernfahrt *f* <-en> primeira viagem *f*, viagem *f* de ba(p)tismo
Jungfernhäutchen *nt* <-s, -> (ANAT) hímen *m*
Jungfrau *f* <-en> ❶ (*Frau*) virgem *f* ❷ (REL: *Sternkreiszeichen*) Virgem *f;* **die Heilige ~** a Virgem Santíssima
Junggeselle(in) *m(f)* <-n, -n *o* -innen> solteiro, solteira *m, f*, celibatário, celibatária *m, f;* **ein eingefleischter ~** um solteirão
Jüngling *m* <-s, -e> (*abw*) rapazola *m*, rapazote *m*
jüngst *adj* (mais) recente; **die ~e Vergangenheit** o passado recente; **ihr ~er Roman** o seu romance mais recente; **das Jüngste Gericht** o Juízo Final; **der Jüngste Tag** o dia do Juízo Final
Juni ['ju:ni] *m* <-(s), -s> Junho *m; s. a.* **März**
junior ['ju:nio:ɐ, 'ju:njo:ɐ] *adj* júnior; **Konrad Schmid ~** Konrad Schmid Júnior

Junior(in) *m(f)* <-s, -en *o* -innen> (SPORT) júnior *m,f*
Junkie *m* <-s, -s> (*umg*) drogado, drogada *m, f*
Jupe *f* <-s> (*schweiz*) saia *f*
Jura ['ju:ra] *nt* Direito *m;* ~ **studieren** estudar Direito
Jurist(in) [ju'rɪst] *m(f)* <-en, -en *o* -innen> jurista *m,f*
juristisch [ju'rɪstɪʃ] *adj* jurídico; **juristische Fakultät** Faculdade *f* de Direito
Jury [ʒy'ri:, 'ʒy:ri] *f* <-s> júri *m*
Jus *nt* <-> *kein pl* ① (*schweiz: Saft*) sumo *m* de fruta, suco *m* de fruta ② (*österr*) *s.* **Jura**
Justiz [jʊs'ti:ts] *f kein pl* justiça *f*
Justizirrtum *m* <-s, -tümer> erro *m* de justiça
Jute *f kein pl* (BOT) juta *f*
Juwel [ju've:l] *nt* <-s, -en> jóia *f*
Juwelier(in) *m(f)* <-s, -e *o* -innen> joalheiro, joalheira *m, f,* ourives *m,f*
Juweliergeschäft *nt* <-(e)s, -e> joalharia *f,* ourivesaria *f*
Jux [jʊks] *m* <-es> *kein pl* (*umg*) brincadeira *f,* piada *f;* **aus** ~ por brincadeira

Kk

K *nt* <-s, -s> K, k *m*
Kabarett [kaba'rɛt, kaba're:] *nt* <-s, -s> revista *f;* **politisches** ~ revista *f* com sátira política
Kabarettist(in) [kabarɛ'tɪst] *m(f)* <-en, -en *o* -innen> a(c)tor , a(c)triz *m, f* de revista
Kabel ['ka:bəl] *nt* <-s, -> cabo *m*
Kabelfernsehen *nt* <-s> *kein pl* televisão *f* por cabo
Kabeljau ['ka:bəljaʊ] *m* <-s, -s> bacalhau *m* (fresco)
Kabine [ka'bi:nə] *f* <-n> cabine *f;* (*auf Schiff*) camarote *m*
Kabinett [kabi'nɛt] *nt* <-s, -e> (POL) gabinete *m,* conselho *m* de ministros
Kabis *m* <-> *kein pl* (*schweiz*) couve *f*
Kabrio *nt* <-s, -s> cabriolé *m*
Kachel ['kaxəl] *f* <-n> azulejo *m*
Kachelofen *m* <-s, -öfen> forno *m* de azulejos
Kacke ['kakə] *f kein pl* (*vulg*) merda *f*
Kadaver [ka'da:vɐ] *m* <-s, -> cadáver *m*
Kadmium ['katmiʊm] *nt* <-s> *kein pl* cádmio *m*
Käfer *m* <-s, -> ① (ZOOL) escaravelho *m,* besouro *m* ② (*umg: Auto*) carocha *m*
Kaff [kaf] *nt* <-(e)s, Käffer> (*abw*) terreola *f,* lugarejo *m*
Kaffee ['kafe, ka'fe:] *m* <-s, -s> ① (*Getränk*) café *m,* bica *f;* **starker/dünner** ~ café forte/fraco; ~ **trinken** tomar café; ~ **kochen** fazer café; (*umg*); **das ist kalter** ~ isso não é novidade ② (BOT) cafeeiro *m*
Kaffeebohne *f* <-n> grão *m* de café
Kaffeefahrt *f* <-en> *excursão onde se podem comprar artigos baratos*
Kaffeefilter *m* <-s, -> filtro *m* de café
Kaffeehaus *nt* <-es, -häuser> (*österr*) café *m*
Kaffeekanne *f* <-n> cafeteira *f*
Kaffeeklatsch *m* <-(e)s, -e> conversa *f* de café
Kaffeelöffel *m* <-s, -> colher *f* de café
Kaffeemaschine *f* <-n> máquina *f* de café
Kaffeemühle *f* <-n> moinho *m* de café
Kaffeepause *f* <-n> pausa *f* para café
Kaffeesatz *m* <-es> *kein pl* borra *f* de café
Käfig *m* <-s, -e> gaiola *f;* (*groß*) jaula *f*
kahl [ka:l] *adj* ① (*Mensch*) careca, calvo; (*Mensch*); ~ **scheren/geschoren** rapar/rapado; (*Tier*) torquiar/tosquiado ② (*Landschaft*) escalvado ③ (*Baum*) desfolhado, despido; (*Raum*) despido
kahlköpfig *adj* calvo, careca
kahl|scherenALT *vt irr s.* **kahl 1**
Kahn [ka:n] *m* <-(e)s, Kähne> ① (*kleines Boot*) barco *m,* bote *m* ② (*Lastschiff*) batelão *m*
Kai [kaɪ] *m* <-s, -s> cais *m*
Kaiser(in) ['kaɪzɐ] *m(f)* <-s, - *o* -innen> imperador, imperatriz *m, f*
kaiserlich *adj* imperial
Kaiserreich *nt* <-(e)s, -e> império *m*
Kaiserschmarren *m* <-s, -> *pequena panqueca polvilhada com açúcar*

Na Áustria, no Sul da Alemanha e também na Suíça há um prato largamente difundido chamado **Kaiserschmarren**, nome esse que originalmente remetia à imperatriz Elisabeth da Áustria. O Kaiserschmarren é um tipo de panqueca muito espessa, que na frigideira ao fritar é desfeita em pedaços. É servida polvilhada com açúcar. Também se podem juntar passas à massa.

Kaiserschnitt *m* <-(e)s, -e> cesariana *f*
Kajak *m* <-s, -s> caiaque *m*
Kajalstift *m* <-(e)s, -e> lápis *m* dos olhos
Kajüte *f* <-n> camarote *m*
Kakao [ka'kaʊ] *m* <-s, -> (*Pflanze, Getränk*) cacau *m;* (*umg*); **jdn/etw durch den ~ ziehen** fazer pouco de alguém/a. c.
Kakerlak ['ka:kɐlak] *m* <-s, -en> barata *f*
Kaktus ['kaktʊs] *m* <-, Kakteen> ca(c)to *m*
Kalauer *m* <-s, -> trocadilho *m,* jogo *m* de palavras
Kalb [kalp] *nt* <-(e)s, Kälber> bezerro *m,* vitelo *m*
Kalbfleisch *nt* <-es> *kein pl* vitela *f,* carne *f* de vitela
Kaldaunen *pl* tripas *fpl*
Kalender [ka'lɛndɐ] *m* <-s, -> calendário *m;* (*Taschenkalender*) agenda *f*
Kalenderjahr *nt* <-(e)s, -e> ano *m* civil
Kaliber [ka'li:bɐ] *nt* <-s, -> calibre *m*
Kalif *m* <-en, -en> califa *m*
Kalium ['ka:liʊm] *nt* <-s> *kein pl* potássio *m*
Kalk [kalk] *m* <-(e)s, -e> ① (*Stein*) cal *f;* **gelöschter ~** cal apagada ② (*im Knochen*) cálcio *m*
Kalkstein *m* <-(e)s, -e> calcário *m*
Kalkulation [kalkula'tsjo:n] *f* <-en> cálculo *m*
kalkulieren* *vt* calcular
Kalorie [kalo'ri:] *f* <-n> caloria *f*
kalorienarm *adj* pobre em calorias
Kalorienbombe *f* (*fig umg*) bomba *f* calórica
Kaloriengehalt *m* <-(e)s> *kein pl* teor *m* calórico
kalorienreich *adj* rico em calorias
kalt [kalt] *adj* ① (*Temperatur*) frio; **es ist ~** está frio, faz frio; **mir ist/wird ~** tenho frio, estou com frio; (*Wetter, Essen*); **~ werden** arrefecer; **etw ~ stellen** pôr a. c. em lugar fresco ② (*gefühllos*) frio, insensível
kaltblütig *adj* de sangue-frio
Kaltblütigkeit *f kein pl* sangue-frio *m*
Kälte *f kein pl* ① (*Temperatur*) frio *m;* **eisige ~** frio de rachar; **sieben Grad ~** sete graus negativos ② (*Gefühllosigkeit*) frieza *f*
Kälteeinbruch *m* <-(e)s, -brüche> queda *f* brusca da temperatura
Kaltfront *f* <-en> frente *f* fria
kaltgepresst *adj* virgem; **~es Olivenöl** azeite *m* virgem
Kaltmiete *f* <-n> renda *f* sem aquecimento incluído
Kalzium ['kaltsiʊm] *nt* <-s> *kein pl* cálcio *m*
kam [ka:m] *imp von* **kommen**
Kamel [ka'me:l] *nt* <-(e)s, -e> camelo *m*
Kamelie *f* <-n> camélia *f*
Kamera ['kaməra] *f* <-s> ① (*Filmkamera*) câmara *f* (de filmar) ② (*Fotoapparat*) máquina *f* fotográfica, câmara *f*
Kamerad(in) [kamə'ra:t] *m(f)* <-en, -en *o* -innen> camarada *m,f,* companheiro, companheira *m, f*
Kameradschaft *f kein pl* camaradagem *f*
kameradschaftlich *adj* de camaradagem
Kameramann, Kamerafrau *m, f* <-(e)s, -männer *o* -en> operador(a) *m(f)* de câmara
Kamerun *nt* <-s> *kein pl* Camarões *mpl*
Kamille [ka'mɪlə] *f* <-n> camomila *f*
Kamillentee *m* <-s, -s> chá *m* de camomila
Kamin [ka'mi:n] *m* <-s, -e> ① (*im Zimmer*) lareira *f,* fogão *m* de sala ② (*Schornstein*) chaminé *f*
Kaminfeger(in) *m(f)* <-s, - *o* -innen> limpa-chaminés *m,f*
Kamm [kam] *m* <-(e)s, Kämme> ① (*zum Kämmen*) pente *m;* **alles über einen ~ scheren** meter tudo no mesmo saco ② (*Bergkamm*) cumeada *f* ③ (*Hahnenkamm*) crista *f*
kämmen I. *vt* pentear **II.** *vr* **sich ~** pentear-se
Kammer ['kamɐ] *f* <-n> ① (*für Vorräte*) despensa *f* ② (POL) câmara *f* ③ (*Ärztekammer, Apothekerkammer*) ordem *f*
Kammermusik *f kein pl* música *f* de câmara
Kammerorchester *nt* <-s, -> orquestra *f* de câmara
Kampagne [kam'panjə] *f* <-n> campanha *f* (*für* a favor de, *gegen* contra)
Kampf [kampf] *m* <-(e)s, Kämpfe> ① (*allgemein*) luta (*für* por, *gegen* contra); **ein ~ auf Leben und Tod** um luta de vida ou morte; **etw den ~ ansagen** desafiar a. c.; **der ~ ums Dasein** a luta pela sobrevivência ② (*Kampfhandlung*) combate *m* ③ (SPORT) competição *f*
kampfbereit *adj* pronto para o combate
kämpfen *vi* lutar (*für* por, *gegen* contra/com, *um* por); (MIL) combater; **mit den Tränen ~**

lutar com as lágrimas; **sie kämpfte um ihr Leben** ela lutou pela vida

Kämpfer(in) *m(f)* <-s, - *o* -innen> lutador, lutadora *m, f;* (MIL) combatente *m,f*

kämpferisch *adj* lutador

Kampfflugzeug *nt* <-(e)s, -e> (MIL) avião *m* de guerra

Kampfhandlungen *pl* operações *fpl* militares

kampflos *adj* sem luta; **sich ~ ergeben** entregar-se sem luta

Kampfrichter(in) *m(f)* <-s, - *o* -innen> árbitro *m*

Kampfsport *m* <-(e)s> *kein pl* artes *fpl* marciais

kampieren* *vi* acampar

Kanada ['kanada] *nt* <-s> *kein pl* Canadá *m*

Kanadier(in) *m(f)* <-s, - *o* -innen> canadiano, canadiana *m, f,* canadense *m,f*

kanadisch *adj* canadiano, canadense

Kanal [ka'na:l] *m* <-s, Kanäle> ① (*Wasserlauf*) canal *m* ② (*für Abwasser*) esgoto *m;* (*zur Bewässerung*) sulco *m* ③ (*Fernsehen*) canal *m;* (*Radio*) estação *f*

Kanalisation [kanaliza'tsjo:n] *f* <-en> saneamento *m*

Kanaltunnel *m* <-s, -> eurotúnel *m*

Kanaren [ka'na:rən] *pl* Canárias *fpl*

Kanarienvogel [ka'na:riənfo:gəl] *m* <-s, -vögel> canário *m*

kanarisch [ka'na:rɪʃ] *adj* canário; **die Kanarischen Inseln** as Ilhas Canárias

Kandidat(in) [kandi'da:t] *m(f)* <-en, -en *o* -innen> (*bei Wahlen, Prüfung*) candidato, candidata *m, f*

Kandidatur [kandida'tu:ɐ] *f* <-en> candidatura *f*

kandidieren* *vi* candidatar-se (*für* a)

Kandiszucker ['kandɪs-] *m* <-s, -> açúcar *m* cristalizado

Känguru[RR] *nt* <-s, -s>, **Känguruh**[ALT] *nt* <-s, -s> canguru *m*

Kaninchen [ka'ni:nçən] *nt* <-s, -> coelho *m*

Kanister [ka'nɪstɐ] *m* <-s, -> lata *f;* (*aus Plastik*) bidão *m*

Kanne ['kanə] *f* <-n> (*Krug*) jarro *m,* caneca *f;* (*Kaffeekanne*) cafeteira *f;* (*Teekanne*) bule *m;* (*Milchkanne*) leiteira *f*

Kannibale(in) [kani'ba:lə] *m(f)* <-n, -n *o* -innen> canibal *m,f*

Kannibalismus *m* <-> *kein pl* canibalismo *m*

kannte ['kantə] *imp von* **kennen**

Kanon ['ka:nɔn] *m* <-s, -s> (MUS) cânone *m*

Kanone [ka'no:nə] *f* <-n> ① (*Geschütz*) canhão *m* ② (*umg: Revolver*) pistola *f*

Kante ['kantə] *f* <-n> ① (*an Tisch, Stuhl*) borda *f,* beira *f;* (*scharf*) canto *m,* quina *f;* (MATH) aresta *f;* (*umg*); **auf der ~ stehen** não ter a certeza; (*umg*); **etwas auf der hohen ~ haben** ter algum dinheiro de lado ② (*an Kleidung*) orla *f,* borda *f*

Kantine [kan'ti:nə] *f* <-n> cantina *f*

Kanton [kan'to:n] *m* <-s, -e> cantão *m*

A Suíça compõe-se de 26 cantões, **Kantone**, dos quais três são por sua vez subdivididos em semi-cantões (Unterwalden, Basileia e Appenzell). Os cantões elegem no total 46 representantes para o Ständerat, uma das duas câmaras do legislativo suíço. Os cantões maiores são Graubünden, Berna e Waadt.

kantonal *adj* cantonal

Kanu ['ka:nu, ka'nu:] *nt* <-s, -s> canoa *f*

Kanzel ['kantsəl] *f* <-n> ① (*in Kirche*) púlpito *m* ② (*in Flugzeug*) carlinga *f*

Kanzlei [kants'laɪ] *f* <-en> ① (*von Rechtsanwalt*) escritório *m;* (*von Notar*) notário *m* ② (*Staatskanzlei*) chancelaria *f*

Kanzler(in) ['kantslɐ] *m(f)* <-s, - *o* -innen> (POL) chanceler *m,f*

Kanzleramt *nt* <-(e)s> *kein pl* chancelaria *f*

Kanzlerkandidat(in) *m(f)* <-en, -en *o* -innen> candidato , -a *m, f* a chanceler

Kap [kap] *nt* <-s, -s> cabo *m;* **~ der Guten Hoffnung** Cabo *m* da Boa Esperança; **~ Verde** Cabo Verde *m*

Kapazität *f* <-en> ① (WIRTSCH: *Fassungsvermögen*) capacidade *f* ② (*Experte*) perito, perita *m, f*

Kapelle [ka'pɛlə] *f* <-n> ① (*Gebäude*) capela *f* ② (MUS) banda *f,* orquestra *f*

Kaper *f* <-n> alcaparra *f*

kapern *vt* capturar

kapieren* *vt* (*umg*) perceber, pescar

Kapital [kapi'ta:l] *nt* <-s, -ien> capital *m;* **~ anlegen** investir capital; **geistiges ~** conhecimentos *mpl*

Kapitalanlage *f* <-n> investimento *m* de capital

Kapitalflucht *f kein pl* fuga *f* de capitais

Kapitalismus [kapita'lɪsmʊs] *m* <-> *kein pl* capitalismo *m*

K

Kapitalist(in) [kapita'lɪst] *m(f)* <-en, -en *o* -innen> capitalista *m,f*
kapitalistisch *adj* capitalista
Kapitalverbrechen *nt* <-s, -> crime *m* capital
Kapitän(in) *m(f)* <-s, -e *o* -innen> ① (*Sport*) capitão, capitã *m, f* ② (*Schiff, Flugzeug*) comandante *m,f*
Kapitel [ka'pɪtəl] *nt* <-s, -> capítulo *m;* **das ist ein ~ für sich** isso é outra coisa completamente diferente
Kapitulation [kapitula'tsjo:n] *f* <-en> capitulação *f,* rendição *f*
kapitulieren* *vi* capitular, render-se
Kappe ['kapə] *f* <-n> ① (*Mütze*) boné *m* ② (*für Stifte*) tampa *f* ③ (*am Schuh*) biqueira *f*
kappen ['kapən] *vt* ① (*Baum, Hecke*) podar ② (*Finanzmittel*) reduzir
Kapsel ['kapsəl] *f* <-n> ① (*Behälter*) estojo *m,* cápsula *f* ② (PHARM) cápsula *f* ③ (*Raumkapsel*) módulo *m*
kaputt [ka'pʊt] *adj* ① (*umg: Gerät*) estragado, escangalhado, quebrado; (*Glas, Porzellan*) partido; (*Stoff*) roto ② (*umg: Person*) estourado, estafado
kaputt|gehen *vi irr* ① (*umg: Gerät*) estragar-se, escangalhar-se, quebrar; (*Stoff, Schuhe*) romper(-se); (*Holz, Glas*) partir(-se) ② (*umg: Firma*) falir
kaputt|lachen *vr* **sich ~** (*umg*) fartar-se de rir (*über* de)
kaputt|machen I. *vt* (*umg*) estragar, escangalhar, dar cabo de; (*Gesundheit*) estragar; (*Firma*) arruinar; (*psychisch*) dar cabo de; **die Arbeit macht ihn kaputt** o trabalho dá cabo dele **II.** *vr* **sich ~** (*umg*) dar cabo de si
Kapuze [ka'pu:tsə] *f* <-n> capuz *m,* carapuço *m*
Kapuziner *m* <-s, -> (*österr*) café com leite *m*
Kapverden *pl* Cabo *m* Verde
Kapverdier(in) *m(f)* <-s, - *o* -innen> cabo-verdiano, cabo-verdiana *m, f*
kapverdisch *adj* cabo-verdiano
Karaffe [ka'rafə] *f* <-n> garrafa *f*
Karambolage [karambo'la:ʒə] *f* <-n> colisão *f,* choque *m*
Karamel[ALT] [kara'mɛl] *m* <-s> *kein pl,* **Karamell[RR]** *m* <-s> *kein pl* caramelo *m*
Karaoke *nt* <-(s), -(s)> karaoke *m*
Karat [ka'ra:t] *nt* <-(e)s, -e> quilate *m*
Karate [ka'ra:tə] *nt* <-(s)> *kein pl* karaté *m*
Karawane [kara'va:nə] *f* <-n> caravana *f*
Kardanwelle *f* <-n> (TECH) eixo *m* de transmissão
Kardinal [kardi'na:l] *m* <-s, Kardinäle> cardeal *m*
Kardinalzahl *f* <-en> número *m* cardinal
Kardiogramm *nt* <-s, -e> cardiograma *m*
Kardiologe(in) *m(f)* <-n, -n *o* -innen> cardiologista *m,f*
Karfiol *m* <-s> *kein pl* (*österr*) couve-flor *f*
Karfreitag [ka:ɐ'fraɪta:k] *m* <-(e)s, -e> Sexta-Feira *f* Santa
karg [kark] *adj* ① (*Lohn, Essen*) escasso ② (*Ausstattung, Raum*) pobre ③ (*Landschaft*) árido
kärglich *adj* escasso, pobre
Karibik [ka'ri:bɪk] *f kein pl* Caraíbas *fpl*
kariert [ka'ri:ɐt] *adj* (*Stoff*) axadrezado, aos quadrados; (*Papier*) quadriculado
Karies ['ka:riɛs] *f kein pl* cárie *f*
Karikatur [karika'tu:ɐ] *f* <-en> caricatura *f*
Karikaturist(in) *m(f)* <-en, -en *o* -innen> caricaturista *m,f*
karikieren* *vt* caricaturar
karitativ [karita'ti:f] *adj* caridoso
Karneval ['karnəval] *m* <-s, -e> Carnaval *m,* Entrudo *m*

O Carnaval festeja-se tradicionalmente nas regiões católicas da Alemanha. Os mais famosos são «Schwäbisch-alemannische Fasnacht» nas regiões do Sul e Kölner e Mainzer **Karneval**. No Sul predominam os disfarces coloridos tradicionais, muitos com máscaras de madeira. Típico do «Rosenmontagsumzug» (cortejo da Segunda-feira de Carnaval) em Colonia são os grandes carros representando de maneira engraçada personagens e acontecimentos da vida política actual. Em Basileia (Suíça), o Carnaval começa na segunda-feira depois da Quarta-feira de Cinzas e dura 3 dias.

Kärnten *nt* <-s> *kein pl* Caríntia *f*
Karo ['ka:ro] *nt* <-s, -s> ① (*Viereck*) quadrado *m;* (*Raute*) losango *m;* (*als Muster*) xadrez *m* ② (*im Kartenspiel*) ouros *mpl*
Karosserie [karɔsə'ri:] *f* <-n> carroçaria *f*
Karotin *nt* <-s> *kein pl* caroteno *m*
Karotte [ka'rɔtə] *f* <-n> cenoura *f*

Karpfen ['karpfən] *m* <-s, -> carpa *f*

Karree [ka're:] *nt* <-s, -s> (*österr*) entrecosto *m*, costeleta *f*

Karren ['karən] *m* <-s, -> carroça *f*; (*umg*); **für jdn den ~ aus dem Dreck ziehen** fazer o trabalho sujo por alguém

Karrette *f* <-n> (*schweiz*) carrinho *m* de mão

Karriere [ka'rje:rə] *f* <-n> carreira *f*; **~ machen** fazer carreira

Karsamstag *m* <-(e)s, -e> Sábado *m* de Páscoa

Karst *m* <-(e)s, -e> (GEOL) carso *m*

Karte ['kartə] *f* <-n> ① (*Landkarte*) mapa *m,f*, carta *f*, *nt* ② (*Eintrittskarte*) bilhete *m*, ingresso *m*; (*Fahrkarte*) bilhete *m* ③ (*Postkarte*) postal *m*, cartão *m*; (*Visitenkarte*) cartão-de-visitas *m*; (SPORT); **die gelbe/rote Karte** o cartão amarelo/vermelho ④ (*Speisekarte*) ementa *f*, lista *f*, cardápio *m*; **Herr Ober, die ~ bitte!** a lista, por favor! ⑤ (*Spielkarte*) carta *m,f*; **~n spielen** jogar cartas; (*fig*); **alles auf eine ~ setzen** apostar tudo

Kartei [kar'taɪ] *f* <-en> ficheiro *m*

Karteikarte *f* <-n> ficha *f*

Kartell [kar'tɛl] *nt* <-s, -e> (WIRTSCH) cartel *m*

Kartenspiel *nt* <-(e)s, -e> ① (*Spiel*) jogo *m* de cartas; **ein ~ machen** jogar um jogo de cartas ② (*Spielkarten*) baralho *m*

Kartentelefon *nt* <-s, -e> telefone *m* de cartão

Kartenvorverkauf *m* <-(e)s> *kein pl* venda *f* antecipada de bilhetes

Kartoffel [kar'tɔfəl] *f* <-n> batata *f*

Kartoffelbrei *m* <-s> *kein pl* puré *m* de batata

Kartoffelchip *m* <-s, -s> batata *f* frita

Kartoffelkäfer *m* <-s, -> escaravelho *m* da batata

Kartoffelpuffer *m* <-s, -> panqueca *f* de batata

Kartoffelpüree *nt* <-s> *kein pl* puré *m* de batata

Kartoffelsalat *m* <-(e)s, -e> salada *f* de batata

Kartoffelstock *m* <-(e)s> *kein pl* (*schweiz*) puré *m* de batata

Karton [kar'tɔŋ] *m* <-s, -s> ① (*Schachtel*) caixa *f* de cartão ② (*Pappe*) papelão *m*, cartão *m*; (*Zeichenkarton*) cartolina *f*

Karussell [karʊ'sɛl] *nt* <-s, -s> carrocel *m*; **~ fahren** andar de carrocel

Karwoche ['ka:ɐvɔxə] *f* <-n> Semana *f* Santa

Karzinom *nt* <-s, -e> carcinoma *m*

Kasachstan ['kazaxsta:n] *nt* <-s> *kein pl* Cazaquistão *m*

kaschieren* *vt* esconder

Kaschmir ['kaʃmi:ɐ] *m* <-s, -e> (*Material*) casimira *f*

Käse *m* <-s, -> ① (*Lebensmittel*) queijo *m* ② (*umg: Unsinn*) disparate *m*

Käsebrot *nt* <-(e)s, -e> pão *m* com queijo

Käseglocke *f* <-n> campânula *f* para queijo

Käsekuchen *m* <-s, -> tarte *f* de queijo, queijada *f*

Kaserne [ka'zɛrnə] *f* <-n> quartel *m*

käsig *adj* (*umg*) pálido

Kasino [ka'zi:no] *nt* <-s, -s> ① (*Spielkasino*) casino *m* ② (MIL) messe *f* dos oficiais

Kaskoversicherung *f* <-en> seguro *m* contra todos os riscos

Kasper *m* <-s, -> fantoche *m*

Kasperletheater *nt* <-s, -> teatro *m* de fantoches

Kassa *f* <Kassen> (*österr*) caixa *f*

Kasse ['kasə] *f* <-n> ① (*im Kino, Theater*) bilheteira *f*, bilheteria *f* ② (*in Geschäft*) caixa *f*; **zahlen Sie bitte an der ~** pague na caixa, por favor ③ (*Bargeld*) dinheiro *m*; (*umg*); **gut/schlecht bei ~ sein** estar bem/mal de finanças

Kassenpatient(in) *m(f)* <-en, -en *o* -innen> beneficiário, beneficiária *m, f*

Kassenzettel *m* <-s, -> talão *m* (da caixa)

Kasserolle *f* <-n> caçarola *f*

Kassette [ka'sɛtə] *f* <-n> ① (*Musikkassette, Videokassette*) cassete *f*; **etw auf ~ aufnehmen** gravar a. c. em cassete ② (*für Schmuck*) guarda-jóias *m*

Kassettendeck *nt* <-s, -s> leitor-gravador *m* de cassetes, toca-fitas *m*

Kassettenrekorder *m* <-s, -> gravador *m* de cassetes, toca-fitas *m*

Kassier *m* <-s, -e> (*österr, schweiz*) *s.* **Kassierer**

kassieren* **I.** *vt* (*Geldbetrag*) cobrar; (*umg: an sich nehmen*) ficar com; (JUR) anular **II.** *vi* tirar a conta; **darf ich ~?** posso tirar a conta?

Kassierer(in) *m(f)* <-s, - *o* -innen> caixa *m,f*

Kastanie [kas'ta:niə] *f* <-n> ① (*Frucht*) castanha *f* ② (*Baum*) castanheiro *m*

Kastanienbaum *m* <-(e)s, -bäume> casta-

K

nheiro *m*

Kästchen *nt* <-s, -> ① (*Behälter*) caixinha *f* ② (*auf Papier*) quadrado *m*

Kastell *nt* <-s, -e> castelo *m*, forte *m*

Kasten ['kastən] *m* <-s, Kästen> ① (*Kiste*) caixa *f* ② (*für Getränke*) grade *f*; **ein ~ Bier** uma grade de cerveja ③ (*umg: Gebäude*) caixote *m* ④ (*österr, schweiz: Schrank*) armário *m*

Kastilien [kas'ti:liən] *nt* <-s> *kein pl* Castela *f*

Kastration *f* <-en> castração *f*

kastrieren* *vt* castrar, capar

Kasus ['ka:zʊs] *m* <-, -> (LING) caso *m*

Kat [kat] *abk v* **Katalysator** catalisador

Katalog [kata'lo:k] *m* <-(e)s, -e> catálogo *m*

katalogisieren* *vt* catalogar

Katalysator [kataly'za:to:ɐ] *m* <-s, -en> catalisador *m*

Katarr *m* <-s, -e> *s.* **Katarrh** catarro *m*

katastrophal [katastro'fa:l] *adj* catastrófico

Katastrophe [katas'tro:fə] *f* <-n> catástrofe *f*

Katastrophengebiet *nt* <-(e)s, -e> zona *f* de catástrofe

Kategorie [katego'ri:] *f* <-n> categoria *f*

kategorisch [kate'go:rɪʃ] *adj* categórico; **etw ~ ablehnen** recusar a. c. categoricamente

kategorisieren* *vt* classificar

Kater ['ka:tɐ] *m* <-s, -> ① (ZOOL) gato *m* ② (*umg: nach Alkoholgenuss*) ressaca *f*; **einen ~ haben** estar de ressaca

Kathedrale [kate'dra:lə] *f* <-n> catedral *f*, sé *f*

Katheter [ka'te:tɐ] *m* <-s, -> cateter *m*

Kathode *f* <-n> cátodo *m*

Katholik(in) [kato'li:k] *m(f)* <-en, -en *o* -innen> católico, católica *m, f*

katholisch [ka'to:lɪʃ] *adj* católico

Katze ['katsə] *f* <-n> gato *m*; (*Weibchen*) gata *f*; (*umg*); **es war alles für die Katz** foi tudo em vão; (*umg*); **wie die ~ um den heißen Brei schleichen** estar com rodeios; (*umg*); **die ~ im Sack kaufen** comprar a. c. às escuras

Katzensprung *m* <-(e)s, -sprünge> **es ist nur ein ~** é um tirinho

Katzenwäsche *f kein pl* **~ machen** lavar-se à gato

Kauderwelsch ['kaʊdɐvɛlʃ] *nt* <-(s)> *kein pl* jargão *m*

kauen ['kaʊən] *vt* mastigar; (*Kaugummi*) mascar

kauern ['kaʊɐn] **I.** *vi* estar de cócoras **II.** *vr* **sich ~** acocorar-se, agachar-se

Kauf [kaʊf] *m* <-(e)s, Käufe> compra *f*; **ein guter ~** uma pechincha; **etw in ~ nehmen** aceitar a. c., sujeitar-se a a. c.

kaufen ['kaʊfən] *vt* ① (*Ware*) comprar; **etw auf Raten ~** comprar a. c. a prestações; **ein Kleid für 80 EUR ~** comprar um vestido por 80 euros ② (*umg: bestechen*) comprar, subornar; **die Zeugen sind gekauft** as testemunhas estão compradas

Käufer(in) *m(f)* <-s, - *o* -innen> comprador, compradora *m, f*

Kaufhaus *nt* <-es, -häuser> armazéns *mpl* (de comércio); (*portugal*) loja *f* de departamentos *brasil*

Kaufkraft *f kein pl* poder *m* de compra

käuflich *adj* ① (*Ware*) comprável; **etw ~ erwerben** adquirir a. c. por compra ② (*bestechlich*) subornável

Kaufmann, Kauffrau *m, f* <-(e)s, -männer *o* -en> comerciante *m,f*

kaufmännisch *adj* comercial, mercantil

Kaufvertrag *m* <-(e)s, -träge> contrato *m* de compra e venda

Kaugummi *nt* <-s, -s> pastilha *f* elástica, chiclete *f*; **~ kauen** mascar pastilha elástica, mascar chiclete

Kaukasus *m* <-> *kein pl* Cáucaso *m*

Kaulquappe ['kaʊlkvapə] *f* <-n> girino *m*

kaum [kaʊm] *adv* ① (*fast nicht*) mal, quase; **ich habe ~ etwas gegessen** eu mal comi, eu quase não comi; **er ist ~ größer als ich** é pouco mais alto (do) que eu; **es war ~ jemand da** não estava lá quase ninguém ② (*mit Mühe*) dificilmente; **es ist ~ zu glauben** custa a crer; **ich bin ~ fertig geworden** quase não acabei ③ (*wahrscheinlich nicht*) **sie wird heute wohl ~ kommen** ela hoje não deve vir ④ (*gerade erst*) mal, logo que; **~ war er da, ...** mal ele chegou ..., logo que ele chegou ...

kausal [kaʊ'za:l] *adj* causal

Kaution [kaʊ'tsjo:n] *f* <-en> ① (JUR) fiança *f*, caução *f*; **jdn gegen ~ freilassen** libertar alguém sob fiança ② (*bei Miete*) depósito *m*; **eine ~ hinterlegen** pagar um depósito

Kautschuk ['kaʊtʃʊk] *m* <-s> *kein pl* borracha *f*

Kauz [kaʊts] *m* <-es, Käuze> ① (ZOOL) mocho *m*, coruja *f* ② (*Person*) esquisito *m*;

ein komischer ~ um tipo *m* esquisito

Kavalier [kava'liːɐ] *m* <-s, -e> cavalheiro *m*

Kavaliersdelikt *nt* <-(e)s, -e> pecadilho *m,* pequena ofensa *f*

Kaviar ['kaːviaːɐ] *m* <-s, -e> caviar *m*

KB [kaː'beː] *abk v* **Kilobyte** KB (= *quilobyte*)

Kcal *abk v* **Kilokalorie** Kcal (= *quilocaloria*)

Kebab *m* <-(s), -s> *carne assada no espeto*

keck [kɛk] *adj* atrevido, descarado

Keeper(in) *m(f)* <-s, - *o* -innen> (SPORT: *Torwart, österr*) guarda-redes *m,f,* goleiro, goleira *m, f*

Kefe *f* <-n> (*schweiz*) ervilha *f*

Kegel ['keːgəl] *m* <-s, -> ❶ (MATH) cone *m* ❷ (*Spielfigur*) pino *m*

Kegelbahn *f* <-en> pista *f* de bowling, pista *f* de boliche

kegeln ['keːgəln] *vi* jogar bowling, jogar boliche

Kehle ['keːlə] *f* <-n> garganta *f;* **jdm die ~ durchschneiden** degolar alguém; **aus voller ~ singen** cantar a plenos pulmões; (*umg*); **etw in die falsche ~ kriegen** perceber mal a. c.

Kehlkopf *m* <-(e)s, -köpfe> laringe *f*

Kehre *f* <-n> curva *f* (apertada)

kehren ['keːrən] **I.** *vt* (*drehen*) virar, voltar; **die Innenseite nach außen ~** virar do avesso; **jdm den Rücken ~** virar as costas a alguém; **sie ist in sich gekehrt** ela está reservada; (*fegen*) varrer **II.** *vi* (*schweiz: Wind, Trend*) mudar; (*Auto*) dar a volta

Kehrmaschine *f* <-n> varredora *f* mecânica

Kehrreim *m* <-(e)s, -e> refrão *m*

Kehrseite *f* <-n> reverso *m;* **die ~ der Medaille** o reverso da medalha

kehrt|machen ['keːɐt-] *vi* voltar atrás, dar meia volta, retroceder

> **Kehrwoche** é uma invenção da Suábia. Para que os passeios e escadas dos prédios estejam sempre limpos, os próprios moradores limpam em turnos semanais os passeios em frente das suas casas e as escadas dos seus prédios.

keifen ['kaɪfən] *vi* berrar, resmungar

Keil [kaɪl] *m* <-(e)s, -e> ❶ (*Werkzeug*) calço *m,* cunha *f* ❷ (*Bremsklotz*) calço *m* de travão

Keilriemen *m* <-s, -> correia *f* do ventilador

Keim [kaɪm] *m* <-s, -e> ❶ (BOT) gérmen *m,* germe *m;* **etw im ~ ersticken** abafar a. c. no início ❷ (*Embryo*) embrião *m* ❸ (*Krankheitserreger*) germe *m*

keimen *vi* germinar

keimfrei *adj* esterilizado

Keimzelle *f* <-n> ❶ (BIOL) célula *f* embrionária ❷ (*Anfang*) base *f*

kein *pron indef* nenhum(a); **~ einziges Mal** nenhuma vez; **~ bisschen** nem um bocadinho; **ich habe ~ Geld/~e Zeit** eu não tenho dinheiro/tempo (nenhum); **es war ~ Mensch da** não estava lá ninguém; **nur ~e Angst!** não tenhas medo (nenhum)!

keine(r, s) *pron indef* ninguém, nenhum; **~r von beiden/uns** nenhum dos dois/de nós; **ich kenne ~n, der das kann** não conheço ninguém que saiba fazer isso; **~s der Kinder** nenhuma das crianças

keinesfalls ['--'-] *adv* de forma nenhuma, de maneira nenhuma, em hipótese alguma

keineswegs ['--'-] *adv* de maneira nenhuma

keinmal *adv* nem uma só vez

Keks [keːks] *m* <-es, -e> bolacha *f;* (*umg*); **jdm auf den ~ gehen** enervar alguém

Kelch [kɛlç] *m* <-(e)s, -e> ❶ (*Glas*) taça *f;* (REL) cálice *m* ❷ (BOT) cálice *m*

Kelle ['kɛlə] *f* <-n> ❶ (*Schöpflöffel*) concha *f* ❷ (*Maurerkelle*) pá *f*

Keller ['kɛlɐ] *m* <-s, -> cave *f;* (*brasil*) porão *m;* (ÖKON, *sl*); **im ~ sein** (*Preise, Aktien*) ser em baixa

Kellerei *f* <-en> caves *fpl*

Kellner(in) ['kɛlnɐ] *m(f)* <-s, - *o* -innen> empregado , -a *m, f* de mesa, garçom, garçonete *m, f*

Kelter *f* <-n> lagar *m*

keltern *vt* espremer

Kenia *nt* <-s> *kein pl* Quénia *m*

kennen ['kɛnən] *vt* conhecer; **~ Sie das Buch/meinen Mann?** conhece o livro/meu marido?; **jdn dem Namen nach ~** conhecer alguém de nome; **etw ~ lernen** (ficar a) conhecer a. c.; **jdn ~ lernen** conhecer alguém, travar conhecimento com alguém; **sich näher ~ lernen** conhecer-se melhor; **es freut mich sehr, Sie ~ zu lernen** tenho muito prazer em conhecê-lo

kennen|lernenALT *vt s.* **kennen**

Kenner(in) *m(f)* <-s, - *o* -innen> conhecedor, conhecedora *m, f,* entendido, entendida *m, f*

Kenntnis ['kɛntnɪs] *f kein pl* conheci-

mento *m;* **jdn von etw in ~ setzen** dar conhecimento de a. c. a alguém; **etw zur ~ nehmen** tomar conhecimento de a. c.
Kenntnisse *pl* conhecimentos *mpl,* noções *fpl;* **seine ~ auffrischen/vertiefen** renovar/aprofundar os seus conhecimentos
Kennwort *nt* <-(e)s, -wörter> senha *f*
Kennzeichen *nt* <-s, -> ❶ (*Merkmal*) sinal *m,* marca *f;* **besondere ~** sinais *mpl* particulares ❷ (*Auto*) matrícula *f;* (*brasil*) chapa *f* (de matrícula)
kennzeichnen *vt* distinguir, assinalar
Kennziffer *f* <-n> código *m*
kentern ['kɛntɐn] *vi* virar, voltar-se
Keramik [ke'ra:mɪk] *f* <-en> cerâmica *f*
Kerbe ['kɛrbə] *f* <-n> (*in Holz*) entalhe *m;* (*in Metall*) mossa *f*
Kerbel *m* <-s> *kein pl* (BOT) cerefólio *m*
Kerbholz *nt* (*umg*) **etw auf dem ~ haben** ter feito a. c. de errado
Kerker ['kɛrkɐ] *m* <-s, -> (*sehr festes unterirdisches Gefängnis*) presídio *m*
Kerl [kɛrl] *m* <-(e)s, -e> (*umg*) tipo *m,* gajo *m;* (*brasil*) cara *m;* **du blöder ~!** seu estúpido!; **er ist ein feiner ~** ele é um tipo porreiro
Kern [kɛrn] *m* <-(e)s, -e> ❶ (*Obstkern*) caroço *m;* (*von Melone*) pevide *f;* (*von Traube*) grainha *f,* grão *m;* (*von Nuss*) miolo *m;* (*von Sonnenblume*) âmago *m* ❷ (BIOL, PHYS) núcleo *m* ❸ (*einer Sache*) essência *f* ❹ (*Zentrum*) âmago *m*
Kernbrennstoff *m* <-(e)s, -e> combustível *m* nuclear
Kernenergie *f kein pl* energia *f* nuclear
Kernfusion *f* <-en> (PHYS) fusão *f* nuclear
Kerngehäuse *nt* <-s, -> coração *m*
kerngesund ['--'-] *adj* sadio, são como um pêro
Kernkraft *f kein pl* energia *f* nuclear
Kernkraftgegner(in) *m(f)* <-s, - o -innen> a(c)tivista *m,f* antinuclear
Kernkraftwerk *nt* <-(e)s, -e> central *f* nuclear
Kernphysik *f kein pl* física *f* nuclear
Kernreaktion *f* <-en> (PHYS) rea(c)ção *f* nuclear
Kernseife *f* <-n> sabão *m*
Kernspaltung *f* <-en> (PHYS) fissão *f* nuclear
Kernwaffen *pl* armas *fpl* nucleares
Kerze ['kɛrtsə] *f* <-n> ❶ (*aus Wachs*) vela *f;* (REL) círio *m* ❷ (*Zündkerze*) vela *f*
kerzengerade ['---'--] *adj* aprumado
Kerzenlicht *nt* <-(e)s> *kein pl* luz *f* da vela
Kerzenständer *m* <-s, -> castiçal *m*
kessRR [kɛs] *adj,* **keß**ALT *adj* arrojado, atrevido
Kessel ['kɛsəl] *m* <-s, -> ❶ (*Wasserkessel*) chaleira *f* ❷ (*Dampfkessel*) caldeira *f* ❸ (GEOG) vale fundo *m* ❹ (*schweiz: Eimer*) balde *m*
Ketchup, Ketschup *nt* <-(s), -s> ketchup *m*
Kette ['kɛtə] *f* <-n> ❶ (*Eisenkette, Fahrradkette*) corrente *f;* (*Hotelkette*) cadeia *f;* **den Hund an die ~ legen** prender o cão à corrente ❷ (*Halskette*) colar *m,* cordão *m* ❸ (*Gebirgskette*) serra *f,* cordilheira *f* ❹ (*von Ereignissen*) série *f*
Kettenfahrzeug *nt* <-(e)s, -e> veículo *m* de lagartas
Kettenraucher(in) *m(f)* <-s, - o -innen> fumador , -a *m, f* em série, fumante *m,f* em série
Kettenreaktion *f* <-en> rea(c)ção *f* em cadeia
Ketzerei [kɛtsə'raɪ] *f kein pl* heresia *f*
ketzerisch *adj* herege
keuchen ['kɔɪçən] *vi* arquejar, ofegar
Keuchhusten *m* <-s> *kein pl* tosse *f* convulsa
Keule ['kɔɪlə] *f* <-n> ❶ (KOCHK) perna *f,* coxa *f* ❷ (*Waffe*) moca *f*
keusch [kɔɪʃ] *adj* casto, puro
Keyboard ['ki:bɔ:t] *nt* <-s, -s> teclado *m*
Kfz *abk v* **Kraftfahrzeug** veículo *m* ligeiro
kg *abk v* **Kilogramm** kg (= *quilograma*)
Kichererbse ['kɪçɐ-] *f* <-n> grão-de-bico *m*
kichern ['kɪçɐn] *vi* dar risadinhas
kicken ['kɪkən] **I.** *vt* (*umg*) chutar **II.** *vi* (*umg*) jogar a bola
Kicker(in) *m(f)* (FBALL, *umg*) futebolista *m,* jogador *m* da bola
kidnappen ['kɪtnɛpən] *vt* raptar, sequestrar
Kidnapper(in) ['kɪtnɛpɐ] *m(f)* <-s, - o -innen> raptor, raptora *m, f,* sequestrador, sequestradora *m, f*
Kids *pl* (*umg*) miudos *mpl*
Kiefer1 ['ki:fɐ] *m* <-s, -> (ANAT) maxilar *m,* maxila *f*
Kiefer2 *f* <-n> (BOT) pinheiro *m* bravo
Kiel [ki:l] *m* <-(e)s, -e> quilha *f*
Kielwasser *nt* <-s> *kein pl* rast(r)o *m*do navio, sulco *m* (na água)
Kieme ['ki:mə] *f* <-n> guelra *f*

Kies [kiːs] *m* <-es> *kein pl* ① (*Steine*) cascalho *m*, gravilha *f* ② (*umg: Geld*) massa *f*, pastel *m*
Kieselstein *m* <-(e)s, -e> seixo *m*
Kiesgrube *f* <-n> cova *f* de cascalho
kiffen ['kɪfən] *vi* (*umg*) fumar (charros)
Kikeriki *nt* <-s, -s> cocorocó *m*
killen ['kɪlən] *vt* (*umg*) matar
Killer ['kɪlɐ] *m* (*umg*) assassino *m*
Kilo ['kiːlo] *nt* <-s, -(s)> (*umg*) quilo *m*; **ich hätte gern drei ~ Äpfel** eu queria três quilos de maçãs
Kilobyte ['kiːlobaɪt] *nt* <-(s), -(s)> kilobyte *m*
Kilogramm *nt* <-s, -> quilograma *m*
Kilojoule *nt* <-(s), -> quilojoule *m*
Kilokalorie *f* <-n> quilocaloria *f*
Kilometer [--'--, '----] *m* <-s, -> quilómetro *m*; **wir fahren 120 ~ pro Stunde** nós vamos a 120 quilómetros à [*o* por] hora
Kilometerstand *m* <-(e)s, -stände> quilometragem *f*
Kilometerzähler *m* <-s, -> conta-quilómetros *m*
Kilowatt *nt* <-s, -> quilovátio *m*, quilowatt *m*
Kind [kɪnt] *nt* <-(e)s, -er> ① (*Junge, Mädchen*) criança *f*; **von ~ an** desde pequeno ② (*eigenes Kind*) filho, filha *m*, *f*; **er hat drei ~er** ele tem três filhos; **sie bekommt ein ~** ela vai ter um filho; **das ~ kommt im Mai** o filho nasce em Maio; **jdn an ~es statt annehmen** ado(p)tar alguém
Kinderarbeit ['kɪndɐ-] *f kein pl* trabalho *m* infantil
Kinderarzt, Kinderärztin *m*, *f* <-es, -ärzte *o* -en> pediatra *m*,*f*
Kinderbett *nt* <-(e)s, -en> cama *f* de criança
Kinderbuch *nt* <-(e)s, -bücher> livro *m* infantil
Kinderei *f* <-en> criancice *f*
Kinderfahrkarte *f* <-n> meio-bilhete *m*
Kinderfreibetrag *m* <-(e)s, -träge> dedução *f* nos impostos por descendente
Kindergarten *m* <-s, -gärten> infantário *m*, jardim de infância *m*, jardim-escola *m*

Na Alemanha **Kindergarten** é uma instituição pública que funciona numa sala ou prédio do município ou da Igreja. Aqui crianças em idade pré-escolar são acompanhadas 4 a 6 horas por dia por educadoras que incentivam o seu desenvolvimento. Na Alemanha todas as crianças a partir de 3 anos têm em princípio direito a um lugar no Kindergarten.

Kindergärtnerin *f* <-nen> educadora *f* de infância
Kindergeld *nt* <-(e)s> *kein pl* abono *m* de família
Kinderheim *nt* <-(e)s, -e> lar *m* de infância
Kinderhort *m* <-(e)s, -e> infantário *m*
Kinderkrankheit *f* <-en> doença *f* infantil
Kinderlähmung *f kein pl* poliomielite *f*, paralisia *f* infantil
kinderleicht ['--'-] *adj* facílimo
kinderlieb *adj* que gosta de crianças
kinderlos *adj* sem filhos
kinderreich *adj* **~e Familie** família *f* numerosa
Kinderschuh *m* <-(e)s, -e> sapato *m* de criança; (*umg*); **noch in den ~en stecken** ainda estar verde
Kindersitz *m* <-es, -e> cadeira *f* de bebé
Kinderspiel *nt* <-(e)s, -e> jogo *m* infantil
Kinderteller *m* <-s, -> prato *m* infantil, prato *m* de criança
Kinderwagen *m* <-s, -> carrinho *m* de bebé
Kinderzimmer *nt* <-s, -> quarto *m* das crianças
KindesmisshandlungRR *f* <-en> maus-tratos *mpl* (infantis)
Kindheit *f kein pl* infância *f*; **seit frühester ~** desde tenra idade
kindisch *adj* infantil, pueril; **sich ~ benehmen** ser infantil
kindlich *adj* infantil
Kinn [kɪn] *nt* <-(e)s, -e> queixo *m*
Kinnhaken *m* <-s, -> golpe *m* no queixo
Kino ['kiːno] *nt* <-s, -s> cinema *m*
Kinokarte *f* <-n> bilhete *m* de cinema
Kinoprogramm *nt* <-s, -e> programa *m* de cinema
Kiosk ['kiːɔsk] *m* <-(e)s, -e> quiosque *m*
Kipferl *nt* <-s, -> (*österr*) bolacha *f* em meia-lua
Kippe ['kɪpə] *f* <-n> ① (*Müllkippe*) lixeira *f* ② (*umg: von Zigarette*) pica *f*, beata *f*
kippen ['kɪpən] **I.** *vt* (*schräg stellen*) inclinar; (*umkippen*) virar, entornar **II.** *vi* perder o equilíbrio
Kippschalter *m* <-s, -> interruptor *m* basculante

Kirche ['kɪrçə] *f* <-n> igreja *f;* **in die ~ gehen** ir à igreja

Kirchenasyl *nt* <-s, -e> (POL) asilo *m* concedido pela Igreja

Kirchengemeinde *f* <-n> paróquia *f*

Kirchenlied *nt* <-(e)s, -er> cântico *m* (sagrado)

Kirchenmusik *f kein pl* música *f* sacra

Kirchensteuer *f* <-n> contribuição *f* para a Igreja

Kirchensteuer é um imposto que se eleva a aproximadamente 8% do IRS e que é pago por todas as pessoas que trabalham e estão filiadas à Igreja Evangélica (Protestante) ou à Igreja Católica. Normalmente este imposto é pago às Finanças que se encarregam de o reenviar para as devidas igrejas. Na Áustria esta contribuição assume diferentes valores e é recolhida pelas próprias igrejas. Na Suíça o **Kirchensteuer** é regulamentado de acordo com as leis de cada cantão.

kirchlich *adj* eclesiástico, da Igreja; **~ heiraten** casar pela Igreja

Kirchturm *m* <-(e)s, -türme> campanário *m*

Kirsche ['kɪrʃə] *f* <-n> cereja *f*

Kissen ['kɪsən] *nt* <-s, -> (*Kopfkissen*) almofada *f*, travesseiro *m;* (*Sofakissen*) almofada *f*

Kissenbezug *m* <-(e)s, -bezüge> fronha *f*

Kiste ['kɪstə] *f* <-n> ❶ (*Behälter*) caixa *f;* (*groß*) caixote *m;* (*für Getränke*) grade *f* ❷ (*umg: Auto*) carripana *f*, calhambeque *m* ❸ (*umg: Bett*) cama *f;* **in die ~ gehen** ir para a cama

Kitsch [kɪtʃ] *m* <-(e)s> *kein pl* kitsch *m*

kitschig *adj* parolo, piroso

Kitt [kɪt] *m* <-(e)s, -e> massa *f*, argamassa *f*

Kittchen ['kɪtçən] *nt* <-s, -> (*umg*) cadeia *f;* **im ~ sitzen** estar na cadeia

Kittel ['kɪtəl] *m* <-s, -> ❶ (*Arbeitskittel*) bata *f* ❷ (*für Kinder*) bibe *m* ❸ (*schweiz: Jackett*) jaqueta *f*

kitten ['kɪtən] *vt* betumar

Kitz [kɪts] *nt* <-es, -e> (*Zicklein*) cabrito *m;* (*Rehkitz*) cria *f* de corça

Kitzel *m* <-s, -> (*Lust*) gana *f*, vontade *f*

kitzelig *adj* (*Mensch*) que tem cócegas; **~ sein** ter cócegas

kitzeln ['kɪtsəln] *vt* fazer cócegas a

Kiwi ['ki:vi] *f* <-s> kiwi *m*

KKW [ka:ka:'ve:] *abk v* **Kernkraftwerk** central *m* nuclear

klaffen ['klafən] *vi* abrir-se, estar fendido; **eine ~de Wunde** uma ferida aberta

kläffen *vi* (*abw*) latir, ladrar

Klage ['kla:gə] *f* <-n> ❶ (*Jammern, Beschwerde*) queixa *f*, lamento *m* ❷ (JUR) queixa *f;* **eine ~ einreichen** apresentar queixa

klagen ['kla:gən] *vi* ❶ (*sich beschweren*) queixar-se (*über* de); (*jammern*) lamentar-se (*über* de); **er klagt über Kopfschmerzen** ele queixa-se de dores de cabeça ❷ (JUR) apresentar queixa; **auf Schadensersatz ~** pedir inde(m)nização

Kläger(in) *m(f)* <-s, - *o* -innen> (JUR) queixoso, queixosa *m, f*

kläglich *adj* ❶ (*Mitleid erregend*) lastimável, lamentável ❷ (*minderwertig, jämmerlich*) miserável

Klamauk *m* <-s> *kein pl* palhaçada *f*, fantochada *f*

klamm [klam] *adj* (*vor Kälte*) teso; (*feucht*) (h)úmido

Klammer ['klamɐ] *f* <-n> ❶ (*im Text*) parêntese *m*, parêntesis *m;* **eckige/geschweifte ~n** parêntese re(c)to/curvo; **ein Wort in ~n setzen** pôr uma palavra entre parênteses ❷ (*Wäscheklammer*) mola *f*, prendedor *m* ❸ (*Zahnklammer*) aparelho *m;* **eine ~ tragen** usar aparelho

Klammeraffe *m* <-n, -n> (*umg*) arroba *f*

klammern ['klamɐn] **I.** *vt* enganchar, engatar **II.** *vr* **sich ~** agarrar-se (*an* a), prender-se (*an* a)

klammheimlich *adj* (*umg*) às escondidas

Klamotten [kla'mɔtən] *pl* ❶ (*umg: Sachen*) tarecos *mpl* ❷ (*umg: Kleidung*) roupa *f*

klang [klaŋ] *imp von* **klingen**

Klang [klaŋ] *m* <-(e)s, Klänge> (*Ton*) som *m;* (*der Stimme*) timbre *m;* (*eines Instrumentes*) tom *m*

klangvoll *adj* sonoro

Klappbett *nt* <-(e)s, -en> cama *f* articulada

Klappe ['klapə] *f* <-n> ❶ (*Deckel*) tampa *f;* (*an Blasinstrumenten*) lingueta *f;* (*am Ofen*) porta *f;* (*am Briefkasten*) portinhola *f* ❷ (*umg abw: Mund*) matraca *f;* (*umg*); **halt die ~!** cala-te!, cala a boca!

klappen ['klapən] **I.** *vt* (*aufklappen*) abrir; (*hochklappen*) levantar; (*zuklappen*) fechar **II.** *vi* (*umg: funktionieren*) dar (certo), resultar; **es klappt nicht** não dá

klapperig ['klapərɪç] *adj* ① (*Auto, Möbel*) a cair aos bocados, caindo em pedaços ② (*Mensch*) decrépito

klappern ['klapɐn] *vi* fazer barulho, dar estalos; (*Fensterladen*) bater; **vor Kälte mit den Zähnen ~** bater o queixo de frio

Klapperschlange *f* <-n> cobra *f* cascavel

Klappmesser *nt* <-s, -> navalha *f* (de ponta e mola)

Klappstuhl *m* <-(e)s, -stühle> cadeira *f* articulada

Klapptisch *m* <-(e)s, -e> mesa *f* elástica, mesa *f* de abrir

Klaps [klaps] *m* <-es, -e> palmada *f*; **jdm einen ~ geben** dar uma palmada a alguém

klar [kla:ɐ] *adj* ① (*Wasser*) límpido; (*Himmel*) limpo; (*durchsichtig*) transparente ② (*eindeutig*) claro, nítido; **ein ~er Sieg** uma nítida vitória; **es ist völlig ~, dass ...** é evidente que ...; **sich ~ ausdrücken** expressar-se com clareza; **sich** *dat* **über etw im Klaren sein** estar bem (cons)ciente de a. c.; **alles ~?** (*umg*) tudo bem?; **na ~!** claro!, com certeza!

Kläranlage *f* <-n> ETAR *f*, estação *f* de tratamento de águas residuais

klären **I.** *vt* (*Abwässer*) filtrar, limpar; (*Problem, Frage*) esclarecer **II.** *vr* **sich ~** (*Angelegenheit*) esclarecer-se

Klarheit *f kein pl* ① (*Reinheit, Schärfe*) clareza *f*, nitidez *f* ② (*Durchsichtigkeit*) transparência *f* ③ (*Deutlichkeit*) clareza *f*, nitidez *f*; **sich** *dat* **~ über etw verschaffen** esclarecer-se acerca de a. c.

Klarinette [klari'nɛtə] *f* <-n> clarinete *m*

klar|kommen *vi irr* não ter problemas (*mit* com)

klar|machen *vt* ① **jdm etw ~ machen (legen)** explicar a. c. a alguém ② (*Schiff*) preparar (para zarpar)

Klarsichtfolie *f* <-n> película *f* transparente

klar|stellen *vt* esclarecer

Klärung *f* <-en> ① (*von Abwasser*) tratamento *m*, limpeza *f* ② (*von Problem, Frage*) esclarecimento *m*

klasse ['klasə] *interj* (*umg*) espe(c)tacular, de categoria; **das ist ja ~!** isso é o máximo!

Klasse ['klasə] *f* <-n> ① (*Kategorie*) classe *f*; (*Güte~, Sport*) categoria *f*; **erster ~ fahren** viajar em primeira (classe) ② (*Schulklasse*) turma *f*; (*Jahrgang*) ano *m* ③ (*gesellschaftlich*) classe *f*

Klassenarbeit *f* <-en> teste *m*

Klassenkamerad(in) *m(f)* <-en, -en *o* -innen> colega *m,f* de turma

Klassenkampf *m* <-(e)s> *kein pl* luta *f* de classes

Klassenlehrer(in) *m(f)* <-s, - *o* -innen> professor(a) *m(f)* da turma

Klassentreffen *nt* <-s, -> encontro *m* de ex-colegas de escola

Klassenzimmer *nt* <-s, -> sala *f* de aula

Klassifikation *f* <-en> classificação *f*

klassifizieren* *vt* classificar

Klassik ['klasɪk] *f kein pl* ① (*Zeit*) época *f* clássica ② (*Stil*) classicismo *m* ③ (MUS) música *f* clássica

Klassiker(in) ['klasikɐ] *m(f)* <-s, - *o* -innen> clássico, clássica *m, f*

klassisch *adj* clássico

Klatsch [klatʃ] *m* <-(e)s, -e> ① (*Geräusch*) pancada *f* ② *kein pl* (*Gerede*) bisbilhotice *f*, fofoca *f*

Klatschbase *f* <-n> (*abw*) bisbilhoteira *f*, fofoqueira *f*

klatschen ['klatʃən] **I.** *vt* **Beifall ~** aplaudir, bater palmas **II.** *vi* ① (*applaudieren*) aplaudir ② (*abw: tratschen*) bisbilhotar, dar à língua, fofocar ③ (*Geräusch*) bater, fazer barulho; **Regen klatscht an das Fenster** a chuva bate na janela, a chuva faz barulho na janela

Klatschmohn *m* <-s> *kein pl* (BOT) papoila *f*

klatschnass[RR] ['-'-] *adj* (*umg*) encharcado

Klatschpresse *f kein pl* (*iron umg* MEDIA) imprensa *f* cor-de-rosa

Klaue ['klaʊə] *f* <-n> ① (*von Raubtier*) garra *f* ② (*umg abw: Handschrift*) gatafunhos *mpl*, gatafunhada *f*

klauen ['klaʊən] *vt* (*umg*) gamar, fanar

Klausel ['klaʊzəl] *f* <-n> cláusula *f*

Klaustrophobie *f kein pl* claustrofobia *f*

Klausur [klaʊ'zu:ɐ] *f* <-en> (*Arbeit*) frequência *f*

Klavier [kla'vi:ɐ] *nt* <-s, -e> piano *m*

Klebeband *nt* <-(e)s, -bänder> fita *f* adesiva

kleben ['kle:bən] **I.** *vt* colar (*an* a); (*umg*); **jdm eine ~** dar uma bofetada a alguém **II.** *vi* ① (*haften*) estar preso (*an* a) ② (*klebrig sein*) colar

Klebestift *m* <-(e)s, -e> batom *m* de cola

Klebestreifen *m* <-s, -> fita-cola *f*, fita *f* durex

klebrig ['kle:brɪç] *adj* pegajoso, melado

Klebstoff *m* <-(e)s, -e> cola *f*
kleckern ['klɛkɐn] *vi* (*beim Essen*) sujar-se
Klecks [klɛks] *m* <-es, -e> nódoa *f*, mancha *f*; (*Tintenklecks*) borrão *m*
klecksen *vi* manchar
Klee [kle:] *m* <-s> *kein pl* (BOT) trevo *m*
Kleid [klaɪt] *nt* <-(e)s, -er> vestido *m*
kleiden ['klaɪdən] **I.** *vt* vestir; **der Mantel kleidet dich gut** o casaco fica-te bem **II.** *vr* **sich ~** vestir-se; **sich nach der neuesten Mode ~** andar na moda
Kleider *pl* roupa *f*; **~ machen Leute** o hábito faz o monge
Kleiderbügel *m* <-s, -> cruzeta *f*, cabide *m*
Kleiderhaken *m* <-s, -> cabide *m*
Kleiderkasten *m* <-s, -kästen> (*österr*, *schweiz*) *s.* **Kleiderschrank**
Kleiderschrank *m* <-(e)s, -schränke> guarda-roupa *m*, guarda-vestidos *m*, guarda-fatos *m*
Kleidung *f kein pl* vestuário *m*, roupa *f*
Kleidungsstück *nt* <-(e)s, -e> peça *f* de roupa
Kleie ['klaɪə] *f* <-n> farelo *m*
klein [klaɪn] *adj* pequeno; (*Mensch*) baixo; **ein ~ wenig** um pouquinho; **der Pullover ist zu ~** a camisola é pequena demais; **mein ~er Bruder** o meu irmão mais novo; **einen ~en Augenblick bitte** um momentinho por favor; **von ~ auf** desde pequeno; **bis ins Kleinste** até ao ínfimo pormenor; **~ anfangen** começar de baixo; **~ beigeben** dar a mão à palmatória; **etw ~ hacken** picar a. c.; **etw ~er machen** encurtar a. c.; **sich ~er machen** baixar-se; **~er werden** encolher
Kleinanzeige *f* <-n> pequeno anúncio *m*
Kleinbildkamera *f* <-s> máquina *f* fotográfica de pequeno formato
Kleinbuchstabe *m* <-n, -n> minúscula *f*
Kleinbus *m* <-ses, -se> autocarro *m* pequeno, ônibus *m* pequeno
Kleine(r) *m/f* <-n, -n *o* -n> pequeno, pequena *m*, *f*, menino, menina *m*, *f*
Kleingeld *nt* <-(e)s> *kein pl* trocos *mpl*
Kleinhirn *nt* <-(e)s, -e> (ANAT) cerebelo *m*
Kleinigkeit ['klaɪnɪçkaɪt] *f* <-en> ❶ (*Gegenstand*) coisinha *f*; **eine ~ einkaufen/essen** comprar/comer qualquer coisa ❷ (*Bagatelle*) insignificância *f*, ninharia *f*; **sich über jede ~ aufregen** exaltar-se por uma ninharia; **die Prüfung war keine ~** o teste não foi nada fácil
kleinkariert *adj* tacanho
Kleinkind *nt* <-(e)s, -er> criança *f* pequena
Kleinkram *m* <-s> *kein pl* ❶ (*umg: Dinge*) tralha *f*, quinquilharia *f* ❷ (*umg: Angelegenheit*) ninharias *f*
Kleinkrieg *m* <-(e)s, -e> discussão *f*, guerrilha *f*; **sie führen einen ständigen ~ miteinander** eles discutem constantemente
klein|kriegen *vt irr* (*umg*) **jdn. ~** dar cabo de alguém
Kleinkunst *f kein pl* arte *f* popular
kleinlaut *adj* desanimado
kleinlich *adj* (*pedantisch*) miudinho, niquento; (*geizig*) mesquinho
klein|schneidenALT *vt irr s.* **klein**
klein|schreibenRR *vt irr* (*Wort*) escrever em letra minúscula
Kleinstadt *f* <-städte> cidade *f* pequena, vila *f*
Kleinwagen *m* <-s, -> carro *m* pequeno
Kleister ['klaɪstɐ] *m* <-s, -> grude *m*
Klemme ['klɛmə] *f* <-n> ❶ (*Gegenstand*) pinça *f* ❷ *kein pl* (*Notlage*) aperto *m*, apuros *mpl*; **in der ~ sitzen** estar em apuros, estar à rasca; **sich aus der ~ ziehen** desembaraçar-se
klemmen **I.** *vt* (*festhalten*) apertar, entalar; **sich** *dat* **etw unter den Arm ~** apertar a. c. debaixo do braço; (*quetschen*) trilhar, entalar; **sich** *dat* **den Finger ~** trilhar [*o* entalar] o dedo **II.** *vi* (*Tür, Schloss*) estar perro
Klempner(in) ['klɛmpnɐ] *m(f)* <-s, - *o* -innen> picheleiro, picheleira *m*, *f*
Kleptomanie *f kein pl* cleptomania *f*
klerikal *adj* clerical
Klerus *m* <-> *kein pl* clero *m*
Klette ['klɛtə] *f* <-n> ❶ (BOT) bardana *f* ❷ (*umg: Mensch*) lapa *f*, cola *m*,*f*; **wie eine ~ an jdm hängen** colar-se a alguém
klettern ['klɛtɐn] *vi* trepar (*auf* a), subir (*auf* a); **auf einen Baum/Berg ~** trepar uma árvore/subir um monte
Kletterpflanze *f* <-n> trepadeira *f*
Klick <-s, -s> *m* (INFORM) clique *m*, click *m*
klicken ['klɪkən] *vi* clicar (*auf* em); **du musst auf „Start" ~** tens de clicar em «Start»
Klient(in) [kli'ɛnt] *m(f)* <-en, -en *o* -innen> cliente *m*,*f*, freguês, freguesa *m*, *f*
Klima ['kli:ma] *nt* <-s, -s> clima *m*; **sich an das ~ gewöhnen** adaptar-se ao clima
Klimaanlage *f* <-n> ar *m* condicionado
Klimakterium *nt* <-s, Klimakterien> meno-

pausa *f*

klimatisch [kli'ma:tɪʃ] *adj* climático

klimatisieren* *vt* climatizar

Klimaveränderung *f* <-en> mudança *f* de clima

Klimmzug *m* <-(e)s, -züge> exercício *m* de elevação (na barra)

klimpern ['klɪmpɐn] *vi* ❶ (*Münzen*) tilintar ❷ (*umg: auf Gitarre, Klavier*) arranhar

Klinge ['klɪŋə] *f* <-n> lâmina *f*

Klingel ['klɪŋəl] *f* <-n> campainha *f*

klingeln *vi* ❶ (*Person*) tocar à campainha ❷ (*Türklingel, Telefon*) tocar; **es klingelt** a campainha está a tocar

klingen ['klɪŋən] *vi* soar; **das klingt, als ob sie verreisen wollte** isso soa como se ela quisesse ir viajar

Klinik ['kli:nɪk] *f* <-en> clínica *f*

klinisch *adj* clínico

Klinke ['klɪŋkə] *f* <-n> trinco *m,* puxador *m*

klipp [klɪp] *adv* **jdm etw ~ und klar sagen** dizer a. c. a alguém com clareza

Klippe ['klɪpə] *f* <-n> ❶ (*Fels*) penhasco *m,* rochedo *m* ❷ (*fig: Hindernis*) obstáculo *m*

klirren ['klɪrən] *vi* (*Gläser, Fensterscheibe*) tilintar, vibrar

Klischee [kli'ʃe:] *nt* <-s, -s> cliché *m,* chavão *m*

Klitoris *f* <-> (ANAT) clítoris *m*

Klo [klo:] *nt* <-s, -s> (*umg*) retrete *f,* privada *f;* **ich muss aufs ~** tenho de fazer chichi

Kloake [klo'a:kə] *f* <-n> esgoto *m*

klobig ['klo:bɪç] *adj* maciço, compacto

Klobrille *f* <-n> tampa *f* da sanita, tampa *f* do vaso sanitário

Klon [klo:n] *m* <-s, -e> (BIOL) clone *m*

klonen [klo:nən] *vt* (BIOL) clonar

Klonen *nt* <-s> *kein pl* (BIOL) clonagem *f*

Klopapier *nt* <-s> *kein pl* (*umg*) papel *m* higiénico

klopfen ['klɔpfən] **I.** *vt* (*Teppich*) sacudir; (*Takt*) marcar **II.** *vi* bater; **es klopft** estão a bater à porta; **jdm auf die Schulter ~** bater a alguém no ombro

Klops *m* <-es, -e> almôndega *f*

Klosett [klo'zɛt] *nt* <-s, -s> retrete *f,* privada *f*

Kloß *m* <-es, Klöße> (KOCHK: *Fleischkloß*) almôndega *f;* (*Knödel*) bolinho *m;* (*fig*); **einen ~ im Hals haben** ter um nó na garganta

Kloster ['klo:stɐ] *nt* <-s, Klöster> (*Nonnenkloster*) convento *m;* (*Mönchskloster*) mosteiro *m*

Klotz [klɔts] *m* <-es, Klötze> ❶ (*Holzstück*) tronco *m;* **ein ~ am Bein** um empecilho ❷ (*umg: Gebäude*) caixote *m* ❸ (*Spielzeug*) cubo *m*

Klub [klʊp] *m* <-s, -s> clube *m*

Kluft[1] [klʊft] *f* <Klüfte> (*Gegensatz*) diferença *f;* **eine ~ überbrücken** transpor uma diferença

Kluft[2] *f* <-en> (*Kleidung*) traje *m*

klug [klu:k] *adj* ❶ (*intelligent*) inteligente ❷ (*vernünftig*) sensato; **eine ~e Entscheidung** uma decisão sensata ❸ (*geschickt, schlau*) esperto, sabido, fino; (*Rat*) prudente, sensato

Klugheit *f kein pl* ❶ (*Intelligenz*) inteligência *f,* esperteza *f* ❷ (*Vernunft*) sensatez *f*

Klumpen ['klʊmpən] *m* <-s, -> pedaço *m;* (*in Soße*) grumo *m;* (*Erdklumpen*) torrão *m;* (*Goldklumpen*) pepita *f*

Klüngel *m* <-s, -> (*abw*) jogo *m* de interesses

km *abk v* **Kilometer** km (= *quilómetro*)

km/h *abk v* **Stundenkilometer** km/h (= *quilómetros por hora*)

knabbern ['knabɐn] **I.** *vt* debicar **II.** *vi* **an etw ~** mordiscar a.c.

Knabe ['kna:bə] *m* <-n, -n> (*geh*) rapaz *m*

knabenhaft *adj* acriançado

Knäckebrot *nt* <-(e)s, -e> tosta dietética *f*

knacken ['knakən] **I.** *vt* ❶ (*Nüsse*) partir, quebrar ❷ (*umg: Aufgabe*) resolver; (*Computercode*) violar ❸ (*umg: Tresor*) arrombar; (*Auto*) estroncar **II.** *vi* ❶ (*Holz*) crepitar, estalar ❷ (*Telefon, Radio*) fazer ruído

knackig *adj* (*Obst, Salat, Brötchen*) estaladiço

Knackpunkt *m* <-(e)s, -e> (*umg*) ponto *m* crucial

Knacks [knaks] *m* <-es, -e> ❶ (*Geräusch*) estalido *m* ❷ (*Sprung*) racha *f* ❸ (*umg: seelisch*) pancada *f;* **einen ~ haben** ter uma pancada

Knall [knal] *m* <-(e)s, -e> estalo *m;* (*von Explosion*) estouro *m;* (*von Aufprall, Tür*) estrondo *m;* (*von Schuss*) estampido *m;* (*von Korken*) estalido *m;* (*umg*); **er/sie hat einen ~** ele/ela tem uma panca

knallen **I.** *vt* (*Tür*) bater com; (*umg*); **jdm eine ~** dar um estalo a alguém **II.** *vi* estalar, dar um estalo; (*Tür*) bater com estrondo; (*Schuss*) detonar; (*Korken*) dar um estalido;

gegen etw ~ esbarrar contra a. c.

Knallgas *nt* <-es, -e> (CHEM) gás *m* detonante

knallig *adj* berrante

knallrot ['-'-] *adj* vermelho vivo

knapp [knap] *adj* ① (*spärlich*) escasso, insuficiente; **mit ~er Mehrheit** com uma escassa maioria; **~ werden** escassear; **die Zeit ist ~** o tempo escasseia; **ich bin ~ bei Kasse** estou mal de finanças ② (*Kleidungsstück*) apertado, justo ③ (*kaum*) quase; **mit ~er Not entkommen** sair a muito custo; **vor einer ~en Stunde** há quase uma hora, há praticamente uma hora; **das war ~!** foi à tangente! ④ (*Stil*) conciso

knapp|halten *vt irr* **jdn ~** apertar alguém

Knappheit *f kein pl* ① (*Mangel*) escassez (*an* de) ② (*Kürze*) concisão *f*

knarren ['knarən] *vi* ranger

Knast [knast] *m* <-(e)s, Knäste> (*umg*) cadeia *f*; **im ~ sitzen** estar na cadeia

knattern *vi* (*Motorrad*) dar estalos; (*Maschinengewehr*) crepitar

Knäuel *nt* <-s, -> novelo *m*

Knauf [knaʊf] *m* <-(e)s, Knäufe> (*an Tür*) maçaneta *f*; (*an Stock, Degen*) punho *m*

knauserig *adj* avaro, sovina, somítico

knausern ['knaʊzɐn] *vi* ser avaro (*mit* com)

Knautschzone *f* <-n> zona *f* absorvente de impacto

Knebel ['kne:bəl] *m* <-s, -> mordaça *f*

knebeln *vt* amordaçar

Knecht [knɛçt] *m* <-(e)s, -e> servente *m*, criado *m*

knechten *vt* (*geh*) subjugar, oprimir

kneifen ['knaɪfən] **I.** *vt* beliscar **II.** *vi* ① (*Kleidung*) apertar ② (*umg: sich drücken*) descartar-se, esquivar-se

Kneipe ['knaɪpə] *f* <-n> pub *m*

Knete ['kne:tə] *f kein pl* ① (*Knetmasse*) plasticina *f* ② (*umg: Geld*) massa *f*

kneten ['kne:tən] *vt* (*Teig*) amassar; (*Ton*) moldar

Knetmasse *f* <-n> plasticina *f*

Knick [knɪk] *m* <-(e)s, -e> ① (*in Papier*) dobra *f* ② (*Biegung*) curva *f*; **die Straße macht einen ~** a rua faz uma curva

knicken *vt* (*Zweige, Streichholz*) vergar; (*Papier*) dobrar; **nicht ~!** não dobrar!; (*umg*); **geknickt sein** estar acabrunhado

knickerig *adj* sovina, avarento

Knicks [knɪks] *m* <-es, -e> vénia *f*

Knie [kni:] *nt* <-s, -> ① (ANAT) joelho *m*; (*umg*); **weiche ~ bekommen** ficar inseguro; **etw übers ~ brechen** precipitar a. c. ② (*im Rohr*) cotovelo *m*

Kniebeuge *f* <-n> flexão *f* dos joelhos

Kniekehle *f* <-n> jarrete *m*

knien ['kni:ən, kni:n] *vi* estar de joelhos

Kniescheibe *f* <-n> rótula *f*

Kniestrumpf *m* <-(e)s, -strümpfe> meia *f* até ao joelho

kniff [knɪf] *imp von* **kneifen**

Kniff [knɪf] *m* <-(e)s, -e> ① (*Kneifen*) beliscão *m* ② (*Falte*) dobra *f* ③ (*Trick*) truque *m*

kniffelig *adj* complicado, bicudo

knipsen ['knɪpsən] **I.** *vt* (*umg: fotografieren*) fotografar; (*Fahrkarte*) picar **II.** *vi* (*Foto*) disparar

Knirps [knɪrps] *m* <-es, -e> rapazote *m*

knirschen ['knɪrʃən] *vi* (*Schnee*) ranger; **mit den Zähnen ~** ranger os dentes

knistern ['knɪstɐn] *vt* (*Feuer*) estalar, crepitar; (*Papier*) ranger

knittern ['knɪtɐn] **I.** *vt* (*Stoff, Papier*) amarrotar, engelhar **II.** *vi* (*Stoff*) encorrilhar

Knoblauch ['kno:blaʊx] *m* <-s> *kein pl* alho *m*

Knoblauchzehe *f* <-n> dente *m* de alho

Knöchel *m* <-s, -> ① (*am Fuß*) tornozelo *m* ② (*am Finger*) nó *m*

Knochen ['knɔxən] *m* <-s, -> osso *m*; **bis auf die ~ nass werden** ficar encharcado até aos ossos

Knochenbau *m* <-s> *kein pl* estrutura *f* óssea

Knochenbruch *m* <-(e)s, -brüche> fra(c)tura *f*

Knochenmark *nt* <-s> *kein pl* tutano *m*, medula *f* óssea

knochig ['knɔxɪç] *adj* ossudo

Knockout, Knock-out *m* <-(s), -s> (SPORT) knock-out *m*, nocaute *m*

Knödel *m* <-s, -> bolinho *m*

Knödel é a denominação dada ao «Kloß» no Sul da Alemanha e na Áustria. É uma bola que pode ser feita de várias massas, cozida em água a ferver e servida como acompanhamento de um prato de carne. Kartoffelknödel (Knödel de batata) e Semmelknödel (Knödel de pãezinhos) comem-se muito no Sul da Alemanha.

Knolle ['knɔlə] *f* <-n> (BOT) bolbo *m*, tubérculo *m*

Knopf [knɔpf] *m* <-(e)s, Knöpfe> ① (*an Kleidung*) botão *m*; **einen ~ annähen** pregar um botão ② (*an Geräten*) botão *m*; **auf den ~ drücken** carregar no botão ③ (*schweiz: Knoten*) nó *m*

knöpfen *vt* abotoar

Knopfloch *nt* <-(e)s, -löcher> casa *f* de botão

Knorpel ['knɔrpəl] *m* <-s, -> cartilagem *f*

knorpelig *adj* cartilaginoso

knorrig *adj* (*Baum*) nodoso

Knospe ['knɔspə] *f* <-n> (*Blütenknospe*) botão *m*; (*von Blatt, Zweig*) rebento *m*

knoten *vt* dar um nó em

Knoten ['kno:tən] *m* <-s, -> ① (*in Faden*) nó *m*; **einen ~ machen** dar um nó ② (NAUT) nó *m*, milha *f* marítima ③ (*Haarknoten*) puxo *m* ④ (MED) nódulo *m*, caroço *m*

Knotenpunkt *m* <-(e)s, -e> entroncamento *m*

Know-how *nt* <-(s)> *kein pl* know-how *m*

Knüller *m* <-s, -> (*umg*) êxito *m*

knüpfen *vt* ① (*Netz, Teppich*) tecer ② (*Freundschaft*) travar

Knüppel *m* <-s, -> ① (*Stock*) cacete *m*, moca *f*; (*Polizeiknüppel*) cassetete *m*; (*fig*); **jdm einen ~ zwischen die Beine werfen** pôr obstáculos a alguém ② (*im Flugzeug*) alavanca *f* de comando

knurren ['knʊrən] *vi* ① (*Hund*) rosnar ② (*Mensch*) resmungar ③ (*Magen*) dar horas

knusprig *adj* tostado, estaladiço

knutschen ['knu:tʃən] *vt* (*umg*) beijar

k. o. (SPORT) *abk v* **knock-out** k. o. (= *knock-out*)

Koalition [koali'tsjo:n] *f* <-en> coligação *f*

Kobalt *m* <-s> *kein pl* cobalto *m*

Kobold ['ko:bɔlt] *m* <-(e)s, -e> duende *m*

Kobra *f* <-s> cobra *f*

Koch, Köchin [kɔx] *m, f* <-(e)s, Köche *o* -innen> cozinheiro, cozinheira *m, f*

Kochbuch *nt* <-(e)s, -bücher> livro *m* de receitas

kochen ['kɔxən] **I.** *vt* ① (*Essen*) cozer; (*Kaffee, Tee*) fazer; **Reis/Kartoffeln ~** cozer arroz/batatas ② (*Wäsche*) lavar a 90 graus **II.** *vi* ① (*Essen*) cozinhar; **sie kocht ausgezeichnet** ela cozinha muito bem ② (*Wasser, Milch*) (estar a) ferver; **anfangen zu ~** levantar fervura ③ (*Person*) ferver; **vor Wut ~** espumar de raiva

Kocher *m* <-s, -> fogão *m*

Köcher *m* <-s, -> aljava *f*

Kochgelegenheit *f* <-en> uso *m* da cozinha; **Zimmer mit ~** quarto *m* com direito a usar a cozinha

Kochlöffel *m* <-s, -> colher *f* de pau

Kochnische *f* <-n> kitchenette *f*

Kochplatte *f* <-n> disco *m*

Kochsalz *nt* <-es> *kein pl* sal *m* de cozinha

Kochtopf *m* <-(e)s, -töpfe> tacho *m*; (*hoch*) panela *f*

Kochwäsche *f kein pl* roupa *f* de lavagem a 90 graus

Köder *m* <-s, -> isco *m*, isca *f*

ködern *vt* ① (*Tier*) atrair ② (*Mensch*) aliciar

Koeffizient *m* <-en, -en> (MATH) coeficiente *m*

Koffein [kɔfe'i:n] *nt* <-s> *kein pl* cafeína *f*

koffeinfrei *adj* sem cafeína, descafeinado

Koffer ['kɔfɐ] *m* <-s, -> mala *f*; **den ~ packen/auspacken** fazer/desfazer a mala

Kofferkuli *m* <-s, -s> carrinho *m* de bagagem

Kofferradio *nt* <-s, -s> rádio *m* portátil

Kofferraum *m* <-(e)s, -räume> mala *f* (do carro), porta-bagagem *m*, bagageira *f*

Kognak ['kɔnjak] *m* <-s, -s> conhaque *m*

Kohl [ko:l] *m* <-(e)s> *kein pl* ① (*Gemüse*) couve *f* ② (*umg: Unsinn*) disparate *m*

Kohldampf *m* <-(e)s> *kein pl* (*umg*) (muita) fome *f*

Kohle ['ko:lə] *f* <-n> ① (*Brennstoff*) carvão *m*; **mit ~ heizen** ter aquecimento a carvão; **wie auf ~n sitzen** estar em brasa ② (*umg: Geld*) massa *f*, pastel *m*

Kohlendioxid [--'---] *nt* <-(e)s> *kein pl* dióxido *m* de carbono

Kohlenhydrat *nt* <-(e)s, -e> hidrato *m* de carbono

Kohlenmonoxid [--'---] *nt* <-(e)s> *kein pl* monóxido *m* de carbono

Kohlensäure *f kein pl* ① (CHEM) ácido *m* carbónico ② (*in Getränken*) gás *m*

Kohlenstoff *m* <-(e)s> *kein pl* carbono *m*

Kohlenwasserstoff [--'---] *m* <-(e)s> *kein pl* hidrocarboneto *m*

Kohlepapier *nt* <-s> *kein pl* papel *m* químico, papel *m* carbono

Kohlkopf *m* <-(e)s, -köpfe> repolho *m*

Kohlsprossen *pl* (*österr*) couve-de-bruxe-

K

las *f*

Koitus ['koːitʊs] *m* <-, -(se)> coito *m*

Koje ['koːjə] *f* <-n> camarote *m*

Kokain [koka'iːn] *nt* <-s> *kein pl* cocaína *f;* **~ schnupfen** cheirar cocaína

kokett [ko'kɛt] *adj* janota

kokettieren* *vi* (*flirten*) namoriscar (*mit* com)

Kokosflocken *pl* coco *m* ralado

Kokosmilch *f kein pl* água *f* de coco

Kokosnuss[RR] *f* <-nüsse> coco *m*

Kokospalme *f* <-n> coqueiro *m*

Koks [koːks] *m* <-es> *kein pl* ① (*Brennstoff*) carvão *m* de coque ② (*umg: Kokain*) coca *f*

Kolben ['kɔlbən] *m* <-s, -> ① (TECH) êmbolo *m,* pistão *m,* pistom *m* ② (*am Gewehr*) culatra *f,* coronha *f* ③ (CHEM) balão *m* ④ (*Maiskolben*) espiga *f*

Kolik ['koːlɪk, ko'liːk] *f* <-en> cólica *f*

Kollaps ['kɔlaps, -'-] *m* <-es, -e> colapso *m*

Kollege(in) [kɔ'leːgə] *m(f)* <-n, -n *o* -innen> colega *m,f*

kollegial [kɔle'gjaːl] *adj* colegial

Kollegium [kɔ'leːgiʊm] *nt* <-s, Kollegien> corpo *m;* (*Lehrer*) corpo *m* docente

Kollekte [kɔ'lɛktə] *f* <-n> peditório *m*

kollektiv *adj* cole(c)tivo

Koller *m* <-s, -> (*umg*) ataque *m* de cólera, ataque *m* de fúria; **einen ~ kriegen** ter um ataque de cólera [*o* de fúria]

kollidieren* *vi* ① (*zusammenstoßen*) colidir (*mit* com), chocar (*mit* com) ② (*in Konflikt geraten*) colidir (*mit* com), entrar em conflito (*mit* com)

Kollision [kɔli'zjoːn] *f* <-en> colisão *f*

Köln *nt* <-> *kein pl* Colónia *f*

kolonial *adj* colonial

Kolonialismus *m* <-> *kein pl* colonialismo *m*

Kolonialmacht *f* <-mächte> potência *f* colonial

Kolonie [kolo'niː] *f* <-n> colónia *f*

Kolonisation *f kein pl* colonização *f*

Kolonne [ko'lɔnə] *f* <-n> ① (MIL) coluna *f* ② (*von Fahrzeugen*) fila *f,* fileira *f*

kolorieren* *vt* colorir

Koloss[RR] [ko'lɔs] *m* <-es, -e>, **Koloß**[ALT] *m* <-sses, -sse> colosso *m*

kolossal [kolɔ'saːl] *adj* colossal

Kolumbien [ko'lʊmbiən] *nt* <-s> *kein pl* Colômbia *f*

Kolumbus *m* <-> *kein pl* Colombo *m*

Kolumne [ko'lʊmnə] *f* <-n> (*Spalte*) coluna *f*

Koma ['koːma] *nt* <-s, -s> (MED) coma *m;* **im ~ liegen** estar em coma

Kombi ['kɔmbi] *m* <-s, -s> carrinha *f*

Kombination [kɔmbina'tsjoːn] *f* <-en> ① (*Verbindung*) combinação *f* ② (*Hose und Jackett*) conjunto *m* de calças e casaco

kombinieren* **I.** *vt* combinar **II.** *vi* (*schlussfolgern*) concluir

Komet [ko'meːt] *m* <-en, -en> cometa *m*

Komfort [kɔm'foːɐ] *m* <-s> *kein pl* conforto *m*

komfortabel [kɔmfɔr'taːbəl] *adj* confortável

Komik ['koːmɪk] *f kein pl* humor *m*

Komiker(in) ['koːmikɐ] *m(f)* <-s, - *o* -innen> cómico, cómica *m, f,* humorista *m,f*

komisch *adj* ① (*lustig*) cómico, engraçado ② (*merkwürdig*) esquisito; **das kommt mir ~ vor** isso parece-me esquisito

Komitee [komi'teː, kɔmi'teː] *nt* <-s, -s> comité *m*

Komma ['kɔma] *nt* <-s, -s> vírgula *f;* **~s setzen** pôr vírgulas

Kommandant(in) *m(f)* <-en, -en *o* -innen> (MIL) comandante *m,f*

kommandieren* *vt* comandar

Kommando [kɔ'mando] *nt* <-s, -s> ① (*Befehl*) ordem *f* ② *kein pl* (*Befehlsgewalt*) comando *m;* **das ~ haben** chefiar ③ (*Gruppe*) destacamento *m*

kommen ['kɔmən] *vi* ① (*einen Ort erreichen*) vir; (*ankommen*) chegar; **er wird bald ~** ele está a chegar; **ich komme schon** já vou, vou já; **vorwärts~** avançar, andar para a frente, progredir, fazer progressos; **zu spät ~** chegar tarde; **wie komme ich zum Bahnhof?** como é que eu vou até à estação?; **~ Sie hierher!** venha cá!; **komm, wir gehen!** anda, vamos (embora)!; **ein Taxi/den Arzt ~ lassen** chamar um táxi/o médico; **von einer Reise ~** chegar de uma viagem; **da kommt er angelaufen** lá vem ele a correr; **in die Schule/ins Krankenhaus ~** ir para a escola/o hospital; **durch eine Prüfung ~** passar num exame; **aus der Mode ~** sair de moda; **das kommt mir wie gerufen** isso vem-me mesmo a calhar; **da könnte ja jeder ~!** venha quem vier!; **von der Stelle ~** sair do sítio; **ich kam auf den Gedanken zu ...** lembrei-me de ..., tive a ideia de ...; **ich komme nicht auf ihren Namen** não consigo lembrar-me do seu nome ② (*geschehen*) acontecer, suceder, ser;

ihr Rücktritt kam für alle überraschend a demissão dela foi uma surpresa para todos; **komme es wie es wolle** aconteça o que acontecer; **es musste ja so ~** tinha de ser; **wie kommt es, dass ...?** como é que ...?; **es kam eins zum anderen** uma coisa levou à outra; **so weit ist es nicht gekommen** (a coisa) não chegou a tanto; **wie es gerade kommt** como calha ③ (*stammen*) vir (*aus* de), ser (*aus* de); **ich komme aus Hamburg** eu sou [*o* eu venho] de Hamburgo ④ (*herrühren*) derivar; **woher kommt es, dass ...?** como se explica que ...?; **das kommt davon** isso deve-se a isso

kommend *adj* futuro, próximo; (*Generation*) vindouro; **~e Woche** na próxima semana, na semana que vem

Kommentar [kɔmɛn'taːɐ] *m* <-s, -e> comentário *m;* **einen ~ zu etw abgeben** fazer um comentário a a. c.

Kommentator(in) *m(f)* <-s, -en *o* -innen> comentador, comentadora *m, f*

kommentieren* *vt* comentar

kommerziell [kɔmɛr'tsjɛl] *adj* comercial

Kommilitone(in) [kɔmili'toːnə] *m(f)* <-n, -n *o* -innen> colega *m,f* (de universidade)

Kommissar(in) [kɔmɪ'saːɐ] *m(f)* <-s, -e *o* -innen> comissário, comissária *m, f*

Kommissär(in) *m(f)* <-s, -e *o* -innen> (*österr, schweiz*) *s.* **Kommissar**

kommissarisch *adj* provisório; **die ~e Leiterin** a dire(c)tora provisória

Kommission [kɔmɪ'sjoːn] *f* <-en> ① (*Ausschuss, Gremium*) comissão *f* ② (WIRTSCH) **etw in ~ geben/nehmen** dar/tomar a. c. à consignação

kommissionieren* *vt* (*österr*) examinar

Kommode [kɔ'moːdə] *f* <-n> cómoda *f*

kommunal [kɔmu'naːl] *adj* municipal, comunal

Kommunalpolitik *f kein pl* política *f* municipal, política *f* autárquica

Kommunalwahl *f* <-en> eleições *fpl* autárquicas

Kommune *f* <-n> autarquia *f,* concelho *m,* município *m*

Kommunikation [kɔmunika'tsjoːn] *f kein pl* comunicação *f*

kommunikativ *adj* comunicativo

Kommunikee[RR] *nt* <-s, -s> comunicado *m*

Kommunion [kɔmu'njoːn] *f kein pl* ① (*Abendmahl*) comunhão *f* ② (*Erstkommunion*) primeira comunhão *f*

Kommuniqué *nt* <-s, -s> comunicado *m*

Kommunismus [kɔmu'nɪsmʊs] *m kein pl* comunismo *m*

Kommunist(in) [kɔmu'nɪst] *m(f)* <-en, -en *o* -innen> comunista *m,f*

kommunistisch *adj* comunista

kommunizieren* *vi* ① (*sprechen*) comunicar (*mit* com) ② (REL) comungar

Komödiant(in) *m(f)* <-en, -en *o* -innen> comediante *m,f*

Komödie *f* <-n> comédia *f*

Kompagnon *m* <-s, -s> (WIRTSCH) sócio *m*

kompakt [kɔm'pakt] *adj* compacto

Kompanie [kɔmpa'niː] *f* <-n> companhia *f*

Komparativ ['kɔmparatiːf] *m* <-s, -e> (GRAM) comparativo *m*

Kompass[RR] ['kɔmpas] *m* <-es, -e>, **Kompaß**[ALT] *m* <-sses, -sse> bússola *f*

kompatibel [kɔmpa'tiːbəl] *adj* compatível (*mit* com)

kompensieren* *vt* compensar

kompetent [kɔmpe'tɛnt] *adj* competente

Kompetenz [kɔmpe'tɛnts] *f* <-en> competência *f;* **seine ~en überschreiten** ultrapassar as suas competências

komplett [kɔm'plɛt] *adj* completo, inteiro

komplex [kɔm'plɛks] *adj* complexo

Komplex [kɔm'plɛks] *m* <-es, -e> ① (*Gruppe*) conjunto *m,* complexo *m* ② (PSYCH) complexo *m;* **~e haben** ter complexos

Komplikation [kɔmplika'tsjoːn] *f* <-en> complicação *f;* **das kann zu ~en führen** isso pode originar complicações

Kompliment [kɔmpli'mɛnt] *nt* <-(e)s, -e> elogio *m;* **jdm ein ~ machen** fazer um elogio a alguém

Komplize(in) [kɔm'pliːtsə] *m(f)* <-n, -n *o* -innen> cúmplice *m,f*

kompliziert [kɔmpli'tsiːɐt] *adj* complicado

Komplott [kɔm'plɔt] *nt* <-(e)s, -e> complô *m,* conspiração *f;* **ein ~ schmieden** armar um complô, conspirar

Komponente [kɔmpo'nɛntə] *f* <-n> componente *m*

komponieren* *vt* (MUS) compor

Komponist(in) [kɔmpo'nɪst] *m(f)* <-en, -en *o* -innen> compositor, compositora *m, f*

Komposition *f* <-en> (MUS) composição *f*

Kompositum [kɔm'poːzitʊm] *nt* <-s, Komposita> (GRAM) palavra *f* composta

K

Kompost [kɔm'pɔst] *m* <-(e)s> *kein pl* composto *m*

Kompott [kɔm'pɔt] *nt* <-(e)s, -e> compota *f*

Kompresse [kɔm'prɛsə] *f* <-n> (MED) compressa *f*

Kompressor *m* <-s, -en> (TECH, PHYS) compressor *m*

KompromissRR [kɔmpro'mɪs] *m* <-es, -e>, **Kompromiß**ALT *m* <-sses, -sse> compromisso *m;* (JUR) acordo *m;* **einen ~ schließen** fazer um acordo

kompromissbereitRR *adj* transigente

KompromisslösungRR *f* <-en> compromisso *m*

kompromittieren* *vt* comprometer

kondensieren* *vi* (PHYS) condensar

Kondensmilch [kɔn'dɛns-] *f kein pl* leite *m* condensado

Kondensstreifen *m* <-s, -> rast(r)o *m* de condensação

Kondenswasser *nt* <-s> *kein pl* água *f* condensada

Kondition [kɔndi'tsjo:n] *f* <-en> ① (WIRTSCH) condição *f* ② *kein pl* (SPORT) condição física *f;* **eine gute ~ haben** estar em boa condição física

Konditional *nt* <-s> *kein pl* (GRAM) condicional *m*

Konditionstraining *nt* <-s> *kein pl* treino *m* de condição física

Konditor(in) [kɔn'di:to:ɐ] *m(f)* <-s, -en *o* -innen> pasteleiro, pasteleira *m, f,* confeiteiro, confeiteira *m, f*

Konditorei [kɔndito'raɪ] *f* <-en> pastelaria *f,* confeitaria *f*

kondolieren* *vi* dar os pêsames

Kondom [kɔn'do:m] *nt* <-s, -e> preservativo *m*

Konfekt [kɔn'fɛkt] *nt* <-(e)s, -e> doces *mpl*

Konfektionsgröße *f* <-en> tamanho *m*

Konferenz [kɔnfe'rɛnts] *f* <-en> conferência *f*

Konferenzraum *m* <-(e)s, -räume> sala *f* de conferências

Konferenzschaltung *f* <-en> videoconferência *f*

Konfession [kɔnfɛ'sjo:n] *f* <-en> religião *f*

konfessionell *adj* religioso

konfessionslos *adj* ateu

Konfetti [kɔn'fɛti] *nt* <-(s)> *kein pl* confetti *m*

Konfirmand(in) *m(f)* <-en, -en *o* -innen> confirmando, confirmanda *m, f*

Konfirmation [kɔnfɪrma'tsjo:n] *f* <-en> (REL) confirmação *f*

konfirmieren* *vt* (REL) confirmar

Konfiserie *f* <-n> ① (*schweiz: Konditorei*) confeitaria *f* ② (*schweiz: Konfekt*) doces *mpl*

Konfitüre *f* <-n> compota *f*

Konflikt [kɔn'flɪkt] *m* <-(e)s, -e> conflito *m;* **bewaffneter ~** conflito armado; **mit dem Gesetz in ~ geraten** entrar em conflito com a lei

konform [kɔn'fɔrm] *adj* conforme

Konformismus *m* <-> *kein pl* conformismo *m*

Konfrontation [kɔnfrɔnta'tsjo:n] *f* <-en> confrontação *f*

konfrontieren* *vt* confrontar (*mit* com)

konfus [kɔn'fu:s] *adj* confuso

Kongo *m* <-s> *kein pl* Congo *m*

KongressRR [kɔŋ'grɛs, kɔn'grɛs] *m* <-es, -e>, **Kongreß**ALT *m* <-sses, -sse> congresso *m*

kongruent *adj* (MATH) congruente

Kongruenz *f kein pl* (MATH) congruência *f*

König(in) *m(f)* <-s, -e *o* -innen> rei *m,* rainha *f;* **die Heiligen Drei ~e** os três Reis Magos

königlich *adj* real, régio

Königreich *nt* <-(e)s, -e> reino *m*

konisch *adj* cónico

Konjugation [kɔnjuga'tsjo:n] *f* <-en> (GRAM) conjugação *f*

konjugieren* *vt* conjugar

Konjunktion [kɔnjʊŋk'tsjo:n] *f* <-en> (GRAM) conjunção *f*

Konjunktiv ['kɔnjʊŋkti:f] *m* <-s, -e> (GRAM) conjuntivo *m*

Konjunktur [kɔnjʊŋk'tu:ɐ] *f* <-en> conjuntura *f;* **steigende/fallende ~** alta/baixa conjuntura *f*

konjunkturell [kɔnjʊŋktu'rɛl] *adj* da conjuntura

konkav [kɔn'ka:f] *adj* côncavo

konkret [kɔŋ'kre:t, kɔn'kre:t] *adj* concreto

Konkurrent(in) [kɔŋkʊ'rɛnt] *m(f)* <-en, -en *o* -innen> concorrente *m,f*

Konkurrenz [kɔŋkʊ'rɛnts, kɔn-] *f kein pl* concorrência *f;* **jdm ~ machen** fazer concorrência a alguém; **in dieser Branche gibt es eine starke ~** neste ramo há muita concorrência

konkurrenzfähig *adj* competitivo

Konkurrenzkampf *m* <-(e)s, -kämpfe>

luta *f* de concorrência

konkurrieren* *vi* concorrer (*mit* com)

Konkurs [kɔŋ'kʊrs, kɔn-] *m* <-es, -e> falência *f;* **in ~ gehen** falir; **~ anmelden** abrir falência

können I. *vt* (*gelernt haben*) saber; **kannst du Portugiesisch?** sabes (falar) português?; **sie kann gut schwimmen/Auto fahren** ela sabe nadar/conduzir bem, ela nada/conduz bem II. (*fähig sein*) poder, ser capaz de; **~ Sie mir das erklären?** pode explicar-me isto?; **wir ~ morgen wieder kommen** podemos voltar amanhã; **wie kannst du nur so etwas sagen?** como é que podes dizer uma coisa dessas?; (*möglich sein*) poder, ser possível; **es kann sein, dass es morgen regnet** é possível que chova amanhã, é capaz de chover amanhã; **wir könnten morgen einen Ausflug machen** amanhã podíamos fazer uma excursão; **~ Sie mir sagen, wie spät es ist?** pode dizer-me as horas?; **das kann passieren** isso pode acontecer; (*dürfen*) poder; **kann ich jetzt gehen?** posso ir agora?; **du kannst hier kurz telefonieren** podes telefonar daqui III. *vi* poder; **ich kann nichts dafür** eu não tenho culpa; **so gut ich kann** o melhor que posso; **ich kann nicht mehr** não posso mais; **morgen kann ich nicht** amanhã não posso; (*umg*); **du kannst mich mal!** vai-te lixar!

Können *nt* <-s> *kein pl* saber *m,* capacidade *f*

Könner(in) *m(f)* <-s, - *o* -innen> talentoso, talentosa *m, f*

konnte ['kɔntə] *imp von* **können**

Konsens [kɔn'zɛns] *m* <-es> *kein pl* consenso *m;* **einen ~ erzielen** chegar a um consenso

konsequent [kɔnze'kvɛnt] I. *adj* consequente II. *adv* com coerência; **etw ~ verfolgen** seguir a. c. com coerência

Konsequenz [kɔnze'kvɛnts] *f* <-en> ❶ (*Folgerichtigkeit*) coerência *f* ❷ (*Folge*) consequência *f;* **das wird ernste ~en haben** isso vai ter consequências graves; **die ~en aus etw ziehen** pensar nas consequências de a. c.

konservativ ['kɔnzɛrvati:f, ---'-] *adj* conservador

Konserve [kɔn'zɛrvə] *f* <-n> conserva *f*

Konservenbüchse *f* <-n> lata *f* de conserva

konservieren* *vt* conservar

Konservierungsmittel *nt* <-s, -> conservante *m*

Konsole [kɔn'zo:lə] *f* <-n> (INFOR: *Möbel*) consola *f*

konsolidieren* *vt* consolidar

Konsonant [kɔnzo'nant] *m* <-en, -en> consoante *f*

Konsortium *nt* <-s, -sortien> (WIRTSCH) consórcio *m*

konstant [kɔn'stant] *adj* constante

Konstante [kɔn'stantə] *f* <-n> (MATH) constante *f,* invariável *f*

Konstellation [kɔnstɛla'tsjo:n] *f* <-en> ❶ (*Lage*) conjuntura *f* ❷ (ASTR) constelação *f*

konsterniert *adj* consternado

Konstitution [kɔnstitu'tsjo:n] *f* <-en> (MED) constituição *f*

konstitutionell [kɔnstitutsjo'nɛl] *adj* (POL, MED) constitucional

konstruieren* *vt* construir

Konstrukteur(in) *m(f)* <-s, -e *o* -innen> construtor, construtora *m, f*

Konstruktion [kɔnstrʊk'tsjo:n] *f* <-en> construção *f*

konstruktiv [kɔnstrʊk'ti:f] *adj* construtivo

Konsul(in) ['kɔnzʊl] *m(f)* <-s, -n *o* -innen> cônsul *m,* consulesa *f*

Konsulat [kɔnzu'la:t] *nt* <-(e)s, -e> consulado *m*

konsultieren* *vt* consultar

Konsum [kɔn'zu:m] *m* <-s> *kein pl* consumo *m*

Konsument(in) [kɔnzu'mɛnt] *m(f)* <-en, -en *o* -innen> consumidor, consumidora *m, f*

Konsumgesellschaft *f* <-en> sociedade *f* de consumo

konsumieren* *vt* consumir

Konsumorientiertheit *f kein pl* consumismo *m*

Kontakt [kɔn'takt] *m* <-(e)s, -e> (*a* ELEKTR) conta(c)to *m;* **mit jdm ~ aufnehmen** entrar em conta(c)to com alguém; **mit jdm in ~ stehen** estar em conta(c)to com alguém; **sie unterhalten geschäftliche ~e zu unserer Firma** eles mantêm conta(c)tos comerciais para a nossa firma; **sexuelle ~e** relações *fpl* sexuais

Kontaktbörse *f* agência de contactos [*o* encontros] *f*

kontaktfreudig *adj* comunicativo, dado

Kontaktlinse *f* <-n> lente *f* de conta(c)to

Kontaktlinsenpflegemittel *nt* líquido *m* de

K

manutenção de lentes de contacto
Kontaktperson *f* <-en> conta(c)to *m*
kontern ['kɔntɐn] *vt* responder a; **geschickt ~** dar uma boa resposta a
Kontext ['kɔntɛkst] *m* <-es, -e> contexto *m*
Kontinent ['kɔntinɛnt, --'-] *m* <-(e)s, -e> continente *m*
Kontinentalklima *nt* <-s> *kein pl* clima *m* continental
Kontingent [kɔntɪŋ'gɛnt] *nt* <-(e)s, -e> ❶ (*Anteil*) parte *f* ❷ (*Truppen*) contingente *m*
kontinuierlich [kɔntinu'iːɐlɪç] *adj* contínuo
Kontinuität *f kein pl* continuidade *f*
Konto ['kɔnto] *nt* <-s, Konten> conta *f;* **ein ~ eröffnen/auflösen** abrir/fechar uma conta; **Geld auf das ~ einzahlen** depositar dinheiro na conta; **Geld auf dem ~ haben** ter dinheiro na conta; **das ~ überziehen** exceder o crédito da conta; (*umg*); **das geht auf mein ~** a culpa é minha
Kontoauszug *m* <-(e)s, -züge> extra(c)to *m* de conta
Kontoführungsgebühr *f* <-en> despesas *fpl* de manutenção de conta
Kontoinhaber(in) *m(f)* <-s, - *o* -innen> titular *m,f* da conta
Kontonummer *f* <-n> número *m* da conta
Kontostand *m* <-(e)s, -stände> saldo *m* bancário
Kontoüberziehung *f* <-en> conta *f* a descoberto
kontra ['kɔntra] **I.** *präp +akk* (JUR) contra **II.** *adv* (*dagegen*) contra; **er ist immer ~** ele é sempre contra
Kontra *nt* <-s, -s> **jdm ~ geben** contradizer alguém, opor-se a alguém
KontrabassRR ['kɔntra-] *m* <-es, -bässe> contrabaixo *m*
Kontrahent(in) [kɔntra'hɛnt] *m(f)* <-en, -en *o* -innen> ❶ (*Gegner*) adversário, adversária *m, f* ❷ (*Vetragspartner*) outorgante *m,f,* contraente *m,f*
Kontraktion [kɔntrak'tsjoːn] *f* <-en> (MED, LING, PHYS) contra(c)ção *f*
konträr *adj* contrário
Kontrast [kɔn'trast] *m* <-es, -e> contraste *m;* **im ~ zu etw stehen** estar em contraste com a. c.
Kontrolle [kɔn'trɔlə] *f* <-n> ❶ (*Beherrschung*) controlo *m,* controle *m;* **jdn/etw unter ~ haben** ter alguém/a. c. sob controlo; **der Waldbrand konnte unter ~ gebracht werden** o incêndio florestal pôde ser controlado; **die ~ über sich verlieren** descontrolar-se, perder o controlo; **das Auto geriet außer ~** o carro descontrolou-se ❷ (*Prüfung*) teste *m,* peritagem *f;* (*Überwachung*) fiscalização *f,* inspe(c)ção *f;* **~n durchführen** fazer inspe(c)ções [*o* testes]
Kontrolleur(in) [kɔntrɔ'løːɐ] *m(f)* <-s, -e *o* -innen> revisor, revisora *m, f*
kontrollieren* *vt* ❶ (*überprüfen*) testar; (*nachprüfen*) verificar; (*Gepäck*) revistar; **den Pass/die Fahrkarte ~** verificar o passaporte/os bilhetes ❷ (*überwachen*) controlar, fiscalizar, inspe(c)cionar
Kontrollturm *m* <-(e)s, -türme> (AERO) torre *f* de controlo, torre *f* de controle
kontrovers [kɔntro'vɛrs] *adj* ❶ (*entgegengesetzt*) oposto, contrário ❷ (*umstritten*) controverso
Kontroverse [kɔntro'vɛrzə] *f* <-n> controvérsia *f*
Kontur [kɔn'tuːɐ] *f* <-en> contorno *m*
Konvention [kɔnvɛn'tsjoːn] *f* <-en> ❶ (POL) convenção *f,* convénio *m;* (JUR) acordo *m;* **~ zum Schutz der Menschenrechte** convenção dos direitos humanos ❷ (*Verhaltensnorm*) convenção *f;* **sich über ~en hinwegsetzen** não ligar a convenções
konventionell [kɔnvɛntsjo'nɛl] *adj* convencional
Konversation [kɔnvɛrza'tsjoːn] *f* <-en> conversação *f*
konvertieren* **I.** *vt* (INFOR, WIRTSCH) converter **II.** *vi* (REL) converter-se (*zu* a)
konvex [kɔn'vɛks] *adj* convexo
Konvoi [kɔn'vɔɪ, '--] *m* <-s, -s> comboio *m;* **im ~ fahren** ir em comboio
Konzentrat [kɔntsɛn'traːt] *nt* <-(e)s, -e> concentrado *m*
Konzentration [kɔntsɛntra'tsjoːn] *f* <-en> (*a* CHEM) concentração *f*
Konzentrationslager *nt* <-s, -> campo *m* de concentração
Konzentrationsschwäche *f* <-n> falta *f* de concentração
konzentrieren* **I.** *vt* concentrar (*auf* em) **II.** *vr* **sich ~** concentrar-se (*auf* em)
konzentrisch [kɔn'tsɛntrɪʃ] *adj* concêntrico
Konzept [kɔn'tsɛpt] *nt* <-(e)s, -e> ❶ (*Entwurf*) esboço *m,* rascunho *m;* **aus dem ~ kommen** perder o fio à meada; **jdn aus**

dem ~ **bringen** fazer alguém perder o fio à meada ❷ (*Plan, Programm*) plano *m*

Konzeption [kɔntsɛp'tsjo:n] *f* <-en> concepção *f*

Konzern [kɔn'tsɛrn] *m* <-s, -e> grupo *m* de empresas

Konzert [kɔn'tsɛrt] *nt* <-(e)s, -e> concerto *m;* **ins ~ gehen** ir ao concerto

Konzession [kɔntsɛ'sjo:n] *f* <-en> ❶ (*Zugeständnis*) concessão *f;* **~en machen** fazer concessões ❷ (*Lizenz*) licença *f,* alvará *m;* **jdm die ~ entziehen** tirar a licença a alguém

konzipieren* *vt* conceber

Kooperation [koʔopera'tsjo:n] *f* <-en> cooperação (*mit* com)

kooperativ [koʔopera'ti:f] *adj* cooperativo

kooperieren* *vi* cooperar (*mit* com)

Koordinate [koʔɔrdi'na:tə] *f* <-n> (MAT) coordenada *f*

Koordinatensystem *nt* <-s, -e> (MAT) sistema *m* de coordenadas

koordinieren* *vt* coordenar

Kopenhagen *nt* <-s> *kein pl* Copenhaga *f*

Kopf [kɔpf] *m* <-(e)s, Köpfe> ❶ (*Körperteil*) cabeça *f;* **das kostet 10 EUR pro ~** custa 15 euros por cabeça; **von ~ bis Fuß** dos pés à cabeça; **der Wein steigt ihm zu ~** o vinho sobe-lhe à cabeça; **seinen ~ durchsetzen wollen** ser teimoso; **sich** *dat* **etw durch den ~ gehen lassen** ponderar a. c.; **sich** *dat* **etw aus dem ~ schlagen** desistir de a. c.; (*fig*); **den ~ verlieren** perder a cabeça; **den ~ hängen lassen** andar cabisbaixo; **nicht ganz richtig im ~ sein** não estar bom da cabeça; **sich** *dat* **etw in den ~ setzen** meter a. c. na cabeça; **sich** *dat* **den ~ zerbrechen** dar voltas à cabeça; **das geht ihm nicht mehr aus dem ~** isso não lhe sai da cabeça; **etw auf den ~ stellen** pôr a. c. de pernas para o ar ❷ (*Chef*) cérebro *m,* cabecilha *m;* **er ist der ~ der Bewegung** ele é o cérebro do movimento ❸ (*Briefkopf*) cabeçalho *m*

Kopfball *m* <-(e)s, -bälle> (SPORT) remate *m* de cabeça

köpfen *vt* ❶ (*enthaupten*) decapitar ❷ (SPORT) cabecear, dar uma cabeçada em

Kopfende *nt* <-s, -n> cabeceira *f*

Kopfhaut *f* <-häute> couro *m* cabeludo

Kopfhörer *m* <-s, -> auscultador *m;* **sich** *dat* **~ aufsetzen** pôr auscultadores

Kopfkissen *nt* <-s, -> almofada *f,* travesseira *f*

kopflos *adj* ❶ (*Lebewesen*) acéfalo ❷ (*verwirrt*) desnorteado, desvairado

kopfrechnen *vi* calcular de cabeça

Kopfrechnen *nt* <-s> *kein pl* cálculo *m* mental

Kopfsalat *m* <-(e)s, -e> alface *f*

Kopfschmerzen *pl* dores *fpl* de cabeça

Kopfschmerztablette *f* <-n> comprimido *m* para as dores de cabeça

Kopfsprung *m* <-(e)s, -sprünge> salto *m* de cabeça

Kopfstand *m* <-(e)s, -stände> pino *m*

Kopfsteinpflaster *nt* <-s, -> piso *m* em paralelo

Kopfstütze *f* <-n> encosto *m* de cabeça

Kopftuch *nt* <-(e)s, -tücher> lenço *m* da cabeça

Kopfweh *nt* <-s> *kein pl* dor *f* de cabeça

Kopfzerbrechen *nt* esforço *m* mental; **das bereitet mir ~** isso obriga-me a puxar pela cabeça

Kopie [ko'pi:] *f* <-n> ❶ (*a* INFOR) cópia *f;* (*Fotokopie*) fotocópia *f,* xerox *m;* **eine ~ von etw machen** fazer [*o* tirar] uma cópia de a. c. ❷ (*Nachahmung*) cópia *f,* imitação *f*

kopieren* *vt* ❶ (*a* INFOR) copiar; (*fotokopieren*) fotocopiar ❷ (*nachahmen*) copiar, imitar

Kopierer *m* <-s, -> (*umg*) fotocopiadora *f,* xerox *m*

Kopiergerät *nt* <-(e)s, -e> copiadora *f*

Kopilot(in) ['ko:pilo:t] *m(f)* <-en, -en *o* -innen> co-piloto *m,f*

koppeln ['kɔpəln] *vt* ❶ (*Fahrzeuge*) atrelar, engatar; (*Raumschiffe*) acoplar; (*Geräte*) ligar ❷ (*abhängig machen*) fazer depender; **seine Zustimmung an mehrere Bedingungen ~** fazer depender o seu consentimento de várias condições

Kopplung *f* <-en> (*Fahrzeuge*) atrelagem *f;* (*Raumschiffe*) acoplamento *m;* (*Geräte*) ligação *f*

Koprozessor *m* <-s, -en> (INFOR) co-processador *m*

Koralle [ko'ralə] *f* <-n> coral *m*

Korallenriff *nt* <-(e)s, -e> recife *m* de corais

Koran [ko'ra:n] *m* <-s> *kein pl* Alcorão *m*

Korb [kɔrp] *m* <-(e)s, Körbe> ❶ (*Behälter*) cesto *m,* cesta *f* ❷ (SPORT) cesto *m;* **einen ~ erzielen** encestar ❸ (*Abfuhr*) rejeição *f,*

recusa *f;* **einen ~ bekommen** ser rejeitado; **jdm einen ~ geben** rejeitar alguém
Korbflasche *f* <-n> garrafão *m*
Korbstuhl *m* <-(e)s, -stühle> cadeira *f* de verga
Kord [kɔrt] *m* <-(e)s, -e> *s.* **Cord**
Kordel ['kɔrdəl] *f* <-n> cordel *m*
Korea *nt* <-s> *kein pl* Coreia *f*
Koriander *m* <-s> *kein pl* coentro *m*
Korinthe *f* <-n> coríntia *f*
Kork [kɔrk] *m* <-(e)s, -e> cortiça *f*
Korkeiche *f* <-n> sobreiro *m*
Korken ['kɔrkən] *m* <-s, -> rolha *f*
Korn[1] [kɔrn] *nt* <-(e)s, Körner> ① (*Getreidekorn, Reiskorn, Sandkorn*) grão *m;* (*Salzkorn*) pedra *f,* grão *m;* (*Samenkorn*) semente *f* ② *kein pl* (*Getreide*) cereal *m,* cereais *mpl*
Korn[2] *m* <-(e)s> *kein pl* aguardente *f* de cereais
Kornblume *f* <-n> (BOT) centáurea *f*
Kornfeld *nt* <-(e)s, -er> seara *f*
Körper *m* <-s, -> corpo *m*
Körperbau *m* <-(e)s> *kein pl* estrutura *f* física, envergadura *f*
körperbehindert *adj* deficiente físico
Körpergewicht *nt* <-(e)s> *kein pl* peso *m* do corpo
Körpergröße *f* <-n> estatura *f*
körperlich *adj* corporal, físico; **~e Arbeit** trabalho *m* físico
Körperpflege *f kein pl* higiene *f* do corpo
Körperschaft *f* <-en> (JUR) corpo *m,* corporação *f*
Körperteil *m* <-(e)s, -e> parte *f* do corpo
Körperverletzung *f* <-en> lesão *f* corporal
Korps [ko:ɐ] *nt* <-, -> (MIL) corpo *m;* **das diplomatische ~** o corpo diplomático
korpulent [kɔrpu'lɛnt] *adj* corpulento
Korpus *m* <-, -se> (*schweiz: Ladentisch*) balcão *m;* (*Bürotisch*) secretária *f*
korrekt [kɔ'rɛkt] *adj* corre(c)to
Korrektur [kɔrɛk'tu:ɐ] *f* <-en> corre(c)ção *f;* **~ lesen** corrigir
Korrespondent(in) [kɔrɛspɔn'dɛnt] *m(f)* <-en, -en *o* -innen> correspondente *m,f*
Korrespondenz [kɔrɛspɔn'dɛnts] *f* <-en> correspondência *f;* **mit jdm in ~ stehen** corresponder-se com alguém
Korridor ['kɔrido:ɐ] *m* <-s, -e> corredor *m*
korrigieren* *vt* corrigir; (*verbessern*) emendar
Korrosion *f* <-en> corrosão *f*
korrumpieren* *vt* corromper
korrupt [kɔ'rʊpt] *adj* corrupto
Korruption [kɔrʊp'tsjo:n] *f* <-en> corrupção *f*
Korse(in) *m(f)* <-n, -n *o* -innen> corso, corsa *m, f*
Korsett [kɔr'zɛt] *nt* <-(e)s, -e> espartilho *m*
Korsika ['kɔrzika] *nt* <-s> *kein pl* Córsega *f*
korsisch *adj* corso
Kortison *nt* <-s, -e> (MED) cortisona *f*
koscher ['ko:ʃɐ] *adj* (REL) kosher
Kosename *m* <-ns, -n> nome de afe(c)to *m*
Kosewort *nt* <-(e)s, -wörter> palavra *f* de afe(c)to
Kosinus *m* <-, -(se)> (MAT) co-seno *m*
Kosmetik [kɔs'me:tɪk] *f kein pl* cosmética *f*
Kosmetiker(in) [kɔs'me:tikɐ] *m(f)* <-s, - *o* -innen> esteticista *m,f*
Kosmetiktuch *nt* <-(e)s, -tücher> toalhinha *f,* toalhete *m*
kosmetisch *adj* cosmético; **~e Chirurgie** cirurgia *f* estética
kosmisch ['kɔsmɪʃ] *adj* cósmico
Kosmonaut(in) [kɔsmo'naʊt] *m(f)* <-en, -en *o* -innen> cosmonauta *m,f*
Kosmopolit(in) [kɔsmopo'li:t] *m(f)* <-en, -en *o* -innen> cosmopolita *m,f*
Kosmos ['kɔsmɔs] *m* <-> *kein pl* cosmo *m*
Kosovare, Kosovarin <-n, -n> *m, f* kosovar *mf*
kosovarisch *adj* kosovar
Kosovo <-s> *m* [**der**] ~ [o] Kosovo *m*
Kost [kɔst] *f kein pl* ① (*Nahrung*) comida *f,* alimento *m;* **leichte/vegetarische ~** comida ligeira/vegetariana ② (*Ernährung*) alimentação *f*
kostbar *adj* valioso, precioso; (*teuer*) caro, dispendioso
Kostbarkeit *f* <-en> preciosidade *f*
kosten ['kɔstən] *vt* ① (*Preis haben*) custar; **wie viel/was kostet das?** quanto custa isso?; **das kostet 70 EUR** isso custa 70 euros; **koste es, was es wolle** custe o que custar ② (*probieren*) provar ③ (*erfordern*) exigir; **das kostet viel Zeit** isso exige muito tempo, isso leva muito tempo
Kosten ['kɔstən] *pl* custo(s) *mpl,* despesas *fpl,* gastos *mpl;* **keine ~ scheuen** não olhar a despesas; **das geht auf meine ~** isso fica por minha conta; **auf ~ meiner Schwester** à custa da minha irmã; **das geht auf ~ der**

Umwelt isso prejudica o meio-ambiente; (*fig*); **auf seine ~ kommen** divertir-se à farta

kostenlos *adj* gratuito, grátis

kostenpflichtig *adj* sujeito a pagamento, sujeito a taxa

Kostenvoranschlag [--'---, '-----] *m* <-(e)s, -schläge> orçamento *m;* **einen ~ machen** fazer um orçamento

köstlich *adj* ❶ (*Essen*) delicioso ❷ (*amüsant*) divertido; **sich ~ amüsieren** divertir-se à grande

Kostprobe *f* <-n> prova *f* (de comida)

kostspielig *adj* caro, dispendioso

Kostüm *nt* <-s, -e> ❶ (*Damenkostüm*) conjunto *m* de saia e casaco ❷ (*Verkleidung*) disfarce *m,* fantasia *f* ❸ (*im Theater*) guarda-roupa *m*

kostümieren* *vr* **sich ~** fantasiar-se (*als* de), mascarar-se (*als* de)

Kot [ko:t] *m* <-(e)s> *kein pl* (*geh*) excremento *m*

Kotelett ['kɔtlɛt, kɔt'lɛt] *nt* <-s, -s> costeleta *f*

Koteletten [kɔt'lɛtən] *pl* suíças *fpl,* patilhas *fpl,* costeletas *fpl*

Köter *m* <-s, -> (*abw*) rafeiro *m,* vira-lata *m*

Kotflügel *m* <-s, -> guarda-lamas *m*

kotzen *vi* (*sl*) vomitar; **das ist ja zum Kotzen!** isso mete nojo!, isso é nojento!

Krabbe ['krabə] *f* <-n> camarão *m*

krabbeln ['krabəln] *vi* ❶ (*Kind*) gatinhar ❷ (*Käfer*) rastejar; (*Fliege*) andar

Krach [krax] *m* <-(e)s, Kräche> ❶ (*Lärm*) barulho *m,* estrondo *m;* (*andauernd*) barulho *m,* barulheira *f;* **~ machen** fazer barulho ❷ (*umg: Streit*) zanga *f;* **mit jdm ~ haben** zangar-se com alguém, ter chatices com alguém

krachen *vi* ❶ (*Tür*) bater com estrondo; (*Donner*) rebentar; (*Schuss*) estalar ❷ (*umg: Unfall*) haver um estouro; **an dieser Ecke kracht es jede Woche** nesta esquina há estouros todas as semanas

krächzen *vi* ❶ (*Vogel*) grasnar ❷ (*Mensch*) rouquejar

kraft [kraft] *präp +gen* em virtude de; **~ seines Amtes** em virtude da sua função

Kraft [kraft] *f* <Kräfte> ❶ (PHYS: *Körperkraft*) força *f;* (*Tatkraft*) energia *f;* **wieder zu Kräften kommen** recuperar as forças; **am Ende seiner Kräfte sein** estar sem forças; **neue Kräfte sammeln** recuperar energia; **mit aller ~** com unhas e dentes ❷ (*Wirksamkeit*) eficácia *f* ❸ **in ~ sein/treten** estar/entrar em vigor; **außer ~ setzen** anular ❹ (*Arbeitskraft*) empregado, empregada *m, f*

Kraftausdruck *m* <-(e)s, -drücke> expressão *f* violenta

Kraftfahrer(in) *m(f)* <-s, - *o* -innen> automobilista *m,f*

Kraftfahrzeug *nt* <-(e)s, -e> automóvel *m,* veículo *m* automóvel

Kraftfahrzeugbrief *m* <-(e)s, -e> título *m* de propriedade do veículo

Kraftfahrzeugschein *m* <-(e)s, -e> livrete *m*

Kraftfahrzeugsteuer *f* <-n> imposto *m* automóvel

Kraftfahrzeugversicherung *f* <-en> seguro *m* de automóvel

kräftig *adj* ❶ (*Person*) forte; (*Körperbau*) robusto; (*Stimme*) potente ❷ (*Farbe*) forte, vivo; (*Geruch, Geschmack*) intenso ❸ (*Essen*) pesado

kraftlos *adj* sem forças, fraco

Kraftprobe *f* <-n> prova *f* de esforço

Kraftstoff *m* <-(e)s, -e> combustível *m*

Krafttraining *nt* (SPORT) musculação *f*

kraftvoll *adj* vigoroso, enérgico

Kraftwagen *m* <-s, -> automóvel *m*

Kraftwerk *nt* <-(e)s, -e> central *f* eléctrica, usina *f* elétrica

Kragen ['kra:gən] *m* <-s, Krägen> gola *f;* (*an Hemd*) colarinho *m;* (*umg*); **mir platzt gleich der ~** já estou a perder a paciência

Krähe *f* <-n> gralha *f*

krähen *vi* (*Hahn*) cantar

Krake *m* <-n, -n> polvo *m*

krakeelen* *vi* fazer barulho

Kralle ['kralə] *f* <-n> garra *f;* (*umg*); **jdm die ~n zeigen** mostrar as garras a alguém

krallen *vr* **sich ~** agarrar-se (*an*)

Kram [kra:m] *m* <-(e)s> *kein pl* ❶ (*umg: Zeug*) tralha *f* ❷ (*umg: Angelegenheit*) coisas *fpl;* **mach deinen ~ allein!** faz as tuas coisas sozinho!; **jdm in den ~ passen** calhar bem a alguém

kramen I. *vt* remexer, revolver; **Sachen aus dem Keller ~** desentulhar coisas da cave **II.** *vi* remexer; **in alten Papieren ~** remexer papéis velhos

Krampf [krampf] *m* <-(e)s, Krämpfe> ❶ (MED) cãibra *f;* (*Magenkrampf*) convulsão *f,* espasmo *m;* **einen ~ haben/bekommen**

ter uma cãibra ❷ *kein pl* (*umg: Qual*) maçada *f;* **das ist vielleicht ein ~!** que maçada! ❸ (*schweiz: Straftat*) delito *m*

Krampfader *f* <-n> variz *f*

krampfhaft *adj* ❶ (MED) convulsivo, espasmódico ❷ (*verbissen*) desesperado; **~ an etw festhalten** agarrar-se desesperadamente a a. c.

Kran [kra:n] *m* <-(e)s, Kräne> guindaste *m,* grua *f*

Kranich ['kra:nɪç] *m* <-s, -e> grou *m*

krank [kraŋk] *adj* doente; **~ werden** adoecer, ficar doente

kränkeln *vi* andar doente

kränken *vt* magoar, machucar

Krankengeld *nt* <-(e)s> *kein pl* dinheiro *m* da baixa

Krankengymnast(in) *m(f)* <-en, -en *o* -innen> fisioterapeuta *m,f*

Krankengymnastik *f kein pl* fisioterapia *f*

Krankenhaus *nt* <-es, -häuser> hospital *m;* **ins ~ kommen** dar entrada no hospital; **im ~ liegen** estar (internado) no hospital

Krankenkasse *f* <-n> caixa *f* de previdência

Krankenpfleger *m* <-s, -> enfermeiro *m*

Krankenschwester *f* <-n> enfermeira *f*

Na Alemanha todas as pessoas que trabalham sem ser por conta própria ou registo de actividade industrial ou comercial têm que estar **krankenversichert** (seguros contra doenças) tendo por isso obrigação de contribuir para a Segurança Social. Na Áustria este seguro é obrigatório para todos os que trabalham, mas na Suíça é voluntário. Apesar disso, 95% dos suíços estão **krankenversichert**.

Krankenversichertenkarte *f* <-n> cartão *m* de beneficiário

Krankenversicherung *f* <-en> seguro *m* de saúde

Krankenwagen *m* <-s, -> ambulância *f*

Kranke(r) *m/f* <-n, -n *o* -n> doente *m,f*

krankhaft *adj* doentio, patológico

Krankheit *f* <-en> doença *f,* enfermidade *f;* **ansteckende ~** doença *f* contagiosa; **eine ~ bekommen** contrair [*o* apanhar] uma doença; **eine ~ durchmachen** passar por uma doença

Krankheitserreger *m* <-s, -> micróbio *m* patogénico

kranklachen *vi* (*umg*) **sich ~** fartar-se de rir

kränklich *adj* adoentado, achacado

krankmeldenRR *vi* **er hat sich krankgemeldet** ele avisou que está doente

Krankmeldung *f* <-en> aviso *m* de doença

krank|schreibenRR *vt irr* dar baixa a; **der Arzt hat mich für eine Woche krankgeschrieben** o médico deu-me baixa por uma semana

Kränkung *f* <-en> ofensa *f*

Kranz [krants] *m* <-(e)s, Kränze> coroa *f;* **einen ~ binden** fazer uma coroa

krassRR [kras] *adj,* **kraß**ALT *adj* ❶ (*extrem*) crasso, extremo; **in ~em Gegensatz zu etw stehen** estar totalmente em oposição a a. c. ❷ (*auffallend*) flagrante; (*Unterschied*) enorme

Krater ['kra:tɐ] *m* <-s, -> cratera *f*

Kratten *m* <-s, -> (*schweiz*) cesto *m,* cesta *f*

kratzbürstig *adj* rabugento

kratzen ['kratsən] **I.** *vt* (*Person, Katze*) arranhar; (*bei Juckreiz*) coçar; (*abkratzen*) raspar (*von* de) **II.** *vi* (*Pullover*) picar, arranhar; (*Katze*) arranhar **III.** *vr* **sich ~** (*bei Juckreiz*) coçar-se; **er kratzt sich am Bein** ele coça-se na perna

Kratzer *m* <-s, -> ❶ (*Verletzung*) arranhão *m* ❷ (*Werkzeug*) espátula *f*

Kraul *nt* <-s> *kein pl* crawl *m;* **100 m ~ schwimmen** nadar 100 m crawl

kraulen ['kraʊlən] **I.** *vt* fazer festinhas a **II.** *vi* (SPORT) nadar crawl

kraus [kraʊs] *adj* (*Haar*) crespo; (*Stoff*) encorrilhado, enrugado

Krause *f* <-n> carapinha *f*

kräuseln **I.** *vt* (*Haar*) frisar **II.** *vr* **sich ~** (*Haar, Wasser*) encrespar-se

kraus|ziehen *vt irr* **die Stirn ~** franzir a testa

Kraut [kraʊt] *nt* <-(e)s, Kräuter> ❶ (*Pflanze*) erva *f* ❷ (*Kohl*) couve *f;* (*umg*); **wie ~ und Rüben** em desordem

Kräutertee *m* <-s, -s> chá *m* de ervas

Krautkopf *m* <-(e)s, -köpfe> (*österr*) repolho *m*

Krawall [kra'val] *m* <-(e)s, -e> ❶ (*Tumult*) tumulto *m* ❷ (*Lärm*) barulho *m;* **~ machen** fazer barulho

Krawatte [kra'vatə] *f* <-n> gravata *f*

Krawattennadel *f* <-n> alfinete *m* de gravata

kreativ [krea'ti:f] *adj* criativo

Kreativität *f kein pl* criatividade *f*

Kreatur [krea'tuːɐ] *f* <-en> criatura *f*

Krebs [kreːps] *m* <-es, -e> ❶ (MED) cancro *m,* câncer *m;* ~ **erregend** cancerígeno ❷ (ZOOL) caranguejo *m* ❸ *kein pl* (*Sternkreiszeichen*) Caranguejo *m,* Câncer *m*

krebserregendALT *adj s.* **Krebs 1**

Krebsvorsorge *f kein pl* prevenção *f* contra o cancro, prevenção *f* contra o câncer

Kredit [kre'diːt] *m* <-(e)s, -e> crédito *m;* **zinsloser** ~ crédito sem juros; **jdm** ~ **gewähren** conceder crédito a alguém; **einen** ~ **aufnehmen** pedir um empréstimo

Kreditkarte *f* <-n> cartão *m* de crédito

kreditwürdig *adj* digno de crédito, solvente

Kreide ['kraɪdə] *f* <-n> ❶ (*zum Schreiben*) giz *m* ❷ (*Gestein*) cré *f*

kreidebleich ['--'-] *adj* branco como a cal

kreieren* *vt* criar

Kreis [kraɪs] *m* <-es, -e> ❶ (*a* MAT) círculo *m;* **im** ~ **sitzen/stehen** estar sentado em círculo/estar em círculo ❷ (*Personenkreis*) meio *m;* **weite** ~**e der Bevölkerung** grandes camadas da população; **gut informierte** ~**e berichteten, dass ...** grupos bem informados comunicaram que ...; **im** ~ **der Familie** no seio da família; **die besseren** ~**e** a alta-roda ❸ (*Landkreis*) distrito *m,* comarca *f;* **im** ~ **Tübingen** no distrito de Tübingen

kreischen ['kraɪʃən] *vi* ❶ (*Person*) guinchar ❷ (*Bremsen, Säge*) chiar

Kreisel ['kraɪzəl] *m* <-s, -> (*Spielzeug*) pião *m*

kreisen ['kraɪzən] *vi* ❶ (*sich drehen*) girar (*um* à/em volta de), rodar (*um* à/em volta de); **ihre Gedanken kreisten nur um ein Thema** os pensamentos dela giravam à volta do mesmo tema ❷ (*Flugzeug, Vögel*) dar voltas (*über* sobre) ❸ (*herumgereicht werden*) circular, passar de mão em mão

Kreislauf *m* <-(e)s, -läufe> ❶ (*Zyklus*) ciclo *m* ❷ *kein pl* (*Blutkreislauf*) circulação *f* (sanguínea)

Kreislaufkollaps *m* <-es, -e> colapso *m* circulatório

Kreislaufstörung *f* <-en> perturbação *f* circulatória

Kreissäge *f* <-n> serra *f* circular

Kreißsaal *m* <-(e)s, -säle> sala *f* de parto

Kreisstadt *f* <-städte> capital *f* de distrito

Kreisverkehr *m* <-s> *kein pl* trânsito *m* circundante; (*Platz*) rotunda *f*

Krematorium [krema'toːriʊm] *nt* <-s, -torien> crematório *m*

Krempe ['krɛmpə] *f* <-n> aba *f*

Krempel ['krɛmpəl] *m* <-s> *kein pl* (*umg*) tralha *f,* tarecos *mpl*

krepieren* *vi* (*umg: Mensch, Tier*) morrer

Krepp [krɛp] *m* <-s, -s> crepe *m*

KreppapierALT *nt* <-(e)s> *kein pl,* **Krepppapier**RR *nt* <-(e)s> *kein pl* papel *m* crepe

Kresse *f kein pl* agrião *m*

Kreuz [krɔɪts] *nt* <-es, -e> ❶ (*a* REL: *Symbol*) cruz *f;* **das Rote** ~ a Cruz Vermelha; **das** ~ **schlagen** benzer-se; **das** ~ **des Südens** o Cruzeiro do Sul ❷ (ANAT) espinha dorsal *f* ❸ (*Autobahnkreuz*) nó *m* (de auto-estrada) ❹ (*im Kartenspiel*) paus *mpl* ❺ (MUS) sustenido *m*

kreuzen **I.** *vt* (*überqueren*) cruzar; (BIOL) cruzar (*mit* com) **II.** *vr* **sich** ~ (*Straßen*) cruzar-se

Kreuzfahrt *f* <-en> cruzeiro *m*

Kreuzfeuer *nt* <-s, -> fogo *m* cruzado; **ins** ~ **der Kritik geraten** ser muito criticado

Kreuzgang *m* <-(e)s, -gänge> claustro *m*

kreuzigen* ['krɔɪtsɪgən] *vt* crucificar

Kreuzigung *f* <-en> crucificação *f*

Kreuzotter *f* <-n> víbora *f*

Kreuzschlüssel *m* <-s, -> chave *f* em cruz

Kreuzung *f* <-en> ❶ (*Straßenkreuzung*) cruzamento *m,* encruzilhada *f* ❷ (BIOL) cruzamento *m*

Kreuzverhör *nt* <-(e)s, -e> acareação *f*

Kreuzworträtsel *nt* <-s, -> palavras *fpl* cruzadas

Kreuzzug *m* <-(e)s, -züge> (HIST) cruzada *f*

kribbeln ['krɪbəln] *vi* formigar

kriechen [kriːçən] *vi* ❶ (*Käfer, Schlange*) rastejar; (*Mensch*) gatinhar; **auf allen vieren** ~ andar de gatas ❷ (*Fahrzeug*) arrastar-se; **die Zeit kriecht** o tempo arrasta-se ❸ (*abw: unterwürfig sein*) lamber as botas (*vor* a)

Kriecher(in) *m(f)* <-s, - *o* -innen> (*abw*) pau-mandado *m*

Kriechspur *f* <-en> faixa *f* lenta

Krieg [kriːk] *m* <-(e)s, -e> guerra *f;* **der Kalte** ~ a Guerra Fria; ~ **führen** fazer guerra (*gegen* com); ~ **führend** beligerante; **jdm/etw den** ~ **erklären** declarar guerra a alguém/a. c.

kriegen ['kriːgən] *vt* ❶ (*umg: bekommen*) receber, arranjar; **ein Kind** ~ estar grávida; **wie viel** ~ **Sie dafür?** quanto é que recebe

K

por isso?; **eine Erkältung ~** apanhar uma constipação ② (*umg: erwischen*) apanhar

kriegerisch *adj* guerreiro, bélico; **~e Auseinandersetzungen** conflitos *mpl* bélicos

kriegführend[ALT] *adj s.* **Krieg**

Kriegsdienstverweigerer *m* <-s, -> obje(c)tor *m* de consciência

Kriegserklärung *f* <-en> declaração *f* de guerra

Kriegsfuß *m* **mit jdm/etw auf ~ stehen** estar em pé de guerra com alguém/a. c.

Kriegsgefangene(r) *m* <-n, -n> prisioneiro *m* de guerra

Kriegsgericht *nt* <-(e)s, -e> conselho *m* de guerra

Kriegsschauplatz *m* <-es, -plätze> cenário *m* de guerra

Kriegsschiff *nt* <-(e)s, -e> navio *m* de guerra

Kriegsverbrechen *nt* <-s, -> crime *m* de guerra

Kriegsverbrecher *m* <-s, -> criminoso *m* de guerra

Kriegsversehrte(r) *m* <-n, -n> ferido *m* de guerra

Krimi ['krɪmi] *m* <-s, -s> (*Film*) filme *m* policial; (*Buch*) romance *m* policial

Kriminalbeamte(r)(in) *m(f)* <-n, -n *o* -innen> agente *m,f* da polícia judiciária

Kriminalität *f kein pl* criminalidade *f*

Kriminalpolizei *f kein pl* polícia *f* judiciária

Kriminalroman *m* <-s, -e> romance *m* policial

kriminell [krimi'nɛl] *adj* criminoso

Kriminelle(r) *m/f* <-n, -n *o* -n> criminoso, criminosa *m, f*

Krimskrams ['krɪmskrams] *m* <-> *kein pl* (*umg*) quinquilharias *fpl*

Kripo ['kri:po] *abk v* **Kriminalpolizei** PJ (= *polícia judiciária*)

Krippe ['krɪpə] *f* <-n> ① (*Futterkrippe*) manjedoura *f* ② (*Weihnachtskrippe*) presépio *m* ③ (*Kinderhort*) infantário *m*, creche *f*

Krise ['kri:zə] *f* <-n> crise *f*; (*umg*); **ich krieg die ~!** eu fico maluco!

kriseln ['kri:zəln] *vi* estar em crise; **es kriselt** estamos em crise, há uma crise

Krisengebiet *nt* <-(e)s, -e> zona *f* de crise

Krisenstab *m* <-(e)s, -stäbe> comité *m* de emergência

Kristall[1] [krɪs'tal] *m* <-s, -e> (*Körper*) cristal *m*

Kristall[2] *nt* <-s> *kein pl* (*Glas*) cristal *m*

Kriterium [kri'te:riʊm] *nt* <-s, -rien> critério *m*

Kritik [kri'ti:k, kri'tɪk] *f* <-en> crítica *f*; **~ an etw üben** fazer uma crítica a. c.; (*umg*); **das ist unter aller ~** isso é inqualificável

Kritiker(in) ['kri:tikɐ] *m(f)* <-s, - *o* -innen> crítico, crítica *m, f*

kritiklos *adj* sem crítica; **etw ~ annehmen** aceitar a. c. sem criticar

kritisch ['kri:tɪʃ, 'krɪtɪʃ] *adj* crítico; **die Lage ist ~** a situação é crítica; **~e Bemerkungen machen** fazer comentários críticos; **etw ~ prüfen** examinar a. c. com espírito crítico

kritisieren* *vt* criticar

kritzeln ['krɪtsəln] *vi* rabiscar

Kroate(in) [kro'a:tə] *m(f)* <-n, -n *o* -innen> croata *m,f*

Kroatien [kro'a:tsiən] *nt* <-s> *kein pl* Croácia *f*

kroatisch *adj* croata

kroch [krɔx] *imp von* **kriechen**

Krokette *f* <-n> croquete *m*

Krokodil [kroko'di:l] *nt* <-s, -e> crocodilo *m*

Krokus *m* <-, -se> croco *m*

Krone ['kro:nə] *f* <-n> ① (*des Königs, Währung*) coroa *f* ② (*Baumkrone*) copa *f* ③ (*Zahnkrone*) coroa *f*

krönen *vt* ① (*König*) coroar ② (*beenden*) acabar, rematar; **ein ~der Abschluss** uma conclusão para rematar

Kronkorken *m* <-s, -> cápsula *f*

Kronleuchter *m* <-s, -> candelabro *m*, lustre *m*

Kronprinz, essin *m, f* <-en, -en *o* -innen> príncipe *m* herdeiro, princesa *f* herdeira

Krönung *f* <-en> ① (*von König*) coroação *f* ② (*Abschluss*) remate *m*

Kronzeuge(in) *m(f)* <-n, -n *o* -innen> testemunha *f* principal

Kropf [krɔpf] *m* <-(e)s, Kröpfe> ① (*von Vogel*) papo *m* ② (MED) papeira *f*

Kröte *f* <-n> sapo *m*

Krücke *f* <-n> muleta *f*, canadiana *f*; **an ~n gehen** andar de muletas [*o* de canadianas]

Krug [kru:k] *m* <-(e)s, Krüge> jarro *m*, jarra *f*; (*Bierkrug*) caneca *f*

Krümel *m* <-s, -> migalha *f*

krümeln *vi* ① (*Person*) fazer migalhas ② (*Brot*) esmigalhar(-se)

krumm [krʊm] *adj* ① (*verbogen*) torto, torcido; (*kurvig*) curvo; (*Weg*) tortuoso;

(*Rücken*) torto ② (*umg: unehrlich*) duvidoso; (*Geschäft*) escuro

krümmen **I.** *vt* dobrar; (*Rücken*) curvar **II.** *vr* **sich ~** (*Straße, Fluss*) fazer uma curva; **sich vor Schmerz ~** (con)torcer-se de dores

krumm|nehmen *vt irr* **jdm etw ~** levar a. c. a mal a alguém

Krümmung *f* <-en> curvatura *f*, curva *f*

Krüppel *m* <-s, -> aleijado, aleijada *m, f*, mutilado, mutilada *m, f*

Kruste ['krʊstə] *f* <-n> ① (*einer Wunde*) crosta *f*, casca *f* ② (*von Braten*) crosta *f*; (*Brotkruste*) côdea *f*

Kruzifix ['kru:tsifɪks, krutsi'fɪks] *nt* <-es, -e> crucifixo *m*

Kuba ['ku:ba] *nt* <-s> *kein pl* Cuba *f*

Kübel *m* <-s, -> tina *f*; (*umg*); **es gießt wie aus ~n** chove a cântaros

Kubikmeter *m* <-s, -> metro *m* cúbico

Kubismus *m* <-> *kein pl* cubismo *m*

Küche *f* <-n> cozinha *f*; **die portugiesische ~** a cozinha portuguesa

Kuchen ['ku:xən] *m* <-s, -> bolo *m*

Küchenchef(in) *m(f)* <-s, -s *o* -innen> chefe *m,f* de cozinha

Kuchenform *f* <-en> forma *f* para bolos

Küchenmaschine *f* <-n> máquina *f* de cozinha

Küchenschabe *f* <-n> barata *f*

Küchenschrank *m* <-(e)s, -schränke> armário *m* de cozinha

Kücken *nt* <-s, -> (*österr*) pinto *m*, pintainho *m*

Kuckuck ['kʊkʊk] *m* <-s, -e> cuco *m*; (*umg*); **weiß der ~!** sei lá!

Kuddelmuddel *m* <-s> *kein pl* (*umg*) mistela *f*, salgalhada *f*

Kufe ['ku:fə] *f* <-n> patim *m*

Kugel ['ku:gəl] *f* <-n> ① (MATH: *runder Körper*) esfera *f* ② (*Geschoss*) bala *f*; **sich** *dat* **eine ~ durch den Kopf jagen** dar um tiro na cabeça ③ (SPORT) peso *m*

Kugelhagel *m* <-s> *kein pl* rajada *f* de balas

Kugelkopfschreibmaschine *f* <-n> máquina *f* de escrever com cabeça esférica

Kugellager *nt* <-s, -> rolamento *m* de esferas

kugelrund ['--'-] *adj* esférico

Kugelschreiber *m* <-s, -> esferográfica *f*

kugelsicher *adj* à prova de bala

Kugelstoßen *nt* <-s> *kein pl* lançamento *m* de pesos

Kuh [ku:] *f* <Kühe> vaca *f*; **blinde ~ spielen** jogar à cabra-cega

Kuhhaut *f* <-häute> pêlo de vaca *m*; (*umg*); **das geht auf keine ~** isso passa dos limites

kühl *adj* ① (*Temperatur*) fresco; **~ lagern** armazenar em local fresco; **abends wird es ~** à noite arrefece; **mir ist ~** estou com frio ② (*Person, Empfang*) frio

Kühlbox *f* <-en> geleira *f*

Kuhle *f* <-n> cova *f*

Kühle *f kein pl* ① (*Frische*) frescura *f* ② (*Zurückhaltung*) frieza *f*

kühlen *vt* esfriar; (*Getränke*) arrefecer; (*erfrischen*) refrescar

Kühler *m* <-s, -> (*Auto*) radiador *m*

Kühlerhaube *f* <-n> tampa *f* do radiador

Kühlhaus *nt* <-es, -häuser> armazém *m* frigorífico

Kühlschrank *m* <-(e)s, -schränke> frigorífico *m*, geladeira *f*

Kühltasche *f* <-n> mala *f* térmica, saco *m* térmico

Kühltruhe *f* <-n> arca *f* frigorífica

Kühlturm *m* <-(e)s, -türme> (TECH) torre *f* de arrefecimento

Kühlwasser *nt* <-s> *kein pl* água *f* de refrigeração

kühn *adj* ousado, audaz

Kühnheit *f kein pl* ousadia *f*, audácia *f*

Kuhstall *m* <-(e)s, -ställe> vacaria *f*

Küken *nt* <-s, -> pinto *m*, pintainho *m*

Kukuruz *m* <-(es)> *kein pl* (*österr*) milho *m*

kulant [ku'lant] *adj* atencioso

Kuli ['ku:li] *m* <-s, -s> ① (*umg: Kugelschreiber*) esferográfica *f* ② (*Lastenträger*) carregador *m*

kulinarisch [kuli'na:rɪʃ] *adj* culinário

Kulisse [ku'lɪsə] *f* <-n> bastidor *m*; **einen Blick hinter die ~n werfen** dar uma vista de olhos nos bastidores

kullern *vi* rolar

Kult [kʊlt] *m* <-(e)s, -e> culto *m*

kultig *adj* (*sl*) cult

kultivieren* *vt* cultivar

kultiviert [kʊlti'vi:ɐt] *adj* cultivado; (*gebildet*) culto

Kultur [kʊl'tu:ɐ] *f* <-en> (BIOL, MED: *künstlerisch, geistig*) cultura *f*; **menschliche ~** civilização *f*

Kulturabkommen *nt* <-s, -> acordo *m* cultural

Kulturbeutel *m* <-s, -> estojo *m* de toilette

Kulturdenkmal *nt* <-s, -mäler> monumento *m* cultural

kulturell [kʊltu'rɛl] *adj* cultural

Kulturschock *m* <-(e)s, -s> choque *m* de culturas

Kultusminister(in) ['kʊltʊs-] *m(f)* <-s, - *o* -innen> ministro , -a *m, f* federal da Educação

Kultusministerium *nt* <-s, -ministerien> ministério *m* federal da Educação

Kümmel *m* <-s> *kein pl* ❶ (*Pflanze, Gewürz*) cominho *m* ❷ (*Schnaps*) kümmel *m*

Kummer ['kʊmɐ] *m* <-s> *kein pl* mágoa *f*, desgosto *m;* (*Sorge*) preocupação *f*, aflição *f;* **jdm ~ machen** causar pena a alguém

kümmerlich *adj* ❶ (*elend*) miserável; (*ärmlich*) pobre ❷ (*schwächlich*) débil

kümmern I. *vt* preocupar; **was kümmert mich das?** que me importa isso?; **das kümmert mich nicht** quero lá saber disso, isso pouco me importa **II.** *vr* **sich ~** ❶ (*sich beschäftigen*) tratar (*um* de), ocupar-se (*um* de); **~ Sie sich um Ihre eigenen Angelegenheiten!** trate da sua vida! ❷ (*sorgen*) cuidar (*um* de), tratar (*um* de); **sich um jdn ~** cuidar de alguém, tratar de alguém

Kumpan [kʊm'pa:n] *m* <-s, -e> companheiro *m*

Kumpel ['kʊmpəl] *m* <-s, -> (*umg*) parceiro *m*

Kunde(in) ['kʊndə] *m(f)* <-n, -n *o* -innen> cliente *m,f*

Kundendienst *m* <-(e)s, -e> assistência *f* técnica, serviço *m* pós-venda

Kundenstock *m* <-(e)s, -stöcke> (*österr*) clientela *f*

Kundgebung *f* <-en> manifesto *m*

kündigen I. *vt* ❶ (*Arbeitsstelle*) demitir-se de ❷ (*Vertrag*) rescindir; (*Abonnement, Telefonanschluss*) cancelar; **jdm die Wohnung ~** rescindir o contrato de arrendamento a alguém **II.** *vi* ❶ (*Arbeitgeber*) despedir; (*als Arbeitnehmer*) despedir-se, demitir-se; **jdm ~** despedir alguém; **ich habe zum Jahresende gekündigt** eu acabo de trabalhar no fim do ano ❷ (*Mieter*) sair, entregar a casa

Kündigung *f* <-en> ❶ (*vom Arbeitgeber*) despedimento *m;* (*eigene Kündigung*) demissão *f;* **fristlose ~** despedimento *m* sem aviso prévio ❷ (*von Vertrag*) rescisão *f;* (*von Wohnung*) aviso *m* de saída

Kündigungsfrist *f* <-en> prazo *m* de rescisão

Kündigungsschutz *m* <-es> *kein pl* prote(c)ção *f* contra despedimento

Kundschaft *f kein pl* clientela *f*

künftig *adj* futuro

Kunst [kʊnst] *f* <Künste> arte *f;* **die schönen Künste** as belas-artes; **die bildenden Künste** as artes plásticas; **das ist keine ~!** isso não é nenhuma maravilha!; **mit seiner ~ am Ende sein** já não saber o que fazer

Kunstakademie *f* <-n> academia *f* de belas-artes

Kunstausstellung *f* <-en> exposição *f* de obras de arte

Kunstdruck *m* <-(e)s, -e> impressão *f* artística

Kunstdünger *m* <-s, -> adubo *m* químico

Kunstfaser *f* <-n> fibra *f* sintética

Kunstfehler *m* <-s, -> (MED) erro *m* médico

Kunstgegenstand *m* <-(e)s, -stände> obra *f* de arte

Kunstgeschichte *f kein pl* história *f* da arte

Kunstgewerbe *nt* <-s> *kein pl* artes *fpl* decorativas

Kunsthandwerk *nt* <-(e)s> *kein pl* artesanato *m*

Kunsthistoriker(in) *m(f)* <-s, - *o* -innen> historiador(a) *m(f)* de arte

Kunstkritiker(in) *m(f)* <-s, - *o* -innen> crítico , -a *m, f* de arte

Künstler(in) *m(f)* <-s, - *o* -innen> artista *m,f*

künstlerisch *adj* artístico

künstlich *adj* artificial, falso; (*Haar, Zähne*) postiço; (*Befruchtung, Ernährung*) artificial; **~e Intelligenz** inteligência *f* artificial

Kunststoff *m* <-(e)s, -e> plástico *m*

Kunststück *nt* <-(e)s, -e> artifício *m*

Kunsttischler(in) *m(f)* <-s, - *o* -innen> marceneiro, marceneira *m, f*

Kunstturnen *nt* <-s> *kein pl* ginástica *f* artística

kunstvoll *adj* artístico

Kunstwerk *nt* <-(e)s, -e> obra *f* de arte

kunterbunt ['kʊntɐ'bʊnt] *adj* ❶ (*farbig*) colorido ❷ (*durcheinander*) misturado

Kupee *nt* <-s, -s> *s.* **Coupé**

Kupfer ['kʊpfɐ] *nt* <-s> *kein pl* cobre *m*

kupfern *adj* de cobre

Kupferstich *m* <-(e)s, -e> gravura *f* em cobre

Kupon [ku'põ:] *m s.* **Coupon**

Kuppe ['kʊpə] *f* <-n> ① (*Bergkuppe*) cimo *m*, cume *m* ② (*Fingerkuppe*) ponta *f*

Kuppel ['kʊpəl] *f* <-n> cúpula *f*

Kuppelei [kʊpə'laɪ] *f* <-en> alcovitice *f*

kuppeln ['kʊpəln] **I.** *vt* (*Fahrzeuge*) engatar (*an* em), atrelar (*an* a) **II.** *vi* (*Auto*) embraiar, embrear

Kuppler(in) *m(f)* <-s, - *o* -innen> alcoviteiro, alcoviteira *m, f*

Kupplung *f* <-en> ① (*Vorrichtung*) engate *m* ② (*Auto*) embraiagem *f*, embreagem; **die ~ treten** carregar na embraiagem, carregar na embreagem

Kur [ku:ɐ] *f* <-en> ① (*Heilverfahren*) cura *f*; (*Behandlung*) tratamento *m* ② (*Aufenthalt*) termas *f*; **zur ~ fahren** ir para as termas

Kür *f* <-en> (SPORT) exercício *m* livre

Kurbel ['kʊrbəl] *f* <-n> manivela *f*

Kurbelwelle *f* <-n> (TECH) cambota *f*

Kürbis *m* <-ses, -se> abóbora *f*

Kurde(in) *m(f)* <-n, -n *o* -innen> curdo, curda *m, f*

kurdisch *adj* curdo

Kurgast *m* <-(e)s, -gäste> banhista *m,f* (de termas)

Kurier [ku'ri:ɐ] *m* <-s, -e> correio *m* expresso

kurieren* *vt* curar

kurios [kuri'o:s] *adj* curioso, estranho

Kuriosität *f* <-en> curiosidade *f*

Kurort *m* <-(e)s, -e> (*mit Heilquellen*) termas *f*, estação termal *f*; (*klimatisch*) estação *f* climática

Kurpfuscher(in) ['ku:ɐpfʊʃɐ] *m(f)* <-s, - *o* -innen> curandeiro, curandeira *m, f*

Kurs [kʊrs] *m* <-es, -e> ① (*Lehrgang*) curso *m*; **einen ~ besuchen** frequentar um curso ② (*Richtung*) rumo *m*; (NAUT) rota *f*; **wir nehmen ~ auf Madeira** nós dirigimo-nos para a Madeira; **vom ~ abkommen** desviar-se da rota ③ (WIRTSCH) cotação *f*; (*von Devisen*) câmbio *m*; **die ~e steigen/fallen** as cotações sobem/descem

Kursbuch *nt* <-(e)s, -bücher> horário *m* dos caminhos-de-ferro

kursieren* *vi* (*Geld, Gerücht*) circular

kursiv [kʊr'zi:f] *adj* em itálico; **ein Wort ~ drucken/schreiben** imprimir/escrever uma palavra em itálico

Kurssturz *m* <-es, -stürze> (*von Devisen*) queda *f* de câmbio; (*von Aktien*) queda *f* de cotação

Kursteilnehmer(in) *m(f)* <-s, - *o* -innen> participante *m,f* (de um curso)

Kursverlust *m* <-(e)s, -e> perda *f* de câmbio

Kurswagen *m* <-s, -> carruagem *f* directa, vagão *m* direto

Kurtaxe *f* <-n> taxa *f* diária de turismo

Kurve ['kʊrvə] *f* <-n> (*a* MATH) curva *f*; **um die ~ fahren** virar a curva; **die Straße macht eine ~** a rua faz uma curva

kurvenreich *adj* cheio de curvas, sinuoso

kurz [kʊrts] *adj* ① (*räumlich*) curto; **~ vor Zürich** pouco antes de Zurique; **~e Hosen** calções *mpl*; **die Ärmel sind zu ~** as mangas são curtas demais; **etw kürzer machen** encurtar a. c.; (*umg*); **etw ~ und klein schlagen** despedaçar a. c. ② (*zeitlich*) breve, conciso; **bis vor ~em** até há pouco (tempo); **seit ~em** (desde) há pouco; **~ danach** pouco depois; **~ nach vier** pouco depois das quatro; **über ~ oder lang** mais dia menos dia, mais cedo ou mais tarde; **~ und gut** em poucas palavras; **~ entschlossen** de pronta resolução; **zu ~ kommen** ficar prejudicado

Kurzarbeit *f kein pl* trabalho *m* a tempo reduzido

kurzärmelig *adj* de manga curta

Kürze *f kein pl* ① (*räumlich*) curta distância *f* ② (*zeitlich*) brevidade *f*; **in ~** em breve, brevemente; **in aller ~** em poucas palavras

kürzen *vt* ① (*in der Länge*) encurtar (*um* em, *auf* para); (*Text*) abreviar ② (*Gehalt*) reduzir (*um* em, *auf* para)

kurzerhand ['kʊrtsɐ'hant] *adv* sem rodeios, sem cerimónias

kurz|fassen *vr irr* ser breve

Kurzform *f* <-en> forma *f* abreviada

kurzfristig **I.** *adj* ① (*Dauer*) a [*o* de] curto prazo; **~e Arbeitsverträge** contratos *mpl* (de trabalho) a prazo ② (*ohne Vorbereitung*) em cima da hora **II.** *adv* ① (*in kurzer Zeit*) a curto prazo; **die Entscheidung muss ~ fallen** a decisão tem que ser tomada a curto prazo ② (*ohne Vorbereitung*) à última da hora; **wir mussten das Programm ~ ändern** tivemos de mudar o programa à última da hora

Kurzgeschichte *f* <-n> conto *m*

kurzhaarig *adj* de cabelo curto

kurz|halten *vt irr* **jdn ~** manter alguém com

K

rédea curta

kurzlebig *adj* ① (*Tier, Pflanze*) de vida curta ② (*Mode*) efémero, passageiro

kürzlich *adv* recentemente, há pouco tempo

Kurzschluss[RR] *m* <-es, -schlüsse> (ELEKTR) curto-circuito *m*

kurzsichtig *adj* (MED) míope

Kurzsichtigkeit *f* (MED) miopia *f*

Kurzstreckenrakete *f* <-n> míssil *m* de curto alcance

Kürzung *f* <-en> ① (*finanziell*) corte *m*, redução *f*; **die Regierung wird weitere ~en vornehmen** o governo vai fazer mais cortes ② (*von Text*) abreviação *f*

Kurzurlaub *m* <-(e)s, -e> férias *fpl* curtas

Kurzwaren *pl* miudezas *fpl*

Kurzwelle *f* <-n> onda *f* curta

kusch *interj* ① (*zum Hund*) quieto! ② (*umg österr: ruhig*) está quieto!

kuscheln ['kʊʃəln] *vr* **sich ~ sich an jdn/etw ~** aconchegar-se a alguém/a. c.

kuschen *vi* ① (*sich fügen*) submeter-se ② (*Hund*) deitar-se

Kusine [ku'zi:nə] *f* <-n> prima *f*

Kuss[RR] [kʊs] *m* <-es, Küsse>, **Kuß**[ALT] *m* <-sses, Küsse> beijo *m*; **jdm einen ~ geben** dar um beijo a alguém

küssen I. *vt* beijar **II.** *vr* **sich ~** beijar-se

Küste *f* <-n> costa *f*; (*Küstengebiet*) litoral *m*

Küstenschifffahrt[RR] *f kein pl* navegação *f* costeira

Küstenschutz *m* <-es> *kein pl* prote(c)ção *f* costeira

Küster(in) *m(f)* <-s, - *o* -innen> sacristão, sacristã *m, f*

Kutsche ['kʊtʃə] *f* <-n> coche *m*, carruagem *f*

Kutscher(in) *m(f)* <-s, - *o* -innen> cocheiro, cocheira *m, f*

Kutte ['kʊtə] *f* <-n> hábito *m*

Kutteln *pl* (*österr, schweiz*) tripas *fpl*

Kutter *m* <-s, -> chalupa *f*

Kuwait *nt* <-s> *kein pl* Kuwait *m*

kV *abk v* **Kilovolt** kV (= *quilovolt*)

kW *abk v* **Kilowatt** kW (= *quilowatt*)

Kybernetik [kybɛr'ne:tɪk] *f kein pl* cibernética *f*

kyrillisch *adj* cirílico

KZ [ka:'tsɛt] *abk v* **Konzentrationslager** campo *m* de concentração

L

L *nt* <-s, -s> L, l *m*

Label *nt* <-s, -s> ① (*Etikett*) rótulo *m* ② (*Schallplattenfirma*) editora *f* discográfica

labern ['la:bɐn] *vi* (*abw*) palrar, papaguear

labial *adj* labial

labil [la'bi:l] *adj* (MED, PSYCH) instável

Labor [la'bo:ɐ] *nt* <-s, -s> laboratório *m*

Laborant(in) [labo'rant] *m(f)* <-en, -en *o* -innen> assistente *m,f* de laboratório

Labyrinth [laby'rɪnt] *nt* <-(e)s, -e> labirinto *m*

Lache[1] ['la:xə] *f* <-n> (*Pfütze*) poça *f*

Lache[2] *f* <-n> (*Lachen*) gargalhada *f*, risada *f*

lächeln *vi* sorrir

Lächeln *nt* <-s> *kein pl* sorriso *m*

lachen ['laxən] *vi* rir(-se) (*über* de); **sich halb tot~** fartar-se de rir; **da gibt es nichts zu ~** não tem piada nenhuma; **du hast gut ~** tu (é que) tens sorte; **wer zuletzt lacht, lacht am besten** quem ri por último, ri melhor

lächerlich *adj* ① (*komisch*) ridículo; **jdn/sich ~ machen** pôr alguém/pôr-se ao ridículo ② (*geringfügig*) irrisório; **ein ~er Preis** um preço irrisório

lachhaft *adj* cómico, caricato

Lachs [laks] *m* <-es, -e> salmão *m*

Lack [lak] *m* <-(e)s, -e> (*für Holz, Möbel*) verniz *m*; (*von Auto*) pintura *f*

Lackel *m* <-s, -> (*abw österr*) tanso *m*

lackieren* *vt* (*Holz*) envernizar, lacar; (*Auto, Fingernägel*) pintar

Ladegerät *nt* <-(e)s, -e> (PHYS) carregador *m* de bateria

laden ['la:dən] *vt* ① (*Batterie, Datei, Fracht, Waffe*) carregar; **alle Schuld auf sich ~** arcar com as culpas todas ② (JUR) intimar; **jdn vor Gericht ~** intimar alguém para ir a julgamento

Laden ['la:dən] *m* <-s, Läden> ① (*Geschäft*) loja *f*; **wann schließen die Läden?** a que horas fecham as lojas? ② (*Fensterladen*) portada *f*

Ladenhüter *m* <-s, -> mono *m*

Ladenpreis *m* <-es, -e> preço *m* de venda ao público

Ladenschluss[RR] *m* <-es> *kein pl* hora *f* de fecho

Ladentisch *m* <-(e)s, -e> balcão *m*, mostrador *m*
Ladentochter *f* <-, -töchter> (*schweiz*) empregada *f* de balcão
lädieren* *vt* (*Gegenstand*) danificar; (*Person*) lesar
Ladung *f* <-en> ❶ (*Fracht*) carga *f* ❷ (JUR) intimação *f*, citação *f* ❸ (PHYS) carga *f*
lag [la:k] *imp von* **liegen**
Lage ['la:gə] *f* <-n> ❶ (*Situation*) situação *f*; **die ~ der Dinge** o estado das coisas; **die ~ wird ernst/kritisch** a situação está a ficar séria/crítica ❷ (*Position*) posição *f*; **in der ~ sein, etw zu tun** estar em condições de fazer a. c.; **jdn in die ~ versetzen, etw zu tun** dar a possibilidade a alguém de fazer a. c. ❸ (*geografisch*) sítio *m*, localização *f*; **ein Haus in günstiger ~** uma casa bem situada ❹ (*Schicht*) camada *f*
Lager ['la:gɐ] *nt* <-s, -> ❶ (*für Waren*) armazém *m*; **etw auf ~ haben** ter a. c. em armazém; **ein gut sortiertes ~ haben** estar bem provido ❷ (*Zeltlager, Ferienlager*) acampamento *m*; (*Gefangenenlager, Flüchtlingslager*) campo *m*; **das ~ abbrechen** levantar acampamento; **ein ~ aufschlagen** acampar ❸ (POL) campo *m* ❹ (TECH) mancal *m*
Lagerfeuer *nt* <-s, -> fogueira *f* de acampamento
lagern ['la:gɐn] **I.** *vt* ❶ (*Waren*) armazenar; **kühl ~** conservar em lugar fresco ❷ (*legen*) deitar, pôr; **das Bein hoch ~** pôr a perna para cima **II.** *vi* ❶ (*Vorrat, Waren*) estar em armazém; (*Wein*) estar em adega ❷ (*Menschen*) acampar
Lagerung *f kein pl* (*Waren*) armazenagem *f*
Lagune [la'gu:nə] *f* <-n> lagoa *f*
lahm [la:m] *adj* ❶ (*Körperteil*) paralítico ❷ (*umg: wie gelähmt, kraftlos*) paralisado ❸ (*umg: langsam*) lento; (*langweilig*) chato
lähmen *vt* (*Muskeln, Aktivität*) paralisar; **vor Schreck war sie wie gelähmt** ela ficou paralisada de susto
lahm|legen *vt* **etw ~** paralisar a. c.
Lähmung *f* <-en> (MED) paralisia *f*
Laib [laɪp] *m* <-(e)s, -e> **ein ~ Brot** um pão
Laich *m* <-(e)s, -e> ovas *fpl*
laichen *vi* desovar
Laie(in) ['laɪə] *m(f)* <-n, -n *o* -innen> ❶ (*Nichtfachmann*) leigo, leiga *m, f*, amador, amadora *m, f* ❷ (*Christ*) leigo, leiga *m, f*, laico, laica *m, f*
laienhaft *adj* de amador
Laken ['la:kən] *nt* <-s, -> lençol *m*
lakonisch *adj* lacónico
Lakritze *f* <-n> alcaçuz *m*
lallen ['lalən] **I.** *vt* balbuciar **II.** *vi* gaguejar
Lama ['la:ma] *nt* <-s, -s> lama *m*
Lamelle [la'mɛlə] *f* <-n> (BOT, TECH) lamela *f*
lamentieren* *vi* lamentar-se (*über* de)
Lametta *nt* <-s> *kein pl* fios *mpl* prateados
Lamm [lam] *nt* <-(e)s, Lämmer> cordeiro *m*; (*Lammfleisch*) borrego *m*, anho *m*
lammfromm ['-'-] *adj* manso como um cordeiro
Lammkotelett *nt* <-s, -s> costeleta *f* de borrego
Lampe ['lampə] *f* <-n> candeeiro *m*; (*brasil*) lâmpada *f*
Lampenfieber *nt* <-s> *kein pl* timidez *f*, nervosismo *m*
Lampenschirm *m* <-(e)s, -e> abajur *m*, quebra-luz *m*
Lampion ['lampjɔŋ, -'-] *m* <-s, -s> lampião *m*
Land [lant] *nt* <-(e)s, Länder> ❶ (*Staat*) país *m*; **das Gelobte ~** a Terra Santa ❷ (*Bundesland*) estado *m* federado ❸ *kein pl* (*Festland*) terra *f*; **an ~ gehen** desembarcar ❹ *kein pl* (*dörfliche Gegend*) campo *m*; **auf dem ~** no campo; **aufs ~ fahren** ir para o campo; **hier zu ~e** nesta terra, neste país
Landarbeiter(in) *m(f)* <-s, - *o* -innen> trabalhador(a) *m(f)* rural, camponês, camponesa *m, f*
Landbevölkerung *f kein pl* população *f* rural
Landebahn *f* <-n> pista *f* de aterragem, pista *f* de aterrissagem
landen ['landən] *vi* ❶ (*Flugzeug*) aterrar, aterrissar; (*auf dem Mond*) alunar ❷ (*Schiff*) atracar ❸ (*umg: geraten*) ir parar a; **im Gefängnis ~** ir parar à cadeia
Ländereien *pl* terras *fpl*, bens *mpl* de raiz
Länderspiel *nt* <-(e)s, -e> campeonato *m* internacional
Landesfarben *pl* cores *fpl* nacionais
Landeskunde *f kein pl* história *f* e cultura *f* de um país
Landesrat, Landesrätin *m, f* <-(e)s, -räte *o* -innen> (*österr*) ministro , -a *m, f* regional
Landesregierung *f* <-en> governo *m* regional
Landessprache *f* <-n> língua *f* nacional
landesüblich *adj* corrente no país
Landesverrat *m* <-(e)s> *kein pl* (JUR) trai-

ção *f* à pátria

Landeswährung *f* <-en> moeda *f* nacional

Landflucht *f kein pl* êxodo *m* rural

Landgut *nt* <-(e)s, -güter> quinta *f,* herdade *f,* sítio *m*

Landhaus *nt* <-es, -häuser> casa *f* de campo

Landkarte *f* <-n> mapa *m*

Landkreis *m* <-es, -e> distrito *m,* comarca *f*

ländlich *adj* rural, rústico

Landmine *f* <-n> mina *f* anti-pessoal

Landrat *m* <-(e)s, -räte> *parlamento em alguns cantões suíços*

Landschaft *f* <-en> paisagem *f*

landschaftlich *adj* paisagístico, panorâmico; **eine ~ schöne Gegend** uma região com uma bonita paisagem

Landschaftsschutzgebiet *nt* <-(e)s, -e> área *f* protegida

Landsmann, Landsmännin *m, f* <-(e)s, -leute *o* -innen> compatriota *m,f,* conterrâneo, conterrânea *m, f*

Landstraße *f* <-n> estrada *f* nacional

Landstreicher(in) *m(f)* <-s, - *o* -innen> vadio, vadia *m, f,* vagabundo, vagabunda *m, f*

Landtag *m* <-(e)s, -e> câmara *f* dos deputados (de estado federado)

> As representações do povo chamam-se **Landtag** em todos os estados da Alemanha e da Áustria. Somente em Hamburgo e Bremen ela é chamada de «Bürgerschaft», em Berlim de «Abgeordnetenhaus» e em Viena é o «Gemeinderat». As representações do povo regionais na Suíça denominam-se «Kantonsrat», «Großer Rat» ou «Landrat», conforme o cantão.

Landung ['landʊŋ] *f* <-en> ❶ (*von Flugzeug*) aterragem *f,* aterrissagem *f;* (*auf dem Mond*) alunagem *f;* **zur ~ ansetzen** preparar-se para aterrar, preparar-se para aterrissar; **weiche ~** aterragem suave *f,* aterrissagem *f* suave ❷ (*von Schiff*) atracamento *m* ❸ (*von Truppen*) desembarque *m*

Landwirt(in) *m(f)* <-(e)s, -e *o* -innen> agricultor, agricultora *m, f,* lavrador, lavradora *m, f*

Landwirtschaft *f kein pl* agricultura *f*

landwirtschaftlich *adj* agrícola, agrário

lang [laŋ] *adj* ❶ (*räumlich*) comprido; (*Text*) extenso, comprido; **wie ~ ist es?** qual é o comprimento?, que comprimento tem?; **das Seil ist drei Meter ~** a corda tem três metros de comprimento, a corda mede três metros; **ein zwei Meter ~es Bett** uma cama com dois metros de comprimento; **beide Teile sind gleich ~** as peças têm ambas o mesmo comprimento; **~ und breit** com todos os pormenores ❷ (*zeitlich*) longo; **~e Jahre** longos anos, largos anos; **zwei Stunden ~** durante duas horas; **seit ~em** há muito (tempo); **sein Leben ~** toda a sua vida; **vor ~er Zeit** desde há muito (tempo); **etw von ~er Hand planen** planear a. c. de antemão; **je länger, je lieber** quanto mais tempo, melhor ❸ (*umg: Mensch*) alto

langärmelig *adj* de manga(s) comprida(s)

langatmig *adj* extenso, prolixo

lange ['laŋə] *adv* (por) muito tempo; **es ist schon/nicht ~ her** foi há muito/pouco tempo; **~ vorher** muito (tempo) antes; **wie ~ dauert das?** quanto tempo dura [*o* demora] isso?; **~ schlafen** dormir muito

Länge *f* <-n> ❶ (*räumlich*) comprimento *m;* **ein Stau von 20 km ~** uma fila com 20 km de comprimento; **der ~ nach** ao comprido, longitudinalmente ❷ (*zeitlich*) duração *f;* **etw in die ~ ziehen** prolongar a. c. ❸ (GEOG) longitude *f*

langen ['laŋən] *vi* ❶ (*umg: ausreichen*) chegar, bastar, ser suficiente; **langt das?** chega?; (*umg*); **es langt mir jetzt!** já chega!, basta! ❷ (*greifen, fassen*) estender a mão (*nach* para), pôr a mão (*in* em)

Längengrad *m* <-(e)s, -e> grau *m* de longitude

Längenmaß *nt* <-es, -e> medida *f* de comprimento

Langeweile ['laŋəvaɪlə] *f kein pl* aborrecimento *m,* tédio *m;* **~ haben** estar aborrecido

langfristig *adj* a longo prazo

langhaarig *adj* de cabelo comprido, cabeludo

langjährig *adj* antigo, de muitos anos

Langlauf *m* <-(e)s> *kein pl* (SPORT) esqui *m* de fundo

langlebig *adj* ❶ (*Lebewesen*) longevo, de longa vida ❷ (*Material*) duradouro

länglich *adj* alongado, oblongo

längs I. *präp +gen* ao longo de **II.** *adv* longitudinalmente, no sentido longitudinal; **etw ~ durchschneiden** cortar a. c. no sentido longitudinal

langsam ['laŋza:m] **I.** *adj* lento, vagaroso **II.** *adv* ❶ (*Geschwindigkeit*) devagar, lentamente; **sprechen Sie bitte ~** fale devagar por favor ② (*allmählich*) lentamente, ir +*gerúndio;* **es wird ~ Zeit, dass ...** já vai sendo altura de ...

Langsamkeit *f kein pl* lentidão *f*

Langschläfer(in) *m(f)* <-s, - *o* -innen> dorminhoco, dorminhoca *m, f*

längst *adv* ① (*zeitlich*) há muito (tempo); **sie wusste schon ~, dass ...** ela já sabia há muito (tempo) que ...; **der Bus war schon ~ abgefahren** o autocarro já tinha partido há muito (tempo) ② (*bei weitem*) de longe; **das ist noch ~ nicht alles** isto ainda não é tudo

Langstreckenrakete *f* <-n> míssil *m* de longo alcance

Languste *f* <-n> lagosta *f*

langweilen ['laŋvaɪlən] **I.** *vt* aborrecer, enfadar, maçar; **das langweilt mich** isso aborrece-me **II.** *vr* **sich ~** aborrecer-se

langweilig *adj* aborrecido, enfadonho, maçador; (*umg*) chato

Langwelle *f* <-n> onda *f* longa

langwierig ['laŋviːrɪç] *adj* moroso

Langzeitarbeitslose(r) *m/f* <-n, -n *o* -n> desempregado , -a *m, f* de longa duração

Lanze ['lantsə] *f* <-n> lança *f;* **für jdn eine ~ brechen** interceder por alguém

La-Ola-Welle *f* (FBALL) onda *f*

lapidar *adj* lapidar

Lappalie [la'paːliə] *f* <-n> ninharia *f,* insignificância *f,* bagatela *f*

Lappe(in) *m(f)* <-n, -n *o* -innen> lapónio, lapónia *m, f*

Lappen ['lapən] *m* <-s, -> trapo *m,* farrapo *m;* (*umg*); **etw geht jdm durch die ~** a. c. escapa a alguém

lappisch *adj* lapónio, lapónico

läppisch *adj* ① (*kindisch*) tolo, infantil ② (*gering*) ridículo, irrisório; **ein ~er Betrag** uma quantia ridícula [*o* irrisória]

Lappland ['laplant] *nt* <-s> *kein pl* Lapónia *f*

Lapsus *m* <-, -> lapso *m*

Laptop ['lɛptɔp] *m* <-s, -s> computador *m* portátil

Lärche *f* <-n> (BOT) lariço *m*

large *adj* (*schweiz*) generoso

Lärm *m* <-(e)s> *kein pl* barulho *m,* ruído *m;* **~ schlagen** tocar a rebate; **viel ~ um nichts machen** fazer muito barulho por nada

Lärmbelastung *f* <-en> poluição *f* sonora

lärmen *vi* fazer barulho

Lärmschutz *m* <-es> *kein pl* prote(c)ção *f* sonora

Larve ['larfə] *f* <-n> (ZOOL) larva *f*

las [laːs] *imp von* **lesen**

Lasagne *pl* lasanha *f*

lasch [laʃ] *adj* frouxo

Lasche ['laʃə] *f* <-n> ① (*an Tasche*) pala *f;* (*am Schuh*) pala *f,* lingueta *f* ② (TECH) cobre-junta *f*

Laser ['leːzɐ, 'lɛɪzɐ] *m* <-s, -> laser *m*

Laserdrucker *m* <-s, -> impressora *f* a laser

Laserstrahl *m* <-(e)s, -en> raio *m* laser

lassen ['lasən] *vt* ① (*erlauben*) deixar, consentir, permitir; **etw geschehen ~** deixar acontecer a. c.; **jdn gehen ~** deixar ir alguém; **lass mich bitte vorbei** deixa-me passar ② (*veranlassen*) mandar; **etw machen ~** mandar fazer a. c.; **die Wäsche reinigen ~** mandar limpar a roupa a seco; **hier~** deixar aqui; (*Tür*); **offen ~** deixar aberto; **übrig ~** deixar (ficar); **sie lässt Ihnen ausrichten, dass ...** ela manda dizer-lhe que ...; **lass ihn rufen!** manda chamá-lo!; **etwas von sich hören ~** dar notícias; **etw sehen ~** deixar ver a. c., mostrar a. c.; **sich von jdm scheiden ~** separar-se de alguém ③ (*aufhören mit*) deixar (de); **~ Sie das!** deixe isso!, deixe-se disso!; **~ wir das für heute!** deixemos isso por hoje!; **lass mich** (**in Ruhe**)! deixa-me (em paz)!; **warum lässt du das Rauchen nicht?** porque é que não deixas de fumar? ④ (*zugestehen*) conceder; **jdm Zeit ~** dar tempo a alguém; **lass nur!** deixa estar! ⑤ (*möglich sein*) ser possível; **das lässt sich machen** isso é possível [*o* viável]; **der Wein lässt sich trinken** o vinho bebe-se, o vinho não é mau; **das kann sich sehen ~** isso pode-se ver

lässig *adj* ① (*ungezwungen*) descontraído ② (*umg: ohne Schwierigkeiten*) fácil

Lässigkeit *f kein pl* descontra(c)ção *f*

Lasso *nt* <-s, -s> laço *m*

Last [last] *f* <-en> ① (*zum Transport*) carga *f* ② (*Gewicht*) peso *m* ③ (*Belastung*) sobrecarga *f,* fardo *m;* **jdm zur ~ fallen** ser um fardo para alguém; **jdm etw zur ~ legen** imputar a. c. a alguém; **zu ~en von** a cargo de, por conta de

lasten ['lastən] *vi* pesar (*auf* sobre); **auf ihr lastet die gesamte Verantwortung** toda a responsabilidade pesa sobre ela

Lasten *pl* (*Abgaben*) encargos *mpl*

Laster *nt* <-s, -> vício *m*

Lästerer(in) *m(f)* <-s, - *o* -innen> difamador, difamadora *m, f,* má-língua *m,f*

lasterhaft *adj* vicioso, perverso

lästern *vi* dizer mal (*über* de)

lästig *adj* (*Mensch*) maçador, incómodo, importuno; (*Arbeit, Pflicht*) pesado, enfadonho, chato; **jdm ~ sein** maçar alguém, importunar alguém; **eine ~e Sache** uma estopada

Lastkraftwagen *m* <-s, -> veículo *m* automóvel de mercadorias

Lastschrift *f* <-en> débito *m*

Lasttier *nt* <-(e)s, -e> animal *m* de carga

Lastwagen *m* <-s, -> camião *m;* (*brasil*) caminhão *m*

Lastzug *m* <-(e)s, -züge> camião *m* com reboque, caminhão *m* com reboque

Latein [la'taɪn] *nt* <-s> *kein pl* latim *m;* **mit seinem ~ am Ende sein** já não saber o que fazer mais

Lateinamerika [---'---] *nt* <-s> *kein pl* América *f* Latina

Lateinamerikaner(in) [-----'--] *m(f)* <-s, - *o* -innen> latino-americano, latino-americana *m, f*

lateinamerikanisch [-----'--] *adj* latino-americano

lateinisch [la'taɪnɪʃ] *adj* latino

latent *adj* latente

Laterne [la'tɛrnə] *f* <-n> (*Straßenlaterne*) candeeiro *m,* lampião *m;* (*Handlaterne*) lanterna *f*

Laternenpfahl *m* <-(e)s, -pfähle> poste *m* de iluminação

latschen ['la:tʃən] *vi* ① (*umg: gehen*) ir nas calmas ② (*umg: schlurfen*) arrastar os pés

Latte ['latə] *f* <-n> ① (*Brett*) ripa *f;* (*fig*); **eine lange ~** uma estaca ② (*am Tor*) trave *f;* (*am Hochsprung*) barra *f* ③ (*umg: Menge*) pilha *f,* ror *m*

Lattenrost *m* <-(e)s, -e> estrado *m* de ripas

Latz [lats] *m* <-es, Lätze> ① (*an Kleidung*) peitilho *m* ② (*für Babys*) babeiro *m,* babete *f,* baba *f*

Latzhose *f* <-n> calças *fpl* à jardineira

lau [laʊ] *adj* morno, tépido

Laub [laʊp] *nt* <-(e)s> *kein pl* folhagem *f*

Laubbaum *m* <-(e)s, -bäume> árvore *f* de folhas caducas

Laube ['laʊbə] *f* <-n> ramada *f*

Laubfrosch *m* <-(e)s, -frösche> rela *f*

Laubsäge *f* <-n> serra *f* de recortes

Laubwald *m* <-(e)s, -wälder> floresta *f* de folha caduca

Lauch [laʊx] *m* <-(e)s, -e> alho francês *m,* alho-porro *m*

Lauer ['laʊɐ] *f kein pl* **auf der ~ liegen** estar à espreita; **sich auf die ~ legen** pôr-se à espreita

lauern ['laʊɐn] *vi* ① (*in feindlicher Absicht*) estar à espreita (*auf* de) ② (*umg: ungeduldig*) esperar (*auf* por)

Lauf [laʊf] *m* <-(e)s, Läufe> ① (*Wettlauf*) corrida *f* ② *kein pl* (*von Fluss*) curso *m,* corrente *f;* (*von Gestirn*) rota *f* ③ *kein pl* (*Verlauf*) decurso *m,* decorrer *m;* **im ~e der Zeit** com o decorrer do tempo, com o tempo; **etw nimmt seinen ~** a. c. segue o seu curso; **der ~ der Dinge** o andar das coisas; **seiner Fantasie freien ~ lassen** dar largas à sua fantasia ④ (*Gewehrlauf*) cano *m*

Laufband *nt* (SPORT) tapete *m* rolante

laufen ['laʊfən] **I.** *vt* correr; **etw ~ lassen** deixar correr a. c.; **jdn ~ lassen** deixar ir alguém; **Ski/Rollschuh ~** fazer esqui/andar de patins **II.** *vi* ① (*rennen*) correr, ir/andar depressa; **hin und her ~** andar de um lado para o outro ② (*umg: gehen*) caminhar, ir/andar a pé; **jdm über den Weg ~** cruzar o caminho de alguém; **gegen die Tür ~** esbarrar contra a porta ③ (*fließen*) escorrer; **der Wasserhahn läuft** a torneira está a deitar ④ (*funktionieren*) funcionar; (*Motor*) trabalhar; **das Radio läuft** o rádio está ligado ⑤ (*Film*) estar em exibição; (*Vorführung*) realizar-se ⑥ (*Prozess, Verhandlungen*) decorrer, estar em curso; (*Vertrag*) ser válido; (*umg*); **wie ist es gelaufen?** como é que correu?

laufend **I.** *adj* (*ständig*) contínuo; (*gegenwärtig*) corrente; **auf dem Laufenden sein** estar ao corrente; **jdn auf dem Laufenden halten** pôr alguém ao corrente **II.** *adv* permanentemente

laufen|lassenALT *vt irr s.* **laufen I 1**

Läufer(in)[1] *m(f)* <-s, - *o* -innen> (SPORT) corredor, corredora *m, f*

Läufer[2] *m* <-s, -> ① (*Teppich*) passadeira *f* ② (*Schach*) bispo *m*

Lauferei *f* <-en> (*umg*) correria *f*

läufig *adj* **~ sein** estar com o cio

Laufmasche *f* <-n> malha *f* caída

Laufstall *m* <-(e)s, -ställe> parque *m* de

bebé

Laufsteg *m* <-(e)s, -e> passarela *f*

Laufwerk *nt* <-(e)s, -e> (INFOR) drive *f*, acionador *m*

Lauge ['laʊgə] *f* <-n> barrela *f*; (CHEM) solução *f* de soda cáustica

Laune ['laʊnə] *f* <-n> ① (*Stimmung*) disposição *f*, humor *m*; **gute/schlechte ~ haben** estar bem-disposto/mal-disposto, estar de bom/mau humor ② (*Einfall*) capricho *m*; **aus einer ~ heraus** por capricho

launisch *adj* caprichoso, instável

Laus [laʊs] *f* <Läuse> piolho *m*

Lausbub *m* <-en, -en> (*umg*) maroto *m*, malandro *m*

lauschen ['laʊʃən] *vi* ① (*zuhören*) escutar ② (*heimlich*) estar à escuta, estar à espreita; **an der Tür ~** escutar atrás da porta

lauschig *adj* sossegado, agradável

lausig *adj* ① (*schlecht, unangenehm*) miserável; **eine ~e Arbeit** um trabalho miserável ② (*wenig*) mísero ③ (*groß*) grande; **~e Kälte** um frio de rachar

laut [laʊt] **I.** *adj* (*Ton*) alto; **mit ~er Stimme** em voz alta; **das Radio ~er stellen** pôr o rádio mais alto; (*lärmend*) barulhento, ruidoso **II.** *adv* em voz alta, alto; **~ lesen/denken** ler/pensar em voz alta **III.** *präp +gen* segundo, de acordo com; **~ der letzten Umfragen** segundo as últimas sondagens

Laut [laʊt] *m* <-(e)s, -e> som *m*; **keinen ~ von sich geben** não abrir a boca

lauten [laʊtən] *vi* dizer (o seguinte), ser (o seguinte); **die Antwort lautet ...** a resposta é (a seguinte) ...; **der Text lautet so: ...** o texto diz assim: ...; **der Pass lautet auf ihren Namen** o passaporte está em seu nome; **die Anklage lautet auf Mord** a acusação é de homicídio

läuten **I.** *vt* (*Glocken*) tocar, repicar; **die Glocken ~ 8 Uhr** os sinos tocam as 8 horas **II.** *vi* ① (*an der Tür*) tocar à campainha; **es hat zum zweiten Mal geläutet** a campainha tocou pela segunda vez ② (*Telefon, Glocke*) tocar; **es läutet zur Messe** está a tocar para a missa

lauter ['laʊtɐ] *adj inv* só, mero, somente; **~ Männer** só homens; **vor ~ Kummer** de tanto desgosto

Lautgesetz *nt* <-es, -e> (LING) lei fonética *f*

lauthals ['--] *adv* a plenos pulmões

lautlos *adj* silencioso, mudo; **~e Stille** silêncio *m* profundo

Lautschrift *f* <-en> (LING) transcrição *f* fonética

Lautsprecher *m* <-s, -> altifalante *m*

Lautsprecherbox *f* <-en> coluna *f*, caixa *f* de som

lautstark ['--] *adj* potente, forte

Lautstärke *f* <-n> volume *m* (do som)

lauwarm ['-'-] *adj* morno, tépido

Lava ['la:va] *f* <Laven> lava *f*

Lavabo *nt* <-(s), -s> (*schweiz*) lavatório *m*

Lavendel [la'vɛndəl] *m* <-s, -> lavanda *f*

Lawine [la'vi:nə] *f* <-n> avalanche *f*

Layout, Lay-out [lɛɪ'ʔaʊt] *nt* <-s, -s> disposição *f*

Lazarett [latsa'rɛt] *nt* <-(e)s, -e> hospital militar *m*

leasen ['li:zən] *vt* alugar por leasing

Leasing ['li:zɪŋ] *nt* <-s, -s> leasing *m*

leben ['le:bən] *vi* viver; **bei jdm ~** viver com alguém; **allein ~** viver sozinho; **sie lebt in Ostdeutschland** ela vive no Leste da Alemanha; **er lebt noch/nicht mehr** ele ainda está vivo/já morreu; **~ Sie wohl!** passe bem!; **es lebe ...!** viva ...!

Leben *nt* <-s, -> ① (*Lebewesen*) vida *f*; (*Existenz*) existência *f*; **am ~ bleiben** sobreviver; **jdn ums ~ bringen** matar alguém; **ums ~ kommen** perder a vida; **sich das ~ nehmen** suicidar-se; **nie im ~!** jamais!, nem morto! ② (*Betriebsamkeit*) vivacidade *f*

lebendig [le'bɛndɪç] *adj* ① (*lebend*) vivo ② (*lebhaft*) vivaço

Lebendigkeit *f kein pl* vivacidade *f*, vida *f*

Lebensart *f* <-en> modo *m* de vida

Lebensaufgabe *f* <-n> obje(c)tivo *m* de vida, missão *f*

Lebensbedingungen *pl* condições *fpl* de vida

Lebensdauer *f kein pl* tempo *m* de vida

Lebenserfahrung *f kein pl* experiência *f* de vida

Lebenserwartung *f kein pl* esperança *f* de vida

Lebensfreude *f* <-n> alegria *f* de viver

lebensfroh *adj* alegre, contente da vida

Lebensgefahr *f kein pl* perigo *m* de vida, perigo *m* de morte; **unter ~** com risco da própria vida; **in ~ sein/schweben** estar em perigo de vida

lebensgefährlich *adj* muito perigoso; (*Krankheit, Verletzung*) muito grave

Lebensgefährte(in) *m(f)* <-n, -n *o* -innen> companheiro , -a *m*, *f* de vida, consorte *m,f*

Lebenshaltungskosten *pl* custo *m* de vida

Lebensjahr *nt* <-(e)s, -e> ano (de vida) *m;* **nach Vollendung des 18. ~es** após completar os 18 anos (de vida)

Lebenslage *f* <-n> situação *f* da vida; **in allen ~n** em todas as situações da vida

lebenslänglich *adj* (*Strafe*) perpétuo; (*Rente*) vitalício; **er wurde zu ~er Haft verurteilt** ele foi condenado a prisão perpétua

Lebenslauf *m* <-(e)s, -läufe> curriculum *m* (vitae), currículo *m*

lebenslustig *adj* alegre, jovial

Lebensmittel *pl* géneros *mpl* alimentícios, mantimentos *mpl*

Lebensmittelgeschäft *nt* <-(e)s, -e> mercearia *f*

lebensmüde *adj* cansado da vida

Lebensstandard *m* <-s, -s> nível *m* de vida

Lebensunterhalt *m* <-(e)s> *kein pl* subsistência *f,* sustento *m;* **den ~ verdienen** ganhar a vida

Lebensversicherung *f* <-en> seguro *m* de vida

Lebenswandel *m* <-s> *kein pl* vida *f,* conduta *f;* **einen lockeren ~ haben** levar uma vida depravada

lebenswichtig *adj* (de importância) vital

Lebenswille *m* <-ns> *kein pl* vontade *f* de viver

Lebenszeichen *nt* <-s, -> sinal de vida *m;* **kein ~ von sich geben** não dar sinais de vida

Leber ['le:bɐ] *f* <-n> fígado *m;* (*umg*); **sich** *dat* **etw von der ~ reden** desabafar sobre a. c.

Leberfleck *m* <-(e)s, -e> sarda *f*

Leberwurst *f* <-würste> paté *m* de fígado

Lebewesen *nt* <-s, -> ser vivo *m*

lebhaft *adj* ① (*Mensch*) vivaço, cheio de vida; (*Interesse, Temperament*) vivo; (*Unterhaltung*) animado ② (*Verkehr, Handel*) intenso; **eine ~e Straße** uma rua movimentada

Lebhaftigkeit *f kein pl* vivacidade *f,* animação *f*

Lebkuchen *m* <-s, -> broa *f* de mel

leblos *adj* inanimado, inerte, sem vida

Lebzeiten *pl* **zu ~** em vida

lechzen ['lɛçtsən] *vi* (*geh*) estar ávido (*nach* de)

Leck [lɛk] *nt* <-(e)s, -e> fuga *f,* furo *m*

lecken ['lɛkən] **I.** *vt* lamber; **ein Eis ~** lamber um gelado; (*umg*); **leck mich doch am Arsch!** vai-te lixar! **II.** *vi* (*Gefäß*) estar furado, ter uma fuga

lecker ['lɛkɐ] *adj* delicioso

Leckerbissen *m* <-s, -> iguaria *f,* petisco *m*

led. *abk v* **ledig** solteiro

Leder ['le:dɐ] *nt* <-s, -> couro *m;* (*fein*) cabedal *m*

ledern *adj* de couro

Lederwaren *pl* marroquinaria *f,* artigos *mpl* de couro, artigos *mpl* de pele

ledig ['le:dɪç] *adj* solteiro

lediglich ['le:dɪklɪç] *adv* somente, unicamente, simplesmente

Lee *f kein pl* (NAUT) sotavento *m*

leer [le:ɐ] *adj* ① (*ohne Inhalt*) vazio ② (*unbeschrieben*) em branco; (*Batterie*) descarregado; **die Wohnung steht ~** a casa está vazia ③ (*menschenleer*) vazio, às moscas ④ (*nichtssagend*) sem fundamento, vão; **~e Drohungen** ameaças vãs; **~es Geschwätz** conversa fiada *f,* papo-furado *m;* **~e Versprechungen machen** fazer promessas vãs

Leere ['le:rə] *f kein pl* vazio *m;* **im Theater herrschte gähnende ~** o teatro estava quase às moscas

leeren ['le:rən] *vt* (*Behälter*) esvaziar; (*Glas*) beber até ao fim; (*Briefkasten*) levantar o correio de

Leergut *nt* <-(e)s> *kein pl* vasilhame *m*

Leerlauf *m* <-(e)s> *kein pl* ① (*Auto*) ponto morto *m* ② (*bei Tätigkeit*) período *m* de ina(c)tividade

Leertaste *f* <-n> espaço *m*

Leerung *f* <-en> esvaziamento *m;* (*Briefkasten*) tiragem *f*

legal [le'ga:l] *adj* legal

legalisieren* *vt* legalizar

Legalität *f kein pl* legalidade *f*

Legasthenie *f kein pl* dislexia *f*

legen ['le:gən] **I.** *vt* ① (*allgemein*) pôr; (*hinlegen*) pousar, colocar; (*hineinlegen*) meter (*in* em); **etw beiseite ~** pôr a. c. de lado; **etw aus der Hand ~** pousar a. c. ② (*Gas, Wasser, Leitung*) instalar ③ (*Feuer*) pôr, pegar; (*Eier*) pôr; (*Haare*); **waschen und ~** fazer mise **II.** *vr* **sich ~** ① (*Mensch, Tier*) deitar-se, estender-se; **sich ins Bett ~** deitar-se na cama; **sich auf den Bauch/Rücken ~**

deitar-se de barriga para baixo/de costas; **sich in die Sonne ~** estender-se ao sol; **sich schlafen ~** deitar-se a dormir ❷ (*nachlassen*) acalmar, abrandar; **der Wind legt sich** o vento está a acalmar [*o* abrandar]; **das Fieber hat sich gelegt** a febre acalmou

legendär *adj* lendário

Legende [le'gɛndə] *f* <-n> lenda *f*

leger [le'ʒeːɐ] *adj* à vontade

Leggings ['lɛgɪŋs] *pl* meias *fpl* sem pé

Legierung *f* <-en> liga *f*

Legislative [legɪsla'tiːvə] *f* <-n> poder *m* legislativo

Legislaturperiode [legɪsla'tuːɐ-] *f* <-n> legislatura *f*

legitim [legi'tiːm] *adj* legítimo

Legitimation *f* <-en> legitimação *f*

legitimieren* *vt* legitimar

Lehm [leːm] *m* <-(e)s, -e> barro *m,* argila *f*

lehmig *adj* argiloso

Lehne ['leːnə] *f* <-n> (*Rückenlehne*) costas *fpl* da cadeira, espaldar *m;* (*Armlehne*) encosto *m* de braços

lehnen ['leːnən] **I.** *vt* encostar (*an* a, *gegen* contra), apoiar (*an* em, *gegen* contra) **II.** *vi* estar encostado (*an* a) **III.** *vr* **sich ~** encostar-se (*an* a, *gegen* contra), apoiar-se (*an* em, *gegen* contra); **sich aus dem Fenster ~** debruçar-se sobre a janela

Lehnstuhl *m* <-(e)s, -stühle> poltrona *f,* cadeira *f* de braços

Lehnwort *nt* <-(e)s, -wörter> estrangeirismo *m*

Lehramt ['leːɐ-] *nt* <-(e)s, -ämter> ensino *m;* **auf ~ studieren** estudar no ramo educacional

Lehrbehelf *m* <-(e)s, -e> (*österr*) material *m* didá(c)tico, recursos *mpl* pedagógicos

Lehrbuch *nt* <-(e)s, -bücher> livro *m* de aprendizagem

Lehre ['leːrə] *f* <-n> ❶ (*Ausbildung*) instrução *f,* aprendizagem *f;* **eine ~ machen** andar a aprender um ofício ❷ (*Theorie*) teoria *f;* (*Philosophie, Religion*) doutrina *f* ❸ (*Erfahrung*) lição *f;* **eine ~ aus etw ziehen** aprender uma lição com a. c. ❹ (TECH) calibre *m*

lehren ['leːrən] *vt* ❶ (*beibringen*) ensinar, instruir; **die Geschichte lehrt uns, dass ...** a história ensina-nos que ... ❷ (*Schule, Universität*) dar aulas; **sie lehrt Medizin** ela dá aulas de medicina

Lehrer(in) *m(f)* <-s, - *o* -innen> professor, professora *m, f*

Lehrgang *m* <-(e)s, -gänge> curso *m;* **einen ~ besuchen** frequentar um curso

Lehrjahr *nt* <-(e)s, -e> ano *m* de aprendizagem

Lehrkörper *m* <-s, -> corpo docente *m,* professorado *m*

Lehrkraft *f* <-kräfte> professor, professora *m, f*

Lehrling *m* <-s, -e> aprendiz, aprendiza *m, f*

Lehrmittel *pl* material *m* didá(c)tico, recursos *mpl* pedagógicos

Lehrplan *m* <-(e)s, -pläne> programa *m* de ensino

lehrreich *adj* instrutivo, educativo

Lehrstelle *f* <-n> lugar *m* de aprendiz

Lehrstuhl *m* <-(e)s, -stühle> cátedra *f* (*für* de), cadeira *f* (*für* de)

Lehrtochter *f* <-töchter> (*schweiz*) aluna *f*

Lehrzeit *f* <-en> tempo *m* de aprendizagem

Leib [laɪp] *m* <-(e)s, -er> ❶ (*Körper*) corpo *m;* **etw am eigenen ~ erfahren** sentir a. c. na própria pele; **mit ~ und Seele** de corpo e alma; **bleib mir vom ~!** não te aproximes de mim!; **jdm auf den ~ rücken** importunar alguém ❷ (*Bauch*) barriga, ventre *m*

Leibchen *nt* <-s, -> (*österr*) camisola *f* interior, camiseta *f*

leibhaftig [-'--] *adj* verdadeiro, em pessoa

leiblich *adj* ❶ (*körperlich*) corporal, carnal ❷ (*blutsverwandt*) de sangue; (*Mutter, Vater*) biológico, natural; **mein ~er Bruder** o meu irmão de sangue

Leibwächter(in) *m(f)* <-s, - *o* -innen> guarda-costas *m,f*

Leiche ['laɪçə] *f* <-n> cadáver *m;* **über ~n gehen** não ter escrúpulos; (*umg*); **nur über meine ~!** só por cima do meu cadáver!

leichenblassRR *adj* lívido, cadavérico

Leichenhalle *f* <-n> capela *f* mortuária

Leichenverbrennung *f* <-en> cremação *f*

Leichenwagen *m* <-s, -> carro *m* fúnebre

Leichnam ['laɪçnaːm] *m* <-s, -e> cadáver *m,* corpo *m*

leicht [laɪçt] **I.** *adj* ❶ (*Gewicht*) leve; **~e Kleidung** roupa leve ❷ (*einfach, unkompliziert*) fácil, simples; **das wird nicht so ~ sein** não vai ser fácil ❸ (*Speisen*) ligeiro, leve; (*Tabak*) suave, fraco ❹ (*schwach*) leve, fraco; **eine ~e Grippe** uma leve gripe; **~er Regen** chuva fraca **II.** *adv* ❶ (*schnell*) facilmente; (*einfach*) com facilidade; **~ verständ-**

L

lich fácil de entender; ~ **verdaulich** ligeiro; (*brasil*) fácil de degerir, leve; ~ **zerbrechlich** frágil; **jdm etw ~ machen** facilitar a. c. a alguém; **das ist ~er gesagt, als getan** isso é fácil de dizer ❷ (*gering*) ligeiramente, levemente; ~ **gesalzen** ligeiramente salgado; ~ **erkältet** ligeiramente constipado

Leichtathletik *f kein pl* atletismo *m*

leicht|fallen *vi irr* **das fällt ihm ~** isso não lhe custa nada; **die Entscheidung ist uns nicht ~** a decisão não nos foi fácil de tomar!

leichtfertig *adj* leviano, frívolo

leichtgläubig *adj* crente, crédulo

Leichtgläubigkeit *f kein pl* credulidade *f*

Leichtigkeit *f kein pl* facilidade *f*

leicht|machen[ALT] *vt s.* **leicht II 1**

Leichtmetall *nt* <-s, -e> metal *m* leve

leicht|nehmen *vt irr* **etw ~** levar a. c. a bem

Leichtsinn *m* <-(e)s> *kein pl* leviandade *f*, descuido *m*

leichtsinnig *adj* leviano, imprudente

leichtverdaulich[ALT] *adj s.* **leicht II 1**

leichtverständlich[ALT] *adj s.* **leicht II 1**

leid [laɪt] *adj* **etw ~ haben/sein** estar farto de a. c.

Leid [laɪt] *nt* <-(e)s> *kein pl* ❶ (*Kummer*) mágoa *f*, dor *f*; **jdm sein ~ klagen** desabafar com alguém ❷ (*Bedauern*) pena *f*, pesar *m*; **es tut mir ~** sinto muito, lamento muito, tenho (muita) pena; **er/sie tut mir ~** eu tenho pena dele/dela

leiden ['laɪdən] **I.** *vt* (*erdulden*) suportar, aguentar; **Hunger ~** passar fome; **ich kann das nicht ~** não posso tolerar isso; **jdn/etw nicht ~ können** não suportar alguém/a. c. **II.** *vi* sofrer (*an* de, *unter* com)

Leiden *nt* <-s, -> ❶ (*allgemein*) sofrimento *m*; (*Schmerz*) dor *f* ❷ (*Krankheit*) doença *f*, mal *m*

Leidenschaft *f* <-en> paixão *f* (*für* por); **Computer sind seine ~** os computadores são a sua paixão

leidenschaftlich **I.** *adj* apaixonado **II.** *adv* apaixonadamente, com paixão; **jdn ~ lieben** amar alguém apaixonadamente; ~ **gern Fahrrad fahren** adorar andar de bicicleta

leider ['laɪdɐ] *adv* infelizmente; ~ **nicht** infelizmente, não

leidig *adj* maçador, enfadonho

leidlich *adj* tolerável, suportável

Leidtragende(r) *m/f* <-n, -n *o* -n> vítima *f*

leid|tun *vt irr* **es tut mir leid** sinto muito; **es tut mir leid, dass...** lamento que +*subj*; **er tut mir leid** sinto pena de ele

Leier ['laɪɐ] *f* <-n> ❶ (*Drehleier*) lira *f* ❷ (*Klage*) lengalenga *f*; **es ist immer die gleiche ~** é sempre a mesma lengalenga

Leierkasten *m* <-s, -kästen> realejo *m*

leihen ['laɪən] *vt* ❶ (*ausleihen*) emprestar; **kannst du mir 20 € ~?** podes emprestar-me 20 €? ❷ (*entleihen*) pedir emprestado; **ich habe mir ein Video von ihm geliehen** eu pedi-lhe um vídeo emprestado

Leihgebühr *f* <-en> aluguer *m*; (*brasil*) aluguel *m*

Leihmutter *f* <-mütter> mãe *f* de aluguer, mãe *f* de aluguel

Leihwagen *m* <-s, -> carro *m* de aluguer, carro *m* de aluguel; **sich** *dat* **einen ~ nehmen** alugar um carro

Leim [laɪm] *m* <-(e)s, -e> cola *f*; (*umg*); **aus dem ~ gehen** desmanchar-se, desconjuntar-se; (*umg*); **jdm auf den ~ gehen** cair nas teias de alguém

leimen *vt* colar

Leine ['laɪnə] *f* <-n> cordel *m*; (*Wäscheleine*) corda *f*; (*Hundeleine*) trela *f*; **den Hund an der ~ führen** levar o cão pela trela

Leinen *nt* <-s, -> linho *m*

Leintuch *nt* <-(e)s, -tücher> (*reg*) lençol *m*

Leinwand *f* <-wände> ❶ (*Malerei*) tela *f* ❷ (*Kino*) ecrã *m*, tela *f*

leise ['laɪzə] **I.** *adj* (*Stimme, Ton*) baixo; (*geräuschlos*) silencioso; (*sanft*) leve, brando, suave; (*gering*) vago; **ich habe nicht die ~ste Ahnung** não faço a mínima ideia **II.** *adv* baixo, baixinho; (*Äußerungen*) em voz baixa; ~ **singen** cantar baixinho; **mach bitte das Radio ~r!** põe o rádio mais baixo por favor!; **sprich etwas ~r!** fala mais baixo!

Leiste ['laɪstə] *f* <-n> ❶ (*Randleiste*) borda *f*; (*Fußleiste*) rodapé *m*; (*Zierleiste*) friso *m* ❷ (ANAT) virilha *f*

leisten ['laɪstən] *vt* ❶ (*schaffen*) fazer, efe(c)tuar; (*vollbringen*) realizar; **gute Arbeit ~** fazer um bom trabalho ❷ (*Maschine, Motor*) produzir, render ❸ (*Dienst, Hilfe*) prestar; (*Eid*) fazer; **Ersatz ~** inde(m)nizar; **jdm Gesellschaft ~** fazer companhia a alguém; **Widerstand ~** oferecer resistência ❹ (*umg: sich gönnen*) comprar; **sich** *dat* **etw ~ können** poder comprar a. c., ter dinheiro para a. c.

Leistenbruch *m* <-(e)s, -brüche> hérnia *f* inguinal

Leistung *f* <-en> ❶ (*Arbeit*) trabalho *m;* (*gutes Ergebnis*) obra *f;* (SPORT) desempenho *m,* performance *f;* (*im Beruf*) mérito *m* profissional; (*Schule*) aproveitamento *m* ❷ (*Leistungsfähigkeit*) capacidade *f* ❸ (*von Maschine, Fabrik*) rendimento *m,* produção *f;* (*von Motor*) potência *f*

Leistungen *pl* serviços *mpl;* (*finanziell*) encargos *mpl*

Leistungssport *m* <-s> *kein pl* desporto *m* de competição, esporte *m* de competição

Leitartikel *m* <-s, -> artigo *m* de fundo

leiten ['laɪtən] *vt* ❶ (*Firma*) dirigir, gerir; (*Versammlung*) dirigir; (*Diskussion*) conduzir; (*Expedition*) chefiar ❷ (*führen, begleiten*) guiar, conduzir; **sich von etw ~ lassen** deixar-se guiar por a. c.; **etw in die Wege ~** encaminhar a. c.; **den Verkehr um die Stadt herum ~** encaminhar o trânsito à volta da cidade ❸ (ELEKTR, PHYS) conduzir

leitend *adj* ❶ (*führend*) dirigente, principal; **~e Position** posição *f* de chefia; **~e Angestellte** gerente *f* ❷ (ELEKTR, PHYS) condutor

Leiter[1] *f* <-n> escadote *m,* escada *f* de mão

Leiter(in)[2] ['laɪtɐ] *m(f)* <-s, - *o* -innen> dire(c)tor, dire(c)tora *m, f,* chefe *m,f*

Leitfaden *m* <-s, -fäden> guia *m*

Leitfähigkeit *f kein pl* (PHYS) condutibilidade *f*

Leitmotiv *nt* <-s, -e> tónica *f,* tema *m* fundamental

Leitplanke *f* <-n> barreira *f* de segurança

Leitung *f* <-en> ❶ (*Führung*) dire(c)ção *f,* condução *f;* (*in Firma*) gerência *f;* **unter der ~ von ...** sob a dire(c)ção de ... ❷ (*Führungsgruppe*) administração *f,* dire(c)ção *f* ❸ (*Kabel*) fio *m;* (*Telefonleitung*) linha *f;* **die ~ ist frei/besetzt** a linha está livre/ocupada; (*umg*); **eine lange ~ haben** ser de compreensão lenta ❹ (*Rohrleitung*) canalização *f,* encanamento *m*

Leitungswasser *nt* <-s> *kein pl* água *f* da torneira

Leitwerk *nt* <-(e)s, -e> (AERO) empenagem *f*

Lektion [lɛk'tsjo:n] *f* <-en> lição *f;* **jdm eine ~ erteilen** dar uma lição a alguém

Lektor(in) ['lɛkto:ɐ] *m(f)* <-s, -en *o* -innen> ❶ (*an Universität*) leitor, leitora *m, f* ❷ (*in Verlag*) revisor, revisora *m, f*

Lektorat *nt* <-(e)s, -e> ❶ (*an Universität*) leitorado *m* ❷ (*in Verlag*) departamento *m* de revisão

Lektüre *f kein pl* leitura *f*

Lende ['lɛndə] *f* <-n> lombo *m*

lenken ['lɛŋkən] *vt* ❶ (*Fahrzeug*) conduzir, guiar, dirigir; (*Schiff*) pilotar ❷ (*Aufmerksamkeit, Blick*) dirigir (*auf* para); **das Gespräch auf ein anderes Thema ~** conduzir a conversa para outro tema

Lenkrad *nt* <-(e)s, -räder> volante *m*

Lenkstange *f* <-n> guiador *m*

Lenkung *f* <-en> ❶ *kein pl* (*Leitung*) condução *f* ❷ (*im Auto*) dire(c)ção *f*

Leopard [leo'part] *m* <-en, -en> leopardo *m*

Lepra *f kein pl* lepra *f*

Lerche ['lɛrçə] *f* <-n> (ZOOL) cotovia *f*

lernbegierig *adj* ávido de aprender, interessado

lernen ['lɛrnən] **I.** *vt* aprender, estudar; **lesen/schwimmen ~** aprender a ler/nadar; **Grammatik/Griechisch ~** estudar gramática/grego; **etw auswendig ~** decorar a. c.; **einen Beruf ~** aprender uma profissão; **jdn/etw kennen ~** (ficar a) conhecer alguém/a. c. **II.** *vi* estudar

Lernfahrausweis *m* <-es, -e> *licença de aprendizagem de condução quando acompanhado por alguém com carta de condução*

Lernsoftware *f* <-s> software *m* de aprendizagem

lesbar *adj* legível

Lesbe ['lɛsbə] *f* <-n> lésbica *f*

lesbisch *adj* lésbica

Lese ['le:zə] *f* <-n> apanha *f,* colheita *f;* (*Weinlese*) vindima *f*

Lesebuch *nt* <-(e)s, -bücher> livro *m* de leitura

Lesegerät *nt* (ELEK) leitor *m*

lesen ['le:zən] *vt* ❶ (*Buch, Zeitung*) ler; **die Schrift ist kaum zu ~** a letra é quase ilegível; **die Messe ~** rezar a missa; **jds Gedanken ~** ler os pensamentos de alguém ❷ (*ernten*) apanhar, colher; **Trauben ~** vindimar

Leser(in) *m(f)* <-s, - *o* -innen> leitor, leitora *m, f*

Leserbrief *m* <-(e)s, -e> carta *f* de leitor

leserlich *adj* legível

Lesezeichen *nt* <-s, -> marca *f* de leitura

Lesung *f* <-en> ❶ (*Dichterlesung*) recital *m* ❷ (POL) leitura *f*

Lethargie *f kein pl* letargia *f*

Lette(in) *m(f)* <-n, -n *o* -innen> letónio, letónia *m, f*

L

lettisch *adj* letónio

Lettland *nt* <-s> *kein pl* Letónia *f*

letzte(r, s) *adj* ① (*in Reihenfolge*) último; (*abschließend*) último, final, derradeiro; **als Letzter kommen** chegar em último; **als Letzte gehen** ir em último; **auf dem ~n Platz liegen** estar em último lugar; **zum ~n Mal** pela última vez ② (*zeitlich*) último, passado; **in ~r Zeit** nos últimos tempos; **er kam ~ Woche** ele veio na semana passada

letztens ['lɛtstəns] *adv* por último, em último lugar

letztlich *adv* finalmente, por fim

Leuchte ['lɔɪçtə] *f* <-n> ① (*Lampe*) lâmpada *f* ② (*umg: Person*) génio *m*; **sie ist eine ~ in Mathematik** ela é um génio em matemática

leuchten ['lɔɪçtən] *vi* ① (*Lampe*) iluminar, dar luz ② (*beleuchten*) alumiar, iluminar; **leuchte hierher!** alumia aqui! ③ (*glänzen, strahlen*) brilhar, luzir; **~de Augen** olhos brilhantes; **seine Augen leuchteten vor Freude** os seus olhos brilhavam de alegria

Leuchter *m* <-s, -> castiçal *m*

Leuchtfarbe *f* <-n> cor *f* fluorescente

Leuchtrakete *f* <-n> foguete *m* luminoso

Leuchtreklame *f* <-n> reclame *m* luminoso

Leuchtstift *m* <-(e)s, -e> caneta *f* fluorescente

Leuchtturm *m* <-(e)s, -türme> farol *m*

leugnen ['lɔɪgnən] **I.** *vt* desmentir, contestar **II.** *vi* desmentir; **es ist nicht zu ~, dass ...** é incontestável que ...

Leukämie *f* <-n> leucemia *f*

Leumund *m* <-(e)s> *kein pl* reputação *f*, fama *f*

Leute ['lɔɪtə] *pl* pessoas *fpl*, gente *f*; **es waren viele ~ da** estava lá muita gente, estavam lá muitas pessoas; **es waren ungefähr 30 ~ da** estavam lá aproximadamente 30 pessoas; (*umg*); **etw unter die ~ bringen** espalhar a. c.; **was sollen die ~ denken?** o que é que as pessoas vão pensar?

Leutnant ['lɔɪtnant] *m* <-s, -s> tenente *m*

leutselig *adj* dado, afável

Level ['lɛvəl] *m* <-s, -s> nível *m*

Lexikograf(in)[RR] *m(f)* <-en, -en *o* -innen> lexicógrafo, lexicógrafa *m, f*

Lexikografie[RR] *f kein pl* lexicografia *f*

Lexikograph(in) *m(f)* <-en, -en *o* -innen> lexicógrafo, lexicógrafa *m, f*

Lexikographie *f kein pl* lexicografia *f*

Lexikon ['lɛksikɔn] *nt* <-s, Lexika> enciclopédia *f*

libanesisch *adj* libanês

Libanon *m* <-s> *kein pl* Líbano *m*

Libelle [li'bɛlə] *f* <-n> libélula *f*

liberal [libe'ra:l] *adj* liberal

liberalisieren* *vt* liberalizar

Liberalisierung *f* <-en> liberalização *f*

Liberalismus *m* <-> *kein pl* liberalismo *m*

Liberia *nt* <-s> *kein pl* Libéria *f*

Libero *m* <-s, -s> libero *m*

Libyen *nt* <-s> *kein pl* Líbia *f*

Licht [lɪçt] *nt* <-(e)s, -er> luz *f*; **das ~ anmachen/ausmachen** acender/apagar a luz; **etw ans ~ bringen** publicar a. c.; **ans ~ kommen** vir a lume; (*geh*); **das ~ der Welt erblicken** nascer; **gegen das ~** em contraluz, contra a luz; **einer Sache grünes ~ geben** dar luz verde a a. c.; **jdn hinters ~ führen** enganar alguém, intrujar alguém

Lichtbild *nt* <-(e)s, -er> ① (*Passbild*) fotografia *f* ② (*Dia*) slide *m*

Lichtblick *m* <-(e)s, -e> raio *m* de esperança

lichtempfindlich *adj* sensível à luz

lichten ['lɪçtən] **I.** *vt* (*Wald*) desbastar; **den Anker ~** levantar ferro **II.** *vr* **sich ~** (*Nebel, Wolken*) clarear; (*Haare*) rarear; **die Reihen ~ sich** as filas começam a esvaziar

lichterloh ['lɪçtɐ'lo:] *adv* **~ brennen** arder em chamas

Lichtgeschwindigkeit *f kein pl* velocidade *f* da luz

Lichthupe *f* <-n> sinais de luzes *mpl*; **die ~ betätigen** dar sinais de luzes

Lichtjahr *nt* <-(e)s, -e> ano-luz *m*

Lichtmaschine *f* <-n> dínamo *m*

Lichtschalter *m* <-s, -> interruptor *m*

Lichtschein *m* <-(e)s> *kein pl* clarão *m*

Lichtschranke *f* <-n> sensor *m* luminoso

Lichtschutzfaktor *m* <-s, -en> fa(c)tor *m* de prote(c)ção solar

Lichtstrahl *m* <-(e)s, -en> raio *m* de luz

Lichtung *f* <-en> (*im Wald*) clareira *f*

Lid [li:t] *nt* <-(e)s, -er> pálpebra *f*

Lidschatten *m* <-s, -> sombra *f* para os olhos

lieb [li:p] *adj* ① (*geliebt*) querido, caro; **~e Tabea/~er Niklas** querida Tabea/querido Niklas; **~e Frau Maier/~er Herr Müller** cara Sr.ª Maier/caro Sr. Müller; **jdn ~ haben** gostar de alguém ② (*liebenswürdig*) amoroso, querido; (*nett*) simpático; **viele ~e**

Grüße sendet dir Ann-Kathrin a Ann-Kathrin manda-te muitos beijinhos; **wären Sie so ~ und ...** quer ter a bondade de ...; **der ~e Gott** o bom Deus ③ (*brav*) bom ④ (*angenehm*) agradável; **es wäre mir ~er, wenn ...** eu preferia que ... +*conj*

liebäugeln *vi* estar com ideias (*mit* de); **sie liebäugelt mit einer Weltreise** ela está com ideias de fazer uma viagem à volta do mundo

Liebe ['li:bə] *f kein pl* amor (*zu* a); (*Zuneigung*) afeição *m* (*zu* a), carinho *m* (*zu* por); **~ auf den ersten Blick** amor à primeira vista; **~ macht blind** o amor é cego; **alte ~ rostet nicht** paixão antiga não morre; **er/sie ist meine große ~** ele/ela é o meu grande amor; **aus ~ zur Literatur** por amor à literatura

Liebelei [li:bə'laɪ] *f* <-en> namorico *m*

lieben ['li:bən] *vt* ① (*Liebe empfinden*) amar ② (*Geschlechtsverkehr haben*) amar, fazer amor com ③ (*mögen*) gostar de, adorar; **er liebt es nicht, wenn ...** ele não gosta quando ...

liebenswürdig *adj* amável, gentil; **das ist sehr ~ von Ihnen** é muito amável da sua parte

liebenswürdigerweise *adv* amavelmente, gentilmente

Liebenswürdigkeit *f* <-en> amabilidade *f*, gentileza *f*

lieber ['li:bɐ] **I.** *komp von* **gern II.** *adv* (*vorzugsweise, besser*) antes; **~ wollen** antes querer, preferir; **~ nicht** é melhor não; **lass uns ~ gehen** é melhor irmos

Liebesbeziehung *f* <-en> relação *f* amorosa, namoro *m*

Liebesbrief *m* <-(e)s, -e> carta *f* de amor

Liebeserklärung *f* <-en> declaração *f* de amor; **jdm eine ~ machen** fazer uma declaração de amor a alguém

Liebeskummer *m* <-s> *kein pl* desgosto *m* de amor; **~ haben** sofrer um desgosto de amor

Liebespaar *nt* <-(e)s, -e> par *m* de namorados, casal *m* de namorados

liebevoll *adj* amoroso, carinhoso, afe(c)tuoso

lieb|habenALT *vt irr s.* **lieb 1**

Liebhaber(in) *m(f)* <-s, - *o* -innen> ① (*Geliebter*) amante *m,f* ② (*Kenner*) apreciador, apreciadora *m, f*, amante *m,f*

Liebhaberei *f* <-en> passatempo *m*, hobby *m*

liebkosen* *vt* acariciar, acarinhar, afagar

lieblich ['li:plɪç] *adj* ① (*Landschaft*) lindo, encantador ② (*Duft*) suave; (*Wein*) adocicado

Liebling ['li:plɪŋ] *m* <-s, -e> ① (*Kosewort*) querido, querida *m, f* ② (*bevorzugte Person*) predile(c)to, predile(c)ta *m, f*, favorito, favorita *m, f*

Lieblingsbuch *nt* <-(e)s, -bücher> livro *m* preferido

lieblos *adj* frio, insensível

Liebste(r) *m/f* <-n, -n *o* -n> amor *m*, querido, querida *m, f*

Liechtenstein ['lɪçtənʃtaɪn] *nt* <-s> *kein pl* Liechtenstein *m*

Liechtensteiner(in) *m(f)* <-s, - *o* -innen> habitante *m,f* do Liechtenstein

Lied [li:t] *nt* <-(e)s, -er> canção *f*, cantiga *f*; (*religiös*) cântico *m*, canto *m*; **ein ~ singen** entoar uma canção

Liederbuch *nt* <-(e)s, -bücher> cancioneiro *m*

liederlich ['li:dɐlɪç] *adj* ① (*unordentlich*) desmazelado, desleixado ② (*unmoralisch*) libertino, vadio

Liedermacher(in) *m(f)* <-s, - *o* -innen> cançonetista *m,f*

lief [li:f] *imp von* **laufen**

Lieferant(in) [lifə'rant] *m(f)* <-en, -en *o* -innen> fornecedor, fornecedora *m, f*

lieferbar *adj* pronto para entrega; **das ist in drei Tagen ~** isso poderá ser entregue no prazo de três dias; **die Ware ist zur Zeit nicht ~** a mercadoria não se encontra disponível para entrega

liefern ['li:fɐn] *vt* ① (*Waren*) fornecer, entregar; **wir ~ nicht ins Ausland** nós não fornecemos para o estrangeiro; **wann können Sie mir die Ersatzteile ~?** quando é que pode entregar-me as peças sobresselentes? ② (*erzeugen*) produzir, fornecer; **das Land liefert Erdöl** o país produz petróleo ③ (*vorlegen*) dar, apresentar; **Beweise für etw ~** apresentar provas de a. c.

Lieferschein *m* <-(e)s, -e> guia *f* de remessa

Lieferung *f* <-en> ① (*das Liefern*) fornecimento *m*, entrega *f* ② (*Ware*) remessa *f*

Lieferungswagen *m* <-s, -> (*schweiz*) furgoneta *f*

Lieferwagen *m* <-s, -> furgoneta *f*

Liege ['li:gə] *f* <-n> espreguiçadeira *f*

L

liegen ['li:gən] *vi* ① (*Person*) estar deitado; **im Bett/in der Sonne ~** estar deitado na cama/ao sol; **auf dem Bauch/Rücken ~** estar deitado de barriga para baixo/de costas; **~ bleiben** ficar deitado ② (*sich befinden*) estar, encontrar-se; (*geografisch*) ficar, situar-se; **das Buch liegt auf dem Tisch** o livro está em cima da mesa; **Porto liegt am Atlantik** o Porto fica [*o* situa-se] na costa atlântica; **wo liegt Sagres?** onde fica Sagres?; **in den Bergen liegt Schnee** há neve nos montes; **das liegt auf dem Weg** isso fica a caminho; **die Preise ~ zwischen 100 und 200 €** os preços situam-se entre 100 e 200 €; (*Arbeit*); **~ bleiben** ficar esquecido, ficar por fazer; (*vergessen*); **etw ~ lassen** deixar ficar a. c., deixar a. c. a meio; **jdn links ~ lassen** deixar alguém de parte ③ (*zusagen*) agradar; **Englisch liegt mir nicht** não gosto de inglês; **mir liegt viel daran** tenho muito empenho nisso ④ (*abhängen*) depender de, dever-se a; **an wem liegt es?** quem é o responsável por isso?; **woran liegt es?** qual é a causa?; **das liegt an den hohen Preisen** isso deve-se aos preços elevados; **die Entscheidung liegt bei euch** a decisão é vossa

liegen|bleibenALT *vi irr s.* **liegen 1, 2**

liegen|lassenALT *vt irr s.* **liegen 2**

Liegesitz *m* <-es, -e> (*Auto*) banco *m* reclinável

Liegestuhl *m* <-(e)s, -stühle> cadeira *f* de repouso

Liegestütz *m* <-es, -e> flexão *f;* **50 ~e machen** fazer 50 flexões

Liegewagen *m* <-s, -> vagão-cama *m*

lieh [li:] *imp von* **leihen**

ließ *imp von* **lassen**

Lift [lɪft] *m* <-(e)s, -e> elevador *m*

Likör *m* <-s, -e> licor *m*

lila ['li:la] *adj inv* lilás

Lilie ['li:liə] *f* <-n> lírio *m*

Liliputaner(in) [lilipu'ta:nɐ] *m(f)* <-s, - *o* -innen> liliputiano, liliputiana *m, f*

Limit ['lɪmɪt] *nt* <-s, -s> limite *m*

Limonade [limo'na:də] *f* <-n> gasosa *f;* (*aus Zitronen*) limonada *f;* (*aus Orangen*) laranjada *f*

Limone *f* <-n> lima *f*

Limousine *f* <-n> limusine *f*

Linde ['lɪndə] *f* <-n> tília *f*

lindern ['lɪndɐn] *vt* aliviar, mitigar

Linderung *f kein pl* alívio *m*

Lineal [line'a:l] *nt* <-s, -e> régua *f*

linear [line'a:ɐ] *adj* linear

Linguist(in) *m(f)* <-en, -en *o* -innen> linguista *m,f*

Linguistik [lɪŋgu'ɪstɪk] *f kein pl* linguística *f*

linguistisch *adj* linguístico

Linie ['li:niə] *f* <-n> linha *f;* (*Bus, Straßenbahn*) carreira *f,* linha *f;* **~n ziehen** traçar linhas; **in erster ~** em primeiro lugar; **auf die schlanke ~ achten** ter cuidado com a linha; **von wo fährt ~ 10 ab?** de onde parte a linha 10?

Linienbus *m* <-ses, -se> autocarro *m* de carreira, ônibus *m* de carreira

Linienflug *m* <-(e)s, -flüge> voo *m* de carreira, voo *m* regular

Linienrichter(in) *m(f)* <-s, - *o* -innen> (SPORT) juíz *m,f* de linha, fiscal *m,f* de linha

linientreu *adj* fiel à ideologia

liniert *adj* pautado

Linke *f kein pl* ① (*Hand*) mão esquerda *f* ② (POL) esquerda *f;* **die extreme ~** a extrema esquerda

linke(r, s) *adj* esquerdo; **~r Hand** à esquerda; (POL); **der ~ Flügel** a ala esquerda

linken *vt* (*umg*) tramar, lixar

linkisch *adj* desajeitado

links [lɪŋks] *adv* ① (*Richtung*) à esquerda; **nach ~ fahren** ir para a esquerda; **~ abbiegen** virar à esquerda; **er kommt von ~** ele vem da esquerda; **~ von mir** à minha esquerda; **die zweite Tür ~** a segunda porta à esquerda; (*umg*); **etw mit ~ machen** fazer a. c. sem problemas ② (*verkehrt herum*) do avesso, ao contrário; **die Jacke auf ~ ziehen** pôr [*o* virar] o casaco do avesso

Linksaußen *m* <-, -> ponta-esquerda *m*

Linkshänder(in) *m(f)* <-s, - *o* -innen> canhoto, canhota *m, f*

Linkskurve *f* <-n> curva *f* para a esquerda

linksradikal *adj* de extrema esquerda

Linoleum *nt* <-s> *kein pl* linóleo *m*

Linse ['lɪnzə] *f* <-n> ① (BOT) lentilha *f* ② (*Optik*) lente *f*

Lippe ['lɪpə] *f* <-n> lábio *m;* **kein Wort über die ~n bringen** não dizer uma palavra

Lippenstift *m* <-(e)s, -e> bâton *m*

liquidieren* *vt* ① (*Schulden*) liquidar, pagar ② (*töten*) liquidar

lismen *vi* (*schweiz*) tricotar

lispeln ['lɪspəln] *vi* ciciar, silvar

Lissabon *nt* <-s> *kein pl* Lisboa *f*

Lissabonner(in) *m(f)* <-s, - *o* -innen> lisboeta *m,f*

List [lɪst] *f* <-en> ① (*Schlauheit*) astúcia *f,* manha *f* ② (*Kniff, Trick*) artimanha *f*

Liste ['lɪstə] *f* <-n> lista *f;* **sich in eine ~ eintragen** inscrever-se numa lista; **auf einer ~ stehen** estar numa lista

listig *adj* astuto, manhoso, matreiro

Litanei *f* <-en> ① (REL) ladainha *f* ② (*abw: Aufzählung*) lengalenga *f,* ladainha *f;* **immer dieselbe ~** é sempre a mesma lengalenga

Litauen ['lɪtaʊən] *nt* <-s> *kein pl* Lituânia *f*

Litauer(in) *m(f)* <-s, - *o* -innen> lituano, lituana *m, f*

litauisch *adj* lituano

Liter ['liːtɐ, 'lɪtɐ] *m* <-s, -> litro *m;* **zwei ~ Wein** dois litros de vinho

literarisch [lɪtə'raːrɪʃ] *adj* literário

Literatur [lɪtəra'tuːɐ] *f* <-en> literatura *f*

Literaturangaben *pl* bibliografia *f*

Literaturgeschichte *f* <-n> história *f* da literatura

Literaturwissenschaft *f* <-en> literatura(s) *fpl*

LithografieRR *f* <-n> litografia *f*

Lithographie *f* <-n> litografia *f*

litt [lɪt] *imp von* **leiden**

Liturgie *f* <-n> liturgia *f*

live [laɪf] *adv* ao vivo; **wir senden ~ aus Berlin** estamos a transmitir ao vivo de Berlim

Liveband *f* banda *f* ao vivo

LivesendungRR *f* <-en> transmissão *f* ao vivo

LiveübertragungRR *f* <-en> transmissão *f* ao vivo

Livree *f* <-n> farda *f*

Na Suíça o primeiro grau académico a ser alcançado numa universidade, é chamado de **Lizentiat** ou «Diplom». Em seguida à graduação ainda se pode fazer um doutorado ou um curso após a graduação, chamado «Nachdiplomstudium».

Lizenz [li'tsɛnts] *f* <-en> licença *f,* alvará *m;* **eine ~ beantragen** pedir uma licença

Lkw, LKW ['ɛlkaːveː] *abk v* **Lastkraftwagen** veículo *m* pesado

Lob [loːp] *nt* <-(e)s> *kein pl* elogio *m,* louvor *m;* **jdm ein ~ aussprechen** fazer um elogio a alguém

Lobby *f* <-s> lobby *m*

loben ['loːbən] *vt* elogiar, louvar

lobenswert *adj* louvável

Loch [lɔx] *nt* <-(e)s, Löcher> ① (*Vertiefung*) buraco *m,* furo *m;* (*beim Golf*) buraco *m;* (*umg*); **Löcher in die Luft starren** estar a olhar para o balão ② (*in Kleidung*) rasgão *m,* buraco *m;* **du hast ein ~ in der Hose** tens um buraco nas calças ③ (*umg: Wohnung*) buraco *m*

lochen *vt* furar

Locher *m* <-s, -> furador *m*

löcherig *adj* furado, esburacado

Lochkarte *f* <-n> (INFOR) cartão *m* perfurado

Locke ['lɔkə] *f* <-n> caracol *m;* **das Haar in ~n legen** ondular o cabelo, encaracolar o cabelo

locken ['lɔkən] **I.** *vt* (*anziehen*) atrair, aliciar; **jdn in einen Hinterhalt ~** atrair alguém para uma cilada; **das Angebot lockt mich** a proposta atrai-me [*o* alicia-me] **II.** *vr* **sich ~** (*Haar*) encaracolar(-se)

Lockenwickler *m* <-s, -> rolo *m* (de cabelo)

locker ['lɔkɐ] *adj* ① (*Schraube, Verband*) solto; (*Knoten*) frouxo, solto; (*Zahn*) a abanar ② (*Teig, Backwaren*) fofo ③ (*Haltung*) descontraído; **etw ~ handhaben** ser flexível com a. c. ④ (*Lebenswandel*) descontraído, depravado; **hier herrschen ~e Sitten** aqui reinam hábitos depravados

locker|lassen *vi irr* (*umg*) **nicht ~** não desistir

locker|machen *vt irr* (*umg*) **Geld ~** arranjar dinheiro

lockern ['lɔkɐn] *vt* ① (*Schraube*) desapertar; (*Griff*) soltar; (*Knoten*) alargar, afrouxar ② (*Muskeln*) relaxar ③ (*Embargo*) levantar; (*Beschränkung*) reduzir; (*Vorschriften*) ser flexível com

lockig *adj* encaracolado

lodern ['loːdɐn] *vi* flamejar, arder em labareda

Löffel *m* <-s, -> ① (*zum Essen*) colher *f;* **zwei ~ Zucker** duas colheres de açúcar; (*umg*); **den ~ abgeben** bater a bota ② (*Hasenohr*) orelha *f* de lebre

löffeln *vt* comer com colher

log [loːk] *imp von* **lügen**

Logarithmus *m* <-, -men> logaritmo *m*

Loge ['loːʒə] *f* <-n> ① (*im Theater*) camarote *m* ② (*Freimaurertum*) loja maçónica *f*

③ (*Pförtnerloge*) portaria *f*

Logik ['lɔgɪk] *f kein pl* lógica *f*

logisch ['lo:gɪʃ] *adj* lógico

Logistik *f kein pl* logística *f*

Lohn [lo:n] *m* <-(e)s, Löhne> ① (*für Arbeit*) salário *m,* vencimento *m* ② (*Belohnung*) recompensa *f,* prémio *m*

Lohnempfänger(in) *m(f)* <-s, - *o* -innen> assalariado, assalariada *m, f*

lohnen ['lo:nən] **I.** *vt* (*wert sein*) compensar, valer a pena; **das Museum lohnt einen Besuch** vale a pena visitar o museu **II.** *vr* **sich ~** compensar, valer a pena; **das lohnt sich nicht** não vale a pena, não compensa; **das Geschäft lohnt sich** o negócio é rentável; **unsere Mühe hat sich gelohnt** o nosso esforço valeu a pena

Lohnerhöhung *f* <-en> aumento *m* de salários

Lohnkosten *pl* custos *mpl* salariais

Lohnsteuer *f* <-n> IRS *m*

Loipe *f* <-n> pista *f* de esqui de fundo

Lok [lɔk] *abk v* **Lokomotive** locomotiva

lokal [lo'ka:l] *adj* local

Lokal [lo'ka:l] *nt* <-(e)s, -e> restaurante *m*

Lokalaugenschein *m* <-(e)s, -e> (*österr*) visita *f* ao local (do acontecimento)

lokalisieren* *vt* localizar

Lokomotive [lokomo'ti:və] *f* <-n> locomotiva *f*

Lokomotivführer(in) *m(f)* <-s, - *o* -innen> maquinista *m,f*

Lolli ['lɔli] *m* <-s, -s> chupa-chupa *m,* pirulito *m*

London ['lɔndɔn] *nt* <-s> *kein pl* Londres *f*

Look *m* <-s, -s> estilo *m*

Lorbeer ['lo:ɐbe:ɐ] *m* <-s, -en> louro *m,* loureiro *m;* (*umg*); **sich auf seinen ~en ausruhen** deitar-se à sombra dos louros

los [lo:s] **I.** *adj* ① (*nicht befestigt*) solto; **der Knopf ist ~** o botão está solto; **jdn/etw ~ sein** ter-se livrado de alguém/a. c. ② (*Geschehen*) **was ist ~?** o que é que se passa?, o que é que há?; **was ist mit ihm/ihr ~?** que é que ele/ela tem?, o que é que se passa com ele/ela?; **dort ist nichts ~** ali não se passa nada; **mit ihm ist heute nichts ~** não há nada a fazer com ele hoje **II.** *adv* ① (*schnell*) **~!** vamos (lá)!, anda (lá)!; **~, mach schon!** anda, faz lá! ② (*umg: weg*) **sie sind schon ~** eles já foram (embora)

Los [lo:s] *nt* <-es, -e> ① (*Lotterielos*) bilhete de lotaria *m,* cautela *f;* **etw durch das ~ entscheiden** tirar a. c. à sorte; **das große ~ ziehen** tirar a sorte grande ② *kein pl* (*geh: Schicksal*) sorte *f,* fado *m*

los|binden *vt irr* desatar, soltar

Löschblatt *nt* <-(e)s, -blätter> mata-borrão *m*

löschen *vt* ① (*Feuer*) apagar, extinguir; (*Licht*) apagar, desligar ② (*Datei, Daten*) apagar, limpar; (*Tonband*) desgravar ③ (*Durst*) matar ④ (*Fracht*) descarregar

Löschfahrzeug *nt* <-(e)s, -e> carro *m* dos bombeiros

Löschtaste *f* <-n> tecla *f* para apagar

lose ['lo:zə] *adj* ① (*locker*) solto, frouxo ② (*Ware*) avulso, a granel; **~ Blätter** folhas avulso, folhas soltas; (*umg*); **ein ~s Mundwerk haben** não ter papas na língua

Lösegeld *nt* <-(e)s, -er> resgate *m*

losen ['lo:zən] *vi* tirar à sorte

lösen **I.** *vt* ① (*losmachen, entfernen*) desprender (*von* de) ② (*Knoten*) soltar, desatar; (*Schraube*) desaparafusar, desatarraxar; **die Handbremse ~** destravar ③ (*Aufgabe, Problem*) resolver; **ein Rätsel ~** decifrar um enigma ④ (*Vertrag*) rescindir, anular; (*Verhältnis*) romper ⑤ (*Fahrkarte*) comprar, tirar ⑥ (*Substanz*) dissolver (*in* em), desfazer (*in* em) **II.** *vr* **sich ~** ① (*ablösen, aufgehen*) soltar-se (*von* de), desprender-se (*von* de); **es hat sich eine Schraube gelöst** soltou-se um parafuso ② (*in Flüssigkeit*) dissolver-se (*in* em), desfazer-se (*in* em) ③ (*Problem*) resolver-se

los|fahren ['lo:s-] *vi irr* partir

los|gehen *vi irr* ① (*Person*) ir embora, partir, pôr-se a caminho ② (*umg: Veranstaltung*) começar; **es geht gleich los** já vai começar ③ (*Schuss, Gewehr*) disparar

los|kommen *vi irr* livrar-se (*von* de), desembaraçar-se (*von* de); **sie kam von dem Gedanken nicht los, dass ...** ela não conseguia deixar de pensar que ...

los|lassen *vt irr* largar, soltar; **lass mich los!** larga-me!

los|legen *vi* (*umg*) começar a despachar

löslich *adj* solúvel

los|machen *vt* soltar, desprender

Losnummer *f* <-n> número *m* do bilhete da lotaria

los|sagen *vr* **sich ~** renunciar (*von* a), deixar

Losung ['lo:zʊŋ] *f* <-en> lema *m*

Lösung *f* <-en> ① (*von Aufgabe, Rätsel*) solução *f* ② (*Trennung*) separação *f* (*von* de) ③ (*von Vertrag*) rescisão *f*; (*von Bündnis*) dissolução *f* ④ (CHEM: *Flüssigkeit*) solução *f*

Lösungsmittel *nt* <-s, -> solvente *m*

los|werden *vt irr* livrar-se de, desembaraçar-se de; (*umg*) descartar-se de; (*Geld*) largar

Lot [lo:t] *nt* <-(e)s, -e> ① (*Senkblei*) fio-de-prumo *m*; **etw wieder ins ~ bringen** pôr a. c. em pratos limpos ② (MATH) perpendicular *f* ③ (NAUT) sonda *f*

löten *vt* soldar

Lothringen ['lo:trɪŋən] *nt* <-s> *kein pl* Lorena *f*

Lotion [lo'tsjo:n] *f* <-en> loção *f*

Lötkolben *m* <-s, -> ferro *m* de soldar

Lotse(in) ['lo:tsə] *m(f)* <-n, -n *o* -innen> piloto *m,f*

lotsen *vt* conduzir, guiar; (AERO, NAUT) pilotar

Lotterie [lɔtə'ri:] *f* <-n> lotaria *f*, loteria *f*

Lotto ['lɔto] *nt* <-s, -s> loto *m*; **~ spielen** jogar no loto; **im ~ gewinnen** ganhar no loto

Lottogewinn *m* <-(e)s, -e> prémio *m* do loto

Löwe(in)[1] *m(f)* <-n, -n *o* -innen> (ZOOL) leão, leoa *m, f*

Löwe[2] *m* <-n> *kein pl* (*Sternkreiszeichen*) Leão *m*

Löwenanteil *m* <-(e)s, -e> parte *f* maior

Löwenzahn *m* <-(e)s> *kein pl* (BOT) dente--de-leão *m*

loyal [lɔɪ'a:l] *adj* leal, fiel

LP [ɛl'pi:] *abk v* **Langspielplatte** LP (= *long-playing record*)

LSD *abk v* **Lysergsäurediäthylamid** LSD

Luchs [lʊks] *m* <-es, -e> lince *m*

Lücke *f* <-n> (*Zwischenraum*) espaço (vazio) *m*; (*im Text*) lacuna *f*, omissão *f*; (*im Gedächtnis, Zahnlücke*) falha *f*; **das Gesetz weist ~n auf** a lei apresenta lacunas

Lückenbüßer(in) *m(f)* <-s, - *o* -innen> substituto, substituta *m, f*, suplente *m,f*

lückenhaft *adj* omisso, com lacunas

lückenlos *adj* completo, sem lacunas

lud [lu:t] *imp von* **laden**

Luder ['lu:dɐ] *nt* <-s, -> (*umg: meist weibl.*) malandro, malandra *m, f*

Luft [lʊft] *f* <Lüfte> ① (*allgemein*) ar *m*; **an die Frische ~ gehen** ir apanhar ar (fresco); **jdn wie ~ behandeln** ignorar alguém; **etw liegt in der ~** a. c. anda no ar; **etw in die ~ sprengen** fazer a. c. ir pelos ares; (*umg*); **jdn an die ~ setzen** pôr alguém na rua; **das ist völlig aus der ~ gegriffen** isso não tem fundamento nenhum; (*umg*); **es herrscht dicke ~** o ambiente está pesado; (*umg*); **die ~ ist rein** não há perigo; (*umg*); **in die ~ gehen** ir aos arames, atirar-se ao ar ② *kein pl* (*Atem*) respiração *f*, fôlego *m*; **~ holen** tomar fôlego; **nach ~ schnappen** ter falta de ar; **die ~ anhalten** conter a respiração

Luftangriff *m* <-(e)s, -e> ataque *m* aéreo

Luftballon *m* <-s, -s> balão *m* aerostático

Luftbild *nt* <-(e)s, -er> fotografia *f* aérea

Luftblase *f* <-n> bolha *f* de ar

Luftbrücke *f* <-n> ponte *f* aérea

luftdicht *adj* hermético, impermeável ao ar; **~ verpackt** hermeticamente embalado

Luftdruck *m* <-(e)s> *kein pl* pressão *f* atmosférica

lüften *vt* ① (*Kleidung, Zimmer*) arejar ② (*Geheimnis*) revelar

Luftfahrt *f kein pl* aeronáutica *f*, aviação *f*

luftig *adj* (*Kleidung*) vaporoso, ligeiro

Luftkissenboot *nt* <-(e)s, -e> aerodeslizador *m*, hovercraft *m*

Luftkurort *m* <-(e)s, -e> estância *f* de ar

luftleer *adj* vazio

Luftlinie *f kein pl* linha *f* aérea; **es sind 100 km ~** são 100 km em linha re(c)ta

Luftloch *nt* <-(e)s, -löcher> ① (*Öffnung*) respiradouro *m* ② (*umg: beim Fliegen*) poço de ar *m*

Luftmatraze *f* <-n> colchão *m* de ar

Luftpirat(in) *m(f)* <-en, -en *o* -innen> pirata *m,f* do ar

Luftpost *f kein pl* correio *m* aéreo; **mit ~** por via aérea, por avião

Luftpumpe *f* <-n> bomba *f* pneumática

Luftraum *m* <-(e)s, -räume> espaço *m* aéreo

Luftröhre *f* <-n> (ANAT) traqueia *f*

Luftschloss[RR] *nt* <-es, -schlösser> castelos *mpl* no ar; **Luftschlösser bauen** construir castelos no ar

Luftschutzkeller *m* <-s, -> abrigo *m* antiaéreo

Luftsprung *m* <-(e)s, -sprünge> salto *m*, pulo *m*; **vor Freude einen ~ machen** dar um salto de alegria

Lüftung *f* <-en> ventilação *f*

Luftverkehr *m* <-s> *kein pl* tráfego *m* aéreo

Luftverschmutzung *f kein pl* poluição *f* do ar

Luftwaffe *f* <-n> força *f* aérea, aviação *f* militar

Luftwiderstand *m* <-(e)s> *kein pl* resistência *f* do ar

Luftzug *m* <-(e)s> *kein pl* corrente *f* de ar, correnteza *f*

Lüge *f* <-n> mentira *f*

lügen *vi* mentir

Lügner(in) *m(f)* <-s, - *o* -innen> mentiroso, mentirosa *m, f;* (*umg*) aldrabão, aldrabona *m, f*

Luke ['lu:kə] *f* <-n> fresta *f*

lukrativ [lukra'ti:f] *adj* lucrativo

Lümmel *m* <-s, -> malcriado *m,* malandro *m*

lümmeln *vr* **sich ~** refastelar-se

Lump [lʊmp] *m* <-en, -en> patife *m*

Lumpen ['lʊmpən] *m* <-s, -> ❶ (*Stofffetzen*) trapo *m,* farrapo *m* ❷ (*reg: Putzlappen*) esfregão *m*

lumpig *adj* miserável; **er hat ein ~es Gehalt** ele tem um ordenado miserável

Lunge ['lʊŋə] *f* <-n> pulmão *m;* **sich** *dat* **die ~ aus dem Hals schreien** gritar a plenos pulmões

Lungenbraten *m* <-s, -> (*österr*) lombo *m* de vaca

Lungenentzündung *f* <-en> pneumonia *f*

Lungenflügel *m* <-s, -> lóbulo *m* do pulmão

Lungenkrebs *m* <-es> *kein pl* cancro *m* do pulmão

Lupe ['lu:pə] *f* <-n> lupa *f,* lente *f* de aumento; **etw unter die ~ nehmen** examinar a. c.

lupfen *vt* (*österr, schweiz*) levantar um pouco

Lurch *m* <-(e)s, -e> batráquio *m*

Lusitanistik *f kein pl* filologia *f* e cultura *f* portuguesa, estudos *mpl* portugueses

Lust [lʊst] *f kein pl* ❶ (*Verlangen*) vontade *f,* desejo *m;* **~ haben, etw zu tun** ter vontade de fazer a. c.; **~ auf etw haben** apetecer a. c. (a alguém); **hast du ~?** apetece-te?; **ich habe keine ~** não tenho vontade, não me apetece ❷ (*Vergnügen*) prazer *m,* gozo *m;* **nach ~ und Laune** conforme apetecer

Lüsterklemme *f* <-n> borne *m* de ligação

lüstern *adj* lascivo, concupiscente

lustig ['lʊstɪç] *adj* ❶ (*fröhlich*) alegre, divertido ❷ (*komisch*) engraçado, gozado; **sich über jdn/etw ~ machen** fazer troça de alguém/a. c.

lustlos *adj* sem gosto, desanimado

lutschen ['lʊtʃən] **I.** *vt* chupar **II.** *vi* chupar, chuchar; **am Daumen ~** chupar [*o* chuchar] no dedo

Lutscher *m* <-s, -> chupa-chupa *m,* pirulito *m*

Luv *f kein pl* (NAUT) barlavento *m*

Luxemburg ['lʊksəmbʊrk] *nt* <-s> *kein pl* Luxemburgo *m*

Luxemburger(in) ['lʊksəmbʊrgɐ] *m(f)* <-s, - *o* -innen> luxemburguês, luxemburguesa *m, f*

luxemburgisch *adj* luxemburguês

luxuriös *adj* luxuoso, sumptuoso

Luxus ['lʊksʊs] *m* <-> *kein pl* luxo *m;* **im ~ leben** viver no luxo

Luxusartikel *m* <-s, -> artigo *m* de luxo

Luzern *nt* <-s> *kein pl* Lucerna *f*

Lymphe *f* <-n> linfa *f*

Lymphknoten *m* <-s, -> glândula *f* linfática

lynchen *vt* linchar

Lyrik ['ly:rɪk] *f kein pl* lírica *f*

Lyriker(in) *m(f)* <-s, - *o* -innen> poeta *m* lírico, poetisa *f* lírica

lyrisch *adj* lírico

Mm

M *nt* <-, -> M, m *m*

Machart *f* <-en> estilo *m,* design *m*

machbar *adj* praticável, viável

Mache *f kein pl* (*abw*) peneira *f,* afe(c)tação *f*

machen ['maxən] *vt* ❶ (*tun*) fazer; (*Abstecher, Angaben, Schritt, Spaziergang, Sprung*) dar; **was machst du da?** o que é que estás a fazer?, o que é você está fazendo?; **mach schnell!** despacha-te!; **etw voll~** encher a. c.; **was ~ Sie beruflich?** o que é que faz?; **da ist nichts zu ~** não há nada a fazer; **mach's gut!** que tudo te corra bem! ❷ (*kosten*) ser; **was/wie viel macht das?** quanto é? ❸ (*herstellen*) produzir, fabricar; **soll ich uns etwas zu essen ~?** faço qualquer coisa para comermos? ❹ (*verursachen*) causar; **großen Eindruck auf jdn ~** causar uma boa impressão em alguém, impressionar alguém; **das macht nichts** não faz mal, não tem importância; **mach dir nichts draus!** não te importes com isso, não ligues a isso

Machenschaft *f* <-en> (*abw*) maquinação *f*, intriga *f*

Macho ['matʃo] *m* <-s, -s> machista *m*

Macht [maxt] *f* <Mächte> ① *kein pl* (*Gewalt*) poder *m;* (*Kraft*) força *f;* **an die ~ kommen** chegar ao poder; **~ über jdn haben** ter poder sobre alguém ② (*Staat*) potência *f*

Machthaber(in) *m(f)* <-s, - *o* -innen> detentor(a) *m(f)* do poder

mächtig **I.** *adj* (*machtvoll*) poderoso, potente; (*umg: sehr groß*) enorme **II.** *adv* imenso, à brava; **sich ~ anstrengen** esforçar-se imenso

Machtkampf *m* <-(e)s, -kämpfe> luta *f* pelo poder

machtlos *adj* impotente

Machtprobe *f* <-n> prova *f* de força

Machtwort *nt* <-(e)s, -e> palavra *f* de ordem; **ein ~ sprechen** fazer valer o seu poder, intervir com autoridade

Macke ['makə] *f* <-n> ① (*Fehler*) defeito *m* ② (*umg: Tick*) pancada *f*

Madagaskar *nt* <-s> *kein pl* Madagáscar *m*

Mädchen *nt* <-s, -> menina *f*, moça *f;* (*Kind*) rapariga *f;* (*umg*); **~ für alles** criada para todo o serviço *f*

mädchenhaft *adj* a modo de menina

Mädchenname *m* <-ns, -n> (*vor der Heirat*) apelido *m* de solteira

Made ['ma:də] *f* <-n> bicho *m*, verme *m;* **wie die ~ im Speck leben** ter-se tudo o que se precisa

Madeira *nt* <-s> *kein pl* Madeira *f*

Mädel *nt* <-s, -(s)> (*umg*) rapariga *f*, menina *f*

madig *adj* bichoso, cheio de vermes

Madl *nt* <-s, -n> (*österr*) *s.* **Mädel**

Mafia ['mafja] *f* <-s> máfia *f*

Magazin [maga'tsi:n] *nt* <-s, -e> ① (*Lager*) armazém *m*, depósito *m* ② (*Zeitschrift*) revista *f* (ilustrada) ③ (*bei Waffen*) coronha *f*

Magd [ma:kt] *f* <Mägde> criada *f*

Magen ['ma:gən] *m* <-s, Mägen> estômago *m;* **auf nüchternen ~** em jejum

Magengeschwür *nt* <-(e)s, -e> úlcera *f* no estômago

Magenschmerzen *pl* dores *fpl* de estômago

Magenverstimmung *f* <-en> indigestão *f*

mager ['ma:gɐ] *adj* ① (*Person, Fleisch*) magro ② (*Ernte, Ergebnis*) pobre, fraco

Magermilch *f kein pl* leite *m* magro

Magersucht *f kein pl* (MED) anorexia *f* nervosa

Magie [ma'gi:] *f kein pl* magia *f*

Magier(in) ['ma:giɐ] *m(f)* <-s, - *o* -innen> mágico, mágica *m, f*

magisch ['ma:gɪʃ] *adj* mágico

Magister *m* <-s, -> ① (*Universitätsgrad*) *grau académico obtido após a licenciatura* ② (*österr: Apotheker*) farmacêutico *m*

O grau de **Magister**, na Alemanha chamado Magister Artium (M.A.), corresponde a um diploma e é conferido após a conclusão de um curso superior na área de Letras. Na Áustria também há a possibilidade de se tratar de alguém que tenha concluído a graduação em Farmácia.

Magistrat *m* <-en, -en> (*schweiz*) membro *m* do governo

Magnesium [ma'gne:ziʊm] *nt* <-s> *kein pl* (CHEM) magnésio *m*

Magnet [ma'gne:t] *m* <-en, -en> íman *m*, ímã *m*

Magnetband *nt* <-(e)s, -bänder> fita *f* magnética

Magnetfeld *nt* <-(e)s, -er> campo *m* magnético

magnetisch *adj* magnético

Mahagoni [maha'go:ni] *nt* <-s> *kein pl* mogno *m*

Mahd *nt* <-(e)s, Mähder> (*österr, schweiz*) prado *m*

Mähdrescher *m* <-s, -> ceifeira-debulhadora *f*

mähen *vi* ceifar

Mahl [ma:l] *nt* <-s, -e> (*geh*) refeição *f*

mahlen ['ma:lən] *vt* moer

Mahlzeit *f* <-en> refeição *f;* **~!** bom proveito!, bom apetite!

O dia começa com o «Frühstück» (pequeno-almoço) composto de café ou chá, pão ou pãozinhos frescos e à escolha compota, mel, queijo, carnes frias e, no domingo, um ovo cozido. Segue-se o «Mittagessen» (almoço) entre as 12 e a 1. Come-se, em geral, só um prato. Sopa ou sobremesa servem-se só no domingo ou em eventos especiais. À noite toma-se «Abendessen», um jantar frio com pão, queijo e carnes frias.

Mähne *f* <-n> (*Pferd*) crina *f*; (*Löwe, Mensch*) juba *f*

mahnen ['maːnən] *vt* ❶ (*warnend*) advertir, admoestar ❷ (*erinnern*) lembrar; (*Schuldner*) reclamar pagamento ❸ (*auffordern*) exortar (*zu* a); **zur Ruhe ~** exortar ao silêncio

Mahnmal *nt* <-(e)s, -e> monumento *m* comemorativo

Mahnung *f* <-en> ❶ (*Ermahnung*) advertência *f*, aviso *m* ❷ (*Mahnbrief*) reclamação *f*; (*wegen Schulden*) intimidação *f* para pagar

Mähren *nt* <-s> *kein pl* Morávia *f*

Mai [maɪ] *m* <-(e)s, -e> Maio *m*; *s. a.* **März**

Maiglöckchen *nt* <-s, -> lírio-do-vale *m*

Maikäfer *m* <-s, -> besouro *m*

Mail <-, -s> *f o nt* (*umg: Email*) mensagem *f* electrónica, correio *m* electrónico, e-mail *m*

Mailand *nt* <-s> *kein pl* Milão *m*

Mailbox ['mɛɪlbɔks] *f* <-en> (INFOR) caixa *f* de correio electrónico

mailen *vt* enviar por correio electrónico; **jdm etw ~** enviar a. c. a alguém por correio electrónico

Main [maɪn] *m* <-s> *kein pl* Meno *m*

Mainz [maɪnts] *nt* <-> *kein pl* Mogúncia *f*

Mais [maɪs] *m* <-es, -e> milho *m*

Maisbrot *nt* <-(e)s, -e> broa *f* de milho

Maiskolben *m* <-s, -> espiga *f* de milho

Maisonette *f* <-s> duplex *m*

Majestät *f* <-en> majestade *f*; **Seine/Ihre ~** Sua Majestade

majestätisch *adj* majestoso

Majonäse[RR] *f* <-n> maionese *f*

Major [ma'joːɐ] *m* <-s, -e> major *m*

Majoran *m* <-s, -e> manjerona *f*

makaber [ma'kaːbɐ] *adj* macabro

Makel ['maːkəl] *m* <-s, -> (*geh*) mácula *f*

makellos *adj* imaculado

mäkeln *vi* **~ an** *+dat* criticar

Make-up *nt* <-s, -s> maquiagem *f*, maquilhagem *f*

Makkaroni *pl* macarrão *m*

Makler(in) ['maːklɐ] *m(f)* <-s, - *o* -innen> (*Immobilenmakler*) agente *m,f*; (*Börsenmakler*) corretor, corretora *m, f*

Maklergebühr *f* <-en> corretagem *f*

Makrele *f* <-n> cavala *f*

makrobiotisch *adj* macrobiótico; **sich ~ ernähren** alimentar-se de comida macrobiótica

mal [maːl] *adv* ❶ (MATH) vezes; **zwei ~ drei ist sechs** dois vezes três são seis ❷ (*umg: einmal*) **hören Sie ~** ouça (lá); **sagen Sie ~** diga lá; **sag das noch ~** diz lá outra vez; **zeig ~** (ora) mostra lá; **komm ~ her!** anda cá!

Mal [maːl] *nt* <-s, -e> (*Zeitpunkt*) vez *f*; **ein paar ~** algumas vezes, umas vezes; **das letzte ~** (d)a última vez; **ein einziges ~** uma só vez, uma única vez; **kein einziges ~** nem uma vez; **ein anderes ~** (uma) outra vez; **jedes ~ wenn ...** todas as vezes que ..., sempre que ...; **ich sage das zum letzten ~** eu digo isto pela última vez; **von ~ zu ~** uma vez por outra; **ein für alle ~** duma vez por todas

Malaria [ma'laːria] *f kein pl* malária *f*

Malaysia *nt* <-s> *kein pl* Malásia *f*

malen ['maːlən] *vi* pintar; **in Öl ~** pintar a óleo

Maler(in) *m(f)* <-s, - *o* -innen> (*Künstler, Handwerker*) pintor, pintora *m, f*

Malerei *f kein pl* pintura *f*

malerisch *adj* pitoresco

Malheur *nt* <-s, -e> (*umg*) azar *m*; **mir ist ein kleines ~ passiert** aconteceu-me um pequeno azar

Malkasten *m* <-s, -kästen> caixa *f* de tintas

Malta *nt* <-s> *kein pl* Malta *f*

malträtieren* *vt* maltratar

Malz [malts] *nt* <-es> *kein pl* malte *m*

Mama ['mama] *f* <-s> (*umg*) mamã *f*, mãezinha *f*, mamãe *f*

Mami ['mami] *f* <-s> (*umg*) *s.* **Mama**

Mammografie[RR] *f* <-n> mamografia *f*

Mammographie *f* <-n> mamografia *f*

Mammut *m* <-s, -s> mamute *m*

man [man] *pron indef* a gente, alguém, se; **~ sagt, dass ...** diz-se que ..., dizem que ...; **~ hat mir gesagt, dass ...** disseram-me que ...; **das darf ~ nicht!** não se pode!; **wann kann ~ Sie telefonisch erreichen?** quando é que se pode contactá-lo por telefone?; **hier hat ~ eine gute Aussicht** aqui tem-se uma boa vista, aqui a gente tem uma boa vista

Management *nt* <-s> *kein pl* gestão *f* de empresas; (*brasil*) gerência *f* de empresas

Manager(in) ['mɛnɪtʃɐ, 'mɛnətʃɐ] *m(f)* <-s, - *o* -innen> gestor, gestora *m, f,* gerente *m,f;* (*von Sängern*) agente *m,f*

manche(r, s) I. *pron indef* alguns, algumas; **er hat mir ~s gesagt** ele contou-me muita coisa; **~ schöne Stunde** algumas horas felizes; **so ~s Mal** várias vezes II. *adj* alguns, algumas, certos, certas; **~ Leute meinen, dass ...** algumas pessoas dizem que ...

mancherlei ['mançɐ'laɪ] *adj* vários, muitos, de toda a variedade

manchmal ['mançma:l] *adv* ❶ (*gelegentlich*) às vezes, por vezes, de vez em quando ❷ (*schweiz: oft*) muitas vezes

Mandant(in) [man'dant] *m(f)* <-en, -en *o* -innen> (JUR) cliente *m,f*

Mandarine [manda'ri:nə] *f* <-n> tangerina *f*

Mandat [man'da:t] *nt* <-s, -e> (POL) mandato *m;* **sein ~ niederlegen** renunciar ao mandato

Mandel ['mandəl] *f* <-n> ❶ (*Frucht*) amêndoa *f* ❷ (ANAT) amígdala *f*

Mandelbaum *m* <-(e)s, -bäume> amendoeira *f*

Mandelentzündung *f* <-en> amigdalite *f*

Manege [ma'ne:ʒə] *f* <-n> arena *f*

Mangan [maŋ'ga:n] *nt* <-s> *kein pl* (CHEM) manganésio *m*

Mangel[1] ['maŋəl] *m* <-s, Mängel> ❶ (*Fehler*) defeito *m,* falha *f;* **technische Mängel** falhas *fpl* técnicas ❷ *kein pl* (*Fehlen*) falta *f* (*an* de), carência (*an* de); **an etw ~ haben** ter falta de a. c.; **aus ~ an Beweisen** por falta de provas

Mangel[2] *f* <-n> calandra *f;* (*umg*); **jdn in die ~ nehmen** apertar com alguém

mangelhaft I. *adj* (*fehlerhaft*) defeituoso, imperfeito; (*Schulnote*) insuficiente II. *adv* mal

mangeln ['maŋəln] *vi* ter falta (*an* de), carecer (*an* de); **es mangelt an Medikamenten** há falta de medicamentos; **ihnen mangelt es an nichts** não lhes falta nada

mangels ['maŋəls] *präp +gen* por falta de

Mangelware *f kein pl* mercadoria *f* rara; **~ sein** ser difícil de arranjar

Mango *f* <-s> mango *m,* manga *f*

Mangold ['maŋgɔlt] *m* <-(e)s, -e> acelga *f*

Manie [ma'ni:] *f* <-n> mania *f*

Manier [ma'ni:ɐ] *f kein pl* maneira, modo

Manieren *pl* (boas) *fpl* maneiras, (bons) *mpl* modos; **er hat keine ~** ele não tem modos nenhuns

manierlich [ma'ni:ɐlɪç] *adj* (*Verhalten*) cortês; (*Mensch*) bem-educado, de boas maneiras; (*Aussehen*) cuidado, polido; **sich ~ benehmen** ter modos

Manifest [mani'fɛst] *nt* <-(e)s, -e> manifesto *m*

Manifestant(in) *m(f)* <-en, -en *o* -innen> (*österr, schweiz*) manifestante *m,f*

Maniküre *f* <-n> manicura *f*

Maniok *m* <-s, -s> mandioca *f*

Manipulation [manipula'tsjo:n] *f* <-en> manipulação *f*

manipulieren* *vt* manipular

Manko ['maŋko] *nt* <-s, -s> ❶ (*Beeinträchtigung*) falha *f,* defeito *m* ❷ (WIRTSCH) défice *m,* deficit *m*

Mann [man] *m* <-(e)s, Männer> ❶ (*allgemein*) homem *m;* **ein junger/alter ~** um homem novo/velho; **der ~ auf der Straße** o homem comum; (*umg*); **etw an den ~ bringen** vender a. c. ❷ (*Ehemann*) marido *m;* **mein geschiedener ~** o meu ex-marido

Männchen *nt* <-s, -> (ZOOL) macho *m;* (*Hunde*); **~ machen** pôr-se nas patas traseiras

Mannequin [manə'kɛ̃:, 'manəkɛ̃] *nt* <-s, -s> manequim *m*

Männerchor *m* <-(e)s, -chöre> coro *m* de homens

männlich *adj* (*a* GRAM) masculino; (*stärker*) másculo, viril; (*Tier*) macho

Männlichkeit *f kein pl* virilidade *f,* masculinidade *f*

Mannschaft *f* <-en> ❶ (AERO, NAUT) tripulação *f* ❷ (SPORT) equipa *f,* time *m*

Manöver *nt* <-s, -> ❶ (MIL) manobra, exercício; **ein ~ abhalten** fazer uma manobra ❷ (*abw: List*) estratagema *m*

manövrieren* *vt* (*Fahrzeug*) manobrar

Mansarde [man'zardə] *f* <-n> mansarda *f,* águas-furtadas *fpl*

Manschette [man'ʃɛtə] *f* <-n> ❶ (*an Hemd*) punho *m;* (*umg*); **vor etw ~n haben** ter medo de a. c. ❷ (TECH) guarnição *f*

Manschettenknopf *m* <-(e)s, -knöpfe> botão *m* de punho

Mantel ['mantəl] *m* <-s, Mäntel> ❶ (*Kleidungsstück*) casaco *m;* (*Herrenwintermantel*) sobretudo *m;* (*für Damen*) casaco *m* comprido; (*Übergangsmantel*) sobretudo *m,* casacão *m;* **den ~ nach dem Wind hängen**

ser um vira-casacas ② (TECH) revestimento *m*

manuell [manu'ɛl] **I.** *adj* manual **II.** *adv* manualmente

Manuskript [manu'skrɪpt] *nt* <-(e)s, -e> manuscrito *m*

Mappe ['mapə] *f* <-n> pasta *f*

Maracuja *f* <-s> maracujá *m*

Marathonlauf *m* <-(e)s, -läufe> maratona *f*

Märchen *nt* <-s, -> conto *m* (de fadas), história *f*, lenda *f*; **erzähl keine ~!** deixa-te de histórias!

Marder ['mardɐ] *m* <-s, -> marta *f*

Margarine [marga'ri:nə] *f* <-n> margarina *f*

Margerite [margə'ri:tə] *f* <-n> margarida *f*, bem-me-quer *f*

Marienkäfer *m* <-s, -> joaninha *f*

Marihuana [marihu'a:na] *nt* <-s> *kein pl* marijuana *f*

Marille *f* <-n> (*österr*) damasco *m*, alperce *m*

Marinade [mari'na:də] *f* <-n> escabeche *m*, marinada *f*

Marine [ma'ri:nə] *f* <-n> armada *f*

marinieren* *vt* pôr de escabeche, marinar

Marionette [marjo'nɛtə] *f* <-n> ① (*Puppe*) marionete *f* ② (*fig: Mensch*) fantoche *m*

maritim *adj* marítimo

Mark[1] [mark] *f* <-> (HIST) marco *m*; **Deutsche ~** marco alemão *m*; **ich habe nur noch 20 ~** eu já só tenho 20 marcos

Mark[2] [mark] *nt* <-(e)s> *kein pl* medula *f*, miolo *m*; (*Knochenmark*) tutano *m*; **das geht durch ~ und Bein** isso faz estremecer até aos ossos

markant [mar'kant] *adj* marcado, carregado; **~e Gesichtszüge** feições carregadas

Marke ['markə] *f* <-n> ① (*Warenzeichen*) marca *f*; **das ist eine bekannte ~** esta é uma marca conhecida ② (*Briefmarke*) selo *m* ③ (*Essensmarke*) senha *f*; (*Spielmarke, Garderobenmarke*) ficha *f*

Markenartikel *m* <-s, -> artigo *m* de marca

Marketing ['markətɪŋ] *nt* <-s> *kein pl* marketing *m*

markieren* *vt* ① (*kennzeichnen*) marcar (*mit* com) ② (*umg: vortäuschen*) armar-se em, fazer-se de; **den Dummen ~** fazer-se de burro

Markierung *f* <-en> marcação *f*

Markise *f* <-n> toldo *m*

Markstück *nt* <-(e)s, -stücke> moeda *f* de um marco

Markt [markt] *m* <-(e)s, Märkte> mercado *m*; **auf den ~ gehen** ir ao mercado; **neue Produkte auf den ~ bringen** lançar novos produtos no mercado; **neue Märkte erschließen** explorar novos mercados; **der Gemeinsame ~** o Mercado Comum

Markteinführung *f* introdução *f* no mercado

Marktforscher(in) *m(f)* investigador(a) *m(f)* do mercado

Marktforschung *f* <-en> prospecção *f* de mercado; (*brasil*) pesquisa *f* de mercado

Markthalle *f* <-n> (edifício do) *m* mercado

Marktplatz *m* <-es, -plätze> largo *m* (do mercado), praça *m* (do mercado)

Marktwirtschaft *f kein pl* economia *f* de mercado; **soziale ~** economia *f* social de mercado

marktwirtschaftlich *adj* da economia de mercado

Marmelade [marmə'la:də] *f* <-n> compota *f*, doce *m*; (*aus Quitten*) marmelada *f*

Marmor ['marmo:ɐ] *m* <-s, -e> mármore *m*

marode *adj* fraco, debilitado

Marokko *nt* <-s> *kein pl* Marrocos *m*

Marone [ma'ro:nə] *f* <-n> castanha *f*

Maronibrater(in) *m(f)* <-s, - *o* -innen> (*österr*) assador(a) *m(f)* de castanhas

Marotte [ma'rɔtə] *f* <-n> capricho *m*

Marrokaner(in) *m(f)* <-s, - *o* -innen> marroquino, marroquina *m, f*

marrokanisch *adj* marroquino

Mars [mars] *m* <-> *kein pl* Marte *m*

marsch *interj* ① (MIL) marchar! ② (*umg*) embora; **~ ins Bett!** embora para a cama!

Marsch [marʃ] *m* <-(e)s, Märsche> (*a* MUS) marcha *f*

Marschflugkörper *m* <-s, -> míssil *m* de cruzeiro

marschieren* *vi* marchar

Märtyrer(in) *m(f)* <-s, - *o* -innen> mártir *m,f*

Marxismus [mar'ksɪsmʊs] *m* <-s> *kein pl* marxismo *m*

marxistisch *adj* marxista

März *m* <-(es), -e> Março *m*; **im ~** em Março; **im Monat ~** no mês de Março; **am 5. ~ (1980)** a 5 de Março (de 1980); **heute ist der 17. ~** hoje são 17 de Março; **der 30. ~ ist am Montag** o dia 30 de Março é na Segunda-feira; **Köln, den 23. ~ 1998** Colónia, 23 de Março de 1998; **Anfang/Mitte/Ende ~** princípio/meados/fim de Março

Marzipan [martsi'pa:n, '---] *nt* <-s, -e> maçapão *m*

Masche ['maʃə] *f* <-n> ❶ (*bei Handarbeit*) malha *f* ❷ (*umg: Vorgehensweise*) pose *f*, fita *f*; **immer die gleiche ~!** sempre as mesmas fitas! ❸ (*österr, schweiz: Schleife*) laço *m*

Maschine [ma'ʃi:nə] *f* <-n> ❶ (*Schreibmaschine, Nähmaschine, Waschmaschine*) máquina *f*; **~ schreiben** dactilografar, escrever à máquina ❷ (*Flugzeug*) avião *m*; **die ~ aus Rio de Janeiro hat Verspätung** o avião do Rio de Janeiro está atrasado ❸ (*umg: Motorrad*) mota *f*

maschinell [maʃi'nɛl] **I.** *adj* mecânico **II.** *adv* à máquina

Maschinenbau *m* <-(e)s> *kein pl* engenharia *f* mecânica

Maschinenbautechniker(in) *m(f)* <-s, - *o* -innen> mecânico, mecânica *m, f*

Maschinengewehr *nt* <-(e)s, -e> metralhadora *f*

Maschinenpistole *f* <-n> pistola *f* automática

Maschinenschaden *m* <-s, -schäden> avaria *f* de máquina

maschine|schreiben[ALT] *vi irr s.* **Maschine 1**

Maschinist(in) [maʃi'nɪst] *m(f)* <-en, -en *o* -innen> maquinista *m,f*

Masern ['ma:zɐn] *pl* sarampo *m*; **er/sie hat ~** ele/ela está com sarampo

Maserung ['ma:zərʊŋ] *f* <-en> veio *m* na madeira

Maske ['maskə] *f* <-n> máscara *f*; **die ~ fallen lassen** desmascarar-se

Maskenball *m* <-(e)s, -bälle> baile *m* de máscaras

maskieren* **I.** *vt* mascarar; **die Bankräuber waren maskiert** os assaltantes do banco estavam mascarados **II.** *vr* **sich ~** mascarar-se

Maskottchen [mas'kɔtçən] *nt* <-s, -> mascote *f*

maskulin [masku'li:n] *adj* masculino

masochistisch *adj* masoquista

maß *imp von* **messen**

Maß[1] *nt* <-es, -e> medida *f*; (*Ausmaß*) extensão *f*; **das ~ aller Dinge** a medida de todas as coisas; **bei jdm ~ nehmen** tirar medidas a alguém; **nach ~ (gemacht)** (feito) à medida; **in hohem ~** em grande escala; **in besonderem ~** particularmente, especialmente; **in ~n** com peso e medida, com moderação; (*umg*); **das ~ ist voll!** já chega!

Maß[2] *f* <-(e)> (*reg*) caneca *f* de litro (de cerveja); **zwei ~ Bier** duas canecas de litro de cerveja

Massage [ma'sa:ʒə] *f* <-n> massagem *f*

Massaker [ma'sa:kɐ] *nt* <-s, -> massacre *m*

Maßarbeit *f* <-en> trabalho *m* por medida

Masse ['masə] *f* <-n> ❶ (*Menge*) quantidade *f*, volume *m*; (*Menschen*) multidão *f*; **in ~n** aos montes; **er verschwand in der ~** ele desapareceu na multidão ❷ (*unförmiger Stoff*) massa *f*

Maßeinheit *f* <-en> unidade *f* de medida

Massenarbeitslosigkeit *f kein pl* desemprego *m* em massa

Massenentlassung *f* <-en> despedimento *m* cole(c)tivo

Massengrab *nt* <-(e)s, -gräber> vala *f* comum

massenhaft *adj* (*umg*) em massa

Massenkarambolage *f* <-en> choque *m* em cadeia

Massenmedien *pl* órgãos *mpl* de comunicação social, (mass-)media *mpl*

Massenproduktion *f* <-en> produção *f* em série

Massentourismus *m* <-> *kein pl* turismo *m* de massas

Masseur(in) [ma'sø:ɐ] *m(f)* <-s, -e *o* -innen> massagista *m,f*

maßgebend *adj* (*Person*) competente; (*für eine Handlung*) decisivo, determinante; **deine Meinung ist für mich nicht ~** a tua opinião não é decisiva para mim

maßgeschneidert *adj* feito à medida

massieren* *vt* massajar

massig ['masɪç] **I.** *adj* robusto, sólido, volumoso **II.** *adv* (*umg*) muito

mäßig *adj* ❶ (*gemäßigt*) moderado; (*Preis*) módico; (*Lebensweise*) sóbrio, moderado ❷ (*mittelmäßig*) medíocre, mediano

mäßigen *vt* moderar

massiv [ma'si:f] *adj* ❶ (*Gegenstand*) maciço, compacto ❷ (*Kritik*) grosseiro

Massiv *nt* <-s, -e> maciço *m*

Maßkrug *m* <-(e)s, -krüge> caneca *f* de litro

maßlos *adj* (*Gefühl*) desmedido; (*Mensch*) descomedido

Maßnahme *f* <-n> medida *f*; **~n ergreifen** tomar medidas (*gegen* contra)

Maßstab *m* <-(e)s, -stäbe> ❶ (*Norm*) critério *m*, norma *f*; **einen bestimmten ~ an etw anlegen** ado(p)tar um determinado critério; **neue Maßstäbe setzen** estabelecer novos critérios ❷ (*bei Landkarten*) escala *f;* **im ~ von 1 zu 20.000** à escala de 1 para 20.000

Mast[1] [mast] *m* <-e(s), -en> ❶ (*auf Schiff*) mastro *m* ❷ (*für Leitungen*) poste *m;* (*Fahnenmast*) mastro *m,* haste *f*

Mast[2] [mast] *f* <-en> ceva *f,* engorda *f*

mästen *vt* cevar, engordar

masturbieren* *vi* masturbar-se

Material [materi'a:l] *nt* <-s, -ien> material *m*

Materialismus [materia'lɪsmʊs] *m* <-> *kein pl* materialismo *m*

Materialist(in) *m(f)* <-en, -en *o* -innen> materialista *m,f*

materialistisch *adj* materialista

Materie [ma'te:riə] *f* <-n> ❶ *kein pl* (CHEM, PHILOS, PHYS) matéria *f* ❷ (*Thema, Gegenstand*) assunto *m,* matéria *f,* tema *m*

materiell [materi'ɛl] *adj* material

Mathematik [matema'ti:k] *f kein pl* matemática *f*

Mathematiker(in) *m(f)* <-s, - *o* -innen> matemático, matemática *m, f*

mathematisch [mate'ma:tɪʃ] *adj* matemático

Matratze [ma'tratsə] *f* <-n> colchão *m*

Matrikel *f* <-n> (*österr*) Conservatória *f* do Registo Civil

Matrize *f* <-n> matriz *f*

Matrose [ma'tro:zə] *m* <-n, -n> marinheiro *m,* marujo *m*

Matsch [matʃ] *m* <-(e)s> *kein pl* lama *f,* lodo *m;* (*Schneematsch*) lama *f* de neve

matschig *adj* ❶ (*Boden*) lamacento, lodoso ❷ (*Obst*) feito em papa

matt [mat] *adj* ❶ (*schwach*) fraco, débil; (*erschöpft*) abatido ❷ (*Lichtschein*) mortiço, fosco ❸ (*glanzlos*) baço; (*Foto*) mate ❹ (*Schach*) xeque-mate *m;* **jdn ~ setzen** pôr alguém em xeque-mate

Matte ['matə] *f* <-n> ❶ (*Unterlage*) esteira *f;* (*Fußmatte*) capacho *m,* tapete *m;* (SPORT) colchão *m* ❷ (*österr, schweiz: Bergwiese*) prado *m*

Matura [ma'tu:ra] *f kein pl* (*österr, schweiz*) exame *m* de madureza (*exame final do ensino secundário*)

Maturand(in) *m(f)* <-en, -en *o* -innen> (*schweiz*) *aluno do último ano do liceu*

Maturant(in) *m(f)* <-en, -en *o* -innen> (*österr*) *aluno do último ano do liceu*

maturieren* *vi* (*österr*) fazer o exame de madureza (*fazer o exame final do ensino secundário*)

Maturität *f kein pl* (*schweiz*) exame de madureza (*exame final do ensino secundário*)

mau *adj prädikativ* (*sl: Stimmung*) mau *m,* má *f*

Mauer ['maʊɐ] *f* <-n> muro *m;* (*Stadtmauer*) muralha *f;* **die Berliner ~** o muro de Berlim; **die Chinesische ~** a muralha da China

mauern ['maʊɐn] *vt* murar

Maueröffnung *f kein pl* (HIST) queda *f* do muro

Maul [maʊl] *nt* <-(e)s, Mäuler> focinho *m;* (*umg*); **halt's ~!** cala o bico!

maulen ['maʊlen] *vi* (*umg*) amuar

Maulkorb *m* <-(e)s, -körbe> açaime *m,* focinheira *f*

> **Maultaschen** é um prato da Suábia que antigamente era servido principalmente na época da Quaresma. São pequenas bolsas de massa recheadas com espinafres e carne picada. Comem-se na sopa ou fritas com ovos e cebola.

Maultier *nt* <-(e)s, -e> macho *m,* mula *f*

Maulwurf *m* <-(e)s, -würfe> toupeira *f*

Maure(in) *m(f)* <-n, -n *o* -innen> mouro, moura *m, f*

Maurer(in) ['maʊrɐ] *m(f)* <-s, - *o* -innen> pedreiro, pedreira *m, f*

Mauretanien *nt* <-s> *kein pl* Mauritânia *f*

maurisch ['maʊrɪʃ] *adj* mouro, mourisco

Maus [maʊs] *f* <Mäuse> (*a* INFOR) rato *m*

Mausefalle *f* <-n> ratoeira *f*

mausern ['maʊzɐn] *vr* **sich ~** (*Vogel*) mudar as penas

Mausklick ['maʊsklɪk] *m* <-s, -s> (INFOR) clique *m* (com o rato)

Mausoleum [maʊzo'le:ʊm] *nt* <-s, Mausoleen> mausoléu *m*

Mautgebühr *f* <-en> (*österr*) portagem *f*

Mautstelle *f* <-n> (*österr*) portagem *f*

Mautstraße *f* <-n> (*österr*) estrada *f* com portagem

maximal [maksi'ma:l] **I.** *adj* máximo **II.** *adv* no máximo

Maximum ['maksimʊm] *nt* <-s, Maxima> máximo *m*

Mayonnaise *f* <-n> *s.* **Majonäse**

Mazedonien [matse'do:niən] *nt* <-s> *kein pl* Macedónia *f*

Mäzen *m* <-s, -e> mecenas *m*

Mechanik [me'ça:nɪk] *f kein pl* mecânica *f;* (*Getriebe*) mecanismo *m*

Mechaniker(in) [me'ça:nikɐ] *m(f)* <-s, - *o* -innen> mecânico, mecânica *m, f*

mechanisch [me'ça:nɪʃ] *adj* mecânico

Mechanismus [meça'nɪsmʊs] *m* <-, Mechanismen> mecanismo *m*

meckern ['mɛkɐn] *vi* ❶ (*Ziege*) balar, balir ❷ (*umg: kritisieren*) resmungar (*über* por causa de)

mecklenburgisch ['mɛklənbʊrgɪʃ] *adj* de Meclemburgo

mecklenburg-vorpommerisch *adj* de Meclemburgo-Pomerânia

Mecklenburg-Vorpommern *nt* <-s> *kein pl* Meclemburgo-Pomerânia *m*

Medaille [me'daljə] *f* <-n> medalha *f*

Medaillon [medal'jõ:] *nt* <-s, -s> medalhão *m*

Medien ['me:diən] *pl* media *mpl*

Medikament [medika'mɛnt] *nt* <-(e)s, -e> medicamento *m,* remédio *m;* **ein ~ einnehmen** tomar um medicamento

Meditation [medita'tsjo:n] *f* <-en> meditação *f*

meditieren* *vi* meditar

Medizin *f* <-en> ❶ *kein pl* (*Wissenschaft*) medicina *f;* **innere ~** medicina interna *f* ❷ (*Medikament*) medicamento *m,* remédio *m*

Mediziner(in) [medi'tsi:nɐ] *m(f)* <-s, - *o* -innen> ❶ (*Arzt*) médico, médica *m, f* ❷ (*Student*) estudante *m,f* de medicina

medizinisch *adj* médico

Meer [me:ɐ] *nt* <-(e)s, -e> mar *m;* **das Rote/Schwarze/Tote ~** o Mar Vermelho/Negro/Morto; **auf offenem ~** em alto mar; **am ~** à beira-mar; **ans ~ fahren** ir para o litoral; **im ~ baden** tomar banho no mar

Meerenge *f* <-n> estreito *m,* canal *m*

Meeresfrüchte *pl* marisco *m*

Meeresspiegel *m* <-s> *kein pl* nível *m* do mar; **über/unter dem ~** acima/abaixo do nível do mar

Meerrettich *m* <-s, -e> rábano *m*

Meersalz *nt* <-es> *kein pl* sal *m* marinho

Meerschweinchen *nt* <-s, -> porquinho-da-índia *m,* cobaia *f*

Meerwasser *nt* <-s> *kein pl* água *f* do mar

Meeting ['mi:tɪŋ] *nt* <-s, -s> reunião *f*

Megabyte ['me:gabaɪt] *nt* <-s, -s> (INFOR) megabyte *m*

MegafonRR *nt* <-s, -e> megafone *m*

Megaphon [mega'fo:n] *nt* <-s, -e> megafone *m*

Mehl [me:l] *nt* <-(e)s> *kein pl* farinha *f*

mehlig *adj* enfarinhado

Mehlspeise *f* <-n> (*österr*) sobremesa *f*

mehr [me:ɐ] **I.** *komp von* **viel II.** *adv* mais (*als* (do) que); **sie verdient ~ als er** ela ganha mais (do) que ele; **ich habe kein Geld ~** não tenho mais dinheiro; **es war niemand ~ da** já lá não estava ninguém; **es dauert nicht ~ lange** já não demora muito; **er arbeitet nicht ~ dort** ele já não trabalha lá; (*umg*); **ich kann nicht ~!** (já) não posso mais! **III.** *pron indef* mais (*als* (do) que); **immer ~** cada vez mais; **noch ~** ainda mais; **~ oder weniger** mais ou menos; **~ als genug** mais (do) que suficiente; **~ als die Hälfte kam zu spät** mais de metade veio tarde; **wir brauchen ~ Computer** precisamos de mais computadores

Mehr *nt* <-(s)> *kein pl* ❶ (*schweiz: Stimmenmehrheit*) maioria *f* dos votos ❷ (*schweiz: Mehrheitsbeschluss*) decisão *f* por maioria

Mehrbereichsöl *nt* <-(e)s, -e> óleo *m* multigrado

mehrdeutig ['me:ɐdɔɪtɪç] *adj* ambíguo, equívoco

mehrere ['me:rərə] *pron indef* vários; (*verschiedene*) diferentes; **ein Wort mit ~n Bedeutungen** uma palavra com vários significados; **~ hundert Zuschauer** várias centenas de espectadores

mehrfach ['me:ɐfax] **I.** *adj* múltiplo, diverso; **in ~er Hinsicht** em vários/diversos aspectos **II.** *adv* repetidas vezes, de várias maneiras; **er ist ~ vorbestraft** ele foi condenado várias vezes

Mehrfamilienhaus *nt* <-es, -häuser> prédio *m* de habitação

Mehrheit *f* <-en> maioria; **in der ~ sein** ser a maioria; **mit einer Stimme ~** com a maioria de um voto

mehrmals ['me:ɐma:ls] *adv* várias vezes

mehrsprachig *adj* poliglota; **~ aufwachsen** crescer com várias línguas

mehrstimmig *adj* (MUS) polifónico

Mehrwegflasche *f* <-n> garrafa *f* com depósito

Mehrwertsteuer *f kein pl* imposto *m* sobre o valor acrescentado

Mehrzahl *f kein pl* ① (*Mehrheit*) maioria *f* ② (GRAM) plural *m*

Mehrzweckhalle *f* <-n> pavilhão *m* multi-usos

meiden ['maɪdən] *vt* (*geh*) evitar

Meile ['maɪlə] *f* <-n> milha *f*

Meilenstein *m* <-(e)s, -e> (*fig*) marco *m* miliário

meilenweit *adj* a milhas; **~ von etw entfernt sein** estar a milhas de a. c.

mein *pron poss* (*adjektivisch*) meu, minha; **~e Arbeit/Kinder** o meu trabalho/os meus filhos; **ich spreche oft mit ~em Freund/~er Mutter/~en Kollegen** eu falo muitas vezes com o meu namorado/a minha mãe/os meus colegas; **~e Damen und Herren!** minhas senhoras e meus senhores!

meine(r, s) *pron poss* (*substantivisch*) o meu, a minha; **deine Wohnung ist größer als ~** a tua casa é maior (do) que a minha

Meineid *m* <-(e)s, -e> perjúrio *m*, juramento *m* falso; **einen ~ leisten** jurar em falso

meinen ['maɪnən] *vt* ① (*glauben*) crer, julgar, achar; (*denken*) pensar; **was ~ Sie?** que lhe parece?, o que é que acha?; **das meine ich auch** eu também acho ② (*sich beziehen auf*) referir-se a; **wen meinst du?** a quem é que te referes? ③ (*sagen wollen*) querer dizer; **das will ich ~** é o que eu quero dizer; **so hatte ich es nicht gemeint** não era isso que eu queria dizer; **was ~ Sie damit?** que quer dizer com isso?

meiner *pron pers o gen von* **ich** de mim, meu

meinerseits *adv* quanto a mim, pela minha parte

meinesgleichen ['--'--] *pron indef* igual a mim, do mesmo modo que eu

meinetwegen ['--'--] *adv* (*wegen mir*) por minha causa; (*mir zuliebe*) por mim; (*von mir aus*) quanto a mim, cá por mim

Meinung ['maɪnʊŋ] *f* <-en> opinião *f*, parecer *m*; **ich bin der ~, dass ...** eu sou da opinião que ...; **meiner ~ nach kann man ...** na minha opinião, pode-se ...; **ich habe dazu keine ~** não tenho opinião em relação a isso; **ich bin anderer ~** eu sou doutra opinião; **seine ~ ändern** mudar de ideias

Meinungsforschung *f kein pl* sondagem *f* de opinião (pública)

Meinungsfreiheit *f kein pl* liberdade *f* de pensamento

Meinungsumfrage *f* <-n> sondagem *f* de opinião; **eine ~ durchführen** fazer uma sondagem de opinião

Meinungsverschiedenheit *f* <-en> divergência *f* de opinião

Meise ['maɪzə] *f* <-n> abelheiro *m*; (*umg*); **er/sie hat eine ~** ele/ela não regula bem

Meißel *m* <-s, -> cinzel *m*, escopro *m*

meißeln *vt* cinzelar, esculpir

meist [maɪst] *adv s.* **meistens**

meiste(r, s) *pron indef o superl von* **viel** a maior parte de; **die ~n Schüler wollen ...** a maior parte dos alunos quer ...; **in den ~n Fällen** na maior parte dos casos, na maioria dos casos; **das ~ ist sehr teuer** a maior parte é muito cara; **Susanne arbeitet am ~n** a Susanne é (a) que trabalha mais

meistens ['maɪstəns] *adv* quase sempre, a maior parte das vezes

Meister(in) ['maɪstɐ] *m(f)* <-s, - *o* -innen> ① (*im Handwerk*) mestre, mestra *m, f* ② (*Könner*) ás *m*; **es ist noch kein ~ vom Himmel gefallen** ninguém nasce ensinado ③ (SPORT) campeão, campeã *m, f*

meisterhaft **I.** *adj* magistral, de mestre **II.** *adv* perfeitamente

meistern ['maɪstɐn] *vt* dominar; **Schwierigkeiten ~** superar as dificuldades

Meisterschaft *f* <-en> ① *kein pl* (*Können*) mestria *f*, perícia *f* ② (SPORT) campeonato *m*

Meisterwerk *nt* <-(e)s, -e> obra-prima *f*

Melancholie [melaŋko'li:] *f kein pl* melancolia *f*

melancholisch [melaŋ'ko:lɪʃ] *adj* melancólico

Melange *f* <-n> (*österr: im Glas*) galão *m*; (*in Tasse*) meia-de-leite *f*

Melanzani *pl* (*österr*) beringelas *fpl*

Meldefrist *f* <-en> prazo *m* de participação

melden ['mɛldən] **I.** *vt* ① (*mitteilen*) comunicar, notificar, participar; (*im Radio*) noticiar; **jdm etw ~** participar a. c. a alguém; **im Radio wurde gemeldet, dass ...** foi noticiado no rádio que ... ② (*anzeigen*) participar, dar parte de; **sie müssen den Diebstahl der Polizei ~** eles têm de participar o roubo à polícia ③ (*ankündigen*) anunciar **II.** *vr* **sich ~** ① (*sich anmelden*) apresentar-se (*bei* em); **sich telefonisch bei jdm ~** telefonar a alguém; **sich zum Examen ~**

requerer exame ② (*sich zur Verfügung stellen*) oferecer-se (*zu* para) ③ (*Bescheid geben*) dizer alguma coisa; **sich auf eine Anzeige ~** responder a um anúncio; **sich zu Wort ~** pedir a palavra; **sich krank~** avisar que está doente ④ (*am Telefon*) atender; **es meldet sich niemand** ninguém atende

Meldepflicht *f kein pl* (*Person*) participação *f* obrigatória de domicílio; (*Krankheit*) declaração *f* obrigatória

Meldestelle *f* <-n> regist(r)o *m*

Meldung *f* <-en> ① (*Mitteilung*) participação *f*, comunicação *f*; (*für die Presse*) comunicado *m* ② (*in Radio, Fernsehen*) notícia *f*

melken ['mɛlkən] *vt* ordenhar, mungir

Melodie [melo'diː] *f* <-n> melodia *f*

melodisch [me'loːdɪʃ] *adj* melódico, melodioso

Melone [me'loːnə] *f* <-n> (*Honigmelone*) melão *m;* (*Wassermelone*) melância *f*

Membran [mɛm'braːn] *f* <-en> ① (ANAT, BIOL) membrana *f* ② (TECH) diafragma *m*

Memoiren [memo'aːrən] *pl* memórias *fpl*

Menge ['mɛŋə] *f* <-n> ① (*Anzahl*) quantidade *f;* **eine ganze/jede ~** uma data de, um ror de; **es gab eine ~ zu sehen** havia muita coisa para ver ② (*Menschenmenge*) multidão *f;* **sie verschwand in der ~** ela desapareceu na multidão

Mengenrabatt *m* <-(e)s, -e> *desconto pela aquisição de um produto em grande quantidade*

Meniskus [me'nɪskʊs] *m* <-, Menisken> menisco *m*

Mensa ['mɛnza] *f* <Mensen> cantina *f* universitária

Mensch [mɛnʃ] *m* <-en, -en> homem *m*, ser *m* humano; (*Person*) pessoa *f;* **jeder ~** cada um, todos; **kein ~** ninguém; **es war kein ~ da** não estava lá ninguém; **der Saal war voller ~en** o salão estava cheio de gente

Menschenkenntnis *f kein pl* conhecimento *m* da natureza humana

Menschenleben *nt* <-s, -> vida (humana) *f;* **der Unfall forderte drei ~** o acidente provocou três mortes

menschenleer ['--'-] *adj* (*Gebiet*) despovoado, deserto; (*Straße*) deserto; (*Raum*) vazio

Menschenmenge *f* <-n> multidão *f*

menschenmöglich *adj* humanamente possível; **alles Menschenmögliche tun** fazer tudo que é humanamente possível

Menschenrechte *pl* direitos *mpl* humanos

Menschenrechtler(in) <-s, -> *m(f)* defensor(a) *m(f)* dos direitos humanos, militante *mf* dos direitos humanos

Menschenrechtsverletzung *f* <-en> violação *f* dos direitos humanos

menschenscheu *adj* tímido, acanhado

Menschentraube *f* aglomeração *f* de pessoas

Menschenverstand *m* <-(e)s> *kein pl* **der gesunde ~** o bom senso

Menschheit *f kein pl* humanidade *f*

menschlich *adj* humano; **~es Versagen** falha *f* humana

Menschlichkeit *f kein pl* humanidade *f;* **Verbrechen gegen die ~** crime contra a humanidade *m*

Menstruation [mɛnstrua'tsjoːn] *f* <-en> menstruação *f*

Mentalität *f* <-en> mentalidade *f*

Menthol [mɛn'toːl] *nt* <-s> *kein pl* (CHEM) mentol *m*

Menü *nt* <-s, -s> ① (KOCHK) ementa *f*, cardápio *m* ② (INFOR) menu *m*

Menüzeile *f* <-n> (INFOR) barra *f* do menu

merci *interj* (*schweiz*) obrigado

merken ['mɛrkən] **I.** *vt* (*wahrnehmen*) notar, reparar em, dar conta de; **sie merkte nicht, dass ...** ela não reparou/notou que ...; **woran hast du das gemerkt?** como é que notaste isso?; (*spüren*) sentir, perceber **II.** *vr* **sich ~** lembrar-se de, tomar nota de; **ich kann mir die Telefonnummer nicht ~** eu não consigo decorar o número de telefone; **merk dir das!** não te esqueças disso!

merklich *adj* visível, perceptível

Merkmal *nt* <-s, -e> marca *f*, sinal *m*

merkwürdig *adj* esquisito, estranho, curioso

messbar[RR] ['mɛsbaːɐ] *adj*, **meßbar**[ALT] *adj* mensurável

Messbecher[RR] *m* <-s, ->, **Meßbecher**[ALT] *m* <-s, -> copo *m* medidor

Messe ['mɛsə] *f* <-n> ① (WIRTSCH) feira *f*, exposição *f* ② (REL) missa *f;* **eine ~ lesen/halten** rezar/dar uma missa

Messehalle *f* <-n> salão *m* de exposições

messen ['mɛsən] **I.** *vt* medir (*an* por); **Fieber ~** medir a febre, tirar a febre **II.** *vr* **sich ~** medir-se (*mit* com), medir forças (*mit* com)

Messer ['mɛsɐ] *nt* <-s, -> faca *f;* (*Taschenmesser*) canivete *m;* (*Klappmesser*)

navalha *f;* (*umg*); **jdm das ~ an die Kehle setzen** pôr alguém entre a espada e a parede
Messestand *m* <-(e)s, -stände> stand *m* de exposição, estande *m* de exposição
MessgerätRR *nt* <-(e)s, -e>, **Meßgerät**ALT *nt* <-(e)s, -e> instrumento *m* de medição
Messing ['mɛsɪŋ] *nt* <-s> *kein pl* latão *m*
MesstechnikRR *f* <-en>, **Meßtechnik**ALT *f* <-en> metrologia *f*
Messung *f* <-en> medição *f*
Mestize(in) *m(f)* <-n, -n *o* -innen> mestiço, mestiça *m, f*
Metall [me'tal] *nt* <-s, -e> metal *m*
Metallindustrie *f kein pl* indústria *f* metalúrgica
Metapher [me'tafɐ] *f* <-n> metáfora *f*
Metastase [meta'sta:zə] *f* <-n> (MED) metástase *f*
Meteor *m* <-s, -e> meteoro *m,* meteorito *m*
Meteorologe(in) *m(f)* <-n, -n *o* -innen> meteorologista *m,f*
Meteorologie [meteorolo'gi:] *f kein pl* meteorologia *f*
Meter ['me:tɐ] *m o nt* <-s, -> metro *m;* **vier ~ hoch/lang** quatro metros de altura/comprimento; **sie ist 1,70 ~ groß** ela mede 1,70 metros
Metermaß *nt* <-es, -e> fita *f* métrica
Methadon *nt* <-s> *kein pl* metadona *f*
Methode [me'to:də] *f* <-n> método *m;* **etw mit ~ machen** fazer a. c. com método
methodisch *adj* metódico
Metropole [metro'po:lə] *f* <-n> metrópole *f*
Metzger(in) *m(f)* <-s, - *o* -innen> talhante *m,f;* (*brasil*) açougueiro, agouceira *m, f*
Metzgerei [mɛtsgə'raɪ] *f* <-en> talho *m,* açougue *m*
Meute *f* <-n> matilha *f*
Meuterei [mɔɪtə'raɪ] *f* <-en> motim *m,* revolta *f*
meutern ['mɔɪtɐn] *vi* revoltar-se, sublevar-se
Mexiko ['mɛksiko] *nt* <-s> *kein pl* México *m*
MEZ [ɛmʔe:'tsɛt] *abk v* **mitteleuropäische Zeit** hora *f* da Europa Central
miauen *vi* miar
mich [mɪç] *pron pers o akk von* **ich** me; (*nach Präposition*) mim; **für ~** para mim
mied [mi:t] *imp von* **meiden**
Miene ['mi:nə] *f* <-n> cara *f,* ar *m;* **ohne eine ~ zu verziehen** sem pestanejar; **gute ~ zum bösen Spiel machen** esconder os sentimentos
mies [mi:s] *adj* (*umg*) feio, ruim; (*Charakter*) reles
mies|machen *vt* **jdm etw ~** desmotivar alguém; **jdn ~** ser indecente com alguém
Miesmuschel *f* <-n> mexilhão *m*
Miete ['mi:tə] *f* <-n> aluguer *m;* (*Wohnungsmiete*) renda *f;* (*brasil*) aluguel *m;* **zur ~ wohnen** viver em casa alugada
mieten ['mi:tən] *vt* alugar, arrendar
Mieter(in) *m(f)* <-s, - *o* -innen> inquilino, inquilina *m, f,* locatário, locatária *m, f*
Mietvertrag *m* <-(e)s, -verträge> contrato *m* de arrendamento; (*brasil*) contrato *m* de aluguel
Mietwagen *m* <-s, -> automóvel *m* de aluguer, automóvel *m* de aluguel; **sich einen ~ nehmen** alugar um automóvel
Mietwohnung *f* <-en> casa *f* alugada
Mietzins *m* <-es, -e> (*österr, schweiz*) aluguer *m,* aluguel *m*
Migräne *f kein pl* enxaqueca *f*
Mikrobe [mi'kro:bə] *f* <-n> micróbio *m*
Mikrochip ['mi:kro-] *m* <-s, -s> (ELEKTR) microchip *m*
Mikroelektronik *f kein pl* microele(c)trónica *f*
Mikrofon [mikro'fo:n] *nt* <-s, -e> microfone *m;* **ins ~ sprechen** falar ao microfone
Mikroprozessor ['-----] *m* <-s, -en> (INFOR) microprocessador *m*
Mikroskop [mikro'sko:p] *nt* <-s, -e> microscópio *m*
Mikrowelle ['----] *f* <-n> ❶ (*umg: Herd*) micro-ondas *m* ❷ (ELEKTR) micro-onda *f*
Mikrowellenherd *m* <-(e)s, -e> forno *m* de micro-ondas
Milch [mɪlç] *f kein pl* leite *m*
Milchflasche *f* <-n> ❶ (*im Supermarkt*) garrafa *f* de leite ❷ (*für Babys*) biberão *m,* mamadeira *f*
Milchglas *nt* <-es, -gläser> vidro *m* fosco
milchig ['mɪlçɪç] *adj* lácteo
Milchkaffee *m* <-s, -s> café *m* com leite; (*im Glas*) galão *m;* (*in Tasse*) meia-de-leite *f*
Milchkuh *f* <-kühe> vaca *f* leiteira
Milchpulver *nt* <-s, -> leite *m* em pó
Milchreis *m* <-es> *kein pl* arroz *m* doce
Milchstraße *f kein pl* Via *f* Láctea
Milchzahn *m* <-(e)s, -zähne> dente *m* de leite
mild *adj* ❶ (*sanft*) suave, brando; (*Klima*) temperado, ameno; (*Wind*) moderado; **~e**

Temperaturen temperaturas agradáveis ❷ (*gütig*) bondoso, benevolente; (*Strafe*) leve; (*Richter*) indulgente; **~e Gabe** esmola *f* ❸ (*Geschmack*) moderado

Milde *f kein pl* ❶ (*Sanftheit*) suavidade *f,* brandura *f* ❷ (*Nachsicht*) benevolência *f,* indulgência *f*

mildern ['mɪldɐn] *vt* suavizar, amenizar; (*Schmerzen*) aliviar, atenuar, abrandar; (JUR); **~de Umstände** atenuantes *fpl*

Milieu [mi'ljø:] *nt* <-s, -s> meio *m,* ambiente *m*

militant [mili'tant] *adj* militante

Militär *nt* <-s> *kein pl* forças *fpl* armadas; (*Truppen*) tropa *f;* **beim ~ sein** estar nas forças armadas

Militärdienst *m* <-(e)s> *kein pl* serviço *m* militar

militärisch *adj* militar

Militarismus [milita'rɪsmʊs] *m* <-> *kein pl* militarismo *m*

Milliardär(in) *m(f)* <-s, -e *o* -innen> multimilionário, multimilionária *m, f*

Milliarde [mɪ'ljardə] *f* <-n> mil milhões *m;* (*brasil*) bilião *m*

Milligramm ['mɪligram] *nt* <-s, (-e)> miligrama *m*

Millimeter [mɪli'me:tɐ, '----] *m o nt* <-s, -> milímetro *m*

Million [mɪ'ljo:n] *f* <-en> milhão *m*

Millionär(in) *m(f)* <-s, -e *o* -innen> milionário, milionária *m, f*

Milz [mɪlts] *f* <-en> baço *m*

Mimik ['mi:mɪk] *f kein pl* mímica *f*

Mimose [mi'mo:zə] *f* <-n> mimosa *f*

Minarett *nt* <-(e)s, -e> minarete *m*

mindere(r, s) *adj* menor; (*minderwertig*) inferior; **diese Frage ist von ~r Bedeutung** esta pergunta tem pouco significado; **von ~r Qualität** de qualidade inferior

Minderheit *f* <-en> minoria *f;* **in der ~ sein** ser a minoria

minderjährig *adj* menor (de idade)

Minderjährige(r) *m/f* <-n, -n *o* -n> menor *m,f* de idade

mindern ['mɪndɐn] *vt* reduzir (*um* em), diminuir (*um* em)

minderwertig *adj* de menor valia, inferior

Minderwertigkeitskomplex *m* <-es, -e> complexo *m* de inferioridade

mindeste(r, s) *adj* mínimo, menor; **der ~ Zweifel genügt, um ...** a mais pequena dúvida basta para ...; **das ist das ~, was man erwarten kann** isso é o mínimo que se pode esperar; **nicht im ~n** de modo nenhum

mindestens ['mɪndəstəns] *adv* pelo menos, no mínimo

Mine ['mi:nə] *f* <-n> ❶ (*von Kugelschreiber*) carga *f;* (*von Drehbleistift*) mina *f* ❷ (MIL) mina *f;* **~n legen** minar ❸ (*Bergbau*) mina *f*

Minensuchboot *nt* <-(e)s, -e> caça-minas *m*

Mineral [mine'ra:l] *nt* <-s, -ien> mineral *m*

Mineralogie *f kein pl* mineralogia *f*

Mineralwasser *nt* <-s, -wässer> água *f* mineral

> Na Áustria costuma beber-se água da torneira, o que pouco acontece na Alemanha e na Suíça. Aí compram-se garrafas de água mineral, **Mineralwasser**. Esta água contem sais minerais e é acrescida de gás carbónico.

Minigolf *nt* <-s> *kein pl* minigolf *m*

minimal [mini'ma:l] *adj* mínimo

Minimum ['mi:nimʊm] *nt* <-s, Minima> mínimo *m*

Minirock *m* <-(e)s, -röcke> mini-saia *f*

Minister(in) [mi'nɪstɐ] *m(f)* <-s, - *o* -innen> ministro, ministra *m, f*

Ministerium [minɪs'te:riʊm] *nt* <-s, Ministerien> ministério *m*

Ministerpräsident(in) *m(f)* <-en, -en *o* -innen> primeiro-ministro, primeira-ministra *m, f*

> **Ministerpräsident** é o chefe do governo de um estado federal alemão. Na Áustria trata-se do «Landeshauptmann». O chefe do governo de um cantão suíço é o «Kantonalpräsident».

minus *adv* ❶ (MATH) menos; **sieben ~ neun ist ~ zwei** sete menos nove é menos dois ❷ (*Temperatur*) negativo; **es sind 8 Grad ~** estão 8 graus negativos

Minus ['mi:nʊs] *nt* <-> *kein pl* défice *m,* deficit *m;* **ins ~ kommen** atingir o défice

Minuspol *m* <-s, -e> pólo *m* negativo

Minuszeichen *nt* <-s, -> sinal *m* negativo

Minute [mi'nu:tə] *f* <-n> minuto *m;* **es ist zehn ~n vor/nach vier** são quatro menos/e dez minutos; **auf die ~** em ponto; **in letzter ~** à última da hora; **warten Sie bitte ein paar ~n** espere uns minutos por favor; **sie**

M

kommt in wenigen ~n ela vem dentro de poucos minutos; **es dauert noch einige ~n** ainda demora alguns minutos

Minutenzeiger *m* <-s, -> ponteiro *m* dos minutos

mir [miːɐ] *pron pers o dat von* **ich** me, a mim; (*nach Präposition*) mim; **mit ~** comigo; **ein Freund von ~** um amigo meu; **das gefällt ~ sehr gut** eu gosto muito disso, isso agrada-me muito; **das gehört ~** isso pertence-me, isso é meu; **kommt doch mit zu ~!** anda (também) para minha casa!; **von ~ aus!** por mim!

mischen [ˈmɪʃən] **I.** *vt* ❶ (*vermengen*) misturar (*mit* com); (*Karten*) baralhar; **einen Cocktail ~** misturar um cocktail ❷ (*Film, Radio, Fernsehen*) fazer a mistura **II.** *vr* **sich ~** ❶ (*sich vermischen*) misturar-se ❷ (*sich einmischen*) intrometer-se (*in* em); **sich in fremde Angelegenheiten ~** meter-se na vida alheia

Mischling *m* <-s, -e> (*Tier*) raçado; (*Mensch*) mestiço

Mischmasch *m* <-(e)s, -e> (*umg*) miscelânea *f*, misturada *f*, mistela *f*

Mischpult *nt* <-(e)s, -e> mesa *f* de mistura

Mischung *f* <-en> mistura *f*

Mischwald *m* <-(e)s, -wälder> floresta *f* mista

miserabel [mizeˈraːbəl] *adj* miserável

missachten*[RR] *vt*, **mißachten***[ALT] *vt* ❶ (*Person*) desprezar, menosprezar ❷ (*Vorschrift, Anweisung*) desrespeitar

Missachtung[RR] [-ˈ--, ˈ---] *f* <-en> ❶ (*einer Person*) desprezo *m*, desdém *m* ❷ (*einer Vorschrift, Anweisung*) desrespeito *m*, desacato *m*

Missbildung[RR] [ˈ---] *f* <-en> (MED) malformação *f*

missbilligen*[RR] *vt* desaprovar, reprovar

Missbilligung[RR] [-ˈ---, ˈ----] *f* <-en> reprovação *f*, desaprovação *f*

Missbrauch[RR] [ˈ--] *m* <-(e)s, -bräuche> abuso *m*; **sexueller ~** abuso sexual; **mit etw ~ treiben** abusar de a. c.

missbrauchen*[RR] *vt* abusar de

Misserfolg[RR] [ˈ---] *m* <-(e)s, -e> fracasso, malogro, fiasco; **~ haben** ter mau êxito

Missfallen[RR] *nt* <-s> *kein pl* desagrado *m*

Missgeburt[RR] *f* <-en> (MED) aborto *m*

Missgeschick[RR] [ˈ---] *nt* <-(e)s, -e> infortúnio *m*, desgraça *f*; **mir ist ein ~ passiert** aconteceu-me uma desgraça

missgünstig[RR] *adj* invejoso

misshandeln*[RR] *vt* maltratar

Misshandlung[RR] [-ˈ--] *f* <-en> mau trato *m*

Mission [mɪˈsjoːn] *f* <-en> (*a* REL) missão *f*; **in geheimer ~** em missão confidencial

Missionar(in) [mɪsjoˈnaːɐ] *m(f)* <-s, -e *o* -innen> missionário, missionária *m, f*

Missklang[RR] [ˈ--] *m* <-(e)s, -klänge> dissonância *f*, discordância *f*

Misskredit[RR] [ˈ---] *m* **jdn/etw in ~ bringen** desacreditar alguém/a. c.; **in ~ geraten** cair em descrédito

misslang[RR] [mɪsˈlaŋ] *imp von* **misslingen**

misslingen[RR] [mɪsˈlɪŋən] *vi* falhar, sair mal, dar mau resultado; **die Torte ist ihm misslungen** a torta saiu-lhe mal

misslungen[RR] [mɪsˈlʊŋən] *pp von* **misslingen**

missmutig[RR] *adj* mal-humorado

missraten*[RR] *vi irr* falhar, sair mal

misstrauen*[RR] *vi* desconfiar de, não ter confiança em

Misstrauen[RR] *nt* <-s> *kein pl* desconfiança *f* (*gegenüber* em relação a), suspeita *f* (*gegenüber* em relação a); **gegen jdn/etw ~ hegen** ter desconfiança em relação a alguém/a. c.

misstrauisch[RR] [ˈmɪstraʊɪʃ] *adj* desconfiado (*gegenüber* em relação a)

Missverhältnis[RR] *nt* <-ses, -se> desproporção *f*, desigualdade *f*

Missverständnis[RR] *nt* <-ses, -se> mal-entendido *m*, equívoco *m*

missverstehen*[RR] *vt irr* compreender mal, entender mal; (*Wort, Tat*) interpretar mal; **Sie dürfen mich nicht ~** não me interprete mal

Mist [mɪst] *m* <-es> *kein pl* ❶ (*Tierkot*) esterco *m*; (*Dünger*) estrume *m* ❷ (*umg: Unsinn*) asneiras; **er redet nur ~** ele só diz asneiras; **~ bauen** fazer disparates

Mistel *f* <-n> visco *m*

mit [mɪt] **I.** *präp +dat* com; (*mittels*) por meio de; **~ dem Auto** de carro; **~ dem Zug** de comboio, de trem; **~ mir** comigo; **~ dir** contigo, com você; **~ Gewalt** à força; **~ zehn Jahren** aos dez anos; **~ 100 Stundenkilometern** a 100 quilómetros por hora; **was ist los ~ dir?** o que é que se passa contigo?, o que é que há com você? **II.** *adv* (*ebenfalls*) também; **etw ~ berücksichtigen** considerar (também) a. c.; (*umg*); **ich habe kein Geld ~** não tenho dinheiro comigo

Mitarbeit *f kein pl* colaboração (*an, bei* em), cooperação (*an, bei* em)

mit|arbeiten *vi* colaborar (*an, bei* em), cooperar (*an, bei* em)

Mitarbeiter(in) *m(f)* <-s, - *o* -innen> colaborador, colaboradora *m, f*, trabalhador, trabalhadora *m, f*; **freier ~** trabalhador(a) *m(f)* liberal

mit|bekommen* *vt irr* (*hören, erfahren*) perceber, apanhar; **ich habe nur die Hälfte von dem Vortrag ~** eu só apanhei metade da conferência

mit|bestimmen* *vt* decidir (também) (*bei* sobre), participar na gestão (*bei* de)

Mitbestimmung *f kein pl* co-gestão *f*

Mitbewohner(in) *m(f)* <-s, - *o* -innen> companheiro , -a *m, f* de casa

mit|bringen *vt irr* trazer (consigo); **ich habe euch etwas mitgebracht** eu trouxe-vos uma coisa

Mitbringsel ['mɪtbrɪŋzəl] *nt* <-s, -> lembrança *f*

Mitbürger(in) *m(f)* <-s, - *o* -innen> concidadão, concidadã *m, f*; **ausländischer ~** cidadão *m* estrangeiro

miteinander [mɪtʔaɪ'nandɐ] *adv* ❶ (*einer mit dem anderen*) um com o outro, uns com os outros; **wir telefonieren oft ~** nós telefonamos muitas vezes um ao outro; **sie sprechen nicht mehr ~** eles já não falam um com o outro; **sie sind ~ verheiratet** eles são casados um com o outro ❷ (*zusammen*) juntos; **alle ~** todos juntos

mit|erleben* *vt* assistir a, presenciar

Mitesser *m* <-s, -> (MED) ponto *m* negro

mit|fahren *vi irr* ir (também), vir (também); **möchtest du ~?** queres vir (também)?; **du kannst bei mir ~** podes vir comigo

Mitfahrgelegenheit *f* <-en> boleia *f* (com divisão das despesas de combustível), carona *f*; **ich biete/suche eine ~ nach Berlin** eu ofereço/procuro boleia para Berlim, eu ofereço/procuro carona para Berlim

Mitfahrzentrale *f* <-n> *central de boleias*

mit|geben *vt irr* entregar (para levar), dar (para levar); **ich gebe dir einen Brief für sie mit** eu dou-te uma carta para (levares para) ela

Mitgefühl *nt* <-s> *kein pl* (*Verständnis*) simpatia *f* (*für* por); (*Mitleid*) compaixão (*für* por)

mit|gehen *vi irr* ir (também) (*mit* com), acompanhar; (*umg*); **etw ~ lassen** gamar a. c.

mitgenommen *adj* (*Mensch*) abatido, combalido; (*Gegenstand*) gasto; **sie macht einen ~en Eindruck** ela parece estar cansada

Mitgift ['mɪtgɪft] *f* <-en> dote *m*

Mitglied *nt* <-(e)s, -er> (*in Partei*) membro *m*; (*in Verein*) sócio, sócia *m, f*

Mitgliedschaft *f* <-en> condição *f* de membro, condição *f* de sócio; **die ~ in einem Verein beantragen** requerer a entrada numa associação

Mitgliedsland *nt* <-(e)s, -länder> Estado-membro *m*

mit|halten *vi irr* (conseguir) acompanhar; **bei diesem Tempo konnte er nicht ~** a esta velocidade ele não conseguiu acompanhar

Mithilfe *f kein pl* ajuda (*bei* em), colaboração (*bei* em)

mit|kommen *vi irr* vir/ir (também) (*mit* com), acompanhar; **du kannst gerne (mit uns) ~!** também podes vir (connosco)!; **kommst du mit ins Kino?** vens (também) ao cinema?; (*umg*); **da komme ich nicht mit** eu não consigo acompanhar

Mitleid *nt* <-(e)s> *kein pl* compaixão *f* (*mit* por); (*Erbarmen*) piedade *f* (*mit* de), pena *f* (*mit* de), dó *m* (*mit* de); **mit jdm ~ haben** ter compaixão por alguém, ter pena de alguém; **~ erregen** fazer pena, dar dó

Mitleidenschaft *f kein pl* **jdn/etw in ~ ziehen** afe(c)tar alguém/a. c., prejudicar alguém/a. c.

mitleidig *adj* piedoso, compassivo

mit|machen I. *vt* (*teilnehmen*) participar em, tomar parte em; **einen Ausflug ~** ir numa excursão; (*umg: leiden*) passar por; **sie haben mehrere Bombenangriffe mitgemacht** eles passaram por vários ataques aéreos **II.** *vi* (*umg*) entrar (*bei* em), alinhar (*bei* em); **wollen Sie ~?** quer alinhar?, quer entrar na partida?; **bei einem Preisausschreiben ~** entrar num concurso

Mitmensch *m* <-en, -en> próximo *m*

mit|nehmen *vt irr* ❶ (*an einen anderen Ort*) levar (consigo); **wir könnten noch etwas zu essen ~** podíamos levar alguma coisa para comer ❷ (*anstrengen*) enfraquecer, desgastar; (*seelisch*) abalar, afe(c)tar; **die Schei-**

dung hat ihn sehr mitgenommen a separação abalou-o muito

mit|reißen *vt irr* ① (*Sturm, Wasser*) arrastar, arrebatar ② (*vor Begeisterung*) arrebatar

Mitschuld *f kein pl* cumplicidade (*an* em)

mitschuldig *adj* cúmplice (*an* em); **er hat sich ~ gemacht** ele foi cúmplice

Mitschüler(in) *m(f)* <-s, - *o* -innen> colega *m,f* (da escola)

mit|spielen *vi* ① (*bei Spiel*) entrar (também) (*bei* em); (*in Mannschaft*) jogar (também) (*in* em); (*in Theaterstück, Film*) entrar (também) (*in* em); **jdm übel ~** ser indecente com alguém ② (*beeinflussen*) ter influência (*bei* em)

Mittag ['mɪtaːk] *m* <-s, -e> meio-dia *m;* **gestern/heute/morgen ~** ontem/hoje/amanhã ao meio-dia; **jeden ~** sempre ao meio-dia; **über ~ geschlossen** fechado à hora de almoço; **zu ~ essen** almoçar

Mittagessen *nt* <-s, -> almoço *m;* **was gibt es zum ~?** o que é que há para o almoço?; **beim ~ sitzen** estar a almoçar

mittags ['mɪtaːks] *adv* ao meio-dia, à hora do almoço

Mittagspause *f* <-n> intervalo *m* de almoço, hora *f* de almoço; **~ machen** fazer intervalo para almoço

Mittagszeit *f* <-en> hora de almoço; **um die/zur ~** à hora de almoço

Mitte ['mɪtə] *f* <-n> ① (*räumlich*) meio *m;* (*Mittelpunkt*) centro *m;* **in der ~** no meio ② (*zeitlich*) **sie ist ~ zwanzig** ela tem uns 25 anos; **~ Mai** em meados de Maio; **~ des Jahres** a meio do ano

mit|teilen *vt* comunicar, informar, participar; **jdm etw ~** comunicar a. c. a alguém, informar alguém de a. c.; **ich muss Ihnen leider ~, dass ...** lamento informá-lo que ...

Mittel[1] ['mɪtəl] *nt* <-s, -> ① (*Methode, Hilfsmittel*) meio *m,* recurso *m;* **etw mit allen ~n durchsetzen/versuchen** impor/tentar a. c. por todos os meios; **zu anderen ~n greifen** recorrer a outros meios ② (*Präparat*) produto *m;* (MED) remédio *m;* **ein ~ gegen Kopfschmerzen/Ungeziefer** um remédio contra as dores de cabeça/os parasitas

Mittel[2] *pl* (*Gelder*) meios *m,* recursos *m;* **öffentliche ~** dinheiros *mpl* públicos

Mittelalter *nt* <-s> *kein pl* Idade *f* Média

mittelalterlich *adj* medieval

Mittelamerika ['---'---] *nt* <-s> *kein pl* América *f* Central

Mitteleuropa ['---'--] *nt* <-s> *kein pl* Europa *f* Central

mitteleuropäisch *adj* da Europa Central

Mittelfeld *nt* <-(e)s, -er> (SPORT) meio campo *m*

Mittelfinger *m* <-s, -> dedo *m* médio

mittelfristig *adj* a médio prazo

Mittelgebirge *nt* <-s, -> montanha *f* secundária

Mittelkreis *m* (FBALL) círculo *m* central

Mittellinie *f* (FBALL) linha *f* de meio de campo

mittellos *adj* sem meios, sem recursos, indigente

mittelmäßig *adj* medíocre, mediano

Mittelmeer *nt* <-(e)s> *kein pl* Mediterrâneo *m*

Mittelpunkt *m* <-(e)s, -e> centro *m;* **im ~ stehen** ser o centro das atenções

Mittelstand *m* <-(e)s> *kein pl* classe *f* média; (WIRTSCH) médias empresas *fpl;* (*brasil*) média indústria *f*

Mittelstreckenrakete *f* <-n> míssil *m* de alcance intermediário

Mittelstreifen *m* <-s, -> faixa *f* central

Mittelstufe *f* <-n> ensino *m* secundário

Mittelstürmer(in) *m(f)* <-s, - *o* -innen> (SPORT) avançado-centro *m,f*

Mittelweg *m* <-(e)s, -e> meio-termo *m*

Mittelwelle *f* <-n> onda *f* média

mitten ['mɪtən] *adv* **~ in/auf/bei** no meio de; **~ aus** do meio de; **~ durch** pelo meio de; **~ auf der Straße** no meio da rua; **~ in der Nacht** a meio da noite

Mitternacht ['mɪtɐnaxt] *f kein pl* meia-noite *f;* **um ~** à meia-noite

mittlere(r, s) *adj* ① (*räumlich*) do meio; **im ~n Teil** na parte do meio; **das ~ Fenster** a janela do meio ② (*durchschnittlich*) médio, mediano; **~n Alters** de meia idade

mittlerweile ['--'--] *adv* entretanto

mit|tragen *vt irreg* **etw ~** (*Entscheidung, Vorhaben*) exercer influência decisiva em

Mittwoch ['mɪtvɔx] *m* <-(e)s, -e> quarta-feira *f; s. a.* **Montag**

mittwochs ['mɪtvɔxs] *adv* às quartas-feiras

mit|wirken *vi* cooperar (*an, bei* em), colaborar (*an, bei* em)

Mitwirkung *f* <-en> colaboração (*an, bei* em); **unter ~ von** com a colaboração de

mixen ['mɪksən] *vt* misturar

Mixer *m* <-s, -> batedeira *f* elé(c)trica

Mobbing *nt* <-s> *kein pl* conspiração *f* (no emprego)

Möbel *nt* <-s, -> móvel *m*

Möbelwagen *m* <-s, -> carrinha *f* de mudanças

mobil [mo'bi:l] *adj* móvel

Mobilfunkgerät *nt* (TELEK) telemóvel *m*, telefone *m* portátil

Mobiliar [mobi'lja:ɐ] *nt* <-s> *kein pl* mobiliário *m*

mobilisieren* *vt* mobilizar

Mobiltelefon *nt* <-s, -e> telemóvel *m*

möblieren* *vt* mobilar, mobiliar; **möbliert wohnen** morar em casa mobil(i)ada

mochte ['mɔxtə] *imp von* **mögen**

Mocken *m* <-s, -> (*schweiz*) pedaço *m*

Modalverb *nt* <-s, -en> (GRAM) verbo *m* modal

Mode ['mo:də] *f* <-n> moda; **aus der ~** fora de moda; **nach der neuesten ~ gekleidet sein** seguir a (última) moda; **groß in ~ sein** estar em voga, estar na moda

Modell [mo'dɛl] *nt* <-s, -e> ❶ (*Vorbild, Muster*) modelo *m*, padrão *m*; (*Entwurf*) maquete *f*; **jdm ~ stehen** posar para alguém ❷ (*Person*) modelo *m*

Modelleisenbahn *f* <-en> pista *f* de comboios em miniatura

modeln *vi* (*Mode*) desfilar, trabalhar como modelo

Modem ['mo:dɛm] *nt* <-s, -s> (INFOR) modem *m*

Modenschau *f* <-en> passagem *f* de modelos

Moderator(in) [modə'ra:to:ɐ] *m(f)* <-s, -en *o* -innen> apresentador, apresentadora *m, f*

moderieren* *vt* apresentar

modern [mo'dɛrn] *adj* moderno; **~/nicht mehr ~ sein** ser/já não ser moderno

modernisieren* *vt* modernizar

modifizieren* *vt* modificar

modisch ['mo:dɪʃ] **I.** *adj* moderno, da moda **II.** *adv* na moda

Modus ['mɔdʊs, 'mo:dʊs] *m* <-, Modi> (*a* LING) modo *m*

Mofa ['mo:fa] *nt* <-s, -s> bicicleta *f* motorizada, ciclomotor *m*

mogeln ['mo:gəln] *vi* (*umg*) fazer batota, trapacear

mögen **I.** *vt* ❶ (*gern haben*) gostar de; **jdn/etw (gern) ~** gostar de alguém/a. c.; **lieber ~** preferir; **sie mag keine Hunde** ela não gosta de cães; **ich mag ihn nicht** eu não gosto dele ❷ (*wünschen*) querer, desejar; **ich möchte dieses Buch** eu queria este livro; **möchten Sie einen Kaffee?** deseja um café? **II.** *nt* ❶ (*wollen*) querer; **er möchte mit Ihnen sprechen** ele queria falar consigo ❷ (*Vermutung*) poder, dever; **es mag sein** pode ser; **wie es auch sein mag** seja como for; **er mag an die 40 sein** ele deve andar pelos 40; **wie mag es ihr gehen?** como é que ela estará?

möglich *adj* possível; **nicht ~!** impossível!; **sobald wie ~** logo que (seja) possível, o quanto antes; **etw ~ machen** tornar a. c. possível; **es ist ~, dass ...** é possível que ...

möglicherweise *adv* possivelmente

Möglichkeit *f* <-en> possibilidade *f*; **nach ~** na medida do possível; **es besteht die ~, dass ...** há a possibilidade de ...; **finanzielle ~en** possibilidades financeiras; **alle ~en in Betracht ziehen** considerar todas as possibilidades

möglichst *adv* se possível; **~ bald** o quanto antes, o mais cedo possível; **~ wenig** o menos possível; **sein Möglichstes tun** fazer os possíveis

Mohn [mo:n] *m* <-(e)s, -e> ❶ (*Pflanze*) papoila *f* ❷ (*Samen*) semente *f* de papoila

Möhre *f* <-n> cenoura *f*

Mokka *m* <-s, -s> café *m* (cheio)

Moldawien [mɔl'da:viən] *nt* <-s> *kein pl* moldávia *f*

Mole ['mo:lə] *f* <-n> molhe *m*

Molekül *nt* <-s, -e> molécula *f*

molk *imp von* **melken**

Molkerei *f* <-en> leitaria *f*, leiteria *f*

Moll [mɔl] *nt* <-> *kein pl* (MUS) tom *m* menor

mollig ['mɔlɪç] *adj* ❶ (*Wärme*) agradável; (*Pullover*) macio, fofo ❷ (*Person*) gorducho

Moment [mo'mɛnt] *m* <-(e)s, -e> momento *m*, instante *m*; **im ~** de momento; **~ mal!** espera aí!

momentan [momɛn'ta:n] **I.** *adj* momentâneo **II.** *adv* de momento, por agora

Monaco [mo'nako] *nt* <-s> *kein pl* Mónaco *m*

Monarch(in) [mo'narç] *m(f)* <-en, -en *o* -innen> monarca *m,f*

Monarchie [monar'çi:] *f* <-n> monarquia *f*

Monat ['mo:nat] *m* <-(e)s, -e> mês *m*; **am Anfang/Ende des ~s** no princípio/fim do

M

mês; **letzten ~** o mês passado; **vor drei ~en** há três meses; **im ~ Juni** no mês de Junho; (*umg*); **sie ist im vierten ~** ela está no quarto mês

monatlich *adj* mensal

Monatsgehalt *nt* <-(e)s, -gehälter> ordenado *m* mensal

Monatskarte *f* <-n> passe mensal, bilhete mensal

Mönch *m* <-(e)s, -e> monge *m*, frade *m*

Mond [mo:nt] *m* <-(e)s, -e> lua *f*; **zunehmender/abnehmender ~** quarto crescente/minguante; **auf dem ~ landen** pousar na lua, alunar; (*umg*); **hinter dem ~ leben** estar desa(c)tualizado

mondän *adj* chique

Mondfinsternis *f* <-se> eclipse *m* da lua

Mondlandung *f* <-en> alunagem *f*

Mondschein *m* <-(e)s, o.pl> luar *m*; (*umg*); **du kannst mir mal im ~ begegnen!** vai-te lixar!, vai dar uma volta!

Mongolei *f kein pl* Mongólia *f*

Monitor ['mo:nito:ɐ, 'mɔnito:ɐ] *m* <-s, -e(n)> (INFOR) monitor *m*

monogam *adj* monógamo

Monokultur ['mo:no-] *f* <-en> monocultura *f*

Monolog [mono'lo:k] *m* <-(e)s, -e> monólogo *m*; **einen ~ halten** ter um monólogo

Monopol [mono'po:l] *nt* <-s, -e> monopólio *m*; **das ~ auf eine Ware haben** ter o monopólio de uma mercadoria

monoton [mono'to:n] *adj* monótono

Monotonie [monoto'ni:] *f* <-n> monotonia *f*

Monster ['mɔnstɐ] *nt* <-s, -> monstro *m*

Monsun *m* <-s, -e> monção *f*

Montag ['mo:nta:k] *m* <-(e)s, -e> segunda-feira *f*; **am ~** na segunda-feira; **letzten ~** na segunda-feira passada; **nächsten ~** na próxima segunda-feira; **jeden zweiten ~** segunda-feira sim, segunda-feira não; **in der Nacht von ~ auf Dienstag** na noite de segunda-feira para terça-feira; **heute ist ~, der 7. Februar** hoje é segunda-feira, (dia) 7 de Fevereiro

Montage [mɔn'ta:ʒə] *f* <-n> montagem *f*

montags ['mo:nta:ks] *adv* às segundas-feiras

Monteur(in) [mɔn'tø:ɐ] *m(f)* <-s, -e *o* -innen> instalador, instaladora *m, f*

montieren* *vt* montar, instalar

Monument [monu'mɛnt] *nt* <-(e)s, -e> monumento *m*

monumental *adj* monumental, colossal

Moor [mo:ɐ] *nt* <-(e)s, -e> pântano *m*, charco *m*

Moos [mo:s] *nt* <-es, -e> musgo *m*

Moped ['mo:pɛt] *nt* <-s, -s> ciclomotor *m*

Mops *m* <-es, Möpse> (ZOOL) dogue *m* pequeno

Moral [mo'ra:l] *f kein pl* ❶ (*Sittlichkeit*) moral *f*, moralidade *f*; **doppelte ~** dois pesos e duas medidas ❷ (*einer Fabel*) moral *f*

moralisch *adj* moral

Moräne *f* <-n> (GEOL) morena *f*, moreia *f*

Morast [mo'rast] *m* <-(e)s> *kein pl* lamaçal *m*, lodaçal *m*, atoleiro *m*

Mord [mɔrt] *m* <-(e)s, -e> assassinato *m* (*an* de), assassínio *m* (*an* de), homicídio *m* (*an* de); **einen ~ begehen** cometer um assassinato; **versuchter ~** tentativa de homicídio *f*

Mörder(in) *m(f)* <-s, - *o* -innen> assassino, assassina *m, f*, homicida *m,f*

mörderisch *adj* (*umg: Tempo*) homicida; (*Hitze*) de morrer

Mordkommission *f* <-en> brigada *f* de homicídios

Mordshunger *m* <-s> *kein pl* (*umg*) fome *f* de cão

Mordskrach *m* <-(e)s> *kein pl* (*umg*) barulho *m* infernal

Mordsspaß *m* <-es> *kein pl* (*umg*) paródia *f*

Mordwaffe *f* <-n> arma *f* mortífera

morgen ['mɔrgən] *adv* amanhã; **~ früh** amanhã de manhã; **~ Abend/Mittag** amanhã à noite/à hora de almoço; **bis ~!** até amanhã!; **~ in acht Tagen** de amanhã a oito

Morgen *m* <-s, -> manhã *f*; **guten ~!** bom dia!; **gestern ~** ontem de manhã; **heute ~** hoje de manhã, esta manhã; **früh am ~** de manhã cedo, de manhãzinha; **am nächsten ~** na manhã seguinte; (*schweiz*); **zu ~ essen** tomar o pequeno-almoço, tomar o café da manhã

Morgenessen *nt* <-s, -> (*schweiz*) pequeno-almoço *m*, café *m* da manhã

Morgenrock *m* <-(e)s, -röcke> roupão *m*, robe *m*

morgens ['mɔrgəns] *adv* de manhã, pela manhã; **von ~ bis abends** de manhã à noite; **um sieben Uhr ~** às sete horas da manhã

morgig *adj* de amanhã; **der ~e/am ~en Tag** o/no dia de amanhã

Morphem *nt* <-s, -e> (LING) morfema *m*

Morphium ['mɔrfiʊm] *nt* <-s> *kein pl* morfina *f*

Morphologie *f kein pl* (LING) morfologia *f*

morsch [mɔrʃ] *adj* podre, quebradiço

Mörser *m* <-s, -> almofariz *m*

Mörtel *m* <-s, -> argamassa *f*

Mosaik [moza'iːk] *nt* <-s, -e(n)> mosaico *m*

Mosambik *nt* <-s> *kein pl* Moçambique *m*

Mosambikaner(in) *m(f)* <-s, - *o* -innen> moçambicano, moçambicana *m, f*

mosambikanisch *adj* moçambicano

Moschee [mɔ'ʃeː] *f* <-n> mesquita *f*

Mosel ['moːzəl] *f kein pl* Mosela *m*

Moskau ['mɔskaʊ] *nt* <-s> *kein pl* Moscovo *m*

Moskito [mɔs'kiːto] *m* <-s, -s> mosquito *m*

Moslem, Moslime ['mɔslɛm] *m, f* <-s, -s *o* -n> muçulmano, muçulmana *m, f,* islamita *m,f*

moslemisch *adj* muçulmano, islâmico

Most *m* <-(e)s, -e> ❶ (*Traubenmost*) mosto *m* ❷ (*reg: Apfelwein*) cidra *f*

Motel *nt* <-s, -s> motel *m*

Motiv [mo'tiːf] *nt* <-s, -e> (*a* MUS) motivo *m*

Motivation [motiva'tsjoːn] *f* <-en> motivação *f*

motivieren* *vt* motivar (*zu* para); **jdn zur Arbeit ~** motivar alguém para o trabalho

Moto-Cross, Motocross *nt* <-, -e> motocross *m*

Motor ['moːtoːɐ] *m* <-s, -en> motor *m*

Motorboot *nt* <-(e)s, -e> barco *m* a motor

Motorfahrzeugsteuer *f* <-n> (*schweiz*) imposto *m* de automóvel

Motorhaube *f* <-n> capô *m*

Motoröl *nt* <-s, -e> óleo *m* de motor

Motorrad ['moːtoːɐ-, mo'toːɐ-] *nt* <-(e)s, -räder> motorizada *f*

Motorroller *m* <-s, -> motoreta *f,* lambreta® *f*

Motorschaden *m* <-s, -schäden> avaria *f* no motor

Motorsport *m* <-(e)s> *kein pl* motorismo *m*

Motte ['mɔtə] *f* <-n> traça *f*

Motto ['mɔto] *nt* <-s, -s> lema *m,* divisa *f*

Mountainbike ['maʊntənbaɪk] *nt* <-s, -s> bicicleta *f* de montanha

Mousepad ['maʊspɛt] *nt* <-s, -s> tapete *m* do rato

Möwe *f* <-n> gaivota *f*

MP3-Player <-s, -> *m* leitor *m* [de] MP3, MP3-player *m*

Mücke *f* <-n> mosquito *m;* (*umg*); **aus einer ~ einen Elefanten machen** fazer uma tempestade num copo d'água

Mückenstich *m* <-(e)s, -e> picada *f* de mosquito

müde *adj* cansado, fatigado; (*schläfrig*) com sono; **ich bin ~** estou cansado, estou com sono; **~ werden** ficar cansado [*o* com sono]

Müdigkeit *f kein pl* cansaço *m,* fadiga *f;* (*Schläfrigkeit*) sono *m*

Muffel ['mʊfəl] *m* <-s, -> (*umg*) resmungão *m*

muffig *adj* ❶ (*Geruch*) mofento, abafado ❷ (*umg: unfreundlich*) carrancudo

Mühe *f* <-n> esforço *m;* **das ist nicht der ~ wert** não vale a pena; **mit ~ und Not** a muito custo; **sich** *dat* **~ geben** esforçar-se, esmerar-se; **sich** *dat* **die ~ machen, etw zu tun** esforçar-se por fazer a. c.

mühelos **I.** *adj* fácil, facílimo **II.** *adv* sem dificuldade, sem custo nenhum

muhen *vi* mugir

mühevoll *adj* trabalhoso, penoso

Mühle *f* <-n> moinho *m,* azenha *f*

mühsam **I.** *adj* custoso, difícil, trabalhoso **II.** *adv* dificilmente, a muito custo

Mulatte(in) *m(f)* <-n, -n *o* -innen> mulato, mulata *m, f*

Mulde ['mʊldə] *f* <-n> gamela *f*

Mull [mʊl] *m* <-s, -e> gaze *f*

Müll *m* <-s> *kein pl* lixo *m;* **radioaktiver ~** lixo radioa(c)tivo

Müllabfuhr *f* <-en> recolha *f* do lixo

Mullbinde *f* <-n> ligadura *f* (de gaze)

Müllcontainer *m* <-s, -> contentor *m* do lixo

Mülldeponie *f* <-n> aterro *m* sanitário, lixeira *f*

Mülleimer *m* <-s, -> balde *m* do lixo, caixote *m* de lixo

Müller(in) *m(f)* <-s, - *o* -innen> moleiro, moleira *m, f*

Müllplatz *m* <-es, -plätze> lixeira *f*

Müllschlucker *m* <-s, -> conduta *f* de lixo

Mülltonne *f* <-n> contentor *m* do lixo

> **Mülltrennung:** Para melhor aproveitamento e reciclagem separa-se nas casas alemãs o lixo. Há contentores do lixo orgánico, das embalagens de plástico, de papel e de vidro.

Müllverbrennungsanlage *f* <-n> central *f* de incineração, incineradora *f*

Müllwagen *m* <-s, -> camião *m* do lixo

Multi *m* <-s, -s> (*umg*) multinacional *f*

multikulti *adj* (*umg*) multicultural

multikulturell [mʊlti-] *adj* multicultural
Multiplikation [mʊltiplika'tsjo:n] *f* <-en> multiplicação *f*
multiplizieren* *vt* multiplicar (*mit* por); **sieben multipliziert mit zwei ergibt vierzehn** sete a multiplicar por dois dá catorze
Mumps [mʊmps] *m* <-> *kein pl* (MED) papeira *f*
München *nt* <-s> *kein pl* Munique *m*
Mund [munt] *m* <-(e)s, Münder> boca *f*; **mit vollem ~ reden** falar com a boca cheia; **von ~ zu ~ beatmen** fazer respiração boca a boca; (*umg*); **halt den ~!** cala a boca!; (*umg*); **nicht auf den ~ gefallen sein** não ter papas na língua; (*umg*); **jdm den ~ wässrig machen** fazer crescer água na boca a alguém; (*umg*); **den ~ aufreißen** ficar boquiaberto
Mundart *f* <-en> diale(c)to *m*
münden *vi* (*Fluss*) desaguar (*in* em); (*Straße*) desembocar (*in* em)
mundfaul *adj* (*umg*) calado, de poucas palavras
Mundgeruch *m* <-(e)s, -rüche> mau hálito *m*
Mundharmonika *f* <-harmoniken> harmónica *f* de boca, gaita *f* de beiços
mündig *adj* maior de idade
mündlich **I.** *adj* oral, verbal; **~e Prüfung** prova oral *f* **II.** *adv* oralmente, verbalmente; **etw ~ vereinbaren** combinar a. c. de boca
Mundstück *nt* <-(e)s, -e> (*Zigarette, Pfeife*) boquilha *f*; (*Musikinstrument*) palheta *f*
Mündung *f* <-en> (*Fluss*) foz *f*
Munition [muni'tsjo:n] *f* <-en> munição *f*
munkeln ['mʊŋkəln] *vi* (*umg*) murmurar; **man munkelt ...** dizem que ..., consta que ...
Münster *nt* <-s, -> sé *f*, catedral *f*
munter ['mʊntɐ] *adj* ❶ (*lebhaft*) vivo, espevitado; (*fröhlich*) alegre, animado ❷ (*wach*) desperto, bem acordado
Munterkeit *f kein pl* (*Lebhaftigkeit*) vivacidade *f*; (*Fröhlichkeit*) alegria *f*
Münze *f* <-n> moeda *f*; (*umg*); **etw für bare ~ nehmen** acreditar piamente em a. c.
Münzfernsprecher *m* <-s, -> telefone *m* de moedas
mürbe *adj* mole; (*Fleisch*) tenro
mürbe|machen *vt* (*umg*) **jdn ~** moer a paciência a alguém
murmeln ['mʊrməln] *vi* murmurar, sussurrar
Murmeltier *nt* <-(e)s, -e> marmota *f*; **schlafen wie ein ~** dormir como uma pedra
murren ['mʊrən] *vi* resmungar
mürrisch *adj* rabugento, de mau humor; (*Antwort*) torto; **ein ~es Gesicht machen** estar com cara de poucos amigos
Mus [mu:s] *nt* <-es, -e> papa *f*, puré *m*
Muschel ['mʊʃəl] *f* <-n> ❶ (ZOOL) marisco *m* ❷ (*Muschelschale*) concha *f*
Muse ['mu:zə] *f* <-n> musa *f*
Museum [mu'ze:ʊm] *nt* <-s, Museen> museu *m*
Musical ['mju:zikəl] *nt* <-s, -s> musical *m*
Musik [mu'zi:k] *f* <-en> música *f*; **~ hören** ouvir música; **~ machen** tocar música
musikalisch [muzi'ka:lɪʃ] *adj* musical
Musiker(in) ['mu:zikɐ] *m(f)* <-s, - *o* -innen> músico, música *m, f*
Musikhochschule *f* <-en> Escola *f* Superior de Música
Musikinstrument *nt* <-(e)s, -e> instrumento *m* musical
musizieren* *vi* tocar música
Muskatnuss[RR] *f* <-nüsse> noz-moscada *f*
Muskel ['mʊskəl] *m* <-s, -n> músculo *m*
Muskelkater *m* <-s, -> dores *fpl* musculares
Muskulatur [mʊskula'tu:ɐ] *f* <-en> musculatura *f*
muskulös *adj* musculoso
Müsli *nt* <-s, -s> muesli *m*
Muße *f kein pl* (*geh*) ócio *m*, vagar *m*
müssen **I.** *vi* ter de [*o* que], dever; **ich muss nicht** eu não preciso de fazê-lo; **ich muss zur Bank** eu tenho de [*o* que] ir ao banco; (*umg*); **ich muss mal** tenho de [*o* que] ir à casa-de-banho **II.** *nt* ❶ (*Pflicht*) ter de [*o* que]; **du musst pünktlich sein** tu tens de [*o* que] ser pontual; **wir mussten es tun** nós tivemos de [*o* que] fazê-lo ❷ (*Vermutung*) dever; **hier ist alles nass; es muss geregnet haben** está aqui tudo molhado; deve ter chovido; **es ist schon 10 Uhr; sie müsste bald kommen** já são 10 horas; ela deve estar a chegar
müßig **I.** *adj* (*untätig*) ocioso, vago; (*überflüssig*) desnecessário, escusado **II.** *adv* ociosamente
Müßiggang *m* <-(e)s> *kein pl* (*geh*) ociosidade *f*
musste[RR] ['mʊstə], **mußte**[ALT] *imp von* **müssen**
Muster ['mʊstɐ] *nt* <-s, -> ❶ (*Vorlage*)

modelo *m;* (*Schnittmuster*) padrão *m* ❷ (*Vorbild*) exemplo *m;* **als ~ dienen** servir de exemplo ❸ (*auf Stoff*) desenho *m;* **ein ~ entwerfen** esboçar um desenho ❹ (*Warenprobe*) amostra *f*

mustergültig *adj* exemplar

mustern ['mʊstɐn] *vt* ❶ (*kritisch betrachten*) examinar, inspe(c)cionar ❷ (MIL: *Wehrpflichtige*) inspeccionar, fazer a inspe(c)ção a

Musterung ['mʊstərʊŋ] *f* <-en> (*a* MIL) inspe(c)ção *f*

Mut [mu:t] *m* <-(e)s> *kein pl* coragem *f,* ânimo *m;* **jdm ~ machen** animar alguém; **den ~ verlieren** desanimar, perder as esperanças; **neuen ~ fassen** cobrar ânimo

Mutation [muta'tsjo:n] *f* <-en> (BIOL) mutação *f*

mutig ['mu:tɪç] *adj* corajoso, valente

mutlos *adj* desanimado, sem coragem

mutmaßlich *adj* provável, presumível; **der ~e Täter** o presumível autor

Mutschli *nt* <-s, -> (*schweiz*) pão *m*

Mutter[1] ['mʊtɐ] *f* <Mütter> mãe *f;* **werdende ~** futura mãe *f;* **~ von vier Kindern** mãe de quatro filhos; **keine ~ mehr haben** já não ter mãe

Mutter[2] *f* <-n> (TECH) porca *f*

mütterlich *adj* maternal

mütterlicherseits *adv* materno

Mutterliebe *f kein pl* amor *m* materno

Muttermal *nt* <-(e)s, -e> sinal *m* de nascença

Mutterschaft *f kein pl* maternidade *f*

Mutterschaftsurlaub *m* <-(e)s, -e> licença *f* de parto

Mutterschutz *m* <-es> *kein pl legislação para protecção das mães antes e depois do parto*

Muttersöhnchen *nt* <-s, -> (*abw*) menino *m* da mamã, filhinho *m* de mamãe

Muttersprache *f* <-n> língua *f* materna

Muttersprachler(in) ['--ʃpra:xlɐ] *m(f)* <-s, - *o* -innen> nativo, -a *m, f* (da língua)

Mutti ['mʊti] *f* <-s> (*umg*) mamã *f,* mãezinha *f,* mamãe *f*

mutwillig ['mu:tvɪlɪç] *adj* ❶ (*absichtlich*) propositado, deliberado ❷ (*böswillig*) maldoso

Mütze *f* <-n> barrete *m,* carapuço *m;* (*Schirmmütze*) boné *m;* (*Baskenmütze*) boina *f;* **eine ~ aufsetzen** pôr um carapuço

MWSt *abk v* **Mehrwertsteuer** IVA (= *imposto sobre o valor acrescentado*)

mysteriös *adj* misterioso

Mystik ['mʏstɪk] *f kein pl* mística *f,* misticismo *m*

Mystiker(in) *m(f)* <-s, - *o* -innen> místico, mística *m, f*

Mythologie [mytolo'gi:] *f* <-n> mitologia *f*

Mythos ['my:tɔs] *m* <-, Mythen> mito *m*

Nn

N *nt* <-s, -s> N, n *m*

na [na(:)] *interj* então!; **~, wie geht's?** então, como estás?; **~ und?** e depois?; **~ ja** enfim, bem

Nabe *f* <-n> cubo *m*

Nabel ['na:bəl] *m* <-s, -> umbigo *m;* **der ~ der Welt** o centro do mundo

Nabelschnur *f* <-schnüre> cordão *m* umbilical

nach [na:x] **I.** *präp +dat* (*zeitlich*) depois de, após; **sie kam ~ 10 Minuten** ela chegou depois de [*o* após] 10 minutos; (*Uhrzeit*) e; **10 (Minuten) ~ 2** duas e dez (minutos); (*Richtung*) para, a; **~ Norden** para norte; (*vorübergehend*); **~ Brasilien** ao Brasil; (*auf Dauer*) para o Brasil; **~ Hause** para casa; (*kurz*) a casa; **von links ~ rechts** da esquerda para a direita; (*Reihenfolge*) depois de; **einer ~ dem anderen** um de cada vez, um depois do outro; (*gemäß*) segundo, conforme; **je ~ Größe** conforme o tamanho; **meiner Meinung ~** na minha opinião; **~ Art des Hauses** à moda da casa **II.** *adv* **ihm ~!** atrás dele!; **~ und ~** pouco a pouco, gradualmente; **~ wie vor** como sempre

nach|ahmen ['na:xʔa:mən] *vt* imitar, copiar

Nachahmung *f* <-en> imitação *f,* cópia *f*

Nachbar(in) ['naxba:ɐ] *m(f)* <-n, -n *o* -innen> vizinho, vizinha *m, f*

Nachbarhaus *nt* <-es, -häuser> casa *f* pegada, casa *f* ao lado

Nachbarschaft *f kein pl* vizinhança *f*

Nachbeben *nt* <-s, -> réplica(s) *fpl*

nach|bestellen* *vt* fazer nova encomenda de

nach|bilden *vt* copiar

Nachbildung *f* <-en> cópia *f*, imitação *f*

nach|blicken *vi* seguir com os olhos

nachdem [naːx'deːm] *konj* depois de; ~ **sie mit ihm gesprochen hatte, ging sie beruhigt nach Hause** depois de ela ter falado com ele, foi descansada para casa; **je** ~ conforme

nach|denken *vi irr* pensar (*über* sobre), refle(c)tir (*über* sobre)

nachdenklich *adj* pensativo

Nachdruck *m* <-(e)s> *kein pl* ênfase *m*; **mit** ~ com ênfase

nachdrücklich **I.** *adj* expresso, vigoroso **II.** *adv* expressamente; **etw** ~ **empfehlen** aconselhar a. c. vivamente

nacheinander [naːxʔaɪ'nandɐ] *adv* ❶ (*räumlich*) um atrás do outro, sucessivamente ❷ (*zeitlich*) consecutivamente; **es regnete sechs Tage** ~ choveu durante seis dias consecutivos; **zweimal** ~ duas vezes consecutivas

nach|empfinden* *vt irr* entender, compreender; **jdm etw** ~ compreender o que alguém sente, ser solidário com alguém em a. c.

Nacherzählung *f* <-en> reprodução *f* (duma narrativa)

nach|feiern *vt* festejar depois do dia

Nachfolge *f kein pl* sucessão *f*; **jds** ~ **antreten** suceder a alguém

Nachfolger(in) *m(f)* <-s, - *o* -innen> sucessor, sucessora *m, f*

nach|forschen *vi* investigar, indagar

Nachforschung *f* <-en> investigação *f*, indagação *f*; ~**en anstellen** fazer investigações

Nachfrage *f* <-n> (WIRTSCH) procura *f*; **die** ~ **sinkt/steigt** a procura diminui/aumenta

nach|fragen *vi* informar-se, pedir informações

nachfüllbar *adj* recarregável

nach|füllen *vt* recarregar

Nachfüllpackung *f* <-en> recarga *f*

nach|geben *vi irr* ❶ (*zustimmen*) ceder ❷ (*Holz*) ceder; (*Stoff*) dar de si

Nachgebühr *f* <-en> sobretaxa *f* postal

Nachgeburt *f* <-en> secundinas *f*

nach|gehen *vi irr* ❶ (*verfolgen*) seguir, ir atrás de ❷ (*erforschen*) investigar; **einer Spur** ~ investigar uma pista ❸ (*Uhr*) estar atrasado, atrasar-se; **die Uhr geht 10 Minuten nach** o relógio está atrasado 10 minutos ❹ (*ausüben*) ocupar-se de; **seinen Geschäften** ~ ocupar-se dos seus negócios; **seinem Vergnügen** ~ entregar-se aos seus prazeres

Nachgeschmack *m* <-(e)s> *kein pl* ❶ (*nach Essen*) mau gosto *m*, travo *m* ❷ (*nach Ereignis*) travo *m* (amargo)

nachgiebig ['naːxgiːbɪç] *adj* ❶ (*Mensch, Haltung*) flexível, transigente ❷ (*Material*) flexível, elástico

nachhaltig ['naːxhaltɪç] *adj* duradouro; ~**e Wirkung haben** ter um efeito duradouro

nachhause[RR] *adv* para casa

nach|helfen *vi* dar uma ajuda, ajudar

nachher [naːx'heːɐ, '--] *adv* mais tarde, depois; **bis** ~**!** até logo!

Nachhilfe *f kein pl* explicações *fpl* (*in* de); ~ **geben/haben** dar/ter explicações

Nachhilfestunde *f* <-n> explicação *f*, aula *f* particular

nach|holen *vt* ❶ (*Versäumtes, Zeit*) recuperar ❷ (*später holen*) ir buscar depois

Nachkomme ['naːxkɔmə] *m* <-n, -n> descendente *m,f*

nach|kommen *vi irr* ❶ (*später kommen*) vir atrás, vir/chegar depois; **ich komme in einer Stunde nach** eu vou daqui a uma hora ❷ (*Schritt halten*) acompanhar; **wir kommen mit der Arbeit nicht nach** não conseguimos acompanhar o trabalho ❸ (*einer Verpflichtung*) cumprir ❹ (*schweiz: verstehen*) perceber, compreender

Nachkriegszeit *f* <-en> pós-guerra *m*

Nachlass[RR] ['naːxlas] *m* <-es, -lässe>, **Nachlaß**[ALT] *m* <-sses, -lässe> ❶ (*Rabatt*) redução *f*, abatimento *m* ❷ (*Erbschaft*) espólio *m*, herança *f*

nach|lassen **I.** *vt irr* (*vom Preis*) descontar, abater **II.** *vi irr* diminuir; (*Regen, Sturm*) acalmar; (*Schmerz, Fieber*) abrandar; (*Interesse, Qualität*) diminuir

nachlässig *adj* (*Mensch*) negligente, desleixado, desmazelado; (*Arbeit*) desleixado

Nachlässigkeit *f* <-en> negligência *f*, desleixo *m*

nach|laufen *vi irr* **jdm/etw** ~ correr atrás de alguém/a. c.

nach|machen *vt* ❶ (*nachahmen*) imitar, copiar ❷ (*fälschen*) falsificar ❸ (*Fotos*) fazer cópias de

Nachmittag *m* <-s, -e> tarde *f*; **heute/gestern** ~ hoje/ontem à tarde; **am** ~ à [*o* de] tarde

nachmittags *adv* à [*o* de] tarde; **um vier**

Uhr ~ às quatro horas da tarde

Nachnahme ['-na:mə] *f* <-n> cobrança *f;* **etw per ~ verschicken** enviar a. c. contra reembolso, enviar a. c. à cobrança

Nachname *m* <-ns, -n> apelido *m,* sobrenome *m*

nach|plappern *vt* (*umg*) repetir maquinalmente

Nachporto *nt* <-s, -s> sobretaxa *f* postal

nach|prüfen *vt* rever, conferir

nach|rechnen *vt* conferir, verificar

Nachricht ['na:xrɪçt] *f* <-en> notícia *f;* (*Mitteilung*) recado *m;* (**jdm**) **eine ~ hinterlassen** deixar recado (a alguém)

Nachrichten *pl* noticiário *m,* notícias *fpl*

Nachrichtenagentur *f* <-en> agência *f* noticiosa

Nachrichtendienst *m* <-(e)s, -e> serviço *m* de informação

Nachrichtensatellit *m* <-en, -en> satélite *m* de telecomunicações

Nachrichtentechnik *f kein pl* telecomunicações *fpl*

Nachruf *m* <-(e)s, -e> discurso *m* fúnebre (*auf* em memória de)

nach|rüsten **I.** *vt* (*Gerät, Auto*) reequipar **II.** *vi* (MIL) rearmar

Nachrüstung *f* <-en> ❶ (*von Gerät, Auto*) reequipamento *m* ❷ (MIL) rearmamento *m*

nach|sagen *vt* repetir; **jdm etw ~** dizer a. c. de alguém; **man sagt ihm große didaktische Fähigkeiten nach** dizem que ele tem grandes capacidades didá(c)ticas

Nachsaison *f* <-s> fim *m* de estação

nach|schauen **I.** *vt* (*prüfen*) rever, conferir; (*nachschlagen*) procurar, ver **II.** *vi* seguir com os olhos

nach|schicken *vt* remeter, fazer seguir; **jdm etw ~** remeter a. c. a alguém

nach|schlagen *vt irr* procurar; **ein Wort im Wörterbuch ~** ver uma palavra no dicionário

Nachschlagewerk *nt* <-(e)s, -e> obra *f* de consulta

Nachschlüssel *m* <-s, -> chave falsa *f,* gazua *f*

Nachschub *m* <-s, -schübe> (*an Proviant, Munition*) reabastecimento *m,* reforços *mpl*

nach|sehen **I.** *vt irr* (*prüfen*) rever, conferir, verificar; (*nachschlagen*) procurar, ver; (*verzeihen*) desculpar; **jdm zu viel ~** desculpar muita coisa a alguém **II.** *vi irr* seguir com os olhos

nach|senden *vt* (*Post*) remeter, fazer seguir

Nachsicht *f kein pl* benevolência *f,* indulgência *f;* **~ üben/haben** ser benevolente/indulgente

nachsichtig *adj* benevolente, indulgente

nach|sitzen *vi irr* ficar de castigo (na escola)

Nachspeise *f* <-n> sobremesa *f*

Nachspiel *nt* <-(e)s, -e> ❶ (*Theaternachspiel, Musikstück*) epílogo *m* ❷ (*Folgen*) consequências *fpl;* **das wird ein ~ haben!** isso vai ter consequências!

nach|sprechen *vi irr* repetir as palavras (de alguém)

nächstbeste(r, s) *adj* o primeiro que apareça; **bei der ~n Gelegenheit** à primeira oportunidade

Nächste(r) *m/f* <-n, -n *o* -n> próximo *m*

nächste(r, s) *adj* ❶ (*räumlich*) próximo; (*Reihenfolge*) próximo, seguinte; (*Verwandte*) chegado; **an der ~n Ecke links** na próxima esquina à esquerda; **wo ist die ~ Tankstelle?** onde fica a próxima bomba de gasolina?; **der Nächste bitte!** o próximo [*o* o seguinte] por favor! ❷ (*zeitlich*) próximo; **das ~ Mal** a próxima vez; **in den ~n Tagen** nos próximos dias

Nächstenliebe *f kein pl* amor *m* ao próximo

nächstens *adv* (dentro) em breve

nächstmögliche(r, s) *adj* (*Termin*) o mais cedo possível

Nacht ['naxt] *f* <Nächte> noite *f;* **bei ~** à/de noite; **über ~** durante a noite; (*plötzlich*) de um dia para o outro; **bei Einbruch der ~** ao cair da noite; **gute ~!** boa noite!; **über ~ bleiben** passar a noite; **gestern/morgen ~** ontem/amanhã à noite; **bei ~ und Nebel** à socapa

Nachtdienst *m* <-(e)s, -e> serviço no(c)turno *m;* **~ haben** estar de serviço (no(c)turno)

Nachteil *m* <-(e)s, -e> desvantagem *f,* inconveniente *m*

nachteilig *adj* desvantajoso

nächtelang *adv* noites inteiras

Nachtessen *nt* <-s, -> (*österr, schweiz*) ceia *f*

Nachtfrost *m* <-(e)s, -fröste> geada *f*

Nachthemd *nt* <-(e)s, -en> camisa *f* de dormir, camisa *f* de noite, camisola *f*

Nachtigall ['naxtɪgal] *f* <-en> rouxinol *m*

Nachtisch *m* <-(e)s, -e> sobremesa *f*

nächtlich *adj* no(c)turno

N

Nachtlokal *nt* <-s, -e> boite *f*
Nachtmahl *nt* <-(e)s, -e> (*österr*) ceia *f*
Nachtrag ['na:xtra:k] *m* <-(e)s, -träge> suplemento *m*, aditamento *m*
nach|tragen *vt irr* ❶ (*hinzufügen*) acrescentar ❷ (*übel nehmen*) guardar rancor; **er trägt dir das nicht nach** ele não te guarda rancor por isso
nachträglich *adj* suplementar, adicional
nachts [naxts] *adv* à [*o* de] noite; **um zwei Uhr ~** às duas horas da manhã
Nachtschicht *f* <-en> turno *m* da noite
Nachtstrom *m* <-(e)s> *kein pl* energia *f* elé(c)trica de tarifa no(c)turna
Nachttisch *m* <-(e)s, -e> mesinha-de-cabeceira *f*, criado-mudo *m*
Nachttopf *m* <-(e)s, -töpfe> bacio *m*, pote *m*
Nachtwache *f* <-n> vigília *f*; **~ haben** estar de vigília
Nachtwächter(in) *m(f)* <-s, - *o* -innen> guarda-no(c)turno, guarda-no(c)turna *m, f*
Nachtzug *m* <-(e)s, -züge> comboio *m* nocturno *portugal*, trem *m* noturno *brasil*
nach|vollziehen* *vt irr* imaginar, identificar-se com
Nachweis ['na:xvaɪs] *m* <-es, -e> (*Beweis*) prova *f*; (*Bescheinigung*) documento comprovativo *m*, atestado *m*; **den ~ erbringen, dass ...** apresentar prova de ...
nach|weisen *vt irr* provar, comprovar, demonstrar; **jdm einen Fehler ~** (com)provar que alguém cometeu um erro
nachweislich *adj* susce(p)tível de prova
Nachwirkung *f* <-en> consequência *f*, repercussão *f*
Nachwort *nt* <-(e)s, -e> epílogo *m*
Nachwuchs *m* <-es> *kein pl* ❶ (*umg: Kinder*) filhos *mpl*; **sie haben ~ bekommen** eles tiveram um filho ❷ (*beruflich*) nova geração *f*; **der wissenschaftliche ~** a nova geração de cientistas
nach|zählen *vt* tornar a contar
Nachzügler(in) *m(f)* <-s, - *o* -innen> atrasado, atrasada *m, f*, retardatário, retardatária *m, f*
Nacken ['nakən] *m* <-s, -> nuca *f*, cachaço *m*
nackert *adj* (*umg österr*) nu
nackt [nakt] *adj* ❶ (*Person*) nu, despido; **sich ~ ausziehen** tirar a roupa; **mit ~en Füßen** descalço; **~ baden** nadar nu, tomar banho nu ❷ (*Felsen*) escalvado; (*Wand*) despido; **das sind die ~en Tatsachen** esses são os factos verdadeiros; **die ~e Wahrheit** a verdade nua e crua
Nacktbadestrand *m* <-(e)s, -strände> praia *f* de nudismo
Nadel ['na:dəl] *f* <-n> ❶ (*zum Nähen, Stricken*) agulha *f*; (*Stecknadel*) alfinete *m* ❷ (*Haarnadel*) gancho *m* ❸ (BOT) agulha *f*
Nadelbaum *m* <-(e)s, -bäume> árvore *f* conífera
Nadeldrucker *m* <-s, -> impressora *f* de agulhas
Nadelöhr *nt* <-(e)s, -e> olho *m* da agulha, buraco *m* da agulha
Nadelwald *m* <-(e)s, -wälder> pinhal *m*, floresta *f* de coníferas
Nagel ['na:gəl] *m* <-s, Nägel> ❶ (*Fingernagel*) unha *f*; **an den Nägeln kauen** roer as unhas ❷ (*zum Befestigen*) prego *m*; (*umg*); **Nägel mit Köpfen machen** não deixar as coisas pela metade; (*umg*); **den ~ auf den Kopf treffen** acertar em cheio; (*umg*); **etw an den ~ hängen** desistir de a. c.
Nagelfeile *f* <-n> lima *f* das unhas, lixa *f* das unhas
Nagellack *m* <-(e)s, -e> verniz *m* (das unhas), esmalte *m* (das unhas)
nageln *vt* pregar (*an* a, *auf* em)
nagelneu ['--'-] *adj* (*umg*) novo em folha
Nagelschere *f* <-n> tesoura *f* das unhas
nagen ['na:gən] *vi* (*Tier, Mensch*) **~ an** *+dat* roer
Nagetier *nt* <-(e)s, -e> roedor *m*
nah(e) **I.** *adj* (*räumlich*) próximo, chegado; (*zeitlich*) próximo, iminente; (*Verwandte*) próximo, chegado **II.** *adv* perto, ao pé, junto; **~ an/bei** *+dat* perto de, junto a [*o* de]; **~ daran sein, etw zu tun** estar prestes a fazer a. c.; **~ liegend** natural, evidente **III.** *präp +dat* perto de
Nahaufnahme *f* <-n> (FOTO, FILM) grande plano *m*
Nähe *f kein pl* ❶ (*räumlich*) proximidade *f*; **der Bahnhof ist ganz in der ~** a estação fica muito perto, a estação fica nas redondezas; **hier in der ~** aqui perto ❷ (*zeitlich*) futuro próximo *m*
nahe|gehen *vi irr* **jdm ~** (*Unglück*) comover alguém, impressionar alguém
nahe|legen *vt* **jdm etw ~** tentar convencer alguém de a. c.
nahe|liegen *vi irr* ser evidente, ser óbvio
naheliegend *adj s.* **nahe II**

nahen ['na:ən] *vi* aproximar-se
nähen *vt* (*Kleidung*) coser; (*Wunde*) suturar
näher **I.** *adj* ① (*räumlich*) mais próximo; **in der näheren Umgebung** ao alcance ② (*Erklärung, Erkundigung*) mais preciso **II.** *adv* ① (*räumlich*) mais perto ② (*genauer*) em pormenor
Naherholungsgebiet *nt* <-(e)s, -e> estância *f* de repouso próxima
Näherin *f* <-nen> costureira *f*
nähern *vr* **sich** ~ aproximar-se (de)
nahe|stehen *vi irr* **jdm** ~ ter intimidade com alguém, ser chegado a alguém
nahezu ['na:ə'tsu:] *adv* quase
Nähgarn *nt* <-(e)s, -e> linha *f* (de costura)
nahm [na:m] *imp von* **nehmen**
Nähmaschine *f* <-n> máquina *f* de costura
Nahost ['-'-] *m* <-> *kein pl* Próximo Oriente *m*
nähren *vt* ① (*ernähren*) alimentar, nutrir ② (*geh: Zweifel, Hoffnung*) alimentar
nahrhaft ['na:ɐhaft] *adj* nutritivo
Nährstoff *m* <-(e)s, -e> nutriente *m*
Nahrung ['na:rʊŋ] *f kein pl* alimentação *f,* comida *f,* alimento *m;* **feste/flüssige** ~ alimentação *f* sólida/líquida
Nahrungsmittel *nt* <-s, -> alimento *m,* género *m* alimentício
Nahrungsmittelallergie *f* <-n> alergia *f* a certos alimentos
Nährwert *m* <-(e)s, -e> valor *m* nutritivo
Naht [na:t] *f* <Nähte> ① (TECH: *Kleidung*) costura *f* ② (MED) sutura *f*
nahtlos *adj* (*Kleidung, Strümpfe*) sem costura
Nahverkehr *m* <-s> *kein pl* tráfego *m* suburbano
Nahverkehrszug *m* <-(e)s, -züge> comboio *m* suburbano, comboio *m* regional, trem *m* suburbano
naiv [na'i:f] *adj* ① (*Mensch*) ingénuo, inocente; (*umg*) lorpa ② (*Kunst*) naife
Naivität *f kein pl* ingenuidade *f,* inocência *f*
Name ['na:mə] *m* <-ns, -n> nome *m;* **mein** ~ **ist ...** o meu nome é ...; **im** ~**n von** em nome de; **jdn dem** ~**n nach kennen** conhecer alguém de nome
namenlos *adj* anónimo, sem nome
namens ['na:məns] *adv* de nome; **ein Herr** ~ **Schmidt** um senhor de nome Schmidt
Namenstag *m* <-(e)s, -e> dia *m* do santo patrono
namentlich *adv* (*besonders*) nomeadamente, especialmente
namhaft ['na:mhaft] *adj* conhecido, ilustre
Namibia *nt kein pl* Namíbia *f*
nämlich *adv* ① (*denn*) é que; **am Wochenende fährt sie** ~ **immer zu ihrem Vater** é que ao fim-de-semana ela vai sempre para casa do pai ② (*und zwar*) a saber, isto é; **er spricht zwei Fremdsprachen,** ~ **Englisch und Französisch** ele fala duas línguas estrangeiras, o Inglês e o Francês
nannte ['nantə] *imp von* **nennen**
nanu *interj* ora essa!, essa agora!
Napalm® *nt* <-s> *kein pl* napalm *m*
Napf [napf] *m* <-(e)s, Näpfe> tigela *f,* malga *f*
Narbe ['narbə] *f* <-n> ① (MED) cicatriz *f* ② (BOT) estigma *m*
Narkose [nar'ko:zə] *f* <-n> anestesia *f*
Narr, Närrin [nar] *m, f* <-en, -en *o* -innen> tolo, tola *m, f,* bobo, boba *m, f;* **jdn zum** ~**en halten** gozar com alguém, troçar de alguém
närrisch *adj* tolo
Narzisse [nar'tsɪsə] *f* <-n> narciso *m*
Nasallaut *m* <-(e)s, -e> som nasal *m*
naschen ['naʃən] **I.** *vt* petiscar **II.** *vi* petiscar; (*Süßes*) comer lambarices
naschhaft *adj* guloso, lambareiro
Nase ['na:zə] *f* <-n> nariz *m;* **die** ~ **rümpfen** torcer o nariz; (*umg*); **immer der** ~ **nach** sempre a direito; (*umg*); **pro** ~ por pessoa, por cabeça; (*umg*); **die** ~ **voll haben** estar farto, estar pelos cabelos; (*umg*); **jdn an der** ~ **herumführen** andar a brincar com alguém; (*umg*); **seine** ~ **in alles stecken** meter o nariz em tudo; (*umg*); **jdm etw unter die** ~ **reiben** atirar a. c. à cara de alguém
Nasenbluten *nt* <-s> *kein pl* hemorragia *f* nasal
Nasenloch *nt* <-(e)s, -löcher> narina *f*
Nasentropfen *pl* gotas *fpl* nasais
naseweis ['na:zəvaɪs] *adj* curioso, indiscreto
Nashorn *nt* <-(e)s, -hörner> rinoceronte *m*
nassRR [nas] *adj,* **naß**ALT *adj* molhado, (h)úmido; (*durchnässt*) encharcado; ~ **machen** molhar; ~ **werden** molhar-se
Nässe *f kein pl* (h)umidade *f*
nasskaltRR *adj* (h)úmido e frio
Nastuch *nt* <-es, -tücher> (*schweiz*) lenço (do nariz) *m*
Nation [na'tsjo:n] *f* <-en> nação *f;* **die Vereinten** ~**en** as Nações Unidas

national [natsjo'na:l] *adj* nacional

Nationalhymne *f* <-n> hino *m* nacional

Nationalismus [natsjona'lɪsmʊs] *m* <-> *kein pl* nacionalismo *m*

nationalistisch [natsjona'lɪstɪʃ] *adj* nacionalista

Nationalität *f* <-en> nacionalidade *f*

Nationalmannschaft *f* <-en> sele(c)ção *f* nacional

Nationalrat[1] *m* <-es> *kein pl* (*österr, schweiz*) Parlamento *m*

Nationalrat, Nationalrätin[2] *m, f* <-es, -räte *o* -innen> (*österr, schweiz*) deputado, -a *m, f* parlamentar

Nationalsozialismus *m* <-> *kein pl* nacional-socialismo *m*

Nationalsozialist(in) *m(f)* <-en, -en *o* -innen> nacional-socialista *m,f*

NATO ['na:to] *abk v* **North Atlantic Treaty Organization** OTAN (= *Organização do Tratado do Atlântico do Norte*)

Natrium ['na:triʊm] *nt* <-s> *kein pl* sódio *m*

Natron ['na:trɔn] *nt* <-s> *kein pl* bicarbonato *m* de sódio

Natur [na'tu:ɐ] *f kein pl* natureza *f;* (*Beschaffenheit*) natureza *f,* cará(c)ter *m;* **von ~ aus** por natureza

Naturalien *pl* produtos *mpl* naturais; **in ~ bezahlen** pagar em géneros, pagar em espécie

Naturalismus *m* <-> *kein pl* naturalismo *m*

naturbelassen *adj* natural; (*Wald, Land*) silvestre

Naturfaser *f* <-n> fibra *f* natural

naturgemäß **I.** *adj* natural, normal **II.** *adv* naturalmente, normalmente

Naturgesetz *nt* <-es, -e> lei *f* da natureza, lei *f* natural

Naturheilkunde *f kein pl* medicina *f* naturalista

Naturkatastrophe *f* <-n> catástrofe *f* natural

Naturkost *f kein pl* alimentação *f* biológica

natürlich **I.** *adj* natural **II.** *adv* naturalmente, evidentemente; **~!** claro!, naturalmente!; **~ nicht!** claro que não!

Natürlichkeit *f kein pl* naturalidade *f*

Naturprodukt *nt* <-(e)s, -e> produto natural *m*

Naturschutz *m* <-es> *kein pl* preservação *f* da natureza

Naturschutzgebiet *nt* <-(e)s, -e> reserva *f* natural

Naturwissenschaft *f* <-en> ciências *fpl* naturais

Naturwissenschaftler(in) *m(f)* <-s, - *o* -innen> cientista *m,f*

naturwissenschaftlich *adj* científico

Nautik *f kein pl* náutica *f*

Navigation *f kein pl* navegação *f*

Nazi ['na:tsi] *m* <-s, -s> nazi *m,f,* nazista *m,f*

NC [ɛn'tse:] *abk v* **Numerus Clausus** numeros clausus

n. Chr. *abk v* **nach Christus** d.C. (= *depois de Cristo*)

Neapel *nt* <-s> *kein pl* Nápoles *f*

Nebel ['ne:bəl] *m* <-s, -> névoa *f,* neblina *f;* (*dicht*) nevoeiro *m*

Nebelbank *f* <-bänke> camada *f* espessa de nevoeiro

Nebelhorn *nt* <-(e)s, -hörner> sirene *f* de nevoeiro, ronca *f*

nebelig *adj* enevoado, nublado; **es ist ~** está nevoeiro

Nebelscheinwerfer *m* <-s, -> farol *m* de nevoeiro

Nebelschlussleuchte[RR] *f* <-n> farol *m* traseiro de nevoeiro

neben ['ne:bən] **I.** *präp +dat* (*räumlich*) perto de, ao pé de, junto a [*o* de]; (*an der Seite*) ao lado de; **das Restaurant ist ~ dem Supermarkt** o restaurante fica ao lado do supermercado; (*außer*) fora, além de; **~ anderen Dingen** além de outras coisas **II.** *präp +akk* perto de, ao pé de; **setz dich ~ mich!** senta-te ao pé de mim!, senta-te perto de mim!

nebenan [--'-] *adv* ao lado

nebenbei [--'-] *adv* ① (*beiläufig*) de passagem, como quem não quer outra coisa; **~ bemerkt** diga-se de passagem ② (*außerdem*) além disso, ao mesmo tempo

Nebenbeschäftigung *f* <-en> ocupação *f* secundária

Nebendarsteller(in) *f* (FILM) actor , actriz *m, f* coadjuvante

Nebeneffekt *m* <-(e)s, -e> efeito *m* secundário, efeito *m* colateral

nebeneinander [---'--] *adv* um ao lado do outro

Nebenfach *nt* <-(e)s, -fächer> (*Schule*) disciplina *f* secundária

Nebenfluss[RR] *m* <-es, -flüsse> afluente *m*

Nebengebäude *nt* <-s, -> dependência *f,*

edifício *m* anexo

Nebengeräusch *nt* <-(e)s, -e> ruído *m* parasita, interferência *f*

nebenher [--'-] *adv* (*zusätzlich*) além disso; (*gleichzeitig*) paralelamente

Nebenkosten *pl* despesas *fpl* suplementares

Nebenprodukt *nt* <-(e)s, -e> derivado *m*

Nebenrolle *f* <-n> papel *m* secundário

Nebensache *f* <-n> coisa *f* secundária; **das ist ~** isso é secundário

nebensächlich *adj* secundário, de pouca importância

Nebensaison *f* <-s> época *f* baixa

Nebensatz *m* <-es, -sätze> (GRAM) oração *f* subordinada

Nebenstraße *f* <-n> (*in der Stadt*) travessa *f;* (*Landstraße*) estrada *f* secundária

Nebenwirkung *f* <-en> efeito *m* secundário, efeito *m* colateral

Nebenzimmer *nt* <-s, -> quarto *m* contíguo

necken ['nɛkən] *vt* brincar com, gozar com

neckisch *adj* brincalhão, gozão; (*Bemerkung*) engraçado

nee *adv* (*umg*) nã, não

Neffe ['nɛfə] *m* <-n, -n> sobrinho *m*

negativ ['ne:gati:f] *adj* negativo

Negativ *nt* <-s, -e> negativo *m*

Neger(in) ['ne:gɐ] *m(f)* <-s, - *o* -innen> negro, negra *m,f*

nehmen ['ne:mən] *vt* ① (*ergreifen*) apanhar, pegar em; (*wegnehmen*) tirar, agarrar; **wer hat meinen Kugelschreiber genommen?** quem é que pegou na minha esferográfica?; **jdm die Hoffnung ~** tirar a esperança a alguém ② (*annehmen*) tomar, aceitar, receber; **~ Sie noch ein Stück Torte?** aceita mais uma fatia de torta?; **nimm dir noch einmal** serve-te de mais; **wie man's nimmt** isso é conforme ③ (*auswählen*) ficar com; (*mitnehmen*) levar; **ich weiß nicht, was ich ~ soll** não sei o que hei-de levar; **wir ~ ein Doppelzimmer** ficamos com um quarto duplo ④ (*Verkehrsmittel*) apanhar; **~ Sie den Zug um 16 Uhr?** vai apanhar o comboio às 16 horas?

Neid [naɪt] *m* <-(e)s> *kein pl* inveja *f;* **aus ~** por inveja; **vor ~ platzen** morrer de inveja

neidisch *adj* invejoso; **auf jdn/etw ~ sein** ter inveja de alguém/a. c.

Neige ['naɪgə] *f kein pl* **zur ~ gehen** ir-se acabando; (*geh*); **der Tag geht zur ~** o dia finda

neigen ['naɪgən] **I.** *vt* inclinar; **den Kopf ~** inclinar a cabeça **II.** *vi* **zu etw ~** inclinar-se para a. c., ter tendência para a. c. **III.** *vr* **sich ~** inclinar-se

Neigung *f* <-en> ① (*im Gelände*) inclinação *f,* declive *m* ② (*Vorliebe*) inclinação *f,* queda *f* ③ (*Zuneigung*) afeição *f* (*zu* a)

nein [naɪn] *adv* não; **~ danke** não, obrigado; **oh ~!** de modo nenhum!, nem pensar!; **~, so was!** essa agora!, ora essa!

Nektarine [nɛkta'ri:nə] *f* <-n> nectarina *f*

Nelke ['nɛlkə] *f* <-n> ① (*Blume*) cravo *m* ② (*Gewürz*) cravo-da-índia *m*

Nelkenrevolution *f kein pl* revolução *f* dos cravos

nennen ['nɛnən] **I.** *vt* (*angeben*) indicar; **können Sie mir einen guten Arzt ~?** pode indicar-me um bom médico?; (*bezeichnen*) designar; (*Namen geben*) chamar; **ich nenne sie Susi** eu chamo-lhe Susi; **wie werdet ihr das Baby ~?** que nome vão dar ao bebé? **II.** *vr* **sich ~** chamar-se

nennenswert *adj* digno de menção

Nenner *m* <-s, -> (MATH) denominador *m;* (*fig*); **einen gemeinsamen ~ finden** encontrar um denominador comum

Nennwert *m* <-(e)s, -e> valor *m* nominal

Neoliberalismus *m* <-> *kein pl* neoliberalismo *m*

Neon ['ne:ɔn] *nt* <-s> *kein pl* néon *m*

Neonazi ['ne:ona:tsi] *m* <-s, -s> neonazi *m,f*

Neonlicht *nt* <-(e)s, -er> luz *f* fluorescente

Neonröhre *f* <-n> lâmpada *f* fluorescente

Nepal *nt* <-s> *kein pl* Nepal *m*

Nerv [nɛrf] *m* <-en, -en> nervo *m;* **die ~en verlieren** perder a paciência; (*umg*); **jdm auf die ~en gehen** enervar alguém

nerven ['nɛrfən] *vi* (*umg*) irritar, chatear; **du nervst!** tu irritas!

Nervenkitzel *m* <-s> *kein pl* emoção *f,* sensação *f*

Nervenzusammenbruch *m* <-(e)s, -brüche> esgotamento *m* nervoso

nervig *adj* (*umg*) enervante, irritante

nervlich ['nɛrflɪç] *adj* nervoso

nervös *adj* nervoso

Nervosität *f kein pl* nervosismo *m*

Nerz [nɛrts] *m* <-es, -e> (ZOOL) marta *f* do Canadá, vison *m*

Nessel ['nɛsəl] *f* <-n> (BOT) urtiga *f*

Nest [nɛst] *nt* <-(e)s, -er> ① (*von Tieren*) ninho *m* ② (*umg: kleiner Ort*) terreola *f*

nett [nɛt] *adj* ❶ (*freundlich*) simpático; **das ist sehr/nicht ~ von Ihnen** isso é muito/não é nada simpático da sua parte ❷ (*angenehm*) agradável; (*hübsch*) engraçado

netto ['nɛto] *adv* líquido, limpo; **ich verdiene 1500 EUR ~** eu ganho 1500 euros limpos

Nettoeinkommen *nt* <-s, -> rendimento *m* líquido, renda *f* líquida

Netz [nɛts] *nt* <-es, -e> (*a* ELEKTR, INFOR, SPORT: *Fischernetz, Straßennetz*) rede *f;* (*Einkaufsnetz*) saca *f* de rede; (ZOOL: *Spinnennetz*) teia *f;* **das soziale ~** a segurança social; (*Reaktor*); **ans ~ gehen** ser ligado à rede; (INFORM); **das ~** a rede *f*

NetzanschlussRR *m* <-es, -schlüsse> ligação *f* à rede

Netzbürger(in) *m(f)* cibercidadão, -cidadã *m, f*

Netzhaut *f* <-häute> retina *f*

Netzzugang *m* (INET) acesso *m* à rede [*o* ao internet]

neu [nɔɪ] **I.** *adj* novo; (*zeitlich*) recente, moderno; (*noch nie dagewesen*) inédito; **das ist mir ~** não sabia, isso para mim é novidade; **das Neueste** a última; **nichts Neues** nada de novo; **seit ~estem** (desde) há pouquíssimo tempo; **von ~em** de novo **II.** *adv* ❶ (*kürzlich*) recentemente; **der Roman ist ~ erschienen** o romance foi publicado recentemente; **eine ~ eröffnete Filiale** uma filial aberta recentemente ❷ (*noch einmal*) novamente; **~ machen/schreiben** tornar a fazer/escrever, fazer/escrever novamente

neuartig *adj* moderno

Neuauflage *f* <-n> nova *f* edição

Neubau *m* <-(e)s, -ten> edifício *m* novo

Neubearbeitung *f* <-en> edição *f* revista

neuerdings ['nɔɪɐ'dɪŋs] *adv* recentemente, ultimamente

Neuerscheinung *f* <-en> novidade *f*

Neuerung *f* <-en> inovação *f*

Neugeborene(s) *nt* <-n, -n> recém-nascido, recém-nascida *m, f*

Neugier(de) *f kein pl* curiosidade (*auf* por); **aus ~** por curiosidade

neugierig *adj* curioso (*auf* por); **auf etw ~ sein** estar curioso por saber a. c.; **jdn ~ machen** intrigar alguém

Neuheit *f* <-en> novidade *f*

Neuigkeit *f* <-en> novidade *f,* nova *f*

Neujahr *nt* <-(e)s, -e> Ano Novo *m;* **Prost ~!** feliz Ano Novo!

Neujahrstag *m* <-(e)s, -e> dia *m* de Ano Novo

Neuland *nt* <-(e)s> *kein pl* terra *f* virgem; (*fig*); **das ist ~ für mich** isso é desconhecido para mim

neulich *adv* recentemente, há pouco tempo, (no) outro dia

Neuling *m* <-s, -e> novato, novata *m, f*

neumodisch *adj* moderno, novo

Neumond *m* <-(e)s> *kein pl* lua *f* nova

neun [nɔɪn] *num kard* nove; *s. a.* **zwei**

Neun *f* <-en> nove *m; s.* **Zwei**

neunhundert ['-'--] *num kard* novecentos

neunjährig *adj* de nove anos

neunmal *adv* nove vezes

neunte(r, s) *num ord* nono; *s. a.* **zweite(r, s)**

Neuntel *nt* <-s, -> nona parte *f*

neuntens ['nɔɪntəns] *adv* em nono (lugar)

neunzehn ['--] *num kard* dezanove

neunzig *num kard* noventa

Neuphilologie *f* <-n> filologia *f* moderna

Neuregelung *f* <-en> reorganização *f,* reestruturação *f*

neureich *adj* novo-rico

Neurodermitis *f* <-, Neurodermitiden> (MED) neurodermatite *f*

Neurologe(in) [nɔɪro'lo:gə] *m(f)* <-n, -n *o* -innen> neurologista *m,f*

Neurologie *f kein pl* neurologia *f*

Neurose *f* <-n> neurose *f*

Neurotiker(in) *m(f)* <-s, - *o* -innen> neurótico, neurótica *m, f*

neurotisch [nɔɪ'ro:tɪʃ] *adj* neurótico

Neuschnee *m* <-s> *kein pl* neve *f* recente

Neuseeland *nt* <-s> *kein pl* Nova Zelândia *f*

neuseeländisch *adj* neozelandês

neutral [nɔɪ'tra:l] *adj* ❶ (*unparteiisch*) neutro, neutral ❷ (CHEM, PHYS) neutro

neutralisieren* *vt* neutralizar

Neutralität *f kein pl* neutralidade *f*

Neutron [nɔɪ'tro:n] *nt* <-s, -en> neutrão *m,* nêutron *m*

Neutronenbombe *f* <-n> bomba *f* de neutrões

Neutrum ['nɔɪtrʊm] *nt* <-s, Neutra> (GRAM) neutro *m*

Neuverschuldung *f* <-en> aumento *m* da dívida pública

Neuwagen *m* <-s, -> carro *m* novo

Neuwahl *f* <-en> novas eleições *fpl*

Neuzeit *f kein pl* idade *f* moderna
New York *nt* <-s> *kein pl* Nova Iorque *f*
Nicaragua [nika'ra:gua] *nt* <-s> *kein pl* Nicarágua *f*
nicht [nɪçt] *adv* não; ~ **einmal** nem (sequer); ~ **mehr** já não; ~ **mehr als** não mais (do) que; ~ **viel später** não muito depois; ~ **nur ..., sondern auch ...** não só ..., mas também ...; **bestimmt** ~ certamente que não; **gar** ~ de modo algum, de maneira nenhuma; **mach das lieber** ~ é melhor não fazeres isso; ~ **öffentlich** particular, privado; ~ **rostend** inoxidável; ~ **wahr?** não é?
Nichte ['nɪçtə] *f* <-n> sobrinha *f*
nichtig ['nɪçtɪç] *adj* (JUR) nulo; **etw für ~ erklären** anular a. c.
nichtöffentlichALT *adj s.* **nicht**
Nichtraucher(in) *m(f)* <-s, - *o* -innen> não-fumador, não-fumadora *m, f*, não-fumante *m,f*
Nichtraucherflug *m* <-(e)s, -flüge> voo *m* de não-fumadores, voo *m* de não-fumantes
Nichtraucherzone *f* <-n> zona *f* de não-fumadores, zona *f* de não-fumantes
nichtrostendALT *adj s.* **nicht**
nichts [nɪçts] *pron indef* nada; **gar** [*o* **überhaupt**] ~ absolutamente nada, de todo; ~ **tun** não fazer nada; ~ **sagend** insignificante; (*Gesicht*) inexpressivo; ~ **zu machen!** não há nada a fazer!; ~ **als Ärger** é só chatice; **ich kann ~ dafür** eu não tenho culpa; **mir ~, dir ~** sem mais nem menos
Nichts *nt* <-> *kein pl* (*a* PHILOS) nada *m*; **vor dem ~ stehen** estar com uma mão à frente e outra atrás
Nichtschwimmer(in) *m(f)* <-s, - *o* -innen> não-nadador, não-nadadora *m, f*
Nichtsesshafte(r)RR *m/f* <-n, -n *o* -n> sem-abrigo *m,f*
nichtssagendALT *adj s.* **nichts**
Nichtstun *nt* <-s> *kein pl* ociosidade *f*
Nichtwähler(in) *m(f)* <-s, - *o* -innen> abstencionista *m,f*
Nickel ['nɪkəl] *nt* <-s> *kein pl* níquel *m*
nicken ['nɪkən] *vi* ❶ (*zum Gruß*) acenar com a cabeça ❷ (*zustimmend*) fazer que sim (com a cabeça)
Nickerchen ['nɪkɐçən] *nt* <-s, -> soneca *f*
nie [ni:] *adv* nunca, jamais; ~ **wieder** nunca mais; ~ **und nimmer** jamais; **noch** ~ (até agora) nunca
nieder ['ni:dɐ] **I.** *adj* (*in Hierarchie*) inferior **II.** *adv* abaixo; **auf und** ~ para cima e para baixo
Niedergang *m* <-(e)s> *kein pl* decadência *f*
niedergeschlagen *adj* abatido, cabisbaixo
Niedergeschlagenheit *f kein pl* desânimo *m*, tristeza *f*
nieder|knien *vi* ajoelhar-se
Niederlage *f* <-n> derrota *f*; **eine ~ erleiden** sofrer uma derrota
Niederlande ['ni:dɐlandə] *pl* Países *mpl* Baixos
Niederländer(in) *m(f)* <-s, - *o* -innen> neerlandês, neerlandesa *m, f*
niederländisch *adj* neerlandês
nieder|lassen *vr* **sich** ~ *irr* ❶ (*an Ort*) fixar-se, fixar residência; (*Firma*) estabelecer-se, fixar-se; **sich als Arzt** ~ abrir um consultório ❷ (*geh: sich setzen*) sentar-se
Niederlassung *f* <-en> (WIRTSCH) sucursal *f*
Niederlassungsbewilligung *f* <-en> (*schweiz*) autorização *f* de residência
nieder|legen *vt* ❶ (*geh: hinlegen*) colocar, depositar; **einen Kranz** ~ depositar uma coroa ❷ (*Amt, Vorsitz*) demitir-se de; **die Arbeit** ~ fazer greve
Niederösterreich *nt* <-s> *kein pl* Baixa-Áustria *f*
Niedersachsen *nt* <-s> *kein pl* Baixa Saxónia *f*
niedersächsisch *adj* da Baixa Saxónia
Niederschlag *m* <-(e)s, -schläge> ❶ (METEO) precipitação *f*, chuvas *fpl* ❷ (CHEM) sedimento *m*
nieder|schlagen **I.** *vt irr* ❶ (*Person*) derrubar, derribar; **die Augen** ~ baixar os olhos ❷ (*Aufstand*) suprimir ❸ (JUR: *Prozess*) arquivar **II.** *vr* **sich** ~ *irr* ❶ (*Feuchtigkeit, Dampf*) depositar-se ❷ (*zum Ausdruck kommen*) manifestar-se (*in* em)
nieder|stechen *vt irr* apunhalar
niederträchtig *adj* infame, vil
Niederung *f* <-en> terreno *m* baixo, chã *f*
niedlich ['ni:tlɪç] *adj* giro, engraçado, bonito
niedrig ['ni:drɪç] *adj* ❶ (*tief, gering*) baixo; ~**e Preise** preços *mpl* baixos ❷ (*Herkunft*) humilde ❸ (*Gesinnung*) baixo, mesquinho
niemals ['ni:ma:ls] *adv* nunca, jamais
niemand ['ni:mant] *pron indef* ninguém; **es war ~ zu Hause** não estava ninguém em casa
Niemandsland *nt* <-(e)s> *kein pl* terra *f* de ninguém
Niere ['ni:rə] *f* <-n> rim *m*

Nierenentzündung *f* <-en> nefrite *f*, inflamação *f* renal
Nierenstein *m* <-(e)s, -e> cálculo *m* renal
nieseln ['ni:zəln] *vi* chuviscar, morrinhar; **es nieselt** está a chuviscar [*o* a morrinhar]
Nieselregen *m* <-s, -> morrinha *f*, chuviscos *mpl*
niesen ['ni:zən] *vi* espirrar
Niete ['ni:tə] *f* <-n> ① (*Lotterie*) bilhete *m* em branco ② (*umg: Person*) nulidade *f* ③ (TECH) rebite *m*
Nigeria *nt* <-s> *kein pl* Nigéria *f*
Nihilismus [nihi'lɪsmʊs] *m* <-> *kein pl* niilismo *m*
nihilistisch *adj* niilista
Nikolaus ['nɪkolaʊs] *m* <-, -e> ① (*Gestalt*) São Nicolau *m* ② (*Tag*) dia *m* de São Nicolau

No dia 6 de Dezembro vem o **Nikolaus** — nalgumas regiões é chamado «Knecht Rupprecht» — com o seu grande livro, um saco e uma vara a visitar os meninos. No livro lê como se portaram durante o ano. Os meninos bons recebem nozes, tangerinas ou chocolate, os meninos maus — teóricamente — apanham pancadas. É também costume colocar os sapatos diante da porta na noite do dia 5. Na manhã seguinte, os meninos bons encontram neles doces, nozes e laranjas.

Nikotin [niko'ti:n] *nt* <-s> *kein pl* nicotina *f*
nikotinarm *adj* baixo em nicotina
Nilpferd *nt* <-(e)s, -e> hipopótamo *m*
nimmer *adv* (*österr*) nunca mais, jamais
Nimmersatt *m* <-(e)s, -e> (*umg*) comilão *m*, glutão *m*
nippen ['nɪpən] *vi* ~ **an** +*dat* beberican
Nippes ['nɪpəs] *pl* bibelôs *mpl*
nirgends ['nɪrgənts] *adv* em lado nenhum, em parte alguma
Nische ['ni:ʃə] *f* <-n> nicho *m*
nisten ['nɪsten] *vi* nidificar, fazer ninho
Nistkasten *m* <-s, -kästen> ninho *m* (artificial)
Nitrat [ni'tra:t] *nt* <-(e)s, -e> nitrato *m*
Niveau [ni'vo:] *nt* <-s, -s> nível *m*
niveaulos *adj* sem nível, baixo
nix *pron indef* (*umg*) *s.* **nichts**
Nixe [nɪksə] *f* <-n> ninfa *f*
nobel ['no:bəl] *adj* ① (*geh: edel*) nobre ② (*luxuriös*) de luxo
Nobelhotel *nt* hotel *m* de (grande) luxo
Nobelpreis [no'bɛlpraɪs] *m* <-es, -e> prémio *m* Nobel
Nobelpreisträger(in) *m(f)* <-s, - *o* -innen> prémio *m* Nobel, titular *m,f* do prémio Nobel
noch [nɔx] *adv* ① (*zeitlich*) ainda; ~ **nicht** ainda não; **heute** ~ ainda hoje, hoje mesmo; **immer** ~ ainda; ~ **nie** nunca (na minha vida), (até agora) nunca; **nur** ~ (já) só ② (*zusätzlich*) (ainda) outro, mais; ~ **einmal** outra vez, mais uma vez; ~ **ein Bier, bitte!** outra cerveja, por favor!, mais uma cerveja, por favor!; ~ **ein paar Tage** mais uns dias
nochmalig *adj* outro, repetido
nochmals ['nɔxma:ls] *adv* outra vez, mais uma vez, de novo
Nockenwelle *f* <-n> árvore *f* de cames
Nomade(in) [no'ma:də] *m(f)* <-n, -n *o* -innen> nómada *m,f*
Nomen ['no:mən] *nt* <-s, -(a)> (GRAM) substantivo *m*
Nominativ ['no:minati:f, nomina'ti:f] *m* <-s, -e> (GRAM) nominativo *m*
nominieren* *vt* nomear (*für* para)
Nonne ['nɔnə] *f* <-n> freira *f*
Nordafrika *nt* <-s> *kein pl* Norte *m* de África
Nordamerika ['--'---] *nt* <-s> *kein pl* América *f* do Norte; **die Vereinigten Staaten von** ~ os Estados Unidos da América do Norte
norddeutsch *adj* do norte da Alemanha
Norddeutschland ['-'--] *nt* <-s> *kein pl* norte *m* da Alemanha
Norden ['nɔrdən] *m* <-s> *kein pl* norte *m*; **im** ~ no norte; **von** ~ **nach Süden** do norte para o sul
Nordeuropa ['--'--] *nt* <-s> *kein pl* norte *m* da Europa
nordisch ['nɔrdɪʃ] *adj* nórdico
nördlich *adj* do norte; ~ **von** a norte de
Nordosten ['-'--] *m* <-s> *kein pl* nordeste *m*
Nordpol *m* <-(e)s> *kein pl* pólo *m* norte
Nordrhein-Westfalen *nt* <-s> *kein pl* Renânia *f* do Norte-Vestefália
nordrhein-westfälisch *adj* da Renânia do Norte-Vestefália
Nordsee *f kein pl* Mar *m* do Norte
Nordwesten [-'--] *m* <-s> *kein pl* noroeste *m*
Nordwind *m* <-(e)s, -e> vento *m* do norte
nörgeln *vi* resmungar
Nörgler(in) *m(f)* <-s, - *o* -innen> resmungão, resmungona *m, f*

Norm [nɔrm] *f* <-en> norma *f*
normal [nɔr'ma:l] *adj* normal
Normalbenzin *nt* <-s> *kein pl* gasolina *f* normal
normalerweise [-'--'--] *adv* normalmente
normalisieren* **I.** *vt* normalizar **II.** *vr* **sich ~** normalizar
Norwegen ['nɔrve:gən] *nt* <-s> *kein pl* Noruega *f*
Norweger(in) *m(f)* <-s, - *o* -innen> norueguês, norueguesa *m, f*
norwegisch *adj* norueguês
Nostalgie [nɔstal'gi:] *f kein pl* nostalgia *f*
Not *f kein pl* (*Mangel*) falta *f;* (*Elend*) miséria *f;* (*Armut*) pobreza *f,* necessidade *f;* **~ leiden** passar necessidades; **in ~ geraten** cair na miséria; (*geh*); **zur ~** em caso de necessidade
Notar(in) [no'ta:ɐ] *m(f)* <-s, -e *o* -innen> notário, notária *m, f*
notariell [notari'ɛl] **I.** *adj* notarial **II.** *adv* perante o notário; **etw ~ beglaubigen lassen** reconhecer a. c. no notário
Notarzt, Notärztin *m, f* <-es, -ärzte *o* -innen> médico, -a *m, f* de urgência
Notausgang *m* <-(e)s, -gänge> saída *f* de emergência
Notbehelf *m* <-(e)s, -e> recurso *m*
Notbremse *f* <-n> travão *m* de emergência, freio *m* de emergência; (*fig*); **die ~ ziehen** puxar o travão de emergência, suspender a. c.
notdürftig *adj* ❶ (*kaum ausreichend*) insuficiente ❷ (*behelfsmäßig*) provisório
Note ['no:tə] *f* <-n> ❶ (*Schule*) nota *f;* **gute/schlechte ~n haben** ter boas/más notas ❷ (MUS) nota *f;* **eine ganze/halbe ~** uma semibreve/mínima

> A **Note** (nota) seis é na Alemanha e na Áustria a pior nota escolar. Ela significa «insuficiente». A melhor nota é o um. Na Suíça é o contrário. A nota seis é a melhor e a nota um a pior nota.

Notebook *nt* <-s, -s> (INFOR) computador *m* portátil
Notenbank *f* <-en> banco *m* emissor
Notenschlüssel *m* <-s, -> (MUS) clave *f*
Notenständer *m* <-s, -> estante *f* de música
Notfall *m* <-(e)s, -fälle> emergência *f;* **im ~** em caso de emergência
notfalls *adv* em caso de necessidade
Notfallstation *f* <-en> (*schweiz*) urgências *fpl*
notgedrungen ['no:tgə'drʊŋən] *adv* forçado pela necessidade
notieren* *vt* ❶ (*aufschreiben*) apontar, anotar, tomar nota de; **ich möchte mir seine Telefonnummer ~** eu queria apontar o número de telefone dele ❷ (WIRTSCH) cotar
nötig *adj* necessário, preciso; **unbedingt ~** imprescindível; **etw ~ haben** precisar de a. c.; **es ist nicht ~, dass ...** é escusado ... +*inf,* não é preciso ... +*inf*
nötigen *vt* (*drängen*) pressionar; (*zwingen*) obrigar, forçar; (JUR) coagir
Notiz [no'ti:ts] *f* <-en> ❶ (*Vermerk*) nota *f,* apontamento *m;* **sich** *dat* **~en machen** tomar notas, tirar apontamentos; **von etw ~ nehmen** reparar em a. c., notar a. c. ❷ (*Zeitungsnotiz*) notícia *f*
Notizbuch *nt* <-(e)s, -bücher> caderno *m* de apontamentos, agenda *f*
Notlage *f* <-n> situação *f* de emergência; **sich in einer ~ befinden** estar em apuros
notlanden *vi* (AERO) aterrar de emergência, fazer uma aterragem forçada; (*brasil*) aterrissar de emergência, fazer uma aterrissagem forçada
Notlandung *f* <-en> (AERO) aterragem *f* de emergência, aterragem *f* forçada; (*brasil*) aterrissagem *f* de emergência, aterrissagem *f* forçada
Notlösung *f* <-en> solução *f* de emergência, solução *f* provisória
Notlüge *f* <-n> mentira *f* de emergência
notorisch [no'to:rɪʃ] *adj* notório, público
Notruf *m* <-(e)s, -e> ❶ (*Hilferuf*) pedido *m* de socorro ❷ (*Notrufnummer*) número *f* de emergência
Notrufsäule *f* <-n> poste *m* SOS
Notstand *m* <-(e)s> *kein pl* (JUR) estado *m* de emergência, calamidade *f* pública; **den ~ ausrufen** declarar o estado de emergência
not|tun *vi irr* ser necessário, fazer falta
Notwehr *f kein pl* (JUR) legítima defesa *f*
notwendig ['no:tvɛndɪç] *adj* ❶ (*nötig*) necessário, preciso; **unbedingt ~** imprescindível ❷ (*zwangsläufig*) forçoso
Notwendigkeit ['----, -'---] *f* <-en> necessidade *f*
Novelle [no'vɛlə] *f* <-n> novela *f;* (*Erzählung*) conto *m*
November [no'vɛmbɐ] *m* <-(s), -> Novem-

N

bro *m; s. a.* **März**

Nr. *abk v* **Nummer** nº (= *número*)

NS *abk v* **Nationalsozialismus** nacional-socialismo

NS-Zeit *f kein pl* período *m* nazi, período *m* nazista

Nu [nuː] *m* (*umg*) **im ~** num instante, num abrir e fechar de olhos

Nuance [ny'ãːsə] *f* <-n> nuance *f*

nüchtern *adj* ① (*ohne zu essen*) em jejum ② (*nicht betrunken*) sóbrio ③ (*sachlich*) obje(c)tivo

Nüchternheit *f kein pl* ① (*mit leerem Magen*) jejum *m* ② (*nicht betrunken*) sobriedade *f* ③ (*Sachlichkeit*) obje(c)tividade *f*

nuckeln *vi* (*umg*) chuchar, chupar

Nudel ['nuːdəl] *f* <-n> massa *f*

Nugat *m* <-s, -s> nugado *m*

nuklear *adj* nuclear

Nuklearmacht *f* <-mächte> potência *f* nuclear

Nuklearwaffe *f* <-n> arma *f* nuclear

null [nʊl] *num kard* zero; **~ Uhr** zero horas, meia-noite; **fünf Grad unter ~** cinco graus abaixo de zero, cinco graus negativos

Null *f* <-en> ① (*Zahl*) zero *m* ② (*abw: Mensch*) nulidade *f*, zero *m* à esquerda

Nulllösung[RR] *f* <-en>, **Nullösung**[ALT] *f* <-en> (POL) opção zero *f*

Nullpunkt *m* <-(e)s, -e> zero *m*

Nulltarif *m* <-s> *kein pl* **zum ~** de graça

numerieren*[ALT] *vt s.* **nummerieren**

Numerus clausus *m* <-, -> numerus clausus *m*

nummerieren*[RR] *vt* numerar

Nummernschild *nt* <-(e)s, -er> chapa *f* da matrícula

> Através do **Numerus clausus** as universidades têm a possibilidade de regular a admissão dos estudantes de nível superior. Isto significa que a certos cursos só são admitidos os candidatos cuja média esteja acima do Numerus clausus, que normalmente corresponde à nota «muito bom».

nun [nuːn] *adv* ① (*jetzt*) agora, já; **von ~ an** de agora em diante, de ora avante; **was ~?** e agora? ② (*einleitend*) pois, então, ora; **~ komm schon** anda lá (então); **~ gut** ora bem, pois bem

nur [nuːɐ] *adv* só, somente, apenas; **~ noch** (já) só; **wir haben ~ eine Woche Zeit** só temos uma semana, temos apenas uma semana; **~ zu!** vamos!; **was hat sie ~?** o que é que lhe deu?

Nuss[RR] [nʊs] *f* <Nüsse>, **Nuß**[ALT] *f* <Nüsse> noz *f*; (*fig*); **das ist eine harte ~** isso é um osso duro de roer

Nussbaum[RR] *m* <-(e)s, -bäume> nogueira *f*

Nussgipfel[RR] *m* <-s, -> *bolo com recheio de avelã*

Nussknacker[RR] *m* <-s, -> quebra-nozes *m*

Nutte ['nʊtə] *f* <-n> (*abw*) puta *f*

nutzen ['nʊtsən] *vi s.* **nützen**

Nutzen ['nʊtsən] *m* <-s> *kein pl* ① (*Nützlichkeit*) utilidade *f*, préstimo *m* ② (*Gewinn*) proveito *m;* **~ aus etw ziehen** tirar proveito de a. c.; **jdm von ~ sein** fazer jeito a alguém

nützen **I.** *vt* (*Rohstoffe*) utilizar; (*Gelegenheit*) aproveitar (*zu* para) **II.** *vi* ser útil, servir, prestar; **wozu soll das ~?** que adianta isso?; **wem nützt das?** quem lucra com isso?

nützlich *adj* proveitoso, útil; **sich ~ machen** fazer-se útil

Nützlichkeit *f kein pl* utilidade *f*

nutzlos *adj* inútil

Nutzlosigkeit *f kein pl* inutilidade *f*

NVA *abk v* **Nationale Volksarmee** exército *m* da RDA

Nylon® *nt* <-s> *kein pl* nylon *m*, náilon *m*

O o

O *nt* <-s, -s> O, o *m*

Oase [o'aːzə] *f* <-n> oásis *m*

ob [ɔp] *konj* se; **sie fragt, ~ du mitkommen möchtest** ela pergunta se queres vir; **ich weiß nicht, ~ die Entscheidung richtig war** não sei se a decisão foi acertada; **~ er kommt?** será que ele vem?; **als ~** como se +*conj;* **als ~ nichts geschehen wäre** como se nada tivesse acontecido; **und ~!** e como!

ÖBB *abk v* **Österreichische Bundesbahnen** caminhos-de-ferro federais austríacos

obdachlos *adj* desalojado, sem casa, sem abrigo; **~ sein** estar desalojado, não ter casa

Obdachlose(r) *m/f* <-n, -n *o* -n> sem-

-abrigo *m,f*

Obdachlosigkeit *f kein pl* falta *f* de abrigo

Obduktion [ɔpdʊk'tsjo:n] *f* <-en> autópsia *f*

O-Beine *pl* pernas *fpl* arqueadas

oben ['o:bən] *adv* em cima, por cima; (*im Haus*) lá em cima; **dort ~** ali em cima; **ganz ~** bem (lá) em cima; **nach/von ~** para/de cima; **weiter ~** mais acima; **von ~ bis unten** de cima abaixo; **von ~ nach unten** de cima para baixo; **~ genannt** supracitado, acima indicado; **siehe ~** ver em cima; (*umg*); **~ ohne** em topless; **von ~ herab** de cima

obendrein ['--'-] *adv* além disso, ainda por cima

obengenanntALT *adj s.* **oben**

Ober ['o:bɐ] *m* <-s, -> empregado *m* de mesa; **Herr ~!** por favor!

Oberarm ['o:bɐ-] *m* <-(e)s, -e> braço *m*

Oberarzt, Oberärztin *m, f* <-es, -ärzte *o* -innen> médico-chefe, médica-chefe *m, f*

Oberbefehl *m* <-(e)s> *kein pl* (MIL) comando *m* supremo

Oberbefehlshaber *m* <-s, -> (MIL) comandante *m* supremo

Oberbegriff *m* <-(e)s, -e> conceito *m* geral

Oberbekleidung *f* <-en> roupa *f* de cima

Oberbürgermeister(in) *m(f)* <-s, - *o* -innen> presidente *m,f* da câmara, prefeito, prefeita *m, f*

obere(r, s) *adj* de cima, superior; (*in Hierarchie*) superior

Oberfläche *f* <-n> superfície *f*

oberflächlich *adj* superficial

ObergeschossRR *nt* <-es, -e> andar *m*

Obergrenze *f* <-n> limite *m* máximo

oberhalb I. *präp +gen* acima de, por cima de **II.** *adv* **~ von** na parte de cima de

Oberhaupt *nt* <-(e)s, -häupter> cabecilha *m,f*, chefe *m,f*

Oberhemd *nt* <-(e)s, -en> camisa *f*

Oberin *f* <-nen> ① (*im Krankenhaus*) enfermeira-chefe *f* ② (*im Kloster*) madre-superiora *f*

oberirdisch *adj* supraterrâneo; (*Leitung*) aéreo

Oberkellner(in) *m(f)* <-s, - *o* -innen> chefe *m,f* de mesa

Oberkiefer *m* <-s, -> maxilar *m* superior

Oberkörper *m* <-s, -> tronco *m*, meio-corpo *m*

Oberland *nt* <-es> *kein pl* (*schweiz*) região *f* montanhosa

Oberleitung *f* <-en> (*für Bus, Straßenbahn*) cabos *mpl* (aéreos) de corrente elé(c)trica

Oberlicht *nt* <-(e)s, -er> clarabóia *f*

Oberlippe *f* <-n> lábio *m* superior

Oberösterreich *nt* <-s> *kein pl* Alta-Áustria *f*

Obers *nt* <-> *kein pl* (*österr*) nata(s) *fpl*

Oberschenkel *m* <-s, -> coxa *f*

Oberschicht *f* <-en> classe *f* alta

Oberschule *f* <-n> escola *f* secundária

Oberschwester *f* <-n> enfermeira-chefe *f*

Oberst ['o:bɐst] *m* <-en, -en> coronel *m*

Oberstaatsanwalt, Oberstaatsanwältin *m, f* <-(e)s, -wälte *o* -innen> procurador-geral, procuradora-geral *m, f* da República

oberste(r, s) *adj* ① (*räumlich*) mais alto, de cima; (*Stockwerk*) último ② (*Gericht, Gesetz*) supremo ③ (*wichtigste*) supremo; **das ~ Gebot** o supremo mandamento

Oberstufe *f* <-n> ensino *m* secundário complementar, segundo grau *m*

Oberteil *nt* <-(e)s, -e> parte *f* superior, parte *f* de cima; (*von Kleidung*) corpo *m*

Oberweite *f* <-n> medida *f* de peito

obgleich *konj s.* **obwohl**

Obhut ['ɔphu:t] *f kein pl* (*geh*) guarda *f*; (*Schutz*) prote(c)ção *f*; **jdn in seine ~ nehmen** tomar alguém a seu cuidado

obig *adj* acima/atrás mencionado, supracitado

Objekt [ɔp'jɛkt] *nt* <-s, -e> ① (*Gegenstand*) obje(c)to *m* ② (GRAM) complemento *m*, obje(c)to *m* ③ (*österr: Gebäude*) edifício *m*

objektiv [ɔpjɛk'ti:f] *adj* obje(c)tivo

Objektiv [ɔpjɛk'ti:f] *nt* <-s, -e> obje(c)tiva *f*

Objektivität *f kein pl* obje(c)tividade *f*

Oblate [o'bla:tə] *f* <-n> ① (*für Gebäck*) obreia *f* ② (*Hostie*) hóstia *f*

obligatorisch [obliga'to:rɪʃ] *adj* obrigatório

Oboe [o'bo:ə] *f* <-n> oboé *m*

Obrigkeit ['o:brɪçkaɪt] *f* <-en> autoridade *f*

Observatorium *nt* <-s, -rien> observatório *m*

obskur *adj* obscuro

Obst [o:pst] *nt* <-es> *kein pl* fruta *f*

Obstbaum *m* <-(e)s, -bäume> árvore *f* de fruto

Obstgarten *m* <-s, -gärten> pomar *m*

Obstkuchen *m* <-s, -> bolo *m* de frutas

Obstsalat *m* <-(e)s, -e> salada *f* de fruta

obszön *adj* obsceno

Obszönität *f* <-en> obscenidade *f*

obwohl [-'-] *konj* embora *+conj,* apesar de *+inf;* ~ **es bewölkt ist, gehen wir an den Strand** embora esteja nublado, vamos à beira da praia, apesar de estar nublado, vamos à beira da praia

Occasion *f* <-en> (*schweiz*) compra *f* de ocasião

Ochse ['ɔksə] *m* <-n, -n> ❶ (ZOOL) boi *m;* **junger** ~ bezerro *m* ❷ (*abw: Mensch*) burro *m;* **das ist ein blöder ~!** ele é um burro!

Ochsenschwanzsuppe *f* <-n> sopa *f* de rabo de boi

Ocker *nt* <-s, -> ocre *m*

öd(e) *adj* ❶ (*unfruchtbar*) árido ❷ (*verlassen*) deserto, despovoado ❸ (*eintönig*) monótono; (*langweilig*) aborrecido, chato

Öde *f kein pl* ❶ (*Einsamkeit*) solidão *f* ❷ (*Land*) deserto *m,* ermo *m*

oder ['o:dɐ] *konj* ou; **entweder ... ~ ...** ou ... ou ...; ~ **aber/doch** ou então; ~ **nicht?** não é?; **du weißt es doch, ~?** tu sabes, não sabes?

Oder *f kein pl* Óder *m*

Ofen ['o:fən] *m* <-s, Öfen> ❶ (*zum Heizen*) fogão *m* de sala, estufa *f;* (*fig, umg*); **der ~ ist aus** acabou-se ❷ (*Backofen*) forno *m,* fornalha *f*

offen ['ɔfən] *adj* ❶ (*unverschlossen*) aberto; (*ohne Deckel*) destapado, descoberto; (*unverpackt*) desembrulhado; **die Tür ~ lassen** deixar a porta aberta; ~ **stehen** estar aberto; **~er Wein** vinho a copo *m;* **auf ~er Straße** em plena rua; **die ~e See** o mar alto; ~ **gegenüber allem Neuen sein** ter um espírito aberto (a coisas novas); **sich mehrere Möglichkeiten ~ halten** deixar várias possibilidades em aberto ❷ (*Stelle*) livre, vago ❸ (*unerledigt, ungeklärt*) em aberto; (*Frage*) no ar, em suspenso; **~e Rechnung** conta por pagar *f,* conta aberta *f;* **das ist noch völlig ~** isso ainda está completamente em aberto ❹ (*aufrichtig*) franco, sincero; ~ **gestanden** francamente, para ser franco; **mit jdm ~ reden** falar abertamente com alguém

offenbar ['ɔfən(')ba:ɐ] **I.** *adj* evidente, manifesto, patente **II.** *adv* pelos vistos

offenbaren* *vt* revelar, tornar público

Offenbarung *f* <-en> (*a* REL) revelação *f*

offen|bleiben *vi irr* ficar em aberto

offen|halten^RR *vt irr* **sich** *dat* **einen Ausweg** ~ deixar uma saída em aberto

Offenheit *f kein pl* ❶ (*Ehrlichkeit*) franqueza *f,* sinceridade *f* ❷ (*Aufgeschlossenheit*) espírito *m* aberto

offenherzig *adj* franco, sincero

offenkundig ['--(')--] *adj* notório, manifesto; (*klar*) evidente

offen|lassen *vt irr* ❶ (*fig: Möglichkeit*) deixar em aberto; **eine Frage ~** deixar uma pergunta no ar ❷ (*Tür*) *s.* **offen 1**

offensichtlich ['--(')--] *adj* evidente, óbvio

offensiv [ɔfɛn'zi:f] *adj* ofensivo

Offensive [ɔfɛn'zi:və] *f* <-n> ofensiva *f;* **in die ~ gehen** passar à ofensiva

offen|stehen^ALT *vi irr s.* **offen 1**

öffentlich *adj* público; **~er Dienst** função *f* pública

Öffentlichkeit *f kein pl* público *m;* **etw an die ~ bringen** tornar a. c. pública; **in aller ~** em público

Öffentlichkeitsarbeit *f kein pl* relações *fpl* públicas

Offerte *f* <-n> oferta *f*

offiziell [ɔfi'tsjɛl] *adj* oficial

Offizier [ɔfi'tsi:ɐ] *m* <-s, -e> oficial *m*

offline^RR ['ɔflaɪn] *adj* (INFOR) desligado, offline

öffnen **I.** *vt* abrir; **hier ~** abrir (por) aqui **II.** *vi* abrir; **die Apotheke öffnet um 9 Uhr** a farmácia abre às 9 horas **III.** *vr* **sich ~** abrir-se

Öffner *m* <-s, -> abridor *m;* (*Büchsenöffner*) abre-latas *m*

Öffnung *f* <-en> abertura *f;* (*Loch*) orifício *m,* abertura *f,* furo *m*

Öffnungszeit *f* <-en> horário *m* de abertura

Offsetdruck *m* <-(e)s> *kein pl* impressão *f* offset

oft [ɔft] *adv* muitas vezes, com frequência; **wie ~?** quantas vezes?, com que frequência?; **nicht ~** não muitas vezes, poucas vezes; **so ~ wie** tantas vezes como

öfter *komp von* **oft**

öfters *adv* várias vezes

oh *interj* oh!, ah!; ~ **ja/nein!** ah, sim/não!; ~ **Gott!** oh, meu Deus!

ohne ['o:nə] **I.** *präp +akk* sem; ~ **mich!** sem mim; ~ **weiteres** sem hesitação, sem mais nada **II.** *konj* ~ **zu** sem *+inf;* ~ **dass ...** sem que ... *+conj;* **er ging, ~ dass sie es bemerkte** ele foi embora sem ela reparar, ele foi embora sem que ela reparasse; ~ **lange**

zu zögern sem hesitar muito

ohnehin [--'-] *adv* mesmo assim

Ohnmacht ['o:n-] *f* <-en> ❶ (*Bewusstlosigkeit*) desmaio *m,* desfalecimento *m;* **in ~ fallen** desmaiar, desfalecer ❷ (*Machtlosigkeit*) impotência *f*

ohnmächtig *adj* desmaiado; **~ werden** desmaiar, perder os sentidos

Ohr [o:ɐ] *nt* <-(e)s, -en> orelha *f;* (*Gehör*) ouvido *m;* **ich bin ganz ~** sou todo ouvidos; **das ist mir zu ~en gekommen** isso chegou-me aos ouvidos; **die ~en spitzen** aguçar o ouvido; (*umg*); **sich aufs ~ legen** deitar-se; (*umg*); **bis über beide ~en verliebt sein** estar perdidamente apaixonado; (*umg*); **viel um die ~ haben** ter muito que fazer, estar cheio de trabalho; (*umg*); **sich** *dat* **etw hinter die ~en schreiben** não se esquecer de a. c.; (*umg*); **jdn übers ~ hauen** intrujar alguém

Öhr *nt* <-(e)s, -e> olho *m* da agulha, buraco *m* da agulha

Ohrenarzt, Ohrenärztin *m, f* <-es, -ärzte *o* -innen> otologista *m,f,* médico, -a *m, f* especialista de doenças de ouvidos

ohrenbetäubend *adj* ensurdecedor, estrondoso

Ohrenschmerzen *pl* dores *fpl* de ouvidos

Ohrfeige *f* <-n> bofetada *f;* **jdm eine ~ geben** dar uma bofetada a alguém

ohrfeigen *vt* esbofetear

Ohrklipp *m* <-s, -s> brinco *m* de mola

Ohrläppchen *nt* <-s, -> lóbulo *m*

Ohrring *m* <-(e)s, -e> brinco *m*

Ohrwurm *m* <-(e)s, -würmer> (*umg*) música *f* que não sai da cabeça

oje *interj* ai!, ui!

o.k. *abk v* **okay** bem

okay [o'ke:, o'kɛɪ] **I.** *adj* (*umg*) bem, bom; **bist du ~?** estás bem/bom? **II.** *adv* (*umg*) bem

Ökobauer, Ökobäuerin *m, f* <-n, -n *o* -innen> agricultor(a) *m(f)* de produtos biológicos

Ökologe(in) *m(f)* <-n, -n *o* -innen> ecologista *m,f*

Ökologie *f kein pl* ecologia *f*

ökologisch *adj* ecológico; **das ~e Gleichgewicht** o equilíbrio ecológico

Ökonomie *f kein pl* economia *f*

ökonomisch *adj* económico

Ökopartei *f* <-en> partido *m* ecológico

Ökosteuer *f* <-n> *imposto sobre formas de energia não ecológicas*

Ökosystem *nt* <-s, -e> ecossistema *m*

Oktanzahl *f* <-en> índice *m* de octanas

Oktave *f* <-n> (MUS) oitava *f*

Oktober [ɔk'to:bɐ] *m* <-s, -> Outubro *m;* *s. a.* **März**

ökumenisch *adj* ecuménico

Öl *nt* <-(e)s, -e> ❶ (*Speiseöl*) óleo (alimentar) *m;* (*Olivenöl*) azeite *m* ❷ (*Erdöl*) petróleo *m;* (*Motoröl*) óleo *m;* **nach ~ bohren** perfurar o solo em busca de petróleo ❸ (*Kunst*) **in ~ malen** pintar a óleo

Oldtimer *m* <-s, -> carro *m* antigo

Oleander *m* <-s, -> oleandro *m*

ölen *vt* (*Maschine*) lubrificar; (*Fahrrad, Tür*) olear

Ölfarbe *f* <-n> tinta *f* a óleo

Ölfeld *nt* <-(e)s, -er> campo *m* de petróleo, campo *m* petrolífero

Ölgemälde *nt* <-s, -> pintura *f* a óleo

Ölheizung *f* <-en> aquecimento *m* a óleo

ölig *adj* oleoso, gorduroso

Olive [o'li:və] *f* <-n> azeitona *f*

Olivenbaum *m* <-(e)s, -bäume> oliveira *f*

Olivenöl *nt* <-(e)s, -e> azeite *m*

olivgrün *adj* verde-azeitona, cor de azeitona

Öllämpchen *nt* <-s, -> candeia *f* de azeite

Ölmessstab[RR] *m* <-(e)s, -stäbe> vareta *f* indicadora do nível de óleo

Ölpest *f kein pl* maré *f* negra

Ölquelle *f* <-n> poço *m* de petróleo

Ölsardine *f* <-n> sardinha *f* enlatada em azeite, sardinha *f* de conserva em azeite

Ölstand *m* <-(e)s, -stände> nível *m* do óleo

Ölstandanzeiger *m* <-s, -> indicador *m* do nível do óleo

Öltanker *m* <-s, -> petroleiro *m*

Ölwechsel *m* <-s, -> mudança *f* de óleo

Olympiade [olym'pja:də] *f* <-n> olimpíadas *fpl*

Olympiasieger(in) *m(f)* <-s, - *o* -innen> campeão *m* olímpico, campeã *f* olímpica

olympisch [o'lʏmpɪʃ] *adj* olímpico; **Olympische Spiele** Jogos *mpl* Olímpicos

Ölzeug *nt* <-(e)s> *kein pl* oleado *m*

Oma ['o:ma] *f* <-s> (*umg*) vovó *f,* avó *f*

Omelett [ɔm(ə)'lɛt] *nt* <-(e)s, -s> omelete *f*

Omen ['o:mən] *nt* <-s, -> presságio *m,* augúrio *m;* **ein gutes/schlechtes ~** um bom/mau presságio

Omnibus ['ɔmnibʊs] *m* <-ses, -se> camio-

O

neta *f,* autocarro *m,* ônibus *m*

onanieren* *vi* masturbar-se

Onkel ['ɔŋkəl] *m* <-s, -> tio *m*

online *adj* (INFOR) ligado, online

Online-Bank *f* banco *m* on-line

Onlinedienst[RR], **Online-Dienst**[ALT] *m* <-(e)s, -e> (INET) serviço *m* online

Onlinegebühr[RR], **Online-Gebühr**[ALT] *f meist pl* (INET) taxa *f* online

Onlinekatalog[RR], **Online-Katalog**[ALT] *m* (INET) catálogo *f* online

OP *abk v* **Operationssaal** sala *f* de operações

Opa ['o:pa] *m* <-s, -s> (*umg*) vovô *m,* avô *m*

Open-Air-Konzert[RR] *nt* <-(e)s, -e> concerto *m* ao ar livre

Oper ['o:pɐ] *f* <-n> ópera *f*

Operation [opəra'tsjo:n] *f* <-en> operação *f*

Operationssaal *m* <-(e)s, -säle> sala *f* de operações

operativ *adj* (MED) operatório; **~er Eingriff** intervenção *f* cirúrgica

Operette *f* <-n> opereta *f*

operieren* *vt* operar; **sich ~ lassen** ser operado

Opernglas *nt* <-es, -gläser> binóculo *m*

Opernsänger(in) *m(f)* <-s, - *o* -innen> cantor(a) *m(f)* de ópera

Opfer ['ɔpfɐ] *nt* <-s, -> ① (*Mensch*) vítima *f;* **jdm/etw zum ~ fallen** ser vítima de alguém/a. c.; **das Erdbeben forderte viele ~** o terramoto provocou muitas vítimas ② (*Verzicht*) sacrifício *m;* **~ bringen** fazer sacrifício(s) ③ (*~gabe*) oferenda *f*

opfern ['ɔpfɐn] **I.** *vt* sacrificar; **jdm viel Zeit ~** dedicar muito tempo a alguém **II.** *vr* **sich ~** sacrificar-se (*für* por)

Opium ['o:piʊm] *nt* <-s> *kein pl* ópio *m*

Opportunismus [ɔpɔrtu'nɪsmʊs] *m* <-> *kein pl* oportunismo *m*

Opportunist(in) [ɔpɔrtu'nɪst] *m(f)* <-en, -en *o* -innen> oportunista *m,f*

Opposition [ɔpozi'tsjo:n] *f* <-en> oposição *f;* **in der ~ sein** ser da oposição

oppositionell *adj* oposicionista

Optik ['ɔptɪk] *f* <o.pl> ó(p)tica *f*

Optiker(in) ['ɔptikɐ] *m(f)* <-s, - *o* -innen> oculista *m,f*

optimal [ɔpti'ma:l] *adj* ó(p)timo; **das ist keine ~e Lösung** essa não é a solução ideal

Optimismus [ɔpti'mɪsmʊs] *m* <-> *kein pl* o(p)timismo *m*

Optimist(in) [ɔpti'mɪst] *m(f)* <-en, -en *o* -innen> o(p)timista *m,f*

optimistisch *adj* o(p)timista

Optimum *nt* <-s, Optima> ideal *m*

optisch ['ɔptɪʃ] *adj* ó(p)tico; **eine ~e Täuschung** uma ilusão de ó(p)tica

orange [o'rã:ʒ, o'rã:ʃ, o'raŋʃ] *adj* cor-de-laranja

Orange [o'rã:ʒə, o'raŋʒə] *f* <-n> laranja *f*

Orangenbaum *m* <-(e)s, -bäume> laranjeira *f*

Orangenblüte *f* <-n> flor *f* de laranjeira

Orangensaft *m* <-(e)s, -säfte> sumo *m* de laranja, suco *m* de laranja

Orang-Utan *m* <-s, -s> orangotango *m*

Orchester [ɔr'kɛstɐ] *nt* <-s, -> orquestra *f*

Orchidee [ɔrçi'de:ə] *f* <-n> orquídea *f*

Orden ['ɔrdən] *m* <-s, -> ① (*Auszeichnung*) condecoração *f;* **einen ~ bekommen** ser condecorado; **jdm einen ~ verleihen** condecorar alguém ② (*religiös*) ordem *f*

ordentlich ['ɔrdəntlɪç] **I.** *adj* (*Mensch*) organizado, metódico; (*Zimmer*) arrumado; (*Mitglied*) efe(c)tivo, regular; **~er Professor** professor catedrático *m;* (*umg: annehmbar*) razoável; (*umg: tüchtig*) valente, forte; **eine ~e Tracht Prügel** uma valente porrada **II.** *adv* devidamente; **sich ~ benehmen** portar-se bem

Ordinalzahl [ɔrdi'na:l] *f* <-en> número *m* ordinal

ordinär *adj* ① (*Verhalten, Ausdruck*) ordinário, vulgar; (*umg*) reles ② (*gewöhnlich*) comum, vulgar

Ordner[1] *m* <-s, -> ① (*zum Abheften*) pasta de arquivo *f* ② (INFOR) pasta *f*

Ordner(in)[2] *m(f)* <-s, - *o* -innen> segurança *m,f*

Ordnung *f kein pl* ordem *f;* (*Anordnung*) disposição *f,* ordenação *f;* **die öffentliche ~** a ordem pública; **etw in ~ bringen** pôr a. c. em ordem, arrumar a. c.; (TECH) consertar a. c., compor a. c.; **~ schaffen** arrumar; **jdn zur ~ rufen** chamar alguém à ordem; (*umg*); **ich finde es ganz in ~, dass ...** eu acho muito bem que ... +*conj;* (*umg*); **geht in ~!** está (a ir) bem!

Ordnungsliebe *f kein pl* amor *m* à ordem

Ordnungsstrafe *f* <-n> (JUR) multa *f* disciplinar, pena *f* disciplinar

Oregano *nt* <-s> *kein pl* oregão *m,* orégano *m*

Organ [ɔr'ga:n] *nt* <-s, -e> ① (*Körperorgan*)

órgão *m* ② (*Institution*) órgão *m,* organismo *m;* (*Zeitung*) jornal *m* ③ (*umg: Stimme*) voz *f;* **er hat ein lautes ~** ele tem uma voz forte

Organisation [ɔrganiza'tsjo:n] *f* <-en> organização *f*

Organisator(in) *m(f)* <-s, -en *o* -innen> organizador, organizadora *m, f*

organisatorisch [ɔrganiza'to:rɪʃ] *adj* organizador

organisch [ɔr'ga:nɪʃ] *adj* (BIOL, CHEM, MED) orgânico

organisieren* *vt* ① (*Veranstaltung*) organizar ② (*umg: beschaffen*) tentar arranjar

Organismus [ɔrga'nɪsmʊs] *m* <-, -men> organismo *m*

Organist(in) *m(f)* <-en, -en *o* -innen> organista *m,f*

Organspender(in) *m(f)* <-s, - *o* -innen> doador(a) *m(f)* de órgãos

Orgasmus [ɔr'gasmʊs] *m* <-, -men> orgasmo *m*

Orgel ['ɔrgəl] *f* <-n> órgão *m*

Orgie *f* <-n> orgia *f,* bacanal *m*

Orient ['o:riɛnt, ori'ɛnt] *m* <-s> *kein pl* Oriente *m*

orientalisch [oriɛn'ta:lɪʃ] *adj* oriental

orientieren* *vr* **sich ~** (*örtlich*) orientar-se (*an* por)

Orientierung *f kein pl* orientação *f* (*an* por); **die ~ verlieren** desorientar-se

Orientierungssinn *m* <-(e)s> *kein pl* sentido *m* de orientação

original [origi'na:l] *adj* original; (*echt*) autêntico, verdadeiro

Original [origi'na:l] *nt* <-s, -e> ① (*von Dokument, Buch*) original *m* ② (*Person*) pessoa *f* esquisita

Originalität *f kein pl* originalidade *f*

originell [origi'nɛl] *adj* original, fora do vulgar

Orkan [ɔr'ka:n] *m* <-s, -e> furacão *m*

Ornament [ɔrna'mɛnt] *nt* <-(e)s, -e> ornamento *m,* adorno *m*

Ornithologe(in) [ɔrnito'lo:gə] *m(f)* <-n, -n *o* -innen> ornitologista *m,f*

Ort [ɔrt] *m* <-(e)s, -e> ① (*Platz*) lugar *m,* local *m;* (*Stelle*) sítio *m;* **vor ~** in loco, no local; **an ~ und Stelle** no sítio ② (*Ortschaft*) localidade *f,* povoação *f*

orten ['ɔrtən] *vt* (NAUT, AERO) localizar

orthodox [ɔrto'dɔks] *adj* ortodoxo

Orthografie *f s.* **Orthographie** ortografia *f*

orthografisch *adj s.* **orthographisch** ortográfico

Orthopäde(in) *m(f)* <-n, -n *o* -innen> ortopedista *m,f*

orthopädisch *adj* ortopédico

örtlich *adj* local

ortsansässig *adj* (*Person*) residente; (*Firma*) domiciliado

Ortschaft *f* <-en> localidade *f,* povoação *f*

ortsfremd *adj* forasteiro

Ortsgespräch *nt* <-(e)s, -e> chamada *f* (telefónica) local

ortskundig *adj* conhecedor dum lugar; **~ sein** conhecer um lugar

Ortsnetz *nt* <-es, -e> rede *f* local

Ortstarif *m* <-(e)s, -e> tarifa *f* local

Ortszeit *f* <-en> hora *f* local

O-Saft *m* <-(e)s, -säfte> (*umg*) sumo *m* de laranja, suco *m* de laranja

Öse *f* <-n> fêmea *f* de colchete

Ossi ['ɔsi] *m* <-s, -s> (*umg*) alemão, alemã *m, f* de Leste

Ostberlin *nt* <-s> *kein pl* Berlim *f* oriental

Ostblock *m* <-(e)s> *kein pl* (POL) Bloco *m* de Leste; **im ehemaligen ~** no antigo Bloco de Leste

ostdeutsch *adj* alemão de leste

Ostdeutsche(r) *m/f* <-n, -n *o* -n> alemão, alemã *m, f* de Leste

Ostdeutschland *nt* <-s> *kein pl* Alemanha *f* de Leste, Leste *m* da Alemanha

Osten ['ɔstən] *m* <-s> *kein pl* este *m,* oriente *m,* leste *m;* **im/nach ~** a/para (l)este; **der Nahe/Ferne/Mittlere ~** o Próximo/Extremo/Médio Oriente

Osterei *nt* <-(e)s, -er> ovo *m* de Páscoa

Osterglocke *f* <-n> (BOT) narciso *m*

Osterhase *m* <-n, -n> coelhinho *m* da Páscoa

> Na Páscoa vem o **Osterhase**, Coelho da Páscoa, que esconde para as crianças ovos de Páscoa coloridos, coelhos de chocolate e outros presentes no jardim ou dentro de casa. As crianças procuram então os esconderijos dos presentes.

Ostermontag *m* <-(e)s, -e> Segunda-feira *f* de Páscoa

Ostern ['o:stɐn] *nt* <-, -> Páscoa *f;* **an/zu ~** na Páscoa; **Frohe ~!** Feliz Páscoa!

O

Österreich *nt* <-s> *kein pl* Áustria *f*
Österreicher(in) *m(f)* <-s, - *o* -innen> austríaco, austríaca *m, f*
österreichisch *adj* austríaco
Ostersonntag ['--'--] *m* <-(e)s, -e> Domingo *m* de Páscoa
Osteuropa ['--'--] *nt* <-s> *kein pl* Europa *f* de Leste
östlich *adj* oriental, de leste; ~ **von Leipzig** a leste de Leipzig; **in ~er Richtung** na direcção de leste
Ostsee *f kein pl* mar *m* Báltico
Otter[1] ['ɔtɐ] *f* <-n> (*Schlange*) víbora *f*
Otter[2] *m* <-s, -> (*Fischotter*) lontra *f*
Output ['aʊtpʊt] *nt* <-s, -s> (INFOR) saída *f*, output *m*
Ouzo *m* <-(s), -s> licor *m* grego de anis
oval [o'va:l] *adj* oval
Overall ['ɔʊvərəl] *m* <-s, -s> macacão *m*, fato-macaco *m*
Overheadprojektor ['ɔʊvɐhɛt-] *m* <-s, -en> retroproje(c)tor *m*
Oxid *nt* <-(e)s, -e> óxido *m*
oxidieren* *vi* oxidar
Ozean ['o:tsea:n] *m* <-s, -e> oceano *m*; **Stiller** ~ Oceano *m* Pacífico
ozeanisch *adj* oceânico
Ozon [o'tso:n] *nt* <-s> *kein pl* ozono *m*; (*brasil*) ozônio *m*
Ozonloch *nt* <-(e)s> *kein pl* buraco *m* do ozono, buraco *m* do ozônio
Ozonschicht *f kein pl* camada *f* de ozono, camada *f* de ozônio

Pp

P *nt* <-s, -s> P, p *m*
paar [pa:ɐ] *pron indef* **ein** ~ alguns, algumas, uns, umas; **ein ~ Autos** alguns carros, uns carros; **ein ~ Mal** algumas vezes, umas vezes; **warte doch ein ~ Minuten!** espera uns minutos!; **vor ein ~ Stunden** há umas horas
Paar [pa:ɐ] *nt* <-(e)s, -e> ❶ (*Lebewesen*) par *m*, parelha *f*; (*Liebespaar*) casal *m* ❷ (*Dinge*) par *m*; **ein ~ Schuhe** um par de sapatos
paaren ['pa:rən] **I.** *vt* (*Tiere*) juntar **II.** *vr* **sich** ~ (*Tiere*) acasalar, copular
paarmalALT *adv s.* **paar**
Paarung *f* <-en> (*Tiere*) acasalamento *m*, cópula *f*
paarweise *adv* aos pares, dois a dois
Pacht [paxt] *f* <-en> arrendamento *m*
pachten *vt* arrendar
Pächter(in) *m(f)* <-s, - *o* -innen> arrendatário, arrendatária *m, f*
Pack [pak] *nt* <-(e)s> *kein pl* (*abw*) gentalha *f*, corja *f*
Päckchen *nt* <-s, -> ❶ (*zum Verschicken*) encomenda *f* postal ❷ (*Zigaretten*) maço *m*
Packeis *nt* <-es> *kein pl* gelo *m* movediço
packeln *vi* (*umg österr*) planear a. c. em segredo
packen ['pakən] *vt* ❶ (*einpacken*) pôr, meter; (*Paket*) fazer, embrulhar; (*Koffer*) fazer; **etw in Geschenkpapier** ~ embrulhar a. c. em papel de fantasia; **etw in Kisten** ~ encaixotar a. c. ❷ (*greifen, fassen*) agarrar, segurar; (*Stier*) pegar ❸ (*fesseln*) prender
Packpapier *nt* <-s, -e> papel *m* de embrulho
Packung *f* <-en> ❶ (*Paket*) pacote *m*; (*Zigaretten*) maço *m*; **eine ~ Pralinen** uma caixa de bombons ❷ (MED) cataplasma *m*
Pädagoge(in) *m(f)* <-n, -n *o* -innen> pedagogo, pedagoga *m, f*
Pädagogik *f kein pl* pedagogia *f*
pädagogisch *adj* pedagógico
Paddel *nt* <-s, -> remo *m*
Paddelboot *nt* <-(e)s, -e> canoa *f*
paddeln ['padəln] *vi* andar de canoa
Päderast *m* <-en, -en> pederasta *m*
pädophil *adj* pedófilo
paffen ['pafən] *vi* (*umg*) fumar, deitar nuvens de fumo
Page ['pa:ʒə] *m* <-n, -n> trintanário *m*, porteiro *m*
Pager <-s, -> *m* pager *m*, paginador *m*
Pailette *f* <-n> lentejoula *f*
Paket [pa'ke:t] *nt* <-(e)s, -e> ❶ (*Packen, Packung*) pacote *m*, embrulho *m*; **ein ~ Waschpulver** um pacote de detergente ❷ (*Postpaket*) encomenda postal *f* ❸ (WIRTSCH, POL) pacote *m*
Paketkarte *f* <-n> talão *m*, guia *f*
Pakistan *nt* <-s> *kein pl* Paquistão *m*
Pakistani *m/f* <-(s), -(s) *o* -(s)> paquistanês,

paquistanesa *m, f*
Pakt [pakt] *m* <-(e)s, -e> pacto *m,* acordo *m*
Palast [pa'last] *m* <-(e)s, Paläste> palácio *m*
Palästina *nt* <-s> *kein pl* Palestina *f*
Palästinenser(in) *m(f)* <-s, - *o* -innen> palestino, palestina *m, f*
Palatschinke *f* <-n> (*österr*) *crepe recheado com chantilly e coberto com frutos e chocolate*
Palette [pa'lɛtə] *f* <-n> ① (*des Malers*) paleta *f* ② (*zum Transport*) palete *f* ③ (*Vielfalt*) variedade *f;* **eine Breite ~ (von)** +*dat* uma grande variedade (de), um grande leque (de)
Palme ['palmə] *f* <-n> palmeira *f;* (*umg*); **jdn auf die ~ bringen** pôr alguém louco
Palmsonntag *m* <-(e)s, -e> Domingo *m* de Ramos
Pampelmuse ['pampəlmuːzə] *f* <-n> toranja *f*
Panama ['panama] *nt* <-s> *kein pl* Panamá *m*
Panamaer(in) ['panamaɐ, pana'maːɐ] *m(f)* <-s, - *o* -innen> panameano, panameana *m, f*
Panda *m* <-s, -s> panda *m*
panieren* *vt* panar
Paniermehl *nt* <-s> *kein pl* pão *m* ralado
Panik ['paːnɪk] *f kein pl* pânico *m;* **in ~ geraten** entrar em pânico; **es brach ~ aus** instalou-se o pânico
panisch *adj* pânico, terrível; **~e Angst vor etw haben** ter pavor de a. c.
Panne ['panə] *f* <-n> ① (*mit Auto, Fahrrad*) avaria *f;* **eine ~ haben** estar avariado ② (*Missgeschick*) percalço *m*
Pannendienst *m* <-(e)s, -e> serviço *m* de desempanagem
Panorama [pano'raːma] *nt* <-s, Panoramen> panorama *m*
PanterRR *m* <-s, -> pantera *f*
Panther ['pantɐ] *m* <-s, -> pantera *f*
Pantoffel [pan'tɔfəl] *m* <-s, -n> chinelo *m;* (*umg*); **unter dem ~ stehen** obedecer ao mando da mulher
Pantomime *f* <-n> pantomima *f,* mímica *f*
Panzer ['pantsɐ] *m* <-s, -> ① (*Fahrzeug*) tanque *m,* blindado *m* ② (*von Tieren*) carapaça *f*
Panzerglas *nt* <-es> *kein pl* vidro *m* temperado
Papa ['papa] *m* <-s, -s> (*umg*) papá *m,* papai *m*
Papagei [papa'gaɪ] *m* <-en, -en> papagaio *m*
Papaya *f* <-s> papaia *f*
Papeterie *f* <-n> ① (*schweiz: Geschäft*) papelaria *f* ② (*schweiz: Schreibwaren*) artigos *mpl* de papelaria
Papier [pa'piːɐ] *nt* <-s, -e> ① (*Material*) papel *m;* **ein Blatt ~** uma folha de papel ② (*Wertpapier*) título *m,* valor *m* ③ (*Schriftstück*) documento *m*
Papiere *pl* documentos *mpl,* documentação *f;* **seine ~ sind (nicht) in Ordnung** os seus documentos (não) estão em ordem
Papiergeld *nt* <-(e)s> *kein pl* papel-moeda *m*
Papierkorb *m* <-(e)s, -körbe> cesto *m* dos papéis
Papierkrieg *m* <-(e)s, -e> batalha *f* burocrática
Papierstau *m* <-s, -s> acumulação *f* de papel
Papiertaschentuch *nt* <-(e)s, -tücher> lenço *m* de papel
Papiertüte *f* <-n> saco *m* de papel
Pappbecher *m* <-s, -> copo *m* de papel
Pappe ['papə] *f* <-n> papelão *m,* cartão *m;* (*dünn*) cartolina *f*
Pappel ['papəl] *f* <-n> choupo *m*
Paprika *m* <-s, -(s)> ① (*Frucht*) pimento *m,* pimentão *m* ② *kein pl* (*Gewürz*) colorau *m*
Papst [paːpst] *m* <-(e)s, Päpste> papa *m*
Parabel [pa'raːbəl] *f* <-n> (MATH, LIT) parábola *f*
Parabolantenne [para'boːl-] *f* <-n> antena *f* parabólica
Parade [pa'raːdə] *f* <-n> (MIL) parada *f*
Paradeiser *m* <-s, -> (*österr*) tomate *m*
Paradies [para'diːs] *nt* <-es, -e> paraíso *m;* **das ~ auf Erden** o paraíso na Terra
paradiesisch [para'diːzɪʃ] *adj* paradisíaco
paradox [para'dɔks] *adj* paradoxal
Paragliding ['paːraglaɪdɪŋ] *nt* <-s> *kein pl* ultra-ligeiro *m*
Paragraf *m* <-en, -en> *s.* **Paragraph** parágrafo *m*
Paraguay [para'gu̯aɪ, 'paragu̯aɪ] *nt* <-s> *kein pl* Paraguai *m*
parallel [para'leːl] *adj* paralelo
Parallele [para'leːlə] *f* <-n> ① (MATH) paralela *f* ② (*ähnlicher Fall*) analogia *f;* **eine ~ zu etw ziehen** estabelecer uma analogia com a. c.
Parallelogramm *nt* <-s, -e> paralelo-

P

gramo *m*

Parameter [pa'ra:metɐ] *m* <-s, -> parâmetro *m*

paramilitärisch *adj* paramilitar

ParanussRR *f* <-nüsse> castanha-do-pará *f*

Parasit [para'zi:t] *m* <-en, -en> parasita *m*

parat [pa'ra:t] *adj* à mão; **er hat immer eine Antwort ~** ele tem sempre uma resposta pronta

Parfüm *nt* <-s, -s> perfume *m*

Parfümerie *f* <-n> perfumaria *f*

parfümieren* *vt* perfumar

parieren* *vi* obedecer

Pariserbrot *nt* <-(e)s, -e> (*schweiz*) baguete *f*

Park [park] *m* <-s, -s> parque *m*

Park-and-ride-System *nt* <-s, -e> *sistema, segundo o qual são disponibilizados parques de estacionamento baratos na periferia da cidade e transportes públicos para o centro*

Parkanlage *f* <-n> parque *m*, jardim *m* público

parken ['parkən] *vi* estacionar

Parkett [par'kɛt] *nt* <-(e)s, -s> ① (*Fußboden*) parquet *m* ② (*im Theater, Kino*) plateia *f*

Parkhaus *nt* <-es, -häuser> silo-auto *m*, auto-silo *m*, edifício-garagem *m*

parkieren* *vi* (*schweiz*) *s.* **parken**

Parkingmeter *m* <-s, -> (*schweiz*) parquímetro *m*

Parkkralle *f* <-n> bloqueador *m* de rodas

Parklücke *f* <-n> espaço *m* para estacionar

Parkplatz *m* <-es, -plätze> parque *m* de estacionamento

Parkscheinautomat *m* <-en, -en> máquina *f* para pagamento do estacionamento

Parkuhr *f* <-en> parquímetro *m*

Parkverbot *nt* <-(e)s, -e> estacionamento *m* proibido; **hier ist ~** aqui é proibido estacionar

Parlament [parla'mɛnt] *nt* <-(e)s, -e> parlamento *m*, assembleia *f*; **Europäisches ~** Parlamento *m* Europeu

Parlamentarier(in) *m(f)* <-s, - *o* -innen> parlamentar *m,f*

parlamentarisch *adj* parlamentar

Parlamentswahl *f* <-en> eleições *fpl* parlamentares

Parmesan *m* <-s> *kein pl* queijo *m* parmesão

Parodie [paro'di:] *f* <-n> paródia *f* (*auf* de)

parodieren* *vt* parodiar

Parodontose [parodɔn'to:zə] *f* <-n> (MED) parodontite *f*

Parole [pa'ro:lə] *f* <-n> ① (*Leitspruch*) lema *m* ② (*Kennwort*) senha *f*

Partei [par'taɪ] *f* <-en> (POL) partido *m*; **einer ~ angehören** pertencer a um partido; **für jdn ~ ergreifen** tomar o partido de alguém

Parteiführung *f* <-en> dire(c)ção *f* do partido

Parteigenosse(in) *m(f)* <-n, -n *o* -innen> partidário, partidária *m, f*

parteiisch *adj* parcial; **~ sein** ser parcial

Parteitag *m* <-(e)s, -e> congresso *m* do partido

Parterre *nt* <-s, -s> rés-do-chão *m*, andar *m* térreo

Partie [par'ti:] *f* <-n> ① (*Teil*) parte *f* ② (*Spiel, Sport*) partida *f*

Partikel [par'ti:kəl] *f* <-n> (LING, PHYS) partícula *f*

Partisan(in) [parti'za:n] *m(f)* <-en, -en *o* -innen> guerrilheiro, guerrilheira *m, f*

Partitur [parti'tu:ɐ] *f* <-en> (MUS) partitura *f*

Partizip [parti'tsi:p] *nt* <-s, -ien> particípio *m*; **~ Präsens/Perfekt** particípio *m* presente/passado

Partner(in) ['partnɐ] *m(f)* <-s, - *o* -innen> ① (*Lebenspartner*) companheiro, companheira *m, f*, parceiro, parceira *m, f*; (*Tanzpartner*) par *m*; (*Gesprächspartner*) interlocutor, interlocutora *m, f*; (*Spielpartner*) parceiro, parceira *m, f* ② (*Teilhaber*) sócio, sócia *m, f*

Partnerschaft *f* <-en> ① (*Zusammenleben*) relação *f* ② (*Zusammenarbeit*) cooperação *f*

partnerschaftlich *adj* (*Freundschaft*) de amizade; (*Liebesbeziehung*) de namoro

Partnerstadt *f* <-städte> cidade *f* geminada

Partnervermittlung *f* agência *f* de contactos pessoais

Party ['pa:ɐti] *f* <-s> festa *f*; **eine ~ geben** dar uma festa

Parzelle [par'tsɛlə] *f* <-n> lote *m* (de terreno)

PassRR [pas] *m* <-es, Pässe>, **Paß**ALT *m* <-sses, Pässe> ① (*Ausweis*) passaporte *m*; **der ~ ist abgelaufen** o passaporte caducou; **den ~ verlängern lassen** renovar o passaporte ② (*im Gebirge*) desfiladeiro *m* ③ (FBALL) passe *m*, toque *m*

passabel [pa'sa:bəl] *adj* aceitável

Passage [pa'sa:ʒə] *f* <-n> ❶ (*Durchfahrt*) passagem *f*, travessia *f* ❷ (*Ladenstraße*) passagem *f*, corredor *m* ❸ (*Textabschnitt*) passagem *f*

Passagier(in) [pasa'ʒi:ɐ] *m(f)* <-s, -e *o* -innen> passageiro, passageira *m, f*; **ein blinder ~** um passageiro clandestino

Passant(in) [pa'sant] *m(f)* <-en, -en *o* -innen> transeunte *m,f*

Passat *m* <-(e)s, -e> monção *f*

Passbild[RR] *nt* <-(e)s, -er> fotografia *f* tipo passe

passen ['pasən] *vi* ❶ (*in Größe, Form*) servir; (*in der Menge*) caber; **dieser Mantel passt mir** este casaco serve-me; **in das Auto ~ fünf Personen** cabem cinco pessoas no carro ❷ (*harmonieren*) ajustar-se; (*Farbe*) condizer (*zu* com); **sie ~ gut zueinander** eles estão bem um para o outro; **das passt zu ihm!** isso é mesmo dele! ❸ (*genehm sein*) convir, dar jeito; **um 18 Uhr passt es mir nicht** às 18 horas não me convém, às 18 horas não me dá jeito; **das könnte dir so ~!** era o que tu querias!, não querias mais nada! ❹ (*im Spiel*) passar

passend *adj* ❶ (*in Größe, Form*) correspondente; (*in Farbe*) a condizer; **welches ist der ~e Schlüssel?** qual é a chave correspondente? ❷ (*treffend, genau*) apropriado, conveniente; **sie findet immer die ~en Worte** ela encontra sempre as palavras apropriadas

Passepartout *nt* <-s, -s> passe-partout *m*

passieren* **I.** *vt* (*überqueren*) passar, atravessar; **die Grenze ~** atravessar a fronteira; (*Gemüse*) passar; **passierte Tomaten** tomates passados **II.** *vi* acontecer, passar-se; **was ist passiert?** o que é que aconteceu?, o que é que se passou?; **das kann jedem ~!** pode acontecer a qualquer um!

passiv ['pasi:f, -'-] *adj* passivo

Passiv ['pasi:f, -'-] *nt* <-s> *kein pl* (LING) voz *f* passiva

Passiva *pl* (WIRTSCH) passivo *m*

Passivität *f kein pl* passividade *f*

Passkontrolle[RR] *f* <-n> controlo *m* de passaportes

Passwort[RR] ['pasvɔrt] *nt* <-(e)s, -wörter> palavra-passe *f*

Pastell *nt* <-(e)s, -e> pastel *m*

Pastete [pas'te:tə] *f* <-n> (*aus Blätterteig*) pastel *m*; (*mit Fleisch, Fisch*) empada *f*

pasteurisiert *adj* pasteurizado

Pastor(in) *m(f)* <-s, -en *o* -innen> (*reg*) pastor, pastora *m, f*

Pate(in) ['pa:tə] *m(f)* <-n, -n *o* -innen> padrinho *m*, madrinha *f*

Patenkind *nt* <-(e)s, -er> afilhado, afilhada *m, f*

Patent [pa'tɛnt] *nt* <-(e)s, -e> ❶ (*für Erfindung, Produkt*) patente *f* ❷ (*schweiz: staatliche Erlaubnis*) alvará *m*, licença *f*

Patentamt *nt* <-(e)s, -ämter> regist(r)o *m* de patentes

patentieren* *vt* regist(r)ar, patentear

Pater ['pa:tɐ] *m* <-s, -> padre *m*

pathetisch [pa'te:tɪʃ] *adj* patético

Pathologie [patolo'gi:] *f kein pl* patologia *f*

pathologisch [pato'lo:gɪʃ] *adj* patológico

Pathos ['pa:tɔs] *nt* <-> *kein pl* ardor *m*, veemência *f*

Patient(in) [pa'tsjɛnt] *m(f)* <-en, -en *o* -innen> paciente *m,f*

Patisserie *f* <-n> ❶ (*schweiz: Konditorei*) pasteleria *f*, confeitaria *f* ❷ (*schweiz: Feingebäck*) confeito *m*

Patriot(in) [patri'o:t] *m(f)* <-en, -en *o* -innen> patriota *m,f*

patriotisch *adj* patriótico

Patriotismus *m* <-> *kein pl* patriotismo *m*

Patrone [pa'tro:nə] *f* <-n> ❶ (*für Tinte*) carga *f* ❷ (*für Schusswaffe*) cartucho *m*

Patrouille [pa'trʊljə] *f* <-n> patrulha *f*

patrouillieren* *vi* patrulhar

patschnass[RR] *adj* (*umg*) encharcado, molhado até aos ossos

Patzer *m* <-s, -> ❶ (*umg: Fehler*) gafe *f*, deslize *m* ❷ (*österr: Klecks*) mancha *f*

patzig ['patsɪç] *adj* (*umg: Person*) respondão; (*Antwort*) torto

Pauke ['paʊkə] *f* <-n> timbale *m*, tímpano *m*

pauken *vi* ❶ (MUS) tocar timbales ❷ (*umg: lernen*) marrar, empinar

Pauker(in) *m(f)* <-s, - *o* -innen> ❶ (MUS) timbaleiro, timbaleira *m, f* ❷ (*umg: Lehrer*) professor, professora *m, f*

pausbäckig *adj* gorducho

pauschal [paʊ'ʃa:l] **I.** *adj* ❶ (*Kosten, Summe*) global ❷ (*Urteil*) generalizado **II.** *adv* ❶ (*im Ganzen*) ao todo, no total; **dafür berechnen wir ~ 100 EUR** nós calculamos 100 euros ao todo ❷ (*allgemein*) de forma generalizada; **so ~ kann man das nicht sagen** isso não se pode generalizar

Pauschale [paʊ'ʃa:lə] *f* <-n> quantia *f* fixa

Pauschalpreis *m* <-es, -e> preço *m* global

Pauschalreise *f* <-n> viagem *f* com tudo incluído, pacote *m* turístico

Pauschalurteil *nt* <-(e)s, -e> juízo *m* generalizado

Pause ['paʊzə] *f* <-n> ① (*Unterbrechung*) pausa *f*, intervalo *m*; (*in der Schule*) recreio *m*; (*im Theater, Kino*) intervalo *m*; **eine ~ machen** fazer um intervalo, fazer uma pausa ② (MUS) pausa *f*

pausenlos *adj* contínuo, ininterrupto

Pauspapier *nt* <-(e)s, -e> papel *m* transparente

Pavian ['pa:via:n] *m* <-s, -e> babuíno *m*

Pavillon ['pavɪljõ] *m* <-s, -s> pavilhão *m*

Pay-TV *nt* <-> *kein pl* televisão *f* paga

Pazifik [pa'tsi:fɪk] *m* <-s> *kein pl* oceano *m* Pacífico

Pazifist(in) *m(f)* <-en, -en *o* -innen> pacifista *m,f*

pazifistisch *adj* pacifista

PC [pe:'tse:] *abk v* **Personal Computer** PC (= *personal computer*)

Pech [pɛç] *nt* <-(e)s> *kein pl* azar *m*; **~ haben** ter azar

Pechsträhne *f* <-n> maré *f* de azar

Pechvogel *m* <-s, -vögel> (*umg*) azarento, azarenta *m, f*

Pedal [pe'da:l] *nt* <-s, -e> pedal *m*

pedalen *vi* (*schweiz*) andar de bicicleta

Pedant(in) [pe'dant] *m(f)* <-en, -en *o* -innen> pedante *m,f*

Pedanterie *f kein pl* pedantismo *m*

pedantisch *adj* pedante

Peeling ['pi:lɪŋ] *nt* limpeza *f* de pele

PeepshowRR *f* <-s> caleidoscópio *m*

Pegel ['pe:gəl] *m* <-s, -> marégrafo *m*

Pegelstand *m* <-(e)s, -stände> nível *m* da água

peilen ['paɪlən] *vt* (NAUT: *Lage bestimmen*) localizar

peinigen* ['paɪnɪgən] *vt* (*geh*) atormentar, torturar

peinlich *adj* ① (*unangenehm*) penoso, desagradável, embaraçoso; **es ist mir furchtbar ~, dass ...** é desagradável para mim que ... +*conj* ② (*genau*) meticuloso

Peinlichkeit *f* <-en> embaraço *m*

Peitsche ['paɪtʃə] *f* <-n> chicote *m*

peitschen *vt* chicotear, fustigar

Peking *nt* <-s> *kein pl* Pequim *f*

Pelikan ['pe:lika:n] *m* <-s, -e> pelicano *m*

Pelle ['pɛlə] *f* <-n> (*von Kartoffel, Obst*) casca *f*, pele *f*; (*von Wurst*) pele *f*

Pellkartoffel *f* <-n> batata *f* cozida com a pele

Pelz [pɛlts] *m* <-es, -e> pele *f*

Pelzmantel *m* <-s, -mäntel> casaco *m* de peles

Pendel ['pɛndəl] *nt* <-s, -> pêndulo *m*

pendeln ['pɛndəln] *vi* ① (*schwingen*) oscilar ② (*zwischen zwei Orten*) viajar (diariamente); **sie pendelt täglich nach Osnabrück/zwischen Münster und Osnabrück** ela viaja todos os dias para Osnabrück/entre Münster e Osnabrück; **wohnt er in Bremen? — nein, er pendelt** ele mora em Bremen? — não, ele vai e vem todos os dias

Pendelverkehr *m* <-s> *kein pl* tráfego *m* de ida e volta

pendent *adj* (*schweiz*) pendente

Pendenz *f* <-en> (*schweiz*) assunto *m* pendente

penetrant [pene'trant] *adj* ① (*Geschmack, Geruch*) penetrante ② (*Mensch*) impertinente

penibel [pe'ni:bəl] *adj* meticuloso

Penis ['pe:nɪs] *m* <-, -se> pénis *m*

Penizillin [penitsɪ'li:n] *nt* <-s, -e> penicilina *f*

pennen ['pɛnən] *vi* (*umg*) dormir

Penner(in) ['pɛnɐ] *m(f)* <-s, - *o* -innen> vagabundo, vagabunda *m, f*, vadio, vadia *m, f*

Pension [pã'zjo:n, pɛn'zjo:n] *f* <-en> ① (*Unterkunft*) pensão *f*, hospedaria *f* ② *kein pl* (*Ruhestand*) reforma *f*; **in ~ gehen** reformar-se; **in ~ sein** estar reformado ③ (*Ruhegehalt*) pensão *f*, reforma *f*

Pensionär(in) *m(f)* <-s, -e *o* -innen> ① (*Ruheständler*) pensionista *m,f* ② (*schweiz: Pensionsgast*) hóspede *m,f*

pensionieren* *vt* aposentar, reformar; **sich ~ lassen** aposentar-se, reformar-se

pensioniert *adj* reformado, aposentado

Pensionierung *f* <-en> aposentadoria *f*, reforma *f*

Pensionsgast *m* <-(e)s, -gäste> hóspede *m,f*

Pensum ['pɛnzʊm] *nt* <-s, Pensen> tarefa *f*

Penthouse *nt* <-, -s> cobertura *f*

Pep [pɛp] *m* <-(s)> *kein pl* genica *f*

Peperoni *f* <-s> ① (*scharfe Paprika*) pimento *m* em conserva, pimentão *m* em conserva ❷ (*schweiz: Gemüsepaprika*) pimento *m*, pimentão *m*

per [pɛr] *präp +akk* (*Transportmittel*) por, de; **~ Post** pelo correio; **etw ~ Einschreiben schicken** enviar a. c. regist(r)ada

perfekt [pɛr'fɛkt] *adj* perfeito

Perfekt ['pɛrfɛkt] *nt* <-s, -e> (LING) pretérito *m* perfeito

Perfektion [pɛrfɛk'tsjo:n] *f kein pl* perfeição *f*

Perfektionist(in) *m(f)* <-en, -en *o* -innen> perfeccionista *m,f*

Pergament [pɛrga'mɛnt] *nt* <-(e)s, -e> pergaminho *m*

Pergamentpapier *nt* <-s, -e> papel *m* vegetal

Periode [peri'o:də] *f* <-n> ❶ (*Zeitabschnitt*) período *m*, época *f* ❷ (*Menstruation*) período *m*, menstruação *f*; **sie hat ihre ~** ela está com o período

periodisch [peri'o:dɪʃ] *adj* periódico

Peripherie [perife'ri:] *f* <-n> ❶ (*Randbezirke*) periferia *f* ❷ (INFOR) equipamento *m* periférico

Peripheriegerät *nt* <-(e)s, -e> (INFOR) periférico *m*

Perle ['pɛrlə] *f* <-n> (*der Perlmuschel*) pérola *f*; (*aus Glas, Holz*) conta *f*

perlen ['pɛrlən] *vi* borbulhar

Perlmutt ['pɛrlmʊt] *nt* <-s> *kein pl* madrepérola *f*

permanent [pɛrma'nɛnt] *adj* permanente

perplex [pɛr'plɛks] *adj* perplexo, atónito

Perron *m* <-s, -s> (*schweiz*) plataforma *f*

Perserteppich *m* <-s, -e> tapete *m* persa

Persien *nt* <-s> *kein pl* Pérsia *f*

Person [pɛr'zo:n] *f* <-en> ❶ (*Mensch*) pessoa *f*; **das kostet 5 EUR pro ~** isso custa 5 euros por pessoa; **ich für meine ~ möchte ...** eu, por mim, gostaria de ...; **wie heißt die 3. ~ Singular von „wissen"?** como é a 3ª pessoa do singular do verbo «wissen»?; **er ist die Frechheit in ~** ele é o atrevimento em pessoa ❷ (FILM, LIT) personagem *m,f*

Personal [pɛrzo'na:l] *nt* <-s> *kein pl* pessoal *m*

Personalabteilung *f* <-en> se(c)ção *f* de pessoal

Personalausweis *m* <-es, -e> bilhete *m* de identidade, carteira *f* de identidade

Personalchef(in) *m(f)* <-s, -s *o* -innen> chefe *m,f* do pessoal

Personal Computer *m* <-s, -> computador *m* pessoal

Personalien [pɛrzo'na:liən] *pl* dados *mpl* pessoais; **seine ~ angeben** indicar os dados pessoais

Personalpronomen *nt* <-s, -> pronome *m* pessoal

Personenkraftwagen *m* <-s, -> automóvel *m* ligeiro de passageiros

Personenschaden *m* <-s, -schäden> danos *mpl* corporais

Personenwagen *m* <-s, -> automóvel *m* de passageiros

Personenzug *m* <-(e)s, -züge> comboio *m* de passageiros, trem *m* de passageiros

persönlich **I.** *adj* pessoal **II.** *adv* pessoalmente, em pessoa; **Sie müssen ~ vorbeikommen** tem de vir cá pessoalmente; **sie kennt den Präsidenten ~** ela conhece o presidente pessoalmente

Persönlichkeit *f* <-en> personalidade *f*

Perspektive [pɛrspɛk'ti:və] *f* <-n> perspe(c)tiva *f*; **dadurch eröffnen sich neue ~n** com isso abrem-se novas perspe(c)tivas

Peru [pe'ru:] *nt* <-s> *kein pl* Peru *m*

Perücke *f* <-n> peruca *f*, cabeleira *f* (postiça)

pervers [pɛr'vɛrs] *adj* perverso

Perversität *f* <-en> perversidade *f*

Pessar [pɛ'sa:ɐ] *nt* <-s, -e> (MED) pessário *m*

Pessimismus [pɛsi'mɪsmʊs] *m* <-> *kein pl* pessimismo *m*

Pessimist(in) *m(f)* <-en, -en *o* -innen> pessimista *m,f*

pessimistisch *adj* pessimista

Pest [pɛst] *f kein pl* peste *f*; (*umg*); **es stinkt wie die ~** cheira mal que tresanda; (*umg*); **jdn/etw hassen wie die ~** abominar alguém/a. c.

Pestizid [pɛsti'tsi:t] *nt* <-s, -e> pesticida *m*

Peterli *m* <-s> *kein pl* (*schweiz*) *s.* **Petersilie**

Petersilie [petɐ'zi:ljə] *f kein pl* salsa *f*; **ein Bund ~** um molho de salsa

Petroleum [pe'tro:leʊm] *nt* <-s> *kein pl* petróleo *m*

Petting *nt* <-(s), -s> carícias *fpl*

petzen ['pɛtsən] *vi* (*umg*) fazer queixinhas

Pf (HIST) *abk v* **Pfennig** pfennig

Pfad [pfa:t] *m* <-(e)s, -e> caminho *m*, vereda *f*, carreiro *m*

Pfadfinder(in) *m(f)* <-s, - *o* -innen> escoteiro, escoteira *m, f*, escuteiro, escuteira *m, f*

Pfahl [pfa:l] *m* <-(e)s, Pfähle> estaca *f*, poste *m*
Pfahlbau *m* <-(e)s, -ten> palafita *f*, construção *f* lacustre
Pfand [pfant] *nt* <-(e)s, Pfänder> ① (*Gegenstand*) penhor *m*; (*im Spiel*) prenda *f*; **etw als ~ behalten** ficar com a. c. de penhora; **ein ~ hinterlassen** deixar a. c. de penhora ② *kein pl* (*auf Flaschen*) depósito *m*; **auf der Flasche sind 30 Cent ~** a garrafa tem 30 centos de depósito
pfänden *vt* penhorar
Pfandflasche *f* <-n> garrafa *f* com depósito
Pfandhaus *nt* <-es, -häuser> casa *f* de penhores, prego *m*
Pfandschein *m* <-es, -e> cautela *f* de penhora
Pfändung *f* <-en> penhora *f*
Pfanne ['pfanə] *f* <-n> frigideira *f*, sertã *f*
Pfannkuchen *m* <-s, -> crepe *m*, panqueca *f*
Pfarramt ['pfarʔamt] *nt* <-(e)s, -ämter> (*Dienststelle*) paróquia *f*
Pfarrei *f* <-en> paróquia *f*
Pfarrer(in) ['pfarɐ] *m(f)* <-s, - *o* -innen> (*katholisch*) padre *m*, pároco *m*; (*evangelisch*) pastor, pastora *m, f*
Pfau [pfaʊ] *m* <-en, -en> pavão *m*
Pfeffer ['pfɛfɐ] *m* <-s, -> pimenta *f*; **weißer/schwarzer ~** pimenta branca/preta; **roter/spanischer ~** piripiri *m*
Pfefferkuchen *m* <-s, -> broa *f* de mel
Pfefferminze [pfɛfɐ'mɪntsə] *f kein pl* hortelã-pimenta *f*
Pfeffermühle *f* <-n> moinho *m* de pimenta
pfeffern ['pfɛfɐn] *vt* temperar com pimenta
Pfefferstreuer *m* <-s, -> pimenteira *f*
Pfeife ['pfaɪfə] *f* <-n> ① (*Tabakspfeife*) cachimbo *m*; **~ rauchen** fumar cachimbo ② (*Musikinstrument*) pífaro *m*; (*von Polizei, Schiedsrichter*) apito *m*; **nach jds ~ tanzen** ser um pau-mandado de alguém ③ (*der Orgel*) tubo *m*
pfeifen ['pfaɪfən] *vi* assobiar; (*mit Pfeife*) apitar; **draußen pfeift der Wind** lá fora, o vento assobia; (*umg*); **auf etw ~** estar-se nas tintas para a. c., estar-se marimbando para a. c.
Pfeil [pfaɪl] *m* <-(e)s, -e> ① (*Geschoss*) seta *f*, flecha *f* ② (*als Zeichen*) seta *f*
Pfeiler ['pfaɪlɐ] *m* <-s, -> pilar *m*
Pfennig ['pfɛnɪç] *m* <-s, -e> (HIST) pfennig *m*
Pferd ['pfe:ɐt] *nt* <-(e)s, -e> cavalo *m*; **auf das ~ steigen** montar o cavalo; **vom ~ steigen** desmontar; **ein ~ reiten** andar a cavalo, montar um cavalo
Pferderennen *nt* <-s, -> corrida *f* de cavalos
Pferdeschwanz *m* <-es, -schwänze> (*Frisur*) rabo-de-cavalo *m*
Pferdestall *m* <-(e)s, -ställe> cavalariça *f*
Pferdestärke *f* <-n> cavalo-vapor *m*
pfiff [pfɪf] *imp von* **pfeifen**
Pfiff [pfɪf] *m* <-(e)s, -e> assobio *m*
Pfifferling ['pfɪfɐlɪŋ] *m* <-s, -e> cantarelo *m*; **das ist keinen ~ wert!** isso não vale um chavo!, isso não vale um tostão furado!
pfiffig ['pfɪfɪç] *adj* (*Mensch*) finório, ladino; (*Antwort*) esperto
Pfingsten ['pfɪŋstən] *nt* <-> *kein pl* Pentecostes *m*
Pfingstrose *f* <-n> peónia *f*
Pfirsich ['pfɪrzɪç] *m* <-s, -e> pêssego *m*
Pfirsichbaum *m* <-(e)s, -bäume> pessegueiro *m*
Pflanze ['pflantsə] *f* <-n> planta *f*
pflanzen *vt* plantar
Pflanzenfett *nt* <-(e)s, -e> gordura *f* vegetal
Pflanzenschutzmittel *nt* <-s, -> pesticida *m*
pflanzlich *adj* vegetal
Pflanzung *f* <-en> plantação *f*, plantio *m*
Pflaster ['pflastɐ] *nt* <-s, -> ① (*Verband*) adesivo *m*, emplastro *m* ② (*der Straße*) pavimento *m*, piso *m*
Pflasterer(in) *m(f)* <-s, - *o* -innen> calceteiro, calceteira *m, f*
pflastern *vt* calcetar, empedrar
Pflasterstein *m* <-(e)s, -e> paralelepípedo *m*
Pflaume ['pflaʊmə] *f* <-n> ameixa *f*
Pflaumenbaum *m* <-e(s), -bäume> ameixoeira *f*
Pflege ['pfle:gə] *f kein pl* ① (*von Kindern*) criação *f*; (*von Tieren*) tratamento *m*; (*von Kranken*) tratamento *m*, assistência *f*; (*Körperpflege*) higiene *f*, toilette *f* ② (*Instandhaltung*) manutenção *f*
Pflegeeltern *pl* família *f* de acolhimento
Pflegeheim *nt* <-(e)s, -e> lar *m* de terceira idade
Pflegekind *nt* <-(e)s, -er> *criança colocada em família de acolhimento*
pflegeleicht *adj* fácil de tratar
pflegen ['pfle:gən] **I.** *vt* (*Kranke*) tratar de, cuidar de; (*Garten, Pflanzen*) tratar de; (*Körper*) cuidar de; (*Beziehungen, Freundschaft*) cultivar **II.** *vi* costumar; **er pflegt zu**

sagen ... ele costuma dizer ...

Pfleger(in) *m(f)* <-s, - *o* -innen> enfermeiro, enfermeira *m, f*

Pflegeversicherung *f* <-en> seguro *m* de velhice

Pflegeversicherung é um seguro de velhice. Foi criado em resposta à crescente percentagem de pessoas idosas na população e os custosos tratamentos médicos e assistência de que precisam muitos deles.

Pflicht [pflɪçt] *f* <-en> ① (*Verpflichtung*) obrigação *f*, dever *m*; **seine ~ erfüllen** cumprir o dever; **es ist deine ~, ihr zu helfen** é tua obrigação ajudá-la ② (SPORT) exercício *m* obrigatório

pflichtbewusst[RR] *adj* cumpridor, ciente do dever

Pflichtbewusstsein[RR] *nt* <-s> *kein pl* consciência *f* do dever

Pflichtfach *nt* <-(e)s, -fächer> disciplina *f* obrigatória

Pflichtteil *m* <-e(s), -e> (JUR) legítima *f*

Pflichtversicherung *f* <-en> seguro *m* obrigatório

Pflock [pflɔk] *m* <-(e)s, Pflöcke> estaca *f*

pflücken *vt* (*Obst, Blumen*) apanhar, colher

Pflug [pfluːk] *m* <-(e)s, Pflüge> arado *m*, charrua *f*

pflügen *vi* lavrar, arar

Pflümli *nt* <-, -s> (*schweiz*) aguardente *f* de ameixa

Pforte ['pfɔrtə] *f* <-n> portão *m*

Pförtner(in) *m(f)* <-s, - *o* -innen> porteiro, porteira *m, f*

Pfosten ['pfɔstən] *m* <-s, -> poste *m*

Pfote ['pfoːtə] *f* <-n> pata *f*

Pfropfen ['pfrɔpfən] *m* <-s, -> rolha *f*, batoque *m*

pfui [pfʊɪ] *interj* credo!, ui!

Pfund [pfʊnt] *nt* <-(e)s, -e> ① (*Gewichtseinheit*) meio quilo *m*; **zwei ~ Birnen** um quilo de pêras; **ich habe ein paar ~ abgenommen** eu emagreci uns quilos ② (*Währungseinheit*) libra *f*; **~ Sterling** libra *f* esterlina

pfuschen ['pfʊʃən] *vi* (*umg*) aldrabar, atamancar

Pfuscherei *f* <-en> (*umg*) trabalho *m* mal feito

Pfütze *f* <-n> poça *f*

PH *abk v* **Pädagogische Hochschule** ESE (= *Escola Superior de Educação*)

Phänomen *nt* <-s, -e> fenómeno *m*

Phantasie[ALT] *f* <-n> *s.* **Fantasie**

phantasieren[*ALT] *vi s.* **fantasieren**

phantastisch[ALT] *adj s.* **fantastisch**

Phantombild *nt* <-(e)s, -er> retrato-robô *m*

Pharmaindustrie *f kein pl* indústria *f* farmacêutica

Pharmakologie [farmakolo'giː] *f kein pl* farmacologia *f*

pharmazeutisch *adj* farmacêutico

Pharmazie [farma'tsiː] *f kein pl* farmácia *f*

Phase ['faːzə] *f* <-n> fase *f*

Philharmonie [fɪlharmo'niː] *f* <-n> orquestra *f* filarmónica

Philippinen *pl* Filipinas *fpl*

Philologe(in) *m(f)* <-n, -n *o* -innen> filólogo, filóloga *m, f*

Philologie [filolo'giː] *f* <-n> filologia *f*

philologisch *adj* filológico

Philosoph(in) *m(f)* <-en, -en *o* -innen> filósofo, filósofa *m, f*

Philosophie [filozo'fiː] *f* <-n> filosofia *f*

philosophisch [filo'zoːfɪʃ] *adj* filosófico

phlegmatisch *adj* pachorrento, vagaroso

Phonetik [fo'neːtɪk] *f kein pl* fonética *f*

phonetisch *adj* fonético

Phosphat [fɔs'faːt] *nt* <-(e)s, -e> fosfato *m*

phosphatfrei *adj* sem fosfato

Phosphor ['fɔsfoːɐ] *m* <-s, -e> fósforo *m*

Photo[ALT] *nt* <-s, -s> *s.* **Foto**

pH-Wert *m* <-(e)s, -e> teor *m* de pH

Physik [fy'ziːk] *f kein pl* física *f*

physikalisch [fyzi'kaːlɪʃ] *adj* físico

Physiker(in) *m(f)* <-s, - *o* -innen> físico, física *m, f*

Physiologie *f kein pl* fisiologia *f*

Physiotherapie [fyzio-] *f kein pl* fisioterapia *f*

physisch ['fyːzɪʃ] *adj* físico

Pianist(in) [pja'nɪst] *m(f)* <-en, -en *o* -innen> pianista *m,f*

piano *adv* (MUS) piano

Pickel ['pɪkəl] *m* <-s, -> ① (*auf der Haut*) borbulha *f*, espinha *f* ② (*Spitzhacke*) picareta *f*

picken ['pɪkən] *vt* picar

Picknick ['pɪknɪk] *nt* <-s, -s> piquenique *m*

piepen ['piːpən] *vi* (*Vogel*) piar; (*Funkgerät*) apitar

piepsen *vi s.* **piepen**

Piepser *m* <-s, -> (*umg*) bip *m*, telebip *m*

piepsig *adj* (*Stimme*) fraco, delicado

piercen *vt* **sich ~ lassen** fazer piercing

Piercing ['pi:ɐsɪŋ] *nt* <-s> *kein pl* piercing *m*

piesacken ['pi:zakən] *vt* (*umg*) chatear, picar

pieseln *vi* ① (*umg: urinieren*) fazer chichi [*o* xixi], fazer pipi ② (*umg: nieseln*) pingar

Pigment [pɪ'gmɛnt] *nt* <-(e)s, -e> pigmento *m*

Pik [pi:k] *nt* <-s, -s> espadas *fpl*

pikant [pi'kant] *adj* picante

pikiert [pi'ki:ɐt] *adj* melindrado, picado

Pikkoloflöte *f* <-n> flautim *m*

Pilger(in) ['pɪlgɐ] *m(f)* <-s, - *o* -innen> peregrino, peregrina *m, f*

pilgern ['pɪlgɐn] *vi* fazer uma peregrinação (*nach* a)

Pille ['pɪlə] *f* <-n> ① (*Tablette*) comprimido *m*, pílula *f* ② (*umg: Antibabypille*) pílula *f*

Pilot(in) [pi'lo:t] *m(f)* <-en, -en *o* -innen> piloto *m,f*

Pilotprojekt *nt* <-(e)s, -e> proje(c)to *m* piloto

Pils *nt* <-, -> cerveja *f* branca

Pilz [pɪlts] *m* <-es, -e> ① (BOT) fungo *m;* (*essbar*) cogumelo *m* ② (MED) fungo *m*

Pilzerkrankung *f* <-en> (MED) micose *f*

Pilzvergiftung *f* <-en> intoxicação *f* de cogumelos

Pimmel ['pɪməl] *m* <-s, -> (*umg*) pila *f*

pingelig ['pɪŋəlɪç] *adj* picuinhas, miudinho

Pinguin ['pɪŋgui:n] *m* <-s, -> pinguim *m*

Pinie ['pi:niə] *f* <-n> pinheiro *m*

Pinienkern *m* <-s, -e> pinhão *m*

pink [pɪŋk] *adj* cor-de-rosa

pinkeln ['pɪŋkəln] *vi* (*umg*) mijar

Pinnwand ['pɪn-] *f* <-wände> quadro *m* de afixação (em cortiça)

Pinscher *m* <-s, -> pinscher *m*

Pinsel ['pɪnzəl] *m* <-s, -> pincel *m*

Pinte *f* <-n> (*umg*) barzinho *m*

Pinzette [pɪn'tsɛtə] *f* <-n> pinça *f*

Pionier(in) [pio'ni:ɐ] *m(f)* <-s, -e *o* -innen> pioneiro, pioneira *m, f*

Pipeline ['paɪplaɪn] *f* <-n> (*für Gas*) gasoduto *m;* (*für Öl*) oleoduto *m*

Pipi ['pɪpi, pi'pi:] *nt* <-s> *kein pl* (*kinderspr*) chichi *m;* (*brasil*) xixi *m*, pipi *m*

Pirat(in) [pi'ra:t] *m(f)* <-en, -en *o* -innen> pirata *m,f*

pissen ['pɪsən] *vi* (*vulg*) mijar

Pistazie *f* <-n> pistácio *m*, pistache *m*

Piste ['pɪstə] *f* <-n> (AERO, SPORT) pista *f*

Pistole [pɪs'to:lə] *f* <-n> pistola *f*

Pizza ['pɪtsa] *f* <Pizzen> pizza *f*

Pizzeria *f* <-s> pizzaria *f*

Pkw ['pe:kave:] *abk v* **Personenkraftwagen** automóvel ligeiro de passageiros

Placebo *nt* <-s, -s> (MED) placebo *m*

Plackerei *f* <-en> (*umg*) maçada *f*

plädieren* *vi* lutar (*für* por); **sie plädierten für die Einrichtung einer Fußgängerzone** eles lutaram pela construção de uma zona de peões

Plafond *m* <-s, -s> (*schweiz*) limite *m* máximo

plafondieren* *vt* (*schweiz*) pôr um limite a

Plage ['pla:gə] *f* <-n> praga *f*

plagen ['pla:gən] **I.** *vt* atormentar, consumir **II.** *vr* **sich ~** esfalfar-se

Plagiat *nt* <-(e)s, -e> plágio *m*

Plakat [pla'ka:t] *nt* <-(e)s, -e> cartaz *m*, placard *m;* **ein ~ aufhängen** pendurar um cartaz

Plan [pla:n] *m* <-(e)s, Pläne> ① (*Vorhaben*) plano *m;* **Pläne machen** fazer planos; **einen ~ aufgeben** desistir dum plano; **alles verläuft nach ~** tudo corre conforme os planos ② (*Karte*) mapa *m*, planta *f* ③ (*Entwurf*) esboço *m*

Plane ['pla:nə] *f* <-n> lona *f*

planen ['pla:nən] *vt* ① (*entwerfen*) plane(j)ar, proje(c)tar; (*Entwicklung*) planificar; (*Mord*) plane(j)ar, maquinar; **den Bau eines Theaters ~** proje(c)tar a construção de um teatro ② (*vorhaben*) plane(j)ar; **sie ~ nach Brasilien zu fliegen** eles planeiam ir ao Brasil, eles planejam ir ao Brasil

Planet [pla'ne:t] *m* <-en, -en> planeta *m*

Planetarium [plane'ta:riʊm] *nt* <-s, Planetarien> planetário *m*

planieren* *vt* terraplenar, nivelar

Planierraupe *f* <-n> tra(c)tor *m* de terraplenagem

Planke ['plaŋkə] *f* <-n> prancha *f*

Plankton ['plaŋktɔn] *nt* <-s> *kein pl* (BIOL) plâncton *m*

planlos **I.** *adj* sem plano, sem método **II.** *adv* ao acaso, à sorte

planmäßig **I.** *adj* plane(j)ado, previsto; **~e Ankunft um 16 Uhr** chegada prevista às 16 horas **II.** *adv* conforme os planos, como previsto

Planschbecken *nt s.* **Plantschbecken**

planschen *vi s.* **plantschen**

Planstelle *f* <-n> lugar *m* efe(c)tivo

Plantage [plan'taːʒə] *f* <-n> plantação *f*

Plantschbecken *nt* <-s, -> piscina *f* para crianças

plantschen *vi* chapinhar (*in* em)

Planung *f* <-en> planeamento *m,* planificação *f*

Planwirtschaft *f kein pl* economia *f* dirigida, economia *f* planificada

plappern ['plapɐn] *vi* (*umg*) palrar, tagarelar

Plaque *f* <-s> placa *f* bacteriana

plärren *vi* ① (*abw: weinen*) choramingar; (*schreien*) berrar ② (*Radio, Lautsprecher*) estar aos berros

Plasma *nt* <-s, Plasmen> plasma *m*

Plastik[1] ['plastɪk] *f* <-en> (*Skulptur*) escultura *f*

Plastik[2] ['plastɪk] *nt* <-s> *kein pl* plástico *m*

Plastiktüte *f* <-n> saco *m* (de) plástico

plastisch ['plastɪʃ] *adj* ① (*anschaulich*) plástico, ilustrativo ② (*formbar*) plástico; **~e Chirurgie** cirurgia *f* plástica

Platane *f* <-n> plátano *m*

Plateausohle *f* <-n> sola *f* de plataforma

Platin ['plaːtiːn] *nt* <-s> *kein pl* platina *f*

platonisch [pla'toːnɪʃ] *adj* platónico

plätschern *vi* murmurar

platt [plat] *adj* ① (*flach*) chato, raso, plano; **etw ~ drücken** achatar a. c.; **der Reifen ist ~** o pneu está furado; (*umg*); **jetzt bin ich ~** estou pasmado ② (*umg: geistlos*) vulgar, banal

plattdeutsch *adj* baixo-alemão

Platte ['platə] *f* <-n> ① (*aus Stein*) laje *f;* (*aus Metall*) placa *f* ② (*Schallplatte*) disco *m;* **eine ~ auflegen** pôr um disco ③ (*Herdplatte*) disco *m* ④ (*für Speisen*) travessa *f*

Plattenfirma *f* <-firmen> editora *f* discográfica

Plattenspieler *m* <-s, -> gira-discos *m;* (*brasil*) vitrola *f,* toca-discos *m*

Plattform *f* <-en> plataforma *f*

Plattfuß *m* <-es, -füße> ① (ANAT) pé chato *m* ② (*umg: am Reifen*) furo *m*

Platz [plats] *m* <-es, Plätze> ① (*Ort, Stelle*) lugar *m,f,* local *m,* sítio *m* ② (*in Stadt*) praça *f,* largo *m* ③ (*Sitzplatz*) lugar *m,* assento *m;* **einen ~ belegen** reservar lugar; **~ nehmen** sentar-se; **ist der ~ noch frei?** o lugar ainda está livre? ④ (*Raum*) espaço *m,* lugar *m;* **für etw ~ schaffen** arranjar lugar para a. c. ⑤ (*Sportplatz*) campo *m* ⑥ (*Rang*) lugar *m;* **sie belegte den vierten ~** ela ficou no quarto lugar

Platzangst *f* <-ängste> ① (*umg: Beklemmung*) vergonha *f,* inibição *f* ② (PSYCH) claustrofobia *f*

Platzanweiser(in) *m(f)* <-s, - *o* -innen> arrumador, arrumadora *m, f*

Plätzchen *nt* <-s, -> (*Gebäck*) bolachinha *f*

platzen ['platsən] *vi* (*Reifen, Rohr*) rebentar; (*Naht*) romper(-se); (*Luftballon*) estourar, rebentar; **vor Wut ~** estourar [*o* rebentar] de raiva; (*umg*); **ins Zimmer ~** entrar de rompante no quarto

platzieren*RR **I.** *vt* (*Platz zuweisen*) colocar **II.** *vr* **sich ~** (SPORT) classificar-se

Platzkarte *f* <-n> bilhete *m* marcado

Plätzli *m* <-s, -> ① (*schweiz: Gebäck*) bolacha *f* ② (*schweiz: Schnitzel*) filete *m*

Platzpatrone *f* <-n> cartucho *m* de pólvora seca

Platzregen *m* <-s, -> aguaceiro *m*

Platzwunde *f* <-n> laceração *f*

plaudern ['plaudɐn] *vi* conversar, tagarelar (*über* sobre), dar à língua, bater um papo

Plausch *m* <-(e)s, -e> ① (*österr: Plauderei*) cavaqueira *f,* bate-papo *m* ② (*schweiz: Vergnügen*) diversão *f;* **aus/zum ~** por prazer

plausibel [plau'ziːbəl] *adj* plausível

Playback, Play-back *nt* <-, -s> play-back *m*

Playboy ['plɛɪbɔɪ] *m* <-s, -s> play-boy *m*

Plazenta *f* <-s> (MED) placenta *f*

plazierenALT *vt, vr s.* **platzieren**

pleite ['plaɪtə] *adj* (*umg*) **~ sein** estar liso, estar teso

Pleite ['plaɪtə] *f* <-n> ① (*Bankrott*) falência *f;* **~ machen** falir, abrir falência ② (*umg: Misserfolg*) fracasso *m,* fiasco *m*

pleite|gehen *vi irr* falir, abrir falência

Plenum *nt* <-s, Plenen> sessão plenária *f*

Plexiglas *nt* <-es> *kein pl* acrílico *m*

Plombe ['plɔmbə] *f* <-n> ① (*Verschluss*) selo de chumbo *m* ② (*Zahnfüllung*) chumbo *m*

plombieren* *vt* ① (*versiegeln*) selar ② (*Zahn*) chumbar

plötzlich **I.** *adj* repentino, súbito **II.** *adv* de repente, subitamente

plump [plʊmp] *adj* ① (*Form, Körper*) tosco, grosseiro; (*Bewegung*) desengonçado, deselegante ② (*dreist*) atrevido; (*Trick, Betrug*)

P

pouco hábil

plumpsen ['plʊmpsən] *vi* (*umg*) cair pesadamente, cair como um saco

Plunder ['plʊndɐ] *m* <-s> *kein pl* (*umg*) tarecos *mpl*, trastes *mpl* velhos

plündern *vt* pilhar, saquear

Plünderung *f* <-en> pilhagem *f*, saque *m*

Plural ['plu:ra:l] *m* <-s, -e> plural *m*

Pluralismus *m* <-> *kein pl* pluralismo *m*

plus [plʊs] **I.** *adv* (MATH) mais; **minus zwei mal minus zwei ist ~ vier** menos dois vezes menos dois é mais quatro; (METEO) positivo; **es sind ~ fünf Grad** estão cinco graus positivos **II.** *konj* (MATH) mais; **zwei ~ drei gibt fünf** dois mais três dá cinco

Plus [plʊs] *nt* <-> *kein pl* ❶ (*Überschuss*) excedente *m*; (*finanziell*) superavit *m* ❷ (*Vorteil*) vantagem *f*

Plüsch *m* <-(e)s, -e> peluche *m*, pelúcia *f*

Pluspol *m* <-s, -e> (PHYS) pólo *m* positivo

Pluspunkt *m* <-(e)s, -e> ponto *m* a favor

Plusquamperfekt ['plʊskvampɛrfɛkt] *nt* <-s, -e> (LING) mais-que-perfeito *m*

Pluszeichen *nt* <-s, -> mais *m*

Plutonium [plu'to:niʊm] *nt* <-s> *kein pl* plutónio *m*

PLZ *abk v* **Postleitzahl** código postal

Pneu *m* <-s, -s> (*schweiz*) pneu *m*

Po [po:] *m* <-s, -s> (*umg*) rabiote *m*, tutu *m*

Pöbel *m* <-s> *kein pl* ralé *f*, povinho *m*

pochen ['pɔxən] *vi* ❶ (*geh: klopfen*) bater; (*Herz*) pulsar, palpitar ❷ (*bestehen*) **auf etw ~** insistir em a. c.

pochieren* *vt* escalfar

Pocken ['pɔkən] *pl* (MED) varíola *f*

Pocketkamera *f* <-s> câmara *f* de bolso

Podium ['po:diʊm] *nt* <-s, Podien> estrado *m*

Poesie [poe'zi:] *f kein pl* poesia *f*

Poet(in) *m(f)* <-en, -en *o* -innen> poeta, poetisa *m, f*

poetisch [po'e:tɪʃ] *adj* poético

Pogrom *nt* <-s, -e> perseguição *f* das minorias

Pointe *f* <-n> graça *f*

Pokal [po'ka:l] *m* <-s, -e> (*a* SPORT) taça *f*

Pokalspiel *nt* <-(e)s, -e> (SPORT) jogo *m* para a taça

Poker *nt* <-s> *kein pl* póquer *m*

pokern *vi* jogar póquer

Pol [po:l] *m* <-s, -e> pólo *m*

polar *adj* polar

Polarkreis *m* <-es, -e> círculo *m* polar

Polaroidkamera® *f* <-s> polaróide *f*

Pole(in) ['po:lə] *m(f)* <-n, -n *o* -innen> polaco, polaca *m, f*

Polemik [po'le:mɪk] *f* <-en> polémica *f*

polemisch *adj* polémico

Polen ['po:lən] *nt* <-s> *kein pl* Polónia *f*

Police [po'li:s(ə)] *f* <-n> apólice *f*

polieren* *vt* polir

Politik [poli'ti:k, poli'tɪk] *f kein pl* política *f*

Politiker(in) [po'li:tikɐ] *m(f)* <-s, - *o* -innen> político, política *m, f*

Politikwissenschaft *f kein pl* ciências *fpl* políticas

politisch [po'li:tɪʃ, po'lɪtɪʃ] *adj* político

Politur [poli'tu:ɐ] *f* <-en> (*Mittel*) limpa-móveis *m*

Polizei [poli'tsaɪ] *f* <-en> polícia *f*; **die ~ rufen** chamar a polícia

Polizeibeamte(in) *m(f)* <-n, -n *o* -innen> agente *m,f* da polícia

Polizeibuße *f* <-n> (*schweiz*) multa *f*

polizeilich **I.** *adj* policial, da polícia; **unter ~er Aufsicht** sob vigilância policial **II.** *adv* pela polícia; **das ist ~ verboten** isso é proibido pela polícia

Polizeiposten *m* <-s, -> (*schweiz*) esquadra *f*, delegacia *f*

Polizeipräsident(in) *m(f)* <-en, -en *o* -innen> chefe *m,f* da polícia

Polizeipräsidium *nt* <-s, -präsidien> *instituição superior da polícia nas grandes cidades*

Polizeirevier *nt* <-s, -e> esquadra *f*, posto *m* da polícia, delegacia *f*

Polizeistaat *m* <-(e)s, -en> estado *m* policial

Polizeistunde *f* <-n> hora *f* de encerramento dos bares

polizeiwidrig *adj* contrário aos regulamentos da polícia

Polizist(in) [poli'tsɪst] *m(f)* <-en, -en *o* -innen> polícia *m*, mulher-polícia *f*

Polizze *f* <-n> (*österr*) apólice *f*

Pollen ['pɔlən] *m* <-s, -> pólen *m*

polnisch ['pɔlnɪʃ] *adj* polaco

Polohemd *nt* <-(e)s, -en> pólo *m*

Polster ['pɔlstɐ] *nt* <-s, -> ❶ (*Kissen*) almofada *f* ❷ (*in Kleidung*) estofo *m* ❸ (*Rücklage*) pé-de-meia *m*

Polstergarnitur *f* <-en> conjunto *m* de sofás

polstern ['pɔlstɐn] *vt* (*Möbel*) estofar

Polterabend *m* <-s, -e> despedida *f* de solteiro

> **Polterabend** é a noite antes de um casamento, a despedida de solteiro. Festeja-se com amigos e parentes, e quebra-se louça, cujos cacos devem ser varridos e deitados ao lixo pelos noivos. A finalidade deste costume é trazer a sorte.

poltern ['pɔltɐn] *vi* fazer barulho
Polyamid *nt* <-(e)s, -e> poliamida *f*
Polyester [poly'ɛstɐ] *m* <-s, -> poliéster *m*
polyglott *adj* poliglota
Polynesien *nt* <-s> *kein pl* Polinésia *f*
Pomade [po'ma:də] *f* <-n> pomada *f*
Pommes frites [pɔm'frɪt] *pl* batatas *fpl* fritas
Pomp *m* <-(e)s> *kein pl* pompa *f*, aparato *m*
pompös *adj* pomposo, faustoso
Pony[1] ['pɔni] *nt* <-s, -s> (ZOOL) pónei *m*
Pony[2] ['pɔni] *m* <-s, -s> franja *f*
Popcorn ['pɔpkɔrn] *nt* <-s> *kein pl* pipocas *fpl*
popelig *adj* pobre
popeln *vi* (*umg*) meter o dedo no nariz
Popmusik ['pɔpmuzi:k] *f kein pl* música *f* pop
Popo [po'po:, '--] *m* <-s, -s> (*umg*) rabiote *m*, tutu *m*
populär *adj* popular
Popularität *f kein pl* popularidade *f*
populärwissenschaftlich *adj* popularizado
Pore ['po:rə] *f* <-n> poro *m*
Porno *m* <-s, -s> (*umg: Film*) filme *m* pornográfico; (*Roman*) romance *m* pornográfico
Pornographie [pɔrnogra'fi:] *f kein pl s.* **Pornografie** pornografia *f*
porös *adj* poroso
Porree ['pɔre] *m* <-s, -s> alho-porro *m*, alho *m* francês
Portal *nt* <-(e)s, -e> portal *m*
Portemonnaie [pɔrtmɔ'ne:] *nt* <-s, -s> *s.* **Portmonee**
Portier [pɔr'tje:] *m* <-s, -s> porteiro, porteira *m, f*
Portion [pɔr'tsjo:n] *f* <-en> dose *f*
Portmonee[RR] [pɔrtmɔ'ne:] *nt* <-s, -s> porta-moedas *m*
Porto ['pɔrto] *nt* <-s, -s> ① (*Post*) porte *m*, franquia *f* postal ② *kein pl* (*Stadt*) Porto *m*; **aus ~** portuense, do Porto; **in ~** no Porto
portofrei *adj* isento de franquia, franco de porte
portopflichtig *adj* sujeito a franquia
Porträt *nt* <-s, -s> retrato *m*
porträtieren* *vt* retratar
Portugal ['pɔrtugal] *nt* <-s> *kein pl* Portugal *m*
Portugiese(in) [pɔrtu'gi:zə] *m(f)* <-n, -n *o* -innen> português, portuguesa *m, f*
portugiesisch *adj* português; **~-brasilianisch** luso-brasileiro
Portwein ['pɔrtvaɪn] *m* <-(e)s, -e> vinho *m* do Porto
Porzellan [pɔrtsɛ'la:n] *nt* <-s, -e> ① (*Material*) porcelana *f* ② *kein pl* (*Geschirr*) louça *f*
Posaune [po'zaʊnə] *f* <-n> trombone *m*
Position [pozi'tsjo:n] *f* <-en> ① (*Standpunkt*) posição *f*, ponto *m* de vista; **eine bestimmte ~ vertreten** defender uma determinada posição ② (*im Beruf*) posição *f*, estatuto *m*
positiv ['po:ziti:f] *adj* positivo
Possessivpronomen ['pɔsɛsi:f-, pɔsɛ'si:f-] *nt* <-s, -> pronome *m* possessivo
possierlich [pɔ'si:ɐlɪç] *adj* engraçado, castiço
Post [pɔst] *f kein pl* ① (*Institution*) correio(s) *mpl*; **Briefe auf die ~ bringen** pôr cartas no correio; **etw mit der ~ schicken** mandar a. c. pelo correio ② (*Briefe*) correio *m*, correspondência *f*; **elektronische ~** correio *m* ele(c)trónico; **die ~ öffnen/beantworten** abrir o/responder ao correio
Postamt *nt* <-(e)s, -ämter> correios *mpl*, estação *f* dos correios
Postanweisung *f* <-en> vale *m* de correio, vale *m* postal
Postbote(in) *m(f)* <-n, -n *o* -innen> carteiro *m*, mulher-carteiro *f*
posten *vt* (*schweiz*) comprar
Posten ['pɔstən] *m* <-s, -> ① (*Stellung*) posto *m*, emprego *m*; (*Amt*) cargo *m* ② (MIL) sentinela *f*; (*umg*); **nicht ganz auf dem ~ sein** não se sentir muito bem ③ (WIRTSCH: *Warenmenge*) lote *m*; (*in Rechnung*) item *m*, parcela *f*
Poster ['po:stɐ] *nt* <-s, -> poster *m*
Postfach *nt* <-(e)s, -fächer> apartado *m*, caixa *f* postal
Postgirokonto *nt* <-s, -konten> conta-corrente postal *f*
Postgraduiertenstudiengang *m* <-(e)s, -gänge> curso *m* de pós-graduação

P

Postkarte *f* <-n> postal *m*, cartão *m*
postlagernd *adj* posta-restante
Postleitzahl *f* <-en> código *m* postal

Com a reunificação alemã tornou-se necessária a introdução de um novo sistema de código postal. Desde Julho de 1993 o código postal, ou **Postleitzahl**, passou a ter cinco dígitos. Os dois primeiros indicam a cidade ou a região. Na Áustria e na Suíça ainda são só necessários quatro dígitos. Na Suíça os últimos dois indicam as ruas das localidades correspondentes aos dois primeiros dígitos.

postmodern *adj* pós-moderno
Postpaket *nt* <-(e)s, -e> encomenda *f* postal
Postsparbuch *nt* <-(e)s, -bücher> caderneta *f* de poupança postal
Postsparkasse *f* <-n> caixa *f* económica postal
Poststempel *m* <-s, -> carimbo *m* dos correios
postwendend *adv* na volta do correio
Postwertzeichen *nt* <-s, -> selo *m* postal
potent [po'tɛnt] *adj* potente
potentiell *adj s.* **potenziell**
Potenz [po'tɛnts] *f* <-en> ❶ *kein pl* (*Zeugungsfähigkeit*) potência *f* ❷ (MATH) potência *f*; **zweite/dritte ~** segunda/terceira potência; **eine Zahl in die zweite ~ erheben** elevar um número à segunda potência
potenziellRR [potɛn'tsjɛl] *adj* potencial
potthässlichRR *adj* (*umg*) asqueroso, muito feio
PR *abk v* **Public Relations** RP (= *relações públicas*)
PR-Abteilung *f* <-en> departamento *m* de relações públicas
Pracht [praxt] *f kein pl* magnificência *f*, esplendor *m*, sumptuosidade *f*, suntuosidade *f*
prächtig *adj* ❶ (*prunkvoll*) faustoso, sumptuoso, suntuoso ❷ (*großartig*) esplêndido, magnífico
prädestiniert *adj* predestinado (*für* para)
Prädikat *nt* <-(e)s, -e> ❶ (*Bewertung*) qualificação *f*, classificação *f* ❷ (GRAM) predicado *m*
Präfix *nt* <-es, -e> prefixo *m*
Prag *nt* <-s> *kein pl* Praga *f*
prägen *vt* ❶ (*Münze, Papier*) cunhar; (*Metall*) gravar, estampar; **etw prägt sich jdm ins Gedächtnis** a. c. fica gravada na memória de alguém ❷ (*beeinflussen*) marcar; **die Kriegszeit hat ihn geprägt** o tempo da guerra marcou-o ❸ (*Begriff*) criar
Pragmatik *f kein pl* pragmática *f*
Pragmatiker(in) *m(f)* <-s, - *o* -innen> pragmático, pragmática *m, f*
pragmatisch *adj* pragmático
prägnant *adj* conciso, sucinto
Prägung *f* <-en> ❶ (*von Münzen, Papier*) cunhagem *f*; (*von Metall*) gravação *f* ❷ (*Art*) cunho *m*; **ein Parteiensystem westlicher ~** um sistema partidário de cunho ocidental ❸ (*von Begriff*) criação *f*
prahlen ['pra:lən] *vi* gabar-se (*mit* de)
Prahlerei *f* <-en> gabarolice *f*, bazófia *f*
Praktik *f* <-en> prática *f*
Praktikant(in) [prakti'kant] *m(f)* <-en, -en *o* -innen> estagiário, estagiária *m, f*
Praktikum ['praktikʊm] *nt* <-s, Praktika> estágio *m*; **ein ~ bei einem Verlag machen** fazer um estágio numa editora
praktisch ['praktɪʃ] *adj* prático; **~er Arzt** médico de clínica geral; **~ veranlagt sein** ser prático
praktizieren* **I.** *vt* pôr em prática **II.** *vi* (*als Arzt*) exercer (medicina)
Praline [pra'li:nə] *f* <-n> bombom *m*
Pralinee [prali'ne:] *nt* <-s, -s> (*österr, schweiz*) *s.* **Praline**
prall [pral] *adj* (*Sack, Ball*) muito cheio; (*Segel*) enfunado; (*Arme*) rechonchudo; **in der ~en Sonne** no sol escaldante
prallen ['pralən] *vi* embater (*an/auf* em, *gegen* contra), chocar (*an/auf* com, *gegen* contra)
Prämie *f* <-n> ❶ (*Gewinn*) prémio *m*; (*Sondervergütung*) bonificação *f* ❷ (*Versicherungsbeitrag*) prémio *m*
prämieren* *vt* (*Person, Leistung, Film*) premiar
Pranger ['praŋɐ] *m* <-s, -> pelourinho *m*; (*fig*); **jdn/etw an den ~ stellen** expor alguém/a. c. publicamente
Präparat *nt* <-(e)s, -e> preparado *m*
Präposition *f* <-en> preposição *f*
Präsens *nt* <-, Präsentia> (LING) presente *m*
Präsentation *f* <-en> apresentação *f*
präsentieren* *vt* apresentar
Präservativ *nt* <-s, -e> preservativo *m*
Präsident(in) *m(f)* <-en, -en *o* -innen> pre-

sidente *m,f*

Präsidentschaft *f* <-en> presidência *f*

Präsidentschaftskandidat(in) *m(f)* <-en, -en *o* -innen> candidato, -a *m, f* à presidência

Präsidium *nt* <-s, Präsidien> presidência *f,* dire(c)ção *f*

prasseln ['prasəln] *vi* ① (*Regen*) bater (*an* em, *gegen* contra); (*Fragen*) jorrar, chover ② (*Feuer*) crepitar, estalar

Präteritum *nt* <-s, Präterita> (LING) pretérito *m*

Präventivmaßnahme *f* <-n> medida *f* preventiva

Praxis ['praksɪs] *f* <Praxen> ① *kein pl* (*Anwendung, Erfahrung*) prática *f;* **etw in die ~ umsetzen** pôr a. c. em prática ② (*des Arztes*) consultório *m;* (*des Anwaltes*) escritório *m*

Präzedenzfall *m* <-(e)s, -fälle> precedente *m*

präzis *adj* preciso, exa(c)to

Präzision *f kein pl* precisão *f,* exa(c)tidão *f*

predigen ['pre:dɪgən] *vi* pregar

Prediger(in) *m(f)* <-s, - *o* -innen> pregador, pregadora *m, f*

Predigt ['pre:dɪçt] *f* <-en> sermão *m,* pregação *f;* **eine ~ halten** dar um sermão

Preis [praɪs] *m* <-es, -e> ① (*Kaufpreis*) preço *m,* valor *m;* **zum ~ von 20 EUR** ao preço de 20 euros; **etw zum halben ~ verkaufen** vender a. c. a metade do preço; **um jeden ~** a qualquer custo, a todo o preço; **um keinen ~** de modo algum, de maneira nenhuma ② (*in Wettbewerb*) prémio *m;* **sie hat den ersten ~ gewonnen** ela ganhou o primeiro prémio; **jdm einen ~ verleihen** atribuir um prémio a alguém; **einen ~ ausschreiben** abrir um concurso

Preisausschreiben *nt* <-s, -> concurso *m;* **an einem ~ teilnehmen** participar num concurso

Preiselbeere ['praɪzəlbe:rə] *f* <-n> airela *f*

preisen ['praɪzən] *vt* (*geh*) louvar, elogiar

Preiserhöhung *f* <-en> subida *f* de preços

preis|geben *vt irr* ① (*überlassen, ausliefern*) deixar, entregar; **jdn der Lächerlichkeit ~** expor alguém ao ridículo ② (*Geheimnis*) revelar

preisgekrönt *adj* premiado

preisgünstig *adj* por bom preço

Preislage *f* <-n> nível *m* de preços; **in allen ~n** em todos os preços

preislich *adj* de preço; **~e Unterschiede** diferenças *fpl* de preço

Preisliste *f* <-n> tabela *f* de preços, lista *f* de preços

Preisschild *nt* <-(e)s, -er> etiqueta *f* de preço

Preissenkung *f* <-en> descida *f* dos preços

Preisträger(in) *m(f)* <-s, - *o* -innen> premiado, premiada *m, f,* laureado, laureada *m, f*

Preisverleihung *f* <-en> premiação *f*

preiswert *adj* barato, em conta

Prellung *f* <-en> contusão *f*

Premiere [prə'mje:rə] *f* <-n> estreia *f*

Premierminister(in) *m(f)* <-s, - *o* -innen> primeiro-ministro, primeira-ministra *m, f*

Presse ['prɛsə] *f* <-n> ① *kein pl* (*Medien*) imprensa *f* ② (TECH) prensa *f*

Presseagentur *f* <-en> agência *f* noticiosa

Pressefotograf(in) *m(f)* <-en, -en *o* -innen> repórter *m* fotográfico, repórter *f* fotográfica

Pressefreiheit *f kein pl* liberdade *f* de imprensa

Pressekonferenz *f* <-en> conferência *f* de imprensa, entrevista *f* coletiva

pressen ['prɛsən] *vt* ① (*in einer Presse*) prensar ② (*Früchte*) espremer; **frisch gepresster Orangensaft** sumo de laranja natural ③ (*drücken*) comprimir

Pressesprecher(in) *m(f)* <-s, - *o* -innen> porta-voz *m,f*

pressieren* *vi* (*österr, schweiz*) ter pressa, ser urgente; **mir pressiert es** estou com pressa

PressluftRR *f kein pl,* **Preßluft**ALT *f kein pl* ar *m* comprimido

PressluftbohrerRR *m* <-s, -> perfuradora *f* pneumática

PresslufthammerRR *m* <-s, -hämmer> martelo *m* pneumático

PresswehenRR *pl* (MED) contra(c)ções *fpl*

Prestige [prɛs'ti:ʒ] *nt* <-s> *kein pl* prestígio *m*

Preußen *nt* <-s> *kein pl* Prússia *f*

preußisch *adj* prussiano

prickeln ['prɪkəln] *vi* ① (*kitzeln*) formigar ② (*Getränk*) espumar

pries [pri:s] *imp von* **preisen**

Priester(in) ['pri:stɐ] *m(f)* <-s, - *o* -innen> sacerdote, sacerdotisa *m, f*

prima ['pri:ma] *adj* (*umg*) fantástico,

P

ó(p)timo

Primarschule *f* <-n> (*schweiz*) escola *f* primária

Na Suíça a frequência de uma **Primarschule** é gratuita e obrigatória para todas as crianças a partir de aproximadamente seis anos. A **Primarschule** é a primeira etapa do curso escolar obrigatório e compreende, dependendo do cantão, 4 a 6 anos.

Primel ['pri:məl] *f* <-n> prímula *f*

primitiv [primi'ti:f] *adj* primitivo

Primzahl ['pri:m-] *f* <-en> número *m* primo

Prinz, essin [prɪnts] *m, f* <-en, -en *o* -innen> príncipe *m*, princesa *f*

Prinzip [prɪn'tsi:p] *nt* <-(e)s, -ien> princípio *m;* **aus ~** por princípio; **im ~ funktioniert es, aber ...** em princípio funciona, mas ...; **gegen seine ~ien verstoßen** ir contra os seus princípios

prinzipiell [prɪntsi'pjɛl] **I.** *adj* em princípio; (*grundlegend*) fundamental **II.** *adv* por princípio; **das mache ich ~ nicht** por princípio não faço isso

Priorität *f* <-en> prioridade *f*, precedência *f;* **~en setzen** estabelecer as prioridades

Prise ['pri:zə] *f* <-n> pitada *f;* **eine ~ Salz** uma pitada de sal

Prisma ['prɪsma] *nt* <-s, Prismen> prisma *m*

privat [pri'va:t] **I.** *adj* (*nicht öffentlich*) privado, particular; (*persönlich*) pessoal, particular, privado **II.** *adv* em privado; **ich möchte Sie ~ sprechen** eu queria falar consigo em privado

Privatangelegenheit *f* <-en> assunto *m* particular, assunto *m* privado

Privateigentum *nt* <-s> *kein pl* propriedade *f* privada

Privatfernsehen *nt* <-s> *kein pl* televisão *f* privada

privatisieren* *vt* privatizar

Privatisierung *f* <-en> privatização *f*

Privatleben *nt* <-s> *kein pl* vida privada *f*

Privatschule *f* <-n> escola *f* particular, colégio *m*

Privileg [privi'le:k] *nt* <-(e)s, -ien> privilégio *m*

pro [pro:] **I.** *präp +akk* por; **~ Tag/Kopf** por dia/pessoa; **1 EUR ~ Stück** 1 euro cada **II.** *adv* a favor (de)

Pro [pro:] *nt* <-s> *kein pl* pró *m;* **das ~ und das Kontra** os prós e os contras

Probe ['pro:bə] *f* <-n> ❶ (*Versuch*) prova *f;* **jds Geduld auf die ~ stellen** pôr a paciência de alguém à prova; **die ~ bestehen** passar a prova ❷ (*im Theater*) ensaio *m* ❸ (*Prüfstück*) amostra *f*

Probefahrt *f* <-en> viagem *f* experimental

Probelehrer(in) *m(f)* <-s, - *o* -innen> (*österr*) professor *m* estagiário, professora *f* estagiária

proben ['pro:bən] *vt* ensaiar

probeweise *adv* a título de experiência

Probezeit *f* <-en> tempo *m* à experiência

probieren* *vt* ❶ (*versuchen*) tentar, experimentar ❷ (*Getränk, Speise*) provar, experimentar

Problem [pro'ble:m] *nt* <-s, -e> problema *m;* **vor einem ~ stehen** estar perante um problema; **ein ~ lösen** resolver um problema; **das ist nicht mein ~!** o problema não é meu!

Problematik [proble'ma:tɪk] *f kein pl* problemática *f*

problematisch *adj* problemático

problemlos *adj* sem problemas

Produkt [pro'dʊkt] *nt* <-(e)s, -e> produto *m;* **landwirtschaftliche/industrielle ~e** produtos agrícolas/industriais

Produktion [prodʊk'tsjo:n] *f* <-en> produção *f*

produktiv [prodʊk'ti:f] *adj* produtivo

Produktivität *f kein pl* produtividade *f*

Produktpalette *f* <-n> gama *f* de produtos

Produzent(in) [produ'tsɛnt] *m(f)* <-en, -en *o* -innen> (*a* FILM) produtor, produtora *m, f*

produzieren* *vt* produzir

profan *adj* profano

professionell [profɛsjo'nɛl] *adj* profissional

Professor(in) [pro'fɛso:ɐ] *m(f)* <-s, -en *o* -innen> ❶ (*Universität*) professor *m* (catedrático), professora *f* (catedrática) ❷ (*österr: Gymnasiallehrer*) professor, professora *m, f*

Professur *f* <-en> cátedra *f* (*für* de)

Profi ['pro:fi] *m* <-s, -s> (*umg*) profissional *m,f*

Profil [pro'fi:l] *nt* <-s, -e> perfil *m*

profilieren* *vr* **sich ~** destacar-se

Profit [pro'fi:t] *m* <-s, -e> proveito *m*, lucro *m;* **aus etw ~ schlagen** tirar proveito de a. c., lucrar com a. c.

profitieren* *vi* lucrar (*von* com), ganhar (*von* com)

Prognose [pro'gno:zə] *f* <-n> prognóstico *m*
Programm [pro'gram] *nt* <-(e)s, -e> ① (*Planung, Ablauf*) programa *m;* **auf dem ~ stehen** estar no programa ② (*im Radio, Fernsehen*) canal *m;* **der Film läuft im ersten ~** o filme dá no primeiro canal ③ (INFOR) programa *m*
programmieren* *vi* (INFOR) programar
Programmierer(in) *m(f)* <-s, - *o* -innen> programador, programadora *m, f*
Programmiersprache *f* <-n> (INFOR) linguagem *f* de programação
progressiv [progrɛ'si:f] *adj* (*fortschrittlich*) avançado
Projekt [pro'jɛkt] *nt* <-(e)s, -e> proje(c)to *m*
Projektor [pro'jɛkto:ɐ] *m* <-s, -en> proje(c)tor *m*
Pro-Kopf-Einkommen *nt* <-s> *kein pl* rendimento *m* per capita
Proletariat [proletari'a:t] *nt* <-(e)s, -e> proletariado *m*
Proletarier(in) *m(f)* <-s, - *o* -innen> proletário, proletária *m, f*
Prolog [pro'lo:k] *m* <-(e)s, -e> prólogo *m*
Promenade [promə'na:də] *f* <-n> passeio *m,* calçada *f*
Promille [pro'mɪlə] *pl* (*umg*) taxa *f* de alcoolémia; **er hatte 1,2 ~** ele tinha 1,2 por mil de álcool no sangue
prominent [promi'nɛnt] *adj* proeminente, destacado
Prominenz [promi'nɛnts] *f kein pl* colunáveis *mpl,* alta sociedade *f*
Promotion [promo'tsjo:n] *f* <-en> doutoramento *m*
promovieren *vi* fazer o doutoramento (*in* em, *über* sobre)
prompt [prɔmpt] **I.** *adj* rápido; **~e Bedienung** serviço rápido **II.** *adv* com prontidão, imediatamente; **~ reagieren** reagir com prontidão
Pronomen [pro'no:mən] *nt* <-s, -> pronome *m*
Propaganda [propa'ganda] *f kein pl* propaganda *f*
propagieren* *vt* fazer propaganda a
Propangas *nt* <-es> *kein pl* gás *m* propano
Propeller [pro'pɛlɐ] *m* <-s, -> hélice *f*
Prophet(in) [pro'fe:t] *m(f)* <-en, -en *o* -innen> profeta, profetisa *m, f*
prophetisch *adj* profético
prophezeien* *vt* profetizar
Prophezeiung *f* <-en> profecia *f*
prophylaktisch [profy'laktɪʃ] *adj* profilático
Proportion [propɔr'tsjo:n] *f* <-en> proporção *f*
proportional *adj* proporcional
Prosa ['pro:za] *f kein pl* prosa *f*
prosaisch *adj* (*geh*) prosaico
prosit *interj* (à) saúde!
Prospekt [pro'spɛkt] *m* <-(e)s, -e> prospe(c)to *m,* folheto *m*
prost [pro:st] *interj* saúde!
Prostata *f* <-e> (ANAT) próstata *f*
Prostituierte *m/f* <-n, -n *o* -n> prostituto, prostituta *m, f*
Prostitution [prostitu'tsjo:n] *f kein pl* prostituição *f*
Protein [prote'i:n] *nt* <-s, -e> proteína *f*
Protektionismus [protɛktsjo'nɪsmʊs] *m* <-> *kein pl* prote(c)cionismo *m*
Protest [pro'tɛst] *m* <-(e)s, -e> protesto *m;* **~ gegen etw erheben** levantar um protesto contra a. c.; **etw aus ~ tun** fazer a. c. por protesto; **unter ~ verließ er den Raum** em protesto, ele abandonou a sala
Protestant(in) [protɛs'tant] *m(f)* <-en, -en *o* -innen> protestante *m,f*
protestantisch *adj* protestante
protestieren* *vi* protestar (*gegen* contra)
Protestmarsch *m* <-(e)s, -märsche> marcha *f* de protesto, passeata *f*
Prothese [pro'te:zə] *f* <-n> prótese *f*
Protokoll [proto'kɔl] *nt* <-s, -e> ① (*Niederschrift*) protocolo *m;* (*von Sitzung*) a(c)ta *f;* (*der Polizei*) auto *m;* **bei einer Sitzung ~ führen** escrever as a(c)tas de uma reunião; **etw zu ~ geben** prestar um depoimento para os autos ② *kein pl* (*Zeremoniell*) protocolo *m;* **gegen das ~ verstoßen** quebrar o protocolo
protokollieren* *vt* regist(r)ar
Proton *nt* <-s, -e> (PHYS) protão *m,* próton *m*
Prototyp ['pro:toty:p] *m* <-s, -en> protótipo *m*
protzen *vi* (*umg*) gabar-se (*mit* de), exibir-se (*mit* com)
protzig *adj* ① (*umg: angeberisch*) gabarola ② (*umg: luxuriös*) luxuoso
Proviant [provi'ant] *m* <-s, -e> provisões *fpl,* mantimentos *mpl*
Provinz [pro'vɪnts] *f* <-en> província *f*
provinziell [provɪn'tsjɛl] *adj* provinciano
Provision [provi'zjo:n] *f* <-en> comissão *f*

provisorisch [provi'zo:rɪʃ] *adj* provisório
Provokation [provoka'tsjo:n] *f* <-en> provocação *f*
provozieren* *vt* provocar
Prozedur [protse'du:ɐ] *f* <-en> procedimento *m,* processo *m*
Prozent [pro'tsɛnt] *nt* <-(e)s, -e> percentagem *f,* porcentagem *f;* **zehn ~ der Waren sind verdorben** dez por cento da mercadoria está estragada; **dieser Wein hat 12 ~ (Alkohol)** este vinho tem 12 por cento (de álcool)
Prozente *pl* (*umg*) desconto *m;* **~ bekommen** ter desconto
Prozentsatz *m* <-es, -sätze> percentagem *f,* porcentagem *f*
prozentual [protsɛntu'a:l] *adj* percentual, porcentual
Prozess[RR] [pro'tsɛs] *m* <-es, -e>, **Prozeß**[ALT] *m* <-sses, -sse> ❶ (*Entwicklung*) processo *m* ❷ (JUR) processo *m,* causa *f;* **einen ~ gegen jdn führen** instaurar um processo contra alguém; (*umg*); **mit etw kurzen ~ machen** resolver a. c. rapidamente
prozessieren* *vi* instaurar um processo; **gegen jdn ~** processar alguém; **mit jdm um etw ~** estar em litígio com alguém por a. c.
Prozession [protsɛ'sjo:n] *f* <-en> procissão *f*
Prozesskosten[RR] *pl* (JUR) custos *mpl* de processo
Prozessor [pro'tsɛso:ɐ] *m* <-s, -en> (INFOR) processador *m*
prüde *adj* pudico
prüfen *vt* ❶ (*Gerät, Maschine*) testar; (*Rechnung*) conferir, verificar; **die Ausweise ~** conferir os documentos ❷ (*Kandidaten*) examinar; **jdn in Geschichte ~** examinar alguém a história; **er ist staatlich geprüfter Übersetzer** ele é um tradutor oficialmente reconhecido
Prüfer(in) *m(f)* <-s, - *o* -innen> ❶ (*als Beruf*) revisor, revisora *m, f* ❷ (*Schule, Universität*) examinador, examinadora *m, f*
Prüfling *m* <-s, -e> examinando, examinanda *m, f*
Prüfung *f* <-en> ❶ (*von Gerät, Maschine*) teste *m,* ensaio *m;* **bei der ~ wurden zahlreiche Mängel festgestellt** verificaram-se inúmeros defeitos no teste ❷ (*Schule, Universität*) exame *m,* prova *f;* **mündliche/schriftliche ~** prova oral/escrita; **eine ~ ablegen** fazer um exame; **eine ~ bestehen** passar num exame; **bei einer ~ durchfallen** reprovar num exame
Prüfungskommission *f* <-en> júri *m,* comissão *f* examinadora
Prüfungszeugnis *nt* <-ses, -se> diploma *m,* certificado *m* de exame
Prügel[1] *m* <-s, -> (*Stock*) pau *m,* cacete *m*
Prügel[2] *pl* pancada *f,* tareia *f,* sova *f;* **er bekam eine ordentliche Tracht ~** ele apanhou uma valente sova
Prügelei *f* <-en> pancadaria *f*
prügeln I. *vt* bater em, dar pancada em, sovar **II.** *vr* **sich ~** andar à pancada (*mit* com)
Prunk [prʊŋk] *m* <-(e)s> *kein pl* pompa *f,* fausto *m,* sumptuosidade *f,* suntuosidade *f*
prunkvoll *adj* faustoso, sumptuoso, suntuoso
PS [pe:'ʔɛs] *abk v* **Pferdestärke** CV (= *cavalo-vapor*)
Psalm [psalm] *m* <-s, -en> salmo *m*
Pseudonym [psɔɪdo'ny:m] *nt* <-s, -e> pseudónimo *m;* **sie schreibt unter einem ~** ela escreve sob um pseudónimo
Psyche ['psy:çə] *f* <-n> psique *f*
Psychiater(in) [psy'ç(j)a:tɐ] *m(f)* <-s, - *o* -innen> psiquiatra *m,f*
Psychiatrie [psyç(j)a'tri:] *f kein pl* psiquiatria *f*
psychisch ['psy:çɪʃ] *adj* psíquico; **~ krank sein** ser doente mental
Psychoanalyse [----'--] *f* <-n> psicanálise *f*
Psychologe(in) *m(f)* <-n, -n *o* -innen> psicólogo, psicóloga *m, f*
Psychologie [psyçolo'gi:] *f kein pl* psicologia *f*
psychologisch *adj* psicológico
Psychopath(in) [psyço'pa:t] *m(f)* <-en, -en *o* -innen> psicopata *m,f*
Psychose [psy'ço:zə] *f* <-n> psicose *f*
psychosomatisch *adj* psicossomático
Psychotherapeut(in) [psyçotera'pɔɪt, 'psy:ço-] *m(f)* <-en, -en *o* -innen> psicoterapeuta *m,f*
PTT (*schweiz*) *abk v* **Post-, Telefon- und Telegrafenbetrieb** CTT (= *Correios, Telégrafos e Telefones*)
Pubertät *f kein pl* puberdade *f*
Publikation [publika'tsjo:n] *f* <-en> publicação *f*
Publikum ['pu:blikʊm] *nt* <-s> *kein pl* público *m*
Publizistik [publi'tsɪstɪk] *f kein pl* jorna-

lismo *m*

Puck *m* <-s, -s> (SPORT) disco *m* de hóquei

Pudding ['pʊdɪŋ] *m* <-s, -s> pudim *m*

Pudel ['pu:dəl] *m* <-s, -> caniche *m*

Puder ['pu:dɐ] *m* <-s, -> pó *m;* (*Gesichtspuder*) pó-de-arroz *m*

pudern ['pu:dɐn] *vt* pôr pó em

Puderzucker *m* <-s> *kein pl* açúcar *m* em pó

Puerto Rico ['pu̯ɛrto 'ri:ko] *nt* <-s> *kein pl* Porto Rico *m*

Puff *m* <-s, -s> (*umg: Bordell*) bordel *m,* zona *f*

Puffer *m* <-s, -> (*am Zug*) pára-choques *m*

Pufferzone *f* <-n> (POL) zona *f* neutra

Pulle ['pʊlə] *f* <-n> (*umg*) garrafa *f;* **er fährt volle ~** ele conduz como um louco

Pulli ['pʊli] *m* <-s, -s> (*umg*) *s.* **Pullover**

Pullover [pʊ'lo:vɐ] *m* <-s, -> camisola *f,* camisolão *m brasil,* pulôver *m,* suéter *m*

Pullunder [pʊ'lʊndɐ] *m* <-s, -> pulôver *m* sem mangas

Puls [pʊls] *m* <-es, -e> pulso *m;* **den ~ fühlen** tomar o pulso

Pulsader *f* <-n> artéria *f*

Pulsschlag *m* <-(e)s, -schläge> pulsação *f*

Pult [pʊlt] *nt* <-(e)s, -e> (*Rednerpult*) púlpito *m,* tribuna *f;* (*Schreibpult*) escrivaninha *f*

Pulver ['pʊlvɐ] *nt* <-s, -> pó *m;* (*Schießpulver*) pólvora *f*

Pulverfass[RR] *nt* <-es, -fässer> barril *m* de pólvora; **das Land gleicht einem ~** o país está sob grande tensão

pulverig *adj* em pó

Pulverkaffee *m* <-s, -s> café *m* solúvel

Pulverschnee *m* <-s> *kein pl* neve *f* solta

Puma ['pu:ma] *m* <-s, -s> puma *m*

pummelig ['pʊməlɪç] *adj* gorducho, rechonchudo

Pumpe ['pʊmpə] *f* <-n> bomba *f*

pumpen *vt* ❶ (*mit Pumpe*) bombear; **Luft in den Reifen ~** bombear ar para os pneus ❷ (*umg: verleihen*) pedir emprestado; **sich** *dat* **etw von jdm ~** cravar a. c. a alguém

Pumps *m* <-, -> sapato *m* de tacão alto

Punk [paŋk] *m* <-s, -s> *s.* **Punker**

Punker(in) ['paŋkɐ] *m(f)* <-s, - *o* -innen> punk *m,f*

Punkt [pʊŋkt] *m* <-(e)s, -e> ❶ (*Zeichen, Ort, Abschnitt*) ponto *m;* **es ist ~ vier Uhr** são quatro horas em ponto; **etw ~ für ~ widerlegen** refutar a. c. ponto por ponto; **der springende ~** o busílis; **der strittige ~** o ponto de discórdia; **von diesem ~ ist alles gut zu sehen** deste ponto vê-se tudo bem ❷ (*bei Muster*) pinta *f;* **eine Bluse mit ~en** uma blusa às pintas

pünktlich I. *adj* pontual **II.** *adv* à hora, pontualmente

Pünktlichkeit *f kein pl* pontualidade *f*

Punktrichter(in) *m(f)* <-s, - *o* -innen> (SPORT) juiz, juíza *m, f* de pontuação

Punktsieg *m* <-(e)s, -e> (SPORT) vitória *m* por pontos

punktuell *adj* pontual, esporádico

Pupille [pu'pɪlə] *f* <-n> pupila *f*

Puppe ['pʊpə] *f* <-n> ❶ (*Spielzeug*) boneca *f,* boneco *m* ❷ (*von Insekt*) pupa *f*

Puppenwagen *m* <-s, -> carrinho *m* de bonecas

pur [pu:ɐ] *adj* ❶ (*rein*) puro; **den Whisky ~ trinken** beber o uísque puro ❷ (*umg: bloß*) puro, mero; **das war ~er Zufall** foi mero acaso; **das war ~er Neid** foi pura inveja

Püree *nt* <-s, -s> puré *m*

pürieren *vt* passar

Pürierstab *m* <-(e)s, -stäbe> varinha *f,* trituradora *f*

Purzelbaum ['pʊrtsəl-] *m* <-(e)s, -bäume> cambalhota *f;* **einen ~ machen** dar uma cambalhota

Pustel ['pʊstəl] *f* <-n> pústula *f*

pusten ['pu:stən] *vi* (*umg*) soprar, bufar; **bei der Verkehrskontrolle musste ich ~** na operação stop, tive de soprar ao balão

Pute ['pu:tə] *f* <-n> perua *f*

Puter ['pu:tɐ] *m* <-s, -> peru *m*

Putsch [pʊtʃ] *m* <-es, -e> golpe *m* de estado

Putschist(in) [pʊ'tʃɪst] *m(f)* <-en, -en *o* -innen> golpista *m,f*

Putz [pʊts] *m* <-es> *kein pl* reboco *m*

putzen ['pʊtsən] *vt* limpar; **die Schuhe ~** engraxar os sapatos; **sich** *dat* **die Nase ~** assoar-se, limpar o nariz; **die Zähne ~** lavar os dentes

Putzete *f* <-n> (*schweiz*) limpeza *f* geral

Putzfrau *f* <-n> mulher *f* da limpeza, arrumadeira *f*

putzig ['pʊtsɪç] *adj* engraçado

puzzeln *vi* montar um puzzle

Puzzle ['pazəl] *nt* <-s, -s> puzzle *m*

PVC [pe:faʊ'tse:] *abk v* **Polyvinylchlorid** vinil

Pyjama [py'(d)ʒa:ma] *m* <-s, -s> pijama *m*

P

Pyramide [pyra'mi:də] *f* <-n> pirâmide *f*
Pyrenäen *pl* Pirinéus *mpl*
Python ['py:tɔn] *m* <-s, -s> (ZOOL) pitão *m*

Qq

Q *nt* <-, -> Q, q *m*
Quader *m* <-s, -> ❶ (*Stein*) pedra *f* de cantaria, pedra *f* talhada ❷ (MATH) paralelepípedo *m*
Quadrat [kva'dra:t] *nt* <-(e)s, -e> (MATH) quadrado *m;* **ins ~ erheben** elevar ao quadrado; **im ~** em quadrado
quadratisch *adj* ❶ (*Form*) quadrado ❷ (MATH) de segundo grau; **~e Gleichung** equação do segundo grau
Quadratmeter *m* <-s, -> metro *m* quadrado
Quadratwurzel *f* <-n> (MATH) raiz *f* quadrada
Quai *m/nt* <-s, -s> ❶ (*Kai*) molhe *m* ❷ (*schweiz: Uferstraße*) ribeira *f*
quaken ['kva:kən] *vi* (*Frosch*) coaxar; (*Ente*) grasnar
quäken *vi* (*abw*) berrar, vagir
Qual [kva:l] *f* <-en> (*Quälerei*) tormento *m,* martírio *m;* (*Mühe*) pena *f*
quälen **I.** *vt* (*foltern*) torturar, martirizar; (*seelisch*) atormentar; (*lästig fallen*) importunar, massacrar **II.** *vr* **sich ~** consumir-se, afligir-se
Quälerei *f* <-en> tormento *m,* tortura *f;* (*Tierquälerei*) crueldade *f* para com os animais
qualifizieren* **I.** *vt* qualificar; (*einstufen*) classificar **II.** *vr* **sich ~** qualificar-se; (SPORT) ficar apurado
qualifiziert *adj* qualificado; **hoch ~** altamente qualificado; **er ist sehr ~** ele é muito qualificado
Qualität *f* <-en> qualidade *f*
qualitativ [kvalita'ti:f, '----] *adj* qualitativo
Qualle ['kvalə] *f* <-n> alforreca *f;* (*brasil*) medusa *f*
Qualm [kvalm] *m* <-(e)s> *kein pl* fumarada *f,* fumaça *f*
qualmen *vi* ❶ (*Schornstein*) fumegar ❷ (*abw umg: Mensch*) fumar como uma chaminé
qualvoll ['kva:lfɔl] *adj* ❶ (*bedrückend*) tortuoso ❷ (*schmerzlich*) doloroso
Quantität *f* <-en> quantidade *f*
Quarantäne *f* <-n> quarentena *f;* **unter ~ stehen** estar de quarentena
Quark [kvark] *m* <-s> *kein pl* (KOCHK) requeijão *m*
Quartett [kvar'tɛt] *nt* <-(e)s, -e> (MUS) quarteto *m*
Quartier [kvar'ti:ɐ] *nt* <-s, -e> ❶ (*Unterkunft*) alojamento *m;* **~ nehmen** alojar-se ❷ (*schweiz: Stadtviertel*) bairro *m*
Quarz [kva:ɐts] *m* <-es, -e> quartzo *m*
Quarzuhr *f* <-en> relógio *m* de quartzo
quasseln *vi* (*abw umg*) tagarelar, dar à língua
Quaste *f* <-n> borla *f*
Quatsch [kvatʃ] *m* <-(e)s> *kein pl* (*umg*) disparate *m,* parvoíce *f;* (*brasil*) bobagem *f,* besteira *f;* **~ machen** fazer asneiras; (*brasil*) fazer besteira
quatschen *vi* ❶ (*umg: sich unterhalten*) dar à língua ❷ (*verraten*) revelar
Quecksilber ['kvɛk-] *nt* <-s> *kein pl* (CHEM) mercúrio *m*
Quelle ['kvɛlə] *f* <-n> ❶ (*eines Flusses*) nascente *f,* fonte *f* ❷ (*Ursache*) origem *f* ❸ (*Text*) fonte *f*
quellen ['kvɛlən] *vi* brotar
Quellenangabe *f* <-n> indicação *f* da fonte
quengeln ['kvɛŋəln] *vi* (*umg*) resmungar; (*weinerlich*) choramingar
quer [kve:ɐ] *adv* de través, de lado; **~ durch** através, de permeio; **das Auto stand ~** o carro estava atravessado; **~ gestreift** às riscas atravessadas; **kreuz und ~** em todos os sentidos
Quere ['kve:rə] *f kein pl* **jdm in die ~ kommen** atravessar-se no caminho de alguém
Querflöte *f* <-n> flauta *f* transversal
Querlatte *f* (FBALL) travessão *m*
querschnittsgelähmt *adj* paraplégico
Querstraße *f* <-n> rua *f* transversal
quetschen ['kvɛtʃən] *vt* ❶ (*drücken*) apertar (*an/gegen* contra); (*für Obstsaft*) espremer ❷ (*verletzen*) esmagar, pisar; (*brasil*) machucar; **sich** *dat* **den Finger** (**in der Tür**) **~** trilhar o dedo (na porta)
Quetschung *f* <-en> (MED) contusão *f*
quietschen ['kvi:tʃən] *vi* (*Mensch, Schwein*) guinchar; (*Tür*) chiar
Quintett [kvɪn'tɛt] *nt* <-(e)s, -e> (MUS) quinteto *m*

Quirl [kvɪrl] *m* <-(e)s, -e> 1 (*Küchengerät*) molinilho *m,* batedor *m* 2 (*Kind*) traquina *m,f*
quitt [kvɪt] *adj* (*umg*) **mit jdm ~ sein** estar quite com alguém; **wir sind ~** estamos quites
Quitte ['kvɪtə] *f* <-n> marmelo *m*
quittieren* *vt* (*Summe*) passar recibo; **den Dienst ~** despedir-se, renunciar ao cargo
Quittung *f* <-en> recibo *m;* **gegen ~** mediante recibo
Quiz [kvɪs] *nt* <-, -> concurso *m*
quoll [kvɔl] *imp von* **quellen**
Quote ['kvoːtə] *f* <-n> cota *f,* quota *f*
Quotenregelung *f* <-en> regime *m* por quotas
Quotient [kvo'tsjɛnt] *m* <-en, -en> (MATH) quociente *m*

Rr

R *nt* <-, -> R, r *m*
Rabatt [ra'bat] *m* <-(e)s, -e> desconto *m;* **jdm auf etw ~ geben** fazer um desconto a alguém em a. c.
Rabbi ['rabi] *m* <-(s), -s> rabi *m*
Rabbiner *m* <-s, -> rabino *m*
Rabe ['raːbə] *m* <-n, -n> corvo *m*
rabiat [rabi'aːt] *adj* sem respeito
Rache ['raxə] *f kein pl* vingança *f* (*für* por); **an jdm ~ nehmen** vingar-se de alguém
Rachen ['raxən] *m* <-s, -> (*des Menschen*) garganta *f,* faringe *f;* (*bei Tieren*) goela *f;* (*des Löwen*) boca *f*
rächen **I.** *vt* vingar **II.** *vr* **sich ~** 1 (*Rache üben*) vingar-se (*an* de, *für* por) 2 (*schädlich sein*) sair caro; **dein Leichtsinn wird sich noch ~** a tua leviandade ainda te vai sair cara
Rachitis [ra'xiːtɪs] *f* <Rachitiden> (MED) raquitismo *m*
rachsüchtig *adj* vingativo
Racker *m* <-s, -> (*umg*) pirralho *m,* maroto *m,* pivete *m*
Raclette *f* <-s> queijo *m* fundido
Rad [raːt] *nt* <-(e)s, Räder> 1 (*von Fahrzeug*) roda *f;* **ein ~ wechseln** mudar um pneu; (*umg*); **das fünfte ~ am Wagen sein** estar a mais 2 (*Fahrrad*) bicicleta *f;* **~ fahren** andar de bicicleta 3 (SPORT) pirueta *f;* **ein ~ schlagen** fazer uma pirueta
Radar [ra'daːɐ] *m o nt* <-s> *kein pl* radar *m*
Radarkontrolle *f* <-n> controlo *m* por radar
Radau [ra'daʊ] *m* <-s> *kein pl* (*umg*) estardalhaço *m,* barulheira *f*
radebrechen *vt* arranhar; **Deutsch ~** arranhar o alemão
radeln ['raːdəln] *vi* (*umg*) andar de bicicleta
rad|fahrenALT *vi irr s.* **Rad 2**
Radfahrer(in) *m(f)* <-s, - *o* -innen> ciclista *m,f*
Radi *m* <-s, -> (*österr, bayrisch: umg*) rábano *m*
radieren* *vi* 1 (*ausradieren*) safar, apagar 2 (*Kunst*) gravar
Radiergummi *m* <-s, -s> borracha *f*
Radierung *f* <-en> gravura *f* a água-forte
Radieschen [ra'diːsçən] *nt* <-> rabanete *m*
radikal [radi'kaːl] *adj* 1 (*vollständig*) radical, total 2 (POL) radical, extremista
Radio ['raːdio] *nt* <-s, -s> rádio *m;* **~ hören** ouvir rádio; **das ~ läuft** o rádio está ligado
radioaktiv [----'-] *adj* radioa(c)tivo
Radioaktivität *f kein pl* radioa(c)tividade *f*
Radioapparat *m* <-(e)s, -e> aparelho *m* de rádio
Radiologie *f kein pl* radiologia *f*
Radiorekorder ['raːdiorekɔrdɐ] *m* <-s, -> radiogravador *m*
Radiosender *m* <-s, -> emissora *f* de rádio
Radiowecker *m* <-s, -> rádio-despertador *m*
Radium ['raːdiʊm] *nt* <-s> *kein pl* (CHEM) rádio *m*
Radius ['raːdiʊs] *m* <-, Radien> (MATH) raio *m*
Radler[1] *m* <-s, -> (KOCHK) panaché *m*
Radler(in)[2] *m(f)* <-s, - *o* -innen> ciclista *m,f*
Radlerhose *f* <-n> calções *mpl* de ciclismo
Radrennen *nt* <-s, -> corrida *f* de bicicletas
Radsport *m* <-(e)s> *kein pl* ciclismo *m*
Radtour *f* <-en> passeio *m* de bicicleta
Radwechsel *m* <-s, -> mudança *f* de pneus
Radweg *m* <-(e)s, -e> pista *f* para velocípedes
raffen ['rafən] *vt* 1 (*abw: ergreifen*) apanhar, arrebatar; **etw an sich ~** arrebatar a. c. 2 (*zusammenfassen*) resumir, fazer um apanhado de
Raffinade *f* <-n> açúcar *m* refinado
Raffinerie [rafinə'riː] *f* <-n> refinaria *f*

raffiniert [rafiˈniːɐt] *adj* ① (*Mensch*) fino, finório ② (*Methode*) subtil; (*Technik*) sofisticado ③ (*Geschmack*) refinado, requintado

Rafting *nt* <-s> *kein pl* rafting *m*

Rage [ˈraːʒə] *f kein pl* (*umg*) raiva *f*, fúria *f*; **das bringt mich in ~** isso enfurece-me

ragen [ˈraːgən] *vi* sobressair (*aus* de); (*sich erheben*) erguer-se (*aus* de); **Felsen ~ aus dem Meer** rochedos erguem-se do mar; **ein Hochhaus ragt in den Himmel** um prédio ergue-se para o céu; **aus der Tasche ragt ein Schirm** uma ponta do guarda-chuva sai do saco

Ragout *nt* <-s, -s> guisado *m*

Rahm [raːm] *m* <-(e)s> *kein pl* (*österr, schweiz*) nata(s) *fpl brasil*, creme *m* de leite

rahmen [ˈraːmən] *vt* encaixilhar, emoldurar

Rahmen [ˈraːmən] *m* <-s, -> ① (*Bilderahmen*) moldura *f*; (*Türrahmen, Fensterrahmen*) caixilho *m* ② (*von Auto*) chassis *m*; (*von Fahrrad, Motorrad*) armação *f* ③ *kein pl* (*einer Veranstaltung*) âmbito *m*, enquadramento *m*; **wir feiern im kleinen ~** nós festejamos num círculo fechado; **im ~ des Möglichen** na medida do possível; **im ~ der geltenden Gesetze** no âmbito das leis em vigor; **aus dem ~ fallen** desviar-se da norma

Rain *m* <-(e)s, -e> (*schweiz*) encosta *f*

Rakete [raˈkeːtə] *f* <-n> ① (*Raumfahrt*) foguetão *m*, foguete *m* ② (*Feuerwerk*) foguete *m* ③ (MIL) míssil *m*

Raketenabwehrsystem *nt* <-(e)s, -e> sistema *m* antimíssil

Rallye [ˈrɛli] *f* <-s> rally *m*, rali *m*

Ramadan *m* <-(s)> *kein pl* (REL) Ramadão *m*

rammen [ˈramən] *vt* ① (*in den Boden*) cravar (*in* em), fincar (*in* em) ② (*Auto, Schiff*) abalroar; **der Tanker rammte die Hafenmauer** o petroleiro abalroou o muro do porto

Rampe [ˈrampə] *f* <-n> ① (*Auffahrt*) rampa *f* ② (*zum Berampe und Entladen*) plataforma *f*

Rampenlicht *nt* <-(e)s> *kein pl* luz *f* da ribalta; **im ~ stehen** estar na ribalta, estar na berlinda

ramponieren* *vt* (*umg*) estragar, dar cabo de

Ramsch [ramʃ] *m* <-(e)s> *kein pl* (*umg*) rebotalho *m*, monos *mpl*

RAM-Speicher *m* <-s, -> (INFOR) memória *f* RAM

ran *adv* (*umg*) *s.* **heran**

Rand [rant] *m* <-(e)s, Ränder> ① (*von Gefäß*) beira *f*, borda *f*; (*von Tisch, Abgrund*) beira *f*; (*von Straße*) beira *f*; (*einer Stadt*) periferia *f*; **am ~ des Waldes wohnen** morar perto da floresta, morar à beira da floresta; **bis zum ~ voll** a transbordar; **am ~ der Gesellschaft stehen** estar à margem da sociedade; **dunkle Ränder unter den Augen haben** estar com [*o* ter] olheiras ② (*zur Verzierung*) orla *f*, rebordo *m* ③ (*auf Papier*) margem *f*; **etw an den ~ schreiben** escrever a. c. na margem

Randale *f kein pl* (*umg*) balbúrdia *f*

randalieren* *vi* provocar distúrbios

Randalierer(in) *m(f)* <-s, - *o* -innen> arruaceiro, arruaceira *m, f*, zaragateiro, zaragateira *m, f*

Rande *f* <-n> (*schweiz*) beterraba *f*

Randgruppe *f* <-n> grupo *m* marginal

Randstein *m* <-(e)s, -e> beira *f* do passeio, beira *f* da calçada

Randstreifen *m* <-s, -> berma *f* da estrada

rang [raŋ] *imp von* **ringen**

Rang [raŋ] *m* <-(e)s, Ränge> ① (*Stellung*) posição *f*; (*Stufe*) grau *m*, nível *m*; (MIL) posto *m*; **einen hohen ~ bekleiden** ocupar um alto posto ② *kein pl* (*Stellenwert*) classe *f*, categoria *f*; **eine Skulptur von hohem künstlerischen ~** uma escultura de alta categoria artística ③ (*im Theater*) balcão *m* ④ (SPORT) lugar *m*; **sie belegt den zweiten ~** ela ocupa o segundo lugar

rangieren* **I.** *vt* (*Waggons*) manobrar **II.** *vi* ocupar um lugar; **die Mannschaft rangiert an fünfter Stelle** a equipa ocupa o quinto lugar

Rangliste *f* <-n> (SPORT) ranking *m*, lista *f* de categorias

Rank *m* <-(e)s, Ränke> ① (*schweiz: Wegbiegung*) sinuosidade *f* ② (*schweiz: Trick*) manha *f*, ardil *m*

Ranke *f* <-n> (BOT) gavinha *f*

ran|klotzen *vi* (*umg*) dar no duro

rann [ran] *imp von* **rinnen**

rannte [ˈrantə] *imp von* **rennen**

Ranzen [ˈrantsən] *m* <-s, -> ① (*Schultasche*) mochila *f* ② (*umg: Bauch*) pança *f*, bandulho *m*

ranzig [ˈrantsɪç] *adj* rançoso

Rap *m* <-(s), -s> (MUS) rap *m*

Rappe *m* <-n, -n> cavalo preto *m*

Rappen *m* <-s, -> *unidade mínima do franco suíço*

Rapper(in) *m(f)* <-s, - *o* -innen> cantor(a) *m(f)* de rap
Raps [raps] *m* <-es> *kein pl* colza *f*
rar [raːɐ] *adj* raro; ~ **sein** ser raro
Rarität *f* <-en> raridade *f*
rasant [ra'zant] *adj* ① (*umg: Fahrt, Entwicklung*) rápido; (*Tempo*) louco ② (*Ballistik*) rasante
rasch [raʃ] **I.** *adj* rápido, veloz **II.** *adv* depressa
rascheln ['raʃəln] *vi* (*Laub*) ramalhar; (*Papier, Maus*) fazer ruído; **mit etw** ~ fazer barulho com a. c.
rasen ['raːzən] *vi* ① (*umg: Person*) correr como um louco; (*Fahrzeug*) ir a alta velocidade; **die Zeit rast** o tempo voa ② (*vor Wut*) vociferar
Rasen ['raːzən] *m* <-s, -> relva *f*, relvado *m*, grama *f*; **den ~ mähen** cortar a relva, cortar a grama
rasend *adj* ① (*Tempo*) alucinante, vertiginoso ② (*Beifall*) entusiástico; (*Schmerzen*) louco
Rasenmäher *m* <-s, -> cortador *m* de relva, cortador *m* de grama
Raser(in) *m(f)* <-s, - *o* -innen> (*abw*) acelera *m,f*
Raserei *f* <-en> ① (*Wut*) fúria *f*, raiva *f*; **das bringt mich noch zur** ~ isso ainda me deixa furioso ② (*umg: schnelles Fahren*) correria (louca) *f*
Rasierapparat *m* <-(e)s, -e> máquina *f* de barbear
rasieren* **I.** *vt* fazer a barba a, barbear; (*außerhalb des Gesichtes*) depilar; **sich** *dat* **die Beine** ~ depilar as pernas, fazer depilação às pernas **II.** *vr* **sich** ~ fazer a barba, barbear-se
Rasierklinge *f* <-n> lâmina *f* de barbear
Rasiermesser *nt* <-s, -> navalha *f* de barba
Rasierpinsel *m* <-s, -> pincel *m* de barba
Rasierschaum *m* <-(e)s> *kein pl* espuma *f* de barbear
Rasierseife *f* <-n> sabão *m* para a barba
Rasierwasser *nt* <-s, -> loção *f* da barba
raspeln *vt* ralar
rassRR *adj*, **raß**ALT *adj* ① (*österr, schweiz: würzig*) picante ② (*österr, schweiz: schneidend*) cortante ③ (*österr, schweiz: resolut*) enérgico, resoluto
rässRR *adj*, **räß**ALT *adj* (*österr, schweiz*) *s.* **rass**
Rasse ['rasə] *f* <-n> raça *f*
Rassel ['rasəl] *f* <-n> matraca *f*
rasseln ['rasəln] *vi* (*Wecker*) tocar; (*Kette*) fazer barulho
Rassendiskriminierung *f* <-en> discriminação *f* racial
RassenhassRR *m* <-es> *kein pl* ódio *m* racial
Rassentrennung *f kein pl* segregação *f* racial
Rassenunruhen *pl* distúrbios *mpl* raciais
Rassismus [ra'sɪsmʊs] *m* <-> *kein pl* racismo *m*
Rassist(in) [ra'sɪst] *m(f)* <-en, -en *o* -innen> racista *m,f*
rassistisch *adj* racista
Rast [rast] *f* <-en> descanso *m*, repouso *m*; ~ **machen** descansar, repousar
rasten ['rastən] *vi* descansar, repousar
Raster ['rastɐ] *nt* <-s, -> ① (*Testbild*) retículo *m* ② (*System*) norma *f*
Rasthaus *nt* <-es, -häuser> pousada *f*, estalagem *f*
rastlos *adj* sem descanso; (*ununterbrochen*) incessante
Rastplatz *m* <-es, -plätze> área *f* de descanso
Raststätte *f* <-n> área *f* de serviço
Rasur [ra'zuːɐ] *f* <-en> raspagem *f*
Rat[1] *m* <-(e)s, Räte> ① *kein pl* (*Empfehlung*) conselho *m*; **jdm einen ~ geben** dar um conselho a alguém; **jdn um ~ fragen** pedir um conselho a alguém; **einen Arzt zu ~e ziehen** consultar um médico; **da ist guter ~ teuer** é difícil encontrar solução ② (*Gremium*) conselho *m*, junta *f*; **Großer ~** Parlamento de Cantão Suíço *m*
Rat, Rätin[2] [raːt] *m, f* <-(e)s, Räte *o* -innen> membro *m* de conselho
Rate ['raːtə] *f* <-n> prestação *f*; **in ~n zahlen** pagar em prestações; **etw auf ~n kaufen** comprar a. c. a prestações
raten ['raːtən] *vt* ① (*empfehlen*) aconselhar; **jdm (zu) etw** ~ aconselhar alguém a fazer a. c., aconselhar a. c. a alguém ② (*erraten*) adivinhar
Ratenzahlung *f* <-en> pagamento *m* a prestações
Ratgeber[1] *m* <-s, -> (*Buch*) guia *m*
Ratgeber(in)[2] *m(f)* <-s, - *o* -innen> conselheiro, conselheira *m, f*
Rathaus *nt* <-es, -häuser> câmara *f* municipal, junta *f* de freguesia, prefeitura *f*

R

ratifizieren* *vt* (JUR) ratificar

Ration [ra'tsjo:n] *f* <-en> ração *f*

rational [ratsjo'na:l] *adj* racional

rationalisieren* **I.** *vt* racionalizar **II.** *vi* fazer despedimentos

rationell [ratsjo'nɛl] *adj* metódico, económico

rationieren* *vt* racionar

ratlos *adj* desorientado, desnorteado; ~ **sein** estar desorientado

Ratlosigkeit *f kein pl* desorientação *f*, atrapalhação *f*

rätoromanisch *adj* reto-romano

Rätoromanisch *nt* <-(s)> *kein pl* reto-romano *m*

ratsam ['ra:tza:m] *adj* aconselhável

Rätsel *nt* <-s, -> ① (*Denkaufgabe*) adivinha *f*, charada *f*; **jdm ein ~ aufgeben** fazer uma adivinha a alguém ② (*Geheimnis*) enigma *m*, mistério *m*; **die Experten standen vor einem ~** os peritos estavam perante um enigma; **es ist mir ein ~, wie das passieren konnte** é um mistério para mim, como é que isso aconteceu

rätselhaft *adj* enigmático, misterioso

Ratte ['ratə] *f* <-n> ratazana *f*

rattern ['ratɐn] *vi* (*Maschinengewehr*) estalar; (*Maschine*) fazer barulho

rau[RR] [raʊ] *adj* ① (*Hände, Material*) áspero ② (*Stimme*) rouco ③ (*Klima, Wind*) agreste; (*Winter*) rigoroso

Raub [raʊp] *m* <-(e)s> *kein pl* ① (*das Rauben*) roubo *m*, furto *m*; (*Entführung*) rapto *m* ② (*Beute*) presa *f*

rauben ['raʊbən] *vt* roubar, furtar; (*entführen*) raptar; **jdm etw ~** roubar a. c. a alguém; **das raubt mir noch den Verstand!** eu ainda fico maluco com isto!

Räuber(in) *m(f)* <-s, - *o* -innen> ladrão, ladra *m, f*, gatuno, gatuna *m, f*; (*Straßenräuber*) salteador, salteadora *m, f*

räuberisch *adj* de ladrão

Raubkatze *f* <-n> felino *m* predador

Raubkopie *f* <-n> cópia *f* pirata

Raubmord *m* <-(e)s, -e> assassinato *m* e roubo

Raubtier *nt* <-(e)s, -e> predador *m*

Raubüberfall *m* <-(e)s, -fälle> assalto *m* (à mão armada)

Raubvogel *m* <-s, -vögel> ave *f* de rapina

Rauch [raʊx] *m* <-(e)s> *kein pl* fumo *m*, fumaça *f*

rauchen **I.** *vt* fumar; **er raucht Zigarren/Pfeife** ele fuma charuto/cachimbo **II.** *vi* ① (*Person*) fumar; **~ verboten!** proibido fumar! ② (*Schornstein, Feuer*) fumegar, deitar fumo

Raucher(in) *m(f)* <-s, - *o* -innen> fumador, fumadora *m, f*, fumante *m,f*

Raucherabteil *nt* <-(e)s, -e> compartimento *m* para fumadores, compartimento *m* para fumantes

räuchern *vt* defumar

Raucherzone *f* <-n> zona *f* de fumadores, zona *f* de fumantes

Rauchfleisch *nt* <-(e)s> *kein pl* carne *f* defumada

rauchig *adj* (*Zimmer, Luft*) cheio de fumo

Rauchverbot *nt* <-(e)s, -e> proibição *f* de fumar

Räude *f* <-n> tinha *f*, sarna *f*

räudig *adj* tinhoso

rauf [raʊf] *adv* (*umg*) *s.* **herauf**

raufen ['raʊfən] *vi* brigar

Rauferei *f* <-en> briga *f*, rixa *f*

rauh[ALT] *adj s.* **rau**

Rauhreif[ALT] *m* <-(e)s> *kein pl s.* **Raureif**

Raum [raʊm] *m* <-(e)s, Räume> ① (*a* ASTR, MATH, PHILOS) espaço *m* ② *kein pl* (*Platz*) lugar *m*, espaço *m*; **zu viel ~ einnehmen** ocupar demasiado espaço ③ (*Zimmer*) sala *f*, divisão *f* ④ (*Gebiet*) área *f*, zona *f*; **im ~ Leipzig** na área de Leipzig

räumen *vt* ① (*Gebiet, Gebäude*) evacuar; **wir müssen die Wohnung bis zum Ersten ~** temos de desocupar [*o* deixar] a casa até ao dia um; **die Polizei räumte das Gebäude** a polícia evacuou o edifício ② (*wegräumen*) arrumar, tirar; (*Schnee*) limpar; **etw aus dem Weg ~** tirar a. c. do caminho; **räum bitte die Bücher vom Tisch/die Handtücher in den Schrank** arruma os livros da mesa/os lenços no armário, por favor

Raumfähre *f* <-n> vaivém *m* espacial

Raumfahrt *f kein pl* aeronáutica *f*

Räumfahrzeug *nt* <-(e)s, -e> limpa-neve *m*

Rauminhalt *m* <-(e)s, -e> (MATH) volume *m*

Raumkapsel *f* <-, -n> módulo *m* espacial

räumlich *adj* ① (*den Raum betreffend*) espacial, do espaço ② (*dreidimensional*) tridimensional

Räumlichkeiten *pl* instalações *fpl*

Raumpfleger(in) *m(f)* <-s, - *o* -innen> homem *m* da limpeza, mulher *f* da limpeza

Raumschiff *nt* <-(e)s, -e> nave *f* espacial
Raumstation *f* <-en> estação *f* espacial
Räumung *f* <-en> (*einer Wohnung*) desocupação *f;* (JUR) despejo *m;* (*durch Polizei*) evacuação *f*
Räumungsverkauf *m* <-(e)s, -käufe> liquidação *f* total
Raupe ['raʊpə] *f* <-n> (ZOOL) lagarta *f*
Raureif[RR] *m* <-(e)s> *kein pl* geada *f*
raus [raʊs] *adv* (*umg*) *s.* **heraus**
Rausch [raʊʃ] *m* <-(e)s, Räusche> ① (*Trunkenheit*) bebedeira *f;* **einen ~ haben** estar com uma bebedeira, estar bêbedo; **seinen ~ ausschlafen** cozer uma bebedeira ② (*Ekstase*) embriaguez *f,* êxtase *m*
rauschen ['raʊʃən] *vi* (*Wasser, Bach*) murmurar, rumorejar; (*Meer*) marulhar; (*Wind*) ciciar, sussurrar; (*Baum*) ramalhar, sussurrar; (*Radio, Telefon*) fazer ruído
rauschend *adj* (*Beifall*) impetuoso, frenético; (*Fest*) ruidoso
Rauschgift *nt* <-(e)s, -e> estupefaciente *m,* entorpecente *m*
Rauschgifthandel *m* <-s> *kein pl* narcotráfico *m*
Rauschgiftsüchtige(r) *m/f* <-n, -n *o* -n> toxicodependente *m,f,* toxicómano, toxicómana *m, f*
räuspern *vr* **sich ~** pigarrear, tossir levemente
Raute ['raʊtə] *f* <-n> (MATH) losango *m*
Rayon *m* <-s, -s> (*österr, schweiz*) distrito *m*
Razzia ['ratsja] *f* <Razzien> rusga *f,* batida *f;* **eine ~ machen** fazer uma rusga, fazer uma batida
Reagenzglas [rea'gɛnts-] *nt* <-es, -gläser> tubo *m* de ensaio
reagieren* *vi* reagir (*auf* a); **allergisch auf etw ~** ter uma rea(c)ção alérgica a a. c.
Reaktion [reak'tsjo:n] *f* <-en> (*a* CHEM) rea(c)ção *f* (*auf* a)
reaktionär *adj* rea(c)cionário
Reaktionär(in) *m(f)* <-s, -e *o* -innen> rea(c)cionário, rea(c)cionária *m, f*
Reaktor [re'akto:ɐ] *m* <-s, -en> rea(c)tor *m*
Reaktorblock *m* <-(e)s, -blöcke> unidade *f* de rea(c)tor
Reaktorsicherheit *f kein pl* segurança *f* das centrais nucleares
real [re'a:l] *adj* real
realisieren* *vt* realizar
Realismus [rea'lɪsmʊs] *m* <-> *kein pl* realismo *m*
Realist(in) [rea'lɪst] *m(f)* <-en, -en *o* -innen> realista *m,f*
realistisch *adj* realista
Realität *f* <-en> (*Wirklichkeit*) realidade *f;* **virtuelle ~** realidade *f* virtual
Realitäten *pl* (*österr*) imóveis *mpl*
Realitätenhändler(in) *m(f)* <-s, - *o* -innen> (*österr*) agente *m,f* de imóveis
Reality-TV *nt* <-> *kein pl* televisão *f* sensacionalista
Realkanzlei *f* <-en> (*österr*) imobiliária *f*
Realschule *f* <-n> *escola secundária até ao décimo ano de escolaridade*

Na Alemanha a **Realschule** situa-se entre «Hauptschule» e «Gymnasium», no que se refere à possibilidade de formação escolar e às matérias. Vai até ao décimo ano com a prova de «Mittlere Reife». Normalmente segue-se uma qualificação profissional com duração de três anos.

Rebe ['re:bə] *f* <-n> videira *f,* vide *f*
Rebell(in) [re'bɛl] *m(f)* <-en, -en *o* -innen> (*Aufständiger, Gegner*) rebelde *m,f*
rebellieren* *vi* ① (*gegen Diktatur*) rebelar-se (*gegen* contra), revoltar-se (*gegen* contra), insurgir-se (*gegen* contra) ② (*gegen Handlung, Entscheidung*) revoltar-se (*gegen* contra)
Rebellion [rebɛ'ljo:n] *f* <-en> rebelião *f*
rebellisch [re'bɛlɪʃ] *adj* ① (*Truppe*) rebelde ② (*Jugend*) rebelde, insurre(c)to
Rebhuhn ['re:p-] *nt* <-(e)s, -hühner> perdiz *f*
Reblaus *f kein pl* filoxera *f*
Rebstock *m* <-(e)s, -stöcke> cepa *f,* videira *f*
Receiver *m* <-s, -s> receptor *m* (de rádio)
Rechen ['rɛçən] *m* <-s, -> (*österr, schweiz*) ancinho *m*
Rechenart *f* <-en> operação *f* aritmética
Rechenaufgabe *f* <-n> problema *m* aritmético
Rechenfehler *m* <-s, -> erro *m* de cálculo
Rechenmaschine *f* <-n> máquina *f* de calcular, calculadora *f*
Rechenschaft *f kein pl* satisfação *f,* contas *fpl;* **jdm für etw ~ ablegen** dar satisfações a alguém de a. c., prestar contas a alguém de a. c.; **jdn zur ~ ziehen** pedir uma satisfação a

alguém

Rechenzentrum *nt* <-s, -zentren> centro *m* de cálculo ele(c)trónico

Recherche [re'ʃɛrʃə, rə'ʃɛrʃə] *f* <-n> pesquisa *f*

recherchieren* *vi* pesquisar

rechnen ['rɛçnən] **I.** *vt* ❶ (MATH) calcular ❷ (*einbeziehen*) incluir; **jdn/etw zu etw ~** incluir alguém/a. c. em a. c. **II.** *vi* ❶ (MATH) calcular, fazer contas; **im Kopf ~** fazer contas de cabeça ❷ (*annehmen*) contar (*mit* com); **mit einer Antwort ~** contar com uma resposta

Rechner *m* <-s, -> calculadora *f;* (*Computer*) computador *m*

Rechnung *f* <-en> ❶ (*das Rechnen*) cálculo *m,* conta *f* ❷ (*Abrechnung*) fa(c)tura *f;* (*im Restaurant*) conta *f;* **eine ~ über 350 EUR** uma fa(c)tura de 350 euros; **auf eigene ~** por conta própria; **die ~ stimmt nicht** a conta não está certa; **jdm etw in ~ stellen** fa(c)turar a. c. a alguém

Rechnungsbuch *nt* <-(e)s, -bücher> (*schweiz*) livro *m* de matemática

recht [rɛçt] **I.** *adj* ❶ (*passend*) certo, próprio, conveniente; **zur ~en Zeit** na altura certa, em boa hora ❷ (*wirklich*) verdadeiro, autêntico; **ich habe keine ~e Lust** eu não tenho verdadeira vontade ❸ (*richtig*) certo; **hier geht es nicht mit ~en Dingen zu** aí há coisa **II.** *adv* ❶ (*sehr*) bem, muito; **es ist ~ tief** é bem fundo ❷ (*ziemlich*) bem, bastante; **~ viel/oft** bastante/bastantes vezes ❸ (*richtig, genehm*) justamente; **ganz ~!** muito bem!, exa(c)tamente!; **das ist mir ~** por mim, está bem; **das geschieht ihm ~** é bem feito; **wenn ich Sie ~ verstehe** se estou a perceber bem

Recht [rɛçt] *nt* <-s, -e> ❶ *kein pl* (*Rechtsordnung*) direito *m;* (*Gesetze*) lei *f,* jurisprudência *f;* **bürgerliches/öffentliches ~** direito *m* civil/público; **~ sprechen** julgar, sentenciar; **von ~s wegen** de direito; **~ haben** ter razão; **im ~ sein** estar com a razão ❷ (*Anspruch, Berechtigung*) direito *m* (*auf* a); **das ~ haben, etw zu tun** ter o direito de fazer a. c.; **Sie haben das ~ auf einen Anwalt** tem direito a um advogado; **ich verlange mein ~** eu exijo os meus direitos; **alle ~e vorbehalten** todos os direitos reservados

Rechte ['rɛçtə] *f* <-n, -n> ❶ (*rechte Seite*) direita *f;* **er saß zu meiner ~n** ele estava sentado à minha direita ❷ (POL) direita *f;* **die ~ erhielt kaum Stimmen** a direita obteve poucos votos

Rechte(r) *m/f* <-n, -n *o* -n> adepto, -a *m, f* de direita

rechte(r, s) *adj* ❶ (*Seite*) direito ❷ (POL) de direita; **die ~n Parteien** os partidos de direita ❸ (MATH) **~r Winkel** ângulo *m* re(c)to

Rechteck *nt* <-(e)s, -e> re(c)tângulo *m*

rechteckig *adj* re(c)tangular

rechtfertigen ['----] **I.** *vt* justificar **II.** *vr* **sich ~** justificar-se (*für* por, *vor* a)

Rechtfertigung *f* <-en> justificação *f* (*für* por)

rechthaberisch *adj* teimoso

rechtlich *adj* legal; (*gesetzlich*) jurídico

rechtmäßig *adj* legítimo, legal; **der ~e Besitzer** o legítimo proprietário

rechts [rɛçts] *adv* à direita; **nach ~ fahren** ir para a direita; **von ~ kommen** vir da direita; **~ von mir** à minha direita; (POL); **~ stehen** ser de direita; **sich ~ einordnen** chegar-se à direita

Rechtsanwalt, Rechtsanwältin *m, f* <-(e)s, -wälte *o* -innen> advogado, advogada *m, f*

Rechtsaußen *m/f* <-, - *o* -> (SPORT) ponta-direita *m,f*

Rechtsberatung *f* <-en> aconselhamento *m* jurídico

Rechtschreibung *f kein pl* ortografia *f*

> No dia 1 de Julho de 1996 foi assinado em Viena o acordo para a reforma ortográfica da língua alemã, **Reform der deutschen Rechtschreibung**. As novas regras são oficialmente válidas desde 1 de Agosto de 1998. Durante um período de transição até ao ano 2005 serão válidas grafias de acordo com as regras antigas e as regras novas.

Rechtsextremismus *m* <-> *kein pl* extremismo *m* de direita

Rechtsextremist(in) *m(f)* <-en, -en *o* -innen> extremista *m,f* de direita

Rechtshänder(in) *m(f)* <-s, - *o* -innen> pessoa *f* destra

Rechtskonsulent(in) *m(f)* <-en, -en *o* -innen> ❶ (*schweiz: Rechtsberater*) solicitador, solicitadora *m, f* ❷ (*schweiz: Rechtsan-*

walt) advogado, advogada *m, f*
rechtskräftig *adj* válido, vigente; ~ **werden** entrar em vigor
Rechtskurve *f* <-n> curva *f* à direita
Rechtsprechung *f kein pl* jurisdição *f*
rechtsradikal *adj* de extrema direita
Rechtsschutzversicherung *f* <-en> seguro *m* de prote(c)ção jurídica
Rechtsverkehr *m* <-s> *kein pl* circulação *f* pela direita
Rechtsweg *m* <-(e)s, -e> via *f* judicial
rechtswidrig *adj* ilegal, contra a lei
rechtwinklig *adj* re(c)tangular; ~**es Dreieck** triângulo re(c)tângulo *m*
rechtzeitig **I.** *adj* atempado **II.** *adv* a tempo, a horas
Reck [rɛk] *nt* <-(e)s, -s> barra *f* fixa
recken ['rɛkən] *vr* **sich** ~ espreguiçar-se, esticar-se
Recorder *m* <-s, -> gravador *m*
recycelbar *adj* reciclável
recyceln* *vt* reciclar
Recycling [ri'saɪklɪŋ] *nt* <-s> *kein pl* reciclagem *f*
Recyclingpapier *nt* <-s> *kein pl* papel *m* reciclado
Redakteur(in) [redak'tøːɐ] *m(f)* <-s, -e *o* -innen> reda(c)tor, reda(c)tora *m, f*
Redaktion [redak'tsjoːn] *f* <-en> reda(c)ção *f*
RedaktionsschlussRR *m* <-es> *kein pl* fecho *m* da reda(c)ção
Redaktor(in) *m(f)* <-s, -en *o* -innen> (*schweiz*) *s.* **Redakteur**
Rede ['reːdə] *f* <-n> discurso *m;* (*Gespräch*) conversa *f;* **eine ~ über etw halten** proferir um discurso sobre a. c.; **wovon ist die ~?** de que se trata?; **es ist nicht der ~ wert** não tem importância; **jdn zur ~ stellen** pedir satisfações a alguém; (LING); **direkte/indirekte ~** discurso *m* dire(c)to/indire(c)to
Redefreiheit *f kein pl* liberdade *f* de expressão
redegewandt *adj* eloquente
reden ['reːdən] **I.** *vt* dizer, falar; **Unsinn ~** dizer disparates, falar besteira **II.** *vi* ❶ (*sprechen*) falar (*mit* com, *über* sobre, *von* de); **sie ~ nicht mehr miteinander** eles já não se falam; **~ wir nicht mehr darüber** não falemos mais sobre isso; **du hast gut ~!** tu bem podes falar!; **so lasse ich nicht mit mir ~** eu não admito que me falem assim ❷ (*Rede halten*) discursar (*über* sobre)
Redewendung *f* <-en> expressão *f* idiomática
redigieren* *vt* redigir
redlich ['reːtlɪç] *adj* sério, re(c)to
Redner(in) ['reːdnɐ] *m(f)* <-s, - *o* -innen> orador, oradora *m, f*
redselig *adj* falador
reduzieren* *vt* reduzir (*auf* para, *um* em)
Reede *f* <-n> ancoradouro *m;* **auf ~ liegen** estar ancorado
Reeder(in) *m(f)* <-s, - *o* -innen> armador, armadora *m, f*
Reederei *f* <-en> companhia *f* de navegação
reell [re'ɛl] *adj* ❶ (*Geschäft*) sério; (*Preis*) módico; (*Chance*) concreto ❷ (MATH) real
Referat [refe'raːt] *nt* <-(e)s, -e> ❶ (*Vortrag*) relatório *m,* trabalho *m;* **ein ~ über etw halten** apresentar um trabalho sobre a. c. ❷ (*Abteilung*) se(c)ção *f*
Referendar(in) *m(f)* <-s, -e *o* -innen> estagiário, estagiária *m, f*
Referendariat *nt* <-(e)s, -e> estágio *m*
Referendum *nt* <-s, Referenda> referendo *m;* **ein ~ abhalten** fazer um referendo
Referent(in) [refe'rɛnt] *m(f)* <-en, -en *o* -innen> ❶ (*Vortragender*) arguente *m,f* ❷ (*Referatsleiter*) chefe de se(c)ção *m,f*
Referenz *f* <-en> referência *f*
referieren* *vi* ❶ (*Referat halten*) relatar (*über* sobre) ❷ (*berichten*) informar (*über* sobre)
reflektieren* *vt* (*Licht*) refle(c)tir
Reflektor [re'flɛktoːɐ] *m* <-s, -en> refle(c)tor *m*
Reflex [re'flɛks] *m* <-es, -e> reflexo *m*
Reflexion *f* <-en> reflexão *f* (*über* sobre)
reflexiv [reflɛ'ksiːf] *adj* reflexo, reflexivo
Reflexivpronomen *nt* <-s, -> pronome *m* reflexo
Reform [re'fɔrm] *f* <-en> reforma *f*
Reformation [refɔrma'tsjoːn] *f kein pl* (HIST) Reforma *f*
Reformhaus *nt* <-es, -häuser> loja *f* de produtos naturais
reformieren* *vt* reformar
Refrain [rə'frɛ̃ː] *m* <-s, -s> refrão *m*
Regal [re'gaːl] *nt* <-s, -e> estante *f*
Regatta [re'gata] *f* <Regatten> regata *f*
rege ['reːgə] *adj* ❶ (*Verkehr, Betrieb*) intenso; (*Nachfrage, Interesse*) grande ❷ (*Unterhaltung*) animado; (*Fantasie*) vivo

Regel ['re:gəl] *f* <-n> ❶ (*Vorschrift*) regra *f;* **~n aufstellen** estabelecer regras; **in der ~** geralmente, por norma, regra geral ❷ (*Menstruation*) menstruação *f,* período *m*

regelmäßig *adj* regular

Regelmäßigkeit *f kein pl* regularidade *f*

regeln ['re:gəln] **I.** *vt* regular; (*durch Verordnung*) regulamentar; (*in Ordnung bringen*) regularizar, resolver; **den Verkehr ~** regularizar o trânsito; **die Temperatur ~** regular a temperatura **II.** *vr* **sich ~** regularizar-se; **sich von selbst ~** resolver-se por si (mesmo)

regelrecht *adj* ❶ (*vorschriftsmäßig*) correto, segundo as regras ❷ (*umg: echt*) autêntico

Regelung *f* <-en> ❶ (*Vorschrift*) regulamento *m;* (*Abmachung*) acordo *m* ❷ (*von Angelegenheit*) regularização *f*

regelwidrig *adj* irregular, contra a regra

regen ['re:gən] *vr* **sich ~** mexer-se, agitar-se; **es regt sich kein Lüftchen** não corre ponta de vento; **es regt sich nichts** não se vê/ouve vivalma

Regen ['re:gən] *m* <-s> *kein pl* chuva *f;* **saurer ~** chuvas *fpl* ácidas; **es sieht nach ~ aus** o tempo está de chuva; **in den ~ kommen** apanhar chuva; (*umg*); **vom ~ in die Traufe kommen** é pior a emenda que o soneto; (*umg*); **jdn im ~ stehen lassen** abandonar alguém

Regenbogen *m* <-s, -bögen> arco-íris *m*

Regenbogenpresse *f kein pl* imprensa *f* sensacionalista

Regeneration *f* <-en> regeneração *f*

regenerieren* *vr* **sich ~** regenerar-se

Regenmantel *m* <-s, -mäntel> gabardine *f,* impermeável *m*

Regenrinne *f* <-n> caleira *f,* goteira *f*

Regenschauer *m* <-s, -> aguaceiro *m,* pancada *f* de chuva

Regenschirm *m* <-(e)s, -e> guarda-chuva *m,* chapéu-de-chuva *m*

Regentropfen *m* <-s, -> gota *f* de chuva

Regenwald *m* <-(e)s, -wälder> floresta *f* (h)úmida

Regenwasser *nt* <-s> *kein pl* águas *fpl* pluviais

Regenwetter *nt* <-s> *kein pl* tempo *m* de chuva; **bei ~** com tempo de chuva

Regenwurm *m* <-(e)s, -würmer> minhoca *f*

Regenzeit *f* <-en> estação *f* das chuvas

Regie [re'ʒi:] *f* <-n> (FILM) realização *f;* (*Theater*) dire(c)ção *f* artística; **bei etw ~ führen** dirigir a. c.

regieren* **I.** *vt* reger, dirigir **II.** *vi* governar

Regierung *f* <-en> governo *m;* **an die ~ kommen** subir ao poder; **die ~ umbilden** reestruturar o governo; **die Partei ist seit zwei Jahren an der ~** o partido está no governo há dois anos

Regierungsbezirk *m* <-(e)s, -e> distrito *m*

Regierungschef(in) *m(f)* <-s, -s *o* -innen> chefe *m,f* de governo

Regierungskrise *f* <-n> crise *f* governamental

Regierungswechsel *m* <-s, -> mudança *f* de governo

Regime [re'ʒi:m] *nt* <-s, -(s)> regime *m*

Regiment *nt* <-(e)s, -e(r)> ❶ (*Leitung*) governo *m* ❷ (MIL) regimento *m*

Region [re'gjo:n] *f* <-en> região *f*

regional [regjo'na:l] *adj* regional

Regisseur(in) [reʒɪ'sø:ɐ] *m(f)* <-s, -e *o* -innen> (FILM) realizador, realizadora *m, f;* (*im Theater*) dire(c)tor *m* artístico, dire(c)tora *f* artística, encenador, encenadora *m, f*

Register [re'gɪstɐ] *nt* <-s, -> ❶ (*Verzeichnis*) regist(r)o *m,* lista *f;* (*im Buch*) índice *m* ❷ (*einer Orgel*) regist(r)o *m*

registrieren* *vt* regist(r)ar

Regler ['re:glɐ] *m* <-s, -> (TECH) regulador *m*

regnen ['re:gnən] *vi* chover; **es regnet** está a chover, está chovendo

regnerisch *adj* chuvoso

regulär *adj* regular

regulieren* *vt* ❶ (*Lautstärke, Temperatur*) regular ❷ (*durch Verordnung*) regulamentar

Regung ['re:gʊŋ] *f* <-en> ❶ (*Bewegung*) movimento *m,* agitação *f* ❷ (*Gefühlsregung*) emoção *f*

regungslos *adj* imóvel

Reh [re:] *nt* <-(e)s, -e> corça *f*

Rehabilitation [rehabilita'tsjo:n] *f* <-en> reabilitação *f*

rehabilitieren* *vt* (*Ansehen*) recuperar

Reibe ['raɪbə] *f* <-n> raspa *f*

Reibeisen *nt* <-s, -> raspador *m,* ralador *m*

Reibelaut *m* <-(e)s, -e> (LING) fonema *m* fricativo

reiben ['raɪbən] *vt* ❶ (*aneinander*) esfregar, friccionar; **sich** *dat* **die Hände ~** esfregar as mãos; **etw blank ~** polir a. c. ❷ (*zerkleinern*) ralar, raspar

Reiberei *f* <-en> atrito *m*

Reibung *f* <-en> ❶ (*das Reiben*) fricção *f* ❷ (PHYS) atrito *m*

reibungslos *adj* sem atritos

reich [raɪç] *adj* ❶ (*wohlhabend*) rico (*an* em); **~ werden** enriquecer ❷ (*ergiebig*) abundante, opulento ❸ (*vielfältig*) rico, variado; **eine ~e Auswahl** uma escolha variada

Reich [raɪç] *nt* <-(e)s, -e> império *m;* (*Königreich*) reino *m*

reichen ['raɪçən] **I.** *vt* ❶ (*geben*) passar, chegar; **jdm die Hand ~** estender a mão a alguém; **~ Sie mir bitte das Brot** passe-me o pão, por favor ❷ (*anbieten*) servir **II.** *vi* ❶ (*genügen*) chegar, bastar; **die Torte reicht für alle** a torta chega para todos; **die Zeit reicht nicht** o tempo não chega; **jetzt reicht's aber!** chega!, basta! ❷ (*sich erstrecken*) chegar (*bis* até), alcançar; **so weit das Auge reicht** ao alcance da vista; **die Zweige ~ bis an das Fenster** os ramos chegam (até) à janela

reichhaltig *adj* abundante, rico; (*Auswahl*) variado

reichlich *adj* bastante, suficiente; (*Zeit*) (mais que) suficiente

No «Deutsches Reich» o **Reichstag** compunha-se de deputados que podiam ser eleitos por quatro anos, de acordo com a Constituinte de Weimar. O edifício do **Reichstag** em Berlim passou a ser novamente a sede do governo federal a partir de 1994, uma vez que após a reunificação foi decidido em Bona transferir-se a sede do governo para Berlim.

Reichtum *m* <-(e)s, -tümer> ❶ (*Besitz*) riqueza *f* (*an* em) ❷ (*Reichhaltigkeit*) abundância *f,* fartura *f*

Reichweite *f* <-n> alcance *m;* **in ~** ao alcance da mão

reif [raɪf] *adj* maduro

Reif [raɪf] *m* <-(e)s, -e> ❶ (*Armreif*) pulseira *f* ❷ *kein pl* (*Raureif*) geada *f*

Reife [raɪfə] *f kein pl* ❶ (*das Reifen*) amadurecimento *m* ❷ (*das Reifsein*) madureza *f;* (*von Mensch*) maturidade *f*

reifen ['raɪfən] *vi* amadurecer

Reifen ['raɪfən] *m* <-s, -> ❶ (*von Auto, Fahrrad*) pneu *m* ❷ (*Spielzeug*) arco *m*

Reifenpanne *f* <-n> furo *m* no pneu

Reifeprüfung *f* <-en> exame *m* final, exame *m* de madureza

Reihe ['raɪə] *f* <-n> ❶ (*Stuhlreihe, Baumreihe*) fila *f,* fileira *f;* **wir haben Plätze in der dritten ~** temos lugares na terceira fila; **in einer ~ stehen** estar em fila ❷ (*Anzahl*) série *f;* **ich habe schon eine ~ Bücher von ihr gelesen** eu já li uma série de livros dela ❸ *kein pl* (*Reihenfolge*) ordem *f;* **der ~ nach** por ordem; **ich bin an der ~** é a minha vez; **wer ist an der ~?** quem é que se segue?

Reihenfolge *f* <-n> ordem *f,* sucessão *f;* **in alphabetischer ~** por ordem alfabética

Reihenhaus *nt* <-es, -häuser> moradia *f* em banda

Reiher ['raɪɐ] *m* <-s, -> garça *f*

Reim [raɪm] *m* <-(e)s, -e> rima *f*

reimen *vr* **sich ~** rimar (*auf* com)

rein [raɪn] **I.** *adj* (*unvermischt*) puro; **~es Gold** ouro *m* puro; **~e Seide** pura seda; **das war ~er Zufall** foi mero acaso; (*sauber*) limpo; **etw ins Reine schreiben** passar a. c. a limpo **II.** *adv* (*umg*) *s.* **herein**

Reinfall *m* <-(e)s, -fälle> (*umg*) fracasso *m,* fiasco *m*

Reingewinn *m* <-(e)s, -e> lucro *m* líquido

Reinheit *f kein pl* ❶ (*Unverfälschtheit*) pureza *f* ❷ (*Sauberkeit*) limpeza *f*

Reinheitsgebot é uma das mais antigas leis alemãs para produtos alimentares. Desde 1516 ela prescreve que para a fabricação de cerveja só podem ser utilizados malte obtido a partir de cevada, lúpulo, água e ultimamente também levedura.

reinigen ['raɪnɪgən] *vt* limpar; (*Abwässer*) depurar; **einen Mantel ~ lassen** mandar limpar um casaco

Reiniger *m* <-s, -> produto *m* de limpeza

Reinigung *f* <-en> ❶ *kein pl* (*Säuberung*) limpeza *f;* (*von Abwässern*) depuração *f,* purificação *f;* (*von Kleidern*) limpeza *f* a seco ❷ (*Geschäft*) lavandaria *f;* **chemische ~** lavandaria *f* de limpeza a seco; **etw in die ~ bringen** levar a. c. para a lavandaria

reinlich *adj* limpo, asseado

reinrassig *adj* de raça pura

rein|würgen *vt* (*sl*) **jdm eine ~** tramar alguém, lixar alguém

Reis [raɪs] *m* <-es> *kein pl* arroz *m*

R

Reise ['raɪzə] *f* <-n> viagem *f* (*nach* a/para); **gute ~!** boa viagem!; **eine ~ machen** fazer uma viagem; **auf ~n sein** estar (para) fora

Reiseandenken *nt* <-s, -> recordação *f* de viagem

Reisebüro *nt* <-s, -s> agência *f* de viagens

Reisebus *m* <-ses, -se> camioneta *f* de turismo

Reiseführer *m* <-s, -> guia *m* turístico, roteiro *m* turístico

Reisegruppe *f* <-n> grupo *m* de turistas

Reisekosten *pl* despesas *fpl* de viagem

Reiseleiter(in) *m(f)* <-s, - *o* -innen> guia *m* turístico, guia *f* turística

reisen ['raɪzən] *vi* viajar (*nach* para)

Reisende(r) *m/f* <-n, -n *o* -n> viajante *m,f*

ReisepassRR *m* <-es, -pässe> passaporte *m*

Reisescheck *m* <-s, -s> cheque *m* de viagem

Reisetasche *f* <-n> saco *m* de viagem

Reiseveranstalter *m* <-s, -> operador *m* turístico

Reiseziel *nt* <-(e)s, -e> destino *m* da viagem

Reisfeld *nt* <-(e)s, -er> lezíria *f*

Reisig ['raɪzɪç] *nt* <-s> *kein pl* caruma *f*

Reißbrett *nt* <-(e)s, -er> estirador *m*

reißen **I.** *vt* (*zerreißen*) rasgar; **er riss den Brief in Stücke** ele rasgou a carta aos bocados; (*wegreißen, ausreißen*) arrancar, arrebatar; **etw aus dem Zusammenhang ~** tirar a. c. de contexto; (*ziehen*) puxar; **mir wurde die Tasche aus der Hand gerissen** puxaram-me o saco da mão; **jdn zu Boden ~** puxar alguém para o chão; **etw an sich ~** levar a. c., apoderar-se de a. c. **II.** *vi* romper(-se); **Achtung, das Seil reißt!** cuidado, a corda rompe!; **ihr riss die Geduld** ela perdeu a paciência

reißend *adj* (*Strömung*) torrencial; **~en Absatz finden** ter muita saída

ReißverschlussRR *m* <-es, -schlüsse> fecho *m* de correr, fecho *m* éclair; (*brasil*) fecho ecler *m*, zíper *m*

Reißwolf *m* <-(e)s, -wölfe> destruidora *f* de papel

Reißzwecke *f* <-n> percevejo *m*

reiten ['raɪtən] **I.** *vt* montar; **dieses Pferd reitet Lilli** a Lilli monta este cavalo **II.** *vi* montar, andar a cavalo, cavalgar

Reiter(in) *m(f)* <-s, - *o* -innen> cavaleiro, cavaleira *m, f*

Reithose *f* <-n> calças *fpl* de montar

Reitpferd *nt* <-(e)s, -e> cavalo *m* de montar

Reitsport *m* <-(e)s> *kein pl* hipismo *m*, equitação *f*

Reitstall *m* <-(e)s, -ställe> picadeiro *m*

Reitstiefel *m* <-s, -> bota *f* de montar

Reiz [raɪts] *m* <-es, -e> ① (*physiologisch*) estímulo *m* ② (*Anziehungskraft*) atra(c)ção *f*, encanto *m*; **der ~ des Neuen** a atra(c)ção pela novidade ③ (*Charme*) atra(c)tivo *m*

reizbar *adj* irritadiço

Reizbarkeit *f* <-en> irritabilidade *f*

reizen ['raɪtsən] *vt* ① (*provozieren*) irritar, espicaçar ② (*Organismus*) irritar ③ (*anziehen*) atrair, encantar; (*verlocken*) tentar; **Dänemark reizt mich nicht** a Dinamarca não me atrai

reizend *adj* encantador, atraente

reizlos *adj* sem graça, insípido

Reizung *f* <-en> (MED) irritação *f*

reizvoll *adj* ① (*schön*) encantador ② (*verlockend*) cativante, atraente

Reklamation [reklama'tsjo:n] *f* <-en> reclamação *f*

Reklame [re'kla:mə] *f* <-n> reclame *m*, anúncio *m*; **für etw ~ machen** fazer publicidade a a. c.

reklamieren* *vt* reclamar

rekonstruieren* *vt* reconstruir

Rekonstruktion *f* <-en> reconstrução *f*

Rekord [re'kɔrt] *m* <-(e)s, -e> recorde *m*; **einen ~ aufstellen/brechen** estabelecer/bater um recorde

Rekrut(in) [re'kru:t] *m(f)* <-en, -en *o* -innen> recruta *m,f*

rekrutieren* *vt* recrutar

Rektor(in) ['rɛkto:ɐ] *m(f)* <-s, -en *o* -innen> (*Schule, Universität*) reitor, reitora *m, f*

Relais *nt* <-, -> (ELEKTR) relé *m*

Relation [rela'tsjo:n] *f* <-en> proporção *f*, relação *f*; **Preis und Leistung stehen in keiner ~ zueinander** o preço e o rendimento não estão em proporção

relativ [rela'ti:f, 're:lati:f, 'rɛlati:f] *adj* relativo; **in diesem Winter ist es ~ warm** este Inverno está relativamente quente; **er ruft ~ oft an** ele telefona com relativa frequência

Relativsatz *m* <-es, -sätze> (LING) frase *f* relativa

relaxen* *vi* relaxar

relevant [rele'vant] *adj* relevante

Relief [re'ljɛf] *nt* <-s, -s> relevo *m*

Religion [reli'gjo:n] *f* <-en> religião *f*

Religionszugehörigkeit *f* <-en> religião *f*

religiös *adj* religioso

Religiosität *f kein pl* religiosidade *f*

Relikt *nt* <-(e)s, -e> vestígio *m*

Reling ['re:lɪŋ] *f* <-s> amurada *f*

Reliquie [re'li:kviə] *f* <-n> relíquia *f*

Remigrant(in) *m(f)* <-en, -en *o* -innen> retornado, retornada *m, f*

Remoulade *f* <-n> remolada *f*

Ren *nt* <-s, -s> rena *f*

Renaissance [rənɛ'sã:s] *f kein pl* Renascença *f*, Renascimento *m*

Rendezvous [rãde'vu:] *nt* <-, -> encontro *m;* **ein ~ haben** ter um encontro

Rendite [rɛn'di:tə] *f* <-n> (WIRTSCH) rendimento *m*, renda *f*

Renditenhaus *nt* <-es, -häuser> (*schweiz*) quarteirão *m* de casas alugadas

Rennbahn *f* <-en> pista *f* de corridas; (*Pferderennen*) hipódromo *m;* (*Radrennen*) velódromo *m;* (*Autorennen*) autódromo *m*

rennen ['rɛnən] *vi* correr; **gegen etw ~** embater contra a. c.

Rennen *nt* <-s, -> corrida *f*

Rennfahrer(in) *m(f)* <-s, - *o* -innen> corredor, corredora *m, f*, piloto *m,f*

Rennrad *nt* <-(e)s, -räder> bicicleta *f* de corrida

Rennwagen *m* <-s, -> carro *m* de corrida

renovieren* *vt* renovar

Renovierung *f* <-en> renovação *f*

rentabel [rɛn'ta:bəl] *adj* rentável, lucrativo

Rente ['rɛntə] *f* <-n> pensão *f* de reforma; **eine hohe/niedrige ~ bekommen** receber uma pensão alta/baixa; (*umg*); **in ~ gehen** reformar-se

Rentenalter *nt* <-s> *kein pl* idade *f* da reforma; **das ~ erreichen** chegar à idade da reforma

Rentenversicherung *f* <-en> (*staatlich*) fundo *m* de pensão; (*privat*) seguro *m* de poupança reforma

Rentier *nt* <-(e)s, -e> rena *f*

rentieren* *vr* **sich ~** ser proveitoso; (*finanziell*) ser rentável, ser lucrativo

Rentner(in) ['rɛntnɐ] *m(f)* <-s, - *o* -innen> reformado, reformada *m, f*, pensionista *m,f*

Reparatur [repara'tu:ɐ] *f* <-en> reparação *f*, conserto *m;* **etw in ~ geben** levar a. c. para arranjar

Reparaturwerkstatt *f* <-stätten> oficina *f*

reparieren* *vt* reparar, consertar

Reportage [repɔr'ta:ʒə] *f* <-n> reportagem *f* (*über* sobre)

Reporter(in) [re'pɔrtɐ] *m(f)* <-s, - *o* -innen> repórter *m,f*

Repräsentant(in) *m(f)* <-en, -en *o* -innen> representante *m,f*

repräsentativ *adj* representativo

Repressalien *pl* represálias *fpl*

repressiv *adj* repressivo

Reptil [rɛp'ti:l] *nt* <-s, -ien> réptil *m*

Republik [repu'bli:k] *f* <-en> república *f*

Republikaner(in) [republi'ka:nɐ] *m(f)* <-s, - *o* -innen> republicano, republicana *m, f*

republikanisch *adj* republicano

Requiem ['re:kviɛm] *nt* <-s, -s> (REL, MUS) réquiem *m*

Requisit [rekvi'zi:t] *nt* <-(e)s, -en> adereço *m*

resch *adj* ❶ (*österr: knusprig*) estaladiço ❷ (*österr: energisch*) enérgico

Reserve [re'zɛrvə] *f* <-n> reserva *f*

Reservekanister *m* <-s, -> bidão *m* de reserva

Reserverad *nt* <-(e)s, -räder> pneu *m* sobresselente

reservieren* *vt* reservar, marcar; **ich möchte einen Tisch/ein Zimmer für zwei Personen ~** eu queria reservar uma mesa/um quarto para duas pessoas

reserviert *adj* reservado

Residenz [rezi'dɛnts] *f* <-en> residência *f*

Resignation [rezɪgna'tsjo:n] *f kein pl* resignação *f*

resignieren* *vi* resignar-se, conformar-se

resolut [rezo'lu:t] *adj* resoluto, decidido

Resonanz [rezo'nants] *f* <-en> ❶ (PHYS, MUS) ressonância *f* ❷ (*Reaktion*) receptividade *f;* **der Vortrag fand wenig/große ~** a conferência teve pouca/muita receptividade

resozialisieren* *vt* reintegrar na sociedade

Respekt [re'spɛkt, rɛs'pɛkt] *m* <-(e)s> *kein pl* respeito *m* (*vor* por); **großen ~ vor jdm haben** ter um grande respeito por alguém

respektabel [respɛk'ta:bəl, rɛspɛk'ta:bəl] *adj* respeitável

respektieren* *vt* respeitar

respektlos *adj* irreverente

respektvoll *adj* respeitoso

Ressource *f* <-n> recurso *m*

Rest [rɛst] *m* <-(e)s, -e> ❶ (*nach Verbrauch, Verzehr*) resto *m;* (*Stoffrest*) retalho *m;* **es ist noch ein ~ Käse da** ainda há um resto

de queijo ❷ (*Überrest*) restos *mpl*, sobras *fpl*
Restanz *f* <-en> (*schweiz*) assunto *m* pendente
Restaurant [rɛsto'rã:] *nt* <-s, -s> restaurante *m*
Restauration *f* <-en> ❶ (*von Kunstwerken*) restauração *f* ❷ (*österr*) restaurante *m*
restaurieren* *vt* restaurar
Restbetrag *m* <-(e)s, -träge> saldo *m* devedor
restlich *adj* restante
restlos *adv* completamente; **ich bin ~ glücklich** eu estou perfeitamente feliz
restriktiv *adj* restritivo
Resultat [rezʊl'ta:t] *nt* <-(e)s, -e> resultado *m*
Resümee *nt* <-s, -s> resumo *m*
Retorte [re'tɔrtə] *f* <-n> retorta *f*; (*umg*); **aus der ~** artificial
Retortenbaby *nt* <-s, -s> bebé *m* proveta, nenê *m* de proveta
retour [re'tu:ɐ] *adv* (*österr, schweiz*) para trás; **jdm etw ~ geben** devolver a. c. a alguém; **etw ~ gehen lassen** reclamar a. c.
Retourbillett *nt* <-s, -s> (*schweiz*) bilhete *m* de ida e volta
Retourgeld *nt* <-(e)s, -er> (*schweiz*) troco *m*
retournieren* *vt* (*schweiz*) devolver
Retourspiel *nt* <-(e)s, -e> (*österr, schweiz*) segunda mão *f*
retten ['rɛtən] *vt* ❶ (*aus Notlage*) salvar (*vor* de); **jdm das Leben ~** salvar a vida a alguém ❷ (*Denkmal*) restaurar
Retter(in) *m(f)* <-s, - *o* -innen> salvador, salvadora *m, f*
Rettich ['rɛtɪç] *m* <-s, -e> rábano *m*
Rettung *f* <-en> ❶ (*aus Gefahr*) salvamento *m*; (*umg*); **du bist meine letzte ~** tu és a minha última salvação ❷ (*von Denkmal*) restauração *f*
Rettungsboot *nt* <-(e)s, -e> barco *m* salva-vidas
Rettungshubschrauber *m* <-s, -> helicóptero *m* de salvamento
Rettungsring *m* <-(e)s, -e> bóia *f* de salvamento
Rettungsschwimmer(in) *m(f)* <-s, - *o* -innen> nadador-salvador, nadadora-salvadora *m, f*
Rettungswagen *m* <-s, -> pronto-socorro *m*
Reue ['rɔɪə] *f kein pl* arrependimento *m*
reuig *adj* arrependido
Revanche [re'vã:ʃ(ə)] *f* <-n> desforra *f*, vingança *f*
revanchieren* *vr* **sich ~** ❶ (*sich rächen*) desforrar-se (*für* de) ❷ (*erwidern*) retribuir; **sich bei jdm für etw ~** retribuir a. c. a alguém
revidieren* *vt* rever, revisar
Revier [re'vi:ɐ] *nt* <-s, -e> ❶ (*Aufgabengebiet*) distrito *m* ❷ (*Polizeirevier*) esquadra *f*, delegacia *f* ❸ (*Jagdrevier*) zona *f* de caça
Revision [revi'zjo:n] *f* <-en> ❶ (*Kontrolle*) revisão *f* ❷ (JUR) recurso *m*
Revolte [re'vɔltə] *f* <-n> revolta *f*
Revolution [revolu'tsjo:n] *f* <-en> revolução *f*
revolutionär *adj* revolucionário
Revolutionär(in) *m(f)* <-s, -e *o* -innen> revolucionário, revolucionária *m, f*
Revolver [re'vɔlvɐ] *m* <-s, -> revólver *m*
rezensieren* *vt* criticar
Rezension [retsɛn'zjo:n] *f* <-en> crítica *f*
Rezept [re'tsɛpt] *nt* <-(e)s, -e> (*a* MED) receita *f*
rezeptfrei *adj* de venda livre
Rezeption [retsɛp'tsjo:n] *f* <-en> recepção *f*; **melden Sie sich bitte an der ~** apresente-se na recepção por favor
rezeptpflichtig *adj* que só se vende mediante receita médica
Rezession [retsɛ'sjo:n] *f* <-en> (WIRTSCH) recessão *f*
rezitieren* *vt* recitar, declamar
R-Gespräch *nt* <-(e)s, -e> chamada *f* a cobrar no destino
Rhabarber [ra'barbɐ] *m* <-s> *kein pl* ruibarbo *m*
Rhein [raɪn] *m* <-s> *kein pl* Reno *m*
Rheinland-Pfalz *nt* <-> *kein pl* Renânia-Palatinado *f*
rheinland-pfälzisch *adj* da Renânia-Palatinado
Rhesusfaktor *m* <-s, -en> fa(c)tor *m* Rh
Rhetorik [re'to:rɪk] *f kein pl* retórica *f*
rhetorisch *adj* retórico
Rheuma ['rɔɪma] *nt* <-s> *kein pl* reumatismo *m*
Rhinozeros *nt* <-(ses), -se> rinoceronte *m*
rhythmisch ['rʏtmɪʃ] *adj* rítmico
Rhythmus ['rʏtmʊs] *m* <-, Rhythmen> ritmo *m*
Ribisel *f* <-n> (*österr: rot*) groselha-ver-

melha *f;* (*schwarz*) groselha-negra *f*

richten ['rɪçtən] **I.** *vt* dirigir (*an/auf* a, *gegen* contra); (*Waffe*) apontar (*auf* a/para); (*Blick, Aufmerksamkeit, Hass*) dirigir (*auf* para); **eine Frage an jdn ~** dirigir uma pergunta a alguém; **an wen ist der Brief gerichtet?** a quem é endereçada a carta? **II.** *vr* **sich ~** ① (*abhängen*) reger-se (*nach* por), regular-se (*nach* por), orientar-se (*nach* por); **die Preise ~ sich nach der Entfernung** os preços regem-se pela distância ② (*sich anpassen*) ajustar-se (*nach* a); **sich nach jds Wünschen ~** ajustar-se aos desejos de alguém ③ (*sich wenden*) dirigir-se (*gegen* a); **die Kritik richtet sich gegen die Ärzte** a crítica dirige-se aos médicos

Richter(in) *m(f)* <-s, - *o* -innen> juiz, juíza *m, f*

richterlich *adj* judiciário, judicial

Richterskala *f kein pl* escala *f* de Richter

Richtgeschwindigkeit *f* <-en> velocidade *f* recomendada

richtig ['rɪçtɪç] **I.** *adj* ① (*zutreffend*) certo, exa(c)to; (*korrekt*) certo, corre(c)to; **ich halte es für ~, dass ...** eu acho bem que ... ② (*echt*) autêntico, verdadeiro; **es war ein ~es Durcheinander** foi uma autêntica confusão ③ (*passend*) apropriado, justo **II.** *adv* ① (*korrekt*) bem, corre(c)tamente; **eine Frage ~ beantworten** responder bem a uma pergunta; **die Uhr geht ~** o relógio está certo ② (*umg: sehr*) mesmo; **der Urlaub war ~ gut** as férias foram mesmo boas

Richtigkeit *f kein pl* exa(c)tidão *f;* **damit hat es seine ~** tem a sua razão de ser

richtig|stellen *vt* **etw ~** re(c)tificar a. c., emendar a. c.

Richtlinie *f* <-n> dire(c)tiva *f*

Richtpreis *m* <-es, -e> preço *m* recomendado

Richtung *f* <-en> ① (*räumlich*) dire(c)ção *f,* sentido *m;* **du gehst in die falsche ~** tu vais na dire(c)ção errada; **der Zug ~ Lissabon** o comboio em dire(c)ção a Lisboa; **in welche ~ muss ich fahren, um nach Hannover zu kommen?** qual é a dire(c)ção que tenho de seguir para chegar a Hannover?; **in östliche ~** para oriente ② (*Tendenz*) tendência *f,* orientação *f*

Richtwert *m* <-(e)s, -e> valor *m* aproximado, valor *m* de referência

rieb [riːp] *imp von* **reiben**

riechen ['riːçən] **I.** *vt* cheirar; (*umg*); **jdn nicht ~ können** não poder com alguém **II.** *vi* cheirar (*nach* a); **an einer Blume ~** cheirar uma flor; **es riecht angebrannt** cheira a queimado

Ried *nt* <-(e)s, -e> ① (BOT) cana *f,* junco *m* ② (*schweiz: Moor*) pântano *m*

rief [riːf] *imp von* **rufen**

Riegel ['riːgəl] *m* <-s, -> ① (*an Tür*) ferrolho *m* ② (*aus Schokolade*) barra *f*

Riemen ['riːmən] *m* <-s, -> ① (*Band*) tira *f,* cinto *m* ② (*Ruder*) remo *m*

Riese(in) ['riːzə] *m(f)* <-n, -n *o* -innen> gigante *m,f*

rieseln ['riːzəln] *vi* ① (*Sand, Pulver*) cair, escorregar ② (*Schnee*) cair de mansinho

Riesenarbeit *f kein pl* trabalhão *m,* trabalheira *f*

Riesenerfolg *m* <-(e)s, -e> mega-sucesso *m*

riesengroß *adj* gigantesco, enorme

Riesenrad *nt* <-(e)s, -räder> roda *f* gigante

riesig *adj* ① (*Gestalt*) gigantesco ② (*Problem, Freude*) enorme

riet [riːt] *imp von* **raten**

Riff [rɪf] *nt* <-(e)s, -e> recife *m*

rigoros [rigo'roːs] *adj* rigoroso

Rikscha *f* <-s> riquexó *m*

Rille ['rɪlə] *f* <-n> estria *f,* sulco *m*

Rind [rɪnt] *nt* <-(e)s, -er> ① (*männliches Tier*) boi *m;* (*weibliches Tier*) vaca *f* ② (ZOOL) gado bovino *m*

Rinde ['rɪndə] *f* <-n> ① (*Baumrinde*) casca *f* ② (*Brotrinde*) côdea *f*

Rinderwahnsinn *m* <-s> *kein pl* (*umg*) doença *f* das vacas loucas

Rindfleisch *nt* <-(e)s> *kein pl* carne *f* de vaca

Rindvieh *nt* <-s, -viecher> (*umg*) boi *m,* estúpido *m*

Ring [rɪŋ] *m* <-(e)s, -e> ① (*allgemein*) argola *f,* aro *m;* (*Fingerring*) anel *m;* (*Trauring, Verlobungsring*) aliança *f;* **~e unter den Augen haben** estar com [*o* ter] olheiras ② (*beim Boxen*) ringue *m*

Ringbuch *nt* <-(e)s, -bücher> caderno *m* de argolas

Ringelnatter *f* <-n> cobra *f* d'água

Ringelspiel *nt* <-(e)s, -e> (*österr*) carrocel *m*

ringen ['rɪŋən] *vi* lutar (*um* por); **nach Worten ~** tentar encontrar palavras; **mit dem Tod ~** lutar com a morte

Ringer(in) *m(f)* <-s, - *o* -innen> lutador, lutadora *m, f*

Ringfinger *m* <-s, -> dedo *m* anular

Ringkampf *m* <-(e)s, -kämpfe> luta *f*

Ringrichter(in) *m(f)* <-s, - *o* -innen> árbitro *m*

ringsherum ['rɪŋshɛ'rʊm] *adv* a toda a volta (*um* de)

ringsum *adv* à [*o* em] volta

Rinne ['rɪnə] *f* <-n> ❶ (*im Boden*) sulco *m;* (*zur Bewässerung*) rego *m* ❷ (*Dachrinne*) caleira *f,* goteira *f*

rinnen ['rɪnən] *vi* escorrer

Rinnstein *m* <-(e)s, -e> sarjeta *f,* valeta *f*

Rippchen *nt* <-s, -> (KOCHK) entrecosto *m*

Rippe ['rɪpə] *f* <-n> (ANAT) costela *f*

Rippli *nt* <-s, -> (*schweiz*) *s.* **Rippchen**

Risiko ['ri:ziko] *nt* <-s, Risiken> risco *m;* **ein großes ~ eingehen** correr um grande risco; **kein ~ eingehen** não correr riscos; **auf Ihr ~** por sua conta e risco

Risikogruppe *f* grupo *m* de risco

riskant [rɪs'kant] *adj* arriscado

riskieren* *vt* arriscar

riss[RR] [rɪs], **riß[ALT]** *imp von* **reißen**

Riss[RR] [rɪs] *m* <-es, -e>, **Riß[ALT]** *m* <-sses, -sse> (*in Stoff, Papier*) rasgão *m;* (*in Mauer*) fenda *f,* racha *f;* (*in Tasse*) rachadela *f;* (*in Haut*) greta *f*

rissig ['rɪsɪç] *adj* (*Wand*) rachado, fendido; (*Hände, Haut*) gretado

ritt [rɪt] *imp von* **reiten**

Ritt [rɪt] *m* <-(e)s, -e> cavalgada *f,* passeio *m* a cavalo

Ritter ['rɪtɐ] *m* <-s, -> cavaleiro *m*

ritterlich *adj* cavalheiresco

Ritual [ritu'a:l] *nt* <-s, -e> ritual *m*

rituell *adj* ritual

Ritze ['rɪtsə] *f* <-n> frincha *f*

ritzen ['rɪtsən] *vt* riscar (*in* em); **seinen Namen in das Holz ~** riscar o nome na madeira

Rivale(in) [ri'va:lə] *m(f)* <-n, -n *o* -innen> rival *m,f*

rivalisieren* *vi* rivalizar, competir; **mit jdm um etw ~** competir com alguém por a. c.

Rivalität *f* <-en> rivalidade *f*

Roastbeef *nt* <-s, -s> rosbife *m*

Robbe ['rɔbə] *f* <-n> foca *f*

Robotbild *nt* <-(e)s, -er> (*schweiz*) retrato-robô *m*

Roboter ['rɔbɔtɐ] *m* <-s, -> robô *m*

robust [ro'bʊst] *adj* robusto

roch [rɔx] *imp von* **riechen**

röcheln *vi* gemer; (*Sterbender*) agonizar

Rock[1] [rɔk] *m* <-(e)s, Röcke> ❶ (*Kleidungsstück*) saia *f* ❷ (*schweiz: Kleid*) vestido *m*

Rock[2] *m* <-(s)> *kein pl* (MUS) rock *m*

Rockband *f* <-s> grupo *m* de rock

rocken *vi* ❶ (*Musik machen*) tocar rock ❷ (*tanzen*) dançar rock

Rocker(in) ['rɔkɐ] *m(f)* <-s, - *o* -innen> roqueiro, roqueira *m, f*

Rockfestival *nt* <-s, -s> festival *m* de rock

Rodelbahn *f* <-en> pista *f* de trenós

rodeln ['ro:dəln] *vi* andar de trenó

Rodelschlitten *m* <-s, -> trenó *m*

roden ['ro:dən] *vt* ❶ (*Gebiet*) desbravar ❷ (*Wald*) desbastar

Rodler(in) *m(f)* <-s, - *o* -innen> praticante *m,f* de trenó

Rodung *f* <-en> ❶ (*das Roden*) desbravamento *m* ❷ (*gerodetes Gebiet*) terra *f* desbravada

Rogen *m* <-s, -> ovas *fpl*

Roggen ['rɔgən] *m* <-s> *kein pl* centeio *m*

Roggenbrot *nt* <-(e)s, -e> pão *m* de centeio

roh [ro:] *adj* ❶ (*Lebensmittel*) cru ❷ (*unbearbeitet*) bruto, tosco ❸ (*grob*) tosco, grosseiro

Rohbau *m* <-(e)s, -ten> construção *f* de alvenaria

Rohkost *f kein pl* comida *f* crua

Rohöl *nt* <-(e)s, -e> petróleo *m* bruto, crude *m*

Rohr [ro:ɐ] *nt* <-(e)s, -e> ❶ (*Wasserrohr*) cano *m,* tubo *m* ❷ *kein pl* (BOT) cana *f*

Röhre *f* <-n> ❶ (*für Gas, Wasser*) tubo *m,* cano *m* ❷ (*Radioröhre, Fernsehröhre*) válvula *f* ❸ (*Backröhre*) forno *m;* (*umg*); **in die ~ gucken** ficar a ver navios

Rohrzange *f* <-n> chave *f* de tubos

Rohrzucker *m* <-s> *kein pl* açúcar *m* de cana

Rohstoff *m* <-(e)s, -e> matéria-prima *f*

Rokoko ['rɔkoko] *nt* <-(s)> *kein pl* rococó *m*

Rolladen[ALT] *m* <-s, -läden> *s.* **Rollladen**

Rolle ['rɔlə] *f* <-n> ❶ (*Gerolltes*) rolo *m;* (*um etw darauf zu wickeln*) carretel *m;* (*Garnrolle*) carrinho *m;* (*Filmrolle*) bobina *f;* (*am Flaschenzug*) roldana *f* ❷ (*an Möbeln*) rodízio *m* ❸ (*eines Schauspielers, in der Gesellschaft*) papel *m;* **er spielt die ~ des Liebhabers** ele desempenha o papel do amante; **die ~ der Frau** o papel da mulher; **es spielt**

eine große ~ faz muita diferença; **es spielt keine ~** não tem importância nenhuma, não interessa

rollen ['rɔlən] **I.** *vt* (*bewegen*) rodar; (*aufrollen*) enrolar **II.** *vi* (*Ball, Tränen, Auto*) rolar; (*Flugzeug*) andar

Roller *m* <-s, -> ① (*für Kinder*) trotinete *f* ② (*österr: Rollo*) estore *m*

Rollfeld *nt* <-(e)s, -er> campo *m* de aterragem, campo *m* de aterrissagem

Rollkragenpullover *m* <-s, -> camisola *f* de gola alta

Rollladen[RR] *m* <-s, -läden> persiana *f*

Rollo ['rɔlo] *nt* <-s, -s> estore *m*

Rollschuh *m* <-(e)s, -e> patim *m;* **~ laufen** andar de patins

Rollsplitt *m* <-(e)s> *kein pl* gravilha *f*

Rollstuhl *m* <-(e)s, -stühle> cadeira *f* de rodas; **er sitzt im ~** ele está numa cadeira de rodas

Rollstuhlfahrer(in) *m(f)* <-s, - *o* -innen> deficiente *m,f* motor

Rolltreppe *f* <-n> escada rolante *f;* **~ fahren** ir pela escada rolante

Roma *pl* ciganos *mpl*

Roman [ro'ma:n] *m* <-s, -e> romance *m*

Romanik *f kein pl* estilo *m* românico

romanisch *adj* ① (*Sprache*) latino, românico; (*Kunst*) românico ② (*schweiz: rätoromanisch*) reto-romano

Romanist(in) *m(f)* <-en, -en *o* -innen> romanista *m,f*

Romanistik [roma'nɪstɪk] *f kein pl* filologia *f* românica

Romantik [ro'mantɪk] *f kein pl* romantismo *m*

Romantiker(in) *m(f)* <-s, - *o* -innen> romântico, romântica *m, f*

romantisch *adj* romântico

Romanze [ro'mantsə] *f* <-n> romance *m*

römisch *adj* romano; **~e Zahlen** numeração romana *f*, números *mpl* romanos

röntgen *vt* radiografar

Röntgenaufnahme *f* <-n> radiografia *f*

Röntgenbild *nt* <-(e)s, -er> radiografia *f*

röntgenisieren* *vt* (*österr*) *s.* **röntgen**

Röntgenstrahlen *pl* raios X *mpl*

Rooming-in *nt* <-(s), -s> *alojamento das mães em hospital, em caso de doença dos filhos*

rosa ['ro:za] *adj inv* cor-de-rosa

Rose ['ro:zə] *f* <-n> rosa *f*

Rosenkohl *m* <-(e)s> *kein pl* couve *f* de Bruxelas

Rosenkranz *m* <-es, -kränze> terço *m,* rosário *m;* **den ~ beten** rezar o terço

Rosenmontag [(')--'--] *m* <-(e)s, -e> segunda-feira *f* de Carnaval

Rosette *f* <-n> (ARCHIT) rosácea *f*

Roséwein *m* <-(e)s, -e> vinho *m* rosé

rosig *adj* ① (*Hautfarbe*) rosado ② (*erfreulich*) cor-de-rosa; **~e Zeiten** bons tempos; **~e Aussichten** boas perspe(c)tivas

Rosine [ro'zi:nə] *f* <-n> uva *f* passa

Rosmarin ['ro:smari:n] *m* <-s> *kein pl* rosmaninho *m*

Ross[RR] [rɔs] *nt* <-es, Rösser>, **Roß**[ALT] *nt* <-sses, Rösser> (*österr, schweiz*) cavalo *m*

Rosskur[RR] *f* <-en> terapia *f* de choque

Rösslispiel[RR] *nt* <-(e)s, -e> (*schweiz*) carrocel *m*

Rost [rɔst] *m* <-(e)s, -e> ① (*an Eisen*) ferrugem *f* ② (*für Grill*) grelha *f*

Rostbraten *m* <-s, -> (*österr*) carne *f* grelhada

rosten ['rɔstən] *vi* enferrujar, oxidar; **nicht rostend** inoxidável

rösten *vt* (*Fleisch, Fisch*) grelhar; (*Brot, Kaffee*) torrar; (*Kastanien*) assar

rostfrei *adj* inoxidável

Rösti *f* <-> *batatas assadas cortadas em fatias muito finas*

> **Rösti** é uma especialidade da culinária suíça. Para este prato frita-se dos dois lados numa frigideira uma espécie de panqueca de batata ralada crua ou cozida com cebolas e ervas.

rostig *adj* enferrujado, ferrugento

Rostschutz *m* <-es> *kein pl* anticorrosivo *m*

rot [ro:t] *adj* ① (*Farbe*) vermelho, encarnado; (*Haarfarbe*) ruivo; **eine ~e Ampel** um semáforo vermelho; **~ werden** ficar vermelho, corar ② (*sozialistisch*) socialista, social-democrata

rotblond *adj* ruivo

Röte *f kein pl* vermelhidão *f;* (*Schamesröte*) rubor *m*

Röteln *pl* (MED) rubéola *f*

röten *vr* **sich ~** ficar vermelho; (*vor Scham*) corar

rot-grün *adj* (POL) social-democrata e ecologista; **eine ~e Koalition** uma coligação entre social-democratas e ecologistas

rothaarig *adj* de cabelo ruivo

rotieren* *vi* ① (*sich drehen*) rodar (*um* à volta de), girar (*um* à volta de) ② (*umg: hektisch sein*) andar numa roda-viva

Rotkäppchen *nt* <-s> *kein pl* capuchinho *m* vermelho, chapeuzinho *m* vermelho

Rotkehlchen ['ro:tke:lçən] *nt* <-s, -> pintarroxo *m*

Rotkohl *m* <-(e)s> *kein pl* couve *f* roxa

rötlich *adj* avermelhado

Rotlichtviertel *nt* <-s, -> (*umg*) bairro *m* da luz vermelha

Rotor *m* <-s, -en> (TECH) rotor *m*

Rotwein *m* <-(e)s, -e> vinho *m* tinto

Rotz [rɔts] *m* <-es> *kein pl* (*sl*) ranho *m*

Rouge [ru:ʒ] *nt* <-s, -s> blush *m*

Roulade *f* <-n> rolo *m* de carne

Roulette [ru'lɛt] *nt* <-(e)s, -e> roleta *f*

Route ['ru:tə] *f* <-n> rota *f*, itinerário *m*

Routine [ru'ti:nə] *f kein pl* ① (*Gewohnheit*) rotina *f* ② (*Erfahrung*) prática *f*, experiência *f*

Routineuntersuchung *f* <-n> exame *m* de rotina

routiniert [ruti'ni:ɐt] *adj* experiente

Rowdy ['raʊdi] *m* <-s, -s> vândalo *m*

Rowdytum *nt* <-s> *kein pl* vandalismo *m*

Rübe *f* <-n> ① (BOT) nabo *m*; (*reg*); **gelbe ~** cenoura *f*; **rote ~** beterraba *f* ② (*umg: Kopf*) tola *f*

Rubel ['ru:bəl] *m* <-s, -> rublo *m*

rüber *adv* (*umg*) *s.* **herüber**

Rubin [ru'bi:n] *m* <-s, -e> rubi *m*

Rubrik [ru'bri:k] *f* <-en> rubrica *f*

Ruck [rʊk] *m* <-(e)s, -e> solavanco *m*; **sich** *dat* **einen ~ geben** fazer um esforço

ruckartig *adj* brusco, repentino

Rückblende *f* <-n> (LIT) analepse *f*; (FILM) flash-back *m*

Rückblick *m* <-(e)s, -e> retrospe(c)tiva *f* (*auf* de)

rückblickend *adj* em retrospe(c)tiva; **~ lässt sich sagen, dass ...** analisando retrospe(c)tivamente, pode dizer-se que ...

rückdatieren* *vt* pré-datar

rücken **I.** *vt* deslocar, mudar (de sítio); **er rückte den Stuhl vor die Heizung** ele deslocou a cadeira para o aquecedor **II.** *vi* (*Platz machen*) deslocar-se, chegar-se para lá; (*näher kommen*) aproximar-se; **er rückte an den Tisch** ele aproximou-se da mesa; **rück mal ein Stück** chega-te para lá; **rück näher!** chega-te mais para cá!; **an jds Stelle ~** tomar o lugar de alguém

Rücken *m* <-s, -> ① (*des Menschen*) costas *fpl*; **jdm den ~ zudrehen** virar as costas a alguém; **hinter jds ~** nas costas de alguém; **jdm in den ~ fallen** não apoiar alguém ② (*Buchrücken*) lombada *f* ③ (*eines Tieres*) lombo *m*, dorso *m*

Rückenlehne *f* <-n> espaldar *m*, costas *fpl* (da cadeira)

Rückenmark *nt* <-(e)s> *kein pl* espinal *f* medula

Rückenschmerzen *pl* dores *fpl* de costas

Rückenschwimmen *nt* <-s> *kein pl* natação *f* de costas

Rückenwind *m* <-(e)s> *kein pl* vento *m* de cauda

Rückerstattung *f* <-en> (*Steuern*) restituição *f*; (*Geld*) reembolso *m*, devolução *f*

Rückfahrkarte *f* <-n> bilhete *m* de ida e volta

Rückfahrscheinwerfer *m* <-s, -> farol *m* de marcha atrás, farol *m* de marcha a ré

Rückfahrt *f* <-en> volta *f*, viagem de regresso *m*; **auf der ~** à volta

Rückfall *m* <-(e)s, -fälle> ① (MED) recaída *f*; **einen ~ erleiden** ter uma recaída ② (JUR) reincidência *f*

rückfällig *adj* (JUR) **~ werden** reincidir

Rückflug *m* <-(e)s, -flüge> voo *m* de regresso

Rückfrage *f* <-n> consulta *f*

Rückgabe *f* <-n> devolução *f*, restituição *f*

Rückgang *m* <-(e)s, -gänge> diminuição *f* (*um* em), recuo *m* (*um* em)

rückgängig *adj* (*Vertrag*) **etw ~ machen** anular; (*Verabredung*) cancelar, desmarcar

Rückgrat *nt* <-(e)s, -e> (ANAT) coluna *f* vertebral, espinha *f* dorsal

Rückhalt *m* <-(e)s, -e> apoio *m*; **jdm ~ geben** dar apoio a alguém, apoiar alguém

Rückkehr *f kein pl* regresso *m*, volta *f*; **bei meiner ~** quando eu regressar

Rücklicht *nt* <-(e)s, -er> luz *f* traseira

Rücknahme *f* <-n> (*von Waren*) aceitação *f* de devoluções; (*von Versprechen, Klage*) desistência *f*

Rückporto *nt* <-s, -s> franquia *f* de volta

Rückreise *f* <-n> viagem *f* de regresso; **auf der ~** na viagem de regresso

Rückruf *m* <-(e)s, -e> resposta por telefone *f*; **ich erwarte Ihren ~** eu aguardo a sua resposta por telefone

Rucksack ['rʊk-] *m* <-(e)s, -säcke> mochila *f*

Rucksacktourist(in) *m(f)* <-en, -en *o* -innen> turista *m,f* pé-descalço

Rücksand *m* <-(e)s> *kein pl* (*schweiz*) devolução *f*

Rückschlag *m* <-(e)s, -schläge> revés *m*

Rückschritt *m* <-(e)s, -e> retrocesso *m,* recuo *m*

Rückseite *f* <-n> (*eines Gebäudes*) traseiras *fpl;* (*eines Blattes Papier*) verso *m;* (*eines Stoffes*) avesso *m;* **siehe ~** ver no verso

Rücksicht *f* <-en> consideração *f,* respeito *m;* **auf jdn ~ nehmen** ter consideração por alguém; **auf etw ~ nehmen** tomar a. c. em consideração; **mit ~ auf** *+akk* atendendo a, considerando que *+inf*

rücksichtslos *adj* (*Person*) sem consideração, sem respeito; (*Benehmen*) indelicado, grosseiro, bruto; (*Fahrstil*) à bruta; (*Vorgehen*) desrespeitoso

Rücksichtslosigkeit *f* <-en> falta *f* de respeito, falta *f* de consideração

rücksichtsvoll *adj* atencioso

Rücksitz *m* <-es, -e> banco *m* de trás, banco *m* traseiro

Rückspiegel *m* <-s, -> espelho *m* retrovisor, retrovisor *m*

Rückspiel *nt* <-(e)s, -e> segunda mão *f*

Rücksprache *f kein pl* consulta *f,* conversa *f;* **die ~ mit der Chefin hat ergeben ...** da conversa com a chefe resultou ...; **mit jdm ~ halten** conferenciar com alguém

Rückstand *m* <-(e)s, -stände> ① (*Rest*) restante *m,* resto *m* ② (*Verzug*) atraso *m;* **wir sind mit der Lieferung im ~** nós estamos atrasados na entrega; **die Mannschaft liegt mit drei Toren im ~** a equipa está a perder por três golos

rückständig *adj* ① (*rückschrittlich*) atrasado ② (*unterentwickelt*) atrasado, subdesenvolvido

Rücktritt *m* <-(e)s, -e> (*von Amt*) demissão *f;* **seinen ~ erklären** apresentar a sua demissão

Rücktrittbremse *f* <-n> travão *m* de pé

rückwärts *adv* ① (*mit dem Rücken voran*) para trás, de costas; **~ einparken** estacionar de costas ② (*österr: hinten*) atrás; **im Zug ~ aussteigen** descer do comboio atrás

Rückwärtsgang *m* <-(e)s, -gänge> marcha *f* atrás, marcha *f* a ré

Rückweg *m* <-(e)s, -e> volta *f,* regresso *m;* **auf dem ~** na volta, no regresso

rückwirkend *adj* retroa(c)tivo

Rückzahlung *f* <-en> reembolso *m*

Rückzug *m* <-(e)s, -züge> (MIL) retirada *f*

Rüde *m* <-n, -n> cão *m* macho

Rudel ['ru:dəl] *nt* <-s, -> (*Wölfe*) alcateia *f;* (*Hirsche*) manada *f*

Ruder ['ru:dɐ] *nt* <-s, -> ① (*des Ruderbootes*) remo *m* ② (*Steuerruder*) leme *m;* (*umg*); **am ~ sein** estar no poder; (*umg*); **ans ~ kommen** subir ao poder

Ruderboot *nt* <-(e)s, -e> barco *m* a remos

Ruderer(in) *m(f)* <-s, - *o* -innen> remador, remadora *m, f*

rudern ['ru:dɐn] *vi* remar

Rüebli *nt* <-s, -> (*schweiz*) cenoura *f*

Ruf [ru:f] *m* <-(e)s, -e> ① (*Ausruf, Schrei*) grito *m,* clamor *m* ② *kein pl* (*Ansehen*) reputação *f,* fama *f;* **einen guten ~ haben** ter uma boa reputação

rufen ['ru:fən] **I.** *vt* chamar; **jdn ~** chamar alguém; **ein Taxi/den Arzt ~** chamar um táxi/o médico; **wie gerufen kommen** vir mesmo a calhar **II.** *vi* chamar; **laut ~** gritar, berrar; **nach jdm ~** chamar por alguém; **um Hilfe ~** gritar por socorro

Rufmord *m* <-(e)s, -e> destruição *f* da reputação

Rufname *m* <-ns, -n> nome próprio *m,* primeiro nome *m*

Rufnummer *f* <-n> número *m* de telefone

Rugby ['rakbi] *nt* <-(s)> *kein pl* râguebi *m,* rugby *m*

Rüge *f* <-n> reprimenda *f,* repreensão *f;* **jdm eine ~ erteilen** dar uma reprimenda a alguém

rügen *vt* repreender

Rügen *nt* <-s> *kein pl* Rügen *f*

Ruhe ['ru:ə] *f kein pl* ① (*Stille*) sossego *m,* tranquilidade *f;* (*Gelassenheit*) calma *f;* **immer mit der ~!** paciência! ② (*Entspannung*) descanso *m,* repouso *m;* **sich zur ~ setzen** retirar-se da vida a(c)tiva ③ (*Frieden*) paz *f;* **lass mich in ~!** deixa-me em paz! ④ (*Schweigen*) silêncio *m;* **~!** silêncio!

ruhelos *adj* irrequieto, desassossegado

ruhen ['ru:ən] *vi* ① (*ausruhen*) descansar, repousar; **der Teig muss ~** a massa tem de repousar ② (*Tätigkeit*) estar em suspenso

Ruhepause *f* <-n> pausa *f,* intervalo *m;* **eine ~ einlegen** descansar

Ruhestand *m* <-(e)s> *kein pl* reforma *f;* **jdn in den ~ versetzen** dar a reforma a alguém; **im ~ sein** estar na reforma

Ruhestörung *f* <-en> perturbação *f* da ordem pública

Ruhetag *m* <-(e)s, -e> folga *f;* (*eines Restaurantes*) di *m* de descanso

ruhig ['ruːɪç] *adj* ① (*bewegungslos*) quieto; **eine ~e Hand haben** ter uma mão segura ② (*geräuschlos*) silencioso; (*schweigsam*) calado; **seid ~!** caluda!, estejam calados!; **es ist ein ~es Viertel** é um bairro sossegado ③ (*friedlich*) sossegado, pacífico; (*gelassen*) calmo, sereno; (*Gewissen*) tranquilo; **~er werden** sossegar, acalmar-se

Ruhm [ruːm] *m* <-(e)s> *kein pl* fama *f,* celebridade *f*

rühmen *vt* louvar, exaltar, glorificar

Ruhr [ruːɐ] *f kein pl* (MED) disenteria *f*

Rührei *nt* <-(e)s, -er> ovo *m* mexido

rühren **I.** *vt* (*umrühren*) mexer; (*mischen*) misturar; **die Eier in den Teig ~** misturar os ovos na massa; (*bewegen*) mover; (*emotional*) comover, tocar, mexer com **II.** *vi* mexer; **im Kaffee ~** mexer o café **III.** *vr* **sich ~** mexer-se, mover-se; **sich nicht vom Fleck ~** não sair do sítio

rührend *adj* comovente, enternecedor

rührig *adj* mexido, vivo

Rührteig *m* <-(e)s, -e> massa *f* de bolo

Rührung *f kein pl* comoção *f*

Ruin [ru'iːn] *m* <-s> *kein pl* ruína *f;* **vor dem ~ stehen** estar à beira da ruína

Ruine [ru'iːnə] *f* <-n> ruína(s) *fpl*

ruinieren* *vt* arruinar, estragar; (*umg*) dar cabo de

rülpsen *vi* (*umg*) arrotar

Rülpser *m* <-s, -> (*umg*) arroto *m*

rum [rʊm] *adv* (*umg*) *s.* **herum**

Rum [rʊm] *m* <-s, -s> rum *m*

Rumäne(in) *m(f)* <-n, -n *o* -innen> romeno, romena *m, f*

Rumänien *nt* <-s> *kein pl* Roménia *f*

rumänisch *adj* romeno

Rummel ['rʊməl] *m* <-s> *kein pl* (*umg*) agitação *f,* estardalhaço *m*

Rumpf [rʊmpf] *m* <-(e)s, Rümpfe> ① (*des Menschen*) tronco *m* ② (*eines Schiffes*) casco *m;* (*eines Flugzeuges*) fuselagem *f*

rümpfen *vt* **die Nase ~** torcer o nariz

rund [rʊnt] **I.** *adj* (*Form*) redondo; (*Körperteil*) roliço **II.** *adv* (*umg*) à [*o* por] volta de, aproximadamente, cerca de; **der Flug kostet ~ 300 EUR** o voo custa cerca de 300 euros; **~ um jdn/. etw** à [*o* em] volta de alguém/a. c.; **eine Reise ~ um die Welt** uma viagem à volta do mundo; **Informationen ~ um Picasso** informações completas sobre Picasso; **~ um die Uhr geöffnet** aberto 24 horas

Rundblick *m* <-(e)s, -e> panorama *m,* vista *f*

Runde ['rʊndə] *f* <-n> ① (*Gesellschaft*) grupo *m* ② (*von Wächter*) ronda *f* ③ (*von Getränken*) rodada *f;* **wer zahlt die nächste ~?** quem paga a próxima rodada? ④ (*in Wettkampf*) volta *f;* (*Boxen*) assalto *m*

runden *vt* (MATH) arredondar

Rundfahrt *f* <-en> circuito *m* turístico

Rundfunk *m* <-s> *kein pl* rádio *f,* radiodifusão *f;* **im ~** na rádio

Rundfunkgebühr *f* <-en> taxa *f* de radiodifusão

Rundfunksender *m* <-s, -> emissora *f* de rádio

Rundgang *m* <-(e)s, -gänge> volta *f,* ronda *f*

rundlich *adj* ① (*Gegenstand*) arredondado ② (*euph umg: Person*) gorducho, roliço

Rundreise *f* <-n> volta *f* (*durch* por)

Rundschreiben *nt* <-s, -> circular *f*

Rundwanderweg *m* caminho *m* circular

runter ['rʊntɐ] *adv* (*umg*) *s.* **herunter**

Runzel ['rʊntsəl] *f* <-n> ruga *f*

runzelig *adj* (*Haut, Gesicht*) rugoso, enrugado; (*Apfel*) engelhado, encarquilhado

runzeln ['rʊntsəln] *vt* franzir; **die Stirn ~** franzir a testa

Rüpel *m* <-s, -> malcriado *m,* grosseirão *m*

rüpelhaft *adj* insolente

rupfen ['rʊpfən] *vt* ① (*Geflügel*) depenar ② (*Gras, Unkraut*) arrancar

ruppig *adj* rude, grosseiro

Rüsche *f* <-n> folho *m*

Rushhour[RR] *f* <-s> hora *f* de ponta

Ruß *m* <-es, -e> fuligem *f*

Russe(in) ['rʊsə] *m(f)* <-n, -n *o* -innen> russo, russa *m, f*

Rüssel *m* <-s, -> (*von Elefant*) tromba *f;* (*von Schwein*) focinho *m;* (*von Insekt*) ferrão *m*

rußen **I.** *vt* (*schweiz: entrußen*) desenferrujar **II.** *vi* (*Kerze, Feuer*) fumegar

rußig *adj* fuliginoso

russisch *adj* russo

Russland[RR] ['rʊslant] *nt* <-s> *kein pl,* **Ruß-**

land[ALT] *nt* <-s> *kein pl* Rússia *f*
rüsten **I.** *vt* (*schweiz*) preparar **II.** *vi* ① (MIL) armar-se; **zum Krieg ~** armar-se para a guerra ② (*schweiz: sich vorbereiten*) preparar-se (*zu* para)
rüstig *adj* forte, vigoroso
Rüstung *f* <-en> ① *kein pl* (MIL) armamento *m* ② (*der Ritter*) armadura *f*
Rüstungsbegrenzung *f* <-en> limitação *f* de armamento
Rüstungskontrolle *f* <-n> controlo *m* de armamento
Rüstungswettlauf *m* <-(e)s, -läufe> corrida *f* ao armamento
Rute ['ruːtə] *f* <-n> ① (*Stock*) vara *f*, verga *f* ② (*zum Angeln*) cana *f*
Rutsch [rʊtʃ] *m* <-(e)s, -e> (*umg*) **guten ~ (ins neue Jahr)!** Boas Entradas!
Rutschbahn *f* <-en> escorregão *m*
rutschen ['rʊtʃən] *vi* ① (*auf nasser, glatter Fläche*) escorregar ② (*sich bewegen*) deslizar, escorregar; **die Hose rutscht** as calças escorregam; **auf Knien ~** andar de joelhos ③ (*umg: Platz machen*) chegar-se para lá; **rutsch doch mal!** chega-te para lá!
rutschig *adj* escorregadio
rütteln *vi* (*an Türklinke, Gitter*) abanar, sacudir; **daran gibt es nichts zu ~** a decisão está tomada

Ss

S *nt* <-, -> S, s *m*
S. *abk v* **Seite** p. (= *página*)
Saal [zaːl] *m* <-(e)s, Säle> salão *m*
Saaltochter *f* <-töchter> (*schweiz*) empregada *f* de mesa, garçonete *f*
Saarland *nt* <-(e)s> *kein pl* Sarre *m*
saarländisch *adj* do Sarre
Saat [zaːt] *f kein pl* ① (*das Aussäen*) sementeira *f* ② (*Saatgut*) semente *f*
Saatgut *nt* <-(e)s> *kein pl* semente *f*
Sabbat ['zabat] *m* <-s, -e> sabat *m*, sábado *m* judaico
sabbern *vi* babar-se
Säbel *m* <-s, -> sabre *m*
Sabotage [zabo'taːʒə] *f* <-n> sabotagem *f*
sabotieren* *vt* sabotar
Saccharin *nt* <-s> *kein pl* sacarina *f*
Sachbearbeiter(in) *m(f)* <-s, - *o* -innen> funcionário *m* especializado, funcionária *f* especializada
Sachbuch *nt* <-(e)s, -bücher> livro *m* especializado
Sache ['zaxə] *f* <-n> ① (*Ding*) coisa *f*; (*Gegenstand*) obje(c)to *m*; (*umg*); **warme ~n** roupa *f* quente; **seine sieben ~n packen** arrumar as trouxas ② (*Angelegenheit*) coisa *f*, assunto *m*; **das ist Ihre ~!** isso é consigo!; **zur ~ kommen** ir dire(c)to ao assunto; **nicht bei der ~ sein** estar distraído; **bei der ~ bleiben** cingir-se ao assunto
Sachertorte *f* <-n> torta *f* de chocolate
Sachgebiet *nt* <-(e)s, -e> área *f* especializada
sachgemäß *adj* apropriado, adequado
sachkundig *adj* especialista
sachlich *adj* (*objektiv*) obje(c)tivo
sächlich *adj* (LING) neutro
Sachschaden *m* <-s, -schäden> dano *m* material
Sachse, Sächsin *m, f* <-n, -n *o* -innen> saxónio, saxónia *m, f*
Sachsen ['zaksən] *nt* <-s> *kein pl* Saxónia *f*
Sachsen-Anhalt *nt* <-s> *kein pl* Saxónia-Anhalt *f*
sachsen-anhaltinisch *adj* da Saxónia-Anhalt
sachsen-anhaltisch *adj s.* **sachsen-anhaltinisch**
sächsisch *adj* saxónio
sachte ['zaxtə] *adv* ① (*behutsam*) com cuidado, com calma ② (*langsam*) lentamente, devagar ③ (*allmählich*) pouco a pouco
Sachverhalt ['zaxfɛɐhalt] *m* <-(e)s, -e> fa(c)tos *mpl*, estado *m* das coisas
Sachverständige(r) *m/f* <-n, -n *o* -n> perito, perita *m, f*, técnico, técnica *m, f*
Sack [zak] *m* <-(e)s, Säcke> saco *m*, saca *f*; **mit ~ und Pack** com todos os haveres; **der Gelbe ~** *saco para lixo reciclável*
Sackgasse *f* <-n> beco *m*, rua *f* sem saída
Sackgeld *nt* <-(e)s> *kein pl* (*schweiz*) mesada *f*
Sackmesser *nt* <-s, -> (*schweiz*) navalha *f*, canivete *m*
Sacktuch *nt* <-(e)s, -tücher> (*österr, schweiz*) lenço *m* (da mão)
Sadismus [za'dɪsmʊs] *m kein pl* sadismo *m*

sadistisch *adj* sádico

säen *vt* semear

Safari *f* <-s> safari *m*

Safe [sɛɪf] *m* <-s, -s> cofre *m*, caixa-forte *f*

Safer Sex *m* <-(es)> *kein pl* sexo *m* seguro

Safran ['zafra(ː)n] *m* <-s> *kein pl* (KOCHK) açafrão *m*

Saft [zaft] *m* <-(e)s, Säfte> (*von Früchten*) sumo *m*, suco *m*; (*von Braten*) molho *m*; (*von Pflanzen*) seiva *f*

saftig *adj* ❶ (*Obst*) suculento, sumarento ❷ (*umg: Preis, Rechnung*) puxado; (*Ohrfeige*) valente

Sage ['zaːgə] *f* <-n> saga *f*

Säge *f* <-n> ❶ (*Werkzeug*) serra *f*, serrote *m* ❷ (*österr: Sägewerk*) serração *f*

Sägemehl *nt* <-s> *kein pl* serrim *m*, serradura *f*

sagen ['zaːgən] *vt* dizer; **jdm etw ~** dizer a. c. a alguém; **Ja/Nein ~** dizer que sim/não; **wie sagt man das auf Portugiesisch?** como é que se diz isso em Português?; **gute Nacht ~** dizer boa noite; **was ich noch ~ wollte ...** é verdade ..., a propósito ...; **das hätte ich dir gleich ~ können** eu ter-te-ia dito logo; **unter uns gesagt** entre nós; **er hat in der Firma nichts zu ~** ele não tem voz a(c)tiva na empresa; **das ist leichter gesagt, als getan** isso é fácil de dizer; (*umg*); **lass dir das gesagt sein!** fica sabendo!; (*umg*); **was Sie nicht ~!** não diga!, ora vejam lá!; (*umg*); **sag schon!** diz lá!, desenbucha!; (*umg*); **sag bloß!** não me digas!

sägen *vt* serrar

sagenhaft *adj* ❶ (*legendär*) lendário, mítico ❷ (*umg: fantastisch*) fabuloso

Sägewerk *nt* <-(e)s, -e> serração *f*

sah [zaː] *imp von* **sehen**

Sahara *f kein pl* Sara *m*

Sahne ['zaːnə] *f kein pl* nata(s) *fpl*; **~ steif schlagen** bater as natas em castelo

Saison [zɛ'zõː, zɛ'zɔŋ] *f* <-s> época *f*, temporada *f*

Saite ['zaɪtə] *f* <-n> corda *f*

Saiteninstrument *nt* <-(e)s, -e> instrumento *m* de cordas

Sakko ['zako] *nt* <-s, -s> casaco *m*, paletó-saco *m*

sakral [za'kraːl] *adj* sagrado

Sakrament [zakra'mɛnt] *nt* <-(e)s, -e> sacramento *m*

Salamander *m* <-s, -> salamandra *f*

Salami [za'laːmi] *f* <-s> salame *m*

Salär *nt* <-s, -e> (*schweiz*) salário *m*

Salat [za'laːt] *m* <-(e)s, -e> salada *f*; **gemischter ~** salada mista; **den ~ anmachen** temperar a salada

Salatkopf *m* <-(e)s, -köpfe> alface *f*

Salatsoße *f* <-n> molho *m* para saladas

Salbe ['zalbə] *f* <-n> pomada *f*

Salbei ['zalbaɪ, -'-] *m* <-s> *kein pl* salva *f*

Saldo ['zaldo] *m* <-s, Saldi> saldo *m*

Säle *pl von* **Saal**

Salmiak [zal'mjak, '--] *m* <-s> *kein pl* sal *m* amoníaco

Salmiakgeist *m* <-(e)s> *kein pl* amoníaco *m*

Salmonellen *pl* (MED) salmonelose *f*

Salon [za'lõː, za'lɔŋ] *m* <-s, -s> salão *m*

salopp [za'lɔp] *adj* (*Sprache, Verhalten*) descontraído; (*Kleidung*) à vontade

Salpeter *m* <-s> *kein pl* salitre *m*

Salpetersäure *f kein pl* ácido *m* nítrico

Salto ['zalto] *m* <-s, -s> salto *m*

salü *interj* ❶ (*umg schweiz: hallo*) olá! ❷ (*tschüs*) tchau!

SalutschussRR *m* <-es, -schüsse> (MIL) tiro *m* de saudação

Salve *f* <-n> (MIL) salva *f*

Salz [zalts] *nt* <-es, -e> (*a* CHEM) sal *m*; **~ gewinnen** extrair sal

Salzburg *nt* <-s> *kein pl* Salzburgo *m*

salzen ['zaltsən] *vt* pôr sal em, salgar

salzhaltig *adj* salino

salzig *adj* salgado

Salzkartoffeln *pl* batatas *fpl* cozidas

Salzsäure *f kein pl* ácido *m* clorídrico

Salzstreuer *m* <-s, -> saleiro *m*

Salzwasser *nt* <-s> *kein pl* água *f* salgada

Samba *f* <-s> samba *m*

Samen ['zaːmən] *m* <-s, -> ❶ (*von Pflanzen*) semente *f* ❷ *kein pl* (*Sperma*) sémen *m*, esperma *m*

Samenbank *f* <-en> banco *m* de esperma

SamenergussRR *m* <-es, -güsse> ejaculação *f*

Sammelband *m* <-(e)s, -bände> cole(c)tânea *f*, antologia *f*

sammeln ['zaməln] **I.** *vt* (*Unterschriften, Eindrücke*) recolher; (*Geld*) juntar; (*Altpapier*) acumular; (*Beeren*) colher; (*als Hobby*) cole(c)cionar **II.** *vr* **sich ~** (*zusammenkommen*) juntar-se, reunir-se

Sammeltaxi *nt* <-s, -s> táxi *m* cole(c)tivo

Sammet *m* <-s, -e> (*schweiz*) *s.* **Samt**

Sammler(in) ['zamlɐ] *m(f)* <-s, - *o* -innen> cole(c)cionador, cole(c)cionadora *m, f*

Sammlung *f* <-en> ① (*das Sammeln*) cole(c)ção *f;* (*Geld*) cole(c)ta *f,* peditório *m* ② (*gesammelte Gegenstände*) cole(c)ção *f* ③ (*Anthologie*) cole(c)tânea *f*

Samstag ['zamsta:k] *m* <-(e)s, -e> sábado *m; s. a.* **Montag**

samstags ['zamsta:ks] *adv* aos sábados

samt [zamt] *präp +dat* juntamente com

Samt [zamt] *m* <-(e)s, -e> veludo *m*

sämtlich *pron indef* todo, todos; **mir sind ~e Dokumente gestohlen worden** roubaram-me os documentos todos

Sanatorium [zana'to:riʊm] *nt* <-s, -torien> sanatório *m*

Sand [zant] *m* <-(e)s> *kein pl* areia *f;* **im ~ verlaufen** ficar em águas de bacalhau; (*umg*); **wie ~ am Meer** aos montes

Sandale [zan'da:lə] *f* <-n> sandália *f*

Sandbank *f* <-bänke> banco *m* de areia

sandig *adj* arenoso

Sandkasten *m* <-s, -kästen> forma *f* para areia

Sandmännchen *nt* <-s, -> João Pestana *m*

Sandpapier *nt* <-s, -e> lixa *f*

Sandstein *m* <-(e)s> *kein pl* arenito *m,* grés *m*

Sandstrand *m* <-(e)s, -strände> praia *f* de areia

sandte ['zantə] *imp von* **senden**

Sanduhr *f* <-en> ampulheta *f*

Sandwich ['sɛntvɪtʃ] *nt* <-s, -s> sande *f,* sanduíche *f, brasil: m*

sanft [zanft] *adj* ① (*Berührung, Musik, Farbe*) suave; (*Wind*) suave, brando ② (*Charakter*) meigo, afável, terno

sang [zaŋ] *imp von* **singen**

Sänger(in) *m(f)* <-s, - *o* -innen> cantor, cantora *m, f;* (*einer Band*) vocalista *m,f*

sanieren* *vt* ① (*Gebäude, Altstadt*) restaurar, reconstruir ② (WIRTSCH) sanear, reabilitar ③ (ÖKOL) despoluir

Sanierung *f* <-en> ① (ARCHIT) restauração *f,* reconstrução *f* ② (WIRTSCH) estabilização *f,* reabilitação *f* ③ (ÖKOL) despoluição *f*

sanitär *adj* sanitário; **~e Anlagen** sanitários *mpl,* instalações *fpl* sanitárias

sanitarisch *adj* (*schweiz*) sanitário

Sanität *f kein pl* ① (*österr: Gesundheitsdienst*) sanidade *f* ② (*schweiz: Ambulanz*) ambulância *f*

Sanitäter(in) *m(f)* <-s, - *o* -innen> socorrista *m,f*

sank [zaŋk] *imp von* **sinken**

Sankt [zaŋkt] *adj inv* santo, são; **~ Peter/Elisabeth** São Pedro/Santa Isabel

Sanktionen *pl* sanções *fpl;* **~ gegen einen Staat verhängen** impor sanções a um país

sanktionieren* *vt* ① (*gutheißen*) sancionar ② (*mit Sanktionen belegen*) impor sanções a

Saphir [za'fi:ɐ] *m* <-s, -e> safira *f*

Sardelle [zar'dɛlə] *f* <-n> anchova *f*

Sardine [zar'di:nə] *f* <-n> sardinha *f*

Sardinien [zar'di:niən] *nt* <-s> *kein pl* Sardenha *f*

Sarg [zark] *m* <-(e)s, Särge> caixão *m*

Sarkasmus [zar'kasmʊs] *m* <-> *kein pl* sarcasmo *m*

sarkastisch [zar'kastɪʃ] *adj* sarcástico

Sarkophag *m* <-s, -e> sarcófago *m*

saß *imp von* **sitzen**

Satan ['za:tan] *m* <-s> *kein pl* satanás *m,* satã *m*

Satellit [zatɛ'li:t] *m* <-en, -en> satélite *m*

Satellitenfernsehen *nt* <-s> *kein pl* televisão *f* via satélite

Satellitenschüssel *f* <-n> prato *m* da antena parabólica

Satellitenstadt *f* <-städte> cidade-dormitório *f*

Satin [za'tɛ̃:] *m* <-s, -s> cetim *m*

Satire [za'ti:rə] *f* <-n> sátira *f*

satirisch *adj* satírico

satt [zat] *adj* cheio, farto; **sich ~ essen** fartar-se de comer, ficar cheio; **nicht ~ werden** não se encher, não se fartar; **diese Suppe macht ~** a sopa enche; **jdn/etw ~ sein** estar farto de alguém/a. c., estar cheio de alguém/a. c.

Sattel ['zatəl] *m* <-s, Sättel> (*am Fahrrad*) selim *m;* (*zum Reiten*) sela *f*

satteln *vt* selar

satt|haben *vt* **jdn/etw ~** estar farto de alguém/a. c., estar cheio de alguém/a. c.

sättigen I. *vt* (*Markt, Lösung*) saturar **II.** *vi* saciar, encher

Saturn [za'tʊrn] *m* <-s> *kein pl* Saturno *m*

Satz [zats] *m* <-es, Sätze> ① (LING) frase *f,* oração *f, nt* ② (*Set*) jogo *m, nt;* (*Briefmarken*) série *f;* (*Töpfe*) conjunto *m* ③ (*Sprung*) salto *m,* pulo *m;* **einen ~ machen** dar um salto ④ (*Bodensatz, Kaffeesatz*) depósito *m,* borra *f* ⑤ (*Tennis*) set *m* ⑥ (MUS) andamento *m* ⑦ (*Tarif*) taxa *m,f,* percentagem *f*

Satzung *f* <-en> regulamento *m,* estatutos *mpl*

Satzzeichen *nt* <-s, -> sinal *m* de pontuação

Sau [zaʊ] *f* <Säue> ① (*Tier*) porca *f;* (*umg*); **er fährt wie eine gesengte ~** ele conduz a uma velocidade louca ② (*Schimpfwort*) porco, porca *m, f*

sauber ['zaʊbɐ] *adj* limpo

Sauberkeit *f kein pl* limpeza *f;* (*einer Person*) asseio *m*

säuberlich **I.** *adj* limpo **II.** *adv* com asseio

säubern *vt* limpar

Säuberung *f* <-en> limpeza *f*

Sauce ['zo:sə] *f* <-n> molho *m*

Saudi-Arabien *nt* <-s> *kein pl* Arábia *f* Saudita

sauer ['zaʊɐ] *adj* ① (CHEM: *Obst*) ácido; (*Bonbon*) amargo; **saurer Regen** chuvas *fpl* ácidas; **saure Gurke** pepino *m* em pickle ② (*verdorben*) azedo; **saure Milch** leite *m* coalhado; **~ werden** azedar ③ (*umg: Person*) chateado (*auf* com), zangado (*auf* com); **~ werden** chatear-se, zangar-se

Sauerei [zaʊə'raɪ] *f* <-en> (*abw*) patifaria *f,* pulhice *f,* sujeira *f*

Sauerkirsche *f* <-n> ginja *f*

Sauerkraut *nt* <-(e)s> *kein pl* chucrute *m*

säuerlich *adj* ① (*Speisen, Getränke*) ácido ② (*Miene*) irritado

Sauermilch *f kein pl* leite *m* coalhado

Sauerrahm *m* <-(e)s> *kein pl* nata *f* azeda

Sauerstoff *m* <-(e)s> *kein pl* oxigénio *m*

Sauerstoffflasche[RR] *f* <-n>, **Sauerstofflasche**[ALT] *f* <-n> garrafa *f* de oxigénio

saufen ['zaʊfən] *vi* ① (*Tier*) beber; (*Mensch*) beber como uma esponja ② (*Alkohol*) ser alcoólico

Säufer(in) *m(f)* <-s, - *o* -innen> bêbedo, bêbeda *m, f,* borrachão, borrachona *m, f*

Sauferei *f* <-en> ① (*umg: Gelage*) bebedeira *f,* borracheira *f* ② (*umg: Trunksucht*) bebida *f*

saugen ['zaʊgən] **I.** *vt* (*Flüssigkeit*) chupar, sugar; (*staubsaugen*) aspirar; **würdest du noch das Wohnzimmer ~?** podes aspirar também a sala? **II.** *vi* (*Säugling*) mamar (*an* em)

säugen *vt* amamentar

Sauger *m* <-s, -> ① (*auf Flasche*) tetina *f* ② (*Staubsauger*) aspirador *m*

Säugetier *nt* <-(e)s, -e> mamífero *m*

Säugling *m* <-s, -e> bebé *m,* nenê *m*

Säuglingspflege *f kein pl* puericultura *f*

Saukerl *m* <-s, -e> (*abw*) porco *m,* porcalhão *m*

Säule *f* <-n> coluna *f,* pilar *m*

Saum [zaʊm] *m* <-(e)s, Säume> (*an Kleidung*) bainha *f*

Säure *f* <-n> ① (CHEM) ácido *m* ② *kein pl* (*Geschmack*) acidez *f*

säurehaltig *adj* ácido

Saurier *m* <-s, -e> sáurio *m*

Saus [zaʊs] **in ~ und Braus leben** viver à grande

sausen ['zaʊzən] *vi* ① (*Wind, Sturm*) sibilar, zunir ② (*umg: rennen*) correr como uma seta; (*Fahrzeug*) ir a alta velocidade; **etw ~ lassen** mandar a. c. para o tecto

Sauwetter *nt* <-s> *kein pl* (*umg*) tempo *m* péssimo

Saxofon *nt* <-s, -e> *s.* **Saxophon** saxofone *m*

SB [ɛs'be:] *abk v* **Selbstbedienung** self-service

S-Bahn *f* <-en> eléctrico *m,* metro *m* de superfície, bonde *m*

S-Bahnhof *m* <-(e)s, -höfe> estação *f* de eléctrico, estação *f* de bonde

SBB *abk v* **Schweizerische Bundesbahn** caminhos-de-ferro suíços

SB-Markt *m* <-(e)s, -Märkte> supermercado *m*

scannen *vt* copiar com o scanner

Scanner ['skɛnɐ] *m* <-s, -> scanner *m*

Schabe *f* <-n> barata *f*

schaben ['ʃa:bən] *vt* raspar, ralar

schäbig *adj* ① (*Kleidung*) esfarrapado, coçado ② (*Verhalten*) mesquinho, reles

Schablone [ʃa'blo:nə] *f* <-n> padrão *m,* modelo *m*

Schach [ʃax] *nt* <-s, -s> ① *kein pl* (*Spiel*) xadrez *m;* **~ spielen** jogar xadrez ② (*Stellung*) xeque-mate *m;* **im ~ stehen** estar em xeque-mate; **~ bieten** pôr em xeque-mate

Schachbrett *nt* <-(e)s, -er> tabuleiro *m* de xadrez

Schachcomputer *m* <-s, -> jogo de xadrez ele(c)trónico *m*

Schachfigur *f* <-en> peça *f* de xadrez

schachmatt ['-'-] *adj* xeque-mate

Schachspiel *nt* <-(e)s, -e> jogo *m* de xadrez

Schacht [ʃaxt] *m* <-(e)s, Schächte> (*Bergbau*) poço *m*

Schachtel ['ʃaxtəl] *f* <-n> ❶ (*Behälter*) caixa *f;* (*Zigarettenschachtel*) maço *m;* **eine ~ Pralinen** uma caixa de bombons ❷ (*abw: Frau*) **alte ~!** velhaca!; (*brasil*) piranha!

schade ['ʃa:də] *interj* que pena!; **wie ~!** que pena!; **es ist ~!** é pena!

Schädel *m* <-s, -> crânio *m*

Schädelbruch *m* <-(e)s, -brüche> fra(c)tura *f* craniana

schaden ['ʃa:dən] *vi* prejudicar, causar dano a; **jdm ~** prejudicar alguém, causar dano a alguém; **Rauchen schadet der Gesundheit** fumar prejudica a saúde

Schaden ['ʃa:dən] *m* <-s, Schäden> ❶ (*Beschädigung*) dano *m,* estrago *m;* (TECH) avaria *f;* **es entstand ein ~ von 3000 EUR** houve danos no valor de 3000 euros; **~ anrichten** causar danos; **einen ~ ersetzen** inde(m)nizar; **durch ~ wird man klug** aprende-se à própria custa ❷ (*Nachteil*) prejuízo *m* ❸ (*gesundheitlich*) lesão *f*

Schadenersatz *m* <-es> *kein pl* inde(m)nização *f;* **~ leisten** inde(m)nizar

Schadenfreude *f kein pl* satisfação *f* maliciosa

schadenfroh *adj* que se alegra com o mal dos outros

schadhaft *adj* defeituoso

schädigen *vt* prejudicar

schädlich *adj* prejudicial (*für* a), nocivo (*für* para); (*Einfluss*) pernicioso; (*Tier*) perigoso

Schädling *m* <-s, -e> parasita *m*

Schädlingsbekämpfungsmittel *nt* <-s, -> pesticida *m*

Schadstoff *m* <-(e)s, -e> substância *f* tóxica, substância *f* poluente

schadstoffarm *adj* pouco poluente

Schadstoffbelastung *f* <-en> poluição *f* ambiental

Schaf [ʃa:f] *nt* <-(e)s, -e> ovelha *f;* **schwarzes ~** ovelha negra

Schafbock *m* <-(e)s, -böcke> carneiro *m*

Schäfer(in) *m(f)* <-s, - *o* -innen> pastor, pastora *m, f*

Schäferhund *m* <-(e)s, -e> pastor *m* alemão

schaffen[1] ['ʃafən] *vt* ❶ (*erschaffen*) criar; (*gründen*) fundar, instituir ❷ (*Ordnung*) pôr; (*Platz*) arranjar; (*Voraussetzungen*) criar

schaffen[2] *vt* (*bewältigen*) conseguir (fazer); (*Prüfung*) conseguir passar em; **schaffst du das alleine?** consegues (fazer) isso sozinho?; **das wäre geschafft!** conseguimos!

Schaffer(in) *m(f)* <-s, - *o* -innen> (*schweiz*) mouro, -a *m, f* de trabalho

Schaffhausen *nt* <-s> *kein pl* Schaffhausen *m*

schaffig *adj* (*schweiz*) trabalhador

Schaffner(in) ['ʃafnɐ] *m(f)* <-s, - *o* -innen> revisor, revisora *m, f*

Schafskäse *m* <-s> *kein pl* queijo *m* de ovelha

Schaft [ʃaft] *m* <-(e)s, Schäfte> ❶ (*von Stiefel*) cano *m* ❷ (*schweiz: Schrank*) armário *m*

Schah *m* <-s, -s h> xá *m*

Schakal [ʃa'ka:l] *m* <-s, -e> chacal *m*

schal *adj* insosso, insípido

Schal [ʃa:l] *m* <-s, -s> cachecol *m*

Schale ['ʃa:lə] *f* <-n> ❶ (*Obst, Ei*) casca *f;* (*Kartoffel*) casca *f,* pele *f* ❷ (*Muschel*) concha *f* ❸ (*Gefäß*) prato *m* ❹ (*einer Waage*) prato *m*

schälen **I.** *vt* (*Obst, Ei, Kartoffeln*) descascar **II.** *vr* **sich ~** (*Haut*) esfolar, descascar

Schall [ʃal] *m* <-(e)s> *kein pl* som *m,* sonoridade *f;* (PHYS) som *m;* (*Widerhall*) eco *m,* ressonância *f*

Schalldämpfer *m* <-s, -> silenciador *m,* silencioso *m*

schalldicht *adj* impermeável ao som, insonorizado

schallen ['ʃalən] *vi* ressoar, retumbar

Schallgeschwindigkeit *f kein pl* velocidade *f* do som

Schallmauer *f kein pl* barreira *f* do som; **die ~ durchbrechen** quebrar a barreira do som

Schallplatte *f* <-n> disco *m*

schalten ['ʃaltən] **I.** *vt* ❶ (*anschalten*) ligar; (*ausschalten*) desligar; **den Backofen auf 200 °C ~** ligar o forno nos 200° C; **die Heizung auf „aus" ~** desligar o aquecimento ❷ (*Anzeige*) colocar, pôr **II.** *vi* ❶ (*im Auto*) mudar de velocidade; **in den dritten Gang ~** meter a terceira (velocidade) ❷ (*umschalten*) mudar; **die Ampel schaltet auf Rot** o semáforo muda para vermelho ❸ (*umg: begreifen*) perceber

Schalter *m* <-s, -> ❶ (*in Post, Bank*) guiché *m,* postigo *m;* (*in Bahnhof*) bilheteira *f* ❷ (ELEKTR) interruptor *m,* comutador *m*

Schalthebel *m* <-s, -> alavanca *f* das velocidades

S

Schaltjahr *nt* <-(e)s, -e> ano *m* bissexto

Schalttafel *f* <-n> quadro *m* elé(c)trico

Schaltung *f* <-en> ① (ELEKTR) ligação *f* ② (*Gangschaltung*) caixa *f* de velocidades

Scham [ʃaːm] *f kein pl* ① (*Sichschämen*) vergonha *f;* **vor ~ erröten** corar de vergonha ② (*Schamgefühl*) pudor *m,* pejo *m*

schämen *vr* **sich ~** ter vergonha (*vor* de), envergonhar-se (*vor* de); **~ Sie sich nicht?** não tem vergonha?

Schamgefühl *nt* <-(e)s> *kein pl* pudor *m,* pejo *m*

Schamgegend *f kein pl* região *f* pudica

schamhaft *adj* pudico, envergonhado

schamlos *adj* sem vergonha, descarado, sem pudor

Schamlosigkeit *f kein pl* descaramento *m,* impudência *f*

Schande [ˈʃandə] *f kein pl* vergonha *f,* desonra *f*

schändlich *adj* vergonhoso

Schandtat *f* <-en> a(c)to *m* vil, infâmia *f*

Schanze [ˈʃantsə] *f* <-n> (SPORT) trampolim *m*

Schar [ʃaːɐ] *f* <-en> (*Gruppe*) bando *m,* grupo *m;* (*Kinder*) canalha *f;* (*Menge*) multidão *f;* **in ~en** em bandos, em massa

scharen [ˈʃaːrən] *vr* **sich ~** (*geh*) **sich um jdn/etw ~** reunir-se à volta de alguém/a. c.

scharf [ʃarf] *adj* ① (*Messer, Zähne*) afiado ② (*Essen*) picante ③ (*Verstand*) arguto, perspicaz; (*Blick*) penetrante ④ (*Wind, Kälte*) cortante ⑤ (*Foto*) nítido ⑥ (*Kurve*) fechado, apertado ⑦ (*Protest*) rigoroso; (*Worte*) ríspido, severo; (*Kritik*) acerbo, mordaz; (*Zunge*) afiado ⑧ (*umg: toll*) porreiro, bestial; **~ auf etw sein** pelar-se por a. c.

Schärfe *f kein pl* ① (*von Messer*) corte *m* ② (*von Speise*) sabor picante *m* ③ (*des Verstandes*) agudeza *f,* perspicácia *f;* (*der Sinne*) acuidade *f* ④ (*von Foto*) nitidez *f* ⑤ (*von Worten*) rispidez *f,* severidade *f;* (*von Kritik*) mordacidade *f;* **etw in aller ~ kritisieren** criticar a. c. severamente

schärfen *vt* afiar, aguçar

Scharfschütze(in) *m(f)* <-n, -n *o* -innen> bom atirador *m,* boa atiradora *f*

Scharfsinn *m* <-(e)s> *kein pl* perspicácia *f,* sagacidade *f*

scharfsinnig *adj* perspicaz, sagaz

Scharlach [ˈʃarlax] *m* <-s> *kein pl* (MED) escarlatina *f*

Scharlatan [ˈʃarlatan] *m* <-s, -e> charlatão *m,* impostor *m*

Scharm [ʃarm] *m* <-s> *kein pl s.* **Charme**

scharmant [ʃarˈmant] *adj* charmoso

Scharnier [ʃarˈniːɐ] *nt* <-s, -e> dobradiça *f,* charneira *f*

Schaschlik [ˈʃaʃlɪk] *nt* <-s, -s> espetada *f*

Schatten [ˈʃatən] *m* <-s, -> sombra *f;* **es sind 30° C im ~** estão 30° C à sombra; **im ~ sitzen** estar sentado à sombra; (*fig*); **jdn/etw in den ~ stellen** superar alguém/a. c.

Schattenseite *f* <-n> ① (*örtlich*) sítio *m* à sombra ② (*des Lebens*) lado *m* escuro

schattieren* *vt* sombrear, matizar

Schattierung *f* <-en> sombreado *m,* matiz *m*

schattig *adj* sombrio, com sombra

Schatulle [ʃaˈtʊlə] *f* <-n> guarda-jóias *m*

Schatz [ʃats] *m* <-es, Schätze> ① (*Geld, Juwelen*) tesouro *m* ② *kein pl* (*umg: Anrede*) amor, querido; **mein ~!** meu amor!, meu querido!, meu tesouro!, meu bem!; **du bist ein ~!** tu és um amor!

schätzen *vt* ① (*Wert*) estimar, avaliar; (*Größe, Alter*) calcular; **wie hoch wird ihr Vermögen geschätzt?** em quanto está avaliada a sua fortuna?; **wie alt ~ Sie ihn?** que idade acha que ele tem?; **ich schätze ihn auf Mitte 30** eu acho que ele anda na casa dos trinta ② (*würdigen*) estimar, prezar; **etw gering ~** menosprezar a. c., subestimar a. c.

Schätzung *f* <-en> cálculo *m,* estimativa *f,* avaliação *f;* **nach meiner ~** segundo os meus cálculos

schätzungsweise *adv* aproximadamente

Schau [ʃaʊ] *f* <-en> exposição *f;* **die neuesten Modelle zur ~ stellen** expor os mais recentes modelos; **seine Gefühle zur ~ tragen** exibir os seus sentimentos; (*umg*); **eine große ~ abziehen** ser o centro das atenções

Schauder [ˈʃaʊdɐ] *m* <-s, -> arrepio *m,* calafrio *m*

schauderhaft *adj* horrível, horroroso, horripilante

schaudern [ˈʃaʊdɐn] *vi* estremecer, arrepiar-se

schauen [ˈʃaʊən] *vi* ① (*sehen*) ver, olhar; **auf die Uhr ~** olhar para o relógio, ver as horas; **jdm fest in die Augen ~** olhar alguém nos olhos ② (*österr, schweiz: sich kümmern*) olhar (*nach* por); **er schaut nach den Kindern** ele olha pelas crianças

Schauer [ˈʃaʊɐ] *m* <-s, -> ① (*Regenschauer*) aguaceiro *m* ② (*geh: Schreck*) arrepio *m,* tremor *m*

schauerlich *adj* horrível, horripilante, terrível; **ein ~es Wetter** um tempo horrível

Schaufel ['ʃaʊfəl] *f* <-n> pá *f*

schaufeln *vt* ① (*Sand, Schnee*) remover com a pá ② (*Loch*) escavar

Schaufenster *nt* <-s, -> montra *f*

Schaufensterbummel *m* <-s, -> passeio *m* para ver as montras; **einen ~ machen** ir ver (as) montras

Schaufensterpuppe *f* <-n> manequim *m*

Schaukasten *m* <-s, -kästen> vitrina *f,* mostrador *m*

Schaukel ['ʃaʊkəl] *f* <-n> baloiço *m*

schaukeln *vi* ① (*auf einer Schaukel*) baloiçar, balouçar ② (*auf dem Wasser*) balançar; (*im Wind*) oscilar, flutuar

Schaukelstuhl *m* <-(e)s, -stühle> cadeira *f* de baloiço

Schaulustige(r) *m/f* <-n, -n *o* -n> curioso, curiosa *m, f*

Schaum [ʃaʊm] *m* <-(e)s> *kein pl* espuma *f*

schäumen *vi* espumar, fazer espuma

Schaumgummi *nt* <-s, -s> espuma *f* de borracha

schaumig *adj* espumoso

Schaumstoff *m* <-(e)s, -e> espuma *f*

Schaumwein *m* <-(e)s, -e> vinho *m* espumoso, espumante *m*

Schauplatz *m* <-es, -plätze> cenário *m,* teatro *m*

schaurig ['ʃaʊrɪç] *adj* arrepiante

Schauspiel *nt* <-(e)s, -e> ① (*Theater*) peça *f* de teatro ② (*geh: Vorgang*) espe(c)táculo *m*

Schauspieler(in) *m(f)* <-s, - *o* -innen> a(c)tor, a(c)triz *m, f*

Schauspielhaus *nt* <-es, -häuser> teatro *m*

Scheck [ʃɛk] *m* <-s, -s> cheque *m;* **einen ~ ausstellen/einlösen** passar/cobrar um cheque; **ein ~ über 2000 EUR** um cheque de 3000 euros

Scheckheft *nt* <-(e)s, -e> livro *m* de cheques, talão *m* de cheques

scheckig *adj* (*Pferd, Rind*) malhado

Scheckkarte *f* <-n> cartão multibanco *m*

Scheibe ['ʃaɪbə] *f* <-n> ① (*flacher Gegenstand*) disco *m;* (*des Töpfers*) roda *f* ② (*Brot, Käse*) fatia *f;* (*Wurst*) rodela *f;* **etw in ~n schneiden** cortar a. c. às fatias ③ (*Glasscheibe*) vidro *m,* vidraça *f*

Scheibenbremse *f* <-n> travão *m* de disco

Scheibenwaschanlage *f* <-n> limpa-pára-brisas *m*

Scheibenwischer *m* <-s, -> escova *f* do limpa-pára-brisas

Scheich [ʃaɪç] *m* <-(e)s, -s> xeque *m*

Scheide ['ʃaɪdə] *f* <-n> ① (ANAT) vagina *f* ② (*des Schwertes*) bainha *f*

scheiden ['ʃaɪdən] *vt* (*Ehe*) dissolver; **sich von jdm ~ lassen** divorciar-se de alguém

Scheidung *f* <-en> divórcio *m;* **die ~ einreichen** pedir o divórcio

Schein [ʃaɪn] *m* <-(e)s, -e> ① *kein pl* (*des Lichtes*) brilho *m* ② *kein pl* (*Anschein*) aparência *f;* **den ~ wahren** manter as aparências; **der ~ trügt** as aparências iludem ③ (*Geld*) nota *f* ④ (*Bescheinigung*) certificado *m,* certidão *f*

Na universidade os estudantes têm que obter **Scheine**, que são comprovantes para as matérias cursadas. Somente os estudantes que possuem um certo número ou um certo tipo de **Scheine** são admitidos para as provas intermediárias e os exames finais.

scheinbar *adj* aparente, fictício

scheinen ['ʃaɪnən] *vi* ① (*glänzen*) brilhar, luzir; **die Sonne scheint** está [*o* faz] sol ② (*Anschein haben*) parecer; **wie es scheint ...** ao que parece ...; **es scheint mir, dass ...** parece-me que ...

Scheinfirma *f* <-firmen> firma *f* fictícia, firma *f* fantasma

scheinheilig *adj* hipócrita

Scheinwerfer *m* <-s, -> proje(c)tor *m;* (*am Auto*) farol *m*

Scheiß *m* <-> *kein pl* (*vulg*) chatice *f;* **mach keinen ~!** não faças asneiras!; **so ein ~!** que chatice!

Scheiße *f kein pl* ① (*vulg: Kot*) merda *f* ② (*vulg: Ärger*) chatice *f;* (*Unsinn*) asneira *f;* **so eine (verdammte) ~!** que merda!

scheißegal *adj* (*vulg*) **das ist (mir) ~** estou-me nas tintas para isso, quero lá saber disso

scheißen *vi* (*vulg*) cagar

scheißfreundlich *adj* (*vulg*) hipócrita

Scheitel ['ʃaɪtəl] *m* <-s, -> ① (*im Haar*) risca *f;* **einen ~ ziehen** fazer uma risca ② (MATH) vértice *m*

Scheiterhaufen ['ʃaɪtɐ-] *m* <-s, -> fogueira *f*

scheitern ['ʃaɪtɐn] *vi* (*Person, Plan, Verhand-*

lungen) falhar (*an* em), fracassar (*an* em)

Schellfisch *m* <-(e)s, -e> eglefim *m*

Schelm *m* <(e)s, -e> (*schweiz*) ladrão *m*

Schema ['ʃeːma] *nt* <-s, -ta> esquema *m*

schematisch [ʃe'maːtɪʃ] *adj* esquemático

Schenkel ['ʃɛŋkəl] *m* <-s, -> coxa *f*

schenken ['ʃɛŋkən] *vt* oferecer; **was schenkst du ihr zum Geburtstag?** o que é que lhe vais oferecer no aniversário?; **etw geschenkt bekommen** receber a. c. de prenda; (*fig*) receber a. c. de mão beijada

Schenkung *f* <-en> oferta *f*

Scherbe ['ʃɛrbə] *f* <-n> caco *m;* **~n bringen Glück** os cacos dão sorte

Schere ['ʃeːrə] *f* <-n> ❶ (*Werkzeug*) tesoura *f* ❷ (*von Krebsen*) tenaz *f*

scheren ['ʃeːrən] *vt* (*Schaf*) tosquiar; (*Mensch*) rapar; **jdm die Haare ~** rapar o cabelo a alguém

Schererei [ʃeːrə'raɪ] *f* <-en> maçada *f,* amolação *f*

Scherz [ʃɛrts] *m* <-es, -e> brincadeira *f,* piada *f,* gracejo *m;* **ohne ~** fora de brincadeira, a sério

scherzhaft *adj* engraçado, divertido

scheu [ʃɔɪ] *adj* ❶ (*schüchtern*) tímido, acanhado, envergonhado ❷ (*Tier*) medroso, espantadiço; (*Pferd*); **~ werden** espantar-se

Scheu *f kein pl* timidez *f,* acanhamento *m*

scheuchen ['ʃɔɪçən] *vt* enxotar, espantar, afugentar

scheuen ['ʃɔɪən] **I.** *vt* (*Anstrengung, Arbeit*) evitar; (*Aufgabe, Verantwortung*) esquivar-se a; **keine Ausgaben ~** não olhar a despesas **II.** *vi* (*Pferd*) espantar-se **III.** *vr* **sich ~** ter receio (*vor* de)

Scheuerlappen *m* <-s, -> esfregão *m*

scheuern ['ʃɔɪɐn] *vt* esfregar

Scheune ['ʃɔɪnə] *f* <-n> celeiro *m,* palheiro *m*

Scheusal ['ʃɔɪzaːl] *nt* <-s, -e> monstro *m*

scheußlich *adj* horrível, horrendo, monstruoso; (*Verbrechen*) atroz

Scheußlichkeit *f* <-en> atrocidade *f,* monstruosidade *f*

Schi [ʃiː] *m* <-s, -s> *s.* **Ski**

Schicht [ʃɪçt] *f* <-en> ❶ (*Luftschicht, Farbschicht*) camada *f;* (*Gestein, gesellschaftlich*) estrato *m,* camada *f* ❷ (*Arbeitszeit*) turno *m;* **~ arbeiten** trabalhar por turnos

Schichtarbeit *f kein pl* trabalho *m* por turnos

schichten *vt* (*Holz, Steine, Papier*) empilhar

schick [ʃɪk] *adj* chique, elegante

schicken ['ʃɪkən] *vt* mandar, enviar; **jdm etw ~** mandar a. c. a alguém; **etw mit der Post ~** mandar a. c. pelo correio

Schickimicki *m* <-s, -s> (*umg*) queque *m,* peralta *m*

Schicksal ['ʃɪkzaːl] *nt* <-s, -e> destino *m,* fado *m,* sina *f;* **jdn seinem ~ überlassen** deixar alguém à sua sorte

Schicksalsschlag *m* <-(e)s, -schläge> golpe *m* do destino, fatalidade *f*

Schiebedach *nt* <-(e)s, -dächer> te(c)to *m* de abrir

schieben ['ʃiːbən] *vt* empurrar; **ein Fahrrad/Auto ~** empurrar uma bicicleta/um carro; **etw zur Seite ~** afastar a. c. para o lado; **die Verantwortung auf jdn ~** empurrar a responsabilidade para alguém

Schiebetür *f* <-en> porta *f* de correr

schied [ʃiːt] *imp von* **scheiden**

Schiedsgericht *nt* <-(e)s, -e> tribunal *m* arbitral

Schiedsrichter(in) *m(f)* <-s, - *o* -innen> árbitro, árbitra *m, f*

schief [ʃiːf] **I.** *adj* (*krumm*) torto, enviesado; (*nicht senkrecht*) inclinado; (*falsch*) erróneo, equívoco **II.** *adv* de lado; **das Bild hängt ~** o quadro está inclinado; **jdn ~ ansehen** olhar de lado para alguém, olhar de soslaio para alguém

Schiefer ['ʃiːfɐ] *m* <-s, -> xisto *m,* lousa *f,* ardósia *f*

schief|gehen *vi irr* (*umg*) correr mal

schielen ['ʃiːlən] *vi* ser estrábico, trocar os olhos; **nach etw ~** cobiçar a. c.

schien [ʃiːn] *imp von* **scheinen**

Schienbein *nt* <-(e)s, -e> tíbia *f,* canela *f* (da perna)

Schienbeinschoner *m* (SPORT) caneleira *m*

Schiene ['ʃiːnə] *f* <-n> ❶ (*der Eisenbahn*) carril *m;* (*der Straßenbahn*) trilho *m* ❷ (MED) tala *f*

schienen ['ʃiːnən] *vt* (MED) pôr uma tala em

Schießbude *f* <-n> barraca *f* de tiro

schießen **I.** *vt* ❶ (*Geschoss*) disparar ❷ (*Rakete, Satellit*) lançar; (*Ball*) chutar; **ein Tor ~** marcar um golo **II.** *vi* ❶ (*Schütze*) atirar (*auf* sobre), disparar (*auf* sobre); (*umg*); **es war zum Schießen!** foi de morrer a rir! ❷ (SPORT) rematar, chutar; **auf das Tor ~** rematar à baliza, chutar à baliza ❸ (*sich schnell bewegen*) ir disparado; **sie schoss ins Zimmer**

ela entrou no quarto disparada; **das Wasser schießt ins Tal** a água corre para o vale; **in die Höhe ~** crescer a olhos vistos
Schießerei *f* <-en> tiroteio *m*
Schießplatz *m* <-es, -plätze> carreira *f* de tiro
Schießpulver *nt* <-s, -> pólvora *f*
Schießstand *m* <-(e)s, -stände> carreira *f* de tiro
Schiff [ʃɪf] *nt* <-(e)s, -e> ❶ (NAUT) navio *m,* embarcação *f;* **mit dem ~ fahren** ir de navio; **an Bord des ~es gehen** embarcar ❷ (ARCHIT) nave *f*
Schiffahrt[ALT] *f kein pl s.* **Schifffahrt**
schiffbar *adj* navegável
Schiffbau *m* <-(e)s> *kein pl* construção *f* naval
Schiffbruch *m* <-(e)s, -brüche> naufrágio *m;* **~ erleiden** naufragar
schiffbrüchig *adj* naufragado
Schifffahrt[RR] *f kein pl* navegação *f*
Schifffahrtslinie[RR] *f* <-n> rota *f* de navegação
Schiffsjunge *m* <-n, -n> moço *m* de navio
Schiit(in) [ʃi'iːt] *m(f)* <-en, -en *o* -innen> xiita *m,f*
Schikane [ʃi'kaːnə] *f* <-n> chicana *f,* trapaça *f*
schikanieren* *vt* chicanar
Schikoree[RR] *f kein pl s.* **Chicorée**
Schild[1] [ʃɪlt] *m* <-(e)s, -e> ❶ (*zum Schutz*) escudo *m* ❷ (*an Mütze*) pala *f*
Schild[2] [ʃɪlt] *nt* <-(e)s, -er> (*Hinweisschild*) letreiro *m;* (*eines Ladens*) tabuleta *f;* (*Türschild, Verkehrsschild*) placa *f;* (*Reklameschild*) placard *m;* (*Preisschild*) etiqueta *f*
Schilddrüse *f* <-n> tiróide *f*
schildern ['ʃɪldɐn] *vt* (*erzählen*) contar; (*beschreiben*) descrever, pintar
Schilderung *f* <-en> (*Erzählung*) narração *f;* (*Beschreibung*) descrição *f*
Schildkröte *f* <-n> tartaruga *f,* cágado *m*
Schilf [ʃɪlf] *nt* <-(e)s, -e> ❶ (*Pflanze*) cana *f* ❷ (*Röhricht*) canavial *m*
schillern ['ʃɪlɐn] *vi* cintilar, brilhar, reluzir; **das Meer schillert in tiefem Blau** o mar reluz num azul escuro
Schilling ['ʃɪlɪŋ] *m* <-s, -e> xelim *m*
Schimmel ['ʃɪməl] *m* <-s, -> ❶ *kein pl* (*auf Speisen*) bolor *m* ❷ (*Pferd*) cavalo *m* branco
schimmelig *adj* bolorento
schimmeln *vi* criar bolor
Schimmer ['ʃɪmɐ] *m* <-s, -> brilho *m;* (*umg*); **keinen blassen ~ von etw haben** não fazer a mínima ideia de a. c.
schimmmern *vi* cintilar, tremeluzir
Schimpanse [ʃɪm'panzə] *m* <-n, -n> chimpanzé *m*
schimpfen ['ʃɪmpfən] *vi* ❶ (*tadeln*) ralhar (*mit* com) ❷ (*verfluchen*) barafustar (*auf* com, *über* por causa de), resmungar (*auf* com, *über* por causa de); **auf jdn ~** chamar nomes a alguém
Schimpfwort *nt* <-(e)s, -wörter> palavrão *m*
Schinderei *f* <-en> canseira *f,* trabalheira *f*
Schinken ['ʃɪŋkən] *m* <-s, -> ❶ (*Fleisch*) presunto *m;* **gekochter ~** fiambre *m,* presunto *m* ❷ (*umg: Buch*) calhamaço *m;* (*Gemälde*) mamarracho *m*
Schiri <-s, -s> *m* (SPORT, *sl*) árbitro *m*
Schirm [ʃɪrm] *m* <-(e)s, -e> ❶ (*Regenschirm*) guarda-chuva *m,* chapéu-de-chuva *m;* (*gegen Sonne*) guarda-sol *m,* chapéu-de-sol *m* ❷ (*einer Lampe*) abajur *m,* quebra-luz *m* ❸ (*einer Mütze*) pala *f*
Schirmherr(in) *m(f)* <-n, -en *o* -innen> (*von Stiftung*) patrono, patrona *m, f;* (*von Veranstaltung*) patrocinador, patrocinadora *m, f*
Schirmherrschaft *f kein pl* patrocínio *m;* **unter der ~ von** +*dat* sob os auspícios de
Schirmmütze *f* <-n> boné *m*
Schirmständer *m* <-s, -> bengaleiro *m* (para guarda-chuvas)
schiss[RR] [ʃɪs], **schiß**[ALT] *imp von* **scheißen**
Schiss[RR] [ʃɪs] *m* <-es> *kein pl,* **Schiß**[ALT] *m* <-sses> *kein pl* (*vulg*) cagaço *m;* **~ haben** estar com cagaço
schizophren [ʃitso'freːn] *adj* esquizofrénico
Schlacht [ʃlaxt] *f* <-en> batalha *f*
schlachten ['ʃlaxtən] *vt* abater, matar
Schlachtenbummler(in) *m(f)* <-s, - *o* -innen> adepto, -a *m, f* de clube de futebol
Schlachter(in) *m(f)* <-s, - *o* -innen> carniceiro, carniceira *m, f*
Schlachtfeld *nt* <-(e)s, -er> campo *m* de batalha
Schlachthof *m* <-(e)s, -höfe> matadouro *m*
Schlachtvieh *nt* <-s> *kein pl* gado *m* de abate
Schlacke ['ʃlakə] *f* <-n> escória *f*
Schlaf [ʃlaːf] *m* <-(e)s> *kein pl* sono *m;* **jdn aus dem ~ reißen** arrancar alguém do sono; **im ~ sprechen** falar a dormir; **etw im ~ können** (conseguir) fazer a. c. de olhos

S

fechados
Schlafanzug *m* <-(e)s, -züge> pijama *m*
Schläfchen *nt* <-s, -> soneca *f;* **ein ~ machen** dormir uma soneca
Schläfe *f* <-n> fonte *f*
schlafen ['ʃlafən] *vi* dormir; **~ gehen** ir dormir, ir deitar-se; **schlaf gut!** dorme bem!; **bei jdm ~** dormir em casa de alguém; **mit jdm ~** dormir com alguém
schlaff [ʃlaf] *adj* ① (*Seil*) frouxo; (*Haut*) flácido ② (*kraftlos*) fraco; (*träge*) mole
Schlaffheit *f kein pl* ① (*ohne Straffheit*) frouxidão *f* ② (*Kraftlosigkeit*) fraqueza *f;* (*Trägheit*) moleza *f*
Schlafgelegenheit *f* <-en> sítio *m* para dormir
schlaflos *adj* (*Person*) sem dormir; **eine ~e Nacht** uma noite sem dormir, uma noite em claro
Schlaflosigkeit *f kein pl* insónia *f*
Schlafmittel *nt* <-s, -> soporífero *m*
schläfrig *adj* sonolento; **~ sein** estar com sono; **~ machen** dar sono
Schlafsaal *m* <-(e)s, -säle> dormitório *m*
Schlafsack *m* <-(e)s, -säcke> saco-cama *m,* saco *m* de dormir
Schlafstadt *f* <-städte> cidade-dormitório *f*
Schlaftablette *f* <-n> comprimido *m* para dormir
schlaftrunken ['ʃla:ftrʊŋkən] *adj* cheio de sono, a cair de sono
Schlafwagen *m* <-s, -> carruagem-cama *f,* vagão-cama *m*
Schlafzimmer *nt* <-s, -> quarto *m* (de dormir)
Schlag [ʃla:k] *m* <-(e)s, Schläge> ① (*Hieb*) pancada *f,* golpe *m, nt;* (*mit der Faust*) murro *m, nt,* soco *m;* **jdm einen ~ versetzen** dar um murro a alguém; (*umg*); **mit einem ~** de uma vez, à primeira ② (*Schicksalsschlag*) golpe *m,* fatalidade *f;* **das war ein schwerer ~ für die ganze Familie** foi um grande golpe para toda a família ③ (*von Uhr, Glocke*) badalada *f;* (*von Puls*) pulsação *f;* (*von Herz*) batida *f,* palpitação *f;* **~ sieben Uhr** às sete horas em ponto ④ (*Stromschlag*) choque *m;* **einen ~ bekommen** apanhar um choque ⑤ (*umg: Schlaganfall*) apoplexia *f;* **ihn hat der ~ getroffen** ele teve um ataque ⑥ (*umg: Portion*) colherada *f*
Schlagader *f* <-n> artéria *f*
Schlaganfall *m* <-(e)s, -fälle> (MED) acidente *m* vascular cerebral, ataque *m* de apoplexia
schlagartig *adj* repentino
Schlagbohrmaschine *f* <-n> berbequim *m* de percussão
Schläge *pl* pancada *f;* **~ bekommen** apanhar pancada
schlagen ['ʃla:gən] **I.** *vt* (*hauen*) bater; **jdn** (**ins Gesicht**) **~** bater em alguém (na cara); **jdn zu Boden ~** dar cabo de alguém; **jdn mit der Faust ~** dar um murro a alguém; **er schlug alles kurz und klein** ele quebrou tudo, ele reduziu tudo a pedaços; (*Gegner, Feind*) bater, vencer, derrotar; (*Spielstein*) comer; **jdn im Tennis ~** bater alguém no ténis; **sie schlugen die deutsche Mannschaft mit 3:2** eles venceram à equipa alemã por 3:2; (*befestigen*) pregar; **einen Nagel in die Wand ~** pregar um prego na parede; (*Eiweiß, Sahne*) bater; (*Uhrzeit*) dar; **Alarm ~** dar o alarme; **den Takt ~** marcar o compasso; **eine geschlagene Stunde** uma hora inteira **II.** *vi* (*Herz, Puls*) bater, palpitar; (*Uhr*) dar horas; (*Glocke*) repicar, tocar **III.** *vr* **sich ~** bater-se
schlagend *adj* (*Beweis, Argument*) concludente, convincente
Schlager ['ʃla:gɐ] *m* <-s, -> êxito *m* de temporada
Schläger *m* <-s, -> ① (*Tennis*) raquete *f;* (*Golf*) taco *m;* (*Hockey*) stick *m;* (*Baseball*) taco *m,* bastão *m* ② (*Mensch*) brigão *m,* rufião *m*
Schlägerei *f* <-en> pancadaria *f,* rixa *f*
Schlagersänger(in) *m(f)* <-s, - *o* -innen> cantor, -a *m, f* popular
schlagfertig *adj* (*Person*) de resposta pronta; (*Antwort*) pronto; **~ sein** ter sempre uma resposta na ponta da língua
Schlagfertigkeit *f kein pl* prontidão *f* para responder, presença *f* de espírito
Schlaghose *f* calças *fpl* à boca de sino
Schlaginstrument *nt* <-(e)s, -e> instrumento *m* de percussão
Schlagloch *nt* <-(e)s, -löcher> buraco *m*
Schlagobers *nt* <-> *kein pl* (*österr, schweiz*) *s.* **Schlagsahne**
Schlagsahne *f kein pl* chantilly *m*
Schlagwort *nt* <-(e)s, -wörter> tópico *m*
Schlagzeile *f* <-n> título *m,* manchete *f*
Schlagzeug *nt* <-(e)s, -e> bateria *f*
Schlagzeuger(in) *m(f)* <-s, - *o* -innen>

baterista *m,f*
Schlamm [ʃlam] *m* <-(e)s, Schlämme> lodo *m,* lama *f,* limo *m*
schlammig *adj* lamacento, enlameado
Schlamper(in) *m(f)* <-s, - *o* -innen> (*umg*) sostra *m,f,* desmazelado, desmazelada *m, f*
Schlamperei *f* <-en> ① (*umg: Nachlässigkeit*) desmazelo *m,* desleixo *m* ② *kein pl* (*umg: Unordnung*) desordem *f*
schlampig *adj* (*Person*) desmazelado, desleixado; (*Arbeit*) atamancado, às três pancadas
schlang [ʃlaŋ] *imp von* **schlingen**
Schlange ['ʃlaŋə] *f* <-n> ① (ZOOL) serpente *f,* cobra *f* ② (*Menschenschlange, Fahrzeugschlange*) fila *f,* bicha *f;* ~ **stehen** fazer fila, fazer bicha
schlängeln *vr* **sich** ~ (*Schlange, Weg*) serpentear; **der Bach schlängelt sich durch die Wiesen** o ribeiro serpenteia pelos prados
Schlangenlinie *f* <-n> linha *f* sinuosa; ~**n fahren** ir em ziguezague
schlank [ʃlaŋk] *adj* elegante, esbelto, esguio; ~ **werden** emagrecer
Schlankheitskur *f* <-en> cura *f* de emagrecimento
schlapp [ʃlap] *adj* ① (*nicht straff*) frouxo, mole ② (*erschöpft*) estafado; **nach einer Stunde hat er ~ gemacht** após uma hora, ele foi-se abaixo das pernas
Schlappe ['ʃlapə] *f* <-n> (*umg*) fracasso *m*
schlau [ʃlaʊ] *adj* ① (*klug*) esperto, astuto, inteligente; **aus ihrem Verhalten werde ich nicht ~** eu não percebo o comportamento dela ② (*verschlagen*) espertalhão, fino, finório
Schlauch [ʃlaʊx] *m* <-(e)s, Schläuche> ① (*für Wasser*) mangueira *f;* (*für Gas*) tubo *m* de borracha ② (*im Reifen*) câmara-de-ar *f*
Schlauchboot *nt* <-(e)s, -e> barco *m* pneumático, barco *m* insuflável
schlauchen *vt* (*umg*) estafar
schlecht [ʃlɛçt] **I.** *adj* (*nicht gut*) mau, má; **mir ist ~** sinto-me mal; **das ist keine ~e Idee** não é má ideia; (*verdorben*) estragado; **das Obst/die Milch ist ~ geworden** a fruta/o leite estragou-se **II.** *adv* mal; **er ist ~ zu verstehen** ele é difícil de perceber; **auf jdn ~ zu sprechen sein** ser rude com alguém; ~ **gelaunt** mal-disposto; **mehr ~ als recht** não tão bem
schlechtgelaunt[ALT] *adj s.* **schlecht II**
schlechthin ['-'-] *adv* ① (*an sich*) por excelência; **sie gilt als die Geschäftsfrau ~** ela é considerada mulher de negócios por excelência ② (*geradezu*) simplesmente; **das ist ~ unmöglich** isso é simplesmente impossível
schlecht|machen *vt* **jdn/etw** ~ falar mal de alguém/a. c., denegrir alguém/a. c.
Schleckermaul *nt* <-(e)s, -mäuler> guloso, gulosa *m, f,* lambareiro, lambareira *m, f*
Schlegel *m* <-s, -> (*österr, schweiz*) coxa *f*
schleichen ['ʃlaɪçən] *vi* ① (*leise*) andar/ir de mansinho, andar/ir pé ante pé ② (*langsam*) arrastar-se, ir a passo de caracol; (*Zeit*) arrastar-se
Schleichweg [-veːk] *m* <-(e)s, -e> desvio *m,* atalho *m*
Schleier ['ʃlaɪɐ] *m* <-s, -> (*für Gesicht, Kopf*) véu *m*
schleierhaft *adj* misterioso, incompreensível; **seine Pläne sind mir ~** os seus planos são um enigma para mim
Schleife ['ʃlaɪfə] *f* <-n> laço *m;* (*beim Schuhebinden*) nó *m;* (*für die Haare*) laço *m*
schleifen[1] ['ʃlaɪfən] *vt* ① (*schärfen*) afiar, amolar ② (*Edelstein*) polir, lapidar; (*optisches Glas*) graduar
schleifen[2] *vt* (*ziehen*) arrastar
Schleifstein *m* <-(e)s, -e> pedra *f* de amolar, mó *f*
Schleim [ʃlaɪm] *m* <-(e)s, -e> ① (*Sekret*) muco *m,* mucosidade *f* ② (*Brei*) papa *f*
schleimig *adj* ① (*Absonderung*) mucoso; (*zähflüssig*) viscoso ② (*abw: Mensch*) sebento
schlemmen ['ʃlɛmən] *vi* comer e beber à farta
Schlemmerei *f* <-en> patuscada *f,* comezaina *f*
schlendern ['ʃlɛndɐn] *vi* vaguear
schlenkern *vi* balançar, bambolear; **sie schlenkert mit den Beinen** ela balança as pernas
schleppen ['ʃlɛpən] **I.** *vt* (*ziehen*) arrastar; (*abschleppen*) rebocar; **wir müssen das Auto in die Werkstatt ~** temos de rebocar o carro para a oficina; (*tragen*) carregar com, levar **II.** *vr* **sich** ~ (*sich fortbewegen*) arrastar-se
schleppend *adj* (*Verhandlung, Unterhaltung*) arrastado, demorado
Schlepper *m* <-s, -> ① (*Schiff*) rebocador *m* ② (*Fluchthelfer*) passador (de fronteira) *m*
Schlepplift *m* <-(e)s, -e> reboque *m* de

esqui

Schleppnetz *nt* <-es, -e> rede *f* de arrasto

Schlesien ['ʃle:ziən] *nt* <-s> *kein pl* Silésia *f*

Schleswig-Holstein *nt* <-s> *kein pl* Schleswig-Holstein *m*

schleswig-holsteinisch *adj* de Schleswig-Holstein

Schleuder ['ʃlɔɪdɐ] *f* <-n> ① (*für Geschosse*) catapulta *f* ② (*für Wäsche*) centrifugadoura *f* de roupa

schleudern ['ʃlɔɪdɐn] **I.** *vt* (*werfen*) arremessar, lançar, atirar; (*Wäsche*) centrifugar **II.** *vi* (*Auto*) derrapar

Schleuderpreis *m* <-es, -e> baixo preço *m;* **zu ~en verkaufen** vender ao desbarato

Schleudersitz *m* <-es, -e> assento *m* de eje(c)ção

schleunigst ['ʃlɔɪnɪçst] *adv* (o) quanto antes, o mais depressa possível

Schleuse ['ʃlɔɪzə] *f* <-n> eclusa *f*

schlich [ʃlɪç] *imp von* **schleichen**

Schlich *m* <-(e)s, -e> manha *f,* artimanha *f;* **alle ~e kennen** conhecer as manhas todas; **jdm auf die ~e kommen** topar as manhas de alguém

schlicht [ʃlɪçt] *adj* (*einfach*) simples, despretensioso; (*schmucklos*) singelo; (*einfarbig*) liso

schlichten ['ʃlɪçtən] *vt* (*Konflikt*) apaziguar, abrandar; **einen Streit ~** pôr fim a uma briga

Schlichtung *f* <-en> acordo *m,* reconciliação *f*

Schlick *m* <-(e)s, -e> lodo *m*

schlief [ʃli:f] *imp von* **schlafen**

schließen **I.** *vt* ① (*Tür, Fenster*) fechar; **eine Lücke ~** tapar um buraco ② (*beenden*) encerrar, terminar ③ (*Vertrag*) assinar, firmar; (*Bündnis*) selar; (*Ehe*) contrair; **Frieden ~** fazer as pazes; **mit jdm Freundschaft ~** travar amizade com alguém; **jdn in die Arme ~** abraçar alguém **II.** *vi* ① (*zumachen*) fechar, encerrar; **die Geschäfte ~ um 20 Uhr** as lojas fecham às 20 horas ② (*folgern*) deduzir (*aus* de)

Schließfach *nt* <-(e)s, -fächer> ① (*bei Bank*) cofre *m;* (*bei Post*) apartado *m,* caixa *f* postal ② (*für Gepäck*) cacifo *m*

schließlich *adv* ① (*endlich, zuletzt*) finalmente, por fim; **~ etw tun** acabar por fazer a. c. ② (*als Begründung*) afinal; (*sie ist ~ meine Mutter*) afinal, ela é minha mãe

schliff [ʃlɪf] *imp von* **schleifen**

schlimm [ʃlɪm] **I.** *adj* mau, má; (*Fehler, Folge, Krankheit*) grave; (*Zeiten*) difícil; **halb so ~** não tão grave; **es wird immer ~er** está cada vez pior; **im ~sten Falle** na pior das hipóteses **II.** *adv* mal; **~ enden** acabar mal

schlimmstenfalls ['ʃlɪmstənfals] *adv* na pior das hipóteses

Schlinge ['ʃlɪŋə] *f* <-n> laço *m,* laçada *f;* (*Armschlinge*) atadura *f* ao peito, tipóia *f;* **den Arm in der ~ tragen** trazer o braço ao peito

schlingen ['ʃlɪŋən] **I.** *vt* atar; **Fäden ineinander ~** entrelaçar fios; **sich** *dat* **einen Schal um den Hals ~** enrolar um cachecol ao pescoço **II.** *vi* (*beim Essen*) engolir

schlingern *vi* balançar, balouçar, baloiçar

Schlingpflanze *f* <-n> trepadeira *f*

Schlips [ʃlɪps] *m* <-es, -e> gravata *f*

schlitteln *vi* (*schweiz*) andar de trenó

Schlitten ['ʃlɪtən] *m* <-s, -> ① (*Wintersport*) trenó *m;* **~ fahren** andar de trenó ② (*umg: Auto*) carro *m*

schlittern ['ʃlɪtɐn] *vi* patinar

Schlittschuh *m* <-(e)s, -e> patim *m;* **~ laufen** andar de patins

Schlittschuhläufer(in) *m(f)* <-s, - *o* -innen> patinador, patinadora *m, f*

Schlitz [ʃlɪts] *m* <-es, -e> ① (*Spalt*) fenda *f;* (*am Briefkasten*) abertura *f;* (*für Münze*) ranhura *f* ② (*an Kleidung*) racha *f* ③ (*umg: Hosenschlitz*) braguilha *f,* carcela *f*

Schlitzohr *nt* <-(e)s, -en> (*umg*) melro *m* de bico amarelo

schloss[RR] [ʃlɔs], **schloß**[ALT] *imp von* **schließen**

Schloss[RR] [ʃlɔs] *nt* <-es, Schlösser>, **Schloß**[ALT] *nt* <-sses, Schlösser> ① (*Bau*) castelo *m,* palácio *m* ② (*an Türen*) fechadura *f;* (*an Schmuck*) mosquetão *m,* fecho *m*

Schlosser(in) ['ʃlɔsɐ] *m(f)* <-s, - *o* -innen> serralheiro, serralheira *m, f*

Schlot [ʃlo:t] *m* <-(e)s, -e> chaminé *f*

Schlucht [ʃlʊxt] *f* <-en> barranco *m*

schluchzen ['ʃlʊxtsən] *vi* soluçar

Schluck [ʃlʊk] *m* <-(e)s, -e> gole *m,* trago *m;* **ein ~ Tee/Wasser** um gole de chá/água; **lass uns einen ~ trinken** vamos beber um copo

Schluckauf [ʃlʊk'ʔaʊf] *m* <-s> *kein pl* soluços *mpl;* **~ haben** estar com [*o* ter] soluços

schlucken ['ʃlʊkən] *vt* (*Speise*) engolir;

(*Getränk*) engolir, tragar

Schluckimpfung *f* <-en> vacinação *f* oral

schludern ['ʃluːdɐn] *vi* (*umg*) atamancar, aldrabar

schlug [ʃluːk] *imp von* **schlagen**

schlummern ['ʃlʊmɐn] *vi* dormitar, passar pelo sono, passar pelas brasas

Schlund [ʃlʊnt] *m* <-(e)s, Schlünde> faringe *f*, garganta *f*; (*eines Tieres*) goela *f*

schlüpfen *vi* ① (*hinein*) meter-se (*in* em), enfiar-se (*in* em); (*hinaus*) esgueirar-se (*aus* de); **in seine Kleider ~** enfiar a roupa ② (*Küken*) sair do ovo

Schlupfloch *nt* <-(e)s, -löcher> esconderijo *m*

schlüpfrig *adj* ① (*Boden*) escorregadio ② (*Angelegenheit, Erzählung*) obsceno, indecente

schlurfen ['ʃlʊrfən] *vi* arrastar os pés

schlürfen *vt* sorver

Schluss[RR] [ʃlʊs] *m* <-es, Schlüsse>, **Schluß**[ALT] *m* <-sses, Schlüsse> ① (*Ende*) fim *m*, final *m*; (*einer Tagung*) encerramento *m*; (MUS) final *m*; **am ~** no fim, no final; **~ jetzt!** acabou!, chega!; **mit etw ~ machen** acabar (com) a. c., terminar (com) a. c.; **mit jdm ~ machen** acabar com alguém ② (*Schlussfolgerung*) conclusão *f*; **Schlüsse aus etw ziehen** tirar conclusões de a. c.; **wir sind zu dem ~ gekommen, dass ...** chegámos à conclusão que ...

Schlüssel *m* <-s, -> ① (*für Tür, Auto*) chave *f* ② (MUS) clave *f*

Schlüsselbein *nt* <-(e)s, -e> clavícula *f*

Schlüsselblume *f* <-n> primavera *f*

Schlüsselbund *m* <-(e)s, -e> molho *m* de chaves

Schlüsselindustrie *f* <-n> (WIRTSCH) indústria-chave *f*

Schlüsselloch *nt* <-(e)s, -löcher> buraco *m* da fechadura

Schlüsselposition *f* <-en> cargo *m* de influência

Schlussfolgerung[RR] *f* <-en> dedução *f*, conclusão *f*; **~en aus etw ziehen** tirar conclusões de a. c.

schlüssig *adj* concludente

Schlusslicht[RR] *nt* <-(e)s, -er> ① (*am Fahrzeug*) farolim *m* traseiro, farolete *m* traseiro ② (*Person*) último, última *m, f*; **er bildete das ~** ele foi o último

Schlussstrich[RR] *m* <-(e)s, -e> ponto *m* final; **einen ~ unter etw ziehen** pôr um ponto final em a. c.

Schlussverkauf[RR] *m* <-(e)s, -käufe> liquidação *f*, saldos *mpl*

Schlusswort[RR] *nt* <-(e)s, -e> última palavra *f*

schmächtig *adj* franzino, débil

schmackhaft ['ʃmakhaft] *adj* saboroso, gostoso

schmählich *adj* (*geh*) injurioso, ultrajante

schmal [ʃmaːl] *adj* ① (*eng*) estreito ② (*schlank*) esguio, magro; **~e Hände** mãos esguias ③ (*karg*) escasso; **ein ~er Lohn** um pequeno salário

schmälern *vt* diminuir, reduzir; **die Bedeutung von etw ~** diminuir o significado de a. c., minimizar a. c.

Schmalfilm *m* <-(e)s, -e> fita de 8 mm *f*

Schmalz [ʃmalts] *nt* <-es, -e> pingue *m*, banha *f* de porco

schmalzig *adj* (*Film, Buch*) piegas, lamecha

schmarotzen* *vi* viver à custa dos outros

Schmarotzer(in) *m(f)* <-s, - *o* -innen> parasita *m,f*

schmatzen ['ʃmatsən] *vi* fazer barulho a comer

schmecken ['ʃmɛkən] *vi* ① (*Essen*) saber bem, estar saboroso; **es schmeckt ihm** sabe-lhe bem; **hat es Ihnen geschmeckt?** soube-lhe bem?, gostou?; **das Essen schmeckt ausgezeichnet** a comida está excelente ② (*Geschmack haben*) saber (*nach* a), ter gosto (*nach* de); **der Wein schmeckt nach Korken** o vinho sabe a rolha

Schmeichelei [ʃmaɪçə'laɪ] *f* <-en> bajulação *f*, lisonja *f*

schmeichelhaft *adj* lisonjeador, adulador

schmeicheln ['ʃmaɪçəln] *vi* lisonjear, adular, gabar

Schmeichler(in) *m(f)* <-s, - *o* -innen> adulador, aduladora *m, f*, bajulador, bajuladora *m, f*

schmeißen *vt* ① (*umg: werfen*) atirar ② (*umg: abbrechen*) largar; **er hat sein Studium geschmissen** ele largou os estudos

Schmelz *m* <-es, -e> esmalte *m*

schmelzen ['ʃmɛltsən] **I.** *vt* (*Erz, Käse*) fundir; (*Eis, Butter, Schnee*) derreter **II.** *vi* (*Eis, Schnee, Butter, Plastik*) derreter(-se); (*Metall, Käse*) fundir(-se)

Schmelzkäse *m* <-s, -> queijo *m* fundido

Schmelzpunkt *m* <-(e)s, -e> ponto *m* de

S

fusão
Schmelzwasser *nt* <-s, -> água *f* de degelo
Schmerz [ʃmɛrts] *m* <-es, -en> dor *f;* (*Kummer*) mágoa *f;* **~en haben** estar com [*o* ter] dores
schmerzempfindlich *adj* sensível à dor
schmerzen ['ʃmɛrtsən] *vi* doer
Schmerzensgeld *nt* <-(e)s> *kein pl* inde(m)nização *f* por danos morais
schmerzhaft *adj* doloroso
schmerzlich *adj* doloroso
schmerzlos *adj* sem dor
schmerzstillend *adj* (*Mittel*) analgésico
Schmerztablette *f* <-n> analgésico *m*
Schmetterling ['ʃmɛtɐlɪŋ] *m* <-s, -e> ❶ (ZOOL) borboleta *f* ❷ (*Schwimmstil*) mariposa *f*
schmettern ['ʃmɛtɐn] *vt* ❶ (*werfen*) atirar, lançar ❷ (*Lied*) cantar à desgarrada
Schmied [ʃmiːt] *m* <-(e)s, -e> forjador *m,* ferreiro *m*
schmiedeeisern *adj* de ferro forjado
schmieden ['ʃmiːdən] *vt* ❶ (*Eisen*) forjar ❷ (*Pläne*) engendrar, maquinar
schmiegen ['ʃmiːgən] *vr* **sich ~** ❶ (*Person*) **sich an jdn/etw ~** aconchegar-se a alguém/a. c.; **er schmiegte sich in ihre Arme/in die Kissen** ele aconchegou-se nos seus braços/nas almofadas ❷ (*Kleidung*) **sich an etw ~** ajustar-se a a. c.; **das Kleid schmiegt sich an ihren Körper** o vestido ajusta-se ao corpo dela
schmiegsam *adj* flexível
Schmiere *f* <-n> graxa *f;* (*umg*); **~ stehen** estar de vigia
schmieren ['ʃmiːrən] **I.** *vt* (*fetten*) lubrificar; (*Brot*) barrar; **Butter auf das Brot ~** barrar o pão com manteiga; (*umg: bestechen*) untar as mãos a **II.** *vi* (*schreiben*) rabiscar
Schmiergeld *nt* <-(e)s, -er> dinheiro *m* de suborno, luva *f*
schmierig *adj* gorduroso, engordurado
Schmiermittel *nt* <-s, -> lubrificante *m*
Schmierzettel *m* <-s, -> papel *m* de rascunho
Schminke ['ʃmɪŋkə] *f* <-n> maquilhagem *f,* maquiagem *f,* pintura *f*
schminken ['ʃmɪŋkən] **I.** *vt* maquilhar, maquiar, pintar **II.** *vr* **sich ~** maquilhar-se, maquiar-se, pintar-se
schmirgeln ['ʃmɪrgəln] *vt* lixar
Schmirgelpapier *nt* <-s, -e> lixa *f*
schmissRR [ʃmɪs], **schmiß**ALT *imp von* **schmeißen**
schmollen ['ʃmɔlən] *vi* amuar, estar amuado
schmolz [ʃmɔlts] *imp von* **schmelzen**
Schmorbraten *m* <-s, -> carne *f* estufada, carne *f* guisada
schmoren ['ʃmoːrən] *vt* (*Fleisch*) estufar, guisar; (*Zwiebeln*) refogar; **in der Sonne ~** tostar ao sol
Schmuck [ʃmʊk] *m* <-(e)s> *kein pl* ❶ (*Juwelen*) jóias *fpl;* (*Modeschmuck*) bijutaria *f* ❷ (*Verzierung*) enfeite *m,* adorno *m*
schmücken *vt* enfeitar, adornar
schmucklos *adj* simples, singelo
Schmuckstück *nt* <-(e)s, -e> jóia *f*
schmuddelig *adj* sujo, imundo, sórdido
Schmuggel ['ʃmʊgəl] *m* <-s> *kein pl* contrabando *m*
schmuggeln *vt* contrabandear, fazer contrabando de
Schmuggler(in) *m(f)* <-s, - *o* -innen> contrabandista *m,f*
schmunzeln ['ʃmʊntsəln] *vi* sorrir (satisfeito)
schmusen ['ʃmuːzən] *vi* fazer carícias, acariciar-se
Schmutz [ʃmʊts] *m* <-es> *kein pl* (*Zustand*) sujidade *f,* imundície *f,* sujeira *f;* (*herumliegender*) lixo *m,* porcaria *f;* (*Schlamm*) lodo *m*
Schmutzfink *m* <-en, -en> porcalhão, porcalhona *m, f*
schmutzig *adj* ❶ (*dreckig*) sujo, imundo, porco; **~ werden** sujar-se ❷ (*unanständig*) indecente, porco
Schnabel ['ʃnaːbəl] *m* <-s, Schnäbel> ❶ (*des Vogels*) bico *m* ❷ (*umg: Mund*) bico *m,* boca *f;* **du sollst den ~ halten** cala o bico
Schnake ['ʃnaːkə] *f* <-n> melga *f,* mosquito *m*
Schnalle ['ʃnalə] *f* <-n> fivela *f*
schnallen *vt* apertar; **den Gürtel enger/weiter ~** apertar/alargar o cinto
schnalzen ['ʃnaltsən] *vi* estalar; **mit den Fingern/der Zunge ~** estalar os dedos/a língua
Schnäppchen *nt* <-s, -> (*umg*) pechincha *f*
Schnäppchenführer *m* *guia de saldos e vendas com redução de preços*
Schnäppchenjagd *f* (*umg*) caça *f* de saldos
schnappen ['ʃnapən] **I.** *vt* (*Dinge*) agarrar (em); (*Verbrecher*) apanhar; **sie schnappte**

ihre Tasche und ging ela agarrou na carteira e foi embora **II.** *vi* (*Hund*) apanhar com a boca; **die Tür schnappt ins Schloss** a porta dá um estalo na fechadura; **nach Luft ~** ter falta de ar

Schnappschuss[RR] *m* <-es, -schüsse> instantâneo *m*

Schnaps [ʃnaps] *m* <-es, Schnäpse> aguardente *f*, bagaço *m*

Schnapsidee *f* <-n> ideia *f* mirabolante

schnarchen ['ʃnarçən] *vi* ressonar, roncar

schnattern ['ʃnatɐn] *vi* grasnar

schnauben ['ʃnaʊbən] *vi* (*Mensch*) bufar; (*Pferd*) bafejar; **vor Zorn ~** bufar de raiva

schnaufen ['ʃnaʊfən] *vi* ofegar, arquejar, arfar

Schnauferl *nt* <-s, -> (*umg österr*) carro *f* de guerra

Schnauz *m* <-es, Schnäuze> (*schweiz*) *s.* **Schnauzbart**

Schnauzbart *m* <-(e)s, -bärte> bigode *m*

Schnauze ['ʃnaʊtsə] *f* <-n> ❶ (*von Tier*) focinho *m* ❷ (*abw: Mund*) bico *m*, boca *f*; **halt die ~!** caluda!, cala o bico!

schnäuzen[RR] *vr* **sich ~** assoar-se

Schnecke ['ʃnɛkə] *f* <-n> caracol *m*

Schneckenhaus *nt* <-es, -häuser> casca *f* do caracol

Schneckentempo *nt* <-s> *kein pl* (*umg*) passo *m* de caracol; **im ~** a passo de caracol

Schnee [ʃneː] *m* <-s> *kein pl* ❶ (*Niederschlag*) neve *f*; **es fällt ~** cai neve ❷ (*Eischnee*) claras *fpl* batidas em castelo; **Eiweiß zu ~ schlagen** bater as claras em castelo

Schneeball *m* <-(e)s, -bälle> bola *f* de neve

Schneebesen *m* <-s, -> batedeira *f*

Schneefall *m* <-(e)s, -fälle> nevada *f*, queda *f* de neve

Schneeflocke *f* <-n> floco *m* de neve

Schneegestöber *nt* <-s, -> nevasca *f*, nevão *m*

Schneeglöckchen *nt* <-s, -> (BOT) campânula *f* branca

Schneekette *f* <-n> corrente *f* anti-derrapante; **~n anlegen** pôr correntes anti-derrapantes

Schneemann *m* <-(e)s, -männer> boneco *m* de neve; **einen ~ bauen** fazer um boneco de neve

Schneepflug *m* <-(e)s, -pflüge> limpa-neve *m*

Schneeschmelze *f* <-n> degelo *m*

Schneewehe *f* <-n> acumulação *f* de neve

Schneewittchen [ʃneː'vɪtçən] *nt* <-s> *kein pl* Branca *f* de Neve

Schneide [ʃnaɪdə] *f* <-n> gume *m*, fio *m*

schneiden ['ʃnaɪdən] **I.** *vt* ❶ (*zerkleinern*) cortar, partir; (*kürzen*) cortar; **Brot ~** cortar pão, partir pão; **jdm die Haare ~** cortar o cabelo a alguém; **etw klein ~** cortar a. c. em [*o* aos] bocadinhos; **Grimassen ~** fazer caretas; **sich** *dat* **den Finger ~** cortar-se no dedo ❷ (FILM) montar **II.** *vr* **sich ~** ❶ (*sich verletzen*) cortar-se ❷ (*Linien*) cruzar-se

schneidend *adj* (*Schmerz*) agudo; (*Wind*) cortante; **~e Kälte** frio *m* de rachar

Schneider(in) *m(f)* <-s, - *o* -innen> costureiro, costureira *m*, *f*, alfaiate *m*, modista *f*

schneidern ['ʃnaɪdɐn] *vt* costurar

Schneidezahn *m* <-(e)s, -zähne> dente *m* incisivo

schneien ['ʃnaɪən] *vi* nevar; **es schneit** neva, está a nevar

Schneise ['ʃnaɪzə] *f* <-n> caminho *m*, atalho *m*

schnell [ʃnɛl] **I.** *adj* rápido, veloz, ligeiro **II.** *adv* depressa, rapidamente; **so ~ wie möglich** o mais depressa possível; **nicht so ~!** mais devagar!

Schnellhefter *m* <-s, -> pasta *f* de arquivo

Schnelligkeit *f kein pl* rapidez *f*, ligeireza *f*

Schnellimbiss[RR] *m* <-es, -e> pronto-a-comer *m*, lanchonete *f*

Schnellkochtopf *m* <-(e)s, -töpfe> panela *f* de pressão

schnellstens ['ʃnɛlstəns] *adv* o mais depressa possível

Schnellstraße *f* <-n> via *f* rápida

Schnellzug *m* <-(e)s, -züge> comboio *m* rápido

schnetzeln *vt* (*schweiz*) cortar aos bocados

schneuzen[ALT] ['ʃnɔɪtsən] *vr* **sich ~** *s.* **schnäuzen**

schnippisch ['ʃnɪpɪʃ] *adj* (*abw*) arrogante, desdenhoso

Schnipsel ['ʃnɪpsəl] *m* <-s, -> (*Papier, Stoff*) pedaço *m*, bocado *m*; (*Stoff*) retalho *m*, trapinho *m*

schnitt [ʃnɪt] *imp von* **schneiden**

Schnitt [ʃnɪt] *m* <-(e)s, -e> ❶ (*von Kleid, Haar*) corte *m*; **ein modischer ~** um corte da moda ❷ (*Verletzung*) corte *m*, golpe *m* ❸ (FILM) montagem *f* ❹ (*Schnittmuster*)

S

molde *m* ⑥ (*umg: Durchschnitt*) média *f;* **im ~** em média

Schnittlauch *m* <-(e)s> *kein pl* cebolinho *m*

Schnittmuster *nt* <-s, -> molde *m,* padrão *m*

Schnittpunkt *m* <-(e)s, -e> (*a* MATH) ponto *m* de interse(c)ção

Schnittstelle *f* <-n> (INFOR) interface *f*

Schnittwunde *f* <-n> golpe *m,* corte *m*

Schnitzel [ˈʃnɪtsəl] *nt* <-s, -> escalope *m;* **paniertes ~** panado *m*

schnitzen [ˈʃnɪtsən] *vt* entalhar, esculpir

Schnitzer *m* <-s, -> (*umg*) gafe *f,* deslize *m*

Schnitzerei *f* <-en> talha *f*

schnodderig *adj* (*umg*) descarado, petulante

Schnorchel [ˈʃnɔrçəl] *m* <-s, -> tubo *m* de respirador

Schnörkel *m* <-s, -> (*an Möbeln*) arabesco *m,* voluta *f;* (*bei Unterschrift*) cornucópia *f*

schnorren [ˈʃnɔrən] **I.** *vt* (*umg*) cravar, pedir; **kann ich noch eine Zigarette bei dir ~?** posso cravar-te um cigarro? **II.** *vi* ① (*umg: betteln*) mendigar ② (*abw schweiz: daherreden*) dizer asneiras, falar besteira

schnüffeln *vi* ① (*Hund*) farejar (*an* em) ② (*umg: spionieren*) meter o nariz, bisbilhotar ③ (*umg: Klebstoff*) cheirar, snifar

Schnüffler(in) *m(f)* <-s, - *o* -innen> intrometido, intrometida *m, f,* bisbilhoteiro, bisbilhoteira *m, f*

Schnuller [ˈʃnʊlɐ] *m* <-s, -> chupeta *f*

Schnupfen [ˈʃnʊpfən] *m* <-s, -> constipação *f;* **~ bekommen** constipar-se; **~ haben** estar constipado

schnuppern [ˈʃnʊpɐn] *vi* cheirar, farejar (*an* em)

Schnur [ʃnuːɐ] *f* <Schnüre> fio *m,* cordel *m,* guita *f,* barbante *m*

schnüren *vt* atar, apertar

schnurlos *adj* (*Telefon*) sem fio, portátil

Schnurrbart [ˈʃnʊrbaːɐt] *m* <-(e)s, -bärte> bigode *m*

schnurren [ˈʃnʊrən] *vi* (*Katze*) ronronar, fazer ronrom

Schnürsenkel *m* <-s, -> atacador *m,* cordão *m*

schnurstracks [ˈʃnuːɐˈʃtraks] *adv* (*umg*) imediatamente, sem discutir

schob [ʃoːp] *imp von* **schieben**

Schock [ʃɔk] *m* <-(e)s, -s> choque *m;* **unter ~ stehen** estar em estado de choque; **einen ~ bekommen** ter um choque

schockieren* *vt* chocar; (*moralisch*) escandalizar

Schöffe(in) *m(f)* <-n, -n *o* -innen> jurado, jurada *m, f*

Schokolade [ʃokoˈlaːdə] *f* <-n> chocolate *m;* **eine Tafel ~** uma tablete de chocolate; **eine Tasse (heiße) ~** uma chávena de chocolate quente

Schokoladentafel *f* <-n> tablete *f* de chocolate

Scholle [ˈʃɔlə] *f* <-n> ① (*Fisch*) solha *f* ② (*Eisscholle*) bloco *m* de gelo

schon [ʃoːn] *adv* ① (*zeitlich*) já; **da kommt er ~** lá vem ele; **~ lange** (desde) há muito tempo; **~ wieder** outra vez; **~ oft** já muitas vezes; **~ bald darauf** logo a seguir ② (*allein*) só, somente; **~ der Gedanke daran macht mich nervös** só de pensar nisso já fico nervoso ③ (*zwar, tatsächlich*) até, por certo, certamente; **das ist ~ möglich, doch ...** isso é bem possível, mas ..., isso até é possível, mas ...; **es wird ~ gehen** vai dar tudo certo; **sie wird ~ kommen** ela há-de vir ④ (*doch, ja*) sim; **ich denke ~** eu penso que sim; **Zeit hatte ich ~, nur ...** tempo eu até tinha, só que ...; **~ gut!** está bem!

schön **I.** *adj* bonito, lindo, belo; **das Wetter ist ~** o tempo está bom; **~e Grüße** muitos cumprimentos; **~es Wochenende!** bom fim-de-semana!; **~en Dank!** muito obrigado!; (*umg*); **das wäre ja noch ~er!** só faltava essa!, não faltava mais nada! **II.** *adv* bem; **sie singt ~** ela canta bem; **hier ist es ~ warm** aqui está quentinho; (*Aufforderung*); **bitte ~!** faça favor!; (*als Antwort*) de nada!, não tem de quê!; **danke ~!** muito obrigado!

schonen [ˈʃoːnən] **I.** *vt* (*Person*) poupar; (*Gegenstand*) tratar com cuidado; **seine Kräfte ~** poupar as forças **II.** *vr* **sich ~** cuidar-se, poupar-se

Schönheit *f* <-en> beleza *f*

Schönheitsoperation *f* <-en> operação *f* plástica

schön|machen *vr* **sich ~** pôr-se bonito

Schonung *f kein pl* (*Nachsicht*) cuidado *m;* (*Schutz*) preservação *f,* conservação *f;* **der Kranke braucht ~** o doente precisa de cuidados

schonungslos *adj* sem piedade, cruel

Schonzeit *f* <-en> defeso *m*

Schopf *m* <-(e)s, Schöpfe> (*schweiz: Schuppen*) telheiro *m*

schöpfen *vt* ❶ (*Flüssigkeit*) tirar (*aus* de); **Suppe auf den Teller ~** tirar sopa para o prato ❷ (*Mut, Hoffnung*) ganhar; **frische Luft ~** apanhar ar puro, tomar ar; **Verdacht ~** suspeitar
Schöpfer(in) *m(f)* <-s, - *o* -innen> criador, criadora *m, f*
schöpferisch *adj* criativo
Schöpfkelle *f* <-n> concha *f*
Schöpflöffel *m* <-s, -> *s.* **Schöpfkelle**
Schöpfung *f kein pl* criação *f*
Schoppen *m* <-s, -> (*schweiz*) biberão *m,* mamadeira *f*
Schöps *m* <-es, -e> (*österr*) carneiro *m*
schor [ʃoːɐ] *imp von* **scheren**
Schorf [ʃɔrf] *m* <-(e)s, -e> crosta *f,* escara *f*
Schorle *nt* <-s, -s *o* -en> (*Weinschorle*) vinho *m* e água com gás; (*Apfelschorle*) sumo *m* de maçã e água com gás
Schornstein ['ʃɔrnʃtaɪn] *m* <-(e)s, -e> chaminé *f*
Schornsteinfeger(in) *m(f)* <-s, - *o* -innen> limpa-chaminés *m,f*
schoss, schoß[ALT] *imp von* **schießen**
Schoß *m* <-es, Schöße> colo *m,* regaço *m;* **jdn auf den ~ nehmen** pegar em alguém ao colo
Schote ['ʃoːtə] *f* <-n> vagem *f*
Schotte(in) ['ʃɔtə] *m(f)* <-n, -n *o* -innen> escocês, escocesa *m, f*
Schotter ['ʃɔtɐ] *m* <-s> *kein pl* cascalho *m*
schottisch *adj* escocês
Schottland *nt* <-s> *kein pl* Escócia *f*
schräg **I.** *adj* (*nicht gerade*) oblíquo, enviesado; (*geneigt*) inclinado; (*diagonal*) diagonal, transversal **II.** *adv* de través, de esguelha; **~ gegenüber** quase em frente, transversalmente oposto
Schräge *f* <-n> inclinação *f,* superfície *f* inclinada
Schrägstrich *m* <-(e)s, -e> barra *f*
Schramme ['ʃramə] *f* <-n> arranhão *m*
schrammen *vt* arranhar, esmurrar
Schrank [ʃraŋk] *m* <-(e)s, Schränke> armário *m;* (*für Kleider*) armário *m,* roupeiro *m;* **etw in den ~ hängen** pendurar a. c. no armário
Schranke ['ʃraŋkə] *f* <-n> barreira *f;* (*an Bahnstrecke*) cancela *f;* **jdn in seine ~n weisen** pôr limites a alguém
Schranken ['ʃraŋkən] *m* <-s, -> (*österr*) *s.* **Schranke**
Schrankwand *f* <-wände> armário *m* de parede a parede
Schraube ['ʃraʊbə] *f* <-n> ❶ (*zum Befestigen*) parafuso *m;* (*umg*); **bei ihm ist eine ~ locker** ele tem um parafuso a menos ❷ (*des Schiffs*) hélice *f*
schrauben ['ʃraʊbən] *vt* ❶ (*befestigen*) aparafusar, atarraxar; (*lösen*) desaparafusar, desatarraxar ❷ (*drehen*) rodar; **den Deckel von der Flasche ~** desatarraxar a tampa da garrafa; **den Deckel auf die Flasche ~** atarraxar a tampa na garrafa
Schraubenschlüssel *m* <-s, -> chave *f* de parafusos, chave-inglesa *f*
Schraubenzieher *m* <-s, -> chave *f* de fendas
Schraubstock *m* <-(e)s, -stöcke> torno *m*
Schraubverschluss[RR] *m* <-es, -schlüsse> tampa *f* de rosca
Schreck [ʃrɛk] *m* <-(e)s, -e> susto *m,* sobressalto *m;* **einen ~ bekommen** apanhar um susto; **jdm einen ~ einjagen** pregar um susto a alguém
schreckhaft *adj* assustadiço, espantadiço
schrecklich *adj* horrível, terrível, horroroso
Schrei [ʃraɪ] *m* <-(e)s, -e> grito *m,* berro *m;* **einen ~ ausstoßen** dar [*o* soltar] um grito
Schreibblock *m* <-(e)s, -blöcke> bloco *m* de papel
schreiben ['ʃraɪbən] *vi* escrever; **jdm ~** escrever a alguém; **auf der Maschine ~** escrever à máquina; **etw ins Reine ~** passar a. c. a limpo; **das Wort ist falsch geschrieben** a palavra está mal escrita
Schreiben ['ʃraɪbən] *nt* <-s, -> carta *f;* **Ihr ~ vom 1.12.98** a sua carta de 1/12/98
schreibfaul *adj* preguiçoso para escrever
Schreibfehler *m* <-s, -> erro *m* ortográfico
Schreibkraft *f* <-kräfte> escriturária *f*
Schreibmaschine *f* <-n> máquina *f* de escrever; **einen Brief auf der ~ schreiben** escrever uma carta à maquina
Schreibschrift *f kein pl* caligrafia *f*
Schreibtisch *m* <-(e)s, -e> secretária *f,* escrivaninha *f*
Schreibwaren *pl* artigos *mpl* de papelaria
schreien ['ʃraɪən] **I.** *vt* gritar **II.** *vi* gritar; (*wütend*) berrar, vociferar; (*Säugling*) chorar; **nach jdm ~** gritar por alguém; **um Hilfe ~** gritar por socorro; **sie schrien vor Begeisterung/Angst** eles gritaram de espanto/medo

S

Schreiner(in) ['ʃraɪnɐ] *m(f)* <-s, - *o* -innen> marceneiro, marceneira *m, f,* carpinteiro, carpinteira *m, f*

Schreinerei *f* <-en> marcenaria *f,* carpintaria *f*

schreiten ['ʃraɪtən] *vi* (*geh*) andar, caminhar; **zur Tat ~** passar à a(c)ção

schrie [ʃriː] *imp von* **schreien**

schrieb [ʃriːp] *imp von* **schreiben**

Schrift [ʃrɪft] *f* <-en> ① (*Schriftsystem*) escrita *f;* (*Schriftzeichen*) letra *f,* tipo *m* de letra; **in kursiver ~** em itálico ② (*Handschrift*) letra *f,* caligrafia *f* ③ (*Text*) escrito *m;* (*Abhandlung*) estudo *m,* dissertação *f;* **die Heilige ~** a Sagrada Escritura

schriftlich **I.** *adj* escrito; **eine ~e Prüfung** uma prova escrita **II.** *adv* por escrito

Schriftsprache *f kein pl* linguagem *f* escrita

Schriftsteller(in) *m(f)* <-s, - *o* -innen> escritor, escritora *m, f*

Schriftstück *nt* <-(e)s, -e> escrito *m,* documento *m*

schrill [ʃrɪl] *adj* (*Ton*) estridente, agudo; (*Aussehen*) extravagante

schritt [ʃrɪt] *imp von* **schreiten**

Schritt [ʃrɪt] *m* <-(e)s, -e> ① (*beim Gehen*) passo *m;* **mit schnellen ~en** a passos largos; (**im**) **~ fahren** conduzir a uma velocidade de passo; **auf ~ und Tritt** a cada passo; **jdm auf ~ und Tritt folgen** seguir todos os passos de alguém; **mit einer Entwicklung ~ halten** acompanhar um desenvolvimento ② (*Maßnahme*) diligência *f,* medida *f;* **~e gegen jdn unternehmen** tomar medidas contra alguém

Schrittmacher *m* <-s, -> (MED) estimulador *m* cardíaco, pacemaker *m*

schrittweise *adv* passo a passo

schroff [ʃrɔf] *adj* ① (*Felswand*) escarpado, íngreme ② (*Antwort*) seco, brusco; (*Charakter*) rude, intratável

Schrot [ʃroːt] *m* <-(e)s, -e> ① (*Munition*) chumbo *m* ② (*Getreide*) cereal *m* triturado

Schrott [ʃrɔt] *m* <-(e)s> *kein pl* sucata *f,* ferro-velho *m*

Schrubber *m* <-s, -> escova (de esfregar) *f*

Schrulle *f* <-n> mania *f,* cisma *f*

schrullig *adj* caprichoso

schrumpfen ['ʃrʊmpfən] *vi* ① (*Gewebe*) encolher, mingar ② (*Vorräte, Interesse*) diminuir

Schub [ʃuːp] *m* <-(e)s, Schübe> ① (PHYS, TECH) impulso *m* ② (*Gruppe*) grupo *m*

Schubkarre *f* <-n> carrinho *m* de mão

Schublade *f* <-n> gaveta *f*

Schubs [ʃʊps] *m* <-es, -e> (*umg*) empurrão *m;* **jdm einen ~ geben** dar um empurrão a alguém

schüchtern *adj* tímido, acanhado

Schüchternheit *f kein pl* timidez *f,* acanhamento *m*

schuf [ʃuːf] *imp von* **schaffen**

Schuft [ʃʊft] *m* <-(e)s, -e> patife *m,* canalha *m*

schuften ['ʃʊftən] *vi* (*umg*) trabalhar (muito), labutar

Schuh [ʃuː] *m* <-(e)s, -e> sapato *m;* **ein Paar ~e** um par de sapatos; **sich** *dat* **die ~e anziehen** calçar os sapatos; (*fig*); **jdm etw in die ~e schieben** imputar a. c. a alguém

Schuhbändel *nt* <-s, -> (*schweiz*) atacador *m,* cordão *m* de sapato

Schuhcreme *f* <-s> graxa *f* para calçado

Schuhgeschäft *nt* <-(e)s, -e> sapataria *f*

Schuhgröße *f* <-n> número de calçado *m;* **welche ~ haben Sie?** que número calça?; **ich habe ~ 38** eu calço 38

Schuhlöffel *m* <-s, -> calçadeira *f*

Schuhmacher(in) *m(f)* <-s, - *o* -innen> sapateiro, sapateira *m, f*

Schuhputzer(in) *m(f)* <-s, - *o* -innen> engraxador(a) *m(f)* de sapatos

Schulanfang *m* <-(e)s, -fänge> início *m* das aulas

Schulaufgaben *pl* trabalhos *m* de casa, deveres *mpl*

Schulbuch *nt* <-(e)s, -bücher> livro *m* escolar

Schuld [ʃʊlt] *f kein pl* culpa *f;* **jdm die ~ an etw geben** atribuir a culpa a alguém por a. c.; **er ist/hat ~** a culpa é dele; **an etw ~ sein/haben** ter culpa de a. c.; **sie trifft keine ~** ela não tem culpa (nenhuma)

schuldbewusst[RR] *adj* consciente de culpa

schulden ['ʃʊldən] *vt* dever; **was schulde ich?** quanto devo?; **er schuldet ihr 100 EUR** ele deve-lhe 100 euros

Schulden *pl* dívida *f;* **bei jdm ~ haben** estar a dever a. c. a alguém; **~ machen** contrair dívidas

schuldig ['ʃʊldɪç] *adj* ① (*verantwortlich*) culpado (*an* de); **sich ~ bekennen** confessar-se culpado; **wer ist ~?** quem é o culpado? ② (*finanziell*) endividado; **jdm etw ~ sein**

dever a. c. a alguém
schuldig|sprechen *vt irr* **jdn ~** condenar alguém
Schuldner(in) ['ʃʊldnɐ] *m(f)* <-s, - *o* -innen> devedor, devedora *m, f*
Schuldspruch *m* <-(e)s, -sprüche> condenação *f*
Schule ['ʃuːlə] *f* <-n> escola *f;* **in die ~ gehen** andar na escola; **sie kommt im Herbst in die ~** ela vai para a escola no Outono
schulen *vt* (*Mitarbeiter*) formar
Schüler(in) *m(f)* <-s, - *o* -innen> ① (*in der Schule*) aluno, aluna *m, f* ② (*Anhänger*) discípulo *m*
Schulfach *nt* <-(e)s, -fächer> disciplina *f* escolar
Schulferien *pl* férias *fpl* da escola
schulfrei *adj* sem aulas, livre; **~ haben** não ter aulas
Schulgeld *nt* <-(e)s> *kein pl* propina *f* escolar
Schuljahr *nt* <-(e)s, -e> ano le(c)tivo *m*
Schulpflicht *f kein pl* escolaridade *f* obrigatória
schulpflichtig *adj* sujeito a escolaridade obrigatória
Schulstunde *f* <-n> aula *f*
Schultag *m* <-(e)s, -e> dia *m* de aulas
Schultasche *f* <-n> pasta *f* da escola
Schulter ['ʃʊltɐ] *f* <-n> ombro *m;* **mit den ~n zucken** encolher os ombros; **etw auf die leichte ~ nehmen** não levar a. c. a sério; **jdm die kalte ~ zeigen** ignorar alguém
Schulterblatt *nt* <-(e)s, -blätter> (ANAT) omoplata *f*
Schulterpolster *nt* <-s, -> enchumaço *m*
Schulung ['ʃuːlʊŋ] *f* <-en> ① (*von Personal*) formação *f* ② (*Lehrgang*) curso *m*
Schund *m* <-(e)s> *kein pl* lixo *m,* porcaria *f*
Schupfer *m* <-s, -> (*umg österr*) empurrão *m,* encontrão *m*
Schuppe ['ʃʊpə] *f* <-n> ① (*von Fisch*) escama *f* ② (*Kopfschuppe*) caspa *f;* **ein Haarshampoo gegen ~n** um champô anticaspa
schuppen **I.** *vt* (*Fisch*) escamar **II.** *vr* **sich ~** (*Haut*) escamar, esfolar
Schuppen ['ʃʊpən] *m* <-s, -> barracão *m,* telheiro *m*
schüren *vt* ① (*Feuer*) atiçar, avivar ② (*Hass, Eifersucht*) atiçar
schürfen *vt* (*Haut*) arranhar, esfolar, esmurrar
Schürfwunde *f* <-n> arranhão *m*
Schurke(in) ['ʃʊrkə] *m(f)* <-n, -n *o* -innen> patife *m,* malandro, malandra *m, f*
Schurwolle *f kein pl* lã virgem *f*
Schürze *f* <-n> avental *m*
Schuss[RR] [ʃʊs] *m* <-es, Schüsse>, **Schuß**[ALT] *m* <-sses, Schüsse> ① (*mit Waffe*) tiro *m;* **einen ~ abgeben** dar um tiro; **es fielen mehrere Schüsse** dispararam-se vários tiros ② (*von Flüssigkeit*) pinguinha *f;* **einen ~ Milch in den Kaffee tun** pôr uma pinguinha de leite no café; **Kaffee mit ~** café com cheirinho ③ (*beim Fußball*) remate *m,* pontapé *m,* chuto *m,* chute *m* ④ (*Drogen*) inje(c)ção *f;* **sich** *dat* **einen ~ setzen** inje(c)tar-se
Schüssel *f* <-n> ① (*für Speisen*) taça *f,* tigela *f;* (*Suppenschüssel*) terrina *f* ② (*Waschschüssel*) bacia *f* ③ (*umg: Satellitenantenne*) prato *m*
Schussverletzung[RR] *f* <-en> ferida *f* de bala
Schusswaffe[RR] *f* <-n> arma *f* de fogo
Schuster(in) ['ʃuːstɐ] *m(f)* <-s, - *o* -innen> sapateiro, sapateira *m, f*
Schutt [ʃʊt] *m* <-(e)s> *kein pl* entulho *m,* lixo *m;* **~ abladen verboten** proibido depositar lixo
Schuttabladeplatz *m* <-es, -plätze> lixeira *f*
Schüttelfrost *m* <-(e)s> *kein pl* arrepios *mpl,* calafrios *mpl;* **~ haben** estar arrepiado
schütteln *vt* (*Baum*) abanar; (*Kissen*) sacudir; (*Gefäß*) agitar; **den Kopf ~** abanar a cabeça; **jdm die Hand ~** apertar a mão a alguém; **vor Gebrauch ~** agitar antes de usar
schütten **I.** *vt* (*gießen*) deitar, verter; (*verschütten*) derramar, virar; **jdm Wein ins Glas ~** servir alguém de vinho **II.** *vi* chover a cântaros, chover torrencialmente; **es schüttet** chove a cântaros
Schüttstein *m* <-(e)s, -e> (*schweiz*) pia *f*
Schutz [ʃʊts] *m* <-es> *kein pl* prote(c)ção *f* (*gegen* contra, *vor* de); (*Verteidigung*) defesa *f* (*gegen* contra, *vor* de); **jdn in ~ nehmen** proteger alguém; **der ~ der Menschenrechte** a defesa dos direitos humanos
Schutzanzug *m* <-(e)s, -züge> fato *m* prote(c)tor

S

Schutzblech *nt* <-(e)s, -e> guarda-lamas *m*, pára-lamas *m*

Schutzbrief *m* <-(e)s, -e> assistência *f* em viagem

Schutzbrille *f* <-n> óculos *mpl* prote(c)tores

Schütze *m* <-n, -n> ❶ (*mit Waffe*) atirador *m* ❷ (*Sternzeichen*) Sagitário *m*

schützen **I.** *vt* proteger (*gegen* contra, *vor* de); (*verteidigen*) defender (*gegen* contra, *vor* de); **vor Nässe ~!** proteger da humidade!; **die Umwelt ~** proteger o meio-ambiente **II.** *vr* **sich ~** proteger-se (*gegen* contra, *vor* de); **sich gegen die Kälte ~** proteger-se do [*o* contra] o frio; **sich vor Ansteckung ~** proteger-se contra o contágio

No Outono os clubes de tiro ao alvo promovem uma festa onde se apresentam ao público. Nesta festa, **Schützenfest**, são mostradas as instalações e muitas vezes realiza-se um torneio de tiro ao alvo, no qual também podem participar pessoas que não são sócios do clube.

Schutzengel *m* <-s, -> anjo-da-guarda *m*, anjo-custódio *m*

Schutzhelm *m* <-(e)s, -e> capacete *m* de prote(c)ção

Schutzhülle *f* <-n> capa *f* de prote(c)ção

Schutzimpfung *f* <-en> vacinação *f* preventiva

schutzlos *adj* desprotegido, indefeso

Schutzpatron(in) *m(f)* <-s, -e *o* -innen> padroeiro, padroeira *m, f*

Schutzweg *m* <-(e)s, -e> (*österr*) passadeira *f*, passagem *f* para pedestres

schwach [ʃvax] *adj* (*Getränk, Argument, Motor, Leistung, Beifall*) fraco; (*Nachfrage*) escasso; (*Gesundheit*) frágil; **ein ~ bevölkertes Land** um país pouco povoado; **die sozial Schwachen** os desfavorecidos; **in einer ~en Stunde** num momento de fraqueza

schwachbevölkert[ALT] *adj s.* **schwach**

Schwäche *f* <-n> ❶ (*körperlich, charakterlich*) fraqueza *f*; **eine ~ für etw haben** ter um fraco [*o* um fraquinho] por a. c. ❷ (*Mangel*) deficiência *f*

schwächen *vt* debilitar

Schwächling *m* <-s, -e> fraco, fraca *m, f*

Schwachsinn *m* <-(e)s> *kein pl* ❶ (MED) deficiência *f* mental ❷ (*umg: Blödsinn*) estupidez *f*, besteira *f*

schwachsinnig *adj* ❶ (MED) deficiente mental ❷ (*umg: blödsinnig*) estúpido, descabido

Schwachstrom *m* <-(e)s, -ströme> corrente *f* de baixa tensão

Schwächung *f* <-en> enfraquecimento *m*

schwafeln *vi* (*abw*) disparatar (*über* sobre)

Schwager, Schwägerin [ˈʃvaːgɐ] *m, f* <-s, Schwäger *o* -innen> cunhado, cunhada *m, f*

Schwalbe [ˈʃvalbə] *f* <-n> andorinha *f*

Schwall [ʃval] *m* <-(e)s, -e> (*Wasser*) torrente *f*; (*Menschen*) enchente *f*, turbilhão *m*; **ein ~ Fragen** uma torrente de perguntas

schwamm [ʃvam] *imp von* **schwimmen**

Schwamm [ʃvam] *m* <-(e)s, Schwämme> ❶ (*zum Waschen, Putzen*) esponja *f*; (*umg*); **~ drüber!** não se fala mais nisso!, passemos uma esponja sobre o assunto! ❷ (*österr: Pilz*) cogumelo *m*

schwammig *adj* ❶ (*Gesicht, Körper*) balofo ❷ (*Begriff, Aussage*) inconsistente

Schwan [ʃvaːn] *m* <-(e)s, Schwäne> cisne *m*

schwand [ʃvant] *imp von* **schwinden**

schwang [ʃvaŋ] *imp von* **schwingen**

schwanger [ˈʃvaŋɐ] *adj* grávida; **sie ist im 5. Monat ~** ela está grávida de 5 meses, ela está no quinto mês de gravidez

Schwangere *f* <-n, -n> grávida *f*

schwängern *vt* engravidar

Schwangerschaft *f* <-en> gravidez *f*

Schwangerschaftsabbruch *m* <-(e)s, -brüche> interrupção *f* (voluntária) da gravidez

Schwangerschaftstest *m* <-(e)s, -s> teste *m* de gravidez

Schwangerschaftsverhütung *f kein pl* contracepção *f*

schwanken [ˈʃvaŋkən] *vi* ❶ (*Boot, Steg*) balançar; (*Preise, Temperatur*) oscilar, flutuar ❷ (*taumeln, torkeln*) cambalear ❸ (*zögern*) vacilar, hesitar

Schwankung *f* <-en> oscilação *f*

Schwanz [ʃvants] *m* <-es, Schwänze> ❶ (*eines Tieres*) cauda *f*, rabo *m*; **den ~ einziehen** meter o rabo entre as pernas; (*umg*); **es war kein ~ da** não estava lá ninguém ❷ (*vulg: Penis*) caralho *m*

schwänzen *vt* (*umg*) fazer gazeta, dar um tiro a, matar; **Chemie/die Schule ~** dar um tiro a química/às aulas, matar química/as aulas

Schwarm [ʃvarm] *m* <-(e)s, Schwärme> ❶ (*Bienen*) enxame *m;* (*Fisch*) cardume *m;* (*Vögel*) bando *m* ❷ (*Mensch*) paixão *f*

schwärmen *vi* (*begeistert sein*) delirar (*für* com), adorar; **sie schwärmt für dunkelhaarige Männer** ela adora homens morenos, ela delira com homens morenos; **er schwärmte vom portugiesischen Wein** ele delirava com o vinho português

schwarz [ʃvarts] *adj* ❶ (*Farbe*) preto, negro; **etw ~ färben** pintar a. c. de preto; **jdm etw ~ auf weiß geben** dar a. c. preto no branco a alguém; **ins Schwarze treffen** acertar em cheio ❷ (*konservativ*) conservador ❸ (*illegal*) ilegal

Schwarzarbeit *f kein pl* trabalho *m* clandestino, trabalho *m* ilegal

schwarz|arbeiten *vi* trabalhar ilegalmente

Schwarzbrot *nt* <-(e)s, -e> pão *m* integral

schwarz|fahren *vi irr* viajar sem bilhete; (*ohne Führerschein*) conduzir sem carta, dirigir sem carteira

Schwarzfahrer(in) *m(f)* <-s, - *o* -innen> passageiro, -a *m, f* sem bilhete

schwarzhaarig *adj* de cabelo(s) preto(s)

Schwarzmarkt *m* <-(e)s, -märkte> mercado *m* negro

schwarz|sehen *vi irr* ser pessimista, ver tudo negro

Schwarzwald *m* <-(e)s> *kein pl* Floresta *f* Negra

schwarzweiß *adj* (a) preto e branco

schwatzen *vi s.* **schwätzen**

schwätzen *vi* palrar (*über* sobre), tagarelar (*über* sobre)

Schwätzer(in) *m(f)* <-s, - *o* -innen> palrador, palradora *m, f,* tagarela *m,f*

schwatzhaft *adj* palrador, tagarela

Schwebebahn *f* <-en> teleférico *m*

Schwebebalken *m* <-s, -> barra *f* suspensa

schweben ['ʃveːbən] *vi* (*in der Luft*) pairar, flutuar, estar suspenso; **in Gefahr ~** estar em perigo

Schwede(in) *m(f)* <-n, -nen> sueco, sueca *m, f*

Schweden ['ʃveːdən] *nt* <-s> *kein pl* Suécia *f*

schwedisch *adj* sueco

Schwefel ['ʃveːfəl] *m* <-s> *kein pl* enxofre *m*

Schwefelsäure *f kein pl* ácido *m* sulfúrico

schweigen ['ʃvaɪgən] *vi* calar(-se), estar calado; **kannst du ~?** consegues guardar segredo?; **ganz zu ~ von ...** para já não falar de ...

Schweigen *nt* <-s> *kein pl* silêncio *m;* **jdn zum ~ bringen** (fazer) calar alguém; **das ~ brechen** quebrar o silêncio

Schweigepflicht *f kein pl* sigilo *m* profissional

schweigsam *adj* calado

Schwein [ʃvaɪn] *nt* <-(e)s, -e> ❶ (*Tier*) porco *m,* suíno *m* ❷ (*Mensch*) porco, porca *m, f* ❸ (*umg: Glück*) sorte *f;* **~ gehabt!** tiveste sorte!

Schweinefleisch *nt* <-(e)s> *kein pl* carne *f* de porco

Schweinerei *f* <-en> ❶ (*Dreck*) porcaria *f,* imundície *f* ❷ (*Gemeinheit*) patifaria *f,* pulhice *f,* sujeira *f* ❸ (*Unanständigkeit*) indecência *f*

schweinisch *adj* ❶ (*schmutzig*) porco, imundo ❷ (*unanständig*) indecente

Schweinsohr *nt* <-(e)s, -en> ❶ (*Fleisch*) orelheira *f* ❷ (*Gebäck*) pastel *m* de massa folhada

Schweiß *m* <-es> *kein pl* suor *m*

Schweißbrenner *m* <-s, -> ferro *m* de soldar

schweißen *vt* soldar

Schweißer(in) *m(f)* <-s, - *o* -innen> soldador, soldadora *m, f*

Schweißfuß *m* <-es, -füße> suor *m* dos pés

schweißgebadet *adj* alagado em suor

Schweiz [ʃvaɪts] *f kein pl* Suíça *f;* **die deutsche/französische/italienische ~** a Suíça alemã/francesa/italiana

Schweizer(in) *m(f)* <-s, -nen> suíço, suíça *m, f*

Schweizerdeutsch *nt* <-en> *kein pl* alemão *m* da Suíça

schweizerisch ['ʃvaɪtsərɪʃ] *adj* suíço

schwelgen ['ʃvɛlgən] *vi* gozar (*in* de); **in Erinnerungen ~** gozar de recordações

Schwelle ['ʃvɛlə] *f* <-n> ❶ (*einer Tür*) soleira *f,* umbral *m,* ombreira *f* ❷ (*Eisenbahn*) travessa *f*

schwellen ['ʃvɛlən] **I.** *vt* (*schweiz: weich kochen*) cozinhar em lume brando **II.** *vi* inchar, intumescer; **die Mandeln sind geschwollen** as amígdalas estão inchadas

Schwellung *f* <-en> (MED) inchaço *m*

schwenken ['ʃvɛŋkən] *vt* ❶ (*drehen*) volver, virar ❷ (*Arme, Fahne*) agitar, mover

schwer [ʃveːɐ] **I.** *adj* (*Gewicht*) pesado; **wie**

~ **ist der Koffer?** quanto pesa a mala?; **ein drei Kilo ~es Paket** um pacote de três quilos; **mit ~em Herzen** a muito custo; (*Krankheit*) grave; (*Schicksal*) duro; (*Gewitter*) forte; **ein ~er Fehler** um erro grave; **das waren ~e Zeiten** foram tempos difíceis; (*schwierig*) difícil, custoso; **die Prüfung war ziemlich ~** a prova foi bastante difícil **II.** *adv* (*sehr*) muito, pesadamente, dificilmente; **sie ist ~ verletzt/krank** ela está gravemente ferida/doente; **~ beladen sein** estar muito carregado; **~ bewaffnet** armado até aos dentes; **~ arbeiten** trabalhar arduamente; **jdn ~ bestrafen** castigar alguém severamente; **~ verdauliche Speisen** comida indigesta; **seine Klagen sind ~ zu ertragen** as suas queixas são difíceis de suportar; **jdm das Leben ~ machen** dificultar a vida a alguém

Schwerbehinderte(r) *m/f* <-n, -n *o* -n> deficiente *m* profundo, deficiente *f* profunda

Schwere *f kein pl* ❶ (*Gewicht*) peso *m* ❷ (*Ernsthaftigkeit*) gravidade *f;* (*einer Strafe*) severidade *f* ❸ (*Schwierigkeit*) dificuldade *f*

schwerelos *adj* sem gravidade

Schwerelosigkeit *f kein pl* ausência *f* de gravidade

schwer|fallen *vi irr* custar; **der Abschied wird mir ~** a despedida vai custar-me muito

schwerfällig *adj* (*Mensch*) lento, desengonçado; (*Bewegung*) tosco, pesado

Schwergewicht *nt* <-(e)s, -e> ❶ *kein pl* (*Nachdruck*) ênfase *m;* **das ~ auf etw legen** pôr o ênfase em a. c. ❷ (SPORT) peso pesado *m*

schwerhörig *adj* mouco

Schwerindustrie *f kein pl* indústria *f* pesada

Schwerkraft *f kein pl* (PHYS) gravidade *f*

schwerkrankALT ['-'-] *adj s.* **schwer II**

schwerlich *adv* dificilmente, a custo

schwer|machen *vt s.* **schwer II**

Schwermetall *nt* <-s, -e> metal *m* pesado

schwermütig *adj* taciturno, tristonho

Schwerpunkt *m* <-(e)s, -e> ❶ (PHYS) centro *m* de gravidade ❷ (*im Studium*) área *f* de especialização, variante *f;* (*bei Arbeit*) ponto *m* principal, tónica *f*

Schwert [ʃveːɐt] *nt* <-(e)s, -er> espada *f*

Schwertfisch *m* <-(e)s, -e> peixe-espada *m,* espadarte *m*

Schwerverbrecher(in) *m(f)* <-s, - *o* -innen> delinquente *m* perigoso, delinquente *f* perigosa

schwerverdaulich *adj s.* **schwer II**

schwerverletzt *adj s.* **schwer II**

schwerwiegend *adj* importante, de peso

Schwester ['ʃvɛstɐ] *f* <-n> ❶ (*Verwandte*) irmã *f* ❷ (*im Krankenhaus*) enfermeira *f* ❸ (*eines Ordens*) irmã *f,* freira *f*

schwesterlich *adj* de irmã

schwieg [ʃviːk] *imp von* **schweigen**

Schwiegereltern ['ʃviːgɐ-] *pl* sogros *mpl*

Schwiegermutter *f* <-mütter> sogra *f*

Schwiegersohn *m* <-(e)s, -söhne> genro *m*

Schwiegertochter *f* <-töchter> nora *f*

Schwiegervater *m* <-s, -väter> sogro *m*

Schwiele ['ʃviːlə] *f* <-n> calo *m,* calosidade *f*

schwierig ['ʃviːrɪç] *adj* difícil, complicado

Schwierigkeit *f* <-en> dificuldade *f;* **in ~en geraten** meter-se em sarilhos

Schwimmbad *nt* <-(e)s, -bäder> piscina *f*

Schwimmbecken *nt* <-s, -> piscina *f*

schwimmen ['ʃvɪmən] *vi* ❶ (*Person, Fisch*) nadar; **~ gehen** ir à piscina; **auf dem Rücken ~** nadar de costas ❷ (*Gegenstand*) flutuar (*auf* em), boiar (*auf* em)

Schwimmer(in) *m(f)* <-s, - *o* -innen> nadador, nadadora *m, f*

Schwimmflosse *f* <-n> barbatana *f*

Schwimmring *m* <-(e)s, -e> bóia *f*

Schwimmsport *m* <-(e)s> *kein pl* natação *f*

Schwimmweste *f* <-n> colete *m* salva-vidas

Schwindel ['ʃvɪndəl] *m* <-s> *kein pl* ❶ (*Gefühl*) vertigem *f,* tontura *f* ❷ (*umg: Lüge*) peta *f,* treta *f;* (*Betrug*) aldrabice *f,* vigarice *f,* intrujice *f*

schwindelfrei *adj* que não tem vertigens

schwindelig *adj* ourado, tonto, com vertigens; **mir ist ~** estou tonto [*o* ourado], estou com vertigens

schwindeln ['ʃvɪndəln] *vi* aldrabar

schwinden ['ʃvɪndən] *vi* ❶ (*verschwinden*) desaparecer ❷ (*abnehmen*) diminuir

Schwindler(in) ['ʃvɪndlɐ] *m(f)* <-s, - *o* -innen> aldrabão, aldrabona *m, f,* vigarista *m,f,* intrujão, intrujona *m, f*

schwingen ['ʃvɪŋən] **I.** *vt* balançar; (*Fahne*) agitar; (*Peitsche, Stock*) sacudir **II.** *vi* (*Pendel*) oscilar **III.** *vr* **sich ~ sich auf das Pferd/Fahrrad ~** montar o cavalo/a bicicleta; **sich in die Luft ~** levantar voo

Schwingung *f* <-en> oscilação *f*

Schwips [ʃvɪps] *m* <-es, -e> piela *f,* pileque *m;* **einen ~ haben** estar com uma piela,

estar de pileque
schwirren ['ʃvɪrən] *vi* (*Mücken*) zumbir, zunir; (*Pfeil, Kugel*) sibilar, zunir
schwitzen ['ʃvɪtsən] *vi* suar, transpirar
schwoll [ʃvɔl] *imp von* **schwellen**
schwor [ʃvoːɐ] *imp von* **schwören**
schwören *vt* jurar; **einen Eid ~** fazer um juramento; **auf etw ~** jurar por a. c.
schwul [ʃvuːl] *adj* homossexual, maricas, paneleiro
schwül *adj* abafado, asfixiante, sufocante
Schwule(r) *m* <-n, -n> homossexual *m*
schwulstig ['ʃvʊlstɪç] *adj* (*österr*) *s.* **schwülstig**
schwülstig *adj* afe(c)tado, empolado, inchado
Schwung [ʃvʊŋ] *m* <-(e)s> *kein pl* ❶ (*Antrieb*) impulso *m*, lanço *m*; **etw in ~ bringen** dar impulso a a. c. ❷ (*Energie*) garra *f* ❸ (*umg: Menge*) montão *m*
schwungvoll *adj* dinâmico
Schwur [ʃvuːɐ] *m* <-(e)s, Schwüre> juramento *m*; **einen ~ leisten** fazer um juramento
Schwurgericht *nt* <-(e)s, -e> tribunal *m* de jurados
Schwyz *f kein pl* Schwyz *m*
Sciencefiction[RR] [saɪns'fɪktʃən] *nt* <-s> *kein pl* ficção *f* científica
sechs [zɛks] *num kard* seis; *s. a.* **zwei**
Sechs *f* <-en> seis *m*; *s.* **Zwei**
Sechseck *nt* <-(e)s, -e> hexágono *m*
sechsfach *adj* sêxtuplo
sechshundert ['-'--] *num kard* seiscentos
sechsjährig *adj* de seis anos
sechsmal *adv* seis vezes
sechstausend *num kard* seis mil
sechste(r, s) *num ord s. a.* **zweite(r, s)**
Sechstel *nt* <-s, -> sexto *m*, sexta parte *f*
sechstens ['zɛkstəns] *adv* em sexto lugar
sechzehn ['zɛçtseːn] *num kard* dezasseis
Sechzehntel *nt* <-s, -> (MUS) *s.* **Sechzehntelnote**
Sechzehntelnote *f* <-n> (MUS) semicolcheia *f*
sechzig ['zɛçtsɪç] *num kard* sessenta
Secondhandladen[RR] *m* <-s, -läden> loja *f* de artigos em segunda mão
See[1] [zeː] *f kein pl* mar *m*; **auf hoher ~** no mar alto
See[2] *m* <-s, -n> lago *m*
Seebad *nt* <-(e)s, -bäder> estância *f* balnear
Seebeben *nt* <-s, -> maremoto *m*
Seefahrt *f kein pl* viagem *f* marítima, navegação *f*
Seehund *m* <-(e)s, -e> lobo-marinho *m*, foca *f*
Seeigel *m* <-s, -> ouriço-do-mar *m*
seekrank *adj* enjoado; **~ sein** estar enjoado; **~ werden** enjoar
Seekrankheit *f kein pl* enjoo *m*
Seele ['zeːlə] *f* <-n> alma *f*
Seeleute *pl* marinheiros *mpl*
seelisch *adj* mental, psíquico
Seemacht *f* <-mächte> potência *f* marítima
Seemann *m* <-(e)s, -leute> marinheiro *m*, marujo *m*
Seemeile *f* <-n> milha *f* marítima
Seenot *f kein pl* perigo *m* no mar; **in ~ geraten** ficar em perigo de naufragar
Seepferdchen *nt* <-s, -> cavalo-marinho *m*
Seeräuber *m* <-s, -> pirata *m*, corsário *m*
Seerose *f* <-n> nenúfar *m*
Seestern *m* <-(e)s, -e> estrela-do-mar *f*
Seeweg *m* <-(e)s, -e> caminho *m* marítimo; **auf dem ~** por mar
Seezunge *f* <-n> linguado *m*
Segel ['zeːgəl] *nt* <-s, -> vela *f*; **die ~ setzen** içar as velas; **die ~ einholen** arriar as velas
Segelboot *nt* <-(e)s, -e> barco *m* à vela
Segelfliegen *nt* <-s> *kein pl* voo *m* de planador
Segelflugzeug *nt* <-(e)s, -e> planador *m*
segeln ['zeːgəln] *vi* velejar
Segelschiff *nt* <-(e)s, -e> veleiro *m*
Segelsport *m* <-(e)s> *kein pl* vela *f*
Segeltuch *nt* <-(e)s, -e> lona *f*, brim *m*
Segen ['zeːgən] *m* <-s> *kein pl* ❶ (*des Priesters*) bênção *f* ❷ (*Glück*) felicidade *f*; **es ist ein ~, dass ...** ainda bem que ...
Segler(in) *m(f)* <-s, - *o* -innen> velejador, velejadora *m, f*
segnen ['zeːgnən] *vt* abençoar
sehen ['zeːən] **I.** *vt* ver; **ich freue mich, Sie zu ~** prazer em vê-lo; **wann ~ wir uns wieder?** quando é que nos vemos outra vez?; **etw nicht gern ~** não gostar de a. c.; (*umg*); **etw nicht mehr ~ können** estar farto de a. c., já não poder ver a. c. à frente **II.** *vi* ver; (*in bestimmte Richtung*) olhar; **aus dem Fenster ~** olhar pela janela; **auf die Uhr ~** olhar para o relógio; **jdm ins Gesicht ~** fixar alguém; **gut/schlecht ~** ver bem/mal; **siehe oben** ver atrás, ver acima; **wir werden ja ~!** vamos ver!, veremos!; **wie ich**

sehe, haben Sie viel gearbeitet pelo que vejo, trabalhou muito; **klar** ~ ver bem; **jdm ähnlich** ~ ser parecido com alguém

sehenswert *adj* digno de ser visto

Sehenswürdigkeit *f* <-en> atra(c)ção *f* turística, curiosidade *f* (turística)

Sehkraft *f kein pl* visão *f*, vista *f*

Sehne ['ze:nə] *f* <-n> ❶ (ANAT) tendão *m*, nervo *m* ❷ (MATH) corda *f*

sehnen ['ze:nən] *vr* **sich** ~ ter saudades (*nach* de), ansiar (*nach* por); **er sehnte sich nach Ruhe** ele ansiava por descanso

Sehnsucht *f* <-süchte> saudade(s) *fpl* (*nach* de), ânsia *f* (*nach* de); ~ **nach jdm haben** ter saudades de alguém

sehnsüchtig *adj* ansioso, desejoso, saudoso

sehr [ze:ɐ] *adv* muito; ~ **oft** muitas vezes; **zu** ~ demasiado; **wie** ~ quanto; **so** ~ tanto, tão; **so** ~ **er auch bat** por mais que ele pedisse; **danke** ~**!** muito obrigado!; **ich bin** ~ **müde** estou muito cansado; ~ **viele Gäste** muitos convidados

seicht [zaɪçt] *adj* ❶ (*Gewässer*) baixo, pouco profundo ❷ (*Unterhaltung*) superficial, fútil

Seide ['zaɪdə] *f* <-n> seda *f*

seiden ['zaɪdən] *adj* de seda

Seife ['zaɪfə] *f* <-n> sabonete *m;* (*Kernseife*) sabão *m*

Seifenoper *f* <-n> telenovela *f*

seifig *adj* de sabão

Seiher *m* <-s, -> (*österr*) passador *m*

Seil [zaɪl] *nt* <-(e)s, -e> corda *f*, cabo *m;* (*für Seiltanz*) corda (bamba) *f;* **auf dem** ~ **tanzen** dançar na corda bamba

Seilbahn *f* <-en> teleférico *m*

seil|springen *vi irr* saltar à corda

seiltanzen *vi* dançar na corda bamba

Seiltänzer(in) *m(f)* <-s, - *o* -innen> funâmbulo, funâmbula *m, f*

sein[1] [zaɪn] *vi* ❶ (*Identität, Eigenschaft, Herkunft, Beruf*) ser; (*Alter*) ter; **sie ist Angolanerin** ela é angolana; **ich bin aus Wien** eu sou de Viena; **er ist 45** ele tem 45 anos; **ich bin Übersetzerin** eu sou tradutora; **sind Sie verheiratet?** é casado?; **der Fisch ist nicht frisch** o peixe não é fresco; **sei es auch noch so klein** por muito pequeno que seja; **etw** ~ **lassen** deixar estar a. c.; **lass das** ~**!** deixa (estar) isso!; **es sei denn, dass..** a não ser que ... +*conj* ❷ (*Zustand*) estar; **mir ist kalt** estou com frio, tenho frio; **mir ist schlecht** sinto-me mal; **du bist wohl verrückt!** estás tolo! ❸ (*vorhanden sein*) haver, ter; **es waren viele Leute da** havia lá muita gente, tinha lá muita gente ❹ (*sich befinden*) estar; (*Ort*) ficar; **sie ist zu Hause** ela está em casa; **São Paulo ist in Brasilien** São Paulo fica no Brasil; **da sind wir** aqui estamos, eis-nos ❺ (*Zeitangabe*) ser; **es ist 15.30 Uhr** são 15.30 horas; **heute ist Freitag** hoje é sexta-feira; **es ist Januar** é Janeiro; **es ist schon lange/über fünf Jahre her** isso já foi há muito tempo/há mais de cinco anos ❻ (*Wetter*) estar, fazer; **es ist schönes Wetter** está [*o* faz] bom tempo; **es ist sonnig/heiß** está sol/calor, faz sol/calor ❼ (*geschehen*) passar-se; **was ist los?** o que é que se passa?, o que é que há?; **das wär´s** é tudo ❽ (*Hilfsverb*) ter

sein[2] *pron poss* (*adjektivisch*) (o) seu, (a) sua, o/a ... dele; ~ **Bruder** o seu irmão, o irmão dele; ~**e Schwester/Kinder** a sua irmã/os seus filhos, a irmã dele/os filhos dele

seine(r, s) *pron poss* (*substantivisch*) (o) seu, (a) sua, (o/a) dele; **mein Auto ist neuer als** ~**s** o meu carro é mais novo (do) que o dele/seu; **die schwarze Tasche ist** ~ a carteira preta é sua/dele

seiner *pron gen von* **er, es**

seinerseits *adv* por seu lado, pela sua parte, por ele

seinerzeit *adv* nessa altura, naquele tempo

seinesgleichen ['--'--] *pron indef* (seu) igual

seinetwegen ['zaɪnət've:gən] *adv* por ele; (*negativ*) por causa dele

sein|lassen[ALT] *vt irr s.* **sein 1**

Seismograf *m* <-en, -en> *s.* **Seismograph** sismógrafo *m*

seit [zaɪt] *präp* +*dat* desde; ~ **wann?** desde quando?; ~ **langem** (desde) há muito; **sie ist** ~ **einer Woche hier** ela está aqui há uma semana; ~ **eh und je** desde sempre

seitdem [-'-] **I.** *adv* desde então, desde essa altura; **ich habe ihn** ~ **nie wieder gesehen** desde então, nunca mais o vi **II.** *konj* desde que; ~ **sie in Polen arbeitet, schreiben wir uns regelmäßig** desde que ela trabalha na Polónia, escrevemo-nos regularmente

Seite ['zaɪtə] *f* <-n> ❶ (*allgemein*) lado *m;* (*des Flusses*) margem *f;* **auf beiden** ~**n der Straße** nos dois lados da rua; **von allen** ~**n** de todos os lados; **zur** ~ **gehen/treten** desviar-se, passar para o lado; **etw zur/auf die**

~ **legen** pôr a. c. de lado; **jdn von der ~ ansehen** olhar de lado para alguém; **jdm zur ~ stehen** estar do lado de alguém; **jdn auf seine ~ bringen** convencer alguém; **Sprachen sind ihre starke/schwache ~** as línguas são o seu lado forte/fraco ② (*von Angelegenheit*) aspe(c)to *m,* lado *m;* **auf der einen ~ freue ich mich darüber, auf der anderen bringt es auch Probleme mit sich** por um lado, fico contente com isso; por outro, também traz problemas ③ (*im Buch*) página *f;* **siehe ~ 17** ver página 17; **die gelben ~n** as páginas *fpl* amarelas ④ (*von Stoff, Schallplatte*) lado *m;* (*von Münze*) face *f*

Seitenansicht *f* <-en> vista *f* de perfil

Seitenlinie *f* (FBALL) linha *f* lateral

seitens ['zaɪtəns] *präp +gen* da parte de

Seitensprung *m* <-(e)s, -sprünge> escapadela *f,* aventura *f;* **einen ~ machen** dar uma escapadela, ter uma aventura

Seitenstraße *f* <-n> travessa *f,* rua *f* lateral

Seitenstreifen *m* <-s, -> berma *f* da estrada

seitenverkehrt *adj* lateralmente invertido

seither [-'-] *adv* desde então

seitlich *adj* lateral, de lado

seitwärts *adv* para o lado

Sek. *abk v* **Sekunde** segundo

Sekretär[1] *m* <-s, -e> (*Möbel*) papeleira *f,* escrivaninha *f*

Sekretär(in)[2] *m(f)* <-s, -e *o* -innen> secretário, secretária *m, f*

Sekretariat [zekretari'a:t] *nt* <-(e)s, -e> secretaria *f,* secretariado *m*

Sekt [zɛkt] *m* <-(e)s, -e> espumante *m,* champanhe *m*

Sekte ['zɛktə] *f* <-n> seita *f*

Sektor ['zɛkto:ɐ] *m* <-s, -en> se(c)tor *m*

sekundär *adj* secundário

Sekundarlehrer(in) *m(f)* <-s, - *o* -innen> (*schweiz*) professor(a) *m(f)* do ensino secundário

Sekundarschule *f* <-n> (*schweiz*) escola *f* secundária

Depois da «Primarschule», o ensino escolar na Suíça segue com a **Sekundarstufe** I, a qual, conforme o cantão, pode durar de três a cinco anos e que é de frequência escolar obrigatória. Em seguida pode fazer-se uma qualificação profissional na Sekundarstufe II, frequentar uma escola profissional ou uma escola de formação intermediária, iniciar um curso de formação de professores para o magistério da Sekundarstufe I ou frequentar a «Maturitätsschule».

Sekunde [ze'kʊndə] *f* <-n> segundo *m*

selbst [zɛlpst] **I.** *pron dem* mesmo, próprio; **von ~** por si (mesmo); **das versteht sich von ~** já se sabe que sim, isso é evidente; **Fritz hat es ~ gesagt** foi o próprio Fritz que o disse; **wie geht's? — gut, und ~?** como estás? — bem, e tu?; **er denkt nur an sich ~** ele só pensa nele mesmo/próprio; **er ist die Ruhe ~** ele é o sossego em pessoa; **~ gemacht** feito pela própria pessoa; (*Kuchen*) caseiro; **ist der Kuchen ~ gemacht?** foste tu que fizeste o bolo?, o bolo é caseiro?; **sie trägt einen ~ gemachten Rock** ela traz uma saia feita por ela; **ich bringe ~ gemachtes Brot mit** eu trago pão feito por mim **II.** *adv* (até) mesmo, até; **~ seine Freunde haben ihn verlassen** até os seus amigos o abandonaram

Selbstachtung *f kein pl* auto-estima *f*

selbständig *adj s.* **selbstständig**

Selbständigkeit *f kein pl s.* **Selbstständigkeit**

Selbstauslöser *m* <-s, -> (FOTO) disparador *m* automático

Selbstbedienung *f kein pl* self-service *m,* auto-serviço *m*

Selbstbefriedigung *f* <-en> masturbação *f*

Selbstbeherrschung *f kein pl* autodomínio *m,* sangue-frio *m*

Selbstbestimmung *f kein pl* (POL) autodeterminação *f*

selbstbewusst[RR] *adj* auto-confiante

Selbstbewusstsein[RR] *nt* <-s> *kein pl* autoconfiança *f*

Selbstgedrehte *f* <-n> (*umg*) cigarro *m* de enrolar

selbstgefällig *adj* vaidoso, presunçoso

selbstgemacht[ALT] *adj s.* **selbst I**

Selbstgespräch *nt* <-(e)s, -e> monólogo *m;* **~e führen** falar com os seus botões

Selbsthilfegruppe *f* <-n> grupo *m* de interajuda

selbstklebend *adj* autocolante

Selbstkostenpreis *m* <-es, -e> preço *m* de custo

selbstlos *adj* altruísta, desinteressado

S

Selbstmitleid *nt* <-(e)s> *kein pl* auto-compaixão *f*

Selbstmord *m* <-(e)s, -e> suicídio *m;* ~ **begehen** suicidar-se, cometer suicídio

Selbstmörder(in) *m(f)* <-s, - *o* -innen> suicida *m,f*

selbstmörderisch *adj* suicida

selbstsicher *adj* seguro de si

selbstständig[RR] *adj* ① (*unabhängig*) independente, autónomo ② (*beruflich*) independente; **sich ~ machen** abrir uma empresa

Selbstständigkeit[RR] *f kein pl* independência *f,* autonomia *f*

selbstsüchtig *adj* egoísta, interesseiro

selbstverständlich **I.** *adj* natural, evidente, óbvio; **das ist doch ~!** é claro!, é evidente! **II.** *adv* evidentemente, obviamente; **das mache ich ~ gerne** é claro que faço isso

Selbstverteidigung *f kein pl* autodefesa *f*

Selbstvertrauen *nt* <-s> *kein pl* autoconfiança *f*

Selbstverwaltung *f* <-en> autonomia *f* administrativa

Selbstzweck *m* <-(e)s, -e> fim *m* em si mesmo

selchen *vt* (*österr*) defumar

Selchfleisch *nt* <-(e)s> *kein pl* (*österr*) carne *f* defumada

selektiv *adj* sele(c)tivo

selig ['ze:lɪç] *adj* ① (*glücklich*) feliz (da vida), felicíssimo ② (REL) bem-aventurado; **Gott hab ihn ~!** que Deus o tenha!

Seligkeit *f kein pl* ① (*Glück*) felicidade *f,* alegria *f* ② (REL) bem-aventurança *f,* salvação *f* eterna

Sellerie ['zɛləri] *m* <-s, -s> aipo *m*

selten ['zɛltən] **I.** *adj* ① (*nicht häufig*) raro ② (*außergewöhnlich*) singular, extraordinário **II.** *adv* ① (*nicht häufig*) raramente, poucas vezes; **wir sehen uns ~** nós vemo-nos raramente ② (*außergewöhnlich*) extraordinariamente, excepcionalmente

Seltenheit *f kein pl* raridade *f*

seltsam ['zɛltza:m] *adj* estranho, esquisito, singular

seltsamerweise ['zɛltza:mɐ'vaɪzə] *adv* estranhamente

Semantik *f kein pl* semântica *f*

Semester [ze'mɛstɐ] *nt* <-s, -> semestre *m;* **ich studiere im dritten ~ Chemie** eu estudo no terceiro semestre de Química; **sie ist im siebten ~** ela está no sétimo semestre (do curso)

Semesterferien *pl* férias *fpl* de semestre

Semikolon [zemi'ko:lɔn] *nt* <-s, -s> ponto *m* e vírgula

Seminar [zemi'na:ɐ] *nt* <-s, -e> ① (*Lehrveranstaltung*) seminário *m* ② (*Institut*) instituto *m,* departamento *m*

Semmel ['zɛməl] *f* <-n> (*österr*) pão *m,* pãozinho *m*

Senat [ze'na:t] *m* <-(e)s, -e> senado *m*

senden[1] ['zɛndən] *vi* (*Radio, Fernsehen*) emitir, transmitir

senden[2] *vt* (*geh: Post*) enviar, remeter

Sender *m* <-s, -> (*Radio, Fernsehen*) emissora *f*

Sendereihe *f* <-n> mini-série *f*

Sendezeit *f* <-en> tempo *m* de antena

Sendung *f* <-en> ① (*Warensendung*) envio *m,* remessa *f* ② (*Radio, Fernsehen*) emissão *f,* programa *m;* **eine ~ ausstrahlen** transmitir um programa

Senegal *m* <-s> *kein pl* Senegal *m*

Senf [zɛnf] *m* <-(e)s, -e> mostarda *f;* (*umg*); **seinen ~ dazugeben** meter a sua colherada

senil [ze'ni:l] *adj* senil

senior ['ze:njo:ɐ] *adj* **Peter Schneider ~** Peter Schneider Pai

Senior(in) ['ze:njo:ɐ] *m(f)* <-s, -en *o* -innen> ① (*älterer Mensch*) idoso, idosa *m,f* ② (SPORT) sénior *m,f*

Seniorenheim *nt* <-(e)s, -e> lar *m* de terceira idade

Seniorenpass[RR] *m* <-es, -pässe> cartão *m* dourado

Senke ['zɛŋkə] *f* <-n> baixa *f* no terreno

senken ['zɛŋkən] **I.** *vt* (*Preis, Anzahl, Kosten, Steuer*) baixar (*um* em, *auf* para), reduzir (*um* em, *auf* para); **die Zinsen wurden um 2%/auf 5% gesenkt** baixaram os juros (em) 2%/para 5%; (*Kopf*) baixar; **die Stimme ~** baixar a voz **II.** *vr* **sich ~** (*Boden*) abater

senkrecht **I.** *adj* vertical, perpendicular (*zu* a) **II.** *adv* a prumo

Senkung *f kein pl* descida *f* (*um* em, *auf* para), redução *f* (*um* em, *auf* para)

Senn *m* <-(e)s, -e> (*österr, schweiz*) *s.* **Senner**

Senner(in) *m(f)* <-s, - *o* -innen> (*österr*) vaqueiro *m* alpino, vaqueira *f* alpina

Sensation [zɛnza'tsjo:n] *f* <-en> sensação *f*

sensationell [zɛnzatsjo'nɛl] *adj* sensacional, extraordinário

Sense ['zɛnzə] *f* <-n> foice *f,* gadanha *f*
sensibel [zɛn'ziːbəl] *adj* sensível
Sensibilität *f kein pl* sensibilidade *f*
Sensor ['zɛnzoːɐ] *m* <-s, -en> (TECH) sensor *m*
sentimental [zɛntimɛn'taːl] *adj* sentimental; (*abw*) lamecha, piegas
Sentimentalität *f* <-en> sentimentalismo *m*
separat [zepa'raːt] **I.** *adj* separado; (*Eingang*) independente **II.** *adv* à parte, (em) separado
Separatismus *m* <-> *kein pl* separatismo *m*
September [zɛp'tɛmbɐ] *m* <-s, -> Setembro *m; s. a.* **März**
Serbe(in) *m(f)* <-n, -n *o* -innen> sérvio, sérvia *m, f*
Serbien ['zɛrbiən] *nt* <-s> *kein pl* Sérvia *f*
serbisch *adj* sérvio
Serie ['zeːriə] *f* <-n> ① (*gleichartige Dinge, Fernsehserie*) série *f* ② (*Buch, Zeitschrift*) cole(c)ção *f* ③ (*Ereignisse*) série *f;* **es ereignete sich eine ~ von Unfällen** registou-se uma série de acidentes
Serienproduktion *f* <-en> produção *f* em série
serienweise *adv* em série
seriös *adj* sério
Seriosität *f kein pl* seriedade *f*
Serpentine *f* <-n> ① (*Weg*) caminho sinuoso *m* ② (*Windung*) sinuosidade *f*
Serum ['zeːrʊm] *nt* <-s, Seren> soro *m*
Server ['sœːvɐ] *m* <-s, -> (INFOR) servidor *m*
Service[1] [zɛr'viːs] *m* <-> *kein pl* ① (*Bedienung*) serviço *m* ② (*Kundendienst*) assistência *f* técnica
Service[2] ['sœːvɪs] *nt* <-(e)s, -> (*Geschirr*) serviço *m*
Servicecenter[RR], **Service Center** <-s, -> *nt* centro *m* de serviço
Servicehotline[RR], **Service-Hotline**[ALT] *f* (TELEK) serviço *m* hotline
servieren* *vt* servir
Serviertochter *f* <-töchter> (*schweiz*) empregada *f* de mesa, garçonete *f*
Serviette [zɛr'vjɛtə, zɛrvi'ɛtə] *f* <-n> guardanapo *m*
Servobremse *f* <-n> servo-freio *m*
Servolenkung *f* <-en> dire(c)ção *f* assistida
servus *interj* (*österr*) tchau!
Sessel ['zɛsəl] *m* <-s, -> poltrona *f,* maple *m*
Sessellift *m* <-(e)s, -e> teleférico *m*
sesshaft[RR] ['zɛshaft] *adj,* **seßhaft**[ALT] *adj* sedentário; **~ werden** tornar-se sedentário
Set [sɛt] *nt* <-(s), -s> conjunto *m*
setzen ['zɛtsən] **I.** *vt* ① (*einen Platz geben*) pôr, meter; (*hinstellen*) colocar; (*Person*) sentar; **er setzte das Kind ins Auto** ele sentou a criança no carro; **das Glas an den Mund ~** levar o copo à boca; **ein Wort in Anführungszeichen/Klammern ~** pôr uma palavra entre aspas/parêntesis; **eine Anzeige in die Zeitung ~** colocar/pôr um anúncio no jornal; **gesetzt den Fall, es regnet ...** caso chova ...; **jdm ein Denkmal ~** erigir [*o* erguer] um monumento a alguém ② (*Frist, Termin*) fixar, estabelecer; **sich** *dat* **ein Ziel ~** estabelecer um obje(c)tivo; **Hoffnung auf jdn/etw ~** pôr esperança em alguém/a. c. ③ (*Pflanze*) plantar ④ (*in Druckerei*) compor ⑤ (*Segel*) içar ⑥ (*Geld*) apostar (*auf* em); **ich setze 50 EUR auf Rot** eu aposto 50 euros no vermelho **II.** *vr* **sich ~** ① (*Person*) sentar-se; (*Vogel*) pousar; **bitte, ~ Sie sich!** faça o favor de se sentar!, tenha a bondade de se sentar!; **sich an den Tisch/in die Sonne ~** sentar-se à mesa/ao sol ② (*Flüssigkeit*) sedimentar
Setzer(in) *m(f)* <-s, - *o* -innen> tipógrafo, tipógrafa *m, f*
Setzerei *f* <-en> tipografia *f*
Seuche ['zɔɪçə] *f* <-n> epidemia *f*
seufzen ['zɔɪftsən] *vi* suspirar
Seufzer *m* <-s, -> suspiro *m*
Sex [sɛks, zɛks] *m* <-(es)> *kein pl* sexo *m*
Sexismus *m* <-> *kein pl* sexismo *m*
Sexist(in) *m(f)* <-en, -en *o* -innen> sexista *m,f*
sexistisch *adj* sexista
Sexualität *f kein pl* sexualidade *f*
Sexualkunde *f kein pl* educação *f* sexual
sexuell [sɛksu'ɛl, zɛksu'ɛl] *adj* sexual; **jdn ~ missbrauchen** abusar sexualmente de alguém
sexy ['sɛksi, 'zɛksi] *adj* sensual, sexy
sezieren* *vt* dissecar
Shampoo ['ʃampu] *nt* <-s, -s> champô *m,* xampu *m*
Sherry ['ʃɛri] *m* <-s, -s> xerez *m*
shoppen *vi* (*sl*) ir às compras
Shorts [ʃɔːts, ʃɔrts] *pl* calções *mpl,* short *m*
Show [ʃɔʊ] *f* <-s> programa *m*
Sibirien *nt* <-s> *kein pl* Sibéria *f*
sich [zɪç] *pron* se; (*nach Präposition*) si; **er kämmt ~** ele penteia-se; **er kämmt ~** *dat*

S

die Haare ele penteia os cabelos; **er denkt nur an ~** ele só pensa nele; **von ~ aus** por si; **das ist an und für ~ eine gute Idee** a ideia em si é boa; **das ist eine Sache für ~** isso é uma outra coisa, isso é outra história; **hier sitzt es ~ gut!** aqui está-se bem sentado!

Sichel ['zɪçəl] *f* <-n> foice *f*

sicher ['zɪçɐ] **I.** *adj* seguro, firme; (*gewiss*) certo; (*zuverlässig*) de confiança; **vor jdm/etw ~ sein** estar protegido de alguém/a. c.; **ein ~er Arbeitsplatz** um emprego seguro; **bist du (dir) ~?** tens a certeza?; **ich bin ~, dass er anruft** tenho a certeza de que ele telefona **II.** *adv* ① (*wahrscheinlich*) com certeza, certamente; **sie hat das ~ vergessen** com certeza ela esqueceu-se disso ② (*gewiss*) sem dúvida ③ (*geübt*) com segurança; **sie fährt sehr ~** ela conduz com muita segurança

Sicherheit *f kein pl* ① (*vor Gefahr*) segurança *f*; **jdn/etw in ~ bringen** pôr alguém/a. c. a salvo ② (*Gewissheit*) certeza *f*; (*im Auftreten*) firmeza *f*; **mit an ~ grenzender Wahrscheinlichkeit** muito provavelmente

Sicherheitsabstand *m* <-(e)s, -stände> distância *f* de segurança

Sicherheitsglas *nt* <-es, -gläser> vidro *m* laminado

Sicherheitsgurt *m* <-(e)s, -e> cinto *m* de segurança; **den ~ anlegen** pôr o cinto de segurança

Sicherheitskopie *f* <-n> (INFOR) cópia *f* de segurança

Sicherheitsnadel *f* <-n> alfinete *m* de bebé, alfinete *m* de segurança

Sicherheitsschloss[RR] *nt* <-es, -schlösser> fechadura *f* de segurança

Sicherheitsvorkehrung *f* <-en> medida *f* de segurança, medida *f* de precaução

sicherlich *adv* certamente, com certeza, seguramente

sichern ['zɪçɐn] *vt* ① (*schützen*) proteger (*gegen* contra, *vor* de); (*Rechte*) salvaguardar, assegurar ② (*Waffe*) desengatilhar; **Spuren ~** preservar as pistas

Sicherung *f* <-en> ① *kein pl* (*Schutz*) prote(c)ção *f*, salvaguarda *f*; **Maßnahmen zur ~ der Arbeitsplätze** medidas para salvaguardar os postos de trabalho ② (*Vorrichtung*) dispositivo *m* de segurança ③ (ELEKTR) fusível *m*; **die ~ ist durchgebrannt** o fusível está fundido

Sicht [zɪçt] *f kein pl* ① (*Sichtverhältnisse*) visibilidade *f*; (*Aussicht*) vista *f*; **bei klarer ~ sieht man die Schweizer Alpen** com boa visibilidade vêem-se os Alpes Suíços ② (*Betrachtungsweise*) visão *f*, ponto *m* de vista; **aus meiner ~** a meu ver, do meu ponto de vista; **auf lange ~** a longo prazo

sichtbar *adj* ① (*zu sehen*) visível ② (*offensichtlich*) notório, manifesto

sichten ['zɪçtən] *vt* ① (*erblicken*) avistar ② (*durchsehen, ordnen*) arrumar, sele(c)cionar

sichtlich **I.** *adj* visível **II.** *adv* visivelmente

Sichtverhältnisse *pl* visibilidade *f*

Sichtvermerk *m* <-(e)s, -e> visto *m*

Sichtweite *f* <-n> alcance *m* da vista; **die ~ beträgt 100 m** a visibilidade é de 100 m

sickern ['zɪkɐn] *vi* infiltrar-se (*durch* por, *in* em), penetrar (*durch* por, *in* em); **das Wasser sickert durch das Dach/in die Erde** a água infiltra-se pelo telhado/na terra

sie [ziː] *pron pers* ① (*3. Person sing. f. nom.*) ela; **~ kommt heute nicht** ela hoje não vem; **er ist älter als ~** ele é mais velho (do) que ela ② (*3. Person pl m. und f. nom.*) eles, elas; **~ wollen auf die Azoren fliegen** eles/elas querem viajar para os Açores ③ (*akk. von „sie" sing.*) a; (*nach präp.*) ela; **ich treffe ~ jeden Montag** eu encontro-a todas as segundas-feiras; **die Bücher sind für ~** os livros são para ela; **dort liegt die Zeitung, gibst du ~ mir?** está ali o jornal, dás-mo? ④ (*akk. von „sie" pl*) os, as; (*nach präp.*) eles, elas; **ich habe ~ lange nicht gesehen** não os/as vejo há muito tempo; **die Kinder sind draußen, rufst du ~?** as crianças estão lá fora, chama-las?; **die Bonbons sind für ~** os bombons são para eles/elas

Sie [ziː] *pron pers* ① (*nom. sing.*) o senhor, a senhora, você; **rufen ~ mich bitte morgen an** telefone-me amanhã por favor; **hallo, ~!** desculpe!, olhe! ② (*nom. pl*) os senhores, as senhoras, vocês; **~ müssen uns bald einmal besuchen!** vocês têm de nos visitar em breve ③ (*akk. sing.*) o senhor, a senhora, você; **ich meine ~!** eu refiro-me ao senhor/à senhora! ④ (*akk. pl*) os senhores, as senhoras, vocês; **meine Damen und Herren, ich begrüße ~ herzlich zu ...** minhas senhoras e meus senhores, eu saúdo-os calorosamente para ...

Sieb [ziːp] *nt* <-(e)s, -e> (*für Sand*) peneira *f*;

(*für Flüssigkeiten*) coador *m;* (*für Gemüse, Nudeln*) passador *m;* **etw durch ein ~ gießen** coar a. c.

sieben[1] ['zi:bən] *num kard* sete; *s. a.* **zwei**

sieben[2] ['zi:bən] *vt* (*Sand, Mehl*) peneirar

Sieben *f kein pl* sete *m; s.* **Zwei**

siebenfach *adj* séptuplo

siebenhundert ['--'--] *num kard* setecentos

siebenjährig *adj* de sete anos

siebenmal *adv* sete vezes

siebentausend *num kard* sete mil

siebte(r, s) *num ord* sétimo; *s. a.* **zweite(r, s)**

Siebtel *nt* <-s, -> sétimo *m,* sétima parte *f*

siebtens ['zi:ptəns] *adv* em sétimo lugar

siebzehn ['zi:ptse:n] *num kard* dezassete

siebzig ['zi:ptsɪç] *num kard* setenta

sieden ['zi:dən] *vi* ferver

Siedepunkt *m* <-(e)s, -e> ponto *m* de ebulição

Siedler(in) ['zi:dlɐ] *m(f)* <-s, - *o* -innen> colono, colona *m, f*

Siedlung ['zi:dlʊŋ] *f* <-en> urbanização *f*

Sieg [zi:k] *m* <-(e)s, -e> vitória *f* (*über* sobre); **einen ~ erringen** vencer

Siegel ['zi:gəl] *nt* <-s, -> selo *m,* lacre *m*

siegen ['zi:gən] *vt* vencer, triunfar; (SPORT) ganhar, vencer; **die Mannschaft siegte mit 3:1** a equipa venceu [*o* ganhou] 3:1

Sieger(in) *m(f)* <-s, - *o* -innen> vencedor, vencedora *m, f;* **die dreimalige ~in** a tricampeã

siegessicher *adj* certo da vitória

siegreich *adj* vitorioso, triunfante

siezen ['zi:tsən] *vt* tratar por você

Signal [zɪ'gna:l] *nt* <-s, -e> sinal *m,* aviso *m*

signalisieren* *vt* fazer sinal de, dar sinal de; **Zustimmung ~** fazer sinal de consentimento

Signatur *f* <-en> (*in Bibliothek*) cota *f*

Silbe ['zɪlbə] *f* <-n> sílaba *f*

Silbentrennung *f kein pl* divisão *f* silábica

Silber ['zɪlbɐ] *nt* <-s> *kein pl* prata *f*

Silberhochzeit *f* <-en> bodas *fpl* de prata

silbern ['zɪlbɐn] *adj* ① (*aus Silber*) de prata ② (*Farbton*) prateado

Silhouette [zilu'ɛtə] *f* <-n> silhueta *f*

Silo ['zi:lo] *nt* <-s, -s> silo *m*

Silvester [zɪl'vɛstɐ] *nt* <-s, -> passagem *f* de ano, reveillon *m;* **~ feiern** festejar a passagem de ano

Existem muitas maneiras de festejar a passagem de ano: em casa, num restaurante ou discoteca, com a família ou com amigos. À meia-noite todos brindam desejando um ao outro «ein gutes Neues» (um bom ano novo) e as pessoas lançam individualmente fogos-de-artifícios.

simpel ['zɪmpəl] *adj* fácil, simples

Sims [zɪms] *m* <-es, -e> (*am Kamin*) cornija *f;* (*am Fenster*) peitoril *m*

simsen *vt, vi* (TELEK, *umg*) (**jdm etw**) ~ enviar mensagens (escritas), mandar mensagens (escritas)

simulieren* *vt* simular

simultan [zimʊl'ta:n] *adj* (em) simultâneo

Simultandolmetschen *nt* <-s> *kein pl* tradução *f* simultânea, interpretação *f*

Sinfonie [zɪnfo'ni:] *f* <-n> sinfonia *f*

Sinfonieorchester *nt* <-s, -> orquestra *f* sinfónica

singen ['zɪŋən] *vi* cantar; **falsch ~** cantar desafinado; **vom Blatt ~** cantar à primeira vista

Single[1] ['sɪŋ(g)əl] *f* <-s> (*Schallplatte*) single *m*

Single[2] ['sɪŋ(g)əl] *m* <-(s), -s> solteiro, solteira *m, f*

Singular ['zɪŋgula:ɐ] *m* <-s, -e> (LING) singular *m*

Singvogel *m* <-s, -vögel> pássaro *m,* ave *f* canora

sinken ['zɪŋkən] *vi* ① (*Anzahl, Preis, Temperatur*) descer (*um* em, *auf* para), baixar (*um* em, *auf* para); **die Benzinpreise sind um 3 Cents/auf 1 Euro gesunken** os preços da gasolina baixaram (em) 3 centos/para 1 euro ② (*Schiff*) afundar-se, ir ao fundo ③ (*niedersinken*) deixar-se cair; **er sank auf einen Stuhl** ele deixou-se cair numa cadeira

Sinn [zɪn] *m* <-(e)s, -e> ① (*Wahrnehmungssinn*) sentido *m;* **einen sechsten ~ haben** ter um sexto sentido; **von ~en sein** estar doido (varrido) ② *kein pl* (*Bedeutung*) sentido *m,* significado *m;* **im wörtlichen/übertragenen ~** no sentido literal/figurado da palavra; **der Satz ergibt keinen ~** a frase não faz sentido ③ *kein pl* (*Verständnis*) espírito *m,* sentido *m;* **keinen ~ für Humor haben** não ter sentido de humor ④ *kein pl* (*Zweck*) sentido *m;* **das hat keinen ~** isso não faz sentido; **der ~ des Lebens** o sentido da vida

S

Sinnbild *nt* <-(e)s, -er> símbolo *m*
sinnbildlich *adj* simbólico
Sinnesorgan *nt* <-(e)s, -e> órgão *m* sensorial
Sinnestäuschung *f* <-en> ilusão *f* dos sentidos
sinngemäß *adj* que transmite a ideia geral
sinnlich *adj* ① (*wahrnehmbar*) sensorial, sensitivo ② (*Mensch, Genuss*) sensual, erótico
Sinnlichkeit *f kein pl* sensualidade *f*
sinnlos *adj* (*unsinnig*) sem sentido; (*zwecklos*) inútil; **es ist ~, weiter darüber zu diskutieren** não faz sentido continuar a discutir sobre isso
Sinnlosigkeit *f kein pl* falta *f* de sentido, inutilidade *f*
sinnvoll *adj* ① (*vernünftig*) sensato; (*nützlich*) útil ② (*Satz*) com sentido
Sintflut ['zɪntflu:t] *f kein pl* dilúvio *m*
Sinti *pl* ciganos *mpl* de origem germânica
Sinus *m* <-, -> (MATH) seno *m*
Sippe ['zɪpə] *f* <-n> clã *m*
Sirene [zi're:nə] *f* <-n> sirene *f*, sereia *f*, sirena *f*
Sirup ['zi:rʊp] *m* <-s, -e> xarope *m*
Sitte ['zɪtə] *f* <-n> costume *m*
sittlich *adj* decente
Sittlichkeit *f kein pl* moral *f*, bons costumes *mpl*
Sittlichkeitsverbrechen *nt* <-s, -> atentado *m* à moral (e aos bons costumes), atentado *m* ao pudor
Situation [zitua'tsjo:n] *f* <-en> situação *f*; **eine schwierige/ausweglose ~** uma situação difícil/sem saída
Sitz [zɪts] *m* <-es, -e> ① (*Sitzgelegenheit*) assento *m* ② (*einer Firma*) sede *f* ③ (POL) lugar *m*; **die Partei hat 60 ~e im Parlament** o partido tem 60 lugares no parlamento; **~ und Stimme haben** ter um lugar e um voto
sitzen ['zɪtsən] *vi* ① (*Person*) estar sentado; (*Vogel*) estar pousado; **bleiben Sie doch ~!** deixe-se ficar sentado!; **~ Sie bequem?** está confortável?; **am Tisch ~** estar sentado à mesa; **beim Essen ~** estar sentado a comer; **in der Sonne ~** estar sentado ao sol; **vor dem Fernseher ~** ver televisão ② (*Kleid*) assentar bem ③ (*umg: Bemerkung, Schlag*) acertar em cheio; **die unregelmäßigen Verben ~ noch nicht** os verbos irregulares ainda não entraram ④ (*umg: Schule*) **~ bleiben** reprovar, não passar ⑤ (*umg: im Gefängnis*) estar preso; **er hat zwei Jahre gesessen** ele esteve preso dois anos
sitzen|bleibenALT *vi irr s.* **sitzen 4**
Sitzgelegenheit *f* <-en> lugar *m*, assento *m*
Sitzplatz *m* <-es, -plätze> lugar *m* sentado
Sitzung *f* <-en> sessão *f*, reunião *f*; **die ~ ist geschlossen** a sessão está encerrada
Sizilien *nt* <-s> *kein pl* Sicília *f*
Skala ['ska:la] *f* <Skalen> ① (*an Messinstrument*) escala *f* ② (*Farben*) gama *f*
Skalpell [skal'pɛl] *nt* <-s, -e> bisturi *m*
Skandal [skan'da:l] *m* <-s, -e> escândalo *m*
skandalös *adj* escandaloso
Skandinavien [skandi'na:viən] *nt* <-s> *kein pl* Escandinávia *f*
Skateboard ['skɛɪtbɔ:t] *nt* <-s, -s> skate *m*, patinete *m*; **~ fahren** andar de skate, andar de patinete
skaten *vi* (*umg*) patinar sobre rodas, andar de skating *fam*
Skater(in) *m(f)* <-s, - *o* -innen> patinador(a) *m(f)* de skate
Skelett [ske'lɛt] *nt* <-(e)s, -e> esqueleto *m*
Skepsis ['skɛpsɪs] *f kein pl* ce(p)ticismo *m*
skeptisch ['skɛptɪʃ] *adj* cé(p)tico
Sketch *m* <-(es), -e> sketch *m*
Ski [ʃi:] *m* <-s, -(er)> esqui *m*; **~ laufen/fahren** fazer esqui
Skianzug *m* <-(e)s, -züge> fato *m* de esqui
Skibrille *f* <-n> óculos *mpl* de esqui
Skifahrer(in) *m(f)* <-s, - *o* -innen> esquiador, esquiadora *m, f*
Skikurs *m* <-es, -e> curso *m* de esqui
Skiläufer(in) *m(f)* <-s, - *o* -innen> *s.* **Skifahrer**
Skilift *m* <-(e)s, -e> cadeira *f* teleférica
Skinhead ['skɪnhɛt] *m* <-s, -s> cabeça-rapada *m*
Skisport *m* <-(e)s> *kein pl* esqui *m*
Skispringen *nt* <-s> *kein pl* competição *f* de saltos de esqui
Skistiefel *m* <-s, -> bota *f* de esqui
Skiträger *m* <-s, -> porta-esquis *m*
Skizze ['skɪtsə] *f* <-n> (*Zeichnung*) esboço *m*; **eine ~ von etw machen** fazer um esboço de a. c.
skizzieren* *vt* ① (*zeichnen*) esboçar, fazer o esboço de ② (*kurz darstellen*) delinear
Sklave(in) ['skla:və] *m(f)* <-n, -n *o* -innen> escravo, escrava *m, f*
Sklaverei *f kein pl* escravidão *f*, escravatura *f*

Skonto ['skɔnto] *nt* <-s, -s> desconto *m* (de pronto pagamento)
Skorpion [skɔr'pjo:n] *m* <-s, -e> ❶ (ZOOL) escorpião *m* ❷ (*Sternzeichen*) Escorpião *m*
Skrupel ['skru:pəl] *m* <-s, -> escrúpulo *m*; **~ haben** ter escrúpulos
skrupellos *adj* sem escrúpulos
Skrupellosigkeit *f kein pl* falta *f* de escrúpulos
Skulptur [skʊlp'tu:ɐ] *f* <-en> escultura *f*
Slalom ['sla:lɔm] *m* <-s, -s> slalom *m*
Slang [slɛŋ] *m* <-s> *kein pl* calão *m*
Slip [slɪp] *m* <-s, -s> cuecas *fpl*
Slipeinlage *f* <-n> pensinho *m* diário
Slogan ['slɔʊgən] *m* <-s, -s> slogan *m*
Slowake(in) [slo'va:kə] *m(f)* <-n, -n *o* -innen> eslovaco, eslovaca *m, f*
Slowakei [slova'kaɪ] *f kein pl* Eslováquia *f*
slowakisch *adj* eslovaco
Slowene(in) [slo've:nə] *m(f)* <-n, -n *o* -innen> esloveno, eslovena *m, f*
Slowenien [slo've:niən] *nt* <-s> *kein pl* Eslovénia *f*
slowenisch *adj* esloveno
Slum [slam] *m* <-s, -s> barraca *f*, favela *f*
Smaragd [sma'rakt] *m* <-(e)s, -e> esmeralda *f*
Smiley <-s, -s> *m* smiley *m*
Smog [smɔk] *m* <-(s), -s> nevoeiro *m* com fumo
Smogalarm *m* <-(e)s, -e> alarme *m* de fumos
Smoking ['smo:kɪŋ] *m* <-s, -s> smoking *m*
Snob [snɔp] *m* <-s, -s> snobe *m,f*, esnobe *m,f*
Snowboard *nt* <-s, -s> snowboard *m*
snowboarden *vi* fazer snowboard, andar de snowboard
s. o. *abk v* **siehe oben** ver acima/atrás
so [zo:] **I.** *adv* (*auf diese Weise*) assim, desta maneira, deste modo; **~ oder ~** de uma maneira ou de outra; **warum schaust du mich ~ an?** porque é que olhas para mim assim?; **~ genannt, wenn Sie mir ~ kommen** se me fala assim; (*Zustand, Maß, Eigenschaft*) tanto, de tal modo; (*vor Adjektiv*) tão; **das ist nicht ~ schwer** isso não é assim tão difícil; **rauch doch nicht ~ viel!** não fumes tanto!; **sie ist ~ intelligent wie ihr Bruder** ela é tão inteligente como [*o* quanto] o irmão; **die Kiste sollte ~ groß wie möglich sein** a caixa deve ser o maior possível; **er lief ~ schnell, dass er hinfiel** ele correu tão depressa, que caiu; (*umg: ungefähr*) mais ou menos; **sie kommen ~ gegen acht** eles vêm lá para as oito; **sie heißt Corinna oder ~** ela chama-se Corinna ou uma coisa assim; (*umg: solch*) tal; **bei ~ einem Wetter** com um tempo assim **II.** *konj s.* **sodass III.** *interj* **~ was!** ora essa!; **~ eine Frechheit!** que atrevimento!; **ach ~!** ah!; **~?** a sério?
sobald [zo'balt] *konj* logo que, assim que, mal; **ich helfe dir, ~ ich kann** eu ajudo-te logo que possa, eu ajudo-te assim que puder
Socke ['zɔkə] *f* <-n> meia (curta) *f*, peúga *f*
Sockel ['zɔkəl] *m* <-s, -> pedestal *m*
Socken *m* <-s, -> (*österr, schweiz*) peúga *f*
sodassRR [zo'das] *konj* de modo que; **es hagelte, ~ die Ernte vernichtet wurde** granizou, de modo que a colheita ficou destruída
Sodbrennen ['zo:t-] *nt* <-s> *kein pl* azia *f*
soeben [zo'ʔe:bən] *adv* agora mesmo; **das Buch ist ~ herausgekommen** o livro acaba de ser publicado
Sofa ['zo:fa] *nt* <-s, -s> sofá *m*
sofern [zo'fɛrn] *konj* desde que, contanto que; **ich gehe einkaufen, ~ ihr keine Zeit habt** eu vou às compras, desde que vocês não tenham tempo; **ich nehme den Zug um drei, ~ nicht etwas dazwischenkommt** eu apanho o comboio às três, a não ser que surja um imprevisto [*o* contanto que não surja um imprevisto]
soff [zɔf] *imp von* **saufen**
sofort [zo'fɔrt] *adv* ❶ (*unverzüglich*) imediatamente, já; **ich komme ~!** já vou!, vou já! ❷ (*unmittelbar*) imediatamente, no mesmo instante; **der Fahrer war ~ tot** o condutor morreu imediatamente
Sofortbildkamera *f* <-s> polaróide® *f*
Soft Drink, SoftdrinkRR *m* <-s, -s> bebida *f* de cápsula
Softie *m* <-s, -s> (*umg*) homem *m* sensível
Software ['sɔftwɛ:ɐ] *f* <-s> (INFOR) software *m*
Softwarepaket *nt* <-(e)s, -e> (INFOR) pacote *m* de programas de software
sog [zo:k] *imp von* **saugen**
Sog *m* <-(e)s, -e> sucção *f*
sog. *abk v* **sogenannt** chamado
sogar [zo'ga:ɐ] *adv* até, mesmo; **er spricht ~ Japanisch** ele até fala japonês

sogenannt ['zo:gənant] *adj* chamado, denominado

sogleich *adv* já, imediatamente

Sohle ['zo:lə] *f* <-n> ① (*Fußsohle*) planta do pé *f* ② (*von Schuh*) sola *f;* (*Einlegesohle*) palmilha *f*

Sohn [zo:n] *m* <-(e)s, Söhne> filho *m*

Soja ['zo:ja] *f* <Sojen> soja *f*

solange *konj* enquanto; ~ **der Computer kaputt ist, kann ich nicht arbeiten** enquanto o computador estiver estragado, não posso trabalhar

Solarenergie *f kein pl* energia *f* solar

Solarium [zo'la:riʊm] *nt* <-s, Solarien> solário *m*

Solarzelle *f* <-n> célula *f* solar

solch [zɔlç] *pron dem* ① (*dieser Art*) tal; **~e Bücher sind teuer** tais livros são caros ② (*intensivierend*) tanto, tal, semelhante; **sie hatte ~en Durst, dass sie die ganze Flasche ausgetrunken hat** ele tinha tanta sede, que bebeu a garrafa toda ③ (*allein stehend*) tal; **der Tourismus als ~er** o turismo como tal; **Experten und ~e, die es werden wollen** peritos e aqueles que querem sê-lo

Soldat(in) [zɔl'da:t] *m(f)* <-en, -en *o* -innen> soldado *m*

Söldner *m* <-s, -> mercenário *m*

solidarisch [zoli'da:rɪʃ] *adj* solidário

solidarisieren* *vr* **sich** ~ solidarizar-se (*mit* com)

Solidarität *f kein pl* solidariedade *f* (*mit* com)

solide *adj* ① (*Bauweise, Kenntnisse*) sólido, firme, seguro ② (*Person, Lebenswandel*) sério, respeitável

Solist(in) [zo'lɪst] *m(f)* <-en, -en *o* -innen> solista *m,f*

Soll [zɔl] *nt* <-(s), -(s)> ① (*finanziell*) passivo *m,* débito *m;* ~ **und Haben** débito e crédito, passivo e a(c)tivo ② (*Arbeitsmenge*) tarefa *f* prevista; **sein ~ erfüllen** cumprir os seus deveres

sollen ['zɔlən] **I.** *vi* ① ((*moralische*) *Pflicht*) dever; **er soll zum Chef kommen** ele que vá ao chefe; **was soll ich tun?** o que hei-de fazer?; **soll ich dir helfen?** queres que te ajude?; **du sollst nicht töten** não matarás ② (*Weitergabe von Information*) **er soll reich/krank sein** dizem que ele é rico/está doente; **das Benzin soll teurer werden** dizem que a gasolina vai aumentar ③ (*Empfehlung*) dever; **du solltest zum Arzt gehen** tu devias ir ao médico; **das hättest du nicht sagen** ~ não devias ter dito isso ④ (*Zweifel, Ungewissheit*) dever; **was soll das heißen?** que significa isso?; **sollte er kommen, werde ich ihn fragen** se ele vier, eu pergunto-lhe **II.** *vi* ① (*angefordert sein*) dever; **soll sie jetzt in die Schule?** ela deverá ir para a escola? ② (*bedeuten*) significar; **was soll das?** o que vem a ser isso?, o que significa isto?

Söller *m* <-s, -> (*schweiz*) chão *m*

Solo ['zo:lo] *nt* <-s, -s> solo *m;* **ein ~ spielen** tocar um solo

Solothurn *nt* <-s> *kein pl* Solothurn *m*

Somalia *nt* <-s> *kein pl* Somália *f*

somit ['zo:mɪt, zo'mɪt] *adv* assim, por conseguinte, portanto; ~ **wären alle Probleme gelöst** assim resolvem-se todos os problemas

Sommer ['zɔmɐ] *m* <-s, -> Verão *m,* Estio *m;* **im ~** no Verão; **wir verbringen den ~ im Gebirge** nós passamos o Verão nas montanhas

Sommerferien *pl* férias *fpl* de Verão

sommerlich *adj* estival, veranil

Sommerloch *nt* <-(e)s, -löcher> féria *fpl* políticas do Verão

Sommerschlussverkauf[RR] *m* <-(e)s, -käufe> saldos *mpl* de Verão

Sommersprosse *f* <-n> sarda *f*

Sommerzeit *f* <-en> ① *kein pl* (*Jahreszeit*) Verão *m* ② (*Uhrzeit*) hora *f* de Verão; **die Uhren auf ~ umstellen** mudar os relógios para a hora de Verão

Sonate [zo'na:tə] *f* <-n> sonata *f*

Sonde ['zɔndə] *f* <-n> sonda *f*

Sonderangebot ['zɔndɐ-] *nt* <-(e)s, -e> promoção *f*

sonderbar *adj* singular, estranho, esquisito

Sonderfall *m* <-(e)s, -fälle> cas *m* isolado

Sonderkorrespondent(in) *m(f)* <-en, -en *o* -innen> enviado, -a *m, f* especial

Sonderling *m* <-s, -e> excêntrico, excêntrica *m, f*

Sondermüll *m* <-(e)s> *kein pl* resíduos *mpl* tóxicos

sondern ['zɔndɐn] *konj* mas (sim), antes; **nicht Bonn ist die deutsche Hauptstadt, ~ Berlin** a capital alemã não é Bona, mas (sim) Berlim; **nicht nur ..., ~ auch ...** não só ... mas também

Sonderschule *f* <-n> escola *f* de ensino especial

Sonderschule é a escola para crianças e adolescentes com deficiências mentais, físicas ou sociais. Pertence ao sistema público escolar. Os professores destas escolas têm formação pedagógica especializada.

Sonderzeichen *nt* <-s, -> (INFOR) cará(c)ter *m* especial
Sonderzug *m* <-(e)s, -züge> comboio *m* especial, trem *m* especial
sondieren* *vt* (*Lage*) sondar
Sonett [zo'nɛt] *nt* <-(e)s, -e> (LIT) soneto *m*
Sonnabend ['zɔnʔa:bənt] *m* <-s, -e> sábado *m; s. a.* **Montag**
sonnabends *adv* aos sábados
Sonne ['zɔnə] *f* <-n> sol *m;* **die ~ geht auf/unter** o sol nasce/põe-se; **die ~ scheint** o sol brilha, está sol; **sich in die ~ legen** deitar-se ao sol
sonnen *vr* **sich ~** apanhar sol, tomar banhos de sol
Sonnenaufgang *m* <-(e)s, -gänge> nascer *m* do sol
sonnenbaden *vi* apanhar banhos de sol
Sonnenblume *f* <-n> girassol *m*
Sonnenbrand *m* <-(e)s, -brände> escaldão *m;* **einen ~ haben/bekommen** ter/apanhar um escaldão
Sonnenbrille *f* <-n> óculos *mpl* de sol, óculos *mpl* escuros
Sonnenenergie *f kein pl* energia *f* solar
Sonnenfinsternis *f* <-se> eclipse *m* do sol
Sonnenkollektor *m* <-s, -en> placa *f* solar
Sonnenlicht *nt* <-(e)s> *kein pl* luz *f* solar
Sonnenmilch *f kein pl* leite *m* solar
Sonnenöl *nt* <-(e)s, -e> óleo *m* solar
Sonnenschein *m* <-(e)s> *kein pl* luz *f* do sol; **bei ~** com sol
Sonnenschirm *m* <-(e)s, -e> guarda-sol *m,* chapéu-de-sol *m*
Sonnenstich *m* <-(e)s, -e> insolação *f;* **einen ~ bekommen** apanhar uma insolação
Sonnenuhr *f* <-en> relógio *m* de sol
Sonnenuntergang *m* <-(e)s, -gänge> pôr-do-sol *m*
sonnig *adj* (*Wetter, Tag*) soalheiro; (*Platz*) exposto ao sol; **hier ist es mir zu ~** aqui está muito sol para mim
Sonntag ['zɔnta:k] *m* <-(e)s, -e> domingo *m; s. a.* **Montag**
sonntags ['zɔnta:ks] *adv* aos domingos
sonst [zɔnst] *adv* ❶ (*außerdem*) além disso; **~ noch etwas?** mais alguma coisa?; **~ nichts** mais nada, nada mais; **~ noch Fragen?** há mais perguntas?; **~ kommt niemand mehr** não vem mais ninguém ❷ (*andernfalls*) senão, caso contrário; **beeil dich, ~ verpassen wir den Bus** despacha-te, senão perdemos o autocarro ❸ (*für gewöhnlich*) normalmente, habitualmente, de costume; **wie ~** como de costume; **mehr als ~** mais do que habitualmente [*o* de costume]
sonstig *adj* restante, outro; **die ~en Angebote waren auch gut** as outras propostas também eram boas
sooft [zo'ʔɔft] *konj* (todas) as vezes que, sempre que; **du kannst meinen Computer benutzen, ~ du willst** podes usar o meu computador quantas vezes quiseres; **~ ich auch darüber nachdenke, ich finde keine Lösung** por mais que pense nisso, não encontro uma solução
Sopran [zo'pra:n] *m* <-s, -e> soprano *m*
Sorge ['zɔrgə] *f* <-n> (*Unruhe, Angst*) preocupação *f* (*um* com); **keine ~!** não te preocupes!, fica descansado!; **sich** *dat* **um jdn/etw ~n machen** preocupar-se com alguém/a. c.
sorgen ['zɔrgən] **I.** *vi* (*sich kümmern*) cuidar (*für* de), tratar (*für* de); (*besorgen*) encarregar-se (*für* de), tratar (*für* de); **wer sorgt für Getränke?** quem é que trata das bebidas?, quem é que se encarrega das bebidas? **II.** *vr* **sich ~** preocupar-se (*um* com), estar preocupado (*um* com)
sorgenfrei *adj* despreocupado, descansado
sorgenvoll *adj* cheio de preocupações, cheio de cuidados
Sorgerecht *nt* <-(e)s> *kein pl* (JUR) custódia *f*
Sorgfalt ['zɔrkfalt] *f kein pl* esmero *m,* cuidado *m,* atenção *f*
sorgfältig *adj* cuidadoso, esmerado
sorglos *adj* ❶ (*unachtsam*) descuidado, negligente ❷ (*sorgenfrei*) despreocupado
Sorglosigkeit *f kein pl* ❶ (*Unachtsamkeit*) descuido *m,* falta *f* de cuidado ❷ (*Unbekümmertheit*) despreocupação *f*
sorgsam *adj* cuidadoso, aplicado, diligente
Sorte ['zɔrtə] *f* <-n> género *m,* qualidade *f,* tipo *m;* (*Warensorte*) marca *f*

sortieren* *vt* classificar, separar, ordenar; (INFOR) ordenar; **etw alphabetisch ~ ordenar** a. c. por ordem alfabética

Sortiment [zɔrti'mɛnt] *nt* <-(e)s, -e> sortido *m,* sortimento *m*

sosehr [zo'ze:ɐ] *konj* por muito que, por mais que

soso *adv* (*umg*) pois; **~ lala** assim-assim

Soße *f* <-n> molho *m*

Souffleur, Souffleuse [zu'flø:ɐ] *m, f* <-s, -e *o* -innen> ponto *m*

Soundkarte ['saʊnt-] *f* <-n> (INFOR) placa *f* de som

soundso *adv* tal, tanto; **das kannst du ~ oft machen, dann ist Schluss** podes fazer isso umas tantas vezes, depois acabou; **wenn du ~ viel Geld hast ...** se tiveres um tanto; **er fährt ~ lange in Urlaub** ele vai de férias por (um) tanto tempo; **Herr Soundso** o Sr. fulano de tal

Souvenir [zuvə'ni:ɐ] *nt* <-s, -s> lembrança *f,* recordação *f*

souverän *adj* soberano

Souverän *m* <-s, -e> (*schweiz*) eleitores *mpl*

Souveränität *f kein pl* soberania *f*

soviel [zo'fi:l] **I.** *konj* tanto quanto; **~ ich weiß, beginnt der Film um acht** tanto quanto sei, o filme começa às oito **II.** *adv s.* **so I**

soweit [zo'vaɪt] *konj* tanto quanto; **~ ich es beurteilen kann, spricht er gut Italienisch** tanto quanto posso julgar, ele fala bem italiano

sowenig [zo've:nɪç] **I.** *konj* por pouco que; **~ Computerkenntnisse er auch hat, er will alles alleine machen** por poucos conhecimentos de informática que ele tenha, quer fazer tudo sozinho **II.** *adv s.* **so I**

sowie [zo'vi:] *konj* assim como, bem como; **die Firma stellt Waschmaschinen, Kühlschränke und Kühltruhen ~ Herde her** a firma produz máquinas de lavar roupa, frigoríficos e arcas frigoríficas, assim [*o* bem] como fogões

sowieso [zovi'zo:, 'zo:vizo] *adv* ❶ (*ohnehin*) de qualquer maneira, mesmo assim; **gib mir den Brief, ich muss ~ zur Post** dá-me a carta, eu tenho de ir aos correios de qualquer maneira ❷ (*schweiz: selbstverständlich*) evidentemente

Sowjetunion [zɔ'vjɛt-, 'zɔvjɛt-] *f kein pl* União *f* Soviética

sowohl [zo'vo:l] *konj* **~ ... als auch ...** tanto ... como ..., não só ... mas também ...; **~ Weihnachten als auch Silvester feiern sie mit Freunden** eles festejam, tanto o Natal como a passagem de ano, com amigos

sozial [zo'tsja:l] *adj* social

Sozialabgaben *pl* descontos *mpl* para a segurança social

Sozialamt *nt* <-(e)s, -ämter> serviços *mpl* de assistência social

Sozialarbeit *f kein pl* a(c)ção *f* social

Sozialarbeiter(in) *m(f)* <-s, - *o* -innen> assistente *m,f* social

Sozialdemokrat(in) *m(f)* <-en, -en *o* -innen> social-democrata *m,f*

Sozialhilfe *f kein pl* pensão *f* social, rendimento *m* mínimo

Sozialismus [zotsja'lɪsmʊs] *m* <-> *kein pl* socialismo *m*

Sozialist(in) *m(f)* <-en, -en *o* -innen> socialista *m,f*

sozialistisch *adj* socialista

Sozialpädagogik *f kein pl* assistência *f* social

Sozialpolitik *f kein pl* política *f* social

Sozialversicherung *f* <-en> segurança *f* social, seguro *m* social

Sozialwissenschaften *pl* ciências *fpl* socias

Sozialwohnung *f* <-en> habitação *f* social

Soziologe(in) *m(f)* <-n, -n *o* -innen> sociólogo, socióloga *m, f*

Soziologie [zotsjolo'gi:] *f kein pl* sociologia *f*

soziologisch *adj* sociológico

sozusagen [zo:tsu'za:gən, '----] *adv* por assim dizer, como quem diz

Spachtel ['ʃpaxtəl] *m* <-s, -> espátula *f*

Spagetti[RR] *pl s.* **Spaghetti**

Spagettiträger[RR] *mpl s.* **Spaghettiträger**

Spaghetti *pl* espa(r)guete *m*

Spaghettiträger *mpl* alças *fpl* finas

Spalt [ʃpalt] *m* <-(e)s, -e> fenda *f,* racha *f;* (*Türspalt*) frincha *f;* **das Fenster einen ~ öffnen** abrir uma frincha da janela

spaltbar *adj* (PHYS) desintegrável

Spalte ['ʃpaltə] *f* <-n> ❶ (*in Zeitung*) coluna *f* ❷ (*in Gletscher*) fenda *f*

spalten ['ʃpaltən] **I.** *vt* ❶ (*teilen*) dividir, separar ❷ (*der Länge nach*) cortar; (*Holz*) rachar ❸ (CHEM) dissociar; (PHYS) desintegrar **II.** *vr* **sich ~** ❶ (*Partei, Gruppe*) dividir-se ❷ (*Haar*) espigar

Spaltung *f* <-en> ❶ (*eines Landes*) cisma *m,*

cisão *f;* (*einer Gruppe, Partei*) cisão *f,* divisão *f* ② (CHEM) dissociação *f;* (PHYS) desintegração *f,* cisão *f*

Span [ʃpaːn] *m* <-(e)s, Späne> (*Holz*) lasca *f,* fita *f;* (*Metall*) limalha *f*

Spanferkel *nt* <-s, -> leitão *m*

Spange ['ʃpaŋə] *f* <-n> ① (*Haarspange*) travessão *m,* grampo *m* ② (*Zahnspange*) aparelho *m* (dental)

Spanien ['ʃpaːniən] *nt* <-s> *kein pl* Espanha *f*

Spanier(in) ['ʃpaːniɐ] *m(f)* <-s, - *o* -innen> espanhol, espanhola *m, f*

spanisch *adj* espanhol

spann [ʃpan] *imp von* **spinnen**

Spanne ['ʃpanə] *f* <-n> ① (*Zeit*) espaço *m* de tempo, intervalo *m* ② (*Gewinn*) margem *f*

spannen ['spanən] **I.** *vt* (*dehnen*) esticar; (*Muskeln*) contrair; (*Bogen*) estirar, distender; (*Netz*) estender; (*Seil*) esticar **II.** *vi* (*Kleidung*) estar justo

spannend *adj* (*Entwicklung*) excitante, emocionante; (*Film, Buch*) absorvente, com suspense

Spannteppich *m* <-s, -e> (*schweiz*) alcatifa *f*

Spannung *f* <-en> ① (*Erwartung*) ansiedade *f;* **etw mit ~ erwarten** esperar a. c. com ansiedade ② *kein pl* (*von Film, Buch*) suspense *m* ③ (*Feindseligkeit*) tensão *f* ④ (ELEKTR) voltagem *f;* **die ~ beträgt 220 Volt** a voltagem é de 220 Volt

Spannweite *f* <-n> ① (*bei Flugzeug, Vogel*) envergadura *f* ② (ARCHIT) vão *m*

Sparbuch *nt* <-(e)s, -bücher> caderneta *f* de poupança

Sparbüchse *f* <-n> mealheiro *m*

sparen ['ʃpaːrən] **I.** *vt* (*Geld, Zeit*) poupar, economizar; (*Bemerkung, Weg*) evitar; **den Anruf hätte ich mir ~ können** não adiantou nada telefonar **II.** *vi* (*Geld*) poupar (*auf* para)

Spargel ['ʃpargəl] *m* <-s, -> espargo *m*

Sparheft *nt* <-(e)s, -e> (*schweiz*) *s.* **Sparbuch**

Sparkasse *f* <-n> caixa-económica *f,* Caixa *f* Geral de Depósitos

Sparkonto *nt* <-s, -konten> conta *f* poupança

spärlich *adj* (*Ertrag, Rest*) parco; (*Einkommen*) escasso, reduzido; (*Mahl*) parco, pobre; (*Vegetation*) escasso; (*Beifall*) pobre; **nur ~ bekleidet sein** ter pouca roupa (vestida)

Sparmaßnahme *f* <-n> medida *f* de contenção de despesas

sparsam *adj* (*Person*) poupado; (*Gerät, Auto*) económico

Sparsamkeit *f kein pl* poupança *f,* economia *f*

Sparte ['ʃpartə] *f* <-n> ① (*Bereich*) área *f,* campo *m* ② (*in Zeitung*) rubrica *f*

Spaß *m* <-es, Späße> ① *kein pl* (*Vergnügen*) prazer *m,* gozo *m;* **Schwimmen macht ihm großen ~** nadar dá-lhe muito prazer ② (*Scherz*) brincadeira *f,* gracejo *m;* **das war doch nur ein ~!** foi só uma brincadeira!; **keinen ~ verstehen** não estar para brincadeiras; **~ beiseite** fora de brincadeira

spaßen *vi* brincar

spaßeshalber *adv* por brincadeira

spaßig *adj* divertido, engraçado

Spaßverderber(in) *m(f)* <-s, - *o* -innen> desmancha-prazeres *m,f*

Spaßvogel *m* <-s, -vögel> brincalhão, brincalhona *m, f*

spät **I.** *adj* tardio, atrasado; **am ~en Vormittag** ao fim da manhã; **zu ~er Stunde** a altas horas; **wie ~ ist es?** que horas são? **II.** *adv* tarde; **zu etw zu ~ kommen** chegar atrasado a a. c.; **es wird ~** faz-se tarde

Spaten ['ʃpaːtən] *m* <-s, -> pá *f*

später **I.** *adj* posterior; (*zukünftig*) futuro **II.** *adv* mais tarde; **bis ~!** até logo!

spätestens *adv* o mais tardar; **~ in einer Stunde bin ich zurück** eu volto o mais tardar dentro de uma hora

Spätnachmittag *m* <-(e)s, -e> fim *m* da tarde, fim *m* do dia, tardinha *f*

Spatz [ʃpats] *m* <-es, -en> pardal *m*

> **Spätzle** é uma especialidade culinária da Suábia e do Allgäu, regiões situadas no Sul da Alemanha. É uma massa caseira, passada por um espremedor de onde sai em forma de cordões. Também se podem raspar pequenas quantidades de massa de uma pequena tábua. Em ambos os casos os pedaços de massa são deitados directamente em água a ferver com sal, onde cozem.

spazieren* *vi* passear (*durch* por); **~ gehen** (ir) passear; **im Park ~ gehen** (ir) passear no parque

spazieren|gehenALT *vi irr s.* **spazieren**

Spaziergang *m* <-(e)s, -gänge> passeio *m;*

einen ~ **machen** dar um passeio

Specht [ʃpɛçt] *m* <-(e)s, -e> pica-pau *m*

Speck [ʃpɛk] *m* <-(e)s, -e> ❶ (*Nahrungsmittel*) toucinho *m* ❷ (*umg: beim Menschen*) gordura *f*; ~ **ansetzen** engordar

Spediteur(in) [ʃpedi'tø:ɐ] *m(f)* <-s, -e *o* -innen> transportador, transportadora *m, f*

Spedition [ʃpedi'tsjo:n] *f* <-en> transportadora *f*, transitário *m*, empresa *f* de transportes

Speer [ʃpe:ɐ] *m* <-(e)s, -e> lança *f*; (SPORT) dardo *m*

Speiche ['ʃpaɪçə] *f* <-n> raio *m*

Speichel ['ʃpaɪçəl] *m* <-s> *kein pl* saliva *f*

Speicher ['ʃpaɪçɐ] *m* <-s, -> ❶ (*Lager*) armazém *m*; (*für Getreide*) celeiro *m* ❷ (*reg: Dachboden*) sótão *m*, águas-furtadas *fpl* ❸ (INFOR) memória *f* ❹ (*Wasserspeicher*) depósito *m*, reservatório *m*

speichern ['ʃpaɪçɐn] *vt* armazenar; (INFOR) gravar; **eine Datei auf Diskette ~** gravar um ficheiro em disquete

Speicherplatz *m* (INFORM) memória *f* do computador

Speise ['ʃpaɪzə] *f* <-n> comida *f*; (*Gericht*) prato *m*; **warme und kalte ~n** quentes *m pl* e frios

Speiseeis *nt* <-es, -e> gelado *m*, sorvete *m*

Speisekammer *f* <-n> despensa *f*

Speisekarte *f* <-n> ementa *f*, lista *f*, cardápio *m*

Speiseröhre *f* <-n> (ANAT) esófago *m*

Speisesaal *m* <-(e)s, -säle> sala *f* de jantar; (*in Schule*) refeitório *m*

Speisewagen *m* <-s, -> vagão-restaurante *m*

Spektakel [ʃpɛk'ta:kəl] *nt* <-s, -> espe(c)táculo *m*

spektakulär *adj* espe(c)tacular

Spektrum ['ʃpɛktrʊm] *nt* <-s, Spektren> ❶ (PHYS) espectro *m* ❷ (*Auswahl*) variedade *f*

Spekulant(in) *m(f)* <-en, -en *o* -innen> especulador, especuladora *m, f*

Spekulation [ʃpekula'tsjo:n] *f* <-en> especulação *f*; **~en über etw anstellen** fazer especulações sobre a. c.

spekulieren* *vi* ❶ (WIRTSCH) especular (*mit/in* em); **an der Börse ~** especular na Bolsa ❷ (*vermuten*) especular (*über* sobre); (*umg*); **auf etw ~** esperar conseguir a. c.

Spende ['ʃpɛndə] *f* <-n> (*Geld*) donativo *m*; (*Schenkung*) oferta *f*, dádiva *f*

spenden *vt* (*Geld, Kleidung*) doar (*für* para), dar (*für* para); **Blut ~** doar sangue; **Beifall ~** bater palmas

Spender[1] *m* <-s, -> (*Gerät*) distribuidora *f*

Spender(in)[2] *m(f)* <-s, - *o* -innen> doador, doadora *m, f*

Spengler(in) *m(f)* <-s, - *o* -innen> (*österr*) picheleiro, picheleira *m, f*

Sperma ['ʃpɛrma] *nt* <-s, Spermen> esperma *m*

sperrangelweit ['-'--'-] *adv* ~ **offen** escancarado, aberto de par em par

Sperre ['ʃpɛrə] *f* <-n> ❶ (*Schranke*) barreira *f*; (*Straßensperre*) barricada *f* ❷ (SPORT) suspensão *f*

sperren ['ʃpɛrən] *vt* ❶ (*für den Verkehr*) fechar, cortar, vedar (ao trânsito); **für Lastwagen gesperrt** trânsito proibido a veículos pesados ❷ (*Wasser, Strom, Telefon*) cortar; (*Konto, Kredit*) bloquear ❸ (*einsperren*) fechar (*in* em), prender (*in* em); **jdn ins Gefängnis ~** meter alguém na cadeia ❹ (SPORT) suspender

Sperrholz *nt* <-es> *kein pl* contraplacado *m*

sperrig *adj* volumoso

Sperrmüll *m* <-(e)s> *kein pl lixo que não se inclui na recolha normal, como electrodomésticos velhos e móveis usados*

> **Sperrmüll** é todo tipo de lixo que não se inclui na recolha semanal por ser muito voluminoso, p.e. móveis usados.

Sperrstunde *f* <-n> hora *f* de encerramento

Spesen ['ʃpe:zən] *pl* despesas *fpl*, ajudas *fpl* de custo

Spezi *nt* <-s, -s> (*umg*) coca-cola *f* com fanta

spezialisieren* *vr* **sich ~** especializar-se (*auf* em)

Spezialisierung *f* <-en> especialização *f* (*auf* em)

Spezialist(in) [ʃpetsja'lɪst] *m(f)* <-en, -en *o* -innen> especialista (*für* em)

Spezialität *f* <-en> especialidade *f*

speziell [ʃpe'tsjɛl] *adj* especial

spezifisch [ʃpe'tsi:fɪʃ] *adj* específico; (PHYS); **das ~e Gewicht** o peso específico

Sphäre *f* <-n> esfera *f*

spicken ['ʃpɪkən] *vt* (*Braten*) lardear

Spickzettel *m* <-s, -> (*umg*) copianço *m*

Spiegel ['ʃpi:gəl] *m* <-s, -> ❶ (*zur Betrachtung*) espelho *m* ❷ (*Wasserstand*) nível *m* das águas

Spiegelbild *nt* <-(e)s, -er> imagem *f* refle(c)tida
Spiegelei *nt* <-(e)s, -er> ovo *m* estrelado
spiegeln **I.** *vt* refle(c)tir **II.** *vr* **sich ~** refle(c)tir-se (*in* em); **die Bäume ~ sich im Wasser** as árvores refle(c)tem-se na água
Spiegelreflexkamera *f* <-s> (FOTO) máquina *f* fotográfica reflex
Spiegelung *f* <-en> reflexo *m*
Spiel [ʃpiːl] *nt* <-(e)s, -e> ❶ (*Glücksspiel, Kinderspiel*) jogo *m;* **etw aufs ~ setzen** pôr a. c. em risco; **ein leichtes ~ mit jdm haben** não ter problemas com alguém; **jdm das ~ verderben** estragar os planos a alguém ❷ (SPORT) jogo *m,* desafio *m;* **die Olympischen ~e** os Jogos Olímpicos; **das ~ endete 4:2** o jogo acabou em 4:2 ❸ (TECH) folga *f;* **die Lenkung hat ~** a dire(c)ção tem uma folga
Spielbein *nt* (FBALL) perna *f* forte
Spieldose *f* <-n> caixa *f* de música
spielen [ˈʃpiːlən] **I.** *vt* ❶ (*Spiel*) jogar; **Billard/Schach/Fußball ~** jogar bilhar/xadrez/futebol ❷ (MUS) tocar; **Gitarre/einen Walzer ~** tocar guitarra/uma valsa ❸ (*Theaterstück*) representar; (*Rolle*) desempenhar; **sie spielt die Königin** ela faz de rainha ❹ (*vortäuschen*) fazer-se de, fingir-se de; **den Unschuldigen ~** fazer-se de inocente **II.** *vi* ❶ (*Kinder*) brincar; (*Glücksspiel, Sport*) jogar; **um Geld ~** jogar a dinheiro; **wir haben 2:2 gespielt** nós empatámos 2:2 ❷ (*sich zutragen*) passar-se, desenrolar-se; **die Handlung spielt in Hamburg** a acção desenrola-se em Hamburgo
spielend *adv* a brincar, sem dificuldade
Spieler(in) *m(f)* <-s, - *o* -innen> jogador, jogadora *m, f*
Spielerei *f kein pl* brincadeira *f*
Spielfeld *nt* <-(e)s, -er> campo *m* de jogos; (*Tennis*) campo *m* de ténis, quadra *f* de ténis
Spielfilm *m* <-(e)s, -e> longa-metragem *f*
Spielhalle *f* <-n> salão *m* de jogos
Spielkonsole *f* consola *f* de jogos
Spielothek *f* <-en> *s.* **Spielhalle**
Spielplan *m* <-(e)s, -pläne> programa *m,* repertório *m*
Spielplatz *m* <-es, -plätze> parque *m* infantil
Spielraum *m* <-(e)s, -räume> liberdade *f* de a(c)ção
Spielregel *f* <-n> regra *f* do jogo
Spielsachen *pl* brinquedos *mpl*
Spielverderber(in) *m(f)* <-s, - *o* -innen> desmancha-prazeres *m,f*
Spielzeug *nt* <-(e)s, -e> brinquedo *m*
Spieß *m* <-es, -e> ❶ (*Waffe*) lança *f;* (*umg*); **er schreit wie am ~** ele grita a plenos pulmões ❷ (*zum Braten*) espeto *m*
Spießer(in) *m(f)* <-s, - *o* -innen> (*abw*) bota-de-elástico *m,f*
spießig *adj* (*abw*) quadrado
Spinat [ʃpiˈnaːt] *m* <-(e)s, -e> espinafre *m*
Spindel *f* <-n> ❶ (*am Spinnrad*) fuso *m* ❷ (TECH) eixo *m*
Spinne [ˈʃpɪnə] *f* <-n> aranha *f*
spinnen [ˈʃpɪnən] **I.** *vt* ❶ (*Garn*) fiar ❷ (*Spinne*) tecer **II.** *vi* ❶ (*Garn*) fiar ❷ (*umg: Person*) estar maluco, estar tolo
Spinnennetz *nt* <-es, -e> teia *f* de aranha
Spinner(in) *m(f)* <-s, - *o* -innen> ❶ (*umg: Verrückter*) maluco, maluca *m, f,* tolo, tola *m, f* ❷ (*Beruf*) fiandeiro, fiandeira *m, f*
Spinnerei *f* <-en> ❶ (*Betrieb*) fábrica *f* de fiação ❷ (*umg: Unsinn*) maluquice *f,* tolice *f*
Spion(in) *m(f)* <-s, -e *o* -innen> espião, espiã *m, f*
Spionage [ʃpioˈnaːʒə] *f kein pl* espionagem *f*
spionieren* *vi* espionar, fazer espionagem
Spirale [ʃpiˈraːlə] *f* <-n> ❶ (*Linie, Gegenstand*) espiral *f* ❷ (*umg: zur Empfängnisverhütung*) pessário *m*
spirituell [ʃpirituˈɛl, spiri-] *adj* espiritual
Spirituosen *pl* bebidas *fpl* alcoólicas
Spiritus [ˈʃpiːritʊs] *m* <-, -se> álcool *m* desnaturado
Spital [ʃpiˈtaːl] *nt* <-s, -täler> (*schweiz*) hospital *m*
spitz [ʃpɪts] *adj* ❶ (*Gegenstand*) pontiagudo, bicudo; (*Nase*) bicudo ❷ (*spöttisch*) aguçado; **eine ~e Bemerkung machen** fazer um comentário mordaz; **eine ~e Zunge haben** ter uma língua afiada
spitze *adj* (*umg*) espe(c)tacular; **gestern war ~ Wetter** o tempo ontem estava espe(c)tacular
Spitze [ˈʃpɪtsə] *f* <-n> ❶ (*von Gegenstand*) ponta *f;* **das ist nur die ~ des Eisbergs** isto é só a ponta do icebergue ❷ (*von Berg*) cume *m,* cimo *m,* pico *m* ❸ (*Führung*) frente *f,* vanguarda *f;* (*eines Unternehmens*) presidência *f;* **an der ~ stehen** estar à frente, estar na vanguarda ❹ (*Bemerkung*) indire(c)ta *f* ❺ (*Gewebe*) renda *f* ❻ (*für Zigaret-*

S

ten) boquilha *f*

Spitzel ['ʃpɪtsəl] *m* <-s, -> informador, informadora *m, f,* espião, espiã *m, f*

spitzen ['ʃpɪtsən] *vt* aguçar, afiar; **die Ohren ~** aguçar o ouvido

Spitzenkandidat(in) *m(f)* <-en, -en *o* -innen> candidato, -a *m, f* da frente

Spitzenleistung *f* <-en> rendimento *m* máximo; (SPORT) recorde *m*

Spitzensportler(in) *m(f)* <-s, - *o* -innen> recordista *m,f*

Spitzentechnologie *f kein pl* tecnologia *f* de ponta

spitzfindig *adj* (*abw*) manhoso

Spitzname *m* <-ns, -n> alcunha *f,* apelido *m*

Splitter ['ʃplɪtɐ] *m* <-s, -> (*Holz*) farpa *f;* (*Glas, von Granat*) estilhaço *m;* (*Stein*) lasca *f*

Splittergruppe *f* <-n> grupo *m* dissidente

splittern ['ʃplɪtɐn] *vi* (*Glas*) estilhaçar; (*Holz*) fender

splitternackt *adj* (*umg*) completamente nu, em pêlo

Spoiler ['ʃpɔɪlɐ] *m* <-s, -> saia *f*

sponsern ['ʃpɔnzɐn] *vt* patrocinar

Na Áustria a entrega festiva do grau de Magister é chamada **Sponsion**.

Sponsor(in) ['ʃpɔnzɐ, 'ʃpɔnzo:ɐ] *m(f)* <-s, -en *o* -innen> patrocinador, patrocinadora *m, f*

spontan [ʃpɔn'ta:n] *adj* espontâneo

Spontaneität *f kein pl* espontaneidade *f*

Sport [ʃpɔrt] *m* <-(e)s> *kein pl* desporto *m,* esporte *m;* (*als Schulfach*) educação *f* física; **~ treiben** praticar desporto, praticar esporte

Sportlehrer(in) *m(f)* <-s, - *o* -innen> professor(a) *m(f)* de educação física

Sportler(in) ['ʃpɔrtlɐ] *m(f)* <-s, - *o* -innen> desportista *m,f,* esportista *m,f*

sportlich ['ʃpɔrtlɪç] *adj* ❶ (*Leistung, Kleidung*) (d)esportivo ❷ (*Mensch*) (d)esportista

Sportplatz *m* <-es, -plätze> campo *m* de desporto, campo *m* de esporte

Sportverein *m* <-(e)s, -e> clube *m* (d)esportivo

Sportwagen *m* <-s, -> ❶ (*Auto*) carro *m* (d)esportivo ❷ (*Kinderwagen*) carrinho *m* de bebé

Spott [ʃpɔt] *m* <-(e)s> *kein pl* troça *f,* zombaria *f*

spottbillig ['-'--] *adj* (*umg*) muito barato, ao desbarato

spotten ['ʃpɔtən] *vi* troçar (*über* de), zombar (*über* de)

spöttisch *adj* trocista

sprach [ʃpra:x] *imp von* **sprechen**

sprachbegabt *adj* com jeito para línguas; **~ sein** ter jeito para línguas

Sprache ['ʃpra:xə] *f* <-n> ❶ (*eines Landes*) língua *f,* idioma *m;* **mehrere ~n sprechen** falar várias línguas ❷ *kein pl* (*Ausdrucksweise*) linguagem *f;* (*Sprechfähigkeit*) fala *f;* **etw zur ~ bringen** trazer a. c. à conversa; **zur ~ kommen** vir à conversa

Sprachenschule *f* <-n> escola *f* de línguas

Sprachfehler *m* <-s, -> deficiência *f* na fala

Sprachführer *m* <-s, -> guia *m* de conversação

Sprachkenntnisse *pl* conhecimentos *mpl* da língua

Sprachkurs *m* <-es, -e> curso *m* de línguas

Sprachlabor *nt* <-s, -e> laboratório *m* de línguas

sprachlich *adj* linguístico

sprachlos *adj* sem fala, mudo; **~ sein** ficar de boca aberta, perder a fala

Sprachprüfung *f* <-en> exame *m* de línguas

Sprachrohr *nt* <-s, -e> megafone *m;* **jds ~ sein** ser porta-voz de alguém

Sprachunterricht *m* <-(e)s> *kein pl* aula *f* de línguas

Sprachwissenschaft *f* <-en> linguística *f*

Sprachwissenschaftler(in) *m(f)* <-s, - *o* -innen> linguista *m,f*

sprang [ʃpraŋ] *imp von* **springen**

Spray [ʃpre:, ʃprɛɪ, sprɛɪ] *nt* <-s, -s> spray *m*

sprayen *vi* vaporizar

Sprayer(in) <-s, -> *m(f)* graffiter *m*

Sprechanlage *f* <-n> intercomunicador *m*

sprechen ['ʃprɛçən] **I.** *vt* falar; (*sagen*) dizer; **ich würde gerne Frau Klose ~** eu queria falar com a Senhora Klose; **kann ich Sie einen Augenblick ~?** posso falar consigo um minuto?; **eine Fremdsprache ~** falar uma língua estrangeira; **ein Urteil ~** proferir uma sentença; **jdn schuldig ~** *s.* **schuldigsprechen II.** *vi* falar (*über* sobre, *von* de); (*am Telefon*); **wer spricht?** quem fala?; **mit jdm ~** falar com alguém; **portugiesisch ~** falar português; **zu ~ sein** estar (disponível)

Sprecher(in) *m(f)* <-s, - *o* -innen> (*Redner*) orador, oradora *m, f;* (*im Radio*) locutor, locutora *m, f;* (*einer Organisation, Regierung*) porta-voz *m,f*

Sprechstunde *f* <-n> (*beim Arzt*) hora *f* de consulta; (*eines Lehrers, Dozenten*) hora *f* de atendimento; ~ **haben** receber, atender; (*Arzt*) dar consulta

Sprechzimmer *nt* <-s, -> consultório *m*

spreizen ['ʃpraɪtsən] *vt* (*Beine*) escarrapachar, escachar; (*Finger*) abrir, estender

sprengen ['ʃprɛŋən] *vt* ① (*mit Sprengstoff*) fazer explodir, rebentar com; **etw in die Luft** ~ fazer a. c. ir pelos ares ② (*Rasen*) regar; (*Wäsche*) borrifar

Sprengkopf *m* <-(e)s, -köpfe> (MIL) ogiva *f*

Sprengstoff *m* <-(e)s, -e> explosivo *m*

Sprengstoffanschlag *m* <-(e)s, -schläge> atentado *m* bombista

Sprichwort ['ʃprɪç-] *nt* <-(e)s, -wörter> provérbio *m*, ditado *m*

sprießen *vi* (*geh*) brotar

Springbrunnen *m* <-s, -> chafariz *m*

springen ['ʃprɪŋən] *vi* saltar **über ein Hindernis** ~ saltar um obstáculo **ins Auge** ~ saltar à vista

Springer[1] *m* <-s, -> (*Schach*) cavalo *m*

Springer(in)[2] *m(f)* <-s, - *o* -innen> (SPORT) saltador, saltadora *m, f*

Sprint *m* <-s, -s> (SPORT) corrida *f*

Sprit [ʃprɪt] *m* <-s> *kein pl* (*umg: Benzin*) gasolina *f*

Spritze ['ʃprɪtsə] *f* <-n> ① (MED) seringa *f*; (*Injektion*) inje(c)ção *f*; **jdm eine** ~ **geben** dar uma inje(c)ção a alguém ② (*Löschgerät*) bomba *f* de incêndio

spritzen ['ʃprɪtsə] **I.** *vt* ① (*Flüssigkeit*) pulverizar, salpicar; **jdn nass** ~ molhar alguém; **sich** *dat* **Soße auf den Pullover** ~ salpicar molho para a camisola ② (*Rasen, Straße*) regar ③ (*mit Pflanzenschutzmitteln*) borrifar ④ (*Schmerzmittel*) inje(c)tar **II.** *vi* ① (*Fett*) salpicar ② (*herausspritzen*) brotar (*aus* de); (*Blut*) esguichar

Spritzer *m* <-s, -> ① (*Tropfen*) salpico *m* ② (*Fleck*) pinta *f*

spritzig *adj* ① (*Wein*) espumoso ② (*lebhaft*) animado

Spritzkanne *f* <-n> (*schweiz*) regador *m*

spröde *adj* ① (*Material*) frágil ② (*Haar*) espigado; (*Haut*) gretado ③ (*Mensch*) reservado

spross[RR] [ʃprɔs], **sproß**[ALT] *imp von* **sprießen**

Spross[RR] [ʃprɔs] *m* <-es, -e>, **Sproß**[ALT] *m* <-sses, -e> rebento *m*, grelo *m*

Sprosse ['ʃprɔsə] *f* <-n> degrau *m*

Sprössling[RR] *m* <-s, -e> (*umg*) rebento *m*

Spruch [ʃprʊx] *m* <-(e)s, Sprüche> ① (*Ausspruch*) dito *m* ② (JUR) veredicto *m*, sentença *f*

Sprudel ['ʃpru:dəl] *m* <-s, -> água com gás *f*

sprudeln *vi* ① (*hervorquellen*) brotar, jorrar ② (*Getränk*) borbulhar

Sprühdose *f* <-n> pulverizador *m*, spray *m*

sprühen **I.** *vt* (*Flüssigkeit*) borrifar **II.** *vi* (*Wasser*) jorrar; (*Funken*) faiscar

Sprühregen *m* <-s> *kein pl* chuvisco *m*, morrinha *f*, garoa *f*

Sprung [ʃprʊŋ] *m* <-(e)s, Sprünge> ① (*von Mensch, Tier*) salto *m* ② (*Riss*) fenda *f*, racha *f*; **einen** ~ **bekommen** fender, rachar

Sprungbrett *nt* <-(e)s, -er> trampolim *m*

sprunghaft *adj* ① (*unstet*) inconstante, instável ② (*abrupt*) repentino

Spucke ['ʃpʊkə] *f* *kein pl* (*umg*) cuspo *m*, cuspe *m*

spucken ['ʃpʊkən] **I.** *vt* cuspir, escarrar; **Blut** ~ cuspir sangue **II.** *vi* cuspir; **auf den Boden** ~ cuspir para o chão

Spuk [ʃpu:k] *m* <-(e)s> *kein pl* fantasma *m*, assombração *f*, espectro *m*

spuken ['ʃpu:kən] *vi* haver fantasmas; **in diesem Haus spukt es** esta casa está assombrada; **hier spukt es** aqui há fantasmas

Spülbecken *nt* <-s, -> banca *f*, lava-louça *m*

Spule ['ʃpu:lə] *f* <-n> ① (*für Film*) rolo *m*; (*für Garn*) carretel *m* ② (ELEKTR) bobina *f*

Spüle *f* <-n> banca *f*, lava-louça *m*

spülen **I.** *vt* ① (*Geschirr*) lavar ② (*Wäsche*) passar por água **II.** *vi* ① (*Geschirr*) lavar a louça ② (*Toilette*) puxar o autoclismo, dar descarga

Spülmaschine *f* <-n> máquina *f* de lavar a louça

Spülmittel *nt* <-s, -> detergente *m* da louça

Spülung *f* <-en> ① (MED) lavagem *f* ② (*an Toilette*) autoclismo *m*, descarga *f* de privada

Spur [ʃpu:ɐ] *f* <-en> ① (*von Fuß*) pegada *f*; (*von Rad*) rasto *m*; (*Fährte*) pista *f*, rasto *m*; **eine heiße** ~ uma boa pista; **von den Verbrechern fehlt jede** ~ não há rasto dos criminosos ② (*Fahrspur*) faixa de rodagem *f*; **die** ~ **wechseln** mudar de faixa ③ (*Anzeichen*) vestígio *m*, sinal *m*; **alle** ~**en beseitigen** eliminar todos os vestígios

spürbar *adj* perce(p)tível

spüren *vt* sentir; (*merken*) perceber, notar; **etw zu** ~ **bekommen** ressentir-se de a. c.

Spurenelement *nt* <-(e)s, -e> oligoelemento *m*
Spurensicherung *f kein pl* preservação *f* de pistas
spurlos *adv* sem vestígio; ~ **verschwinden** desaparecer sem deixar rasto
Spürsinn *m* <-(e)s> *kein pl* (*auch fig*) faro *m*
Spurt [ʃpʊrt] *m* <-(e)s, -s> (SPORT) corrida *f*
Spurweite *f* <-n> bitola *f* de via-férrea
Squash *nt* <-> *kein pl* squash *m*; ~ **spielen** jogar squash
SSV *abk v* **Sommerschlussverkauf** saldos *m* de Verão *pl*
Staat [ʃta:t] *m* <-(e)s, -en> estado *m*
staatenlos *adj* apátrida
staatlich *adj* estatal
Staatsangehörigkeit *f* <-en> nacionalidade *f*; **die deutsche ~ erwerben** naturalizar-se alemão
Staatsanwalt, Staatsanwältin *m, f* <-(e)s, -wälte *o* -innen> procurador(a) *m(f)* da República, representante *m,f* do Ministério Público
Staatsbürger(in) *m(f)* <-s, - *o* -innen> cidadão, cidadã *m, f*
Staatschef(in) *m(f)* <-s, -s *o* -innen> chefe *m,f* de Estado
Staatsexamen *nt* <-s, -> exame *m* final de curso

Na universidade alguns cursos superiores como por exemplo Medicina, Pedagogia e Direito são concluídos na Alemanha com um ou dois **Staatsexamen**, exames estes aplicados por examinadores do Estado.

Staatsoberhaupt *nt* <-(e)s, -häupter> chefe *m,f* de Estado
Staatspräsident(in) *m(f)* <-en, -en *o* -innen> presidente *m,f* da República
Staatssekretär(in) *m(f)* <-s, -e *o* -innen> secretário, -a *m, f* de estado
Staatssicherheitsdienst *m* <-(e)s> *kein pl* (HIST) polícia *f* de segurança do estado
Staatsstreich *m* <-(e)s, -e> golpe *m* de Estado
Stab [ʃta:p] *m* <-(e)s, Stäbe> ❶ (*Stock*) pau *m*; (*des Bischofs*) bastão *m* ❷ (SPORT: *für Hochsprung*) vara *f*; (*für Staffellauf*) testemunho *m* ❸ (*Mitarbeiter*) pessoal *m* ❹ (MIL) estado-maior *m* (do exército)
Stabhochsprung *m* <-(e)s> *kein pl* salto à vara *m*
stabil [ʃta'bi:l] *adj* ❶ (*Material*) resistente ❷ (*Währung, Preise*) estável
stabilisieren* *vt* estabilizar
Stabilität *f kein pl* estabilidade *f*
stach [ʃta:x] *imp von* **stechen**
Stachel ['ʃtaxəl] *m* <-s, -> ❶ (*Dorn*) espinho *m*, pico *m* ❷ (*von Insekten*) ferrão *m*; (*von Igel*) aguilhão *m* ❸ (*spitzes Teil*) pico *m*, ponta *f*
Stachelbeere *f* <-n> groselha-espim *f*
Stacheldraht *m* <-(e)s, -drähte> arame *m* farpado
stachelig *adj* espinhoso
Stadion ['ʃta:diɔn] *nt* <-s, Stadien> estádio *m*
Stadium ['ʃta:diʊm] *nt* <-s, Stadien> estádio *m*
Stadt [ʃtat] *f* <Städte> cidade *f*; **die ~ Porto** a cidade do Porto
Städtebau *m* <-s> *kein pl* urbanismo *m*, gestão *f* urbanística
Städtepartnerschaft *f* <-en> geminação *f* entre cidades
städtisch *adj* ❶ (*urban*) urbano, citadino ❷ (*kommunal*) municipal
Stadtmauer *f* <-n> muralha *f* da cidade
Stadtmitte *f kein pl* centro *m* da cidade
Stadtplan *m* <-(e)s, -pläne> planta *f* da cidade
Stadtrand *m* <-(e)s, -ränder> periferia *f* da cidade
Stadtstaat *m* <-(e)s, -en> cidade-estado *f*, cidade livre *f*
Stadtteil *m* <-(e)s, -e> bairro *m*
Stadtverwaltung *f* <-en> serviços *mpl* municipais
Stadtviertel *nt* <-s, -> bairro *m*
Staffel ['ʃtafəl] *f* <-n> ❶ (SPORT) estafetas *fpl* ❷ (MIL) esquadrão *m* ❸ (TV) temporada *f*
staffeln *vt* escalonar
Stagnation [ʃtagna'tsjo:n] *f* <-en> estagnação *f*
stahl [ʃta:l] *imp von* **stehlen**
Stahl [ʃta:l] *m* <-(e)s, Stähle> aço *m*
Stahlbeton *m* <-s> *kein pl* betão *m* armado
Stahlwerk *nt* <-(e)s, -e> empresa *f* de fundição de aço
Stalagmit *m* <-en, -en> (GEOL) estalagmite *f*
Stalaktit *m* <-en, -en> (GEOL) estalactite *f*
Stall [ʃtal] *m* <-(e)s, Ställe> estábulo *m*; (*für Pferde*) cavalariça *f*; (*für Schweine*) pocilga *f*;

(*für Hühner*) galinheiro *m;* (*für Kaninchen*) coelheira *f*

Stamm [ʃtam] *m* <-(e)s, Stämme> ① (*von Baum*) tronco *m* ② (*Volksstamm*) tribo *f* ③ (*von Wort*) raiz *f,* radical *m,* tema *m*

Stammbaum *m* <-(e)s, -bäume> árvore *f* genealógica

stammeln ['ʃtaməln] *vt* balbuciar, gaguejar

stammen ['ʃtamən] *vi* provir, derivar; (*örtlich*) ser natural de; **stammst du aus Ostdeutschland?** és natural da Alemanha Oriental?; **die Handschrift stammt aus dem 16. Jahrhundert** o manuscrito provém do século XVI

Stammform *f* <-en> (LING) forma *f* primitiva

Stammgast *m* <-(e)s, -gäste> cliente *m,f* habitual

stämmig *adj* entroncado, robusto

> **Stammtisch** é uma mesa de restaurante permanentemente reservada para fregueses habituais. Existe em muitos restaurantes e tem uma indicação correspondente.

stampfen ['ʃtampfən] **I.** *vt* (*Kartoffeln*) esmagar; (*Trauben*) pisar **II.** *vi* bater com os pés

stand [ʃtant] *imp von* **stehen**

Stand [ʃtant] *m* <-(e)s, Stände> ① *kein pl* (*das Stehen*) posição *f, nt* (de pé) ② *kein pl* (*der Entwicklung*) nível *m,f;* (*Zustand*) estado *m,f;* **etw auf den neuesten ~ bringen** a(c)tualizar a. c.; **der ~ der Ermittlungen** o estado das investigações ③ (*auf Markt*) barraca *f,* tenda *f;* (*auf Messe*) stand *m,* estande *m;* (*Verkaufsstand*) banca *f* ④ (*Taxistand*) praça *f* ⑤ (*Ölstand, Wasserstand, Preisestand*) nível *m;* (*der Sonne*) posição *m,f;* (*eines Spieles*) resultado *m;* (*des Kontos*) saldo *m;* **im ~e sein, etw zu tun** ser capaz de fazer a. c.

Standard ['ʃtandart] *m* <-s, -s> ① (*Maßstab*) padrão *m,* modelo *m,* norma *f* ② (*Niveau*) nível *m*

Ständer *m* <-s, -> suporte *m;* (*für Noten*) cavalete *m* de música; (*für Kleider*) cabide *m,* bengaleiro *m*

Ständerat *m* <-(e)s> *kein pl Câmara dos representantes dos Cantões Suíços*

Ständerlampe *f* <-n> (*schweiz*) candeeiro *m* de pé

Standesamt *nt* <-(e)s, -ämter> registo *m* civil

standhaft *adj* constante

stand|halten *vi irr* perseverar, resistir

ständig *adj* contínuo, constante; (*Wohnort*) permanente

Standlicht *nt* <-(e)s> *kein pl* mínimos *mpl*

Standort *m* <-(e)s, -e> ① (*Ort*) localização *f,* posição *f* ② (MIL) guarnição *f*

Standpunkt *m* <-(e)s, -e> opinião *f,* ponto *m* de vista; **ich stehe auf dem ~, dass ...** eu sou da opinião que ...

Standspur *f* <-en> faixa *f* de paragem de emergência

Stange ['ʃtaŋə] *f* <-n> ① (*Stab*) estaca *f,* vara *f,* pau *m;* (*Kleiderstange, Garderobenstange*) varão *m;* (*Fahnenstange*) haste *f;* (*der Hühner*) poleiro *m;* **eine ~ Zimt** um pau de canela ② (*Zigaretten*) volume *m*

Stängel[RR] *m* <-s, -> pedúnculo *m*

Stangenbrot *nt* <-(e)s, -e> cacete *m*

stank [ʃtaŋk] *imp von* **stinken**

Stanniol *nt* <-s, -e> papel *m* de estanho

stanzen ['ʃtantsən] *vt* estampar, cunhar

Stapel ['ʃta:pəl] *m* <-s, -> ① (*Haufen*) pilha *f,* monte *m* ② (NAUT) estaleiro *m;* **ein Schiff vom ~ lassen** lançar um navio à água

stapeln ['ʃta:pəln] *vt* empilhar, amontoar

Star[1] [sta:ɐ] *m* <-(e)s, -e> ① (ZOOL) estorninho *m* ② (MED) **grüner ~** glaucoma *m;* **grauer ~** catarata *f*

Star[2] [ʃta:ɐ] *m* <-s, -s> estrela *f,* vedeta *f,* vedete *f*

starb [ʃtarp] *imp von* **sterben**

stark [ʃtark] **I.** *adj* (*allgemein*) forte; (*kräftig*) vigoroso, robusto; **~er Kaffee** café *m* forte; **~e Medikamente/Zigaretten** medicamentos/cigarros fortes; (*dick, stabil*) gordo, grosso; (*Verkehr, Hitze, Regen*) intenso; (*Nachfrage*) grande; **er ist ein ~er Raucher** ele fuma muito; (*beträchtlich*) forte; **sie hat ~e Schmerzen** ela tem fortes dores; (*umg: toll*) espe(c)tacular, bestial; **der Film ist ~** o filme é espe(c)tacular **II.** *adv* muito, fortemente, intensamente; **~ erkältet sein** estar muito constipado; **es schneit ~** neva intensamente

Stärke *f* <-n> ① *kein pl* (*allgemein*) força *f, nt;* (*Leistung*) potência *f* ② (*Dicke*) grossura *f;* (*Festigkeit*) robustez *f* ③ (*Intensität*) intensidade *f* ④ (*Begabung*) forte *m;* **Matemathik ist seine ~** a matemática é o seu forte ⑤ (*Anzahl*) número *m,* quantidade *f* ⑥ (*Substanz*) fécula *f,* amido *m;* (*für*

Wäsche) goma *m,f*

stärken I. *vt* (*kräftigen*) fortalecer, fortificar; (*Wäsche*) engomar II. *vr* **sich ~** comer

Starkstrom *m* <-(e)s> *kein pl* (ELEKTR) corrente *f* de alta tensão

Stärkung *f* <-en> ① (*Erfrischung*) reforço *m;* (*Imbiss*) lanche *m;* **eine ~ zu sich nehmen** comer a. c. ② *kein pl* (*das Kräftigen*) fortalecimento *m*

starr [ʃtar] *adj* ① (*steif*) rígido, teso; (*unbeweglich*) hirto; (*Glieder*) teso, paralisado; **ihre Finger waren ~ vor Kälte** os dedos dela estavam tesos de frio ② (*Blick*) fixo, parado; (*vor Schreck*) estarrecido, espavorido; **~ vor Entsetzen** atónito ③ (*Haltung*) intransigente

starren [ˈʃtarən] *vi* olhar fixamente; **auf etw ~** cravar os olhos em a. c., fitar a. c.

starrköpfig *adj* teimoso, casmurro

Starrsinn *m* <-(e)s> *kein pl* teimosia *f,* obstinação *f,* intransigência *f*

Start [ʃtart] *m* <-(e)s, -s> ① (*Beginn*) princípio *m,* início *m* ② (*Auto*) arranque *m;* (*Flugzeug*) de(s)colagem *f* ③ (SPORT) partida *f,* largada *f*

Startbahn *f* <-en> pista *f* de de(s)colagem

starten [ˈʃtartən] I. *vt* ① (*Auto, Motor*) pôr a trabalhar; (*Computer*) ligar; (*Programm*) arrancar ② (*Rakete*) lançar ③ (*Kampagne*) lançar II. *vi* ① (*losgehen, startenfahren*) partir; (*Auto*) arrancar; (*im Sport*) partir, largar ② (*Flugzeug*) de(s)colar

Startkapital *nt* <-s, -e> capital *m* inicial

Startrampe *f* <-n> plataforma *f* de lançamento

Stasi *abk v* **Staatssicherheitsdienst** polícia de segurança do estado

Station [ʃtaˈtsjoːn] *f* <-en> ① (*Eisenbahn, Radio, Wetter*) estação *f;* (*Haltestelle*) paragem *f,* ponto *m;* **~ machen** parar, fazer paragem ② (*im Krankenhaus*) enfermaria *f,* unidade *f* hospitalar

stationär *adj* (MED) estacionário

stationieren* *vt* (*Truppen, Waffen*) colocar

statisch [ˈʃtaːtɪʃ] *adj* estático

Statist(in) [ʃtaˈtɪst] *m(f)* <-en, -en *o* -innen> figurante *m,f*

Statistik [ʃtaˈtɪstɪk] *f kein pl* estatística *f*

statistisch [ʃtaˈtɪstɪʃ] *adj* estatístico

Stativ *nt* <-(e)s, -e> tripé *m*

statt [ʃtat] I. *präp +gen* em vez de II. *konj* em vez de, em lugar de; **er macht alles gleichzeitig, ~ sich auf eine Sache zu konzentrieren** ele faz tudo ao mesmo tempo, em vez de se concentrar numa coisa

stattdessenRR *präp* em vez disso; **sie hat das Skifahren aufgegeben, ~ dessen fährt sie jetzt Rad** ela desistiu de fazer esqui, em vez disso anda de bicicleta

statt|finden *vi irr* realizar-se, ter lugar, acontecer

Statthalter(in) *m(f)* <-s, - *o* -innen> (*schweiz*) presidente *m,f* da Câmara

stattlich [ˈʃtatlɪç] *adj* ① (*groß, kräftig*) robusto ② (*Gebäude*) imponente; (*Summe*) considerável

Statue [ˈʃtaːtuə] *f* <-n> estátua *f*

Statur [ʃtaˈtuːɐ] *f* <-en> porte *m,* estatura *f*

Status [ˈʃtaːtʊs] *m* <-, -> estatuto *m,* status *m*

Stau [ʃtaʊ] *m* <-s, -s> engarrafamento *m;* **im ~ stehen** estar preso no trânsito

Staub [ʃtaʊp] *m* <-(e)s> *kein pl* pó *m,* poeira *f;* **~ wischen** limpar o pó; (*umg*); **sich aus dem ~ machen** pirar-se, pisgar-se

staubig *adj* empoeirado, cheio de pó

staub|saugen [ˈ---], **Staub saugen** *vt* aspirar

Staubsauger *m* <-s, -> aspirador *m*

Staubtuch *nt* <-(e)s, -tücher> pano *m* do pó

Staudamm *m* <-(e)s, -dämme> barragem *f*

stauen [ˈʃtaʊən] I. *vt* (*Wasser*) estancar, represar II. *vr* **sich ~** (*Wasser*) acumular-se; (*Verkehr*) congestionar-se; (*Menschen*) apinhar-se

staunen [ˈʃtaʊnən] *vi* ficar espantado (*über* com), ficar admirado (*über* com)

Stausee *m* <-s, -n> represa *f,* albufeira *f*

Stauung *f* <-en> ① (*von Wasser*) estancamento *m* ② (*des Verkehrs*) congestionamento *m* ③ (MED) congestão *f*

Steak [steːk] *nt* <-s, -s> bife *m*

stechen [ˈʃtɛçən] I. *vt* ① (*mit spitzem Gegenstand*) picar, furar; (*mit Messer*) espetar; (*Mensch*) dar uma facada a ② (*Insekt*) picar, ferrar ③ (*Kunst*) gravar; **etw in Kupfer ~** gravar a. c. em cobre II. *vi* ① (*Insekt*) picar, ferrar; (*Sonne*) queimar; **in See ~** fazer-se ao mar; **in die Augen ~** saltar à vista ② (*beim Kartenspiel*) cortar

stechend *adj* (*Blick, Geruch*) penetrante; (*Schmerz*) agudo, pungente

Stechmücke *f* <-n> mosquito *m,* melga *f*

Stechuhr *f* <-en> relógio *m* de ponto

Steckbrief *m* <-(e)s, -e> mandado *m* de captura

Steckdose *f* <-n> tomada *f*

stecken ['ʃtɛkən] **I.** *vt* (*hineintun*) pôr (*in* em), meter (*in* em); **die Hände in die Taschen ~** pôr [*o* meter] as mãos nos bolsos; **sich** *dat* **etw in den Mund ~** pôr [*o* meter] a. c. na boca; **2 EUR in den Automaten ~** introduzir 2 euros na máquina; (*umg*); **jdn ins Gefängnis ~** meter alguém na cadeia; (*aufstecken, anstecken*) enfiar; (*mit Nadeln*) espetar; **einen Ring an den Finger ~** enfiar um anel no dedo; **eine Brosche an die Jacke ~** espetar um broche no casaco **II.** *vi* (*sich befinden*) estar metido (*in* em), estar enfiado (*in* em); (*Nadeln*) estar espetado (*in* em); **mitten in der Arbeit ~** estar a meio do trabalho; **wo steckt er?** onde é que ele se enfiou?, onde é que ele está metido?; **der Schlüssel steckt** a chave está na fechadura; **~ bleiben** atascar-se, atolar-se; (*beim Sprechen*) atrapalhar-se; (*brasil*) afobar-se

stecken|bleibenALT *vi irr s.* **stecken II**

Stecker *m* <-s, -> ficha *f*

Stecknadel *f* <-n> alfinete *m*

Steg [ʃteːk] *m* <-(e)s, -e> ❶ (*Brücke*) pontão *m* ❷ (*Bootssteg*) ponte *f* de embarque

Stegreif ['ʃteːkraɪf] *m* **aus dem ~** de improviso

Stehcafé *nt* <-s, -s> café *m* sem mesas

stehen ['ʃteːən] *vi* ❶ (*aufrecht*) estar de [*o* em] pé; **ich kann nicht mehr ~** já não posso estar em [*o* de] pé ❷ (*sich befinden*) estar, ficar; **neben jdm ~** estar ao lado de alguém; **unter Drogen/Schock ~** estar sob o efeito de drogas/em estado de choque; **wir ~ vor der Schwierigkeit, dass ...** estamos perante a dificuldade de ...; **offen ~** (*Tür*) estar aberto; **allein ~d** solteiro, -a *m, f* ❸ (*geschrieben stehen*) estar (escrito), vir; **in der Zeitung stand, dass ...** estava (escrito) no jornal que ..., vinha no jornal que ...; **du stehst auch auf der Liste** tu também estás [*o* vens] na lista ❹ (*Uhr, Verkehr*) estar parado; **~ bleiben** parar, ficar parado ❺ (*anzeigen*) estar, indicar; **das Thermometer steht auf 25 Grad** o termómetro indica 25 graus, o termómetro está nos 25 graus; **die Ampel steht auf Rot** o semáforo está vermelho; **wie steht's?** então que tal?; (SPORT) qual é o resultado neste momento?; **es steht 3:2 für Portugal** está a 3:2 para Portugal; **das Kleid steht Ihnen gut** o vestido fica-lhe bem

stehen|bleibenALT *vi irr s.* **stehen 4**

Stehlampe *f* <-n> candeeiro *m* de pé

stehlen ['ʃteːlən] *vt* roubar, furtar

Stehplatz *m* <-es, -plätze> lugar de pé *m*

Steiermark ['ʃtaɪɐmark] *f kein pl* Estíria *f*

steif [ʃtaɪf] *adj* ❶ (*starr*) teso, hirto; **Eiweiß/Sahne ~ schlagen** bater as claras/natas em castelo; (*umg*); **etw ~ und fest behaupten** afirmar a. c. a pés juntos ❷ (*Gelenke*) teso ❸ (*unelastisch*) inflexível; **ein ~er Gang** um andar deselegante ❹ (*förmlich*) rígido, cerimonioso

Steigbügel *m* <-s, -> estribo *m*

Steige *f* <-n> ❶ (*österr: steile Straße*) rua *f* íngreme ❷ (*österr: Treppe*) escada *f*

steigen ['ʃtaɪgən] *vi* ❶ (*hinauf*) subir (*auf* para); (*hinunter*) descer (*von* de); (*klettern*) trepar; **aufs Fahrrad/Pferd ~** montar a bicicleta/o cavalo; **von der Leiter ~** descer do escadote; **einen Drachen ~ lassen** lançar um papagaio; **der Wein steigt mir in den Kopf** o vinho sobe-me à cabeça ❷ (*hinein*) entrar (*in* em/para); (*hinaus*) sair (*aus* de), descer (*aus* de); **in den Bus ~** entrar no/para o autocarro; **aus dem Flugzeug ~** sair [*o* descer] do avião ❸ (*zunehmen*) aumentar, crescer; (*Aktien, Preise*) subir (*um* em, *auf* para); **die Spannung steigt** a tensão aumenta; **die Temperatur ist auf 30 Grad/um 5 Grad gestiegen** a temperatura aumentou [*o* subiu] para os 30 graus/(em) 5 graus

steigern ['ʃtaɪgɐn] **I.** *vt* ❶ (*erhöhen*) aumentar, subir; (*verstärken*) reforçar, intensificar ❷ (*Adjektiv*) formar os graus de **II.** *vr* **sich ~** ❶ (*zunehmen*) aumentar, intensificar-se ❷ (*sich verbessern*) melhorar

Steigerung *f* <-en> ❶ (*Zunahme*) aumento *m*, subida *f* ❷ (LING) grau *m* de comparação ❸ (*schweiz: Versteigerung*) leilão *m*

Steigung *f* <-en> (*im Gelände*) ladeira *f*, encosta *f*; (*einer Straße*) subida *f*

steil [ʃtaɪl] **I.** *adj* (*Gelände, Treppe*) íngreme, abrupto; (*Fels*) escarpado; (*Küste*) alcantilado **II.** *adv* a pique

Steilküste *f* <-n> ribanceira *f*

Stein [ʃtaɪn] *m* <-(e)s, -e> ❶ (*allgemein*) pedra *f*; (*Edelstein*) pedra preciosa *f*; **mir fällt ein ~ vom Herzen** saiu-me um peso dos ombros; (*geh*); **der ~ des Anstoßes** a causa do escândalo; (*geh*); **der ~ der Wei-**

S

sen a pedra filosofal ② (*im Obst*) caroço *m* ③ (*Spielstein*) pedra *f*, peça *f* ④ (MED) cálculo *m*

Steinbock *m* <-(e)s, -böcke> ① (ZOOL) bode *m* ② (*Sternzeichen*) Capricórnio *m*

Steinbruch *m* <-(e)s, -brüche> pedreira *f*

Steinbutt *m* <-(e)s, -e> (ZOOL) rodovalho *m*

Steineiche *f* <-n> azinheira *f*

steinern ['ʃtaɪnɐn] *adj* de pedra

Steingut *nt* <-(e)s> *kein pl* louça de barro *f*

steinhart ['-'-] *adj* duro como pedra

steinig *adj* pedregoso

Steinkohle *f* <-n> carvão *m* mineral, hulha *f*

Steinmetz(in) ['ʃtaɪnmɛts] *m(f)* <-en, -en *o* -innen> pedreiro, pedreira *m, f*

Steinobst *nt* <-(e)s> *kein pl* fruta *f* de caroço

Steinzeit *f kein pl* Idade *f* da Pedra

Steißbein *nt* <-(e)s, -e> (ANAT) cóccix *m*

Stelle ['ʃtɛlə] *f* <-n> ① (*Ort, Platz*) lugar *m*, sítio *m*; **an ~** em vez de, em lugar de; **an erster ~** em primeiro lugar; **auf der ~** imediatamente; **an deiner ~ würde ich ...** no teu lugar, eu ...; (*umg*); **auf der ~ treten** não sair do sítio ② (*Bereich*) ponto *m*, área *f* ③ (*Arbeitsplatz*) emprego *m*; **freie ~** vaga *f*; **eine ~ antreten/aufgeben** começar um/sair dum emprego ④ (*Dienststelle*) repartição *f* ⑤ (*im Text*) passagem *f*

stellen ['ʃtɛlən] **I.** *vt* ① (*hinstellen, aufstellen*) pôr (*auf* em), colocar (*auf* em), pousar (*auf* em); (*hineintun*) meter (*in* em); **er stellt das Auto in die Garage** ele põe [*o* mete] o carro na garagem; **stell die Blumen bitte auf den Tisch** põe [*o* pousa] as flores em cima da mesa, por favor ② (*regulieren*) regular, pôr; (*Uhr*) acertar; **das Radio leiser/lauter ~** pôr o rádio mais baixo/alto; **den Wecker auf sieben Uhr ~** pôr o despertador para as sete horas; **etw warm/kalt~** aquecer/arrefecer a. c. ③ (*Antrag, Diagnose*) fazer; (*Bedingungen*) impor; **(jdm) eine Frage ~** fazer uma pergunta (a alguém), colocar uma (questão a alguém); **etw zur Diskussion ~** trazer a. c. à discussão; **etw in Frage ~** pôr a. c. em questão **II.** *vr* **sich ~** ① (*sich hinstellen*) pôr-se, colocar-se; **sie stellt sich ans Fenster** ela põe-se à janela; **~ Sie sich dahin!** ponha-se ali!; **sich auf die Zehenspitzen ~** pôr-se em bicos de pés; **sich hinter jdn ~** pôr-se atrás de alguém; (*fig*) apoiar alguém ② (*vortäuschen*) fazer-se, fingir-se; **sich krank/dumm ~** fazer-se de doente/burro ③ (*der Polizei*) entregar-se

Stellenanzeige *f* <-n> anúncio *m* de emprego

stellenweise *adv* aqui e ali

Stellenwert *m* <-(e)s, -e> importância *f*, valor *m*; **einen hohen ~ haben** ter uma grande importância

Stellung *f* <-en> ① (*beruflich*) emprego *m*, colocação *f*; (*Amt*) função *f*; **in seiner ~ als Minister** na sua função de ministro ② (*sozial*) estatuto *m*, posição *f*; **die ~ der Frau in der modernen Gesellschaft** o estatuto da mulher na sociedade moderna ③ (*Einstellung*) posição *f*; **zu etw ~ nehmen** tomar uma posição em relação a a. c.

Stellungnahme *f* <-n> tomada *f* de posição, rea(c)ção *f*; **eine ~ zu etw abgeben** ter uma rea(c)ção a a. c.

stellvertretend *adj* substituto, adjunto; **die ~e Vorsitzende** a vice-presidente

Stellvertreter(in) *m(f)* <-s, - *o* -innen> substituto, substituta *m, f*, representante *m,f*

Stelze ['ʃtɛltsə] *f* <-n> anda *f*; **auf ~n laufen** andar sobre andas

stemmen ['ʃtɛmən] **I.** *vt* (*Gewicht*) levantar; **die Hände in die Seite ~** fincar as mãos nas ancas **II.** *vr* **sich ~** ① (*sich widersetzen*) resistir (*gegen* a), opor-se (*gegen* a) ② (*drücken*) encostar-se (*gegen* a); **sich gegen eine Tür ~** encostar-se a uma porta (com força)

Stempel ['ʃtɛmpəl] *m* <-s, -> ① (*Gerät, Abdruck*) carimbo *m* ② (BOT) estilete *m*, pistilo *m*

Stempelkissen *nt* <-s, -> almofada *f* de carimbos

stempeln *vt* (*Brief, Briefmarke*) carimbar; (*Urkunde*) carimbar, selar

StengelALT ['ʃtɛŋəl] *m* <-s, -> *s.* **Stängel**

Stenographie [ʃtenogra'fi:] *f* <-n> *s.* **Stenografie** estenografia *f*

stenographieren* *vi s.* **stenografieren*** estenografar

Steppdecke *f* <-n> edredão *m*

Steppe ['ʃtɛpə] *f* <-n> estepe *f*

Sterbehilfe *f kein pl* eutanásia *f*

sterben ['ʃtɛrbən] *vi* morrer (*an* de), falecer (*an* de); **im Sterben liegen** estar moribundo

Sterbeurkunde *f* <-n> certidão *f* de óbito

sterblich *adj* mortal

Sterblichkeit *f kein pl* mortalidade *f*
stereo *adj inv* estéreo
Stereoanlage *f* <-n> aparelhagem *f* de alta fidelidade
stereotyp [ʃtereo'ty:p] *adj* estereotípico
steril [ʃte'ri:l] *adj* ① (*keimfrei*) esterilizado ② (*unfruchtbar*) estéril
Sterilisation *f* <-en> esterilização *f*
sterilisieren* *vt* esterilizar
Stern [ʃtɛrn] *m* <-(e)s, -e> estrela *f;* (*Gestirn*) astro *m;* **ein Hotel mit vier ~en** um hotel de quatro estrelas; **das steht noch in den ~en** isso ainda é uma incógnita
Sternbild *nt* <-(e)s, -er> constelação *f*
Sternschnuppe *f* <-n> estrela-cadente *f*
Sternwarte *f* <-n> observatório *m* astronómico
Sternzeichen *nt* <-s, -> signo *m* do Zodíaco
stetig *adj* permanente, contínuo
stets [ʃte:ts] *adv* sempre, continuamente
Steuer[1] ['ʃtɔɪɐ] *f* <-n> imposto *m;* **~n hinterziehen** fugir aos impostos, fugir ao fisco; **etw von der ~ absetzen** deduzir a. c. do imposto
Steuer[2] *nt* <-s, -> (*Auto*) volante *m;* (*Schiff, Flugzeug*) leme *m;* **am ~ sitzen** estar ao volante
Steuerberater(in) *m(f)* <-s, - *o* -innen> consultor(a) *m(f)* fiscal
Steuerbord *nt* <-s> *kein pl* (AERO, NAUT) estibordo *m*
Steuererklärung *f* <-en> declaração de impostos *f*
Steuerhinterziehung *f* <-en> evasão *f* fiscal, fuga *f* ao fisco
Steuerkarte *f* <-n> cartão *m* de contribuinte
Steuerknüppel *m* <-s, -> alavanca *f* de comando
steuerlich *adj* fiscal, tributário
steuern ['ʃtɔɪɐn] *vt* ① (*Auto*) conduzir, guiar, dirigir; (*Flugzeug*) pilotar; (*Schiff*) governar, pilotar ② (*Entwicklung*) comandar, controlar
steuerpflichtig *adj* sujeito a impostos, tributário
Steuerrad *nt* <-(e)s, -räder> (*im Auto*) volante *m;* (*im Schiff*) roda *f* do leme
Steuerung *f* <-en> ① *kein pl* (*Auto*) condução *f;* (*Flugzeug*) pilotagem *f;* (*Schiff*) comando *m,* pilotagem *f* ② (*Vorrichtung*) dispositivo *m* de comando
Steuerzahler(in) *m(f)* <-s, - *o* -innen> contribuinte *m,f*
Steward, ess ['stju:ɐt] *m, f* <-s, -s *o* -en> (*im Flugzeug*) comissário *m* de bordo, hospedeira *f,* aeromoça *f;* (*auf Schiff*) camareiro, camareira *m, f*
Stich [ʃtɪç] *m* <-(e)s, -e> ① (*an Dorn, Stachel, Nadel*) picadela *f, nt;* (*von Insekt*) picada *f,* ferradela *f;* (*mit Messer*) golpe *m,* facada *f* ② *kein pl* (*Färbung*) tom *m;* **einen ~ ins Grüne haben** ter uns tons de verde ③ (MED: *beim Nähen*) ponto *m* ④ (*Kunst*) gravação *f* ⑤ (*Schmerz*) pontada *f,* fisgada *f* ⑥ (*beim Kartenspiel*) vaza *m,f*
stichhaltig *adj* convincente, plausível
Stichprobe *f* <-n> amostra *f* aleatória
Stichwort[1] *nt* <-(e)s, -wörter> (*im Wörterbuch*) entrada *f,* palavra *f;* **unter einem ~ nachschlagen** procurar numa palavra
Stichwort[2] *nt* <-(e)s, -e> ① (*Theater*) deixa *f* ② (*Notiz*) apontamento *m,* nota *f;* **sich** *dat* **~e machen** tirar apontamentos [*o* notas]
sticken ['ʃtɪkən] *vt* bordar
Stickerei *f* <-en> bordado *m*
stickig ['ʃtɪkɪç] *adj* sufocante; (*Luft*) abafado
Stickoxid *nt* <-(e)s, -e> óxido *m* nítrico
Stickstoff *m* <-(e)s, -e> azoto *m,* nitrogénio *m*
Stiefbruder ['ʃti:f-] *m* <-s, -brüder> meio-irmão *m*
Stiefel ['ʃti:fəl] *m* <-s, -> bota *f;* **die ~ anziehen/ausziehen** calçar/descalçar as botas
Stiefkind *nt* <-(e)s, -er> enteado, enteada *m, f*
Stiefmutter *f* <-mütter> madrasta *f*
Stiefschwester *f* <-n> meia-irmã *f*
Stiefvater *m* <-s, -väter> padrasto *m*
stieg [ʃti:k] *imp von* **steigen**
Stiegenhaus *nt* <-es, -häuser> (*österr*) escadaria *f*
Stiel [ʃti:l] *m* <-(e)s, -e> ① (*Griff*) cabo *m;* (*von Besen*) toco *m* ② (*von Blume*) pedúnculo *m,* pé *m;* (*an Frucht*) pé *m;* (*von Blatt*) pecíolo *m,* talo *m*
Stier *m* <-(e)s, -e> ① (ZOOL) touro *m* ② (*Sternzeichen*) Touro *m*
Stierkampf *m* <-(e)s, -kämpfe> tourada *f,* corrida *f* de touros
Stierkämpfer(in) *m(f)* <-s, - *o* -innen> toureiro, toureira *m, f*
stieß *imp von* **stoßen**
Stift [ʃtɪft] *m* <-(e)s, -e> ① (*Bleistift*) lápis *m;* (*Buntstift*) lápis de cor *m* ② (*Nagel*) prego *m*
stiften ['ʃtɪftən] *vt* ① (*gründen*) fundar, insti-

tuir; (*spenden*) doar ② (*bewirken*) causar, provocar; **Frieden ~** restabelecer a paz

Stiftung *f* <-en> fundação *f*, instituição *f*

Stil [ʃtiːl] *m* <-(e)s, -e> estilo *m*

stilistisch [ʃtiˈlɪstɪʃ] *adj* estilístico

still [ʃtɪl] *adj* ① (*lautlos*) silencioso; (*Ort*) sossegado, calmo, tranquilo; **sei ~!** silêncio!, está calado!; **~ und heimlich** com pezinhos de lã, de mansinho ② (*unbewegt*) quieto; (WIRTSCH); **~er Teilnehmer** comanditário ③ (*Mensch*) sossegado

Stille [ˈʃtɪlə] *f kein pl* calma *f*, sossego *m*, tranquilidade *f*

StillebenALT *nt* <-s, -> *s.* **Stillleben**

stillegenALT *vt s.* **stilllegen**

stillen [ˈʃtɪlən] *vt* ① (*Säugling*) amamentar, dar de mamar a ② (*Hunger, Durst, Sehnsucht*) matar ③ (*Schmerzen*) acalmar; (*Blutung*) estancar

still|halten *vi irr* não se mexer, ficar quieto

StilllebenRR *nt* <-s, -> natureza-morta *f*

still|legenRR *vt* (*Betrieb, Strecke*) parar; (*Fahrzeug*) proibir a circulação de

Stillschweigen *nt* <-s> *kein pl* silêncio *m*; **~ bewahren** manter o sigilo

stillschweigend *adv* em silêncio, calado

Stillstand *m* <-(e)s> *kein pl* (*in Verhandlung, Entwicklung*) paralisação *f*, ponto morto *m*; (*von Verkehr, Produktion*) paralisação *f*; **zum ~ kommen** paralisar

still|stehen *vi irr* (*Mensch, Maschine*) estar parado; (*Entwicklung, Produktion*) cessar; (*Handel, Verkehr*) estar paralisado

Stimmband *nt* <-(e)s, -bänder> (ANAT) corda *f* vocal

stimmberechtigt *adj* com direito de voto

Stimmbeteiligung *f* <-en> (*schweiz*) afluência *f* às urnas

Stimmbruch *m* <-(e)s> *kein pl* mudança *f* de voz

Stimmbürger(in) *m(f)* <-s, - *o* -innen> (*schweiz*) eleitor, eleitora *m, f*

Stimme [ˈʃtɪmə] *f* <-n> ① (*des Menschen*) voz *f*; **mit lauter/leiser ~** em voz alta/baixa ② (*bei Wahl*) voto *m*; **sich der ~ enthalten** abster-se (de votar); **jdm seine ~ geben** votar em alguém ③ (MUS) voz *f*; **die erste/zweite ~ singen** cantar a primeira/segunda voz

stimmen [ˈʃtɪmən] **I.** *vt* (*Instrument*) afinar **II.** *vi* ① (*richtig sein*) estar certo, estar conforme; **das stimmt!** é verdade!, está certo!; **das stimmt nicht!** isso não é verdade!; **die Rechnung stimmt** a conta está certa ② (*bei Wahl*) votar (*für, gegen* a favor de, contra)

stimmhaft *adj* (LING) sonoro

stimmlos *adj* (LING) mudo

Stimmrecht *nt* <-(e)s, -e> direito *m* de voto

Stimmung *f* <-en> ① (*Gemütsverfassung*) disposição *f*, humor *m*; **in guter/schlechter ~ sein** estar bem-disposto/mal-disposto, estar de bom/mau humor ② (*Atmosphäre*) ambiente *m*, atmosfera *f*; (*angeregte*) animação *f*; **es herrschte eine fröhliche/feindselige ~** havia um ambiente alegre/hostil

Stimmzettel *m* <-s, -> boletim *m* de voto

stimulieren* *vt* estimular

stinken [ˈʃtɪŋkən] *vi* feder (*nach* a), cheirar mal; (*umg*); **mir stinkt's!** estou farto!

Stipendiat(in) *m(f)* <-en, -en *o* -innen> bolseiro, bolseira *m, f*, bolsista *m,f*

Stipendium [ʃtiˈpɛndiʊm] *nt* <-s, Stipendien> bolsa (de estudos) *f*; **ein ~ beantragen/erhalten** requerer/obter uma bolsa

Stirn [ʃtɪrn] *f* <-en> testa *f*

Stirnhöhlenentzündung *f* <-en> (MED) sinusite *f* frontal

stöbern *vi* **~ in** *dat* remexer, vasculhar

stochern [ˈʃtɔxɐn] *vi* **~ in** +*dat* escarafunchar; **in den Zähnen ~** palitar os dentes

Stock [ʃtɔk] *m* <-(e)s, Stöcke> ① (*Stab*) pau *m*; (*Spazierstock*) bengala *f*; (*Skistock*) bastão *m*; (*Taktstock*) batuta *f*; (*Billardstock*) taco *m* ② *kein pl* (*Stockwerk*) andar *m*; **sie wohnen im vierten ~** eles moram no quarto andar ③ *kein pl* (*schweiz: Kartoffelbrei*) puré *m* de batata

stockdunkel *adj* completamente escuro, escuro como breu

Stöckelschuh *m* <-(e)s, -e> sapato *m* de tacão alto

stocken [ˈʃtɔkən] *vi* parar; (*Verkehr*) congestionar-se; (*beim Sprechen*) emperrar, engasgar-se

Stockfisch *m* <-(e)s, -e> bacalhau *m*

Stockholm *nt* <-s> *kein pl* Estocolmo *m*

stocktaub *adj* surdo como uma porta

Stockung *f* <-en> paralisação *f*; (*von Verkehr*) congestionamento *m*

Stockwerk *nt* <-(e)s, -e> andar *m*

Stoff [ʃtɔf] *m* <-(e)s, -e> ① (*Gewebe*) pano *m*, tecido *m* ② (*Materie*) matéria *f*, material *m*; (*Substanz*) substância *f* ③ (*Unterricht*) matéria *f*; (*Film, Buch*) tema *m*

④ *kein pl* (*umg: Rauschgift*) droga *f*

Stoffwechsel *m* <-s, -> metabolismo *m*

stöhnen *vi* gemer (*vor* de); (*klagen*) queixar-se (*über* de)

Stola ['ʃto:la, 'sto:la] *f* <Stolen> estola *f*

Stollen ['ʃtɔlən] *m* <-s, -> ① (KOCHK) bolo *m* de Natal ② (*Bergbau*) galeria *f*

stolpern ['ʃtɔlpɐn] *vi* tropeçar (*über* em)

stolz [ʃtɔlts] *adj* orgulhoso (*auf* de)

Stolz *m* <-es> *kein pl* orgulho *m* (*auf* em)

Stop^ALT *m* <-s, -s> *s.* **Stopp**

stopfen ['ʃtɔpfən] **I.** *vt* (*Kleidung*) remendar; **Strümpfe ~** pontear meias; (*Loch*) tapar; (*hineintun*) meter (*in* em), enfiar (*in* em); **die Sachen in den Koffer ~** meter as coisas na mala; **die Pfeife ~** encher o cachimbo **II.** *vi* (*Speise*) causar prisão de ventre

stopp [ʃtɔp] *interj* alto!

Stopp^RR *m* <-s, -s> (*Auto*) paragem *f;* (*Flugzeug*) escala *f,* paragem *f*

Stoppel ['ʃtɔpəl] *f* <-n> ① (*Getreide*) restolho *m* ② (*umg: Bartstoppel*) barba *f* rala

stoppen ['ʃtɔpən] **I.** *vt* (*anhalten*) (fazer) parar; (*Zeit*) cronometrar **II.** *vi* parar

Stoppschild *nt* <-(e)s, -er> sinal *m* de paragem obrigatória, stop *m*

Stoppuhr *f* <-en> cronómetro *m*

Stöpsel *m* <-s, -> ① (*für Waschbecken*) tampa do ralo *f;* (*für Flaschen*) rolha *f* ② (*umg: Junge*) miúdo *m*

Storch [ʃtɔrç] *m* <-(e)s, Störche> cegonha *f*

stören *vt* ① (*belästigen*) incomodar, importunar; **jdn bei der Arbeit ~** incomodar alguém no trabalho; **lassen Sie sich nicht ~** não se incomode; **stört es Sie, wenn ich rauche?** importa-se que eu fume? ② (*Ruhe, Frieden, Unterricht*) perturbar; (*Verkehr*) estorvar

Störenfried *m* <-(e)s, -e> perturbador(a) *m(f)* (da paz)

störrisch *adj* teimoso, casmurro, obstinado

Störung *f* <-en> ① (*Belästigung*) incómodo *m,* estorvo *m* ② (*der Ordnung*) perturbação *f;* (*eines Gesprächs*) interrupção *f;* (*des Verkehrs*) complicação *f;* (*Radio*) interferência *f;* **technische ~** avaria *f* ③ (*gesundheitlich*) distúrbio *m*

Stoß *m* <-es, Stöße> ① (*Schubs*) empurrão *m,* encontrão *m;* (*Schlag*) pancada *f,* golpe *m;* (*mit Ellbogen*) cotovelada *f* ② (*Erdstoß*) abalo *m;* (*bei Autofahrt*) solavanco *m* ③ (*Haufen*) monte *m;* **ein ~ Bücher** um monte de livros

Stoßdämpfer *m* <-s, -> amortecedor *m*

stoßen **I.** *vt* (*schubsen*) empurrar, impelir; (*mit Ellbogen*) dar uma cotovelada a; (*mit Hörnern*) dar uma marrada em; **sich** *dat* **den Kopf an der Wand ~** bater com a cabeça na parede; **jdn ins Wasser ~** empurrar alguém para a água; (*zerkleinern*) moer, pisar **II.** *vi* (*prallen*) ir (*an/gegen* contra), esbarrar (*an/gegen* em/contra); **der Stier stieß mit den Hörnern nach ihm** o touro deu-lhe uma marrada; (*treffen, finden*) deparar-se (*auf* com), topar (*auf* com); **auf Erdöl ~** encontrar petróleo; **auf jdn ~** esbarrar-se com alguém **III.** *vr* **sich ~** dar um encontrão, esbarrar-se; **sich an etw ~** bater contra a. c., dar um encontrão em a. c.; (*fig*) ficar chocado com a. c.

Stoßstange *f* <-n> pára-choques *m*

Stoßzeit *f* <-en> hora *f* de ponta

stottern ['ʃtɔtɐn] *vi* gaguejar

Str. *abk v* **Straße** R. (= *rua*)

Strafanstalt *f* <-en> casa *f* de corre(c)ção, penitenciária *f*

Strafarbeit *f* <-en> castigo *m* escolar

strafbar *adj* punível

Strafe ['ʃtra:fə] *f* <-n> castigo *m;* (*Freiheitsstrafe*) pena *f;* (*Geldstrafe*) multa *f;* **das ist bei ~ verboten** isso é proibido sob pena de multa; **etw unter ~ stellen** proibir a. c. sob pena; **zur ~** como castigo

strafen ['ʃtra:fən] *vt* punir (*für* por), castigar (*für* por); (*mit Geldstrafe*) multar

straff [ʃtraf] *adj* ① (*gespannt*) esticado; (*Haut*) liso ② (*Disziplin, Organisation*) rigoroso, rígido

straffällig *adj* criminoso; **~ werden** cometer um crime

Strafgefangene(r) *m/f* <-n, -n *o* -n> presidiário, presidiária *m, f,* recluso, reclusa *m, f*

Strafgesetzbuch *nt* <-(e)s, -bücher> código *m* penal

sträflich *adj* condenável, imperdoável

Sträfling *m* <-s, -e> presidiário, presidiária *m, f,* recluso, reclusa *m, f*

strafmildernd *adj* atenuante

Strafporto *nt* <-s, -s> sobretaxa *f* postal, multa *f*

Strafraum *m* <-(e)s, -räume> (SPORT) grande área *f*

Strafrecht *nt* <-(e)s> *kein pl* direito *m* penal

Strafstoß *m* <-es, -stöße> (SPORT) grande

penalidade *f*, penalty *m*, pênalti *m*
Straftat *f* <-en> delito *m*; **eine ~ begehen** cometer um delito
Strafzettel *m* <-s, -> aviso *m* de multa
Strahl [ʃtraːl] *m* <-(e)s, -en> ❶ (*Lichtstrahl, Sonnenstrahl*) raio *m* ❷ (*Wasserstrahl*) ja(c)to *m*
strahlen ['ʃtraːlən] *vi* ❶ (*Licht, Sonne*) brilhar, raiar ❷ (*radioaktiv*) ser radioa(c)tivo; **Plutonium strahlt** o plutónio é radioa(c)tivo ❸ (*Mensch*) estar radiante, irradiar; **sie strahlte vor Glück** ela estava radiante, ela irradiava felicidade
strählen **I.** *vt* (*schweiz*) pentear **II.** *vr* **sich ~** (*schweiz*) pentear-se
Strahlenbehandlung *f* <-en> radioterapia *f*
Strahlenbelastung *f* <-en> exposição *f* à radiação
strahlend *adj* ❶ (*Wetter*) refulgente, brilhante; **bei ~em Sonnenschein** com um sol brilhante ❷ (*Mensch*) radiante
Strahlenschutz *m* <-es> *kein pl* prote(c)ção *f* contra radiações
strahlenverseucht *adj* contaminado por radiação
Strahlung *f* <-en> (PHYS) radiação *f*; **radioaktive ~** radioa(c)tividade *f*
Strähne *f* <-n> (*Haar*) madeixa *f*
stramm [ʃtram] *adj* ❶ (*straff*) direito, teso ❷ (*kräftig*) vigoroso, robusto
strampeln ['ʃtrampəln] *vi* (*Baby*) espernear
Strand [ʃtrant] *m* <-(e)s, Strände> praia *f*; **am ~ liegen** estar na praia
stranden ['ʃtrandən] *vi* (*Schiff*) encalhar
Strandgut *nt* <-(e)s> *kein pl* despojos *mpl* do mar
Strandkorb *m* <-(e)s, -körbe> cadeirão *m* de praia

Strandkorb é típico das praias do Mar do Norte e do Mar Báltico. É um grande cesto em forma de poltrona com espaço para duas pessoas. Serve para proteger os banhistas do vento norte frio e às vezes forte, da chuva, mas também da radiação solar.

Strang [ʃtraŋ] *m* <-(e)s, Stränge> ❶ (*Seil*) corda *f*; (*umg*); **über die Stränge schlagen** passar das marcas, passar dos limites ❷ (*Muskeln, Nerven*) feixe *m*
Strapaze [ʃtra'paːtsə] *f* <-n> canseira *f*, estafa *f*
strapazfähig *adj* (*österr*) *s.* **strapazierfähig**
strapazieren* *vt* ❶ (*Mensch*) cansar, estafar; (*Kräfte, Geduld, Nerven*) desgastar ❷ (*Material*) gastar, desgastar
strapazierfähig *adj* resistente
strapaziös *adj* cansativo, fatigante
Straßburg *nt* <-s> *kein pl* Estrasburgo *m*
Straße *f* <-n> ❶ (*im Ort*) rua *f*; (*groß, breit*) avenida *f*; (*Landstraße*) estrada *f*; **auf der ~** na rua; **er wohnt drei ~n weiter** ele mora três ruas mais acima; (*umg*); **jdn auf die ~ setzen** pôr alguém na rua ❷ (*Meeresenge*) estreito *m*; **die ~ von Gibraltar** o estreito de Gibraltar
Straßenbahn *f* <-en> eléctrico *m*, metro *m* de superfície, bonde *m*
Straßencafé *nt* <-s, -s> esplanada *f*
Straßenkind *nt* <-(e)s, -er> criança *f* de rua, moleque *m*
Straßennetz *nt* <-es, -e> rede *f* rodoviária
Straßenschild *nt* <-(e)s, -er> placa *f*, tabuleta *f*
Straßensperre *f* <-n> barricada *f*, bloqueio *m* de rua
Straßenverkehr *m* <-s> *kein pl* trânsito *m* rodoviário
Straßenverkehrsordnung *f* <-en> código *m* da estrada
Strategie [ʃtrate'giː] *f* <-n> estratégia *f*
strategisch *adj* estratégico
Stratosphäre *f kein pl* (METEO) estratosfera *f*
sträuben *vr* **sich ~** ❶ (*Haare*) arrepiar-se; (*Fell*) eriçar-se ❷ (*sich widersetzen*) opor-se (*gegen* a), resistir (*gegen* a)
Strauch [ʃtraʊx] *m* <-(e)s, Sträucher> arbusto *m*
Strauß[1] *m* <-es, -e> (ZOOL) avestruz *f*
Strauß[2] *m* <-es, Sträuße> (*Blumen*) ramo *m*
streben ['ʃtreːbən] *vi* aspirar (*nach* a), ambicionar
Streber(in) *m(f)* <-s, - *o* -innen> (*abw*) marrão, marrona *m, f*
strebsam *adj* aplicado, assíduo; (*ehrgeizig*) ambicioso
Strecke ['ʃtrɛkə] *f* <-n> ❶ (*Wegabschnitt*) percurso *m*, traje(c)to *m*; (*Entfernung*) distância *f*; **eine große ~ zurücklegen** percorrer uma grande distância ❷ (*Eisenbahn*) linha *f*; **die ~ Coimbra-Lissabon** a linha Coimbra-Lisboa ❸ (MATH) segmento *m* de re(c)ta
strecken ['ʃtrɛkən] **I.** *vt* ❶ (*Körperteil*) esti-

car, estender; **die Beine unter den Tisch ~** estender as pernas debaixo da mesa; **den Kopf aus dem Fenster ~** pôr a cabeça de fora da janela ② (*Vorräte*) racionar; (*Geld*) administrar **II.** *vr* **sich ~** ① (*hinlegen*) estender-se, esticar-se ② (*sich recken*) espreguiçar-se

Streetworker(in) *m(f)* <-s, - *o* -innen> assistente *m,f* social de rua

Streich [ʃtraɪç] *m* <-(e)s, -e> partida *f*, brincadeira *f*; **jdm einen ~ spielen** pregar uma partida a alguém

streicheln [ˈʃtraɪçəln] *vt* acariciar, fazer festas a

streichen [ˈʃtraɪçən] **I.** *vt* ① (*anstreichen*) pintar; **frisch gestrichen!** pintado de fresco! ② (*durchstreichen*) riscar; (*Plan, Auftrag*) anular; (*Veranstaltung*) cancelar ③ (*Brot*) barrar; **Butter auf das Brot ~** barrar o pão com manteiga; **etw glatt ~** alisar a. c. **II.** *vi* ① (*umherziehen*) andar (*durch* por), vaguear (*durch* por) ② (*mit der Hand*) passar a mão (*über* por)

Streichholz *nt* <-es, -hölzer> fósforo *m*

Streichinstument *nt* <-(e)s, -e> instrumento *m* de cordas

Streife [ˈʃtraɪfə] *f* <-n> patrulha *f*; **~ fahren** patrulhar

streifen [ˈʃtraɪfən] **I.** *vt* (*berühren*) roçar, tocar (de leve); **jdn am Arm ~** tocar no braço de alguém; **er streifte das Thema nur** ele só roçou o tema **II.** *vi* vaguear (*durch* por); **durch die Wälder ~** vaguear pelos bosques

Streifen [ˈʃtraɪfən] *m* <-s, -> ① (*aus Papier*) tira *f*, fita *f*; (*aus Stoff*) tira *f*, faixa *f*; **etw in ~ schneiden** cortar a. c. às tiras ② (*Linie*) risca *f*, list(r)a *f*; **ein Pullover mit bunten ~** uma camisola às riscas coloridas ③ (*umg: Film*) filme *m*

Streifenwagen *m* <-s, -> carro *m* de patrulha

Streik [ʃtraɪk] *m* <-(e)s, -s> greve *f*; **in ~ treten** entrar em greve; **zum ~ aufrufen** convocar uma greve

Streikbrecher(in) *m(f)* <-s, - *o* -innen> fura-greves *m,f*

streiken [ˈʃtraɪkən] *vi* estar em greve (*für* por, *gegen* contra), fazer greve (*für* por, *gegen* contra)

Streikposten *m* <-s, -> piquete *m* de grevistas

Streit [ʃtraɪt] *m* <-(e)s, -e> discussão *f*, briga *f*; (*Rechtsstreit*) litígio *m*, contenda *f*; **wir haben ~** nós discutimos; **mit jdm wegen etw ~ bekommen** discutir com alguém por causa de a. c.; **wir trennten uns im ~** nós separámo-nos litigiosamente

streiten [ˈʃtraɪtən] **I.** *vi* (*zanken*) brigar (*um* por); (*mit Worten*) discutir (*über* por causa de); **darüber lässt sich ~** isso é discutível **II.** *vr* **sich ~** discutir (*mit* com, *wegen* por causa de)

Streitfrage *f* <-n> questão *f*, controvérsia *f*

Streitigkeit *f* <-en> desavença *f*, disputa *f*; (*unwichtig*) questiúncula *f*

Streitkräfte *pl* forças *fpl* armadas

streitsüchtig *adj* brigão

streng [ʃtrɛŋ] *adj* ① (*Strafe, Maßnahme, Erziehung*) rígido; (*Vorschrift*) rigoroso; (*Lehrer*) severo, austero; (*Überwachung*) apertado, rigoroso; **~ zu jdm sein** ser severo (para) com alguém ② (*Ordnung, Diskretion, Sitte*) rigoroso; **~ genommen** em rigor; **das ist ~ verboten!** isso é estritamente proibido! ③ (*Geschmack*) puxado; (*Geruch*) acerbo ④ (*Winter*) rigoroso; (*Kälte*) intenso, cortante

strenggenommen *adv s.* **streng 2**

strenggläubig *adj* ortodoxo

strengstens *adv* rigorosamente; **ich habe es ihr ~ verboten** eu proibi-lhe isso terminantemente; **wir mussten uns ~ an seine Anweisungen halten** nós tivemos de seguir as suas instruções à risca

Stress^RR [ʃtrɛs] *m* <-es> *kein pl*, **Streß**^ALT *m* <-sses> *kein pl* stress *m*, estresse *m*; **im ~ sein** estar em stress, estar em estresse

stressen [ˈʃtrɛsən] *vt* cansar, estafar; **die Arbeit stresst mich** o trabalho cansa-me

stressfrei^RR *adj* sem stress, sem estresse

stressgeplagt^RR *adj* assoberbado de trabalho

stressig *adj* estafante, stressante, estressante

streuen [ˈʃtrɔɪən] *vt* espalhar (*auf* em), polvilhar (*auf* em)

strich [ʃtrɪç] *imp von* **streichen**

Strich [ʃtrɪç] *m* <-(e)s, -e> ① (*Linie*) risco *m*, linha *f*, traço *m*; (*mit Pinsel*) pincelada *f*; **einen ~ ziehen** traçar uma linha, fazer um risco [*o* um traço]; (*umg*); **jdm einen ~ durch die Rechnung machen** estragar os planos a alguém ② *kein pl* (*von Haar, Fell*)

S

risca *f;* **gegen den ~** a contrapelo, ao arrepio; (*umg*); **jdm gegen den ~ gehen** ir contra os princípios de alguém ❸ (*umg: Prostitution*) vida *f;* **auf den ~ gehen** andar na vida

Strichcode *m* <-s, -s> código *m* de barras

Strichjunge *m* <-n, -n> (*umg*) prostituto *m*

Strichpunkt *m* <-(e)s, -e> ponto *m* e vírgula

Strick [ʃtrɪk] *m* <-(e)s, -e> cordel *m,* cordão *m;* **wenn alle ~e reißen** na pior das hipóteses, se acontecer o pior

stricken ['ʃtrɪkən] **I.** *vt* tricotar **II.** *vi* fazer malha, fazer tricô

Strickjacke *f* <-n> casaco *m* de malha

Strickleiter *f* <-n> escada *f* de cordas

Stricknadel *f* <-n> agulha *f* de tricô

Strickwaren *pl* malhas *fpl*

strikt [ʃtrɪkt] **I.** *adj* rigoroso, estrito **II.** *adv* à risca, estritamente; **eine Regel ~ befolgen** seguir uma regra à risca

Striptease *m* <-> *kein pl* strip-tease *m*

stritt [ʃtrɪt] *imp von* **streiten**

strittig ['ʃtrɪtɪç] *adj* discutível

Stroh [ʃtro:] *nt* <-s> *kein pl* palha *f*

Strohblume *f* <-n> perpétua *f*

Strohdach *nt* <-(e)s, -dächer> telhado *m* de colmo, telhado *m* de palha

Strohhalm *m* <-(e)s, -e> ❶ (*Halm*) palha *f,* palinha *f,* cálamo *m* ❷ (*zum Trinken*) palha *f,* palhinha *f*

Strohmann *m* <-(e)s, -männer> testa-de--ferro *m*

Strohwitwer, Strohwitwe *m, f* <-s, - *o* -n> viúvo *m* de mulher viva, viúva *f* de marido vivo

Strom [ʃtro:m] *m* <-(e)s, Ströme> ❶ (ELEKTR) corrente *f* ❷ (*Fluss*) grande rio *m;* **es gießt in Strömen** chove a cântaros, chove torrencialmente; **gegen den ~ schwimmen** remar contra a maré ❸ (*Menschen*) torrente *f,* mar *m* de gente

stromabwärts *adv* rio abaixo

stromaufwärts *adv* rio acima

Stromausfall *m* <-(e)s, -fälle> falha *f* de corrente, falha *f* de energia

strömen *vi* ❶ (*Flüssigkeit*) correr; **das Wasser strömt ins Becken** a água corre para a bacia; **bei ~dem Regen** com chuva torrencial ❷ (*Menschen*) afluir; **die Kunden ~ in die Geschäfte** os clientes afluem às lojas

Strommast *m* (ELEK) poste *m* de electricidade, mastro *m*

Stromschnelle *f* <-n> cascata *f,* cachoeira *f*

Stromspannung *f* <-en> voltagem *f*

Strömung *f* <-en> corrente *f,* correnteza *f*

Stromversorgung *f kein pl* abastecimento *m* de energia

Strophe ['ʃtro:fə] *f* <-n> estrofe *f*

strotzen ['ʃtrɔtsən] *vi* estar cheio (*vor/von* de); (*vor Freude*) transbordar (*vor/von* de); **vor Gesundheit ~** respirar saúde, vender saúde; **der Satz strotzt vor Fehlern** a frase está cheia de erros

Strudel ['ʃtru:dəl] *m* <-s, -> ❶ (*im Wasser*) redemoinho *m,* turbilhão *m* ❷ (*Speise*) torta *f,* rolo *m*

Struktur [ʃtrʊk'tu:ɐ] *f* <-en> estrutura *f*

strukturell [ʃtrʊktu'rɛl] *adj* estrutural

Strukturkrise *f* <-n> crise *f* estrutural

Strumpf [ʃtrʊmpf] *m* <-(e)s, Strümpfe> meia *f,* peúga *f*

Strumpfhose *f* <-n> meia-calça *f,* collant *m*

Strunk *m* <-(e)s, Strünke> ❶ (*von Gemüse*) troço *m* ❷ (*von Baum*) cepo *m,* toco *m*

struppig ['ʃtrʊpɪç] *adj* esguedelhado, desgrenhado; (*Bart*) emaranhado

Stube ['ʃtu:bə] *f* <-n> quarto *m,* sala *f*

Stubenhocker(in) *m(f)* <-s, - *o* -innen> **ein ~/eine ~in sein** ser muito caseiro/caseira

stubenrein *adj* limpo, treinado

Stuck [ʃtʊk] *m* <-(e)s> *kein pl* estuque *m*

Stück *nt* <-(e)s, -e> ❶ (*Teil*) bocado *m,* pedaço *m;* **ein ~ Kuchen** uma fatia de bolo; **etw in ~e schlagen** despedaçar a. c.; **hast du ein ~ Papier?** tens uma folha (de papel)?; **ich begleite dich noch ein ~** eu acompanho-te mais um bocado; **aus freien ~en** de livre vontade; (*umg*); **das ist ein starkes ~!** é incrível! ❷ (*Exemplar*) exemplar *m;* **das ist ein seltenes ~** isso é um exemplar raro ❸ (*Theaterstück*) peça *f;* (*Musikstück*) música *f;* **das ~ ist von den Beatles** isto é uma música dos Beatles

Stücklohn *m* <-(e)s, -löhne> remuneração *f* à peça

stückweise *adv* aos poucos, aos bocados

Student(in) [ʃtu'dɛnt] *m(f)* <-en, -en *o* -innen> estudante *m,f* (de universidade)

Studentenausweis *m* <-es, -e> cartão *m* de estudante, carteira *f* de estudante

Studentenvertretung *f* <-en> associação *f* de estudantes

Studentenwohnheim *nt* <-(e)s, -e> residência *f* universitária, república *f* de estudantes

Studie ['ʃtu:diə] *f* <-n> ❶ (*Entwurf*) exercício *m* ❷ (*Untersuchung*) estudo *m*, investigação *f*
Studienanfänger(in) *m(f)* <-s, - *o* -innen> caloiro, caloira *m, f*
Studienaufenthalt *m* <-(e)s, -e> estad(i)a *f* para fins de estudo
Studienberatung *f* <-en> orientação *f* académica
Studienfach *nt* <-(e)s, -fächer> disciplina *f* de estudos
Studiengebühren *pl* propinas *fpl*
Studienjahr *nt* <-(e)s, -e> ano *m* le(c)tivo
studieren* **I.** *vt* estudar; **Jura ~** estudar Direito; **was studierst du?** o que é que estás a estudar? **II.** *vi* estudar; **sie studiert in Wien** ela estuda em Viena
Studierende(r) *m/f* <-n, -n *o* -n> estudante *m,f* (em universidade)
Studio ['ʃtu:dio] *nt* <-s, -s> estúdio *m*
Studium ['ʃtu:diʊm] *nt* <-s> *kein pl* curso *m* (universitário), estudos *mpl;* **das ~ der Biologie** o curso de Biologia; **hast du das ~ abgeschlossen?** já acabaste o curso?, já acabaste os estudos?
Stufe ['ʃtu:fə] *f* <-n> ❶ (*der Treppen*) degrau *m* ❷ (*einer Entwicklung*) grau *m*, nível *m*
stufenweise *adv* gradualmente, pouco a pouco
Stuhl [ʃtu:l] *m* <-(e)s, Stühle> cadeira *f;* **elektrischer ~** cadeira *f* elé(c)trica; **jdm einen ~ anbieten** oferecer uma cadeira a alguém; **zwischen zwei Stühlen sitzen** estar num dilema
Stuhlgang *m* <-(e)s> *kein pl* evacuação *f*
stumm [ʃtʊm] *adj* ❶ (*sprechunfähig*) mudo ❷ (*schweigsam*) calado, silencioso
Stummel ['ʃtʊməl] *m* <-s, -> (*von Bleistift, Kerze*) coto *m;* (*von Zigarette*) ponta *f*, beata *f*
Stummfilm *m* <-(e)s, -e> filme *m* mudo
Stümper(in) *m(f)* <-s, - *o* -innen> sucateiro, sucateira *m, f*, remendão, remendona *m, f*
stumpf [ʃtʊmpf] *adj* ❶ (*Messer*) rombo; (*Nadel*) embotado ❷ (*glanzlos*) baço ❸ (*teilnahmslos*) apático; **ein ~er Blick** um olhar apático ❹ (MATH) **~er Winkel** ângulo *m* obtuso
Stumpf [ʃtʊmpf] *m* <-(e)s, Stümpfe> (*Baumstumpf*) toco *m*, toro *m*, cepo *m;* (*Kerzenstumpf*) coto *m;* (*von Gliedmaßen*) coto *m*
Stumpfsinn *m* <-(e)s> *kein pl* ❶ (*Teilnahmslosigkeit*) apatia *f* ❷ (*Monotonie*) monotonia *f*
stumpfsinnig *adj* ❶ (*teilnahmslos*) apático ❷ (*monoton*) monótono
Stunde ['ʃtʊndə] *f* <-n> hora *f;* (*Unterrichtsstunde*) aula *f;* **er kommt in einer ~** ele vem dentro de uma hora; **vor einer halben ~** há meia hora; **alle zwei ~n** de duas em duas horas; **er nimmt 20 EUR pro ~** ele leva 20 euros por hora; **zu später ~** tarde
Stundengeschwindigkeit *f* <-en> velocidade *f* horária
Stundenkilometer *m* <-s, -> quilómetro *m* por hora, quilómetro *m* horário; **der Zug fährt mit 200 ~n** o comboio vai a 200 quilómetros por hora, o trem vai a 200 quilómetros horários
stundenlang **I.** *adj* de horas; **~e Wartezeiten** espera de horas *f* **II.** *adv* durante horas, horas a fio
Stundenlohn *m* <-(e)s, -löhne> salário por hora *m;* **der ~ beträgt 20 EUR** o salário é de 20 euros por hora
Stundenplan *m* <-(e)s, -pläne> horário *m*
stündlich **I.** *adj* de uma hora **II.** *adv* ❶ (*jede Stunde*) de hora a hora; **der Zug fährt ~** o comboio parte de hora a hora ❷ (*demnächst*) a qualquer momento; **der Vulkan kann ~ ausbrechen** o vulcão pode entrar em erupção a qualquer momento
Stupsnase *f* <-n> nariz *m* arrebitado
stur [ʃtu:ɐ] *adj* casmurro, teimoso
Sturm [ʃtʊrm] *m* <-(e)s, Stürme> ❶ (*Wind*) vendaval *m*, tempestade *f*, temporal *m;* **ein ~ der Begeisterung** um clamor de entusiasmo ❷ (*Angriff*) assalto *m;* **gegen etw ~ laufen** protestar contra a. c. ❸ (LIT) **~ und Drang** *período literário alemão de 1767 a 1785*
stürmen **I.** *vt* assaltar, tomar de assalto **II.** *vi* ❶ (*rennen*) correr disparado ❷ (SPORT) passar ao ataque ❸ (METEO) haver tempestade; **es stürmt** há tempestade
Stürmer(in) *m(f)* <-s, - *o* -innen> (SPORT) avançado, avançada *m, f*
Sturmflut *f* <-en> grande cheia *f*
stürmisch *adj* ❶ (*Wetter*) tempestuoso; (*Meer*) encapelado ❷ (*ungestüm, heftig*) impetuoso, impulsivo; (*Empfang, Beifall*) entusiástico
Sturmwarnung *f* <-en> aviso *m* de tempes-

S

tade

Sturz [ʃtʊrts] *m* <-es, Stürze> ❶ (*Fall*) queda *f* (*aus/von* de), trambolhão *m* (*aus/von* de) ❷ (*Rückgang*) queda *f*, baixa *f* repentina ❸ (*einer Regierung*) queda *f*

stürzen **I.** *vt* (*hinunterstürzen*) deitar abaixo; (*von Felsen*) atirar; (*umstürzen*) derrubar, virar; (*Regierung*) derrubar; (*Kuchen, Pudding*) virar; (*Paket*); **nicht ~!** não virar! **II.** *vi* (*fallen*) cair, dar um trambolhão; (*Temperatur, Währung*) cair; **vom Fahrrad ~** cair da bicicleta; (*in die Tiefe*) despenhar-se, precipitar-se; (*rennen*) largar a correr; **aus dem Haus ~** sair disparado de casa; **er kam ins Zimmer gestürzt** ele irrompeu no quarto, ele entrou de rompante no quarto **III.** *vr* **sich ~** atirar-se, precipitar-se; **sich aus dem Fenster ~** atirar-se da janela; **sich auf jdn ~** atirar-se para cima de alguém; **sich in die Arbeit ~** mergulhar no trabalho; **sich in Unkosten ~** meter-se em despesas

Sturzflug *m* <-(e)s, -flüge> voo *m* picado; **im ~** a pique

Sturzhelm *m* <-(e)s, -e> capacete *m*

Stute *f* <-n> égua *f*

Stutz *m* <-es, -> (*umg schweiz*) franco *m* suíço

Stütze *f* <-n> ❶ (*Pfosten, Säule*) suporte *m*, esteio *m*, estaca *f* ❷ (*Hilfe, Beistand*) apoio *m*, esteio *m*

stutzen [ˈʃtʊtsən] **I.** *vt* (*Baum*) podar; (*Flügel, Schwanz*) cortar **II.** *vi* ficar perplexo

stützen **I.** *vt* (*Person*) amparar, apoiar; (*Mauer*) suster, amparar; (*Ellbogen*) apoiar (*auf* em); (*Argument*) corroborar; (*Währung*) segurar; **den Kopf in die Hände ~** apoiar a cabeça nas mãos; **die Äste der Bäume ~** escorar os ramos das árvores **II.** *vr* **sich ~** ❶ (*sich aufstützen*) apoiar-se; **sich auf das Geländer ~** apoiar-se no corrimão ❷ (*beruhen*) basear-se (*auf* em)

stutzig *adj* **~ werden** ficar perplexo; **jdn ~ machen** deixar alguém perplexo

Stützpunkt *m* <-(e)s, -e> (MIL) base *f*

Styropor® *nt* <-s> *kein pl* esferovite *m*, poliestireno *m*, isopor® *m*

s. u. *abk v* **siehe unten** ver em baixo

Subjekt [zʊpˈjɛkt] *nt* <-(e)s, -e> (LING) sujeito *m*

subjektiv [zʊpjɛkˈtiːf] *adj* subje(c)tivo

Subkultur *f* <-en> cultura *f* minoritária

Substantiv [ˈzʊpstantiːf] *nt* <-s, -e> substantivo *m*

Substanz [zʊpˈstants] *f* <-en> substância *f*

subtil [zʊpˈtiːl] *adj* su(b)til

subtrahieren* *vt* (MATH) subtrair (*von* de)

Subtraktion [zʊptrakˈtsjoːn] *f* <-en> (MATH) subtra(c)ção *f*

Subvention [zʊpvɛnˈtsjoːn] *f* <-en> subvenção *f*, subsídio *m*

subventionieren* *vt* subvencionar, subsidiar

subversiv [zʊpvɛrˈziːf] *adj* subversivo

Suche [ˈzuːxə] *f* <-n> procura *f* (*nach* de), busca *f* (*nach* de); **auf der ~ nach etw sein** estar à procura de a. c.

suchen [ˈzuːxən] *vi* procurar; **nach jdm/etw ~** procurar alguém/a. c., andar à procura de alguém/a.c .; **was hast du hier zu ~?** o que fazes aqui?

Sucher *m* <-s, -> (FOTO) visor *m*

Suchmaschine *f* <-, -n> (INFOR) motor *m* de busca

Sucht [zʊxt] *f* <-en> ❶ (*Abhängigkeit*) vício *m* ❷ (*Verlangen*) mania *f*

süchtig *adj* ❶ (*alkoholsüchtig, tablettensüchtig*) viciado; (*drogensüchtig*) drogado; **Heroin macht ~** a heroína vicia ❷ (*begierig*) maníaco (*nach* por)

Süchtige(r) *m/f* <-n, -n *o* -n> viciado, viciada *m, f*

Südafrika *nt* <-s> *kein pl* África *f* do Sul

Südamerika *nt* <-s> *kein pl* América *f* do Sul

Sudan *m* <-s> *kein pl* Sudão *m*

süddeutsch *adj* do sul da Alemanha

Süddeutschland *nt* <-s> *kein pl* sul da Alemanha *m*

Sudel *m* <-s, -> (*schweiz*) rascunho *m*

Süden *m* <-s> *kein pl* sul *m*; **Portugal liegt im ~ Europas** Portugal fica no sul da Europa; **nach ~** para o sul

Südeuropa *nt* <-s> *kein pl* Europa *f* meridional, sul *m* da Europa

Südeuropäer(in) *m(f)* <-s, - *o* -innen> habitante *m,f* do sul da Europa

Südfrucht *f* <-früchte> fruta *f* meridional

südlich *adj* meridional; **~ von** +*dat* a(o) sul de

Südosten *m* <-s> *kein pl* sueste *m*, sudeste *m*

Südpol *m* <-(e)s> *kein pl* Pólo *m* Sul

Südsee *f kein pl* mar *m* do Sul

Südtirol *nt* <-s> *kein pl* Tirol *m* do Sul

Südwesten *m* <-s> *kein pl* sudoeste *m*

süffig *adj* (*Wein*) apaladado
Suffix *nt* <-es, -e> (LING) sufixo *m*
Suite *f* <-n> (*im Hotel*) suite *f*
Sukkurs *m* <-es> *kein pl* (*schweiz*) apoio *m*
Sultan(in) *m(f)* <-s, -e *o* -innen> sultão, sultana *m, f*
Sultanine *f* <-n> passa *f* branca
Sülze *f* <-n> geleia *f* de carne
summarisch *adj* sumário, breve
Summe ['zʊmə] *f* <-n> ❶ (MATH) soma *f* ❷ (*Betrag*) quantia *f*, montante *m*; **eine ~ von 400 €** um montante de 400 €
summen ['zʊmən] *vi* (*Insekt*) zumbir, zunir
summieren* *vt* somar
Sumpf [zʊmpf] *m* <-(e)s, Sümpfe> pântano *m*, lodaçal *m*
sumpfig *adj* pantanoso
Sünde *f* <-n> pecado *m*; **eine ~ begehen** cometer um pecado
Sündenbock *m* <-(e)s, -böcke> (*umg*) bode *m* expiatório
Sünder(in) *m(f)* <-s, - *o* -innen> pecador, pecadora *m, f*
sündigen *vi* pecar
Sunnit(in) *m(f)* <-en, -en *o* -innen> sunita *m,f*
super ['zu:pɐ] *adj* (*umg*) ó(p)timo, fantástico; **dort ist ein ~ Strand** ali está uma praia ó(p)tima
Super *nt* <-> *kein pl* (*umg*) gasolina *f* super
Superlativ ['zu:pɐlati:f] *m* <-s, -e> superlativo *m*
Supermarkt *m* <-(e)s, -märkte> supermercado *m*; (*groß*) hipermercado *m*
Suppe ['zʊpə] *f* <-n> sopa *f*
Sure *f* <-n> (REL) sura *f*
Surfbrett ['sœ:f-] *nt* <-(e)s, -er> prancha *f* de surf
surfen ['sœ:fən] *vi* (SPORT) surfar; **im Internet ~** navegar na Internet
Surfen *nt* <-s> *kein pl* surf *m*
Surfer(in) ['sœ:fɐ] *m(f)* <-s, - *o* -innen> surfista *m,f*
surren ['zʊrən] *vi* zumbir, zunir
Sushi <-s, -s> *nt* (KOCHK) sushi *m*
suspekt [zʊs'pɛkt] *adj* suspeito
suspendieren* *vt* suspender (*von* de)
süß *adj* ❶ (*Geschmack*) doce; (*gezuckert*) açucarado ❷ (*reizend*) querido, amoroso, gracioso
Süßigkeit *f* <-en> doce *m*, lambarice *f*, gulodice *f*
süßlich *adj* adocicado
süßsauer *adj* agridoce
Süßspeise *f* <-n> doce *m*
Süßstoff *m* <-(e)s, -e> adoçante *m*
Süßwasser *nt* <-s, -> água *f* doce
Sweatshirt ['swɛtʃœ:t] *nt* <-s, -s> camisola *f* de algodão, suéter *m*
Symbiose *f* <-n> (BIOL) simbiose *f*
Symbol [zʏm'bo:l] *nt* <-s, -e> símbolo *m* (*für* de)
symbolisch *adj* simbólico
symbolisieren* *vt* simbolizar
Symmetrie [zʏme'tri:] *f* <-n> simetria *f*
symmetrisch [zʏ'me:trɪʃ] *adj* simétrico
Sympathie [zʏmpa'ti:] *f* <-n> simpatia (*für* por)
sympathisch [zʏm'pa:tɪʃ] *adj* simpático; **er ist mir sehr ~** eu acho-o muito simpático
sympathisieren* *vi* simpatizar (*mit* com)
Symptom [zʏmp'to:m] *nt* <-s, -e> sintoma *m*
Synagoge [zyna'go:gə] *f* <-n> sinagoga *f*
synchron [zʏn'kro:n] *adj* sincronizado
synchronisieren* *vt* (*Film*) dobrar, dublar
Syndrom [zʏn'dro:m] *nt* <-s, -e> síndrome *f*, síndroma *m*
synonym [zyno'ny:m] *adj* sinónimo
Synonym [zyno'ny:m] *nt* <-s, -e> sinónimo *m*
Syntax ['zʏntaks] *f* *kein pl* (LING) sintaxe *f*
Synthese [zʏn'te:zə] *f* <-n> síntese *f*
Synthesizer ['sʏntəsaɪzɐ] *m* <-s, -> sintetizador *m*
synthetisch [zʏn'te:tɪʃ] *adj* sintético
Syphilis ['zy:filɪs] *f* *kein pl* sífilis *f*
Syrien *nt* <-s> *kein pl* Síria *f*
System [zʏs'te:m] *nt* <-s, -e> sistema *m*
Systematik *f* <-en> (*Ordnung*) método *m*
systematisch [zʏste'ma:tɪʃ] *adj* sistemático, metódico
systematisieren* *vt* sistematizar
Systemsoftware *f* *kein pl* (INFOR) software de sistemas *m*
Szene ['stse:nə] *f* <-n> cena *f*; **ein Stück in ~ setzen** pôr uma peça em cena; **jdm eine ~ machen** fazer acusações a alguém

S

Tt

T *nt* T, t *m*
Tabak ['tabak] *m* <-s, -e> tabaco *m;* (*brasil*) fumo *m*
tabellarisch [tabɛ'la:rɪʃ] *adj* tabelar
Tabelle [ta'bɛlə] *f* <-n> tabela *f,* quadro *m*
Tablar *nt* <-s, -e> (*schweiz*) prateleira *f*
Tablett [ta'blɛt] *nt* <-(e)s, -s> tabuleiro *m,* bandeja *f*
Tablette [ta'blɛtə] *f* <-n> comprimido *m,* pastilha *f*
Tablettensucht *f kein pl* dependência *f* de medicamentos
Tabu [ta'bu:] *nt* <-s, -s> tabu *m;* **ein ~ brechen** quebrar um tabu
Tabulator [tabu'la:to:ɐ] *m* <-s, -en> tabulador *m*
Tachometer [taxo'me:tɐ] *m* <-s, -> velocímetro *m,* tacómetro *m*
Tadel ['ta:dəl] *m* <-s, -> (*Rüge*) repreensão *f;* (*Kritik*) censura *f,* crítica *f*
tadellos *adj* (*Benehmen*) irrepreensível; (*Aussehen*) impecável, perfeito
tadeln ['ta:dəln] *vt* (*rügen*) repreender (*für* por); (*kritisieren*) censurar (*für* por), criticar (*für* por); **jds Verhalten ~** censurar o comportamento de alguém
Tadschikistan [ta'dʒi:kista(:)n] *nt* <-s> *kein pl* Tajiquistão *m*
Tafel ['ta:fəl] *f* <-n> ❶ (*Wandtafel*) quadro *m;* (*Anschlagtafel, Gedenktafel*) placa *f;* **etw an die ~ schreiben** escrever a. c. no quadro ❷ (*Schalttafel*) painel *m* ❸ (*Schokoladentafel*) tablete *f* ❹ (*Tabelle*) tabela *f,* quadro *m* ❺ (*geh: Esstisch*) mesa *f*
Tafelwein *m* <-(e)s, -e> vinho *m* de mesa
Tag [ta:k] *m* <-(e)s, -e> ❶ (*Zeitraum*) dia *m;* **bei/am ~** de dia; **am helllichten ~** em pleno dia; **eines ~es** um dia, uma vez; **am ~ danach/davor** no dia seguinte/anterior; **welcher ~ ist heute?** que dia é hoje?; **~ für ~** dia a dia; **jeden dritten ~** de três em três dias; **vier ~e lang** durante quatro dias; **heute in acht ~en** de hoje a oito dias; (*morgens*); **guten ~!** bom dia!; (*nachmittags*) boa tarde!; **es wird ~** está a amanhecer, está a ficar de dia; **etw an den ~ bringen** trazer a. c. a lume; **in den ~ hinein leben** viver o presente; **man soll den ~ nicht vor dem Abend loben** não lances foguetes antes da festa ❷ (*Bergbau*) **über/unter ~e** à superfície/debaixo da terra

A 3 de Outubro de 1990 a RDA torna-se parte da República Federal Alemã. No dia 12 de Setembro o «Vertrag über die abschließende Regelung in Bezug auf Deutschland» (acordo sobre a regulamentação final em relação à Alemanha) fora já assinado em Moscovo pelos quatro países vencedores da Segunda Guerra Mundial e pela República Federal Alemã, assim como pelo ministro representante da RDA. Desde então o dia 3 de Outubro é festejado como o **Tag der deutschen Einheit** (Dia da Unidade Alemã).

tagaus [-'-] *adv* **~ tagein** dia a dia, todos os dias
Tage *pl* (*umg: Menstruation*) período *m;* **sie hat ihre ~** ela está com o período
Tagebuch *nt* <-(e)s, -bücher> diário *m*
tagein *adv s.* **tagaus**
tagelang **I.** *adj* de muitos dias **II.** *adv* dias a fio, por muitos dias
Tagelöhner(in) *m(f)* <-s, - *o* -innen> jornaleiro, jornaleira *m, f*
tagen ['ta:gən] *vi* reunir-se, estar reunido; **der Ausschuss tagt montags** a comissão reúne-se à segunda-feira; **das Parlament tagt schon** o parlamento já está reunido
Tagesanbruch *m* <-(e)s> *kein pl* alvorada *f,* madrugada *f,* romper *m* do dia; **bei ~** ao romper do dia
Tageslicht *nt* <-(e)s> *kein pl* luz *f* do dia
Tageslichtprojektor *m* <-s, -en> retroproje(c)tor *m*
Tagesmutter *f* <-mütter> ama *f*
Tagesordnung *f* <-en> ordem do dia *f;* **zur ~ übergehen** passar à ordem do dia
Tagesschau *f* <-en> telejornal *m*
Tageszeit *f* <-en> hora *f* do dia; **zu jeder ~** a qualquer hora do dia
Tageszeitung *f* <-en> jornal *m* diário
täglich **I.** *adj* diário **II.** *adv* diariamente, todos os dias; **zweimal ~** duas vezes por dia
Tagliste *f* <-n> (*schweiz*) *s.* **Tagesordnung**
tagsüber *adv* durante o dia
Tagung ['ta:gʊŋ] *f* <-en> congresso *m*
Taifun *m* <-s, -e> tufão *m*

Taille ['taljə] *f* <-n> cintura *f,* cinta *f*
tailliert *adj* cintado
Taiwan *nt* <-s> *kein pl* Taiwan *m*
Takt [takt] *m* <-(e)s, -e> ❶ *kein pl* (MUS: *Rhythmus*) compasso *m;* **im 3/4 ~** compasso a três tempos; **den ~ schlagen** marcar o compasso; **im ~ bleiben** seguir o compasso; **jdn aus dem ~ bringen** desconcertar alguém; **den ~ nicht halten** ir fora do compasso ❷ (MUS: *Takteinheit*) tempo *m;* **spielen Sie bitte die ersten ~e** toque os primeiros tempos por favor ❸ *kein pl* (*Taktgefühl*) ta(c)to *m*
Taktik ['taktɪk] *f* <-en> tá(c)tica *f*
taktisch *adj* tá(c)tico
taktlos *adj* (*Mensch*) sem ta(c)to, inconveniente; (*Bemerkung*) inconveniente, indelicado
Taktlosigkeit *f* <-en> falta *f* de ta(c)to
taktvoll *adj* (*Mensch*) com ta(c)to, bem-educado; (*Bemerkung*) cuidadoso
Tal [ta:l] *nt* <-(e)s, Täler> vale *m*
Talent [ta'lɛnt] *nt* <-(e)s, -e> talento (*zu* para); **viel ~ zu etw haben** ter muito talento para a. c.
talentiert [talɛn'ti:ɐt] *adj* talentoso
Talg [talk] *m* <-(e)s, -e> sebo *m*
Talisman ['ta:lɪsman] *m* <-s, -e> talismã *m*
TalkshowRR ['tɔ:kʃɔʊ] *f* <-s> talkshow *m*
Talschaft *f* <-en> (*schweiz*) habitantes *mpl* do vale
Talsperre *f* <-n> represa *f*
Tamburin *nt* <-s, -e> tamborim *m,* pandeireta *f*
Tampon ['tampɔn] *m* <-s, -s> tampão *m*
Tandem ['tandɛm] *nt* <-s, -s> tandem *m*
Tang [taŋ] *m* <-(e)s, -e> sargaço *m,* alga *f*
Tangente [taŋ'gɛntə] *f* <-n> (MATH) tangente *f*
Tank [taŋk] *m* <-s, -s> tanque *m,* depósito *m*
tanken *vi* meter gasolina; **voll~** atestar (o depósito); **wo kann man hier ~?** onde é que se pode meter gasolina aqui?; **ich tanke bleifrei** eu meto gasolina sem chumbo; **20 Liter ~** meter 20 litros de gasolina
Tanker *m* <-s, -> petroleiro *m,* navio-cisterna *m*
Tankstelle *f* <-n> estação *f* de serviço, bomba *f* de gasolina, posto *m* de gasolina
Tankwagen *m* <-s, -> camião-cisterna *m*
Tankwart ['-vart] *m* <-(e)s, -e> empregado, -a *m, f* da estação de serviço
Tanne ['tanə] *f* <-n> pinheiro *m,* abeto *m*
Tannenbaum *m* <-(e)s, -bäume> ❶ (*Tanne*) pinheiro *m* ❷ (*umg: Weihnachtsbaum*) pinheiro *m* (de Natal), árvore *f* de Natal
Tannennadel *f* <-n> agulha *f* de pinheiro, agulha *f* de abeto
Tannenzapfen *m* <-s, -> pinha *f*
Tante ['tantə] *f* <-n> tia *f*
Tanz [tants] *m* <-es, Tänze> dança *f*
tanzen **I.** *vt* dançar; **kannst du Tango ~?** sabes dançar o tango? **II.** *vi* dançar, bailar; **~ gehen** ir dançar
Tänzer(in) *m(f)* <-s, - *o* -innen> dançarino, dançarina *m, f;* (*professionell*) bailarino, bailarina *m, f,* dançarino, dançarina *m, f*
Tanzmusik *f* <-en> música *f* de dança
Tanzschule *f* <-n> escola *f* de dança
Tapete [ta'pe:tə] *f* <-n> papel *m* de parede
tapezieren* *vt* (*Wand*) forrar; (*Zimmer*) revestir de papel
tapfer ['tapfɐ] *adj* valente, corajoso
Tapferkeit *f kein pl* valentia *f,* coragem *f*
Tarif [ta'ri:f] *m* <-s, -e> tarifa *f*
Tariflohn *m* <-(e)s, -löhne> salário *m* contratual
tarnen ['tarnən] *vt* camuflar
Tarnung *f* <-en> camuflagem *f*
Tasche ['taʃə] *f* <-n> ❶ (*an Kleidung*) bolso *m;* **etw aus der eigenen ~ bezahlen** pagar a. c. do seu próprio bolso; (*umg*); **jdm auf der ~ liegen** viver às custas de alguém ❷ (*Reisetasche*) saco *m;* (*Aktentasche, Schultasche*) pasta *f;* (*Handtasche*) carteira *f,* bolsa *f;* (*Einkaufstasche*) saca *f*
Taschenbuch *nt* <-(e)s, -bücher> livro *m* de bolso
Taschendieb(in) *m(f)* <-(e)s, -e *o* -innen> carteirista *m,f;* **vor ~en wird gewarnt!** cuidado com os carteiristas!
Taschengeld *nt* <-(e)s, -er> (*wöchentlich*) semanada *f;* (*monatlich*) mesada *f*
Taschenlampe *f* <-n> pilha *f* elé(c)trica
Taschenmesser *nt* <-s, -> canivete *m,* navalha *f*
Taschenrechner *m* <-s, -> calculadora *f* de bolso
Taschentuch *nt* <-(e)s, -tücher> lenço *m* (da mão)
Tasse ['tasə] *f* <-n> chávena *f,* xícara *f;* **eine ~ Kaffee/Tee** uma chávena de café/chá, uma xícara de café/chá; (*umg*); **er hat nicht**

alle ~n im Schrank ele não regula bem

Tastatur [tasta'tu:ɐ] *f* <-en> teclado *m*

Taste ['tastə] *f* <-n> tecla *f;* **eine ~ drücken** carregar numa tecla, premir uma tecla

tasten ['tastən] *vi* apalpar, ta(c)tear, andar às apalpadelas; **sie tastete nach dem Lichtschalter** ela procurou o interruptor às apalpadelas

Tastentelefon *nt* <-s, -e> telefone *m* digital

Tastsinn *m* <-(e)s> *kein pl* ta(c)to *m*

tat [ta:t] *imp von* **tun**

Tat [ta:t] *f* <-en> ① (*Handlung*) a(c)to *m,* a(c)ção *f;* **etw in die ~ umsetzen** pôr a. c. em prática; **in der ~!** de fa(c)to! ② (*Straftat*) delito *m,* crime *m;* **jdn auf frischer ~ ertappen** apanhar alguém em flagrante (delito)

Tatbestand *m* <-(e)s, -stände> (JUR) fa(c)tos *mpl*

tatenlos *adj* ina(c)tivo

Täter(in) *m(f)* <-s, - *o* -innen> autor, autora *m, f*

Täterschaft *f* <-en> (*schweiz*) autores *mpl* do crime

tätig *adj* a(c)tivo; **in einer/für eine Firma ~ sein** trabalhar numa/para uma empresa; **als Lehrerin ~ sein** trabalhar como professora; **in einer Sache ~ werden** resolver-se a fazer a. c.

Tätigkeit *f* <-en> a(c)tividade *f*

tatkräftig *adj* efe(c)tivo

tätlich *adj* violento; **~ werden** passar a vias de facto

Tatoo <-s, -s> *nt* tatuagem *f*

Tatort *m* <-(e)s, -e> local *m* do crime

tätowieren* *vt* tatuar

Tätowierung *f* <-en> tatuagem *f*

Tatsache *f* <-n> fa(c)to *m,* realidade *f;* **vor vollendeten ~n stehen** estar perante os fa(c)tos consumados

tatsächlich I. *adj* real, fa(c)tual **II.** *adv* realmente, de fa(c)to; **~?** a sério?

Tatze ['tatsə] *f* <-n> pata *f*

Tau[1] [taʊ] *nt* <-(e)s, -e> (NAUT) cabo *m,* amarra *f*

Tau[2] *m* <-(e)s> *kein pl* orvalho *m*

taub [taʊp] *adj* ① (*Person*) surdo; **sich ~ stellen** fazer ouvidos de mercador ② (*Körperglied*) entorpecido

Taube ['taʊbə] *f* <-n> pombo, pomba *m, f;* (*junge Taube*) borracho *m*

taubstumm ['--] *adj* surdo-mudo

tauchen ['taʊxən] **I.** *vt* molhar (*in* em), embeber (*in* em) **II.** *vi* (*Person*) mergulhar; (*Ente, U-Boot*) submergir; **nach etw ~** mergulhar em busca de a. c.

Taucher(in) *m(f)* <-s, - *o* -innen> mergulhador, mergulhadora *m, f*

Taucheranzug *m* <-(e)s, -züge> fato *m* de mergulho, escafandro *m*

Tauchsieder ['-zi:dɐ] *m* <-s, -> aquecedor *m* de imersão

tauen ['taʊən] *vi* (*Eis, Schnee*) derreter; (*es ist Tauwetter*); **es taut** começou o degelo; (*Tau schlägt sich nieder*) está a orvalhar

Taufe *f* <-n> ① *kein pl* (*Sakrament*) ba(p)tismo *m* ② (*Feier*) ba(p)tizado *m*

taufen ['taʊfən] *vt* ba(p)tizar; **sich ~ lassen** ser ba(p)tizado; **sie tauften ihn auf den Namen Philipp** eles ba(p)tizaram-no de Philipp

Taufpate(in) *m(f)* <-n, -n *o* -innen> padrinho *m,* madrinha *f*

taugen [taʊgən] *vi* servir (*zu* para), prestar (*zu* para), valer; (*Gegenstand*); **etw ~** servir [*o* prestar] para a. c.; (*Gegenstand*); **wenig ~** não servir [*o* prestar] para nada; **der Film/das Auto taugt nichts** o filme/carro não presta (para nada), o filme/carro não vale nada

Taugenichts ['taʊgənɪçts] *m* <-(es), -e> (*abw*) zero *m* à esquerda

tauglich *adj* ① (*brauchbar*) útil; (*geeignet*) apropriado, adequado ② (*wehrdiensttauglich*) apto

taumeln ['taʊməln] *vi* cambalear

Tausch [taʊʃ] *m* <-(e)s> *kein pl* troca *f*

Tauschbörse *f* (INET) área *f* de permuta

tauschen ['taʊʃən] *vt* trocar (*für/gegen* por); **die Plätze ~** trocar de lugar

täuschen I. *vt* iludir, enganar **II.** *vr* **sich ~** iludir-se, enganar-se; **wenn ich mich nicht täusche** se não me engano

täuschend *adj* ilusório, enganador; **eine ~e Ähnlichkeit** uma grande parecença; **sich ~ ähnlich sehen** ser parecidíssimo

Tauschhandel *m* <-s> *kein pl* comércio *m* de troca

Täuschung *f* <-en> ① (*das Täuschen*) engano *m* ② (*Irrtum*) ilusão *f;* **optische ~** ilusão *f* de ó(p)tica

tausend ['taʊzənt] *num kard* mil

Tausend *nt* <-s, -(e)> milhar *m;* **zu ~en** aos milhares; **~e Fans** milhares de fãs; **der Umbau kostet ~e von Euro** a resconstru-

ção custou milhares de euros
Tausendfüßler *m* <-s, -> centopeia *f*
tausendmal *adv* mil vezes, milhares de vezes
tausendste(r, s) *num* milésimo
Tausendstel *nt* <-s, -> milésimo *m*, milésima parte *f*
Tauwetter *nt* <-s> *kein pl* degelo *m*
Taxcard *f* <-s> (*schweiz*) cartão *m* de contribuinte
Taxi ['taksi] *nt* <-s, -s> táxi *m*; **ein ~ rufen** chamar um táxi; **ein ~ nehmen** apanhar um táxi
Taxifahrer(in) *m(f)* <-s, - *o* -innen> taxista *m,f*
Team [tiːm] *nt* <-s, -s> equipa *f*, equipe *f*
Teamarbeit *f kein pl* trabalho *m* de equipa, trabalho *m* de equipe
Technik ['tɛçnɪk] *f* <-en> ① *kein pl* (*Technologie*) técnica *f*; (*Ausrüstung*) equipamento *m*; **wir sind auf dem neuesten Stand der ~** nós estamos a(c)tualizados; **die Firma verfügt über modernste ~** a firma possui o mais moderno equipamento ② (*Arbeitsweise*) técnica *f*
Techniker(in) ['tɛçnikɐ] *m(f)* <-s, - *o* -innen> técnico, técnica *m, f*
technisch *adj* técnico
Techno ['tɛkno] *m* <-(s)> *kein pl* (MUS) techno *m*
Technologie *f* <-n> tecnologia *f*
technologisch *adj* tecnológico
Teddybär *m* <-en, -en> urso *m* de peluche
Tee [teː] *m* <-s, -s> chá *m*; **schwarzer ~** chá preto *m*; **~ kochen** fazer chá
Teebeutel *m* <-s, -> saquinho *m* de chá
Teekanne *f* <-n> bule *m*
Teelöffel *m* <-s, -> colher *f* de chá
Teenager ['tiːnɛɪdʒɐ] *m* <-s, -> adolescente *m,f*
Teer [teːɐ] *m* <-(e)s, -e> alcatrão *m*
Teeservice *nt* <-(s), -> serviço *m* de chá
Teich [taɪç] *m* <-(e)s, -e> lago *m*
Teig [taɪk] *m* <-(e)s, -e> massa *f*
Teil[1] [taɪl] *nt* <-(e)s, -e> (*einzelnes Stück*) peça *f*; (*Ersatzteil*) peça *f* sobresselente; **ein Puzzle mit 500 ~en** um puzzle de 500 peças
Teil[2] *m* <-(e)s, -e> ① (*Stück eines Ganzen*) parte *f*; (*Bestandteil*) componente *m,f*; **weite ~e des Landes** grande parte do país; **im hinteren ~ des Hauses** nas traseiras da casa; **zum ~** em parte ② (*Anteil, Beitrag*) parte *f*; **ich für meinen ~** por minha parte; **seinen ~ zu etw beitragen** contribuir com a sua parte para a. c.; **sie erben zu gleichen ~en** elas herdam em partes iguais
teilbar ['-baːɐ] *adj* divisível, repartível
Teilchen ['taɪlçən] *nt* <-s, -> (PHYS) partícula *f*
teilen I. *vt* ① (*zerteilen*) partir (*in* em), dividir (*in* em) ② (*aufteilen*) partilhar (*mit* com), distribuir (*unter* por); **etw mit jdm ~** repartir a. c. com alguém, partilhar a. c. com alguém; **ich teile Ihre Meinung** eu sou da sua opinião, eu partilho a sua opinião ③ (MATH) dividir (*durch* por) **II.** *vr* **sich ~** ① (*auseinandergehen*) dividir-se ② (*Straße, Fluss*) bifurcar-se
Teilhaber(in) *m(f)* <-s, - *o* -innen> (WIRTSCH) sócio, sócia *m, f*
Teilkaskoversicherung *f* <-en> seguro *m* contra terceiros
Teilnahme ['-naːmə] *f kein pl* participação *f* (*an* em)
Teilnahmebescheinigung *f* <-en> certificado *m* de presença
teilnahmslos ['taɪlnaːmsloːs] *adj* sem interesse, indiferente
teil|nehmen *vi irr* participar (*an* em), tomar parte (*an* em); (*an einem Kurs*) assistir (*an* a)
Teilnehmer(in) *m(f)* <-s, - *o* -innen> participante *m,f*; (*Telefonteilnehmer*) assinante *m,f*
teils [taɪls] *adv* em parte; **das Programm richtet sich ~ an Männer, ~ an Frauen** o programa destina-se em parte a homens, em parte a mulheres
Teilung *f* <-en> divisão *f*; (*Verteilen*) distribuição *f*, partilha *f*
teilweise ['-vaɪzə] *adv* em parte
Teilzeitbeschäftigung *f* <-en> emprego *m* em part-time, emprego *m* a tempo parcial
Teint [tɛ̃ː] *m* <-s, -s> tez *f*
Tel. *abk v* **Telefonnummer** tel. (= *número de telefone*)
Telebanking *nt* <-s> *kein pl* telebanco *m*
Telefax ['teːlefaks] *nt* <-, -(e)> telefax *m*
telefaxen *vt* mandar por telefax
Telefaxgerät *nt* <-(e)s, -e> telefax *m*
Telefon ['teːlefoːn, tele'foːn] *nt* <-(e)s, -e> telefone *m*; **schnurloses ~** telefone *m* sem fio, telefone *m* portátil; **ans ~ gehen** atender o telefone, ir ao telefone; **haben Sie ~?** tem telefone?
Telefonabonnent(in) *m(f)* <-en, -en *o* -innen> (*schweiz*) assinante *m,f* do telefone

TelefonanschlussRR *m* <-es, -schlüsse> ligação *f* telefónica

Telefonat [telefo'na:t] *nt* <-(e)s, -e> telefonema *m;* **ein ~ führen** estar ao telefone

Telefonbuch *nt* <-(e)s, -bücher> lista *f* telefónica

Telefongespräch *nt* <-(e)s, -e> chamada *f* telefónica

telefonieren* *vi* telefonar (*mit* a); **nach Deutschland ~** telefonar para a Alemanha; **kann ich bei Ihnen kurz ~?** posso fazer um telefonema rápido de sua casa?

Ao atender o telefone, na Alemanha, diz-se o apelido. Só no telemóvel é costume dizer «hallo» ou «ja». Para despedir-se depois de terminar o telefonema diz-se «Auf Wiederhören».

telefonisch [tele'fo:nɪʃ] **I.** *adj* telefónico **II.** *adv* por telefone; **kann ich Sie ~ erreichen?** posso contactá-lo por telefone?

Telefonist(in) *m(f)* <-en, -en *o* -innen> telefonista *m,f*

Telefonkarte *f* <-n> cartão *m* de telefone

Telefonkette *f* rede *f* de telefone

Telefonnummer *f* <-n> número *m* de telefone

Telefonzelle *f* <-n> cabine *f* telefónica

Telefonzentrale *f* <-n> central *f* telefónica

telegrafieren* *vi* telegrafar; **jdm ~** telegrafar a alguém

Telegramm [tele'gram] *nt* <-s, -e> telegrama *m*

Telekommunikation *f kein pl* telecomunicações *fpl*

Teleobjektiv *nt* <-s, -e> teleobje(c)tiva *f*

Telepathie [telepa'ti:] *f kein pl* telepatia *f*

Teleskop [tele'sko:p] *nt* <-s, -e> telescópio *m*

Telex ['te:lɛks] *nt* <-, -(e)> telex *m*

Teller ['tɛlɐ] *m* <-s, -> prato *m;* **flacher ~** prato *m* raso, prato *m* ladeiro; **tiefer ~** prato *m* fundo; **ein ~ Suppe** um prato de sopa

Tempel ['tɛmpəl] *m* <-s, -> templo *m*

Temperament [tɛmp(ə)ra'mɛnt] *nt* <-(e)s, -e> temperamento *m,* génio *m,* feitio *m;* (*Lebhaftigkeit*) vivacidade *f;* **ein hitziges ~ haben** ter sangue quente

temperamentvoll *adj* temperamental

Tempo1 ['tɛmpo] *nt* <-s, -s> ❶ (*Geschwindigkeit*) velocidade *f;* **mit hohem ~** a alta velocidade ❷ <-s, Tempi> (MUS) tempo *m*

Tempo2® *nt* <-s, -s> (*umg: Papiertaschentuch*) *lenço de papel*

Tempolimit *nt* <-s, -s> limite *m* de velocidade

Tempus *nt* <-, Tempora> (LING) tempo *m*

Tendenz [tɛn'dɛnts] *f* <-en> tendência *f* (*zu* para)

Tennis ['tɛnɪs] *nt* <-> *kein pl* ténis *m;* **~ spielen** jogar ténis

Tennisplatz *m* <-es, -plätze> campo *m* de ténis

Tennisschläger *m* <-s, -> raquete *f* de ténis

Tennisspieler(in) *m(f)* <-s, - *o* -innen> tenista *m,f*

Tenor [te'no:ɐ] *m* <-s, Tenöre> (MUS) tenor *m*

Teppich ['tɛpɪç] *m* <-s, -e> tapete *m;* (*fig*); **etw unter den ~ kehren** camuflar a. c.

Teppichboden *m* <-s, -böden> alcatifa *f;* **ein Zimmer mit ~ auslegen** alcatifar um quarto

Termin [tɛr'mi:n] *m* <-(e)s, -e> ❶ (*Frist*) prazo *m;* **einen ~ einhalten** cumprir um prazo ❷ (*Zeitpunkt*) data *f;* (*beim Arzt*) consulta *f;* (*beim Friseur*) hora marcada *f;* **einen ~ vereinbaren/absagen** marcar/desmarcar uma hora; **sich** *dat* **einen ~ geben lassen** marcar uma hora; **um neun Uhr habe ich einen ~ beim Zahnarzt** tenho uma consulta no dentista às nove horas ❸ (JUR) audiência *f;* **~ haben** ser intimado para comparecer em tribunal

Terminal ['tœ:minəl] *nt* <-s, -s> (AERO, INFOR) terminal *m*

Terminkalender *m* <-s, -> agenda *f*

Terminologie [tɛrminolo'gi:] *f* <-n> terminologia *f*

Terpentin [tɛrpɛn'ti:n, tɛrpən'ti:n] *nt* <-s, -e> ❶ (*Harz*) terebintina *f* ❷ (*umg: Lösungsmittel*) aguarrás *f*

Terrasse [tɛ'rasə] *f* <-n> (*a* AGR) terraço *m*

Terrine *f* <-n> terrina *f*

Territorium [tɛri'to:riʊm] *nt* <-s, -torien> território *m*

Terror ['tɛro:ɐ] *m* <-s> *kein pl* terror *m*

terrorisieren* *vt* aterrorizar

Terrorismus [tɛro'rɪsmʊs] *m* <-> *kein pl* terrorismo *m*

Terrorist(in) [tɛro'rɪst] *m(f)* <-en, -en *o* -innen> terrorista *m,f*

Na Suíça a Tertiärstufe compreende a formação de nível superior, a formação pelas Faculdades Técnicas , a formação de professores para a «Sekundarstufe II», assim como uma qualificação profissional de nível superior.

Tesafilm® *m* <-(e)s> *kein pl* fita-cola *f,* fita *f* durex

Tessin [tɛ'si:n] *nt* <-s> *kein pl* Ticino *m*

Test [tɛst] *m* <-(e)s, -s> teste *m*

Testament [tɛsta'mɛnt] *nt* <-(e)s, -e> testamento *m;* **sein ~ machen** fazer o testamento; (REL); **das Alte/Neue ~** o Antigo/Novo Testamento

testen ['tɛstən] *vt* testar; **das Material auf seine Haltbarkeit ~** fazer um teste de resistência ao material

Tetanus ['tɛtanʊs, 'te:tanʊs] *m* <-> *kein pl* (MED) tétano *m*

Tetanusschutzimpfung *f* <-en> (MED) vacina *f* anti-tetânica

teuer ['tɔɪɐ] *adj* ① (*kostspielig*) caro; (*wertvoll*) precioso; **wie ~ ist das?** quanto custa isso?; **das Buch ist (um) drei Euro teurer geworden** o livro encareceu três €; **etw kommt jdn ~ zu stehen** a. c. sai caro a alguém ② (*geh: geschätzt*) prezado, querido

Teuerung *f* <-en> encarecimento *m*

Teufel ['tɔɪfəl] *m* <-s, -> diabo *m;* (*umg*); **was zum ~ ...?** que diabo ...?; (*umg*); **da war der ~ los!** o Diabo andava à solta!, foi o fim do mundo!; (*umg*); **den ~ an die Wand malen** agourar; (*umg*); **in ~s Küche kommen** ter problemas

Teufelskreis *m* <-es, -e> círculo *m* vicioso

teuflisch *adj* diabólico, demoníaco

Text [tɛkst] *m* <-(e)s, -e> texto *m;* (*Liedtext*) letra *f*

Texter(in) *m(f)* <-s, - *o* -innen> reda(c)tor, reda(c)tora *m, f*

Textilien [tɛks'ti:liən] *pl* têxteis *m*

Textilindustrie *f* <-n> indústria *f* têxtil

Textverarbeitung *f* <-en> (INFOR) processamento *m* de texto

Textverarbeitungsprogramm *nt* <-(e)s, -e> (INFOR) programa *m* de processamento de texto

TH *abk v* **Technische Hochschule** Instituto *m* Superior Técnico

Thailand *nt* <-s> *kein pl* Tailândia *f*

Theater [te'a:tɐ] *nt* <-s, -> teatro *m;* (*Vorstellung*) sessão *f;* **das ~ beginnt um 20 Uhr** a sessão começa à 20 horas

Theaterkarte *f* <-n> bilhete *m* de teatro, ingresso *m* de teatro

Theaterstück *nt* <-(e)s, -e> peça *f* de teatro, peça *f* teatral

theatralisch [tea'tra:lɪʃ] *adj* teatral

Theke ['te:kə] *f* <-n> balcão *m*

Thema ['te:ma] *nt* <-s, Themen> tema *m;* **das gehört nicht zum ~** isso não faz parte do tema; **das ist für mich kein ~** isso para mim não se discute

Thematik [te'ma:tɪk] *f kein pl* temática *f*

Themse *f kein pl* Tamisa *m*

Theologe(in) *m(f)* <-n, -n *o* -innen> teólogo, teóloga *m, f*

Theologie [teolo'gi:] *f kein pl* teologia *f*

theologisch *adj* teológico

theoretisch *adj* teórico

Theorie [teo'ri:] *f* <-n> teoria *f*

Therapeut(in) [tera'pɔɪt] *m(f)* <-en, -en *o* -innen> terapeuta *m,f*

therapeutisch *adj* terapêutico

Therapie [tera'pi:] *f* <-n> terapia *f*

Thermalbad *nt* <-(e)s, -bäder> termas *fpl,* caldas *fpl*

Thermometer [tɛrmo'me:tɐ] *nt* <-s, -> termómetro *m*

Thermosflasche ['tɛrmɔs-] *f* <-n> garrafa *f* termos

Thermostat [tɛrmo'sta:t] *m* <-(e)s, -e> termóstato *m*

These ['te:zə] *f* <-n> tese *f*

Thon *m* <-s, -s> (*schweiz*) atum *m*

Thriller ['θrɪlɐ] *m* <-s, -> (*Film*) filme *m* de terror; (*Buch*) livro *m* de suspense

Thrombose [trɔm'bo:zə] *f* <-n> (MED) trombose *f*

Thron [tro:n] *m* <-(e)s, -e> trono *m;* **den ~ besteigen** subir ao trono

Thronfolge *f kein pl* sucessão *f* ao trono

Thunfisch ['tu:n-] *m* <-(e)s, -e> *s.* **Tunfisch**

Thurgau *m* <-s> *kein pl* Turgóvia *f*

Thüringen *nt* <-s> *kein pl* Turíngia *f*

thüringisch *adj* turíngio

Thymian ['ty:mia:n] *m* <-s, -e> tomilho *m*

Tibet *nt* <-s> *kein pl* Tibete *m*

Tick [tɪk] *m* <-s, -s> ① (*umg: Eigenart*) mania *f,* tara *f* ② (MED) tique *m*

ticken ['tɪkən] *vi* (*Uhr*) fazer tiquetaque

tief [ti:f] **I.** *adj* ① (*nicht flach*) fundo; (*mit Maßangabe*) de profundidade; **der See ist drei Meter ~** o lago tem três metros de profundidade; **fünf Meter ~ fallen** cair a cinco metros de profundidade; **wie ~ ist das?** qual é a profundidade disso?; **~er Schnee** neve alta; **im ~sten Winter** em pleno Inverno; **~ in Gedanken versunken sein** estar absorto, estar mergulhado em pensamentos; **~ in der Nacht** a altas horas da noite ❷ (*niedrig*) baixo; **~e Temperaturen** baixas temperaturas ❸ (*Ton, Stimme*) grave **II.** *adv* ❶ (*nach unten*) para baixo; (*niedrig*) baixo; **sich ~ verbeugen** inclinar-se profundamente; **der Hubschrauber fliegt sehr ~** o helicóptero voa muito baixo ❷ (*intensiv, stark*) profundamente, muito; **~ schlafen** dormir profundamente; **jdn ~ beeindrucken** impressionar alguém profundamente; **~ greifende Veränderungen** modificações profundas; **das lässt ~ blicken** isso dá que pensar

Tief [tiːf] *nt* <-s, -s> ❶ (METEO) centro *m* de baixa pressão, depressão *f* ❷ (PSYCH) depressão *f*

Tiefbau *m* <-(e)s> *kein pl* obras *fpl* públicas e construção *f* subterrânea

Tiefdruckgebiet *nt* <-(e)s, -e> zona *f* de depressão atmosférica

Tiefe ['tiːfə] *f* <-n> ❶ (*räumlich*) profundidade *f*; **eine ~ von 20 Metern** uma profundidade de 20 metros ❷ *kein pl* (*eines Tones, der Stimme*) gravidade *f*

Tiefebene *f* <-n> (GEOG) planície *f* baixa

Tiefenschärfe *f kein pl* (FOTO) profundidade *f* de campo

Tiefgarage *f* <-n> garagem *f* subterrânea

tiefgefroren *adj* congelado

tiefgekühlt *adj* congelado

tiefgreifendALT *adj s.* **tief II 2**

Tiefkühlfach *nt* <-(e)s, -fächer> congelador *m*, freezer *m*

Tiefkühlkost *f kein pl* congelados *mpl*

Tiefkühltruhe *f* <-n> arca *f* congeladora

Tiefpunkt *m* <-(e)s, -e> ponto *m* mais baixo; **die Stimmung war auf dem ~ angelangt** a disposição chegou ao ponto mais baixo

tiefsinnig *adj* pensado, refle(c)tido

Tiefsttemperatur *f* <-en> temperatura *f* mínima

Tier [tiːɐ] *nt* <-(e)s, -e> animal *m*; **wilde ~e** animais *mpl* selvagens; (*umg*); **ein hohes ~** uma alta personalidade

Tierarzt, Tierärztin *m, f* <-es, -ärzte *o* -innen> veterinário, veterinária *m, f*

Tierheim *nt* <-(e)s, -e> canil *m*

tierisch ['tiːrɪʃ] *adj* ❶ (*Tiere betreffend*) animal ❷ (*umg: groß, sehr*) muito; **ich habe ~en Hunger** estou a morrer de fome; **der Film ist ~ gut** o filme é um espe(c)táculo

Tierkreiszeichen *nt* <-s, -> signo *m* do Zodíaco

Tierpark *m* <-s, -s> jardim *m* zoológico

Tierquälerei *f* <-en> crueldade *f* para com os animais

Tierschutzverein *m* <-s, -e> sociedade *f* prote(c)tora dos animais

Tierversuch *m* <-(e)s, -e> experiência *f* com animais, ensaio *m* em animais

Tiger(in) ['tiːgɐ] *m(f)* <-s, - *o* -innen> tigre *m*

Tilde ['tɪldə] *f* <-n> til *m*

tilgen ['tɪlgən] *vt* (WIRTSCH) saldar; **seine Schulden ~** saldar as dívidas

Tilgung *f* (WIRTSCH) amortização *f*

Timor *nt* <-s> *kein pl* Timor *m*

Tinktur [tɪŋk'tuːɐ] *f* <-en> tintura *f*

Tinte ['tɪntə] *f* <-n> tinta *f*

Tintenfisch *m* <-(e)s, -e> lula *f*, choco *m*

Tintenstrahldrucker *m* <-s, -> impressora *f* a ja(c)to de tinta

TipALT [tɪp] *m* <-s, -s>, **Tipp**RR *m* <-s, -s> ❶ (*umg: Rat*) dica *f*; **jdm einen ~ geben** dar uma dica a alguém ❷ (*in Toto, Wettbüro*) palpite *m*

tippen ['tɪpən] **I.** *vt* ❶ (*umg: Text*) da(c)tilografar, escrever à máquina ❷ (*im Lotto*) apostar em; **sie tippt immer die 18** ela aposta sempre no 18 **II.** *vi* ❶ (*berühren*) tocar levemente; **jdm auf die Schulter ~** tocar a alguém no ombro ❷ (*umg: Maschine schreiben*) escrever à maquina ❸ (*umg: wetten*) apostar (*auf*em); **ich tippe (darauf), dass er gleich anruft** eu aposto que ele vai já telefonar

Tippfehler *m* <-s, -> gralha *f*, erro *m* de da(c)tilografia

Tippse *f* <-n> (*abw*) da(c)tilógrafa *f*

Tirol [ti'roːl] *nt* <-s> *kein pl* Tirol *m*

Tisch [tɪʃ] *m* <-(e)s, -e> mesa *m*; **auf dem ~** na mesa; **bei ~** à mesa; **den ~ decken/abdecken** pôr/levantar a mesa; **am ~ sitzen** estar (sentado) à mesa; (*umg*); **etw unter den ~ fallen lassen** não se ocupar de a. c.; (*umg*); **jdn über den ~ ziehen** enganar alguém

Tischdecke *f* <-n> toalha *f* de mesa

tischen *vi* (*schweiz*) pôr a mesa

Tischfußball *m* <-s> *kein pl* matrecos *mpl*,

matraquilhos *mpl*
Tischler(in) *m(f)* <-s, - *o* -innen> carpinteiro, carpinteira *m, f*
Tischlerei *f* <-en> carpintaria *f*
Tischtennis *nt* <-> *kein pl* ténis *m* de mesa, pingue-pongue *m*
Titan *nt* <-s> *kein pl* (CHEM) titânio *m*
Titel ['ti:təl] *m* <-s, -> título *m;* **akademischer ~** título *m* académico
Titelbild *nt* <-(e)s, -er> vinheta *f*
Titelseite *f* <-n> (*von Buch*) frontispício *m;* (*von Zeitschrift*) capa *f;* (*von Zeitung*) primeira página *f*
Toast [to:st] *m* <-(e)s, -s> ① (*Brot*) torrada *f,* tosta *f;* **ein ~ mit Butter/Käse** uma torrada com manteiga/tosta com queijo ② (*Trinkspruch*) brinde *m*
toasten ['to:stən] *vt* torrar
Toaster *m* <-s, -> torradeira *f*
toben ['to:bən] *vi* ① (*vor Wut*) enfurecer-se, enraivecer-se; (*vor Begeisterung*) bramir, bramar ② (*Kinder*) brincar ruidosamente
tobsüchtig *adj* frenético
Tochter ['tɔxtɐ] *f* <Töchter> ① (*Kind*) filha *f* ② (*schweiz: Kellnerin*) empregada *f* de mesa, garçonete *f;* (*Haushaltshilfe*) empregada *f* doméstica
Tochtergesellschaft *f* <-en> (WIRTSCH) filial *f,* sucursal *f*
Tod [to:t] *m* <-(e)s, -e> morte *f;* **jdn zum ~e verurteilen** condenar alguém à morte; **sich zu ~e langweilen** morrer de tédio
todernst ['-'-] *adj* (*umg*) muito sério
Todesangst *f* <-ängste> agonia *f*
Todesanzeige *f* <-n> anúncio *m* de falecimento
Todesfall *m* <-(e)s, -fälle> falecimento *m;* **im ~** em caso de morte
Todesopfer *nt* <-s, -> vítima *f* mortal; **der Unfall forderte zwei ~** o acidente provocou duas vítimas mortais
Todesstrafe *f* <-n> pena *f* de morte; **bei ~** sob pena de morte
Todesurteil *nt* <-(e)s, -e> sentença *f* de morte
todkrank ['-'-] *adj* fatalmente doente
tödlich **I.** *adj* mortal, fatal, letal **II.** *adv* fatalmente, mortalmente; **~ verunglücken** ter um acidente mortal
todmüde *adj* (*umg*) morto (de cansaço), estafado
todschick *adj* (*umg*) chiquíssimo
todsicher ['-'--] *adj* (*umg*) infalível
Todsünde *f* <-n> (REL) pecado *m* mortal
Töff *nt* <-s, -s> (*umg schweiz*) mota *f*
Toilette [to̯a'lɛtə] *f* <-n> casa-de-banho *f,* quarto-de-banho *m,* banheiro *m;* **öffentliche ~n** casas-de-banho *fpl* públicas, banheiro *m* público; **auf die/zur ~ gehen** ir à casa-de-banho, ir no banheiro
Toilettenpapier *nt* <-(e)s, -e> papel *m* higiénico
tolerant [tole'rant] *adj* tolerante (*gegenüber* com)
Toleranz [tole'rants] *f kein pl* tolerância *f* (*gegenüber* com)
tolerieren* *vt* tolerar
toll [tɔl] *adj* ① (*umg: großartig*) fantástico, estupendo; **das ist ja ~!** é fantástico! ② (*umg: unglaublich*) incrível
Tollkirsche *f* <-n> beladona *f*
Tollpatsch[RR] ['tɔlpatʃ] *m* <-(e)s, -e> patego, patega *m, f,* desastrado, desastrada *m, f*
Tollwut *f kein pl* (MED) raiva *f*
Tolpatsch[ALT] *m* <-(e)s, -e> *s.* **Tollpatsch**
Tomate [to'ma:tə] *f* <-n> tomate *m*
Tomatenmark *nt* <-(e)s> *kein pl* concentrado *m* de tomate, polpa *f* de tomate
Tombola ['tɔmbola] *f* <-s> tômbola *f*
Ton[1] [to:n] *m* <-(e)s, Töne> ① (*Laut*) som ② (*Redeweise, Farbton*) tom *m;* **etw in freundlichem ~ sagen** dizer a. c. num tom afável; **der gute ~** o bom tom ③ (*Film, Fernsehen*) som *m* ④ (*umg: Äußerung*) som *m;* **keinen ~ sagen** não tugir nem mugir ⑤ (*Betonung*) entoação *f*
Ton[2] [to:n] *m* <-(e)s, -e> barro *m,* argila *f*
Tonart *f* <-en> (MUS) tom *m,* tonalidade *f*
Tonband *nt* <-(e)s, -bänder> ① (*Tonträger*) fita magnética *f;* **etw auf ~ aufnehmen** gravar a. c. em cassete ② (*umg: Gerät*) gravador *m,* toca-fitas *m*
Tonbandgerät *nt* <-(e)s, -e> gravador *m,* toca-fitas *m*
tönen **I.** *vt* tonalizar, matizar; (*Haare*) pintar **II.** *vi* toar, soar
Toner *m* <-s, -> toner *m*
Tonfall *m* <-(e)s> *kein pl* entoação *f*
Tonfilm *m* <-(e)s, -e> filme *m* sonoro
Tonic *nt* <-s, -s> água *f* tónica
Tonleiter *f* <-n> escala *f*
tonlos *adj* (*Stimme*) afónico
Tonne ['tɔnə] *f* <-n> ① (*Gefäß*) tonel *m*

T

❷ (*Maßeinheit*) tonelada *f*
Tonstudio *nt* <-s, -s> estúdio *m* de som
Tontechniker(in) *m(f)* <-s, - *o* -innen> técnico, -a *m, f* de som
Topf [tɔpf] *m* <-(e)s, Töpfe> ❶ (*Kochtopf*) tacho *m* ❷ (*Blumentopf*) vaso *m*
Topfen *m* <-s> *kein pl* (*österr*) requeijão *m*
Töpfer(in) *m(f)* <-s, - *o* -innen> oleiro, oleira *m, f*
Töpferei *f* <-en> olaria *f*
topfit ['tɔp'fɪt] *adj* (*umg*) em plena forma
Topflappen *m* <-s, -> pega *f*
Tor [to:ɐ] *nt* <-(e)s, -e> ❶ (*Eingang*) portão *m;* (*Stadttor*) porta *f* ❷ (SPORT: *Gehäuse*) baliza *f;* (*Treffer*) golo *m,* gol *m;* **ein ~ schießen** marcar um golo, marcar um gol
Torero *m* <-(s), -s> toureiro *m*
Torf [tɔrf] *m* <-(e)s, -e> turfa *f*
Torhüter(in) *m(f)* <-s, - *o* -innen> guarda-redes *m,f,* goleiro, goleira *m, f*
Torjäger *m* (FBALL) marcador *m*
torkeln ['tɔrkəln] *vi* vacilar, cambalear
torpedieren* *vt* (MIL) torpedear
Torpedo [tɔr'pe:do] *m* <-s, -s> torpedo *m*
Torraum *m* (FBALL) pequena área *f*
Torte ['tɔrtə] *f* <-n> torta *f*
Tortur [tɔr'tu:ɐ] *f* <-en> tortura *f*
Torwart, frau ['to:ɐvart] *m, f* <-(e)s, -e *o* -en> guarda-redes *m,f,* goleiro, goleira *m, f*
tosen ['to:zən] *vi* (*Meer*) bramar; (*Sturm*) ressoar, retumbar, atroar
tot [to:t] *adj* ❶ (*Lebewesen*) morto; (*verstorben*) falecido, morto; **jdn für ~ erklären** dar alguém como morto; **er war auf der Stelle ~** ele morreu instantaneamente ❷ (*Kapital*) ina(c)tivo; (*Leitung*) sem sinal
total [to'ta:l] *adj* total
totalitär *adj* totalitário
Totalschaden *m* <-s, -schäden> perda *f* total
Tote(r) *m/f* <-n, -n *o* -n> morto, morta *m, f*
töten *vt* matar; (*ermorden*) assassinar; **du sollst nicht ~** não matarás
Totengräber(in) *m(f)* <-s, - *o* -innen> coveiro, coveira *m, f*
Totenschein *m* <-(e)s, -e> certidão *f* de óbito
tot|lachen *vr* **sich ~** (*umg*) morrer de riso, fartar-se de rir
Toto ['to:to] *nt* <-s, -s> totobola *m*
Totschlag *m* <-(e)s> *kein pl* (JUR) homicídio *m*
tot|schlagen *vt irr* matar à pancada; (*Tier*) abater; **die Zeit ~** matar o tempo, fazer horas
Touchscreen <-s, -s> *m* (INFORM) ecrã *m* táctil
Toupet [tu'pe:] *nt* <-s, -s> ❶ (*Haarteil*) topete *m* ❷ (*schweiz: Frechheit*) descaramento *m*
toupieren* *vt* ripar
Tour [tu:ɐ] *f* <-en> ❶ (*Rundfahrt*) passeio *m;* (*Ausflug*) excursão *f* ❷ (*Strecke*) traje(c)to *m,* itinerário *m* ❸ (TECH: *Umdrehung*) rotação *f*
Tourismus [tu'rɪsmʊs] *m* <-> *kein pl* turismo *m*
Tourist(in) [tu'rɪst] *m(f)* <-en, -en *o* -innen> turista *m,f*
touristisch *adj* turístico
Tournee [tʊr'ne:] *f* <-n> digressão *f,* tournée *f;* **auf ~ sein/gehen** estar/ir em digressão
Tower ['taʊɐ] *m* <-s, -> torre *f* de controlo
toxisch ['tɔksɪʃ] *adj* tóxico
Trab [tra:p] *m* <-(e)s> *kein pl* trote *m;* (*umg*); **jdn auf ~ bringen** dar um empurrão a alguém
Trabantenstadt *f* <-städte> cidade-dormitório *f*
Trabbi *m* <-s, -s> (*umg*) trabant® *m*

> O **Trabbi** ou **Trabant** era o veículo de passageiros mais difundido na RDA. O modelo típico P601 foi fabricado de 1964 a 1989. Era equipado com um motor de dois tempos. Como esse carro não tinha condições de competir com veículos modernos, surgiram muitas anedotas a propósito.

Tracht [traxt] *f* <-en> (*einer Volksgruppe*) traje *m*
trächtig *adj* prenha, cheio
Track <-s, -s> *m* (MUS, *sl:* (*Musik-*)*Stück*) faixa *f*
Tradition [tradi'tsjo:n] *f* <-en> tradição *f*
traditionell [traditsjo'nɛl] *adj* tradicional
traf [tra:f] *imp von* **treffen**
Trafik *f* <-en> (*österr*) tabacaria *f*
Trafikant(in) *m(f)* <-en, -en *o* -innen> (*österr*) dono, -a *m, f* de tabacaria
Tragbahre *f* <-n> maca *f*
tragbar *adj* ❶ (*Gerät*) portátil ❷ (*erträglich*) suportável; **das ist wirtschaftlich nicht mehr ~** isso já não é economicamente suportável

träge *adj* ① (*langsam*) lento; (*faul*) preguiçoso, indolente ② (PHYS) inerte

tragen ['tra:gən] **I.** *vt* ① (*Last*) carregar (com); (*Koffer*) trazer, levar; **etw auf dem Rücken ~** carregar a. c. nas costas; **er trug ihr den Koffer** ele levou-lhe a mala; **der Baum trägt Früchte** a árvore dá frutos ② (*Brille, Hut*) usar; (*Kleidung*) vestir, ter vestido ③ (*stützen*) sustentar, suportar ④ (*ertragen*) suportar, aguentar; (*Verantwortung, Folgen*) arcar com; **die Kosten ~** pagar as despesas ⑤ (*Aufschrift*) ter **II.** *vi* ① (*Kleidung*) usar-se; **diesen Winter trägt man wieder längere Röcke** neste Inverno usam-se outra vez saias compridas ② (*Eis*) aguentar, estar firme; **das Eis trägt gut** o gelo está firme

Träger¹ *m* <-s, -> ① (ARCHIT) viga *f*, suporte *m* ② (*an Kleidung*) alça *f* ③ (*Institution*) entidade *f* responsável

Träger(in)² *m(f)* <-s, - *o* -innen> ① (*Gepäckträger, Lastenträger*) carregador, carregadora *m, f* ② (*Preisträger*) titular *m,f*

Trägerrakete *f* <-n> foguete *m* de lançamento

Tragetasche *f* <-n> saco *m* de mão

Tragfähigkeit *f kein pl* capacidade *f* de carga

Tragfläche *f* <-n> asa *f*

Tragflügelboot *nt* <-(e)s, -e> hidroplanador *m*

Trägheit *f kein pl* ① (*Langsamkeit*) inércia *f*, lentidão *f*; (*Faulheit*) preguiça *f*, indolência *f* ② (PHYS) inércia *f*

tragisch ['tra:gɪʃ] *adj* trágico

Tragödie *f* <-n> tragédia *f*

Tragweite *f* <-n> ① (*Bedeutung*) envergadura *f* ② (*von Waffe*) alcance *m*

Trainer(in)¹ ['trɛ:nɐ] *m(f)* <-s, - *o* -innen> treinador, treinadora *m, f*, instrutor, instrutora *m, f*

Trainer² *m* <-s, -> (*schweiz*) fato *m* de treino

trainieren* *vi* treinar

Training ['trɛ:nɪŋ] *nt* <-s, -s> treino *m*, treinamento *m*

Trainingsanzug *m* <-(e)s, -züge> fato *m* de treino, training *m*

Traktandum *nt* <-s, -den> (*schweiz*) assunto *m* das negociações

Traktor ['trakto:ɐ] *m* <-s, -en> tra(c)tor *m*

Tram *nt* <-s, -s> (*schweiz*) eléctrico *m portugal*, bonde *m brasil*

trampeln ['trampəln] *vi* bater com os pés

trampen ['trɛmpɐ] *vi* viajar à boleia, viajar de carona

Tramper(in) ['trɛmpən] *m(f)* <-s, - *o* -innen> viajante *m,f* à boleia, viajante *m,f* de carona

Trampolin ['trampoli:n, --'-] *nt* <-s, -e> trampolim *m*

Tramway *f* <-s> (*österr*) eléctrico *m portugal*, bonde *m brasil*

Tran [tra:n] *m* <-(e)s, -e> óleo *m* de peixe

Trance ['trã:s(ə)] *f* <-n> transe *m*; **jdn in ~ versetzen** pôr alguém em transe

Träne *f* <-n> lágrima *f*; **den ~n nahe sein** estar quase a chorar; **~n lachen** chorar de rir

tränen *vi* lacrimejar, chorar

Tränengas *nt* <-es> *kein pl* gás *m* lacrimogéneo

trank [traŋk] *imp von* **trinken**

Tränke *f* <-n> bebedouro *m*

tränken *vt* ① (*Tiere*) dar de beber a ② (*durchnässen*) molhar (*mit* em), ensopar (*mit* em)

transatlantisch *adj* transatlântico

Transfer *m* <-s, -s> ① (WIRTSCH, SPORT) transferência *f* ② (*auf Reisen*) transfer *m*

Transformator [transfɔr'ma:to:ɐ] *m* <-s, -en> transformador *m*

Transfusion [transfu'zjo:n] *f* <-en> (MED) transfusão *f*

Transistor [tran'zɪsto:ɐ] *m* <-s, -en> transistor *m*

Transit [tran'zi:t, tran'zɪt] *m* <-s, -e> trânsito *m*

transitiv ['tranziti:f, --'-] *adj* (GRAM) transitivo

Transitverkehr *m* <-s> *kein pl* trânsito *m* de passagem

transparent [transpa'rɛnt] *adj* transparente

Transparent [transpa'rɛnt] *nt* <-(e)s, -e> estandarte *m* de manifestação

Transplantation [transplanta'tsjo:n] *f* <-en> (MED) transplantação *f*

Transport [trans'pɔrt] *m* <-(e)s, -e> transporte *m*

transportieren* *vt* (*Waren, Personen*) transportar

Transportmittel *nt* <-s, -> meio *m* de transporte

Transportunternehmen *nt* <-s, -> empresa *f* de transportes, transportadora *f*

Transvestit [transvɛs'ti:t] *m* <-en, -en> travesti *m*

Trapez [tra'pe:ts] *nt* <-es, -e> trapézio *m*

trat [tra:t] *imp von* **treten**

T

Tratsch [traːtʃ] *m* <-(e)s> *kein pl* (*umg*) bisbilhotice *f*, coscuvilhice *f*, fofoca *f*

tratschen ['traːtʃən] *vi* (*umg*) bisbilhotar (*über* sobre), coscuvilhar (*über* sobre), fofocar (*über* sobre)

Traube ['traʊbə] *f* <-n> ① (*Weintraube*) uva *f*; **blaue/grüne ~n** uvas pretas/brancas ② (*Fruchtstand*) cacho de uvas *m*

Traubenzucker *m* <-s> *kein pl* glicose *f*

trauen ['traʊən] **I.** *vt* casar; **sich ~ lassen** contrair casamento, casar-se **II.** *vi* confiar; **jdm/etw ~** confiar em alguém/a. c.; **sie traute ihren Ohren kaum** ela mal acreditava no que estava a ouvir **III.** *vr* **sich ~** atrever-se; **er traut sich nicht** ele não se atreve

Trauer ['traʊɐ] *f kein pl* mágoa *f*; (*um Verstorbene*) luto *m*; **~ tragen** estar de luto

Trauerfeier *f* <-n> ofício *m* fúnebre

trauern ['traʊɐn] *vi* ① (*betrübt sein*) estar triste; **um jdn ~** estar triste pela morte de alguém ② (*Trauerkleidung tragen*) estar de luto

Trauerspiel *nt* <-(e)s, -e> tragédia *f*

Trauerweide *f* <-n> chorão *m*

träufeln *vt* pingar (*in* para)

Traum [traʊm] *m* <-(e)s, Träume> sonho *m*

Trauma ['traʊma] *nt* <-s, -ta> (MED, PSYCH) trauma *m*

träumen *vi* sonhar (*von* com); **das hätte ich mir nie ~ lassen** eu nunca teria imaginado tal coisa

Träumer(in) *m(f)* <-s, - *o* -innen> sonhador, sonhadora *m, f*

Träumerei *f* <-en> imaginação *f*, fantasia *f*

träumerisch *adj* sonhador

traumhaft *adj* de sonho

traurig ['traʊrɪç] *adj* triste (*über* com); **~ werden** entristecer, ficar triste

Traurigkeit *f kein pl* tristeza *f*

Trauschein *m* <-(e)s, -e> certidão *f* de casamento

Trauung ['traʊʊŋ] *f* <-en> casamento *m*, matrimónio *m*; **standesamtliche/kirchliche ~** casamento civil/religioso *m*

Trauzeuge(in) *m(f)* <-n, -n *o* -innen> testemunha *f* de casamento, padrinho *m* de casamento, madrinha *f* de casamento

treffen ['trɛfən] **I.** *vt* ① (*begegnen*) encontrar ② (*Ziel*) acertar em ③ (*kränken*) ferir ④ (*beschließen*) **ein Abkommen ~** chegar a um acordo; **eine Auswahl ~** fazer uma escolha; **eine Entscheidung ~** tomar uma decisão; **Maßnahmen gegen etw ~** tomar medidas contra a. c.; **Vorbereitungen ~** fazer preparações **II.** *vi* (*Ziel*) acertar; **getroffen!** precisamente!, justamente!; **es gut mit etw ~** ter sorte com a. c. **III.** *vr* **sich ~** ① (*zusammenkommen*) encontrar-se (*mit* com); **wir ~ uns um acht** encontramo-nos às oito ② (*geschehen*) suceder; **das trifft sich gut!** isso vem mesmo a calhar!

Treffen ['trɛfən] *nt* <-s, -> encontro *m* (*mit* com)

treffend *adj* (*richtig*) acertado, exa(c)to; (*angemessen*) adequado, oportuno

Treffer *m* <-s, -> (SPORT) golo *m*, gol *m*

Treffpunkt *m* <-(e)s, -e> ponto *m* de encontro

treiben ['traɪbən] **I.** *vt* ① (*hinbringen*) fazer andar; (*schieben*) empurrar (*in* para); (*mit Zwang*) enxotar, escorraçar; **das Vieh in den Stall ~** encurralar o gado; **die Preise in die Höhe ~** fazer subir os preços; **jdn in die Enge ~** pôr alguém entre a espada e a parede ② (*antreiben*) impelir, mover; (TECH) impulsionar, a(c)cionar; **jdn zur Eile ~** apressar alguém; **die ~de Kraft** a força motriz ③ (*betreiben, tun*) exercer, fazer; (*Studien*) seguir; (*Sport*) praticar; **Handel ~** negociar; **Missbrauch mit etw ~** abusar de a. c.; **sie ~ nur Unfug!** eles só fazem asneiras!; **was treibst du?** o que fazes? **II.** *vi* ① (*bewegt werden*) andar; (*auf dem Wasser*) flutuar, boiar, ir à deriva; **es zu weit ~** exagerar, levar as coisas ao extremo ② (*Pflanze*) rebentar, germinar ③ (*Tee, Kaffee*) ser diurético

Treibgas *nt* <-es, -e> gás *m* propulsor

Treibhaus *nt* <-es, -häuser> estufa *f*

Treibhauseffekt *m* <-(e)s> *kein pl* efeito *m* de estufa

Treibstoff *m* <-(e)s, -e> combustível *m*

Trema *nt* <-s, -s> (LING) trema *m*

Trend [trɛnt] *m* <-s, -s> tendência *f* (*zu* para)

trendig, trendy *adj* (*umg*) moderno, na moda

trennen ['trɛnən] **I.** *vt* separar (*von* de); (*absondern*) tirar; (*Begriffe*) distinguir; (*Familie*) dividir; (*Telefongespräch*) cortar, interromper; **zahlen Sie zusammen oder getrennt?** pagam junto ou separado?; **das Futter aus dem Mantel ~** tirar o forro do casaco; **dieses Wort kann man nicht ~** esta palavra não se separa **II.** *vr* **sich ~** separar-se (*von* de)

Trennkost *f kein pl* alimentação *f* racional

Trennung *f* <-en> ① (*das Trennen*) separação *f* (*von* de), desquite *m;* (*Teilung*) divisão *f* ② (*Silbentrennung*) divisão *f* silábica

Treppe ['trɛpə] *f* <-n> escada *f;* **sie wohnt eine ~ höher** ela mora no andar de cima

Treppenhaus *nt* <-es, -häuser> escadaria *f*

Tresen ['tre:zən] *m* <-s, -> balcão *m*

Tresor [tre'zo:ɐ] *m* <-s, -e> cofre *m*

Tretboot *nt* <-(e)s, -e> gaivota *f*

treten ['tre:tən] **I.** *vt* (*Person*) pisar, calcar, trilhar; (*Tier*) dar um coice a; (*mit Fußtritt*) dar um pontapé a **II.** *vi* ① (*hinaustreten*) sair (*aus* de); (*hineintreten*) entrar (*in* em); **ans Fenster ~** assomar à janela; **zur Seite ~** chegar-se para o lado; **näher ~** aproximar-se; **der Fluss trat über die Ufer** o rio transbordou; **in den Streik ~** começar uma greve ② (*mit dem Fuß*) dar um pontapé; **jdm auf den Fuß ~** pisar [*o* calcar] alguém; **nach jdm ~** querer dar um pontapé a alguém; **gegen etw ~** dar pontapés a a. c.

treu [trɔɪ] *adj* fiel; **jdm ~ sein** ser fiel a alguém

Treue ['trɔɪə] *f kein pl* fidelidade *f*

treuherzig *adj* franco, leal

treulos *adj* desleal, infiel

Triangel *m* <-s, -> (MUS) ferrinhos *mpl*

Triathlon *nt* <-s, -s> triatlo *m*

Tribüne *f* <-n> tribuna *f*

Trichter ['trɪçtɐ] *m* <-s, -> funil *m*

Trick [trɪk] *m* <-s, -s> truque *m*

Trickfilm *m* <-s, -e> desenhos *mpl* animados

trieb [tri:p] *imp von* **treiben**

Trieb [tri:p] *m* <-(e)s, -e> ① (*innerer Antrieb*) impulso *m;* (*Neigung*) inclinação *f;* (*Instinkt*) instinto *m* ② (BOT) rebento *m*

Triebkraft *f* <-kräfte> (TECH) força motriz *f;* (PSYCH) impulso *m*

Triebtäter *m* <-s, -> criminoso *m* sexual

Triebwagen *m* <-s, -> automotora *f,* automotriz *f*

Triebwerk *nt* <-(e)s, -e> (AERO) rea(c)tor *m*

triftig ['trɪftɪç] *adj* (*Grund, Argument*) válido; (*Bemerkung*) pertinente; (*Beweis*) concludente, convincente

Trigonometrie *f kein pl* trigonometria *f*

Trikot [tri'ko:] *nt* <-s, -s> camisola *f*

Triller *m* <-s, -> trilo *m,* gorjeio *m*

Trillerpfeife *f* <-n> apito *m*

Trimester *nt* <-s, -> trimestre *m*

Trimmpfad *m* <-(e)s, -e> circuito *m* de manutenção

trinkbar *adj* potável; **~ sein** beber-se

trinken ['trɪŋkən] *vt* beber, tomar; **ich trinke auf deine Gesundheit** eu bebo à tua (saúde); **darauf müssen wir einen ~** temos de beber um copo a isso

Trinker(in) *m(f)* <-s, - *o* -innen> alcoólico, alcoólica *m, f*

Trinkgeld *nt* <-(e)s, -er> gorjeta *f*

Trinkgeld (gorjeta) é facultativa, mas frequentemente espera-se que seja dada, já que os salários são baixos na área de prestação de serviços. Quando se está satisfeito com o serviço, dá-se ao empregado de café ou restaurante 5–10% na Alemanha, na Áustria uns 15%. O motorista de táxi recebe entre 50 Cent a 1 Euro, o cabeleireiro entre 1a 2,5 Euro. A criada de hotel recebe entre 50 Cent a 1 Euro por noite.

Trinkhalm *m* <-(e)s, -e> palha *f,* palhinha *f*

Trinkwasser *nt* <-s> *kein pl* água potável *f;* **kein ~!** água imprópria para consumo!

Trio ['tri:o] *nt* <-s, -s> trio *m*

Trip [trɪp] *m* <-s, -s> (*umg*) passeio *m*

Tripper *m* <-s, -> gonorreia *f*

Tritt [trɪt] *m* <-(e)s, -e> ① (*Schritt, Gang*) passo *m* ② (*Fußtritt*) pontapé *m;* **jdm einen ~ geben** dar um pontapé a alguém

Trittbrett *nt* <-(e)s, -e> estribo *m*

Triumph [tri'ʊmf] *m* <-(e)s, -e> triunfo *m*

triumphieren* *vi* triunfar (*über* sobre)

trivial [tri'vja:l] *adj* trivial

Trivialliteratur *f* <-en> literatura *f* ligeira

trocken ['trɔkən] *adj* ① (*Wäsche*) seco, enxuto; (*Haut, Wein*) seco; (*Alkoholiker*); **~ sein** não beber ② (*Klima, Wetter*) seco ③ (*fantasielos*) sóbrio ④ (*Bemerkung, Humor*) seco

Trockenhaube *f* <-n> secador *m*

Trockenheit *f kein pl* secura *f;* (*Dürre*) seca *f*

trocken|legen *vt* ① (*Sumpf*) drenar, secar ② (*Kind*) mudar

Trockenmilch *f kein pl* leite *m* em pó

Trockenzeit *f* <-en> tempo *m* da seca

trocknen ['trɔknən] **I.** *vt* secar, enxugar **II.** *vi* secar

Trockner *m* <-s, -> secador *m*

Trödelmarkt *m* <-(e)s, -märkte> feira *f* da ladra

trödeln *vi* (*umg*) ser demorado; (*beim Gehen*) andar devagar

Trödler(in) *m(f)* <-s, - *o* -innen> adeleiro, adeleira *m, f*

trog [troːk] *imp von* **trügen**

Trog [troːk, 'trøːgə] *m* <-(e)s, Tröge> tina *f;* (*Futtertrog*) comedouro *m*

Trolleybus *m* <-ses, -se> (*schweiz*) trolei-carro *m*

Trommel ['trɔməl] *f* <-n> ① (MUS) tambor *m;* (*größer*) bombo *m* ② (*von Revolver, Waschmaschine*) tambor *m*

Trommelbremse *f* <-n> travão *m* de tambor, freio *m* de tambor

Trommelfell *nt* <-(e)s, -e> (ANAT) tímpano *m*

trommeln *vi* rufar tambor, tocar tambor

Trommler(in) ['trɔmlɐ] *m(f)* <-s, - *o* -innen> tamborileiro, tamborileira *m, f*

Trompete [trɔm'peːtə] *f* <-n> trompete *m*

Trompeter(in) *m(f)* <-s, - *o* -innen> trompetista *m,f*

Tropen ['troːpən] *pl* trópicos *mpl*

Tropenhelm *m* <-(e)s, -e> capacete *m* colonial

tröpfeln *vi* gotejar, pingar; (*umg*); **es tröpfelt** está a pingar, está a chuviscar

tropfen ['trɔpfən] *vi* gotejar, pingar

Tropfen *m* <-s, -> gota *f,* pinga *f,* pingo *m;* **ein guter ~** uma boa pinga, um bom vinho; **das ist nur ein ~ auf den heißen Stein** isso é uma gota no oceano

tropfenweise *adv* gota a gota, às gotas

Tropfsteinhöhle *f* <-n> gruta *f* de estala(c)tites

Trophäe *f* <-n> troféu *m*

tropisch ['troːpɪʃ] *adj* tropical

Trost [troːst] *m* <-(e)s> *kein pl* consolação *f,* consolo *m;* **das ist ein schwacher ~** isso serve de pouco consolo

trösten *vt* consolar

tröstlich *adj* consolador

trostlos *adj* (*Gegend, Anblick*) desolador; (*Fall*) desesperado

Trottel ['trɔtəl] *m* <-s, -> pateta *m,f,* palerma *m,f*

Trottoir *nt* <-s, -s> (*schweiz*) passeio *m,* calçada *f*

trotz *präp +gen, dat* apesar de; **~ ihrer Erkältung nahm sie an dem Ausflug teil** apesar da constipação, ela participou na excursão

Trotz *m* <-es> *kein pl* obstinação *f,* teimosia *f;* **aus ~** por birra, por teimosia

trotzdem ['--, -'-] **I.** *adv* apesar disso, apesar de tudo; **ich komme ~!** mesmo assim, eu vou!; **es regnete und ~ gingen sie spazieren** chovia e apesar disso foram passear **II.** *konj* (*umg*) embora, apesar de; **sie fror, ~ sie zwei Pullover trug** ela tinha frio apesar de ter duas camisolas (vestidas)

trotzig *adj* (*Kind*) teimoso, rebelde; (*Antwort*) provocador

trüb *adj* ① (*Flüssigkeit, Augen*) turvo; (*Spiegel, Glas, Licht*) baço ② (*Stimmung*) triste, sombrio ③ (*Tag, Himmel*) enevoado, nublado; (*Wetter*) escuro

Trubel ['truːbəl] *m* <-s> *kein pl* rebuliço *m,* balbúrdia *f*

trüben **I.** *vt* (*Flüssigkeit*) turvar; (*Stimmung*) estragar, perturbar **II.** *vr* **sich ~** (*Himmel*) encobrir-se, toldar-se

Trübsal *f kein pl* tristeza *f,* melancolia *f;* **~ blasen** dar-se à tristeza

trübselig *adj* abatido, triste

Trübsinn *m* <-(e)s> *kein pl* tristeza *f,* desânimo *m*

trübsinnig *adj* tristonho, desanimado

Trüffel *f* <-n> trufa *f*

trug [truːk] *imp von* **tragen**

trügen *vi* iludir, enganar; **der Schein trügt** as aparências iludem

trügerisch *adj* enganador, falso

TrugschlussRR *m* <-es, -schlüsse> paralogismo *m*

Truhe ['truːə] *f* <-n> arca *f,* baú *m*

Trümmer *pl* restos *mpl;* (*von Gebäude*) escombros *mpl,* destroços *mpl;* **in ~n liegen** estar em ruínas

Trumpf [trʊmpf] *m* <-(e)s, Trümpfe> trunfo *m;* **den letzten ~ ausspielen** jogar a última cartada

Trunkenheit *f kein pl* embriaguez *f;* **~ am Steuer** condução *m* sob efeito do álcool

Truppe ['trʊpə] *f* <-n> ① (MIL) tropa *f* ② (*Schauspieler*) companhia *f*

Trute *f* <-n> (*schweiz*) perua *f*

Truthahn, ene ['truːt-] *m, f* <-(e)s, -hähne *o* -n> peru, perua *m, f*

Tsatsiki *nt* <-s, -s> *iogurte com pedaços de pepino e alho, para acompanhamento de carne*

Tschad *m* <-s> *kein pl* Chade *m*

Tscheche(in) ['tʃɛçə] *m(f)* <-n, -n *o* -innen> checo, checa *m, f,* tcheco, tcheca *m, f*

Tschechien ['tʃɛçiən] *nt* <-s> *kein pl* República *f* Checa, República *f* Tcheca
tschechisch *adj* checo, tcheco
Tschechoslowakei [-slova'kaɪ] *f kein pl* Checoslováquia *f,* Tchecoslováquia *f*
Tschetschenien *nt* <-s> *kein pl* Tchetchénia *f*
tschüss, tschüs *interj* (*umg*) tchau!
T-Shirt *nt* <-s, -s> t-shirt *f,* camiseta *f*
TU [teː'ʔuː] *abk v* **Technische Universität** Universidade *f* Técnica
Tuba *f* <Tuben> (MUS) tuba *f*
Tube ['tuːbə] *f* <-n> bisnaga *f,* tubo *m*
Tuberkulose [tubɛrku'loːzə] *f* <-n> tuberculose *f*
Tuch [tuːx] *nt* <-(e)s, Tücher> ① (*Halstuch, Kopftuch*) lenço *m* ② (*Lappen*) pano *m*
tüchtig **I.** *adj* (*fähig*) hábil; (*fleißig*) activo, eficiente; (*umg: groß*) valente, forte; **eine ~e Tracht Prügel** uma valente coça **II.** *adv* (*umg*) muito, a valer; **~ essen** comer muito
Tücke *f* <-n> ① *kein pl* (*Boshaftigkeit*) maldade *f,* malícia *f* ② (*unangenehme Eigenschaft*) manha *f;* **der Computer hat seine ~n** o computador tem as suas manhas
tückisch *adj* ① (*boshaft*) mau, malvado, malicioso ② (*unberechenbar, gefährlich*) traiçoeiro
Tugend ['tuːgənt] *f* <-en> virtude *f*
tugendhaft *adj* virtuoso
Tüll *m* <-s, -e> tule *m*
Tulpe ['tʊlpə] *f* <-n> túlipa *f*
Tumor [tu'moːɐ] *m* <-s, -en> (MED) tumor *m*
Tümpel *m* <-s, -> charco *m*
Tumult [tu'mʊlt] *m* <-(e)s, -e> tumulto *m*
tun [tuːn] **I.** *vt* (*machen*) fazer; (*Pflicht*) cumprir; **jdm etw ~** fazer a. c. a alguém; (*umg: hinlegen, hinstellen*) pôr, meter; **tu die Gabeln in die Schublade** põe os garfos na gaveta **II.** *vi* (*machen*) fazer, agir; **gut ~** fazer bem; **(viel) zu ~ haben** ter (muito) que fazer; **damit habe ich nichts zu ~** não tenho nada a ver com isso; **der Hund tut nichts** o cão não faz mal; (*Anschein erwecken*) proceder; **so ~, als ob ...** fingir que ..., fazer de conta que ...; **tu nicht so!** não finjas!; (*umg: funktionieren*) trabalhar, funcionar; **der Fernseher tut nicht mehr** a televisão já não trabalha **III.** *vr* **sich ~** (*geschehen*) acontecer; **es tut sich etwas/viel** há certa/muita agitação
Tunesien [tu'neːziən] *nt* <-s> *kein pl* Tunísia *f*
Tunfisch *m* <-(e)s, -e> *s.* **Thunfisch**
Tunnel ['tʊnəl] *m* <-s, -(s)> túnel *m*
tuntig *adj* (*abw umg*) foleiro *pej*
Tupfen ['tʊpfən] *m* <-s, -> pinta *f*
Tupfer *m* <-s, -> (MED) mecha *f,* gaze *f*
Tür *f* <-en> porta *f;* **an die ~ klopfen** bater à porta; **hinter verschlossenen ~en** à porta fechada; (*umg*); **jdm die ~ vor der Nase zuschlagen** dar [*o* bater] com a porta na cara a alguém; (*umg*); **jdn vor die ~ setzen** pôr alguém na rua; **Weihnachten steht vor der ~** o Natal está à porta; (*umg*); **mit der ~ ins Haus fallen** dizer a. c. de chofre
Turban ['tʊrbaːn] *m* <-s, -e> turbante *m*
Turbine [tʊr'biːnə] *f* <-n> turbina *f*
Turbolader *m* <-s, -> turbocompressor *m*
turbolent *adj* turbolento
Türfalle *f* <-n> (*schweiz*) trinco *m*
Türke(in) *m(f)* <-n, -n *o* -innen> turco, turca *m, f*
Türkei *f kein pl* Turquia *f*
türkis *adj* turquesa
Türkis *m* <-es, -e> turquesa *f*
türkisch *adj* turco
Türklinke *f* <-n> trinco *m*
Turm [tʊrm] *m* <-(e)s, Türme> ① (*Bauwerk, Schachfigur*) torre *f;* (*Kirchturm*) campanário *m,* torre *f* da igreja; (*Festungsturm*) torreão *m* ② (*Sprungturm*) torre *f* de saltos
turnen *vi* fazer ginástica, praticar ginástica
Turnen ['tʊrnən] *nt* <-s> *kein pl* ginástica *f;* (*Turnunterricht*) educação *f* física
Turner(in) *m(f)* <-s, - *o* -innen> ginasta *m,f*
Turnhalle *f* <-n> ginásio *m*
Turnhose *f* <-n> calções *mpl* de ginástica
Turnier [tʊr'niːɐ] *nt* <-s, -e> torneio *m*
Turnschuh *m* <-(e)s, -e> sapatilha *f,* sapato *m* de ginástica
Turnverein *m* <-s, -e> clube *m* desportivo, clube *m* esportivo
Türschnalle *f* <-n> (*österr*) trinco *m*
Tusche ['tʊʃə] *f* <-n> tinta-da-china *f*
tuscheln ['tʊʃəln] *vi* cochichar (*über* sobre)
Tüte *f* <-n> ① (*Tragetasche*) saca *f,* saco *m* ② (*zur Aufbewahrung*) saco *m* ③ (*Eiswaffel*) cone *m*
tuten ['tuːtən] *vi* apitar, roncar
Tutor(in) *m(f)* <-s, -en *o* -innen> tutor, tutora *m, f*
TÜV *abk v* **Technischer Überwachungsverein** organização de inspe(c)ção de veículos

TÜV é a abreviação de «Technischer Überwachungs-Verein». Cada veículo a ser admitido para a circulação pública, tem primeiro que passar pelo TÜV. Não se tendo constatado falhas durante o controle técnico, coloca-se na placa de trás da matrícula do veículo a plaqueta TÜV, que é válida por dois anos.

TÜV-Plakette *f* <-n> plaqueta *f* da inspe(c)ção de veículos

Typ [ty:p] *m* <-s, -en> ❶ (*Art*) tipo *m,* género *m* ❷ (*umg: Mann*) tipo *m,* gajo *m*

Typenrad *nt* <-(e)s, -räder> roda *f* de impressão

Typhus ['ty:fʊs] *m* <-> *kein pl* (MED) tifo *m*

typisch ['ty:pɪʃ] *adj* típico (*für* de)

Tyrann(in) [ty'ran] *m(f)* <-en, -en *o* -innen> tirano, tirana *m, f*

tyrannisch *adj* tirânico

tyrannisieren* *vt* tiranizar

U u

U *nt* <-, -> U, u *m*

u.A.w.g. *abk v* **um Antwort wird gebeten** r.s.f.f. (= *responder se faz favor*)

U-Bahn *f* <-en> metro *m,* metrô *m;* **mit der ~ fahren** ir de metro, ir de metrô

U-Bahn-Station *f* <-en> estação *f* de metro *portugal,* estação *f* de metrô *brasil;* **Entschuldigung, wo ist hier die nächste ~?** desculpe, onde é a estação de metro mais próxima?

übel **I.** *adj* (*schlimm*) mau, má, ruim; **er ist ein übler Bursche** ele é um mau sujeito; **das ist eine üble Sache** isso é uma coisa ruim; (*schlecht*) mau; **es herrscht eine üble Stimmung** há um mau ambiente; **mir ist ~** sinto-me mal, estou enjoado **II.** *adv* mal; **jmdm. etw ~ nehmen** levar a mal

Übel *nt* <-s, -> mal *m,* desgraça *f*

Übelkeit *f kein pl* náusea *f,* enjoo *m*

übel|nehmenALT *vt irr s.* **übel II**

Übeltäter(in) *m(f)* <-s, - *o* -innen> malfeitor, malfeitora *m, f,* autor(a) *m(f)* (de má acção)

üben **I.** *vt* praticar, treinar, exercitar; **Kritik ~** exercer uma crítica; **Nachsicht ~** ser benevolente; **Rache ~** vingar-se **II.** *vi* treinar

über **I.** *präp +akk* ❶ (*Richtung, Route, Weg*) por, via; (*darüber hinweg*) por cima de; **wir hängen das Bild ~ das Sofa** nós penduramos o quadro por cima do sofá; **wir fahren die Strecke ~ Barcelona** nós seguimos o caminho por Barcelona; **er springt ~ die Mauer** ele salta por cima do muro; **~ die Straße gehen** atravessar a rua ❷ (*zeitlich*) mais de, por; **~ eine Woche** mais de uma semana; **~ Ostern** pela Páscoa; **~ kurz oder lang** mais dia menos dia ❸ (*von, betreffend*) sobre, acerca de; **ein Film ~ die Universitäten** um filme sobre as universidades ❹ (*in Höhe von*) de; **ein Scheck ~ 3000 €** um cheque de 3000 € ❺ (*mittels*) por, via; **~ Satellit** via satélite **II.** *präp +dat* ❶ (*oberhalb*) sobre, por cima de; **das Bild hängt ~ dem Sofa** o quadro está pendurado sobre o sofá; **er trägt einen Mantel ~ dem Anzug** ele traz o casaco por cima do fato ❷ (*Grenze*) acima de; **~ dem Durchschnitt** acima da média; **vier Grad ~ null** quatro graus acima de zero **III.** *adv* ❶ (*mehr als*) mais de, para cima de; **~ zwei Meter lang/breit** com mais de dois metros de comprimento/largura; **sind Sie ~ 30?** tem mais de 30 anos? ❷ (*zeitlich*) durante; **die ganze Zeit ~** o tempo todo

überall *adv* por toda a parte

überanstrengen* **I.** *vt* extenuar, cansar **II.** *vr* **sich ~** esforçar-se demasiado

Überanstrengung *f* <-en> esforço *m* excessivo

überarbeiten* **I.** *vt* retocar, aperfeiçoar **II.** *vr* **sich ~** trabalhar excessivamente

überaus *adv* extremamente, muito

überbacken* *vt* gratinar

überbelichten* *vt* dar demasiada exposição a

überbieten* *vt irr* ❶ (*übertreffen*) exceder ❷ (*bei Auktion*) cobrir o lanço de

überbinden* *vt irr* (*schweiz*) imputar, transferir

Überbleibsel *nt* <-s, -> resto *m,* sobras *fpl*

Überblick *m* <-(e)s, -e> ❶ (*Ausblick*) vista *f* ❷ (*über Zusammenhänge*) visão geral *f;* **sich** *dat* **einen ~ über etw verschaffen** (conseguir) ter uma visão geral de a. c.

überblicken* *vt* ❶ (*sehen*) ver, abranger

com a vista ② (*Zusammenhänge*) ter uma visão clara sobre, compreender

überbringen* *vt irr* (*geh*) trazer, levar

Überbringer(in) *m(f)* <-s, - *o* -innen> portador, portadora *m, f*

überbrücken* *vt* ① (*Frist, Zeitraum*) colmatar ② (*Gegensätze*) equilibrar

überdachen* *vt* telhar, cobrir com telhado

überdenken* *vt irr* ponderar, repensar

Überdosis *f* <-dosen> overdose *f*, superdose *f*

Überdruck *m* <-(e)s, -drücke> (PHYS) pressão *f* excessiva

Überdruss[RR] *m* <-es> *kein pl*, **Überdruß**[ALT] *m* <-sses> *kein pl* fastio *m*, tédio *m*; **bis zum ~** até fartar

überdrüssig *adj* **jds./etw ~ sein** estar farto de alguém/a. c.; **jds./etw ~ werden** fartar-se de alguém/a. c.

übereifrig *adj* demasiado zeloso

übereinander *adv* ① (*räumlich*) um por cima do outro, um sobre o outro, sobreposto ② (*von sich*) um do outro; **~ sprechen** falar um do outro

überein|kommen *vi irr* concordar, combinar

Übereinkunft *f* <-künfte> acordo *m*; **eine ~ erzielen** chegar a um acordo

überein|stimmen *vi* ① (*einer Meinung sein*) estar de acordo (*mit* com) ② (*gleich sein*) estar conforme (*mit* com)

Übereinstimmung *f* <-en> concordância *f*; (*von Meinungen*) harmonia *f*; **in ~ bringen** harmonizar

überempfindlich *adj* hipersensível

überfahren* *vt irr* ① (*Person, Tier*) atropelar ② (*umg: überraschen*) tomar de surpresa

Überfahrt *f* <-en> passagem *f*, travessia *f*

Überfall *m* <-(e)s, -fälle> ataque *m*, agressão *f*; (*Raubüberfall*) assalto *m* (à mão armada) (*auf* a); (MIL) investida *f* (de surpresa)

überfallen* *vt irr* ① (*Bank, Person*) assaltar; (MIL) atacar de surpresa ② (*Müdigkeit, Gefühle*) invadir

überfällig *adj* atrasado

überfliegen* *vt irr* ① (*Gebiet*) sobrevoar ② (*Text*) ver por alto, passar os olhos por

Überfluss[RR] *m* <-es> *kein pl* superabundância *f* (*an* de), fartura *f* (*an* de)

überflüssig *adj* supérfluo, em demasia

überfordern* *vt* exigir demais de

überfrieren* *vi irr* **~de Nässe** gelo *m*

überführen* *vt* ① (*Kranke, Tote*) transportar, trasladar ② (*Verbrecher*) provar a culpa de; **jdn eines Verbrechens ~** provar que alguém é culpado de um crime

Überführung *f* <-en> ① (*Transport*) transporte *m* ② (*eines Verbrechers*) prova de culpa *f* ③ (*Übergang*) viaduto *m*

überfüllt *adj* repleto (*mit* de); (*mit Menschen*) apinhado, superlotado

Übergabe *f* <-n> entrega *f*

Übergang *m* <-(e)s, -gänge> ① (*über Straße, Bahngleis*) passagem *f* ② (*Überleitung*) transição *f*

Übergangslösung *f* <-en> solução *f* transitória

Übergangszeit *f* <-en> fase *f* de transição

übergeben* **I.** *vt irr* entregar; (*Amt*) transmitir; (*Angelegenheit*) entregar **II.** *vr* **sich ~** *irr* vomitar

über|gehen[1] *vi irr* ① (*Besitzer wechseln*) passar (*auf* para), mudar (*auf* para) ② (*bei Tätigkeit*) passar (*zu* a/para); **lassen Sie uns zu einem anderen Thema ~** passemos a [*o* para] outro tema

übergehen*[2] *vt irr* ① (*nicht wahrnehmen*) ignorar, não fazer caso de ② (*überspringen*) passar por cima de

Übergepäck *nt* <-s> *kein pl* excesso *m* de bagagem; **Sie haben 5 kg ~** o senhor tem um excesso de bagagem de 5 kg

übergeschnappt *adj* (*umg*) doido; **völlig ~ sein** estar doido varrido

Übergewicht *nt* <-(e)s> *kein pl* ① (*von Menschen, Dingen*) excesso de peso *m* ② (*Bedeutung*) preponderância *f*

überglücklich *adj* felicíssimo, feliz da vida

überhand|nehmen *vi irr* aumentar, chegar a ser excessivo

überhäufen* *vt* (*mit Arbeit*) sobrecarregar (*mit* com/de); (*mit Geschenken*) atulhar (*mit* de)

überhaupt *adv* ① (*im Allgemeinen*) em geral, de uma maneira geral; **~ nicht** de modo nenhum/algum, nada, de todo; **~ nichts** absolutamente nada; **wenn ~** se tanto ② (*besonders*) sobretudo

überheblich *adj* presunçoso, arrogante

Überheblichkeit *f kein pl* presunção *f*, arrogância *f*

überholen* *vt* ① (*Fahrzeug*) ultrapassar, alcançar ② (*durch Leistung*) ultrapassar, vencer ③ (*überprüfen*) fazer a vistoria a

Überholspur *f* <-en> faixa *f* de ultrapassagem
überholt *adj* ultrapassado
überhören* *vt* não ouvir; (*absichtlich*) fazer ouvidos de mercador
überirdisch *adj* sobrenatural
über|kochen *vi* deitar por fora
überladen* *vt irr* sobrecarregar (*mit* com/de)
Überlandbus *m* <-ses, -se> camioneta *f*, caminhonete *f*
überlassen* *vt irr* deixar, ceder; (*geben*); **jdm etw ~** ceder a. c. a alguém; (*anheimstellen*) deixar a. c. ao critério de alguém; **~ Sie mir das!** deixe isso por minha conta!; **sich selbst ~ sein** estar entregue a si próprio
überlasten* *vt* sobrecarregar
über|laufen¹ *vi irr* ① (*Flüssigkeit*) deitar por fora, transbordar; (*Gefäß*) transbordar ② (*auf die gegnerische Seite*) passar(-se) (*zu* para)
überlaufen² *adj* apinhado
Überläufer(in) *m(f)* <-s, - *o* -innen> desertor, desertora *m, f*
überleben* *vt* sobreviver; **ein Unglück ~** sobreviver a um desastre
Überlebende(r) *m/f* <-n, -n *o* -n> sobrevivente *m,f*
überlegen¹ *adj* superior; **jdm ~ sein** ser superior a alguém, estar acima de alguém
überlegen*² *vt* pensar em, refle(c)tir sobre; **ich werde es mir ~** eu vou pensar nisso; **wollen Sie es sich noch einmal ~?** quer reconsiderar?; **ich habe es mir anders überlegt** eu mudei de ideias
Überlegenheit *f kein pl* superioridade *f*
Überlegung *f* <-en> reflexão *f*, ponderação *f*
Überlieferung *f* <-en> tradição *f*
überlisten* *vt* ser mais esperto do que, enganar
Übermacht *f kein pl* supremacia *f*, superioridade *f*
Übermaß *nt* <-es> *kein pl* excesso *m* (*an* de); **etw im ~ haben** ter a. c. em excesso
übermäßig **I.** *adj* excessivo **II.** *adv* excessivamente, em demasia
übermenschlich *adj* sobre-humano
übermitteln* *vt* transmitir
übermorgen *adv* depois de amanhã
übermüdet *adj* exausto
Übermüdung *f kein pl* excesso *m* de fadiga
Übermut *m* <-(e)s> *kein pl* ① (*Fröhlichkeit*) alegria incontida *f* ② (*Mutwille*) petulância *f*
übermütig *adj* ① (*fröhlich*) muito alegre, eufórico ② (*frech*) atrevido
übernachten* *vi* passar a noite (*in* em), pernoitar (*in* em)
übernächtig *adj* (*österr*) *s.* **übernächtigt**
übernächtigt *adj* tresnoitado, cansado de não dormir
Übernachtung *f* <-en> dormida *f*; **~ mit Frühstück** dormida e pequeno-almoço, cama e café da manhã
Übernahme *f* <-n> (*einer Aufgabe, eines Geschäftes*) aceitação *f*; (*einer Methode, Meinung, Sitte*) ado(p)ção *f*; (*eines Amtes*) tomada de posse *f*; **die ~ der Kosten zusichern** assegurar a responsabilidade pelos custos
übernatürlich *adj* sobrenatural
übernehmen* **I.** *vt irr* (*Aufgabe*) encarregar-se de, empreender; (*Geschäft*) tomar conta de; (*Kosten, Verantwortung*) assumir; (*Methode*) ado(p)tar; (*Amt*) aceitar, tomar posse de **II.** *vr* **sich ~** *irr* abusar das suas capacidades
überprüfen* *vt* examinar, rever, verificar
Überprüfung *f* <-en> revisão *f*
überqueren* *vt* atravessar
überraschen* *vt* surpreender; **jdn mit etw ~** surpreender alguém com a. c.
überraschend **I.** *adj* inesperado **II.** *adv* de surpresa
Überraschung *f* <-en> surpresa *f*
überreden* *vt* persuadir (*zu* a)
überregional *adj* nacional
überreichen* *vt* entregar, apresentar
überrumpeln* *vt* tomar de surpresa, apanhar desprevenido
übers (*umg*) = **über das** *s.* **über**
übersättigt *adj* saciado, farto
Überschallflugzeug *nt* <-(e)s, -e> avião *m* supersónico
Überschallgeschwindigkeit *f kein pl* velocidade *f* supersónica
überschätzen* **I.** *vt* sobrestimar **II.** *vr* **sich ~** sobrestimar as suas capacidades
überschaubar *adj* (*Menge, Arbeit*) claro, de fácil percepção; (*Risiko*) seguro
Überschlag *m* <-(e)s, -schläge> ① (*Schätzung*) estimativa *f*, cálculo *m* aproximado ② (SPORT) cambalhota *f*
überschlagen* **I.** *vt irr* ① (*schätzen*) calcular ② (*Seite*) saltar **II.** *vr* **sich ~** *irr* ① (*Fahrzeug*) capotar, virar-se; (*Person*) dar uma cambalhota, dar um trambolhão; **sich vor**

Freude ~ transbordar de alegria ② (*Stimme*) esganiçar-se

überschneiden* *vr* **sich ~** *irr* (*Termine, Themen*) sobrepor-se, coincidir

überschreiten* *vt irr* ① (*überqueren*) atravessar ② (*Geschwindigkeit*) ultrapassar, exceder; (*Frist, Befugnisse*) exceder

Überschrift *f* <-en> título *m*

überschuldet *adj* sobrecarregado de dívidas

Überschuss[RR] *m* <-es, -schüsse> excesso *m* (*an* de), excedente *m* (*an* em); (*finanziell*) saldo positivo *m*

überschüssig *adj* excedente, em excesso

überschütten* *vt* cobrir (*mit* de); **etw mit Benzin ~** cobrir a. c. de gasolina; **jdn mit Fragen ~** cobrir alguém de perguntas

überschwänglich[RR] *adj* efusivo, exaltado, exagerado

überschwemmen* *vt* inundar, alagar

Überschwemmung *f* <-en> inundação *f*

überschwenglich[ALT] *adj s.* **überschwänglich**

Übersee *f* **in ~** no ultramar, além-mar; **nach/aus ~** para o/do ultramar, para/de além-mar

übersehen* *vt irr* ① (*Gebiet*) abranger com a vista, abarcar ② (*Zusammenhänge verstehen*) perceber, ver; **die Folgen des Unglücks sind noch nicht zu ~** ainda não se conhecem as consequências do desastre ③ (*nicht sehen*) não ver, não se dar conta de ④ (*nicht beachten*) deixar passar, fazer vista grossa a

übersenden* *vt* mandar, enviar

über|setzen[1] *vi* passar para outro lado

übersetzen*[2] *vt* traduzir (*aus* de, *in* para); **einen Brief aus dem Portugiesischen ins Deutsche ~** traduzir uma carta do Português para o Alemão

Übersetzer(in) *m(f)* <-s, - *o* -innen> tradutor, tradutora *m, f*

Übersetzung *f* <-en> ① (*Text*) tradução *f* ② (TECH) transmissão *f*

Übersicht *f* <-en> ① (*Überblick*) visão geral *f* (*über* de) ② (*Zusammenfassung*) resumo *m* (*über* de), síntese *f* (*über* de); (*tabellarisch*) quadro sinóptico *m*

übersichtlich *adj* ① (*Gelände*) aberto; (*räumlich*) visível ② (*deutlich*) claro, nítido

Übersichtlichkeit *f* <o.pl> clareza *f*, abertura *f*

überspannt *adj* exaltado

überspielen* *vt* (*Film, Kassette*) copiar

überspitzt *adj* exagerado, levado ao extremo

überspringen* *vt irr* ① (*Hindernis*) saltar (por cima de) ② (*auslassen*) saltar, omitir

überstehen* *vt irr* (*Krankheit, Winter*) resistir a, aguentar; (*Schwierigkeiten*) vencer

übersteigen* *vt irr* (*übertreffen*) exceder, ultrapassar

übersteigert *adj* exagerado

überstimmen* *vt* (*Vorschlag*) rejeitar por maioria de votos; (*Menschen*) vencer por maioria de votos

Überstunde *f* <-n> hora *f* extra, hora *f* extraordinária; **~n machen** fazer horas extras

überstürzen* *vt* precipitar; **nichts ~** não precipitar os acontecimentos

überstürzt *adj* precipitado

Übertopf *m* <-(e)s, -töpfe> cache-pot *m*

Übertrag *m* <-(e)s, -träge> transporte *m*

übertragbar *adj* ① (*Ausweis*) transmissível; (*Methode*) transferível ② (*Krankheit*) contagioso, transmissível

übertragen[1] *adj* (*österr*) usado

übertragen*[2] *vt irr* ① (*Radioübertragung, Fernsehsendung*) transmitir; **das Konzert wird live ~** o concerto é transmitido em dire(c)to ② (*anwenden*) aplicar, transferir; **in diesem Fall lässt sich die Methode nicht ~** neste caso, não se pode aplicar este método; **in ~er Bedeutung** em sentido figurado ③ (*Begeisterung*) contagiar; (*Krankheit*) transmitir, contagiar ④ (*Eigentum, Besitz*) transferir, ceder; (*Rechte*) conferir, conceder; (*Macht, Verantwortung*) transferir, delegar; (*Amt, Aufgabe*) confiar; (*Vollmacht*) ceder

Übertragung *f* <-en> ① (*Radio, Fernsehen*) transmissão *f* ② (*Anwendung*) aplicação *f*, transferência *f* ③ (*einer Krankheit*) transmissão *f*, contágio *m* ④ (*von Rechten, Besitz*) cedência *f*

übertreffen* *vt irr* exceder, ultrapassar, superar

übertreiben* *vi irr* exagerar

Übertreibung *f* <-en> exagero *m*

übertrieben I. *pp von* **übertreiben II.** *adj* exagerado; (*Preise*) exorbitante, excessivo

überwachen* *vt* ① (*kontrollieren*) fiscalizar, controlar ② (*Verdächtige*) vigiar

Überwachung *f* <-en> ① (*Kontrolle*) fiscalização *f* ② (*von Person, Gebäude*) vigilância *f*

überwältigen* *vt* ① (*bezwingen*) vencer, dominar ❷ (*beeindrucken*) arrebatar, impressionar profundamente

überwältigend *adj* arrebatador, avassalador, grandioso; (*Anblick*) imponente; (*Mehrheit*) esmagador

überweisen* *vt irr* (*Geld*) transferir; ~ **Sie den Betrag bitte auf mein Konto** por favor, transfira a quantia para a minha conta; **einen Patienten zu einem Facharzt** ~ enviar um doente para um médico especialista

Überweisung *f* <-en> ❶ (*Geld*) transferência *f* ❷ (*ärztlich*) envio *m* (de doente)

überwiegen* *vi irr* predominar

überwiegend **I.** *adj* predominante, preponderante **II.** *adv* predominantemente, na sua maioria

überwinden* **I.** *vt irr* (*Misstrauen, Bedenken*) superar; (*Hindernis*) ultrapassar, vencer; (*Schwierigkeit*) superar, ultrapassar, vencer; (*Gegner*) vencer **II.** *vr* **sich** ~ *irr* fazer um esforço

Überwindung *f kein pl* esforço *m,* sacrifício *m;* **es hat mich große ~ gekostet, ihn anzurufen** custou-me muito telefonar-lhe, fiz um grande esforço para telefonar-lhe

überwintern* *vi* (*Vogel*) hibernar; (*Person*) passar o Inverno; **wir ~ auf Mallorca** nós passamos o Inverno em Maiorca

Überzahl *f kein pl* número superior *m,* maioria *f;* **in der ~ sein** estar em maioria

überzählig *adj* a mais, em excesso

überzeugen* *vt* convencer (*von* de)

überzeugend *adj* convincente

Überzeugung *f* <-en> convi(c)ção *f;* **ich bin der ~, dass ...** eu estou convi(c)to que ...; **zu der ~ kommen/gelangen, dass ...** chegar à conclusão que ...

überziehen* *vt irr* ❶ (*mit Stoff, Leder*) forrar (*mit* com), revestir (*mit* com/de); (*mit Schokolade*) cobrir (*mit* de/com); **das Bett frisch ~** mudar a (roupa da) cama ❷ (*Konto*) deixar a descoberto

Überziehungskredit *m* <-(e)s, -e> crédito *m* a descoberto

Überzug *m* <-(e)s, -züge> ❶ (*Belag*) cobertura *f,* revestimento *m;* (*Schicht*) camada *f* ❷ (*für Kissen*) fronha *f;* (*für Decke*) capa *f*

üblich *adj* habitual, comum, usual; **zur ~en Zeit** à hora do costume; **die ~e Ausrede** a desculpa habitual, a desculpa do costume; **das ist hier so ~** isso aqui é normal

U-Boot *nt* <-(e)s, -e> submarino *m*

übrig *adj* restante, que resta; **das Übrige** o resto; **es ist noch Salat ~** ainda sobrou salada; **wir haben noch Geld ~** ainda temos dinheiro (de sobra); **im Übrigen** de resto; (*umg*); **~ bleiben** figar, sobrar, restar; **~ lassen** deixar

übrig|bleibenALT *vi irr s.* **übrig**

übrigens *adv* a propósito, aliás, por sinal; **er kommt ~ erst morgen** a propósito, ele só vem amanhã

übrig|haben *vt* **für jdn etw ~** ter um fraquinho por alguém

übrig|lassenALT *vt irr s.* **übrig**

Übung *f* <-en> ❶ (*Turnübung, Aufgabe*) exercício *m* ❷ *kein pl* (*Erfahrung*) prática *f,* exercício *m;* **aus der ~ gekommen sein** estar destreinado

UdSSR [u:de:ʔɛsʔɛsˈʔɛr] *abk v* **Union der Sozialistischen Sowjetrepubliken** URSS *f* (= *União das Repúblicas Socialistas Soviéticas*)

Ufer [ˈu:fɐ] *nt* <-s, -> margem *f;* **am ~** na margem

Uferstraße *f* <-n> marginal *f*

Ufo [ˈu:fo] *abk v* **unbekanntes Flugobjekt** OVNI *m* (= *obje(c)to voador não identificado*)

Uganda *nt* <-s> *kein pl* Uganda *m*

U-Haft *f kein pl* prisão *f* preventiva

Uhr [u:ɐ] *f* <-en> ❶ (*Gerät*) relógio *m;* **die ~ geht richtig** o relógio está certo; **die ~ geht vor/nach** o relógio está adiantado/atrasado; **die ~ schlägt** o relógio está a dar horas; **die ~ stellen** acertar o relógio ❷ (*Zeitangabe*) hora *f;* **wie viel ~ ist es?** que horas são?; **es ist ein/zwei ~** é uma hora/são duas horas; **um 17 ~** às 17 horas; **rund um die ~** dia e noite, 24 horas

Uhrmacher(in) *m(f)* <-s, - *o* -innen> relojoeiro, relojoeira *m, f*

Uhrwerk *nt* <-(e)s, -e> mecanismo *m* do relógio

Uhrzeiger *m* <-s, -> ponteiro *m* do relógio

Uhrzeigersinn *m* **im ~** no sentido dos ponteiros do relógio; **gegen den ~** no sentido contrário aos ponteiros do relógio

Uhrzeit *f* <-en> hora *f*

Uhu [ˈu:hu] *m* <-s, -s> bufo *m,* corujão *m*

Ukraine [ukraˈi:nə, uˈkraɪnə] *f kein pl* Ucrânia *f*

UKW [u:ka:ˈve:] *abk v* **Ultrakurzwelle** frequência *f* modulada

ulkig *adj* engraçado, cómico, patusco
Ulme *f* <-n> ulmo *m*, ulmeiro *m*
Ultimatum [ʊltiˈmaːtʊm] *nt* <-s, Ultimaten> ultimato *m;* **jdm ein ~ stellen** fazer um ultimato a alguém; **das ~ läuft um 24 Uhr ab** o ultimato acaba às 24 horas
Ultrakurzwelle *f* <-n> frequência *f* modulada
Ultraschall *m* <-(e)s> *kein pl* (PHYS) ultrasom *m*
Ultraschallbild *nt* <-(e)s, -er> (MED) ecografia *f,* ultra-sonografia *f,* ultra-som *m*
ultraviolett *adj* ultra-violeta
um [ʊm] **I.** *präp +akk* (*räumlich*) **~ ... (herum)** à volta de [*o* em], à [*o* em] roda de; **die Straße führt ~ die Stadt (herum)** a rua situa-se à [*o* em] volta da cidade; **sie wohnt in der Gegend ~ Bern** ela mora na região à volta de Berna; (*Zeitangabe*) a; **~ drei/zwölf** às três/ao meio-dia; (*ungefähr*); **~ ... (herum)** por, por volta de; **er kommt ~ den Fünfzehnten (herum)** ele vem por volta do dia quinze; (*Differenz*) em; **~ 5 cm kürzer** 5 cm mais curto; **die Ausgaben ~ 10% verringern** reduzir as despesas (em) 10%; **er ist ~ ein Jahr älter** ele é um ano mais velho **II.** *konj* **~ ... zu** para; **sie stellt sich auf den Stuhl, ~ besser zu sehen** ela põe-se em cima da cadeira para ver melhor; **ich bin zu müde, ~ weiterzuarbeiten** eu estou demasiado cansado para continuar a trabalhar
um|ändern *vt* mudar, transformar, reorganizar
umarmen* *vt* abraçar
Umarmung *f* <-en> abraço *m*
Umbau *m* <-(e)s, -ten> obras *fpl*
um|bauen *vt* fazer obras em, remodelar
Umbaute *f* <-n> (*schweiz*) *s.* **Umbau**
umbenennen* *vt irr* reba(p)tizar
um|blättern *vi* virar a página
um|bringen *vt irr* matar, assassinar
Umbruch *m* <-(e)s, -brüche> reviravolta *f,* mudança *f* radical
um|buchen *vt* (*Reise*) mudar (a data de)
um|drehen I. *vt* virar, voltar **II.** *vr* **sich ~** voltar-se, virar-se
Umdrehung [-ˈ--] *f* <-en> volta *f;* (TECH) rotação *f*
Umfahrung *f* <-en> (*schweiz*) circunvalação *f*
um|fallen *vi irr* cair, tombar
Umfang *m* <-(e)s, -fänge> ❶ (*Ausdehnung*) extensão *f;* (*Dicke*) volume *m;* **das Buch hat einen ~ von 300 Seiten** o livro tem um volume de 300 páginas ❷ (*von Kreis*) circunferência *f* ❸ (*Ausmaß*) proporções *fpl,* dimensões *fpl*
umfangreich *adj* (*Buch, Akte*) volumoso, extenso; (*Änderungen*) vasto, grande
umfassen* *vt* ❶ (*mit den Armen*) abraçar ❷ (*bestehen aus*) abranger, abarcar, compreender
umfassend *adj* abrangente
Umfeld *nt* <-(e)s, -er> meio *m*
um|formen *vt* transformar, reformar
Umfrage *f* <-n> inquérito *m,* sondagem *f;* **eine ~ machen** fazer um inquérito
um|füllen *vt* transvazar, mudar
umfunktionieren* *vt* converter (*zu* em)
Umgang *m* <-(e)s> *kein pl* ❶ (*Beziehungen*) relações *fpl* ❷ (*das Umgehen*) trato *m*
umgänglich *adj* tratável, sociável, acessível
Umgangsformen *pl* modos *mpl,* maneiras *fpl*
Umgangssprache *f* <-n> linguagem *f* corrente, linguagem *f* coloquial
umgeben* *vt irr* rodear (*mit* de), cercar (*mit* de)
Umgebung [-ˈ--] *f* <-en> ❶ (*Gebiet*) arredores *mpl;* **in der näheren ~ Dresdens** nos arredores de Dresden ❷ (*Milieu*) meio *m*
um|gehen *vi irr* ❶ (*Gerücht*) circular ❷ (*mit Personen, Dingen*) lidar (*mit* com); **er kann gut mit Kindern/nicht mit Geld ~** ele sabe lidar bem com crianças/não sabe lidar com dinheiro
umgehend [ˈ---] **I.** *adj* imediato, rápido **II.** *adv* sem demora, imediatamente, rapidamente
Umgehungsstraße *f* <-n> circunvalação *f*
umgekehrt I. *adj* inverso, invertido; **in ~er Reihenfolge** em sentido inverso **II.** *adv* ao contrário; **und ~** e vice-versa
um|graben *vt irr* escavar
Umhang *m* <-(e)s, -hänge> capa *f*
Umhängetasche *f* <-n> saco *m* a tiracolo
um|hauen *vt* ❶ (*umg: niederschlagen*) derrubar ❷ (*umg: verblüffen*) abananar, fulminar
umher [ʊmˈheːɐ] *adv* (*hier und da*) aqui e acolá; (*überall*) em todas as direcções
umher|gehen *vi irr* andar por aí; **im Zimmer ~** andar pelo quarto
um|hören *vr* **sich ~** (tentar) informar-se
umkämpft *adj* combatido

Umkehr *f kein pl* regresso *m*, volta *f*

um|kehren I. *vt* (*Reihenfolge*) inverter II. *vi* voltar para trás, regressar, retroceder; **auf halbem Wege ~** voltar para trás a meio do caminho, arrepiar caminho

um|kippen I. *vt* virar, entornar II. *vi* ① (*umfallen*) cair, tombar; (*Boot*) virar-se; **er ist mit dem Stuhl umgekippt** ele caiu com a cadeira ② (*umg: Person*) desmaiar

um|klappen *vt* rebater

Umkleideraum ['----] *m* <-(e)s, -räume> vestiário *m*

um|kommen *vi irr* perecer, morrer

Umkreis *m* <-es> *kein pl* circunferência *f*, periferia *f*; **im ~ von 10 Kilometern** num raio de 10 quilómetros

umkreisen* *vt* andar à volta de, circundar

um|krempeln ['ʊmkrɛmpəln] *vt* arregaçar

um|laden *vt irr* transferir

Umlauf *m* <-(e)s> *kein pl* (*Geld*) circulação *f*; **im ~ sein** estar em circulação; **in ~ bringen** pôr em circulação

Umlaufbahn *f* <-en> (ASTR) órbita *f*

Umlaut *m* <-(e)s, -e> (LING) metafonia *f*

um|legen *vt* ① (*Baum*) abater; (*Mast*) derrubar, derribar; (*Hebel, Schalter*) mudar a posição de ② (*Mantel, Jacke*) pôr pelos ombros; (*Halskette, Verband*) pôr ③ (*Termin*) mudar ④ (*Kosten*) repartir ⑤ (*umg: erschießen*) apagar

um|leiten *vt* desviar

Umleitung *f* <-en> desvio *m*

umliegend *adj* circunvizinho, adjacente

um|pflanzen *vt* transplantar

um|räumen *vt* mudar (a disposição de)

um|rechnen *vt* (*Maßeinheit, Währung*) converter; **du musst das in Euro ~** tens de converter isso em euros

Umrechnung *f* <-en> conversão *f*

Umrechnungskurs *m* <-es, -e> taxa *f* de câmbio

umreißen* *vt irr* delinear

umringen* *vt irr* rodear

Umriss[RR] ['--] *m* <-es, -e>, **Umriß**[ALT] *m* <-sses, -e> contorno *m*

um|rühren *vt* mexer

ums [ʊms] = **um das** *s.* **um**

Umsatz *m* <-es, -sätze> volume *m* de vendas, movimento *m*

Umsatzsteuer *f* <-n> imposto *m* sobre vendas

um|schalten *vi* ① (*Einstellung ändern*) mudar; **die Ampel schaltet auf Rot um** o semáforo muda para vermelho ② (*Radioumschalten, Fernsehprogramm*) mudar de canal; **auf das dritte Programm ~** mudar para o terceiro canal

Umschau *f* **nach jdm/etw ~ halten** procurar alguém/a. c. (olhando à volta)

um|schauen *vr* **sich ~** *s.* **umsehen**

Umschlag *m* <-(e)s, -schläge> ① (*Briefumschlag*) envelope *m*, sobrescrito *m* ② (*für Buch*) capa *f* ③ (MED) compressa *f* ④ *kein pl* (*Güterumschlag*) transbordo *m*

um|schlagen I. *vt irr* (*Ärmel*) arregaçar II. *vi irr* (*Wind*) virar; (*Wetter*) mudar; (*Stimmung*) alterar-se, mudar; **ins Gegenteil ~** mudar completamente

um|schreiben[1] *vt irr* ① (*Text*) reescrever ② (*transkribieren*) transcrever

umschreiben*[2] *vt irr* (*Begriff*) parafrasear

um|schulen *vt* (*beruflich*) dar nova formação a, readaptar; **sich zum Programmierer ~ lassen** fazer nova formação como programador

Umschulung *f* <-en> readaptação *f* profissional

umschwärmen* *vt* ① (*umfliegen*) esvoaçar em volta de ② (*verehren*) idolatrar, admirar

Umschweife *pl* rodeios *mpl*; **ohne ~** sem rodeios

Umschwung *m* <-(e)s, -schwünge> ① (*Veränderung*) mudança *f* ② (*schweiz: Umgebung*) arredores *mpl*

umsegeln* *vt* circum-navegar; **ein Kap ~** dobrar um cabo

um|sehen *vr* **sich ~** *irr* ① (*zurückblicken*) olhar para trás; **sich nach jdm ~** olhar para trás à procura de alguém ② (*herumschauen*) olhar em volta; **sich in der Stadt ~** dar uma volta pela cidade; (*umg*); **du wirst dich noch ~!** ainda tens muito que aprender! ③ (*suchen*) procurar; **wir müssen uns nach einer neuen Putzfrau ~** temos de procurar uma nova empregada de limpeza

Umsicht *f kein pl* prudência *f*, cautela *f*

umsichtig *adj* prudente, cauteloso

um|siedeln *vt* transportar

umso[RR] ['ʊmzo] *konj* tanto; **~ besser** tanto melhor; **je länger sie Französisch lernte, ~ mehr Spaß machte es ihr** quanto mais ela aprendia francês, mais prazer lhe dava

umsonst [ʊm'zɔnst] *adv* ① (*gratis*) de graça, gratuitamente, de borla ② (*vergeblich*) em vão, debalde

Umstand *m* <-(e)s, -stände> circunstância *f;* **unter Umständen** em determinadas circunstâncias, eventualmente; **unter diesen Umständen** nestas condições; **unter allen/gar keinen Umständen** a todo o preço/de modo algum; (JUR); **mildernde Umstände** atenuantes *fpl;* **sie ist in anderen Umständen** ela está grávida

umständlich *adj* ① (*mühsam*) trabalhoso, complicado; **eine ~e Methode** um método complicado ② (*sehr gründlich*) pormenorizado

Umstandskleidung *f* roupa *f* pré-mama

um|steigen *vi irr* fazer transbordo, mudar (de transporte); **wo/wie oft müssen wir ~?** onde/quantas vezes temos de fazer transbordo?; **in den Intercity ~** mudar para o intercidades

um|stellen I. *vt* (*Dinge*) mudar de lugar; (*Reihenfolge*) inverter; (*Uhr*) mudar; **nächste Woche wird die Uhr umgestellt** na próxima semana muda a hora; (*Betrieb*) reestruturar **II.** *vr* **sich ~** adaptar-se (*auf* a)

Umstellung ['---] *f* <-en> ① (*von Dingen*) mudança (de lugar) *f;* (*der Reihenfolge*) inversão *f* ② (*Anpassung*) adaptação *f;* (*von Betrieb*) reestruturação *f;* **~ auf Computer** adaptação aos computadores

um|stimmen *vt* (*Person*) persuadir, convencer; **wir konnten ihn nicht ~** não conseguimos persuadi-lo, não conseguimos dar-lhe a volta

um|stoßen *vt irr* ① (*Gegenstand*) derrubar, entornar ② (*Plan*) anular

umstritten [-'--] *adj* discutido, debatido

Umsturz *m* <-es, -stürze> revolução *f*

Umtausch *m* <-(e)s> *kein pl* ① (*von Waren*) troca *f;* **vom ~ ausgeschlossen** não se aceitam trocas ② (*von Geld*) câmbio *m,* troca *f*

um|tauschen *vt* ① (*Ware, Geschenk*) trocar (*gegen* por) ② (*Geld*) cambiar, trocar; **Euros in Schweizer Franken ~** trocar [*o* cambiar] euros em francos suíços

um|wandeln *vt* transformar (*in* em), converter (*in* em)

Umwandlung *f* <-en> transformação *f* (*in* em), conversão *f* (*in* em)

um|wechseln *vt* trocar (*in* em), cambiar (*in* em)

Umweg *m* <-(e)s, -e> desvio *m;* **einen ~ machen** fazer um desvio; **auf ~en** indire(c)tamente

Umwelt *f kein pl* meio *m;* (ECOL) ambiente *m,* meio-ambiente *m*

Umweltbelastung *f* <-en> poluição *f* ambiental

umweltfreundlich *adj* ecológico, não-poluente

umweltgefährdend *adj* poluente, nocivo ao ambiente

Umweltkatastrophe *f* <-n> desastre *m* ecológico, desastre *m* ambiental

Umweltpapier *nt* <-s, -e> papel *m* reciclado

umweltschädlich *adj* prejudicial ao ambiente

Umweltschutz *m* <-es> *kein pl* defesa *f* do ambiente, prote(c)ção *f* do ambiente

Umweltschutzorganisation *f* <-en> organização *f* ambiental

Umweltverschmutzung *f* <-en> poluição *f* ambiental

um|werfen *vt irr* ① (*Gegenstand*) derrubar, virar ② (*umg: Plan*) mudar ③ (*umg: erschüttern*) transtornar

umwerfend *adj* espantoso, de pasmar

um|ziehen I. *vi irr* mudar de casa, mudar-se; **sie will nach Bonn ~** ela quer mudar-se para Bona **II.** *vr* **sich ~** *irr* mudar de roupa, mudar-se, trocar-se

Umzug *m* <-(e)s, -züge> ① (*Wohnungswechsel*) mudança *f* de casa ② (*Festzug*) cortejo *m*

unabänderlich *adj* inalterável, imutável; (*unwiderruflich*) irrevogável

unabhängig *adj* independente (*von* de)

Unabhängigkeit *f kein pl* independência *f* (*von* de)

unablässig *adj* contínuo, ininterrupto

unabsehbar ['--'--] *adj* ① (*Folgen*) imprevisível; **auf ~e Zeit** por tempo indeterminado ② (*räumlich*) a perder de vista

unabsichtlich I. *adj* involuntário **II.** *adv* sem querer, involuntariamente

unachtsam *adj* desatento, distraído

unangebracht *adj* (*Benehmen*) impróprio; (*Bemerkung*) descabido; **~ sein** não ter cabimento

unangemeldet I. *adj* não anunciado **II.** *adv* sem ser anunciado

unangemessen *adj* inconveniente

unangenehm *adj* desagradável; **~ auffallen** transmitir uma má impressão

Unannehmlichkeit *f* <-en> transtorno *m,*

U

inconveniência *f;* **jdm ~en bereiten** causar transtorno a alguém
unansehnlich *adj* feio
unanständig *adj* indecente, indecoroso, torpe; (*obszön*) obsceno
unantastbar ['--'--] *adj* intocável
unappetitlich *adj* repugnante
Unart ['ʊnʔa:ɐt] *f* <-en> ❶ (*schlechte Angewohnheit*) mau hábito *m* ❷ (*eines Kindes*) má-criação *f*
unartig *adj* mal-criado, mal-educado
unauffällig *adj* discreto
unaufgefordert *adj* espontâneo
unaufhaltsam ['--'--] *adj* imparável
unaufhörlich **I.** *adj* incessante, contínuo **II.** *adv* sem cessar, sem parar
unaufmerksam *adj* ❶ (*zerstreut*) desatento, distraído ❷ (*nicht zuvorkommend*) imprestável
unaufrichtig *adj* desonesto, falso
unausgeglichen *adj* desequilibrado
unaussprechlich ['--'--] *adj* inenarrável, inefável, indizível
unausstehlich ['--'--] *adj* insuportável
unausweichlich ['--'--] *adj* inevitável
unbändig *adj* ❶ (*Kind*) indomável ❷ (*Freude, Wut*) incontrolável
unbarmherzig *adj* cruel, desumano
unbeabsichtigt *adj* involuntário, não intencional
unbeachtet *adj* despercebido; **~ bleiben** passar despercebido
unbebaut *adj* (*Acker*) inculto, ermo; (*Grundstück*) sem construção
unbedenklich *adj* seguro, sem perigo
unbedeutend *adj* ❶ (*unwichtig*) insignificante, sem importância ❷ (*geringfügig*) insignificante, mínimo
unbedingt ['---, '--'-] **I.** *adj* incondicional, absoluto **II.** *adv* ❶ (*mit Adjektiv*) absolutamente, mesmo; **ist das ~ nötig?** isso é mesmo necessário? ❷ (*mit Verb*) sem falta; **das Buch müssen Sie ~ lesen** deve ler o livro sem falta
unbefangen *adj* ❶ (*ungehemmt*) descontraído, à vontade ❷ (*unvoreingenommen*) imparcial
Unbefangenheit *f kein pl* ❶ (*Ungehemmtheit*) naturalidade *f,* descontra(c)ção *f,* à-vontade *m* ❷ (*Unvoreingenommenheit*) imparcialidade *f*
unbefriedigend *adj* insatisfatório
unbefristet *adj* sem prazo; **~er Arbeitsvertrag** contrato *m* de trabalho a termo incerto
unbefugt *adj* não autorizado, estranho ao serviço
unbegabt *adj* sem talento
unbegreiflich ['--'--] *adj* incompreensível
unbegrenzt *adj* ilimitado, sem limites
unbegründet *adj* infundado, sem fundamento
Unbehagen ['ʊnbəha:gən] *nt* <-s> *kein pl* desassossego *m,* inquietação *f*
unbehaglich *adj* incómodo, desagradável
unbeholfen ['ʊnbəhɔlfən] *adj* desajeitado
unbekannt *adj* desconhecido, estranho
unbekümmert *adj* despreocupado, indiferente
unbeliebt *adj* mal visto (*bei* por); **er ist bei allen ~** ele é mal visto por todos
unbemannt *adj* sem tripulação
unbemerkt *adj* despercebido; **sein Verschwinden blieb ~** o seu desaparecimento passou despercebido
unbequem *adj* ❶ (*Möbel*) desconfortável, incómodo ❷ (*Mensch, Frage*) inconveniente
unberechenbar ['--'---] *adj* incalculável; (*Person*) imprevisível; **er ist ~** ele é imprevisível
unberechtigt *adj* injustificado
unbeschreiblich ['--'--] *adj* indescritível, inenarrável; **ein ~es Elend** uma miséria indescritível
unbeschwert *adj* despreocupado, descontraído
unbesonnen *adj* (*unüberlegt*) irrefle(c)tido; (*unvorsichtig*) imprudente, leviano
unbeständig *adj* ❶ (*Wetter*) instável, variável ❷ (*Mensch*) instável, inconstante
unbestechlich *adj* incorruptível
unbestimmt *adj* ❶ (*unklar, ungenau*) incerto, vago ❷ (*nicht festgelegt*) indeterminado, indefinido; **auf ~e Zeit** por tempo indeterminado ❸ (LING) indefinido
unbeteiligt *adj* ❶ (*desinteressiert*) indiferente, desinteressado ❷ (*nicht teilnehmend*) que não participa; **sie war an dem Streit ~** ela não participou na discussão
unbetont *adj* átono
unbeugsam *adj* inabalável, inexorável
unbewacht *adj* não vigiado, sem vigilância
unbewaffnet *adj* desarmado
unbeweglich *adj* ❶ (*bewegungslos*) imóvel ❷ (*nicht bewegbar*) amovível ❸ (*Blick, Gesichtsausdruck*) impassível

unbewusst[RR], **unbewußt**[ALT] I. *adj* inconsciente; (*instinktiv*) instintivo II. *adv* inconscientemente, instintivamente
unblutig *adj* pacífico, sem derramamento de sangue
unbrauchbar ['---] *adj* (*Arbeit, Gerät*) inútil, que não presta; (*Mensch*) inútil
unbürokratisch *adj* não burocrático
und [ʊnt] *konj* e; ~ **so weiter** e assim por diante, e por aí fora; **nach ~ nach** pouco a pouco, a pouco e pouco; **hat es dir gefallen? - ~ ob/wie!** gostaste? - se gostei!; **~? war der Test schwer?** então? O teste foi difícil?; (*umg*); **na ~?** (e) então?
Undank *m* <-(e)s> *kein pl* (*geh*) ingratidão *f*
undankbar *adj* ingrato
undefinierbar ['---'--] *adj* indefinível
undemokratisch *adj* não democrático
undenkbar ['--'--] *adj* impensável, inconcebível
undeutlich *adj* ❶ (*ungenau*) indistinto, confuso; (*Erinnerung*) vago ❷ (*Aussprache*) ininteligível; (*Schrift*) ilegível
undicht *adj* permeável; (*Gefäß*); ~ **sein** não vedar; (*Dach, Fenster*) ter fuga
Unding *nt* **das ist ein ~!** isso é um absurdo!
undiplomatisch *adj* não diplomático
undiszipliniert *adj* indisciplinado
undurchlässig *adj* impermeável
undurchsichtig *adj* ❶ (*Glas, Stoff*) opaco ❷ (*Methode, Verhalten*) obscuro
uneben *adj* (*Gelände*) acidentado; (*Oberfläche, Straße*) irregular
unecht *adj* falso, postiço
unehelich *adj* ilegítimo
unehrlich *adj* desonesto
uneigennützig *adj* altruísta, desinteressado
uneingeschränkt *adj* ilimitado
uneinig *adj* em desacordo; **in diesem Punkt sind sie sich ~** neste ponto, eles estão em desacordo
Uneinigkeit *f* <-en> discórdia *f*; **es besteht ~ über ...** há discórdia em relação a ...
unempfindlich *adj* ❶ (*nicht feinfühlig*) insensível (*gegen* a) ❷ (*widerstandsfähig*) resistente
unendlich [-'--] *adj* ❶ (*zeitlich*) interminável, infindável; (MATH: *räumlich*) infinito ❷ (*groß*) imenso
Unendlichkeit *f kein pl* ❶ (*zeitlich, räumlich*) infinito *m* ❷ (*Weite*) infinidade *f*
unentbehrlich ['--'--] *adj* indispensável, imprescindível
unentgeltlich ['--'--] I. *adj* gratuito, grátis II. *adv* gratuitamente, de graça
unentschieden *adj* ❶ (*Person*) indeciso ❷ (*Angelegenheit*) pendente ❸ (SPORT) empatado; **sie spielten 0:0 ~** eles empataram 0:0
unentschlossen *adj* indeciso, irresoluto
unerbittlich ['--'--] *adj* implacável, inflexível
unerfahren *adj* inexperiente (*in* em)
unerfreulich *adj* desagradável
unergründlich *adj* impenetrável, insondável
unerhört *adj* ❶ (*groß*) inaudito, incrível ❷ (*unverschämt*) vergonhoso
unerklärlich *adj* inexplicável
unerlässlich[RR] *adj*, **unerläßlich**[ALT] *adj* indispensável, essencial
unerlaubt *adj* ilícito, não permitido
unermesslich[RR] *adj*, **unermeßlich**[ALT] *adj* imenso, incomensurável
unermüdlich *adj* incansável, infatigável
unerreichbar *adj* inacessível, inatingível
unersättlich *adj* insaciável
unerschöpflich *adj* inesgotável
unerschütterlich *adj* inabalável
unerschwinglich ['--'--] *adj* (*Ware*) inacessível; (*Preis*) exorbitante, astronómico
unerträglich *adj* insuportável, intolerável
unerwartet I. *adj* inesperado, imprevisto II. *adv* inesperadamente, de surpresa
unerwünscht *adj* indesejado, inoportuno, indesejável
unfähig *adj* incapaz, incapacitado, inapto; **zu etw ~ sein** ser incapaz de fazer a. c.
Unfähigkeit *f kein pl* incapacidade *f*
unfair *adj* desleal, pouco corre(c)to
Unfall *m* <-(e)s, -fälle> acidente *m*
Unfallflucht *f kein pl* fuga *f* em caso de acidente; ~ **begehen** fugir após o acidente
Unfallversicherung *f* <-en> seguro *m* contra acidentes
unfassbar[RR] ['-'--] *adj*, **unfaßbar**[ALT] *adj* inconcebível, incrível
unfehlbar ['-'--] *adj* infalível, certo
Unfehlbarkeit *f kein pl* infalibilidade *f*
unflätig *adj* (*abw*) grosseiro
unförmig *adj* disforme, desproporcionado
unfrankiert *adj* sem franquia
unfreiwillig *adj* involuntário
unfreundlich *adj* ❶ (*Mensch*) antipático, mal-encarado; (*Gesicht*) carrancudo ❷ (*Wetter*) desagradável, agreste

Unfreundlichkeit *f kein pl* antipatia *f*
Unfriede *m* <-ns> *kein pl* discórdia *f*
unfruchtbar *adj* ❶ (*Boden*) estéril, infrutífero ❷ (*Tier, Person*) estéril, infecundo
Unfug ['ʊnfuːk] *m* <-(e)s> *kein pl* disparate *m*, absurdo *m*; ~ **reden** dizer disparates
Ungar(in) ['ʊŋgaːɐ] *m(f)* <-n, -n *o* -innen> húngaro, húngara *m, f*
ungarisch ['ʊŋgarɪʃ] *adj* húngaro
Ungarn ['ʊŋgarn] *nt* <-s> *kein pl* Hungria *f*
ungeachtet ['--'--] *präp +gen* não obstante, apesar de; ~ **dessen** não obstante, apesar disso; ~ **der Friedensverhandlungen, erfolgten weitere Bombenangriffe** não obstante as conversações de paz, ocorreram mais ataques bombistas
ungeahnt ['--'-] *adj* insuspeitado
ungebeten *adj* (*Einmischung*) indesejado, inoportuno; (*Gast*) intruso
ungebildet *adj* inculto, sem educação
ungeboren *adj* por nascer
ungebräuchlich *adj* obsoleto, antiquado
ungedeckt *adj* (*Scheck*) sem cobertura, careca; **der Tisch ist noch** ~ a mesa ainda não está posta
Ungeduld *f kein pl* impaciência *f*; **voller** ~ sem paciência nenhuma
ungeduldig *adj* impaciente; ~ **sein** ser impaciente; ~ **werden** impacientar-se, perder a paciência
ungeeignet *adj* impróprio (*für* para), inadequado (*für* para); (*Mensch*) inapto (*für* para)
ungefähr I. *adj* aproximado **II.** *adv* aproximadamente, mais ou menos
ungefährlich *adj* seguro, sem perigo; (*harmlos*) inofensivo
ungehalten *adj* (*geh*) indignado (*über* com)
ungeheizt *adj* sem aquecimento
ungeheuer ['----, '--'--] **I.** *adj* descomunal, monstruoso, enorme **II.** *adv* imensamente
Ungeheuer *nt* <-s, -> monstro *m*
ungeheuerlich ['--'---] *adj* chocante, escandaloso
ungehobelt *adj* ❶ (*Holz*) não aplainado, tosco ❷ (*Mensch, Manieren*) grosseiro
ungehörig *adj* inconveniente, impróprio
ungehorsam *adj* desobediente
Ungehorsam *m* <-s> *kein pl* desobediência *f*
ungelegen *adj* inconveniente, inoportuno; **das kommt mir sehr** ~ isso não me convém nada, isso não vem nada a calhar
ungelogen *adv* (*umg*) sem mentir
ungemein ['--'-] **I.** *adj* tremendo, extraordinário **II.** *adv* tremendamente, extraordinariamente
ungemütlich *adj* (*Möbel, Wohnung*) desconfortável; (*Wetter, Atmosphäre*) desagradável
ungenau *adj* impreciso, incerto
ungeniert ['ʊnʒe(')niːɐt] **I.** *adj* desembaraçado, com à-vontade **II.** *adv* sem cerimónia, à vontade
ungenießbar *adj* ❶ (*Speise, Getränk*) intragável ❷ (*umg: Person*) insuportável
ungenügend *adj* (*a. Schulnote*) insuficiente
ungepflegt *adj* (*Garten, Wohnung*) descurado, desleixado; (*Person*) desleixado, desmazelado; (*Hände*) mal cuidado
ungerade *adj* ímpar
ungerecht *adj* injusto
ungerechtfertigt *adj* injustificado
Ungerechtigkeit *f* <-en> injustiça *f*
ungern *adv* de má vontade; **das macht er gar nicht** ~ ele não se importa nada de fazer isso
ungeschickt *adj* desajeitado
ungeschminkt *adj* ❶ (*Person*) sem pinturas, ao natural ❷ (*Wahrheit*) claro, transparente
ungeschützt *adj* desprotegido, sem prote(c)ção; ~**er Geschlechtsverkehr** sexo sem prote(c)ção
ungesetzlich *adj* ilegal, ilegítimo
ungestört I. *adj* tranquilo, sossegado **II.** *adv* em paz, à vontade
ungestraft *adj* impune
ungestüm *adj* (*geh*) impetuoso, precipitado, arrebatado
ungesund *adj* ❶ (*Aussehen*) de doente ❷ (*Klima, Speise, Gewohnheit*) pouco saudável, mau para a saúde
ungetrübt *adj* claro, puro
Ungetüm *nt* <-(e)s, -e> trambolho *m*
ungewiss[RR] *adj* incerto
Ungewissheit[RR] *f* <-en> incerteza *f*
ungewöhnlich *adj* ❶ (*nicht üblich, selten*) invulgar, insólito, estranho ❷ (*außerordentlich*) extraordinário
ungewohnt *adj* insólito, inusitado; (*nicht vertraut*) desacostumado
Ungeziefer ['ʊngətsiːfɐ] *nt* <-s> *kein pl* bichos *mpl*, parasitas *mpl*
ungezogen *adj* malcriado, mal-educado
ungezwungen I. *adj* espontâneo, natural **II.** *adv* sem constrangimento
ungiftig *adj* não-tóxico

ungläubig *adj* ① (*zweifelnd*) incrédulo ② (REL) descrente, ateu

unglaublich [-'--, '-'--] *adj* incrível, inacreditável

unglaubwürdig *adj* (*Person*) não fiável; (*Geschichte*) invero(s)símil

ungleich *adj* desigual, diferente

ungleichmäßig *adj* desigual, irregular

Unglück *nt* <-(e)s, -e> ① (*Unheil*) desgraça *f*, calamidade *f*; **etw bringt jdm ~** a. c. traz desgraça a alguém ② (*Pech*) azar *m*, má sorte *f* ③ (*Unfall*) desastre *m*, acidente *m*; **es hat sich ein schweres ~ ereignet** deu-se um grave acidente ④ (*Elend, Verderben*) miséria *f*, infelicidade *f*; **jdn ins ~ stürzen** pôr alguém na miséria

unglücklich *adj* ① (*traurig*) infeliz, desgraçado ② (*unheilvoll*) funesto, desastroso

unglücklicherweise *adv* infelizmente, por azar

ungültig *adj* sem valor; (*Pass*) inválido; (*Stimmzettel*) nulo; **eine Ehe für ~ erklären** anular um casamento; **~ werden** caducar

ungünstig *adj* desfavorável, pouco propício; **zu einem ~en Zeitpunkt** em má hora

Unheil *nt* <-(e)s> *kein pl* (*geh*) mal *m*, infortúnio *m*; **~ anrichten** causar mal

unheilbar ['---, '-'--] *adj* incurável

unheilvoll *adj* funesto, nefasto

unheimlich **I.** *adj* (*beängstigend*) medonho, pavoroso; (*düster*) lúgubre, sinistro; (*umg: groß*) enorme **II.** *adv* muito, imensamente

unhöflich *adj* descortês, grosseiro, malcriado

unhygienisch *adj* anti-higiénico

uni ['ʊni] *adj* liso

Uni ['ʊni] *f* <-s> (*umg*) universidade *f*

Uniform [uni'fɔrm, 'ʊnifɔrm] *f* <-en> uniforme *m*, farda *f*

uniformiert *adj* fardado, de uniforme

Unikum *nt* <-s, -s> (*umg*) peça única *f*

uninteressant *adj* desinteressante

Union *f* <-en> união *f*; **die Europäische ~** a União Europeia

Universität *f* <-en> universidade *f*

Universum [uni'vɛrzʊm] *nt* <-s> *kein pl* universo *m*

Unke *f* <-n> sapo *m* doméstico, rela *f*

unkenntlich ['ʊnkɛntlɪç] *adj* irreconhecível

Unkenntnis *f kein pl* ignorância *f*, falta de conhecimento *f*; **in ~ der Tatsachen** sem conhecimento dos fa(c)tos

unklar *adj* ① (*undeutlich*) confuso, pouco claro, indistinto ② (*unverständlich*) incompreensível, imperceptível ③ (*ungewiss*) incerto; **sich** *dat* **über etw im Unklaren sein** não fazer bem ideia de a. c.

Unklarheit *f* <-en> falta *f* de clareza, confusão *f*

unklug *adj* imprudente, insensato; **sich ~ verhalten** ser imprudente

unkonventionell *adj* inconvencional

Unkosten *pl* gastos *mpl*, despesas *fpl*; **sich in ~ stürzen** meter-se em despesas

Unkraut *nt* <-(e)s, -kräuter> erva *f* daninha

Unkrautvernichtungsmittel *nt* <-s, -> inse(c)ticida *m* de plantas

unkritisch *adj* sem sentido crítico

unlängst *adv* há pouco, recentemente

unleserlich *adj* ilegível

unlogisch *adj* ilógico, sem lógica

unlösbar *adj* (*Aufgabe, Problem*) sem solução; **ein ~es Rätsel** um enigma indecifrável

unmäßig *adj* descomedido, excessivo

Unmenge *f* <-n> grande quantidade *f* (*von* de), sem-número *m* (*von* de)

Unmensch *m* <-en, -en> monstro *m*

unmenschlich *adj* (*Behandlung, Verhalten, Mensch*) desumano, cruel

unmerklich ['---, '-'--] *adj* imperceptível

unmissverständlich[RR] *adj* inequívoco, inconfundível

unmittelbar *adj* ① (*direkt*) dire(c)to ② (*zeitlich*) imediato; **~ danach** logo a seguir

unmöbliert *adj* vazio, sem mobília

unmodern *adj* antiquado, fora de moda

unmöglich *adj* impossível

unmoralisch *adj* imoral

unmusikalisch *adj* insensível à música, sem vocação musical

Unmut *m* <-(e)s> *kein pl* (*geh*) mau humor *m*

unnachgiebig *adj* intransigente, implacável

unnahbar ['-'--] *adj* inacessível

unnötig *adj* desnecessário, escusado, inútil

unnütz *adj* inútil

UNO ['u:no] *abk v* **United Nations Organization** ONU *f* (= *Organização das Nações Unidas*)

unordentlich *adj* (*Mensch*) desorganizado, desarrumado, desleixado; (*Zimmer*) desarrumado; (*Kleidung*) desordenado, desleixado

Unordnung *f kein pl* desordem *f*, confusão *f*

UNO-Truppen *pl* tropas *fpl* da ONU

unparteiisch *adj* imparcial
unpassend *adj* (*Zeitpunkt*) impróprio, inconveniente; (*Bemerkung*) descabido, incorre(c)to
unpersönlich *adj* (*a* LING) impessoal
unpopulär *adj* impopular
unpraktisch *adj* pouco prático
unproblematisch *adj* não problemático
unpünktlich *adj* pouco pontual; ~ **sein** não ser pontual, vir fora de horas
unqualifiziert *adj* não qualificado
unrasiert *adj* com a barba por fazer
Unrecht *nt* <-(e)s> *kein pl* injustiça *f*; **zu** ~ injustamente, sem razão; ~ **haben/im** ~ **sein** não ter razão; **jdm** ~ **tun** ser injusto para com alguém
unrechtmäßig *adj* ilegal
unregelmäßig *adj* irregular
unreif *adj* ❶ (*Obst*) verde ❷ (*Person*) imaturo
unrentabel *adj* não rentável
unrichtig *adj* incorre(c)to
Unruhe *f kein pl* ❶ (*mangelnde Ruhe*) desassossego *m*, inquietação *f* ❷ (*Besorgnis*) inquietação *f*, preocupação *f*
Unruhen *pl* distúrbios *mpl*
unruhig *adj* ❶ (*nicht ruhig*) inquieto; (*Schlaf, Meer*) agitado; (*Kind*) irrequieto; ~**e Zeiten** tempos turbulentos ❷ (*laut*) barulhento ❸ (*besorgt*) desassossegado
uns [ʊns] **I.** *pron pers o akk/dat von* **wir** nos; (*nach präp.*) nós; **mit** ~ connosco; **ein Freund von** ~ um amigo nosso; **das bekommst du von** ~ recebes isto da nossa parte; **ist das für** ~**?** isto é para nós?; ~ **ist es egal** é-nos indiferente; **das gehört nicht** ~ isso não nos pertence **II.** *pron akk/dat von* **wir** nos; **wir haben** ~ **lange nicht gesehen** nós não nos vemos há muito tempo
unsachlich *adj* subje(c)tivo
unsagbar ['---, '-'--] *adj* indizível, inenarrável
unsanft *adj* áspero, rude
unsauber *adj* ❶ (*schmutzig*) sujo, porco, imundo ❷ (*Geschäfte*) escuro
unschädlich *adj* inofensivo
unscharf *adj* (*Fotografie*) desfocado
unschätzbar *adj* incalculável, inestimável
unscheinbar *adj* (*Aussehen, Haus*) pouco vistoso; (*Mensch*) discreto
unschlagbar ['-'--] *adj* (*Mannschaft*) invencível, imbatível; (*Leistung*) insuperável, imbatível
unschlüssig *adj* irresoluto, indeciso
unschön *adj* feio, deselegante
Unschuld *f kein pl* (*a* JUR) inocência *f*; **jds** ~ **beweisen** provar a inocência de alguém
unschuldig *adj* ❶ (JUR) inocente (*an* de) ❷ (*naiv*) inocente, ingénuo
unselbstständig[RR] *adj* sem iniciativa própria
unser[1] ['ʊnzɐ] *gen von* **wir**
unser(**e, s**)[2] *pron poss* (*adjektivisch*) o nosso, a nossa; ~ **Vater**/~**e Mutter** o nosso pai/a nossa mãe; **wir spielen mit** ~**en Katzen** nós brincamos com os nossos gatos
uns(**e**)**re**(**r, s**) *pron poss* (*substantivisch*) (o) nosso, (a) nossa; **der rote Koffer ist** ~**r** a mala vermelha é nossa; **seine Tochter heißt genauso wie** ~ a filha dele tem o mesmo nome que a nossa
unsererseits ['ʊnz(ə)rɐzaɪts] *adv* da nossa parte, pela nossa parte
unseretwegen ['ʊnzərət've:gən, 'ʊnzɐt've:gən] *adv* por nós; (*negativ*) por nossa causa
unseriös *adj* (*Geschäfte, Person*) desonesto
unsicher *adj* ❶ (*gefährlich*) perigoso ❷ (*ungewiss*) incerto, duvidoso ❸ (*Mensch, Auftreten*) inseguro
Unsicherheit *f* <-en> ❶ (*Ungewissheit*) incerteza *f* ❷ *kein pl* (*im Auftreten*) insegurança *f*
unsichtbar *adj* invisível
Unsinn *m* <-(e)s> *kein pl* ❶ (*fehlender Sinn*) absurdo *m* ❷ (*Unfug*) disparate *m*, tolice *f*
unsinnig *adj* absurdo, disparatado
Unsitte *f* <-n> mau hábito *m*
unsittlich *adj* imoral
unsportlich *adj* pouco (d)esportivo
unsre(**r, s**) *pron poss s.* **unsere**(**r, s**), **unser**
unsterblich [(')-'--] *adj* imortal
Unstimmigkeit *f* <-en> ❶ (*Ungenauigkeit*) irregularidade *f* ❷ (*Meinungsverschiedenheit*) desavença *f*, discórdia *f*
Unsumme *f* <-n> enorme quantia *f*
unsympathisch *adj* antipático; **er ist mir** ~ não simpatizo com ele
untätig *adj* ina(c)tivo
untauglich *adj* (*Gerät*) inútil (*für* para); (*Person*) inútil (*für* para), incapaz (*für* para); (*für Militärdienst*) inapto; ~ **sein** não servir para nada
unteilbar ['-'--, '---] *adj* indivisível
unten ['ʊntən] *adv* ❶ (*tief, tiefer*) em baixo,

por baixo; **da/dort ~** lá em baixo; **nach ~** para baixo; **von ~** de baixo; **sie ist ~ im Hof** ela está lá em baixo no pátio ② (*Ende, Unterseite*) no fundo; **~ in der Kiste** no fundo da caixa ③ (*im Text*) em baixo; **siehe ~** ver em baixo, ver abaixo; **weiter ~** mais abaixo ④ (*umg: im Süden*) em baixo, no Sul; **wie lange bleibt ihr dort ~?** quanto tempo ficam lá em baixo?

unter ['ʊntɐ] **I.** *präp +dat* (*Lage*) debaixo de, em/por baixo de; **der Hund liegt ~ dem Bett** o cão está debaixo [*o* em baixo] da cama; (*zwischen, inmitten*) entre; **~ anderem** entre outras coisas; **~ uns gesagt** aqui entre nós; (*weniger als*) abaixo de; (*Menge*) menos de; (*Alter*) com menos de; **es kostet ~ 100 EUR** custa menos de 100 marcos; **er wiegt ~ 80 Kilo** ele pesa menos de 80 quilos; **Kinder ~ 12 Jahren** crianças com menos de 12 anos; (*Art und Weise*) sob, em; **~ Protest/Tränen** em protesto/lágrimas; **~ falschem Namen** sob um nome falso; (*Unterordnung*) sob; **~ seiner Leitung** sob a sua dire(c)ção **II.** *präp +akk* (*Richtung*) para baixo de, em baixo de; **der Hund kriecht ~ das Bett** o cão rasteja para baixo da cama; **die Temperaturen sinken ~ null** as temperaturas descem para baixo de zero

Unterarm *m* <-(e)s, -e> antebraço *m*

unterbelichten* *vt* dar exposição insuficiente a

UnterbewusstseinRR *nt* <-s> *kein pl* subconsciente *m*, inconsciente *m*

unterbezahlt *adj* mal pago

unterbinden* *vt irr* parar

Unterbodenschutz *m* <-es> *kein pl* revestimento *m* de prote(c)ção da parte inferior do automóvel

unterbrechen* *vt irr* interromper, suspender

Unterbrechung [--'--] *f* <-en> interrupção *f*, suspensão *f*

unter|bringen *vt irr* ① (*verstauen*) arranjar lugar para ② (*einquartieren*) hospedar, alojar ③ (*umg: beruflich*) colocar

Unterbringung *f* <-en> alojamento *m*

Unterbruch *m* <-(e)s, -brüche> (*schweiz*) *s.* **Unterbrechung**

unterdessen [--'--] *adv* entretanto

Unterdruck *m* <-(e)s, -drücke> (PHYS) baixa pressão *f*

unterdrücken* *vt* ① (*Gefühle, Tränen*) reprimir ② (*Information*) omitir ③ (*Personen*) oprimir, reprimir; (*Aufstand*) reprimir, subjugar

Unterdrückung *f* <-en> ① (*von Gefühlen*) repressão *f* ② (*von Information*) omissão *f* ③ (*von Menschen*) opressão *f*, repressão *f*; (*eines Aufstandes*) repressão *f*, subjugação *f*

untere(r, s) *adj* inferior; (*Stockwerk, Fach*) de baixo

untereinander [---'--] *adv* ① (*räumlich*) um sob o outro, um debaixo do outro ② (*miteinander*) uns com os outros; **das können wir ~ besprechen** isso podemos discutir entre nós; **das könnt ihr ~ besprechen** isso podem discutir entre vós/vocês; **das müssen sie ~ ausmachen** isso têm de combinar entre eles/si

unterentwickelt *adj* (*Land, Region*) subdesenvolvido

unterernährt *adj* subnutrido, desnutrido

Unterernährung *f kein pl* subnutrição *f*, desnutrição *f*

Unterführung *f* <-en> passagem *f* subterrânea

Untergang *m* <-(e)s, -gänge> ① (*von Schiff*) naufrágio *m* ② (*von Gestirn*) ocaso *m* ③ (*Verderb*) queda *f*, ruína *f*; (*von Kulturen*) decadência *f*

Untergebene(r) *m/f* <-n, -n *o* -n> súbdito, súbdita *m, f*

unter|gehen *vi irr* ① (*Schiff*) afundar-se, naufragar ② (*Gestirn*) pôr-se ③ (*zugrunde gehen*) perecer, acabar-se; (*Kultur*) extinguir-se; (*Welt*) acabar ④ (*im Lärm*) passar despercebido

Untergewicht *nt* <-(e)s> *kein pl* falta *f* de peso, peso *m* a menos

untergliedern* *vt* subdividir (*in* em)

Untergrund *m* <-(e)s> *kein pl* ① (*Boden*) subsolo *m* ② (POL) clandestinidade *f*; **in den ~ gehen** passar à clandestinidade

Untergrundorganisation *f* <-en> organização *f* clandestina

unterhalb *präp +gen* abaixo de

Unterhalt *m* <-(e)s> *kein pl* ① (*Lebensunterhalt*) sustento *m* ② (*Unterhaltszahlungen*) pensão de alimentos *f*

unterhalten* **I.** *vt irr* ① (*ernähren*) sustentar ② (*Gebäude, Kontakte, Beziehung*) manter ③ (*vergnügen*) entreter, divertir **II.** *vr* **sich ~** *irr* ① (*sprechen*) conversar (*mit* com, *über* sobre) ② (*sich amüsieren*) entreter-se, divertir-se

unterhaltend *adj* recreativo; (*Lektüre, Gespräch*) divertido
unterhaltsam [--ˈ--] *adj* recreativo
Unterhaltspflicht *f kein pl* dever *m* de prestação de alimentos
Unterhaltung *f* <-en> ① (*Gespräch*) conversa *f* (*über* sobre) ② (*Vergnügen*) entretenimento *m*, divertimento *m*; **wir wünschen Ihnen gute ~** esperamos que se divirta ③ *kein pl* (*Instandhaltung*) manutenção *f*, conservação *f*
Unterhemd *nt* <-(e)s, -en> camisola *f* interior, camiseta *f*
Unterhose *f* <-n> (*für Damen*) calcinhas *fpl*; (*für Herren*) cuecas *fpl*
unterirdisch *adj* subterrâneo
Unterkiefer *m* <-s, -> maxilar inferior *m*
unter|kommen *vi irr* ① (*zum Übernachten*) achar alojamento ② (*umg: Arbeit finden*) encontrar colocação
Unterkunft [ˈʊntɐkʊnft] *f* <-künfte> alojamento *m*
Unterlage *f* <-n> base *f*; (*zum Schreiben*) bloco *m*
Unterlagen *pl* documentos *mpl*, documentação *f*
unterlaufen* *vt irr* (*Regelung, Gesetz*) esquivar-se de, fintar
unter|legen[1] [--ˈ--] *vt* colocar por baixo
unterlegen[2] *adj* inferior (a); (*besiegt*) vencido; **jdm ~ sein** ser inferior a alguém
Unterleib *m* <-(e)s, -e> abdómen *m*, ventre *m*
unterliegen* *vi irr* ① (*verlieren*) sucumbir, ser vencido ② (*unterworfen sein*) estar sujeito; **er unterliegt der Schweigepflicht** ele está sujeito a sigilo profissional
Unterlippe *f* <-n> lábio *m* inferior
Untermenu *nt* <-s, -s> (INFOR) submenu *m*
Untermiete *f kein pl* sublocação *f*, subarrendamento *m*; **zur ~ wohnen** morar em quarto alugado
Untermieter(in) *m(f)* <-s, - *o* -innen> sublocatário, sublocatária *m, f*, subarrendatário, subarrendatária *m, f*
unternehmen* *vt irr* empreender, fazer; (*Reise*) fazer; **man muss etwas dagegen ~** alguma coisa tem de ser feita contra isso
Unternehmen [--ˈ--] *nt* <-s, -> ① (*Firma*) empresa *f* ② (*Vorhaben*) operação *f*, empreendimento *m*
Unternehmensberater(in) *m(f)* <-s, - *o* -innen> consultor(a) *m(f)* de empresas
Unternehmer(in) [--ˈ--] *m(f)* <-s, - *o* -innen> empresário, empresária *m, f*, industrial *m,f*
unternehmungslustig *adj* empreendedor, com iniciativa
unter|ordnen *vt* subordinar
Unterredung [--ˈ--] *f* <-en> conversa *f*, conferência *f*
Unterricht [ˈʊntɐrɪçt] *m* <-(e)s> *kein pl* ① (*das Unterrichten*) ensino *m* ② (*Unterrichtsstunde*) aula *f*, lição *f*; **der ~ fällt aus** não há aula; **jdm ~ geben** dar aulas a alguém; **bei jdm ~ nehmen** ter aulas de alguém
unterrichten* *vt* ① (*Fach*) ensinar, le(c)cionar, dar aulas de; (*Schüler*) dar aulas a; **sie unterrichtet Mathematik/die dritte Klasse** ela dá aulas de matemática/à terceira classe ② (*informieren*) informar (*über* sobre, *von* de)
Unterrichtserfahrung *f* <-en> experiência *f* no ensino
Unterrock *m* <-(e)s, -röcke> combinação *f*
untersagen* *vt* proibir; **jdm etw ~** proibir a. c. a alguém
unterschätzen* *vt* subestimar
unterscheiden* **I.** *vt irr* distinguir (*von* de), diferenciar (*von* de) **II.** *vr* **sich ~** *irr* distinguir-se (*von* de), diferir (*von* de)
Unterscheidung *f* <-en> distinção *f*
Unterschied [ˈʊntɐʃi:t] *m* <-(e)s, -e> diferença *f* (*zwischen* entre); **ohne ~** sem distinção; **im ~ zu** ao contrário de; **es besteht ein ~ zwischen ...** há uma diferença entre ...
unterschiedlich *adj* diferente, diverso; **die Dateien sind ~ groß** os ficheiros têm tamanhos diferentes
unterschlagen* *vt irr* ① (*Geld*) desfalcar, desviar; (*Brief*) extraviar, desviar ② (*Information*) ocultar, escamotear
Unterschlagung *f* <-en> ① (*von Geld*) desfalque *m*, desvio *m* ② (*von Information*) escamoteação *f*
Unterschlupf [ˈʊntɐʃlʊpf] *m* <-(e)s, -e> refúgio *m*, abrigo *m*
unterschreiben* *vt irr* assinar, subscrever
Unterschrift [ˈ---] *f* <-en> assinatura *f*; **~en sammeln** recolher assinaturas
Unterschriftensammlung *f* <-en> abaixo-assinado *m*
Unterseeboot *nt* <-(e)s, -e> submarino *m*
Unterseite *f* <-n> lado *m* inferior

Untersetzer *m* <-s, -> (*für Gläser, Töpfe*) base *f*

untersetzt [--'-] *adj* atarracado

unterste(r, s) *adj* inferior, mais baixo

unterstehen* *vi irr* depender (de), estar subordinado (a)

unterstellen*¹ *vt* (*annehmen*) presumir, supor; **wir wollen einmal ~, dass er nichts davon wusste** vamos supor que que ele não sabia de nada; **jdm etw ~** imputar a. c. a alguém

unter|stellen² I. *vt* guardar, recolher II. *vr* **sich ~** abrigar-se

unterstreichen* *vt irr* sublinhar

Unterstufe *f* <-n> *escolaridade do 5° e ao 7° anos*

unterstützen* *vt* ❶ (*Beistand leisten*) apoiar (*bei* em) ❷ (*fördern*) proteger (*bei* em); (*finanziell*) subsidiar

Unterstützung *f* <-en> apoio *m;* (*Zuschuss*) subsídio *m*

Untersuch *m* <-s, -e> (*schweiz*) *s.* **Untersuchung**

untersuchen* *vt* ❶ (*analysieren*) analisar; (*wissenschaftlich*) investigar, pesquisar ❷ (*Kranke*) examinar

Untersuchung [--'--] *f* <-en> ❶ (*Analyse*) análise *f;* (JUR) inquérito *m* ❷ (*Studie*) investigação *f*, pesquisa *f;* **eine ~ über das Ausmaß der Armut** uma investigação sobre a extensão da pobreza ❸ (MED) exame *m*

Untersuchungshaft *f kein pl* prisão *f* preventiva

untertags *adv* (*österr, schweiz*) durante o dia

Untertasse *f* <-n> pires *m*

unter|tauchen *vi* ❶ (*Schwimmer, U-Boot*) mergulhar, submergir ❷ (*verschwinden*) desaparecer, esconder-se

Unterteil *nt* <-(e)s, -e> parte *f* inferior, parte *f* de baixo

Unterteller *m* <-s, -> (*schweiz*) *s.* **Untertasse**

Untertitel *m* <-s, -> legenda *f;* **ein Film mit englischen ~n** um filme com legendas em inglês

untervermieten* *vt* sublocar, subarrendar

Unterwäsche *f kein pl* roupa *f* interior

unterwegs [ʊntɐ'veːks] *adv* ❶ (*auf dem Weg*) a caminho; **sie sind ~ nach Amsterdam** eles estão a caminho de Amsterdão; (*umg*); **bei ihr ist ein Kind ~** ela está à espera de bebé ❷ (*während der Reise*) pelo caminho, no caminho; **wir haben ~ Störche gesehen** nós vimos cegonhas pelo caminho

Unterwelt *f kein pl* submundo *m*

unterwerfen* I. *vt irr* (*Volk, Gebiet*) subjugar II. *vr* **sich ~** *irr* submeter-se, subjugar-se

unterwürfig *adj* (*abw*) submisso

unterzeichnen* *vt* assinar, firmar

Unterzeichner(in) *m(f)* <-s, - *o* -innen> signatário, signatária *m, f*

unterziehen* *vt irr* submeter, sujeitar; **etw einer Kontrolle ~** submeter a. c. a um controlo; **jdn einem Verhör ~** submeter alguém a um interrogatório

untrennbar *adj* inseparável

untreu *adj* infiel; **jdm ~ sein/werden** ser infiel a alguém

Untreue *f kein pl* infidelidade *f*

untröstlich *adj* inconsolável

untypisch *adj* que não é típico

unüberbrückbar *adj* insuperável

unüberlegt I. *adj* irrefle(c)tido, impensado II. *adv* sem pensar

unübersehbar *adj* ❶ (*groß*) imenso, a perder de vista; (*nicht zu übersehen*) que não passa despercebido ❷ (*Folgen*) (ainda) por conhecer

unübertrefflich *adj* inexcedível, insuperável

unüblich *adj* insólito, invulgar

unumgänglich *adj* inevitável, indispensável

ununterbrochen ['---'--] I. *adj* ininterrupto, contínuo II. *adv* ininterruptamente, continuamente

unveränderlich *adj* inalterável, imutável; (LING) invariável

unverändert *adj* inalterado, o mesmo; **~ sein** estar na mesma

unverantwortlich ['-----, '--'---] *adj* irresponsável

unverbesserlich ['--'---] *adj* incorrigível

unverbindlich *adj* sem compromisso; **~e Preisempfehlung** preço recomendado

unverbleit *adj* sem chumbo

unverblümt *adj* franco

unvereinbar ['--'--] *adj* incompatível

unverfroren *adj* descarado

unvergesslich[RR] ['--'--] *adj* inesquecível

unverheiratet *adj* solteiro

unverhofft ['--'-] *adj* inesperado, imprevisto

unverkennbar ['--'--] *adj* (*eindeutig*) evidente; (*nicht zu verwechseln*) inconfundível

unvermeidlich ['--'--] *adj* inevitável

unvermittelt I. *adj* repentino, súbito II. *adv* de repente, inesperadamente
unvermutet *adj* inesperado, insuspeitado
Unvernunft *f kein pl* insensatez *f*
unvernünftig *adj* insensato, desajuizado
unverschämt *adj* ① (*Benehmen, Mensch*) descarado, desavergonhado, insolente ② (*Preis*) exorbitante, vergonhoso
Unverschämtheit *f* <-en> descaramento *m*, desaforo *m*
unversöhnlich *adj* irreconciliável, implacável
unverständlich *adj* incompreensível
unverträglich *adj* ① (*Speisen*) inassimilável ② (*unvereinbar*) incompatível
unverwechselbar ['--'---] *adj* inconfundível
unverwüstlich *adj* resistente ao máximo; (*Gesundheit*) de ferro
unverzeihlich ['--'--] *adj* imperdoável
unverzüglich I. *adj* imediato II. *adv* sem demora
unvollkommen *adj* imperfeito
unvollständig *adj* incompleto
unvorbereitet *adj* não preparado; (*unversehens*) desprevenido
unvoreingenommen *adj* imparcial
unvorhergesehen ['--'----] *adj* imprevisto, inesperado
unvorhersehbar *adj* imprevisível
unvorsichtig *adj* imprudente, descuidado, incauto
unvorstellbar ['--'--] *adj* inimaginável
unvorteilhaft *adj* desvantajoso
unwahr *adj* falso
Unwahrheit *f* <-en> mentira *f*, falsidade *f*; **die ~ sagen** mentir
unwahrscheinlich ['----, '--'--] I. *adj* (*kaum möglich*) improvável; (*unglaubhaft*) inveros(s)ímil II. *adv* (*umg*) incrivelmente
Unwahrscheinlichkeit *f kein pl* improbabilidade *f*, inveros(s)imilhança *f*
unweit *adv* perto de
Unwesen *nt* <-s> *kein pl* (*geh*) mau comportamento *m*; **sein ~ treiben** fazer das suas
Unwetter *nt* <-s, -> intempérie *f*, mau tempo *m*, temporal *m*
unwichtig *adj* insignificante, trivial, sem importância
unwiderlegbar *adj* irrefutável
unwiderstehlich ['---'--] *adj* irresistível
unwillig I. *adj* relutante II. *adv* de má-vontade, com relutância
unwillkürlich I. *adj* involuntário II. *adv* sem querer, inadvertidamente
unwirklich *adj* irreal, imaginário
unwirksam *adj* ineficaz
unwirsch ['ʊnvɪrʃ] *adj* rude, grosseiro
unwirtlich *adj* inóspito
unwirtschaftlich *adj* que não dá lucro, não lucrativo
unwissend *adj* ignorante
Unwissenheit *f kein pl* ignorância *f*
unwohl *adj* indisposto; **mir ist ~** sinto-me mal, não me sinto bem
Unwohlsein *nt* <-s> *kein pl* indisposição *f*, mal-estar *m*
unwürdig *adj* indigno
unzählig *adj* incontável; **~e Male** vezes sem conta
Unze *f* <-n> onça *f*
unzeitgemäß *adj* anacrónico
unzerbrechlich ['--'--] *adj* inquebrável
unzertrennlich ['--'--] *adj* inseparável
Unzucht *f kein pl* (JUR) delito *m* sexual
unzüchtig *adj* impudico; (*obszön*) obsceno
unzufrieden *adj* insatisfeito (*mit* com), descontente (*mit* com)
Unzufriedenheit *f kein pl* insatisfação *f* (*mit* com), descontentamento *m* (*mit* com)
unzulänglich *adj* (*geh*) insuficiente
unzulässig *adj* inadmissível
unzumutbar *adj* insensato, inaceitável
unzurechnungsfähig *adj* irresponsável
unzusammenhängend *adj* incoerente, desconexo
unzutreffend *adj* errado; **Unzutreffendes bitte streichen** riscar o que não interessa
unzuverlässig *adj* de pouca confiança
Update ['apdɛɪt] *nt* <-s, -s> (INFOR) a(c)tualização *f*
üppig *adj* (*Essen*) abundante, opulento; (*Vegetation*) exuberante, viçoso
uralt ['u:ɐ'alt] *adj* muito antigo, antiquíssimo; (*Person*) muito velho, velhíssimo
Uran [u'ra:n] *nt* <-s> *kein pl* urânio *m*
Uraufführung *f* <-en> estreia *f*
Urbevölkerung *f* <-en> aborígenes *mpl*, povos *mpl* primitivos
Ureinwohner(in) *m(f)* <-s, - *o* -innen> indígena *m,f*, aborígene *m,f*
Urenkel(in) *m(f)* <-s, - *o* -innen> bisneto, bisneta *m, f*
Urgroßeltern *pl* bisavós *mpl*
Urgroßmutter *f* <-mütter> bisavó *f*

Urgroßvater *m* <-s, -väter> bisavô *m*

Urheber(in) *m(f)* <-s, - *o* -innen> autor, autora *m, f*

Urheberrecht *nt* <-(e)s, -e> direitos *mpl* de autor

Uri *nt* <-s> *kein pl* Uri *m*

Urin [u'ri:n] *m* <-s> *kein pl* urina *f*

Urknall *m* <-(e)s> *kein pl* Big Bang *m*

Urkunde ['u:ɐkʊndə] *f* <-n> documento *m*

Urkundenfälschung *f* <-en> falsificação *f* de documentos

Urlaub ['u:ɐlaʊp] *m* <-(e)s, -e> férias *fpl;* (MIL) licença *f;* ~ **nehmen/haben** tirar/ter férias; **im ~ sein** estar de férias; **sie machen in der Schweiz ~** eles fazem férias na Suíça

urlauben* *vi* (*umg*) fazer férias

Urlauber(in) *m(f)* <-s, - *o* -innen> turista *m,f*

Urlaubsgeld *nt* <-(e)s, -er> subsídio *m* de férias

Urne ['ʊrnə] *f* <-n> urna *f*

Urologe(in) *m(f)* <-n, -n *o* -innen> urologista *m,f*

urplötzlich *adv* de repente, de súbito

Ursache *f* <-n> causa *f,* motivo *m,* razão *f;* **keine ~!** não tem de quê!, de nada!; **aus ungeklärter ~** por motivo desconhecido

Ursprung *m* <-(e)s, -sprünge> origem *f*

ursprünglich **I.** *adj* (*anfänglich*) inicial; (*unverfälscht*) original; (*natürlich*) natural **II.** *adv* inicialmente, originalmente

Urteil ['ʊrtaɪl] *nt* <-s, -e> ❶ (*Meinung*) juízo *m,* opinião *f;* **nach meinem ~** segundo a minha opinião; **sich** *dat* **ein ~ über jdn/etw bilden** formar um juízo sobre alguém ❷ (JUR) sentença *f;* **über jdn das ~ sprechen** emitir uma sentença sobre alguém; **ein ~ fällen** proferir uma sentença

urteilen ['ʊrtaɪlən] *vi* julgar (*über* sobre); **nach seinem Aussehen zu ~** a julgar pela aparência

Urteilsspruch *m* <-(e)s, -sprüche> veredicto *m,* sentença *f*

Uruguay [uru'gu̯aɪ] *nt* <-s> *kein pl* Uruguai *m*

Ururgroßmutter *f* <-mütter> trisavó *f*

Ururgroßvater *m* <-s, -väter> trisavô *m*

Urwald ['u:ɐvalt] *m* <-(e)s, -wälder> floresta *f* virgem, selva *f*

urwüchsig *adj* natural

USA [u:ʔɛs'ʔa:] *abk v* **United States of America** EUA (= *Estados Unidos da América*)

Usbekistan [ʊs'be:kista:n] *nt* <-s> *kein pl* Usbequistão *m*

usw. *abk v* **und so weiter** etc. (= *et cetera*)

Utensilien *pl* utensílios *mpl,* ferramenta *f*

Utopie [uto'pi:] *f* <-n> utopia *f*

utopisch [u'to:pɪʃ] *adj* utópico

UV-Strahlung *f kein pl* radiação *f* ultravioleta

Ü-Wagen *m* <-s, -> carro *m* de exteriores

V v

V *nt* V, v *m*

Vagabund(in) [vaga'bʊnt] *m(f)* <-en, -en *o* -innen> vagabundo, vagabunda *m, f*

vage [va:gə] *adj* vago

Vagina [va'gi:na] *f* <Vaginen> vagina *f*

Vakuum ['va:kuʊm] *nt* <-s, Vakua> vácuo *m*

vakuumverpackt *adj* embalado a vácuo

Valenz *f* <-en> (CHEM, LING) valência *f*

Vampir [vam'pi:ɐ] *m* <-s, -e> vampiro *m*

Vanille [va'nɪl(j)ə] *f kein pl* baunilha *f*

variabel *adj* variável

Variable *f* <-n> (MATH, PHYS) variável *f*

Variante [vari'antə] *f* <-n> variante *f*

Varieté, Varietee *nt* <-s, -s> ❶ (*Vorstellung*) espe(c)táculo *m* de variedades ❷ (*Theater*) teatro de variedades *m*

Vase ['va:zə] *f* <-n> jarra *f,* jarro *m*

Vater ['fa:tɐ] *m* <-s, Väter> pai *m*

Vaterland *nt* <-(e)s, -länder> pátria *f*

väterlich *adj* ❶ (*vom Vater*) paterno ❷ (*wie ein Vater*) paternal

väterlicherseits *adv* paterno; **meine Großeltern ~** os meus avós paternos

Vaterunser ['--'--, --'--] *nt* <-s, -> padre-nosso *m,* pai-nosso *m;* **das ~ beten** rezar o pai-nosso

Vatikan [vati'ka:n] *m* <-s> *kein pl* Vaticano *m*

V-Ausschnitt *m* <-(e)s, -e> decote *m* em bico

v. Chr. *abk v* **vor Christus** a. C. (= *antes de Cristo*)

Veganer(in) <-s, -> *m(f)* vegano *m* (*vegetariano que não consome produto animal*)

Vegetarier(in) [vege'ta:riɐ] *m(f)* <-s, - *o* -innen> vegetariano, vegetariana *m, f*

vegetarisch *adj* vegetariano

Vegetation [vegeta'tsjo:n] *f* <-en> vegeta-

ção *f*
Veilchen ['faɪlçən] *nt* <-s, -> (BOT) violeta *f*
Velo ['ve:lo] *nt* <-s, -s> (*schweiz*) bicicleta *f*
Vene ['ve:nə] *f* <-n> veia *f*
Venezuela [venetsu'e:la] *nt* <-s> *kein pl* Venezuela *f*
Ventil [vɛn'ti:l] *nt* <-s, -e> válvula *f*
Ventilator [vɛnti'la:to:ɐ] *m* <-s, -en> ventilador *m*
verabreden* **I.** *vt* combinar; **wir haben verabredet, dass ...** nós combinámos que ...; **mit jdm verabredet sein** ter um encontro com alguém; **ich bin schon verabredet** eu já tenho um compromisso **II.** *vr* **sich ~** marcar um encontro (*mit* com); **wir haben uns um 20 Uhr in einem Restaurant verabredet** nós marcámos um encontro às 20 horas num restaurante, nós combinámos encontrarmo-nos às 20 horas num restaurante
Verabredung *f* <-en> ① (*Treffen*) encontro *m*, compromisso *m*; **ich habe um fünf eine ~ mit ihr** eu tenho um encontro com ela às cinco ② (*Vereinbarung*) combinação *f*, acordo *m*
verabscheuen* *vt* detestar, abominar
verabschieden* **I.** *vt* (*Gäste*) fazer as despedidas de; (*Gesetz, Haushalt*) aprovar **II.** *vr* **sich ~** despedir-se (*von* de), dizer adeus (*von* a)
Verabschiedung *f* <-en> ① (*Person*) despedida *f* ② (*Gesetz, Haushalt*) aprovação *f*
verachten* *vt* desprezar, desdenhar
verächtlich **I.** *adj* desdenhoso **II.** *adv* com desdém
Verachtung *f kein pl* desprezo *m*, desdém *m*
verallgemeinern* *vt* generalizar
Verallgemeinerung *f* <-en> generalização *f*
veralten* *vi* (*Gerät, Methode, Ansichten*) cair em desuso
veraltet [fɛɐ'ʔaltət] *adj* (*Methode, Ansichten*) antiquado, obsoleto; (*Gerät*) obsoleto, antigo; (*Wort*) em desuso
veränderlich *adj* variável, mutável
verändern* **I.** *vt* mudar, modificar, alterar **II.** *vr* **sich ~** mudar, modificar-se; **du hast dich in letzter Zeit sehr verändert** tu mudaste muito nos últimos tempos
Veränderung *f* <-en> modificação *f*, mudança *f*, transformação *f*; **eine ~ an etw vornehmen** proceder a uma mudança em a. c.
Veranlagung *f* <-en> (*Neigung*) predisposição *f* (*zu* para)
veranlassen* *vt* ① (*anordnen*) providenciar, determinar; **bitte ~ Sie, dass ...** por favor, tome providências para que ... +*conj* ② (*bewirken*) causar, provocar; **jdn zu etw ~** levar alguém a a. c.; **sich veranlasst sehen zu ...** ver-se obrigado a ...
Veranlassung *f* <-en> ① (*Grund*) motivo *m* ② (*Anordnung*) ordem *f*
veranschaulichen* *vt* ilustrar
veranschlagen* *vt* (*Kosten*) avaliar (*auf* em), orçar (*auf* em), calcular (*auf* em)
veranstalten* *vt* organizar, realizar
Veranstalter(in) *m(f)* <-s, - *o* -innen> organizador, organizadora *m, f*
Veranstaltung *f* <-en> espe(c)táculo *m*
verantworten* **I.** *vt* responder por, assumir responsabilidade por; **das kann ich nicht ~** não posso responder por isso **II.** *vr* **sich ~** responsabilizar-se (*für* por)
verantwortlich *adj* ① (*Person*) responsável (*für* por); **für jdn/etw ~ sein** ser responsável por alguém/a. c. ② (*Tätigkeit*) de responsabilidade
Verantwortung *f* <-en> responsabilidade *f* (*für* por); **jdn zur ~ ziehen** pedir satisfações a alguém; **die ~ für etw tragen/übernehmen** deter/assumir a responsabilidade por a. c.
verantwortungsbewusst[RR] *adj* responsável, ciente das suas responsabilidades
verantwortungslos *adj* irresponsável
verarbeiten* *vt* ① (*Material*) trabalhar, transformar ② (*Eindruck*) assimilar; (*Erlebnis*) digerir
Verarbeitung *f* <-en> ① (*Bearbeitung*) tratamento *m* ② (*Ausführung*) elaboração *f*, execução *f*
verärgern* *vt* aborrecer, irritar
verarmen* *vi* empobrecer, cair na miséria
verarschen* *vt* (*umg*) lixar
Verb [vɛrp] *nt* <-s, -en> verbo *m*
Verband *m* <-(e)s, -bände> ① (MED) ligadura *f*; **jdm einen ~ anlegen** pôr uma ligadura a alguém ② (*Vereinigung*) associação *f*, liga *f*, sociedade *f* ③ (MIL) unidade *f*
Verbandskasten *m* <-s, -kästen> estojo *m* de primeiros-socorros
Verbandzeug *nt* <-(e)s> *kein pl* ligaduras *fpl* e pensos
verbeamten* *vt* admitir no serviço público
verbergen* **I.** *vt irr* (*verstecken*) esconder (*vor* de), ocultar (*vor* de); (*verheimlichen*)

ocultar **II.** *vr* **sich ~** *irr* esconder-se (*vor* de)

verbessern* *vt* ① (*besser machen*) melhorar; (*vervollkomnen*) aperfeiçoar; **ich möchte meine Portugiesischkenntnisse ~** eu gostaria de melhorar/aperfeiçoar o meu Português ② (*Fehler*) corrigir, emendar

Verbesserung *f* <-en> ① (*Änderung*) melhoramento *m* ② (*Korrektur*) emenda *f*, corre(c)ção *f*

verbeugen* *vr* **sich ~** fazer uma vénia (*vor* a)

Verbeugung *f* <-en> vénia *f*

verbeulen* *vt* amolgar

verbiegen* *vt irr* entortar, dobrar

verbieten* *vt irr* proibir; **jdm etw ~** proibir a. c. a alguém; **jdm den Mund ~** mandar calar alguém

verbilligt *adj* a preço reduzido

verbinden* *vt irr* ① (*zusammenfügen*) juntar (*mit* a), unir (*mit* a); (*Kabel*) ligar ② (*am Telefon*) ligar, passar; **~ Sie mich bitte mit Herrn Schmid** ligue-me com o senhor Schmid por favor, passe-me ao senhor Schmid por favor; **Sie sind falsch verbunden** é engano ③ (MED) ligar

verbindlich *adj* ① (*bindend*) vinculativo ② (*freundlich*) amável, afável

Verbindung *f* <-en> ① (*Zusammenhang*) ligação *f*, união *f*; (*Beziehung*) relação *f* ② (*Kontakt*) conta(c)to *m*; **sich mit jdm in ~ setzen** entrar em conta(c)to com alguém; **mit jdm in ~ stehen** estar em conta(c)to com alguém ③ (*Verkehrsweg, Telefonverbindung*) ligação *f*; **unsere ~ wurde unterbrochen** a nossa ligação foi interrompida ④ (CHEM) composto *m*

verbissen [fɛɐ'bɪsən] *adj* aferrado

verbittert *adj* amargurado

verblassen* *vi* (*Farbe*) esbater-se, esmorecer; (*Foto*) perder a cor

verbleit [fɛɐ'blaɪt] *adj* com chumbo

verblichen *adj* (*Farbe, Stoff*) desbotado

verblöden* *vi* estupidificar

verblüffen* *vt* espantar, transtornar, desconcertar

verblüfft *adj* estupefa(c)to, atónito, siderado

Verblüffung *f* <-en> estupefa(c)ção *f*, perplexidade *f*

verblühen* *vi* murchar

verbluten* *vi* esvair-se em sangue

verbogen **I.** *pp von* **verbiegen** **II.** *adj* torto, torcido

verborgen [fɛɐ'bɔrgən] **I.** *pp von* **verbergen** **II.** *adj* oculto, escondido

Verbot [fɛɐ'bo:t] *nt* <-(e)s, -e> proibição *f*, interdição *f*; **gegen ein ~ verstoßen** transgredir uma proibição

verboten [fɛɐ'bo:tən] **I.** *pp von* **verbieten** **II.** *adj* proibido, interdito; **Rauchen ~!** proibido fumar!; **Zutritt ~!** entrada proibida!

Verbrauch *m* <-(e)s> *kein pl* consumo *m* (*an* de)

verbrauchen* *vt* consumir; (*Geld*) gastar

Verbraucher(in) *m(f)* <-s, - *o* -innen> consumidor, consumidora *m, f*

Verbraucherschutz *m* <-es> *kein pl* defesa *f* do consumidor

verbraucht *adj* gasto; (*Luft*) viciado

Verbrechen *nt* <-s, -> crime *m*, delito *m*; **ein ~ begehen** cometer um crime

Verbrecher(in) *m(f)* <-s, - *o* -innen> criminoso, criminosa *m, f*, delinquente *m,f*

verbrecherisch [fɛɐ'brɛçərɪʃ] *adj* criminoso

verbreiten* **I.** *vt* (*Neuigkeit*) espalhar, divulgar; (*per Radio*) difundir; (*Licht, Wärme, Geruch*) espalhar **II.** *vr* **sich ~** (*Neuigkeit*) espalhar-se, propagar-se

verbrennen* **I.** *vt irr* (*Papier, Holz*) queimar; (*Müll*) incinerar; (*Leiche*) cremar; **sich** *dat* **die Finger ~** escaldar-se **II.** *vi irr* (*Papier, Holz*) arder; (*Essen*) queimar-se

Verbrennung *f* <-en> ① (*das Verbrennen*) combustão *f*; (*von Müll*) incineração *f*; (*von Leiche*) cremação *f* ② (MED) queimadura *f*; **~en zweiten Grades** queimaduras de segundo grau

Verbrennungsmotor *m* <-s, -en> motor *m* de combustão interna

verbringen* *vt irr* passar; **den Urlaub im Gebirge ~** passar as férias nas montanhas; **seine Zeit mit Lesen ~** passar o tempo a ler

verbrühen* *vr* **sich ~** escaldar-se

verbunden [fɛɐ'bʊndən] **I.** *pp von* **verbinden** **II.** *adj* ligado, unido; **jdm ~ sein** estar em dívida para com alguém; **mit Schwierigkeiten ~ sein** acarretar problemas

verbünden* *vr* **sich ~** unir-se (*mit* a), ligar-se (*mit* a)

Verbündete(r) *m/f* <-n, -n *o* -n> aliado, aliada *m, f*

Verbundglas *nt* <-es> *kein pl* vidro *m* laminado

verbüßen* *vt* (JUR) cumprir; **er muss eine**

dreijährige Haftstrafe ~ ele tem de cumprir uma pena de prisão de três anos

Verdacht [fɛɐ'daxt] *m* <-(e)s, -e> suspeita *f;* ~ **erregen** levantar suspeitas; ~ **schöpfen** suspeitar, desconfiar; **in** ~ **geraten** cair em suspeita; **es besteht** ~ **auf Krebs** há suspeita de cancro

verdächtig *adj* suspeito; **sich** ~ **machen** levantar suspeitas

verdächtigen* *vt* suspeitar de

verdammen* *vt* condenar

verdammt *adj* (*umg*) maldito; ~ **nochmal!** porra!, irra!

verdampfen* *vi* evaporar-se

verdanken* *vt* **jdm etw** ~ dever a. c. a alguém

Verdankung *f* <-en> (*schweiz*) agradecimento *m*

verdarb [fɛɐ'darp] *imp von* **verderben**

verdauen* *vt* digerir

verdaulich *adj* **leicht** ~ de fácil digestão; **schwer** ~ indigesto

Verdauung *f kein pl* digestão *f*

Verdauungsstörungen *pl* indigestão *f*

Verdauungstrakt *m* <-(e)s, -e> aparelho *m* digestivo

Verdeck *nt* <-(e)s, -e> ① (*von Auto*) capota *f* ② (*von Schiff*) coberta *f,* convés *m*

verdecken* *vt* ① (*zudecken*) cobrir ② (*verbergen*) encobrir, ocultar

verderben [fɛɐ'dɛrbən] **I.** *vt* (*Plan*) estragar; (*Ware*) deteriorar; (*moralisch*) corromper, perverter; **sich** *dat* **den Magen** ~ apanhar uma indigestão; **es mit jdm** ~ perder as simpatias de alguém **II.** *vi* estragar-se

Verderben *nt* <-s> *kein pl* perdição *f,* ruína *f;* **jdn ins** ~ **stürzen** levar alguém à ruína, arruinar alguém

verderblich [fɛɐ'dɛrplɪç] *adj* ① (*Lebensmittel*) perecível ② (*Einfluss*) pernicioso, nocivo

verdeutlichen* *vt* esclarecer, elucidar, explicar

verdienen* *vt* ① (*Lohn*) ganhar; **sie verdient 3000 EUR im Monat** ela ganha 3000 euros por mês; **er verdient gut** ele ganha bem ② (*Lob, Vertrauen, Strafe*) merecer

Verdienst[1] *m* <-(e)s, -e> vencimento *m*

Verdienst[2] *nt* <-(e)s, -e> mérito *m,* merecimento *m*

verdoppeln* *vt* duplicar, dobrar

verdorben [fɛɐ'dɔrbən] **I.** *pp von* **verderben II.** *adj* (*Ware*) estragado, deteriorado; (*moralisch*) corrompido, depravado

verdorren* *vi* secar, murchar

verdrängen* *vt* ① (*Person*) suplantar; (*Gedanken*) esquecer ② (PSYCH) recalcar

Verdrängung *f kein pl* ① (*von Person*) suplantação *f* ② (PSYCH) recalcamento *m*

verdrehen* *vt* (*Tatsachen*) deturpar, distorcer; **die Augen** ~ revirar os olhos

verdreifachen* *vt* triplicar

verdrossen [fɛɐ'drɔsən] *adj* carrancudo

VerdrussRR [fɛɐ'drʊs] *m* <-es, -e>, **Verdruß**ALT *m* <-sses, -e> aborrecimento *m,* dissabor *m;* **zu meinem** ~ com muito pesar meu

verduften* *vi* (*umg*) evaporar-se, eclipsar-se

verdummen* *vi* estupidificar

verdunkeln* **I.** *vt* (*Raum*) escurecer **II.** *vr* **sich** ~ (*Himmel*) toldar-se, escurecer

Verdunkelung *f kein pl* escurecimento *m*

verdünnen* *vt* (*Flüssigkeit*) diluir; (*Gas*) rarefazer

verdunsten* *vi* evaporar-se

verdursten* *vi* morrer de sede

verdutzt [fɛɐ'dʊtst] *adj* estupefa(c)to, atónito, perplexo

verehren* *vt* ① (*geh: schätzen*) venerar, reverenciar ② (REL) venerar; (*anbeten*) adorar

Verehrer(in) *m(f)* <-s, - *o* -innen> admirador, admiradora *m, f*

verehrt *adj* venerado; **sehr ~es Publikum!** minhas Senhoras e meus Senhores!

Verehrung *f kein pl* ① (*von Personen*) veneração *f* ② (REL) culto *m,* veneração *f;* (*Anbetung*) adoração *f*

vereidigen* *vt* ajuramentar

Vereidigung *f* <-en> juramento *m*

Verein [fɛɐ'ʔaɪn] *m* <-(e)s, -e> associação *f;* (*Sport, Fußball*) clube *m*

vereinbar *adj* compatível (*mit* com), conciliável (*mit* com)

vereinbaren* *vt* ① (*verabreden*) combinar, acordar ② (*in Einklang bringen*) conciliar (*mit* com); **das kann ich nicht mit meinem Gewissen** ~ isso não está de acordo com a minha consciência

Vereinbarung *f* <-en> acordo *m,* combinação *f;* **eine** ~ **treffen** chegar a um acordo; (*beim Arzt*); **Sprechstunde nach** ~ consulta por marcação

vereinfachen* *vt* simplificar

vereinigen* *vt* unir, associar; **zwei Staaten**

wieder~ reunificar dois estados

Vereinigung *f* <-en> ① *(das Vereinigen)* união *f*, unificação *f*; **die deutsche ~** a unificação alemã ② *(Organisation)* união *f*, associação *f*

vereinsamen* *vi* isolar-se, ficar só

vereint *adj* unido

vereinzelt *adj* isolado

vereisen* **I.** *vt* (MED) anestesiar **II.** *vi* *(Straße)* cobrir-se de gelo

vereitern* *vi* supurar, criar pus

vererben* **I.** *vt* (BIOL) transmitir por hereditariedade; *(Güter)* legar, deixar; **jdm etw ~** deixar a. c. a alguém **II.** *vr* **sich ~** (BIOL) ser hereditário

vererblich *adj* hereditário

Vererbung *f kein pl* (BIOL) transmissão *f* hereditária

verewigen* **I.** *vt* eternizar, perpetuar, imortalizar **II.** *vr* **sich ~** *(umg)* deixar rasto

verfahren*[1] **I.** *vi irr* proceder **II.** *vr* **sich ~** *irr* perder-se, enganar-se no caminho

verfahren[2] **I.** *pp von* **verfahren** **II.** *adj* encrencado, confuso

Verfahren *nt* <-s, -> ① *(Vorgehen)* procedimento *m*; *(Methode)* processo *m*, método *m* ② (JUR) processo *m*; **ein ~ gegen jdn einleiten** instaurar um processo contra alguém, processar alguém; **ein ~ einstellen** arquivar um processo

Verfall *m* <-(e)s> *kein pl* ① *(von Gebäude)* queda *f* ② *(moralisch)* decadência *f*, declínio *m* ③ *(von Gutschein, Eintrittskarte)* fim da validade *m*

verfallen* *vi irr* ① *(Gebäude)* desmoronar-se, ruir ② *(körperlich, geistig)* entrar em decadência, entrar em declínio ③ *(ungültig werden)* caducar; *(Frist)* vencer-se, expirar ④ *(abhängig werden)* viciar-se, entregar-se; **in Melancholie ~** entregar-se à melancolia; **dem Alkohol ~** viciar-se no álcool ⑤ *(sich ausdenken)* lembrar-se *(auf* de)

Verfallsdatum *nt* <-s, -daten> data *f* de validade

verfälschen* *vt* *(Wahrheit)* deturpar, distorcer; *(Daten)* adulterar

verfärben* *vr* **sich ~** *(Kleidung)* tingir; *(Gesicht)* tomar cor

verfassen* *vt* redigir, compor

Verfasser(in) *m(f)* <-s, - *o* -innen> autor, autora *m, f*

Verfassung *f* <-en> ① *(Zustand)* estado *m* ② (POL) constituição *f*

Verfassungsgericht *nt* <-(e)s, -e> tribunal *m* constitucional

verfassungswidrig *adj* anticonstitucional

verfaulen* *vi* apodrecer

verfehlen* **I.** *vt* *(Zweck, Ziel)* falhar; *(Beruf)* errar; *(Zug)* perder; *(Person)* não encontrar **II.** *vr* **sich ~** desencontrar-se

verfilmen* *vt* fazer um filme de

verfliegen* *vi irr* ① *(Duft)* dissipar-se, evaporar-se ② *(Ärger, Begeisterung)* dissipar-se; *(Zeit)* voar

verfluchen* *vt* *(Person)* amaldiçoar, rogar pragas a; *(Situation, Arbeit)* maldizer

verflucht *adj* *(umg)* maldito, danado; **dieser ~e Kerl** este patife; **~er Mist!** com um raio!

verflüchtigen* *vr* **sich ~** dissipar-se

verfolgen* *vt* *(Person, Ziel)* perseguir; *(Entwicklung)* seguir de perto; **sie werden politisch verfolgt** eles são perseguidos pelos seus ideais políticos

Verfolger(in) *m(f)* <-s, - *o* -innen> perseguidor, perseguidora *m, f*

Verfolgung *f* <-en> perseguição *f*

Verfolgungswahn *m* <-(e)s> *kein pl* (PSYCH) mania *f* da perseguição

verfrüht *adj* prematuro

verfügbar *adj* disponível

verfügen* *vi* *(Zeit, Besitz)* dispor *(über* de); **über Erfahrung ~** ter experiência

Verfügung *f* <-en> ① *(Bereitschaft)* disposição *f*; **jdm zur ~ stehen** estar à disposição de alguém; **jdm etw zur ~ stellen** pôr a. c. à disposição de alguém ② *(Anordnung)* ordem *f*

verführen* *vt* ① *(anstiften)* desencaminhar *(zu* para), tentar *(zu* a) ② *(sexuell)* seduzir

verführerisch *adj* *(Anblick, Person)* sedutor; *(Angebot)* tentador, aliciante

Verführung *f* <-en> sedução *f*

vergammeln* *vi* *(umg)* estragar-se

vergangen [fɛɐˈgaŋən] **I.** *pp von* **vergehen** **II.** *adj* passado

Vergangenheit *f kein pl* ① *(Zurückliegendes)* passado *m*; **das Schloss hat eine düstere ~** o castelo tem um passado sinistro ② (LING) passado *m*, pretérito *m*

Vergangenheitsbewältigung *f kein pl* superação *f* do passado histórico

vergänglich *adj* efémero, passageiro

Vergaser *m* <-s, -> carburador *m*

vergaß *imp von* **vergessen**

vergeben* *vt irr* ❶ (*zuweisen*) conferir; (*Stipendium, Preis*) atribuir; (*Auftrag*) adjudicar ❷ (*geh: verzeihen*) perdoar; **jdm etw ~** perdoar a. c. a alguém

vergebens [fɛɐ'ge:bəns] *adv* em vão, debalde

vergeblich **I.** *adj* inútil, infrutífero **II.** *adv* em vão, debalde

Vergebung *f* <-en> (*geh*) perdão *m;* (*der Sünden*) remissão *f;* **um ~ bitten** pedir perdão

vergehen* *vi irr* (*Zeit, Schmerz*) passar; **mir ist die Lust vergangen** passou-me a vontade

Vergehen *nt* <-s, -> delito *m,* crime *m*

Vergeltung *f kein pl* desforra *f,* troco *m;* **~ für etw üben** desforrar-se de a. c.

vergessen [fɛɐ'gɛsən] *vt* esquecer-se de, esquecer; **ich habe ~, was ich sagen wollte** esqueci-me do que queria dizer; **ich habe meine Brille zu Hause ~** esqueci-me dos óculos em casa

Vergessenheit *f kein pl* esquecimento *m;* **in ~ geraten** cair no esquecimento

vergesslich[RR] *adj,* **vergeßlich**[ALT] *adj* esquecido

vergeuden* *vt* (*Zeit*) desperdiçar; (*Geld*) esbanjar

vergewaltigen* *vt* violar, violentar

Vergewaltigung *f* <-en> violação *f,* estupro *m*

vergewissern* *vr* **sich ~** certificar-se; **haben Sie sich seiner Unterstützung vergewissert?** certificou-se de que ele o apoia?; **ich habe mich vergewissert, dass alle Türen geschlossen sind** eu certifiquei-me de que todas as portas estão fechadas

vergießen* *vt irr* entornar, derramar, verter; **viele Trännen wegen etw ~** derramar muitas lágrimas por a. c.

vergiften* *vt* intoxicar; (*tödlich*) envenenar

Vergiftung *f* <-en> intoxicação *f;* (*tödlich*) envenenamento *m*

Vergissmeinnicht[RR] [fɛɐ'gɪsmaɪnɪçt] *nt* <-(e)s, -e> (BOT) miosótis *f*

verglasen* *vt* envidraçar

Vergleich *m* <-(e)s, -e> ❶ (*das Vergleichen*) comparação *f;* **im ~ zu** *+dat* em comparação com; **einen ~ zwischen zwei Dingen ziehen** fazer uma comparação entre duas coisas; **der ~ hinkt** não é uma boa comparação ❷ (JUR) acordo *m*

vergleichbar *adj* comparável

vergleichen* *vt irr* comparar (*mit* com), confrontar (*mit* com); **vergleiche Seite 32** confrontar página 32; **~de Sprachwissenschaft** linguística comparada; **zwei Städte miteinander ~** comparar duas cidades uma com a outra; **sich mit etw ~ lassen** comparar-se a a. c.

vergleichsweise *adv* em comparação; **das ist ~ viel** em comparação, isso é muito

vergnügen* *vr* **sich ~** divertir-se, entreter-se

Vergnügen *nt* <-s> *kein pl* ❶ (*Gefallen*) gosto *m,* prazer *m,* satisfação *f;* (*Spaß*) divertimento *m;* **mit ~!** com muito prazer!, com todo o gosto!; **viel ~!** diverte-te! ❷ (*Zeitvertreib*) entretenimento *m,* divertimento *m*

vergnügt *adj* satisfeito (*über* com), contente (*über* com)

Vergnügung *f* <-en> diversão *f,* divertimento *m*

Vergnügungspark *m* <-s, -s> parque *m* de diversões

vergolden* *vt* dourar

vergönnen* *vt* ❶ (*geh: gewähren*) permitir, consentir; **es war ihm nicht vergönnt, einmal nach Asien zu reisen** não lhe foi possível ir uma vez à Ásia ❷ (*schweiz: nicht gönnen*) não conceder; **die Chance zu studieren wurde ihm vergönnt** ele não teve oportunidade de estudar

vergöttern* *vt* idolatrar, deificar

vergraben* *vt irr* soterrar, enterrar

vergriffen [fɛɐ'grɪfən] *adj* esgotado

vergrößern* **I.** *vt* ❶ (*räumlich*) aumentar, ampliar; (*Lupe*) ampliar ❷ (*vermehren*) aumentar **II.** *vr* **sich ~** ❶ (*räumlich*) aumentar ❷ (*zunehmen*) crescer, aumentar

Vergrößerung *f* <-en> ❶ (*räumlich*) aumento *m,* ampliação *m;* (*eines Fotos*) ampliação *f* ❷ (*Zunahme*) crescimento *m,* aumento *m*

Vergrößerungsglas *nt* <-es, -gläser> lupa *f,* lente *f* de aumento

Vergünstigung *f* <-en> regalia *f,* benefício *m;* (*finanziell*) bonificação *f,* bónus *m*

vergüten* *vt* ❶ (*Arbeit*) remunerar ❷ (*Unkosten*) inde(m)nizar

Vergütung *f* <-en> ❶ (*für Arbeit*) remuneração *f* ❷ (*Rückerstattung*) inde(m)nização *f*

verh. *abk v* **verheiratet** casado

verhaften* *vt* prender, deter

Verhaftung *f* <-en> prisão *f,* detenção *f*

verhalten* *vr* **sich ~** *irr* ❶ (*sich benehmen*) comportar-se, portar-se; **sie hat sich ihm gegenüber korrekt ~** ela foi corre(c)ta com ele ❷ (*sein*) ser; **in Wirklichkeit verhält es sich ganz anders** na realidade, é bem diferente

Verhalten *nt* <-s> *kein pl* comportamento *m,* conduta *f*

verhaltensgestört *adj* com distúrbios de comportamento

Verhältnis *nt* <-ses, -se> ❶ (*Relation*) relação *f;* (MATH) proporção *f,* razão *f;* **im ~ zu ihrem Alter** em relação à idade dela; **das entspricht einem ~ von vier zu eins** isso corresponde a uma proporção de quatro para um ❷ (*persönliche Beziehung*) relação *f* (*zu* com), relacionamento *m* (*zu* com); **er hat ein gutes ~ zu seinen Eltern** ele tem uma boa relação com os pais ❸ (*umg: Liebesbeziehung*) relação (amorosa) *f* (*mit* com); **sie haben ein ~** eles têm uma relação

verhältnismäßig *adv* em proporção, relativamente

Verhältnisse *pl* condições *fpl,* circunstâncias *fpl;* **er kommt aus einfachen ~n** ele vem de uma baixa condição social; **sie lebt über ihre ~** ela vive acima das suas condições financeiras

Verhältniswahlrecht *nt* <-(e)s> *kein pl* (POL) sufrágio *m* proporcional

verhandeln* **I.** *vt* (JUR) deliberar **II.** *vi* negociar; **sie ~ über einen Waffenstillstand** eles negoceiam um cessar-fogo

Verhandlung *f* <-en> ❶ (*das Verhandeln*) negociação *f;* **mit jdm ~en aufnehmen** entrar em negociações com alguém; **~en über etw führen** estar em negociações sobre a. c. ❷ (JUR) audiência *f*

verhängen* *vt* (*Strafe*) infligir (*über* a); (*Embargo*) impor (*über* a); (*Ausnahmezustand*) declarar (*über* para)

Verhängnis *nt* <-ses, -se> fatalidade *f*

verhängnisvoll *adj* fatídico

verharmlosen* *vt* minimizar

verharren* *vi* permanecer, persistir; **regungslos ~** ficar impávido

verhasst[RR] [fɛɐ'hast] *adj,* **verhaßt**[ALT] *adj* odiado, detestado

verheerend *adj* devastador, assolador

verheilen* *vi* sarar, cicatrizar

verheimlichen* *vt* esconder, ocultar, encobrir

verheiratet *adj* casado (*mit* com); **~ sein** ser casado; **glücklich ~ sein** ter um casamento feliz

verheißen* *vt irr* (*geh*) prometer

verherrlichen* *vt* glorificar, enaltecer

verhexen* *vt* enfeitiçar; (*umg*); **es ist wie verhext!** parece que tem bruxedo!

verhindern* *vt* impedir, evitar; **verhindert sein** já ter um compromisso

verhöhnen* *vt* escarnecer, troçar de, zombar de

Verhör *nt* <-(e)s, -e> interrogatório *m;* **jdn einem ~ unterziehen** submeter alguém a interrogatório, interrogar alguém

verhören* **I.** *vt* interrogar **II.** *vr* **sich ~** ouvir mal

verhungern* *vi* morrer de fome

verhüten* *vt* (*Unfall, Krankheit*) evitar; **die Empfängnis ~** usar um contraceptivo

Verhütung *f* <-en> prevenção *f,* precaução *f;* (*der Empfängnis*) contracepção *f*

Verhütungsmittel *nt* <-s, -> contraceptivo *m,* método *m* anticoncepcional

verinnerlichen* *vt* interiorizar

verirren* *vr* **sich ~** perder-se (*in* em)

verjagen* *vt* enxotar, escorraçar

verjähren* *vi* prescrever

Verkabelung *f* <-en> cablagem *f*

verkalken* *vi* ❶ (*Maschine*) calcinar, calcificar ❷ (MED) escloretizar ❸ (*umg: Mensch*) ficar xexé

verkalkulieren* *vr* **sich ~** enganar-se nos cálculos

verkatert *adj* (*umg*) ressacado

Verkauf *m* <-(e)s, -käufe> venda *f;* **zum ~ stehen** estar à venda

verkaufen* *vt* vender; **sich gut ~** ter muita saída, vender-se bem; **wir ~ das Auto für 4000 EUR** nós vendemos o carro por 4000 euros

Verkäufer(in) *m(f)* <-s, - *o* -innen> vendedor, vendedora *m, f;* (*im Laden*) empregado, empregada *m, f*

verkäuflich *adj* vendível; **schwer ~ sein** vender-se mal, ter pouca saída

Verkaufspreis *m* <-es, -e> preço *m* de venda

Verkehr [fɛɐ'keːɐ] *m* <-s> *kein pl* ❶ (*Straßenverkehr*) trânsito *m;* (*Güterverkehr*) transporte *m,* circulação *f;* (*Flugverkehr, Schiffsverkehr*) tráfego *m;* **es ist viel ~** está muito trânsito; **stockender ~** engarrafamento; **etw aus dem ~ ziehen** tirar a. c. de circulação ❷ (*Schriftverkehr*) correspondência *f*

verkehren* **I.** *vt* inverter; **etw ins Gegenteil ~** inverter a. c. **II.** *vi* ❶ (*Verkehrsmittel*) circular; **der Bus verkehrt alle 15 Minuten** o autocarro circula de 15 em 15 minutos ❷ (*besuchen*) frequentar; **in dem Café ~ zahlreiche Schriftsteller** numerosos escritores frequentam o café; **mit jdm ~** dar-se com alguém, privar com alguém; (*brieflich*) corresponder-se com alguém

Verkehrsampel *f* <-n> semáforo *m*

Verkehrsberuhigung *f kein pl* diminuição *f* do trânsito

Verkehrsdelikt *nt* <-(e)s, -e> infra(c)ção *f* ao código da estrada

Verkehrsdurchsage *f* <-n> informação *f* de trânsito

Verkehrsinsel *f* <-n> separador *m* ajardinado

Verkehrsmittel *nt* <-s, -> meio *m* de transporte; **öffentliche ~** transportes *mpl* públicos, transportes *mpl* cole(c)tivos

Verkehrsordnung *f kein pl* código *m* da estrada

Verkehrspolizei *f kein pl* polícia *f* de trânsito

Verkehrsregel *f* <-n> regra *f* de trânsito

verkehrsreich *adj* movimentado, com muito trânsito

Verkehrsschild *nt* <-(e)s, -er> sinal *m* de trânsito, placa *f* de sinalização

Verkehrsstockung *f* <-en> engarrafamento *m*

Verkehrsunfall *m* <-(e)s, -fälle> acidente *m* de viação

Verkehrsverein *m* <-(e)s, -e> agência *f* de turismo

verkehrswidrig *adj* contrário ao regulamento de trânsito

verkehrt [fɛɐ'ke:ɐt] **I.** *adj* errado **II.** *adv* (*umgekehrt*) do avesso, às avessas; (*falsch*) mal; **du hast die Jacke ~ herum an** tens o casaco do avesso; **etw ~ machen** fazer a. c. mal

verkennen* *vt irr* desconhecer, não entender; **du verkennst den Ernst der Lage** tu não entendes a gravidade da situação

verklagen* *vt* (JUR) processar, apresentar queixa contra; **jdn auf Schadenersatz ~** exigir uma inde(m)nização a alguém

verklappen* *vt* descarregar no mar

verkleiden* **I.** *vt* (*Wand*) revestir (*mit* de) **II.** *vr* **sich ~** fantasiar-se (*als* de), mascarar-se (*als* de)

Verkleidung *f* <-en> ❶ (*von Wand*) revestimento *m* ❷ (*von Person*) fantasia *f*

verkleinern* *vt* ❶ (*räumlich*) reduzir; **etw um die Hälfte ~** reduzir a. c. a metade ❷ (*Menge*) diminuir, reduzir

Verkleinerungsform *f* <-en> (LING) diminutivo *m*

verklemmt *adj* inibido, complexado

verklingen* *vi irr* deixar de se ouvir lentamente, desaparecer lentamente

verkneifen* *vt irr* (*umg*) **sich** *dat* **etw ~** conter a. c.

verkniffen [fɛɐ'knɪfən] **I.** *pp von* **verkneifen** **II.** *adj* tenso

verknüpfen* *vt* ❶ (*in Beziehung setzen*) ligar (*mit* a), juntar (*mit* a) ❷ (*kombinieren*) associar (*mit* a)

verkommen[1] *vi irr* ❶ (*Gebäude, Stadt*) degradar-se ❷ (*Mensch*) abandalhar-se; (*moralisch*) corromper-se, degenerar

verkommen[2] **I.** *pp von* **verkommen** **II.** *adj* ❶ (*Gebäude, Stadt*) degradado ❷ (*Mensch*) abandalhado; (*moralisch*) corrompido

verkomplizieren* *vt* complicar

verkörpern* *vt* encarnar, personificar

Verkörperung *f* <-en> encarnação *f*, personificação *f*

verkrachen* *vr* **sich ~** (*umg*) zangar-se (*mit* com), chatear-se (*mit* com)

verkraften* *vt* aguentar, suportar

verkrampfen* *vr* **sich ~** (*Muskel*) contrair-se

verkrampft *adj* tenso, contraído; (*Lächeln*) forçado

verkriechen* *vr* **sich ~** *irr* agachar-se, encolher-se

verkrümmt *adj* deformado

Verkrümmung *f* <-en> deformação *f*

verkrüppelt *adj* aleijado, atrofiado

verkühlen* *vr* **sich ~** constipar-se, apanhar um resfriado

verkümmern* *vi* ❶ (*Glied, Organ*) atrofiar; (*Pflanze*) mirrar, definhar ❷ (*Talent*) perder-se

verkünden* *vt* ❶ (*ankündigen*) comunicar ❷ (*bekannt machen*) anunciar; (*Urteil*) proferir, pronunciar; (*Gesetz*) publicar

Verkündigung *f* <-en> (*schweiz*) publicação *f* de banhos

verkürzen* *vt* encurtar, reduzir; (*Zeit, Weg,*

Text) abreviar

Verlad *m* <-(e)s> *kein pl* (*schweiz*) *s.* **Verladung**

verladen* *vt irr* carregar (*auf* para); (*auf Schiffe*) embarcar

Verladung *f* <-en> carga *f,* carregamento *m;* (*auf Schiff*) embarque *m*

Verlag [fɛɐ̯ˈlaːk] *m* <-(e)s, -e> editora *f*

verlagern* *vt* (*Schwerpunkt, Interessen*) transferir (*auf* para)

Verlagswesen *nt* <-s, -> se(c)tor *m* editorial

verlangen* *vt* exigir; (*bitten*) pedir; **das ist zu viel verlangt** isso é exigir demais; **ich verlange Pünktlichkeit** eu exijo pontualidade; **Sie werden am Telefon verlangt** estão a chamá-lo ao telefone

Verlangen *nt* <-s> *kein pl* ❶ (*Wunsch*) desejo *m,* ansiedade *f;* **ein starkes ~ nach etw haben** ansiar por a. c. ❷ (*Forderung*) exigência *f*

verlängern* **I.** *vt* (*räumlich*) prolongar (*um* por); (*Vertrag*) prorrogar (*um* por), renovar (*um* por); (*Frist*) prolongar (*um* por), prorrogar (*um* por); (*Pass*) renovar (*um* por) **II.** *vr* **sich ~** (*räumlich, zeitlich*) prolongar-se (*um* por)

Verlängerung *f* <-en> ❶ (*räumlich*) prolongamento *m* ❷ (*von Frist*) prolongamento *m,* prorrogação *f;* (*von Vertrag, Pass*) renovação *f;* (SPORT) prolongamento *m*

Verlängerungsschnur *f* <-schnüre> extensão *f*

verlangsamen* *vt* (*Geschwindigkeit*) reduzir, abrandar

Verlass[RR] [fɛɐ̯ˈlas] *m* <-es, ->, **Verlaß**[ALT] *m* <-sses, -> confiança *f;* **auf ihn ist ~** pode-se confiar nele, ele é de confiança; **auf ihn ist kein ~** não se pode confiar nele; **darauf ist (kein) ~** isso (não) é de confiança

verlassen*[1] **I.** *vt irr* deixar, abandonar; **sie hat ihren Freund ~** ela deixou o namorado; **~ Sie sofort mein Haus!** saia imediatamente da minha casa! **II.** *vr* **sich ~** *irr* confiar (*auf* em), fiar-se (*auf* em); **darauf können Sie sich ~** pode confiar

verlassen[2] **I.** *pp von* **verlassen II.** *adj* (*Haus*) abandonado; (*Ort, Gegend*) sem vivalma

verlässlich[RR] *adj* seguro, de confiança

Verlauf *m* <-(e)s, -läufe> ❶ (*zeitlich*) decurso *m,* decorrer *m;* (*Entwicklung*) desenrolar *m,* andamento *m;* (*einer Krankheit*) evolução *f;* **im ~ der letzten Monate** no decorrer dos últimos meses ❷ (*von Straße, Grenze*) percurso *m;* (*von Fluss*) curso *m*

verlaufen* **I.** *vi irr* ❶ (*ablaufen*) decorrer, correr; (*Zeitraum*) passar; (*Untersuchung*) decorrer ❷ (*Grenze, Weg*) estender-se (*durch* por) ❸ (*Farben*) escorrer **II.** *vr* **sich ~** *irr* ❶ (*sich verirren*) perder-se, enganar-se no caminho; **habt ihr euch im Wald ~?** perderam-se na floresta? ❷ (*Menschenmenge*) dispersar

verlauten* *vi* constar; **wie von offizieller Seite verlautete ...** segundo fontes oficiais ...

verleben* *vt* passar; **den Urlaub im Gebirge ~** passar as férias nas montanhas

verlegen[1] *vt* ❶ (*örtlich*) transferir; **die Filiale wurde nach Hongkong verlegt** a filial foi transferida para Hongkong ❷ (*Termin*) mudar (*auf* para), transferir (*auf* para); **können wir die Sitzung auf Donnerstag ~?** podemos adiar a reunião para quinta-feira? ❸ (*verlieren*) pôr fora do sítio, perder; **ich habe die Fernbedienung verlegt** eu perdi o telecomando ❹ (*Leitung*) instalar; (*Teppichboden*) colocar ❺ (*Buch*) editar, publicar

verlegen[2] *adj* embaraçado, constrangido, atrapalhado; **nie um eine Antwort ~ sein** ter sempre resposta pronta

Verlegenheit *f kein pl* embaraço *m,* constrangimento *m;* **jdn in ~ bringen** embaraçar alguém, constranger alguém, atrapalhar alguém

Verleger(in) *m(f)* <-s, - *o* -innen> editor, editora *m, f*

Verleih *m* <-(e)s, -e> (*Firma*) distribuidor *m*

verleihen* *vt irr* ❶ (*ausleihen*) emprestar (*an* a); (*gegen Gebühr*) alugar (*an* a) ❷ (*Titel, Preis*) atribuir; **José Saramago wurde der Nobelpreis verliehen** José Saramago foi laureado com o prémio Nobel, foi atribuído o prémio Nobel a José Saramago

Verleihung *f* <-en> ❶ (*von Geld, Buch*) empréstimo *m;* (*gegen Gebühr*) aluguer *m,* aluguel *m* ❷ (*von Auszeichnung*) atribuição *f*

verleiten* *vt* induzir (*zu* em), desencaminhar (*zu* para)

verlernen* *vt* desaprender, esquecer

verlesen* *vt irr* ❶ (*Text*) ler ❷ (*Gemüse*) escolher

V

verletzen* **I.** *vt* (*verwunden*) ferir (*an* em), magoar (*an* em); (*seelisch*) magoar (*an* em); (*Gesetz*) violar, infringir **II.** *vr* **sich ~** ferir-se (*an* em), magoar-se (*an* em)
verletzend *adj* ofensivo
verletzt *adj* ferido, magoado; **schwer ~** gravemente ferido
Verletzte(r) *m/f* <-n, -n *o* -n> ferido, ferida *m, f*
Verletzung *f* <-en> ① (*Wunde*) ferimento *m*, lesão *f*; **innere ~en** lesões internas; **er ist seinen ~en erlegen** ele morreu dos ferimentos ② (*seelisch*) ofensa *f* ③ (*von Gesetz*) violação *f*, infra(c)ção *f*
verleugnen* *vt* renegar
verleumden* *vt* caluniar, difamar
verleumderisch *adj* calunioso, difamador
Verleumdung *f* <-en> calúnia *f*, difamação *f*
verlieben* *vr* **sich ~** apaixonar-se (*in* por), enamorar-se (*in* de)
verliebt *adj* apaixonado
Verliebtheit *f kein pl* paixão *f*
verlieren [fɛɐ'li:rən] **I.** *vt* perder; **wir dürfen keine Zeit mehr ~** não podemos perder mais tempo; **seine Stelle ~** perder o emprego; **die Geduld ~** perder a paciência **II.** *vi* (*Mannschaft*) perder; (*Währung*) desvalorizar; **sie haben 2 zu 5 verloren** eles perderam 5:2; **der Euro hat an Wert verloren** o euro desvalorizou
Verlierer(in) *m(f)* <-s, - *o* -innen> perdedor, perdedora *m, f*
verloben* *vr* **sich ~** ficar noivo (*mit* de); **sie haben sich** (**letzte Woche**) **verlobt** eles ficaram noivos (a semana passada); **sie wollen sich ~** eles tencionam ficar noivos
Verlobte(r) *m/f* <-n, -n *o* -n> noivo, noiva *m, f*
Verlobung *f* <-en> noivado *m*
verlockend *adj* tentador, aliciante
Verlockung *f* <-en> tentação *f*
verlogen [fɛɐ'lo:gən] *adj* mentiroso, falso
Verlogenheit *f kein pl* mentira *f*, falsidade *f*
verlor [fɛɐ'lo:ɐ] *imp von* **verlieren**
verloren [fɛɐ'lo:rən] **I.** *pp von* **verlieren** **II.** *adj* perdido; **~ gehen** perder-se, extraviar-se
verloren|gehen[ALT] *vi irr s.* **verloren II**
verlosen* *vt* sortear, rifar
Verlosung *f* <-en> sorteio *m*, rifa *f*; **an der ~ teilnehmen** participar no sorteio
Verlust [fɛɐ'lʊst] *m* <-(e)s, -e> perda *f*; (*Schaden*) prejuízo *m*; (*in Krieg*) baixa *f*
vermachen* *vt* **jdm etw ~** legar a. c. a alguém, deixar a. c. a alguém
Vermächtnis *nt* <-ses, -se> legado *m*
vermarkten* *vt* comercializar
vermasseln* *vt* (*umg*) estragar, escangalhar
vermehren* **I.** *vt* aumentar **II.** *vr* **sich ~** ① (*zunehmen*) aumentar (*um* em) ② (*sich fortpflanzen*) multiplicar-se
Vermehrung *f* <-en> ① (*Zunahme*) aumento *m* ② (*Fortpflanzung*) multiplicação *f*
vermeiden* *vt irr* evitar
vermeintlich [fɛɐ'maɪntlɪç] *adj* pretenso
Vermerk *m* <-(e)s, -e> observação *f*, nota *f*
vermerken* *vt* ① (*notieren*) anotar, apontar ② (*wahrnehmen*) notar
vermessen[1] *vt irr* medir; (*Land*) agrimensar, levantar um plano de
vermessen[2] *adj* (*geh*) ousado, arrojado
Vermessung *f* <-en> levantamento *m* topográfico
vermieten* *vt* alugar (*an* a); (*Haus, Wohnung*) alugar (*an* a), arrendar (*an* a); **Zimmer zu ~** alugam-se quartos
Vermieter(in) *m(f)* <-s, - *o* -innen> senhorio, senhoria *m, f*
Vermietung *f* <-en> arrendamento *m*
vermindern* **I.** *vt* diminuir, reduzir; (*Schmerzen*) mitigar, abrandar **II.** *vr* **sich ~** diminuir
Verminderung *f* <-en> diminuição *f*, redução *f*
verminen* *vt* minar
vermischen* *vt* misturar (*mit* com)
vermissen* *vt* (*Person*) sentir a falta de; (*Dinge*) dar pela falta de; **wir haben dich sehr vermisst** nós sentimos muito a tua falta, nós tivemos muitas saudades tuas; **er vermisst seine Schlüssel** ele não encontra a chave
vermisst[RR] *adj*, **vermißt**[ALT] *adj* desaparecido; **jdn als ~ melden** participar o desaparecimento de alguém
Vermisste(r)[RR] *m/f* <-n, -n *o* -n> desaparecido, desaparecida *m, f*
vermitteln* **I.** *vt* (*beschaffen*) arranjar; **jdm eine Wohnung/Stelle ~** arranjar uma casa/um emprego a alguém; (*Wissen*) proporcionar **II.** *vi* (*in Konflikt*) servir de mediador (*zwischen* entre), mediar (*zwischen* entre)

Vermittler(in) *m(f)* <-s, - *o* -innen> (*in Konflikt*) mediador, mediadora *m, f,* intermediário, intermediária *m, f*

Vermittlung *f* <-en> ① (*in Konflikt*) mediação *f;* **durch ~ von** +*dat* por intermédio de ② (*von Stelle, Treffen*) mediação *f* ③ (*für Telefongespräche*) central *f*

vermögen* *vt irr* (*schweiz*) poder ter

Vermögen *nt* <-s, -> fortuna *f*

vermögend *adj* rico

vermummt *adj* disfarçado, mascarado

Vermummung *f* <-en> disfarce *m,* máscara *f*

vermuten* *vt* presumir, supor, imaginar; **das hatte ich nicht vermutet** eu não tinha imaginado isso

vermutlich **I.** *adj* presumível, suposto **II.** *adv* presumivelmente

Vermutung *f* <-en> suposição *f,* presunção *f;* **~en über etw anstellen** fazer conje(c)turas sobre a. c.

vernachlässigen* *vt* (*Arbeit, Kinder*) descurar, descuidar, desleixar; **die Details können wir ~** podemos esquecer os pormenores

vernarben* *vi* cicatrizar

vernarrt *adj* doido (*in* por)

vernehmen* *vt irr* ① (JUR) interrogar ② (*geh: erfahren*) saber, ter conhecimento ③ (*geh: hören*) ouvir, escutar

Vernehmung *f* <-en> (JUR) interrogatório *m;* (*von Zeugen*) audição *f*

verneigen* *vr* **sich ~** fazer uma vénia (*vor* a)

verneinen* *vt* (*Frage*) responder negativamente a

Verneinung *f* <-en> negação *f;* (*einer Frage*) resposta *f* negativa

vernetzen* *vt* (INFOR) ligar à rede

vernichten* *vt* destruir, aniquilar; (*Arbeitsplätze*) suprimir; (*ausrotten*) exterminar; **das Feuer hat große Waldgebiete vernichtet** o fogo consumiu grandes zonas florestais

vernichtend *adj* (*Blick*) fulminante; (*Kritik, Niederlage*) arrasador

Vernichtung *f* <-en> destruição *f,* aniquilamento *m;* (*Ausrottung*) extermínio *m*

verniedlichen* *vt* minimizar

Vernissage *f* <-n> inauguração *f* (de exposição)

Vernunft [fɛɐˈnʊnft] *f kein pl* juízo *m,* razão *f,* sensatez *f;* **jdn zur ~ bringen** chamar alguém à razão; **zur ~ kommen** tomar juízo

vernünftig *adj* sensato; (*Kind*) ajuizado

veröden* *vi* ficar deserto, ficar despovoado

veröffentlichen* *vt* publicar, divulgar

Veröffentlichung *f* <-en> publicação *f,* divulgação *f*

verordnen* *vt* ① (*Arzt*) prescrever, receitar ② (*anordnen*) decretar, ordenar

Verordnung *f* <-en> ① (*von Arzt*) prescrição *f,* receita *f* ② (*Anordnung*) decreto *m*

verpachten* *vt* arrendar (*an* a)

verpacken* *vt* embrulhar; (*in Pakete*) embalar, empacotar; (*in Dosen*) encaixotar; **gut verpackt** bem acondicionado; **etw als Geschenk ~** embrulhar a. c. para oferecer

Verpackung *f* <-en> acondicionamento *m,* embalagem *f*

verpassen* *vt* (*Zug, Gelegenheit*) perder; (*Person*) desencontrar-se de

verpesten* *vt* empestar; **die Abgase ~ die Luft** os gases empestam o ar

verpetzen* *vt* (*abw*) fazer queixa de; **jdn beim Lehrer ~** fazer queixa de alguém ao professor

verpfänden* *vt* empenhar, penhorar

Verpflanzung *f* <-en> (MED) transplante *m,* transplantação *f;* (BOT) transplantação *f*

verpflegen* *vt* alimentar

Verpflegung *f kein pl* alimentação *f*

verpflichten* **I.** *vt* (*binden*) obrigar; **jdn zu etw ~** obrigar alguém a a. c.; (*Sportler*) contratar **II.** *vr* **sich ~** comprometer-se (*zu* a)

Verpflichtung *f* <-en> ① (*Bindung*) compromisso *m;* (*Pflicht*) obrigação *f,* dever *m* ② (*von Sportler*) contratação *f*

verpfuschen* *vt* (*umg*) estragar, dar cabo de

verplappern* *vr* **sich ~** (*umg*) descair-se

verplempern* *vt* (*umg*) desperdiçar

verpönt *adj* de mau tom; **~ sein** ser mal visto

verprügeln* *vt* espancar

Verputz *m* <-es, -e> reboco *m*

verputzen* *vt* (*Wand, Haus*) rebocar, revestir com reboco

verqualmt *adj* cheio de fumo

verquollen *adj* inchado

verramschen* *vt* (*umg*) vender ao desbarato

Verrat [fɛɐˈraːt] *m* <-(e)s> *kein pl* traição *f*

verraten* **I.** *vt irr* (*Geheimnis*) revelar, contar; (*Person*) trair, atraiçoar **II.** *vr* **sich ~** *irr* (*durch Geste, Sprache*) trair-se

Verräter(in) *m(f)* <-s, - *o* -innen> traidor, traidora *m, f*

verräterisch *adj* ① (*Person*) traiçoeiro ② (*Geste, Verhalten*) traidor

verrechnen* **I.** *vt* descontar, lançar em conta; **die Gewinne mit den Verlusten ~** compensar as perdas com os lucros **II.** *vr* **sich ~** enganar-se nas contas; **Sie haben sich um 3 EUR verrechnet** enganou-se por 3 euros

Verrechnungsscheck *m* <-s, -s> cheque *m* cruzado

verregnet *adj* chuvoso

verreisen* *vi* ir para fora, partir de viagem; **er ist verreist** ele está para fora, ele viajou

verrenken* *vt* torcer, deslocar; **sich** *dat* **den Knöchel ~** torcer o tornozelo

Verrenkung *f* <-en> (MED) luxação *f*

verriegeln* *vt* aferrolhar, trancar

verringern* **I.** *vt* diminuir (*um* em), reduzir (*um* em) **II.** *vr* **sich ~** diminuir (*um* em)

Verringerung *f* <-en> diminuição *f*, redução *f*

verrosten* *vi* enferrujar

verrückt *adj* doido, louco, maluco; **~ werden** enlouquecer; **~ nach etw sein** ser louco [*o* doido] por a. c.; **jdn ~ machen** dar com alguém em doido, pôr alguém doido/maluco

Verrückte(r) *m/f* <-n, -n *o* -n> louco, louca *m, f,* maluco, maluca *m, f,* doido, doida *m, f*

verrückt|spielen *vi* parecer doido

Verruf *m* **in ~ geraten/kommen** cair em descrédito; **jdn in ~ bringen** desacreditar alguém, difamar alguém

verrufen *adj* com má fama

verrutschen* *vi* escorregar, deslizar

Vers [fɛrs] *m* <-es, -e> verso *m;* (*in Bibel*) versículo *m*

versagen* *vi* (*Mensch, Maschine*) falhar; **die Stimme versagte mir** falhou-me a voz

Versagen *nt* <-s> *kein pl* (*von Mensch*) falha *f;* (*von Maschine*) avaria *f,* falha *f;* **menschliches ~** falha *f* humana

Versager(in) *m(f)* <-s, - *o* -innen> falhado, falhada *m, f,* fracassado, fracassada *m, f*

versalzen* *vt* pôr sal a mais em

versammeln* **I.** *vt* reunir, juntar **II.** *vr* **sich ~** reunir-se, juntar-se

Versammlung *f* <-en> reunião *f,* assembleia *f;* **eine ~ abhalten** fazer uma reunião

Versand [fɛɐ'zant] *m* <-(e)s> *kein pl* expedição *f,* envio *m*

versanden* *vi* assorear

Versandhaus *nt* <-es, -häuser> firma *f* de venda por correspondência

versäumen* *vt* ① (*Gelegenheit, Frist*) deixar passar; (*Zug, Zeit*) perder ② (*Pflicht*) negligenciar, faltar com, esquecer ③ (*Treffen, Unterricht*) faltar a

Versäumnis *nt* <-ses, -se> falta *f,* negligência *f*

verschaffen* *vt* arranjar, proporcionar; **sich** *dat* **Respekt ~** impor respeito

verschämt *adj* envergonhado

verschärfen* **I.** *vt* (*Vorschriften, Krise, Strafe*) agravar; (*Aufsicht*) reforçar, apertar **II.** *vr* **sich ~** (*Lage*) agravar-se; (*Spannungen*) intensificar-se

verschätzen* *vr* **sich ~** enganar-se

verschenken* *vt* oferecer (*an* a), dar de presente (*an* a)

verscheuchen* *vt* (*Person, Fliege*) enxotar, escorraçar; (*Gedanken*) afugentar

verschicken* *vt* enviar, mandar

verschieben* *vt irr* ① (*räumlich*) remover, deslocar ② (*zeitlich*) adiar (*auf* para)

verschieden [fɛɐ'ʃiːdən] *adj* ① (*unterschiedlich*) diferente; **~er Meinung sein** ter opiniões diferentes; **sie sind ~ groß** têm tamanhos diferentes ② (*mehrere, manche*) vários, diversos; **~e Bücher über Ökologie** vários [*o* diversos] livros sobre ecologia

verschiedenartig *adj* variado, diversificado

Verschiedenheit *f* <-en> ① (*Unterschied*) diferença *f,* divergência *f* ② (*Mannigfaltigkeit*) diversidade *f,* variedade *f*

verschimmeln* *vi* criar bolor

verschlafen* **I.** *vt irr* (*Tag*) passar a dormir; **einen Termin ~** faltar a um compromisso por ficar a dormir; **ich habe den ganzen Nachmittag ~** eu dormi a tarde toda, eu passei a tarde a dormir **II.** *vi irr* adormecer; **ich habe heute Morgen ~** eu adormeci esta manhã

verschlechtern* **I.** *vt* piorar, deteriorar **II.** *vr* **sich ~** piorar, deteriorar-se

Verschlechterung *f* <-en> piora *f,* deterioração *f*

verschleiern* **I.** *vt* (*Gesicht*) cobrir com véu; (*Skandal*) encobrir **II.** *vr* **sich ~** (*Frau*) cobrir-se com véu

Verschleiß *m* <-es> *kein pl* ① (*Abnutzung*) desgaste *m* ② (*österr: Verkauf*) venda *f*

verschleppen* *vt* ① (*Person*) raptar ② (*Krankheit*) curar mal ③ (*hinauszögern*) arrastar

verschleudern* *vt* ① (*Ware*) vender ao desbarato ② (*Geld*) esbanjar

verschließbar *adj* ① (*abschließbar*) com fechadura ② (*Behälter*) com tampa

verschließen* *vt irr* ① (*abschließen*) fechar (à chave) ② (*Behälter*) tapar

verschlimmern* *vr* **sich ~** piorar, agravar-se

verschlossen [fɛɐ'ʃlɔsən] **I.** *pp von* **verschließen II.** *adj* (*Person*) fechado, reservado

verschlucken* **I.** *vt* engolir **II.** *vr* **sich ~** engasgar-se

Verschluss[RR] [fɛɐ'ʃlʊs] *m* <-es, -schlüsse> (*Vorrichtung*) fecho *m;* (*Stöpsel*) rolha *f;* **etw unter ~ halten** ter a. c. fechada

verschlüsseln* *vt* codificar, escrever em código

verschmähen* *vt* desdenhar, desprezar

verschmitzt *adj* maroto

verschmutzen* *vt* sujar; (*Umwelt*) poluir

Verschmutzung *f* <-en> sujidade *f,* sujeira *f;* (*der Umwelt*) poluição *f*

verschneit [fɛɐ'ʃnaɪt] *adj* coberto de neve

verschnupft [fɛɐ'ʃnʊpft] *adj* constipado

verschollen [fɛɐ'ʃɔlən] *adj* desaparecido

verschonen* *vt* **jdn mit etw ~** poupar alguém de a. c.; **verschon mich mit deinen Fragen!** poupa-me com as tuas perguntas!

verschönern* *vt* embelezar

verschränken* *vt* cruzar; **mit verschränkten Armen** de braços cruzados

verschreiben* **I.** *vt irr* (*Medikament*) receitar, prescrever; **ich verschreibe Ihnen Antibiotika** eu receito-lhe antibióticos **II.** *vr* **sich ~** *irr* enganar-se a escrever

verschreibungspflichtig *adj* que só se vende mediante receita médica

verschrotten* *vt* transformar em sucata

verschulden* **I.** *vt* causar **II.** *vr* **sich ~** endividar-se

Verschuldung *f kein pl* dívidas *fpl*

verschütten* *vt* ① (*Flüssigkeit*) entornar, derramar ② (*unter sich begraben*) soterrar; **bei dem Erdbeben wurden Hunderte von Menschen verschüttet** centenas de pessoas ficaram soterradas no terramoto

verschweigen* *vt irr* ocultar, não contar; **jdm etw ~** ocultar a. c. a alguém

verschwenden* *vt* (*Zeit*) desperdiçar; (*Geld*) esbanjar; (*Energie, Wasser*) desperdiçar, gastar

Verschwender(in) *m(f)* <-s, - *o* -innen> esbanjador, esbanjadora *m, f*

verschwenderisch *adj* esbanjador

Verschwendung *f kein pl* desperdício *m,* esbanjamento *m*

verschwiegen [fɛɐ'ʃviːgən] **I.** *pp von* **verschweigen II.** *adj* calado

Verschwiegenheit *f kein pl* discrição *f*

verschwimmen* *vi irr* (*Umrisse*) desvanecer

verschwinden *vi irr* desaparecer

Verschwinden *nt* <-s> *kein pl* desaparecimento *m*

verschwören* *vr* **sich ~** conspirar (*gegen* contra)

Verschwörung *f* <-en> conspiração *f*

versehen* *vt irr* ① (*ausstatten*) prover (*mit* de), fornecer (*mit* de) ② (*Dienst, Amt*) exercer

Versehen *nt* <-s, -> descuido *m,* engano *m,* lapso *m;* **aus ~** por engano, por descuido

versehentlich *adv* por descuido, inadvertidamente

versenden* *vt* enviar, expedir, remeter

versenken* *vt* (*Schiff*) afundar; **etw in die Erde ~** enterrar a. c.

versessen [fɛɐ'zɛsən] *adj* aferrado, obstinado; **auf etw ~ sein** pelar-se por a. c., ser louco por a. c.; **darauf ~ sein zu** estar morto por

versetzen* **I.** *vt* (*räumlich*) mudar (de lugar), deslocar; (*dienstlich*) transferir; **sie ist in die Schweiz versetzt worden** ela foi transferida para a Suíça; (*in Schule*) passar; **in die nächste Klasse versetzt werden** passar de ano; **nicht versetzt werden** reprovar, não passar (de ano); (*Schlag*) aplicar; (*Tritt*) dar; (*verpfänden*) penhorar; (*umg*) pôr no prego; (*umg: bei Verabredung*) deixar à espera **II.** *vr* **sich ~ sich in jdn/in jds Lage ~** pôr-se no lugar de alguém

Versetzung *f* <-en> ① (*dienstlich*) transferência *f* ② (*Schule*) passagem *f*

verseuchen* *vt* (*Umwelt*) poluir; (*Wasser*) contaminar, inquinar

versichern* **I.** *vt* ① (*gegen Schaden*) pôr no seguro, segurar (*gegen* contra) ② (*bestätigen*) assegurar, asseverar; **jdm etw ~** assegurar a. c. a alguém **II.** *vr* **sich ~** ① (*gegen Schaden*) fazer um seguro (*gegen* contra); **sich gegen Diebstahl ~** fazer um seguro contra roubo ② (*sich vergewissern*) assegurar-se

Versicherte(r) *m/f* <-n, -n *o* -n> segurado, segurada *m, f*

V

Versicherung *f* <-en> ❶ (*Vertrag*) seguro *m* (*gegen* contra); **eine ~ abschließen** fazer um seguro ❷ (*Gesellschaft*) seguradora *f* ❸ (*Bestätigung*) garantia *f*
Versicherungsbeitrag *m* <-(e)s, -träge> prémio *m* de seguro
Versicherungsgesellschaft *f* <-en> companhia *f* de seguros
Versicherungskarte *f* <-n> certificado *m* de seguro; **grüne ~** carta *f* verde
Versicherungspolice *f* <-n> apólice *f* de seguro
versiegeln* *vt* selar, lacrar
versiegen* *vi* (*Quelle*) secar, esgotar-se
versiert [vɛr'ziːɐt] *adj* experiente
versinken* *vi irr* (*in Flüssigkeit*) imergir (*in* em); (*in Schnee, Schlamm*) enterrar-se (*in* em); (*Schiff*) afundar-se (*in* em)
Version [vɛr'zjoːn] *f* <-en> versão *f*
verslumen* *vi* degradar-se
versnobt *adj* snobe, esnobe
versoffen *adj* (*umg*) bêbedo
versöhnen* *vr* **sich ~** fazer as pazes (*mit* com), reconciliar-se (*mit* com)
versöhnlich *adj* disposto a reconciliar-se
Versöhnung *f* <-en> reconciliação *f*
versorgen* **I.** *vt* (*beliefern*) prover (*mit* de), abastecer (*mit* de); (*Kranke*) cuidar de; (*Haushalt*) manter; (*unterhalten*) sustentar **II.** *vr* **sich ~** abastecer-se (*mit* de); **sich selbst ~** cuidar de si
Versorgung *f kein pl* ❶ (*Belieferung*) abastecimento *m* (*mit* de), aprovisionamento *m* (*mit* de) ❷ (*Unterhalt*) sustento *m* ❸ (*Betreuung*) acompanhamento *m;* **ärztliche ~** acompanhamento médico
verspäten* *vr* **sich ~** atrasar-se; **sich um eine Stunde ~** atrasar-se uma hora
Verspätung *f* <-en> atraso *m;* **eine Stunde ~** uma hora de atraso; **der Zug hat 20 Minuten ~** o comboio está atrasado 20 minutos, o comboio está com 20 minutos de atraso
versperren* *vt* ❶ (*blockieren*) obstruir, bloquear ❷ (*österr: zuschließen*) fechar (à chave), trancar
verspielen* *vt* (*Geld*) perder no jogo
verspotten* *vt* zombar de, troçar de
versprechen* **I.** *vt irr* prometer; **jdm etw ~** prometer a. c. a alguém **II.** *vr* **sich ~** *irr* enganar-se a falar
Versprechen *nt* <-s, -> promessa *f;* **jdm ein ~ geben** fazer uma promessa a alguém; **sein ~ halten** cumprir a promessa
verstaatlichen* *vt* nacionalizar
Verstand [fɛɐ'ʃtant] *m* <-(e)s> *kein pl* (*Denkfähigkeit*) entendimento *m,* intelecto *m,* discernimento *m;* (*Urteilskraft*) juízo *m;* (*Vernunft*) razão *f;* **den ~ verlieren** perder o juízo
verständigen* **I.** *vt* informar **II.** *vr* **sich ~** entender-se (*mit* com, *über* sobre)
Verständigung *f kein pl* ❶ (*Benachrichtigung*) informação *f* ❷ (*Kommunikation*) comunicação *f* (*mit* com) ❸ (*Einigung*) acordo *m*
verständlich *adj* compreensível; **allgemein ~ sein** estar ao alcance de todos; **leicht ~** de fácil compreensão; **sich ~ machen** fazer-se entender
Verständnis *nt* <-ses> *kein pl* compreensão *f;* **wir bitten um Ihr ~** pedimos a sua compreensão; **kein ~ für etw haben** não compreender a. c.
verständnislos *adj* incompreensivo
verständnisvoll *adj* compreensivo
verstärken* **I.** *vt* (*stabiler machen*) reforçar; (*vergrößern*) aumentar; (*Lautstärke, Instrument*) amplificar **II.** *vr* **sich ~** intensificar-se, aumentar
Verstärker *m* <-s, -> amplificador *m*
Verstärkung *f* <-en> ❶ (*der Stabilität*) reforço *m* ❷ (*Vergrößerung*) aumento *m* ❸ (*der Lautstärke*) amplificação *f* ❹ (*Personen*) reforços *mpl*
verstauben* *vi* cobrir-se de pó
verstauchen* *vt* **sich** *dat* **etw ~** torcer a. c., deslocar a. c.; **sich** *dat* **den Fuß ~** torcer o pé
Verstauchung *f* <-en> entorse *f,* luxação *f*
verstauen* *vt* arrumar
Versteck [fɛɐ'ʃtɛk] *nt* <-(e)s, -e> esconderijo *m;* **~ spielen** jogar às escondidas
verstecken* **I.** *vt* esconder (*vor* de) **II.** *vr* **sich ~** esconder-se (*vor* de)
versteckt *adj* escondido
verstehen* **I.** *vt irr* (*begreifen*) entender, compreender, perceber; **jdm etw zu ~ geben** dar a entender a. c. a alguém; **das hast du falsch verstanden** percebeste mal; (*können*) saber; **er versteht es, mit Kindern umzugehen** ele sabe lidar com crianças; (*Verständnis haben*) compreender; **ich verstehe deinen Ärger** eu compreendo o

teu aborrecimento **II.** *vr* **sich ~** *irr* entender-se (*mit* com); **ich verstehe mich gut mit ihr** eu entendo-me bem com ela; **das versteht sich doch von selbst!** isso é óbvio!, isso é evidente!

versteifen* *vr* **sich ~** teimar (*auf* em), manter-se intransigente (*auf* em relação a)

versteigern* *vt* leiloar

Versteigerung *f* <-en> leilão *m*

verstellbar *adj* regulável

verstellen* **I.** *vt* (*räumlich*) mudar (de sítio); (*einstellen*) regular; (*versperren*) barrar, obstruir; **das Auto verstellt die Einfahrt** o carro está a obstruir a entrada; (*Stimme, Handschrift*) disfarçar **II.** *vr* **sich ~** (*Person*) fingir

versteuern* *vt* pagar imposto de

verstockt [fɛɐ'ʃtɔkt] *adj* teimoso, obstinado

verstohlen [fɛɐ'ʃtoːlən] *adj* furtivo

verstopfen* *vt* ❶ (*Loch*) tapar, obturar ❷ (*Rohr*) entupir; (*Straße*) obstruir; **meine Nase ist verstopft** tenho o nariz entupido

Verstopfung *f* <-en> ❶ (*von Loch*) obturação *f* ❷ (*von Rohr, Abfluss*) entupimento *m* ❸ (MED) obstrução *f*, prisão *f* de ventre

verstorben [fɛɐ'ʃtɔrbən] *adj* (*geh*) falecido

verstört *adj* perturbado, transtornado

Verstoß *m* <-es, -stöße> (*gegen Gesetz*) infra(c)ção *f* (*gegen* a); (*gegen Sitten*) atentado (*gegen* a/contra)

verstoßen* **I.** *vt irr* expulsar **II.** *vi irr* (*gegen Gesetz*) ir (*gegen* contra), infringir; (*gegen Sitten*) atentar (*gegen* contra)

verstrahlt *adj* contaminado por radioa(c)tividade

verstreuen* *vt* espalhar

verstümmeln* *vt* mutilar

verstummen* *vi* emudecer, ficar calado

Versuch [fɛɐ'zuːx] *m* <-(e)s, -e> ❶ (*Handlung*) tentativa *f*; **ich möchte noch einen ~ machen** eu gostaria de fazer mais uma tentativa ❷ (*wissenschaftlich*) experiência *f*, ensaio *m*; **einen ~ durchführen** fazer uma experiência ❸ (SPORT) tentativa *f*

versuchen* *vt* ❶ (*ausprobieren*) tentar, experimentar; **wir haben alles versucht** nós tentámos tudo ❷ (*Essen*) provar, experimentar

Versuchskaninchen *nt* <-s, -> cobaia *f*

versuchsweise [-vaɪzə] *adv* a título de experiência

Versuchung *f* <-en> tentação *f*; **jdn in ~ führen** tentar alguém

versunken [fɛɐ'zʊŋkən] **I.** *pp von* **versinken** **II.** *adj* ❶ (*Kultur*) submerso ❷ (*vertieft*) absorto; **in Gedanken ~** mergulhado nos pensamentos

versüßen* *vt* adoçar, adocicar; **jdm etw ~** atenuar a. c. a alguém

vertagen* *vt* adiar (*auf* para)

vertauschen* *vt* ❶ (*austauschen*) trocar, permutar ❷ (*verwechseln*) trocar (*mit* com), confundir (*mit* com)

verteidigen* **I.** *vt* (*a* SPORT, JUR) defender (*gegen* de/contra) **II.** *vr* **sich ~** defender-se (*gegen* de/contra)

Verteidiger(in) *m(f)* <-s, - *o* -innen> ❶ (*vor Gericht*) advogado, -a *m, f* de defesa ❷ (SPORT) defesa *m,f*

Verteidigung *f* <-en> (*a* JUR, MIL, SPORT) defesa *f* (*gegen* contra); **in der ~ spielen** jogar à defesa

Verteidigungsminister(in) *m(f)* <-s, - *o* -innen> ministro, -a *m, f* da defesa

verteilen* *vt* ❶ (*austeilen*) distribuir (*an* por); **Flugblätter ~** distribuir panfletos ❷ (*aufteilen*) distribuir (*auf* por); **die Verletzten wurden auf mehrere Krankenhäuser verteilt** os feridos foram distribuídos por vários hospitais ❸ (*verstreichen*) espalhar (*auf* por)

Verteiler *m* <-s, -> (ELEKTR) distribuidor *m*

Verteilung *f* <-en> ❶ (*Austeilung*) distribuição *f* (*an* por) ❷ (*Aufteilung*) distribuição *f* (*auf* por)

verteuern* *vt* aumentar o preço de, encarecer

vertiefen* *vt* (*Graben, Kenntnisse*) aprofundar

Vertiefung *f* <-en> ❶ (*von Graben, Kenntnissen*) aprofundamento *m* ❷ (*im Gelände*) depressão *f*

vertikal [vɛrti'kaːl, '---] *adj* vertical

vertilgen* *vt* (*Ungeziefer*) exterminar

vertippen* *vr* **sich ~** enganar-se na tecla

vertonen* *vt* musicar

Vertrag [fɛɐ'traːk] *m* <-(e)s, -träge> contrato *m*; (POL) tratado *m*; **einen ~ schließen** assinar [*o* firmar] um contrato; (POL) assinar [*o* firmar] um tratado

vertragen* **I.** *vt irr* (*Klima, Speise, Medikament*) aguentar; **er verträgt keinen Rotwein** ele não aguenta vinho tinto; (*schweiz: austragen*) distribuir **II.** *vr* **sich ~** *irr* (*Perso-*

V

nen) dar-se (*mit* com); **sich wieder ~** fazer as pazes, reconciliar-se; **sich mit jdm gut ~** dar-se bem com alguém

vertraglich **I.** *adj* contratual **II.** *adv* por contrato

verträglich *adj* ① (*Mensch*) tratável, afável ② (*Speisen*) facilmente digerível; (*Medikament*) assimilável

Vertragsbruch *m* <-(e)s, -brüche> violação *f* de contrato

Vertragshändler *m* <-s, -> concessionário *m*

Vertragspartner(in) *m(f)* <-s, - *o* -innen> outorgante *m,f*

vertrauen* *vi* confiar, fiar-se; **jdm ~** confiar em alguém, ter confiança em alguém

Vertrauen *nt* <-s> *kein pl* confiança *f*; **im ~** confidencialmente; **~ erweckend** de confiança; **~ zu jdm haben** ter confiança em alguém

vertrauenerweckend *adj s.* **Vertrauen**

vertrauensvoll *adj* confiante

vertraulich *adj* confidencial

Vertraulichkeit *f kein pl* confidencialidade *f*

verträumt *adj* distraído, absorto

vertraut [fɛɐ'traʊt] *adj* familiar; (*Mensch*) íntimo; **sich mit etw ~ machen** familiarizar-se com a. c.; **mit etw ~ sein** conhecer a. c. a fundo

vertreiben* *vt irr* ① (*Personen*) expulsar (*aus* de), escorraçar (*aus* de) ② (*Mücken*) enxotar, afugentar ③ (*Waren*) vender

Vertreibung *f* <-en> expulsão *f* (*aus* de)

vertreten* *vt irr* ① (*Kollegen*) substituir ② (*als Beauftragter*) representar; (*als Anwalt*) defender, representar; **jdn vor Gericht ~** defender alguém em tribunal ③ (*Interessen, Ansicht*) defender

Vertreter(in) *m(f)* <-s, - *o* -innen> ① (*Stellvertreter*) substituto, substituta *m, f* ② (*von Organisation, Regierung*) representante *m,f* ③ (*Verfechter*) defensor, defensora *m, f*

Vertretung *f* <-en> ① (*Stellvertretung*) substituição *f* ② (*Delegation*) representação *f*

Vertrieb [fɛɐ'tri:p] *m* <-(e)s> *kein pl* venda *f*

Vertriebene(r) *m/f* <-n, -n *o* -n> expatriado, expatriada *m, f*, desterrado, desterrada *m, f*

vertrocknen* *vi* secar

vertun* **I.** *vt irr* desperdiçar, gastar **II.** *vr* **sich ~** *irr* (*umg*) enganar-se, errar

vertuschen* *vt* encobrir, esconder

verübeln* *vt* **jdm etw ~** levar a. c. a mal a alguém

verunfallen* *vi* (*schweiz*) *s.* **verunglücken**

verunglücken* *vi* sofrer um acidente; **tödlich ~** sofrer um acidente fatal; **sie sind beim Bergsteigen verunglückt** eles sofreram um acidente ao escalar a montanha

verunmöglichen* *vt* (*schweiz*) impossibilitar

verunreinigen* *vt* poluir, contaminar

verunsichern* *vt* fazer ficar inseguro, fazer hesitar

verunstalten* *vt* desfigurar

veruntreuen* *vt* desviar

verursachen* *vt* causar, provocar; (*Arbeit*) dar

verurteilen* *vt* condenar (*zu* a); **sie wurde zu drei Jahren Haft verurteilt** ela foi condenada a três anos de prisão; **die Opposition verurteilte das Vorgehen der Polizei** a oposição condenou o procedimento da polícia

Verurteilung *f* <-en> condenação *f* (*zu* a)

vervielfältigen* *vt* multiplicar, reproduzir; (*kopieren*) fazer cópias de

Vervielfältigung *f* <-en> multiplicação *f*, reprodução *f*

vervollkommnen* *vt* aperfeiçoar

vervollständigen* *vt* completar

verw. *abk v* **verwitwet** viúvo

verwackelt *adj* desfocado, tremido

verwählen* *vr* **sich ~** marcar mal o número, discar mal o número

verwahren* *vt* conservar, guardar

verwahrlosen* *vi* (*Wohnung, Garten*) degradar-se, ficar descuidado; (*Kinder*) ficar ao abandono

verwaist [fɛɐ'vaɪst] *adj* órfão, sem pais; **ein ~es Mädchen** uma órfã; **sie sind ~** eles são órfãos

verwalten* *vt* administrar; (*Amt*) exercer, desempenhar

Verwalter(in) *m(f)* <-s, - *o* -innen> administrador, administradora *m, f*

Verwaltung *f* <-en> administração *f*

verwandeln* *vt* ① (*verändern*) mudar, alterar, transformar ② (*umwandeln*) transformar (*in* em), converter (*in* em)

Verwandlung *f* <-en> transformação *f* (*in* em), conversão *f* (*in* em)

verwandt [fɛɐ'vant] *adj* (*ähnlich*) análogo, afim; **mit jdm ~ sein** ser parente de alguém

Verwandte(r) *m/f* <-n, -n *o* -n> parente *m,f*

Verwandtschaft *f kein pl* ① (*das Verwandt-*

sein) parentesco *m;* (*die Verwandten*) família *f,* parentes *mpl* ② (*Ähnlichkeit*) afinidade *f,* analogia *f*

verwarnen* *vt* advertir, prevenir

Verwarnung *f* <-en> advertência *f,* aviso *m;* **gebührenpflichtige ~** aviso de multa *m*

verwechseln* *vt* confundir (*mit* com), trocar (*mit* com)

Verwechselung *f* <-en> confusão *f,* equívoco *m,* engano *m*

verwegen [fɛɐ'veːgən] *adj* arrojado, temerário, ousado

Verwegenheit *f kein pl* audácia *f,* arrojo *m,* ousadia *f*

verweigern* *vt* recusar; **seine Zustimmung ~** não dar o seu consentimento; **den Wehrdienst ~** recusar o cumprimento do serviço militar

Verweigerung *f* <-en> recusa *f;* **~ des Wehrdienstes** recusa *f* do cumprimento do serviço militar

Verweis [fɛɐ'vaɪs] *m* <-es, -e> ① (*Rüge*) repreensão *f,* reprimenda *f;* **jdm einen ~ erteilen** dar uma repreensão a alguém ② (*Hinweis*) referência *f* (*auf* para)

verweisen* *vt irr* ① (*hinweisen*) remeter (*auf* para) ② (*ausweisen*) expulsar, desterrar; **jdn des Landes ~** expatriar alguém; (SPORT); **jdn vom Platz ~** expulsar alguém do campo

verwelken* *vi* murchar

verwenden* *vt* usar; (*Methode, Mittel*) utilizar, empregar; **viel Zeit auf etw ~** gastar muito tempo em a. c.

Verwendung *f* <-en> uso *m,* emprego *m,* aplicação *f;* **ich habe dafür keine ~** eu não preciso disso

verwerfen* *vt irr* (*Idee, Plan*) rejeitar

verwerflich *adj* (*geh*) reprovável, repudiável

verwerten* *vt* aproveitar, utilizar; **Abfälle wieder~** reciclar resíduos

verwesen* *vi* decompor-se

verwickeln* *vt* **jdn in etw ~** envolver alguém em a. c., implicar alguém em a. c.; **sie hat ihn in ein Gespäch verwickelt** ela envolveu-o numa conversa; **mehrere Beamte waren in den Bestechungsskandal verwickelt** vários funcionários estavam envolvidos [*o* implicados] no escândalo de suborno

verwildern* *vi* ① (*Garten, Park*) ficar descuidado ② (*Tier*) tornar-se selvagem

verwirklichen* *vt* (*Projekt, Idee*) concretizar, realizar

Verwirklichung *f* <-en> realização *f,* concretização *f*

verwirren* *vt* ① (*Fäden, Haare*) emaranhar, enrodilhar ② (*Person*) confundir, baralhar

verwirrt *adj* (*Person*) confuso, baralhado

Verwirrung *f* <-en> confusão *f,* baralhada *f,* trapalhada *f*

verwischen* *vt* ① (*Schrift*) borratar ② (*Spuren*) apagar

verwittern* *vi* (*Gestein*) corroer-se; (*Gebäude*) aluir

verwitwet [fɛɐ'vɪtvət] *adj* viúvo

verwöhnen* *vt* mimar

verworren [fɛɐ'vɔrən] *adj* confuso; (*umg*) baralhado

verwundbar *adj* vulnerável

verwunden* *vt* ferir, magoar

verwunderlich [fɛɐ'vʊndɐlɪç] *adj* de admirar

Verwunderung *f kein pl* admiração *f,* surpresa *f;* **voller ~** muito admirado

Verwundete(r) *m/f* <-n, -n *o* -n> ferido, ferida *m, f*

Verwundung *f* <-en> ferimento *m*

verwüsten* *vt* (*Sturm, Unwetter*) assolar, devastar; (*Truppen*) devastar

Verwüstung *f* <-en> devastação *f,* desolação *f*

verzählen* *vr* **sich ~** enganar-se na conta, contar mal

verzaubern* *vt* encantar, enfeitiçar

Verzehrbon *m* <-s, -s> senha *f* de alimentação

verzehren* *vt* consumir, comer

verzeichnen* *vt* regist(r)ar, anotar, apontar

Verzeichnis *nt* <-ses, -se> lista *f,* regist(r)o *m;* (*in Buch*) índice *m*

verzeigen* *vt* (*schweiz*) denunciar

verzeihen* [fɛɐ'tsaɪən] *vt* perdoar; **jdm etw ~** perdoar a. c. a alguém

Verzeihung *f kein pl* perdão *m;* **jdn um ~ bitten** pedir perdão a alguém; **~!** perdão!

verzerren* *vt* ① (*Gesicht*) contorcer ② (*Sehne*) torcer ③ (*Tonwiedergabe*) distorcer

Verzicht [fɛɐ'tsɪçt] *m* <-es, -e> abdicação *f* (*auf* de), renúncia *f* (*auf* a); **der ~ auf Atomkraftwerke bringt verschiedene Probleme mit sich** a precisão das centrais nucleares traz vários problemas

verzichten* *vi* abdicar (*auf* de), prescindir

(*auf* de), renunciar (*auf* a); **iss du den Kuchen, ich verzichte** come tu o bolo, eu dispenso

verzieh [fɛɐˈtsiː] *imp von* **verzeihen**

verziehen*[1] **I.** *vt irr* ① (*Kind*) estragar com mimos, amimalhar ② (*Gesicht, Mund*) torcer, contorcer; **keine Miene ~** ficar impassível **II.** *vi irr* mudar-se (*nach* para); **unbekannt verzogen** mudou-se para morada desconhecida; **sie sind nach Berlin verzogen** eles mudaram-se para Berlim **III.** *vr* **sich ~** *irr* ① (*Holz, Tür*) empenar; (*Stoff, Pullover*) ficar torcido, estragar-se ② (*Nebel, Wolken*) dissipar-se ③ (*umg: verschwinden*) pirar-se, pisgar-se; **los, verzieh dich!** desaparece!

verziehen[2] *pp von* **verzeihen**

verzieren* *vt* enfeitar (*mit* com)

Verzierung *f* <-en> enfeite *m*

verzinsen *vt* pagar juros de; **das Guthaben wird mit 3% verzinst** o crédito vence 3% de juro

verzögern* **I.** *vt* atrasar, retardar **II.** *vr* **sich ~** atrasar(-se), demorar; **die Ankunft verzögert sich um 30 Minuten** a chegada foi adiada 30 minutos

Verzögerung *f* <-en> atraso *m*, demora *f*, retarde *m*

verzollen* *vt* pagar direitos alfandegários de; **haben Sie etwas zu ~?** tem alguma coisa a declarar?; **nichts zu ~ haben** não ter nada a declarar

verzückt *adj* encantado, extasiado

Verzückung *f* <-en> êxtase *m*, enlevo *m*; **in ~ geraten** extasiar-se, enlevar-se

Verzug [fɛɐˈtsuːk] *m* <-(e)s> *kein pl* atraso *m*, demora *f*; **mit etw in ~ geraten** atrasar-se com a. c.; **es ist Gefahr im ~** há um perigo iminente

verzweifeln* *vi* desesperar (*an* com)

verzweifelt *adj* desesperado; **er ist völlig ~** ele está completamente desesperado

Verzweiflung *f* <o.pl> desespero *m*; **etw aus ~ tun** fazer a. c. por desespero; **jdn zur ~ bringen** levar alguém ao desespero, desesperar alguém

Verzweigung *f* <-en> (*schweiz*) cruzamento *m*

verzwickt [fɛɐˈtsvɪkt] *adj* (*umg*) complicado, difícil

Veteran [veteˈraːn] *m* <-en, -en> veterano *m*

Veto [ˈveːto] *nt* <-s, -s> veto *m*; **sein ~ gegen etw einlegen** vetar a. c.

Vetter [ˈfɛtɐ] *m* <-s, -> primo *m*

Vetternwirtschaft *f kein pl* compadrio *m*, nepotismo *m*

vgl. *abk v* **vergleiche** cf. (= *confrontar*)

VHS [faʊhaːˈʔɛs] *abk v* **Volkshochschule** escola *f* de formação para adultos

Vibration [vibraˈtsjoːn] *f* <-en> vibração *f*

vibrieren* *vi* vibrar

Video [ˈviːdeo] *nt* <-s, -s> vídeo *m*

Videoclip *m* <-s, -s> teledisco *m*, videoclipe *m*

Videodisc <-, -s> *f* (INFORM) disco *m* de vídeo

Videogerät *nt* <-(e)s, -e> aparelho *m* de vídeo

Videokamera *f* <-s> câmara *f* de vídeo, videocâmara *f*

Videokassette *f* <-n> cassete *f* de vídeo, videocassete *m*

Videorecorder *m* <-s, -> videogravador *m*, videocassete *m*

Videospiel *nt* <-(e)s, -e> videojogo *m*

Videotext *m* <-(e)s, -e> videotexto *m*

Videothek [videoˈteːk] *f* <-en> videoclube *m*, clube *m* de vídeo, videoteca *f*

Videoüberwachung *f* <-en> vigilância *f* de vídeo; (*im Haus*) videoporteiro *m*

Vieh [fiː] *nt* <-(e)s> *kein pl* gado *m*; (*einzelnes*) cabeça *f* de gado, rês *f*

Viehzucht *f kein pl* criação *f* de gado, pecuária *f*

viel [fiːl] **I.** *pron indef* muito; **es ist ~ Arbeit** é muito trabalho; **~ Spaß!** diverte-te!; **~en Dank!** muito obrigado!; **er weiß ~** ele sabe muito; **es kamen ~e Leute** vieram muitas pessoas; **er freute sich über die ~en Geschenke** ele ficou contente com os muitos presentes; **noch einmal so ~** (ainda) outro tanto; **ich habe nicht so ~ Zeit** não tenho tanto tempo; **ich habe doppelt so ~ Geld wie du** eu tenho duas vezes mais dinheiro (do) que tu; **rede nicht so ~!** não fales tanto!; **sie isst so ~ wie du** ela come tanto como [*o* quanto] tu; **ein ~ sagender Blick/sagendes Lächeln** um olhar/sorriso muito significativo; **~ versprechend** prometedor; **wie ~ kostet das?** quanto custa isso?; **wie ~ Uhr ist es?** que horas são?; **wie ~e Kilometer/Menschen?** quantos quilómetros/quantas pessoas?; **zu ~** demais, demasiado; **ich habe drei Euro zu ~ bezahlt** eu paguei três euros a mais **II.** *adv* ❶ (*häufig*) muito, muitas vezes; **~ ins Kino gehen** ir muito ao cinema, ir muitas vezes ao cinema; **ihre Kinder sind ~ krank** os seus filhos estão muitas vezes doentes ❷ (*wesentlich*) muito; **~ billiger** muito mais barato; **es geht mir schon ~ besser** já estou muito melhor; **~ zu ~** demasiado; **~ zu wenig** demasiado pouco, muito pouco

vielerlei ['fi:lɐ'laɪ] *pron indef* ❶ (*attributiv*) muitos, diversos; **~ Sorten Käse** muitos tipos de queijo ❷ (*allein stehend*) muito; **sie hat ~ zu berichten** ela tem muito que contar

vielfach ['fi:lfax] **I.** *adj* múltiplo, frequente; **auf ~en Wunsch** a pedido frequente **II.** *adv* muitas vezes; **ein ~ ausgezeichneter Autor** um autor muitas vezes distinguido

Vielfalt ['fi:lfalt] *f kein pl* multiplicidade *f*, variedade *f*

vielfältig *adj* múltiplo, variado

vielleicht [fi'laɪçt] *adv* ❶ (*möglicherweise*) talvez *+conj;* (*umg*) se calhar; **~ fahre ich im Urlaub nach Portugal** talvez vá a Portugal nas férias, se calhar vou a Portugal nas férias; **kommst du heute Abend? - ~** vens hoje à noite? - talvez [*o* se calhar] ❷ (*ungefähr*) talvez; **in den Raum passen ~ 60 Personen** na sala cabem talvez 60 pessoas ❸ (*etwa*) por acaso, porventura; **meinst du ~ ich mache das gern?** por acaso [*o* porventura] achas que eu gosto de fazer isso?; **können Sie mir ~ sagen, wie spät es ist?** por acaso pode dizer-me as horas?

vielmals ['-ma:ls] *adv* **danke ~!** muitíssimo obrigado!; **ich bitte ~ um Entschuldigung** peço mil desculpas

vielmehr ['--] *adv* antes, pelo contrário; **von Fußball versteht er nicht viel, sein Interesse gilt ~ der Malerei** de futebol ele não percebe muito; o seu interesse vai antes para a pintura

vielsagendALT *adj s.* **viel I 1**

vielschichtig *adj* complexo

vielseitig *adj* ❶ (*umfassend*) variado, abrangente, vasto; **ein ~es Studium** um curso abrangente ❷ (*Mensch*) versátil

vielversprechendALT *adj s.* **viel I 1**

Vielzahl *f kein pl* multiplicidade *f*, sem-número *m*

vier [fi:ɐ] *num kard* quatro; (*umg*); **auf allen ~en** de gatas; *s. a.* **zwei**

Vier *f* <-en> quatro *m;* (*Schulnote*) suficiente *m; s.* **Zwei**

Viereck ['fi:ɐʔɛk] *nt* <-(e)s, -e> quadrângulo *m;* (*gleichseitig*) quadrado *m*

viereckig *adj* quadrado, quadrangular

Viererkette *f* (FBALL) linha *f* de quatro

vierhundert ['-'--] *num kard* quatrocentos

vierjährig *adj* de quatro anos

Vierlinge ['fi:ɐlɪŋə] *pl* quadrigémeos *mpl*

viermal *adv* quatro vezes

vierspurig ['-ʃpu:rɪç] *adj* de quatro faixas

vierstellig *adj* de quatro algarismos

Viertaktmotor *m* <-s, -en> motor *m* a quatro tempos

viertausend *num kard* quatro mil

vierte(r, s) *num ord* quarto; *s. a.* **zweite(r, s)**

Viertel ['fɪrtəl] *nt* <-s, -> ❶ (*Menge*) quarto *m;* **es ist ~ nach zwölf** é meio-dia e um quarto; **drei ~ der Bevölkerung** três quartos da população ❷ (*Stadtteil*) bairro *m*, zona *f*

Vierteljahr ['--'-] *nt* <-(e)s, -e> trimestre *m*

vierteljährlich *adj* trimestral

Viertelstunde ['--'--] *f* <-n> quarto *m* de hora

viertens ['fi:ɐtəns] *adv* em quarto lugar

Vierwaldstätter See *m* <-s> *kein pl* lago *m* dos Quatro Cantões

vierzehn ['fɪrtse:n] *num kard* catorze; **in ~ Tagen** de hoje a quinze (dias), dentro de quinze dias

vierzehntägig *adj* quinzenal

vierzig ['fɪrtsɪç] *num kard* quarenta

Vietnam *nt* <-s> *kein pl* Vietname *m*, Vietnã *m*

Vignette *f* <-n> vinheta *f*

Vikar(in) *m(f)* <-s, -e *o* -innen> vigário *m*

Villa ['vɪla] *f* <Villen> vivenda *f*

Villenviertel *nt* <-s, -> urbanização *f* (de vivendas)

Vinaigrette *f* <-n> vinagrete *m*

violett [vio'lɛt] *adj* violeta, roxo

Violine [vio'li:nə] *f* <-n> violino *m*

Violinschlüssel *m* <-s, -> (MUS) clave *f* de sol

Violoncello *nt* <-s, -celli> violoncelo *m*

Viper ['vi:pɐ] *f* <-n> víbora *f*

Virenprüfprogramm *nt* <-(e)s, -e> (INFOR) programa *m* anti-vírus

virtuell [vɪrtu'ɛl] *adj* virtual

Virus ['vi:rʊs] *m* <-, Viren> (MED, INFOR) vírus *m*

Virusinfektion *f* <-en> (MED) virose *f*

Visier [vi'ziːɐ] *nt* <-s, -e> ① (*an Waffe*) mira *f* ② (*am Helm*) viseira *f*

visieren* *vt* ① (*schweiz: abzeichnen*) rubricar ② (*schweiz: beglaubigen*) autenticar

Vision [vi'zjoːn] *f* <-en> visão *f*

Visite [vi'ziːtə] *f* <-n> visita *f* de médico (em hospital)

Visitenkarte *f* <-n> cartão-de-visitas *m*

Viskose [vɪs'koːzə] *f kein pl* viscose *f*

visuell [vizu'ɛl] *adj* visual

Visum ['viːzʊm] *nt* <-s, Visa> ① (*Sichtvermerk*) visto *m;* **ein ~ beantragen** requerer um visto ② (*schweiz: Namenskürzel*) rubrica *f*

Vitamin [vita'miːn] *nt* <-s, -e> vitamina *f;* (*umg*); **~ P haben** meter uma cunha, ter conhecimentos

Vitrine [vi'triːnə] *f* <-n> vitrina *f*

Vizepräsident(in) *m(f)* <-en, -en *o* -innen> vice-presidente *m,f*

Vogel ['foːgəl] *m* <-s, Vögel> pássaro *m;* (*groß*) ave *f*

Vogelkäfig *m* <-s, -e> gaiola *f*

Vogelscheuche *f* <-n> espantalho *m*

Vogesen *pl* Vosgos *mpl*

Vokabel [vo'kaːbəl] *f* <-n> vocábulo *m;* **~n lernen** estudar o vocabulário

Vokabular [vokabu'laːɐ] *nt* <-s, -e> vocabulário *m*

Vokal [vo'kaːl] *m* <-s, -e> vogal *f*

Volk [fɔlk] *nt* <-(e)s, Völker> povo *m;* (*Nation*) nação *f;* **das einfache ~** o povinho

Völkerkunde *f kein pl* etnologia *f*

Völkerrecht *nt* <-(e)s> *kein pl* (JUR) direito *m* internacional

völkerrechtlich *adj* do direito internacional

Völkerverständigung *f kein pl* paz *f* internacional, entendimento *m* entre os povos

Völkerwanderung *f* <-en> (HIST) migração *f* dos povos

Volksabstimmung *f* <-en> plebiscito *m*

Volksentscheid *m* <-(e)s, -e> referendo *m*

Volksfest *nt* <-(e)s, -e> festa *f* popular, arraial *m*

Volksgruppe *f* <-n> grupo *m* étnico

Volkshochschule *f* <-n> escola *f* de formação para adultos

Na Alemanha a **Volkshochschule** é uma instituição pública autónoma que oferece cursos abertos ao público em vários sectores. Há grande variedade de cursos p. ex.de processamento de dados, de línguas estrangeiras, de filosofia e dança. Os cursos são concebidos para todas as camadas sociais e todas as idades. Cada vez mais estes cursos são reconhecidos como cursos de especialização profissional.

Volkslied *nt* <-(e)s, -er> canção *f* popular

Volksmund *m* <-(e)s> *kein pl* voz *f* do povo

Volksrepublik *f* <-en> república *f* popular

Volksstamm *m* <-(e)s, -stämme> tribo *f*

Volkstanz *m* <-es, -tänze> dança *f* popular

volkstümlich *adj* popular

Volkswirtschaft *f* <-en> economia *f* política

Volkszählung *f* <-en> censo *m,* recenseamento *m* (da população)

voll [fɔl] **I.** *adj* (*gefüllt*) cheio (*mit/von* de), repleto (*mit/von* de); **brechend ~** à cunha, à pinha; **halb ~** a meio; **der Kurs ist ~** o curso está cheio; **ein Krug ~ Wein** uma caneca cheia de vinho; **der Raum war ~er Menschen** a sala estava cheia de gente; **~er Angst** cheio de medo; (*vollständig*) inteiro, completo; **er trägt die ~e Verantwortung** ele tem toda a responsabilidade; **eine ~e Stunde warten** esperar uma hora inteira; **die ~e Summe** a soma total; **in ~em Lauf** em plena corrida; **die Bäume stehen in ~er Blüte** as árvores estão cheias de flor; **mit ~em Namen unterschreiben** assinar o nome completo; (*umg*); **jdn für ~ nehmen** levar alguém a sério; **eine ~e Stelle** um emprego a tempo inteiro; (*umg: betrunken*) bêbedo, grosso **II.** *adv* plenamente, em cheio; **~ und ganz** inteiramente

vollauf ['-'-] *adv* completamente, inteiramente; **~ zufrieden sein** estar completamente satisfeito

vollautomatisch ['---'--] *adj* inteiramente automático

Vollbad *nt* <-(e)s, -bäder> banho *m* de imersão

Vollbart *m* <-(e)s, -bärte> barba *f* cerrada

Vollbeschäftigung *f kein pl* ausência *f* de desemprego

vollbringen* *vt irr* (*geh*) realizar, efe(c)tuar

vollenden* *vt* terminar, concluir, levar a cabo

vollends ['fɔlɛnts] *adv* inteiramente, por completo

Vollendung *f* <-en> conclusão *f,* acabamento *m;* **mit ~ des 18. Lebensjahres** ao concluir 18 anos

Volleyball ['vɔlibal] *m* <-(e)s> *kein pl* voleibol *m*

Vollgas *nt* <-es> *kein pl* **mit ~ fahren** ir a toda a velocidade; **~ geben** acelerar a fundo, carregar no pedal

völlig **I.** *adj* total, completo **II.** *adv* completamente, inteiramente

volljährig *adj* maior (de idade); **nächsten Monat wird er ~** no próximo mês ele atinge a maioridade

Na Alemanha o cidadão torna-se **volljährig** (maior de idade) aos 18 anos, tendo a partir de então plena responsabilidade civil. Na Áustria isso ocorre aos 19 e na Suíça aos 20 anos.

Volljährigkeit *f kein pl* maioridade *f*

Vollkaskoversicherung *f* <-en> seguro *m* contra todos os riscos

vollklimatisiert *adj* com ar condicionado

vollkommen [-'--] **I.** *adj* (*fehlerlos*) perfeito; (*völlig*) total **II.** *adv* perfeitamente, totalmente

Vollkommenheit *f kein pl* perfeição *f*

Vollkornbrot *nt* <-(e)s, -e> pão *m* integral

voll|machen *vt* **etw ~** encher a. c.

Vollmacht *f* <-en> plenos poderes *mpl,* procuração *f;* **jdm eine ~ erteilen** passar uma procuração a alguém

Vollmilch *f kein pl* leite *m* gordo

Vollmond *m* <-(e)s, -e> lua *f* cheia

Vollnarkose *f* <-n> anestesia *f* geral

Vollpension *f kein pl* pensão *f* completa

vollständig **I.** *adj* completo, inteiro **II.** *adv* completamente

vollstrecken* *vt* (JUR) executar

voll|tanken *vi* atestar (o depósito)

Volltreffer *m* <-s, -> golpe *m* certeiro

Vollversammlung *f* <-en> assembleia *f* magna, sessão *f* plenária

Vollwaschmittel *nt* <-s, -> detergente *m* da roupa (para lavagem a altas e baixas temperaturas)

Vollwertkost *f kein pl* alimentação *f* integral

vollzählig *adj* completo; **ich glaube wir sind ~** acho que estamos todos, acho que não falta ninguém

vollziehen* *vt irr* realizar; (*Befehl, Urteil*) executar; (*Ehe*) consumar

Vollzugsanstalt *f* <-en> estabelecimento *m* prisional

Volt [vɔlt] *nt* <-(e)s, -> (PHYS) vóltio *m,* volt *m*

Voltmeter *nt* <-s, -> voltímetro *m*

Volumen [vo'lu:mən] *nt* <-s, Volumina> volume *m*

voluminös *adj* volumoso

vom [fɔm] = **von dem** *s.* **von**

von [fɔn] *präp +dat* ❶ (*allgemein, örtlich*) de; **~ Wien nach Klagenfurt** de Viena para Klagenfurt; **südlich ~ Basel** a sul de Basel; **~ oben nach unten** de cima para baixo; **er ist ein Freund ~ mir** ele é um amigo meu; **ein Roman ~ Böll** um romance de Böll; **die Zeitung vom 30. Januar** o jornal de 30 de Janeiro; **im Alter ~ 40 Jahren** com a idade de 40 anos; **ein Betrag ~ 70 EUR** uma quantia de 70 euros; **~ selbst** por si; (*umg*); **~ mir aus** (cá) por mim; **~ wegen!** qual quê! ❷ (*zeitlich*) de, desde; **~ nun an** a partir de agora; **~ 13 bis 15 Uhr sind die Geschäfte geschlossen** as lojas estão fechadas das 13 às 15 horas ❸ (*beim Passiv*) por; **der Chor wird ~ Klaus geleitet** o coro é dirigido pelo Klaus

voneinander [--'--] *adv* um do outro

vonseiten *adv* da parte de

vor [fo:ɐ] **I.** *präp +akk* (*Richtung*) à frente de, em frente a; **stell das Fahrrad ~ die Tür** põe a bicicleta à frente da porta, põe a bicicleta em frente à porta **II.** *präp +dat* ❶ (*räumlich*) à/em/na frente de, diante de; **sie ging ~ ihm** ela foi à frente dele; **zehn Kilometer ~ Faro** a dez quilómetros de Faro, dez quilómetros antes de Faro; **warte ~ dem Kino auf mich** espera por mim em frente ao cinema ❷ (*zeitlich*) antes de; (*in der Vergangenheit*) há; (*bei Uhrzeit*) menos, para; **~ drei Tagen** há três dias; **~ kurzem** há pouco tempo, recentemente; **um zwanzig ~ acht** às oito menos vinte, às vinte para as oito; **es ist Viertel ~ drei** são três menos um quarto, falta um quarto para as três; **~ Weihnachten** antes do Natal; **ich bin ~ Ihnen an der Reihe** eu estou à sua frente na fila ❸ (*bedingt durch*) de; **~ Freude/Kälte** de alegria/frio; **~ allem** sobretudo, antes de mais

Vorabend *m* <-s, -e> véspera *f;* **am ~ seines Geburtstages** na véspera do seu aniversário

voran [fo'ran] *adv* (*vorwärts*) para a frente

voran|gehen *vi irr* ❶ (*vorne gehen*) ir à frente ❷ (*zeitlich*) preceder

voran|kommen *vi irr* progredir, avançar, fazer

progressos

Voranmeldung *f* <-en> aviso *m* prévio

Vorarlberg *nt* <-s> *kein pl* Voralberg *m*

voraus [fo'raʊs] *adv* à frente; **im Voraus** antecipadamente, de antemão

voraus|gehen *vt irr* ① (*vorne gehen*) ir à frente ② (*zeitlich*) anteceder, preceder

voraus|haben *vt irr* **jdm etw ~** exceder alguém em a. c.

Vorauskasse *f kein pl* pré-pagamento *m*

Voraussage *f* <-n> prognóstico *m*, previsão *f*

voraus|sagen *vt* profetizar

voraus|sehen *vt irr* prever, antever

voraus|setzen *vt* pressupor; **vorausgesetzt, dass ...** partindo do princípio que ..., desde que ... +*conj;* **gute Sprachkenntnisse werden vorausgesetzt** exigem-se bons conhecimentos de línguas

Voraussetzung *f* <-en> ① (*Annahme*) pressuposto *m*, presunção *f*, suposição *f* ② (*Vorbedingung*) condição *f*; **unter der ~, dass ...** na condição de ... ③ (*Anforderung*) requisito *m*, exigência *f*; **die ~en erfüllen** preencher os requisitos

voraussichtlich I. *adj* previsto II. *adv* previsivelmente

Vorauswahl *f* <-en> pré-sele(c)ção *f*; **eine ~ treffen** fazer uma pré-sele(c)ção

Vorbehalt ['-bəhalt] *m* <-(e)s, -e> restrição *f*, reserva *f*; **unter dem ~, dass ...** sob condição de ...; **~e gegen etw haben** ter reservas em relação a a. c.

vor|behalten* *vt irr* **sich** *dat* **etw ~** reservar-se a. c.; **jdm ~ sein** estar reservado a alguém; **Irrtum ~** salvo erro; **Änderungen ~** reservado o direito de alteração

vorbehaltlos *adj* sem restrições, sem reservas

vorbei [foːɐ'baɪ, fɔr'baɪ] *adv* ① (*räumlich*) perto, junto, ao lado; **am Bahnhof ~ und dann rechts** passa a estação e depois à direita ② (*zeitlich*) passado; (*zu Ende*) acabado; **die Vorstellung ist ~** o espe(c)táculo (já) acabou; **es ist zwei Uhr ~** (já) passa das duas horas

vorbei|gehen *vi irr* ① (*entlanggehen*) passar (*an* por, junto de); **im Vorbeigehen** de passagem; **bei jdm ~** passar por casa de alguém ② (*vergehen*) passar

vor|bereiten* I. *vt* preparar II. *vr* **sich ~** preparar-se (*auf* para)

Vorbereitung *f* <-en> (*Tätigkeit*) preparação *f*; (*Maßnahme*) preparativo *m*; **~en für etw treffen** tratar dos preparativos para a. c.

vor|bestellen* *vt* reservar, marcar; **ich möchte einen Tisch/Kinokarten ~** eu gostaria de reservar uma mesa/bilhetes para o cinema

vorbestraft *adj* com antecedentes penais; **~ sein** ter cadastro

vor|beugen I. *vi* prevenir, evitar II. *vr* **sich ~** inclinar-se, debruçar-se

vorbeugend *adj* preventivo

Vorbeugung *f kein pl* prevenção *f* (*gegen* de); (MED) profilaxia *f*

Vorbild *nt* <-(e)s, -er> modelo *m*, exemplo *m*; **sich** *dat* **jdn zum ~ nehmen** tomar alguém como exemplo

vorbildlich *adj* exemplar

vor|bringen *vt irr* (*Wunsch*) transmitir; (*Einwand*) pôr; (*Gründe*) apresentar, expor

Vorderachse *f* <-n> eixo *m* dianteiro

vordere(r, s) *adj* dianteiro, da frente; **in der ~n Reihe** na fila da frente

Vordergrund *m* <-(e)s, -gründe> primeiro *m* plano

Vorderrad *nt* <-(e)s, -räder> roda *f* dianteira

Vorderradantrieb *m* <-(e)s, -s> tra(c)ção *f* à frente

Vorderseite *f* <-n> frente *f*

vordrängen *vr* **sich ~** pôr-se à frente, meter-se à frente

Vordruck *m* <-(e)s, -e> impresso *m*

vorehelich *adj* pré-nupcial

voreilig *adj* precipitado

voreingenommen *adj* com ideias preconcebidas

Voreingenommenheit *f kein pl* opinião *f* preconcebida

vor|enthalten* *vt irr* **jdm etw ~** privar alguém de a. c.

vorerst ['foːɐʔeːɐst, -'-] *adv* por enquanto, para já

Vorfahr(in) ['foːɐfaːɐ] *m(f)* <-en, -en *o* -innen> antepassado, antepassada *m, f*

vor|fahren *vi irr* ① (*ankommen*) chegar; **sie sind im Taxi vorgefahren** eles chegaram no táxi ② (*vorne fahren*) ir à frente

Vorfahrt *f kein pl* prioridade *f* (na estrada); **die ~ beachten** respeitar a prioridade; **jdm die ~ nehmen** desrespeitar a prioridade de alguém

Vorfahrtsschild *nt* <-(e)s, -er> sinal *m* de prioridade

Vorfahrtsstraße *f* <-n> rua *f* com prioridade

Vorfall *m* <-(e)s, -fälle> incidente *m,* caso *m*

Vorfilm *m* <-(e)s, -e> curta-metragem *f*

vor|finden *vt irr* encontrar

vor|führen *vt* ❶ (*zeigen*) apresentar; (*Mode, Gerät*) mostrar ❷ (*Film, Theaterstück*) exibir

Vorführung *f* <-en> ❶ (*Vorstellung*) apresentação *f* ❷ (*von Mode, Gerät*) mostra *f* ❸ (*von Film*) proje(c)ção *f*

Vorgang *m* <-(e)s, -gänge> (*Ereignis*) caso *m,* acontecimento *m;* (*Ablauf*) processo *m*

Vorgänger(in) *m(f)* <-s, - *o* -innen> antecessor, antecessora *m, f,* predecessor, predecessora *m, f*

vorgängig *adj* (*schweiz*) anterior

vor|geben *vt irr* ❶ (*vortäuschen*) fingir ❷ (*festlegen*) dar, estipular

Vorgefühl *nt* <-(e)s, -e> pressentimento *m*

vor|gehen *vi irr* ❶ (*vorne gehen*) ir à frente; (*nach vorne gehen*) avançar; **kennst du den Weg? — dann solltest du ~** conheces o caminho? — então, devias ir à frente ❷ (*vorausgehen*) ir à frente; **Uli ist schon vorgegangen** o Uli já foi (à frente) ❸ (*Uhr*) estar adiantado ❹ (*geschehen*) passar-se, acontecer; **was geht hier vor?** que se passa aqui? ❺ (*handeln*) proceder, agir; **wie gehen wir am besten vor?** como é que procedemos melhor?; **gegen etw ~** agir contra a. c. ❻ (*Vorrang haben*) ter prioridade, estar à frente (de); **Sicherheit geht vor** a segurança está primeiro

Vorgehen *nt* <-s> *kein pl* procedimento *m*

Vorgeschichte *f* <-n> ❶ *kein pl* (*Urgeschichte*) pré-história *f* ❷ (*eines Geschehens*) antecedentes *mpl*

Vorgeschmack *m* <-(e)s> *kein pl* antegosto *m,* cheirinho *m;* **das war ein ~ auf den Winter** isto foi um cheirinho do Inverno

Vorgesetzte(r) *m/f* <-n, -n *o* -n> chefe *m,f,* superior *m,f*

vorgestern *adv* anteontem; **~ Abend** anteontem à noite

vor|haben *vt irr* ❶ (*beabsichtigen*) tencionar, ter a intenção de ❷ (*geplant haben*) ter planeado; **hast du heute Abend schon etwas vor?** já tens planos para esta noite?

Vorhaben *nt* <-s, -> plano *m*

vorhanden [foːɐ'handən] *adj* existente; (*verfügbar*) disponível; **~ sein** haver, existir; **es ist nichts mehr davon ~** já não há nada disso

Vorhandensein *nt* <-s> *kein pl* existência *f*

Vorhang *m* <-(e)s, -hänge> ❶ (*am Fenster*) cortina *f,* cortinado *m;* **die Vorhänge zuziehen** fechar as cortinas ❷ (*im Theater*) pano *m;* **der ~ geht auf/fällt** o pano sobe/desce; (HIST); **der eiserne ~** a cortina de ferro

Vorhängeschloss[RR] *nt* <-es, -schlösser> aloquete *m,* cadeado *m*

Vorhaus *nt* <-es, -häuser> (*österr*) entrada *f*

Vorhaut *f* <-häute> (ANAT) prepúcio *m*

vorher [foːɐ'heːɐ, '--] *adv* antes; (*im Voraus*) de antemão, previamente, antecipadamente; **kurz ~** pouco antes; **das hättest du mir auch ~ sagen können** podias ter-me dito isso antes

vorher|gehen *vi irr* anteceder, preceder

vorherig *adj* anterior, precedente

Vorherrschaft *f kein pl* hegemonia *f,* supremacia *f*

vor|herrschen *vi* predominar

Vorhersage *f* <-n> profecia *f,* prognóstico *m;* (*Wettervorhersage*) previsão *f*

vorher|sagen [-'---] *vt* prever, profetizar

vorhersehbar *adj* previsível

vorher|sehen [-'---] *vt irr* prever, antever

vorhin [foːɐ'hɪn, '--] *adv* há pouco

Vorhinein *adv* (*österr*) **im ~** de antemão

vorig *adj* passado

Vorjahr *nt* <-(e)s, -e> ano *m* passado

Vorkehr *f* <-en> (*schweiz*) *s.* **Vorkehrung**

Vorkehrung ['foːɐkeːrʊŋ] *f* <-en> medida *f* de precaução, providência *f;* **~en treffen** tomar providências

Vorkenntnisse *pl* conhecimentos *mpl* prévios

vor|kommen *vi irr* ❶ (*geschehen*) acontecer, ocorrer; **es wird nicht wieder ~** não voltará a acontecer; **so etwas kommt vor** essas coisas acontecem ❷ (*vorhanden sein*) haver, existir ❸ (*scheinen*) parecer; **das kommt mir merkwürdig vor** isso parece-me estranho; **sie kommt mir bekannt vor** ela é-me familiar; **sich** *dat* **~ wie** sentir-se como

Vorkommen *nt* <-s, -> ❶ (*Vorhandensein*) presença *f,* existência *f* ❷ (*von Rohstoffen*) depósito *m*

Vorladung *f* <-en> (JUR) intimação *f,* citação *f*

Vorlage *f* <-n> ❶ *kein pl* (*das Vorlegen*) apresentação *f;* **gegen ~ einer Bescheinigung** mediante apresentação de um certificado ❷ (*Gesetzesvorlage*) proje(c)to *m* de lei, moção *f* ❸ (*Muster*) modelo *m;* (*für Handarbeit*) amostra *f* ❹ (*schweiz: Teppich*) tapete *m*

vorläufig **I.** *adj* provisório **II.** *adv* por enquanto, por agora, para já

vorlaut *adj* indiscreto, metediço

vor|legen *vt* ❶ (*zeigen*) mostrar, expor; (*Ausweis, Gesetzentwurf*) apresentar; **der Brief wurde ihr zur Unterschrift vorgelegt** a carta foi-lhe dada para assinar ❷ (*Kette, Riegel*) colocar

vor|lesen *vt irr* ler (em voz alta); **jdm etw ~** ler a. c. a alguém

Vorlesung *f* <-en> aula *f*

Vorlesungsverzeichnis *nt* <-ses, -se> guia *m* do estudante

vorletzte(r, s) *adj* penúltimo; **~ Woche** há duas semanas, na outra semana

Vorliebe *f* <-n> predile(c)ção *f* (*für* por); **eine ~ für etw/jdn haben** ter uma predile(c)ção por a. c./alguém

vor|liegen *vi irr* ❶ (*vorhanden sein*) haver, existir; **es liegt nichts gegen ihn vor** não há nada contra ele; **hier muss ein Irrtum ~** deve haver aqui um engano ❷ (*zur Begutachtung*) estar à vista; **Ihnen liegen alle Unterlagen vor** o senhor tem aí todos os documentos

vorliegend *adj* presente; **im ~en Fall** neste caso, no caso em questão; **die bisher ~en Ergebnisse zeigen, dass ...** os resultados existentes até agora mostram que ...

vor|lügen *vt irr* (*umg*) **jdm etw ~** mentir a alguém acerca de a. c.

vor|machen *vt* ❶ (*zeigen*) mostrar (como se faz); **jdm etw ~** mostrar a alguém como se faz a. c. ❷ (*täuschen*) (tentar) iludir

Vormachtstellung *f* <-en> hegemonia *f,* supremacia *f*

vor|merken *vt* apontar, tomar nota de; **sich** *dat* **etw ~** apontar a. c.

Vormittag *m* <-(e)s, -e> manhã *f;* **heute ~** hoje de manhã, esta manhã; **am ~** de manhã

vormittags *adv* de manhã

Vormonat *m* <-(e)s, -e> mês *m* passado

Vormund *m* <-(e)s, -e> tutor, tutora *m, f*

vorn(e) *adv* ❶ (*an vorderer Stelle, am vorderen Ende*) à frente; (*auf der Vorderseite*) na frente, à frente; **von/nach ~** de/para a frente; **von ~ sieht das Auto gut aus** de frente, o carro tem bom aspecto; **unsere Plätze sind ganz ~** os nossos lugares são lá à frente; **die Knöpfe gehören nach ~** os botões são para a frente ❷ (*am Anfang*) no princípio; **von ~ anfangen** começar do princípio

Vorname *m* <-ns, -n> primeiro nome *m,* nome *m* próprio

vornehm ['foːɐneːm] *adj* distinto

vor|nehmen *vt irr* ❶ (*durchführen*) realizar, efe(c)tuar; **eine Reparatur ~** efe(c)tuar uma reparação ❷ (*vorhaben*) **sich** *dat* **etw ~** tencionar fazer a. c.; (*planen*) plane(j)ar a. c.; **nimm dir nicht zu viel vor!** não te ocupes tanto!

vornherein ['--'-] *adv* **von ~** à partida, de antemão

Vorort *m* <-(e)s, -e> subúrbio *m,* arrabaldes *mpl*

Vorortzug *m* <-(e)s, -züge> comboio *m* suburbano, trem *m* de subúrbio

Vorrang ['foːɐraŋ] *m* <-(e)s> *kein pl* ❶ (*Priorität*) prioridade *f,* precedência *f,* primazia *f;* **~ vor etw haben** ter prioridade em relação a a. c. ❷ (*österr: Vorfahrt*) prioridade *f*

vorrangig *adj* prioritário

Vorrat ['foːɐraːt] *m* <-(e)s, -räte> (*Waren*) stock *m,* estoque *m;* (*Lebensmittel*) provisões *fpl,* reserva *f;* **etw auf ~ kaufen** comprar a. c. por junto; **solange der ~ reicht** até esgotar o stock, até esgotar o estoque

vorrätig *adj* em armazém, em stock, em estoque; **etw ~ haben** ter a. c. em stock, ter a. c. em estoque

Vorrecht *nt* <-(e)s, -e> regalia *f,* privilégio *m,* prerrogativa *f*

Vorrichtung *f* <-en> dispositivo *m*

Vorruhestand *m* <-(e)s> *kein pl* pré-reforma *f,* reforma *f* antecipada

Vorrunde *f* <-n> (SPORT) eliminatória *f*

vor|sagen *vt* ❶ (*vorsprechen*) dizer, ditar; **ein Gedicht ~** recitar um poema ❷ (*in Prüfung*) segredar

Vorsaison *f* <-s> princípio *f* da época

Vorsatz *m* <-es, -sätze> desígnio *m,* intento *m;* **den ~ haben, etw zu tun** ter o intento de fazer a. c.

vorsätzlich **I.** *adj* propositado, deliberado; (JUR) premeditado **II.** *adv* de propósito, deliberadamente; (JUR) premeditadamente

Vorschau *f* <-en> programa *m* previsto; (*Film*) apresentações *fpl,* amostras *fpl*

Vorschein *m* **zum ~ kommen** aparecer, manifestar-se; **etw zum ~ bringen** revelar a. c.

vor|schieben *vt irr* (*nach vorne schieben*) empurrar para a frente; **den Riegel ~** correr o ferrolho

Vorschlag *m* <-(e)s, -schläge> proposta *f*, sugestão *f*; **einen ~ machen** fazer uma proposta

vor|schlagen *vt irr* propor, sugerir

vorschnell *adj* precipitado, arrebatado

vor|schreiben *vt irr* prescrever, ordenar; **jdm etw ~** prescrever a. c. a alguém

Vorschrift *f* <-en> prescrição *f*, preceito *m*; (*Anweisung*) instruções *fpl*; (*Bestimmung*) regra *f*; **gesetzliche ~** disposição *f* legal; **jdm ~en machen** dar instruções a alguém; **das verstößt gegen die ~** isso vai contra o regulamento

vorschriftsmäßig **I.** *adj* corre(c)to **II.** *adv* conforme (o regulamento), a preceito

Vorschub *m* **etw ~ leisten** favorecer a. c., dar azo a a. c.

Vorschule *f* <-n> escola *f* pré-primária

Na Suíça todas as crianças têm direito a pelo menos um ou dois anos de frequência na **Vorschule** (pré-escola), que é voluntária e gratuita. Na maioria dos cantões as crianças pequenas frequentam a **Vorschule** 4 a 5 horas por dia. Aí são preparadas para a escola.

Vorschuss[RR] *m* <-es, -schüsse> adiantamento *m*

vor|schweben *vi* **jdm schwebt etw vor** alguém tem a. c. em mente

vor|sehen **I.** *vt irr* (*planen*) prever (*für* para); **die Eröffnung ist für nächste Woche vorgesehen** a inauguração está prevista para a próxima semana; (*bestimmen*) destinar (*für* para); **die Lebensmittel sind für die Erdbebenopfer vorgesehen** os alimentos estão destinados para as vítimas do sismo **II.** *vr* **sich ~** *irr* ter cuidado (*vor* com), precaver-se (*vor* contra)

Vorsehung *f kein pl* Providência *f* (divina)

Vorsicht *f kein pl* precaução *f*, cautela *f*, prudência *f*, cuidado *m*; **~!** cuidado!; **~ Glas!** frágil!

vorsichtig *adj* prudente, cauteloso

vorsichtshalber [-halbɐ] *adv* por precaução

Vorsichtsmaßnahme *f* <-n> medida *f* de precaução

Vorsilbe *f* <-n> prefixo *m*

Vorsitz *m* <-es, -e> presidência *f*; **den ~ übernehmen** assumir a presidência

Vorsitzende(r) *m/f* <-n, -n *o* -n> presidente *m,f*

Vorsorge *f kein pl* precaução *f*, previdência *f*; (MED) prevenção *f*; **~ treffen** tomar precauções

vor|sorgen *vi* prevenir-se (*für* para)

Vorsorgeuntersuchung *f* <-en> (MED) exame *m* de prevenção

vorsorglich *adj* preventivo, providente

Vorspann *m* <-(e)s, -e> (*von Film*) genérico *m*

Vorspeise *f* <-n> entrada *f*

Vorspiel *m* <-(e)s, -e> ❶ (MUS) prelúdio *m* ❷ (*sexuell*) preliminares *mpl*

vor|spielen *vt* (*Lied*) tocar; (*Sketch*) representar

vor|sprechen *vt irr* (*Wort, Satz*) pronunciar, dizer (para que alguém repita)

Vorsprung *m* <-(e)s, -sprünge> ❶ (*an Mauer, Fels*) saliência *f* ❷ (*Abstand*) avanço *m* (*vor* sobre), vantagem *f* (*vor* sobre); **einen ~ haben** levar um avanço, levar vantagem

Vorstadt *f* <-städte> arrabaldes *mpl*, subúrbio *m*

Vorstand *m* <-(e)s, -stände> dire(c)ção *f*

vor|stehen *vi irr* ❶ (*herausragen*) sobressair ❷ (*leiten*) dirigir; **einer Organisation ~** estar à frente de uma organização, dirigir uma organização

vorstellbar *adj* imaginável, concebível

vor|stellen **I.** *vt* (*nach vorne stellen*) pôr à frente; (*bekannt machen*) apresentar; **die Modeschöpfer stellen diese Woche ihre neue Kollektion vor** os criadores de moda apresentam esta semana a sua nova cole(c)ção; **darf ich dir Anita und Jürgen ~** posso apresentar-te a Anita e o Jürgen?; (*Uhr*) adiantar; (*ausmalen*); **sich** *dat* **etw ~** imaginar a. c., fazer ideia de a. c.; **das muss man sich mal ~!** imagina!; **ich kann sie mir gut als Ärztin ~** eu consigo imaginá-la como médica **II.** *vr* **sich ~** apresentar-se; **gestatten Sie, dass ich mich vorstelle** permita que me apresente

Vorstellung *f* <-en> ❶ (*Bekanntmachung*) apresentação *f* ❷ (*Bild*) ideia *f*, noção *f*; **sich** *dat* **eine falsche ~ von etw machen** fazer uma ideia errada de a. c. ③ (*im Theater*) espe(c)táculo *m;* (*im Kino*) sessão *f;* **die ~ ist ausverkauft** o espe(c)táculo está esgotado

Vorstellungsgespräch *nt* <-(e)s, -e> entrevista *f* (de emprego)

Vorstoß *m* <-es, -stöße> ① (MIL) ataque *m,* investida *f* ② (*Versuch*) investida *f*

vor|stoßen *vi irr* avançar

Vorstrafe *f* <-n> (JUR) antecedente *m* criminal, condenação *f* anterior

vor|strecken *vt* ① (*Hand*) estender; (*Kopf*) esticar ② (*Geld*) adiantar

Vorstufe *f* <-n> fase *f* preliminar

vor|täuschen *vt* fingir, simular

Vorteil ['fɔrtaɪl] *m* <-(e)s, -e> vantagem *f;* **die Vor- und Nachteile von ...** as vantagens e as desvantagens de ...; **die Sache hat den ~, dass ...** a coisa tem a vantagem de ...

vorteilhaft *adj* vantajoso, proveitoso

Vortrag ['fo:ɐtra:k] *m* <-(e)s, -träge> conferência *f;* **einen ~ (über etw) halten** realizar uma conferência (sobre a. c.)

vor|tragen *vt irr* ① (*Gedicht*) recitar; (*Lied*) cantar ② (*darlegen*) expor

vortrefflich [fo:ɐ'trɛflɪç] *adj* excelente, primoroso

vor|treten *vi irr* (*nach vorne treten*) dar um passo em frente, avançar; (*aus Reihe*) sair da fila

Vortritt *m* <-(e)s> *kein pl* ① (*Vorrang*) prioridade *f,* precedência *f;* **jdm den ~ lassen** dar prioridade a alguém ② (*schweiz: Vorfahrt*) prioridade *f*

vorüber *adv* passado; **es ist ~** já passou, já acabou

vorüber|gehen *vi irr* ① (*örtlich*) passar (*an* por, junto de) ② (*aufhören*) passar

vorübergehend *adj* passageiro, temporário

Vorurteil *nt* <-(e)s, -e> preconceito *m;* **~e gegen jdn haben** ter preconceitos contra alguém

Vorverkauf *m* <-(e)s> *kein pl* venda *f* antecipada

Vorwahl *f* <-en> (TEL) indicativo *m;* (*brasil*) código *m,* prefixo *m*

Vorwand *m* <-(e)s, -wände> pretexto *m,* subterfúgio *m;* **unter dem ~, dass ...** sob o pretexto de ...

vor|wärmen *vt* aquecer previamente

vor|warnen *vt* avisar previamente, avisar com antecedência

vorwärts *adv* para a frente, em frente

Vorwärtsgang *m* <-(e)s, -gänge> velocidade *f* para a frente

vorwärts|gehen *vi irr* andar para a frente, fazer progressos

vorwärts|kommen *vi irr* **~ kommen** avançar, andar para a frente, progredir, fazer progressos

Vorwäsche *f* <-n> pré-lavagem *f*

vorweg [fo:ɐ'vɛk] *adv* ① (*im Voraus*) primeiramente, antecipadamente ② (*an der Spitze*) à frente

vorweg|nehmen *vt irr* antecipar

vor|weisen *vt irr* (*Pass*) apresentar, mostrar; (*Erfahrungen, Kenntnisse*) demonstrar

vor|werfen *vt irr* **jdm etw ~** acusar alguém de a. c., censurar alguém por a. c.

vorwiegend *adv* principalmente

vorwitzig *adj* petulante, impertinente

Vorwort *nt* <-(e)s, -e> prefácio *m*

Vorwurf *m* <-(e)s, -würfe> acusação *f,* censura *f;* **jdm (wegen etw) Vorwürfe machen** acusar alguém (de a. c.), censurar alguém (por a. c.)

vorwurfsvoll *adj* reprovador, repreensivo

Vorzeichen *nt* <-s, -> ① (*Omen*) augúrio *m,* presságio *m* ② (MUS) sinal *m*

vor|zeigen *vt irr* mostrar; (*Pass*) apresentar

vorzeitig I. *adj* prematuro, antecipado **II.** *adv* prematuramente, antes do tempo, antecipadamente

vor|ziehen *vt irr* ① (*nach vorne ziehen*) puxar para a frente; (*Vorhang*) correr ② (*bevorzugen*) preferir, dar a preferência a; **ich ziehe Wein dem Bier vor** eu prefiro vinho a cerveja; **er zog es vor zu schweigen** ele preferiu calar-se

Vorzimmer *nt* <-s, -> ① (*Sekretariat*) sala *f* de espera ② (*österr: Diele*) entrada *f,* hall *m*

Vorzug *m* <-(e)s, -züge> ① *kein pl* (*Vorrang*) preferência *f;* **jdm/etw den ~ geben** dar preferência a alguém/a. c. ② (*Vorteil*) qualidade *f,* vantagem *f*

vorzüglich *adj* excelente

Vorzugspreis *m* <-es, -e> preço *m* especial

Votum ['vo:tʊm] *nt* <-s, Voten> voto *m*

Voyeur [vo̯a'jø:ɐ] *m* <-s, -e> voyeur *m,* espreita *m*

vulgär *adj* vulgar, ordinário

Vulkan [vʊl'ka:n] *m* <-s, -e> vulcão *m*

Vulkanausbruch *m* <-(e)s, -brüche> erupção *f* de vulcão

Vulva *f* <Vulven> (ANAT) vulva *f*

W w

W *nt* <-, -> W, w *m*

Waadt *f kein pl* Vaud *m*

Waage ['va:gə] *f* <-n> ① (*Gerät*) balança *f* ② (*Tierkreiszeichen*) Balança *f*

waagerecht *adj* horizontal

wabbelig *adj* (*umg*) mole, flácido

Wabe ['va:bə] *f* <-n> favo *m*

wach [vax] *adj* ① (*nicht schlafend*) acordado, desperto; ~ **werden** acordar, despertar; ~ **sein** estar acordado ② (*aufgeschlossen*) esperto

Wachablösung *f* <-en> render *m* da guarda

Wachdienst *m* <-(e)s, -e> serviço *m* de vigilância

Wache ['vaxə] *f* <-n> ① (*Person*) guarda *m,f,* vigilante *m,f,* vigia *m,f* ② (*Wachdienst*) vigilância *f;* (*Nachtwache*) vigília *f;* ~ **stehen** estar de vigília, estar de sentinela ③ (*Polizeiwache*) esquadra *f,* delegacia *f*

wachen ['vaxən] *vi* (*aufpassen*) vigiar, fiscalizar; **UNO-Truppen wachen über die Einhaltung des Friedensabkommens** as tropas da ONU vigiam o cumprimento do acordo de paz

Wachmann *m* <-(e)s, -männer/-leute> ① (*Wächter*) segurança *m* ② (*österr: Polizist*) polícia *m*

Wacholder *m* <-s, -> (BOT) zimbro *m*

Wachs [vaks] *nt* <-es, -e> cera *f*

wachsam ['-za:m] *adj* vigilante, alerta, atento

Wachsamkeit *f kein pl* vigilância *f*

wachsen ['vaksən] **I.** *vt* (*Fußboden, Ski*) encerar **II.** *vi* crescer; (*zunehmen*) aumentar, subir; **die Gewinne sind um 5% gewachsen** os lucros aumentaram 5%; **er lässt sich** *dat* **einen Bart** ~ ele está a deixar crescer a barba; **jdm gewachsen sein** estar à altura de alguém

Wachstum ['vakstu:m] *nt* <-s> *kein pl* crescimento *m;* (*Zunahme*) aumento *m*

Wachtel ['vaxtəl] *f* <-n> codorniz *f*

Wächter(in) *m(f)* <-s, - *o* -innen> vigilante *m,f,* guarda *m,f*

Wachtmeister(in) *m(f)* <-s, - *o* -innen> guarda *m,f*

Wachturm *m* <-(e)s, -türme> torre *f* de observação, atalaia *f*

wackelig ['vakəlɪç] *adj* ① (*Tisch, Stuhl, Zahn*) a abanar; (*Mensch*) trôpego ② (*Arbeitsplatz*) pouco seguro; (*Angelegenheit*) tremido

Wackelkontakt *m* <-(e)s, -e> mau conta(c)to *m*

wackeln ['vakəln] *vi* ① (*durch Erschütterung*) abanar ② (*Arbeitsplätze*) estar pouco seguro

Wade ['va:də] *f* <-n> barriga *f* da perna

Waffe ['vafə] *f* <-n> arma *f;* **die ~n ruhen** há um cessar-fogo; **er trägt eine** ~ ele tem uma arma; **zu den ~n greifen** recorrer às armas

Waffel ['vafəl] *f* <-n> bolacha *f* quente

Waffenembargo *nt* <-s, -s> embargo *m* ao armamento

Waffenschein *m* <-(e)s, -e> licença *f* de porte de arma

Waffenstillstand *m* <-(e)s> *kein pl* cessar-fogo *m,* armistício *m,* tréguas *fpl*

Wagemut *m* <-(e)s> *kein pl* audácia *f,* ousadia *f,* temeridade *f*

wagemutig *adj* audaz, ousado, temerário

wagen ['va:gən] *vt* ① (*sich getrauen*) atrever-se (*zu* a), aventurar-se (*zu* a), ousar; **niemand wagte, eine Frage zu stellen** ninguém ousou fazer uma pergunta, ninguém se atreveu a fazer uma pergunta ② (*riskieren*) arriscar

Wagen ['va:gən] *m* <-s, -> ① (*Auto*) carro *m,* automóvel *m* ② (*der Straßenbahn*) carruagem *f;* (*der Eisenbahn*) carruagem *f,* vagão *m;* (*Pferdewagen*) carroça *f* ③ (*Einkaufswagen, Kinderwagen*) carrinho *m* ④ (ASTR) **der Große/Kleine** ~ a Ursa Maior/Menor

Wagenheber *m* <-s, -> macaco *m*

waghalsig ['va:khalzɪç] *adj* arrojado, temerário

Wagnis ['va:knɪs] *nt* <-ses, -se> ① (*Risiko*) risco *m* ② (*Vorhaben*) façanha *f*

Wagon *m* <-s, -s> *s.* **Waggon** vagão *m*

Wahl [va:l] *f* <-en> ① (*Auswahl*) escolha *f,* opção *f;* (*Ware*); **zweite** ~ com defeito; **er hat keine andere** ~ ele não tem alternativa, ele não tem opção; **es stehen mehrere Möglichkeiten zur** ~ há várias possibilidades à escolha ② (POL) eleição *f,* eleições *fpl;* (*Abstimmung*) votação *f,* voto *m;* **freie ~en** eleições *fpl* livres; **geheime ~en** voto *m*

W

secreto; **die ~ gewinnen/verlieren** ganhar/perder as eleições; **zur ~ gehen** ir votar; **die ~en zum Europaparlament** as eleições para o Parlamento Europeu

wahlberechtigt *adj* com direito de voto

Wahlbeteiligung *f* <-en> afluência *f* às urnas

wählen **I.** *vt* ❶ (POL) eleger; **jdn ~** eleger alguém, votar em alguém; **welche Partei wählst du?** em que partido votas?; **er wurde in den Vorstand gewählt** ele foi eleito para a dire(c)ção; **sie wurde zur Präsidentin gewählt** ela foi eleita presidente ❷ (*Telefonnummer*) marcar, discar **II.** *vi* ❶ (*aussuchen*) escolher; **haben Sie schon gewählt?** já escolheu? ❷ (*am Telefon*) marcar o número, discar o número

Wähler(in) *m(f)* <-s, - *o* -innen> eleitor, eleitora *m, f*

wählerisch *adj* picuinhas, esquisito, niquento; (*beim Essen*); **~ sein** ser esquisito com a comida

Wahlfach *nt* <-(e)s, -fächer> disciplina *f* de opção

Wahlgang *m* <-(e)s, -gänge> escrutínio *m*

Wahlkabine *f* <-n> cabine *f* de voto

Wahlkampf *m* <-(e)s, -kämpfe> campanha *f* eleitoral

Wahlkreis *m* <-es, -e> círculo *m* eleitoral

Wahllokal *nt* <-s, -e> assembleia *f* de voto

wahllos **I.** *adj* indiscriminado, ao acaso **II.** *adv* indiscriminadamente, ao acaso

Wahlpflicht *f kein pl* voto *m* obrigatório

Wahlrecht *nt* <-(e)s> *kein pl* direito *m* de voto, sufrágio *m*

Wählscheibe *f* <-n> disco *m* (do telefone)

Wahlurne *f* <-n> urna *f* eleitoral

wahlweise *adv* à escolha

Wahlwiederholung *f* <-en> remarcação *f* (do número)

Wahn [va:n] *m* <-(e)s> *kein pl* ❶ (*geh: Einbildung*) ilusão *f* ❷ (MED) delírio *m*, alucinação *f*

Wahnsinn ['va:nzɪn] *m* <-(e)s> *kein pl* ❶ (*Geistesgestörtheit*) demência *f*, loucura *f* ❷ (*umg: Unvernunft*) loucura *f*

wahnsinnig **I.** *adj* (*geistesgestört*) louco, alucinado, alienado; (*umg: groß, stark*) louco **II.** *adv* (*umg*) incrivelmente, imensamente

wahr [va:ɐ] *adj* ❶ (*der Wahrheit entsprechend*) verdadeiro; **~ sein** ser verdade; **nicht ~?** não é (verdade)? ❷ (*wirklich*) real, verídico; **~ werden** realizar-se

wahren ['va:rən] *vt* ❶ (*Geheimnis*) guardar ❷ (*Rechte*) defender, salvaguardar

während **I.** *präp +gen* durante **II.** *konj* ❶ (*zeitlich*) enquanto; **~ du kochst, wasche ich ab** enquanto cozinhas, eu lavo a louça ❷ (*wohingegen*) ao passo que, enquanto (que); **er interessiert sich für Klassik, ~ sie lieber in Rockkonzerte geht** ele interessa-se por música clássica, ao passo que [*o* enquanto (que)] ela prefere ir a concertos de rock

währenddessen *adv* enquanto isso, entretanto

wahrhaftig [-'--] *adv* na verdade, realmente

Wahrheit *f* <-en> verdade *f*; **das ist die volle ~** esta é toda a verdade; **die ~ sagen** dizer a verdade, falar a verdade

wahr|nehmen *vt irr* ❶ (*bemerken*) aperceber-se de, perceber, notar ❷ (*nutzen*) aproveitar; **eine Gelegenheit ~** aproveitar uma oportunidade ❸ (*Interessen, Rechte*) defender, zelar por; **einen Termin ~** manter um compromisso, não faltar a um encontro

Wahrnehmung *f* <-en> ❶ (*über die Sinne*) percepção *f* ❷ (*von Interessen, Rechten*) defesa *f*

wahr|sagen *vi* profetizar, prever o futuro

Wahrsager(in) *m(f)* <-s, - *o* -innen> cartomante *m,f*, adivinho, adivinha *m, f*

wahrscheinlich [va:ɐ'ʃaɪnlɪç] **I.** *adj* provável, veros(s)ímil **II.** *adv* provavelmente, certamente

Wahrscheinlichkeit *f* <-en> probabilidade *f*, veros(s)imilhança *f*

Währung *f* <-en> moeda *f*

Währungsfonds *m* <-, -> fundo *m* monetário

Währungsunion *f* <-en> união *f* monetária

Wahrzeichen *nt* <-s, -> (*einer Stadt*) símbolo *m*, brasão *m*

Waise ['vaɪzə] *f* <-n> órfão, órfã *m, f*

Wal [va:l] *m* <-(e)s, -e> baleia *f*

Wald [valt] *m* <-(e)s, Wälder> floresta *f*, bosque *m*

Waldbrand *m* <-(e)s, -brände> incêndio *m* florestal

waldig *adj* coberto de mato, com floresta

Waldorfschule® *f* <-n> *escola privada que se baseia nos princípios da pedagogia antroposófica*

Waldsterben *nt* <-s> *kein pl* degradação *f*

das florestas

Walkie-TalkieRR *nt* <-(s), -s> walkie-talkie *m*

Walkman® *m* <-s, Walkmen> walkman *m*

Wall [val] *m* <-(e)s, Wälle> (*Erdwall*) valado *m*, talude *m*; (*Schutzwall*) dique *m*

Wallfahrer(in) *m(f)* <-s, - o -innen> peregrino, peregrina *m, f*, romeiro, romeira *m, f*

Wallfahrt *f* <-en> peregrinação *f*, romaria *f*

Wallfahrtsort *m* <-(e)s, -e> lugar *m* de peregrinação

Wallis *nt* <-> *kein pl* Valais *m*

WalnussRR ['vaːl-] *f* <-nüsse> noz *f*

Segundo uma antiga crença popular, as bruxas entravam em acção na noite que antecede o 1° de Maio. Para isso reuniam-se no Blocksberg, que é a designação mais nova do Brocken, montanha de altitude média que se situa no Harz, na Alemanha. Hoje em dia são principalmente as crianças e os jovens que na **Walpurgisnacht** fazem partidas à vizinhança.

WalrossRR ['vaːl-] *nt* <-es, -e> morsa *f*

Walze ['valtsə] *f* <-n> ❶ (*an Maschinen*) rolo *m*, cilindro *m* ❷ (*Straßenwalze*) cilindro *m* compressor

walzen *vt* ❶ (*Metall*) laminar ❷ (*Straße*) aplanar

wälzen I. *vt* (*rollen*) rolar; **Fleisch in Paniermehl ~** passar carne por pão ralado; (*Bücher*) revolver; (*Probleme*) andar às voltas com **II.** *vr* **sich ~** rebolar-se; (*vor Schmerzen*) torcer-se, contorcer-se; (*im Bett*) dar voltas

Walzer ['valtsɐ] *m* <-s, -> valsa *f*; **Wiener ~** valsa *f* de Viena; **~ tanzen** valsar

wand [vant] *imp von* **winden**

Wand [vant] *f* <Wände> parede *f*; **spanische ~** biombo *m*; **~ an ~ mit** paredes meias com; (*umg*); **die Wände hochgehen** trepar pelas paredes; **weiß wie die ~** branco como a cal

Wandel ['vandəl] *m* <-s> *kein pl* mudança *f*, transformação *f*; **einem ~ unterliegen** sofrer uma mudança

wandeln ['vandəln] **I.** *vt* (*geh*) transformar **II.** *vr* **sich ~** (*geh*) transformar-se

Wanderausstellung *f* <-en> exposição *f* itinerante

Wanderer(in) *m(f)* <-s, - o -innen> caminhante *m,f*, turista *m,f* a pé

Wanderkarte *f* <-n> mapa *m* turístico

wandern ['vandɐn] *vi* ❶ (*Wanderung machen*) andar a pé, caminhar, fazer caminhadas; **am Sonntag wollen wir in der Serra da Estrela ~** no domingo vamos fazer uma caminhada na Serra da Estrela ❷ (*Blick, Gedanken*) vaguear

Wanderschuh *m* <-(e)s, -e> sapato *m* de marcha

Wanderung *f* <-en> excursão *f* a pé, caminhada *f*; **eine ~ machen** fazer uma caminhada

Wandkalender *m* <-s, -> calendário *m* de parede

Wandkarte *f* <-n> mapa *m* de parede

Wandlung ['vandlʊŋ] *f* <-en> mudança *f*, transformação *f*

Wandmalerei *f* <-en> pintura *f* a fresco

Wandschrank *m* <-(e)s, -schränke> armário *m* de parede

Wange ['vaŋə] *f* <-n> (*geh*) face *f*

wankelmütig *adj* (*geh*) inconstante

wanken ['vaŋkən] *vi* vacilar

wann [van] *adv* quando; **~ kommst du/kommt der Zug an?** quando vens/chega o comboio?; **seit ~?** desde quando?; **bis ~?** até quando?; **von ~ bis ~ kommt sie dich besuchen?** de quando até quando é que ela vem visitar-te?; **ab ~ steigen die Preise?** a partir de quando é que os preços aumentam?; **ich weiß nicht, ~ er Geburtstag hat** eu não sei quando é que ele faz anos; **dann und ~** de vez em quando, uma vez por outra; **~ auch immer** seja quando for

Wanne ['vanə] *f* <-n> bacia *f*; (*Badewanne*) banheira *f*

Wanze ['vantsə] *f* <-n> ❶ (*Ungeziefer*) percevejo *m* ❷ (*umg: Abhörgerät*) aparelho *m* de escuta

Wappen ['vapən] *nt* <-s, -> brasão *m*

war [vaːɐ] *imp von* **sein**

warb [varp] *imp von* **werben**

Ware ['vaːrə] *f* <-n> mercadoria *f*

Warenhaus *nt* <-es, -häuser> armazém *m*

Warenlager *nt* <-s, -> armazém *m*, depósito *m* de mercadorias

Warenprobe *f* <-n> amostra *f*

Warensendung *f* <-en> remessa *f*, envio *m* de mercadorias

Warenumsatzsteuer *f* <-n> (*schweiz*) imposto *m* sobre o valor acrescentado, imposto *m* sobre circulação de mercadorias

Warenzeichen *nt* <-s, -> marca *f;* **eingetragenes ~** marca *f* regist(r)ada
warf [varf] *imp von* **werfen**
warm [varm] *adj* ❶ (*Klima, Wetter, Temperatur*) quente; **es ist ~** está [*o* faz] calor; **mir ist ~** tenho calor, estou com calor; **~e Duschen** duches de água quente; **die Wohnung kostet ~ 900 €** a renda custa 900 euros com aquecimento incluído; **~ werden** aquecer ❷ (*Kleidung*) quente; **sich ~ anziehen** agasalhar-se ❸ (*herzlich*) caloroso
Wärme *f kein pl* calor *m*
Wärmekraftwerk *nt* <-(e)s, -e> central *f* de energia térmica
wärmen I. *vi* (*Ofen, Kleidung*) aquecer II. *vr* **sich ~** aquecer-se
Wärmflasche *f* <-n> botija *f* (de água quente)
Warmfront *f* <-en> frente *f* quente
Warmhalteplatte *f* <-n> chapa *f* quente
warmherzig *adj* caloroso
warm|machenRR *vt* **etw ~** aquecer a. c.
Warmmiete *f* <-n> renda *f* com aquecimento incluído
Warmstart *m* <-s, -s> (INFOR) arranque *m* a quente
Warnblinkanlage *f* <-n> luzes *fpl* de perigo, quatro piscas *mpl*
Warndreieck *nt* <-(e)s, -e> triângulo *m* de pré-sinalização
warnen ['varnən] *vt* avisar (*vor* de), prevenir (*vor* de); (*vor Gefahr*) alertar (*vor* para); **vor Taschendieben wird gewarnt** cuidado com os carteiristas
Warnstreik *m* <-(e)s, -s> greve *f* de aviso
Warnung *f* <-en> aviso *m* (*vor* de), advertência *f* (*vor* para)
Warschau ['varʃaʊ] *nt* <-s> *kein pl* Varsóvia *f*
Warteliste *f* <-n> lista *f* de espera; **auf der ~ stehen** estar em lista de espera
warten ['vartən] I. *vt* (TECH) manter, fazer a manutenção de II. *vi* esperar (*auf* por), estar à espera (*auf* de), aguardar; **wir ~ schon seit einer Stunde** nós já estamos à espera há uma hora; **wartet ihr mit dem Essen auf mich?** esperam por mim com a comida?; **~ Sie bitte draußen** aguarde lá fora, por favor; **warte auf mich!** espera por mim!; **auf sich ~ lassen** demorar-se; **na warte!** se te agarro!, espera!
Wärter(in) *m(f)* <-s, - *o* -innen> guarda *m,f*
Wartesaal *m* <-(e)s, -säle> sala *f* de espera
Warteschlange *f* <-n> fila *f* de espera
Wartezimmer *nt* <-s, -> sala *f* de espera
Wartung *f* <-en> manutenção *f*
warum [va'rʊm] *adv* ❶ (*direkte Frage*) por que, porquê; **~ hast du das getan?** por que (é que) fizeste isso? ❷ (*indirekte Frage*) porque; **ich frage mich, ~ er so unfreundlich ist** eu pergunto-me porque é que ele é tão antipático
Warze ['vartsə] *f* <-n> ❶ (*auf der Haut*) verruga *f* ❷ (*Brustwarze*) mamilo *m*
was [vas] I. *pron interr* (o) que; **~ haben Sie gesagt?** o que disse?; **~ kostet das Buch?** quanto custa o livro?; **~ ist denn los?** (o) que aconteceu?; **~ du nicht sagst!** não me digas!; **~ für ein Pech!** que azar!; **ach ~!** qual quê! II. *pron rel* (o) que, aquilo que; **das ist alles, ~ ich weiß** é tudo o que sei; **~ mich betrifft** no que me diz respeito; **koste es, ~ es wolle** custe o que custar III. *pron indef* (*umg: etwas*) alguma coisa; **hast du mir ~ mitgebracht?** trouxeste-me alguma coisa?
Waschanlage *f* <-n> lavagem *f* automática
Waschbecken *nt* <-s, -> lavatório *m*
Wäsche *f kein pl* ❶ (*das Waschen*) lavagem *f;* **etw in die ~ geben** pôr a. c. a lavar ❷ (*zu waschende Textilien*) roupa suja *f;* **~ waschen** lavar roupa ❸ (*Bettwäsche*) roupa de cama *f;* (*Unterwäsche*) roupa interior *f*
waschecht *adj* ❶ (*Kleidung*) lavável; (*Farbe*) que não tinge ❷ (*umg: typisch*) genuíno, de gema; **ein ~er Bayer** um bávaro de gema
Wäscheklammer *f* <-n> mola *f* da roupa, pregador *m* de roupa
Wäscheleine *f* <-n> corda *f* da roupa, varal *m*
waschen ['vaʃən] I. *vt* (*reinigen*) lavar; **das Auto ~** lavar o carro; **sich** *dat* **die Hände/Haare waschen** lavar as mãos/o cabelo; (*umg: Geld*) branquear II. *vr* **sich ~** lavar-se
Wäscherei *f* <-en> lavandaria *f*
Wäscheschleuder *f* <-n> centrifugadora *f* de roupa
Wäschetrockner *m* <-s, -> secador *m* de roupa
Waschlappen *m* <-s, -> esponja *f* de banho
Waschmaschine *f* <-n> máquina *f* de lavar roupa
Waschmittel *nt* <-s, -> detergente *m* da roupa

Waschpulver *nt* <-s, -> detergente *m* em pó (para a roupa)
Wasser ['vasɐ] *nt* <-s, -> água *f*; **sich über ~ halten** flutuar, boiar; **etw unter ~ setzen** submergir a. c.; **unter ~ stehen** estar inundado; **mir läuft das ~ im Mund zusammen** estou com água na boca; **dort wird auch nur mit ~ gekocht** ali é como em todo o lado; **ihnen steht das ~ bis zum Hals** eles estão com a corda na garganta; (*fig*); **ins ~ fallen** ir por água abaixo
wasserarm *adj* árido, seco
Wasserbad *nt* <-(e)s, -bäder> (KOCHK) banho-maria *m*
Wasserdampf *m* <-(e)s, -dämpfe> vapor *m* de água
wasserdicht *adj* impermeável; (*Uhr*) à prova de água
Wasserfall *m* <-(e)s, -fälle> cascata *f*, catarata *f*, queda-d'água *f*, cachoeira *f*; **wie ein ~ reden** falar pelos cotovelos
Wasserfarbe *f* <-n> aguarela *f*
Wasserflugzeug *nt* <-(e)s, -e> hidroavião *m*
Wassergymnastik *f kein pl* hidroginástica *f*
Wasserhahn *m* <-(e)s, -hähne> torneira *f* da água
Wasserhaushalt *m* <-(e)s, -e> (BIOL, MED) reserva *f* de água (no organismo)
Wasserkraftwerk *nt* <-(e)s, -e> central *f* hidráulica, hidrelétrica *f*
Wasserleitung *f* <-en> canalização *f*
wasserlöslich *adj* solúvel em água
Wassermangel *m* <-s> *kein pl* falta *f* de água
Wassermann *m* <-(e)s, -männer> Aquário *m*
Wassermelone *f* <-n> melancia *f*
wässern *vt* ❶ (*Bäume, Garten*) regar ❷ (KOCHK) pôr de molho
Wasserpflanze *f* <-n> planta *f* aquática
wasserscheu *adj* hidrópico, que tem medo da água
Wasserschutzgebiet *nt* <-(e)s, -e> reserva *f* aquática
Wasserski *nt* <-s> *kein pl* esqui *m* aquático
Wassersport *m* <-(e)s> *kein pl* desporto *m* aquático, esporte *m* aquático
Wasserstand *m* <-(e)s, -stände> nível *m* da água
Wasserstoff *m* <-(e)s> *kein pl* (CHEM) hidrogénio *m*
Wasserstoffbombe *f* <-n> bomba *f* de hidrogénio
Wasserstoffperoxid *nt* <-(e)s, -e> (CHEM) água *f* oxigenada
Wasserstraße *f* <-n> via *f* fluvial
Wasserwaage *f* <-n> nível *m* de bolha de ar
Wasserwelle *f* <-n> mise *f*
Wasserwerfer *m* <-s, -> canhão *m* de água
Wasserwerk *nt* <-(e)s, -e> estação *f* de depósito de água
Wasserzeichen *nt* <-s, -> filigrana *f*
waten *vi* caminhar (com dificuldade)
Watsche *f* <-n> (*österr*) bofetada *f*
watscheln *vi* gingar
Watt[1] *nt* <-(e)s, -en> (*am Meer*) baixio *m*

> **Watt** é a paisagem da costa no Mar do Norte, caracterizada por marés-cheias e marés-baixas. Durante a maré-baixa pode-se passear sobre o fundo arenoso do mar. Com a maré-cheia o **Watt** é novamente coberto por vários metros de água do mar e pode ser navegado por embarcações costeiras planas.

Watt[2] *nt* <-s, -> (PHYS) vátio *m*, watt *m*
Watte ['vatə] *f* <-n> algodão *m* (em rama)
Webcam <-, -s> *f* webcam *f*
weben ['veːbən] *vt* tecer
Website <-, -s> *f* (INET) site *m*, sítio *m*, página *f* web
Webstuhl *m* <-(e)s, -stühle> tear *m*
Wechsel ['vɛksəl] *m* <-s, -> ❶ (*das Wechseln*) troca *f*, permuta *f* ❷ (*Veränderung*) mudança *f*, alteração *f*, modificação *f* ❸ (*Bankwesen*) letra *f* de câmbio
Wechselbeziehung *f* <-en> interrelação *f* (*zwischen* entre)
Wechselgeld *nt* <-(e)s> *kein pl* troco *m*
wechselhaft *adj* instável, incerto
Wechseljahre *pl* menopausa *f*
Wechselkurs *m* <-es, -e> taxa *f* de câmbio
wechseln ['vɛksəln] **I.** *vt* (*Kleidung, Thema, Meinung*) mudar de; **mit jdm den Platz ~** trocar [*o* mudar] de lugar com alguém; **einen Reifen ~** trocar [*o* mudar] um pneu; (*Blicke, Worte, Briefe*) trocar; (*Geldschein*) trocar; (*in andere Währung*) cambiar (*in* em); **können Sie 5000 EUR ~?** pode trocar 5000 euros?; **ich möchte 300 $ in Euros ~** eu queria cambiar 300 $ em euros **II.** *vi* (*Wetter*) mudar; **ich kann nicht ~** não tenho troco
Wechselrahmen *m* <-s, -> passe-partout *m*

wechselseitig *adj* mútuo, recíproco
Wechselstrom *m* <-(e)s, -ströme> corrente *f* alterna
Wechselstube *f* <-n> agência *f* de câmbio
Wechselwirkung *f* <-en> intera(c)ção *f,* reciprocidade *f*
wecken ['vɛkən] *vt* 1 (*Schlafende*) acordar, despertar; ~ **Sie mich bitte um acht Uhr** acorde-me às oito horas por favor 2 (*Interesse, Begeisterung*) despertar
Wecken *m* <-s, -> (*österr*) pãozinho *m*
Wecker *m* <-s, -> despertador *m;* **den ~ auf sieben Uhr stellen** pôr o despertador para as sete horas; (*umg*); **jdm auf den ~ gehen** dar cabo dos nervos a alguém
wedeln ['ve:dəln] *vi* 1 (*winken*) **mit etw ~** acenar com a. c.; **mit dem Schwanz ~** abanar o rabo, rabear 2 (*Ski*) ziguezaguear
weder ['ve:dɐ] *konj* **weder ... noch ...** nem ... nem ...; **er hat ~ ein Auto noch ein Fahrrad** ele não tem (nem) carro, nem bicicleta
weg [vɛk] *adv* 1 (*abwesend*) fora, embora; **ist der Zug schon ~?** o comboio já partiu?; **er ist schon ~** ele já foi (embora), ele já saiu 2 (*verloren, verschwunden*) desaparecido; **mein Koffer ist/die Schmerzen sind ~** a minha mala desapareceu/as dores desapareceram 3 (*Aufforderung*) embora; **geh ~!** vai-te embora!; **nehmen Sie das ~!** tire isso daí!; **Finger/Kopf ~!** tira os dedos/a cabeça (daí)! 4 (*entfernt*) longe; **Moskau ist weit ~** Moscovo fica longe
Weg [ve:k] *m* <-(e)s, -e> 1 (*zum Gehen, Fahren*) caminho *m;* (*Pfad*) vereda *f,* atalho *m;* **jdm im ~ stehen** estorvar alguém, estar no caminho de alguém; **jdm aus dem ~ gehen** evitar alguém; **dem steht nichts im ~e** não há nada que o impeça 2 (*Route*) caminho *m,* traje(c)to *m;* **vom ~ abkommen** afastar-se do caminho; **etw in die ~e leiten** encaminhar a. c.; **sich auf den ~ machen** pôr-se a caminho; **auf dem ~ zu** a caminho de 3 (*Mittel, Methode*) via *f,* caminho *m;* **auf diesem ~** desta maneira; **auf legalem ~** pela via legal
weg|bleiben *vi irr* não vir, não comparecer; **er bleibt nicht lange weg** ele não se demora
weg|bringen *vt irr* levar
wegen ['ve:gən] *präp +gen/dat* por causa de
weg|fahren *vi irr* partir, sair de carro
weg|fallen *vi irr* ser eliminado, desaparecer
weg|geben *vt irr* dar, desfazer-se de
weg|gehen *vi irr* (*Person*) ir(-se) embora, sair, partir
weg|lassen *vt irr* 1 (*gehen lassen*) deixar ir 2 (*umg: auslassen*) saltar
weg|laufen *vi irr* fugir; **vor jdm ~** fugir de alguém; **sie ist von zu Hause weggelaufen** ela fugiu de casa
weg|machen *vt* (*umg*) tirar
weg|müssen *vi* (*umg*) ter de ir (embora), ter de sair; **ich muss gleich weg** eu tenho de ir; **die Kisten müssen hier weg** as caixas têm de sair daqui
weg|nehmen *vt irr* 1 (*fortnehmen*) tirar; **nimm bitte die Bücher hier weg** tira daqui os livros por favor 2 (*entwenden*) tirar, roubar; **jdm etw ~** tirar a. c. a alguém
weg|räumen *vt* guardar, arrumar
weg|schicken *vt* 1 (*Post, Paket*) mandar, enviar 2 (*Person*) mandar embora
weg|stoßen *vt irr* empurrar, repelir
weg|tragen *vt irr* levar (consigo)
weg|tun *vt irr* 1 (*wegräumen*) guardar; (*wegnehmen*) tirar 2 (*wegwerfen*) deitar fora, jogar fora
weg|wählen *vt* (*schweiz*) não votar em
Wegweiser ['ve:k-] *m* <-s, -> (*in Gebäude*) dire(c)tório *m;* (*in Stadt*) roteiro *m*
weg|werfen *vt irr* deitar fora, pôr fora, jogar fora
Wegwerfgesellschaft *f* <-en> sociedade *f* de desperdício
Wegwerfprodukt *nt* <-(e)s, -e> produto *m* descartável
weg|ziehen **I.** *vt irr* tirar, retirar **II.** *vi irr* mudar-se; **sie sind vor einem Monat weggezogen** eles mudaram-se há um mês
weh **I.** *adj* magoado, ferido, do(lo)rido **II.** *interj* **o ~!** caramba!, meu deus!
wehen ['ve:ən] *vi* 1 (*Wind*) soprar 2 (*Fahne*) flutuar, ondear; **die Fahnen ~ im Wind** as bandeiras flutuam ao vento
Wehen *pl* dores *fpl* de parto, contra(c)ções *fpl*
wehleidig *adj* plangente, queixoso
Wehmut *f kein pl* (*geh*) melancolia *f,* saudade *f*
wehmütig *adj* melancólico, saudoso
Wehr[1] [ve:ɐ] *f* **sich zur ~ setzen** defender-se, resistir
Wehr[2] *nt* <-(e)s, -e> represa *f,* barragem *f*
Wehrdienst *m* <-(e)s> *kein pl* serviço *m*

militar; ~ **leisten** prestar o serviço militar

Wehrdienstverweigerer *m* <-s, -> obje(c)tor *m* de consciência

wehren ['veːrən] *vr* **sich** ~ defender-se

wehrlos *adj* indefeso

Wehrmann *m* <-(e)s, -männer> (*schweiz*) soldado *m*

Wehrpflicht *f kein pl* serviço *m* militar obrigatório

Wehrpflichtige(r) *m* <-n, -n> pessoa *f* sujeita ao serviço militar obrigatório

weh|tun[RR] *vi irr* doer; **jdm/sich** *dat* ~ magoar alguém/magoar-se; **tut es weh?** dói?; **mir tut der Rücken weh** doem-me as costas, estou com dores nas costas

Weib [vaɪp] *nt* <-(e)s, -er> (*abw*) mulher *f*

Weibchen ['vaɪpçən] *nt* <-s, -> (ZOOL) fêmea *f*

weiblich *adj* feminino; (*Tier*) fêmea

weich [vaɪç] *adj* ① (*nicht hart*) mole; (*Haut, Stoff*) macio, suave; (*Bett, Kissen*) fofo; (*Drogen*) leve; **ein ~es Ei** um ovo mal cozido, um ovo escalfado ② (*formbar*) maleável ③ (*Klang, Stimme*) suave ④ (*Mensch, Charakter*) sensível; **ein ~es Herz haben** ter um coração de manteiga; ~ **werden** derreter-se

Weiche ['vaɪçə] *f* <-n> (*Eisenbahn*) agulha *f*

weichen ['vaɪçən] *vi* afastar-se; (*zurückweichen*) recuar, retroceder; **nicht von der Stelle** ~ não se mover

Weichheit *f kein pl* suavidade *f*

weichlich *adj* ① (*Material*) mole, fofo ② (*schwächlich*) mole, fraco

Weichseln *pl* (*österr*) ginjas *fpl*

Weichspüler *m* <-s, -> amaciador *m*

Weide ['vaɪdə] *f* <-n> ① (*Baum*) salgueiro *m* ② (*für Vieh*) pastagem *f*

weiden ['vaɪdən] *vi* pastar

weigern ['vaɪgɐn] *vr* **sich** ~ recusar-se (*zu* a), negar-se (*zu* a)

Weigerung *f* <-en> recusa *f*

Weihe *f* <-n> (*eines Bischofs*) consagração *f;* (*eines Priesters*) ordenação *f*

weihen ['vaɪən] *vt* ordenar, consagrar; **jdn zum Priester** ~ ordenar alguém para padre

Weiher ['vaɪɐ] *m* <-s, -> tanque *m,* viveiro *m*

Weihnachten ['vaɪnaxtən] *nt* <-, -> Natal *m;* **fröhliche/frohe ~!** bom/feliz Natal!; **an** ~ no Natal; **jdm etw zu ~ schenken** oferecer a. c. a alguém pelo Natal

O Natal festeja-se em família. No dia 24 de Dezembro as lojas fecham à hora do almoço, no dia 25 e 26 não se trabalha. Na noite do dia 24 para 25 as crianças recebem os presentes que o «Weihnachtsmann» (Pai Natal) ou o «Christkind» (Menino Jesus) colocam sob a Árvore de Natal. O Jantar de Consoada normalmente é simples. O típico «Gänsebraten» (ganso assado) é servido com «Knödel» e couve roxa e come-se no dia 25. As receitas para o ganso assado variam de região para região.

weihnachtlich *adj* natalício, natalino

Weihnachtsabend *m* <-s, -e> noite *f* de Natal, consoada *f*

Weihnachtsbaum *m* <-(e)s, -bäume> árvore *f* de Natal

Weihnachtsgeld *nt* <-(e)s> *kein pl* subsídio *m* de Natal

Weihnachtsgeschenk *nt* <-(e)s, -e> prenda *f* de Natal

Weihnachtsmann *m* <-(e)s, -männer> Pai *m* Natal, Papai *m* Noel

Weihnachtsmarkt *m* <-(e)s, -märkte> mercadinho *m* de Natal, feira *f* de Natal

Weihnachtsmarkt é um mercado de Natal. O **Weihnachtsmarkt** mais famoso da Alemanha é o de Nuremberga. Mas também em muitas outras cidades se realizam estes mercados por um só dia ou durante todo o período de advento. Vendem-se artigos para presentes de Natal, decorações natalícias, utensílios domésticos e muitas outras coisas.

Weihrauch *m* <-(e)s> *kein pl* incenso *m*

Weihwasser *nt* <-s> *kein pl* água *f* benta

weil [vaɪl] *konj* porque; **ich gehe nicht ins Kino, ~ ich den Film schon kenne** eu não vou ao cinema, porque já conheço o filme

Weile ['vaɪlə] *f kein pl* bocado (de tempo) *m,* algum tempo *m;* **eine ganze** ~ um bom bocado; **es dauerte eine** ~ durou um bocado, durou algum tempo; **vor einer** ~ há (um) bocado, há pouco (tempo)

Wein [vaɪn] *m* <-(e)s, -e> vinho *m;* **lieblicher/trockener** ~ vinho adamado/seco; **jdm reinen ~ einschenken** dizer toda a verdade a alguém

W

Weinbau *m* <-(e)s> *kein pl* vinicultura *f*, viticultura *f*
Weinbeere *f* <-n> (*österr, schweiz*) uva *f* passa
Weinberg *m* <-(e)s, -e> vinha *f*
Weinbergschnecke *f* <-n> caracol *m* comum
Weinbrand *m* <-(e)s, -brände> aguardente *f* (de uva), conhaque *m*
weinen ['vaɪnən] *vi* chorar (*vor* de)
weinerlich *adj* choroso
Weinessig *m* <-s, -e> vinagre *m* de vinho
Weingeist *m* <-(e)s> *kein pl* álcool *m* vínico
Weinhandlung *f* <-en> loja *f* de vinhos, garrafeira *f*
Weinkarte *f* <-n> lista *f* dos vinhos
Weinkeller *m* <-s, -> adega *f*
Weinlese *f* <-n> vindima *f*
Weinprobe *f* <-n> prova *f* de vinhos
Weinrebe *f* <-n> videira *f*
weinrot ['-'-] *adj* cor *m* de vinho
Weinstock *m* <-(e)s, -stöcke> videira *f*, cepa *f*
Weintraube *f* <-n> uva *f*; **grüne/blaue ~** uva *f* branca/preta
weise ['vaɪzə] *adj* sábio
Weise *f* <-n> maneira *f*, modo *m*, forma *f*; **auf diese ~** deste modo, desta maneira [*o* forma]; **in gewisser ~** de certo modo, de certa maneira/forma; **in der ~, dass ...** de tal modo que ...
Weise(r) *m/f* <-n, -n *o* -n> sábio, sábia *m, f*
weisen ['vaɪzən] *vt* **jdm etw ~** indicar a. c. a alguém, mostrar a. c. a alguém; **jdn aus dem Land ~** expulsar alguém do país; **etw von sich** *dat* **~** rejeitar a. c.
Weisheit *f kein pl* sabedoria *f*
Weisheitszahn *m* <-(e)s, -zähne> dente *m* do siso
weiß *adj* branco, alvo
Weißbrot *nt* <-(e)s, -e> pão *m* branco, pão *m* de trigo
Weiße(r) *m/f* <-n, -n *o* -n> branco, branca *m, f*
weißhaarig *adj* de cabelo(s) branco(s)
Weißkabis *m* <-> *kein pl* (*schweiz*) *s.* **Weißkohl**
Weißkohl *m* <-(e)s> *kein pl* couve *f* branca
Weißrussland[RR] *nt* <-s> *kein pl* Bielo-Rússia *f*
Weißwein *m* <-(e)s, -e> vinho *m* branco

Uma linha geográfica divisória que transcorre aproximadamente ao longo do Rio Meno e Danúbio é chamada por brincadeira de **Weißwurstäquator** (Equador da salsicha branca), pois ela separa a Baviera e o seu dialecto da região de dialecto prussiano, quer dizer, de todos os dialectos não-bávaros. Com este termo também é feita referência à região onde há a típica «Weißwurst» bávara (salsicha), feita de carne de vitela e especiarias e que tem uma cor esbranquiçada.

Weisung ['vaɪzʊŋ] *f* <-en> instrução *f*
weit [vaɪt] **I.** *adj* ❶ (*Entfernung*) grande, longo; (*Weg, Reise*) longo; **ein ~er Weg** um longo caminho; **wie ~ ist es (von ... bis ...)?** que distância é (de ... até ...)?, a que distância fica (... de ...)?; **ist es noch ~?** ainda é longe?; **von ~em** de longe; **~ gehend** em grande parte; **~ und breit** por toda a parte ❷ (*mit Maßangabe*) em comprimento; **sie springt fünf Meter ~** ela salta cinco metros em comprimento ❸ (*groß*) grande, vasto, largo; **~e Kreise der Bevölkerung** grandes camadas da população ❹ (*Kleidung*) largo **II.** *adv* ❶ (*sehr, erheblich*) muito; **~ größer/mehr** muito maior/mais ❷ (*Entfernung*) longe, distante; **die Kathedrale ist ~ entfernt von hier** a catedral é muito longe daqui ❸ (*zeitlich*) muito; **es ist ~ nach Mitternacht** passa muito da meia-noite ❹ (*Ausmaß*) longe; **das Fenster ist ~ offen** a janela está escancarada; **du bist zu ~ gegangen** tu foste longe demais; **das geht zu ~** isso passa dos limites; **etw zu ~ treiben** levar a. c. longe demais, abusar de a. c.; **~ verbreitet** divulgado, generalizado; **es ist so ~ gekommen, dass ...** chegou a tal ponto, que ...
Weitblick *m* <-(e)s> *kein pl* vistas *fpl* largas, perspicácia *f*
Weite ['vaɪtə] *f* <-n> ❶ (*Ausdehnung*) vastidão *f*, extensão *f* ❷ (*Entfernung*) distância *f* ❸ (*von Kleidung*) roda *f*
weiter ['vaɪtɐ] **I.** *adj* (*zusätzlich*) outro, mais; (*zeitlich*) seguinte; **~e fünf Jahre** mais cinco anos; **die ~e Entwicklung** a evolução seguinte; **ohne ~es** sem mais (nada); **bis auf ~es** até ver, até nova ordem **II.** *adv* ❶ (*außerdem, sonst*) além disso; (*danach*) depois;

nichts/niemand ~ mais nada/ninguém; **was geschah ~?** que aconteceu depois? ② (*weiterhin*) de agora em diante; **ob es ~ schneit?** será que vai continuar a nevar?; **und so ~** e assim por diante, e por aí fora

Weiterbildung *f kein pl* formação *f* complementar, reciclagem *f*

Weiterfahrt *f kein pl* continuação *f* da viagem; **auf der ~** ao continuar a viagem

weiter|gehen *vi irr* ① (*seinen Weg*) prosseguir, seguir ② (*andauern*) continuar; **so kann es nicht ~!** assim não pode continuar!

weiterhin *adv* ① (*künftig*) daqui em diante, para o futuro; **etw ~ tun** continuar a fazer a. c. ② (*außerdem*) além disso

weiter|kommen *vi irr* ① (*räumlich*) avançar ② (*Fortschritte machen*) progredir, fazer progressos

weiter|machen *vi* continuar (*mit* com)

weiter|reisen *vi* continuar viagem

weiters *adv* (*österr*) além disso

weiter|sagen *vt* divulgar

weiter|sehen *vi irr* ver

weitgehend **I.** *adj* extenso, vasto, amplo **II.** *adv* em grande parte

weitreichend *adj* (*umfassend*) vasto

weitschweifig *adj* prolixo, difuso, profuso

weitsichtig *adj* ① (*umsichtig*) perspicaz, previdente ② (MED) presbita, de vista cansada

Weitsprung *m* <-(e)s, -sprünge> salto *m* em comprimento

weitverbreitetALT *adj s.* **weit II 4**

Weitwinkelobjektiv *nt* <-(e)s, -e> lente *f* grande-angular

Weizen ['vaɪtsən] *m* <-s, -> trigo *m*

welche(r, s) **I.** *pron interr* (*adjektivisch*) que; (*substantivisch*) qual, quais; **~r Mann?** que homem?; **~ Bluse gefällt dir besser?** de que blusa gostas mais?, qual é a blusa que mais te agrada?; **aus ~m Grund?** por que razão? **II.** *pron indef* algum; **hast du Streichhölzer? - im Schrank müssen ~ sein** tens fósforos? - deve haver alguns no armário; **ich habe kein Papier dabei, hast du ~s?** eu não tenho papel, tens algum? **III.** *pron rel* que; **das Kind, ~s das schönste Bild gemalt hat** a criança que pintou o quadro mais bonito

welk [vɛlk] *adj* murcho

welken ['vɛlkən] *vi* murchar, secar, definhar

Wellblech *nt* <-(e)s, -e> chapa *f* ondulada

Welle ['vɛlə] *f* <-n> ① (*im Wasser*) onda *f*; **es sind hohe ~n** as ondas estão altas ② (*von Protest, Begeisterung*) onda *f*; **hohe ~n schlagen** causar sensação ③ (PHYS) onda *f* ④ (TECH) eixo *m*

Wellenbrecher *m* <-s, -> quebra-mar *m*

Wellengang *m* <-(e)s> *kein pl* ondulação *f*

Wellenlänge *f* <-n> (PHYS) comprimento *m* de onda

Wellenreiten *nt* <-s> *kein pl* surf *m*

Wellensittich *m* <-s, -e> periquito *m*

wellig *adj* ondulado

Wellness <-> *f kein pl* wellness

WellnesscenterRR, **Wellness-Center**ALT <-s, -> *nt* centro *m* de wellness

WellnessurlaubRR, **Wellness-Urlaub**ALT *m* férias *m* de wellness *pl*

Wellpappe *f* <-n> cartão *m* canelado

Welpe ['vɛlpə] *m* <-n, -n> cachorro *m*

welsch *adj* (*schweiz*) da Suíça francesa

Welschschweiz *f kein pl* (*schweiz*) Suíça *f* francesa

Welschschweizer(in) *m(f)* <-s, - *o* -innen> (*schweiz*) habitante *m,f* da Suíça francesa

welschschweizerisch *adj* (*schweiz*) da Suíça francesa

Welt [vɛlt] *f* <-en> mundo *m*; (*Erde*) Terra *f*; **die Alte/Neue/Dritte ~** o Velho/Novo/terceiro Mundo *m*; **auf der ganzen ~** em todo o mundo, no mundo inteiro; **auf die ~ kommen** vir ao mundo; **die ~ der Träume** o país dos sonhos; **eine ~ brach für sie zusammen** o mundo desabou-lhe em cima; (*umg*); **was in aller ~ soll das?** que raio vem a ser isto?

Weltall *nt* <-s> *kein pl* universo *m*

Weltanschauung *f* <-en> mundividência *f*, concepção *f* do mundo

Weltausstellung *f* <-en> exposição *f* mundial

Weltbank *f kein pl* banco *m* mundial

weltberühmt *adj* mundialmente famoso

weltfremd *adj* ingénuo, inocente

Weltgesundheitsorganisation *f kein pl* organização *f* mundial de saúde

weltgewandt *adj* conhecedor do mundo

Weltkrieg *m* <-(e)s, -e> guerra *f* mundial

Weltkulturerbe *nt* <-s> *kein pl* património *m* mundial

weltlich *adj* ① (*irdisch*) mundano, profano, terrestre ② (*nicht kirchlich*) secular, leigo

Weltliteratur *f kein pl* literatura *f* mundial

Weltmacht *f* <-mächte> potência *f* mundial

Weltmarkt *m* <-(e)s> *kein pl* mercado *m* mundial

Weltmeister(in) *m(f)* <-s, - *o* -innen> campeão, campeã *m, f* mundial; **dreifacher ~** tricampeão mundial

Weltmeisterschaft *f* <-en> campeonato *m* do mundo, campeonato *m* internacional; (*Fußball*) mundial *m*

Weltraum *m* <-(e)s> *kein pl* espaço *m*

Weltreise *f* <-n> volta *f* ao mundo; **eine ~ machen** dar a volta ao mundo

Weltrekord *m* <-(e)s, -e> recorde *m* mundial

Weltsicherheitsrat ['----] *m* <-(e)s> *kein pl* conselho *m* mundial de segurança

Weltuntergang *m* <-(e)s> *kein pl* fim *m* do mundo

weltweit ['-'-, '--] **I.** *adj* mundial, universal **II.** *adv* mundialmente, universalmente

Weltwunder *nt* <-s, -> maravilha *f* do mundo

wem [ve:m] **I.** *dat von* **wer II.** *pron rel* a quem, para quem; **~ das zu teuer ist, der soll es sagen** para quem isto é muito caro, deve dizê-lo

wen [ve:n] **I.** *akk von* **wer II.** *pron rel* (a) quem; **~ das betrifft, der muss 20 EUR bezahlen** a quem isto disser respeito, tem de pagar 20 euros

Wende ['vɛndə] *f* <-n> viragem *f*, transição *f*; **eine ~ auf dem Arbeitsmarkt** uma viragem no mercado de trabalho; **an der ~ zum 21. Jahrhundert** na viragem para o século XXI

Wendekreis *m* <-es, -e> ① (GEOG) trópico *m*; **der ~ des Krebses/Steinbocks** o trópico de Câncer/Capricórnio ② (*von Auto*) raio de viragem *m*

Wendeltreppe ['vɛndəl-] *f* <-n> escada *f* em caracol

wenden I. *vt* (*Braten, Blatt, Auto*) virar; **er wendete den Kopf** ele virou a cabeça, ele voltou a cabeça; **bitte ~!** virar se faz favor **II.** *vi* virar **III.** *vr* **sich ~** virar-se, dirigir-se; **sich zum Ausgang ~** dirigir-se para a saída; **sich an jdn ~** dirigir-se a alguém; **einige Abgeordnete wendeten sich gegen den Beschluss** alguns deputados viraram-se contra a decisão

Wendepunkt *m* <-(e)s, -e> ponto *m* de transição

wendig *adj* ① (*Auto*) facilmente manobrável ② (*Person*) ágil, hábil

Wendung *f* <-en> ① (*Drehung*) volta *f*; **eine ~ um 180°** uma volta de 180° ② (*Veränderung*) viragem *f*, mudança *f*; **eine ~ zum Guten/Schlechten nehmen** virar para o bem/mal ③ (*Redewendung*) expressão *f* idiomática

wenig ['ve:nɪç] **I.** *pron indef* pouco; **ich habe ~ Geld/Zeit** eu tenho pouco tempo/dinheiro; **möchten Sie noch ein ~ Wein** quer mais um pouco de vinho?; **zu ~** pouco; **das ist zu ~** isso é (muito) pouco, isso não chega; **in ~en Tagen** dentro de poucos dias; **so ~** tão pouco; **trink so ~ wie möglich** bebe o menos possível; **wir haben zu ~ eingekauft/Bier im Haus** nós comprámos pouco/temos pouca cerveja em casa **II.** *adv* pouco; **das interessiert mich ~** isso não me interessa muito, isso interessa-me pouco

weniger ['ve:nɪgɐ] *adv indef* menos; **~ als 100 Personen** menos de 100 pessoas; **sie isst ~ als du** ela come menos (do) que tu; **immer ~** cada vez menos; **~ werden** diminuir, escassear

wenigste(r, s) *pron indef* menor (número de), mínimo; **die ~n Strände sind völlig sauber** muito poucas praias estão completamente limpas

wenigstens ['ve:nɪçstəns, 've:nɪkstəns] *adv* ao menos, pelo menos

wenn [vɛn] *konj* ① (*zeitlich*) quando; **jedes Mal, ~ ...** cada vez que ..., sempre que ... ② (*konditional*) se; (*falls*) no caso de; **~ es nicht so kalt gewesen wäre, wären die Pflanzen nicht erfroren** se não tivesse estado tanto frio, as plantas não teriam congelado; **~ du mit ihr sprichst, gib ihr meine Telefonnummer** se falares com ela, dá-lhe o meu número de telefone; **~ dem so ist** se é assim ③ (*obwohl*) **~ auch** ainda que, mesmo que, embora; **es ging, ~ auch mit einiger Mühe** fez-se, ainda que com algum esforço ④ (*Wunschsatz*) se (ao menos); **~ er doch bald käme!** se (ao menos) ele viesse em breve!

wennschon *konj* (*umg*) **und ~!** e depois?, e daí?

wer [ve:ɐ] **I.** *pron interr* quem; **~ ist da?** quem está aí?; **~ sind diese Leute?** quem são estas pessoas?; **~ war alles da?** quem estava lá? **II.** *pron rel* quem; **~ etwas gesehen hat, sollte sich an die Polizei wen-**

den quem viu alguma coisa, deve dirigir-se à polícia; ~ **auch immer** seja quem for

Werbeagentur *f* <-en> agência *f* de publicidade

Werbefernsehen *nt* <-s> *kein pl* publicidade *f* televisiva

werben ['vɛrbən] **I.** *vt* (*Mitglieder, Arbeitskräfte*) recrutar, angariar **II.** *vi* (*für Ware*) fazer publicidade (*für* a); (*für Partei*) fazer propaganda (*für* a)

Werbespot ['vɛrbespɔt] *m* <-s, -s> anúncio *m* publicitário, reclame *m*

Werbung *f* <-en> ❶ (*für Waren*) publicidade *f,* propaganda *f;* **für etw ~ machen** fazer publicidade a a. c., publicitar a. c. ❷ (*von Mitgliedern, Arbeitskräften*) recrutamento *m,* angariação *f*

Werdegang *m* <-(e)s> *kein pl* desenvolvimento *m,* evolução *f*

werden ['veːɐdən] **I.** *vi* ❶ (*Zustandsveränderung*) ficar; **alt/krank/reich ~** envelhecer/adoecer/enriquecer, ficar velho/doente/rico; **es wird Morgen** está a amanhecer; **es wird schon dunkel** já está a escurecer; **es wird bald Frühling** em breve é Primavera; **mir wird kalt** começo a ter frio; **die Suppe wird kalt** a sopa arrefece, a sopa fica fria; **das muss anders ~** isto tem que mudar ❷ (*Entwicklung*) tornar-se, ficar, ser; **sie will Journalistin ~** ela quer ser jornalista; **sie wird dieses Jahr 12** ela faz este ano 12 anos; **~ Sie nicht böse!** não se zangue! ❸ (*Resultat*) ser, ficar, vir a ser; **die Fotos sind gut geworden** as fotografias ficaram bem; **er ist 40 geworden** ele fez 40 anos; **was ist aus ihr/ihm geworden?** o que é feito dela/dele?; (*umg*); **daraus ist nichts geworden** isso ficou em águas de bacalhau, isso não deu em nada **II.** *aux* ❶ (*Futur*) ir, haver de; **ich werde ihn anrufen** eu vou telefonar-lhe, eu hei-de telefonar-lhe ❷ (*Passiv*) ser; **das Zimmer wird gestrichen** o quarto está a ser pintado; **das Flugzeug ist entführt worden** o avião foi desviado; **mir wurde gesagt, dass ...** foi-me dito que ... ❸ (*Konjunktiv II*) ficaria, seria; **ich würde dich gerne wiedersehen** eu gostaria de voltar a ver-te

werfen ['vɛrfən] **I.** *vt* (*durch die Luft*) atirar, lançar, deitar, jogar; **nicht werfen!** não atirar!; **etw auf den Boden ~** atirar [*o* deitar] a. c. ao chão, jogar a. c. no chão; **sie warf ihre Tasche in die Ecke** ela atirou a carteira para o canto, ela jogou a bolsa no canto; (SPORT); **ein Tor ~** encestar; **jdn aus dem Saal ~** expulsar alguém do salão; (*Tierjunge*) parir **II.** *vi* atirar (*mit* com); **die Demonstranten warfen mit Steinen** os manifestantes atiraram com pedras

Werft [vɛrft] *f* <-en> estaleiro *m*

Werk [vɛrk] *nt* <-(e)s, -e> ❶ (*Handlung, Geschaffenes*) obra *f;* (*Arbeit*) trabalho *m;* (LIT); **gesammelte ~e** obras *fpl* completas; **ein gutes ~ tun** fazer uma boa obra, fazer um bom trabalho ❷ (*Fabrik*) fábrica *f,* usina *f*

Werkstatt ['-ʃtat] *f* <-stätten> oficina *f*

Werktag *m* <-(e)s, -e> dia *f* útil

werktags *adv* nos dias úteis

Werkvertrag *m* <-(e)s, -träge> contrato *m* de prestação de serviços

Werkzeug *nt* <-(e)s, -e> ferramenta *f*

Wermut *m* <-(e)s> *kein pl* vermute *m*

wert [veːɐt] *adj* **etw ~ sein** valer a. c.; **viel ~ sein** valer muito; **das ist 200 EUR/ein Vermögen ~** isso vale 200 euros/uma fortuna; **das ist nichts ~** isso não vale nada; **es ist nicht der Mühe ~** não vale a pena

Wert [veːɐt] *m* <-(e)s, -e> ❶ (*Preis*) valor *m;* **Gemälde im ~ von 100.000 EUR** quadros no valor de 100.000 euros ❷ (*Bedeutung*) valor *m,* importância *f;* **auf etw (keinen) ~ legen** (não) dar valor a a. c.; **ich lege ~ darauf, dass du pünktlich kommst** eu faço questão de que sejas pontual ❸ (TECH) valor *m;* **es wurden erhöhte ~e gemessen** mediram-se valores elevados

Wertangabe *f* <-n> declaração *f* de valor

Wertbrief *m* <-(e)s, -e> valor *m* declarado

werten ['veːɐtən] *vt* avaliar; **wir haben das als Erfolg gewertet** nós avaliámos isso como um sucesso

Wertgegenstand *m* <-(e)s, -stände> obje(c)to *m* de valor

Wertkartenhandy *nt* (TELEK) telemóvel *m* recarregável

wertlos *adj* sem valor

Wertpapier *nt* <-(e)s, -e> título *m,* valor *m*

Wertsachen *pl* obje(c)tos *mpl* de valor

Wertschrift *f* <-en> (*schweiz*) *s.* **Wertpapier**

Wertstoff *m* <-(e)s, -e> material *m* reciclável

Wertung *f* <-en> avaliação *f;* (SPORT) classificação *f,* pontuação *f*

wertvoll *adj* valioso, precioso

Wesen *nt* <-s, -> ❶ (*Lebewesen*) ser *m*, ente *m;* **ein menschliches ~** um ser humano ❷ *kein pl* (*Kern*) essência *f*, substância *f* ❸ *kein pl* (*Charakter*) natureza *f*, índole *f*

wesentlich ['ve:zəntlɪç] **I.** *adj* essencial; (*grundlegend*) fundamental; (*bedeutend*) considerável; **im Wesentlichen** na essência; **ein ~er Bestandteil** uma parte integrante **II.** *adv* consideravelmente; **es geht ihm schon ~ besser** ele está muito melhor

weshalb [vɛs'halp, '--] *adv* porque

Wespe ['vɛspə] *f* <-n> vespa *f*

wessen ['vɛsən] **I.** *gen von* **wer II.** *pron rel* (de) quem; **~ Schuld es ist, der sollte das sagen** quem tiver a culpa, deve dizê-lo

Wessi ['vɛsi] *m* <-s, -s> (*umg*) alemão, alemã *m, f* ocidental

westdeutsch *adj* alemão ocidental

Westdeutschland *nt* <-s> *kein pl* Alemanha *f* Ocidental

Weste ['vɛstə] *f* <-n> colete *m;* **kugelsichere ~** colete à prova de balas; (*umg*); **eine weiße ~ haben** estar inocente

Westen ['vɛstən] *m* <-s> *kein pl* ocidente *m*, oeste *m*

Western ['vɛstɐn] *m* <-s, -> western *m*, filme *m* de faroeste

Westeuropa ['--'--] *nt* <-s> *kein pl* Europa *f* Ocidental

westeuropäisch *adj* da Europa Ocidental

westlich *adj* ocidental; **~ von Wien** a oeste de Viena

Westwind *m* <-(e)s, -e> vento *m* do ocidente

weswegen [vɛs've:gən] *adv* porque

Wettbewerb ['vɛtbəvɛrp] *m* <-(e)s, -e> ❶ (*Veranstaltung*) concurso *m;* (SPORT) campeonato *m* ❷ *kein pl* (*Konkurrenz*) concorrência *f*

Wette ['vɛtə] *f* <-n> aposta *f;* **eine ~ (mit jdm) abschließen** fazer uma aposta (com alguém); **um die ~ laufen** correr ao desafio, correr à porfia

wetteifern ['---] *vi* competir (*mit* com); **sie ~ um den ersten Platz** eles competem o primeiro lugar, eles estão em competição pelo primeiro lugar

wetten ['vɛtən] **I.** *vt* apostar **II.** *vi* apostar (*mit* com); **~, dass es stimmt?** uma aposta, como é verdade?, queres apostar como é verdade?; **ich wette um eine Pizza** eu aposto uma pizza

Wetter ['vɛtɐ] *nt* <-s> *kein pl* tempo *m;* **das ~ ist/wird schlecht** o tempo está mau/piora; **bei diesem ~** com este tempo; **wie wird das ~ morgen?** qual é o tempo para amanhã?

Wetterbericht *m* <-(e)s, -e> boletim *m* meteorológico

Wetterdienst *m* <-(e)s, -e> serviço *m* meteorológico

Wetterkarte *f* <-n> mapa *m* meteorológico

Wetterlage *f* <-n> estado *m* do tempo

Wettervorhersage *f* <-n> previsão *f* do tempo, previsão *f* meteorológica

Wettkampf *m* <-(e)s, -kämpfe> (SPORT) competição *f*, desafio *m*

Wettlauf *m* <-(e)s, -läufe> corrida *f*

wett|machen ['vɛt-] *vt* (*umg*) reparar

Wettrüsten *nt* <-s> *kein pl* corrida *f* ao armamento

wetzen *vt* afiar, amolar

WEZ *abk v* **Westeuropäische Zeit** hora *f* da Europa Ocidental

WG [ve:'ge:] *abk v* **Wohngemeinschaft** habitação *f* partilhada

Whirlpool *m* <-s, -s> jacuzzi *m*

Whisky ['wɪski] *m* <-s, -s> whisky *m*, uísque *m*

wich [vɪç] *imp von* **weichen**

wichtig ['vɪçtɪç] *adj* importante; **~ tun/sich ~ machen** fazer-se importante; **etw ~ nehmen** dar importância a a. c.

Wichtigkeit *f kein pl* importância *f*

Wichtigtuer(in) [-tu:ɐ] *m(f)* <-s, - *o* -innen> presumido, presumida *m, f*, convencido, convencida *m, f*

wickeln ['vɪkəln] *vt* ❶ (*aufwickeln*) enrolar; **die Wolle zu einem Knäuel ~** enrolar a lã num novelo ❷ (*einwickeln*) embrulhar (*in* em), envolver (*in* em); (*auswickeln*) desembrulhar (*aus* de); **etw in eine Decke ~** embrulhar a. c. num cobertor; **etw aus einem Papier ~** desembrulhar a. c. dum papel ❸ (*Kind*) mudar a fralda a

Widder ['vɪdɐ] *m* <-s, -> ❶ (ZOOL) carneiro *m*, bode *m* ❷ (*Tierkreiszeichen*) Carneiro *m*, Áries *m*

wider ['vi:dɐ] *präp +akk* (*geh*) contra; **~ Erwarten** contra as expectativas

Widerhandlung *f* <-en> (*schweiz*) infra(c)ção *f*

widerlegen* *vt* refutar, impugnar

widerlich ['viːdɐlɪç] *adj* repugnante, nojento
widerrechtlich *adj* ilegal, ilícito
Widerruf *m* <-(e)s, -e> (*einer Anordnung*) revogação *f*, contra-ordem *f*; (*einer Aussage*) desmentido *m*, retra(c)tação *f*; **bis auf ~** até ordem em contrário
widerrufen* *vt irr* (*Aussage*) retra(c)tar
Widersacher(in) *m(f)* <-s, - o -innen> adversário, adversária *m, f*
widersetzen* *vr* **sich ~** opor-se, resistir; **sich etw ~** opor-se a a. c.
widersinnig *adj* absurdo
widerspenstig ['viːdɐʃpɛnstɪç] *adj* renitente, pertinaz, rebelde
Widerspenstigkeit *f* <-en> pertinácia *f*, rebeldia *f*, renitência *f*
wider|spiegeln *vt* refle(c)tir
widersprechen* *vi irr* **jdm ~** contradizer alguém, contrariar alguém; **etw ~** contestar a. c.; **sich** *dat* **~** contradizer-se; **das widerspricht unserer Abmachung** isso contraria o nosso acordo; **ihre Aussagen ~ sich** as declarações deles contradizem-se
Widerspruch *m* <-(e)s, -sprüche> ❶ *kein pl* (*Widerrede*) protesto *m*; (JUR); **~ einlegen** reclamar; **seine Äußerungen stießen auf ~** as suas declarações depararam com protestos ❷ (*Gegensatz*) contradição *f*; **im ~ zu etw stehen** estar em contradição com a. c.; **sich in Widersprüche verwickeln** envolver-se em contradições
widersprüchlich *adj* contraditório
widerspruchslos *adj* sem contradições
Widerstand *m* <-(e)s, -stände> ❶ (POL) Resistência *f* (*gegen* contra); **~ leisten** oferecer [*o* opor] resistência ❷ (PHYS) resistência *f*
Widerstandsbewegung *f* <-en> movimento *m* de Resistência
widerstandsfähig *adj* resistente
widerstandslos *adj* sem resistência
widerstehen* *vi irr* resistir
widerwärtig *adj* repugnante
Widerwille *m* <-ns> *kein pl* ❶ (*Ekel*) repugnância *f* (*gegen* a), aversão *f* (*gegen* a) ❷ (*Abneigung*) relutância *f*, má vontade *f*
widerwillig **I.** *adj* contrariado, relutante **II.** *adv* de má vontade, com relutância
widmen ['vɪtmən] **I.** *vt* dedicar; **jdm etw ~** dedicar a. c. a alguém **II.** *vr* **sich ~** dedicar-se; **sich etw ~** dedicar-se a a. c.
Widmung *f* <-en> dedicatória *f*
wie [viː] **I.** *adv* ❶ (*auf welche Art; interrogativ*) como; (*Qualität, Zustand, Grad*) que; **~ bitte?** como?; **~ geht's?** como está?, que tal?; **~ oft?** quantas vezes?; **~ lange** quanto tempo?; **~ alt ist er?** que idade tem ele?, quantos anos tem ele?; **~ machst du das?** como fazes isso?; **~ schnell fährt das Auto?** a que velocidade é que anda o carro?; **~ breit ist das?** qual é a largura disso?, que largura tem isso?; **~ kalt ist es?** está muito frio?; **~ teuer ist das?** quanto custa isso?, qual é o preço disso?; **~ weit ist es nach Genf?** qual é a distância até Genebra?; **~ spät ist es?** que horas são? ❷ (*relativisch*) como; **die Art, ~ er sich kleidet** a maneira como ele se veste; **in dem Maße, ~ ...** na medida que ... ❸ (*Ausruf*) que; **~ schade!** que pena!; **~ schön!** que lindo! **II.** *konj* ❶ (*Vergleich*) como, quanto; **so reich ~ er** tão rico como [*o* quanto] ele; **~ immer** como sempre; **das Essen war nicht so teuer, ~ ich erwartet hatte** a refeição não foi tão cara como eu tinha esperado ❷ (*Aufzählung*) (tal) como; **alkoholische Getränke, ~ Bier und Wein** bebidas alcoólicas, (tais) como cerveja e vinho ❸ (*und auch*) e (também), assim como; **sie wurde als Malerin ~ als Schriftstellerin bekannt** ela ficou conhecida como pintora e (também) como escritora ❹ (*auf diese Weise*) tal como, assim como; **es passierte alles, ~ er gesagt hatte** passou-se tudo tal como ele disse
wieder ['viːdɐ] *adv* ❶ (*nochmals*) outra vez, de novo, novamente; **schon ~** outra vez; **da bin ich ~** cá estou eu outra vez; **~ eine ausländerfeindliche Aktion** mais um a(c)to xenófobo, outro a(c)to xenófobo ❷ (*in Verbverbindungen*) voltar a, tornar a; **er setzte sich ~** ele voltou [*o* tornou] a sentar-se; **etw ~ aufnehmen** reassumir; (*Arbeit*) retomar; (*Prozess*) rever; **etw immer ~ machen** voltar [*o* tornar] sempre a fazer a. c.
Wiederaufbau [--'--] *m* <-(e)s> *kein pl* reconstrução *f*
Wiederaufbereitungsanlage *f* <-n> estação *f* de tratamento de resíduos sólidos
Wiederaufnahme [--'---] *f* <-n> (*einer Tätigkeit*) recomeço *m*; (*eines Gerichtsverfahrens*) revisão *f*
wieder|auf|nehmen *vt irr s.* **wieder 2**
wieder|beleben *vt* reanimar
wiederbeschreibbar *adj* (*CD*) regravável
wieder|erkennnen* *vt irr* reconhecer

W

wieder|erlangen* *vt* recuperar
Wiedereröffnung *f* <-en> reabertura *f*
wieder|finden *vt irr* reencontrar
Wiedergabe *f* <-n> ① (*Darstellung, Bericht*) reprodução *f* ② (*Aufführung*) representação *f* ③ (*in Bild, Ton*) reprodução *f*
wieder|geben *vt irr* ① (*zurückgeben*) devolver; **ich gebe dir das Geld morgen wieder** eu devolvo-te o dinheiro amanhã ② (*schildern*) reproduzir ③ (*wiederholen*) repetir
wieder|gutmachen *vt* **etw ~** remediar a.c., reparar a.c.
Wiedergutmachung *f* <-en> ① (*eines Schadens*) reparação *f* ② (*Entschädigung*) ressarcimento *m*
wieder|her|stellen [--'---] *vt* restabelecer
wieder|holen[1] *vt* (*zurückholen*) ir buscar (de volta)
wiederholen*[2] *vt* repetir; (*Lernstoff*) recapitular; **ich wiederhole kurz** eu recapitulo
Wiederholung [--'--] *f* <-en> repetição *f;* (*von Lernstoff*) recapitulação *f*
Wiederhören *nt* **auf ~!** até à próxima!, adeus!
Wiederkäuer *m* <-s, -> ruminante *m*
Wiederkehr *f kein pl* (*geh*) regresso *m*
wieder|sehen *vt irr* **jdn/etw ~** rever alguém/a. c., tornar a ver alguém/a. c.
Wiedersehen *nt* <-s, -> reencontro *m;* **auf ~!** adeus!, até à vista!
wiederum ['vi:dərʊm] *adv* ① (*nochmals*) de novo, outra vez ② (*andererseits*) por outro lado, em compensação
wieder|vereinigen* *vt* reunir, reunificar
Wiedervereinigung *f* <-en> reunificação *f*
wieder|verwerten* *vt* recuperar
Wiederverwertung *f* <-en> reaproveitamento *m,* reciclagem *f*
Wiederwahl *f kein pl* reeleição *f*
wiegen[1] ['vi:gən] **I.** *vt* pesar; **ein Paket ~** pesar um pacote **II.** *vi* pesar; **wie viel wiegst du? - ich wiege 80 kg** quanto pesas? - eu peso 80 kg
wiegen[2] *vt* (*Kind*) embalar
wiehern ['vi:ɐn] *vi* relinchar; **~des Gelächter** gargalhadas *fpl*
Wien [vi:n] *nt* <-s> *kein pl* Viena *f*
wies [vi:s] *imp von* **weisen**
Wiese ['vi:zə] *f* <-n> prado *m*
Wiesel ['vi:zəl] *nt* <-s, -> doninha *f*
wieso [vi'zo:] *adv* a que propósito, por que razão
wieviel[ALT] [vi'fi:l, '--] *adv s.* **wie I 1**
wievielmal *adv* quantas vezes
wievielte(r, s) *adj* qual; **den Wievielten haben wir heute?** quantos são hoje?, que dia é hoje?; **zum ~n Mal?** (por) quantas vezes?; **die ~ Zigarette rauchst du gerade?** quantos cigarros fumaste, com este?
wieweit *adv* até onde, até que ponto
wild [vɪlt] *adj* ① (*Tier*) selvagem, bravo; (*Pflanze*) bravo, silvestre; (*Landschaft*) agreste; **~ wachsen** crescer sem cultura ② (*wütend*) furioso, bravo; **~ werden** enfurecer-se; **das macht mich ganz ~** isso deixa-me muito furioso ③ (*unkontrolliert*) furtivo; **~ zelten** fazer campismo selvagem ④ (*Kind*) travesso, terrorista
Wild *nt* <-(e)s> *kein pl* caça *f*
wildern ['vɪldɐn] *vi* caçar furtivamente
wildfremd ['-'-] *adj* absolutamente desconhecido
Wildleder *nt* <-s, -> camurça *f*
Wildnis *f kein pl* selva *f*
Wildschwein *nt* <-(e)s, -e> javali *m*
Wille ['vɪlə] *m* <-ns> *kein pl* (*Wollen*) vontade *f;* (*Absicht*) intenção *f;* **der ~ des Volkes** a vontade do povo; **aus freiem ~n** de livre vontade, de livre arbítrio; **der letzte ~** a última vontade, as disposições testamentárias; **es war kein böser ~** não foi de má-fé; **wider ~n** contra a vontade, de má-vontade
willen ['vɪlən] *präp +gen* **um ... ~** por (amor de); **um Gottes ~!** por amor de Deus!
willenlos *adj* sem vontade própria
willensschwach *adj* sem força de vontade
willensstark *adj* com força de vontade
willig **I.** *adj* solícito, disposto **II.** *adv* de boa vontade
willkommen [-'--] *adj* (*Person*) bem-vindo; (*Sache*) bem-vindo, oportuno; **herzlich ~!** seja bem-vindo!; **jdn ~ heißen** dar as boas-vindas a alguém
Willkommen *nt* <-s> *kein pl* boas-vindas *fpl*
willkürlich *adj* arbitrário, despótico
wimmeln ['vɪməln] *vi* formigar (*von* de), estar cheio (*von* de); **hier wimmelt es von Mücken** isto está cheio de mosquitos
wimmern ['vɪmɐn] *vi* gemer, choramingar
Wimper ['vɪmpɐ] *f* <-n> pestana *f;* **ohne mit der ~ zu zucken** sem pestanejar
Wimperntusche *f* <-n> rímel® *m*
Wind [vɪnt] *m* <-(e)s, -e> vento *m;* (*umg*);

~ **machen** fazer um pé-de-vento; (*umg*); **von etw ~ bekommen** (vir a) saber a. c.

Windbeutel *m* <-s, -> sonho *m*

Winde *f* <-n> ❶ (TECH) guincho *m* ❷ (BOT) trepadeira bons-dias *f*

Windel ['vɪndəl] *f* <-n> fralda *f*

winden ['vɪndən] *vr* **sich ~** ❶ (*sich krümmen*) enroscar-se, contorcer-se; **er wand sich vor Schmerzen** ele contorceu-se de dores ❷ (*Ausflüchte suchen*) esquivar-se

Windenergie *f kein pl* energia *f* eólica

windgeschützt *adj* abrigado (do vento)

Windhund *m* <-(e)s, -e> galgo *m*

windig *adj* (*Wetter, Tag*) com vento; (*Ort*) ventoso; **es ist ~** está vento

Windjacke *f* <-n> impermeável *m*

Windmühle *f* <-n> moinho *m* de vento

Windpark *m* <-s, -s> parque *m* eólico

Windpocken *pl* (MED) varicela *f*

Windschutzscheibe *f* <-n> pára-brisas *m*

Windstärke *f* <-n> intensidade *f* do vento; **es herrscht ~ drei** o vento sopra com intensidade de nível 3

Windstille *f kein pl* calmaria *f*, bonança *f*

Windstoß *m* <-es, -stöße> rajada *f* de vento, pé-de-vento *m*

Windsurfen *nt* <-s> *kein pl* windsurf *m*

Windsurfer(in) *m(f)* <-s, - *o* -innen> praticante *m,f* de windsurf

Wink [vɪŋk] *m* <-(e)s, -e> ❶ (*Zeichen*) aceno *m*, sinal *m* ❷ (*Äußerung*) indicação *f*; (*Warnung*) aviso *m*; (*Tipp*) palpite *m*; **jdm einen ~ geben** chamar a atenção de alguém para a. c.

Winkel ['vɪŋkəl] *m* <-s, -> ❶ (MATH) ângulo *m*; **spitzer/rechter/stumpfer ~** ângulo agudo/re(c)to/obtuso; **toter ~** ângulo *m* morto ❷ (*Ecke*) (re)canto *m*

winken ['vɪŋkən] *vi* acenar, fazer sinal; **jdm/einem Taxi ~** acenar a alguém/um táxi, fazer sinal a alguém/um táxi

winseln ['vɪnzəln] *vi* (*Hund*) ganir

Winter ['vɪntɐ] *m* <-s, -> Inverno *m*; **ein strenger/harter ~** um Inverno rigoroso

Wintergarten *m* <-s, -gärten> estufa *f*

winterlich *adj* de Inverno, hibernal

Winterreifen *m* <-s, -> pneu *m* de Inverno

Winterschlaf *m* <-(e)s> *kein pl* hibernação *f*; **~ machen** hibernar

Winterschlussverkauf[RR] *m* <-(e)s, -käufe> saldos *mpl* de Inverno

Wintersport *m* <-(e)s> *kein pl* desporto *m* de Inverno, esporte *m* de Inverno

Winzer(in) ['vɪntsɐ] *m(f)* <-s, - *o* -innen> vinicultor, vinicultora *m, f*, viticultor, viticultora *m, f*

winzig ['vɪntsɪç] *adj* minúsculo, diminuto

Wipfel ['vɪpfəl] *m* <-s, -> copa *f*

Wippe ['vɪpə] *f* <-n> gangorra *f*, tábua *f* de balanço

wir [viːɐ] *pron pers* nós, a gente; **~ alle** todos nós; **~ beide/drei** nós os dois/três

Wirbel ['vɪrbəl] *m* <-s, -> ❶ (*im Haar*) re(de)moinho *m*; (*im Wasser*) re(de)moinho *m*, turbilhão *m* ❷ (*Trubel*) rodopio *m*; (*Aufsehen*) bronca *f*; **viel ~ um etw machen** fazer um pé-de-vento por causa de a. c. ❸ (ANAT) vértebra *f*

Wirbelsäule *f* <-n> coluna *f* vertebral

Wirbelsturm *m* <-(e)s, -stürme> ciclone *m*

Wirbelwind *m* <-(e)s, -e> turbilhão *m*, re(de)moinho *m*

wirken ['vɪrkən] *vi* ❶ (*Wirkung haben*) fazer efeito, surtir efeito, ser eficaz; **beruhigend ~** ter um efeito relaxante; **gegen etw ~** ser eficaz contra a. c. ❷ (*Eindruck machen*) parecer; **sie wirkt jünger, als sie ist** ela parece mais nova do que é

wirklich ['vɪrklɪç] **I.** *adj* real, efe(c)tivo; (*echt*) verdadeiro **II.** *adv* realmente, verdadeiramente, mesmo; **das ist ~ nett von Ihnen** isso é realmente simpático da sua parte; **ist das ~ wahr?** isso é mesmo verdade?

Wirklichkeit *f* <-en> realidade *f*; **in ~** na realidade

wirksam *adj* eficaz

Wirksamkeit *f kein pl* eficácia *f*

Wirkstoff *m* <-(e)s, -e> agente *m* (químico)

Wirkung *f* <-en> efeito *m*; (*Wirksamkeit*) eficácia *f*; (*Ergebnis*) resultado *m*; (*Folge*) consequência *f*; **eine durchschlagende/lindernde ~ haben** ter um efeito eficaz/atenuante; **seine ~ verfehlen** não surtir o efeito desejado; **an ~ verlieren** perder efeito; **mit ~ vom ersten Januar** válido a partir de 1 de Janeiro

Wirkungsgrad *m* <-(e)s, -e> eficiência *f*, rendimento *m*

wirkungslos *adj* ineficaz

wirkungsvoll *adj* eficaz

wirr [vɪr] *adj* ❶ (*ungeordnet*) enredado, enrodilhado, emaranhado; (*Haar*) desgrenhado, enriçado; **alles lag ~ durcheinander** estava tudo de pernas para o ar ❷ (*verworren, ver-*

wirrt) confuso

Wirren *pl* confusão *f*, distúrbios *mpl;* **in den ~ des Krieges** na confusão da guerra

Wirrwarr ['vɪrvar] *m* <-s> *kein pl* confusão *f*, barafunda *f*, trapalhada *f*

Wirsingkohl *m* <-(e)s> *kein pl* couve *f* sabóia

Wirt(in) [vɪrt] *m(f)* <-(e)s, -e *o* -innen> ① (*Gastwirt*) dono, dona *m, f* ② (*Hauswirt*) senhorio, senhoria *m, f*

Wirtschaft ['vɪrtʃaft] *f* <-en> ① (*Volkswirtschaft*) economia *f;* **freie ~** economia *f* livre ② (*Gaststätte*) restaurante *m*

wirtschaftlich *adj* ① (*auf die Wirtschaft bezogen*) económico ② (*sparsam*) económico

Wirtschaftlichkeit *f kein pl* economia *f*, poupança *f*

Wirtschaftskrise *f* <-n> crise *f* económica

Wirtschaftslage *f kein pl* situação *f* económica

Wirtschaftswachstum *nt* <-s> *kein pl* crescimento *m* económico

Wirtschaftswissenschaften *pl* ciências *fpl* económicas

Wisch *m* <-(e)s, -e> (*abw*) papelucho *m*

wischen ['vɪʃən] *vt* ① (*reinigen*) limpar, esfregar; **du musst noch die Küche/den Boden ~** ainda tens de limpar a cozinha/o chão ② (*entfernen*) limpar (*von* de), tirar (*von* de); **Staub ~** limpar o pó; **sich** *dat* **den Schweiß von der Stirn ~** limpar o suor da cara ③ (*schweiz: fegen*) varrer

Wismut *nt* <-(e)s> *kein pl* bismuto *m*

wispern ['vɪspɐn] *vi* cochichar, murmurar

Wissbegierde[RR] *f kein pl*, **Wißbegierde**[ALT] *f kein pl* curiosidade *f*

wissbegierig[RR] *adj*, **wißbegierig**[ALT] *adj* curioso, ávido de saber

wissen ['vɪsən] *vt* ① (*können, Kenntnis besitzen*) saber; **sie wusste sich nicht anders zu helfen** ela não tinha outra saída; **ich weiß nicht, wo er ist** eu não sei onde ele está; **weißt du, dass Susanne umgezogen ist?** sabes que a Susanne mudou de casa?; **wenn ich das gewusst hätte** se eu soubesse!; **so viel ich weiß** que eu saiba, tanto quanto sei; **nicht dass ich wüsste** que eu saiba, não; **was weiß ich** sei lá ② (*kennen*) conhecer; **weißt du einen guten Arzt?** conheces um bom médico?

Wissen *nt* <-s> *kein pl* conhecimento *m;* (*Kenntnisse*) saber *m;* **meines ~s** que eu saiba; **das geschah ohne mein ~** isso aconteceu sem o meu conhecimento

Wissenschaft *f* <-en> ciência *f*

Wissenschaftler(in) *m(f)* <-s, - *o* -innen> cientista *m,f*

wissenschaftlich *adj* científico

wissenswert *adj* interessante

Witfrau *f* <-en> (*schweiz*) viúva *f*

wittern ['vɪtɐn] *vt* ① (*Tier*) farejar ② (*ahnen*) (pres)sentir, cheirar; **seine Chance ~** cheirar a sua oportunidade

Witterung *f* <-en> ① (*Wetter*) tempo *m*, condições *fpl* meteorológicas ② (*Geruch*) faro *m*

Witwer, Witwe ['vɪtvɐ] *m, f* <-s, - *o* -n> viúvo, viúva *m, f*

Witz [vɪts] *m* <-es, -e> ① (*lustiges Ereignis, Erzählung*) anedota *f;* **einen ~ erzählen** contar uma anedota; **~e machen** fazer brincadeiras ② (*einer Person*) subtileza *f*, astúcia *f;* **etw mit viel ~ darstellen** descrever a. c. com muita subtileza

Witzbold ['vɪtsbɔlt] *m* <-(e)s, -e> brincalhão, brincalhona *m, f*

witzig *adj* engraçado; **~ sein** ter graça, ter piada

WM [veː'ʔɛm] *abk v* **Weltmeisterschaft** mundial

wo [voː] **I.** *adv* (*interrogativ*) onde; **~ wohnen Sie/sind Sie geboren?** onde mora/nasceu?; (*relativisch, lokal*) onde; **dort, ~ der Unfall passiert ist** ali, onde se deu o acidente; **~ auch immer** onde quer que seja; (*relativisch, temporal*) que; **heute, ~ ich abreise** hoje, que eu parto de viagem **II.** *konj* (*obwohl*) embora; **~ sie doch wusste, dass ich keine Zeit habe** embora ela soubesse que eu não tenho tempo

woanders [-'--] *adv* noutro lugar, noutro lado, noutro sítio

wobei [vo'baɪ] *adv* ① (*interrogativ*) como, por que; **~ ist das passiert?** como é que isso aconteceu? ② (*relativisch*) em que, pelo qual

Woche ['vɔxə] *f* <-n> semana *f;* **in/vor einer ~** dentro de/há uma semana; **dreimal in der ~** três vezes por semana; **alle zwei ~n** de duas em duas semanas

Wochenarbeitszeit *f kein pl* tempo semanal de trabalho *m*

Wochenende *nt* <-s, -n> fim-de-semana *m;* **schönes ~!** bom fim-de-semana!; **ein lan-**

ges ~ um fim-de-semana prolongado

Wochenendhaus *nt* <-es, -häuser> casa *f* de fim-de-semana

Wochenkarte *f* <-n> passe *m* semanal

wochenlang *adv* semanas a fio, durante semanas

Wochentag *m* <-(e)s, -e> dia *m* de semana; (*Werktag*) dia *m* útil

wöchentlich **I.** *adj* semanal **II.** *adv* semanalmente, todas as semanas; **die Zeitschrift erscheint ~** a revista sai uma vez por semana; **zweimal ~** duas vezes por semana

Wochenzeitung *f* <-en> semanário *m*

Wodka ['vɔtka] *m* <-s, -s> vodka *m*

wodurch [vo'dʊrç] *adv* ① (*interrogativ*) como, de que modo; **~ wird ein Erdbeben ausgelöst?** como é que se dá um sismo? ② (*relativisch*) por onde, pelo que; **es schneite heftig, ~ viele Straßen unpassierbar wurden** nevou fortemente, pelo que muitas ruas ficaram intransitáveis

wofür *adv* ① (*interrogativ*) para que, por que; **~ halten Sie mich?** por quem me toma? ② (*relativisch*) para o que, pelo qual

wog [vo:k] *imp von* **wiegen**

Woge ['vo:gə] *f* <-n> (*geh*) vaga *f*, onda *f*

wogegen [vo'ge:gən] **I.** *adv* (*interrogativ*) contra que; **~ hilft das?** isso é contra o quê?; (*relativisch*) contra o que, contra o qual; **sie verlangte nach einem Anwalt, ~ nichts einzuwenden war** ela exigiu um advogado, contra o que não havia nada a obje(c)tar **II.** *konj* enquanto (que); **er sammelt Briefmarken, ~ seine Geschwister sich nur für Antiquitäten interessieren** ele cole(c)ciona selos, enquanto (que) os irmãos só se interessam por antiguidades

woher [vo'he:ɐ] *adv* ① (*interrogativ*) de onde, donde; **~ kommen Sie?** donde vem?; **~ wissen Sie das?** como é que sabe isso? ② (*relativisch*) de onde; **sie gingen dorthin zurück, ~ sie gekommen waren** eles voltaram para lá, de onde tinham vindo

wohin [vo'hɪn] *adv* ① (*interrogativ*) (a)onde, para onde; **~ gehst du?** (a)onde vais?; (*umg*); **~ damit?** (a)onde é que ponho isto? ② (*relativisch*) para onde; **ihr könnt gehen, ~ ihr wollt** vocês podem ir para onde quiserem

wohl [vo:l] *adv* ① (*gut, gesund*) bem; **mir ist nicht ganz ~** não me sinto muito bem; **sich ~ fühlen** sentir-se bem; **~ bekomm's!** bom proveito!; **~ oder übel** quer queira, quer não, a bem ou a mal ② (*etwa*) talvez ③ (*vermutlich*) provavelmente, certamente, talvez; (*fragend*) porventura; **er ist ~ sehr reich** ele deve ser muito rico; **ob er ~ kommt?** ele virá?; **das ist doch ~ nicht dein Ernst!** não estás a falar a sério!

Wohl *nt* <-(e)s> *kein pl* bem-estar *m*; **auf dein/Ihr ~!** à tua/sua saúde!; **zum ~!** saúde!

wohlbehalten ['--'--] *adv* ① (*unverletzt*) são e salvo, ileso ② (*unbeschädigt*) bem conservado, em bom estado, em boas condições

wohlerzogen *adj* bem-educado

Wohlfahrtsstaat *m* <-(e)s, -en> estado-previdência *m*

wohl|fühlenRR *vr* **sich ~** sentir-se bem

wohlgemerkt *adv* bem entendido

wohlhabend *adj* abastado

wohlig *adj* agradável

Wohlklang *m* <-(e)s, -klänge> harmonia *f*

Wohlstand *m* <-(e)s> *kein pl* abastança *f*, prosperidade *f*

Wohltat *f* <-en> ① (*gute Tat*) boa a(c)ção *f*, benefício *m* ② *kein pl* (*Erleichterung*) alívio *m*

wohltätig *adj* benéfico

wohlverdient ['--'-] *adj* bem merecido

wohlweislich *adv* bem ciente

Wohlwollen *nt* <-s> *kein pl* benquerença *f*, estima *f*

wohlwollend *adj* benévolo

wohnen ['vo:nən] *vi* morar, residir, viver; (*vorübergehend*) estar alojado; **sie ~ in Brüssel/auf Madeira** eles moram em Bruxelas/na Madeira; **er wohnt bei seinen Eltern/in einer Wohngemeinschaft** ele mora com os pais/num apartamento partilhado; **sie wohnt mit ihrem Freund zusammen** ela mora com o namorado; **zur Miete ~** morar em casa alugada

Wohngebiet *nt* <-(e)s, -e> área *f* residencial

Wohngemeinschaft *f* <-en> habitação *f* partilhada

wohnhaft *adj* residente (*in* em)

Wohnheim *nt* <-(e)s, -e> lar *m*; (*für Studenten*) residência *f*, lar *m*

Wohnmobil *nt* <-s, -e> autocaravana *f*

Wohnort *m* <-(e)s, -e> morada *f*

Wohnsitz *m* <-es, -e> residência *f*

Wohnstock *m* <-(e)s, -stöcke> (*schweiz*) andar *m*

Wohnung *f* <-en> andar *m,* apartamento *m*
Wohnungsbau *m* <-(e)s> *kein pl* construção *f* de habitações
Wohnungsnot *f kein pl* crise *f* habitacional
Wohnwagen *m* <-s, -> caravana *f,* roulote *f,* trailer *m*
Wohnzimmer *nt* <-s, -> sala *f* de estar
wölben *vr* **sich ~** abaular, arquear
Wölbung *f* <-en> abóbada *f*
Wolf, Wölfin [vɔlf] *m, f* <-(e)s, Wölfe *o* -innen> lobo, loba *m, f*
Wolfram ['vɔlfram] *nt* <-s> *kein pl* volfrâmio *m*
Wolke ['vɔlkə] *f* <-n> nuvem *f*
Wolkenbruch *m* <-(e)s, -brüche> aguaceiro *m* torrencial
Wolkenkratzer *m* <-s, -> arranha-céus *m*
wolkenlos *adj* limpo, sem nuvens
wolkig *adj* nublado
Wolle ['vɔlə] *f* <-n> lã *f*
wollen[1] ['vɔlən] *adj* de lã
wollen[2] ['vɔlən] **I.** *vt* querer; **etw lieber ~** preferir a. c.; **sie will ein Klavier** ela quer um piano; **wir ~ keine Kinder** nós não queremos filhos **II.** *vi* ❶ (*Willen haben*) querer; **ich will nach Hause** eu quero ir para casa; **wie Sie ~** como queira, como quiser; **das habe ich nicht gewollt** eu não queria isto; **zu wem ~ Sie?** quem procura? ❷ (*wünschen*) querer; **ich wollte, er käme** eu queria que ele viesse, tomara eu que ele viesse **III.** *nt* ❶ (*Absicht, Wunsch*) tencionar, querer; **wir ~ in Urlaub fahren** nós tencionamos ir de férias; **sie will Stewardess werden** ela quer ser hospedeira; **ich wollte gerade gehen** eu ia já sair; **was ich dir noch sagen wollte ...** é verdade ...; **was wollten Sie sagen?** o senhor ia dizer? ❷ (*Behauptung*) dizer; **er will dich dort gesehen haben** ele diz que te viu lá ❸ (*Notwendigkeit*) precisar de, ter de [*o* que]; **das will gut überlegt sein** isso precisa de ser bem pensado
wollüstig *adj* lascivo, voluptuoso
womit [vo'mɪt] *adv* ❶ (*interrogativ*) com quê; **~ hast du den Boden geputzt?** com que é que limpaste o chão?; **~ habe ich das verdient?** o que fiz eu para merecer isto? ❷ (*relativisch*) com que, com o qual; **das ist etwas, ~ ich nicht gerechnet habe** isso é uma coisa, com a qual eu não contava
womöglich *adv* porventura, possivelmente, se calhar
wonach [vo'na:x] *adv* ❶ (*interrogativ*) por que, a que; **~ hat er dich gefragt?** por que te perguntou ele?; **~ soll man sich richten?** a que nos havemos de ater?, por que nos havemos de guiar? ❷ (*relativisch*) pelo qual, atrás do qual; **~ es hier stinkt, weiß ich auch nicht** a que cheira aqui, eu também não sei
Wonne ['vɔnə] *f* <-n> delícia *f,* deleite *m*
woran [vo'ran] *adv* ❶ (*interrogativ*) em que; **~ denkst du?** em que pensas?; **~ liegt es?** qual é o motivo? ❷ (*relativisch*) a que, ao qual, no qual
worauf [vo'raʊf] *adv* ❶ (*interrogativ*) a que, em que; (*räumlich*) sobre que, em que; **~ wartest du noch?** por que esperas ainda? ❷ (*relativisch*) sobre que; (*zeitlich*) depois do qual; **~ er mir antwortete ...** ao que ele me respondeu ...
woraus [vo'raʊs] *adv* ❶ (*interrogativ*) de que; **~ besteht Wasser?** de que se compõe a água? ❷ (*relativisch*) donde, do qual; **~ ich schließe, dass ...** donde concluo que ...
worden ['vɔrdən] *pp irr von* **werden**
worin [vo'rɪn] *adv* ❶ (*interrogativ*) em que, onde; **~ besteht der Unterschied?** em que consiste a diferença? ❷ (*relativisch*) onde, no qual; **~ ich keinen Sinn sehe** onde eu não vejo sentido
Workaholic [wœ:kə'hɔlɪk] *m* <-s, -s> (*umg*) viciado, -a *m, f* no trabalho
Wort[1] [vɔrt] *nt* <-(e)s, Wörter> palavra *m,* vocábulo *m,* termo *m;* **kein ~ sagen** não dizer uma palavra, ficar calado; **etw ~ für ~ abschreiben** copiar a. c. palavra a palavra, copiar a. c. textualmente; **im wahrsten Sinne des ~es** na verdadeira acepção da palavra
Wort[2] *nt* <-(e)s, -e> ❶ (*Äußerung*) palavra *f,* conversa *f,* fala *f;* **zu ~ kommen** falar; **jdn nicht zu ~ kommen lassen** não deixar alguém falar; **jdm ins ~ fallen** interromper alguém; **das ~ hat Frau Schön** tem a palavra a Sra. Schön; **in ~en** por extenso ❷ *kein pl* (*Versprechen*) palavra *f,* promessa *f;* **jdn beim ~ nehmen** pegar nas palavras de alguém; **sein ~ halten** cumprir a sua palavra
Wortart *f* <-en> (LING) categoria *f* gramatical
Wortbildung *f* <-en> (LING) formação *f* de palavras

Wörterbuch *nt* <-(e)s, -bücher> dicionário *m;* **im ~ nachschlagen** procurar no dicionário
Wörterverzeichnis *nt* <-ses, -se> glossário *m*
wortkarg *adj* lacónico, de poucas palavras
Wortlaut *m* <-(e)s> *kein pl* conteúdo *m* textual; **der genaue ~ der Rede** o conteúdo integral do discurso
wörtlich **I.** *adj* literal, textual **II.** *adv* literalmente, textualmente, à letra; **etw ~ zitieren** citar a. c. textualmente
wortlos *adv* sem palavras
Wortschatz *m* <-es> *kein pl* vocabulário *m*
Wortspiel *nt* <-(e)s, -e> jogo *m* de palavras, trocadilho *m*
Wortstellung *f kein pl* (LING) ordem *f* das palavras
Wortwechsel *m* <-s, -> troca *f* de palavras
wortwörtlich *adj* literal
worüber *adv* ① (*interrogativ*) sobre que, de que; **~ freust du dich am meisten?** com o que é que ficas mais contente? ② (*relativisch*) de que, do qual; **all das, ~ keiner spricht** tudo (aquilo) de que ninguém fala
worum [vo'rʊm] *adv* ① (*interrogativ*) de que; **~ geht es in dem Buch?** de que se trata o livro? ② (*relativisch*) de que, do qual; **alles, ~ sie sich bemüht hatte** tudo (aquilo) por que ela se tinha esforçado
wovon [vo'fɔn] *adv* ① (*interrogativ*) de que, de quê; **~ hängt das ab?** de que depende isso? ② (*relativisch*) de que, do qual; **das ist etwas, ~ man noch einige Zeit sprechen wird** isso é uma coisa, de que [*o* da qual] ainda se vai falar por algum tempo
wozu [vo'tsu:] *adv* ① (*interrogativ*) para quê; **~ brauchst du das Geld?** para que queres o dinheiro? ② (*relativisch*) para que; **das ist etwas, ~ ich gar keine Lust habe** isso é uma coisa para a qual eu não tenho vontade
Wrack [vrak] *nt* <-(e)s, -s> ① (*eines Schiffes*) destroços *mpl* ② (*Mensch*) frangalho *m,* farrapo *m*
wrang [vraŋ] *imp von* **wringen**
wringen ['vrɪŋən] *vt* torcer
Wucher ['vu:xɐ] *m* <-s> *kein pl* usura *f,* agiotagem *f*
wuchern ['vu:xɐn] *vi* ① (*Pflanzen*) pulular; (MED) proliferar ② (*Wucher treiben*) praticar usura
Wucherung *f* <-en> excrescência *f,* tumor *m*
wuchs [vu:ks] *imp von* **wachsen**
Wucht [vʊxt] *f kein pl* força *f,* peso *m;* **mit voller ~** com toda a força
wuchtig *adj* ① (*kräftig*) forte, violento ② (*Statur*) volumoso, pesado; **ein ~er Turm** uma torre maciça
wühlen **I.** *vt* esgravatar, revolver; (*Maulwurf*) escavar; **ein Loch ~** escavar um buraco **II.** *vi* revolver, remexer; **sie wühlt in der Schublade** ela revolve [*o* remexe] a gaveta
Wühltisch *m* <-(e)s, -e> caixote *m* com produtos de venda a granel
Wulst [vʊlst] *m* <-(e)s, Wülste> protuberância *f;* (MED) inchaço *m*
wulstig *adj* balofo
wund [vʊnt] *adj* ferido, em ferida
Wunde ['vʊndə] *f* <-n> ferida *f*
Wunder ['vʊndɐ] *nt* <-s, -> maravilha *f;* (REL) milagre *m;* **an ~ glauben** acreditar em milagres; **es ist kein ~, dass ...** não é de admirar que ... *+conj*
wunderbar *adj* ① (*wie ein Wunder*) milagroso ② (*schön*) maravilhoso, admirável, extraordinário
Wunderkind *nt* <-(e)s, -er> menino-prodígio *m*
wunderlich *adj* estranho, esquisito, singular
wundern ['vʊndɐn] **I.** *vt* admirar; **es wundert mich, dass ...** admira-me que ... *+conj;* **das wundert mich nicht** não me admira **II.** *vr* **sich ~** ficar admirado (*über* com), admirar-se (*über* com)
wunderschön *adj* lindíssimo, maravilhoso
wundervoll *adj* maravilhoso, extraordinário
Wundstarrkrampf *m* <-(e)s> *kein pl* (MED) tétano *m*
Wunsch [vʊnʃ] *m* <-(e)s, Wünsche> desejo *m* (*nach* de); (*Verlangen*) anseio *m* (*nach* por); **auf ~** a pedido; **haben Sie sonst noch einen ~?** deseja mais alguma coisa?; **jdm einen ~ erfüllen** realizar um desejo a alguém; **mit den besten Wünschen** com os melhores cumprimentos
wünschbar *adj* (*schweiz*) *s.* **wünschenswert**
wünschen *vt* desejar; **was ~ Sie?/Sie ~?** que deseja?; **ich wünsche dir viel Glück/gute Besserung** eu desejo-te boa sorte/as melhoras; **jdm einen guten Tag ~** dar os bons-dias a alguém; **was wünscht er sich zum Geburtstag?** o que é que ele quer pelos anos?; **du darfst dir von mir etwas wün-**

W

schen podes pedir-me um desejo; **wie Sie ~!** como queira!; **viel zu ~ übrig lassen** deixar muito a desejar
wünschenswert *adj* desejável
wurde ['vʊrdə] *imp von* **werden**
Würde *f kein pl* dignidade *f*
würdevoll *adj* digno, respeitável
würdig *adj* digno
würdigen *vt* apreciar, estimar, avaliar; **ich weiß das zu ~** eu sei avaliar isso
Würdigung *f* <-en> ❶ (*einer Leistung*) apreciação *f*, avaliação *f* ❷ (*einer Persönlichkeit*) homenagem *f*
Wurf [vʊrf] *m* <-(e)s, Würfe> ❶ (*das Werfen*) arremesso *m;* (SPORT) lançamento *m;* (*beim Würfeln*) jogada *f*, lance *m* ❷ (*Tiere*) ninhada *f*
Würfel *m* <-s, -> ❶ (*zum Spielen*) dado *m;* **die ~ sind gefallen** os dados estão lançados ❷ (MATH) cubo *m* ❸ (*Käsewürfel, Eiswürfel*) cubo *m;* **etw in ~ schneiden** cortar a. c. em cubos
würfeln I. *vt* (*zerschneiden*) cortar em cubos; (*im Spiel*) lançar; **eine Fünf ~** lançar um cinco **II.** *vi* jogar os dados
Würfelspiel *nt* <-(e)s, -e> jogo *m* de dados
Würfelzucker *m* <-s> *kein pl* açúcar *m* em cubos
würgen I. *vt* estrangular, esganar **II.** *vi* sufocar, asfixiar; **an etw ~** fazer esforço para engolir a. c.
Wurm [vʊrm, 'vʏrmɐ] *m* <-(e)s, Würmer> verme *m;* (*in Obst*) bicho *m*
wurmen ['vʊrmən] *vt* (*umg*) irritar, aferroar; **es wurmt mich, dass ...** irrita-me que ... +*conj*
wurmig *adj* bichoso
wurmstichig *adj* (*Obst*) com bicho, bichoso; (*Holz*) carunchoso
wurscht, wurst *adj* (*umg*) **das ist mir ~** isso é-me indiferente, isso é-me igual ao litro
Wurst [vʊrst, 'vʏrstə] *f* <Würste> enchido *m;* (*Würstchen*) salsicha *f;* (*Blutwurst*) morcela *f;* (*Paprikawurst*) chouriço *m*
Würstchen *nt* <-s, -> salsicha *f*
Würstchenbude *f* rolote *f* de cachorros
wursteln *vi* (*umg*) (**vor sich hin**) **~** empatar o tempo, *impedir o avanço de*
Würze *f* <-n> (*Substanz*) especiaria *f*, condimento *m;* (*Aroma*) aroma *m*
Wurzel ['vʊrtsəl] *f* <-n> ❶ (*von Pflanze, Haar, Zahn*) raiz *f;* (*Pflanze*); **~n schlagen** lançar raízes; (*Person*) enraizar-se ❷ (MATH) raiz *f;* **die ~ ziehen** achar a raiz; **die dritte ~** a raiz cúbica
würzen *vt* condimentar, temperar
würzig *adj* temperado, condimentado, aromático
wusch [vuːʃ] *imp von* **waschen**
wusste[RR] ['vʊstə], **wußte**[ALT] *imp von* **wissen**
Wust (*schweiz, brasil*) *abk v* **Warenumsatzsteuer** ICM *m* (= *imposto sobre circulação de mercadorias*)
wüst *adj* ❶ (*öde*) ermo; (*unbewohnt*) deserto, vazio ❷ (*unordentlich*) desordenado ❸ (*unanständig*) indecente, indecoroso; (*ausschweifend*) devasso ❹ (*schlimm*) mau, ruim
Wüste *f* <-n> deserto *m*
Wut [vuːt] *f kein pl* raiva *f*, fúria *f;* **eine ~ auf jdn haben** ter raiva de alguém; **in ~ geraten** enfurecer-se, ficar furioso; **vor ~ kochen** (estar a) ferver de raiva
Wutanfall *m* <-(e)s, -fälle> acesso *m* de cólera, ataque *m* de fúria; **einen ~ bekommen** ter um acesso *m* de cólera
wüten *vi* (*Sturm*) desencadear-se em fúria; (*Krieg, Seuche*) assolar, devastar
wütend *adj* furioso, fulo, danado; **~ werden** ficar furioso, enfurecer-se; **auf jdn ~ sein** estar furioso com alguém

Xx

X *nt* <-, -> X, x *m*
X-Beine *pl* pernas *fpl* cambadas; **~ haben** ter pernas cambadas, meter os joelhos para dentro
x-beliebig *adj* (*umg*) qualquer; **jeder x-Beliebige** qualquer um, não importa qual
X-Chromosom *nt* <-s, -en> (BIOL) cromossoma *m* X
Xenophobie *f* <o.pl> xenofobia *f*
x-mal *adv* (*umg*) vezes sem conta, inúmeras vezes, não sei quantas vezes
Xylophon [ksylo'foːn] *nt* <-s, -e> xilofone *m*

Y y

Y *nt* <-, -> Y, y *m*

Yacht *f s.* **Jacht**

Y-Chromosom *nt* <-s, -en> cromossoma *m* Y

Yen *nt* <-(s), -(s)> iene *m*

Yeti *nt* <-s, -s> Yéti *m,* abominável homem *m* das neves

Yoga ['jo:ga] *m/nt* <-s> *kein pl* ioga *m*

Ypsilon ['ʏpsilɔn] *nt* <-(s), -s> ípsilon *m,* i *m* grego

Yuppie ['jʊpi] *m* <-s, -s> yuppie *m*

Z z

Z *nt* <-, -> Z, z *m*

Zacke ['tsakə] *f* <-n> ponta *f;* (*an Kamm, Gabel*) dente *m*

zackig ['tsakɪç] *adj* ① (*gezackt*) recortado ② (*Mensch*) expedito, seguro; (*Tempo*) de marcha

zaghaft *adj* medroso; (*schüchtern*) acanhado, tímido

Zaghaftigkeit *f kein pl* receio *m,* medo *m;* (*Schüchternheit*) acanhamento *m,* timidez *f*

zäh *adj* ① (*Fleisch*) rijo, duro; (*Flüssigkeit*) viscoso ② (*schleppend*) moroso ③ (*beharrlich*) tenaz, teimoso; (*widerstandsfähig*) resistente

zähflüssig *adj* ① (*Flüssigkeit*) viscoso, espesso ② (*Verkehr*) congestionado

Zähigkeit *f kein pl* ① (*Widerstandsfähigkeit*) tenacidade *f,* resistência *f* ② (*Ausdauer*) tenacidade *f,* pertinácia *f*

Zahl [tsa:l] *f* <-en> número *m;* (*Ziffer*) algarismo *m;* **arabische/römische ~en** numeração *f* árabe/romana; **in großer ~** em grande número; **rote ~en schreiben** estar endividado

zahlbar *adj* pagável

zahlen ['tsa:lən] *vi* pagar; **~ bitte!** a conta, por favor!; **bar/mit einem Scheck/mit Karte ~** pagar em dinheiro/com cheque/com cartão

zählen I. *vt* contar; **das Geld ~** contar o dinheiro **II.** *vi* contar; **bis zehn ~** contar até dez; **auf jdn/etw ~** contar com alguém/a. c.; **er zählt zu den bedeutendsten zeitgenössischen Autoren** ele conta-se entre os autores contemporâneos mais significativos

Zahlenangabe *f* <-n> dados *mpl* estatísticos

zahlenmäßig *adj* numérico

Zahlenschloss[RR] *nt* <-es, -schlösser> fechadura *f* de segredo

Zahler(in) *m(f)* <-s, - *o* -innen> pagador, pagadora *m, f*

Zähler *m* <-s, -> ① (*Ablesegerät*) contador *m* ② (MATH) numerador *m*

Zählerstand *m* <-(e)s, -stände> contagem *f* (do contador); **den ~ ablesen** fazer a leitura (da contagem)

zahllos *adj* inúmero, incontável

zahlreich I. *adj* numeroso, abundante **II.** *adv* em grande quantidade

Zahlung *f* <-en> pagamento *m;* **~en leisten** fazer pagamentos; **die ~en einstellen** suspender os pagamentos; **etw in ~ nehmen** aceitar a. c. como pagamento

zahlungsfähig *adj* solvente

zahlungsunfähig *adj* insolvente

Zahlungsverkehr *m* <-s> *kein pl* sistema *m* de pagamentos, transferência *f* de pagamentos

Zahlwort *nt* <-(e)s, -wörter> (LING) numeral *m*

zahm [tsa:m] *adj* manso

zähmen *vt* ① (*Tier*) domesticar, domar ② (*Neugierde, Wut*) dominar, conter, refrear

Zahn [tsa:n] *m* <-(e)s, Zähne> dente *m;* **das Baby bekommt Zähne** o bebé está na dentição; **die dritten Zähne** a dentadura postiça; **mit den Zähnen knirschen** ranger os dentes; **der ~ der Zeit** as marcas do tempo; **bis zu den Zähnen bewaffnet sein** estar armado até aos dentes

Zahnarzt, Zahnärztin *m, f* <-es, -ärzte *o* -innen> dentista *m,f*

zahnärztlich *adj* odontológico

Zahnbürste *f* <-n> escova *f* de dentes

zähneknirschend *adj* rangendo os dentes

Zahnersatz *m* <-es> *kein pl* dentadura *f* postiça

Zahnfleisch *nt* <-(e)s> *kein pl* gengiva *f*

zahnlos *adj* desdentado, sem dentes

Zahnlücke *f* <-n> falha *f* de dente

Zahnmedizin *f kein pl* medicina *f* dentária, odontologia *f*
Zahnpasta ['tsa:npasta] *f* <-pasten> pasta *f* dentífrica, dentífrico *m*
Zahnrad *nt* <-(e)s, -räder> roda *f* dentada
Zahnradbahn *f* <-en> elevador *m* de cremalheira
Zahnschmelz *m* <-es, -e> esmalte *m* dos dentes
Zahnschmerz *m* <-es, -en> dor *f* de dentes
Zahnseide *f* <-n> fio *m* dental
Zahnspange *f* <-n> aparelho *m* de dentes
Zahnstein *m* <-(e)s> *kein pl* tártaro *m*
Zahnstocher [-ʃtɔxɐ] *m* <-s, -> palito *m*
Zange ['tsaŋə] *f* <-n> ❶ (*Werkzeug*) alicate *m;* (*für Geburt*) fórceps *m* ❷ (*des Krebses*) tenaz *f*
zanken ['tsaŋkən] **I.** *vi* ralhar (*um* por causa de) **II.** *vr* **sich ~** brigar (*um* por)
zänkisch *adj* brigão
Zäpfchen *nt* <-s, -> ❶ (ANAT) úvula *f* ❷ (*Medikament*) supositório *m*
zapfen *vt* tirar; **Bier/Benzin ~** tirar cerveja/gasolina
Zapfen *m* <-s, -> ❶ (*der Tanne*) pinha *f* ❷ (*aus Eis*) sincelo *m*
Zapfenstreich *m* <-(e)s, -e> (MIL) toque *m* de recolher
Zapfenzieher *m* <-s, -> (*schweiz*) saca-rolhas *m*
Zapfsäule *f* <-n> bomba *f* de gasolina
zappelig ['tsap(ə)lɪç] *adj* irrequieto, inquieto
zappeln ['tsapəln] *vi* estrebuchar
zappen ['tsapən] *vi* mudar de canal para canal
Zar(in) [tsa:ɐ] *m(f)* <-en, -en *o* -innen> czar, czarina *m, f*
zart [tsa:ɐt] *adj* ❶ (*Fleisch, Gemüse*) tenro ❷ (*fein, zerbrechlich*) débil, franzino; (*empfindlich*) sensível; (*Gesundheit*) frágil; (*Haut*) delicado ❸ (*Farbe, Klang, Berührung*) suave
Zartgefühl *nt* <-(e)s> *kein pl* delicadeza *f*
zärtlich *adj* terno, meigo, carinhoso; **zu jdm ~ sein** ser meigo com alguém
Zärtlichkeit *f* <-en> ❶ *kein pl* (*Zuneigung*) ternura *f,* meiguice *f,* carinho *m* ❷ (*Liebkosung*) carícia *f,* mimo *m*
Zauber ['tsaʊbɐ] *m* <-s> *kein pl* ❶ (*Zauberhandlung, Zauberbann*) feitiço *m,* bruxedo *m;* (*umg*); **fauler ~** charlatanice *f* ❷ (*Zauberkraft*) magia *f* ❸ (*Faszination, Reiz*) encanto *m,* fascínio *m*
Zauberei [tsaʊbə'raɪ] *f* <-en> ❶ *kein pl* (*Magie*) feitiçaria *f,* bruxaria *f* ❷ (*Kunststück*) truque *m* de ilusionismo, truque *m* de magia
Zauberer(in) ['tsaʊbərɐ] *m(f)* <-s, - *o* -innen> feiticeiro, feiticeira *m, f,* bruxo, bruxa *m, f*
zauberhaft *adj* encantador
Zauberkünstler(in) *m(f)* <-s, - *o* -innen> ilusionista *m,f*
zaubern ['tsaʊbɐn] *vi* fazer magia
Zauberspruch *m* <-(e)s, -sprüche> fórmula *f* mágica
Zauberstab *m* <-(e)s, -stäbe> varinha *f* mágica, varinha *f* de condão
Zauberwort *nt* <-(e)s, -e> palavra *f* mágica
Zaum [tsaʊm] *m* <-(e)s, Zäume> rédea *f;* **sich im ~ halten** conter-se, refrear-se
Zaun [tsaʊn] *m* <-(e)s, Zäune> cerca *f,* sebe *f*
Zaunkönig *m* <-s, -e> (ZOOL) carriça *f*
Zaunpfahl *m* <-(e)s, -pfähle> estaca *f*
Zaziki *nt* <-s, -s> *iogurte com pedaços de pepino e alho, para acompanhamento de carne*
z. B. *abk v* **zum Beispiel** p. ex. (= *por exemplo*)
Zebra ['tse:bra] *nt* <-s, -s> zebra *f*
Zebrastreifen *m* <-s, -> passadeira *f,* zebra *f,* passagem *f* de pedestres
Zeche ['tsɛçə] *f* <-n> ❶ (*Bergwerk*) mina *f* ❷ (*Rechung*) conta *f,* despesa *f;* (*umg*); **die ~ bezahlen müssen** pagar as favas
Zeck *m* <-(e)s, -en> (*österr*) *s.* **Zecke**
Zecke ['tsɛkə] *f* <-n> carraça *f,* carrapato *m*
Zeder *f* <-n> cedro *m*
Zeh [tse:] *m* <-s, -en> dedo *m* do pé
Zehe ['tse:ə] *f* <-n> ❶ (*Körperteil*) dedo *m* do pé; **die große ~** o polegar do pé, o dedo grande do pé ❷ (*Knoblauch*) dente *m*
Zehenspitze *f* <-n> ponta *f* do pé; **auf ~n gehen** andar em bicos de pés, andar nas pontas dos pés; **sich auf die ~n stellen** pôr-se em bicos de pés, pôr-se nas pontas dos pés
zehn [tse:n] *num kard* dez; *s. a.* **zwei**
Zehn *f* <-en> dez *m; s.* **Zwei**
Zehner *m* <-s, -> (*umg: Geldschein*) nota *f* de dez marcos
Zehnerkarte *f* <-n> (*für Bus*) senha *f* de dez viagens; (*für Schwimmbad*) cartão *m* de dez entradas

Zehnerpackung *f* <-en> pacote *m* de dez
zehnfach *adj* dez vezes
zehnjährig *adj* de dez anos
Zehnkampf *m* <-(e)s, -kämpfe> (SPORT) decatlo *m*
zehnmal *adv* dez vezes
zehnte(r, s) *num ord* décimo; *s. a.* **zweite(r, s)**
Zehntel *nt* <-s, -> décimo *m*, décima parte *f*
zehntens ['tse:ntəns] *adv* em décimo lugar
Zeichen ['tsaɪçən] *nt* <-s, -> ❶ (*Hinweis, Signal*) sinal *m;* (*Markierung*) marca *f;* (*mit der Hand*) sinal *m;* **jdm ein ~ geben** fazer (um) sinal a alguém; **das ist ein ~ unserer Zeit** isso é um sinal dos nossos tempos; **das ist kein gutes ~** isso não é bom sinal ❷ (*Anzeichen*) sinal *m*, indício *m;* (MED) sintoma *m;* **das ist ein ~ von Stress** isso é um sintoma de stress
Zeichenblock *m* <-(e)s, -blöcke> bloco *m* de desenho
Zeichenerklärung *f* <-en> explicação *f* de símbolos
Zeichensetzung *f kein pl* pontuação *f*
Zeichensprache *f* <-n> linguagem *f* gestual
Zeichentrickfilm *m* <-(e)s, -e> filme *m* de desenhos animados, desenho *m* animado
zeichnen ['tsaɪçnən] *vt* ❶ (*malen*) desenhar ❷ (*kennzeichnen*) marcar
Zeichner(in) *m(f)* <-s, - *o* -innen> desenhador, desenhadora *m, f*
Zeichnung *f* <-en> desenho *m*
Zeigefinger *m* <-s, -> dedo *m* indicador
zeigen ['tsaɪgən] **I.** *vt* (*vorzeigen*) mostrar; (*Film*) exibir; **jdm etw ~** mostrar a. c. a alguém; (*anzeigen*) indicar; **das Thermometer zeigt 10 Grad** o termómetro indica 10 graus; (*beweisen*) mostrar, demonstrar; **die Umfrage zeigt, dass ...** a sondagem mostra que ... **II.** *vi* apontar (*auf* para); **sie zeigt nach rechts** ela aponta para a direita; **zeig mal!** mostra!, deixa ver! **III.** *vr* **sich ~** (*sich herausstellen*) mostrar-se; **das wird sich ~** isso se verá; **sich am Fenster ~** assomar à janela
Zeiger *m* <-s, -> indicador *m;* (*der Uhr*) ponteiro *m*
Zeile ['tsaɪlə] *f* <-n> linha *f;* **zwischen den ~n lesen** ler nas entrelinhas; (*beim Diktat*); **neue ~** outra linha
Zeilenabstand *m* <-(e)s, -stände> entrelinha *f;* **doppelter ~** entrelinha *f* dupla
Zeit [tsaɪt] *f* <-en> tempo *m;* (*Uhrzeit*) horas *fpl;* (*Zeitraum*) período *m*, tempo *m;* (*Zeitalter*) época *f*, era *f*, idade *f;* **um diese ~** a esta hora; **nach kurzer ~** pouco tempo depois; **in letzter ~** ultimamente, nos últimos tempos; **mit der ~** com o tempo; **von ~ zu ~** de tempos a tempos, de vez em quando; **eine ~ lang** (durante) um tempo; **in der ~ von 10 bis 12 (Uhr)** das 10 às 12 (horas); **die ~ ist um** acabou o tempo; **es ist höchste ~** já está mais do que na altura, são mais que horas; **es hat ~** tem tempo, não tem pressa; (*umg*); **ach du liebe ~!** porra!; **sich** *dat* **die ~ vertreiben** passar o tempo; **sich** *dat* **~ lassen** dar tempo ao tempo; **zeitraubend** moroso, demorado
Zeitalter *nt* <-s, -> época *f*, era *f*, idade *f*
Zeitansage *f* <-n> informação *f* horária
Zeitarbeit *f kein pl* trabalho *m* temporário
Zeitbombe *f* <-n> bomba-relógio *f*
Zeitgeist *m* <-(e)s> *kein pl* espírito *m* da época
zeitgemäß *adj* a(c)tual, moderno
Zeitgenosse(in) *m(f)* <-n, -n *o* -innen> contemporâneo, contemporânea *m, f*
zeitgenössisch *adj* contemporâneo
Zeitgeschichte *f kein pl* história *f* contemporânea
ZeitlangALT *f s.* **Zeit**
zeitlebens *adv* durante toda a vida
zeitlich *adj* temporal
zeitlos *adj* intemporal
Zeitlupe *f kein pl* câmara *f* lenta; **etw in ~ filmen** filmar a. c. em câmara lenta
Zeitplan *m* <-(e)s, -pläne> calendário *m*
Zeitpunkt *m* <-(e)s, -e> momento *m*, altura *f*
Zeitraffer [-rafɐ] *m* <-s, -> filme *m* acelerado
zeitraubendALT *adj s.* **Zeit**
Zeitraum *m* <-(e)s, -räume> espaço *m* de tempo, período *m*
Zeitrechnung *f* <-en> calendário *m*, cronologia *f;* **nach christlicher ~** segundo o calendário cristão
Zeitschrift *f* <-en> revista *f*
Zeitumstellung *f* <-en> mudança *f* da hora
Zeitung ['tsaɪtʊŋ] *f* <-en> jornal *m;* (*Tageszeitung*) diário *m;* **in der ~ steht, dass ...** vem no jornal que ...
Zeitungsartikel *m* <-s, -> artigo *m* de jornal
Zeitverschwendung *f kein pl* perda *f* de tempo
Zeitvertrag *m* <-(e)s, -träge> contrato *m* a

prazo [*o* a termo]

Zeitvertreib *m* <-(e)s, -e> passatempo *m,* distra(c)ção *f,* entretenimento *m;* **etw zum ~ tun** fazer a. c. para passar o tempo

zeitweilig ['tsaɪtvaɪlɪç] *adj* temporário

zeitweise ['tsaɪtvaɪzə] *adv* temporariamente

Zeitzeuge(in) *m(f)* <-n, -n *o* -innen> contemporâneo, contemporânea *m, f*

Zeitzone *f* <-n> fuso *m* horário

Zeitzünder *m* <-s, -> espoleta *f* automática

Zelle ['tsɛlə] *f* <-n> ❶ (*im Gefängnis, Kloster*) cela *f* ❷ (*Telefonzelle*) cabine *f* ❸ (*einer Organisation, des Körpers*) célula *f*

Zellstoff *m* <-(e)s, -e> celulose *f*

Zellulitis *f* <Zellulitiden> (MED) celulite *f*

Zellulose *f* <-n> celulose *f*

Zelt [tsɛlt] *nt* <-(e)s, -e> (*zum Campen*) tenda *f;* (*für Veranstaltung, Zirkus*) pavilhão *m,* barraca *f;* **ein ~ aufbauen** montar uma tenda

zelten ['tsɛltən] *vi* acampar

Zeltlager *nt* <-s, -> acampamento *m*

Zement [tse'mɛnt] *m* <-(e)s, -e> cimento *m*

zementieren* *vt* cimentar

zensieren* *vt* ❶ (*Film, Zeitungsartikel*) censurar ❷ (*benoten*) avaliar, dar nota a

Zensur [tsɛn'zuːɐ] *f* <-en> ❶ *kein pl* (*Kontrolle*) censura *f* ❷ (*Schulnote*) nota *f*

zensurieren* *vt* (*österr, schweiz*) censurar

Zentimeter [tsɛnti-, 'tsɛnti-] *m* <-s, -> centímetro *m*

Zentner ['tsɛntnɐ] *m* <-s, -> ❶ (*50 kg*) quintal *m* ❷ (*österr, schweiz: 100 kg*) quintal métrico *m*

zentral [tsɛn'traːl] *adj* central; **in ~er Lage** em lugar central

Zentralafrika *nt* <-s> *kein pl* África *f* Central

Zentralamerika [-'--'---] *nt* <-s> *kein pl* América *f* Central

Zentrale [tsɛn'traːlə] *f* <-n> central *f*

Zentraleinheit *f* <-en> (INFOR) unidade *f* central de processamento

Zentralheizung *f* <-en> aquecimento *m* central

zentralisieren* *vt* centralizar

Zentralismus *m* <-> *kein pl* centralismo *m*

Zentralnervensystem *nt* <-s, -e> sistema *m* nervoso central

Zentralverriegelung *f* <-en> fecho *m* centralizado de portas, tranca *f* central

zentrieren* *vt* centrar

Zentrifuge *f* <-n> centrifugador *m*

Zentrum ['tsɛntrʊm] *nt* <-s, Zentren> centro *m*

Zeppelin ['tsɛpəliːn] *m* <-s, -e> zepelim *m,* dirigível *m*

Zepter ['tsɛptɐ] *nt* <-s, -> ce(p)tro *m*

zerbrechen* **I.** *vt irr* partir, quebrar, despedaçar **II.** *vi irr* partir(-se), quebrar(-se)

zerbrechlich *adj* frágil, quebradiço

zerdrücken* *vt* esmagar, esborrachar

Zeremonie [tseremo'niː, tsere'moːniə] *f* <-n> cerimónia *f*

Zerfall *m* <-(e)s> *kein pl* ❶ (*von Gebäude*) desmoronamento *m,* queda *f* ❷ (*von Reich*) queda *f;* (*von Kultur*) decadência *f* ❸ (CHEM) desagregação *f;* (PHYS) desintegração *f*

zerfallen* *vi irr* ❶ (*Gebäude*) desmoronar-se, cair ❷ (*Reich*) cair; (*Kultur*) decair ❸ (CHEM) desagregar-se; (PHYS) desintegrar-se

zerfetzen* *vt* (*Stoff*) esfarrapar; (*Papier*) rasgar

zerfließen *vi irr* (*Farbe, Tinte*) escorrer

zergehen* *vi irr* desfazer-se

zerkleinern* *vt* esmiuçar, triturar; (*in Stücke*) partir, cortar; (*Holz*) cortar

zerklüftet *adj* alcantilado, escabroso, escarpado

zerknirscht *adj* arrependido

zerlegen* *vt* ❶ (*Gerät, Möbel*) desmontar, desmanchar ❷ (*Fleisch*) trinchar

zermürben* *vt* (*körperlich*) moer; (*seelisch*) consumir

zerquetschen* *vt* esmagar, amassar

zerreißen* **I.** *vt irr* rasgar **II.** *vi irr* rasgar(-se)

zerren ['tsɛrən] **I.** *vt* arrastar **II.** *vi* puxar (*an* por)

zerrissen [tsɛɐ'rɪsən] **I.** *pp von* **zerreißen** **II.** *adj* rasgado

Zerrung ['tsɛrʊŋ] *f* <-en> (MED) distensão *f* muscular, entorse *f*

zerschlagen*[1] **I.** *vt irr* despedaçar, destroçar; (*Geschirr*) escacar, quebrar; (*mit Gewalt*) espatifar **II.** *vr* **sich ~** *irr* falhar, malograr-se, ir por água abaixo

zerschlagen[2] **I.** *pp von* **zerschlagen** **II.** *adj* estourado, estafado; **sich ~ fühlen** estar de rastos

zerschneiden* *vt irr* retalhar

zersetzen* *vr* **sich ~** decompor-se

Zerstäuber *m* <-s, -> pulverizador *m*

zerstechen* *vt irr* (*Reifen*) furar

zerstören* *vt* destruir

Zerstörung *f* <-en> destruição *f*

zerstreuen* **I.** *vt* ❶ (*Menschenmenge, Bedenken*) dispersar ❷ (*ablenken*) distrair **II.** *vr* **sich ~** ❶ (*Menschenmenge, Bedenken*) dispersar(-se) ❷ (*sich unterhalten*) distrair-se

zerstreut [tsɛɐ'ʃtrɔɪt] *adj* (*Mensch*) distraído

Zerstreutheit *f kein pl* distra(c)ção *f*

Zerstreuung *f* <-en> ❶ *kein pl* (*von Menschenmenge, Bedenken*) dispersão *f* ❷ (*Unterhaltung*) distra(c)ção *f*, diversão *f*

zerstritten *adj* zangado

zerstückeln* *vt* despedaçar, partir em pedaços; (*Kadaver*) esquartejar

Zertifikat [tsɛrtifi'ka:t] *nt* <-(e)s, -e> certificado *m*

zertrümmern* *vt* destroçar, destruir, despedaçar

zerzaust *adj* desgrenhado, despenteado

Zettel ['tsɛtəl] *m* <-s, -> papel *m*, papelinho *m*; (*Notiz*) bilhete *m*; (*Kassenbon*) talão *m*, ticket *m*, tiquete *m*

Zeug [tsɔɪk] *nt* <-(e)s> *kein pl* (*umg*) coisa *f*; **das ~ zu etw haben** ter estofo para a. c.; **sich ins ~ legen** meter mãos à obra; **dummes ~!** que disparate!

Zeuge(in) ['tsɔɪgə] *m(f)* <-n, -n *o* -innen> testemunha *f*

zeugen ['tsɔɪgən] **I.** *vt* gerar **II.** *vi* **~ von** +*dat* revelar, mostrar

Zeugenaussage *f* <-n> depoimento *m*, testemunho *m*

Zeugenvernehmung *f* <-en> audição *f* das testemunhas

Zeugnis ['tsɔɪknɪs] *nt* <-ses, -se> ❶ (*Schule*) certificado *m* das notas; (*Abgangszeugnis*) diploma *m*; (*Arbeit*) declaração *f* com referências; **ein gutes ~ haben** ter boas notas; **jdm ein ~ schreiben** passar uma declaração a alguém (com referências) ❷ (*Gutachten*) certificado *m*, atestado *m*

Zeugung *f* <-en> geração *f*

zeugungsunfähig *adj* impotente, estéril

z.H. *abk v* **zu Händen von** a/c (= *ao cuidado de*)

zicken *vi* (*sl*) ter mania

Zicklein *nt* <-s, -> cabrito *m*

Zickzack *m* <-(e)s, -e> ziguezague *m*; **~ fahren/laufen** ir em ziguezague

Ziege ['tsi:gə] *f* <-n> ❶ (*Tier*) cabra *f* ❷ (*abw: Frau*) cabra *f*, mula *f*

Ziegel ['tsi:gəl] *m* <-s, -> ❶ (*Backstein*) tijolo *m* ❷ (*Dachziegel*) telha *f*

Ziegelei *f* <-en> fábrica *f* de tijolos

Ziegenkäse *m* <-s, -> queijo *m* de cabra

ziehen ['tsi:ən] **I.** *vt* (*fortbewegen, zerren*) puxar (*an* por); (*dehnen*) esticar; (*Anhänger*) puxar; **jdn am Ärmel ~** puxar alguém pela manga; **die Vorhänge vor die Fenster ~** correr as cortinas; **jdn beiseite ~** chamar alguém ao lado; **etw nach sich ~** trazer a. c. (como consequência); **die Blicke/Aufmerksamkeit auf sich ~** atrair os olhares/chamar a atenção para si; (*herausziehen*) tirar (*aus* de), extrair (*aus* de); (*Wurzeln*) arrancar (*aus* de); **die Schlüssel aus der Tasche ~** tirar as chaves do bolso; **jdm einen Zahn ziehen** tirar [*o* arrancar] um dente a alguém; **ein Los ~** fazer um sorteio; (*heranziehen*) puxar (*an/auf* para); **sie zogen das Boot an den Strand** eles puxaram o barco para a praia; **es zieht mich nach Hause** eu queria ir para casa; (*Linie*) traçar; (*Grenze*) estabelecer; (*Mauer, Zaun*) construir **II.** *vi* (*Auto*) desenvolver; (*Ofen*) ter tiragem; **an etw ~** puxar por a. c.; (*an Zigarette*); **lass mich mal ~** deixa-me dar uma passa; (*umziehen*) mudar-se (*in* para); **nach Lissabon ~** ir viver para Lisboa, mudar-se para Lisboa; **aufs Land ~** mudar-se para o campo; **sie zieht zu ihrer Tante** ela vai viver com a tia; (*gehen, wandern*) ir (*nach/zu* para), andar (*nach/zu* para); (*durchqueren*) passar (*durch* por); (*Vögel*) migrar; **die Wolken ~ am Himmel** as nuvens passam no céu; **die Demonstranten zogen zum Rathaus** os manifestantes foram para a câmara municipal; **die Prozession zieht durch die Stadt** a procissão anda pela cidade; (*Tee*) abrir; (*umg: Wirkung haben*) pegar; **das zieht bei mir nicht** essa comigo não pega **III.** *vr* **sich ~** (*sich erstrecken*) estender-se; (*umg: dauern*) durar; **sich in die Länge ~** demorar **IV.** *vi unpers* haver corrente de ar; **es zieht** faz [*o* há] corrente de ar

Ziehharmonika *f* <-s> concertina *f*, acordeão *m*

Ziehung *f* <-en> extra(c)ção *f* da lotaria; **~ der Lottozahlen** extra(c)ção *f* dos números do loto

Ziel [tsi:l] *nt* <-(e)s, -e> ❶ (*einer Reise*) destino *m*; **mit unbekanntem ~ verreisen** viajar sem destino ❷ (*Zweck, Absicht*) obje(c)tivo *m,* finalidade *f;* **sich** *dat* **ein ~ setzen** estabelecer um obje(c)tivo; **am ~ sein** atingir o obje(c)tivo ③ (SPORT) meta *f;* **als Erster durchs ~ gehen** cortar a meta ④ (*beim Schießen*) alvo *m;* **ins ~ treffen** acertar no alvo

zielen *vi* ① (*Mensch*) apontar (*auf* para) ② (*Bemerkung*) dirigir-se (*auf* a); **ihre Kritik zielt auf ...** a crítica dirige-se a ... ③ (*zum Ziel haben*) visar; **auf etw ~** visar a. c., ter a. c. em mira

Zielgruppe *f* <-n> grupo *m* destinatário, grupo *m* alvo

ziellos *adv* à toa, sem rumo, sem destino

Zielscheibe *f* <-n> alvo *m*

Zielsprache *f* <-n> língua *f* de chegada

zielstrebig *adj* determinado, decidido

ziemlich ['tsi:mlɪç] **I.** *adj* razoável; **mit ~er Sicherheit** quase de certeza **II.** *adv* bastante, razoavelmente; **~ gut/weit** bastante bom/longe; **~ viel** bastante

zieren ['tsi:rən] *vr* **sich ~** fazer-se rogado, fazer cerimónia

zierlich *adj* gracioso, elegante

Zierlichkeit *f kein pl* graciosidade *f,* elegância *f*

Zierpflanze *f* <-n> planta *f* decorativa

Ziffer ['tsɪfɐ] *f* <-n> algarismo *m,* cifra *f*

Zifferblatt *nt* <-(e)s, -blätter> mostrador *m*

zig *adj inv* (*umg*) muitos, N; **er hat ~ Computerspiele** ele tem muitos jogos de computador, ele tem N jogos de computador

Zigarette [tsiga'rɛtə] *f* <-n> cigarro *m;* **selbst gedrehte ~** cigarro *m* de enrolar; **sich** *dat* **eine ~ drehen/anzünden** enrolar/acender um cigarro

Zigarettenautomat *m* <-en, -en> máquina *f* de tabaco, distribuidora *f* automática de cigarros

Zigarettenschachtel *f* <-n> maço *m* de tabaco, maço *m* de cigarros

Zigarillo *nt* <-s, -s> cigarrilha *f*

Zigarre [tsi'garə] *f* <-n> charuto *m*

Zigeuner(in) [tsi'gɔɪnɐ] *m(f)* <-s, - *o* -innen> cigano, cigana *m, f*

zigmal ['tsɪçma:l] *adv* (*umg*) montes de vezes

Zikade *f* <-n> cigarra *f*

Zimmer ['tsɪmɐ] *nt* <-s, -> sala *f,* quarto *m;* **haben Sie ein ~ frei?** tem um quarto livre?; **ein ~ mit Bad/Dusche/Frühstück** um quarto com quarto-de-banho/duche/pequeno-almoço; **eine Wohnung mit vier ~n** um apartamento com quatro assoalhadas/um T3

Zimmerantenne *f* <-n> antena *f* interior

Zimmerlautstärke *f kein pl* volume *m* de som moderado; **das Radio auf ~ stellen** baixar o rádio

Zimmermädchen *nt* <-s, -> criada *f* de quarto

Zimmermann *m* <-(e)s, -leute> carpinteiro *m*

zimmern *vt* construir

Zimmerpflanze *f* <-n> planta *f* de interiores

zimperlich ['tsɪmpɐlɪç] *adj* ① (*abw: sehr empfindlich*) melindroso, cheio de melindres ② (*abw: geziert*) afe(c)tado

Zimt [tsɪmt] *m* <-(e)s> *kein pl* canela *f*

Zimtstange *f* <-n> pau *m* de canela

Zink [tsɪŋk] *nt* <-(e)s> *kein pl* zinco *m*

Zinke ['tsɪŋkə] *f* <-n> (*von Gabel, Kamm*) dente *m*

Zinn [tsɪn] *nt* <-(e)s> *kein pl* estanho *m*

Zinne *f* <-n> ameia *f*

Zins [tsɪns] *m* <-es, -en> ① (*Verzinsung*) juro *m;* **5% ~en erhalten** receber 5% de juros ② (*österr, schweiz: Miete*) renda, aluguer *m,* aluguel *m*

Zinseszins *m* <-es, -en> juro *m* composto

zinslos *adj* isento de juros

Zinssatz *m* <-es, -sätze> taxa *f* de juro

Zionismus *m* <-> *kein pl* sionismo *m*

Zipfel ['tsɪpfəl] *m* <-s, -> ponta *f*

Zipfelmütze *f* <-n> carapuço *m,* carapuça *f*

zippen *vt* (INFOR) compactar

Zippverschluss[RR] *m* <-es, -schlüsse> (*österr*) fecho *m* eclair, fecho *m* de correr, zíper *m*

zirka ['tsɪrka] *adv* cerca de, aproximadamente

Zirkel ['tsɪrkəl] *m* <-s, -> ① (*Instrument*) compasso *m* ② (*Kreis, Gruppe*) círculo *m*

zirkulieren* *vi* circular

Zirkumflex *m* <-es, -e> (LING) acento *m* circunflexo

Zirkus ['tsɪrkʊs] *m* <-, -se> circo *m*

zischen ['tsɪʃən] *vi* (*Schlange*) silvar, sibilar; (*Mensch*) cochichar, sussurrar

Zitat [tsi'ta:t] *nt* <-(e)s, -e> citação *f*

zitieren* *vt* citar

Zitrone [tsi'tro:nə] *f* <-n> limão *m*

Zitronenbaum *m* <-(e)s, -bäume> limoeiro *m*

Zitronenlimonade *f* <-n> limonada *f*

Zitronensaft *m* <-(e)s, -säfte> sumo *m* de

limão, suco *m* de limão

Zitrusfrucht ['tsi:trʊs-] *f* <-früchte> citrino *m*

zitterig *adj* (*Hand*) trémulo; (*Schrift*) tremido

zittern ['tsɪtɐn] *vi* tremer, estremecer; **vor Kälte ~** tiritar [*o* tremer] de frio; **vor Angst ~** tremer de medo; **mir ~ die Knie** tenho os joelhos a tremer

Zitze ['tsɪtsə] *f* <-n> teta *f*

Zivi ['tsi:vi] *m* <-s, -s> (*umg*) *s.* **Zivildienstleistende(r)**

zivil [tsi'vi:l] *adj* ❶ (*nicht militärisch*) civil ❷ (*gemäßigt*) moderado; (*Preis*) módico, acessível

Zivil *nt* <-s> *kein pl* **in ~** à paisana; **~ tragen** andar à paisana

Zivilbevölkerung *f* <-en> população *f* civil

Zivilcourage *f kein pl* coragem *f* (para defender as suas convicções)

Zivildienst *m* <-(e)s> *kein pl* serviço *m* cívico

> Na Alemanha os jovens que se negam a prestar o serviço militar têm que prestar 10 meses de **Zivildienst**. Desde 1997 este serviço também se tornou possível na Suíça, e geralmente é prestado na área de saúde. Na Áustria e na Suíça ele compreende 12 meses. Na Alemanha o «Zivi» (denominação dada ao prestante) é escalado para trabalhar na assistência aos idosos, como motorista para deficientes ou ajudante em pousadas de juventude.

Zivildienstleistende(r) *m* <-n, -n> prestador *m* de serviço cívico

Zivilisation [tsiviliza'tsjo:n] *f* <-en> civilização *f*

zivilisiert *adj* civilizado

Zivilist(in) [tsivi'lɪst] *m(f)* <-en, -en *o* -innen> civil *m,f*

Zivilrecht *nt* <-(e)s> *kein pl* direito *m* civil

Zmittag *m o nt* <-s> *kein pl* (*schweiz*) almoço *m*

Zmorge *m o nt* <-> *kein pl* (*schweiz*) pequeno-almoço *m*, café *m* da manhã

Znacht *m o nt* <-s> *kein pl* (*schweiz*) jantar *m*

Znüni *m o nt* <-> *kein pl* (*schweiz*) pequeno-almoço *m* tardio

zocken *vi* (*umg*) jogar a dinheiro

Zoff *m* <-s> *kein pl* (*umg*) chatices *fpl*

zog [tso:k] *imp von* **ziehen**

zögern *vi* hesitar, vacilar; **ohne zu ~** sem hesitação

Zölibat *nt* <-(e)s> *kein pl* celibato *m*

Zoll[1] [tsɔl] *m* <-(e)s, Zölle> ❶ *kein pl* (*Behörde*) alfândega *f* ❷ (*Abgabe*) direitos *mpl* alfandegários, taxas *fpl* alfandegárias; **für etw ~ bezahlen** pagar direitos de a. c.

Zoll[2] *m* <-(e)s, -> (*Maßeinheit*) polegada *f*

Zollabfertigung *f* <-en> despacho *m* alfandegário, despacho *m* aduaneiro

Zollamt *nt* <-(e)s, -ämter> alfândega *f*

Zollbeamte(r)(in) *m(f)* <-n, -n *o* -innen> funcionário, -a *m, f* da alfândega

Zollerklärung *f* <-en> declaração *f* (de alfândega)

zollfrei *adj* isento de direitos alfandegários; **~er Einkauf** compra livre de impostos

Zollkontrolle *f* <-n> controlo *m* alfandegário

zollpflichtig *adj* sujeito a direitos

Zollstock *m* <-(e)s, -stöcke> metro *m* articulado

Zone ['tso:nə] *f* <-n> zona *f*

Zonengrenze *f* <-n> ❶ (*bei öffentlichen Verkehrsmitteln*) limite *m* de zona ❷ *kein pl* (HIST) fronteira *f* entre a RDA e a RFA

Zoo [tso:] *m* <-s, -s> jardim *m* zoológico

Zoologe(in) *m(f)* <-n, -n *o* -innen> zoólogo, zoóloga *m, f*

Zoologie [tsoolo'gi:] *f kein pl* zoologia *f*

zoologisch *adj* zoológico

Zoom [zu:m] *nt* <-s, -s> zoom *m*, zum *m*

Zopf [tsɔpf] *m* <-(e)s, Zöpfe> trança *f*

Zorn [tsɔrn] *m* <-(e)s> *kein pl* cólera *f*, ira *f*, fúria *f*; **in ~ geraten** encolerizar-se, enfurecer-se

zornig *adj* irado, enfurecido; (*Blick*) colérico; **~ werden** irar-se, enfurecer-se

Zote *f* <-n> obscenidade *f*

zottig ['tsɔtɪç] *adj* (*Fell*) peludo

z.T. *abk v* **zum Teil** em parte

zu [tsu:] **I.** *präp* +*dat* (*Richtung*) para, a; (*Lage*) em; **~ Hause** em casa; **~ jdm gehen** ir a [*o* para] casa de alguém; **sie kommt ~ mir** ela vem a [*o* para] minha casa; **~m Zentrum sind es vier Kilometer** são quatro quilómetros até ao centro; **~ beiden Seiten** para os dois lados; **es fiel ~ Boden** caiu ao chão; **sie sah ~ ihm hinüber** ela olhou para ele; (*zeitlich*) a, por; **~ Anfang** a princípio; **~ Weihnachten** pelo Natal; **ich kündige ~m 1. April** eu despeço-me no dia 1 de

Abril; ~ **meiner Zeit** no meu tempo; (*Zweck, Ziel*) para, por; **~m Glück** por sorte; **~m Scherz** por brincadeira; ~ **meinem Erstaunen** para meu espanto; ~ **meiner großen Freude** com grande alegria minha; **Papier ~m Schreiben** papel para escrever; (*Preis, Menge, Häufigkeit*) a, por; **~m dritten Mal** pela terceira vez; ~ **Hunderten** às centenas; **zehn Briefmarken ~ 80 Cents** dez selos de 80 centos; **~m halben Preis** a [*o* por] metade do preço; (*hinzu, dazu*) junto de, perto de, ao lado de; **sich ~ jdm setzen** sentar-se ao lado de alguém; **nehmen Sie Wein ~m Essen?** quer vinho para acompanhar a refeição?; (*Art und Weise*) a; ~ **Fuß** a pé; (*Verhältnis*) para (com); **zwei ~ eins siegen** vencer por dois a um **II.** *adv* (*übermäßig*) muito, demasiado, demais; **er fährt ~ schnell** ele guia muito depressa, ele guia depressa demais; **das ist viel ~ viel** isso é demais; **der Pullover ist ~ groß/klein** a camisola é demasiado grande/pequena, a camisola é grande/pequena demais; (*umg: geschlossen*) fechado; ~ **sein** estar fechado; **Tür ~!** fechar a porta!; (*in Richtung*) em dire(c)ção a; **wir fahren auf Hamburg ~** nós vamos na dire(c)ção de Hamburgo; (*Aufforderung*); **mach ~!** anda!, despacha-te!; **nur ~!** vamos!, coragem! **III.** *konj* para, de; **es ist leicht ~ finden** é fácil de encontrar; **er ging, ohne sich ~ verabschieden** ele foi embora sem se despedir; **ich rufe an, um dich einzuladen** eu telefono para te convidar

zuallererst [-ˈ--ˈ-] *adv* antes de mais nada

zuallerletzt [-ˈ--ˈ-] *adv* em último lugar

Zubehör *nt* <-s, -e> acessório *m*

zu|bereiten* *vt* preparar

Zubereitung *f* <-en> preparação *f*

zu|binden *vt irr* atar, ligar; **jdm die Augen ~** vendar os olhos a alguém

Zubringer *m* <-s, -> (*Straße*) via *f* de acesso

Zubringerdienst *m* <-(e)s, -e> serviço *m* de ligação

Zucchini *pl* aboborinha *f*, courgette *f*

Zucht [tsʊxt] *f* <-en> (*von Tieren*) criação *f*; (*von Pflanzen*) cultivo *m*; (*von Bakterien*) cultura *f*

züchten *vt* (*Tiere*) criar; (*Pflanzen, Bakterien*) cultivar

Züchter(in) *m(f)* <-s, - *o* -innen> (*von Tieren*) criador, criadora *m, f*; (*von Pflanzen*) cultivador, cultivadora *m, f*

züchtig *adj* recatado, pudico

Züchtung *f* <-en> (*Tier*) criação *f*; (*Pflanze*) cultura *f*

zucken [ˈtsʊkən] *vi* ❶ (*sich bewegen*) fazer um movimento involuntário; (*vor Schreck*) estremecer; (*Muskel*) contrair-se; **mit den Schultern ~** encolher os ombros ❷ (*Blitz*) relampejar

zücken *vt* sacar de, puxar de; **die Brieftasche/den Kugelschreiber ~** sacar da carteira/caneta

Zucker [ˈtsʊkɐ] *m* <-s> *kein pl* ❶ (*zum Süßen*) açúcar *m*; **ein Stück ~** um torrão de açúcar ❷ (*Krankheit*) diabetes *f*

Zuckerdose *f* <-n> açucareiro *m*

Zuckerhut *m* <-(e)s, -hüte> ❶ (*aus Zucker*) pão-de-açucar *m*, pão doce *m* ❷ *kein pl* (GEOG) Pão-de-açúcar *m*

zuckerkrank *adj* diabético

Zuckerl *nt* <-s, -(n)> (*österr*) rebuçado *m*, bala *f*

zuckern [ˈtsʊkɐn] *vt* pôr açúcar em, açucarar

Zuckerrohr *nt* <-(e)s, -e> cana-de-açúcar *f*

Zuckerwatte *f kein pl* algodão *m* doce

Zuckung *f* <-en> convulsão *f*, contra(c)ção *f*

zu|decken *vt* cobrir, tapar

zu|drehen *vt* ❶ (*Wasserhahn*) fechar ❷ (*zuwenden*) virar, voltar; **jdm den Rücken ~** virar as costas a alguém

zudringlich [ˈtsuːdrɪŋlɪç] *adj* impertinente

zu|drücken *vt* fechar

zueinander [tsuʔaɪˈnandɐ] *adv* um ao outro, um para com o outro; **sie haben ein gutes Verhältnis ~** eles têm um bom relacionamento (um com o outro); **gut ~ passen** estar bem um para o outro

zuerst [-ˈ-] *adv* ❶ (*als erstes*) primeiro; (*vorrangig*) em primeiro lugar ❷ (*erst, als erster*) (como) primeiro; **ich war ~ da** eu cheguei primeiro ❸ (*anfangs*) primeiro, a princípio, de início; ~ **mochte ich ihn nicht** primeiro, eu não gostava dele

Zufahrt *f* <-en> acesso *m*

Zufahrtsstraße *f* <-n> estrada *f* de acesso

Zufall *m* <-(e)s, -fälle> acaso *m*, coincidência *f*, casualidade *f*; **durch ~** por acaso, por coincidência; **so ein ~!** que coincidência!; **etw dem ~ verdanken/überlassen** agradecer/deixar a. c. ao acaso

zu|fallen *vi irr* ❶ (*Tür, Fenster*) fechar-se; **vor Müdigkeit fielen ihm die Augen zu** os olhos fecharam-se-lhe de cansaço ❷ (*Aufgabe, Vergünstigung*) tocar (a alguém); **der erste Preis ist ihm zugefallen** tocou-lhe o primeiro prémio

zufällig **I.** *adj* casual, acidental **II.** *adv* casualmente, por acaso; (*in Frage*) por acaso

Zuflucht *f kein pl* abrigo *m*, refúgio *m*; **~ suchen/finden** procurar/encontrar abrigo

ZuflussRR *m* <-es, -flüsse> afluente *m*

zufolge [tsu'fɔlgə] *präp +dat* segundo, em consequência de; **seinen Aussagen ~** segundo as suas declarações

zufrieden [tsu'fri:dən] *adj* satisfeito (*mit* com), contente (*mit* com); **jdn ~ stellen** satisfazer alguém; **nicht ~ sein** não estar satisfeito, estar insatisfeito

Zufriedenheit *f kein pl* satisfação *f*, contentamento *m*

zufrieden|stellen *vt s.* **zufrieden**

zu|frieren *vi irr* congelar; **der See ist zugefroren** o lago congelou

zu|fügen *vt* ❶ (*hinzutun*) acrescentar ❷ (*Schaden, Leid*) causar, provocar

Zufuhr ['tsu:fu:ɐ] *f kein pl* (*Versorgung*) abastecimento *m*, entrada *f*; (*Zuleitung*) transporte *m*

zu|führen *vt* (*versorgen*) abastecer; (*zuleiten*) levar, conduzir; **einem Gerät Strom ~** ligar um aparelho à corrente

Zug1 [tsu:k] *m* <-(e)s, Züge> ❶ (*Eisenbahn*) comboio *m, nt*, trem *m, nt*; **der ~ nach Wien** o comboio para Viena; **mit dem ~ fahren/kommen** ir/vir de comboio; **ein durchgehender ~** um comboio directo; **den ~ verpassen** perder o comboio ❷ (*Umzug*) marcha *f*; (*Festzug*) cortejo *m,f*; **ein langer ~ von Flüchtlingen** um grande cortejo de refugiados ❸ (*Atemzug*) fôlego *m,f*; (*an Zigarette*) passa *f, nt*; (*Schluck*) gole *m*, trago *m*; **das Glas in einem ~ austrinken** beber o copo de golada; (*umg*); **in den letzten Zügen liegen** estar a dar as últimas ❹ (*bei Brettspielen*) jogada *f*, lance *m*; **am ~ sein** ser a sua vez ❺ (*beim Schwimmen*) braçada *f* ❻ (*Gesichtszug*) feição *f*, traço *mpl*; (*Charakterzug*) feitio *mpl*; **etw in groben Zügen darstellen** descrever a. c. em traços largos ❼ (*Krafteinwirkung*) puxão *mpl* ❽ *kein pl* (*Luftzug*) corrente *fpl* de ar; **im ~ sitzen** estar a apanhar corrente de ar

Zug2 *m* <-s> *kein pl* (GEOG) Zug *m*

Zugabe *f* <-n> ❶ *kein pl* (*das Hinzugeben*) acréscimo *m* ❷ (*im Konzert*) extraprograma *m*; **~!** bis!; **sie haben drei ~n gegeben** eles tocaram mais três músicas

Zugang *m* <-(e)s, -gänge> ❶ (*Zutritt*) acesso *m* (*zu* a); **der ~ zum Internet** o acesso à Internet; **~ verboten!** entrada proibida! ❷ (*Eingang*) entrada *f* (*zu* para)

zugänglich *adj* ❶ (*erreichbar*) acessível ❷ (*Person*) acessível, tratável

Zugbegleiter(in) *m(f)* <-s, - *o* -innen> revisor, revisora *m, f*

Zugbrücke *f* <-n> ponte *f* levadiça

zu|geben *vt irr* ❶ (*hinzufügen*) acrescentar ❷ (*eingestehen*) reconhecer, admitir; (*gestehen*) confessar

zu|gehen **I.** *vi irr* (*hingehen*) ir; **auf jdn/etw ~** dirigir-se a alguém/a. c.; **dem Ende ~** aproximar-se do fim; (*umg: sich schließen lassen*) fechar-se **II.** *vi unpers* acontecer; **bei der Diskussion ging es lebhaft zu** a discussão estava muito animada

Zugehfrau *f* <-en> (*österr: Putzfrau*) mulher *f* a dias

Zugehörigkeit *f kein pl* pertença *f* (*zu* de); (*zu Partei, Verein*) filiação *f* (*zu* em)

Zügel *m* <-s, -> freio *m*, rédeas *fpl*

zügellos *adj* desenfreado, descontrolado

Zügellosigkeit *f kein pl* leviandade *f*, libertinagem *f*, devassidão *f*

Zügelmann *m* <-(e)s, -männer> (*schweiz*) homem *m* das mudanças

zügeln **I.** *vt* (*Pferd*) enfrear; (*Neugierde, Zorn*) refrear, conter **II.** *vi* (*schweiz*) mudar-se

Zugeständnis *nt* <-ses, -se> concessão *f*; **jdm ein ~ machen** fazer uma concessão a alguém; **~ se an etw machen** descuidar a. c.

zu|gestehen* *vt irr* (*bewilligen*) conceder, outorgar; **jdm etw ~** conceder a. c. a alguém

Zugführer(in) *m(f)* <-s, - *o* -innen> maquinista *m,f*

zügig *adj* rápido, ligeiro

zugleich [-'-] *adv* ❶ (*gleichzeitig*) ao mesmo tempo, simultaneamente ❷ (*ebenso*) juntamente

Züglete *f* <-n> (*schweiz*) cortejo *m*

Zugluft *f kein pl* corrente *f* de ar

zu|greifen *vi irr* agarrar, apanhar; (*beim Essen*) servir-se; **greift zu!** sirvam-se!; **bei solch einer Gelegenheit muss man ~** tem que se agarrar uma oportunidade dessas

Zugriff *m* <-(e)s, -e> ① (*das Zugreifen*) captura *f* ② (INFOR) acesso *m*

Zugriffszeit *f* <-en> (INFOR) tempo *m* de acesso

zugrunde [tsu'grʊndə], **zu Grunde**[RR] *adv* ~ **gehen** ir ao fundo, perecer; **etw** ~ **legen** partir de a. c., ter a. c. por base; ~ **liegen** servir de base, estar na base; **jdn/etw** ~ **richten** arruinar alguém/a. c.

zugunsten [-'--], **zu Gunsten**[RR] *präp +gen* a favor de, em benefício de

zugute|halten[RR] *vt irr* (*geh*) **jdm etw** ~ ter a. c. em conta em alguém

zugute|kommen[RR] *vt irr* **jdm** ~ reverter a favor de alguém

Zugverbindung *f* <-en> ligação *f* ferroviária

Zugvogel *m* <-s, -vögel> ave *f* de arribação

zu|halten *vt irr* ① (*geschlossen halten*) conservar fechado ② (*bedecken*) tapar; **sich** *dat* **die Ohren** ~ tapar os ouvidos

Zuhälter *m* <-s, -> chulo *m*

zuhause[RR] *adv* em casa

Zuhause [tsu'haʊzə] *nt* <-s> *kein pl* casa *f;* **ein schönes** ~ **haben** ter uma casa bonita

zu|hören *vi* escutar, ouvir; **jdm/einem Vortrag** ~ ouvir alguém/uma conferência

Zuhörer(in) *m(f)* <-s, - *o* -innen> (*am Radio*) ouvinte *m,f;* (*Publikum*) público *m*

zu|jubeln *vi* **jdm** ~ aclamar alguém

zu|kleben *vt* (*Brief, Umschlag*) colar

zu|knöpfen *vt* abotoar

zu|kommen *vi irr* ① (*sich nähern*) chegar-se (*auf* a), aproximar-se (*auf* de); (*Aufgabe, Problem*) vir; **auf jdn** ~ vir/ir ao encontro de alguém; **die Dinge auf sich** ~ **lassen** esperar a ver o que dá ② (*gebühren*) condizer, enquadrar-se; **dem kommt eine große Bedeutung zu** ele é muito importante ③ (*geh: übermitteln*) transmitir; **jdm etw** ~ **lassen** fazer chegar a. c. às mãos de alguém

Zukunft ['tsu:kʊnft] *f kein pl* futuro *m;* **in** ~ de futuro, para o futuro

zukünftig *adj* futuro, vindouro; **seine** ~**e Frau** a sua futura mulher

Zulage *f* <-n> suplemento *m,* aumento *m*

zu|lassen *vt irr* ① (*erlauben*) permitir, consentir ② (*Zugang gewähren, ermöglichen*) deixar entrar; (*Auto*) aprovar (para circulação) ③ (*umg: nicht öffnen*) deixar fechado

zulässig *adj* permitido, admitido

Zulassung *f kein pl* admissão *f;* (*amtlich*) licença *f,* autorização *f;* (*für Auto*) aprovação *f* para circular

Zulassungsbeschränkung *f* <-en> limite *m* de admissão

Zulauf *m* <-(e)s> *kein pl* afluência *f,* concorrência *f*

zu|laufen *vi irr* ① (*hinlaufen*) correr (*auf* para); **der Hund ist ihnen zugelaufen** o cão correu para eles ② (*dazufließen*) correr, fluir ③ (*Form haben*) acabar; **spitz** ~ acabar em bico

zu|legen I. *vi* (*umg*) aumentar, acrescentar II. *vr* **sich** ~ (*umg*) comprar, arranjar; **sie haben sich einen Hund zugelegt** eles compraram um cão

zuleide [-'--], **zu Leide**[RR] *adv* **jdm etw** ~ **tun** fazer mal a alguém

zuletzt [-'-] *adv* ① (*als letztes*) em último lugar ② (*als letzter*) em último; ~ **kommen** ser o último a chegar, chegar em último ③ (*schließlich*) por último, por fim; ~ **war er doch einverstanden** por fim, ele estava de acordo

zuliebe [-'--] *adv* **jdm/etw** ~ por alguém/a. c.; **tu es mir** ~**!** faz isso por mim!; **ich mache es dir** ~ eu faço isto por ti

Zulieferindustrie *f* <-n> indústria *f* fornecedora

zum [tsʊm] = **zu dem** *s.* **zu**

zu|machen *vt* fechar; (*Loch*) tapar; (*Kleidung*) abotoar, fechar

zumal [-'-] I. *konj* tanto mais que, até porque II. *adv* especialmente

zumindest [-'--] *adv* pelo menos, ao menos; **er hätte** ~ **grüßen können** ele podia ao [*o* pelo] menos ter cumprimentado

zumute [-'--], **zu Mute**[RR] *adv* **mir ist nicht wohl** ~ não me sinto bem, não me sinto à vontade; **ihr war nicht zum Lachen** ~ ela não estava com disposição para rir

zu|muten ['tsu:mu:tən] *vt* **jdm etw** ~ exigir a. c. de alguém; **jdm/sich** *dat* **zu viel** ~ exigir demasiado de si/alguém

Zumutung *f* <-en> exigência *f;* (*Unverschämtheit*) desaforo *m,* descaramento *m*

zunächst *adv* ① (*anfangs*) primeiro, em primeiro lugar ② (*vorläufig*) para já, por ora

zu|nähen *vt* coser

Zunahme ['tsu:na:mə] *f* <-n> aumento *m,* acréscimo *m;* **eine** ~ **um 5%** um acréscimo de 5%

Zuname ['tsu:na:mə] *m* <-ns, -n> sobrenome *m,* apelido *m*

zünden **I.** *vt* (*Bombe*) detonar; (*Feuerwerk*) queimar; (*Rakete*) disparar **II.** *vi* (*Rakete*) disparar; (*Motor*) pegar; (*umg*); **bei ihm hat es gezündet** fez-se luz!
zündend *adj* (*Idee*) luminoso
Zünder *m* <-s, -> espoleta *f*
Zündholz *nt* <-es, -hölzer> (*österr*) fósforo *m*
Zündkerze *f* <-n> vela *f* de ignição
Zündschlüssel *m* <-s, -> chave *f* de ignição
Zündschnur *f* <-schnüre> rastilho *m*
Zündung *f* <-en> (*des Autos*) ignição *f*
Zündungsschlüssel *m* <-s, -> (*schweiz*) *s.* **Zündschlüssel**
zu|nehmen *vi irr* ① (*sich vergrößern, vermehren*) aumentar, crescer ② (*Mensch*) engordar
Zuneigung *f* <-en> afeição *f* (*zu* a), simpatia *f* (*zu* por)
Zunge ['tsʊŋə] *f* <-n> ① (*Organ*) língua *f*; **jdm die ~ herausstrecken** pôr a língua de fora a alguém; **es liegt mir auf der ~** está debaixo da língua; (*fig*); **sich** *dat* **auf die ~ beißen** conter-se ② (*Lasche*) lingueta *f*, palheta *f*
Zungenbrecher *m* <-s, -> trava-línguas *m*
ZungenkussRR *m* <-es, -küsse> linguado *m*
zunichte|machen *vt* **etw ~** destruir a. c.
zunutze [-'--], **zu Nutze**RR *adv* **sich** *dat* **etw ~ machen** aproveitar-se de a. c.
zu|ordnen *vt* classificar, agregar
zu|packen *vi* (*greifen*) deitar a mão a, agarrar
zupfen ['tsʊpfən] *vt* ① (*ziehen*) puxar (*an* por); **jdn am Ärmel ~** puxar alguém pela manga ② (*Gitarre*) tanger
zur [tsuːɐ] = **zu der** *s.* **zu**
zurechnungsfähig *adj* responsável (pelos seus actos)
zurecht|finden *vr* **sich ~** *irr* saber orientar-se, arranjar-se
zurecht|kommen *vi irr* arranjar-se, desenrascar-se; **nicht ~** ver-se à rasca, ver-se aflito; **mit jdm ~** dar-se com alguém; **er kam mit dem Videogerät nicht zurecht** ele viu-se aflito com o vídeo
zurecht|legen *vt* arranjar, preparar; **sich** *dat* **einen Plan ~** engendrar um plano
zurecht|machen **I.** *vt* (*umg*) arranjar, preparar **II.** *vr* **sich ~** (*umg*) arranjar-se, produzir-se
zurecht|weisen *vt irr* repreender
Zurechtweisung *f* <-en> repreensão *f*, reprimenda *f*
zu|reden *vi* (*ermutigen*) encorajar, animar; (*überreden*) persuadir; **jdm gut ~** (tentar) persuadir alguém
Zürich *nt* <-s> *kein pl* Zurique *f*
zurück *adv* ① (*an den Ausgangspunkt*) de volta; **ich bin gleich ~** eu volto já, eu venho já; **hin und ~** ida e volta ② (*nach hinten*) para trás; **geh drei Schritte ~** dá três passos para trás
zurück|behalten* *vt irr* (*Information*) reter, guardar; (*Rest*) ficar com
zurück|bekommen* *vt irr* reaver, recuperar; (*Wechselgeld*) receber de troco
zurück|bezahlen* *vt* reembolsar
zurück|bleiben *vi irr* ficar para trás, atrasar-se; **hinter den Erwartungen ~** ficar aquém das expectativas
zurück|bringen *vt irr* ① (*zurückgeben*) devolver, trazer de volta; **ich muss die Bücher in die Bibliothek ~** eu tenho de devolver os livros à biblioteca ② (*zurückbegleiten*) acompanhar
zurück|drängen *vt* (*Personen*) fazer recuar
zurück|erobern* *vt* reconquistar
zurück|erstatten* *vt* restituir, devolver
zurück|fahren *vi irr* ① (*zurückkehren*) regressar, voltar para trás; **mit dem Zug ~** regressar de comboio; **sie ist schon nach Köln zurückgefahren** ela já voltou para Colónia ② (*rückwärts fahren*) andar para trás
zurück|fallen *vi irr* ① (*Person*) cair de costas; **sich in den Sessel ~ lassen** deixar-se cair de costas na cadeira ② (*in eine Gewohnheit*) voltar a cair (*in* em) ③ (SPORT) cair (*auf* para) ④ (*Eigentum*) reverter (*an* para) ⑤ (*sich auswirken*) repercutir-se (*auf* em), recair (*auf* sobre); **alles, was er tut, fällt irgendwann auch auf uns zurück** tudo o que ele faz acaba por recair sobre nós
zurück|finden *vi irr* achar o caminho de volta
zurück|fordern *vt* reclamar, reivindicar
zurück|führen *vt* ① (*herleiten*) reduzir (*auf* a); **das lässt sich auf den gleichen Ursprung ~** isso reduz-se à mesma origem ② (*die Folge sein*) atribuir (*auf* a); **wir führen Ihre Krankheit auf falsche Ernährung zurück** nós atribuímos a sua doença à má alimentação
zurück|geben *vt irr* devolver; (*Wechselgeld*) dar de troco
zurückgeblieben *adj* atrasado (mental)

Z

zurück|gehen *vi irr* ① (*zurückkehren*) voltar atrás, voltar para trás ② (*nach hinten*) recuar, retroceder; **ein paar Schritte ~** recuar uns passos; **auf etw ~** remontar a a. c. ③ (*abnehmen*) descer, baixar

zurückgezogen *adj* retirado, recolhido, solitário; **~ leben** levar uma vida solitária

zurück|greifen *vi irr* **auf etw ~** recorrer a a. c.

zurück|halten I. *vt irr* (*Person*) deter; (*Geld, Information*) reter; (*Gefühle*) conter, reprimir II. *vr* **sich ~** *irr* conter-se, retrair-se; **er hält sich mit Lob/Kritik zurück** ele abstém-se de louvar/criticar

zurückhaltend *adj* reservado, discreto

Zurückhaltung *f kein pl* discrição *f*, reserva *f*; **seine ~ aufgeben** ganhar confiança

zurück|kehren *vi* voltar (*nach/zu* para/a), regressar (*nach/zu* para/a)

zurück|kommen *vi irr* voltar (*nach/zu* para/a), regressar (*nach/zu* para/a); **auf etw ~** voltar a a. c.

zurück|lassen *vt irr* deixar para trás

zurück|legen *vt* ① (*an Platz*) voltar a pôr ② (*Waren*) guardar; (*Geld*) pôr de lado ③ (*Strecke*) percorrer

zurück|nehmen *vt irr* ① (*Waren*) aceitar de volta, aceitar (como devolução) ② (*Bemerkung*) retirar; (*Angebot*) voltar atrás com; (*Gesetz*) revogar; **sein Versprechen ~** voltar com a palavra atrás

zurück|rufen *vt* chamar (de volta); **ich rufe Sie in zehn Minuten zurück** eu chamo-o (de volta) daqui a dez minutos

zurück|schalten *vi* reduzir

zurück|schicken *vt* ① (*Paket*) devolver ② (*Person*) recambiar, mandar de volta

zurück|schrecken *vi* recuar (*vor* perante)

zurück|stellen *vt* ① (*an einen Platz*) voltar a pôr ② (*Uhr*) atrasar; (*Heizung*) diminuir ③ (*Waren*) guardar ④ (*Wünsche, Interessen*) passar para segundo plano

zurück|treten *vi irr* ① (*nach hinten treten*) recuar, retroceder; **bitte ~!** é favor afastar-se da linha! ② (*von Amt*) demitir-se (*von* de) ③ (*von Kauf, Vereinbarung*) desistir (*von* de)

zurück|versetzen *vr* **sich ~** recuar (no tempo), lembrar-se; **wenn ich mich in meine Schulzeit zurückversetze ....** quando me lembro dos meus tempos de escola ...

zurück|weichen *vi irr* recuar (*vor* perante)

zurück|weisen *vt irr* (*Person*) mandar embora; (*Beschuldigung*) negar; (*Einladung, Geschenk*) recusar, não aceitar; (*Klage*) rejeitar

zurück|zahlen *vt* reembolsar; (*umg*); **das werde ich ihm ~!** ele vai pagar-mas!

zurück|ziehen I. *vt irr* (*nach hinten*) puxar para trás; (*Körperteil*) encolher, retrair; (*Vorhang, Riegel*) correr; (*Angebot, Bestellung*) cancelar; (*Klage*) retirar II. *vr* **sich ~** *irr* retirar-se

Zuruf *m* <-(e)s, -e> clamor *m*, grito *m*; **durch ~ wählen** votar por aclamação

zurzeit[RR] [tsuːɐ'tsaɪt] *adv* a(c)tualmente, agora

Zusage ['---] *f* <-n> (*positive Antwort*) resposta *f* afirmativa; (*Versprechen*) promessa *f*; **jdm eine ~ geben** dizer que sim a alguém

zu|sagen I. *vt* prometer II. *vi* ① (*gefallen*) agradar; **das sagt mir nicht zu** isso não me agrada ② (*annehmen*) aceitar, dizer que sim

zusammen [tsu'zamən] *adv* ① (*miteinander*) junto(s), em conjunto; **~ mit** +*dat* juntamente com; **alle ~** todos juntos; **sind die beiden noch ~?** eles ainda estão juntos?; **wir sind ~ angekommen** nós chegámos juntos ② (*insgesamt*) ao todo, no total; **das macht ~ 25 EUR** isso dá 25 euros ao todo

Zusammenarbeit *f kein pl* colaboração *f*, cooperação *f*; **in ~ mit** +*dat* em colaboração com

zusammen|arbeiten *vi* colaborar (*mit* com)

zusammen|bauen *vt* montar, armar

zusammen|bleiben *vi irr* ficar unido, ficar junto

zusammen|brechen *vi irr* ① (*einstürzen*) desmoronar-se, ruir ② (*Mensch*) sucumbir, ir-se abaixo ③ (*Verkehr*) paralisar

zusammen|bringen *vt irr* (*Geld, Personen*) juntar

Zusammenbruch *m* <-(e)s, -brüche> ① (*gesundheitlich*) colapso *m*, esgotamento *m*; (*des Verkehrs*) paralisação *f* ② (*Bankrott*) falência *f*

zusammen|fahren *vi irr* estremecer

zusammen|fallen *vi irr* ① (*einstürzen*) cair, desabar ② (*Termine*) coincidir

zusammenfassen *vt* ① (*vereinigen*) concentrar, reunir ② (*Bericht*) resumir

zusammenfassend I. *adj* resumido II. *adv* em suma, em resumo

Zusammenfassung *f* <-en> ① (*Vereini-*

gung) união *f* ② (*kurze Darstellung*) resumo *m,* sumário *m*

zusammengesetzt *adj* composto; **ein ~es Wort** uma palavra composta

zusammen|halten I. *vt irr* (*Gegenstände*) segurar; **etw mit einer Schnur ~** segurar a. c. com um fio **II.** *vi irr* (*Gruppe, Menschen*) manter-se unido, manter-se junto

Zusammenhang *m* <-(e)s, -hänge> (*Beziehung*) relação *f* (*zwischen* entre), ligação *f* (*zwischen* entre); (*innerer*) coerência *f,* coesão *f;* (*im Text*) contexto *m;* **im ~** no contexto; **etw aus dem ~ reißen** tirar a. c. de contexto; **es besteht ein ~ zwischen seiner Festnahme und den Attentaten** há uma ligação entre a sua detenção e os atentados

zusammen|hängen *vi irr* ① (*Gegenstände*) estar ligado ② (*in Beziehung stehen*) estar relacionado (*mit* com), estar ligado (*mit* a); **das hängt damit zusammen, dass ...** isso está relacionado com o fa(c)to de ...

zusammenhanglos *adj* desconexo

zusammenklappbar *adj* articulado

zusammen|kommen *vi irr* (*Personen*) reunir-se, encontrar-se

Zusammenkunft [tsu'zamənkʊnft] *f* <-künfte> reunião *f,* encontro *m*

zusammen|leben *vi* conviver (*mit* com)

zusammen|legen I. *vt* (*falten*) dobrar; (*vereinigen*) juntar; (*Firmen*) fundir; (*Termine*) juntar **II.** *vi* (*Geld*) juntar dinheiro

zusammen|nehmen I. *vt irr* juntar; **alles zusammengenommen** no total **II.** *vr* **sich ~** *irr* dominar-se, conter-se

zusammen|packen *vt* ① (*zum Transport*) empacotar ② (*wegräumen*) arrumar

zusammen|passen *vi* (*Personen*) condizer; (*Farben, Gegenstände*) combinar bem, condizer

zusammen|reißen *vr* **sich ~** *irr* dominar-se

zusammen|schlagen *vt irr* ① (*umg: zerstören*) despedaçar, dar cabo de ② (*umg: verprügeln*) dar cabo de, desfazer

zusammen|schließen *vr* **sich ~** *irr* unir-se; (*Firmen*) associar-se

Zusammenschluss[RR] *m* <-es, -schlüsse> união *f;* (*von Firmen*) fusão *f*

zusammen|setzen I. *vt* montar **II.** *vr* **sich ~** ① (*bestehen aus*) compor-se (*aus* de) ② (*Menschen*) reunir-se

Zusammensetzung *f* <-en> ① *kein pl* (*das Zusammenbauen*) montagem *f* ② (*Struktur, Mischung*) composição *f*

Zusammenspiel *nt* <-(e)s> *kein pl* ① (*einer Mannschaft*) espírito *m* de equipa ② (*von Kräften*) intera(c)ção *f*

zusammen|stellen *vt* ① (*Gegenstände*) reunir, juntar ② (*Programm*) organizar; (*Liste*) compor; (*Menü*) fazer; (*Farben*) combinar

Zusammenstellung *f* <-en> ① (*Zusammensetzung*) composição *f* ② (*Übersicht*) resumo *m;* (*Liste*) lista *f*

Zusammenstoß *m* <-es, -stöße> ① (*von Fahrzeugen*) colisão *f,* choque *m,* embate *m* ② (*Auseinandersetzung*) conflito *m;* **es kam zu blutigen Zusammenstößen mit der Polizei** chegaram-se a conflitos sangrentos com a polícia

zusammen|stoßen *vi irr* chocar (*mit* com), colidir (*mit* com), embater (*mit* em)

zusammen|tragen *vt irr* ① (*Gegenstände*) juntar ② (*Informationen*) reunir

zusammen|treffen *vi irr* ① (*Personen*) encontrar-se (*mit* com) ② (*Ereignisse*) coincidir

Zusammentreffen *nt* <-s, -> ① (*Begegnung*) encontro *m* ② (*von Ereignissen*) coincidência *f*

zusammen|wohnen *vi* morar (junto) (*mit* com); **ich wohne mit ihm zusammen** eu moro com ele; **sie wohnen zusammen** eles moram juntos

zusammen|zählen *vt* somar

zusammen|ziehen I. *vt irr* (*enger machen*) apertar, estreitar; (*Muskeln*) contrair; (*Polizei, Truppen*) reunir **II.** *vi irr* juntar-se; **wir wollen ~** nós queremos ir viver juntos **III.** *vr* **sich ~** *irr* (*kleiner werden*) encolher

Zusatz *m* <-es, -sätze> ① (*Substanz*) aditivo *m* ② (*zu Text*) suplemento *m,* aditamento *m*

zusätzlich *adj* adicional, suplementar

Zusatzversicherung *f* <-en> seguro *m* suplementar

zu|schauen *vi* observar, ver; **sie schaute ihm beim Reiten zu** ela observou-o a andar de cavalo

Zuschauer(in) *m(f)* <-s, - *o* -innen> espe(c)tador, espe(c)tadora *m, f;* (*Fernsehzuschauer*) telespe(c)tador, telespe(c)tadora *m, f;* **die ~ waren begeistert** o público estava entusiasmado

zu|schicken *vt* enviar, mandar, remeter

Zuschlag *m* <-(e)s, -schläge> ❶ (*für einen Auftrag*) adjudicação *f*; **den ~ erhalten** obter a adjudicação ❷ (*im Zug*) sobretaxa *f*, suplemento *m* ❸ (*bei Auktion*) arrematação *f*
zu|schlagen I. *vt irr* (*Tür*) bater com; (*Buch*) fechar; **jdm die Tür vor der Nase ~** bater com a porta na cara de alguém **II.** *vi irr* ❶ (*Tür, Fenster*) bater ❷ (*Mensch*) atacar; **er hat sofort zugeschlagen** ele atacou logo ❸ (*bei Auktion*) arrematar
zuschlagspflichtig *adj* sujeito a sobretaxa
zu|schließen *vt irr* fechar à chave, trancar
zu|schneiden *vt irr* (*Stoff*) recortar
zu|schnüren *vt* atar; (*Schuh*) apertar
zu|schrauben *vt* ❶ (*mit Schrauben*) aparafusar ❷ (*Flasche*) fechar
zu|schreiben *vt irr* atribuir, imputar; **jdm die Schuld an etw ~** atribuir a culpa por a. c. a alguém
Zuschrift *f* <-en> carta *f*
ZuschussRR *m* <-es, -schüsse> suplemento *m*; (*staatlich*) subsídio *m*, subvenção *f*
zu|schütten *vt* (*Loch, Graben*) entulhar
zu|sehen *vt irr* ver, observar; **er sah ihm bei der Arbeit zu** ele observou-o no trabalho
zusehends ['tsu:ze:ənts] *adv* a olhos vistos
zu|senden *vt* mandar, enviar
zu|sichern *vt* assegurar, garantir
zu|sperren *vt* (*österr*) fechar à chave
zu|spielen *vt* (*Ball*) atirar
zu|spitzen *vr* **sich ~** agravar-se
Zustand ['--] *m* <-(e)s, -stände> estado *m*; (*Lage*) situação *f*; (*Beschaffenheit*) condições *fpl*
zustande [-'--], **zu Stande**RR *adv* **etw ~ bringen** (conseguir) fazer a. c.; **~ kommen** realizar-se, efe(c)tuar-se
zuständig *adj* responsável (*für* por), competente; **ich bin nicht dafür ~** isso não é da minha competência
Zuständigkeit *f* <-en> competência *f*
zu|stehen *vi irr* caber; **mir stehen noch 30 EUR zu** ainda me cabem 30 euros, ainda tenho direito a 30 euros
Zustelldienst *m* (ÖKON) empresa *f* de entrega
zu|stellen *vt* ❶ (*versperren*) tapar ❷ (*schicken*) remeter; (*Post*) entregar
zu|stimmen *vi* concordar, estar de acordo; **ich stimme Ihnen zu** eu concordo consigo
Zustimmung *f* <-en> (*Einverständnis*) assentimento *m*; (*Billigung*) consentimento *m*, aprovação *f*; **seine ~ (zu etw) geben/verweigern** dar/não dar o seu consentimento (para a. c.)
zu|stoßen *vi* ❶ (*Unglück*) acontecer; **ihm ist etwas zugestoßen** aconteceu-lhe uma coisa ❷ (*zustechen*) dar uma facada; (*Stier*) dar uma estocada
Zustrom *m* <-(e)s, -ströme> afluência *f*
zutage [-'--], **zu Tage**RR *adv* **etw ~ bringen** trazer a. c. à luz, pôr a. c. a descoberto; **~ kommen** vir a lume, vir à tona
Zutat *f* <-en> ingrediente *m*
zu|teilen *vt* distribuir, repartir
zutiefst [-'-] *adv* profundamente
zu|trauen *vt* **jdm etw ~** julgar alguém capaz de a. c.; **sich** *dat* **etw ~** sentir-se capaz de a. c.
Zutrauen *nt* <-s> *kein pl* confiança *f* (*zu* em)
zutraulich *adj* confiante; (*Tier*) manso
Zutraulichkeit *f kein pl* confiança *f*
zu|treffen *vi irr* ❶ (*richtig sein*) estar certo ❷ (*passen*) corresponder (*auf* a); **genau das trifft auf ihn zu** é isso mesmo que acontece com ele
zutreffend *adj* correspondente, certo; **Zutreffendes bitte unterstreichen** sublinhar o que interessa
Zutritt *m* <-(e)s> *kein pl* acesso *m* (*zu* a), entrada *f* (*zu* para)
Zutun *nt* <-s> *kein pl* **ohne mein/dein/sein ~** sem a minha/tua/sua participação
zuverlässig *adj* ❶ (*Mensch*) de confiança ❷ (*glaubwürdig*) fiável, fidedigno
Zuverlässigkeit *f kein pl* ❶ (*eines Menschen*) seriedade *f* ❷ (*Glaubwürdigkeit*) fiabilidade *f*
Zuversicht ['tsu:fɛɐzɪçt] *f kein pl* confiança *f*, esperança *f*; **voller ~** cheio de confiança
zuversichtlich I. *adj* confiante; **ich bin ~, dass ...** eu estou confiante que ... **II.** *adv* com confiança
zuvielALT [-'-] *adv s.* **zu II**
zuvor [-'-] *adv* antes; **kurz ~** pouco antes
zuvor|kommen *vi irr* antecipar-se, adiantar-se; **sie sind uns zuvorgekommen** eles anteciparam-se a nós
zuvorkommend *adj* solícito, atencioso
Zuwachs ['tsu:vaks] *m* <-es, -wächse> ❶ (*Wachstum*) crescimento *m* ❷ (*Zunahme*) aumento *m* (*um* em); (*umg*); **~ bekommen** ter um bebé
zu|wachsen *vi irr* ❶ (*mit Pflanzen*) ficar coberto de plantas ❷ (*Wunde*) fechar

zu|wandern *vi* imigrar

Zuwanderung *f* <-en> imigração *f*

zu|weisen *vt irr* (*Aufgabe*) destinar; (*Wohnung*) atribuir; (*Arbeit*) dar

zu|wenden **I.** *vt* (*Gesicht, Rücken*) virar, voltar; **jdm den Rücken ~** virar [*o* voltar] as costas a alguém **II.** *vr* **sich ~** dedicar-se; **sich einer neuen Aufgabe ~** dedicar-se a uma nova tarefa

Zuwendung *f* <-, -en> ❶ *kein pl* (*Aufmerksamkeit*) dedicação *f*, atenção *f*; **Kinder brauchen viel ~** as crianças precisam de muita dedicação ❷ (*Geld*) ajuda financeira *f*

zuwenigALT [-ˈ--] *adv s.* **zu II**

zu|werfen *vt irr* (*Ball*) atirar; (*Blick*) lançar

zuwider [-ˈ--] *adv* **etw ist jdm ~** a. c. repugna a alguém; **dieser Gedanke ist mir ~** esse pensamento repugna-me

zuwider|handeln *vi* (*dem Gesetz*) transgredir, violar, infringir; (*einem Prinzip*) contrariar, violar

Zuwiderhandlung *f* <-en> contravenção *f*, infra(c)ção *f*

zuwider|laufen *vi irr* ir contra, contrariar

zu|winken *vi* **jdm ~** fazer sinal a alguém

zu|ziehen *vt irr* ❶ (*Gardine*) fechar, puxar, correr; (*Knoten, Schlinge*) apertar, atar ❷ (*bekommen*) apanhar; **sich** *dat* **eine Erkältung ~** apanhar uma constipação

zuzüglich *präp +gen* mais, acrescido de

Zvieri *m o nt* <-s, -> (*schweiz*) lanche *m*, merenda *f*

zwang [tsvaŋ] *imp von* **zwingen**

Zwang [tsvaŋ] *m* <-(e)s, Zwänge> ❶ (*Gewalt*) violência *f*; (*Druck*) pressão *f*; **~ auf jdn ausüben** pressionar alguém; **sich** *dat* **keinen ~ antun** estar à vontade ❷ (*Nötigung*) coa(c)ção *f* ❸ (*Notwendigkeit*) necessidade *f*; **wirtschaftliche Zwänge** necessidades *fpl* económicas

zwängen **I.** *vt* forçar, comprimir, apertar; **die Kleider in den Koffer ~** meter a roupa na mala à força **II.** *vr* **sich ~** enfiar-se à força; **er zwängte sich in den Wagen** ele enfiou-se no carro à força

zwanglos **I.** *adj* informal **II.** *adv* à vontade, sem cerimónia

Zwanglosigkeit *f kein pl* à-vontade *m*, desembaraço *m*

Zwangsarbeit *f kein pl* trabalhos *mpl* forçados

zwangsernähren* *vt* alimentar à força

Zwangslage *f* <-n> situação *f* difícil

zwangsläufig *adj* forçoso, inevitável

Zwangsmaßnahme *f* <-n> medida *f* coerciva

zwangsweise *adv* forçosamente, por força

zwanzig [ˈtsvantsɪç] *num kard* vinte

zwar [tsvaːɐ] *adv* ❶ (*Einschränkung*) **das ist ~ ..., aber ...** é certo que ..., mas ..., embora ..., ... *+conj;* **die Möbel sind ~ schön, aber teuer** é certo que os móveis são bonitos, mas são caros, embora os móveis sejam bonitos, são caros ❷ (*Erklärung*) **und ~** mais precisamente, nomeadamente, a saber; **Portugiesisch wird auch in Afrika gesprochen, und ~ in ...** o Português também é falado em África, mais precisamente em ...

Zweck [ˈtsvɛk] *m* <-(e)s, -e> finalidade *f*, fim *m*, propósito *m*; (*Ziel*) obje(c)tivo *m*; (*Absicht*) intenção *f*; (*Sinn*) desígnio *m*; **einem guten ~ dienen** ser para um bom fim; **der ~ heiligt die Mittel** os fins justificam os meios; **für berufliche ~e** para fins profissionais; **keinen ~ haben** ser inútil

zweckentfremden* *vt* usar para outros fins

zwecklos *adj* inútil

zweckmäßig *adj* conveniente, oportuno, adequado

Zweckmäßigkeit *f kein pl* conveniência *f*

zwecks [tsvɛks] *präp +gen* para *+inf*, com o obje(c)tivo de

zwei [tsvaɪ] *num kard* dois, duas; **um ~ (Uhr)** às duas (horas); **um halb ~** à uma e meia; **fünf Minuten vor/nach ~** duas menos/e cinco; **alle ~ Tage** dia sim, dia não, de dois em dois dias; **vor ~ Tagen** há dois dias; **mit ~ (Jahren)** com dois anos; **wir ~** nós os dois; **er isst für ~** ele come por dois

Zwei *f* <-en> dois *m*; **eine ~ würfeln** lançar um dois; **eine römische ~** um dois romano

zweibändig *adj* de dois volumes

zweideutig [ˈtsvaɪdɔɪtɪç] *adj* ❶ (*unklar*) ambíguo ❷ (*anzüglich*) malicioso

zweidimensional [ˈtsvaɪdimɛnzjonaːl] *adj* bidimensional, a duas dimensões

Zweidrittelmehrheit *f* <-en> (POL) maioria *f* de dois terços

zweierlei [ˈtsvaɪɐˈlaɪ] *adj* de dois géneros, de duas maneiras; **~ Sorten Käse** queijo de duas qualidades

zweifach *adj* duplo; **in ~er Ausfertigung** em duplicado

Zweifamilienhaus *nt* <-es, -häuser> prédio *m* de dois andares

zweifarbig *adj* bicolor, de duas cores

Zweifel ['tsvaɪfəl] *m* <-s, -> dúvida *f*; **etw in ~ ziehen** pôr a. c. em dúvida; **~ an etw haben** ter dúvidas em relação a a. c.; **es besteht kein ~, dass ...** não há dúvida que ...; **mir kommen ~** surgem-me dúvidas

zweifelhaft *adj* duvidoso

zweifellos *adv* sem dúvida, indubitavelmente

zweifeln ['tsvaɪfəln] *vi* duvidar (*an* de)

Zweifelsfall *m* <-(e)s, -fälle> caso *m* de dúvida; **im ~** na dúvida, em caso de dúvida

Zweig [tsvaɪk] *m* <-(e)s, -e> ❶ (*Ast*) ramo *m*; (*umg*); **auf keinen grünen ~ kommen** não ter sorte nenhuma, não conseguir nada ❷ (*Sparte*) ramificação *f*

Zweigstelle *f* <-n> delegação *f*, sucursal *f*

zweihundert ['-'--] *num kard* duzentos

zweijährig *adj* de dois anos

Zweikampf *m* <-(e)s, -kämpfe> duelo *m*

zweimal *adv* duas vezes

zweisprachig *adj* bilingue

Zweisprachigkeit *f kein pl* bilinguismo *m*

zweispurig *adj* (*Straße*) de duas faixas

zweistimmig **I.** *adj* de duas vozes **II.** *adv* a duas vozes

zweistündig *adj* de duas horas

zweit [tsvaɪt] *adv* **zu ~** a dois; **wir kommen zu ~** vimos dois

Zweitaktmotor *m* <-s, -en> motor *m* a dois tempos

zweitälteste(r, s) *adj* segundo mais velho; **meine ~ Tochter** a minha segunda filha mais velha

zweitbeste(r, s) *adj* segundo melhor; **er ist mein ~r Schüler** ele é o meu segundo melhor aluno

zweite(r, s) *num ord* segundo; **am ~n März** no dia dois de Março; **der ~ April** o dia dois de Abril; **jeden ~n Tag** de dois em dois dias; **im ~n Stock** no segundo andar; **jeder Zweite** um em cada dois; **du bist der Zweite, der mich das fragt** tu és o segundo que me pergunta isso; **Katharina die Zweite** Katharina Segunda; **er ist Zweiter geworden** ele ficou em segundo lugar; **er arbeitet wie kein Zweiter** ele trabalha como ninguém

zweitens ['tsvaɪtəns] *adv* em segundo lugar

zweitgrößte(r, s) *adj* segundo maior

zweitklassig *adv* de segunda categoria, de qualidade inferior

zweitletzte(r, s) *adj* penúltimo

Zweitwagen *m* <-s, -> segundo automóvel *m*

Zweizimmerwohnung *f* <-en> apartamento *m* de duas assoalhadas, T 1 *m*

Zwerchfell ['tsvɛrçfɛl] *nt* <-(e)s, -e> diafragma *m*

Zwerg(in) [tsvɛrk] *m(f)* <-(e)s, -e *o* -innen> anão, anã *m, f*

Zwetschge *f* <-n> ameixa *f*

Zwickel *m* <-s, -> nesga *f*

zwicken ['tsvɪkən] **I.** *vt* beliscar **II.** *vi* (*Kleidung*) apertar, repuxar

Zwickmühle *f* <-n> (*umg*) embrulhada *f*, beco *m* sem saída

Zwieback ['tsvi:bak] *m* <-(e)s, -bäcke> tosta *f*

Zwiebel ['tsvi:bəl] *f* <-n> ❶ (*Speisezwiebel*) cebola *f* ❷ (*Blumenzwiebel*) bolbo *m*

Zwielicht *nt* <-(e)s> *kein pl* lusco-fusco *m*, meia-luz *f*; **ins ~ geraten** cair em desconfiança

Zwiespalt *m* <-(e)s, -e> indecisão *f*, dilema *m*; **in einem ~ sein** estar num dilema, estar dividido

Zwietracht *f kein pl* (*geh*) discórdia *f*, desavença *f*

Zwilling ['tsvɪlɪŋ] *m* <-s, -> gémeo, gémea *m, f*; **eineiige/zweieiige ~e** gémeos monozigóticos/dizigóticos; (*umg*) gémeos verdadeiros/falsos

Zwillinge *pl* (*Sternzeichen*) Gémeos *mpl*

zwingen ['tsvɪŋən] *vt* forçar (*zu* a), obrigar (*zu* a); **ich lasse mich nicht ~** eu não me deixo intimidar; **wir waren gezwungen umzukehren** nós fomos obrigados [*o* forçados] a regressar

zwingend *adj* (*unerlässlich*) forçoso, obrigatório; (*überzeugend*) concludente, convincente

Zwinger *m* <-s, -> jaula *f*; (*für Hunde*) canil *m*

zwinkern ['tsvɪŋkɐn] *vi* pestanejar, piscar os olhos

Zwirn [tsvɪrn] *m* <-(e)s, -e> linha *f*

zwischen ['tsvɪʃən] **I.** *präp +akk* (*Richtung*) entre; **ich setze mich ~ euch** eu sento-me entre vocês **II.** *präp +dat* (*Lage*) entre; **ich sitze ~ euch** eu estou sentado entre vocês; **~ mir und dir** entre mim e tu, entre nós os dois; **das kostet ~ 200 und 300 €** isso custa entre 200 e 300 €

Zwischenbemerkung *f* <-en> aparte *m*

Zwischenbilanz *f* <-en> balancete *m*

zwischendurch ['--'-] *adv* (*hin und wieder*) pelo meio, nos intervalos; (*in der Zwischenzeit*) entretanto

Zwischenfall *m* <-(e)s, -fälle> incidente *m,* peripécia *f,* episódio *m*

Zwischenhändler(in) *m(f)* <-s, - *o* -innen> intermediário, intermediária *m, f*

Zwischenlager *nt* <-s, -> estação *f* de transferência

zwischen|landen *vi* fazer escala; **wir sind in London zwischengelandet** nós fizemos escala em Londres

Zwischenlandung *f* <-en> escala *f*

zwischenmenschlich *adj* interpessoal

Zwischenraum *m* <-(e)s, -räume> (*räumlich*) espaço *m,* intervalo *m*

Zwischenruf *m* <-(e)s, -e> intervenção *f;* **einen ~ machen** fazer uma intervenção

zwischenstaatlich *adj* internacional

Zwischenstation *f* <-en> paragem *f;* **~ machen** parar, fazer uma paragem

Zwischenstecker *m* <-s, -> (ELEKTR) ficha *f* de adaptação

Zwischenzeit *f* <-en> intervalo *m,* meio-tempo *m;* **in der ~** entretanto, nesse meio-tempo

zwitschern ['tsvɪtʃɐn] *vi* gorjear, chilrear, trinar

Zwitter *m* <-s, -> hermafrodita *m,f*

zwo *num kard* (*umg*) *s.* **zwei**

zwölf *num kard* doze; **es ist ~ Uhr** é meio-dia, são doze horas; *s. a.* **zwei**

zwölffach *adj* duodécuplo, doze vezes tanto

Zwölffingerdarm *m* <-(e)s, -därme> duodeno *m*

zwölfte(r, s) *num ord* décimo segundo; *s. a.* **zweite(r, s)**

Zyankali [tsyan'ka:li] *nt* <-s> *kein pl* cianeto de potássio *m*

Zyklus ['tsy:klʊs] *m* <-, Zyklen> ciclo *m*

Zylinder [tsi'lɪndɐ, tsy'lɪndɐ] *m* <-s, -> ① (MATH, TECH) cilindro *m* ② (*Hut*) cartola *f*

zylindrisch *adj* cilíndrico

Zyniker(in) ['tsy:nikɐ] *m(f)* <-s, - *o* -innen> cínico, cínica *m, f*

zynisch ['tsy:nɪʃ] *adj* cínico

Zynismus [tsy'nɪsmʊs] *m* <-> *kein pl* cinismo *m*

Zypern ['tsy:pɐn] *nt* <-s> *kein pl* Chipre *m*

Zypresse [tsy'prɛsə] *f* <-n> cipreste *m*

Zyste ['tsʏstə] *f* <-n> quisto *m*

Deutsche Kurzgrammatik
Apêndice Gramatical da Língua Alemã

Casos

Na língua alemã as estruturas sintácticas determinam os casos indicados nas terminações dos artigos, pronomes, substantivos e adjectivos. Os casos representam as seguintes funções:

nominativo – sujeito
Ich bin Mathias. — Eu sou o Mathias.
Das Buch gehört mir. — O livro pertence-me.

acusativo – complemento directo e preposições com noção de movimento
Sie kauft ***einen Computer.*** — Ela compra um computador.
Ich bringe ***dich nach Hause.*** — Eu levo-te para casa.
Wir gehen ins ***(in das) Café.*** — Nós vamos ao café.

dativo – complemento indirecto e preposições que indicam lugar
Das Buch gehört ***meinem Vater.*** — O livro pertence ao meu pai.
Das Buch steht im ***(in dem) Regal.*** — O livro está na estante.

genitivo – posse
Der Hund ***des Nachbarn.*** — O cão do vizinho.

Artigo

Os artigos da língua alemã referem-se a três géneros (masculino, feminino e neutro) em dois números (no singular e plural).

	artigo definido				artigo indefinido			
	m	f	nt	pl	m	f	nt	pl
nominativo	der	die	das	die	ein	eine	ein	–
acusativo	den	die	das	die	einen	eine	ein	–
dativo	dem	der	dem	den	einem	einer	einem	–
genitivo	des	der	des	der	eines	einer	eines	

Pronomes

Pronome pessoal

nominativo	acusativo	dativo	genitivo	reflexo
ich	mich	mir	meiner	mich
du	dich	dir	deiner	dich
er	ihn	ihm	seiner	sich
sie	sie	ihr	ihrer	sich
es	es	ihm	seiner	sich
wir	uns	uns	unser	uns
ihr	euch	euch	euer	euch
sie	sie	ihnen	ihrer	sich

Pronome possessivo

Pode ser usado antes de substantivo ou em sua substituição.

formas usadas antes do substantivo (no nominativo)

masculino	feminino	neutro	plural
mein	meine	mein	meine
dein	deine	dein	deine
sein	seine	sein	seine
ihr	ihre	ihr	ihre
unser	uns(e)re	unser	uns(e)re
euer	eure	euer	eure
ihr	ihre	ihr	ihre

formas usadas em vez do substantivo (no nominativo)

masculino	feminino	neutro	plural
meiner	meine	mein(e)s	meine
deiner	deine	dein(e)s	deine
seiner	seine	sein(e)s	seine
ihrer	ihre	ihr(e)s	ihre
uns(e)rer	uns(e)re	uns(e)res	uns(e)re
eurer	eure	eures, euers	eure
ihrer	ihre	ihr(e)s	ihre

declinação dos pronomes possessivos

	masculino	feminino	neutro	plural
nominativo	mein	meine	mein	meine
acusativo	meinen	meine	mein	meine
dativo	meinem	meiner	meinem	meinen
genitivo	meines	meiner	meines	meiner

Todos estes pronomes se declinam *como mein.*

Pronome demonstrativo

	masculino	feminino	neutro	plural
	dieser	diese	dieses	diese
	jener	jene	jenes	jene
	derjenige	diejenige	dasjenige	diejenigen
	derselbe	dieselbe	dasselbe	dieselben

Dieser refere-se a algo que está próximo; *jener* refere-se a algo que está mais longe. *Der, die, das* também são usados como pronomes demonstrativos.

declinação dos pronomes demonstrativos

	masculino	feminino	neutro	plural
nominativo	dieser	diese	dieses	diese
acusativo	diesen	diese	dieses	diese
dativo	diesem	dieser	diesem	diesen
genitivo	dieses	dieser	dieses	dieser

A declinação de *jener* é igual a *dieser.*

	masculino	feminino	neutro	plural
nominativo	derselbe	dieselbe	dasselbe	dieselben
acusativo	denselben	dieselbe	dasselbe	dieselben
dativo	demselben	derselben	demselben	denselben
genitivo	desselben	derselben	desselben	derselben

A declinação de *derjenige* é igual a *derselbe.*

Pronome relativo

	masculino	feminino	neutro	plural
nominativo	der · welcher	die · welche	das · welches	die · welche
acusativo	den · welchen	die · welche	das · welches	die · welche
dativo	dem · welchem	der · welcher	dem · welchem	denen · welchen
genitivo	dessen	deren	dessen	deren

Os pronomes relativos mais frequentes são *der, die, das;* os menos frequentes são *welcher, welche, welches.*

Wer e was podem também ser utilizados como pronomes relativos.

Pronome interrogativo

local (onde)	***Wo*** ist das Theater?	Onde fica o teatro?
local (para onde)	***Wohin*** fährt er?	Para onde é que ele vai?
temporal	***Wann*** fährt der Zug?	Quando parte o comboio?
causal	***Warum*** sagst du nichts?	Porque não dizes nada?
modalidade	***Wie*** ist das Wetter?	Como está o tempo?
sujeito (pessoa)	***Wer*** ist da?	Quem está aí?
sujeito (objecto)	***Was*** ist das ?	O que é isto?
acusativo (pessoa)	***Wen*** siehst du?	Quem vês?
acusativo (objecto)	***Was*** sagst du?	Que dizes?
dativo (pessoa)	***Wem*** gehört das Buch?	A quem pertence o livro?
genitivo[1]	***Wessen*** Buch ist das?	De quem é o livro?

[1] *Wessen* tem vindo a ser substituído por *wem.*

quantidade	***Wieviel*** Geld habt ihr?	Quanto dinheiro têm?
qualidade	***Was für eine*** Uhr ist das?	Que tipo de relógio é este?
duração	***Wie lange*** wartest du schon?	Há quanto tempo estás à espera?
frequência	***Wie oft*** hast du Englisch? ***Welches*** Buch ist es?	Quantas vezes tens Inglês? Qual é o livro?

Substantivo

Declinação forte

plural em ~e/¨-e

singular	masculino	feminino	neutro
nominativo	der Tag	die Hand	das Brot
acusativo	den Tag	die Hand	das Brot
genitivo	des Tag(e)s	der Hand	des Brot(e)s
dativo	dem Tag(e)	der Hand	dem Brot(e)

plural	masculino	feminino	neutro
nominativo	die Tage	die Hände	die Brote
acusativo	die Tage	die Hände	die Brote
genitivo	der Tage	der Hände	der Brote
dativo	den Tagen	den Händen	den Broten

plural em ¨-e/-

singular	masculino	feminino	neutro
nominativo	der Faden	die Mutter	das Mädchen
acusativo	den Faden	die Mutter	das Mädchen
genitivo	des Fadens	der Mutter	des Mädchens
dativo	dem Faden	der Mutter	dem Mädchen

plural	masculino	feminino	neutro
nominativo	die Fäden	die Mütter	die Mädchen
acusativo	die Fäden	die Mütter	die Mädchen
genitivo	der Fäden	der Mütter	der Mädchen
dativo	den Fäden	den Müttern	den Mädchen

plural em ~er/¨-er (m/nt)

singular	masculino	feminino
nominativo	der Wald	das Ei
acusativo	den Wald	das Ei
genitivo	des Waldes	des Ei(e)s
dativo	dem Wald(e)	dem Ei

plural	masculino	feminino
nominativo	die Wälder	die Eier
acusativo	die Wälder	die Eier
genitivo	der Wälder	der Eier
dativo	den Wäldern	den Eiern

plural em ~s

singular	masculino	feminino	neutro
nominativo	der Uhu	die Bar	das Echo
acusativo	den Uhu	die Bar	das Echo
genitivo	des Uhu	der Bar	des Echos
dativo	dem Uhu	der Bar	dem Echo

plural	masculino	feminino	neutro
nominativo	die Uhus	die Bars	die Echos
acusativo	die Uhus	die Bars	die Echos
genitivo	der Uhus	der Bars	der Echos
dativo	den Uhus	den Bars	den Echos

Declinação fraca (m/f)

singular	masculino	feminino
nominativo	der Elefant	die Liebe
acusativo	den Elefanten	die Liebe
genitivo	des Elefanten	der Liebe
dativo	dem Elefanten	der Liebe

plural	masculino	feminino
nominativo	die Elefanten	die Lieben
acusativo	die Elefanten	die Lieben
genitivo	der Elefanten	der Lieben
dativo	den Elefanten	den Lieben

Declinação mista (m/nt)

singular	masculino	neutro
nominativo	der Editor	das Hemd
acusativo	den Editor	das Hemd
genitivo	des Editors	des Hemdes
dativo	dem Editor	dem Hemd

plural	masculino	feminino
nominativo	die Editoren	die Hemden
acusativo	die Editoren	die Hemden
genitivo	der Editoren	die Hemden
dativo	den Editoren	den Hemden

Adjectivo

Quando um adjectivo se encontra a seguir a um verbo copulativo (sein, werden) mantém-se invariável. Quando antecede um substantivo, deve concordar com este em género, caso e número.

Declinação sem artigo

singular	masculino	feminino	neutro
nominativo	schöner Abend	schöne Blume	schönes Buch
acusativo	schönen Abend	schöne Blume	schönes Buch
genitivo	schönen Abends	schöner Blume	schönen Buches
dativo	schönem Abend(e)	schöner Blume	schönem Buch(e)

plural	masculino	feminino	neutro
nominativo	schöne Abende	schöne Blumen	schöne Bücher
acusativo	schöne Abende	schöne Blumen	schöne Bücher
genitivo	schöner Abende	schöner Blumen	schöner Bücher
dativo	schönen Abende	schönen Blumen	schönen Büchern

Esta declinação também se aplica quando o determinante que precede o adjectivo não indica o género:

mehrere kleine Kinder.
manch netter Mensch.

ou a seguir a numerais cardinais, ou às expressões 'ein paar', 'ein bisschen':

Er kauft *zwei neue* Bücher.
Wir essen *ein paar leckeren* Hamburger.
Mit *einem bisschen Zeit werden wir es machen.*

Declinação com artigo definido

singular	masculino	feminino	neutro
nominativo	der gute Fisch	die gute Nachricht	das gute Essen
acusativo	den guten Fisch	die gute Nachricht	das gute Essen
genitivo	des guten Fisch(e)s	der guten Nachricht	des guten Essen
dativo	dem guten Fisch	der guten Nachricht	dem guten Essen

plural	masculino	feminino	neutro
nominativo	die guten Fische	die guten Nachrichten	die guten Essen
acusativo	die guten Fische	die guten Nachrichten	die guten Essen
genitivo	der guten Fische	der guten Nachrichten	der guten Essen
dativo	den guten Fischen	den guten Nachrichten	den guten Essen

Declinação com artigo indefinido

singular	masculino	feminino	neutro
nominativo	ein guter Abend	eine schöne Blume	ein schönes Buch
acusativo	einen guten Abend	eine schöne Blume	ein schönes Buch
genitivo	eines guten Abend(e)	eine schöne Blume	eines schönen Buch
dativo	einem guten Abend(e)	eine schöne Blume	einem schönen Buch

Esta declinação também se aplica aos pronomes possessivos *mein, dein, sein, unser, euer, ihr.*

Grau dos adjectivos

formas regulares

	masculino	feminino	neutro
positivo	schön	schöne	schönes
comparativo	schöner	schönere	schöneres
superlativo	der schönste	die schönste	das schönste

formas irregulares

positivo	gut	viel	gern	bald
comparativo	besser	mehr	lieber	eher
superlativo	beste(r, s)	meiste(r, s)	am liebsten	am ehesten

Preposições

As preposições podem reger um caso fixo ou dois casos.

acusativo	dativo		acusativo/dativo
bis	ab	nahe	an
durch	aus	samt	auf
entlang	außer	seit	entlang
ohne	bei	von	hinter
pro	entgegen	zu	in
um	entsprechend	zufolge	neben
wider	gegenüber		über
für	gemäß		über
gegen	mit		vor
je	nach		zwischen

Liste der wichtigsten unregelmäßigen Verben im Deutschen
Lista de verbos irregulares mais importantes língua alemã

backen	bäckt	buk, backte	gebacken
befehlen	befiehlt	befahl	befohlen
beginnen		begann	begonnen
beißen		biss	gebissen
bewegen	bewegt	bewog	bewogen
biegen		bog	gebogen
bieten		bot	geboten
binden		band	gebunden
bitten		bat	gebeten
blasen	bläst	blies	geblasen
bleiben		blieb	geblieben (ist)
braten	brät, bratet	briet	gebraten
brechen	bricht	brach	gebrochen (hat, ist)
brennen		brannte	gebrannt
bringen		brachte	gebracht
denken		dachte	gedacht
dürfen	darf	durfte	gedurft
empfehlen	empfiehlt	empfahl	empfohlen
erlöschen	erlischt	erlosch	erloschen (ist)
erschrecken	erschrickt	erschrak	erschrocken (ist)
essen	isst	aß	gegessen
fahren	fährt	fuhr	gefahren (ist, hat)
fallen	fällt	fiel	gefallen (ist)
fangen	fängt	fing	gefangen
finden		fand	gefunden
fliegen		flog	geflogen (ist)
fliehen		floh	geflohen (ist)
fließen		floss	geflossen (ist)
fressen	frisst	fraß	gefressen
frieren		fror	gefroren
geben	gibt	gab	gegeben
gedeihen		gedieh	gediehen (ist)
gehen		ging	gegangen (ist)
gelingen	gelingt	gelang	gelungen (ist)
gelten	gilt	galt	gegolten
genesen		genas	genesen (ist)
genießen		genoss	genossen
geschehen	geschieht	geschah	geschehen (ist)
gewinnen		gewann	gewonnen
gießen		goss	gegossen
gleichen		glich	geglichen

graben	gräbt	grub	gegraben
greifen		griff	gegriffen
haben	hat	hatte	gehabt
halten	hält	hielt	gehalten
hängen		hing	gehangen
hauen		hieb	gehauen
heben		hob	gehoben
heißen		hieß	geheißen
helfen	hilft	half	geholfen
kennen		kannte	gekannt
klimmen		klomm	geklommen (ist)
klingen		klang	geklungen
kneifen		kniff	gekniffen
kommen		kam	gekommen (ist)
können	kann	konnte	gekonnt
kriechen		kroch	gekrochen (ist)
laden	lädt, ladet	lud	geladen
lassen	lässt	ließ	gelassen
laufen	läuft	lief	gelaufen (ist)
leiden		litt	gelitten
leihen		lieh	geliehen
lesen	liest	las	gelesen
liegen		lag	gelegen
lügen		log	gelogen
mahlen		mahlte	gemahlen
meiden		mied	gemieden
melken		molk	gemolken
messen	mißt	maß	gemessen
mögen	mag	mochte	gemocht
müssen	muss	musste	gemusst
nehmen	nimmt	nahm	genommen
nennen		nannte	genannt
pfeifen		pfiff	gepfiffen
preisen		pries	gepriesen
quellen	quillt	quoll	gequollen (ist)
raten	rät	riet	geraten
reiben		rieb	gerieben
reißen		riss	gerissen (hat, ist)
reiten		ritt	geritten (hat, ist)
rennen		rannte	gerannt (ist)
riechen		roch	gerochen
ringen		rang	gerungen
rinnen		rann	geronnen (ist)
rufen		rief	gerufen

salzen		salzte	gesalzen
saufen	säuft	soff	gesoffen
saugen		sog	gesogen
schaffen		schuf	geschaffen
scheiden		schied	geschieden (hat, ist)
scheinen		schien	geschienen
schelten	schilt	schalt	gescholten
scheren		schor	geschoren
schieben		schob	geschoben
schießen		schoss	geschossen
schlafen	schläft	schlief	geschlafen
schlagen	schlägt	schlug	geschlagen
schleichen		schlich	geschlichen (ist)
schleifen		schliff	geschliffen
schließen		schloss	geschlossen
schlingen		schlang	geschlungen
schmeißen		schmiss	geschmissen
schmelzen	schmilzt	schmolz	geschmolzen (hat, ist)
schneiden		schnitt	geschnitten
schreiben		schrieb	geschrieben
schreien		schrie	geschrien
schreiten		schritt	geschritten (ist)
schweigen		schwieg	geschwiegen
schwimmen		schwamm	geschwommen (ist)
schwingen		schwang	geschwungen
schwören		schwor, schwur	geschworen
sehen	sieht	sah	gesehen
sein	ist	war	gewesen (ist)
senden		sandte	gesandt
singen		sang	gesungen
sinken		sank	gesunken (ist)
sitzen		saß	gesessen
sollen	soll	sollte	gesollt
spinnen		spann	gesponnen
sprechen	spricht	sprach	gesprochen
springen		sprang	gesprungen (ist)
stechen	sticht	stach	gestochen
stehen		stand	gestanden
stehlen	stiehlt	stahl	gestohlen
steigen		stieg	gestiegen (ist)
sterben	stirbt	starb	gestorben (ist)
stinken		stank	gestunken
stoßen	stößt	stieß	gestoßen
streichen		strich	gestrichen

streiten		stritt	gestritten
tragen	trägt	trug	getragen
treffen	trifft	traf	getroffen
treten		trat	getreten (hat, ist)
trinken		trank	getrunken
trügen		trog	getrogen
tun		tat	getan
verderben	verdirbt	verdarb	verdorben (hat, ist)
vergessen	vergisst	vergaß	vergessen
verlieren		verlor	verloren
verzeihen		verzieh	verziehen
wachsen	wächst	wuchs	gewachsen (ist)
waschen	wäscht	wusch	gewaschen
weisen		wies	gewiesen
wenden		wandte	gewandt
werben	wirbt	warb	geworben
werden	wird	wurde (ward)	geworden (ist)
werfen	wirft	warf	geworfen
wiegen		wog	gewogen
winden		wand	gewunden
wissen	weiß	wußte	gewußt
wollen	will	wollte	gewollt
ziehen		zog	gezogen (hat, ist)
zwingen		zwang	gezwungen

Portugiesische Kurzgrammatik
Gramática sucinta da língua portuguesa

Der Artikel (Geschlechtswort)

		bestimmter Artikel		unbestimmter Artikel	
Singular	männlich	**o** carro	der Wagen	**um** ano	ein Jahr
	weiblich	**a** porta	die Tür	**uma** casa	ein Haus
Plural	männlich	**os** carros	die Wagen	**(uns)** anos	Jahre
	weiblich	**as** portas	die Türen	**(umas)** casas	Häuser

Präpositionen + Artikel (Verhältniswörter + Geschlechtswort)

Die Präpositionen *a, de, em* und *por* verschmelzen mit dem nachfolgenden bestimmten Artikel zu einem Wort:

a + o	ao	de + o	do	em + o	no	por + o	pelo
a + a	à	de + a	da	em + a	na	por + a	pela
a + os	aos	de + os	dos	em + os	nos	por + os	pelos
a + as	às	de + as	das	em + as	nas	por + as	pelas

Dás uma gorjeta **ao** porteiro. — Du gibst dem Portier ein Trinkgeld.
Telefonei **às** minhas amigas. — Ich habe meine Freundinnen angerufen.
Recebi uma carta **da** minha tia. — Ich erhielt einen Brief von meiner Tante.
Há muita gente **na** rua. — Es sind viele Leute auf der Straße.
Passei **pelo** centro da cidade. — Ich ging durch das Stadtzentrum.

Das Substantiv (Hauptwort)

Das Geschlecht

Es gibt nur zwei Geschlechter: männlich und weiblich. Die meisten Substantive auf *-o* sind männlich, die auf *-a* weiblich.

o carr**o**	der Wagen
a port**a**	die Tür

Es gibt aber andere Endungen beider Geschlechter und Substantive, die auf *-a* enden und nicht weiblich sind. In diesen Fällen muss man sich das Geschlecht jeweils merken.

o senh**or**	der Herr	**o** restaurant**e**	das Restaurant
a fl**or**	die Blume	**a** carn**e**	das Fleisch
o alem**ão**	der Deutsche	**o** clim**a**	das Klima
a esta**ção**	der Bahnhof	**o** di**a**	der Tag

Bei manchen Substantiven kann die weibliche Form (Femininum) von der männlichen Form gebildet werden. Beispiele: Männliche Substantive auf *-o*; das *-o* wird durch *-a* ersetzt. Bei Substantiven, die auf einen Konsonanten (Mitlaut) enden, wird meist ein *-a* hinzugefügt. Bei einigen Substantiven auf *-ão* entfällt das *-o*.

I. Maskulinum		Femininum	
o amig**o**	der Freund	a amig**a**	die Freundin
o advogad**o**	der Rechtsanwalt	a advogad**a**	die Rechtsanwältin
o pinto**r**	der Maler	a pintor**a**	die Malerin
o portuguê**s**	der Portugiese	a portugues**a**	die Portugiesin
o alem**ão**	der Deutsche	a alem**ã**	die Deutsche
o irm**ão**	der Bruder	a irm**ã**	die Schwester

Der Plural (Mehrzahl)

Der Plural wird allgemein durch Anhängen eines *-s* gebildet. Endet jedoch das Substantiv auf *-r*, *-s* oder *-z*, so wird *-es* angehängt.

Singular		Plural	
o mercad**o**	der Markt	os mercado**s**	die Märkte
a dat**a**	das Datum	as data**s**	die Daten
a irm**ã**	die Schwester	as irmã**s**	die Schwestern
a co**r**	die Farbe	as cor**es**	die Farben
o paí**s**	das Land	os país**es**	die Länder
o rapa**z**	der Junge	os rapaz**es**	die Jungen

Die Substantive auf *-ão* bilden den Plural meist auf *-ões*, einige auch auf *-ãos*, *-ães*.

o avi**ão**	das Flugzeug	os avi**ões**	die Flugzeuge
o mel**ão**	die Melone	os mel**ões**	die Melonen
o irm**ão**	der Bruder	os irm**ãos**	die Brüder
o p**ão**	das Brot	os p**ães**	die Brote

Nominativ/Akkusativ/Dativ/Genitiv (Die vier Fälle)

Da das Portugiesische keine Deklination des Substantivs hat, werden die deutschen Fälle entweder durch die Stellung des Substantivs im Satz oder durch Präpositionen gekennzeichnet.

Den vier Fällen des Deutschen entsprechen im Portugiesischen:		
Nominativ Wer? Was?	**O motorista** conduz o carro. Der Chauffeur lenkt den Wagen.	Subjekt vor dem Verb
Akkusativ Wen? Was?	O motorista conduz **o carro.** Der Chauffeur lenkt den Wagen.	Objekt nach dem Verb
Dativ Wem?	Contei a história **a um jornalista.** Ich erzählte die Geschichte einem Journalisten.	Präposition **a** vor dem Objekt
Genitiv Wessen?	Aquela é a casa **do médico.** Das ist das Haus des Arztes.	Präposition **de** vor dem Objekt

Das Adjektiv (Eigenschaftswort)

Das Geschlecht

Die weibliche Form der Adjektive wird in etwa so gebildet wie bei den Substantiven.

Maskulinum	Femininum	
branc**o**	branc**a**	weiß
bonit**o**	bonit**a**	hübsch
portuguê**s**	portugues**a**	portugiesisch
encantado**r**	encantador**a**	bezaubernd
alem**ão**	alem**ã**	deutsch

Sonderformen:

bom	boa	gut
mau	má	schlecht

Der Plural (Mehrzahl)

Bei der Pluralbildung folgen die Adjektive den Regeln für die Substantive.

Singular	Plural	
nov**o**	novo**s**	neu
simpátic**o**	simpático**s**	nett
regula**r**	regular**es**	regelmäßig
feli**z**	feliz**es**	glücklich
alem**ão**	alem**ães**	deutsch

Die Übereinstimmung von Substantiv und Adjektiv

Das Adjektiv richtet sich in Geschlecht und Zahl immer nach dem Substantiv.

um homem alt**o**	ein großer Mann
uma mulher baix**a**	eine kleine Frau
os sapatos nov**os**	die neuen Schuhe
as botas velh**as**	die alten Stiefel
O vinho é car**o**.	Der Wein ist teuer.
A fruta é barat**a**.	Das Obst ist billig.
Os sapatos são car**os**.	Die Schuhe sind teuer.
As sandálias são barat**as**.	Die Sandalen sind billig.

Die Stellung des Adjektivs

Das Adjektiv steht in der Regel nach dem Substantiv.

um artista **português**	ein portugiesischer Künstler
uma cerveja **fresca**	ein frisches Bier
o céu **azul**	der blaue Himmel

Steigerung des Adjektivs und Vergleich

mais ... (do) que	As laranjas são mais baratas (do) que as bananas. Die Orangen sind billiger als die Bananen.
tão ... como	Esta mulher é tão alta como o homem. Diese Frau ist so groß wie der Mann.
menos ... (do) que	A pensão é menos confortável (do) que o hotel. Die Pension ist weniger komfortabel als das Hotel.
o/a mais ... os/as mais ...	Estes figos são os mais saborosos. Diese Feigen sind am schmackhaftesten.
o/a menos os/as menos	Este hotel é o menos confortável. Dieses Hotel ist am wenigsten komfortabel.
... íssimo/a	A carne é caríssima. Das Fleisch ist sehr, sehr teuer.
... íssimos/as	Estes lagos são lindíssimos. Diese Seen sind sehr, sehr schön.

Unregelmäßige Steigerung

bom, boa gut	melhor besser	o/a melhor der/die/das beste	óptimo/-a sehr, sehr gut
mau, má schlecht	pior schlechter	o/a pior der/die/das schlechsteste	péssimo/-a sehr, sehr schlecht
grande groß	maior maior	o/a maior der/die/das größte	máximo/-a sehr, sehr groß

Lisboa é a maior cidade de Portugal. — Lissabon ist die größte Stadt Portugals.
Este bacalhau está óptimo! — Dieser Stockfisch schmeckt super!

Das Adverb (Umstandswort)

- Es gibt ursprüngliche Adverbien: **aqui hoje depressa** hier heute schnell
- und abgeleitete Adverbien, die durch Anhängen von **-mente** an die weibliche Form des Eigenschaftswortes gebildet werden:

Adjektiv		**Adverb**	
Maskulinum	Femininum		
certo	certa	certamente	sicher
	evidente	evidentemente	selbstverständlich
	fácil	facilmente	leicht

Sonderformen:

bom	boa	bem	gut
mau	má	mal	schlecht

Das Verb (Zeitwort)

- Im Allgemeinen wird die 2. Person Plural durch die 3. Person Plural ersetzt. Dem deutschen „ihr" entspricht dabei *vocês.* Die 2. Person Plural wird deshalb in dieser Grammatik nicht aufgeführt. **Vocês** não vão hoje à praia?Geht ihr heute nicht an den Strand?
- Als Höflichkeitsform wird die 3. Person Singular oder Plural verwendet, meist in Verbindung mit *você (vocês), o senhor, a senhora (os senhores, as senhoras)* bzw. mit Titeln oder Namen.
- In Portugal dient *você* als Höflichkeitsform im vertrauten Umgang; *o senhor, a senhora, os senhores, as senhoras* für einen formellen Umgang. **Você** é de Lisboa? Sind Sie aus Lissabon? **O senhor** (a senhora) pode-me Können Sie mir sagen, dizer onde é o correio? wo die Post ist?
- Bei der 3. Person Plural unterscheidt man zwischen einer männlichen oder gemischten Gruppe *(eles)* und einer weiblichen Gruppe *(elas).* **Eles** gostam de cerveja; Sie (m. Pl.) mögen Bier; **elas** não. sie (f.Pl.) nicht.

Das Präsens (Gegenwart)

a) Die Verben ser – estar sein; **ter – haver** haben

	ser	**estar**	**ter**	**haver**
eu	sou	estou	tenho	
tu	és	estás	tens	
você				
ele	é	está	tem	há
ela				
nós	somos	estamos	temos	
vocês				
eles	são	estão	têm	
elas				

- *Ser* bezeichnet wesentliche, andauernde Eigenschaften, wie Geschlecht, Beruf, Verwandtschaft, Staatszugehörigkeit, Religion, Farbe, Form und steht bei Zeitbestimmungen.
- *Estar* bezeichnet einen vorübergehenden Zustand und hat auch oft die Bedeutung „sich befinden".

Os comboios **são** rápidos.	Die Züge sind schnell.
O senhor **é** português?	Sind Sie Portugiese?
Hoje **é** quinta-feira.	Heute ist Donnerstag.
A janela **está** fechada.	Das Fenster ist geschlossen.
O rapaz **está** muito contente.	Der Junge ist sehr froh.
Estamos em Lisboa.	Wir sind in Lissabon.

- *Ter* bedeutet „haben" (= besitzen) und wird auch als Hilfsverb verwendet.
- *Haver* wird im heutigen Sprachgebrauch meistens nur in der 3. Person Singular verwendet, im Sinne von „es gibt".

Tenho aqui cem escudos.	Ich habe hier hundert Escudos.
Temos tempo.	Wir haben Zeit.
Amanhã **há** queijo fresco.	Morgen gibt es frischen Käse.
Hoje não **há** peixe.	Heute gibt es keinen Fisch.

b) Die regelmäßigen Verben

Die Verben werden gemäß ihrer Infinitivendung in drei Gruppen (Konjugationen) eingeteilt.

	-ar	-er	-ir
	fal**ar** sprechen	viv**er** leben	part**ir** abreisen
eu	fal**o**	viv**o**	part**o**
tu	fal**as**	viv**es**	part**es**
você			
ele	fal**a**	viv**e**	part**e**
ela			
nós	fal**amos**	viv**emos**	part**imos**
vocês			
eles	fal**am**	viv**em**	part**em**
elas			

Die wichtigsten Zeiten der Vergangenheit

fal**ar**	viv**er**	part**ir**
fal**ei**	viv**i**	part**i**
fal**aste**	viv**este**	part**iste**
fal**ou**	viv**eu**	part**iu**
fal**ámos**	viv**emos**	part**imos**
fal**aram**	viv**eram**	part**iram**
fal**ava**	viv**ia**	part**ia**
fal**avas**	viv**ias**	part**ias**
fal**ava**	viv**ia**	part**ia**
fal**ávamos**	viv**íamos**	part**íamos**
fal**avam**	viv**iam**	part**iam**

- Das *perfeito simples* (Historisches Perfekt) bezeichnet eine in der Vergangenheit abgeschlossene Handlung.
- Das *imperfeito* (Imperfekt) bezeichnet Handlungen, die in der Vergangenheit andauern oder oftmals wiederholt werden.

O José partiu ontem para o Porto.
José ist gestern nach Porto abgereist.

O meu primo visitou-me uma vez quando eu vivia em Lisboa
Mein Vetter besuchte mich einmal, als ich in Lissabon lebte.

Ele chegava sempre tarde.
Er kam immer spät an.

Die nahe Zukunft

Im gesprochenen Portugiesisch wird die Zukunft sehr häufig durch das unregelmäßige Verb *ir (gehen)* im Präsens + Infinitiv ausgedrückt.

	ir	**Hauptverb** (Infinitiv)	
eu	vou	comprar um postal.	Ich werde eine Postkarte kaufen.
tu	vais	aprender português.	Du wirst Portugiesisch lernen.
você	vai	alugar um carro.	Sie werden ein Auto mieten.
ele	vai	fechar a porta.	Er wird die Tür zumachen.
ela	vai	trocar dinheiro.	Sie wird Geld wechseln.
nós	vamos	dar um passeio.	Wir werden einen Spaziergang machen.
vocês	vão	partir amanhã.	Ihr werdet morgen abfahren.
eles	vão	comer fora.	Sie werden auswärts essen.
elas	vão	dormir cedo.	Sie werden früh schlafen.

Die Verlaufsform

Estar + *a* + Infinitiv bezeichnen eine eben ablaufende Handlung.

Estou a ler o jornal. — Ich lese (gerade) die Zeitung.

Der Ausdruck von „müssen“

Ter de oder *ter que* + Infinitiv dient mangels eines eigenständigen Verbs zum Ausdruck von „müssen“.

Tens que reservar a viagem. — Du musst die Reise buchen.
Temos de pagar a conta. — Wir müssen die Rechnung bezahlen.

Die Verneinung

Não	nein	Quer mais um Porto? – **Não,** obrigado.	Noch einen Portwein? Nein, danke.
Não	nein/ nicht	O senhor fala português? – **Não, não** falo.	Nein (ich spreche nicht).
Não	nicht	Este museu hoje **não** está aberto.	Dieses Museum ist heute nicht geöffnet.
Não	kein	Eu não tenho bilhete	Ich habe keine Eintrittskarte.

Vermerk: *Não* steht immer vor dem Verb.

Wichtige unregelmäßige Verben

Die nachstehende Übersicht enthält nicht die Formen, die regelmäßig gebildet werden oder wenig gebräuchlich sind.

	dar geben	Partizip: dado
Präsens	dou, dás, dá, damos, dão	
Perfeito s.	dei, deste, deu, demos, deram	

I.	**dizer** sagen	Partizip: dito
Präsens	digo, dizes, diz, dizemos, dizem	
Perfeito s.	disse, disseste, disse, dissemos, disseram	
I.	**estar** sein	Partizip: estado
Präsens	estou, estás, está, estamos, estão	
Perfeito s.	estive, estiveste, esteve, estivemos, estiveram	
I.	**fazer** machen	Partizip: feito
Präsens	faço, fazes, faz, fazemos, fazem	
Perfeito s.	fiz, fizeste, fez, fizemos, fizeram	
I.	**ir** gehen, fahren	Partizip: ido
Präsens	vou, vais, vai, vamos, vão	
Perfeito s.	fui, foste, foi, fomos, foram	
I.	**poder** können	Partizip: podido
Präsens	posso, podes, pode, podemos, podem	
Perfeito s.	pude, pudeste, pôde, pudemos, puderam	
I.	**pôr** legen, setzen, stellen	Partizip: posto
Präsens	ponho, pões, põe, pomos, põem	
Perfeito s.	pus, puseste, pôs, pusemos, puseram	
Imperfeito	punha, punhas, punha, púnhamos, punham	
I.	**querer** wollen	Partizip: querido
Präsens	quero, queres, quer, queremos, querem	
Perfeito s.	quis, quiseste, quis, quisemos, quiseram	
I.	**saber** wissen	Partizip: sabido
Präsens	sei, sabes, sabe, sabemos, sabem	
Perfeito s.	soube, soubeste, soube, soubemos, souberam	
I.	**ser** sein	Partizip: sido
Präsens	sou, és, é, somos, são	
Perfeito s.	fui, foste, foi, fomos, foram	
Imperfeito	era, eras, era, éramos, eram	
I.	**ter** haben	Partizip: tido
Präsens	tenho, tens, tem, temos, têm	
Perfeito s.	tive, tiveste, teve, tivemos, tiveram	
Imperfeito	tinha, tinhas, tinha, tínhamos, tinham	
I.	**ver** sehen	Partizip: visto
Präsens	vejo, vês, vê, vemos, vêem	
Perfeito s.	vi, viste, viu, vimos, viram	
I.	**vir** kommen	Partizip: vindo
Präsens	venho, vens, vem, vimos, vêm	
Perfeito s.	vim, vieste, veio, viemos, vieram	
Imperfeito	vinha, vinhas, vinha, vínhamos, vinham	

Siehe auch die Konjugationsmuster ab Seite ■

Die Pronomen (Fürwörter)

Personalpronomen (Persönliche Fürwörter)

Nominativ		Dativ		Akkusativ		nach Präpositionen	
eu	ich	me	mir	me	mich	para mim	für mich
tu	du	te	dir	te	dich	para ti	für dich
você	Sie	lhe	Ihnen	o/a	Sie	para você/si	für Sie
ele	er	lhe	ihm	o	ihn	para ele	für ihn
ela	sie	lhe	ihr	a	sie	para ela	für sie
nós	wir	nos	uns	nos	uns	para nós	für uns
vocês	ihr	lhes	euch	os/as	euch	para vocês	für euch
eles	sie	lhes	ihnen	os	sie	para eles	für sie
elas	sie	lhes	ihnen	as	sie	para elas	für sie

- In Portugal stehen die Objektpronomen nach dem Verb und werden mit diesem durch Bindestrich verbunden.
- In verneinten Sätzen jedoch, nach einem einleitenden Fragewort, in Nebensätzen usw. stehen die Objektpronomen ohne Bindestrich vor dem Verb.

Nós demos-**lhe** um presente. — Wir gaben ihm/ihr ein Geschenk.
Eu vejo-**o** todos os dias. — Ich sehe ihn jeden Tag.
Ele não **me** deu o troco. — Er gab mir das Wechselgeld nicht.
Quanto dinheiro **te** devo? — Wie viel Geld schulde ich dir?
Eu acho que **o** vou ver. — Ich glaube, dass ich ihn sehen werde.

Possessivpronomen (Besitzanzeigende Fürwörter)

Besitz Besitzer	Singular m	 f	Plural m	 f	
eu	meu	minha	meus	minhas	mein(e)
tu	teu	tua	teus	tuas	dein(e)
você	seu	sua	seus	suas	Ihr(e)
ele	seu (dele)	sua (dele)	seus (dele)	suas (dele)	sein(e)
ela	seu (dela)	sua (dela)	seus (dela)	suas (dela)	ihr(e)
nós	nosso	nossa	nossos	nossas	unser(e)
vós	vosso	vossa	vossos	vossas	Ihr(e)
vocês	seu	sua	seus	suas	euer(e)
eles	seu (deles)	sua (deles)	seus (deles)	suas (deles)	ihr(e)
elas	seu (delas)	sua (delas)	seus (delas)	suas (delas)	ihr(e)

- Im Gegensatz zur deutschen Sprache richtet sich das Geschlecht der Possessivpronomen nach dem Besitz, nicht nach dem Besitzer.
- Die Possessivpronomen werden mit dem entsprechenden bestimmten Artikel verwendet.
- Da die Formen *seu, sua, seus, suas* auch bei der Anrede gebraucht werden, ist es üblich – um Missverständnisse zu vermeiden – die verschmolzenen Formen *dele, dela, deles, delas* zu benützen, wenn es nicht um die Anrede geht.

A minha mala é pesada. — Mein Koffer ist schwer.

O nosso hotel é longe daqui.	Unser Hotel ist weit von hier.
A sua irmã vive em São Paulo?	Lebt Ihre Schwester in São Paulo?
Onde está **o meu** bilhete?	Wo ist meine Eintrittskarte?
Conhecemos a mulher **dele**.	Wir kennen seine Frau.
Sabes qual é o carro **delas**?	Weißt du, welches ihr Auto ist?

Relativpronomen (Bezügliche Fürwörter)

- *Que* (der, die, das, welcher, welche, welches) ist das meistgebrauchte Relativpronomen. Es ist unveränderlich und kann sich sowohl auf Personen als auch auf Dinge beziehen.

A pessoa que telefonou não Die Person, die anrief, hinterließ keine deixou recado. Nachricht.
Gosto dos sapatos que Ich mag die Schuhe, die du gekauft hast. compraste.

Die Fragewörter

Wer?	**Quem** fala	Wer spricht?
Wen?	**Quem** encontraram?	Wen haben Sie getroffen?
Wem?	**A quem** escreves?	Wem schreibst du?
Von wem?	**De quem** estão a falar?	Von wem sprechen Sie?
Was?	**(O) que** estás a fazer? **(O) que** é isto?	Was machst du? Was ist das?
Welche/r/s?	**Qual** é o seu hotel? **Quais** livros compra?	Welches ist Ihr Hotel? Welche Bücher kaufen Sie?
Wie viel?	**Quanto** custa o melão?	Wie viel kostet die Melone?
quanto/-a/-os/-as	**Quantas** malas tens?	Wie viele Koffer hast du?
Wo?	**Onde** é a estação?	Wo ist der Bahnhof?
Woher?	**Donde** vem o senhor?	Woher kommen Sie?
Wohin?	**Aonde** vamos?	Wohin gehen wir?
Wohin?	**Para onde** vai este metro?	Wohin fährt diese U-Bahn?
Wie?	**Como** se chama?	Wie heißen Sie?
Warum?	**Porque** vens tão tarde?	Warum kommst du so spät?
Wann?	**Quando** chega o avião?	Wann kommt die Maschine an?

Brasilianische Kurzgrammatik
Gramática sucinta da língua brasileira

1. Verb (Verbo)

- Das Brasilianische kennt 3 Grundparadigmen zur Konjugation: Verben, die auf -ar, -er und -ir enden und regelmäßig konjugiert werden. Daneben gibt es eine Reihe von unregelmäßigen Verben; eine Auswahl von ihnen ist im Anhang zu finden.
- Das Konjugationssystem des Brasilianischen macht den Gebrauch der Personalpronomen überflüssig.

Präsens (Presente)	**mandar schicken**	**entender verstehen**	**abrir öffnen**
1. eu	mando	entendo	abro
2. tu	mandas	entende	abres
3. ele/ela/você/o senhor/a senhora	manda	entende	abre
4. nós	mandamos	entendemos	abrimos
vós (die 2. Person Plural ist ungebräuchlich			
5. eles/elas/vocês/ os senhores/as senhoras	mandam	entendem	abrem
Partizip (Particípio)	mandado	entendido	aberto
Gerundium (Gerúndio)	mandando	entendendo	abrindo

Imperativ (Imperativo)

tu	manda	entende	abre
ele etc.	mande	entenda	abra
nós	mandemos	entendamos	abramos
eles etc.	mandem	entendam	abram

Futur (Futuro)

1. mandarei	entenderei	abrirei
2. mandarás	entenderás	abrirás
3. mandará	entenderá	abrirá
4. mandaremos	entenderemos	abriremos
5. mandarão	entenderão	abrirão

Konditional (Futuro do Pretérito)

1. mandaria	entenderia	abriria
2. mandarias	entenderias	abririas
3. mandaria	entenderia	abriria
4. mandaríamos	entenderíamos	abriríamos
5. mandariam	entenderiam	abririam

Perfekt (Pretérito Perfeito)

1. mandei	entendi	abri
2. mandaste	entendeste	abriste
3. mandou	entendeu	abriu
4. mandamos	entendemos	abrimos
5. mandaram	entenderam	abriram

Imperfekt (Pretérito Imperfeito)

1. mandava	entendia	abria
2. mandavas	entendias	abrias
3. mandava	entendia	abria
4. mandávamos	entendíamos	abríamos
5. mandavam	entendiam	abriam

Konjunktiv (Subjuntivo)

1. mande	entenda	abra
2. mandes	entendas	abras
3. mande	entenda	abra
4. mandemos	entendamos	abramos
5. mandem	entendam	abram

Konjunktiv Futur (Futuro do Subjuntivo)

1. mandar	entender	abrir
2. mandares	entenderes	abrires
3. mandar	entender	abrir
4. mandarmos	entendermos	abrirmos
5. mandarem	entenderem	abrirem

Konjunktiv Imperfekt (Imperfeito do Subjuntivo)

1. mandasse	entendesse	abrisse
2. mandasses	entendesses	abrisses
3. mandasse	entendesse	abrisse
4. mandássemos	entendêssemos	abríssemos
5. mandassem	entendessem	abrissem

Daneben kennt das Brasilianische den persönlichen Infinitiv
(Infinitivo Pessoal)

1. mandar	entender	abrir
2. mandares	entenderes	abrires
3. mandar	entender	abrir
4. mandarmos	entendermos	abrirmos
5. mandarem	entenderem	abrirem

- Der persönliche Infinitiv findet zumeist dann Anwendung, wenn Unsicherheit darüber bestehen könnte, worauf sich eine Infinitivkonstruktion im Satz bezieht, oder wenn der Gebrauch des Konjunktiv im Nebensatz vermieden werden soll bzw. wenn großer Wert auf die Eindeutigkeit der Aussage gelegt wird. Beispiel:

  Seria bom fazer o trabalho. (Es wäre gut, wenn die Arbeit getan würde.)
  Seria bom fazeres o trabalho. (Es wäre gut, wenn du die Arbeit machtest.)

- Hinweis: Im Falle der regelmäßig konjugierten Verben sind die Formen des Konjunktiv Futur mit denen des persönlichen Infinitiv identisch.

2. Substantiv (Substantivo)

Hinweis: Im Brasilianischen gibt es lediglich die Unterscheidung der Substantive nach den Genera maskulin oder feminin. Der Genus ist am Artikel erkennbar:

	maskulin	**feminin**
bestimmt	o homem	a mulher
unbestimmt	um homem	uma mulher

Femininbildung:	**Erklärung**	**Beispiel**
Substantive auf -o	Ersetzung durch -a	o amigo – a amiga
Substantive auf -l, -r, -s, -z	Anhängen der Femininendung -a	o espanhol – a espanhola doutor – doutora o português – a portuguesa o juiz – a juíza
Besonderheiten:	Wörter auf -or können feminin auf -eira oder -triz bilden	o lavadora – lavadeirao imperador – a imperatriz
Wörter auf nasale Diphtonge	-ão wird: -ã -oa -ona	o irmão – a irmã o patrão – a patroa o solteirão – a solteirona
unveränderliche auf: z.B. -ista, -ante, -ente, -inte	Maskulin und Feminin nur durch Artikel unterscheidbar	o turista – a turista o estudante – a estudante o cliente – a cliente o pedinte – a pedinte

- Substantive mit der Endung **o** oder **or** (Singular), **os** (Plural) sind männlich; Substantive mit der Endung **a** (Singular) bzw. **as** (Plural) sind weiblich. Nur bei Abweichungen von dieser Regel und bei anderen Endungen wird das Geschlecht der Substantive durch den Artikel angegeben.
- Die brasilianische Sprache verfügt über kein Kasussystem. Eine rigorose Satzgliedfolge und Präpositionen übernehmen die Funktion, die in anderen Sprachen Kasusendungen erfüllen: Subjekt (entspricht Nominativ) – Prädikat – Objekt (direktes Objekt: ohne Präposition entspricht Akkusativ; indirektes Objekt: mit Präposition a entspricht Dativ).

3. **Adjektiv** (Adjetivo)

- Das Adjektiv entspricht in Genus und Numerus dem Substantiv, welches es näher bezeichnet: o carro novo – a casa nova, o homem alemão – a mulher alemã.
- Die Bildung der femininen Formen erfolgt nach gleichen Regeln wie beim Substantiv.
- Im Regelfall stehen die Adjektive hinter dem Substantiv; aus Gründen der Hervorhebung können sie auch vorangestellt werden.

Steigerung der Adjektive:

Phänomen	Überlegenheit	Unterlegenheit
• Komparativ:	mais mais caro (teurer)	menos menos caro (billiger)
• relativer Superlativ:	o/os, a/as + mais o mais velho dos irmãos (der älteste der Brüder)	o/os, a/as + menos as menos afetadas das árvores (die am wenigsten betroffenen Bäume)
• absoluter Superlativ: gebildet aus Adjektiv ohne Endung + íssimo/íssima: caro – caríssimo, nova – novíssima		
Sonderformen:	grande – superior	pequeno – inferior
	bom – melhor	mau – pior
• Vergleichskonstruktionen:	A é mais caro (do) que B (A ist teurer als B)	A é menos caro (do) que B (A ist billiger als B)
– Konstruktionen mit tão + Adjektiv:	A é tão caro como B (A ist genauso teuer wie B)	
– Konstruktion mit tanto + Substantiv (tanto stimmt in Genus und Numerus mit dem Substantiv überein)	Aqui há tanta gente como ali (Hier sind genauso viele Leute wie dort)	
– tanto als unveränderliches Adverb:	A come tanto como B (A isst genauso viel wie B) Gosto tanto deste carro como daquele (Dieses Auto gefällt mir genauso wie jenes)	

4. **Pluralbildung** (Formação do Plural)

Die Pluralbildung erfolgt grundsätzlich durch Anhängen des -s.

Je nach Wortauslaut sind Besonderheiten zu beachten:

Phänomen	Singular	Plural
• vokalische Endung:	carro Auto	carros
– Substantive	casa Haus pai Vater irmã Schwester	casas pais irmãs
– Adjektive	mau schlecht alemã Deutsche	maus alemãs

Phänomen	Singular	Plural
– Possessivpronomen:	meu mein	meus
• konsonantische Endung -r, -s, -z erhält -es als Pluralbildung	doutor Doktor português Portugiese capaz fähig	doutores portugueses capazes
• Wörter auf -m bilden -ns	viagem Reise algum einiges bom gut	viagens alguns bons
• Wörter auf -l: -is (-l- fällt aus, aber die durch -l- bedingte Vokalöffnung bleibt erhalten, was bei betontem -e- und -o- durch Akzent kenntlich gemacht werden muss)		
-al	casal Ehepaar pardal Spatz	casais pardais
-el	papel Papier	papéis
aber:	móvel Möbel	móveis
-ol	anzol Angel espanhol Spanier	anzóis espanhóis
-ul	azul blau	azuis
aber -il endbetont: -s nicht endbetont: -eis	fusil Gewehr civil zivil réptil Reptil útil nützlich	fusis civis répteis úteis
• Nasaldiphtong -ão: kann drei verschiedene Pluralformen bilden (-ões, -ães, -ãos)		
wichtigste Gruppe:	tensão Spannung	tensões
-ões	brincalhão Spaßvogel união Vereinigung	brincalhões uniões
-ães	pão Brot alemão deutsch	pães alemães
-ãos	mão Hand são gesund	mãos sãos

5. Adverb (Advérbio)

Es gibt:

- ursprüngliche Adverbien, wie z.B. agora jetzt, aqui hier, assim so, bem gut, mal schlecht, muito sehr, sempre immer und
- abgeleitete Adverbien:
  - von der femininen Form des Adjektivs abgeleitet + Endung -mente: aberta – abertamente offen; nova – novamente von neuem
  - Adjektive auf -e, ohne gesonderte Maskulin- und Femininformen: solene – solenemente feierlich
  - Adjektive mit konsonantischer Endung + -mente: difícil – dificilmente kaum (die auf den Adjektiven liegenden und der Betonung dienenden Akzente fallen bei den Adverbformen fort).

6. Personalpronomen (Pronome Pessoal)

Objektpronomen

Subjektpronomen	direktes Objekt	indirektes Objekt	präpositionales Objekt
eu – ich	me – mich	me – mir	mim – mir/mich
tu – du	te – dich	te – dir	ti – dir/dich
ele – er	o – ihn	lhe – ihm	ele – ihm/ihn
ela – sie	a – sie	ihe – ihr	ela – ihr/sie
nós – wir	nos – uns	nos – uns	nós – uns
vós (ungebr.)	vos – euch	vos – euch	vós (ungebr.)
eles – sie	os – sie	lhes – ihnen	eles – ihnen/sie
elas – sie	as – sie	lhes – ihnen	elas – ihnen/sie
se – sich		si – sich	

Reflexivpronomen: se – sich, si – sich

- Das Reflexivpronomen se wird auch benutzt, um das unpersönliche „man" auszudrücken: fala-se alemão (man spricht deutsch).¾hlung12
- Die unbetonten, vokalischen Pronomen des direkten Objekts bilden mit den unbetonten Pronomen des indirekten Objekts Kontraktionsformen:

me + o = mo	me + a = ma	me + os = mos	me + as = mas
te + o = to	te + a = ta	te + os = tos	te + as = tas
lhe + o = lho	lhe + a = lha	lhe + os = lhos	lhe + as = lhas
nos + o = no-lo	nos + a = no-la	nos + os = no-los	nos + as = no-las
vos + o = vo-lo	vos + a = vo-la	vos + os = vo-los	vos + as = vo-las
lhes + o = lho	lhes + a = lha	lhes + os = lhos	lhes + as = lhas

- Die unbetonten, vokalischen Objektpronomen bilden in Verbindung mit bestimmten Verbformen Sonderformen:
  - Verbformen mit der Endung auf -r, -s oder -z binden das unbetonte, vokalische Objektpronomen in der Form -lo, -la, -los, -las, wobei -r, -s bzw. -z ausfallen: fazer + o = fazê-lo, fazemos + o = fazemo-lo, faz + o = fá-lo (Anmerkung: zur Erhaltung der Vokalqualität erhalten die betonten Vokale am Wortende den entsprechenden Akzent, ^ für geschlossenes e und ´ für offenes a.
  - Verben mit nasalem Laut ziehen den Nasallaut durch Einschub eines n zum angehängten vokalischen Objektpronomen herüber: contam + o = contam-no, fazem + o = fazem-no, dão + o = dão-no.
- Einige der betonten, nach Präpositionen stehenden Objektpronomen können gemeinsam mit der Präposition com Kontraktionsformen bilden: com + mim = comigo, com + ti = contigo, com + nós = conosco, com + vós = convosco, com + si = consigo.
- Stellung der Objektpronomen: Im bejahten Aussagesatz stehen die Objektpronomen nach dem Verb. Vor dem Verb stehen sie:
  - In Fragesätzen: como te sentes? (sinto-me bem) wie geht es dir? (mir geht es gut)
  - bei der Verneinung: não me sinto bem. es geht mir nicht gut
  - nach bestimmten Adverbien: ainda noch, já schon, sempre immer, talvez vielleicht u.a.
  - in Nebensätzen: dizes que te sentes bem. du sagst, dass es dir gut geht
  - nach Indefinitpronomen: alguém irgendeiner, cada jeder, tudo alle etc.

7. Anrede (Pronome de Tratamento)

Die wichtigsten Anredeformen im Brasilianischen sind: tu du, você du/Sie, o senhor/a senhora Herr/Frau:

- você
  - eine Möglichkeit, die höfliche Anrede Sie auszudrücken
  - wird nur von Personen desselben sozialen Standes und gleichen Alters verwendet
  - findet auch Anwendung innerhalb einer Hierarchie, vom Vorgesetzten zum Untergebenen, niemals umgekehrt
  - in Brasilien stellt você, zusammen mit der 3. Person Singular des Verbs, die vertrauliche Du-Form dar
- vocês
  - die Pluralform + 3. Person Plural des Verbs – wird an Stelle der 2. Person Plural (vós) als vertrauliches Ihr gebraucht
- o senhor/a senhora
  - stellt die korrekte, höfliche Anrede – Sie – unter Personen, die einander nicht kennen oder sonst respektvollen Umgang miteinander pflegen. Titel werden der Anredeform nachgestellt: O senhor doutor (kurz: o sr. Dr.)
- Dona
  - wird häufig als höfliche Anrede einer Frau benutzt, die der Sprecher mit Namen kennt: a Dona (kurz: a. D.) + Vorname oder auch Vor- und Zuname.
- a senhorita
  - lautet die übliche Anrede, die dem deutschem „Fräulein" entspricht (zumeist gefolgt vom Vornamen).

8. Präposition (Preposição)

- Zur Besonderheit einiger Präpositionen (a, de, em, por) gehört, dass sie mit folgenden Wörtern (Artikel, Personal- oder Demonstrativpronomen) Kontraktionsformen bilden können:
  - a + Artikel: a + a/as = à/às, a + o/os = ao/aos de + Artikel: de + a/as = da/das, de + o/os = do/dos em + Artikel: em + a/as = na/nas, em + o/os = no/nos por + Artikel: por + a/as = pela/pelas, por + o/os = pelo/pelos
  - de bzw. em + vokalisch anlautende Personalpronomen der 3. Person: – de + ele(s) = dele(s), de + ela(s) = dela(s) – em + ele(s) = nele(s), em + ela(s) = nela(s)
  - de bzw. em + Demonstrativpronomen: – de + este(s) = deste(s), em + este(s) = neste(s) etc. – de + aquela(s) = daquela(s), em + aquela(s) = naquela(s) etc.
  - a + auf a anlautendes Demonstrativpronomen: a + aquele = àquele

9. Demonstrativpronomen (Pronome Demonstrativo)

maskulin	feminin	unveränderlich
este/estes	esta/estas isto	dies(e, er, es) (direkt beim Sprecher)
esse/esses	essa/essas isso	dies(e, er, es) (unweit vom Sprecher)
aquele/aqueles	aquela/aquelas/aquilo	jene(r, s)

(Anmerkung: die unveränderlichen Demonstrativpronomen könnte man als neutral bezeichnen; sie weisen eher auf abstrakte Dinge oder Sachverhalte hin. Konkrete Dinge werden mit Hilfe des maskulinen oder femininen Demonstrativpronomens ausgedrückt.)

10. Possessivpronomen bzw. –adjektiv (Pronome/Adjetivo Possessivo)

maskulin	feminin	
meu/meus	minha/minhas	mein(e)
teu/teus	tua/tuas	dein(e)
seu/seus	sua/suas	sein(e)/ihr(e)
nosso/nossos	nossa/nossas	unser(e)
vosso/vossos	vossa/vossas	euer(e)
seu/seus	sua/suas	ihr(e)

Das Possessivpronomen bzw. -adjektiv stimmt in Genus und Numerus mit dem Nomen überein, dessen „Besitz" angezeigt werden soll. Dem Possessivadjektiv wird in der Regel der entsprechende Artikel vorangestellt: o meu pai mein Vater, as tuas calças deine Hosen etc.

11. Relativpronomen (Pronome Relativo)

veränderlich

maskulin	feminin	
o qual/os quais	a qual/as quais	welche/r, s)/der, die, das
cujo/cujos	cuja/cujas	dessen/deren

Die jeweilige Form von cujo richtet sich in Genus und Numerus nach dem Satzglied, das auf cujo folgt: é o pai cuja filha ganhou (das ist der Vater, dessen Tochter gewann).

unveränderlich

que	was/der, die, das/welche(r, s)
o que	was, welche(r, s) (wird als bezugsloses Pronomen bezeichnet, weil es ganze, nicht mit einem Wort fassbare Sinnzusammenhänge zum Ausdruck bringt: contaram-lhe toda a história, o que não achei bom – sie erzählten ihm die ganze Geschichte, was mir überhaupt nicht gefiel
onde	– wo
quem	– wer/der, die, das (nur auf Personen bezogen)

Die Relativpronomen können mit einer vorangestellten Präposition auftreten, die Bestandteil der Rektion des Verbs des Nebensatzes ist: a mulher de quem gosta – die Frau, die ihm gefällt etc.

12. Interrogativpronomen (Pronome Interrogativo)

que	was (mehr Nachdruck: o que; als allein stehende Frage: o quê?)
quem	wer (als direktes Objekt: wen; a quem – als indirektes Objekt: wem)
qual	welche(r, s) (Plural: quais)
quanto	wie viel (quanta, quantos, quantas)

weitere Fragewörter:

por que – warum (allein stehend: por quê?)
para que – wofür, weshalb, wozu
como – wie
quando – wann
onde – wo
aonde – wohin
donde – woher

13. Indefinitpronomen (Pronome Indefinito)

veränderlich

maskulin/feminin		Plural
algum/alguma	irgendein(e, er, es), etwas	alguns/algumas – einige
nenhum/nenhuma	keinerlei, kein(e, er, es)	nenhuns/nenhumas – keine
todo/toda	ganze(r, s)	todos/todas – alle
outro/outra	andere(r, s)	outros/outras – andere
muito/muita	viel	muitos/muitas – viele
pouco/pouca	wenig	poucos/poucas – wenige
certo/certa	gewisse(r, s)	certos/certas – gewisse
vário/vária	verschiedene(r, s)	vários/várias – verschiedene
tanto/tanta	so viel	tantos/tantas – so viele
quanto/quanta	wie viel	quantos/quantas – wie viele
qualquer	irgendein(e, er, es)	quaisquer – irgendwelche

unveränderlich

alguém – jemand
ninguém – niemand
tudo – alles
outrem – jemand anderes
nada – nichts
cada – jeder
algo – etwas

14. Syntax (Sintaxe)

1. Der Aussagesatz

Im bejahten Aussagesatz gilt folgende Regel für die Satzgliedfolge: Subjekt – Prädikat – Objekt (und ggf. adverbiale Bestimmungen, die vor oder nach S-P-O stehen):

(adv. B.)	Subjekt	Prädikat	Objekte	(adv. B.)
	a mulher	escreve	uma carta	

(die Frau schreibt einen Brief)

- Aussagesatz mit zwei Objektiven – direktes und indirektes Objekt (im Deutschen Dativ- und Akkusativobjekt):

  a mulher escreve uma carta ao marido
  (die Frau schreibt ihrem Mann einen Brief)

  (im Brasilianischen steht das direkte(!) Objekt direkt beim Verb, im Gegensatz zum indirekten Objekt)

- adverbiale Bestimmungen:

  hoje, a mulher escreve uma carta (oder:)
  a mulher escreveu a carta ontem

Abweichungen vom Grundmuster:

- Will man eine Person oder einen Sachverhalt besonders hervorheben, kann dies zur Umstellung der Satzglieder innerhalb des Satzes führen:

  a carta, escreve-a a mulher
  (etwa: den Brief, den schreibt die Frau)

- Verneinung:
  die Verneinungspartikel não steht vor dem Verb:

  a mulher não escreve a carta

2. Der Fragesatz

- Entscheidungsfragen: Durch veränderte Intonation kann ein Aussagesatz in eine Frage verändert werden:

  a mulher escreve uma carta? (oder:)
  a mulher escreve a carta hoje?

- bei Fragen, die mit Fragewort eingeleitet werden, findet eine Inversion statt:

  quando escreve a mulher?

  Durch Einschub der Wendung „é que“ kann in diesen Fällen auf die Inversion verzichtet werden:

  quando é que a mulher escreve a carta?

Unregelmäßige Verben (Verbos Irregulares)

Einige Hilfsverben (Alguns Verbos Auxiliares)

Estar – sein

Presente	estou, estás, está, estamos, estais, estão
Pretérito Perfeito	estive, estiveste, esteve, estivemos, estivestes, estiveram
Subjuntivo	esteja, estejas, esteja, estajamos, estejais, estejam
Futuro do Subjuntivo	estiver, estiveres, estiver, estivermos, estiverdes, estiverem
Imperfeito do Subjuntivo	estivesse, estivesses, estivesse, estivéssemos, estivésseis, estivessem

Haver

Presente	hei, hás, há, havemos, haveis, hão
Pretérito Perfeito	houve, houveste, houve, houvemos, houvestes, houveram
Subjuntivo	haja, hajas, haja, hajamos, hajais, hajam
Futuro do Subjuntivo	houver, houveres, houver, houvermos, houverdes, houverem
Imperfeito do Subjuntivo	houvesse, houvesses, houvesse, houvéssemos, houvésseis, houvessem

Ser

Presente	sou, és, é, somos, sois, são
Pretérito Perfeito	fui, foste, foi, fomos, fostes, foram
Subjuntivo	seja, sejas, seja, sejamos, sejais, sejam
Futuro do Subjuntivo	for, fores, for, formos, fordes, forem
Imperfeito do Subjuntivo	fosse, fosses, fosse, fôssemos, fôsseis, fossem

Ter

Presente	tenho, tens, tem, temos, tendes, têm
Pretérito Perfeito	tive, tiveste, teve, tivemos, tivestes, tiveram
Subjuntivo	tenha, tenhas, tenha, tenhamos, tenhais, tenham
Futuro do Subjuntivo	tiver, tiveres, tiver, tivermos, tiverdes, tiverem
Imperfeito do Subjuntivo	tivesse, tivesses, tivesse, tivéssemos, tivésseis, tivessem

Ir + Infinitiv

In Brasilien überwiegt in der Umgangssprache die periphrastische Konstruktion von ir + Infinitiv. Sie dient zum Ausdruck des Futurs und im Alltag fast immer der *unmittelbar auszuführenden* Absicht. So mancher Gringo hat sich mit diesem Hilfsverb während seines Brasilienaufenthalts sprachlich elegant durchgeschlagen:

eu vou visitar o meu amigo	– Ich werde meinen Freund besuchen.
ele/ela vai assistir televisão	– Er/sie wird fernsehen.
nós vamos beber uma cerveja	– Wir werden ein Bier trinken.
eles/elas vão tomar um banho	– Sie werden baden.

Ir

Presente	vou, vais, vai, vamos, ides, vão
Pretérito Perfeito	fui, foste, foi, fomos, fostes, foram
Subjuntivo	vá, vás, vá, vamos, vades, vão
Futuro do Subjuntivo	for, fores ...
Imperfeito do Subjuntivo	fosse, fosses, fosse, fôssemos, fôsseis, fossem

Die regelmäßigen und unregelmäßigen portugiesischen Verben
Os verbos portugueses regulares e irregulares

Folgende Abkürzungen werden in der Verbtabelle verwendet:

fut. conj.	futuro do conjuntivo *
cond./fut. pret.	*portugal:* condicional; *brasil:* futuro do pretérito
imp. conj.	imperfeito do conjuntivo
imper. afirm.	imperativo afirmativo
inf. pess.	infinitivo pessoal
m.-q.-perf.	mais-que-perfeito
pres. conj.	presente do conjuntivo*
pret. imp.	pretério imperfeito do indicativo
pret. perf.	pretérito perfeito do indicativo

* *brasil:* subjuntivo

Die Personalpronomen

falo	1. Person singular	**eu**
falas	2. Person singular	**tu**
fala	3. Person singular	**ele, ela, você, o senhor, a senhora**
falamos	1. Person plural	**nós**
falam	2./3. Person plural	**eles, elas, vocês, os senhores, as senhoras**

Die Form **vós** für die zweite Person plural wird im Portugiesischen von heute nicht verwendet. Die gebräuchliche Pluralform von **tu** lautet **vocês**.

Die regelmäßigen Verben auf *-ar, -er* und *-ir*

falar

presente	pret. imp.	pret. perf.	m.-q.-perf.	futuro	
falo	falava	falei	falara	falarei	**gerúndio**
falas	falavas	falaste	falaras	falarás	falando
fala	falava	falou	falara	falará	
falamos	falávamos	falámos *	faláramos	falaremos	**particípio**
falam	falavam	falaram	falaram	falarão	falado

cond./ fut. pret.	pres. conj.	imp. conj.	fut. conj.	imper. afirm.	inf. pess.
falaria	fale	falasse	falar		falar
falarias	fales	falasses	falares	fala	falares
falaria	fale	falasse	falar	fale	falar
falaríamos	falemos	falássemos	falarmos	falemos	falarmos
falariam	falem	falassem	falarem	falem	falarem

* *brasil:* falamos

vender

presente	pret. imp.	pret. perf.	m.-q.-perf.	futuro	
vendo	vendia	vendi	vendera	venderei	**gerúndio**
vendes	vendias	vendeste	venderas	venderás	vendendo
vende	vendia	vendeu	vendera	venderá	
vendemos	vendíamos	vendemos	vendêramos	venderemos	**particípio**
vendem	vendiam	venderam	venderam	venderão	vendido

cond./ fut. pret.	pres. conj.	imp. conj.	fut. conj.	imper. afirm.	inf. pess.
venderia	venda	vendesse	vender		vender
venderias	vendas	vendesses	venderes	vende	venderes
venderia	venda	vendesse	vender	venda	vender
venderíamos	vendamos	vendêssemos	vendermos	vendamos	vendermos
venderiam	vendam	vendessem	venderem	vendam	venderem

partir

presente	pret. imp.	pret. perf.	m.-q.-perf.	futuro	
parto	partia	parti	partira	partirei	**gerúndio**
partes	partias	partiste	partiras	partirás	partindo
parte	partia	partiu	partira	partirá	
partimos	partíamos	partimos	partíramos	partiremos	**particípio**
partem	partiam	partiram	partiram	partirão	partido

cond./ fut. pret.	pres. conj.	imp. conj.	fut. conj.	imper. afirm.	inf. pess.
partiria	parta	partisse	partir		partir
partirias	partas	partisses	partires	parte	partires
partiria	parta	partisse	partir	parta	partir
partiríamos	partamos	partíssemos	partirmos	partamos	partirmos
partiriam	partam	partissem	partirem	partam	partirem

Die regelmäßigen Verben auf *-air*

sair

presente	pret. imp.	pret. perf.	m.-q.-perf.	futuro	
saio	saía	saí	saíra	sairei	**gerúndio**
sais	saías	saíste	saíras	sairás	saindo
sai	saía	saiu	saíra	sairá	
saímos	saíamos	saímos	saíramos	sairemos	**particípio**
saem	saíam	saíram	saíram	sairão	saído

cond./ fut. pret.	pres. conj.	imp. conj.	fut. conj.	imper. afirm.	inf. pess.
sairia	saia	saísse	sair		sair
sairias	saias	saísses	saíres	sai	saíres
sairia	saia	saísse	sair	saia	sair
sairíamos	saiamos	saíssemos	sairmos	saiamos	sairmos
sairiam	saiam	saíssem	saírem	saiam	saírem

Die regelmäßigen Verben auf *-ear*

passear

presente	pret. imp.	pret. perf.	m.-q.-perf.	futuro	
passeio	passeava	passeei	passeara	passearei	**gerúndio**
passeias	passeavas	passeaste	passearas	passearás	passeando
passeia	passeava	passeou	passeara	passeará	
passeamos	passeávamos	passeámos	passeáramos	passearemos	**particípio**
passeiam	passeavam	passearam	passearam	passearão	passeado

cond./ fut. pret.	pres. conj.	imp. conj.	fut. conj.	imper. afirm.	inf. pess.
passearia	passeie	passeasse	passear		passear
passearias	passeies	passeasses	passeares	passeia	passeares
passearia	passeie	passeasse	passear	passeie	passear
passearíamos	passeemos	passeássemos	passearmos	passeemos	passearmos
passearão	passeiem	passeassem	passearem	passeiem	passearem

Die regelmäßige Verben auf *-oar*

voar

presente
voo*
voas
voa
voamos
voam

* *brasil:* vôo

Die regelmäßigen Verben auf *-oer*

doer

presente	pret. imp.	pret. perf.	m.-q.-perf.	futuro	
					gerúndio
					doendo
dói	doía	doeu	doera	doerá	
					particípio
doem	doíam	doeram	doeram	doerão	doído

cond./ fut. pret.	pres. conj.	imp. conj.	fut. conj.	inf. pess.
doeria	doa	doesse	doer	doer
doeriam	doam	doessem	doerem	doerem

roer

presente	pret. imp.	pret. perf.	m.-q.-perf.	futuro	
rôo	roía	roí	roera	roerei	**gerúndio**
róis	roías	roeste	roeras	roerás	roendo
rói	roía	roeu	roera	roerá	
roemos	roíamos	roemos	roêramos	roeremos	**particípio**
roem	roíam	roeram	roeram	roerão	roído

cond./ fut. pret.	pres. conj.	imp. conj.	fut. conj.	imper. afirm.	inf. pess.
roeria	roa	roesse	roer		roer
roerias	roas	roesses	roeres	rói	roeres
roeria	roa	roesse	roer	roa	roer
roeríamos	roamos	roêssemos	roermos	roamos	roermos
roerão	roam	roessem	roerem	roam	roerem

Die regelmäßigen Verben auf *-uar*

averiguar

pret. perf.	pres. conj.	imper. afirm.
averiguei	averigúe	
averiguaste	averigúes	averigua
averiguou	averigúe	averigúe
averiguámos*	averiguemos	averiguemos
averiguaram	averigúem	averigúem

* *brasil:* averiguamos

Die regelmäßigen Verben auf *-uir*

incluir

presente	pret. imp.	pret. perf.	m.-q.-perf.	futuro	
incluo	incluía	incluí	incluíra	incluirei	**gerúndio**
incluis	incluías	incluíste	incluíras	incluirás	incluindo
inclui	incluía	incluiu	incluíra	incluirá	
incluímos	incluíamos	incluímos	incluíramos	incluiremos	**particípio**
incluem	incluíam	incluíram	incluíram	incluirão	incluído

cond./ fut. pret.	pres. conj.	imp. conj.	fut. conj.	imper. afirm.	inf. pess.
incluiria	inclua	incluísse	incluir		incluir
incuirias	incluas	incluísses	incluíres	inclui	incluíres
incluiria	inclua	incluísse	incluir	inclua	incluir
incluiríamos	incluamos	incluíssemos	incluirmos	incluamos	incluirmos
incluiriam	incluam	incluíssem	incluírem	incluam	incluírem

Verben mit orthographischen Abweichungen

<c → qu> ficar

pret. perf.	pres. conj.	imper. afirm.
fi**qu**ei	fi**qu**e	
ficaste	fi**qu**es	fica
ficou	fi**qu**e	fi**qu**e
ficámos*	fi**qu**emos	fi**qu**emos
ficaram	fi**qu**em	fi**qu**em

brasil: ficamos

<c → ç> agradecer

presente	pres. conj.	imp. afirm.
agrade**ç**o	agrade**ç**a	
agradeces	agrade**ç**as	agradece
agradece	agrade**ç**a	agrade**ç**a
agradecemos	agrade**ç**amos	agrade**ç**amos
agradecem	agrade**ç**am	agrade**ç**am

<ç → c> dançar

pret. perf.	pres. conj.	imp. afirm.
dan**c**ei	dan**c**e	
dançaste	dan**c**es	dança
dançou	dan**c**e	dan**c**e
dançámos*	dan**c**emos	dan**c**emos
dançaram	dan**c**em	dan**c**em

* *brasil:* dançamos

<g → j> corrigir

presente	pres. conj.	imper. afirm.
corri**j**o	corri**j**a	
corriges	corri**j**as	corrige
corrige	corri**j**a	corri**j**a
corrigimos	corri**j**amos	corri**j**amos
corrigem	corri**j**am	corri**j**am

<g → gu> alugar

pret. perf.	pres. conj.	imper. afirm.
alu**gu**ei	alu**gu**e	
alugaste	alu**gu**es	aluga
alugou	alu**gu**e	alu**gu**e
alugámos*	alu**gu**emos	alu**gu**emos
alugaram	alu**gu**em	alu**gu**em

* *brasil:* alugamos

<i → í> proibir

presente	pres. conj.	imper. afirm.
pro**í**bo	pro**í**ba	
pro**í**bes	pro**í**bas	pro**í**be
pro**í**be	pro**í**ba	pro**í**ba
proibimos	proibamos	proibamos
pro**í**bem	pro**í**bam	pro**í**bam

<u → ú> saudar

presente	pres. conj.	imper. afirm.
sa**ú**do	sa**ú**de	
sa**ú**das	sa**ú**des	sa**ú**da
sa**ú**da	sa**ú**de	sa**ú**de
saudamos	saudemos	saudemos
sa**ú**dam	saúdem	sa**ú**dem

Regelmäßige Verben mit unregelmäßigen Partizipien

infinitivo	particípio
abrir	aberto
escrever	escrito

Regelmäßige Verben mit Doppelpartizip

infinitivo	particípio irreg.	particípio reg.
aceitar	aceite	aceitado
acender	aceso	acendido
assentar	assente	assentado
despertar	desperto	despertado
eleger	eleito	elegido
emergir	emerso	emergido
entregar	entreque	entregado
enxugar	enxuto	enxugado
expressar	expresso	expressado
exprimir	expresso	exprimido
expulsar	expulso	expulsado
extinguir	extinto	extinguido
fartar	farto	fartado
fixar	fixo	fixado
fritar	frito	fritado
ganhar	ganho*	ganhado
gastar	gasto*	gastado
imergir	imerso	imergido
imprimir	impreso	imprimido
juntar	junto	juntado
libertar	liberto	libertado
limpar	limpo	limpado
matar	morto	matado
morrer	morto	morrido
pagar	pago*	pagado
prender	preso	prendido

infinitivo	particípio irreg.	particípio reg.
salvar	salvo	salvado
secar	seco	secado
segurar	seguro	segurado
soltar	solto	soltado
submergir	submerso	submergido
sujeitar	sujeito	sujeitado
suspender	suspenso	suspendido
viver	vivo	vivido

* bei diesen Verben wird heute die unregelmäßige Form bevorzugt

Os verbos irregulares

aprazer

presente	pret. imp.	pret. perf.	m.-q.-perf.	futuro	
					gerúndio
					aprazendo
apraz	aprazia	aprouve	aprouvera	aprazerá	
					particípio
aprazem	apraziam	aprouveram	aprouveram	aprazerão	aprazido

cond./ fut. pret.	pres. conj.	imp. conj.	fut. conj.	inf. pess.
aprazeria	apraza	aprouvesse	aprouver	aprazer
aprazeriam	aprazam	aprouvessem	aprouverem	aprazerem

caber

presente	pret. imp.	pret. perf.	m.-q.-perf.	futuro	
caibo	cabia	coube	coubera	caberá	**gerúndio**
cabes	cabias	coubeste	couberas	caberás	cabendo
cabe	cabia	coube	coubera	caberá	
cabemos	cabíamos	coubemos	coubéramos	caberemos	**particípio**
cabem	cabiam	couberam	couberam	caberão	cabido

cond./ fut. pret.	pres. conj.	imp. conj.	fut. conj.	imper. afirm.	inf. pess.
caberia	caiba	coubesse	couber		caber
caberias	caibas	coubesses	couberes	cabe	caberes
caberia	caiba	coubesse	couber	caiba	caber
caberíamos	caibamos	coubéssemos	coubermos	caibamos	cabermos
caberiam	caibam	coubessem	couberem	caibam	caberem

construir

presente	pret. imp.	pret. perf.	m.-q.-perf.	futuro	
construo	construía	construí	construíra	construirei	**gerúndio**
constróis	construías	construíste	construíras	construirás	construindo
constrói	construía	construiu	construíra	construirá	
construímos	construíamos	construímos	construíra-mos	construire-mos	**particípio**
constroem	construíam	construíram	construíram	construirão	construído

cond./ fut. pret.	pres. conj.	imp. conj.	fut. conj.	imper. afirm.	inf. pess.
construiria	construa	construísse	construir		construir
construirias	construas	construísses	construíres	constrói	construíres
construiria	construa	construísse	construir	contrua	construir
construiría-mos	construamos	construísse-mos	construirmos	construamos	construirmos
construiriam	construam	construíssem	construírem	construam	construírem

convergir

presente	pret. imp.	pret. perf.	m.-q.-perf.	futuro	
convirjo	convergia	convergi	convergira	convergirei	**gerúndio**
converges	convergias	convergiste	convergiras	convergirás	convergindo
converge	convergia	convergiu	convergira	convergirá	
convergimos	convergíamos	convergimos	convergíra-mos	convergire-mos	**particípio**
convergem	convergiam	convergiram	convergiram	convergirão	convergido

cond./ fut. pret.	pres. conj.	imp. conj.	fut. conj.	imper. afirm.	inf. pess.
convergiria	convirja	convergisse	convergir		convergir
convergirias	convirjas	convergisses	convergires	converge	convergires
convergiria	convirja	convergisse	convergir	convirja	convergir
convergiría-mos	convirjamos	convergísse-mos	comvergir-mos	convirjamos	convergirmos
convergiriam	convirjam	convergissem	convergirem	convirjam	convergirem

crer

presente	pret. imp.	pret. perf.	m.-q.-perf.	futuro	
creio	cria	cri	crera	crerei	**gerúndio**
crês	crias	creste	creras	crerás	crendo
crê	cria	creu	crera	crerá	
cremos	críamos	cremos	crêramos	creremos	**particípio**
crêem	criam	creram	creram	crerão	crido

cond./ fut. pret.	pres. conj.	imp. conj.	fut. conj.	imper. afirm.	inf. pess.
creria	creia	cresse	crer		crer
crerias	creias	cresses	creres	crê	creres
creria	creia	cresse	crer	creia	crer
creríamos	creiamos	crêssemos	crermos	creiamos	crermos
creriam	creiam	cressem	crerem	creiam	crerem

dar

presente	pret. imp.	pret. perf.	m.-q.-perf.	futuro	
dou	dava	dei	dera	darei	**gerúndio**
dás	davas	deste	deras	darás	dando
dá	dava	deu	dera	dará	
damos	dávamos	demos	déramos	daremos	**particípio**
dão	davam	deram	deram	darão	dado

cond./ fut. pret.	pres. conj.	imp. conj.	fut. conj.	imper. afirm.	inf. pess.
daria	dê	desse	der		dar
darias	dês	desses	deres	dá	dares
daria	dê	desse	der	dê	dar
daríamos	demos	déssemos	dermos	demos	darmos
dariam	dêem	dessem	derem	dêem	darem

dizer

presente	pret. imp.	pret. perf.	m.-q.-perf.	futuro	
digo	dizia	disse	dissera	direi	**gerúndio**
dizes	dizias	disseste	disseras	dirás	dizendo
diz	dizia	disse	dissera	dirá	
dizemos	dizíamos	dissemos	disséramos	diremos	**particípio**
dizem	diziam	disseram	disseram	dirão	dito

cond./ fut. pret.	pres. conj.	imp. conj.	fut. conj.	imper. afirm.	inf. pess.
diria	diga	dissesse	disser		dizer
dirias	digas	dissesses	disseres	diz	dizeres
diria	diga	dissesse	disser	diga	dizer
diríamos	digamos	disséssemos	dissermos	digamos	dizermos
diriam	digam	dissessem	disserem	digam	dizerem

dormir

presente	pret. imp.	pret. perf.	m.-q.-perf.	futuro	
durmo	dormia	dormi	dormira	dormirei	**gerúndio**
dormes	dormias	dormiste	dormiras	dormirás	dormindo
dorme	dormia	dormiu	dormira	dormirá	
dormimos	dormíamos	dormimos	dormíramos	dormiremos	**particípio**
dormem	dormiam	dormiram	dormiram	dormirão	dormido

cond./ fut. pret.	pres. conj.	imp. conj.	fut. conj.	imper. afirm.	inf. pess.
dormiria	durma	dormisse	dormir		dormir
dormirias	durmas	dormisses	dormires	dorme	dormires
dormiria	durma	dormisse	dormir	durma	dormir
dormiríamos	durmamos	dormíssemos	dormirmos	durmamos	dormirmos
dormiriam	durmam	dormissem	dormirem	durmam	dormirem

estar

presente	pret. imp.	pret. perf.	m.-q.-perf.	futuro	
estou	estava	estive	estivera	estarei	**gerúndio**
estás	estavas	estiveste	estiveras	estarás	estando
está	estava	esteve	estivera	estará	
estamos	estávamos	estivemos	estivéramos	estaremos	**particípio**
estão	estavam	estiveram	estiveram	estarão	estado

cond./ fut. pret.	pres. conj.	imp. conj.	fut. conj.	imper. afirm.	inf. pess.
estaria	esteja	estivesse	estiver		estar
estarias	estejas	estivesses	estiveres	está	estares
estaria	esteja	estivesse	estiver	esteja	estar
estaríamos	estjamos	estivéssemos	estivermos	estejamos	estarmos
estariam	estejam	estivessem	estiverem	estejam	estarem

fazer

presente	pret. imp.	pret. perf.	m.-q.-perf.	futuro	
faço	fazia	fiz	fizera	farei	**gerúndio**
fazes	fazias	fizeste	fizeras	farás	fazendo
faz	fazia	fez	fizera	fará	
fazemos	fazíamos	fizemos	fizéramos	faremos	**particípio**
fazem	faziam	fizeram	fizeram	farão	feito

cond./ fut. pret.	pres. conj.	imp. conj.	fut. conj.	imper. afirm.	inf. pess.
faria	faça	fizesse	fizer		fazer
farias	faças	fizesses	fizeres	faz	fazeres
faria	faça	fizesse	fizer	faça	fazer
faríamos	façamos	fizéssemos	fizermos	façamos	fazermos
fariam	façam	fizessem	fizerem	façam	fazerem

fugir

presente	pres. conj.	imper. afirm.	
fujo	fuja		**gerúndio**
foges	fujas	foge	fugindo
foge	fuja	fuja	
fugimos	fujamos	fujamos	**particípio**
fogem	fujam	fujam	fugido

haver

presente	pret. imp.	pret. perf.	m.-q.-perf.	futuro	
	havia **				**gerundio**
	havias				havendo
há *	havia	houve	houvera	haverá	
	havíamos				**particípio**
	haviam				havido

* Im heutigen Portugiesisch wird das Verb „haver" hauptsächlich in der Bedeutung „existieren" gebraucht; folglich wird nur die dritte Person singular verwendet.

** Selten wird „haver" auch als Synonym zum Hilfsverb „ter" im zusammengesetzten pretérito mais-que-perfeito benutzt: eu *havia comprado*/eu *tinha comprado*

cond./ fut. pret.	pres. conj.	imp. conj.	fut. conj.	imper. afirm.	inf. pess.
haveria	haja	houvesse	houver	haja	haver

haver

presente	pret. imp.	pret. perf.	m.-q.-perf.	futuro	
hei	havia	houve	houvera	haverei	**gerúndio**
hás	havias	houveste	houveras	haverás	havendo
há	havia	houve	houvera	haverá	
havemos	havíamos	houvemos	houvéramos	haveremos	**particípio**
hão	haviam	houveram	houveram	havereão	havido

cond./ fut. pret.	pres. conj.	imp. conj.	fut. conj.	imper. afirm.	inf. pess.
haveria	haja	houvesse	houver		haver
haverias	hajas	houvesses	houveres	há	haveres
haveria	haja	houvesse	houver	haja	haver
haveríamos	hajamos	houvéssemos	houvéramos	hajamos	havermos
haveriam	hajam	houvessem	houverem	hajam	haverem

ir

presente	pret. imp.	pret. perf.	m.-q.-perf.	futuro	
vou	ia	fui	fora	irei	**gerúndio**
vais	ias	foste	foras	irás	indo
vai	ia	foi	fora	irá	
vamos	íamos	fomos	fôramos	iremos	**particípio**
vão	iam	foram	foram	irão	ido

cond./ fut. pret.	pres. conj.	imp. conj.	fut. conj.	imper. afirm.	inf. pess.
iria	vá	fosse	for		ir
irias	vás	fosses	fores	vai	ires
iria	vá	fosse	for	vá	ir
iríamos	vamos	fôssemos	formos	vamos	irmos
iriam	vão	fossem	forem	vão	irem

ler

presente	pres. conj.	imper. afirm.	
leio	leia		**gerúndio**
lês	leias	lê	lendo
lê	leia	leia	
lemos	leiamos	leiamos	**particípio**
lêem	leiam	leiam	lido

odiar

presente	pret. imp.	pret. perf.	m.-q.-perf.	futuro	
odeio	odiava	odiei	odiara	odiarei	**gerúndio**
odeias	odiavas	odiaste	odiaras	odiarás	odiando
odeia	odiava	odiou	odiara	odiará	
odiamos	odiávamos	odiámos*	odiáramos	odiaremos	**particípio**
odeiam	odiavam	odiaram	odiaram	odiarão	odiado

cond./ fut. pret.	pres. conj.	imp. conj.	fut. conj.	imper. afirm.	inf. pess.
odiaria	odeie	odiasse	odiar		odiar
odiarias	odeies	odiasses	odiares	odeia	odiares
odiaria	odeie	odiasse	odiar	odeie	odiar
odiaríamos	odiemos	odiássemos	odiarmos	odiemos	odiarmos
odiariam	odeiem	odiassem	odiarem	odeiem	odiarem

* *brasil:* odiamos

ouvir

presente	pret. ind.	imper. afirm.	
ouço *	ouça		**gerúndio**
ouves	ouças	ouve	ouvindo
ouve	ouça	ouça	
ouvimos	ouçamos	ouçamos	**particípio**
ouvem	ouçam	ouçam	ouvido

* sowohl *ouç-* als auch *oiç-* sind möglich

pedir

presente	pres. conj.	imper. afirm.	
peço	peça		**gerúndio**
pedes	peças	pede	pedindo
pede	peça	peça	
pedimos	peçamos	peçamos	**particípio**
pedem	peçam	peçam	pedido

perder

presente	pres. conj.	imper. afirm.	
perco	perca		**gerúndio**
perdes	percas	perde	perdendo
perde	perca	perca	
perdemos	percamos	percamos	**particípio**
perdem	percam	perca	perdido

poder

presente	pret. imp.	pret. perf.	m.-q.-perf.	futuro	
posso	podia	pude	podera	poderei	**gerúndio**
podes	podias	pudeste	poderas	poderás	podendo
pode	podia	pôde	podera	poderá	
podemos	podíamos	pudemos	podêramos	poderemos	**particípio**
podem	podiam	puderam	poderam	poderão	podido

cond./ fut. pret.	pres. conj.	imp. conj.	fut. conj.	inf. pess.
poderia	possa	pudesse	puder	poder
poderias	possas	pudesses	puderes	poderes
poderia	possa	pudesse	puder	poder
poderíamos	possamos	pudéssemos	pudermos	podermos
poderiam	possam	pudessem	puderem	poderem

polir

presente	pret. imp.	pret. perf.	m.-q.-perf.	futuro	
pulo	polia	poli	polira	polirei	**gerúndio**
pules	polias	poliste	poliras	polirás	polindo
pule	polia	poliu	polira	polirá	
polimos	políamos	polimos	políramos	poliremos	**particípio**
pulem	poliam	poliram	poliram	polirão	polido

cond./ fut. pret.	pres. conj.	imp. conj.	fut. conj.	imper. afirm.	inf. pess.
poliria	pula	polisse	polir		polir
polirias	pulas	polisses	polires	pule	polires
poliria	pula	polisse	polir	pula	polir
poliríamos	pulamos	políssemos	polirmos	pulamos	polirmos
poliriam	pulam	polissem	polirem	pulam	polirem

pôr

presente	pret. imp.	pret. perf.	m.-q.-perf.	futuro	
ponho	punha	pus	pusera	porei	**gerúndio**
pões	punhas	puseste	puseras	porás	pondo
põe	punha	pôs	pusera	porá	
pomos	púnhamos	pusemos	puséramos	poremos	**particípio**
põem	punham	puseram	puseram	porão	posto

cond./ fut. pret.	pres. conj.	imp. conj.	fut. conj.	imper. afirm.	inf. pess.
poria	ponha	pusesse	puser		pôr
porias	ponhas	pusesses	puseres	põe	pores
poria	ponha	pusesse	puser	ponha	pôr
poríamos	ponhamos	puséssemos	pusermos	ponhamos	pormos
poriam	ponham	pusessem	puserem	ponham	porem

preferir

presente	pres. conj.	imper. afirm.	
prefiro	prefira		**gerúndio**
preferes	prefiras	prefere	preferindo
prefere	prefira	prefira	
preferimos	prefiramos	prefiramos	**particípio**
preferem	prefiram	prefiram	preferido

prevenir

presente	pres. conj.	imper. afirm.	
previno	previna		**gerúndio**
prevines	previnas	previne	prevenindo
previne	previna	previna	
prevenimos	previnamos	previnamos	**particípio**
previnem	previnam	previnam	prevenido

querer

presente	pret. imp.	pret. perf.	m.-q.-perf.	futuro *	
quero	queria	quis	quisera	quererei	**gerúndio**
queres	querias	quiseste	quiseras	quererás	querendo
quer	queria	quis	quisera	quererá	
queremos	queríamos	quisemos	quiséramos	quereremos	**particípio**
querem	queriam	quiseram	quiseram	quererão	querido

* wenig gebräuchlich

cond./ fut. pret. *	pres. conj.	imp. conj.	fut. conj.	imper. afirm.	inf. pess.
quereria	queira	quisesse	quiser		querer
quererias	queiras	quisesses	quiseres	quer	quereres
quereria	queira	quisesse	quiser	queira	querer
quereríamos	queiramos	quiséssemos	quisermos	queiramos	querermos
quereriam	queiram	quisessem	quiserem	queiram	quererem

* wenig gebräuchlich

reaver

presente	pret. imp.	pret. perf.	m.-q.-perf.	futuro *	
	reavia	reouve	reouvera	reaverei	**gerúndio**
	reavias	reouveste	reouveras	reaverás	reavendo
	reavia	reouve	reouvera	reaverá	
reavemos	reavíamos	reouvemos	reouvéramos	reaveremos	**particípio**
	reaviam	reouveram	reouveram	reaverão	reavido

cond./ fut. pret.	imp. conj.	fut. conj.	inf. pess.
reaveria	reouvesse	reouver	reaver
reaverias	reouvesses	reouveres	reaveres
reaveria	reouvesse	reouver	reaver
reaveríamos	reouvéssemos	reouvermos	reavermos
reaveriam	reouvessem	reouverem	reaverem

* wenig gebräuchlich

reflectir *

presente	conj. pres.	imper. afirm.	
refli(c)to	refli(c)ta		**gerúndio**
refle(c)tes	refli(c)tas	refle(c)te	refle(c)tindo
refle(c)te	refli(c)ta	refli(c)ta	
relfe(c)timos	refli(c)tamos	refli(c)tamos	**particípio**
refle(c)tem	refli(c)tam	refli(c)tam	refle(c)tido

* *brasil* refletir

requerer

presente	pret. imp.	pret. perf.	m.-q.-perf.	futuro	
requeiro	requeria	requeri	requerera	requererei	**gerúndio**
requeres	requerias	requereste	requereras	requererás	requerendo
requer/ requere	requeria	requeriu	requerera	requererá	
requeremos	requeríamos	requeremos	requerêramos	requereremos	**particípio**
requerem	requeriam	requeram	requereram	requererão	requerido

cond./ fut. pret.	pres. conj.	imp. conj.	fut. conj.	imper. afirm.	inf. pess.
requereria	requeira	requeresse	requerer		requerer
requererias	requeiras	requeresses	requereres	requer/ requere	requereres
requereria	requeira	requeresse	requerer	requeira	requerer
requereríamos	requeiramos	requerêssemos	requerermos	requeiramos	requerermos
requereriam	requeiram	requeressem	requererem	requeiram	requererem

rir

presente	
rio	**gerúndio**
ris	rindo
ri	
rimos	**particípio**
riem	rido

saber

presente	pret. imp.	pret. perf.	m.-q.-perf.	futuro	
sei	sabia	soube	soubera	saberei	**gerúndio**
sabes	sabias	soubeste	souberas	saberás	sabendo
sabe	sabia	soube	soubera	saberá	
sabemos	sabíamos	soubemos	soubéramos	saberemos	**particípio**
sabem	sabiam	souberam	souberam	saberão	sabido

cond./ fut. pret.	pres. conj.	imp. conj.	fut. conj.	imper. afirm.	inf. pess.
saberia	saiba	soubesse	souber		saber
saberias	saibas	soubesses	souberes	sabe	saberes
saberia	saiba	soubesse	souber	saiba	saber
saberíamos	saibamos	soubéssemos	soubermos	saibamos	sabermos
saberiam	saibam	soubessem	souberem	saibam	saberem

seguir

presente	pres. conj.	imperativo	
sigo	siga		**gerúndio**
segues	sigas	segue	seguindo
seque	siga	siga	
seguimos	sigamos	sigamos	**particípio**
seguem	sigam	sigam	seguido

sentir

presente	pres. conj.	imperativo	
sinto	sinta		**gerúndio**
sentes	sintas	sente	sentindo
sente	sinta	sinta	
sentimos	sintamos	sintamos	**particípio**
sentem	sintam	sintam	sentido

ser

presente	pret. imp.	pret. perf.	m.-q.-perf.	futuro	
sou	era	fui	fora	serei	**gerúndio**
és	eras	foste	foras	serás	sendo
é	era	foi	fora	será	
somos	éramos	fomos	fôramos	seremos	**particípio**
são	eram	foram	foram	serão	sido

cond./ fut. pret.	pres. conj.	imp. conj.	fut. conj.	imper. afirm.	inf. pess.
seria	seja	fosse	for		ser
serias	sejas	fosses	fores	sê	seres
seria	seja	fosse	for	seja	ser
seríamos	sejamos	fôssemos	formos	sejamos	sermos
seriam	sejam	fossem	forem	sejam	serem

subir

presente	imper. afirm.	
subo		**gerúndio**
sobes	sobe	subindo
sobe	suba	
subimos	subamos	**particípio**
sobem	subam	subido

ter

presente	pret. imp.	pret. perf.	m.-q.-perf.	futuro	
tenho	tinha	tive	tivera	terei	**gerúndio**
tens	tinhas	tiveste	tiveras	terás	tendo
tem	tinha	teve	tivera	terá	
temos	tínhamos	tivemos	tivéramos	teremos	**particípio**
têm	tinham	tiveram	tiveram	terão	tido

cond./ fut. pret.	pres. conj.	imp. conj.	fut. conj.	imper. afirm.	inf. pess.
teria	tenha	tivesse	tiver		ter
terias	tenhas	tivesses	tiveres	tem	teres
teria	tenha	tivesse	tiver	tenha	ter
teríamos	tenhamos	tivéssemos	tivermos	tenhamos	termos
teriam	tenham	tivessem	tiverem	tenham	terem

trazer

presente	pret. imp.	pret. perf.	m.-q.-perf.	futuro	
trago	trazia	trouxe	trouxera	trarei	**gerúndio**
trazes	trazia	trouxeste	trouxeras	trarás	trazendo
traz	trazia	trouxe	trouxera	trará	
trazemos	trazíamos	trouxemos	trouxéramos	traremos	**particípio**
trazem	traziam	trouxeram	trouxeram	trarão	trazido

cond./ fut. pret.	pres. conj.	imp. conj.	fut. conj.	imper. afirm.	inf. pess.
traria	traga	trouxesse	trouxer		trazer
trarias	tragas	trouxesses	trouxeres	traz	trazeres
traria	traga	trouxesse	trouxer	traga	trazer
traríamos	tragamos	trouxéssemos	trouxermos	tragamos	trazermos
trariam	tragam	trouxessem	trouxerem	tragam	trazerem

valer

presente	pres. conj.	imperativo	
valho	valha		**gerúndio**
vales	valhas	vale	valendo
vale	valha	valha	
valemos	valhamos	valhamos	**particípio**
valem	valham	valham	valido

ver

presente	pret. imp.	pret. perf.	m.-q.-perf.	futuro	
vejo	via	vi	vira	verei	**gerúndio**
vês	vias	viste	viras	verás	vendo
vê	via	viu	vira	verá	
vemos	víamos	vimos	víramos	veremos	**particípio**
vêem	viam	viram	viram	verão	visto

cond./ fut. pret.	pres. conj.	imp. conj.	fut. conj.	imper. afirm.	inf. pess.
veria	veja	visse	vir		ver
verias	vejas	visses	vires	vê	veres
veria	veja	visse	vir	veja	ver
veríamos	vejamos	víssemos	virmos	vejamos	vermos
veriam	vejam	vissem	virem	vejam	verem

vestir

presente	pres. conj.	imper. afirm.	
visto	vista		**gerúndio**
vestes	vistas	veste	vestindo
veste	vista	vista	
vestimos	vistamos	vistamos	**particípio**
vestem	vistam	vistam	vestido

vir

presente	pret. imp.	pret. perf.	m.-q.-perf.	futuro	
venho	vinha	vim	viera	virei	**gerúndio**
vens	vinhas	vieste	vieras	virás	vindo
vem	vinha	veio	viera	virá	
vimos	vínhamos	viemos	viéramos	viremos	**particípio**
vêm	vinham	vieram	vieram	virão	vindo

cond./ fut. pret.	pres. conj.	imp. conj.	fut. conj.	imper. afirm.	inf. pess.
viria	venha	viesse	vier		vir
virias	venhas	viesses	vieres	vem	vires
viria	venha	viesse	vier	venha	vir
viríamos	venhamos	viéssemos	viermos	venhamos	virmos
viriam	venham	viessem	vierem	venham	virem

Portugiesische Aussprache – allgemeine Hinweise
Pronúncia portuguesa – indicações gerais

Im Portugiesischen werden die Wörter nicht einzeln ausgesprochen, sondern in Sprecheinheiten miteinander verbunden. So verbindet man z. B. einen auslautenden Konsonant mit einem folgenden anlautenden Vokal. Ein auslautendes **e**, aber auch manchmal **o** oder **a**, fällt vor einem anlautenden Vokal aus:

depois de amanhã [də'poiʒ d amɐ'aɲã]

pequeno almoço [pə'ken al'mosu].

Zwei unbetonte **a**, die aufeinander treffen, werden als ein offenes **a** ausgesprochen:

toda a noite ['toda 'noitə].

Das Alphabet

A	a	[a]
B	b	[be]
C	c	[se]
D	d	[de]
E	e	[ɛ]
F	f	['ɛfə]
G	g	[ge]
H	h	[ɐ'ga]
I	i	[i]
J	j	['ʒɔta]
K	k	['kapa]
L	l	['ɛla]
M	m	['ɛma]
N	n	['ɛna]
O	o	[ɔ]
P	p	[pe]
Q	q	[ke]
R	r	['ɛrə]
S	s	['ɛsə]
T	t	[te]
U	u	[u]
V	v	[ve]
W	w	[vedu'bradu]
X	x	[ʃiʃ]
Y	y	[i'gregu]
Z	z	[ze]

Brasilianische Aussprache – allgemeine Hinweise
Pronúncia brasileira – indicações gerais

Anders als in Portugal werden in Brasilien alle Vokale deutlich ausgesprochen.
In auslautender, unbetonter Stellung wird in Brasilien **e** zu **i**, und **a** – in der Lautschrift [ɐ] – ist nicht so geschlossen wie in Portugal.

Vokale:

au:	ist keine Betonung auf einem der Vokale, dann werden diese zusammenhängend wie im deutschen Wort „Maus“ (aber nasal) ausgesprochen, z. B. mau (schlecht) [mau]
ai:	wird stets verbunden ausgesprochen wie „ei“ in „Reis“, z. B. raiva (Wut) ['raiva]
e:	am Ende des Wortes ohne Akzent wird je nach Region wie „e“ oder „i“ ausgesprochen. In beiden Fällen wird man verstanden: z. B. rede (Hängematte) ['redsche] oder ['redschi]
ei:	wird niemals wie im Deutschen „ei“ (wie z. B. in „Ei“) ausgesprochen. Beide Vokale werden einzeln gesprochen, z. B. feira (Markt) ['feira]
eu:	wird nie wie „eu“ in „Eule“, sondern die Vokale werden immer hintereinander einzeln ausgesprochen wie „e-u“, z. B. eu (ich) ['eu]
o:	am Ende des Wortes ohne Akzent kann man als Gringo ruhig als o aussprechen, tatsächlich geht es aber in ein leichtes „u“ über, z. B. rio (Fluss) ['riu] oder ['rio]
oi:	wird stets verbunden ausgesprochen wie das „Eu“ in der „Eule“, z. B. depois (später) [di'pois]
ui:	wird stets nacheinander wie der Ausruf „Ui“ ausgesprochen, z. B. muito (viel) ['muito]

Nasallaute:

Wie schon der Name sagt, werden diese Laute leicht durch die Nase gesprochen. Ein typischer Nasallaut im Deutschen ist beispielsweise das „iau“ in „Miau“.

Den brasilianischen Nasallaut erkennt man auch an der kleinen Welle auf dem Vokal, auch Tilde genannt.

So klingt in etwa:

„ãe“	in mãe (Mutter)	wie	„ai“	in Mai
„ães“	in mães (Mütter)	wie	„ais“	in Mais
„ão“	in portão (Einfahrt)	wie	„au“	in Bau
„ãos“	in portãos (Einfahrten)	wie	„aus“	in Haus
„ões“	in informações (Informationen)	wie	„äuß“	in „äußerst“

Konsonanten:

c:	wird vor a, o und u wie „k“ ausgesprochen, z. B. carro (Auto) ['kaho]; ansonsten wie ein scharfes „ß“ oder auch nur wie ein einfaches „s“, z. B. cedo (früh) ['sedo]
ç:	wird wie ein scharfes „ß“ oder auch nur wie ein einfaches „s“ ausgesprochen, z. B. praça (Platz) ['praβa] oder ['prasa]
ch:	wird wie „sch“ ausgesprochen, z. B. chamar (rufen) [scha'mar]
g:	wird vor den Vokalen „e“ und „i“ wie „sch“ gesprochen, z. B. gelado (gefroren) [sche'lado]
h:	wird am Anfang eines Wortes nicht ausgesprochen, z. B. hesitar (zögern) [esi'tar]
j:	wird am Wortanfang wie „sch“ ausgesprochen, z. B. journal (Zeitung) [schor'nau]
lh:	wird wie „lj“ ausgesprochen, z. B. toalha (Handtuch) [toal'ja]
l:	wird am Wortende unterschiedlich ausgesprochen. Daher genau auf die Lautschrift achten. So wird aus mal (schlecht) [mau], Brasil (Brasilien) [bra'siu], terrível (schrecklich) [te'hiweo]
nh:	kann wie „nj“ oder auch nur „n“ ausgesprochen werden, z. B. dinheiro (Geld) [dschin'jeiro] oder [dschin'eiro]
qu:	wird vor „e“ und „i“ wie „k“ ausgesprochen, z. B. que (was) [ke]; ansonsten wie „kw“: quarto (Zimmer) ['kwarto]
r:	wird am Wortanfang zu einem „h“. Man kann jedoch auch ein Zungen-r aussprechen, z. B. rasgar (zerreißen) [has'gar], aber auch [ras'gar]
rr:	wird als „h“ ausgesprochen, z. B. correio (Post) [ko'heio]
x:	wird in der Regel wie ein „sch“ ausgesprochen, z. B. xícara (Tasse) ['schikara], in Ausnahmen wie ein „x“ in Taxi
z:	wie ein scharfes „ß“ oder auch nur wie ein einfaches „s“, z. B. dizer (sagen) [di'βer] oder [di'ser]

Betonung:

Wörter mit nur einem Vokal oder zwei aufeinanderfolgenden Vokalen, die gleichwertig betont werden, haben kein Betonungszeichen. Ansonsten befindet sich der Akzent „ ' “ vor dem zu betonenden Vokal, ggf. noch vor dem davor befindlichen Konsonanten. Stehen zwei Vokale hintereinander und befindet sich davor ein Betonungszeichen, so ist der erste Vokal zu betonen.

Beispiele für die korrekte Aussprache und die Betonung:

água	['agwa] (Wasser)	Das „gu“ wird zu „gw“.
alguém	[au'gein] (irgendjemand)	Aus dem „al“ wird ein „au“ wie in „Haus“.
ao	['ao] (zu)	In dieser Kombination als einzelnes Wort liegt die Betonung auf dem „a“. Die Vokale in „São“ von São Paulo werden dagegen, da sie kein Betonungszeichen haben, wie in dem Wort „Sau“ zusammen nasal (Tilde!) betont.
atual	[atu'au] (aktuell)	Die Endung „-al“ wird zu „-au“.

bom/bem	[bong/beng] (gut)	Die Endung „-om“ wird wie „ong“, die Endung „-em“ wie „eng“ ausgesprochen.
completamente	[kompleta'-meintschi] (vollständig)	Aus dem „c“ wird ein „k“, aus der Endung „-mente“ ein ['meintschi].
e	[i] (und)	Aus dem „e“ wird ein „i“.
espécie	[e'spesie] (Art)	Das „-ie“ am Wortende wird nicht wie im Deutschen als langes „i“ ausgesprochen, sondern hintereinander „i-e“ wie „Spezie“.
há	[a] (es gibt)	Das „h“ wird verschluckt, das „a“ kurz ausgesprochen.
hoje	['oschi] (heute)	Das „h“ wird verschluckt, das „j“ zu „sch“ und aus dem „e“ ein „i“.
hospitalidade	[hospitali'dadschi] (Gastfreundschaft)	Die Endung „-ade“ wird wie der (Apfel-)„dadschi“ ausgesprochen.
mais	[mais] (mehr)	Die Vokale werden zusammenhängend wie in „Mais“ gesprochen.
meia	['meia] (halb)	Die Betonung liegt auf dem „ei“.
muito	['muito] (viel)	Die Betonung liegt gleichwertig auf dem „u“ und dem „i“. Beide Vokale werden stets wie ein „ui“ in „Pfui“ ausgesprochen.
não	[nau] (nein)	Das nasale „a“ mit dem „u“ wird am Wortende wie das „Nau“ im Wort „Nautik“ stets zusammen ausgesprochen.
oito	['oito] (acht)	Das „o“ und das „i“ hintereinander werden stets zusammen wie das „Eu“ in „Eule“ ausgesprochen.
parente	[pa'reintschi] (Verwandter)	Betonung auf dem „rei“! „e“ und „i“ werden immer, wenn sie hintereinander folgen, zusammenhängend ausgesprochen.
pé	[pä] (Fuß)	„e“ mit Akzent wird wie das deutsche „ä“ ausgesprochen.
provavelmente	[prowaweu-'meintschi] (wahrscheinlich)	Das „eu“ in der Lautschrift wird nicht wie das „eu“ in Eule ausgesprochen, sondern hintereinander „e-u“.
sim	[sinn] (ja)	Das „m“ ist in diesem Fall nasal und wird eher wie im deutschen „Sinn“ ausgesprochen.
talvez	[tau'weiß] (vielleicht)	Aus dem „al“ wird ein „au“ wie in „Tau“. Das „v“ wird wie ein „w“, das „z“ wie ein „ß“ ausgesprochen.
terrível	[te'hiweo] (fürchterlich)	Aus dem Doppel-“r“ wird ein „h“, die Endung „-el“ wird zu „-eo“.
virgem	['wirscheing] (Jungfrau)	Das „v“ wird zu „w“, die Betonung liegt auf dem „wi“.

Zahlen, Maße und Gewichte
Números, medidas e pesos

0	**zero** ['zɛru]
1	**um** [ũ]
2	**dois** [doiʃ]
3	**três** [treʃ]
4	**quatro** ['kwatru]
5	**cinco** ['sĩŋku]
6	**seis** [seiʃ]
7	**sete** ['sɛtə]
8	**oito** ['oitu]
9	**nove** ['nɔvə]
10	**dez** [dɛʃ]
11	**onze** ['õzə]
12	**doze** ['dozə]
13	**treze** ['trezə]
14	**catorze** [kɐ'torzə]
15	**quinze** ['kĩzə]
16	**dezasseis** [dəzɐ'seiʃ]
17	**dezassete** [dəzɐ'sɛtə]
18	**dezoito** [də'zɔitu]
19	**dezanove** [dəzɐ'nɔvə]
20	**vinte** ['vĩntə]
21	**vinte e um** ['vĩnt‿i 'ũ]
22	**vinte e dois** ['vĩnt‿i 'doiʃ]
23	**vinte e três** ['vĩnt‿i 'treʃ]
24	**vinte e quatro** ['vĩnt‿i 'kwatru]
25	**vinte e cinco** ['vĩnt‿i 'sĩŋku]
26	**vinte e seis** ['vĩnt‿i 'seiʃ]
27	**vinte e sete** ['vĩnt‿i 'sɛtə]
28	**vinte e oito** ['vĩnt‿i 'oitu]
29	**vinte e nove** ['vĩnt‿i 'nɔvə]
30	**trinta** ['trĩntɐ]
31	**trinta e um** ['trĩntɐ i 'ũ]
32	**trinta e dois** ['trĩntɐ i 'doiʃ]
40	**quarenta** [kwɐ'rẽntɐ]
50	**cinquenta (qü)** [sĩŋ'kwẽntɐ]
60	**sessenta** [sə'sẽntɐ]
70	**setenta** [sə'tẽntɐ]
80	**oitenta** [oi'tẽntɐ]
90	**noventa** [nu'vẽntɐ]
100	**cem** [sɐ̃i]
101	**cento e um** ['sẽntwi ũ]

200	**duzentos** [du'zẽntuʃ]
300	**trezentos** [trə'zẽntuʃ]
1 000	**mil** [mil]
2 000	**dois mil** [doiʒ mil]
3 000	**três mil** [treʒ mil]
10 000	**dez mil** [dɛʒ mil]
100 000	**cem mil** [sɐ̃i mil]
1 000 000	**um milhão** [ũ mə'ʎɐ̃u]
1.	**primeiro** [pri'meiru]
2.	**segundo** [sə'gũndu]
3.	**terceiro** [tər'seiru]
4.	**quarto** ['kwartu]
5.	**quinto** ['kĩntu]
6.	**sexto** ['seiʃtu]
7.	**sétimo** ['sɛtimu]
8.	**oitavo** [oi'tavu]
9.	**nono** ['nonu]
10.	**décimo** ['dɛsimu]
1/2	**um meio** [ũ 'meju]
1/3	**um terço** [ũ 'tersu]
1/4	**um quarto** [ũ 'kwartu]
3/4	**três quartos** [treʃ 'kwartuʃ]
3,5%	**três e meio por cento** [trez‿i 'meju pur 'sẽntu]
27 °C	**vinte e sete graus** ['vĩnt‿i 'sɛtə grauʃ]
–5 °C	**cinco graus negativos** ['sĩŋku grauʒ nəgɐ'tivuʃ]
1999	**mil novecentos e noventa e nove** [mil nɔvə'sentuz‿i nu'vẽnt‿i 'nɔvə]
2000	**dois mil** [doiʒ mil]
2001	**dois mil e um** [doiʒ mil‿i ũ]
Millimeter	**milímetro** [mi'limətru]
Zentimeter	**centímetro** [sen'timətru]
Meter	**metro** ['mɛtru]
Kilometer	**quilómetro (ô)** [ki'lɔmətru]
Seemeile	**milha marítima** ['miʎɐ mɐ'ritimɐ]
Quadratmeter	**metro quadrado** ['mɛtru kwa'dradu]
Quadratkilometer	**quilómetro (ô) quadrado** [ki'lɔmətru kwɐ'dradu]
Liter	**litro** ['litru]
Gramm	**o grama** [u 'grɐmɐ]
Kilogramm	**o quilograma** [u kilu'grɐmɐ] **quilo** ['kilu]

Häufig gebrauchte Abkürzungen
As abreviaturas mais usadas

a/c	ao cuidado de	per Adresse, bei
ACP	Automóvel Clube de Portugal	portugiesischer Automobilclub
Ap.^{to}	apartamento	Appartement
Av.	avenida	Allee
B., B.^{o}	beco	Gasse
C., Calç.	calçada	Straße
CDS – PP	Partido Popular CDS – PP	Volkspartei – Demokratisch-Soziales Zentrum
cl.	classe	Klasse
CP	Caminhos de Ferro Portugueses, EP	Portugiesische Eisenbahngesellschaft
CV	cavalo-vapor	Pferdestärke
d.^{to}	direito	rechts
esq.	esquerdo	links
GNR	Guarda Nacional Republicana	Gendarmerie
L.	largo	Platz
Lx.^{a}	Lisboa	Lissabon
n.^{o}	número	Nummer
P.	praça	Platz
PC	Partido Comunista	Kommunistische Partei
p.ex.	por exemplo	zum Beispiel
p.f.	por favor	bitte
PGA	Portugália Airlines	portugiesische Fluggesellschaft
PJ	Polícia Judiciária	Kriminalpolizei
PS	Partido Socialista	Sozialistische Partei
PSD	Partido Social Democrata	Sozialdemokratische Partei
PSP	Polícia de Segurança Pública	Ordnungspolizei
R$	real (reais)	Real
R.	rua	Straße
r/c	rés-do-chão	Erdgeschoss
RP	República Portuguesa	Republik Portugal
Sr.	Senhor	Herr(n)
Sr.^{a}	Senhora	Frau, Fräulein
TAP, tap	Transportes Aéreos Portugueses, Air Portugal	staatliche portugiesische Fluggesellschaft

Deutschland
Alemanha

Bundesländer (und Hauptstädte)	Estados Federados (e Capitais)
Baden-Württemberg (Stuttgart)	o Baden-Württemberg (Stuttgart, Estugarda)
Bayern (München)	a Baviera (Munique)
Berlin (Berlin)	(a Cidade Estado de) Berlim (Berlim)
Brandenburg (Potsdam)	o Brandenburgo (Potsdam)
Bremen (Bremen)	(a Cidade Estado de) Bremen (Bremen)
Hamburg (Hamburg)	(o Estado de) Hamburgo (Hamburgo)
Hessen (Wiesbaden)	o Hesse (Wiesbaden)
Mecklenburg-Vorpommern (Schwerin)	o Meclemburgo-Pomerânia (Schwerin)
Niedersachsen (Hannover)	a Baixa Saxónia (Hanover)
Nordrhein-Westfalen (Düsseldorf)	a Renânia do Norte-Westfália (Düsseldorf, Dusseldórfia)
Rheinland-Pfalz (Mainz)	a Renânia-Palatinado (Mainz, Mogúncia)
Saarland (Saarbrücken)	o Sarre (Saarbrücken, Sarrebruck)
Sachsen (Dresden)	a Saxónia (Dresden, Dresde, Dresda)
Sachsen-Anhalt (Magdeburg)	a Saxónia-Anhalt (Magdeburg, Magdeburgo)
Schleswig-Holstein (Kiel)	o Schleswig-Holstein (Kiel)
Thüringen (Erfurt)	a Turíngia (Erfurt)

Österreich
Áustria

Bundesländer (und Hauptstädte)	Estados (e Capitais)
Burgenland (Eisenstadt)	o Burgenland (Eisenstadt)
Kärnten (Klagenfurt)	a Caríntia (Klagenfurt)
Niederösterreich (St. Pölten)	a Baixa-Áustria (Sankt Pölten)
Oberösterreich (Linz)	a Alta-Áustria (Linz)
Salzburg (Salzburg)	o Estado de Salzburgo (Salzburgo – cidade)
Steiermark (Graz)	a Estíria (Graz)
Tirol (Innsbruck)	o Tirol (Innsbruck)
Vorarlberg (Bregenz)	o Voralberg (Bregenz)
Wien (Wien)	Viena (Viena)

die Schweiz
a Suíça

Kantone (und Hauptorte)	Abkürzung Sigla	Cantões (et Capitais)
Aargau (Aarau)	AG	a Argóvia (Aarau)
Appenzell Ausserrhoden (Herisau)	AR	o Appenzell Exterior (Herisau)
Appenzell Innerrhoden (Appenzell)	AI	o Appenzell Interior (Appenzell – Cidade)
Basel-Landschaft (Liestal)	BL	Basileia-Campo (Liestal)
Basel-Stadt (Basel)	BS	Basileia-Cidade (Basileia, Basiléia)
Bern (Bern)	BE	Berna (Berna)
Freiburg (Freiburg)	FR	Friburgo (Friburgo)
Genf (Genf)	GE	Genebra (Genebra)

Kantone (und Hauptorte)	Abkürzung Sigla	Cantões (et Capitais)
Glarus (Glarus)	GL	Glarus (Glarus)
Graubünden (Chur)	GR	Grisões (Chur)
Jura (Delsberg)	JU	Jura (Delémont)
Luzern (Luzern)	LU	Lucerna (Lucerna)
Neuenburg (Neuenburg)	NE	Neuchâtel (Neuchâtel)
Sankt Gallen (Sankt Gallen)	SG	São Galo (São Galo)
Schaffhausen (Schaffhausen)	SH	Schaffhausen (Schaffhausen)
Schwyz (Schwyz)	SZ	Schwyz (Schweiz)
Solothurn (Solothurn)	SO	Soleura (Soleura)
Tessin (Bellinzona)	TI	Tessino (Bellinzona)
Thurgau (Frauenfeld)	TG	Turgóvia (Frauenfeld)
Nidwalden (Stans)	NW	Nidwald (Stand)
Obwalden (Sarnen)	OW	Obwald (Sarnen)
Uri (Altdorf)	UR	Uri (Altdorf)
Waadt (Lausanne)	VD	Vaud (Lausanne)
Wallis (Sitten)	VS	Valais (Sion)
Zug (Zug)	ZG	Cantão de Zug (Zug)
Zürich (Zürich)	ZH	Cantão de Zurique (Zurique)

Portugal
Portugal

Regiões	Gentílicos Adjektive	Regionen
Região Autónoma dos Açores (Ponta Delgada)	açoriano, -a	die Azoren (autonome Region) (Ponta Delgada)
Alentejo (Beja)	alentejano, -a	der Alentejo (Beja)
Algarve (Braga)	algarvio, -a, algarviense	die Algarve (Braga)
Centro (Bragança)		die Region Mitte (Bragança)
Lisboa (Lisboa)	lisboeta, lisbonense	die Region Lissabon (Lisboa)
Região Autónoma de Madeira (Funchal)	madeirense	die Autonome Provinz Madeira (Funchal)
Norte (Évora)	nortenho, -a	die Region Nord (Évora)

Distritos e Regiões Autónomas Distrikte und Autonome Regionen		Region Região	Adjektiv Gentílico
Aveiro (Aveiro)	Distrikt Aveiro (Aveiro)	Centro	aveirense *mf*
Beja (Beja)	Distrikt Beja (Beja)	Alentejo	bejense *mf*, pacense *mf*
Braga (Braga)	Distrikt Braga (Braga)	Norte	bracarense *mf*, brácaro, -a
Bragança (Bragança)	Distrikt Bragança (Bragança)	Norte	bragantino, -a, bragançano, -a
Castelo Branco (Castelo Branco)	Distrikt Castelo Branco (Castelo Branco)	Centro	albicastrense *mf*
Coimbra (Coimbra)	Distrikt Coimbra (Coimbra)	Centro	coimbrão, conimbricense *mf*
Évora (Évora)	Distrikt Évora (Évora)	Alentejo	eberense *mf*, evorense *mf*
Faro (Faro)	Distrikt Faro (Faro)	Algarve	farense *mf*
Guarda (Guarda)	Distrikt Guarda (Guarda)	Centro/Norte	guardense *mf*, egitaniense *mf*
Leiria (Leiria)	Distrikt Leiria (Leiria)	Centro	leiriense *mf*
Lisboa (Lisboa)	Distrikt Lissabon (Lissabon)	Lisboa	lisboeta *mf*, lisbonense *mf*

Distritos e Regiões Autónomas Distrikte und Autonome Regionen		Region Região	Adjektiv Gentílico
Portalegre (Portalegre)	Distrikt Portalegre (Portalegre)	Alentejo	portalegrense *mf*
Porto (Porto)	Distrikt Porto (Porto)	Norte	portuense *mf*
Santarém (Santarém)	Distrikt Santarém (Santarém)	Lisboa/Centro	escalabitano, -a, santarense *mf*
Setúbal (Setúbal)	Distrikt Setúbal (Setúbal)	Lisboa	tubalense *mf*, setubalense *mf*
Viana do Castelo (Viana do Castelo)	Distrikt Viana do Castelo (Viana do Castelo)	Norte	vianense *mf*, vianês
Viseu (Viseu)	Distrikt Viseu (Viseu)	Centro/Norte	viseense *mf*, visiense *mf*
Vila Real (Vila Real)	Distrikt Vila Real (Vila Real)	Norte	vila-realense *mf*
Região Autónoma dos Açores (Ponta Delgada)	die Azoren (autonome Region) (Ponta Delgada)	Açores	açoriano, -a
Região Autónoma de Madeira (Funchal)	Autonome Provinz Madeira (Funchal)	Madeira	madeirense *mf*

Brasil
Brasilien

Estado (Capital) Bundesstaat (Hauptstadt)	Sigla Abkürzung	Gentílico Adjektiv	Região Region
Acre (Rio Branco)	AC	acriano, -a (rio-branquense)	Norte
Alagoas (Maceió)	AL	alagoano, -a, alagoense (maceioense)	Nordeste
Amapá (Macapá)	AP	amapense (macapaense)	Norte
Amazonas (Manaus)	AM	amazonense (manauense, manaurara)	Norte
Bahia (Salvador)	BA	baiano, -a (salvadorense, soteropolitano, -a)	Nordeste
Ceará (Fortaleza)	CE	cearense (fortalezense)	Nordeste
Espírito Santo (Vitória)	ES	espírito-santense (vitoriense, capixaba)	Sudeste

Estado (Capital) Bundesstaat (Hauptstadt)	Sigla Abkürzung	Gentílico Adjektiv	Região Region
Goiás (Goiâna)	GO	goiano, -a (goianense)	Centro-Oeste
Maranhão (São Luís)	MA	maranhense (são-luisense)	Nordeste
Mato Grosso (do Norte) (Cuiabá)	MT	mato-grossense(-do-norte) (cuiabano, -a)	Centro-Oeste
Mato Grosso do Sul (Campo Grande)	MS	mato-grossense-do-sul (campo-grandense)	Centro-Oeste
Minas Gerais (Belo Horizonte)	MG	mineiro, -a (belo-horizontino)	Sudeste
Pará (Belém)	PA	paraense (belenense)	Norte
Paraíba (João Pessoa)	PB	paraibano, -a (pessoense)	Nordeste
Paraná (Curitiba)	PR	paranaense (curitibano, -a)	Sul
Pernambuco (Recife)	PE	pernambucano, -a (recifense)	Nordeste
Piauí (Teresina)	PI	piauiense (teresinense)	Nordeste
Rio de Janeiro (Rio de Janeiro)	RJ	fluminense (carioca)	Sudeste
Rio Grande do Norte (Natal)	RN	rio-grandense-do-norte (natalense)	Nordeste
Rio Grande do Sul (Porto Alegre)	RS	rio-grandense-do-sul, gaúcho, -a (portoalegrense)	Sul
Rondônia (Porto Velho)	RO	rondoniano, -a, rondoniense (porto-velhense)	Norte
Roraima (Boa Vista)	RR	roraimense (boa-vistense)	Norte
Santa Catarina (Florianópolis)	SC	catarinense (florianopolitano, -a)	Sul
São Paulo (São Paulo)	SP	paulista (paulistano, -a)	Sudeste
Sergipe (Aracaju)	SE	sergipano, -a, sergipense (aracajuense, aracajuano, -a)	Nordeste
Tocantins (Palmas)	TO	tocantinense (palmense)	Norte
Distrito Federal (Brasília)	DF	(brasiliense)	Centro-Oeste

Conteúdo e estrutura alemão-português

Todos os **vocabulos** estão ordenados alfabeticamente e realçados em cores (incluindo abreviações, palavras compostas, variantes ortográficas, referências).

Palavras de grafia idêntica mas com origens diferentes (**palavras homógrafas)** têm as entradas com numeração elevada.

A antiga grafia alemã está marcada com[ALT]; a reformada está marcada com [RR]

Em exemplos e expressões o **til** representa a entrada.

A **forma feminina** dos substantivos è indicada sempre que è diferente da forma masculina.

As indicações sobre os **plurais irregulares** estão inscritas em seguida ao vocábulo.

Nos verbos alemães de partícula separável faz-se a indicação com um traço vertical |

Assinalam-se com * os verbos alemães com particípios que não são formados com «ge-».

Nos substantivos, indicam-se as **terminações**: o nominativo do plural, em substantivos femininos, o genitivo do singular e o nominativo do plural em substantivos masculinos e neutros.

As cifras romanas servem para indicar as distintas **categorias gramaticais.**
As cifras árabes distinguem os diferentes **significados** dum vocábulo.

Vários **indicadores** ajudam a achar a tradução correcta:

- Indicação da **especialidade**
- **Definições** e **sinónimos**, **complementos** ou **sujeitos** típicos e demais **explicações**
- Inclusão de **brasileirismos**, indicações sobre o significado e o usa na **Suíça** e **Áustria**.
- Indicação de **estilo**

Quando não é possível traduzir uma entrada ou um exemplo devido a diferenças culturais, é dada uma **explicação** ou uma **equivalência aproximada**.

ABS *abk v* **Antiblockiersy**
Abs. *abk v* **Absender** reme
Absage ['apza:gə] *f* <-n>

Anbau[1] *m* <-(e)s> *kein pl*
Anbau[2] *m* <-(e)s, -ten> (

sesshaft[RR] ['zɛshaft] *adj,*
den tornar-se sedentário

Herz [hɛrts] *nt* <-ens, -e
gern com todo o gosto; **sc**
etw zu ~en nehmen tc
schließen afeiçoar-se a al

Arzt, Ärztin [artst] *m, f*
médica *m, f*

Material [materi'a:l] *nt* <-

zusammen|arbeiten *vi* co

mobilisieren* *vt* mobiliza

Liege ['li:gə] *f* <-n> espre
Hase ['ha:zə] *m* <-n, -n>
Ballett [ba'lɛt] *nt* <-(e)s, -

momentan [momɛn'ta:n
momento, por agora
Nadel ['na:dəl] *f* <-n>
(*Stecknadel*) alfinete *m*
agulha *f*

Niederschlag *m* <-(e)s,
chuvas *fpl* 2 (CHEM) sedin

Satz [zats] *m* <-es, Sä
2 (*Set*) jogo *m, nt;* (*Brief*
3 (*Sprung*) salto *m,* pulo

Ananas ['ananas] *f* <-(se
Marille *f* <-n> (*österr*) dar
parkieren* *vi* (*schweiz*) *s*

ab|biegen I. *vt irreg* (*umg:*
zeug, Straße) virar

Realschule *f* <-n> *escol*
escolaridade

ches Eichhörnchen *nt*

onfederação Brasileira de erband *m*

peia EG (= *Europäische Ge-* ará (*Bundesstaat im Nordos-*

en *nt*

se *f* Milchkaffee

(ANAT: *fig*) Herz *nt*; **do fundo** **ter ~** herzlos sein; **no ~ da** **ssoa de bom ~** gutherziger

m, f (*portugal*) Schauspie-

n palco) Auftritt *m*; ~ **em**

f (*portugal:* ZOOL) Ohr-

do; g→gu> ...

rmir ...

aperfeiçôo> ...

portugal) Glas Bier *nt* **II.** *adj* ich, Kaiser ... ❷ (*relativo a*

inge *f*; **colocar a bandeira a**) Stängel *m* ❸ (*dos óculos*) **-s** Geweih *nt*

Icon *nt*, Symbol *nt*

o acendido> **I.** *vt* (*cigarro,* *ão*) anschalten, einschalten; *ussão*) entbrennen; (*desejo*)

l: sobrenome) Familienna- **ra** Mädchenname *m* ❷ (*bra-*

geraspelt ❷ (*coloq: pessoa*)

(*Süßspeise aus geraspeltem* *osmilch*)

Conteúdo e estrutura português-alemão

Todos os **vocabulos** estão ordenados alfabeticamente e realçados em cores.

Palavras de grafia idêntica mas com origens diferentes (**palavras homógrafas**) têm as entradas com numeração elevada.

Em exemplos e expressões o **til** representa a entrada.

A **forma feminina** dos substantivos é indicada sempre que è diferente da forma masculina.

As indicações sobre os **plurais irregulares** estão inscritas em seguida ao vocábulo.

As indicações de **formas irregulares de verbos** estão entre os símbolos «menor que» e «maior que» logo após a entrada.

As cifras romanas servem para indicar as distintas **categorias gramaticais.**

As cifras árabes distinguem os diferentes **significados** dum vocábulo.

Vários indicadores ajudam a achar a tradução correcta:

- Indicação da **especialidade**
- **Definições** e **sinónimos**, **complementos** ou **sujeitos** típicos e demais **explicações**

- Indicações de **uso regional** tanto na entrada como na tradução

- Indicações de **estilo**

Quando não é possível traduzir uma entrada ou um exemplo devido a diferenças culturais, é dada uma **explicação** ou uma **equivalência aproximada** (≈). No caso de uma tradução ambígua, acrescenta-se uma explicação entre parênteses.